Baumbach-Duden-Hopt

Handelsgesetzbuch

Beck'sche Kurz-Kommentare

Band 9

Handelsgesetzbuch

mit GmbH & Co., Recht der Allgemeinen Geschäftsbedingungen und Handelsklauseln, Bank- und Börsenrecht, Transportrecht (ohne Seerecht)

Erläutert von

Dr. Dr. Klaus J. Hopt

o. Prof. an der Universität Bern
vormals Richter am Oberlandesgericht Stuttgart

Begründet von

Dr. Adolf Baumbach

weiland Senatspräsident beim Kammergericht

Fortgeführt bis zur 24. Auflage von

Dr. Konrad Duden

weiland o. Prof. an der Universität Mannheim

27., neubearbeitete und erweiterte Auflage

C. H. BECK'SCHE VERLAGSBUCHHANDLUNG
MÜNCHEN 1987

Zitiervorschlag (Beispiele)

Baumbach-Duden-Hopt, HGB, 27. Aufl. 1987,
... § 347 Anm 3 E
... Einl I 1 A vor § 1
... Anh § 177a Anm VIII 2 C
... (5) AGBG § 6 Anm 2
... (7) Bankgeschäfte Anm I 6 B

CIP-Kurztitelaufnahme der Deutschen Bibliothek

Hopt, Klaus J.:
Handelsgesetzbuch: mit GmbH & Co., Recht d. Allgemeinen
Geschäftsbedingungen und Handelsklauseln, Bank- u.
Börsenrecht, Transportrecht (ohne Seerecht) / erl. von
Klaus J. Hopt. Begr. von Adolf Baumbach. Fortgef. bis zur
24. Aufl. von Konrad Duden. – 27., neubearb. u. erw. Aufl. –
München : Beck, 1987.
 (Beck'sche Kurz-Kommentare ; Bd. 9)
 ISBN 3 406 31608 5
NE: Baumbach, Adolf: Handelsgesetzbuch; GT

ISBN 3 406 31608 5

Druck der C. H. Beck'schen Buchdruckerei Nördlingen

Vorwort zur 27. Auflage

Der Kommentar erscheint nunmehr in der 27. Auflage. Seit der 25. Auflage 1983 sind umfangreiche Änderungen in Aufbau und Inhalt vorgenommen worden. Die 27. Auflage bringt mit der vollständigen Berücksichtigung des Bilanzrichtlinien-Gesetzes einen tiefen Einschnitt und eine Erweiterung des Umfangs des Kommentars um über 200 Seiten.

Das **HGB** hat durch das Bilanzrichtlinien-Gesetz, das, von allerdings wichtigen Übergangsbestimmungen abgesehen, am 1. 1. 1986 in Kraft getreten ist, die einschneidendste Änderung seit Herausnahme des Aktienrechts 1937 erfahren. Dieses Gesetz hat neben kleineren Änderungen des HGB im Ersten und Zweiten Buch (ua Aufhebung der §§ 38–47b) ein eigenes **neues Drittes Buch** des HGB mit 102 Paragraphen geschaffen und gleichzeitig tiefe Einschnitte in zahlreiche andere, das Handelsrecht ergänzende Gesetze wie AktG, GmbHG, GenG, Publizitätsgesetz, Wirtschaftsprüferordnung und andere vorgenommen. In der Sache faßt es das bisher höchst rudimentäre Buchführungs- und Bilanzrecht des HGB und wesentliche Teile des bisherigen Rechnungslegungsrechts für Aktiengesellschaften in einem eigenen Buch des HGB zusammen. Dieses Dritte Buch bildet eine Art **Grundgesetz des Bilanzrechts** (Grundgesetz für Soll und Haben des Kaufmanns), das die wesentlichen Teile des Rechts der Buchführung, Bilanzierung und Rechnungslegung, Prüfung und Offenlegung enthält und für alle Kaufleute (1. Abschnitt), Kapitalgesellschaften (2. Abschnitt: Aktiengesellschaft, Kommanditgesellschaft auf Aktien und GmbH) und eingetragene Genossenschaften (3. Abschnitt) zusammenfassend zugänglich macht. Nur abgestimmt, aber nicht integriert in das HGB sind im wesentlichen nur das Bilanzrecht für Großunternehmen, die nicht Kapitalgesellschaften sind (Publizitätsgesetz), sowie Sondernormen für Kreditinstitute und Versicherungsgesellschaften. Das HGB insgesamt hat damit eine **enorme Aufwertung** erfahren, die es in seiner Rolle als das grundlegende privatrechtliche Gesetz für Kaufleute, Handelsgesellschaften und Unternehmen bestätigt. Ein systematischer Überblick über den Inhalt des neuen Dritten Buches findet sich auf S. 605 ff.

Auch außerhalb des neuen Dritten Buches waren zahlreiche Anpassungen und Änderungen des übrigen HGB notwendig. Buchführungs- und Bilanzierungsfragen tauchen nämlich vielfältig auch dort auf, sei es unmittelbar, sei es im Verweis und als Verständnishintergrund. Ergänzungen und Änderungen, unabhängig vom Bilanzrecht, betreffen ua: Internationale Schiedsgerichtsbarkeit (Einl IV 3 C vor § 1), Gewerbe- und Gewinnerzielungsabsicht (§ 1 Anm 1 B, 7), Fortführung des ererbten Handelsgeschäfts mit minderjährigen Erben (§ 1 Anm 6 B), Bild- und Datenträger im Handelsregisterverkehr (§§ 8a, 9 II), Firmenrecht (§§ 17 ff), Eigenhaftung des Vertreters (Überbl 4 vor § 48, § 172a Anm 7 D), Arbeitsrecht (§§ 59 ff), Handelsvertreterrecht (§§ 84 ff, insbesondere Ausgleichsanspruch nach § 89b), Handelsmaklerrecht (§ 93), Europäische wirtschaftliche Interessenvereinigung (Einl 7 B vor § 105); aus dem Gesellschaftsrecht das Problem der Erwerbschancen (§ 114 Anm 3 D), Mehrheitsbeschlüsse

Vorwort

und Minderheitenschutz (§ 119 Anm 2 B), Antragspflicht nach § 130 a, Abfindungsklauseln (§ 138 Anm 5), negativer Kapitalanteil (§ 139 Anm 3 B), Testamentsvollstreckung (§ 139 Anm 4), Hinauskündigung (§ 140 Anm 1 B), Kontrollrecht des Kommanditisten (§ 166), Haftung des Kommanditisten (§§ 171, 172), Gesellschafterdarlehen (§ 172 a), Ausfallhaftung (§ 172 a Anm 9 B), GmbH & Co. (Anh § 177 a) und wiederum ganz besonders das Recht der Publikumsgesellschaft (Anh § 177 a Anm VIII). §§ 335–342 über die stille Gesellschaft wurden in §§ 230–237 umbenannt. Aus dem Vierten (bisher Dritten) Buch sind zu erwähnen: erhebliche Erweiterung der behandelten Handelsklauseln (§ 346 Anm 5), Dritthaftung bei Auskünften (§ 347 Anm 3 D), Haftung aus Rat und Auskunft (§ 347 Anm 4), Bürgschaft und verwandte Rechtsfiguren (§ 349), § 609 a BGB statt des aufgehobenen § 247 BGB (§ 352 Anm 2), Kontokorrent (§§ 355 ff, namentlich Pfändungsproblematik, § 357), Vertragshändlervertrag (Überbl 5 vor § 373), Untersuchungs- und Rügepflicht beim Handelskauf (§§ 377, 378), internationaler Eisenbahnverkehr (COTIF, § 453 Anm 2 B).

Bei den **handelsrechtlichen Nebengesetzen** sind zunächst das gesamte (1) EGHGB mit dem wichtigen Übergangsrecht zum neuen Bilanzrecht sowie die bilanzrechtlichen Vorschriften des (2) AktG §§ 150–176, 337 und des (2) GmbHG §§ 41–42 a aufgenommen worden. Das führte zur Umstellung von nunmehr (3) FGG §§ 125–143 (Handelssachen) und (4) HRV (Handelsregister). Die (8) AGB-Banken sind in der neuen Fassung vom 1. 1. 1986 abgedruckt und kommentiert. Die einschneidendste und in der Öffentlichkeit am meisten beachtete Änderung betrifft die Bankauskünfte (Nr. 10). Die den vereinfachten Scheck- und Lastschrifteinzug für die Kreditinstitute betreffenden (10) Allgemeinen Geschäftsbedingungen der Deutschen Bundesbank sind neu gefaßt worden. (13) DepotG ist geändert worden (17. 7. 1985), um den internationalen Effektengiroverkehr zu erleichtern (§§ 1 III, 5 IV, 24 III). Das Börsenrecht ist im Umbruch; einiges ist zu (14) BörsG bereits geändert worden, weitere gesetzliche Änderungen stehen unmittelbar bevor. Im Transportrecht waren die Speditionsversicherung in (19) ADSp §§ 39 ff, (20) SVS/RVS näher zu behandeln, Änderungen des (22) GüKG zu berücksichtigen und vor allem die wachsende Rechtsprechung zu (24) CMR etwas stärker zu akzentuieren.

Die meisten Änderungen ergaben sich wie schon in den beiden vergangenen Auflagen aus der überbordenden Rechtsprechung zu (5) AGBG und zu (7) Bankgeschäfte. Zu (5) AGBG (Änderungen durch das IPRG zum 1. 9. 1986) wurde an der bisherigen Linie festgehalten, den Schwerpunkt der Kommentierung in Abgrenzung zum Palandt auf die Klauseln im Handelsverkehr zu setzen. Dabei wurde in Auswahl und Erläuterung besonderer Wert auf die Verknüpfung mit dem übrigen zum HGB und zu den Nebengesetzen behandelten Stoff gelegt. Das Recht der (7) Bankgeschäfte scheint sich mehr und mehr zu einem Kernbereich des Privat- und Handelsrechts auszuweiten. Nur einige wenige Änderungen seien hervorgehoben werden: Schutzgesetzcharakter des KWG (Anm I 2 B), neue Schufa-Klausel (Anm I 8 B), Bankgeschäfte und Konkurs (Anm I 9), Rechtsprechung zum Konto (Anm II 2), EZÜ-Abkommen (Anm III 1 B), Scheckgeschäft (Anm III 5), Kreditkarte (Anm III 6 B), Widerspruch beim Lastschriftverfahren (Anm III A 2 C, D), neues Preisangabenrecht (Anm IV

Vorwort

2 A b), Haustürgeschäfte (neues Gesetz ab 1. 5. 1986, Anm IV 2 B b), Kreditsicherung (Anm IV 6), neue Finanzinstrumente (Anm IV 7), Leasing (Anm XII).

Schließlich wurde das Stichwortverzeichnis völlig neu bearbeitet und wesentlich erweitert.

Diese Neuauflage ist auf dem Stand vom 1. April 1986. Einzelne wichtige Ergänzungen bis Sommer 1986 konnten noch während der Drucklegung aufgenommen werden. Das Material wurde den Möglichkeiten eines Kurzkommentars und der bisherigen Übung entsprechend verarbeitet.

Für die zahlreichen Anregungen aus der Praxis bedanke ich mich besonders. Sie sind, wie für die Betreffenden leicht ersichtlich, berücksichtigt. Herrn Assessor Dr. Mülbert danke ich für die umsichtige und kritische Hilfe beim Heraussuchen des Materials und beim Korrekturlesen, den Herren stud. iur. Iff und Prochazka für ihren Fleiß bei den Fahnenkorrekturen. Mein besonderer Dank gilt Frau Aegerter für ihre unermüdliche Schreibarbeit.

Bern, im September 1986   Klaus J. Hopt

Inhaltsverzeichnis

Vorwort		V
Verzeichnis der abgedruckten Bestimmungen		XIII
Benutzungshinweise		XV
Abkürzungsverzeichnis		XVII
(einschließlich einzelner juristischer Werke)		

1. Teil. Handelsgesetzbuch

Erstes Buch. Handelsstand	§§ 1–104	1
Einleitung		1
Erster Abschnitt. Kaufleute	§§ 1– 7	30
Zweiter Abschnitt. Handelsregister	§§ 8– 16	51
Dritter Abschnitt. Handelsfirma	§§ 17– 37	80
Vierter Abschnitt. Handelsbücher [aufgehoben]		138
Fünfter Abschnitt. Prokura und Handlungsvollmacht	§§ 48– 58	138
Sechster Abschnitt. Handlungsgehilfen und Handlungslehrlinge	§§ 59– 83	158
Siebenter Abschnitt. Handelsvertreter	§§ 84– 92c	249
Achter Abschnitt. Handelsmakler	§§ 93–104	329
Zweites Buch. Handelsgesellschaften und stille Gesellschaft	§§ 105–237	354
Einleitung		354
Erster Abschnitt. Offene Handelsgesellschaft		
1. Titel. Errichtung einer Gesellschaft	§§ 105–108	363
2. Titel. Rechtsverhältnis der Gesellschafter untereinander	§§ 109–122	385
3. Titel. Rechtsverhältnis der Gesellschafter zu Dritten	§§ 123–130b	429
4. Titel. Auflösung der Gesellschaft und Ausscheiden von Gesellschaftern	§§ 131–144	474
5. Titel. Liquidation der Gesellschaft	§§ 145–158	513
6. Titel. Verjährung	§§ 159, 160	532
Zweiter Abschnitt. Kommanditgesellschaft	§§ 161–177a	533
Anhang: GmbH & Co (mit Publikumsgesellschaft)		568
Dritter Abschnitt: Stille Gesellschaft	§§ 230–237	588
Drittes Buch. Handelsbücher	§§ 238–339	605
Einleitung		605
Erster Abschnitt. Vorschriften für alle Kaufleute	§§ 238–263	626
Erster Unterabschnitt. Buchführung. Inventar	§§ 238–241	626
Zweiter Unterabschnitt. Eröffnungsbilanz. Jahresabschluß	§§ 242–256	636
1. Titel. Allgemeine Vorschriften	§§ 242–245	636

Inhalt

2. Titel. Ansatzvorschriften	§§ 246–251	646
3. Titel. Bewertungsvorschriften	§§ 252–256	658
Dritter Unterabschnitt. Aufbewahrung und Vorlage	§§ 257–261	677
Vierter Unterabschnitt. Sollkaufleute. Landesrecht	§§ 262, 263	680
Zweiter Abschnitt. Ergänzende Vorschriften für Kapitalgesellschaften (Aktiengesellschaften, Kommanditgesellschaften auf Aktien und Gesellschaften mit beschränkter Haftung)	§§ 264–335	681
Erster Unterabschnitt. Jahresabschluß der Kapitalgesellschaft und Lagebericht	§§ 264–289	681
1. Titel. Allgemeine Vorschriften	§§ 264, 265	681
2. Titel. Bilanz	§§ 266–274	686
3. Titel. Gewinn- und Verlustrechnung......	§§ 275–278	705
4. Titel. Bewertungsvorschriften...........	§§ 279–283	713
5. Titel. Anhang	§§ 284–288	717
6. Titel. Lagebericht	§ 289	726
Zweiter Unterabschnitt. Konzernabschluß und Konzernlagebericht	§§ 290–315	727
1. Titel. Anwendungsbereich	§§ 290–293	727
2. Titel. Konsolidierungskreis.............	§§ 294–296	736
3. Titel. Inhalt und Form des Konzernabschlusses..................................	§§ 297–299	740
4. Titel. Vollkonsolidierung..............	§§ 300–307	742
5. Titel. Bewertungsvorschriften...........	§§ 308, 309	753
6. Titel. Anteilsmäßige Konsolidierung......	§ 310	756
7. Titel. Assoziierte Unternehmen	§§ 311, 312	757
8. Titel. Konzernanhang	§§ 313, 314	762
9. Titel. Konzernlagebereicht	§ 315	767
Dritter Unterabschnitt. Prüfung	§§ 316–324	767
Vierter Unterabschnitt. Offenlegung (Einreichung zu einem Register, Bekanntmachung im Bundesanzeiger). Veröffentlichung und Vervielfältigung. Prüfung durch das Registergericht	§§ 325–329	783
Fünfter Unterabschnitt. Verordnungsermächtigung für Formblätter und andere Vorschriften......	§ 330	788
Sechster Unterabschnitt. Straf- und Bußgeldvorschriften. Zwangsgelder	§§ 331–335	789
Dritter Abschnitt. Ergänzende Vorschriften für eingetragene Genossenschaften..................	§§ 336–339	792
Viertes Buch. Handelsgeschäfte	§§ 343–460	796
Einleitung		796
Erster Abschnitt. Allgemeine Vorschriften	§§ 343–372	802
Zweiter Abschnitt. Handelskauf	§§ 373–382	883
Dritter Abschnitt. Kommissionsgeschäft.........	§§ 383–406	917
Vierter Abschnitt. Speditionsgeschäft...........	§§ 407–415	948
Fünfter Abschnitt. Lagergeschäft	§§ 416–424	961
Sechster Abschnitt. Frachtgeschäft.............	§§ 425–452	972

Inhalt

Siebenter Abschnitt. Beförderung von Gütern und Personen auf den Eisenbahnen des öffentlichen Verkehrs .... §§ 453–460 1004

Fünftes Buch. Seehandel .... §§ 474–905 1013
[nicht abgedruckt]

2. Teil. Handelsrechtliche Nebengesetze

Einleitung 1015

I. Einführungsgesetz, Handelsbücher und Bilanzen 1017
(1) Einführungsgesetz zum Handelsgesetzbuche (EGHGB) ... 1017
(1a) Richtlinien zur Organisation der Buchführung (im Rahmen eines einheitlichen Rechnungswesens) (Buchführungs-Ri) 1023
(2a) Aktiengesetz (AktG): §§ 150–176, 337 1028
(2b) Gesetz betreffend die Gesellschaften mit beschränkter Haftung (GmbHG): § 41–42a 1034

II. Handelsregister 1035
(3) Gesetz über die Angelegenheiten der freiwilligen Gerichtsbarkeit (FGG): §§ 125–143 1035
(4) Verfügung über Einrichtung und Führung des Handelsregisters (HRV) 1040

III. AGB-Gesetz und (nicht branchengebundene) Vertragsklauseln 1053
(5) Gesetz zur Regelung des Rechts der Allgemeinen Geschäftsbedingungen (AGB-Gesetz) 1053
(6) Incoterms und andere Handelskaufklauseln 1092

IV. Bank- und Börsenrecht 1125
(7) Bankgeschäfte 1125
(8) Allgemeine Geschäftsbedingungen der Banken (AGB-Banken) 1194
(9) Geschäftsbedingungen für Anderkonten und Anderdepots von Rechtsanwälten, Notaren, Treuhändern und Patentanwälten (AGB-Anderkonten) 1229
(10) Lastschriftverkehr (LSA, AGB-DBBk) 1236
(11) Einheitliche Richtlinien und Gebräuche für Dokumenten-Akkreditive (ERA) 1246
(12) Einheitliche Richtlinien für Inkassi (ERI) 1266
(13) Gesetz über die Verwahrung und Anschaffung von Wertpapieren (Depotgesetz – DepotG) 1273
(14) Börsengesetz (BörsG) 1298
(15) Bekanntmachung, betr die Zulassung von Wertpapieren zum Börsenhandel (BörsZulassBek) 1326
(16) Richtlinien für Insider-Geschäfte in börsennotierten oder öffentlich angebotenen Aktien (Insiderhandels-Ri) 1333
(17) Händler- und Beraterregeln 1339

Inhalt

(18) Leitsätze für öffentliche freiwillige Kauf- und Umtauschangebote (LSÜbernahmeangebote) 1343

V. Speditions-, Lager- und Frachtrecht (Transportrecht) 1347
  (19) Allgemeine Deutsche Spediteur-Bedingungen (ADSp) . . . 1347
  (20) Speditions- und Rollfuhrversicherungsschein (SVS/RVS) und Speditions-Police (Sp-Police) 1371
  (21) Verordnung über Orderlagerscheine (OLSchVO) 1389
  (22) Güterkraftverkehrsgesetz (GüKG) 1407
  (23) Kraftverkehrsordnung für den Güterfernverkehr mit Kraftfahrzeugen (Beförderungsbedingungen) (KVO) . . . 1433
  (24) Übereinkommen über den Beförderungsvertrag im internationalen Straßengüterverkehr (CMR) 1460
  (25) Eisenbahn-Verkehrsordnung (EVO) 1478

Sachverzeichnis 1537

Verzeichnis der abgedruckten Bestimmungen

ADSp: vollständig *Nebengesetze (19)*
AGBG: vollständig *Nebengesetze (5)*
AktG: §§ **150–176, 337** *Nebengesetze (2)*
AllgEisenbG: §§ **1, 2** bei § 453 Anm 1 A
Allgemeine Geschäftsbedingungen der Banken: *Nebengesetze (8);* für Anderkonten und Anderdepots von Rechtsanwälten, Notaren, Treuhändern und Patentanwälten: *Nebengesetze (9)*
AnfG: § **3b** bei § 172a Anm 6 B
AO 1977: § **12** bei § 13 Anm 1 E, § **140** bei § 238 Anm 2 B
ArbGG: § **5 III** bei § 84 Anm 7 B
BGB: § **12** bei § 17 Anm 4 A c; § **31** bei § 124 Anm 3 B; §§ **133, 157** in Einl 6 B vor § 343; §§ **134, 138** in Einl 6 A vor § 343; §§ **164–181** Überbl 1 B vor § 48; § **193** bei § 89b Anm 5 B; § **196 I Nr 1, II** in Einl 7 A vor § 343; § **242** in Einl 6 C vor § 343; § **243** bei § 360 Anm 1; §§ **244, 245** bei § 361 Anm 2; § **246** bei § 352 Anm 1 A; § **271** bei § 358 Anm 1 A; § **273** bei § 369 Anm 1 A; § **276** bei § 347 Anm 1 A; § **277** bei § 109 Anm 3 C; § **288** bei § 352 Anm 3 A; § **340** bei § 75c Anm 1 B; § **343** bei § 348 Anm 1 C; § **383** bei § 373 Anm 1 C; § **419** bei § 25 Anm 3 C; § **609a** bei § 352 Anm 2 B; §§ **611–630** bei § 59 Anm 1 C; § **613, 615, 618, 620, 625, 630** bei § 86 Anm 1 B; §§ **652–654** bei § 93 Anm 1 B; § **663** bei § 362 Anm 1; §§ **663, 665–670, 672–675** bei § 86 Anm 1 C; §§ **679, 683** bei § 110 Anm 1 A; §§ **691, 692** bei § 416 Anm 3 A; § **694** bei § 417 Anm 3; § **695** bei § 422 Anm 1; § **705** bei § 105 Anm 2 A; §§ **706, 707** bei § 109 Anm 4 A; § **708** bei § 109 Anm 3 C; § **712 II** bei § 117 Anm 6 A; § **713** bei § 114 Anm 3 A; § **714** bei § 126 Anm 3 A; § **717** bei § 109 Anm 6 A; §§ **718–720** bei § 124 Anm 1 A; § **723** bei § 234 Anm 3 A; § **726** bei § 234 Anm 2 B; § **727** bei § 234 Anm 2 C; § **728** bei § 234 Anm 2 D; § **732** bei § 138 Anm 4 B; § **735** bei § 155 Anm 1 C; § **738** bei § 138 Anm 4 A; § **739** bei § 138 Anm 5 K; § **740** bei § 138 Anm 6; § **744 II** bei § 114 Anm 1 D; §§ **762, 764** in **(14)** BörsG Überbl 1 C vor § 50; § **810** bei § 118 Anm 3 B; § **817** bei **(22)** GüKG § 23 Anm 1 A; §§ **932–936, 1207, 1208** bei § 366 Anm 1 A; § **1234** bei § 368 Anm 1; § **1365** bei § 105 Anm 1 A
BörsG: vollständig *Nebengesetze (14)*
BörsO der Frankfurter Wertpapierbörse: § **30** bei **(14)** BörsG § 29 Anm 3
BörsZulassBek: vollständig *Nebengesetze (15)*
Buchführungs-Richtlinien: *Nebengesetze (1a)*
DepotG: vollständig *Nebengesetze (13)*
Deutsche Bundesbank, Allgemeine Geschäftsbedingungen (zum Lastschriftverkehr): *Nebengesetze (10)*
DMBilG: § **2** bei § 13 Anm 1 F
Dokumenten-Akkreditive, Einheitliche Richtlinien und Gebräuche: vollständig *Nebengesetze (11)*
EGHGB: Art **1–5, 15, 18, 22 I, 23–28** *Nebengesetze (1)*
Einheitliche Richtlinien: s Dokumenten-Akkreditive und Inkassi
EVO: nahezu vollständig *Nebengesetze (25)*

Abgedruckte Bestimmungen

FGG: § 12 bei § 8 Anm 4 B; § 34 I bei § 9 Anm 1 A; §§ 125–143 (Siebenter Abschnitt, Handelssachen) *Nebengesetze (3);* §§ 145, 146 bei § 146 Anm 4 D
GBO: § 32 bei § 9 Anm 2 A
GewO: § 11a bei § 1 Anm 4 C; §§ 15a, 146 II Nr 2, III bei § 17 Anm 2 G
GmbHG: §§ 32a, 32b bei § 172a Anm 1 A; 41–42a *Nebengesetze (2)*
GüKG: §§ 1–7, 20–50, 84, 84h, 85, 89, 94, 97, 103 I, II, 106 II *Nebengesetze (22)*
GVG: § 95 in Einl IV 2 A vor § 1
HdlKlassenG: § 1 I, II Überbl 4 A vor § 373
Händler- und Beraterregeln: vollständig *Nebengesetze (17)*
HGB: vollständig (außer Seerecht)
HRV (Handelsregisterverfügung): vollständig *Nebengesetze (4)*
Incoterms: vollständig *Nebengesetze (6)*
Inkassi, Einheitliche Richtlinien: vollständig *Nebengesetze (12)*
Insiderhandels-Ri: vollständig *Nebengesetze (16)*
Kauf- und Umtauschangebote, Leitsätze: vollständig *Nebengesetze (18)*
KO: § 32a bei § 172a Anm 6 A; §§ 59 I Nr 3 c–e, 61 I Nr 1 c–e, II bei § 84 Anm 8; §§ 209–212 bei § 124 Anm 5 F
KSchG: § 1 bei § 59 Anm 9 D b
KVO: vollständig *Nebengesetze (23)*
KWG: § 1 I bei (7) Bankgeschäfte I 2 A
Lastschriftabkommen: vollständig *Nebengesetze (10)*
OLSchVO: vollständig *Nebengesetze (21)*
RPflG: §§ 4–9 in Einl IV 1 B vor § 1
RVS: s SVS/RVS
Sp-Police: vollständig *Nebengesetze (20)*
SVS/RVS: (Speditions- und Rollfuhrversicherungsschein): vollständig *Nebengesetze (20)*
Übereinkommen über den Beförderungsvertrag im **internationalen Straßengüterverkehr (CMR):** §§ 1–41 *Nebengesetze (24)*
UWG: §§ 1, 3, 6a bei § 17 Anm 3 D; § 16 bei § 17 Anm 4 A e; §§ 12, 17, 18 bei § 59 Anm 1 C
VerglO: §§ 109, 110 bei § 124 Anm 5 G
WG: Art 13, 14 bei § 365 Anm 1; Art 16 I bei § 365 Anm 2; **Art 16 II** bei § 365 Anm 3; **Art 40 III** bei § 365 Anm 4
WZG: § 4 II Nr 4 bei § 17 Anm 3 D; §§ 24, 28 I bei § 17 Anm 4 A f
ZPO: §§ 17, 21 I, 22, 29, 30, 38 I in Einl IV 2 C vor § 1; §§ 422, 423 bei § 258 Anm 2; § 859 I bei § 124 Anm 2 C; §§ 1025–1027 in Einl IV 3 A vor § 1
ZuständErgG: §§ 1, 14, 15, 16 bei § 13 Anm 4

Benutzungshinweise

1. **Paragraphenzeichen (§)** ohne Zusatz eines Gesetzes oder einer Verordnung verweisen grundsätzlich auf solche des HGB, in einem kommentierten Nebengesetz (zB AGBG) auf dieses, oder auf ein anderes Nebengesetz, wenn sich eine Anmerkung speziell mit einem bestimmten Gesetz befaßt (zB § 347 Anm 3 E).

2. **Römische Zahlen** hinter einer Paragraphenzahl oder hinter einer arabischen Ziffer und zugleich vor einer Gesetzesabkürzung bedeuten den jeweiligen numerierten Absatz des betreffenden Paragraphen.

3. **Arabische Zahlen** in Klammern vor einer Gesetzesabkürzung bedeuten die Nummer des im Kommentar abgedruckten Nebengesetzes; hinter einer Gesetzesabkürzung bedeuten sie den jeweiligen Paragraphen dieses Gesetzes, hinter einer römischen Zahl den numerierten Satz des betreffenden Absatzes (zB **(5)** AGBG § 1 I 2).

4. **Alleinstehende Zahlen** in der Kommentierung (römische wie arabische) bedeuten den Absatz (römische Zahl) und den Satz (arabische Zahl) des jeweiligen Paragraphen, auch in Kombination (zB II 2).

5. **Ortsnamen** sind idR abgekürzt (zB Stgt) und im Abkürzungsverzeichnis aufgeschlüsselt. Ohne Zusatz (LG, AG, LAG, ArbG, OVG usw) bedeuten sie grundsätzlich das OLG mit Sitz an dem betreffenden Ort, ausnahmsweise das LG, wenn es an diesem Ort kein OLG gibt oder gab.

6. **Eigennamen** ohne Zusatz sind die von Autoren, deren Werk oder Abhandlung als Belegstelle benutzt wird; dieses ist entweder dem Abkürzungsverzeichnis zu entnehmen oder dem Schrifttumsverzeichnis, das der betreffenden Einleitung, Einführung, Vorbemerkung oder Anmerkung vorangestellt ist.

7. **Zahlen bei Eigennamen** ohne S (Seite) oder § (eines Lehrbuchs) bezeichnen die Anmerkung oder Randnummer für denselben Paragraphen der anderen Kommentare, auf die sich diese Verweisung bezieht.

8. **Abkürzungen** von Gesetzen, Verordnungen, Gebietskörperschaften, Ortsnamen, Zeitschriften, Entscheidungssammlungen und von Wörtern der Fach- und Umgangssprache sind im Abkürzungsverzeichnis aufgeführt. Ausnahmsweise sind Abkürzungen für in bestimmten Anmerkungskomplexen laufend vorkommende Begriffe bei der Anmerkungsüberschrift bezeichnet.

9. **Grundrißartige Darstellungen,** die in die Zusammenhänge des betreffenden Rechtsgebiets oder Gesetzesabschnitts einführen, sind enthalten in Einleitungen (vor einem Buch des HGB und vor einem Nebengesetz), Überblicken (vor dem Abschnitt eines Buches oder eines Nebengesetzes) und Vorbemerkungen (vor Paragraphen-Komplexen innerhalb eines Titels). Die Bezugnahme darauf erfolgt innerhalb der Kom-

Benutzungshinweise

mentierung durch die Bezeichnung der Stelle in Verbindung mit dem Wort „vor" (zB Überbl 1 C vor **(14)** BörsG § 50).

10. **Anmerkungsaufbau.** Die Gliederung beginnt mit arabischen Ziffern und wird nach Bedarf fortgesetzt, in der Regel mit großen, dann kleinen Buchstaben, einfach, dann doppelt. Ausnahmsweise werden römische Zahlen als Gliederungsmittel vor arabischen Ziffern verwandt (zB bei der Kommentierung der Bankgeschäfte).

11. **Belegstellen** aus Rechtsprechung und Schrifttum sind entweder mit derjenigen Seitenzahl angegeben, wo der Abdruck der Entscheidung oder der Abhandlung beginnt (Gesamtverweisung) oder mit derjenigen Seitenzahl, die den Beleg aufweist (Einzelverweisung). Das gilt bei Kommentaren entsprechend für die Randziffern.

12. **Belegstellenauswahl.** Vorrang hat die jüngere vor der älteren bei gleichem Inhalt, sonst die inhalts- und belegstellenreichere vor der inhalts- und belegstellenärmeren. In der Regel hat die amtliche Sammlung (RG, BGH) Vorrang vor jeder Zeitschrift. Bei mehrfacher Veröffentlichung einer Entscheidung haben Zeitschriften den Rang nach der Dichte ihrer Verbreitung; davon ist nur abgewichen, wenn in einer weiter verbreiteten Zeitschrift nur der Leitsatz oder Gründe nur in erheblich kleinerem Umfang abgedruckt sind, außerdem wenn vor Abschluß der Neuauflage die Entscheidung in einer weiter verbreiteten Zeitschrift noch nicht veröffentlicht war.

13. **Verweisungen** innerhalb der Kommentierung erfolgen durch Angabe des Paragraphen mit der in Bezug genommenen Anmerkung (zB § 15 Anm 4 C) oder durch Hinweis auf eine grundrißartige Darstellung (zB Einl 7 A vor § 105).

14. **Abweichende Ansichten** (aA) sind stets beispielhaft angegeben. Immer sind sie vermerkt, wenn die Kommentierung von der Rechtsprechung eines obersten Bundesgerichts abweicht. Fehlende Angaben über aA bedeuten nicht, daß die dargestellte oder vertretene Ansicht völlig unbestritten sei.

15. **Angeführtes Schrifttum** ist enthalten im Abkürzungsverzeichnis (insbesondere Erläuterungswerke), ferner zu Beginn der Bücher des HGB und von Abschnitten, Titeln oder Nebengesetzen.

16. **Nebengesetze und Vorschriften,** die ganz oder teilweise abgedruckt sind, enthält eine Liste hinter dem Inhaltsverzeichnis. Die Überschriften zu den einzelnen Paragraphen oder Artikeln sind ohne Klammern amtlich, in eckigen Klammern nicht amtlich.

Der Autor und der Verlag

Abkürzungsverzeichnis
einschließlich einzelner juristischer Werke

(Ortsname ohne Zusatz bedeutet das OLG mit Sitz an dem betreffenden Ort, ausnahmsweise das LG, wenn es an diesem Ort kein OLG gibt oder gab)

aA	anderer Ansicht
Aach	Aachen
aaO	am angegebenen Ort
ABGB	Allgemeines Bürgerliches Gesetzbuch (Österreich)
abgedr	abgedruckt
Abk	Abkommen
ABl	Amtsblatt
abl	ablehnen(d)
ABlEG	Amtsblatt der Europäischen Gemeinschaften (Datum, Nr, Seite)
Abs	Absatz
Abschn	Abschnitt
abw	abweichend
AbzG	Gesetz betr die Abzahlungsgeschäfte v 16. 5. 1894, RGBl 450, BGBl III 402-2
AcP	Archiv für die civilistische Praxis (Band, Jahr, Seite)
ADHGB	Allgemeines Deutsches Handelsgesetzbuch
ADS	Adler, Düring, Schmalz, Rechnungslegung und Prüfung der Aktiengesellschaft, Handkommentar, Bd 1: Rechnungslegung §§ 148–160, 311–313 AktG 1965, § 14 EG, Stuttgart, 4. Aufl 1968, Bd 2: Prüfung, Feststellung, Rechtsbehelfe §§ 161–178, 256–261 AktG 1965, Stuttgart, 4. Aufl 1971, Bd 3: Rechnungslegung im Konzern, §§ 329–338 AktG 1965 mit Exkursen zum Publizitätsgesetz, Stuttgart, 4. Aufl 1972
ADS Güterversicherung	Allgemeine Deutsche Seeversicherungsbedingungen-ADS, Besondere Bestimmungen für die Güterversicherung
ADSp	Allgemeine Deutsche Spediteurbedingungen
aE	am Ende
aF	alte Fassung
AFG	Arbeitsförderungsgesetz v 25. 6. 1969, BGBl I 582
AfP	Archiv für Presserecht (Jahr und Seite)
AG	Amtsgericht; Aktiengesellschaft; Die Aktiengesellschaft, Zeitschrift für das gesamte Aktienwesen (Jahr und Seite)
AGB	Allgemeine Geschäftsbedingungen
AGB-AKV	Geschäftsbedingungen der Deutschen Auslandskassenverein AG
AGBAnderkonten	Geschäftsbedingungen für Anderkonten und Anderdepots (von Rechtsanwälten, Notaren, Treuhändern und Patentanwälten)

Abkürzungen

AGB-Banken . . .	AGB der (privaten) Banken
AGB-DBBk	AGB der Deutschen Bundesbank
AGBG	Gesetz zur Regelung des Rechts der Allgemeinen Geschäftsbedingungen (AGB-Gesetz) v 9. 12. 1976, BGBl I 3317
AGB-KV	Geschäftsbedingungen der Deutschen Kassenvereine, (Wertpapiersammelbanken)
AGB-Spark	AGB der Sparkassen und Girozentralen
AGNB	Allgemeine Beförderungsbedingungen für den gewerblichen Güternahverkehr mit Kfz
AgrarR	Agrarrecht, Zeitschrift für das gesamte Recht der Landwirtschaft, der Agrarmärkte und des ländlichen Raumes (seit 1971 Jahr und Seite)
AHK	Alliierte Hohe Kommission
AHKG	Gesetz der Alliierten Hohen Kommission für Deutschland
AIZ	Allgemeine Immobilienzeitung (Jahr und Seite)
AkfDR	Akademie für Deutsches Recht
AktG	Aktiengesetz v 6. 9. 1965, BGBl I 1089
AKV	Deutscher Auslandskassenverein AG
allg	allgemein
AllgEisenbG	Allgemeines Eisenbahngesetz
allgM	allgemeine Meinung
ALR	Allgemeines Landrecht für die Preußischen Staaten
aM	anderer Meinung
am	amerikanisch
amMR	amerikanische Militärregierung
AmtlBegr	Amtliche Begründung; in §§ 238 ff s Einl I 3 A vor § 238
amZ	amerikanische Zone
ÄndG	Gesetz zur Änderung (von)
AnfG	Gesetz betr die Anfechtung von Rechtshandlungen außerhalb des Konkursverfahrens v 20. 5. 1898, RGBl 709, BGBl III 311-5
AngKüG	Gesetz über die Fristen für die Kündigung von Angestellten v 9. 7. 1926, RGBl I 399, BGBl III 800-1
Anh	Anhang
Anl	Anlage
Anm	Anmerkung
AO	Abgabenordnung (AO 1977) v 16. 3. 1976, BGBl I 613, ber 1977 I 269
ao	außerordentlich
AP	Nachschlagewerk des Bundesarbeitsgerichts (bis 1954 Zeitschrift: Arbeitsrechtliche Praxis) (Gesetzesstelle, Entscheidungsnummer; Nr ohne Gesetzesstelle bezieht sich auf den kommentierten Paragraphen)
ApG	Gesetz über das Apothekenwesen idF v 15. 10. 80, BGBl I 1993
ArbEG	Gesetz über Arbeitnehmererfindungen v 25. 7. 1957, BGBl I 756, BGBl III 4 Nr 422–1

Abkürzungen

ArbG	Arbeitsgericht
ArbGG	Arbeitsgerichtsgesetz idF v 2. 7. 1979, BGBl I 853, ber 1036
ArbPlSchG	Arbeitsplatzschutzgesetz idF v 14. 4. 1980, BGBl I 425
1. ArbRBerG	Gesetz zur Änderung des Kündigungsrechts und anderer arbeitsrechtlicher Vorschriften (Erstes Arbeitsrechtsbereinigungsgesetz) v 14. 8. 1969, BGBl I 1106
ArbR-Blattei	Arbeitsrecht-Blattei
ArbRSamml	Arbeitsrechts-Sammlung (früher Bensheimer Sammlung), Entscheidungen des Reichsarbeitsgericht- und des Reichsehrengerichtshofs, der Landesarbeitsgerichte, Arbeitsgerichte und Ehrengerichte (Band und Seite)
arg e	argumentum ex, Grund in
Art	Artikel
AT	Allgemeiner Teil
Aufl	Auflage
AÜG	Gesetz zur Regelung der gewerbsmäßigen Arbeitnehmerüberlassung (Arbeitnehmerüberlassungsgesetz – AÜG) idF 14. 6. 1985, BGBl I 1068
Augsbg	Augsburg
AuR	Arbeit und Recht (Jahr und Seite)
ausf	ausführlich
AuslInvestmG	Gesetz über den Vertrieb ausländischer Investmentanteile und über die Besteuerung der Erträge aus ausländischen Investmentanteilen v 28. 7. 1969, BGBl I 986
AVB	Allgemeine Versicherungsbedingungen
AVG	Angestelltenversicherungsgesetz idF v 28. 5. 1924, RGBl I 563, BGBl III 821-1
AWD	Außenwirtschaftsdienst des Betriebs-Berater (seit 1975 RIW) (Jahr und Seite)
AWG	Außenwirtschaftsgesetz v 28. 4. 1961, BGBl I 481, BGBl III 7400-1
AWR	Archiv für Wettbewerbsrecht (Jahr und Seite)
AWV	Außenwirtschaftsverordnung idF v 3. 8. 1981, BGBl I 853
AZO	Arbeitszeitordnung idF v 30. 4. 1938 RGBl I 446, BGBl III 8050-1
B-	Bundes-
BABl	Bundesarbeitsblatt (Jahr und Seite) seit 1979: Jahr, Nr, Seite ohne durchgehende Paginierung)
BAG	Bundesarbeitsgericht, auch Entscheidungen des Bundesarbeitsgerichts (Band und Seite)
BAKred	Bundesaufsichtsamt für das Kreditwesen
Bambg	Bamberg (OLG)
Bandasch	Bandasch, Hrsg, HGB, Gemeinschaftskommentar zum Handelsgesetzbuch, Neuwied, 3. Aufl 1980
Bank	s Die Bank
BankA	Bank-Archiv, Zeitschrift für Bank- und Börsenwesen (Jahr und Seite)

Abkürzungen

Bank-Betrieb ...	Bank-Betrieb (ab 1977 Die Bank) (Jahr und Seite)
BAnz	Bundesanzeiger
BAT	Bundes-Angestellten-Tarifvertrag
Baumb-Hefermehl	Baumbach, Hefermehl, Wettbewerbsrecht, München, 14. Aufl 1983; Baumbach, Hefermehl, Wechselgesetz und Scheckgesetz, München, 15. Aufl 1986
Baumb-Hueck	Baumbach, Hueck, GmbH-Gesetz, G. Hueck, Schulze=Osterloh, Zöllner, München, 14. Aufl 1985
Baumb-Lauterbach	Baumbach, Lauterbach, Albers, Hartmann, Zivilprozeßordnung mit GVG und anderen Nebengesetzen, München, 44. Aufl 1986
BauspG	Gesetz über Bausparkassen v 16. 11. 1972, BGBl I 2097
BAV	Bundesaufsichtsamt für das Versicherungswesen (vor 1973: Versicherungs- und Bausparwesen)
BaWü	Baden-Württemberg
Bay	Bayern
BayObLG	Bayerisches Oberstes Landesgericht, auch Entscheidungen des Bayerischen Obersten Landesgerichts in Zivilsachen (Band und Seite)
BB	Der Betriebs-Berater (Jahr und Seite)
BBahnG	Gesetz über die Deutsche Bundesbahn v 13. 12. 1951, BGBl I 955
BBankG	Gesetz über die Deutsche Bundesbank v 26. 7. 1957, BGBl I 745
Bd, Bde	Band, Bände
BdB	Bundesverband deutscher Banken e. V.
BDI	Bundesverband der Deutschen Industrie
BdL	Bank deutscher Länder
BDSG	Gesetz zum Schutz vor Mißbrauch personenbezogener Daten bei der Datenverarbeitung (Bundesdatenschutzgesetz) v 27. 1. 1977, BGBl I 201
BEG	Bundesgesetz zur Entschädigung für Opfer der nationalsozialistischen Verfolgung v 29. 6. 1956, BGBl I 562, BGBl III 2 Nr 251-1
Begr, begr	Begründung, begründet
Beil	Beilage
Bek	Bekanntmachung
Bem	Bemerkung
ber	berichtigt
BerBG (BBiG)	Berufsbildungsgesetz v 14. 8. 1969, BGBl I 1112
bes	besonders, besondere(r, s)
BeschFG	Beschäftigungsförderungsgesetz 1985 (BeschFG 1985) v 26. 4. 1985, BGBl I 710
Betr (DB)	Der Betrieb (Jahr und Seite)
betr	betreffend
BetrAVG	Gesetz zur Verbesserung der betrieblichen Altersversorgung (Betriebsrentengesetz) v 19. 12. 1974, BGBl I 3610

Abkürzungen

BetrVG	Betriebsverfassungsgesetz v 15. 1. 1972, BGBl I 13
BeurkG	Beurkundungsgesetz v 28. 8. 1969, BGBl I 1513
BewG	Bewertungsgesetz (BewG) idF v 26. 9. 1974, BGBl I 2370
BFH	Bundesfinanzhof
BFM	Bundesfinanzminister
BGB	Bürgerliches Gesetzbuch v 18. 8. 1896, RGBl 195, BGBl III 400-2
BGBGes	Gesellschaft des bürgerlichen Rechts
BGBl I, II, III	Bundesgesetzblatt, ohne Ziffer = Teil I; mit II = Teil II; mit III = Teil III (Jahr und Seite, außer III)
BGH	Bundesgerichtshof, auch Entscheidungen des Bundesgerichtshofes in Zivilsachen (Band und Seite)
BGHGrZS	Bundesgerichtshof, Großer Senat in Zivilsachen
BGHSt	Bundesgerichtshof, auch Entscheidungen des Bundesgerichtshofes in Strafsachen (Band und Seite)
BGHVGrS	Bundesgerichtshof, Vereinigter Großer Senat
BGHWarn	Die Rechtsprechung des Bundesgerichtshofs in Zivilsachen, begr von Warneyer (Jahr und Nummer)
Bielef	Bielefeld
BinSchG	Gesetz betr die privatrechtlichen Verhältnisse der Binnenschiffahrt (Binnenschiffahrtsgesetz – BinSchG) idF v 15. 6. 1898, RGBl 868, BGBl III 4103-1
BinSchVG	Gesetz über den gewerblichen Binnenschiffsverkehr idF v 8. 1. 1969, BGBl I 65
BiRiLiG	Gesetz zur Durchführung der Vierten, Siebenten und Achten Richtlinie des Rates der Europäischen Gemeinschaften zur Koordinierung des Gesellschaftsrechts (Bilanzrichtlinien-Gesetz – BiRiLiG) v 19. 12. 1985, BGBl I 2355
BKartA	Bundeskartellamt
Bln	Berlin
BMA	Bundesminister(ium) für Arbeit
BMF	Bundesminister(ium) der Finanzen
BMJ	Bundesminister(ium) der Justiz
BMV	Bundesminister(ium) für Verkehr
BMWi	Bundesminister(ium) für Wirtschaft
b/n	brutto für netto
BNotO	Bundesnotarordnung v 24. 2. 1961, BGBl I 98, BGBl III 3 Nr 303-1
Bobrowski-Gaul I, II	Bobrowski, Gaul, Das Arbeitsrecht im Betrieb von der Einstellung bis zur Entlassung, Heidelberg, 7. Aufl 1979
BörsG	Börsengesetz v 22. 8. 1896, RGBl 157, idF v 27. 5. 1908, RGBl 215, BGBl III 4110-1
BörsO	Börsenordnung
BörsZulassBek	Bekanntmachung betreffend die Zulassung von Wertpapieren zum Börsenhandel v 4. 7. 1910, RGBl 917, BGBl III 4111-1
BPatG	Bundespatentgericht

XXI

Abkürzungen

br	britisch
BR, BRat	Bundesrat
BRAG(eb)O	Bundesgebührenordnung für Rechtsanwälte v 26. 7. 1957, BGBl I 907, BGBl III 3 Nr 368-1
BRAO	Bundesrechtsanwaltsordnung v 1. 8. 1959, BGBl I 565, BGBl III 3 Nr 308-8
BRDrucks	Bundesrats-Drucksache
BReg	Bundesregierung
Brem	Bremen (OLG)
BRep, BRD	Bundesrepublik Deutschland
brMR	britische Militärregierung
Brox	Brox, Handelsrecht und Wertpapierrecht (Grundrisse des Rechts), München, 5. Aufl 1985
Brschw	Braunschweig (OLG)
brZ	britische Zone
BS	Bereinigte Sammlung
BSE	Belegloser Scheckeinzug
BSL	Bundesverband Spedition und Lagerei e.V., Bonn
BSozG	Bundessozialgericht
Bsp	Beispiel
BStBl	Bundessteuerblatt (Jahr, Band und Seite)
BT, BTag	Bundestag
BTDrucks	Bundestags-Drucksache
BuB	Bankrecht und Bankpraxis (früher: Bankgeschäftliches Fomularbuch), Köln 1979ff (LBl)
Buchführungs-Ri	Richtlinien zur Organisation der Buchführung (im Rahmen eines einheitlichen Rechnungswesens) v 11. 11. 1937, MinBlfWi 239
BUrlG	Mindesturlaubsgesetz für Arbeitnehmer (Bundesurlaubsgesetz) v 8. 1. 1963, BGBl I 2
BVerfG	Bundesverfassungsgericht, auch Entscheidungen des Bundesverfassungsgerichtes (Band und Seite)
BVerwG	Bundesverwaltungsgericht, auch Entscheidungen des Bundesverwaltungsgerichtes (Band und Seite)
BVFG	Gesetz über die Angelegenheiten der Vertriebenen und Flüchtlinge (Bundesvertriebenengesetz) idF v 3. 9. 1971, BGBl I 1565
bzw	beziehungsweise
CaffeeHdlVerein	Verein der am Caffeehandel beteiligten Firmen
Canaris	Canaris, Bankvertragsrecht, Sonderausgabe aus Handelsgesetzbuch, Großkommentar, 3. Aufl Bd III Teil 3, 2. Bearbeitung, Berlin 1981 (zit Canaris, Zahlen = jeweilige Rdn)
Canaris, Vertrauenshaftung	Canaris, Die Vertrauenshaftung im deutschen Privatrecht, München 1971
Capelle-Canaris	Capelle, Canaris, Handelsrecht (ohne Gesellschafts- und Seehandelsrecht), München, 20. Aufl 1985
cc	code civil

Abkürzungen

CDH	Centralvereinigung Deutscher Handelsvertreter- und Handelsmakler-Verbände (CDH)
Celle	Celle (OLG)
Charl	Berlin-Charlottenburg
cif	cost, insurance, freight
CIM	Einheitliche Rechtsvorschriften für den Vertrag über die internationale Eisenbahnbeförderung von Gütern (Anh B zu COTIF)
CIV	Einheitliche Rechtsvorschriften für den Vertrag über die internationale Eisenbahnbeförderung (Anh A zu COTIF)
CMR	Übereinkommen über den Beförderungsvertrag im internationalen Straßengüterverkehr v 19. 5. 1956, BGBl 1961 II 1119, 1962 II 12
COTIF	Übereinkommen über den internationalen Eisenbahnverkehr v 9. 5. 1980, BGBl 1985 II 130, 666
cpd	Konto pro Diverse
DA	Dokumenten-Akkreditiv
Darmst	Darmstadt
DB (Betr)	Der Betrieb (Jahr und Seite)
DBB	Deutsche Bundesbahn
DBBk	Deutsche Bundesbank; Monatsberichte der Deutschen Bundesbank (Monat, Jahr, Seite)
DBP	Deutsche Bundespost
DDR	Deutsche Demokratische Republik
Denkschrift	Denkschrift zu dem Entwurf eines Handelsgesetzbuchs v 1896
DepotG	Gesetz über die Verwahrung und Anschaffung von Wertpapieren (Depotgesetz – DepotG) v 4. 2. 1937, RGBl I 171, BGBl III 4130-1
ders	derselbe
dgl	dergleichen
DGWR	Deutsches Gemein- und Wirtschaftsrecht (Jahr und Seite)
dh	das heißt
Die Bank	Die Bank, Zeitschrift für Bankpolitik und Bankpraxis (bis 1976: Bank-Betrieb)
DIHT	Deutscher Industrie- und Handelstag
Diss	Dissertation
DJ	Deutsche Justiz, Rechtspflege und Rechtspolitik, Amtliches Blatt der Deutschen Rechtspflege (Jahr und Seite)
DJT	Deutscher Juristentag
DJZ	Deutsche Juristen-Zeitung (Jahr und Spalte)
DM	Deutsche Mark
DM-BilG	D-Markbilanzgesetz v 21. 8. 1949, WiGBl 279, idF v 28. 12. 1950, BGBl 1949/50 I 811
DNotZ	Deutsche Notar-Zeitschrift (Jahr und Seite)

Abkürzungen

DÖV	Die Öffentliche Verwaltung (Jahr und Seite)
DR (DRW)	Deutsches Recht (ab 1. 4. 1939 Wochenausgabe, vereinigt mit JW) (Jahr und Seite)
Drucks	Drucksache
DRZ	Deutsche Rechts-Zeitschrift (ab 1951 übergeleitet in JZ) (Jahr und Seite)
DStR	Deutsches Steuerrecht (Jahr und Seite)
DSWR	Datumverarbeitung in Steuer, Wirtschaft und Recht (Jahr und Seite)
DTG	Deutsche Treuhand-Gesellschaft, Einführung in das Bilanzrichtlinien-Gesetz, Frankfurt oJ
dtsch	deutsch
Düringer-Hachenburg	Düringer, Hachenburg, Das Handelsgesetzbuch, Mannheim, 3. Aufl 1930–1935
Düss.	Düsseldorf (OLG)
DVBl	Deutsches Verwaltungsblatt (Jahr und Seite)
DVO	Durchführungsverordnung
DVZ	Deutsche Verkehrs-Zeitung (Jahr, Nummer und Seite)

E	Entwurf; in §§ 238 ff s Einl I 3 A vor § 238
ECE	Economic Commission for Europe, Wirtschaftskommission der Vereinten Nationen für Europa
ECOSOC	s (UN)ECOSOC
Eder	Eder, Berg, Heuser, Tillmann, Gaul, Handbuch der GmbH, Köln, 10. Aufl 1965 ff (LBl)
EDV	Elektronische Datenverarbeitung
EG	Einführungsgesetz, auch: Europäische Gemeinschaft(en)
eG	eingetragene Genossenschaft
EGAktG	Einführungsgesetz zum Aktiengesetz v 6. 9. 1965, BGBl I 1185
EGAO	Einführungsgesetz zur Abgabenordnung (AO 1977) v 14. 12. 1976, BGBl I 3341, 3370
EGBGB	Einführungsgesetz zum Bürgerlichen Gesetzbuch v 18. 8. 1896, RGBl 604, BGBl III 400-1
EGHGB	Einführungsgesetz zum Handelsgesetzbuche v 10. 5. 1897, RGBl 437, BGBl III 4101-1
EGKomm	Kommission der Europäischen Gemeinschaften
EGKS	Europäische Gemeinschaft für Kohle und Stahl
Ehrenbergs Hdb .	Handbuch des gesamten Handelsrechts mit Einschluß des Wechsel-, Scheck-, See- und Binnenschiffahrtsrechts, des Versicherungsrechts sowie des Post- und Telegraphenrechts, hrsg von Ehrenberg, Leipzig 1913 ff
Einf	Einführung
Einl	Einleitung
Eisenb.	Eisenbahn

Abkürzungen

EisenbE	Eisenbahn- und verkehrsrechtliche Entscheidungen und Abhandlungen (Band und Seite)
EK	in §§ 238 ff s Einl I 3 A vor § 238
EKAG	Einheitliches Gesetz über den Abschluß von internationalen Kaufverträgen über bewegliche Sachen v 17. 7. 1973, BGBl I 868
EKG	Einheitliches Gesetz über den internationalen Kauf beweglicher Sachen v 17. 7. 1973, BGBl I 856
EKK	Europäischer Kaffee-Kontrakt, Hrsg Committee of European Coffee Associations
engl	englisch
entspr	entsprechend
Entw	Entwurf
ERA (ERG)	Einheitliche Richtlinien und Gebräuche für Dokumenten-Akkreditive
ErbStG	Erbschaftssteuer- und Schenkungssteuergesetz (ErbStG) v 17. 4. 1974, BGBl I 933
ErgBd	Ergänzungsband (zu)
ErgG	Ergänzungsgesetz (zu)
ER/CIM	s CIM
ER/CIV	s CIV
ERI	Einheitliche Richtlinien für Inkassi
EStG	Einkommensteuergesetz (EStG 1985) v 12. 6. 1985, BGBl I 977
EStR	Einkommensteuer-Richtlinien 1984 (EStR 1984), BStBl I Sondernummer 2
ETR	Europäisches Transportrecht (European Transport Law) (Jahr und Seite)
EuGH	Gerichtshof der Europäischen Gemeinschaften, auch Entscheidungen des Gerichtshofes der Europäischen Gemeinschaften (Jahr, früher Band, und Seite)
EuGVÜbk	Europäisches Übereinkommen über die gerichtliche Zuständigkeit und die Vollstreckung gerichtlicher Entscheidungen in Zivil- und Handelssachen v 27. 9. 1968, BGBl 1972 II 773
Eur, eur	Europa, europäisch
EuR	Europarecht (Jahr und Seite)
eV	eingetragener Verein
E. v.	Eingang vorbehalten
EVO	Eisenbahn-Verkehrsordnung v 8. 9. 1938, RGBl II 663, BGBl III 934-1
EVSt	Einfuhr- und Vorratsstelle
EWG	Europäische Wirtschaftsgemeinschaft
EWGV	Vertrag zur Gründung der Europäischen Wirtschaftsgemeinschaft v 25. 3. 1957, BGBl II 753, 766
EWiR	Entscheidungen zum Wirtschaftsrecht (Aktuelle Rechtsprechung mit Kurzkommentaren für die Praxis, RWS)
EWIV	Europäische wirtschaftliche Interessenvereinigung
EzA	Entscheidungssammlung zum Arbeitsrecht (Gesetzes-

Abkürzungen

	stelle, Entscheidungsnummer; Nr ohne Gesetzesstelle bezieht sich auf den kommentierten Paragraphen)
EZÜ	Elektronischer Zahlungsverkehr für Individualüberweisungen
f, ff	folgende
FamRZ	Zeitschrift für das gesamte Familienrecht, Ehe und Familie im privaten und öffentlichen Recht (Jahr und Seite)
Fbg	Freiburg
FBL	Negotiable FIATA Combined Transport Bill of Loading, übertragbares Durchkonnossement für den kombinierten Transport
FCR	Forwarders Certificate of Receipt, Spediteurübernahmebescheinigung
Ffm	Frankfurt am Main (OLG)
FGG	Gesetz über die Angelegenheiten der freiwilligen Gerichtsbarkeit idF v 20. 5. 1898, RGBl 771, BGBl III 315-1
FIATA	International Federation of Freight Forwarders Associations, internationaler Spediteurverband
FIDIC	Fédération Internationale des Ingénieurs-Conseils, Internationale Vereinigung Beratender Ingenieure
Fischer-Lutter	Fischer, Lutter, GmbH-Gesetz, Kommentar, Köln, 11. Aufl 1985
Flume I 1, 2, II	Flume, Allgemeiner Teil des Bürgerlichen Rechts, Erster Band, Erster Teil, Die Personengesellschaft, Berlin 1977, Zweiter Teil, Die juristische Person, Berlin 1983; Zweiter Band, Das Rechtsgeschäft, Berlin, 3. Aufl 1979
FN	Fachnachrichten, Institut der Wirtschaftsprüfer in Deutschland e.V. (Jahr und Seite)
fob	free on board
frz	französisch
frzMR	französische Militärregierung
frzZ	französische Zone
FS (Name)	Festschrift (Festgabe) für (Name)
Fußn	Fußnote
G	Gesetz, Gericht (in Zusammensetzungen)
GBl	Gesetzblatt
GBl DDR I, II	Gesetzblatt der Deutschen Demokratischen Republik Teil I, Teil II (Jahr und Seite)
GBO	Grundbuchordnung idF v 5. 8. 1935, RGBl I 1073, BGBl III 315-11
GbR	Gesellschaft bürgerlichen Rechts
GebrM	Gebrauchsmuster
GebrMG	Gebrauchsmustergesetz idF v 2. 1. 1968, BGBl I 24, BGBl III 4 Nr 421-1
GedS	Gedächtnisschrift für (Name)

Abkürzungen

gem	gemäß
GemO	Gemeindeordnung
GenG	Gesetz betr die Erwerbs- und Wirtschaftsgenossenschaften v 1. 5. 1889, RGBl 55, idF v 20. 5. 1898, RGBl 369, 810, BGBl III 4125-1
GenReg	Genossenschaftsregister
Ges	Gesellschaft
GeschmMG	Gesetz über das Urheberrecht an Mustern und Modellen vom 11. 1. 1876, RGBl 11, BGBl III 442-1
Geßler	s auch Schlegelberger
Geßler-Hefermehl-(Bearbeiter)	Geßler, Hefermehl, Eckardt, Kropff, Aktiengesetz, Kommentar, 6 Bde, München 1973 ff
GewA	Gewerbearchiv, Zeitschrift für Gewerbe- und Wirtschaftsverwaltungsrecht (Jahr und Seite)
GewO	Gewerbeordnung idF v 1. 1. 1978, BGBl I 97
GewStG	Gewerbesteuergesetz (GewStG 1978) idF v 22. 9. 1978, BGBl I 1557
GFG	Gesetz über den Güterfernverkehr mit Kraftfahrzeugen v 26. 6. 1935, RGBl I 778 (aufgehoben)
Gfter	Gesellschafter
GG	Grundgesetz für die Bundesrepublik Deutschland v 23. 5. 1949, BGBl I 1
ggf	gegebenenfalls
Gierke	von Gierke, Handelsrecht und Schiffahrtsrecht, Berlin, 8. Aufl 1958
Gierke-Sandrock I	von Gierke, Sandrock, Handels- und Wirtschaftsrecht, Band 1: Allgemeine Grundlagen, Der Kaufmann und sein Unternehmen, Berlin, 9. Aufl 1975
GKG	Gerichtskostengesetz idF v 15. 12. 1975, BGBl I 3047
glA	gleicher Ansicht
GleichberG	Gesetz über die Gleichberechtigung von Mann und Frau auf dem Gebiet des bürgerlichen Rechts v 18. 6. 1957, BGBl I 609, BGBl III 4 Nr 400-3
GmbH	Gesellschaft mit beschränkter Haftung
GmbHG	Gesetz betr die Gesellschaften mit beschränkter Haftung v 20. 4. 1892, RGBl 477, BGBl III 4123-1
GmbHGÄndG	Gesetz zur Änderung des GmbHG und anderer handelsrechtlicher Vorschriften v 4. 7. 1980, BGBl I 836
GmbHGfter	Gesellschafter der GmbH
GmbHR	GmbH-Rundschau mit Sonderfragen der GmbH & Co (Jahr und Seite)
GNT	Güternahverkehrstarif
GoB	Grundsätze ordnungsmäßiger Buchführung
Gött	Göttingen
Großfeld	Großfeld, Bilanzrecht, Karlsruhe 1978
GroßKo-(Bearbeiter)	Handelsgesetzbuch, Großkommentar, begr von Staub, 3. Aufl von Brüggemann, Canaris, Fischer, Helm, Koller, Ratz, Schilling, Ulmer, Würdinger/Röhricht, 5 Bde, Berlin, 1967 ff; 4. Aufl, Staub Groß-

Abkürzungen

	kommentar, Canaris, Schilling, Ulmer, Hrsg, Einzellieferungen, 1983 ff
GroßKo (AktG)- (Bearbeiter)	Aktiengesetz, Großkommentar, begr von Gadow, Heinichen, 3. Aufl von Barz, Brönner, Klug, Mellerowicz, Meyer=Landrut, Schilling, Wiedemann, Würdinger, 4 Bde, Berlin, 1970 ff
GrS	Großer Senat
Gruch	Beiträge zur Erläuterung des Deutschen Rechts, begr von Gruchot (Band und Seite)
GRUR	Gewerblicher Rechtsschutz und Urheberrecht (Jahr und Seite)
GRURInt	Gewerblicher Rechtsschutz und Urheberrecht, Internationaler Teil (bis 1967 Auslands- und Internationaler Teil; Jahr und Seite)
GrZS	Großer Zivilsenat
Guadalajara-Abkommen	Zusatzabkommen zum Warschauer Abkommen zur Vereinheitlichung von Regeln über die von einem anderen als dem vertraglichen Luftfrachtführer ausgeführte Beförderung im internationalen Luftverkehr v 18. 9. 1961, BGBl 1963 II 1159, 1964 II 1371
GüKG	Güterkraftverkehrsgesetz idF v 10. 3. 1983, BGBl I 257
GuV	Gewinn und Verlust
GVBl	Gesetz- und Verordnungsblatt
GVG	Gerichtsverfassungsgesetz idF v 9. 5. 1975, BGBl I 1077
GWB	Gesetz gegen Wettbewerbsbeschränkungen idF v 24. 9. 1980, BGBl I 1761
Hach-(Bearbeiter) (ErgBd)	Hachenburg, GmbH-Gesetz, Großkommentar, 3 Bde, Berlin, 7. Aufl 1975 ff, Ergänzungsband 1985 (§§ 1–12, 2. Bearbeitung 1984; GmbH-Novelle 1980)
Hahn-Mugdan ..	Hahn, Mugdan, Materialien zum Handelsgesetzbuch, Berlin 1897
Halbs	Halbsatz
Hamm	Hamm (OLG)
Hann	Hannover
HansRGZ	Hanseatische Rechts- und Gerichtszeitschrift (zuvor unter anderen Titeln) (Jahr und Spalte)
HauptNl	Hauptniederlassung
Hbg	Hamburg (OLG)
Hbg frdsch Arbitr	Hamburger freundschaftliche Arbitrage
Hdb	Handbuch
HdJ	Handbuch des Jahresabschlusses in Einzeldarstellungen, von Wysocki, Schulze=Osterloh, Hrsg, Köln 1984 ff (LBl)
Hdl	Handel(s), Handlung(s)
Hdlbg	Heidelberg
HdlGehilfe	Handlungsgehilfe

Abkürzungen

HdlKlassenG ...	Handelsklassengesetz idF v 23. 11. 1972, BGBl I 2201
HdlReg	Handelsregister
HdlVertreter ...	Handelsvertreter
HdlVollmacht...	Handlungsvollmacht
HdwO	Gesetz zur Ordnung des Handwerks (Handwerksordnung) idF v 28. 12. 1965, BGBl 1966 I 1, BGBl III 7 Nr 7110-1
Heilbr	Heilbronn
Heinen	Heinen, Handelsbilanzen, Wiesbaden, 10. Aufl 1982
Heymann-Kötter	Heymann, Kötter, Handelsgesetzbuch (ohne Seerecht) mit Erläuterungen, Berlin, 21. (4.) Aufl 1971
HEZ	Höchstrichterliche Entscheidungen, Sammlung von Entscheidungen der Oberlandesgerichte und der Obersten Gerichte in Zivilsachen (Band und Seite)
HFR	Höchstrichterliche Finanzrechtsprechung (Jahr und Seite)
HGB	Handelsgesetzbuch v 10. 5. 1897, RGBl 219, BGBl III 4100-1
HGBGroßKo ...	s GroßKo
HintO	Hinterlegungsordnung v 10. 3. 1937, RGBl I 285, BGBl III 300-15
HK	Handelskammer
hL	herrschende Lehre
hM	herrschende Meinung
Hofmann	Hofmann, Handelsrecht, Frankfurt, 5. Aufl 1985
HoldhMSchr ...	Monatsschrift für Handelsrecht und Bankwesen, Steuer- und Stempelfragen, begr von Holdheim (Jahr und Seite)
Hopt, Kapitalanlegerschutz	Hopt, Der Kapitalanlegerschutz im Recht der Banken, Gesellschafts-, bank- und borsenrechtliche Anforderungen an das Beratungs- und Verwaltungsverhalten der Kreditinstitute, München 1975
Hopt-Hehl	Hopt, Hehl, Gesellschaftsrecht, München, 2. Aufl 1982
Hopt-Mössle ...	Hopt, Mössle, Handelsrecht, München 1986
HRR	Höchstrichterliche Rechtsprechung (Jahr und Nr)
Hrsg, hrsg	Herausgeber, herausgegeben
HRV	Handelsregisterverfügung v 12. 8. 1937, RMBl 515, DJ 1251
Hueck, OHG ...	Hueck A., Das Recht der offenen Handelsgesellschaft, Berlin, 4. Aufl 1971
Hueck	Hueck G., Gesellschaftsrecht, München, 18. Aufl 1983
Hueck-Canaris ..	Hueck, Canaris, Recht der Wertpapiere, München, 12. Aufl 1986
Hueck-Nipperdey I, II 1, II 2	Hueck, Nipperdey, Lehrbuch des Arbeitsrechts, Bd I, Bd II (2 Hbde), Berlin, 7. Aufl 1963/1967/1970
HV	Handelsvertreter
HVHM	Der Handelsvertreter und Handelsmakler (offizielles Organ der CDH) (Jahr und Seite)

Abkürzungen

HVR	Handelsvertreterrecht, Entscheidungen und Gutachten, hrsg vom Forschungsverband für den Handelsvertreter- und Handelsmaklerberuf (Jahr und Nr)
HwK	Handwerkskammer
HypBG	Hypothekenbankgesetz idF v 5. 2. 1963, BGBl I 81
IASC	International Accounting Standards Committee
ICC	International Chamber of Commerce
idF	in der Fassung
idR	in der Regel
IdW	Institut der Wirtschaftsprüfer in Deutschland e.V.
IdW-AKW	Stellungnahmen des Arbeitskreises Weltbilanz des IdW
IdW-BFA	Stellungnahmen des Bankenfachausschusses des IdW
IdW-FAMA	Stellungnahmen des Fachausschusses für moderne Abrechnungssysteme des IdW
IdW-FG	Fachgutachten des IdW
IdW-HFA	Stellungnahmen des Hauptfachausschusses des IdW
IdW-KFA	Stellungnahmen des Fachausschusses für kommunales Prüfungswesen des IdW
IdW-KHFA	Stellungnahmen des Krankenhausfachausschusses des IdW
IdW-NA	Stellungnahmen zu Fragen des neuen Aktienrechts (Hauptfachausschuß bzw Sonderausschuß Neues Aktienrecht des IdW)
IdW-VFA	Stellungnahmen des Versicherungsfachausschusses des IdW
IdW-VO	Gemeinsame Stellungnahmen der Wirtschaftsprüferkammer und des IdW
IdW-WFA	Stellungnahmen des wohnungswirtschaftlichen Fachausschusses des IdW
iErg	im Ergebnis
ieS	im engeren Sinne
IHK	Industrie- und Handelskammer
iL	in Liquidation
im allg	im allgemeinen
Immenga-Mestmäcker	Immenga-Mestmäcker, GWB, Kommentar zum Kartellgesetz, München 1981
Incoterms	International Commercial Terms
Insiderhandels-Ri	Richtlinien für Insider-Geschäfte in börsennotierten oder öffentlich angebotenen Aktien
InsiderVerfO	Verfahrensordnung für die bei den Wertpapierbörsen auf der Grundlage der Insiderhandels-Richtlinien und der Händler- und Beraterregeln zu bildenden Prüfungskommissionen
IntHK	Internationale Handelskammer Paris
IPR	internationales Privatrecht
IPRG	Gesetz zur Neuregelung des Internationalen Privatrechts v 25. 7. 1986, BGBl I 1142
IPRax	Praxis des Internationalen Privat- und Verfahrensrechts (Jahr und Seite)

Abkürzungen

iS(v)	im Sinne (von)
it	italienisch
iVm	in Verbindung mit
iwS	im weiteren Sinne
iZw	im Zweifel
JA	Juristische Arbeitsblätter (Jahr und Seite)
JArbSchG	Gesetz zum Schutze der arbeitenden Jugend (Jugendarbeitsschutzgesetz) idF v 12. 4. 1976, BGBl I 965
Jauernig	Jauernig ua, BGB, München, 3. Aufl 1984
JFG	Jahrbuch für Entscheidungen in Angelegenheiten der freiwilligen Gerichtsbarkeit und des Grundbuchrechts (Band und Seite)
JIEA	Joint Import/Export Agency
JMBl	Justizministerialblatt
JO	Journal Officiel (Jahr und Seite)
JR	Juristische Rundschau (Jahr und Seite)
jur	juristisch
Jura	Jura, Juristische Ausbildung (Jahr und Seite)
JuS	Juristische Schulung (Jahr und Seite)
JW	Juristische Wochenschrift (Jahr und Seite)
JZ	Juristen-Zeitung (früher Deutsche Rechts-Zeitschrift und Süddeutsche Juristen-Zeitung) (Jahr und Seite)
KAGG	Gesetz über Kapitalanlagegesellschaften idF v 14. 1. 1970, BGBl I 127
KapErhG	Gesetz über die Kapitalerhöhung aus Gesellschaftsmitteln und über die Verschmelzung von Gesellschaften mit beschränkter Haftung v 23. 12. 1959, BGBl I 789, BGBl III 4120-2
KAPOVAZ	kapazitätsorientierte variable Arbeitszeit
Karlsr	Karlsruhe (OLG)
Kblz (Kobl)	Koblenz (OLG)
Kdt (Einlage)	Kommandit (Einlage)
Kdtist	Kommanditist
Kegel	Kegel, Internationales Privatrecht, München, 4. Aufl 1977
KfH	Kammer für Handelssachen
Kflte	Kaufleute
Kfm	Kaufmann(s)
kfm	kaufmännisch
Kfz	Kraftfahrzeug
KG	Kammergericht Berlin, Kommanditgesellschaft
KGaA	Kommanditgesellschaft auf Aktien
KGJ	Jahrbuch für Entscheidungen des Kammergerichts (Abteilung A) (Band und Seite)
Kln	Köln (OLG)
Knobbe=Keuk	Knobbe=Keuk, Bilanz- und Unternehmenssteuerrecht, Köln, 5. Aufl 1985

Abkürzungen

KO	Konkursordnung idF v 20. 5. 1898, RGBl 612, BGBl III 311-4
Komm	Kommentar
KöKo-(Bearbeiter)	Kölner Kommentar zum Aktiengesetz, hrsg von Zöllner, Köln, 1970 ff; 2. Aufl 1986 ff (Einzellieferungen)
Kötter	s Heymann-Kötter
KostO	Gesetz über die Kosten in Angelegenheiten der freiwilligen Gerichtsbarkeit (Kostenordnung) idF v 26. 7. 1957, BGBl I 960, BGBl III 3 Nr 361-1
KR	Kontrollrat
KRG	Kontrollratsgesetz
krit	kritisch
KSchG	Kündigungsschutzgesetz v 25. 8. 1969, BGBl I 1317, BGBl III 8 Nr 800-2
KStG	Körperschaftssteuergesetz (KStG 1977) v 31. 8. 1976, BGBl I 2597
KTS (KuT)	Konkurs-, Treuhand- und Schiedsgerichtswesen (Jahr und Seite)
Kübler	Kübler, Gesellschaftsrecht, Karlsruhe, 2. Aufl 1985
Küstner I, II, III . .	Küstner, Handbuch des gesamten Außendienstrechts, Bd 1: Das Recht des Handelsvertreters (ohne Ausgleichsrecht), Heidelberg 1979; Bd 2: Der Ausgleichsanspruch des Handelsvertreters, 4. Aufl 1979; Bd 3: Küstner-Koinecke, Das Recht des angestellten Geschäftsvermittlers im Waren- und Dienstleistungsbereich, 1985
KVO	Kraftverkehrsordnung für den Güterfernverkehr mit Kraftfahrzeugen (Beförderungsbedingungen)
KVStG	Kapitalverkehrssteuergesetz (KVStG 1972) idF v 17. 11. 1972, BGBl I 2129
KWG	Gesetz über das Kreditwesen idF v 11. 7. 1985, BGBl I 1472
L-	Landes-
LAG	Landesarbeitsgericht
Landmann-Rohmer	von Landmann, Rohmer, Gewerbeordnung und ergänzende Vorschriften, neubearbeitet von Bender ua, München, 14. Aufl 1986 ff (LBl)
lat	lateinisch
LBl	Loseblatt
Leffson	Leffson, Die Grundsätze ordnungsmäßiger Buchführung, Düsseldorf, 6. Aufl 1982
lfd	laufend
LFZG	Gesetz über die Fortzahlung des Arbeitsentgelts im Krankheitsfalle (Lohnfortzahlungsgesetz) v 27. 7. 1969, BGBl I 946
LG	Landgericht
Lit	Literatur
LM	Nachschlagewerk des Bundesgerichtshofs in Zivilsa-

Abkürzungen

	chen, hrsg von Lindenmaier und Möhring (Gesetzesstelle, Entscheidungsnummer; Nr ohne Gesetzesstelle bezieht sich auf den kommentierten Paragraphen)
LöschG	Gesetz über die Auflösung und Löschung von Gesellschaften und Genossenschaften v 9. 10. 1934, RGBl I 914, BGBl III 4120-3
Lö-We-Tri	Löwe, Graf von Westphalen, Trinkner, Großkommentar zum AGB-Gesetz, Heidelberg, 2. Aufl Bd II (§§ 10–30) 1983, Bd III (Einzelklauseln und Klauselwerke) 1985 ff (LBl)
LS	Leitsatz
LSA	Abkommen über den Lastschriftverkehr
LSÜbernahmeangebote	Leitsätze für öffentliche Kauf- und Umtauschangebote bzw Aufforderungen zur Abgabe derartiger Angebote im amtlich notierten oder im geregelten Freiverkehr gehandelten Aktien bzw Erwerbsrechten
lt	laut
Lüb	Lübeck
LuftVG	Luftverkehrsgesetz idF v 14. 1. 1981, BGBl I 61
LZ	Leipziger Zeitschrift für Deutsches Recht (Jahr und Seite)
LZBk	Landeszentralbank
MA	Der Markenartikel (Jahr und Seite)
MaBV	Makler- und Bauträgerverordnung idF v 11. 6. 1975, BGBl I 1351
m Anm	mit Anmerkung von
Mannh	Mannheim
maW	mit anderen Worten
MDR	Monatsschrift für Deutsches Recht (Jahr und Seite)
Medicus	Medicus, Bürgerliches Recht, München, 12. Aufl 1984
MinBlfWi	Ministerialblatt für Wirtschaft
MitbestErgG . . .	Gesetz zur Ergänzung des Gesetzes über die Mitbestimmung der Arbeitnehmer in den Aufsichtsräten und Vorständen der Unternehmen des Bergbaus und der Eisen und Stahl erzeugenden Industrie v 7. 8. 1956, BGBl I 707 – Mitbestimmungsergänzungsgesetz –
MitbestG	Gesetz über die Mitbestimmung der Arbeitnehmer v 4. 5. 1976, BGBl I 1153
MittBdL	Mitteilungen der Bank deutscher Länder
MittDBBk	Mitteilungen der Deutschen Bundesbank
MittMarkenvbd .	Mitteilungen des Markenverbands
m krit Anm	mit kritischer Anmerkung (von)
MontanMitbestG	Gesetz über die Mitbestimmung der Arbeitnehmer in den Aufsichtsräten und Vorständen der Unternehmen des Bergbaus und der Eisen und Stahl erzeugenden Industrie v 21. 5. 1951, BGBl I 347 – Montan-Mitbestimmungsgesetz –

Abkürzungen

Moxter	Moxter, Bilanzrechtsprechung, Tübingen, 2. Aufl 1985
MR	Militärregierung
MRG	Militärregierungsgesetz
Mü	München (OLG)
MüKo-(Bearbeiter)	Münchener Kommentar zum Bürgerlichen Gesetzbuch, hrsg von Rebmann, Säcker, 7 Bde, München 1978 ff, 2. Aufl 1984 ff
Müller-Erzbach	Müller-Erzbach, Deutsches Handelsrecht, Tübingen, 2./3. Aufl 1927/28
Münst	Münster
MüVertragsHdB	Münchener Vertragshandbuch, Bd 1 Gesellschaftsrecht, 2. Aufl 1985, Bd 2 Handels- und Wirtschaftsrecht 1982, Bd 3 Wirtschaftsrecht 1984, Bd 4 Bürgerliches Recht. Arbeitsrecht 1983
MuSchG	Gesetz zum Schutz der erwerbstätigen Mutter idF v 18. 4. 1968, BGBl I 315
MuW	Markenschutz und Wettbewerb (Jahr und Seite)
mwN	mit weiteren Nachweisen
MWSt	Mehrwertsteuer
m zust Anm	mit zustimmender Anmerkung
Nachw	Nachweis(e)
Nds	Niedersachsen
Neust	Neustadt a. d. Weinstraße
nF	neue Fassung, neue Folge
Niehus-Scholz	Niehus, Scholz, Rechnungslegung und Prüfung der GmbH nach neuem Recht, Kommentar zu den die GmbH betreffenden Vorschriften des Regierungsentwurfs eines Bilanzrichtlinie-Gesetzes vom 12. 2. 1982, Berlin 1982
Nikisch I, II, III	Nikisch, Arbeitsrecht, Tübingen, Bd I 3. Aufl 1961, Bd II und III 2. Aufl 1959/1966
NJ	Neue Justiz (Jahr und Seite)
NJW	Neue Juristische Wochenschrift (Jahr und Seite)
NJW-RR	NJW-Rechtsprechungs-Report Zivilrecht (Jahr und Seite)
Nov	Novelle
Nr	Nummer
NRW	Nordrhein-Westfalen
Nürnb	Nürnberg (OLG)
NZA	Neue Zeitschrift für Arbeits- und Sozialrecht (Jahr und Seite)
O	Ordnung
o	oben
ö	österreichisch
oä	oder ähnlich(es)
öBankA	österreichisches Bank-Archiv

Abkürzungen

OECD	Organization for Economic, Cooperation and Development, Organisation für wirtschaftliche Zusammenarbeit und Entwicklung
ÖffAnz	Öffentlicher Anzeiger für das Vereinigte Wirtschaftsgebiet (Jahr und Seite)
OFIF	Organisation intergouvernementale pour les transports internationaux ferroviers, Organisation für den internationalen Eisenbahnverkehr
OGH	Oberster Gerichtshof für die britische Zone, auch Entscheidungen des Obersten Gerichtshofes (Band und Seite)
OHG	offene Handelsgesellschaft
OHGfter	Gesellschafter einer OHG
OHG-Recht	Recht der offenen Handelsgesellschaft
oJ	ohne Jahr
ÖJZ	Österreichische Juristenzeitung
Oldbg	Oldenburg (OLG)
OLG	Oberlandesgericht (mit Ortsnamen)
OLGE	Die Rechtsprechung der Oberlandesgerichte auf dem Gebiet des Zivilrechts (Band und Seite), ab 1900
OLGZ	Entscheidungen der Oberlandesgerichte in Zivilsachen einschließlich der freiwilligen Gerichtsbarkeit (Jahr und Seite), ab 1965
OLSch	Orderlagerschein
OLSchVO	Verordnung über Orderlagerscheine v 16. 12. 1931, RGBl I 763, BGBl III 4102-1
OR	Schweizerisches Obligationenrecht
oV	ohne Verfasser
OVG	Oberverwaltungsgericht
OWiG	Gesetz über Ordnungswidrigkeiten idF v 2. 1. 1975, BGBl I 80
Palandt	Palandt, Bürgerliches Gesetzbuch, bearbeitet von Bassenge ua, München, 45. Aufl 1986
PAngV	Preisangabenverordnung (PAngV), verkündet als Bestandteil (Art 1) der Verordnung zur Regelung der Preisangaben v 14. 3. 1985, BGBl I 850
ParÜb	Pariser Verbandsübereinkunft zum Schutze des Gewerblichen Eigentums idF v 14. 7. 1967, BGBl 1970 II 391
PatG	Patentgesetz idF v 16. 12. 1980, BGBl 1981 I 1
PersBefG	Gesetz über die Beförderungen von Personen zu Lande (Personenbeförderungsgesetz) v 21. 3. 1961, BGBl I 241, BGBl III 9 Nr 9240-1
PflVersG	Gesetz über die Pflichtversicherung für Kraftfahrzeughalter (Pflichtversicherungsgesetz) v 5. 4. 1965, BGBl I 213, BGBl III 9 Nr 925-1
phG	persönlich haftender Gesellschafter
PostG	Gesetz über das Postwesen v 28. 7. 1969, BGBl I 1006
PostSchO	Postscheckordnung v 1. 12. 1969, BGBl I 2159

Abkürzungen

PostSpO	Postsparkassenordnung v 1. 12. 1969, BGBl I 2164
PrJMBl	Justizministerialblatt für die preußische Gesetzgebung und Rechtspflege (Jahr und Seite)
PublG	Gesetz über die Rechnungslegung von bestimmten Unternehmen und Konzernen (Publizitätsgesetz) v 15. 8. 1969, BGBl I 1189, ber 1970 I 1113
RabelsZ	Rabels Zeitschrift für ausländisches und internationales Privatrecht (Band, Jahr und Seite)
RabG	Gesetz über Preisnachlässe (Rabattgesetz) v 25. 11. 1933, RGBl I 1011, BGBl III 435-1
RABl	Reichsarbeitsblatt, ohne Ziffer = Teil I (Jahr und Seite)
RAG	Reichsarbeitsgericht, auch Entscheidungen des Reichsarbeitsgerichtes (Band und Seite)
RAnz	Deutscher Reichsanzeiger
RBerG	Rechtsberatungsgesetz (RBerG) v 13. 12. 1935, RGBl I 1478, BGBl III 303-12
RdA	Recht der Arbeit (Jahr und Seite)
RdL	Recht der Landwirtschaft (Jahr und Seite)
Rdn	Randnote, Randnummer
Rdsch	Rundschau
Rdschr	Rundschreiben
Recht	Das Recht (seit 1935 Beilage zu Deutsche Justiz) (Jahr und Nr der Entscheidung, bei Aufsätzen Jahr und Seite)
RefE	Referentenentwurf
Reg	Regierung
RegE	Regierungsentwurf
Reinhardt-Schultz	Reinhardt, Schultz, Gesellschaftsrecht, Tübingen, 2. Aufl 1981
Reithmann-(Bearbeiter)	Reithmann, Internationales Vertragsrecht, Köln, 3. Aufl 1980
RFH	Reichsfinanzhof, auch Entscheidungen des Reichsfinanzhofes (Band und Seite)
RG	Reichsgericht, auch Entscheidungen des Reichsgerichts in Zivilsachen (Band und Seite)
RGBl	Reichsgesetzblatt, ohne Ziffer = Teil I; mit II = Teil II (Jahr und Seite)
RGRK	Das Bürgerliche Gesetzbuch, Kommentar, hrsg von Mitgliedern des Bundesgerichtshofes, Berlin, 12. Aufl 1974 ff
RGSt	Reichsgericht, auch Entscheidungen des Reichsgerichts in Strafsachen (Band und Seite)
RhPf	Rheinland-Pfalz
Ri	Richtlinie
RICo	Ordnung für die internationale Eisenbahnbeförderung von Containern (Anh III zu CIM, Anlage 2 (BGBl II Anlagenband) zu VO v 18. 4. 1985, BGBl II 666)

Abkürzungen

RID	Ordnung für die internationale Eisenbahnbeförderung gefährlicher Güter (Anl I zu CIM, Anlage 2 (BGBl II Anlagenband) zu VO v 18. 4. 1985, BGBl II 666)
RIEx	Ordnung für die internationale Eisenbahnbeförderung von Expreßgut (Anl IV zu CIM, BGBl II 303)
RIP	Ordnung für die internationale Eisenbahnbeförderung von Privatwagen (Anh II zu CIM, Anlage 2 (BGBl II Anlagenband) zu VO v 18. 4. 1985, BGBl II 666)
RIW	Recht der internationalen Wirtschaft, Außenwirtschaftsdienst des Betriebs-Berater (früher AWD) (Jahr und Seite)
RJA	Reichsjustiz-Amt, Entscheidungen in Angelegenheiten der freiwilligen Gerichtsbarkeit und des Grundbuchrechts (Band und Seite)
RKfPr	Reichskommissar für die Preisbildung
RKT	Reichskraftwagentarif
RM	Reichsmark
RMBl	Reichsministerialblatt
RMVerk	Reichsverkehrsminister(ium)
RMWi	Reichsminister(ium) für Wirtschaft
ROHG	Reichs-Oberhandelsgericht, auch Entscheidungen des Reichs-Oberhandelsgerichts (Band und Seite)
Roth	Roth, Gesetz betreffend die Gesellschaften mit beschränkter Haftung (GmbHG), München 1983
ROW	Recht in Ost und West (Jahr und Seite)
Rowedder-(Bearbeiter)	Rowedder, Fuhrmann, Koppensteiner, Lanfermann, Rasner, Rittner, Zimmermann, GmbHG, München 1985
Rpfleger	Der Deutsche Rechtspfleger (Jahr und Seite)
RPflG	Rechtspflegergesetz v 5. 11. 1969, BGBl I 2065
RRat	Reichsrat
RReg	Reichsregierung
Rspr	Rechtsprechung
RsprÜbersicht ..	Rechtsprechungsübersicht
RVerkBl	Reichsverkehrsblatt
RVO	Reichsversicherungsordnung idF v 15. 12. 1924, RGBl I 779, BGBl III 820-1
RVS	Rollfuhrversicherungsschein
RWS	Kommunikationsforum Recht, Wirtschaft, Steuern, Köln
Rz	Randziffer, Randnummer
S	Satz, Seite
s	siehe
Saarbr	Saarbrücken (OLG)
SAE	Sammlung arbeitsrechtlicher Entscheidungen (Jahr und Seite)
Schaub	Schaub, Arbeitsrechts-Handbuch. System, Darstellung und Nachschlagewerk für die Praxis, München, 5. Aufl 1983

Abkürzungen

ScheckG	Scheckgesetz v 14. 8. 1933, RGBl I 597, BGBl III 4132-1
SchiedsG	Schiedsgericht
SchiffsBG	Gesetz über die Schiffspfandbriefbanken (Schiffsbankgesetz) idF v 8. 5. 1963, BGBl I 302
Schlegelb-(Bearbeiter)	Schlegelberger, Handelsgesetzbuch, Kommentar von Geßler, Hefermehl, Hildebrandt, Schröder, München, 6 Bde, 5. Aufl 1973 ff
Schlesw	Schleswig (OLG)
SchlH	Schleswig-Holstein
Schlosser	AGBG, Berlin 1980 (Sonderausgabe aus Staudinger, BGB, 12. Aufl)
Schmidt	K. Schmidt, Handelsrecht, Köln, 2. (unveränderte) Aufl 1982
L. Schmidt	L. Schmidt, Einkommensteuergesetz, München, 4. Aufl 1985
Schönle	Schönle, Bank- und Börsenrecht, München, 2. Aufl 1976
Scholz-(Bearbeiter)	Kommentar zum GmbH-Gesetz, begr v Scholz, 6. Aufl v Emmerich, K. Schmidt, Skibbe, Westermann, Priester, Schneider, Tiedemann, Winter, 2 Bde, 1978/1983
SchwBG	Schwerbehindertengesetz idF v 8. 10. 1979, BGBl I 1649
schweiz	schweizerisch, Schweizer
SchweizAG	Die Schweizerische Aktiengesellschaft (Jahr und Seite)
SchweizJZ	Schweizerische Juristen-Zeitung (Jahr und Seite)
SeuffA	Seufferts Archiv für Entscheidungen der obersten Gerichte in den deutschen Staaten (Band und Nr)
SGB	Sozialgesetzbuch (SGB)-Verwaltungsverfahren v 18. 8. 1980, BGBl I 1469 (1499)
SJZ	Süddeutsche Juristen-Zeitung (ab 1951 übergeleitet in JZ) (Jahr und Seite, ab 1947 Spalte)
sog	sogenannt
Sonderbeil	Sonderbeilage
SozG	Sozialgericht
SozVers	Sozialversicherung
Spark	Die Sparkasse, Zeitschrift des Deutschen Sparkassen- und Giroverbandes (Jahr und Seite)
Spediteur	Der Spediteur, Mitteilungsblatt des BSL (Jahr und Seite)
Sp-Police	Speditions-Police
StAnpG	Steueranpassungsgesetz v 16. 10. 1934, RGBl I 925, aufgehoben durch EGAO 1977
Staub	s GroßKo
Staud-(Bearbeiter)	Staudinger, Kommentar zum Bürgerlichen Gesetzbuch mit Einführungsgesetz und Nebengesetzen, Berlin, 12. Aufl 1978 ff
StBerG	Steuerberatungsgesetz idF v 4. 11. 1975, BGBl I 2735

Abkürzungen

StGB	Strafgesetzbuch idF v 2. 1. 1975, BGBl I 1
stGes	stille Gesellschaft
Stgt	Stuttgart (OLG)
str	streitig
St-Ul I, II	Straatmann, Ulmer, Handelsrechtliche Schiedsgerichtspraxis, Köln, Bd 1 1975, Bd 2 1982
stRspr	ständige Rechtsprechung
SVS/RVS	Speditions- und Rollfuhrversicherungsschein
Th-P	Thomas-Putzo, Zivilprozeßordnung mit Gerichtsverfassungsgesetz und den Einführungsgesetzen, München, 14. Aufl 1986
transpR	Transport- + Speditionsrecht (Jahr und Seite)
Tüb	Tübingen
TV	Tarifvertrag, Testamentsvollstrecker
TVG	Tarifvertragsgesetz idF v 25. 8. 1969, BGBl I 1323, BGBl III 8 Nr 802-1
Tz	Textziffer
u	und
ua	unter anderem, und andere
uä	und ähnliche
uam	und anderes mehr
Überbl	Überblick
Übk	Übereinkommen
UCC	Uniform Commercial Code
üM	überwiegende Meinung
Ul-Br-He	Ulmer, Brandner, Hensen, AGB-Gesetz, Köln, 4. Aufl 1982
UmstG	Drittes Gesetz zur Neuordnung des Geldwesens (Umstellungsgesetz), in Kraft 27. 6. 1948, WiGBl Beil 5 S 13
UmwG	Umwandlungsgesetz idF v 6. 11. 1969, BGBl I 2081
UN	United Nations, Vereinte Nationen
UNCITRAL	United Nations Commission on International Trade Law, Kommission der Vereinten Nationen für internationales Handelsrecht
UNCTAD	United Nations Conference on Trade and Development, Konferenz der Vereinten Nationen für Handel und Entwicklung
(UN)ECOSOC	United Nations Economic and Social Council, Wirtschafts- und Sozialrat der Vereinten Nationen
UNIDROIT	International Institute for the Unification of Private Law, Internationales Institut für die Vereinheitlichung des Privatrechts (Rom)
unstr	unstreitig
u/o	und/oder
uö	und öfters
UrhG	Gesetz über Urheberrecht und verwandte Schutzrechte (Urheberrechtsgesetz) v 9. 9. 1965, BGBl I 1273

Abkürzungen

UStG	Umsatzsteuergesetz (UStG 1980) v 26. 11. 1979, BGBl I 1953
usw	und so weiter
uU	unter Umständen
UWG	Gesetz gegen den unlauteren Wettbewerb v 7. 6. 1909, RGBl 499, BGBl III 43-1
v	vor, von
VAG	Gesetz über die Beaufsichtigung der Privatversicherungsunternehmungen (Versicherungsaufsichtsgesetz) idF v 6. 6. 1931, RGBl I 315, BGBl III 7631-1
VDMA	Verband Deutscher Maschinen- und Anlagebau e.V.
VerglO	Vergleichsordnung v 26. 2. 1935, RGBl I 321, BGBl III 311-1
VerkBl	Verkehrsblatt, Amtsblatt des BMV (Jahr und Seite)
VerlG	Gesetz über das Verlagsrecht v 19. 7. 1901, RGBl 217
4. VermBG	Viertes Gesetz zur Förderung der Vermögensbildung der Arbeitnehmer (Viertes Vermögensbildungsgesetz – 4. VermBG) idF v 6. 2. 1984, BGBl I 201
Vers	Versicherung
VersN	Der Versicherungsnehmer, Zeitschrift für die versicherungsnehmende Wirtschaft und den Straßenverkehr (Jahr und Seite)
VersPr	Versicherungspraxis (Jahr und Seite)
VersR	Versicherungsrecht, Juristische Rundschau für die Individualversicherung (Jahr und Seite)
VersVertreter	Versicherungsvertreter
VersW	Versicherungswirtschaft, Halbmonatsschrift der deutschen Individualversicherung (Jahr und Seite)
VerWiGeb	Vereinigtes Wirtschaftsgebiet
VerwVerWiGeb	Verwaltung des VerWiGeb
VGH	Verwaltungsgerichtshof
vgl	vergleiche
VGrS	Vereinigter Großer Senat
VHG	Gesetz über die richterliche Vertragshilfe (Vertragshilfegesetz) v 26. 3. 1952, BGBl I 198, BGBl III Nr 402-4
VO	Verordnung(en)
VOB	Verdingungsordnung für Bauleistungen
VOL	Verdingungsordnung für Leistungen, ausgenommen Bauleistungen
Voraufl	Vorauflage
Vorbem	Vorbemerkung
VstG	Vermögenssteuergesetz (VstG) v 17. 4. 1974, BGBl I 949
VVaG	Versicherungsverein auf Gegenseitigkeit
VVG	Gesetz über den Versicherungsvertrag v 30. 5. 1908, RGBl 263, BGBl III 7632-1
VWGO	Verwaltungsgerichtsordnung v 21. 1. 1960, BGBl I 17, BGBl III 3 Nr 340-1

Abkürzungen

WährG	Erstes Gesetz zur Neuordnung des Geldwesens (Währungsgesetz) v 20. 6. 1948, WiGBl Beil Nr 5 S 1, BGBl III 7600-1-a
Warn	Die Rechtsprechung des Reichsgerichts auf dem Gebiete des Zivilrechts, hrsg von Warneyer (Jahr und Nr bis 1942/43); Die Rechtsprechung des Bundesgerichtshofes in Zivilsachen (Jahr und Nr, ab 1959/60)
Warschauer Abkommen	Warschauer Abkommen zur Vereinheitlichung von Regeln über die Beförderung im internationalen Luftverkehr idF Protokoll Den Haag v 28. 9. 1955, BGBl 1958 II 291, 312, 1964 II 1295
WBG	Gesetz zur Bereinigung des Wertpapierwesens (Wertpapierbereinigungsgesetz) v 19. 8. 1949, WiGBl 295, BGBl III 4139-1
Westermann	Westermann, Scherpf, Paulick, Bulla, Hackbeil, Handbuch der Personengesellschaften, Teil I, Köln 1967 ff (LBl)
WG	Wechselgesetz v 21. 6. 1933, RGBl I 399, BGBl III 4133-1
WHG	Gesetz über den Widerruf von Haustürgeschäften und ähnlichen Geschäften v 16. 1. 1986, BGBl I 122
Wiedemann	Wiedemann, Gesellschaftsrecht, Bd I, Grundlagen, München 1980
WiGBl	Gesetzblatt der Verwaltung des Vereinigten Wirtschaftsgebietes (Jahr und Seite)
1. WiKG	Erstes Gesetz zur Bekämpfung der Wirtschaftskriminalität (1. WiKG) v 29. 7. 1976, BGBl I 2034
WiR	Wirtschaftsrecht (Jahr und Seite)
WiStG	Gesetz zur weiteren Vereinfachung des Wirtschaftsstrafrechts (Wirtschaftsstrafgesetz) idF v 3. 6. 1975, BGBl I 1313
WM	Zeitschrift für Wirtschafts- und Bankrecht, Wertpapier-Mitteilungen, Teil IV (Jahr und Seite)
Wo-Ho-Li	Wolf, Horn, Lindacher, AGB-Gesetz, München 1984
WP	Wertpapier, auch: Das Wertpapier (Jahr und Seite)
WPg	Die Wirtschaftsprüfung (Jahr und Seite)
WP-Hdb	Wirtschaftsprüfer-Handbuch
WPK	Wirtschaftsprüferkammer
WPO	Gesetz über eine Berufsordnung der Wirtschaftsprüfer (Wirtschaftsprüferordnung), idF v 5. 11. 1975, BGBl I 2803
WRP	Wettbewerb in Recht und Praxis (Jahr und Seite)
WuB	Entscheidungssammlung zum Wirtschafts- und Bankrecht (WM)
WüHo	Württemberg-Hohenzollern
Würdinger	Würdinger, Aktienrecht und das Recht der verbundenen Unternehmen, Karlsruhe 1981
WuW	Wirtschaft und Wettbewerb (Jahr und Seite)

Abkürzungen

WuW/E	Wirtschaft und Wettbewerb, Entscheidungssammlung zum Kartellrecht
WVB	Waren-Vereins-Bedingungen
WVHbg-Börse	Waren-Verein der Hamburger Börse e. V.
WZG	Warenzeichengesetz idF v 2. 1. 1968, BGBl I 29
Zahn	Zahn, Eberding, Ehrlich, Zahlung und Zahlungssicherung im Außenhandel, Berlin 6. Aufl 1986
ZAIP	s RabelsZ
ZAkDR	Zeitschrift der Akademie für Deutsches Recht (Jahr und Seite)
zB	zum Beispiel
ZBH	Zentralblatt für Handelsrecht (Jahr und Seite)
ZBk	Zentralbank
ZfA	Zeitschrift für Arbeitsrecht (Jahr und Seite)
ZfB	Zeitschrift für Betriebswirtschaft (Jahr und Seite)
ZfbF	Schmalenbachs Zeitschrift für betriebswirtschaftliche Forschung (Jahr und Seite)
ZfRV	Zeitschrift für Rechtsvergleichung, Wien (Jahr und Seite)
ZGB	Zivilgesetzbuch (in Verbindung mit dem jeweils erlassenden Staat)
ZGR	Zeitschrift für Unternehmens- und Gesellschaftsrecht (Jahr und Seite)
ZHR	Zeitschrift für das gesamte Handelsrecht und Wirtschaftsrecht (früher Zeitschrift für das gesamte Handelsrecht und Konkursrecht) (Band, Jahr und Seite)
ZIP	Zeitschrift für Wirtschaftsrecht (1–7/1980 Insolvenzrecht – Zeitschrift für die gesamte Insolvenzpraxis, dann bis 12/1982 Zeitschrift für Wirtschaftsrecht und Insolvenzpraxis) (Jahr und Seite)
zit	zitiert
ZKW	Zeitschrift für das gesamte Kreditwesen (Jahr und Seite)
Zöllner	Zöllner, Arbeitsrecht, München, 3. Aufl 1983
Zöllner	Zöllner, Wertpapierrecht, München, 13. Aufl 1982
ZPO	Zivilprozeßordnung idF v 12. 9. 1950, BGBl I 535, BGBl III 3 Nr 310-4
ZRP	Zeitschrift für Rechtspolitik (Jahr und Seite)
ZS	Zivilsenat
ZSR	Zeitschrift für Schweizerisches Recht (Jahr, Band, Seite)
zT	zum Teil
ZugabeVO	Verordnung des Reichspräsidenten zum Schutze der Wirtschaft, Erster Teil: Zugabewesen (Zugabeverordnung) v 9. 3. 1932, RGBl I 121, BGBl III 434-1
ZuständErgG	Gesetz zur Ergänzung von Zuständigkeiten auf den Gebieten des Bürgerlichen Rechts, des Handelsrechts und des Strafrechts (Zuständigkeitsergänzungsgesetz) v 7. 8. 1952, BGBl I 407, BGBl III 3 Nr 310-1

Abkürzungen

zust	zustimmend
zutr	zutreffend
ZVG	Gesetz über die Zwangsversteigerung und die Zwangsverwaltung (Zwangsversteigerungsgesetz) v 24. 3. 1897, RGBl 97, BGBl III 310-14
ZVglRW	Zeitschrift für Vergleichende Rechtsweissenschaft (wechselnde Titel) (Band, Jahr und Seite)
Zweibr	Zweibrücken (OLG)
ZwNl	Zweigniederlassung
zZ	zur Zeit
ZZP	Zeitschrift für Zivilprozeß (Band und Seite)

1. Teil
Handelsgesetzbuch

Vom 10. Mai 1897 (RGBl 219/BGBl III 4100-1)

mit den späteren Änderungen
(Änderungen siehe Einl I 2 D vor § 1)

Erstes Buch. Handelsstand

Einleitung vor § 1

Schrifttum

a) Kommentare: *GroßKo,* 3. Aufl 1967 ff, 4. Aufl 1983 ff (Einzellieferungen) – *Schlegelberger,* 5. Aufl 1973 ff. – Ferner *Bandasch,* 3. Aufl 1980. – *Bohnenberg,* HGB mit Erläuterungen (ohne Seerecht) 1980. – *Heymann-Kötter,* 21. Aufl 1971.

b) Lehrbücher: *Brox,* 5. Aufl 1985 (Grundriß). – *Capelle-Canaris,* 20. Aufl 1985. – *Gierke-Sandrock,* Bd. 1, Allgemeine Grundlagen, Der Kaufmann und sein Unternehmen, 9. Aufl 1975. – *Hofmann,* 5. Aufl 1985. – *Hopt-Mössle* 1986. – *Klunzinger,* 3. Aufl 1985. – *K. Schmidt* 1980, 2. (unveränderte) Aufl 1982.

c) Einzeldarstellungen und Sonstiges: *Raisch,* Geschichtliche Voraussetzungen, dogmatische Grundlagen und Sinnwandlung des Handelsrechts, 1965. – *Canaris,* Vertrauenshaftung, 1971. – *Straatmann-Ulmer,* Handelsrechtliche Schiedsgerichts-Praxis, Bd 1 1975, Bd 2 1982. – *Wehrens-Hoffmann,* Das Einzelunternehmen (Zivilrecht, Steuerrecht), 1981.

Übersicht

I. Handelsrecht
1) Gegenstand und Charakteristika
2) Geschichte (mit Änderungen des HGB)
3) Rechtsquellen
4) Internationales, DDR- und ausländisches Handelsrecht

II. Unternehmensrecht
1) Das Unternehmen
2) Das Unternehmen als Gegenstand des Rechtsverkehrs, insbesondere Unternehmenskauf
3) Der Rechtsschutz des Unternehmens (einschließlich Recht am Gewerbebetrieb)

III. Wettbewerbs- und Wirtschaftsrecht
1) Wettbewerb und staatliche Rahmenregelung der Wirtschaft
2) Kartellrecht (GWB, EWGV)
3) Wettbewerbsrecht im engeren Sinn (UWG)

IV. Anrufung und Eingreifen von Gerichten in Handelssachen
1) Freiwillige Gerichtsbarkeit in Handelssachen
2) Streitige Gerichtsbarkeit in Handelssachen
3) Schiedsgerichtsbarkeit in Handelssachen

I. Handelsrecht

1) Gegenstand und Charakteristika

A. **Sonderprivatrecht der Kaufleute:** HdlRecht kann Sonderrecht für bestimmte am HdlVerkehr teilnehmende Personen oder für bestimmte wirtschaftliche Geschäfte und Tätigkeiten sein. Das HdlRecht des deutschen HGB stellt entscheidend auf die Person ab (subjektives System). Es ist das Recht des HdlStandes (Überschrift Buch I), also der Kflte. Das HdlRecht des HGB regelt die HdlGeschäfte der Kflte und ist deshalb Teil des Privatrechts. Daran ändern einzelne öffentlichrechtliche Vorschriften im HGB nichts, zB betr HdlReg (§§ 8 ff), HdlFirma (§§ 17 ff), Buchführung (§§ 238 ff).

B. **Kodifikation und Verhältnis zum BGB:** HdlRecht als Sonderrecht kann gesetzgebungstechnisch ein eigenes Gesetz (Handelsgesetzbuch) oder aber Teil des allgemeinen bürgerlichen Rechts sein. Das HdlRecht des dtsch HGB ist eine gesonderte Kodifikation neben dem BGB. Darin folgen Deutschland und viele andere Länder dem Bsp des französischen Code de Commerce von 1807, in jüngerer Zeit zB die USA mit dem Uniform Commercial Code (s auch Anm 4 C). Andere Länder haben auf eine gesonderte Kodifikation des HdlRechts verzichtet (zB schweizerisches Obligationenrecht 1881, schweizerisches ZGB 1907) oder ihr HGB wieder beseitigt (italienischer Codice Civile 1940/42). Näher Raisch, Abgrenzung des HdlRechts vom Bürgerlichen Recht als Kodifikationsproblem im 19. Jahrhundert, 1962. – Das deutsche HGB **geht** als Sonderrecht (lex specialis) dem BGB **vor,** Art 2 I EGHGB (Text s Anm 2 C). Es ist **aber** in aller Regel nicht für sich allein anwendbar, sondern ändert und **ergänzt nur das allgemeine bürgerliche Recht,** zB das der Vollmacht (§§ 48 ff HGB), der Ges (§§ 105 ff HGB), des Kaufs (§§ 373 ff HGB), des Werkvertrags (§§ 383 ff, 407 ff, 425 ff, 453 ff HGB), der Verwahrung (§§ 416 ff HGB). Nur ausnahmsweise sagt dies das HGB ausdrücklich (zB in § 105 II). Bei der Lösung konkreter Rechtsfälle führt dies zu einer Verzahnung von HGB und BGB, die durch die zahlreichen hdlrechtlichen Nebengesetze außerhalb des HGB, s Teil 2 **(1)–(25),** noch zusätzlich kompliziert wird. Das HdlRecht ist kraft seiner Praxisnähe für neue Entwicklungen häufig offener als das BGB und wirkt dann als Schrittmacher des Zivilrechts, Wahl FS Hefermehl **76,** 1. Näher Raisch JuS **67,** 533, Müller=Freienfels FS von Caemmerer **78,** 583, Herber ZHR 144 **(80)** 47.

C. **Charakteristika des Handelsrechts: a) Selbstverantwortlichkeit** ist für den Kfm und das HdlRecht wesentlich. Als Unternehmer, der sich im Wettbewerb (s Anm III 1) behaupten oder aus dem Markt ausscheiden muß, muß der Kfm seine Geschäfte frei gestalten können. Vertragsrecht einschließlich AGB, HdlBrauch und HdlGewohnheitsrecht spielen deshalb im HdlRecht eine große Rolle (s Anm 3). Zwingendes Recht tritt im HGB (außer für das kfmPersonal und die HdlVertreter) zurück, der Kfm muß die Risiken und Chancen im HdlVerkehr selbst abschätzen; s zB §§ 348 bis 350, **(5)** AGBG § 24 S 1 Nr 1, §§ 29 II, 38 I ZPO (Text s Anm IV 2 C), § 1027 II ZPO (Text s Anm IV 3 A), § 8 AbzG, **(14)** BörsG § 53, § 138 BGB bei überhöhten Kreditzinsen, BGH NJW **80,** 446, 2076 (s **(7),** Bankgeschäfte IV 2 B). **b) Einfachheit und Schnelligkeit** sind für den HdlVerkehr entscheidend. Das HdlRecht verzichtet deshalb auf unnötige Formalitäten (zB § 350) und zwingt den Kfm zur raschen Äußerung und Disposition (zB §§ 362, 373 II, 376, 377, 378, 391; kfm Bestätigungsschreiben, s § 346 Anm 3). HGB, international einheitliche Vertragsklauseln (s (6) Incoterms) und HdlBräuche typisieren die Erklärungen und Vertragsschlüsse im HdlVerkehr. Das HGB fördert Typisierung und (vereinfachende) Formalisierung. Bsp: Unbeschränkbarkeit bestimmter Vertretungsmachten (§§ 50 I, 126 II, 151), Orderpapiere (§§ 363–365), Schutz des guten Glaubens an die Verfügungsmacht (§ 366). **c) Publizität und Vertrauensschutz.** Selbstverantwortliche Entscheidung, Einfachheit und Schnelligkeit setzen voraus, daß sich der Kfm zuverlässig über seine Vertragspartner informieren und sich auf ihr (äußeres) Verhalten im HdlVerkehr verlassen kann. Die hdlregisterrechtliche Publizität (§§ 8 ff, 15) und die Rechtsscheinhaftung spielen deshalb im HdlRecht eine zentrale Rolle, s bes § 5 Anm 2, § 15 m Anm. **d) Praxisnähe und Internationalität.** HdlRecht ist weitgehend aus der kfm Praxis herausgewachsen. Das spiegelt sich in den Rechtsquellen (s Anm 3) und der großen Bedeutung der Schiedsgerichtsbarkeit (s Anm IV 3) wider. HdlRecht ist, auch wenn seiner Rechtsnatur nach nationales Recht, immer auch auf den internationalen Verkehr ausgerichtet. HdlInteressen machen nicht Halt an Grenzen. Das HdlRecht ist nicht nur offen für Einflüsse von außen, sondern besonders auch für eine pragmatische internationale Rechtsvereinheitlichung. Das allgemeine deutsche HdlRecht von 1861 ging der staatlichen Einheit um ein Jahrzehnt und dem einheitlichen BGB um nahezu ein halbes Jahrhundert voraus (s Anm 2 B). Heute spielt die europäische Rechtsangleichung im Rahmen der EG eine erhebliche Rolle. Dazu und zum internationalen und ausländischen HdlRecht s Anm 4.

2) Geschichte

A. **Vor dem ADHGB:** Die Wurzeln des modernen HdlRechts gehen in das 16. und 17. Jahrhundert zurück. Hervorzuheben ist zunächst die alte Stände- und Zunftordnung (vgl zB ALR von 1794 Teil II Titel 8 ,,Vom Bürgerstande", darin das HdlRecht in Abschn 7–15), die über den vorrangig subjektiv anknüpfenden frz Code de Commerce von 1807 und den spanischen Codigo di Comercio von 1829 mit dem ersten HdlReg auch auf das HGB gewirkt hat. Viele HdlRechtsinstitute gehen auf italienisches (vgl ,,conto", ,,saldo", ,,procura") und deutsches Stadtrecht (ua aus den Hansestädten) zurück. Schließlich dienten die Kodifikationen (bes der französische Code de Commerce, ALR) über die Grenzen hinaus als Beispiele. Neues kodifiziertes HdlRecht zB betr Aktien- und GesRecht, Agentur, Fracht- und Lagerrecht stammt aus dem 19. Jahrhundert. Monographien: Raisch 1962, Scherner-Willoweit, Vom Gewerbe zum Unternehmen, 1982; Lehmann ZHR 52 (02) 1, Müller=Freienfels FS von Caemmerer **78,** 583.

B. **ADHGB:** Das Allgemeine Deutsche Handelsgesetzbuch wurde, nachdem zuvor 1848–1850 die Allgemeine Deutsche Wechselordnung eingeführt worden war, auf Beschluß der Bundesversammlung des Deutschen Bundes vom 18. 12. 1856 in Konferenzen der deutschen Staaten entworfen (sog Nürnberger Protokolle 1857–1861) und auf Empfehlung der Bundes-

Einl v § 1 12 I. Buch. Handelsstand

versammlung vom 31. 5. 1861 von den meisten deutschen Staaten je für sich erlassen. Durch Bundesgesetz 5. 6. 1869 wurde es G des Norddeutschen Bundes, Schubert ZHR 144 (**80**) 484; durch Reichsgesetz 16./22. 4. 1871 RGBl 63, 87 wurde es Reichsgesetz. Einschneidende Änderungen des ADHGB brachten die Aktienrechtsnovellen 1870 und 1884. Garant der Einheitlichkeit war ab 1869/1871 das ROHG, an seiner Stelle ab 1879 das RG. Das ADHGB machte 1896/97 dem HGB Platz (vgl Art 3 EGHGB). Dabei ging manches in das BGB über, am Rest änderte das HGB nicht sehr viel. Rspr und Lehre zum ADHGB waren deshalb weitgehend zur Auslegung des HGB verwendbar.

C. **HGB mit EGHGB:** Das **HGB** 10. 5. 1897 RGBl 219 trat nach Art 1 I EGHGB **zugleich mit dem BGB** 18. 8. 1896 RGBl 195 **in Kraft,** und zwar am **1. 1. 1900** (Art 1 EGBGB 18. 8. 1896 RGBl 604). Buch I Abschn 6 betr HdlGehilfen und HdlLehrlinge (außer § 65 betr Provision) trat nach Art 1 II EGHGB schon zwei Jahre früher in Kraft. Eine VO nach Art 1 III EGHGB erging nicht. Vorausgegangen waren 1896 ein erster und 1897 ein zweiter geänderter **Entwurf** des Reichsjustizamts zum HGB (veröffentlicht, jeder mit einer **Denkschrift**). Eingeführt wurde das HGB durch das **Einführungsgesetz zum HGB** 10. 5. 1897 RGBl 437, (**1**) EGHGB. Dazu Schubert-Schmiedel-Krampe, Quellen zum HGB 1897, 2 Bde, 1986.

D. **Änderungen des HGB:** a) Die einschneidendste unter den zahlreichen Änderungen des HGB war die **Herausnahme des Aktienrechts** (Streichung von § 20 und Buch II Abschn 3, 4 aF) bei Erlaß des AktG 30. 1. 37 in Kraft 1. 10. 37. **b)** Nach dem Krieg ist das G über die Aufhebung von Vorschriften auf dem Gebiet des HdlRechts, des Genossenschaftsrechts und des Wechsel- und Scheckrechts (Hdlrechtliches **Bereinigungsgesetz**) 18. 4. 50 BGBl 90 (Begründung BAnz 28. 4. 50) bedeutsam. Es stellte weitgehend das Recht vom 1. 9. 39 wieder her. c) **Weitere Änderungen** erfolgten (außerhalb des Seerechts) ua durch: G über Bekanntmachungen 17. 5. 50 BGBl 183 (s bei § 10), G über die KfmEigenschaft von Handwerkern 31. 3. 53 BGBl 106 (s bei § 1 Anm 9 B), G zur Änderung des HGB (Recht der HdlVertreter) 6. 8. 53 BGBl 771 (s bei § 84), G zur Abkürzung hdlrechtlicher und steuerrechtlicher Aufbewahrungsfristen 2. 3. 59 BGBl 77 (s bei § 257), G 2. 8. 65 BGBl 665 (s bei §§ 238ff), § 31 EGAktG 6. 9. 65 BGBl 1185 (s bei §§ 13c, 14), BerBG 14. 8. 69 BGBl 1112 (Aufhebung der §§ 76–82), G zur Durchführung der 1. EG-Ri zur Koordinierung des GesRechts 15. 8. 69 BGBl 1146 (s § 15 Anm 1 A), BeurkG 28. 8. 69 BGBl 1513 (s § 12 Anm 1 A), SeerechtsÄndG 21. 6. 72 BGBl 966 (s bei §§ 93 I, 363 II), GenGÄndG 9. 10. 73 BGBl 1463 (s § 30 Anm 1 C), G über die KfmEigenschaft von Land- und Forstwirten und den Ausgleichsanspruch des HdlVertreters 13. 5. 76 BGBl 1197 (s bei §§ 3, 89b), 1. WiKG 29. 7. 76 BGBl 2034 und EGAO 1977 14. 12. 76 BGBl 3341 (s bei §§ 238ff); G zur Änderung des GmbHG und anderer hdlrechtlicher Vorschriften 4. 7. 80 BGBl 836 (**GmbHNovelle**, s bei §§ 19 V, 125a, 129a, 130a I 1, 172 VI, 172a, 177a), dazu Gessler BB **80**, 1385. d) Umwälzende Änderungen brachte das **Bilanzrichtlinien-Gesetz** 19. 12. 1985 BGBl 2355 (s Einl v § 238).

3) Rechtsquellen

A. **Gesetzesrecht:** Das ReichsHdlRecht samt Änderungen nach 8. 5. 45 sowie sonstiges HdlRecht, das bei Errichtung der BRD einheitlich in mindestens einer Besatzungszone galt, ist **Bundesrecht** (Art 125, 74 Nr 11 GG). HdlRecht fällt unter die konkurrierende Gesetzgebung des Bundes (Art 72, 74 Nr 11 GG). LandesHdlRecht vgl **(1)** EGHGB Art. 15, 18.

B. **Gewohnheitsrecht und Richterrecht:** Gewohnheitsrecht entsteht im HdlRecht wie sonst durch längere gleichmäßige Übung und Bildung der allgemeinen Überzeugung von seiner Rechtmäßigkeit. Gewohnheitsrecht kann auch Gesetze entkräften, RG **135**, 345. BundesHdlRecht kann nur durch Bundesgewohnheitsrecht (in der ganzen BRD geübt und für Recht gehalten) geändert werden. LandesHdlGewohnheitsrecht ist im gleichen Umfang möglich wie LandesHdlGesetze, s Anm A. Gewohnheitsrecht entwickelt sich nicht selten aus Richterrecht. Abgrenzung Raisch ZHR 150 **(86)** 117. Dieses letztere spielt in den verschiedenen Bereichen des HdlRechts eine durchaus unterschiedliche Rolle; teilweise, zB im Firmenrecht, im Recht der HdlGehilfen und HdlVertreter, im PersonenGesRecht und neuerdings im Recht der Bankgeschäfte, ist sie groß, teilweise ist sie eher gering.

C. **Handelsbrauch:** HdlBrauch (s § 346) und Verkehrssitte haben im HdlVerkehr eine größere Bedeutung als im übrigen Privatrechtsverkehr. Das liegt an der Rolle der Selbstverantwortlichkeit im HdlRecht und am Bedürfnis nach Einfachheit, Schnelligkeit und Verläßlichkeit (s Anm 1 C). Besonders wichtig sind HdlBräuche im internationalen HdlVerkehr (s Anm E).

D. **AGB:** AGB sind als selbst in die Hand genommene, typisierende Gestaltung der HdlGeschäfte ein zentrales Phänomen des HdlVerkehrs. Sie sind keine Rechtsnormen, sondern Vertragsklauseln, die der einverständlichen Einbeziehung in den Vertrag durch beide Parteien bedürfen, zB **(5)** AGB-Banken, **(9)** AGBAnderkonten, **(20)** SVS/RVS und Sp-Police; so heute auch **(19)** ADSp (s dort Einl 2). Da der einzelne Verbraucher die ihm gestellten AGB idR weder aushandeln kann noch in ihrer rechtlichen Relevanz voll ermißt, sind zwingende Normen und eine richterliche Inhaltskontrolle zu seinem Schutz nötig, s **(5)** AGBG. Unter Kfltn entfällt diese Notwendigkeit zwar nicht ganz, ist aber angesichts ihrer selbstverantwortlichen berufsmäßigen Teilnahme am HdlVerkehr weniger stark, s **(5)** AGBG § 24 S 1 Nr 1.

E. **Empfehlungen** der IntHK und anderer Gremien, Rolle der IHK: Maßgeblichen Einfluß auf die HdlPraxis nimmt die 1919 gegründete **Internationale Handelskammer**, Paris, ua durch Empfehlung einheitlicher HdlKlauseln, Richtlinien und Gebräuche, zB **(6)** Incoterms, **(11)** ERG, **(12)** ERI, s dort. Information über die nationalen HdlKammern der Welt gibt IntHK, Hdb der HdlKammern der Welt (IntHK-Publikation Nr 366, Sprache engl, frz). Die **deutschen Industrie- und Handelskammern** (in Hbg und Bremen nur „HdlKammer") sind Organe des HdlStands mit öffentlichen Aufgaben, s G zur vorläufigen Regelung des Rechts der IHK 18. 12. 56 BGBl 920. Sie sind jetzt sämtlich Körperschaften des öffentlichen Rechts (§ 3 I) mit Zwangsmitgliedschaft grundsätzlich aller, die im Bezirk eine gewerbliche Niederlassung, Betriebsstätte oder Verkaufsstelle unterhalten (§ 2) und

Einl v § 1 14   I. Buch. Handelsstand

unterstehen der Aufsicht der durch Landesrecht zu bestimmenden Landesbehörden (§§ 11 I, 12 I Nr 3), idR des Landeswirtschaftsministers. Im Rahmen dieses Bundesgesetzes können Landesgesetze die IHK ordnen, so NRW G 23. 7. 57 GVBl 187, Bln G 17. 10. 57 GVBl 1636, Hessen G 6. 11. 57 GVBl 147, BaWü G 27. 1. 58 GBl 77; s von Gierke ZHR 120 (**57**) 77. Auskünfte der IHK s Kroitzsch BB **84**, 309. Übersicht: Basedow BB **77**, 366. Seit G 31. 3. 53 sind auch Handwerker Kflte nach § 2 (s § 1 Anm 9) und neben den IHK die **Handwerkskammern** mit gewissen Aufgaben im Bereich des HdlRechts betraut (s **(3)** FGG § 126 Anm 1). Seit G 13. 5. 76 können auch Land- und Forstwirte Kfm sein (s § 3); entspr Aufgaben haben die **Landwirtschaftskammern** und andere Organe des land- und forstwirtschaftlichen Berufsstand (s **(3)** FGG § 126 Anm 1). Nicht bindende Empfehlungen stammen auch von anderen Gremien, zB den **Spitzenverbänden der deutschen Wirtschaft**, s **(16)** Insiderhandels-Ri, **(17)** Händler- und Beraterregeln; vgl auch **(18)** LSÜbernahmeangebote und die europäischen Wohlverhaltensregeln für Wertpapiertransaktionen der EG-Komm von 1977 (s Einl 2 vor **(17)** Händler- und Beraterregeln).

4) Internationales, DDR- und ausländisches Handelsrecht

A. **Internationales Handelsrecht:** Dabei handelt es sich als Teil des internationalen Privatrechts um nationales (deutsches) Recht. Wichtige Fragenkreise des internationalen HdlRechts sind zB das internationale Schuldvertragsrecht (zB internationale Kaufverträge s Einl 6 vor § 373, internationale Transportverträge s § 425 Anm 1) das Vertretungs- und Vollmachtsstatut, das kfm Personalstatut (zB internationales HdlVertreterrecht s § 92c), das Auslandsgeschäft der Banken (s **(7)** Bankgeschäfte VII 7) und das internationale GesRecht (Staud-Großfeld EGBGB Internationales GesRecht 1980). Übersicht: Bülow-Böckstiegel, Der internationale Rechtsverkehr in Zivil- und HdlSachen, Quellensammlung mit Erläuterungen (LBl), Reithmann, Internationales Vertragsrecht, 3. Aufl 1980, Sandrock, Hdb der internationalen Vertragsgestaltung, 2 Bde 1980. Zeitschriften: RabelsZ, Journal of World Trade Law.

B. **Handelsrecht der DDR:** Das HGB ist zwar in der DDR bisher nicht aufgehoben, aber nur noch für Speditions- und Frachtrecht bedeutsam. Grundlegend sind G über das Vertragssystem in der sozialistischen Wirtschaft der DDR (Vertragsgesetz) 25. 2. 65 GBl DDR I 107, dazu Samson ROW **67**, 1; im grenzüberschreitenden Verkehr G über internationale Wirtschaftsverträge (GIW) 5. 2. 76 GBl DDR I 61 (in seinem Geltungsbereich ist das HGB unanwendbar, § 332), dazu Seiffert RabelsZ 41 (**77**) 515; schließlich durch die Erneuerung des gesamten bürgerlichen Rechts in der DDR, an die Stelle des BGB ist dort das ZGB 19. 6. 75 in Kraft 1. 1. 76 GBl DDR I 465 getreten, dazu Roggemann NJW **76**, 393, Kittke JZ **76**, 268, Rudolph RabelsZ 41 (**77**) 669, Pleyer FS Fischer **79**, 531. Stand des Wirtschaftsrechts in der DDR s Mampel AWD **76**, 195, Pleyer AcP 181 (**81**) 459. Zum sozialistischen GesRecht Pleyer FS Klingmüller **74**, 329; zum Bankrecht in der DDR Pleyer-Tömp ROW **80**, 1. Zum IPR (Rechtsanwendungsgesetz) Maskow RIW **80**, 19. Gesetze und VO in Seiffert 1982 (Wirtschaftsrecht), 1985 (ErgänzungsBd), 1983 (Außenwirtschaftsrecht); zum GIW Maskow-Wagner 1984; zum Transportrecht Enderlein 1984.

Einleitung 14 **Einl v § 1**

C. Ausländisches Handelsrecht:

Belgien: Code de commerce (1807) von Frankreich übernommen 1831, zahlreiche Änderungen. Lehrbücher: L. Frédéricq, 10 Bde und 1 Registerbd, 1946–1955, Kurzfassung 1 Bd 1970 mit Ergänzungen 1973, 1976; van Ryn-Heenen, 4 Bde 1954–1965 (Registerbd 1966), völlig neu ab Bd 1 1976, Bd 3 1981. Zeitschriften: Revue pratique des sociétés civiles et commerciales; Jurisprudence commerciale de Belgique.

Frankreich: Code de commerce 1807, zahlreiche Änderungen. Lehrbücher: Ripert-Roblot, 1. Bd 10. Aufl 1980, 2. Bd 9. Aufl 1981; Hamel-Lagarde-Jauffret, 2 Bde, 2. Aufl 1980; Guyon, Droit des affaires, 2. Aufl 1982. Kommentarähnlich: Jurisclasseur, Encyclopédie Dalloz. Zeitschriften: Revue trimestrielle de droit commercial et de droit économique; Revue des sociétés; Journal des sociétés civiles et commerciales.

Großbritannien: Richterrecht und Einzelgesetze. Lehr- und Handbücher: Schmitthoff-Sarre, Charlesworth's Mercantile Law, 14. Aufl 1984; Stevens' and Borrie's Elements of Mercantile Law, 17. Aufl 1978; Gower, Principles of Modern Company Law, 4. Aufl 1979, Supplement 1981. Zeitschriften: Journal of Business Law.

Italien: Codice civile 1942 inkorporierte den früheren Codice di commercio. Komm: Scialoja-Branca, Codice civile, Buch IV und V (zahlreiche Bände in verschiedenen Aufl). Lehrbücher: Ferri, 5. Aufl 1980; Galgano, ab 1977, bisher 4 Bde. Zeitschriften: Rivista delle società; Rivista di diritto commerciale; Rivista di diritto industriale; Banca, borsa e titoli di credito.

Niederlande: Wetboek van Koophandel 1838, zahlreiche Änderungen. Lehrbücher: Völlmar 1961; Dorhout Mees, 4. Aufl 1964 (Kurzlehrbuch); Dorhout Mees, 5 Bde, Bd 1 8. Aufl 1978, Bd 3, 4 7. Aufl 1980, Bd 5 7. Aufl 1979. Auf Deutsch Gotzen 1979. Zeitschriften: Sociaal-Economisch Wetgeving.

Österreich: HGB, von Deutschland 1939 übernommen (ohne Buch I Abschn 6, 7 über HdlGehilfen, HdlLehrlinge, HldVertreter). Lehrbuch: Hämmerle, 3 Bde, 3. Aufl 1976–1979. Kurzkomm: Schönherr-Nitsche, 27. Aufl 1981. Zeitschriften: ÖJZ, Juristische Blätter.

Schweiz: Obligationenrecht (OR) 1881, Revisionen 1911 und 1936 und zahlreiche Änderungen. Lehr- und Handbücher: Guhl-Merz-Kummer, 7. Aufl 1980; Gutzwiller ua, Schweizerisches Privatrecht, 8 Bde; Meier=Hayoz-Forstmoser, Grundriß des schweiz Gesellschaftsrechts, 4. Aufl 1981; von Büren, 2 Bde, 1964, 1972. Komm: Berner Komm, Zürcher Komm. Zeitschriften: ZSR, SchweizJZ, SchweizAG.

Skandinavien: Kein besonderes HdlRecht, aber Einzelgesetze zB über Kauf, über HdlReg, Firma und Prokura, über Kommission, HdlAgentur und HdlReisende ua jeweils in Dänemark, Norwegen und Schweden. Monographie: Gammeltoft=Hansen-Gomard-Philip, Danish Law, 1982. Auf Deutsch Fischler-Vogel, 3. Aufl 1978.

USA: Richterrecht und einzelstaatliche Gesetze (statutes) weitgehend nach dem Muster des Uniform Commercial Code (UCC) seit 1954. Lehr- und Handbuch: White-Summers, 2. Aufl 1980. Komm: Anderson, 2

Bde, 2. Aufl 1970 mit Nachlieferungen. Auf Deutsch Elsing 1985. Zeitschriften: spezialisiert The Business Lawyer, sowie die Zeitschriften der Universitäten.

Weitere Länder: s Gierke-Sandrock § 5 B; Bundesstelle für Außenhandelsinformation, Köln, Schriftenreihe „Ausländisches Wirtschafts- und Steuerrecht", zB Rechtsfragen im Auslandsgeschäft 1980.

D. **Rechtsvereinheitlichung:** Das Streben nach Rechtsvereinheitlichung im Interesse des HdlVerkehrs ist alt, Bsp: ADHGB, s Anm 2 B. Vorstufen der Rechtsvereinheitlichung durch Vereinheitlichung der HdlPraxis sind zB die **(5)** Incoterms, **(11)** ERA, **(12)** ERI. Seit der Jahrhundertwende finden sich Anfänge eines Welthandelsrechts in großen **Übereinkommen** bes auf dem Gebiet des Verkehrs, zB Internationales Übk über den Eisenbahn-Frachtverkehr (CIM) 1890/1961 und über den Eisenbahn-Personen- und Gepäckverkehr (CIV, s § 453 Anm 2 B); über den Beförderungsvertrag im internationalen Straßen- und Güterverkehr, s **(24)** CMR; über die Beförderung im internationalen Luftverkehr (Warschauer Abkommen), s § 425 Anm 1 B. 1930/1931 kam es zur Genfer Wechsel- und Scheckrechtsvereinheitlichung. Zur internationalen HdlRechtsangleichung durch UNCITRAL Herber RIW **80,** 81. Heute gewinnt die Rechtsvereinheitlichung in den **EG**, bes auf dem Gebiet des GesRechts, eine rasch zunehmende Bedeutung. Mehrere EG-Ri zur Koordinierung des GesRechts sind bereits verbindlich. Die Anpassung des deutschen HdlRechts ist zT schon erfolgt, zT steht sie noch bevor (s Anm 2 D). Europäisches GesRecht s Einl 7 B vor § 105.

II. Unternehmensrecht

1) Das Unternehmen

A. **Unternehmensbegriff:** Trotz der Wichtigkeit des Unternehmens in Wirtschaft und Recht gibt es **keinen einheitlichen Rechtsbegriff** des Unternehmens. Vielmehr ist der Begriff Unternehmen je nach dem Willen und Zweck des Gesetzes und der Norm zu bestimmen, die ihn verwenden. Das kann zu unterschiedlichen, aber jeweils funktional richtigen Abgrenzungen führen, BGH **31,** 109. Der Unternehmensbegriff ist ua Grundbegriff des **Konzernrechts** (Recht der „verbundenen Unternehmen", AktG Buch 3, §§ 291 ff); Rspr BGH **69,** 334 (VEBA/Gelsenberg: BRD), NJW **80,** 72; Zöllner ZGR **76,** 1; Einl 5 vor § 105. Der Unternehmensbegriff ist auch im **MitbestG** (s § 1 I) und im **PublG** („Rechnungslegung von bestimmten Unternehmen und Konzernen") grundlegend (s Einl IV 4 vor § 238). Auch im **Wettbewerbsrecht** ist der Unternehmensbegriff zentral. Rspr: BGH **31,** 109, **36,** 103, **67,** 84 (Laborärzte), **74,** 365 (WAZ: für Fusionskontrolle bei zwei paritätisch beteiligten Großaktionären mit maßgeblichen Beteiligungen an mehreren Unternehmen, die zu marktstrategischen Planungen und Entscheidungen führen), NJW **80,** 1046 (öffentliche Hand); K. Schmidt ZGR **80,** 277. Eine **handelsrechtliche** Begriffsbildung geschieht am besten induktiv. Einigkeit besteht darüber, daß zwar der Kfm Unternehmer und sein HdlGewerbe (§§ 1 ff) bzw HdlGeschäft (vgl §§ 22 ff) Unternehmen ist, aber der Unternehmensbegriff darüberhinaus geht. So müssen sonstige Gewerbebetriebe (zur Abgrenzung s § 1 Anm 1 B) einbezogen werden, aber auch andere wirtschaftliche Tätigkeiten, die herkömmlich nicht als Gewerbe, sondern als freier Beruf angesehen werden (§ 1 Anm 1 C), str. Eine mehr **pragmatische,** an den Bedürfnissen des Rechtsverkehrs ausgerichtete Begriffsbildung setzt an den einzelnen **Funktionen** des Unternehmens an und begnügt sich mit Bereichslösungen, zB Unternehmen als Gegenstand des Rechtsverkehrs (s Anm 2), Rechtsschutz des Unternehmens (s Anm 3), Unternehmensnachfolge (§§ 22 ff, s dort), so vor allem Rspr und Praxis. Eine mehr **theoretische** Begriffsbildung kann unterschiedliche Aspekte des Unternehmens herausheben oder kombinieren: so hat jedes Unternehmen einen materielle und immaterielle Mittel umfassenden **Gegenstand,** dem im Verkehr ein bestimmter (Unternehmens-)**Wert** beigemessen wird (s Anm B). Jedes Unternehmen hat nicht nur eine Organisation, sondern ist eine **organisierte Einheit** am Markt und im Verkehr; das wird ua bei **Entstehen, Verlegung** und **Erlöschen** des Unternehmens deutlich (s Anm C). Schließlich hat jedes Unternehmen einen **Rechtsträger** (zB Kfm, HdlGes, freiberuflich Tätiger), sofern es nicht von der Rechtsordnung selbst als Rechtssubjekt anerkannt wird (s Anm D). Eine konsequente, teils über das geltende Recht hinausreichende Sicht des HdlRechts als Unternehmensrecht bietet K. Schmidt, HdlRecht, krit Zöllner ZGR **83,** 82. Argumentationssammlung s Unternehmensrechtskommission 1980; dazu Kübler ua ZGR **81,** 377–509; Schrifttum s Hopt-Hehl Kap. 1 III.

B. **Unternehmensgegenstand und -wert: a)** Das Unternehmen umfaßt die zum Zweck seiner Tätigkeit gewidmeten **Sachen** und **Rechte** (Forderungen, Beteiligungen, Vertragsrechte, gewerbliche Schutzrechte, die Firma und andere geschützte Kennzeichnungen, öffentliche Gewerberechte usw), sowie **sonstige wirtschaftlichen Werte** wie Erfahrungen, Know-how, Unternehmensgeheimnisse, BGH **16,** 175, **64,** 329, Geschäftsbeziehungen, Kundenstamm, Personal, den geschäftlichen Ruf und Kredit, Goodwill ua, BGH NJW **70,** 557. Zum Know-how Monographien Pfister 1974, Stumpf 1977, Druey 1977 (Geschäftsgeheimnis); Tiedemann FS von Caemmerer **78,** 643. **b)** Jedes Unternehmen hat im Verkehr einen bestimmten, uU auch negativen **Wert.** Die richtige Bewertung ist nicht nur eine wirtschaftliche, sondern uU auch rechtliche Frage, etwa im Bilanzrecht (§§ 252 ff), bei **Eintritt und Ausscheiden** von Gftern (ua Abfindung, § 138 Anm 5), bei Zugewinn- und Pflichtteilsberechnung, im Konkurs, Entschädigung nach BEG, BGH BB **62,** 155, Schuldenregelung nach BVFG, BGH DB **56,** 1232. Die Bewertung ist abhängig von dem jeweiligen Gesetzeszweck; so sieht eine Konkursbilanz (Zerschlagungswert des Unternehmens) anders aus als eine Jahresbilanz, und diese wiederum anders als eine Abfindungsbilanz. In der Betriebswirtschaftslehre herrscht die **Ertragswertmethode** vor. Der Unternehmenswert drückt dabei den Wert des fortgeführten Unternehmens, bezogen auf eine Alternativinvestition am Kapitalmarkt, aus. Die Schwierigkeiten liegen ua im Prognoseproblem, in der Bemessung des Kapitalisierungszinssatzes und in der Zugrundelegung des vorhandenen oder eines veränderten Unternehmenskonzeptes. Dazu IdW-HFA 2/83 (Grundsätze zur Durchführung von Unternehmensbewertungen) WPg **83,** 468. In der Praxis findet sich zT die Mittelwertmethode, die einen Unternehmensgesamtwert zwischen Ertragswert und Substanzwert (Reproduktionswert) annimmt. Der **Liquidationswert** ist uU Untergrenze, aber jedenfalls sonst für die Bewertung des fortgeführten Unternehmens nicht maßgeblich. Überblick zu den Bewertungsmethoden s GroßKo-Ulmer § 138 Anm 78. **Rechtlich** ist keine dieser Methoden verbindlich, vielmehr können die mit der Bewertung betrauten Fachleute das ihnen im Einzelfall geeignete Verfahren **wählen;** das Ergebnis ist für den Richter im wesentlichen Tatfrage, BGH **68,** 165, NJW **73,** 510, **75,** 1967, **78,** 1319, WM **79,** 432, NJW **82,** 2441. Maßgebend sind, auch für die Schätzung des Zukunftsertrags, die Verhältnisse am **(Bewertungs)stichtag;** die Entwicklung in der Bewertungszeit ist zu berücksichtigen, nicht solche mit Ursprung nach dem Stichtag; BGH NJW **73,** 511. Zur Ertragswertbestimmung Rückblick auf idR fünf Jahre, BGH BB **75,** 1083 (Pflichtteilsberechnung), mit Ausklammern des besten und schlechtesten dieser fünf, so Hamm BB **76,** 626 (Zugewinnermittlung). Bewertung allein nach Substanzwert ist auch bei unrentablem Unternehmen idR nicht marktgerecht, BGH NJW **82,** 2441; Bewertung nach Liquidationswert s BGH NJW **82,** 2498. Die Mittelwertmethode kommt ohne besonderen Ansatz des Goodwill aus, BGH BB **82,** 71. Bei Veräußerung ein Jahr nach Bewertungsstichtag ist Anlehnung an Verkaufserlös abzüglich Veräußerungskosten zulässig, BGH NJW **82,** 2498. Anspruch auf Vorlegung von Geschäftsunterlagen zwecks Geschäftsbewertung s § 166 Anm 2 C (betr Kdtist), BGH BB **75,** 1083 (zu § 2314 BGB), Hamm BB **83,** 860 (zu § 1379 BGB, Anwaltssozietät). RsprÜbersicht: Piltz 1982. Monographien: Viel-Bredt-Renard, 5. Aufl 1975, Helbling, 4. Aufl 1982, Großfeld 1983, Moxter, 2. Aufl 1983; ferner Schrifttum zum Bilanzrecht Überbl vor § 238. Aufsatzreihe W. Müller JuS **73,** 603 bis **75,** 553; Lutter ZGR **79,** 401, Zehner DB **81,** 2109, Großfeld JZ **81,** 641, 769, Rausch AG **84,** 202, Piltz-Wissmann NJW **85,** 2673 (bei Zugewinnausgleich nach Scheidung).

C. **Entstehen, Verlegung und Erlöschen des Unternehmens: a)** Das Unternehmen **entsteht** durch Errichtung als organisierte Einheit und Auftreten nach außen. Es kann aber schon zuvor in der Gründungsphase („werdendes" Unternehmen) einen Wert haben, Gegenstand des Rechtsverkehrs sein und Rechtsschutz genießen. Das Unternehmen besteht als organisierte Einheit am Markt rechtlich auch dann, wenn es nicht genehmigt oder sogar verboten ist (vgl § 7). Nur kann es dann behördlich geschlossen werden. Auch ist im einzelnen genau zu prüfen, ob Rechtsgeschäfte im und über das Unternehmen wirksam sind (zB §§ 134, 138 BGB), inwieweit das Unternehmen Rechtsschutz genießt und welche Pflichten es während seines Bestehens hat (vgl § 1 Anm 1 E). **b)** Die **Verlegung** des Unternehmens erfolgt bei EinzelKflten und PersonenGes durch tatsächliche Verlegung der HauptNl; die Anmeldung nach § 13c ist insoweit nur deklaratorisch. Bei juristischen Personen (des HdlRechts) bedarf es dagegen zur Sitzverlegung einer Satzungsänderung, die erst mit der Eintragung in das HdlReg wirksam wird (§§ 5, 179, 181 III AktG, §§ 3 I Nr 1, 53, 54 III GmbHG). **c)** Das Unternehmen **erlischt** mit seiner endgültigen Auflösung als organisierte Einheit. Es erlischt **noch nicht** durch Auflösung (vgl § 156, Ges iL); Konkurseröffnung (vgl § 144 HGB, § 129 II KO); Verpachtung, § 22 Anm 4; vorübergehende Stillegung, BGH **21,** 69, BayObLG WM **84,** 53. Das durch rechtswidrigen Zwang stillgelegte Unternehmen **ruht,** solange der Zwang dauert, danach, solange Wille und

Möglichkeit der Erneuerung bestehen; BGH **6,** 137 (für Fortbestehen eines Warenzeichens). Löschung der Firma im HdlReg s § 31. Umwandlung des Unternehmens s Einl 4 vor § 105.

D. Rechtsträger: Nach deutschem HdlRecht hat jedes Unternehmen einen Unternehmensträger. Dieser, nicht das Unternehmen selbst, ist Subjekt der das Unternehmen betr Rechte und Pflichten. Unternehmensträger kann zunächst jeder Kfm sein, sein Unternehmen ist das HdlGeschäft (§§ 1 ff). Unternehmensträger sind die OHG, KG (nicht deren einzelne Gfter, vgl § 105 1 I, § 161 Anm 2 B); die AG, GmbH, eG, sofern sie ein Unternehmen betreiben (Kflte sind sie davon unabhängig kraft Rechtsform, § 6 Anm 2); Gebietskörperschaften (s § 1 Anm 7, § 36 Anm 2, Einl 7 C vor § 343). Unternehmensträger können auch NichtKflte sein, zB freiberuflich Tätige (str zum ,,Gewerbe" § 1 Anm 1 C); die GbR (sog ErwerbsGes, s § 105 Anm 3 A); die Vor-AG und Vor-GmbH (s § 105 Anm 2 C, Anh § 177a Anm II 2 A), die Erbengemeinschaft (§ 1 Anm 6 B). **Nicht** Unternehmensträger ist die stGes (§ 335 Anm 1 B); der Konzern als solcher (vielmehr die verschiedenen rechtlich selbständigen verbundenen Unternehmen, § 18 AktG), vgl Einl 5 vor § 105. Neuerdings werden dem Unternehmensträger als solchem (also zB auch einer GbR, zumindest wenn sie ErwerbsGes ist) die Wechselrechtsfähigkeit, die Konkursfähigkeit, die Handlungsfähigkeit iSv § 31 BGB und möglichst sogar die Parteifähigkeit zugesprochen, vgl ausführlich K. Schmidt § 5; anders hL und Rspr zB BGH **45,** 312, **59,** 184, **61,** 68; im einzelnen str.

2) Das Unternehmen als Gegenstand des Rechtsverkehrs

A. Unternehmensübertragung: a) Eine Verfügung über das Unternehmen als Ganzes, wie in anderen Ländern zB Übertragung oder Verpfändung des Unternehmens durch Eintragung in einem Register, ist grundsätzlich nicht möglich, BGH NJW **68,** 393. Vielmehr ist beim Unternehmenskauf und anderen das Unternehmen als Ganzes betreffenden Verpflichtungen (s Anm B–E) über die den Unternehmensgegenstand bildenden Sachen, Rechte und sonstigen wirtschaftlichen Werte (s Anm 1 B) **einzeln zu verfügen** (sachenrechtlicher Bestimmtheitsgrundsatz); bei Unternehmensveräußerung also zB über Grundstücke (§§ 873, 925 BGB), bewegliche Sachen (§§ 929 ff BGB), Forderungen und andere Rechte wie Patente (§§ 398 ff, 413 BGB). Firma (§ 22) und Warenzeichen (§ 8 WZG) können (nur) mit dem Unternehmen übertragen werden, ebenso andere nicht registrierte Unternehmenskennzeichnungen (§ 17 Anm 6); sie sind iZw stillschweigend mitübertragen. Rechte aus gegenseitigen Verträgen sind idR zwar nicht einzeln, wohl aber mit dem ganzen HdlGeschäft ohne Zustimmung des Vertragsgegners übertragbar (§ 157 BGB); wenn nicht, ist der Veräußerer des HdlGeschäfts verpflichtet, die Zustimmung herbeizuführen. Außer den einzelnen Verfügungen ist die **tatsächliche Einweisung** des Erwerbers in das Unternehmen samt Know-how, Goodwill, Unternehmensgeheimnisse usw nötig, zB durch Übergabe der Kundenkartei, Mitteilung der Erfahrungen und Geheimnisse, Einführung bei Kundschaft, Personal, Geschäftsfreunden, Behörden. **b)** Aufgrund besonderer Rechtsvorschriften geht **ausnahmsweise** das Unternehmen **als Ganzes** über, zB bei Erbgang (§ 1922 BGB), Verschmelzung, Vermögensübertragung und in bestimmten Fällen der Umwandlung, s Einl 4 vor § 105.

B. Unternehmenskauf: a) Das Unternehmen kann jedoch **als Ganzes verkauft** werden (§ 433 BGB); der Verkäufer verpflichtet sich dabei, die dazu notwendigen einzelnen Verfügungen (s Anm A) vorzunehmen. Entspr gilt für andere Verträge wie zB Schenkung, Geschäftseinbringung aufgrund GesVertrag, Pacht (s Anm C). Besondere **Formvorschriften** bestehen nicht, zu beachten sind aber zB **§ 313 BGB**, wenn zum HdlGeschäft ein Grundstück gehört und die Übertragung von Unternehmen und Grundstück ein einheitliches Geschäft darstellt, BGH BB **79**, 598; **§ 518 BGB** bei Schenkung eines HdlGeschäfts; **§ 311 BGB** bei Verkauf des HdlGeschäfts einer juristischen Person (aber zT Sondervorschriften), OHG und KG fallen nicht darunter (Veräußerer sind die Gfter, Sondervermögen), str. Praxis des Unternehmenskaufs s Holzapfel-Pöllath, 2. Aufl 1985, Beisel-Klumpp 1985, Hölters 1985. **b)** Der Unternehmenskauf kann **unzulässig** sein. Zu berücksichtigen sind heute in erster Linie die kartellrechtlichen Schranken (**Fusionskontrolle** nach §§ 24 ff GWB, s Anm III 2). Die frühere Rspr, wonach der Verkauf einer Arzt-, Anwalts- und sonstigen **freiberuflichen Praxis** als Verkauf eines „Erwerbsgeschäfts" nicht möglich und sittenwidrig sein sollte, ist heute überholt, BGH **16**, 74, **43**, 47, NJW **73**, 100. Bei Praxisübernahme soll sogar die Überlassung von Patientenkartei und Behandlungsunterlagen ohne Befragen der Patienten wirksam vereinbart werden können, BGH NJW **74**, 602; fraglich, aA Laufs NJW **75**, 1435. Ein **Wettbewerbsverbot** für den Veräußerer zugunsten des Erwerbers folgt auch ohne bes Abrede als Nebenpflicht des Kaufvertrags, RG **117**, 180, BGH NJW **55**, 337, und kann entspr auch vertraglich vereinbart werden. Grenzen für „überschießende", objektiv nicht nötige Wettbewerbsverbote setzt § 1 GWB; auch Austauschverträge dienen bei Außenwirkung der Wettbewerbsvereinbarung „zu einem gemeinsamen Zweck" iSv § 1 GWB, BGH NJW **82**, 2000; Ulmer NJW **82**, 1975; des Rückgriffs auf § 138 BGB bedarf es nicht, aA BGH NJW **79**, 1605. **c)** Die **Mängelgewährleistung beim Unternehmenskauf** richtet sich, obwohl das Unternehmen keine „Sache" ist, nach Sachmängelrecht (entspr §§ 459 ff, 581 II BGB); auch der **Kauf aller** oder nahezu aller **Gesellschaftsanteile** ist Sachkauf, der einzelner GesAnteile dagegen Rechtskauf (§ 437 BGB), s § 124 Anm 2 B. **Mängel des Unternehmens** sind zunächst solche des Unternehmens insgesamt, zB RG **138**, 356 (Baupolizeiwidrigkeit des Gastwirtbetriebs), JW **37**, 461 (gesetzliche Beschränkung des Betriebs), BGH NJW **59**, 1585 (Arztpraxis mit Belegbetten bei unzulänglichen Operationsverhältnissen), BGH BB **70**, 819 (Überschuldung), Karlsr BB **74**, 1604 (zerrüttete Steuerberaterpraxis). Aber auch **Mängel einzelner Sachen und Rechte** können auf das Unternehmen durchschlagen und begründen dann einen Mangel des Unternehmens iSv § 459 BGB, so wenn sie dessen wirtschaftliche Grundlage erschuttern, BGH NJW **70**, 821, bzw wenn sie seine Marktstellung gefährden, Hommelhoff 38. So ist zB der Rechtsmangel, daß sämtliche Warenautomaten eines Betriebsvermögens sicherungsübereignet sind, ein Sachmangel des Unternehmens, BGH NJW **69**, 184 m krit Anm Schlosser JZ **69**, 337 (für Rechtsmängelhaftung). Auch Quantitätsmängel des GesVermögens können einen Qualitätsmangel des Unternehmens darstellen, zB fehlendes Inventar, RG **98**, 292, BGH NJW **79**, 33, Nichtauffindbarkeit des mitverkauften Leergutes, BGH WM **74**, 312, Mängel mitverkaufter Rechte wie Kundenforderungen, Baukonten, Versicherungsansprüche, Firmen-,

Kennzeichnungs-, Schutz-, Nutzungsrechte, Geschäftsgeheimnisse usw, BGH NJW **70**, 557, WM **74**, 312. Reicht der Mangel einzelner Sachen und Rechte für einen Unternehmensmangel nicht aus, dann ist auch keine **Einzelgewährleistung** möglich, sondern nur uU Verschulden bei Vertragsschluß s Anm d; dagegen soll für **Rechtsmängel** der Verkäufer (unbeschadet § 459 ff wegen Unternehmensmangels) zusätzlich nach § 437 BGB haften, BGH NJW **70**, 557, WM **75**, 1166 (Bestand und Übertragbarkeit der Mietrechte an den Geschäftsräumen), bedenklich. Schlechte **Umsätze und Gewinne** sind kein Mangel iSv § 459 I BGB, BGH NJW **70**, 653 m krit Anm Putzo, können aber Fehlen einer **zugesicherten Eigenschaft** iSv § 459 II BGB sein, BGH NJW **77**, 1538, **79**, 33; so auch bei Fehlen zugesicherter abschreibungsfähiger Kosten bei KG-Kauf, BGH BB **75**, 1180. **Unrichtige Bilanzen** begründen nach der Rspr weder einen Mangel noch eine fehlende zugesicherte Eigenschaft des Unternehmens, BGH BB **74**, 152, fraglich, krit Goltz DB **74**, 1609, offen BGH NJW **77**, 1537; aber uU Verschulden bei Vertragsschluß (Anm d). Soweit Sachmängelhaftung einschlägig ist, scheidet Irrtumsanfechtung aus; aber bei Bilanzfälschung uU § 123 BGB, BGH **80**, 2409. Kurze **sechsmonatige Verjährung** des § 477 BGB (sogar wenn zu dem Unternehmen ein Grundstück gehört), RG **138**, 357, BGH BB **74**, 1604; Hommelhoff BB **76**, 156; das ist jedoch nicht sachgerecht. Für eine Differenzierung nach den einzelnen Substanzstück (bewegliche Sache, Grundstück) Huber ZGR **72**, 419; vieles spricht für einjährige Verjährung (§ 477 für Grundstücke analog für Unternehmen), vgl Staud-Honsell § 477 Rz 4. Da der Unternehmenskauf teilweise dem Werkvertrag ähnelt, zB tatsächliche Einweisung (s Anm A), muß der Erwerber uU erst Behebung des Mangels verlangen (entspr §§ 633 ff BGB). Monographie Hommelhoff 1975; Hommelhoff ZHR 140 (**76**) 271, Immenga AcP 171 (**71**) 1, Grunewald ZGR **81**, 622. **d)** Bei fahrlässig falschen Angaben über für den Kaufentschluß erhebliche Umstände haftet der Verkäufer dem Käufer aus **Verschulden bei Vertragsschluß** (Vorteile gegenüber Gewährleistung: leichte Fahrlässigkeit, lange Verjährung, Nachteile: nur Vertrauensschaden). So zB bei irrtümlich unrichtigen Bilanzen, BGH **69**, 53, auch wenn ein Dritter sie erstellte (§ 278 BGB); bei Bilanzfälschung (uU auch § 123, s Anm c) BGH NJW **80**, 2409. Der Schadensersatz umfaßt die Aufwendungen des Käufers, bei Aufrechterhaltung des Kaufs auch den Betrag, um den der Käufer wegen der Fehlinformation zu teuer gekauft hat, BGH **69**, 58, NJW **77**, 1539; dies auch ohne Nachweis, daß der Verkäufer einen niedrigeren Kaufpreis akzeptiert hätte, BGH NJW **80**, 2410 (§ 287 ZPO), fraglich. Die Verjährung beträgt hier 30 Jahre, BGH BB **74**, 152; damit kompensiert die Rspr ihre enge Haltung zur Mängelgewährleistung (s Anm c). RsprÜbersicht: Hiddemann ZGR **82**, 435; Aufsatzreihe ZGR **82**, 350–518; Willemsen AcP 182 (**82**) 515 u Mössle BB **83**, 2146 (nur §§ 459 ff BGB entspr), J. Baur BB **79**, 381 (nur culpa in contrahendo), Canaris ZGR **82**, 395 u Müller ZHR 147 (**83**) 501 (Anpassung wegen Störung der Geschäftsgrundlage).

C. **Sonstige Unternehmensverträge:** Unternehmensverträge iS des HdlRechts sind außer Unternehmenskauf zB Unternehmenspacht, Unternehmensnießbrauch, Sicherungsabrede als Grundgeschäft zu einer Sicherungsübertragung des Unternehmens. Sie sind von den Unternehmensverträgen iS des Konzernrechts (§§ 291, 292 AktG), dem es um rechtliche Bindung von Herrschafts- und Leitungsmacht geht (vgl §§ 15 ff AktG, Einl 5 vor § 105) zu unterscheiden. Die **Unternehmenspacht** (im Gegensatz zur Pacht einzelner Räume oder Einrichtungen) kommt in der Praxis besonders bei Betriebsaufspaltung (s § 2 Anm 1 B) vor. Sie umfaßt das Unternehmen als Ganzes mit Firma, Kundenstamm, Know-how, vgl BGH NJW 53, 1391. Entspr anwendbar sind §§ 581 ff BGB. Der Pächter erhält Besitz am Anlagevermögen (zB Fabrikhalle, Maschinen, § 588 I 2; für Ersatzstücke § 588 II 2 BGB), Eigentum am Umlaufvermögen (zB Warenlager, ausstehende Kundenforderungen) und ist in das Unternehmen tatsächlich einzuweisen (s Anm A). Der Pächter betreibt selbst das Unternehmen iSv § 1 (§ 1 Anm 3 A), deshalb Anmeldung im HdlReg (s § 31 Anm 1). Firmenfortführung und Nachfolgezusatz s § 22 Anm 4. Herabsinken der Verpächter-OHG zu GbR, s § 105 Anm 3 B. – Der **Unternehmensnießbrauch** ist ein dingliches Recht am Unternehmen als Ganzem entspr §§ 1030–1084 BGB (§§ 1085 ff BGB nur, wenn das Unternehmen das gesamte Vermögen des Nießbrauchbestellers ausmacht). Der Unternehmensnießbrauch kann bloßer Ertragsnießbrauch oder Nießbrauch mit eigener Unternehmerrolle des Nießbrauchers sein. Bei bloßem Quotennießbrauch wird der Nießbraucher nicht Unternehmensträger, BayObLG **73,** 168. Dingliche Bestellung des Unternehmensnießbrauchs vgl Anm A, Eigentum am Anlage- und Umlaufvermögen entspr bei Unternehmenspacht. Verfügungsrecht des Nießbrauchers auch über Anlagevermögen (entspr § 1048 BGB), BGH NJW **75,** 210 LS. Firmenfortführung und Nachfolgezusatz § 22 Anm 4. Die praktisch wichtigen Probleme der Kostentragung für Investitionen und des Anrechts auf den Wertzuwachs des Unternehmens sind bei Vertragsgestaltung bes zu beachten. Monographie Bökelmann 1971; Staud-Promberger Anh §§ 1068, 1069, Grunsky BB **72,** 585. – Eine Verpfändung des Unternehmens als Ganzem ist nicht möglich, auch keine **Sicherungsübereignung** durch bloße Einigung, BGH NJW **68,** 392. Doch ist die **Unternehmensübertragung zur Sicherheit** (mit der Abrede der Rückübertragung nach Erfüllung des Sicherheitszwecks) möglich; dinglicher Vollzug s Anm A.

D. **Vererbung:** Das Unternehmen ist als Ganzes vererblich (Gesamtrechtsnachfolge § 1922 BGB). Der Erbe tritt kraft Gesetzes in alle Rechte und Pflichten ein und hat ein Recht auf tatsächliche Einweisung in das Unternehmen (s Anm A). Ein Vermächtnis des Unternehmens als Ganzem wird durch Übertragung unter Lebenden vollzogen (vgl Anm A). Nachfolgerbestimmung s Westermann FS Möhring **65,** 183, durch vom Erblasser hierzu berufene Dritte (§ 2065 II BGB), Klunzinger BB **70,** 1197.

E. **Rückgewähr, Zwangsvollstreckung, Konkurs:** Das Unternehmen als Ganzes kann Gegenstand eines schuldrechtlichen **Rückgewähr**anspruchs sein; zB bei der Sicherungsübertragung aufgrund der Sicherungsabrede (s Anm C); auch nach §§ 812 ff bei Unwirksamkeit des Unternehmensverkaufs oder -vertrags (s Anm B, C), Ballerstedt FS Schilling **73,** 289. Herausgabe von Nutzungen (§ 818 I, § 987 I BGB) einschließlich des Unternehmensgewinns, außer wenn dieser ausschließlich auf den persönlichen Leistungen und Fähigkeiten des Pächters beruht, BGH **63,** 368, NJW **78,** 1578. Die Rückübertragung erfolgt wie die Übertragung durch Einzel-

Einleitung II 3 **Einl v § 1**

verfügungen und tatsächliche Einweisung (s Anm A). Das Unternehmen als Ganzes ist nicht Gegenstand der **Zwangsvollstreckung** gegen den Inhaber, es kann nicht als Ganzes gepfändet werden (vgl Anm A). Ein Urteil auf **Herausgabe** des Unternehmens als Ganzes ist zwar möglich, aber nur nach § 888 ZPO (Beugestrafen) zu vollstrecken, nicht durch Einzelvollstreckung auf Herausgabe der einzelnen zum Unternehmen gehörenden Sachen (§§ 883 ff ZPO), soweit diese nicht ausdrücklich genannt sind. Das Urteil ersetzt auch nicht nach §§ 894 ff ZPO die Übertragungserklärung des Schuldners für zum Unternehmen gehörende, im Urteil aber nicht ausdrücklich bezeichnete Rechte. In **Konkurs** geht rechtlich der Unternehmensträger (s Anm 1 D), nicht das Unternehmen als solches. Vgl K. Schmidt ZIP **80**, 233. Zur Haftung des Konkursverwalters bei jahrelanger Fortführung des Unternehmens (iE ablehnend) BGH BB **79**, 1523. Die **Anfechtung** nach AnfG und KO ist nur betr die einzelnen zum Unternehmen gehörenden beschlagsfähigen Sachen und Rechte möglich. Dazu Noack MDR **67**, 639, DB **74**, 1369. Veräußerung des Unternehmens durch den Konkursverwalter s § 17 Anm 5 C, § 25 Anm 1 C a, 2 C.

3) Der Rechtsschutz des Unternehmens

A. **Überblick (Anspruchsgrundlagen):** Das Unternehmen wird von der Rechtsordnung vielfältig geschützt. Gegen Eingriffe des Staats besteht vor allem **Eigentumsschutz nach Art 14 GG** (s Anm B). **Gewerblichen Rechtsschutz** gewähren das PatG, GebrMG, GeschmMG und WZG (zu §§ 24, 28 WZG s § 17 Anm 4 A f). **Firma, Namen und Kennzeichnungen** werden durch §§ 30, 37, §§ 12, 823 I BGB, § 16 UWG, §§ 24, 28 WZG geschützt (s § 17 Anm 4, 6). Der Unternehmensträger hat ua **Abwehransprüche** nach §§ 862, 1004 BGB; **Herausgabeansprüche** nach §§ 861, 985 ff BGB samt Neben- und Folgeansprüchen; deliktsrechtliche **Schadensersatzansprüche** vor allem nach § 823 I BGB (Recht am Gewerbebetrieb und Persönlichkeitsrecht des Unternehmensträgers, s Anm C, D), ferner nach § 823 II BGB bei Verletzung eines Schutzgesetzes, § 824 BGB bei Kredit- und sonstigen geschäftsschädigenden Tatsachenäußerungen, § 826 BGB bei (mindestens bedingt) vorsätzlich sittenwidriger Schädigung.

B. **Eigentumsschutz nach Art 14 GG: a)** Das **Unternehmen** ist **als Eigentum** iSv **Art 14 GG** im Rahmen der gesetzlichen Inhalts- und Schrankenbestimmung (Art 14 I 2) gegen enteignende Eingriffe durch Art 14 III (Erfordernis gesetzlicher Grundlage, Gebot der Entschädigung) geschützt. Entspr besteht Entschädigungspflicht bei rechtswidrigem enteignungsgleichen Eingriff in eine in die Eigentumsgarantie einbezogene Rechtsposition, zB den eingerichteten und ausgeübten Gewerbebetrieb (s Anm C), stRspr BGH **78**, 44, **90**, 29. Das Unternehmen ist nicht nur in seinem Bestand an sich geschützt, sondern in seiner gesamten Erscheinungsform, also seinem Tätigkeitskreis samt Kundenstamm und allem, was insgesamt den wirtschaftlichen Wert des konkreten Betriebs ausmacht, BGH **40**, 364, **55**, 263. RsprÜbersichten: (BGH) Kreft WM **77**, 382, (BVerfG) Schulze=Osterloh NJW **81**, 2537, Ossenbühl NJW **83**, 1. **b) Einzelfälle zu entschädigender Eingriffe:** Eingriff durch rechtswidrigen **Fluglotsenstreik** (hoheitliches Handeln) gegenüber Charterflugunternehmen, BGH **76**, 387; uU durch absolutes innerörtliches Werbefahrverbot unter Verstoß gegen Art 12 I GG für darauf eingerichtete Unternehmen, BGH **78**, 41. Eingriff in die (Betriebs-)**Grundstücksnutzung**, zB Bausperre (jenseits vorübergehender Gebietsaufschließungssperre, die nach Art 14 I 2 hinzunehmen ist), BGH **30**, 338, 347, 356, **73**, 161; auch nur faktische Bausperre (wiederholte Baugesuchablehnung). Bei Nichtidentität von Grundeigentümer und Betriebsinhaber wird für Betriebsschaden nur dieser entschädigt, BGH NJW **72**, 1666. Eingriff in den notwendigen **Kontakt nach außen**, Zugang und Werbemöglichkeit für Geschäft, Gastwirtschaft usw zB durch Straßenarbeiten, U-Bahn-Bau, Untertunnelung, BGH **57**, 361, NJW **75**, 1880, 1967, BB **76**, 669, WM **80**, 1179, anders bei Wasserstraßen (bloßer Gemeingebrauch) BGH **86**, 160; aber keine Garantie unveränderter Verbindungen innerhalb des öffentlichen Wegenetzes, BGH **55**, 264 (Soldatengaststätte), NJW **67**, 1752 (neue Straße), **73**, 161 (Aufeinanderfolge rechtmäßiger und rechtswidriger Bausperren), **83**, 1663 (Tankstelle). Höhere Opfergrenze bei schlichter Straßenmodernisierung als bei Schaffung eines neuen Verkehrswegs, BGH **57**, 365, BB **76**, 669. Eingriff durch Verhinderung des **Wiederaufbaus**, BGH NJW **72**, 1666, oder einer notwendigen **Erneuerung**, BGH **34**, 190, MDR **72**, 849. Eingriff ist **nicht** die Verhinderung einer **Erweiterung**, BGH **34**, 190, NJW **72**, 759, **80**, 387. Kein Schutz für Betrieb **im Werden** (im Planungs- oder Vorbereitungsstadium), BGH **30**, 356, BB **69**, 895; bereits erfolgte Eröffnung ist aber nicht nötig. Ebensowenig Schutz nach **Stillegung** aus anderen Gründen, BGH WM **73**, 1216. c) **Grenzen** des Schutzes setzt die **Pflichtigkeit** gegenüber dem Gemeinwohl (Art 14 I 2, II GG), ua Grundsätze der Substanzerhaltung und der Verhältnismäßigkeit; Situationsgebundenheit von Grundstücken, BGH **87**, 71. Daher muß zB der Müllabfuhrunternehmer die Einführung öffentlicher Abfuhr hinnehmen, BGH **40**, 364, BVerwG NJW **82**, 63; ebenso Einführung des Anschluß- und Benutzungszwangs für Fernheizwerk (außer uU bei Eingriff in privatrechtliche Bezugsverträge), BGH **77**, 182; Verbot der Lichtreklame im historischen Stadtkern, BVerwG NJW **80**, 209; Geldleistungspflichten (außer bei Erdrosselungswirkung), BGH **83**, 195 (Bardepot); Untersagung des Kiesabbaus im Grundwasser, BGH **84**, 227, 230, und wegen Landschaftsschutz, BGH **77**, 351. Rechtmäßig verhängte und aufrechterhaltene Veränderungssperren sind höchstens bis zu vier Jahre lang entschädigungslos zu dulden, BGH **73**, 173, **78**, 152. d) **Rechtsfolge** ist nicht Schadensersatz, sondern nur **Entschädigung** für Verlust an (Vermögens-)**Substanz** einschließlich Goodwill, BGH NJW **75**, 1967, und der durch Umbau und Erweiterung während des Eingriffs neugeschaffenen Werte, BGH BB **76**, 670. e) **Minderung** der Entschädigung uU entspr § 254 BGB wegen mangelnden Hinweises auf außergewöhnliche Schadensgefahr oder wegen Unterlassung von schadensmindernden Maßnahmen, zB Gebrauch von Rechtsmitteln, BGH **90**, 17, BGH NJW **71**, 1696, **83**, 1664. f) Schutz auch **ausländischer** juristischer Personen des Privatrechts (trotz Art 19 III GG „einfach-rechtlich" keine Differenzierung bei Grundstückseigentum nach Nationalität), BGH **76**, 375, 387.

C. **Deliktsrechtlicher Schutz nach § 823 I BGB: a)** Das Recht am „**eingerichteten und ausgeübten Gewerbebetrieb**" (also am Unternehmen, unterschieden von den ihm zugehörenden einzelnen Sachen und Rechten) ist als **sonstiges Recht** iSv § 823 I BGB nicht nur gegen Angriffe auf seinen

Bestand (so noch RG), sondern gegen jeden unberechtigten Eingriff in seine Tätigkeit und Entfaltung geschützt. Dabei handelt es sich um einen „offenen" Haftungstatbestand; der Interessenschutz des Unternehmens ist in Inhalt und Umfang von Fall zu Fall durch **Interessenabwägung** zu ermitteln, stRspr, BGH **80**, 27. Der Schutz nach § 823 I BGB setzt voraus, daß der Eingriff **betriebsbezogen**, also gegen den Betrieb als solchen und nicht nur gegen vom Gewerbebetrieb ohne weiteres ablösbare Rechte oder Rechtsgüter gerichtet ist, (sog Unmittelbarkeitserfordernis). Daran fehlt es zB bei Entziehung unentbehrlichen Personals durch Verletzung, BGH **7**, 36; bei Beschädigung einzelner Betriebsmittel, außer wenn das den Betrieb zum Erliegen bringt oder in seiner Substanz ernstlich beeinträchtigt, BGH NJW **83**, 813 (Produkthaftung); bei Stromentzug durch Kabelunterbrechung bei Bauarbeit auf Nachbargrundstück, BGH **29**, 74, **41**, 127, **66**, 393, NJW **77**, 2208; aber uU Haftung nach § 823 I BGB aus Eigentumsverletzung bei Sachschaden (zB Eierverderb im Brutapparat) und nach § 823 II BGB iVm Schutzgesetz für Betriebsunterbrechungsschaden. Zusammenfassend Hager JZ **79**, 53. § 823 I BGB betr Gewerbebetrieb ist aber nur Auffangtatbestand **(Subsidiarität)** für den Fall, daß eine Lücke im Rechtsschutz geschlossen werden muß, stRspr BGH **59**, 34, **69**, 138; daran fehlt es zB wenn das Eigentum verletzt ist, BGH **55**, 153 (eingeklemmtes Motorschiff) oder § 824 BGB wegen unrichtiger Tatsachenbehauptung eingreift, BGH **59**, 76 (unrichtige Anzeige), NJW **66**, 2010 (Fernsehkritik an Teppichkehrmaschine), NJW **78**, 210 (Pressebehauptung, alkoholhaltige Zahncreme wirke im verkehrspolizeilichen Alkoholtest) oder wenn die Verletzung des Unternehmens im Wettbewerb erfolgt, insoweit gilt nur Wettbewerbsrecht, insbesondere § 1 UWG (s Anm III), BGH **36**, 252, **43**, 361. **Rechtsfolgen** sind Schadensersatz (§§ 249 ff BGB), uU auch durch berichtigende Werbung, BGH **70**, 39, NJW **79**, 2197 und Unterlassungsanspruch (§§ 823 I, 1004 BGB). Monographie Buchner 1971; Buchner DB **79**, 1069.

b) Vom Recht am Gewerbebetrieb ist das ebenfalls nach § 823 I BGB geschützte **Persönlichkeitsrecht des Unternehmensträgers** zu unterscheiden, auch wenn es praktisch in der Rspr oft austauschbar erscheint und die Reichweite etwa gegenüber Pressekritik (s Anm D) ähnlich abgesteckt wird. Als Grundsatz gilt, daß der im Wirtschaftsleben selbständig Tätige sich damit der Öffentlichkeit und ihrer Kritik stellt und sein Persönlichkeitsrecht dabei weniger weit reicht, als in der Privatsphäre, BGH **36**, 80 (Presseäußerung über Teilnahme eines Bankiers am Waffenhandel). Erheblicher Freiraum für Kritik, BVerfG NJW **82**, 2655 (Bezeichnung der Kreditmittler als Kredithaie); für Satire, BGH **84**, 237 (Horten bezahle Politiker), Karlsr NJW **82**, 647 (Waffenproduzent). Persönlichkeitsrechtsverletzung durch ihn unnötig genau identifizierende, lächerlich machende Schilderung eines auf Geschäftsmann verübten Raubüberfalls, Kln NJW **73**, 850, durch unbefugte Werbung mit Namen des Unternehmers (Bereicherungsausgleich nach § 812 I 1 BGB), BGH **81**, 75), durch unbefugte Verfremdung eines Firmenemblems, Ffm NJW **85**, 1649 (BMW).

D. **Recht am Gewerbebetrieb, Fallgruppen: a) Unberechtigte geschäftsschädigende Äußerungen** öffentlich oder gegenüber Einzelnen fallen unter § 823 I BGB (außer solchen zu Wettbewerbszwecken, dann UWG, und Tatsachenäußerungen, dann § 824 BGB, s Anm C a). ZB Anprangerung in einer „Liste langsamer Zahler", BGH **8**, 142; Anschwärzung bei der Kundschaft, sofern sie über eine im Kern berechtigte Kritik, die auch scharf ausgedrückt werden darf, hinausgeht, Karlsr BB **59**, 1006 (HdlVertreter, Mitteilung des Abbruchs der Verbindung wegen „sehr unangenehmer Erfahrungen"), BGH BB **67**, 8 (Makler, Vorwurf des Betrugs und Wuchers); Verbreitung der Tatsache einer unbegründeten Klageerhebung oder Konkursantragsstellung (vgl Anm c), BGH **36**, 23. Geschäftsschädigende Äußerungen über das Privatleben, offen BGH **24**, 205. Eine besondere Funktion hat die **Kritik in Presse**, Rundfunk, Fernsehen, Film, Theater (**Art 5** GG), stRspr BGH **80**, 25 („Bild", aber teilweise aufgehoben, BVerfG NJW **84**, 1741). Der Freiraum für Kritik reicht hier sehr weit. Sie darf auch in einer allgemeineren Betrachtung einzelne Erzeugnisse beispielhaft herausstellen, BGH NJW **66**, 2010 (in Fernsehsendung „Made in Germany" Kritik über Teppichkehrmaschine X), iE anders BGH NJW **63**, 484 („10 Minuten Mode" im Fernsehen). Doch besteht Schutz gegen grobe Form (sog Schmähkritik), BGH **3**, 271 (Constanze), **45**, 296 (Höllenfeuer); NJW **75**, 1882, gegen Verwendung fremder Warenzeichen als Blickfang für diskriminierende Äußerungen, BGH NJW **83**, 2196 (Photokina). Bei **Warentest** zum Zweck der Verbraucheraufklärung, der idR Meinungsäußerung ist (uU aber auch einmal Tatsachenbehauptung iSv § 824 BGB), besteht nach Art 5 GG ein Freiraum, der erst dort endet, wo es entweder an Neutralität, Objektivität und Sachkunde der Untersucher fehlt oder nicht mehr vertretbare („diskutable") Schlüsse aus den Testuntersuchungen gezogen werden, BGH **65**, 334; Assmann-Kübler ZHR 142 (**78**) 413. Zulässige Kritik durch **Verbraucher**vereinigungen, vgl LG Kln BB **63**, 832; durch ADAC, zu eng Düss BB **82**, 62 („Sicherheitsrisiko") m krit Anm Lachmann; durch einzelnen (Kfz-)Abnehmer, LG Kempten BB **73**, 163; durch Gemeinschaft von Kfz-„Geschädigten", LG Bln DB **76**, 528; durch Bürgerinitiative an DBB, BGH **90**, 113; durch Antiwerbung mit Zigarettenreklame, BGH **91**, 117; Haftung des Presseinformanten s BGH DB **73**, 1399. **Boykott**aufruf durch Presseorgan im Wettbewerb und mit über die freie geistige Auseinandersetzung hinausgehenden Mitteln ist durch Art 5 GG nicht mehr gedeckt, BVerfG NJW **83**, 1181 (Fachhändler), BGH NJW **85**, 60, 62, 1620, s § 26 I GWB. – Auch unabhängig von Art 5 GG kann die Kritik durch **Wahrnehmung berechtigter Interessen** (vgl § 193 StGB) gerechtfertigt sein, zB zum Schutz des allgemeinen soliden Geschäftsverkehrs, BGH DB **70**, 822 (Warnung vor Akkreditivauszahlung an Liechtensteiner Firma). Zum Ganzen Kübler, Schricker AcP 172 (**72**) 177, 203.

b) Unberechtigte Schutzrechtsverwarnungen: § 823 I BGB greift Platz bei fahrlässig rechtswidriger Geltendmachung eines Verbotsrechts, zB Patente oder andere gewerbliche Schutzrechte, BGH **62**, 31, **71**, 86; stRspr; einerlei ob durch Verwarnung („ernsthaftes und endgültiges Unterlassungsbegehren") oder Klage bei Gericht, BGH **38**, 205; auch Unterlassung des Widerrufs einer unberechtigten Verwarnung, BGH **71**, 86. Kein Schutz des Zulieferers für hierdurch mittelbar erlittene Schäden, BGH NJW **77**, 2313. Rechtswidrigkeit der Berühmung folgt schon aus der späteren, rückwirkenden Löschung des Rechts, BGH **38**, 206, **62**, 31, NJW **76**, 2162. Verschulden fehlt, wenn der Verwarner sich die Überzeugung von der Beständigkeit seines Rechts durch gewissenhafte Prüfung bildete; Verwarnung aus einem durch schlichte Anmeldung erlangten Recht (Gebrauchsmuster) verlangt mehr an eigener Nachprüfung als die aus einem geprüften Recht (erteiltes Patent, bekanntgemachte Patentanmeldung); falsche Würdigung des Stands der Technik ist strenger zu beurteilen als die der Erfindungshöhe, BGH **38**, 206, **62**, 36, NJW **76**, 2162. Der Schadensersatz umfaßt außer den Beratungs-, Prüfungs- und Vertretungskosten auch Schäden aus Anhalten der Produktion oder des Vertriebs. Verjährung nach § 852 I BGB; Bereicherungsanspruch nach § 852 III BGB (Rechtsfolgenverweisung) auch ohne Unmittelbarkeit der Vermögensverschiebung, BGH **71**, 86. Monographie Horn 1971; Sack WRP **76**, 733, Lindacher ZHR 144 (**80**) 350, Quiring WRP **83**, 317.

c) **Unberechtigte Klagen, Konkursanträge:** Auch ohne Schutzrechtsverwarnung kann unberechtigte Schädigung durch gerichtliche Verfahren nach § 823 I BGB schadensersatzpflichtig machen; dabei dürfen allerdings die deliktischen Sorgfaltspflichten des Verfahrensbetreibenden nicht überzogen werden, denn er hat ein Recht auf Irrtum, das allerdings wertend zu begrenzen ist, BGH **74**, 17, **95**, 19, enger **36**, 18 (unberechtigter Konkursantrag, Schuldner sei im Verfahren genügend geschützt, nur § 826 BGB), dagegen üL. Bei Vollstreckungs- und Offenbarungsverfahren (§ 807 ZPO) gegen Betriebsinhaber fehle es aber an der Betriebsbezogenheit, BGH **74**, 18, im Ergebnis also kein Schutz des Unternehmens nach § 823 I BGB. Ebenso bei vertragswidriger vorzeitiger Hotelpachtkündigung durch Verpächter, Hamm BB **78**, 1589. Monographien: Hopt 1968, Häsemeyer 1979.

d) **Andere Fälle** des Unternehmensschutzes nach § 823 I BGB sind **Demonstration und Blockade**, zB einer Gastwirtschaft, RG **76**, 35, der Auslieferung von Zeitungen, BGH **59**, 30, NJW **72**, 1572, der Straßenbahn, vgl BGHSt NJW **69**, 1773; das Demonstrationsrecht (Art 8 GG) rechtfertigt keine Gewaltanwendung, auch nicht begrenzte. Dazu Ballerstedt JZ **73**, 105, Löhr-Löhr BB **74**, 1140. Rechtswidriger **Streik**, BAG NJW **64**, 883, 887, **78**, 2114, BGH **69**, 128 u **76**, 395 (Fluglotsen). **Physische Behinderung des Zugangs** durch Bauarbeiten des Nachbarn, BGH **62**, 361; für Absperrung bei Brandbekämpfung s BGH NJW **77**, 2264 (Klage gegen Brandgrundstücksinhaber abgewiesen); nicht fahrlässige zeitweilige Sperrung des einzigen wasserseitigen Zugangs zu Umschlagsunternehmen, BGH **86**, 156. **Aufruf zu Masseneinspruch** im Planfeststellungsverfahren nur bei subjektiver Unredlichkeit, zB Falschinformation, BGH **90**, 126. **Geheimnisverrat** durch entlassenen Angestellten s § 59 Anm 5 B b. **Verwässerung** der Werbekraft eines berühmten Zeichens s § 17 Anm 4 E d. Entfernung der Fabriknummernschilder durch Händler bei Rasenmäher, BGH BB **78**, 1746. Nicht schon Einmischung des ausgeschiedenen Gründers in Geschäftsführung des Unternehmens, BGH NJW **80**, 881. RsprÜbersicht: (BGH, BAG) Löwisch-Meier=Rudolph JuS **82**, 237.

III. Wettbewerbs- und Wirtschaftsrecht

1) Wettbewerb und staatliche Rahmenregelung der Wirtschaft

A. **Funktion des Wettbewerbs:** Der Wettbewerb ist die Haupttriebkraft der Wirtschaft. Der Wettbewerb hat wirtschaftspolitische Funktionen

(Steuerungs-, Verteilungs-, Antriebs- und Leistungsfunktion) und gesellschaftspolitische Funktionen (Bindung von Wirtschaftsmacht, Erhaltung der Wettbewerbsfreiheit und einer freiheitlichen Wirtschafts- und letztlich Staatsordnung). Dem entspricht, daß private ebenso wie öffentliche Unternehmen dem Wettbewerb unterworfen sind.

B. **Staatliche Rahmenregelung:** Der Wettbewerb ist ein jeglicher Staatsplanung überlegener Selbststeuerungsmechanismus (Wettbewerb als Entdeckungsverfahren). Der Staat beschränkt sich deshalb am besten auf eine bloße Rahmenregelung der Wirtschaft. **a)** Diese hat zum einen die Aufgabe, die **Freiheit des Wettbewerbs** zu erhalten, auch dort wo sich einzelne Teilnehmer am Markt durch Kartelle und andere Wettbewerbsbeschränkungen ihm entziehen wollen oder die Marktstrukturen sich zB durch Fusionen so entwickeln, daß einzelne Unternehmen marktbeherrschend werden (Wettbewerb als staatliche Veranstaltung). Diese Aufgabe erfüllt vor allem das Kartellrecht (s Anm 2). Die Privatautonomie allgemein ist jedoch häufig eingeschränkt, wo die Parteien wirtschaftlich oder in bezug auf Einsicht und Erfahrung nicht gleichrangig sind; hier bestehen dann **zwingendes Recht** oder (zum Schutz des einen Teils) halbzwingende Vorschriften, oder es erfolgt eine Inhaltskontrolle wie nach **(5)** AGBG § 9. **b)** Der Staat setzt zum andern den allgemeinen gesetzlichen **Rahmen,** in dem sich jedes Wirtschaften einzufügen hat (zB §§ 138, 826 BGB). Das Wettbewerbsrecht ieS, vor allem das UWG, will die **Lauterkeit des Wettbewerbs** schützen (s Anm 3). **c)** Der Staat weist bestimmte Rechtspositionen zu, vor allem **gewerbliche Schutzrechte** und ähnliche Ausschließungsrechte wie Patente, Warenzeichen, Gebrauchsmuster, Geschmacksmuster, Urheberrechte, Verlagsrecht; auch Namen, Firma und andere Unternehmenskennzeichnungen (vgl § 17 Anm 4, 6). Diese Ausschließungsrechte haben unterschiedliche Funktionen (Kennzeichnung, Honorierung von Leistung, Leistungsanreiz im Allgemeininteresse). Monographie Nirk, Gewerblicher Rechtsschutz, 1981. **d)** In **bestimmten Branchen** verspricht sich der Staat überhaupt vom Wettbewerb weniger und ordnet dann nach eigenen Effizienz- und Schutzgesichtspunkten, zB öffentliche Monopolunternehmen im Post-, Bahn- und Rundfunkbereich, staatliche Konzession und Überwachung von Banken, Börsen, Versicherungen. **e)** Das Kartellrecht, das allgemeine Wirtschaftsrecht mit hoheitlichen Funktionen, das besondere Steuerungsrecht für einzelne Wirtschaftszweige und (str) das Wettbewerbsrecht ieS bilden das **Wirtschaftsrecht,** eine theoretisch umstrittene Kategorie. Dazu Assmann 1980, Fikentscher, 2 Bde 1983, Mertens-Kirchner- Schanze 1978, Rinck-Schwark, 6. Aufl 1986, Rittner, 2. Aufl 1985, Steindorff, 2. Aufl 1985, Tilmann 1986.

2) Kartellrecht
A. Das **GWB** 27. 7. 57 BGBl 1081 idF 24. 9. 80 BGBl 1761 wurde zuletzt durch die 4. Kartellnovelle besonders betr Fusionskontrolle erheblich geändert und neu bekanntgemacht. Das GWB wendet sich gegen Kartellverträge und Kartellbeschlüsse (§§ 1 ff), gewisse sonstige Verträge (§§ 15 ff, Wettbewerbsbeschränkungen in Austauschverträgen), marktbeherrschende Unternehmen (§§ 22 ff) samt Zusammenschlußkontrolle (§§ 24–24b), wettbewerbsbeschränkendes und diskriminierendes Verhalten (§§ 25 ff) und stellt bestimmte Anforderungen an private Wettbewerbsregeln

Einleitung IV 1 **Einl v § 1**

(§§ 28 ff). Das GWB gilt nur eingeschränkt in den sog Ausnahmebereichen, vor allem Verkehr, Kredit- und Versicherungswirtschaft, Versorgungsunternehmen (§§ 98 ff). Das GWB wird vom BKartA in Berlin, aber auch von anderen Bundes- und Landesbehörden und von den Gerichten angewandt. Der Durchsetzung durch Private kommt ua durch den Charakter verschiedener Vorschriften des GWB als Schutzgesetz iSv § 823 II BGB, § 35 GWB eine besondere Rolle zu. Komm: Immenga-Mestmäcker 1981, Langen-Niederleithinger-Schmidt, 6. Aufl 1981, Gemeinschaftskomm GWB und europäisches Kartellrecht, 4. Aufl 1980 ff (Einzellieferungen), Frankfurter Komm (LBl), Müller-Gießler-Scholz (LBl), Rasch-Westrick-Loewenheim (LBl); Emmerich 1982, Möschel 1983, Rittner, 2. Aufl 1985. Entscheidungssammlung WuW/E, (Zwei-)Jahresberichte des BKartA, Haupt- und Sondergutachten der Monopolkomm.

B. Neben dem GWB gilt in der BRD unmittelbar **europäisches Kartellrecht**, vor allem Art 85–90 EWGV (Kartellverbot in Art 85, Verbot mißbräuchlicher Ausnutzung marktbeherrschender Stellung in Art 86, Voraussetzung ist die Eignung zur Beeinträchtigung des zwischenstaatlichen Handels), daneben mit weit geringerer, branchenmäßig beschränkter Wirkung Art 65, 66 EGKSVertrag. Das europäische Kartellrecht geht dem nationalen vor. Es wird von der EGKomm und von den nationalen Behörden und Gerichten angewandt. Komm: Gleiss-Hirsch, 3. Aufl 1978, Deringer (LBl), sowie verschiedene Komm zum EWGV und zum GWB. Lehrbuch Mestmäcker 1974.

3) Wettbewerbsrecht im engeren Sinn

Kartellrecht und Wettbewerbsrecht ieS haben das gemeinsame Ziel, den Wettbewerb in seinen Funktionen (s Anm 1 A) zu erhalten, sie sind also nicht Gegensätze, sondern Teil der Gesamtordnung des Wettbewerbs. Das **UWG** idF 26. 6. 69 BGBl I 633 schützt den lauteren Wettbewerb zugunsten der Mitbewerber, der Verbraucher und der Allgemeinheit. Hauptbedeutung haben die Generalklausel des § 1 (Verbot der Vornahme von Handlungen, die gegen die guten Sitten verstoßen, zu Zwecken des Wettbewerbs und das Verbot irreführender Angaben nach § 3. Die Konkretisierung des § 1 (zB Kundenfang, Behinderung, Ausbeutung, Rechtsbruch, Marktstörung) erfolgt durch die Rspr in einer Vielzahl von Urteilen. Das UWG wird ergänzt durch die ZugabeVO und das RabG. Komm: Baumbach-Hefermehl, 14. Aufl 1983; Pastor, Der Wettbewerbsprozeß, 3. Aufl 1980. Rsprübersicht: von Gamm 4. Aufl 1986.

IV. Anrufung und Eingreifen von Gerichten in Handelssachen

1) Freiwillige Gerichtsbarkeit in Handelssachen

A. **Überblick:** Die freiwillige Gerichtsbarkeit spielt in HdlSachen eine maßgebliche Rolle ua in Angelegenheiten des **Handelsregisters** (§§ 8 ff), der **Firma** (§§ 17 ff), in **Gesellschaftssachen** (zB §§ 146 II, 147, 157 II, 166 III, 338 III). Zuständigkeit und Verfahren in HdlSachen sind in (3) FGG Abschn 7 (§§ 125 ff), speziell das HdlReg in (4) HRV geregelt.

B. Die Rolle des Rechtspflegers: Das RPflG 5. 11. 69 BGBl 2065 (zuvor RPflG 8. 2. 57 BGBl 18) überträgt die HdlSachen iSv (3) FGG Abschn 7 (§§ 125 ff) dem Rechtspfleger, s § 3 Nr 2 d RPflG. Ausgenommen und dem Richter vorbehalten sind bestimmte Hdl- und Registersachen betr AG, KGaA, GmbH, VVaG, eG, Binnenschiffahrt, Seerecht und betr Prüfer- und Abwicklerbestellung auf Grund des KWG, § 17 RPflG. Für die grundsätzlich dem Rechtspfleger übertragenen Sachen gilt (ua):

RPflG 4 Umfang der Übertragung

[I] Der Rechtspfleger trifft alle Maßnahmen, die zur Erledigung der ihm übertragenen Geschäfte erforderlich sind.

[II] Der Rechtspfleger ist nicht befugt,
1. eine Beeidigung anzuordnen oder einen Eid abzunehmen,
2. (betr Freiheitsentziehungen)
3. über Anträge zu entscheiden, die auf Änderung einer Entscheidung des Urkundsbeamten der Geschäftsstelle gerichtet sind.

[III] Hält der Rechtspfleger Maßnahmen für geboten, zu denen er nach Absatz 2 Nr. 1 und 2 nicht befugt ist, so legt es deswegen die Sache dem Richter zur Entscheidung vor.

RPflG 5 Vorlage an den Richter

[I] Der Rechtspfleger hat ihm übertragene Geschäfte dem Richter vorzulegen, wenn
1. er von einer ihm bekannten Stellungnahme des Richters abweichen will;
2. sich bei der Bearbeitung der Sache rechtliche Schwierigkeiten ergeben;
3. die Anwendung von nicht im Geltungsbereich dieses Gesetzes geltendem Recht in Betracht kommt;
4. zwischen dem übertragenen Geschäft und einem vom Richter wahrzunehmenden Geschäft ein so enger Zusammenhang besteht, daß eine getrennte Behandlung nicht sachdienlich ist.

[II] Die vorgelegten Sachen bearbeitet der Richter, solange er es für erforderlich hält. Er kann die Sachen dem Rechtspfleger zurückgeben. Gibt der Richter eine Sache an den Rechtspfleger zurück, so ist dieser an eine von dem Richter mitgeteilte Rechtsauffassung gebunden.

RPflG 6 Bearbeitung übertragener Sachen durch den Richter

Steht ein übertragenes Geschäft mit einem vom Richter wahrzunehmenden Geschäft in einem so engen Zusammenhang, daß eine getrennte Bearbeitung nicht sachdienlich wäre, so soll der Richter die gesamte Angelegenheit bearbeiten.

RPflG 7 Bestimmung des zuständigen Organs der Rechtspflege

Bei Streit oder Ungewißheit darüber, ob ein Geschäft von dem Richter oder dem Rechtspfleger zu bearbeiten ist, entscheidet der Richter über die Zuständigkeit durch Beschluß. Der Beschluß ist unanfechtbar.

RPflG 8 Gültigkeit von Geschäften

[I] Hat der Richter ein Geschäft wahrgenommen, das dem Rechtspfleger übertragen ist, so wird die Wirksamkeit des Geschäfts hierdurch nicht berührt.

[II] Hat der Rechtspfleger ein Geschäft wahrgenommen, das ihm der Richter nach diesem Gesetz übertragen kann, so ist das Geschäft nicht deshalb unwirksam, weil die Übertragung unterblieben ist oder die Voraussetzungen für die Übertragung im Einzelfalle nicht gegeben waren.

[III] Ein Geschäft ist nicht deshalb unwirksam, weil es der Rechtspfleger entgegen § 5 Abs. 1 dem Richter nicht vorgelegt hat.

[IV] Hat der Rechtspfleger ein Geschäft des Richters wahrgenommen, das ihm nach diesem Gesetz weder übertragen ist noch übertragen werden kann, so ist das Geschäft

Einleitung IV 2 **Einl v § 1**

unwirksam. Das gilt nicht, wenn das Geschäft dem Rechtspfleger durch eine Entscheidung nach § 7 zugewiesen worden war.

^{V} Hat der Rechtspfleger ein Geschäft des Urkundsbeamten der Geschäftsstelle wahrgenommen, so wird die Wirksamkeit des Geschäfts hierdurch nicht berührt.

RPflG 9 Selbständigkeit des Rechtspflegers

Der Rechtspfleger ist bei seinen Entscheidungen nur dem Gesetz unterworfen. Er entscheidet, soweit sich nicht aus diesem Gesetz etwas anderes ergibt, selbständig.

2) Streitige Gerichtsbarkeit in Handelssachen

A. **Begriff der Handelssachen nach GVG:** Der Begriff der HdlSachen iSv GVG ist erheblich weiter als Streitigkeiten aus HdlGeschäften iSv §§ 343 ff HGB (s § 95 I Nr 1 und Nr 2–6, II GVG). Außerdem sind auch bürgerliche Rechtsstreitigkeiten, die sich aus dem GWB oder aus Kartellverträgen und -beschlüssen ergeben, HdlSachen iSv §§ 93–114 GVG (§ 87 II GWB). § 95 I Nr. 5 GVG nF 1986.

GVG 95 [Begriff der Handelssachen]

^{I} Handelssachen im Sinne dieses Gesetzes sind die bürgerlichen Rechtsstreitigkeiten, in denen durch die Klage ein Anspruch geltend gemacht wird:
1. gegen einen Kaufmann im Sinne des Handelsgesetzbuches aus Geschäften, die für beide Teile Handelsgeschäfte sind;
2. aus einem Wechsel im Sinne des Wechselgesetzes oder aus einer der im § 363 des Handelsgesetzbuchs bezeichneten Urkunden;
3. auf Grund des Scheckgesetzes;
4. aus einem der nachstehend bezeichneten Rechtsverhältnisse:
    a) aus dem Rechtsverhältnis zwischen den Mitgliedern einer Handelsgesellschaft oder zwischen dieser und ihren Mitgliedern oder zwischen dem stillen Gesellschafter und dem Inhaber des Handelsgeschäfts, sowohl während des Bestehens als auch nach Auflösung des Gesellschaftsverhältnisses, und aus dem Rechtsverhältnis zwischen den Vorstehern oder den Liquidatoren einer Handelsgesellschaft und der Gesellschaft oder deren Mitgliedern;
    b) aus dem Rechtsverhältnis, welches das Recht zum Gebrauch der Handelsfirma betrifft;
    c) aus den Rechtsverhältnissen, die sich auf den Schutz der Warenbezeichnungen, Muster und Modelle beziehen;
    d) aus dem Rechtsverhältnis, das durch den Erwerb eines bestehenden Handelsgeschäfts unter Lebenden zwischen dem bisherigen Inhaber und dem Erwerber entsteht;
    e) aus dem Rechtsverhältnis zwischen einem Dritten und dem, der wegen mangelnden Nachweises der Prokura oder Handlungsvollmacht haftet;
    f) aus den Rechtsverhältnissen des Seerechts, insbesondere aus denen, die sich auf die Reederei, auf die Rechte und Pflichten des Reeders oder Schiffseigners, des Korrespondentreeders und der Schiffsbesatzung, auf *die Bodmerei* und die Haverei, auf den Schadensersatz im Falle des Zusammenstoßes von Schiffen, auf die Bergung und Hilfeleistung und auf die Ansprüche der Schiffsgläubiger beziehen;
5. auf Grund des Gesetzes gegen den unlauteren Wettbewerb mit Ausnahme der Ansprüche der letzten Verbraucher aus § 13a des Gesetzes gegen den unlauteren Wettbewerb, soweit nicht ein beiderseitiges Handelsgeschäft nach Absatz 1 Nr 1 gegeben ist;
6. aus den §§ 45 bis 48 des Börsengesetzes (Reichsgesetzbl. 1908 S. 215).

^{II} Handelssachen im Sinne dieses Gesetzes sind ferner die Rechtsstreitigkeiten, in denen sich die Zuständigkeit des Landgerichts nach § 246 Abs. 3 Satz 1 oder § 396 Abs. 1 Satz 2 des Aktiengesetzes richtet.

B. Kammer für Handelssachen im Zivilprozeß: Im Zivilprozeß in HdlSachen sind nicht wie in anderen Ländern besondere HdlGerichte eingerichtet, sondern nur bei den Landgerichten (in erster Instanz und in zweiter nach den Amtsgerichten) besondere KfH. Damit sollen Praxisnähe und kfm Verständnis eingebracht werden; in kfm Dingen und über das Bestehen von HdlBräuchen kann die KfH aufgrund eigener Sachkunde entscheiden (§ 114 GVG). Bildung, Zuständigkeit, Verfahren der KfH regelt das GVG Titel 7 (§§ 93–114). Die KfH entscheidet in Besetzung mit einem Berufsrichter als Vorsitzenden und zwei ehrenamtlichen Richtern (früher „HdlRichter" genannt), § 105 GVG. Die ehrenamtlichen Richter (§§ 107–113 GVG) werden aus dem Kreise der in das HdlReg eingetragenen Kflte und gesetzlichen Vertreter gewisser juristischen Personen auf Vorschlag der IHK jeweils auf drei Jahre bestellt. Zur besonderen Rolle des Vorsitzenden der KfH §§ 349, 350, 524 ZPO. Befangenheit und Ablehnung s KG NJW **63,** 451, Nbg NJW **67,** 1864. Verhandlung des Rechtsstreits vor der KfH **nur auf Antrag** des Klägers in der Klageschrift oder des Beklagten vor Verhandlung zur Sache (in Berufungssachen entspr Anträge), sonst kommt die Sache vor die Zivilkammer oder bleibt endgültig dort, §§ 96–102 GVG. Beim Mahnverfahren genügt Antrag in der Klagebegründung (§ 697 I 2 ZPO), Ffm NJW **80,** 2202. Der Beklagte muß bei Klageerhebung Kfm sein, Schriever NJW **78,** 1472, str. Zuständigkeit der KfH bei mehrfacher Klagebegründung s Brandi-Dohrn NJW **81,** 2453, bei gemischter Klagehäufung und hdlrechtlicher Widerklage Gaul JZ **84,** 54. Die Entscheidung über Verweisung ist immer unanfechtbar (auch die Wiederaufhebung einer solchen), § 102 S 1 GVG, Nbg MDR **73,** 507. Bei Hin- und Herverweisung Entscheidung durch das höhere Gericht entspr § 36 Nr 6 ZPO, Nbg NJW **75,** 2346, Ffm BB **80,** 552. Die Zuständigkeit der KfH ist der Parteivereinbarung entzogen, BGH **55,** 317.

C. Gerichtsstand: Unter den Gerichtsstandsvorschriften der §§ 12–37 ZPO sind für Kflte besonders bedeutsam: § 17 (allgemeiner Gerichtsstand bestimmter Ges, vgl § 105 Anm 6), § 21 I (gewerbliche Niederlassung), § 22 (Mitgliedschaft), § 29 (Erfüllungsort), § 30 (Meß- und Marktort).

ZPO 17 [Allgemeiner Gerichtsstand juristischer Personen usw]

¹ Der allgemeine Gerichtsstand der Gemeinden, der Korporationen sowie derjenigen Gesellschaften, Genossenschaften oder anderen Vereine und derjenigen Stiftungen, Anstalten und Vermögensmassen, die als solche verklagt werden können, wird durch ihren Sitz bestimmt. Als Sitz gilt, wenn sich nichts anderes ergibt, der Ort, wo die Verwaltung geführt wird.

ᴵᴵ (betr bergrechtliche Gewerkschaften, Behörden)

ᴵᴵᴵ Neben dem durch die Vorschriften dieses Paragraphen bestimmten Gerichtsstand ist ein durch Statut oder in anderer Weise besonders geregelter Gerichtsstand zulässig.

ZPO 21 [Besonderer Gerichtsstand der Niederlassung]

¹ Hat jemand zum Betriebe einer Fabrik, einer Handlung oder eines anderen Gewerbes eine Niederlassung, von der aus unmittelbar Geschäfte geschlossen werden, so können gegen ihn alle Klagen, die auf den Geschäftsbetrieb der Niederlassung Bezug haben, bei dem Gericht des Ortes erhoben werden, wo die Niederlassung sich befindet.

ᴵᴵ (betr Gutsbewirtschafter)

Einleitung IV 2 **Einl v § 1**

ZPO 22 [Besonderer Gerichtsstand der Mitgliedschaft]
Das Gericht, bei dem Gemeinden, Korporationen, Gesellschaften, Genossenschaften oder andere Vereine den allgemeinen Gerichtsstand haben, ist für die Klagen zuständig, die von ihnen gegen ihre Mitglieder als solche oder von den Mitgliedern in dieser Eigenschaft gegeneinander erhoben werden.

ZPO 29 [Besonderer Gerichtsstand des Erfüllungsortes]
[I] Für Streitigkeiten aus einem Vertragsverhältnis und über dessen Bestehen ist das Gericht des Ortes zuständig, an dem die streitige Verpflichtung zu erfüllen ist.

[II] Eine Vereinbarung über den Erfüllungsort begründet die Zuständigkeit nur, wenn die Vertragsparteien Kaufleute, die nicht zu den in § 4 des Handelsgesetzbuchs bezeichneten Gewerbetreibenden gehören, juristische Personen des öffentlichen Rechts oder öffentlich-rechtliche Sondervermögen sind.

ZPO 30 [Besonderer Gerichtsstand des Meß- und Marktortes]
Für Klagen aus den auf Messen und Märkten, mit Ausnahme der Jahr- und der Wochenmärkte, geschlossenen Handelsgeschäften (Meß- und Marktsachen) ist das Gericht des Meß- oder Marktortes zuständig, wenn die Klage erhoben wird, während der Beklagte oder sein zur Prozeßführung berechtigter Vertreter sich am Ort oder im Bezirk des Gerichts aufhält.

Gerichtstandsvereinbarung in Inlandsachen ist heute im wesentlichen nur noch unter VollKfltn wirksam (§ 38 I ZPO, entspr bei Gerichtsstandswahl durch Vereinbarung des Erfüllungsorts § 29 II, beide idF G 21. 3. 74 BGBl 753). Dazu Löwe NJW **74**, 473, Diederichsen BB **74**, 377 (einschränkend auf HdlGeschäfte von Vollkflten), Kornblum ZHR 138 (**74**) 478. RechtsscheinKfm s § 5 Anm 2 F. Wirkung von Gerichtsstandsvereinbarung zwischen Ges und Dritten für Gfter s § 128 Anm 8 F. Für Prorogationsfähigkeit von phG Häuser JZ **80**, 760. AGB Kontrolle s (**5**) AGB § 9 Anm 3. Zum Vorrang von Art 17 EuGVÜbk s Anm D.

ZPO 38 [Zugelassene Gerichtsstandsvereinbarung]
[I] Ein an sich unzuständiges Gericht des ersten Rechtszuges wird durch ausdrückliche oder stillschweigende Vereinbarung der Parteien zuständig, wenn die Vertragsparteien Kaufleute, die nicht zu den in § 4 des Handelsgesetzbuchs bezeichneten Gewerbetreibenden gehören, juristische Personen des öffentlichen Rechts oder öffentlich-rechtliche Sondervermögen sind.

[II] (Auslandsachen)

D. Internationale Zuständigkeit und Vollstreckung: Von großer Bedeutung ist heute das (europäische) Übk über die gerichtliche Zuständigkeit und die Vollstreckung gerichtlicher Entscheidungen in Zivil- und HdlSachen 27. 9. 68 in Kraft 1. 2. 73 BGBl 72 II 773, 73 II 60 (**EuGVÜbk,** Text s Baumb-Lauterbach SchlußAnh). Art 17 EuGVÜbk (Schriftform für Gerichtsstandsvereinbarungen) gilt auch für VollKflte und geht § 38 I ZPO (s Anm C) vor, Karlsr, Mü NJW **82**, 1950, 1951, üM, Samtleben NJW **74**, 1590, aA Wirth NJW **78**, 461. Vorrang von (**24**) CMR Art 31 I (freie Gerichtsstandsvereinbarung) vor EuGVÜbk und § 38 I ZPO. Aus der Rspr zum EuGVÜbk zB BGH **74**, 138 (Art 5), **74**, 248 (Art 8), **74**, 278 (Arrest), **75**, 167 (Art 27 Nr 1, ordre public), **82**, 110 (Art 5), **87**, 259 (Art. 38), **88**, 17 (Art 27 Nr 1, ordre public), RIW **77**, 432, 649 (Art 17), NJW **79**, 2478 (Art 17), WM **80**, 1148 (Art 5, Wirksamkeit mündlicher Gerichtsstandsvereinbarung unter Kflten), NJW **82**, 2733 (Art 5), **85**, 560 (Art 5, s (**19**) ADSp § 65 Anm 1), 561 (Art 5, Bankgarantie). Gerichtpflichtigkeit des Beklagten außerhalb seines Wohnsitzstaates nach EuGVÜbk s Geimer WM **80**, 1106. RsprÜbersicht: Linke RIW **85**, 1 (EuGH). Komm: Kropholler, EuG-VÜbk, 1982; Geimer-Schütze, Internationale Urteilsanerkennung, Bd I 1 (EuGVÜbk) 1983, I 2 (BRD) 1984. Quellensammlung: Bülow-Böckstiegel, Der internationale Rechtsverkehr in Zivil- und HdlSachen (LBl).

3) Schiedsgerichtsbarkeit in Handelsachen

Schrifttum: *Glossner*, 2. Aufl 1978. – Hamburger Börsenhandbuch für die kfm und schiedsgerichtliche Praxis 1969. – *Henn* 1986. – *Maier* 1979. – *Schlosser*, Das Recht der internationalen privaten Schiedsgerichtsbarkeit, 2 Bde 1975. – *Schütze-Tscherning-Wais* 1985. – *Schwab*, 3. Aufl 1979. – *Straatmann-Ulmer* (Schiedsspruchsammlung) Bd 1 1975, Bd 2 1982. – *Wittmann*, Schiedsgutachtenvertrag, 1978. – *Straatmann*, Bemerkungen zur Hbg freundschaftlichen Arbitrage, FS Reimers **79**, 199. – *Westermann*, Gesellschaftsrechtliche Schiedsgerichte, FS Fischer **79**, 853. – *Lau*, Zur Schiedsgerichtsbarkeit im Transportwesen der BRD, transpR **86**, 1.

A. **Schiedsvertrag:** Schiedsverträge sind im HdlVerkehr sehr verbreitet. Dafür gibt es gute Gründe, zB freie Schiedsrichterwahl; Sachkunde, uU auch Interessennähe des Ausgewählten; Schnelligkeit, Diskretion und Flexibilität des Verfahrens; iErg nicht teurer als normales Verfahren durch den Instanzenzug. **Muster:** Deutscher Ausschuß für Schiedsgerichtswesen, Schiedsgerichtsordnung, nF 1982. Das schiedsrichterliche Verfahren regeln §§ 1025–1043 ZPO.

ZPO 1025 [Rechtliche Wirksamkeit von Schiedsverträgen]

[I] Die Vereinbarung, daß die Entscheidung einer Rechtsstreitigkeit durch einen oder mehrere Schidsrichter erfolgen solle, hat insoweit rechtliche Wirkung, als die Parteien berechtigt sind, über den Gegenstand des Streites einen Vergleich zu schließen.

[II] Der Schiedsvertrag ist unwirksam, wenn eine Partei ihre wirtschaftliche oder soziale Überlegenheit dazu ausgenutzt hat, den anderen Teil zu seinem Abschluß oder zur Annahme von Bestimmungen zu nötigen, die ihr im Verfahren, insbesondere hinsichtlich der Ernennung oder Ablehnung der Schiedsrichter, ein Übergewicht über den anderen Teil einräumen.

ZPO 1026 [Schiedsvertrag über künftige Rechtsstreitigkeiten]

Ein Schiedsvertrag über künftige Rechtsstreitigkeiten hat keine rechtliche Wirkung, wenn er nicht auf ein bestimmtes Rechtsverhältnis und die aus ihm entspringenden Rechtsstreitigkeiten sich bezieht.

ZPO 1027 [Form des Schiedsvertrages]

[I] Der Schiedsvertrag muß ausdrücklich geschlossen werden und bedarf der Schriftform; andere Vereinbarungen als solche, die sich auf das schiedsgerichtliche Verfahren beziehen, darf die Urkunde nicht enthalten. Der Mangel der Form wird durch die Einlassung auf die schiedsgerichtliche Verhandlung zur Hauptsache geheilt.

[II] Die Vorschrift des Absatzes 1 ist nicht anzuwenden, wenn der Schiedsvertrag für beide Teile ein Handelsgeschäft ist und keine der Parteien zu den im § 4 des Handelsgesetzbuchs bezeichneten Gewerbetreibenden gehört.

[III] Soweit der Schiedsvertrag nach Absatz 2 der Schriftform nicht bedarf, kann jede Partei die Errichtung einer schriftlichen Urkunde über den Vertrag verlangen.

a) Nach § 1027 I ZPO bedarf der Schiedsvertrag einer besonderen **Form:** Ausdrücklichkeit, Schriftform, separate Urkunde; auch auf einem Blatt mit Hauptvertrag, wenn klar abgesetzt und besonders unterschrieben, entspr in notariellem Protokoll, BGH **38**, 162. Dieses Formerfordernis gilt nach § 1027 II ZPO nicht unter VollKfltn, wenn der Schiedsvertrag für beide Teile HdlGeschäft ist: zulässig sind dann auch Schiedsklauseln in AGB, als mündliche Nebenabrede, auch konkludent; erweiternde Auslegung auf NichtKflte mit kfm geführtem Geschäftsbetrieb und Geschäftsgewandtheit ist im Interesse klarer Zuständigkeitsgrenzen nicht zulässig, BGH **36**, 278, **38**, 164. Arglisteinrede gegen Formmangel s Nbg BB **71**, 495. **b)** Der Schiedsvertrag unter Gftern einer **OHG** oder **KG** betr Streitigkeiten aus dem GesVerhältnis bedarf der Form nach § 1027 I ZPO, weil sein Abschluß zusammen mit dem GesVertrag oder später (idR) kein HdlGeschäft der Gfter nach § 1027 II ZPO ist; BGH **45**, 285 für Kdtist (s § 161 Anm 2 B), für OHG s § 105 Anm l I (dagegen Wirkung einer formlos wirksamen Schiedsklausel zwischen Ges und Dritten auch für Gfter, s § 128 Anm 8 F). Erst recht gilt dies in der **stillen Gesellschaft**, außer wenn der Stille selbst Kfm ist und im eigenen HdlGewerbe handelt. § 1048 ZPO, nach dem die Satzung von Vereinen, AG und GmbH für Streitigkeiten aus dem Mitgliedschaftsverhältnis ihrer Mitglieder wirksam ohne Schiedsvertrag iSv §§ 1025 ff ZPO (aber Kleinmann BB **70**, 1076: Formen dennoch zu empfehlen) ein Schiedsgericht anordnen kann (so BGH **48**, 43), gilt nicht für OHG und KG, auch nicht Publikums-KG; Form des § 1027 ZPO ist also zu beachten, BGH NJW **80**, 1049. Der Gfter- Schiedsvertrag ist für Gesamt- und Sonderrechtsnachfolger in GesAnteil verbindlich ohne gesonderten Beitritt und Form des § 1027 I ZPO, BGH **68**, 350, **71**, 162, NJW **79**, 2567; ebenso bei Eintritt aufgrund Nachfolgeklausel, BGH NJW **80**, 1797. Grundsätzliche weite Auslegung der Schiedsabrede für alle Streitigkeiten aus dem (Haupt)Vertrag einschließlich dessen Gültigkeit; § 139 BGB ist auf das Verhältnis Haupt- und Schiedsvertrag unanwendbar, BGH **53**, 315, NJW **79**, 2568. Anwendbarkeit der Gfter-Schiedsabrede auf Streit unter Gfter-Erben, wer Gfter wurde, BGH WM **71**, 309. Verweisung im GesVertrag auf einen Schiedsvertrag (der nicht geschlossen wurde oder unauffindbar ist) ist nicht in einen Vorvertrag auf Abschluß eines Schiedsvertrags umzudeuten, dazu bedürfte es mindestens der Bestimmung der Zusammensetzung des Schiedsgerichts, BGH BB **73**, 957. **c)** Schiedsgerichte werden tätig aufgrund des mit den Schiedsrichtern abgeschlossenen Schiedsrichtervertrags; Monographie Real 1983. Sie üben Rechtsprechung aus und müssen deshalb **unabhängig** und unparteiisch sein und so erscheinen (s § 1025 II ZPO). Eine Schiedsklausel, daß im Streit zwischen Mitgliedern und Nichtmitgliedern eines Vereins nur Vereinsmitglieder als Schiedsrichter bestellt werden können, ist ungültig, BGH **51**, 261; ebenso die Klausel, daß eine Partei allein alle Schiedsrichter bestellt, falls die Gegenpartei ihr Bestellungsrecht nicht ausübt, oder daß in diesem Falle der von einer Seite bestellte Schiedsrichter allein entscheidet, BGH **54**, 395. Geringere Anforderungen an die Unabhängigkeit gelten für Schiedsverträge nach Streitfallentstehung; ein Organmitglied einer Partei kann hier je nach seinem faktischen Verhältnis zu dieser Schiedsrichter sein, BGH BB **71**, 1553; dazu Schlosser JZ **76**, 245, Kornblum BB **77**, 675 (krit). Zur Festsetzung der Vergütung der Mitglieder des Schiedsgerichts BGH MDR **77**, 383. Vorschußpflicht idR je hälftig (§ 426 I BGB), auch wenn eine Partei „arm" ist, BGH **55**, 344, dazu Breetzke DB **71**, 465, 2050; doch dann uU Kündigung des Schiedsvertrags aus wichtigem Grund, BGH **77**, 65. **d)** Die Gültigkeit des Schiedsvertrags **prüft** idR das **ordentliche Gericht** aufgrund Aufhebungsklage nach § 1041 I 1 ZPO ohne Bindung an das Schiedsgericht; doch kann der Schiedsvertrag vorsehen, daß schon über seine Gültigkeit das Schiedsgericht entscheidet (Kompetenz-Kompetenz- Klausel); ob dies der Fall ist, prüft ggf das ordentliche Gericht ohne Bindung an das Schiedsgericht, BGH **68**, 356, NJW **79**, 2568. Der Schiedsvertrag wirkt unter den Parteien wie ein rechtskräftiges Urteil, aus ihm kann vollstreckt werden (§§ 1040, 1042ff ZPO).

B. **Schiedsgutachtervertrag: a)** Schiedsgutachtervertrag (§§ 317–319 BGB) und Schiedsvertrag (§§ 1025ff ZPO, s Anm A) sind streng zu **unterscheiden.** Während der Schiedsvertrag auf Entscheidung des Rechtsstreits durch das Schiedsgericht anstelle des ordentlichen Gerichts zielt, beschränkt sich der Schiedsgutachtervertrag auf Ordnung der Rechtsverhältnisse der Parteien durch Überlassung der Leistungsbestimmung an einen Dritten (§ 317 I BGB), ohne das ordentliche Gericht von der Nachprüfung gewisser Fehler auszuschließen (§ 319 BGB); BGH **6**, 338, **48**, 28, WM **81**, 1057, NJW **82**, 1879. Nur der Schiedsspruch, nicht das Schiedsgutachten entscheidet prozessual rechtskräftig und ist Vollstreckungstitel (s Anm A). Der Schiedsgutachtervertrag ist für jedermann formfrei, BGH NJW **75**, 1556. Zitiert der Vertrag § 319 BGB, ist Schiedsgutachten, nicht Schiedsgericht gewollt, BGH **48**, 28. Soll das Gutachten unter bestimmten Voraussetzungen bestimmte Folgen festlegen (Bsp: bei grundlegender Änderung der Verhältnisse Anpassung des Pachtzinses), kann die Auslegung ergeben, daß der Gutachter auch die Vorfrage entscheiden soll, ob eine solche Änderung vorliegt; auch eine solche Rechtsfrage kann in die Entscheidung eines Schiedsgutachters gestellt werden; BGH **48**, 29, NJW **75**, 1556. Eine als Schiedsgerichtsvertrag unwirksame Abrede kann uU als Schiedsgutachterabrede gültig sein, BGH BB **60**, 753. Ein nachprüfendes Gericht darf nicht offen lassen, ob ein Schiedsgutachter- oder Schiedsgerichtsvertrag vorliegt, BGH **48**, 27. **b)** Häufig werden Schiedsgutachtervertrag im weiteren und im engeren, eigentlichen Sinn unterschieden. Beim ersteren ergänzt der Schiedsgutachter den Vertrag unmittelbar iSv § 317 BGB. Beim letzteren liefert er nur Tatsachen oder Rechtselemente zur Durchführung eines fertigen, nicht iSv § 317 BGB ergänzungsbedürftigen Vertrags; Bsp: Gebrauchtkfz-Kauf zum „DAT-Schätzpreis abzüglich x√", zu ermitteln ist der wirkliche Marktwert. Die Unterscheidung spielt nur eine untergeordnete Rolle, weil auf das Schiedsgutachten ieS §§ 317–319 BGB entspr angewandt werden, also eine „offenbare Unrichtigkeit" eines Schiedsgutachtens ieS ebenso wie die „offenbare Unbilligkeit" nach § 319 I BGB zur Unverbindlichkeit führt, s Anm c. **c)** Schiedsgutachter haben iZw nach **billigem Ermessen** zu entscheiden (§ 317 I BGB). Die offenbar unbillige Entscheidung ist unverbindlich und durch gerichtliches Urteil zu ersetzen (§ 319 I BGB; abdingbar, s § 319 II BGB, BGH BB **72**, 515). Sie ist offenbar unbillig, wenn sich der Fehler dem sachkundigen und unbefangenen Beobachter, sei es nach eingehender Prüfung, aufdrängt, BGH BB **63**, 281, **73**, 65: so bei Willkür, zB Mißachtung der Aufgabe (Mietzinsanpassung, nicht -neufestsetzung) und einseitiger Interessenbeachtung, BGH **62**, 316, oder wenn die Bestimmungsfaktoren des Gutachtens nicht hinreichend nachprüfbar sind, BGH NJW **75**, 1557,

WM **77**, 413. Grundsätzlich ist gleich, wie ein Schiedsgutachter zu seinem Ergebnis kommt, BGH NJW **77**, 801, doch muß er ein von den Parteien vorgeschriebenes Verfahren einhalten, BGH BB **63**, 281. Bei Schiedsgutachten ieS (s Anm b) ist die Schätzung entspr § 319 I BGB auch bei offenbarer Unrichtigkeit, zB Nicht- oder Falschanwendung zwingenden Rechts, unverbindlich, BGH **43**, 376, LM § 317 BGB Nr 7, 8, BB **73**, 65, WM **76**, 105, 270, DB **76**, 770, NJW **77**, 801, **79**, 1885. Krit Bulla NJW **78**, 397. Mehrere Gutachter sollen nach § 317 II BGB iZw nur einstimmig entscheiden können, Bestellung eines Dreierkollegiums bedeutet aber wohl idR Zulassung der Mehrheitsentscheidung. Bei verschiedener Summenbestimmung (zB Kaufpreis, Abfindung) gilt nach § 317 II BGB iZw der Durchschnitt; zu große Abweichung läßt uU beide Bestimmungen offenbar unbillig erscheinen, dann bestimmt das Gericht (§ 319 I BGB), BGH **LM** § 317 BGB Nr 9 (60 000–162 400–90 000). Bei offenbarer Unbilligkeit der Mehrheitsentscheidung muß der überstimmte Schiedsgutachter die Vertragsparteien auf seine Bedenken hinweisen, BGH **22**, 345; er gibt also zweckmäßig sein Minderheitsvotum zu den Akten. Für Schiedsgutachter besteht keine Vorschrift über **Ablehnung** wie bei Schiedsrichter und Sachverständigen (§§ 1032, 406 iVm 41, 42 ZPO), doch kann Ablehnung gemäß diesen Vorschriften vereinbart sein, BGH BB **72**, 515; Entscheidung darüber im ordentlichen Prozeß, nicht nach § 1045 ZPO, Mü BB **76**, 1047; bei Befangenheit des Schiedsgutachters uU auch Kündigung des Schiedsgutachtervertrags aus wichtigem Grund, BGH DB **80**, 967. Entfällt der zunächst bestimmte Gutachter und mißlingt die für diesen Fall vorgesehene Einigung auf einen Ersatzgutachter, entscheidet entspr § 319 I 2 Halbs 2 das Gericht, BGH **57**, 47. **Ansprüche** gegen den Schiedsgutachter aus **Fehlern des Gutachtens** bestehen nur bei offenbarer Unrichtigkeit, sonst ist das Schiedsgutachten verbindlich, BGH **43**, 375. Schätzorganisationen für Kfz s BGH BB **73**, 1044; Nicklisch BB **71**, 1204, ZHR 136 (**72**) 1, 97, Gleiss-Bechtold BB **73**, 868, Rauscher BB **74**, 629. Schiedsgutachtenklauseln in Wertsicherungsabreden, Bulla BB **76**, 389.

C. **Internationale Schiedsgerichtsbarkeit:** Internationale Anerkennung von Schiedsverträgen und Schiedssprüchen in HdlAngelegenheiten s Genfer Protokoll über die Schiedsklauseln im HdlVerkehr 24. 9. 23 RGBl 25 II 47 und Genfer Abk zur Vollstreckung ausländischer Schiedssprüche 26. 9. 27 RGBl 30 II 1067, 1269; abgelöst durch das von allen bedeutenden Staaten ratifizierte **New Yorker (UN-)Übereinkommen** über die Anerkennung und Vollstreckung ausländischer Schiedssprüche 10. 6. 58 BGBl 61 II 121, 62 II 102, dazu Glossner FS Stödter **79**, 47. Das New Yorker Übk wird inhaltlich ergänzt durch das **Genfer Europäische Übereinkommen** über die internationale HdlSchiedsgerichtsbarkeit 21. 4. 61 BGBl 64 II 425, 65 II 107; dazu Baumb-Lauterbach; BGH **77**, 32 (§ 53 III KWG steht nicht entgegen), NJW **83**, 1267, Ffm WM **86**, 341. Unter den ständigen internationalen Schiedsgerichten ist der Schiedsgerichtshof bei der **Internationalen Handelskammer Paris** besonders bekannt; Verfahrensordnung des Schiedsgerichtshofes der IntHK 1. 6. 1975 (IntHK-Publikation Nr 291, offizielle dtsch Übersetzung; dazu Leitfaden für Schiedsgerichtsbarkeit 1983, IntHK-Publikation Nr 382, und Leitfaden für Mehrparteienschiedsgerichtsbarkeit 1982, IntHK-Publikation Nr 404, Sprache jeweils englisch, französisch), dazu Ffm NJW **84**, 2768, Stoltenberg NJW **75**, 2130, Glossner FS Luther **76**, 85, Böckstiegel NJW **77**, 463, Schütze WM **86**, 345; die IntHK stellt auch eine Internationale Zentralstelle für technische Gutachten (IntHK-Publikation Nr 307) zur Verfügung. Weitere Schiedsregeln s zB **UNCITRAL-Schiedsgerichtsordnung** 15. 12. 1976, Monographie Rauh 1983; Böckstiegel RIW **82**, 796, UNCITRAL-Modellgesetz Böckstiegel RIW **84**, 670; Schiedsgerichtsordnung der **ECE** 20. 1. 66; **London Court of Arbitration**, International Arbitration Rules 1985; **Stockholm Chamber of Commerce (Arbitration Institute); Schiedsgerichtshof der Zürcher Handelskammer**; seit 1985 **Offizielle Deutsch-Französische IHK**, BB Beil 14/85. **American Arbitration Association.** Zur Wirkung des nationalen ordre public auf internationale Schiedsgerichtsbarkeit (§ 1044 II ZPO) BGH **71**, 131. Internationale Schiedsgerichte und nationale Rechtsordnung s Mann ZHR 130 (**68**) 97. Monographien: Schlosser, 2 Bde 1975; Schütze-Tscherning-Wais 1985; Böckstiegel 1985 (BRD-USA); Schlosser AG **79**, 237, 278 (internationale HdlSchiedsgerichtsbarkeit), Schlosshauer-Selbach NJW **79**, 2429 (Ost-West-Handel). Übersichten: Endlich DB **79**, 2411, 2469, Hellwig RIW **84**, 421.

Erster Abschnitt. Kaufleute

[Kaufmann kraft Art des Geschäfts oder Mußkaufmann]

1 ^I Kaufmann im Sinne dieses Gesetzbuchs ist, wer ein Handelsgewerbe betreibt.

^{II} **Als Handelsgewerbe gilt jeder Gewerbebetrieb, der eine der nachstehend bezeichneten Arten von Geschäften zum Gegenstande hat:**

1. **die Anschaffung und Weiterveräußerung von beweglichen Sachen (Waren) oder Wertpapieren, ohne Unterschied, ob die Waren unverändert oder nach einer Bearbeitung oder Verarbeitung weiter veräußert werden;**
2. **die Übernahme der Bearbeitung oder Verarbeitung von Waren für andere, sofern das Gewerbe nicht handwerksmäßig betrieben wird;**
3. **die Übernahme von Versicherungen gegen Prämie;**
4. **die Bankier- und Geldwechslergeschäfte;**
5. **die Übernahme der Beförderung von Gütern oder Reisenden zur See, die Geschäfte der Frachtführer oder der zur Beförderung von Personen zu Lande oder auf Binnengewässern bestimmten Anstalten sowie die Geschäfte der Schleppschiffahrtsunternehmer;**
6. **die Geschäfte der Kommissionäre, der Spediteure oder der Lagerhalter;**
7. **die Geschäfte der Handelsvertreter oder der Handelsmakler;**
8. **die Verlagsgeschäfte sowie die sonstigen Geschäfte des Buch- oder Kunsthandels;**
9. **die Geschäfte der Druckereien, sofern das Gewerbe nicht handwerksmäßig betrieben wird.**

1. Abschnitt. Kaufleute

Übersicht

1) Gewerbe
2) Handelsgewerbe
3) „wer ... betreibt"
4) Ehegatten
5) Minderjährige, Entmündigte
6) Erben, Testamentsvollstrecker
7) Juristische Personen des öffentlichen Rechts
8) Handelsgewerbe gemäß II
9) Handwerk

1) Gewerbe

A. Kaufmann ist nach I ohne weiteres, insbesondere auch ohne Eintragung im HdlReg, wer ein HdlGewerbe betreibt (sog **Mußkaufmann**). Erforderlich ist also zunächst, daß überhaupt ein Gewerbe betrieben wird. Gewerbe ist eine **(offen) auf Dauer angelegte** Tätigkeit. Die Absicht des Handelnden muß sich auf eine Vielzahl von Geschäften als Ganzes richten, RG **74**, 150, KG OLG **12**, 413 (vgl die „fortgesetzte Tat" des Strafrechts) und solcher Wille muß auch gegenüber Dritten hervortreten, es darf nicht nur eine Mehrzahl einzelner Gelegenheitsgeschäfte erkennbar sein, RG **66**, 51, Dresden OLGE **36**, 249. Unschädlich sind Unterbrechungen (zB Saisonbetrieb), RG **130**, 235, begenzte Dauer und Betrieb als Nebentätigkeit.

B. Gewerbebetrieb ist berufsmäßige Tätigkeit in der **Absicht dauernder Gewinnerzielung,** iSv § 1 wie iSv § 196 I Nr 1 BGB (betr Verjährung aus Ansprüchen für „Gewerbebetriebe" s Einl 7 vor § 343), so stRspr), BGH **33**, 325, **36**, 276, **49**, 260, **53**, 223, **57**, 199. Wohnungsvermietung ist idR nur Kapitalanlage, nicht berufsmäßige Erwerbsquelle, BGH **74**, 273 (zu § 196 BGB), weitere Rspr dazu s Einl 7 C vor § 343. Diese Gewinnabsicht sei für Wirtschaftsunternehmen von Privaten zu vermuten, für solche der öffentlichen Hand im Einzelfall festzustellen, s Anm 7. Aber Differenzierung des Gewinnbegriffs in der modernen Betriebswirtschaftslehre, strategische Verlagerung des Gewinnanfalls zwischen konzernangehörigen Unternehmen und Vermehrung und Differenzierung der öffentlichrechtlichen Unternehmen (s Anm 7) vermindern immer mehr die Eignung des Merkmals Gewinnabsicht zu solcher Abgrenzung; für Kreditinstitute, Immobilien- und AbschreibungsGes ist es praktisch aufgegeben, s Anm 8 D, § 105 Anm 3 A; auch sonst ist objektivierend auf **Verkehrsanschauung, Führung nach betriebswirtschaftlichen Grundsätzen** und **Tätigkeit an Markt im Wettbewerb mit Privatunternehmen** abzustellen, vgl BGH **95**, 159 (DB s Anm 7). Allgemein für Aufgabe der Gewinnerzielungsabsicht als Merkmal zu Gierke-Sandrock I § 6 II 5, Sack ZGR **74**, 197, K. Schmidt § 9 IV 2 (anbietende Tätigkeit am Markt). Danach sollen zB eine HoldingGes mit bloßer Anteilsverwaltung und eine BesitzGes, die das Unternehmen verpachtet hat, kein Gewerbe betreiben; diese Konsequenz geht zu weit, fraglich ist nur die SollKfmEigenschaft, s § 2 Anm 1 B. Auch ein Verein, der Waren in großem Umfang an seine Mitglieder vertreibt, kann uU ein Gewerbe betreiben (mindestens entspr Anwendung einzelner hdlrechtlicher Vorschriften), str. Betr Landwirtschaft s § 3.

C. Nicht als Gewerbe gilt die Tätigkeit der sog **freien Berufe:** Rechtsanwälte § 2 II BRAO, BGH **72**, 287), Patentanwälte, Wirtschaftsprüfer (§ 1 II WPO, BGH **94**, 69), Steuerberater (§ 32 II StBerG, BGH **72**, 324), Ärzte

§ 1 2 　　　　　　　　　　　　　　　　　　　　　　　I. Buch. Handelsstand

(BGH **33**, 325, **86**, 320, Nürnb NJW **73**, 1414), Architekten (BGH WM **79**, 559), Wissenschaftler, Künstler, Artisten, ,,freie" Lehrer usw; nicht Apotheker (s Anm 8 A), Heilpraktiker, LG Tüb NJW **83**, 2093 (zu § 196 I Nr 1 BGB). Das hat zwar heute im wesentlichen nur noch historische Gründe, ist aber als geltendes zT ausdrücklich niedergelegtes Recht festzuhalten; die entspr Anwendung einzelner hdlrechtlicher Vorschriften ist damit nicht ausgeschlossen. Diese Personen sind daher nicht Kaufleute (wohl aber uU Unternehmer, s Einl II vor § 1), werden es nicht nach § 2, fallen bei versehentlicher Eintragung ins Handelsregister auch nicht unter § 5, können nicht OHG, KG bilden (vgl § 105 Anm 3 A), nur GbR und (soweit ihre Standesvorschriften es gestatten, für Rechtsanwälte: nein; für Wirtschaftsprüfer, Steuerberater: ja) AG, GmbH. Anders die Inhaber von **Anstalten** zur Ausübung derartiger Tätigkeiten durch eine Mehrzahl von Personen, zB Heilanstalten, private Theater, Zirkus-Unternehmen, private Schulen; . ihr Unternehmen ist idR Gewerbe, daher können sie Kflte nach § 2 werden, dann auch OHG, KG bilden. Freie Berufe im Recht, s Monographien: Rittner 1962, Steindorff 1980.

D. Gewerbe iSv § 1 ist eine **selbständige Tätigkeit.** Einerlei ist, ob der Handelnde Geschäfte im eigenen oder fremden Namen schließt, so ausdrücklich § 1 II Nr 7 mit §§ 84ff für HdlVertreter, HdlMakler, abw KG HRR **31** Nr 1240 für Hausverwalter.

E. Auch ein **gesetz-** oder **sittenwidriger** Betrieb (zB Wucher, Hehlerei, Schmuggel; bestandskräftige Untersagung der Gewerbetätigkeit s § 7 Anm 2) ist Gewerbe, str; den Betreibenden treffen im HdlVerkehr grundsätzlich auch (wie nach der SteuerRspr Steuerpflichten) die Pflichten und dann auch die Rechte eines Kfm; das gilt mindestens nach Rechtsscheingrundsätzen (s § 5 Anm 2), nach aA überhaupt, K. Schmidt § 9 IV 2b cc. Ob die von dem Betreibenden getätigten Rechtsgeschäfte privatrechtlich wirksam sind, ist eine andere unter dem jeweiligen Verbotsgesetz zu entscheidende Frage. Steht fest, daß das Gewerbe insgesamt gesetz- oder sittenwidrig ist, ist es nicht in das HdlReg einzutragen, sondern zu unterbinden (anders bei bloßem Fehlen öffentlichrechtlicher Erlaubnisse, s § 7 Anm 2). Nach Ffm NJW **55**, 716, BayObLG NJW **72**, 1327 können **Ehevermittler** nicht Kflte werden; sie haben kein Gewerbe oder brauchen nicht ,,nach Art und Umfang einen in kfm Weise eingerichteten Geschäftsbetrieb" (§ 2), wegen der Nicht-Rechtsverbindlichkeit ihrer Geschäfte (§ 656 BGB); das überzeugt nicht, zutr Gilles JZ **72** 383, John JR **77**, 563. Minderjährige s Anm 5.

2) Handelsgewerbe

A. Kfm ist, wer ein HdlGewerbe betreibt, § 1 I. HdlGewerbe ist zunächst nach II jeder Gewerbebetrieb, der eine der hier bezeichneten Arten von Geschäften (sog **,,Grundhandelsgeschäfte")** zum Gegenstand hat. II ist nicht glücklich formuliert: Nachdem II zuerst das ,,HdlGewerbe" definiert nach der Art der Geschäfte, die es zum Gegenstand hat, kennzeichnen Nr 4–9 (Nr 5, 8 zT) diese Geschäfte wieder nach der Art des Gewerbes (,,Bankiergeschäfte", ,,Geschäfte der Frachtführer", ,,des Buchhandels" usw); insoweit könnte § 1 kürzer sagen: Kflte sind Bankiers, Frachtführer, Buchhändler usw. Aber auch für Fälle 1, 2, 3 (und 8 betr Verlage) kommt

1. Abschnitt. Kaufleute 3 **§ 1**

es auf das Gesamtbild des Betriebs an, die gekennzeichneten Geschäfte müssen wesentlicher Gegenstand des Betriebs sein, zB nicht Getränkeverkauf in Kinobetrieb (s Anm 8 A), BGH NJW **83**, 1907. Dann wird auch ein **gemischter Gewerbebetrieb** (zB Bauunternehmung mit nicht nur ganz gelegentlichem Baustoffhandel, s Anm 8 A) insgesamt zum HdlGewerbe. Der Inhaber **mehrerer** selbständiger Unternehmen (vgl § 17 Anm 1 E) kann Kfm in dem einem, NichtKfm in dem anderen sein. Nebengewerbe s Anm C. Übersicht und Reformfragen (ua Zusammenlegung der §§ 1, 2): Wessel BB **69**, 885, **70**, 10, **74**, 1045, **77**, 1226.

B. Die **Kaufmannseigenschaft** nach § 1 I, II **erlischt**, sofern der Kfm nicht im HdlReg eingetragen ist: durch Einstellung des Betriebs oder Umstellung auf kein Gewerbe (Anm 1) bildende oder nicht unter § 1 II fallende Tätigkeit, nicht schon (im Falle der OHG, KG) durch Übergang in die Liquidation (§ 145), nicht schon durch Konkurseröffnung, abw RG JW **02**, 186.

C. Ein **anderes Gewerbe** gilt als HdlGewerbe, sein Inhaber ist also Kfm (§ 1 I), wenn es „nach Art und Umfang einen in kfm Weise eingerichteten Geschäftsbetrieb erfordert" und in das HdlReg eingetragen worden ist, § 2, s dort, so auch Nebengewerbe land- und forstwirtschaftlicher Betriebe, nicht diese selbst, § 3, s dort.

D. Als **Handelsgesellschaften** gelten und dadurch Kflten gleichgestellt (§ 6 I, s dort) sind, nur wegen ihrer Rechtsform (**Formkaufleute**), ohne Rücksicht auf die Art des Unternehmens, mag es § 1 II oder § 2 genügen, überhaupt Gewerbe sein oder nicht (Bsp Prüfungs-, „Treuhand"-Ges): AG, KGaA (§§ 3, 278 III AktG), GmbH (§ 13 GmbHG), eG (§ 17 II GenG: die eG wird zwar nicht als HdlGes bezeichnet, gilt aber als Kfm).

3) „wer ... betreibt"

A. Kfm ist die (natürliche oder juristische) Rechtsperson (oder Gesellschaft mit eigenen Rechten und Pflichten: OHG, KG, § 124), **in deren Namen** das Handelsgewerbe betrieben wird, das eigene oder das einem anderen gehörende, einerlei ob für eigene oder fremde Rechnung, Kfm ist zB der **Pächter,** Kln NJW **63**, 541; der **Nießbraucher,** wenn mit dem Nießbrauch die verantwortliche Leitung des Unternehmens, nach außen erkennbar, übertragen, nicht im Falle bloßen Ertrags-(uU nur Quotenertrags-)Nießbrauchs (zB wenn A bei Geschäftsübertragung auf B sich als Nießbrauch einen Teil des Ertrags vorbehält), BayObLG BB **73**, 956 (bei Mit-Unternehmensführungsrecht diese Übertragenden: OHG), s Einl II 2 C vor § 1; der **Treuhänder kraft Vertrags,** KG JW **39**, 293, Hamm DNotZ **64**, 421, so uU der gesetzliche Vertreter von Minderjährigen, Entmündigten (Anm 5), so uU Testamentsvollstrecker (Anm 6). Nach Ende des Treuhandverhältnisses Anspruch des Treuhänders gegen Treugeber auf Abnahme des Geschäfts und Befreiung von Verbindlichkeiten; Erfordernisse der Übernahme- und Freistellungsklage, einer Feststellungsklage, BGH WM **77**, 363. Rechenschaftslegungspflicht des Treuhänders vor Rückgabe des Unternehmens trotz Zurückbehaltungsrechts, BGH BB **76**, 1192. **Nicht** Kfm ist ua der gesetzliche Vertreter eines Minderjährigen, Entmündigten, der das Handelsgeschäft in dessen Namen führt, sondern der Vertretene ist es, Anm 5. Nicht Kfm ist der **Konkursverwalter,** der das

§ 1 4   I. Buch. Handelsstand

HdlGeschäft des Gemeinschuldners fortführt, dieser bleibt solange Kfm; die vom Konkursverwalter kraft Amtes abgeschlossenen Geschäfte sind dennoch nach Maßgabe der §§ 343 ff HdlGeschäfte. Nicht Kfm ist der vorgeschobene **Strohmann,** dem das Geschäft nicht gehört und der es in Wahrheit auch nicht betreibt, KG JW **39,** 293; abw Wassner ZGR **73,** 427. S dazu auch § 22 Anm 1 E.

B. Kaufleute oder Kaufleuten gleichgestellt sind auch die **Handelsgesellschaften** (§ 6, s dort) und gewisse andere Vereinigungen (s Einl 2 vor § 105), auch ein HdlGewerbe betreibende Vereine (vgl §§ 33–35). Zur Frage der KfmEigenschaft der Gfter von OHG und KG s § 105 Anm 1 J. Unstreitig **nicht** Kflte sind: (als solche) stille Gfter (der „Inhaber", § 230, ist es), GmbH-Gfter, Aktionäre, Genossen der eG, Mitglied eines (ein HdlGewerbe betreibenden) Vereins, nicht die Vorstands-, Aufsichtsrats- mitglieder und Geschäftsführer einer AG, KGaA, GmbH, eG, des (ein HdlGewerbe betreibenden) Vereins.

C. **Nicht** Kflte iS HGB sind die im Unternehmen tätigen **Angestellten** des Inhabers, auch Prokuristen, HdlBevollmächtigte, auch gesetzliche Vertreter (Vorstandsmitglied, Geschäftsführer), Aufsichtsratsmitglied usw der ein HdlGewerbe betreibenden juristischen Personen.

4) Ehegatten

A. Die Ehefrau wird ohne Zustimmung, auch gegen Widerspruch des Ehemanns, Kfm, wenn sie ein HdlGewerbe betreibt (§ 1) oder (unter Voraussetzung der §§ 2, 3 II) als Kfm ins HdlReg eingetragen wird. Sie braucht auch zur Eintragung nicht die Zustimmung des Mannes, weder wenn sie schon Kfm ist (§ 1), noch wenn sie es durch die Eintragung wird (§§ 2, 3 II). Auch die minderjährige Ehefrau ist nicht anders gestellt als ein anderer Minderjähriger. Der Ehegatte kann durch Erklärung gegenüber dem Standesbeamten bei oder (irgendwann) nach der Heirat seinem Geburtsbzw bei der Eheschließung geführten Namen voranstellen, § 1355 BGB. Ehegatten als OHG-(KG-)Gfter, § 105 Anm 1 A, 2 B, § 114 Anm 2 D.

B. **Gesetzlicher** Güterstand ist die **Zugewinngemeinschaft,** die während der Ehe das Vermögen und das Verwaltungs- und Verfügungsrecht jedes Gatten unberührt läßt, ausgenommen Verfügungen über Hausrat und über das Vermögen im ganzen (§§ 1363 ff BGB), weil der Ertrag Vorbehaltsgut ist. Zugunsten von Gläubigern eines Gatten gilt idR die Vermutung, daß aller Besitz beider Gatten haftet, § 1362 BGB, dazu § 739 ZPO. Die Haftung der Frau für ihre Geschäftsschulden und ihr Recht zur Verfügung über ihr Vermögen gelten ohne Rücksicht auf Zustimmung des Mannes (vgl §§ 1395, 1405, 1435 BGB aF). Risiken für Unternehmer aus der Zugewinngemeinschaft s Kohler BB **59,** 929. Text des § 1365 BGB (Verfügung über das ganze Vermögen) bei § 105 Anm 1 A.

C. **Vertragsmäßiges Güterrecht** §§ 1408 ff BGB: Gütertrennung § 1414; Gütergemeinschaft §§ 1415 ff, dazu §§ 740–745 ZPO, §§ 2, 218/9, 234, 236a–236c KO. Güterrechtsregister §§ 1558 ff. Gütergemeinschaft und fortgesetzte Gütergemeinschaft (§§ 1483 ff) als Inhaber eines Handelsgeschäfts: Buchwald BB **62,** 1407. Das Geschäft gehört zum Gesamtgut, auch wenn es im Namen nur eines Gatten geführt, BGH BB **75,** 1080. Bei gemeinsamer Führung Eintragung beider als Inhaber, bei Führung durch

1. Abschnitt. Kaufleute 5 **§ 1**

nur einen, Eintragung als Alleininhaber, BayObLG BB **78**, 423. Bildung einer OHG bei Gütergemeinschaft, § 105 Anm 2 B. Sondervorschrift zum Güterrechtsregister in **(1)** EGHGB Art 4. Für **ausländische Ehefrauen** bestimmt die Gewerbeordnung:

GewO 11a Ehefrau als Gewerbebetreibende bei ausländischem Güterrecht

[I] Betreibt eine Ehefrau, für deren güterrechtliche Verhältnisse ausländische Gesetze maßgebend sind, im Inland selbständig ein Gewerbe, so ist es auf ihre Geschäftsfähigkeit in Angelegenheiten des Gewerbes ohne Einfluß, daß sie Ehefrau ist.

[II] und [III] (weggefallen)

5) Minderjährige, Entmündigte

A. **Kinder unter 7 Jahren** sind geschäftsunfähig (§ 104 Nr 1 BGB). In ihrem Namen kann ihr gesetzlicher Vertreter (idR beide Eltern gemeinsam, Vormund) ein HdlGeschäft betreiben; Kfm ist dann das Kind, nicht der gesetzliche Vertreter.

B. Über 7 Jahre alte **Minderjährige** sind beschränkt geschäftsfähig (§§ 106–113 BGB). Der Minderjährige kann ein HdlGeschäft **selbst** betreiben, wenn ihn der gesetzliche Vertreter mit Genehmigung des Vormundschaftsgerichts dazu ermächtigt. Er bedarf dann zu solchen Handlungen noch der besonderen (für gewisse Arten von Rechtsgeschäften uU allgemein erteilbaren, §§ 1825, 1643 III BGB) Genehmigung des Vormundschaftsgerichts, zu denen der gesetzliche Vertreter, wenn er das HdlGeschäft für den Minderjährigen betriebe, ihrer bedürfte, § 112 BGB. Minderjährige, die ohne die erforderliche Genehmigung selbst ein Gewerbe betreiben, sind nicht Kfm; str, nach aA ist die KfmEigenschaft unabhängig von der mangelnden Rechtswirksamkeit der Geschäfte (vgl Anm 1 E). Minderjährige als Gesellschafter s § 105 Anm 1 B, § 230 Anm 2 D. Als HdlVertreter s § 84 Anm 1 D.

C. **Gesetzliche Vertreter** sollen **im Namen des Kindes (Mündels)** ein neues ,,Erwerbsgeschäft" nicht ohne Genehmigung des Vormundschaftsgerichts beginnen, §§ 1645, 1823 BGB; die Eintragung in das HdlReg darf das Registergericht nicht vom Nachweis dieser Genehmigung abhängig machen. Ein dem Kind (Mündel) unentgeltlich (von Todes wegen, durch Schenkung) zugekommenes HdlGeschäft dürfen Vater, Mutter, Vormund ohne weiteres fortführen. Nur mit Genehmigung des Vormundschaftsgerichts dürfen sie namens des Kindes (Mündels) ein HdlGeschäft entgeltlich erwerben oder ein Erwerbsgeschäft veräußern, §§ 1822 Nr 3, 1643 I BGB. Die Genehmigung der Eröffnung, des Erwerbs befreit nicht von Erfordernis der Genehmigung gewisser Einzelgeschäfte, die in dem HdlGeschäft vorgenommen werden sollen; diese Genehmigung kann aber für gewisse Geschäftsarten uU allgemein erteilt werden; §§ 1822 Nr 4, 5, 8–13, 1825, 1643 I, III BGB. Wird das HdlGeschäft ohne die erforderliche Genehmigung eröffnet (erworben), so sind doch die im Geschäftsbetrieb eingegangenen Verbindlichkeiten wirksam, Hbg OLGE **30**, 150. – S auch § 105 Anm 1 B, § 230 Anm 2 D.

D. Der **gesetzliche Vertreter** kann ein HdlGeschäft für Rechnung des (unter oder über 7 Jahre alten) Minderjährigen **im eigenen Namen** führen auf Grund eines Treuhandvertrags mit dem Kinde (Mündel); diesen hat für das Kind (Mündel) ein Pfleger zu schließen §§ 181, 1629 II, 1795 II, 1909

BGB, mit Genehmigung des Vormundschaftsgerichts, §§ 1822 Nr 3, 1915I BGB. Kfm ist dann der gesetzliche Vertreter, nicht der Minderjährige.

E. Wegen Geisteskrankheit **Entmündigte** stehen Minderjährigen unter 7 Jahren, wegen Geistesschwäche, Verschwendung, Trunksucht Entmündigte und unter vorläufige Vormundschaft Gestellte (§ 1906 BGB) Minderjährigen über 7 Jahren gleich, §§ 104 Nr 3, 114, 1897ff BGB.

6) Erben, Testamentsvollstrecker

A. Der **Erbe** (auch Vorerbe) wird Kaufmann, wenn er das geerbte HdlGeschäft fortführt. Über seine Firma s. § 22 Anm 1 B. Zur Haftung § 27 Anm 1 A. Der Erblasser-Kfm kann die Bestimmung des Erben-Nachfolgers nicht einem Dritten überlassen, § 2065 II BGB, doch genügt Bezeichnung eines Personenkreises (zB Abkömmlinge), aus denen ein Dritter nach festgelegten sachlichen Gesichtspunkten (zB Eignung, Ausbildung) ihn auswählen soll, BGH BB **65**, 1052. Andere (uU freiere) Gestaltungsmöglichkeiten durch Vermächtnis, Auflage (§§ 2151, 2193 BGB) s Westermann FS Möhring **65**, 183. Auswirkungen des Erbersatzanspruchs nichtehelicher Kinder (G 19. 8. 69, BGBl 1243, in Kraft 1. 7. 70: neue §§ 1934a bis 1934e BGB), Stauder-Westerhoff FamRZ **72**, 601.

B. Eine **Erbengemeinschaft** (§§ 2032 ff BGB) kann (als solche) das geerbte HdlGeschäft fortführen; bei minderjährigen Erben nicht ohne Genehmigung des Vormundschaftsgerichts (§§ 1645, 1823 BGB entspr) K. Schmidt NJW **85**, 138, krit Damrau NJW **85**, 2236, aA BGH **92**, 259. Die Erben sind als Inhaber des HdlGeschäfts in das HdlReg einzutragen (§ 31). Zur Firma vgl § 22 Anm 1 B. Zur Haftung für Geschäftsschulden des Erblassers und für Nachlaßerbenschulden § 27 Anm 1. Für neue Geschäftsschulden haften die Erben persönlich unbeschränkt als Gesamtschuldner, §§ 427, 431 BGB; das ist bei minderjährigen Erben nicht akzeptabel, BVerfG WM **86**, 828, aA BGH **92**, 259, entweder bedarf deshalb schon die Fortführung der Genehmigung des Vormundschaftsgerichts oder die Haftung der Minderjährigen ist auf die Höhe des ererbten Vermögens beschränkt. Mit dem Gläubiger kann Beschränkung der Haftung auf den Nachlaß vereinbart werden, RG **146**, 346; auch stillschweigend, str, s Ffm aaO, auch RG **90**, 93. Auch längere Fortführung des Geschäfts durch die Erbengemeinschaft ist zulässig, bedeutet nicht OHG-Vertragsschluß, BGH **17**, 302, **92**, 264 (Grund: Interesse der Erben an uU nur vorübergehende Geschäftsfortführung; Aufwand und Kosten für GesGründung zB bei Grundvermögen); auch nicht bei Annahme einer neuen Firma (vgl § 22 Anm 1 B) oder Zufügung eines Nachfolgezusatzes zur alten, BGH NJW **51**, 312. Entsprechende Anwendung von OHG-Regeln ist möglich, so im Innenverhältnis, BGH **17**, 302, zB keine Mehrarbeitsvergütung des einen Erben bei Ausfall des anderen; zT auch im Außenverhältnis, so für Vertretungsmacht jedes Miterben (analog §§ 125, 126) K. Schmidt NJW **85**, 2789, jedenfalls entsprechende (uU stillschweigende) Vollmacht (s § 27 Anm 1 C). Zum Übergang in eine OHG (KG) vgl § 105 Anm 2 B. Eine Erbengemeinschaft kann (als solche) kein neues Handelsgeschäft beginnen oder ein von Dritten erworbenes fortführen, KG JW **35**, 3642, **38**, 3117. Für Fortführung als Erbengemeinschaft M. Wolf AcP 181 (**81**) 480, für Annahme einer OHG bzw KG R. Fischer ZHR 144 (**80**) 1. Übersicht: K. Schmidt NJW **85**, 2785.

C. Der zur Verwaltung eines im Nachlaß befindlichen HdlGeschäfts

1. Abschnitt. Kaufleute 7 § 1

berufene **Testamentsvollstrecker** kann (mangels Anordnung des Erblassers nach seiner Wahl) das HdlGeschäft des Erblassers fortführen entweder **a) im Namen des Erben** und mit dessen persönlicher Haftung (trotz § 2206 BGB, KG JW **37**, 2599, für die alten Schulden ausschließbar nach §§ 25 II, 27 I), sog **Vollmachtlösung,** oder **b) im eigenen Namen** mit einer persönlichen Haftung (für die alten Schulden ausschließbar nach §§ 25 II, 27 I) als Treuhänder des Erben für dessen Rechnung, sog **Treuhandlösung,** BGH **12**, 102, NJW **75**, 54. Nur im Falle b (nicht Fall a) ist er in das HdlReg einzutragen, RG **132**, 142, hat aber gegen den Erben Anspruch auf Befreiung von der persönlichen Haftung (§ 670 BGB); in beiden Fällen muß der Erbe die unmittelbare (Fall a) oder mittelbare (Fall b) persönliche Haftung als testamentarische Bedingung oder Auflage akzeptieren, wenn er die Erbschaft nicht ausschlägt. So BGH **12**, 102, str, s ua Siebert FS Hueck **59**, 321; Baur FS Dölle **63** I 249: für „**echte Testamentsvollstreckungslösung",** Eintragung des Erben als Inhaber mit TV-Vermerk, Haftung nur des Geschäftsvermögens für Neugläubiger (gegen Axiom der Unerläßlichkeit voller persönlicher Inhaberhaftung); John BB **80**, 757. Im Fall a ist Vollmacht durch Erben nötig, einklagbar durch TV nach § 2208 II BGB, nicht ersetzbar durch Zusatz- TV-Zeugnis (§ 2368 BGB) des Nachlaßgerichts, BGH **12**, 103, BayObLG BB **69**, 974. Wählt TV Weg b, so kann er die Übertragung des (zunächst dem Erben zugefallenen) HdlGeschäfts auf sich als Treuhänder vom Erben fordern und einklagen, BGH **24**, 112. Vgl auch § 22 Anm 1 E. Mehrere TV betreiben jedenfalls bei nur vorübergehender treuhänderischer Inhaberschaft keine OHG, sie werden nicht Eigentümer des Betriebsvermögens, BGH NJW **75**, 55. Der TV kann drittens **c)** das HdlGeschäft aus seiner Verwaltung **dem Erben freigeben;** das ist auch gegen Anordnung des Erblassers wirksam, doch hat TV bei irrtümlicher Freigabe Recht auf Wiederherstellung seiner Verwaltung (§ 812 BGB), BGH **12**, 105, **24**, 109. Testamentsvollstreckung bei Anteilen an OHG, KG s § 139 Anm 4. Übersicht: Brandner FS Stimpel **85**, 991.

7) Juristische Personen des öffentlichen Rechts

Sie werden wie natürliche Personen und juristische Personen des Privatrechts durch Betrieb eines HdlGewerbes **Kaufleute** nach §§ 1–5, sind zT von der Pflicht zur Eintragung in das HdlReg befreit (§ 36) und zT befugt, ihre Rechnung anders abzuschließen als andere Kflte (§ 263), unterliegen sonst aber (mit ihrem kfm Unternehmen) gleichem Recht wie andere Kflte. Öffentliche Körperschaften können in Erfüllung ihrer öffentlich-rechtlichen gemeinnützigen Aufgaben handeln und zugleich Gewinn anstreben (s Anm 1 B), was im Einzelfall zu prüfen ist, BGH **36**, 276, **49**, 260, **53**, 223, **57**, 199, **83**, 387, **95**, 157. Dafür genügt Führung nach betriebswirtschaftlichen Grundsätzen, Absicht der Erzielung eines wenngleich bescheidenen wirtschaftlichen Erfolgs oder auch bloßer marktüblicher Verzinsung des investierten Kapitals. Eine Rolle spielen dabei auch Verkehrsanschauung, Auftreten nach außen, Stehen in regem Wettbewerb mit Privaten, BGH **95**, 159. Auch die **DBB** (s bei § 453) ist danach Kfm (§ 1 II Nr 5), namentlich nach Neuformulierung ihrer Wirtschaftsführungsmaxime (§ 28 BBahnG idF G 1. 8. 61 BGBl 1161), BGH **95**, 155 (zu § 196 BGB, s Einl 7 vor § 343). Anders die **DBP,** § 452 (s dort); trotzdem gilt für sie § 366 (s dort Anm 2 A). Die Einfuhr- und Vorratsstellen für Getreide ua sind nicht

Kflte, BGH **36,** 276. Über öffentlichrechtliche Versicherungsunternehmen und Geldinstitute s Anm 8 C, D.

8) Handelsgewerbe gemäß II

A. Unter **Nr 1** fallen ua reiner Groß- und Einzelhandel mit beweglichen Sachen (Waren) ohne Be- oder Verarbeitung; Herstellung von Waren aus selbst angeschaffter Rohware, also die meisten Industrien, Bäcker, Fleischer, Schneider, Schuhmacher (obwohl heute überwiegend reparierend, vgl BVerwG GewA **64,** 83, 104); Gastwirte, BGH **70,** 134. **Anschaffung und Weiterveräußerung** schließt Geschäfte, die nicht auf Eigentumserwerb gerichtet sind, wie Miete und Leasing (trotz Kaufoption, **(7)** Bankgeschäfte XII 1) aus; Kinobetrieb (Anmietung von Filmen) fällt also nicht unter Nr 1, Stgt NJW **83,** 1907. **Waren** sind bewegliche körperliche Sachen, die Gegenstand des HdlVerkehrs sind, RG **130,** 88, genormte KdtBeteiligungen vgl § 93 Anm 2 A; nicht Immobilien, Unternehmen. Nicht unter Nr 1 fällt die Gewinnung von Waren aus der Natur, zB Bergbau, Steinbruch, Erdölförderung, Landwirtschaft, Gärtnerei, Fischerei, Tierzüchtung, sei es auch mit Verarbeitung (Ziegelei), oder sonstwie aus Grundstücken (Abbruch). **Bauunternehmer** und Bauhandwerker fallen idR nicht unter § 1 II 1, weil sie die angeschafften Waren (Baustoffe) nicht als solche wieder veräußern, sondern nur als Hilfs- und Arbeitsmittel für die von ihnen geschuldete Werk-(Bau-)Leistung verwenden (anders Baustoffhändler), BGH **59,** 182, **73,** 220, Ffm BB **75,** 1319 (Heizungsbau). Anders Baustoffhändler zB Lieferung (fertiger) Klimaanlagen, auch wenn Lieferer Einbau in Gebäude übernimmt, Kln BB **73,** 777. Gewerbsmäßiger Handel mit **Wertpapieren** besteht heute nur im Bankgewerbe, das schon unter Nr 4 fällt. Betrieb einer **Apotheke** (vgl Anm 1 C) ist HdlGewerbe, BGH NJW **83,** 2086; Besonderheiten aus Apothekenrecht s Schiedermair FS Laufke **71,** 253; betr OHG § 105 Anm 3 B, KG § 161 Anm 3 B, stGes § 230 Anm 3 A.

B. Unter **Nr 2** fallen zB Reparatur von Fahrzeugen, Maschinen, Hausrat, Kleidung usw, Färberei, Reinigung; nicht Arbeit an Grundstücken, Bauunternehmen (s Anm A), Gärtner, RG **129,** 403 („Gartenarchitekt"). Das Gewerbe fällt nicht unter § 1 (aber uU unter § 2), wenn es **handwerksmäßig** betrieben wird (Lohnhandwerker; anders beim Warenhandwerker nach Nr 1, dazu Anm 9 A).

C. **Nr 3** nennt Versicherung gegen Prämie. Nach § 7 VVG besteht in den meisten Versicherungszweigen Rechtsformzwang (s Einl 1 C vor § 105): nur AG und VVaG. Erstere sind aber schon nach § 6 I HGB, § 3 AktG Kfm; letztere unterliegen (auch wenn ihre Gewerbetätigkeit mangels Gewinnerzielungsabsicht verneint wird, KGJ **24** A 212, aber s Anm 1 B) nach § 16 VAG den §§ 8–104, 238–263, 343–460 HGB, Ausnahme „kleinere Vereine" (§ 53 VAG). Öffentliche Versicherungsanstalten fallen nach § 151 VAG nicht unter Nr 3. Bausparkassen s Anm D.

D. Zu **Nr 4:** „Bankier- und Geldwechslergeschäfte": s dazu Definition der **„Bankgeschäfte"** in § 1 KWG (Text s **(7)** Bankgeschäfte I 2). Unternehmen, die Bankgeschäfte in einem Umfang betreiben, der kfm Einrichtung fordert (KWG übernahm hier das Merkmal der VollKfmEigenschaft nach §§ 2, 4 HGB, dazu OVG Bln NJW **67,** 1052 betr regelmäßige Avalkreditgewährung), heißen **Kreditinstitute** (§ 1 I 1 KWG); sie bedürfen der

1. Abschnitt. Kaufleute 9 **§ 1**

Zulassung zum Geschäftsbetrieb durch das BAKred und unterstehen seiner Aufsicht. Näher s (7) Bankgeschäfte I 2. Personen **öffentlichen Rechts**, die das Bankgewerbe betreiben, sind insoweit Kflte; so war es die Reichsbank, §§ 13ff ReichsbankG RGBl 39 I 1015. Jetzt sind es die DBBk, BBankG 26. 7. 57 BGBl 745; die Kreditanstalt für Wiederaufbau, G 22. 1. 52 BGBl 65; ferner die öffentlichrechtlichen Sparkassen, RG **116**, 229, **127**, 228, BGH BB **52**, 480, früher str; Realkreditinstitute usw. Auch **Bausparkassen** sind Kreditinstitute, § 1 I 1 BauspG 16. 12. 72 BGBl 2097, und fallen damit unter das KWG und unterstehen dem BAKred (vormals VAG und BAV).

E. Zu **Nr 5** vgl §§ 556ff (Seefrachtgeschäft), 664ff (Personenbeförderung auf See), 425ff (Frachtgeschäft zu Lande oder auf Binnengewässern). Unter Nr 5 fällt ferner die Personenbeförderung zu Lande und auf Binnengewässern in **Anstalten**, dh Betrieben von einer Größe und Differenzierung (auch ohne feste Fahrpläne), die gleicher Art, aber mehr sind als die in §§ 2, 4 (Erfordernis des kfm Geschäftsbetriebs nach Art und Umfang des Gewerbes) geforderten. DBB s Anm 7. Ferner fällt unter Nr 5 die Schleppschifferei, ohne das Erfordernis der ,,Anstalt". Dem Schleppschiffer ist das Gut nicht zur Beförderung zu übergeben; er bewegt nur das Beförderungsmittel (Schiff, Floß). Für Luftfahrtunternehmen gilt Nr 5 analog. Nicht unter Nr 5 fallen das Vermieten und Leasing von Transportmitteln (zB Pkw). DBP s Anm 7.

F. Zu **Nr 6** vgl §§ 383ff, 407ff, 416ff.

G. Zu **Nr 7** vgl §§ 84ff, 93ff. Nicht unter Nr 7 fallen ua Vertragshändler (s § 84 Anm 2 A), Grundstücksmakler (§ 93 II).

H. Zu **Nr 8**: Maßgebend für KfmEigenschaft wegen Betriebs von **Verlagsgeschäften** ist die gewerbsmäßige Verbreitung und Verwertung von Druckwerken, einerlei ob urheberrechtlich geschützte Werke herausgegeben werden, BGH **10**, 95 (Adreßbuchverlag), falls ja, ob Verlagsverträge (VerlG) geschlossen werden oder ,,Kommissionsverlag" für Rechnung der Autoren stattfindet. Auch der gewerbsmäßig vertreibende Selbstverleger kann Kfm iS Nr 8 sein. Natürlich sind es auch die Zeitschriften- und Zeitungsverlage. Unter Nr 8 (wie schon unter Nr 1) fallen ferner Buch-, Kunst-, Antiquitätenhändler; nicht Leihbüchereien, Unternehmer von Lesezirkeln.

I. Unter **Nr 9** (Druckereien) fällt das Vervielfältigen von Schrift und Bild jeder Art, auch fotomechanisch, RJA **6**, 51, wenn es nicht nur handwerksmäßig (s zu Nr 2) betrieben wird; nicht Fotografieren, Aufstellen von Fotokopierautomaten.

9) Handwerk

A. Für den Begriff **Handwerk** (§ 1 II Nr 2, 9, § 2) gibt es keine gesetzliche Definition, auch nicht in der HdwO (nF 28. 12. 65 BGBl 66, 1, dazu Siegert BB **65**, 1090). Ein Gewerbebetrieb ist Handwerksbetrieb, wenn er ,,handwerksmäßig betrieben" wird und zu einem der 125 in Anlage A der HdwO genannten Gewerbe gehört; er ist ,,handwerksähnlich", wenn er so betrieben wird und unter Anlage B (40 andere Gewerbe) fällt; §§ 1 II, 18 II HdwO. Diese gewerberechtliche Scheidung ist für § 1 unerheblich. Ob ein Gewerbe handwerksmäßig (nicht industriell) betrieben wird, richtet sich nicht nach seiner Größe (Zahl der Beschäftigten, Umsatz, Kapital), sondern nach seinem Gesamtbild. Typisch sind Übergewicht der Einzelfertigung, persönliche Mitarbeit des Inhabers, Überwiegen gelernter Hilfskräfte, erhebliche menschliche Arbeit, Auftrags-, nicht Vorratsfertigung, örtlich beschränkte Kundschaft. Der Begriff ist weitgehend historisch zu verstehen und deutschen Verhältnissen eigentümlich. Vgl BVerfG **13**, 18, BGH **39**, 258, DB **68**, 978, BVerwG BB **64**, 366, 907, **67**, 1018, OVG Lüneburg BB **60**, 12; Fröhler GewA **65**, 145, Honig JuS **66**, 436. Eintragung in die Handwerksrolle (§ 6 HdwO, VO 2. 3. 67 BGBl 274) ist Indiz (nicht zwingender Beweis) der Handwerkseigenschaft iS HGB, BGH **39**, 258. ,,Gemischte" Betriebe s § 2 Anm 2.

B. Handwerker, die ,,bewegliche Sachen (Waren) anschaffen" und unverändert oder nach Be- oder Verarbeitung ,,weiterveräußern" (sog Warenhandwerker), sind kraft Gesetzes Kflte, **§ 1 I, II Nr 1,** entweder Vollkflte oder (im Falle § 4 I) MinderKflte. Alle anderen Handwerker (die Waren für andere be- oder verarbeiten, vgl § 1 II Nr 2, Drucker, vgl § 1 II Nr 9, und alle anderen, sog Lohnhandwerker) sind (seit G über die Kaufmannseigenschaft von Handwerkern 31. 3. 53 BGBl 106) bei Erforderlichkeit kfm Einrichtung (§ 2 Anm 2) zur Anmeldung beim HdlReg verpflichtet und werden durch die Eintragung Vollkflte **(§ 2);** ohne Eintragung sind sie keine Kflte, auch nicht Minderkflte.

C. Auf Erfüllung der **Anmeldepflichten** von Handwerkern wirken hin: Registergericht, IHK, Handwerkskammer s § 14, (3) FGG § 126, (4) HRV § 23. Bedeutung der gewerberechtlichen Anforderung für die Eintragung s § 7.

D. Eine für ,,Kflte, Fabrikanten, Handwerker" geltende Vorschrift ist uU auf Gewerbetreibende, die nichts von dem sind, entspr anzuwenden, so § 196 I Nr 1 BGB (Verjährung, s Einl 7 vor § 343), BGH **39**, 258 (Bauunternehmer, 80–100 Beschäftigte an 6–8 Baustellen in der Saison, aber nicht im Register eingetragen).

E. Vom Handwerk unterscheidet sich der (nicht der HdwO unterliegende, zB nicht zur Handwerksrolle anzumeldende, nicht den Befähigungsnachweis gemäß der HdwO fordernde) **gewerbliche Kleinbetrieb** durch die Möglichkeit der Ausübung ohne Beherrschung der ,,wesentlichen Kenntnisse und Fertigkeiten, auf welche sich der zur selbständigen Handwerksausübung erforderliche Befähigungsnachweis erstreckt", BVerwG DVBl **62**, 908.

F. Das Handwerk kann auch betrieben werden durch eine juristische Person, zB GmbH, bei Meisterqualifikation des Betriebsleiters, §§ 1 I, 7 IV 1 HdwO, oder **Personengesellschaften** (GbR, OHG, KG) bei Meisterqualifikation eines für die technische Leitung verantwortlichen phG, §§ 1 I, 7 IV, 2 HdwO, wohl auch durch eine GmbH & Co KG, wenn die GmbH (phG der KG) jene Voraussetzung erfüllt, Honig BB **69**, 557, **70**, 1277. Bedeutung des Fehlens solcher Voraussetzungen für Vertragsgültigkeit und Eintragung ins HdlReg: § 7 Anm 2, § 8 Anm 4, § 105 Anm 2 A.

1. Abschnitt. Kaufleute 1, 2 § 2

[Kaufmann kraft Eintragung oder Sollkaufmann]

2 Ein handwerkliches oder ein sonstiges gewerbliches Unternehmen, dessen Gewerbebetrieb nicht schon nach § 1 Abs. 2 als Handelsgewerbe gilt, das jedoch nach Art und Umfang einen in kaufmännischer Weise eingerichteten Geschäftsbetrieb erfordert, gilt als Handelsgewerbe im Sinne dieses Gesetzbuchs, sofern die Firma des Unternehmens in das Handelsregister eingetragen worden ist. Der Unternehmer ist verpflichtet, die Eintragung nach den für die Eintragung kaufmännischer Firmen geltenden Vorschriften herbeizuführen.

1) Übersicht

A. Jeder nicht unter § 1 II fallende, nicht zur Land- und Forstwirtschaft (§ 3) gehörende Gewerbebetrieb (§ 1 Anm 1) ist HdlGewerbe, wenn er nach Art und Umfang einen in kfm Weise eingerichteten Geschäftsbetrieb (**kaufmännische Einrichtung**) erfordert und die Firma, unter der er betrieben wird, im **Handelsregister** eingetragen ist. Der Unternehmer ist zwar nach § 2 S 2 zur Herbeiführung der Eintragung verpflichtet (deswegen sog **Sollkaufmann**; Ausdruck seit BiRiLiG offiziell, s Überschrift zu § 262), begründet wird die KfmEigenschaft aber erst und ausschließlich durch die Eintragung. Unter § 2 (nicht § 1) fallen zB: Hotels (jedenfalls garni, dh ohne volle Küche), Sanatorien, Theater, Kino, Zirkus, Lehranstalten, Auskunfteien, Wachunternehmen, Inkasso-, Detektiv-, Patent-, Werbebüros; idR Bauunternehmer und Bauhandwerker (s § 1 Anm 8 A); Treuhandbüros (soweit nicht nur beratend und freier Beruf, § 1 Anm 1 C); Urerzeugung (zB Bergbau, Steinbrüche), auch mit Verarbeitung wie Ziegelei. Weitergehend Greitemann FS Möhring **65**, 43: ua Urproduktion und (Hauptanwendungsbereich des § 2) Dienstleistungsgewerbe. Ehevermittler s § 1 Anm 1 F. Für Reform Wessel BB **77**, 1226.

B. In dem häufigen Fall der **Betriebsaufspaltung** (Besitzunternehmen und Betriebsunternehmen) betreibt das Besitzunternehmen ein Gewerbe (str, § 1 Anm 1 B), das unter § 2 fällt. Kfm Einrichtung ist idR, wenn das HdlGeschäft vollkfm ist, auch für das Besitzunternehmen erforderlich. Das ist ua bedeutsam für Fortbestand als OHG, s § 105 Anm 3 B, LG Nürnb-Fürth BB **80**, 1549 (mit Konsequenz für Fortbestehen der Firma, s § 31 Anm 2), LG Hdlbg BB **82**, 142, Brandmüller BB **76**, 641, **79**, 466, Sudhoff DB **79**, 439. Zur Betriebsaufspaltung Brandmüller, 5. Aufl 1985, Dehmer 1983; Knoppe, Betriebsverpachtung, Betriebsaufspaltung, 7. Aufl 1985. Zur Unternehmenspacht s Einl II 2 C vor § 1, § 23 Anm 4, § 25 Anm 1 C, § 59 Anm 2 B.

2) Erforderlichkeit kaufmännischer Einrichtung

Der Gewerbebetrieb muß nach Art und Umfang (in der negativen Wendung des § 4 gleichbedeutend: Art oder Umfang) **kaufmännische Einrichtung erfordern** (nicht: haben). Kfm Einrichtung iSv §§ 2, 4 ist vollkfm Einrichtung, vor allem: kfm Buchführung und Bilanzierung, kfm Bezeichnung (Firma), kfm Ordnung der Vertretung und Haftung; die Rechtsfolgen bestimmen den Anwendungsbereich. Wesentlich sind ua (1) Art der Geschäftstätigkeit zB Vielfalt der Erzeugnisse und Leistungen, Teilnahme am Wechselverkehr, aktiv oder passiv am Frachtverkehr, grenzüberschreitende Tätigkeit; (2) Umfang der Geschäftstätigkeit: zB Umsatzvolumen (nicht Bilanzgewinn), Anlage- und Betriebskapital; (3) Mitarbeiter: zB Zahl und Funktion der Beschäftigten, Schichtbetrieb; (4) Größe und Organisation: zB Größe des Geschäftslokals, Zahl der Betriebsstätten, Auslandsfilialen. Maßgebend ist stets das Gesamtbild, BGH BB **60**, 917, Ffm BB **83**, 335, Celle BB **83**, 659, BayObLG NJW **85**, 983; Greitemann FS Möhring **65**, 43. ,,Gemischte" Betriebe, zB Handwerk und Handel, brauchen kfm Einrichtung noch mehr als einfache, George BB **65**, 110. Bspe: AG Nordenham, AG Delmenhorst BB **64**, 571: Bau- und Möbeltischlerei, Möbelhandlung, Beerdigungsinstitut, Gesamtjahresumsatz DM 136 000; Schmiede, Schlosserei, Landmaschinenhandel, Einzelhandel mit Haushaltsartikeln und landwirtschaftlichen Geräten, Umsatz DM 200 000 bis 250 000. HdlVertreter und Grundstücksmakler nach Verkehrsauffassung ab DM 200 000, Ffm BB **83**, 335. Gegenbsp: § 2 unanwendbar auf ländliche Zimmerei, 5 Fachkräfte, über 500 000 DM Umsatz, Steuerbuchführung, Celle MDR **74**, 235. Nach gleichen Kriterien wie die Eintragungspflicht beurteilt sich nach (nicht nur vorübergehender) Schrumpfung des eingetragenen Betriebs die Lösungspflicht, Karlsr BB **64**, 571. Maßgebend ist Zeitpunkt des Antrags, greifbare Unterlagen für prompten Ausbau genügen, LG Kln DB **72**, 1015 (Immobilien-Abschreibungs-Ges). Bedeutung der Unklagbarkeit der Geschäfte (Ehevermittler) s § 1 Anm 1 E. Betriebsaufspaltung s Anm 1 B. Erforderlichkeit einer kfm Einrichtung nach § 1 I 1 KWG s § 1 Anm 8 D. Nichterforderlichkeit einer kfm Einrichtung nach § 4 I, s § 4 Anm 1 B.

3) Eintragung, Handelsbücher

A. KfmEigenschaft nach § 2 setzt ferner die (insofern konstitutiv wirkende) Eintragung im HdlReg voraus. Liegt die Voraussetzung des Erfordernisses kfm Einrichtung (s oben) vor, so ist der Unternehmer **verpflichtet**, eine **Firma** (§ 17) anzunehmen und die **Eintragung** herbeizuführen (§§ 29, 33, 106), und kann dazu gemäß § 14 angehalten werden. Anders öffentliche Körperschaften, § 36.

B. Obwohl nach S 1 die KfmEigenschaft in den Fällen des § 2 erst mit vollzogener Eintragung beginnt, gelten die Verpflichtungen aus §§ 238–283 über HdlBücher für SollKflte (§ 262) schon vom Zeitpunkt des Entstehens der Anmeldepflicht an.

[Land- und Forstwirtschaft; Kannkaufmann]

3 ^I **Auf den Betrieb der Land- und Forstwirtschaft finden die Vorschriften des § 1 keine Anwendung.**

^{II} **Für ein land- oder forstwirtschaftliches Unternehmen gilt § 2 mit der Maßgabe, daß der Unternehmer berechtigt, aber nicht verpflichtet ist, die Eintragung in das Handelsregister herbeizuführen. Ist die Eintragung erfolgt, so findet eine Löschung der Firma nur nach den allgemeinen Vorschriften statt, welche für die Löschung kaufmännischer Firmen gelten.**

^{III} **Ist mit dem Betrieb der Land- oder Forstwirtschaft ein Unternehmen verbunden, das nur ein Nebengewerbe des land- oder forstwirtschaftlichen Unternehmens darstellt, so finden auf das im Nebengewer-**

1. Abschnitt. Kaufleute **1, 2 § 3**

be betriebene Unternehmen die Vorschriften der Absätze 1 und 2 entsprechende Anwendung.

1) Land- und Forstwirtschaft

A. § 3 idF G über die Kaufmannseigenschaft von Land- und Forstwirten (und den Ausgleichsanspruch des HdlVertreters) 13. 5. 76 BGBl 1197; dazu Raisch FS Ballerstedt **75**, 443, Hofmann NJW **76**, 1297, 1830, Storm AgrarR **76**, 188, von Olshausen ZHR 141 (**77**) 93. § 3 I nimmt Land- und Forstwirte ausdrücklich von § 1 aus (für den Fall, daß man etwa § 1 II Nr 1 auf sie für anwendbar hielte, Bsp: Tiermast mit Futter aus eigenem Wuchs). Doch bleibt es bei § 1 I: der eingetragene Landwirt (§§ 3 II, III, 2) betreibt ein HdlGewerbe und ist dadurch Kfm. § 3 II erklärt § 2 für anwendbar mit der Maßgabe, daß der Land-(Forst-)wirt **berechtigt,** aber nicht verpflichtet ist (deshalb sog **Kannkaufmann**). Land- und Forstwirte betreiben ein Gewerbe, s § 5 Anm 1 B, § 105 Anm 3 A.

B. Ist nach II 1 **eingetragen,** gilt für die Firma und Eintragung nichts anderes als nach § 2. Der Inhaber ist **nicht frei,** die Eintragung wieder löschen zu lassen, II 2; anders ein Rechtsnachfolger, str (vgl Anm 2 C). Eine rechtswidrige Löschung nimmt die Eigenschaft als Kfm; das Registergericht hat sie aber von Amts wegen zu löschen, (**3**) FGG § 142, dh die Eintragung wiederherzustellen. Der Gelöschte hat nicht die Pflicht, seinerseits Wiedereintragung zu betreiben.

C. Zur **Landwirtschaft** rechnen auch Obst-, Gemüse-, Tabak-, Hopfen-, Weinbau. Auch HdlGärtnereien und Baumschulen, sofern sie überwiegend eigene Produkte verkaufen (sonst § 1 II Nr 1), str (nach aA fällt Zierpflanzenbau unter § 2); branchenüblicher Zukauf ist unschädlich, Hamm RdL **65**, 204. Ebenso Erzeugung tierischer Produkte wie Fleisch, Milch, Eier in eigener Bodenausnutzung, auch in Pacht, auch mit Zukäufen; nicht aber (hauptsächlich gekauftes Futter und fremde Erzeugnisse verarbeitende) Molkereien. Auch Imkerei, einerlei ob auf eigenem oder gepachtetem Grund. Fischerei: nein hL (Konsequenz § 2; außer uU bei Fischzucht nicht § 1 wegen ursprünglichem Eigentumserwerb, s § 1 Anm 8 A), aber vgl § 146 BBauG, § 4 LandwirtschaftsG BaWü 14. 3. 72 GBl 74. **Forstwirtschaft** zielt auf Holzgewinnung; Baumschulen gehören dazu.

2) Nebengewerbe

A. **Nebengewerbe** ist ein in gewisser Beziehung (nicht ganz) selbständiger Betrieb (Einheit des Unternehmens; mehrere Unternehmen s § 1 Anm 2 A), Erzeugnisse des Hauptbetriebs verwertend (oder solche und andere, KGJ **22** A 88), zB Molkerei, Brauerei, Brennerei, Mühle, oder sonstwie mit ihm verbunden, zB Kies-, Sandgrube, Ziegelei. Nicht bloße Verkaufsstellen für die Erzeugnisse des Hauptbetriebs, nicht bloße Hilfsbetriebe zur Unterstützung des Hauptbetriebs.

B. Das Nebengewerbe (sofern nach Art und Umfang kfm Einrichtung fordernd, § 2 Anm 2) ist für sich allein (ohne das Hauptgewerbe, vgl Anm 1) **eintragungsfähig,** nicht -pflichtig, so III mit I, II.

C. Wer den Nebenbetrieb **allein erwirbt,** macht ihn damit zum Hauptbetrieb. Wer ihn zusammen mit dem Hauptbetrieb erwirbt, wird ohne weiteres Kfm, wenn er die Firma miterwirbt; andernfalls steht er dem gleich, der vor Eintragung erwirbt. Der Erbe ist an die Entscheidung des Erblassers nicht gebunden; er wird zwar, wenn eingetragen ist, Kfm, darf aber, wenn er die Firma nicht weiterführt, in angemessener Frist löschen lassen, vgl §§ 22, 27; str (vgl Anm 1 A).

[Kleingewerbe, Minderkaufmann]

4 ^I **Die Vorschriften über die Firmen, die Handelsbücher und die Prokura finden keine Anwendung auf Personen, deren Gewerbebetrieb nach Art oder Umfang einen in kaufmännischer Weise eingerichteten Geschäftsbetrieb nicht erfordert.**

^{II} **Durch eine Vereinigung zum Betrieb eines Gewerbes, auf welches die bezeichneten Vorschriften keine Anwendung finden, kann eine offene Handelsgesellschaft oder eine Kommanditgesellschaft nicht begründet werden.**

1) Kleingewerbe

A. § 4 idF G über die KfmEigenschaft von Handwerkern 31. 3. 53 BGBl 106 (s § 1 Anm 9 B); § 4 aF betraf Handwerker und ,,Personen, deren Gewerbebetrieb nicht über den Umfang des Kleingewerbes hinausgeht". Der Kfm kraft Art des Geschäfts (§ 1 II) ist entweder sog Vollkfm oder, wenn er ein Kleingewerbe nach § 4 betreibt, sog **Minderkaufmann**, für den KfmRecht nur zT (vgl Anm 2) gilt. Nach §§ 2, 3 dagegen wird man (wenn überhaupt Kfm) Vollkfm. Die Abgrenzung nach § 4 entspricht der nach § 2.

B. Unter § 4 fallen uU auch Unternehmen mit großem **Umsatz**, Bsp: HdlVertreter, KG JW **36**, 1684; Werkkantine, Mü HRR **38**, 1345, KG BB **59**, 1007; Bundeswehr-Kantine mit 500 000 DM Jahresumsatz, Celle BB **63**, 324; Süßwaren-Großhandel, ca 180 000 DM Umsatz mit ca 80 festen bar zahlenden Kunden, Karlsr BB **63**, 324; Viehhandel, KG HRR **37**, 857; Juwelier, KGJ **49**, 94. Andererseits spricht bei geringerem Umsatz (Bsp 170 000 DM) die Notwendigkeit komplizierter Abrechnungen für Erforderlichkeit kfm Einrichtungen, Hamm DB **69**, 386 (Optiker). Lebensmitteleinzelhändler sind idR Vollkflte, Meier DB **77**, 2315. S auch § 2 Anm 2.

C. Ist das Unternehmen **auf vollkaufmännischen Betrieb angelegt,** fällt es nicht unter § 4, sondern ist vollkfm schon von der ersten Vorbereitung an, bevor der vollkfm Betrieb besteht, BGH **10**, 96. Ebenso ,,Saison"-VollKfm (Nordsee-Hotel), AG Wyk BB **58**, 891. Wer mehrere selbständige Gewerbebetriebe hat, kann für den einen Voll-, für den anderen MinderKfm sein. Sinkt ein Betrieb zum Kleinbetrieb herab, so wird der VollKfm zum MinderKfm, die OHG (KG) wird GbR und muß sich löschen lassen, RG **155**, 80. Vorübergehendes Zurückgehen des Geschäfts schadet nicht, Karlsr BB **54**, 74.

2) Rechtsstellung des Minderkaufmanns

A. Das HGB stellt MinderKflte **grundsätzlich** den VollKflten **gleich,** insbesondere gelten für sie und ihre Unternehmer §§ 54–58 (HdlVollmacht), §§ 59–83 (HdlGehilfen und -Lehrlinge), §§ 343–347, 352–372 (Allgemeine Vorschriften über HdlGeschäfte), §§ 373–382 (HdlKauf), je nach

1. Abschnitt. Kaufleute **2 § 4**

Art des Gewerbes des MinderKfms ferner §§ 84–92 c (HdlVertreter), §§ 93–104 (HdlMakler), §§ 383–406 (Kommission), §§ 407–415 (Spedition), §§ 416–424 (Lagerei), §§ 425–452 (Frachtgeschäft). Die Anforderungen an Aufmerksamkeit und Sorgfalt (zB zur Frage der Zustimmung durch Schweigen, s bei § 346) sind Art und Größe der kleingewerblichen Betriebe anzupassen.

B. §§ 17–37 (**Firma**) sind auf MinderKflte unanwendbar. Sie sind weder verpflichtet, eine Firma anzunehmen, noch berechtigt, ihren Namen oder eine andere Bezeichnung wie eine kfm Firma zu führen, vgl § 17 I C, sonst ist gemäß § 37 I gegen sie vorzugehen. Sie müssen ihr Geschäft unter ihrem bürgerlichen **Namen** führen, möglicherweise unter einem auch sonst geführten Decknamen, KG JW **34**, 984; ihren Namen schützt § 12 BGB; wie VollKflte können sie noch **andere Kennzeichnungen** für ihr Unternehmen verwenden, die ähnlichen Schutz genießen, zB „Geschäftsbezeichnungen" (§ 17 Anm 7 A); wie VollKflte sind sie bei Verwendung ihres Namens und anderer Kennzeichnungen verpflichtet, die Verwechslung mit anderen Unternehmen möglichst zu verhüten und ihr Unternehmen nicht nach Art oder Umfang falsch vorzustellen, KG JW **37**, 889 (Elektrohaus). Vgl § 17 Anm 3 D. MinderKflte werden **nicht** in das **Handelsregister** eingetragen (vgl § 29: Eintragung der „Firma" des Kfms). Geschieht es doch, wirkt die Eintragung nach **§ 5**, bis zur Löschung (erforderlichenfalls von Amts wegen, (**3**) FGG § 142). Über Schuldenhaftung des Erwerbers des Unternehmens s bei § 25.

C. Der MinderKfm braucht nach HGB **keine Handelsbücher** zu führen, darum auch kein Inventar und keine Bilanz aufzustellen und keine Briefabschriften aufzubewahren, §§ 238 ff. Er wird bei Zahlungseinstellung oder Konkurs nicht wegen Unterlassung der Buchführung strafbar (§§ 283 I Nr 5, 283 b I Nr 1 StGB, dazu § 238 Anm 6 A); auch nicht wegen Verheimlichung, Zerstörung, unübersichtlicher Führung von HdlBüchern, die er ohne gesetzliche Pflicht geführt hat (vgl § 283 b I Nr 1), es sei denn, er handelt bei Überschuldung oder drohender oder eingetretener Zahlungsunfähigkeit (§§ 283 I Nr 6, IV N 1 StGB; hL, aber für freiwillig geführte HdlBücher bedenklich weit). Meist sind MinderKflte aber **steuerrechtlich** (§§ 140 ff AO) buchführungspflichtig, vgl § 238 Anm 2 B.

D. Der MinderKfm kann **keine Prokura** (§§ 48–53) erteilen. Tut er es trotzdem, so ist sie nichtig, aber idR in weitgehende HdlVollmacht umzudeuten, § 140 BGB. Der MinderKfm kann HdlBevollmächtigte (§ 54) und HdlGehilfen (§ 59) haben.

E. Die Ges zum Betrieb eines unter § 4 I fallenden Gewerbes kann **nicht OHG** oder KG sein, **II**, sondern nur GbR, vgl § 105 Anm 3, sie hat daher wie der einzelne Minderkfm keine Firma und ist nicht in das HdlReg einzutragen, KGJ **33** A 114.

F. Die Abweichungen vom bürgerlichen Recht gemäß §§ 348–350 betr **Vertragsstrafe, Bürgschaft, Schuldversprechen, Schuldanerkenntnis** gelten nicht für MinderKflte § 351. Sie sind bei **Abzahlungsgeschäften** geschützt, § 8 AbzG gilt nicht für sie. Über **Börsentermingeschäfte** s **(14)** BörsG § 53. **Gerichtsstandsvereinbarungen** von MinderKflten sind unwirksam, § 38 ZPO (Einl IV 2 C vor § 1). Betr Form von **Schiedsverträ-**

§ 5 1   I. Buch. Handelsstand

gen s Einl IV 3 A vor § 1. Ferner können MinderKflte **nicht Handelsrichter** sein, weil sie nicht eintragungsfähig sind, § 109 GVG (Einl IV 2 A vor § 1).

[Kaufmann kraft Eintragung; Rechtsscheinkaufmann]

5 Ist eine Firma im Handelsregister eingetragen, so kann gegenüber demjenigen, welcher sich auf die Eintragung beruft, nicht geltend gemacht werden, daß das unter der Firma betriebene Gewerbe kein Handelsgewerbe sei oder daß es zu den in § 4 Abs. 1 bezeichneten Betrieben gehöre.

1) Kaufmann kraft Eintragung

A. Das HdlReg genießt **öffentlichen Glauben,** allerdings ohne rechtliche Richtigkeitsvermutung und mit beschränkter Wirkung (s § 15 Anm 1). Für besonders wichtige Eintragungen, welche eine Person (oder Ges) in das Register aufnehmen und dadurch als Kfm (HdlGes) ausweisen, genügt das dem Gesetzgeber nicht. § 5 schützt diese Eintragungen besonders nachdrücklich gegen Anzweiflung: Im HdlReg **eingetragene Gewerbetreibende** gelten **unwiderlegbar** als **Vollkaufleute** (mißverständlich: ,,ScheinKfm", BGH **32,** 307; Kfm kraft Rechtsschein fällt nicht unter § 5, s Anm 2). Normzweck ist nicht Schutz gutgläubiger Dritter (Rechtsschein), sondern objektive Rechtssicherheit, BGH NJW **82,** 45; auch mit § 15 hat § 5 nichts zu tun (s aber Anm 4). Im Rahmen des § 5 wirkt die (vom Registergericht nach Prüfung, § 8 Anm 4, verfügte) unrichtige Eintragung wie eine (konstitutive, VollKfmEigenschaft begründende) richtige (zB nach §§ 2, 3 II). Das Registergericht selbst ist nicht gebunden, es kann und muß (auf Antrag oder von Amts wegen) die Eintragung löschen (s **(3)** FGG § 142), wenn es sie als unrichtig erkennt, zB bei einem zum Kleingewerbe herabgesunkenen Unternehmen, LG Nürnb DB **77,** 252.

B. Die Registerwirkung gemäß **§ 5 setzt voraus:**

a) Eintragung (nicht auch Bekanntmachung) ,,einer Firma", dh einer Person als Kfm (VollKfm, denn nur solche haben eine Firma, §§ 17ff, § 4), einer Ges als OHG oder KG.

b) Gewerbebetrieb (§ 1 Anm 1, nach hM nicht auch ein anderes Unternehmen, zB freier Beruf, s § 1 Anm 1 C) der Person oder Ges. Mindestens iSv § 5 ist (jedenfalls seit Änderung des § 3, s dort) auch Land- und Forstwirtschaft Gewerbe, Hofmann NJW **76,** 1298, von Olshausen ZHR 141 **(77)** 93.

C. Unter diesen Voraussetzungen **schließt § 5 folgende Einwendungen aus:**

a) Das Gewerbe (der Person oder Ges) sei weder GrundHdlGewerbe (§ 1 II), noch verlange es kfm Einrichtung (§ 2), daher sei der Eingetragene **nicht Kaufmann** und entspr die eingetragene Ges nicht OHG oder KG, sondern GbR (§§ 6 I, 105, 161 II).

b) das Gewerbe sei zwar GrundHdlGewerbe, verlange aber keine kfm Einrichtung, sei Kleingewerbe; daher sei der Eingetragene nur **Minderkaufmann** (§ 4 I) und entspr die eingetragene Ges nicht OHG oder KG, sondern GbR (§ 4 II).

D. **§ 5 läßt folgende Einwendungen** (ua) **zu:**

a) Der Eingetragene (die eingetragene Ges) betreibe **gar kein Gewerbe** (nicht oder nicht mehr oder noch nicht), sei darum nicht Kfm (nicht OHG oder KG), BGH **32,** 313 (s bei § 105 Anm 3 B): irgendeine Veranstaltung, die auf einen Gewerbebetrieb schließen läßt, genügt nicht zur Anwendung des § 5, str.

b) Die eingetragene **Gesellschaft bestehe nicht** oder nicht mehr.

E. § 5 bedeutet nichts für diejenigen Ges (AG, KGaA, GmbH) und für die eG, die (als sog **Registerkaufleute**) eben durch die Eintragung (im Falle der eG ins Genossenschaftsregister), auch ohne ein (Voll- oder Minder -) HdlGewerbe entstehen und Kflte werden (§§ 3, 278 III AktG, § 13 III GmbHG; § 6 II HGB; § 17 II GenG).

F. § 5 gilt (anders als die Vorschriften zum Schutz Dritter, s Anm H) **für und gegen alle,** zB zugunsten des Eingetragenen gegen Dritte, zugunsten eines Gfters gegen seine MitGfter, ohne Rücksicht auf Gut- und Bösgläubigkeit s Anm A; Einwendungen aus §§ 133, 138, 157, 242, 826 BGB vorbehalten; ohne daß sich der Dritte besonders darauf „beruft" (vgl Wortlaut des § 5; aber Vortrag im Zivilprozeß, str; aber **nur im Geschäftsverkehr,** nicht gegenüber Steuerbehörden, Strafrichter (zB bei Prüfung der Anwendbarkeit von §§ 283 ff StGB), nicht bezüglich HdlBücher (s § 238 Anm 3 A). § 5 gilt für Haftung aus **unerlaubter Handlung** (für EinzelKfm kaum bedeutend, aber im Falle einer Ges hängt davon § 31 BGB ab, falls nicht auch auf GbR angewandt, vgl § 124 Anm 3 B) oder **ungerechtfertigter Bereicherung** dann, wenn sie im Geschäftsverkehr erfolgt sind (zB unlauterer Wettbewerb, Bereicherung durch Zuviellieferung), sonst nicht (zB bei Kfz-Unfall, Irrläuferzahlung); ähnlich Abgrenzung bei § 15 (dort Anm 2 E). Für „Unrechtsverkehr" weitergehend K. Schmidt DB **72,** 959. § 5 hindert das Registergericht nicht, zu berichtigen (s Anm 1).

G. § 5 gilt für alle Rechtsverhältnisse, die (im Geschäftsverkehr, s Anm F) begründet werden, **während die unrichtige Eintragung besteht,** nicht für vorher begründete (Bsp: Geschäft mit X, der sich als VollKfm aufführt, aber erst später in das Register eingetragen wird), nicht für später begründete (Bsp: ScheinKfm X war vorher im Register eingetragen, im Zeitpunkt des Geschäftsschlusses aber gelöscht).

H. Wo § 5 versagt, können die Regeln über den **Rechtsschein** (s Anm 2) und über die **Publizität des Handelsregisters** (s § 15 Anm 4) gutgläubige Dritte, die seinem Inhalt trauten, schützen (Bsp: X, der kein Gewerbe betreibt, veranlaßt seine Eintragung in das HdlReg: er haftet gutgläubigen Dritten wie ein VollKfm).

2) Haftung als Kaufmann wegen Auftretens als Kaufmann (Rechtsscheinhaftung)

A. Die Eigenschaft als Kfm oder das Bestehen einer HdlGes kann auch anders vorgetäuscht werden als durch (unrichtige) Eintragung im HdlReg, zB durch Äußerungen kfm Art an die Öffentlichkeit (zB Anzeigen, Firmenführung), durch Eröffnen und Unterhalten eines kfm Geschäftsbetriebes, durch Äußerungen gegenüber einzelnen, BGH **17,** 14. Die Rspr hat für solche Fälle den Satz aufgestellt: Der ScheinKfm muß gegenüber gutgläubigen Dritten den Schein als echt gelten, sich also als Kfm behandeln lassen (zB Gültigkeit der mündlichen Bürgschaftserklärung nach § 350, Hbg JW 27, 1109); krit (enger) Limbach ZHR 134 (70) 289. Dieser Satz ist so nicht (mehr) richtig; er ist teils zu eng, teils zu weit. An die Stelle der Rspr des RG zum ScheinKfm und der Lehre von der ,,Erklärung an die Öffentlichkeit" ist die Lehre von der **Rechtsscheinhaftung** getreten. Diese ist Teil der Vertrauenshaftung und hat heute eine erhebliche Bedeutung im gesamten Hdl- und Privatrecht (vgl Anm B). Verwandte Erscheinungen zB Publizität des HdlReg, § 15, fehlerhafte Ges (s § 105 Anm 8), nicht eingetragene KG, § 176. Zur Rechtsscheinhaftung s Canaris, Vertrauenshaftung; K. Schmidt JuS 77, 209. ,,Tatbestands"voraussetzungen der Rechtsscheinhaftung sind **a)** Rechtsscheingrundlage, s Anm B, **b)** Zurechenbarkeit des Rechtsscheins, s Anm C, **c)** Schutzbedürftigkeit des auf den Rechtsschein vertrauenden Dritten, s Anm D, **d)** Kausalität des Rechtsscheins für ein geschäftliches Verhalten des Dritten, s Anm E.

B. **Rechtsscheingrundlage** (auch Rechtsscheinbasis, -tatbestand uä) kann ein objektiver Vertrauenstatbestand unterschiedlichster Art sein, zB Auftreten eines NichtKfm als Kfm, eines MinderKfm als VollKfm; Auftreten von Gftern einer GbR unter der Firma einer KG, BGH NJW **80**, 784; Vertreterhandeln des GmbH-Geschäftsführers ohne Zeichnung mit GmbH-Zusatz, BGHZ **64**, 11, NJW **81**, 2569. Rechtsscheinhaftung bei fehlendem GmbH & Co-Zusatz s § 19 Anm 3 D c, nicht schon bei nicht kenntlich gemachter Geschäftsübertragung, s § 48 Anm 1 C. Duldung und Anscheinsvollmacht s § 48 Anm 1 B, § 54 Anm 1 C, § 126 Anm 4.

C. **Zurechenbarkeit** des Rechtsscheins bedeutet Einstehenmüssen für einen gesetzten Rechtsschein. Zurechenbar ist der Rechtsschein dem, der ihn (durch Tun oder pflichtwidriges Unterlassen) gesetzt hat. Ein Verschulden ist anders als bei der Schadensersatzhaftung nicht erforderlich, vielmehr genügt, daß es objektiv (nicht notwendig für den Handelnden) vorhersehbar war, daß ein bestimmtes Handeln bei Dritten bzw im Verkehr den Rechtsschein erwecken würde; BGH NJW **62**, 2196 (Vollmacht). Nur bei Unterlassen kommt es auf einen Sorgfaltspflichtverstoß an, BGH **5**, 116 (Vollmacht), NJW **56**, 1673, MDR **76**, 752. Die Zurechenbarkeit wird durch einen Irrtum des Handelnden nicht berührt; das den Rechtsschein begründende Verhalten (nach früherer Ansicht ,,die Erklärung an die Öffentlichkeit") ist **nicht wegen Irrtums anfechtbar**, zB wenn der ScheinKfm glaubte, er sei wirklich Kfm. Der Rechtsschein kann nicht rückwirkend beseitigt werden. Dagegen schließen **Geschäftsunfähigkeit** und beschränkte Geschäftsfähigkeit die Rechtsscheinhaftung aus, BGH NJW **77**, 623 (Vollmacht), Stgt MDR **56**, 673. Der Schutz des Geschäftsunfähigen ist wie auch sonst stärker als der Schutz des gutgläubigen Verkehrs (vgl für die fehlerhafte Ges § 105 Anm 8 D, E).

D. **Schutzbedürftigkeit** des auf den Rechtsschein vertrauenden Dritten setzt dessen Gutgläubigkeit voraus. Darauf beschränkt handelt es sich um ein subjektives ,,Tatbestands"merkmal. Dem Dritten schadet entweder nur Kenntnis der wahren, den Rechtsschein abgebenden Umstände (zB § 15, s dort Anm 2 E) oder auch fahrlässige Unkenntnis, BGH NJW **58**, 2062, WM **76**, 74, NJW **82**, 1513 (Vollmacht). Der Streit, ob nur grobe oder (so zutreffend) idR schon leichte Fahrlässigkeit Bösgläubigkeit darstellt, ist eher theoretisch. Entscheidend ist, daß der Dritte idR keine Nach-

1. Abschnitt. Kaufleute 2 § 5

forschungspflicht hat; wohl aber bei entspr Umfang und Bedeutung des Geschäfts, BGH Warn **70**, 51. Der Dritte kann also außer in Evidenzfällen im Verkehrsinteresse den Schein für Sein nehmen.

E. **Kausalität** des Rechtsscheins bedeutet, daß der Dritte **sich** bei seinem geschäftlichen Verhalten **auf den Rechtsschein verlassen hat**, BGH BB **76**, 902, WM **81**, 172 (Vollmacht), **LM** § 167 BGB Nr 13 gegen Nr 10. Der Rechtsschein muß zunächst zZ des geschäftlichen Verhaltens des Dritten noch bestanden haben; zB Vertragsschluß mit dem Scheinbevollmächtigten, BGH NJW **62**, 1003. Der Dritte muß idR die Tatsachen kennen, aus denen sich der Rechtsschein ergibt, BGH NJW **56**, 460; es genügt, wenn ihm andere die allgemeine Überzeugung vom Rechtsschein mitteilen, BGH NJW **62**, 1003 (Vollmacht); klare Vorstellungen über die Rechtslage sind unnötig, BGH **61**, 64. Die Ursächlichkeit des Rechtsscheins für sein Verhalten ist vom Dritten zu beweisen, jedenfalls wenn der Rechtsschein nicht durch öffentliche Kundgebung, sondern durch das Verhalten gegenüber dem Getäuschten geschaffen wurde; BGH **17**, 18, **22**, 238, str. Jedoch dürfen die Anforderungen an den Beweis nicht überspannt werden, BGH WM **60**, 1329. Die Kausalität kann **typisiert** sein, so im Interesse des Verkehrsschutzes bei ,,starken" Rechtsscheintatbeständen. So genügt etwa für § 15 die Tatsache der Eintragung im HdlReg; nicht notwendig ist, daß der Dritte das HdlReg eingesehen und in Kenntnis der Eintragung gehandelt hat (§ 15 Anm 1 D). Der Gegenbeweis der Nichtursächlichkeit sollte trotzdem möglich bleiben, ist aber tatsächlich kaum zu führen. Ebenso liegt bei Rechtsscheinhaftung wegen unterlassenen Hinweises auf die Haftungsbeschränkung (heute § 19 V 1) der schwierige Nachweis der Kausalität bei dem, der den Rechtsschein gesetzt hat, BGH **64**, 19.

F. Die **Wirkung des Rechtsscheins** ist, daß sich derjenige, der den Rechtsschein zurechenbar gesetzt hat, dem gutgläubigen Dritten gegenüber, der sich bei seinem geschäftlichen Verhalten auf den Rechtsschein verlassen hat, nicht auf die wahre Rechtslage berufen kann. **a)** Die Wirkung des Rechtsscheins richtet sich in ihrem Umfang nach dem Vertrauenstatbestand. Sie ist **für den gutgläubigen Dritten nicht beschränkt** zB auf die Wertung der Erklärungen des ScheinKfm mit der Folge, daß § 196 I Nr 1, II BGB (Einl 7 vor § 343) gegen den ScheinKfm unanwendbar wäre, aA RG **89**, 163, **129**, 403; kurze Verjährung bedeutet rasche Befreiung des Schuldners vom Zwang zur Aufbewahrung der Beweismittel für Erfüllung oder Einwendungen; einen solchen Vorteil darf rechnen, wer mit einem Kfm, auch einem ScheinKfm, abschließt. Gerichtsstandsvereinbarung eines RechtsscheinKfm nach § 38 ZPO (Text s Einl IV 2 C vor § 1) ist unwirksam, hL, aA Ffm BB **74**, 1367; K. Schmidt § 10 VIII 4. Klage gegen ScheinOHG (Parteifähigkeit einer solchen GbR) str, nein BGH **61**, 69, ja Canaris, Vertrauenshaftung 170. Begrenzung auf den Geschäftsverkehr s Anm E, § 15 Anm 2 E, 4 C d. **b)** Der Rechtsschein wirkt **nur für, nicht gegen den gutgläubig Vertrauenden**, str. Die ältere Formulierung (Staub): ,,Wer als Kfm auftritt, gilt als Kfm", ist aufgegeben. Der Dritte darf den entlarvten ScheinKfm als NichtKfm behandeln, der er ist; der ScheinKfm darf nicht auf Anwendung von KfmRecht bestehen, weil der Dritte mit ihm als Kfm kontrahiert habe, RG **89**, 163, BGH **17**, 16, **36**, 278

(Schiedsvertragsform, anders LG Ffm NJW **58**, 754). Doch entspr Vertragsauslegung, wenn beide Teile von KfmEigenschaft ausgingen und die ihnen bekannten Rechtsfolgen ins Auge faßten. Das **Wahlrecht** des Dritten entfällt in Rechtsscheinsfällen von besonderer Verkehrserheblichkeit (typisiert), zB bei Anscheinsvollmacht (s Überbl 2 B vor § 48), Bestätigungsschreiben (s § 346 Anm 3 A b), Schweigen des Kfm auf Anträge (s § 362 Anm 3 A). c) Die **Wirkung des Scheins endet**, wenn dem auf ihn Vertrauenden Tatsachen bekannt werden, die dem Schein zuwiderlaufen, oder wenn soviel Zeit verstrichen ist, daß Dritten die erneute Prüfung der wahren Lage zuzumuten ist; nicht schon, wenn der Angestellte, der als Teilhaber auftrat, ohne Wissen des Dritten aus der Firma ausscheidet, BGH **17**, 15.

G. Neben der Haftung aus Verursachung des Scheins der KfmEigenschaft kommt Haftung aus **anderen Anspruchsgrundlagen,** besonders § 826 BGB in Betracht, wenn der ScheinKfm die KfmEigenschaft vorsätzlich zum Schaden Dritter vorspiegelte, zB damit man sich mit seiner mündlichen Bürgschaft zufriedengebe, die nicht gültig ist, wenn er nicht Kfm oder nur MinderKfm ist (§§ 350, 351).

[Handelsgesellschaften; Formkaufmann]

6 ^I **Die in betreff der Kaufleute gegebenen Vorschriften finden auch auf die Handelsgesellschaften Anwendung.**

^{II} **Die Rechte und Pflichten eines Vereins, dem das Gesetz ohne Rücksicht auf den Gegenstand des Unternehmens die Eigenschaft eines Kaufmanns beilegt, werden durch die Vorschrift des § 4 Abs. 1 nicht berührt.**

1) Handelsgesellschaften

Das KfmRecht gilt nach I ohne weiteres auch für die HdlGes. HdlGes sind **OHG, KG, GmbH, AG, KGaA** (s Einl 2 vor § 105). – Zur KfmFähigkeit von Gesamthandgemeinschaften (zB uU nicht-wirtschaftlicher Verein, § 21 BGB, mit kfm Nebenbetrieb) K. Schmidt JZ **73**, 299. Eine GmbH, die kein Gewerbe betreibt, steht nach § 13 III GmbHG, § 6, auch iSv § 196 I Nr 1, II BGB (Verjährung, s Einl 7 vor § 343) Gewerbetreibenden gleich, BGH **49**, 263, **66**, 50 (Olympia-GmbH, Mü). Für HdlGes kraft Rechtsform auch dann, wenn AG oder GmbH vertretungsberechtigter Gfter einer PersonenGes ist (KapitalGes & Co), Schulze=Osterloh NJW **83**, 1281.

2) Vollkaufmann kraft Gesetzes

Als ,,**Verein,** dem das Gesetz ohne Rücksicht auf den Gegenstand des Unternehmens die Eigenschaft eines Kfm beilegt," (**Formkaufmann**) sind anzusehen: **GmbH, AG, KGaA, eG** (s Einl 2 vor § 105), sie sind nach II auch ohne Vorliegen der §§ 1 ff stets VollKfm, niemals MinderKfm. Das gilt nach § 4 II nicht für OHG, KG: ist das Gewerbe nicht vollkfm, ist die Ges eine GbR. Die FormkfmEigenschaft setzt Eintragung im HdlReg voraus, str. VorGmbH und andere VorGes sind also nicht FormKfm, aber uU Kfm nach §§ 1ff (s § 105 Anm 2 C, Anh § 177 Anm II 2 A).

2. Abschnitt. Handelsregister **1 §§ 7, 8**

[Kaufmannseigenschaft und öffentliches Recht]

7 **Durch die Vorschriften des öffentlichen Rechtes, nach welchen die Befugnis zum Gewerbebetrieb ausgeschlossen oder von gewissen Voraussetzungen abhängig gemacht ist, wird die Anwendung der die Kaufleute betreffenden Vorschriften dieses Gesetzbuchs nicht berührt.**

1) Vorschriften des öffentlichen Rechts

Vorschriften der in § 7 bezeichneten Art sind ua enthalten in: GewO (zB §§ 16, 30, 34b, 35, 55; auch § 34c mit MABV, s § 93 Anm 3C); GaststG 5. 5. 70 BGBl 465; HdwO (s § 1 Anm 9); KWG (s § 1 Anm 8D); Gesetze mit Rechtsformzwang wie BauspG, HypBG, KAGG, VAG (Einl 1C vor § 105). Genehmigungserfordernis für inländischen Gewerbebetrieb einer ausländischen juristischen Person, s § 12 GewO; davon befreit sind ausländische juristische Personen aus Mitgliedstaaten der EWG, § 12a GewO.

2) Reichweite

Das HdlReg sagt über die öffentlichrechtliche Zulässigkeit des Unternehmens nichts aus. § 7 ist **einschränkend** auszulegen. Öffentlichrechtliche Unzulässigkeit des Gewerbes, zB fehlende öffentlichrechtliche Erlaubnis, hindert seine Eintragung ins HdlReg nicht, und trägt erst recht keine Amtslöschung (s § 8 Anm 6) ihretwegen, Ffm BB **84,** 13. Bsp: bestandskräftige Untersagung der Gewerbetätigkeit, Ffm BB **84,** 14, fehlende Eintragung in die Handwerksrolle, Ffm BB **83,** 400, Hamm DB **85,** 1460, aA Düss DB **85,** 2499 (wenn mit Eintragung nicht zu rechnen ist). Versteigererlaubnis iSv § 34b I GewO, BayObLG MDR **78,** 759. § 7 berührt nicht die Frage der Nichtigkeit, uU schwebenden Unwirksamkeit, von Verträgen, wegen Verstoßes gegen ein gesetzliches Verbot (§ 134 BGB), dazu betr GesVerträge § 105 Anm 2 A.

Zweiter Abschnitt. Handelsregister

Schrifttum: *Gustavus,* HdlReg-Anmeldungen, 1983. – *Keidel-Schmatz-Stöber,* Registerrecht, 3. Aufl 1976, Nachtrag 1981. – *Drischler,* HRV, 5. Aufl 1981. – Zur Publizität des HdlReg s bei § 15. – Weitere Angaben s Einl vor **(3)** FGG § 125.

[Führung des Registers]

8 **Das Handelsregister wird von den Gerichten geführt.**

1) Übersicht

A. Das HdlReg ist eine traditionsreiche Einrichtung besonders des dtsch Handels, die aus Mitgliederlisten der KfmVereinigungen (Gilderollen) hervorgegangen ist. Das HdlReg **dient der Offenbarung** der Zugehörigkeit oder Nichtzugehörigkeit gewerblicher Unternehmen zum HdlStand, und der wichtigsten Rechtsverhältnisse der Unternehmen des HdlStands.

B. **Gesetzlich geregelt** ist: a) **Einrichtung und Führung** des Registers, HGB Buch I Abschn 2 (§§ 8–16), **(3)** FGG Abschn 1, 7, **(4)** HRV;

b) **was** in das HdlReg **eingetragen werden soll oder darf** und **wer** die Eintragung **herbeizuführen** hat: viele Einzelvorschriften, im HGB beson-

§ 8 2, 3 I. Buch. Handelsstand

ders §§ 2, 3 II, 13–13c, 25 II, 28 II, 29, 31–34, 53, für OHG und KG s §§ 106–108.

c) die **Bedeutung der Eintragungen** (und der Nichteintragung von Tatsachen) im Register: § 15, ferner viele Einzelvorschriften, im HGB besonders §§ 2, 3 II, 5, 25 II, 28 II, für OHG und KG s §§ 106–108.

2) Einrichtung und Führung des Handelsregisters

A. Die Führung des HdlReg, ehemals in der Hand der Organisationen des HdlStandes, ist wegen der großen Bedeutung des Registers für den sicheren Ablauf des HdlVerkehrs den **Gerichten** aufgetragen (§ 8). Die **IHK**, Handwerkskammern, Landwirtschaftskammern helfen nur, s **(1)** FGG § 126, Übersicht: Frey BB **65**, 1208. Nach § 125 I, II FGG führen die **Amtsgerichte** das HdlReg, bei ihnen weitgehend die **Rechtspfleger** (Einl IV 1 B vor § 1). Örtliche Zuständigkeit mit Hinweis auf Liste der gemeinsamen Registerbezirke s Keidel, Schmatz-Stöber, Registerrecht Anh II. Alle deutschen Gerichte müssen dem Registergericht **Rechtshilfe** leisten, § 2 FGG, also zB einen Antrag zur Niederschrift aufnehmen, Karlsr OLG **40**, 2, oder eine Firma zeichnen lassen, KGJ **45**, 164 (aM RG **58**, 94, überholt). Das Registergericht muß anderen Gerichten **Auskunft** über Eintragungen geben, Gutachten KG PrJMBl **26**, 160. Dieses **Rechtshilfeverfahren** ist heute zwischen den Gerichten des Bundesgebietes und Westberlins einerseits, Ostberlins und der DDR andererseits weitgehend unterbrochen. Das Berliner HdlReg befand sich vollständig in Westberlin; die Akten der Ostberliner Firmen sind nach Ostberlin abgegeben.

B. Das HdlReg besteht aus **zwei Abteilungen**: **Abteilung A** für die vollkfm Einzelkflte und die hdlrechtlichen PersonenGes, bes OHG, KG; **Abteilung B** für die KapitalGes, bes GmbH, AG (s **(4)** HRV § 3). Für jede Firma werden **zwei Aktenbände** angelegt: ein Sonderband mit allen zum HdlReg eingereichten, von jedem einsehbaren Schriftstücken (§ 9 I HGB, **(4)** HRV § 8 II) und ein Hauptband mit den übrigen, nur bei berechtigtem Interesse einsehbaren Schriftstücken (s § 9 Anm 1 A). Einrichtung des Registers, Zuständigkeiten und Verfahren in Registersachen s **(3)** FGG Abschn 1 und 7 und **(4)** HRV. **Kosten** s bezüglich freiwillige Gerichtsbarkeit KostO 26. 7. 57 BGBl 960 und bezüglich Gerichtskosten GKG idF 15. 12. 75 BGBl 3047, mehrfach geändert. Betr Konzernholding-KapitalGes s Kln BB **67**, 1268. Betr Kdtistenwechsel s § 162 III. Pflicht der Kflte, offenbare Versehen der Registerführung auf die einfachste (billigste) Weise zu berichtigen, Oldbg BB **65**, 808. Zur Idee eines zentralen und EDV-unterstützten Handelsregisters Gustavus BB **79**, 1175.

3) Einzutragende Tatsachen

Vgl Anm 1 B. Einzutragen ist, **was gesetzlich** ausdrücklich **angeordnet**, RG **132**, 140, und was ohne ausdrückliche gesetzliche Vorschrift Sinn und Zweck des HdlReg einzutragen fordern, KG DR **43**, 982, zB Gestattung des Selbstkontrahierens bei GmbH & Co (s Anh § 177a Anm IV 2 D); die Bestellung eines Geschäftsleiters der deutschen ZwNl einer ausländischen Bank nach § 53 II Nr 1 KWG, BayObLG NJW **73**, 2162; LG Ffm WM **79**, 957, abw für Hauptbevollmächtigten der dtsch ZwNl eines ausländischen VersUnternehmens nach § 106 III VAG, Ffm BB **76**, 569. Einzutragen sind **Änderungen** der eingetragenen Tatsachen, auch Änderung von Personalien, wenn das Register sonst unklar würde, abw KGJ **29** A 213. **Nicht eintragungsfähig** sind zB die Anordnung einer Testamentsvollstreckung, RG **132**, 138; die Erteilung einer HdlVollmacht, RJA **9**, 159; der Gegenstand des Unternehmens einer OHG, KG JW **34**, 1730; Verfügungsbeschränkungen des Einzelkfm, RJA **9**, 159. Güterrechtliche Tatsachen gehören ins Güterrechtsregister, nicht ins HdlReg. Vormerkungen und Widersprüche gibt es im Registerrecht nicht. **Eintragungsfähig, aber nicht eintragungspflichtig** sind nur wenige Tatsachen, so teils aufgrund Gesetz (zB §§ 25 II, 28 II, 36), teils weil im Einzelfall ihre Bedeutung gegenüber der Gefahr der Unübersichtlichkeit überwiegt (zB nicht Befugnis der Gfter-Versammlung zur zB Gestaltung des Selbstkontrahierens), Ffm BB **84**, 238. Die Eintragung nicht eintragungsfähiger Tatsachen ist grundsätzlich ohne Rechtswirkung. Für Fortentwicklung zu **Konzernregister** Schneider WM **86**, 181.

4) Anmeldung, Prüfung, Eintragung

A. Die Eintragung erfolgt idR nur auf **Anmeldung,** Ausnahmen: § 32 (Konkurs), § 87 III VAG. Wer anzumelden hat, ist in den Gesetzen bei Anordnung einer Anmeldung mitgesagt, vgl Anm 1 B, sonst ist es derjenige, in dessen Angelegenheiten die Eintragung erfolgen soll, bei Vereinigungen der gesetzliche Vertreter. Für Anmeldungen durch Vertreter Unanwendbarkeit des § 181 BGB, BayObLG DB **77**, 1085. Erzwingung § 14. Veranlassung einer Anmeldung (zB Firmenänderung) durch Zurückweisung einer an sich ordnungsmäßigen anderen § 14 Anm 1 A. Form der Anmeldungen s § 12. Das Registergericht prüft diese und die sonstigen förmlichen Voraussetzungen der Eintragung, zB Zuständigkeit des angegangenen Gerichts.

B. Das Registergericht hat ferner bei begründeten Bedenken die **Richtigkeit** der ihm mitgeteilten **Tatsachen** (zB Abschluß eines GesVertrages, Erteilung einer Prokura) nachzuprüfen, RG **127**, 156, **140**, 181, BayObLG DB **73**, 1340, **77**, 1085. Dabei handelt das Gericht von Amts wegen:

FGG 12

Das Gericht hat von Amts wegen die zur Feststellung der Tatsachen erforderlichen Ermittlungen zu veranstalten und die geeignet erscheinenden Beweise aufzunehmen.

C. Das Gericht hat weiter (nicht abschließend, nur um unrichtige Eintragungen möglichst zu vermeiden) **rechtlich** zu prüfen, ob die ihm mitgeteilten (erforderlichenfalls nachgeprüften) Tatsachen die **begehrte Eintragung rechtfertigen,** zB ob ein abgeschlossener GesVertrag rechtsgültig ist, daher die Eintragung der Ges rechtfertigt, KG HRR **32**, 1958, Oldbg BB **57**, 416 (trotz Zweifel an der Gültigkeit des GesVertrags zweier Handwerker ist einzutragen, wenn zwar der eine nicht in die Handwerksrolle eingetragen ist, aber im Unternehmen jahrelang unbeanstandet geblieben war), BayObLG DB **81**, 2230 (unwirksame Amtsniederlegung des alleinigen GmbHGfter-Geschäftsführers), BayObLG BB **83**, 83 (Grenzen der Kontrolle), Hbg WM **84**, 1154 (Satzungsänderung). Zur Inhaltskontrolle von Satzungen Säcker FS Stimpel **85**, 867. Fehlt eine erforderliche **Voreintragung** (Wirkung s § 15 Anm 2 H), können beide Eintragungen verbunden werden, zB ,,Die dem P erteilte, bisher nicht eingetragene Prokura ist erloschen". Gewerberechtliche Zulässigkeit s § 7 Anm 1, 2.

§ 8 5, 6   I. Buch. Handelsstand

D. Vom Gericht zu prüfen ist auch, ob die begehrte Verlautbarung (nicht nur unmittelbar den Gegenstand der Verlautbarung betreffende) Vorschriften zum Schutze der **Öffentlichkeit** verletzt, zB ob eine die Eintragung begehrende Firma, das Publikum zu täuschen geeignet ist, nicht ob sie Rechte einzelner **Dritter** verletzt, deren Wahrung ist diesen selbst vorbehalten, vgl § 17 Anm 3 E. Unzulässig ist Ablehnung einer vorgeschriebenen Eintragung, weil nicht zugleich eine andere gebotene Änderung erfolgt (Bsp Gfterwechsel, Firmenänderung, s § 143 Anm 1 B). Keine Prüfung auf Rechtsformmißbrauch, BayObLG DB **77**, 1085. Gegen Prüfung der Klarheit eines GmbHGesVertrags Kln BB **81**, 1596, str.

E. **Keine Beschwerde** (Erinnerung) gegen Eintragung im HdlReg wegen Publizitätswirkung (§ 10), aber Umdeutung in Anregung zu Amtslöschungsverfahren (s Anm 6), BayObLG WM **85**, 480.

F. Der von der Eintragung **Betroffene** ist zur Nachprüfung der Ordnungsmäßigkeit der Eintragung und Bekanntmachung verpflichtet; Versäumung dieser Pflicht kann die Ersatzpflicht des Staates ausschließen, RG **131**, 14, und den Betroffenen haftbar machen, vgl § 15 Anm 4.

5) Wirkung der Eintragungen

Überwiegend sollen die Eintragungen nur Vorgänge bezeugen, die ausserhalb des Registers vollendet sind; sie sind dann nur **rechtsbekundend (deklaratorisch)** mit Wirkung gemäß **§ 15** (s dort Anm 4). Manche Akte bedürfen zur rechtlichen Vollendung der Eintragung, dann wirkt die Eintragung **rechtsbegründend (konstitutiv)**, Bsp: Eintragungen gemäß §§ 2, 3 II bezeugen nicht KfmEigenschaft, sondern machen erst zum Kfm; Eintragung einer AG oder GmbH bezeugt nicht ihre Entstehung, sondern läßt sie erst („als solche") entstehen (§ 41 I 1 AktG, § 11 I GmbHG, aus der VorAG, VorGmbH, s Anh § 177a Anm II 2). Manchen rechtsbezeugenden Eintragungen ist erhöhte Bedeutung beigelegt, so daß sie in gewisser Hinsicht ähnlich rechtsbegründenden wirken, Bsp: § 5 (ScheinKfm durch Eintragung), §§ 25 II, 28 II (Wirksamkeit des Haftungsausschlusses gegen Dritte), § 123 I (Wirksamkeit der OHG gegen Dritte), §§ 174, 176 (Herabsetzung der KdtEinlage, Beschränkung der Haftung des Kdtisten). Übersicht: K. Schmidt JuS **77**, 210.

6) Beseitigung unrichtiger Eintragungen

A. Nach (3) FGG § 142 (mit §§ 141 III, IV, 143) kann das Registergericht eine trotz des „Mangels einer wesentlichen Voraussetzung bewirkte", also unzulässige Eintragung von Amts wegen (auch auf Anregung, etwa der IHK) **löschen**; auch eine noch im Eintragungsstreitverfahren erfolgte, von der IHK bekämpfte Eintragung (abw von §§ 142, 143 FGG) auf deren weitere Beschwerde, BGH **46**, 7, dazu Jansen NJW **66**, 1813. Löschung rechtsbekundender (vgl Anm 5) Eintragungen, nur wenn sie sachlich unrichtig, nicht wegen Mängeln des Eintragungsverfahrens, Hamm BB **71**, 1122 (Ausscheiden von Gftern, unrichtige Angabe des Grunds des Ausscheidens ist unerheblich). Gegen unzulässig eingetragene **Firma** ist Verfahren nach § 142 FGG und/oder nach § 37 I (s dort Anm 2 D) möglich. Zum Ermessen des Registergerichts BayObLG DB **80**, 71. Löschung (§ 142 FGG) nur ganz, nicht nur des unzulässigen Zusatzes, Hamm BB **59**, 900, **69**, 1196. Löschung kann ausnahmsweise unterbleiben, wenn zB Ge-

2. Abschnitt. Handelsregister   1 § 8a

fahr der Publikumstäuschung (§ 18 II 1) gegenüber Nachteilen für Inhaber geringfügig ist, Hamm BB **54**, 784, **69**, 1196 („Textilhaus", vgl § 18 Anm 2ff), Ffm WM **79**, 1049. Löschung nach Amtsaufklärung (vgl Anm 4 B, C) bei zweifels- und bedenkensfreier Sach- und Rechtslage; uU kann Registergericht den Beteiligten die Klärung streitiger Fragen durch Prozeß überlassen, Hamm BB **71**, 1122. Amtslöschung der erloschenen Firma § 31 II 2. Für AG, KGaA, GmbH s auch **(3)** FGG § 144.

B. **(3)** FGG § 142 ist entsprechend anwendbar auf **nachträglich** unzulässig gewordene Eintragungen, RG **169**, 151, Stgt BB **82**, 1195, auch wenn sich nur die Rechtsauffassung (nach der die Eintragung erlaubt war) wandelt, BGH **65**, 105 (s § 19 Anm 3 D a), BayObLG DB **80**, 71 (aber pflichtgemäßes Ermessen des Registergerichts), Ffm DB **80**, 1211 (auch bei 110 Jahre alter Firma), früher str. Zur Bedeutung des Zeitablaufs s § 17 Anm 3 G.

C. Ergänzung oder Berichtigung des durch **neue Tatsachen** unvollständig oder unrichtig gewordenen Registers erfolgt durch Eintragung dieser neuen Tatsachen, idR auf Anmeldung, die das Gericht erzwingen kann, ausnahmsweise von Amts wegen s Anm 4.

D. Die Amtspflicht des Registergerichts besteht idR **nur im öffentlichen Interesse**; Private haben keinen Schadensersatzanspruch, BGH **84**, 285.

[Bild- oder Datenträger]

8a ⁱ Die zum Handelsregister eingereichten Schriftstücke können nach näherer Anordnung der Landesjustizverwaltung zur Ersetzung der Urschrift auch als Wiedergabe auf einem Bildträger oder auf anderen Datenträgern aufbewahrt werden, wenn sichergestellt ist, daß die Wiedergabe oder die Daten innerhalb angemessener Zeit lesbar gemacht werden können. Bei der Herstellung der Bild- oder Datenträger ist ein schriftlicher Nachweis über ihre inhaltliche Übereinstimmung mit der Urschrift anzufertigen.

ⁱⁱ **Das Gericht kann nach näherer Anordnung der Landesjustizverwaltung gestatten, daß die zum Handelsregister einzureichenden Jahresabschlüsse und Konzernabschlüsse und die dazugehörigen Unterlagen in der in Absatz 1 Satz 1 bezeichneten Form eingereicht werden.**

1) Aufbewahrung auf Datenträgern (I)

§ 8a eingefügt ab 1986 durch BiRiLiG, entspr gültig für das Genossenschaftsregister (§ 156 I 1 nF GenG). **I1** erleichtert den Registergerichten die Aufbewahrung der zum HdlReg eingereichten Schriftstücke. Statt der Urschrift darf eine Wiedergabe auf Bild- oder anderen Datenträgern (Mikrofilm, EDV ua, vgl 299a ZPO) aufbewahrt werden. Voraussetzung sind materiell die Lesbarkeit innerhalb angemessener Zeit und formell eine nähere Anordnung der Landesjustizverwaltung (möglichst in Abstimmung zwischen den Ländern) zwecks Einheitlichkeit der Praxis. **I2** verlangt zur Sicherung der Beweiskraft Anfertigung einer Urkunde über die inhaltliche Übereinstimmung mit der Urschrift.

2) Einreichung auf Datenträgern (II)

II betrifft schon die Einreichung, aber enger als I nur Jahres- und Konzernabschlüsse samt den dazugehörigen Unterlagen. Das Registergericht kann bereits Einreichung auf Datenträgern gestatten. Wie in I ist formelle Voraussetzung Anordnung der Landesjustizverwaltung. Weder II noch I ermächtigen jedoch das Gericht, dies zu verlangen. Das könnte die Unternehmen zu stark belasten.

[Registereinsicht; Abschriften; Bescheinigungen]

9 ^I **Die Einsicht des Handelsregisters sowie der zum Handelsregister eingereichten Schriftstücke ist jedem gestattet.**

^{II} **Von den Eintragungen und den zum Handelsregister eingereichten Schriftstücken kann eine Abschrift gefordert werden. Werden die Schriftstücke nach § 8a Abs. 1 aufbewahrt, so kann eine Abschrift nur von der Wiedergabe gefordert werden. Die Abschrift ist von der Geschäftsstelle zu beglaubigen, sofern nicht auf die Beglaubigung verzichtet wird.**

^{III} **Der Nachweis, wer der Inhaber einer in das Handelsregister eingetragenen Firma eines Einzelkaufmanns ist, kann Behörden gegenüber durch ein Zeugnis des Gerichts über die Eintragung geführt werden. Das gleiche gilt von dem Nachweis der Befugnis zur Vertretung eines Einzelkaufmanns oder einer Handelsgesellschaft.**

^{IV} **Das Gericht hat auf Verlangen eine Bescheinigung darüber zu erteilen, daß bezüglich des Gegenstandes einer Eintragung weitere Eintragungen nicht vorhanden sind oder daß eine bestimmte Eintragung nicht erfolgt ist.**

1) Öffentlichkeit des Registers

A. Das HdlReg ist **öffentlich**. Es selbst und die zu ihm eingereichten Schriftstücke, zB Verträge, Firmenzeichnung, auch Niederschriften des Registergerichts über vor ihm abgegebene Erklärungen, RJA **2**, 70 (nicht Schriftstücke des inneren Dienstes oder Vorgänge über Ordnungsstrafverfahren nach § 14) stehen jedermann (ohne Nachweis eines Interesses, abw von § 34 FGG) zur **Einsicht** offen. Die Einsicht darf auch nicht wegen bloßen Verdachts des Mißbrauchs der so erlangten Kenntnis versagt werden, KG JW **32**, 1661. Ort und Zeit der Einsicht (**4**) HRV § 10. Die Einsicht ist kostenlos, § 90 KostO. Für nicht unter § 9 I, II fallende Schriftstücke gilt § 34 I FGG:

FGG 34 [Akteneinsicht, Abschriften]

^I Die Einsicht der Gerichtsakten kann jedem insoweit gestattet werden, als er ein berechtigtes Interesse glaubhaft macht. Das gleiche gilt von der Erteilung einer Abschrift; die Abschrift ist auf Verlangen von der Geschäftsstelle zu beglaubigen.

B. II gibt Recht auf **Abschrift** der Eintragungen und (ohne Glaubhaftmachung eines berechtigten Interesses) auch der Schriftstücke durch das Gericht, vgl Anm 1 A. II 2 nF 1986 gibt in Fällen des § 8a (Datenträger) nur Recht auf Abschrift von der Wiedergabe. Beglaubigung stets, wenn nicht verzichtet wird, nicht erst auf Verlangen. Der Einsehende darf auch selbst abschreiben. Für nicht unter II fallende Schriftstücke s Anm 1 A. Gebühren § 136 Nr 1 KostO.

C. **Auskunft** an Private ist grundsätzlich abzulehnen, sie können einsehen. An Behörden im Rahmen besonderer Vorschrift oder vorgeschriebener Rechts- oder Amtshilfe. Keine Versendung der unersetzlichen Registerakten.

2) Beweiswert des Registers

A. Die Register werden von den Gerichten nach genauen gesetzlichen Vorschriften geführt. Die Gerichte prüfen die Anmeldungen (§ 8 Anm 4). Eine rechtliche Vermutung der Richtigkeit der Eintragungen im HdlReg wird dadurch (anders als § 891 BGB) nicht begründet, str; doch liefert die Eintragung einen Beweis des ersten Anscheins (keine Beweislastumkehr). So in bezug auf den Nachweis bestimmter Rechtsverhältnisse gegenüber **Behörden** III, gegenüber dem Grundbuchamt § 32 GBO:

GBO 32 [Nachweis der Vertretungsberechtigung bei Handelsgesellschaften]

^{I} Der Nachweis, daß der Vorstand einer Aktiengesellschaft aus den im Handelsregister eingetragenen Personen besteht, wird durch ein Zeugnis des Gerichts über die Eintragung geführt.

^{II} Das gleiche gilt von dem Nachweis der Befugnis zur Vertretung einer offenen Handelsgesellschaft, einer Kommanditgesellschaft, einer Kommanditgesellschaft auf Aktien oder einer Gesellschaft mit beschränkter Haftung.

Der Beweis des ersten Anscheins kann erschüttert werden. Auch die Behörde (das Grundbuchamt) kann (muß) bei Bedenken mehr als das Zeugnis fordern. Schutz des Vertrauens Dritter auf Richtigkeit des (bekanntgemachten) Registerinhalts und Wirkung dieses gegen Dritte s § 15.

B. Als **Beweismittel** sieht § 9 vor: **a)** Abschriften, II; **b)** zur Beweisführung gegenüber Behörden ein Zeugnis über die einschlägige Eintragung III; Zuständigkeit zur Erteilung und Form (4) HRV §§ 31, 29 I Nr 2; **c)** Bescheinigung (Negativattest), daß eine bestimmte Eintragung nicht erfolgt ist oder daß bezüglich des Gegenstands einer (vorhandenen und etwa durch Zeugnis nach III nachgewiesenen) Eintragung keine weitere (jene ändernde, ergänzende, einschränkende usw) Eintragung besteht, IV. Der Beweiswert von Abschriften, Zeugnissen, Bescheinigungen ist voll nur für den Zeitpunkt ihrer Ausstellung; er nimmt ab mit dem Zeitablauf. Kosten § 89 KostO. Notarielle Bescheinigungen einer Vertretungsberechtigung, mit gleicher Beweiskraft wie Zeugnisse des Registergerichts, § 21 BNotO.

[Bekanntmachung der Eintragungen]

10 ^{I} **Das Gericht hat die Eintragungen in das Handelsregister durch den Bundesanzeiger und durch mindestens ein anderes Blatt bekanntzumachen. Soweit nicht das Gesetz ein anderes vorschreibt, werden die Eintragungen ihrem ganzen Inhalte nach veröffentlicht.**

^{II} **Mit dem Ablaufe des Tages, an welchem das letzte der die Bekanntmachung enthaltenden Blätter erschienen ist, gilt die Bekanntmachung als erfolgt.**

1) Jede Eintragung ist zu veröffentlichen (Ausnahme: §§ 32, 34 V betr Konkurs), idR ihr **voller Inhalt,** I 2 (Ausnahme: §§ 162, 175; nach §§ 44 IV AktG, 10 III GmbHG ist noch anderes bekanntzumachen). Näheres **(4)** HRV §§ 32 ff. Verzicht auf Veröffentlichung ist unzulässig. Fehler können Staatshaftung begründen. Pflicht des Kfm zur Prüfung des über ihn Veröffentlichten s § 15 Anm 4.

2) Der RAnz erscheint seit 1945 nicht mehr. Ein gesamtdeutsches anderes Publikationsorgan wurde vom Kontrollrat nicht geschaffen, Pabst, BB **50,** 133. Das G über Bekanntmachungen 17. 5. 1950 BGBl 183 (bes §§ 1, 2, 6) bestimmte als neues einheitliches Publikationsorgan den **Bundesanzeiger** (BAnz).

[Bezeichnung der Amtsblätter]

11 ^I **Das Gericht hat jährlich im Dezember die Blätter zu bezeichnen, in denen während des nächsten Jahres die in § 10 vorgesehenen Veröffentlichungen erfolgen sollen.**

^{II} **Wird das Handelsregister bei einem Gerichte von mehreren Richtern geführt und einigen sich diese über die Bezeichnung der Blätter nicht, so wird die Bestimmung von dem im Rechtszug vorgeordneten Landgerichte getroffen; ist bei diesem Landgericht eine Kammer für Handelssachen gebildet, so tritt diese an die Stelle der Zivilkammer.**

1) Außer im BAnz sind die Eintragungen in mindestens einem **anderen Blatt** zu veröffentlichen, welches das Gericht (nicht die Justizverwaltung, RG **140,** 428) frei ohne Beschwerderecht von irgend jemand nach § 11 bestimmt, BayObLG RJA **7,** 37. Die Bezeichnung wird nicht mehr im BAnz veröffentlicht (s § 9 der im übrigen aufgehobenen VO vom 14. 2. 24 RGBl I 119), sondern nach **(4)** HRV § 11 durch Aushang an Gerichtstafel und Mitteilung an die IHK und Handwerkskammer. Die Bezeichnung bindet für das ganze nächste Jahr. Wird ein bezeichnetes Blatt eingestellt, darf (ggf muß) das Registergericht sofort ein anderes bestimmen.

[Anmeldung; Zeichnung; Nachweis der Rechtsnachfolge]

12 ^I **Die Anmeldungen zur Eintragung in das Handelsregister sowie die zur Aufbewahrung bei dem Gerichte bestimmten Zeichnungen von Unterschriften sind in öffentlich beglaubigter Form einzureichen.**

^{II} **Die gleiche Form ist für eine Vollmacht zur Anmeldung erforderlich. Rechtsnachfolger eines Beteiligten haben die Rechtsnachfolge soweit tunlich durch öffentliche Urkunden nachzuweisen.**

1) Anmeldungen und Zeichnungen

A. Anmeldungen zum HdlReg sind nach I vom Anmeldepflichtigen (vgl § 8 Anm 1 B) oder seinem Vertreter (s Anm 2) vorzunehmen durch Einreichung einer **öffentlich beglaubigten** schriftlichen **Erklärung,** § 129 BGB, § 40 BeurkG (oder einer notariellen Urkunde über die Erklärung, § 129 II BGB; Prozeßvergleich s § 127 a BGB). Die früher in I auch zugelassene Form der Anmeldung ,,persönlich bei dem Gerichte" wurde durch

2. Abschnitt. Handelsregister **2 § 12**

BeurkG 1969 ab 1970 gestrichen. Der Vorbehalt anderer nach Landesrecht beglaubigungsfähige Personen oder Stellen in § 63 BeurkG ist ohne praktische Bedeutung. Anmeldungen, die nicht zu einer Eintragung führen, wie aus § 92 I AktG, bedürfen der Form nicht, KG JW **38**, 2281. Für I genügt auch Einreichung einer nach § 42 BeurkG beglaubigten Abschrift (Kopie) der öffentlich beglaubigten Anmeldeerklärung, BayObLG DB **75**, 1162. Einreichung auf Datenträgern s § 8a Anm 2.

B. Wie Prozeßhandlungen duldet die Anmeldung **keine Bedingung** oder **Befristung** und ist nicht wegen **Willensmangels** anfechtbar. Sie ist bis zur Eintragung frei **widerruflich**, KG OLGE **43**, 205; von zwei Vorstandsmitgliedern mit Einzelvertretung darf der eine die Anmeldung des andern widerrufen, KG HRR **39**, 312. Widerruf nach Eintragung ist eine neue Anmeldung. Die Anmeldung muß sich auf Geschehenes beziehen. Bevorstehendes genügt nicht, weil das Registergericht nicht prüfen kann, ob die erwartete Tatsache eintritt.

C. Form der Unterschriftszeichnung s über § 12 I hinaus § 29 Anm 2, auch §§ 35, 53 II, 108 II, 148 III, 153.

2) Vertretung bei Anmeldung

A. **Vollmacht** ist möglich; sie bedarf nach II 1, abw von § 167 BGB, wie die Anmeldung selbst der Form nach I. Generalvollmacht genügt, LG Ffm BB **72**, 512. Prokura genügt nicht, BayObLG BB **82**, 1076, s § 49 Anm 1 B. Gesetzliche Vollmacht des beurkundenden oder beglaubigenden Notars: (3) FGG § 129. Vollmacht zur Anmeldung des Eintritts von Gftern s § 105 Anm 7 B, § 161 Anm 2 A; von KdtAnteilsübertragungen s § 162 Anm 3. Liegen dem Registergericht unwiderrufliche Dauervollmachten in gehöriger Form vor, bedarf es bei späteren Anmeldungen des Vollmachtnachweises nur, wenn Anhaltspunkte für Widerruf der Vollmacht aus wichtigem Grund vorliegen, BayObLG DB **75**, 1162. Unschädlich ist bei Vollmacht für eine KG Wegfall der Vertretungsmacht des Gfters, der sie erteilte, BayObLG DB **74**, 1521. Möglich ist postmortale Vollmacht, wirksam auch für Eintritt von Erbeserben, Hbg MDR **74**, 1022. Registervollmachten bei Ges s Gustavus GmbHR **78**, 219.

B. **Gesetzliche Vertreter** müssen sich regelmäßig durch Registerauszug oder Bestallung ausweisen; Bescheinigung der Befugnis im Beglaubigungsvermerk genügt nicht, weil keine Bescheinigung einer bloßen Tatsache. Eine etwa notwendige vormundschaftsgerichtliche Genehmigung des der Anmeldung zugrundeliegenden Rechtsgeschäfts oder Vorgangs hat der Vertreter nachzuweisen, KG JFG **3**, 206. Der aus § 112 BGB ermächtigte Minderjährige meldet selbst an.

C. Das FGG läßt grundsätzlich volle Freiheit in der Form der (von Amts wegen zu veranstaltenden, § 12 FGG, bei § 8 Anm 4) Ermittlungen. § 12 II 2 schränkt dies ein: Eine für die Eintragung erhebliche (Einzel- oder Gesamt-)**Rechtsnachfolge** ist „soweit tunlich" durch **öffentliche Urkunden** (§ 415 ZPO) nachzuweisen. Der Nachweis ist untunlich, wenn sich die Rechtsnachfolge aus den Akten des Registergerichts selbst oder aus bei demselben Gericht geführten Nachlaßakten ergibt; dann genügt Bezugnahme, BayObLG WM **83**, 1092. Das Gericht darf sich mit anderen Nachweisen begnügen, wenn sie einwandfrei ausreichen und öffentliche Urkunden schwer zu beschaffen wären. Bei gesetzlicher Erbfolge und testamentarischer auf Grund Handtestaments ist idR Erbschein erforderlich: dessen Kosten machen das nicht untunlich. Dagegen wird eine öffentlich beurkundete Verfügung von Todes wegen mit Eröffnungsprotokoll idR genügen, Hbg NJW **66**, 986, nicht aber wenn mehrere Verfügungen von Todes wegen vorhanden oder die Erben nicht mit Namensangabe bestimmt sind. Beglaubigte Abschrift des Erbscheins genügt nicht, KGJ **26** A 92.

[Zweigniederlassung]

13 ^I **Die Errichtung einer Zweigniederlassung ist von einem Einzelkaufmann oder einer juristischen Person beim Gericht der Hauptniederlassung, von einer Handelsgesellschaft beim Gericht des Sitzes der Gesellschaft zur Eintragung in das Handelsregister des Gerichts der Zweigniederlassung anzumelden. Das Gericht der Hauptniederlassung oder des Sitzes hat die Anmeldung unverzüglich mit einer beglaubigten Abschrift seiner Eintragungen, soweit sie nicht ausschließlich die Verhältnisse anderer Niederlassungen betreffen, an das Gericht der Zweigniederlassung weiterzugeben.**

^{II} **Die gesetzlich vorgeschriebenen Unterschriften sind zur Aufbewahrung beim Gericht der Zweigniederlassung zu zeichnen; für die Unterschriften der Prokuristen gilt dies nur, soweit die Prokura nicht ausschließlich auf den Betrieb einer anderen Niederlassung beschränkt ist.**

^{III} **Das Gericht der Zweigniederlassung hat zu prüfen, ob die Zweigniederlassung errichtet und § 30 beachtet ist. Ist dies der Fall, so hat es die Zweigniederlassung einzutragen und dabei die ihm mitgeteilten Tatsachen nicht zu prüfen, soweit sie im Handelsregister der Hauptniederlassung oder des Sitzes eingetragen sind. Die Eintragung hat auch den Ort der Zweigniederlassung zu enthalten; ist der Firma für die Zweigniederlassung ein Zusatz beigefügt, so ist auch dieser einzutragen.**

^{IV} **Die Eintragung der Zweigniederlassung ist von Amts wegen dem Gericht der Hauptniederlassung oder des Sitzes mitzuteilen und in dessen Register zu vermerken; ist der Firma für die Zweigniederlassung ein Zusatz beigefügt, so ist auch dieser zu vermerken. Der Vermerk wird nicht veröffentlicht.**

^V **Die vorstehenden Vorschriften gelten sinngemäß für die Aufhebung einer Zweigniederlassung.**

1) Begriff der Zweigniederlassung

A. Das HGB verlangt, daß jeder Kfm eine **Niederlassung** (§ 29: ,,Handelsniederlassung") hat, wo ihn mindestens Mitteilungen erreichen können. An sie knüpfen sich mannigfache Zuständigkeiten (vgl zB § 29, § 21 ZPO). Für HdlGes verlangt das HGB einen Sitz, § 105 Anm 6.

B. Grundsätzlich hat **jedes Handelsgeschäft nur eine Hauptniederlassung**, ein Kfm mehrere also nur für mehrere HdlGeschäfte (zB eine Bank und eine Fabrik), die dann im Firmen- und Registerrecht gesondert zu behandeln sind. Unter gleichen Voraussetzungen wie den Doppelsitz von HdlGes muß man aber auch die **doppelte Hauptniederlassung** (s § 105 Anm 6 C) eines und desselben EinzelKfms anerkennen.

C. **Die Zweigniederlassung** regeln §§ 13–13c. § 13 nF, §§ 13a–13c eingefügt durch G über die Eintragung von Handelsniederlassungen und das Verfahren in Handelsregistersachen 10. 8. 37 RGBl 897. Zweigniederlassung ist die Niederlassung eines Kfm (einer HdlGes), an der er und/oder seine Leute teils abhängig von der HauptNl, teils unabhängig von ihr wirken. Merkmale der ZwNl sind (vgl Richert Rpfleger **56,** 271): **a)** räumliche Selbständigkeit, ein Kfm kann zwar eine ZwNl in der Gemeinde der HauptNl haben, KG JW **29,** 671, aber nicht in denselben Räumen; **b)** die ZwNl muß sachlich die gleichen, nicht notwendig alle gleichartigen Geschäfte erledigen wie die HauptNl, also namentlich nicht bloße Hilfs- oder Ausführungsgeschäfte; **c)** eine gewisse Dauer, Geschäftsbetrieb für die Dauer einer Messe ist keine ZwNl; **d)** äußere Einrichtung ähnlich einer HauptNl, also ua Geschäftslokal, Bankkonto, weitgehend gesonderte Buchführung. Angesichts moderner Innenzentralisierung der Unternehmen ist das Merkmal gesonderter Buch- und Kontenführung uU zu streichen, BGH NJW **72,** 1860, für gesonderte Buchführung BayObLG BB **80,** 335, dazu Döllerer BB **81,** 25; **e)** ein Leiter mit Befugnis zu selbständigem Handeln in nicht ganz unwesentlichen Angelegenheiten, KGJ **40,** 65. – **Nicht** ZwNl sind danach zB: Empfangs- und Aushändigungsstellen, RG **44,** 362; Warenlager oder Speicher; Kassen; Eisenbahnhöfe, RG **2,** 391; Ingenieurbüros, BayObLG OLGE **30,** 389; Versicherungsagenturen, außer wo die Leiter Angestellte und zum selbständigen Abschluß befugt sind. Unwesentlich ist, ob oder wie viele Geschäftsschlüsse an der ZwNl tatsächlich stattfinden und wo sich der Inhaber aufhält. Die ZwNl eines VollKfm muß nicht selbst nach Art und Umfang ihres Betriebs vollkfm (vgl §§ 2, 4) sein. Einrichtung einer neuen ZwNl durch eine ältere und Leitung jener durch den Leiter dieser, s Köbler BB **69,** 845.

D. Die ZwNl, auch eines Ausländers (RG **108,** 267), ist **nicht selbständige juristische Person,** hat keine besonderen gesetzlichen Vertreter, kein rechtlich selbständiges Vermögen, keine rechtlich von denen des Inhabers gesonderten Verbindlichkeiten. Im Prozeß ist sie nicht Partei, sondern der Inhaber des Unternehmens. Jedoch kann den Inhaber einen Rechtsstreit, der sich auf den Geschäftsbetrieb der ZwNl bezieht, unter deren Firma führen, OGH **2,** 145. Dort kann auch ihm eine die ZwNl berührende Klage zugestellt werden, BGH **4,** 65 (ZwNl in der BRD einer GmbH in der DDR). Umschreibung eines im Grundbuch eingetragenen Rechts von HauptNl auf ZwNl oder umgekehrt ist bloße Berichtigung des Grundbuchs, § 22 GBO, vgl KG JW **37,** 1743. **Buchungen zwischen Zweigniederlassungen** oder zwischen HauptNl und ZwNl beurkunden nicht echte Forderungen und Verpflichtungen, sondern sind (insbesondere bei Banken) nur Unterlage für Dispositionen der Leitung des Gesamtunternehmens (bei Banken: Zuteilung flüssiger und sonstiger Mittel an die ZwNl) und Posten der innerbetrieblichen Erfolgsrechnung, Hbg NJW **49,** 467; Ulmer SJZ **49,** 757.

E. Weiter als der Begriff der ZwNl ist der im Steuerrecht bedeutsame Begriff der **Betriebstätte:**

AO (1977) 12 Betriebstätte.

Betriebstätte ist jede feste Geschäftseinrichtung oder Anlage, die der Tätigkeit eines Unternehmens dient.
Als Betriebstätten sind insbesondere anzusehen:
1. die Stätte der Geschäftsleitung,
2. Zweigniederlassungen,
3. Geschäftsstellen,
4. Fabrikations- oder Werkstätten,
5. Warenlager,
6. Ein- oder Verkaufsstellen,
7. Bergwerke, Steinbrüche oder andere stehende, örtlich fortschreitende oder schwimmende Stätten der Gewinnung von Bodenschätzen,
8. Bauausführungen oder Montagen, auch örtlich fortschreitende oder schwimmende, wenn
    a) die einzelne Bauausführung oder Montage oder
    b) eine von mehreren zeitlich nebeneinander bestehenden Bauausführungen oder Montagen oder
    c) mehrere ohne Unterbrechung aufeinander folgende Bauausführungen oder Montagen
länger als sechs Monate dauern.

F. Für **Kaufleute** mit HauptNl (Sitz) in Deutschland **außerhalb des Währungsgebiets** (nach § 1 des 1. ErgG nicht solche in Westberlin) enthält § 2 DM-BilG Sondervorschriften betr ZwNl und sonstige Betriebsstätten (s Anm E) im Währungsgebiet (gleiches gilt für solche in Westberlin); von Bedeutung für ZwNl in der BRD oder Westberlin von Unternehmen in der DDR. Sie legen ihnen besondere Pflichten auf zur Buchführung und Rechnungslegung (§ 2 I), zur Bestellung besonderer ständiger Vertreter in ZwNl (§ 2 II), zur Umwandlung anderer Betriebsstätten in ZwNl (§ 2 II 5, IV).

DM-BilG 2. Zweigniederlassungen und sonstige Betriebsstätten im Währungsgebiet.

^I Kaufleute und bergrechtliche Gewerkschaften, die ihre Hauptniederlassung (Sitz) in Deutschland außerhalb des Währungsgebiets haben, sind verpflichtet,
a) über die von ihren Zweigniederlassungen oder sonstigen Betriebsstätten im Währungsgebiet betriebenen Geschäfte,
b) über das dem Geschäftsbetrieb des Unternehmens im Währungsgebiet dienende Vermögen,
c) über das sonstige im Währungsgebiet vorhandene Vermögen des Unternehmens gesondert Buch zu führen und Rechnung zu legen. Das gleiche gilt für solche noch bestehenden Unternehmen, die im Handelsregister (Genossenschaftsregister) ihrer Hauptniederlassung (Satz 1) ohne Sitzverlegung gelöscht worden sind, mit der Maßgabe, daß sie außerdem auch über das sonstige im Ausland vorhandene Vermögen des Unternehmens gesondert Buch zu führen und Rechnung zu legen haben. Die Vorschriften des Handelsgesetzbuches über Handelsbücher sowie die Vorschriften dieses Gesetzes über die Aufstellung eines Inventars und einer Eröffnungsbilanz gelten insoweit entsprechend. Gleiches gilt sinngemäß für nach dem 20. Juni 1948 errichtete Zweigniederlassungen oder sonstige Betriebsstätten solcher Unternehmen.

^{II} Die Unternehmen haben für ihre im Währungsgebiet befindlichen Zweigniederlassungen einen oder mehrere ständige Vertreter mit Wohnsitz im Währungsgebiet zu bestellen, sofern nicht der Geschäftsinhaber (Gesellschafter) oder die gesetzlichen Vertreter des Unternehmens den Wohnsitz im Währungsgebiet haben oder nach anderen Vorschriften ein gesetzlicher Vertreter für die Zweigniederlassungen bestellt ist. Die

2. Abschnitt. Handelsregister 2 § 13

ständigen Vertreter vertreten das Unternehmen hinsichtlich des Vermögens, über das nach Absatz 1 gesondert Buch zu führen ist; sie haben die Befugnisse von gesetzlichen Vertretern. Sie sind zur Eintragung im Handelsregister (Genossenschaftsregister) anzumelden. Das Gericht kann aus wichtigem Grund die Eintragung der Bestellung ablehnen oder die Bestellung widerrufen. Unterhält das Unternehmen im Währungsgebiet nur Betriebsstätten, so hat es am Ort der Geschäftsleitung oder der Verwaltung für die Betriebsstätten im Währungsgebiet eine Zweigniederlassung zu errichten.

III Die Errichtung der Zweigniederlassung und die Bestellung der ständigen Vertreter ist abweichend von §§ 13, 13a des Handelsgesetzbuches, §§ 35, 36 des Aktiengesetzes beim Gericht des Sitzes der Zweigniederlassung zur Eintragung in das Handelsregister (Genossenschaftsregister) anzumelden; das Gericht des Sitzes der Zweigniederlassung hat die Eintragungen von Amts wegen dem Gericht des Sitzes mitzuteilen. Das gleiche gilt für alle sonstigen ausschließlich die Zweigniederlassung betreffenden Anmeldungen durch den ständigen Vertreter.

IV Wird die Errichtung der Zweigniederlassung oder die Bestellung der ständigen Vertreter nicht binnen sechs Monaten nach Inkrafttreten des Gesetzes bei dem Gericht des Sitzes der Zweigniederlassung angemeldet, so hat es von Amts wegen die Errichtung der Zweigniederlassung einzutragen, einen ständigen Vertreter für die Zweigniederlassung zu bestellen und dessen Bestellung einzutragen. Auf Antrag der gesetzlichen Vertreter des Unternehmens kann das Gericht die von Amts wegen erfolgte Bestellung des ständigen Vertreters widerrufen. Die Eintragungen haben ferner von Amts wegen zu erfolgen, wenn
a) die Betriebsstätte oder die Zweigniederlassung erst nach dem Inkrafttreten dieses Gesetzes errichtet wird und die Anmeldungen nicht binnen sechs Monaten nach Errichtung erfolgen,
b) die Bestellung eines ständigen Vertreters vom Gericht widerrufen und die Bestellung eines anderen ständigen Vertreters nicht angemeldet oder dessen Eintragung aus wichtigem Grund abgelehnt wird.

V Der ständige Vertreter hat Anspruch auf Ersatz angemessener barer Auslagen und auf Vergütung für seine Tätigkeit. Die Auslagen und die Vergütung setzt das Gericht fest, wenn der ständige Vertreter sich nicht mit dem Unternehmen einigen kann; gegen die Festsetzung ist die sofortige Beschwerde zulässig; die weitere Beschwerde ist ausgeschlossen. Aus der rechtskräftigen Festsetzung findet die Zwangsvollstreckung nach der Zivilprozeßordnung statt.

VI *(gegenstandslos)*

Übernahme der ZwNl Hamburg einer OHG mit Sitz Erfurt (durch eine zweite OHG derselben Gfter), BGH BB **63**, 747.

2) Firma, Buchführung, Vertretungsmacht

A. Im Betrieb der Zweigniederlassung kann (im Falle § 30 III: muß) eine **Firma** geführt werden, die von der des ganzen Unternehmens abweicht; unnötig ist, daß in ihr die Firma des ganzen Unternehmens als Kern erscheint (vgl §§ 50 III, 126 III), üL, aA RG **113**, 213, **114**, 320; Richert MDR **57**, 339; doch muß die ZwNe zB durch Zusatz als solche erkennbar sein. Eine zweite (von der ersten abweichende) Firma ist in der ZwNl ebensowenig zulässig wie in der HauptNl (derselben HdlGes oder eG, desselben Unternehmens des Einzelkfm), s § 17 Anm 1 E.

B. Eine **Buchführungspflicht** besteht nicht, aber eine Betriebsstätte ohne gesonderte Buchführung ist idR nicht ZwNl (s Anm 1 C).

C. Die **Vertretungsmacht** der vertretenden Gfter in OHG, KG, ebenso eines Prokuristen kann (mit Wirkung gegen Dritte) auf eine besonders

§ 13 3   I. Buch. Handelsstand

firmierende (s Anm 2 A) ZwNl beschränkt (oder umgekehrt von ihr ausgenommen) werden, §§ 126 III, 50 III. Ebenso HdlVollm (§ 54) und andere Vollmachten. Anders die Vertretungsmacht der Vorstandsmitglieder der AG und eG, Geschäftsführer der GmbH, § 82 AktG, § 27 GenG, § 37 GmbHG.

3) Eintragung der Zweigniederlassung

A. Jede ZwNl entsteht mit Aufnahme des Geschäftsbetriebs unabhängig von einer Eintragung. Die erfolgte Einrichtung ist zur Eintragung in das HdlReg **anzumelden,** I 1; für AG, KGaA, GmbH auch §§ 42, 278 III AktG, § 12 GmbHG. **Anmeldepflichtige Personen** sind für OHG, KG die vertretenden Gfter, § 108 (auch in der Liquidation, vgl § 148 Anm 2); für AG und KGaA Vorstand bzw phG, §§ 42 I 1, 283 Nr 1 AktG (in der Liquidation die Abwickler, §§ 42, 265, 290 AktG); für GmbH der Geschäftsführer (auch in der Liquidation), §§ 12, 78 GmbHG; für eine unter § 33 fallende juristische Person der Vorstand (mit Beifügung einer öffentlichen beglaubigten Abschrift der Satzung), § 33 III. Anzumelden ist beim Registergericht der HauptNl (des Sitzes) zur **Weitergabe** an das Registergericht der ZwNl, I 1, 2. ZwNl von deutschen Unternehmen im Ausland können nicht im deutschen HdlReg eingetragen werden, die Anmeldung ist an die zuständige ausländische Behörde zu richten, LG Kln DB **79,** 984. Beim Registergericht der ZwNl aufzubewahren, aber dem Registergericht der HauptNl einzureichen sind auch die gesetzlich vorgeschriebenen Unterschriften, II, vgl § 12 Anm 1.

B. Das Registergericht der HauptNl (des Sitzes) prüft nur die förmlichen Voraussetzungen der Eintragung, fügt beglaubigte Abschriften der das Unternehmen (und nicht nur andere Niederlassungen desselben) betreffenden Eintragungen in seinem Register bei und gibt die Anmeldung an das Registergericht der ZwNl weiter, I 2. Dieses **prüft** dann die Anmeldung im vollen Umfang, § 8 Anm 4, soweit es sich um speziell die ZwNl betreffende Fragen handelt; insbesondere, ob eine ZwNl (s Anm 1) wirklich besteht und ob die Firma der ZwNl sich gemäß § 30 von den älteren Firmen am Platze unterscheidet, III 1. Was schon vor Eintragung bei der HauptNl (dem Sitz) zu prüfen war (Bsp: VollKfmEigenschaft des ganzen Unternehmens, richtige Bildung der Firma, Gültigkeit eines GesVertrags), hat das Registergericht der ZwNl nicht nachzuprüfen, III 2, doch darf es das Registergericht der HauptNl auf Bedenken hinweisen, die dieses zu Änderungen (vgl § 8 Anm 6) veranlassen können. **Eintragung** s III 2, 3. Veröffentlichung §§ 10, 11, Mitteilung an das Registergericht der HauptNl (des Sitzes) und Vermerk in dessen Register s IV. Vgl **(4)** HRV §§ 40 Nr 2, 43 Nr 2. Kosten §§ 26 VIII, 79 KostO.

C. **Aufhebung** einer ZwNl wird im gleichen Verfahren registriert wie ihre Errichtung, V, vgl auch **(4)** HRV §§ 40 Nr 5 IV c, 43 Nr 6 I. Da sie hiernach beim Registergericht der HauptNl anzumelden ist, ist dieses (nicht das Gericht der ZwNl) zuständig zur Erzwingung der Anmeldung gemäß § 14, KG DJ **39,** 1288. **Verlegung** der Zweigniederlassung s § 13c Anm 1.

4) Ergänzung der Zuständigkeiten

Befand sich am 8. 5. 45 die HauptNl (Sitz) im Bezirk eines Gerichts, „an dessen Sitz dt Gerichtsbarkeit nicht mehr ausgeübt wird" und sind Anmeldungen usw dort nicht möglich, so ist das Registergericht der ZwNl statt desjenigen der HauptNl oder des Sitzes zuständig. So **Zuständigkeitsergänzungsgesetz** (ZuständErgG) 7. 8. 52 BGBl 407, dessen handelsrechtlich interessierende Vorschriften lauten:

ZuständErgG 1 [Begriffsbestimmung]

Im Sinne dieses Gesetzes sind als Gerichte, an deren Sitz deutsche Gerichtsbarkeit nicht mehr ausgeübt wird, anzusehen:

1. die Gerichte im Gebiet des Deutschen Reiches nach dem Gebietsstand vom 31. Dezember 1937 östlich der Oder-Neiße-Linie;
2. die Gerichte in Danzig, in den ehemaligen eingegliederten Ostgebieten und im Memelland;
3. die Gerichte im Elsaß, in Lothringen und in Luxemburg;
4. die Gerichte in Eupen, Malmedy und Moresnet;
5. die Gerichte im ehemaligen sudetendeutschen Gebiet;
6. die deutschen Gerichte im ehemaligen Protektorat Böhmen und Mähren, im ehemaligen Generalgouvernement und in den ehemaligen Reichskommissariaten Ostland und Ukraine.

ZuständErgG 14 [Registerführung bei Hauptniederlassung in Gebieten mit früherer deutscher Gerichtsbarkeit]

[I] Befand sich die Hauptniederlassung eines Einzelkaufmanns oder einer juristischen Person oder der Sitz einer Handelsgesellschaft am 8. Mai 1945 in dem Bezirk eines Gerichts, an dessen Sitz deutsche Gerichtsbarkeit nicht mehr ausgeübt wird, und können deshalb die nach den §§ 13, 13a und 13c des Handelsgesetzbuchs, nach den §§ 35, 36 und 38 des Aktiengesetzes, nach § 12 des Gesetzes betreffend die Gesellschaften mit beschränkter Haftung und nach § 16 des Gesetzes betreffend die Erwerbs- und Wirtschaftsgenossenschaften erforderlichen Anmeldungen, Zeichnungen, Einreichungen und Eintragungen nicht bei dem Gericht der Hauptniederlassung oder des Sitzes erfolgen, so ist das Gericht zuständig, welches das Handelsregister für den Ort führt, an dem eine Zweigniederlassung besteht oder errichtet werden soll oder an den die Hauptniederlassung oder der Sitz verlegt werden soll.

[II] Der Anmeldende hat diesem Gericht eine beglaubigte Abschrift der Eintragung im Handelsregister der Hauptniederlassung (des Sitzes) oder der bisherigen Hauptniederlassung (des bisherigen Sitzes) einzureichen. Das Gericht kann sich mit einer Glaubhaftmachung des Inhalts der Eintragung begnügen.

[III] Die vorstehenden Bestimmungen gelten sinngemäß für die Aufhebung einer Zweigniederlassung.

ZuständErgG 15 [Nicht unmittelbar die Registerführung betreffende Aufgaben]

Für die im Recht der Handelsgesellschaften, Genossenschaften und Versicherungsvereine auf Gegenseitigkeit dem Registergericht zugeteilten Aufgaben, die nicht unmittelbar die Registerführung betreffen, ist, wenn an dem Sitz des Registergerichts deutsche Gerichtsbarkeit nicht mehr ausgeübt wird, das Amtsgericht zuständig, in dessen Bezirk die Verwaltung der Handelsgesellschaft, der Genossenschaft oder des Versicherungsvereins geführt wird oder geführt werden soll.

§ 13a 1 I. Buch. Handelsstand

ZuständErgG 16 [Vereine]
Auf Vereine sind die §§ 14 und 15 dieses Gesetzes entsprechend anzuwenden.

Anzumerken ist, daß Österreich nicht zu den in § 1 genannten Gebieten gehört. Befindet sich Hauptniederlassung oder Sitz in Österreich, so gilt für eine deutsche ZwNl § 13b, eine Sitzverlegung nach § 13c ist nicht möglich.

[Gericht der Hauptniederlassung]

13 a ^I Ist eine Zweigniederlassung in das Handelsregister eingetragen, so sind alle Anmeldungen, die die Hauptniederlassung oder die Niederlassung am Sitz der Gesellschaft oder die eingetragenen Zweigniederlassungen betreffen, beim Gericht der Hauptniederlassung oder des Sitzes zu bewirken; es sind so viel Stücke einzureichen, wie Niederlassungen bestehen.

^{II} Das Gericht der Hauptniederlassung oder des Sitzes hat in der Bekanntmachung seiner Eintragung im Bundesanzeiger anzugeben, daß die gleiche Eintragung für die Zweigniederlassungen bei den namentlich zu bezeichnenden Gerichten erfolgen wird; ist der Firma für eine Zweigniederlassung ein Zusatz beigefügt, so ist auch dieser anzugeben.

^{III} Das Gericht der Hauptniederlassung oder des Sitzes hat sodann seine Eintragung unter der Angabe der Nummer des Bundesanzeigers, in der sie bekanntgemacht ist, von Amts wegen den Gerichten der Zweigniederlassungen mitzuteilen; der Mitteilung ist ein Stück der Anmeldung beizufügen. Die Gerichte der Zweigniederlassungen haben die Eintragung ohne Nachprüfung in ihr Handelsregister zu übernehmen. In der Bekanntmachung der Eintragung im Register der Zweigniederlassung ist anzugeben, daß die Eintragung im Handelsregister des Gerichts der Hauptniederlassung oder des Sitzes erfolgt und in welcher Nummer des Bundesanzeigers sie bekanntgemacht ist. Im Bundesanzeiger wird die Eintragung im Handelsregister der Zweigniederlassung nicht bekanntgemacht.

^{IV} Betrifft die Anmeldung ausschließlich die Verhältnisse einzelner Niederlassungen, so sind außer dem für das Gericht der Hauptniederlassung oder des Sitzes bestimmten Stück nur so viel Stücke einzureichen, wie Zweigniederlassungen betroffen sind. Das Gericht der Hauptniederlassung oder des Sitzes teilt seine Eintragung nur den Gerichten der Zweigniederlassungen mit, deren Verhältnisse sie betrifft. Die Eintragung im Register der Hauptniederlassung oder des Sitzes wird nur im Bundesanzeiger bekanntgemacht.

^V Absätze 1, 3 und 4 gelten sinngemäß für die Einreichung von Schriftstücken und die Zeichnung von Unterschriften.

1) § 13 handelt von Anmeldung und Eintragung der Errichtung oder Aufhebung einer ZwNl, § 13a (eingefügt durch G 10. 8. 37, § 13 Anm 1C) davon, wie sonstige **Anmeldungen** und **Eintragungen** bei **Bestehen mehrerer Niederlassungen** durchzuführen sind. Das Register bei der HauptNl (dem Sitz) offenbart alles, was über das Unternehmen zu offenbaren ist (auch was nur eine ZwNl betrifft), I, II. Das Register bei einer ZwNl

2. Abschnitt. Handelsregister **1 § 13b**

offenbart, was das ganze Unternehmen (also auch die ZwNl oder speziell die ZwNl) betrifft (nicht was nur die HauptNl oder eine andere ZwNl betrifft), IV 1, 2. In jedem Falle wird beim Gericht der HauptNl (des Sitzes) angemeldet, I; dieses entscheidet über die Eintragung in das bei ihr geführte Register und ggf das der ZwNlen, III 1, 2; so auch bei Firmenänderung der ZwNl, jedoch wohl nach Anhörung des Registergerichts der ZwNl (während bei Errichtung der ZwNl dieses über ihre Firma entscheidet, § 13 Anm 3 B). Zu I Halbs 2: Mehrstücke der Anmeldungen auch in beglaubigter Abschrift, Zeichnungen (vgl ua §§ 29, 53 II, 108 II, 161 II) in Urschrift. Prokura für einzelne ZwNl (§ 50 III) s § 50 Anm 2 B, § 53 Anm 1 B.

2) **Erzwingung** von Anmeldungen nach § 14 nur durch das Registergericht der HauptNl (des Sitzes). Auf Eintragungen von **Amts wegen** ist § 13a entspr anzuwenden. Kosten §§ 26 VIII, 79 KostO. ZwNl in der BRD (oder Westberlin) von Unternehmen in der DDR, § 13 Anm 1 F. Ergänzung der Zuständigkeiten für Unternehmen mit (am 8. 5. 45) HauptNl (Sitz) in Gebieten mit ehemals deutscher Gerichtsbarkeit: § 13 Anm 4.

[Sitz im Ausland]

13 b ^{I} **Befindet sich die Hauptniederlassung eines Einzelkaufmanns oder einer juristischen Person oder der Sitz einer Handelsgesellschaft im Ausland, so haben alle eine inländische Zweigniederlassung betreffenden Anmeldungen, Zeichnungen, Einreichungen und Eintragungen bei dem Gericht zu erfolgen, in dessen Bezirk die Zweigniederlassung besteht.**

^{II} **Die Eintragung der Errichtung der Zweigniederlassung hat auch den Ort der Zweigniederlassung zu enthalten; ist der Firma für die Zweigniederlassung ein Zusatz beigefügt, so ist auch dieser einzutragen.**

^{III} **Im übrigen gelten für die Anmeldungen, Zeichnungen, Einreichungen, Eintragungen und Bekanntmachungen, soweit nicht das ausländische Recht Abweichungen nötig macht, sinngemäß die Vorschriften für Hauptniederlassungen oder Niederlassungen am Sitz der Gesellschaft.**

1) § 13b wurde eingefügt durch G 10. 8. 37 (§ 13 Anm 1 C). Für AG, KGaA vgl § 44 AktG (ZwNlen von Ges mit ausländischem Sitz). **Deutsches Registerrecht** als deutsches öffentliches Recht gilt auch **für ausländische Unternehmen** mit Niederlassung in Deutschland. Seine Vorschriften sind aber auf sie uU nur entspr (auf Grund rechtsvergleichender Qualifikation) anwendbar, zB darüber, was einzutragen ist, wer anzumelden hat. Das ausländische HdlRecht kennt andere Formen (zB Ges-, Vollmachtsformen), andere rechtserhebliche (zur Eintragung in Betracht kommende) Vorgänge, andere (zur Bestimmung der persönlichen Anmeldepflicht bedeutsame) Funktionen. Grundgedanke des § 13b: Ist HauptNl (Sitz) im Ausland, müssen die Anforderungen des deutschen Registerrechts abw von § 13a **vollständig beim Gericht der deutschen Zweigniederlassung** erfüllt werden. Er prüft alle Voraussetzungen der Eintragung, auch die nach ausländischem Recht zu beurteilenden (Bsp: wirksame Gründung einer Ges im Ausland), mit freier Würdigung der Beweismittel, grundsätz-

67

lich ohne Bindung an ausländische Entscheidungen, gerichtliche Registereintragungen usw, BayObLG WM **85,** 1205.

2) Die **Firma** muß im Inland zulässig, also namentlich dort nicht verwechslungsfähig sein, darf zwingenden deutschen Vorschriften nicht zuwiderlaufen (§ 18 II maßgebend, vgl KGJ **42,** 159) und muß den Ort und ggf Zusatz der ZwNl enthalten (II). Zusatz AG oder GmbH (§ 4 AktG, § 4 GmbHG) kann nicht verlangt werden.

3) Im übrigen ist die ZwNl **wie eine inländische Hauptniederlassung** zu behandeln, BayObLG WM **85,** 1204. Für ihre Anmeldungen, Eintragungen, Zeichnungen gelten die Vorschriften für inländische HauptNl, soweit nicht das ausländische Recht zu Abweichungen nötigt (III), weil es etwa eine deutsche Einrichtung nicht kennt. Besondere gesetzliche Vertreter wie Hauptbevollmächtigte nach § 106 VAG, Geschäftsleiter nach § 53 II Nr 1 KWG können mindestens in Hinweisform in Abteilung B Spalte 7 (vgl **(4)** HRV § 43) eingetragen werden, dahingestellt Eintragungspflicht wie für andere gesetzliche Vertreter (Spalte 4, 6), AG Hbg MDR **66,** 334. Die persönliche Anmeldepflicht trifft die Personen, die nach ausländischem Recht den deutschen Anmeldepflichtigen gleichstehen, aber auch die im Inland befindlichen verantwortlichen Leiter der ZwNl, Lenz DJ **37,** 1308.

[Sitzverlegung im Inland]

13 c I Wird die Hauptniederlassung eines Einzelkaufmanns oder einer juristischen Person oder der Sitz einer Handelsgesellschaft im Inland verlegt, so ist die Verlegung beim Gericht der bisherigen Hauptniederlassung oder des bisherigen Sitzes anzumelden.

II Wird die Hauptniederlassung oder der Sitz aus dem Bezirk des Gerichts der bisherigen Hauptniederlassung oder des bisherigen Sitzes verlegt, so hat dieses unverzüglich von Amts wegen die Verlegung dem Gericht der neuen Hauptniederlassung oder des neuen Sitzes mitzuteilen. Der Mitteilung sind die Eintragungen für die bisherige Hauptniederlassung oder den bisherigen Sitz sowie die bei dem bisher zuständigen Gericht aufbewahrten Urkunden beizufügen. Das Gericht der neuen Hauptniederlassung oder des neuen Sitzes hat zu prüfen, ob die Hauptniederlassung oder der Sitz ordnungsgemäß verlegt und § 30 beachtet ist. Ist dies der Fall, so hat es die Verlegung einzutragen und dabei die ihm mitgeteilten Eintragungen ohne weitere Nachprüfung in sein Handelsregister zu übernehmen. Die Eintragung ist dem Gericht der bisherigen Hauptniederlassung oder des bisherigen Sitzes mitzuteilen. Dieses hat die erforderlichen Eintragungen von Amts wegen vorzunehmen.

III Wird die Hauptniederlassung oder der Sitz an einen anderen Ort innerhalb des Bezirks des Gerichts der bisherigen Hauptniederlassung oder des bisherigen Sitzes verlegt, so hat das Gericht zu prüfen, ob die Hauptniederlassung oder der Sitz ordnungsgemäß verlegt und § 30 beachtet ist. Ist dies der Fall, so hat es die Verlegung einzutragen.

1) § 13c wurde eingefügt durch G 10. 8. 37 (§ 13 Anm 1 C), geändert durch § 31 EGAktG 1965. Für AG, KGaA s §§ 45, 278 III AktG. Die **Verlegung der Hauptniederlassung** (des **Sitzes**) eines Unternehmens ist im HdlReg zu verlautbaren, §§ 31 I, 34 I, 107. ZwNlen werden nur ,,auf-

gehoben" und anderswo neu errichtet, nicht „verlegt", abw LG Mönchen- Gladbach BB **58**, 929. § 13c handelt nur von der **Registrierung der Verlegung,** nicht von dieser selbst: nur bei einer juristischen Person ist die Registrierung Voraussetzung der wirksamen Verlegung. § 13c gilt auch für die (vom Wortlaut in I nicht erfaßte) Sitzverlegung einer juristischen Person, die Kfm, aber nicht HdlGes ist (so die Gewerkschaft pr Bergrechts) Kassel BB **50**, 105. Sitzverlegung im Inland ist die Sitzverlegung innerhalb Deutschlands auch für eine juristische Person des Landesrechts (soweit sie rechtlich möglich ist wie jedenfalls für eine juristische Person des pr Rechts in dessen Geltungsbereich), Kassel BB **50**, 105. Entspr § 13c ist Verlegung einer **Zweigniederlassung** möglich, Stgt BB **63**, 1152 (Kaufmann A erwirbt Geschäft B, führt es fort als ZwNl mit Firma AB (§ 22 I, § 13 Anm 2 A) und verlegt diese). Bei Änderung des § 13c 1965 wurde unterschieden: Verlegung innerhalb des Gerichtsbezirkes (I, III), aus diesem heraus (I, II).

2) Anmeldung beim **bisherigen Registergericht.** Im Fall von II (auch im Fall **(4)** HRV § 2: mehrere Register bei einem einzigen Gericht, vgl Lenz DJ **37**, 1309) prüft es nur förmliche Richtigkeit der Anmeldung. Prokuristen können nicht anmelden, § 49 I, Groschuff JW **37**, 2429. Dann erfolgt Mitteilung (II 1, 2), auch gelöschter Eintragungen und Aktenabgabe (§ 24 IV Aktenordnung). Nach Mitteilung gemäß II 5 erfolgt keine sachliche Prüfung mehr, zB nicht mehr Amtslöschung nach **(3)** FGG § 142 durch das bisherige Gericht, Kassel BB **50**, 105. Eintragung einer Veränderung ist ohne Eintragung im ausländischen Register zulässig, wenn sie dort nur rechtsbezeugend ist, KG DR **40**, 2007. Anmeldezwang, § 14; kein Zwang bei AG, KGaA, GmbH, § 407 II 1 AktG, § 79 GmbHG.

3) Das **Registergericht der neuen Hauptniederlassung** (des neuen Sitzes) prüft nur gemäß II 3. Dann erfolgt Übernahme der Eintragungen ohne weitere Nachprüfung, II 4. So auch bei Bedenken, weil die Firma den alten Sitzort-Namen enthält; möglich ist aber die Amtslöschung nach **(3)** FGG § 142 durch das neue Gericht (vgl Anm 2), Oldbg BB **77**, 12. Bekanntmachung durch das alte und das neue Gericht. Kosten der Eintragung erwachsen bei beiden Gerichten, §§ 26 VIII, 79 I 2 u II d KostO, KG JW **37**, 576.

4) Bei Sitzverlegung aus Gebieten, in denen deutsche Gerichtsbarkeit nicht mehr ausgeübt wird, tritt nach Maßgabe des **ZuständErgG** (§ 13 Anm 4) das Gericht des neuen an Stelle desjenigen des alten Sitzes. Gleiches gilt bei **Sitzverlegung aus der DDR,** wenn das dortige Gericht die Mitwirkung gemäß § 13c versagt oder der Antrag auf seine Mitwirkung aussichtslos oder den Beteiligten unzumutbar ist. Da HdlRegAuszüge von Gericht der DDR oft nicht zu erlangen sind, ist der Bestand der Ges und die Legitimation der Anmeldenden auch anders nachweisbar. Vgl zu § 38 AktG BGH BB **58**, 280. Verlust des Sitzes in einem Ostblockstaat durch Enteignung s BGH **19**, 105, **33**, 195, **38**, 39 (ausländische juristische Personen).

§ 14 1, 2   I. Buch. Handelsstand

[Festsetzung von Zwangsgeld]

14 Wer seiner Pflicht zur Anmeldung, zur Zeichnung der Unterschrift oder zur Einreichung von Schriftstücken zum Handelsregister nicht nachkommt, ist hierzu von dem Registergericht durch Festsetzung von Zwangsgeld anzuhalten. Das einzelne Zwangsgeld darf den Betrag von zehntausend Deutsche Mark nicht übersteigen.

1) Zwang zur Anmeldung (Zeichnung, Einreichung)

A. § 14 nF durch EGStGB 1974 (Ersetzung von ,,Ordnungsstrafe" und ,,Strafe" durch ,,Zwangsgeld") Anmeldungen zum HdlReg s zB § 8 Anm 4 A, Zeichnung von Unterschriften § 12 Anm 1 C, Einreichung von Schriftstücken zB § 37 III AktG, § 8 I GmbHG (AG-, GmbH-Gründung). Das Zwangsmittel sind **Beugestrafen**. Entspr Zwang zur Unterbindung unzulässigen Firmengebrauchs, § 37 I. Zwang nach § 14 zu einer Anmeldung und Amtslöschung einer unrichtig gewordenen Eintragung (s **(3)** FGG § 141 und § 8 Anm 6 A) können nebeneinander in Betracht kommen, Zwang nach § 14 idR als erstes, so ausdrücklich § 31 II 2 bei Erlöschen einer eingetragenen Firma. § 14 setzt (im Gegensatz zu **(3)** FGG § 141 nicht eine klare Rechtslage voraus, die Rechtslage kann im Instanzenzug geklärt werden, LG Limburg BB **63**, 324. Unzulässig Zurückweisung (Beanstandung) einer an sich ordnungsmäßigen Anmeldung, um die Anmeldung einer anderen, vom Gericht für erforderlich gehaltenen zu erzwingen, Hamm BB **77**, 967 (Firmenänderung bei GfterAufnahme durch EinzelKfm, §§ 24 Anm 2 A, 31 Anm 2), DB **77**, 1255, BGH BB **77**, 1221 (vgl § 143 Anm 1).

B. Für **juristische Personen** sind die gesetzlichen Vertreter anmelde(einreichungs)pflichtig; Zwangdrohung und -festsetzung gemäß § 14 richten sich gegen sie persönlich, nicht gegen die juristische Person, KGJ **41**, 124, BayObLG DB **73**, 1596, nicht gegen rechtsgeschäftliche Vertreter wie Prokuristen, BayObLG BB **82**, 1076; so auch für andere HdlGes, deren Abwickler die juristische Person ist (vgl zB § 265 II 2 AktG), KG HRR **33**, 1441. Solange ein Vertreter fehlt, ist § 14 unanwendbar; uU kann ein Vertreter vom Gericht bestellt werden (vgl zB § 85 AktG). Anmeldepflicht für **OHG, KG** s §§ 106–108, auch hier trifft § 14 die Anmeldepflichtigen persönlich, nicht die Ges.

2) Verfahren

A. Das Verfahren regeln **(3)** FGG §§ 132–140. Sobald das Gericht den sein Einschreiten fordernden Sachverhalt glaubhaft erfährt, hat es durch zuzustellende einleitende Verfügung das bezifferte (KG OLG **12**, 412) Zwangsgeld unter Setzung einer angemessenen Frist zur Erfüllung der Pflicht oder Rechtfertigung der Unterlassung und unter Hinweis auf die Zulässigkeit des Einspruchs anzudrohen; dabei ist die Pflicht genau zu bezeichnen, KGJ **49**, 138. Aufforderung, Androhung und Fristsetzung sind unentbehrlich; ohne sie kann selbst bei Rechtskraft der Androhung kein Zwangsgeld festgestellt werden, KGJ **37** A 183. Wird weder erfüllt, noch Einspruch erhoben, setzt das Registergericht durch Beschluß das angedrohte Zwangsgeld fest, wiederholt zugleich die frühere Verfügung unter Androhung eines erneuten Zwangsgeldes und so immer fort, **(3)** FGG § 133. Verspätete Erfüllung vor Beitreibung schließt Fortsetzung des Verfahrens aus (wie bei § 888 ZPO),

KGJ **40**, 83, str. Teilweise Erfüllung hindert Fortsetzung des Verfahrens wegen des Rests nicht.
  B. **Rechtsbehelfe. a) Gegen die einleitende Verfügung** findet keine Beschwerde, sondern nur **Einspruch** statt, (3) FGG § 132. Er ist schriftlich oder zu Protokoll jedes Amtsgerichts zu erheben. Falsche Bezeichnung des Rechtsbehelfs schadet nicht. Einspruchsfrist ist die in der Verfügung gesetzte Frist; maßgeblich ist der Eingang beim Registergericht. Verspäteter Einspruch muß unbeachtet bleiben, vgl KGJ **49**, 140. Dem Einspruch ist stattzugeben, wenn er offenbar begründet ist; andernfalls ist zu einem Termin zu laden. Erscheint der Geladene nicht, kann das Gericht nach Lage der Sache entscheiden, (3) FGG § 134. Ist der Einspruch begründet, ist aufzuheben; ist er unbegründet, ist zu verwerfen, das Zwangsgeld oder ein geringeres festzusetzen, und erneut nach (3) FGG § 132 zu verfahren, (3) FGG § 135. Auf Einspruch gegen die wiederholte Verfügung kann das Gericht das Zwangsgeld aufheben oder ermäßigen, (3) FGG § 136. Bekanntmachung der Entscheidung bei Verhandlung durch Verkündung, sonst durch Zustellung. Ein gesetzlicher Vertreter trägt die Kosten des Verfahrens persönlich, weil sie Kosten eines gegen ihn gerichteten Zwangsverfahrens sind. Die Kosten der Eintragung trägt der Vertretene, KGJ **34** B 9. Gegen die Versäumung der Einspruchsfrist ist Wiedereinsetzung möglich, (3) FGG § 137. Der Festsetzungsbeschluß legt zugleich die Kosten auf, (3) FGG § 138; Kosten § 119 KostO. **b) Gegen Festsetzungs- oder Verwerfungsbeschluß** findet die **sofortige Beschwerde** statt, (3) FGG § 139. Soll erzwungen werden, was nicht erzwungen werden darf, so ist einfache Beschwerde gegeben, KGJ **42**, 167.
  C. **Vollstreckung** nach Landesrecht (im früheren Preußen im Verwaltungszwangsverfahren). Erfüllung der Pflicht hindert die Vollstreckung; der rechtskräftige Festsetzungsbeschluß ist aufzuheben, BayObLG DB **79**, 1981. Es gibt keine ,,Begnadigung".

[Publizität des Handelsregisters]

15 [I] Solange eine in das Handelsregister einzutragende Tatsache nicht eingetragen und bekanntgemacht ist, kann sie von demjenigen, in dessen Angelegenheiten sie einzutragen war, einem Dritten nicht entgegengesetzt werden, es sei denn, daß sie diesem bekannt war.

[II] Ist die Tatsache eingetragen und bekanntgemacht worden, so muß ein Dritter sie gegen sich gelten lassen. Dies gilt nicht bei Rechtshandlungen, die innerhalb von fünfzehn Tagen nach der Bekanntmachung vorgenommen werden, sofern der Dritte beweist, daß er die Tatsache weder kannte noch kennen mußte.

[III] Ist eine einzutragende Tatsache unrichtig bekanntgemacht, so kann sich ein Dritter demjenigen gegenüber, in dessen Angelegenheiten die Tatsache einzutragen war, auf die bekanntgemachte Tatsache berufen, es sei denn, daß er die Unrichtigkeit kannte.

[IV] Für den Geschäftsverkehr mit einer in das Handelsregister eingetragenen Zweigniederlassung ist im Sinne dieser Vorschriften die Eintragung und Bekanntmachung durch das Gericht der Zweigniederlassung entscheidend.

§ 15 1

Schrifttum: Außer dem allgemeinen Schrifttum (s Einl vor § 1) *Canaris,* Vertrauenshaftung, 1971, 151. – *Gammelin,* Rechtsscheinhaftung des Kaufmanns und Regreßansprüche gegen den Staat bei fehlerhaftem Publikationsakt der Presse, 1973. – *K. Schmidt* JuS 77, 209. – *Hofmann* JA 80, 264. – Diss: *Forsthoff* Hdlbg 1972, *Mossler* Münst 1974, *Deschler* Tüb 1977, *Wiese* Münst 1978. – Speziell zu § 15 III: *von Olshausen* BB 70, 137, NJW 71, 966. – *Beuthien* NJW 70, 2283, FS Reinhardt 72, 199. – *Bürck* AcP 171 (71) 328. – *Beyerle* BB 71, 1482. – *Steckhan* DNotZ 71, 211, NJW 71, 1594. – *Sandberger* JA 73, 215. – *John* ZHR 140 (76) 236.

Übersicht

1) Öffentlicher Glaube des Handelsregisters
2) Schutz Dritter gegen Folgen nicht eingetragener Tatsachen (I)
3) Wirkung eingetragener Tatsachen gegen Dritte (II)
4) Schutz Dritter im Vertrauen auf unrichtige Eintragungen und Bekanntmachungen (Rechtsschein; III)
5) Zweigniederlassung (IV), Doppelsitz

1) Öffentlicher Glaube des Handelsregisters

A. Das HdlReg genießt öffentlichen Glauben, ähnlich (nicht gleich) dem des Grundbuchs (vgl ua §§ 891, 892 BGB), aber ohne Vermutung der Richtigkeit der Eintragungen im HdlReg, § 9 Anm 2 A. § 15 regelt die Wirkung von Registerinhalt und -bekanntmachung für und gegen Dritte. II wurde neugefaßt, III eingeschoben (III aF wurde IV), mit Wirkung vom 1. 9. 69 durch G 15. 8. 69 BGBl 1146 zur Durchführung der 1. EG-Ri (Einl 7 B vor § 105); diese berührt nur GesRegisterrecht, das deutsche G änderte jedoch §§ 9 II, 15 allgemein und ging auch sonst wesentlich über das von der EG Gebotene hinaus; vgl Anm 4, 5. S auch (4) HRV § 43 Anm 1 und Ffm BB 70, 370.

B. Das **Verhältnis von § 15 I–IV, § 5 und** der allgemeinen **Rechtsscheinhaftung** ist komplex. **§ 15 II regelt den Normalfall,** daß eine richtige Eintragung und Bekanntmachung vorliegt; damit ist der Rechtsverkehr informiert (Ausnahme: kurze Schonfrist und besonderer Vertrauensschutz gegen den Registerinhalt), s Anm 3. **§ 15 I** regelt den Fall des Unterbleibens von Eintragung und Bekanntmachung; der Rechtsverkehr ist dann nicht informiert und wird insoweit geschützt (Ausnahme: positive Kenntnis von der einzutragenden Tatsache); der Rechtsverkehr kann sich also auf das Schweigen des HdlRegisters verlassen (sog **negative Publizität**), s Anm 2. Auf die Richtigkeit des HdlRegisterinhalts kann sich der Rechtsverkehr dagegen nicht verlassen (keine **positive Publizität**); Ausnahmen **§ 15 III** (s Anm 4 C) und Rechtsscheinhaftung (s Anm 4 B, § 5 Anm 2). § 5 hat mit § 15 und der Rechtsscheinhaftung nichts zu tun; wer im HdlRegister eingetragen ist, ist damit VollKfm, s § 5 Anm 1. **§ 15 IV** betrifft ZwNl, s Anm 5.

C. Die Rechtswirkungen einer Eintragung oder ihres Unterbleibens bilden eine Rechtsstellung, die beim Tode des unmittelbar Beteiligten auf seine **Erben** übergeht, zB haftet der Erbe eines ausgeschiedenen OHGfters für die nach dessen Ausscheiden und Tod, aber vor Eintragung des Ausscheidens eingegangene GesSchulden gemäß § 15 I, abw KG JW **31,** 2998.

2. Abschnitt. Handelsregister 2 **§ 15**

2) Schutz Dritter gegen Folgen nicht eingetragener und bekanntgemachter Tatsachen (I)

A. § 15 I handelt von der Wirkung von Tatsachen, die im HdlReg einzutragen sind (Anm B), im maßgebenden Zeitpunkt (Anm G) aber entweder noch nicht eingetragen oder zwar eingetragen, aber noch nicht bekanntgemacht sind (Bsp: Erlöschen einer Prokura, Auflösung einer Ges, Ausscheiden eines Gfters, Entziehung der Vertretungsmacht eines Gfters, Geschäftsübergang). Zur Wirkung der einzutragenden Tatsache gegen Dritte (die sie nicht ohnehin kennen, s Anm D) ist ihre **Eintragung und Bekanntmachung** (die das Gericht unverzüglich zu veranlassen hat: § 1, **(4)** HRV §§ 32–34) erforderlich. I (auch II, s Anm 3) handelt also von der Wirkung des Schweigens des HdlReg (bzw der Bekanntmachung), nicht von der Wirkung unrichtiger Eintragung; nur auf das Schweigen kann sich der Rechtsverkehr verlassen, nicht auf Eintragung und Bekanntmachung (negative Publizität; anders III). Die von RG **125**, 229 aufgestellte unhaltbare Gleichung: Falscheintragung = Nichteintragung des Richtigen (Eintragung von NichtGftern als Gfter gleich ,,Nichteintragung des wahren GfterBestandes") wurde von RG **142**, 105 aufgegeben. Für diese Fälle gelten III und uU Rechtsscheinhaftung, s Anm 4.

B. Die in das HdlReg **einzutragenden Tatsachen** nennt das Gesetz anderwärts (s im HGB besonders §§ 2, 3, 13–13c, 29, 31–34, 53; Übersicht für OHG und KG bei § 106 Anm 1 B). Im Falle deklaratorischer Eintragungen (Hauptfall) macht § 15 I die Wirkung der einzutragenden Tatsachen von Eintragung und Bekanntmachung abhängig. Im Falle konstitutiver Eintragungen kommt vor Eintragung ohnehin keine Wirkung gegen Dritte in Betracht, nach § 15 I braucht es zu dieser Wirkung auch noch die Bekanntmachung (Bsp: Eintragung als Kfm nach §§ 2 oder 3, vor Bekanntmachung Darlehen an Dritten, der von der Eintragung nicht weiß: Zins nach BGB, nicht HGB). § 15 ist unanwendbar in den Fällen §§ 25 II, 28 II (Haftungsausschluß bei Geschäftsübernahme mit Firma und bei Teilhaberbeitritt); hier ist zur Wirkung gegen Dritte entweder Eintragung mit Bekanntmachung oder Mitteilung in bestimmter Weise erforderlich, anders erlangte Kenntnis (vgl § 15 I aE) ist unerheblich. § 15 I greift zT Platz im Falle § 174 (Herabsetzung einer KdtEinlage): vor Eintragung in keinem Falle Wirkung gegen Dritte, nach Eintragung vor Bekanntmachung (die nur andeutend erfolgt, §§ 175 S 2, 162 II) gemäß § 15 I bei (irgendwie erlangter) Kenntnis des Dritten. S auch Anm G.

C. **Der, ,,in dessen Angelegenheiten die Tatsache einzutragen war",** dh wer durch sie irgendwie entlastet, von Haftung befreit oder von der Bindung an die Vertretungsmacht eines anderen gelöst wird, **kann sie** ohne Eintragung und Bekanntmachung **Dritten nicht entgegenhalten,** zB der Geschäftsinhaber das Erlöschen der Prokura, der ehemalige Gfter die Auflösung der Ges oder sein Ausscheiden, der Gfter das Erlöschen der Vertretungsmacht des MitGfters, der ehemalige Geschäftsinhaber die Abgabe des Geschäfts. Das gilt auch zu Lasten von Geschäftsunfähigen (anders in III, dort ist Zurechenbarkeit nötig, s Anm 4 Cb). Unerheblich ist der Registerinhalt betr andere Tatsachen, Bsp: Ausscheiden des einen phG X mit Gesamtvertretungsmacht aus KG ist nicht eingetragen, verbliebener phG Y schließt für Ges allein ab: früherer phG X haftet (Gläubiger kann sich

§ 15 2   I. Buch. Handelsstand

bezüglich Alleinvertretungsmacht des Y auf die wahre Rechtslage stützen, also keine Gesamtvertretungsmacht mehr, betr Zugehörigkeit des X zur Ges auf das Register), BGH **65**, 309, aA Tiedtke DB **79**, 245. Der **Dritte kann sich aber** seinerseits jederzeit **auf die wirkliche Rechtslage berufen**, wenn ihm das günstiger erscheint, BGH **65**, 310, Canaris Vertrauenshaftung 519. Anwendung des I gegen Erben mangels Eintragung des Ausscheidens des Erblassers durch Tod s § 176 Anm 3 B.

D. Nur **Kenntnis der Dritten**, die ihm der Gegner beweisen muß („es sei denn, daß ..."), läßt die Tatsache auch ohne Eintragung und Bekanntmachung gegen ihn wirken. Dagegen genügt **nicht Kennenmüssen**, weil der Dritte nicht zu Nachforschungen verpflichtet sein soll. Ebensowenig genügt Kenntnis von Tatsachen, aus denen sich die interessierende Tatsache (zB GesAuflösung) ergibt; aber uU prima-facie-Beweis für Kenntnis dieser Tatsache, jedoch nicht unbedingt; zB nicht im Falle der Auflösung durch Tod (§ 131 Nr 4), weil viele GesVerträge hier die Auflösung ausschließen, Tod des Gfters also nicht ohne weiteres auf Auflösung schließen läßt, RG **144**, 199. Für Kenntnis des Dritten genügt nicht schon mündliche Unterrichtung eines seiner Buchhaltungsangestellten, LG Stgt BB **77**, 413. Ist der Dritte beim Vorgang, aus dem er Rechte herleitet, zB Vertrag, vertreten, so gilt § 166 I BGB (Text bei § 48 Anm 1 A): hat nicht er selbst (der Dritte), sondern der **Vertreter** Kenntnis von der nicht eingetragenen Tatsache, wirkt sie gegen den Dritten; so jedenfalls, wenn der Vertreter mit eigenem Entscheidungsspielraum handelt, Hbg MDR **72**, 238 (HdlBevollmächtigter, § 54). Entspr Anwendung des § 166 I BGB bei Kenntnis des (an der Verhandlung beteiligten) Vermittlungs-(Hdl-)Vertreters, ebenso des (auch an der Verhandlung nicht beteiligten) Bezirksvertreters, Ffm DB **76**, 94. Ebenso uU bei Abschluß durch den Dritten selbst (oder einen nicht wissenden anderen Vertreter) auf Veranlassung des wissenden (über die Geschäftsverbindung entscheidenden) Angestellten (Sachbearbeiters), vgl Hbg MDR **72**, 238. Dazu Richardi AcP 169 (**69**) 385 („Wissensvertretung").

E. Nach I soll der Dritte sich bei seinem geschäftlichen Verhalten auf das HdlReg verlassen können. Freies Handeln des Dritten ist also vorausgesetzt. Dies und der Wortlaut des IV (der in dieser Hinsicht gleich weit reichen muß wie I) ergeben, daß I vor allem **im Geschäftsverkehr** gilt. Er schützt also insbesondere Ansprüche aus Rechtsgeschäften; aber auch Rechte aus Prozeßhandlungen (zB Anerkenntnis, Verzicht, Vergleich); auch Pfändungsverfügung des Finanzamts und darüberhinaus allg den sog **Prozeßverkehr**, BGH NJW **79**, 42; Bsp: prozessuale Zustellung, RG **127**, 99. Auch Ansprüche aus unerlaubter Handlung, Bereicherung usw, die innerhalb des Geschäfts vorfielen, zB Betrug beim Vertragsschluß, Überzahlung in laufender Rechnung, unlauterer Wettbewerb, str, vgl § 5 Anm 1 F. **Nicht** geschützt sind dagegen Ansprüche aus Vorgängen ohne Zusammenhang mit dem Geschäftsverkehr, zB aus Verkehrsunfall, RG **93**, 238, Entstehung von Steuerschulden der KG (Ausscheiden des Gfters war noch nicht eingetragen), BFH NJW **78**, 1944, Irrläufer-Zahlung, str.

F. **Einerlei** ist, **ob der Dritte** das Register (in dem noch nichts eingetragen war), die Bekanntmachungsblätter, § 10 (in denen noch nichts veröffentlicht war) **einsah**, BGH **65**, 311. Dem Dritten kann nicht entgegnet werden, er hätte die Tatsache auch bei Eintragung und Bekanntmachung nicht erfahren. Selbst völlige Unkenntnis des Zusammenhangs ist unerheblich, Ffm BB **72**, 333. Vgl § 176 Anm 1 B.

G. Maßgebend ist der **Zeitpunkt des Vorgangs** (Vertrags usw, vgl Anm H), aus dem der Dritte Rechte herleitet. Es kommt darauf an, was in diesem Zeitpunkt eingetragen und bekanntgemacht oder dem Dritten bekannt ist. Gleichgültig ist (entgegen dem Wortlaut von I), ob Eintragung und Bekanntmachung dem späteren Zeitpunkt erfolgen, in dem man dem Dritten die Tatsache „entgegensetzt" (also zB vor dem Prozeß oder dessen Entscheidung).

H. § 15 I gilt **auch, wenn** die gebotene **Voreintragung** (der Tatsache, deren Veränderung einzutragen war) **fehlt**, stRspr, hL, aA GroßKo-Hüffer 20, John ZHR 140 (**76**) 236: nur Rechtsscheinhaftung. Sind Eintritt und Ausscheiden eines Gfters aus Ges nicht eingetragen, kann sich Gfter einem Dritten gegenüber nicht auf sein Ausscheiden berufen, es sei denn dieser kenne es; stRspr BGH NJW **83**, 2259; eintragungspflichtiges HdlGeschäft (§§ 1, 29) nicht eingetragen, Geschäftsübertragung auch nicht, dann ist diese gegenüber Schuldner X unwirksam, er konnte also wirksam gegen Altinhaber aufrechnen, Stgt NJW **73**, 806; ähnlich betr Verpachtung, Pächter haftet für vom Verpächter nach Geschäftsübergabe vor Eintragung (des Geschäfts und der Verpachtung) noch eingegangene Verbindlichkeiten, Ffm OLGZ **73**, 24. Dies ist aber in Ausnahmefällen **einzuschränken**, zB wenn die voreinzutragende Tatsache intern geblieben ist und die einzutragende Tatsache in kurzem Abstand folgt, zutr K. Schmidt § 14 II 2 b.

I. Die **Konkurseröffnung** (und deren Aufhebung und die Aufhebung und Einstellung des Konkurses) werden zwar im HdlReg (von Amts wegen auf Mitteilung des Konkursgerichtes) eingetragen (§ 32), aber der Öffentlichkeit teilt sie das Konkursgericht mit, nicht das HdlRegGericht, daher ist § 15 unanwendbar (§ 32 S 4). Ähnliches gilt im **Vergleichsverfahren** (§§ 23, 98 III VerglO).

3) Wirkung eingetragener und bekanntgemachter Tatsachen gegen Dritte (II)

A. § 15 II handelt von der Wirkung eingetragener (wie I nicht von der Wirkung unrichtiger Eintragungen, s Anm 2 A) im Geschäftsverkehr (vgl Anm 2 E) gegen Dritte **nach Eintragung und Bekanntmachung.** Voraussetzung ist wie in I eine in das HdlReg einzutragende Tatsache; auch II ist also unanwendbar in den Fällen §§ 25 II, 28 II, s Anm 2 B. **II 1** ist fast selbstverständlich: die Tatsache (Anm 2 A, B, maßgeblicher Zeitpunkt s Anm G) wirkt jetzt gegen Dritte; sie wird gerade dazu veröffentlicht. Bsp: A-KG ist aufgelöst und neue A-KG gebildet, ehemaliger phG A ist jetzt Angestellter, alles ist eingetragen und bekanntgemacht: aus Geschäftsschlüssen des A idR keine Rechtsscheinhaftung der Ges, BGH LM § 242 BGB (E) Nr 8.

B. **II 2** gibt Dritten nur binnen kurzer **Schonfrist** den Einwand unverschuldeter Unkenntnis (aF: ohne zeitliche Beschränkung). Bsp: Schuldner, der leistet, ohne von der Übertragung des Geschäfts und dem Ausschluß des Forderungsübergangs gehört zu haben (vgl § 25 I 2, II), oder

§ 15 4   I. Buch. Handelsstand

Dritter, an dessen Sitz, zB im Ausland, zur Abschlußzeit das Bekanntmachungsblatt noch nicht eingetroffen war (vgl §§ 10, 11).

C. **Vertrauensschutz gegen Registerinhalt** über II 2 hinaus besteht nicht ohne weiteres und allgemein aus Rechtsscheinhaftung (vgl § 5 Anm 2), BGH BB **70**, 684, **72**, 1159; doch kann ein spezieller Vertrauensschutz gegenüber dem Registerinhalt vorrangig sein, BGH **62**, 223, zB wenn Berufung auf eine Eintragung und § 15 II **mißbräuchlich** wäre bzw wenn aus den besonderen Vertragsbeziehungen der Parteien (zB ständige Geschäftsverbindung) die Pflicht folgt, den Gegner auf eine Rechts- und Registereintragsänderung besonders hinzuweisen, Bsp: Umwandlung einer OHG in GmbH & Co und Berufung auf Haftungsbeschränkung gegenüber ständigem Geschäftspartner, BGH NJW **72**, 1418 m Anm Stimpel ZGR **73**, 89, BB **76**, 1480, **78**, 1026, NJW **80**, 45, WM **81**, 238; ausdrücklich **(8)** AGB-Banken Nr 1 I 2. Zur täuschenden Firma ohne GmbH & Co-Zusatz nach früherem Recht § 19 Anm 3 D. Persönliche Rechtsscheinhaftung des GmbH-Geschäftsführers ohne GmbH-Zusatz-Zeichnung, § 4 II GmbHG hat insoweit Vorrang vor § 15 II, BGH NJW **81**, 2569. Vgl auch Anm 4 C, § 5 Anm 2, § 48 Anm 1 B, § 54 Anm 4 (Duldungs- und Anscheinsvollmacht), § 105 Anm 8 (fehlerhafte Ges).

4) Schutz Dritter im Vertrauen auf unrichtige Eintragungen und Bekanntmachungen (Rechtsscheinhaftung; III)

A. Eine rechtliche Vermutung der Richtigkeit des im HdlReg Verlautbarten gibt es nicht (§ 9 Anm 2). Grundsätzlich kann sich der Rechtsverkehr auf Eintragung und Bekanntmachung nicht verlassen (s Anm 1 B, 2 A). Ausnahmsweise werden Dritte aber doch im **Vertrauen auf den unrichtigen Registerinhalt** durch Rechtsscheinhaftung (s Anm B) und seit 1969 (auch) durch III (sog **positive Publizität** des HdlReg, s Anm C) geschützt (Bsp: Dritter schließt mit eingetragenem Prokuristen ab, Geschäftsinhaber beweist Ungültigkeit der Prokura; wirkt das Geschäft trotzdem gegen ihn?). Unrichtige Eintragung als VollKfm § 5. Verhältnis zur Rspr über fehlerhafte Ges, s § 105 Anm 8, Bürck AcP 171 (**71**) 328.

B. Die **Rechtsscheinhaftung** (s § 5 Anm 2) war bis 1969 die einzige Grundlage eines Vertrauensschutzes bei unrichtigem Registerinhalt; heute kommt ihr neben III nur noch begrenzte Auffangfunktion zu (Bsp: bei bloß eintragungsfähigen Tatsachen wie § 36 S 2, s Anm C; bei Veranlassung eines Rechtsscheins ohne Antragstellung, s Anm C b; Veranlassung eines Rechtsscheins im HdlReg der HauptNl vor entspr Änderungen in dem nach IV allein maßgeblichen HdlReg der ZwNl). Wer eine unrichtige Eintragung im HdlReg veranlaßt (Bsp: Anmeldung einer Prokura in Unkenntnis ihrer Ungültigkeit) oder eine seine Angelegenheiten betreffende, ihm bekannte unrichtige Eintragung schuldhaft zu beseitigen unterläßt (Bsp: Eintragung einer nicht bestehenden Prokura auf Anmeldung durch Nichtberechtigten oder infolge Versehens des Gerichts, zB Firmenverwechslung, und Mitteilung davon an Geschäftsinhaber) muß die Eintragung gegenüber gutgläubigen Dritte, die ihre Entschlüsse durch diesen Rechtsschein bestimmen ließen (zB mit dem Prokuristen als Vertreter abschlossen), als richtig gelten lassen; vgl BGH **12**, 105, **17**, 13, **22**, 238.

C. **III** (eingefügt durch G 15. 8. 69, das weit über die Vorgaben der EG- Ri hinausging, s Anm 1 A) enthält erstmals eine positive Publizität des HdlReg, deren Reichweite sehr str ist, s Schrifttum (vor Anm 1). III gilt wie I nur für eintragungspflichtige Tatsachen (s Anm 2 B). Auslegung des III in Anlehnung an die Grundsätze der Rechtsscheinhaftung (s Anm B, § 5 Anm 2): **a) Rechtsscheingrundlage** ist die (gegenüber der wahren Sachlage) unrichtige Bekanntmachung; also auch wenn sowohl Eintragung als auch Bekanntmachung unrichtig sind. III gilt über Wortlaut hinaus auch für den umgekehrten Fall: Bekanntmachung richtig, aber Eintragung unrichtig, str, aA amtl Begr, aber Wertungswiderspruch. **b) Zurechenbarkeit** (nicht Verschulden): in III ist davon keine Rede, aber diese Begrenzung ist wegen des hohen Risikos nötig (positive Publizität des HdlReg; uU unbegrenzte Haftung; bei Grundbuch: allenfalls Verlust des Grundstücksrechts). Eine Tatsache ist iSv III nur ,,in dessen Angelegenheiten" einzutragen (vgl I, Anm 2 C), der einen Eintragungsantrag (auch einen richtigen) gestellt und dadurch das Tätigwerden des Registergerichts veranlaßt hat. Diese Einschränkung gilt allgemein, auch für Kflte, aA Schlegelb-Steckhan 26. Ohne Antrag des Betroffenen bzw seiner Leute scheidet III aus, doch kann bei Unterlassen des Einschreitens gegen unrichtige Eintragung Rechtsscheinhaftung eingreifen, s Anm B. Der Schutz des Geschäftsunfähigen und des beschränkt Geschäftsfähigen geht auch hier vor (vgl § 5 Anm 2 C; anders I, der auch zu Lasten des Geschäftsunfähigen wirkt, aber eben nur betr negative Publizität). Bsp: Eintragung einer Prokura auf Antrag des minderjährigen Geschäftsinhabers trotz fehlender Genehmigung des Vormundschaftsgerichts (§§ 1822 Nr 11, 1831, 1643 BGB, vgl RG **127**, 158). **c) Schutzbedürftigkeit:** Nur Kenntnis schadet, auch der grob fahrlässige Dritte ist also gutgläubig iSv III (s letzter Halbs wie I, vgl Anm 1 D). **d) Kausalität:** Der Dritte muß sich bei seinem geschäftlichen Verhalten auf die unrichtige Bekanntmachung und/oder Eintragung verlassen haben. III gilt also nur im Geschäftsverkehr (wie I, s Anm 2 H; vgl § 5 Anm 1 E). Der Dritte muß weder das HdlReg eingesehen noch von der Bekanntmachung erfahren haben (wie I, s Anm 2 F); die positive HdlRegPublizität reicht hier weiter als die normale Rechtsscheinhaftung (vgl § 5 Anm 2 E). Der Schein des HdlReg erzeugt eine entspr Haltung des Geschäftsverkehrs gegenüber dem Betroffenen, die wiederum den Dritten beeinflußt haben kann; diese (mittelbare) Kausalität genügt. Der Gegenbeweis der Nichtursächlichkeit sollte zwar auch hier möglich bleiben, ist aber ohne praktische Relevanz. III gilt nicht, wenn der Vorgang, aus dem der Dritte Rechte herleitet, vor Eintragung und/oder Bekanntmachung lag (wie I, s Anm 2 G), anders zB bei einem zuvor hingegebenen Darlehen, das der Dritte dem Betroffenen auch nachher beläßt (geschäftliches Verhalten ist hier Unterlassung der Kündigung).

D. Versehentliche Falscheintragung durch Gericht kann **Staatshaftung** (Art 34 GG, § 839 BGB) auslösen, vgl RG **131**, 14 (Nichteintragung des Haftungsausschlusses bei Geschäftsübernahme); entspr Publikationsfehler. Anders bei Nichtlöschung s § 8 Anm 6 D, § 37 Anm 1 C. Monographie Gammelin 1973.

§ 16 1 — I. Buch. Handelsstand

5) Zweigniederlassung (IV), Doppelsitz.

A. Die Eintragung im HdlReg der HauptNl (Sitz) und der eingetragenen ZwNl und die entspr Bekanntmachungen brauchen inhaltlich und zeitlich nicht übereinzustimmen (vgl §§ 13–13 b). **Im Geschäftsverkehr** (vgl Anm 2 E) **mit der Zweigniederlassung** sind nach **IV** die Eintragungen **in deren Register** und die Bekanntmachungen aus diesem gemäß I, II maßgebend. Für deklaratorische und konstitutive Eintragungen (vgl Anm 2 B) bedeutet I hier dasselbe; vor der (deklaratorischen) Wiederholung im ZwNlRegister der (konstitutiven) Eintragung im HauptNlRegister und vor Bekanntmachung aus jenem, tritt keine Wirkung gegen Dritte im Geschäftsverkehr der ZwNl ein, außer wenn der Dritte von der Eintragung im Hauptregister weiß.

B. Im Geschäftsverkehr mit einem EinzelKfm mit **doppelter** HauptNl (§ 13 Anm 1) muß es iSv I, II, III auf das Register derjenigen HauptNl ankommen, zu der das streitige Rechtsverhältnis die engere Beziehung hat (IV analog). Entspr bei HdlGes mit Doppelsitz (vgl § 105 Anm 6 C).

[Entscheidung des Prozeßgerichts]

16 ¹ **Ist durch eine rechtskräftige oder vollstreckbare Entscheidung des Prozeßgerichts die Verpflichtung zur Mitwirkung bei einer Anmeldung zum Handelsregister oder ein Rechtsverhältnis, bezüglich dessen eine Eintragung zu erfolgen hat, gegen einen von mehreren bei der Vornahme der Anmeldung Beteiligten festgestellt, so genügt zur Eintragung die Anmeldung der übrigen Beteiligten. Wird die Entscheidung, auf Grund deren die Eintragung erfolgt ist, aufgehoben, so ist dies auf Antrag eines der Beteiligten in das Handelsregister einzutragen.**

² **Ist durch eine rechtskräftige oder vollstreckbare Entscheidung des Prozeßgerichts die Vornahme einer Eintragung für unzulässig erklärt, so darf die Eintragung nicht gegen den Widerspruch desjenigen erfolgen, welcher die Entscheidung erwirkt hat.**

1) Bindung des Registergerichts an Prozeßentscheidungen

A. **Bindend** für das Registergericht **sind rechtskräftige Gestaltungsurteile** staatlicher Gerichte (zB §§ 117, 127, 133, 140, 142), auch einstweilige Verfügung (zB nach §§ 117, 127), BayObLG ZIP **86**, 94, und rechtskräftige Urteile auf Abgabe einer Willenserklärung (§ 894 ZPO). **Verurteilende** oder **feststellende** Prozeßentscheidungen (außer Statusurteilen nach §§ 638 S 2, 640 h, 641 k ZPO) sind dagegen **nicht schlechthin** bindend, BayObLG WM **84**, 810, str, selbst dann wenn das Registergericht nach (3) FGG § 127 seine Verfügung bis zur Prozeßentscheidung aussetzte oder diese gar durch Fristsetzung herbeiführte (so daß zB das Registergericht neues, nach der Prozeßentscheidung bekanntgewordenes Material, das Wiederaufnahme des Prozesses rechtfertigt, vor Wiederaufnahme und neuer Prozeßentscheidung berücksichtigen kann); so kann das Registergericht das Interesse eines Dritten, der nicht Prozeßpartei war, oder ein öffentliches Interesse berücksichtigen und zu einem entgegengesetzten Ergebnis kommen; Stgt OLG **70**, 419, Schlegelb-Hildebrandt 5.

B. Wirksam für das Registergericht ist die rechtskräftige **Verurteilung**

zu einer Anmeldung (Bsp: Verurteilung des Kfm X auf Klage des Y zur Anmeldung der Erteilung einer Prokura an Y). Sie ersetzt die Anmeldung (§ 894). § 16 I ergänzt dies: Haben mehrere eine Anmeldung auszuführen (vgl zB § 108 Anm 1), so ersetzt schon die vorläufig vollstreckbare Prozeßentscheidung (auch einstweilige Verfügung), welche die Verpflichtung zur Mitwirkung bei der Anmeldung oder das Rechtsverhältnis, bezüglich dessen die Eintragung erfolgen soll, feststellt, die Mitwirkung dessen, gegen den sie ergangen ist. Ist die Eintragung erfolgt und wird später die Prozeßentscheidung aufgehoben, so ist das auf Antrag eines Beteiligten im HdlReg zu vermerken, I 2. Gleiches gilt nicht für vollstreckbare Urkunden und Prozeßvergleiche, KGJ **34** A 121. Löschung einer Firma verlangt als endgültige Entscheidung mit nicht zu beseitigenden Folgen ein Endurteil, RG LZ **08**, 595. Dasselbe gilt für alle ähnlichen Entscheidungen, wie die Auflösung einer Ges; das Registergericht prüft selbständig die Eintragungsfähigkeit, nicht aber die Richtigkeit der Entscheidung, KGJ **53**, 91. Eintragungsersuchen des Prozeßgerichts sind unzulässig.

C. Verbindlich für das Registergericht ist nach **II** eine rechtskräftige oder vorläufig vollstreckbare, eine **Eintragung für unzulässig erklärende** (nicht nur, wie bei I, ein entspr Rechtsverhältnis feststellende) Prozeßentscheidung (Bsp: Verbot, eine bestimmte Firma eintragen zu lassen). Wer die Entscheidung erwirkte, kann der Eintragung widersprechen, sie darf dann nicht erfolgen. Widerspruch nach der Eintragung gibt kein Recht auf Löschung, der Widerspruchsberechtigte muß aus dem Urteil (wenn es soweit reicht, Bsp: Verbot, die Firma irgendwie zu führen) auf Stellung des Löschungsantrags durch den Verpflichteten vollstrecken; uU hilft ihm I 1. § 16 ist nicht (entspr) anwendbar bei Abweisung einer Klage auf Unzulässigerklärung einer Eintragung, sie gibt dem Beklagten kein Recht auf die Eintragung gegenüber dem Registergericht. Bindung des Registergerichts durch eine die Eintragung verbietende einstweilige Verfügung des Prozeßgerichts (Verhältnis § 16 II zu **(3)** FGG § 127), s Baur ZGR **72**, 421.

2) Bindung des Prozeßgerichts an Eintragungen

Konstitutive Wirkung von Eintragungen in das HdlReg (vgl § 8 Anm 5) bindet das Prozeßgericht (Bsp: Wirksamkeit der OHG, KG gegenüber Dritten nach § 23 I; Erlangung der Rechtsfähigkeit durch AG, KGaA, GmbH, eG; Eintragungswirkung nach § 5). Das ist ihre Hauptbedeutung. Andere in Prozessen bedeutsame Wirkungen von Registereintragungen folgen aus § 15 und dem darüber hinausreichenden (bedingten) öffentlichen Glauben des Registers, s § 15 Anm 1, 4. An die Beurteilung irgendwelcher Rechtsverhältnisse durch das Registergericht (und alle Instanzen samt BGH) ist das Prozeßgericht nicht gebunden. Bsp: Feststellung der Nichtigkeit eines GesVertrags trotz ihrer Eintragung auch nach Prüfung der Bedenken durch das Registergericht, vgl § 8 Anm 4 C; Verbot der Führung einer Firma trotz Zulassung und Eintragung durch das Registergericht, auch aus schon von diesen geprüften Gründen, § 17 Anm 3 E.

Dritter Abschnitt. Handelsfirma

Schrifttum: Außer dem allgemeinen Schrifttum (s Einl vor § 1) *Aschenbrenner,* Die Firma der GmbH & Co KG, 1976. – *Bokelmann,* Recht der Firmen- und Geschäftsbezeichnungen, 3. Aufl 1986. – *DIHT,* Firmenhandbuch, 1983. – *Heinrich,* Firmenwahrheit und Firmenbeständigkeit, 1982. – *Kraft,* Führung mehrerer Firmen, 1966. – *Sternberg,* Der Gesellschafterzusatz in der Handelsfirma, 1975. – *Weber,* Das Prinzip der Firmenwahrheit (HGB, UWG), 1984. – *Wessel,* Die Firmengründung, 4. Aufl 1981. – RsprÜbersichten: *Wittmann* BB Beil 10/**69,** 9/**71,** 12/**75.**

[Begriff]

17 ^I **Die Firma eines Kaufmanns ist der Name, unter dem er im Handel seine Geschäfte betreibt und die Unterschrift abgibt.**

^{II} **Ein Kaufmann kann unter seiner Firma klagen und verklagt werden.**

Übersicht

1) Überblick, Begriff der Firma
2) Annahme, Verlautbarung, Gebrauch der Firma
3) Bildung der Firma, allgemeines Täuschungsverbot
4) Schutz der Firma
5) Übertragung der Firma
6) Andere Kennzeichnungen von Unternehmen
7) Internationaler Verkehr

1) Überblick, Begriff der Firma

A. Buch I Abschn 3 (§§ 17–37, s Überschrift) handelt von der HdlFirma, regelt aber auch einige die Firma nicht oder nur am Rande berührende Fragen. § 17 definiert die Firma, §§ 18, 19 bestimmen, wie die Firma der Einzelkflte, OHG, KG zu bilden ist. § 20 betr AG, KGaA ist ersetzt durch §§ 4, 279 AktG. §§ 21, 22, 24 handeln von der Bedeutung der Namensänderung des Inhabers und des Übergangs oder anderer Änderungen der Inhaberschaft für die Firma. § 23 betrifft der Veräußerung der Firma. §§ 25–28 handeln (zT auf Fortführung oder Änderung der Firma abhebend) von der Haftung für Geschäftsverbindlichkeiten bei Änderung der Inhaberschaft. §§ 29, 31–36 regeln Eintragungen (nicht nur der Firma) in das HdlReg und Hinterlegung von Unterschriften bei Gericht, § 30 schreibt Unterscheidbarkeit der Firmen am gleichen Ort vor und § 37 Maßnahmen gegen unzulässige Firmenführung. Reformvorschläge Kind BB **80,** 1558, Wessel BB **81,** 822.

B. Nach **I** ist Firma der Name, unter dem der Kfm im Handel seine Geschäfte (HdlGeschäft, Unternehmen, s Einl II vor § 1) betreibt („und die Unterschrift abgibt", das ist aber Teil des Betreibens). Die Firma ist also der **Handelsname des (Voll-)Kaufmanns.** Diese Definition unterstellt als Normalfall, daß der Kfm noch einen anderen Namen hat; so der **Einzelkaufmann** (Ehegatten s § 1 Anm 4), der außer dem HdlNamen einen bürgerlichen führt; auch eine ein HdlGeschäft betreibende (privat- und öffentlichrechtliche) juristische Person (vgl §§ 33–36; Ausnahme HdlGes und eG), die ggf neben der Firma eine andere Bezeichnung trägt, zB wenn ein eV ein HdlGeschäft erwirbt und gemäß § 22 mit der alten Firma fortführt,

KG HRR **32**, 253. **Handelsgesellschaften** und eG haben keinen anderen als den HdlNamen: die Firma ist ihr Name schlechthin. Die Firma der ZwNl (§ 13 Anm 2) ist ein in deren Betrieb geführter zweiter HdlName. HdlNamensrecht s Tilmann GRUR **81**, 621.

C. Nur VollKflte, HdlGes, eG haben eine Firma iS des HGB, dagegen nicht **Minderkaufleute** (§ 4 I) und andere Gewerbetreibende (außer im Fall von § 5; bei unzulässigem Auftreten unter Firma Rechtsscheinhaftung, s § 5 Anm 2); nicht Angehörige freier Berufe, nicht Vereinigungen ohne VollKfmEigenschaft. Auch MinderKflte, Freiberufler, GbR ua haben aber Recht auf eine Geschäftsbezeichnung mit einheitlichem, schlagkräftigem Namen, sofern dieser nur nicht firmenähnlich ist. Sie unterliegen in Führung und Schutz ihres (bürgerlichen, Vereins- usw) Namens oder anderer Kennzeichnungen ihres Unternehmens (vgl Anm 6) zT gleichen, zT andern Regeln. Schutz der Firma (s Anm 4) und anderer Namen richtet sich gleichermaßen nach §§ 12, 823 I BGB. Gewisse Bezeichnungen sind MinderKflten idR verschlossen, weil das Publikum dabei an VollKflte denkt. Bsp: ,,&" statt ,,und" zwischen zwei Namen, KGJ **31** A 143, DIHT BB **57**, 835; ,,Gebrüder A", ,,Geschwister B", DIHT aaO, abw für den Einzelfall, zB wenn Zusatz auf Handwerk hinweist, Oldbg BB **59**, 251, Hamm BB **60**, 959; ,,und Partner" für Taxiunternehmer, nicht für Angehörige freier Berufe (insoweit nicht firmenähnlich, da keinesfalls Gewerbe), Karlsr BB **85**, 2196; ,,GbR" LG Bln BB **85**, 1691. Für großzügige Zulassung solcher ,,Minderfirmen" K. Schmidt § 12 I 2.

D. Verhältnis von **Firma und Unternehmen:** Die Firma ist nach HGB nicht Name des Unternehmens ,,an sich", sondern Name seines Inhabers (sein Name schlechthin oder der Name, unter dem er das Unternehmen betreibt, vgl Anm B, C). Das Firmenrecht des **Einzelkaufmanns** (der juristischen Person, §§ 33–36) entsteht originär durch Annahme und Gebrauch der Firma, BGH **10**, 204, **21**, 88. Es kann nach der Definition von I nicht ohne das HdlGeschäft (weder vor dessen Beginn noch nach dessen Ende) bestehen; Sonderfälle (Nachkriegszeit, Zwangstillegung) BGH **21**, 69, GRUR **57**, 428, BB **62**, 536; vgl für Geschäftsbezeichnung Anm 6 D. Die Firma einer **Handelsgesellschaft** und eG (als ihr Name schlechthin, s Anm B) besteht, sobald und solange diese besteht, die der OHG, KG zB nach Eintragung der Ges vor Geschäftsbeginn, § 123, nach Erlöschen oder Veräußerung des HdlGeschäfts, solange nicht auch die Ges endet (vgl § 22 Anm 3 B, § 131 Anm 1), unbeschadet der Voraussetzungen ihres Schutzes (vgl Anm 4), für welche die Betriebseinstellung uU bedeutsam ist, BGH BB **61**, 697.

E. **Einzelkaufmann** und juristische Person dürfen in mehreren (auch räumlich vereinigten, aber organisatorisch getrennten) HdlGeschäften (s § 1 Anm 2 A) **mehrere** verschiedene **Firmen** führen, KG JW **36**, 1680. Sie dürfen es **aber nicht** (abgesehen von der Unterscheidung verschiedener Niederlassungen, vgl § 13 Anm 2) **in ein und demselben Handelsgeschäft (Grundsatz der Firmeneinheit).** Auch nicht nach Übernahme eines HdlGeschäfts (mit Firma, § 22) und Vereinigung desselben mit einem schon geführten; die Werbekraft der übernommenen Firma kann idR durch Kennzeichnungen anderer Art (s Anm 6) hinreichend genutzt werden; üM, abw Düss NJW **54**, 151; Nipperdey FS Hueck **59**, 195, Schlichting ZHR

§ 17 2   I. Buch. Handelsstand

134 (70) 322. **Handelsgesellschaften** (OHG, KG, AG, KGaA, GmbH) und eG können, selbst wenn sie klar getrennt mehrere HdlGeschäfte betreiben, stets nur eine einzige Firma führen, der zugleich ihr Name schlechthin ist (s Anm 1 B), so wie natürliche Personen nur einen bürgerlichen Namen haben (sie können jedoch verschiedene HdlGeschäfte und Abteilungen desselben HdlGeschäftes durch andere Kennzeichnungen unterscheiden, s Anm 6). Das gilt auch nach einer Geschäftsübernahme, BGH **67**, 166, hL; so auch §§ 6 III, 20 UmwG. Zur Verbindung beider Firmen s § 22 Anm 2 D. Monographie Kraft 1966; Knopp ZHR 125 (**63**) 161, Esch BB **68**, 235, John FS Duden **77**, 173.

2) Annahme, Verlautbarung, Gebrauch der Firma

A. Jeder VollKfm ist verpflichtet, eine Firma **anzunehmen;** EinzelKflte, OHG, KG, öffentliche Körperschaften (s bei § 36) ohne besondere Form; AG, KGaA, GmbH, eG, eV in Satzung, GesVertrag, Statut, (§§ 23 III, 278 III AktG, § 3 I GmbHG, § 6 GenG, § 57 I BGB). Er ist weiter verpflichtet, die Firma durch Eintragung ins HdlReg (Genossenschaftsregister) und Veröffentlichung **verlautbaren** zu lassen, (§§ 29, 31, 33 f, 6, 106 f, §§ 36 ff, 278 III AktG, §§ 7 ff GmbHG, 10 ff GenG; Ausnahme § 36 für öffentliche Körperschaften). Die Annahme einer Firma verpflichtet ihn, **keine andere Bezeichnung** firmenmäßig zu verwenden (s § 37 Anm 2 B). Das **Registergericht** hat die VollKflte zur Anmeldung ihrer Firma anzuhalten, § 14 S 1, (3) FGG § 132 I. Wird eine unzulässige Firma angemeldet, kann das Gericht Frist zur Behebung der Anstände setzen, (4) HRV § 26 S 2; dann muß es den Antrag ablehnen. Es darf nicht stattdessen ,,Anmeldung einer den §§ 18, 19 HGB entspr Firma" aufgeben (mit Zwangsgeldandrohung nach § 14), BayObLG NJW **73**, 372.

B. **Handelsgesellschaften** und eG, deren Firma ihr Name schlechthin ist (s Anm 1 B), können wie NichtKflte mit ihrem bürgerlichen Namen, gerichtlich und außergerichtlich nur mit ihrer Firma angesprochen werden (richtig: ,,die X-KG", nicht ,,die Firma X-KG"). Für OHG, KG s auch § 124 Anm 5.

C. **Einzelkaufleute,** die eine von ihrem bürgerlichen Namen abw Firma führen (vgl §§ 18, 21–24) können außergerichtlich und (§ 17 II) gerichtlich in Angelegenheiten ihres HdlGeschäfts **unter der Firma oder dem bürgerlichen Namen** auftreten, zB Wechsel zeichnen, und angesprochen werden. Auch zur Zwangsvollstreckung genügt Bezeichnung des Schuldners im Titel mit der Firma, LG Ravensburg NJW **57**, 1325. Im Geschäftsverkehr üblich und vorzugswürdig ist Verwendung der Firma, mit oder ohne Nennung des Inhabers. Gebrauch der Firma läßt Handeln im HdlGeschäft, Gebrauch des bürgerlichen Namens Handeln außerhalb dessen vermuten. Im **Grundbuch** ist der Kfm als Eigentümer stets mit dem bürgerlichen Namen einzutragen (auch wenn das Grundstück dem HdlGeschäft gewidmet ist), § 15 Grundbuchverfügung 8. 8. 35 RMBl 637, BayObLG DB **81**, 686. **Warenzeichen** können ,,für den Inhaber einer Firma auf seinen bürgerlichen Namen", oder ,,für die Firma selbst" angemeldet und eingetragen werden, Anmeldebestimmungen 16. 10. 54 § 2 BAnz Nr 217. Möglichkeit des Eintritts unter der Firma als Kdtist in eine KG, BayObLG BB **73**, 397; Eintragung s § 162 Anm 1.

3. Abschnitt. Handelsfirma 2 **§ 17**

D. Im **Prozeß** (und in der Vollstreckung) im besonderen ist es zulässig (**§ 17 II**), den Kfm nur mit der (vom bürgerlichen Namen abw) Firma zu bezeichnen; Schuler NJW **57**, 1537, Noack DB **74**, 1369. Nennt eine Klage nur die Firma, nicht den Inhaber, ist verklagt, wer bei Rechtshängigwerden Inhaber ist, RG **86**, 65, **159**, 350. Ein Vertreter kann den Prozeß unter der Firma führen, auch wenn der letzte bekannte Inhaber verschollen, der gegenwärtige Inhaber unbekannt ist, OGH **1**, 62. Prozeß- und Urteilswirkungen treffen den Inhaber, nicht das HdlGeschäft „an sich" oder dessen jeweiligen Inhaber (vgl Anm 1 D). Verurteilung unter der Firma erlaubt Vollstreckung in das Privatvermögen, Verurteilung unter bürgerlichem Namen Vollstreckung in das Geschäftsvermögen; den Inhaber der Firma müssen Gerichtsvollzieher und Vollstreckungsgericht notfalls im HdlReg feststellen. Unrichtige Bezeichnung des Beklagten im Urteil ist uU (auch wenn vom Kläger verursacht) zu berichtigen, zB „A und B handelnd unter Firma B & Co" statt „Firma B & Co KG", Kln NJW **64**, 2424. Wer während des Prozesses Rechtsnachfolger geworden ist und die Firma weiterführt, unterliegt der Zwangsvollstreckung nicht, wenn nicht das Urteil gegen ihn lautet. Ebenso kann der Rechtsnachfolger des Obsiegenden nur vollstrecken, wenn der Titel auf ihn lautet. Er ist ggf auf ihn umzuschreiben, §§ 727, 325 I ZPO. Veräußert der Kläger die Firma mit der Streitsache während des Prozesses, so berührt das den Prozeß nicht, § 265 ZPO; aber es ist Leistung an den Rechtsnachfolger zu verlangen, auch wo dieser ganz dieselbe Firma führt. Bei Erbfall während des Prozesses Unterbrechung oder Aussetzung, §§ 239, 246 ZPO. Bei Veräußerung oder Erbfall nach Rechtskraft Umschreibung der Vollstreckungsklausel. Wirksamkeit von Klage und Urteil gegen X als EinzelKfm, obwohl vor Anspruchsentstehung Umgründung in GmbH & Co, die aber vor Rechtshängigkeit wieder gelöscht wird; Kln BB **77**, 510. § 17 II gilt auch für **ausländische Firmen,** Hbg OLGE **3**, 274.

E. Die inhaltlich richtige (dh den öffentlichrechtlichen Vorschriften entsprechende und nicht Rechte Dritter verletzende s Anm 3, § 37) Firma darf zur Kennzeichnung des Unternehmens „**firmenmäßig**" gebraucht werden, nicht immer auch „**schlagwortartig**" (optisch oder akustisch besonders zur Werbung herausgestellt), denn wenn nicht jene, so kann diese Art des Gebrauchs die Rechte von Wettbewerbern verletzen, BGH **4**, 104. Unter diesem Gesichtspunkt ist wesentlich, in welcher Weise und mit welchen Begleitumständen die Firma oder ein in ihr enthaltener Name gebraucht wird, RG **171,** 38, BGH **14**, 161, GRUR **51**, 411. Zum Begriff des firmenmäßigen Gebrauchs von Kennzeichnungen s § 37 Anm 1 B.

F. Über die Art der **Zeichnung** der Firma im Geschäftsverkehr fehlt eine Vorschrift. Vgl betr Gfter § 108 Anm 4 B, § 125 Anm 1 F; dagegen betr Prokurist § 51. Zeichnung mit Firmenstempel durch nicht Vertretungsberechtigten ist uU fälschliche Anfertigung einer Urkunde iSv § 267 StGB, BGH DB **62**, 365 (Kdtist ohne HdlVollmacht). **Mitunterschrift** im Rahmen kfm Übung, die nicht zur wirksamen Vertretung erforderlich ist, bedeutet idR nicht persönliche Mitverpflichtung, BGH DB **70**, 1435 (X neben Alleininhaber). Mitunterschrift eines Nicht-phG bei KG-Stempel auf Wechselvorderseite ist nicht Bürgschaft iSv Art 31 III WG, BGH BB

74, 14. Abgesetzte Mitunterschrift ist Fall des Art 31 III WG, Ffm BB **75**, 1364. **Wechselunterschrift** unter dem Stempel einer Personenfirma verpflichtet idR den Inhaber der Firma, nicht den Unterzeichner, auch wenn unklar ist, ob Unterzeichner Inhaber oder Vertreter ist (kein Fall des § 164 II BGB), BGH **62**, 216, **64**, 14, **73**, 218, DB **76**, 143, s auch WM **75**, 1090. Vgl bei **Handeln für die Firma** (Unternehmen) s Überbl 3 vor § 48.

G. Kflten mit offenem Laden oder Gast- oder Schankwirtschaft gebietet die GewO (ua) die **Anbringung der Firma am Laden oder der Wirtschaft:**

GewO 15a Anbringung von Namen und Firma.

[I] Gewerbetreibende, die eine offene Verkaufsstelle haben, eine Gaststätte betreiben oder eine sonstige offene Betriebsstätte haben, sind verpflichtet, ihren Familiennamen mit mindestens einem ausgeschriebenen Vornamen an der Außenseite oder am Eingang der offenen Verkaufsstelle, der Gaststätte oder der sonstigen offenen Betriebsstätte in deutlich lesbarer Schrift anzubringen.

[II] Kaufleute, die eine Firma führen, haben außerdem ihre Firma in der in Absatz 1 bezeichneten Weise anzubringen; ist aus der Firma der Familienname des Geschäftsinhabers mit einem ausgeschriebenen Vornamen zu ersehen, so genügt die Anbringung der Firma.

[III] Auf offene Handelsgesellschaften, Kommanditgesellschaften und Kommanditgesellschaften auf Aktien finden diese Vorschriften mit der Maßgabe Anwendung, daß für die Namen der persönlich haftenden Gesellschafter gilt, was in betreff der Namen der Gewerbetreibenden bestimmt ist. Juristische Personen, die eine offene Verkaufsstelle haben, eine Gaststätte betreiben oder eine sonstige offene Betriebsstätte haben, haben ihre Firma oder ihren Namen in der in Absatz 1 bezeichneten Weise anzubringen.

[IV] Sind mehr als zwei Beteiligte vorhanden, deren Namen hiernach in der Aufschrift anzugeben wären, so genügt es, wenn die Namen von zweien mit einem das Vorhandensein weiterer Beteiligter andeutenden Zusatz aufgenommen werden. Die zuständige Behörde kann im einzelnen Fall die Angabe der Namen aller Beteiligten anordnen.

[V] Die Absätze 1 bis 4 gelten entsprechend für den Betrieb einer Spielhalle oder eines ähnlichen Unternehmens sowie für die Aufstellung von Automaten außerhalb der Betriebsräume des Aufstellers. An den Automaten ist auch die Anschrift des Aufstellers anzubringen.

GewO 146 Verletzung sonstiger Vorschriften über die Ausübung eines Gewerbes.

[I] ...

[II] Ordnungswidrig handelt ferner, wer vorsätzlich oder fahrlässig ...

2. entgegen § 15a Namen, Firma oder Anschrift nicht oder nicht in der vorgeschriebenen Weise anbringt, ...

[III] Die Ordnungswidrigkeit kann ... mit einer Geldbuße bis zu zweitausend Deutsche Mark geahndet werden.

Auch juristische Personen wie AG, GmbH, eG haben, obwohl nicht ausdrücklich erwähnt, ihre Firma anzugeben; Darmst HRR **34**, 1503, str. Bei Verletzung Geldbuße (§ 148 GewO) und uU Schadensersatz (§ 823 II BGB). Das Registergericht hat die Befolgung nicht zu erzwingen (reine Polizeivorschrift) KGJ **38** A 161.

3. Abschnitt. Handelsfirma   3 **§ 17**

3) Bildung der Firma, allgemeines Täuschungsverbot

A. Die Firma muß wie andere Namen aus **Worten** bestehen, nicht Bildzeichen, KGJW **30**, 1742. Die Schriftart ist frei wählbar; nicht aber im HdlReg, s **(4)** HRV § 12 Anm 1. Die Firma kann (und muß zT) ua folgende Angaben enthalten: Eigennamen (§§ 18 I, 19, § 4 GmbHG), Gegenstand des Unternehmens (§§ 4, 279 AktG, § 4 GmbHG), Rechtsform (GesZusatz, § 19 I, II, §§ 4, 279 AktG, § 4 GmbHG), Inhaberwechsel (Nachfolgezusatz, vgl §§ 22, 25 I 1), sonstige **Zusätze** (Kasuistik bei § 19 Anm 2–5). Für Gegenstand- bzw **Sachfirma** genügt nicht schlichte Gattungsangabe, nötig ist Kennzeichnungs- und Unterscheidungskraft: ,,Transportbeton" nicht ohne Ortsangabe, Hamm BB **61**, 1026; nicht ,,Handels"-, auch ,,Internationale Handels"-(Ges), BayObLG BB **73**, 305; aber ,,interhandel". Branchenverständlichkeit genügt, Stgt BB **74**, 756 (Fluidtechnik). Insoweit ist auch Fremdsprache möglich, BayObLG BB **77**, 813 (,,Telepromotion", deutsche Fernwerbung). **Phantasieworte** sind zulässig, Ffm BB **73**, 1230 (Orgware), ebenso grundsätzlich dem allgemeinen Publikum nichts sagende **Abkürzungen**, KG DR **42**, 1698 (ZUB), str; anders bei Täuschungsgefahr, zB LG Trier BB **61**, 561 (SB = Selbstbedienung?), BayOBLG BB **80**, 1120 LS (Schein eines Familiennamens), Ffm BB **82**, 1322 (Darius). Unverständliche Abkürzung kann auch gegen § 4 I 1 GmbHG verstoßen (bei Sachfirma muß Gegenstand der Firma erkennbar sein), Stgt BB **74**, 756 mit Bsp. Eine ungewöhnliche, von Haus aus individuell kennzeichnende Sachbezeichnung, die später Gattungsbezeichnung wurde, kann doch (individuelle) Kennzeichnungskraft behalten, BGH DB **77**, 2093 (Wach- und SchließGes). **Eigenname** muß nicht als solcher erkennbar sein, BayObLG BB **73**, 1369 (Mesirca), zurücknehmend BB **72**, 1382 (Celdis), s auch LG Wuppertal BB **73**, 722 (Rebeta); Latinak NJW **73**, 1215, Barfuß BB **75**, 67. Monographie Sternberg 1975 (GesZusatz).

B. Die **Teile** der Firma, besonders **Kern** (Sprachgebrauch) und **Zusatz** (vgl §§ 18 II, 19 I, II), sind grundsätzlich gleichwertig. Der Zusatz kann auch vor dem Kern stehen, Kln NJW **53**, 345, **63**, 541 (,,Hansa-Theater Alex. G."). Ist ein Zusatz unzulässig, ist nicht er allein, sondern die ganze Firma zu löschen, KG NJW **55**, 1927. Fortlassen eines Zusatzes ist Änderung der Firma. Dem Erfordernis handschriftlicher Zeichnung der Firma (zB auf Wechseln) kann aber genügen, daß nur der Namensteil handgeschrieben und die Sachbezeichnung gestempelt ist, RG **47**, 166 (,,Papierfabrik X Moritz Auerbach & Co").

C. Näheres über die Bildung der Firma bestimmen **a)** betr **Rechtsform** § 18 (Einzelkfm), § 19 (OHG, KG), §§ 4, 279 AktG (AG, KGaA), § 4 GmbHG (GmbH), § 3 GenG (eG); öffentliche Körperschaften s § 36; **b)** zur Unterscheidung der **Firmen an demselben Ort** § 30; **c)** für schon **vor 1. 1. 1900 eingetragene Firmen (1)** EGHGB Art 22, BGH **30**, 291; **d)** bezüglich **Änderungen der Inhaberschaft** §§ 21–24; **e)** betr freie Berufe die Werbevorschriften der einzelnen Berufsordnungen, unzuläßig ist zB Firmenbestandteil ,,Apotheken" in SteuerberatungsGes, BGH WM **81**, 584. Aufrechterhaltung von in der Kriegszeit bewilligten Ausnahmen s § 2 II, III Handelsrechtliches BereinigungsG (s Einl I 2 D vor § 1); Gestattung von Ausnahmen vom Firmenrecht für bis Ende 1951 in das Bundesgebiet verlegte (Personen-)Unternehmen s § 3 I desselben Gesetzes; danach können entgegen § 30 uU nicht deutlich unterschiedene Firmen am gleichen Ort zulässig sein.

D. Die Führung einer Firma ist in einer auf Wettbewerb angelegten Wirtschaft (Einl III vor § 1) eine **Wettbewerbshandlung** und unterliegt als solche dem Gebot lauteren Wettbewerbs, BGH **10**, 201, BB **73**, 60. Daraus folgt ein **allgemeines Täuschungsverbot (Grundsatz der Firmenwahrheit)**, das sich in verschiedenen Vorschriften niederschlägt: **a)** Über seinen engen Wortlaut hinaus (nur Zusätze zu Firma des Einzelkfm) enthält **§ 18 II** (Kasuistik s Anm 2–5 dort) ein Verbot, durch die Firma bzw ihre Teile das Publikum oder andere Interessierte über Art, Umfang oder sonstige Verhältnisse des HdlGeschäfts zu täuschen. Dieses Verbot erfaßt den Firmenkern, die Firmenzusätze und die Firma in ihrer Gesamtheit, BayObLG BB **82**, 1572. Es betrifft die ursprüngliche **Bildung** ebenso wie die laufende **Führung der Firma**, wird aber bei Firmenfortführung durch den Grundsatz der Firmenbeständigkeit (§ 22 Anm 1 A) begrenzt. Jedes Firmenführungsrecht, wie immer erworben und wie lange ausgeübt, endet, wenn die Verhältnisse des Inhabers in Widerspruch zum Inhalt der Firma treten und das Publikum dadurch über die Verhältnisse des Inhabers getäuscht werden kann, BGH **10**, 201 (deutsche DunnAuskunftei nach Trennung von der weltbekannten Dunn-USA). **b)** § 3 **UWG** (nF G 26. 6. 69 BGBl 633 mit Strafvorschrift § 4 UWG) enthält ein entspr Verbot irreführender Angaben (geeignet, einen besonderen Vorteil vorzutäuschen, so auch idF 1969, BGH WM **73**, 694) über geschäftliche Verhältnisse im geschäftlichen Verkehr zu Zwecken des Wettbewerbs; § 3 UWG ist auch auf Firmenführung anwendbar, BGH **10**, 201 (Dunn-Europa), **44**, 19 (L'Oréal de Paris), BB **68**, 972 (Hamburger Volksbank), **73**, 59 (Mehrwert), WM **73**, 693 (Bayerische Bank). Spezialvorschrift betr Hinweise auf Hersteller- oder Großhändler-Eigenschaft § 6a UWG (nF 1969). Zu § 6a II BGH BB **74**, 150. **c)** Entspr verbietet § 4 II Nr 4 WZG irreführende Zeichen. Die Rspr zu § 3 (und uU § 6a) UWG und zu § 4 II Nr 4 WZG kann unter Beachtung des verschiedenen Zwecks der drei Gesetze für § 18 II herangezogen werden und umgekehrt, BGH **53**, 239 („Euro" in Firma), DB **72**, 282 („Euro" in Warenzeichen); vgl § 18 Anm 4 D. **d)** UU verletzt eine Firma (einerlei ob sie irreführt) auch die Generalklausel des **§ 1 UWG**, uU durch ihren Effekt in Verbindung mit sonstigem Verhalten, BGH BB **73**, 60 („Mehrwert" durch Selbstbedienung, vgl § 18 Anm 5 E); durch „Schmarotzen" (unmittelbare Übernahme eines fremden Arbeitsergebnisses) in bezug auf das Sprachwerk eines anderen, Ffm BB **73**, 1230 („Orgwerk"). Monographien: Heinrich 1982, Weber 1984.

UWG 1 [Generalklausel]

Wer im geschäftlichen Verkehre zu Zwecken des Wettbewerbes Handlungen vornimmt, die gegen die guten Sitten verstoßen, kann auf Unterlassung und Schadensersatz in Anspruch genommen werden.

UWG 3 [Irreführende Angaben]

Wer im geschäftlichen Verkehr zu Zwecken des Wettbewerbs über geschäftliche Verhältnisse, insbesondere über die Beschaffenheit, den Ursprung, die Herstellungsart oder die Preisbemessung einzelner Waren oder gewerblicher Leistungen oder des gesamten Angebots, über Preislisten, über die Art des Bezugs oder die Bezugsquelle von Waren, über den Besitz von Auszeichnungen, über den Anlaß oder den Zweck

3. Abschnitt. Handelsfirma   3 **§ 17**

des Verkaufs oder über die Menge der Vorräte irreführende Angaben macht, kann auf Unterlassung der Angaben in Anspruch genommen werden.

UWG 6a [Verkauf durch Hersteller oder Großhändler an letzte Verbraucher]
[I] Wer im geschäftlichen Verkehr mit dem letzten Verbraucher im Zusammenhang mit dem Verkauf von Waren auf seine Eigenschaft als Hersteller hinweist, kann auf Unterlassung in Anspruch genommen werden, es sei denn, daß er
1. ausschließlich an den letzten Verbraucher verkauft oder
2. an den letzten Verbraucher zu den seinen Wiederverkäufern oder gewerblichen Verbrauchern eingeräumten Preisen verkauft oder
3. unmißverständlich darauf hinweist, daß die Preise beim Verkauf an den letzten Verbraucher höher liegen als beim Verkauf an Wiederverkäufer oder gewerbliche Verbraucher, oder dies sonst für den letzten Verbraucher offenkundig ist.

[II] Wer im geschäftlichen Verkehr mit dem letzten Verbraucher im Zusammenhang mit dem Verkauf von Waren auf seine Eigenschaft als Großhändler hinweist, kann auf Unterlassung in Anspruch genommen werden, es sei denn, daß er überwiegend Wiederverkäufer oder gewerbliche Verbraucher beliefert und die Voraussetzungen des Absatzes 1 Nr. 2 oder Nr. 3 erfüllt.

WZG 4 [Ausgeschlossene Zeichen]
[II] Ferner sind von der Eintragung solche Zeichen ausgeschlossen. . . .
4. die ärgerniserregende Darstellungen oder solche Angaben enthalten, die ersichtlich den tatsächlichen Verhältnissen nicht entsprechen und die Gefahr einer Täuschung begründen,

E. Die **Prüfung** der richtigen Bildung und Führung einer Firma obliegt dem **Registergericht** vor ihrer Eintragung und bei Anlaß auch später (§ 37 I), KG NJW **55,** 1927. Dieselben Einwendungen kann, unabhängig von der Prüfung und Stellungnahme des Registergerichts, die das Prozeßgericht nicht präjudiziert (§ 16 Anm 2), jeder Wettbewerber durch Klage nach § 37 II erheben. Das Registergericht prüft dagegen **nicht** die auf spezielle Beziehungen zu einzelnen Wettbewerbern beruhenden wettbewerbsrechtlichen Einwendungen gegen eine Firma (zB § 16 UWG: Schutz von Namen, Firma oder besonderer Bezeichnung eines anderen gegen Verwechslung) Karlsr NJW **51,** 280; innerhalb desselben Orts muß das Registergericht allerdings gemäß § 30 Verwechslungen verhindern, s § 30 Anm 1. Ebensowenig hat das Registergericht vertragliche Beschränkungen des Rechts zur Firmenführung zu beachten (häufig zB nach Trennung von Gftern, die neue Unternehmen gründen). Diese Fragen können nur die Parteien in der streitigen Gerichtsbarkeit austragen.

F. **Änderung** der Firma ist (vorbehaltlich besonderer abw Verpflichtung) jederzeit erlaubt; dem Kfm selbst nach Belieben; dem gesetzlichen Vertreter, Bevollmächtigten, Konkursverwalter, Testamentsvollstrecker usw (vgl § 1 Anm 3–6), soweit ihr Amt bzw Auftrag es erlauben. Für die Bildung der neuen Firma gilt gleiches wie für die ersten.

G. Maßgeblich für die Zulässigkeit der Firmenbildung und -führung ist im **Zeitablauf** grundsätzlich die jeweilige Gegenwart. Zukunftserwartungen fallen höchstens (dahingestellt von Celle BB **71,** 1299) bei zuverlässigen Anhaltspunkten für ihre Erfüllung in naher Zeit ins Gewicht, KG HRR **35,** 29, AG Cloppenburg BB **63,** 327. Ein Recht auf eine nach dem Gesetz **unzulässige** Firma wird auch nicht durch **langen Gebrauch,** Gewöhnung des Verkehrs an sie und die Entwicklung der Firma zu einem wertvollen

Besitzstand erlangt, falls damit eine wirtschaftlich bedeutsame Täuschung des allgemeinen Geschäftsverkehrs verbunden ist (Anschein einer Firma nach **(1)** EGHGB Art 22, BGH **30**, 293). Auch eine anfangs **zulässige** Firma (Firmenzusatz) kann **später täuschend** und damit unzulässig werden (§ 8 Anm 6 B). Doch fällt dabei langer Gebrauch für Zulässigkeit ins Gewicht, Stgt BB **61**, 500 („Institut" nach wesentlicher Verkleinerung des Geschäfts durch Kriegsfolgen, vgl § 18 Anm 5 C). Bei langem Gebrauch einer firmenrechtlich unzulässig gebildeten, **nicht täuschenden** Firma entsteht jedenfalls bei endgültiger Ablehnung ihrer Eintragung im HdlReg kein schutzwürdiger Besitzstand, BGH **44**, 118.

4) Schutz der Firma

A. Das Recht an einer bestimmten Firma genießt Schutz (**Anspruchsgrundlagen**):

a) gegen Annahme einer nicht deutlich abw Firma durch einen anderen Kfm am gleichen Ort nach § 30;

b) in diesem und in anderen Fällen verletzender Firmenführung eines anderen durch Maßnahmen des Registergerichts nach **§ 37 I** und das Klagrecht nach **§ 37 II**;

c) als Name (s Anm 1 B) nach **§ 12 BGB**, auch wenn die Firma keinen bürgerlichen Namen enthält, auch wenn sie nicht von einer natürlichen Person geführt wird, BGH **11**, 215, **14**, 159, BB **60**, 801 (s auch E d); dazu Hefermehl FS Hueck **59**, 519, Siebert BB **59**, 641, Krüger-Nieland FS Fischer **79**, 339. Krit Fabricius JR **72**, 15.

BGB 12 [Namensrecht]

Wird das Recht zum Gebrauch eines Namens dem Berechtigten von einem anderen bestritten oder wird das Interesse des Berechtigten dadurch verletzt, daß ein anderer unbefugt den gleichen Namen gebraucht, so kann der Berechtigte von dem anderen Beseitigung der Beeinträchtigung verlangen. Sind weitere Beeinträchtigungen zu besorgen, so kann er auf Unterlassung klagen.

d) als ein „sonstiges Recht" nach **§ 823 I BGB**;

e) gegen Benutzung verwechslungsfähiger Kennzeichen durch andere im geschäftlichen Verkehr durch **§ 16 UWG**; dessen IV gibt iVm § 313 III UWG den Unterlassungsanspruch gegen den Inhaber eines geschäftlichen Betriebs, in dem die verletzende Hdl erfolgte, auch wenn die Handlung von einem Angestellten oder Beauftragten vorgenommen wurde.

UWG 16 [Schutz geschäftlicher Bezeichnungen]

[I] Wer im geschäftlichen Verkehr einen Namen, eine Firma oder die besondere Bezeichnung eines Erwerbsgeschäfts, eines gewerblichen Unternehmens oder einer Druckschrift in einer Weise benutzt, welche geeignet ist, Verwechslungen mit dem Namen, der Firma oder der besonderen Bezeichnung hervorzurufen, deren sich ein anderer befugterweise bedient, kann von diesem auf Unterlassung der Benutzung in Anspruch genommen werden.

[II] Der Benutzende ist dem Verletzten zum Ersatze des Schadens verpflichtet, wenn er wußte oder wissen mußte, daß die mißbräuchliche Art der Benutzung geeignet war, Verwechslungen hervorzurufen.

[III] Der besonderen Bezeichnung eines Erwerbsgeschäfts stehen solche Geschäftsabzeichen und sonstigen zur Unterscheidung des Geschäfts von anderen Geschäften bestimmten Einrichtungen gleich, welche innerhalb beteiligter Verkehrskreise als

3. Abschnitt. Handelsfirma **4 § 17**

Kennzeichen des Erwerbsgeschäfts gelten. Auf den Schutz von Warenzeichen und Ausstattungen *(§§ 1, 15 des Gesetzes zum Schutz der Warenbezeichnungen vom 12. Mai 1894, Reichsgesetzbl. S. 441)* finden diese Vorschriften keine Anwendung.

IV Die Vorschrift des § 13 Abs. 3 findet entsprechende Anwendung.

Bsp: ,,KKB Kundenkreditbank" gegen ,,LKB" (in Alleinstellung), BGH WM **73**, 1410. Anwendung des § 16 UWG auf andere Unternehmenskennzeichnungen als Firma s Anm 6.

f) gegen zeichenmäßige Benutzung durch andere (neben §§ 12 BGB, 16 UWG) auch durch **§§ 24, 28 WZG** mit einer (in § 12 BGB, § 16 UWG nicht gegebenen) Strafvorschrift (§ 24 III) und (für Importwaren) Androhung der Beschlagnahme und Einziehung durch die Zollbehörde (§ 28 nF 4. 9. 67 BGBl 963). Hierzu G 21. 3. 25 RGBl II 115: Beitritt zum Madrider Abkommen betr Unterdrückung falscher Herkunftsangaben auf Waren. Kollisionen von Firma und Warenzeichen s Riehle ZHR 128 (**66**) 1, Körner WRP **75**, 706.

WZG 24 [Mißbrauch von Namen, Firma oder Warenzeichen]

I Wer im geschäftlichen Verkehr Waren oder ihre Verpackung oder Umhüllung, oder Ankündigungen, Preislisten, Geschäftsbriefe, Empfehlungen, Rechnungen oder dergleichen mit dem Namen oder der Firma eines anderen oder mit einem nach diesem Gesetz geschützten Warenzeichen widerrechtlich versieht, oder wer derart widerrechtlich gekennzeichnete Waren in Verkehr bringt oder feilhält, kann von dem Verletzten auf Unterlassung in Anspruch genommen werden.

II Wer die Handlung vorsätzlich oder fahrlässig vornimmt, ist dem Verletzten zum Ersatz des daraus entstandenen Schadens verpflichtet.

III Ist die Handlung vorsätzlich begangen worden, so wird der Täter mit Freiheitsstrafe bis zu sechs Monaten oder mit Geldstrafe bis zu einhundertachtzig Tagessätzen bestraft.

WZG 28 [Beschlagnahme und Einziehung ausländischer Waren]

I Ausländische Waren, die widerrechtlich mit einer deutschen Firma und Ortsbezeichnung oder mit einer auf Grund dieses Gesetzes geschützten Warenbezeichnung versehen sind, müssen bei ihrem Eingang in den Geltungsbereich dieses Gesetzes zur Einfuhr oder Durchfuhr auf Antrag des Verletzten gegen Sicherheitsleistung zur Beseitigung der widerrechtlichen Kennzeichnung beschlagnahmt werden.

II, III (betr Beschlagnahmeverfahren, Beseitigung der Kennzeichnung, Einziehung)

B. Auch **einzelne Worte** (Wortgruppen) der Firma, die, als **Schlagwort** allein gebraucht, vom Publikum als Bezeichnung des Unternehmens verstanden werden, Namensfunktion haben, genießen diesen Schutz, RG **109**, 214 (Kwatta), **115**, 407 (Salamander), BGH **14**, 159 (Farina), WM **85**, 516 (Gefa), als besondere Bezeichnung iSv § 16 I UWG, BGH **LM** § 16 UWG Nr 1, auch wenn in keinem Falle innerhalb der vollen Firma gebraucht; wenn so gebraucht, dann bei eigener Unterscheidungskraft und Eignung zur Durchsetzung im Verkehr als schlagwortartiger Hinweis auf das Unternehmen, BGH **4**, 169 (DUZ), **11**, 216 (KfA), **24**, 240 (Tabu), **74**, 2 (RBB), WM **85**, 516.

C. Der Schutz der Firma, von Amts wegen durch das Registergericht (§§ 30, 37 I, s Anm A) oder im ordentlichen Prozeß aufgrund von Schutzansprüchen des Inhabers (§ 37 II, §§ 12, 823 I BGB, § 16 UWG, § 24 WZG, s Anm A), **setzt voraus,** daß die Firma **befugt geführt** wird, so

§ 17 4   I. Buch. Handelsstand

ausdrücklich § 16 I UWG, es gilt auch für die anderen Schutzvorschriften. Der wegen Verletzung der Firma Belangte kann: **a)** Unzulässigkeit nach (formalem) Firmenrecht (s Anm 3 C) oder als täuschend (s Anm 3 D) einwenden, **b)** ein älteres eigenes ausschließendes (absolutes) Kennzeichnungsrecht (Namens-, Firmen-, Warenzeichenrecht usw, s Anm 6), welches der Kläger durch seine Firmenführung verletzt, entgegenhalten oder **c)** ein (relatives) Verbotsrecht gegenüber diesem, zB aus Vertrag (häufig bei Geschäftsteilung, -übertragung). Er kann dem Kläger nicht solche (absoluten oder relativen) Rechte Dritter entgegenhalten, BGH **10,** 204 (Dunn), **24,** 240 (Tabu).

D. Abgesehen von § 30, der unbedingt für Verschiedenheit der Firmen am gleichen Orte sorgt, setzt der Schutz der Firma (erst recht anderer geschützter Kennzeichnungen von Unternehmen, s Anm 7) voraus, daß sie **Unterscheidungskraft** hat, dh geeignet ist, bei Lesern und Hörern die Assoziation mit einem bestimmten Unternehmen zu wecken. **a)** Dies ist zB **nicht** der Fall: bei verbreiteten Familiennamen (Müller, Meyer usw) ohne Vornamen oder andere unterscheidende Verbindung; bei Gattungsbezeichnungen, die Art und Gegenstand des Unternehmens anzeigen, nicht aber ein bestimmtes Unternehmen kennzeichnen, RG **172,** 130 (Fettchemie), BGH **11,** 218 (Kaufstätten für Alle), Stgt DB **81,** 2428 (Informatik), bei geographischen Angaben; bei Bestimmungsangaben oder solchen nahekommenden Worten, BGH **21,** 73 (Hausbücherei); bei Qualitätsbehauptung, Hbg BB **76,** 249 (Creativ-Werbe-Service). Eine Gattungsbezeichnung kann, in abw Sinne gebraucht, **doch** unterscheidungskräftig sein, BGH **21,** 89 (Spiegel), **24,** 241 (Tabu), LM § 16 UWG Nr 21 (Fahrschule karo-as). „Chepromin" ist trotz Anklang an Sachbegriff (Chemie) unterscheidungskräftig (§ 16 UWG), BGH MDR **75,** 120, ebenso „Multicolor" (auch im Druckgewerbe), Ffm WRP **82,** 420. **b)** Ein **Gattungsbegriff,** eine Bestimmungs-, Qualitäts-, geographische Angabe kann aber, allein oder in bestimmter Verbindung, Verkehrsgeltung **als Bezeichnung** eines bestimmten Unternehmens erlangen; dieses kann dann einem anderen zwar nicht die Verwendung des Worts zur Kennzeichnung der Art seines Betriebs, wohl aber die Verwendung in der Firma verbieten, RG **163,** 234 (Hydraulik), BGH LM § 16 UWG Nr 8 (Rohrbogenwerk), GRUR **55,** 95 (Dtsch Buchgemeinschaft), Hbg BB **76,** 249 (Creativ), Hamm BB **82,** 210 (Germania für international tätiges Anlageberatungsunternehmen), Karlsr WRP **82,** 528 (Europa-Sekretärin), und es darf dann diese Bezeichnung ohne Verstoß gegen § 3 UWG (Text bei Anm 3 D) verwenden, auch wenn sie im Wortsinn nicht zutrifft, BGH **LM** § 3 UWG Nr 21 (Erste Kulmbacher). **c) Umgekehrt** kann eine von Haus aus unterscheidungskräftige **Bezeichnung** später als **Gattungsbegriff** verstanden werden und doch ihre Namensfunktion für den Erstverwender behalten, BGH MDR **77,** 291 (Wach- und Schließgesellschaft).

E. **Formen der Verletzung,** gegen welche die Firma geschützt wird, sind: **a)** das **Bestreiten** des Rechts zur Führung der Firma, so nach § 12 BGB. **b) Gebrauch von gleichen oder ähnlichen Worten** durch einen anderen als Name, Firma, Warenzeichen oder sonstige Kennzeichnung derart, daß Gefahr besteht, daß ein nicht unbeachtlicher Teil des Publikums **entweder** das Unternehmen dieses anderen und das des (Schutzbegehrenden) Firmeninhabers **verwechselt,** so nach § 12 BGB, § 16 UWG, BGH **11,** 215 (Kaufstätten für Alle – Kaufhaus für Alle), **14,** 159 (Farina), LM § 16 UWG Nr 24 (Rhein-Chemie, REI-Chemie), §§ 24, 28 WZG, **oder** doch zu Unrecht organisatorische oder wirtschaftliche Beziehungen zwischen den beiden Unternehmen annimmt (**erweiterte Verwechslungsgefahr**), RG **163,** 243, BGH **LM** § 16 UWG Nr 21, BGH **24,** 245 (Tabu), **28,** 326 (Quick/Glück?), BB **77,** 1216 (Terranova/Terrapin). Der Firmeninhaber kann aber Vertrieb der mit Firma gekennzeichneten Ware einem Dritten nicht mehr untersagen, wenn er dessen Vorlieferanten Kennzeichnung und Vertrieb, aber nicht an den Dritten, erlaubt hat; dieser warenzeichenrechtliche **Erschöpfungsgrundsatz** gilt auch im Firmenrecht, BGH NJW **86,** 56 (zu § 16 UWG). **c)** bei solcher Verwechslungsgefahr aus **Wiedergabe** des Inhalts der zu schützenden Firma **in anderer Form** als durch Worte, zB bildlich, RG GRUR **31,** 274, RG **171,** 154 (beide: Salamander), BGH **LM** § 16 UWG Nr 21 (Fahrschule karo-as). **d)** sonstiger **gegen ein berechtigtes Interesse** des Firmeninhabers verstoßender Gebrauch desselben Namens (s Anm a) oder einer ähnlichen Kennzeichnung (s Anm b), auch in anderer Darstellungsform (s Anm c). So zB im Falle der sog **berühmten Unternehmenskennzeichnung,** wenn zwar keine (gewöhnliche oder erweiterte) Verwechslungsgefahr besteht (zB weil die Parteien in verschiedenen Geschäftszweigen arbeiten), aber dieser Gebrauch die mit großem Aufwand geschaffene, besonders große werbende Kraft eines in der Firma enthaltenen Schlagworts (oder Namens) zu schwächen, seine überragende Verkehrsgeltung zu **verwässern,** mindestens ihr die Alleinstellung zu nehmen droht, vgl (zT über Warenzeichen) RG **115,** 410 (Salamander), RG JW **32,** 1843 (4711), RG **170,** 151 (Bayerkreuz), BGH **15,** 111 (Koma), **19,** 27 (Magirus), **21,** 92 (Spiegel), **28,** 328 (Quick/Glück?), BB **60,** 801 (Promonta), **66,** 7 (Kupferberg). Rechtsgrundlage: §§ 12, 1004, 823 I BGB. Wohl ohne Unterscheidung von „Marken"- und „Unternehmens-Kennzeichen"-Verwässerung, Hbg DB **73,** 326 (Asbach). Auch Verletzung eines **Affektionsinteresses** kann genügen, BGH BB **57,** 944, s auch Anm G. Monographie Kohl 1975.

F. Der Begriff der **Verwechslungsgefahr** (vgl Anm E b, c) ist für alle gewerblichen Kennzeichnungsmittel der gleiche, BGH GRUR **55,** 95 (Buchgemeinschaft), **21,** 90 (Spiegel). Verwechslungsgefahr besteht trotz Gleichheit eines Wortteils und ähnlichem Klang des anderen nicht, wenn das eine eine schutzunfähige Beschaffenheitsangabe ist, das andere eine Silbe von verschiedenem Schriftbild und bekanntem verschiedenem Sinn, BGH **LM** § 16 UWG Nr 16 (Synochem/Firmochem). Keine Verwechslungsgefahr zwischen „Capital-Service" für Kapitalanlagevermittlungsfirma und Titel „Capital" eines Wirtschaftsmagazins, BGH DB **80,** 536. Für eine Bezeichnung, die an sich nicht genügend Unterscheidungskraft (s Anm D) hat, um Firmenschutz zu genießen, kann infolge ihrer Verkehrsgeltung Verwechslungsgefahr mit einer ähnlichen bestehen, BGH **21,** 73 (Deutsche Hausbücherei/Stuttgarter Hausbücherei). Ausschluß der Verwechslungsgefahr uU durch Zusatz, zB Angabe der Warenherkunft, speziell (infolge dichteren Warenaustauschs) innerhalb der EWG, BGH BB **77,** 1217. Übersicht: Kroitzsch GRUR **68,** 173.

G. Der Schutz der Firma reicht **räumlich** (abgesehen vom begrenzten

Schutz gemäß § 30) und **sachlich** soweit, wie das Bedürfnis nach Verhütung von Verletzungen. Der Schutz gegen Verwechslung (vgl Anm E, F) reicht idR über das ganze **Inland, RG 171,** 30; idR nicht für die Firma eines Gaststättenunternehmens, anders wenn es darauf angelegt und im Begriff ist, Gaststätten unter der Firma an vielen Orten zu betreiben, BGH **24,** 243 (Tabu). Der Schutz gilt nur im begrenzten Wirtschaftsgebiet, wenn das Unternehmen nach Zweck, Art, Inhaberwillen nur auf eine so begrenzte Tätigkeit gerichtet ist; dann nur Verbot der Benutzung eines verwechslungsfähigen Schlagworts in diesem Raum (nicht Löschung der es enthaltenden anderen Firma); Ffm BB **70,** 1320 (Aufina/Allfina, Finanzierungsfirma, Raum Ffm-Wiesbaden). Der Schutz erstreckt sich idR nicht auf **fremde Geschäftszweige,** BGH **15,** 111 (Koma: Lebensmittel, Füllhalter), NJW **56,** 1713 (Meisterbrand: Spirituosen, Herde). Ausnahmsweise wird ein Schutz gegen Verwässerung gewährt (s Anm E d); dieser erstreckt sich dann auch auf fremde Geschäftszweige, soweit ernstliche Verwässerung zu besorgen ist. Schutz, aber idR nicht Entschädigungsanspr der kleineren Marke (Firma) gegen die in einem anderen Geschäftszweig berühmt gewordene (vgl Anm E d), BGH **25,** 372, 381.

H. **Formen des Schutzes** der Firma sind
 a) **Ablehnung der Eintragung** nicht deutlich verschiedener Firmen für andere am gleichen Orte, § 30: von Amts wegen.
 b) **Unterbindung** verletzender Firmenführung durch andere durch Zwangsmaßnahmen des Registergerichts, § 37 I: von Amts wegen.
 c) **Feststellung** des Rechts auf die Firma gegen den dieses Recht Bestreitenden, § 12 BGB, § 256 ZPO;
 d) Verurteilung des Verletzers oder dessen, der zu verletzen droht, zur **Unterlassung** der Verletzung, § 37 II, § 12 BGB, § 16 UWG, § 24 WZG. Wenn nur Teil der unzulässigen Bezeichnung verletzt, genügt idR das Verbot der Bezeichnung wie geführt und des verletzenden Teils als Schlagwort oder warenzeichenmäßig; ein weiterreichendes Verbot ist möglich bei offenbar mißbräuchlicher Benutzung oder bewußter Anlehnung an die Firma des Verletzten, wenn sie eine innere Einstellung des Verletzers verrät, die eine einwandfreie Benutzung auch in Zukunft nicht erwarten läßt.
 e) Verurteilung des Verletzers zur **Beseitigung** verletzender Anstalten, § 12 BGB, zB des Eintrags einer das Firmenrecht des Berechtigten verletzenden Firma im HdlReg.
 f) Verurteilung des Verletzers (bei Verschulden) zum **Schadensersatz,** § 823 I BGB, § 16 II UWG, § 24 II WZG. Für diesen stehen (wie im Patent-, Warenzeichen-, Urheberrecht ua, zB § 97 I 2 UrhG) **drei Berechnungsarten** zur Wahl des Geschädigten: (1) Ersatz des konkret entstandenen Schadens samt entgangenem Gewinn (§§ 249, 252 BGB), (2) angemessene Lizenzgebühr, auch wenn Lizenz nicht branchenüblich ist (Lizenzanalogie), (3) Berechnung nach dem Verletzergewinn, auch wenn die Verletzung nicht bewußt (iSv § 687 II BGB) war, BGH **60,** 206. Zur Feststellung der Schadensersatzpflicht genügt schlichte (nicht „hohe") Wahrscheinlichkeit eines Schadens, die bei Firmenrechtsverletzung (falls nach Dauer und Intensität überhaupt „Verletzung") idR anzunehmen ist, auch

3. Abschnitt. Handelsfirma 5 **§ 17**

bei Unternehmen, das noch im Aufbau ist, BGH BB **74,** 813. Übersicht: Assmann BB **85,** 16.

g) Verurteilung zur **Herausgabe** des durch die (auch unverschuldete) Verletzung Erlangten nach § 812 **BGB,** RG **121,** 259, BGH **15,** 348, BB **82,** 267. Lizenzgebühr als Ersparnisbereicherung, BGH **81,** 81. Herausgabe des Verletzergewinns, §§ 687 II, 681, 667 BGB, s Anm f; bei der Verletzung gewerblicher Schutzrechte nicht im Rahmen des § 818 II BGB, BGH **82,** 299, str.

h) Zur Klärung des Umfangs seiner Ersatz- oder Herausgabepflicht (s bei Anm f, g): Verurteilung des Verletzers zu **Auskunft** und **Rechnungslegung** über Umfang und Folgen des verletzenden Tuns, § 259 BGB, BGH **5,** 123 (zum Urheberrecht). S Pietzner GRUR **72,** 151.

i) Strafverfolgung, § 24 III WZG.

k) Beschlagnahme und Einziehung von Waren durch die Zollbehörde, § 28 WZG.

I. Der Inhaber der Firma **verwirkt** die Schutzrechte gegen einen Verletzer, wenn **a)** er dessen Verhalten derart hingehen läßt, daß der Verletzer annehmen darf, der Berechtigte dulde die verletzende Bezeichnung, und **b)** infolgedessen der Verletzer durch längere redliche ungestörte Benutzung einen ,,schutzwürdigen Besitzstand" an seiner Bezeichnung, wenn auch noch nicht seinerseits ein gegen Dritte wirkendes Schutzrecht, erlangt hat, BGH **21,** 78 (Hausbücherei), BB **58,** 59 (Gleichnamige, s § 18 Anm 1 C), Ffm BB **70,** 1320. Benutzungserlaubnis s Anm 5 B.

5) Übertragung der Firma

A. Fortführung der Firma des EinzelKfm durch seine **Erben** s § 22 Anm.

B. Übertragung der Firma unter Lebenden (**Veräußerung, Nießbrauch, Pacht** oä) nur zusammen mit dem HdlGeschäft s § 23. Möglich ist aber bloße **Benutzungserlaubnis** vom Inhaber A an B, der zB in neuem Unternehmen einen von A aufgegebenen Geschäftszweig weiterführt; nimmt später A den Geschäftszweig auch wieder auf, kann er verpflichtet sein, seine Firma zur Vermeidung von Verwechslung zu ändern, BGH **LM** § 16 UWG Nr 5.

C. Im **Konkurs** ist die Firma (samt dem Unternehmen, § 23) **nur mit Zustimmung des Namensträgers** (Gemeinschuldner oder Gfter), dessen Namen sie enthält, übertragbar (auch abgeleitete Firma bei gleichem Familiennamen), BGH **32,** 108, Düss BB **82,** 695. Das gilt aber nur für Firma des EinzelKfm und der PersonenGes, BGH **85,** 224. Anders Firma ohne Namen des Gemeinschuldners (oder eines Gfters); Firma mit Namen des Gemeinschuldners (oder eines Gfters) bzw eines früheren Inhabers, der Fortführung erlaubte, vgl § 22 Anm 1 Gf. Nach BayObLG JW **33,** 179 darf Gemeinschuldner im Konkurs trotz Verneinung der Übertragbarkeit der Firma ohne seinen Willen diese nicht dem Konkursverwalter durch Löschung entziehen, weil dadurch die Fortführung des Geschäfts gestört würde. Konkursverwalter darf während des Konkurses nicht das Erlöschen der Firma zur Eintragung im HdlReg anmelden, da die Vollbeendigung des Geschäfts erst nach Abschluß des Konkursverfahrens feststellbar ist, BayObLG MDR **79,** 674. Mädchenname der Gemeinschuldnerin in der

§ 17 6   I. Buch. Handelsstand

Firma hindert Übertragung durch Konkursverwalter nicht, Hamm JMBl NRW **64**, 115; fraglich wegen § 1355 IV 2 BGB nF. Einwilligung eines ausscheidenden Gfter ist nach § 24 II notwendig (anders bei GmbH, GmbH & Co) s § 24 Anm 3. Übersicht: Bokelmann KTS **82**, 27, Riegger BB **83**, 786, Ulmer NJW **83**, 1697 (Konkurs der GmbH).

D. Die **Enteignung** (oder erzwungene Veräußerung) eines Unternehmens samt Firma in der DDR wirkt nicht in der BRD. Besteht das Unternehmen in der BRD fort (Einl II 1 Cc vor § 1), so kann es hier die Firma fortführen und dies dem Staatsbetrieb der DDR verbieten, Hbg SJZ **48**, 604 (Knäckebrotwerke), Düss DB **50**, 54 (Olympia) u 347 (Sowj-StaatlAG ..., vorm X & Y). Der phG einer KG mit seinem Namen in der Firma hat am Firmennamen ein nicht durch Enteignung entziehbares Recht, BGH **17**, 214.

6) Andere Kennzeichnungen von Unternehmen

A. **Besondere Bezeichnungen** eines Erwerbsgeschäfts (die nicht Firma sind) genießen ohne amtliche Registrierung bei beständigem Gebrauch und kennzeichnender Kraft, auch ohne Verkehrsgeltung **Namensfunktion** und damit Schutz nach § 12 BGB und § 16 UWG (s Anm 4 A). So **Kurzbezeichnungen**, BGH **4**, 169 (DUZ), **11**, 217 (KfA), **15**, 109 (Koma), **19**, 27 (Magirus); aber nicht ,,KSB" gegen gleich signierenden Studentenbund, BGH DB **76**, 478; **Phantasienamen**, auch Teile der Firma, BGH LM § 16 UWG Nr 21 (Fahrschule karo-as); auch **Warenzeichen**, die im Verkehr als Kennzeichen des Unternehmens selbst verstanden werden, (§ 16 III 2 UWG steht dem nicht entgegen), BGH **21**, 88 (Spiegel), NJW **56**, 1713 (Meisterbrand). Ebenso **Geschäfts- oder Etablissementsbezeichnungen**, die ein Lokal bzw eine Sacheinrichtung bezeichnen (zB Gaststätte, Theater, Apotheke), RG JW **29**, 1226 (Weißer Hirsch), RG **171**, 32 (Am Rauchfang), BGH **24**, 243 (Tabu I), GRUR **57**, 548 (Tabu II), NJW **70**, 1365, DB **76**, 2056 (Parkhotel); auch andere geschäftliche Einrichtungen zB Buchgemeinschaft, BGH **21**, 69 (Dtsch Hausbücherei), ein Detektivbüro, Bambg DB **73**, 1989; nicht einen unselbständigen Verkaufsraum, Hamm BB **72**, 589 (,,Fundgrube"). Sie sind nach Verkehrsauffassung von Firma zu unterscheiden; maßgebend ist, ob auf den Inhaber des Unternehmens oder das Geschäft bzw Unternehmen hingewiesen wird, Ffm DB **81**, 153; ob mehr Personen- oder Einrichtungsbezeichnung vorliegt, Droste DB **57**, 574; Bambg DB **73**, 1989. Ist eine Bezeichnung hiernach nicht Geschäftsbezeichnung, sondern Firma, gilt Firmenrecht, also Anmeldungs- und Eintragungszwang, sonst Unzulässigkeit des Gebrauchs (§ 37); Hamm, BayObLG BB **59**, 898, **60**, 996. Unzulässige firmenähnliche Geschäfts- oder Etablissementsbezeichnung neben anderer Firma Neust BB **63**, 326 (Mainzer Möbel Magazin), Ffm OLGZ **75**, 108; Firmenähnlichkeit verneint für Papierwarengeschäft ,,Papeterie am X-Ring" (neben eingetragener Personenfirma), Karlsr BB **68**, 308, Detektivbüro ,,Interdekt", Bambg DB **73**, 1989. Voraussetzung des Schutzes nach § 12 BGB und § 16 UWG ist Namensfunktion (Individualisierungskraft) der Bezeichnung; nur Gattungen bezeichnen zB ,,Balkan-", ,,Chinesisches" Restaurant, ,,Zigeunerkeller", Hamm BB **67**, 1101; kein Schutz ohne Verkehrsgeltung der Bezeichnung, BGH BB **76**, 58 (Management-Seminare Heidelberg), Hamm BB **79**, 183 (Chemotechnik), BGH

BB **76**, 58. Kein Schutz nach längerer freiwilliger Schließung, Ffm DB **72**, 1016 (Hotel X).

B. Gleiches ist anzunehmen für die Bezeichnung von **Unternehmensteilen** (zB ,,X-Werk", ,,Abteilung Y"), vgl RG **88**, 421 (Weiterführung der Firma eines übernommenen Unternehmens als Bezeichnung einer Abteilung). Enthält die Bezeichnung einen Personennamen (zB ,,Abteilung vormals Hans Schulz"), so ist dieser Name auch unmittelbar nach § 12 BGB geschützt. Schutz der Bezeichnung eines einzelnen **Gebäudes** entspr § 12 BGB, BGH DB **76**, 331 (Sternhaus).

C. **Geschäftsabzeichen** und **sonstige Einrichtungen**, die zur Unterscheidung des Geschäfts von anderen Geschäften bestimmt sind und auch tatsächlich innerhalb beteiligter Verkehrskreise als Kennzeichen des Erwerbsgeschäfts gelten (und weder Firma noch besondere Bezeichnung sind), sind geschützt nach § 16 III (mit I, II) UWG (s Anm 4 A). So zB **bildliche Abzeichen**, BGH **LM** § 16 UWG Nr 21 (Fahrschule karo-as); **Fernsprechnummer**, BGH **8**, 387; **Telegrammadressen**, BGH NJW **56**, 1713; **Telexkennung**, Hbg BB **83**, 397.

D. Der Schutz solcher anderer Unternehmenskennzeichnungen reicht nicht wie der Schutz der Firma (s Anm 4 G) idR über das ganze Inland, sondern nur soweit wie ihre **Verkehrsgeltung**, RG **108**, 273, **171**, 34, BGH **11**, 219, **24**, 245, **74**, 2. Bei Buchstabenzusammenstellungen als Firmen- und Warenkennzeichnungen (RBB) sind an den Bekanntheitsgrad strenge Anforderungen zu stellen (Freihaltebedürfnis der Allgemeinheit) BGH **74**, 1. Verkehrsgeltung trotz vorübergehender Nichtbenutzung, BGH **21**, 76 (Deutsche Hausbücherei, Nachkriegszeit), vgl für Firma Anm 1 D. Verkehrsgeltung uU noch 20 Jahre nach Schließung, Nürnb BB **61**, 501 (sehr alte populäre, 1944 zerstörte Gaststätte ,,Bratwurstglöcklein"). Schutzbereich der Gaststättenbezeichnung ist idR das ganze Ortsgebiet, auch einer Großstadt, zB nicht nur die Kölner Innenstadt, BGH NJW **70**, 1365, Verhältnis von Geschäftsbezeichnung zu Warenzeichen, Nürnb BB **62**, 498.

7) Internationaler Verkehr

A. Die (nach inländischem Recht befugt geführte) Firma von **Ausländern** (Kflten, HdlGes usw) wird **in der BRD** wie die von Inländern geschützt. So im (weit reichenden) Anwendungsbereich des Pariser Unionsvertrags nach dessen Art 2, 8; das Erfordernis der Gegenseitigkeit nach §§ 16, 28 UWG ist hier durch Art 2 Pariser Unionsvertrag erfüllt, RG **109**, 213 (Kwatta), **132**, 378. Außerhalb des Pariser Unionsvertrags gilt § 12 BGB ebenfalls ohne weiteres, RG **117**, 215 (Eskimo Pie), BGH NJW **71**, 1523 (SWOPS), dagegen Fabricius JR **72**, 15; § 16 UWG bei Gegenseitigkeit (§ 28 UWG). Die Voraussetzungen des Schutzes, zB schutzwürdiges Interesse (§ 12 BGB), Verwechslungsgefahr (§ 16 UWG), Unterscheidungskraft der Firma (s Anm 4 D), müssen aber im inländischen Verkehr, nicht nur im Ausland, gegeben sein, RG **132**, 380 (Chaussures Manon). Die Firma muß im Inland so in Gebrauch genommen sein, daß auf Beginn dauernder wirtschaftlicher Betätigung im Inland zu schließen ist, BGH GRUR **66**, 269, **67**, 202, **69**, 359, MDR **71**, 646. Ingebrauchnahme auch durch Wareneinkäufe, keine Beschränkung des Firmenschutzes auf Bestellbereich, BGH **75**, 172 (Concordia I), NJW **83**, 2382 (Concordia II, firmenrechtliche Priorität trotz Umwandlung). Ingebrauchnahme und Firmenschutz können räumlich begrenzt sein, BGH DB **70**, 440 (Saarland), NJW **83**, 2383. Schutz französischer dénomination commerciale (ähnlich Geschäftsbezeichnung, vgl Anm 6 A) gegen deutsche Firma (die älter ist, aber durch Änderung Priorität verlor), BGH NJW **73**, 2153. Ein Ausländer kann auf Unterlassung des Gebrauchs einer Firma in der BRD klagen, wenn in dieser sein Name unbefugt benutzt wird und dies seine schutzwürdigen Interessen verletzt, § 37 II, § 12 BGB, zB wenn er im Begriff war, seinen Namen in der BRD anders zu verwenden. Schutz der in der BRD gebrauchten Geschäftsbezeichnung (s Anm 6 A) eines Unternehmens der DDR, BGH **34**, 97 (Esda). Zum (Hdl-)Namensschutz im IPR Baur AcP 167 (**67**) 535, Krasser GRUR **71**, 490, Graf WRP **69**, 209 (Kennzeichen).

B. Der Schutz der Firma von **Deutschen** (Kfltn, HdlGes usw) **im Ausland** bestimmt sich nach ausländischem Recht. Im Anwendungsbereich des Pariser Unionsvertrags ist er durch deren Art 8 garantiert (so oben). Ein deutscher Kfm kann nach Vertrag oder nach deutschen Rechtsgrundsätzen verpflichtet sein, ein ausländisches Verbotsrecht im Ausland gegen einen anderen deutschen Kfm nicht zu gebrauchen, BGH **14**, 293 („Farina" in Belgien).

C. Auch eine im **Ausland** eingetragene Firma muß im Inland so geführt werden, daß sie nicht irreführt, LG Hagen NJW **73**, 2162 (Vortäuschung einer Mehrländergruppe durch Liechtensteiner Firma in 4 Sprachen).

[Firma des Einzelkaufmanns]

18 **I** **Ein Kaufmann, der sein Geschäft ohne Gesellschafter oder nur mit einem stillen Gesellschafter betreibt, hat seinen Familiennamen mit mindestens einem ausgeschriebenen Vornamen als Firma zu führen.**

II **Der Firma darf kein Zusatz beigefügt werden, der ein Gesellschaftsverhältnis andeutet oder sonst geeignet ist, eine Täuschung über die Art oder den Umfang des Geschäfts oder die Verhältnisse des Geschäftsinhabers herbeizuführen. Zusätze, die zur Unterscheidung der Person oder des Geschäfts dienen, sind gestattet.**

Übersicht

1) Firma des Einzelkaufmanns (I)
2) Zusätze (II), Prozessuales
3) Hinweis auf Rechtsverhältnisse
4) Geographische Hinweise
5) Hinweis auf Art des Betriebs

1) Firma des Einzelkaufmanns (I)

A. Der **Einzelkaufmann** muß seinen **Familiennamen** in der Firma führen; nicht Decknamen oder in anderem Unternehmen als Firma geführten Namen, KG HRR **39**, 93; Doppelnamen vollständig, KG OLG **41**, 192. Mindestens ein **Vorname** ist in der Firma zu führen; nicht notwendig Rufnamen; ausgeschrieben, zB nicht „Joh.", BayObLG JW **28**, 2639, nicht „Ed." statt Eduard, BGH **30**, 291; in der Form gemäß Standesregister, nicht in gebräuchlicher Abkürzung (Heinz statt Heinrich), BGH NJW **80**,

3. Abschnitt. Handelsfirma   1 § 18

127. Ein Mann mit Vornamen Maria darf nicht diesen allein in die Firma nehmen, um nicht als Frau zu erscheinen. Wer als Hans A bekannt ist, darf nicht den zweiten Vornamen Fritz in die Firma nehmen, unter dem ein anderer A bekannt ist, KG DR **40**, 456. Der Vorname kann auch im Inhabervermerk stehen, Kln NJW **53**, 345 („Hansa-Theater Inh Alexander G"). Adjektivische Form des Namens ist zulässig, wenn er klar bleibt: „Herbert Meyersche Importenhandlung", vgl RG **119**, 201. Firmen von vor 1900, **(1)** EGHGB Art 22 I. Pächter als Inhaber vgl § 1 Anm 3, § 22 Anm 4.

B. Ein **Ehegatte** darf auf seinen früheren Namen hinweisen, wenn dieser nicht gemeinsamer Familienname geworden ist (§ 1355 BGB), zB „Anna Müller geb Schulze", Karlsr NJW **51**, 280, vgl Brause DB **78**, 478. Als **Begleitname**, zB „Anna Müller-Schulze", darf (und muß) der frühere Name aber nur bei amtlicher Annahme (§ 1355 BGB) geführt werden. Der Begleitname ist im amtlichen Verkehr zusammen mit dem Familiennamen zu führen; er ist kein Vorname iSv §§ 18 I, 19 III. Der Ehegatte darf **nicht allein** den (nicht zum gemeinsamen Familiennamen geworden) **früheren Namen** („Mädchennamen", Name aus früherer Ehe) führen, außer im Falle des § 21. Der überlebende Ehegatte muß als Vornamen seinen eigenen, nicht den des Verstorbenen verwenden, zB „Witwe Anna X & Co", nicht „Witwe Hans X & Co" für eine KG der Erben des Hans X.

C. Kflte **gleichen oder ähnlichen Namens** sind an der redlichen Verwendung ihres Namens nicht gehindert. Die Namensgleichheit darf jedoch nicht besonders hervorgehoben werden, BGH BB **58**, 59. Vielmehr ist umgekehrt die Verwechslungsgefahr (auch für Kflte an verschiedenen Orten, vgl § 30 II), soweit wie möglich durch unterschiedliche Bildung der Firma, insbesondere durch verschiedene **Zusätze** zum Namen, auszuräumen. Diese Verpflichtung trifft uU beide Seiten, BGH **14**, 161 (Farina), NJW **86**, 58, grundsätzlich aber den jüngeren Wettbewerber (**Prioritätsprinzip** unter Berucksichtigung realer künftiger Ausdehnungsmöglichkeiten), BGH NJW **51**, 520 (Luppy), NJW **85**, 741 (Consilia), Kln NJW **84**, 1358 (Farina), uU denjenigen, der durch Ausdehnung seines Geschäfts die Parteien in Wettbewerb brachte, oder der nach Trennung vom anderen in dessen Nähe umsiedelt, oder der bisher keinen Vornamen führt gegenüber dem, der es tut. Sie trifft den ausgeschiedenen Gfter uU gegenüber der Ges, Celle BB **60**, 1077 (vgl § 138 Anm 3 B). Wer die Firma derart unterscheidend bilden muß, hat idR einen Spielraum für das Wie. Bei redlicher Namensführung auf beiden Seiten ist ein Rest von Verwechslungsgefahr hinzunehmen, BGH **4**, 103 (Farina), Kln NJW **84**, 1358 (Farina). Ein einmal angenommener und geführter Zusatz darf uU nicht gestrichen und durch Beifügung eines Bildzeichens ersetzt oder sonst geändert werden, BGH **14**, 161 (Farina). Bei sehr einprägsamen Nachnamen kann Unterscheidung durch alltägliche Vornamen ungenügend und außerdem ein unterscheidender Zusatz geboten sein, BGH NJW **51**, 520 (Luppy). Nicht genügt idR Unterscheidung durch andere GesForm und deren Bezeichnung („u. Co. KG"), BGH NJW **66**, 1813 m Anm Jansen. **Verwirkung** (§ 242 BGB) des Unterlassungsanspruchs ist möglich, wenn der Berechtigte Verstoß über längeren Zeitraum duldet und der Verletzer sich im Vertrauen darauf wertvollen Besitzstand schafft, stRspr, BGH NJW **86**, 58. **Ausnahmsweise** ist die Führung des eigenen Namens in der Firma **verboten,** so wenn der Kfm mißbräuchlich dessen Werbekraft ausnutzen will, die andere schufen, BGH **4,** 102 (Farina); bei ,,berühmtem" Namen vgl § 17 Anm 4 E d) uU auch in anderem Geschäftszweig, BGH BB **66,** 7 (Kupferberg, Sekt/Holz). Monographie Knaak 1979.

2) Zusätze (II), Prozessuales

A. Als Ausprägung des allgemeinen Täuschungsverbots (**Grundsatz der Firmenwahrheit**, s § 17 Anm 3 D) verbietet II 1 täuschende Zusätze; II 2 gestattet zur Unterscheidung der Person oder des Geschäfts dienende Zusätze. Zweck des II ist Schutz der Geschäftspartner und der Mitbewerber des Unternehmens und des lauteren Wettbewerbs im Firmenrecht, BayObLG BB **82,** 1573. **II gilt für alle Firmen** und Firmeninhaber, zB GmbH, BGH **65,** 92, also anders als I nicht nur für EinzelKflte. Berücksichtigung im Eintragungs**verfahren** (§ 12 FGG, s § 8 Anm 4 B, **(4)** HRV § 23 S 2); Verfahren von Amts wegen gegen Gebrauch einer unzulässig gebildeten Firma, § 37 I; gegen eingetragene Firma auch Amtslöschung nach **(3)** FGG § 142; Vorgehen durch Dritte, § 37 II. Unterstützung der Registergerichte durch die IHK in Firmensachen s **(3)** FGG § 126 Anm 1 (vgl § 8 Anm 6). Dazu (unverbindliche) Leitsätze des DIHT zur Beachtung durch die IHK (häufige Änderungen, zB BB **69,** 418). Einfluß des Zeitablaufs, vor allem langer Gebrauch, s § 17 Anm 3 G. Internationales Recht s § 17 Anm 7. **Kasuistik** (zu § 18 II, § 3 UWG, zT § 4 WZG, vgl § 17 Anm 3 D) s § 17 Anm 3 und unten Anm 3–5. RsprÜbersichten: Wittmann BB Beil 10/**69,** 9/**71.**

B. Maßgebend ist die nicht ganz entfernte Gefahr der **Irreführung** eines nicht unbeachtlichen Teils der durch die Firma angesprochenen Verkehrskreise, zB Kundschaft, Lieferanten, Banken, BGH BB **73,** 59, Hamm BB **82,** 1322, BayObLG BB **82,** 1572; auch die Kflte des Geschäftszweigs, BayObLG NJW **72,** 165. Auch fremdsprachliche Firmenbestandteile sind zulässig, jedenfalls wenn die deutsche Öffentlichkeit sie versteht, Ffm DB **79,** 2172 (food). Bei Zusammensetzungen entscheidet der Gesamteindruck, nicht eine zergliedernde Betrachtung, BGH BB **73,** 59 (Mehrwert). Mehrdeutigkeit geht zu Lasten des die Firma Führenden, Celle BB **71,** 1299. Vor Gericht wird idR hierüber **Beweis** erhoben, zB durch Umfragen geeigneter Stellen (IHK , DIHT ua, s **(3)** FGG § 126 Anm 1) oder Gutachten von Sachverständigen, BayObLG WM **84,** 1153. Doch darf der Richter die Täuschungsgefahr auch selbständig feststellen, wenn er sie an sich selbst erfährt, BGH **53,** 341 (Euro-Spirituosen), GRUR **63,** 273 (Bärenfang), insbesondere wenn er selbst zu den angesprochenen Verkehrskreisen gehört, BGH BB **73,** 813 (Bayerische Bank), Ffm BB **74,** 577. Andererseits darf er sie, wenn das IHK-Gutachten sie möglich erscheinen läßt, nicht ohne weitere Ermittlung verneinen, Hamm DB **74,** 868, Ffm BB **75,** 248, BayObLG BB **82,** 1573.

C. Bei Beanstandung einer Firma wegen eines bestimmten in ihr enthaltenen Wortes, Ausdrucks, Zusatzes idR **Verbot** der Firma wie sie gebildet war, nicht des Wortes usw schlechthin (weil dessen Verwendung in anderer Zusammenstellung zulässig sein kann), BGH **53,** 345 (Euro). Die Führung eines an sich zulässigen Firmenzusatzes kann uU für Vertrieb einzelner Erzeugnisse des Unternehmens untersagt oder nur mit einem die Täuschung ausschließenden Hinweis gestattet werden, Nürnb BB **62,** 660 („Springquelle" bei Leitungswasserlimonade).

3) Hinweis auf Rechtsverhältnisse

A. Wahrheitsgemäße Hinweise auf Rechtsverhältnisse des Unternehmens sind zulässig, zB **Inhabervermerk,** wenn der Name des Inhabers nicht ohnehin in der Firma erscheint, etwa „Hans A, Inhaber Max B". § 18 I erfordert Angabe von Vor- und Zuname im Inhabervermerk, Mü HRR **37,** 642 („Kaufhaus A, Inhaber Werner A") mit Einschränkungen. Ebenso Angabe des früheren Inhabers **(Nachfolgevermerk),** zB „Max B, Hans A Nachfolger" oder „Max B, vormals Hans A". Dieser Vermerk setzt Identität des Unternehmens voraus, nicht nur Übernahme des Geschäftslokals oder von Teilen des Unternehmens. Fehlen die Voraussetzungen der Fortführung der Firma (vgl §§ 22, 23), so darf nicht der Eindruck der Fortführung des Unternehmens erweckt werden, KG JW **38,** 1172, Kln NJW **63,** 541. Nachfolgevermerk kann sogar zwingend sein, um Täuschungsgefahr zu vermeiden, s § 19 Anm 3 D, § 22 Anm 2 C.

B. Hinweise auf **Gesellschaftsform** s zu § 19. Unzulässig sind **Phantasieworte** (s § 17 Anm 3 A), die nach einer GesForm klingen, BGH **22,** 89 („INDROHAG ... GmbH" wegen des „AG"), KG NJW **65,** 255 (Delbag), LG Hann BB **76,** 59 (Gesag ... OHG), BayObLG DB **78,** 1269 (Trebag ... GmbH) u **82,** 2129 (BAG Bau-Anlagen GmbH).

4) Geographische Hinweise

A. **Gebiets- oder Stadtangaben** sind idR **nur** zulässig für **führende Unternehmen** des Gebiets (Orts) und Geschäftszweigs, BGH BB **64,** 240, Stgt BB **82,** 576, 1195, Hamm BB **82,** 1322 (Hanseat), BayObLG WM **83,** 1431 (Westdeutsch), BayObLG DB **85,** 105 (Bayernwald), auch für Kleinbetrieb in mittelgroßer Stadt, solange er der einzige seiner Branche am Ort ist, Düss BB **81,** 72. Vollkfm Unternehmen mit maßgebender, mindestens besonderer Bedeutung in dem Gebiet (Ort), bei neuartiger Tätigkeit im Verhältnis zu Unternehmen verwandter Wirtschaftszweige, DIHT BB **67,** 1100. Bsp: „Sauerland Immobilien" unzulässig, wenn nicht eines der bedeutungsvollsten Unternehmen des Geschäftszweigs und Gebiets; ebenso „Hamburger Volksbank" für die viertgrößte, in einem Teilstadtgebiet arbeitende Volksbank Hamburgs, BGH BB **68,** 972. „Fahrschule Berlin" zulässig für eine der zehn größten von 258 Berliner Fahrschulen. Unzulässig „Berliner WohnungsbauGes" mit 14% Marktanteil, KG NJW **69,** 1539, ebenso „Berliner" mit weiter Branchenbezeichnung, wenn nur in schmalem Sektor tätig und führend, KG DB **70,** 246. Stadtteilangabe nur für das einzige entspr Unternehmen im Stadtteil, Stgt BB **64,** 1145 (Gablenberger Fahrschule). Die (irreführende) Wirkung hängt aber weitgehend von den **Umständen des Einzelfalls** ab, nicht jeder geographische Zusatz kann als Alleinstellungsbehauptung angesehen werden, zB Zusatz „Süd" im süddeutschen Raum, Stgt OLGZ **75,** 116, BayObLG Rpfleger **79,** 63, vgl Hamm BB **84,** 1891 („West"); möglich ist reiner Herkunftshinweis, zB „Schwarzwald H. Bauernspezialitäten", BGH WM **82,** 585; dagegen ist „Bayerische Bank" unzulässig für eine von zwei führenden bayerischen Regionalbanken, BGH BB **73,** 813; „Oberhessische" Bank s BGH DB **75,** 2178. Nennt die Firma zwei Produkte, muß das Unternehmen in bezug auf jedes herausragend sein, Saarbr OLGZ **76**, 33. ,,Kölsch" Bier, in Euskirchen gebraut, uU zulässig wegen ,,traditioneller Gegebenheit", jedenfalls nicht weil von Brauereiverband für zulässig erklärt, BGH BB **70**, 859. UU Behebung einer Irreführungsgefahr durch entlokalisierenden Zusatz, BGH BB **71**, 283 (Plym-Gin). Aussage unklar, daher Täuschungsgefahr zweifelhaft bei Gebrauch eines Begriffs, der nicht auch einen bestimmten Wirtschaftsraum kennzeichnet, Ffm OLGZ **73**, 279 (Main-Car). Unzulässiger Hinweis auf bekannte **Straße**, Hamm BB **58**, 603 (,,Kö"). Sonderrecht für ,,Solingen" (G 15. 7. 38 RGBl 953), dazu LG Wuppertal, Bosse DB **77**, 1088, 1082, Weides WRP **77**, 141, Düss DB **78**, 631. Monographie Tilmann 1976 (geographische Herkunftsangabe), dazu Schricker BB **77**, 1429.

B. Zur **Art der Beziehung**: ,,Hamburger Kaffeelager" unzulässig, wenn der Unternehmer nur einer von vielen (außerhalb Hamburgs sitzenden) Abnehmern einer einzigen Hamburger Kaffeegroßhandlung ist, RG **156**, 16. Unzulässig ,,Berliner Apotheke" an westdeutscher ,,Berliner Straße", Hamm **64**, 1144. ,,Amerikanische Dampfbügelei" verlangt Beziehungen zu Amerika nach Person oder Betrieb, abw KG JW **27**, 130. ,,Nordsee": BB **66**, 1247. ,,Grenzland" verlangt Grenzbeziehung, nicht Größe, Oldbg BB **68**, 310.

C. **,,Deutsch"** setzt idR Unternehmen voraus, das nach Ausstattung und Umsatz auf den deutschen Markt als ganzen zugeschnitten ist, BGH **53**, 343. Wegen der internationalen Wirtschaftsverflechtung dient der Zusatz heute auch zur Kennzeichnung deutscher Töchter ausländischer Unternehmen; das Publikum verbindet deshalb mit ,,deutsch" nicht mehr ein für die deutsche Wirtschaft beispielhaftes oder besonders wichtiges Unternehmen, BGH WM **82**, 560. **,,Allgemeine deutsche"** ist schwächer als ,,deutsch" in Alleinstellung und für größte (reine) deutsche SteuerberatungsGes zulässig, BGH WM **82**, 561. **,,Nord-Süd"** kann als Hinweis auf die ganze BRD verstanden werden, Celle BB **71**, 1299; ,,Siebdruck Süd" zulässig, Stgt OLGZ **75**, 117; ,,Süd" für sich allein eher Phantasiebezeichnung, BayObLG DB **79**, 83.

D. **,,International"** weist auf ausgedehnte (eigene) Auslandsaktivität, BayObLG BB **66**, 1246, **73**, 305. Anschluß an internationales Mietwagen-Vermittlungsnetz genügt nicht. Entspr Größe und Marktstellung nötig, BGH BB **70**, 727; bei Restaurant entspr Speisekarte, Hamm DB **74**, 1619. ,,Inter" gilt uU gleich, BayObLG BB **73**, 305 (,,inter-handel"). − **,,Europa"** uä: nach Größe und Marktstellung entspr den Anforderungen des europäischen Marktes, europäisches Niederlassungsnetz ist unnötig, BGH **53**, 339 (,,Euro-Spirituosen"; auch unvereinbar mit Absatz loser Ware mit Zweitmarken), DB **72**, 282 (WZ); unerheblich daß viele WZ mit ,,Euro" gebildet sind. ,,Europa" auch möglich bei besonderer Beziehung zur EWG-Organisation oder als Hinweis auf Erfolge eur Zusammenarbeit; DIHT BB **67**, 1100. S auch Kln BB **66**, 1247, Oldbg BB **68**, 312, Hamm **73**, 1042 (,,EUROP-AIR", Assoziation ua mit SWISSAIR), LG Mü WRP **76**, 797 (,,EURO frisch Markt"). − **,,Kontinent"**: BGH BB **79**, 1212. − **,,Welt"**: BB **66**, 1246.

E. **Historische** Hinweise: ,,Alt-Schöneberg" (Apotheke) nicht irreführend, weil kein definierbares Alt-Schöneberg mehr besteht (anderswo gilt anderes), so AG Bln-Charlottenburg BB **68**, 312.

3. Abschnitt. Handelsfirma 5 § 18

5) Hinweis auf Art des Betriebs

A. **Hinweis auf geschützte Bezeichnungen:** Speziell geschützt, daher außerhalb der gesetzlichen Zulassung unverwendbar, sind ua die Bezeichnung „**Bank**" (§§ 39 ff KWG, s **(7)** Bankgeschäfte Anm I 2), Ffm WM **82,** 603 (abschließende Aufzählung), „**Invest**" uä (§ 7 KAGG), BayObLG BB **83,** 1494, WM **84,** 1569, Rechtsanwalt, Wirtschaftsprüfer, Steuerberater usw. Nicht wenn Anschein solcher Tätigkeit ausgeschlossen ist, zB „Bank" bei Verlagen oder Zeitschriften (§ 41 KWG, § 7 III KAGG).

B. **Hinweise auf Marktstufe:** „**Fabrik**", „**Fabrikation**" (schwächer als „Fabrik"), „**Industrie**" sind zulässig für industriellen (nicht handwerklichen, vgl § 1 Anm 9), vollkfm Herstellungs-(nicht Handels-, idR auch nicht Montage-)Betrieb, Hamm, Karlsr u a BB **54,** 977, **62,** 387, **65,** 804, **66,** 1244. – „**Werk**" (stärker als „Fabrik") idR für großindustriellen Betrieb, AG Hamm, Ffm u a BB **60,** 958, **61,** 1101, **62,** 387, **64,** 1102, 1144, **65,** 803, **68,** 311 (maschinelle Anlagen, Großtransportanlagen, größere Arbeiterzahl, speziell eingerichtete Räume); aber auch ohne Großbetrieb, falls das Unternehmen den Durchschnitt seiner Branche größenmäßig überragt, Stgt BB **81,** 1670; anders kraft Übung in der Holz-, Erden-, Stein-Industrie (zB „Sägewerk", „Marmorwerk", wohl auch „Hammerwerk"), RG GRUR **37,** 718, KG JFG **3,** 176, Celle BB **52,** 125, Karlsr BB **57,** 165, Stgt BB **81,** 1670, LG Mannh BB **62,** 387, AG Cloppenburg, BB **63,** 327; nicht „Halbmetallwerk", LG Aachen BB **64,** 1144. Mehrere kleine Betriebsstätten sind nicht ein „Werk", LG Aachen BB **64,** 1144. Zulässig Mehrzahl „Werke" für mehrere selbständig arbeitende, zentral geleitete Werke, Oldbg BB **62,** 387. Zulässig werden jene Bezeichnungen wohl auch, wenn durch Mitnennen der Erzeugnisse Täuschung ausgeschlossen, Ffm BB **59,** 467 („Fabrikation feiner Fleisch- und Wurstwaren Wilhelm X" für ins Handelsregister einzutragenden Metzger), Oldbg BB **58,** 929 („Motorinstandsetzungswerk"). Zugehörigkeit zum Handwerk iS HdwO (vgl § 1 Anm 9) schließt nicht notwendig die Bezeichnung „Werk", „Fabrikation" o ä aus, vgl Karlsr BB **59,** 900. „Elektrizitätsgesellschaft" weist auf Stromerzeugung hin, Hamm BB **59,** 900. – „**Chemie**", „Basis-Chemie" können auch kleine Betriebe verwenden, Neust WRP **62,** 410. – „**Hersteller**" s § 6 a I UWG (Text bei § 17 Anm 3 D), nicht wenn (mehr als geringfügiger) Vertrieb fremder Produktion, RG GRUR **40,** 585, BGH GRUR **57,** 349. „**Herstellung und Vertrieb**" verlangt mindestens gleichgewichtige Eigenherstellung, BGH DB **76,** 143. Zusatz (zu GmbHFirma) über die Vertriebstätigkeit (Herstellung oder Vertrieb) ist nur bei Täuschungsgefahr nötig, BGH NJW **82,** 2446. – „**Großhandel**" weist nicht auf den Geschäftsumfang, sondern auf die Handelsstufe hin, KG JW **30,** 1409, setzt kein besonders großes Warenlager voraus und kann auch bei nur kleinem Großhandels-Anteil am Umsatz (zuletzt 4,2%) gebraucht werden, wenn zugleich auf den Einzelhandel hingewiesen wird, Hamm NJW **63,** 863. (Schuh-) „Großhandlung" ist zulässig trotz kleinem (6%) Direkt-Einzelhandel und trotz bedeutendem Verkauf an eine Einkaufsgenossenschaft und Weiterverkauf für diese an ihre Mitglieder, Karlsr BB **64,** 574. Vgl BGH BB **68,** 685 (§ 3 UWG, nicht Firma): GroßHdlGeschäft mit Einzel-, insbesondere Versandhandel darf sich gegenüber FacheinzelHdl und Letztverbrauchern nicht nur GroßHdlUnternehmen nennen; zu § 6 a II UWG (Text bei § 17

Anm 3 D) BGH BB **74**, 150 – „**Markt**" weist nicht auf Vertriebsform hin, s Anm C.

C. Hinweis auf Größe und Bedeutung: „**Anstalt**", nur bei größerem Betrieb. – „**Börse**" verlangt gewisse Größe und idR Käufer- und Verkäufermehrheit, mindestens Erfassung eines wesentlichen Teils des Marktes am Ort, Darmstadt, Ffm, Zweibr BB **66**, 1245, **68**, 311 („Auto-Börse", „Schmuck-Börse"), Ffm Rpfleger **81**, 306 („internationale Flugbörse"); neuerdings verliert der Begriff aber seine ursprüngliche Bedeutung („Krawatten-Börse", „Schuh-Börse"), Bokelmann GmbHR **83**, 238. – „**Center**", „**Central Shopping**" uä bezeichnen Unternehmen mit Vorzugsstellung am Platze, sei es an Kapital und Umsatz, KG JW **35**, 3164, Nürnb, Oldbg ua BB **59**, 251, **60**, 958, **61**, 1026, **63**, 325, 1281, 1398, **65**, 803, **68**, 312, sei es mehr durch Breite des Angebots und Kundendienst, Nürnb BB **66**, 1243, Stgt OLGZ **72**, 183. So auch Taxi-, Auto-Zentrale, Zweibr BB **66**, 1244, Hamm DB **72**, 526; Datenzentrale, BGH DB **77**, 1046. Zusammenschluß mehrerer früher selbständiger Unternehmen ist unnötig. „HdlZentrum" für EinzelHdlUnternehmen verlangt Angebot in wesentlichen aller Waren des täglichen Bedarfs, Düss WRP **82**, 224. Dazu DIHT-LS BB **65**, 303. Nach RG **166**, 244 darf nur die HauptNl so firmieren. – „**Erste**" bedeutet idR alt und im Fach besonders erfahren, nicht notwendig älteste oder beste, BGH LM § 3 UWG Nr 21 (Erste Kulmbacher). – „**Haus**" ist je nach Wortverbindung: a) nur Wortteil ohne eigene Aussage über Größe und Bedeutung, zB Gasthaus, Leihhaus, b) Behauptung überdurchschnittlicher Größe oder Bedeutung im Geschäftszweige am Ort, zB Möbelhaus BGH WM **80**, 41, WRP **82**, 410, Kaufhaus, Kunstauktionshaus, Einrichtunghaus; Werbehaus und erst recht „Das Werbehaus", LG Bln BB **64**, 572, c) nur Anzeige der Spezialisierung auf die genannte Gattung ohne Behauptung besonderer Größe oder Bedeutung, so heute regelmäßig ua für Artikel des täglichen Bedarfs und Breitenkonsums, zB Schuh-, Blumen-, Zigarren-, Reformhaus; Celle BB **63**, 325 (Süßwarenhaus), Karlsr BB **63**, 746 (Fernseh-Haus), KG BB **63**, 1396 (Tonbild- und Elektrohaus), Oldbg BB **68**, 310 (Haarhaus Grenzland), Hamm BB **69**, 1195 (Textilhaus); teils abw ältere, strengere Rspr. Der DIHT verlangt (außer für Blumen-, Zigarren-, Reform-, Kräuterhaus) ein vollkfm Geschäft mit idR überortsdurchschnittlicher Sortimentsbreite, Verkaufsfläche, Umsatzgröße, idR auch fachlich besonders geschultes Verkaufspersonal (außer bei Selbstbedienung) und je nach Brancheneigenart überdurchschnittliche Aufmachung, dagegen nicht örtlich führende Stellung, BB **69**, 418. Auch im Fall c) muß der Betrieb vollkfm sein, Oldbg BB **53**, 716, Hamm BB **54**, 784, KG BB **63**, 1396, Huthaus, und Haus der Hüte (stärker), Einrichtungshaus, Kaufhaus, s LG Siegen, Wuppertal, Siepen, IHK Mü BB **60**, 158. Mehrheit von Filialen fällt nicht ins Gewicht, wenn sie dem Publikum am einzelnen Platz nicht erkennbar ist, LG Göttingen BB **61**, 501. „Tankhaus" nicht ohne Aufenthalts- und Ruheräume, Celle BB **62**, 386. Kombination von „Haus" und Ortsname („Autohaus X-Stadt") nur für das führende am Platz, Ffm BB **66**, 1242. – „**Kontor**" nur bei größerem Betrieb. – „**Markt**" bedeutet übliches EinzelHdlGeschäft mit gewisser Größe und Angebotsvielfalt, BGH WM **83**, 1319. – „**Palast**", größerer Betrieb, Stgt JW **33**, 1473. – **Zentrale, Zentrum**, s Center.

3. Abschnitt. Handelsfirma 5 **§ 18**

D. **Hinweis auf Vereinigung:** „Verband" ist, wenn nicht schon lang geführt und darum nicht mehr irreführend, idR für einzelne Unternehmen unzulässig. – „**Vereinigte**" ist mangels wirklicher Zusammenfassung von Unternehmen der bezeichneten Art unzulässig, RG **166**, 242. – „**Union**": idR kapitalkräftige Verschmelzung oder sonstige rechtsfähige Verbindung mehrerer Unternehmen (zB Stahl-Union, Textil-Union); so auch wenn vorangestellt (zB Union-Textil), anders ua bei Etablissementsbezeichnungen (zB Union-Theater), DIHT BB **67**, 1100.

E. **Hinweis auf Spezialisierung und Branchen:** „**Fachgeschäft**", „**Spezialgeschäft**" verlangt besondere Leistung im Fach, Nürnb BB **59**, 251. Verbindung des Namens mit **Warenbezeichnung** (Leder-Schulze) bezeichnet ein auf die Ware wirklich spezialisiertes Unternehmen, Gutachtenausschuß für Wettbewerbsfragen BB **53**, 156, Karlsr BB **66**, 1249 (Möbel-Meier), aber ohne besondere Qualität des Angebots und ohne besondere günstige Verwendungsmöglichkeit, BGH BB **67**, 182 (zu § 3 UWG), „Spezialsalz") „**Fachdrogerie**", aber auch nur Drogerie unzulässig für Gemischtwarengeschäft mit einigem drogistischem Sortiment, LG Aachen BB **68**, 439. – Kasuistik: „**Bank**" s Anm A. „**bau**" ist für Baustoffhandel unzulässig, Hamm DB **74**, 868. „**Buchführung**" ist ohne Befugnis zur Steuerberatung unzulässig, Düss BB **83**, 399. „**Diskont**" (Discount)-Haus, -Geschäft uä setzt deutlich niedrigeren Preis als im konkurrierenden Einzelhandel bei grundsätzlich allen Artikeln, nicht nur im Gesamtniveau voraus, BGH BB **71**, 144. „**Fern-Lotto**" ist unzulässig, wo nur Lose vertrieben werden, KG NJW **55**, 1927. „**Finanzierung**", unzulässig bei bloßer Finanzierungsvermittlung, Ffm AG **80**, 82, LG Düss BB **79**, 905, AG Rotenburg, AG Hbg BB **77**, 462, 1116 sowie bei untergeordnetem, genehmigungsfreiem Kreditgeschäft, AG Wuppertal BB **79**, 391. „Bau und Finanz" unzulässig bei bloßer Grundstücks- und Kapitalvermittlung, AG Oldbg BB **68**, 312; Übersicht Dürr ZIP **82**, 1067. „**Invest**" s Anm A. „**Kredit**", „City Credit", „prokredit" ist bei bloßer Kreditvermittlung irreführend, Düss BB **79**, 1788, Kln BB **80**, 652; ebenso „Kredit-Dienst, Institut für Geldbeschaffung", LG Düss BB **80**, 697. „**Laden**" in „Kinderladen" ist zu allgemein, wo nur Kleidung, nicht anderer Kinderbedarf angeboten wird, AG Oldbg BB **64**, 1144. „**Lager**" (ähnlich „**Hof**", „**Magazin**", „**Speicher**") behauptet überdurchschnittliche Lagerhaltung, die ua billigeren Verkauf ab Lager erwarten läßt, und ist grundsätzlich Großhandel und Fabriken vorbehalten, dem Einzelhandel versagt, RG **156**, 20, Neust BB **63**, 326, LG Oldenbg BB **64**, 1143; Frey WRP **65**, 54, DIHT BB **68**, 439. Vgl BGH DB **73**, 2509 („Lager" in verschiedenen Werbeangaben). „**Manufaktur**" bedeutet herkömmlich Produktionsstätte mit Herstellung wesentlich durch Menschenhand, KG GRUR **76**, 640, doch verflüchtigt sich dies zunehmend, BayObLG Rpfleger **84**, 103. „**Mehrwert**" heißt für viele: billiger als jede Konkurrenz, BGH BB **73**, 60. „**Mode-Studio**": Hinweis auf Entwürfe und Individualfertigung, BayObLG NJW **72**, 166. „**Selbstbedienung**", BGH NJW **70**, 1545; „Mehrwert" (s dort) durch Selbstbedienung (diese außerhalb der Firmenführung herausgestellt) ist sittenwidriger Systemvergleich in Schlagwortform (§ 1 UWG), BGH BB **73**, 60. „**Wert-**" verlangt Angebot besonders wertvoller Artikel, Hamm NJW **68**, 2381 (Wertfoto).

F. **Hinweis auf Amtsstellung:** „**Stelle**" weist auf amtliche Aufgaben

§ 18 5 I. Buch. Handelsstand

hin, jedenfalls in Verbindung mit öffentlich bewirtschafteten Gütern, KG DR **42**, 731, erst recht „**Polizei**", Ffm WM **83**, 1372; auch **Provinzial-Molkerei**, KGJ **22**, A 100, ähnlich „Schädlingsbekämpfungsdienst Sachsen-Anhalt W. J.", KG DR **42**, 1501. „**Kirchlich**" verweist auf persönliche oder organisatorische Verbindung zu einer Kirche, LG Bremen BB **61**, 501 (Kunstverlag). (Amtliches) Reise-, Verkehrs**büro**, DIHT BB **66**, 475. „**Stiftung**" ist zulässig in „X-Stiftung GmbH", weil hier die Rechtsform klar ist, Stgt BB **64**, 1145; entspr für OHG KG, nicht für EinzelKfm. „**Unfallversorgung** deutscher Ärzte- und Zahnärzte-Versicherungsvermittlungs GmbH" ist unzulässig, ua weil eigenes Versicherungsunternehmen angedeutet ist, trotz Hinweis auf Vermittlung und trotz Unzulässigkeit von Versicherungsunternehmen als GmbH (§ 7 II VAG), BGH BB **68**, 314.

G. Hinweis auf Titel und Berufsqualifikationen: Phantasie-„**Adels**"-Name (oder von ausgestorbener Familie) ist zulässig bei Vermeidung des (falschen) Scheins echter Tradition und des Scheins früherer Inhaberschaft eines Trägers des Namen (Sektkellerei) „Graf S", Inhaberin X, gegründet 1957), Neust MDR **63**, 138. „**Akademie**" (zB für praktische Betriebswirtschaft) deutet auf Besucher- oder Mitgliederförderung als Selbstzweck, nicht Mittel der Gewinnerzielung, auch bei Zusatz „GmbH", Bremen BB **71**, 1258 (dahingestellt, ob auch Hinweis auf öffentliche Aufsicht, die bei anerkannter Privatschule gegeben ist). „**Dipl-Ing**" in Geschäftsbezeichnung eines Ingenieursbüros, BGH BB **65**, 761; „Ingenieur-Büro" (ohne Dipl) verlangt entspr Personal, Ffm DB **72**, 1014. „**Dr.**" deutet auf Mitwirkung eines Akademikers; kann ohne Fakultätsangabe täuschend sein, wenn wissenschaftliche Ausbildung auf dem Geschäftsfachgebiet angezeigt wird und solche fehlt, BGH **53**, 67, LM § 18 Nr 1, großzügiger für GmbH Riegger DB **84**, 441. Dazu § 22 Anm 2 B (Fortführung). Schon Standeswidrigkeit der Hergabe des Dr-Titels für die Firma begründet uU Verstoß gegen § 1 UWG, BGH BB **61**, 268. „**Institut**": häufig Hinweis auf wissenschaftliche Arbeitsweise und öffentliche Grundlage, wenigstens Aufsicht. Daher unzulässig „Verkehrs-Institut" für Fahrschule, BayObLG BB **68**, 313, „Regioplan-Institut für Strukturanalyse", LG Bln BB **68**, 313. S auch Ffm BB **65**, 520, BB **81**, 1594. Rechtsformzusatz „GmbH" beseitigt Täuschungsgefahr nicht, BayObLG BB **85**, 2269 gegen frühere Rspr. Mit klarer Branchenangabe idR zulässig (Beerdigungs-, Finanzierungs-, Schönheitspflegeinstitut), Stgt BB **61**, 500. Besonders bedenklich an Hochschulort, AG Mannh BB **62**, 388. „**Kolleg**" für rein private Heilpraktikerausbildungsstätte täuscht, BGH WRP **83**, 489. „**Meister**" wohl ähnlich „Dr" zu behandeln, abw KG JW **36**, 1684. „**Revisionsgesellschaft**" nicht, wenn kein Wirtschaftsprüfer beteiligt oder beschäftigt ist, Düss BB **76**, 1192, unzulässig für SteuerberatungsGes, Ffm NJW **80**, 1758, DB **81**, 1186. „**Technik**", gehobenes technisches Wissen bei Planung und Ausführung der Arbeiten; höhere Qualifikation als die eines „Büromaschinenmechanikers", LG Oldbg BB **76**, 153, Ffm BB **81**, 1669. „**Treuhand**" weist auf Besorgung fremder Vermögensangelegenheiten und entspr Qualifikation hin, RG **99**, 23, Ffm BB **80**, 652. Nicht bei reinen Hdl-, Vertreter- und Kundendiensttätigkeiten, DIHT-LS BB **81**, 2090.

3. Abschnitt. Handelsfirma   1 §19

[Firma einer OHG oder KG]

19 ^I Die Firma einer offenen Handelsgesellschaft hat den Namen wenigstens eines der Gesellschafter mit einem das Vorhandensein einer Gesellschaft andeutenden Zusatz oder die Namen aller Gesellschafter zu enthalten.

^{II} Die Firma einer Kommanditgesellschaft hat den Namen wenigstens eines persönlich haftenden Gesellschafters mit einem das Vorhandensein einer Gesellschaft andeutenden Zusatze zu enthalten.

^{III} Die Beifügung von Vornamen ist nicht erforderlich.

^{IV} Die Namen anderer Personen als der persönlich haftenden Gesellschafter dürfen in die Firma einer offenen Handelsgesellschaft oder einer Kommanditgesellschaft nicht aufgenommen werden.

^V Ist kein persönlich haftender Gesellschafter eine natürliche Person, so muß die Firma, auch wenn sie nach den §§ 21, 22, 24 oder nach anderen gesetzlichen Vorschriften fortgeführt wird, eine Bezeichnung enthalten, welche die Haftungsbeschränkung kennzeichnet. Dies gilt nicht, wenn zu den persönlich haftenden Gesellschaftern eine andere offene Handelsgesellschaft oder Kommanditgesellschaft gehört, bei der ein persönlich haftender Gesellschafter eine natürliche Person ist.

Übersicht

1) Firma der OHG
2) Firma der KG
3) Firma der GmbH & Co (KG)
4) Firma bei Umwandlung

1) Firma der OHG

A. Nach I, III kann eine OHG aus A und B zB firmieren ,,A & B", ,,A & Co", ,,A & Gesellschafter", ,,Gesellschaft A", ggf ,,Gebrüder A". Firma einer Dreipersonen-OHG aus A, B, C: zB ,,A, B, C", ,,A & Co"; nicht ,,A & B", weil ein Gfter fehlt und kein Zusatz das GesVerhältnis andeutet (I Fall 1), KG HRR **30**, 34, str; anders nur bei einem auf weitere Gfter hinweisenden Zusatz, zB ,,A, B & Co", BGH BB **75**, 1454 (zu § 4 GmbHG). Nicht ,,Louis B (Name des Vaters) Söhne", wo die Söhne neu gründen (Vortäuschen von Tradition), RG **156**, 365; nicht ,,Kyriazi frères", wo außer Brüdern noch andere Gfter beteiligt sind, RG **82**, 165. Statt ,,OHG" oder ,,oHG" soll (selten, aber nicht ganz ungebräuchlich) ,,OH" oder ,,oH" genügen, Hamm BB **65**, 806; fraglich.

B. Ein **Gesellschafter** darf zur **Hergabe seines Namens,** auch ohne andere Leistung, in eine Ges aufgenommen werden; anders bei Mißbrauch bzw Verstoß gegen §§ 1, 3 UWG, § 826 BGB, zB Aufnahme des Trägers eines bekannten Namens und Verwendung des Namens in der Firma derart, daß das Unternehmen mit einem (bestehenden oder früheren) anderen Unternehmen gleicher Bezeichnung und guten Rufs verwechselt werden oder als mit diesem verbunden oder als seine Fortsetzung erscheinen kann, RG **82**, 165 (Kyriazi), DR **41**, 1949, BGH **4**, 98 (Farina). Für OHG, bei der keiner der Gfter eine natürliche Person ist, s Anm 3. Eintragungsfragen s § 143 Anm 1. Ausnahmen von § 19 I bei Teilhaberaufnahme durch EinzelKfm s § 24 Anm 2 A, bei Übertragung von EinzelKfm s § 22 Anm 2 B.

2) Firma der KG

Die Firma der **KG** muß den Namen (nur Nachnamen) mindestens eines phG enthalten und einen auf das GesVerhältnis hinweisenden Zusatz („und Co", „KG"), II, III, auch abgekürzt „KG" (statt „Kommanditgesellschaft"), im HdlReg und außerhalb, Düss BB **58**, 1272; Überblick: Bokelmann MDR **79**, 188. Sie darf keine anderen Namen, auch nicht den Namen von Kdtisten enthalten (IV); anders in einer nach §§ 22, 24 abgeleiteten Firma. Ein phG A mit Söhnen als Kdtisten darf auch nicht „A & Söhne KG" firmieren, weil dies zur Annahme verleitet, auch die Söhne seien phG, BayObLG BB **59**, 898, Hamm NJW **66**, 2171. Dagegen halten Düss BB **79**, 1119 und Ffm BB **74**, 1453 „A und Partner KG" für zulässig, aA Bokelmann NJW **75**, 836. Der unrichtig in der Firma genannte Kdtist wird nicht phG, kann aber uU wie in phG haften (Rechtsscheinshaftung, § 5 Anm 2). Ist eine OHG phG, muß die Firma der KG die volle Firma der OHG enthalten, Neust NJW **64**, 1376 („S Glasstahlbetonbau Carl H OHG und Co KG"). Firmiert eine KG (ableitend) „P (jetzt Kdtist) & Co", kann sie nicht noch zufügen „Komplementär S", BayObLG MDR **68**, 154. GmbH & Co (KG) s Anm 3. Ausnahme von § 19 II s § 24 Anm 2 A, § 22 Anm 2 B.

3) Firma der GmbH & Co (KG)

Schrifttum: s Überbl vor § 17. Spezieller *Aschenbrenner,* Die Firma der GmbH & Co KG, 1976. – *Blumers* BB **77**, 970. – *Beinert-Hennerkes-Binz* BB **79**, 299. – *Bokelmann* GmbHR **79**, 265. – *Wessel* BB **84**, 1710. – Allgemein zu GmbH & Co s Anh § 177a.

A. Für die **Firma der GmbH** gilt § 4 GmbHG. Firmenbestandteil „Gesellschaft" ist auch bei Gründung einer EinmannGmbH (Anh § 177a Anm 3 B) zulässig, Ffm DB **82**, 694; umgekehrt darf ZweimannGmbH Personenfirma mit Namen nur eines der Gfter führen, BayObLG WM **84**, 1153; dagegen nicht A & B GmbH bei mehr als zwei Personen, BGH **65**, 89, fraglich. Der Zusatz darf auch abgekürzt „GmbH" in das HdlReg eingetragen werden, Ffm BB **74**, 434. Nach AG Bln-Charlottenburg BB **65**, 805 darf sie (weil die GmbH nicht Inhaberin des Geschäfts ist) keinen Art- und Orts-Zusatz („Fleischbearbeitung Wedding") enthalten (anders die Firma der KG); anders zu Recht die Praxis.

B. Für die **Firma der KG** gilt grundsätzlich § 19 II, IV; sie muß die Firma der GmbH (den Namen ihres phG) enthalten, aber wegen § 18 II ohne in der Zusammensetzung irreführende Teile, sofern der Rest zur Individualisierung der GmbH ausreicht, BGH **80**, 353 („Betten S ... [Verwaltungs] GmbH & Co KG"), Celle BB **76**, 1095; Barfuß GmbH **77**, 124, Wessel BB **84**, 1712 krit Bokelmann GmbHR **83**, 236. Der GesZusatz kann insbesondere lauten „& Co", „KG", „Kommanditgesellschaft", „KommGes"; auch „GmbH & Comp", „GmbH & Cie". Der Zusatz „Kommanditgesellschaft" kann auch vorangestellt werden (str für andere Zusätze). Nach § 19 II HGB, § 4 GmbHG muß die KG-Firma zwei GesZusätze enthalten: zB „GmbH & Co", „GmbH & Co KG" (mit unterschiedlicher Schreibweise: „Co", „und Co", „u. Co"). Verunsicherung des Verkehrs (§ 18 II), wenn Zusatz „& Co" weggelassen und auch nicht auf andere Weise allgemeinverständlich die Haftungsbeschränkung deutlich gemacht

3. Abschnitt. Handelsfirma 3 § 19

wird. Also nicht ,,GmbH KG", auch nicht mit Sachangabe dazwischen (,,Johann H-GmbH Holzbau KG"), BGH NJW **80**, 2084, BayObLG NJW **73**, 1845; auch nicht (ohne ,,und" oder ,,&") ,,GmbH Co KG", Stgt BB **77**, 711; auch nicht Trennung der zwei GesZusätze durch Klammer oder Gedankenstrich (,,XY-KG [GmbH & Co]" bzw ,,X & Co KG – GmbH & Cie"), BayObLG Rpfleger **78**, 219, BGH NJW **79**, 1986; nicht ,,X KG GmbH & Co" für KG, deren einziger phG eine GmbH ist (mißverständliche Umkehrung der üblichen Reihenfolge), BayObLG BB **78**, 14. Wenn neben A-GmbH B-OHG phG der GmbH & Co ist, kann A-GmbH & Co oder B-GmbH & Co(str), nicht B-OHG GmbH & Co firmiert werden. Falsche Sachangabe in der GmbH-Firma macht die KG-Firma (in welcher jene enthalten ist) unzulässig (§ 18 II), BayObLG NJW **73**, 371 (Kleiderfabrik-Bekleidungshaus).

C. **GmbH und KG am gleichen Ort:** Haben GmbH und KG denselben Sitz (was nicht notwendig ist), gilt auch **§ 30**: die KG-Firma muß neben der (grundsätzlich vollen) GmbH-Firma und dem KG-GesZusatz einen dritten (unterscheidenden) Bestandteil enthalten; Bsp: ,,Maier & Wolf GmbH"/,,MAWO Maier & Wolf GmbH & Co KG"; ,,X GmbH"/,,X GmbH & Co Y Industrie KG"; nicht genügt Ausschreiben ,,Gesellschaft mit beschränkter Haftung" in der GmbH-Firma, Kürzung ,,GmbH" in der KG-Firma (bei Nennung der GmbH, s oben), BGH **46**, 7; unzureichend auch Zusatz ,,Handelsgesellschaft" unmittelbar nach ,,& Co KG", BayObLG BB **80**, 68. Häufig ist der GmbH-Firma eine unterscheidende lokalisierende Angabe nachgestellt, Stgt BB **76**, 1575 m kann Körner (L. GmbH Filder & Co KG). Dieses Erfordernis gilt, auch wenn die GmbH (zur Zeit der Eintragung der KG) nur als deren phG tätig ist, nicht in eigenen Geschäften, Ffm BB **73**, 676. Vorname des GmbHGfters als Zusatz (nur) zu GmbH & Co (Maier GmbH und Friedrich Maier GmbH & Co) ist nicht möglich, Wessel BB **81**, 1711. Nicht möglich ist Ausweichen durch Änderung der GmbH-Firma zugleich mit bzw unmittelbar nach Eintragung der KG, Ffm BB **74**, 523 dazu Jurick DB **74**, 1753, Körner BB **76**, 1575. Gegen frühere Eintragungen von GmbH & Co, die nach der heutigen strengeren Rspr zu § 30 unzulässig sind, braucht das Registergericht nicht unbedingt einzuschreiten, s § 37 Anm 1 C.

D. **a)** Nach dem durch die GmbHNovelle 1980 eingefügten **V 1** muß die Firma einer OHG oder KG, bei der kein phG eine natürliche Person ist, in jedem Fall eine **Bezeichnung** enthalten, **die die Haftungsbeschränkung kennzeichnet,** auch wenn es sich um eine gesetzmäßig fortgeführte Firma handelt (§§ 21, 22, 24 HGB, § 6 III UmwG ua). Die Firmenkontinuität (vgl § 22 Anm 2 C, § 24 Anm 2 A) wird hier zugunsten der Firmenwahrheit (vgl § 17 Anm 3) durchbrochen. Damit ist die bisherige, umstrittene Rspr des BGH zur GmbH & Co zu Recht festgeschrieben. Schon bisher war zum Gläubigerschutz (entspr § 4 II GmbHG, § 4 II AktG, weil nur ,,der Form nach" PersGes, ,,sachlich" GmbH) Zusatz notwendig, um deutlich zu machen, daß für Verbindlichkeiten der OHG oder KG nur eine beschränkte Haftungsmasse zur Verfügung steht, BGH **62**, 226, **65**, 105, BB **77**, 1221, dazu zB Bokelmann GmbHR **75**, 25, Schmidt=Salzer NJW **75**, 1481, H.-P. Westermann JZ **75**, 327, Wiedemann ZGR **75**, 354, Gustavus GmbHR **77**, 169. **b)** Die **Anforderungen** an die Kennzeichnung der

Haftungsbeschränkung bleiben im einzelnen der Rspr überlassen (Rechtsausschuß, BT-Drucks 8/3908, S 78). Unzureichend, weil irreführend, zB, daß der bisherigen Firma ,,K & Co" Zusatz ,,GmbH & Co" nachgestellt wird, BGH NJW **81,** 342; ebenso ,,HM & Sohn GmbH & Co", BGH NJW **85,** 737, aA Wessel BB **85,** 883. Zusatz ,,GmbH & Co" an ,,X KG Müller und Meier" genügt nicht, auch nicht ,,X GmbH & Co KG Müller und Meier", Hamm DB **81,** 521. Die bisherige Rspr wird im wesentlichen übernommen werden können: Danach ist bei entspr Firmenänderung nicht notwendig Absetzung des Zusatzes von übriger Firma (zB durch Klammer), BGH **65,** 106, LG Hagen, Bln BB **75,** 717, 1278; auch nicht (vgl § 19 II) die volle GmbH-Firma, BGH **65,** 106, Kln DB **75,** 2366; unmöglich ,,W & R KG- GmbH & Cie", BGH WM **79,** 833. Zulässig ist Eintragung des Eintritts der GmbH anstelle des bisherigen phG ohne gleichzeitige Ergänzung der Firma, LG Münster BB **76,** 322. Ergibt sich aus der Firma des phG die Haftungsbeschränkung nicht klar, etwa bei ausländischen juristischen Personen, muß Zusatz zB ,,beschränkt haftende OHG" bzw ,,beschränkt haftende KG" verwendet werden. Ausscheiden der GmbH aus der GmbH & Co s § 24 Anm 2 B, C, D. **c)** Bei **Verstoß** gegen V 1 uU persönliche Rechtsscheinhaftung, s § 5 Anm 2. Kennenmüssen der neuen Rspr (spätestens ein Jahr nach dem ersten Urteil des BGH), § 15 II steht dem nicht entgegen, BGH **71,** 354, auch NJW **81,** 2569 (ohne GmbH-Zusatz). **d) Ausgenommen** von V 1 sind nach **V 2** entspr Gesetzeszweck OHG und KG, bei denen zu den phG eine OHG oder KG gehört, bei der ein phG eine natürliche Person ist; in diesen Fällen haftet für Verbindlichkeiten der OHG bzw KG nach §§ 128, 161 II letztlich eine natürliche Person unbeschränkt mit ihrem Vermögen. Ausgenommen von § 19 II müssen deshalb über den Gesetzeswortlaut hinaus auch Fälle sein, in denen die MitgliedsGes zwar keine natürliche Person als phG hat, sondern wiederum OHG oder KG, bei der jedoch dann phG eine natürliche Person ist.

4) Firma bei Umwandlung

Umwandlung einer OHG in KG und umgekehrt s § 24 Anm 2 B, C. Bei Umwandlung einer KapitalGes (Gewerkschaft) nach UmwG (Einl 4 D vor § 105) kann die gleichzeitig errichtete oder schon bestehende, das HdlGeschäft jener übernehmende OHG bzw KG ihrer Firma einen diese Nachfolge andeutenden Zusatz beifügen. Auf Antrag kann das Registergericht auch erlauben, daß der in der Firma der KapitalGes (Gewerkschaft) geführte Name einer natürlichen Person abw von § 19 in die Firma der OHG, KG aufgenommen wird, §§ 6 II, III, 17 III, 20 UmwG; auch in eine schon abgeleitete mit NichtGfter-Namen, LG Tüb, Schäfer BB **74,** 433 (,,A & Co B-KG"). Der ehemalige Alleinaktionär X der ,,Union Bau Schlesien AG" kann nach Übernahme des Unternehmens firmieren: ,,Union Bau Schlesien X", auch ,,Union Bau Schlesien Inhaber X", KG JW **36,** 1789. Bei einer Umwandlung einer GmbH in neu errichtete KG sollte früher Fortführung der Firma (auch nur Name einer einzigen Person) ohne KG-Zusatz (und ohne ,,GmbH") möglich sein, Hamm BB **76,** 1043; anders jetzt § 19 V 1.

20 *(aufgehoben durch G 30. 1. 37 RGBl 166)*

3. Abschnitt. Handelsfirma §§ 21, 22

[Fortführung bei Namensänderung]

21 Wird ohne eine Änderung der Person der Name des Geschäftsinhabers oder der in der Firma enthaltene Name eines Gesellschafters geändert, so kann die bisherige Firma fortgeführt werden.

1) § 21 gestattet, die nach §§ 18, 19 gebildete Firma des EinzelKfms, der OHG, KG (entspr gilt für GmbH, AG, KGaA mit Personennamen in der Firma) fortzuführen trotz **Namensänderung** des Inhabers oder eines in der Firma genannten Gfters, zB durch Heirat, Adoption, Wiederannahme des früheren Namens durch den verwitweten oder geschiedenen Ehegatten, Annahme eines neuen Namens (G 5. 1. 38 RGBl 9), Aufhebung der Adoption von Amts wegen (§§ 1763, 1765 BGB) oder auf gemeinsamen Antrag (§ 1771 BGB). Eintragung der tatsächlich geführten bisherigen Firma (alter Name) ist auch noch nach Namensänderung möglich (s § 22 Anm 1 F).

[Fortführung bei Erwerb des Handelsgeschäfts]

22 ^{I} Wer ein bestehendes Handelsgeschäft unter Lebenden oder von Todes wegen erwirbt, darf für das Geschäft die bisherige Firma mit oder ohne Beifügung eines das Nachfolgeverhältnis andeutenden Zusatzes fortführen, wenn der bisherige Geschäftsinhaber oder dessen Erben in die Fortführung der Firma ausdrücklich willigen.

^{II} Wird ein Handelsgeschäft auf Grund eines Nießbrauchs, eines Pachtvertrags oder eines ähnlichen Verhältnisses übernommen, so finden diese Vorschriften entsprechende Anwendung.

Schrifttum: *Forkel* FS Paulick **73**, 101. – *Lindacher* BB **77**, 1676.

Übersicht

1) Erwerb des Handelsgeschäfts und der Firma
2) Fortführung der Firma durch den Erwerber
3) Bezeichnung des Veräußerers nach der Übertragung
4) Nießbrauch, Pacht, ähnliches Verhältnis (II)

1) Erwerb des Handelsgeschäfts und der Firma

A. HdlGeschäft (Unternehmen) als Gegenstand des Rechtsverkehr (Übertragung, Vererbung usw) s Einl II 2 vor § 1. Umwandlung s Einl IV vor § 105. § 22 gilt auch für eine ihr HdlGeschäft veräußernde öffentliche Körperschaft, BayObLG OLGE **42**, 210. § 22 sowie §§ 21, 24, **(1)** EGHGB Art 22 tragen den **Grundsatz der Firmenbeständigkeit,** der in seinem Geltungsbereich den Grundsatz der Firmenwahrheit (s § 17 Anm 3 D) durchbricht, seinerseits aber an Grenzen des Täuschungsverbots stößt (§ 19 V 1, Rechtsformzusätze, benennende Inhaber- und Nachfolgerzusätze).

B. Der **Erbe** eines (Einzelkfm-)HdlGeschäfts darf es unter der alten Firma fortführen, mit oder ohne Nachfolgezusatz (s Anm 2 B); er darf auch eine ganz neue Firma annehmen. Eine (ungeteilte) **Erbengemeinschaft** darf das ererbte Geschäft unter der alten Firma mit oder ohne Nachfolgezusatz fortführen; auch nach Ausscheiden eines Erben, KG JW **39**, 565; auch nach Teil-Nachlaßteilung. Nach vollständiger Nachlaßteilung müssen die Erben zur Fortführung des Geschäfts eine Ges bilden und das Geschäft in diese einbringen, KG JW **35**, 3642. Nach KG JW **38**, 3118, KGJ **5**, 209 kann die das Geschäft fortführende (ungeteilte, nicht zur OHG umgebildete) Erbengemeinschaft auch eine neue Firma mit (entspr § 18 I, nicht § 19) vollem Namen aller Erben und Angabe der Rechtsform („Hans Müller, Karl Müller, Anna Meyer in ungeteilter Erbengemeinschaft") annehmen; fraglich, die Erben können OHG bilden. Vgl § 1 Anm 6 B. Als Vermächtnis kann der Erbe das Handelsgeschäft des Erblassers dem Bedachten unter den Lebenden (s C, D) übertragen. Zur **Haftung** für Geschäftsschulden des Erblassers s § 27 Anm 1.

C. Die Veräußerung der Firma ist unzulässig, wenn ein **Handelsgeschäft** besteht und nicht mit übertragen wird, § 23, RG **110**, 426, aber auch wenn beim Veräußerer gar kein HdlGeschäft besteht, das übertragen werden könnte (Bsp: HdlGes nach Erlöschen ihres Unternehmens, vgl § 17 Anm 1 D). Ein werdender Geschäftsbetrieb genügt zur Übertragung der Firma samt diesem Betrieb, RG GRUR **39**, 638 (zu § 8 WZG), auch ein vorübergehend eingestellter, BGH **6**, 137 (zu § 8 WZG). Ausreichend ist uU auch die nach Produktionseinstellung im Konkurs erfolgende Übertragung aller noch vorhandenen immateriellen Werte wie Kundschaft, know-how, BGH BB **73**, 210.

D. Übergang des Unternehmens **im großen und ganzen** muß erfolgen, dh derjenigen Bestandteile, welche die Betriebsfortführung ermöglichen und „den Schluß rechtfertigen, daß die mit der Kennzeichnung verbundene Geschäftstradition vom Erwerber fortgesetzt wird", BGH BB **73**, 211. Je nach Art des Unternehmens kann etwa entscheidend sein: bei einem Fabrikationsunternehmen Übernahme der technischen Ausstattung, Schutzrechte, Betriebsvorschriften, des Personals mit dem Know-how; bei einem ortsgebundenen Unternehmen (zB Hotel, Gastwirtschaft, Kino, uU Apotheke) Übernahme der Lokalität; bei einem Bankgeschäft Übernahme des Vermögens, der Finanzierungsquellen. Unerheblich ist, ob der Erwerber nach Übertragung den Betrieb wirklich fortführt, auch ob er bei Übertragung subjektiv diese Absicht hat, BGH BB **73**, 211. Möglich ist Übertragung nur einer **Zweigniederlassung** mit Firma (§ 13 Anm 2 A, § 22 Anm 2 F); die HauptNl wird dann uU ihre Firma umbilden müssen, vgl § 13 Anm 2 A. Möglich ist auch die Übertragung der HauptNl mit Firma ohne die ZwNl, die nun selbständig unter der alten Firma geführt wird, unbeschadet des § 30, RG **77**, 60; bei der PersonenGes muß aber der namengebende Gfter mit derartiger Vervielfältigung der Firma einverstanden sein, Ffm DB **80**, 250; s § 24 Anm 3.

E. Möglich ist **Treuhandübertragung** des HdlGeschäfts mit Firma, der Treuhänder wird Inhaber des HdlGeschäfts und des Firmenrechts, RG **99**, 159. – Führt ein Testamentsvollstrecker das Geschäft des Erblassers im eigenen Namen fort (vgl § 1 Anm 6 C), ist er als Inhaber im HdlReg zu nennen, ohne Verlautbarung des Treuhandverhältnisses, Hamm NJW **63**, 1554. Anders wohl der Treuhänder kraft öffentlichen Rechts, KG JW **38**, 747 (Devisentreuhänder), vgl Hamm NJW **63**, 1554, s auch § 1 Anm 3 A.

F. Die **Firma** muß **zu Recht** bestehen, tatsächlich geführt worden sein und Veräußerer muß **Vollkaufmann** sein, RG **152**, 368, Hamm BB **55**, 1107, **59**, 463, Kln NJW **63**, 541, Ffm NJW **69**, 330. In den Fällen des § 1 macht es nichts aus, daß die Firma (zu Unrecht) nicht eingetragen war; der Nachfolger kann mir ihr erstmals im Register erscheinen, BayObLG

DNotZ **78,** 692. Nicht so in den Fällen des § 2 (Stgt BB **62,** 386), § 3 II, III (s dort). Bei Übernahme des Unternehmens eines MinderKfm ist idR Nennung des Vorinhabers (neben Angabe des jetzigen Inhabers) unzulässig, jedenfalls bei Sachangabe, die ein HdlGeschäft vermuten läßt, Ffm BB **77,** 1670 (Heizungsbau), aA Hamm DB **68,** 479 (Fahrschule).

G. § 22 macht die Fortführung der Firma durch den Erwerber des HdlGeschäfts abhängig von der ausdrücklichen **Einwilligung** des bisherigen Inhabers oder seiner Erben: **a)** Das gilt nicht für die **Erben** selbst. Sie erwerben das HdlGeschäft mit Firmenrecht. Der Erblasser kann ihnen nur durch Testament zur Auflage machen (§ 1940 BGB), die Firma zu ändern. **b)** Echte Übertragung der Firma **unter Lebenden** ist möglich (§§ 398, 413 BGB; aA RG **107,** 33: nur Gestaltung unter Verzicht auf eigenen Gebrauch), auch zB durch Erben auf Dritte, auf einzelne Erben, auf alle Erben als OHG oder KG, oder durch Erben auf einen Vermächtnisnehmer. Dazu bedarf es der **vertraglichen Einigung** zwischen den Übertragenden (ggf sämtlichen Erben) und den Übernehmern über die Übertragung der Firma (§§ 398, 413 BGB) als Teil des Vertrags über die Übertragung des HdlGeschäft (vgl § 23: ,,Veräußerung"; § 8 I WZG: ,,Übertragung"). ,,Ausdrücklich" bedeutet hier nur zweifelsfrei, die Einigung über den Übergang der Firma ist auch stillschweigend möglich, zB durch Anmeldung des Ausscheidens beim HdlReg nach § 143 II zusammen mit den verbleibenden Gftern, BGH **68,** 276, aber nicht allein aus der Übertragung des HdlGeschäfts zu schließen, Hamm ZIP **83,** 1201. **c)** Übertragung im **Konkurs** (samt HdlGeschäft), s § 17 Anm 5 C. **d)** Bei Veräußerung des HdlGeschäfts in der **Liquidation** einer OHG oder KG bedarf es zur Übertragung der Firma der Zustimmung aller Gfter, einerlei, wieweit die Firma ihre Namen enthält, RG JW **38,** 3182. **e)** Möglich ist **bedingte, befristete Übertragung,** aber nicht nachträgliche Genehmigung der (unberechtigten) Fortführung der Firma durch den Geschäftsübergeber, RG **76,** 265, Düss HRR **36,** 407 (Fortführung auf Probe). **f)** Übertragung der Firma erlaubt dem Erwerber iZw deren **Weiterübertragung** bei Weiterübertragung des HdlGeschäfts, nicht bei Verselbständigung einer ZwNl (,,Vervielfältigung" der Firma), RG **67,** 95, **104,** 343; das um Eintragung der verselbständigten ZwNl mit der alten Firma angegangene Registergericht wird den Nachweis zu fordern haben, daß (Erst-)Veräußerer auch diese Art der Fortführung bewilligte, abw RG **104,** 343.

H. **Anmeldung** beim HdlReg des Veräußerers zB Veräußerung des HdlGeschäfts und Auflösung der (Veräußerer-)OHG, Anmeldung beim HdlReg des Erwerbers zB (vgl § 13) Errichtung einer ZwNl; vgl BayObLG BB **70,** 1275. Bei Firmenfortführung durch Erwerber Eintragung des Inhaberwechsels auf dem bisherigen Registerblatt, sonst Eintragung des Erlöschens und neues Blatt, KG OLGZ **65,** 319, BayObLG DB **71,** 1009; s Anm 2 E.

2) Fortführung der Firma durch den Erwerber

A. Die Fortführung der Firma des übernommenen HdlGeschäfts ist **unzulässig, wenn** ihre Führung **schon vorher unzulässig** war, BGH **30,** 293, vgl § 17 Anm 3 G, es sei denn die Unzulässigkeitsgründe liegen beim neuen Inhaber nicht mehr vor, zB Ges führt Firma mit vorher unzulässiger

§ 22 2   I. Buch. Handelsstand

„& Co" fort (Grenze § 242 BGB, zB bei Umgehung durch Zusammenwirken des alten und neuen Inhabers), aA Hamm DB **73**, 2034, offen BGH NJW **85**, 737. Fortführung einer zulässigen Firma ist unzulässig, wenn sie in der Person des Nachfolgers **nunmehr unzulässig** wird, zB wenn sie nunmehr als HdlName des neuen Inhabers das Publikum zu täuschen geeignet ist, s Anm B, C, § 17 Anm 3 D, E § 18 Anm 2.

    B. Fortführen heißt grundsätzlich **unverändert** fortführen, daher ist idR zB unzulässig: Zufügen bisher nicht geführter Zusätze, zB einer Fachbezeichnung, KG JW **29**, 2155 (Kaffee), Hamm BB **65**, 806 (Möbelhandlung), oder eines Warenzeichenwortes, BGH **44**, 119 (Francona, s aber § 24 Anm 1 D). Desgleichen Weglassen von Firmenteilen, zB von Vornamen (s Anm C) oder des bisher geführten Zusatzes „vormals X" (der jetzt Vor-Vorinhaber), erst recht des (EinzelKfm-)Namens, LG Hann MDR **76**, 758. Zulässig (und uU geboten) ist zB **Änderung** einer Ortsangabe nach Verlegung des Geschäfts, KG DR **41**, 1942 (Apotheke). Zur Änderung bei neuen Tatsachen BGH **44**, 119 und näher § 24 Anm 1 D. Wegen **Täuschungsgefahr** geboten ist zB Weglassen des Worts „Inhaber" beim Namen des jetzigen Vorinhabers, bei wiederholter Nachfolge Weglassen des früheren Nachfolgevermerks oder Fortführung mit zutreffender Ergänzung, Hamm DB **85**, 2555; ebenso Weglassen des **Dr-Titels** beim fortgeführten Namen des Vorinhabers, KG NJW **65**, 255 (mit RG), BGH **53**, 67 (jedenfalls in hierfür empfänglicher Branche, zB Makler); anders Ffm DB **77**, 1253 für Druck und Papier; dazu § 18 Anm 5 G. Ausdrücklich gestattet ist nach I ein **Nachfolgevermerk**, zB „A & B Erben" oder „A & B Nachfolger" oder „A & B Nachfolger C & D" (der nächste Übernehmer darf firmieren „A & B" oder „A & B Nachfolger C & D" oder „A & B Nachfolger", KGJ **53**, 96) oder „A & B Inhaber „C & D" oder „C & D vormals A & B" (Angabe des jetzigen Inhabers mit Zusatz betr den früheren statt des früheren mit Zusatz betr den jetzigen). Unzulässig ist eine Änderung, die Vorinhaber- und Übernehmer-Namen so zusammenbringt, daß Zweifel besteht, wer Inhaber ist, Celle BB **74**, 387. Unzulässig ist es, aus „gemischter" KG-Firma den Namen zu streichen, KG MDR **74**, 586.

    C. Die Fortführung der Firma ist auch zulässig bei **Änderung der Rechtsform**, uU mit gewisser Änderung. **a)** Bei **Übertragung** des HdlGeschäfts **von Einzelkaufmann** (A) **auf OHG oder KG** (B & C) bedarf es, ebenso wie bei „Aufnahme" eines Gfter (B) durch EinzelKfm (A, dh Bildung der Ges A & B, § 24 Anm 2 A), idR nicht der Zufügung von „OHG", „KG", „& Co" oä (die aber zulässig ist), BGH **62**, 224. Anders, wenn Übernehmerin eine GmbH & Co (KG) ist, § 19 V. Eine zusammengesetzte Firma (Name und Zusatz) ist im ganzen fortzuführen oder gar nicht, LG Hann DB **76**, 1008. Ein ausgeschriebener Vorname (§ 18 I) ist weiter auszuschreiben, BGH **30**, 288, Hamm BB **65**, 807 (betr KG); vgl Kötter gegen Saarbr, JZ **52**, 276 (betr GmbH). – Bei Übertragung von EinzelKfm, OHG, KG **auf GmbH, AG, KGaA** sind ferner § 4 GmbHG, §§ 4, 279 AktG zu beachten. **b)** Bei **Übertragung von OHG oder KG** (A & B), **GmbH, AG, KGaA** Einzelkaufmann (C) ist, wie bei Ausscheiden eines Gfter B von zweien (A & B, dh Geschäftsübernahme durch A, dazu § 24 Anm 2 D), nicht nur „OHG" („KG") unzulässig, RG **104**, 342, BGH BB **59**, 462; erst recht „GmbH & Co", BGH **44**, 286, bei § 24 Anm 2 D,

3. Abschnitt. Handelsfirma **3 § 22**

auch ,,& Co", BGH **53**, 68 sowie ,,GmbH", ,,AG", ,,KGaA"; sondern jede auf Gesellschaft weisende Formel, ,,& Sohn", ,,Gebrüder", BGH NJW **85**, 737, BayObLG WM **83**, 1402; ,,KG", ,,& Co" uä kann einfach gestrichen werden, ,,& Sohn" dagegen nicht (aussagekräftiger Teil der Firma). Täuschungsgefahr wird jedoch beseitigt und Beibehaltung ist zulässig bei **Nachfolgevermerk** (s § 18 Anm 3 A), BGH NJW **85**, 737, BayObLG DB **78**, 1270 (,,H. V. KG Inhaber W. V."). Den ,,Sach"-Teil der Firma einer GmbH & Co-Firma darf Allein-Übernehmer nur mit Inhaber- oder Nachfolge-Zusatz fortführen, Brem NJW **71**, 516. Gegen Fortführung einer Zwei-Namen-Firma (,,A & B") Hamm DB **73**, 2034, gegen KG HRR **35** Nr 1472. c) **Umwandlung einer OHG in KG und umgekehrt** s § 24 Anm 2 B, C. Umwandlung nach UmwG s § 19 Anm 4.

D. Bei **Vereinigung** des erworbenen HdlGeschäfts mit einem schon vom Erwerber betriebenen dürfen beide Firmen zu einer verbunden werden, KGJ **51**, 114: E. W. in Firma ,,Fr. B." erwarb ,,Aug. B.", zulässig: ,,... Brennereien vormals Fr. B. zu S. und Aug. B. zu R., E. W.". Ebenso, auch wenn eine der Firmen abgeleitet ist, Ffm MDR **70**, 513. Nach Wieder-Trennung uU Wiederannahme der alten (abgeleiteten) Firma statt Neubildung (bei KG) nach § 19 II, Ffm MDR **70**, 513.

E. § 22 gibt dem Erwerber nur ein Recht, verbietet ihm nicht **Annahme einer neuen Firma** nach §§ 18 ff. Dann ist der frühere Inhaber zur Anmeldung des Erlöschens der alten Firma verpflichtet; der Erwerber ist mit der neuen Firma auf einem neuen Registerblatt einzutragen (anders als bei Firmenänderung, vgl **(4)** HRV § 13 III, BayObLG DB **71**, 1009). Möglich ist Verpflichtung des Erwerbers gegenüber Veräußerer, die alte Firma zu behalten; Wirkung § 17 Anm 3 F. Erwerber kann nach anfänglicher Fortführung der alten zu neuer Firma übergehen, Celle BB **74**, 388, LG Fürth BB **76**, 810.

F. Das Recht zur Fortführung der Firma **erlischt** bei Erlöschen des Unternehmens, bei identitätsaufhebender Veränderung, bei Teilung (falls nicht ein Teil so überwiegt, daß er das ganze fortsetzt), einerlei, ob Veräußerer die Fortführung auch für diese Fälle genehmigte, BGH BB **57**, 943; iZw nicht durch Weiterübertragung des Geschäfts mit Firma s Anm 1 G. Auch uU nicht durch Veräußerung einer **Zweigniederlassung** mit der (abgeleiteten) Firma, Bokelmann GmbHR **78**, 265, str, s auch Anm 1 D.

3) Bezeichnung des Veräußerers nach der Übertragung

A. Der Veräußerer ist nicht gehindert, nachher ein **eigenes Unternehmen** unter **seinem Namen** zu gründen. Dessen Firma muß sich aber von der veräußerten deutlich unterscheiden (§ 30), also ggf einen unterscheidenden Zusatz enthalten, Hamm Rpfleger **84**, 20 (auch bei Zurückbehalten eines unwesentlichen Restunternehmens). So auch, wo der Erwerber der überlassenen Firma einen Nachfolgezusatz beigefügt hat, RG DR **44**, 249.

B. Eine **OHG** muß nach Übertragung ihres HdlGeschäfts samt Firma (auf eine andere OHG) und nach Auflösung, solange noch ungeteiltes Ges-Vermögen vorhanden ist, und die Ges i. L. fortbesteht (§§ 131, 145), eine neue Firma annehmen; für § 30 genügt alte Firma mit Zusatz ,,iL" (vgl § 153), wenn die Übernehmerin die übernommene Firma mit Zusatz ,,Inhaber X & Y" (ihre Gfter) führt, KG JW **36**, 2660, 3130. Nach Verpachtung ihres HdlGeschäfts (mit Firma) ohne Auflösung ist sie GbR und kann keine Firma führen, KG JW **36**, 3130.

C. Eine im **Konkurs** befindl **Handelsgesellschaft** darf (und muß) nach Veräußerung ihres HdlGeschäfts mit Firma durch den Konkursverwalter diese Firma (ihren einzigen Namen) fortführen, mindestens für die Dauer des Konkurses, außer wenn die Gfter (nicht der Konkursverwalter) sie ändern; auch § 30 steht nicht entgegen, KG JW **37**, 2978.

4) Nießbrauch, Pacht, ähnliches Verhältnis (II)

Bei Übernahme eines HdlGeschäfts zu **Nießbrauch, Pacht** oder „ähnlichem Verhältnis", zB Nutzungspfandvertrag (vgl Einl II 2c vor § 1), nicht bei familienrechtlichem Nutzungsverhältnis, gilt § 22 I analog. Der Pächter kann den Namen des früheren Inhabers führen, nicht den Namen des Verpächters, der nie Inhaber war, Kln NJW **63**, 541. Nachfolgezusatz (wenn gewollt) kann zB „Nachfolger X" oder „Inhaber X" lauten, bei Pacht auch „Pächter X", LG Münster NJW **71**, 1089, LG Fürth BB **76**, 810. II setzt Nießbrauch mit Unternehmensführungsrecht voraus, nicht bloßen Ertragsnießbrauch, BayObLG BB **73**, 956, vgl § 1 Anm 3 A. Pächter als erster Inhaber, Weitergabe an anderen Pächter s LG Nürnb BB **77**, 1671. – Keine Fortführung durch Pächter, wenn auch Verpächter (GmbH) die Firma fortführt, BayObLG DB **78**, 1271. Betriebsaufspaltung in Besitz- und Betriebsunternehmen, so häufig bei Verpachtung, s § 2 Anm 1 B.

[Keine Veräußerung der Firma ohne das Handelsgeschäft]

23 Die Firma kann nicht ohne das Handelsgeschäft, für welches sie geführt wird, veräußert werden.

1) § 23 wendet sich ebenso wie § 22 **gegen Leerübertragung von Firmen,** die das Publikum darüber täuscht, was hinter der Firma ist. Vgl für Warenzeichen § 8 I 2 WZG. Beide Regelungen, insoweit nach denselben Grundsätzen auszulegen, wollen das Auseinanderfallen von Unternehmen und Kennzeichnung verhindern und deren Funktion als Herkunftsangabe erhalten, BGH BB **73**, 211. Näher s bes § 22 Anm 1 C, D. Veräußerung von HauptNl und ZweigNl mit derselben Firma an verschiedene Erwerber ist zulässig, Ffm DB **80**, 250; s § 22 Anm 1 C. **Mantelkauf** (Erwerb einer KapitalGes nur wegen Firma und bestehender Rechtsperson) fällt nicht unter § 23 und ist grundsätzlich **zulässig** str, s Komm zu § 3 GmbHG.

[Fortführung bei Änderungen im Gesellschafterbestand]

24 ^{I} Wird jemand in ein bestehendes Handelsgeschäft als Gesellschafter aufgenommen oder tritt ein neuer Gesellschafter in eine Handelsgesellschaft ein oder scheidet aus einer solchen ein Gesellschafter aus, so kann ungeachtet dieser Veränderung die bisherige Firma fortgeführt werden.

^{II} Bei dem Ausscheiden eines Gesellschafters, dessen Name in der Firma enthalten ist, bedarf es zur Fortführung der Firma der ausdrücklichen Einwilligung des Gesellschafters oder seiner Erben.

3. Abschnitt. Handelsfirma 1, 2 § 24

1) Firmenfortführung bei Personengesellschaften

A. **§ 24 ergänzt § 22.** Ist dort bei Austritt des alten und Eintritt eines neuen Inhabers uU Fortführung der alten Firma erlaubt, so erst recht in den Fällen des § 24 I, wo (idR) mindestens ein Inhaber bleibt (offen, ob Auswechslung aller Gfter, vgl § 124 Anm 2 B, unter § 22 oder § 24 fällt, BGH BB **77,** 1016). Auch eine nicht eingetragene Einzelfirma kann bei Gründung einer OHG erhalten bleiben, wenn der Inhaber des Einzelunternehmens sich zuerst als EinzelKfm eintragen läßt und bald darauf (auch auf Grund vorheriger Vereinbarung, wenn nur keine Täuschung des Publikums beabsichtigt ist) die Einzelfirma nach § 24 der nun gebildeten OHG überträgt, RG JW **27,** 1674.

B. Anders als § 22 I verlangt § 24 I nicht **Einwilligung** des oder der Ausgeschiedenen (vgl Anm 2 C, D) oder der AltGfter im Verhältnis zu den Eingetretenen (vgl Anm 2 A, B). Diese Einwilligung kann vertraglich vorgeschrieben sein, das ist aber nicht Sorge des Registergerichts (dem die Veränderung der Inhaber anzuzeigen ist, § 31), es kann die alte Firma ohne weiteres bestehen lassen, vgl § 17 Anm 3 F. Ausnahme: II, s Anm 3.

C. **Fortführung** ist firmenrechtlich (anders uU nach Vertrag) grundsätzlich zulässig, nicht vorgeschrieben; Änderung nötig, wenn Führung unzulässig war oder nun wird, vgl § 22 Anm 2. Bei zulässiger Fortführung ist **Nachfolgezusatz** möglich, aber nicht nötig. ,,A Speditions-OHG'' aus A/B/C kann auch nach Ausscheiden des A und Eintritt des D nicht ,,A Speditions-OHG C und D'' heißen, Celle BB **62,** 388. Das Firmenrecht geht (mit dem Geschäft) auf Erben des Fortführenden über, erlischt aber (ähnlich wie nach Geschäftsübertragung, § 22 Anm 2 F) durch Teilung des Unternehmens, BGH BB **57,** 943.

D. Die Firma ist grundsätzlich **unverändert** fortzuführen; vgl § 22 Anm 2 B. **Änderungen** der nach § 24 I fortgeführten Firma sind im Inhaber- und Allgemeininteresse zulässig bei Änderungen zB des Geschäftsumfangs, -zweigs, Sitzes; berechtigtes Inhaberinteresse kann zB an Aufnahme eines neu geschützten (Wort-)Warenzeichens in der Firma bestehen, BGH **44,** 119 (Francona).

2) Firmenfortführung ohne Einwilligung (I)

A. **Aufnahme** eines Gfters durch EinzelKfm (dh Geschäftsübertragung von A auf Ges aus A und B): **a)** Einzelfirma (Hans Müller) darf idR von OHG (KG) ohne GesZusatz fortgeführt werden, BGH **62,** 224, BB **77,** 160; nicht aber von GmbH & Co, § 19 V. Zu Vornamen ua vgl (betr Übertragung des HdlGeschäfts eines EinzelKfm auf OHG, KG) § 22 Anm 2 C. EinzelKfm mit (abgeleitet) ,,Gebrüder'' in der Firma, darf sie bei Eintritt eines Kdtisten fortführen, LG Hann MDR **78,** 580. **b)** Von der Fortführung der Firma in solchen Fällen ist die ähnliche (zulässige) Neubildung (dh Änderung, vgl § 17 Anm 3 G) zu unterscheiden, zB wenn X seinen Sohn aufnimmt: ,,X KG'' (ohne den Vornamen des Vaters), LG Bad Kreuznach MDR **70,** 145, Hamm BB **77,** 968.

B. **Eintritt:** Wird OHG dadurch KG, ist (ggf) ,,OH'' zu streichen und ein anderer GesZusatz (§ 19 II) zu bilden, Hamm BB **65,** 807, Ffm NJW **80,** 129. Scheidet aus der ,,Import-Schuh GmbH & Co KG'' die GmbH aus und tritt für sie X ein, ist ,,Import-Schuh KG'' zulässig trotz § 19 II:

§ 25

Namen des phG, Ffm NJW **70,** 865; entspr (mit Beibehaltung des „& Co") „KG Union-Bau Altona & Co", BGH **68,** 271. So auch, wenn das Ausscheiden der GmbH unter Hinterlassen ihrer Sachfirma von vornherein geplant war (keine unzulässige Umgehung von § 4 GmbHG, § 19 HGB), BayObLG BB **77,** 1370.

C. **Ausscheiden eines von drei oder mehr Gesellschaftern:** Fortführung der Firma wie sie war, mit oder ohne GesZusatz, vgl Anm A. Wird aber die KG durch Ausscheiden des einzigen Kdtisten zur OHG, ist „KG" zu streichen, BGH **68,** 13. Ersetzung der GmbH als phG einer KG durch natürliche Person, s Anm B.

D. **Ausscheiden eines von zwei Gesellschaftern:** statt Ges nunmehr EinzelKfm. Vgl (betr Übertragung des HdlGeschäfts auf EinzelKfm) § 22 Anm 2 C. GesZusatz (& Co, KG, OHG oä) wird unzulässig. So bei Ausscheiden der GmbH aus einer GmbH & Co (KG), dh Übertragung des Geschäfts von dieser KG auf den Kdtisten als neuen Alleininhaber, BGH **44,** 286 (gegen Celle NJW **63,** 543), **53,** 69. Anders bei Fortführung mit Nachfolgerzusatz (Meyer KG Nachfolger), Kln BB **64,** 575, BayObLGZ **78,** 48. Der in der GesFirma fehlende Vorname darf auch nach Wegfall des GesZusatzes fehlen (trotz § 18 I), Kln BB **64,** 575 („Expreßreinigung W"), LG Brschw MDR **78,** 581. Entspr § 22 (s dort Anm 1 D) gilt § 24 nicht, wenn ein ausscheidender Gfter einen wesentlichen Unternehmensteil mitnimmt, BGH BB **57,** 943, **77,** 1016.

3) Firmenfortführung nur mit Einwilligung (II)

Bei Ausscheiden eines Gfters, auch des Kdtisten (der früher phG war, § 19 IV), auch durch Tod, ist zur Weiterführung seines Namens in der Firma seine (bzw seiner Erben) **ausdrückliche Einwilligung** nötig (vgl § 17 Anm 5 C). II schützt auch den Erben des Firmengründers, der die ererbte Firma in die neu mit einem Dritten gebildete Ges einbringt, BGH **92,** 79; Hüffer ZGR **86,** 137, str. Bloß zufällige Gleichnamigkeit des später in das HdlGeschäft Eingetretenen, auch eines nicht als Erbe eintretenden Familienangehörigen, genügt dagegen nicht, BGH **92,** 82. „Gebrüder A" enthält den Namen jedes Bruders A; scheidet einer aus, gilt § 24 II, RG **65,** 382. „Louis B. Söhne" enthält den Namen keines der Söhne, RG **156,** 366. Streichen des Namens des Ausgeschiedenen genügt nicht, wenn die Restfirma §§ 18, 19 nicht entspricht, s Anm 2 C, D. – Zur Ratio des § 24 II: Zusammenhang mit dem Namensüberlassungszwang des § 19, darum **Unanwendbarkeit auf GmbH,** BGH **58,** 322, **85,** 221, WM **80,** 1360; ebenso für die **GmbH & Co,** Düss NJW **80,** 1284, Hamm NJW **82,** 586, str.

[Haftung des Erwerbers bei Firmenfortführung]

25 **¹ Wer ein unter Lebenden erworbenes Handelsgeschäft unter der bisherigen Firma mit oder ohne Beifügung eines das Nachfolgeverhältnis andeutenden Zusatzes fortführt, haftet für alle im Betriebe des Geschäfts begründeten Verbindlichkeiten des früheren Inhabers. Die in dem Betriebe begründeten Forderungen gelten den Schuldnern gegenüber als auf den Erwerber übergegangen, falls der bisherige Inhaber oder seine Erben in die Fortführung der Firma gewilligt haben.**

II Eine abweichende Vereinbarung ist einem Dritten gegenüber nur wirksam, wenn sie in das Handelsregister eingetragen und bekanntgemacht oder von dem Erwerber oder dem Veräußerer dem Dritten mitgeteilt worden ist.

III Wird die Firma nicht fortgeführt, so haftet der Erwerber eines Handelsgeschäfts für die früheren Geschäftsverbindlichkeiten nur, wenn ein besonderer Verpflichtungsgrund vorliegt, insbesondere wenn die Übernahme der Verbindlichkeiten in handelsüblicher Weise von dem Erwerber bekanntgemacht worden ist.

Schrifttum: *Canaris,* Vertrauenshaftung, 1971, 183. – *Gerlach,* Die Haftungsordnung der §§ 25, 28, 130 HGB, 1976. – *Hueck* ZHR 108 (**41**) 1. – *Schricker* ZGR **72,** 121. – *Säcker* ZGR **73,** 261. – *Heckelmann* FS Bartholomeyczik **73,** 129. – *Börner* FS Möhring **75,** 37. – *K. Schmidt* ZHR 145 (**81**) 2.

Übersicht
1) Haftung des Erwerbers bei Geschäfts- und Firmenfortführung (I)
2) Ausschluß der Haftung des Erwerbers (II)
3) Haftung des Erwerbers aus besonderem Verpflichtungsgrund (III)
4) Übergang der Forderungen (I 2)
5) Internationaler Verkehr

1) Haftung des Erwerbers bei Geschäfts- und Firmenfortführung (I)

A. § 25 ordnet die Haftung des Erwerbers eines HdlGeschäfts nur bei Fortführung des HdlGeschäfts unter der alten Firma (I 1) und auch dann mit der Möglichkeit der Ausschließung der Haftung (II). Bei Nichtfortführung der Firma setzt die Haftung einen „besonderen Verpflichtungsgrund" voraus, besonders die „hdlübliche Bekanntmachung" der Schuldenübernahme durch den Erwerber (II), aber auch allgemeiner aufgrund BGB (s Anm 3 B). Klärung des **Leitgedankens** dieser Regelung macht Schwierigkeiten. Nach der Rspr handelt es sich um eine Rechtsscheinhaftung, BGH **18,** 250, **22,** 239, **29,** 3, **32,** 62. Abw ua Schricker ZGR **72,** 121 (Kombination von Rechtsschein- und Haftungsfondsprinzip), Säcker ZGR **73,** 261 (Schuldübernahme durch typische Erklärung) Heckelmann FS Bartholomeyczik **73,** 129 (Haftungsübernahme gegenüber Veräußerer), Börner FS Möhring **75,** 37 (Vertragsübertragung), Canaris, Vertrauenshaftung 185 (in sich und zur Rechtsscheinhaftung widerspruchsvolle Regelung), Gerlach 36 ff. (typische Verkehrserwartung), K. Schmidt ZHR 145 (**81**) 2. (Unternehmensidentität, Firmenfortführung nicht entscheidend). **Maßgeblich erscheint die Kontinuität des Unternehmens nach außen,** die sich in der Fortführung des HdlGeschäfts und der Firma erweist und de lege lata zT abweichend von der Rechtsscheinhaftung geregelt ist.

B. Voraussetzung ist nach I 1 zunächst ein **Handelsgeschäft. a)** Nach hL und Rspr ist damit nur ein **vollkaufmännisches** HdlGeschäft gemeint, einerlei ob im HdlReg eingetragen; auf MinderKflte findet § 25 keine Anwendung (§§ 4 I, 17 ff), RG **113,** 308, BGH **18,** 250, NJW **82,** 577, Ffm OLGZ **73,** 22. Der Erwerber des Geschäfts eines MinderKfm haftet danach gemäß I 1 nur, wenn der Veräußerer zu Unrecht im HdlReg eingetragen war (§ 5), BGH **22,** 239; sonst bei Fortführung der Bezeichnung des Geschäfts uU Rechtsscheinhaftung (die durch geeignete Bekanntmachung,

§ 25 1   I. Buch. Handelsstand

daß er Schulden nicht übernahm, ex nunc beseitigt werden kann, s § 5 Anm 2), BGH BB **66**, 876. Das Geschäft muß effektiv betrieben worden sein, bevor es übertragen wurde, Ffm OLGZ **73**, 22. Nach neuerer Ansicht gilt § 25 analog für alle Unternehmensträger, zB K. Schmidt ZHR 145 (**81**) 21; zutr für Soll- und MinderKflte (§§ 2, 4). **b)** I 1 gilt auch bei Erwerb eines Unternehmensteils, insbesondere einer zwar weisungsabhängigen, aber im Verkehr selbständigen **Zweigniederlassung;** der Übernehmer haftet nach I 1 dann aber nur für die dort begründeten Verbindlichkeiten. I 1 gilt nicht bei ZwNl (gleich ob zu Recht so eingetragen) ohne eigene Buch-, Kassen-, Kontenführung, Kundenabrechnung (auch wenn der Übernehmer die ehemals unselbständige Geschäftsorganisation als selbständigen Betrieb fortführt), BGH BB **63**, 747, NJW **72**, 1859 (auch keine Rechtsscheinhaftung), DB **79**, 1033, 1124. Bei Teilübertragung kommt es auf den Schwerpunkt des Unternehmens an, wofür der Wert der Teile bedeutsam ist, Saarbr BB **64**, 1196.

C. Das HdlGeschäft muß unter Lebenden (sonst § 27) **erworben** worden sein. **a)** Erwerb iSv I 1 ist jede Unternehmensübertragung und -überlassung (Einl II 2 A–C vor § 1): Kauf, Schenkung, RAG HRR **33**, 1665; Erwerb in der Erbteilung durch Vermächtnis; Veräußerung durch den Erben an Dritten; auch Pacht, Nießbrauch (daneben §§ 1086 ff BGB), BGH NJW **82**, 1647 (Erwerb des Umlauf- und Pacht des Anlagevermögens), **84**, 1186 m Anm K. Schmidt (auch bei Erwerb vom Verpächter), aA Schricker ZGR **72**, 153. Stiller Erwerb und Fortführung durch bisherigen Inhaber als verdeckten Treuhänder genügen nicht, BGH NJW **82**, 1648. Erwerb iSv I 1 ist **nicht Erwerb von Konkursverwalter** (Grund: sonst Unveräußerlichkeit des Unternehmens), die Altgläubiger erhalten also nur, aber immerhin ihre Quoten aus dem Erlös der Veräußerung, RG **58**, 168, BAG NJW **66**, 1984 (s Anm 2); entspr im Vergleichsverfahren, Stettin JW **29**, 2627. Ebenso zu § 419 BGB BGH **66**, 228; vgl auch Rspr zu § 613a BGB, s § 59 Anm 2 B. **b)** Der tatsächliche Erwerb ist für den Verkehr maßgeblich, **Mängel im Übernahmevertrag** und in den einzelnen Verfügungsgeschäften (Einl II 2 A, B vor § 1) sind unerheblich. I 1 gilt auch bei Nichtigkeit oder schwebender Unwirksamkeit (zB mangels Devisengenehmigung) des Übernahmevertrags, auch wenn gar kein solcher geschlossen wurde, BGH **18**, 252, **22**, 239, NJW **84**, 1187, Nürnb BB **70**, 1193, Ffm NJW **80**, 1398. Auch wenn vor Geltendmachung der Forderung das Geschäft infolge der Mängel des Vertrags an den Veräußerer zurückgegeben worden ist, Düss NJW **63**, 545, str; aA zB Canaris, Vertrauenshaftung 186. Die Tatsache der Übernahme läßt sich nicht mehr rückgängig machen (§ 28 Anm 1 B und zur fehlerhaften Ges § 105 Anm 8). Zur Beschränkung der Haftung auf das übernommene Vermögen als Korrekturvorschlag s Anm E a. Der bloße Rechtsschein des Erwerbs, ohne daß es zu einem tatsächlichen, wenngleich mangelbehafteten Erwerb gekommen ist, reicht für I 1 nicht aus, aber uU Rechtsscheinhaftung (s § 5 Anm 2, nur bei Gutgläubigkeit).

D. Der Erwerber muß das HdlGeschäft und die bisherige Firma fortführen, sonst fehlt es an der für die Haftung aus I 1 nötigen **Kontinuität nach außen. a) Fortführung des Handelsgeschäfts:** Gegensatz ist Stillegung. Fortführung des HdlGeschäfts im wesentlichen Kern genügt, BGH **18**,

3. Abschnitt. Handelsfirma **1 § 25**

250, NJW **82**, 1648 (Zurückbehaltung einzelner Filialen). RG **169**, 136, BGH **18**, 250. Wird nur der Schein der Fortführung des Geschäfts erzeugt, greift § 25 nicht ein, aA Ffm NJW **80**, 1398 m krit Anm Nickel NJW **81**, 102; aber uU Rechtsscheinhaftung (s § 5 Anm 2). Wenn der Erwerber das HdlGeschäft, ohne es als eigenes wirklich geführt zu haben, weiterveräußert, zB in eine Ges einbringt, gilt I 1 nicht für ihn, sondern nur für diese, RG **143**, 368. **b) Fortführung der Firma:** einerlei ob durch Firmenerwerb oder Nachbildung derselben Firma (GmbH), BGH NJW **82**, 1648; nicht unbedingt wort- und buchstabengetreu; nur Kern der alten und neuen Firma müssen sich gleichen; Firmenidentität nach Verkehrsanschauung ist maßgeblich. Tatsächliche Fortführung entscheidet; ob die im Kern fortgeführte Firma vorher oder jetzt unzulässig ist und ob gebotene Zusätze fehlen oder verbotene geführt werden, ist ohne Bedeutung, BGH NJW **86**, 582. Fortführung auch mit einem Nachfolgezusatz (I 1) oder mit einer nach der Verkehrsanschauung unwesentlichen Änderung (Bsp: ,,Aluminolwerk Karl Schulze" – ,,Aluminolwerk Schulze & Co"), RG **113**, 309; mit Zufügung der Angabe einer neuen Rechtsform (zB ,,GmbH"), RG **131**, 29; unter Weglassung täuschend gewordener Zusätze (§ 18 II) zB ,,KG" nach Übernahme des Geschäfts einer Ges durch EinzelKfm, RG **104**, 342; auch unter Weglassung von GesFormzusätzen, die wegen eines Nachfolgezusatzes nicht täuschen würden; überhaupt unter Weglassung eines Zusatzes ohne individualisierende Kraft und ohne Einfluß auf das Klangbild, BGH BB **53**, 1025; auch unter Weglassung des Vornamens unter Beifügung des schon bisherigen Geschäftszweigs, BGH NJW **82**, 578, **86**, 582. Maßgebend ist die den Gläubigern erkennbare Firmierung, nicht die Erklärung an Registergericht oder Finanzamt, Saarbr BB **64**, 1196. Rechtsschein der Firmenfortführung genügt nach Ffm NJW **80**, 1398; richtiger dann Rechtsscheinhaftung (§ 5 Anm 2). – **Keine Fortführung:** Weglassung von ,,& Sohn" aus ,,A & Sohn" nach Erwerb des GesGeschäfts durch EinzelKfm A, RG **133**, 325; Weglassung von ,,Import und Export" aus ,,AK Baumaschinen, Import und Export", Ffm NJW **80**, 1398; Transponierung von Namen in Schlagwort, zB ,,Eugen Mutz & Co" – ,,Eumuco", RG **145**, 278; Fortführung einer bloßen Geschäftsbezeichnung (§ 17 Anm 6), auch wenn Veräußerer gar keine Firma führen konnte, BGH DB **64**, 1297 (,,Helios-Filmtheater"). Übernahme der Werksbezeichnung (,,J-Werk-O-berg") ohne den Namen des Vorinhabers, BAG JZ **55**, 642, ebenso Brem NJW **63**, 111; Bezeichnung ,,vormals X", vgl BGH WM **64**, 296. – **Unerheblich** ist **Unzulässigkeit** (von jeher oder infolge der Übernahme) der vom Übernehmer geführten Firma nach Firmen-, Namens-, Wettbewerbsrecht (s § 17 Anm 3), nur muß die geführte Bezeichnung als Firma und nicht nur etwas als Etablissementsbezeichnung (§ 17 Anm 6) möglich sein, BGH **22**, 237. Bsp: ,,Bäckerei A" ohne den Vornamen (trotz § 18 I uU entbehrlich bei Firmen von vor 1900, **(1)** EGHGB Art 22.

E. **Rechtsfolgen** der Geschäfts- und Firmenfortführung nach I 1: **a)** Der **Erwerber haftet mit seinem ganzen Vermögen,** nicht etwa nur mit dem erworbenen HdlGeschäft, BGH BB **55**, 652, aA Canaris, Vertrauenshaftung 185. Er haftet kraft Gesetzes als Gesamtschuldner neben dem Veräußerer, RG **135**, 107. Der Erwerber hat gegen den Gläubiger alle **Einreden,** die dem Veräußerer zustehen, sowie die Einreden eines Gesamtschuldners nach §§ 422ff BGB. Aufrechnen darf er nach § 422 II BGB nur, wo auch die Forderung auf ihn übergangen ist; auf eine vom Veräußerer erklärte Aufrechnung darf er sich berufen, § 422 I BGB. Ein vorher begründetes Konkursvorrecht wirkt gegen den Erwerber, § 418 II BGB ist unanwendbar, BGH **34**, 298 („dürfte"). Befriedigt der Erwerber nach Zahlungseinstellung des Veräußerers einen Gläubiger aufgrund I 1, ist dies nicht nach § 31 Nr 1 Halbs 2 KO anfechtbar, BGH **38**, 46; offen, wenn die Veräußerung des HdlGeschäfts vor Zahlungseinstellung und ihrerseits anfechtbar erfolgt ist. Vollstreckbare Ausfertigung eines Titels gegen den Veräußerer auch gegen den Erwerber nach § 729 II ZPO, nicht § 727 ZPO, BGH Rpfleger **74**, 260. **b)** Der Erwerber haftet **für alle im Betriebe des Geschäfts begründeten Verbindlichkeiten**, einerlei aus welchem Rechtsgrund; auch Steuerschulden (§ 37 AO); Prozeßkosten auch, wo das Urteil erst nach dem Erwerb rechtskräftig geworden ist, RG **143**, 156. Zu beachten ist die Vermutung des § 344 I, II; vgl BGH DB **79**, 1033, 1124 (zwei HdlGeschäfte). Gleichgestellt hat die Rspr **die bei Einrichtung oder Erwerb des Handelsgeschäfts begründeten Verbindlichkeiten**, zB Kaufpreisschuld des Erwerbers, RG **129**, 188, Verbindlichkeiten aus Darlehen zur Zahlung des Kaufpreises, RG LZ **21**, 176, zur Abfindung eines ausgeschiedenen Gfter, RG **154**, 336, zur Freistellung eines Vorbesitzers von Verbindlichkeiten, BGH LM § 25 Nr 3. **c)** Der **Veräußerer** haftet neben dem Erwerber als Gesamtschuldner weiter, aber nach § 26 höchstens fünf Jahre (s dort).

2) Ausschluß der Haftung des Erwerbers (II)

A. Veräußerer und Erwerber können die Haftung des Erwerbers gegenüber Dritten nach I 1 nicht schon durch bloße Vereinbarung (im Innenverhältnis), daß der Erwerber für die Verbindlichkeiten des Veräußerers nicht haften solle, ausschließen. Notwendig ist nach II vielmehr entweder HdlRegPublizität oder Mitteilung: **a) Eintragung** in HdlReg und **Bekanntmachung** (§ 10) wirkt gegenüber allen Altgläubigern. II ist abschließend und verdrängt § 15 (lex specialis), BGH **29**, 4. Der Haftungsausschluß wirkt mangels Eintragung und Bekanntmachung auch nicht gegen solche Gläubiger, die ihn kennen; umgekehrt wirkt er bei Eintragung und Bekanntmachung auch gegen Gläubiger, die ihn weder kennen noch kennen müssen. **b)** Formlose **Mitteilung** der von I 1 abweichenden Vereinbarung durch Erwerber oder Veräußerer wirkt nur gegenüber dem einzelnen Empfänger, dem sie zugeht.

B. Eintragung und Bekanntmachung oder Mitteilung müssen mit der Übernahme zusammenfallen; es reicht auch, wenn **unverzüglich** nach Geschäftsübernahme angemeldet wird und Eintragung und Bekanntmachung sodann in (kurzem) angemessenem Zeitabstand **folgen.** Andernfalls sind sie unwirksam, grundsätzlich trotz unverschuldeter Verspätung (vgl RG **75**, 141, **131**, 14) und auch wenn sich noch keine Verkehrsauffassung dahin gebildet hat, daß der Erwerber für die alten Schulden haftet, BGH **29**, 6, Ffm BB **77**, 1571. Nicht mehr alsbald ist Eintragung nach sechs oder zehn Wochen, RG **75**, 140, HRR **32**, 256; aber starre Fristen sind nicht angebracht, offen BayObLG WM **84**, 1534 (zu § 28 II). Das Registergericht braucht idR die Rechtzeitigkeit des Antrags auf Eintragung des Haftungsausschlusses nicht zu prüfen, KGJ 33 A 127, muß aber einen offensichtlich verspäteten Antrag ablehnen, Ffm BB **77**, 1571, BayObLG WM **84**, 1535 (fünf Monate). Eintragung der Schuldenübernahme nur bis zu bestimmter Gesamthöhe oder nur gemäß einem den Gläubigern unzugänglichen Verzeichnis gibt keinem Gläubiger Klarheit, genügt daher gegen keinen, RG **152**, 78. Der Haftungsausschluß ist auch möglich bei Erwerb des HdlGeschäfts einer OHG durch eine andere OHG mit denselben Gftern neben anderen (unbeschadet der fortdauernden Haftung der ersteren aus §§ 128 ff), KG JW **36**, 2659.

C. Der Haftungsausschluß nach II betrifft nur die Haftung aus I 1, nicht aus besonderen Verpflichtungsgründen (III). Besonders § 419 BGB ist unabdingbar (s Anm 3 C); ein Haftungsausschluß wirkt insoweit nur im Innenverhältnis, verpflichtet also den Veräußerer, den Erwerber von der Haftung freizuhalten. Der Haftungsausschluß ist durch Gläubiger (§ 7 AnfG) oder Konkursverwalter (§ 37 KO) **nicht anfechtbar;** falls nicht III oder § 419 BGB eingreift, entgeht der Wert des Unternehmens über die beschlagsfähigen Einzelobjekte hinaus ihrem Zugriff, Weimar MDR **64**, 567. Beim Erwerb des HdlGeschäfts vom **Konkursverwalter** soll die Haftung iZw als abbedungen gelten, die Unterrichtung der Konkursgläubiger über Konkurseröffnung und Geschäftsverkauf (§§ 111, 134 Nr 1 KO) ersetzen Eintragung und Bekanntmachung oder Mitteilung nach II, BAG NJW **66**, 1984. Richtiger als solche Erklärungsfiktionen ist die Nichtanwendung von § 25 überhaupt, s Anm 1 C a.

3) Haftung des Erwerbers aus besonderem Verpflichtungsgrund (III)

A. Liegen die Voraussetzungen der Haftung nach I 1 nicht vor, zB keine Fortführung des HdlGeschäfts oder nicht unter der alten Firma, haftet der Erwerber nur bei besonderem Verpflichtungsgrund. III nennt als Bsp die (in der Praxis selten vorkommende) **Bekanntmachung** der Haftungsübernahme in hdlüblicher Form; sie erfolgt öffentlich, auch zB an das Registergericht oder gegenüber so vielen einzelnen Gläubigern, daß auf den Willen geschlossen werden muß, nicht nur diesen gegenüber, sondern schlechthin die Verbindlichkeiten zu übernehmen, RG **38**, 177. Bekanntmachung, daß die Übernahme eines Bankgeschäfts bankaufsichtlich genehmigt ist, genügt nicht, BGH WM **64**, 296. Die Haftung aufgrund Bekanntmachung ergäbe sich auch ohne III als Vertrauens- und Erklärungshaftung (vgl § 5 Anm 2). Auch sonst hat III nur Hinweisfunktion auf andere vertragliche (s Anm B) oder gesetzliche (s Anm C, D) Verpflichtungsgründe. Anders K. Schmidt § 8: III als Grundlage für allgemeine Kontinuität der Haftungs- und Rechtsverhältnisse beim Wechsel des Unternehmensträgers, also auch bei NichtKfm und ohne Firmenfortführung.

B. Ein besonderer Verpflichtungsgrund ist die (vertragliche) **Schuldübernahme** gegenüber einem einzelnen Gläubiger (befreiende Schuldübernahme, §§ 414 ff BGB, oder Schuldbeitritt). Sie ist nicht ohne weiteres in der Übertragung des Geschäfts (s Einl II 2 vor § 1) stillschweigend mitvereinbart.

C. Von erheblicher praktischer Bedeutung ist die unabhängig neben § 25 stehende gesetzliche Haftung des Erwerbers aus **Vermögensübernahme** nach **§ 419 BGB.**

§ 25 3   I. Buch. Handelsstand

BGB 419 [Vermögensübernahme, Haftung des Übernehmers]

^I Übernimmt jemand durch Vertrag das Vermögen eines anderen, so können dessen Gläubiger, unbeschadet der Fortdauer der Haftung des bisherigen Schuldners, von dem Abschlusse des Vertrags an ihre zu dieser Zeit bestehenden Ansprüche auch gegen den Übernehmer geltend machen.

^{II} Die Haftung des Übernehmers beschränkt sich auf den Bestand des übernommenen Vermögens und die ihm aus dem Vertrage zustehenden Ansprüche. Beruft sich der Übernehmer auf die Beschränkung seiner Haftung, so finden die für die Haftung des Erben geltenden Vorschriften der §§ 1990, 1991 entsprechende Anwendung.

^{III} Die Haftung des Übernehmers kann nicht durch Vereinbarung zwischen ihm und dem bisherigen Schuldner ausgeschlossen oder beschränkt werden.

a) § 419 ist keine Rechtsscheinnorm; **Leitgedanke** ist vielmehr der Zusammenhang von Aktiv- und Passivvermögen (Haftungsfonds), BGH **27**, 260, **33**, 128; str, vgl Schricker JZ **70**, 265, Eisemann AcP 176 (**76**) 487, Wilburg FS Larenz **73**, 661. **b)** Voraussetzung ist zunächst die **Übernahme des Vermögens,** und zwar des (pfändbaren) Aktivvermögens (also ohne Abzug der Schulden), BGH **62**, 101; nicht nur Kundenstamm, in den nicht vollstreckt werden kann, Ffm BB **80**, 179; nach Rspr uU auch Sicherungsübereignung des gesamten Vermögens, BGH **80**, 300 (sehr str, aber wegen Vorwegbefriedigungsmöglichkeit des Übernehmers ohne große Bedeutung, s Anm e). Übernahme des **nahezu gesamten** Vermögens genügt, BGH **66**, 218, so wenn die von der Übertragung ausgeschlossenen Gegenstände im Verhältnis zum Ganzen wirtschaftlich gesehen unbedeutend sind; bei dieser Abwägung sind die dinglichen Belastungen der übertragenen Gegenstände ebenso wie die der ausgeschlossenen Gegenstände abzuziehen, BGH **66**, 220. Feste Prozentsätze bestehen nicht, aber Grenze wird bei 10–15% verlaufen. Übertragung einer Sachgesamtheit ist nicht nötig, ein oder mehrere das ganze Vermögen ausmachende Gegenstände genügen, BGH NJW **72**, 720 (GmbH-Anteil). § 419 greift **nicht** ein bei der Übertragung von **Sondervermögen,** zB OHG oder KG, wenn der Veräußerer noch anderes Vermögen hat und zurückbehält, BGH **27**, 263, aA Müko-Ulmer § 718 Rz 21 mit gutem Grund (Verselbständigung der Gesamthand); auch nicht bei Einbringung des Vermögens der OHG oder KG in andere PersonenGes, wenn Gfter (Mit)Inhaber bleiben, BGH BB **64**, 8 (s auch § 28 Anm 3), möglich aber bei Ausscheiden eines Gfters aus der Ges, wenn GesAnteil sein gesamtes Vermögen darstellt, BGH BB **54**, 700. Auch nicht bei Nutzungspfandrecht, BGH **54**, 104; Überlassung der Nießbrauchausübung durch Nießbraucher, BGH **55**, 111; Factoring, BGH **71**, 306, s **(7)** Bankgeschäfte XI 3. **c)** Das Vermögen muß unter Lebenden **durch Vertrag** übernommen werden. Gegensatz ist Vermögensübergang durch Gesetz, zB Erbfall; Verschmelzung, Vermögensübertragung und Umwandlung nach AktG, §§ 339, 359, 360 (nicht 361), 362 und UmwG (s Einl 4 vor § 105). § 419 findet Anwendung nur bei **unentgeltlichem** Vertrag (bei Übernahme unter Wert Anwendung nur insoweit), hL, aA stRspr BGH **66**, 219, Palandt 3. Vertrag iSv § 419 ist grundsätzlich der schuldrechtliche Vertrag, nicht das Verfügungsgeschäft, BGH **66**, 225, sehr str, aber s Anm d. Erwerb des HdlGeschäfts vom Konkursverwalter fällt nicht unter § 419, BGH **66**, 228. **Mehrheit** von Übernahmeverträgen, auch mit verschiedenen Partnern, und sukzessive Übertragung können bei engem zeitlichen und wirtschaftlichen Zusammenhang ausreichen, BGH **55**, 114,

71, 307; dafür kommt es auf den Zeitpunkt des dinglichen Rechtserwerbs an, BGH **93,** 135. **d)** Erwerber **muß wissen,** daß er das (nahezu gesamte) Vermögen übernimmt; zumindest muß er die Verhältnisse kennen, aus denen sich das ergibt, BGH **55,** 107, NJW **76,** 1400. Irrtum über Vorliegen des § 419 berechtigt nicht zur Anfechtung, BGH **70,** 47. Maßgeblicher Zeitpunkt für Kenntnis ist der des dinglichen Erwerbs, bei Grundstücksübereignung der des Antrags auf Umschreibung oder Auflassungsvormerkung, BGH **55,** 105. **e) Rechtsfolgen** der Vermögensübernahme: Der Erwerber haftet nur mit dem übernommenen Vermögen (§ 419 II). § 419 ist keine selbständige Haftungsgrundlage, sondern begründet nur Schuldmitübernahme des Übernehmers, Rechtsnatur und Rechtsweg ändern sich also nicht, BGH **72,** 59. Durchführung der Haftung s § 419 II 2, 1990, 1991 BGB. Der Erwerber kann sich vorweg befriedigen, zB für zur Entschuldung des übernommenen Vermögens gemachte Aufwendungen, BGH **66,** 225; nicht für die durch oder nach Übernahme entstandenen Forderungen wie Kaufpreisrückzahlung, RG **137,** 52; für die gesicherte Forderung bei Sicherungsübereignung s Anm a) und BGH WM **56,** 284, **71,** 442. Der Erwerber haftet für alle bis zum dinglichen Erwerb (s Anm d) entstehenden Verbindlichkeiten, BGH **66,** 226, aber § 425 BGB (Wirkung von Tatsachen nur gegen einen der Gesamtschuldner) gilt bereits ab Anspruchsentstehung, also zB schon mit dem schuldrechtlichen Übernahmevertrag, BGH NJW **84,** 793. **f)** Nach § 419 III ist (abw von § 25 II) **kein Ausschluß der Haftung** aus § 419 durch Vereinbarung zwischen Veräußerer und Erwerber möglich.

D. Bei Geschäftsübernahme ohne Schuldübernahme kommen ferner uU § **826 BGB** und Anfechtung nach **AnfG** in Betracht, wenn nicht für Befriedigung der Altgläubiger aus dem Kaufpreis gesorgt ist.

4) Übergang der Forderungen (I 2)

A. Die im Betriebe des übertragenen HdlGeschäfts begründeten Forderungen können als Teil des HdlGeschäfts mitübertragen werden. Auch ohne solche Übertragung **gelten** sie nach I 2 den Schuldnern gegenüber **als auf den Erwerber übergegangen,** sofern der Erwerber das HdlGeschäft mit (nicht notwendig ausdrücklicher) Einwilligung des bisherigen Inhabers oder seiner Erben unter der bisherigen Firma fortführt. Damit werden die Schuldner geschützt (I 2 als Rechtsscheintatbestand). Sie können befreiend an den Erwerber leisten (dann Ausgleichsanspruch des Veräußerers gegen Erwerber nach § 816 II BGB). Anders, wenn eine abweichende Vereinbarung in das HdlReg eingetragen und bekanntgemacht (§ 15 II 1, 2) oder dem Schuldner (Dritten) vom Erwerber oder dem Veräußerer mitgeteilt worden ist (II, s Anm 2). I 2 gilt nur zugunsten des Schuldners. Sind die Forderungen tatsächlich nicht mitübertragen, kann er ohne weiteres befreiend an den Veräußerer bezahlen; doch folgt aus I 2 eine (widerlegbare) Vermutung zugunsten des Erwerbers als Neugläubiger.

B. I 2 **gilt** nur für Forderungen, die formfrei abgetreten werden können (§ 398 BGB), **nicht** für Forderungen, die nur in besonderer Form oder nur mit Zustimmung Dritter (insbesondere des Schuldners) oder überhaupt nicht übertragbar sind. Bsp: Hypotheken, KGJ **26** A 135, Mieterrecht (vgl § 549 BGB).

5) Internationaler Verkehr

Die Wirkung des Übergangs eines **ausländischen Geschäfts** an einen im Ausland wohnhaften Kfm richtet sich nach ausländischem Recht; eine vom deutschen Recht abweichende Regelung verstößt noch nicht gegen den Zweck des deutschen Gesetzes, RG **60**, 297.

[Verjährung gegen den früheren Inhaber]

26 ^I **Ist der Erwerber des Handelsgeschäfts auf Grund der Fortführung der Firma oder auf Grund der in § 25 Abs. 3 bezeichneten Bekanntmachung für die früheren Geschäftsverbindlichkeiten haftbar, so verjähren die Ansprüche der Gläubiger gegen den früheren Inhaber mit dem Ablaufe von fünf Jahren, falls nicht nach den allgemeinen Vorschriften die Verjährung schon früher eintritt.**

^{II} **Die Verjährung beginnt im Falle des § 25 Abs. 1 mit dem Ende des Tages, an welchem der neue Inhaber der Firma in das Handelsregister des Gerichts der Hauptniederlassung eingetragen worden ist, im Falle des § 25 Abs. 3 mit dem Ende des Tages, an welchem die Kundmachung der Übernahme stattgefunden hat. Konnte der Gläubiger die Leistung erst in einem späteren Zeitpunkte verlangen, so beginnt die Verjährung mit diesem Zeitpunkte.**

1) Fortdauernde Haftung des Veräußerers

A. Der Veräußerer eines HdlGeschäfts haftet aus den **vor dem Übergang begründeten** Geschäftsverbindlichkeiten unverändert weiter, soweit keine befreiende Schuldübernahme unter Mitwirkung des Gläubigers (§§ 414 ff BGB) vorliegt. Die Haftung des Erwerbers aus § 25 I 1 tritt nur gesamtschuldnerisch neben die des Veräußerers (§ 25 Anm 1 E). Für die Haftung des Veräußerers aus schwebenden Geschäften gelten gleiche Grundsätze wie für die eines aus einer OHG ausgeschiedenen Gfters (§ 128 Anm 5); nach Geschäftsübergang eintretende Voraussetzungen eines früher begründeten Anspruchs wirken gegen ihn, zB Eintritt einer aufschiebenden Bedingung, Werkleistung aus älterem Werkvertrag, provisionspflichtiger Abschluß nach älterer Provisionszusage, BGH BB **74**, 1364. Gläubiger kann Veräußerer aus Haftung entlassen, uU durch Lieferung und Rechnungsstellung an den Nachfolger nach Mitteilung des Veräußerers von Geschäftsaufgabe und Schuldübernahme des Nachfolgers, Ffm BB **82**, 694.

B. Für **nach dem Geschäftsübergang begründete** neue Geschäftsverbindlichkeiten haftet nur der Erwerber. Ausnahmsweise haftet auch der Veräußerer, so wenn der Geschäftsübergang noch nicht in das HdlReg eingetragen und bekanntgemacht worden ist, Ffm OLGZ **73**, 20 (§ 15 iVm § 31) oder aufgrund Rechtsscheinhaftung, so uU wenn bei ständiger Geschäftsbeziehung der Inhaberwechsel nicht mitgeteilt wird (s § 15 Anm 3 D, § 5 Anm 2).

2) Verjährung (I)

A. Haftet der Erwerber für Altschulden weder nach § 25 I noch aus Bekanntmachung nach § 25 III, bleibt die Verjährung der Verbindlichkeiten des Veräußerers unverändert; das gilt auch bei Haftung des Erwerbers aus §§ 419, 826 BGB ua (s § 25 Anm 3 C, D). Haftet der Erwerber aus der

Fortführung des Geschäfts unter der alten Firma (§ 25 I 1) oder aus der Bekanntmachung der Schuldübernahme (§ 25 III), so wirkt das zugunsten des Veräußerers; seine Verbindlichkeiten verjähren (ähnlich denen eines ausgeschiedenen Gfters, § 159) spätestens in **5 Jahren.** Das gilt auch, wenn der Erwerber nicht nur aus § 25 haftet, sondern zudem der Schuld beitrat, BGH **42,** 382 (dahingestellt für Privatschuld des Veräußerers).

B. **Ausgenommen** sind Verbindlichkeiten aus einem vor dem Geschäftsübergang erwirkten **rechtskräftigen Urteil; ebenso** vollstreckbarer Vergleich, vollstreckbare Urkunde, Konkursfeststellung. Solche Titelgläubiger brauchen sich nicht darum zu kümmern, ob der Schuldner sein Geschäft überträgt und ob und wie ihnen ein Erwerber als Geschäftsschuldner haftbar wird; str, dahingestellt in RG JW **38,** 1173.

3) Verjährungsbeginn (II)

Die Frist läuft idR (§ 25 I) ab Eintragung des neuen Geschäftsinhabers gemäß § 31 I in das HdlReg, bei mehreren Niederlassungen in das der HauptNl; das gilt abw von § 15 IV auch für Schulden der ZwNl. Bei Haftung des Erwerbers aus Bekanntmachung der Schuldübernahme (§ 25 III) läuft die Frist vom Ende des Tages der Bekanntmachung (II 1). War die Schuld noch nicht fällig, beginnt die Frist erst ab Fälligkeit (II 2).

[Haftung des Erben bei Geschäftsfortführung]

27 ¹ **Wird ein zu einem Nachlasse gehörendes Handelsgeschäft von dem Erben fortgeführt, so finden auf die Haftung des Erben für die früheren Geschäftsverbindlichkeiten die Vorschriften des § 25 entsprechende Anwendung.**

II Die unbeschränkte Haftung nach § 25 Abs. 1 tritt nicht ein, wenn die Fortführung des Geschäfts vor dem Ablaufe von drei Monaten nach dem Zeitpunkt, in welchem der Erbe von dem Anfalle der Erbschaft Kenntnis erlangt hat, eingestellt wird. Auf den Lauf der Frist finden die für die Verjährung geltenden Vorschriften des § 206 des Bürgerlichen Gesetzbuchs entsprechende Anwendung. Ist bei dem Ablaufe der drei Monate das Recht zur Ausschlagung der Erbschaft noch nicht verloren, so endigt die Frist nicht vor dem Ablaufe der Ausschlagungsfrist.

Schrifttum: *Hueck* ZHR 108 (**41**) 1. – *Reuter* ZHR 135 (**71**) 511. – S vor § 25.

1) Haftung des Erben bei Geschäfts- und Firmenfortführung (I)

A. Der **Erbe** eines einzelkfm HdlGeschäfts **haftet** nach I für Geschäftsschulden des Erblassers bei Fortführung des Geschäfts unter der alten Firma (sei es auch mit Nachfolgezusatz, §§ 22 I 1, 25 I 1) entspr § 25. Leitgedanken der Norm s BGH **32,** 62, vgl § 25 Anm 1 A. – Der Erbe haftet **nicht** nach I iVm § 25, wenn er das Geschäft überhaupt nicht oder aber unter neuer Firma fortführt; zur Fortführung des HdlGeschäfts durch die Miterben s § 22 Anm 1 B. Dem steht gleich, wenn der Erbe das Geschäft zwar zunächst unter der alten Firma fortführt, die Fortführung aber innerhalb der Bedenkzeit nach II einstellt (s Anm 2). Der Erbe haftet dann **nur** nach BGB-**Erbrecht** (§§ 1922, 1942 ff, 1967 ff BGB), beschränkbar auf den Nachlaß (§§ 1973, 1975 ff BGB); ebenso Miterben entspr ihrem Anteil (vor

§ 27 2   I. Buch. Handelsstand

Nachlaßteilung § 2059 BGB; nachher §§ 1973, 1975 ff BGB und § 2060 BGB).

B. Voraussetzung ist nach I 1 ein **Handelsgeschäft**. Hierzu gilt dasselbe wie bei § 25 I 1 (s § 25 Anm 1 B).

C. Der Erbe muß das HdlGeschäft und die bisherige Firma **fortführen** (s § 25 Anm 1 D). Fortführung durch gesetzliche Vertreter oder Bevollmächtigte steht der durch den Erben selbst gleich, BGH **30**, 395, **35**, 19; ebenso Fortführung durch Testamentsvollstrecker im Namen des Erben (vgl § 1 Anm 6 C), BGH **12**, 100, **35**, 16, durch Nachlaßpfleger, Sequester gemäß § 106 KO oder Verwalter im gerichtlichen Vergleichsverfahren im Namen und mit Willen der Erben. **Keine Fortführung** iSv I 1 ist dagegen die durch den Nachlaßkonkursverwalter, BGH **35**, 17. **Miterben,** die vor einem Fortführungsakt der Gemeinschaft aus ihr ausscheiden, haften nicht nach § 27. Wird nur ein Miterbe bei Fortführung des Geschäfts tätig, haften die anderen nur, falls sie ihn zur Fortführung des Geschäfts im Rahmen der gemeinschaftlichen Verwaltung des Nachlasses (§ 2038 BGB) bevollmächtigen (auch stillschweigend, was nicht anzunehmen ist, wenn sie ihn irrig für den Alleinübernehmer hielten); nicht genügt dazu, daß der tätige Erbe Prokura hatte, BGH **30**, 395, **32**, 67, **35**, 13, BB **61**, 1027. Fortführung des HdlGeschäfts als Erbengemeinschaft oder als OHG (KG) s § 1 Anm 6 B. – Ob der Erbe nach I iVm § 25 unbeschränkt oder nach BGB-Erbrecht beschränkt haftet, ist nicht erst gemäß § 780 ZPO in der Vollstreckung, sondern bereits im **Prozeß** zu klären, RG **88**, 219.

D. **Rechtsfolgen** der Geschäfts- und Firmenfortführung nach I 1: Der **Erbe haftet** wie der Erwerber nach § 25 (s § 25 Anm 1 E). Bei Geschäfts- und Firmenfortführung durch den **Vorerben** haftet der seinerseits fortführende Nacherbe auch für die vom Vorerben begründeten Betriebsschulden, einerlei ob ihre Eingehung im Rahmen ordnungsgemäßer Nachlaßverwaltung lag, BGH **32**, 66. Das gilt auch im Verhältnis des vorläufigen zum endgültigen Erben. Der Nacherbe haftet nicht, wenn das HdlGeschäft zZ des Nacherbfalls nicht mehr zum Nachlaß gehört; BGH **32**, 62.

2) Einstellung während Bedenkzeit (II)

A. Der Erbe hat nach II 1 eine **Bedenkzeit** (vgl § 139 IV) von drei Monaten ab Kenntnis vom Anfall der Erbschaft. Während der Bedenkzeit hat der Erbe die aufschiebenden Einreden nach §§ 2014 ff BGB (dazu § 782 ZPO); bei Verurteilung während der Bedenkzeit droht mangels Vorbehalt nach § 780 ZPO (insoweit) unbeschränkte Haftung. Bei **Einstellung** der Fortführung des Geschäfts innerhalb dieser Frist haftet der Erbe nicht nach I iVm § 25 I. Zwangseinstellung, zB infolge Nachlaßkonkurses, steht der freiwilligen Einstellung gleich, ebenso Fortführung von Anfang an unter neuer Firma oder Veräußerung des Geschäfts ohne die Firma, str. – **Keine Einstellung** (also keine Enthaftung) bei bloßer nachträglicher Änderung der Firma (Privileg des II setzt vollständige Trennung des Erben von dem gesetzten Rechtsschein voraus), aA Hueck ZHR 108 (**41**) 16; bei Veräußerung des zunächst unter der alten Firma fortgeführten Geschäfts (mit der Firma, str), vgl RG **56**, 198; für einen von mehreren Erben bei Ausscheiden aus der Gemeinschaft, die schon unter der alten Firma fortgeführt wurde. – Bei fristgerechter Einstellung gilt die Beschränkbarkeit der Nachlaßhaftung (§§ 1937, 1975 ff BGB) auch für die zwischen Erbfall und Einstellung zur ordnungsmäßigen Verwaltung des Nachlasses eingegangene Verbindlichkeiten (**Nachlaßerbenschulden,** § 1967 II BGB), sofern dem Geschäftspartner die Absicht des Erben bekannt oder erkennbar war, nur mit Wirkung für den Nachlaß zu handeln, RG **146,** 343, zB bei Vertragsschluß nur unter der (vom eigenen Namen verschiedenen) Firma des Erblassers, BGH BB **68,** 769. Vgl RG **91,** 121 (Verbindlichkeiten aus Liquidation der OHG, KG nach Auflösung durch Todesfall, § 131 Nr 4), auch § 139 IV.

B. Für nicht voll geschäftsfähige Erben ohne gesetzlichen Vertreter beginnt die Bedenkzeit erst mit Eintritt der vollen Geschäftsfähigkeit oder Bestellung eines Vertreters (Ablaufhemmung, **II 2** iVm § 206 I 2 BGB).

C. Die Bedenkzeit nach II 1 (ab Kenntnis vom Anfall der Erbschaft) ist uU kürzer als die Erbschaftsausschlagungsfrist nach § 1944 BGB (zwar nur sechs Wochen, aber erst ab Kenntnis vom Anfall und vom Grunde der Berufung). Deshalb endet nach **II 3** die Bedenkfrist nicht, solange die Erbschaft noch nicht angenommen und die Ausschlagung noch möglich ist.

3) Ausschluß der Haftung des Erben

Die Haftung des Erben nach I iVm § 25 I 1 ist (ebenso wie die des Erwerbers unmittelbar nach § 25 I 1) **entsprechend § 25 II ausschließbar** (Grund: unabdingbare Haftung zB auch bei Veräußerung des HdlGeschäfts, s Anm 2 A, ginge zu weit; Normzusammenhang von §§ 25, 27, 28; I verweist auch auf § 25 II). Dafür genügt nicht schon Vereinbarung (Erbvertrag) oder Testament des Erblassers (str), wohl aber die einseitige, entspr § 25 II kundgemachte Erklärung des Erben, KG DR **40,** 2007; Nolte FS Nipperdey **65** I 667, Canaris, Vertrauenshaftung 187; aA Reuter ZHR 135 (**71**) 511, K. Schmidt § 8 IV 3b. Allerdings haftet bei Geschäftsübernahme unter Lebenden der Veräußerer unbeschränkt, hier der Erbe als solcher nur erbrechtlich beschränkbar; aber das folgt aus der Wertung der §§ 1973, 1975 ff BGB und spielt für I iVm § 25 II keine Rolle.

4) Haftung des Erben aus besonderem Verpflichtungsgrund

Führt der Erbe das HdlGeschäft nicht oder nicht unter der bisherigen Firma fort, haftet er für die Geschäftsverbindlichkeiten ebenso wie für andere Schulden des Erblassers nur nach BGB-Erbrecht, als beschränkbar auf den Nachlaß, s Anm 1 A. Anders ist es, soweit ein **besonderer Verpflichtungsgrund** (außer den im BGB für jeden Erben bestimmten) der Beschränkung der Erbenhaftung entgegensteht (vgl § 25 III, s § 25 Anm 3), zB wenn der Erbe die Übernahme der Verbindlichkeit in hdlüblicher Weise **bekanntmacht** (I iVm § 25 III, s § 25 Anm 3 A); dann haftet der Erbe unbeschränkt wie nach § 25 I und ohne weitere Bedenkzeit nach § 27 II. Ebenso zB bei Übernahme einer vertraglichen Verpflichtung gegenüber einzelnen Gläubigern. § 419 BGB gilt beim Erwerb von Todes wegen nicht (s § 25 Anm 3 C).

[Eintritt in das Geschäft eines Einzelkaufmanns]

28 ¹ **Tritt jemand als persönlich haftender Gesellschafter oder als Kommanditist in das Geschäft eines Einzelkaufmanns ein, so haftet die Gesellschaft, auch wenn sie die frühere Firma nicht fortführt, für**

§ 28 1

alle im Betriebe des Geschäfts entstandenen Verbindlichkeiten des früheren Geschäftsinhabers. Die in dem Betriebe begründeten Forderungen gelten den Schuldnern gegenüber als auf die Gesellschaft übergegangen.

II Eine abweichende Vereinbarung ist einem Dritten gegenüber nur wirksam, wenn sie in das Handelsregister eingetragen und bekanntgemacht oder von einem Gesellschafter dem Dritten mitgeteilt worden ist.

Schrifttum: *Lieb* FS Westermann **74**, 322. – *K. Schmidt* ZHR 145 (**81**) 2. – S vor § 25.

1) Haftung der Gesellschaft und des Eintretenden (I)

A. Bei Eintritt des B in das Geschäft des A als phG oder Kdtist (genauer: bei Bildung einer OHG oder KG aus A und B und Einbringung des HdlGeschäfts des A in diese; ungenau LG Hbg MDR **71**, 930) wird die Ges haftbar für die Geschäftsverbindlichkeiten des A. Damit haftet auch B nach §§ 128, 171ff, einerlei ob die Ges die Firma des A fortführt. **Leitgedanke** des § 28 ist str; nicht Rechtsscheinhaftung (aber vgl § 25 Anm 1 A); eher Zusammenhang von Vermögen und Schulden (Haftungsfonds), BGH NJW **66**, 1917. § 28 iVm §§ 128, 171ff ist verwandt mit §§ 130, 173. Dazu *Schricker* ZGR **72**, 121, *Säcker* ZGR **73**, 261.

B. Nötig ist Eintritt in ein **Handelsgeschäft**. § 28 setzt (nach Eintritt) vollkfm Gewerbe voraus; § 28 gilt nicht, wenn die als „KG" gebildete Ges mangels Anlage auf ein vollkfm Gewerbe nur GbR wird (§ 105 Anm 3 B, vgl BGH **74**, 240 zu § 130, s dort Anm 2). Vor Eintritt muß bereits ein HdlGeschäft bestanden haben; der frühere Geschäftsinhaber muß also schon Kfm, nicht notwendig VollKfm gewesen sein. § 28 gilt auch, wenn minderkfm Gewerbe durch Teilhaberaufnahme VollHdlGewerbe wird, BGH NJW **66**, 1917 (mit RG **164**, 115 gegen Fischer bei LM § 28 Nr 3). War A Kfm nach § 1, ist fehlende Eintragung für § 28 bedeutungslos; war er es mangels Eintragung (noch) nicht (§§ 2, 3), greift § 28 nicht ein, BGH **31**, 400. Nach neuerer Ansicht gilt § 28 bei jeder PersGesGründung mit Einbringung eines Unternehmens, einerlei ob bloße GbR entsteht oder früherer Geschäftsinhaber NichtKfm war, *K. Schmidt* ZHR 145 (**81**) 23, *Lieb* FS Westermann **74**, 309. Bei Eintritt nicht in eine neugegründete PersGes, sondern zB GmbH, greift nicht § 28, sondern nur § 25 ein (s Anm D); bei Eintritt in eine bestehende PersGes gelten nur §§ 130, 173. Eintritt in ein stilliegendes vermögensloses Unternehmen (Firmenmantel), falls so eingetragen, genügt; anders bei Neugründung, BGH BB **55**, 877, NJW **61**, 1766. Hat A mehrere Unternehmen, kommt es darauf an, in welches B eintritt; nur dessen Schulden treffen die Ges und damit B, BGH **31**, 399, BB **61**, 842.

C. Der **Eintritt** nach § 28 entspricht dem Erwerb des HdlGeschäfts nach § 25 (s § 25 Anm 1 C). Die Haftung gilt auch bei ungültigem GesVertrag, aber Eintragung der Gesellschaft, RG **89**, 98, **142**, 106. Wird nur der Schein des Eintritts erzeugt, greift § 28 nicht ein (BGH WM **64**, 298, vgl § 25 Anm D); aber uU Rechtsscheinhaftung (§ 5 Anm 2), vgl BGH NJW **61**, 1766. Nach Invollzugsetzung der Ges gelten die Grundsätze über die fehlerhafte Ges, BGH NJW **72**, 1466; Eintritt (und Haftung) kann dann nicht mehr (zB durch Anfechtung wegen arglistiger Täuschung) rückwirkend beseitigt werden, vgl § 105 Anm 8.

3. Abschnitt. Handelsfirma § 29

D. **Fortführung des Handelsgeschäfts** ist notwendig. Dafür genügt die bloße Invollzugsetzung der neuen Ges, Einstellung danach ist irrelevant (s Anm C). Dagegen erfordert § 28 anders als § 25 ausdrücklich **nicht Fortführung der Firma;** § 28 ist trotz Einordnung in Abschn 3 über die HdlFirma keine firmenrechtliche Vorschrift, BGH NJW **66,** 1917. Unternehmensfortführung unter Bildung einer GmbH (dann § 25) und einer GmbH & Co (dann § 28, s Anm B) werden somit unterschiedlich behandelt.

E. **Rechtsfolgen** des I 1: Die neugegründete **OHG** oder **KG haftet** für die im Betrieb des eingebrachten HdlGeschäfts begründeten Verbindlichkeiten (s § 25 Anm 1 E); damit haftet **auch der neu Eintretende** (§§ 128, 171 ff). Für Geschäftsverbindlichkeiten aus einem zweiten, vom Eintretenden selbständig weitergeführten Geschäft haftet die Ges nicht, BGH **31,** 399. Titelerweiterung entspr § 729 II ZPO gegen die Ges; auch gegen die Gfter, Kiel HRR **31,** 2081, str. – Der **frühere Alleininhaber** haftet unbeschränkt weiter, BGH WM **74,** 395, **82,** 44. Das gilt auch, wenn er Kdtist wird, da er (anders als der Veräußerer im Fall von § 25) das Unternehmen nicht verläßt; § 26 mit höchstens fünfjähriger Verjährung greift zu seinen Gunsten also nicht ein, BGH **78,** 119, aA K. Schmidt NJW **80,** 160 (vgl § 159 Anm 1 A).

2) Ausschluß der Haftung (II)

Nach II gilt I nicht bei **abweichender Vereinbarung** der Gfter, die entweder in das HdlReg eingetragen und bekanntgemacht oder von einem der Gfter (aber auch schon vor Errichtung der Ges, str, abw RG **102,** 245) dem Gläubiger mitgeteilt ist. Einzelheiten wie bei § 25 Anm 2. Eine neuere Ansicht will II als „sinnwidrig" außer Acht lassen, Lieb FS Westermann **74,** 322.

3) Haftung aus besonderem Verpflichtungsgrund

Ist das HdlGeschäft das ganze Vermögen des Inhabers, greift **§ 419 BGB** (Text und Komm s § 25 Anm 3 C, Schuldenübergang auf die Ges ohne Möglichkeit des Ausschlusses) idR nicht Platz, weil OHG bzw KG als Gesamthandsgemeinschaft nicht „das Vermögen übernehmen", BGH BB **54,** 700, BB **64,** 8, str (s § 25 Anm 3 Cc). Anders bei Einbringung in Ges mit Rechtspersönlichkeit wie GmbH, KG **148,** 257, ebenso wenn nach Aufnahme des neuen Teilhabers der alte Inhaber ausscheidet (also i Erg das HdlGeschäft von diesem auf jenen übertragen ist, Fall des § 25), BGH BB **54,** 700.

4) Übergang der Forderungen (I 2)

Die im Betrieb des eingebrachten HdlGeschäfts begründeten Forderungen gelten den Schuldnern gegenüber als auf die Ges übergegangen (auch wenn die frühere Firma nicht fortgeführt wird, s Anm 1 D), I 2 entspr § 25 I 2, s § 25 Anm 4.

[Anmeldung der Firma]

29 Jeder Kaufmann ist verpflichtet, seine Firma und den Ort seiner Handelsniederlassung bei dem Gericht, in dessen Bezirke sich die Niederlassung befindet, zur Eintragung in das Handelsregister anzumel-

§ 30

den; er hat seine Firma zur Aufbewahrung bei dem Gerichte zu zeichnen.

1) Anmeldung

A. Jeder Vollkaufmann (und wer es nach § 2 werden soll) ist verpflichtet, eine **Firma** anzunehmen und zum HdlReg (Genossenschaftsregister) anzumelden, (§ 17 Anm 2 A) und sie zur Aufbewahrung bei Gericht zu zeichnen (Form s § 12). Anmeldepflichtig (und im FGG-Verfahren über die Firmenführung antragsberechtigt) ist, wer das Unternehmen im eigenen Namen betreibt, vgl § 1 Anm 3–6. Nur Pächter, nicht Verpächter hat Beschwerderecht, auch bei Firmenfortführung (§ 22 II), auch bei Pflicht des Pächters gegenüber Verpächter zur Firmenfortführung, Kln NJW **63**, 541. Die Firma besteht nur bei vollkfm Unternehmen. Dieses muß als solches bei Anmeldung bestehen. Daß es in der Entwicklung begriffen ist, genügt nur, wo greifbare Unterlagen für den Ausbau vorliegen; tritt dieser nicht ein, ist von Amts wegen zu löschen, KG OLG **43**, 203. Zuständigkeit, Verfahren: §§ 8 ff, 14. § 29 ist kein Schutzgesetz iS § 823 II BGB, RG **72**, 408. Monographie Wessel 1971 (Firmengründung).

B. Anzumelden ist ferner die (Haupt)**Niederlassung** des Kfm (vgl § 13 Anm 1). Das Registergericht soll auch auf Angabe der Lage der Geschäftsräume hinwirken, **(4)** HRV § 24. Anmeldung der Errichtung einer ZwNl s § 13.

2) Zeichnung

Die nach Halbs 2 vorgeschriebene Zeichnung der Firma zur Aufbewahrung bei Gericht (vgl § 35 für Vertreter der juristischen Person; § 53 II für Prokurist; § 108 II für vertretende Gesellschafter; §§ 148 III, 153 für Liquidatoren) dient der Sicherung einer Schriftprobe zur Erleichterung der Prüfung von Unterschriften im Geschäftsverkehr auf Echtheit, vgl BayObLG WM **73**, 1227. Sie ist **persönlich** zu bewirken, keine Vertretung wie sonst bei der Anmeldung außer durch den gesetzlichen Vertreter (vgl § 12 Anm 2). Anforderungen an Deutlichkeit und Übereinstimmung mit der angemeldeten Firma (§ 29 Halbs 1) s Beck BB **62**, 1265. Leserlichkeit nicht erforderlich, BGH BB **60**, 305. Zeichnung nur in öffentlich beglaubigter Form, s § 12 I. Der Registerrichter darf nicht Eintragung (aufgrund Anmeldung nach Halbs 1) von Zeichnung der Firma (Halbs 2) abhängig machen, KGJ **37**, A 138, nur nachträglich Zeichnung erzwingen, § 14. Zur Ratio s auch BayObLG BB **72**, 1525, vgl § 108 Anm 4 A.

[Unterscheidbarkeit]

30 ^{I} Jede neue Firma muß sich von allen an demselben Ort oder in derselben Gemeinde bereits bestehenden und in das Handelsregister oder in das Genossenschaftsregister eingetragenen Firmen deutlich unterscheiden.

^{II} **Hat ein Kaufmann mit einem bereits eingetragenen Kaufmanne die gleichen Vornamen und den gleichen Familiennamen und will auch er sich dieser Namen als seiner Firma bedienen, so muß er der Firma einen Zusatz beifügen, durch den sie sich von der bereits eingetragenen Firma deutlich unterscheidet.**

3. Abschnitt. Handelsfirma 1, 2 § 30

III Besteht an dem Orte oder in der Gemeinde, wo eine Zweigniederlassung errichtet wird, bereits eine gleiche eingetragene Firma, so muß der Firma für die Zweigniederlassung ein der Vorschrift des Absatzes 2 entsprechender Zusatz beigefügt werden.

IV Durch die Landesregierungen kann bestimmt werden, daß benachbarte Orte oder Gemeinden als ein Ort oder als eine Gemeinde im Sinne dieser Vorschriften anzusehen sind.

1) Deutliche Unterscheidbarkeit der Firmen am gleichen Ort (I)

A. § 30 verlangt Unterscheidbarkeit aller Firmen an demselben Ort, einerlei welcher Branche. Unterscheidbarkeit gleicher Firmen an verschiedenen Orten zB durch Mitnennung des Sitzes (Bsp: A. B. München, A. B. Augsburg) kann durch § 16 UWG geboten sein (s § 17 Anm 4 A e). Räumliche Reichweite des Schutzes der Firma nach anderen Vorschriften s § 17 Anm 4 G. ,,Ort" ist der Verkehrsbegriff, ,,Gemeinde" ist die politische Gemeinde; meist decken sich beide, aber ein Ort kann mehrere Gemeinden bzw Gemeindeteile, eine Gemeinde mehrere Orte bzw Ortsteile umschließen. Zusammenlegung s Anm 4. **Verlegung** an einen anderen Ort läßt die Firma bestehen; die verlegte Firma ist aber für den neuen Ort neu und bedarf daher notfalls eines unterscheidenden Zusatzes, vgl RG DR **43,** 1219, GRUR **44,** 41. Ausnahme für bis Ende 1951 in das Bundesgebiet verlegte Unternehmen s § 17 Anm 3 C; Ausnahme bei Veräußerung des HdlGeschäfts einer HdlGes im Konkurs mit Firma s § 22 Anm 3 C. § 30 ist als Vorschrift im öffentlichen Interesse auch mit Zustimmung des Inhabers der älteren Firma **nicht verzichtbar,** BGH **46,** 11. Anders unter Kflten an verschiedenen Orten, solange das Publikum nicht unlauter getäuscht wird, § 17 Anm 3 D.

B. **Sich deutlich unterscheiden** heißt jede (ernstliche, auch ,,erweiterte") Verwechslungsgefahr ausschließen. Dies gilt nicht nur unter Kflten am selben Orte, s § 17 Anm 4 E–G. Die registerrechtlichen Anforderungen sind jedoch weniger streng als die materiellrechtlichen, BGH WM **79,** 923. Gleichnamige s Anm 2.

C. Entscheidend ist die **Eintragung** der bereits bestehenden Firmen im HdlReg; auch eG im Genossenschaftsregister (so I idF GenGÄndG 9. 10. 73 BGBl 1451, 1463). Die nur angemeldete Firma ist nicht eingetragen. Der Zeitvorrang entscheidet nur im Verhältnis von Anmeldung zu Anmeldung, nicht von Anmeldung zu Eintragung, vgl KG OLGE **43,** 281. Gelöschte Firmen oder solche, an deren Löschung kein Zweifel mehr ist, sind unbeachtlich, KG JW **33,** 1030. § 30 gilt wegen den verschiedenen Betätigungsbereichen nicht zwischen HdlGes und eV (Vereinsregister, ,,Bauhütte"-eV, -GmbH), aA Stgt OLGE **42,** 211.

D. **Zulassung** einer Firma durch das Registergericht schützt sie nicht gegen Angriffe privater Parteien, auch aus § 30 (§ 17 Anm 3 E). **Löschung** einer nach § 30 unrichtigen Eintragung s § 8 Anm 6.

2) Zusatz bei gleichnamigen Kaufleuten (II)

Wie bei gleichen Personennamen genügt auch bei sonst gleicher Firma anderer Art idR nicht der Zusatz ,,GmbH" oä, s § 18 Anm 1 C. Nach LG Oldbg, Duisburg BB **60,** 959, **61,** 1215 können A und B nicht am selben

§ 31 1   I. Buch. Handelsstand

Ort für den gleichen Geschäftszweck neben „A und B GmbH" eine „A und B KG" eintragen lassen. Über KG und GmbH (in GmbH & Co KG am gleichen Ort) s § 19 Anm 3 C.

3) Zusatz bei Zweigniederlassungen (III)

Eine neue Zweigniederlassung muß ihre Firma (§ 13 Anm 2 A) unterschiedlich von älteren Firmen am gleichen Orte bilden, auch wenn die (gleiche oder verwechslungsfähige) Firma des Unternehmens (mit HauptNl anderswo) noch älter ist.

4) Zusammenlegung von Orten (IV)

Die Landesregierungen können benachbarte Orte oder Gemeinden für die Zwecke des § 30 zusammenlegen (IV). Zusammenstellung s DJ **37**, 1270. Die Vereinigung von Gemeinden läßt bestehende gleiche Firmen unberührt.

[Änderung der Firma; Erlöschen]

31 ^{I} **Eine Änderung der Firma oder ihrer Inhaber sowie die Verlegung der Niederlassung an einen anderen Ort ist nach den Vorschriften des § 29 zur Eintragung in das Handelsregister anzumelden.**

^{II} **Das gleiche gilt, wenn die Firma erlischt. Kann die Anmeldung des Erlöschens einer eingetragenen Firma durch die hierzu Verpflichteten nicht auf dem in § 14 bezeichneten Wege herbeigeführt werden, so hat das Gericht das Erlöschen von Amts wegen einzutragen.**

1) Anmeldung von Änderungen (I)

Da **Geschäftsinhaber, Firma, Niederlassung** im HdlReg zu vermerken sind (§ 29), müssen auch **Änderungen** dieser Daten angemeldet werden. Die Firma ist auch neu zu zeichnen (I mit § 29). Für die Anmeldung der Verlegung der Niederlassung trat 1937 § 13c an die Stelle von § 31. Für OHG, KG s §§ 107, 161 II. Anmeldepflichtig sind bei Änderung der Inhaberschaft der alte und neue Inhaber; bei Übergang auf den Nacherben nach Tod des Vorerben dessen Erben und der Nacherbe, KG HRR **34**, 1041; bei Firmenänderung (s § 17 Anm 3 G), und Verlegung, (s § 13c) der Inhaber, dh wer das Unternehmen betreibt (§ 1 Anm 3–6); so auch der Pächter, der Eigentümer wird und nun die Firma ändert, LG Nürnb-Fürth BB **76**, 810. – Fehlt die Voreintragung (Eintragung des Unternehmens überhaupt, des letzten Inhabers, der letzten Firma, Niederlassung), so ist sie zugleich mit dem Vermerk der Änderung auf Antrag nachzuholen. Sie kann uU auch künftig noch Wirkungen äußern. – Vormundschaft, Nachlaßverwaltung, Nachlaßpflegschaft, Testamentsvollstreckung (wenn TV das Geschäft nicht im eigenen Namen führt, vgl § 1 Anm 6 C) sind nicht Änderung des Inhabers iSv I, RG **132**, 142; wohl aber Verpachtung und Nießbrauchbestellung (mit Unternehmensführungsrecht), Ffm OLGZ **73**, 24, § 1 Anm 3 A; Firmenänderung bei Übergang von Pacht zu Eigentum, LG Nürnb-Fürth BB **76**, 810. Firmenänderung oder zeitweilige Fortführung, Aufgabe und Neubildung durch Erben, s BayObLG DB **78**, 2047.

3. Abschnitt. Handelsfirma **§§ 32, 33**

2) Anmeldung des Erlöschens (II)

A. **Erlöschen der Firma**: zB bei Erlöschen des Unternehmens (s Einl II 1 C c vor § 1), BayObLG WM **84**, 53; bei Verlust der Firmenfähigkeit von EinzelKflten, OHG, KG (§ 4); bei Ende einer OHG, KG nach Liquidation (hier ersetzen aber §§ 157, 161 II den § 31 II) oder ohne Liquidation (§ 145 Anm 2), falls nicht jemand anderer HdlGeschäft und Firma fortführt, KGJ **39**, A 113. Kein Erlöschen allein durch Löschungseintragung, nur rechtsbekundend, s § 157 Anm 1 C. Firma des Betriebsunternehmens bei Betriebsaufspaltung, s § 2 Anm 1 B. **Nicht** fällt unter II: Änderung der Firma (dazu I), auch bei Übergang von EinzelKfm auf OHG (KG) durch Gfter-Aufnahme (vgl § 24 Anm 2); Unzulässigwerden der Firma (Abwehr über § 37 I, Hamm DB **79**, 306); Übertragung des HdlGeschäfts mit Firma von EinzelKfm, OHG, KG (Abteilung A des HdlReg) auf AG, GmbH (Abteilung B), KGJ **44**, 150. Bei AG, KGaA Löschung der Ges s § 273 I AktG und G über die Auflösung und Löschung von Ges und Genossenschaften 9. 10. 34 RGBl 914 (Löschung wegen Vermögenslosigkeit); bei GmbH § 273 I AktG entspr, str.

B. **Anmeldepflichtig** ist der Inhaber, bisherige Inhaber, seine Erben (str). Erzwingung nach § 14. Folgt auf rechtskräftige Festsetzung der Ordnungsstrafe der verlangte Löschungsantrag, ist die Strafe aufzuheben, LG Waldshut BB **62**, 386, vgl § 14 Anm 2 B. Notfalls Amtslöschung (II 2), im Verfahren nach (3) FGG § 141. War die Firma nicht eingetragen: Voreintragung und Löschung.

[Konkurs]

32 Wird über das Vermögen eines Kaufmanns der Konkurs eröffnet, so ist dies von Amts wegen in das Handelsregister einzutragen. Das gleiche gilt von der Aufhebung des Eröffnungsbeschlusses sowie von der Einstellung und Aufhebung des Konkurses. Eine öffentliche Bekanntmachung der Eintragungen findet nicht statt. Die Vorschriften des § 15 bleiben außer Anwendung.

1) Die in S 1, 2 genannten Akte des Konkursverfahrens (auch Wiederaufnahme des Konkurses, s auch §§ 198, 112 KO) sind auf Mitteilung der Geschäftsstelle des Konkursgerichts im HdlReg zu vermerken (dazu auch (4) HRV § 19 II). Bekanntmachung erfolgt durch das Konkursgericht, nicht das Registergericht (S 3). § 15 gilt daher für die Eintragung nicht (S 4), sondern § 7 KO. Das Erlöschen der Firma bei Konkursaufhebung ist besonders nach § 31 II einzutragen, KG JW **38**, 1825. S auch § 102 GenG, § 16 VAG.

2) Für die Eröffnung des Vergleichsverfahrens s § 23 VerglO, für Aufhebung des Vergleichsverfahrens, § 98 III VerglO.

[Juristische Person]

33 [1] Eine juristische Person, deren Eintragung in das Handelsregister mit Rücksicht auf den Gegenstand oder auf die Art und den Umfang ihres Gewerbebetriebes zu erfolgen hat, ist von sämtlichen Mitgliedern des Vorstandes zur Eintragung anzumelden.

§ 34 1　　　　　　　　　　　　　　　　I. Buch. Handelsstand

^{II} Der Anmeldung sind die Satzung der juristischen Person und die Urkunden über die Bestellung des Vorstandes in Urschrift oder in öffentlich beglaubigter Abschrift beizufügen. Bei der Eintragung sind die Firma und der Sitz der juristischen Person, der Gegenstand des Unternehmens und die Mitglieder des Vorstandes anzugeben. Besondere Bestimmungen der Satzung über die Befugnis des Vorstandes zur Vertretung der juristischen Person oder über die Zeitdauer des Unternehmens sind gleichfalls einzutragen.

^{III} Die Errichtung einer Zweigniederlassung ist durch den Vorstand unter Beifügung einer öffentlich beglaubigten Abschrift der Satzung anzumelden.

1) §§ 33–35 gelten für die ein VollHdlGewerbe betreibenden rechtsfähigen Vereine (§§ 21 ff BGB), sowohl wirtschaftende (§ 22 BGB) wie Idealvereine (mit kfm Betrieb), dazu (auch betr nichtrechtsfähige und minderkfm rechtsfähige Vereine) Sack ZGR **74,** 179, K. Schmidt ZGR **75,** 477; ferner für privatrechtliche Stiftungen (§§ 80 ff BGB), öffentlichrechtliche Körperschaften, Stiftungen, Anstalten (vgl § 89 BGB). Ausnahme für Gebietskörperschaften s § 36. Für AG, KGaA, GmbH, eG, VVaG gelten die Vorschriften der einschlägigen Gesetze. Bsp: Hamburger Sparkassen, als Stiftungen iSv §§ 80 ff BGB angesehen, verschmolzen entspr §§ 339 ff AktG, Droese MDR **73,** 25.

2) Anmeldung der Errichtung durch sämtliche Vorstandsmitglieder (I, II), der Errichtung einer ZwNl (III, dazu § 13). Wirkung der Eintragungen s § 8 Anm 5, § 15. Im Geschäftsbetrieb eines eV tritt § 15 anstelle von §§ 68, 70 BGB.

[Anmeldung und Eintragung von Änderungen]

34 ^I Jede Änderung der nach § 33 *Abs. 3* einzutragenden Tatsachen oder der Satzung, die Auflösung der juristischen Person, falls sie nicht die Folge der Eröffnung des Konkurses ist, sowie die Personen der Liquidatoren und die besonderen Bestimmungen über ihre Vertretungsbefugnis sind zur Eintragung in das Handelsregister anzumelden.

^{II} Bei der Eintragung einer Änderung der Satzung genügt, soweit nicht die Änderung die in § 33 *Abs. 3* bezeichneten Angaben betrifft, die Bezugnahme auf die bei dem Gericht eingereichten Urkunden über die Änderung.

^{III} Die Anmeldung hat durch den Vorstand oder, sofern die Eintragung erst nach der Anmeldung der ersten Liquidatoren geschehen soll, durch die Liquidatoren zu erfolgen.

^{IV} Die Eintragung gerichtlich bestellter Vorstandsmitglieder oder Liquidatoren geschieht von Amts wegen.

^V Im Falle des Konkurses finden die Vorschriften des § 32 Anwendung.

1) Anzumelden sind gewisse Änderungen (I, II; § 33 *Abs 3* ist jetzt § 33 II 2 und 3); die Auflösung der juristischen Person (außer bei Konkurs, V, § 32), Erlöschen der Firma, zB Einstellung des Gewerbebetriebs der fortbestehenden juristischen Person (§ 31 II 1), vgl KG JW **36,** 1542.

3. Abschnitt. Handelsfirma §§ 35, 36

2) Anzumelden hat der Vorstand gemäß der satzungsmäßigen Vertretungsmacht, nach KG JW **37**, 890 bei sog gemischter Gesamtvertretung (vgl für OHG § 125 III) unter Mitwirkung eines Prokuristen; Liquidatoren s III. Eintragungen von Amts wegen s IV, V iVm § 32, § 31 II 2.

[Unterschriftszeichnung bei juristischen Personen]

35 Die Mitglieder des Vorstandes und die Liquidatoren einer juristischen Person haben ihre Unterschrift zur Aufbewahrung bei dem Gerichte zu zeichnen.

1) Zu § 35 (Zeichnung der Unterschrift) s §§ 29, Halbs 2, 53 II, 108 II, 148 III (mit 153). Abw von §§ 108 II, 148 III ist nur die Namensunterschrift, nicht die (gezeichnete) Firma zu hinterlegen; ebenso § 37 V AktG, § 8 V GmbHG.

[Unternehmen öffentlicher Körperschaften]

36 Ein Unternehmen des ^{R}eichs, eines ^{B}undesstaats oder eines inländischen Kommunalverbandes braucht nicht in das Handelsregister eingetragen zu werden. Erfolgt die Anmeldung, so ist die Eintragung auf die Angabe der Firma sowie des Sitzes und des Gegenstandes des Unternehmens zu beschränken.

1) Unternehmen von Gebietskörperschaften

A. § 36 schränkt §§ 33–35 ein. Er gilt für Unternehmen, welche die Gebietskörperschaft (Bund, Land, Gemeinde usw) selbst **ohne eigene Rechtspersönlichkeit** des Unternehmens betreibt. Bsp: Verlag des Bundesanzeigers, Bundesdruckerei; staatliche Bergwerke, Mineralquellen, Bayerisches Hofbräuhaus; städtische Kraft-, Gas-, Wasserwerke, Verkehrsbetriebe, die DBB (vgl § 1 Anm 7; DBP s § 452). § 36 gilt nicht für Unternehmen **mit eigener Rechtspersönlichkeit,** außer wenn sie der Gebietskörperschaft besonders eng verbunden sind wie städtische Sparkassen, so RG **166,** 339; sind diese Kfm (vgl § 1 Anm 7), so sind sie einzutragen.

B. Den Unternehmer nach § 36 ist die **Eintragung** in das HdlReg freigestellt **(S 1).** Wählen sie Eintragung sind nur Firma, Sitz, Gegenstand des Unternehmens einzutragen, **S 2;** auch Erteilung einer Prokura (§ 53), diese setzt also Eintragung des Unternehmens voraus. Hat sich das Unternehmen eintragen lassen, kann die Gebietskörperschaft es jederzeit wieder löschen lassen, RG **152,** 307 (für unter § 1 II fallende Unternehmen, die nach der Löschung Kfm bleiben), dahingestellt (aber zu bejahen, str) für unter §§ 2, 3 fallende, die nach Löschung mangels Eintragens nicht mehr Kfm sind.

2) Kaufmannseigenschaft

Handelt es sich um Unternehmen entspr § 1 II, ist ihr Träger **ohne Eintragung Kaufmann** und es gilt für ihn alles KfmRecht (Ausnahme § 42), vgl RG **152,** 315, wohl auch die Pflicht zur Annahme einer **Firma,** die (von der Eintragung abgesehen) nach gleichen Grundsätzen wie andere Firmen gebildet und gebraucht werden muß, vgl §§ 17 ff, § 37.

§ 37

[Unzulässiger Firmengebrauch]

37 ^I Wer eine nach den Vorschriften dieses Abschnitts ihm nicht zustehende Firma gebraucht, ist von dem Registergerichte zur Unterlassung des Gebrauchs der Firma durch Festsetzung von Ordnungsgeld anzuhalten.

^{II} Wer in seinen Rechten dadurch verletzt wird, daß ein anderer eine Firma unbefugt gebraucht, kann von diesem die Unterlassung des Gebrauchs der Firma verlangen. Ein nach sonstigen Vorschriften begründeter Anspruch auf Schadensersatz bleibt unberührt.

1) Einschreiten des Registergerichts (I)

A. § 37 idF EGStGB 2. 3. 74 BGBl 569 (Ordnungsgeld statt Ordnungsstrafe) setzt dem Registergericht eine über die Registerführung hinausgehende beschränkte polizeiliche Aufgabe. I ist anwendbar gegen falsch firmierende **Vollkaufleute** und gegen **Nicht- und Minderkaufleute** (vgl § 4), die zu Unrecht (wie VollKflte) eine Firma führen oder eine andere Bezeichnung wie eine Firma, BayObLG BB **60,** 996, Ffm BB **75,** 248, Ffm DB **81,** 153. Verneint für GbR, die sich ,,Regionales Rechenzentrum X'' nennt, str, Karlsr, Wessel BB **78,** 519, 1084. Abkürzung des Vornamens macht den (zulässig im Geschäftsverkehr geführten) bürgerlichen Namen noch nicht zur Firma, KGJ **38** A 158. ,,Fahrschule Münster Inhaber KM'' (nicht vollkfm): nicht firmenähnlich, Hamm MDR **68,** 50. Beständigkeit der Bezeichnung macht sie firmenähnlich, Stgt BB **60,** 958 (Schraubenfabrik). Eine Geschäftsbezeichnung (vgl § 17 Anm 6 A) wird ,,firmenähnlich'' verwandt beim Abschluß von Rechtsgeschäften, nicht bei Benutzung nur in der Werbung, KG HRR **34,** 1539, Bambg DB **73,** 1989 (s Anm B). Maßgeblich ist die Auffassung der angesprochenen Verkehrskreise (vgl § 18 Anm 2 B). I ist bei **von Anfang** an unzulässiger ebenso wie bei **später** unzulässig gewordener Firmenführung anwendbar; Bsp ,,Beamten-Einkauf-eGmbH'', die jetzt jedermann zum Kauf zuläßt, Zweibr OLGZ **72,** 393; vgl § 17 Anm 3 D.

B. **Gebrauch** einer Firma ist Herbeiführen oder Dulden ihrer Eintragung im HdlReg, ferner ihre Anwendung im **Geschäftsverkehr** als (vollständige) Bezeichnung des Unternehmens (firmenmäßiger Gebrauch). Bsp (vgl § 17 Anm 2): auf Briefköpfen, Türschild, durch Briefunterzeichnung, Anmeldung zum Telefonbuch, KG JW **26,** 2930, Celle BB **71,** 1299; Adreßbuch, in Zeitungsinseraten, BayObLG, Oldbg BB **60,** 996, **64,** 573; auf Flaschenetikett neben Wort ,,Import'', Hbg BB **73,** 1456; auch nur im Schriftverkehr mit (eigenen) HdlVertreter, Celle OLGZ **72,** 221. Ebenso für firmenähnlich wirkende Bezeichnung einer einzelnen Betriebsstätte, Oldbg BB **64,** 573. Firmenmäßiger Gebrauch einer **Abkürzung** der (zulässigen) Firma fällt unter I, Düss DB **70,** 923, Hbg BB **73,** 1457; nicht Abkürzen der Firma in Werbeanzeigen und -schreiben, Haus- und Schaufensteraufschrift oä, KG JW **30,** 3777, RG MuW **31,** 501, Düss DB **70,** 923, auch in Verlagsangabe auf Büchern, KG HRR **32,** 252. Vgl § 17 Anm 6 A. Unzulässiger Firmengebrauch des Einzelhändlers, der duldet, daß Großhändler ihn in seiner Werbung falsch bezeichnet, AG Elsfleth BB **68,** 310, fraglich.

C. Das sog **Firmenmißbrauchsverfahren** nach I iVm **(3)** FGG §§ 140, 132–139 (vgl dazu § 14 Anm 2), zielt auf **Unterlassung** des Gebrauchs einer

3. Abschnitt. Handelsfirma 2 § 37

bestimmten (unzulässigen) **Firma;** auch einer Firma in bestimmter Fassung, KGJ **37,** A 182, zB der Verwendung eines bestimmten Zusatzes, vgl BGH **44,** 117. Es zielt nicht auf Unterlassung einer bestimmten Gebrauchsweise, KG HRR **32,** 252; erst recht nicht (positiv) auf Führung einer bestimmten (zulässigen) Firma. Das Gericht handelt **von Amts wegen,** sei es auch auf Anregung. Es muß nicht gegen jeden Verstoß vorgehen, hat öffentliche und private Interessen abzuwägen und kann uU eine alte, besonders wertvolle Firma trotz Widerspruchs zum Firmenrecht bestehen lassen, KG NJW **65,** 254, Kln BB **77,** 1671 (verneint); uU vielleicht unter Bedingung bestimmter Führungsweise, Jansen NJW **66,** 1815. Ermessensentscheidung, vom Rechtsbeschwerdegericht nur auf Ermessensfehler nachzuprüfen, Zweibr OLGZ **72,** 395. Kein Anspruch auf Einschreiten, auch nicht des nach II in seinen Rechten Verletzten, RG **132,** 314; auch kein Schadensersatzanspruch Privater, s § 8 Anm 6 D. Ordnungsstrafe nur bei verschuldeter Zuwiderhandlung, Handeln von Angestellten ohne Wissen und Wollen des Firmeninhabers genügt nicht, Ffm BB **80,** 960.

D. Ist die unzulässige Firma im Handelsregister eingetragen, kann das Gericht von Amts wegen nach I und nach **(3)** FGG § 142 **(Amtslöschung,** dazu § 8 Anm 6) vorgehen, letzteres wohl idR erst, wenn ersteres ohne Erfolg bleibt, Jansen NJW **66,** 1813. Bei Erlöschen der Firma gilt § 31 II.

2) Unterlassungsklage (II)

A. Wer durch **unzulässigen Firmengebrauch** in seinen Rechten verletzt wird, kann von dem Gebraucher Unterlassung des Gebrauchs fordern **(II 1),** einerlei ob die Firma im HdlReg eingetragen ist. Der Gebrauch kann unzulässig sein zB nach Firmenrecht (§§ 18, 19, 21–24, 30, §§ 4, 279 AktG, § 4 GmbHG, § 3 GenG); aber auch wegen Verletzung des Namens-, Warenzeichen- oder sonstigen Kennzeichnungsrechts eines anderen (§ 12 BGB, § 16 UWG, § 24 WZG, Text s § 17 Anm 4 A) oder wegen unlauteren Wettbewerbs (§§ 1, 3 UWG, Text s § 17 Anm 3 D), str, aA von Gamm FS Stimpel **85,** 1007. Auch firmenmäßiger Gebrauch einer anderen Bezeichnung als der eigenen eingetragenen Firma ist unzulässig iSv II, Hbg BB **73,** 1457. Übersicht: von Gamm FS Stimpel **85,** 1007.

B. **In seinen Rechten verletzt** ist nicht nur (so RG **114,** 99, **132,** 316) der Inhaber eines verletzten absoluten (insbesondere Kennzeichnungs-) Rechts; sondern jeder in einem rechtlichen Interesse Verletzte, zB Wettbewerber, BGH **53,** 70, Hbg BB **73,** 1456; bei Firmenfortführung ohne Einwilligung nach §§ 22 I, 24 II auch nicht gleichnamige Erben, Hamm ZIP **83,** 1202; auch gewisse Verbände, § 13 UWG; nicht ein einzelner Gfter eines Konkurrenzunternehmens, BGH BB **72,** 982. Nur in einem Teil dieser Fälle hat II selbständige Bedeutung; Unterlassungsanspruch zB auch aus § 12 BGB, § 16 UWG, § 24 WZG, §§ 1, 3 UWG ua. Klagebefugnis von Vereinen zur Bekämpfung unlauteren Wettbewerbs s § 13 I UWG. Der Unterlassungsanspruch wegen Verletzung eines Warenzeichens, § 24 WZG, setzt voraus, daß das geschützte Zeichen oder ein verwechselbares (§ 31 WZG) in der Firma warenzeichenmäßig benutzt wird, dh so, daß der Verkehr irrig die Herkunft der das Zeichen tragenden Ware aus dem diese Firma führenden Unternehmen annimmt, BGH GRUR **54,** 123, **55,** 95, BB **57,** 450 (Anwendung auf andere Unternehmenskennzeichnung: Hubertus-Hotel). Möglich

§§ 38–Überbl v § 48

sind **Einwendungen,** die nur in der Person des Klägers begründet sind, zB Gestattung des Firmengebrauchs, Verwirkung des Anspruchs auf Unterlassung. Bei Verletzung des § 3 UWG nur ausnahmsweise **Verwirkung,** bei geringer Irreführungsgefahr gegenüber besonders wertvollem Besitzstand, BGH WM **77,** 26 (60jährige ,,Ostfriesische TeeGes" in Hamburg), vgl § 17 Anm 3 G.

C. **Verurteilung zur Löschung** nicht der (ganzen) Firma (wie eingetragen oder geführt), sondern nur des verletzenden Bestandteils, BGH GRUR **81,** 64. **Verurteilung zur Unterlassung** der Benutzung im ,,geschäftlichen Verkehr" verpflichtet zur Herbeiführung (mit zumutbarer Eile) der Löschung im HdlReg, Ffm BB **77,** 767. Vollstreckung (gemäß § 890 ZPO) s Hamm BB **58,** 318.

D. Unberührt bleiben Ansprüche auf **Schadensersatz** aus andern Vorschriften, **(II 2)** zB aus §§ 823 I, II, 826 BGB, §§ 1, 16 UWG, § 24 WZG.

Vierter Abschnitt. Handelsbücher

38–47 b *(aufgehoben)*

1) §§ 38–47 b aufgehoben durch BiRiLiG ab 1. 1. 1986 und ersetzt durch §§ 238–245, 257–263. Inhaltliche Änderungen dazu sind nicht beabsichtigt (Rechtsausschuß BTDrucks 10/4268 zu Art 1 Nr 3).

Fünfter Abschnitt. Prokura und Handlungsvollmacht

Überblick vor § 48

Schrifttum: *Hofmann,* Der Prokurist, 5. Aufl 1983. – *Spitzbarth* 1970. – *Brox* NJW **67,** 801 (Prokura und HdlVollmacht nach AktG). – *Stötter* BB **75,** 767 (Gesamtprokura uä). – *Walchshöfer* Rpfleger **75,** 381 (HdlReg). – *Beuthien* FS Fischer **79,** 1 (Miterbenprokura).

Übersicht

1) Vertretung im Handelsrecht, Vorschriften des BGB
2) Duldungs- und Anscheinsvollmacht
3) Handeln für die Firma
4) Eigenhaftung des Vertreters
5) Internationaler Verkehr

1) Vertretung im Handelsrecht, Vorschriften des BGB

A. Der Inhaber eines HdlGeschäfts kann aufgrund hdlrechtlicher Vollmacht, anderer Vollmachten oder gesetzlicher Vertretungsmacht vertreten werden: **a) Handelsrechtliche Vollmachten** sind Prokura (§§ 49–53) und HdlVollmacht (§§ 54 ff), auch die Vertretungsmacht der Ladenangestellten (§ 56, s dort). Für sie gelten außer den speziellen Vorschriften im HGB (Abschn 5 und ua §§ 4 I, 75 g, 75 h, 91, 91 a, 116 III, 125 III) die §§ 164–181 BGB (Text s Anm B). **b)** Der Inhaber kann beliebige **andere Vollmachten**

(§§ 164 ff BGB) erteilen, zB Einzelvollmacht zu bestimmten Rechtshandlungen oder **Generalvollmacht**. Letztere ist besonders bei großen Unternehmen verbreitet, reicht inhaltlich weiter, BGH **36,** 295, und steht im Ansehen höher als die Prokura. Rechtlich ist sie eine besonders weitreichende Form der Vollmacht nach §§ 164 ff BGB, nicht der HdlVollmacht nach §§ 54 ff (GeneralHdlVollmacht, s § 54 Anm 3 A), Spitzbarth BB **62,** 851, Hübner ZHR 143 (**79**) 1. **c) Gesetzliche** Vertretung kommt bei einem nicht vollgeschäftsfähigen Kfm oder Gfter zum Zuge (s § 1 Anm 5). **Amtstreuhänder** (Partei kraft Amtes mit Handeln im eigenen Namen, stRspr) oder gesetzliche Vertreter sind der Konkursverwalter, Testamentsvollstrecker und Nachlaßverwalter (vgl § 1 Anm 3 A, 6 C). **Organschaftliche** Vertreter sind diejenigen, durch die eine nicht natürliche Person handelt, zB Vorstand (AG, eG, Verein), Geschäftsführer (GmbH), Gfter (OHG), phG (KG), nicht zB Prokurist oder Generalbevollmächtigter. Die organschaftliche Vertretungsmacht kann als solche nicht übertragen werden, BGH **36,** 255, NJW **77,** 199; vgl § 125 Anm 1 C, D, 5 C. Eine über die Prokura hinausgehende, ,,organähnliche" Stellung haben die Geschäftsleiter einer inländischen ZwNl einer ausländischen Bank nach § 53 II Nr 1 KWG, BayObLG NJW **73,** 2162, LG Ffm WM **79,** 957.

B. Die **Vorschriften des BGB** über Vertretung und Vollmacht, §§ 164–181 BGB, sind auch für die Vertretung im HdlRecht grundlegend:

BGB 164 [Wirkung der Erklärung des Vertreters]

¹ Eine Willenserklärung, die jemand innerhalb der ihm zustehenden Vertretungsmacht im Namen des Vertretenen abgibt, wirkt unmittelbar für und gegen den Vertretenen. Es macht keinen Unterschied, ob die Erklärung ausdrücklich im Namen des Vertretenen erfolgt oder ob die Umstände ergeben, daß sie in dessen Namen erfolgen soll.

ᴵᴵ Tritt der Wille, in fremdem Namen zu handeln, nicht erkennbar hervor, so kommt der Mangel des Willens, im eigenen Namen zu handeln, nicht in Betracht.

ᴵᴵᴵ Die Vorschriften des Absatzes 1 finden entsprechende Anwendung, wenn eine gegenüber einem anderen abzugebende Willenserklärung dessen Vertreter gegenüber erfolgt.

BGB 165 [Beschränkt geschäftsfähiger Vertreter]

Die Wirksamkeit einer von oder gegenüber einem Vertreter abgegebenen Willenserklärung wird nicht dadurch beeinträchtigt, daß der Vertreter in der Geschäftsfähigkeit beschränkt ist.

BGB 166 [Willensmängel, Kenntnis, Kennenmüssen; Vollmacht]

¹ Soweit die rechtlichen Folgen einer Willenserklärung durch Willensmängel oder durch die Kenntnis oder das Kennenmüssen gewisser Umstände beeinflußt werden, kommt nicht die Person des Vertretenen, sondern die des Vertreters in Betracht.

ᴵᴵ Hat im Falle einer durch Rechtsgeschäft erteilten Vertretungsmacht (Vollmacht) der Vertreter nach bestimmten Weisungen des Vollmachtgebers gehandelt, so kann sich dieser in Ansehung solcher Umstände, die er selbst kannte, nicht auf die Unkenntnis des Vertreters berufen. Dasselbe gilt von Umständen, die der Vollmachtgeber kennen mußte, sofern das Kennenmüssen der Kenntnis gleichsteht.

BGB 167 [Erteilung der Vollmacht]

¹ Die Erteilung der Vollmacht erfolgt durch Erklärung gegenüber dem zu Bevollmächtigenden oder dem Dritten, dem gegenüber die Vertretung stattfinden soll.

ᴵᴵ Die Erklärung bedarf nicht der Form, welche für das Rechtsgeschäft bestimmt ist, auf das sich die Vollmacht bezieht.

BGB 168 [Erlöschen der Vollmacht]

Das Erlöschen der Vollmacht bestimmt sich nach dem ihrer Erteilung zugrunde liegenden Rechtsverhältnisse. Die Vollmacht ist auch bei dem Fortbestehen des Rechtsverhältnisses widerruflich, sofern sich nicht aus diesem ein anderes ergibt. Auf die Erklärung des Widerrufs findet die Vorschrift des § 167 Abs. 1 entsprechende Anwendung.

BGB 169 [Keine Fiktion des Fortbestehens gegenüber Bösgläubigen]

Soweit nach den §§ 674, 729 die erloschene Vollmacht eines Beauftragten oder eines geschäftsführenden Gesellschafters als fortbestehend gilt, wirkt sie nicht zugunsten eines Dritten, der bei der Vornahme eines Rechtsgeschäfts das Erlöschen kennt oder kennen muß.

BGB 170 [Wirkungsdauer der Vollmacht]

Wird die Vollmacht durch Erklärung gegenüber einem Dritten erteilt, so bleibt sie diesem gegenüber in Kraft, bis ihm das Erlöschen von dem Vollmachtgeber angezeigt wird.

BGB 171 [Wirkungsdauer bei Kundgebung]

¹ Hat jemand durch besondere Mitteilung an einen Dritten oder durch öffentliche Bekanntmachung kundgegeben, daß er einen anderen bevollmächtigt habe, so ist dieser auf Grund der Kundgebung im ersteren Falle dem Dritten gegenüber, im letzteren Falle jedem Dritten gegenüber zur Vertretung befugt.

² Die Vertretungsmacht bleibt bestehen, bis die Kundgebung in derselben Weise, wie sie erfolgt ist, widerrufen wird.

BGB 172 [Vollmachtsurkunde]

¹ Der besonderen Mitteilung einer Bevollmächtigung durch den Vollmachtgeber steht es gleich, wenn dieser dem Vertreter eine Vollmachtsurkunde ausgehändigt hat und der Vertreter sie dem Dritten vorlegt.

² Die Vertretungsmacht bleibt bestehen, bis die Vollmachtsurkunde dem Vollmachtgeber zurückgegeben oder für kraftlos erklärt wird.

BGB 173 [Kenntnis des Erlöschens]

Die Vorschriften des § 170, des § 171 Abs. 2 und des § 172 Abs. 2 finden keine Anwendung, wenn der Dritte das Erlöschen der Vertretungsmacht bei der Vornahme des Rechtsgeschäfts kennt oder kennen muß.

BGB 174 [Einseitiges Rechtsgeschäft eines Bevollmächtigten]

Ein einseitiges Rechtsgeschäft, das ein Bevollmächtigter einem anderen gegenüber vornimmt, ist unwirksam, wenn der Bevollmächtigte eine Vollmachtsurkunde nicht vorlegt und der andere das Rechtsgeschäft aus diesem Grunde unverzüglich zurückweist. Die Zurückweisung ist ausgeschlossen, wenn der Vollmachtgeber den anderen von der Bevollmächtigung in Kenntnis gesetzt hatte.

BGB 175 [Rückgabe der Vollmachtsurkunde]

Nach dem Erlöschen der Vollmacht hat der Bevollmächtigte die Vollmachtsurkunde dem Vollmachtgeber zurückzugeben; ein Zurückbehaltungsrecht steht ihm nicht zu.

BGB 176 [Kraftloserklärung der Vollmachtsurkunde]

¹ Der Vollmachtgeber kann die Vollmachtsurkunde durch eine öffentliche Bekanntmachung für kraftlos erklären; die Kraftloserklärung muß nach den für die öffentliche Zustellung einer Ladung geltenden Vorschriften der Zivilprozeßordnung veröffentlicht werden. Mit dem Ablauf eines Monats nach der letzten Einrückung in die öffentlichen Blätter wird die Kraftloserklärung wirksam.

² Zuständig für die Bewilligung der Veröffentlichung ist sowohl das Amtsgericht,

5. Abschnitt. Prokura und Handlungsvollmacht 2 **Überbl v § 48**

in dessen Bezirke der Vollmachtgeber seinen allgemeinen Gerichtsstand hat, als das Amtsgericht, welches für die Klage auf Rückgabe der Urkunde, abgesehen von dem Werte des Streitgegenstandes, zuständig sein würde.

III Die Kraftloserklärung ist unwirksam, wenn der Vollmachtgeber die Vollmacht nicht widerrufen kann.

BGB 177 [Vertragsschluß durch Vertreter ohne Vertretungsmacht]

I Schließt jemand ohne Vertretungsmacht im Namen eines anderen einen Vertrag, so hängt die Wirksamkeit des Vertrags für und gegen den Vertretenen von dessen Genehmigung ab.

II Fordert der andere Teil den Vertretenen zur Erklärung über die Genehmigung auf, so kann die Erklärung nur ihm gegenüber erfolgen; eine vor der Aufforderung dem Vertreter gegenüber erklärte Genehmigung oder Verweigerung der Genehmigung wird unwirksam. Die Genehmigung kann nur bis zum Ablaufe von zwei Wochen nach dem Empfange der Aufforderung erklärt werden; wird sie nicht erklärt, so gilt sie als verweigert.

BGB 178 [Wiederrufsrecht des anderen Teils]

Bis zur Genehmigung des Vertrags ist der andere Teil zum Widerrufe berechtigt, es sei denn, daß er den Mangel der Vertretungsmacht bei dem Abschlusse des Vertrags gekannt hat. Der Widerruf kann auch dem Vertreter gegenüber erklärt werden.

BGB 179 [Haftung des Vertreters ohne Vertretungsmacht]

I Wer als Vertreter einen Vertrag geschlossen hat, ist, sofern er nicht seine Vertretungsmacht nachweist, dem anderen Teile nach dessen Wahl zur Erfüllung oder zum Schadensersatze verpflichtet, wenn der Vertretene die Genehmigung des Vertrags verweigert.

II Hat der Vertreter den Mangel der Vertretungsmacht nicht gekannt, so ist er nur zum Ersatze desjenigen Schadens verpflichtet, welchen der andere Teil dadurch erleidet, daß er auf die Vertretungsmacht vertraut, jedoch nicht über den Betrag des Interesses hinaus, welches der andere Teil an der Wirksamkeit des Vertrags hat.

III Der Vertreter haftet nicht, wenn der andere Teil den Mangel der Vertretungsmacht kannte oder kennen mußte. Der Vertreter haftet auch dann nicht, wenn er in der Geschäftsfähigkeit beschränkt war, es sei denn, daß er mit Zustimmung seines gesetzlichen Vertreters gehandelt hat.

BGB 180 [Einseitiges Rechtsgeschäft]

Bei einem einseitigen Rechtsgeschäft ist Vertretung ohne Vertretungsmacht unzulässig. Hat jedoch derjenige, welchem gegenüber ein solches Rechtsgeschäft vorzunehmen war, die von dem Vertreter behauptete Vertretungsmacht bei der Vornahme des Rechtsgeschäfts nicht beanstandet oder ist er damit einverstanden gewesen, daß der Vertreter ohne Vertretungsmacht handele, so finden die Vorschriften über Verträge entsprechende Anwendung. Das gleiche gilt, wenn ein einseitiges Rechtsgeschäft gegenüber einem Vertreter ohne Vertretungsmacht mit dessen Einverständnis vorgenommen wird.

BGB 181 [Selbstkontrahieren]

Ein Vertreter kann, soweit nicht ein anderes ihm gestattet ist, im Namen des Vertretenen mit sich im eigenen Namen oder als Vertreter eines Dritten ein Rechtsgeschäft nicht vornehmen, es sei denn, daß das Rechtsgeschäft ausschließlich in der Erfüllung einer Verbindlichkeit besteht.

2) Duldungs- und Anscheinsvollmacht

A. **Duldungsvollmacht** liegt vor, wenn der Vertretene wissentlich zuläßt (duldet), daß jemand für ihn wie ein Vertreter auftritt und Dritte nach Treu und Glauben bei Anwendung der ihnen jeweils zuzumutenden Sorgfalt auf die Erteilung einer entspr Vollmacht schließen dürfen; stRspr BGH MDR **53**, 345, **61,** 592, LM § 167 BGB Nr 13, 15, DB **71,** 1664, Mü BB **72,** 114 (Auftreten als Einzelprokurist trotz Gesamtprokura). Dies ist ein rechtsgeschäftlicher Tatbestand entspr einer schlüssigen Erklärung der Vollmacht gegenüber dem Dritten (§ 167 I BGB), BGH MDR **53,** 345, str. Auf den fehlenden Bevollmächtigungswillen kann sich der Vertretende wegen des Duldens nicht berufen. Bereits ein einziger Fall bewußten Duldens kann genügen.

B. **Anscheinsvollmacht** liegt vor, wenn der Vertretene das Handeln seines angeblichen Vertreters zwar nicht kennt, aber bei Anwendung pflichtgemäßer Sorgfalt hätte erkennen und verhindern können und wenn so für Dritte der Schein entsteht, der Vertretene dulde und billige das Verhalten des Scheinvertreters, stRspr BGH MDR **53,** 345, **58,** 83, LM § 167 BGB Nr 17. Dies ist ein auf den Hdl- und Berufsverkehr beschränkter, reiner Rechtsscheintatbestand (s § 5 Anm 2). Anders als bei der Duldungsvollmacht begründet hier idR nur ein Verhalten von einiger Häufigkeit und Dauer einen zurechenbaren Rechtsschein, BGH NJW **56,** 1674, DB **71,** 1664; besonders bei laufenden Geschäftsverbindungen (s Einl 2 vor § 343). Zu dem verwandten Fall der Schein(Hdl)Vollmacht durch Einräumung einer typischerweise mit Vollmacht verbundenen Stellung s § 54 Anm 1 C. Vorausgesetzt ist jeweils, daß der Vertretene den Schein der Vollmacht hätte erkennen und verhindern können (§ 5 Anm 2; fahrlässige Ermöglichung der Entwendung einer Vollmachtsurkunde genügt aber nicht, vgl § 172, BGH **65,** 13 m Anm Canaris JZ **76,** 133). Außerdem muß der Dritte gutgläubig (nicht fahrlässig) gewesen sein, BGH NJW **82,** 1513 (s § 5 Anm 2 D) und sich ursächlich auf den Schein verlassen haben (s § 5 Anm 2 E). Als Rechtsfolge gilt die Vollmacht als bestehend (kein Wahlrecht des Dritten), stRspr, üL; zutr jedenfalls im HdlRecht, Canaris Vertrauenshaftung 191, im Hdl- und Berufsrecht Hopt AcP 183 (**83**) 695; aA Flume II § 49.4 (nur culpa in contrahendo, keine Erfüllungshaftung), Peters AcP 179 (**79**) 214 (nur uU Genehmigungspflicht). Haftet der Vertretene effektiv aus Anscheinsvollmacht, entfällt § 179 BGB ohne Wahlrecht, BGH **86,** 275 m Anm Hermann NJW **84,** 471, aA Crezelius ZIP **84,** 791.

C. Die Grundsätze der Duldungs- und Anscheinsvollmacht gelten auch für **Körperschaften des öffentlichen Rechts,** BGH **40,** 204, NJW **55,** 985; nicht jedoch soweit dadurch öffentlichrechtliche Zuständigkeits-, Genehmigungs- oder Formvorschriften ausgeschaltet würden, BGH **5,** 213, NJW **72,** 941. Scheidet danach Rechtsscheinvollmacht aus, bleibt uU Verschulden bei Vertragsschluß zB wegen mangelnder Klarstellung der Befugnisse eines Bankgeschäftsstellenleiters, BGH NJW **80,** 2410. Monographien: Bienert 1975, Bader 1979.

3) Handeln für die Firma

Handeln für die Firma (Unternehmen) verpflichtet den Firmeninhaber (Unternehmer), nicht den Vertreter. Das ist keine Einschränkung des § 164 II BGB, sondern folgt schon aus § 164 I 2 BGB. Wenn also bei einem erkennbar betriebsbezogenen Geschäft unklar bleibt, ob der Erklärende nur Vertreter oder selbst Betriebsinhaber ist, kommt das Geschäft doch mit dem wirklichen Inhaber zustande, BGH **62,** 221, **64,** 11, NJW **84,** 1347. Das

5. Abschnitt. Prokura und Handlungsvollmacht 4, 5 **Überbl v § 48**

gilt auch, wenn der frühere Inhaber nach Geschäftsübertragung an seine Ehefrau in dem unter der alten Firma weitergeführten Geschäft Verträge abschließt; für eine Rechtsscheinhaftung des Vertreters ist dann kein Raum, BGH NJW **83**, 1844. Nach der Rspr ist das eine Einschränkung des Offenkundigkeitsgrundsatzes des § 164 II BGB, richtiger liegt der Fall des § 164 I 2 BGB durch Handeln im Namen des Inhabers (Unternehmensträgers) vor. Bei strenger förmlicher schriftlicher Verpflichtung ist die Vertretung im Schriftstück, zB Wechsel, zu zeigen (Zusatz nach § 51 oder zB Beisetzung des Firmenstempels zum eigenen Namen ohne solchen Zusatz, vgl § 17 Anm 2 F), sonst Eigenhaftung; dies gilt nicht gegenüber dem ersten Wechselnehmer, der den Mangel des Selbstverpflichtungswillens des Vertreters kennt, BGH WM **81**, 375. HdlRegEintragungen sind für Auslegung nur bei bes Anhaltspunkt in der Wechselurkunde bedeutsam, BGH NJW **79**, 2141 (für GmbH-Geschäftsführer); fremde Kontonummer auf Scheck genügt nicht als Hinweis auf Handeln in fremdem Namen, vgl BGH **65**, 218, Ffm DB **81**, 2068; aA bei besonderen Umständen Ffm BB **81**, 519. Bei mehreren Geschäftsbetrieben ist zunächst abzugrenzen, für welchen der Vertreter auftritt, vgl BGH WM **78**, 1151.

4) Eigenhaftung des Vertreters

Eigenhaftung des Vertreters (Abschlußvertreter, aber auch bloßer Vermittler) kann über § 179 I BGB hinaus auch aus Verschulden bei Vertragsschluß folgen. Eigenhaftung des Vertreters ist vor allem möglich bei besonderem Vertrauen des Kunden in die Fachkenntnisse des Vertreters **(besonderes Verhandlungsvertrauen,** Sachwalterhaftung); BGH **56**, 81 (Baufinanzmakler), **63**, 382, **79**, 281, **87**, 304, NJW **83**, 218 (Gebrauchtwagenhändler), WM **85**, 1521 (nicht Alleinvertriebsberechtigter ausländischer Aktien, die er nicht selbst vertreibt); ebenso für GmbHGeschäftsführer, s § 172a Anm 9 D. Ein **unmittelbares wirtschaftliches Eigeninteresse** des (die Verhandlung maßgeblich beeinflussenden) Vertreters genügt nicht, aA BGH NJW **86**, 586 (s § 172a Anm 9 D), abrückend BGH WM **85**, 385: nur starkes, mit dem des Vertragspartners vergleichbares Interesse („Verhandeln gleichsam in eigener Sache"). Eigeninteresse kann aber Grund für das besondere Vertrauen des Kunden sein. Angestellte eines HdlGeschäfts haften in aller Regel nicht persönlich, denn vom Geschäftspartner wird allgemein Einsatz sachkundiger Vertreter erwartet und das bloße Berufs- oder Provisionsinteresse des Angestellten am Abschluß genügt nicht, BGH **88**, 67; ebenso für HdlVertreter s § 84 Anm 9 A. Die Eigenhaftung des Vertreters ist in Grund und Umfang von der der Vertragspartei unabhängig, aA BGH **79**, 287, **87**, 305. Haftungsinhalt, -umfang, -verjährung s § 347 Anm 3, 4. Vgl Vertrauens- und Berufshaftung § 347 Anm 3 E; Prospekthaftung Anh § 177a Anm VIII 2 C.

5) Internationaler Verkehr

Die **Vollmacht** bestimmt sich im Interesse des Verkehrsschutzes nach dem Recht des Landes, in dem das Geschäft vorgenommen werden soll (Wirkungsstatut), Hauptgeschäft und Vollmacht sind also selbständig anzuknüpfen, BGH **64**, 192, NJW **82**, 2733, str; für begrenzte Zulassung einer Rechtswahl Reithmann-Hausmann Rz 678. Die Vertretungsmacht von kfm **Vertretern mit eigener Niederlassung im Ausland** unterliegt dem

Recht des Niederlassungsortes; so für unselbständige Angestellte; aber auch für HdlVertreter, s § 92c. Die **Prokura** bestimmt sich dagegen vom Vertragsabschlußort unabhängig nach dem Recht am Sitz des Unternehmens, Reithmann-Hausmann Rz 680. Die gesetzliche Vertretungsmacht bei **Handelsgesellschaften** bestimmt sich nach deutscher Auffassung nach dem Recht des Sitzes der Hauptverwaltung, Reithmann-Hausmann Rz 626.

[Erteilung der Prokura; Gesamtprokura]

48 ^I **Die Prokura kann nur von dem Inhaber des Handelsgeschäfts oder seinem gesetzlichen Vertreter und nur mittels ausdrücklicher Erklärung erteilt werden.**

^{II} **Die Erteilung kann an mehrere Personen gemeinschaftlich erfolgen (Gesamtprokura).**

1) **Voraussetzungen der Prokura (I)**

A. **Prokura erteilen** können nur **Vollkaufleute** (vgl §§ 48, 4 I), HdlGes (§ 6 I), eG (§ 42 GenG), juristische Personen gemäß §§ 33–36, kfm Unternehmen von Gebietskörperschaften (§ 36). Auch eine Erbengemeinschaft, Stgt WM **76**, 703 (auch im Rahmen ordnungsgemäßer Nachlaßverwaltung mit Mehrheit, vgl §§ 2038 II, 745 I BGB, vgl BGH **30**, 397, NJW **71**, 1265), doch kann Prokuraerteilung durch Erben einen stillschweigenden GesVertragsschluß anzeigen, s § 1 Anm 6 B. Auch Testamentsvollstrecker, Nachlaßverwalter, Nachlaßpfleger, die das HdlGeschäft fortführen (§ 1 Anm 6; nicht Konkursverwalter, s unten). Auch eingetragener ScheinKfm (§ 5). Prokura können **nicht** erteilen: MinderKflte (§ 4 I); OHG und KG in Liquidation, RG **72**, 122, fraglich, anders KapitalGes, zB AG (Nichtübernahme von § 210 V AktG 1937 in AktG 1965); Konkursverwalter, BGH WM **58**, 431; der Prokurist selbst (keine Unterprokura). Der nicht eingetragene Nicht- oder MinderKfm kann durch Erteilung einer „Prokura" den Rechtsschein eines VollKfm und einer durch einen solchen erteilten Prokura erwecken und muß das dann gegen sich gelten lassen (§ 5 Anm 2). Für minderjährige Kflte kann der gesetzliche Vertreter Prokura erteilen, aber nur mit Genehmigung des Vormundschaftsgerichts (§§ 1643 I, 1822 Nr 11, 1831, 1915 BGB), sonst ist sie unwirksam und entfaltet auch bei Eintragung im HdlReg keinen zurechenbaren Rechtsschein nach § 15, RG **127**, 158, s § 15 Anm 4 C, § 5 Anm 2 C. Der Prokurist braucht keine besondere vormundschaftsgerichtliche Genehmigung zu einzelnen Geschäften, RG **106**, 186. Eine nicht wirksam erteilte Prokura ist uU als Generalvollmacht (s Anm 1), HdlVollmacht (§ 54) oder gewöhnliche Vollmacht (§§ 164ff BGB) **aufrechtzuerhalten**, § 140 BGB. Die Prokuraerteilung ist mit Rückwirkung anfechtbar (§§ 119ff, 142ff BGB), auch noch nach Abschluß von Geschäften des Prokuristen, str, aber Dritte werden nach § 15 geschützt.

B. **Prokurist werden** kann nur eine natürliche Person; auch ein Kdtist, BGH **17**, 392 (GmbH & Co KG s Anh § 177a Anm IV 2), auch ein stiller Gfter, auch ein von der Vertretung nach §§ 125ff ausgeschlossener phG. **Nicht** eine juristische Person; ein Miterbe für die Erbengemeinschaft, BGH **30**, 397, **32**, 67, aA Beuthien FS Fischer **79**, 1 (vgl § 52 Anm 3); ein

5. Abschnitt. Prokura und Handlungsvollmacht 2 § 48

organschaftlicher Vertreter, zB vertretender Gfter der OHG oder KG, GmbH- Geschäftsführer, str.

C. Die Prokura ist **ausdrücklich** zu erteilen, dh unzweideutig, nicht stillschweigend. Das Wort Prokura ist nicht nötig, wenn diese zweifelsfrei gemeint ist, Bsp: Ermächtigung zur Zeichnung ,,ppa" oder ,,Vollmacht iSv § 48 HGB". Prokura kann auch durch Erklärung an Dritte erteilt werden (Außenvollmacht, §§ 167 I, 170 BGB) oder durch öffentliche Kundgabe der Bevollmächtigung entstehen (Rechtsscheinvollmacht, § 171 BGB), zB über das HdlReg, RG **133,** 233. Eine (rechtsgeschäftliche) Duldungsprokura gibt es nicht, aber Duldung kann als Erteilung einer HdlVollmacht (§ 54) zu werten sein. Eine (nicht rechtsgeschäftliche) Anscheinsprokura (s Überblick 2 B vor § 48) wird durch I (,,ausdrücklich") nicht ausgeschlossen (Grund Verkehrsschutz).

D. Die **Zuständigkeit** zur Erteilung für eine HdlGes, eG, juristische Person nach §§ 33–36 bestimmt sich nach ihrer Verfassung. Für OHG, KG s §§ 116 III 1, 126 I; bei der GmbH erteilt sie der Geschäftsführer, die Zustimmung der GfterVersammlung (§ 46 Nr 7 GmbHG) ist nur im Innenverhältnis nötig, BGH **62,** 168.

2) Gesamtprokura (II)

A. Die Prokura kann mehreren Personen gemeinschaftlich erteilt werden (Gesamtprokura, II), so daß sie **nur gemeinschaftlich** (nicht notwendig gleichzeitig und in gleicher Weise) vertreten können (sonst §§ 177–179 BGB). Das entspricht der Gesamtvertretung mehrerer Gfter bei der OHG (§ 125 II, III, s ausführlich dort Anm 5, 6). Willensmängel, Kenntnis, Kennenmüssen des einen wirkt gegen beide, RG **53,** 231. Die **passive** Vertretung beim Empfang von Willenserklärungen erfolgt durch einen Gesamtprokuristen allein (vgl § 125 II 3, III 2), RG **53,** 231, Mü BB **72,** 114; für Zustellungen im Prozeß §§ 171 III, 173 ZPO. Auch bei aktiver Vertretung kann der eine Gesamtprokurist den andern zum Handeln für beide (für bestimmte Geschäfte oder Arten von Geschäften) **ermächtigen** oder dessen alleiniges Handeln nachträglich genehmigen (vgl § 125 II 2, III 2), RG **101,** 343, Mü BB **72,** 114. Unterschrift des einen erkennbar mit für den andern wahrt Schriftform, RG **106,** 269, **118,** 170. Selbstkontrahieren miteinander ist auch Gesamtprokuristen idR verboten (§ 181 BGB), RG **89,** 373. Wegfall eines Gesamtprokuristen s § 52 Anm 3 C.

B. **Mögliche Varianten** sind zB **halbseitige Gesamtprokura,** Bsp: Einzelprokura an A und Gesamtprokura an A und B, Bindung der Prokura an Mitwirkung eines vertretenden Gfters oder eines Vorstands- oder Organmitglieds (**gemischte Gesamtprokura,** §§ 48 II, 125 III 1 HGB, § 78 III AktG, § 25 II GenG), RG **90,** 21, BGH **62,** 171; für GmbH & Co s Anh § 177a Anm IV 2. Ferner: EinzelHdlVollmacht an einen Gesamtprokuristen, RG **90,** 300; HandlungsVollmacht P(rokurist) und X neben Gesamtvertretung P und Gfter (§ 125 III), BGH WM **61,** 321, gemischt halbseitige Prokura (Auftreten des organschaftlichen Vertreters allein, des Prokuristen nur mit ersterem), BGH **62,** 170, Stgt OLGZ **69,** 73. **Nicht möglich** sind Gesamtvertretung des einzigen vertretungsberechtigten Gfters mit Prokuristen (Grundsatz der Selbstorganschaft s § 125 Anm 6); (nicht durch Satzung erteilte) Gesamtprokura mit einem von zwei gesamtvertretungs-

§ 49 1   I. Buch. Handelsstand

berechtigten Gftern, Hamm BB **83,** 1303 m krit Anm Ziegler Rpfleger **84,** 5 (s Anh § 177 a Anm IV 2 B; § 125 III 1 bleibt unberührt); Gesamtprokura mit Bindung des Prokuristen an Mitwirkung eines HdlBevollmächtigten, BGH BB **64,** 151; Gesamtvertretung des Hauptbevollmächtigten der deutschen ZwNl eines ausländischen Versicherungsunternehmens und eines Prokuristen, Ffm BB **76,** 569. Im **Innenverhältnis** zwischen Prokurist und Kfm sind solche und andere Beschränkungen des Prokuristen, zB Bindung an Mitwirkung eines HdlBevollmächtigten, ohne weiteres möglich; Überschreitung macht nur intern schadensersatzpflichtig. Übersichten: Stötter BB **75,** 767, Kötter FS Hefermehl **76,** 75 (Geschichte).

[Umfang der Prokura]

49 ^I **Die Prokura ermächtigt zu allen Arten von gerichtlichen und außergerichtlichen Geschäften und Rechtshandlungen, die der Betrieb eines Handelsgewerbes mit sich bringt.**

^{II} **Zur Veräußerung und Belastung von Grundstücken ist der Prokurist nur ermächtigt, wenn ihm diese Befugnis besonders erteilt ist.**

1) Umfassender Umfang der Prokura (I)

A. Die Prokura ermächtigt zu Geschäften jeder Art (Ausnahme II), **die der Betrieb eines Handelsgewerbes mit sich bringt** (enger HdlVollmacht: ,,die der Betrieb eines derartigen HdlGewerbes oder die Vornahme derartiger Geschäfte gewöhnlich mit sich bringt", § 54 I). Der Prokurist kann zB Personal anstellen, anderen Angestellten HdlVollmacht erteilen, BGH **LM** § 54 Nr 1, Kredite aufnehmen und einräumen, Schenkungen machen und fremde Verbindlichkeiten übernehmen, RG **125,** 381, in neue Branchen gehen, auch den alten Geschäftszweig ändern (str), ZwNl errichten und schließen, den Geschäftssitz verlegen, Rechte der HdlGes (auch OHG, KG) gegenüber Gftern wahrnehmen, Unternehmen und Beteiligungen erwerben, Mitgliedschaftsrechte aus Beteiligungen (zB Stimmrecht, Auskunftsrecht nach § 131 AktG) ausüben, Rechte des Inhabers gegen den Veräußerer des Unternehmens geltend machen, OGH **1,** 62. Bei einseitigen Rechtsgeschäften muß sich der Prokurist ausweisen (§ 174 BGB, Text s Überbl 1 B vor § 48), zB durch Vorlegung eines HdlRegAuszugs über Prokura, RG **133,** 233. Er kann **Prozesse** führen, Prozeßvollmacht erteilen, Strafantrag in geschäftlichen Dingen (unlauterer Wettbewerb) stellen, Anträge der freiwilligen Gerichtsbarkeit stellen, KGJ **37** A 227. **Zustellung** in den Betrieb des HdlGewerbes hervorgerufenen Rechtsstreitigkeiten kann wirksam an den Prokuristen erfolgen (§ 173 ZPO), auch an einen von zwei Gesamtprokuristen (s § 48 Anm 2 A).

B. Die Prokura ermächtigt **nicht zum Selbstkontrahieren** (§ 181 BGB, Text s Überbl 1 B vor § 48), BayObLG BB **80,** 1487; zu **Grundlagengeschäften,** die den Betrieb des HdlGewerbes als solchen betreffen (vgl für vertretungsberechtigten Gfter § 126 Anm 1 D). Der Prokurist kann also nicht das HdlGeschäft einstellen, es veräußern, BGH BB **65,** 1373, die Firma ändern, Gfter aufnehmen (Ausnahme: stille Teilhaber, str), Konkurs beantragen, für eine HdlGes gegen deren einzigen gesetzlichen Vertreter (phG) prozessieren, RG **66,** 244. Er kann auch nicht Anmeldungen zum HdlReg vornehmen, selbst wenn der Gegenstand der Anmeldung in seine

5. Abschnitt. Prokura und Handlungsvollmacht **1 § 50**

Vertretungsmacht fällt, BayObLG BB **74,** 1090, **82,** 1076, zB nach § 12 die Firma zur Aufbewahrung zeichnen (anders bei bes Vollmacht, § 12 Anm 2 A). Dem Kfm **höchstpersönlich** sind vorbehalten die Erteilung einer Prokura (§ 48 I), Unterzeichnung von Inventar und Bilanz (§ 41). Die Prokura erstreckt sich nicht auf das **Privatvermögen** des Kfm (aber Vermutung der Zugehörigkeit zum Geschäftsvermögen entspr § 344 I) und auf die persönlichen Rechtsverhältnisse der Gfter. Der Prokurist kann also nicht Privatvermögen des Kfm belasten oder veräußern oder eine Bürgschaft namens eines Gfters eingehen.

C. **Gemischte Gesamtvertretung** (§ 125 III, § 78 III AktG) erweitert die Vertretungsmacht des Prokuristen inhaltlich auf den Umfang der Vertretungsmacht des Gfters, Vorstands- oder Organmitglieds; er wird selbst organschaftlicher (nicht nur gewillkürter) Gesamtvertreter der Ges, RG **134,** 306, BGH **13,** 64, **62,** 170, BayObLG DB **73,** 1340. Bsp: Bestellung eines weiteren Prokuristen (§ 48 I), Grundstücksgeschäfte (§ 49 II).

2) Ausnahmen für Grundstücksgeschäfte (II)

Veräußerung und **Belastung** von Grundstücken durch den Prokuristen, auch durch Abtretung zB einer Eigentümergrundschuld, sind nur bei besonderer Ermächtigung wirksam (II, sog Grundstücksklausel). Das gilt nach dem Zweck von II auch für die **Verpflichtungs**geschäfte zu solchen Verfügungen. Die Ermächtigung ist allgemein und im voraus möglich, auch stillschweigend, vgl RG **117,** 165. Eintragung der Grundstücksklausel s § 53 Anm 1 B. II gilt **nicht** für Vermietung, Verpachtung, Verfügung über Grundpfandrechte, Erwerb von Grundstücken (auch mit Restkaufgeldhypothek, Vorkaufsrecht ua für Veräußerer), Entlastung von Grundstücken, zB Löschung von Hypotheken.

[Beschränkung des Umfanges]

50 ^I Eine Beschränkung des Umfanges der Prokura ist Dritten gegenüber unwirksam.

^{II} **Dies gilt insbesondere von der Beschränkung, daß die Prokura nur für gewisse Geschäfte oder gewisse Arten von Geschäften oder nur unter gewissen Umständen oder für eine gewisse Zeit oder an einzelnen Orten ausgeübt werden soll.**

^{III} **Eine Beschränkung der Prokura auf den Betrieb einer von mehreren Niederlassungen des Geschäftsinhabers ist Dritten gegenüber nur wirksam, wenn die Niederlassungen unter verschiedenen Firmen betrieben werden. Eine Verschiedenheit der Firmen im Sinne dieser Vorschrift wird auch dadurch begründet, daß für eine Zweigniederlassung der Firma ein Zusatz beigefügt wird, der sie als Firma der Zweigniederlassung bezeichnet.**

1) Unwirksame Beschränkung (I, II)

Der Umfang der Prokura ergibt sich zwingend aus § 49 I. Beschränkungen sind Dritten gegenüber unwirksam, I (anders im Innenverhältnis zwischen Kfm und Prokurist, vgl § 48 Anm 2 B). Der Verkehr erfordert dies hier ebenso wie bei der organschaftlichen Vertretung (§§ 126 II, 151,

§ 82 AktG, § 37 GmbHG, § 27 GenG). Das gilt grundsätzlich ohne Rücksicht darauf, ob der Geschäftsgegner die Beschränkung kennt oder kennen muß (außer bei Mißbrauch der Prokura s Anm 3). Bsp: s II; Bindung an Mitwirkung eines HdlBevollmächtigten, KG HRR **40,** 614.

2) Beschränkung der Prokura bei mehreren Niederlassungen (III)

A. Beschränkung der Prokura auf den Betrieb einer (einiger) von mehreren Niederlassungen (Filialprokura) ist möglich, wenn diese verschieden firmieren (III 1, s § 13 Anm 2 A). Firmenzusatz genügt (III 2). Der Filialprokurist kann den Kfm idR nicht zur Leistung über eine andere Niederlassung verpflichten; anders bei filialübergreifenden Bankgeschäften, zB Überweisung, BGH **2,** 226; vgl **(7)** Bankgeschäfte III. Die Beschränkung auf die ZwNl ist auch im HdlReg der ZwNl zu vermerken, Kln DB **77,** 955. Prokura für alle Niederlassungen oder für mehrere Niederlassungen einschließlich der ZwNl sind im HdlReg dieser ZwNl nicht zu unterscheiden, AG Mannh BB **62,** 1302.

B. Ist der Kfm Inhaber **mehrerer Handelsgeschäfte** unter verschiedener Firma (§ 17 Anm 1 E), kann er die Prokura auf eines derselben beschränken. III ist unanwendbar. Bei Verwechslungen uU Rechtsscheinhaftung, s § 5 Anm 2.

3) Mißbrauch der Prokura

A. Das Risiko des Mißbrauchs der unbeschränkt wirksamen Prokura trägt grundsätzlich der vertretene Kfm. Einschränkungen folgen aus der Lehre vom **Mißbrauch der Vertretungsmacht,** doch sind die Anforderungen im Interesse des Rechtsverkehrs bei unbeschränkbaren Vertretungsmachten wie der Prokura ua (s Anm 1 A) strenger als unter §§ 164ff BGB; Schott AcP 171 (**71**) 385, Fischer FS Schilling **73,** 3, Geßler FS von Caemmerer **78,** 531; speziell zur Prokura Hübner FS Klingmüller **74,** 173.

B. **Voraussetzungen:** Ein klarer Fall ist die **Kollusion:** Der Geschäftsgegner, der mit dem Vertreter zum Schaden des Vertretenen vorsätzlich zusammenwirkt, kann sich nicht auf das Bestehen der Vertretungsmacht berufen (§§ 138, 826 BGB, nach aA §§ 177ff BGB), RG **130,** 142. Es genügt aber auch, daß der Dritte das mißbräuchliche Verhalten des Vertreters **positiv kennt** oder **grob fahrlässig** (str) **nicht kennt.** Grobe Fahrlässigkeit liegt bei evidentem Mißbrauch vor, Flume II § 45 II 3, vgl BGH WM **76,** 633. Einfache Fahrlässigkeit kann zwar unter §§ 164ff BGB ausreichen, nicht aber für Prokura und andere unbeschränkbare Vertretungsmachten, hL. Die Rspr stellt dagegen darauf ab, ob der Prokurist bewußt zum Nachteil des Geschäftsinhabers handelt und der Dritte dies bei Anwendung der im Verkehr erforderlichen Sorgfalt erkennen muß, BGH **50,** 114, MDR **64,** 592. Das ist teils zu eng (subjektive Elemente beim Vertreter), teils zu weit (bloßes Kennenmüssen des Dritten). Zum letzteren für hdlrechtliche Vertretungsmachten einschränkend (Umstände müssen sich „geradezu aufdrängen") BGH BB **76,** 852, DB **81,** 840, WM **84,** 306 m Anm Roth ZGR **85,** 265 (GmbHGeschäftsführer). Drängt sich aber Verdacht des Mißbrauchs auf, muß Bank dem nachgeben, BGH WM **84,** 730 (GmbHGeschäftsführer). Zum Mißbrauch bei konzerninterner Verrechnung BGH **94,** 132. Kennenmüssen bei Generalvollmacht, BGH WM **80,** 1453.

5. Abschnitt. Prokura und Handlungsvollmacht §§ 51, 52

C. **Rechtsfolgen: a)** Die Vertretungsmacht deckt das mißbräuchlich getätigte Geschäft namens des Vertretenen nicht. Das folgt aus § 242 BGB (Rspr, herkömmliche Lehre) oder aus §§ 177ff BGB (Flume II § 45 II 3), iE auch K. Schmidt § 16 III 4a). §§ 242, 254 BGB sollen eine flexible Risikoverteilung ermöglichen. Danach entfällt der Schutz des Vertretenen ganz oder teilweise, wenn er die gebotene Kontrolle des Vertreters unterlassen hat; umgekehrt muß der Dritte bei dringendem Verdacht eines vollmachtswidrigen Handelns beim Vertretenen rückfragen oder vom Geschäft Abstand nehmen, BGH **50**, 114, **64**, 85, WM **66**, 491, Hamm WM **76**, 140. Eine Teilwirksamkeit des abgeschlossenen Geschäfts läßt sich aber nicht konsequent durchführen, Heckelmann JZ **70**, 62. Die Rechtsfolgen der §§ 177–179 BGB, ggf ergänzt durch culpa in contrahendo iVm § 254 BGB sind vorzuziehen. **b)** Der Dritte darf von einer ihm eingeräumten Rechtsmacht keinen Gebrauch machen, sonst haftet er dem mißbräuchlich Vertretenen (aus culpa in contrahendo, § 826 BGB) auf Schadensersatz, BGH WM **80**, 953.

[Zeichnung des Prokuristen]

51 Der Prokurist hat in der Weise zu zeichnen, daß er der Firma seinen Namen mit einem die Prokura andeutenden Zusatze beifügt.

1) § 51 ist bloße Ordnungsvorschrift (vgl für OHG § 108 Anm 2 B). Ihre Verletzung macht die Zeichnung nicht unwirksam, sie wirkt je nach den Umständen für den Firmeninhaber oder für (und gegen) den Prokuristen selbst, s Überbl 3, 4 vor § 48. Unterzeichnung mit Namen des Vertretenen ohne Nennung des eigenen Namens des Vertreters ist trotz § 51 gültig, RG **50**, 51. Der Prokurist zeichnet üblicherweise „ppa" vor seinem handgeschriebenen Namen, beides unter (oder über) die Firma (Firmenstempel) des HdlGeschäfts. Hinterlegung der Namensunterschrift bei Gericht, s § 53 II.

[Widerruflichkeit; Unübertragbarkeit; Tod des Inhabers]

52 ^I Die Prokura ist ohne Rücksicht auf das der Erteilung zugrunde liegende Rechtsverhältnis jederzeit widerruflich, unbeschadet des Anspruchs auf die vertragsmäßige Vergütung.

^{II} **Die Prokura ist nicht übertragbar.**

^{III} **Die Prokura erlischt nicht durch den Tod des Inhabers des Handelsgeschäfts.**

1) Widerruf der Prokura (I)

A. Die Prokura ist zum Schutze des Kfm ohne Rücksicht auf das der Erteilung zugrundeliegende Rechtsverhältnis (idR Dienst- oder Arbeitsvertrag) in allen Fällen **jederzeit widerruflich** (I, anders § 168 S 2 BGB: nur „sofern sich nicht aus diesem ein anderes ergibt"). Rechte des Prokuristen aus dem zugrundeliegenden Rechtsverhältnis, zB Vergütung (I Halbs 2), Kündigung oder Schadensersatz, werden davon nicht berührt. Ein Erfüllungsanspruch auf Erteilung besteht nicht; außer als Sonderrecht eines Gfters, dazu und zum Entzug der gesvertraglich vereinbarten Prokura des Kdtisten, s § 170 Anm 2 B. Die Grundstücksklausel (§ 49 II) ist unter Fortbestand der Prokura im übrigen widerruflich. Anfechtung (mit Rückwirkung) s § 48 Anm 1 A. Der Prokurist kann seinerseits auf die Prokura verzichten, str, jedenfalls aber das zugrundeliegende Rechtsverhältnis beenden, womit dann auch die Prokura endet (§ 168 S 1 BGB, s Anm 3 A).

B. Der Widerruf erfolgt in der gleichen Weise wie die Erteilung (§§ 168 S 3, 167 I, 171 I BGB; s Überbl 1 B vor § 48, § 48 Anm 1 C), also formlos, idR gegenüber dem Prokuristen oder der Öffentlichkeit (zB Löschung im HdlReg und Bekanntmachung nach § 15). Von mehreren Miterben eines HdlGeschäfts kann jeder widerrufen, KG DR **39**, 1949; ebenso jeder vertretungsberechtigte Gfter, §§ 126 I, 161 II (vgl § 48 Anm 1 D), § 116 III 2 gilt nur im Innenverhältnis.

2) Unübertragbarkeit (II)

Die Prokura ist strikt an die Person dessen gebunden, dem sie erteilt ist. Weder der Kfm noch der Prokurist kann sie auf einen anderen übertragen. Es gibt nur Aufhebung der Prokura des A und Erteilung an B.

3) Erlöschen der Prokura (III)

A. Die Prokura erlischt **nicht bei Tod** des Kfm, III, abweichende Vereinbarung ist Dritten gegenüber unwirksam (vgl § 50 I, II), KG JW **27**, 2433. Das gilt auch, wenn die Prokura erst nach dem Tod des Kfm in das HdlReg eingetragen wird. Auch intern braucht der Prokurist idR keine Weisungen der Erben abzuwarten oder einzuholen, doch muß er sie vollumfänglich informieren, Hopt ZHR 133 (**70**) 310. Die Prokura **erlischt**, wenn der Prokurist Inhaber zB Alleinerbe wird, bei Nacherbschaft erst mit Nacherbfall, BGH **32**, 67; wenn er Miterbe wird, BGH **30**, 397, **32**, 67, aA mit guten Gründen Beuthien FS Fischer **79**, 1, K. Schmidt § 16 III 5 d (vgl § 48 Anm 1 B); wenn die Miterben eine OHG oder KG gründen (s § 1 Anm 6 B), BayObLG OLGE **34**, 332.

B. Die Prokura **erlischt ferner** durch Widerruf (s Anm 1), Ende des zugrundeliegenden Rechtsverhältnisses (§ 168 I BGB), zB Dienstvertrag, Verlust der VollKfmEigenschaft, (§ 4 I), Einstellung des HdlGeschäfts, Konkurs des Kfm, BGH WM **58**, 431; Umwandlung des einzelkfm Unternehmens in OHG oder KG (Teilhaberaufnahme, § 28), sie kann dann nur von der Ges ausdrücklich neu erteilt werden (Vermerk ihres ,,Bestehenbleibens" im HdlReg ist zulässig), BayObLG BB **71**, 239; Auflösung der OHG, KG (nicht AG), str, s § 48 Anm 1 A; **Betriebsübergang** durch Veräußerung des Unternehmens (die Arbeitsverhältnisse bestehen dagegen fort, s § 59 Anm 2 B), doch kann uU stillschweigende HdlVollmacht (nicht Prokura, § 48 I) des alten Prokuristen anzunehmen sein, Köhler BB **79**, 912, auch Duldungs- und Anscheinsvollmacht ist möglich, s Überbl 2 vor § 48.

C. **Erlöschen der Gesamtprokura** (§ 48 II) des einen läßt die des anderen unberührt. Sie erstarkt nicht zur Einzelprokura, er kann also weiterhin nur passiv vertreten (s § 48 Anm 2 A). Die Gesamtprokura ist aber nicht zu löschen, der Kfm kann sie jederzeit durch Gesamtprokuraerteilung an einen Neuen wieder aktivieren.

5. Abschnitt. Prokura und Handlungsvollmacht 1, 2 § 53

[Anmeldung der Erteilung und des Erlöschens; Zeichnung]

53 ^I **Die Erteilung der Prokura ist von dem Inhaber des Handelsgeschäfts zur Eintragung in das Handelsregister anzumelden. Ist die Prokura als Gesamtprokura erteilt, so muß auch dies zur Eintragung angemeldet werden.**

^{II} **Der Prokurist hat die Firma nebst seiner Namensunterschrift zur Aufbewahrung bei dem Gerichte zu zeichnen.**

^{III} **Das Erlöschen der Prokura ist in gleicher Weise wie die Erteilung zur Eintragung anzumelden.**

1) Eintragung der Prokura (I, III)

A. Die Prokura ist anders als zB die HdlVollmacht (§ 54) durch das **Handelsregister** zu verlautbaren. Die Eintragung wirkt nur deklaratorisch, s § 8 Anm 5; Vertrauensschutz s § 15. Anmeldepflichtig und -berechtigt sind der Inhaber des HdlGeschäfts, sein gesetzlicher Vertreter, die vertretungsberechtigten Gfter der OHG, KG (§ 108 Anm 1 A), bei HdlGes die gesetzlichen Vertreter (persönlich, vgl § 14 Anm 1 B), BayObLG DB **73**, 1596. Anmeldung kann auch in gemischter Gesamtvertretung mit einem Prokuristen (§ 49 Anm 1 C) erfolgen, KG JW **37**, 890, aber nicht mit dem, dessen Prokura erst eingetragen werden soll, BayObLG BB **73**, 912. Prüfung der Anmeldung s § 8 Anm 4; bei GmbH ist die Beachtung des § 46 Nr 7 GmbHG (GfterBeschluß, s § 48 Anm 1 D) vom Registergericht nicht zu prüfen, BGH **62**, 169. Bei eG Eintragung in das Genossenschaftsregister (§ 42 I 2, 3 GenG).

B. Anzumelden und einzutragen sind: **a)** die **Erteilung,** I 1; auch die Erneuerung einer erloschenen Prokura, KGJ **31** B 24; **b)** zulässige **Beschränkungen und Erweiterungen:** zB Gesamtprokura (§ 48 II), I 2; Gesamtprokura des einen ist nicht eintragbar, solange kein anderer bestellt ist; anders wenn der eine außerdem Gesamtvertretungsmacht mit einem (GmbH-)Geschäftsführer haben soll, BGH **62**, 173; die Bindung an Mitwirkung eines Gfters oder Organmitglieds (§ 48 Anm 3 B), Mü JFG **19**, 236, BayObLG BB **71**, 844; Gestattung des Selbstkontrahierens (§ 49 Anm 1 B), BayObLG BB **80**, 1487, Hamm BB **83**, 791 (ohne Eintragungspflicht); Grundstücksklausel (§ 49 II), KG RJA **3**, 231, BayObLG BB **71**, 844; die Beschränkung auf einzelne Niederlassungen (§ 50 III, s dort Anm 2 A, § 13a); **c)** das **Erlöschen,** III; entspr die Anfechtung (s § 48 Anm 1 A). Ist eine zu löschende Prokura (zu Unrecht) nicht eingetragen, sind Erteilung und Löschung gleichzeitig einzutragen (§ 8 Anm 4 C).

2) Zeichnung (II)

Der Prokurist muß ebenso wie der Kfm selbst (§ 29) die **Firma** des HdlGeschäfts und wie vertretende Gfter der PersGes (§§ 108 II, 161 II) seine **Namensunterschrift** zur Aufbewahrung bei Gericht zeichnen. Handschriftliche Zeichnung wird auch für die Firma verlangt, BayObLG BB **72**, 1525, Ffm BB **74**, 59, Düss BB **78**, 728; das ist eine heute schwer zu rechtfertigende Formalität, Schlegelb-Schröder 8, Hofmann NJW **73**, 1846, LG Hechingen, NJW **74**, 1289. Nicht erforderlich ist eine neue Zeichnung des Prokuristen (einer KapitalGes) bei Firmenänderung, Düss BB **78**, 728, anders (jedenfalls für EinzelKflte und PersonenGes) Hamm OLGZ **83**, 266. Zeichnung im Geschäftsverkehr s § 51.

§ 54

[Handlungsvollmacht]

54 ⁱ Ist jemand ohne Erteilung der Prokura zum Betrieb eines Handelsgewerbes oder zur Vornahme einer bestimmten zu einem Handelsgewerbe gehörigen Art von Geschäften oder zur Vornahme einzelner zu einem Handelsgewerbe gehöriger Geschäfte ermächtigt, so erstreckt sich die Vollmacht (Handlungsvollmacht) auf alle Geschäfte und Rechtshandlungen, die der Betrieb eines derartigen Handelsgewerbes oder die Vornahme derartiger Geschäfte gewöhnlich mit sich bringt.

ⁱⁱ Zur Veräußerung oder Belastung von Grundstücken, zur Eingehung von Wechselverbindlichkeiten, zur Aufnahme von Darlehen und zur Prozeßführung ist der Handlungsbevollmächtigte nur ermächtigt, wenn ihm eine solche Befugnis besonders erteilt ist.

ⁱⁱⁱ Sonstige Beschränkungen der Handlungsvollmacht braucht ein Dritter nur dann gegen sich gelten zu lassen, wenn er sie kannte oder kennen mußte.

1) Übersicht über die Handlungsvollmacht

A. Die **Handlungsvollmacht** ist eine von der Prokura (§§ 48–53) unterschiedene Vollmacht zum Betrieb eines HdlGewerbes oder zur Vornahme einer bestimmten zu einem HdlGewerbe gehörigen Art von Geschäften oder zur Vornahme einzelner zu einem HdlGewerbe gehöriger Geschäfte, I. Sie unterliegt den §§ 54–58 sowie §§ 164ff BGB (Text s Überbl 1 B vor § 48). I, II regeln ihren Umfang, III die Wirkung von Beschränkungen gegen Dritte, § 57 die Zeichnung, § 58 die Übertragung. § 55 gilt besonders für Vertreter im Außendienst, § 56 für Angestellte in Läden und offenen Warenlagern.

B. **Gesamthandlungsvollmacht,** auch halbseitige und gemischte, ist ebenso wie bei Prokura möglich (§ 48 II, s dort Anm 3), aber ohne inhaltliche Erweiterung (vgl § 49 Anm 1 C). Auch GesamtHdlBevollmächtigter kann zu Geschäften alleinvertretungsberechtigt sein, die nach Verkehrsauffassung durch einen Vertreter allein mündlich vorgenommen werden können, BGH DB **57,** 866 (Bankgeschäftsstellenleiter); vgl Anm C.

C. Für die **Scheinhandlungsvollmacht** gelten die allgemeinen Grundsätze der Duldungs- und Anscheinsvollmacht (s Überbl 2 vor § 48). Ein weiterer auch auf §§ 55 IV, 56, § 370 BGB gestützter Rechtsscheintatbestand hängt damit eng zusammen. Personen, denen der Kfm Aufgaben überträgt bzw eine Stellung einräumt, deren ordnungsmäßige Erfüllung nach der Verkehrsauffassung gewisse Vollmachten voraussetzt, **gelten** gutgläubigen Dritten gegenüber **als so bevollmächtigt,** auch wenn der Kfm keine oder geringere Vollmacht erteilt hat. Vgl für Abschlußvertreter und Ladenangestellte §§ 55 IV, 56. Bsp: Bankschalterangestellte, RG **86,** 89, **119,** 278, Bankgeschäftsstellenleiter, RG **118,** 236, Bankauskünfte trotz bloßer Gesamtvertretungsmacht, BGH WM **55,** 233, **73,** 635, Übertragung der Zeichnung der Geschäftspost, RG **100,** 49, Angestellte am Telefon oder Fernschreiber bezüglich Entgegennahme (nicht Abgabe) von Erklärungen, RG **102,** 296, verkaufender Innendienstangestellter, Karlsr BB **70,** 778.

2) Voraussetzungen der Handlungsvollmacht

A. HdlVollmacht **erteilen** können alle Kflte, HdlGes, eG, juristische Personen gemäß §§ 33–36; anders als bei Prokura (s § 48 Anm 1 A) auch der MinderKfm (§ 4), der Konkursverwalter, auch für alle mit der Fortführung des Unternehmens verbundenen Geschäfte, Düss BB **57,** 412, der Prokurist, BGH DB **52,** 949, auch ein HdlBevollmächtigter, wenn es in seine Vollmacht fällt, Bsp: HdlVollmacht zum Betrieb eines HdlGewerbes (§ 54 I), das nach Art, Größe, Übung weitere HdlBevollmächtigte braucht. **Nichtkaufleute** können keine HdlVollmacht erteilen (aA K. Schmidt § 16 IV 2: jeder Unternehmensträger), aber ebensoweit gehende BGBVollmachten, s Überbl 1 A b vor § 48.

B. HdlVollmacht **erhalten** kann nur eine natürliche Person; auch NichtHdlGehilfe (§ 59), auch ohne Dienstverhältnis (zB Ehegatte). **Nicht** eine juristische Person, ein organschaftlicher Vertreter, ein Vollprokurist (anders zB Gesamtprokurist), str.

C. Die HdlVollmacht wird formlos und (anders als die Prokura, § 48 I) auch **schlüssig** gegenüber dem zu Bevollmächtigenden oder Dritten erteilt (§ 167 BGB). Eine Verlautbarung im HdlReg erfolgt nicht (anders Prokura, § 53).

3) Umfang der Handlungsvollmacht

A. Die HdlVollmacht kann anders als die Prokura (§§ 49, 50) von verschiedenem **Inhalt** sein (**I Halbsatz 1**). Sie kann zum Betrieb des gesamten HdlGewerbes (GeneralHdlVollmacht, Bsp: Geschäftsführer eines MinderKfm) oder nur zur Vornahme einer bestimmten zu einem HdlGewerbe gehörigen Art von Geschäften (ArtHdlVollmacht, Bsp: Kassierer, Verkäufer) oder lediglich zur Vornahme einzelner oder sogar eines einzigen zu einem HdlGewerbe gehörigen Geschäfts (SpezialHdlVollmacht bzw Einzelvollmacht) ermächtigen. Von diesem derart abgesteckten Inhalt hängt der jeweilige **Umfang** der HdlVollmacht ab (**I Halbsatz 2**): sie erstreckt sich auf alle Geschäfte und Rechtshandlungen, die der Geschäftsbetrieb oder solche Geschäfte gewöhnlich mit sich bringen (**branchenübliche Geschäfte**), zB im Gaststättengewerbe nicht Abschluß eines Automatenaufstellvertrags, Celle BB **83,** 1495. I schützt also nur gegen ungewöhnliche Beschränkungen der HdlVollmacht in Einzelfällen, zB Ausnahme einzelner Akte, Wertgrenze, Erfordernis einer Zustimmung anderer.

B. **Beschränkungen** gelten nach **II** für Veräußerung oder Belastung von **Grundstücken** (dazu § 49 Anm 2), Eingehung von **Wechselverbindlichkeiten,** Aufnahme von **Darlehen** (bei laufendem Bankkredit mit Kreditlinie oft stillschweigende Ermächtigung), **Prozeßführung,** auch vor Schiedsgericht, einschließlich Gerichtsstandvereinbarung und Prozeßvergleich. II erfaßt nach seinem Zweck auch die entsprechenden **Verpflichtungsgeschäfte,** so auch Schiedsabreden in streitiger Sache. Die Ermächtigung ist formlos, auch schlüssig erteilbar, auch generell. Sie ist nicht ohne weiteres in „General"-HdlVollmacht enthalten, RG **117,** 165. Auch in Fällen des II kann Duldungs- oder AnscheinsHdlVollmacht vorliegen, s Anm 1 C.

C. **Sonstige Beschränkungen** der HdlVollmacht gelten Dritten gegenüber nur bei Kenntnis oder Kennenmüssen, **III** (anders im Innenverhältnis

§ 55 1   I. Buch. Handelsstand

zwischen Kfm und HdlBevollmächtigtem, Nichtbeachtung kann zu Schadensersatzpflicht und Kündigung führen), BGH NJW **82**, 1390; AGB s **(5)** AGBG § 9 Anm 3. Mißbrauch der bestehenden HdlVollmacht s § 50 Anm 3. Die HdlVollmacht deckt nicht (vom Kfm nicht gewollte) **Schwarzgeschäfte** mit Absprache falscher Buchung zur Steuerhinterziehung; der Kfm haftet in solchen Fällen dem Geschäftspartner auch nicht aus Verschulden bei Vertragsschluß iVm § 278 BGB, BGH LM § 117 Nr 5.

4) Erlöschen

Die HdlVollmacht erlischt nach §§ 168–173 BGB, zB mit dem zugrundeliegenden Rechtsverhältnis (idR Dienst- oder Arbeitsverhältnis), im Konkurs des Kfm (§§ 22, 23 KO), durch Widerruf bei fortbestehendem Grundverhältnis (§ 168 S 2, 3 BGB). Eine unwiderrufliche HdlVollmacht ist möglich, str; Widerruf aus wichtigem Grund ist aber stets zulässig, BGH WM **69**, 1009. Bei **Tod** des Geschäftsinhabers bleibt die HdlVollmacht iZw (Prokura immer, § 52 III) bestehen, §§ 168 S 1, 672 S 1, 675 BGB, Hopt ZHR 133 (**70**) 311.

[Abschlußvertreter]

55 [I] **Die Vorschriften des § 54 finden auch Anwendung auf Handlungsbevollmächtigte, die Handelsvertreter sind oder die als Handlungsgehilfen damit betraut sind, außerhalb des Betriebes des Prinzipals Geschäfte in dessen Namen abzuschließen.**

[II] **Die ihnen erteilte Vollmacht zum Abschluß von Geschäften bevollmächtigt sie nicht, abgeschlossene Verträge zu ändern, insbesondere Zahlungsfristen zu gewähren.**

[III] **Zur Annahme von Zahlungen sind sie nur berechtigt, wenn sie dazu bevollmächtigt sind.**

[IV] **Sie gelten als ermächtigt, die Anzeige von Mängeln einer Ware, die Erklärung, daß eine Ware zur Verfügung gestellt werde, sowie ähnliche Erklärungen, durch die ein Dritter seine Rechte aus mangelhafter Leistung geltend macht oder sie vorbehält, entgegenzunehmen; sie können die dem Unternehmer (Prinzipal) zustehenden Rechte auf Sicherung des Beweises geltend machen.**

1) Voraussetzungen der Abschlußvollmacht (I)

A. § 55 (idF 6. 8. 53 BGBl 771, s § 84 Anm 1 A) gilt für ,,HdlBevollmächtigte, die HdlVertreter sind", also nach I iVm § 54 I für HV, die zur Vornahme einer bestimmten, zu einem HdlGewerbe gehörigen Art von Geschäften oder zur Vornahme einzelner zu einem HdlGewerbe gehöriger Geschäfte ermächtigt sind (**selbständige Abschlußvertreter**, vgl II und § 84 Anm 3 B) und für HdlBevollmächtigte, die als HdlGehilfen damit betraut sind, (regelmäßig) außerhalb des Betriebes des Prinzipals Geschäfte in dessen Namen abzuschließen (**angestellte Handlungsbevollmächtigte im Außendienst**).

B. **Nicht** unter § 55 fallen **Handelsvertreter ohne Abschlußvollmacht** (§ 91 II 1, 2) und HdlGehilfen, die ohne Abschlußvollmacht außerhalb des Betriebes des Prinzipals Geschäfte vermitteln (**Vermittlungsgehilfen,**

5. Abschnitt. Prokura und Handlungsvollmacht   2 § 55

§ 75g). Doch sind nach diesen Vorschriften beide Gruppen zur Entgegennahme von Rügen und zur Beweissicherung ermächtigt (entspr IV); Abschlüsse ohne Vollmacht s §§ 91a, 75h. Für die Vollmacht der **Versicherungsvertreter** gelten Sonderregeln (§§ 43ff VVG). Auch ohne Abschlußvollmacht können sie Vertragsanträge und alle das Versicherungsverhältnis betreffenden Erklärungen entgegennehmen (§ 43 VVG); ihre Abschlußvollmacht ermächtigt auch zur Änderung und Beseitigung abgeschlossener Verträge (§ 45 VVG).

2) Umfang der Abschlußvollmacht (II–IV)

A. Der grundsätzliche **Umfang** der Abschlußvollmacht ergibt sich aus **I iVm § 54 I** (s dort). Die Abschlußvollmacht ist HdlVollmacht und umfaßt als solche alle Geschäfte und Rechtshandlungen, die die Vornahme von Geschäften der Art, zu der der Abschlußvertreter bevollmächtigt ist, gewöhnlich mit sich bringt. Dazu gehört auch die Durchführung abgeschlossener Geschäfte, zB Mahnung, Fristsetzung, Erhebung von Mängelrügen, nicht Einklagung (s Anm C), nicht Beseitigung des Rechtsgeschäfts (s Anm C).

B. Die Abschlußvollmacht ist in **IV Halbsatz 1** erweiternd dahin typisiert (vgl § 54 Anm 1 C für die normale HdlVollmacht), daß sie auch die **Entgegennahme von Erklärungen,** durch die ein Dritter seine Rechte aus mangelhafter Leistung des Unternehmers geltend macht oder sich vorbehält, umfaßt. Bsp: Anzeige von Mängeln einer Ware; Rücktritt, Wandlungs-, Nachlieferungs- oder Schadensersatzverlangen wegen Schlechterfüllung; Mahnung, Fristsetzung, Rücktritt und Schadensersatzverlangen gemäß § 326 BGB (auch Verspätung ist mangelhafte Leistung iSv IV). Bei Erklärung, die Ware werde zur Verfügung gestellt, kann der Bevollmächtigte auch die Ware selbst entgegennehmen. Korrelat der Entgegennahme von Mängelrügen ist die **Beweissicherung** namens des Unternehmers (**IV Halbsatz 2,** §§ 485ff ZPO), insbesondere hinsichtlich der geltend gemachten Mängel. IV betrifft **nicht** die Entgegennahme einer Anfechtung, eines bei Abschluß vorbehaltenen Widerrufs oder Rücktritts; die Entgegennahme von Erklärungen solcher Dritter, mit denen ein anderer Abschlußvertreter abgeschlossen hat, alles, was über passive Vertretung hinausgeht (außer Beweissicherung), zB Stellungnahme namens des Unternehmers zu den Erklärungen des Dritten, Anerkennung seiner Rechte. Soweit IV nicht eingreift, können **Duldungs- oder Anscheins(abschluß)vollmacht** vorliegen, s Überbl 2 vor § 48, § 54 Anm 1 C.

C. **Beschränkungen** folgen aus **I iVm § 54 II** (s dort) für die Veräußerung oder Belastung von Grundstücken, Eingehung von Wechselschulden, Aufnahme von Darlehen und Prozeßführung. Die Vollmacht umfaßt ferner nicht die **Änderung von Verträgen,** insbesondere die nachträgliche Gewährung von Zahlungsfristen **(II),** auch nicht wenn der Abschlußvertreter den Vertrag selbst abgeschlossen hat und dabei die Zahlungsfrist ohne weiteres hätte gewähren können. Änderung iSv II ist auch die Beseitigung des Vertrags, zB Anfechtung nach §§ 119ff BGB, Ausübung gesetzlicher oder vertraglicher Rücktrittsrechte, vertragliche Aufhebung. Dasselbe gilt für **Annahme von Zahlungen (III),** BGH WM **76,** 715. Quittung s § 370 BGB.

D. **Sonstige Beschränkungen** der Abschlußvollmacht gelten Dritten ge-

§ 56 1, 2 I. Buch. Handelsstand

genüber nur bei Kenntnis oder Kennenmüssen, **I iVm § 54 III** (anders im Innenverhältnis, s § 54 Anm 3 C). **Mißbrauch** der bestehenden Abschlußvollmacht liegt nicht schon ohne weiteres vor, wenn der Dritte weiß, daß der Abschlußvertreter eine interne Weisung des Kfm nicht beachtet, s § 50 Anm 3. Schwarzgeschäfte s § 54 Anm 3 C.

[Angestellte in Laden oder Warenlager]

56 Wer in einem Laden oder in einem offenen Warenlager angestellt ist, gilt als ermächtigt zu Verkäufen und Empfangnahmen, die in einem derartigen Laden oder Warenlager gewöhnlich geschehen.

1) Voraussetzungen der Ladenvollmacht

A. § 56 erfordert einen **Laden** oder ein **offenes Warenlager,** also eine Verkaufsstätte, die zum freien Eintritt für das Publikum und zum Abschluß von Geschäften bestimmt ist; weder feste Niederlassung noch Dauereinrichtung sind nötig. Bsp: Verkaufsstände auf Ausstellung, RG **69,** 308, Großhandelslager, in dem auch privat verkauft wird, BGH NJW **75,** 2191. Nicht Fabrikräume, Büro, Kontor, KG JW **24,** 1181.

B. Es muß sich um eine in dem Laden oder Warenlager **angestellte Person** handeln. Angestellt ist jeder, der im Laden (Warenlager) mit Wissen und Willen des Inhabers an der Verkaufstätigkeit mitwirkt, gleich ob seine Hauptaufgaben ganz andere sind, auch wenn er nicht einmal Besitzdiener (§ 855 BGB) ist, BGH NJW **75,** 2191; auch das im Laden kaufmännisch tätige Familienmitglied. **Nicht** angestellt ist, wer ohne Wissen und Willen im Laden mit dem Publikum verkehrt, RG **108,** 49, oder nicht zu Verkaufszwecken dort tätig ist, zB Packer, Raumpflegerin. Verhindert freilich der Kfm das Tätigwerden solcher Personen beim Verkauf nicht, kann Rechtsscheinhaftung entspr § 56 anzunehmen sein (Überbl 2 vor § 48, § 54 Anm 1 C). Zur Bestellung einer Kundenzeitschrift durch die Ehefrau des Geschäftsinhabers s Kln DB **65,** 1554.

2) Umfang der Ladenvollmacht

A. § 56 begründet eine (**unwiderlegliche**) **Vermutung** für eine Vollmacht des Ladenangestellten, BGH NJW **75,** 2191, str. Der Ladenangestellte gilt als ermächtigt zu Verkäufen und Empfangnahmen, die in einem derartigen Laden oder Warenlager gewöhnlich geschehen. Örtlicher Zusammenhang zwischen dem Wirkungsbereich des Angestellten und dem Geschäftsschluß ist nötig, doch genügt Anbahnung des Geschäfts im Laden und Abschluß außerhalb, RG **108,** 49, auch Einkassierung der Restschuld außerhalb des Ladens nach Verkauf und Anzahlung im Laden, LG Bochum MDR **59,** 130. ,,Verkäufe" ist untechnisch gemeint, dazu gehören zB Entgegennahme von Mängelanzeigen, Übereignung, **nicht** aber Rücktritt oder Umtausch (vgl § 55 II), str. Zu Empfangnahmen gehören namentlich Zahlungen, einerlei ob der Angestellte das Geschäft selbst geschlossen hat. § 56 schützt auch solche Kunden, die den Laden und seine Verhältnisse kennen (Befreiung von Nachforschungspflichten), BGH NJW **75,** 2191; doch schadet Bösgläubigkeit (Kenntnis und Kennenmüssen, entspr § 54 III; § 5 Anm 2 C, Überbl 2 vor § 48). § 56 tritt hinter den Schutz des geschäftsunfähigen Inhabers zurück (§ 5 Anm 2 C), str.

5. Abschnitt. Prokura und Handlungsvollmacht 1, 2 §§ 57, 58

B. Die Ladenvollmacht ist durch klaren Hinweis **ausschließbar**, zB Schild ,,Zahlung nur an der Kasse". Das ist keine Widerlegung der Vermutung, sondern Beseitigung des die Vermutung tragenden Rechtsscheins.

C. Unabhängig von der Vertretungsmacht haftet der Inhaber für den Angestellten aus Verschulden bei Vertragsschluß iVm § 278 BGB auf **Schadensersatz**, Bsp: Düss WM **73,** 473. Eigenhaftung des Angestellten s Überbl 4 vor § 48.

[Zeichnung des Handlungsbevollmächtigten]

57 **Der Handlungsbevollmächtigte hat sich bei der Zeichnung jedes eine Prokura andeutenden Zusatzes zu enthalten; er hat mit einem das Vollmachtsverhältnis ausdrückenden Zusatze zu zeichnen.**

1) Entspr § 51 für die Prokura, s dort. Der HdlGehilfe zeichnet üblicherweise ,,per", ,,i. V.", ,,in Vollmacht" mit Namen oder Firma, RG **74,** 72. Zeichnung wie ein Prokurist wirkt je nach den Umständen für den Firmeninhaber oder für (oder gegen) den HdlBevollmächtigten selbst, Überbl 3, 4 vor § 48.

[Unübertragbarkeit der Handlungsvollmacht]

58 **Der Handlungsbevollmächtigte kann ohne Zustimmung des Inhabers des Handelsgeschäfts seine Handlungsvollmacht auf einen anderen nicht übertragen.**

1) Übertragung

Die HdlVollmacht ist übertragbar (anders Prokura, § 52 II) aber nur mit Zustimmung des Inhabers (Einwilligung vorher, Genehmigung nachher, §§ 182 ff BGB). Zustimmen kann auch der Prokurist (§ 49 I). Die ,,Übertragung" durch den Kfm ist Widerruf und Neuerteilung an den andern.

2) Untervollmacht

Von der Übertragung (Vollsubstitution, der bisherige HdlBevollmächtigte verzichtet damit auf seine HdlVollmacht) ist die in § 58 nicht geregelte Untervollmacht (Bestellung eines weiteren HdlBevollmächtigten) zu unterscheiden; Bsp: s § 54 Anm 2 A. Der HdlBevollmächtigte kann keine weitergehende Vollmacht erteilen, als er sie selbst hat. Untervollmacht ist auch in Fällen des § 54 II nicht grundsätzlich ausgeschlossen, aA Mü WM **84,** 835.

Sechster Abschnitt. Handlungsgehilfen und Handlungslehrlinge

Überblick vor § 59

Schrifttum zum Arbeitsrecht: Außer dem allgemeinen Schrifttum (s Einl vor 1) *Bobrowski-Gaul,* Das Arbeitsrecht im Betrieb, 2 Bde, 7. Aufl 1979. – *Schaub,* Arbeitsrechts-Handbuch, 5. Aufl 1983. – *Zöllner,* Arbeitsrecht, 3. Aufl 1983. – RsprÜbersichten: *Etzel* NJW **82**, 2347, **83**, 2852, **84**, 2551, **85**, 2619, *Hirschberg* ZfA **82**, 505, *Heinze* ZfA **83**, 409, *Schaub* JZ **83**, 731 (Individualarbeitsrecht), Hanau ZfA **84**, 453, Schreiber ZfA **85**, 541, Niebler ZfA **85**, 381 (BVerfG), Schaub ZIP **85**, 438.

[Handlungsgehilfe]

59 Wer in einem Handelsgewerbe zur Leistung kaufmännischer Dienste gegen Entgelt angestellt ist (Handlungsgehilfe), hat, soweit nicht besondere Vereinbarungen über die Art und den Umfang seiner Dienstleistungen oder über die ihm zukommende Vergütung getroffen sind, die dem Ortsgebrauch entsprechenden Dienste zu leisten sowie die dem Ortsgebrauch entsprechende Vergütung zu beanspruchen. In Ermangelung eines Ortsgebrauchs gelten die den Umständen nach angemessenen Leistungen als vereinbart.

Übersicht

1) Einleitung, Rechtsquellen
   A. Einleitung
   B. Arten und Verhältnis der Rechtsquellen
   C. §§ 611–630 BGB (Gesetzestexte)
   D. §§ 12, 17, 18 UWG (Gesetzestexte)
   E. Arbeitsrechtliche Gesetze
2) Arbeitgeber
   A. Begriff
   B. Wechsel bei Betriebsübergang
   C. Haftung ausgeschiedener Gesellschafter
3) Handlungsgehilfe
   A. Übersicht über das Personal des Kaufmanns
   B. Begriff des Handlungsgehilfen
      a) Angestellter
      b) In einem Handelsgewerbe
      c) Zu kaufmännischen Diensten
      d) Gegen Entgelt
   C. Beispiele
4) Arbeitsvertrag, Arbeitsverhältnis
   A. Vertragsanbahnung
      a) Gesetzliches Schuldverhältnis, Haftung
      b) Abbruch der Vertragsverhandlungen
      c) Mitteilungs- und Aufklärungspflichten, Fragen, Test
      d) Obhut und Schutzpflichten
      e) Ersatz von Vorstellungskosten
   B. Zustandekommen des Arbeitsvertrags
      a) Vertragsschluß
      b) Fehlerhaftes Arbeitsverhältnis
   C. Einwirken von Tarifnormen
      a) Normative Wirkung
      b) Wirkung kraft Einzelvertrages

D. Einwirkung von Betriebsvereinbarungen, Mitbestimmung des Betriebsrats
  a) Betriebsvereinbarung
  b) Mitbestimmung in sozialen, personellen und wirtschaftlichen Angelegenheiten
5) Arbeitspflicht und Nebenpflichten des Handlungsgehilfen
 A. Arbeitspflicht
  a) Inhalt, Direktionsrecht
  b) Arbeitszeit
  c) Verletzung der Arbeitspflicht
 B. Nebenpflichten
  a) Rechtsgrundlagen, Beispiele, Rechtsfolgen von Pflichtverletzungen
  b) Schweigepflicht
  c) Schmiergeldverbot
  d) Wettbewerbsverbot, Nebentätigkeit
  e) Informations- und Auskunftspflicht
  f) Arbeitnehmererfindungen
  g) Herausgabepflicht
6) Arbeitsentgeltpflicht des Arbeitgebers
 A. Rechtsgrundlagen, Lohngleichheit
 B. Arten des Arbeitsentgelts
  a) Gehalt
  b) Provision (Erfolgsbeteiligung)
  c) Gewinnbeteiligung (Tantieme)
  d) Gratifikation (Sondervergütung)
  e) Sachleistungen
  f) Sonstige Arten
 C. Arbeitsentgelt bei fehlender Arbeitsleistung
  a) Unmöglichkeit
  b) Annahmeverzug
  c) Betriebsrisiko, Arbeitskampfrisiko
  d) Krankheit und andere unverschuldete Hinderung des Handlungsgehilfen
  e) Feiertage, Urlaub
 D. Einwendungen gegen Arbeitsentgeltanspruch
  a) Verzicht, Ausschlußfrist, Ausgleichsquittung
  b) Abtretung, Aufrechnung, Pfändung
  c) Verjährung, Verwirkung
 E. Betriebliche Altersversorgung
  a) Begriff
  b) Rechtsgrund
  c) Entstehung, Anwartschaft
  d) Widerruf, Kürzung
  e) Teuerungsanpassung
  f) Konkurs
7) Nebenpflichten des Arbeitgebers
 A. Rechtsgrundlagen, Gleichbehandlung, Rechtsfolgen von Pflichtverletzungen
 B. Schutz von Leben und Gesundheit
 C. Schutz und Förderung der Persönlichkeit
  a) Personengerechte Arbeitsgestaltung
  b) Schutz gegen ungerechte Behandlung
  c) Beschäftigungspflicht
  d) Schweigepflicht, Datenschutz
  e) Informations- und Auskunftspflicht
  f) Sonstige Einzelpflichten
 D. Erholungsurlaub
 E. Sicherung eingebrachter Sachen
 F. Freistellung von Ersatzpflicht, Aufwendungsersatz

§ 59 1   I. Buch. Handelsstand

      G. Abführung von Lohnsteuer und Sozialversicherungsbeiträgen
      H. Nebenpflichten bei Beendigung des Arbeitsverhältnisses
          a) Freizeit zur Stellungssuche
          b) Zeugniserteilung
   8) Haftungsbesonderheiten
      A. Haftung des Arbeitgebers
          a) für Personenschäden
          b) für Sachschäden
      B. Haftung des Handlungsgehilfen
          a) Haftung gegenüber dem Arbeitgeber, gefahrgeneigte Arbeit
          b) Haftung gegenüber Dritten, Freistellungsanspruch
          c) Haftung gegenüber Arbeitskollegen
          d) Mankohaftung
   9) Ende des Arbeitsverhältnisses, Kündigungsschutz
      A. Befristung, auflösende Bedingung
      B. Nichtigkeit, Anfechtung
          a) Anfechtung durch Arbeitgeber
          b) Anfechtung durch Handlungsgehilfen
      C. Kündigung
          a) Kündigungserklärung
          b) Anhörung des Betriebsrats
          c) Ordentliche Kündigung
          d) Außerordentliche Kündigung
          e) Wichtige Gründe für Kündigung des Arbeitgebers
          f) Wichtige Gründe für Kündigung des Handlungsgehilfen
          g) Dienstverhältnisse, die keine Arbeitsverhältnisse sind
      D. Allgemeiner Kündigungsschutz, Verfahren
          a) Anwendungsbereich des KSchG
          b) Sozialwidrigkeit der ordentlichen Kündigung
          c) Kündigungsschutzverfahren
          d) Außerordentliche Kündigung
          e) Unwirksamkeit der Kündigung aus anderen Gründen, Massenentlassungen
      E. Besonderer Kündigungsschutz
          a) Betriebsratsmitglieder
          b) Mütter
          c) Schwerbehinderte
          d) Sonstige
      F. Arbeitskampf, Abwehraussperrung
      G. Sonstige Beendigungsgründe
          a) Tod des Handlungsgehilfen
          b) Aufhebungsvertrag
          c) Gerichtsurteil
  10) Internationales Arbeitsrecht
      A. Kollisionsrecht
      B. Europäisches Arbeitsrecht
      C. Sonstiges internationales Arbeitsrecht

1) Einleitung, Rechtsquellen

A. **Einleitung:** §§ 59–83 stellen **kaufmännisches Sonderarbeitsrecht** dar. Zweck des Arbeitsrechts ist ein gerechter Interessenausgleich zwischen Arbeitgeber und Arbeitnehmer; der typischerweise schwächere Arbeitnehmer bedarf dazu eines rechtlichen Mindestschutzes. Arbeitsrecht ist danach das Sonderrecht der Arbeitnehmer, das sich in Individualarbeitsrecht, Arbeitsschutzrecht, kollektivem Arbeitsrecht und Verfahrensrecht der Arbeitsgerichtbarkeit gliedert. §§ 59 ff enthalten besonders kfm **Individualarbeitsrecht.** In jüngerer Zeit hat es infolge von Vereinheitlichungstendenzen (zB Aufhebung der §§ 66–72 über Kündigungsrecht durch das 1. ArbRBerG

14. 8. 69 BGBl 1106, und der §§ 76–82 über Handlungslehrlinge durch das BerBG 14. 8. 69 BGBl 1112) und wegen der raschen Entwicklung des Richterrechts zum allgemeinen Individualarbeitsrecht, das §§ 59 ff immer mehr bestimmt, stark an Bedeutung verloren. Die Kommentierung trägt dem Rechnung: Zum einen wird der Kern des Individualarbeitsrechts, soweit für den **Kaufmann (Arbeitgeber)** und den **Handlungsgehilfen (Arbeitnehmer)** praktisch notwendig, bei § 59 dargestellt. Zum andern werden die besonderen Regeln für HdlGehilfen, vor allem zu §§ 60–83, näher erläutert.

B. **Arten und Verhältnis der Rechtsquellen** (Gestaltungsfaktoren): Die Arbeitsbedingungen des HdlGehilfen werden in erster Linie von seinem Arbeitsvertrag gestaltet (Grundsatz der Vertragsfreiheit). Diese Freiheit ist aber zum Schutz des Arbeitnehmers erheblich eingeschränkt. Schranken setzen Gesetzesrecht (Verfassung, Gesetze, Rechtsverordnungen), Tarifverträge und Betriebsvereinbarungen. Neben dem gesetzten Recht steht das Richterrecht. Von Bedeutung ist auch die betriebliche Übung.

a) **Verfassungsrecht** hat den höchsten Rang. Bedeutsam sind vor allem die **Grundrechte**, etwa Art 1 I (Menschenwürde, Bsp: kein heimliches Beobachten des Arbeitnehmers), 2 I (freie Entfaltung der Persönlichkeit, Bsp: keine psychologischen Tests oder graphologischen Gutachten ohne Einwilligung), 3 I (Gleichheit vor dem Gesetz, Bsp: keine willkürliche Lohnungleichheit, s Anm 6 B, 7 B), 4 I (Glaubens-, Gewissens- und Bekenntnisfreiheit, aber Sonderstellung der Tendenzbetriebe iSv § 118 BetrVG zB religiöser Verlag), 5 I 1, II (freie Meinungsäußerung, aber Treuepflicht des Arbeitnehmers), 6 I (Schutz der Ehe und Familie, Bsp: Grenzen für Zölibatsklauseln), 6 IV (Schutz der Mutter, Bsp: Nichtigkeit der Vereinbarung über Schwangerschaft als auflösende Bedingung des Arbeitsverhältnisses), 9 III (Vereinigungs- und Koalitionsfreiheit, Bsp: Freiheit zum Arbeitskampf), 12 I (freie Wahl von Beruf, Arbeitsplatz und Ausbildungsstätte, Bsp: nur eingeschränktes Verbot von Nebentätigkeit, s § 60 Anm 1, Schranken für Wettbewerbsverbote nach Ende der Vertragszeit, s §§ 74 ff). Die Grundrechtsnormen gelten unmittelbar für tarifvertragliche Normsetzung nach § 1 TVG, BAG BB **73**, 983 str; sie haben aber sonst im Privatrecht keine unmittelbare Drittwirkung (aA BAG), sondern wirken hier mittelbar als Ordnungsprinzipien und Wertungsmaßstäbe zB über §§ 138, 242, 315 BGB zur Bedeutung verschiedener Grundrechtsverständnisse für das Arbeitsrecht Zöllner, § 7 I. Das **Sozialstaatsprinzip** (Art 20 I, 28 I 1 GG) ist Auftrag an den Gesetzgeber und Auslegungsgrundsatz für Rspr und Verwaltung (Bsp: Unzulässigkeit grundloser Befristung von Arbeitsverhältnissen, sog Kettenarbeitsverhältnisse, BAG DB **54**, 911); es hat aber wegen seiner Unbestimmtheit keine unmittelbare Drittwirkung zB als Anspruchsgrundlage für Arbeitnehmer.

b) **Gesetze und Rechtsverordnungen** sind im Arbeitsrecht meist **Bundesrecht**, Arbeitsrecht gehört zu den Gebieten der konkurrierenden Gesetzgebung (Art 74 Nr 12 GG). Ländergesetze sind nur möglich, solange und soweit der Bund von seinem Gesetzgebungsrecht keinen Gebrauch macht, Landesarbeitsrecht ist deshalb praktisch von geringer Bedeutung, Bsp: Hausarbeitsvertrag, Bildungsurlaub. Das für HdlGehilfen geltende Gesetzesrecht steht im HGB, BGB (s Anm C), UWG (s Anm D) und in

§ 59 1   I. Buch. Handelsstand

zahlreichen arbeitsrechtlichen Gesetzen (s Anm E). Gesetze stehen im Rang unter der Verfassung (s Anm a), aber über Rechtsverordnungen. Gesetzesrecht hat Vorrang vor Rechtsnormen der Tarifverträge und Betriebsvereinbarungen (**zwingendes** Gesetzesrecht), kann aber Abweichungen durch Einzelvertrag, Betriebsvereinbarung oder auch nur durch Tarifvertrag zulassen (**dispositives, „tarifdispositives" Gesetzesrecht**). Auch zwingendes Gesetzesrecht bezweckt meist nur einen Mindestschutz für den Arbeitnehmer, läßt also günstigere Regelungen durch Kollektiv- oder Einzelvertrag zu.

c) Tarifverträge und Betriebsvereinbarungen sind Rechtsquellen des kollektiven Arbeitsrechts. Die in ihnen enthaltenen Rechtsnormen wirken zwingend und unmittelbar auf die Arbeitsverhältnisse der Tarifgebundenen (§§ 1 I, 4 TVG) bzw aller im Betrieb beschäftigten Arbeitnehmer (§ 77 BetrVG) ein. Tarifverträge regeln Inhalt, Abschluß und Beendigung von Arbeitsverhältnissen sowie betriebliche und betriebsverfassungsrechtliche Fragen (normativer Teil) und enthalten Rechte und Pflichten der Tarifvertragsparteien zB Friedenspflicht (schuldrechtlicher Teil). Lohntarifverträge regeln das Arbeitsentgelt, Manteltarifverträge andere Arbeitsbedingungen, zB Urlaub oder Kündigungsfristen. Betriebsvereinbarungen sind zB eine betriebliche Arbeitsordnung oder der Sozialplan (§§ 111, 112 BetrVG). Sie haben Rang nach dem Tarifvertrag (§ 37 I BetrVG) und können Arbeitsentgelte und sonstige Arbeitsbedingungen, die durch Tarifvertrag geregelt sind oder üblicherweise geregelt werden, nur regeln bei ausdrücklicher Zulassung ergänzender Betriebsvereinbarungen durch den Tarifvertrag (§ 77 III BetrVG). Rechtsnormen des Tarifvertrags gehen auch günstigeren Rechtsnormen der Betriebsvereinbarung vor (**Rangprinzip**), dagegen lassen Tarifvertrag und Betriebsvereinbarung günstigere Regelungen durch Einzelarbeitsvertrag zu (**Günstigkeitsprinzip**): zur Einwirkung von Tarifnormen auf die Arbeitsbedingungen tarifgebundener und nicht tarifgebundener Parteien s Anm 4 C.

d) Richterrecht spielt im Arbeitsrecht eine besonders große Rolle. Weite Teile des Individualarbeitsrechts beruhen auf richterlicher Rechtsschöpfung. Auch wenn Richterrecht nicht als Rechtsquelle gilt, fungiert das BAG doch praktisch als Ersatzgesetzgeber. Richterrecht kann zwingend, dispositiv oder tarifdispositiv sein.

e) Betriebsübung ist die regelmäßige Wiederholung bestimmter Verhaltensweisen, die bei den Betriebsangehörigen den Eindruck einer Gesetzmäßigkeit oder eines Brauchs erwecken, Bsp: jahrelange Zahlung von Trennungsentschädigung, BAG BB **83,** 1033, von Versorgungsleistungen, BAG DB **85,** 1747. Sie ist keine Rechtsquelle, sondern ein schuldrechtlicher Verpflichtungstatbestand (Vertrag oder Vertrauenshaftung, s § 5 Anm 2, denn auf einen Bindungswillen des Arbeitgebers kommt es nicht an). Entscheidend ist, wie der Arbeitnehmer das Verhalten des Arbeitgebers verstehen durfte, BAG BB **83,** 1284 (iErg abl). Der Arbeitgeber kann das Entstehen einer Betriebsübung durch klaren Ausschluß einer Bindung oder Widerspruchsvorbehalts für die Zukunft grundsätzlich ausschließen und eine bestehende Betriebsübung, nicht aber bereits entstandene Ansprüche und Anwartschaften, für die Zukunft einseitig beseitigen, BAG DB **85,** 1483 (s Anm 6 B e). Der Arbeitnehmer braucht nur unter der Geltung der Betriebsübung gearbeitet zu haben, nicht notwendig auch von ihr betroffen worden zu sein, BAG **AP** § 242 Betriebliche Übung Nr 10. Betriebsübung ist auch zu Ungunsten der Arbeitnehmer möglich, aber nur wenn sich der Arbeitnehmer ihr beugt. Monographie Seiter 1967; krit Gamillscheg FS Hilger-Stumpf **83,** 238. RsprÜbersicht: Backhaus AuR **83,** 65.

f) Der **Einzelarbeitsvertrag** (nicht iSd Vertragsurkunde, sondern der gesamten auch späteren Vereinbarungen) ist ebenfalls keine Rechtsquelle ieS (str), sondern stellt das Arbeitsverhältnis selbst dar, legt die Art der Beschäftigung fest und enthält meist zusätzliche Abreden, soweit kollektivvertraglich nicht geregelt oder demgegenüber günstiger. Das Arbeitsentgelt ist oft nicht besonders ausgewiesen, sondern ergibt sich aus der Eingruppierung entsprechend der Beschäftigung.

g) Der Arbeitgeber hat ein **Direktionsrecht** (Leitungs-, Weisungsrecht), mit dem er im Rahmen von Gesetz, Kollektiv- und Einzelarbeitsvertrag die vom Arbeitnehmer zu erbringende Arbeitsleistung konkret bestimmen kann (s Anm 5 A a). Monographie Birk 1973. Der Arbeitgeber kann also nicht einseitig durch Weisung den Vertrag, zB das Arbeitsentgelt, ändern, LAG Düss DB **73,** 875.

C. §§ 611–630 BGB (Gesetzestexte): Die Vorschriften des HGB über HdlGehilfen werden ergänzt durch die des BGB über den Dienstvertrag (§§ 611–630). Diese wurden durch das Arbeitsrechtliche EG-AnpassungsG 13. 8. 80 BGBl 1308 um die §§ 611a, 611b, 612 III, 612a, 613a I 2–4, IV (Gleichbehandlung von Männern und Frauen am Arbeitsplatz, Erhaltung von Ansprüchen bei Betriebsübergang) ergänzt; dazu Eich NJW **80,** 2329, Knigge BB **80,** 1272, Lorenz DB **80,** 1745; die Transformation in § 611a I 2 ist jedoch unzureichend, EuGH NJW **85,** 2076 m Anm Bleckmann DB **84,** 1574. Zum Gleichbehandlungsgrundsatz s Anm 6 B, 7 B.

BGB 611 [Wesen des Dienstvertrags]

[I] Durch den Dienstvertrag wird derjenige, welcher Dienste zusagt, zur Leistung der versprochenen Dienste, der andere Teil zur Gewährung der vereinbarten Vergütung verpflichtet.

[II] Gegenstand des Dienstvertrags können Dienste jeder Art sein.

BGB 611a [Benachteiligungsverbot]

[I] Der Arbeitgeber darf einen Arbeitnehmer bei einer Vereinbarung oder einer Maßnahme, insbesondere bei der Begründung des Arbeitsverhältnisses, beim beruflichen Aufstieg, bei einer Weisung oder einer Kündigung, nicht wegen seines Geschlechts benachteiligen. Eine unterschiedliche Behandlung wegen des Geschlechts ist jedoch zulässig, soweit eine Vereinbarung oder eine Maßnahme die Art der vom Arbeitnehmer auszuübenden Tätigkeit zum Gegenstand hat und ein bestimmtes Geschlecht unverzichtbare Voraussetzung für diese Tätigkeit ist. Wenn im Streitfall der Arbeitnehmer Tatsachen glaubhaft macht, die eine Benachteiligung wegen des Geschlechts vermuten lassen, trägt der Arbeitgeber die Beweislast dafür, daß nicht auf das Geschlecht bezogene, sachliche Gründe eine unterschiedliche Behandlung rechtfertigen oder das Geschlecht unverzichtbare Voraussetzung für die auszuübende Tätigkeit ist.

[II] Ist ein Arbeitsverhältnis wegen eines von dem Arbeitgeber zu vertretenden Verstoßes gegen das Benachteiligungsverbot des Absatzes 1 nicht begründet worden, so ist er zum Ersatz des Schadens verpflichtet, den der Arbeitnehmer dadurch erleidet, daß er darauf vertraut, die Begründung des Arbeitsverhältnisses werde nicht wegen eines solchen Verstoßes unterbleiben. Satz 1 gilt beim beruflichen Aufstieg entsprechend, wenn auf den Aufstieg kein Anspruch besteht.

§ 59 1   I. Buch. Handelsstand

III Der Anspruch auf Schadensersatz wegen eines Verstoßes gegen das Benachteiligungsverbot verjährt in zwei Jahren. § 201 ist entsprechend anzuwenden.

BGB 611 b [Arbeitsplatzausschreibung]

Der Arbeitgeber soll einen Arbeitsplatz weder öffentlich noch innerhalb des Betriebs nur für Männer oder nur für Frauen ausschreiben, es sei denn, daß ein Fall des § 611a Abs. 1 Satz 2 vorliegt.

BGB 612 [Vergütung]

I Eine Vergütung gilt als stillschweigend vereinbart, wenn die Dienstleistung den Umständen nach nur gegen eine Vergütung zu erwarten ist.

II Ist die Höhe der Vergütung nicht bestimmt, so ist bei dem Bestehen einer Taxe die taxmäßige Vergütung, in Ermangelung einer Taxe die übliche Vergütung als vereinbart anzusehen.

III Bei einem Arbeitsverhältnis darf für gleiche oder für gleichwertige Arbeit nicht wegen des Geschlechts des Arbeitnehmers eine geringere Vergütung vereinbart werden als bei einem Arbeitnehmer des anderen Geschlechts. Die Vereinbarung einer geringeren Vergütung wird nicht dadurch gerechtfertigt, daß wegen des Geschlechts des Arbeitnehmers besondere Schutzvorschriften gelten. § 611a Abs. 1 Satz 3 ist entsprechend anzuwenden.

BGB 612a [Maßregelungsverbot]

I Der Arbeitgeber darf einen Arbeitnehmer bei einer Vereinbarung oder einer Maßnahme nicht benachteiligen, weil der Arbeitnehmer in zulässiger Weise seine Rechte ausübt.

BGB 613 [Höchstpersönliche Verpflichtung und Berechtigung]

I Der zur Dienstleistung Verpflichtete hat die Dienste im Zweifel in Person zu leisten. Der Anspruch auf die Dienste ist im Zweifel nicht übertragbar.

BGB 613a [Rechte und Pflichten bei Betriebsübergang]

I Geht ein Betrieb oder Betriebsteil durch Rechtsgeschäft auf einen anderen Inhaber über, so tritt dieser in die Rechte und Pflichten aus den im Zeitpunkt des Übergangs bestehenden Arbeitsverhältnissen ein. Sind diese Rechte und Pflichten durch Rechtsnormen eines Tarifvertrags oder durch eine Betriebsvereinbarung geregelt, so werden sie Inhalt des Arbeitsverhältnisses zwischen dem neuen Inhaber und dem Arbeitnehmer und dürfen nicht vor Ablauf eines Jahres nach dem Zeitpunkt des Übergangs zum Nachteil des Arbeitnehmers geändert werden. Satz 2 gilt nicht, wenn die Rechte und Pflichten bei dem neuen Inhaber durch Rechtsnormen eines anderen Tarifvertrags oder durch eine andere Betriebsvereinbarung geregelt werden. Vor Ablauf der Frist nach Satz 2 können die Rechte und Pflichten geändert werden, wenn der Tarifvertrag oder die Betriebsvereinbarung nicht mehr gilt oder bei fehlender beiderseitiger Tarifgebundenheit im Geltungsbereich eines anderen Tarifvertrags dessen Anwendung zwischen dem neuen Inhaber und dem Arbeitnehmer vereinbart wird.

II Der bisherige Arbeitgeber haftet neben dem neuen Inhaber für Verpflichtungen nach Absatz 1, soweit sie vor dem Zeitpunkt des Übergangs entstanden sind und vor Ablauf von einem Jahr nach diesem Zeitpunkt fällig werden, als Gesamtschuldner. Werden solche Verpflichtungen nach dem Zeitpunkt des Übergangs fällig, so haftet der bisherige Arbeitgeber für sie jedoch nur in dem Umfang, der dem im Zeitpunkt des Übergangs abgelaufenen Teil ihres Bemessungszeitraums entspricht.

III Absatz 2 gilt nicht, wenn eine juristische Person durch Verschmelzung oder Umwandlung erlischt; § 8 des Umwandlungsgesetzes in der Fassung der Bekanntmachung vom 6. November 1969 (Bundesgesetzbl. I S. 2081) bleibt unberührt.

IV Die Kündigung des Arbeitsverhältnisses eines Arbeitnehmers durch den bisherigen Arbeitgeber oder durch den neuen Inhaber wegen des Übergangs eines Betriebs oder eines Betriebsteils ist unwirksam. Das Recht zur Kündigung des Arbeitsverhältnisses aus anderen Gründen bleibt unberührt.

BGB 614 [Fälligkeit der Vergütung]

Die Vergütung ist nach der Leistung der Dienste zu entrichten. Ist die Vergütung nach Zeitabschnitten bemessen, so ist sie nach dem Ablaufe der einzelnen Zeitabschnitte zu entrichten.

BGB 615 [Vergütung bei Annahmeverzug]

Kommt der Dienstberechtigte mit der Annahme der Dienste in Verzug, so kann der Verpflichtete für die infolge des Verzugs nicht geleisteten Dienste die vereinbarte Vergütung verlangen, ohne zur Nachleistung verpflichtet zu sein. Er muß sich jedoch den Wert desjenigen anrechnen lassen, was er infolge des Unterbleibens der Dienstleistung erspart oder durch anderweitige Verwendung seiner Dienste erwirbt oder zu erwerben böswillig unterläßt.

BGB 616 [Vorübergehende Verhinderung]

¹ Der zur Dienstleistung Verpflichtete wird des Anspruchs auf die Vergütung nicht dadurch verlustig, daß er für eine verhältnismäßig nicht erhebliche Zeit durch einen in seiner Person liegenden Grund ohne sein Verschulden an der Dienstleistung verhindert wird. Er muß sich jedoch den Betrag anrechnen lassen, welcher ihm für die Zeit der Verhinderung aus einer auf Grund gesetzlicher Verpflichtung bestehenden Kranken- oder Unfallversicherung zukommt.

² Der Anspruch eines Angestellten (§§ 2 und 3 des Angestelltenversicherungsgesetzes) auf Vergütung kann für den Krankheitsfall sowie für die Fälle der Sterilisation und des Abbruchs der Schwangerschaft durch einen Arzt nicht durch Vertrag ausgeschlossen oder beschränkt werden. Hierbei gilt als verhältnismäßig nicht erheblich eine Zeit von sechs Wochen, wenn nicht durch Tarifvertrag eine andere Dauer bestimmt ist. Eine nicht rechtswidrige Sterilisation und eine nicht rechtswidriger Abbruch der Schwangerschaft durch einen Arzt gelten als unverschuldete Verhinderung an der Dienstleistung. Der Angestellte behält diesen Anspruch auch dann, wenn der Arbeitgeber das Arbeitsverhältnis aus Anlaß des Krankheitsfalls kündigt. Das gleiche gilt, wenn der Angestellte das Arbeitsverhältnis aus einem vom Arbeitgeber zu vertretenden Grunde kündigt, der den Angestellten zur Kündigung aus wichtigem Grund ohne Einhaltung einer Kündigungsfrist berechtigt.

³ Ist der zur Dienstleistung Verpflichtete Arbeiter im Sinne des Lohnfortzahlungsgesetzes, so bestimmen sich seine Ansprüche nur nach dem Lohnfortzahlungsgesetz, wenn er durch Arbeitsunfähigkeit infolge Krankheit, infolge Sterilisation oder Abbruchs der Schwangerschaft durch einen Arzt oder durch eine Kur im Sinne des § 7 des Lohnfortzahlungsgesetzes an der Dienstleistung verhindert ist.

BGB 617 [Erkrankung des Dienstverpflichteten]

¹ Ist bei einem dauernden Dienstverhältnisse, welches die Erwerbstätigkeit des Verpflichteten vollständig oder hauptsächlich in Anspruch nimmt, der Verpflichtete in die häusliche Gemeinschaft aufgenommen, so hat der Dienstberechtigte ihm im Falle der Erkrankung die erforderliche Verpflegung und ärztliche Behandlung bis zur Dauer von sechs Wochen, jedoch nicht über die Beendigung des Dienstverhältnisses hinaus, zu gewähren, sofern nicht die Erkrankung von dem Verpflichteten vorsätzlich oder durch grobe Fahrlässigkeit herbeigeführt worden ist. Die Verpflegung und ärztliche Behandlung kann durch Aufnahme des Verpflichteten in eine Krankenanstalt gewährt werden. Die Kosten können auf die für die Zeit der Erkrankung geschuldete Vergütung angerechnet werden. Wird das Dienstverhältnis wegen der Erkrankung von dem Dienstberechtigten nach § 626 gekündigt, so bleibt die dadurch herbeigeführte Beendigung des Dienstverhältnisses außer Betracht.

² Die Verpflichtung des Dienstberechtigten tritt nicht ein, wenn für die Verpfle-

§ 59 1 I. Buch. Handelsstand

gung und ärztliche Behandlung durch eine Versicherung oder durch eine Einrichtung der öffentlichen Krankenpflege Vorsorge getroffen ist.

BGB 618 [Pflicht zu Schutzmaßnahmen]

[I] Der Dienstberechtigte hat Räume, Vorrichtungen oder Gerätschaften, die er zur Verrichtung der Dienste zu beschaffen hat, so einzurichten und zu unterhalten und Dienstleistungen, die unter seiner Anordnung oder seiner Leitung vorzunehmen sind, so zu regeln, daß der Verpflichtete gegen Gefahr für Leben und Gesundheit soweit geschützt ist, als die Natur der Dienstleistung es gestattet.

[II] Ist der Verpflichtete in die häusliche Gemeinschaft aufgenommen, so hat der Dienstberechtigte in Ansehung des Wohn- und Schlafraums, der Verpflegung sowie der Arbeits- und Erholungszeit diejenigen Einrichtungen und Anordnungen zu treffen, welche mit Rücksicht auf die Gesundheit, die Sittlichkeit und die Religion des Verpflichteten erforderlich sind.

[III] Erfüllt der Dienstberechtigte die ihm in Ansehung des Lebens und der Gesundheit des Verpflichteten obliegenden Verpflichtungen nicht, so finden auf seine Verpflichtung zum Schadensersatze die für unerlaubte Handlungen geltenden Vorschriften der §§ 842 bis 846 entsprechende Anwendung.

BGB 619 [Unabdingbarkeit der Fürsorgepflichten]

Die dem Dienstberechtigten nach den §§ 617, 618 obliegenden Verpflichtungen können nicht im voraus durch Vertrag aufgehoben oder beschränkt werden.

BGB 620 [Ende des Dienstverhältnisses]

[I] Das Dienstverhältnis endigt mit dem Ablaufe der Zeit, für die es eingegangen ist.

[II] Ist die Dauer des Dienstverhältnisses weder bestimmt noch aus der Beschaffenheit oder dem Zwecke der Dienste zu entnehmen, so kann jeder Teil das Dienstverhältnis nach Maßgabe der §§ 621, 622 kündigen.

BGB 621 [Allgemeine Kündigungsfristen]

Bei einem Dienstverhältnis, das kein Arbeitsverhältnis im Sinne des § 622 ist, ist die Kündigung zulässig,
1. wenn die Vergütung nach Tagen bemessen ist, an jedem Tag für den Ablauf des folgenden Tages;
2. wenn die Vergütung nach Wochen bemessen ist, spätestens am ersten Werktag einer Woche für den Ablauf des folgenden Sonnabends;
3. wenn die Vergütung nach Monaten bemessen ist, spätestens am fünfzehnten eines Monats für den Schluß des Kalendermonats;
4. wenn die Vergütung nach Vierteljahren oder längeren Zeitabschnitten bemessen ist, unter Einhaltung einer Kündigungsfrist von sechs Wochen für den Schluß eines Kalendervierteljahres;
5. wenn die Vergütung nicht nach Zeitabschnitten bemessen ist, jederzeit; bei einem die Erwerbstätigkeit des Verpflichteten vollständig oder hauptsächlich in Anspruch nehmenden Dienstverhältnis ist jedoch eine Kündigungsfrist von zwei Wochen einzuhalten.

BGB 622 [Kündigungsfrist bei Arbeitsverhältnissen]

[I] Das Arbeitsverhältnis eines Angestellten kann unter Einhaltung einer Kündigungsfrist von sechs Wochen zum Schluß eines Kalendervierteljahres gekündigt werden. Eine kürzere Kündigungsfrist kann einzelvertraglich nur vereinbart werden, wenn sie einen Monat nicht unterschreitet und die Kündigung nur für den Schluß eines Kalendermonats zugelassen wird.

[II] Das Arbeitsverhältnis eines Arbeiters kann unter Einhaltung einer Kündigungsfrist von zwei Wochen gekündigt werden. Hat das Arbeitsverhältnis in demselben Betrieb oder Unternehmen fünf Jahre bestanden, so erhöht sich die Kündigungsfrist

6. Abschnitt. Handlungsgehilfen und Handlungslehrlinge 1 § 59

auf einen Monat zum Monatsende, hat es zehn Jahre bestanden, so erhöht sich die Kündigungsfrist auf zwei Monate zum Monatsende, hat es zwanzig Jahre bestanden, so erhöht sich die Kündigungsfrist auf drei Monate zum Ende eines Kalendervierteljahres; *bei der Berechnung der Beschäftigungsdauer werden Zeiten, die vor der Vollendung des fünfunddreißigsten Lebensjahres liegen, nicht berücksichtigt*.

III Kürzere als die in den Absätzen 1 und 2 genannten Kündigungsfristen können durch Tarifvertrag vereinbart werden. Im Geltungsbereich eines solchen Tarifvertrages gelten die abweichenden tarifvertraglichen Bestimmungen zwischen nicht tarifgebundenen Arbeitgebern und Arbeitnehmern, wenn ihre Anwendung zwischen ihnen vereinbart ist.

IV Ist ein Arbeitnehmer zur vorübergehenden Aushilfe eingestellt, so können kürzere als die in Absatz 1 und Absatz 2 Satz 1 genannten Kündigungsfristen auch einzelvertraglich vereinbart werden; dies gilt nicht, wenn das Arbeitsverhältnis über die Zeit von drei Monaten hinaus fortgesetzt wird.

V Für die Kündigung des Arbeitsverhältnisses durch den Arbeitnehmer darf einzelvertraglich keine längere Frist vereinbart werden als für die Kündigung durch den Arbeitgeber.

* Verstoß gegen Art 3 I GG, weil bei Angestellten bereits Zeiten nach Vollendung des 25. Lebensjahres mitgerechnet werden, BVerfG BGBl **83**, 81 = NJW **83**, 617.

BGB 623 *(aufgehoben)*

BGB 624 [Kündigungsfrist bei Verträgen über mehr als 5 Jahre]

Ist das Dienstverhältnis für die Lebenszeit einer Person oder für längere Zeit als fünf Jahre eingegangen, so kann es von dem Verpflichteten nach dem Ablaufe von fünf Jahren gekündigt werden. Die Kündigungsfrist beträgt sechs Monate.

BGB 625 [Stillschweigende Verlängerung]

Wird das Dienstverhältnis nach dem Ablaufe der Dienstzeit von dem Verpflichteten mit Wissen des anderen Teiles fortgesetzt, so gilt es als auf unbestimmte Zeit verlängert, sofern nicht der andere Teil unverzüglich widerspricht.

BGB 626 [Fristlose Kündigung aus wichtigem Grund]

I Das Dienstverhältnis kann von jedem Vertragsteil aus wichtigem Grund ohne Einhaltung einer Kündigungsfrist gekündigt werden, wenn Tatsachen vorliegen, auf Grund derer dem Kündigenden unter Berücksichtigung aller Umstände des Einzelfalles und unter Abwägung der Interessen beider Vertragsteile die Fortsetzung des Dienstverhältnisses bis zum Ablauf der Kündigungsfrist oder bis zu der vereinbarten Beendigung des Dienstverhältnisses nicht zugemutet werden kann.

II Die Kündigung kann nur innerhalb von zwei Wochen erfolgen. Die Frist beginnt mit dem Zeitpunkt, in dem der Kündigungsberechtigte von den für die Kündigung maßgebenden Tatsachen Kenntnis erlangt. Der Kündigende muß dem anderen Teil auf Verlangen den Kündigungsgrund unverzüglich schriftlich mitteilen.

BGB 627 [Fristlose Kündigung bei Vertrauensstellung]

I Bei einem Dienstverhältnis, das kein Arbeitsverhältnis im Sinne des § 622 ist, ist die Kündigung auch ohne die in dem § 626 bezeichnete Voraussetzung zulässig, wenn der zur Dienstleistung Verpflichtete, ohne in einem dauernden Dienstverhältnis mit festen Bezügen zu stehen, Dienste höherer Art zu leisten hat, die auf Grund besonderen Vertrauens übertragen zu werden pflegen.

II Der Verpflichtete darf nur in der Art kündigen, daß sich der Dienstberechtigte die Dienste anderweit beschaffen kann, es sei denn, daß ein wichtiger Grund für die unzeitige Kündigung vorliegt. Kündigt er ohne solchen Grund zur Unzeit, so hat er dem Dienstberechtigten den daraus entstehenden Schaden zu ersetzen.

BGB 628 [Vergütung, Schadensersatz bei fristloser Kündigung]

[I] Wird nach dem Beginne der Dienstleistung das Dienstverhältnis auf Grund des § 626 oder des § 627 gekündigt, so kann der Verpflichtete einen seinen bisherigen Leistungen entsprechenden Teil der Vergütung verlangen. Kündigt er, ohne durch vertragswidriges Verhalten des anderen Teiles dazu veranlaßt zu sein, oder veranlaßt er durch sein vertragswidriges Verhalten die Kündigung des anderen Teiles, so steht ihm ein Anspruch auf die Vergütung insoweit nicht zu, als seine bisherigen Leistungen infolge der Kündigung für den anderen Teil kein Interesse haben. Ist die Vergütung für eine spätere Zeit im voraus entrichtet, so hat der Verpflichtete sie nach Maßgabe des § 347 oder, wenn die Kündigung wegen eines Umstandes erfolgt, den er nicht zu vertreten hat, nach den Vorschriften über die Herausgabe einer ungerechtfertigten Bereicherung zurückzuerstatten.

[II] Wird die Kündigung durch vertragswidriges Verhalten des anderen Teiles veranlaßt, so ist dieser zum Ersatze des durch die Aufhebung des Dienstverhältnisses entstehenden Schadens verpflichtet.

BGB 629 [Freizeit zur Stellungssuche]

Nach der Kündigung eines dauernden Dienstverhältnisses hat der Dienstberechtigte dem Verpflichteten auf Verlangen angemessene Zeit zum Aufsuchen eines anderen Dienstverhältnisses zu gewähren.

BGB 630 [Pflicht zur Zeugniserteilung]

Bei der Beendigung eines dauernden Dienstverhältnisses kann der Verpflichtete von dem anderen Teile ein schriftliches Zeugnis über das Dienstverhältnis und dessen Dauer fordern. Das Zeugnis ist auf Verlangen auf die Leistungen und die Führung im Dienste zu erstrecken.

D. §§ 12, 17, 18 UWG (Gesetzestexte): Für HdlGehilfen und Kfm sind aus dem UWG praktisch wichtig:

UWG 12 [Bestechung von Angestellten]

[I] Wer im geschäftlichen Verkehr zu Zwecken des Wettbewerbs einem Angestellten oder Beauftragten eines geschäftlichen Betriebes einen Vorteil als Gegenleistung dafür anbietet, verspricht oder gewährt, daß er ihn oder einen Dritten bei dem Bezug von Waren oder gewerblichen Leistungen in unlauterer Weise bevorzuge, wird mit Freiheitsstrafe bis zu einem Jahr oder mit Geldstrafe bestraft.

[II] Ebenso wird ein Angestellter oder Beauftragter eines geschäftlichen Betriebes bestraft, der im geschäftlichen Verkehr einen Vorteil als Gegenleistung dafür fordert, sich versprechen läßt oder annimmt, daß er einen anderen bei dem Bezug von Waren oder gewerblichen Leistungen im Wettbewerb in unlauterer Weise bevorzuge.

UWG 17 [Verrat von Geschäftsgeheimnissen]

[I] Mit Freiheitsstrafe bis zu drei Jahren oder mit Geldstrafe wird bestraft, wer als Angestellter, Arbeiter oder Lehrling eines Geschäftsbetriebs ein Geschäfts- oder Betriebsgeheimnis, das ihm vermöge des Dienstverhältnisses anvertraut worden oder zugänglich geworden ist, während der Geltungsdauer des Dienstverhältnisses unbefugt an jemand zu Zwecken des Wettbewerbes oder aus Eigennutz oder in der Absicht, dem Inhaber des Geschäftsbetriebes Schaden zuzufügen, mitteilt.

[II] Ebenso wird bestraft, wer ein Geschäfts- oder Betriebsgeheimnis, dessen Kenntnis er durch eine der in Absatz 1 bezeichneten Mitteilungen oder durch eine gegen das Gesetz oder die guten Sitten verstoßende eigene Handlung erlangt hat, zu Zwecken des Wettbewerbes oder aus Eigennutz unbefugt verwertet oder an jemand mitteilt.

[III] Weiß der Täter bei der Mitteilung, daß das Geheimnis im Ausland verwertet werden soll, oder verwertet er es selbst im Ausland, so kann auf Freiheitsstrafe bis zu fünf Jahren oder auf Geldstrafe erkannt werden.

[IV] Die Vorschriften der Absätze 1 bis 3 gelten auch dann, wenn der Empfänger der

6. Abschnitt. Handlungsgehilfen und Handlungslehrlinge **2 § 59**

Mitteilung, ohne daß der Täter dies weiß, das Geheimnis schon kennt oder berechtigt ist, es kennenzulernen.

UWG 18 [Verwertung von Vorlagen]

Mit Freiheitsstrafe bis zu zwei Jahren oder mit Geldstrafe wird bestraft, wer die ihm im geschäftlichen Verkehr anvertrauten Vorlagen oder Vorschriften technischer Art, insbesondere Zeichnungen, Modelle, Schablonen, Schnitte, Rezepte, zu Zwekken des Wettbewerbes oder aus Eigennutz unbefugt verwertet oder an jemand mitteilt. § 17 Abs. 4 gilt entsprechend.

E. **Arbeitsrechtliche Gesetze:** Neben HGB, BGB und UWG (nicht GewO, s § 154 I Nr 2 GewO) sind für HdlGehilfen und Kfm eine Vielzahl arbeitsrechtlicher Vorschriften und Gesetze bedeutsam, zB (alphabetisch geordnet) über **Arbeitnehmererfindungen** (ArbEG 25. 7. 57 BGBl 756, zuletzt geändert 4. 9. 67 BGBl 953); **Arbeitnehmerüberlassung** (AÜG idF 14. 6. 85 BGBl 1068, zuletzt geändert 20. 12. 85 BGBl 2484); **Arbeitslosen- und Sozialversicherung** (AFG 25. 6. 69 BGBl 582, zuletzt geändert 22. 12. 83 BGBl 1532); **Arbeitsgerichtsbarkeit** (ArbGG idF 2. 7. 79 BGBl 853, ber 1036, zuletzt geändert 18. 8. 80 BGBl 1503); **Arbeitsplatzschutz** (ArbPlSchG idF 14. 4. 80 BGBl 425, zuletzt geändert G 26. 4. 85 BGBl 710); **Arbeitszeit** (AZO idF 30. 4. 38 zuletzt geändert G 10. 3. 75 BGBl 685); **Berufsbildung** (BerBG 14. 8. 69 BGBl 1112, zuletzt geändert G 23. 12. 81 BGBl 1692); **Beschäftigungsförderung** (BeschFG 1985 26. 4. 85 BGBl 710); **betriebliche Altersversorgung** (BetrAVG, sog Betriebsrenten G 19. 12. 74 BGBl 3610, geändert G 29. 3. 83 BGBl 377, G 28. 11. 83 BGBl 1377);**Betriebsverfassung** (BetrVG 15. 1. 72 BGBl 13, geändert G 18. 1. 74 BGBl 85, Art 238 EGStGB G 2. 3. 74 BGBl 469); **Feiertagslohn** (FeiertagslohnzahlungsG 2. 8. 51 BGBl 479, geändert 18. 12. 75 BGBl 3091); **Jugendarbeitsschutz** (JArbSchG 12. 4. 76 BGBl 965, zuletzt geändert 15. 10. 84 BGBl 1277); **Kündigungsschutz** (KSchG idF 25. 8. 69 BGBl 1317, häufig geändert, zuletzt G 26. 4. 85 BGBl 710); **Kündigungsfristen** für länger Angestellte (G 9. 7. 26 RGBl 399, zuletzt geändert 26. 4. 85 BGBl 710); **Ladenschluß** (G 28. 11. 56 BGBl 875, zuletzt geändert G 5. 7. 76 BGBl 1773); **Lohnfortzahlung für Arbeitnehmer** (LFZG 27. 7. 69 BGBl 946, zuletzt geändert G 26. 4. 85 BGBl 710); **Mutterschutz** (MuSchG idF 18. 4. 68, BGBl 315, zuletzt geändert 22. 12. 83 BGBl 1523); **Schwerbehinderte** (SchwBG idF 8. 10. 79 BGBl 1649, zuletzt geändert 24. 7. 86 BGBl 1110); **Tarifverträge** (TVG idF 25. 8. 69 BGBl 1323, zuletzt geändert G 29. 10. 74 BGBl 2879); **Urlaub** (BUrlG 8. 1. 63 BGBl 2, zuletzt geändert G 29. 10. 74 BGBl 2879); **Vermögensbildung** (zB 3. VermBG idF 15. 1. 75 BGBl 258, zuletzt geändert 26. 6. 81 BGBl 537).

2) Arbeitgeber

A. **Begriff: Arbeitgeber** ist Gläubiger des Anspruchs auf Arbeitsleistungen und Schuldner des Arbeitsentgelts, BAG BB **75,** 183. Arbeitgeber (vom Gesetz altertümlich Prinzipal genannt) ist der den HdlGehilfen beschäftigende Kfm, also der Inhaber des HdlGewerbes bzw die (natürliche oder juristische) Rechtsperson (oder Gesellschaft mit eigenen Rechten und Pflichten: OHG, KG, § 124), in deren Namen das HdlGewerbe betrieben wird (s § 1 Anm 3). Wer zurechenbar den Anschein erweckt, er sei Inhaber oder phG, muß sich an diesem Rechtsschein festhalten lassen, soweit Arbeitnehmer darauf vertrauten und vertrauen durften, BAG BB **79,** 1036

§ 59 2   I. Buch. Handelsstand

(Rechtsscheinhaftung, s § 5 Anm 2). Der Arbeitgeber kann nicht im gleichen Geschäft auch HdlGehilfe sein. Arbeitgeber sollen bei einem einheitlichen Arbeitsverhältnis auch mehrere juristische (**Konzerngesellschaften**) oder natürliche Personen sein können, BAG DB **82**, 1569 (mit Folgen ua für Kündigung und Abfindung), krit Schwerdtner ZIP **82**, 900, Wiedemann **AP** § 611 Nr 1 BGB Arbeitgebergruppe. Arbeitsrechtliche Drittbeziehungen s BAG DB **83**, 1715; Konzen ZfA **82**, 259. Arbeitnehmerschutz im Konzern s Konzen RdA **84**, 65. Beim **mittelbaren Arbeitsverhältnis** (zB Kette Heimarbeiter, Zwischenmeister, Konfektionsunternehmer) ist Arbeitgeber der Mittelsmann. Beim **Leiharbeitsverhältnis** (Arbeitnehmerüberlassung) ist Arbeitgeber der Verleiher; bei unerlaubter Arbeitnehmerüberlassung ist Vertrag zwischen Verleiher und Leiharbeitnehmer unwirksam, statt dessen gilt ein Arbeitsverhältnis mit dem Entleiher als zustandegekommen, §§ 9, 10 AÜG, BGH **75**, 299 (zum Bereicherungsausgleich), BAG BB **80**, 1326 (zur Abgrenzung); Status des Leiharbeitnehmers s Bekker ZIP **84**, 782.

    B. **Wechsel bei Betriebsübergang** (**§ 613a BGB,** Text s Anm 1 C; seit 1972 I 2–4, IV seit 1980, dazu Seiter DB **80**, 877): Beim rechtsgeschäftlichen Betriebsübergang, auch von Betriebsteilen, tritt der Erwerber in bestehende Rechte und Pflichten aus Arbeitsverhältnissen ein (I), der frühere Inhaber haftet daneben für Verpflichtungen, die vor Übergang entstanden und vor Ablauf eines Jahres danach fällig geworden sind (II). Der Übernehmer muß also zB eine vom Vorgänger zugesagte Gratifikation zahlen, BAG BB **78**, 404. Es handelt sich um eine Vertragsübernahme mit gesetzlicher Sondernachfolge. Zum **geschützten Personenkreis** gehören auch leitende Angestellte, auch gekündigte Arbeitnehmer bis zum Ablauf der Kündigungsfrist, BAG BB **78**, 914; Auszubildende, Lepke BB **79**, 526. Übergang von **Betriebsteilen** genügt, wenn der Übernehmer mit den übernommenen Betriebsmitteln den Betrieb oder Betriebsteil im wesentlichen unverändert fortführen kann, BAG BB **86**, 193; die Übernahme der Belegschaft reicht für sich nicht aus, BAG BB **86**, 193. Arbeitnehmer sind entspr ihrer überwiegenden Tätigkeit dem alten oder neuen Arbeitgeber gesetzlich zugeordnet, Kündigung und Neueinstellung ändert nichts, BAG WM **83**, 99. Übernahme **durch Rechtsgeschäft** grenzt nur gegenüber Gesamtrechtsnachfolge ab (§ 1922 mit derselben Rechtsfolge wie I 1); das Rechtsgeschäft kann unwirksam sein, zB § 104 BGB, entscheidend ist der tatsächliche Übergang, BAG NJW **86**, 453. Erwerb **von Dritten**, zB Sicherungseigentümern, und **durch mehrere Rechtsgeschäfte** genügt, wenn nur ihr Ziel der Erwerb eines funktionsfähigen Betriebs ist, BAG BB **86**, 196. § 613a BGB gilt auch bei **Pächterwechsel** (trotz Fehlens unmittelbarer rechtsgeschäftlicher Beziehungen zwischen dem alten und dem neuen Betriebsinhaber), BAG BB **81**, 848, krit Meilicke DB **82**, 1168. In **Insolvenzfällen** wendet Rspr § 613a BGB zu weitgehend an. § 613a BGB gilt auch für Zwangsverwalter des Grundstücks (§ 152 ZVG), der den darauf ausgeübten Gewerbebetrieb fortführt, BAG BB **80**, 990. § 613a BGB soll bei Betriebsveräußerung im Konkurs zwar nicht für Verbindlichkeiten, die zZ der Konkurseröffnung bereits entstanden waren, gelten, jedoch für Arbeitsplatzschutz und Kontinuität des Betriebsrats, so BAG BB **80**, 319, möglich bleiben also nur Reorganisationskündigungen durch den Konkursverwalter, BAG

BB **83**, 2117, krit Hanau ZIP **84**, 141, sehr str; § 613a BGB gilt ohne Einschränkung für Veräußerung eines „praktisch konkursreifen" Betriebs vor Konkurseröffnung, BAG BB **79**, 735, **82**, 1118, und im Vergleichsverfahren, BGH NJW **81**, 1364; sogar wenn Konkurs nur mangels Masse nicht eröffnet wurde, BAG NJW **85**, 1574. Betriebsübernahme in der Insolvenz Henckel ZGR **84**, 225. § 613a BGB gilt nicht für das **Ruhestandsverhältnis**, BAG NJW **77**, 1791, aA Säcker-Joost DB **78**, 1030, 1078. Die Betriebszugehörigkeit als Voraussetzung für die Ruhegeldanwartschaft (BAG BB **79**, 1455) wird durch den Betriebsübergang nicht unterbrochen, jedoch müssen frühere Beschäftigungszeiten für eigene Versorgungszusagen des Übernehmers nicht angerechnet werden, BAG NJW **80**, 416, anders betreff Betriebszugehörigkeit nach § 1 I 1 BetrAVG, BAG WM **84**, 286. Versorgungsanwartschaften und -ansprüche bei **Betriebsaufspaltung** (§ 613a BGB, § 25) s Binz-Rauser BB **80**, 897, Hennerkes-Binz-Rauser BB **82**, 930. Nach **Rechtshängigkeit** eines Anspruchs kann der Arbeitnehmer den Rechtsstreit gegen den bisherigen Betriebsinhaber fortsetzen; Urteil nicht gegen neuen Inhaber, es gelten §§ 265, 325, 727 ZPO, BAG BB **77**, 395. § 613a BGB ist **zwingend**, Zustimmung des Arbeitnehmers ändert nichts, BAG BB **82**, 1117; aber kein Übergang gegen Widerspruch des Arbeitnehmers, BAG BB **80**, 1585, **84**, 2266, str, der Widersprechende muß aber mit betriebsbedingter Kündigung des bisherigen Arbeitgebers rechnen (§ 1 KSchG), Vossen BB **84**, 1557. Widerspruch muß bis zum Übergangszeitpunkt erklärt werden; Erwerber kann Frist setzen, BAG BB **78**, 812. Zu Tarifverträgen und Betriebsvereinbarungen I 2–4, dazu krit Seiter BB **80**, 877. **IV** macht Kündigung wegen Betriebsübergang unwirksam (§ 134 BGB), BAG NJW **86**, 87. Monographie Seiter 1980 (Betriebsinhaberwechsel); Wiedemann-Willemsen RdA **79**, 418, Heinze DB **80**, 205, Falkenberg DB **80**, 783, Mohrbutter KTS **83**, 3, Höfer-Küpper DB **83**, 2085, Schaub ZIP **84**, 272.

C. **Haftung ausgeschiedener Gesellschafter**: Ausgeschiedene Gfter einer OHG oder KG haften nach § 159 für alle Ansprüche, die vor Ausscheiden bestanden, weiter mit fünfjähriger Verjährungsfrist. Kein **Ausscheiden** des phG bei bloßer Umwandlung in GmbH & Co (s § 159 Anm 1 A), BAG BB **83**, 1542. Bei **Dauerschuldverhältnis** bestehen zwischen der Rspr des BAG und des BGH erhebliche Widersprüche, auf die sich die Praxis einstellen muß. Nach BAG gilt für das Arbeitsrecht: ausgeschiedene Gfter haften bei Dauerschuldverhältnissen auch für Ansprüche, die erst nach Ausscheiden fällig werden, BAG BB **78**, 156; gegenüber Kritik teilweise Einschränkung angekündigt, BAG BB **83**, 1542. Zutreffend keine Haftung für Ansprüche, die erst fünf Jahre nach Eintragung des Ausscheidens im HdlReg fällig werden, BGH **87**, 292; das gilt auch für Pensionsansprüche; § 613a II BGB ist nicht entspr anwendbar, BGH **87**, 295, BAG BB **83**, 1542. Zur Rspr des BGH s § 128 Anm 5 B. Dazu Ulmer-Wiesner ZHR 144 (**80**) 393, Lieb ZHR 144 (**80**) 427 (Verjährungsvereinbarungen), Wessel BB **81**, 1401, von Stebut ZGR **81**, 183; weitere Literatur s § 128 Anm 5 B.

3) Handlungsgehilfe

A. **Personal des Kaufmanns**: Im Betrieb des Kfm können beschäftigt sein: **a) Handlungsgehilfen** (§§ 59 ff, heute meist **kaufmännische Angestellte** genannt) sind „in einem Handelsgewerbe zur Leistung kaufmänni-

§ 59 3   I. Buch. Handelsstand

scher Dienste gegen Entgelt angestellt", dazu Anm B–G. Prokuristen (§§ 48 ff) und HdlBevollmächtigte (§§ 54 ff) bezeichnen Inhaber bestimmter hdlrechtlicher Vollmachten, nicht besonderes Personal; sie sind idR HdlGehilfen. **b) Auszubildende** (früher Handlungslehrlinge nach §§ 76 ff (aufgehoben), heute oft abgekürzt als Azubis) unterliegen heute dem BerBG; **c) Volontäre** s § 82 a; **d) Gewerbegehilfen** und **technische Angestellte** leisten technische Dienste, zB Arbeiter, Fahrer, Boten, Ingenieure, Chemiker, Werkmeister, § 83. Für sie gilt neben allgemeinen arbeitsrechtlichen Gesetzen die GewO, zB über Gehaltsfortzahlung § 133 c GewO. **e) Andere Angestellte,** die weder kfm noch technische Dienste leisten, zB Ärzte, Juristen, Wirtschaftsprüfer, § 83; freie Mitarbeiter, BAG BB **83,** 1855 (Rundfunk). Für sie gilt neben allgemeinen arbeitsrechtlichen Gesetzen Dienstvertragsrecht (§§ 611–630 BGB, Text s Anm 1 C). **f) Gemischte Verträge** kommen vor für Personen, die Dienste verschiedener Art (kfm, technische, sonstige) leisten; für ihr Arbeitsverhältnis im ganzen gilt das Recht, das für die an Bedeutung (nicht unbedingt Zeitaufwand) überwiegende Tätigkeit gilt, BAG **1,** 92, **19,** 267, BB **66,** 1062. **Nicht** zum Personal des Kfm gehören HdlVertreter (§ 84 I); sie sind nicht in den Betrieb, sondern als selbständige Gewerbetreibende in den Absatz eingeschaltet.

B. **Begriff des Handlungsgehilfen: a)** Der HdlGehilfe ist im HdlGewerbe **angestellt.** Er ist **Arbeitnehmer,** dh er steht in einem Arbeitsverhältnis zum Arbeitgeber (s Anm 2) und übt eine von diesem abhängige, weisungsgebundene Tätigkeit aus. Er ist **Angestellter,** nicht Arbeiter (dh alle Arbeitnehmer, die nicht Angestellte sind); der Angestellte leistet im Gegensatz zum Arbeiter vorwiegend geistige Tätigkeit (s Anm c). Maßgebend für die Abgrenzung ist die Verkehrsanschauung; Anhaltspunkte geben §§ 2, 3 AVG mit VO (Berufsgruppenverzeichnis). Angestellt ist auch derjenige, der nur vorübergehend oder mit Teilzeitbeschäftigung beschäftigt ist; wo der HdlGehilfe tätig ist (in den Geschäftsräumen, im Außendienst oder sogar in den Geschäftsräumen eines anderen Unternehmers, aber s Anm 2 A), spielt keine Rolle. **Minderjährige** können HdlGehilfe sein (§§ 106 ff, 113 BGB; vgl § 74 a II 2). Auch **juristische Person** je nach Tätigkeit, str; die personenrechtlichen Bestimmungen der §§ 59 ff sind teils sinngemäß, teils nicht anwendbar. **Nicht Handlungsgehilfe** sind zB **gesetzliche Vertreter** von HdlGes und anderen juristischen Personen, zB GmbHGeschäftsführer, BGH **79,** 291 (aber uU § 622 BGB ua entspr); dienstvertraglich Tätige **ohne Abhängigkeit,** insbesondere **freie Berufe** und andere **Selbständige** (vgl § 84 I 2), zB Rechts- und Steuerberater, Wirtschaftprüfer, Stundenbuchhalter, die ihre Arbeitszeit selbst bestimmen; freie Mitarbeiter (Grenze Umgehung des Sozialschutzes bei Fehlen sachlicher Gründe), BAG **25,** 505; als **Familienangehörige** mitarbeitende Personen, idR die Ehefrau im Geschäft des Mannes, BGH BB **61,** 332, uU Kinder, anders bei voller Arbeitskraft im Geschäft, dann sind auch Familienangehörige iZw HdlGehilfen, BSozG BB **56,** 856; Beamte; zugewiesene Strafgefangene, Fürsorgezöglinge, Auszubildende (BerBG), Volontäre (§ 82 a), Praktikanten, bei denen nicht die Arbeitsleistung, sondern die Ausbildung im Vordergrund steht. **Handelsvertreter** und Versicherungsvertreter sind selbständige Kflte, nicht HdlGehilfen (§ 84 I); aber **arbeitnehmerähnliche** HV s § 84 Anm 7 B, § 92 a; freie Mitarbeiter sind arbeitnehmerähnlich, wenn sie wirtschaftlich nur für einen Auftraggeber tätig sind und wenn die Vergütung ihre Existenzgrundlage darstellt, LAG Saarbr BB **68**, 41.

b) HdlGehilfe ist nur der **in einem Handelsgewerbe** Angestellte. Der **Arbeitgeber muß** also **Kaufmann (§§ 1 ff) sein;** auch MinderKfm (§ 4), Kfm kraft Eintragung (§ 5); eine juristische Person nach §§ 33 ff, auch Gebietskörperschaft (§ 36); größere VVaG (§§ 16, 53 VAG), BAG **20**, 123; RechtsscheinKfm (s § 5 Anm 2 A), aber der Rechtsschein wirkt nur für, nicht gegen den gutgläubig kfm beschäftigten Angestellten (s § 5 Anm 2 F b). **Nicht** ein SollKfm, der sich nicht hat eintragen lassen (§ 2 S 1), aA BAG RdA **67**, 239.

c) HdlGehilfe ist nur der **zu kaufmännischen Diensten** Angestellte. Die geistige Arbeit muß überwiegen (Abgrenzung zum Arbeiter s Anm 3 B). Ausgangspunkt ist die vereinbarte Beschäftigung, doch entscheidet die spätere tatsächliche Tätigkeit, BAG **19**, 267. Maßgeblich ist die Verkehrsanschauung; sie kommt häufig im Tarifvertrag zum Ausdruck, BAG **7**, 86. Kfm Dienste sind nach der Verkehrsauffassung solche, zu deren Leistung ein gewisses Maß an kfm Kenntnis, Erfahrung oder zumindest Übung gehört. **Nicht** maßgebend ist die in der SozVers geltende Abgrenzung (aber sie prägt über die Tarifpraxis häufig die Verkehrsanschauung), BAG **7**, 86; die kfm Ausbildung, denn wenn der wichtigste Teil der Tätigkeit kfm ist, dann ist der Angestellte HdlGehilfe, auch bei geringer kfm Ausbildung, zB Werkstattschreiber in einer Fabrik, RAG **7**, 250. ,,Aufnahme in das Angestelltenverhältnis" gibt zwar Anspruch auf entspr Beschäftigung, macht aber ohne solche nicht zum Angestellten. Abgrenzung gegen technischen Angestellten s BAG **19**, 267.

d) Der HdlGehilfe ist **gegen Entgelt** angestellt, die Art des Arbeitsentgelts (s Anm 6 B) spielt keine Rolle.

C. Beispiele: Handlungsgehilfen sind Apothekenhelferin, Buchhalter, Bürovorsteher, (Schaufenster)Dekorateur, LAG Düss BB **60**, 247, Einkäufer, Frachtkontrolleur in Speditionsbetrieb, LAG Ffm RdA **50**, 198, Filialleiter, RG LZ **32**, 407, Hotelleiter und -sekretär, Kassierer in Bank oder Geschäft, Kontrolleur; Lagerpersonal, wenn es auch geistig arbeitet, zB in Bestandsabrechnung; angestellte Marktbeobachter; in der Rechtsabteilung Tätige, BAG **3**, 321; Stenotypistin in kfm Betrieb, LAG Düss-Kln BB **59**, 704; in der Steuerberatung tätige Angestellte einer SteuerberatungsGmbH, BAG **18**, 104; Verkäufer, sofern sie nicht nur mechanische Tätigkeit ausüben; Verkaufsfahrer, die Kunden beraten, werben, kassieren, BAG **1**, 92; Verkaufsingenieure mit kfm Haupttätigkeit, RAG JW **39**, 319; Verlagsleiter; Versicherungsangestellte im Innendienst, die gelegentlich Geschäfte gegen Provision vermitteln, sowie fest angestellte Versicherungsvermittler, BAG **20**, 123; Versicherungsvertreter, BAG BB **63**, 1096; Vertreter im Außendienst mit Kundenwerbung; Warenhauspropagandistin; mit Werbung befaßte Angestellte, BAG **1**, 92.

Nicht Handlungsgehilfen, sondern Gewerbegehilfen sind Abonnentensammler im Haustürgeschäft; Boten; Chemiker; Fahrkartenverkäufer in UBahn; Getränkeausfahrer, auch ohne Vorbestellung; Garderobenfrau; Ingenieur; Kassiererin im Kino, LAG Hamm DB **52**, 775; Kellner; Koch; Ladenmädchen; Omnibus- und Straßenbahnschaffner, RAG **15**, 70; Tankwart; Telefonistin, BAG BB **59**, 80; Verkäuferinnen in Kiosken, BAG BB **56**, 208, LAG Stgt BB **57**, 438; Werkmeister; Zigarettenverkäuferin in Kino und Gaststätten; Zuschneider, RAG **4**, 240. RsprÜbersichten: Schüler-Springorum BB **58**, 236, Brill DB **81**, 316 (Abgrenzung von Arbeitern und Angestellten). **Handlungsreisende** können selbständige HV (§ 84 I) oder abhängige HdlGehilfen sein. Für letzteres spricht zB Pflicht zu Bürodienst außerhalb der Reisen.

4) Arbeitsvertrag, Arbeitsverhältnis

A. **Vertragsanbahnung: a)** Bereits der rechtsgeschäftliche Kontakt zwischen Arbeitgeber und Stellenbewerber begründet ein gesetzliches Schuldverhältnis mit Rechten und Pflichten für die Beteiligten (Verschulden bei Vertragsschluß, Vertrauenshaftung). Dieses Schuldverhältnis ist ein gesetzliches, kann also auch unter Geschäftsunfähigen bestehen. Es beinhaltet keine primären Leistungspflichten (Erfüllungsanspruch, positives Interesse), sondern nur sekundäre Pflichten (Verhaltenspflichten, **negatives oder Vertrauensinteresse**). Haftung für Erfüllungsgehilfen (§ 278 BGB) schon in diesem Stadium, auch ohne Abschlußvollmacht, BAG BB **74**, 2060. Kern des Schuldverhältnisses sind die **Verhaltenspflichten**, die Kfm und Stellenbewerber zu beachten haben. Sie werden von der Rspr fallorientiert entwickelt und betreffen vor allem folgende Fallgruppen: Pflicht, beim anderen Teil nicht zu Unrecht ein Vertrauen auf Vertragsabschluß zu erwecken (Anm b); Pflicht, dem anderen Teil vertragswesentliche Umstände mitzuteilen bzw ihn entspr aufzuklären (Anm c); Obhuts- und Schutzpflichten (Anm d). Die Pflicht zum Ersatz von Vorstellungskosten folgt schon aus § 670 BGB (Anm e), kann aber auch Inhalt eines Schadensersatzanspruches sein. **b) Abbruch der Vertragsverhandlungen** allein macht nicht schadensersatzpflichtig (Grundsatz der **Vertragsfreiheit**, kein Anspruch auf Einstellung); auch dann nicht, wenn der Arbeitgeber weiß, daß der Stellenbewerber in Erwartung des Vertragsabschlusses Aufwendungen gemacht hat. Wenn der Arbeitgeber aber zurechenbar (nicht unbedingt schuldhaft) den Rechtsschein erweckt, der Stellenbewerber werde eingestellt oder erhalte besondere Vergünstigungen, und dieser sich darauf einrichtet (vgl § 5 Anm 2), haftet der Arbeitgeber auf den Vertrauensschaden, BGH NJW **75**, 1774; so wenn der Arbeitgeber den Stellenbewerber veranlaßt, eine sichere Stelle zu kündigen, BAG BB **63**, 937. Entspr gilt für den Stellenbewerber, der entgegen dem von ihm erweckten Rechtsschein vom Vertragsschluß abspringt. Der Stellenbewerber haftet dann uU für neue Inseratkosten und für Schäden infolge Nichtbesetzung der Stelle, wenn sonst ein anderer Bewerber rechtzeitig hätte eingestellt werden können. **c) Mitteilungs- und Aufklärungspflichten** treffen den Arbeitgeber und den Stellenbewerber. Der **Arbeitgeber** muß über die Stelle, ihre Anforderungen und uU Entwicklungsmöglichkeiten zutreffende Angaben machen; auf überdurchschnittliche Anforderungen muß er eigens hinweisen, BAG DB **58**, 371; ebenso auf Zweifel an der Zahlungsfähigkeit für das Arbeitsentgelt, BAG BB **75**, 184. Der **Arbeitnehmer** muß nur **ausnahmsweise** von sich aus **ohne Befragen** des Arbeitgebers diesen aufklären; zB, wenn er Arbeit nicht aufnehmen kann oder will und Arbeitgeber erkennbar im Vertrauen auf Arbeitsantritt erhebliche Aufwendungen macht, BAG BB **85**, 932; über Infektionskrankheit. **Zulässige Fragen** muß er wahrheitsgemäß beantworten; sonst kann der Arbeitgeber anfechten (s Anm 9 B a) und der Arbeitnehmer haftet auf Schadensersatz; zB wenn er auf ausdrückliche Frage Krankheit verschweigt und wegen dieser die Tätigkeit nicht fristgerecht aufnehmen kann, BAG **16**, 261. Das Fragerecht des Arbeitgebers bedarf besonderer Interessenabwägungen und findet seine Grenze am Persönlichkeitsrecht des Arbeitnehmers. Zulässig sind danach nur Fragen im Zusammenhang mit der zu leistenden Arbeit, zB über beruflichen Werdegang, früheres Arbeitsverhältnis, vgl BAG BB **70**, 883; früheres Gehalt, Wettbewerbsverbot, chronische Krankheit; Schwerbehinderteneigenschaft, soweit für Arbeitsleistung wesentlich, BAG NJW **85**, 645; einschlägige Vorstrafen, zB Vermögensdelikte bei Kassier oder Verkehrsdelikte bei Fahrer. **Unzulässig** sind Fragen nach Gewerkschaftszugehörigkeit, geplanter Heirat; Schwangerschaft, falls sich auch Männer beworben haben, BAG 20. 2. 86 2 AZR 244/85, aber wohl auch sonst; nicht einschlägige Vorstrafen; Vermögensverhältnisse von anderen als leitenden oder für besondere Vertrauensstellung vorgesehenen Angestellten. **Graphologische Gutachten** sind nur mit ausdrücklicher Einwilligung des Betroffenen zulässig, sonst Schadensersatzpflicht, BAG DB **83**, 2780. Zur Zulässigkeit von Fragen Schaub § 26 III; Hümmerich BB **79**, 428; Verwendung von Tests s Klein AuR **79**, 266; Einholung von Auskünften über Bewerber s Schmid, DB **83**, 769. d) **Obhuts- und Schutzpflichten** treffen beide Teile hinsichtlich der Person und Güter des anderen, soweit diese bei dem rechtsgeschäftlichen Kontakt exponiert werden. Der Arbeitgeber muß zB die Bewerbungsunterlagen pfleglich behandeln und zurückgeben; er muß zusehen, daß der Arbeitnehmer bei der Vorstellung in den Geschäftsräumen nicht zu Schaden kommt; er muß Personalfragebogen erfolgloser Bewerber außer bei besonderem berechtigtem Interesse vernichten, BAG BB **84**, 2130. Für beide Teile gilt **Verschwiegenheitspflicht. e)** Angemessene **Vorstellungskosten** (Fahrt, Verpflegung, uU Übernachtung, nicht Abgeltung für Urlaubstag) trägt Arbeitgeber ab § 670 BGB bei Anforderung über das Arbeitsamt oder Aufforderung zur Vorstellung; auch bei bloßem ,,Anheimstellen", wenn Bewerber sonst nicht zum Betriebsort käme, ArbG Bln DB **75**, 1609. Verjährung in zwei Jahren (§ 196 I Nr 8, 9 BGB), BAG BB **77**, 846.

B. **Zustandekommen des Arbeitsvertrags: a)** Der **Vertragsabschluß** ist idR **formlos**; er ist ohne weiteres auch stillschweigend möglich. Schriftform verlangt § 4 BerBG; der Berufsausbildungsvertrag ist aber trotz Verletzung der Formvorschrift wirksam, BAG **AP** § 15 BerBG Nr 1. Auch TV, Betriebsvereinbarung, Einzelvertrag können Form vorschreiben; ihre Nichteinhaltung macht den Abschluß idR nicht nichtig, sondern gibt dem Arbeitnehmer nur Anspruch auf Nachholung; anders bei zwingender tariflicher Vorschrift, BAG **5**, 58, oder wenn nicht bloßes Beweismittel, sondern konstitutive Form (§§ 127, 125 BGB) gewollt ist. Der Arbeitsvertrag kann durch **Stellvertreter** abgeschlossen werden (§ 164 BGB). **Minderjährige** bedürfen der allgemeinen Ermächtigung nach §§ 112, 113 BGB bzw der Zustimmung des **gesetzlichen Vertreters**, §§ 107ff BGB; ein Vormund bedarf bei Verpflichtung auf mehr als ein Jahr der Genehmigung des Vormundschaftsgerichts, BGB § 1822 Nr 6 (Lehrvertrag), Nr 7 (Arbeitsvertrag). RsprÜbersicht über minderjährige Arbeitnehmer: Brill BB **75**,

§ 59 4   I. Buch. Handelsstand

284. **Ausländische Arbeitnehmer** bedürfen der Erlaubnis nach § 19 AFG; ohne sie ist der Arbeitsvertrag schwebend unwirksam, BAG NJW **69,** 2111; mit Ablauf der Arbeitserlaubnis wird der Arbeitsvertrag nachträglich unmöglich (§§ 275, 323ff BGB) und kann ordentlich oder außerordentlich gekündigt werden, BAG NJW **77,** 1023. **Zustimmung** des Betriebsrats nach §§ 99ff BetrVerfG s Anm D. b) Für Arbeitsverträge gelten die allgemeinen **Nichtigkeitsgründe,** zB §§ 105, 125, 134, 138, 142 BGB; für § 306 BGB str. Vor Invollzugsetzung des Vertrags gelten keine Einschränkungen, also Nichtigkeit des Arbeitsvertrags und Rückwirkung der Anfechtung (§ 142 BGB), LAG Ffm DB **81,** 752. **Nach Invollzugsetzung** besteht ein sog faktisches oder (besser) **fehlerhaftes Arbeitsverhältnis,** auf das Nichtigkeitsfolgen nur eingeschränkt anwendbar sind. In Vollzug gesetzt ist der Arbeitsvertrag idR mit Arbeitsaufnahme; auch schon mit Erscheinen am Arbeitsplatz und Entgegennahme von Informationsmaterial über die zu leistende Arbeit, BAG **AP** § 63 HGB Nr 32; uU auch bei Erkrankung. Das fehlerhafte Arbeitsverhältnis gilt **für die Vergangenheit** als **fehlerfrei** mit allen Rechten und Pflichten aus einem solchen. **Für die Zukunft** kann es jedoch durch formlose Erklärung ohne Kündigungsfrist, also **form- und fristlos beendet** werden, BAG NJW **62,** 555. Diese Beendigung ist nicht Kündigung, sondern Geltendmachung der Unwirksamkeit bzw der Anfechtung mit Wirkung ex nunc (entgegen § 142 BGB); nur ganz ausnahmsweise, zB wenn die Arbeitsleistung selbst sittenwidrig oder strafbar ist, bleibt es bei der Wirkung ex tunc; nicht schon bei Striptease-Tänzerin, BAG BB **73,** 291; nicht schon bei arglistiger Täuschung (§ 123 BGB), str, aber Rückwirkung auf Zeitpunkt der Außervollzugsetzung des Arbeitsverhältnisses (für § 119 BGB offen), BAG BB **85,** 197. Zum Ende des Arbeitsverhältnisses durch Anfechtung s Anm 9 B c.

C. **Einwirkung von Tarifnormen: a) Tarifnormen** (s Anm 1 Bc) gelten unmittelbar für das Arbeitsverhältnis, wenn Tarifgebundenheit besteht und das Arbeitsverhältnis in den Geltungsbereich des Tarifvertrags (TV) fällt. **Tarifgebunden** sind die Mitglieder der TVParteien, also organisierte Arbeitgeber und Arbeitnehmer, und der Arbeitgeber, der selbst Partei der TV ist (§ 3 TVG). Für Inhalts- und Abschlußnormen ist, da die Vertragsstellung beider Vertragsparteien berührt wird, beiderseitige Tarifgebundenheit nötig (§ 4 I 1 TVG); bei betriebsverfassungsrechtlichen und uU Betriebsnormen genügt die Tarifgebundenheit des Arbeitgebers. Die Tarifgebundenheit besteht auch bei Austritt fort bis zum Ende des TV (§ 3 III TVG). Auch ohne Tarifgebundenheit gilt der für allgemeinverbindlich erklärte TV (§ 5 TVG; § 3 III TVG gilt mangels Tarifgebundenheit nicht). Keine Tarifgebundenheit begründet die Bezugnahme auf den TV (s Anm b), sei es durch Einzelarbeitsvertrag, Betriebsvereinbarung oder Betriebsübung (s Anm 1 B c, e, f), vgl von Hoyningen=Huene RdA **74,** 146, str, die Bezugnahme kann nämlich gelöst werden, ohne daß § 3 III TVG entgegensteht. Das Arbeitsverhältnis muß in den **Geltungsbereich** des TV fallen, vor allem räumlich (zB TV nur für ein Bundesland) und betrieblich (zB bestimmter Industriezweig), ferner fachlich (zB nur für kfm Angestellte), persönlich (zB nicht für Lehrlinge, nur für Angestellte), zeitlich (Dauer; Nachwirkung s § 3 III TVG; Rückwirkung ist nicht möglich). Bei **Tarifkonkurrenz** gilt das speziellere (betriebsnähere) TV (grundsätzlich:

6. Abschnitt. Handlungsgehilfen und Handlungslehrlinge **4 § 59**

Industrietarif vor Fachtarif, betrieblich engerer vor betrieblich weiterem, fachlich engerer vor fachlich weiterem, Firmentarif vor Verbandstarif). Nach Ablauf des TV gelten seine Rechtsnormen weiter, bis sie durch andere Abmachungen ersetzt werden (§ 4 V TVG, **Nachwirkung**). Tarifliche Bestimmungen sind als Mindestbedingungen **zwingend,** wenn der TV ungünstigere Bedingungen nicht ausdrücklich zuläßt (§ 4 III TVG); für den Arbeitnehmer günstigere Bedingungen sind ohne weiteres zulässig (**Günstigkeitsprinzip** s Anm 1 B c). **Verzicht** auf Anspruch aus TV für Tarifgebundene nur durch einen von den TVParteien gebilligten Vergleich (§ 4 IV 1 TVG); **Verwirkung** tariflicher Rechte ist ausgeschlossen, aber **Ausschlußfristen** sind (nur) im Tarifvertrag zulässig (§ 4 IV 2, 3 TVG), s Anm 6 D. Die Tarifautonomie ist auf arbeitsrechtliche Gegenstände beschränkt und besteht nur in den Grenzen der Verfassung und der Gesetze (dispositives und tarifdispositives Recht s Anm 1 B b). Vor allem gilt auch für die TVParteien das Gleichbehandlungsgebot (s Anm 6 A, 7 A), aber nicht zwischen Tarifgebundenen und Außenstehenden (s Anm b). Rechtsirrige Ansicht des Arbeitgebers über Auslegung des TV bindet ihn nicht, BAG **10**, 161, BB **69**, 716, bei irrtümlicher Falscheinstufung ist für Änderung aber Änderungskündigung notwendig, BAG BB **62**, 136. Behandlung übertariflicher Zulagen bei Tariflohnerhöhung s Anm 6 B a. **b) Nicht tarifgebundene Parteien** werden von dem TV nicht erfaßt (Ausnahme: Allgemeinverbindlichkeit, § 5 TVG). Die TVParteien haben keine Rechtsetzungsmacht gegenüber Außenstehenden. Der TV kann Außenstehenden keinen Solidaritätsbeitrag auferlegen, Hueck RdA **61**, 141. Auch **Differenzierungsklauseln** (mitgliedschaftanknüpfende, Tarifausschluß-, Spannen- oder Abstandsklauseln), mit denen Leistungen den Gewerkschaftsangehörigen vorbehalten, den Außenstehenden vorenthalten oder Spannen bzw Abstände zwischen beiden festgeschrieben werden sollen, sind unzulässig (Art 9 III GG, Eingriff in die Vertragsfreiheit der Außenstehenden). Für den TV und den Arbeitgeber keine Pflicht zur Gleichbehandlung von Tarifgebundenen und Außenseitern, BAG BB **60**, 1059, **62**, 714, **71**, 653; aber ebensowenig Pflicht zu Ungleichbehandlung. Nicht tarifgebundene Parteien können im Arbeitsvertrag auf TV **Bezug nehmen.** Dadurch tritt keine Tarifbindung ein, sondern die tariflichen Normen gelten kraft Einzelvertrags, BAG **7**, 125, **8**, 219. Unterwerfung unter den jeweils geltenden TV bedarf ausdrücklicher Erklärung, sonst gilt sie nur für den zZ des Vertragsschlusses geltenden TV, LAG Düss-Kln BB **56**, 595; Gumpert BB **56**, 996. Bezugnahme auf tarifrechtlich unwirksame Bestimmung ist unwirksam, BAG BB **78**, 157. Komm zum TVG: Wiedemann-Stumpf, 5. Aufl 1977.

D. Einwirkung von Betriebsvereinbarungen, Mitbestimmung des Betriebsrats: a) Betriebsvereinbarungen zwischen Arbeitgeber und Betriebsrat (s Anm 1 B c) gelten ähnlich wie TV unmittelbar für das Arbeitsverhältnis (§ 77 IV BetrVG; anders als bloße Betriebsabsprachen). Voraussetzung ist Vereinbarung in schriftlicher Form, Unterzeichnung beider Seiten (Wirksamkeitserfordernis, § 77 II 2 BetrVG gegen § 126 II 2 BGB). **Gebunden** durch die Betriebsvereinbarung sind nur Arbeitnehmer des Betriebs, nicht Ausgeschiedene und in Ruhestand Getretene, BAG GrS **3**, 1 = NJW **56**, 1086. Ihr **Geltungsbereich** kann beschränkt sein, zB fachlich, persönlich, zeitlich (vgl Anm C a). Die Betriebsvereinbarung hat **Nachwirkung** (§ 77 VI BetrVG). Sie gilt **zwingend** (§ 77 IV BetrVG), läßt aber für den Arbeitnehmer günstigere Einzelvertragsbedingungen zu (**Günstigkeitsprinzip** s Anm 1 B c). Bereits begründete einzelvertragliche Rechte des Arbeitnehmers bleiben erhalten, falls sie nicht unter dem Vorbehalt einer ablösenden Betriebsvereinbarung stehen („betriebsvereinbarungsoffen"), BAG NJW **83,** 68. Verzicht auf Rechte des Arbeitnehmers aus Betriebsvereinbarung ist nur mit Zustimmung des Betriebsrats möglich (§ 77 IV 2 BetrVG). Gesetze und Tarifautonomie setzen der Betriebsvereinbarung **Grenzen** (s Anm 1 B b, c). Arbeitsentgelte und sonstige (aber nur sog materielle) Arbeitsbedingungen, die durch TV geregelt sind oder üblicherweise geregelt werden, können nicht Gegenstand einer Betriebsvereinbarung sein, außer bei tariflicher Öffnungsklausel (§ 77 III BetrVG), dazu Conze DB **78,** 251, zur Praxis Bitter DB **79,** 695. Betriebsvereinbarungen sind anders als TV der gerichtlichen Billigkeitskontrolle unterworfen (§§ 75 I 1, 76 V 3 BetrVG), stRspr, BAG NJW **83,** 70, str. **b) Mitbestimmung des Betriebsrats** ist vorgesehen in sozialen, personellen und wirtschaftlichen Angelegenheiten. Voraussetzung ist Anwendbarkeit des BetrVG. Dieses gilt nicht für Kleinstbetriebe (weniger als idR fünf wahlberechtigte Arbeitnehmer, §§ 1, 7 BetrVG), für den öffentlichen Dienst (§ 130 BetrVG; aber Personalvertretung), und nur eingeschränkt für Tendenzbetriebe (§ 118 I BetrVG); weitere Einschränkungen s §§ 114–118 BetrVG. Es erfaßt grundsätzlich nur den einzelnen Betrieb und seine Belegschaft und nur Arbeitnehmer iSv § 5 BetrVG, also nicht leitende Angestellte (Definition § 5 III BetrVG, reiche Kasuistik). Wahl des Betriebsrats s §§ 7ff BetrVG; Grundsätze für die Mitbestimmung s §§ 74ff BetrVG. Die Mitbestimmung in **sozialen Angelegenheiten** (§§ 87ff BetrVG) betrifft ua die Ordnung des Betriebs (§ 87 Nr 1 BetrVG), Arbeitszeit (Nr 2, 3), Modalitäten der Arbeitsentgeltzahlung (Nr 4), Urlaub (Nr 5), technische Überwachungseinrichtungen (Nr 6), Arbeitsschutz (Nr 7), unternehmensinterne Sozialeinrichtungen (Nr 8), Lohngestaltung und Leistungsentgelte (Nr 10, 11). Damit sind die formellen, zT aber auch materielle Arbeitsbedingungen mitbestimmungspflichtig. Der Betriebsrat hat hier ein Mitentscheidungsrecht. Rechtsfolgen eines Verstoßes können sein: Anrufung der Einigungsstelle (§ 87 II BetrVG), Rückgängigmachung der Entscheidung (§ 23 III BetrVG) und Unwirksamkeit, str, einschränkend Zöllner § 47 V 3. Die Mitbestimmung in **personellen Angelegenheiten** (§§ 92ff BetrVG) betrifft allgemeine personelle Angelegenheiten (Personalplanung, Ausschreibung von Arbeitsplätzen, Aufstellung von Fragebogen und Auswahlrichtlinien, heute wichtig wegen EDV im Personalwesen), Berufsbildung und personelle Einzelmaßnahmen. Von den letzteren sind praktisch besonders wichtig die Mitbestimmung bei jeder Kündigung (§§ 102, 103 BetrVG, s dazu Anm 9 C b) und bei Einstellung, Ein- und Umgruppierung und Versetzung (§§ 99–101 BetrVG). Der Betriebsrat ist vor Einstellung zu benachrichtigen und kann unter bestimmten Gründen Zustimmung verweigern, § 99 BetrVG; BAG BB **80,** 157 m Anm Becker BB **80,** 522; § 99 BetrVG gibt dem Betriebsrat kein Recht zur Teilnahme am Einstellungsgespräch, die Auswahl unter Stellenbewerbern ist Sache des Arbeitgebers, BAG BB **78,** 1719. Ein ohne die erforderliche Zustimmung des Betriebsrats geschlossener Arbeitsvertrag ist voll wirksam; keine Einstellung, aber Lohnzahlung nach § 615 BGB, BAG NJW **81,** 703; der Arbeitgeber kann nur uU ordentlich kündigen. Näher von Hoyningen=Huene RdA **82,** 205. Die Einstellung von leitenden Angestellten ist dem Betriebsrat nur mitzuteilen, § 105 BetrVG; über leitende Angestellte BAG BB **80,** 1374; Hanau BB **80,** 169, Martens NJW **80,** 2665, Fischer DB **80,** 1988. Die Mitbestimmung in **wirtschaftlichen Angelegenheiten** (§§ 106 ff BetrVG) umfaßt ein Informations- und Beratungsrecht des Wirtschaftsausschusses und eine Mitwirkung des Betriebsrats bei Betriebsänderungen. Von der Mitbestimmung des Betriebsrats ist die Arbeitnehmermitbestimmung **in Unternehmensorganen** zu unterscheiden (§§ 76, 77, 77 a BetrVG 1952 iVm § 129 BetrVG 1972; MontanMitbestG 1951; MitbestG 1976). Zur Mitbestimmung in personellen und sozialen Angelegenheiten Hanau BB **72,** 451, 499, Frey BB **72,** 923, Rüthers-Stindt BB **72,** 973, Roemheld BB **72,** 1330, Biedenkopf BB **72,** 1513, Adomeit DB **71,** 2360, **72,** 392, Pauly BB **81,** 501. Komm zum BetrVG: Dietz-Richardi I, II, 6. Aufl 1981, 1982; Galperin-Löwisch I, II, 6. Aufl 1982; Fitting-Auffahrt-Kaiser, 14. Aufl 1984, Nachtrag 1985.

5) Arbeitspflicht und Nebenpflichten des Handlungsgehilfen

A. **Arbeitspflicht: a)** Rechtsquellen für den **Inhalt des Arbeitsvertrags** s Anm 1 B; Beweislast für Inhalt des Arbeitsvertrags s BAG BB **71,** 653. Die **Arbeitspflicht** des HdlGehilfen **(Hauptpflicht)** bestimmt sich nach diesem Inhalt, ergänzend nach dem Ortsbrauch im Geschäftszweige; erst dann nach der Angemessenheit. Sie ist iZw persönlich zu erfüllen (§ 613 S 1 BGB, Text s Anm 1 C). Zu leisten sind **kaufmännische Dienste** (s Anm 3 B c) entspr der vereinbarten Stellung, mangels solcher Vereinbarung Dienste jeder Art. Bei langjähriger Beschäftigung mit Diensten bestimmter Tätigkeitsmerkmale und Vergütungsgruppe gelten diese als vertragsmäßig, BAG BB **62,** 297, 1433. In den Grenzen von Gesetz (zB Arbeitsschutz), Kollektivvertrag (s Anm 4 C, D) und Einzelvertrag (§§ 133, 157; 242 BGB) kann der Arbeitgeber die zu erbringende Arbeitsleistung nach Art, Ort und Zeit konkret bestimmen. Dieses **Direktionsrecht** (Leitungs-, Weisungsrecht, s Anm 1 B g) steht unter der Mitbestimmung des Betriebsrats nach §§ 75, 87, 99, 111 BetrVG (s Anm 4 D b), muß vor allem das Persönlichkeitsrecht des Arbeitnehmers beachten (Kleidung, außerdienstliches Verhalten, Schwenk NJW **68,** 822) und unterliegt der Billigkeitskontrolle nach § 315 III BGB; danach nicht gedeckte Weisungen braucht der Arbeitnehmer nicht zu beachten, BAG BB **81,** 1399, **85,** 1853 (Abgrenzung bei Gewissenskonflikt von Drucker) m krit Anm Reuter BB **86,** 385. Beispiele: Zuweisung und Änderung des Arbeitsplatzes; Wechsel in der Art der Beschäftigung, Verkleinerung des Arbeitsbereichs, BAG BB **73,** 291, **80,** 1267; Einteilung zu bestimmten Arbeiten; jederzeitige Unterbrechung privater Telefongespräche des Arbeitnehmers während der Arbeitszeit, auch durch Aufschaltanlage, BGH BB **73,** 704; aber keine Pflicht zur Teilnahme an Betriebsausflug, BAG BB **73,** 220. Arbeitsvertragliche **Versetzung** ist die Änderung des Aufgabenbereichs nach Art, Ort oder Umfang der Tätigkeit. Der Umfang des Versetzungsrechts bestimmt sich nach dem Arbeitsvertrag; ist danach eine entspr einseitige Weisung nicht gedeckt, bleibt nur Änderungsvertrag oder -kündigung; Mitwirkung des Betriebsrats nach §§ 95 III (Definition), 99 ff BetrVG (s Anm 4 D b). Beispiele: keine einseitige Versetzung auf geringerwertigen Arbeitsplatz, auch bei gleichem Entgelt, BAG BB **65,** 1455; im Notfall muß aber auch vertragsfremde Arbeit geleistet werden, bei Stellenvakanz normalerweise nur im Rahmen des Vertrags, BAG BB **73,** 428. Versetzung an einen anderen Ort nur, wenn im Vertrag vorgesehen, auch bei Betriebsverlegung. Den Bezirk des Tätigkeitsbereichs kann der Arbeitgeber aus organisatorischen Gründen bei entsprechendem Vorbehalt wechseln, Arbeitsgericht kann jedoch prüfen, ob solche Gründe vorliegen, BAG BB **71,** 1055; Einsatz im Ausland nur bei besonderer Absprache. **Teilzeitarbeit** unterscheidet sich von Vollzeitarbeit nur durch kürzere regelmäßige Wochenarbeitszeit, im übrigen gelten die allgemeinen Regeln über Arbeitspflicht, Arbeitszeit ua. Unterschiedliche Behandlung ist verboten. Möglich ist auch Arbeitsplatzteilung. Dazu §§ 2–6 BeschTG 1985; von Hoyningen=Huene NJW **85,** 1802. Anpassung der Arbeitszeit an Arbeitsanfall (bei insgesamt festem Arbeitsdeputat, sog kapazitätsorientierte variable Arbeitszeit, KAPOVAZ), BAG BB **85,** 792; Job sharing s von Hoyningen=Huene NJW **85,** 1804.

b) Die **Arbeitszeit** ist weitgehend durch TV, Betriebsvereinbarung und Arbeitsvertrag geregelt; der Bestimmung durch Direktionsrecht (billiges Ermessen, § 315 BGB) bleiben idR nur Anfang, Ende und Unterbrechung des Arbeitstags. Vorbehalt der Bestimmung des Umfangs der Arbeitszeit durch Arbeitgeber ist wegen Umgehung des Kündigungs(schutz)rechts nichtig, BAG BB **85,** 731. Mitbestimmung des Betriebsrats nach § 87 I 2, 3 BetrVG (s Anm 4 D b). Arbeitsbereitschaft, Bereitschaftsdienst, Rufdienst (zu Hause) je nach Arbeitsvertrag; Grenzen für Ärzte s BAG NJW **82,** 2140. Arbeit zu bestimmter Arbeitszeit ist Fixschuld, dh bei Versäumung nicht nachholbar. Gleitende Arbeitszeit s Schudt BB **72,** 755. Schichtarbeit s Ziepke DB **81,** 1039. Höchstarbeitszeit und andere Schranken setzen ua AZO, JArbSchG, Ladenschluß (s Anm 1 E). Teilzeitarbeit s Anm a. **Mehrarbeit** braucht ohne Vereinbarung nur nach §§ 14, 14a AZO geleistet zu werden, von Schwerbehinderten überhaupt nicht (§ 43 SchwBG); Entgelt s Anm 6 B a. **Kurzarbeit** setzt Vertragsänderung voraus, entweder durch TV, Betriebsvereinbarung oder Änderungskündigung; einseitig mit Zustimmung des Landesarbeitsamts (§ 19 KSchG). Übersichten: Böhm BB **74,** 281, von Stebut RdA **74,** 332. **Hausarbeitstag** nach Ländergesetzen, auch für alleinstehende berufstätige Männer, BVerfG BB **80,** 207. An **Sonn- und Feiertagen** (Landesrecht) besteht grundsätzlich Arbeitsverbot, Feiertagslohnausfallvergütung s Anm 2 E, Feiertagsarbeitsentgelt s Anm 6 B a. Monographie Frey 1985 (flexible Arbeitszeit).

c) Verletzung der Arbeitspflicht: Arbeitsverweigerung (Nichterfüllung) berechtigt, wenn vertragswidrig, zur **Entgeltverweigerung** und zur ordentlichen, uU außerordentlichen **Kündigung** (s Anm 9 C). Zwar kann der Arbeitgeber auch auf Leistung der Dienste (Erfüllung) klagen, aber das Urteil kann nicht vollstreckt werden (§ 888 II ZPO). In Frage kommt bei außerordentlicher Kündigung auch Klage auf **Schadensersatz** (§ 628 II BGB, Text s Anm 1 B; dazu Anm 9 C e aE). Vereinbarung angemessener **Vertragsstrafe** wegen Vertragsbruch oder bei fristloser Entlassung wegen schuldhaftem Vertragsbruch des Arbeitnehmers ist zulässig (s **(5)** AGBG § 23 I, aber Billigkeitskontrolle) BAG BB **84,** 2268, aber nicht für Fall ordentlicher Kündigung, BAG BB **71,** 706, **72,** 798. Vertragsstrafe von

6. Abschnitt. Handlungsgehilfen und Handlungslehrlinge 5 § 59

einem Monatslohn ist grundsätzlich wirksam, uU Herabsetzung nach § 343 BGB, BAG BB **84,** 2269. **Lohnverwirkungs**abreden sind aufschiebend bedingter Erlaß (§ 397 BGB; zu unterscheiden von Verwirkung, s Anm 6 D c); sie sind grundsätzlich zulässig, Grenze aber vor allem § 134 I GewO für Betriebe mit idR mehr als 20 Arbeitern. Durchsetzung vertraglicher Abwerbungsverbote s Weiland BB **76,** 1179, Ansprüche gegen den abwerbenden Dritten s Gierke RdA **72,** 17. Keine Verletzung der Arbeitspflicht ist die Teilnahme an einem rechtmäßigen, gewerkschaftlich organisierten **Streik** (BAG **1,** 291 = NJW **55,** 882), also nur Verlust des Entgeltanspruchs, keine Schadensersatzpflicht; Teilnahme an einem wilden Streik ist dagegen (arbeitsrechtlich) rechtswidrig, BAG **AP** Art 9 GG Arbeitskampf Nr 32, 41, hL, str; Abgrenzung zwischen rechtmäßigem und rechtswidrigem Streik s Schaub § 193.

Mangelhafte Arbeitsleistung (Schlechterfüllung, Beispiele s unten) berechtigen Arbeitgeber zu ordentlicher, uU außerordentlicher **Kündigung** und **Schadensersatz, nicht** zu **Lohnminderung** (außer bei bewußter Zurückhaltung der Arbeitsleistung, BAG BB **70,** 1481). **Aufrechnung** gegen Forderung des Arbeitnehmers ist bei Fahrlässigkeit grundsätzlich nur außerhalb des pfändungsfreien Betrags, bei Vorsatz auch gegen unpfändbare Forderungen zulässig, BAG **16,** 228, Hucko RdA **65,** 266. Bei Schädigung Dritter unter **Mitverschulden** des Arbeitgebers muß dieser Schaden mittragen, BAG BB **69,** 1087 (weitergehende Freistellung bei gefahrgeneigter Arbeit, s Anm 8 B b, c), bei vorsätzlicher strafbarer Handlung des Arbeitnehmers kann sich dieser nicht auf Mitverschulden des Arbeitgebers berufen, BAG BB **70,** 488. **Beweislast** für Ursächlichkeit der Pflichtverletzung für Schaden trifft den Arbeitgeber, BAG BB **69,** 1178. Abmahnung und Vermerk in Personalakte s Anm B a. **Beispiele:** Vollmachtsüberschreitung, BAG **17,** 236; schlechte Arbeitsleistung, Beschädigung von Arbeitgebereigentum (aber **Einschränkungen bei schadensgeneigter Arbeit** und bei **Mankohaftung,** s Anm 8 B a, d; Annahme vertragswidriger Sonderleistungen, auch auf Anordnung des GmbHGeschäftsführers, BAG BB **74,** 1122; bei leitenden Angestellten mangelnde Prüfung der Aufträge des Arbeitgebers auf ihre Zweckmäßigkeit, BAG BB **62,** 999; falsche Arbeitsanweisung, BAG BB **69,** 955; Aufsichtspflichtverletzung, BAG **22,** 375; bei leitenden Angestellten mangelnde Sorge für Vermögen des Arbeitgebers, BAG BB **71,** 40; Schädigung des Arbeitgebers durch Schwarzfahrt, BAG **20,** 142; Betrugsversuch an Kunden, BAG BB **76,** 1128. Zur unterbliebenen oder verspäteten Arbeitsaufnahme infolge Teilnahme am Straßenverkehr s Hohn BB **78,** 1123.

B. **Nebenpflichten: a)** Der HdlGehilfe hat eine **allgemeine Treuepflicht** gegenüber dem Arbeitgeber, die der allgemeinen Schutz- und Förderungspflicht des Arbeitgebers (s Anm 7 A) entspricht. Die Rspr folgert diese Treuepflicht aus § 242 BGB, zB BAG **26,** 232; das ist richtig, besagt aber wenig. Die hL sieht in ihr den Ausfluß des Arbeitsverhältnisses als eines personenrechtlichen Gemeinschaftsverhältnisses; krit Monographie Schwerdtner, Fürsorgetheorie und Entgelttheorie im Recht der Arbeitsbedingungen, 1970, Ballerstedt RdA **76,** 9, Weber RdA **80,** 289; diese Vorstellung führt aber leicht zu einer Gemeinschaftsideologie, die die Entgeltlichkeit und Interessengegensätze unterschätzt. Richtig daran ist aber, daß es sich um ein Dauerschuldverhältnis mit personenrechtlichem Einschlag und damit stärkerer Vertrauensinvestition und Pflichtbildung als bei rein vermögensrechtlichen Dauerschuldverhältnissen handelt. Der Ausdruck Treuepflicht wird hier in diesem Sinne als **Sammelbegriff für die schuldrechtlichen Schutz- und Rücksichtspflichten** des HdlGehilfen verwandt. Der HdlGehilfe muß danach die **Interessen** des Arbeitgebers und des Betriebs **wahren,** soweit ihm das zumutbar ist (Grenze: eigene schutzwürdige Interessen). **Beispiele:** s Anm b–f, 9 Ce (wichtige Kündigungsgründe); ferner Unterlassung von Treuwidrigkeit, Vertrauensmißbrauch, Tätlichkeit, Beleidigung, Vollmachtsmißbrauch; Einhaltung des Arbeitsschutzes; Schutz des betrieblichen Vermögens des Arbeitgebers vor Verlust und Beschädigung; Warnung vor drohenden Schäden; Hinweis auf erhebliche irrtümliche Überzahlung, BAG NJW **81,** 366, auf klare Vermutung (nicht bloßen Verdacht) von Unterschlagungen, vgl BAG NJW **70,** 1861; Einspringen in zumutbarem Umfang bei Stellenvakanz, BAG NJW **73,** 293; uU Notdienst zur Sicherung der Betriebseinrichtungen bei Streik, LAG Ffm DB **70,** 933. Eine **nachwirkende,** aber idR schwächere Treuepflicht hat der Empfänger betrieblicher Altersversorgung (s Anm 6 E); sie spielt besonders bei Widerruf oder Kürzung der Versorgungszusage eine Rolle. Abgrenzung Betriebsbelange und Privatinteresse s Trappe BB **74,** 43.

Die **Rechtsfolgen** von Pflichtverletzungen des HdlGehilfen sind wie bei der Schlechterfüllung der Arbeitspflicht (s Anm A c) je nach Einzelfall ordentliche, uU außerordentliche **Kündigung** und **Schadensersatz;** ferner Unterlassungsanspruch; bei Schmiergeldempfang und bei verbotenem Wettbewerb auch **Herausgabeanspruch** (Gewinnabführung) und **Eintrittsrecht** (§§ 687 II 1, 681, 667 BGB; § 61 I, s dort). **Abmahnung** und **Vermerk in den Personalakten** s BAG BB **79,** 1451, AuR **81,** 221, DB **82,** 2705; ungerechtfertigte Verwarnung, Entfernung aus Personalakte s Anm 7 C b. **Betriebsbuße** nur unter Mitbestimmung des Betriebsrats (§ 87 I Nr 1 BetrVG), BAG BB **80,** 414. RsprÜbersicht: Kammerer BB **80,** 1587.

b) Die **Schweigepflicht** (weiter als § 17 UWG, Text s Anm 1 D) erstreckt sich auf geschäftsbetriebsbezogene Tatsachen, die nicht offenkundig sind und an deren Geheimhaltung der Arbeitgeber ein berechtigtes, wirtschaftliches Interesse hat (**Betriebsgeheimnis**), BAG BB **82,** 1792. Die Schweigepflicht überdauert das Arbeitsverhältnis. Eine Geheimhaltungsklausel über das Vertragsende hinaus ist anders als ein Wettbewerbsverbot (§§ 74ff) ohne Karenzentschädigung wirksam, BAG BB **82,** 1793; Grenzen bei erheblicher Erschwerung des beruflichen Fortkommens des Arbeitnehmers, Gumpert BB **82,** 1795. Entbindung von Schweigepflicht im Prozeß zwischen Arbeitgeber und Arbeitnehmer, BAG **19,** 55, BB **69,** 581. Öffentliche **Kritik** des ausgeschiedenen Arbeitnehmers an Betriebsinterna ist uU durch Art 5 I GG erlaubt, s Einl II 3 D a vor § 1; aber keine Verbreitung unwahrer, ehrenrühriger Tatsachen, BAG DB **82,** 2705. Keine provozierende **parteipolitische Betätigung** im Betrieb, BAG DB **83,** 2578 (Anti-Strauß-Plakette).

c) **Schmiergeldverbot** s § 12 UWG (Text s Anm 1 D); die Pflicht, keine Schmiergelder anzunehmen, geht weiter als die Strafbarkeit nach § 12 UWG, sie verbietet auch Provisionsannahme für Geschäfte, die der Dritte direkt mit dem Arbeitgeber abschließt, BAG **AP** § 687 BGB Nr 5.

d) Wettbewerbsverbot s §§ 60, 61; **Nebentätigkeit** ist hinzunehmen, außer bei Beeinträchtigung der vertragsmäßigen Leistung oder von Wettbewerbsinteressen des Arbeitgebers, BAG BB **71,** 397; s auch § 63 Anm 2 C. Vertragliches Verbot jeder Nebentätigkeit ist dahin auszulegen, daß nur Tätigkeiten verboten sind, an deren Unterlassen der Arbeitgeber ein berechtigtes Interesse hat, BAG BB **77,** 144. Abschluß zweier Arbeitsverhältnisse für den gleichen Zeitraum jeweils mit Abrede über Unterlassung von Konkurrenztätigkeit macht die Erfüllung nicht unmöglich, aber verpflichtet den Arbeitnehmer zu Schadensersatz, BAG BB **65,** 948. Umsatzrückgang durch unerlaubte Nebentätigkeit eines HdlReisenden verpflichtet zum Schadensersatz, LAG BaWü BB **70,** 127. Kenntnis des Arbeitgebers von arbeitszeitüberschreitendem Zweitarbeitsverhältnis kann Mithaftung begründen, wenn Arbeitnehmer durch Übermüdung Unfall verursacht (vgl Anm 8 B a), LAG Ffm BB **65,** 827.

e) Den HdlGehilfen, dessen Arbeit nicht ohnehin dem Arbeitgeber offenliegt, zB Reisender, trifft eine **Informationspflicht.** Er schuldet **Nachricht, Auskunft, Rechenschaft** (§§ 675, 666 BGB, Text s § 86 Anm 1 C). Bei Vertrauensstellung muß er zu jederzeitiger Aufklärung in der Lage sein und ist beweispflichtig für Aufwendungen im Interesse des Arbeitgebers, BAG BB **64,** 806. Rechenschaft ist durch Rechnungslegung mit Belegen, uU durch Abgabe einer eidesstattlichen Versicherung, zu erhärten (§ 259 BGB). Je nach Kenntnis, Aufgabe, Stellung schuldet der HdlGehilfe dem Arbeitgeber **Aufklärung** und **Beratung** (vgl § 347 Anm 3). Zur Offenbarungspflicht bei Abschluß eines Arbeitsvertrags mit Konkurrenzunternehmen LAG Hamm BB **69,** 797.

f) Arbeitnehmererfindungen hat der Arbeitnehmer dem Arbeitgeber zu melden (§§ 5, 18 ArbEG). Ist sie eine Diensterfindung (Definition § 4 II ArbEG), kann der Arbeitgeber sie gegen Vergütung in Anspruch nehmen (§§ 6, 7, 9, 10 ArbEG); andernfalls kann der Arbeitnehmer spätestens vier Monate nach Meldung über sie verfügen. Handelt es sich um keine Dienst-, sondern um eine freie Erfindung, hat der Arbeitgeber ein Vorrecht zu nicht ausschließlicher Benutzung gegen angemessene Vergütung (§ 19 ArbEG). Dazu BGH **93,** 85. Komm: Vollmer-Gaul, 2. Aufl 1983.

g) Herausgabepflicht: Das zur Ausführung der Dienste Empfangene (falls nicht mehr benötigt oder auf Verlangen des Arbeitgebers) und das durch die Dienste Erlangte ist herauszugeben (§§ 675, 667 BGB, Text s § 86 Anm 1 C); auch vom HdlGehilfen selbst für den Dienst gefertigte Sachen, zB Akten, Belege, RG **105,** 393, BAG **5,** 300. Gewinnabführung s Anm a.

6) Arbeitsentgeltpflicht des Arbeitgebers

A. **Rechtsgrundlagen, Lohngleichheit:** Die **Arbeitsentgeltpflicht** ist die **Hauptpflicht** des Arbeitgebers. Das Arbeitsentgelt (Vergütung, § 59; entspr § 611 I BGB, Text s Anm 1 C) bemißt sich zum einen **nach Tarifvertrag,** falls HdlGehilfe und Arbeitgeber tarifgebunden sind oder TV für allgemeinverbindlich erklärt ist (s Anm 4 C). Der Anspruch entsteht aufgrund Tätigkeit, Eingruppierungsakt ist nur deklaratorisch, BAG BB **71,** 566. Mangels Tarifbindung oder über TV hinaus richtet sich die Vergütung **nach Vereinbarung,** nur hilfsweise nach Üblichkeit (§ 59; entspr

§ 612 II BGB, Text s Anm 1 C). Übliche Vergütung ist nicht gleichbedeutend mit Tariflohn, Gumpert BB **78**, 256, aA ArbG Essen BB **78**, 255. Regelung durch Betriebsvereinbarung kommt wegen § 77 III BetrVG kaum in Frage, jedoch Mitbestimmung über Entlohnungssystem und leistungsbezogene Entgelte, § 87 I Nr 10, 11 BetrVG (s Anm 4 D). Die Vergütungsvereinbarung muß unzweideutig sein. Unklarheiten gehen idR zu Lasten des Arbeitgebers. ,,Hungerlöhne" können gegen § 138 BGB verstoßen; ob Leistung und Lohn in auffälligem Mißverhältnis stehen, ist weniger nach dem Nutzen der Arbeit für Arbeitgeber als nach Arbeitsdauer, -schwierigkeit, Beanspruchung und sonstigen Bedingungen für den Arbeitnehmer zu beurteilen; Tariflohn ist idR kein Vergleichsmaßstab, BAG BB **73**, 476. **Vergütung für Mehrarbeit, Kurzarbeit, Feiertagsarbeit** s Anm B. **Krankheit und andere Arbeitsverhinderung** s § 63; Anwesenheitsprämie s § 63 Anm 3 D. Bei Arbeitsversäumnis Abzug im Verhältnis zur tatsächlich versäumten Arbeitszeit, BAG BB **58**, 522; zur Berechnung des Tagesverdienstes Fuchs BB **72**, 137; Berechnung bei Teilleistung im Monat, BAG BB **75**, 702. **Fälligkeit** nach § 64. **Zurückbehaltungsrecht** an Arbeitsleistung bei Nichterfüllung, aber Verhältnismäßigkeitsgrundsatz, BAG BB **85**, 2176; Söllner AuR **85**, 323. Die Zahlung ist heute häufig (zT aufgrund TV) bargeldlos; die Kontoführungsgebühren trägt der Arbeitnehmer, BAG BB **77**, 443. Zur **Rückforderung** des zuviel gezahlten Lohns BAG **9**, 137, **15**, 270; Rückforderung von Gratifikationen s Anm B d. **Lohnsteuer und Sozialversicherungsbeiträge** s Anm 7 G. Der Arbeitgeber hat dem Arbeitnehmer auf Verlangen **Berechnung und Zusammensetzung** des Gehalts zu **erläutern** (§ 82 II BetrVG, s Anm 7 C e).

Lohngleichheit für Mann und Frau fordern Art 119 EWGV, Art 3 GG (mit unmittelbarer Bindung auch der TVParteien, BAG NJW **77**, 1742, s Anm 1 B a) und spezieller vom Arbeitgeber §§ 611a, 612 III BGB (Text s Anm 1 C). **Im übrigen** gilt das arbeitsrechtliche Gleichbehandlungsgebot (s Anm 7 A) auch für das Arbeitsentgelt: dh nicht, daß jeder dasselbe verdienen müßte, sondern daß der Arbeitgeber **nicht willkürliche Unterschiede** machen darf. Lohngleichheit nach stRspr, zB BAG BB **82**, 676; bei übertariflichen Zulagen BAG BB **80**, 680, **82**, 1921, **83**, 445; bei Erschwerniszulagen BAG DB **83**, 1497; bei Gratifikationen s Anm B d; kein Ausschluß von Lohnerhöhungen nach vorheriger Arbeitsunfähigkeit, BAG BB **82**, 1791; von rückwirkender Lohnerhöhung können ausgeschiedene Arbeitnehmer nicht schlechthin ausgeschlossen werden, BAG BB **76**, 744, **82**, 675. Sachgerechte Unterscheidungen sind zB Lohnzuschläge nur an Arbeitnehmer mit bestimmtem Alter oder Dauer der Betriebszugehörigkeit; Ausnahme von Gratifikation für Arbeitnehmer in gekündigter Stellung, BAG NJW **79**, 1221, oder für streikende Arbeitnehmer während des Streiks, BAG **AP** § 611 BGB Gratifikation Nr 7. Lohngleichheit zwischen Mann und Frau nach §§ 611a, 612 III BGB ist zwingend; der Gleichbehandlungsgrundsatz ist dagegen dispositiv. Der betriebliche Gleichbehandlungsgrundsatz rechtfertigt keine Änderungskündigung zwecks Abbau von Arbeitsentgelt und Sozialleistungen, BAG BB **83**, 1414.

B. **Arten des Arbeitsentgelts** sind: **a) Gehalt**, grundsätzlich **Bruttogehalt**, LAG Stgt BB **61**, 1008, BAG **AP** § 611 BGB Lohnanspruch Nr 13 (für Arbeiter). **Nettogehalt** muß besonders vereinbart werden; Übernahme der

Lohnsteuer durch Arbeitgeber gegenüber Finanzamt steht für das Innenverhältnis nicht gleich, BAG BB **71**, 351; Steuerübernahme durch Arbeitgeber muß klar sein, BAG BB **74**, 464; Rückzahlungs- bzw Erstattungsanspruch s Anm A, 7 G. Zur Auslegung einer Nettolohnvereinbarung BAG BB **70**, 1136. Einzelvertragliche **übertarifliche Zulagen** werden mangels besonderer Effektivklauseln bei Tariflohnerhöhung angerechnet; das gilt nicht für Leistungszulagen, BAG BB **79**, 476, **80**, 1583, **83**, 445, Ziepke BB **81**, 61; auch jahrelange vorbehaltslose Nichtanrechnung begründet keinen Vertrauenstatbestand, BAG BB **83**, 903. Lohnzulagen aufgrund unwirksamer Betriebsvereinbarung s BAG BB **81**, 554. Bei **Leistungszulagen** ist Vorbehalt jederzeitigen Widerrufs zulässig, darf iZw aber nur nach billigem Ermessen ausgeübt werden, BAG BB **67**, 1044, **71**, 310, **73**, 292; kein einseitiger Widerruf nach Erdienung der Prämie, auch nicht bei Nichtübernahme nach Probezeit, BAG BB **83**, 1348. Ohne Vorbehalt zugesagte persönliche Leistungszulage kann nicht einseitig widerrufen werden, BAG BB **76**, 1515. Widerruf übertariflicher Erschwerniszulage ist sachbezogen, wenn TV leistungsgerechte Entlohnung vorsieht, auch wenn ohne Erschwerniszulage, BAG BB **73**, 292. Bei **Verrichtung höherwertiger Dienste über Vertrag hinaus** Anspruch auf zusätzliche Vergütung außer bei Urlaubs- und Krankheitsvertretung, Erprobung BAG BB **78**, 1311. Gehaltsfragen außertariflicher Angestellter s BAG BB **78**, 1521; Gaul BB **78**, 764. **Prämien** werden zusätzlich zum Lohn oder Gehalt für bestimmten Erfolg gezahlt, zB Anwesenheits-, Treue- (Betriebszugehörigkeits-), Verkaufsprämie; Mitbestimmung nach § 87 I Nr 11 BetrVG. Zahlung der Anwesenheitsprämie bei Krankheit und Mutterschutz s § 63 Anm 3 D. Rückzahlungsklauseln sind wie bei Gratifikationen stark eingeschränkt (s Anm d). Von Erfolgsprämien können ausgeschiedene Arbeitnehmer ausgenommen werden, BAG BB **61**, 176, jedoch nicht von Erfolgsbeteiligung, die sich nach vermitteltem Umsatz bemißt, BAG BB **73**, 1072; bei Prämien für überdurchschnittliche Leistung kann Arbeitgeber sich einseitige Änderung vorbehalten, aber nur nach billigem Ermessen, BAG BB **65**, 989. Vergütung von **Arbeitsbereitschaft** (s Anm 5 A b) je nach Kollektiv- oder Einzelvertrag. Bei **Kurzarbeit** ist entsprechende Kürzung der Vergütung möglich, aber nur durch Vertragsänderung; Unterstützung von Kurzarbeitern s AFG (Anm 1 E). Bei **Mehrarbeit,** auch verbotener, gibt § 15 AZO Mehrarbeitszuschlag, soweit nach Gesetz, TV oder Vertrag für die geleistete Arbeit Grundentgelt zusteht. Pauschalabgeltung ist zulässig, übertarifliches Gehalt gilt nur bei ausdrücklicher Vereinbarung als solche. Keinen Anspruch auf Überstundenvergütung haben leitende Angestellte, außer bei Übernahme zusätzlicher Aufgaben oder wenn Gehalt nur bestimmte Normalleistung abgelten soll, BAG **19**, 126, LAG BaWü BB **66**, 208. An **gesetzlichen Wochenfeiertagen** besteht Gehaltszahlungspflicht (FeiertagslohnzahlungsG, s Anm 1 E), auch wenn Feiertag in Urlaub fällt, BAG **14**, 190, und im Krankheitsfall (bei Entgeltfortzahlung, § 1 II des G), BAG BB **80**, 1797; bei Kurzarbeit nur in Höhe des Kurzarbeitergelds, BAG BB **79**, 1828; der Arbeitnehmer hat keinen Anspruch, wenn er am letzten Arbeitstag vor oder am ersten nach dem Feiertag unentschuldigt fehlt (§ 1 III des G), nur Fehlzeit von mehr als der Hälfte der Arbeitszeit an diesen Tagen schadet, BAG NJW **67**, 594; Pauschalierung ist zulässig, wenn Pauschale Anspruch ausgleicht, BAG BB **74**, 136. Bei Arbeit an Sonn- und

Feiertagen besteht gewohnheitsrechtlich und meist tariflich Anspruch auf Zuschlag, in Westberlin gesetzlich 100%. Kurzkomm: Färber-Klischann 1985. **Versetzung** (s Anm 5 A a) auf minderbezahlten Arbeitsplatz erlaubt Gehaltsminderung nur, wenn in TV oder Arbeitsvertrag vorgesehen oder wenn Arbeitnehmer zustimmt, BAG BB **65**, 1455; Weiterarbeit nach Änderungsangebot ist nicht ohne weiteres Zustimmung, zB nicht, wenn Änderung erst später (zB bei Altersversorgung) wirksam werden soll, BAG BB **65**, 1109. Bei zulässig angeordneter vorübergehender **Vertretung eines Höherbezahlten** entsteht kein Anspruch auf höhere Vergütung, BAG BB **59**, 490, außer wenn dies in TV oder Vertrag vorgesehen ist oder wenn höhere Dienste über den Rahmen des Vertrages hinaus geleistet werden, BAG BB **73**, 428.

b) Provision (Erfolgsbeteiligung) s § 65.

c) Gewinnbeteiligung (Tantieme) ist von der Provision zu unterscheiden, BAG DB **73**, 1177. Sie setzt besondere Vereinbarung voraus und richtet sich iZw nach dem Jahresgeschäftsreingewinn, auch bei Ausscheiden im Geschäftsjahr, BAG **5**, 317. Berechnung bei Angestellten entspr § 86 AktG; bei Einzelunternehmen s BAG **AP** § 611 BGB Lohnanspruch Nr 14. Gewinnbeteiligungsgutschriften als Altersversorgung s BAG BB **81**, 1153. Zur Prüfung hat der HdlGehilfe Auskunfts-, Rechnungslegungs- und Bucheinsichtsrecht, vgl BAG BB **60**, 663, 984.

d) Gratifikation (Sondervergütung) ist echtes Entgelt, nicht Geschenk, auch bei nachträglicher Gewährung aus besonderem Anlaß, BAG **11**, 338; sie ist also auch im Fall des § 615 BGB zu zahlen, BAG NJW **63**, 1123, aber nicht im Mutterschaftsurlaub, LAG Bln BB **81**, 2073. Eine Zuwendung ist nur dann Gratifikation, wenn sie so bezeichnet oder aus ihrer Bestimmung als solche erkennbar ist, BAG BB **72**, 1503. Abgrenzung Weihnachtsgratifikation und 13. Monatsgehalt s BAG DB **83**, 1662; mangels Nennung weiterer Voraussetzungen liegt zusätzliches Arbeitsentgelt, nicht Gratifikation vor, BAG DB **83**, 2252. Die Grundsätze über die Gratifikation sind nur anwendbar, falls das 13. Monatsgehalt ausdrücklich „als Weihnachtsgratifikation" gewährt wird, BAG BB **72**, 317. Dieselben Grundsätze sind anwendbar auf Erfolgsbeteiligung, BAG BB **74**, 695; nicht auf übertarifliche Zulagen (s Anm a), BAG BB **80**, 1583. **Rechtsanspruch** auf Gratifikation kann folgen aus TV, Betriebsvereinbarung, Einzelvertrag und Betriebsübung (zu dieser s Anm 1 B e), so bei dreimaliger Zahlung, stRspr, BAG **14**, 174. **Gleichbehandlung** (s Anm 6 A, 7 A), aber nur, wenn andere Anspruchsgrundlage fehlt, BAG BB **61**, 529. Keine unterschiedliche Weihnachtsgratifikation für Angestellte und Arbeiter, außer wenn der Zweck der Gratifikation es erfordert, BAG DB **80**, 1269, **84**, 1940, 2064 (Übergangsfrist); sachgerechter Grund für Differenzierung kann in Bindung bestimmter, für den Betrieb besonders wichtiger Arbeitnehmer(gruppen) liegen, eine gewisse Typisierung ist dabei zulässig, BAG BB **84**, 1941; kein sachgerechter Grund sind zB verschieden hohe Ausfallzeiten wegen Krankheit oder unterschiedlicher Fluktuationsgrad, BAG NJW **85**, 165. Gleichbehandlung verbietet nicht begründete Ausnahmen für besondere Gruppen; gekündigte Arbeitnehmer können aber nur ausgenommen werden, wenn entweder der Arbeitnehmer selbst gekündigt hat, BAG BB **74**, 695, dann auch bei Kündigung nach § 10 MuSchG, LAG Hamm BB **76**, 1272, oder wenn der Arbeitgeber nicht betriebsbedingt gekündigt hat, BAG NJW **79**, 1221. Keine Gleichbehandlungspflicht bezüglich Arbeitnehmer zweier bisher selbständiger, vom Arbeitgeber übernommener Betriebe, die weiter nach der früheren betrieblichen Regelung behandelt werden, BAG BB **77**, 145. Bei **freiwilligen Gratifikationen** ist **Widerrufsvorbehalt** möglich; auch dann Anspruch für das laufende Jahr (kein Entzug bereits verdienten Lohns), aber kein Anspruch für folgende Jahre, BAG BB **75**, 1531, **83**, 1348. Bei freiwilligen Gratifikationen bestimmt der Arbeitgeber über die **Höhe** nach billigem Ermessen (§ 315 BGB). **Kürzung** der Gratifikation ist uU auch bei Gratifikation mit Rechtsanspruch möglich; so bei unzumutbarer Belastung, BAG NJW **62**, 173, bei wirtschaftlichen Schwierigkeiten zur Erhaltung von Arbeitsplätzen und Lohnzahlung im Konkurs, BAG NJW **65**, 1347. Kürzung gegenüber Pensionären nach § 315 BGB, BAG BB **63**, 939. **Bindungsklauseln**, die die Auszahlung an bestimmte Bedingungen knüpfen, sind idR zulässig, so zB Betriebsangehörigkeit zu einem Stichtag. Das gilt nicht für betriebsbedingte Kündigung (vgl § 162 BGB), BAG BB **79**, 1245. Bindungsklauseln sind weniger einschneidend als Rückzahlungsklauseln und unterliegen deshalb nicht ohne weiteres denselben Schranken, BAG BB **68**, 587, **70**, 580. **Rückzahlungsklauseln** sind wegen der einschneidenden Einengung der Handlungsfreiheit und freien Arbeitsplatzwahl der Arbeitnehmer nur begrenzt zulässig. Die Rspr hat zur Förderung der Rechtssicherheit eine Reihe schematischer Regeln entwickelt (dazu Monographie Blomeyer-Buchner 1969): (1) Rückzahlungsklauseln greifen iZw nur bei Kündigung durch den Arbeitnehmer, auch nach § 10 MuSchG, oder bei Vertragsende wegen Befristung, BAG BB **79**, 1245; nicht bei betriebsbedingter Kündigung durch Arbeitgeber, BAG BB **75**, 1531, offen BAG DB **86**, 383, jedenfalls in TV zulässig; auch nicht bei einverständlicher Aufhebung, bei gerichtlichem Vergleich, LAG Düss BB **75**, 562. (2) Sie sind von vornherein unwirksam bei Kleinstgratifikationen von ursprünglich DM 100 (bei höheren Gratifikationen ohne Anspruch darauf als effektiven Sockelbetrag, BAG **16**, 107); inzwischen **DM 200**, BAG BB **82**, 559, 1666 für 1978; mit weiteren Anhebungen ist zu rechnen. (3) Im übrigen sind sie zulässig, soweit Gratifikationshöhe (gemessen am Monatsgehalt im Zeitpunkt der Anzahlung) und Dauer der durch die Rückzahlungsverpflichtung bewirkten Bindung des Arbeitnehmers in angemessenem Verhältnis stehen. Das bedeutet: bei Gratifikation **bis zu einem Monatsverdienst** ist Bindung von einem Vierteljahr, jedenfalls aber bis 31. 3. des nächsten Jahres (bei Auszahlung noch im Vorjahr) zulässig, BAG NJW **73**, 1247; bei Gratifikation **von einem Monatsverdienst und mehr** ist Bindung über den 31. 3. hinaus (für Angestellte wegen vierteljährlicher Kündigung praktisch bis zum 30. 6., aber nicht darüber hinaus), BAG **13**, 129, BB **79**, 1350; bei ,,eindrucksvoller" Gratifikation, zB **zwei Monatsverdiensten**, und Staffelung bis zu ½ Monatsverdienst ist Bindung bis zum 30. 9. denkbar, BAG BB **70**, 580. Entspr Grundsätze gelten für **sonstige Leistungen**, zB Urlaubsgratifikationen, BAG **69**, 583, **73**, 663 (bis 30. 9. des betr Jahres); Aus-, Fortbildungs- und Umzugskosten s Anm f.

Für Rückzahlungsklauseln in TV gelten nicht die gleichen strengen Maßstäbe wie bei solcher in Einzelvertrag, BAG **18**, 217, BB **67**, 627; Betriebsvereinbarung steht TV nicht gleich, BAG BB **68**, 207. Keine Kürzung wegen Mutterschutzfristfehlzeiten, auch nicht durch TV, BAG BB

§ 59 6　　　　　　　　　　　　　　　I. Buch. Handelsstand

83, 768. Arbeitnehmer kann bei eigener Kündigung bereits erdiente Gratifikation oder Prämie nicht vor allgemeiner **Auszahlung** im Betrieb verlangen, BAG BB **73,** 144. Jahresleistung, die an keine weiteren Voraussetzungen gebunden ist, gibt dem Arbeitnehmer Anspruch auf Teilleistung bei Ausscheiden, fällig am Ende des Bemessungszeitraumes, BAG BB **79,** 423. Zur **Pfändbarkeit** von Weihnachtsgratifikationen BAG BB **61,** 531. Im Konkurs des Arbeitgebers gilt § 61 I Nr 1 KO. **Verjährung** nach § 196 I Nr 8 BGB.

e) **Sachleistungen,** zB freie Wohnung, Kost, Vergünstigung bei Warenbezug; kostenlose Beförderung im Werkverkehr, BAG DB **85,** 1482; idR keine Barabgeltung. Widerruf freiwilliger Leistungen bei Widerrufsvorbehalt und nach billigem Ermessen (s Anm d), BAG DB **85,** 1483.

f) **Sonstige Arten** des Arbeitsentgelts: **Spesen** sind Entgelt, soweit sie nicht Aufwendungen (s Anm 7 F) abgelten, und können dann auch ohne Aufwendungen zu zahlen sein. **Vermögenswirksame Leistungen** nur bei besonderer Rechtsgrundlage (TV, Betriebsvereinbarung, § 88 Nr 3 BetrVG; Einzelvertrag, betriebliche Übung, s Anm 1 B) sind Teil des Arbeitsentgelts und steuerlich und uU nach SozVersRecht begünstigt. Ungleichbehandlung bei Ertragsbeteiligung zwischen Arbeitnehmern, die den Betrag vermögenswirksam anlegen, und solchen, die Barauszahlung wählen, ist zulässig, BAG **17,** 305. **Zinsgünstige Darlehen** des Arbeitgebers sind Teil der Arbeitsvergütung; der Arbeitgeber ist trotz Mitbestimmung des Betriebsrats bei der Entscheidung über Umfang und Zweck solcher Leistungen frei, BAG BB **81,** 735. **Zuschüsse** aus sozialem Anlaß, zB Krankheit, sind keine Gratifikation (s Anm d). Rückzahlungsklauseln sind auch hier nur in engen Grenzen zulässig. Zuschüsse zur Krankenversicherung nach RVO s BAG BB **73,** 703, Brenner BB **71,** 657. **Aus- und Fortbildungskosten,** die der Arbeitgeber trägt, können, sofern dem Arbeitnehmer ein geldwerter Nutzen verbleibt, Rückzahlungsklausel bei vorzeitigem Ausscheiden rechtfertigen, BAG BB **76,** 1514, **80,** 1470, WM **83,** 691; längere Bindung als drei Jahre nach Abschluß der Ausbildung ist bei einjährigem Lehrgang nur bei besonderen Vorteilen und Qualifikation für den Arbeitnehmer gerechtfertigt, BAG BB **85,** 121. Ähnlich bei **Umzugskosten**erstattung, BAG BB **75,** 702, 1304, nicht wenn Umzugskosten als Aufwendung zu erstatten sind, BAG BB **73,** 983.

C. **Arbeitsentgelt bei fehlender Arbeitsleistung: a) Unmöglichkeit:** Grundsätzlich verliert der Arbeitnehmer bei von ihm zu vertretender Unmöglichkeit der Arbeitsleistung den Entgeltanspruch (§ 325 BGB) und behält ihn bei vom Arbeitgeber zu vertretender Unmöglichkeit (§ 324 I BGB). Bei von keinem Teil zu vertretender Unmöglichkeit, zB Nichtleistung wegen Verkehrsstau, verliert der Arbeitnehmer zwar nach § 323 BGB grundsätzlich seinen Entgeltanspruch, doch gelten hier häufig besondere arbeitsrechtliche Regeln (s Anm b–e).

b) **Annahmeverzug:** Kommt der Arbeitgeber mit Annahme der Dienste in Verzug (§§ 293 ff BGB), so behält der HdlGehilfe Entgeltanspruch ohne Pflicht zur Nacharbeit (§ **615 S 1 BGB,** Text s Anm 1 C), BAG **6,** 306, **19,** 194, BB **65,** 1070. Bsp: Unberechtigte Entlassung des HdlGehilfen, wenn dieser die Leistung anbietet, wozu Protest gegen die Kündigung genügt, BAG **10,** 202; Zuweisung einer anderen Tätigkeit unter Überschreitung des

6. Abschnitt. Handlungsgehilfen und Handlungslehrlinge 6 § 59

Direktionsrechts (s Anm 5 A a), BAG BB **81,** 1399. Annahmeverzug tritt bei unberechtigter fristloser oder ordentlicher Kündigung durch Arbeitgeber auch ohne wörtliches Angebot (§ 295 BGB) des Arbeitnehmers ein; anders wenn Arbeitnehmer bei Kündigung oder später nicht leistungsbereit war, BAG BB **85,** 399, NJW **85,** 2662. Annahmeverzug endet mit Bereiterklärung zur Weiterbeschäftigung; aber nicht von bloß faktischer vorübergehender Weiterbeschäftigung bis zum erstinstanzlichen Urteil; offen ob durch Angebot eines befristeten neuen Arbeitsvertrags, BAG BB **82,** 308; Berkowski BB **82,** 374, Peter DB **82,** 488. Arbeitnehmer muß sich das durch Unterbleiben der Dienste Ersparte oder durch anderen Dienst Erworbene oder böswillig nicht Erworbene anrechnen lassen (**§ 615 S 2 BGB**); für Anrechnung ist etwaige Bindung durch Wettbewerbsvereinbarung zu berücksichtigen, BAG BB **74,** 739; Arbeitnehmer hat Auskunft über anderen Erwerb zu geben (entspr § 74 c), BAG BB **74,** 739, **75,** 137, **78,** 1719. § 615 S 1, 2 BGB ist abdingbar, hM.

c) **Betriebsrisiko:** In bestimmten Fällen der beiderseits unverschuldeten Unmöglichkeit ordnet die Rspr die Folgen abweichend von § 323 BGB teils nach der Sphärentheorie, teils nach Arbeitskampfgesichtspunkten zu. Das Betriebsrisiko (Unternehmens-, Lohnrisiko) trägt der Arbeitgeber; BAG **3,** 346; zB Brand, BAG BB **73,** 196, Auftrags-, Absatzmangel, Heizungsausfall, BAG DB **83,** 1496. Das **Arbeitskampfrisiko** (Direkt- und Fernwirkungen von Streik und Aussperrung) ist vom Betriebsrisiko zu unterscheiden. Bei Direktwirkung, zB Streik von Teilen der Belegschaft, trägt die übrige Belegschaft das Arbeitskampfrisiko. Bei Fernwirkungen, die das Kräfteverhältnis der kampfführenden Parteien beeinflussen können, tragen beide Seiten das Risiko nach den Grundsätzen der Arbeitskampfparität; Entgeltanspruch entfällt also zB bei Lahmlegung durch Streik in Drittunternehmen bzw besteht fort bei Angriffsaussperrung dort, BAG BB **81,** 609, 669, dazu Seiter DB **81,** 578.

d) Lohnfortzahlung bei **Krankheit** und **anderer unverschuldeter Hinderung** des HdlGehilfen s § 63.

e) **Feiertage** s Anm B a, **Urlaub** s Anm 7 D.

D. **Einwendungen gegen Arbeitsentgeltanspruch: a) Verzicht** auf unabdingbare Ansprüche s Trieschmann RdA **76,** 68, § 63 Anm 3 D. Auf tariflichen Anspruch kann nur in einem von den Parteien des TV gebilligten Vergleich verzichtet werden (§ 4 IV 1 TVG, s Anm 4 C). Doch können in TV **Ausschlußfristen** für die Geltendmachung des Entgeltanspruchs gesetzt werden (§ 4 IV 3 TVG); sie gelten für beide Seiten, auch für gesetzliche Ansprüche, BAG **10,** 1, **11,** 150, **20,** 30, auch für Rückzahlungsanspruch bei Lohnüberzahlung, BAG BB **79,** 987. Ausschlußfrist beginnt mit Fälligkeit des Anspruchs (bei Schadensersatzanspruch mit zumutbarer Kenntnis, BAG BB **85,** 124). Mit Verstreichen der Ausschlußfrist erlischt (anders bei Verjährung) der Anspruch, deshalb dann auch keine Aufrechnung mehr, BAG BB **73,** 1638. **Ausgleichsquittungen** enthalten meistens Verzicht, der jedoch unwirksam ist, soweit es sich um tarifliche Ansprüche handelt (s oben); zur Wirksamkeit von Ausgleichsquittung überhaupt, BAG BB **71,** 438, **79,** 109, 327, **81,** 119; Moritz BB **79,** 1610, Preis AuR **79,** 97, Schulte DB **81,** 937. Verzicht auf Kündigungsschutz in Ausgleichsquittung s Anm 9 D c.

b) Abtretung des Vergütungsanspruchs ist nur möglich, soweit gepfändet werden kann (§ 400 BGB, §§ 850a–i ZPO). Dasselbe gilt für **Aufrechnung** (§ 394 BGB), entspr für Zurückbehaltung (§ 273 BGB), dazu BAG **9,** 137, **10,** 176, **20,** 156, BGH BB **58,** 304. Lohnabtretungsverbot kann vereinbart werden, auch in Betriebsvereinbarung, BAG BB **60,** 1202, ist aber unwirksam gegenüber SozVersTräger, der dem Arbeitnehmer Zahlungen an Stelle des vom Arbeitgeber nicht gezahlten Gehalts gewährt und Anspruch abgetreten erhalten hat, LAG Ffm BB **65,** 1355. Sonst ist Lohnabtretung zulässig, auch Vorausabtretung bestimmbarer künftiger Forderung, BGH BB **76,** 227. **Pfändung** s §§ 850ff ZPO; (Voraus-)Abtretung geht späterer Pfändung vor, Börker NJW **70,** 1104. Pfändungsschutz bei Gehaltskonten s Arnold BB **78,** 1314. Für Lohnpfändung wird bei Verschleierungsabrede ein angemessenes Gehalt fingiert, BAG **17,** 172. Zur Lohnpfändung als Kündigungsgrund Lepke RdA **80,** 185. Mit seinem Entgeltanspruch ist Arbeitnehmer **im Konkurs** des Unternehmers Massegläubiger, s § 59 Nr 2 (Arbeit während des Konkurses), Nr 3 KO (Rückstände der letzten sechs Monate) oder Konkursgläubiger, s § 61 Nr 1 KO (erster Rang).

c) Verjährung der Entgelt- und Auslagenersatzansprüche des HdlGehilfen in zwei Jahren seit Schluß des Jahres der Fälligkeit, §§ 196 I Nr 8, 201 BGB, BAG BB **60,** 663; ebenso Ansprüche des angestellten Vertreters auf Gehalt und Provision, BAG BB **72,** 1056; auch Ansprüche aus ungerechtfertigter Bereicherung oder Geschäftsführung ohne Auftrag, BAG BB **64,** 1213. Verjährung bei Jahresumsatzprämie s BAG BB **74,** 321. Verjährung von Lohnforderung aus Saldo eines ,,unechten Kontokorrentverhältnisses" beträgt 30 Jahre, BAG BB **67,** 1083, ebenso Bereicherungsansprüche des Arbeitgebers wegen irriger Überzahlung (nicht Vorschuß), BAG BB **72,** 1453. Verjährung des Anspruchs auf Erfindervergütung s BGH BB **78,** 308. **Verwirkung** tariflicher Ansprüche ist ausgeschlossen (§ 4 IV 2 TVG); sonst ist Verwirkung möglich, aber idR keine Verwirkung durch Zeitablauf vor Verjährungseintritt, BAG BB **58,** 117, 233.

E. Betriebliche Altersversorgung: a) Begriff: Betriebliche Altersversorgung (betriebliches Ruhegeld) sind Leistungen der Alters-, Invaliditäts- oder Hinterbliebenenversorgung aus Anlaß eines Arbeitsverhältnisses (§ 1 I 1 BetrAVG). Ihre praktische Bedeutung ist sehr groß. Vier Grundformen sind üblich (§ 1 I–IV BetrAVG): unmittelbare Versorgungszusage durch den Arbeitgeber; Direktversicherung, die der Arbeitgeber mit direkter Bezugsberechtigung des Arbeitnehmers abschließt; Versorgung durch Pensionskasse (dann Rechtsanspruch auf Leistung) oder durch Unterstützungskasse (dann kein Rechtsanspruch auf Leistung). Das Ruhegeld wird im **Ruhestandsverhältnis** gewährt. Dieses ist das Dauerschuldverhältnis, das nach Ende des Arbeitsverhältnisses infolge Arbeitsunfähigkeit oder Erreichens der Altersgrenze an dessen Stelle tritt. Es ist selbst kein Arbeitsverhältnis; dessen Hauptpflichten (Arbeitsleistung, Arbeitsentgelt) bestehen nicht. Eine Pflicht zur Zahlung von **Ruhegeld** bedarf eines besonderen Rechtsgrunds (s Anm b); dieses ist zwar kein Lohn ieS, hat aber Versorgungs- und Entgeltcharakter und ist in jedem Falle Gegenleistung und damit besondere Vergütungsform, BAG BB **71,** 784, **73,** 522, auch bei Einschaltung einer Unterstützungskasse, BAG BB **79,** 1605, BVerfG BB

6. Abschnitt. Handlungsgehilfen und Handlungslehrlinge   6 § 59

84, 344. Die **Nebenpflichten** beider Teile aus dem Arbeitsverhältnis (Treuepflicht, Fürsorgepflicht) wirken nach, sind aber deutlich weniger intensiv; zB Wettbewerbsverbot, Schweigepflicht. Regelung heute in **BetrAVG,** dazu Komm: Heubeck-Höhne-Paulsdorff-Rau-Weinert, Bd I 2. Aufl 1981, Bischoff-Heubeck (LBl); Höfer-Abt, Bd 1 2. Aufl 1982, Bd 2 2. Aufl 1984; Blomeyer-Otto 1984; RsprÜbersichten: Griebeling 1985; Schaub RdA **80,** 155, NJW **82,** 362, ZIP **83,** 23, Neef NJW **84,** 343.

b) Rechtsgrund: Weder Gesetz noch Fürsorgepflicht verpflichten den Arbeitgeber zur Gewährung von Ruhegeld, BAG **16,** 50. Ruhegeldzahlung ist freiwillig. Rechtsgrundlagen sind TV, Betriebsvereinbarung, Einzelvertrag, Betriebsübung; nach BAG DB **63,** 1191 auch einseitige Aufstellung einer Ruhegeldordnung (besser: Vertragskonstruktion). Die Ruhegeldzusage ist formlos (keine Schenkung s Anm a), stillschweigend (Betriebsübung, BAG NJW **71,** 1422, s Anm 1 B e) und auch noch nach Eintritt in den Ruhestand möglich. Sie unterliegt dem Gleichbehandlungsgebot (s Anm 6 A, 7 A; BAG BB **82,** 1176 m Anm Ahrend ua DB **82,** 1563 (Teilzeitarbeit, verdeckte Frauendiskriminierung); Gleichbehandlungsgrundsatz verbietet aber nicht Stichtagsregelung für Versorgungsverbesserung, BAG BB **81,** 851. **Haftung des Arbeitgebers selbst** besteht grundsätzlich nur bei eigener Versorgungszusage (s Anm a); bei Bestehen einer selbständigen Unterstützungseinrichtung haftet er selbst nur, wenn er die Zuführung der Mittel ohne wirtschaftliche Notlage unterläßt, BAG BB **79,** 1605; Blomeyer BB **80,** 794; Ruhegeldanspruch bei Betriebsinhaberwechsel und Betriebsaufspaltung s Anm 2 B.

c) Entstehung, Anwartschaft: Der Ruhegeldanspruch entsteht unter den durch seinen Rechtsgrund (s Anm b) grundsätzlich frei gesetzten Bedingungen, zB Fortdauer des Arbeitsverhältnisses bis zum Eintritt des Versorgungsfalls, bestimmte Dauer der Betriebszugehörigkeit; aber gerichtliche Billigkeitskontrolle über Vertragsgestaltung, BAG BB **82,** 1733. Flexible Altersgrenze s § 6 BetrAVG. Schon vor Entstehung des Ruhegeldanspruchs kann Ruhegeldanwartschaft erlangt werden; sie ist bei Ende des Arbeitsverhältnisses vor Eintritt des Versorgungsfalls unter den Voraussetzungen der §§ 1–4 BetrAVG (seit 1974, keine Rückwirkung auf frühere Fälle, BAG BB **75,** 790, **82,** 51) zwingend unverfallbar (erdienter Teilwert); eine dem Arbeitgeber günstigere Regelung bleibt möglich, BAG BB **83,** 255. Anrechnung von Vordienstzeiten auf Unverfallbarkeitsfrist, s BAG BB **78,** 1571, **79,** 784. Wartezeit und Altersgrenze s BAG BB **83,** 1539. Für Kündigung, um die Anwartschaft zu vereiteln, gilt § 162 BGB. Unverfallbarkeitsfristunterbrechung bei Beendigung des Arbeitsverhältnisses, keine Pflicht zur Anrechnung bei Begründung eines neuen Arbeitsverhältnisses, BAG BB **82,** 1733. Vorschaltklauseln mit rein zeitbezogenen Merkmalen sind als Umgehung von § 1 BetrAVG unwirksam; aufschiebend bedingte Zusage, zB für den Fall der Fortdauer der Prokura (§ 52 HGB), ist wirksam, BAG **82,** 1426. Abfindung nach § 3 BetrAVG s Braun NJW **83,** 1590.

d) Widerruf, Kürzung: (1) Verschlechterung der durch TV oder Betriebsvereinbarung begründeten Versorgungsregelung ist durch ebensolchen Kollektivvertrag möglich; aber nicht für ausgeschiedene Arbeitnehmer, nicht für unverfallbare Anwartschaft, BAG **AP** § 1 BetrAVG Ablösung Nr 1, str, dazu Schwerdtner ZfA **75,** 171. (2) Verschlechterung der durch Einzelvertrag, Betriebsübung oder Gesamtzusage begründeten Versorgungsregelung ist mit Zustimmung des Arbeitnehmers möglich; jedoch nicht für unverfallbare Anwartschaft, sehr str; einseitig durch Arbeitgeber ist sie grundsätzlich nur bei Widerrufsvorbehalt zulässig, da keine Rechtspflicht zur Ruhegehaltszahlung besteht (s Anm b) und auch dann nur nach billigem Ermessen (**§ 315 BGB**), BAG BB **73**, 1308, **79**, 1605. Ausschluß des Rechtsanspruchs bedeutet Widerrufsvorbehalt, BAG BB **73**, 1308, **79**, 1605. Änderung der Versorgungsordnung einer Unterstützungskasse s BAG BB **82**, 246. Zu weit gehende Einschränkung des Widerrufsrechts durch BAG (nur bei Konkurs oder ähnlicher schwerer Notlage) trotz satzungsmäßigen Ausschlusses eines Rechtsanspruchs ist verfassungswidrig, triftiger Grund genügt, BVerfG BB **84**, 345; Konsequenzen daraus zieht BAG BB **84**, 2067 zunächst nur für Altfälle; triftiger Grund entspr § 16 BetrAVG (s Anm c) und nur wenn kein milderes Mittel vorhanden ist. Einseitige Verschlechterung ist auch bei **wirtschaftlicher Gefährdung** des Bestands des Unternehmens unter bestimmten Voraussetzungen zulässig: ua nur bei Sanierungsaussicht und Aufstellung von Sanierungs- und Sozialplan, BAG **24**, 63; nur im Kontakt mit Träger der Insolvenzsicherung, BAG BB **80**, 992, 1641, und nur bei unverzüglicher Einleitung und zügiger Durchführung des Verfahrens seitens des Arbeitgebers, BGH **93**, 383; bei Scheitern der Sanierung leben widerrufene Versorgungszusagen wieder auf, BAG BB **82**, 994; kein Widerruf bei Konkurs oder Stillegung aus wirtschaftlichen Schwierigkeiten, BAG BB **75**, 1114, **81**, 792. Für Widerruf der Zusage (bzw Kündigung des Ruhestandsverhältnisses, im Unterschied zum Widerruf ist für diese kein Vorbehalt nötig) reicht nicht mehr schon grobe Treuepflichtverletzung des Arbeitnehmers aus, sondern seit BetrAVG nur so **drastische Pflichtverstöße**, daß die Berufung auf die Versorgungszusage arglistig wäre (zB bei verheimlichten Verfehlungen, die eine fristlose Kündigung vor Unverfallbarkeit der Versorgungsanwartschaft getragen hätten), Grund: Ruhegeld ist bereits verdientes Entgelt, BAG BB **80**, 470, 1799, **83**, 198, 1100, BGH NJW **81**, 2407; auch Teilwiderruf ist möglich, BGH BB **84**, 367, BAG BB **80**, 1799, zweifelnd BAG BB **83**, 1416. (3) Verschlechterung der durch Einzelvertrag, Betriebsübung oder Gesamtzusage begründeten Versorgungsregelung ist nach BAG BB **82**, 187 auch durch **Betriebsvereinbarung** möglich (Grund: Notwendigkeit einheitlicher Regelung); aber auch diese unterliegt der gerichtlichen Billigkeitskontrolle (Rechtsgedanke des § 315 BGB, str), BAG BB **81**, 914, **82**, 186, 246; danach zB kein Eingriff in bereits erdiente Anwartschaften, aber Abbau von Überversorgung. Übersicht: Höfer-Küpper BB **82**, 565. (4) Grenzen setzt ferner das **Auszehrungsverbot** des § 5 BetrAVG, das Kürzung des Ruhestandsgelds durch Anrechnung anderer Beträge grundsätzlich nicht zuläßt. Übersichten: Lutter-Timm ZGR **83**, 269 (Betriebsrentenkürzung im Konzern), Wiedemann FS Stimpel **85**, 995.

e) Teuerungsanpassung: Zwecks Erhöhung von Ruhegeldern wegen Steigens der Lebenshaltungskosten hat der Arbeitgeber alle drei Jahre Anpassung nach billigem Ermessen zu prüfen und darüber zu entscheiden (§ 16 BetrAVG), erstmals 1. 1. 75, BAG BB **76**, 1029. Ansatzpunkt für Erhöhung ist Ausmaß der Verteuerung, nicht (wie früher) Opfergrenze, BAG BB **77**, 96; Arbeitgeber kann berücksichtigen, ob andere Arbeitnehmer mit anzupassen sind, BAG BB **77,** 146; Steigen der SozVersRenten ist nicht zu berücksichtigen (Abkoppelung), Anpassung nach billigem Ermessen, BAG BB **80,** 2630; volle Anpassung (nicht wie in Übergangszeit nur Hälftelung), wenn wirtschaftliche Lage des Arbeitgebers erlaubt; notfalls auch in Form von Einmalzahlungen, BAG BB **80,** 2270; keine absolute Obergrenze der Gesamtversorgung, BAG BB **80,** 417, möglicherweise relative Obergrenze, die auf die individuelle Situation bei der Pensionierung abstellt, BAG BB **80,** 419, 1746, **81,** 1835; dazu Höhne BB **80,** 944, Ahrend ua BB Beil 6/**80,** Kemper DB **80,** 541, 589. Keine Anpassung bei übermäßiger wirtschaftlicher Belastung des Arbeitgebers, BAG ZIP **85,** 889, 993. Anpassung unter Berücksichtigung der wirtschaftlichen Lage im Konzern, BAG BB **81,** 1900. Grenzen der Anpassung, Schumann ZIP **85,** 841.

f) Konkurs: Rückstände bis 6 Monate sind Masseschulden (§ 59 I Nr 3 d KO), bis 12 Monate bevorrechtigt (§ 61 I Nr 1 d KO, Text s § 84 Anm 8). Versorgungszusagen und unverfallbare Anwartschaften sind unter Übergang der Ansprüche gegen Arbeitgeber durch Pensionssicherungsverein **insolvenzgesichert** (§§ 7–15 BetrAVG). Insolvenzsicherung nicht für phG (§ 17 BetrAVG), auch nicht für ein oder mehrere GfterGeschäftsführer einer GmbH oder GmbH & Co., wenn sie nicht ganz unbedeutend an der Ges beteiligt sind und zusammen über die Mehrheit verfügen, BGH **77,** 94, 233; Tätigkeit zeitweise als Arbeitnehmer, zeitweise als Unternehmer s BGH NJW **81,** 2409, **83,** 2256. Pensionsrückstände sind bis zu sechs Monaten vor Eröffnung des Konkursverfahrens insolvenzgesichert (§ 7 BetrAVG, § 59 I Nr 3 KO analog), BGH **78,** 73.

g) Verjährung: Einzelne Raten in zwei Jahren, Ruhegeldstammrecht in dreißig Jahren, BAG BB **71,** 822. Keine Verwirkung des Ruhegeldstammrechts; Verwirkung einzelner Raten nur in Ausnahmefällen. Ausgleichsquittung erfaßt Ruhegeldansprüche außer bei ausdrücklicher Inbezugnahme nicht, BAG BB **74,** 280.

7) Nebenpflichten des Arbeitgebers

A. Rechtsgrundlagen, Gleichbehandlung, Rechtsfolgen von Pflichtverletzungen: Die **allgemeine Schutz- und Förderungspflicht** des Arbeitgebers (auch Fürsorgepflicht genannt; entspr die allgemeine Treuepflicht des HdlGehilfen, s Anm 6 B a) durchzieht das ganze Arbeitsverhältnis (in schwächerem Umfang schon ab Eintritt in die Vertragsverhandlungen, s Anm 4 A a) und besteht deshalb nur in möglichst kostensparender Form, BAG BB **73,** 1214. Der Arbeitnehmer ist gegen die mit dem Arbeitsverhältnis zusammenhängenden Gefahren zu sichern. Für Erhaltung seiner Arbeitskraft ist angemessen zu sorgen. Besondere Fürsorgepflichten folgen aus Gesetz, TV, Betriebsvereinbarung, Einzelvertrag, Betriebsübung (vgl Anm 1 B). Fürsorgepflicht verpflichtet keinesfalls zur Einstellung (s Anm 4 A b), auch nicht nach Ausbildungsverhältnis, BAG DB **74,** 344, oder nach Lösung des Arbeitsverhältnisses zwecks Fortbildung, BAG BB **78,** 257. Betriebliche Altersversorgung, Gratifikation und andere Sozialleistungen sind Arbeitsentgelt und deshalb nicht schon aufgrund Fürsorgepflicht zu gewähren. Vielmehr muß eine besondere Rechtsgrundlage (s Anm 1 B) hinzukommen, BAG **4,** 360, uU aber Pflicht zum Hinweis auf bestehende Versorgungsmöglichkeiten, LAG Hamm BB **82,** 1365. Bei **Verletzung** der

Fürsorgepflicht kann der HdlGehilfe Erfüllung oder Schadensersatz verlangen, auch für Einhaltung öffentlichrechtlicher Schutzvorschriften, in schweren Fällen fristlos kündigen. Folgen für Haftungsausschluß und -minderung s Anm 8. Die Fürsorgepflicht kann nicht im voraus völlig **abbedungen** werden. Sie **überdauert** das Arbeitsverhältnis nur in Ausnahmefällen, BAG **3,** 332; Monjau AuR **65,** 323, so bei Ruheständlern (s Anm 6 Ea). Der Arbeitgeber muß jedoch nach Billigkeit vermeiden, was für den Arbeitnehmer bei Suche nach neuem Arbeitsplatz nachteilig ist, BAG BB **73,** 1116. Aus der Fürsorgepflicht folgen **zahlreiche Einzelpflichten,** s Anm B–H.

Die Nebenpflichten des Arbeitgebers stehen wie die Entgeltpflicht (s Anm 6 A) und das gesamte Arbeitsverhältnis unter dem **Gleichbehandlungsgebot.** Rechtsgrundlagen für Gleichbehandlung bieten, in Geltung und Reichweite nicht deckungsgleich, Art 119 EWGV (Lohngleichheit, s Anm 6 A, aber nicht auch gleiche Arbeitsbedingungen für Mann und Frau, EuGH NJW **76,** 2068, **78,** 2445), Art 3 GG (s Anm 1 B a), nur mittelbare Wirkung für den Arbeitgeber, § 75 I BetrVG, §§ 611 a, 612 III BGB (Text s Anm 1 C) und der allgemeine arbeitsrechtliche Gleichbehandlungsgrundsatz. Letzterer wird auf die Fürsorgepflicht gestützt, str. Der Gleichbehandlungsgrundsatz gilt nur im bestehenden Arbeits- und Ruhestandsverhältnis (kein Vertragsabschlußzwang, s Anm 4 A b) und nur innerhalb des Betriebs (str, ob ausnahmsweise auch innerhalb des Unternehmens, so BAG MDR **66,** 876; uU auch im Konzern, Konzen ZGR **84,** 437, s Anm 2 A). Er begründet keinen Anspruch auf Gleichbehandlung im Unrecht, BAG DB **81,** 274. Inhaltlich geht er nicht auf schematische Gleichbehandlung, sondern dahin, daß der Arbeitgeber **nicht willkürliche Unterschiede** machen darf. Der Gleichbehandlungsgrundsatz hindert nicht vertraglich vereinbarte Ungleichbehandlung (vgl 6 A). Übersicht: Hunold DB Beil 5/**84.**

B. **Schutz von Leben und Gesundheit** des Arbeitnehmers am Arbeitsplatz s § 62.

C. **Schutz und Förderung der Persönlichkeit: a)** Der Arbeitgeber hat das allgemeine Persönlichkeitsrecht des Arbeitnehmers in Bezug auf Ansehen, soziale Geltung und berufliches Fortkommen zu beachten; bei Verletzung Widerrufs- bzw Beseitigungsanspruch (§§ 242, 1004 BGB); BAG BB **86,** 594. Pflicht zur menschen- und **personengerechten Arbeitsgestaltung** (vgl § 91 BetrVG), zB Schutz der freien Entfaltung der Persönlichkeit des Arbeitnehmers (§ 75 II BetrVG); keine unnötigen Eingriffe und Kontrollen; Beachtung der Mitwirkungs- und Beschwerderechte (§§ 82, 84 BetrVG).

b) Der Arbeitgeber schuldet dem Arbeitnehmer **Schutz vor ungerechter Behandlung** und Angriffen durch Vorgesetzte, Mitarbeiter und Dritte im Zusammenhang mit der Arbeit; zB zutreffende und ordnungsgemäß zustandegekommene **Beurteilung** des Arbeitnehmers und ihre schriftliche Festhaltung (s Anm e), uU Anspruch auf Entfernung einer schriftlichen Verwarnung aus den **Personalakten,** BAG BB **86,** 594; zumutbarer Widerstand gegen eine Druckkündigung, BAG **9,** 53; Schutz gegen unzutreffende Pressekampagne.

c) Beschäftigungspflicht des Arbeitgebers folgt aus Arbeitsvertrag (§§ 611, 242 BGB, Persönlichkeitsschutz), BAG GrS BB **85,** 1978. Der

Arbeitgeber darf Beschäftigung des HdlGehilfen gegen dessen Wunsch auch bei Fortzahlung des Gehalts nur ablehnen bei eigenen überwiegenden schutzwürdigen Interessen des Arbeitgebers, zB Wegfall der Vertrauensgrundlage oder zur Wahrung von Betriebsgeheimnissen, BAG GrS BB **85,** 1980; der Arbeitnehmer kann aber über das allgemeine ideelle Beschäftigungsinteresse hinaus ein zu berücksichtigendes besonderes ideelles oder materielles Beschäftigungsinteresse haben, zB Geltung in Berufswelt, Ausbildung, Erhaltung von Fachkenntnissen, BAG GrS BB **85,** 1980. Weiterbeschäftigungspflicht nach Kündigung s Anm 9 C b, D c. Verletzung der Pflicht gibt dem HdlGehilfen Erfüllungsanspruch, Schadensersatzanspruch, Grund zur fristlosen Kündigung. Für **Schwerbehinderte** besteht Beschäftigungspflicht nach SchwBG. Anspruch auf **Beförderung** hat Arbeitnehmer nur, wenn vertraglich vereinbart, BAG BB **69,** 580, **79,** 373; aber uU Anspruch auf **Versetzung** (Einschränkung des Direktionsrechts, s Anm 5 B a), BAG **7,** 321, **8,** 338, oder umgekehrt auf deren Unterlassung.

d) Der **Schweigepflicht** des Arbeitnehmers (s Anm 5 B b) entspricht eine solche des Arbeitgebers. Neuerdings kommt dazu der **Datenschutz.** Die Pflicht zur Sicherung personenbezogener Daten des Arbeitnehmers gegen Mißbrauch folgt aus BDSG und aus dem Persönlichkeitsrecht des Arbeitnehmers. Persönlichkeitsrechtsverletzung und uU Schmerzensgeldanspruch, wenn Arbeitgeber drittem Arbeitgeber ohne Einwilligung des Arbeitnehmers Einsicht in dessen Personalakten gibt, BAG DB **85,** 2307. Monographie Zöllner: 2. Aufl 1983; Komm BDSG s **(7)** Bankgeschäfte Anm I 8 B.

e) Die **Informations- und Auskunftspflicht** des Arbeitgebers (für den Arbeitnehmer s Anm 5 B e) umfaßt die Unterrichtung des Arbeitnehmers über seine Aufgabe und Tätigkeit, Unfall- und Gesundheitsgefahren, bevorstehende Veränderung in seinem Arbeitsbereich (§ 81 BetrVG); Erläuterung der Berechnung des Arbeitsentgelts, seiner dienstlichen Beurteilung (§ 82 BetrVG), auf Verlangen Begründung durch Angabe konkreter Tatsachen, BAG DB **79,** 1703, 2429 (Schaden uU in unterbliebener Beförderung). Einsicht in Personalakten nach § 83 BetrVG und ausnahmsweise weitergehend aufgrund Fürsorgepflicht, BAG BB **70,** 619; Schlessmann BB **72,** 579, Vogt BB **73,** 479. Bescheinigungen mit zutreffendem Inhalt; aber kein Anspruch auf einen bestimmten Inhalt, LAG Hamm DB **76,** 923. Zeugnis s § 73; darüber hinausgehende Auskünfte s § 73 Anm 3.

f) Sonstige Einzelpflichten, zB für notwendigen Versicherungsschutz zu sorgen, so ausreichende Haftpflichtversicherung von Kfz, mit dessen Führung der Arbeitnehmer betraut wird, BAG NJW **66,** 2233, uU auch Insassenversicherung, BGH BB **70,** 127; eingebrachte Sachen s Anm E.

D. Erholungsurlaub: Rechtsgrundlagen sind das BUrlG, das die Fürsorgepflicht konkretisiert; Komm: Dersch-Neumann, 6. Aufl 1981; Rspr-Übersicht Leinemann NZA **85,** 137; für Jugendliche JArbSchG. Schwerbehinderte haben Anspruch auf Zusatzurlaub; Mutterschaftsurlaub nach § 8a MuSchG (6 Monate ab Geburt), Schroeter BB **79,** 993, Braasch AuR **81,** 138. Für Erwachsenen beträgt der Mindesturlaub 18 Werktage (§ 3 BUrlG), Kollektiv- und Einzelvertrag gehen weiter. **Voraussetzung** des Urlaubsanspruchs ist Bestehen eines Arbeitsverhältnisses (sonst nur Abgeltung s unten), Ablauf und Wartezeit von idR 6 Monaten ab Beginn des

Arbeitsverhältnisses (§ 4 BUrlG; sonst Teilurlaub s unten), nicht Arbeitsleistung: also Urlaubsanspruch auch bei Teilzeitbeschäftigung, BAG BB **66,** 35, gegenüber mehreren Arbeitgebern, BAG BB **79,** 1349, bei gekündigtem Arbeitsverhältnis, BAG DB **79,** 1138; Siara DB **79,** 2276; trotz geringer Arbeitsleistung wegen Krankheit (kein Rechtsmißbrauch), gegen stRspr BAG BB **82,** 862, sehr str, aA Buchner DB **82,** 1823. Voller Anspruch entsteht erstmalig nach 6 Monaten, sonst **Teilurlaub,** auch bei Ausscheiden vor erfüllter Wartezeit oder in der ersten Hälfte eines Kalenderjahres (§§ 4, 5 BUrlG), BAG **18,** 345; Teilurlaubsanspruch gegen neuen Arbeitgeber, auch wenn voller Urlaubsanspruch schon gegen alten erworben war, BAG **18,** 153, aber keine Doppelgewährung (§ 6 BUrlG). **Anrechnung** von Krankheitstagen auf Urlaub ist unzulässig; ebenso für Kur- und Heilverfahren der SozVers oder sonstiger Sozialleistungsträger, soweit Anspruch auf Entgeltfortzahlung im Krankheitsfall besteht (§§ 9, 10 BUrlG), BAG **23,** 244, BB **67,** 250. Keine Anrechnung von Betriebsausflug, Betriebsruhetagen aus besonderem Anlaß ua. **Gewährung und Zeitpunkt** des Urlaubs nach Maßgabe einer Betriebsvereinbarung, § 87 I Nr 5 BetrVG), sonst des Direktionsrechts des Arbeitgebers (s Anm 5 Aa); die Ausübung des Direktionsrechts unterliegt aber der Billigkeitskontrolle (§ 315 BGB), BAG **AP** § 7 BUrlG Nr 5, und der Mitbestimmung (§ 87 I Nr 5 BetrVG). Anfechtung der Urlaubsgewährung (Willenserklärung) ist möglich, aber nicht rückwirkend. **Urlaubsentgelt** ist das durchschnittliche Arbeitsentgelt der letzten 13 Wochen vor Urlaubsantritt. Bei nicht nur vorübergehenden Verdiensterhöhungen während des Urlaubs oder Berechnungszeitraumes ist von erhöhtem Verdienst auszugehen, Verdienstkürzungen, zB Kurzarbeit, sind nicht zu berücksichtigen (§ 11 BUrlG). Urlaubsentgeltanspruch läuft auch bei Streik weiter, BAG BB **82,** 993. **Erwerbstätigkeit** während des Urlaubs ist verboten und führt zu Verlust des Anspruchs auf Urlaubsentgelt (§ 8 BUrlG), BAG BB **73,** 1260. **Erlöschen** bei Erfüllung; **mangels Übertragung** auf nächstes Kalenderjahr (nur bis 31. 3. und auch sonst nur bei dringenden betrieblichen oder in der Person des Arbeitnehmers liegenden Gründen) kommt es zum Verfall des Urlaubsanspruchs, wenn er bis Ende des Kalenderjahrs nicht geltend gemacht ist (§ 7 III BUrlG), BAG BB **82,** 2111, krit Kohte BB **84,** 614. Erlöschen ferner mit Ende des Arbeitsverhältnisses, aber Abgeltung; ausnahmsweise Verwirkung; Kündigungsschutzklage wahrt tarifliche Urlaubsausschlußfrist (Urlaubsverfallklausel), BAG BB **79,** 1143. **Abgeltung** der Urlaubsansprüche in Geld (zu unterscheiden vom Urlaubsentgelt und dem gratifikationsähnlichen Urlaubsgeld) ist grundsätzlich nur nach dem Ende des Arbeitsverhältnisses zulässig (§ 7 IV BUrlG), auch bei dauernder Arbeitsunfähigkeit, also ohne Rechtsmißbrauchseinwand des Arbeitnehmers, BAG BB **84,** 674, 1618, 2134, aA Kohte BB **84,** 618. Kein Verzicht wegen § 13 BUrlG, auch nicht nach Beendigung des Arbeitsverhältnisses und in gerichtlichem Vergleich, BAG BB **79,** 327, krit Schulte DB **81,** 940. Bei Arbeitsplatzwechsel kann der frühere Arbeitgeber bezahlte Urlaubsabgeltung nicht zurückfordern (§ 5 III BUrlG), Zahlung aber verweigern, soweit der Arbeitnehmer Urlaub vom neuen Arbeitgeber verlangen kann, BAG NJW **71,** 534. Urlaubsabgeltungsanspruch ist abtretbar und pfändbar (§ 815 Nr 2 ZPO ist nicht einschlägig). Unzulässige Abgeltung hebt Urlaubsansprüche nicht auf, kann nicht zurückgefordert werden, BAG **4,** 59.

6. Abschnitt. Handlungsgehilfen und Handlungslehrlinge 7 **§ 59**

Urlaubsgratifikation mit **Rückzahlungsklausel** bei Ausscheiden str, s BAG **15,** 23, s Anm B d. Ansprüche nach BUrlG sind **zwingend,** doch kann TV abweichen, mit Ausnahme der grundsätzlichen Regelung über Dauer des bezahlten Erholungsurlaubs und des Geltungsbereichs des BUrlG (§ 13 I BUrlG), BAG BB **65,** 123, 80, 1691. In Arbeitsverträgen kann auf einen abweichenden TV Bezug genommen werden. Zur **Wahrnehmung staatsbürgerlicher Rechte** (Art 48 GG), zur Ausübung öffentlicher Ehrenämter, für Beisitz bei ArbG (§ 26 ArbGG), zum Aufsuchen einer neuen Stelle (§ 629 BGB, s Text Anm 1 C), zur Beisetzung von Angehörigen, zu Familienfeiern (zB Hochzeit) des HdlGehilfen selbst oder naher Verwandter, ist Urlaub zu gewähren, BAG **4,** 189. Freistellung von Betriebsratsmitgliedern s § 37 III BetrVG. Anspruch auf **Bildungsurlaub** besteht nach Ländergesetzen. In der Privatwirtschaft besteht idR kein Anspruch auf **Sonderurlaub ohne Lohnfortzahlung** (unbezahlte Freistellung; kein Urlaub im Rechtssinn), von Hoyningen=Huene NJW **81,** 713; der Vorbehalt des Arbeitgebers, den Zeitpunkt der Rückkehr aus unbezahltem Urlaub allein zu bestimmen, ist aber nichtig, BAG BB **81,** 974. Bei Erkrankung während des unbezahlten Sonderurlaubs entsteht kein Entgeltanspruch, BAG BB **78,** 360; Marburger BB **78,** 104.

E. **Sicherung eingebrachter Sachen:** Der Arbeitgeber muß, soweit erforderlich und zumutbar, Unterbringungsmöglichkeit bereitstellen und für Sicherung sorgen, BAG **17,** 229; Pflicht zur Bereitstellung von Werkparkplätzen nur bei besonderen Umständen, BAG **9,** 31, dann aber Pflicht zur verkehrssicheren Erhaltung, bei besonderer Gefährdung wohl auch zur Absperrung, BAG BB **75,** 1343. Soweit Arbeitnehmer selbst Sicherungsmöglichkeiten hat, ist er selbst verantwortlich, BAG **17,** 229, BB **65,** 1068, **66,** 778. Den Arbeitgeber trifft **keine Versicherungspflicht** für eingebrachte Sachen, BAG **18,** 190, str; anders für Haftpflichtversicherung s Anm C f.

F. **Freistellung von Ersatzpflicht, Aufwendungsersatz:** Freistellungsanspruch bei Schadensersatzansprüchen Dritter s Anm 8 B b. **Aufwendungen,** die der HdlGehilfe zur Ausführung der Dienste gemacht hat und den Umständen nach für erforderlich halten durfte, hat der Arbeitgeber zu erstatten (§§ 675, 670 BGB, Vorschuß nach § 669 BGB, Text s § 86 Anm 1 C), aber nur soweit sie nicht durch das Arbeitsentgelt abgegolten sind, BAG NJW **63,** 1221. Bsp: Umzugskosten bei Versetzung, BAG BB **73,** 983; Fahrtkosten für Dienstfahrten, nicht aber für Fahrt zwischen Wohnung und Arbeitsstätte, BAG BB **77,** 446. **Personen- und Sachschäden** des HdlGehilfen selbst s Anm 8 A.

G. **Abführung von Lohnsteuer und Sozialversicherungsbeiträgen** obliegt dem Arbeitgeber, schuldhafte Verletzung macht ihn schadensersatzpflichtig, stRspr BAG BB **82,** 1056; bei Lebensversicherung auch gegenüber Bezugsberechtigten nach Tod des Arbeitnehmers (§ 328 BGB), BAG WM **82,** 245. Behält Arbeitgeber zu wenig Lohnsteuer ein, kann er Nachzahlung an Finanzamt vom Arbeitnehmer erstattet verlangen (§ 670 BGB), BAG BB **79,** 1040; anders bei Arbeitnehmeranteilen zur Sozialversicherung, diese dürfen nur vom Lohn abgezogen werden, BAG DB **78,** 698. Probleme der Arbeitspapiere (Lohnsteuer, Versicherung) s Becker=Schaffner DB **83,** 1304.

H. **Nebenpflichten bei Beendigung des Arbeitsverhältnisses: a)** Freizeit zur Stellungssuche s § 629 BGB (Text s Anm 1 C); Entgeltpflicht bleibt bestehen, § 616 BGB (Text s Anm 1 C). Bei unberechtigter Verweigerung kein eigenmächtiges Fernbleiben, sehr str, aber einstweilige Verfügung, Schadensersatz und außerordentliche Kündigung (s Anm 9 C e). **b)** Zeugniserteilung s § 73.

8) Haftungsbesonderheiten

A. **Haftung des Arbeitgebers: a) Für Personenschäden aus Arbeitsunfällen** haftet der Arbeitgeber nur bei Vorsatz oder wenn der Arbeitsunfall bei der Teilnahme am allgemeinen Verkehr eingetreten ist (§ 636 RVO); das gilt entspr für den schädigenden, im gleichen Betrieb tätigen Arbeitskollegen, wenn dieser den Arbeitsunfall durch eine betriebliche Tätigkeit verursacht (§ 637 RVO, s Anm B c); der Arbeitnehmer hat stattdessen Unfallversicherungsschutz nach RVO. **Arbeitsunfall** (§§ 548 ff RVO) umfaßt alle mit dem Arbeitsverhältnis zusammenhängenden Tätigkeiten einschließlich Weg nach und von Tätigkeitsort (§ 550 RVO) und Berufskrankheit (§ 551 RVO); darüber entscheidet allein und bindend das Sozialgericht (§ 638 RVO). Teilnahme am allgemeinen Verkehr s Faecks NJW **73**, 1021. Der Haftungsausschluß betrifft alle Ansprüche des Arbeitnehmers, seiner Angehörigen und Hinterbliebenen aus anderen Rechtsgründen (Vertrag, Delikt, Schmerzensgeld). Kein Anspruchsübergang nach §§ 116, 117 SGB. Rückgriff des SozVersTrägers nur bei Vorsatz und grober Fahrlässigkeit (§ 640 RVO).

b) Für **Sachschäden** des Arbeitnehmers haftet der Arbeitgeber ohne Besonderheiten, also bei jedem Verschulden. Hinzu tritt **Haftung ohne Verschulden** für Sachgüter des Arbeitnehmers bei schadens- bzw **gefahrgeneigter Arbeit** (s Anm B a) nach dem Grundsatz der **Risikozurechnung**, Canaris RdA **66**, 41, Genius AcP 173 (**73**) 504, nach Rspr aufgrund **§ 670 BGB** (unter Hinweis auf § 110) BAG GrS **12**, 15, BGH **38**, 277, **89**, 157. Danach haftet der Arbeitgeber nur bei außergewöhnlichen, nicht durch die Arbeitsvergütung besonders abgegoltenen Schäden aus gefährlicher Arbeit, BAG GrS **12**, 15, BB **81**, 183. Für Schäden am Kfz des Arbeitnehmers haftet der Arbeitgeber (ohne eigenes Verschulden) nur, wenn er Benützung verlangt hat oder wenn Unfall bei gefährlicher Arbeit eingetreten und Schaden außergewöhnlich hoch, BAG BB **79**, 783; ebenso wenn der Arbeitgeber ohne Einsatz des ArbeitnehmerKfz ein eigenes Kfz hätte einsetzen und dessen Unfallgefahr tragen müssen, BAG BB **81**, 183; abgestufte Berücksichtigung des Mitverschuldens des Arbeitnehmers, BAG BB **81**, 183. Wegstreckenentschädigung ist Beitrag zu Betriebskosten, keine schadensabgeltende Vergütung, LAG Ffm NJW **81**, 2272. Vertragliche Regelung s Hohn BB **78**, 1474.

B. **Haftung des Handlungsgehilfen: a)** Für die Haftung **gegenüber dem Arbeitgeber** gelten die Besonderheiten der schadens- bzw gefahrgeneigten Arbeit (für Sachschäden des Arbeitnehmers selbst s Anm A b). **Schaden aus gefahrgeneigter Arbeit**, den der Arbeitnehmer weder vorsätzlich noch grob fahrlässig verursacht, ist **Teil des Betriebsrisikos** und daher **vom Arbeitgeber allein zu tragen**, BAG BB **83**, 1157 m Anm Gamillscheg AuR **83**, 317, str (anders früher zB BAG NJW **59**, 1796, **71**, 957: Herleitung aus Fürsorgepflicht und in den Rechtsfolgen dreigeteilte Fahrlässigkeit, nämlich bei leichter Fahrlässigkeit Quotelung und nur bei leichtester Fahrlässigkeit Entlastung); zur neuen Rspr Kohte BB **83,** 1603. Das Betriebsrisiko ist ein verschuldensunabhängiger haftungsbegründender Umstand; der Arbeitgeber darf dieses Risiko nicht auf den Arbeitnehmer abwälzen. Gefahrgeneigte Arbeit ist bisher noch Voraussetzung; mit **Ausdehnung auf alle Fälle betrieblicher Tätigkeit** ist aber zu rechnen, BAG BB **84,** 1876; Schadensverursachung in Ausführung einer betrieblichen Tätigkeit setzt voraus, daß die Verfolgung betrieblicher Zurede entsprechende Schadensursache ist, BAG BB **84,** 1876 (Unfall auf Umweg); Anrufung des GrS, BAG BB **85,** 2243 (Krankenhausschwester); Denck NZA **86,** 80, Brox-Walker DB **85,** 149. **Gefahrgeneigte Arbeit** im bisherigen Sinn liegt vor, wenn nach der Eigenart der Arbeit auch dem sorgfältigen Arbeitnehmer mit großer Wahrscheinlichkeit gelegentlich Fehler mit Schadensfolgen unterlaufen, die isoliert gesehen vermeidbar wären. Das Vorliegen einer gefahrgeneigten Arbeit ist nicht abstrakttypisierend, sondern konkret-situationsmäßig zu beurteilen, zB an sich nicht gefahrgeneigte Tätigkeit bei Überlastung, BAG BB **70,** 443, umgekehrt ist nicht jedes Führen von Kfz stets gefahrgeneigt; auch bestimmte Büroarbeiten, nicht aber Tätigkeit des Justitiars eines Unternehmens, BAG NJW **70,** 34; Haftungserleichterung kann uU auch **leitenden Angestellten** zugute kommen, BAG BB **77,** 245 (bei Überwachung einer Baustelle), aA BAG NJW **70,** 34 str. Der Haftungsausschluß betrifft nicht nur Anspruch des Arbeitgebers gegen den Arbeitnehmer, sondern auch gegen Zweitschädiger, in Höhe von dessen Ausgleichsanspruch gegen den Arbeitnehmer (§§ 840, 426 BGB), Karlsr OLGZ **69,** 157. Für **grobe Fahrlässigkeit** sind auch subjektive Gesichtspunkte zu berücksichtigen, BAG BB **72,** 660, 797, **73,** 1396, zB Unerfahrenheit. Bei arbeitsbedingter Übermüdung kann grobe Fahrlässigkeit des Arbeitnehmers vorliegen; Übermüdung fällt aber uU als Betriebsrisiko haftungsmindernd ins Gewicht (vgl Anm 5 B d); Übersicht: Kohte DB **82,** 1617. Regreß des Arbeitgebers ist nach Stgt BB **80,** 1160 nicht höher als bei Vollkaskoversicherung mit Selbstbeteiligung, aA LAG RhPf DB **81,** 223 (Rückgriff des Versicherers bei grober Fahrlässigkeit). Für Verjährung bei Beschädigung von Firmenwagen gelten nicht §§ 558, 606 BGB (6 Monate), BAG BB **84,** 1809. Pflicht des Arbeitgebers zum Abschluß von Versicherung s Anm 7 C f. RsprÜbersicht: Eich NZA **84,** 65.

b) Für die **Haftung gegenüber Dritten** (ohne Unterschied zwischen Körperschäden und Sachschäden) gelten entspr Grundsätze. Der Arbeitgeber schuldet danach dem Arbeitnehmer bei **gefahrgeneigter Arbeit** unter denselben Voraussetzungen wie nach Anm a **Freistellung von Ersatzpflicht.** Nur so bleibt das Betriebsrisiko beim Arbeitgeber. Der Dritte kann also von dem Arbeitnehmer uneingeschränkt Schadensersatz fordern, BGH **41,** 203, dieser kann aber volle Freistellung vom Arbeitgeber verlangen, außer bei Vorsatz und grober Fahrlässigkeit. Das gilt auch gegenüber dem Regreßanspruch eines Versicherers, Düss NJW **68,** 252.

c) Für die **Haftung gegenüber Arbeitskollegen** gilt bei **Sachschäden** dasselbe wie für die Haftung gegenüber Dritten (s Anm b); § 637 RVO greift nicht ein. Der Arbeitskollege kann von dem Arbeitnehmer vollen Ersatz verlangen, dieser hat aber bei gefahrgeneigter Arbeit Freistellungsanspruch gegen den Arbeitgeber. Anders bei **Körperschäden:** Die Haftung des Arbeitnehmers gegenüber Arbeitskollegen, die im gleichen Betrieb (nicht schon Unternehmen) tätig sind, entfällt, wenn der Arbeitnehmer den Arbeitsunfall durch eine betriebliche Tätigkeit verursacht, nach §§ 636, 637 RVO, außer bei Vorsatz oder wenn der Arbeitsunfall bei der Teilnahme am allgemeinen Verkehr, zB gemeinsamer Fahrt zur Arbeitsstelle, BGH BB **67**, 1482, eingetreten ist (s Anm A a). Die Haftung entfällt also auch bei grober Fahrlässigkeit und ohne Rücksicht, ob Arbeit gefahrgeneigt ist oder nicht. Das gilt also zB auch bei Verkehrsunfall infolge Trunkenheit, BGH BB **68**, 333, auch bei Betriebsfahrt im arbeitnehmereigenen Pkw, BGH BB **68**, 1427. Es gilt aber nur bei Schädigung von Arbeitnehmern desselben Betriebs, auch betriebsfremder Arbeitnehmer, die vorübergehend in den Betrieb eingegliedert sind, BAG BB **74**, 885, **78**, 1522; bei solchen aus anderen Betrieben des Unternehmens bestehen volle Haftung und eventueller Freistellungsanspruch gegen den Arbeitgeber, BAG **18**, 8.

d) Mankohaftung: Für Kassen- oder Warenfehlbestand soll der zuständige Arbeitnehmer grundsätzlich ohne Einschränkung für jedes Verschulden haften, hL, Rspr, bedenklich; jedenfalls in Ausnahmefällen, zB bei offenkundiger Überlastung des Arbeitnehmers oder bei großen Umsätzen in kleinen Einzelbeträgen, sind die Grundsätze der gefahrgeneigten Arbeit heranzuziehen, Schaub § 52 X 4, str. Die Rspr versucht Korrekturen durch Zuweisung der Beweislast an Arbeitgeber, zB wenn der Arbeitnehmer nicht den alleinigen Zugang zur Kasse oder zum Lager hatte, BAG BB **70**, 173, 801, und durch Annahme von Mitverschulden des Arbeitgebers, zB vor allem bei Organisationsmängeln. Der Arbeitgeber muß beweisen, wieviel der Kasse zugeflossen ist, der Arbeitnehmer, welche Ausgaben er gemacht hat und daß der Fehlbetrag durch von ihm nicht zu vertretende Umstände verursacht ist, BAG BB **75**, 744, NJW **86**, 865; bei alleinigem Zugang zur Kasse, den Arbeitgeber beweisen muß, gilt § 282 BGB zu Lasten des Arbeitnehmers, BAG NJW **85**, 219. § 254 BGB entfällt bei absichtlichem oder strafbarem Handeln des Arbeitnehmers, BAG BB **71**, 705. Weitergehende, auf Risikoübernahme des Arbeitnehmers gehende **Mankoabrede** ist zulässig; Grenzen §§ 138, 242 BGB, so wenn das Risiko nicht durch entspr Gehalt oder Mankogeld abgegolten wird, BAG NJW **86**, 865, oder dem Arbeitnehmer keine zumutbare Risikoüberwachung möglich ist, BAG BB **74**, 463. Übersichten: Bleistein DB **71**, 2213, Reinecke ZfA **76**, 215.

9) Ende des Arbeitsverhältnisses, Kündigungsschutz

A. **Befristung, auflösende Bedingung:** Befristung des Arbeitsverhältnisses ist grundsätzlich zulässig (§ 620 BGB, Text s § 59 Anm 1 C), aber zum Schutz des Arbeitnehmers ganz erheblich eingeschränkt. Auflösende Bedingungen stehen wegen der Unsicherheit für den Arbeitnehmer der Befristung nicht gleich. Sie sind deshalb grundsätzlich unzulässig, außer wenn sie vornehmlich den Interessen des Arbeitnehmers dienen oder ihr Eintritt allein von dessen Willen abhängen, BAG BB **82**, 368 (noch offen), str. Widerrufsvorbehalt, der zur Umgehung des Kündigungsschutzes führt, ist unwirksam, BAG BB **83**, 1791. **a)** Befristung muß **eindeutig** durch kalendermäßigen Zeitablauf oder Zweckerfüllung **erkennbar** sein, BAG BB **68**, 83. Häufig bei Probe- und Aushilfsarbeitsverhältnissen, zB zum Ausverkauf, zur Inventur. Das nach Ablauf mit Wissen des Arbeitgebers fortgesetzte Arbeitsverhältnis gilt als auf unbestimmte Zeit verlängert, wenn der Arbeitgeber nicht unverzüglich widerspricht (§ 625 BGB, Text s Anm 1 C), BAG BB **60**, 554, **61**, 484, **67**, 79. **b)** Auf Befristung (von über sechs Monaten, BAG BB **84**, 59) kann sich der Arbeitgeber **nur** berufen, **wenn sachliche Gründe für Befristung** vorgelegen haben und Vertragsinhalt wurden BAG GrS **10**, 65, BB **82**, 557. § 1 II KSchG ist dann nicht entspr anwendbar, BAG BB **80**, 1324. Ohne solche Gründe ist Wegfall des Kündigungsschutzes ungerechtfertigt (Umgehung), Arbeitsverhältnis gilt dann als unbefristet, KSchG greift ein, stRspr BAG BB **80**, 1692; Dammann AuR **78**, 65; ebenso andere Kündigungserschwerungen und Verbote wie MuSchG, BAG **1**, 136, BB **59**, 160, die bei wirksamer Befristung nicht eingreifen, BAG GrS **10**, 65. Ausnahme für Rundfunk und Fernsehen s BAG BB **83**, 1855. Grundsätzlich keine Weiterbeschäftigungspflicht während Prozeß (vgl Anm 9 Dc), GrS ist angerufen, BAG BB **85**, 592. **Beispiele:** Zulässig ist Befristung bei betimmter, überschaubarer Arbeitsaufgabe, vorübergehendem Arbeitsausfall oder Saisonarbeit, Bindung der Stelle an Drittmittel, spezielle berufliche Ausbildung; zwecks Vertretung (nicht Dauervertretung) eines Mitarbeiters, BAG BB **82**, 435, DB **84**, 621, aber nur, wenn Zeitpunkt der Zweckerfüllung voraussehbar ist und in überschaubarer Zeit liegt, BAG DB **83**, 1551; bei gerichtlichem und außergerichtlichem Vergleich, BAG BB **85**, 2174. Bei tariflicher Zulassung ist fortgesetzte Befristung idR gerechtfertigt, BAG BB **70**, 488. Unzulässig ist zB Befristung „zur ständigen Aushilfe", BAG BB **71**, 219, DB **80**, 1996, oder um Arbeitsplatz für anderen Arbeitnehmer offen zu halten, BAG BB **70**, 1302, oder um das Unternehmerrisiko (Beschäftigungsrisiko) einseitig abzuwälzen, BAG BB **82**, 369. Unsicherheit künftiger Finanzierung stellt keinen sachlichen Grund dar, BAG BB **82**, 557, 1174. Bei zunehmender Dauer der Befristung sind höhere Anforderungen an Grund zu stellen, BAG BB **78**, 501. Bei mehreren Zeitverträgen nacheinander **(Kettenarbeitsverhältnis)** sind sachlicher Grund und Dauer für jeden Vertrag einzeln zu prüfen, BAG BB **82**, 433, 435. Unzulässige „Dauervertretung" setzt voraus, daß fristüberschreitende Beschäftigung bereits bei Vertragsschluß vorgesehen war, BAG DB **85**, 2152. Zulässig ist Befristung auf Wunsch des Arbeitnehmers, wenn bei Vertragsschluß objektive Anhaltspunkte für Interesse des Arbeitnehmers daran da sind, BAG BB **85**, 2045; Befristung zur Erprobung, aber nur wenn dieser Zweck Vertragsinhalt wird, BAG BB **82**, 557, dann idR nach Vorbild von § 1 KSchG bis zu sechs Monaten; bei besonderen Anforderungen zwar keine längere Befristung, aber Arbeitsverhältnis mit Vorbehalt der Kündigung bei Nichtbewährung, BAG BB **78**, 1265. Dreiwochenfrist des § 4 KSchG gilt nicht für die Geltendmachung der Unwirksamkeit der Befristung, BAG BB **79**, 1557. RsprÜbersicht (Befristung) Koch NZA **85**, 345. **c)** Befristete Arbeitsverhältnisse sind ohne besondere Abrede **nicht** vorzeitig **ordentlich kündbar**, auch nicht durch Arbeitnehmer, BAG **18**, 8; ebenso befristeter und zusätzlich auflösend bedingter Arbeitsvertrag, BAG BB **80**, 1692. Ist Kündigung vorbehalten, können im Aushilfsarbeitsverhältnis kürzere als die in § 622 I, II 1 BGB genannten Kündigungsfristen vereinbart werden, außer wenn das Aushilfsarbeitsverhältnis über drei Monate hinaus fortgesetzt wird (§ 622 IV BGB); für die übrigen befristeten **Arbeits**verhältnisse einschließlich Probearbeitsverhältnisse verbleibt es bei

§ 622 I–III BGB (Text s Anm 1 C). Probearbeitsverhältnis kann auch unbefristet sein, deshalb muß Befristung ausdrücklich vereinbart werden. **d) Außerordentliche Kündigung,** fristlos oder befristet, kann auch im befristeten Arbeitsverhältnis nicht ausgeschlossen werden (§ 626 BGB, Text s Anm 1 C). Übersichten zur Befristung: Falkenberg DB **71,** 430, **79,** 590, Jobs-Bader DB Beil 21/**81,** Mache BB **81,** 243. **e) Befristung nach BeschFG 1985:** Vom 1. 5. 85 bis 1. 1. 90 ist einmalige Befristung bis auf 18 Monate (bei neuen und Kleinbetrieben uU 24 Monate) möglich, wenn Arbeitnehmer neu eingestellt wird; auch im unmittelbaren Anschluß an Berufsausbildung. Kurzkomm: Lorenz 1985. Übersicht: Otto NJW **85,** 1807.

B. **Nichtigkeit, Anfechtung:** Der Arbeitsvertrag ist nach allgemeinen Regeln nichtig, zB §§ 134, 138 BGB, bzw anfechtbar wegen Irrtums, widerrechtlicher Drohung, Täuschung (§§ 119, 123, 142 BGB); aber Einschränkungen der Nichtigkeitsfolgen, s Anm c. **a) Anfechtung durch Arbeitgeber:** Ein den Arbeitgeber zur Anfechtung berechtigender **Irrtum** kann namentlich vorliegen über im Verkehr als wesentlich geltende Eigenschaften (**§ 119 II BGB**), zB mehr als kurzfristige **Krankheit** (Epilepsie) mit der Folge mangelnder oder erheblich beeinträchtigter Fähigkeit zur übernommenen Arbeit, BAG BB **74,** 933; einschlägige **Vorstrafen** (s Anm 4 A c), Linnenkohl AuR **83,** 129. **Schwangerschaft** ist idR keine verkehrswesentliche Eigenschaft, anders wenn die Frau die Arbeit nicht ausüben kann (Mannequin, Sportlehrerin, Tänzerin ua) oder wenn sie (bei nur vorübergehender Einstellung) aufgrund des Beschäftigungsverbots nach MuSchG für eine im Verhältnis zur Gesamtdauer erhebliche Zeit ausfiele, BAG BB **62,** 1435; Anfechtung wegen Täuschung über die Schwangerschaft (§ 123 BGB), nur bei wissentlich falscher Antwort auf die Frage nach Schwangerschaft oder, ohne Befragung, wenn die Arbeitnehmerin erkannte, daß eine Schwangere die vertragliche Arbeit nicht verrichten konnte, und wissentlich die Schwangerschaft verschwieg, BAG **2,** 32, **11,** 270. Kein Anfechtungsgrund ist falsche Angabe über die bisherigen Bezüge, wenn diese für die erstrebte Stelle keine Aussagekraft und der Bewerber sie auch nicht von sich aus als neue Mindestvergütung gefordert hat, BAG BB **84,** 533. Anfechtung wegen arglistiger Täuschung (**§ 123 BGB**) nur, wenn der Arbeitnehmer ausnahmsweise von sich aus aufklärungspflichtig war oder wenn er auf eine zulässige Frage die Unwahrheit sagte (s Anm 4 A c). Täuschung über Dauer und Zahl von Vorarbeitsverhältnissen (aber nicht mehr nach fünf Jahren), BAG **22,** 278; Täuschung durch Vorlage eines wie verlangt handgeschriebenen, aber nicht eigenhändigen Lebenslaufs, BAG DB **83,** 2780. Anfechtung einzelner Arbeitsbedingungen ist zulässig, wenn nur dieser Teil auf arglistiger Täuschung beruht, und noch ein in sich sinnvoller Vertrag verbleibt, BAG **22,** 344, sonst ist idR der ganze Vertrag nichtig (§ 139 BGB). Nichtige fristgemäße Kündigung ist grundsätzlich nicht in Anfechtung umdeutbar, BAG BB **75,** 1638. Übersicht: Wolf-Gangel AuR **82,** 271 (Anfechtung und Kündigungsschutz).

b) Anfechtung durch Arbeitnehmer ist bei gleichen Voraussetzungen ebenfalls möglich, zB wegen Verschweigens des bevorstehenden Betriebsinhaberwechsels, LAG Hamm BB **59,** 707. Anfechtung der eigenen Kündigung wegen Drohung des Arbeitgebers mit außerordentlicher Kündigung; Drohung ist aber nicht rechtswidrig, wenn verständiger Arbeitgeber diese

Kündigung ernsthaft erwogen hätte (einerlei ob sie bei Gericht Bestand gehabt hätte), BAG BB **80**, 1213.

c) **Rechtsfolgen:** Das Anfechtungsrecht bleibt **neben** etwaigem Recht zur **außerordentlichen Kündigung** bestehen, BAG BB **74**, 933. Es unterliegt nicht den Kündigungsschutzvorschriften (wichtig für Arbeitsverhältnisse, die besonderen Kündigungsbeschränkungen, zB MuSchG, SchwBG, unterliegen, s Anm E). Offen ist, ob die dreiwöchige Klagefrist nach § 4 KSchG entspr gegenüber Anfechtung gilt, BAG BB **80**, 834. **Anfechtungsfrist** im Falle von §§ 119 II, 121 I BGB unverzüglich, aber spätestens zwei Wochen nach Kenntnis von Anfechtungsgrund (§ 626 II BGB entspr, s Anm C), BAG BB **80**, 834; im Falle von § 123 BGB gilt Jahresfrist des § 124 BGB, § 626 II BGB ist nicht entspr anwendbar, ausnahmsweise ist aber Verwirkung möglich, BAG BB **84**, 534. Gegen Annäherung von Anfechtung und Kündigung Picker ZfA **81**, 1. Kein Nachschieben von Anfechtungsgründen nach Ablauf der Anfechtungsfrist, BAG BB **81**, 1156; anders bei außerordentlicher Kündigung, s Anm C d. Geltendmachung der **Nichtigkeit** des in Vollzug gesetzten Arbeitsvertrages wirkt grundsätzlich **nur für die Zukunft** (s Anm 4 Bb), mangels Invollzugsetzung dagegen ex tunc (§ 142 I BGB), entspr bei Außerfunktionsetzung, BAG DB **83**, 2780.

C. **Kündigung** (§§ 622ff BGB, Text s Anm 1 C; bis 1969 §§ 66–72): **a)** Die **Kündigungserklärung** ist eine **einseitige empfangsbedürftige Willenserklärung;** wenn unzweideutig, braucht das Wort „Kündigung" nicht vorzukommen. Der Kündigende muß **Vollmacht** haben; Kündigung durch Sachbearbeiter (nicht Leiter) der Personalabteilung kann zurückgewiesen werden, wenn keine Vollmachtsurkunde vorgelegt wird, aber nur unverzüglich, BAG BB **79**, 166. Die Kündigung ist schon vor Beginn des Arbeitsverhältnisses möglich, auch mit Wirkung schon vorher (für die ordentliche Kündigung str), LAG Ftm DB **81**, 532. **Keine** gesetzliche **Form,** Ausnahme zB § 15 III BerBG. Nichtbeachtung einer durch TV vereinbarten Form macht iZw nichtig (§ 125 S 2 BGB), außer wenn diese Form nur das Zugehen der Kündigung und deren Nachweis sichern soll. **Zugang** der Kündigung richtet sich unter Abwesenden nach § 130 BGB; bei Frist an bestimmtem Tag nicht bis 24 Uhr, BAG BB **84**, 855; Kündigungsschreiben muß selbst zugehen, Postnachricht über Einschreibebrief genügt nicht. Aushändigung an Zimmervermieter ist Zugang, BAG BB **76**, 696; Moritz BB **77**, 400. Zugang erst nach Rückkehr aus dem (dem Arbeitgeber bekannten) Urlaub, BAG BB **81**, 1030 m krit Anm Wenzel. Ist Kündigung durch Einschreibebrief vereinbart, genügt iZw Zugang eines nicht eingeschriebenen Briefs, BAG BB **80**, 369. Bei Vereiteln des Zugangs oder Nichtannahme ist Einwand des Nichtzugangs ausgeschlossen (§ 242 BGB), BAG BB **77**, 846, zB Nichtmitteilung des Wohnungswechsels. **Frist** für Kündigung: s ordentliche Kündigung Anm c, außerordentliche (fristlose) Kündigung s Anm d. Die Kündigung ist **bedingungsfeindlich;** anders nur wenn der Eintritt der Bedingung allein vom Gekündigten abhängt (Potestativbedingung), zB Änderungskündigung, BAG BB **68**, 1042. „Vorsorglich" ist nicht bedingt. Die Kündigung ist nach Zugang **unwiderruflich** (§ 130 I 2 BGB); einverständliche Aufhebung ist bis zum Ende des Arbeitsverhältnisses möglich, danach bleibt nur Neuabschluß.

Sie ist wie jede Willenserklärung anfechtbar. **Teilkündigung** ist unzulässig, da auf einseitige Vertragsänderung gerichtet; doch kann Widerrufsvorbehalt vorliegen, der aber nach § 315 BGB nur nach billigem Ermessen erfolgen kann und nicht Kündigungsschutz umgehen darf, BAG BB **83**, 1791; **Änderungskündigung** ist idR ordentliche Kündigung mit Angebot der Weiterbeschäftigung zu geänderten Bedingungen, ausnahmsweise auch außerordentliche Kündigung, BAG BB **73**, 1212. Sie kann Kündigung mit zulässiger (Potestativ)Bedingung oder unbedingte Kündigung mit Angebot zu neuem Vertragsschluß sein. Sie unterliegt den allgemeinen Kündigungsvorschriften, auch betr Kündigungsschutz (§ 2 KSchG, s Anm D), Übersichten: Schmidt NJW **71**, 684, Wenzel MDR **77**, 805. **Angabe von Gründen** ist nicht Wirksamkeitsvoraussetzung der Kündigung, BAG **7**, 304, BB **73**, 1396; anders wenn in TV vereinbart, dann ist Kündigung ohne Begründung nichtig, LAG Brem **AP** § 125 BGB Nr. 1. Sonst ist Begründung nur nachträglich auf Verlangen des Arbeitnehmers nötig (§ 1 III 1 KSchG für die ordentliche, § 626 II 3 BGB für die außerordentliche Kündigung). Nachschieben von Kündigungsgründen s Anm d. Die **Beweislast** für die Kündigungsgründe liegt bei dem Kündigenden, so für die ordentliche Kündigung durch den Arbeitgeber § 1 II 4 KSchG.

b) Anhörung des Betriebsrats ist **vor jeder Kündigung** (auch fristloser Kündigung, auch Änderungskündigung) zwingend erforderlich; der Arbeitgeber muß dem Betriebsrat zuvor die wesentlichen Gründe (nicht nur pauschal, aber auch nicht so substantiiert wie im Kündigungsschutzprozeß) mitgeteilt haben, BAG BB **81**, 1095. Eine **ohne Anhörung ausgesprochene Kündigung** ist **unwirksam (§ 102 I BetrVG).** Bei leitenden Angestellten besteht nur Mitteilungspflicht ohne Auswirkung auf die Kündigung (§ 105 BetrVG), BAG BB **76**, 743, zur vorsorglichen Anhörung bei Zweifeln, ob Angestellter leitend ist, BAG BB **80**, 628. § 102 I BetrVG gilt ohne Erleichterung bei Kündigung vor Beginn des Kündigungsschutzes, BAG BB **79**, 322, 323, 1094; auch während Streik bei nicht arbeitskampfbedingter Kündigung, BAG BB **79**, 1142; auch in Eilfällen, zB bei Betriebsstillegung, BAG NJW **77**, 2182; auch für ausländische Arbeitnehmer, BAG NJW **78**, 1124. Anhörung nur des Betriebsratsvorsitzenden reicht nicht aus. Mündliche Anhörung genügt. Anhörung zu beabsichtigter ordentlicher Kündigung deckt nicht außerordentliche, BAG NJW **76**, 2367; umgekehrt ist, wenn außerordentliche Kündigung auch als ordentliche gelten soll, deutlicher Hinweis an Betriebsrat notwendig, sonst ist nochmals anzuhören, BAG BB **79**, 371. Zur Anhörung wegen sozialer Auswahl bei betriebsbedingter Kündigung BAG BB **84**, 1990. Heilung der unzureichenden Anhörung nur, wenn der Betriebsrat ausdrücklich und vorbehaltlos zustimmt, nicht schon wenn er „abschließend" Stellung nimmt, BAG BB **79**, 1094. Abschließende Bildung des Kündigungswillens schon vor Anhörung ist auf die im übrigen ordnungsgemäße Anhörung ohne Einfluß, BAG BB **79**, 1094. Erläuterung (Substantiierung und Konkretisierung) der mitgeteilten Kündigungsgründe im Prozeß ist zulässig, dagegen **nicht Nachschieben** von Gründen, die vor Kündigung entstanden, dem Arbeitgeber bekannt und dem Betriebsrat nicht mitgeteilt waren, BAG BB **81**, 1895; auch nicht wenn Betriebsrat schon ohne diese Gründe zugestimmt oder Arbeitgeber sie ihm nachträglich mitgeteilt (und ihn angehört) hat, BAG BB **81**, 2008.

6. Abschnitt. Handlungsgehilfen und Handlungslehrlinge   9 § 59

Unzulässiges Nachschieben macht nicht als solches die Kündigung unwirksam, beschränkt aber den Prozeßstoff, BAG NJW 81, 2772. Der Betriebsrat muß bei ordentlicher Kündigung innerhalb einer **Frist** von einer Woche, bei außerordentlicher innerhalb von drei Tagen Bedenken schriftlich mitteilen, **sonst** gilt sein Schweigen **als Zustimmung** (§ 102 II BetrVG). Kündigungsschreiben darf vor Ablauf dieser Frist nur abgesandt werden, wenn abschließende Äußerung des Betriebsrats vorliegt, BAG BB **76,** 694. **Widerspruch des Betriebsrats** ist fristgerecht **gegen die ordentliche Kündigung** möglich, wenn bei der Auswahl des zu Kündigenden soziale Gesichtspunkte nicht oder nicht ausreichend berücksichtigt sind (aber nicht, wenn er Sozialwidrigkeit wegen Fehlens personen- oder verhaltensbedingter Gründe oder betrieblicher Erfordernisse nach § 1 KSchG für gegeben ansieht), wenn Kündigungsrichtlinien nach § 95 BetrVG verletzt sind oder wenn Versetzung des Arbeitnehmers, uU nach zumutbaren Umschulungs- oder Fortbildungsmaßnahmen oder unter geänderten Bedingungen, möglich ist (§ 102 III Nr 1–5 BetrVG). Der Widerspruch hat **zwei** wichtige **Wirkungen:** zum einen kann der Arbeitnehmer im Kündigungsschutzprozeß **Sozialwidrigkeit der Kündigung** aus diesen Gründen (zusätzlich zu den sonstigen Tatbeständen) geltend machen (§ 1 II 2 KSchG, Text s Anm D b), zum andern hat er dann **Anspruch auf Weiterbeschäftigung** bis zum rechtskräftigen Abschluß des Rechtsstreits (§ 102 VI BetrVG, s Anm D c). **Weitergehend** kann **Zustimmungserfordernis** für alle Kündigungen, auch außerordentliche (hL), vereinbart werden (§ 102 VI BetrVG); Zustimmungserfordernis bei Kündigung von Betriebsratsmitgliedern ua nach § 103 I BetrVG s Anm E. Kündigung ohne vorherige Zustimmung ist nichtig; die Zustimmung des Betriebsrats kann aber durch das Arbeitsgericht ersetzt werden (s Anm E a).

c) Ordentliche Kündigung bei Angestellten ist mangels anderer Abrede nur mit **Frist von sechs Wochen zum Schluß eines Kalendervierteljahres** möglich (§ 622 I 1 BGB, Text s Anm 1 C; längere Kündigungsfrist bei Verträgen über mehr als fünf Jahre nach § 624 BGB und AngKSchG, s unten; Arbeiter s § 622 II BGB. Das ist am 17. (in Schaltjahren 18.) 2. zum 31. 3., am 19. 5. zum 30. 6., am 19. 8. zum 30. 9., am 19. 11. zum 31. 12. Falls der Zugangstag Samstag, Sonntag oder Feiertag ist, keine Verlängerung auf folgenden Werktag, § 193 BGB ist nicht anwendbar, BAG **22,** 364 (Aufgabe von BAG BB **67,** 1086). Verspätete Kündigung wirkt, falls so gewollt, zum nächsten Termin, sonst ist sie unwirksam. Sie wirkt sofort, wenn sie (auch stillschweigend) angenommen wird. Geltendmachen des Zeugnisanspruchs ist noch keine Einverständniserklärung, BAG **9,** 330, ebensowenig Anforderung der Arbeitspapiere oder Annahme anderer Stellung; Arbeitnehmer hat nach KSchG drei Wochen Überlegungsfrist. **Anderweitige Vereinbarungen über Kündigungsfristen** (uU ergänzende Vertragsauslegung, BAG BB **80,** 580) sind **zulässig.** Doch darf bei Abkürzung eine einzelvertragliche Frist einen Monat nicht unterschreiten und die Kündigung darf nur für den Schluß eines Kalendermonats zugelassen werden (§ 622 I 2 BGB), andernfalls treten gesetzliche Mindestfristen und Termin anstelle der vertraglichen, BAG **7,** 357, BB **73,** 1116; Ausnahmen für Aushilfsarbeitsverhältnisse, s § 622 IV BGB. Auch einzelvertragliche Verlängerung der Kündigungsfrist ist nicht unbegrenzt zulässig, Gaul BB

80, 1542 (aber bis zwölf Monate, zumindest bei oberen Führungskräften). Zulässig sind kürzere Kündigungsfristen durch TV und Bezugnahme darauf durch nicht Tarifgebundene (Tarifvertragsdispositivität nach § 622 III BGB); auch Verlängerung ist durch TV ohne die Grenzen wie bei Einzelverträgen zulässig. **Kündigungsbeschränkungen** für Arbeitnehmer durch Bindungs- und Rückzahlungsklauseln s Anm 6 B d. **Gleichheit der Kündigungsfrist** ist nicht mehr vorgeschrieben, doch darf die Frist für eine Kündigung durch den Arbeitnehmer nicht länger sein als für die durch den Arbeitgeber (§ 622 V BGB). Auch im **Probearbeitsverhältnis** mit Angestellten gilt Mindestkündigungsfrist von einem Monat zum Schluß des Kalendermonats. Vereinbarung einer Probezeit enthält bei Fehlen einer anderen Abrede die Vereinbarung der kürzest zulässigen Kündigungsfrist, BAG **23,** 393. Im **Konkurs** gilt für Kündigung durch den Konkursverwalter die gesetzliche Kündigungsfrist, nicht eine etwaige längere vertragliche, BAG BB **76,** 1028, doch hat der Konkursverwalter eine vereinbarte Schriftform zu beachten, BAG BB **78,** 308. Das **G über die Fristen für die Kündigung von Angestellten** 9. 7. 26 RGBl 399 ber 412 (ausdrücklich aufrechterhalten neben § 622 I BGB durch G 14. 8. 69 BGBl 1106) verlängert die Frist für eine Kündigung des Arbeitgebers nach 5, 8, 10, 12 Jahren Beschäftigung im selben Unternehmen oder bei Rechtsvorgängern, gerechnet von der Vollendung des 25. Lebensjahres, auf 3, 4, 5, 6 Monate zum Quartalsschluß für alle angestelltenversicherungspflichtigen Angestellten, auch bei Befreiung auf Antrag. Wird freier Mitarbeiter nach kurzer Zeit ohne Änderung der Tätigkeit in das Angestelltenverhältnis übernommen, rechnet vorangegangene Tätigkeit mit, BAG BB **79,** 680. Das Gesetz berührt nicht den Ablauf befristeter Arbeitsverhältnisse. **Bei verhaltensbedingter Kündigung** ist idR zuvor **Abmahnung** mit Hinweis auf Gefährdung des Arbeitsverhältnisses im Wiederholungsfall nötig, BAG NJW **81,** 2319; Becker=Schaffner DB **85,** 650.

d) Die **außerordentliche Kündigung** (§ 626 BGB, Text s Anm 1 C) ist idR fristlose Kündigung; sie kann aber auch mit der vertragsgemäßen Frist oder mit einer anderen dem Interesse des Arbeitnehmers entsprechenden Frist ausgesprochen werden, BAG **1,** 185. § 626 BGB gilt auch für die außerordentliche befristete Kündigung, BAG DB **73,** 627. Es muß zweifelsfrei (ausdrücklich oder sonst aus der Erklärung selbst, zB aus der Begründung) erkennbar sein, daß es sich um eine außerordentliche Kündigung handelt, BAG BB **83,** 964. In besonderen Fällen muß der Arbeitgeber, falls ihm das zuzumuten ist, Frist gewähren. Fristgewährung hindert nicht Ausspruch einer fristlosen Kündigung, wenn Gründe nachträglich bekannt werden oder eintreten.

Voraussetzungen: Erforderlich sind: (1) Vorliegen eines wichtigen Grunds, (2) Kündigungserklärung innerhalb der Erklärungsfrist, ferner Anhörung des Betriebsrats (s Anm b). (1) **Wichtiger Grund** zur außerordentlichen Kündigung ist ein Grund, der es dem Kündigenden unter Abwägung aller Umstände des Einzelfalls und der Interessen beider Seiten unzumutbar macht, das Arbeitsverhältnis bis zum Ablauf der Kündigungsfrist oder bis zum vereinbarten Ende des Arbeitsverhältnisses fortzusetzen (§ 626 I BGB); Beispiele s Anm e. Der wichtige Grund braucht nicht verschuldet zu sein, BAG **1,** 237. Abzuwägen sind ua Art des Arbeitsverhält-

6. Abschnitt. Handlungsgehilfen und Handlungslehrlinge 9 § 59

nisses (besonderes Vertrauensverhältnis, wichtige oder untergeordnete Dienste), Dauer des Arbeitsverhältnisses, persönliche Verhältnisse des Arbeitnehmers, wirtschaftlicher Stand des Unternehmens, früheres Verhalten beider Teile. Die Gründe können auch vor Beginn des Arbeitsverhältnisses liegen. Ob ein Sachverhalt generell geeignet ist, eine außerordentliche Kündigung zu rechtfertigen, ist revisible Rechtsfrage, die Würdigung der Besonderheiten des Einzelfalls dagegen nichtrevisible Tatfrage. Fristlose Kündigung durch Konkursverwalter ist von seinem Standpunkt, nicht dem des Gemeinschuldners, zu beurteilen, BAG BB **69**, 179. **Abmahnung** vor Ausspruch der fristlosen Kündigung ist grundsätzlich notwendig, wenn Grund ausschließlich in Störung der Leistungsseite (nicht Vertrauensseite) besteht, BAG BB **67**, 1087; ohne zumutbare Abmahnung fehlt es am wichtigen Grund; Becker=Schaffner DB **85**, 650. (2) Die **Kündigungserklärung** muß bei allen außerordentlichen Kündigungen **innerhalb von zwei Wochen** nach dem Zeitpunkt erfolgen, in dem der Kündigungsberechtigte von den für die Kündigung maßgeblichen Tatsachen Kenntnis erlangt hat (**§ 626 I BGB**). Das gilt auch bei Verdachtkündigung, BAG **24**, 99, auch bei vertraglichem Ausschluß ordentlicher Kündigung, BAG BB **76**, 793; trotz der Notwendigkeit vorheriger Zustimmung auch bei Kündigung von Betriebsratsmitgliedern ua nach § 15 KSchG, BAG BB **78**, 43. **Fristbeginn** mit Kenntnis des Kündigungsberechtigten; Kennenmüssen genügt nicht. Organisationsfehler bei Kenntnisübermittlung gehen zu Lasten des Arbeitgebers, BAG BB **78**, 499; Kenntnis eines nicht zur Entlastung Berechtigten setzt Frist nur in Lauf, wenn nach seiner Stellung Unterrichtung des Arbeitgebers zu erwarten ist, BAG BB **78**, 1310; Kenntniserlangen durch Organmitglieder s Wiesner BB **81**, 1533. Frist beginnt bei strafbarer Handlung nicht unbedingt mit Kenntnis von ihr, je nach Umständen kann sie auch erst mit Kenntnis von der Rechtskraft des Strafurteils beginnen, BAG BB **76**, 884. Die Frist beginnt bei eigenmächtigem Urlaub erst mit Rückkehr, BAG BB **83**, 1922. Anhörung nach § 102 BetrVG und Zustimmungserfordernis nach § 103 BetrVG hemmen Zweiwochenfrist nicht, BAG BB **78**, 43. **Fristwahrung** nur durch Zugang der Kündigung, BAG BB **78**, 1064; der Arbeitgeber ist für Zeitpunkt der Kenntniserlangung beweispflichtig, BAG BB **73**, 386. **Fristversäumnis** macht Kündigung unwirksam. Wiedereinsetzung in den vorigen Stand ist nicht möglich. Fristversäumnis kann nur innerhalb der Dreiwochenfrist geltend gemacht werden (§§ 13 I 2, 4, 7 KSchG), BAG NJW **72**, 1878. Frist kann weder durch Vereinbarung noch durch TV verlängert oder ausgeschlossen werden, BAG BB **78**, 1166. **Nachschieben** von neuen **vor** der Kündigung entstandenen Gründen ist auch ohne Zusammenhang mit den alten Gründen und nach Ablauf der Frist des § 626 II BGB möglich, wenn der Kündigende sie nicht kannte, BAG BB **80**, 1160; auch wenn er sie nicht länger als zwei Wochen vor der Kündigung kannte, BAG BB **73**, 1396. Nachschieben von **nach** der Kündigung entstandenen Gründen ist unzulässig, es bleibt nur neue Kündigung; anders, wenn neue Tatsachen mit den alten zusammenhängen, BAG **2**, 245, **3**, 13, BB **61**, 48. Kein Nachschieben von Gründen, zu denen der Betriebsrat nicht gehört wurde, s Anm b. **Umdeutung** einer unwirksamen außerordentlichen in eine ordentliche Kündigung ist möglich (§ 140 BGB), BAG BB **76**, 465, **79**, 1716, BGH NJW **82**, 2603; umgekehrt, unwirksame ordentliche in (befristete) außerordentliche, nur unter besonderen Umständen, BAG DB **75**, 214. § 626 I, II ist **nicht abdingbar**, also keine Erweiterung über § 626 BGB hinaus, BAG BB **74**, 463, **80**, 579; auch nicht durch TV oder Betriebsvereinbarung, auch nicht mittelbar durch Vertragsstrafe oder Gehaltsfortzahlung; nach BAG BB **63**, 1298 soll aber zumutbare Beschränkung des Kündigungsrechts des Arbeitgebers (aber nicht des Arbeitnehmers) wirksam sein. Auch Fixierung, was wichtiger Grund sein oder nicht sein soll, kann Arbeitsgericht nicht binden; str, zT wird zwischen zulässiger Konkretisierung des wichtigen Grundes und unzulässiger Einschränkung und Erweiterung unterschieden. Der Vertrag kann das Recht zur fristlosen Kündigung dem Arbeitgeber persönlich vorbehalten, bei dessen Verhinderung einem Vertreter, BAG BB **76**, 228. Betriebsvereinbarung über Erfordernis der Zustimmung des Betriebsrats auch zur außerordentlichen Kündigung ist zulässig (s Anm b).

Rechtsfolgen: Die fristlose Kündigung beendet das Arbeitsverhältnis mit Zugang. Der wirksam gekündigte Arbeitnehmer behält **Entgeltanspruch** bis zum Wirksamwerden der Kündigung (§ 628 I 1 BGB, Text s Anm 1 C; uU darüber hinaus nach § 63). **Angabe des Grundes** ist nicht Wirksamkeitserfordernis; Ausnahmen nach § 15 III BerBG, BAG **AP** § 15 BerBG Nr 1, oder bei entspr Vereinbarung (§ 125 S 2 BGB); sonst nur nachträgliche Mitteilungspflicht auf Verlangen nach § 626 II 3 BGB und bei Verletzung Schadensersatz, kein Unwirksamwerden der Kündigung, BAG DB **73**, 481. Kündigt der Arbeitnehmer ohne vertragswidriges Verhalten des Arbeitgebers oder veranlaßt er durch vertragswidriges Verhalten dessen Kündigung, entfällt Vergütungsanspruch, soweit die bisherigen Leistungen infolge der Kündigung für den Arbeitgeber kein Interesse haben (§ 628 I 2 BGB, Rückzahlung § 628 I 3 BGB). Wer durch sein vertragswidriges Verhalten die fristlose Kündigung des anderen Teils veranlaßt, hat **Schadensersatz** zu leisten (§ 628 II BGB), BAG BB **71**, 270, **74**, 1640. Das gilt entspr auch für andere Fälle des Auflösungsverschuldens; zB bei eigener unberechtigter fristloser Kündigung; auch bei schuldhaft herbeigeführtem Aufhebungsvertrag, BAG BB **71**, 1197. Umfang der Schadensersatzpflicht nach §§ 249, 252 BGB (Erfüllungsinteresse, entgangener Gewinn), aber begrenzt durch den Schutzzweck der verletzten Vertragsnorm (nicht über arbeitsvertragliche Kündigungsfrist hinaus), BGH BB **81**, 1898. Schadensersatzanspruch des HdlGehilfen besteht im Arbeitsentgelt zuzüglich Aufwendungen für Erlangung anderer Stellen. Schadensersatzanspruch des Arbeitgebers geht auf Kosten für Ersatzkraft unter Abzug des ersparten Entgelts; Ersatz für Verlust des Konkurrenzschutzes (§ 60, aber nur wenn zulässig, §§ 74ff), BAG BB **75**, 1112. Anspruch des Arbeitgebers auf Inseratskosten ist gegenüber früherer Rspr stark begrenzt; er besteht nur, wenn sie bei hypothetischer fristgerechter Kündigung vermeidbar gewesen wären; der Arbeitgeber kann sich nicht darauf berufen, er hätte den Arbeitnehmer uU umstimmen können, wenn dieser die Arbeit vertragsgemäß wenigstens angetreten hätte, BAG BB **81**, 1898, **84**, 1687; Berkowsky DB **82**, 1772. Besonderheiten beim Schulungsvertrag s BAG BB **81**, 1217. Hätte auch die andere Seite wegen schuldhafter Vertragsverletzung kündigen können, besteht kein Ersatzanspruch, BAG BB **66**, 1025. Zum Verhältnis Schadensersatz und Kündigungsabfindung BAG BB **73**, 984. **Mitwirkendes Verschulden** des Geschädigten ist nach

§ 254 BGB zu berücksichtigen; zB fahrlässig (nicht nur böswillig wie in § 615 S 2 BGB) unterlassener Erwerb. § 628 I, II BGB sind **abdingbar**.

e) Wichtige Gründe für Kündigung des Arbeitgebers: zB (1) **Verletzung der Arbeitspflicht** (Hauptpflicht s Anm 5 A): idR nur bei beharrlicher und vorsätzlicher **Arbeitsverweigerung;** so vor allem nach Abmahnung, BAG NJW **70**, 487; uU auch schon einmaliges Verlassen der Arbeit trotz Verbot, zB zu Fernsehübertragung, LAG Düss-Kln BB **61**, 1325. Genau zu prüfen ist aber, ob die Arbeitsverweigerung **unberechtigt** ist, zB keine Kündigung bei Verweigerung unzulässiger Mehrarbeit, BAG BB **58**, 559; bei Arbeitsniederlegung eines leitenden Angestellten wegen diskriminierender Beschränkung seines Arbeitsbereichs, BAG BB **67**, 715, oder bei Teilnahme an rechtmäßigem Streik (s Anm 5 A c). Guter Glaube, zur Arbeit nicht verpflichtet zu sein, schützt nur bei unverschuldetem Irrtum, BAG BB **58**, 559. Teilnahme an einem **wilden Streik** ist dagegen wichtiger Grund, BAG BB **70**, 126, **78**, 1115, str, jedenfalls nach Abmahnung, doch sind Grad der Beteiligung und Erkennbarkeit der Rechtswidrigkeit zu berücksichtigen, BAG BB **78**, 1115. Wichtiger Grund ist unbefugtes selbstherrliches Verlassen des Arbeitsplatzes („mir-kann-keiner"-Standpunkt, LAG Hamm BB **73**, 141; eigenmächtiger Urlaubsantritt, LAG Düss DB **71**, 2319; Erlangung einer Krankschreibung mit unredlichen Mitteln, LAG Düss-Kln BB **81**, 1219; häufiges Zuspätkommen trotz Abmahnung, LAG Düss DB **75**, 156. **Mangelhafte Dienstleistung** idR nur bei bewußter Zurückhaltung der Arbeitskraft, BAG BB **70**, 1481; **Trunkenheit** am Arbeitsplatz nach Abmahnung, LAG Mannh BB **54**, 512, aber Trunksucht wird heute zunehmend und zutreffend als Krankheit angesehen, Günther BB **71**, 499; Führerscheinentzug bei Kraftfahrer, falls keine andere Beschäftigungsmöglichkeit besteht, BAG BB **78**, 1310; außerdienstliches Verhalten nur, wenn es die Arbeitsleistung beeinflußt. (2) **Grobe Verletzung der Interessenwahrungspflicht** (s Anm 5 B a), **schwere Treuwidrigkeit, Vertrauensmißbrauch; Vollmachtsmißbrauch,** idR nur falls vorsätzlich, BAG **AP** § 626 BGB Nr 53. **Tätlichkeit oder grobe Beleidigung** gegen Arbeitgeber, seine Angehörigen und Vertreter, gegen Arbeitskollegen nur, falls der Betriebsfrieden gefährdet wird, BAG NJW **78**, 1872, 1874, LAG Mü BB **77**, 964, grobe Beleidigungen auch in fremder Sprache, LAG Bln DB **81**, 1627, nicht schon unwahre und ehrenrührige Behauptungen über Vorgesetzte, wenn zu Arbeitskollegen in Erwartung von Vertraulichkeit geäußert, BAG BB **73**, 428. **Anzeige** gegen Arbeitgeber, zB bei Finanzamt; aber zu weitgehend BAG NJW **61**, 8, jedenfalls bei schweren Straftaten. (3) **Verletzung der Schweigepflicht** (s Anm 5 B b), BAG BB **65**, 991, insbesondere Verrat von Betriebsgeheimnissen, LAG Mü BB **69**, 315; als Arbeitnehmervertreter im Aufsichtsrat, BAG DB **74**, 1067; Verbreitung unwahrer, ehrenrühriger Tatsachen über den Arbeitgeber und den Betrieb. Provozierende **parteipolitische Betätigung** in Betrieb, BAG NJW **78**, 1872, 1874, DB **83**, 2578 (Anti-Strauß-Plakette), außerhalb nur in Ausnahmefällen, BAG BB **68**, 589. (4) **Schmiergeldannahme** (s Anm 5 B c), LAG Bln BB **78**, 157 (ausländische Dolmetscherin), LAG Kln DB **84**, 1101 LS; Annahme von Provision bei Auftragsvergabe, BAG **24**, 401. (5) **Verletzung des Wettbewerbsverbotes** (s § 60) nur, wenn der Arbeitnehmer im HdlZweig des Arbeitgebers Konkurrenz macht, BAG BB **77**, 144; Abwerbung von Mitarbeitnehmern für Konkurrenz, LAG Düss-Kln BB **62**, 137, sonst nicht ohne weiteres, LAG BaWü BB **70**, 2325; Abwerbung von Geschäftsverbindungen, BAG **14**, 72; Aufbau eines Konkurrenzunternehmens, LAG Tüb BB **61**, 484, aber nicht schon Vorbereitung, solange nicht mit Geschäftstätigkeit begonnen wird, BAG **14**, 72, BB **73**, 144. **Nebentätigkeit** (s Anm 5 B d) nur, wenn sie die vertragliche Leistung beeinträchtigt oder Arbeitgeber sich Genehmigung wirksam vorbehalten hat, BAG BB **71**, 397, auch dann nur, wenn Arbeitgeber an Unterlassung berechtigtes Interesse hat, BAG BB **77**, 144. (6) **Grobe Verletzung der Informations- und Auskunftspflicht** (s Anm 5 B e), zB Vorlage falscher Besuchsberichte, ArbG Düss BB **61**, 863; Mitstempeln von Stechuhr eines Kollegen, LAG Düss BB **77**, 1652; **Spesenbetrug** und andere **Vermögensdelikte**, BAG NJW **60**, 2033, BB **63**, 272, uU auch Entwendung geringwertiger Sachen, BAG NJW **85**, 284, verbotswidrige private Benutzung eines BetriebsKfz, LAG BaWü DB **70**, 534, 788. (7) **Verdachtskündigung:** Dringender einschlägiger Verdacht von Straftaten und schweren Verfehlungen genügt, falls Vertrauensverhältnis erschüttert ist, BAG NJW **72**, 1486, BB **74**, 463, str; aA LG Brem BB **76**, 1560, nur bei Vertrauensstellung, Moritz NJW **78**, 402; aber Arbeitgeber muß dem Arbeitnehmer zuvor Verdacht mitteilen und ihn anhören, BAG BB **77**, 1150, und nach Rehabilitierung wieder einstellen, BAG **16**, 72. (8) **Druckkündigung:** Begründetes Verlangen der Belegschaft (vgl § 104 BetrVG), BAG BB **60**, 124; ausnahmsweise auch unbegründetes Verlangen, aber nur wenn unwiderstehlich (unzumutbarer eigener Schaden), sonst muß der Arbeitgeber den Arbeitnehmer schützen (s Anm 7 C b), BAG BB **77**, 1150.

Nicht: Mangelhafte Arbeitsleistung, zB wegen **Ungeeignetheit** des Arbeitnehmers für übernommene Aufgabe, anders in Ausnahmefällen, BAG **2**, 333, zB bei besonders folgenschwerem Versagen eines leitenden Angestellten, LAG Stgt BB **64**, 681, BAG BB **66**, 82; **Fehlbestand** bei Verkäuferin, außer uU bei Mankoabrede (s Anm 8 B d) und Feststehen zumindest der Verursachung, BAG BB **74**, 463; **Heirat** einer Angestellten, nicht einmal ordentliche Kündigung, BAG NJW **57**, 1688, keine Zölibatsklauseln. Dienstverhinderung durch **Krankheit** (vgl § 63) ist idR kein wichtiger Grund; falls ordentliche Kündigung nicht gänzlich abbedungen ist, genügt meist diese; häufige kurze oder eine langanhaltende Krankheit sind nicht einmal in jedem Fall Grund für ordentliche Kündigung, Interessenabwägung ist notwendig, BAG BB **76**, 95, **80**, 938. Bei Arbeitsverhinderung infolge **Freiheitsstrafe** (wegen nicht betriebsbezogener Tat) kommt es auf die betrieblichen Auswirkungen an, BAG BB **85**, 1917. **Tod des Arbeitgebers** außer in Ausnahmefällen, BAG **5**, 256; **Geschäftsübernahme** unter Lebenden (§ 613 a IV BGB; vgl Anm 2 B); **Vermögensverfall** des Arbeitgebers, außer in Ausnahmefällen, so bei besonders langfristigen Arbeitsverhältnissen; **Betriebsstillegung,** soweit sie im Betriebsrisiko des Arbeitgebers liegt, zB Brand, BAG BB **73**, 196; **Konkurs** des Arbeitgebers, nur ordentliche Kündigung nach § 22 KO, BAG NJW **69**, 525.

f) Wichtige Gründe für Kündigung des Handlungsgehilfen: zB (1) Verletzung der Arbeitsentgeltpflicht (Hauptpflicht, s Anm 6 A, B), also Nichtzahlung oder Zahlungsverzug, letzterer nach hL und Rspr aber nur bei **Lohnrückstand** über erhebliche Zeit oder von erheblicher Höhe und nach Zahlungsaufforderung durch den Arbeitnehmer, nach aA von Nichtzahlung nicht unterscheidbar; **bevorstehender Konkurs** des Arbeitgebers, Stückemann BB **77**, 1711, aber nicht schon ohne weiteres Vermögensverfall, solange Entgelt bezahlt wird. (2) **Krankheit** oder **andere unverschuldete Dienstverhinderung** des Arbeitnehmers (s Anm 6 C, § 63, § 616 I BGB), sofern nicht nur vorübergehend; bei begrenzter Arbeitsfähigkeit (zB nach ärztlichem Gutachten nur noch halbtags) nur, wenn Teilzeitbeschäftigung oder Versetzung ausscheidet, BAG BB **73**, 750. (3) **Lebens- oder Gesundheitsgefährdung** s Anm 7 B, § 62, §§ 617, 618 BGB), falls bei Eingehen des Arbeitsverhältnisses nicht erkennbar; auch sonstige **Arbeitsschutzverletzungen**, zB ständige und erhebliche Überschreitung der gesetzlichen Höchstarbeitszeit, BAG BB **72**, 1191. (4) Erhebliche **Persönlichkeitsrechtsverletzung** (s Anm 7 C), zB systematische Ungerechtigkeit und Zurücksetzung; Straftaten gegen den HdlGehilfen, **Ehrverletzung,** jedoch nicht schon jede Formalbeleidigung, BAG **3**, 193, oder herausgeforderte Beleidigung, Hbg OLGE **9**, 251; beleidigende Begründung einer ordentlichen Kündigung durch Arbeitgeber, LG Brem DB **71**, 1215; **ungerechtfertigte Verdächtigung**, falls in beleidigender Form, zB vor Dritten, oder leichtfertig, LAG BaWü BB **60**, 985; **sexuelle Belästigung,** Weigerung des Schutzes gegen eine solche von Vorgesetzten, Arbeitskollegen oder Familienangehörigen des Arbeitgebers. Verstoß gegen Beschäftigungspflicht; uU Nichterteilung oder ungerechtfertigter Entzug der zugesicherten **Prokura**, BAG BB **71**, 270; unberechtigte Teilsuspendierung, wenn sie für den Arbeitnehmer kränkend ist und ihm wesentliche Aufgaben entzieht, BAG BB **72**, 1191.

Nicht: Zu geringer Verdienst, außer bei ,,Hungerlohn" (s Anm 6 A); Gelegenheit zum **Arbeitsplatzwechsel,** auch sehr günstiges anderweitiges Angebot, BAG BB **71**, 40; Eheschließung weiblicher Arbeitnehmer.

g) Für Dienstverhältnisse, die keine Arbeitsverhältnisse sind, gelten besondere Bestimmungen über Kündigungsfristen und -termine, s §§ 620, 621, 626, 627 BGB allgemein, §§ 89, 89a für HV. Das KSchG gilt nicht. Auch dort, wo keine Kündigung notwendig ist, ist rechtzeitige Ankündigung erforderlich, zB wenn einem **längjährig beschäftigten freien Mitarbeiter**, der wirtschaftlich völlig vom Auftraggeber abhängig ist, keine Aufträge mehr erteilt werden sollen, BAG BB **67**, 959.

D. Allgemeiner Kündigungsschutz besteht nach dem **Kündigungsschutzgesetz** (s Anm 1 E, dazu Komm: Herschel-Löwisch, Hueck-von Hoyningen=Huene, Gemeinschaftskomm, Rewolle-Bader, Stahlhacke. RsprÜbersicht zum gesamten Kündigungsschutz: Bichler DB **83**, 337): **a) Anwendungsbereich** des KSchG: In Betrieben und Verwaltungen des privaten und öffentlichen Rechts mit idR mehr als fünf Arbeitnehmern ausschließlich der zu ihrer Berufsbildung Beschäftigten (§ 23 KSchG; Sonderregeln für See- und Binnenschiffahrt, Luftverkehr). Der Schutz nach §§ 1–14 KSchG besteht für die ohne Unterbrechung mehr als sechs Monate im gleichen Betrieb oder Unternehmen beschäftigten Arbeitnehmer (§ 1 I KSchG); er kann vertraglich aber auch bei kürzerer Beschäftigung eingeführt werden, BAG BB **72**, 1370; Hanau BB **72**, 451, Frey BB **72**, 929, Roemheld BB **72**, 1330. Wartezeit gilt als nicht unterbrochen, wenn das Arbeitsverhältnis rechtlich beendet und anschließend ein neues begründet wird, BAG BB **77**, 194; auch wenn nach Unterbrechung mit dem gleichen Arbeitgeber ein neues in engem sachlichem Zusammenhang mit dem vorherigen stehendes Arbeitsverhältnis begründet wird; Anlaß, Dauer der Unterbrechung und Art der neuen Beschäftigung sind zu berücksichtigen, BAG BB **77**, 445; mehr als drei Wochen ist idR zu lang, BAG BB **79**, 1505. Bei Kündigung vor Ablauf von sechs Monaten ohne sachliche Gründe zwecks Vereitelung des KSchG greift Kündigungsschutz nach §§ 162, 242 BGB ein, BAG BB **79**, 1094. §§ 1–14 KSchG gelten nicht für organschaftliche Vertreter einer juristischen Person oder Personengesamtheit, dagegen mit nur geringfügigen Einschränkungen für Geschäftsführer, Betriebsleiter und ähnliche leitende Angestellte, soweit diese zur selbständigen Einstellung oder Entlassung von Arbeitnehmern berechtigt sind (§ 14 KSchG). **b) Sozialwidrigkeit der ordentlichen Kündigung:** Nach § 1 KSchG ist die ordentliche Kündigung unwirksam, wenn sie sozial ungerechtfertigt ist; zB für krankheitsbedingte Kündigung BAG BB **83**, 899, **85**, 800 (langanhaltende Krankheit), BB **83**, 1988, **84**, 1429 (häufige Kurzerkrankungen), für unzureichende Arbeitsleistung Becker=Schaffner DB **81**, 1775. Zur Sozialwidrigkeit gibt es eine umfangreiche Rspr (Komm zum KSchG s vor Anm a).

KSchG 1 [Sozial ungerechtfertigte Kündigungen]

^I Die Kündigung des Arbeitsverhältnisses gegenüber einem Arbeitnehmer, dessen Arbeitsverhältnis in demselben Betrieb oder Unternehmen ohne Unterbrechung länger als sechs Monate bestanden hat, ist rechtsunwirksam, wenn sie sozial ungerechtfertigt ist.

^{II} Sozial ungerechtfertigt ist die Kündigung, wenn sie nicht durch Gründe, die in der Person oder in dem Verhalten des Arbeitnehmers liegen, oder durch dringende betriebliche Erfordernisse, die einer Weiterbeschäftigung des Arbeitnehmers in diesem Betrieb entgegenstehen, bedingt ist. Die Kündigung ist auch sozial ungerechtfertigt, wenn

1. in Betrieben des privaten Rechts
   a) die Kündigung gegen eine Richtlinie nach § 95 des Betriebsverfassungsgesetzes verstößt,
   b) der Arbeitnehmer an einem anderen Arbeitsplatz in demselben Betrieb oder in einem anderen Betrieb des Unternehmens weiterbeschäftigt werden kann
   und der Betriebsrat oder eine andere nach dem Betriebsverfassungsgesetz insoweit zuständige Vertretung der Arbeitnehmer aus einem dieser Gründe der Kündigung innerhalb der Frist des § 102 Abs 2 Satz 1 des Betriebsverfassungsgesetzes schriftlich widersprochen hat,

2. in Betrieben und Verwaltungen des öffentlichen Rechts
   a) die Kündigung gegen eine Richtlinie über die personelle Auswahl bei Kündigungen verstößt,
   b) der Arbeitnehmer an einem anderen Arbeitsplatz in derselben Dienststelle oder in einer anderen Dienststelle desselben Verwaltungszweiges an demselben Dienstort einschließlich seines Einzugsgebietes weiterbeschäftigt werden kann
   und die zuständige Personalvertretung aus einem dieser Gründe fristgerecht gegen die Kündigung Einwendungen erhoben hat, es sei denn, daß die Stufenvertretung in der Verhandlung mit der übergeordneten Dienststelle die Einwendungen nicht aufrechterhalten hat.

Satz 2 gilt entsprechend, wenn die Weiterbeschäftigung des Arbeitnehmers nach zumutbaren Umschulungs- oder Fortbildungsmaßnahmen oder eine Weiterbeschäftigung des Arbeitnehmers unter geänderten Arbeitsbedingungen möglich ist und der Arbeitnehmer sein Einverständnis hiermit erklärt hat. Der Arbeitgeber hat die Tatsachen zu beweisen, die die Kündigung bedingen.

III Ist einem Arbeitnehmer aus dringenden betrieblichen Erfordernissen im Sinne des Absatzes 2 gekündigt worden, so ist die Kündigung trotzdem sozial ungerechtfertigt, wenn der Arbeitgeber bei der Auswahl des Arbeitnehmers soziale Gesichtspunkte nicht oder nicht ausreichend berücksichtigt hat; auf Verlangen des Arbeitnehmers hat der Arbeitgeber dem Arbeitnehmer die Gründe anzugeben, die zu der getroffenen sozialen Auswahl geführt haben. Satz 1 gilt nicht, wenn betriebstechnische, wirtschaftliche oder sonstige berechtigte betriebliche Bedürfnisse die Weiterbeschäftigung eines oder mehrerer bestimmter Arbeitnehmer bedingen und damit der Auswahl nach sozialen Gesichtspunkten entgegenstehen. Der Arbeitnehmer hat die Tatsachen zu beweisen, die die Kündigung als sozial ungerechtfertigt im Sinne des Satzes 1 erscheinen lassen.

c) **Kündigungsschutzverfahren:** Die Unwirksamkeit der ordentlichen Kündigung nach § 1 KSchG (entspr Änderungskündigung s § 2 KSchG) muß der Arbeitnehmer idR **innerhalb von drei Wochen** nach Zugang der Kündigung durch **Klage beim Arbeitsgericht** auf Feststellung, daß das Arbeitsverhältnis nicht aufgelöst ist, geltend machen (§ 4 S 1, §§ 5, 6 KSchG). Vorhergehender Einspruch beim Betriebsrat (binnen einer Woche) ist möglich (§ 3 KSchG), ändert aber an der Klagefrist nichts. Wird die Rechtsunwirksamkeit der sozial ungerechtfertigten Kündigung nicht rechtzeitig geltend gemacht, gilt die Kündigung, wenn sie nicht aus anderem Grunde unwirksam ist, als von Anfang an wirksam (§ 7 KSchG). **Streitgegenstand** der Feststellungsklage nach § 4 KSchG (danach richtet sich die Rechtskraft) ist, daß das Arbeitsverhältnis durch die im Klageantrag bezeichnete Kündigung zu dem dort genannten Zeitpunkt nicht aufgelöst ist, BAG NJW **59**, 1387, nach aA weitergehend Bestand des Arbeitsverhältnisses zZ der letzten mündlichen Verhandlung. Bei unwirksamer Kündigung kann das Gericht auf Antrag einer Seite des Arbeitsverhältnisses zu dem Zeitpunkt, an dem es bei sozial gerechtfertigter Kündigung geendet hätte, beenden **(Auflösung durch Urteil) und** den Arbeitgeber zur Zahlung einer angemessenen **Abfindung** verurteilen (§ 9 KSchG). Angemessen sind idR bis zu 12 Monatsverdienste, bei Arbeitnehmern über 50 und mindestens 15jähriger Dauer des Arbeitsverhältnisses bis zu 15, über 55 und 20jährigem Arbeitsverhältnis bis zu 18 Monatsverdiensten (§ 10 KSchG). Neben Abfindung gibt es nach BAG BB **73**, 984 keinen Schadensersatz wegen Gehaltsverlust, aA Herschel **AP** § 7 KSchG Nr 24, Gumpert BB **71**, 959; dahingestellt für Schadensersatz wegen unmittelbar mit Verlust des Arbeitsplatzes zusammenhängender Schäden (Gratifikationen, Ruhegehalt), BAG BB **73**, 984. **Besteht** nach der Entscheidung das **Arbeitsverhältnis** fort, schuldet der Arbeitgeber das **Arbeitsentgelt** für die Zeit nach der Entlassung; anderweitig verdientes (auch böswillig nicht verdientes) Arbeitsentgelt und bestimmte öffentlichrechtliche Leistungen werden angerechnet (§ 11 KSchG). Der Arbeitnehmer ist auskunftspflichtig über die Höhe des Verdienstes, bis dahin kann Arbeitgeber Zahlung verweigern, BAG BB **78**, 1719. Ist der Arbeitnehmer bereits ein anderes Arbeitsverhältnis eingegangen, kann er das alte auflösen; Entgeltanspruch begrenzt sich dann auf die Zeit zwischen Entlassung und Tag des Eintritts in das neue Arbeitsverhältnis (§ 12 KSchG). Der **Kündigungsschutz ist unverzichtbar;** der Arbeitnehmer kann aber das Arbeitsverhältnis einvernehmlich mit dem Arbeitgeber auflösen oder einseitig die Kündigung wirksam werden lassen, indem er die Klagefrist verstreichen läßt. Verzicht auf Kündigungsschutz in **Ausgleichsquittung** (s Anm 6 D a), der je nach Fall Aufhebungsvertrag, Vergleich, Klageverzichtsvertrag oder Klagerücknahmeversprechen sein kann, muß in der Urkunde selbst zweifelsfrei zum Ausdruck kommen, BAG BB **77**, 1400, **78**, 1264, **79**, 1197. Jede Einstellung und Entlassung ist dem Arbeitsamt anzuzeigen (§ 10 AFG). **Bei fristgerechtem Widerspruch des Betriebsrats** aus den in § 102 III BetrVG genannten Gründen und Erhebung der Kündigungsschutzklage durch den Arbeitnehmer aus eben diesen Gründen besteht **Weiterbeschäftigungspflicht** (tatsächliche Beschäftigung, nicht nur Entgeltzahlung, BAG BB **76**, 1273) bis zum rechtskräftigen Abschluß des Rechtsstreits (§ 102 V 1 BetrVG; einstweilige Verfügung auf Entbindung von Weiterbeschäftigung s § 102 V 2 BetrVG, BAG BB **79**, 523). Außerhalb von § 102 V BetrVG besteht bei nicht offensichtlich unwirksamer Kündigung **kein genereller Weiterbeschäftigungsanspruch** während des Kündigungsschutzprozesses, aber grundsätzlich ab Erlaß eines die Unwirksamkeit der Kündigung feststellenden Urteils, auch dann nicht bei überwiegendem Interesse des Arbeitgebers im Einzelfall; dieser arbeitsvertragliche Beschäftigungsanspruch (§§ 611, 613, 242 BGB) kann eingeklagt werden, BAG GrS BB **85**, 1978. Weiterbeschäftigungspflicht nach Befristung s Anm A a.

d) Außerordentliche Kündigung: Sie wird vom KSchG nicht berührt (§ 13 I 1 KSchG; insbesondere betr wichtigen Grund, s Anm C d, e), doch kann im Anwendungsbereich des KSchG (str, s Anm a), **auch** die **Unwirksamkeit einer außerordentlichen Kündigung nur durch Klage beim Arbeitsgericht innerhalb von drei Wochen** geltend gemacht werden (§ 13 I 2 KSchG). Diese Klagefrist gilt auch, wenn der Arbeitnehmer Überschreitung der Zwei-Wochen-Frist des § 626 II BGB (s Anm C d) geltend machen will, BAG BB **72**, 1096.

e) Unwirksamkeit der Kündigung aus anderen Gründen, zB Verstoß gegen gesetzliches Verbot (§ 134 BGB), Verstoß gegen die guten Sitten (§ 138 BGB) oder Nichtanhörung des Betriebsrats (§ 102 I BetrVG, s Anm 9 Cb), kann außerhalb des Verfahrens des KSchG geltend gemacht werden (§ 13 II, III KSchG). Außerhalb des Anwendungsbereiches des KSchG ist eine Kündigung außer mit § 138 BGB uU in sehr engen Grenzen mit § 242 BGB angreifbar, aber nur aus anderen Gründen als Bestandsschutz, da das KSchG § 242 BGB gerade konkretisiert, BAG **8**, 132, **10**, 207, **16**, 21. **Massenentlassungen** sind rechtzeitig und mit Stellungnahme des Betriebsrats dem Arbeitsamt anzuzeigen; Sperrfrist von einem, uU zwei Monaten (§§ 17–22 KSchG). Verstoß gegen § 17 KSchG macht die einzelne Kündigung nur unwirksam, wenn der Arbeitnehmer sich darauf beruft, BAG NJW **74**, 1263.

E. Besonderer Kündigungsschutz: a) Außerordentliche Kündigung von Betriebsratsmitgliedern bedarf der Zustimmung des Betriebsrats; Kündigung ohne vorherige Zustimmung ist nichtig, BAG NJW **76**, 1368. Mängel des Zustimmungsverfahrens und Vertrauensschutz s BAG BB **85**, 335. Die vom Betriebsrat verweigerte Zustimmung kann durch das ArbG ersetzt werden (§ 103 II BetrVG); BAG BB **79**, 1347. **Ordentliche Kündigung von Betriebsratsmitgliedern** ist **unzulässig** (§ 15 KSchG), BAG BB **82**, 2048; auch noch ein Jahr nach Beendigung der Amtszeit. Ähnlichen Kündigungsschutz enthält § 103 BetrVG für Jugendvertretung, Bordver-

6. Abschnitt. Handlungsgehilfen und Handlungslehrlinge   9 § 59

tretung, Seebetriebsrat, Wahlvorstand und Wahlbewerber. Sonderregelung bei Betriebs- und Abteilungsstillegung (§ 15 IV, V KSchG). § 15 KSchG gilt nicht für Arbeitnehmervertreter im Aufsichtsrat, BAG NJW **74**, 1399. Übersicht: Matthes DB **80**, 1165. Komm zum BetrVG s Anm 4 D.

b) Mütter genießen besonderen Kündigungsschutz durch das MuSchG (s Anm 1 E). Jede Kündigung (ordentliche und außerordentliche; dagegen nicht Ende des befristeten Arbeitsverhältnisses durch Zeitablauf) während der Schwangerschaft und bis zum Ablauf von vier Monaten nach der Entbindung ist unzulässig (nichtig, § 134 BGB), wenn dem Arbeitgeber zur Zeit der Kündigung die Schwangerschaft oder Entbindung bekannt ist oder innerhalb von zwei Wochen nach Zugang der Kündigung mitgeteilt wird (§ 9 MuSchG). Das gilt auch während eines Mutterschaftsurlaubs (bis Kind sechs Monate alt wird, § 8a MuSchG) und zwei Monate nach dessen Ende (§ 9a MuSchG). Die Arbeitsbehörde kann in Ausnahmefällen Kündigung zulassen (§ 9 III MuSchG). Die Frau kann während Schwangerschaft und Schutzfrist nach Entbindung ohne Fristeinhaltung zum Ende der Schutzfrist kündigen (§ 10 I 1 MuSchG). Das absolute ausnahmslose Kündigungsverbot des MuSchG ist verfassungswidrig nach BVerwG NJW **82**, 62. Ausschlußfrist des § 9 I 1 MuSchG ohne Rücksicht auf Verschulden und unverzügliche Nachholung innerhalb von zwei Wochen nach Zugang der Kündigung verstößt gegen Art 6 IV GG, BVerfG NJW **80**, 824, dazu BAG BB **84**, 727. Eine nach § 9 MuSchG nichtige Kündigung ist grundsätzlich nicht in Anfechtung umdeutbar, BAG BB **75**, 1638. Anfechtung wegen Schwangerschaft s Anm 4 A c, 9 B a. Komm: Bulla-Buchner, 5. Aufl 1981, Nachtrag 1982.

c) Schwerbehinderte stehen unter besonderem Kündigungsschutz nach dem SchwBG (s Anm 1 E). Nach §§ 12–19 SchwBG ist Kündigung grundsätzlich nur mit Zustimmung der Hauptfürsorgestelle zulässig. Dies gilt auch bei außerordentlicher Kündigung (§ 18 SchwBG). Macht der Arbeitnehmer die Schwerbehinderteneigenschaft nicht in angemessener Frist (ein Monat für ordentliche und außerordentliche Kündigung) geltend, ist fehlende Zustimmung kein Unwirksamkeitsgrund, BAG DB **82**, 1778, BB **84**, 1747. Komm: Wilrodt-Neumann, 6. Aufl 1984.

d) Sonstiger besonderer Kündigungsschutz besteht ua bei **Wehrdienst**, § 2 ArbPlSchG; vor und nach dem Wehrdienst darf der Arbeitgeber nicht aus Anlaß des Wehrdienstes kündigen; außerordentliche Kündigung (§ 626 BGB) bleibt möglich. Ebenso bei **Zivildienst**.

F. Arbeitskampf, Abwehraussperrung: Der Arbeitskampf beendet das Arbeitsverhältnis grundsätzlich nicht. Beendigung aber durch zulässige Kündigung (s Anm 9 C c, d) und ausnahmsweise bei sog lösender Abwehraussperrung, sehr str, BAG GrS **1**, 291; auch für werdende Mütter, BAG **14**, 52. Abwehraussperrung ist im Rahmen des Paritätsprinzips (zB bei Verhandlungsübergewicht der Gewerkschaften durch eng begrenzte Teilstreiks) und des Verhältnismäßigkeitsgrundsatzes (zB nicht Aussperrung aller Arbeitnehmer des Tarifgebiets bei eng begrenzten Teilstreiks) zulässig (auch in Hessen, entgegen Landesverfassung), aber nicht gezielt nur gegen Mitglieder der streikenden Gewerkschaft, BAG BB Beil 4/80. Streik und Aussperrung haben idR nur suspendierende Wirkung, jedoch kann nach Gebot der Verhältnismäßigkeit lösende Aussperrung zulässig sein; Arbeit-

§ 60 I. Buch. Handelsstand

nehmer hat dann Wiedereinstellungsanspruch nach billigem Ermessen, BAG GrS BB **71,** 701, BAG BB **71,** 1366. Instanzgerichtliche Rspr s Seiter NJW **80,** 905. Monographie Brox-Rüthers, Arbeitskampfrecht, 2. Aufl 1982.

G. Sonstige Beendigungsgründe: a) Tod des Handlungsgehilfen beendet das Arbeitsverhältnis. Dagegen idR kein automatisches Ende bei Tod des Arbeitgebers, Geschäftsaufgabe, Liquidation einer HdlGes, Konkurs; hier ist Kündigung notwendig.

b) Aufhebungsvertrag ist jederzeit möglich, bei Schwerbehinderten aber nur mit Zustimmung der Hauptfürsorgestelle (§ 19 SchwBG, s Anm E c); keine Mitbestimmung des Betriebsrats, vgl §§ 99, 102 BetrVG. Einvernehmen ist wegen rechtswidriger Drohung mit Kündigung anfechtbar; Drohung ist nicht rechtswidrig, wenn ein verständiger Arbeitgeber die Kündigung ernstlich in Erwägung gezogen hätte, BAG BB **70,** 443, oder berechtigte schwerwiegende Bedenken bestehen, BAG BB **78,** 1467. Keine Anfechtung wegen Rechtsfolgenirrtums, zB über MuSchG, BAG BB **83,** 1921. Vereinbarung über Beendigung bei nicht rechtzeitiger Rückkehr aus Urlaub ist unwirksam, BAG BB **75,** 651. Ausgleichsquittungen s Anm 6 D a. RsprÜbersicht: Becker=Schaffner BB **81,** 1340.

c) Gerichtsurteil nach § 9 KSchG (s Anm 9 D c).

10) Internationales Arbeitsrecht

A. **Kollisionsrecht:** Rechtsanwendung in inländischen Betrieben **ausländischer Unternehmen** s BAG **7,** 357, BB **67,** 1290. Arbeitsstatut s Schaub § 6 III; internationale Zuständigkeit s Schaub § 6 IV. Monographie Gamillscheg, Internationales Arbeitsrecht, 1959; Simitis FS Kegel **77,** 153, Birk RabelsZ 46 (**82**) 384, RdA **84,** 129.

B. **Europäisches Arbeitsrecht:** zB Gleichbehandlung nach Art 9 (Ausländer) und 119 (Frauen) EWGV mit VO (s Anm 6 A); ferner EGRechtsvereinheitlichung, vgl Einl I D vor § 1; europäische Menschenrechtskonvention. Europäische Kollisionsrechtsvereinheitlichung s Birk NJW **78,** 1825. Übersicht Zöllner § 9 II.

C. **Sonstiges internationales Arbeitsrecht:** Dazu gehören vor allem internationale Verträge zum Arbeitsrecht, s Zöllner § 9 I, Schaub §§ 3 II, 7 II. Internationale Arbeitsbehörden, zB Internationale Arbeitsorganisation (ILO), s Schaub § 7 II.

[Gesetzliches Wettbewerbsverbot]

60 ¹ **Der Handlungsgehilfe darf ohne Einwilligung des Prinzipals weder ein Handelsgewerbe betreiben noch in dem Handelszweige des Prinzipals für eigene oder fremde Rechnung Geschäfte machen.**

II Die Einwilligung zum Betrieb eines Handelsgewerbes gilt als erteilt, wenn dem Prinzipal bei der Anstellung des Gehilfen bekannt ist, daß er das Gewerbe betreibt, und der Prinzipal die Aufgabe des Betriebs nicht ausdrücklich vereinbart.

1) Wettbewerbsverbot (I)

A. §§ 60, 61 sehen für den HdlGehilfen ein **gesetzliches Wettbewerbsverbot** (zu unterscheiden von nur ausnahmsweise verbotener Nebentätigkeit s § 59 Anm 5 B d) **während des Arbeitsverhältnisses** vor. Vertragliche Erweiterung und Einschränkung dieses Verbots sind möglich. **Vertragliche Wettbewerbsverbote** für die Zeit **nach Vertragsende** s §§ 74–75 d. § 60 verbietet: a) **Betrieb eines Handelsgewerbes** (s §§ 1–4), nach Wortlaut des I schlechthin, also auch außerhalb des Geschäftszweiges des Arbeitgebers. Doch ist dies in verfassungskonformer Auslegung (Art 3, 12 GG) auf solche Betätigungen einzuschränken, die dem Arbeitgeber schädlich werden können, also auf Geschäfte im HdlZweig des Arbeitgebers, BAG BB **70**, 1134; das Verbot gilt nicht für Geschäfte, welche die Interessen des Arbeitgebers nicht tatsächlich berühren (entspr § 74 a I), BAG BB **72**, 1056, Gaul BB **84**, 346. Damit werden beide Alternativen angenähert. Das Verbot des Betriebs erfaßt auch Betrieb durch Bevollmächtigte oder Treuhänder, auch durch tätige Teilnahme an HdlGes, BAG BB **62**, 638; nicht bloße Kapitalbeteiligung an KG, GmbH, AG, KGaA, stGes, soweit kein Konkurrenzunternehmen zum Arbeitgeber vorliegt; **erlaubt** ist dagegen die **Vorbereitung** des Aufbaus einer **selbständigen Existenz**, zB Vorbereitung eines nach Vertragsende zu beginnenden Betriebs, BGH BB **55**, 164, soweit sie nicht dem Arbeitgeber schon vorher nachteilig werden kann, RG JW **37**, 2654 (für Anmeldung eines Warenzeichens über mit dem Arbeitgeber konkurrierenden Dritten); Betreiben der Berufszulassung, BAG BB **58**, 877; Informationseinholung, Geschäftsraummiete und Anwerben von Arbeitskräften, nicht aber Vorbereiten und Anbahnen von Geschäften, BAG **14**, 72; bloße Anfrage, LAG BaWü DB **70**, 2325, nicht aber Abwerbung (nachhaltigere Einwirkung) anderer Arbeitnehmer und HV des Arbeitgebers, LAG BaWü BB **69**, 759; Abschluß eines Franchisevertrags, nicht aber Tätigkeit daraus, BAG BB **79**, 324; Anmeldung zum HdlReg, LAG Kiel BB **56**, 338; Vorbereitung von Übergang zu Konkurrenzunternehmen, BAG BB **75**, 1018; leitender Angestellter, der Kunden zu betreuen hat, darf nicht vor Ende des Arbeitsverhältnisses bei diesen für sich werben, aber GesVertrag abschließen, BAG BB **70**, 1095. b) **Geschäfte im Handelszweige** des Arbeitgebers, für eigene oder fremde Rechnung. Auch diese Alternative des I ist einschränkend auszulegen (s Anm a). Arbeitgeber und HdlGehilfe müssen als Wettbewerber auftreten, Geschäfte zwischen beiden sind nicht erfaßt, BAG BB **84**, 406. Bsp: Vermittlungstätigkeit eines HdlReisenden für andere Firmen über längere Zeit, LAG BaWü Stgt BB **69**, 835; auch Versuch, dem Arbeitgeber Geschäftsverbindung abzuwerben, BAG **14**, 72, LAG Ffm BB **70**, 710; Vorbereitung, Vermittlung und Abschluß solcher Geschäfte, die dem Angestellten obliegen, BAG BB **72**, 1056. Gleichgültig ist, ob Arbeitgeber sie machen konnte, LAG Ffm BB **70**, 710, LAG Mannh AP **52**, 6 (Anbieten eigener Ware nach erfolglosem Angebot von Ware des Arbeitgebers). c) **Unterstützung konkurrierender Dritter** durch Kapital, Kredit, sonstige Stärkung kann Geschäft iSv I sein, RG JW **37**, 2655, LAG Düss BB **49**, 468, **50**, 535 (Unterstützung von Verwandten); Unterstützung vertragsbrüchiger Mitarbeitnehmer bei Konkurrenztätigkeit, BAG BB **75**, 1018; Übertritt in den Dienst eines Wettbewerbers verletzt nicht § 60, sondern § 611 BGB, RG **67**, 4.

§ 61

B. a) Ein gesetzliches Wettbewerbsverbot gilt nach § 60 **nur während der Vertragszeit.** Wird der Dienst nicht begonnen oder vorzeitig beendet, ist zu unterscheiden: Wird der HdlGehilfe bei Dienstantritt zu Unrecht abgewiesen oder unzulässig vorzeitig entlassen, gilt I nicht, es sei denn der HdlGehilfe hält an dem Vertrag fest und nimmt die Rechte daraus in Anspruch. Umgekehrt wenn der HdlGehilfe treupflichtwidrig den Dienst nicht antritt oder vorzeitig einstellt, dann gilt I bis zum Rechtswirksamwerden der Kündigung, BAG BB **70,** 214, LAG Ffm BB **70,** 710, LAG Hbg BB **51,** 474, auch bei Vertragsbruch, LAG Düss-Kln BB **63,** 191, LAG BaWü Stgt BB **69,** 1176. Das Verbot gilt bis zum rechtlichen Ende des Arbeitsverhältnisses, auch bei Freistellung von der Arbeit, BAG BB **79,** 324. Bei **Beurlaubung** des HdlGehilfen gilt das Verbot weiter, ebenso bei Suspendierung bis zum Ablauf der Kündigungsfrist mit Gehaltsfortzahlung, BAG BB **70,** 214, 1010, LAG Mü BB **77,** 1049. Bei **fristloser Kündigung** wegen Vertragsbruch des HdlGehilfen kann Arbeitgeber Schadensersatzanspruch für Verlust des Schutzes aus § 60 haben, BAG BB **75,** 1112 (s § 59 Anm 9 Cc). **b) Nach Ende des Arbeitsverhältnisses** besteht **freier Wettbewerb,** soweit sich der Arbeitgeber nicht durch ein vertragliches Wettbewerbsverbot gegen Entschädigung nach §§ 74–75 d gesichert hat. Auch Geheimnisverrat kann grundsätzlich nur durch Konkurrenzklausel (§§ 74 ff) verboten werden, sofern HdlGehilfe durch Geheimhaltungspflicht in seinem Fortkommen behindert wird, BAG **7,** 239 (Weitergabe von Kundenlisten), BAG BB **68,** 504. Fehlt Wettbewerbsabrede nach §§ 74 ff, gelten nur die nach Vertragsende eingeschränkte, nachwirkende Treuepflicht und Schutz nach §§ 1, 17 UWG, §§ 823 II, 826 BGB, uU § 823 I BGB, BGH **38,** 391 (Industrieböden); Baumb-Hefermehl § 17 UWG. Geheimhaltungspflicht der Betriebsratsmitglieder s § 79 BetrVG. Schwer treuwidriger Geheimnisverrat kann uU zum Widerruf einer Ruhegeldzusage berechtigen (s § 59 Anm 6 Ed). Hat Arbeitnehmer den Kundenauftrag so weit vorbereitet, daß Abschluß nur noch Formsache ist, darf er aufgrund der nachwirkenden Treuepflicht den Auftrag nicht zum neuen Arbeitgeber mitnehmen, BAG BB **68,** 504.

2) Einwilligung des Arbeitgebers (II)

Einwilligung des Arbeitgebers entkräftet das Verbot. Sie ist **auch stillschweigend** möglich, liegt aber nicht schon in einer vorübergehenden Duldung wegen besonderer Umstände, RG **109,** 357. Sie ist unwiderruflich. Nachträgliche Genehmigung bzw Verzicht wirkt gleich. Einwilligung zum Betrieb eines HdlGewerbes (I Fall 1) gilt als erteilt, wenn Arbeitgeber bei Anstellung des HdlGehilfen von dem Betrieb weiß und nicht ausdrücklich dessen Schließung vereinbart; fahrlässige Unkenntnis steht nicht gleich. Entspr Vorschrift für einzelne Geschäfte (I Fall 2) besteht nicht, doch kann stillschweigende Einwilligung anzunehmen sein. Ist streitig, in welchem Umfang der Arbeitgeber Konkurrenztätigkeit gestattet hat, ist der Arbeitnehmer für Umfang beweispflichtig, BAG BB **77,** 144.

[Rechtsfolgen der Verletzung des Wettbewerbsverbots]

61 [1] Verletzt der Handlungsgehilfe die ihm nach § 60 obliegende Verpflichtung, so kann der Prinzipal Schadensersatz fordern; er kann statt dessen verlangen, daß der Handlungsgehilfe die für eigene Rechnung gemachten Geschäfte als für Rechnung des Prinzipals eingegangen gelten lasse und die aus Geschäften für fremde Rechnung bezogene Vergütung herausgebe oder seinen Anspruch auf die Vergütung abtrete.

^{II} Die Ansprüche verjähren in drei Monaten von dem Zeitpunkt an, in welchem der Prinzipal Kenntnis von dem Abschlusse des Geschäfts erlangt; sie verjähren ohne Rücksicht auf diese Kenntnis in fünf Jahren von dem Abschlusse des Geschäfts an.

1) Fristlose Kündigung

Verletzung der Verbote des § 60 gibt dem Arbeitgeber idR das Recht zur fristlosen Kündigung nach § 626 BGB (§ 59 Anm 9 C d, e), BAG BB **77**, 144.

2) Schadensersatz und Unterlassung (I Halbsatz 1)

Schadensersatz- und Unterlassungsanspruch folgen schon aus dem Vertrag, BAG BB **70**, 1095; dem Geschädigten helfen der Beweis ersten Anscheins und bei einem Auskunftsanspruch, BAG BB **70**, 1095, 77, 41; es genügt, daß der Arbeitgeber mit hoher Wahrscheinlichkeit Konkurrenztätigkeit dartun kann, BAG BB **71**, 86, oder der Arbeitnehmer erheblichen Anlaß zu Vermutung der Pflichtwidrigkeit gegeben hat, BAG BB **72**, 1056. Der Schadensersatzanspruch besteht neben Anspruch auf Herausgabe von Schmiergeld oder staatlicher Einziehung, BGH BB **62**, 536. Ist die Wettbewerbshandlung des HdlGehilfen sittenwidrig, kommen auch Ansprüche aus § 826 BGB, uU § 1 UWG in Betracht. Übersicht: Menkens DB **70**, 1592.

3) Gewinnherausgabe (I Halbsatz 2)

Arbeitgeber kann, durch (unwiderrufliche) Erklärung an HdlGehilfen, statt Schadensersatz (unter gleichen Voraussetzungen: §§ 276 ff BGB) verlangen, daß der HdlGehilfe (nicht andere Arbeitnehmer, LAG Berlin BB **70**, 1215) die im Widerspruch zu § 60 gemachten Geschäfte **als für Rechnung des Arbeitgebers eingegangen gelten lasse** (oft irreführend Eintrittsrecht genannt; vgl §§ 687 II 1, 681, 667 BGD). Der HdlGehilfe muß ihm dann alles daraus Erlangte herausgeben, auch Forderungen abtreten und zu ihrer Geltendmachung Auskunft erteilen und Beweisurkunden übergeben (§ 402 BGB); Stufenklage § 254 ZPO. Im Gegenzug muß der Arbeitgeber die Aufwendungen des HdlGehilfen für das Geschäft erstatten und die von ihm daraus noch zu erbringenden Leistungen übernehmen (entspr §§ 687 II, 684 S 1 BGB). Der Arbeitgeber kann damit den von HdlGehilfen unrechtmäßig gemachten Gewinn abschöpfen, auch wenn er ihn selbst nicht hätte machen können (anders § 252 BGB), RG **109**, 355. Das gilt für Geschäfte, falls der Eintritt nicht unberechtigte Vorteile für Arbeitgeber mitbringt oder wesentliche Umstellung des Inhalts des Geschäfts notwendig macht. I Halbs 2 gilt nicht für „HdlGewerbe" schlechthin und für Beteiligung an Ges; hier bleibt der Arbeitgeber auf Schadensersatzansprüche angewiesen, BAG BB **62**, 638, sowohl Eintrittsrecht wie Herausgabeanspruch sollen mit Gesellschaftsrecht unvereinbar sein; aA für Gfter der OHG nach § 113 I, BGH **38**, 306 s § 113 Anm 1.

§ 62 1 I. Buch. Handelsstand

Für mehrere zusammenhängende Geschäfte des HdlGehilfen kann Arbeitgeber das Eintrittsrecht nur einheitlich ausüben, BAG BB **62**, 638.

4) Verjährung (II)
Die Ansprüche des Arbeitgebers wegen der verbotenen Handlung (aus § 61, vertragliche, aus demselben Sachverhalt hervorgehende deliktische, RG JW **37**, 2655, auf Unterlassung, RG **63**, 254) **verjähren** nach **II** in drei Monaten seit Erlangung der Kenntnis vom Geschäft, dem Betrieb, der Beteiligung, RG **63**, 255 entspr § 113 III. Frist des II gilt nicht für technische Arbeitnehmer, BAG BB **75**, 1018.

[Fürsorgepflicht des Arbeitgebers]

62 ^I **Der Prinzipal ist verpflichtet, die Geschäftsräume und die für den Geschäftsbetrieb bestimmten Vorrichtungen und Gerätschaften so einzurichten und zu unterhalten, auch den Geschäftsbetrieb und die Arbeitszeit so zu regeln, daß der Handlungsgehilfe gegen eine Gefährdung seiner Gesundheit, soweit die Natur des Betriebs es gestattet, geschützt und die Aufrechterhaltung der guten Sitten und des Anstandes gesichert ist.**

^{II} **Ist der Handlungsgehilfe in die häusliche Gemeinschaft aufgenommen, so hat der Prinzipal in Ansehung des Wohn- und Schlafraums, der Verpflegung sowie der Arbeits- und Erholungszeit diejenigen Einrichtungen und Anordnungen zu treffen, welche mit Rücksicht auf die Gesundheit, die Sittlichkeit und die Religion des Handlungsgehilfen erforderlich sind.**

^{III} **Erfüllt der Prinzipal die ihm in Ansehung des Lebens und der Gesundheit des Handlungsgehilfen obliegenden Verpflichtungen nicht, so finden auf seine Verpflichtung zum Schadensersatze die für unerlaubten Handlungen geltenden Vorschriften der §§ 842 bis 846 des Bürgerlichen Gesetzbuchs entsprechende Anwendung.**

^{IV} **Die dem Prinzipal hiernach obliegenden Verpflichtungen können nicht im voraus durch Vertrag aufgehoben oder beschränkt werden.**

1) Regelmäßige Fürsorgepflicht (I)
§ 62 (entspr §§ 120a, b GewO, § 618 BGB) ist Teilregelung der Fürsorgepflicht des Arbeitgebers (§ 59 Anm 7 A). Konkretisierung durch ArbeitsstättenVO 20. 3. 75, BGBl 729, dazu Opfermann BB **75**, 886. Der Arbeitgeber hat nach I die **Gesundheit** des HdlGehilfen zu schützen und für **gute Sitten** und **Anstand** im Betrieb zu sorgen. Seine Einrichtungs- und Unterhaltspflicht (I) erstreckt sich auf **a)** alle (geschlossenen oder offenen) **Räume**, in denen der HdlGehilfe die geschuldeten Dienste zu verrichten hat, samt Treppen und Zugängen, soweit er für sie zu sorgen hat, auch Räume für Nebenzwecke (zB Eß-, Waschräume), uU Privaträume des Arbeitgebers. Räume iSv I sind auch nicht in einem Gebäude befindliche offene Arbeitsstellen, BGH **26**, 365, zB Baustellen, Garten, uU öffentliche Wege; **b)** alle für den Geschäftsbetrieb bestimmten **Vorrichtungen und Gerätschaften**, auch Heizung, Lüftung, Beleuchtung, Kfz, Schutzkleidung, zu verarbeitendes Material usw. Kostenbeteiligung des Arbeitneh-

mers ist, soweit I reicht, unzulässig, BAG BB **83**, 637. **c)** Zur Regelung von **Geschäftsbetrieb** und **Arbeitszeit** nach I gehört ua, daß der Arbeitgeber kein Übermaß an Arbeit verlangt oder duldet, durch das Gesundheit des Arbeitnehmers gefährdet wird, auch bei leitenden Angestellten, BAG **19**, 288. Arbeitgeber muß ihm bekannte körperliche Leiden des HdlGehilfen berücksichtigen, besonders durch Betriebsunfall hervorgerufene, LAG Düss BB **54**, 1108. Er muß Ansteckung durch kranke Mitangestellte verhüten. Arbeitszeit s § 59 Anm 5 A b. Zum Gesundheitsschutz gehört uU sogar ein Rauchverbot, str, BVerwG DB **84**, 2308; Löwisch DB Beil 1/**79**. Eingebrachte Sachen s § 59 Anm 7 E. Der **Betriebsrat** hat mitzubestimmen bei Regelungen der Unfallverhütung (§ 87 I Nr 7 BetrVG) und kann uU einschreiten bei besonderer Belastung der Arbeitnehmer durch Änderungen der Arbeitsplätze, des Arbeitsablaufs oder der Arbeitsumgebung (§ 91 BetrVG).

2) Fürsorgepflicht bei häuslicher Gemeinschaft (II)

Besondere Fürsorge schuldet der Arbeitgeber, der Wohnung und Kost gewährt, wenn auch nicht an seinem Tisch. Näheres bestimmt die Verkehrssitte. II gilt idR nicht bei Unterbringung im Wohnheim des Arbeitgebers; anders für Krankenschwester, BAG BB **55**, 637. Bei Unterbringung in Werkswohnungen gilt II nicht, aber Mietrecht und §§ 823 ff BGB.

3) Ansprüche bei Verletzung (III)

A. Bei Verletzung einer Verpflichtung des Arbeitgebers nach I (ebenso bei Verletzung öffentlich-rechtlicher Schutzvorschriften) kann der HdlGehilfe auf **Erfüllung** klagen, denn die Verpflichtung ist trotz Verweisung auf §§ 842 ff BGB eine vertragliche, LAG Düss-Kln BB **65**, 245. Er kann auch vor Eintritt des Schadens den **Dienst** wegen Annahmeverzugs des Arbeitgebers **verweigern** (§ 273 BGB, nicht § 320 BGB; s § 59 Anm 8 C b). Ist er geschädigt, kann er nach allgemeinem Vertragsrecht **Schadensersatz** fordern; III regelt nicht diesen Rechtsgrund, sondern nur den Umfang des Anspruchs durch Verweisung auf Deliktsrecht: § 842 BGB (Nachteile für Erwerb oder Fortkommen), § 843 BGB (Rente), § 844 BGB (Begräbniskosten, unterhaltsberechtigte Dritte), § 845 BGB (dienstberechtigte Dritte), § 846 BGB iVm § 254 BGB (Mitverschulden); nicht § 847 BGB (Schmerzensgeld). Ob § 62 Schutzgesetz iSv § 823 II BGB ist, ist wie bei § 618 BGB str. Der Arbeitnehmer braucht nur ordnungswidrigen Zustand zu beweisen, der Arbeitgeber muß sich dann entlasten, BAG BB **70**, 754.

B. Bei **Betriebsunfall** oder Berufskrankheiten sind Ansprüche des HdlGehilfen und ggf seiner Hinterbliebenen gegen den Arbeitgeber (und Arbeitskollegen) idR ausgeschlossen (§§ 636, 637 RVO, s § 59 Anm 8 A, B c).

4) Unabdingbarkeit (IV)

Die Pflichten des Arbeitgebers nach I–III können vertraglich nicht im voraus aufgehoben oder beschränkt werden. Vergleich oder Verzicht nach Eintritt des Schadensfalls sind zulässig. Auch die Haftung für Erfüllungsgehilfen ist nicht abdingbar, auch nicht durch TV. Die Nichtigkeit berührt den Dienstvertrag im übrigen nicht. IV steht tariflichen Ausschlußklauseln, zB über Fristen zur Geltendmachung (vgl § 59 Anm 6 D a), nicht entgegen.

[Dienstverhinderung des Handlungsgehilfen]

63 ⁱ **Wird der Handlungsgehilfe durch unverschuldetes Unglück an der Leistung der Dienste verhindert, so behält er seinen Anspruch auf Gehalt und Unterhalt, jedoch nicht über die Dauer von sechs Wochen hinaus.** Eine nicht rechtswidrige Sterilisation und ein nicht rechtswidriger Abbruch der Schwangerschaft durch einen Arzt gelten als unverschuldete Verhinderung an der Dienstleistung. Der Handlungsgehilfe behält diesen Anspruch auch dann, wenn der Arbeitgeber das Dienstverhältnis aus Anlaß dieser Verhinderung kündigt. Das gleiche gilt, wenn der Handlungsgehilfe das Dienstverhältnis aus einem vom Arbeitgeber zu vertretenden Grunde kündigt, der den Handlungsgehilfen zur Kündigung aus wichtigem Grund ohne Einhaltung einer Kündigungsfrist berechtigt. Der Anspruch kann nicht durch Vertrag ausgeschlossen oder beschränkt werden.

ⁱⁱ Der Handlungsgehilfe ist nicht verpflichtet, sich den Betrag anrechnen zu lassen, der ihm für die Zeit der Verhinderung aus einer Kranken- oder Unfallversicherung zukommt. Eine Vereinbarung, welche dieser Vorschrift zuwiderläuft, ist nichtig.

1) Übersicht

§ 63 (I 2 neu 28. 8. 75 BGBl 2289; I 3, 4 neu 1. ArbRBerG ab 1. 9. 69) beruht auf dem Gedanken der Fürsorgepflicht des Arbeitgebers (§ 59 Anm 7 A). **Nach § 63 behält der Handlungsgehilfe** (für technische Angestellte § 133c GewO; für Auszubildende § 12 BerBG; für Arbeiter § 616 III BGB) **bei Verhinderung durch unverschuldetes Unglück** (s Anm 2) **seinen Gehalts- und Unterhaltsanspruch bis zu sechs Wochen** (Anm 3). **Liegt kein Unglück iSv I vor**, gilt für Fortzahlung uU **der teils weitere, teils engere § 616 I BGB** (Text s § 59 Anm 1 C: „durch einen in seiner Person liegenden Grund ohne sein Verschulden an der Dienstleistung verhindert", „für eine verhältnismäßig nicht erhebliche Zeit"), der auch für HdlGehilfen gilt. Der Anspruch nach § 616 II BGB ist durch TV abdingbar, der nach § 63 nicht. Für Arbeiterlohnfortzahlung gilt Sonderregelung nach § 616 I BGB und LFZG 27. 1. 69 BGBl 946. Die Differenzierung ist verfassungsrechtlich bedenklich, BAG BB **83**, 902. Bei **verschuldeter** Verhinderung kann Arbeitgeber die Vergütung streichen oder kürzen (§ 323 BGB), BAG BB **64**, 1011, Schadensersatz fordern (§ 325 BGB, str, aA LAG Hamm BB **71**, 478), uU kündigen (s § 59 Anm 9 C). Arbeitnehmer ist auch ohne ausdrückliche Vereinbarung verpflichtet, Arbeitsunfähigkeit unverzüglich anzuzeigen, BAG BB **76**, 696. Zur Rechtsentwicklung Marburger BB **76**, 1079.

2) Verhinderung durch unverschuldetes Unglück (I)

A. Der HdlGehilfe ist „an der Leistung der Dienste **verhindert**", wenn sie ihm objektiv unmöglich oder (aus irgendwelchen Gründen, zB Beschwerlichkeit, Gefahr gesundheitlicher Schäden) unzumutbar ist; das gilt auch für teilweise Verhinderung, BAG BB **74**, 230. Die Verhinderung muß **Ursache** dafür sein, daß die Arbeit nicht geleistet wird, BAG NJW **80**, 470. § 63 gilt für Verhinderung während des Arbeitsverhältnisses, auch wenn das Unglück vorher eintrat, str.

B. **Unglück** ist vor allem **eigene Krankheit** iS des Arbeitsrechts (Krankheit von Angehörigen s unten); Hessel-Marienhagen, 4. Aufl 1980. Krankheit in diesem Sinne ist ein regelwidriger körperlicher oder geistiger Zustand, der einer Heilbehandlung bedarf oder eine Arbeitsunfähigkeit herbeiführt; körperliche oder geistige Mängel der individuellen Konstitution, die beides nicht bedingen, sind nicht Krankheit iS des Arbeitsrechts. Begriff Krankheit (Arbeitsunfähigkeit) ist somit auf die geschuldete Arbeitsleistung zu beziehen, BAG BB **82**, 805. Durch Geburtsfehler verursachte Störungen und deren operative Behebung sind Krankheit, BAG BB **76**, 933. Teilarbeitsunfähigkeit genügt, BAG BB **74**, 230. Kuren und Heilstättenbehandlung sind unverschuldetes Unglück, wenn sie der Behebung einer Arbeitsunfähigkeit dienen oder angeordnet sind, um späterer Arbeitsunfähigkeit vorzubeugen, für Kuren aus Angestelltenversicherung BAG **10**, 183, **11**, 12, von SozVers und anderen Stellen BAG **11**, 62, BB **74**, 419; Anforderungen an Vorbeugekur s BAG BB **80**, 368. Normal verlaufende Schwangerschaft ist selbst keine Krankheit (Lohnfortzahlung folgt aus MuSchG, s § 59 Anm 6 Cd), BAG NJW **85**, 1419, hM, aber aus ihr folgende Komplikationen und außergewöhnliche Beschwerden. Bazillenträger und -ausscheider sind krank, auch bei Arbeitsfähigkeit. Bei Beschäftigungsverbot nach BSeuchenG geht Anspruch nach § 63 vor, Arbeitgeber hat insoweit keinen Entschädigungsanspruch nach § 49 I BSeuchenG, BGH BB **79**, 629, s auch BGH **73**, 16 (zu § 616 I BGB). Auch Sportunfall, s Anm B. Zur Erkrankung vor Arbeitsaufnahme Blens-Vondieken DB **68**, 441, im Zeitpunkt der Arbeitsaufnahme Bürger-Stübing BB **68**, 210, bei Unfall auf erstem Weg zur Arbeit BAG BB **72**, 661. Anspruch nach § 63 entsteht wiederholt bei **mehrmaliger** verschiedenartiger **Erkrankung**, auch rasch (wenige Stunden, ohne Wiederaufnahme der Arbeit) nacheinander, aber nicht bei Hinzutritt neuer Krankheit während Arbeitsunfähigkeit (Grundsatz der Einheit des Versicherungsfalles), BAG BB **68**, 84, **82**, 1985, DB **83**, 2783. Trotz Rückfall in dieselbe Krankheit Anspruch dann, wenn HdlGehilfe inzwischen mindestens sechs Monate nicht wegen derselben Krankheit arbeitsunfähig war; zwischenzeitige anderweitige Erkrankung hemmt Fristablauf nicht, BAG BB **83**, 197 (zu § 1 LFZG, gegen frühere Rspr); mißglückter längerer Arbeitsversuch s BAG BB **83**, 1987. Anspruch entsteht auch bei derselben Krankheit idR in jedem neuen Arbeitsverhältnis neu (außer bei engem sachlichen Zusammenhang der Arbeitsverhältnisse), BAG BB **84**, 64. Zum **Nachweis der Krankheit** genügt idR Krankenschein oder Bescheinigung des Arztes über Arbeitsunfähigkeit, ausführliches ärztliches Zeugnis ist nur in Ausnahmefällen erforderlich; auch TV kann aber ärztliches Attest nicht zur Voraussetzung der Gehaltsfortzahlung machen (I 5), BAG BB **85**, 527; ausländisches Arztattest steht gleich, muß aber erkennbar zwischen bloßer Krankheit und krankheitsbedingter Arbeitsunfähigkeit unterscheiden, BAG DB **85**, 2618; zur Problematik von Arztattesten Becker DB **83**, 1253, Feichtinger-Pohl DB Beil 4/84. Verhinderung vertrauensärztlicher Untersuchung allein berechtigt nicht Einstellung der

Entgeltzahlung, ist aber bei Beweiswürdigung zu berücksichtigen, BAG BB **73**, 88. Bei tatsächlicher Erkrankung darf Entgeltfortzahlung nicht allein wegen Verweigerung tariflich vorgesehener Nachuntersuchung versagt werden, BAG BB **79**, 577. Ärztliche Arbeitsunfähigkeitsbescheinigung begründet keine gesetzliche Vermutung; Arbeitgeber kann Umstände darlegen und beweisen, die zu Zweifeln Anlaß geben; dann sind die Umstände zu würdigen, BAG BB **76**, 1663, LAG Hamm BB **85**, 273. Bei Kur kann Arbeitgeber Zahlung verweigern, bis Arbeitnehmer Kurbescheinigung vorlegt, BAG BB **72**, 1189. Bei begründetem Verdacht kann Arbeitgeber uU Detektivkosten in vertretbarem Umfang für Überwachung ersetzt verlangen, LAG Bln BB **78**, 812, dazu Lepke DB **85**, 1231. Außer eigener Krankheit fallen unter § 63 zB unschuldig erlittene **Untersuchungshaft** (offen BAG BB **67**, 630, jedenfalls aber wenn Arbeitnehmer wegen Beteiligung an strafbarer Handlung des Arbeitgebers in Untersuchungshaft ist).

Nicht Unglück iSv I ist Ereignis, das alle oder großen Teil der Arbeitnehmer des Betriebs gleichmäßig trifft, hier kommt § 616 I BGB in Betracht. Bsp: wetterbedingte Unerreichbarkeit des Arbeitsplatzes, BAG BB **83**, 902; Teilnahme an goldener Hochzeit der Eltern, BAG BB **74**, 186, 557; Verhinderung durch **Betriebs- oder Wirtschaftsstörung** (Betriebsrisiko liegt beim Arbeitgeber), § 62, § 616 BGB gelten nicht, s § 59 Anm 6 Cc. Einberufung zu öffentlichem Amt (zB als Arbeitsrichter, Schöffe, Geschworener, Ladung als Zeuge), Grund: sonst Ungleichbehandlung verschiedener Arbeitnehmer, weil § 616 I 1 BGB abdingbar ist, § 63 dagegen nicht (I 5); bei **Tod oder Erkrankung naher Angehöriger** kann Anspruch nach § 616 I BGB geben, nicht nach § 63, BAG BB **79**, 1401, 1452 (gegen BAG BB **78**, 1214): Pflege eines erkrankten Kindes fünf Tage bezahlte Freistellung, wenn keine andere Person im Haushalt die Pflege übernehmen kann, BAG BB **78**, 1214.

C. **Unverschuldet** ist das Unglück, das nicht durch leichtfertiges, unverantwortliches oder gegen die guten Sitten verstoßendes Verhalten herbeigeführt ist, BAG BB **62**, 839; Gola DB **85**, 2044. Verschulden ist nicht nur Vertragspflichtverletzung, sondern Verschulden gegen sich selbst. Bsp: **Krankheit**; zum Verschulden bei krankheitsbedingter Arbeitsunfähigkeit Hofmann ZfA **79**, 275 (Grenze grobe Fahrlässigkeit) **Sterilisation und Abbruch der Schwangerschaft** durch Arzt, wenn nicht rechtswidrig, gelten als unverschuldet (**I 2**). **Außerehelichen Schwangerschaft** ist nach heutiger Auffassung nicht verschuldet, außergewöhnliche Beschwerden aus ihr (iSv I 1, vgl Anm B) können also unter § 63 fallen. Ebenso idR Erkrankung durch außerehelichen Geschlechtsverkehr. Arbeitsunfähigkeit infolge **Selbstmordversuch** ist wegen Minderung der freien Willensbestimmung idR unverschuldet, BAG BB **79**, 1243 (gegen BAG BB **74**, 39). Verstoß gegen **Arbeitsschutz** ist idR verschuldet, zB bei verbotswidriger Benutzung von Maschinen, BAG BB **64**, 1044, Nichttragen von betrieblicher Sicherheitskleidung und -schuhen, LAG Bln DB **82**, 707, deutlicher Verstoß gegen Arbeitszeitordnung mit zum Unfall führender Gesundheitsgefährdung, BAG BB **82**, 1424. **Verkehrsunfälle** sind bei grobem Verstoß gegen Verkehrsvorschriften verschuldet, BAG BB **72**, 220; Verletzung durch Nichtanlegen von Sicherheitsgurten ist verschuldet, BAG BB **82**,

618 (zu § 1 LFZG), aA Denck BB **82,** 682. **Sportunfälle** bei grober Fahrlässigkeit, Teilnahme an besonders gefährlicher Sportart oder Sport, der die Leistungsfähigkeit des Arbeitnehmers erheblich übersteigt, BAG **5,** 307, BB **72,** 710 (Moto-Cross-Rennen); nicht Skispringen, Boxen (fraglich); nicht Drachenfliegen, BAG BB **82,** 494; nicht Fußballwettkampf im Amateurbereich, BAG BB **76,** 793. Unfälle infolge **Trunkenheit** sind stets verschuldet, LAG Hamm BB **66,** 1066; Arbeitsunfähigkeit infolge Trunksucht kann verschuldet sein, Beweislast liegt aber beim Arbeitgeber, BAG BB **84,** 339. Verstoß gegen ärztliche Anordnung ist Verschulden, LAG Düss BB **56,** 339, LAG Stgt BB **64,** 965, ArbG Ulm, Ffm BB **57,** 1121, **54,** 1062, ebenso Verstoß gegen alles, was der Wiederherstellung dient, LAG Düss BB **56,** 339, aber Nebentätigkeit während Arbeitsunfähigkeit nur, wenn sie Heilungsprozeß verzögert, BAG BB **80,** 836, aA Pauly DB **81,** 1282. Eingehen eines **zweiten Arbeitsverhältnisses** nur bei Arbeit, die verboten oder besonders gefährlich ist oder die Kräfte des Arbeitnehmers wesentlich übersteigt, BAG BB **60,** 326, **76,** 228, sonst bei Unfall in Nebenbeschäftigung Gehaltsanspruch auch gegen den ersten Arbeitgeber, BAG BB **76,** 228, **82,** 1424; ebenso bei Unfall in nebenberuflichem selbständigen Gewerbe, BAG BB **76,** 228, oder in Nebenerwerbslandwirtschaft, BAG BB **72,** 619. Auch bei unverschuldetem Unglück ist **Rechtsmißbrauch** möglich, aber nur bei zusätzlichen Tatumständen im Einzelfall, BAG BB **82,** 1424, nicht schon weil Unfall während nicht genehmigter, als solcher aber nicht vertragswidriger Nebentätigkeit entstand, BAG DB **84,** 411. Verschulden ist vom Arbeitgeber nachzuweisen, BAG **9,** 163. Zur Beweislast Lepke DB **72,** 922, Schneck DB **72,** 926.

3) Anspruch auf Gehalt und Unterhalt

A. **Gehalt** ist hier jede Art von Arbeitsentgelt (s § 59 Anm 6 B). Zu zahlen ist, was der HdlGehilfe ohne die Verhinderung verdient hätte, zB Gewinnbeteiligung, Provision, BAG DB **85,** 2695. Inkassoprämie, BAG BB **78,** 502, Anwesenheitsprämie, BAG BB **79,** 1199, Zulagen, durch die nicht besondere Ausgaben abgegolten werden sollen, Nacht-, Feiertags- und Sonntagsvergütungen, Mehrarbeitsvergütung, LAG Hbg BB **58,** 1133, BAG BB **80,** 1797 (zu LFZG), Vergütung für Beförderungszeit, LAG Hamm BB **71,** 221; Spesen nur, soweit sie Entgelt (nicht nachzuweisender Aufwendungsersatz, s § 59 Anm 6 Bf) sind. Prämien, die in keinem Bezug zu den Krankheitszeiten stehen, fallen nicht unter I 1, zB vorzeitige Quotenerfüllung; aber uU Umgehung des I 1, BAG DB **85,** 2696. Verdienstausfall ist nötigenfalls bezogen auf hinreichend langen Referenzzeitraum (12 Monate) nach § 287 II ZPO zu schätzen, BAG DB **85,** 2696. Statt **Unterhalt** kann der HdlGehilfe Vergütung in Geld fordern, wenn er den angebotenen Unterhalt ohne sein Verschulden nicht in Anspruch nehmen kann, LAG Hbg JW **36,** 1259, jedoch keine Barabgeltung bei Krankenhauspflege durch SozVers, BAG **10,** 23. Bei teilweiser Arbeitsunfähigkeit vermindert sich Anspruch auf Entgelt um das erzielte Teilentgelt, BAG BB **74,** 230.

B. Das Gehalt ist **längstens sechs Wochen** zu gewähren **(I 1 Halbsatz 2),** also 42 Tage, den Tag des Aufhörens der Dienstleistung nicht eingerechnet, § 187 BGB, und zwar auch bei sechs Wochen überschreitender Verhinderung oder Krankheitsdauer, BAG **1,** 338, **8,** 314 (anders § 616 BGB,

BAG GrS **8**, 314). Frist beginnt mit dem Unglück; falls der HdlGehilfe aus anderen Gründen zu dieser Zeit an der Arbeitsleistung verhindert ist und keinen Gehaltsanspruch hat, erst mit Wegfall der Behinderung, BAG **10,** 7 (Schutzfrist nach MuSchG), **10,** 530 (Wehrdienst). Bei Eintritt der Arbeitsunfähigkeit während Arbeitsschicht ist dieser Tag nicht mitzurechnen, BAG BB **71,** 958, bei Eintritt vor Arbeitsbeginn wird der Tag mitgerechnet, BAG BB **72,** 40. Bei **Kündigung** durch Arbeitgeber aus Anlaß der Krankheit (sog Anlaßkündigung, **I** 3), auch wenn wirksam, sowie bei Kündigung durch HdlGehilfen aus einem vom Arbeitgeber zu vertretenden Grunde, der den Arbeitnehmer zur fristlosen Kündigung berechtigen würde, bleibt Anspruch bestehen **(I 4);** das gilt auch bei Kündigung wegen gesetzlichen Beschäftigungsverbots infolge Krankheit (Tbc), BAG BB **78,** 1780. Sonst endet Anspruch mit Ende des Arbeitsverhältnisses durch Kündigung, Fristablauf, wirksame Anfechtung, BAG **11,** 297, BB **68,** 709. Die Zeit ernster während Urlaubs eintretender Krankheit wird auf den Urlaub nicht angerechnet und begründet den Anspruch nach § 63, § 9 BUrlG, anders bei unbezahltem Urlaub (s § 59 Anm 7 D). Bei Teilverhinderung (zB Fähigkeit zu Halbtagsarbeit) Anspruch auf volles Gehalt. Bei vom Arbeitgeber verschuldeter Krankheit Anspruch auf Schadensersatz, also Gehalt für die ganze Krankheitszeit, Ausnahme bei Betriebsunfall und Berufskrankheit §§ 636, 637 RVO (§ 59 Anm 8 A, B c); TV sehen häufig Verlängerung der Bezugsdauer von Krankengehalt bei Betriebsunfall vor. **Berechnung** konkret nach Arbeitstagen s BAG BB **86,** 198.

C. Was HdlGehilfe anderswoher erhält, ist auf den Anspruch nach I nicht anzurechnen, so **II 1** für Bezüge aus **Kranken-** und **Unfallversicherung** (aber der Anspruch auf Krankengeld aus der SozVers ruht, solange Gehaltsanspruch besteht, § 189 I RVO). Gehaltsanspruch besteht auch bei Verschulden eines Dritten, doch hat der HdlGehilfe gegen diesen einen vollen Schadensersatzanspruch (Bruttolohn samt Lohnsteuer und SozVers-Beiträge), den er in Höhe des Gehalts an den Arbeitgeber abzutreten hat (§§ 398, 255 BGB analog), BGH **43,** 348. Zum Übergang auf Träger der SozVers s §§ 116, 117 SGB.

D. § 63 I, II ist **zwingend (I 5, II 2);** der Anspruch nach I kann nicht vertraglich ausgeschlossen oder beschränkt, eine Anrechnung entgegen II 1 nicht vereinbart werden, insoweit auch kein wirksamer Aufhebungs- oder Erlaßvertrag, BAG BB **80,** 1158 (zu § 6 LFZG). Das gilt vor ,,im voraus" (entspr § 62 IV), nachträglicher Verzicht auf entstandenen Anspruch ist zulässig, Lepke BB **71,** 1509, liegt aber nicht schon in der Hinnahme der Kündigung, BAG BB **80,** 629 (zu § 6 LFZG). Dem (nur oder vorwiegend) Provision empfangenden HdlGehilfen (zB Lesezirkelbezugswerber) kann nicht zur Einschränkung des Anspruchs nach I 1 eine Pauschale zugesagt werden, etwa entspr vorausgehendem tatsächlichem Provisionsverdienst, BAG BB **57,** 257. Abrede, wonach **Anwesenheitsprämie** während Krankheitszeit entfällt, ist nichtig; BAG BB **79,** 1199, **82,** 2185; ebenso für Mutterschutz; aber Minderung bei krankheitsbedingten Fehlzeiten, soweit wegen Überschreitung des Sechs-Wochenzeitraums Lohnzahlung entfällt, BAG BB **84,** 2132. Nichtigkeit berührt die Wirksamkeit der Prämienzusage im übrigen nicht, § 139 BGB gilt nicht, BAG BB **79,** 1199.

E. In die häusliche Gemeinschaft aufgenommene HdlGehilfen haben

6. Abschnitt. Handlungsgehilfen und Handlungslehrlinge **§§ 64, 65**

nach § 617 BGB bei nicht grob fahrlässig herbeigeführter Erkrankung unabdingbaren Anspruch auf Verpflegung und ärztliche Behandlung für sechs Wochen, wenn ausnahmsweise nicht durch Versicherung oder öffentliche Krankenpflege vorgesorgt ist; aber Anrechnung auf die für die Zeit der Erkrankung geschuldete Vergütung nach § 617 I 3 BGB.

[Gehaltszahlung]

64 ¹ **Die Zahlung des dem Handlungsgehilfen zukommenden Gehalts hat am Schlusse jedes Monats zu erfolgen. Eine Vereinbarung, nach der die Zahlung des Gehalts später erfolgen soll, ist nichtig.**

1) § 64 betrifft die **Fälligkeit** des Arbeitsentgelts (Sonderregelung zu §§ 271, 614 BGB). Abw von § 614 BGB (Text s § 59 Anm 1 C) erlaubt **Satz 1** (falls nach-, nicht vorausgezahlt wird) nicht längere Gehaltsabschnitte als einen Monat (nicht notwendig: Kalendermonat). Zahlung am letzten Tag des Abschnitts, falls Feiertag: am folgenden Werktag, § 193 BGB. Gehalt iSv § 64 ist nur das feste Arbeitsentgelt (Gehalt, s § 59 Anm 6 B a; nicht Provision, Gewinnbeteiligung, Gratifikation etc, s § 59 Anm 6 B b, c, d). Zahlung nicht notwendig bar. Aufrechnung im Rahmen der Pfändungsgrenzen, Zurückbehaltung (§ 273 BGB) grundsätzlich ebenso, jedoch wegen Nicht-Geldforderung des Arbeitgebers (zB Anspruch auf Herausgabe von Sachen des Arbeitgebers) auch darüber hinaus, Köst BB **54,** 688. Stundung ist möglich. Zu zahlen ist grundsätzlich in den Geschäftsräumen (§§ 269, 270 BGB). Mitbestimmung zu Einzelheiten von Zeit, Ort und Art der Auszahlung nach § 87 I 4 BetrVG, auch bei Einführung bargeldloser Zahlung, BAG **14,** 164. **Bei Beendigung** des Arbeitsverhältnisses ist Gehalt sofort auszuzahlen; bereits verdiente, aber noch nicht fällige Treueprämie jedoch erst bei allgemeiner betrieblicher Auszahlung, BAG BB **73,** 144. § 64 ist **zwingend,** spätere Zahlung als nach S 1 kann nicht vereinbart werden **(Satz 2),** jedoch frühere; Anspruch auf **Vorschuß** nur bei Vereinbarung, außer in besonderen Notfällen (Fürsorgepflicht, § 59 Anm 7 A).

[Provision]

65 **Ist bedungen, daß der Handlungsgehilfe für Geschäfte, die von ihm geschlossen oder vermittelt werden, Provision erhalten solle, so sind die für die Handelsvertreter geltenden Vorschriften des § 87 Abs. 1 und 3 sowie der §§ 87a bis 87c anzuwenden.**

1) Verwiesen ist auf sämtliche die Provision betreffenden Vorschriften des Rechts der HV außer auf § 87 II betr Bezirks- und Kundenschutz, doch kann dieser mit dem HdlGehilfen vereinbart werden, BAG BB **66,** 208. Dagegen besteht kein Ausgleichsanspruch nach § 89b, BAG **6,** 23, LAG Stgt BB **58,** 842. Vertragsfreiheit, soweit §§ 87ff nicht zwingend sind, BAG BB **62,** 878. **Provision** ist eine nach dem Umfang vergütungspflichtiger (Einzel-)Geschäfte bemessene Zahlung, s § 87 Anm 1 B; § 65 erfaßt auch Abreden über Vergütung für vermittelte oder abgeschlossene Geschäfte, auch wenn diese nicht als Provision bezeichnet ist; ebenso ,,Um-

§§ 66–73 I. Buch. Handelsstand

satzbonus", der nicht von Gesamt- oder Abteilungsumsatz, sondern vom individuellen Umsatz des HdlGehilfen abhängig ist (sonst Tantieme, s § 59 Anm 6 B c); Erfolgsbeteiligung, die sich nach vermitteltem Umsatz bemißt, BAG BB **73**, 1072; Verrechnung von Fixum und Spesen auf „Umsatzbonus" am Jahresende mit Rückzahlungsverpflichtung für Überzahlungen, BAG BB **67**, 501. **Provisionsanspruch** (s §§ 87, 87a) besteht grundsätzlich auch für Umsätze anderer Konzernunternehmen, für die der Angestellte mit tätig werden muß, BAG BB **76**, 1028; bei Nichtausführung des Geschäftes, es sei denn Ausführung ist dem Arbeitgeber nicht zumutbar, BAG BB **67**, 333, 501; auch wenn Arbeitgeber zumutbare Nachbearbeitung bei Verzug oder Vertragsunwilligkeit des Kunden unterläßt, BAG **20**, 123; auch wenn zusätzliche Bemühungen des Arbeitgebers oder eines Dritten notwendig sind, aber der HdlGehilfe die zum Abschluß führenden Verhandlungen veranlaßt hat, BAG BB **69**, 178. Ist monatliche Garantiesumme vereinbart, setzt Verrechnung mit höheren Provisionen anderer Monate ausdrückliche Vereinbarung voraus, BAG BB **76**, 138. Provision darf nicht von bestimmter Dauer der Betriebszugehörigkeit abhängig gemacht werden, BAG BB **73**, 1072, Grund: unzulässige Kündigungserschwerung (vgl § 59 Anm 6 B d). Zweifelhaft, ob Vereinbarung zulässig ist, daß verdiente Provisionen und Fahrtkosten laufend mit Rückzahlungsansprüchen aus ungedeckt gebliebenen Provisionsvorschüssen verrechnet werden dürfen, BAG BB **76**, 1028. Provision gehört zu dem nach § 63 bei Dienstverhinderung weiterzuzahlenden „Gehalt" BAG **60**, 984. **Kürzung** verdienter Provisionen nach Vertragsende nicht ohne sachlichen Grund, entgegenstehender Vertrag ist unzulässig, BAG BB **62**, 878. Verfall verdienter Provision, die erst nach Beendigung des Arbeitsverhältnisses fällig wird, kann anders als bei HV nicht vereinbart werden, BAG BB **72**, 1454, außer wenn sachliche Gründe vorliegen und der Angestellte angemessenen Ausgleich erhält: Rationalisierung der Abrechnung genügt nicht, BAG BB **73**, 1534. **Höhe** der Provision s § 87b. **Abrechnung** s § 87c. Bei Verzug des Arbeitgebers in Abrechnung und Zahlung sind die Kosten für Heranziehung eines Buchprüfers durch HdlGehilfen Verzugsschaden, BAG BB **66**, 208. **Verjährung** des Provisionsanspruchs in zwei Jahren (§ 196 I Nr 8 BGB), BAG BB **72**, 1056. Anspruch auf Abrechnung und Buchauszüge unterbricht nicht Verjährung der Provisionsansprüche, BAG BB **71**, 1563. Zur Mitbestimmung des Betriebsrats bei genereller betrieblicher Provisonsregelung BAG BB **77**, 1046.

66–72 *(aufgehoben)*

1) §§ 66–72 aufgehoben durch 1. ArbRBerG ab 31. 8. 69. Stattdessen §§ 620ff BGB nF (Text s § 59 Anm 1C); Kündigungsrecht s jetzt § 59 Anm 9 C.

[Anspruch auf Zeugnis]

73 Bei der Beendigung des Dienstverhältnisses kann der Handlungsgehilfe ein schriftliches Zeugnis über die Art und Dauer der Beschäftigung fordern. **Das Zeugnis ist auf Verlangen des Handlungsgehilfen auch auf die Führung und die Leistungen auszudehnen.**

Schrifttum: *Schlessmann,* 8. Aufl 1983.

1) Anspruch auf Zeugnis

A. § 73 wendet auf den HdlGehilfen § 630 BGB an (für technische Angestellte § 113 GewO). Der HdlGehilfe, auch GmbHGeschäftsführer, BGH **49,** 30, nicht der HV, Celle BB **67,** 775, hat bei Ende des Arbeitsverhältnisses **Anspruch auf schriftliches Zeugnis** über Art und Dauer seiner Beschäftigung (einfaches Zeugnis s Anm 2 A, vgl § 630 BGB ,,über das Dienstverhältnis und dessen Dauer"), auf Verlangen auch über seine Führung und Leistungen im Dienst (qualifiziertes Zeugnis s Anm 2 B). Der Arbeitgeber ist nur auf Verlangen des HdlGehilfen zur Erteilung des Zeugnisses (auch des einfachen) verpflichtet; fordert der HdlGehilfe das Zeugnis erst nach Dienstende (zB anläßlich eines Streits), ist es also unter diesem späteren Datum auszustellen, LAG Ffm BB **55,** 477. Der Anspruch ist vor Ende des Arbeitsverhältnisses nicht, bei Beendigung oder nachher im Rahmen der guten Sitten verzichtbar, str, offen BAG BB **75,** 136; allgemein gehaltene Ausgleichsklausel enthält keinen Verzicht auf qualifiziertes Zeugnis, BAG BB **75,** 136. Tarifliche Abschlußfrist (s § 59 Anm 6 D a) gilt auch für Zeugnisanspruch, LAG Hamm BB **77,** 1704. Kein Zeugnis iSv § 73 ist die Arbeitsbescheinigung nach § 133 AFG.

B. Das Zeugnis ist vom Arbeitgeber oder einem Vertreter (s Überbl 1, 2 vor § 48) zB Personalchef mit entspr Vollmacht, auszustellen. Es muß gut lesbar sein. Nachträgliche Einschiebungen müssen klar erkennen lassen, daß sie vom Aussteller stammen. Der Anspruch auf ein **endgültiges Zeugnis** entsteht erst **am Ende** des Arbeitsverhältnisses, nicht schon bei Kündigung; auch am Ende eines nur faktischen Arbeitsverhältnisses (zB bei Nichtigkeit des Arbeitsvertrags); auf Verlangen **auch später** (s Anm A), auch qualifiziertes, nachdem zuerst nur einfaches erteilt wurde. Schon vor Beendigung, so ab Kündigung, uU auch ohne solche zur Stellungssuche, besteht aufgrund Fürsorgepflicht (s § 59 Anm 7 A, H) Anspruch auf vorläufiges Zeugnis **(Zwischenzeugnis),** aber nur auf Verlangen; dieses kann als vorläufig bezeichnet werden; es ist nach Erteilung des endgültigen auf Verlangen zurückzugeben.

C. Der Anspruch auf Zeugnis ist **klagbar.** Vollstreckung nach § 888 ZPO. Möglich auch Fristsetzung und Verurteilung zu Entschädigung nach § 61 II ArbGG.

2) Inhalt des Zeugnisses

A. Das **einfache Zeugnis** muß außer genauer Bezeichnung des HdlGehilfen und Arbeitgebers die **Art und Dauer** (Beginn und Ende) der Beschäftigung angeben; vollständig, auf welchem Gebiet bzw Sondergebiet, mit welchen besonderen Aufgaben der HdlGehilfe gearbeitet hat, vgl LAG Brem BB **54,** 227.

B. Ein **qualifiziertes Zeugnis** muß der Arbeitgeber nur auf Verlangen ausstellen. Es muß außer den Angaben des einfachen Zeugnisses (s Anm A) ein Urteil über **Führung und Leistungen** (nur ,,im Dienst" entspr § 630

BGB) enthalten. Die Tätigkeit ist so genau und vollständig zu beschreiben, daß ein künftiger Arbeitgeber ein klares Bild hat, BAG BB **76**, 1516 (**Wahrheitspflicht**); dazu kann es nötig sein, im Zeugnis negative **Tatsachen** anzugeben, sonst Haftung gegenüber Dritten (s Anm 4 B). Kündigungsgrund kann angegeben werden, wenn er eine nachprüfbare Tatsache darstellt und für das Gesamtbild wichtig ist, str, nicht bloßer Verdacht, RAG **2**, 338; Arbeitnehmer kann nicht Verschweigen von tätigkeitsbezogenen laufenden Strafverfahren in qualifiziertem Zeugnis oder Auskunft verlangen, BAG BB **77**, 297. Ehrlichkeit ist ausdrücklich zu bescheinigen, wo sonst Verdacht des Gegenteils möglich ist, RAG JW **38**, 2424; bescheinigt Arbeitgeber aber Ehrlichkeit trotz Kenntnis eines Kassenmankos, kann er später nicht für dieses Schadensersatz vom Arbeitnehmer verlangen, BAG NJW **72**, 1214. Nicht ins Zeugnis gehören Angaben über Vorgänge vor Dienstbeginn und über außerdienstliches Verhalten, soweit nicht dienstlich relevant. Angabe der Betriebsratstätigkeit nur auf ausdrücklichen Wunsch des Arbeitnehmers, LAG Ffm BB **53**, 472; Brill BB **81**, 616. **Werturteile und Formulierung** im einzelnen sind **Sache des Arbeitgebers** (Beurteilungs- und Formulierungsermessen). Dieser ist frei, welche Leistungen und Eigenschaften er besonders hervorheben will; das Zeugnis muß aber wahr sein und darf keine Auslassungen enthalten, wo positive Hervorhebung zu erwarten ist, BAG BB **71**, 1280; bloße Vermutungen und Verdächtigungen dürfen nicht aufgenommen werden. Die Formulierung des endgültigen Zeugnisses muß sich nicht mit der des Zwischenzeugnisses decken, LAG Düss BB **76**, 1562. Der GmbHGeschäftsführer kann im Zeugnis, soweit zutreffend, Zusatz über Vertrauen der Gfter, Entscheidungsfreiheit und volle Zufriedenheit der Gfter verlangen, KG Bln BB **79**, 988. Geheimzeichen im Zeugnis sind unzulässig (entspr § 113 III GewO), Schlessmann BB **75**, 329. Typische Zeugnisformeln s Schmid DB **82**, 1111. Die alleinige Formel ,,hat sich bemüht" ist klar negativ; je nach Fall uU auch andere scheinbar positive Wendungen, vgl BAG BB **77**, 987.

C. **Berichtigung** des Zeugnisses kann der HdlGehilfe verlangen, wenn Tatsachen unrichtig mitgeteilt oder unrichtige Werturteile leichtfertig oder wider besseres Wissen abgegeben sind. Nur innerhalb angemessener Frist, fünfmonatige Verzögerung ist zu lange, dann kein Schadensersatzanspruch mehr, BAG BB **73**, 195. Der Arbeitgeber muß ggf Richtigkeit beweisen, BAG **9**, 289, 324, BB **77**, 997. Auch der Arbeitgeber kann das Zeugnis zur Berichtigung zurückfordern und muß das uU sogar, um Haftung gegenüber Dritten zu vermeiden (s Anm 4 B). Zur Berichtigung muß er neues Zeugnis ausstellen, Hueck BB **51**, 253. Die **Beweislast** für Richtigkeit der einer schlechten Leistungsbeurteilung zugrundeliegenden Tatsachen trägt der Arbeitgeber, BAG **9**, 289, BB **77**, 997, str. Im **Prozeß** muß der Berichtigung einklagende Arbeitnehmer im Klageantrag Abänderung selbst neu formulieren; das Gericht kann jedoch selbständig formulieren, BAG **AP** § 73 HGB Nr. 1.

3) Auskunftspflicht

Der Arbeitgeber ist nach Ende des Arbeitsverhältnisses (und Zeugniserteilung) dem HdlGehilfen ferner verpflichtet, auf sein Verlangen oder mit seiner Zustimmung Dritten über ihn weitere Auskunft zu geben (nachwirkende Fürsorgepflicht), BAG BB **58**, 593, BGH BB **59**, 919. Sie muß wahr sein, sonst Schadensersatzpflicht (s Anm 4 A), auch Pflicht zum Widerruf, LAG Hbg BB **49,** 596. Gegenüber Personen, die ein berechtigtes Interesse haben, ist der Arbeitgeber zur Erteilung einer Auskunft berechtigt, BAG BB **58,** 593, auch über arbeitsbezogenes laufendes Strafverfahren, BAG BB **77,** 297. Der HdlGehilfe kann aber Mitteilung des Wortlauts der Auskunft verlangen, BGH BB **59,** 919.

4) Haftung

A. Haftung **gegenüber dem Handlungsgehilfen** bei pflichtwidriger Nichterteilung oder Verzögerung des Zeugnisses (oder der Auskunft), BAG BB **68,** 546, **76,** 841, und bei fehlerhaftem Zeugnis oder Auskunft, LAG Hbg DB **85,** 284. Schadensersatz kann in Minderverdienst bestehen, wenn der HdlGehilfe wegen Fehlen des Zeugnisses eine besser bezahlte Stelle nicht erhalten hat, BAG BB **76,** 841, bei fehlerhafter Auskunft gegenüber einem zur Einstellung bereiten Arbeitgeber, LAG Hbg DB **85,** 284. Der Arbeitgeber hat Vollständigkeit und Richtigkeit zu beweisen, BAG **9,** 289, 324, der HdlGehilfe Verursachung und Eintritt eines Schadens, aber uU Schätzung des Gerichts (§ 287 I ZPO), BAG BB **77,** 997.

B. Haftung **gegenüber Dritten** aufgrund eines irreführenden Zeugnisses (Auskunft), zB einem dritten Kfm, der im Vertrauen auf das Zeugnis unredlichen Buchhalter angestellt hat, BAG BB **70,** 1395. Haftung nicht nur aus § 826 BGB, sondern auch nach vertraglichen bzw vertragsähnlichen Grundsätzen, auch für unterlassene Zeugnisberichtigung, BGH **74,** 281, s § 347 Anm 3 D, E), krit Loewenheim JZ **80,** 469. Haftung gegenüber der Bundesanstalt für Arbeit aus unrichtiger Arbeitsbescheinigung, BSozG BB **80,** 731 LS.

[Vertragliches Wettbewerbsverbot; bezahlte Karenz]

74 ¹ Eine Vereinbarung zwischem dem Prinzipal und dem Handlungsgehilfen, die den Gehilfen für die Zeit nach Beendigung des Dienstverhältnisses in seiner gewerblichen Tätigkeit beschränkt (Wettbewerbsverbot), bedarf der Schriftform und der Aushändigung einer vom Prinzipal unterzeichneten, die vereinbarten Bestimmungen enthaltenden Urkunde an den Gehilfen.

ᴵᴵ Das Wettbewerbverbot ist nur verbindlich, wenn sich der Prinzipal verpflichtet, für die Dauer des Verbots eine Entschädigung zu zahlen, die für jedes Jahr des Verbots mindestens die Hälfte der von dem Handlungsgehilfen zuletzt bezogenen vertragsmäßigen Leistungen erreicht.

Schrifttum: *Grüll,* 3. Aufl 1980. – *Schaub* RdA **71,** 268. – *Kopp* BB **77,** 1406. – *Weisemann-Schrader* DB Beil 4/**80.** – *Gaul* BB **80,** 57 (Pensionäre), **84,** 346 – *Bengelsdorf* DB **85,** 1585.

1) Übersicht über §§ 74–75 d

A. **Zeitpunkt des Wettbewerbs: a) Während des Arbeitsverhältnisses** untersagt das **Wettbewerbsverbot der §§ 60, 61** dem HdlGehilfen, dem Arbeitgeber Wettbewerb zu machen. **Für die Zeit nach Ende des Arbeitsverhältnisses** ist er im Rahmen des Gesetzes (eingeschränkte, nachwirkende Treuepflicht und besonders §§ 1, 17 UWG, s § 60 Anm 1 B) frei dazu.

§ 74 1   I. Buch. Handelsstand

Will der Arbeitgeber mehr und länger Schutz gegen die Konkurrenz des HdlGehilfen, kann er **nur** ein **vertragliches Wettbewerbsverbot gegen Entschädigung** vereinbaren (§§ 74–75 d). Solche Vereinbarungen finden ihre Schranken in § 1 GWB und § 138 BGB, soweit sie in Inhalt und Dauer über §§ 74 ff hinausgehen, sonst folgen Grenzen und Rechtsfolgen abschließend aus den Sonderregeln der §§ 74–75 d (entspr § 133 f GewO für technische Angestellte). Leitgedanke der §§ 74 ff ist der Schutz der HdlGehilfen als des typisch Schwächeren gegen die übermäßige Einschränkung seiner Freiheit. §§ 74 ff gelten deshalb entspr für alle Angestellten, auch wenn sie nicht HdlGehilfen, sondern nichtkfm Angestellte sind, BAG **22**, 6, 125, 324; für Angestellte von freiberuflich Tätigen, BAG BB **72**, 447, **74**, 1531 (Mandantenschutzklausel); für sozial abhängige freie Mitarbeiter; für Vereinbarung zwischen Unternehmer und Angestellten von dessen Vertragspartner, BAG BB **70**, 1176. Für **Volontäre** und **Auszubildende** ist solche Vereinbarung überhaupt nicht möglich, §§ 5 I, 19 BerBG. § 74 II gilt nicht entspr für Organmitglieder, zB GmbHGeschäftsführer, BGH **91**, 1, str, aA 26. Aufl; aber unwirksames Wettbewerbsverbot wird nicht schon wirksam, weil Arbeitnehmer GmbHGeschäftsführer wird, Kblz WM **85**, 1484.

   B. **Zeitpunkt der Vereinbarung: a)** §§ 74 ff gelten **für Vereinbarungen vor Beginn** des Arbeitsverhältnisses (auch für Kfm, der sein HdlGeschäft überträgt und beim Erwerber Dienst nimmt, RG **101**, 378) **oder während des Arbeitsverhältnisses,** auch noch nach Kündigung vor Dienstende, auch zugleich mit einvernehmlicher Aufhebung oder fristloser Kündigung (einerlei ob HdlGehilfe andere Dienste suchen oder selbständig werden will). **Vorvertrag,** daß der Arbeitgeber spätestens bei Ausspruch der Kündigung Abschluß einer Wettbewerbsvereinbarung verlangen kann, ist unverbindlich, wenn er nicht §§ 74 ff genügt, BAG BB **69**, 1351. Vereinbarung schon während und für **Probezeit** ist gültig, BAG BB **71**, 1196, 1412, **84**, 533; Wettbewerbsverbot kann aber auf die Zeit nach Ablauf der Probezeit (Bedingung der Nichtkündigung) hinausgeschoben werden, BAG BB **83**, 1347. **b) Nach Beendigung** des Arbeitsverhältnisses, auch im Prozeßvergleich, kann **Wettbewerbsvereinbarung ohne Karenzentschädigung** vereinbart werden, BAG BB **68**, 1120, oder einmalige Ablösung unter der gesetzlichen Mindesthöhe, BAG BB **68**, 1288.

   C. **Inhalt der Wettbewerbsvereinbarung: a)** Unter §§ 74 ff fällt jede Art **Beschränkung** des HdlGehilfen **in seiner gewerblichen Tätigkeit,** auch sachlich, zeitlich, örtlich begrenztes Verbot, auch betr andern Wirtschaftszweig als den des Arbeitgebers, auch bedingtes Verbot, zB Bindung an Zustimmung des Arbeitgebers, BAG **20**, 162, **22**, 324, BB **71**, 1411, uU (wenn es das Fortkommen des HdlGehilfen erschwert) auch bloße Verpflichtung auf Wahrung von Geschäfts-, Betriebsgeheimnissen, BAG **7**, 239. Vorschieben eines Angehörigen als konkurrierender Unternehmer ist unzulässige Umgehung des Verbots, BGH BB **70**, 1375. **b) Auslegung** der Wettbewerbsvereinbarung nach §§ 133, 157 BGB; idR eng, soweit einseitig vom Arbeitgeber aufgestellt, iZw nur anwendbar auf Handlungen im Geschäftszweig des Arbeitgebers. Vertragliche Beschränkung des Verbots auf bestimmte Erzeugnisse oder Produktionszweige verwehrt dem Arbeitnehmer Tätigkeit im Konkurrenzunternehmen nur bei Herstellung oder

Vertrieb der geschützten Artikel, läßt ihm Tätigkeit sonst frei, BAG BB **65**, 909. Schwierigkeiten einer Überwachung rechtfertigen keine weite Auslegung des Verbots, BAG BB **65**, 909. Verbot eines Arbeitsverhältnisses in Konkurrenzunternehmen schließt iZw nicht Verbot freiberuflicher Tätigkeit ein, LAG Hbg BB **69**, 362. Im übrigen ist der Umfang des Verbotes, ob unternehmens- oder tätigkeitsbezogen, nach den tatsächlichen Gegebenheiten zu beurteilen, BAG BB **70**, 801. **c)** Die **Laufzeit** beginnt idR mit der rechtlichen Beendigung des Arbeitsverhältnisses, BAG BB **70**, 1010, nicht schon mit Freistellung während Kündigungsfrist, LAG Mü BB **77**, 1049. Sie endet iZw nicht mit Ruhestand des Arbeitnehmers, auch wenn dieser Betriebsrente bezieht, BAG WM **85**, 584, BB **85**, 1467. **d)** Die Rechte aus der Vereinbarung können nur mitZustimmung des HdlGehilfen auf einen anderen Arbeitgeber **übertragen** werden (außer bei Betriebsübergang § 613a BGB, s § 59 Anm 2 B), BAG BB **66**, 497, **72**, 447; bei Geschäftsaufgabe oder Übertragung entfällt aber idR das berechtigte geschäftliche Interesse des bisherigen Arbeitgebers an Aufrechterhaltung, BAG BB **66**, 497. Die Bindung des HdlGehilfen wird durch Zustimmung zur Übertragung nicht verschärft; zur Ausdehnung des Wettbewerbsverbots auf vom Geschäftserwerber bearbeitete andere Geschäftszweige ist also Vertragsänderung notwendig.

D. Rechtsfolgen von Verstößen: a) Der Arbeitgeber kann verlangen: (1) **Unterlassung** des Zuwiderhandelns (vertraglicher Erfüllungsanspruch), BAG BB **70**, 801 (Bsp für einstweilige Verfügung: LAG Ffm BB **56**, 853) und **Beseitigung fortbestehender Störung**, zB Schließung eines dem Verbot zuwiderlaufenden HdlGeschäfts und Löschenlassen der Eintragung dieses Geschäfts im HdlReg. (2) **Schadensersatz** (wegen positiver Vertragsverletzung; uU verschuldeten Unmöglichwerdens der Erfüllung), BAG BB **68**, 1288; es gelten §§ 323 ff BGB, BAG BB **86**, 462. (3) Der Arbeitgeber hat Recht zum (von der Entschädigungspflicht befreienden) **Rücktritt**, § 326 BGB (bei Verschulden des HdlGehilfen, nach fruchtloser Fristsetzung), § 325 BGB (wenn der HdlGehilfe sich schuldhaft außerstande setzte, die Wettbewerbsabrede noch zu befolgen). (4) **Wegfall der Entschädigung**, solange HdlGehilfe der Abrede zuwider handelt, §§ 323 I, 325 I 3 DGD, BAG **2**, 258, BB **60**, 1326; Rückforderung der Entschädigung für Dauer des Verstoßes, auch anteilig bei Pauschalentschädigung, BAG BB **68**, 1288; hält HdlGehilfe Wettbewerbsverbot wieder ein, kann er auch wieder Karenzentschädigung verlangen (unbeschadet weitergehender Rechte des Arbeitgebers aus § 325 BGB), BAG WM **86**, 394. (5) **Anspruch auf Nennung des neuen Arbeitgebers** und Aufklärung der entstandenen Schäden, falls der HdlGehilfe durch sein Verhalten begründeten Verdacht für Wettbewerbsverstoß setzt, BAG BB **19**, 130, 307, BB **68**, 1288. **b)** Der Arbeitgeber hat dagegen anders als nach § 61 I **kein Recht auf Gewinnherausgabe**; idR auch nicht Anspruch aus §§ 823 I, 1004 BGB (Unternehmensschutz Einl II 3 C vor § 1), weil die vertraglich verbotenen Handlungen ohne den Vertrag nicht rechtswidrig sind, auch nicht Anspruch aus § 823 II BGB, weil die Abrede nicht Schutzgesetz ist. **c)** Ansprüche unabhängig von der Wettbewerbsabrede folgen aus §§ 1, 17 UWG ua (s Anm 1 A). Vertragsstrafe s § 75 c.

2) Form (I)

A. **Schriftform:** Die Vereinbarung ist schriftlich zu treffen, dh von beiden Parteien auf derselben Urkunde zu unterzeichnen (§ 126 II 1 BGB), BAG WM **85**, 584, oder, wenn über sie mehrere gleichlautende Urkunden aufgenommen werden, mindestens von jedem Teil auf der für den andern bestimmten (§ 126 II 2 BGB); beides ist ersetzbar durch gerichtliche oder notarielle Beurkundung (§ 126 III BGB).

B. **Aushändigung der Urkunde:** Die Vereinbarung bedarf (auch im Falle öffentlicher Beurkundung, § 126 III BGB) der Aushändigung einer vom Arbeitgeber unterzeichneten, die Vereinbarung enthaltenden Urkunde an den HdlGehilfen. Verweigerung der Annahme steht gleich, falls Aushändigung in angemessener Frist angeboten wird. Wettbewerbsklausel im TV ersetzt Schriftform, doch ist dann der TV auszuhändigen. Verweisung zB auf gesetzliche Bestimmungen genügt, BAG BB **75**, 1481.

C. **Formfehler:** Verstoß macht die Vereinbarung nichtig, § 125 S 1 BGB, nicht den Arbeitsvertrag, RG **146**, 118. Berufung des Arbeitgebers auf von ihm (oder Erfüllungsgehilfen, § 278 BGB) verschuldete Formfehler ist unzulässig, RAG **14**, 146, auf nur nicht gerügte zulässig, BAG BB **57**, 1109.

3) Grundsatz der bezahlten Karenz (II)

Die Vereinbarung ist nur dann (beiderseits) verbindlich, wenn der Arbeitgeber (oder ein zweifelsfrei gleich sicherer Dritter, zB MutterGes) sich in ihr (dh in der auszuhändigenden Urkunde, s Anm 2) zur Zahlung einer **Karenzentschädigung** von insgesamt pro Jahr mindestens der Hälfte der zuletzt (dh bei Dienstende) bezogenen Vertragsleistung für die Dauer des Verbots verpflichtet (II). „Für jedes Jahr des Verbots" ist irreführend, denn die Entschädigung ist in Monatsbeträgen zahlbar (§ 74b I) und die Zahlung kann auch im laufenden Jahr (Kalenderjahr oder vom Dienstende gerechnet) enden (vgl § 74a I 1, 2). Näher zu Zahlung und Berechnung der Karenzentschädigung s § 74 b, zur Anrechnung anderweitigen Erwerbs s § 74 c. § 74 II ist verfassungsgemäß, obwohl Gesetzgeber für HV eine andere Regelung getroffen hat (§ 90a), BAG BB **73**, 1306. Zusage der „nach dem Gesetz zu leistenden Vergütung" genügt, ebenso allgemeine Bezugnahme auf die maßgebenden Vorschriften des HGB, BAG BB **75**, 1481. Fehlt solche Verpflichtung ganz oder ist sie nicht für die volle vereinbarte Dauer des Verbots übernommen, ist die Vereinbarung ungültig, auch wenn das Verbot nur Abwerbung verhindern soll, BAG BB **70**, 35; ebenso bei während der Vertragsdauer laufend zu zahlenden Teilbeträgen, weil Vertragsdauer und Erreichen des Betrags nach II ungewiß sind, BAG DB **82**, 125. Zusage der Karenzentschädigung ist auch erforderlich, wenn Konkurrenztätigkeit des noch berufstätigen, mit unverfallbarer Ruhegeldanwartschaft ausgeschiedenen Arbeitnehmers ausgeschlossen werden soll, BAG BB **76**, 793. Zusage erst in Nachvertrag macht Wettbewerbsvereinbarung nicht gültig, LAG BaWü BB **69**, 404. Auch bei geringfügiger Wettbewerbsbeschränkung ist keine Änderung der Entschädigung zulässig, BAG **20**, 162. Ist zu niedrige Entschädigung zugesagt, kann der Arbeitgeber sich nicht auf Vereinbarung berufen, § 75d (bei offener Unterschreitung S 1, bei versteckter S 2), aber der HdlGehilfe sie (nach Dienstende) bekräftigen, dann bleibt es bei der vereinbarten (niedrigen) Entschädigung, so für den analogen ,,Hochbesoldeten"-Fall BAG BB **69**, 675, **71**, 267. Verfassungswidrige Ausnahmen von der Entschädigungspflicht bei Auslandsgehilfen und Hochbesoldeten s § 75b. Karenzentschädigung muß **unbedingt** zugesagt werden; Zusage für den Fall, daß Arbeitgeber die Zustimmung zu einer Konkurrenztätigkeit verweigert, genügt nicht; zum bedingten Wettbewerbsverbot s § 75a Anm 2. Rechtsfolge der Unverbindlichkeit s § 74a Anm 1 B.

[Unverbindliches oder nichtiges Verbot]

74a ^I Das Wettbewerbsverbot ist insoweit unverbindlich, als es nicht zum Schutze eines berechtigten geschäftlichen Interesses des Prinzipals dient. Es ist ferner unverbindlich, soweit es unter Berücksichtigung der gewährten Entschädigung nach Ort, Zeit oder Gegenstand eine unbillige Erschwerung des Fortkommens des Gehilfen enthält. Das Verbot kann nicht auf einen Zeitraum von mehr als zwei Jahren von der Beendigung des Dienstverhältnisses an erstreckt werden.

^{II} Das Verbot ist nichtig, wenn die dem Gehilfen zustehenden jährlichen vertragsmäßigen Leistungen den Betrag von *fünfzehnhundert* Deutsche Mark nicht übersteigen. Das gleiche gilt, wenn der Gehilfe zur Zeit des Abschlusses minderjährig ist oder wenn sich der Prinzipal die Erfüllung auf Ehrenwort oder unter ähnlichen Versicherungen versprechen läßt. Nichtig ist auch die Vereinbarung, durch die ein Dritter an Stelle des Gehilfen die Verpflichtung übernimmt, daß sich der Gehilfe nach der Beendigung des Dienstverhältnisses in seiner gewerblichen Tätigkeit beschränken werde.

^{III} Unberührt bleiben die Vorschriften des § 138 des Bürgerlichen Gesetzbuchs über die Nichtigkeit von Rechtsgeschäften, die gegen die guten Sitten verstoßen.

1) Unverbindlichkeit des Wettbewerbsverbots (I)

A. **Unverbindlich** ist oder wird das Verbot, **soweit** es nach den (sich uU ändernden) Verhältnissen zwischen Dienstende und Ablauf seiner Höchstgeltungsdauer (abw Meinungen: nach den Verhältnissen bei Vereinbarung, bei Dienstende) entweder **a)** über den **Schutz berechtigter geschäftlicher Interessen** des **Arbeitgebers** hinausgeht (I 1). Bsp: nach endgültiger Veräußerung des HdlGeschäfts des Arbeitgebers, BAG BB **66**, 497 (s § 74 Anm 1 C d); wenn keine Beziehung zur früheren Tätigkeit besteht, sondern lediglich die Möglichkeit, daß HdlGehilfe irgendwie zur Stärkung der Konkurrenz beiträgt, BAG BB **66**, 1025, aA Schlegelb-Schröder 3a; soweit das Verbot über den Geschäftszweig des Arbeitgebers hinausgeht; für Auslandstätigkeit, die nach Recht des betreffenden Staates illegal wäre, BAG BB **63**, 1421; zulässig bei Erstreckung auf ganze Branche in Entwicklungsland, BAG **19**, 164; Ausgliederung der Abteilung, in der der HdlGehilfe tätig war, und Umwandlung in selbständige Ges, deren maßgebender Gfter der bisherige Arbeitgeber ist, berührt das berechtigte Interesse nicht, BAG **19**, 267, ebenso Zusammenlegung mehrerer Unternehmen oder Betriebe; berechtigtes geschäftliches Interesse bei Konzernen und Kooperationen s Kracht BB **70**, 584. Fehlen des berechtigten geschäftlichen Interesses kann nur Arbeitnehmer geltend machen, nicht Arbeitgeber, BAG BB **71**, 1412; **b)** oder wenn es nach Ort, Zeit oder Gegenstand unter Berücksichtigung (ua) der vom Arbeitgeber geschuldeten Entschädigung **das Fortkommen des Handlungsgehilfen unbillig erschwert (I 2)**.

B. **Rechtsfolge nach I 1, 2** ist rechtliche Unverbindlichkeit der Wettbewerbsabrede, uU ist entspr Beschränkung des Verbots zB auf Tätigkeit für bestimmte Wettbewerber, RG **77**, 407, ipso iure, nicht erst durch vom HdlGehilfen zu erwirkenden Richterspruch, str. Der Arbeitgeber kann sich also nicht auf das Wettbewerbsverbot berufen. Dagegen hat der HdlGehilfe ein **Wahlrecht**, ob er sich an das Wettbewerbsverbot halten oder von ihm lösen will; die Wahl ist idR bei Beginn der Verbotsfrist auszuüben, BAG BB **78**, 612, nur ausnahmsweise kann er sich vorläufig an das Wettbewerbsverbot halten und Wahl bis zum Urteil hinausschieben, BAG BB **80**, 1376. Vorschußweise gewährte unzureichende Karenzentschädigung kann Wahlrecht behindern und braucht nicht zurückbezahlt zu werden, BAG DB **82**, 125.

C. **Zeitliche Beschränkung:** Das Verbot kann **nicht** für **mehr als zwei Jahre** nach Beendigung des Dienstverhältnisses vereinbart werden **(I 3)**. Bei einem auf ein Arbeitsverhältnis folgenden freien Mitarbeiterverhältnis beginnt es erst nach Beendigung des letzteren, BAG BB **70**, 1010. Ein für längere Zeit vereinbartes Verbot ist für zwei Jahre wirksam und nur darüber hinaus unwirksam, BAG BB **84**, 535. Weitere Kürzung der Dauer des Verbots kann aus I 1, 2 folgen (s Anm A, B).

2) Nichtigkeit des Wettbewerbsverbots (II, III)

A. Das Wettbewerbsverbot ist nichtig, wenn dem HdlGehilfen nicht als **Mindestbetrag** (zZ der Vereinbarung) vertragsmäßige Leistungen von auf das Jahr gerechnet über [DM 1500] zustehen, **II 1**. Vertragsmäßige Leistungen sind das gesamte Arbeitsentgelt (§ 59 Anm 6 B), zB feste und veränderliche Geldbezüge (Gehalt, Provision, Gewinnbeteiligung, Gratifikation), sowie Sachleistungen. Der Betrag von DM 1500 ist nur eine Grundzahl, die erst mit der Teuerungszahl (Auskunft beim statistischen Bundesamt) den maßgeblichen Betrag ergibt.

B. Nichtig ist die Vereinbarung mit einem (zZ der Vereinbarung) **minderjährigen** HdlGehilfen **(II 2 Fall 1)**; Bestätigung nach Eintritt der Volljährigkeit ist neue Vereinbarung, § 141 I BGB, vgl RG JW **25**, 2230. Nichtig ist die Vereinbarung auch dann, wenn sich Arbeitgeber die Einhaltung des Wettbewerbsverbots (nicht anderer Zusagen, zB der Wahrung von Geheimnissen, Hbg OLGE **36**, 254) **auf Ehrenwort** oder unter ähnlichen Versicherungen (zB eidlich, eidesstattlich) versprechen läßt **(II 2 Fall 2)**, RG **78**, 260, einerlei ob schriftlich oder mündlich, auch ohne Aufforderung durch Arbeitgeber, der aber das spontan gegebene Ehrenwort in angemessener Frist (zB nach Beratung) zurückweisen und dadurch unschädlich machen kann.

C. Nichtig ist auch die Vereinbarung, daß **ein Dritter anstelle des Handlungsgehilfen** (nicht neben ihm und einerlei ob dieser zur wirksamen Wettbewerbsabrede fähig ist oder nicht, vgl II 1, 2) die Verpflichtung übernimmt, daß sich der Gehilfe entspr beschränken werde. Darunter fällt

6. Abschnitt. Handlungsgehilfen und Handlungslehrlinge 1 § 74b

sowohl die Pflicht des Dritten, für Folgen des Zuwiderhandelns durch den HdlGehilfen einzustehen (Garantie), als auch die bloße Pflicht, sich entspr zu bemühen.

3) Sittenwidrigkeit (III)

III hält ausdrücklich die Anwendbarkeit des § 138 BGB neben §§ 74 ff aufrecht. § 138 BGB greift jedoch nur ein, soweit das Wettbewerbsverbot über die Sonderbestimmungen der §§ 74 ff hinausgeht; sonst ergeben sich Grenzen der Vertragsfreiheit und Rechtsfolgen der Verletzung nur aus diesen, BAG BB **68**, 504.

[Zahlung und Berechnung der Entschädigung]

74 b ^{I} Die nach § 74 Abs. 2 dem Handlungsgehilfen zu gewährende Entschädigung ist am Schlusse jedes Monats zu zahlen.

^{II} Soweit die dem Gehilfen zustehenden vertragsmäßigen Leistungen in einer Provision oder in anderen wechselnden Bezügen bestehen, sind sie bei der Berechnung der Entschädigung nach dem Durchschnitt der letzten drei Jahre in Ansatz zu bringen. Hat die für die Bezüge bei der Beendigung des Dienstverhältnisses maßgebende Vertragsbestimmung noch nicht drei Jahre bestanden, so erfolgt der Ansatz nach dem Durchschnitt des Zeitraums, für den die Bestimmung in Kraft war.

^{III} Soweit Bezüge zum Ersatz besonderer Auslagen dienen sollen, die infolge der Dienstleistung entstehen, bleiben sie außer Ansatz.

1) Zahlung (I)

A. § 74 regelt nur Zahlung und Berechnung der Karenzentschädigung. Das **Bestehen des Anspruchs auf Entschädigung** setzt er voraus (s § 74 II). Ist die Wettbewerbsvereinbarung wirksam bzw wählt der HdlGehilfe Einhaltung des Wettbewerbsverbots (s § 74 a Anm 1 B), besteht der Anspruch dem Grunde nach **auch wenn der Handlungsgehilfe zum Wettbewerb nicht imstande ist,** zB wirtschaftlich, wegen Alter oder schlechter Gesundheit, BAG BB **77**, 95, **84**, 535; Ausnahme Verbüßung einer Freiheitsstrafe, s § 74 c I 3. Der Anspruch besteht auch, wenn der Arbeitnehmer bei eigener Kündigung von einem Weiterbeschäftigungsangebot keinen Gebrauch macht, BAG BB **77**, 95. Ausgleichsquittung enthält iZw keinen **Verzicht** auf Karenzentschädigung, BAG BB **82**, 861. **Verzug** (ohne Mahnung, § 284 II 1 BGB) kann Rücktritt des HdlGehilfen von der Verbotsvereinbarung rechtfertigen, § 326 BGB, RG **79**, 311.

B. **Zahlung** der Entschädigung hat in Raten iZw jeweils am **Monatsschluß** (vom Dienstende gerechnet, zB von Mitte zu Mitte der Kalendermonate) zu erfolgen. Früherlegen der Fälligkeit ist möglich, auf Späterlegen kann sich der Arbeitgeber nicht berufen (§ 75 d). Für die Entschädigung gilt **Konkursvorrecht** der Dienstbezüge nach §§ 59, 61 Nr 1 b KO, Konkursausfallgeld § 141 a–n AFG, und **Pfändungsschutz** für Arbeitseinkommen nach § 850 III a ZPO; bei mehreren Arbeitseinkommen ist unpfändbarer Betrag in erster Linie demjenigen Arbeitseinkommen zu entnehmen, das die wesentliche Grundlage der Lebenshaltung des Schuldners bildet (§ 850 e Nr 2 ZPO), so zB wenn der HdlGehilfe Gehalt (aus neuer

Anstellung) und Karenzentschädigung (aus alter) empfängt; ist nur das laufende Gehalt gepfändet, bleibt die Karenzentschädigung unberührt. Soweit die Entschädigung unpfändbar ist, ist ihre **Abtretung** unzulässig; ebenso **Aufrechnung** gegen sie, §§ 400, 394 BGB. **Verjährung** der einzelnen Rate nach §§ 196 I Nr 8, 201 BGB, BAG BB **85**, 198.

2) Berechnung (II, III)

Der geschuldete Monatsbetrag ist aus einem Jahresentschädigungsbetrag zu errechnen. Der Jahresentschädigungsbetrag beträgt mangels günstigerer Abrede die Hälfte des gesamten Jahresarbeitsentgelts (s § 74 II). Der Gesamtbetrag des Jahresarbeitsentgelts wird nach § 74b durch Addition des Jahresbetrags der letzten festen Bezüge (hierbei (letztes) Monats-, Wochen-, Tagesgehalt multipliziert mit 12, 52, 365) und des Jahresbetrags wechselnder Bezüge (zB Gewinnbeteiligung), BAG BB **57**, 148, gebildet **(II)**; beides mit Auslassung von Bezügen zum Ersatz besonderer, durch den Dienst verursachter Auslagen **(III)**. **Mitzurechnen** ist ua freiwillige widerrufliche außertarifliche Zulage (Tarifgehalt und Zulage zusammen rechnen als Gehalt, nicht als ,,wechselnde Bezüge" iSv II), BAG BB **66**, 1310; bei Spesenpauschale mit Vergütungsanteil auch dieser Anteil; freiwillig und unter Ausschluß des Rechtsweges gezahlte Sondervergütung, BAG BB **72**, 1094, **74**, 277; ein bei Ausscheiden fälliges, noch ausstehendes 13. Monatsgehalt, auf welches der Arbeitnehmer trotz Ausscheidens Anspruch hat, BAG BB **77**, 95. **Nicht** mitzurechnen sind SozVersZuschüsse des Arbeitgebers, BAG BB **82**, 2052; bei Beendigung des Arbeitsverhältnisses noch nicht fällige Bezüge, auch wenn sie vorausgezahlt werden, BAG BB **67**, 959. Bei Gratifikationen und ähnlichen Sonderleistungen ist **Durchschnitt** der letzten drei Jahre maßgeblich, BAG BB **77**, 95.

[Anrechnung anderweitigen Erwerbs]

74c ^I Der Handlungsgehilfe muß sich auf die fällige Entschädigung anrechnen lassen, was er während des Zeitraums, für den die Entschädigung gezahlt wird, durch anderweite Verwertung seiner Arbeitskraft erwirbt oder zu erwerben böswillig unterläßt, soweit die Entschädigung unter Hinzurechnung dieses Betrags den Betrag der zuletzt von ihm bezogenen vertragsmäßigen Leistungen um mehr als ein Zehntel übersteigen würde. Ist der Gehilfe durch das Wettbewerbsverbot gezwungen worden, seinen Wohnsitz zu verlegen, so tritt an die Stelle des Betrags von einem Zehntel der Betrag von einem Viertel. Für die Dauer der Verbüßung einer Freiheitsstrafe kann der Gehilfe eine Entschädigung nicht verlangen.

^{II} **Der Gehilfe ist verpflichtet, dem Prinzipal auf Erfordern über die Höhe seines Erwerbes Auskunft zu erteilen.**

1) Anrechnung eines anderweitigen Erwerbs (I)

A. Der HdlGehilfe muß sich auf die fällige Entschädigung nach I 1 zwei Beträge **anrechnen lassen: a) was er** in der Zeit, für welche die Entschädigung geschuldet wird, durch anderweite Verwertung seiner Arbeitskraft **erwirbt (I 1 Fall 1)**. Grund: keine Prämie für Stellenwechsel. Anzurechnen sind die gleichen Arbeitsentgeltarten wie bei der Berechnung der Karenzentschädigung (s § 74b Anm 2), BAG BB **74**, 277; auch Gratifikationen und andere Sonderzahlungen, auf die kein Rechtsanspruch besteht, BAG BB **74**, 277; Arbeitslosengeld, BAG NJW **86**, 275; anzurechnen ist, nur was durch anderweitige Verwertung der freigewordenen Arbeitskraft verdient wird, Schütze DB **71**, 918. Karenzentschädigung eines Monats und Erwerb dieses Monats sind zu vergleichen, nicht Erwerb und Entschädigung des ganzen Zeitraums, BAG **22**, 6. **Nicht** anzurechnen ist der Erwerb, den der Arbeitnehmer auch sonst hätte erzielen können, also außerhalb der beruflichen Betätigung, zB Einnahmen aus wissenschaftlicher Nebentätigkeit; Kapitaleinkommen, daher Aufgliederung des Einkommens bei eigener Geschäftstätigkeit, BAG BB **67**, 959; Gumpert BB **70**, 890; Altersrente der gesetzlichen Rentenversicherung, BAG WM **85**, 584, für Betriebsrente offen BAG BB **85**, 1467; Sondervergütung für getrennte Haushaltsführung; Arbeitslosengeld, LAG Düss BB **82**, 49, fraglich; Unterhaltsgeld des Arbeitsamtes während beruflicher Bildungsmaßnahme, ArbG Mannh BB **76**, 38. Anrechenbar ist nur das gezahlte Gehalt, nicht zB steuerfreie Aufwandsentschädigung, Dienstwagen, Auslagenersatz, Auslandszuschlag, Bungalow im Ausland, BAG BB **85**, 198. **b)** Der HdlGehilfe muß sich außerdem anrechnen lassen, **was er** so **zu erwerben böswillig unterläßt (I 1 Fall 2);** vgl § 615 S 2 BGB, Text s § 59 Anm 1 C. Grund: keine Prämie für Stellenaufgabe und Leben ohne zu arbeiten. Böswillig handelt der Arbeitnehmer, wenn er in Kenntnis von Arbeitsmöglichkeit, Zumutbarkeit der Arbeit und Nachteil für Arbeitgeber untätig bleibt oder zu geringer Vergütung arbeitet, BAG BB **67**, 540, **65**, 1070. **Nicht** böswillig ist es zB, wenn Arbeitnehmer nach eigener Kündigung von Weiterbeschäftigungsangebot des bisherigen Arbeitgebers keinen Gebrauch macht, BAG BB **77**, 95; unterlassen vorübergehender berufsfremder Tätigkeit, LAG BaWü BB **66**, 943; idR Aufnahme eines Studiums, BAG BB **74**, 1486, aA Bengelsdorf BB **83**, 905; Inkaufnahme eines zunächst geringeren Verdiensts bei zulässigem Aufbau selbständiger Tätigkeit, BAG BB **76**, 228.

B. Anrechnung erfolgt, soweit der Erwerb oder Nichterwerb (s Anm A, B) einen **Grenzbetrag** übersteigt, der wie folgt gebildet ist: **a)** Entschädigung plus Betrag des Erwerbs bzw Nichterwerbs = **110%** der letzten Vertragsbezüge **(I 1)**. Bsp (ohne Umsiedlung): letzte Vertragsbezüge 3000, Entschädigung 1500, Neuerwerb 2500: Kürzung der Entschädigung auf 800. **b)** War der Gehilfe durch das Wettbewerbsverbot zur Umsiedlung gezwungen, gilt **125%** statt 110% **(I 2)**. **Gezwungen,** seinen **Wohnsitz zu verlegen** setzt Ursächlichkeit des Wettbewerbsverbots für den Wohnsitzwechsel voraus. Das ist der Fall, wenn der Arbeitnehmer am bisherigen Wohnsitz oder in dessen Einzugsbereich ohne das Wettbewerbsverbot eine der früheren Tätigkeit vergleichbare Beschäftigung aufnehmen könnte, BAG WM **86**, 395. Daran fehlt es, wenn ohnehin keine entspr Arbeitsstelle am bisherigen Wohnsitz offen ist, BAG BB **82**, 1301. Unvermeidlicher Zwang ist dagegen unnötig. Es genügt, wenn der Arbeitnehmer nur außerhalb des bisherigen Wohnsitzes eine Tätigkeit ausüben kann, die nach Art, Vergütung und Aufstiegschancen der bisherigen nahekommt, BAG BB **74**, 370, str, nach aA Unvermeidlichkeit der Wohnsitzverlegung nach Treu und Glauben.

C. Entschädigungsanspruch besteht dem Grunde nach einerlei, ob der

HdlGehilfe dem Arbeitgeber tatsächlich Konkurrenz machen kann, s § 74b Anm 1 A. I 3 regelt dazu einen Sonderfall: keine Entschädigung während Verbüßung einer Freiheitsstrafe, BAG BB **74**, 1486.

2) Auskunfspflicht des Handlungsgehilfen (II)
Der Arbeitgeber hat Anspruch auf (mündliche) **Auskunft** des HdlGehilfen über die Höhe seines Erwerbs, ggf negativ: Erwerb liege unter x DM (mit welchem Betrag Anrechnung begänne). Der Arbeitgeber kann bis zur Auskunft die Entschädigung zurückhalten, BAG **22**, 6, BB **78**, 915. Er kann auch auf Auskunft klagen, Urteil ist vollstreckbar nach § 888 I ZPO. Früherer Arbeitnehmer, der jetzt selbständig ist, genügt der Auskunftspflicht, wenn er Einkommensteuerbescheid anbietet, BAG BB **75**, 653, aA Durchlaub BB **76**, 232. Böswilliges Unterlassen des Erwerbs muß Arbeitgeber dem HdlGehilfen beweisen, kann nicht Gegenstand einer Auskunftspflicht sein, LAG Düss BB **68**, 1427. Übersicht: Bengelsdorf BB **79**, 1150.

[Unwirksamwerden des Wettbewerbsverbots nach Kündigung]

75 *^I Löst der Gehilfe das Dienstverhältnis gemäß den Vorschriften der §§ 70 und 71 wegen vertragswidrigen Verhaltens des Prinzipals auf, so wird das Wettbewerbverbot unwirksam, wenn der Gehilfe vor Ablauf eines Monats nach der Kündigung schriftlich erklärt, daß er sich an die Vereinbarung nicht gebunden erachte.*

^{II} In gleicher Weise wird das Wettbewerbverbot unwirksam, wenn der Prinzipal das Dienstverhältnis kündigt, es sei denn, daß für die Kündigung ein erheblicher Anlaß in der Person des Gehilfen vorliegt oder daß sich der Prinzipal bei der Kündigung bereit erklärt, während der Dauer der Beschränkung dem Gehilfen die vollen zuletzt von ihm bezogenen vertragsmäßigen Leistungen zu gewähren. Im letzteren Falle finden die Vorschriften des § 74b entsprechende Anwendung.

^{III} Löst der Prinzipal das Dienstverhältnis gemäß den Vorschriften der §§ 70 und 72 wegen vertragswidrigen Verhaltens des Gehilfen auf, so hat der Gehilfe keinen Anspruch auf die Entschädigung.

1) Wahlrecht bei außerordentlicher Kündigung (I, III)
A. Bei **außerordentlicher Kündigung des Handlungsgehilfen wegen vertragswidrigen Verhaltens des Arbeitgebers** (§ 626 BGB, s § 59 Anm 9 C d, f) ist ein **Wahlrecht des Handlungsgehilfen** vorgesehen **(I):** er kann die Wettbewerbsabrede wirksam werden lassen oder auflösen. Die Kündigung muß wirksam sein; ein wichtiger Kündigungsgrund muß tatsächlich vorliegen, BAG BB **65**, 1455. Auch befristete außerordentliche Kündigung genügt. Die Auflösung mit der Folge des **Unwirksamwerdens des Wettbewerbsverbots** erfolgt durch schriftliche Erklärung an den Arbeitgeber bei oder bis einen Monat nach Kündigung, auch bei darauffolgendem Rechtsstreit mit vergleichsweiser Beendigung des Arbeitsverhältnisses, BAG BB **73**, 660. Das gilt auch, wenn er ordentlich kündigt, aber aus solchem Grunde außerordentlich kündigen könnte und klar ist, daß die ordentliche Kündigung Ersatz für die außerordentliche sein soll (vgl § 89b III 2), str.

6. Abschnitt. Handlungsgehilfen und Handlungslehrlinge 2, 3 § 75

B. Bei **außerordentlicher Kündigung des Arbeitgebers wegen vertragswidrigen Verhaltens des Handlungsgehilfen** (§ 626 BGB, s § 59 Anm 9 C d, e) ist ein **Wahlrecht des Arbeitgebers** anzunehmen **(I analog)**. Zwar sieht III das Wirksambleiben des Verbotes und den Verlust des Anspruchs auf Entschädigung vor, doch macht diese Ungleichbehandlung von Arbeitnehmer und Arbeitgeber bei den Folgen der außerordentlichen Kündigung den III **verfassungswidrig**, BAG BB **77**, 847. Die Lücke ist durch analoge Anwendung von I zu schließen: Arbeitgeber kann sich also entscheiden, ob er am Wettbewerbsverbot festhalten will (dann Karenzschädigung) oder ob er sich lossagen will (dann **Unwirksamwerden des Wettbewerbsverbots**). Die Lossagung muß eindeutig ergeben, daß der Arbeitgeber keine Karenzentschädigung zahlen will und den Arbeitnehmer mit sofortiger Wirkung aus Verbot entläßt, BAG BB **78**, 1168. Befristete außerordentliche Kündigung genügt, BAG BB **64**, 219; auch ordentliche, sofern für den Arbeitnehmer klar ist, daß die Vertragsbeendigung Ersatz für die fristlose Kündigung sein soll, BAG BB **68**, 379, **70**, 1050.

2) Wahlrecht bei sonstiger Kündigung des Arbeitgebers (II)

A. **Kündigt der Arbeitgeber in anderen Fällen** (also ordentlich oder außerordentlich, aber nicht wegen vertragswidrigen Verhaltens des HdlGehilfen, s Anm 2 A), ist **ebenfalls ein Wahlrecht des Handlungsgehilfen** vorgesehen (II 1: das Verbot „wird in gleicher Weise unwirksam" wie nach I), BAG BB **84**, 535, **aber mit zwei Ausnahmen: a)** wenn **in der Person des Handlungsgehilfen** ein „**erheblicher Anlaß**" zur Kündigung (nicht: wichtiger Grund zu außerordentlicher Kündigung) vorlag, zB unbefriedigende Leistungen (objektiv, im Prozeß vom Arbeitgeber zu beweisen); dann bleibt die Abrede beiderseits wirksam; **b)** wenn der Arbeitgeber bei Kündigung (nicht später, RG **59**, 125) dem Gehilfen für die Verbotszeit **Fortleistung der vollen letzten Vertragsbezüge** verspricht, zu berechnen und zahlbar nach § 74b statt der (idR niedrigeren) gewöhnlichen Karenzentschädigung; Anrechnung von anderweitigem und böswillig unterlassenem Erwerb entspr § 74c, da diese Fortzahlung der Vertragsbezüge der Sache nach auch Karenzschädigung ist, str, aA RG **114**, 418 (für TV). Keine Abbedingung s § 75d.

B. Für Kündigung im **Konkurs** des Arbeitgebers durch Konkursverwalter nach § 22 I KO gilt II. Kündigung durch HdlGehilfen nach § 22 I KO läßt Wettbewerbsabrede unberührt. Konkursverwalter kann die Wettbewerbsabrede (als beiderseits nicht oder nicht vollständig erfüllten Vertrag) nach § 17 KO kündigen, einerlei ob Dienst vor Konkurs endete oder nach Eröffnung, zB durch Kündigung des Arbeitsverhältnisses durch Konkursverwalter; HdlGehilfe wird vom Verbot frei und hat Schadensersatzanspruch wegen Wegfalls der Entschädigung (nur als Konkursforderung), § 26 KO, vgl RG **140**, 298.

3) Wirksambleiben bei sonstiger Kündigung des Handlungsgehilfen

Bei anderer Kündigung des HdlGehilfen als nach I (also ordentlicher oder außerordentlicher, aber nicht wegen vertragswidrigen Verhaltens des Arbeitgebers, s Anm 1 A) bleibt es bei dem wirksamen Wettbewerbsverbot. Ein Wahlrecht des Arbeitgebers außer bei erheblichem Anlaß in seiner Person (entspr II) entspräche zwar auch hier einer vollen Parität zwischen

Arbeitgeber und Arbeitnehmer, doch ist das verfassungsrechtlich nicht geboten (Grund: abhängige Stellung des HdlGehilfen).

4) Einvernehmliche Aufhebung des Arbeitsverhältnisses

A. Bei einvernehmlicher Aufhebung des Arbeitsverhältnisses ist zu prüfen, wer Anlaß und Anstoß zur Auflösung gegeben hat; **je nach dem ist I oder II** anzuwenden, BAG BB **63,** 1484, **65,** 1455. Liegt der **Anlaß beim Arbeitgeber,** so bei vertragswidrigem Verhalten des Arbeitgebers, dann hat der HdlGehilfe Wahlrecht nach I (s Anm 1 A); bei Auflösung auf Wunsch des Arbeitgebers gilt II (s Anm 2); ohne „erheblichen Anlaß in der Person des HdlGehilfen" hat HdlGehilfe das Wahlrecht; doch kann der Arbeitgeber es durch Fortzahlung der Vertragsbezüge (s Anm 2 A b) entkräften und die Abrede aufrechterhalten.

B. Liegt der **Anlaß beim Handlungsgehilfen,** so bei Auflösung auf Wunsch des HdlGehilfen, bleibt das Verbot bestehen (s Anm 3); bei Auflösung aufgrund vertragswidrigen Verhaltens des HdlGehilfen hat der Arbeitgeber das Wahlrecht, ob er an Wettbewerbsverbot festhalten und Entschädigung zahlen oder auf das Verbot verzichten will (s Anm 1 B). Ausdrückliche Regelung im Aufhebungsvertrag ist zu empfehlen.

[Verzicht des Prinzipals auf Wettbewerbsverbot]

75 a Der Prinzipal kann vor der Beendigung des Dienstverhältnisses durch schriftliche Erklärung auf das Wettbewerbverbot mit der Wirkung verzichten, daß er mit dem Ablauf eines Jahres seit der Erklärung von der Verpflichtung zur Zahlung der Entschädigung frei wird.

1) Verzicht vor Ende des Dienstverhältnisses

Der **Arbeitgeber** kann sich einseitig (nur im ganzen, nicht zT) von der Wettbewerbsabrede lösen durch schriftliche Erklärung („Verzicht", richtiger: **Rücktritt**) an HdlGehilfen vor Dienstende. Dann wird der HdlGehilfe vom Verbot sofort frei, der Arbeitgeber von seiner Zahlungspflicht dagegen erst ein Jahr nach Verzicht, BAG BB **78,** 612; der Arbeitgeber schuldet also, falls Dienstende früher als ein Jahr nach „Verzicht" eintritt, vom Dienstende bis zum Ablauf dieses Jahres die Karenzentschädigung. Verzicht muß eindeutig sein, BAG BB **78,** 1168. Der Arbeitnehmer kann nicht im voraus Erklärung über Verzicht verlangen, der Arbeitgeber kann nicht mehr Verzicht aussprechen, nachdem er den Anschein erweckt hat, er werde nicht verzichten, BAG BB **79,** 733, 1557.

2) Kein Verzicht nach Ende des Arbeitsverhältnisses

Nach Ende des Arbeitsverhältnisses ist **kein Verzicht** des Arbeitgebers mit Wirkung des § 75a mehr möglich. § 75a läßt **auch kein bedingtes Verbot,** das schon vorher vereinbart wird, zu. Der Arbeitgeber kann sich also nicht vorbehalten, über das Wirksamwerden der Wettbewerbsabrede bei oder nach Dienstende einseitig zu entscheiden oder Karenzentschädigung nur zu zahlen, wenn er Zustimmung zu Konkurrenztätigkeit verweigert, BAG BB **83,** 1219; für Probezeit s § 74 Anm 1 B. Der HdlGehilfe hat dann ein Wahlrecht, sich von dem Wettbewerbsverbot zu lösen oder es einzuhalten; letzterenfalls kann er die Entschädigung verlangen, wenn er

6. Abschnitt. Handlungsgehilfen und Handlungslehrlinge §§ 75 b, 75 c

während der ganzen Karenzzeit Wettbewerb unterläßt, BAG BB **78,** 612, **83,** 1219; umgekehrt kann der Arbeitgeber Unterlassung des Wettbewerbs verlangen. Der HdlGehilfe kann das Wahlrecht nur zu Beginn der Karenzzeit ausüben, ausnahmsweise noch bis zum Urteil über Wirksamkeit des Wettbewerbsverbots, BAG BB **80,** 1377. Mit Entscheidung für Karenz ist der HdlGehilfe gebunden, auch bei Verzögerung der Entschädigungszahlung; er hat dann aber Recht zu Rücktritt (ex nunc) und Kündigung, aber nicht nach § 320 BGB zu vorübergehendem Wettbewerb, BAG BB **83,** 1219. **Aufhebungsvertrag** nach Ende des Arbeitsverhältnisses bleibt möglich. RsprÜbersicht: Grunsky FS 25 Jahre BAG **79,** 153.

[Ausnahmen von der Entschädigungspflicht]

75 b Ist der Gehilfe für eine Tätigkeit außerhalb Europas angenommen, so ist die Verbindlichkeit des Wettbewerbverbots nicht davon abhängig, daß sich der Prinzipal zur Zahlung der in § 74 Abs. 2 vorgesehenen Entschädigung verpflichtet. Das gleiche gilt, wenn dem Gehilfen zustehenden vertragsmäßigen Leistungen den Betrag *von achttausend Deutsche Mark* für das Jahr übersteigen; auf die Berechnung des Betrags der Leistungen finden die Vorschriften des § 74b Abs. 2 und 3 entsprechende Anwendung.

1) Außerhalb Europas Tätige (Satz 1)

§ 74 II galt nicht für HdlGehilfen, die für eine **Tätigkeit außerhalb Europas** (nicht nur für eine Niederlassung dort, auch für Reisen, auch bei ausländischem Arbeitgeber bei Vereinbarung deutschen Rechts, BAG BB **67,** 416) angenommen sind. S 1 ist jedoch **verfassungswidrig,** BAG BB **81,** 553. Bestehende Wettbewerbsverbote konnte der Arbeitgeber durch Angebot einer Karenzentschädigung nach § 74 II noch bis zum Ende des Arbeitsverhältnisses, spätestens aber bis 31. 12. 81 retten.

2) Hochbesoldete (Satz 2)

§ 74 II galt ferner nicht für Gehilfen, denen auf das Jahr gerechnet vertragsmäßige Leistungen von über ,,DM 8000" (umzurechnen nach Preisindex) zustehen, S 2 iVm § 74b II, III. Auch S 2 ist aber **verfassungswidrig,** BAG BB **75,** 1636. Seit 31. 12. 70 ist die vom BAG eingeräumte Übergangszeit für die Anpassung abgelaufen, BAG **73,** 1306, **75,** 1636.

[Vertragsstrafe]

75 c ^{I} Hat der Handlungsgehilfe für den Fall, daß er die in der Vereinbarung übernommene Verpflichtung nicht erfüllt, eine Strafe versprochen, so kann der Prinzipal Ansprüche nur nach Maßgabe der Vorschriften des § 340 des Bürgerlichen Gesetzbuchs geltend machen. Die Vorschriften des Bürgerlichen Gesetzbuchs über die Herabsetzung einer unverhältnismäßig hohen Vertragsstrafe bleiben unberührt.

^{II} Ist die Verbindlichkeit der Vereinbarung nicht davon abhängig, daß sich der Prinzipal zur Zahlung einer Entschädigung an den Gehilfen verpflichtet, so kann der Prinzipal, wenn sich der Gehilfe einer Vertragsstrafe der in Absatz 1 bezeichneten Art unterworfen hat, nur die verwirkte Strafe verlangen; der Anspruch auf Erfüllung oder auf Ersatz eines weiteren Schadens ist ausgeschlossen.

1) Beschränkung der Vertragsstrafe (I)

A. **Unwirksamkeit:** Vertragsstrafe (s § 348) als Druckmittel für die Erfüllung der Wettbewerbsabrede ergänzt die Rechte des Arbeitgebers aus Verletzung der Wettbewerbsabrede (s § 74 Anm 1 D). Sie ist jedoch unwirksam, wenn das Wettbewerbsverbot unwirksam ist oder wenn in Wirklichkeit nicht Wettbewerb, sondern lediglich eine zulässige Abwerbung verhindert werden soll, BAG **17**, 338. Die Festsetzung der Vertragsstrafe kann den Parteien oder Dritten, aber nicht von vornherein dem Gericht überlassen werden, BAG BB **81**, 302; s § 348 Anm 1 B.

B. **Beschränkung:** Bei wirksam vereinbarter Vertragsstrafe beschränkt **I 1** die Rechte des Arbeitgebers auf die nach § 340 BGB:

BGB 340 [Strafversprechen für Nichterfüllung]

[I] Hat der Schuldner die Strafe für den Fall versprochen, daß er seine Verbindlichkeit nicht erfüllt, so kann der Gläubiger die verwirkte Strafe statt der Erfüllung verlangen. Erklärt der Gläubiger dem Schuldner, daß er die Strafe verlange, so ist der Anspruch auf Erfüllung ausgeschlossen.

[II] Steht dem Gläubiger ein Anspruch auf Schadensersatz wegen Nichterfüllung zu, so kann er die verwirkte Strafe als Mindestbetrag des Schadens verlangen. Die Geltendmachung eines weiteren Schadens ist nicht ausgeschlossen.

a) Nach § 340 I 1 BGB sind das Recht nach § 341 I BGB (betr Strafversprechen für nicht gehörige, insbesondere verspätete Erfüllung), die verwirkte **Strafe neben Erfüllung** der Abrede zu verlangen, sowie sonstige über § 340 BGB hinausgehende vereinbarte Rechte aus dem Strafversprechen **ausgeschlossen**. Der Arbeitgeber **muß** bei Verletzung der Wettbewerbsabrede durch HdlGehilfen **also wählen** zwischen Recht auf Erfüllung und verwirkter Strafe; wählt er diese, muß er den Verstoß hinnehmen, sein Unterlassungsanspruch erlischt insoweit **(§ 340 I 2 BGB),** BAG BB **70**, 1049, wählt er Erfüllung, kann er bei neuer Verletzung wieder wählen, RG JW **13**, 320. Für welche Zeit der Unterlassungsanspruch erlischt bzw wann eine neue Verletzung gegeben ist, hängt vom Parteiwillen ab. Bei Verstößen nur während eines Teils der Karenzzeit kann die Vertragsstrafe nur teilweise, ganz oder sogar mehrfach verfallen, BAG NJW **73**, 1717. Zweckmäßig ist ausdrückliche vertragliche Regelung. Zulässig ist zB die Vereinbarung, daß die Vertragsstrafe für jeden Fall der Zuwiderhandlung oder bei Dauerverstoß für jeden Monat neu verwirkt sein soll, BAG BB **63**, 1483; der Arbeitgeber hat dann bei jedem neuen Verstoß die Wahl zwischen Vertragsstrafe oder Erfüllung. Fehlt eine Vertragsregelung für Dauerverstoß, ist der Inhalt der Vertragsabrede vom Gericht durch Auslegung zu ermitteln (§§ 133, 157; 242 BGB), BAG NJW **71**, 2008, LAG Mannh BB **73**, 40 m krit Anm Trinkner. Zu berücksichtigen ist dabei, ob nach Bedeutung des Verbotes für Arbeitgeber (Indiz: Summe der Karenzentschädigung) die Vertragsstrafe nach ihrer Höhe nur für Einzel- oder auch für Dauerverstoß gedacht sein konnte; eventuell Vertragsstrafe monatlich, BAG BB **63**, 1483, **72**, 447. Bei Verstoß nur während eines Teils der Karenzzeit kann für die Teilzeit Vertragsstrafe und für eine andere Teilzeit Unterlassung geschuldet sein, BAG NJW **73**, 1717. **b)** Nach **§ 340 II BGB**

kann der Arbeitgeber wenn er Anspruch auf Schadensersatz wegen Nichterfüllung hat, die verwirkte Strafe als Mindestschaden fordern, darüber hinaus weiteren Schaden, BAG BB **70,** 1049; auch wenn er so die Strafe als Schadensersatz fordert, verliert er den Anspruch auf Erfüllung, jedenfalls für diesen Verstoß. **c) Weitergehende Beschränkung** zugunsten des HdlGehilfen ist zulässig (§ 75 d steht nicht entgegen), zB Vereinbarung, daß der Arbeitgeber bei Verstoß des HdlGehilfen gegen die Wettbewerbsabrede nur Vertragsstrafe fordern kann, nicht Erfüllung, nicht Ersatz weiteren Schadens (vgl II); ebenso Vereinbarung, daß der HdlGehilfe durch Zahlung der Vertragsstrafe (als eine Art Reugeld) die Abrede entkräften kann.

C. **Herabsetzung:** Der HdlGehilfe behält das Recht zum Antrag gemäß § 343 I BGB (Text s § 348 Anm 1 C) auf **Herabsetzung** einer verwirkten (noch nicht geleisteten) ,,unverhältnismäßig hohen" Vertragsstrafe auf den angemessenen Betrag **(I 2)**. Darüberhinaus gibt es keinen Rechtssatz, daß zwischen Vertragsstrafe und Karenzentschädigung ein angemessenes Verhältnis bestehen müsse, BAG NJW **71,** 2007. Bei Herabsetzung ist jedes mögliche Interesse des Arbeitgebers zu berücksichtigen, nicht nur der entstandene Schaden, BAG BB **63,** 1421.

2) Beschränkung auf Vertragsstrafe (II)

Bei HdlGehilfen, denen keine Karenzentschädigung zugesagt zu werden braucht, kann der Arbeitgeber bei Verstoß gegen die Wettbewerbsabrede nur Vertragsstrafe fordern; er verliert also sein Recht auf Erfüllung (die Abrede erlischt also durch die Verletzung) und Ersatz weiteren Schadens **(II)**. Ein Strafversprechen wäre daher in diesen Fällen idR eher nachteilig, jedoch ist II **praktisch gegenstandslos,** weil die in § 75b S 1, 2 vorgesehenen Ausnahmen von der Entschädigungspflicht verfassungswidrig sind (s dort).

[Abweichende Vereinbarungen]

75 d **Auf eine Vereinbarung, durch die von den Vorschriften der §§ 74 bis 75 c zum Nachteil des Handlungsgehilfen abgewichen wird, kann sich der Prinzipal nicht berufen. Das gilt auch von Vereinbarungen, die bezwecken, die gesetzlichen Vorschriften über das Mindestmaß der Entschädigung durch Verrechnungen oder auf sonstige Weise zu umgehen.**

1) Auf Vereinbarungen, die von §§ 74–75 c zum Nachteil des HdlGehilfen abweichen oder die Vorschriften über Mindestentschädigung (§§ 74 II, 74b, 74c, 75 II) umgehen (und vor Dienstende, § 74 Anm 1 B, getroffen sind) kann sich der Arbeitgeber nicht berufen. Der HdlGehilfe kann sie dagegen wahlweise hinfällig sein oder gelten lassen, BAG **2,** 258; nur er, nicht auch der Arbeitgeber, kann Unverbindlichkeit geltend machen, BAG BB **71,** 1412, **82,** 926. Bsp: Wettbewerbsabrede mit zu niedriger Entschädigung entgegen § 74 II, Einschränkungen des Wahlrechts des HdlGehilfen nach §§ 75 I, II, zB von vornherein Ausschluß des Wettbewerbsverbots für den Fall ordentlicher Kündigung, BAG BB **82,** 926.

75 e *(aufgehoben)*

1) § 75e I über Entschädigung als bevorrechtigte Konkursforderung aufgehoben durch G über Konkursausfallgeld 17. 7. 74 BGBl 1481, vgl jetzt §§ 59, 61 KO, §§ 141 a–n AFG). § 75e II betraf bis 1940 die Unpfändbarkeit.

[Sperrabrede unter Arbeitgebern]

75 f Im Falle einer Vereinbarung, durch die sich ein Prinzipal einem anderen Prinzipal gegenüber verpflichtet, einen Handlungsgehilfen, der bei diesem im Dienst ist oder gewesen ist, nicht oder nur unter bestimmten Voraussetzungen anzustellen, steht beiden Teilen der Rücktritt frei. Aus der Vereinbarung findet weder Klage noch Einrede statt.

1) Beschränkung von Sperrabreden unter Arbeitgebern

§ 75 f wendet sich gegen Absprachen unter Arbeitgebern (nicht nur Verbänden, auch einzelnen, BAG BB **73**, 427), die die HdlGehilfen eines Arbeitgebers für andere sperren, einerlei ob Sperre der Beschäftigung als HdlGehilfe oder als selbständiger Unternehmer, BGH BB **88**, 267, oder ob Sperre mit Einschränkungen, zB Abhängigkeit von Zustimmung des ersten Arbeitgebers, Beschränkung auf unmittelbar wechselnde Arbeitnehmer ohne Zwischenschaltung eines dritten Arbeitsverhältnisses, BAG BB **73**, 427. § 75 f verstößt nicht gegen Art 9 GG, BGH BB **74**, 1024. § 75 f gilt auch für Abreden, mit denen ein Leiharbeitsunternehmen der Abwerbung des Personals durch den Entleiher vorbeugt, Vertragsstrafenabrede mit Entleiher ist nichtig, BGH BB **74**, 1024. § 75 f gilt auch für Hochbesoldete (vgl § 75 b S 2), BGH BB **88**, 266. Ob Bestimmung auch eingreift, wenn Arbeitgeber trotz Sperrabrede Arbeitnehmer unter Verleitung zum Vertragsbruch abwirbt, ist offen, BAG BB **73**, 427. § 75 f gilt entspr für nichtkfm Arbeitgeber, stRspr, BGH BB **88**, 260.

2) Rechtsfolgen

Die Vereinbarung ist nach § 75 f nicht nichtig, aber **beide** Teile können frei von ihr **zurücktreten** (S 1). Außerdem ist sie vor **Gericht kraftlos**, sie trägt keine Klage und keine Einrede (Halbs 2). Sie versagt auch als Grundlage eines Strafversprechens. Ausnahmsweise kann die Vereinbarung gegen Art 12 I 1 GG (freie Wahl des Arbeitsplatzes) und gegen § 138 BGB verstoßen. Abweisung eines Anstellungssuchenden aufgrund solcher Abrede kann die beteiligten Arbeitgeber uU einem benachteiligten HdlGehilfen nach § 826 BGB **haftbar** machen. Zum vertraglichen Abwerbungsverbot und seiner Durchsetzbarkeit Weiland BB **76**, 1177.

[Vermittlungsgehilfe]

75 g § 55 Abs. 4 gilt auch für einen Handlungsgehilfen, der damit betraut ist, außerhalb des Betriebes des Prinzipals für diesen

Geschäfte zu vermitteln. Eine Beschränkung dieser Rechte braucht ein Dritter gegen sich nur gelten zu lassen, wenn er sie kannte oder kennen mußte.

1) Nach § 75g S 1 hat der HdlGehilfe im Außendienst (ebenso wie der HdlVertreter nach § 91 II, s dort) Vertretungsmacht zur Entgegennahme von Erklärungen Dritter betr mangelhafter Leistung (§ 55 IV Halbs 1) und kann Beweissicherungsrechte des Arbeitgebers geltend machen (§ 55 IV Halbs 1). Abweichende Vereinbarungen wirken nicht zugunsten gutgläubiger Dritter (S 2).

[Unkenntnis des Mangels der Vertretungsmacht]

75 h ᴵ Hat ein Handlungsgehilfe, der nur mit der Vermittlung von Geschäften außerhalb des Betriebes des Prinzipals betraut ist, ein Geschäft im Namen des Prinzipals abgeschlossen, und war dem Dritten der Mangel der Vertretungsmacht nicht bekannt, so gilt das Geschäft als von dem Prinzipal genehmigt, wenn dieser dem Dritten gegenüber nicht unverzüglich das Geschäft ablehnt, nachdem er von dem Handlungsgehilfen oder dem Dritten über Abschluß und wesentlichen Inhalt benachrichtigt worden ist.

ᴵᴵ Das gleiche gilt, wenn ein Handlungsgehilfe, der mit dem Abschluß von Geschäften betraut ist, ein Geschäft im Namen des Prinzipals abgeschlossen hat, zu dessen Abschluß er nicht bevollmächtigt ist.

1) § 75h regelt für HdlGehilfen im Außendienst (ebenso wie § 91a für den HV) die Wirkung eines Abschlusses ohne Abschlußvollmacht (I) und des Abschlusses mit Abschlußvollmacht, aber in einem von der Vollmacht nicht gedeckten Fall (II). Der Abschluß ist wirksam, wenn der Arbeitgeber das Geschäft nicht unverzüglich nach Kenntnis ablehnt, s näher zu § 91a (und zu § 362).

76–82 *(aufgehoben)*

1) §§ 76–82 über **Handlungslehrlinge** aufgehoben durch BerBG ab 1. 9. 1969; s Fredebeul BB **69**, 1145.

[Wettbewerbsverbot des Volontärs]

82 a *Auf Wettbewerbsverbote gegenüber Personen, die, ohne als Lehrlinge angenommen zu sein, zum Zwecke ihrer Ausbildung unentgeltlich mit kaufmännischen Diensten beschäftigt werden (Volontäre), finden die für Handlungsgehilfen geltenden Vorschriften insoweit Anwendung, als sie nicht auf das dem Gehilfen zustehende Entgelt Bezug nehmen.*

1) Volontärvertrag

A. Seit 1. 9. 1969 sind §§ 3–18 BerBG mit bestimmten Ausnahmen anwendbar auf „Personen, die eingestellt werden, um berufliche Kenntnisse, Fertigkeiten oder Erfahrungen zu erwerben", aber weder in einem echten Berufsausbildungsverhältnis noch im Arbeitsverhältnis stehen (§ 19 BerBG). Darunter fallen auch **Volontäre,** Fredebeul BB **69,** 1146, Schmidt BB **71,** 622, Komm zu BerBG. Unterschied zum **Lehrling:** die Berufsausbildung des Volontärs ist nicht wie im eigentlichen Berufsausbildungsverhältnis auf vollständige Fachausbildung in einem anerkannten Ausbildungsberuf abgestellt. Unterschied zum **Arbeitnehmer:** Der Volontär hat keine Leistungspflicht und keinen eigentlichen Arbeitsentgeltanspruch. **Praktikanten** s Stuhr-Stuhr BB **81,** 916.

B. Im einzelnen gelten für Volontäre aus dem **Berufsbildungsrecht** des **BerBG:** § 3 Vertragsabschluß; § 4 Vertragsniederschrift (verzichtbar); § 5 Nichtige Vereinbarungen; §§ 6–8 Pflichten des Ausbilders (wohl ohne Bestimmungen über gegliederte Berufsausbildung, Ausbildungsmittel, Berichtsheftführung), der Kfm schuldet dem Volontär danach Ausbildung, nicht nur wie früher Gelegenheit, sich selbst auszubilden; § 9 Pflichten des Auszubildenden; §§ 10–12 Vergütung (vgl demgegenüber früher § 82a: unentgeltlich). § 13 Probezeit (abkürzbar); §§ 14, 15 Beendigung (nicht § 16 Schadensersatz); § 17 Weiterarbeit nach Beendigung des Ausbildungsverhältnisses; und § 18 Unabdingbarkeit des Gesetzes.

C. Außerdem gilt für den Volontär **Arbeitsvertragsrecht,** soweit es sich nicht auf **Arbeitsentgelt** und **Dienstpflicht** bezieht und angepaßt an den **abweichenden Zweck** des Verhältnisses (§§ 19, 3 II BerBG). Für den kfm Volontär sind damit weiter anwenbar ua §§ 60, 61 Wettbewerbsverbot; § 62 Fürsorgepflicht; § 73 Zeugnis; § 75f Sperrabreden; § 613 BGB (Text s § 59 Anm 1 C) Dienst in Person; §§ 620 ff BGB (Text s ebenda) Kündigungsbestimmungen, soweit Vertrag ausnahmsweise nicht befristet ist (s § 59 Anm 9 C); § 629 BGB (Text s ebenda) Freizeit zur Stellungssuche; Direktionsrecht des Kfm (s § 59 Anm 5 A a); Treuepflicht, s § 59 Anm 5 B a.

2) Wettbewerbsverbot für Volontäre

§§ 19, 5 I BerBG erklären Vereinbarungen, die den Auszubildenden für die Zeit nach Beendigung des Ausbildungsverhältnisses in der Ausübung seiner beruflichen Tätigkeit beschränken, also **Wettbewerbsverbote** für **nichtig.** § 82a ist damit **gegenstandslos.**

[Andere Arbeitnehmer]

83 Hinsichtlich der Personen, welche in dem Betrieb eines Handelsgewerbes andere als kaufmännische Dienste leisten, bewendet es bei den für das Arbeitsverhältnis dieser Personen geltenden Vorschriften.

1) S hierzu § 59 Anm 3 A.

Siebenter Abschnitt. Handelsvertreter

Überblick vor § 84

Schrifttum: *Küstner* I, II, III. – *Alff*, 2. Aufl 1983. – *Stötter*, 3. Aufl 1985. *Stötter-Lindner-Karrer*, Die Provision und ihre Abrechnung, 2. Aufl 1980. – RsprÜbersicht: *Schönberg* WM **78**, 102; *von Gamm* NJW **79**, 2489; *Wolf* WM **82**, 30, *Küstner* BB Beil 12/**85**. – RsprSammlung: HVR (knapp 600 Entscheidungen und Leitsätze seit 1932, LBl, Stand 1981).

[Begriff des Handelsvertreters]

84 [I] **Handelsvertreter ist, wer als selbständiger Gewerbetreibender ständig damit betraut ist, für einen anderen Unternehmer (Unternehmer) Geschäfte zu vermitteln oder in dessen Namen abzuschließen. Selbständig ist, wer im wesentlichen frei seine Tätigkeit gestalten und seine Arbeitszeit bestimmen kann.**

[II] **Wer, ohne selbständig im Sinne des Absatzes 1 zu sein, ständig damit betraut ist, für einen Unternehmer Geschäfte zu vermitteln oder in dessen Namen abzuschließen, gilt als Angestellter.**

[III] **Der Unternehmer kann auch ein Handelsvertreter sein.**

Übersicht

1) Geschichte, Bezeichnung, Begriff des Handelsvertreters (HV)
2) Abgrenzung und Behandlung des Vertragshändlers, Kommissionärs, Handelsmaklers
3) Vermittlung oder Abschluß von Geschäften
4) Tätigkeit für einen anderen Unternehmer (I, III)
5) Selbständigkeit (I, II)
6) Ständige Betrauung
7) Gerichtsbarkeit für Handelsvertreter
8) Konkursvorrecht der Handelsvertreter
9) Verhältnis zu Dritten
10) Internationaler Verkehr s § 92c

1) Geschichte, Bezeichnung, Begriff des Handelsvertreters (HV)

A. Der HV ist ständiger **Umsatzmittler** eines anderen Unternehmers. Er ist also anders als der Makler ständig in den Absatz eines anderen Unternehmens eingegliedert, behält dabei aber anders als der Arbeitnehmer seine rechtliche Selbständigkeit. Als erstes Gesetz der Welt brachte das deutsche **HGB** 1900 besondere Vorschriften über „Handlungsagenten". Viele Länder folgten, ua Schweden, Norwegen und Dänemark 1914/16/17, Österreich 1921, die Niederlande 1936, Italien 1942, die Schweiz 1949. Die Vorschriften des HGB erschienen bald änderungsbedürftig. Nach 1933 erarbeitete die AkfDR einen Änderungsentwurf (Nipperdey-Dietz, Arbeitsbericht 17 der Akademie). Die grundlegende **Novelle 1953** (G zur Änderung des HGB (Recht der Handelsvertreter) 6. 8. 1953, BGBl 771) zielte auf klarere Abgrenzung der HV von den HdlGehilfen, Klärung der Rechtsstellung der arbeitnehmerähnlichen HV und Verbesserung der Rechtsstellung aller HV. Sie faßte Abschn 7 ganz neu, änderte §§ 1, 55, 65, 75g, 75h,

§ 84 2   I. Buch. Handelsstand

präzisierte die Zuständigkeit des ArbG für HV (s Anm 7 B) und regelte das Konkursvorrecht für HV (s Anm 8). Das HVRecht soll in der EG vereinheitlicht werden; **Vorschlag einer EG-Richtlinie** 29. 1. 79, Küstner RdA **80**, 196, Ankele RdA **82**, 157.

B. Die **Bezeichnung „Handelsvertreter"** (statt ,,Handlungsagent" wie vor 1953) ist als Berufsbezeichnung bisher nicht speziell gesetzlich geschützt, steht also grundsätzlich auch Personen offen, die nach § 84 nicht HV sind, zB angestellten Reisenden. Wenn nach Lage des Falles die unrichtige Bezeichnung des NichtHV als HV eine besondere Qualifikation vorspiegelt, die Kunden bei ihrer Entscheidung beeinflussen kann, kommen aber §§ 1, 3 UWG in Betracht.

C. Der **Begriff** des HV ist in **I 1** definiert. Seine Merkmale sind: **Vermittlung oder Abschluß von Geschäften** (Anm 3) **für andere Unternehmer** (Anm 4), **Selbständigkeit** (Anm 5) und ständige Betrauung mit solcher Vermittlung (Anm 6). In I 2 ist das Merkmal der Selbständigkeit näher bestimmt (Anm 5 B, C). II klärt die Rechtsstellung dessen, der unselbständig, aber sonst wie ein HV tätig ist (Anm 5 D). III klärt, daß es HV von HV gibt (Anm 4 E). **Entscheidend** ist die Erfüllung dieser Merkmale nach der **vertraglichen Gestaltung und tatsächlichen Handhabung**, nicht die von den Parteien gewählte Vertragsbezeichnung, BGH **59**, 91, **68**, 345, BB **75**, 1410, **82**, 1877, Düss WM **84**, 1287 (,,Cooperation"); s auch § 84 Anm 5 B. Der HVVertrag ist Dienstvertrag über Geschäftsbesorgung, s § 86 Anm 1. Übersicht: Jahnke ZHR 146 (**82**) 616.

D. HV kann **auch** eine **juristische Person** sein, zB AG, GmbH, eV, eG (die etwa ihren Mitgliedern Geschäfte vermittelt), auch eine nicht rechtsfähige, aber **im eigenen Namen handelnde Personengemeinschaft**: OHG und KG (häufig). Nicht im eigenen Namen handelnde Personengemeinschaften wie GbR, nicht rechtsfähiger Verein, Erbengemeinschaft, können als solche nicht HV sein; handelt es sich um ein Kleingewerbe (§ 4 I), so sind die Mitglieder selbst HV und Vertragspartner des Unternehmers (§ 431 BGB), mögen sie im Vertrag einzeln oder unter gemeinschaftlicher Bezeichnung als solche benannt sein; handelt es sich um ein VollHdlGewerbe, so wird die Gemeinschaft durch den Betrieb des HVGewerbes unter gemeinschaftlicher Firma OHG (§ 105) und ist dann selbst HV. Über das Merkmal der Selbständigkeit in diesen Fällen s Anm 5 E, über die Möglichkeit des Schutzes durch Festsetzung von Mindestbedingungen § 92a Anm 2 B, über Gemeinschaften von HV ,,im Nebenberuf" § 92b Anm 1 C. ,,Firmeneigene Versicherungsvermittler" (meist GmbH, die von Industrieunternehmen zur kostensparenden Beschaffung von Versicherungsschutz gegründet werden) sind idR keine HV. Für **Minderjährige** gilt hinsichtlich der Fähigkeit zum Abschluß eines HVVertrages § 112 BGB (selbständiger Betrieb eines Erwerbsgeschäfts), uU bei wirtschaftlicher Abhängigkeit § 113 BGB (Dienst- oder Arbeitsverhältnis), LAG Stgt BB **63**, 1193.

2) Abgrenzung und Behandlung von Vertragshändler, Kommissionär, Handelsmakler

A. Wer unter Dauervertrag Waren kauft und sie **(in eigenem Namen und auf eigene Rechnung)** weiterverkauft, ist weder Kommissionär noch

7. Abschnitt. Handelsvertreter 2 **§ 84**

HV, sondern **Vertragshändler** bzw Eigenhändler, s Überbl 5 vor § 373. Der Vertrag kann im konkreten Fall dem HVVertrag ähnlich sein, zB Vertriebsverträge mit Bindung an einem einzigen Hersteller (einen einzigen Markenartikel), Preis- und anderer Bindung, geschütztem Bezirk. **Handelsvertreterrecht kann dann entsprechend** anwendbar sein. Bsp: Auskunftsanspruch wegen unzulässigen Wettbewerbs des Lieferers, BGH BB **57,** 452, **59,** 537 (derselbe Fall), Wettbewerbsverbot (§ 86 I), BGH BB **84,** 166; § 86 a, BGH NJW **58,** 1138; § 87 II, verneinend BGH NJW **84,** 2411 (auch nicht § 687 II BGB, str); § 89 Kündigungsfristen, BGH NJW **62,** 1107; § 89 a außerordentliche Kündigung, BGH BB **59,** 540, NJW **82,** 2432. Wichtig **vor allem** bei **§ 89 b Ausgleichsanspruch,** BGH **29,** 83, **34,** 282, **68,** 340, **93,** 59, NJW **81,** 1961, **82,** 2819, **83,** 1789, 2819 u 2878 (auch für KfzVertragshändler), 2101, 2102, 3076 (auch § 89 b IV 1). Die **Voraussetzungen** sind **streitig:**

(1) Allgemein für die entspr Anwendung von HVRecht (nicht nur § 89 b) ist notwendig, daß ein Innenverhältnis ähnlich HV besteht, das über eine reine Käufer-Verkäufer-Beziehung hinausgeht. Also Vertragsverhältnis (Rahmenvertrag, Vertragshändlervertrag), Eingliederung in die Absatzorganisation des Herstellers, Aufgaben und Pflichten wesentlich wie HV (s § 86). Alleinvertriebsrecht mit Gebietsschutz ist unnötig, kann aber Indiz sein, BGH NJW **82,** 2819.

(2) Für § 89 b ist weiter die tatsächliche Möglichkeit des Lieferanten erforderlich (und ausreichend), den Kundenstamm des Eigenhändlers zu nutzen, K. Schmidt DB **83,** 2357, von Westphalen DB Beil 12/81. Demgegenüber verlangt die Rspr eine Vertragspflicht zur Überlassung des Kundenstamms an den Hersteller (gleich ob erst bei Vertragsende zu erfüllen oder laufend vorher durch Mitteilungen über die Kundschaft) sowie Ausscheiden und tatsächliche Überlassung dieses Kundenstamms. Daran fehlt es, wenn Kundschaft beim Händler bleibt. Auch geringe Mitursächlichkeit trotz Sogwirkung genügt, jedoch ist die Sogwirkung bei § 89 I Nr 3 zu berücksichtigen, BGH NJW **83,** 2879, KG NJW **81,** 2824. Kundenstamm auch bei KfzVertragshändlern, BGH NJW **82,** 2820, **83,** 2877, aA Saarbr BB **80,** 905; auch ein einziger Stammkunde (Ostblockstaat), Hbg DB **80,** 972.

(3) Auf eine Schutzwürdigkeit oder wirtschaftliche Abhängigkeit des HV im Einzelfall kommt es (außer bei § 89 b I Nr 3) nicht an, auch nicht, ob und in welchem Umfang der Vertragshändler eigenes Kapital einsetzt, BGH **68,** 340 (gegen BGH **34,** 282), NJW **83,** 1789; auch nicht für Unabdingbarkeit nach § 89 b IV, str, BGH NJW **85,** 3076. Diese Grundsätze gelten nicht nur zwischen Produzent und Vertragshändler, sondern auch zwischen Vertragshändlern erster und zweiter Stufe, BGH NJW **67,** 825 (Importeur und Bezirkshändler). Die Auswirkungen des Kartellrechts sind str, s Kroitzsch BB **77,** 1631, Sandrock FS Fischer **79,** 667, Bechtold NJW **83,** 1393. Depotabrede s Überbl 5 C vor § 373. Monographie Foth 1985; K. Schmidt DB **83,** 2357, Sandrock FS Fischer **79,** 657, Werner-Machunsky BB **83,** 338, Veltins NJW **84,** 1063, von Westphalen DB Beil 24/84.

B. Wer **im eigenen Namen für andere** gewerbsmäßig Geschäfte abschließt, ist nicht HV, sondern **Kommissionär (§§ 383 ff,** wenn es sich um Geschäfte bestimmter Art handelt, besonders Käufe und Verkäufe, sonst etwa Spediteur, §§ 407ff oder in ähnlicher Rechtsstellung wie Kommissionär oder Spediteur). Ist er aber vertraglich **ständig** mit solchen Abschlüssen in eigenem Namen für fremde Rechnung **betraut**, so ist er **Kommissionsagent**, s § 383 Anm 1 B. Im Verhältnis zwischen ihm und seinen Kommittenten (wo der Abschluß in eigenem oder fremden Namen weniger bedeutet als im Verhältnis beider zum Geschäftspartner) ist uU **Handelsvertreterrecht entsprechend** anzuwenden, BGH **79**, 97, zB § 87a betr Voraussetzungen des Provisionsanspruchs, LG Wuppertal NJW **66**, 1129; §§ 89, 89a betr Kündigung vgl RG **69**, 365, RG HRR **34**, 1298; Bezirksschutz nach § 87 II, vgl RG JW **17**, 157, BGH **29**, 86; § 89b betr Ausgleichsanspruch, eher hier als beim Vertragshändler (s Anm A), zumal der Kommissionsagent schon gesetzlich (§ 384 II) bei Vertragsende die Überlassung des Kundenstamms schuldet und idR kapitalschwächer, daher schutzbedürftiger ist, BGH LM § 89b Nr 21.

C. Wer **ohne vertragliche ständige Betrauung** und Verpflichtung zum Tätigwerden gewerbsmäßig in fremdem Namen Geschäfte abschließt, ist nicht HV, sondern **Makler (§§ 652ff BGB, §§ 93ff HGB)**, BGH BB **82**, 1877. Der Makler ist älter als der HV; er pflegt nicht zu reisen, sondern sitzt in den HdlZentren und steht zu beiden Parteien eines Geschäfts gleichmäßig im Vertrag. Bsp für Zwischenformen (trotzdem Maklervertrag): Herstellung der Geschäftsverbindung (nicht Vermittlung einzelner Geschäfte) zwischen Lieferfirma und Warenhäusern gegen Provision aus allen hieraus entstehenden Geschäften mit Kontakthalte- und Mustervorlagepflicht; Stgt BB **59**, 537; regelmäßige Vermittlung von Bestellungen der Bundeswehr bei Möbelfabrikant ohne ständige Betrauung, Bambg MDR **66**, 56. Der HV kann nicht für geworbenen Kunden gleichzeitig Makler sein und von diesem Provision verlangen, BGH BB **74**, 100.

D. Möglich ist **Verbindung** der Handelsvertretung (§ 84 I) **mit einem anderen Vertragsverhältnis**, Bsp: Tankstellenpacht, BGH MDR **59**, 911, BB **64**, 1399, BB **68**, 59; BSozG **13**, 196 (2. 8. 66), Celle BB **59**, 898, **62**, 542, s auch § 89 Anm 1 A, § 89b Anm 1 B.

3) Vermittlung oder Abschluß von Geschäften

A. Der HV **vermittelt** Geschäfte des Unternehmers mit Dritten, dh er fördert ihren Abschluß **durch Einwirkung auf den Dritten** (die Abschlußbereitschaft des vertretenen Unternehmers ist Voraussetzung seiner Tätigkeit, vgl § 86a II 3). Das tut auch ein Verkaufsleiter oder Generalvertreter, dem ohne persönliche Mitwirkung beim Abschluß Einstellung und Betreuung von HV obliegen (Mitursächlichkeit), BGH **56**, 293, **59**, 93. Wie der Vertreter auf den Dritten einwirken will, ist seiner Entscheidung überlassen, er ist darin grundsätzlich frei, aber iZw an Weisungen des Unternehmers gebunden (Anm 5 B). Der VermittlungsHV ist idR ermächtigt, Vertragsangebote Dritter anzunehmen, BGH **82**, 221. **Nicht** ausreichend ist bloßes Schaffen von Geschäftsbeziehungen zB mit Ausland ohne Vermittlung von Einzelgeschäften, Vertrag eigener Art (§§ 675, 681 BGB), BGH NJW **83**, 42. Bloßes Nachweisen der Gelegenheit zu Geschäften, zB Namhaftmachen von Personen, die für Abschlüsse in Betracht kommen macht nicht zum HV (auch nicht zum HdlMakler, § 93, wohl aber zum Makler des BGB, § 652 BGB). Reine Werbungstätigkeit ohne Vermittlung

7. Abschnitt. Handelsvertreter **4 § 84**

oder Abschluß von Geschäften macht nicht zum HV, zB Pharmaberater für rezeptpflichtige Ware, Ärzte- oder Industriepropagandist, offen BGH NJW **84**, 2695. Zustandekommen des Vertrags s § 85 Anm 1.

B. Das Gesetz stellt neben die Vermittlung den **Abschluß im Namen des Unternehmers;** auch das ist aber ein Unterfall der Vermittlung, bei der der Vermittler auch den Abschluß vollzieht. Dies obliegt dem HV iZw nicht, er bedarf dazu eines besonderen Auftrags (samt Vollmacht). HV mit solcher **Handlungsvollmacht** („Abschlußvertreter", „Abschlußagent") sind HdlBevollmächtigte iSv §§ 55 I, 54; der Umfang ihrer Vollmacht bestimmt sich nach § 54 und § 55 II, III, IV (durch § 91 I erstreckt auf die HV von NichtKflten). Über Abschlüsse ohne oder außerhalb der Vollmacht § 91 a; über gewisse Vollmacht jedes HV § 91 II, ferner Anm A.

C. Die **Art der** zu vermittelnden **Geschäfte** ist für den Begriff des HV **unwesentlich.** Es genügt jedes „Unternehmen" (Anm 4 A). Bsp: Warenverkauf, Werk- und Werklieferverträge, Dienstverträge, Losverkauf, Lotto und Toto, BGH **59**, 87, **75**, 1409, Zeitschriftenabonnement, Versicherungen, Schiffsagentur (§ 92c II), Transportvermittlung, Hamm BB **68**, 1017, Reisebüro für Reiseunternehmen, BGH **62**, 73, **82**, 221, NJW **74**, 1242, „Propagandistin" für Unternehmer an Verkaufsstand im Kaufhaus eines Dritten, BGH NJW **82**, 1757; Bankrepräsentant, Stötter NJW **83**, 1302; Grundstücksgeschäfte, BGH BB **82**, 1877, Vergebung von Verlags-, Aufführungs-, Wiedergaberechten, Anzeigenaufgabe in Zeitschriften; Anlageberatung, Melcher BB **81**, 2101. Es können große Einzel- und kleine Routinegeschäfte sein (Brückenbau/Benzin-Tankstelle), auch nur ausführende (aufgrund weiterreichenden Vertrags, Bsp Sparkassen-Nebenstelle, vgl Anm 5 B). Vertrag auf Werbungsvermittlung ist kein HVVertrag, sondern Geschäftsbesorgung oder Werkvertrag, Ffm BB **78**, 681.

4) Tätigkeit für einen anderen Unternehmer (I, III)

A. **Jeder Unternehmer,** also (anders als vor der Novelle 1953) nicht nur der Kfm, kann HV iS des HGB haben; also jeder Gewerbetreibende, zB ein Land- oder Forstwirt; auch ein Unternehmer ohne Gewerbe (§ 1 Anm 1), zB ein freiberuflich tätiger Schriftsteller, der seine Werke verbreitet (einerlei ob zum Gelderwerb oder zur Belehrung der Mitwelt). Der Begriff Unternehmer (Einl II vor § 1) iSv § 84 ist dem Sinn und Zweck des HVRechts als Schutzrecht zu entnehmen und daher weit auszulegen, BGH **43**, 110, BB **82**, 1876. Er umfaßt zB auch ein staatliches Lottounternehmen in der Rechtsform der Anstalt des öffentlichen Rechts, BGH **43**, 108, BB **72**, 938; öffentlicher Bauträger (trotz Ausschreibung der Aufträge), BGH NJW **80**, 1793; Immobilienmakler, BGH BB **82**, 1876. Für den HV eines NichtKfm und für diesen in seinen Beziehungen zu dem HV gilt außer dem HVRecht auch sonstiges HdlRecht, aA GroßKo-Brüggemann 17; Grund: ein Zweiklassensystem für HV ist abzulehnen. Wer als NichtKfm HV für sich einsetzt, muß diese Konsequenz hinnehmen; es gelten also zB § 55, so ausdrücklich § 91 I, der wohl kein argumentum e contrario gestattet; §§ 369 ff Zurückbehaltungsrecht (s § 88a Anm 1 A); § 346 Geltung von HdlBrauch (s § 86 Anm 1 E); §§ 93 ff GVG KfH (s Anm 7 A). „Für einen Unternehmer" heißt für einen Unternehmer **im Betrieb seines Unternehmens. Nicht** Unternehmer ist, wer mit seiner, auch systematischen Tätig-

§ 84 5　　　　　　　　　　　　　　　　　　　I. Buch. Handelsstand

keit in der **Privatsphäre** verbleibt, zB der Privatmann oder Unternehmer, der privat Kunstwerke usw sammelt; nur der Vertreter in einer solchen Tätigkeit ist heute noch „**Zivilagent**". Ein zur Vermittlung von Geschäften verpflichteter Gfter ist nicht HV, HdlRecht ist auch nicht entspr anwendbar, BGH BB **78**, 422.

B. Der HV wird für „**einen anderen**" Unternehmer tätig. I stellt damit klar, daß auch der **Handelsvertreter selbst Unternehmer** ist (s Anm 5 A). I beschränkt den HV in seiner Vertretung nicht auf „einen" anderen Unternehmer (MehrfirmenHV).

C. **Untervertreter** sind ebenfalls HV (**III**). III stellt klar, daß in diesem Falle das HVVerhältnis zwischen dem Unter- und dem **Haupt- oder Generalvertreter** besteht und insoweit §§ 84 ff anwendbar sind, BGH **91**, 373, nicht etwa zwischen dem Untervertreter und dem vertretenen Unternehmer. Der Untervertreter ist aber Erfüllungsgehilfe (§ 278 BGB) des Hauptvertreters in dessen Vertragsverhältnis zum vertretenen Unternehmen. Die Bezeichnung „Generalvertreter" ist jedoch nicht eindeutig, sondern kann HV, Bezirksvertreter oder Eigenhändler bezeichnen; sie enthält nicht unbedingt Alleinvertriebsrecht, BGH NJW **70**, 1040; der „Verkaufsleiter" oder „Generalvertreter", der selbständiger Gewerbetreibender ist und dem andere HV unterstehen, ist selbst HV, BGH **56**, 290, ebenso der Bezirksstellenleiter einer staatlichen Lotto- und Totoannahme, dem mehrere Annahmestellen unterstellt sind, wenn er wirtschaftlich einem echten Generalvertreter nahekommt, BGH BB **72**, 938. Untervertretung trotz hälftiger Aufteilung der Provisionseinnahmen, BGH WM **84**, 556. Zum Verhältnis ProduktGes, VertriebsGes, Kapitalanlageberater s Melcher BB **81**, 2101.

5) Selbständigkeit (I, II)

A. Der HV ist **selbständiger Gewerbetreibender**, I 1, und **Kaufmann**, § 1 II Nr 7, Voll- oder MinderKfm nach Art und Umfang seines Betriebs, § 4 I. Er hat ein kfm Unternehmen (Einl II vor § 1). HV sind nicht sozialversicherungspflichtig, weder nach Nr 1 noch Nr 10 § 537 RVO. – Jedoch werden „**arbeitnehmerähnliche**" HV **teilweise wie Arbeitnehmer** behandelt, zB Mindestarbeitsbedingungen (§ 92a), Gerichtszuständigkeit (s Anm 7 B), Urlaubsrecht (§ 2 S 2 BUrlG, vgl § 59 Anm 7 D), Hinterbliebenenversorgung (§ 17 BetrAVG s § 59 Anm 6 E); dazu Küstner I 70. Dagegen ist eine Einbeziehung der HV in das Tarifvertragsrecht bisher unterblieben; die Einbeziehung arbeitnehmerähnlicher Personen durch G 29. 10. 74 BGBl 2879 gilt nicht für HV, (§ 12a IV TVG).

B. Merkmal der Selbständigkeit ist nach I 2 die **persönliche Freiheit** im Gegensatz zur „wirtschaftlichen", die bei jeder Art von Vertragsverhältnis je nach den wirtschaftlichen Verhältnissen beider Teile gegeben oder nicht gegeben sein kann. Persönliche Freiheit ist die Möglichkeit, „im wesentlichen frei seine Tätigkeit zu gestalten und seine Arbeitszeit zu bestimmen", also idR ohne bestimmten Tagesplan, Mindestarbeitszeit, Arbeitspensum. Entscheidend ist das **Gesamtbild**, hM, BVerfG NJW **78**, 365, BAG VersR **66**, 382, BGH NJW **82**, 1758. Für Selbständigkeit sprechen zB: Kostentragung; eigene Geschäftsräume, Geschäftseinrichtung, Buchführung; Auftreten unter eigener Firma, Vertretung mehrerer Unternehmer. Ins Gewicht fällt nicht die Bezeichnung (s Anm 2 C), sondern die vertragliche

Gestaltung und tatsächliche Handhabung, BGH BB **82,** 1877. Das Maß der Freiheit in der Tätigkeitsgestaltung entscheidet nicht allein; sie kann **durch die Anforderungen der Geschäftsart eingeengt** sein, zB Propagandistin in Kaufhaus (Öffnungszeit, Arbeitsablauf), BGH NJW **82,** 1758, Tankstellenpächter (Anm 2 D), Bausparkassenvertreter, BSozG BB **81,** 2074. Die **Weisungen** des Unternehmers, an welche der HV als Beauftragter (§§ 665, 675 BGB, mangels anderer Abrede) gebunden ist (vgl § 86 Anm 2 D), können auch die Gestaltung seiner Tätigkeit betreffen (nicht nur etwa die Person der Vertragspartner und die Vertragsbedingungen), dürfen aber dann nicht so eng sein, daß die Tätigkeit des Vertreters nicht mehr von ihm ,,im wesentlichen frei gestaltet" wird. Abreden über Ort und Zeit der Leistung sind zulässig (zB Tourenpläne), sofern HV nicht durch übermäßige Anforderungen zum unselbständigen Arbeitnehmer wird, Stgt BB **70,** 1112. Nicht ausschlaggebend ist die Beurteilung der Abhängigkeit nach Sozialversicherungsrecht durch BSozG, BGH BB **75,** 1410 (Bezirksstellenleiter eines staatlichen Toto- und Lottounternehmers als HV, ebenso schon BGH **59,** 87).

C. **II** setzt als Schutznorm Verneinung der Selbständigkeit iSv I 2 gleich mit Bejahung eines **Angestellten**verhältnisses und schließt damit die Annahme einer Zwischengruppe von Personen aus, die mit einer Vermittlungs- oder Abschlußaufgabe iSv I 1 ständig betraut, aber weder HV noch Angestellte sind, BSozG BB **81,** 2074. Denkbar ist ein Anstellungsverhältnis nach II zu mehreren Unternehmern, meist wird aber der für mehrere Unternehmer Tätige iSv I 2 selbständig sein, also HV. Angestelltenverhältnis ist bei klarer Vereinbarung auch mit selbständig Tätigem möglich (kein Umkehrschluß aus II), Düss WM **85,** 526.

D. Bei **juristischen Personen** und im eigenen Namen handelnden **Personengemeinschaften** (vgl Anm 1 D) kann schwerlich nach Arbeitszeitbestimmung, wohl aber nach der sonstigen Tätigkeitsgestaltung (I 2) gefragt werden. Verneint man Freiheit hierin, fragt sich, ob es angestellte juristische Personen oder Personengemeinschaften gibt. Verneint man dies (vgl § 59 Anm 3 B), so ist eine juristische Person oder Gemeinschaft, die ständig mit Geschäftsvermittlung iSv I 1 betraut ist, ohne Rücksicht auf Selbständigkeit oder Unselbständigkeit iSv I 2 stets HV, nie HdlGehilfe.

6) Ständige Betrauung

A. Der HVVertrag ist **Dauerschuldverhältnis** wie andere Dienstverträge (vgl § 86 Anm 1), hat Laufzeit mit bestimmtem Anfang und Ende und wird gekündigt (§§ 89, 89a, vgl §§ 620ff BGB). Nicht HV ist der **Gelegenheitsagent.** Sein Vertrag mit demjenigen, dem er ein Geschäft vermittelt (oder mehrere, aber ohne damit ständig betraut zu sein), untersteht nur dem Werkvertrags- und Auftragsrecht des BGB (§ 675 BGB). Die Gelegenheitsvermittlung kann Gewerbe sein; Bsp: Anwerbungsbüro (für Musiker, Schauspieler, Artisten, Schiffspersonal), das nicht auf Dauervertrag, sondern auf Einzelaufträge von Unternehmern tätig ist; sein Inhaber ist nicht Kfm nach § 1, nur ggf nach § 2; das gilt auch, wenn er von einzelnen Unternehmern Daueraufträge hat, falls nicht sein Betrieb speziell auf diese angelegt ist.

B. **Betraut** heißt beauftragt iSv § 675 BGB (Text s § 86 Anm 1 D). Der

Ausdruck deutet an, daß hier wie überall, wo ein Teil Interessen des anderen wahrnehmen soll, Vertrauen eine besondere Rolle spielt. Der Vermittler ohne Tätigkeitspflicht ist nicht HV, sondern (uU) Makler; er kann beide Gewerbe nebeneinander betreiben; Bambg BB **65,** 1167.

C. **Ständig** bedeutet nicht auf immer oder auch nur auf unbestimmte Zeit. Ständige Betrauung iSv I 1 ist auch auf bestimmte Zeit möglich, kalendermäßig oder mit anderer Bestimmung, zB für eine Saison oder Kampagne, auch nur Dauer einer Messe, Ausstellung, Nürnb BB **59,** 318; auch mit Unterbrechungen nach dem Bedarf, Nürnb NJW **57,** 1720 (Adreßbuchwerber). HVVerträge auf bestimmte Zeit s Schröder FS Hefermehl **76,** 113. Die Pflicht des HV zur ständigen Bemühung während der Vertragszeit folgt daraus, daß der Unternehmer idR möglichst viele Geschäfte schließen will und der HV mangels anderer Abrede oder Weisung dieses Interesse wahrnehmen muß (§ 86 I).

7) Gerichtsbarkeit für Handelsvertreter

A. Ansprüche aus HVVerträgen gehören innerhalb der Landgerichte nach Maßgabe der §§ 93 ff GVG (Text § 95 s Einl IV 2 A vor § 1) vor die **Kammer für Handelssachen;** wohl auch (trotz § 95 Nr 1 GVG: beiderseitige HdlGeschäfte), wenn Unternehmer nicht **Kaufmann** ist, vgl Anm 4 A.

B. Das ArbGG stellt für die Zuständigkeit der **Arbeitsgerichte** (bes § 2 I Nr 3 ArbGG: Streitigkeiten zwischen Arbeitnehmern und Arbeitgebern) den Arbeitnehmern Personen gleich, ,,die wegen ihrer wirtschaftlichen Unselbständigkeit als arbeitnehmerähnliche Personen anzusehen sind" (§ 5 I 2 ArbGG) und bestimmt für HV (wie schon die Novelle 1953 Art 3):

ArbGG 5 [Begriff des Arbeitnehmers]

[III] Handelsvertreter gelten nur dann als Arbeitnehmer im Sinne dieses Gesetzes, wenn sie zu dem Personenkreis gehören, für den nach § 92a des Handelsgesetzbuchs die untere Grenze der vertraglichen Leistungen des Unternehmers festgesetzt werden kann, und wenn sie während der letzten sechs Monate des Vertragsverhältnisses, bei kürzerer Vertragsdauer während dieser, im Durchschnitt monatlich nicht mehr als 2000 Deutsche Mark auf Grund des Vertragsverhältnisses an Vergütung einschließlich Provision und Ersatz für im regelmäßigen Geschäftsbetrieb entstandene Aufwendungen bezogen haben. Der Bundesminister für Arbeit und Sozialordnung und der Bundesminister der Justiz können im Einvernehmen mit dem Bundesminister für Wirtschaft die in Satz 1 bestimmte Vergütungsgrenze durch Rechtsverordnung, die nicht der Zustimmung des Bundesrates bedarf, den jeweiligen Lohn- und Preisverhältnissen anpassen.

Darunter fallen also **Einfirmenvertreter** iSv § 92a, die in den letzten Vertragsmonaten (auch wenn das Vertragsende schon einige Zeit zurückliegt), bei kürzerer Vertragsdauer während dieser, **durchschnittlich** aus dem Vertrag **nicht mehr als DM 2000** (ab 1. 7. 79, zuvor seit 1. 4. 76 DM 1500) bezogen haben, an Vergütung jeder Art einschließlich Ersatz für Aufwendungen im regelmäßigen Geschäftsbetrieb (nicht außerordentliche Aufwendungen), brutto, Düss HVHM **54,** 74. Maßgebend sind die unbedingt entstandenen (und nicht später entfallenen) Provisionsansprüche, nicht Vorschüsse (gleich ob als solche geschuldet sind).

7. Abschnitt. Handelsvertreter **8 § 84**

8) Konkursvorrecht der Handelsvertreter

Die Gleichstellung gewisser HV mit Arbeitnehmern (vgl Anm 5 A, 7 B) gilt auch für den Konkurs, §§ 59 I Nr 3 c, 61 I Nr 1 c KO nF 17. 7. 74 BGBl 1481:

KO 59 [Masseschulden]

¹ Masseschulden sind:

3. wegen der Rückstände für die letzten sechs Monate vor der Eröffnung des Verfahrens oder dem Ableben des Gemeinschuldners die Ansprüche
   a) ...
   b) ...
   c) der Handelsvertreter auf Vergütung einschließlich Provision gegen den Gemeinschuldner, sofern diese Handelsvertreter zu dem Personenkreis gehören, für den nach § 92a des Handelsgesetzbuchs die untere Grenze der vertraglichen Leistungen des Unternehmers festgesetzt werden kann, und ihnen während der letzten sechs Monate des Vertragsverhältnisses, bei kürzerer Vertragsdauer während dieser, im Durchschnitt monatlich nicht mehr als tausend Deutsche Mark an Vergütung einschließlich Provision und Ersatz für im regelmäßigen Geschäftsbetrieb entstandene Aufwendungen zugestanden haben oder noch zustehen,
   d) der Berechtigten auf Leistungen aus einer betrieblichen Altersversorgung gegen den Gemeinschuldner,
   e) der Träger der Sozialversicherung und der Bundesanstalt für Arbeit auf Beiträge einschließlich Säumniszuschläge und auf Umlagen;

KO 61 [Rang der Konkursforderungen]

¹ Die Konkursforderungen werden nach folgender Rangordnung berichtigt:

1. wegen der Rückstände für das letzte Jahr vor der Eröffnung des Verfahrens oder dem Ableben des Gemeinschuldners die Forderungen ...
   c) der Handelsvertreter auf Vergütung einschließlich Provision gegen den Gemeinschuldner, sofern diese Handelsvertreter zu dem Personenkreis gehören, für den nach § 92a des Handelsgesetzbuchs die untere Grenze der vertraglichen Leistungen des Unternehmers festgesetzt werden kann, und ihnen während der letzten sechs Monate des Vertragsverhältnisses, bei kürzerer Vertragsdauer während dieser, im Durchschnitt monatlich nicht mehr als tausend Deutsche Mark an Vergütung einschließlich Provision und Ersatz für im regelmäßigen Geschäftsbetrieb entstandene Aufwendungen zugestanden haben oder noch zustehen,
   d) der Berechtigten auf Leistungen aus einer betrieblichen Altersversorgung gegen den Gemeinschuldner,
   e) der Träger der Sozialversicherung und der Bundesanstalt für Arbeit auf Beiträge einschließlich Säumniszuschläge und auf Umlagen,
soweit die Forderungen nicht Masseschulden sind;

2.–6. ...

II Die in Absatz 1 unter einer Nummer zusammengefaßten Forderungen haben den gleichen Rang. Gleichrangige Konkursforderungen werden nach dem Verhältnis ihrer Beträge berichtigt.

Nach diesen Vorschriften haben HV unter ähnlichen Voraussetzungen wie für die Zuständigkeit des ArbG (Unterschied: maßgebliche Vergütungshöhe, hier **durchschnittlich nicht mehr als DM 1000,** anders s Anm 7 B) ein Konkursvorrecht für rückständige Vergütung (jeder Art) aus dem letzten Jahr vor der Konkurseröffnung oder dem Tode des Erblassers. Das Gesetz sagt hier nicht: Vergütung „einschließlich Ersatz für im regelmäßigen Geschäftsbetrieb entstandene Aufwendungen", während es diesen **Aufwendungsersatz** zur Feststellung, ob die begünstigte Gehaltsstufe der HV überschritten ist, der Vergütung zurechnet. Dennoch ist wohl das Konkursvorrecht auch auf diesen Aufwendungsersatz zu erstrecken. Denn gewöhnlich findet der HV den Ersatz für seine Unkosten in der Provision, die im Konkurs bevorrechtigt ist; wird ausnahmsweise der Aufwendungsersatz gesondert berechnet, sollte das ihm das Konkursvorrecht nicht nehmen. Nicht bevorrechtigt ist der **Ausgleich** nach § 89 b, er ist nicht Vergütung im üblichen Sinne. Zu § 59 I Nr 3 KO Kilger NJW **80**, 271 (keine eigentlichen „Masseschulden"). Allgemein zum HV im Konkurs des Unternehmens Hoffstadt DB **83**, 645.

9) Verhältnis zu Dritten

A. Der **Handelsvertreter** steht als Vermittler und als Abschlußvertreter in **Vertragsbeziehungen nur zum Unternehmer,** nicht zum Geschäftsgegner. Nur wenn er **ohne Vollmacht** abschloß und der Unternehmer nicht genehmigt, kann der Geschäftsgegner ihn auf Erfüllung oder Schadensersatz wegen Nichterfüllung in Anspruch nehmen, **§ 179** BGB (§ 91 a Anm 6). Der HV kann dem Geschäftsgegner jedoch aus **Verschulden bei Vertragsschluß** (vgl Überbl 4 vor § 48) haftbar werden, aber nicht schon aufgrund seiner Sachkunde, sondern nur bei eigener Gewährübernahme, BGH WM **84**, 128. Im übrigen haftet der HV dem Geschäftsgegner und anderen Dritten nach §§ 823 ff BGB, vgl Kln BB **65**, 768 (Strafbarkeit des Vertreters nach § 263 StGB uU trotz Gleichwertigkeit von Leistung und Preis), BGH BB **71**, 543 (Vertrieb wertloser Zertifikate). Der HV kann auch §§ 1, 3 UWG verletzen; diese sind aber nicht Schutzgesetz iSv § 823 II BGB, BGH NJW **74**, 1503 (für § 3 UWG), aA zugunsten des Verbrauchers Sack NJW **75**, 1303, BB **74**, 1369, Schricker GRUR **75**, 111.

B. Der **Unternehmer** setzt den HV für seinen Absatz ein und muß sich deshalb Wissen und Handlungen des HV zurechnen lassen. Für die Bedeutung von **Wissen und Nichtwissen des Handelsvertreters** im Verhältnis des Unternehmers zum Geschäftsgegner gilt beim mit Vollmacht abschließenden Vertreter § 166 BGB. Auch sonst muß der Unternehmer dem HV bekannte, im Rahmen der vor dem Abschluß geführten Verhandlungen liegende Umstände idR gegen sich gelten lassen, BGH BB **57**, 729. **Täuschung durch den Handelsvertreter,** einerlei ob er abschloß oder nur vermittelte, berechtigt den Geschäftsgegner zur Anfechtung, auch wenn der Unternehmer die Täuschung weder kannte noch kennen mußte; der Vertreter ist nicht „Dritter" iSv § 123 II BGB, Hbg BB **59**, 612. Der Unternehmer **haftet** für schädigende Handlungen des HV uU nach §§ 278, 831 BGB, BGH **82**, 224, BB **79**, 1734.

10) Internationales Recht

Ausländische HV und Schiffahrtsvertreter inländischer Unternehmer s § 92 c Anm 3.

[Vertragsurkunde]

85 Jeder Teil kann verlangen, daß der Inhalt des Vertrages sowie spätere Vereinbarungen zu dem Vertrag in eine vom anderen Teil

7. Abschnitt. Handelsvertreter §86

unterzeichnete Urkunde aufgenommen werden. Dieser Anspruch kann nicht ausgeschlossen werden.

1) Formfreier Vertrag, gewillkürte Form

A. Der HVVertrag ist formfrei; er kann auch durch schlüssige Handlungen geschlossen werden, BGH NJW 83, 1727, zB durch wiederholte Geschäftsvermittlung durch den HV, Abschluß der so vermittelten Geschäfte durch den Unternehmer. Der Vertrag kommt bei Praktizierung auch dann zustande, wenn über die Höhe eines auf den Ausgleichsanspruch anzurechnenden Übernahmepreises für die HdlVertretung noch keine Einigung erzielt ist (§ 154 BGB: nur „im Zweifel"), BGH NJW 83, 1727. Hat sich der HV öffentlich oder speziell dem Unternehmer zur Vertretung erboten und erhält er den Vertretungsauftrag, gilt § 663 BGB (Text s § 86 Anm 1 C, § 362 Anm 1).

B. Verlangt ein Teil bei Vertragsschluß eine Vertragsurkunde, so kann das über § 85, der an der Formfreiheit des HVVertrags nichts ändert, hinaus so zu verstehen sein, daß er ohne sie noch nicht gebunden sein will **(gewillkürte Form)**. Dann wird der Vertrag nicht ohne die Herstellung der Vertragsurkunde wirksam. Wenn beide Teile bei Vertragsschluß eine Vertragsurkunde verlangen oder einer sie verlangt und der andere zustimmt, kann ebenfalls Abhängigkeit des Vertrags von der Schriftform gewollt sein (§ 127 BGB).

2) Vertragsurkunde (Satz 1, 2)

Jeder Teil kann jederzeit (bei Abschluß des Vertrags oder später) **zwecks Klarstellung** des Vertragsinhalts seine **Aufnahme in eine Urkunde** verlangen, die der andere Teil unterzeichnen muß (auch der fordernde Teil, wenn der andere es wünscht), **S 1**. Der Anspruch ist unabdingbar **(S 2)**. Er verjährt erst vier Jahre nach Schluß des Jahres, in dem der Vertrag endete (§ 88, da der Anspruch bis zum Vertragsende sich immer erneuert); das kann für Auseinandersetzungen nach Vertragsende bedeutsam sein. Der Anspruch kann **eingeklagt** werden. Das rechtskräftige Urteil ersetzt die Herstellung der Vertragsurkunde (die auch eine Willenserklärung ist), § 894 ZPO; weiterer **Vollstreckung** (etwa nach § 888 ZPO) bedarf es nicht, vgl RG **48**, 399 (zur Quittung). Das Urteil muß den zu beurkundenden Vertragsinhalt angeben, also einen vollständigen Vertragstext formulieren. Die Weigerung der Niederschrift nach § 85 kann während bestehendem Vertrag **Grund zur fristlosen Kündigung** sein und den schuldigen Teil ersatzpflichtig machen (§ 89a), denn anerkennenswerte Gründe gegen die schriftliche Festlegung des Vertragsinhalts lassen sich kaum denken, die Weigerung untergräbt das gegenseitige Vertrauen.

[Pflichten des Handelsvertreters]

86 ^I **Der Handelsvertreter hat sich um die Vermittlung oder den Abschluß von Geschäften zu bemühen; er hat hierbei das Interesse des Unternehmers wahrzunehmen.**

^{II} **Er hat dem Unternehmer die erforderlichen Nachrichten zu geben, namentlich ihm von jeder Geschäftsvermittlung und von jedem Geschäftsabschluß unverzüglich Mitteilung zu machen.**

§ 86 1 I. Buch. Handelsstand

III Er hat seine Pflichten mit der Sorgfalt eines ordentlichen Kaufmanns wahrzunehmen.

Übersicht
1) Anwendbares Recht (HGB und BGB-Dienstvertrags- und -Auftragsrecht)
2) Pflichten des Handelsvertreters

1) Anwendbares Recht (HGB und BGB-Dienstvertrags- und -Auftragsrecht)

A. Der **HVVertrag** ist **Dienstvertrag über Geschäftsbesorgung** (§§ 611 ff, 675 BGB), hM, und zwar nicht Arbeitsvertrag, sondern Vertrag über selbständige Dienste (vgl § 84 Anm 5). Das **HGB** umschreibt in § 86 I die Hauptpflicht des HV (s Anm 2 A–E, G), verpflichtet ihn in II zu Mitteilungen (s Anm 2 F, G), bestimmt in III das Maß der von ihm geforderten Sorgfalt, regelt in § 86a Hilfs- und Mitteilungspflichten des Unternehmers, in § 86b die Delkrederehaftung und Delkredereprovision, in §§ 87–87d den Provisions- und etwaigen Aufwendungsersatzanspruch des HV, in §§ 88, 88a Fragen der Verjährung und Zurückbehaltung, in §§ 89, 89a die Kündigung des Vertrags, in § 89b den Ausgleichsanspruch des HV nach Vertragsende, in § 90 die Geheimhaltungspflicht des HV, in § 90a Möglichkeit und Wirkung von Wettbewerbsabreden, in §§ 91, 91a Vollmachtsfragen. §§ 92–92c handeln von VersVertretern, HV im Nebenberuf, ausländischen HV, HV in der Schiffahrt und von der Möglichkeit der Festsetzung von Mindestbedingungen. **Handelsbräuche** ergänzen die gesetzliche Regelung, § 346. Die HV von NichtKflten (vgl § 84 Anm 4 A) sind wohl auch hier gleichzustellen. Zusammenstellung aus Gutachten der IHK s CDH, der HdlBrauch im HdlVertragsrecht 1952.

B. **Dienstvertragsrecht des BGB: Anwendbar** sind auf HV ua § 613 (Dienstleistung in Person, s Anm 2 C), § 615 (Annahmeverzug des Dienstberechtigten, s § 89a Anm 5 C), § 618 I, III (Gesundheitsschutz, s § 86a Anm 1), § 620 I (Vertragsablauf, s § 89 Anm 2), § 625 (stillschweigende Vertragsverlängerung, s § 89 Anm 2):

BGB 613 [Höchstpersönliche Verpflichtung und Berechtigung]
Der zur Dienstleistung Verpflichtete hat die Dienste im Zweifel in Person zu leisten. Der Anspruch auf die Dienste ist im Zweifel nicht übertragbar.

BGB 615 [Vergütung bei Annahmeverzug]
Kommt der Dienstberechtigte mit der Annahme der Dienste in Verzug, so kann der Verpflichtete für die infolge des Verzugs nicht geleisteten Dienste die vereinbarte Vergütung verlangen, ohne zur Nachleistung verpflichtet zu sein. Er muß sich jedoch den Wert desjenigen anrechnen lassen, was er infolge des Unterbleibens der Dienstleistung erspart oder durch anderweitige Verwendung seiner Dienste erwirbt oder zu erwerben böswillig unterläßt.

BGB 618 [Pflicht zu Schutzmaßnahmen]
¹ Der Dienstberechtigte hat Räume, Vorrichtungen oder Gerätschaften, die er zur Verrichtung der Dienste zu beschaffen hat, so einzurichten und zu unterhalten und Dienstleistungen, die unter seiner Anordnung oder seiner Leitung vorzunehmen sind, so zu regeln, daß der Verpflichtete gegen Gefahr für Leben und Gesundheit soweit geschützt ist, als die Natur der Dienstleistung es gestattet.

7. Abschnitt. Handelsvertreter   1 § 86

II Ist der Verpflichtete in die häusliche Gemeinschaft aufgenommen, so hat der Dienstberechtigte in Ansehung des Wohn- und Schlafraums, der Verpflegung sowie der Arbeits- und Erholungszeit diejenigen Einrichtungen und Anordnungen zu treffen, welche mit Rücksicht auf die Gesundheit, die Sittlichkeit und die Religion des Verpflichteten erforderlich sind.

III Erfüllt der Dienstberechtigte die ihm in Ansehung des Lebens und der Gesundheit des Verpflichteten obliegenden Verpflichtungen nicht, so finden auf seine Verpflichtung zum Schadensersatze die für unerlaubte Handlungen geltenden Vorschriften der §§ 842 bis 846 entsprechende Anwendung.

BGB 620 [Ende des Dienstverhältnisses]
I Das Dienstverhältnis endigt mit dem Ablaufe der Zeit, für die es eingegangen ist.

II Ist die Dauer des Dienstverhältnisses weder bestimmt noch aus der Beschaffenheit oder dem Zwecke der Dienste zu entnehmen, so kann jeder Teil das Dienstverhältnis nach Maßgabe der §§ 621, 622 kündigen.

BGB 625 [Stillschweigende Verlängerung]
Wird das Dienstverhältnis nach dem Ablaufe der Dienstzeit von dem Verpflichteten mit Wissen des anderen Teiles fortgesetzt, so gilt es als auf unbestimmte Zeit verlängert, sofern nicht der andere Teil unverzüglich widerspricht.

BGB 630 [Pflicht zur Zeugniserteilung]
Bei der Beendigung eines dauernden Dienstverhältnisses kann der Verpflichtete von dem anderen Teile ein schriftliches Zeugnis über das Dienstverhältnis und dessen Dauer fordern. Das Zeugnis ist auf Verlangen auf die Leistungen und die Führung im Dienste zu erstrecken.

Unanwendbar sind ua §§ 620 II, 624, 626–628 (Kündigung s § 89 Anm 1 A). Gegenstandslos angesichts des Rechts des HV zur Bestimmung seiner Arbeitszeit (§ 84 I 2) ist § 629 (nach Kündigung Freizeit zur Stellungssuche). Unanwendbar ist auch § 630 (Recht auf Zeugnis, Text s oben), RG **87**, 443, wohl auch auf selbständige Einfirmenvertreter, Celle BB **67**, 775; abw RAG **16**, 272 für „arbeitnehmerähnliche" (§ 84 Anm 5 A, 7 B).

C. **Auftragsrecht des BGB** (soweit § 675 für Geschäftsbesorgungsverträge darauf verweist): **Anwendbar** sind auf HV ua § 663 (bei vorangegangenem Erbieten unverzügliche Ablehnung, s § 85 Anm 1), § 665 (Bindung an Weisungen, s Anm 2 D), § 666 (Nachrichten, Auskunft, Rechenschaft des HV), § 667 (Herausgabepflicht des Beauftragten, s Anm 2 B, § 86a Anm 1), § 668 (Zins auf vom Beauftragten für sich verbrauchtes Geld), §§ 669, 670 (Vorschuß und Ersatz für Aufwendungen, s § 87 d), §§ 672–674 (Tod des Auftraggebers, Tod des Beauftragten, Fiktion des Fortbestehens des Vertrags zugunsten des noch nicht unterrichteten Beauftragten):

BGB 663 [Anzeigepflicht bei Ablehnung]
Wer zur Besorgung gewisser Geschäfte öffentlich bestellt ist oder sich öffentlich erboten hat, ist, wenn er einen auf solche Geschäfte gerichteten Auftrag nicht annimmt, verpflichtet, die Ablehnung dem Auftraggeber unverzüglich anzuzeigen. Das gleiche gilt, wenn sich jemand dem Auftraggeber gegenüber zur Besorgung gewisser Geschäfte erboten hat.

BGB 665 [Abweichung von Weisungen]

Der Beauftragte ist berechtigt, von den Weisungen des Auftraggebers abzuweichen, wenn er den Umständen nach annehmen darf, daß der Auftraggeber bei Kenntnis der Sachlage die Abweichung billigen würde. Der Beauftragte hat vor der Abweichung dem Auftraggeber Anzeige zu machen und dessen Entschließung abzuwarten, wenn nicht mit dem Aufschube Gefahr verbunden ist.

BGB 666 [Auskunfts- und Rechenschaftspflicht]

Der Beauftragte ist verpflichtet, dem Auftraggeber die erforderlichen Nachrichten zu geben, auf Verlangen über den Stand des Geschäfts Auskunft zu erteilen und nach der Ausführung des Auftrags Rechenschaft abzulegen.

BGB 667 [Herausgabepflicht des Beauftragten]

Der Beauftragte ist verpflichtet, dem Auftraggeber alles, was er zur Ausführung des Auftrags erhält und was er aus der Geschäftsbesorgung erlangt, herauszugeben.

BGB 668 [Verzinsung des verwendeten Geldes]

Verwendet der Beauftragte Geld für sich, das er dem Auftraggeber herauszugeben oder für ihn zu verwenden hat, so ist er verpflichtet, es von der Zeit der Verwendung an zu verzinsen.

BGB 669 [Vorschußpflicht]

Für die zur Ausführung des Auftrags erforderlichen Aufwendungen hat der Auftraggeber dem Beauftragten auf Verlangen Vorschuß zu leisten.

BGB 670 [Ersatz von Aufwendungen]

Macht der Beauftragte zum Zwecke der Ausführung des Auftrags Aufwendungen, die er den Umständen nach für erforderlich halten darf, so ist der Auftraggeber zum Ersatze verpflichtet.

BGB 672 [Tod oder Geschäftsunfähigkeit des Auftraggebers]

Der Auftrag erlischt im Zweifel nicht durch den Tod oder den Eintritt der Geschäftsunfähigkeit des Auftraggebers. Erlischt der Auftrag, so hat der Beauftragte, wenn mit dem Aufschube Gefahr verbunden ist, die Besorgung des übertragenen Geschäfts fortzusetzen, bis der Erbe oder der gesetzliche Vertreter des Auftraggebers anderweit Fürsorge treffen kann; der Auftrag gilt insoweit als fortbestehend.

BGB 673 [Tod des Beauftragten]

Der Auftrag erlischt im Zweifel durch den Tod des Beauftragten. Erlischt der Auftrag, so hat der Erbe des Beauftragten den Tod dem Auftraggeber unverzüglich anzuzeigen und, wenn mit dem Aufschube Gefahr verbunden ist, die Besorgung des übertragenen Geschäfts fortzusetzen, bis der Auftraggeber anderweit Fürsorge treffen kann; der Auftrag gilt insoweit als fortbestehend.

BGB 674 [Fiktion des Fortbestehens]

Erlischt der Auftrag in anderer Weise als durch Widerruf, so gilt er zugunsten des Beauftragten gleichwohl als fortbestehend, bis der Beauftragte von dem Erlöschen Kenntnis erlangt oder das Erlöschen kennen muß.

BGB 675 [Entgeltliche Geschäftsbesorgung]

Auf einen Dienstvertrag oder einen Werkvertrag, der eine Geschäftsbesorgung zum Gegenstande hat, finden die Vorschriften der §§ 663, 665 bis 670, 672 bis 674 und, wenn dem Verpflichteten das Recht zusteht, ohne Einhaltung einer Kündigungsfrist zu kündigen, auch die Vorschriften des § 671 Abs. 2 entsprechende Anwendung.

D. Die Vertragspartner können den HVVertrag von diesen Vorschriften des BGB und HGB (Anm A–C, 2) **abweichend** gestalten, soweit §§ 84ff keine zwingenden Vorschriften enthalten (s dort). Grenzen setzt vor allem

7. Abschnitt. Handelsvertreter 2 § 86

die **Inhaltskontrolle nach (5) AGBG § 9** bei nicht individuell ausgehandelten Vertragsbedingungen; **(5) AGBG §§ 10, 11** gelten nicht unmittelbar, da HV Kfm ist (§ 1 II Nr 7); Übersicht: von Westphalen DB **84**, 2335, 2392. Zu beachten ist ferner **§ 138 BGB**, Bsp: übermäßige, durch Recht zur fristlosen Kündigung gesicherte Abnahmegarantie des Vertreters, Stgt NJW **57**, 1281; Bedingungen, nach denen Vertreter auch bei gewissenhaftester Geschäftsführung in keinem Fall Gewinn herauswirtschaften kann, BGH BB **60**, 1222 (Versicherung), DB **81**, 2274 (wegen des Unternehmerrisikos des HV iErg ablehnend); nicht dagegen, wenn Vertrag zwar Existenzminimum nicht sichert, aber weitere Vertretertätigkeit gestattet, Nürnb BB **60**, 1261; nicht ohne weiteres durch Beschränkungen einer Provisionsgarantie, LAG Baden VersR **54**, 216. Nichtigkeit vertraglicher Einzelbestimmungen macht idR nicht den ganzen Vertrag nichtig (§ 139 BGB gilt nicht), weil dies den Schutzzweck des zwingenden HVRechts vereiteln würde (vgl zB Fassung der §§ 85, 86b 87a, 87c, 89 III, 89a, 90a), BGH **40**, 239. Der **Gleichbehandlungsgrundsatz** ist grundsätzlich nicht anwendbar, jedoch ist uU das Vertrauen des HV zu schützen, daß er in gleich gelagerten Fällen wie andere behandelt wird, BGH BB **71**, 584. **Kartellrecht** s Anm 2 B.

2) Pflichten des Handelsvertreters

A. Die **Pflicht, sich um die Vermittlung oder den Abschluß von Geschäften zu bemühen (I Halbsatz 1)** liegt schon im Begriff des HV, § 84 I: er ist ständig mit der Vermittlung „betraut", dh beauftragt (vgl § 84 Anm 6 C), und ein Beauftragter muß sich um Erfüllung seines Auftrags bemühen. Nur gelegentliche Tätigkeit genügt nicht. Abw Abrede oder Weisung (§ 84 Anm 5 C) ist möglich. Mangelhafte Erfüllung der Tätigkeitspflicht kann Schadensersatzanspruch des Unternehmers begründen, Stgt BB **70**, 1112.

B. Die **allgemeine Interessenwahrungspflicht (I Halbsatz 2)** ist grundlegend. Der HV ist Interessenwahrer des Unternehmers, nicht unparteiischer Makler zwischen beiden Teilen des abzuschließenden Geschäfts, BGH BB **79**, 242; er kann nicht zugleich für den Kunden Makler sein, BGH NJW **74**, 137. Die Vermittlungspflicht (s Anm A) und die Pflicht zur Interessenwahrung stehen im Gesetz nicht als Haupt- und Nebenpflicht nebeneinander, sondern fallen zusammen: „bei" der Vermittlung hat der HV das Interesse des Unternehmers zu wahren, aber auch bei Kundenbetreuung nach Abschluß, Kblz BB **73**, 866. **Aus der Interessenwahrungspflicht** folgen weitere meist ungeschriebene **konkrete Pflichten** des HV, vor allem das Wettbewerbsverbot. Zur Kasuistik der Pflichtenkonkretisierung s auch Anm E und beim wichtigen Kündigungsgrund (§ 89a Anm 2 D). Das **Wettbewerbsverbot** für den HV **in der Vertragszeit** folgt aus § 86 I Halbs 2; Wettbewerbsverbot nach Vertragsende („Wettbewerbsabrede") s § 90a. Es erfaßt jede Konkurrenzvertretung, die geeignet ist, das Interesse des Unternehmers (nicht ganz unerheblich) zu beeinträchtigen; BGH **42**, 61, NJW **84**, 2101, Maier BB **79**, 500. Der HV hat den Unternehmer zu unterrichten, wenn er als Vertreter oder in anderer Eigenschaft für andere Unternehmer tätig werden will, BGH WM **77**, 319, auch als Prokurist im Geschäft der Ehefrau, Düss BB **69**, 330. Übermäßige Strenge wäre allerdings verfehlt, weil der Unternehmer seinerseits frei ist zur Ablehnung dessen, was ihm der Vertreter bringt, vgl § 86a Anm 1 C; zu dieser Disharmonie Steindorff ZHR 130 (**68**) 82. Das Wettbewerbsverbot ist, auch ohne ausdrückliche Vertragsklausel, stets auf Verstoß gegen **Kartellrecht** zu prüfen, BGH NJW **84**, 2101. Außerdem kann Wettbewerbsklausel gegen **AGBG** verstoßen, s ua (**5**) AGB § 9 Anm 3. Anspruch des HV auf Zulassung zu Zweitvertretung wie andere HV auch besteht nicht (keine Gleichbehandlung); doch kann es dann an tatsächlicher Beeinträchtigung des Unternehmers fehlen, BGH NJW **84**, 2101. Soweit dem HV erlaubt ist, Konkurrenzware zu führen, ist er den mehreren vertretenen Unternehmen gleich verpflichtet, ihre Ware der Kundschaft vorteilhaft zu präsentieren, nicht aber sein Urteil über Vorzüge und Nachteile zu unterdrücken. Wächst sich erlaubte Zweitvertretung zu echtem Konkurrenzunternehmen aus, ist das Wettbewerbsverbot flexibel zu handhaben, so BGH 27. 2. **76** (von Gamm NJW **79**, 2491). Als **Rechtsfolge** der Verletzung des Wettbewerbsverbots schuldet der HV Schadensersatz, nicht Herausgabe des durch den Verstoß erzielten Verdienstes; § 61 (betr HdlGehilfen) ist nicht entspr anwendbar, auch nicht § 113 (betr Gfter einer OHG); der HV ist daher dem Unternehmer auskunftspflichtig über die unzulässig für einen Konkurrenten vermittelten Geschäfte, nicht über das dabei von ihm Verdiente; BGH NJW **64**, 817. Die Auskunft ist zum Schutze des Konkurrenten, wenn der HV diesem Geheimhaltung schuldet, geeignet zu beschränken, vgl BGH **10**, 388, MDR **58**, 214, **LM** § 47 PatG Nr 5. Eine Vertragsstrafe ist uU schon verwirkt durch Erbieten an Konkurrenz, für sie zu werben, Nürnb BB **61**, 64. **Preisbindungsverbot** des § 15 GWB gilt nicht für HV; Rittner DB **85**, 2543, Baur BB **85**, 1821, s Überbl 5 A von § 373. **Ausschließlichkeitsbindungen** sind nach Treu und Glauben auszulegen. Bei Tankstelleninhaber erstreckt sich die ausschließliche Bindung an Erzeugnisse einer Firma auch auf verbundene Reparaturwerkstatt. § 18 GWB erstreckt sich nach der Rspr nicht auf Ausschließlichkeitsbindungen von HV (jedenfalls sofern sie sich im Rahmen des § 86 I Halbs 2 halten), BGH JuS **68**, 185, KG WuW/E OLG 1961, (unklar) BGH **52**, 173; Rittner ZHR 135 (**71**) 289, aA üL, Emmerich in Immenga-Mestmäcker § 18 Rdn 50.

Schmiergelder und andere Provisionen von Dritten darf der HV nicht nehmen, er muß sie ggf dem Unternehmer herausgeben (§ 667 BGB, Anm 1 C), schuldet Schadensersatz (wenn er zB bessere Geschäfte ausließ), ist uU strafbar (§ 12 II UWG) und der außerordentlichen Kündigung ausgesetzt (§ 89a); der Einwand, der Abschluß wäre ohnehin und nicht besser zustande gekommen, leugnet nur den Schaden, rechtfertigt die Schmiergeldannahme nicht, das Vertrauensverhältnis (vgl § 84 Anm 6 C) verbietet geheime Nebenvorteile des HV wie solche des Unternehmers (vgl § 87b Anm 3 B).

Der **Untervertreter** verletzt die Treuepflicht gegenüber dem Vertreter, wenn er mit dem Unternehmer die Kündigung des Vertreter- und des Untervertretervertrages abspricht zwecks Übertragung der Vertretung auf den Untervertreter, BGH **42**, 61, vgl. § 86a Anm 1 B. Dem HV obliegt **keine besondere Markt- oder Kundenpflege**, zB keine Werbung, die nicht unmittelbar auf bestimmte einzelne Geschäftsabschlüsse zielt; solche allgemeine Werbung ist Aufgabe des Unternehmers selbst. Auch umfangreiche Vergleichsverhandlungen oder Prozeßinformationen obliegen ihm nicht, Hbg JW **36**, 2939.

C. § 613 S 1 BGB (Text s Anm 1 B) verlangt iZw **persönliche Dienstleistung**. Das ist gerade für den HV wichtig; Kundenwerben ist eine Kunst. Doch darf der Vertreter als selbständiger Gewerbetreibender (§ 84 I 1) und Kfm (§ 1 II Nr 7) iZw HdlGehilfen beschäftigen; bei entspr großem Geschäftsumfang wohl auch **Untervertreter** einsetzen, iZw ist er dazu nicht verpflichtet; er haftet für sie im Verhältnis zum Unternehmer, § 278 BGB, Hamm MDR **59**, 1016. Das Vertragsrecht auf die Dienste des HV ist iZw, auch bei Übertragung des Betriebs des Unternehmers, **unübertragbar,** § 613 S 2 BGB (Text s Anm 1 B), BGH NJW **63**, 100 (betr Arbeitsverhältnisse vgl § 59 Anm 2 B), auch wenn HV in die Absatzorganisation eines Großunternehmens eingegliedert ist. An **Weisungen** des Unternehmers, bezüglich Person der Geschäftsgegner und Bedingungen der Geschäfte, zB an gewisse Personen nur gegen bar, an andere gar nicht zu verkaufen, BGH BB **60**, 574, auch bezüglich Gestaltung der Tätigkeit des Vertreters (vgl § 84 Anm 5 C), besonders seiner Kundenwerbung und -betreuung, ist der HV grundsätzlich gebunden; nur dürfen sie seine Selbständigkeit nicht im Kern antasten (s § 84 Anm 5 B), BGH BB **66**, 265. Auf solche Weisungen ist § 15 GWB unanwendbar, BGH **51**, 168. Er darf abweichen, ,,wenn er den Umständen nach annehmen darf, daß der Auftraggeber bei Kenntnis der Sachlage die Abweichung billigen würde", muß aber zunächst die beabsichtigte Abweichung mitteilen und die Entschließung des Unternehmers abwarten, wenn damit nicht Gefahr verbunden ist, etwa daß ein für den Unternehmer wertvolles Geschäft nicht zustande kommt (§ 665 BGB, Text s Anm 1 C); letzterenfalls muß er uU sogar abweichen.

D. Der HV hat dem Unternehmer die erforderlichen Nachrichten zu geben (**Nachrichtspflicht, II**), ua unverzüglich über Vermittlung (dh Abschlußbereitschaft des anderen Teils) oder Abschluß von Geschäften (§ 86 II), auch über den Stand des Geschäfts (§ 666 BGB, Text s Anm 1 C), dh den Stand der Bemühungen und die Aussicht auf Abschlüsse. Er muß nach der Ausführung des Auftrags Rechenschaft ablegen (**Rechenschafts- und Auskunftspflicht**, § 666 BGB), dh außer den Vermittlungen und Abschlüssen selbst auch alle sonst für den Unternehmer bedeutsamen Einzelheiten aus seiner Tätigkeit mitteilen, zB die angewandten (erfolgreichen oder erfolglosen) Werbemethoden, die etwa bei der Vermittlung oder dem Abschluß getroffenen, künftige Abschlüsse vorbereitenden Abreden usw. Art, Inhalt, Häufigkeit der Berichte bestimmen sich danach, was das Interesse des Unternehmers (objektiv) nach den Umständen fordert; Umsatzrückgang kann die Anforderungen erhöhen; uU darf Unternehmer wöchentliche Kundenbesuchsberichte fordern, BGH NJW **66**, 882. Nur Meldung über Geschäftsabschlüsse und Sachverhalte, die für Unternehmer von Wichtigkeit sind, sind erforderlich, dagegen nicht über jeden seiner Schritte und Besuche, Kln BB **71**, 543. Manches kann dem HV die Diskretion zu verschweigen gestatten, oder der berechtigte Wunsch, höchstpersönliche Werbekünste für sich zu behalten. Über Vertragsverletzungen des Kunden muß der HV den Unternehmer aber informieren, auch wenn das für den HV nachteilig ist, BGH BB **79**, 242. Über Geheimhaltung der Kundenberichte des Vertreters § 86a Anm 1 B.

E. Die **Sorgfalt**, die man vom HV verlangt, ist die eines **ordentlichen Kaufmanns (III)**. Sie verlangt zB Prüfung der Kreditwürdigkeit eines

Kunden, dem man Kredit gibt, LG Hdlbg BB **55**, 942, wobei der HV aber wohl mangels Indizien für das Gegenteil der allgemeinen Meinung über den Kunden folgen darf, Düss HVHM **56**, 49; Mitteilung von Nachrichten über Kreditwürdigkeit eines Geschäftspartners, die der HV erhält, selbst wenn er nicht von der Richtigkeit überzeugt ist, BGH BB **69**, 1196; exakte Weitergabe der Meinungsäußerungen und Wünsche der Kundschaft, sorgfältige Beachtung der Richtlinien des Unternehmers für Werbung und Mustervorführung, Gewissenhaftigkeit bei Mitteilung von Ansichten über Lage und Tendenz des Marktes. Der Transportvermittler ist nicht verpflichtet festzustellen, ob Kraftverkehrsunternehmer Erlaubnis nach § 80 GüKG besitzt, Hamm BB **68**, 1017. Abrechnungspflicht besteht auch, wenn der Unternehmer Unterlagen vorenthält, HV aber bei ordnungsgemäßer eigener Buchführung zur Abrechnung imstande sein muß, Kln BB **71**, 760.

F. **Umsatzgarantie des Handelsvertreters** ist möglich mit der Wirkung, daß bei Nichterreichen dieses Umsatzes: **a)** er für alle Schäden einsteht, die dem Unternehmer (zB durch vorbereitende Aufwendungen) hieraus erwachsen, oder **b)** er auf die vermittelten (den Garantiebetrag nicht erreichenden) Geschäfte keine oder eine verminderte Provision erhält, oder **c)** Unternehmer außerordentlich kündigen kann, s § 89a Anm 3 A, idR dann wohl nach § 89b I Nr 3 ohne Ausgleich. Die Formvorschrift des § 86b I 3 gilt hier nicht. Allzu scharfe Bindung des HV in dieser Weise kann aber die Abrede, uU sogar den ganzen Vertrag, nichtig machen (s Anm 1 D).

G. **Erfüllungsort** der Verpflichtungen des HV (§ 269 II BGB) ist idR der Ort seiner Niederlassung, uU wohl auch, wenn dieser außerhalb seines Vertretungsbezirks liegt (entspr § 92c I, vgl dort Anm 1), weil er an der Niederlassung seine schriftliche Tätigkeit entfaltet.

[Pflichten des Unternehmers]

86a ^I Der Unternehmer hat dem Handelsvertreter die zur Ausübung seiner Tätigkeit erforderlichen Unterlagen, wie Muster, Zeichnungen, Preislisten, Werbedrucksachen, Geschäftsbedingungen, zur Verfügung zu stellen.

^II Der Unternehmer hat dem Handelsvertreter die erforderlichen Nachrichten zu geben. Er hat ihm unverzüglich die Annahme oder Ablehnung eines vermittelten oder ohne Vertretungsmacht abgeschlossenen Geschäfts mitzuteilen. Er hat ihn zu unterrichten, wenn er Geschäfte voraussichtlich nur in erheblich geringerem Umfange abschließen kann oder will, als nach den Umständen zu erwarten ist; dieser Anspruch kann nicht ausgeschlossen werden.

1) Unterstützung des Handelsvertreters (I)

A. Der Unternehmer muß dem HV die zur Ausübung seiner Tätigkeit **erforderlichen Unterlagen** wie Muster, Zeichnungen, Preislisten, Werbedrucksachen, Geschäftsbedingungen zur Verfügung stellen (I), allgemeiner: er darf es nicht einfach darauf ankommen lassen, was der HV erreicht, sondern muß **seine Arbeit unterstützen**. Der Franchisegeber, der ein bewährtes System anpreist, darf dem HV das Geschäftsrisiko nicht uneingeschränkt aufladen, sondern muß ihn beraten und vor Fehlinvestitionen bewahren, BAG DB **80**, 2039. Erst recht darf er ihn nicht willkürlich abschalten (zB durch systematische Nichtannahme der von ihm vermittelten Geschäfte, dazu Anm 2 B) oder ihn hindern (zB durch Anschwärzung bei der Kundschaft). Wegen des Zustandes der übergebenen Sachen, zB technischer oder chemischer Muster haftet er dem HV nach § 618 I, III BGB, der auch hier anwendbar ist (vgl § 86 Anm 1 B). Unterlagen, die der HV nicht mehr braucht, muß er zurückgeben, vor allem bei Vertragsende (§ 667 BGB, Text s § 86 Anm 1 C). Die Versicherung der anvertrauten Sachen obliegt idR dem Unternehmer als ihrem Eigentümer.

B. Der Unternehmer hat eine **Treuepflicht** gegenüber dem Vertreter, nach der er zu unterlassen hat, was diesen benachteiligt; er verletzt sie, wenn er mit einem Untervertreter die Kündigung des Vertreters und des Untervertretervertrags zwecks Übertragung der Vertretung auf den Untervertreter abspricht, BGH **42**, 61, BB **82**, 1626, aA von Brunn DB **64**, 1841, vgl § 86 Anm 2 B; ebenso nach Vertragsende durch Bekanntgabe ungünstiger Berichte des Vertreters an Kunden, LG Fbg BB **66**, 999, vgl § 86 Anm 2 D. Je nach dem Vertrag darf der Unternehmer dem HV nicht (selbst oder durch einen anderen HV) **Wettbewerb** machen, besonders wenn dem HV Bezirks- oder Kundenschutz zugesagt ist (Provisionsanspruch in diesem Falle: § 87 II). Bei verbotenem Wettbewerb des Unternehmers kann der HV **Auskunft** fordern, BGH BB **57**, 452. Haftung für das Ausspannen von Untervertretern durch anderen HV s Mü BB **58**, 247. Preissenkungsaktion zu Lasten des HV, bei der dieser Provision nachlassen soll, verstößt gegen die Treuepflicht, wenn vorauszusehen ist, daß nur wenige HV sich ausschließen werden und zu höherem Preis verkaufen müssen als die anderen (Tankstellen-Fall), LG Ffm BB **69**, 1326, BGH **LM** § 89 Nr 4.

C. Der Unternehmer darf **angebotene Geschäfte** grundsätzlich frei **annehmen** oder **ablehnen.** Die kaufmännische Entschließungsfreiheit (einschließlich Vertriebsumstellung, zB Lieferung nur noch an Großabnehmer und nicht mehr an die vom HV geworbenen Kunden) steht allein dem Unternehmer zu; dabei ist unerheblich, ob der Unternehmer wirtschaftlich zu der Maßnahme gezwungen ist; BGH **49**, 39 (aber Mitteilung, s Anm 2 B), § 87a Anm 3 A, 4 B. Anders nur bei Willkür oder Absicht, den HV zu schädigen, BGH BB **59**, 865, **60**, 1222, er schuldet dann diesem Schadensersatz, ebenso bei einer den Vertreter schädigenden Schlechtlieferung an Kunden infolge grober Mißwirtschaft, BGH **26**, 163, zB wenn er dringende Vorstellungen des Vertreters in den Wind schlägt, vom HV geworbene Kunden grundlos gegen andere zurücksetzt, obwohl der HV mit Kenntnis des Unternehmers Aufwendungen für Folgeaufträge gemacht hat, Celle BB **62**, 195. Ablehnung ist grundsätzlich nicht Dienstannahmeverzug iSv § 615 BGB (Vergütung der abgelehnten Dienste); dazu Steindorff ZHR 130 (**68**) 82. Bei Voraussicht geringerer Annahmemöglichkeit oder -bereitschaft, als sie der HV erwarten darf, muß der Unternehmer aber den HV unterrichten, s Anm 2 B.

2) Nachrichten (II)

A. Der Unternehmer schuldet dem HV die **erforderlichen Nachrichten (II 1),** zB (unverzüglich) von Annahme oder Ablehnung eines vermittelten

§ 86b 1   I. Buch. Handelsstand

(oder ohne Vertretungsmacht abgeschlossenen) Geschäfts (II 2), auch wie er Lage und Entwicklung des Marktes beurteilt, was er vorbereitet (soweit es nicht geheim gehalten werden muß) und welche Nachrichten sonst der Tätigkeit des HV förderlich sein können.

B. Nach **II 3** schuldet Unternehmer (unabdingbar, Halbs 2) dem HV vor allem **Unterrichtung von bevorstehender** (frei- oder unfreiwilliger) **beschränkter Auftragsannahme.** Verletzung dieser Pflicht, auch nur fahrlässig, kann ihn dem HV für nutzlose Aufwendungen und für durch Unterlassen anderer Bemühungen entgangenen Gewinn ersatzpflichtig machen. Anwendung zB bei Rohstoffmangel, der zu beschränkter Auftragsannahme nötigt, falls HV diese Beschränkung nicht ohnehin kennt und sich auf sie einrichten kann, Stgt BB **50**, 674, BGH BB **59**, 865, bei Absicht einer den HV ausschaltenden Vertriebsumstellung, BGH **49**, 44 (vgl § 89b Anm 2 C). Entspr Anwendung bei bevorstehender, den HV gefährdender Verschlechterung der Ware, BGH **26**, 167. Unternehmer ist grundsätzlich nicht verpflichtet, HV von sich aus von ungünstiger wirtschaftlicher Lage des Unternehmens und daraus folgender Gefahr eines nahen (ordnungsmäßigen) Endes der Vertretung zu unterrichten, anders uU auf Frage des HV, BGH BB **60**, 606; eine beabsichtigte Betriebsstillegung ist angemessene Zeit vorher (Abwägung von Geheimhaltungs- und Informationsinteresse) mitzuteilen; Unterlassen kann im Einzelfall zu Schadensersatzpflicht führen, wenn es für Verdienstausfall ursächlich ist, BGH NJW **74**, 795.

[Delkredereprovision]

86b   **I** Verpflichtet sich ein Handelsvertreter, für die Erfüllung der Verbindlichkeit aus einem Geschäft einzustehen, so kann er eine besondere Vergütung (Delkredereprovision) beanspruchen; der Anspruch kann im voraus nicht ausgeschlossen werden. Die Verpflichtung kann nur für ein bestimmtes Geschäft oder für solche Geschäfte mit bestimmten Dritten übernommen werden, die der Handelsvertreter vermittelt oder abschließt. Die Übernahme bedarf der Schriftform.

II Der Anspruch auf die Delkredereprovision entsteht mit dem Abschluß des Geschäfts.

III Absatz 1 gilt nicht, wenn der Unternehmer oder der Dritte seine Niederlassung oder beim Fehlen einer solchen seinen Wohnsitz im Ausland hat. Er gilt ferner nicht für Geschäfte, zu deren Abschluß und Ausführung der Handelsvertreter unbeschränkt bevollmächtigt ist.

1) Delkrederehaftung (I)

A. Prüft der HV sorgfältig die Kreditwürdigkeit des Kunden, dem er Kredit einzuräumen empfiehlt (vgl § 86 Anm 2 E), so trifft ihn der später doch eintretende Ausfall nicht. Hat er seine Prüfungspflicht verletzt, so haftet er dem Unternehmer für den Schaden, den er durch Einlassen auf das Geschäft erlitt (negatives Interesse), LG Hdlbg BB **55**, 942. Zur Haftung für die Erfüllung der Verbindlichkeit des Geschäftsgegners (positives Interesse) bedarf er der besonderen **Übernahme des Delkredere** durch den HV (**I** 1, vgl § 394 für den Kommissionär). Übersicht: Küstner I 220.

B. Die Übernahme des Delkredere ist nach **I** 2 grundsätzlich (Ausnahmen: III 1, 2) **nur zulässig** entweder **a)** für ein **bestimmtes einzelnes Geschäft**, dies kann auch eines sein (zB im Falle eines Bezirksvertreters, § 87 II), das der HV nicht selbst vermittelt oder abschließt, oder **b)** für (alle oder bestimmte) **Geschäfte mit einem bestimmten Dritten**, die der HV **selbst vermittelt** oder abschließt. Also zB nicht für alle Geschäfte mit dem Kunden X, einerlei wer sie vermittelt oder abschließt; nicht für alle Geschäfte in einem bestimmten Bezirk; nicht für alle vom HV in einem bestimmten Bezirk vermittelten oder abgeschlossenen Geschäfte. Eine Klausel, die dem HV die Kosten des gerichtlichen Vorgehens gegen einen bestimmten Kunden oder in jedem Falle bei Zahlungsunfähigkeit oder Unwilligkeit der Kunden die Haftung bis zur Höhe der Beitreibungskosten auferlegt, ist unwirksam, Karlsr BB **74**, 904.

C. Die Übernahme jeder Delkrederehaftung bedarf nach **I 3** der **Schriftform** (nur diese Erklärung des HV, nicht ihre Annahme durch den Unternehmer; wie bei der Bürgschaft, § 766 S 1 BGB).

D. Die Übernahme des Delkredere ist **Bürgschaft** (einfache oder selbstschuldnerische) oder **Garantievertrag** oder **Schuldbeitritt** (zur Verbindlichkeit des Geschäftspartners), s § 349 Anm 2, 4. Voraussetzungen und Umfang der Haftung können demgemäß verschieden sein. Die Vorschriften des § 86b gelten ohne Unterschied dieser Fälle (binden also zB Garantievertrag und Schuldbeitritt hier ebenso an Schriftform wie schon § 766 BGB die Bürgschaft).

2) Delkredereprovision (I 1, II)

A. Die Übernahme des Delkredere gibt dem HV nach **I 1** Anspruch auf eine **besondere Provision (Delkredereprovision)** neben der Provision für Vermittlung oder Abschluß der Geschäfte, §§ 87ff. Dieser Anspruch kann nicht ausgeschlossen, nur nachträglich erlassen werden (I 1 Halbs 2).

B. Die **Höhe** der Delkredereprovision ist nach § 87b zu bestimmen, der die Vermittlungs- und Abschlußprovision im Auge hat, aber auch auf die Delkredereprovision paßt. Ist hiernach die Höhe der Delkredereprovision nicht ausreichend bestimmbar, so ist die Haftungsabrede unwirksam, weil unvollständig. Liegt der Satz der Delkredereprovision fest, so ergibt sich die Rechnungsgrundlage aus § 87b II.

C. Nach **II** entsteht der Anspruch auf die Delkredereprovision mit dem Abschluß des Geschäfts, aus dem die garantierte Verbindlichkeit erwächst, bei Delkrederehaftung für mehrere Geschäfte (vgl Anm 1 B, 3) also bei jedem Geschäftsschluß gesondert. Er ist dann wohl auch sogleich fällig, vorbehaltlich abw Abrede, zB Fälligkeit nach §§ 87a IV, 87c I wie andere Provision.

3) Ausnahmen (III)

A. I gilt nicht für **ausländische Unternehmer**, die Niederlassung, hilfsweise Wohnsitz im Ausland haben, **III 1**. Hier besteht oft besonderer Anlaß, die Delkrederehaftung des inländischen HV vorzusehen, weil der Ausländer die Kreditwürdigkeit des inländischen Kunden selbst oft nicht prüfen kann; um so eher kann auch die Delkrederehaftung des HV als mit durch die normale Provision vergütet gelten. Voraussetzung ist Anwendbarkeit des dtsch Rechts, sie wird im Verhältnis zum inländischen HV idR gegeben sein (vgl § 92c Anm 1). Dasselbe gilt (mit umgekehrten Vorzeichen) für Geschäfte mit **ausländischen Kunden.**

B. I gilt ferner nicht für **Geschäfte, zu deren Abschluß und Ausführung der Handelsvertreter unbeschränkt bevollmächtigt ist, III 2.** Entscheidend ist, daß der HV rechtlich und wirtschaftlich sein Risiko frei bestimmen kann; dann soll ihm die Übernahme eines Delkredere, an dem der Unternehmer ein besonderes wirtschaftliches Bedürfnis hat, nicht erschwert werden, BGH BB **82,** 2009. ,,Unbeschränkt" heißt ,,im wesentlichen frei" (vgl § 84 I 2), die Person des Geschäftsgegners, die Bedingungen des Geschäfts (zB Kredit oder nicht) und Zeit und Art der Ausführung bestimmen zu können. Teil-Nichtgebrauch der Vollmachten durch den Vertreter (zB Überlassen der Lieferung an Unternehmer) räumt III 2 nicht aus, ebenso Mehrheit von (Bezirks-)Vertretungen, BGH BB **66,** 1322. Der Umfang der Vollmacht iSv §§ 164ff BGB ist nicht ausschlaggebend, keine Delkredereprovision zB für Tankstellenvertreter, LG Essen BB **61,** 425.

[Provisionspflichtige Geschäfte]

87 ^I Der Handelsvertreter hat Anspruch auf Provision für alle während des Vertragsverhältnisses abgeschlossenen Geschäfte, die auf seine Tätigkeit zurückzuführen sind oder mit Dritten abgeschlossen werden, die er als Kunden für Geschäfte der gleichen Art geworben hat. Ein Anspruch auf Provision besteht für ihn nicht, wenn die Provision nach Absatz 3 dem ausgeschiedenen Handelsvertreter zusteht.

^{II} **Ist dem Handelsvertreter ein bestimmter Bezirk oder ein bestimmter Kundenkreis zugewiesen, so hat er Anspruch auf Provision auch für die Geschäfte, die ohne seine Mitwirkung mit Personen seines Bezirkes oder seines Kundenkreises während des Vertragsverhältnisses abgeschlossen sind. Dies gilt nicht, wenn die Provision nach Absatz 3 dem ausgeschiedenen Handelsvertreter zusteht.**

^{III} **Für ein Geschäft, das erst nach Beendigung des Vertragsverhältnisses abgeschlossen ist, hat der Handelsvertreter Anspruch auf Provision nur, wenn er es vermittelt hat oder es eingeleitet und so vorbereitet hat, daß der Abschluß überwiegend auf seine Tätigkeit zurückzuführen ist, und wenn das Geschäft innerhalb einer angemessenen Frist nach Beendigung des Vertragsverhältnisses abgeschlossen worden ist.**

^{IV} **Neben dem Anspruch auf Provision für abgeschlossene Geschäfte hat der Handelsvertreter Anspruch auf Inkassoprovision für die von ihm auftragsgemäß eingezogenen Beträge.**

Übersicht

1) Vergütung des Handelsvertreters (§§ 87–87d)
2) Provision für vermittelte Geschäfte (I)
3) Bezirks- und Kundenkreisschutz (II)
4) Zeitliche Abgrenzung (III)
5) Inkassoprovision (IV)

7. Abschnitt. Handelsvertreter **1 § 87**

1) Vergütung des Handelsvertreters (§§ 87–87 d)

A. **Übersicht:** § 87 (I–III) zieht den Kreis der provisionspflichtigen Geschäfte, § 87a (I–III und V) regelt die auf die Ausführung des einzelnen Geschäfts bezüglichen Voraussetzungen des Provisionsanspruchs. § 87b handelt von der Höhe der Provision, § 87c von der Provisionsabrechnung, § 87a IV (und V) von der Fälligkeit der Provision. § 87 IV spricht dem HV außer der Vermittlungs- oder Abschlußprovision bei Einziehung von Geldern eine Inkassoprovision zu. Die Festsetzung einer Mindestvergütung ermöglicht in gewissem Umfang § 92a. § 87d regelt den Aufwendungsersatz. Ein **Konkursvorrecht** geben §§ 59, 61 KO (s § 84 Anm 8). Sondervergütung aus § 354 (neben der Provision aus § 87) s § 354 Anm 2 D.

B. Provision, dh eine (irgendwie, vgl § 87b Anm 1) nach dem Umfang vergütungspflichtiger (Einzel-)Geschäfte bemessene Zahlung ist das **übliche Dienstentgelt** (vgl § 86 Anm 1) des HV. Bemessung s Klinger DB **57,** 975; Übersicht: Schröder BB **63,** 567. Provision bei größeren Werk- und Werkliefertverträgen s Kempfler NJW **63,** 524. Zur Provision bei Bestellung durch verbundene Unternehmen oder mehrere Zweigniederlassungen, auch im multinationalen Bereich, Maier BB **70,** 1327. Bei dieser Art der Vergütung (und wenn wie üblich der HV seine Kosten selbst trägt, vgl bei § 87d) wird die für den Unternehmer wünschenswerte Anpassung der Vertriebskosten an den Vertriebserfolg erreicht. Leistungs- und Treueprämien s BAG BB **82,** 1486, Karlsr BB **80,** 226. Mit dem HVVerhältnis vereinbar sind aber auch andere Formen des Dienstentgelts, zB **feste Vergütung; Beteiligung** am (Gesamt-)Umsatz oder Gewinn des (vertretenen) Unternehmens, dann sind §§ 87–87d unanwendbar, Karlsr BB **66,** 1169; **Kombination** verschiedener Formen. **Altersversorgung:** Vorschriften des BetrAVG über Unverfallbarkeit, Auszehrungsverbot, Altersgrenze, Insolvenzsicherung und Anpassung an Preisentwicklung (§§ 1–16 BetrAVG) „gelten entsprechend für Personen, die nicht Arbeitnehmer sind, wenn ihnen Leistungen der Alters-, Invaliditäts- oder Hinterbliebenenversorgung aus Anlaß ihrer Tätigkeit für ein Unternehmen zugesagt worden sind" (§ 17 BetrAVG); anwendbar auch auf HV, s Komm BetrAVG (§ 59 Anm 6 E). Das **Fixum** ist auch zu zahlen, wenn HV nach Ansicht des Unternehmers zu wenig Zeit und Kraft für ihn aufwandte (dann uU Gegenanspruch des Unternehmers auf Schadensersatz), aber nicht, wenn er gar nicht für ihn tätig war, Brschw DB **56,** 794.

C. **Abtretung** und **Verpfändung** des Vergütungsanspruchs des HV sind nicht beschränkt, außer nach §§ 400, 1274 II BGB soweit die Forderung unpfändbar ist. **Pfändungsschutz** besteht nach §§ 850, 850h ZPO für die wiederkehrende gezahlte Vergütung (besonders gewöhnliche Provision) aus einer Vertretung, die den HV vollständig oder zum wesentlichen Teil in Anspruch nimmt (sonstige Vergütungen iSv § 850 II ZPO). Voll unpfändbar sind aber ggf Spesenbeträge, § 850a Nr 3 ZPO, Hamm BB **56,** 668. Nicht vergütete Spesen sind nach § 850f ZPO zu berücksichtigen. Eine Inanspruchnahme „zu wesentlichem Teil" ist auch in jeder von mehreren Vertretungen möglich. Für nicht wiederkehrend zahlbare Vergütungen (vgl Anm B) gilt, persönliche Vertretungstätigkeit vorausgesetzt, § 850i ZPO: Auf Antrag kann das Nötige zum Unterhalt des HV und seiner Familie belassen werden. Für wiederkehrend zahlbare Vergütungen aus Vertretungen, die den HV nicht iSv § 850 II ZPO „wesentlich" in Anspruch nehmen, gibt es keinen Pfändungsschutz; Pfändung und Überweisung von (künftigen) Provisionsansprüchen ist ohne Wirkung gegen Aufrechnungsabrede zwischen Unternehmer und HV, nach der dieser vom Inkasso seine Provision einbehält, LG Bochum BB **57**, 1158.

2) Provision für vermittelte Geschäfte (I)

A. Provisionspflichtig sind nur **abgeschlossene** Geschäfte (**I 1**). Notwendig ist grundsätzlich endgültiger Vertragsabschluß; Vorvertrag mit bereits bindender Wirkung kann genügen. Vgl § 87a Anm 4.

B. Provisionspflichtig sind nach I 1 (Fall 1) Geschäfte, die **auf die Tätigkeit** des HV **zurückzuführen** sind. Diese Tätigkeit kann also auch ferne Ursache sein, zu der weitere Faktoren zutraten. Bsp: Die Bemühung des HV war zunächst erfolglos, später wendet sich der Kunde unmittelbar an den Unternehmer oder der Unternehmer schaltet den HV, der den Abschluß vorbereitete, aus und führt diesen nun selbst herbei, RG HRR **33**, 940. Mitursächlichkeit genügt. Sie ist danach zu beurteilen, was für Mitwirkung nach Vertrag zu erwarten ist, BAG BB **71**, 492. Nicht erforderlich sind zB: Übermittlung der (mündlichen oder schriftlichen) Abschlußerklärungen von Unternehmer und Kunden durch HV; alleinige oder auch nur überwiegende Verursachung durch die Tätigkeit des HV, so wenn der Unternehmer selbst an der Vorbereitung des Abschlusses mitwirkt; Kenntnis oder Kennenmüssen des Unternehmers (bei Direktabschluß), daß HV den Kunden in Richtung auf den Abschluß beeinflußte, Nürnb BB **59**, 391. Ausreichend ist die Bearbeitung einer Käuferzentrale, welche ihren Filialen Bestellung empfiehlt, die dann bestellen, BGH BB **60**, 111. Provisionspflicht auch bei Ausnutzung der Vermittlungstätigkeit durch eine vom Unternehmer abhängige und mit ihm wirtschaftlich weitgehend gleichzusetzende KG, BGH NJW **81**, 1785. Provisionspflicht auch für Aufbauversicherungen, die sich mangels Widerspruchs des Versicherungsnehmers regelmäßig erhöhen; aber zeitliche Beschränkung (Dauer des Arbeitsverhältnisses, Beibehaltung des Aufgabengebiets) kann vereinbart werden, BAG BB **84**, 1687. Die Beweislast für die Verursachung trifft den HV, dazu genügt als Beweis des ersten Anscheins Nachweis der Betätigung in Richtung auf den Abschluß und Zustandekommen des Geschäfts, Nürnb BB **59**, 391. Die Provision aus dem Abschluß über eine Gesamtsache ist auch verdient, wenn der Unternehmer einige Einzelteile selbst von Dritten beschaffen muß, Brschw DB **56**, 794. Nichtausreichend ist Gefälligkeitshilfe durch Formularausfüllen, ua nach bereits vom Unternehmer abgeschlossenem Geschäft, Kln BB **71**, 104.

C. Provisionspflichtig sind nach I 1 **(Fall 2)** ferner solche Geschäfte, die nicht unmittelbar auf die Tätigkeit des Vertreters zurückzuführen sind, aber mit von ihm (für gleichartige Geschäfte) geworbenen Kunden geschlossen wurden, also mittelbar doch auf seine Tätigkeit zurückzuführen sind (**Nachbestellungen**). Die Bestimmung ist abdingbar, das Recht auf Provision aus solchen Nachgeschäften ist auch beschränkbar, zB auf begrenzte Zeit nach der ersten Bestellung des Kunden. Dazu Schröder BB **62**, 739, **63**, 567; zugesicherter Kundenschutz darf nicht umgangen werden, indem mit Kunden Lieferung an dessen TochterGes vereinbart wird, aM

Celle BB **70,** 51. Über Bezugsvertrag und folgende Abschlüsse s Anm 4 B. § 87 I 1 (Fall 2) gilt nicht für **Versicherungsvertreter;** deren Provisionsregelung ist enger (§ 92 III 1).

D. Wirken **mehrere Handelsvertreter** zur Herbeiführung eines Geschäfts zusammen, so ist mangels anderer Vereinbarung (generell oder ad hoc) die Provision angemessen zu teilen, vor allem nach der Bedeutung der Mitwirkung jedes beteiligten HV. Anders wenn Ansprüche des HV mit solchen eines Vorgängers zusammentreffen, **I 2** (s Anm 4 A).

3) Bezirks- und Kundenkreisschutz (II)

A. II erweitert (bei entsprechender Zuweisung eines Bezirks, BGH WM **82,** 636) den Kundenschutz (vgl Anm 2 B) auf nicht unmittelbar (vielleicht mittelbar durch seine Arbeit im Bereich) vom Vertreter geworbene Kunden eines bestimmten Bezirks oder sonstwie abgegrenzten Kreises (zB Geschäftssparte); Auslegung der Zusage ,,Projektschutz" s Düss NJW **82,** 1231. Der **Bezirksschutz** umfaßt Geschäfte mit Kunden, die ihre Geschäftsniederlassung im Bezirk haben, aber Lieferung anderswohin, BGH NJW **58,** 180; nicht Abschluß mit Käufer (von Kfz) außerhalb des Bezirks, der an Käufer (ersten Halter des Kfz) innerhalb des Bezirks weiterverkauft, auch wenn der Unternehmer diese Weiterverkaufsabsicht kennt, BGH BB **60,** 956. Bei Geschäften mit **Filialen** innerhalb des Bezirks von Hauptunternehmen außerhalb ist das äußere Erscheinungsbild (nicht interne Bindung an Sortimentsliste der Zentrale ua) entscheidend; tritt die ZwNl aufgrund ihrer Entscheidungsfreiheit und Selbständigkeit nach außen als der Besteller auf, greift II ein, BGH BB **76,** 1530, **78,** 1137. Weitere Fallgestaltungen von Provisionskonkurrenzen s Schröder BB **62,** 738, DB **63,** 541. Die Bezirks- oder Kundenkreiszuweisung kann **formfrei** wie jede andere Abrede zwischen Unternehmer und HV getroffen werden, zB durch die Klausel ,,direkte und indirekte Geschäfte provisionspflichtig", BGH BB **56,** 95. Bezeichnung ,,Generalvertreter" (s § 84 Anm 4 C) ist nicht eindeutig, BGH BB **70,** 594. Der Bezirksvertreter hat als Gegenstück seiner besonderen Rechte besondere **Pflichten.** Er darf nicht im Bezirk für andere Unternehmer Waren gleicher Art vertreiben, zB Weine aus demselben Anbaugebiet, Mü BB **55,** 714. § 87 II gilt **nicht für Versicherungsvertreter** (§ 92 III 2); **Vertragshändler** s § 84 Anm 2 A.

B. Der Bezirksvertreter erhält die **Provision** für **alle Abschlüsse** in der Vertragszeit **im Bezirk (II 1),** auch solche ohne seine Mitwirkung, einerlei ob Direktgeschäfte des Unternehmers oder von Dritten vermittelte, Düss NJW **82,** 1232, allerdings nur für Geschäfte der Art, auf die sich seine Vermittlungs- oder Abschlußpflicht (§ 84 I) erstreckt (nicht zB Warenverkauf zur Geschäftsabwicklung oder Inzahlungsgabe von Waren auf Schulden zur Abwendung des Konkurses, RG **140,** 82); auch wenn ein anderer Vertreter mitwirkt (und dafür Vergütung vom Unternehmer beanspruchen kann), BGH NJW **58,** 180. Die Bezirksprovision nach II ist **Entgelt für Gesamtbemühung** des Vertreters, nicht für bestimmte Leistungen in bestimmter Zeit; ihre Zahlung für Abschlüsse in einer Zeit der Arbeitsunfähigkeit des Vertreters infolge Unfalls kann der Unternehmer daher nicht (wie die Lohnfortzahlung an Arbeitnehmer) von der Abtretung eines Schadensersatzanspruchs des Vertreters gegen den Verletzer abhängig machen,

BGH **41**, 295, vgl § 89b Anm 1 D. Grundsätzlich unerheblich ist, warum das Geschäft nicht vom HV vermittelt wurde. Die Bezirksprovision gilt auch, während der Vertreter schuldlos arbeitsunfähig ist, BGH **41**, 295, oder wenn die Geschäftsverbindung zeitweise unterbrochen war, BGH BB **78**, 1137; auch wenn er in der ganzen Vertragszeit schuldlos untätig war, offen BGH **41**, 296. Auch während verschuldeter Untätigkeit, aber aufrechenbarer **Gegenanspruch** des Unternehmers **auf Schadensersatz** für die ihm entgangenen Geschäfte und für seine Unkosten (die ihm der HV hätte ersparen sollen) und uU außerordentliches Kündigungsrecht (§ 89a). Ausnahmsweise kann das Verlangen der Provision für ein Direktgeschäft gegen **Treu und Glauben** verstoßen, zB wenn der HV arglistig Mühe und Kosten auf den Unternehmer abschob, weil er die Provision doch erhalte, vgl RG **109**, 256, oder wenn er die vom Unternehmer gewünschte Mitwirkung an Herbeiführung des Abschlusses ohne zureichenden Grund abgelehnt hatte, Hamm BB **59**, 682, oder wenn er jegliche Tätigkeit für Unternehmer unterlassen hat, nicht jedoch schon bei nicht ausreichenden Bemühungen, Stgt BB **70**, 1112. Volle Provision nach II (dh Rücksicht auf Ersparnis bzw anderweitigen Erwerb wie nach § 615 S 2 BGB und ohne Vorteilsausgleich), wenn HV nach unberechtigter fristloser (zum nächsten Kündigungstermin wirkender) Kündigung des Unternehmers Tätigkeit einstellt, BGH 27. 2. **76** (von Gamm NJW **79**, 2492). Abgrenzung in Sonderfällen s Küstner I 306. Dem als Eigenhändler tätig werdenden HV kann bei Verletzung des Gebietsschutzes ein über einen Provisionsanspruch hinausgehender Ausgleich für entgangenen Gewinn zustehen, BGH BB **75**, 1409.

C. Bei Unklarheit, welchem von **mehreren Bezirksvertretern** die Provision zusteht, kann Teilung als stillschweigend vereinbart gelten, Celle HVHM **56**, 120. Bei Sitzverlegung des Kunden X aus Bezirk A in Bezirk B verliert A die Provisionschance aus neuen Geschäften mit X an B, Wessel BB **62**, 473. **II 2** stellt klar (entspr I 2, vgl Anm 2 D), daß die Bezirks- oder Kundenschutzvereinbarung nicht einen Provisionsanspruch des **Vorgängers** nach III umfaßt (dazu Anm 4 A).

D. **Abweichende Vereinbarung** bleibt möglich, BGH BB **78**, 1136; also einerseits Bezirks- oder Kundenzuweisung ohne Schutz gegen Direktgeschäfte, also nur als Ausschluß von anderen Bezirken und Kreisen, andererseits Verstärkung des Bezirks- oder Kundenschutzes dahin, daß Direktgeschäfte nicht nur provisionspflichtig gemacht, sondern verboten werden **(Alleinvertreter)**. Schweigen des HV auf Mitteilung des Unternehmers, er werde auf Direktgeschäfte mit einem bestimmten Kunden keine Provision mehr zahlen, gilt (idR) nicht als Zustimmung, Nürnb BB **57**, 560. Stillschweigende Erweiterung des Provisionsrechts, BGH BB **61**, 497. Nach Celle BB **61**, 1341 wird § 87 II durch abw **Handelsbrauch** nicht entkräftet.

4) Zeitliche Abgrenzung (III)

A. Die Provisionspflicht umfaßt alle **Abschlüsse** (welche die sonstigen Voraussetzungen nach I, II erfüllen) **in der Vertragszeit** und nur diese, I 1, zB nicht Nachbestellungen (I 1 Fall 2) nach Vertragsende, BGH BB **57**, 1086 (anders wenn diese iSv III vom HV vorbereitet sind, dazu Anm B).

Für Vertragsende bei fristloser Kündigung ist nicht maßgeblich, wann diese möglich war, sondern wann sie wirksam ausgesprochen wurde. Grundsätzlich **unerheblich** ist **Ausführung** vor oder nach Vertragsende; der Vertrag kann aber die Provisionspflicht von Ausführung vor Vertragsende oder vor Zeitpunkt X nach Vertragsende abhängig machen; s § 87a Anm 2 B. I 2 und II 2 stellen klar: Ein Abschluß, der nach III für einen früheren Vertreter provisionspflichtig ist, ist es nicht für den Nachfolger, in dessen Vertragszeit er fällt. Der Anspruch nach III ist **abdingbar,** Nürnb BB **63,** 203.

B. **Abschlüsse nach Vertragsende (III Halbsatz 1;** während angemessener Nachfrist, s Anm C) sind provisionspflichtig, wenn HV sie **vermittelt hat (Fall 1)** oder eingeleitet und **so vorbereitet hat, daß der Abschluß überwiegend auf seine Tätigkeit zurückzuführen** ist **(Fall 2),** wobei nach der RegBegr ,,vermittelt" bedeuten soll, daß der HV schon das Angebot des Kunden dem Unternehmer zugehen ließ. Es kann zugunsten des HV genügen, daß er Musterkäufe (auf die zunächst allein Provision gezahlt wurde) veranlaßte und die Abnehmer später, nach Erprobung der aus den Mustern gefertigten Waren auf einer Ausstellung (Kleider) größere Mengen bestellten, BGH BB **57,** 1086. Hat zum Abschluß nach Vertragsende auch der NachfolgerHV oder der Unternehmer selbst mitgewirkt, so ist abzuwägen, wem das überwiegende Verdienst gebührt, ihm fällt die Provision zu, sie wird nicht geteilt. Aus Abschluß eines Sukzessivliefervertrags sind auch Bestellungen (Abrufe) nach Vertragsende provisionspflichtig (gemäß § 87a), anders bei bloßem (Rahmen-)Bezugsvertrag (mit immer neuen Abschlüssen), in solchem Falle kommt aber eine Vergütung aus stillschweigender Vereinbarung (ergänzender Vertragsauslegung) oder nach § 354 in Betracht, jedenfalls bei noch weitgehender, dem Unternehmer vorteilhafter Bindung des Kunden (außer der Pflicht, nicht anderswo zu kaufen), BGH NJW **58,** 180. Zu Geschäften, die vorbereitet, aber nicht zustande gekommen waren, auf die der Kunde später zurückkommt, Schweizer-Heldrich WRP **76,** 25. III erfaßt nach seinem klaren Wortlaut nicht **Nachbestellungen** (I 1, Fall 2, s Anm 2 C); III verlangt Tätigkeit für den in Rede stehenden Abschluß; es genügt nicht, daß der Kunde vom HV geworben war. Übersicht: Hohn BB **72,** 521.

C. Diese Provisionspflichtigkeit besteht für Abschlüsse nach Vertragsende (s Anm B) nur **innerhalb angemessener Zeit (III Halbsatz 2),** je nach Art und Bedeutung des Geschäfts. Je länger die Vorbereitung des einzelnen Geschäfts bestimmter Art zu dauern pflegt (zB sofort lieferbare Stapelware oder große Maschinen in Spezialanfertigungen), desto länger muß die Provisionspflicht nach Vertragsende dauern. In einem Sonderfall galten zwei Jahre nach Vertragsende noch als angemessen, BGH 30. 1. **64** (von Gamm NJW **79,** 2492). Dagegen spielt hier wohl (anders als für die Kündigung nach § 89) das Alter des Vertrags keine Rolle; hier soll nicht der Übergang in eine neue Tätigkeit erleichtert, sondern nur der Nachwirkung der Tätigkeit des HV eine Grenze gesetzt werden. Der Vertrag kann (wie den Anspruch nach III ganz ausschließen, s Anm A) die Nachfrist iSv III genauer bestimmen, auch unter die angemessene Frist iSv III kürzen.

§ 87a

5) Inkassoprovision (IV)

Für die (auftragsgemäße) Einziehung von Geldern hat der HV nach IV Anspruch auf besondere Provision **(Inkassoprovision)**, ggf neben der Provision für vermittelte oder unter Bezirks- oder Kundenschutz fallende Geschäfte (I–III). Die Inkassoprovision ist (anders die Delkredereprovision, § 86b I 1) auch im voraus abdingbar. Für die Höhe gilt Gleiches wie dort (vgl § 86b).

[Voraussetzungen des Provisionsanspruchs]

87a **I Der Handelsvertreter hat Anspruch auf Provision, sobald und soweit der Unternehmer das Geschäft ausgeführt hat. Eine abweichende Vereinbarung kann getroffen werden, jedoch hat der Handelsvertreter mit der Ausführung des Geschäfts durch den Unternehmer Anspruch auf einen angemessenen Vorschuß, der spätestens am letzten Tag des folgenden Monats fällig ist. Unabhängig von einer Vereinbarung hat jedoch der Handelsvertreter Anspruch auf Provision, sobald und soweit der Dritte das Geschäft ausgeführt hat. Der Anspruch auf Teilprovision für ein nur teilweise ausgeführtes Geschäft kann ausgeschlossen werden, wenn vereinbart ist, daß der Unternehmer dem Handelsvertreter Provision für das ganze Geschäft gewährt, sobald dieses in bestimmtem Umfange ausgeführt ist.**

II Steht fest, daß der Dritte nicht leistet, so entfällt der Anspruch auf Provision; bereits empfangene Beträge sind zurückzugewähren.

III Der Handelsvertreter hat auch dann einen Anspruch auf Provision, wenn feststeht, daß der Unternehmer das Geschäft ganz oder teilweise nicht oder nicht so ausführt, wie es abgeschlossen worden ist. Dies gilt nicht, wenn und soweit die Ausführung des Geschäfts unmöglich geworden ist, ohne daß der Unternehmer die Unmöglichkeit zu vertreten hat, oder die Ausführung ihm nicht zuzumuten ist, insbesondere weil in der Person des Dritten ein wichtiger Grund für die Nichtausführung vorliegt.

IV Der Anspruch auf Provision wird am letzten Tag des Monats fällig, in dem nach § 87c Abs. 1 über den Anspruch abzurechnen ist.

V Von den Absätzen 3 und 4 abweichende für den Handelsvertreter nachteilige Vereinbarungen können nicht getroffen werden.

Übersicht

1) Grundsatz der Erfolgsvergütung
2) Nicht abgeschlossene Geschäfte
3) Vom Unternehmer oder Dritten ausgeführte Geschäfte (I, II)
4) Vom Unternehmer nicht ausgeführte Geschäfte (III, V)
5) Fälligkeit und Zahlung der Provision (IV, V)
6) Verwirkung

7. Abschnitt. Handelsvertreter **1–3 § 87a**

1) Grundsatz der Erfolgsvergütung

§ 87a gewährt die Provision grundsätzlich nicht als Leistungs-, sondern als **Erfolgsvergütung**. Provision ohne Abschluß gibt es also nicht (Anm 2). I, II handeln von Geschäften, die der Unternehmer ausführt (Anm 3), III (und V) von solchen, die er nicht ausführt (Anm 4), IV (und V) regelt die Fälligkeit der Provision. Vor Ausführung des Geschäfts ist die Provisionsforderung des HV, auch des Abschlußvertreters, nur dann Aktivum in der **Bilanz**, wenn die Ausführung gesichert erscheint, BFH BB **54**, 368; Passivierung beim Unternehmer, str, Killinger BB **81**, 1925. § 87a ist **unanwendbar bei Umsatzbeteiligung** des Vertreters (statt Provision), vgl § 87 Anm 1 B; bei ,,Provision" vom ,,gesamten Warenausgang des Unternehmens" keine Belastung des Vertreters mit Retouren, Karlsr BB **66**, 1169. Für den **Versicherungsvertreter** gilt nach § 92 IV Besonderes.

2) Nicht abgeschlossene Geschäfte

A. Provision setzt den Abschluß des Geschäfts voraus: **Keine Provision auf nicht abgeschlossene Geschäfte.** Begründete **Anfechtung** des abgeschlossenen Geschäfts (durch einen oder anderen Teil), vorbehaltener **Widerruf**, Eintritt einer auflösenden **Bedingung** beseitigen den Abschluß, damit auch den (nach I, III etwa schon entstandenen) Provisionsanspruch.

B. Der Unternehmer ist frei zur Annahme oder Ablehnung der vom HV vermittelten (und nicht von diesem auch abgeschlossenen, vgl § 84 Anm 3 B) Geschäfte, s § 86a Anm 1 C. Der HV hat **keinen Anspruch** gegen den Unternehmer **auf Abschluß** eines vom HV vermittelten Geschäfts, also keine hierauf gerichtete Klage und grundsätzlich keinen Anspruch auf Ersatz des Schadens, der dem HV durch Nichtabschluß eines von ihm vermittelten Geschäfts entsteht (entgangene Provision aus dem Geschäft); anders bei willkürlicher Benachteiligung des HV (zB zugunsten eines anderen HV), die den HVVertrag verletzt. Ersetzt wird aber nur das negative, nicht das Erfüllungsinteresse (s Anm B).

C. Möglich ist **aber** ein **Schadensersatzanspruch** des HV gegen den Unternehmer wegen Verletzung der **Pflicht** (§ 86a II 3), den HV rechtzeitig von der Absicht, die Abschlüsse einzuschränken, **zu unterrichten.** Dieser Schaden umfaßt zB unnütze Aufwendungen zur Vermittlung der Geschäfte, die der Unternehmer dann nicht abschloß, und uU entgangenen Gewinn, den der HV ohne Bemühung um diese Geschäfte hätte erzielen können.

D. Unbegründetes Nichtabschließen vom HV vermittelter Geschäfte kann diesem auch Grund zur **fristlosen Kündigung** mit Ersatz des ihm aus der Vertragsauflösung entstehenden Schadens geben (§ 89a I).

3) Vom Unternehmer oder Dritten ausgeführte Geschäfte (I, II)

A. Die **Provision verdient, sobald und soweit** entweder der **Unternehmer oder** der **Dritte** das Geschäft **ausgeführt** hat (I 1, 3) zB bei Vorlieferung des Unternehmers nach dieser Lieferung, bei Teillieferung entspr dem Wertverhältnis des gelieferten zum noch zu liefernden Teil; bei Vorauszahlung des Dritten nach dieser Vorauszahlung und entsprechend ihrer Höhe im Verhältnis zum Gesamtpreis; bei gleichzeitiger Teillieferung des einen, Teilzahlung des anderen Teils sogleich entspr der Höhe derjenigen der beiden Teilleistungen, welche den höheren Anteil an der Gesamtleistung bildet. Anspruch nach I 3 besteht auch, wenn der Unternehmer die Ausführungsleistung des Dritten zur Stellung einer Sicherheit für diesen einsetzen muß, BGH **85,** 138. **Endgültig** ist die Provision wegen II (Anm C) **erst bei Leistung** des **Dritten** verdient. Der Leistung des Dritten muß es gleichstehen, wenn der Unternehmer vom Dritten statt der geschuldeten eine andere Leistung als Erfüllung nimmt, wenn er vom Dritten Schadensersatz wegen Nichterfüllung erhält, wohl auch wenn er für den Ausfall der Leistung des Dritten durch eine Versicherung schadlos gehalten wird, soweit diese **Ersatzleistungen** das ursprüngliche Erfüllungsinteresse decken.

B. **Abweichende Vereinbarung** ist möglich (**I 2**); zB daß die Provision nicht schon verdient ist bei Ausführung durch den Unternehmer (zB Lieferung), sondern erst bei **Ausführung** durch den **Geschäftsgegner** (zB Preiszahlung); der HV hat dann aber ein **unabdingbares** Recht auf Vorschuß nach Ausführung durch den Unternehmer (zB Lieferung), I 2; bei Vorleistung des Geschäftsgegners (zB Voraus-Preiszahlung) ist die Provision immer verdient, I 3. Die **Höhe** des angemessenen Vorschusses ist vor allem nach der Nähe und Sicherheit der Geschäftserfüllung durch den Dritten, dem Bedürfnis des HV, der Flüssigkeit des Unternehmers zu bestimmen. Er kann durch Vertrag genauer bestimmt werden, zB auf x% der bevorschußten Provision. Er ist fällig (wie danach die Provision selbst, IV, § 87c I 2) am letzten Tage des Monats nach dem Abrechnungsabschnitt (§ 87c I 1), in dem der Unternehmer ausführte (zB lieferte). **Teilprovision** nach Teilausführung des Geschäfts (I 1, 3, vgl Anm A) kann nur versagt werden, wenn man andererseits volle Provision schon bei Teilausführung bestimmten Ausmaßes gewährt. Bsp: der Vermittler eines Zeitschriftenabonnements über ein Jahr erhält volle Provision nach Bezahlung von 13 Wochen- oder 6 Halbmonats- oder 3 Monatsheften durch den Kunden, vorher nichts; oder: volle Provision bei halber Ausführung, vorher keine. ,,Diskonte" als verlorene Zuschüsse oder Vorschüsse s BGH BB **60,** 1221 (Versicherung). Ende des **Handelsvertretervertrags** vor voller Ausführung des Geschäfts steht dem Provisionsanspruch nicht entgegen, auch nicht bei Dauervertrag, § 87b Anm 4; VersVertreter s § 92. Abdingbar ist die Provision für den Fall abschlußgemäßer Ausführung erst nach Vertragsende, nicht für den Fall, daß verspätete (,,nicht so wie abgeschlossen") Ausführung sich über das Vertragsende erstreckt, ohne Rücksicht auf die Ursachen der Verspätung (da, anders als bei Nichtausführung, Unternehmer den Nutzen aus dem Geschäft hat), BGH **33,** 94.

C. Die **Provision entfällt, wenn der Dritte** das vermittelte Geschäft endgültig **nicht erfüllt (II Halbsatz 1),** zB der geworbene Käufer den Kaufpreis nicht zahlt, vorausgesetzt Unternehmer hat schon geleistet (Lieferung vor Zahlung), sonst gilt III, BGH BB **61,** 147, DB **83,** 2135; dann erlischt der vorher (durch Vorleistung des Unternehmers, vgl Anm A) entstandene Provisionsanspruch und die schon gezahlte Provision ist zurückzuzahlen (dazu Anm D). Voraussetzung ist, daß **Nichtleistung** des Dritten **feststeht,** BGH WM **84,** 271; so wenn der Dritte zahlungsunfähig ist und voraussichtlich auf absehbare Zeit bleiben wird, doch muß Zahlungsunfähigkeit feststehen, bloße Annahme genügt nicht, Celle BB **72,** 594; oder wenn er seine Zahlungspflicht bestreitet unter solchen Umständen (zB Beweisschwierigkeiten), daß dem Unternehmer die Einklagung nicht zugemutet werden kann; auch wenn der Unternehmer bei kleineren Geschäften seine Ansprüche gegen zahlreiche nicht abnahme- und zahlungswillige Kunden durchsetzen müßte, BGH DB **83,** 2136, oder wenn der Prozeß praktisch nur geführt würde, um dem HV die Provisionen zu erhalten, Ffm DB **83,** 1592. Zurückbehaltung von Provisionen nach Vertragsende ist ausnahmsweise gerechtfertigt, wenn der Rückgewähranspruch wegen schlechter Vermögenslage des HV gefährdet ist, BGH DB **75,** 497. Provision an **Untervertreter** entfällt auch, wenn der Endabnehmer zwar an den Unternehmer, dieser aber nicht Provision an den HV zahlt, BGH **91,** 370. Provision **entfällt nicht** schon bei Kündigung des Werk- oder Werklieferungsvertrags durch den Dritten, weil dieser dann Vergütung nach § 649 BGB schuldet, BGH WM **84,** 271; auch nicht, wenn der Unternehmer dem leistungsfähigen und leistungsbereiten Dritten die Schuld erläßt (dem III 1 analog zu behandeln), oder wenn beide Vertragsteile einvernehmlich den Vertrag aufheben oder unausgeführt lassen (Fall des III 1) oder wenn der Dritte vertragsuntreu ist und der Unternehmer von Zwang zur Ausführung absieht, obwohl keine übermäßigen Schwierigkeiten entgegenstanden. Möglich ist **Vereinbarung** darüber, **wann Feststehen** der Nichtleistung des Dritten (II) **anzunehmen** ist, zB: wenn nach billigem Ermessen bei Anwendung der Sorgfalt eines ordentlichen Kfm weitere Schritte zur Herbeiführung der Leistung dem Unternehmer unzumutbar sind. Verpflichtung des Unternehmers, gerichtlich gegen Kunden bei Abnahmeverzug vorzugehen, kann ausgeschlossen werden, aber nicht von Kostenübernahme durch HV abhängig gemacht werden, Karlsr BB **74,** 904.

D. Entfällt das Provisionsrecht wegen Feststehens der Nichtleistung des Dritten (II Halbs 1, s Anm C), so sind etwa schon gezahlte Provision und Vorschuß vom HV **zurückzuzahlen (II Halbsatz 2).** Der Rückzahlungsanspruch des Unternehmers ist Vertrags-, nicht Bereicherungsanspruch. Er ist daher ab Fälligkeit nach §§ 353, 354 II, 343 mit § 1 II Nr 7 zu verzinsen, BGH MDR **63,** 299, und entfällt nicht durch Wegfall der Bereicherung. Anerkenntnis der Rückzahlungspflicht durch HV ohne Aufrechnung fälliger Provisionsansprüche kann Verzicht auf diese bedeuten, LAG Düss BB **62,** 1056.

4) Vom Unternehmer nicht ausgeführte Geschäfte (III, V)

A. Unternehmer ist aus dem Abschluß dem Dritten (Geschäftsgegner) zur Ausführung (in bestimmter Weise) verpflichtet, nicht dem HV, Kblz BB **73,** 866. Er kann (aus verschiedensten Gründen, im Einvernehmen mit dem Geschäftsgegner oder nicht) das Geschäft (1) ganz unausgeführt lassen, (2) nur zT ausführen, (3) anders ausführen als abgeschlossen (zB fehlerhaft). III regelt die Wirkung auf den Provisionsanspruch des HV. In diesen drei Fällen der **Nicht- oder Andersausführung durch den Unternehmer (III 1)** bleibt grundsätzlich das **Provisionsrecht erhalten,** jedoch in den Fällen 1, 2 (Ganz- oder Teil-Nichtausführung) mit der Einschränkung nach III 2. Im Fall 3 (Andersausführung) gilt III 2 nicht, s zB bei verspäteter Ausführung, BGH **33,** 94. Auch hier (vgl II, dazu Anm 3 A) muß das **Nichtausführen** durch den Unternehmer **feststehen,** sei es aufgrund von Erklärungen des Unternehmers, denen der Dritte sich fügt, sei es, weil der

Dritte wegen des Ausbleibens der Leistung des Unternehmers das Geschäft aufgelöst hat, (§§ 325, 326 BGB, das ist kein Fall des II, sondern des III), sei es, weil Unternehmer und Dritter einvernehmlich das Geschäft aufheben oder unausgeführt lassen (Anm 3 C); wann dies als feststehend zu betrachten ist, kann vereinbart werden (Anm 2 C), Ffm BB 77, 1170. **Weitergehender Schadensersatzanspruch** des HdlGehilfen bei Nichtausführung des Geschäftes kann bestehen, jedoch nicht für Verlust anderer Aufträge des Kunden, die ihm für Fall der Ausführung zugesagt, da Unternehmer ihm gegenüber nur zur Provisionszahlung, nicht zur Ausführung verpflichtet, Kblz BB 73, 866.

B. Bei vom Unternehmer **nicht zu vertretender Unmöglichkeit** der Ausführung des Geschäfts (**III 2 Fall 1**) hat der HV keinen Provisionsanspruch. Zu einer solchen Unmöglichkeit (§§ 275 ff BGB) führen zB: Eingriff von hoher Hand (zB Material- oder Transportsperre, Preisstop nach dem Abschluß), zB im Interzonenhandel, LAG Düss BB **60**, 1075; Waren- oder Rohstoffverknappung, mit der Folge, daß § 279 BGB unanwendbar wird; radikale Verteuerung, so daß Lieferung zum Vertragspreis wirtschaftlich unmöglich wird (aber in solchen Fällen schuldet uU Unternehmer dem HV Schadensersatz, weil er die Akquisition pflichtwidrig nicht rechtzeitig bremste, vgl § 86a II 3). **Nicht** zB Lieferschwierigkeit beim Vorlieferer; Schwierigkeiten im eigenen Betrieb oder der eigenen Finanzierung, Verschulden von Erfüllungsgehilfen (§ 278 BGB); Konkurs des Unternehmers, str, aA RG **63**, 71 bei ,,schuldlosem" Konkurs; Rohstoff- (oder Arbeitskräfte-)Mangel; bei Teilausführung kann Unternehmer auch nicht einwenden, er habe den Auftrag (ganz) annehmen müssen trotz Unmöglichkeit der Vollausführung, um dem HV wenigstens Teilprovision zu sichern: Unternehmer durfte entweder ablehnen oder annehmen und volle Provision zahlen, BGH BB **59**, 865. Gegen abspringenden Kunden ist idR Erzwingung der Durchführung des Geschäfts zumutbar, bei Nichterzwingung also Provision geschuldet; desgleichen wenn Erzwingung unmöglich, weil Kunde absprang wegen Lieferversäumnis des Unternehmers, BGH BB **61**, 147. Kann Unternehmer aus einem von ihm zu vertretenden Grund das Geschäft nicht ausführen, so behält HV Provisionsanspruch, ohne daß es auf Zumutbarkeit noch ankäme, BGH BB **72**, 333.

C. **Unzumutbarkeit der Ausführung des Geschäfts** für den Unternehmer (**III 2 Fall 2**) steht der von ihm nicht zu vertretenden Unmöglichkeit (Anm B) gleich. Unzumutbar ist die Ausführung ,,insbesondere, wenn in der Person des Dritten ein wichtiger Grund für die Nichtausführung vorliegt". **Wichtiger Grund** ist zB (bei Abschlüssen auf Kredit) Insolvenz, auch Insolvenzverdacht; Verdacht des Weiterverkaufs an eigene Kunden (des Unternehmers, die dann bei ihm nicht bestellen); Verdacht des rechtswidrigen, zB patentverletzenden Gebrauchs des zu Liefernden; idR nicht schlichter Annulierungswunsch des Dritten, anders uU wenn er sonst die Geschäftsverbindung abzubrechen droht, BGH BB **59**, 864, BAG NJW **67**, 846. Ferner ist Ausführung unzumutbar zB wenn Lieferung zwar möglich ist, aber wegen Warenmangels nur unter Zurücksetzung älterer Kunden; wenn ein Dritter (hier: Vierter) die Lieferung (zB aufgrund von Schutzrechten) verbietet und darüber zu prozessieren wäre; selbstverständlich nach rechtskräftiger Verurteilung zur Unterlassung der Lieferung. (Un)-

7. Abschnitt. Handelsvertreter **§ 87 b**

Zumutbarkeit eines Prozesses gegen den Dritten s Anm 2 C. **Vereinbarung** über Unzumutbarkeit ohne einseitige Berücksichtigung der Unternehmerbelange ist zulässig, insbesondere, **wann** Nichtleistung des Kunden als festgestellt anzusehen ist und wann Versicherer von Prämienklage absehen darf, Ffm BB **77,** 1170. **Zumutbar** ist die Ausführung zB bei: Verschlechterung der Kalkulation; Wegfall des Interesses aus anderen Ursachen; Weigerung des Kunden, Ware wegen zu hohen Ausschusses abzunehmen, BGH **58,** 140. Pflicht zur Nachbearbeitung gefährdeter (Versicherungs)Verträge im Rahmen der Zumutbarkeit, BGH DB **83,** 2136.

D. **Beweislast** zu III 1 und 2: Der trotz Nichtausführung des Geschäfts Provision begehrende HV hat nur darzutun, daß die Nichtausführung (im ganzen oder zT) feststeht (dazu Anm A). Dieser Tatbestand begründet die Provisionspflicht (III 1). Der Unternehmer kann sie abwenden durch den Nachweis der von ihm nicht zu vertretenden Unmöglichkeit der Ausführung (Anm B) oder der Unzumutbarkeit der Ausführung, insbesondere wichtiger Gründe in der Person des Dritten (Anm C).

E. Diese Regelung ist nur zugunsten, **nicht zuungunsten des Handelsvertreters abdingbar (V),** auch nicht zB für Geschäft mit (unsicherer) Vorlieferung aus der DDR, LAG Düss BB **60,** 1075. Auch keine Übernahme von Gerichtskosten durch HV für Vorgehen des Unternehmers bei Abnahmeverzug des Kunden, Karlsr BB **74,** 904. Wirksam ist jedoch nachträglicher Verzicht auf den nach III 1 entstandenen Provisionsanspruch, auch durch nachträgliche Abbedingung in allgemeiner Form, BGH BB **61,** 147.

5) Fälligkeit und Zahlung der Provision (IV, V)

Die Provision ist in allen Fällen am letzten Tag des ersten Monats nach dem Abrechnungszeitraum (der iZw ein Monat, höchstens drei Monate umfaßt, § 87 c I 1) fällig, **IV** mit § 87 c I 2. Es kann nicht zum Nachteil des HV hiervon abgewichen, die Fälligkeit später gelegt werden **(V). Zulässig** zB: Abrechnung quartalsweise am 15. des 1. Monats nach Quartalsende, Zahlung 10 Tage nach Abrechnung. **Nicht zulässig** zB: Abrechnung monatlich, Zahlung quartalsweise, Abrechnung monatlich binnen 30 Tagen, Zahlung 10 Tage nach Abrechnung; Abrechnung und Zahlung binnen 6 Wochen nach Quartalsschluß. IV ist nicht für Bestimmung nach Kalender iSv § 284 II BGB, daher zum Verzugseintritt Mahnung erforderlich, BGH BB **62,** 543.

6) Verwirkung

Ein entstandener Provisionsanspruch kann verwirkt werden, zB bei schwerer Verletzung der Pflicht zur Wahrung der Interessen des Unternehmers, Kblz BB **73,** 866 (bedenklich weitgehend, da zunächst Unternehmer seine Pflicht nicht erfüllt hatte) oder bei auftragswidrigem Nichttätigwerden eines Bezirksvertreters, Hamm NJW **59,** 677.

[Höhe der Provision]

87 b ^I **Ist die Höhe der Provision nicht bestimmt, so ist der übliche Satz als vereinbart anzusehen.**

^{II} **Die Provision ist von dem Entgelt zu berechnen, das der Dritte oder der Unternehmer zu leisten hat. Nachlässe bei Barzahlung sind nicht**

§ 87b 1, 2   I. Buch. Handelsstand

abzuziehen; dasselbe gilt für Nebenkosten, namentlich für Fracht, Verpackung, Zoll, Steuern, es sei denn, daß die Nebenkosten dem Dritten besonders in Rechnung gestellt sind. **Die Umsatzsteuer, die lediglich auf Grund der steuerrechtlichen Vorschriften in der Rechnung gesondert ausgewiesen ist, gilt nicht als besonders in Rechnung gestellt.**

III Bei Gebrauchsüberlassungs- und Nutzungsverträgen von bestimmter Dauer ist die Provision vom Entgelt für die Vertragsdauer zu berechnen. Bei unbestimmter Dauer ist die Provision vom Entgelt bis zu dem Zeitpunkt zu berechnen, zu dem erstmals von dem Dritten gekündigt werden kann; der Handelsvertreter hat Anspruch auf weitere entsprechend berechnete Provisionen, wenn der Vertrag fortbesteht.

1) Berechnung der Provision, Abdingbarkeit

A. § 87b regelt die Höhe der Provision. § 87b nF trennt „Satz", dh Prozentsatz oder Bruchteil (I), und **Berechnungsgrundlage** (II, III) der Provision, nach dem üblichen Provisionsberechnungsschema: Provision = x% von y. III sieht für bestimmte **Dauerverträge** entspr den Vertragsabschnitten und Kündigungsmöglichkeiten jeweils neu entstehende Provisionsansprüche vor. **Versicherungsvertreter** s § 92.

B. Alle Bestimmungen des § 87b sind **abdingbar**, vgl BAG **AP** § 65 Nr 1; BB **66**, 386. Möglich ist also **anderer Provisionssatz** als nach I und **andere Berechnung** als nach II zB Provision nach Stückzahl, Gewicht usw von verkaufter Ware (x DM je Stück, je Tonne usw). Auch alle Kombinationen der Berechnung sind möglich, zB Stückprovision mit Aufschlag in % des x DM übersteigenden Preises. Von Provision spricht man, wenn die Vergütung des HV sich nur irgendwie nach dem Umfang der vergütungspflichtigen Geschäfte richtet. Möglich ist auch eine von diesem Faktor ganz unabhängige Vergütung (vgl § 87 Anm 1 B). Möglich ist, abw von III, **auch für Dauerverträge** (in erster Linie bei nach Zeitabschnitten bestimmter Vergütung, auch bei anderen) **Einmalprovision**, fällig bei Vertragsschluß oder nach Ablauf bestimmter Vertragszeit, BGH **30**, 107. Beabsichtigte und erreichte Vertragsdauer sind dann für die Provision unerheblich, Bsp: Vermittlung von Anstellungsverträgen, Provision x% des Monatsgehalts jedes Vertrags, verdient nach 3 Monaten Vertragsdauer.

2) Provisionssatz (I)

A. Wenn die Höhe der Provision nicht (durch Vereinbarung) bestimmt ist (Anm 1 B), gilt nach I der **übliche Satz**, das ist der eine der beiden Faktoren der Provision in der üblichen Berechnung (vgl Anm 1 A), den anderen geben II, III an. Maßgebend ist Üblichkeit im (räumlichen und sachlichen) Arbeitsgebiet des HV. Hat er in dem Bezirk seinen Geschäftssitz, so kommt es in erster Linie auf die Übung an diesem Orte an. Feststellung der Übung s BGH **LM** § 87b Nr 1, vgl § 346 Anm 2. Zur Provisionsberechnung für VersVertreter bei Fehlen vertraglicher Regelung Stgt BB **77**, 565.

B. Ist solche **Übung nicht feststellbar**, ist der Provisionsanspruch entweder vom HV nach billigem Ermessen zu bestimmen (§§ 316, 315 I BGB, BGH **LM** § 87b Nr 1), oder kraft ergänzender Auslegung in ande-

7. Abschnitt. Handelsvertreter 3, 4 § 87b

rer Weise (zB abw von § 316 BGB durch den Unternehmer oder gemäß §§ 317ff BGB durch Dritte), oder der Vertrag ist wegen Dissenses nichtig.

3) Allgemeine Berechnungsgrundlage der Provision (II)

A. II (und III) handeln von der **Ermittlung des Betrags, auf den zur Errechnung der Provisionssatz** (s Anm 2) **anzuwenden ist,** falls nichts anderes vereinbart ist (Anm 1 B). Die Provision berechnet sich nach dem **Entgelt (II 1),** das aus dem Abschluß entweder der Dritte schuldet (zB als Käufer, Werkbesteller, Frachtabsender, Versicherungsnehmer, Mieter, Lizenznehmer, Verleger oder Aufführer bei Urheberrechtsvermittlung usw) oder der vertretene Unternehmer (zB als Käufer bei Einkaufsvertretung, Arbeitgeber bei der Schauspieler-, Musiker-, Artisten-Vermittlung usw). Die Provision für die Vermittlung von Kfz-Verkäufen gilt die Vermittlung des Verkaufs von **Ersatzteilen** nicht ab, Küstner I 289. Wird statt des vereinbarten Entgelts eine **andere Leistung** angenommen, so ändert das nichts an der Maßgeblichkeit des vereinbarten Entgelts für die Berechnung der Provision, RG **121,** 126 (nicht maßgeblich ist der Erlös der an Erfüllungs Statt (§ 364 BGB) angenommenen Ware, außer wenn in Wahrheit die andere Leistung weniger wert und nicht als volle Leistung angenommen, also das Geschäft nur zT ausgeführt ist (vgl § 87a I 4, II). Entspr gilt, wenn der Unternehmer statt des Geschuldeten sonstigen Ersatz empfängt (s § 87a Anm 2 A). **Nebenvorteile** des Unternehmers, wenn in Zahlen meßbar (zB Preisnachlaß auf Gegenlieferung), zählen für den HV mit, ihre Geheimhaltung durch den Unternehmer ist Vertragsverstoß (ähnlich der Schmiergeldannahme durch den HV, vgl § 86 Anm 2 B).

B. **Nachlässe,** die vorher festgelegt oder ad hoc vereinbart sind, mindern das geschuldete Entgelt, damit idR die Provision nach II 1 (nachträglicher Nachlaß vgl § 87a Anm 3 C). Das gilt für Mengen-, ,,Aktions"-Rabatt (für einmalig besonders große Bestellung), Jahres-Umsatzbonus (falls vorher zugesagt) ua. Davon nimmt **II 2 Halbsatz 1 Barzahlungsnachlässe (Skonto)** also Bar- (besser ,,Prompt"-) Zahlungs-,,Skonto", II 2, eine Prämie für Gewinnung guter Zahler aus. Hiergegen kann sich der Unternehmer nicht auf abw HdlBrauch berufen, Düss DB **55,** 578, Brem HVHM **65,** 71, Mü HVHM **56,** 354.

C. **Nebenkosten,** die vom Unternehmer aufgewandt und dem Dritten (vertragsgemäß) besonders in Rechnung gestellt werden, sind bei der Provisionsberechnung auszuscheiden; denn sie sind nicht Teil des vom Dritten geschuldeten Entgelts (II 1), bzw sind von dem vom Dritten geschuldeten Gesamtbetrag abzuziehen. Wenn nicht besonders berechnet (sondern durch den Preis mitgedeckt), mindern sie jedoch nach **II 2 Halbsatz 2** die Provision nicht. Umsatzfördernde Aufwendungen des Unternehmers mindern Provision idR nicht, s § 89b Anm 3 A.

D. **Mehrwertsteuer** ist seit 1968 nach **II 3,** wenn gesondert ausgewiesen, provisionspflichtig; dazu BGH BB **77,** 429, BAG BB **83,** 197.

4) Berechnungsgrundlage der Provision bei Dauerverträgen (III)

A. III regelt mangels anderer Vereinbarung (s Anm 1 B) ,,Gebrauchsüberlassungs- und Nutzungsverträge", erfaßt aber auch andere **Dauerverträge mit nach Zeitabschnitten vorausbestimmtem Entgelt,** zB Miet-,

§ 87 c

Dienst-, Versicherungsverträge. III gilt nicht für Dauerverträge (auch „Gebrauchsüberlassungs- und Nutzungsverträge") mit veränderlichen, vom Ergebnis der unter dem Vertrag entfalteten Tätigkeit abhängigem Entgelt, zB Lizenzverträge mit Stück- oder Umsatzlizenz, Verlagsverträge mit Autorbeteiligung, Lieferabonnements: hier erwächst Provision mit jedem vergütungspflichtigen Vorgang (Verkauf der lizenzierten Gegenstände, Verkauf der Bücher, Lieferung der Zeitschrift) oder jeder Zahlung des anderen Teils (vgl § 87a I 1, 3); die etwa gewünschte Vereinfachung der Provisionsberechnung ist hier Sache besonderer Vereinbarung, die an die Schranken des § 87a gebunden ist (vgl bei Zeitschriftenabonnements, § 87a Anm 3 B).

B. Bei **Dauerverträgen** (mit nach Zeitabschnitten bestimmtem Entgelt, vgl Anm A) **von bestimmter Dauer (III 1)** bereitet die Berechnung der Provision nach dem Entgelt (II 1) keine Schwierigkeit: maßgebend ist das Entgelt für die vereinbarte Vertragsdauer. Wird der Vertrag verlängert, erwächst eine neue Provision.

C. Bei **Dauerverträgen** (mit nach Zeitabschnitten bestimmtem Entgelt, vgl Anm A) **von unbestimmter Dauer (III 2),** ist Provision jeweils für die Zeit zwischen zwei Kündigungsterminen (Terminen, zu denen der Dritte, nicht notwendig auch der Unternehmer kündigen kann) zu berechnen, erstmals für die Zeit vom Vertragsbeginn zum ersten Kündigungstermin. Bei dicht aufeinander folgenden Kündigungsterminen ergibt sich eine rasche Folge von immer neuen Provisionsansprüchen; diese setzen aber Fortbestehen des HVVerhältnisses voraus, aA Düss DB **77,** 817, dazu aber zeitliche Grenze entspr § 87 III, jedenfalls Abdingbarkeit. Kann zu jedem beliebigen Termin (einerlei ob mit Frist und mit welcher) gekündigt werden, so ergibt sich ein einziger, mit dem Vertragsablauf ständig wachsender Provisionsanspruch, die zeitliche Gliederung ergibt sich dann nur aus den Abrechnungsabschnitten (§ 87c I).

D. Bei **vorzeitigem Ende** des (auf bestimmte oder unbestimmte Zeit geschlossenen) Dauervertrags erhält der HV mangels anderer Abrede **Teilprovision** für den begonnenen, nicht vollendeten Vertragsabschnitt (§ 87a I 1, 3, 4).

[Abrechnung über die Provision]

87c ^I **Der Unternehmer hat über die Provision, auf die der Handelsvertreter Anspruch hat, monatlich abzurechnen; der Abrechnungszeitraum kann auf höchstens drei Monate erstreckt werden. Die Abrechnung hat unverzüglich, spätestens bis zum Ende des nächsten Monats, zu erfolgen.**

^{II} **Der Handelsvertreter kann bei der Abrechnung einen Buchauszug über alle Geschäfte verlangen, für die ihm nach § 87 Provision gebührt.**

^{III} **Der Handelsvertreter kann außerdem Mitteilung über alle Umstände verlangen, die für den Provisionsanspruch, seine Fälligkeit und seine Berechnung wesentlich sind.**

^{IV} **Wird der Buchauszug verweigert oder bestehen begründete Zweifel an der Richtigkeit oder Vollständigkeit der Abrechnung oder des Buch-**

7. Abschnitt. Handelsvertreter **1 § 87c**

auszuges, so kann der Handelsvertreter verlangen, daß nach Wahl des Unternehmers entweder ihm oder einem von ihm zu bestimmenden Wirtschaftsprüfer oder vereidigten Buchsachverständigen Einsicht in die Geschäftsbücher oder die sonstigen Urkunden so weit gewährt wird, wie dies zur Feststellung der Richtigkeit oder Vollständigkeit der Abrechnung oder des Buchauszuges erforderlich ist.

^{V} Diese Rechte des Handelsvertreters können nicht ausgeschlossen oder beschränkt werden.

1) Abrechnung über die Provision

A. Die **Abrechnung** soll darstellen, welche Provisionsansprüche (nach §§ 87, 87a, 87b, ggf Vertrag) im Abrechnungszeitraum entstanden sind, nicht notwendig ,,unbedingte" (so Nürnb BB **66**, 265, vgl dagegen § 87a II!). Provisionspflichtige Geschäfte (§ 87, ggf Vertrag), aus denen kein Anspruch entstand (oder ein entstandener wieder wegfiel, vgl § 87a) müssen nicht in der Abrechnung erscheinen (anders im Buchauszug, s Anm 3). Fälligkeit und Zahlung s § 87a Anm 5. § 87c, jedenfalls II, III, V, ist unanwendbar bei Umsatzbeteiligung des Vertreters (statt Provision, vgl § 87 Anm 1 B). Die Abrechnung ist **abstraktes Schuldanerkenntnis** des Unternehmers (§ 781 BGB, nicht der Schriftform bedürftig, § 782 BGB); Annahme nicht schon durch Schweigen des HV, Anerkenntnisklausel ist unwirksam (s Anm 6). Will der Unternehmer die Abrechnung zu seinen Gunsten ändern, so muß er diese Unrichtigkeit dartun und sein Anerkenntnis gemäß §§ 812 ff BGB (vgl § 812 II) zurückfordern. Übersichten: Stötter DB **83**, 867, Seetzen WM **85**, 213.

B. Abzurechnen ist **Pflicht des Unternehmers,** nicht Pflicht beider Teile, so klar I 1. Der HV hat das Seinige zur Abrechnung vorher mit den Mitteilungen getan, die ihm nach § 86 II obliegen; ohne diese Mitteilungen kann der Unternehmer nicht abrechnen. Die Ansprüche auf Rechnungslegung (I, II) und Auskunft (III) sind **abtretbar** mit dem Provisionsanspruch (nicht ohne diesen), LAG Brem BB **55**, 97. Im **Konkurs** des Unternehmers sind die Ansprüche aus I, II nicht Konkursforderung, können daher gegen ihn persönlich geltend gemacht werden (und werden weder reduziert auf das Interesse iSv § 69 KO noch können sie gegen den Konkursverwalter geltend gemacht werden), so Neust MDR **65**, 298.

C. Möglich ist **Klage** auf Abrechnung; auch verbunden mit Klage auf Zahlung des aus der Abrechnung hervorgehenden Schuldbetrags (Stufenklage, § 254 ZPO), Kln BB **72**, 468. Auch Zahlungsklage auf Betrag X (ohne der mit gleichzeitiger Klage auf Abrechnung), wenn Anspruch in dieser Höhe ohne Abrechnung beweisbar oder unbestritten.

D. **Vollstreckung** des Urteils nach I (Abrechnung), II (Buchauszug), III (Mitteilungen) durch Ersatzvornahme (Mitteilungen soweit aus Büchern usw entnehmbar) nach § 887 ZPO durch geeigneten Beauftragten des HV (Wirtschafts-, Buchprüfer) auf Kosten des Unternehmers Hbg, Düss, Celle, Hamm MDR **55**, 43, **58**, 42, **67**, 770, BB **62**, 1017, **65**, 1047, ausnahmsweise (zB wenn Bücher fehlen) nach § 888 ZPO (Beugestrafen). Ähnlich für Buchauszug und Anfertigung von Fotokopien, abweichend für Abrechnung Mü BB **60**, 188, Düss DB **61**, 132 (Untervertreter gegen HV,

§ 87c 2, 3   I. Buch. Handelsstand

Ablehnung der Beugestrafe nach § 888 ZPO, weil Unternehmer dem HV nicht abrechnet), Neust BB **65,** 298.

2) Abrechnungszeitraum, Zeit der Abrechnung (I)

A. **Abrechnungszeitraum** beträgt nach I **einen Monat,** dh iZw Kalendermonat, und gestattet die **Verlängerung nur bis zu drei Monaten,** wohl ohne Bindung an den Kalender (Bsp: Abrechnungsstichtage 15. 1., 15. 4., 15. 7. und 15. 10. jeden Jahres).

B. Über die **Zeit der Abrechnung** bestimmt I: Es ist **unverzüglich** (ergänze: nach Ende des Abrechnungszeitraums) abzurechnen, spätestens „bis zum Ende des nächsten Monats", dh wohl, da der Abrechnungszeitraum nicht unbedingt mit Kalendermonaten zusammenfallen muß (Anm A): binnen einem Monat nach Ablauf des Abrechnungszeitraums. Verzugseintritt s § 87a Anm 5. Bei Abrechnung im **Kontokorrent** ist HV nicht zu gleichlautenden Buchungen verpflichtet, sein Saldoanerkenntnis wirkt mangels eindeutigen Vorbehalts nach §§ 781, 782 BGB (vgl § 355 Anm 3 D), BGH BB **60,** 1221.

C. **Nach Vertragsende** ist zunächst (über die schon erwachsenen Provisionsansprüche) unverzüglich abzurechnen, auf Verlangen Buchauszug zu erteilen und das Ergebnis auszuzahlen (§ 614 S 1 BGB), Mü MDR **58,** 923, BGH NJW **81,** 457, dann (über später entstehende Provisionsansprüche, vgl § 87a Anm 3 B) zu den Abrechnungs- und Fälligkeitsterminen des Vertrags. Das Gesetz sieht keine Schlußabrechnung vor; aber die vorher erteilten Einzelabrechnungen sind uU nach Vertragsende zu ergänzen, zB wenn die Provision sich noch durch Eingänge von Kunden ändern kann, Mü BB **64,** 698. Der Unternehmer darf von Abrechnung absehen, wenn mit neuen Provisionsansprüchen nicht mehr zu rechnen ist.

3) Buchauszug (II)

A. II gibt dem HV Anspruch auf einen **Buchauszug** über alle provisionspflichtigen Geschäfte. Das Gesetz sagt: alle nach § 87 provisionspflichtigen Geschäfte, das sind während des Vertrags vollzogene vermittelte Geschäfte und Nachbestellungen (§ 87 I), uU während des Vertrags geschlossene „Direktgeschäfte" (§ 87 II) und vermittelte, aber erst nach Vertragsende abgeschlossene Geschäfte (§ 87 III). Ist durch Vereinbarung der Kreis der provisionspflichtigen Geschäfte noch weiter gezogen, so muß der Buchauszug auch die nach Vertrag, nicht Gesetz provisionspflichtigen umfassen. Unerheblich ist, ob der Unternehmer für das einzelne unter § 87 fallende (oder vertraglich unter Provisionspflicht gebrachte) Geschäft die Provisionspflicht nach § 87a (oder einer auf die Voraussetzung der Ausführung des Geschäfts bezügliche Vereinbarung) für gegeben hält oder nicht; diese Frage ist ggf im Anschluß an die Feststellung auszutragen, welche Geschäfte für die Provision überhaupt in Betracht kommen. Der Buchauszug reicht also weiter als die Abrechnung, vgl Anm 1 A, Nürnb BB **66,** 265, diese kann aber so umfänglich sein, daß sie als Buchauszug zu werten ist, BGH WM **82,** 153. Den Buchauszug schuldet ggf **auch** ein Unternehmer **ohne** kfm **Buchführungspflicht** iSv §§ 38ff (Kleingewerbe, § 4, öffentliche Hand, vgl § 84 Anm 4 A); insoweit macht ihn der Vertretervertrag buchführungspflichtig.

B. Der Unternehmer schuldet den Buchauszug nicht ohne weiteres aus dem Vertrag (wie die Abrechnung selbst, I), sondern erst **auf Verlangen** des HV. Der Buchauszug ist nicht notwendig ,,bei" Abrechnung, sondern ,,zum Zwecke der Abrechnung", also uU auch später geltend zu machen, BAG BB **83,** 196. Das Verlangen ist zulässig, uU auch für weiter zurückliegende Zeiträume, bis zur Einigung mit Unternehmer über die Abrechnung, BGH NJW **81,** 457; diese liegt nicht schon in der mehrjährigen widerspruchslosen Hinnahme der Abrechnungen, BGH WM **82,** 153, anders uU bei solcher Praxis über Jahre im Falle eines VollKfmVertreters mit großem Umsatz, hoher Provision, BGH BB **65,** 435. Der Buchauszug ist (nach Vertragsende) auch über solche Geschäfte geschuldet, für die Unternehmer schon Provision abgerechnet hatte, für die er aber die Provisionspflicht jetzt bestreitet (weil Lieferung aus diesen Geschäften erst nach Vertragsende erfolgt), Mü BB **64,** 689. Verjährung s § 88 Anm 1 A.

C. Der Buchauszug muß alles **enthalten,** was die Bücher des Unternehmers über die fraglichen Geschäfte ausweisen und für die Berechnung der Provision von Bedeutung sein kann, zB Namen und Anschrift der Besteller; Art, Menge, Preis der verkauften Waren; Rückgaben und Nichtausführung von Geschäften, deren Gründe; nicht Provisionsbeträge, diese muß Vertreter selbst errechnen; BGH NJW **81,** 457, WM **82,** 152. Rechnungskopien samt Tippstreifen mit Endzifferaddition genügt nicht, BGH WM **82,** 153.

D. Bei **Unvollständigkeit** des erteilten Auszugs hat HV Recht auf Einsicht (IV); uU (daneben) Anspruch auf Ergänzung des Auszugs, zB betr fehlende Teilbezirke, Zeitabschnitte, bei grober Mangelhaftigkeit auf neuen Auszug; erst nach erfolgloser Einsicht (IV) oder wenn keine einsehbaren Bücher vorhanden, auf Offenbarungseid bzw seit 1. 7. 1970 Abgabe einer **eidesstattlichen Versicherung** (§§ 259, 260 BGB), BGH **32,** 305, Celle BB **62,** 1017. Möglich ist **Stufenklage** auf Buchauszug und Offenbarungseid (Versicherung), BGH **10,** 385. **Vollstreckung** des Urteils auf Buchauszug s Anm 1 D; stattdessen kann HV nach IV (Einsicht) vorgehen, Hamm BB **65,** 1047. Rechtskräftiges Urteil auf Einsicht (IV) erledigt den Anspruch auf Auszug (II), BGH **32,** 306, BB **59,** 935.

4) Auskunft (III)

Außer dem Buchauszug kann der HV nach III (entspr RG **108,** 7) **Mitteilung über alle** (nicht aus den Büchern des Unternehmers hervorgehenden, BGH **LM** § 87c Nr 4a) ,,**für den Provisionsanspruch, seine Fälligkeit und seine Berechnung wesentlichen Umstände**" verlangen, insbesondere über die Ausführung der vermittelten Geschäfte durch den Unternehmer und den Dritten (vgl § 87a I–III), Preise, Preisnachlässe, Nebenkosten (vgl § 87b I), bei Dauerverträgen über Kündigungsfristen (vgl § 87b III). Die Umstände, über die Auskunft begehrt wird, sind spätestens im Vollstreckungsantrag (vielleicht schon in Antrag und Urteil) genau zu bezeichnen, Hamm MDR **67,** 770. Vollstreckung s Anm 1 F, 3 D.

5) Einsicht in Bücher und Urkunden (IV)

A. Wird der **Buchauszug verweigert** oder bestehen begründete **Zweifel an der Richtigkeit oder Vollständigkeit der Abrechnung oder des Buchauszugs,** auch nur in einem Punkt, Celle BB **62,** 2, so kann der HV nach IV

§ 87d 6 I. Buch. Handelsstand

Einsicht in die Bücher und „sonstigen Urkunden" (Verträge, Korrespondenzen, Lieferungs- und Zahlungsbelege usw) verlangen, alles soweit wie zur Feststellung der Richtigkeit und Vollständigkeit der Abrechnung oder des Buchauszugs (oder der Unrichtigkeit oder Unvollständigkeit) erforderlich, nicht also in sämtliche Bücher usw, Mü NJW **64,** 2257. HV hat Einsichtsrecht auch, wenn zwar ordnungsmäßig ein Buchauszug erteilt ist, aber **keine Abrechnung** über die Provision, und der Buchauszug den Provisionsanspruch nicht vollständig klärt (anders Wortlaut des IV, aber Begr Nov 1953). Vertreter kann jedoch nicht vor vornherein gleichzeitig Buchauszug und Bucheinsicht verlangen (mangelndes Rechtsschutzinteresse), BGH **56,** 290. Das Einsichtsrecht entfällt für die Zeit schuldhaft vertragswidrigen Verhaltens des Vertreters, Celle BB **62,** 2 (§§ 325 I 3, 323 I BGB, nach aA § 320 BGB). Das Einsichtsrecht erlischt wie das Recht auf den Buchauszug durch Einigung über die Abrechnung, Düss NJW **65,** 2351 (mit BGH **LM** § 87c Nr 3, vgl Anm 3 B). Verjährung: § 88, s dort.

B. Der Unternehmer kann wählen, ob der HV selbst oder ein von ihm bestimmter (zur Verschwiegenheit verpflichteter) **Wirtschaftsprüfer oder vereidigter Buchsachverständiger** die Bücher und Urkunden einsehen soll. Die Kosten solcher Prüfung durch einen Dritten trägt der HV; ergibt sich aber die Unrichtigkeit der Abrechnung oder des Auszugs, so muß der Unternehmer sie als Schadensersatz wegen Verletzung seiner Abrechnungspflicht erstatten, BGH **32,** 306, NJW **59,** 1964.

C. Möglich ist **Klage** auf Gestattung der Einsicht; wohl auch Stufenklage (§ 254 ZPO) hierauf und auf eidesstattliche Versicherung (dahingestellt von BGH **32,** 305, vgl Anm 3 D betr Buchauszug); auch einstweilige Verfügung (§§ 935, 940 ZPO), wenn Aufschub den Erfolg der Einsicht gefährdet, uU wohl auch mit Vorschuß der Kosten durch Unternehmer. Nach Düss DB **56,** 664 darf der HV nicht öffentlich Zeugen für (ihm provisionspflichtige) Abschlüsse des Unternehmers aufrufen. Vollstreckung s Anm 1 D.

6) Unabdingbarkeit (V)

Alle in § 87c dem HV gewährten Rechte (auf Abrechnung, Buchauszug, Mitteilungen, Einsicht), sind **unabdingbar** (V). Sie können durch einzelvertragliche Vereinbarung nicht beschränkt, nur erweitert werden. V hindert aber nicht tarifvertragliche Ausschlußklausel, BAG BB **83,** 196. Der Unternehmer kann diesen Ansprüchen auch nicht mit einem Zurückbehaltungsrecht wegen Gegenansprüchen (etwa auf Rückgabe von Unterlagen, Mustern, vgl § 86a I) begegnen, RG **102,** 111, kann aber die aus der Abrechnung usw ermittelte Provisionszahlung zurückhalten. Möglichkeit des Verzichts auf die Rechte aus § 87c für die Vergangenheit ist fraglich, Untätigkeit allein bedeutet jedenfalls nicht Verzicht oder Verwirkung, BGH **LM** § 87c Nr 3; anders uU wenn HV VollKfm mit hohen Umsätzen und Provisionen ist, von dem besondere Sorgfalt (zB Prüfung und ggf Rüge der ihm zugehenden Abrechnungen) zu fordern ist, so daß andernfalls negatives Schuldanerkenntnis durch Stillschweigen anzunehmen ist, BGH BB **65,** 424. Unwirksam ist eine Vertragsbestimmung, nach der die Abrechnung mangels Widerspruchs in bestimmter Frist als genehmigt gilt

7. Abschnitt. Handelsvertreter 1, 2 § 87 d

(s Anm 1 A) BGH DB **64,** 583, BAG BB **73,** 1411, Hamm BB **79,** 442, aA Saarbr DB **85,** 2399. Saldoanerkenntnis des HV s Karlsr BB **80,** 226.

7) Konkurrenz der verschiedenen Ansprüche

Die Ansprüche des § 87 c sind Hilfsansprüche zur Vorbereitung und Durchsetzung des Provisionsanspruchs. Reihenfolge ist grundsätzlich: Abrechnung, Buchauszug und Auskunft, Bucheinsicht, Offenbarungseid (vgl Anm 1 D, 3 D, 5 C). Verjährt Provisionsanspruch oder ist er aus anderen Gründen nicht mehr durchsetzbar, werden die Hilfsansprüche gegenstandslos, BGH NJW **79,** 784; zu ihrer selbständigen Verjährung s § 88 Anm 1 A.

[Ersatz von Aufwendungen]

87 d Der Handelsvertreter kann den Ersatz seiner im regelmäßigen Geschäftsbetrieb entstandenen Aufwendungen nur verlangen, wenn dies handelsüblich ist.

1) Aufwendungen im regelmäßigen Geschäftsbetrieb

A. Nach § 87 d **trägt** der HV (anders als Geschäftsbesorger sonst, §§ 670, 675 BGB) seine im regelmäßigen Geschäftsbetrieb entstandenen **Aufwendungen selbst.** Der Unternehmer soll nur mit der nach dem Erfolg der Vermittlung bemessenen Provision belastet werden. Das gilt **ausnahmsweise** nicht, wenn **Aufwendungsersatz** für den HV handelsüblich ist; außerdem kann der Vertrag die Kosten anders verteilen, der HV kann Aufwendungsersatz nach gewöhnlichen Regeln (§ 670 BGB) erhalten oder feste Spesen (so daß Mehrauslagen den HV treffen) oder Vertrauensspesen (Vertreter braucht nicht im einzelnen abzurechnen), usw, vgl für Hdlgehilfen § 59 Anm 8 E. **Pfändungsschutz** besteht für Ansprüche auf Aufwendungsersatz nach § 850a Nr 3 ZPO.

B. **Aufwendungen** sind Auslagen und andere Aufopferung von Vermögenswerten, bewußt (auch in einer Zwangslage) zur Ausführung des Auftrags übernommen; uU auch im Ausland ortsübliche Schmiergelder, BGH **94,** 272; nach hM, entspr der Antithese des § 110 I, nicht Schäden, Verluste, Einbußen durch Zufall oder andere Einwirkung bei Ausführung des Auftrags; vgl RG, BGH, s § 59 Anm 8 G c, § 110 Anm 1 B, § 396 Anm 2 A; für weiteren Aufwendungsbegriff Steindorff FS Dölle **63** I 273.

C. Im **regelmäßigen Geschäftsbetrieb** liegt alles, was zur Herbeiführung von Abschlüssen dient, herkömmlich Sache des HV ist und ein geläufiges Verhältnis von Aufwand und Geschäftsaussicht wahrt, in erster Linie die inneren Kosten des eigenen Betriebs und der Reisen und übliche Repräsentation (Bewirtung von Kunden), idR nicht zB die Kosten von Marktanalysen, allgemeiner Werbung, technischer Unterstützung von Abnehmern usw (vgl § 86 Anm 2 B), für Werbungskosten aber LAG Brem DB **55,** 535.

2) Aufwendungen außerhalb des regelmäßigen Geschäftsbetriebs

Die Formulierung des § 87 d verleitet zum Gegenschluß: für Aufwendungen außerhalb des „regelmäßigen Geschäftsbetriebs" könne der HV stets Ersatz fordern. Aber hier gilt BGB und nötigt zu Unterscheidungen:

Handelt der HV außerhalb des regelmäßigen Geschäftsbetriebs auf Weisung des Unternehmers (oder unter den Voraussetzungen des § 665 BGB von Weisungen abweichend), so sind ihm die Aufwendungen zu ersetzen (§§ 670, 675 BGB). Handelt er aus eigener Initiative, also als Geschäftsführer ohne Auftrag (oder: außerhalb Auftrags), so kommt es darauf an, ob seine Maßnahmen a) im Interesse des Unternehmers liegen und b) seinen Absichten entsprechen (§ 683 S 1 BGB).

[Verjährung der Ansprüche]

88 Die Ansprüche aus dem Vertragsverhältnis verjähren in vier Jahren, beginnend mit dem Schluß des Jahres, in dem sie fällig geworden sind.

1) Verjährungsfrist

A. Der Provisionsanspruch des HV würde nach § 196 I Nr 1, II BGB in vier Jahren verjähren, wenn der Unternehmer ein Gewerbe betreibt und der HV für diesen Betrieb tätig war, gegenüber Unternehmern ohne Gewerbe (vgl § 84 Anm 4 A) würde der Anspruch in zwei Jahren verjähren (§ 196 I Nr 1 BGB). Gleiches gilt vom etwaigen Aufwendungsersatzanspruch des HV (§ 87 d), BGH NJW **59**, 1077. Dagegen würden Ansprüche des Unternehmers auf Rückzahlung von Provision oder Vorschüssen erst in 30 Jahren verjähren, ebenso Ansprüche des einen gegen den anderen Teil auf Schadensersatz wegen Vertragsverletzung (§ 195 BGB). § 88 beseitigt diese Unterschiede: **alle Ansprüche** aus dem HVVertrag verjähren **in vier Jahren.** Auch zB Schadensersatzansprüche, BGH WM **82**, 636; Saldoanspruch des Vertreters aus Kontokorrent über die Provisionen, AG Rheine BB **66**, 98; Anspruch auf Buchauszug (§ 87 c II), BGH NJW **81**, 457 (zum Verjährungsbeginn), auf Bucheinsicht (§ 87 c IV), Düss NJW **65**, 2351. Die **Hilfsansprüche** des § 87 c verjähren ihrem Zweck entsprechend grundsätzlich jeweils **selbständig;** bei vorgeschalteter Klage auf Buchauszug beginnt aber Verjährungsfrist für Anspruch auf Bucheinsicht erst mit Ablauf des Jahres der Erteilung des Buchauszuges, BGH NJW **79**, 764. Die Abrechnungsansprüche werden aber mit Verjährung der Provisionsansprüche, die sie vorbereiten sollen, gegenstandslos, BGH NJW **79**, 764; auch keine Auskunft über verjährte Provisionsansprüche, s § 89b Anm 5 C.

B. **Abkürzung** der Verjährungsfrist ist zulässig, aber nicht einseitig zu Lasten des HV (Gleichbehandlungsgrundsatz), BGH **75**, 218, WM **82**, 635.

2) Verjährungsbeginn

Die Verjährungsfrist beginnt nach § 88 am **Schluß des Jahres,** in dem der Anspruch **fällig** geworden ist. Entstehung und Fälligkeit des Anspruchs fallen beim Provisionsanspruch auseinander (vgl § 87a I–III einerseits, IV andererseits). Bsp: Abschluß und Ausführung des Geschäfts, damit Entstehung des Provisionsanspruchs (§ 87a I–III) 15. 11. 82; Abrechnungszeitraum 1. 10.–31. 12. 1982 (§ 87c I 1); Fälligkeit der Provision 31. 1. 83 (§§ 87a IV, 87c I 2); Verjährung des Provisionsanspruchs 31. 12. 87, nicht 1986. Gleiches ergäbe (für Unternehmer mit Gewerbe, vgl Anm A) das BGB (§§ 196, 198, 201 S 1 u 2). Verjährungsbeginn bei Hilfsansprüchen s Anm 1.

3) Unzulässige Rechtsausübung durch Verjährungseinrede

A. Bei vertraglicher kürzerer Verjährungsfrist kann Handelsvertreter sich auf § 242 BGB berufen, wenn ihm Provisionsansprüche infolge Verhaltens des Unternehmers unbekannt waren, Karlsr BB **73**, 1600, oder wenn Vertragsklauseln gegen zwingendes Recht verstoßen und er dies mangels Rechtskenntnissen nicht erkannte, Karlsr BB **74**, 904. Gläubiger muß dann aber Anspruch alsbald nach Wegfall der den Einwand nach § 242 BGB tragenden Umstände gerichtlich geltend machen. Berufung auf Verjährung kein Rechtsmißbrauch bei einfach feststellbaren Abrechnungsfehlern, Karlsr BB **74**, 713.

B. Täuscht der Unternehmer den HV arglistig über Entstehen von Provisionsansprüchen und führt dies zur Verjährung, kann er auch dahingehend schadensersatzpflichtig sein, die Provisionsansprüche als unverjährt gegen sich gelten zu lassen; dieser Schadensersatzanspruch verjährt seinerseits in drei Jahren ab Kenntnis (§ 852 BGB), BGH BB **77**, 414.

[Zurückbehaltungsrecht]

§ 88 a

[I] Der Handelsvertreter kann nicht im voraus auf gesetzliche Zurückbehaltungsrechte verzichten.

[II] Nach Beendigung des Vertragsverhältnisses hat der Handelsvertreter ein nach allgemeinen Vorschriften bestehendes Zurückbehaltungsrecht an ihm zur Verfügung gestellten Unterlagen (§ 86a Abs. 1) nur wegen seiner fälligen Ansprüche auf Provision und Ersatz von Aufwendungen.

1) Zurückbehaltungsrecht (I)

A. Der HV hat an den ihm vom Unternehmer übergebenen Sachen wegen seiner unbefriedigten fälligen Ansprüche das kfm **Zurückbehaltungsrecht** nach §§ 369 ff (wohl auch wenn der Unternehmer nicht Kfm ist, § 84 Anm 4 A). Ebenso an Gegenständen, die ihm für den Unternehmer von Dritten zukommen, insbesondere kassierten Geldern, für diese gilt nicht § 369 III. Das kfm Zurückbehaltungsrecht gewährt auch das **Recht zur Befriedigung**, aber nur aufgrund besonderen vollstreckbaren Titels (§§ 371 f). Dieses Zurückbehaltungsrecht des HV ist einerseits durch Verbot des Vorausverzichts geschützt (Anm B), andererseits beschränkt hinsichtlich der Sachen, die der Geschäftsvermittlung dienen und deshalb für den Unternehmer schwer entbehrlich sein können (II, vgl Anm 2). Bei Vertragsauflösung Mü BB **58**, 895.

B. Diese gesetzlichen Zurückbehaltungsrechte des HV sind nach I **nicht im voraus abdingbar.** Erst wenn die Voraussetzungen des Zurückbehaltungsrechts vorliegen, also der HV einerseits fällige Ansprüche hat, andererseits vom Unternehmer empfangene Sachen besitzt, die er ihm herausgeben soll, kann er wirksam auf das Zurückbehaltungsrecht an diesen Sachen verzichten.

§ 89 1 — I. Buch. Handelsstand

2) Zurückbehaltung von Unterlagen (II)

A. **Unterlagen** (§ 86 a I: Muster, Drucksachen usw; ebenso wertvolle Vorführgeräte) unterliegen **während des Vertrags** nur beschränkt dem Zurückbehaltungsrecht des HV: Zur Abgabe an Kunden bestimmte Sachen (Muster, Drucksachen) muß er wie vorgesehen abgeben, zur Vorführung bestimmte (Vorführgeräte) wie vorgesehen vorführen, er kann also jene nicht zurückhalten, diese zwar zurückhalten, aber nicht durch Verkauf verwerten (vgl § 369 III, Ausnahme: § 370 II). Nur Sachen, die der Unternehmer zurückfordert oder die aus anderem Grunde nicht mehr zur Abgabe oder Vorzeigung an Kunden bestimmt sind, unterliegen dem Zurückbehaltungsrecht des HV unbeschränkt.

B. **Nach Vertragsende** hindert zwar die Bestimmung der Sachen das Zurückbehaltungsrecht nicht mehr, da der HV sie nicht mehr gegenüber Kunden zu verwenden, sondern nur noch an den Unternehmer zurückzugeben hat, aber der Unternehmer bedarf ihrer jetzt idR besonders, weil er in dem Bereich, den bisher der HV bearbeitete, eine neue Geschäftsvermittlung einrichten muß; daher ist nach Vertragsende an den Unterlagen ein Zurückbehaltungsrecht **nur wegen Provisions- und Aufwendungsersatzansprüchen** gegeben (die idR leichter zu klären, wegen ihres begrenzten Umfangs leichter zur Abwendung der Zurückbehaltung zu sichern – vgl § 369 IV –, andererseits für den HV oft existenzwichtig sind), nicht zB wegen Ausgleichsansprüchen nach § 89b oder Schadensersatzansprüchen aus Vertragsverletzung. Kein Zurückbehaltungsrecht besteht an Gegenständen (zB Mustern) ohne Verkaufswert (deren Versilberung daher nicht zur Deckung der Ansprüche des Vertreters beitragen kann), Hbg HVHM **56**, 120.

[Ordentliche Kündigung des Vertrages]

89 [I] Ist das Vertragsverhältnis auf unbestimmte Zeit eingegangen, so kann es in den ersten drei Jahren der Vertragsdauer mit einer Frist von sechs Wochen für den Schluß eines Kalendervierteljahres gekündigt werden. Wird eine andere Kündigungsfrist vereinbart, so muß sie mindestens einen Monat betragen; es kann nur für den Schluß eines Kalendermonats gekündigt werden.

[II] Nach einer Vertragsdauer von drei Jahren kann das Vertragsverhältnis nur mit einer Frist von mindestens drei Monaten zum Schluß eines Kalendervierteljahres gekündigt werden.

[III] Eine vereinbarte Kündigungsfrist muß für beide Teile gleich sein. Bei Vereinbarung ungleicher Fristen gilt für beide Teile die längere Frist.

1) Vertragsauflösungsgründe

A. Der HVVertrag **endet durch: a) Zeitablauf** (§ 620 I BGB, s Anm 2) oder **auflösende Bedingung; b)** einvernehmliche **Aufhebung; c) ordentliche Kündigung** (§ 89). Neben §§ 89, 89a sind auf Voraussetzungen und Folgen der Kündigung des HVVertrags §§ 620ff BGB nur anwendbar, soweit nicht §§ 89, 89a als Spezialgesetz vorgehen und §§ 620ff BGB nicht ohnehin nur auf Arbeitsverhältnisse anwendbar sind. Unanwendbar sind

7. Abschnitt. Handelsvertreter **2 § 89**

§§ 621, 622, 626 I, 627 BGB. Auch § 624 BGB (einseitiges Kündigungsrecht des Dienstverpflichteten bei Vertrag auf Lebenszeit oder mehr als fünf Jahre) ist grundsätzlich unanwendbar; so jedenfalls auf Tankstellen-Stationärverträge (im Gegensatz zu Pächterverträgen, bei denen das Tankstellengrundstück von Verpächter gestellt wird), BGH **52,** 171 (dort offen für HV im allgemeinen); anders wenn im konkreten Fall dienstvertragliche Elemente vorherrschen, Hamm BB **78,** 1335, richtiger jedoch bei ,,arbeitnehmerähnlicher" HV (vgl § 84 Anm 7 B); str, Boldt BB **62,** 906, Duden, Würdinger, Rittner, Heyer, von Gamm, NJW **62,** 1326, **63,** 1550, **64,** 2255, **65,** 1573, **79,** 2493; **d) außerordentliche Kündigung** (§ 89a); **e) Tod** des HV (iZw: § 673 BGB, Text s § 86 Anm 1 C), bei juristischen Personen oder Personengemeinschaft (vgl § 84 Anm 1 D) wohl iZw deren Auflösung, auch bei Übertragung ihres Unternehmens (iZw nicht: Tod des Unternehmers, § 672 BGB, Text s § 86 Anm 1 C, oder Auflösung der vertretenen juristischen Person oder Personengemeinschaft, auch nicht ipso iure Ende des vertretenen Unternehmens, hier ist zu kündigen, idR ordentlich, ausnahmsweise wie zB bei Auflösung des Unternehmens von hoher Hand außerordentlich); **f) Konkurs** des Unternehmers (§ 23 KO, Konkurs des HV ist wichtiger Kündigungsgrund, § 89a); **g)** Kündigung des Unternehmers im **Vergleichsverfahren** (§§ 50, 51 II VerglO, das Vergleichsverfahren des HV berechtigt uU nicht ihn, aber den Unternehmer zur außerordentlichen Kündigung, § 89a). Anwendung auf **Vertragshändler** s § 84 Anm 2 A.

B. Das Ende des Vertrags läßt das Recht des HV auf **Provision** auf noch auszuführende Geschäfte unberührt (§ 87 a Anm 3 B), uU erhält er auch Provision aus späteren, von ihm vorbereiteten Abschlüssen (§ 87 III), iZw nicht auf spätere Nachbestellungen von ihm geworbenen Kunden (§ 87 Anm 4 A). Er hat uU einen Ausgleichsanspruch nach § 89b. Recht auf Zeugnis s § 630 BGB (Text s § 86 Anm 1 B). Er muß die ihm überlassenen Unterlagen (§ 86a I) und seine Korrespondenz mit Kunden herausgeben (Zurückbehaltung: § 88a mit Erläuterung).

2) Kündigung von Zeitverträgen

Ein Dienstvertrag ist **auf bestimmte Zeit** geschlossen, wenn seine Dauer entweder (unmittelbar) bestimmt oder aus der ,,Beschaffenheit oder dem Zweck der Dienste" zu entnehmen ist (vgl § 620 II BGB, Text s § 86 Anm 1 B; Bsp: Vertretung in einer Saison, beim Verkauf einer Kampagne, vgl § 84 Anm 6 C). Ein Vertrag, der an einem bestimmten Zeitpunkt endet, wenn er nicht vorher verlängert wird, ist befristeter Vertrag; ein Vertrag, der für eine bestimmte Zeit (zB zwei Jahre) abgeschlossen wird und sich automatisch verlängert, wenn er nicht eine bestimmte Frist vorher gekündigt wird, ist während dieser Zeit unkündbar, im übrigen aber unbefristet, es gilt § 89, Hamm BB **73;** 1234, Küstner I 639; anders Schröder BB **74,** 298, BGH BB **75,** 194, wonach solcher Vertrag nicht auf unbestimmte Zeit eingegangen, Fristen nach § 89 jedoch entspr einzuhalten, offen ob auch Termine. Abzulehnen, da jeder Vertrag, der zu bestimmten Zeitpunkt automatisch endet, unbefristet ist (so auch Arbeitsrecht); wie hier Küstner BB **75,** 195. Der auf bestimmte Zeit geschlossene HVVertrag erlischt mit Ablauf dieser Zeit (§ 620 I BGB, Text s § 86 Anm 1 B), vor der Zeit kann er nur aus wichtigem Grunde gekündigt werden (§ 89a) oder

§ 89 3   I. Buch. Handelsstand

wenn die vorzeitige Kündigung im Vertrag ausdrücklich vorbehalten ist. Setzt der HV nach Ablauf der Vertragszeit seine Tätigkeit fort, erfährt das der Unternehmer und widerspricht er nicht unverzüglich, so ist der Vertrag verlängert, und zwar nunmehr auf unbestimmte Zeit (§ 625 BGB, Text s § 86 Anm 1 B), so daß er gemäß § 89 gekündigt werden kann.

3) Ordentliche Kündigung von Verträgen auf unbestimmte Zeit (I–III)

A. **In den ersten drei Vertragsjahren** ist Kündigung des auf unbestimmte Zeit eingegangenen HVVertrags für beide Teile mit Sechswochenfrist zum Ende des Kalenderquartals möglich **(I 1)**. Bei Vertragsabschluß für bestimmte Zeit mit automatischer Verlängerung, falls nicht eine bestimmte Frist vorher gekündigt wird, ist das Vertragsverhältnis auf unbestimmte Zeit eingegangen und unterliegt Bestimmungen des § 89, Hamm BB **73**, 1234; LG Dortmund BB **73**, 1504; Küstner I 639. I 1 ist begrenzt abdingbar **(I 2)**. Die Frist kann nur bis auf einen Monat gekürzt werden (I 2 Halbs 1). Die Kündigungstermine können so geändert werden, daß nicht nur zum Quartalsende, sondern auch zu anderen Monatsenden gekündigt werden kann. Die größtmögliche Erleichterung der Kündigung ist also: Kündigung mit Monatsfrist zu jedem Monatsende. Das gilt auch während einer im Vertrag vereinbarten Probezeit, BGH **40**, 237 mit (ua) BAG BB **59**, 779 (für § 67) (sonst wäre das zwingende Kündigungsrecht zu leicht zu umgehen durch Voransetzung langer Probezeiten). Anstelle ungültiger Absprachen gilt idR die (zwingende) gesetzliche Regelung (§ 139 BGB gilt nicht), BGH **40**, 238. Unwirksame Kündigung zum Probezeitende nach § 89 I 2 wirkt idR (Vertragsauslegung) auf einen nahen späteren Zeitpunkt (nicht nur auf einen späteren gemäß der Vereinbarung für die Nachprobezeit), BGH **40**, 239. Rückgewährausschlußklausel bei Probezeit s **(5)** AGBG § 9 Anm 3. Vereinbarung einer fristlosen Kündigung, auch für den Fall, daß bestimmten Mindestumsatz nicht erreicht wird, ist nichtig, OLG Karlsr BB **71**, 888. **Kündigungsfrist muß** dem Gekündigten **voll gewährt bleiben**, auch wenn letzter Tag Samstag, Sonntag oder Feiertag ist (§ 193 BGB ist unanwendbar), BAG NJW **70**, 1470, BGH **59**, 265. Fristenparität s Anm D.

B. **Nach drei Vertragsjahren** bleibt zwar das Quartalsende gesetzlicher Kündigungstermin, aber die gesetzliche Kündigungsfrist ist von sechs Wochen auf drei Monate zum Quartalsende zwingend verlängert **(II)**. Offenbar will II die Kündigung erleichternde Abreden ganz ausschließen (sie können nicht für die späteren Vertragsjahre in weiterem Umfang zugelassen sein als für die ersten drei). Also können weder die Kündigungstermine dichter gesetzt noch die Kündigungsfristen gekürzt werden. § 193 BGB s Anm A, Parität s Anm D.

C. In den ersten drei und in den späteren Vertragsjahren sind die Kündigung erschwerende Abreden, in den ersten drei Vertragsjahren in gewissem Umfang auch die Kündigung erleichternde Abreden zulässig (vgl I, II). Jede solche Abrede muß aber für **beide Teile gleiche Kündigungsfrist** vorsehen **(III, Parität)**. Tut sie das nicht, wäre sie nach § 134 BGB unwirksam und mit ihr uU der ganze Vertrag (§ 139 BGB). Um dies zu vermeiden, erklärt III 2 in diesem Falle die längere der beiden vereinbarten Fristen für maßgebend. Das Gesetz spricht hier nicht von den Kündigungsterminen, auch diese müssen wohl für Unternehmer und HV gleich sein, bei verschiedener Bestimmung muß für beide Teile die Bestimmung gelten, welche die Lösung des Vertrags mehr erschwert. Zur Kündigung durch den HV wegen Alters oder Krankheit s Maier BB **78,** 940.

D. Im übrigen gelten die allgemeinen Kündigungsschranken, zB **§ 138 BGB** bei unsittlicher Erschwerung der Kündigung. Auch ordentliche Kündigung unter Fristeinhaltung kann sittenwidrig und damit nichtig sein, so Kündigung wegen Weigerung, ein einseitig den HV belastendes Rabattsystem anzunehmen, BGH NJW **70,** 855. Engere Kündigungsschranken aus § 242 BGB sind angesichts des durch § 89b garantierten Schutzes nicht angezeigt, Ulmer FS Möhring **75,** 311. Möglich ist Kündigung durch den Unternehmer mit (in bestimmter Frist, vor Ablauf der Kündigungsfrist anzunehmendem) Angebot der Fortsetzung des Vertrags zu geänderten Bedingungen (**Änderungskündigung**). Schweigen des HV steht der Annahme nicht gleich, BGH **LM** § 346 (D) Nr 7. Zur Frage der Auslegung einer die Tätigkeit des Vertreters einschränkenden Weisung als Änderungskündigung Stgt BB **65,** 926. Grundsätzlich unzulässig und unwirksam ist **Teilkündigung,** zB durch Untersagung des Besuchs bestimmter Kunden, Stgt BB **65,** 926, ebenso Teilbezirks-Kündigung, Thiede gegen Bambg NJW **58,** 1830, **59,** 1444; Kündigung der Stellung als Bezirksleiter unter Aufrechterhaltung der (in einem selbständigen Vertrag vereinbarten) Tätigkeit als HV ist möglich, BGH MDR **77,** 643.

E. Kündigung (mit Frist, § 89) **wirkt** grundsätzlich **erst** am **Vertragsende** (Kündigungstermin), erlaubt nicht vorher dem Unternehmer Gesamtablehnung der vom HV vermittelten Geschäfte (vgl § 86a Anm 1 C, 2 B), nicht Bestellung anderen Vertreters zur Bearbeitung von Bezirk (Kundschaft) der Gekündigten. Abweichungen uU nach §§ 157, 242 BGB. Pflicht des gekündigten Vertreters zur Einführung eines Nachfolgers idR anzunehmen. § 629 BGB (Zeit zum Suchen anderer Vertretung) idR wohl gegenstandslos wegen freier Arbeitsgestaltung, § 86 Anm 1 B.

[Fristlose Kündigung]

§ 89a

^I Das Vertragsverhältnis kann von jedem Teil aus wichtigem Grunde ohne Einhaltung einer Kündigungsfrist gekündigt werden. Dieses Recht kann nicht ausgeschlossen oder beschränkt werden.

^{II} Wird die Kündigung durch ein Verhalten veranlaßt, das der andere Teil zu vertreten hat, so ist dieser zum Ersatz des durch die Aufhebung des Vertragsverhältnisses entstehenden Schadens verpflichtet.

1) Außerordentliche Kündigung

A. Jeder Teil kann den Vertrag, mag er auf bestimmte oder unbestimmte Zeit geschlossen sein, **aus wichtigem Grunde ohne Frist kündigen,** I 1 (gleich § 626 I BGB, Text s § 59 Anm 1 B; § 626 II BGB gilt nicht, s Anm 3 C). § 627 BGB wird durch §§ 89, 89a ausgeschlossen. § 628 I BGB (Dienstvergütung bei außerordentlicher Kündigung) ist wohl idR durch §§ 87, 88 (Provisionsanspruch) ersetzt, aber entspr anwendbar auf feste Vergütung (vgl § 87 Anm 1 B). Statt § 628 I BGB gilt § 89a II Kündigung **mit Frist** statt fristlos ist außerordentliche Kündigung, wenn zum Ausdruck gebracht, daß sie aus einem Grund erfolgt, der zur fristlosen Kündigung berechtigen würde; dann muß nicht die Mindestfrist nach § 89 I eingehalten werden; mangels solcher Kennzeichnung der Kündigung ist spätere Umdeutung in außerordentliche Kündigung nicht möglich; Nürnb BB **69**, 391. Anwendung auf Eigenhändler s § 84 Anm 2 A.

B. **Mangels zureichenden Grundes** ist die außerordentliche Kündigung als solche unwirksam, **als ordentliche Kündigung** zum nächsten Termin (**Umdeutung,** § 140 BGB) nur wirksam, wenn dieser Beendigungswille deutlich erkennbar, BGH MDR **69**, 654; eine als solche unwirksame, als ordentliche Kündigung wirksame außerordentliche Kündigung des Unternehmers nötigt den HV nicht, erlaubt ihm aber, seine Tätigkeit sofort einzustellen, und verpflichtet den Unternehmer, ihm für die so entgehende Provision (nicht notwendig die vom tüchtigeren Nachfolger verdiente höhere) Ersatz zu leisten, Stgt BB **60**, 956. Solche Kündigung dürfte iZw Widerruf der Vollmachten des HV (vgl §§ 55, 91) enthalten, der vor ordentlichem Kündigungstermin wirksam ist, aber gegen Dritte idR wohl nur bei Kundmachung, zB Rundbrief (§§ 168 S 2, 171 II BGB). Folgen unberechtigter Kündigung s Anm 5.

2) **Wichtiger Grund (I 1)**

A. Ein Kündigungsgrund ist wichtig genug zur außerordentlichen Kündigung, wenn er dem Kündigenden das **Abwarten** des Vertragsablaufs oder der Frist zur ordentlichen Kündigung (§ 89) **unzumutbar** macht, BGH BB **77**, 1170, **79**, 242, **83**, 1629. Dafür ist die Gesamtheit der Umstände des einzelnen Falls zu würdigen. Bedeutsam sind ua: Aussicht auf Abhilfe; zu erwartende Folgen der außerordentlichen Kündigung (im Gegensatz zur ordentlichen, zB auch Rechtsfolge des § 89b III 2, BGH WM **75**, 856, von Gamm NJW **79**, 2494); längere Duldung oder laue Beanstandungen, BGH WM **82**, 633; Nähe des Vertragsablaufs oder nächsten ordentlichen Kündigungstermins (Abwarten eher möglich); Rückschlüsse aus eigenem Verhalten des Kündigenden nach Eintritt des Kündigungsgrundes sind möglich, BGH WM **84**, 558. Es gibt also weder „absolute Kündigungsgründe" noch umgekehrt Tatsachen, die nie außerordentliche Kündigung rechtfertigen können (außer kraft Vereinbarung, s Anm 3 A). Jene Wertung ist nur **beschränkt revisibel,** nämlich soweit sie sich auf die generelle Eignung eines Sachverhalts bestimmter Art zur Begründung der außerordentlichen Kündigung bezieht (Verkennen des Rechtsbegriffs des wichtigen Grundes), BGH WM **84**, 558, nicht soweit Besonderheiten des Einzelfalls zu würdigen sind.

B. Die Kündigung ist als außerordentliche (§ 89a) unzweideutig zu **bezeichnen;** die nicht so bezeichnete gilt als gewöhnliche (§ 89 oder Vertrag) und wird nicht durch Nachschieben wichtiger Gründe rückwirkend außerordentlich, dieses ist idR neue, nun außerordentliche Kündigung, BGH **LM** § 626 BGB Nr 10. Die Kündigung braucht grundsätzlich **nicht begründet** zu werden. Auch nachgeschobene Gründe (die objektiv bei Kündigung bestanden, wenn auch dem Kündigenden unbekannt) sind bei Beurteilung der Wirksamkeit der (zunächst gar nicht oder unzureichend begründeten) Kündigung zu beachten; BGH **27**, 220, **40**, 14, 16, BB **61**, 498.

§ 626 II 3 BGB, der zur schriftlichen Mitteilung der Gründe auf Verlangen verpflichtet, gilt entspr auch für HV. Ein **neuer** (sich nach der Kündigung verwirklichender) Grund, der mit dem bei der Kündigung erklärten zusammenhängt und mit diesem zusammen die Kündigung rechtfertigt (Bsp: unerlaubter Wettbewerb nach Kündigung wegen ähnlicher Handlung), macht diese von nun an (schon vor Geltendmachung dieses weiteren Grundes) wirksam, BAG **2**, 252, BGH MDR **54**, 606. Ein neuer Grund ohne solchen inneren Zusammenhang mit dem ersten wirkt erst vom Zeitpunkt, in dem er als Grund einer neuen Kündigung geltend gemacht wird, BAG **2**, 251, **3**, 15 (gegen RG **142**, 272: vom Zeitpunkt des Eintritts). Im Einzelfall kann der Kündigende nach Treu und Glauben auf den zuerst geltend gemachten Grund beschränkt sein, zB wenn der andere Grund in seiner eigenen Sphäre liegt, BGH **27**, 225, BB **59**, 540.

C. § 89a, auch § 626 BGB sagen nichts Näheres darüber, **was** hier als **Kündigungsgrund in Betracht** kommt, Hinweise bieten § 723 I 2 BGB, § 133 II (GesVertrag). Bsp bei Anm D, E. Eigene Vertragsuntreue hindert Kündigung wegen Verstößen des anderen Teils, falls diese nicht so gewichtig ist, daß Fortsetzung trotz der eigenen unzumutbar ist, BGH BB **59**, 541, oder andere Umstände (auch bei gleichem Verschulden) nach Treu und Glauben das Festhalten am Vertrag unzumutbar machen, BGH BB **60**, 381. Übersichten: Holling BB **61**, 994, Küstner I 678.

D. **Beispiele für wichtige Kündigungsgründe des Unternehmers:** Grober Vertragsverstoß des HV, besonders vorsätzlicher, zB endgültige Verweigerung der Dienste eines HV, Drohung des HV mit Mitteilung eigener Vorzugsbedingungen an andere HV, BGH BB **84**, 237; unzulässiger Wettbewerb, um so mehr je günstiger die Vertragsbedingungen für den HV sind, BGH MDR **54**, 606, Nürnb BB **58**, 1151, **65**, 809, Celle BB **70**, 228, (gleichzeitige Vertretung einer Konkurrenzfirma ist es nicht, wenn bei Vertragsschluß bekannt, Düss HVR **55**, Nr 106, oder später geduldet, Kln BB **72**, 468); Übernahme einer weiteren (auch nicht konkurrierenden) Vertretung ohne die vertraglich vorgeschriebene Genehmigung des Unternehmers, Nürnb BB **63**, 203, Bambg BB **79**, 1000, aber nicht schon Auswachsen einer erlaubten Zweitvertretung zu echtem Konkurrenzunternehmen, BGH 22. 7. **76** (von Gamm NJW **79**, 2491). Vermittlung von Kunden zur Konkurrenz durch VersVertreter ohne Zustimmung des Unternehmers, auch wenn dieser bestimmte Risiken grundsätzlich ablehnt, BGH BB **74**, 714 (bedenklich: grundsätzliche Ablehnung kann als Verzicht auf Zustimmungseinholung angesehen werden); Abwerbung eines anderen HV des Geschäftsherrn für ein anderes (nicht unbedingt Konkurrenz-)Unternehmen, BGH BB **77**, 1170; Nichtmeldung von Geschäftsabschlüssen und Sachverhalten, die für den Unternehmer von besonderer Wichtigkeit sind, Kln BB **71**, 543, nicht ohne weiteres bei einmaliger Verletzung der Mitteilungspflicht, BGH BB **79**, 242; Verletzung der Unterrichtungspflicht von weiterer Tätigkeit (auch ohne Schädigung des Unternehmers), BGH WM **77**, 318, auch ohne Vermutung, der Vertreter werde seine Arbeitskraft vorwiegend der neuen Tätigkeit widmen, Düss BB **69**, 330; Mehraufschreibungen bei Kundenbestellung in nennenswerter Anzahl, BGH DB **81**, 987; Konkurs, Vergleichsverfahren, Geschäftseinstellung, Geschäftsübertragung des HV; Dauerbehinderung (auch unverschuldete), ehrenrührige Verurteilung, Aufdeckung von Vorstrafen des HV; uU auch schon der Verdacht eines Vertrauensbruchs (zB Rezeptdiebstahls), BGH **29,** 276, die Aufklärungspflicht des Unternehmers vor Ausspruch der Kündigung ist begrenzt, nicht aufgeklärte belastende Umstände gehen zu Lasten des HV, BGH BB **59,** 541 (mit arbeitsrechtlicher Rspr); anhaltender Umsatzrückgang, soweit er auf Pflichtverletzung des HV beruht, BGH WM **82,** 633; dauernde Nachlässigkeit des HV, Stgt BB **60,** 956; ungenügende Beaufsichtigung des Personals, Celle BB **58,** 894. Geschäftseinstellung des Unternehmers selbst aus Gründen höherer Gewalt (nicht aus vom Unternehmer zu vertretenden Gründen, vgl § 87a Anm 4 B, C: ähnliche Frage betr Wegfall der Provision bei Nichtausführung eines Geschäfts); uU Kränkung des Unternehmers oder leitender Angestellter, Nürnb BB **63,** 447; nachhaltiges Zerwürfnis, so daß gedeihliches Zusammenwirken nicht mehr zu erwarten, auch ohne Verschulden, auch bei beiderseitigem, Nürnb BB **63,** 447, jedoch nicht schon harte geschäftliche Diskussion, BGH BB **79,** 243; Nachlassen des HV in seiner Bemühung nicht ohne weiteres, besonders nach langer früherer erfolgreicher Zusammenarbeit, Fbg BB **57,** 561 (aber es kann den Ausgleich, § 89b, drücken), ebenso bei Nichttätigwerden für zusätzlichen Absatz einer höherwertigen Kollektion bei neuem Kundenkreis, BGH DB **81,** 1772.

E. **Beispiele für wichtige Kündigungsgründe des Handelsvertreters:** Grober Vertragsverstoß, zB wiederholte Säumnis mit Abrechnung und Zahlung, uU Abwerbung von Stammkunden des HV zum Direktbezug vom Unternehmer, BGH MDR **59,** 911, Vergleichsverfahren (Konkurs beendet, s § 89 Anm 1 A), Geschäftseinstellung (gleich warum), ehrenrührige Verurteilung, (uU) Tod oder Geschäftsunfähigkeit (oder Auflösung der juristischen Person), (uU) Geschäftsübertragung, dauernde schlechte Lieferung des Unternehmers, RG **65,** 90; Wegfall eines wichtigen Kunden mit der Folge unvermeidlicher Existenzgefährdung, BGH DB **81,** 2275; Geschäftseinstellung oder längere Verhinderung des HV selbst aus Ursachen höherer Gewalt (für den Unternehmer s Anm D); nachhaltiges Zerwürfnis (vgl Anm D); Vorwurf (durch Unternehmer) der Unterschlagung, Nürnb **65,** 688.

3) Abdingung, Verzicht, Verwirkung (I 2)

A. Das Recht zur außerordentlichen Kündigung nach I 1 ist für beide Teile **nicht** im voraus **abdingbar,** I 2 (wie § 723 III BGB, § 133 III), auch **nicht beschränkbar,** zB durch Abrede des Verfalls einer vom HV gestellten Sicherheit oder des Verlustes der Provision aus noch nicht abgewickelten Geschäften bei Kündigung des HV, LAG Stgt BB **55,** 177. Möglich ist aber einvernehmliche Vorausbewertung bestimmter Tatbestände als Grund zur außerordentlichen Kündigung, BGH BB **56,** 95 (Ausübung nach Treu und Glauben), Mü BB **56,** 20, oder umgekehrt dahin, daß sie solche Kündigung nicht rechtfertigen sollen, RG JW **37,** 1639.

B. **Verzicht** auf das schon entstandene Recht zur außerordentlichen Kündigung ist möglich. Er liegt iZw in ordentlicher Kündigung des zu außerordentlicher Kündigung Berechtigten, dieser kann also iZw nicht nach ordentlicher Kündigung noch außerordentlich kündigen, es sei denn aus neuen Gründen.

C. Das Recht zur außerordentlichen Kündigung wird wie jedes Recht uU durch Nichtausübung **verwirkt**, zB durch unnötige Verzögerung der Kündigung, besonders wenn der andere Teil auf die Entscheidung des Kündigungsberechtigten wartet; die Zweiwochenfrist des § 626 II BGB ist auf HV aber nicht anzuwenden, BGH NJW **82**, 2433, auch nicht für Einfirmenvertreter, str; angemessene **Überlegungszeit** zur Sachverhaltsaufklärung und Überlegung, BGH BB **83**, 1630 (nicht zwei Monate), Nürnb BB **65**, 688 (drei Wochen unschädlich), oder zu Verhandlung über Fortsetzung des HVVerhältnisses und Schadensersatz, Celle BB **70**, 228. Verwirkung durch ordentliche Kündigung aus demselben Grunde, ihre nachträgliche Umdeutung in eine außerordentliche ist nicht möglich, Nürnb BB **57**, 561; durch andersartige Reaktion auf die Verfehlung (die außerordentliche Kündigung erlaubt hätte), zB Verkleinerung des Arbeitsgebiets des nachlässigen Vertreters, Nürnb BB **63**, 447. Wie das Kündigungsrecht im ganzen kann das Recht, sich auf bestimmte Tatsachen als Kündigungsgrund zu stützen, verwirkt werden (Bsp: außerordentliche Kündigung aus dem Grund A, nachschieben des auch schon bekannt gewesenen Grundes B uU unzulässig; vgl Anm 2 B). Ist eine Verfehlung des anderen Teils Kündigungsgrund, so wird das Kündigungsrecht wohl idR auch durch **Verzeihung** (Verzicht auf Aufrechterhaltung der moralischen Rüge) verwirkt, die in jeder Form erklärt sein kann, wenn dabei nicht vorbehalten wird, die rechtlichen Folgen der Verfehlung geltend zu machen. Der als solcher verwirkte Kündigungsgrund kann auch zur Unterstützung anderer, auch zulässig nachgeschobener (s Anm 2 B) beitragen.

4) Schadensersatz bei berechtigter Kündigung (II)

A. Entspr § 628 II BGB klärt II, daß der Vertragsverletzer (§§ 276, 278 BGB) dem Partner, der wegen der Vertragsverletzung außerordentlich kündigte, (ua) den Schaden zu ersetzen hat, den der Partner eben durch diese Kündigung erleidet. Der Partner ist nach § 249 BGB so zu stellen, als hätte der Vertragsverletzer den Vertrag ordentlich zu Ende gebracht (durch Auslaufenlassen oder ordentliche Kündigung zum nächstzulässigen Termin). Vorteilsausgleichung greift ein, wenn der kündigende HV seine Arbeitskraft nunmehr für anderen Unternehmer einsetzt; nicht soweit er nur bei Kündigung noch freie Arbeitskapazitäten ausnutzt, BGH WM **84**, 1005; Schadensminderungspflicht nach § 254 II BGB, vgl BGH WM **84**, 1005. Zur Vorbereitung des Schadensersatzanspruchs ist ein Auskunftsanspruch möglich; gegen diesen kein Zurückbehaltungsrecht, BGH WM **78**, 461.

B. Der Anspruch besteht auch bei einvernehmlicher Vertragsaufhebung unter Voraussetzungen nach II, BGH NJW **82**, 2432; nicht bei gleichem Kündigungsrecht des Partners, auch wenn dieser nicht kündigte, BGH BB **65**, 1426.

5) Folgen unberechtigter Kündigung

A. Die unberechtigte außerordentliche Kündigung ist **unwirksam;** Umdeutung in ordentliche Kündigung s Anm 1 B. Sie kann für den Gekündigten wichtiger Grund sein, **seinerseits** außerordentlich zu **kündigen** (Anm 2).

B. Setzt der zu Unrecht fristlos gekündigte Vertreter den Unternehmer

§ 89 b I. Buch. Handelsstand

in Annahmeverzug (wozu mindestens gehört, daß er der Kündigung eindeutig widerspricht, BAG **3**, 74, **10**, 202), kommt **Vergütung nach § 615 BGB** in Betracht, BGH WM **82**, 636, wogegen § 254 BGB unanwendbar ist, BGH NJW **67**, 250. Der HV kann Ersatz für die Provisionen verlangen, die er bis zum Ablauf der ordentlichen Kündigungsfrist hätte erzielen können, BGH **53**, 150, Celle BB **70**, 228, Karlsr BB **70**, 1672, unter Abzug seiner ersparten Unkosten, ohne Berücksichtigung von Jahresaufträgen, die die Kundschaft bei Kenntnis vom Ausscheiden des HV vorweg erteilt haben würde, Celle BB **70**, 228. Ein (so gekündigter) Bezirksvertreter (§ 87 II) erhält weiter (bis zur rechtswirksamen Vertragsendigung) **Provision** auf alle Geschäfte im Bezirk ohne Abzug der infolge Einstellung seiner Tätigkeit ersparten Aufwendungen, BGH BB **59**, 718, Karlsr BB **77**, 1672; vgl Anm 1 B. Der die Rechtmäßigkeit der Kündigung bestreitende und am Vertrag festhaltende (nicht seinerseits nun kündigende) Teil muß sich iZw bis zur Klärung **vertragstreu verhalten,** anders soweit solche einseitige Bindung unzumutbar (Bsp: Kündigung des Unternehmers wegen Wettbewerbs des Vertreters, dieser beginnt nun erst den Wettbewerb), BGH MDR **54**, 606. Wird nach Zurückweisung einer unbegründeten Kündigung des Unternehmers durch den HV das Verhältnis ohne neue Abreden **fortgesetzt,** so gelten die alten Bedingungen, LAG Brem DB **55**, 123.

C. **Schadensersatzpflicht bei unberechtigter Kündigung:** Unbegründete (außerordentliche) Kündigung ist positive Vertragsverletzung, verpflichtet zum Ersatz des Schadens, zB dem Gegner entgangenen Gewinns (§ 252 BGB), BGH NJW **67**, 250, WM **82**, 636, ggf mit Berücksichtigung mitwirkenden (wenn auch die Kündigung nicht rechtfertigenden) Verschuldens des Gekündigten, § 254 BGB. Die unwirksame außerordentliche Kündigung des HV verpflichtet ihn (vorausgesetzt er stellt zugleich seine Tätigkeit ein, s Anm 1 B) zum Schadensersatz wegen des dem Unternehmer entgehenden Gewinns und der Kosten überstürzter Neueinrichtung der Vertretung.

[Ausgleichsanspruch]

89b [I] **Der Handelsvertreter kann von dem Unternehmer nach Beendigung des Vertragsverhältnisses einen angemessenen Ausgleich verlangen, wenn und soweit**

1. **der Unternehmer aus der Geschäftsverbindung mit neuen Kunden, die der Handelsvertreter geworben hat, auch nach Beendigung des Vertragsverhältnisses erhebliche Vorteile hat,**
2. **der Handelsvertreter infolge der Beendigung des Vertragsverhältnisses Ansprüche auf Provision verliert, die er bei Fortsetzung desselben aus bereits abgeschlossenen oder künftig zustande kommenden Geschäften mit den von ihm geworbenen Kunden hätte, und**
3. **die Zahlung eines Ausgleichs unter Berücksichtigung aller Umstände der Billigkeit entspricht.**

Der Werbung eines neuen Kunden steht es gleich, wenn der Handelsvertreter die Geschäftsverbindung mit einem Kunden so wesentlich erweitert hat, daß dies wirtschaftlich der Werbung eines neuen Kunden entspricht.

7. Abschnitt. Handelsvertreter   1 § 89b

II Der Ausgleich beträgt höchstens eine nach dem Durchschnitt der letzten fünf Jahre der Tätigkeit des Handelsvertreters berechnete Jahresprovision oder sonstige Jahresvergütung; bei kürzerer Dauer des Vertragsverhältnisses ist der Durchschnitt während der Dauer der Tätigkeit maßgebend.

III Der Anspruch besteht nicht, wenn der Handelsvertreter das Vertragsverhältnis gekündigt hat, es sei denn, daß ein Verhalten des Unternehmers hierzu begründeten Anlaß gegeben hat oder dem Handelsvertreter die Fortsetzung seiner Tätigkeit wegen seines Alters oder wegen Krankheit nicht zugemutet werden kann. Der Anspruch besteht ferner nicht, wenn der Unternehmer das Vertragsverhältnis gekündigt hat und für die Kündigung ein wichtiger Grund wegen schuldhaften Verhaltens des Handelsvertreters vorlag.

IV Der Anspruch kann im voraus nicht ausgeschlossen werden. Er ist innerhalb von drei Monaten nach Beendigung des Vertragsverhältnisses geltend zu machen.

V Die Absätze 1 bis 4 gelten für Versicherungsvertreter mit der Maßgabe, daß an die Stelle der Geschäftsverbindung mit neuen Kunden, die der Handelsvertreter geworben hat, die Vermittlung neuer Versicherungsverträge durch den Versicherungsvertreter tritt und der Anspruch höchstens drei Jahresprovisionen oder Jahresvergütungen beträgt.

Übersicht
1) Normzweck, Anwendungsfälle, Bilanz
2) Voraussetzungen des Ausgleichsanspruchs (I 1 Nr 1–3)
3) Maß des Ausgleiches (I 1, II)
4) Entfallen des Ausgleichsanspruchs (III)
5) Unabdingbarkeit, Ausschlußfrist, Prozeß, Vollstreckung (IV)
6) Versicherungsvertreter (V)

1) Normzweck, Anwendungsfälle, Bilanz

A. **Normzweck:** Der 1953 eingeführte § 89b ist die in Praxis und Rspr wichtigste Norm des HVRechts. Aus einem Geschäft, das der HV eingeleitet hat, das aber erst nach Ablauf seines Vertrags zustande kommt, erhält er uU Provision (§ 87 III). Seine Tätigkeit kann aber darüber hinaus bei Kunden einen Goodwill geschaffen haben, der bei Fortlaufen des Vertrags beiden Teilen genutzt hätte, infolge des Vertragsendes aber nur dem Unternehmer zugute kommt. Statt eines der selbständigen KfmStellung des HV nicht entsprechenden Kündigungsschutzes oder auch nur eines Entschädigungsanspruches wegen Mißbilligung der Kündigung in gewissen Fällen gibt § 89b dem HV einen **Ausgleichsanspruch** (nach schweiz u ö Vorbild, Begr Nov 1953). Er ist **kein Versorgungsanspruch,** denn er soll dem Vertreter eine weitere **Gegenleistung** verschaffen für seine, durch die Provision noch nicht voll abgegoltene Leistung, nämlich **für** den von ihm geschaffenen **Kundenstamm,** den der Unternehmer nach Abgang des HV ohne dessen Beteiligung nutzen kann. Er ist aber auch **kein reiner Vergütungsanspruch,** denn er ist nach Entstehung und Bemessung weitgehend durch Gesichtspunkte der **Billigkeit** bestimmt (vgl Anm 2 D), BGH **24,**

§ 89b 2

222, **29**, 279, **30**, 101, **34**, 292, **45**, 270, NJW **83**, 1789, 2878. Verhältnis zur Entschädigung wegen Wettbewerbsverbot s § 90a Anm 5 A. Übersichten: Schröder FS Nipperdey **65** I 715; Küstner II 9 u BB **72**, 1300, Laum BB **67**, 1359.

B. **Anwendungsfälle:** Generalvertreter, Düss NJW **66**, 888; Glaser DB **57**, 1173, Ordemann BB **64**, 1323, Hauptvertreter BGH **56**, 290; Schlechtriem BB **71**, 1540; Tankstellenpächter (§ 84 Anm 2 D) BGH **42**, 245, auch bei Selbstbedienungstankstelle mit Treib- und Schmierstoffverkauf, BGH NJW **85**, 862 LS; juristische Personen und Personengesamtheiten Ahle DB **63**, 227; Einkaufsvertreter Hbg MDR **67**, 310; Untervertreter BGH **52**, 5; Bezirksstellenleiter von Toto- und Lottounternehmen, BGH **59**, 87, BB **75**, 1409; Versandhandel mit Möbeln Hamm BB **78**, 1686. Versicherungs- und Bausparkassenvertreter s Anm 6. § 89b ist **entsprechend** anzuwenden auf **Vertragshändler** (§ 84 Anm 2 A). **Nicht:** HV im Nebenberuf (§ 92b I 1); HdlGehilfen BAG BB **58**, 775; festbesoldeter, Vertreter beaufsichtigender „Reiseinspektor", Oldbg BB **64**, 1322; InnenGfter mit Geschäftsvermittlungs- oder -abschlußpflicht, BGH BB **78**, 422.

C. **Bilanzrückstellung** für mögliche Ausgleichspflicht, str, s § 249 Anm 2 B.

2) Voraussetzungen des Ausgleichsanspruchs (I Nr 1–3)

A. Der Anspruch **entsteht bei Beendigung des Handelsvertretervertrages,** gleich wodurch er endet (vgl § 89 Anm 1 A: Zeitablauf, auflösende Bedingung, einvernehmliche Aufhebung, ordentliche und außerordentliche Kündigung, Tod oder Konkurs des Unternehmers, Invalidität des HV), außer in den Fällen des III (s Anm 4); auch bei einvernehmlicher Aufhebung, wenn diese nicht statt möglicher außerordentlicher Kündigung des Unternehmers (vgl III 2) erfolgt, Nürnb BB **59**, 318; auch bei einvernehmlicher Aufhebung auf Initiative des Vertreters, Gründe für Aufhebung sind bei Billigkeitsprüfung nach § 89b I Nr 3 zu berücksichtigen, BGH **52**, 12; einvernehmliche Vertragsaufhebung mit sofortiger Wirkung und Verzicht auf den Ausgleichsanspruch gleichzeitig oder nachher ist möglich, BGH BB **69**, 107 (IV trifft nur Ausschluß des Anspruchs „im voraus"). Dem Vertragsende kann Vertragsfortführung auf völlig veränderter rechtlicher und tatsächlicher Grundlage gleichstehen, BGH 24. 11. **78** (von Gamm NJW **79**, 2494). Der Anspruch besteht **auch** beim **Tod des Handelsvertreters,** denn § 89b geht davon aus, der HV sei bei Vertragsende für die dem Unternehmer verschafften Vorteile noch nicht voll abgegolten, das gilt auch bei seinem Tode, BGH **24**, 215, 224, **41**, 129, wenn nur ausnahmsweise der Anspruch eben infolge des Todes des HV unbillig wird, I 1 Nr 3, BGH **24**, 223 (bei Selbstmord: BGH BB **73**, 815), oder unbillig ist, weil Vertreter derart vertragswidrig gehandelt hatte, daß Unternehmer hätte außerordentlich kündigen können, BGH NJW **58**, 1966, oder der Vertrag schon nach III 1 oder 2 gekündigt war, Konow NJW **60**, 1655. **Wesentliche Einschränkung** (Bsp: Halbierung des Vertreterbezirks) dürfte wie Teil-Vertragsende entspr § 89b zu behandeln sein, ob sie einvernehmlich oder aufgrund Ermächtigung im Vertrag geschieht; Bsp BGH LM § 89b Nr 24 (dahingestellt); ebenso Umwandlung des hauptberuflichen HVVerhältnisses in ein nebenberufliches, Nürnb BB **58**, 1151. Unerheblich ist, **ob Fortsetzung** des Vertrags **möglich** war, Düss DB Beil 2/57. Übersicht zur Berechnung des Anspruchs: Kraatz WM **82,** 498.

B. Der Anspruch **setzt** ferner **erstens voraus (I 1 Nr 1),** daß der **Unternehmer** nach Ende des Vertretervertrags **aus der Geschäftsverbindung mit vom Handelsvertreter geworbenen neuen Kunden** (auch alten Kunden, zu denen die Geschäftsverbindung wesentlich erweitert worden ist: **I 2) erhebliche Vorteile** hat. **a) Neue Kunden** sind auch früher vom Unternehmer geworbene, dann verlorene, vom HV wiedergewonnene Kunden, Düss ua DB Beil 2/**53,** Nürnb BB **59,** 318, **63,** 1313. Nach 10jährigem Nichterscheinen eines Adreßbuches sind dessen Interessenten alle „neu", Nürnb NJW **57,** 1720. Ebenso die „alten" Kunden eines Bezirks (Zweiradfabriken) nach langer Geschäftsunterbrechung, Nürnb BB **64,** 1400, nicht dagegen vom Vorgänger des Vertreters geworbene, dem neuen Vertreter zur Bearbeitung überlassene Kunden, BGH NJW **85,** 58; auch nicht bei Abfindungszahlung des Vertreters an den Vorgänger im Einverständnis mit dem Unternehmer, aber uU ergänzende Vertragsauslegung auf Teilerstattung der Zahlung bei vorzeitigem Vertragsende vor Amortisierung, BGH NJW **85,** 59. Nicht nur Erweiterung des Umsatzes auf andere (qualitative), sondern auch quantitative Steigerung bei gleichen Produkten zu berücksichtigen, BGH **56,** 242, auch bei Mitwirkung allgemeiner Wirtschaftsbelebung, ohne Berücksichtigung von Umsatzsteigerungen in Nachbarbezirken, Celle BB **70,** 227; auch Abschluß des Bausparkassenvertreters mit Einmalprämie, wenn später Verlängerung und Summenerhöhung zu erwarten; natürliche Betrachtung entscheidet, ob Fortsetzung oder Erweiterung ursprünglichen Vertrages vorliegt, BGH BB **70,** 102, auch für Bausparverträge, die nach Beendigung des Vertreterverhältnisses abgeschlossen, aber in engem Zusammenhang mit früheren Verträgen, BGH **34,** 310, **59,** 125, LG Heilbr BB **80,** 1819, LG Mü I BB **81,** 573 m Anm Brych. Für Werbung neuer Kunden genügt Mitursächlichkeit des HV, BGH NJW **85,** 860. **Nicht** die von Ärztepropagandisten für Verschreibung geworbenen Ärzte und Heilpraktiker, BGH NJW **84,** 2695, s schon § 84 Anm 3 A. **b) Vorteil** für den Unternehmer ist jede Mehrung der Aussicht auf Unternehmergewinn. Dies ist aufgrund einer Prognose über die künftige Entwicklung der Verhältnisse anhand aller bis zur Entscheidung des Tatrichters noch eintretenden Tatsachen zu beurteilen, BGH **56,** 246. Beispiele für Vorteil: Aussicht auf längere und beständige Geschäftsbeziehung und Nachbestellung durch den Kunden in verhältnismäßig kurzen Zeitabständen, BGH BB **70,** 102; bei langlebigen Gütern auch Aussicht auf Neubestellung in den nächsten Jahren, auch erst nach fünf Jahren, falls HV entsprechende Kundentreue beweist, BGH NJW **85,** 859; Fortsetzung und Erweiterung von Geschäftsbeziehungen, BGH BB **70,** 102; dauerhafte, steten Umsatz ermöglichende Geschäftsverbindungen, zB organisiertes Kfz-Händlernetz, und Firmenwert, Mü BB **58,** 895; Erlangung eines (dem Umsatz mit den vom HV geworbenen Kunden entsprechenden Mühlen-)Kontingents, auch wenn Unternehmer dieses ohne den vom Vertreter geworbene Kundschaft überträgt, BGH NJW **60,** 1292. Geschäftsveräußerung oder -aufgabe (s Anm d) steht nicht dagegen, sofern Unternehmer die vom HV geschaffenen Geschäftsbeziehungen dabei für sich nutzen kann; Vorteil ist danach Erlangung einer umsatzorientierten, entspr höheren Absatzgarantie

§ 89b 2

bei einem Kooperationsvertrag oder eines infolge des Kundenstamms höheren Kaufpreises bei Unternehmensveräußerung, BGH **49**, 43, Karlsr WM **85**, 236, Ffm BB **85**, 687 (höhere Abfindung bei vorzeitiger Tankstellenaufgabe); Steindorff ZHR 130 (**68**) 82. Umsatzfördernde Maßnahmen des Unternehmers mindern idR Ausgleichsanspruch nicht (s Anm 3 A). Bezirks- und Kundenschutz (§ 87 II) ist hier ohne Bedeutung; Vorteile sind auch bei Rotationsvertriebssystem möglich, BGH NJW **85**, 860. **c)** Die Vorteile für den Unternehmer müssen **erheblich** sein. Die Erheblichkeit der von neuen Kunden erwachsenen Vorteile richtet sich nach Umfang und erwarteter Beständigkeit des Neugeschäfts verglichen mit dem alten (und dem etwa während der Vertragszeit ohne Zutun des HV zugewachsenen), nicht nach dem Verhältnis zum Gesamtgeschäft des Unternehmers, Nürnb BB **62**, 155. IdR ist der Fortbestand der vom HV geknüpften Beziehungen zu vermuten, Kblz DB **57**, 423, doch genügt ein Jahr der Geschäftsbeziehung mit neuen Kunden nicht, um Erheblichkeit zu bejahen, Celle BB **69**, 558; auch bei Werbung Reisebüro für Reiseunternehmen genügt einmalige Kundenwerbung nicht, BGH BB **75**, 198. Vorübergehende geringe Geschäftsstörungen infolge Ausscheidens des HV beschränken Anspruch nicht, Oldbg BB **73**, 1281. Es gibt keine Erstattung (etwa nach § 812 I 2 BGB), wenn die neuen Kunden nach Einigung oder Entscheidung über den Ausgleich wider Erwarten doch abspringen oder umgekehrt als unzuverlässig betrachtete sich treu zeigen. Überleitung des Vertriebs von rechtsfähiger TochterGes auf produzierende MutterGes schließt Ausgleichsanspruch nicht aus, Brschw BB **76**, 854. Neuorganisation des Geschäfts oder andere Ausdehnungen des Unternehmens nach Ende des HVVertrags heben idR die Ursächlichkeit des Wirkens des HV nicht auf, Düss DB Beil 2/**57**. **d) Kein Ausgleichsanspruch:** bei Abwanderung des Kunden allein wegen des Pächterwechsels, obwohl Nachfolgerservice objektiv nicht schlechter ist, BGH NJW **85**, 861; bei den Kundenstamm entwertender (vernünftiger, nicht notwendig wirtschaftlich zwingend gebotener) Betriebsänderung, zB Betriebsstillegung, es sei denn Unternehmer hat noch Vorteile zB durch höheren Verkaufserlös für Überlassung von Produktion oder Kundenstamm an Dritte (s Anm c) Einstellung der Erzeugung der vom HV vertriebenen Ware, BGH NJW **59**, 1964; Vertriebsumstellung, zB Belieferung nur noch eines Großabnehmers, BGH **49**, 41 (des Großaktionärs der UnternehmerAG), jedoch Ausschluß von Willkür und Pflicht, Vertreter rechtzeitig zu benachrichtigen, sonst Schadensersatzpflicht (s § 86a Anm 1 C, 2 B), dagegen steht Vertrieb nur noch über Großhandel fortdauernden Vorteilen nicht entgegen, BGH NJW **84**, 2696; wenn HV zur Konkurrenz geht und die geworbenen Kunden mitnimmt, BGH BB **60**, 605 (nach Celle BB **59**, 1151 immer beim Übergang zur Konkurrenz, dagegen HVHM **60**, 648 und Celle BB **70**, 227, wonach Konkurrenztätigkeit nach Beendigung des HVVerhältnisses Ausgleichsanspruch nicht mindert, es sei denn HV nimmt den größten Teil seines Kundenstammes mit, nach BGH WM **75**, 856 bei Konkurrenztätigkeit idR Minderung); wenn die vom HV geworbenen Kunden vom Bezug über HV beim Unternehmer übergegangen waren zum Kauf beim Großhandel, Oldbg BB **63**, 8. Nicht genügt auch Gewinnung von Dritten (ländliche Genossenschaft), die Kunden (Landwirte) zuführen können, wenn dies nicht hinreichend wahrscheinlich ist, BGH NJW **59**, 1677. Nach dem Wortlaut von Nr 1,

7. Abschnitt. Handelsvertreter **2 § 89 b**

nicht nach dem Normzweck des § 89b (s Anm 1 A) wäre Verlust alter Kunden neben Gewinnung neuer unerheblich; er ist jedoch stets mindestens nach Nr 3 (Billigkeit) zu Lasten des HV zu beachten, so BGH BB **64,** 1399 für Tankstellenkunden, vgl auch Stgt, Schlesw DB **57,** 379, **58,** 246, bei Massenkundschaft (in welcher der Einzelkunde nicht interessiert, Bsp Zeitschriftenabonnement) wohl schon nach Nr 1. Umsatzrückgang nach Ausscheiden mindert Anspruch, auch wenn die Umstände dem HV nicht angelastet werden können, BGH **56,** 242. **e) Beweislast** für Werbung von Kunden liegt beim HV, BGH NJW **85,** 859. Nennung der Kunden ohne Angabe des (dem Unternehmer unbekannten) Umfangs der Geschäfte mit ihnen kann genügen, BGH **42,** 246 (Tankstelle); uU wohl auch bloße Darlegung der Gesamtumsatzsteigerung, Wittmann BB **63,** 1457, **64,** 1400, aA Veith DB **65,** 65, die aber keineswegs Voraussetzung des Ausgleichs ist, BGH **42,** 246; dafür, daß Geschäftsverbindung auch nach HVVertragsende fortbesteht, gilt widerlegliche Vermutung, BGH NJW **85,** 859. Umsatzrückgang nach Beendigung des HVVerhältnisses ist nur von Beweiskraft, wenn dies bei Beendigung bereits angelegt ist, Celle BB **70,** 227. Schätzung nach § 287 II ZPO nach hinreichenden Stichproben ist zulässig, BGH NJW **85,** 860.

C. **Provisionsverluste des Handelsvertreters:** Der Ausgleichsanspruch **setzt zweitens voraus,** daß **dem Handelsvertreter** infolge der Vertragsauflösung aus älteren oder künftigen Abschlüssen **Provisionen entgehen (I 1 Nr 2): a)** aus **älteren** (in der Vertragszeit zustande gekommenen) **Abschlüssen** mit von ihm geworbenen Kunden, vgl § 87b Anm 4, § 92 Anm 2 (bei Ausführung nach Vertragsende verliert HV uU nach Vertrag Provisionen, § 87 Anm 4, sie sind dann für den Ausgleich nach § 89b, dh nur nach Maßgabe von dessen Bestimmungen zu berücksichtigen). Nur entgehende Provision für Vermittlung und Abschluß von Geschäften (nämlich für Leistungen zur Schaffung eines Kundenstammes, vgl Anm 1) interessieren; auch Provisionen, die für den Abschluß gewährt werden, aber daneben noch Sicherungsfunktion für den Unternehmer bis zum Eingang der Verkaufserlöse haben, ohne echte Delkredereprovisionen zu sein, BGH NJW **79,** 653. Auch der Verlust einer Festvergütung, uU auch einer besonders hohen, fällt nach Nr 2 ins Gewicht, BGH **43,** 154. **Nicht** hierher gehören Provisionen für andere Tätigkeiten, die von keiner oder nur untergeordneter Bedeutung für Abschlüsse sind, zB Inkasso, ,,Bestandspflege und Verwaltung", BGH **55,** 45; ,,Verwaltung", namentlich in Versicherung und Bausparkassengeschäft, BGH **30,** 102, **34,** 314, **55,** 49, **59,** 128 (soweit solche andere Provision nicht der Sache nach Abschluß-Folgeprovision ist, verneint von BGH **30,** 105 ua weil in casu Inkasso- und Bestandspflegeprovision auch für nicht selbst vermittelte Verträge gewährt wurde); Lagerhaltung und Warenauslieferung, BGH **56,** 242, Celle BB **70,** 227, aA Schröder FS Nipperdey **65** I 715 (Einbeziehung der ,,Tätigkeitsprovision"); allgemein Provisionen für nicht werbende Tätigkeiten, BGH NJW **85,** 861. Zahlung von Provision aus solchen älteren Abschlüssen an einen Nachfolger-Vertreter ist nur nach Nr 3 (s Anm D, Billigkeit) zu berücksichtigen. **b)** aus **künftigen Abschlüssen** mit von dem HV geworbenen Kunden, gleich ob solche Abschlüsse nur mit oder auch ohne neue Bemühung des HV zu erwarten waren, BGH **24,** 226, **29,** 92, **30,** 103; auch aus zu erwartenden Fortsetzungsabschlüssen (Vertragsverlängerung) oder Erweiterungen (Summenerhöhung bei Bausparkassenvertrag), die nach natürlicher Betrachtung Folge früheren Abschlusses darstellte, BGH BB **70**, 102; wenn zu erwarten ist, daß einmal geworbener Kunde in verhältnismäßig kurzen Zeitabständen neu bestellen wird, BGH BB **70**, 101; auch aus vorbereiteten Abschlüssen iSv § 87 III, falls der Vertrag diese abw von § 87 III von der Provisionspflicht ausschließt. Provisionsverluste bei Vertriebsumstellung s Bamberger NJW **84**, 2670. Erforderlich ist Prognose für eine übersehbare Zeit; Maßstab hierfür ist, wie lange die Verbindungen zu neugeworbenen Kunden (I 1 Nr 1, I 2) wahrscheinlich dauern werden, BGH BB **60**, 1261. **Nicht** ins Gewicht fällt dagegen die Aussicht, neue Kunden zu werben, BGH **24**, 228, **29**, 92, **34**, 314 (Bausparkassenvertreter); auch bei („unechter") Gruppenversicherung (die nur die Einzelabschlüsse mit den Gruppenmitgliedern vorbereitet), BGH BB **61**, 189. Nicht erheblich ist auch die Aussicht des Bezirksvertreters (§ 87 II) auf Provisionen aus Abschlüssen mit Kunden, die er nicht geworben hat. Über Verhältnis Kundenschutz/Ausgleichsanspruch Schröder BB **62**, 740. c) Maßgebend für I 1 Nr 2 sind die zu erwartenden **Bruttoprovisionen**, BGH **41**, 129; Mehrwertsteuer ist mit zu berücksichtigen, darf nicht außer Ansatz bleiben, BGH **61**, 114; kein Abzug der an Untervertreter abgegebenen Provisionsteile (Grund: Ausgleichsansprüche der Untervertreter gegen HV), BGH WM **85**, 982; uU schadet nicht, daß kein Reinverdienst zu erwarten war, BGH BB **60**, 1261, abw Brem BB **66**, 877, **67**, 430. Berücksichtigung der vom Vertreter ersparten Aufwendungen s Anm 3 A.

D. **Billigkeitsprüfung:** Die Zahlung des Ausgleichs **muß drittens** bei Berücksichtigung aller Umstände **billig erscheinen, I 1 Nr 3**; idR ist dies erst nach Klärung der Voraussetzungen nach Nr 1, 2 zu prüfen, der Ausgleich darf also nicht ohne Feststellungen zu Nr 1, 2 allein nach Nr 3 bemessen werden, BGH **43**, 154, NJW **85**, 59. Für Nr 3 sind ua erheblich: Die Umstände der **Beendigung** der Vertretung, zu Lasten des Vertreters (abgesehen vom Fall III 2, vgl Anm 4 B) sein oder seiner Leute Verschulden daran, BGH **29**, 280, **41**, 132 (Unfalltod), **45**, 388 (Selbstmord), DB **81**, 1773; auch daß gegen den gestorbenen (nicht gekündigten) Vertreter Gründe zur Kündigung ohne Ausgleich (§ 89a, § 89b III 2) vorlagen, BGH NJW **58**, 1966; zur ordentlichen Kündigung führende Vertragsverletzung des HV, BGH DB **81**, 1773; nicht vereinzelter Vertragsverstoß während langjähriger guter Zusammenarbeit, BGH WM **85**, 469; Leistungen des Unternehmers zur **Altersversorgung** des Vertreters, wobei idR der Steuervorteil des Unternehmers nicht ins Gewicht fällt, BGH **45**, 268, 278; Anrechnung der so finanzierten Rente auf Ausgleichsanspruch je nach Einzelfall, BGH **55**, 58; das gilt auch für eine allein vom Unternehmen finanzierte, erst in 24 Jahren fällige Altersrente, BGH BB **84**, 168; Doppelbezahlung/belastung ist zu vermeiden, auch wenn PersonenGes zwischengeschaltet ist, BGH NJW **82**, 1814; Ausgleichsanspruch und BetrAVG s Küstner BB **76**, 1485; **Besonderheiten** des beendeten **Vertrags** wie feste Vergütung, Mü, Celle BB **57**, 1053, **61**, 651, **62**, 156, andere dem Vertreter besonders günstige Bedingungen, BGH **45**, 268; freiwillige Leistungen wie Stehenlassen von Provisionen durch den Vertreter als Finanzhilfe für den Unternehmer, Fbg BB **57**, 561; Belastung des Unternehmers durch Provi-

7. Abschnitt. Handelsvertreter 3 § 89b

sionsverpflichtungen an Nachfolger-Vertreter (vgl Anm C) andererseits in welchem Umfange Vertreter für seine Goodwillschaffung schon durch Provision auf Nachbestellungen belohnt wurde, BGH BB **57**, 1161; Aufbau des Kundenstammes mit Hilfe von Schmiergeldern unter Mitwirkung des Unternehmers schließt Ausgleichsanspruch nicht aus, BGH NJW **77**, 671; beim Mehrfirmenvertreter besteht uU die Möglichkeit, im Rahmen der Vertretung anderer Firmen den Kundenstamm weiterzunutzen, BGH DB **81**, 1773; das **Ergebnis** der Vertretung für beide Teile; Rückgang des Gesamtumsatzes trotz Werbung neuer Kunden muß Ausgleich nicht völlig ausschließen, BGH **42**, 246 (Tankstelle). Die **Vertragsdauer** kann in beiderlei Richtung Bedeutung haben: lange Verbundenheit erlaubt weniger Härten als kurze, aber eine lange Vertragszeit ließ idR den Vertreter mehr Früchte seiner Arbeit ernten als eine kurze, BGH BB **57**, 1161, Hbg DB **63**, 1214 (kurze Zweitvertretung). Hohes Alter des Vertreters stärkt weder sein Ausgleichsrecht noch steht es diesem entgegen, weil er durch Arbeitsunfähigkeit die Provisionschancen ohnehin verlöre (zum Fall des Todes des Vertreters s Anm 2 A), generell ist jedoch lange Vertragsdauer zugunsten des Vertreters zu berücksichtigen, zumal bei Eintritt in Ruhestand, BGH **55**, 45. Geht Vertreter zur Konkurrenz, kommt es auf das Mitnehmen der Kunden an, s Anm B. Nicht wesentlich ist, ob ein anderer Vertreter den Bezirk übernimmt oder Unternehmer ihn in eigene Regie nimmt und ob er so mehr herausholt. Ganz ausnahmsweise sollen wirtschaftliche und **soziale** Verhältnisse der Parteien, die nicht unmittelbar das Vertragsverhältnis berühren, beachtlich sein, BGH **43**, 159, 162 (achtköpfige Familie). Im Falle des Ausgleichs wegen Vertragseinschränkung (s Anm 2 A), ist uU ein schon vereinbarter Ausgleich wegen eines danach vom Vertreter begangenen Verstoßes nach Nr 3 zu mindern. Die **Beweislast** für die Anspruchsvoraussetzung nach Nr 3 trifft grundsätzlich den Vertreter, mit Anscheinsbeweiskraft der typischen Lage zu seinen Gunsten in vielen Fällen, offen BGH **41**, 133.

3) Maß des Ausgleichs (I 1, II)

A. **Angemessenheit:** Der Ausgleich soll „angemessen" sein **(I 1)**. Aus dem „**soweit**" in I 1 folgt: zu beachten ist der Umfang der Vorteile (I 1 Nr 1) einerseits, der Nachteile (I 1 Nr 2) andererseits (der jeweils geringere ist maßgebend, Brem BB **67**, 430) und darüber hinaus die „Billigkeit unter Berücksichtigung aller Umstände" (I 1 Nr 3). Danach können, ausgehend von den (dem Vertreter entgehenden) Bruttoprovisionen (s Anm 2 C), welche Mehrwertsteuer zu berücksichtigen haben, ersparte **Betriebskosten** berücksichtigt werden, BGH **29**, 93, aber idR nur besonders hohe, BGH **41**, 135, **56**, 249 (50% noch nicht „besonders hoch"), NJW **79**, 653; nach Küstner BB **62**, 432 nur ersparte Abschluß- und Vermittlungs-, nicht Verwaltungskosten; auch daß Vertreter gar keinen Reingewinn hatte, schließt nicht jeden Ausgleich aus, BGH BB **60**, 1261. Nichtberücksichtigung der Höhe der ersparten Betriebskosten (oder eines anderen einzelnen möglichen Billigkeitsgesichtspunktes) ist idR kein Revisionsgrund, BGH **41**, 135. Voraussichtlicher jährlicher Kundenschwund (**Abwanderungsquote**) ist abzusetzen, Karlsr BB **82**, 275 m Anm Küstner. Gegen den Vertreter zweier Unternehmen mit ähnlichem Angebot (Mehrfirmenvertreter), der bei einem ausscheidet, ist zu berücksichtigen, ob er für dieses geworbene Kunden nun mit den Erzeugnissen des anderen beliefern kann, BGH BB **60**, 1179, DB **81**, 1774. **Abzinsung** (10%) auf Gesamtbetrag, wenn HV diesen erst innerhalb vier Jahren verdient hätte, Celle BB **70**, 227. **Umsatzfördernde Aufwendungen** des Unternehmers mindern Ausgleichsanspruch idR nicht, BGH **56**, 242, **73**, 99. **Nicht mitzurechnen** ist die Vergütung für andere Leistungen als diejenige, für die nach dem Normzweck des § 89b eine zusätzliche Vergütung gewährt werden soll (vgl Anm 1 A: Schaffung eines Kundenstammes durch Werbungs-, Vermittlungs-, Abschlußtätigkeit), nicht zB Vergütung für Unterhaltung eines Auslieferungslagers und Besorgung der Lieferungen, BGH **56**, 242, Celle, BB **69**, 558, **70**, 227, nicht Vergütung für verwaltende Tätigkeit, BGH **59**, 128, wohl auch nicht Verwaltungs- und Inkasso-Provision im Versicherungs- und Bausparkassengeschäft. **Erfolgs-** und Superprovision sind ebenfalls ausgleichsfähig, soweit sie Abschlußprovision sind, BGH BB **72**, 1073, NJW **79**, 653. **Mehrwertsteuer** ist in dem Ausgleich, der unter Berücksichtigung der auf Provision angefallenen Mehrwertsteuer berechnet wird, enthalten.

B. **Obergrenze:** II setzt ein Höchstmaß: Provision (oder andere Vergütung, § 87 Anm 1 B) eines Jahres, nach dem Durchschnitt der letzten fünf Vertragsjahre (oder der kürzeren Dauer des Vertrags). II greift erst ein, wenn Ausgleichsanspruch nach I Nr 1–3 höher wäre; die Billigkeitsprüfung nach I Nr 3 setzt also nicht den nach II ermittelten Höchstbetrag herab, BGH **55**, 55, DB **81**, 1773. Provision heißt hier (wie sonst) Bruttoprovision ohne Abzug von Mehrwertsteuer, BGH BB **73**, 1092, ohne Abzug von Betriebsausgaben, BGH **29**, 92, **41**, 134, einschließlich Spesenzuschuß, aber ausschließend durchlaufende Beträge wie vertraglich vom Unternehmer übernommene bestimmte Aufwendungen, zB für nach Vertrag zu beschäftigende Untervertreter. Gleich ist, aus welchem Titel die einzelnen Provisionen verdient wurden, BGH **55**, 45, zB sind solche auf Nachbestellungen (§ 87 I 1 Fall 2) mitzurechnen (s aber Anm 2 D zu § 89b I 1 Nr 3), BGH BB **57**, 1161. Bei Berechnung des Höchstsatzes nach II sind anders als bei Berechnung des Provisionsverlustes (s Anm 3 A) alle Provisionen und Vergütungen zu berücksichtigen, nicht nur die für Abschluß- und Vermittlungstätigkeit, sondern zB auch für Lagerhaltung, Inkasso und andere Dienstleistungen, BGH **56**, 227, BB **71**, 105, Karlsr BB **82**, 275.

C. Bei **Zusammenarbeit mehrerer Vertreter** so, daß jeder jeden Kunden ohne Bereichseinhaltung bearbeitet, zB auf Messen, sind für den Ausgleichsanspruch jedem Vertreter die aus seinem Bereich geworbenen Kunden anzurechnen, KG BB **69**, 1062.

4) Entfallen des Ausgleichsanspruchs (III)

A. Der Anspruch **entfällt** (Übersicht: Küstner II 380) nach **III 1 bei Kündigung** (ordentlich oder außerordentlich, vgl §§ 89, 89a) **durch den Handelsvertreter**, außer bei begründeten **Anlaß** im Verhalten des Unternehmers oder Unzumutbarkeit wegen Alter oder Krankheit des Handelsvertreters. In den beiden letzteren Fällen entfällt also Anspruch des HV nicht. a) Ein solcher Anlaß (**III 1 Fall 1**) ist weniger als ein wichtiger Kündigungsgrund iSv § 89a, setzt nicht Verschulden des Unternehmers voraus, nur daß der HV durch ein Verhalten des Unternehmers in eine für ihn nach Treu und Glauben nicht haltbare Lage kam, BGH **40**, 15, NJW **67**, 2153, Brem BB **67**, 430; Billigkeitsgesichtspunkte sind zu berücksichtigen, Merkmal Verhalten ist weit zu fassen, BGH BB **76**, 332. Begründeter Anlaß für HV zur ordentlichen Kündigung genügt, auch wenn HV zu Unrecht fristlos kündigt, BGH **91**, 321. Begründeter Anlaß besteht für Untervertreter, wenn Hauptvertreter ihm nach Kündigung durch Unternehmer nicht Vertragsfortsetzung zu angemessenen Bedingungen anbietet; war Motiv der Kündigung Angebot des Unternehmers, unmittelbar für ihn zu arbeiten, ist dies unter I 1 Nr 3 mitzuberücksichtigen, BAG BB **85**, 226. Gleich ist, ob und wie der HV die Kündigung begründete und ob er einen nachgeschobenen Grund bei der Kündigung kannte, ob überhaupt dieser Grund für die Kündigung ursächlich war (Wirksamkeit der Kündigung aus wichtigem Grunde s § 89a); unerheblich ist hier die Dreimonatsfrist des IV 2, das ,,Nachschieben" ist nur nicht treuwidrig (§ 242 BGB) zu verspäten, es ist uU nach mehr als zwei Jahren aufgrund von Ermittlungen anläßlich des Prozesses über den Anspruch zulässig; BGH **40**, 14, 18. **b)** Anspruch des HV entfällt auch dann nicht, wenn dem HV Fortsetzung der Tätigkeit wegen Alters oder Krankheit nicht zugemutet werden kann (**III 1 Fall 2**, nF 13. 5. 76 BGBl 1197). Unzumutbarkeit idR bei Vollendung des 65. Lebensjahres, doch können im Einzelfall Ausnahmen bestehen. Krankheit darf nicht nur vorübergehender Art sein. Kündigung wird bei Alter idR fristgemäß sein müssen, bei dauernder, unerwarteter Krankheit kann auch fristlose Kündigung in Frage kommen. III 1 Fall 2 ist unanwendbar auf HVGmbH, denn dort ist GfterWechsel möglich. Übersicht zu III 1 Fall 2: Küstner BB **76**, 630. **Beispiele:** Unberechtigte Verkleinerung des Bezirks, Düss DB Beil 2/**57**; (idR) unberechtigte (daher unwirksame) Kündigung durch den Unternehmer, BGH NJW **67**, 248; erhebliche Produktionseinschränkung und Übergang zur Lohnproduktion, BGH NJW **67**, 2153; eine (aus dem Verhalten des Unternehmers iwS, auch ohne jedes Verschulden) entstandene schwierige wirtschaftliche Lage, BGH NJW **76**, 671. S auch § 89a Anm 2 E (wichtige Kündigungsgründe des HV). Bei Kündigung des Untervertreters gegen Hauptvertreter ist begründeter Anlaß auch rechtmäßiges Verhalten des letzteren, zB Gebietsverkleinerung oder teilweise Einstellung des Geschäftsbetriebes durch Auftraggeber, BGH BB **70**, 101. **Nicht** steht dem Fall des III 1 gleich fahrlässig selbst verursachter (Unfall)**Tod** BGH **41**, 131, auch nicht **Selbstmord** BGH **45**, 387 (idR); s Anm 2 A.

B. Der Anspruch **entfällt** auch (**III 2**) **bei schuldhaftem,** einen **wichtigen Grund zur Kündigung** nach § 89a liefernden Verhalten des HV **und Kündigung** (ordentlich oder außerordentlich) **des Unternehmers** mit oder ohne Erwähnung dieses Kündigungsgrundes, BGH **24**, 35, auch wenn er ihn bei der Kündigung noch nicht kannte, BGH **40**, 15. Kündigung ist grundsätzlich unerläßlich, BGH **91**, 324. Nicht jede Kündigung aus wichtigem Grund führt also zum Verlust des Ausgleichsanspruchs; § 89b III 2 ist zugunsten des HV wesentlich enger als § 89a; BGH **40**, 15. III 2 gilt auch, wenn der Unternehmer bei Vorliegen eines Grundes, der ihn bei unbefristetem Vertrag zur Kündigung veranlaßt hätte, einen ablaufenden Vertrag (der wiederholt verlängert worden war und wieder verlängert werden sollte), nicht wieder verlängert mit oder ohne Mitteilung des Motivs, BGH **24**,

33. Dementsprechend idR auch wenn der HV starb, während ein Kündigungsgrund iSv III 2 bestand, bevor der Unternehmer kündigen konnte, BGH **41**, 131, **45**, 388. Auch wenn HV nach ordentlicher Kündigung durch Unternehmer, vor Vertragsende sich eines Verhaltens schuldig macht, das fristlose Kündigung gerechtfertigt hätte, von dem Unternehmer aber erst nach Vertragsende erfährt, BGH **48**, 222 (dahingestellt Fall: Unternehmer erfährt vor Ablauf der Kündigungsfrist, unterläßt die noch mögliche fristlose Kündigung). **Beispiele** für Anwendbarkeit des III 2: Beleidigung, Celle BB **63**, 711; unzulässiger Wettbewerb, BGH NJW **84**, 2101, Bambg BB **79**, 1000. **Nicht** bei (uU zulässiger, s § 89a Anm 2 D) außerordentlicher Kündigung wegen bloßen Schuldverdachts, BGH **29**, 277, auch nur wegen Verschuldens von Angestellten des HV, dieses ist nach I 1 Nr 3 (Billigkeit) zu berücksichtigen, § 278 BGB gilt nicht, BGH **29**, 278; anders bei Verschulden von X, der nach Vereinbarung mit dem Unternehmer allein als Vertreter tätig war, obwohl der Vertretervertrag mit seiner Ehefrau geschlossen wurde, BGH BB **64**, 409. Nicht zB bei Kündigung des Unternehmers wegen Unterlassung empfohlener technischer Weiterbildung, LG Charl HVR **55** Nr 80.

C. III ist idR für abschließend zu halten, **nicht** leicht **entsprechend anzuwenden.** Soweit Anspruch nach III nicht besteht, keine weitere Billigkeitsabwägung nach I 1 Nr 3. Sonstige Umstände der Vertragsbeendigung sind auch nach I 1 Nr 3 (Billigkeit) zu berücksichtigen, BGH **41**, 131. Der Unternehmer kann aber entspr III sein Einverständnis mit entgeltlicher Übertragung der Vertretung von Verzicht des HV auf Ansprüche nach § 89b abhängig machen, Hamm BB **80**, 1819. Bei einvernehmlicher Abgabe der Vertretung von A an B unter Beteiligung von A an der Provision des B (und Auszahlung dieses Anteils durch Unternehmer an A), dann Aufdeckung von Verschulden des A: keine entsprechende Anwendung von III 2, keine Rückforderung der B-Provisions-Anteile von A (die nicht Ausgleich iSv § 89b sind), Stgt BB **60**, 264.

5) Unabdingbarkeit, Ausschlußfrist (IV); Prozeß, Vollstreckung

A. Der Anspruch ist **nicht im voraus ausschließbar**, IV 1. Aufhebung **später oder** Ausschluß **gleichzeitig** mit einvernehmlicher Vertragsbeendigung ist **zulässig**, BGH **51**, 188; auch Ausschluß vor Ablauf der Kündigungsfrist, aber nach einvernehmlicher Einstellung der Tätigkeit, BGH **55**, 124, auch in Vergleich nach fristloser Kündigung des Unternehmers bei Vereinbarung kurzen Weiterlaufens des Vertrags, BGH BB **62**, 655 (nicht bei bloßer Ersetzung eines Vertrags durch einen anderen, BGH NJW **67**, 248 anläßlich Übertragung eines anderen Bezirks); auch Ausschluß zugleich mit Kündigung durch HV oder einvernehmlicher Vertragsbeendigung, wenn danach die Tätigkeit demnächst (nicht länger als Kündigungsfrist) eingestellt wird, GroßKo-Brüggemann, aA BGH **55**, 126, KG NJW **61**, 124, Grund: einheitliche Abschlußregelung im beiderseitigen Interesse. Zulässig ist **Aufrechnung** des gestundeten Übernahmepreises gegen Ausgleichsanspruch, BGH NJW **83**, 1728. Der **vorherige Ausschluß** ist dagegen **unzulässig**, falls der Unternehmer kündigt; selbst nur wenige Tage vor Einstellung der Tätigkeit, BGH **55**, 126; Vereinbarung, daß Ausgleichsanspruch erst nach Anerkenntnis fällig sei, auch Vereinbarung von drei Jahresraten, aA Oldbg BB **73**, 1281. Unzulässig ist auch Voraus-

Abgeltung durch Vereinbarung einer Nachprovision oder sonstiger nach Vertragsende zahlbarer, vom Ausgleich nach § 89 b abweichender Vergütung, aber die Art der Regelung der Provisionsansprüche bei Vertragsende fällt nach I Nr 3 ins Gewicht (s Anm 2 D). Unwirksam ist auch Vorauseinschränkung des Ausgleichs, zB Vorausvereinbarung der Anrechnung gewisser Kostenvorschüsse (zur „Einführung") auf einen künftigen Ausgleichsanspruch, Kblz HVHM **56**, 143; iZw auch Abrede, daß Teil der Bezüge auf künftigen Ausgleichsanspruch anzurechnen ist, es sei denn, daß auch ohne Verrechnungsabrede keine höhere Provision vereinbart worden wäre, BGH **58**, 60, krit Stötter BB **72**, 1036. Als ein Entgelt der Gesamtleistung des Vertreters, nicht bestimmter Dienste in bestimmter Zeit (vgl Anm 1 A), kann Unternehmer die Ausgleichszahlung nach Kündigung des Vertrags wegen Verminderung der Arbeitskraft des Vertreters durch Unfall **nicht** (wie Lohnfortzahlung an Arbeitnehmer) **abhängig** machen **von Abtretung eines Schadensersatzanspruchs** des HV gegen den Verletzer, BGH **41**, 296. Zu differenzieren ist auch bei **Abwälzung** des Ausgleichs von Unternehmer **auf Nachfolger** des HV. Mit Zustimmung des Ausgeschiedenen (im Todesfall seiner Witwe) ist Abwälzung möglich, BGH BB **68**, 927, **75**, 1037, beseitigt aber iZw nicht Haftung des Unternehmers (falls Nachfolger ausfällt), Celle BB **61**, 615. Unwirksam ist Vorwegvereinbarung solcher Abwälzung, auch nur der Pflicht zur Vorweginanspruchnahme des Nachfolgers entsprechend § 771 BGB; möglich, aber den Unternehmer nicht befreiend ist Schuldbeitritt des Nachfolgers oder Erfüllungsübernahme (§ 329 BGB) durch ihn; BGH BB **67**, 935, DB **68**, 1486. Diese Nachfolgerschuld entfällt nicht, wenn er bald auch ausscheidet; aber er kann uU entspr Leistungen des Zweitnachfolgers dem Unternehmer gegenrechnen (§ 157 BGB, vgl auch §§ 324, 615 BGB), BGH DB **68**, 1486. Vereinbarung zwischen HV über Beteiligung des Ausscheidenden an Provision des Nachfolgers ist nicht ausgeschlossen, kann aber Ausgleichsanspruch mindern, BGH BB **75**, 1037. Zur Vorauserfüllung und Überwälzung Eberstein BB **71**, 200. Ausnahme (Abdingbarkeit) bei **ausländischem** Vertreter und Schiffahrtsvertreter s § 92 c I, II; Ausschluß des Ausgleichs durch ausländisches Recht s § 92 c Anm 3 B, C.

B. Der Anspruch unterliegt nicht nur der Verjährung nach § 88, sondern einer **Ausschlußfrist von drei Monaten** nach Vertragsende (IV 2). **Geltendmachung** ohne besondere Form, insbesondere nicht etwa nur gerichtlich; bei Geltendmachung durch Klageerhebung genügt diese, Fristwahrung tritt nicht etwa erst mit Klagezustellung ein, BGH **53**, 332; ausreichend Geltendmachung auch zunächst ohne Bezifferung, nur eindeutig, wozu Hinweis auf die aus Kündigung folgenden gesetzlichen Rechte idR genügt (weil unter diesen der Ausgleichsanspruch idR das wichtigste ist), BGH **50**, 88, nicht dagegen auf Kündigung und Erklärung des Unternehmers, ein Ausgleichsanspruch bestehe nicht, bloße Nichteinverständniserklärung mit Vorbehalt weiterer Schritte, BGH BB **69**, 1370. Auch Geltendmachung **vor Vertragsende** genügt, zB im Kündigungsschreiben des HV selbst, BGH **40**, 18, in der Erwiderung auf die Kündigung des Unternehmers, KG NJW **60**, 631, in Anwaltsschreiben während der Verhandlung, die zum Vertragsende führte, BGH **50**, 89. Keine **Hemmung** bei nebenberuflicher Weitervertretung, Nürnb BB **58**, 1151, jedoch Nachlaß- Ablauf-

§ 89b 6   I. Buch. Handelsstand

hemmung entspr § 207 BGB, also Geltendmachen durch Erben innerhalb von drei Monaten nach Erbschaftsannahme, BGH **73**, 99. **Fristablauf am Sonntag, Feiertag, Samstag:**

BGB 193 [Sonn- und Feiertage; Samstage]
    Ist an einem bestimmten Tag oder innerhalb einer Frist eine Willenserklärung abzugeben oder eine Leistung zu bewirken und fällt der bestimmte Tag oder der letzte Tag der Frist auf einen Sonntag, einen am Erklärungs- oder Leistungsorte staatlich anerkannten allgemeinen Feiertag oder einen Sonnabend, so tritt an die Stelle eines solchen Tages der nächste Werktag.

    Nach Fristablauf auch keine Aufrechnung mit dem Anspruch, Karlsr WM **85**, 237; die Frist ist unerheblich nach Anerkennung des Anspruchs (auch nur dem Grunde nach) durch den Unternehmer, BGH BB **65**, 434 (Fall Verkleinerung des Bezirks, vgl Anm 2 A). Treuwidriges Abhalten von nachteiliger Geltendmachung (§ 242 BGB), Karlsr WM **85**, 236.

    C. Die Klage aus § 89b kann durch Klage auf **Auskunft**, zB über die in den letzten fünf Jahren gezahlte Provision, vorbereitet werden (mit Streitwert nach § 3 ZPO von etwa 20% des Werts der vorbereiteten Ansprüche), BGH BB **60**, 796; keine Auskunft über Provisionsansprüche, die der HV hat verjähren lassen, BGH NJW **82**, 236. Zum Auskunftsrecht Wolff BB **78**, 1246. Bei gleichzeitiger Beendigung von Vertreter- und Untervertretervertrag (vgl § 84 III, dort Anm 4 C) bedarf dieser nicht stets der Auskunft über den Ausgleich, den jener vom Unternehmer empfing; für seine Klage genügt zB Angabe seiner Umsätze in den letzten fünf Jahren (vgl II) und Darlegung der Billigkeitsgründe (vgl I Nr 3), Düss NJW **66**, 888. Ein **Grundurteil** (§ 304 ZPO) über den Anspruch ist nicht ausgeschlossen, aber problematisch wegen des engen Zusammenhangs der den Grund und die Höhe des Ausgleichs betreffenden Tat- und Rechtsfragen; es setzt jedenfalls ua voraus, daß mit hoher Wahrscheinlichkeit erhebliche fortdauernde Vorteile des Unternehmers und Billigkeit eines Ausgleichs (§ 89b I Nr 1, 3) zu bejahen sein werden, BGH NJW **67**, 2153, **82**, 1758. Die Vorabentscheidung wird regelmäßig unzweckmäßig und auch kaum durchführbar sein, Ffm BB **68**, 809. Zum **Streitwert** von Klagen auf Ausgleich und Ruhegeld Schneider BB **76**, 1298. Die Ausgleichsbemessung (Vorteils-und Verlustprognose, Billigkeitsprüfung) ist durch **Revisionsgericht** nur beschränkt (auf Rechtsirrtum, Verstoß gegen Erfahrungssätze, Außerachtlassung wesentlichen Parteivorbringens) nachprüfbar, stRspr, BGH **73**, 103. Der Anspruch genießt **kein Konkursvorrecht** (s § 84 Anm 8), auch **nicht Pfändungsschutz**, der Ausgleich (der von weiteren Voraussetzungen abhängt, I 1 Nr 1, 2) gehört insbesondere (im Falle des Vertragsendes durch Tod des HV) nicht zu den Sterbebezügen aus Arbeits- oder Dienstverhältnissen iSv § 850a ZPO (vgl § 87 Anm 1 C).

6) Versicherungsvertreter (V)

    A. V ändert die Regelung des Ausgleichsanspruchs für VersVertreter und (wie aus § 92 V ableitbar) für Bausparkassenvertreter, BGH **34**, 313, **59**, 125, in zweifacher Hinsicht (s Anm B, C); im übrigen gelten auch für VersVertreter I–IV. Diese Abweichungen rechtfertigen sich durch die lange Dauer vieler VersVerträge; Kundenverhältnisse mit wiederholten Abschlüssen (Stammkunden) gibt es hier weniger, dagegen ist ein neuer

VersVertrag hier wie anderswo ein neuer Kunde. Dem trägt § 92 III 1 für den Provisionsanspruch während des Vertrags Rechnung (provisionspflichtig sind nur seine eigenen Abschlüsse, nicht auch alle Nachbestellungen); dem entspricht V für den Ausgleichsanspruch nach Vertragsende. Übersichten: Schröder FS Nipperdey **65** I 715, Sieg VersR **64**, 789 (VersVertreter), Küstner II 442 und BB **66**, 269, BB Beil 12/**81**, 1 (Bausparkassenvertreter), Küstner BB **75**, 493 (KrankenVersVertreter). Der Wirtschaftsverband Versicherungsvermittlung (heute Bundesverband deutscher Versicherungskaufleute) hat verschiedene Erläuterungen veröffentlicht.

B. a) Zur Erfüllung der Voraussetzungen des **I Nr 1** (s Anm 2) ist nicht erforderlich, daß der HV neue (Stamm)Kunden geworben hat, nur daß er **neue Versicherungsverträge** sei es auch mit Altkunden vermittelt hat, aus denen der Unternehmer nach Ende des HVVertrags erhebliche Vorteile hat. Neu ist ein Versicherungsvertrag zB mit demselben Kunden auf ,,Verlängerung" nach Ablauf des Versicherungsvertrags (anders bei echter Verlängerung mangels Kündigung) oder mit einem Altkunden über ein anderes Risiko oder zur Erfüllung eines anderweitigen Bausparbedürfnisses (erst recht bei Verwandtenverträgen), BGH **59**, 131. Die erheblichen Vorteile des Unternehmers nach Vertragsende können entweder aus dem vom Vertreter vermittelten Vertrag selbst stammen oder aus Ergänzungsverträgen (Verlängerung, Erweiterung, Summenerhöhung), so BGH **34**, 313, **59**, 130, BB **70**, 102; dagegen bleiben Vorteile des Unternehmers aus Abschlüssen nach Beendigung des HVVerhältnisses mit vom VersVertreter geworbenen Kunden außer Betracht, BGH **34**, 319, **59**, 130. Entscheidend ist die Zahl der Neuverträge, nicht das Verhältnis des Gesamtbestandes der Versicherungsverträge bei Beginn und Ende des Vertreterverhältnisses, Stgt DB **57**, 379. **b)** Zur Erfüllung der Voraussetzungen des **I Nr 2** kommt es darauf an, ob der Vertreter aus von ihm vermittelten Verträgen (unmittelbar oder durch deren Ergänzung) ohne das Vertragsende Provisionsansprüche hätte, BGH **34**, 317; das ist bei abschließender Einmalprovision wie idR bei der Lebens- und Krankenversicherung nicht der Fall, BGH **30**, 106 (,,Verwaltungs"-Provisionen sind nicht ausgleichspflichtig, s Anm 2 C a); an sich auch nicht bei für den Abschluß zeitlich gestreckt gewährter (Abschluß-)Folgeprovision wie idR bei der Schadensversicherung, denn diese sind bereits verdient, aber iErg doch, wenn wie häufig Verzicht auf die Folgeprovision vereinbart ist. Zur Abgrenzung bei Provisionsmischstrukturen GroßKo-Brüggemann 131. Der Ausgleichsanspruch knüpft hier an die Vergangenheit an, Ffm BB **78**, 728. Vgl für die Provision während des Vertrags § 92 III 1, der entspr von § 87 I 1 abweicht. **c)** Bei **I Nr 3** ist eine der Altersversorgung dienende Provisionsrente ohne Folgeprovisionscharakter zu berücksichtigen.

B. Anders als nach II kann der Ausgleichsanspruch nicht nur eine Jahresprovision oder Jahresvergütung, sondern deren **Dreifaches** erreichen. Denn die Laufdauer der Versicherungsverträge und der Folgeprovision sind typisch länger als beim Warenvertreter. Die Obergrenze nach V wird ebenso wie die nach II berechnet: ermittelt wird also zuerst eine Einjahresprovision nach dem Durchschnitt der letzten drei Jahre, dieser Betrag wird dann verdreifacht; wie in V zählen alle Provisionen mit, also auch ,,Verwaltungs"-Provisionen (s Anm 3 B).

C. **Einschränkung des Ausgleichsanspruches** auch des VersVertreters ist

§ 90 1, 2 I. Buch. Handelsstand

gesetzwidrig; die zwischen „Gesamtverband der VersWirtschaft" und „Bundesverband bevollmächtigter Generalagenten und Geschäftsstellenleiter der Assekuranz" ua Verbände vereinbarten „Grundsätze zur Errechnung der Höhe des Ausgleichsanspruchs" sind kein HdlBrauch und nicht verbindlich, da nicht vorher und generell bestimmt werden kann, was angemessener Ausgleich ist, Kln BB **74**, 1093, LG Hann BB **76**, 664 m Anm Küstner; sie haben auch nicht ohne weiteres Vermutung der Richtigkeit und Billigkeit für sich, aA Düss VersR **79**, 837; sie bieten aber Erfahrungswerte, die bei Schätzung nach § 287 ZPO berücksichtigt werden können, aA Ffm DB **86**, 687 (schlechthin unwirksam).

[Geschäfts- und Betriebsgeheimnisse]

90 Der Handelsvertreter darf Geschäfts- und Betriebsgeheimnisse, die ihm anvertraut oder als solche durch seine Tätigkeit für den Unternehmer bekanntgeworden sind, auch nach Beendigung des Vertragsverhältnisses nicht verwerten oder anderen mitteilen, soweit dies nach den gesamten Umständen der Berufsauffassung eines ordentlichen Kaufmannes widersprechen würde.

1) In der Vertragszeit

A. Die Pflicht des HV, bei seiner Tätigkeit zur Geschäftsvermittlung, also im Verkehr mit Kunden und solchen, die es werden sollen, die ihm bekannten Geheimnisse des Unternehmers geheimzuhalten, folgt schon daraus, daß er bei dieser Tätigkeit das Interesse des Unternehmers wahrnehmen muß (§ 86 I). **Geschäfts- oder Betriebsgeheimnisse** sind mit einem Geschäftsbetrieb zusammenhängende Tatsachen, die nur einem eng begrenzten Personenkreis bekannt sind und nach dem bekundeten Willen des Unternehmers geheimgehalten werden sollen.

B. Die Pflicht des HV, während der Vertragszeit auch außerhalb seiner Vermittlungstätigkeit die Geheimnisse des Unternehmers zu respektieren (zB Waren anderer Gattung betreffend, mit denen er nichts zu tun hat), folgt aus einer allgemeinen **Treuepflicht** des HV gegenüber dem Unternehmer. Großzügige Unterweisung des HV in den Verhältnissen des Unternehmers verlangt Offenheit des Unternehmers gegenüber dem HV, diese wieder fordert vom HV Verschwiegenheit, auch in dem, was seine Tätigkeit nicht unmittelbar berührt.

2) Nach Vertragsende

A. § 90 verpflichtet den HV auch **nach Vertragsende**, Geheimnisse des Unternehmers, die ihm durch seine Tätigkeit für den Unternehmer bekanntgeworden sind (das Anvertrauen ist nur ein Fall solchen Bekanntwerdens), **nicht zu verwerten oder anderen** (zB Kunden, die er jetzt in anderem Auftrag besucht, oder solchem neuen Auftraggeber, uU einem Konkurrenten des alten) **mitzuteilen**. Die Geheimnisse müssen ihm als solche, also als Geheimnisse bekanntgeworden sein; die Geheimhaltungspflicht besteht nicht für Tatsachen, die zwar der Unternehmer geheimhalten will, die aber dem HV nicht mit enspr Auflage bekanntgemacht oder sonstwie als Geheimnis erkennbar geworden sind.

7. Abschnitt. Handelsvertreter 1, 2 § 90 a

B. Die Geheimhaltungspflicht ist auf das beschränkt, was die **Berufsauffassung eines ordentlichen Kaufmanns** verlangt. Es handelt sich um eine Fortwirkung der aus dem Vertragsverhältnis erwachsenden beide Teile gegenseitig bindenden Treuepflicht, doch ist stets zu berücksichtigen, daß HV mangels vertraglicher Wettbewerbsvereinbarung nach Beendigung des HVVerhältnisses in seiner Tätigkeit frei ist, Celle BB **70,** 226.

C. **Strafbar** ist die Verletzung der Verschwiegenheitspflicht des HV während des Vertrags oder nachher, nicht nach § 17 I UWG (der nur für Arbeitnehmer gilt), aber uU nach § 17 II UWG wegen Beihilfe, wenn er (auch nicht rechts- oder sittenwidrig) Kenntnis von einem Geheimnis des Unternehmers erlangt und dieses Geheimnis aus Eigennutz oder zu Wettbewerbszwecken weitergibt, RG JW **27,** 2378.

D. Über das Verhältnis des Schweigegebots zur Regelung der **Wettbewerbsabreden** s § 90 a Anm 2 C.

[Wettbewerbsabrede]

90 a ⁱ Eine Vereinbarung, die den Handelsvertreter nach Beendigung des Vertragsverhältnisses in seiner gewerblichen Tätigkeit beschränkt (Wettbewerbsabrede), bedarf der Schriftform und der Aushändigung einer vom Unternehmer unterzeichneten, die vereinbarten Bestimmungen enthaltenden Urkunde an den Handelsvertreter. Die Abrede kann nur für längstens zwei Jahre von der Beendigung des Vertragsverhältnisses an getroffen werden. Der Unternehmer ist verpflichtet, dem Handelsvertreter für die Dauer der Wettbewerbsbeschränkung eine angemessene Entschädigung zu zahlen.

ᴵᴵ Der Unternehmer kann bis zum Ende des Vertragsverhältnisses schriftlich auf die Wettbewerbsbeschränkung mit der Wirkung verzichten, daß er mit dem Ablauf von sechs Monaten seit der Erklärung von der Verpflichtung zur Zahlung der Entschädigung frei wird. Kündigt der Unternehmer das Vertragsverhältnis aus wichtigem Grund wegen schuldhaften Verhaltens des Handelsvertreters, so hat dieser keinen Anspruch auf Entschädigung.

ᴵᴵᴵ Kündigt der Handelsvertreter das Vertragsverhältnis aus wichtigem Grund wegen schuldhaften Verhaltens des Unternehmers, so kann er sich durch schriftliche Erklärung binnen einem Monat nach der Kündigung von der Wettbewerbsabrede lossagen.

ᴵⱽ Abweichende für den Handelsvertreter nachteilige Vereinbarungen können nicht getroffen werden.

1) **Wettbewerb in der Vertragszeit**
Hierüber § 86 Anm 2 B.

2) **Wettbewerb nach Vertragsende**
A. **Grundsätzlich** ist der HV nach Vertragsende **frei,** dem Unternehmer Wettbewerb zu machen, auch in dem Bereich, in dem er ihn vorher vertrat. Da solch kundiger Wettbewerber gefährlich sein kann, sucht der Unternehmer **aber** häufig durch **Klauseln im Handelsvertretervertrag** solchen **Wettbewerb** nach Vertragsende **zu verbieten.** Der HV dagegen will die in

§ 90a 2   I. Buch. Handelsstand

der Vertragszeit gewonnenen Kenntnisse und Erfahrungen auch später auswerten, dabei kann ihn das Wettbewerbsverbot sehr hindern.

B. **Übersicht:** Der Bundesgesetzgeber folgte der Schweiz, die solche Abreden von der Wahrung von Formen abhängig macht und inhaltlich beschränkt, nicht Österreich, das sie verbietet. I 1 regelt die Form solcher Abrede, I 2 die Höchstdauer der Wettbewerbsbeschränkung, I 3 die Gegenleistung des Unternehmers, II 1 die Wirkung seines Verzichts auf die Beschränkung, II 2 und III die Wirkung einer Kündigung des einen oder anderen Teils aus wichtigem Grunde auf die Abrede; IV erklärt die gesetzliche Regelung für nicht zum Nachteil des HV abdingbar. Übersicht: Küstner I 893. Unwirksamkeit der Wettbewerbsabrede macht nicht (nach § 139 BGB) den ganzen Vertrag nichtig, Mü BB **63,** 1194.

C. § 90a handelt von **Abreden** (dort vereinfachend Wettbewerbsabreden genannt), **die den Handelsvertreter** nach Vertragsende **in seiner gewerblichen Tätigkeit beschränken.** Die Formulierung entspricht der des § 74 (s Anm dort). Auch ein bloßes vertragliches Schweigegebot kann die gewerbliche Tätigkeit des HV beschränken, in gewissem Umfang besteht es aber schon kraft Gesetzes (§ 90), insoweit ist es, wenn auch im Vertrag ausgesprochen, von den Schranken des § 90a frei, mag man auch in ihm eine Beschränkung der gewerblichen Tätigkeit des HV finden.

D. Früher begrenzte nur **§ 138 BGB** die Zulässigkeit der Wettbewerbsabreden der HV, **§ 242 BGB** ihre Durchsetzung. Nach der speziellen Regelung in § 90a ist die Anwendung dieser Generalklauseln nicht ausgeschlossen, aber nur noch ausnahmsweise möglich, wenn im Einzelfall trotz Wahrung der Anforderungen des § 90a die Wettbewerbsabrede oder ihre Durchsetzung mit den guten Sitten oder Treu und Glauben unvereinbar erscheint.

E. § 90a hat **manches aus dem Recht der Handlungsgehilfen** (§§ 74–75f) **übernommen:** die Umschreibung der „Wettbewerbsabrede" (s Anm C), die Formvorschrift (s Anm 3), die Höchstdauer der Beschränkung (s Anm 4), das Lossagungsrecht des HV, der außerordentlich kündigte (s Anm 7B). **Anderes** ist **nicht übernommen,** ua: Anrechnung anderen Erwerbs auf Karenzentschädigung (§ 74c I 1), auch nicht entsprechend heranziehbar, BGH BB **75,** 197; der Mindestsatz der Entschädigung (§ 74 II, vgl Anm 5 B), die Prüfung auf ein berechtigtes geschäftliches Interesse des Unternehmers und auf unbillige Erschwerung des Fortkommens des Gebundenen (§ 74a I 1, 2), das Verbot der Wettbewerbsabrede bei sehr niedrigem Einkommen oder unter Ehrenwort oder zu Lasten Dritter (§ 74a II), der ausdrückliche Vorbehalt zugunsten des § 138 BGB (§ 74a III), die Einschränkung der Abrede nach Vertragskündigung durch den Unternehmer (§ 75 II), das Verbot der Erweiterung der Vertragsstrafefolgen (§ 75c1), das Konkursvorrecht der Entschädigung (§ 75e). In diesen und anderen Punkten unterscheidet sich das Recht des HV von dem der HdlGehilfen zu deren Gunsten; es darf dem Recht der HdlGehilfen auch nicht über §§ 138, 242 BGB gleichgeschaltet werden (Anm D); dem HV als selbständigem Kfm mutet das Gesetz mehr Vertragsfreiheit und Vertragsrisiko zu als dem HdlGehilfen. Entspr § 74a II 2, § 133f GewO ist die Vereinbarung des Nachvertrags-Wettbewerbsverbots durch **Minderjährige** nichtig, LAG Stgt BB **63,** 1193.

7. Abschnitt. Handelsvertreter   3–5 **§ 90a**

3) Form der Abrede (I 1)

Gleich § 74 I im Falle des HdlGehilfen verlangt § 90a I 1:

A. **Schriftform** der Vereinbarung, also Unterzeichnung einer oder mehrerer, den Inhalt der Abrede wiedergebender Urkunden nach § 126 I, II BGB (oder gerichtliche oder notarielle Beurkundung, § 126 III BGB). Unterzeichnung auch durch (für) den Unternehmer; ausreichend irgendwie bevollmächtigter Vertreter, nicht notwendig gesetzlicher Vertreter, Prokurist, Handlungsbevollmächtigter; Düss BB **62**, 731. Einverständliche Rücknahme der Kündigung ist kein Neuabschluß und bedarf, jedenfalls bei Rücknahme vor Vertragsende, nicht der Schriftform, BGH BB **84**, 237.

B. **Aushändigung** einer Urkunde, welche die Vereinbarung wiedergibt und (nach § 126 II 2 BGB) mindestens vom Unternehmer unterzeichnet ist, an den HV (vgl § 74 Anm 2 B).

4) Höchstdauer der Beschränkung (I 2)

Im Einklang mit § 74a I 3 kann die Beschränkung nicht länger dauern als **zwei Jahre** nach Vertragsende.

5) Entschädigung (I 3)

A. Der Unternehmer hat dem Vertreter für die Dauer der Wettbewerbsbeschränkung eine **Entschädigung** zu zahlen (I 3). Im Falle des HdlGehilfen macht § 74 II ausdrücklich die Gültigkeit der Abrede von der Übernahme dieser Pflicht abhängig. Nach § 90a I 3 ist dagegen die Abrede ohne Entschädigungszusage gültig und der Unternehmer schuldet die Entschädigung kraft Gesetzes, auch wenn er annahm, daß ihn die Abrede nichts kostet. Weder sind §§ 154, 155 BGB (Dissens) dann anwendbar, noch kann Unternehmer den Vertrag nach § 119 I BGB anfechten. § 74 II ist nicht entspr anwendbar, Nürnb BB **60**, 1261. Verhältnis dieser Entschädigung zum **Ausgleich** nach § 89b s Weber BB **61**, 1220, Ordemann BB **65**, 932; grundsätzlich beeinträchtigt keines das andere. Entschädigung ist Entgelt, nicht Schadensersatz, BGH BB **75**, 197.

B. § 74 II verlangt für HdlGehilfen eine (in der Wettbewerbsabrede zu regelnde, vgl Anm A) Entschädigung von mindestens der Hälfte der letzten vertraglichen Vergütung. § 90a I 3 beschränkt sich auf die Forderung **angemessener** Entschädigung. Ihr Höchstmaß ist wohl die vertragliche Vergütung, der Vertreter hat keinen Anspruch darauf, unter dem Wettbewerbsverbot besser zu stehen als unter dem Vertrag. Darunter sind alle Abstufungen denkbar. Die Entschädigung muß (trotz „zahlen" in I 3) nicht in Geld bestehen. Hiermit begründen BGH NJW **62**, 1346, BB **62**, 655 die Zulässigkeit eines **Vergleichs** nach fristloser Kündigung des Unternehmers, deren Wirksamkeit streitig ist, zwecks einvernehmlicher Beendigung der Vertretung mit Wettbewerbsverbot ohne besondere Entschädigung; diese liege in den Vorteilen, welche die Vereinbarung insgesamt dem Vertreter brachte.

C. Anders als für HdlGehilfen (§ 74c) sagt das HGB für HV nichts über die **Anrechnung anderen Verdienstes** auf die vom Unternehmer aus der Wettbewerbsabrede geschuldete Entschädigung. § 74c I 1 auch nicht entspr anwendbar; da Entschädigung Entgelt für Wettbewerbsenthaltung ist, sind anderweitige Einkommensvor- und -nachteile idR nicht zu be-

§ 90a 6–8 I. Buch. Handelsstand

rücksichtigen, allenfalls ersparte Aufwendungen, BGH BB **75**, 197. Entschädigung mangels anderer Abrede Bruttobetrag, ohne zusätzliche Mehrwertsteuer, BGH BB **75**, 197.

6) Verzicht des Unternehmers (II 1)

Der Unternehmer kann vor Vertragsende auf die Wettbewerbsbeschränkung des HV verzichten (II 1), entspr § 75a (für HdlGehilfen), jedoch mit Abkürzung der Entschädigungspflicht auf sechs Monate (statt ein Jahr) seit der Erklärung (vgl Anm zu § 75a). Der Verzicht ist schriftlich zu erklären. Dagegen kann sich Unternehmer nicht im Vertrag vorbehalten, ob er von Wettbewerbsverbot Gebrauch macht oder nicht, derartiger Vorbehalt unwirksam, HV behält Anspruch auf Karenzentschädigung, LG Tüb BB **77**, 671.

7) Bei Vertragskündigung aus wichtigem Grund (II 2, III)

A. Hat der **Unternehmer** den Vertrag aus wichtigem Grund (§ 89a), und zwar wegen schuldhaften Verhaltens des HV (also nicht aus einem wichtigen Grunde anderer Art) gekündigt, so unterliegt der HV dem vereinbarten Wettbewerbsverbot **ohne Entschädigung** (II 2). Der übereinstimmende § 75 III für HdlGehilfen (nur genügt dort vertragswidriges, hier nur schuldhaftes Verhalten) ist jedoch verfassungswidrig (s § 75 Anm 2). Das muß dann aber konsequent auch für § 75 II 2 gelten, offen BGH BB **84**, 236, str. Die Parteien können aber jedenfalls dieselbe Rechtsfolge wirksam vertraglich vereinbaren, BGH BB **84**, 237.

B. Hat der **Handelsvertreter** aus wichtigem Grund (§ 89a), und zwar wegen schuldhaften Verhaltens des Unternehmers (also nicht aus einem wichtigen Grund anderer Art) gekündigt, so kann er sich von der Wettbewerbsabrede lossagen; er muß das schriftlich binnen einem Monat nach seiner Kündigung erklären (III, entspr § 75 I für HdlGehilfen, s Anm dort). Bei unbegründeter Lossagung uU einstweilige Verfügung wegen drohenden unerlaubten Wettbewerbs, Stgt BB **59**, 792.

8) Abweichende und ergänzende Abreden (IV)

A. Nach IV kann in einer Wettbewerbsabrede (I 1) zwar zum Vorteil, aber **nicht zum Nachteil des Handelsvertreters** von den Vorschriften in I–III abgewichen werden. Für HdlGehilfen heißt es in § 75d nur: auf solche Vereinbarung kann sich der Prinzipal nicht berufen (s Anm dort); trotz der anderen Formulierung ist auch dem HV (wie dem HdlGehilfen) die Berufung auf solche Vereinbarung zu gestatten, wenn er sie durchführen will, obwohl sie zu seinem Nachteil vom Gesetz abweicht; es ist kein Grund, den HV mehr zu bevormunden als den HdlGehilfen. Entscheidet er sich für die Ausführung einer solchen Abrede (Bsp: Wettbewerbsverbot über zwei Jahre hinaus, mit Entschädigung, s I 2, 3), so kann er nicht später ihre Unwirksamkeit geltend machen. IV gilt nicht für eine Abrede (I 1), die erst nach Beendigung des Vertreterverhältnisses oder in einer Vereinbarung über die Beendigung des Vertrags getroffen wird, wenn die Vereinbarung den Vertrag sofort beendet oder wenn die Beendigung zurückwirkt, BGH **51**, 184, **53**, 89, dagegen ist § 90a anzuwenden, wenn Beendigung erst für Zukunft vereinbart wird, auch wenn nur in wenigen Tagen BGH BB **70**, 101; vgl für HdlGehilfen § 74 Anm 1 B (aber für HV ist ein höheres Ver-

7. Abschnitt. Handelsvertreter **1 § 91**

tragsrisiko möglich, s Anm 1 E); vgl andererseits § 89b Anm 5 A. Unwirksam ist Vereinbarung, wonach HV bei Konkurrenztätigkeit eine Inkassopauschale zurückzuzahlen hat, ohne daß Unternehmer Entschädigung zahlt, BGH BB **73**, 16.

B. **Ergänzende** Abreden (im Gegensatz zu abweichenden) sind durch IV nicht beschränkt, so besonders die Regelung der Folgen verbotenen Wettbewerbs, zB die Vereinbarung einer **Vertragsstrafe**, auch (anders als nach §§ 75c I 1, 75d im Falle des HdlGehilfen, s Anm dort) mit schärferen Wirkungen als nach § 340 BGB, zB: Vertragsstrafe für jede Verletzung des Wettbewerbsverbots unter Aufrechterhaltung des Verbots für die Zukunft. Das Recht auf Herabsetzung einer unverhältnismäßig hohen Vertragsstrafe (§ 343 BGB, dem HdlGehilfen durch §§ 75c I 2, 75d zwingend gewährt) hat der HV nur, wenn er Kleingewerbetreibender ist (§§ 4, 348, 351), und zwar unabdingbar, BGH **5**, 136; als VollKfm hat er es nicht.

C. **Festlegung der angemessenen Entschädigung (I 3) im voraus** ist nicht Abweichung von I 3, ähnlich wie Festlegung wichtiger und nicht wichtiger Kündigungsgründe im voraus das Recht zur Kündigung aus wichtigem Grunde nicht beschränkt (vgl § 89a Anm 3 A). Anders wenn ein Betrag vereinbart ist, der als angemessen nicht in Betracht kommt, entweder von vornherein oder so wie sich die Dinge bis zum Vertragsende entwickelten.

D. Das Wettbewerbsverbot kann von vornherein auf den Fall der **Kündigung** des Unternehmers aus wichtigem Grunde wegen schuldhaften Verhaltens des Vertreters beschränkt werden, im Einklang mit II 2 braucht dann keine Entschädigung vorgesehen zu werden, BGH BB **84**, 236. Wettbewerbsverbot ohne Entschädigung in Vergleich nach fristloser Kündigung s Anm 1, 5 B.

[Vollmachten des Handelsvertreters]

91 ⁱ § 55 gilt auch für einen Handelsvertreter, der zum Abschluß von Geschäften von einem Unternehmer bevollmächtigt ist, der nicht Kaufmann ist.

ⁱⁱ Ein Handelsvertreter gilt, auch wenn ihm keine Vollmacht zum Abschluß von Geschäften erteilt ist, als ermächtigt, die Anzeige von Mängeln einer Ware, die Erklärung, daß eine Ware zur Verfügung gestellt werde, sowie ähnliche Erklärungen, durch die ein Dritter seine Rechte aus mangelhafter Leistung geltend macht oder sich vorbehält, entgegenzunehmen; er kann die dem Unternehmer zustehenden Rechte auf Sicherung des Beweises geltend machen. Eine Beschränkung dieser Rechte braucht ein Dritter gegen sich nur gelten zu lassen, wenn er sie kannte oder kennen mußte.

1) Abschlußvertreter von Nichtkaufleuten (I)

§ 55 umschreibt den Umfang der Vollmacht von ,,HdlBevollmächtigten, die HV sind", setzt also Vertretung eines Unternehmers mit HdlGewerbe, Kfm (vgl § 54 I) voraus. § 91 I erstreckt § 55 auf HV von NichtKflten (vgl § 84 Anm 4 A): der **Umfang der Vollmacht** bestimmt sich für Abschlußvertreter von NichtKflten und Kflten gleichermaßen **nach §§ 54, 55 II–IV.**

2) Vollmachten des Nicht-Abschlußvertreters (II)

A. Auch der HV ohne Abschlußvollmacht hat **gewisse Vollmachten,** und zwar nach II 1 diejenigen, die § 55 IV dem Abschlußvertreter zuspricht: Entgegennahme von Erklärungen Dritter wegen mangelhafter Leistung des Unternehmers und Beweissicherung für den Unternehmer (s Anm dort). Unausgesprochen ist vorausgesetzt, daß die Erklärung des Dritten oder die Beweissicherung sich auf ein Geschäft bezieht, das der HV vermittelt hat. Vertragsverhandlungen s Anm C.

B. Die Vollmacht eines Abschlußvertreters ist nach § 54 III (mit § 55 I und § 1 I) **gegen** Dritte nur beschränkbar, soweit sie die Beschränkung kennen oder kennen müssen. II 2 spricht dasselbe aus für den HV ohne Abschlußvollmacht hinsichtlich seiner beschränkten Vollmachten nach II 1.

C. Weitgehend vertritt der HV, auch ohne Abschlußvollmacht, den Unternehmer in der **Vertragsverhandlung vor dem Abschluß.** Erläuternde **Erklärungen des Handelsvertreters** über den Inhalt des dem Kunden empfohlenen Abschlusses gehören zu seinen Aufgaben, für ihre Richtigkeit steht der Unternehmer ein, Hbg HRR **30,** 304, stRspr, nicht wo der HV seine Befugnisse dem Kunden erkennbar überschreitet, RG **51,** 151. Täuscht oder bedroht der HV den Kunden, so kann dieser den Abschluß nach § 123 I BGB anfechten, die Einschränkung des § 123 II BGB gilt nicht, denn der HV vertritt hier den Unternehmer, ist nicht „Dritter". Umgekehrt berechtigt Täuschung oder Bedrohung des HV, wenn ursächlich für den Abschluß, den Unternehmer zur Anfechtung, § 166 I BGB.

[Mangel der Vertretungsmacht]

91 a ^I **Hat ein Handelsvertreter, der nur mit der Vermittlung von Geschäften betraut ist, ein Geschäft im Namen des Unternehmers abgeschlossen, und war dem Dritten der Mangel an Vertretungsmacht nicht bekannt, so gilt das Geschäft als von dem Unternehmer genehmigt, wenn dieser nicht unverzüglich, nachdem er von dem Handelsvertreter oder dem Dritten über Abschluß und wesentlichen Inhalt benachrichtigt worden ist, dem Dritten gegenüber das Geschäft ablehnt.**

^{II} **Das gleiche gilt, wenn ein Handelsvertreter, der mit dem Abschluß von Geschäften betraut ist, ein Geschäft im Namen des Unternehmers abgeschlossen hat, zu dessen Abschluß er nicht bevollmächtigt ist.**

1) Übersicht

I handelt von Abschlüssen des Vertreters ohne Abschlußvollmacht, II von Abschlüssen des Abschlußvertreters außerhalb seiner Abschlußvollmacht (die nach Inhalt der Abschlüsse, Sitz der Kunden, Größe der Geschäfte oder sonstwie beschränkt sein kann). Beide Fälle sind gleich geregelt. § 91 a entspricht in Regelungsgrund und zT in Voraussetzungen und Rechtsfolgen § 362, s dort, Hopt AcP 183 (**83**) 689.

2) Verhältnis zum BGB

Über den Vertragsschluß durch einen Vertreter ohne Vertretungsmacht (falsus procurator) bestimmt § 177 BGB (Text s Überbl 1 B vor § 48): Seine Wirksamkeit hängt von der Entscheidung des Vertretenen ab; der andere Vertragsteil kann den Vertretenen zur Klärung zwingen, indem er ihn zur Äußerung auffordert; darauf wird entweder der Abschluß binnen zwei Wochen vom Vertretenen bekräftigt oder er ist endgültig unwirksam. Diese Regelung ist unangemessen gegenüber dem Kunden, den der Unternehmer zur Verhandlung mit seinem Vertreter einlud und der auf die von diesem behauptete Vollmacht vertraute. Hier kehrt das Gesetz die Rollen um: **Der Abschluß gilt als genehmigt, wenn nicht der Unternehmer,** nachdem er von ihm erfahren hat, ihn **unverzüglich ablehnt,** § 91 a I.

3) Voraussetzungen der Wirksamkeit des Geschäfts

A. I stellt darauf ab, daß **dem Dritten der Mangel an Vertretungsmacht nicht bekannt war.** Schließt also der Kunde im Vertrauen auf die Genehmigung des Unternehmers mit einem Vertreter ab, der, wie er weiß, nicht Abschlußvollmacht hat (einerlei ob der Vertreter Abschlußvollmacht behauptete oder offen im Vertrauen auf die Genehmigung des Unternehmers ohne Vollmacht abschloß), so gilt nicht § 91 a, dessen Ratio hier nicht Raum hat, sondern § 177 BGB: der Unternehmer kann genehmigen, aber man drängt ihm das Geschäft nicht auf (vgl Anm 2).

B. Der Unternehmer muß **über Abschluß und wesentlichen Inhalt** des Geschäfts **Nachricht** erhalten haben, und zwar entweder **vom Handelsvertreter oder vom Vertragspartner;** solange er nur von Dritten (hier: Vierten) über den Abschluß gehört hat, braucht ihm die scharfe Erklärungspflicht nicht auferlegt zu werden. Das Zugehen der Nachricht genügt. **Wesentlicher Inhalt des Geschäfts** ist, was nach Lage des Falls für die Entschließung des Unternehmers bedeutsam sein kann, besonders die von ihm verlangte Leistung und der vom anderen versprochene Preis, uU Lieferfrist, Qualitätsanforderungen usw. Erfährt der Unternehmer erst verspätet von Abreden, mit denen er nicht zu rechnen brauchte, so kann er das Geschäft, das er auf erste Mitteilung passieren ließ, dann noch (unverzüglich) ablehnen.

C. Nach Unterrichtung über Abschluß und wesentlichen Inhalt des Geschäfts muß der Unternehmer **unverzüglich** (§ 121 I BGB, aber s § 362 Anm 3 A) **ablehnen, sonst gilt das Geschäft als genehmigt.** Dies ,,Verschulden" ist nicht Verschulden gegen sich selbst, sondern ungenügende Beachtung des Wunsches des anderen Teils, die Gültigkeit oder Ungültigkeit des Abschlusses bald geklärt zu sehen. Die Ablehnung ist dem anderen Vertragsteil zu erklären, wird wirksam, wenn sie ihm zugeht (§ 130 BGB), kann mit Vollmacht des Unternehmers auch vom HV erklärt, natürlich auch vom HV als Bote übermittelt werden. Der Unternehmer kann dem HV selbst die Entscheidung über das Geschäft und ggf die Erklärung der Ablehnung übertragen, ihr stünde der vorangegangene Abschluß des HV nicht entgegen, der HV kann Grund zur Änderung seiner Haltung bekommen haben.

§ 92   I. Buch. Handelsstand

4) Anfechtung

A. Anfechtbar nach §§ 119 ff BGB ist selbstverständlich die **erklärte Genehmigung** des Unternehmers, die nach § 91 a **fingierte** dann, wenn der Unternehmer (vielleicht in Kenntnis des Gesetzes, das ihm ja, wenn er das Geschäft will, die Mühe der Äußerung erspart) willentlich eine Äußerung unterließ, also ein bestimmter Wille zwar nicht erklärt, aber doch betätigt ist; denn dann liegt ein der Willenserklärung ähnlicher Tatbestand vor, der die Anwendung der Vorschriften über Willenserklärungen rechtfertigt. Anders wenn die Ablehnung unwillentlich unterblieb (zB vergessen wurde); dann kommt keine Anfechtung wegen Willensmängeln in Betracht, da (was die Fiktionsformel des Gesetzes verschleiert) die Rechtsfolge (wirksame Vertragsbindung) nicht als Folge einer Willensäußerung des Unternehmers eintritt, sondern kraft Gesetzes als Folge seines Nichtstuns.

B. Anfechtbar ist die **Ablehnung,** die immer erklärt sein muß. Durch wirksame Anfechtung der Ablehnung wird das Geschäft (ohne daß es einer zustimmenden Erklärung bedarf) wirksam, da es dann nicht unverzüglich abgelehnt ist.

5) Widerrufsrecht des Vertragspartners

§ 178 BGB gestattet dem Vertragspartner, der den Mangel der Vollmacht nicht kannte, den Widerruf des vom Vertreter ohne Vollmacht abgeschlossenen Geschäfts, solange der Vertreter nicht das Geschäft genehmigt hat. § 91 a handelt nur von der Genehmigung des Vertretenen, verdrängt also wohl nur § 177 BGB (vgl Anm 2), nicht § 178 BGB, str. Bei Stillschweigen des Vertretenen (das nach § 91 a das Geschäft gültig werden läßt) endet das Widerrufsrecht des Kunden, wenn der Vertretene das Ablehnungsrecht verliert und infolgedessen das Geschäft als genehmigt gilt.

6) Wirkung der Ablehnung

Das abgelehnte Geschäft ist ab initio unwirksam. War einvernehmlich im Vertrauen auf die Genehmigung des Unternehmers ohne Vollmacht abgeschlossen worden oder kannte doch der Kunde den Mangel der Vollmacht oder mußte er ihn auch nur kennen, so hat er aus dem Abschluß keinerlei Ansprüche, sonst kann er vom HV Erfüllung oder Schadensersatz verlangen (§ 179 I, III 1 BGB), mit Beschränkung auf den Vertrauensschaden, falls der HV sich irrig für bevollmächtigt gehalten hatte (§ 179 II BGB).

[Versicherungs- und Bausparkassenvertreter]

92 [I] Versicherungsvertreter ist, wer als Handelsvertreter damit betraut ist, Versicherungsverträge zu vermitteln oder abzuschließen.

[II] Für das Vertragsverhältnis zwischen dem Versicherungsvertreter und dem Versicherer gelten die Vorschriften für das Vertragsverhältnis zwischen dem Handelsvertreter und dem Unternehmer vorbehaltlich der Absätze 3 und 4.

[III] In Abweichung von § 87 Abs. 1 Satz 1 hat ein Versicherungsvertre-

7. Abschnitt. Handelsvertreter 1, 2 § 92

ter Anspruch auf Provision nur für Geschäfte, die auf seine Tätigkeit zurückzuführen sind. § 87 Abs. 2 gilt nicht für Versicherungsvertreter.

IV Der Versicherungsvertreter hat Anspruch auf Provision (§ 87a Abs. 1), sobald der Versicherungsnehmer die Prämie gezahlt hat, aus der sich die Provision nach dem Vertragsverhältnis berechnet.

V Die Vorschriften der Absätze 1 bis 4 gelten sinngemäß für Bausparkassenvertreter.

1) Definition, anwendbares Recht (I, II)

A. **Versicherungsvertreter** ist nach der Definition in I der HV, der **Versicherungsverträge** zu vermitteln oder abzuschließen hat. Nach V soll I sinngemäß auch für **Bausparkassenvertreter** gelten, dh Bausparkassenvertreter ist ein HV, der **Bausparverträge** zu vermitteln oder abzuschließen hat. II (mit V) erklärt (unnötigerweise, weil schon aus der Definition in I folgend) auf diese Gruppen grundsätzlich das HVRecht für anwendbar und behält nur die Sonderregelungen in III, IV vor (s Anm 2, 3). Monographie Höft 1982 (VersVermittlung).

B. **Andere Sondervorschriften** für VersVertreter enthalten § 89b V (Ausgleichsanspruch nach Vertragsende) und § 92a II (Ermächtigung der BReg zu DVOen). § 92b IV sagt kaum etwas, was nicht ohnehin gälte. Siehe ferner §§ 43ff VVG (vgl § 55 Anm 5). **Steuerrecht:** Scholl BB **59**, 810. RsprÜbersicht: Küstner I 347, 486.

2) Besonderheiten des Provisionsanspruchs (III, IV)

A. Nach **III 1** soll entspr der Übung des Provisionsrechts des Versicherungs- und Bausparkassenvertreters entgegen § 87 I 1 **Nachbestellungen** (vgl § 87 Anm 2 C) **nicht** umfassen, nur die unmittelbar vom Vertreter vermittelten Abschlüsse. Nach **III 2** soll entgegen § 87 II die Zuweisung eines Bezirks- oder Kundenkreises für den Versicherungs- und Bausparkassenvertreter nur seinen Auftrag begrenzen, **nicht** sog **Bezirks- oder Kundenschutz** (vgl § 87 Anm 3) gewähren, also nichts daran ändern, daß er nur für die von ihm vermittelten Geschäfte Provision erhält, § 87 I, III.

B. Nach IV hat (im Einklang mit § 87a I 3) der Versicherungs- und Bausparkassenvertreter **Provisionsanspruch, sobald** der VersNehmer die **Prämie gezahlt** hat; genauer: die Prämie ,,aus der sich die Provision nach dem Vertragsverhältnis berechnet", dh im Vertretervertrag kann bestimmt werden, welche von mehreren Prämienzahlungen des VersNehmers dem Vertreter Provision bringt, zB jede oder nur die erste oder die erste bis dritte usw. IV bringt nur eine Änderung zu § 87a I; im übrigen bleibt § 87a auch auf VersVertreter anwendbar, BGH DB **83**, 2135. Zur Provisionsberechnung bei Fehlen vertraglicher Regelung Stgt BB **77**, 565. Vom Vertrag hängt ab, ob ein VersVertreter nach Ende seines Vertrags noch **Folgeprovision** aus den von ihm vermittelten VersVerträgen (anläßlich der Prämienzahlungen des Versicherten) erhält, BGH **30**, 107; es ist nicht HdlBrauch, Düss DB **56**, 1132. Über Ausgleich des Verlusts solcher Provisionen infolge Vertragsende § 89b Anm 2 C. Verlorene Zuschüsse, Saldoanerkenntnis, Verjährung, Storni, Sittenwidrigkeit s BGH BB **60**, 1221. Zur vertraglichen Ausgestaltung der Zumutbarkeit der Ausführung von Vorschriften s § 87a Anm 4 C.

§ 92a 1 — I. Buch. Handelsstand

[Mindestarbeitsbedingungen]

92a ^I Für das Vertragsverhältnis eines Handelsvertreters, der vertraglich nicht für weitere Unternehmer tätig werden darf oder dem dies nach Art und Umfang der von ihm verlangten Tätigkeit nicht möglich ist, kann der Bundesminister der Justiz im Einvernehmen mit den Bundesministern für Wirtschaft und für Arbeit nach Anhörung von Verbänden der Handelsvertreter und der Unternehmer durch Rechtsverordnung, die nicht der Zustimmung des Bundesrates bedarf, die untere Grenze der vertraglichen Leistungen des Unternehmers festsetzen, um die notwendigen sozialen und wirtschaftlichen Bedürfnisse dieser Handelsvertreter oder einer bestimmten Gruppe von ihnen sicherzustellen. Die festgesetzten Leistungen können vertraglich nicht ausgeschlossen oder beschränkt werden.

^{II} Absatz 1 gilt auch für das Vertragsverhältnis eines Versicherungsvertreters, der auf Grund eines Vertrages oder mehrerer Verträge damit betraut ist, Geschäfte für mehrere Versicherer zu vermitteln oder abzuschließen, die zu einem Versicherungskonzern oder zu einer zwischen ihnen bestehenden Organisationsgemeinschaft gehören, sofern die Beendigung des Vertragsverhältnisses mit einem dieser Versicherer im Zweifel auch die Beendigung des Vertragsverhältnisses mit den anderen Versicherern zur Folge haben würde. In diesem Falle kann durch Rechtsverordnung, die nicht der Zustimmung des Bundesrates bedarf, außerdem bestimmt werden, ob die festgesetzten Leistungen von allen Versicherern als Gesamtschuldnern oder anteilig oder nur von einem der Versicherer geschuldet werden und wie der Ausgleich unter ihnen zu erfolgen hat.

1) Übersicht

A. Arbeitnehmern sichert idR ihre Gewerkschaft Mindestlöhne. Wo dieser Schutz versagt, hat das G über die Festsetzung von Mindestarbeitsbedingungen 11. 1. 52 BGBl 17 der BReg die Möglichkeit geschaffen, Mindestbedingungen, besonders **Mindestentgelte** festzusetzen. Ähnlichem Gedanken folgt § 92a. Eine VO nach § 92a ist jedoch bisher nicht erlassen, ihr Erlaß zZ mangels Bedürfnisses nicht geplant. § 92a hat kraft Verweisung Bedeutung in § 5 III ArbGG (Text s § 84 Anm 7).

B. Die (seine Selbständigkeit, § 84 I, beschränkende, jedenfalls gefährdende) Bindung eines HV an einen einzigen Unternehmer ist schon nach **geltendem Recht** erheblich: **a) prozessual**: § 5 III ArbGG (Text s § 84 Anm 7): Zuständigkeit des ArbG; **b) sachlich**, Bsp: nach RAG **16**, 272 Zeugnispflicht für arbeitnehmerähnlichen HV, vgl aber § 86 Anm 1 B; ferner Geltung des arbeitsrechtlichen Satzes, daß sie wegen ihrer wirtschaftlichen Abhängigkeit während der Vertragszeit ihre Rechte trotz Nichtgeltendmachung nicht verwirken, LAG Düss DB Beil 2/**57**; auch arbeitsrechtliche Fürsorgepflicht wird in gewissem Maße anzunehmen sein. Entspr der Umschreibung in § 92a I 1 ist auch für die Fragen de lege lata faktische Beschränkung auf eine einzige Vertretung der vertraglichen gleichzustellen, LAG Brem DB **55**, 535 (Vertreter, die Privatkundschaft von Haus zu Haus besuchen), LAG Düss DB Beil 2/**57**. Str, zur Abgrenzung ferner Siebert BB **50**, 47, Dersch AP **51**, 276, **53**, 24.

7. Abschnitt. Handelsvertreter § 92 b

2) Reichweite des Verordnungsrechts

Das Verordnungsrecht gilt für **Einfirmenvertreter,** dh für jeden HV, wohl auch juristische Person oder Personengemeinschaft (s § 84 Anm 1 D), der vertraglich nicht für weitere Unternehmer tätig werden darf oder dem dies nach Art und Umfang der von ihm verlangten Tätigkeit nicht möglich ist. Nach der Fassung des Gesetzes kommt es auf besondere Weisungen des Unternehmers nicht an, vielmehr nur darauf, ob der Auftrag des HV, wie er durch den Vertrag umschrieben ist, seine Tätigkeit für andere Unternehmer unmöglich macht. Dieser Tatbestand steht dem vertraglich ausgesprochenen Verbot solcher Tätigkeit gleich. Einfirmenvertretung nicht schon wegen vertraglicher Pflicht des HV, ,,seine volle Arbeitskraft zur Verfügung zu stellen", Ffm BB **80,** 336.

3) Inhalt des Verordnungsrechts

Festgesetzt werden kann **die untere Grenze der vertraglichen Leistungen des Unternehmers,** in erster Linie eine Mindestvergütung, zB Mindestmonatsprovision (unabhängig vom Erfolg der Tätigkeit des HV), auch eine Vergütung bei unverschuldeter Dienstverhinderung, ein Mindesturlaub, ein Recht auf Zeugnis (vgl § 86 Anm 1 B). Solche Festsetzung soll die notwendigen sozialen und wirtschaftlichen Bedürfnisse der Einfirmenvertreter oder einer Untergruppe sicherstellen, also die untere Grenze ihrer Existenz, den Lebensunterhalt auf bescheidenster Grundlage, nicht ein angemessenes Entgelt für ihre Arbeit, denn das angemessene Entgelt für die Arbeit des HV, eines selbständigen Kfms, ist die (grundsätzlich nach dem Erfolg seiner Arbeit bemessene) Provision.

4) Versicherungsvertreter

Wie ein Einfirmen-Versicherungsvertreter steht nach II 1 auch der Vertreter mehrerer in einem **Konzern** oder einer **Organisationsgemeinschaft** verbundener Versicherer. Es können auch mehrere Vertreterverträge vorliegen, aber sie müssen so zusammenhängen, daß der Bestand des einen iZw vom Bestand des anderen abhängt.

[Handelsvertreter im Nebenberuf]

92 b [I] **Auf einen Handelsvertreter im Nebenberuf sind §§ 89 und 89 b nicht anzuwenden. Ist das Vertragsverhältnis auf unbestimmte Zeit eingegangen, so kann es mit einer Frist von einem Monat für den Schluß eines Kalendermonats gekündigt werden; wird eine andere Kündigungsfrist vereinbart, so muß sie für beide Teile gleich sein. Der Anspruch auf einen angemessenen Vorschuß nach § 87a Abs. 1 Satz 2 kann ausgeschlossen werden.**

[II] **Auf Absatz 1 kann sich nur der Unternehmer berufen, der den Handelsvertreter ausdrücklich als Handelsvertreter im Nebenberuf mit der Vermittlung oder dem Abschluß von Geschäften betraut hat.**

[III] **Ob ein Handelsvertreter nur als Handelsvertreter im Nebenberuf tätig ist, bestimmt sich nach der Verkehrsauffassung.**

[IV] **Die Vorschriften der Absätze 1 bis 3 gelten sinngemäß für Versicherungsvertreter und für Bausparkassenvertreter.**

§ 92b 1, 2   I. Buch. Handelsstand

1) Reichweite der Sondervorschriften

A. Besonderheiten gelten nach I für HV (auch Versicherungs- und Bausparkassenvertreter, das ist in IV, kaum nötig, hervorgehoben) **im Nebenberuf,** die nach Auffassung des Gesetzgebers nicht gleichen Schutz brauchen, und zwar für die ordentliche Kündigung, § 89 (nicht die außerordentliche, § 89a), den Ausgleichsanspruch nach Vertragsende, § 89b, und den Provisionsvorschuß nach § 87a I 2. Bsp: Tankstellenpächter, Sparkassenzweigstellenverwalter im Nebenberuf, vgl § 84 Anm 2 D, 3 C.

B. Ob Haupt- oder Nebenberuf vorliegt, soll sich nach der **Verkehrsauffassung** bestimmen, III. Ist die Tätigkeit für mehrere Unternehmer Hauptberuf des HV, einerlei wie sie sich auf diese verteilt, so ist § 92b im Verhältnis zu keinem anwendbar. Zwischen verschiedenen Erwerbstätigkeiten (Bsp: Landwirtschaft, Handwerk, Ladengeschäft, Halbtagsanstellung neben HVTätigkeit) wird nach dem Umfang und nach dem Ertrag der einen oder anderen abzuwägen sein. Aber auch eine Tätigkeit ohne Ertrag (Bsp: Student, Hausfrau) oder eine Situation, die Einkommen ohne Tätigkeit bringt (Bsp: Pensionär) kann als Hauptberuf, die HVTätigkeit daneben als Nebenberuf erscheinen (beim Pensionär wohl idR dann, wenn sie weniger einbringt als die Pension). Doch kann sich im Fall des (nach Verkehrsanschauung) Nebenberufs der Unternehmer auf I doch nicht berufen, wenn er den Vertreter nicht **ausdrücklich** (idR nicht notwendig, im Vertrag) als HV im Nebenberuf annahm. Sonst muß er die Normalregelung für HV (vgl Anm A) gegen sich gelten lassen. Umgekehrt wird im Falle solcher ausdrücklichen Erklärung ggf der Vertreter zu beweisen haben, daß sie unrichtig war oder aus dem Neben- der Hauptberuf wurde, LAG Hamm BB **71,** 439. Übersicht zur Abgrenzung: Küstner BB **66,** 1212.

C. Auch **juristische Personen, OHG, KG** und die Mitglieder gewisser anderer Gemeinschaften (vgl § 84 Anm 1 D) können wohl nach der Verkehrsauffassung, jedenfalls wenn sie noch die Geschäfte von anderen betreiben, HV im Nebenberuf sein.

2) Inhalt der Sondervorschriften

A. Für die **ordentliche Kündigung** gilt nicht § 89, sondern nach I 1, 2: Der Vertrag auf unbestimmte Zeit ist mit Monatsfrist auf jeden Kalendermonatsschluß kündbar (I 2 Halbs 1). Abweichendes, auch kürzere Kündigungsfrist, kann vereinbart werden, nur müssen die Kündigungsfristen (wohl auch die Kündigungstermine, vgl § 89 Anm 3 C) für beide Teile gleich sein (I 2 Halbs 2); bei Vereinbarung ungleicher Fristen wird auch hier entspr § 89 III 2 für beide Teile die längere Frist gelten.

B. Es gibt **keinen Ausgleichsanspruch nach Vertragsende** (§ 89b), I 1.

C. Der sonst unabdingbare Anspruch des HV auf **Provisionsvorschuß,** wenn noch nicht der andere Vertragsteil, wohl aber der vertretene Unternehmer den Abschluß ausgeführt (der Kunde noch nicht bezahlt, der Unternehmer schon geliefert) hat, ist hier **abdingbar,** I 3.

7. Abschnitt. Handelsvertreter **1 § 92c**

[Ausländische Handelsvertreter; Schiffahrtsvertreter]

92c ^I Hat der Handelsvertreter keine Niederlassung im Inland, so kann hinsichtlich aller Vorschriften dieses Abschnittes etwas anderes vereinbart werden.

^II Das gleiche gilt, wenn der Handelsvertreter mit der Vermittlung oder dem Abschluß von Geschäften betraut wird, die die Befrachtung, Abfertigung oder Ausrüstung von Schiffen oder die Buchung von Passagen auf Schiffen zum Gegenstand haben.

1) Ausländische Handelsvertreter

A. § 92c ist keine Kollisionsvorschrift, sondern befreit nur vom zwingenden deutschen Recht. Das auf den HVVertrag anwendbare Recht kann ausdrücklich oder stillschweigend gewählt werden. Ohne solche Wahl unterliegt der Vertrag eines **inländischen Unternehmers** mit einem **ausländischen Handelsvertreter idR ausländischem Recht**, weil er überwiegend im Ausland erfüllt wird. Entscheidend ist, wo das Vertragsverhältnis seinen Schwerpunkt hat; das ist am Sitz des HV, wenn er nur im Bereich einer einzigen Rechtsordnung tätig werden sollte und dort seine Niederlassung hat, BGH **53**, 337, NJW **81**, 1899 (Iran); allgemeiner sollte am Recht der Niederlassung des HV (meist, aber nicht notwendig identisch mit Tätigkeitsort) angeknüpft werden, Ebenroth RIW **84**, 167, Reithmann-Martiny Rz 549; nach aA Anknüpfung an das Sitzrecht des Unternehmers, denn alle HVVerträge müßten einheitlichem Recht unterstehen; das mag jedoch zwar für den Unternehmer günstiger sein, muß aber vereinbart werden. Untersteht der HVVertrag danach ausländischem Recht, sind die §§ 84ff auch vor deutschen Gerichten unanwendbar. Da diese nach § 92c I ausdrücklich nachgiebiges Recht sind, greift grundsätzlich auch nicht der deutsche ordre public (Art 30 EGBGB) zum Schutz des HV ein. Ob das auch für §§ 92c I, 90a I 3 (Karenzentschädigung) gilt, ist angesichts der Verfassungswidrigkeit des entspr § 75b S 1 für HdlGehilfen nicht sicher, BAG BB **81**, 553, Unterschied aber: selbständiger HV, unselbständiger Arbeitnehmer; s § 74 Anm 3 A. Ordre public gilt jedenfalls für andere Grundsätze des deutschen Rechts, wie das Verbot unsittlicher Knebelung nach § 138 BGB. Monographien: Stumpf, Internationales HVRecht, Teil 1, Verträge mit ausländischen HV, 5. Aufl 1977; Teil 2, Ausländisches HVRecht, 4. Aufl 1986, Detzer 1982; Sura DB **81**, 1269, Wengler ZHR 146 (**82**) 30; IntHK, Leitfaden für HVVerträge nF 1983 (IntHK-Publikation Nr 410, Sprache englisch, französisch). Recht der anderen EWG-Staaten s Maier AWD **60**, 281. Schweiz: AWD **63**, 174.

B. Der Vertrag zwischen inländischem Unternehmer und ausländischem HV kann auch **unter deutschem Recht** stehen, kraft Vereinbarung der Parteien (ausdrücklich oder stillschweigend) oder weil nach den Umständen des Falles der Schwerpunkt des Vertragsverhältnisses entgegen der Regel (vgl Anm A) doch in der BRD liegt. Bsp: der HV war zuvor Angestellter des Unternehmers, in der BRD ansässig und tätig, ist deutscher Staatsangehörigkeit, der Vertrag wurde in der BRD in deutscher Sprache nach Entwurf eines deutschen Juristen geschlossen, die Provision wird zT in der BRD gezahlt. Dann gilt für den Vertrag das HGB, aber anders als sonst ist nach § 92 c I seine Regelung in allen Punkten nachgiebig. Bsp für stillschweigende Vereinbarung deutschen Rechts zwischen deutschem Exporteur und Importagent im Ausland: BGH **LM** Art 7 ff EGBGB Nr 1 (deutsche Firma in Uruguay). Gilt deutsches Recht, so ist als abw HdlBrauch nur erheblich, was sich als feststehende, einheitliche und allgemein anerkannte Übung im Verkehr zwischen deutschen Exportfirmen und ihren im Lande X tätigen HV durchgesetzt hat, nicht Recht und Gewohnheit des Landes X, BGH **LM** Art 7 ff EGBGB Nr 1.

C. Kommt ein Vertrag zwischen **ausländischem Unternehmer** und **ausländischem Handelsvertreter** in der BRD vor Gericht (zB bei Klage im Gerichtsstand des Vermögens, § 23 ZPO), so gilt erst recht (vgl Anm A, B) idR ausländisches Recht, ohne Vorbehalt nach Art 30 EGBGB, und wenn ganz ausnahmsweise doch deutsches Recht, dann nach § 92a I nur nachgiebig.

D. Maßgebend ist die **Niederlassung** des HV, die er als Kfm, auch KleinstKfm haben muß (mindestens eine Adresse für Briefe der Kundschaft), nicht sein Wohnsitz (Bsp: Wohnsitz in Lörrach, Niederlassung in Basel: § 92 c I ist anwendbar), auch nicht das Arbeitsgebiet, falls es außerhalb der Niederlassung liegt (Bsp: Wohnung und Niederlassung in Konstanz, Arbeitsgebiet Schweiz oder der BRD und Schweiz: § 92 c ist nicht anwendbar).

2) Schiffahrtsvertreter

Als quasiausländisch dem ausländischen HV (s Anm 1) gleichgestellt sind inländische Schiffahrtsvertreter, dh HV, deren Vermittlungsauftrag sich richtet auf: Befrachtung von Schiffen, Abfertigung von Schiffen, Ausrüstung von Schiffen oder Buchung von Schiffspassagen, II, und zwar in der See- und Binnenschiffahrt. Auch für diese HVVerträge setzt das HGB nur nachgiebiges Recht.

3) Inländische Vertreter ausländischer Unternehmer

A. Der Vertrag wird idR kraft mutmaßlichen (hypothetischen) Parteiwillens unter **deutschem Recht** stehen, weil der Vertreter in der BRD tätig ist, daher hier der Schwerpunkt des Rechtsverhältnisses liegt, BGH **53,** 332 (vgl im umgekehrten Fall Anm 1 A: idR ausländisches Recht), dann gelten §§ 84 ff ohne Sonderregelung. § 92 c I gilt nicht, uU gilt § 92 c II. Schweiz: AWD **63,** 174.

B. Der Vertrag kann, insbesondere kraft Vereinbarung der Parteien, unter **ausländischem Recht** stehen (vgl im umgekehrten Fall Anm 1 B), mit Vorbehalt der Abweisung ausländischen Rechts, dessen Anwendung „gegen die guten Sitten oder gegen den Zweck eines deutschen Gesetzes verstoßen würde" (Art 30 EGBGB, vgl Anm 1 A); dies ist nicht der Fall, soweit ausländisches Recht dem (inländischen) HV bei Vertragsende keinen Ausgleich entspr § 89b gewährt, BGH NJW **61,** 1061 (niederländisches Recht), s auch Anm C.

C. Die Wirksamkeit der Vereinbarung ausschließlichen **Gerichtsstands** (vgl Einl IV 2 C vor § 1) im Ausland bestimmt sich nach allgemeinem internationalen Zivilprozeßrecht (Wirksamkeit soweit das ausländische Urteil nach § 328 ZPO im Inland anzuerkennen); ihr steht nicht entgegen, daß Anwendung ausländischen Rechts vereinbart ist und dieses bei Vertragsende keinen Ausgleich entspr § 89b gewährt, BGH NJW **61**, 1061.

D. Ausländisches **Devisenrecht** kann bei Klage des inländischen gegen ausländische Unternehmer anwendbar sein nach dem Abkommen (von Bretton Woods) über den Internationalen Währungsfonds (gleich ob inländisches oder ausländisches Vertragsrecht, vgl Anm A, B, anwendbar), BGH AWD **62**, 146.

Achter Abschnitt. Handelsmakler

Überblick vor § 93

Schrifttum zum Maklerrecht: *Glaser-Warncke,* 7. Aufl 1982. – *Schwerdtner,* 2. Aufl 1979. – RsprÜbersichten: Wolf WM **78**, 1282, **81**, 666, Sonderbeil 3/**85**; Schwerdtner JZ **83**, 777.

[Begriff des Handelsmaklers, Maklervertrag]

93 ⁱ Wer gewerbsmäßig für andere Personen, ohne von ihnen auf Grund eines Vertragsverhältnisses ständig damit betraut zu sein, die Vermittlung von Verträgen über Anschaffung oder Veräußerung von Waren oder Wertpapieren, über Versicherungen, Güterbeförderungen, Schiffsmiete oder sonstige Gegenstände des Handelsverkehrs übernimmt, hat die Rechte und Pflichten eines Handelsmaklers.

ⁱⁱ Auf die Vermittlung anderer als der bezeichneten Geschäfte, insbesondere auf die Vermittlung von Geschäften über unbewegliche Sachen, finden, auch wenn die Vermittlung durch einen Handelsmakler erfolgt, die Vorschriften dieses Abschnitts keine Anwendung.

Übersicht

1) Zivilmakler, BGB- und anderes Maklerrecht, verwandte Verträge, Reform
   A. Zivilmakler
   B. §§ 652–654 BGB (Gesetzestexte)
   C. Maklergesetz, Wohnungsvermittlung, Kreditvermittlung
   D. Verwandte Verträge
   E. Reform
2) Handelsmakler
   A. Verträge über Gegenstände des Handelsverkehrs
   B. Vermittlung, nicht nur Nachweis
   C. Fehlen einer Dauerbeauftragung
   D. Gewerbsmäßigkeit, Kaufmann
3) Vertragsschluß, Wirksamkeit, Ende des Maklervertrags, Zusammenarbeit mehrerer Makler
   A. Vertragsschluß
   B. Wirksamkeit
   C. Ende
   D. Zusammenarbeit mehrerer Makler
4) Pflichten des Maklers
   A. Keine Tätigkeitspflicht, kein Erfolgsversprechen
   B. Interessenwahrungs- und Treuepflicht
   C. Doppeltätigkeit
   D. Einschaltung weiterer Makler
   E. Sonstige Rechtspflichten

F. Rechtsfolgen bei Pflichtverstoß
5) Pflichten des Auftraggebers
   A. Hauptpflicht (Provisionszahlungspflicht)
   B. Nebenpflichten (kein Aufwendungsersatz)
6) Voraussetzungen des Provisionsanspruchs: Absprachegemäßes Zustandebringen des gewünschten Vertrags mit Dritten
   A. Tätigwerden des Maklers in Kenntnis des Auftraggebers
   B. Gewünschter Vertrag (Identität)
   C. Wirksamer Vertrag
   D. Vertrag mit Dritten (kein Selbsteintritt)
   E. (Mit)Ursächlichkeit
   F. Keine Verwirkung
7) Schuldner, Höhe, Fälligkeit des Provisionsanspruchs
   A. Schuldner (bei Doppeltätigkeit)
   B. Höhe
   C. Fälligkeit
   D. Verjährung
   E. Vergleich, Konkurs
8) Alleinauftrag
   A. Begriff und Funktion
   B. Vertragsschluß, Wirksamkeit, Ende des Alleinauftrags
   C. Pflichten des Maklers
   D. Pflichten des Auftraggebers
9) Typische Maklervertragsklauseln, Grenzen für Allgemeine Geschäftsbedingungen
10) Internationaler Verkehr

1) Zivilmakler, BGB- und anderes Maklerrecht, verwandte Verträge, Reform

A. **Zivilmakler:** Der Zivilmakler (natürliche oder juristische Person, auch OHG, KG) ist in §§ 652–656 BGB geregelt. Diese Regelung ist unzulänglich, wird der großen volkswirtschaftlichen Funktion der Maklertätigkeit nicht gerecht und soll deshalb reformiert werden (s Anm E); inzwischen ist das Maklerrecht mit einer umfangreichen Kasuistik zur Domäne der Rechtsprechung geworden. Der Zivilmakler unterscheidet sich vom HdlMakler vor allem nach der Art der Vertragsgegenstände, diese müssen beim HdlMakler solche des HdlVerkehrs sein (s Anm 2 A); Zivilmakler sind vor allem die Grundstücksmakler und die Ehevermittler. Nur Zivilmakler sind ferner Nachweismakler (s Anm 2 B) und Gelegenheitsmakler ohne gewerbliche Tätigkeit (s Anm 2 D). Der Zivilmakler kann Kaufmann sein (SollKfm, s § 2 Anm 2; betr Ehevermittler s § 1 Anm 1 E). Dann gelten für ihn nicht §§ 93 ff, aber sonst das gesamte HdlRecht wie für Kflte sonst, zB auch § 354.

B. **BGB-Maklerrecht:** Für den HdlMakler sind neben §§ 93 ff und dem übrigen HGB (s Anm 2 D) aus dem BGB ergänzend anwendbar §§ 652 ff (Text unten, ohne § 655: Dienstvermittlung und § 656: Ehevermittlung); ergänzend ferner §§ 662 ff (Auftrag; Text s § 86 Anm 1 C), zB § 663 (Anzeigepflicht bei Ablehnung), § 665 (Abweichung von Weisungen).

BGB 652 [Entstehung des Lohnanspruchs]
[1] Wer für den Nachweis der Gelegenheit zum Abschluß eines Vertrags oder für die Vermittlung eines Vertrags einen Mäklerlohn verspricht, ist zur Entrichtung des

8. Abschnitt. Handelsmakler   1 § 93

Lohnes nur verpflichtet, wenn der Vertrag infolge des Nachweises oder infolge der Vermittelung des Mäklers zustande kommt. Wird der Vertrag unter einer aufschiebenden Bedingung geschlossen, so kann der Mäklerlohn erst verlangt werden, wenn die Bedingung eintritt.

II Aufwendungen sind dem Mäkler nur zu ersetzen, wenn es vereinbart ist. Dies gilt auch dann, wenn ein Vertrag nicht zustande kommt.

BGB 653 [Mäklerlohn]

I Ein Mäklerlohn gilt als stillschweigend vereinbart, wenn die dem Mäkler übertragene Leistung den Umständen nach nur gegen eine Vergütung zu erwarten ist.

II Ist die Höhe der Vergütung nicht bestimmt, so ist bei dem Bestehen einer Taxe der taxmäßige Lohn, in Ermangelung einer Taxe der übliche Lohn als vereinbart anzusehen.

BGB 654 [Verwirkung des Lohnanspruchs]

Der Anspruch auf den Mäklerlohn und den Ersatz von Aufwendungen ist ausgeschlossen, wenn der Mäkler dem Inhalte des Vertrags zuwider auch für den anderen Teil tätig gewesen ist.

C. Maklergesetz, Wohnungsvermittlung, Kreditvermittlung: a) Für gewerbliche Makler besteht Zulassungspflicht nach **§ 34c GewO**, eingefügt durch G 16. 8. 72 BGBl 1465 (sog **Maklergesetz**). Gewisse öffentlichrechtliche, teils auch privatrechtliche Berufspflichten für Grundstücksmakler, Darlehens- und Vermögensanlagevermittler, Bauträger und Baubetreuer, zT unmittelbar betr Makler-Auftraggeber-Verhältnis, insbesondere zum Schutz von Vermögenswerten des Auftraggebers, sind näher geregelt in der **Makler- und BauträgerVO** (MaBV) nF 11. 6. 75 BGBl 1351. Dazu BGH NJW **78**, 1054, **81**, 757, Brem NJW **77**, 638; Marcks, MaBV 3. Aufl 1983 (aus Landmann-Rohmer, GewO), Hepp-Halbe NJW **77**, 617, 1437, Braun BB **79**, 1432. Schranken für Vermittlung von **Beförderungsgeschäften** setzt (22) GüKG § 32. **Steuerberater** und **Rechtsanwälte** dürfen das Maklergewerbe nicht betreiben, BGH **78**, 263, BB **76**, 1102, aber als Gelegenheitsmakler, zB bei Finanzierungsvermittlung, tätig werden. Die unter Verstoß gegen diese Unvereinbarkeit oder trotz fehlender Gewerbeerlaubnis nach § 34 GewO abgeschlossenen Maklerverträge sind nicht nichtig, BGH **78**, 269; anders, wenn Steuerberater für Veranlassung seiner Mandanten zu Vermögensanlage geheime Maklerprovision erhalten soll (s § 347 Anm 4 A g), BGH **95**, 85. **b) Wohnungsvermittlung** ist in vielen wichtigen Maklerrechtsfragen besonders geregelt durch G 4. 11. 71 BGBl 1747, abgedruckt und kommentiert in den Komm zu § 652 BGB. §§ 6 I, 7 des G verbieten (gewerbsmäßige) Vermittlung ohne Vermieterauftrag, bei Bußgeld (§ 8); Verstoß macht den Maklervertrag nicht nichtig nach § 134 BGB, Karlsr BB **76**, 668, Ffm NJW **79**, 879. **c) Kreditvermittlung** spielt in der Praxis eine zunehmend wichtige Rolle, vor allem im Zusammenhang mit dem Teilzahlungskreditgeschäft der Banken; s allgemein zum Teilzahlungskreditgeschäft (7) Bankgeschäfte V, zu sittenwidrigen Kreditzinsen und -konditionen (7) Bankgeschäfte IV 2 B. Kreditvermittler haben nach PAngV (s (7) Bankgeschäfte IV 2 A b) und MaBV (s Anm a) weitgehende Angabepflichten über Preis, effektiven Jahreszins und über die Konditionen des von ihnen angebotenen bzw vermittelten Kredits, BGH NJW **80**, 1388. Finanzierungsbearbeitungs- und -vermittlungsgebühren (Kölner Modell) s Anm 6 D. Bei ständiger Betrauung mit der Kreditvermittlung kann der Bankrepräsentant HV sein, s § 84 Anm 3 C. In der Praxis bestehen erhebliche Mißbräuche; Pressekritik als Kredithaie s Einl II 3 C b vor § 1; Ankündigung „auf Wunsch Hausbesuch" ist wettbewerbswidrig, Hbg BB **79**, 1787. Reformbestrebungen s Anm E. Monographie Mackenthun 1985. **d) Versicherungsvermittler** können als Versicherungsmakler oder als Versicherungsvertreter (§ 92) auftreten, BGH **94**, 359. Sie unterliegen nicht der Versicherungsaufsicht durch das BAV (vgl § 1 VAG), aber einzelnen Sondervorschriften, zB Verbot der Provisionsweitergabe bei Lebensversicherung, BGH **93**, 177.

D. **Verwandte Verträge: a) Auftrag** (§§ 662 ff BGB, Text s § 86 Anm 1 C): Der Beauftragte wird unentgeltlich tätig und hat Anspruch auf Aufwendungsersatz (§ 670 BGB), der Makler nicht (s Anm 6, 5 B). **b) Dienstvertrag** (§§ 611 ff BGB, Text s § 59 Anm 1 C): Der Dienstverpflichtete schuldet Tätigkeit, der Makler nicht (s Anm 4 A). Ist vertraglich Tätigkeitspflicht vereinbart (zB Bearbeitungspflicht, so beim Alleinauftrag, s Anm 8 C; Pflicht betr Durchführung des vermittelten Vertrags, BGH WM **73**, 1383) liegt ein Maklerdienstvertrag vor, BGH **87**, 312 (Eheanbahnungsdienstvertrag). Auf ihn finden, falls schon diese Tätigkeit auch ohne Erfolgseintritt vergütet werden soll, §§ 611 ff BGB, ergänzend Maklerrecht Anwendung; es handelt sich dann um einen gegenseitigen Vertrag; bleibt es bei der Erfolgsbezogenheit der Maklervergütung, sind §§ 652 ff BGB anwendbar, BGH BB **77**, 1672, und nur ergänzend Dienstvertragsrecht, so beim Alleinauftrag (s Anm 8 A). Beim Ehevermittler (§ 1 Anm 1 E) soll auch im Falle eines Maklerdienstvertrags § 656 BGB entspr gelten, BGH **87**, 309, aA Gilles NJW **83**, 2819. Dienstvertrag, uU Schuldversprechen liegt vor, wenn Bearbeitungsgebühr für eine Tätigkeit für den Erwerb einer Eigentumswohnung unabhängig von Nachweis oder Vermittlung versprochen wird; zur Auslegung BGH BB **78**, 1089; AGB s Anm 9. Provisionsversprechen unabhängig von Vermittlung (zB trotz Selbsteintritt oder wirtschaftlicher Verflechtung) ist aber auch beim Maklervertrag möglich (s Anm 6 D), allerdings nicht durch AGB (s Anm 9). **Anwaltsdienstvertrag** liegt vor, wenn nicht unwesentlich Rechtsbeistand geschuldet ist, einerlei ob daneben Vermittlungstätigkeit entfaltet werden soll, BGH WM **77**, 552; Verbot gewerblicher Maklertätigkeit für Rechtsanwalt s Anm C a. **c) Werkvertrag** (§§ 631 ff BGB): Der Unternehmer schuldet den Erfolg, der Makler nicht (s Anm 4 A). Ist ausnahmsweise Erfolg versprochen, liegt ein Maklerwerkvertrag vor, zB für Versicherungsmakler BGH WM **71**, 966, auf den Werkvertrags- und ergänzend Maklerrecht Anwendung finden. Der Auftraggeber bleibt aber auch hier frei, ob er den Vertrag mit dem Dritten abschließen will (s Anm 5 A), BGH NJW **66**, 1405. **d) Handelsvertretervertrag** (§§ 84 ff): Der HV ist mit der Vermittlung vertraglich ständig betraut und in die Absatzorganisation des Händlers eingegliedert, BGH **62**, 78, BB **72**, 11; der Makler nicht.

E. **Reform:** Wegen der Unzulänglichkeit der §§ 652–656 BGB ist seit langem eine Reform des Maklerrechts geplant, besonders betr Wohnungsvermittlung (s Anm C b), Darlehens- und Kreditvermittlung (s Anm C c) und Ehevermittlung und -anbahnung. S RegE MaklerG BT- Drucks 10/ 1014 16. 2. 84 = ZIP **84**, 379, dazu Jung ZIP **84**, 901, Tonner

BB **84**, 241; s **(7)** Bankgeschäfte V 1. Übersicht: 53. DJT 1980 (Hadding, Hiddemann, Scholz), Beschlüsse NJW **80**, 2510.

2) Handelsmakler

A. **Verträge über Gegenstände des Handelsverkehrs:** Dieses Tatbestandsmerkmal des I steht für die Abgrenzung des HdlMaklers vom Zivilmakler im Vordergrund. I liefert selbst Beispiele: Verträge über Anschaffung oder Veräußerung von Waren oder Wertpapieren, über Versicherungen, Güterbeförderungen, Schiffsmiete. Sonstige Gegenstände des HdlVerkehrs sind ua: Bankkredit und sonstige Bankgeschäfte, RG **76**, 252, Mü NJW **70**, 1925; gewerbliche Schutzrechte; genormte KdtBeteiligung (PublikumsGes, s Anh § 177a Anm VIII), Ffm WM **79**, 1396, str, offen BGH WM **84**, 668. **Nicht:** Grundstücke (ausdrücklich II, krit Krause FS Molitor **62**, 383); Unternehmen, hL; Dienstverhältnisse (§ 655 BGB). Solche anderen Geschäftsvermittlungen als über Gegenstände des HdlVerkehrs fallen auch dann nicht unter §§ 93ff, wenn sie durch einen HdlMakler (der in der Hauptsache Gegenstände des HdlVerkehrs vermittelt) getätigt werden (ausdrücklich II aE).

B. **Vermittlung, nicht nur Nachweis:** Der HdlMakler hat den Vertragsschluß zu vermitteln, nicht nur die Gelegenheit dazu nachzuweisen. Die **Nachweistätigkeit** des Nachweismaklers ist erfüllt, wenn der Auftraggeber durch den Makler Kenntnis von der Vertragsmöglichkeit erhält. Zum Nachweis gehören hinreichend bestimmte Angaben über Objekt und Geschäftsgegner, Hamm BB **74**, 202, Ffm MDR **75**, 315, **76**, 664; nicht bloße Übersendung von Interessentenliste (mit 500 Namen), Mü BB **73**, 1551. Zur **Vermittlungstätigkeit** (des HdlMaklers) gehört, daß der Makler mit beiden Vertragsparteien in Verbindung tritt und dadurch zum Vertragsschluß beiträgt, BGH DB **67**, 1173, KG NJW **68**, 1783. Doch kann beides ineinander übergehen, zB wenn HdlMakler zwei zum Geschäft entschlossene Parteien zusammenführt. Der HdlMakler kann bei der Vermittlung entweder nur einer oder auch beiden Seiten (Doppeltätigkeit s Anm 4C) dienen. Zustandekommen des Hauptvertrags s Anm 6 C.

C. **Fehlen einer Dauerbeauftragung:** Wer aufgrund eines Vertragsverhältnisses ständig mit Vermittlung betraut ist (§ 84 Anm 6), ist nach I nicht HdlMakler, sondern nach § 84 HV, s Anm 2 Cd.

D. **Gewerbsmäßigkeit, Kaufmann:** I setzt gewerbsmäßige Vermittlung voraus (s § 1 Anm 1); Abgrenzung zum Gelegenheitsmakler, zB Baugrundstücke nachweisender Architekt, BGH BB **70**, 558 (zu § 653 BGB), für Bauunternehmer Bilda MDR **77**, 540; Steuerberater und Rechtsanwälte s Anm 1 Ca. Der HdlMakler ist privater Gewerbetreibender und stets Kaufmann (MußKfm, § 1 II Nr 7; Zivilmakler kann SollKfm sein, s Anm 1 A) und wird nur in gewissen Beziehungen nach Art einer Amtsperson tätig, s §§ 100ff (Tagebuch), §§ 373 II 1, 376 II 2 (bei entspr öffentlicher Ermächtigung: Durchführung von Notverkäufen und Käufen), für **Kursmakler** s **(14)** BörsG §§ 30–34. Für (HdlMaklermäßige, s Anm A) Geschäfte der HdlMakler gelten danach §§ 94–100, ferner das allgemeine HdlGeschäftsrecht (§§ 343ff, zB § 354: Provision, § 362: Schweigen des Kfm auf Anträge) und als Grundlage das Maklerrecht des BGB (s Anm 1 B).

3) Vertragsschluß, Wirksamkeit, Ende des Maklervertrags, Zusammenarbeit mehrerer Makler

A. **Vertragsschluß:** Der Maklervertrag kann ausdrücklich oder durch **stillschweigende Erklärung** geschlossen werden. Für letztere genügt aber nicht schon eine unverbindliche Anfrage beim Makler oder jedes Entgegennehmen und Ausnutzen einer Maklerleistung, BGH NJW **84**, 232. Notwendig ist vielmahr ein schlüssiges Verhalten des Interessenten, aus dem sein Vertragsabschlußwille eindeutig erkennbar hervorgeht. Häufigster Fall ist Angebot und Entgegennahme der Maklerdienste in Kenntnis von deren Entgeltlichkeit, etwa Makler bietet dem Interessenten unter Hinweis auf sein Provisionsverlangen ein Grundstück an, dieser läßt sich dessen Lage so beschreiben, daß er dann alles weitere selbst machen kann, BGH BB **67**, 649, WM **71**, 905, **81**, 495, NJW **84**, 232. Der Kaufinteressent kann mangels anderer Information davon ausgehen, daß der Makler das Objekt vom Verkäufer an die Hand bekommen hat und Provision nur von diesem bekommen soll, BGH **95**, 393. Jede Unklarheit über einen stillschweigenden Vertragsschluß geht zu Lasten des Maklers, BGH NJW **84**, 232. Viel seltener ist das stillschweigende Zustandekommen eines **Zweitauftrags** (Doppeltätigkeit, s Anm 4 C). Tritt der Makler gegenüber einem Interessenten als schon von einem Gegeninteressenten beauftragt auf, bedeutet Entgegennahme seiner Dienste durch den Interessenten regelmäßig nicht Maklervertragsabschluß auch mit ihm, BGH **95**, 395, NJW **81**, 279; das gilt auch wenn der Interessent sich auf eine Anzeige des Maklers an diesen gewandt hat, BGH DB **71**, 2058; stillschweigender Abschluß eines Zweitauftrags ist nur anzunehmen, wenn der Makler bei einer solchen Kontaktnahme eindeutig zu erkennen gibt, er wolle auch für den zweiten Interessenten tätig sein und ggf auch von ihm Lohn fordern, BGH NJW **67**, 1365, DB **71**, 1521, 2058, Düss BB **70**, 595. Schweigen auf ein kfm oder berufliches Bestätigungsschreiben (s § 346 Anm 3) kann auch beim Maklervertrag den Inhalt des Vertrags verändern oder den Vertrag überhaupt erst zustandebringen, Bambg AIZ **75**, 147, str.

B. **Wirksamkeit:** Der Abschluß des Maklervertrags ist **formfrei**. Formzwang kann **aber** bei Grundstücken aus § 313 BGB folgen. Auch mittelbarer Zwang durch entsprechende Maklervertragsgestaltung kann zur Formbedürftigkeit nach § 313 BGB führen; zB Vertragsstrafeversprechen in Höhe der Maklerprovision für den Fall, daß der Eigentümer (Erwerber) des Grundstücks nicht verkauft (kauft), BGH **76**, 46, NJW **70**, 1916, **71**, 94, 557, **80**, 1622; so nach der Rspr idR schon bei über 10–15% der Maklerprovision. Heilung des formnichtigen Maklervertrags nach § 313 S 2 BGB, BGH NJW **81**, 2293. Der Maklervertrag ist nach allgemeinen Regeln **nichtig** (§§ 104 ff, 117, 134, 138, 142 I, 179 BGB), zB bei unerlaubter Anlagevermittlung (AFG, § 134 BGB), BGH BB **78**, 1415, Düss NJW **76**, 1638; bei Verstoß gegen RBerG (s Anm 4 B) oder § 56 I GewO (vgl zum Kreditgeschäft **(7)** Bankgeschäfte IV 2 B); mangelnde Konzession s Anm 1 C. Nichtigkeit einzelner AGBKlauseln s Anm 9.

C. **Ende:** Der Maklervertrag ist idR nicht für bestimmte Dauer geschlossen (anders Allein- oder Festauftrag, s Anm 8 B). Er kann einverständlich aufgehoben werden und ist auch von jeder Partei jederzeit frei widerruflich (Kündigung mit Wirkung ex nunc). Selbst der „unwiderrufliche" Auftrag ist nicht schlechthin unwiderruflich (s Anm 8 B). Der Widerruf läßt Lohnanspruch nicht entfallen, s Anm 6 E. Wirkung eines Aufhebungsvertrags auf Lohnanspruch bzw -voraussetzungen ist Frage der Auslegung, BGH NJW **83**, 1848. Der Maklervertrag endet ferner mit dem Tod des Maklers, BGH NJW **65**, 964; bei Tod des Auftraggebers können die Erben kündigen.

D. **Zusammenwirken mehrerer Makler: a) Untermaklervertrag:** Der Hauptmakler schaltet einen Untermakler zur Durchführung eines oder mehrerer Geschäfte gegen Provisionsbeteiligung ein (partiarisches Rechtsverhältnis, keine Ges). Der Untermaklervertrag verpflichtet iZw beide Seiten nicht zum Tätigwerden, läßt andererseits den Untermakler frei, sich auch mit anderen (Haupt)Maklern zu verbinden, BGH BB **68**, 729. In Vertragsbeziehung zum Auftraggeber steht allein der Hauptmakler. Dieser handelt durch Einschaltung des Untermaklers gegenüber seinem Auftraggeber nicht pflichtwidrig, haftet für ihn aber nach § 278 BGB (s Anm 4 D). **b) Zubringergeschäft:** Der Zubringermakler schaltet gegen Provisionsbeteiligung oder andere Vergütung einen anderen Makler als Hauptmakler ein, BGH BB **63**, 835. Bloße Weitergabe des Geschäfts an anderen Makler, weil eigene Erledigung nicht möglich ist, begründet nicht ohne weiteres Zubringergeschäft, sondern kann Gefälligkeit in Erwartung von Gegengefälligkeiten sein. Beteiligungszusage an den Zubringermakler, der dem anderen Makler Alleinauftrag verschafft, verbietet dem Zubringermakler nicht eigene Bemühung um das zweite Maklergeschäft BGH BB **66**, 1367. In Vertragsbeziehung zum Auftraggeber steht allein der, dem das Geschäft zugeführt worden ist. Bsp für Zubringervertrag BGH DB **74**, 1154. **c) Gemeinschaftsgeschäft:** Mehrere auf entgegengesetzter Seite tätige Makler können ein oder mehrere Geschäfte als Gemeinschaftsgeschäfte behandeln, BGH BB **69**, 1330 (betr Kündigung, Kundenschutz). Fällt nur eine Provision an, wird sie geteilt, BGH BB **63**, 835, sonst erhält jeder Makler von seinem Auftraggeber Provision. ,,Geschäftsgebräuche für Gemeinschaftsgeschäfte unter RDM-Maklern" s Hbg MDR **73**, 225. **d) Franchisemakler:** Die Mitgliedermakler (Franchisenehmer) erhalten alle Hinweise durch die Zentrale (Franchisegeber); diese ist an den Provisionen beteiligt, verliert sie aber (s Anm 6 F), wenn sie Kaufabschlüsse unzulässig zuteilt, BGH WM **78**, 245. Übersicht: Knütel ZHR 144 (**80**) 289.

4) Pflichten des Maklers

A. **Keine Tätigkeitspflicht, kein Erfolgsversprechen:** Der Makler schuldet weder Tätigkeit noch Erfolg (s Anm 1 C b, c); es fehlt insoweit an einer Hauptpflicht des Maklers. Der Maklervertrag ist also kein gegenseitiger Vertrag iSv §§ 320 ff BGB. Herbeiführung des Vertragsschlusses mit Dritten (§ 652 I 1 BGB, § 93, beim Nachweismakler durch Nachweis, beim Vermittlungsmakler wie dem HdlMakler durch Vermittlung) ist nur Voraussetzung des Provisionsanspruchs (s Anm 6). Anders beim Alleinauftrag, s Anm 8 C; Maklerdienstvertrag, Maklerwerkvertrag s Anm 1 D.

B. **Interessenwahrungs- und Treuepflicht:** Der Makler hat die Interessen des Auftraggebers wahrzunehmen. Aus dieser allgemeinen Interessenwahrungs- und Treuepflicht folgen einzelne Schutz- und Rücksichtspflichten. Dazu gehört eine **Schweigepflicht**. Der Makler darf ihm vom Auftraggeber anvertraute, diesem ungünstige Umstände nicht dem Geschäftsgegner mitteilen. Er darf **keine Provision vom Geschäftsgegner** annehmen, außer wenn ihm Doppeltätigkeit vertraglich gestattet ist (s Anm C), sonst gilt das allgemeine Schmiergeldverbot für Beauftragte (vgl § 59 Anm 5 B c). Den Makler trifft eine weitreichende **Informationspflicht.** Wahrheit, Vollständigkeit, Klarheit, Berichtigung bei solchen Informationspflichten s § 347 Anm 4. Der Makler schuldet Aufklärung von ihm bekannten Umständen, die für die Entschließung des Auftraggebers positiv oder negativ bedeutsam sein können, und sachkundige Beratung des Auftraggebers, BGH 36, 328, DB 70, 2214, WM 73, 1383, NJW 82, 1147. Eine Hinweispflicht trifft den Makler aber nur bei erkennbar entscheidungserheblichen Umständen und offenbarer Aufklärungsbedürftigkeit des Auftraggebers gerade darüber, BGH NJW 81, 2685 (Dreijahressperrfrist, § 564 b II BGB). Erfährt er bedeutsame nachteilige Umstände, die er dem Auftraggeber nicht mitteilen kann, muß er diesem, ohne sie zu offenbaren, abraten oder seine Tätigkeit einstellen, BGH BB **69**, 894 (Makler-Prokurist, der zugleich Berater des Geschäftsgegners ist). Bsp: Falsche Darstellung der Chancen, ein Haus zu einem bestimmten Termin fertigzustellen, Kln NJW 72, 1813; unrichtige Finanzierungsberechnung, LG Kln MDR 72, 326; Pflicht zur richtigen Information über das Interesse des anderen Teils, BGH WM 73, 614; Beratungspflicht bei Vermittlung einer Beteiligung, BGH WM 77, 336; Kapitalanlagevermittler s § 347 Anm 3, 4; **Hinweispflichten des Kreditmaklers** gegenüber der auftraggebenden Bank, BGH WM 70, 1270, zB betr Gefährdung des zu finanzierenden Objekts, nicht rechtzeitige Fertigstellung, andere Kreditverwendung, Auszahlung an Käufer statt an Verkäufer; Erkundigungspflicht über Kreditwürdigkeit des Darlehensnehmers, aber keine detaillierte Kreditwürdigkeitsprüfung, auch keine Prüfung der Sicherheiten, das ist Sache der Bank. Weitergabe von Behördenauskünften, BGH NJW 82, 1147. Der Makler darf **Rechtsangelegenheiten** erledigen, die mit einem Geschäft seines Gewerbebetriebs unmittelbar zusammenhängen (RBerG Art 1 § 5 Nr 1), zB einen Vertragstext entwerfen, BGH NJW 74, 1328, über entscheidungserhebliche (auch schwierige) Rechtsfragen aufklären, BGH NJW **81**, 2686; bei schwierigeren Rechtsfragen ist der Makler aber uU dem Auftraggeber zur Einholung von kompetentem Rechtsrat verpflichtet, BGH DB 74, 1477. **Interessenkonflikte,** zB eigenes Kaufinteresse oder Tätigkeit für den Geschäftsgegner (s Anm 4 C) muß der Makler offenlegen. Bei unlösbarem Interessenkonflikt muß er seine Tätigkeit aufgeben, außer wenn der Auftraggeber die Fortsetzung trotzdem wünscht, BGH NJW 83, 1848. Pflichten bei Alleinauftrag s Anm 8 C. **Nachwirkende Treuepflicht** verbietet dem Nachweismakler, nach Nachweis im eigenen Interesse oder in dem eines Dritten das abschlußreife Geschäft zu hintertreiben, BGH NJW 83, 1848.

C. **Doppeltätigkeit:** Tätigkeit des Maklers auch für den Geschäftsgegner ist nur erlaubt, wenn der Vertrag mit dem Auftraggeber dies gestattet (§§ 133, 157 BGB; Verkehrssitte, HdlBrauch, s § 346); so zB im Grundstücksgeschäft, auch bei Versteigerung von Sammlungen. Erlaubte Doppeltätigkeit ist auch bei Alleinauftrag (s Anm 8) nicht ausgeschlossen. Von der Frage der Pflichtverletzung im Erstvertragsverhältnis ist die des Zustandekommens des Zweitvertrags (s Anm 3 A) und des Lohnanspruchs daraus (s Anm 7 A) zu unterscheiden. Engere wirtschaftliche Verbindung des Maklers mit dem Geschäftsgegner s Anm 6 D. Ist die Doppeltätigkeit dem Makler nicht gestattet, macht er sich durch sie schadensersatzpflichtig (§§ 249, 254 BGB) und verwirkt bei grober Fahrlässigkeit ohne Rücksicht auf Schaden seinen Lohn (s Anm 6 F). Ist ihm die Doppeltätigkeit gestattet, ist er beiden Seiten zu **strenger Unparteilichkeit** verpflichtet, so schon bei der Vertragsgestaltung, BGH **48**, 344, **61**, 22. Er hat beide Seiten unparteilich über abschlußerhebliche Umstände zu informieren, insoweit tritt seine Schweigepflicht (s Anm B) zurück. Er darf iZw nicht in die Preisverhandlungen eingreifen, muß für einen marktgerechten oder sonst angemessenen Preis sorgen (sonst Verwirkung gegenüber dem benachteiligten Geschäftspartner, s Anm 6 F), BGH **48**, 347, NJW **68**, 150. Besteht die Doppeltätigkeit in Vermittlung für den Verkäufer und im Nachweis für den Käufer und weiß der Käufer dies, braucht der Makler dem Käufer nicht mitzuteilen, daß er sich vom Verkäufer **Übererlös** über bestimmte Kaufpreissumme hinaus als Provision hat versprechen lassen (s Anm 7 B), BGH NJW **70**, 1075; doch darf er dem Käufer keinesfalls vorspiegeln, dem Verkäufer gar nicht verpflichtet zu sein (sonst Verwirkung, s Anm 6 F), Werner gegen Kln NJW **71**, 1943. Übersicht: Glaser MDR **71**, 271.

D. **Einschaltung weiterer Makler:** Der Makler darf iZw nicht die Ausübung des Auftrags im ganzen einem anderen Makler überlassen (§ 664 I 1 BGB, Text s § 86 Anm 1 C). Er darf aber Untermakler (s Anm 3 D) hinzuziehen, RG JW **29**, 3497, haftet für sie dann aber nach § 278 BGB (§ 664 I 3 BGB), Mü JR **61**, 95.

E. **Sonstige Rechtspflichten:** Zustellung von Schlußnoten, s § 94; Weitergabe von Widerspruch einer Partei gegen die Schlußnote an die andere, s § 94 Anm 1 C, 2 C. Besondere Sorgfaltspflicht haben die beiden Makler bei einer **a-metà-Vermittlung** zwischen ,,verdeckten Kaufvertragsparteien"; die beiden Schlußnoten müssen dann unbedingt vollkommen übereinstimmen, OberSchiedsG WV Hbg Börse (**69**) St-Ul I D 1 d Nr 10. Berufspflichten aus Gewerberecht s Anm 1 Ca; besondere Pflichten von Wohnungsvermittlern s Anm 1 Cb; Kreditvermittler s Anm 1 Cc. Die Makler stehen als Gewerbetreibende unter dem UWG, zB Verletzung der §§ 1, 3 UWG durch Ankündigung niedriger Bearbeitungsgebühr unter Verschweigen, daß ein weiterer Provisionsteil im Kaufpreis enthalten ist, Ffm OLGZ **72**, 462; idR sittenwidriger Behinderungswettbewerb durch offene Werbung (durch Zeitungsanzeigen und Informationsstand am Objekt), falls kein Alleinauftrag (s Anm 8), Ffm BB **73**, 955. Nebenpflichten des HdlMaklers s Haberkorn MDR **60**, 93.

F. **Rechtsfolgen bei Pflichtverstoß:** Pflichtverstoß des Maklers (meist positive Vertragsverletzung) führt schon bei leichter Fahrlässigkeit (§ 347) und Schaden zur **Schadensersatzhaftung** (und damit iErg zu Verlust oder Schmälerung der Provision), BGH WM **77**, 943, NJW **82**, 1145; Mitverschulden (§ 254 BGB) ist zu berücksichtigen, BGH WM **77**, 943. Haftung für Hilfspersonen nach §§ 278, 831 BGB, BGH BB **70**, 863. Pflichtverstoß kann bei grober Fahrlässigkeit und ohne Schaden des Auftraggebers zur **Verwirkung der Provision** nach § 654 BGB führen, s Anm 6 F. Ver-

jährung von Schadensersatzansprüchen gegen Makler in 30 Jahren (§ 195 BGB); nicht entspr anwendbar ist § 88 betr HV, BGH BB **72,** 11.

5) Pflichten des Auftraggebers

A. **Hauptpflicht** des Auftraggebers ist die **Provisionszahlungspflicht** (s Anm 6, 7, § 99). **a)** Der Maklerlohn ist iZw verdient mit Zustandekommen des als möglich nachgewiesenen oder vermittelten Abschlusses (§ 652 I 1 BGB, Text s Anm 1 B); Voraussetzungen im einzelnen s Anm 6. Abw Vereinbarung über erfolgsunabhängige Provision ist möglich, BGH DB **76,** 189, aber nicht in AGB, s Anm 9. Der Auftraggeber bleibt **Herr des Geschäfts** und behält seine volle **Abschlußfreiheit.** Er darf nicht nur weitere Makler einschalten (außer bei Alleinauftrag, s Anm 8; aber Vorsicht: Risiko mehrerer voller Provisionsansprüche, da Mitursächlichkeit genügt, s Anm 6 E) und sich selbst um den Abschluß bemühen, sondern ist auch iZw frei, das nachgewiesene bzw vermittelte Geschäft ohne Begründung zurückzuweisen, auch seinem Auftrag voll entsprechende oder sogar günstigere Geschäfte, BGH NJW **67,** 1225; diese Abschlußfreiheit besteht auch bei Alleinauftrag (Anm 8 D), hier auch bei Widerrufsverzicht auf bestimmte Zeit, BGH NJW **67,** 1225, WM **70,** 1458, anders uU bei bedingungsloser Festofferte (s Anm 8 D); auch bei Vorvertrag oder Vorweganzahlung zwischen Auftraggeber und Geschäftsgegner (Bindung nur intern), BGH NJW **75,** 647. Vom Auftraggeber verursachter Formmangel des Hauptgeschäfts (s Anm 6 C) führt wegen der Abschlußfreiheit weder zur Provisionszahlungspflicht noch zur Schadensersatzhaftung des Auftraggebers, BGH WM **77,** 1049, str. Ist nach der Vereinbarung der Lohn erst mit Ausführung des Abschlusses verdient (so nach HdlBrauch bei Schiffsverkauf, BGH NJW **66,** 502, Hbg MDR **63,** 849), bleibt der Auftraggeber im Verhältnis zum Makler bis dahin frei (aufschiebende Bedingung), BGH WM **85,** 777; anders nur ganz ausnahmsweise wenn er die Ausführung treuwidrig vereitelt (§ 162 I BGB), § 87a III (betr HV) gilt nicht entspr, BGH **2,** 283, BB **66,** 516. Ist dagegen Entstehung des Lohnanspruchs schon mit Vertragsabschluß, Fälligkeit aber erst bei Ausführung gewollt (unbedingte, aber erst später fällige Verpflichtung), dann tritt idR mangels Ausführung doch Fälligkeit nach Ablauf der Zeit ein, in der die Ausführung zu erwarten war, BGH DB **81,** 2283 (zur Auslegung der Klausel „Zahlung der Maklerprovision bei Einlösung eines Akkreditivs"), WM **85,** 776. Der Makler hat uU einen Teillohnanspruch, soweit Auftraggeber infolge der Nichtausführung des Abschlusses vom Abschlußpartner Entschädigung erhält, BGH **LM** § 652 BGB Nr 3 („Fautfracht"). **b)** Besteht danach mangels der gesetzlichen Voraussetzungen, also mangels Erfolgs (s Anm 6) kein Provisionsanspruch, scheidet auch § 354 aus; kommt es zum Erfolg und ist der Makler auch ohne Vertrag zur Leistung berechtigt, kommt § 354 in Betracht (s § 354 Anm 2 B).

B. **Nebenpflichten:** Der Auftraggeber muß dem Makler die Aufgabe seines Vertragsabschluß- oder -ausführungswillens (s Anm A) und die Vornahme eines Eigengeschäfts **mitteilen,** um ihn vor unnötigen weiteren Bemühungen zu bewahren. Nach Verhandlungsfehlschlag und bei späterem neuen Geschäftsentschluß braucht der Auftraggeber nicht denselben Makler wieder zu beauftragen, anders uU bei Alleinauftrag, BGH WM **72,**

444. Den Auftraggeber trifft idR eine **Schweigepflicht** über die mitgeteilten Angebote des Maklers, von denen er selbst keinen Gebrauch macht; str, aA Knieper NJW **70**, 1296; andernfalls macht er sich schadensersatzpflichtig, uU bleibt er sogar provisionspflichtig, s Anm 6 C a. Der Auftraggeber schuldet dem Makler **keinen Aufwendungsersatz** (§ 652 II 1 BGB, Text s Anm 1 B), anders nur bei besonderer Vereinbarung oder bei Übernahme konkreter, üblicherweise nicht geschuldeter Leistungen, Hamm NJW **73**, 1976; § 670 BGB ist nicht anwendbar, der Makler trägt seine Aufwendungen selbst, auch wenn der Vertrag trotz seiner Aufwendungen und Bemühungen nicht zustandekommt (§ 652 II 2 BGB) oder Provisionsanspruch nicht entsteht (s Anm 6). Weitere Pflichten durch Vertragsklauseln, aber nur beschränkt in AGB, s Anm 9.

6) Voraussetzungen des Provisionsanspruchs: Absprachegemäßes Zustandebringen des gewünschten Vertrags mit Dritten

A. **Tätigwerden des Maklers in Kenntnis des Auftraggebers:** Der Provisionsanspruch des Maklers (§ 652 I 1 BGB, Text s Anm 1 B; Hauptpflicht des Auftraggebers, s Anm 5 A) setzt zunächst Tätigwerden des Maklers in Kenntnis des Auftraggebers voraus. **a)** Der **Makler** muß entspr dem Maklervertrag tätig geworden sein, also je nachdem **Nachweis- oder Vermittlungstätigkeit** entfaltet haben (s Anm 2 B). Für Vermittlung versprochene Provision entfällt, wenn der Makler nur nachweist; uU entsteht dann aber geringerer Provisionsanspruch (§ 653 II BGB, Text s Anm 1 B), BGH MDR **77**, 210. **b)** Der **Auftraggeber** muß von diesem Tätigwerden des Maklers so rechtzeitig vor oder bei Abschluß des Vertrags mit dem Dritten **Kenntnis** haben, daß er die Provisionsforderung bei der Preisgestaltung des Hauptvertrags noch berücksichtigen kann, Mü NJW **68**, 894; auf selbstverschuldete Unkenntnis kann er sich aber nicht berufen. Eine Pflicht zur Rückfrage besteht aber idR nicht (anders uU bei Alleinauftrag), aA Mü NJW **68**, 894; erst recht nicht zur Kenntnisnahme der Nachweise des Maklers, doch liegt letzterenfalls die Beweislast für Unkenntnis beim Auftraggeber.

B. **Gewünschter Vertrag:** Voraussetzung ist weiter, daß der Makler den gewünschten Vertrag nachweist oder vermittelt **(wirtschaftliche und personelle Identität),** BGH BB **73**, 1192; zumindest muß der Abschluß wirtschaftlich dem angestrebten entsprechen, BGH NJW **82**, 2663, WM **83**, 342 (Umleitung über anderen Zwischenhändler). Dafür ist wesentlich, wie belastend das Geschäft für den Auftraggeber ist, Hamm NJW **59**, 2167, Zweibr OLGZ **77**, 215 (bei Vermietungsvermittlung, Vorkaufsrecht an Mieter unschädlich); wirtschaftliche Gleichwertigkeit ist zu verneinen, zB bei Verpachtung statt Kauf, Grundstücksteil statt ganzem Grundstück, BGH BB **73**, 1192, WM **84**, 561, uU Leasing statt Kauf (vgl **(7)** Bankgeschäfte XII). Erwerb in der Zwangsvollstreckung je nach Inhalt des gewünschten Vertrags, BGH BB **69**, 934 (iErg ja), jedenfalls bei gleichstellender AGBKlausel, Glaser MDR **70**, 481. Keine Provision (Differenzgebühr) fällt an für ein aus dem nachgewiesenen bzw vermittelten Geschäft folgenden **Folgegeschäft** (zB Hauskauf nach Hausmiete), auch nicht aufgrund AGB (s Anm 9), BGH **60**, 345; anders, bei Vereinbarung (nicht AGB, s Anm 9), und nach HdlBrauch, zB im Holzhandel („Tegernseer Gebräuche", s § 346 Anm 2 D), uU in Versicherungsbranche, BGH WM **86**, 329.

§ 93 6   I. Buch. Handelsstand

Provision für **Ersatz- und Nach geschäfte**, BGH BB **60**, 1345, Karlsr NJW **66**, 2169, Ffm MDR **75**, 315; AGB s Anm 9.

C. **Wirksamer Vertrag:** Der Vertragsschluß muß wirksam zustandegekommen sein. **a)** Der **Vertragsschluß** zwischen dem Auftraggeber und dem Geschäftsgegner muß perfekt sein. Der von HdlMakler vermittelte Abschluß kann durch Zugang von Angebot und Annahme beim HdlMakler zustandekommen, wenn diese wie idR von jeder Seite zur Entgegennahme ermächtigt ist, BGH **82**, 221, Karlsr BB **75**, 487; der Abschluß ist dann vor Unterrichtung der anbietenden Partei über die Annahme des anderen perfekt (davon geht § 94 I aus), RG **104**, 368. Der HdlMakler kann aber auch Abschlußvollmacht für eine der Parteien haben, BGH WM **83**, 684. Möglich ist auch Provisionszahlungspflicht schon bei Vorvertrag oder bei Vorweganzahlung des Auftraggebers an Geschäftsgegner, aber nur durch Individualabrede, nicht durch AGB, BGH BB **75**, 299. Bei Kreditvermittlung genügt idR der Abschluß des Darlehensvertrags, auch wenn der Darlehensnehmer vor Auszahlung noch Auflagen (zB Stellung von Sicherheiten) zu erfüllen hat und sie nicht erfüllt, BGH NJW **69**, 1107, **70**, 1273, NJW **82**, 2663. **Überläßt** der Auftraggeber im Stadium der Verhandlung das Geschäft einem **Dritten**, bleibt er lohnpflichtig, wenn er am Geschäft wirtschaftlich teil hat, BGH LM § 652 BGB Nr 7; ähnlich Stgt MDR **64**, 758; anders bei „nicht weitgehender" wirtschaftlicher Beteiligung, Mü OLGZ **72**, 422 (Architekt-Bauunternehmen), dann allenfalls Schadensersatz wegen unerlaubter Weitergabe der Information, s Anm 5 B. Andere oder weitere Vertragspartner s Anm 7 A. **b) Wirksamkeit:** Der Vertrag muß rechtlich wirksam sein. Ist es das, sind für den Lohnanspruch unschädlich zB: Wiederaufhebung des Vertrags, BGH **66**, 270; Eintritt einer auflösenden Bedingung, BGH WM **71**, 905; Rücktritt gemäß Gesetz (oder aufgrund eines dem gesetzlichen Rücktrittsrecht nachgebildeten vertraglichen Rücktrittsrechts), zB bei Verzug, Nichterfüllung, BGH BB **74**, 716; vorbehaltener Rücktritt, wenn der Vorbehalt nicht einer aufschiebenden Bedingung gleichkommt, BGH WM **77**, 23; bei Kreditvermittlung Ausübung des Vorkaufsrechts (vgl auch Anm 7 A) bezüglich des zu erwerbenden Grundstücks, BGH NJW **82**, 2663. **Nicht** wirksam ist der Vertrag, also keine Provision zB bei: Geschäftsunfähigkeit des Vertragsgegners (nicht nur bei bloßem Verdacht), BGH DB **76**, 2252; Formnichtigkeit; begründete Anfechtung des Hauptvertrags, BGH DB **71**, 1857, **76**, 2252, auch wegen arglistiger Täuschung durch den Auftraggeber des Maklers, BGH BB **79**, 15; der Anfechtung gleich stehen bei der fehlerhaften Ges die Auflösungsklage oder außerordentliche Kündigung (s § 105 Anm 8 H, Anh § 177a Anm VIII 2 B), BGH BB **79**, 15; Versagung der erforderlichen behördlichen oder gerichtlichen Genehmigung, BGH **60**, 387, WM **76**, 1132, **77**, 22; Wandelung (§§ 459, 462 BGB) wegen schon bei Vertragsschluß bestehenden Mangels, Brschw MDR **64**, 100; uU Rücktritt mangels Behebung eines ursprünglichen Lieferhindernisses, BGH DB **73**, 226 (Kunstwerk). **c)** Bei **aufschiebender Bedingung** entsteht der Lohnanspruch erst mit Bedingungseintritt (§ 652 I 2 BGB, Text s Anm 1 B); BGH BB **74**, 716 (freies Rücktrittsrecht in bestimmter Frist), WM **77**, 23; der Auftraggeber braucht die Bedingung nicht eintreten zu lassen (s Anm 5 A), BGH DB **71**, 1857. **d)** Ob der Hauptvertrag noch während der Laufzeit oder sogar **nach**

8. Abschnitt. Handelsmakler 6 § 93

Ende des Maklervertrags, zB nach Tode des Maklers, zustandekommt, ist irrelevant; auch dann liegt Mitursächlichkeit vor, s Anm E.

D. Vertrag mit Dritten (kein Selbsteintritt): a) Erforderlich ist Vertragsschluß mit einem dritten Geschäftsgegner. **Nicht genügt** Vertragsschluß mit dem Makler selbst **(Selbsteintritt),** BGH WM **74,** 58, 482, auch wenn sich der Makler die Leistung von einem Dritten besorgt, zB Kreditmakler von Bank, es sei denn Zins und Rückzahlung sollen direkt an diese gehen, BGH WM **76,** 1161. **b) Nicht** genügt auch Nachweis oder Zuführung eines mit dem Makler **wirtschaftlich** identischen oder so **eng verbundenen Dritten,** daß kein Raum für eigenverantwortliche Maklertätigkeit (vertragsmäßige Maklerleistung) bleibt, BGH NJW **71,** 1839, **73,** 1649, **74,** 1130, **75,** 1215, **81,** 277. Bsp: der Makler ist an der VertragsgegnerGes hoch beteiligt (40% ohne Beherrschung genügt), BGH BB **76,** 1432, er ist mit der AbschlußvertreterGes eng verflochten, BGH NJW **85,** 2473; er ist phG oder Geschäftsführer der VertragsgegnerGes oder deren phG-GmbH; er ist HV des Vertragsgegners oder Verwalter des Vertragsobjekts für den Vertragsgegner; die Unternehmen des Maklers und des Vertragsgegners sind vom gleichen Dritten abhängig; der Makler ist KG, deren phG entspr mit dem Vertragsgegner verbunden ist; der Geschäftsführer der MaklerGmbH ist Vertragsgegner ua. Offen für Stellung des Maklers als Hausverwalter des zu verkaufenden Mietshauses, BGH NJW **81,** 2298. **Lohnunschädlich** sind dagegen zB: bloß persönliche Beziehungen zwischen Makler und Vertragsgegner, BGH NJW **81,** 2293; wirtschaftliche Verflechtung zwischen Makler und Auftraggeber, BGH WM **76,** 1334. **c) Erfolgsunabhängiges Provisionsversprechen:** Soll in solchen Fällen trotzdem Maklerlohn gezahlt werden, müssen die Verhältnisse präzise dargelegt und der Verpflichtungswille des Auftraggebers klar sein, BGH NJW **75,** 1215, **81,** 278 (Kölner Modell), WM **83,** 42, Kln WM **82,** 804 m Anm Lieb WM **82,** 782; auch bei kombinierter Finanzierungsvermittlung und -bearbeitung, BGH NJW **83,** 985. Unwirksamkeit solcher Klauseln in AGB s Anm 9. **d)** Verwirkung des Anspruchs auf Rückzahlung der gezahlten (nach vorstehendem nicht geschuldeten) Provision s BGH WM **76,** 1194; Wegfall der zurückzuzahlenden Bereicherung (§ 818 III BGB), zB durch Provisionszahlung an Mitarbeiter, BGH BB **78,** 1090, NJW **81,** 278. Übersichten: Pfander-von Stumm DB **76,** 32, Brutschke JR **76,** 490, Wank NJW **79,** 190, krit Lieb DB **81,** 2415 (Bauherrenmodell).

E. (Mit)Ursächlichkeit: Die Tätigkeit des Maklers muß für den erfolgten Abschluß zumindest mitursächlich gewesen sein, nicht die einzige oder hauptsächliche Ursache („infolge" in § 652 I 1 BGB, Text s Anm 1 B), BGH WM **74,** 257. Mitursächlichkeit setzt eine für das Zustandekommen des Vertrags wesentliche Maklerleistung voraus; der Auftraggeber muß durch sie den Anstoß zu konkreter Bemühung um das Objekt bekommen haben, BGH NJW **83,** 1849. Mitursächlichkeit durch **mittelbare Einwirkung** auf andere als die beiden Vertragsinteressenten ist idR zu verneinen, zB späterer Abschluß mit dem zur Beurkundung herangezogenen Notar, BGH NJW **76,** 1844; anders bei fester, auf Dauer angelegter idR familien- oder gesellschaftsrechtlicher Bindung des Auftraggebers mit dem Dritten, zB Abschluß mit Tochter- statt MutterGes oder mit KomplementärGmbH statt KG, bloße Geschäftsverbindung genügt nicht, BGH NJW **84,** 359.

Mitursächlichkeit ist auch bei Abbruch der vom Makler eingeleiteten Verhandlung und späterer Neuverhandlung und Abschluß ohne ihn nicht ausgeschlossen, BGH NJW **80**, 123. Weisen mehrere Makler nacheinander dieselbe Gelegenheit zu unterschiedlichen Preisangeboten nach, kann nicht einfach das günstigste Angebot als das allein ursächliche angenommen werden, vielmehr kommt es auf Unterbrechung des Kausalzusammenhangs und Fehlen der inhaltlichen Gleichwertigkeit im Hinblick auf den Preisunterschied an, BGH **78**, 273, NJW **80**, 123. War die Tätigkeit des Maklers ursächlich, so schadet es nicht, daß der **Abschluß erst nach Ende des Maklervertrags** zustandekommt, zB nach Tod des Maklers, BGH BB **65**, 396, oder nach (zulässigem) Widerruf (Anm 4 C) des Auftrags, BGH BB **66**, 799, **69**, 934. **Vorkenntnis** des Auftraggebers von der nachgewiesenen Gelegenheit hindert Ursächlichkeit und damit Provisionsanspruch. Der Auftraggeber muß seine Vorkenntnis nicht umgehend klarstellen, BGH WM **84**, 63. Ursächlichkeitsfiktionsklausel mangels Mitteilung der Vorkenntnis ist unwirksam, auch unter Kflten, BGH BB **76**, 1100 (s Anm 9). Die **Beweislast** für Ursächlichkeit liegt beim Makler, zB bei Eingehen von Angeboten mehrerer Makler über dasselbe Objekt, BGH NJW **79**, 869; bei zeitlichem Zusammenhang zwischen Hinweis und entspr Abschluß muß aber der Auftraggeber seine Vorkenntnis beweisen, der Makler dagegen wieder (Mit)Ursächlichkeit trotz Vorkenntnis, BGH WM **84**, 63. Kausalitätsunabhängiges Provisionsversprechen nur bei eindeutiger, idR ausdrücklicher Individualvereinbarung, BGH WM **86**, 211; unwirksam in AGB, s Anm 9.

F. **Keine Verwirkung:** Der Makler verwirkt seinen Lohnanspruch nach **§ 654 BGB** (Text s Anm 1 B). § 654 BGB drückt einen allgemeinen Rechtsgedanken aus, der ihn bei jedem schwerwiegenden Vertragsverstoß über seinen Wortlaut (vertragswidrige Doppeltätigkeit) hinaus anwendbar macht. § 654 BGB hat Strafcharakter. Er greift nicht schon bei jedem schuldhaften Vertragsverstoß ein (bei solchem Schadensersatzpflicht, s Anm 4 F), sondern nur bei schwerwiegendem, mindestens grobfahrlässigen Verstoß gegen eine wesentliche Pflicht derart, daß der Makler „eines Lohnes unwürdig ist", auf Eintritt eines Schadens kommt es dabei nicht an; umfangreiche Kasuistik, zB BGH **36**, 327, **48**, 350 (treuwidrige Doppeltätigkeit), NJW **66**, 1406, **69**, 1628 (Verheimlichen von Sonderabmachungen), **81**, 280, 2297, **83**, 1847 (eigenes Kaufinteresse des Maklers), BB **76**, 953, WM **73**, 1383, **77**, 943, **78**, 245, **81**, 591. Dabei haftet der Makler für Erfüllungsgehilfen nach § 278 BGB, LG Kln MDR **72**, 326. § 254 BGB ist auf Verwirkung nicht anwendbar (Grund: nicht Schadensersatz), BGH **36**, 326. Verwirkung nach § 654 BGB schließt auch entspr Zahlung nach § 812 DGB aus, Werner gegen Kln NJW **71**, 1943. Bei Treupflichtverstoß nach Provisionsempfang keine Verwirkung (Rückzahlung), nur Schadensersatzpflicht, BGH **92**, 184.

7) Schuldner, Höhe, Fälligkeit des Provisionsanspruchs

A. **Schuldner:** Provisionsschuldner ist der Auftraggeber. Bei Ausübung des **Vorkaufsrechts** entfällt die Provisionspflicht des Erstkäufers gegenüber dem Grundstücksmakler (nicht gegenüber dem Kreditmakler, s Anm 6 Cb), da er nichts erhält. Der Vorkaufsberechtigte, der anstelle des Erstkäufers in den Vertrag eintritt, ist provisionspflichtig, wenn der Kaufvertrag Provisionsversprechen zugunsten des Maklers (§ 328 BGB) beinhaltet (§§ 133, 157 BGB), BGH BB **63**, 9, Hbg MDR **73**, 1018, Mü BB **77**, 1627. Bei **Doppeltätigkeit** (vgl Anm 4 C) schuldet jeder Auftraggeber dem Makler Lohn, andernfalls trotz § 354 nur der Vertragspartner, in dessen Interesse der Makler erkennbar handelt, BGH BB **81**, 756. Dem Lohnanspruch gegen den Käufer steht nicht entgegen, daß dieser infolge entsprechender Kaufpreiserhöhung schon den vom Verkäufer geschuldeten Lohn trägt, Kln BB **71**, 326. Vereinbarung, daß der Zweitauftraggeber (zB Eigentumswohnungskaufinteressent) erfolgsunabhängig (s Anm 6 D c) vollen Lohn (nicht nur angemessene Tätigkeitsvergütung) schuldet, während der Erstauftraggeber (Verkäufer) ungebunden bleibt, ist unwirksam (§ 138 BGB, Widerspruch zur Unparteilichkeit, s Anm 4 C), BGH **61**, 23.

B. **Höhe:** Die Höhe des Maklerlohns bestimmt sich nach Vereinbarung, hilfsweise Taxe, ganz hilfsweise Üblichkeit (§ 653 II BGB, Text s Anm 1 B), BGH **94**, 98, NJW **81**, 1444, **82**, 1523. Mangels fester Übung iZw kein Bestimmungsrecht des Maklers nach § 316 BGB, sondern des Gerichts auf Grund (uU ergänzender) Vertragsauslegung, BGH **94**, 104. Keine Herabsetzung eines überhöhtenMaklerlohns (Ausnahme § 655 BGB, aber fast gegenstandslos wegen AFG); bei sittenwidriger Höhe Unwirksamkeit des gesamten Maklervertrags, s Anm 3 B. Kaufpreisminderung (§ 462 BGB) läßt iZw die Provision unberührt, BGH WM **77**, 23. Makler kann iZw nicht zusätzlich Mehrwertsteuer überwälzen, Kln OLGZ **72**, 10, Zweibr OLGZ **77**, 216 (vgl § 373 Anm 1 D). Handelt der Auftraggeber selbständig einen höheren Kaufpreis aus, schuldet er dem Makler Provision nur aus dem ursprünglich niedrigeren Preis, Nürnb MDR **77**, 52. Absprache, daß dem Makler der Verkaufserlös über einen bestimmten Betrag als Provision zukomme, ist zulässig (s Anm 4 C); der Makler muß dann aber den Auftraggeber voll über den erzielten Erlös unterrichten, BGH NJW **69**, 1628. Verzicht auf Lohn, von dem der Auftraggeber den Abschluß abhängig macht, ist nicht anfechtbar wegen Drohung (§ 123 BGB), wenn nur so Einigung mit dem Geschäftspartner möglich war, BGH NJW **69**, 1627. Mehrere mitursächlich gewordene Makler können jeweils vollen Provisionsanspruch haben, hL, Rspr, aA Knütel ZHR 144 (**80**) 289. für Lohnteilung entspr § 660 I 1 BGB; andere Absprache ist möglich, BGH BB **63**, 835 (s Anm 5 A, 6 E).

C. **Fälligkeit:** Der Provisionsanspruch ist mit Zustandekommen des Hauptvertrags (s Anm 6) fällig (§ 652 I 1 BGB, Text s Anm 1 B); bei entspr Vereinbarung auch schon vorher, zB mit Abschluß eines Vorvertrags (s Anm 6 C a) oder unter den Voraussetzungen eines unabhängigen Provisionsversprechens (s Anm 6 D c); auch erst später, zB erst mit Vertragsausführung (s Anm 5 A).

D. **Verjährung:** Der Provisionsanspruch verjährt nach § 196 I Nr 1, 7, II BGB, Ffm BB **81**, 1546.

E. **Vergleich und Konkurs:** s BGH **63**, 74.

8) Alleinauftrag

A. **Begriff und Funktion:** Bei **Alleinauftrag**, zT auch **Festauftrag** genannt, vgl Hbg BB **55**, 847, SchiedsG CaffeeHdlVerein (**75**) St-Ul II D 1 d Nr 19 („Festofferte", „An die Hand", „Fest an die Hand"), verzichtet der Auftraggeber auf das Recht, weitere Makler zum gleichen Zweck einzuschalten und den Auftrag jederzeit zu widerrufen. Der Alleinauftrag vermindert also das Risiko des Maklers, trotz großer Aufwendungen und Bemühungen keine Provision zu erlangen, BGH NJW **67**, 198. Der Bindung des Auftraggebers entspricht die Pflicht des Alleinmaklers zum Tätigwerden (Maklerdienstvertrag, s Anm 1 Db), BGH WM **81**, 561; ob der Alleinauftrag damit zum gegenseitigen Vertrag iSv §§ 320ff BGB wird, ist str, wohl nicht, da der Auftraggeber iZw auch hier volle Abschlußfreiheit behält, § 324 BGB also insoweit nicht gilt (s Anm D).

B. **Vertragsschluß, Wirksamkeit, Ende des Alleinauftrags: a)** Der Alleinauftrag kann wie der einfache Maklervertrag **stillschweigend** abgeschlossen werden (s Anm 3 A), str, doch muß der auf den Alleinauftrag und die damit verbundenen besonderen Pflichten gehende Wille des Auftraggebers und des Maklers eindeutig erkennbar sein. Der Alleinauftrag kann auch durch AGB begründet werden, BGH WM **78**, 791, jedenfalls unter Kflten, aA Ul-Br-He Anh § 9 Rz 487 (aber ausdrücklich nur für Immobilien- und Ehemakler). **b)** Für die **Wirksamkeit** des Alleinauftrags gilt dasselbe wie für den einfachen Maklervertrag, s Anm 3 B. **c)** Der Alleinauftrag ist aber anders als der einfache Maklervertrag iZw **nicht** jederzeit **frei widerruflich** (s Anm 3 C), sondern gilt auf angemessene Zeit, § 157 BGB, BGH WM **74**, 254, **76**, 534; zB sechs Monate, Hamm NJW **66**, 887, für AGB allgemeine Grenze zwei Jahre s (**5**) AGBG § 11 Nr 12. Ein zeitlich unbegrenzter (Verkaufs)Auftrag ist idR nichtig, § 138 BGB, BGH WM **76**, 534. Bei längerer Bindung wird der Makler zum Vertrauensmakler, BGH NJW **64**, 1467. Ist er auf längere Zeit eingegangen, ist er wie alle Dauerschuldverhältnisse doch vorzeitig aus wichtigem Grund kündbar, zB durch den Auftraggeber, wenn der Makler untätig bleibt, BGH BB **69**, 850, uU auch bei Zuführung eines unseriösen Vertragspartners, BGH WM **70**, 1459. Die für den Fall vorzeitigen Widerrufs dem Makler zugesagte Zahlung ist iZw Reugeld (s § 348 Anm 3 B), dh Voraussetzung wirksamen Rücktritts, nicht (wie eine Vertragsstrafe) geschuldet, Mü NJW **69**, 1630; AGB s Anm 9. Wiederbeauftragung nach Fehlschlag s Anm 5 B.

C. **Pflichten des Maklers:** Beim Alleinauftrag hat der Makler anders als beim einfachen Maklervertrag (s Anm 4 A) eine **Tätigkeitspflicht** (Maklerdienstvertrag, s Anm 1 D b), BGH **60**, 381, NJW **85**, 2478. Im übrigen treffen ihn dieselben Nebenpflichten, insbesondere Interessenwahrungs- und Treuepflicht, (s Anm 4 B–F).

D. **Pflichten des Auftraggebers:** Der Alleinauftraggeber **behält** seine volle **Abschlußfreiheit** (s Anm 5 A), BGH NJW **67**, 1225; der Alleinauftrag beinhaltet auch keine Abschlußvollmacht an den Makler, SchiedsG CaffeeHdlVerein (**75**) St-Ul II D 1 d Nr 19; anders uU bei bedingungsloser Festofferte, SchiedsG Drogen- und Chemikalienverein (**58**) St-Ul II D 1 d Nr 18. Der Alleinauftrag läßt dem Auftraggeber iZw auch das **Recht zum Direktabschluß**, also ohne Mitwirkung des Maklers, BGH NJW **61**, 307, WM **76**, 534; str, nach aA § 324 BGB; ebenso bei „Fest- und Alleinauftrag", Düss DB **73**, 2042. Der direkt abschließende Auftraggeber schuldet dem Makler keinen Aufwendungsersatz (s Anm 5 B), anders bei Übernahme konkreter, üblicherweise nicht zu erbringender Leistungen durch den Makler (entspr §§ 675, 670 BGB), Hamm NJW **73**, 1976.

E. **Provisionsanspruch:** AGBVersprechen erfolgsunabhängiger Provision ist auch bei Alleinauftrag unwirksam, auch wenn Makler noch gewisse Garantie übernimmt, BGH NJW **85**, 2477. S Anm 9.

9) Typische Maklervertragsklauseln, Grenzen für Allgemeine Geschäftsbedingungen

Das private Maklervertragsrecht ist **nicht zwingend. Abbedingung** durch **Einzelvereinbarung** ist in den allgemeinen Grenzen (s Anm 3 B) uneingeschränkt möglich, zB BGH WM **70**, 392. **Anders** steht es bei **Allgemeinen Geschäftsbedingungen,** dazu **(5)** AGBG, auch für den HdlMakler als Verwender von AGB; ist der Kunde Kfm, gelten zwar nach **(5)** AGBG § 24 S 1 Nr 1 ua die Klauselverbote der §§ 10, 11 AGBG nicht; doch erscheinen diese Klauselverbote über § 9 AGBG im Gewande der allgemeinen Inhaltskontrolle wieder, zB Ul-Br-He Anh § 9 Rz 492 für alle vom gesetzlichen Typ des Maklervertrags abweichenden Klauseln. Im übrigen findet, auch wenn **(5)** AGBG nicht greift, eine Inhaltskontrolle nach §§ 242, 315 III BGB wie vor Schaffung des AGBG Platz. Die Anforderungen müssen allerdings je nach Bereich unterschiedlich gestellt werden: was für Immobilien- und Ehemakler gilt, darf nicht ohne weiteres auf Waren-, Börsen- und Schiffsmakler ausgedehnt werden, Ul-Br-He Anh § 9 Rz 485. Trotzdem sind die meisten der folgenden typischen Maklervertragsklauseln, wenn in AGB vereinbart, auch für HdlMakler unwirksam, zumindest aber in ihrem Bestand rechtlich zweifelhaft. **Abschlußbindungsklauseln,** die die Abschlußfreiheit des Auftraggebers (s Anm 5 A) beseitigen, sind unwirksam, BGH NJW **67**, 1225. **Dienstvertragsklauseln,** die durch Deklarierung des Maklervertrags als Dienstvertrag zu einer erfolgsunabhängigen Provision kommen, sind uU unwirksam, BGH NJW **65**, 246 (Nachweis von Kapitalanlageinteressenten für Kreditsuchende), ähnlich Mü MDR **67**, 212. **Erfolgsunabhängige Provision** kann zwar im Einzelvertrag (s Anm 6 D c) wirksam vereinbart werden, BGH NJW **77**, 624, aber nicht in AGB, BGH **60**, 390, NJW **84**, 2163; das gilt auch für Alleinauftrag, s Anm 8 E. **Fälligkeitsklauseln:** Vorverlegung, KG NJW **61**, 512, oder Hinausschieben der (bloßen) Fälligkeit der Provision ist zulässig (s Anm 5 A). **Folgegeschäftsklauseln** (s Anm 6 B) sind unzulässig, BGH **60**, 243. **Freizeichnungsklauseln** s **(5)** AGBG § 11 Nr 7 ua. **Hinzuziehungs- und Verweisungsklauseln,** die Provisionspflicht bei Abschluß durch anderen Makler oder Direktabschluß durch den Auftraggeber statuieren, sind unwirksam, BGH **60**, 382, **88**, 368, BB **77**, 60, NJW **77**, 624, BB **81**, 757. **Pauschalierte Aufwandsentschädigungen** unabhängig vom Erfolg sind unzulässig, Hbg NJW **83**, 1502. Pauschalierter Schadensersatz s **(5)** AGBG § 11 Nr 5. **Provisionsabwälzungsklauseln** („Provision trägt Käufer") können Verschiedenes bedeuten, BGH MDR **67**, 836, und sind je nachdem wirksam oder unwirksam. **Reservierungsklauseln** gegen Reservierungspauschale sind idR unzulässig, LG Ffm NJW **84**, 2419, nach aA nicht bei Alleinauftrag. **Rückfrageklauseln,** nach denen mangels Rückfrage vor Abschluß ohne Mitwirkung des Maklers Provisionsanspruch entsteht, sind wie Vorkenntnisklauseln unwirksam. **Übererlösklauseln** sind wirksam, s Anm 7 B. **Vertragsstrafeversprechen** s (5) AGBG § 11 Nr 6; die Bestimmung, bei jedem Vertragsverstoß schulde Auftraggeber ohne Schadensnachweis die Gesamtprovision, ist nicht Provisionsvereinbarung, auch nicht Schadenspauschalierung, sondern Vertragsstrafeversprechen, BGH **49,** 88 (Grundstück, 6% Provision, Herabsetzung nach § 343 BGB). **Verweisungsklauseln** s Hinzuziehungsklauseln. **Vollmachtsklauseln** s (5) AGBG § 9 Anm 3. **Vorkenntnisklauseln** (s Anm 6 E) enthalten Vertragspflicht des Auftraggebers, innerhalb bestimmter Frist unter Hinweis auf seine Vorkenntnis zu widersprechen bzw diese mitzuteilen; soll andernfalls Provision geschuldet bzw Fehlen der Vorkenntnis unwiderleglich vermutet sein, sind sie unwirksam, BGH NJW **76,** 2345; anders wenn sie nur die Beweislast, die hier nach dem Gesetz ohnehin den Auftraggeber trifft, festhalten, BGH NJW **71,** 1173. **Weitergabeklauseln** (s Anm 5 B), also Provisionspflicht bei Weitergabe an Dritte, die die Information ausnützen, ohne selbst provisionspflichtig zu werden, führen zur Pauschalierung des Schadensersatzes und fallen unter (5) AGBG § 11 Nr 5. **Widerrufsklauseln,** nach denen bei vorzeitigem Widerruf volle Provision geschuldet wird, sind unwirksam, BGH NJW **67,** 1225, nach aA nur, wenn in der ausbedungenen Zeit nicht Provision verdient worden wäre.

10) Internationaler Verkehr

Das auf den Maklervertrag anwendbare Recht kann ausdrücklich oder stillschweigend gewählt werden. Ohne solche Wahl gilt das Recht des Schwerpunkts des Schuldverhältnisses das Recht am Ort der Niederlassung des Vermittlers, Ebenroth RIW **84,** 169, Reithmann-Martiny Rz 560; für Einzelfallprüfung BGH NJW **77,** 1586. Welchem Recht der vermittelte Vertrag untersteht, ist grundsätzlich unmaßgeblich, str. Auf gemeinsame Staatsangehörigkeit stellt ab Ffm AWD **73,** 558.

[Schlußnote]

94 ⁱ **Der Handelsmakler hat, sofern nicht die Parteien ihm dies erlassen oder der Ortsgebrauch mit Rücksicht auf die Gattung der Ware davon entbindet, unverzüglich nach dem Abschlusse des Geschäfts jeder Partei eine von ihm unterzeichnete Schlußnote zuzustellen, welche die Parteien, den Gegenstand und die Bedingungen des Geschäfts, insbesondere bei Verkäufen von Waren oder Wertpapieren deren Gattung und Menge sowie den Preis und die Zeit der Lieferung, enthält.**

ⁱⁱ **Bei Geschäften, die nicht sofort erfüllt werden sollen, ist die Schlußnote den Parteien zu ihrer Unterschrift zuzustellen und jeder Partei die von der anderen unterschriebene Schlußnote zu übersenden.**

ⁱⁱⁱ **Verweigert eine Partei die Annahme oder Unterschrift der Schlußnote, so hat der Handelsmakler davon der anderen Partei unverzüglich Anzeige zu machen.**

1) Rechtliche Bedeutung der Schlußnote und des Schweigens auf sie

A. **Bloßes Beweismittel:** Die Erteilung der Schlußnote ist für das Zustandekommen und die Wirksamkeit des vermittelten Geschäfts (s § 93

Anm 6 C) ohne Bedeutung. Die Schlußnote ist bloßes Beweismittel für Abschluß und Inhalt des vermittelten Geschäfts; sie hat keine förmliche Beweiskraft, außer für die in ihr niedergelegte Erklärung des Maklers (§ 416 ZPO). Das Fehlen von in der Schlußnote nicht erwähnten Abreden wird vermutet **(Vollständigkeitsvermutung),** soweit solche Abreden üblicherweise in sie aufgenommen werden.

B. **Schweigen auf Schlußnote:** Vorbehaltlose Annahme durch die Parteien bedeutet nach HdlBrauch Zustimmung zur Verbindlichkeit des Abschlusses mit dem in der Schlußnote angegebenen Inhalt (ohne weitere Abreden), vgl § 346 Anm 4 A. Das gilt auch im Falle von II, die Unterschriften dienen nur der Beweissicherung, RG **59,** 350, Hbg BB **55,** 847; auch falls der Abschluß vorher noch nicht bindend war; anders bei ungleichen Schlußnoten, RG **123,** 99, deren wenn die Schlußnote einen Vorbehalt einer Partei vermerkt, zB ,,Schlußschein des Verkäufers folgt", dann bindet diese Partei erst ihre nachfolgende Bestätigung, erst deren vorbehaltlose Annahme durch die andere kann den Abschluß vollenden, und es gilt dann der Inhalt dieses Verkäuferschlußscheins BGH MDR **56,** 219. Schweigen auf eine vom HdlMakler vor Zustandekommen des Vertrags ausgestellte ,,Kaufbestätigung" ist nicht Schweigen auf Schlußnote, jedenfalls wenn der HdlMakler weiß, daß die von den Parteien vereinbarte Bedingung noch nicht eingetreten ist, Hbg frdsch Arbitr **(78)** St-Ul II D 1 b Nr 30. Zurechnung des Schweigens (Organisationsrisiko), Schutzgrenzen und Anfechtbarkeit wie beim Schweigen auf Bestätigungsschreiben s § 346 Anm 3.

C. **Widerspruch gegen Schlußnote:** Widerspruch ist idR der Gegenpartei zu erklären, ist also dann unwirksam, wenn er dem Makler erklärt und von diesem nicht weitergegeben worden ist (Haftungsfolgen für diesen s Anm 2 C), Hbg frdsch Arbitr **(76)** St-Ul II D 1 b Nr 26; im Einzelfall genügt aber Widerspruch gegenüber dem Makler, BGH WM **83,** 684, zB bei HdlBrauch, Vereinbarung oder uU wenn jeder Partei ein Makler sekundiert. Kein Widerspruch liegt in einer auf einen früheren Termin als die Schlußnote datierten Erklärung, Hbg frdsch Arbitr **(76)** St-Ul II D 1 b Nr 26. Schweigen auf verspätete Bezeichnung bei vorbehaltener Aufgabe s § 95 Anm 2.

2) Inhalt und Zustellung der Schlußnote

A. **Zustellung der vom Makler unterzeichneten Schlußnoten:** Unverzüglich (§ 121 BGB) nach Abschluß des vermittelten Geschäfts (auch eines bedingten, anfechtbar oder sonstwie nicht von sicherem Bestand erscheinenden) hat der HdlMakler jeder Partei eine für beide gleich lautende, von ihm unterzeichnete Schlußnote zuzustellen. Anders wenn beide Parteien des Geschäfts dies erlassen (verzichtet nur eine, bleibt es bei der Zustellung an beide) oder wenn der Ortsbrauch mit Rücksicht auf die Gattung der Ware davon entbindet; ein für alle Warengattungen von der Pflicht zur Erteilung der Schlußnoten entbindender Ortsbrauch wäre unwirksam. Der Mindestinhalt der Schlußnote umfaßt nach I Angaben über die Parteien (Vorbehalt der Aufgabe s § 95) den Gegenstand und die Bedingungen des Geschäfts; bei Waren- oder Wertpapierverkäufen deren Gattung und Menge sowie Preis und Lieferzeit. Für Zustellung genügt einfacher Brief.

§ 95 1 I. Buch. Handelsstand

B. **Parteienunterschrift:** Soll das vermittelte Geschäft nicht sofort erfüllt werden, auch nur durch einen Teil, zB bei Stundung des Kaufpreises (str), muß der HdlMakler zur Stärkung der Beweiskraft der Schlußnoten jeder Partei eine (zunächst von ihm nach I unterzeichnete) Schlußnote zur (Mit-)Unterschrift und Rückgabe, dann jeder Partei die von der anderen unterschriebene zustellen (**II**).

C. **Verweigerung der Annahme oder Unterschrift:** Verweigert eine Partei entweder die Annahme der Schlußnote (Fall von I) oder die Unterschrift (Fall von II), hat der HdlMakler dies unverzüglich der anderen mitzuteilen (**III**), um sie in die Lage zu setzen, Bestand oder Nichtbestand des Geschäfts rasch zu klären. Auch sonst muß der HdlMakler entspr III oder jedenfalls aufgrund seiner Interessenwahrungspflicht (§ 93 Anm 4 B) andere ihm bekannt werdende, das wirksame Zustandekommen des Geschäfts in Zweifel setzende Tatsachen den Parteien mitteilen, zB daß seine Schlußnote eine Partei nicht erreicht oder daß eine Partei ihm gegenüber widersprochen hat (s Anm 1 C). Verstoß führt zur Schadensersatzpflicht (s § 93 Anm 4 F).

3) Internationaler Verkehr

Die Grundsätze über das Schweigen auf Maklerschlußnoten gelten auch im internationalen HdlVerkehr, Hbg frdsch Arbitr (**76**) St-Ül II D 1 b Nr 26; entscheidend ist aber das Recht des Sitzes bzw gewöhnlichen Aufenthaltsortes des Schweigenden, s § 346 Anm 3 E zum Bestätigungsschreiben.

[Vorbehaltene Aufgabe]

95 ^I **Nimmt eine Partei eine Schlußnote an, in der sich der Handelsmakler die Bezeichnung der anderen Partei vorbehalten hat, so ist sie an das Geschäft mit der Partei, welche ihr nachträglich bezeichnet wird, gebunden, es sei denn, daß gegen diese begründete Einwendungen zu erheben sind.**

^{II} **Die Bezeichnung der anderen Partei hat innerhalb der ortsüblichen Frist, in Ermangelung einer solchen innerhalb einer den Umständen nach angemessenen Frist zu erfolgen.**

^{III} **Unterbleibt die Bezeichnung oder sind gegen die bezeichnete Person oder Firma begründete Einwendungen zu erheben, so ist die Partei befugt, den Handelsmakler auf die Erfüllung des Geschäfts in Anspruch zu nehmen. Der Anspruch ist ausgeschlossen, wenn sich die Partei auf die Aufforderung des Handelsmaklers nicht unverzüglich darüber erklärt, ob sie Erfüllung verlange.**

1) Vorbehalt der Aufgabe (I)

Eine abschlußwillige Partei kann sich auf den Abschluß zu bestimmten Bedingungen mit einer erst noch vom Makler zu bestimmenden anderen Partei festlegen, so wenn sie eine Schlußnote des Maklers annimmt, in der dieser die übrigen Bedingungen (nach § 94 I, auch die Zeit der Lieferung) festlegt, die **Bezeichnung des Geschäftsgegners** aber (abw von § 94 I) sich noch **vorbehält** (I; ,,Aufgabe vorbehalten", ,,in

Aufgabe", "für Aufgabe"). Der Abschluß wird vollendet, wenn der Makler fristgemäß (s Anm 2) dem Auftraggeber die andere Partei benennt, unter der auflösenden Bedingung, daß der Auftraggeber nicht unverzüglich (§ 121 I 1 BGB, aber kfm und berufliches Organisationsrisiko) begründete Einwendungen gegen die Person des Benannten erhebt, dh gegen seine Eignung zum Geschäftspartner, zB wegen ungenügender Leistungsfähigkeit, schlechten Rufs RG **24**, 70, Fehlens bestimmter vereinbarter Eigenschaften des zu Benennenden, RG **33**, 133 ("prima Ablade"). Aufgabegeschäfte des **Kursmaklers** s (14) BörsG § 32 II 2. Kein Vorbehalt der Aufgabe ist Abschluß (uno actu) mit bestimmter, jedoch vom Makler der ersten Partei (mit ihrem Einverständnis) nicht genannten Gegenpartei ("verdeckte Partei"); § 95 gilt nicht, auch keine Inanspruchnahme des Maklers nach III; Haftung des Maklers neben der ungenannten Gegenpartei oder nur Pflicht des Maklers, auf Anfordern diese zu nennen, kann vereinbart werden.

2) Benennung innerhalb der ortsüblichen Frist (II)

Der Hdlmakler muß dem Auftraggeber die zunächst nicht genannte Partei innerhalb der ortsüblichen Frist, im Hbger Chartergeschäft: alsbald, Hbg MDR **55**, 234, hilfsweise in nach den Umständen angemessener Frist bezeichnen (**II**). Bei Verspätung gelten §§ 149, 150 I BGB; ist der Auftraggeber ist dann an seinen Antrag nicht mehr gebunden, der Vertrag kommt nicht mehr zustande (außer bei Annahme des neuen Angebots durch Auftraggeber), Schweigen des Auftraggebers auf eine solche verspätete Bezeichnung gilt nicht als Zustimmung (vgl § 94 Anm 1 B).

3) Erfüllungshaftung des Maklers (III)

A. **Eigenhaftung des Maklers:** Bei vorbehaltener Aufgabe legt der Makler den Auftraggeber auf das Geschäft fest, bevor dieser den Geschäftsgegner kennt; er muß dann auch dafür einstehen, daß das Geschäft wirklich zustandekommt. Bestehen gegen die vom ihm benannte Gegenpartei begründete Einwendungen (I) oder bezeichnet er die Gegenpartei nicht fristgemäß (II) und scheitert dadurch der Hauptvertrag, kann der Auftraggeber den Makler selbst auf Erfüllung in Anspruch nehmen (**III 1**). Der Abschluß kommt dann mit dem Makler selbst zustande; dieser haftet, wenn er nicht erfüllt, auf Schadensersatz wegen Nichterfüllung, wenn er verspätet erfüllt, auf Verzugsschaden; der Provisionsanspruch entfällt (vgl § 93 Anm 6 D), str. Auch eine Schiedsabrede in dem vorgesehenen Vertrag wirkt dann gegen den Makler (anders als im Falle § 179 BGB gegen den vollmachtlosen Vertreter), einschließlich der Kompetenz- Kompetenz-Klausel (Einl IV 3 A d vor § 1), BGH **68**, 363. Der Makler hat iZw kein Recht zum Selbsteintritt; benennt er sich selbst als Geschäftsgegner kann die Partei ihn ohne weitere Gründe ablehnen, Hbg OLGE **36**, 268; abw Abrede möglich.

B. **Aufforderung zur Erklärung:** Um die Ungewißheit über seine Erfüllungshaftung zu beseitigen, kann der HdlMakler den Auftraggeber zur Erklärung auffordern, ob er Erfüllung verlange. Erklärt sich der Auftraggeber nicht unverzüglich (s Anm 2), ist der Erfüllungsanspruch ausgeschlossen (**III 2**); ein Schadensersatzanspruch wegen Schlechtbenennung oder verspäteter Benennung wird dadurch nicht berührt und auch nicht schon verwirkt.

§§ 96–98

4) Anwendung in anderen Fällen

§ 95 gilt entspr, wenn der Makler **in anderer Form** (nicht durch Schlußnote) der Auftraggeberpartei das Geschäft mit Vorbehalt der Bestimmung des Gegners als abgeschlossen bezeichnet und die Partei nicht widerspricht, RG **103**, 68, Hbg OLGE **36**, 268 (s § 94 Anm 1 B). § 95 ist ferner entspr auf **Handelsvertreter** anwendbar, RG **97**, 261.

[Aufbewahrung von Proben]

96 Der Handelsmakler hat, sofern nicht die Parteien ihm dies erlassen oder der Ortsgebrauch mit Rücksicht auf die Gattung der Ware davon entbindet, von **jeder durch seine Vermittlung nach Probe verkauften Ware die Probe,** falls sie ihm übergeben ist, so lange aufzubewahren, bis die Ware ohne Einwendung gegen ihre Beschaffenheit angenommen oder das Geschäft in anderer Weise erledigt wird. Er hat die Probe durch ein Zeichen kenntlich zu machen.

1) Ist ein Kauf nach Probe (oder Muster; § 494 BGB) geschlossen und dem Makler die **Probe** übergeben, so hat er sie **aufzubewahren,** bis sich das Geschäft erledigt hat, sei es durch Annahme der Ware seitens des Käufers ohne Einwendungen gegen ihre Beschaffenheit oder in anderer Weise, zB Unterlassen der Rüge (§§ 377, 378). Verjährung der Gewährleistungsansprüche, einvernehmliche Aufhebung. Danach darf und muß er (wenn sie nicht wertlos ist), die Probe zurückgeben, vgl §§ 675, 667 BGB.

[Keine Inkassovollmacht]

97 Der Handelsmakler gilt nicht als ermächtigt, eine Zahlung oder eine andere im Vertrage bedungene Leistung in Empfang zu nehmen.

1) Der HdlMakler ist idR **nicht zur Empfangnahme von Leistungen ermächtigt,** die eine Partei aus dem vermittelten Vertrag der anderen schuldet. Besondere Vollmacht solchen Inhalts ist möglich, auch HdlBrauch, str, vgl RG **97**, 218 betr Abschlußvollmacht.

[Haftung gegenüber beiden Parteien]

98 Der Handelsmakler haftet jeder der beiden Parteien für den durch sein Verschulden entstehenden Schaden.

1) Haftung gegenüber beiden Parteien

Der HdlMakler haftet nach § 98 iZw beiden Parteien, gleich ob mit oder ohne Tätigkeitspflicht (§ 93 Anm 8 C, 4 A); also der Partei, die ihn zuzog, und der, mit der er den Vertrag zu vermitteln begann oder vermittelt hat; auch dies ist Vertragshaftung; s zB Mü NJW **70**, 1925 (Kreditmakler). Verhaltenspflichten des HdlMaklers gegenüber dem Auftraggeber s § 93 Anm 4; gegenüber der anderen Partei entspr, aber nicht unbedingt deckungsgleich, auch nicht bei Doppeltätigkeit, zB bei Vermittlung für den einen und Nachweis für den anderen (s § 93 Anm 4 C). Haftungsmaßstab s

8. Abschnitt. Handelsmakler §§ 99, 100

§ 347 I. Haftung für Erfüllungsgehilfen nach § 278 BGB, mitwirkendes Verschulden § 254 BGB, zB Mü NJW **70,** 1925 (ungenügende Aufmerksamkeit der Bank). Bsp: Haftung des Kreditmaklers, der bei Kauffinanzierung die Kreditsumme entgegennimmt, um sie (was unüblich ist) an Käufer (statt Verkäufer) zu leiten, ohne diese Absicht dem Kreditinstitut mitzuteilen, Mü NJW **70,** 1925. Haftung des Emissionsgehilfen bei Vermittlung von KdtBeteiligungen (s § 93 Anm 2 A), Lutter FS Bärmann **75,** 613.

2) Abweichende Vereinbarung

Möglich ist abweichende Vereinbarung: der von Partei A zugezogene Makler soll, unbeschadet seiner gesetzlichen Pflichten (vor allem betr Schlußnoten, §§ 94, 95, Proben, § 96, Tagebuch, §§ 100 ff), vertraglich nur ihr verpflichtet sein; dies kommt ua in Betracht, wenn Partei B in gleicher Weise einen anderen Makler zuzieht. Auch dann haftet der Makler beiden Parteien, der Gegenpartei aber nur aus culpa in contrahendo und § 823 II BGB iVm §§ 94 ua (s oben), die beide Parteien vor Risiken aus Unordnung schützen sollen.

[Lohnanspruch gegen beide Parteien]

99 Ist unter den Parteien nichts darüber vereinbart, wer den Maklerlohn bezahlen soll, so ist er in Ermangelung eines abweichenden Ortsgebrauchs von jeder Partei zur Hälfte zu entrichten.

1) Entspr seiner Verpflichtung und Haftung gegenüber beiden Parteien schulden dem HdlMakler uU (vgl § 98 Anm 1, 2) **beide Lohn.** Nach § 99 sollen sie den (Gesamt-)Lohn dem Makler hälftig schulden, untereinander ebenso hälftig tragen. Das gilt aber nicht, wenn normale, keine Doppeltätigkeit (s § 93 Anm 4 C) vereinbart ist oder im Falle der Doppeltätigkeit bei abweichender Vereinbarung unter den Parteien (die aber für und gegen den Makler nur bei seiner Zustimmung wirkt) oder bei abweichendem Ortsgebrauch. Bei Verpflichtung des Maklers nur zu Dienst für eine Seite ist nur diese provisionspflichtig und § 654 BGB (Wegfall des Lohns bei vertragswidriger Tätigkeit für die andere Seite), RG LZ **16,** 753.

[Tagebuch]

100 ^I Der Handelsmakler ist verpflichtet, ein Tagebuch zu führen und in dieses alle abgeschlossenen Geschäfte täglich einzutragen. Die Eintragungen sind nach der Zeitfolge zu bewirken; sie haben die in § 94 Abs. 1 bezeichneten Angaben zu enthalten. Das Eingetragene ist von dem Handelsmakler täglich zu unterzeichnen.

^II Die Vorschriften der §§ 239 und 257 über die Einrichtung und Aufbewahrung der Handelsbücher finden auf das Tagebuch des Handelsmaklers Anwendung.

1) Tagebuchführungspflicht

HdlMakler (auch wenn MinderKfm, § 4, aber nicht Krämermakler, § 104) ist verpflichtet, und zwar öffentlichrechtlich (insofern auch bei Verzicht der Parteien) und (mangels abw Abrede) privatrechtlich gegenüber

§§ 101, 102
I. Buch. Handelsstand

beiden Parteien: **a)** ein **Tagebuch zu führen**, I 1, Art und Weise s II iVm § 239; **b)** alle von ihm vermittelten u/o abgeschlossenen **Geschäfte am Abschlußtag**, nach ihrer Zeitfolge (nicht notwendig mit Angabe der Stunde der einzelnen Abschlüsse) **einzutragen**, mit Angabe von Parteien, Gegenstand, Bedingungen (I 2 iVm § 94 I betr Inhalt der Schlußnoten), auch Geschäfte, deren Rechtswirksamkeit zweifelhaft ist oder die klar unwirksam erscheinen, auch wieder aufgehobene, auch wenn Parteien auf Schlußnoten verzichteten oder Ortsbrauch sie überflüssig macht (§ 94 I); die Wirksamkeit der Geschäfte hängt hiervon nicht ab; **c)** täglich (mit einer Unterschrift für das ganze) das Eingetragene **zu unterzeichnen**, I 3; **d)** das Buch **zehn Jahre aufzubewahren**, II iVm § 257, diese Pflicht trifft auch Erben und andere Rechtsnachfolger, auch NichtHdlMakler. Tagebuch der Kursmakler s (14) BörsG § 33.

2) Haftung

Den Parteien, mit denen er im Vertragsverhältnis steht, **haftet** der HdlMakler für Verletzung der Pflichten aus § 100 vertraglich, einer Partei, zu der er nicht im Vertragsverhältnis steht, nach § 823 II BGB mit §§ 100, 103.

[Auszüge aus dem Tagebuch]

101 Der Handelsmakler ist verpflichtet, den Parteien jederzeit auf Verlangen Auszüge aus dem Tagebuche zu geben, die von ihm unterzeichnet sind und alles enthalten, was von ihm in Ansehung des vermittelten Geschäfts eingetragen ist.

1) Auszugserteilungspflicht

Die Parteien eines im Tagebuch eingetragenen Geschäfts, auch eine Partei ohne Vertragsverhältnis zum Makler haben gegen diesen (oder seine das Buch verwahrenden Rechtsnachfolger, vgl § 100 Anm 1 d) jederzeit Anspruch auf einen unterzeichneten (wohl ggf auch durch Rechtsnachfolger) **Auszug**, klagbar, vollstreckbar nach § 887 ZPO (Anfertigung und Unterzeichnung des Auszugs durch Dritten).

2) Informationspflicht

Der HdlMakler schuldet den Parteien Information (§ 93 Anm 4 B, § 98 Anm 1); die Parteien haben ferner bei rechtlichem Interesse (zB wenn ein Nicht-Makler-Rechtsnachfolger den Auszug gibt) Anspruch auf **Einsicht** in das Tagebuch (§ 810 BGB, Text s § 118 Anm 3).

[Vorlegung im Rechtsstreit]

102 Im Laufe eines Rechtsstreits kann das Gericht auch ohne Antrag einer Partei die Vorlegung des Tagebuchs anordnen, um es mit der Schlußnote, den Auszügen oder anderen Beweismitteln zu vergleichen.

1) Im Prozeß, zwischen den Parteien des vermittelnden Geschäfts, zwischen Makler und einer Geschäftspartei, zwischen Dritten, kann das Gericht, auf Antrag einer Prozeßpartei oder von Amts wegen, **Vorlegung** des

8. Abschnitt. Handelsmakler §§ 103, 104

Tagebuchs anordnen, ,,um es mit der Schlußnote, den Auszügen oder anderen Beweismitteln zu vergleichen". Ist der Makler Prozeßpartei, sind auch § 810 BGB (Text s § 118 Anm 3), §§ 422 ff ZPO (Text s § 258 Anm 2) anwendbar. Grenzen der Einsicht entspr § 259 Anm 1.

[Ordnungswidrigkeiten]

103 I Ordnungswidrig handelt, wer als Handelsmakler
1. **vorsätzlich oder fahrlässig ein Tagebuch über die abgeschlossenen Geschäfte zu führen unterläßt oder das Tagebuch in einer Weise führt, die dem § 100 Abs. 1 widerspricht oder**
2. **ein solches Tagebuch vor Ablauf der gesetzlichen Aufbewahrungsfrist vernichtet.**

II **Die Ordnungswidrigkeit kann mit einer Geldbuße bis zu zehntausend Deutsche Mark geahndet werden.**

1) § 103 idF EGStGB 1974 enthält **Sanktion** der öffentlichrechtlichen Pflicht zur Führung und Aufbewahrung des Tagebuchs. Näher OWiG.

[Krämermakler]

104 **Auf Personen, welche die Vermittlung von Warengeschäften im Kleinverkehre besorgen, finden die Vorschriften über Schlußnoten und Tagebücher keine Anwendung.**

1) Während § 4 Voll- und MinderKflte nach Art und Umfang des Betriebs unterscheidet, bildet § 104 die Kategorie der sog Krämermakler nach der Art der vermittelten Geschäfte: Warengeschäfte im Kleinverkehr. Sie können VollKflte sein, andere HdlMakler MinderKflte. Ein unter § 104 fallender HdlMakler ist gesetzlich **nicht verpflichtet, Schlußnoten zu erteilen** (§§ 94, 95) und **Tagebuch zu führen** (§§ 100–103). Erteilt er Schlußnoten, auch ohne sich dazu verpflichtet zu haben, so werden §§ 94 III, 95 anwendbar sein, uU Rechtsscheinhaftung; hat er sich verpflichtet, so kann er aus einer Säumnis nach § 98 haftbar werden. Führt er Tagebuch, auch ohne sich dazu verpflichtet zu haben, so sind §§ 101, 102 anwendbar, nicht § 103.

Zweites Buch. Handelsgesellschaften und stille Gesellschaft

Einleitung vor § 105

Schrifttum

a) Kommentare: GroßKo, 3. Aufl 1967ff., 4. Aufl 1983ff. (Einzellieferungen). – *Schlegelberger*, 5. Aufl 1973ff. – MüKo-*Ulmer*, §§ 705ff BGB (BGBGes), 2. Aufl 1986.

b) Lehrbücher: *Eisenhardt*, 3. Aufl 1985. – *Hopt-Hehl*, 2. Aufl 1982. – *Hüffer*, 2. Aufl 1983. – *Hueck*, 18. Aufl 1983. – *Klunzinger*, 3. Aufl 1984. – *Kraft-Kreutz*, 5. Aufl 1983. – *Kübler*, 2. Aufl 1985. – *Wiedemann* I 1980.

c) Einzeldarstellungen und Sonstiges: *Flume* I 1 Personengesellschaft, 1977, I 2 Die juristische Person, 1983. – *Hueck,* Recht der OHG, 4. Aufl 1971. – *Westermann* ua, Hdb der Personengesellschaften I (LBl). – Vertragsmuster zum GesRecht in MüVertragsHdb I, 2. Aufl 1985. RsprÜbersichten: *Kellermann*, 2. Aufl 1985. – *Stimpel* ZGR **73**, 73, *Kuhn* WM **73**, 1186, **77**, 126 (OHG), *U. Fischer* WM **81**, 638 (GbR, stGes), *Reuter* JZ **86**, 16, 72, *Brandes* WM Sonderbeil 1/**86**.

Übersicht

1) Verbands- und Gesellschaftsformen
2) Handelsgesellschaften
3) Personenhandels- und nahestehende Gesellschaften
4) Umwandlung, Verschmelzung, Spaltung
5) Verbundene Personengesellschaften
6) Intertemporales Gesellschaftsrecht
7) Internationales und europäisches Gesellschaftsrecht

1) Verbands- und Gesellschaftsformen

A. Gesellschaften sind alle privatrechtlichen, rechtsgeschäftlich begründeten Personenzusammenschlüsse zu einem gemeinsamen Zweck. GesRecht ist das Recht der so abgegrenzten Verbindungen (zum Unternehmensrecht s Einl II vor § 1). Keine Ges sind daher zB öffentlichrechtliche juristische Personen (Körperschaften, Anstalten, Stiftungen; vgl § 89 BGB), Bruchteilsgemeinschaft §§ 741–758 BGB, Stiftung §§ 80–88 BGB, die familien- und erbrechtlichen Gemeinschaften. Die Ges ist die Gesamtheit der Gfter (nicht rechtsfähige Ges, idR Gesamthandsgemeinschaft); sie kann aber auch ein selbständiges Rechtssubjekt (rechtsfähige Ges) sein. Dann ist die juristische Person Träger der Rechte und Pflichten, die für sie begründet werden; sie ist aktiv und passiv parteifähig (§ 50 I ZPO); nur sie, nicht ihre Gfter, haftet für die GesSchulden (Ausnahme Durchgriff, s § 172a Anm 9 B). **Nicht rechtsfähige** Ges sind die GbR §§ 705–740 BGB; OHG §§ 105–160; KG §§ 166–177a; stGes §§ 230–237; Reederei §§ 489–508; nichtrechtsfähiger Verein § 54 BGB. **Rechtsfähige** Ges sind zB der rechtsfähige Verein §§ 21–53, 55–79 BGB, AG §§ 1ff AktG; KGaA §§ 278–290 AktG; GmbH §§ 1ff GmbHG; eG §§ 1ff GenG; VVaG §§ 7, 15ff VAG. Gegenstand der **Kommentierung** sind **nur OHG, KG (samt**

Einleitung 1 **Einl v § 105**

Grundzüge der GmbH & Co KG) und stille Gesellschaft. Weitgehend parallel verläuft die Einteilung in **Personengesellschaften** (Ges ieS, Grundtyp: GbR) und **Vereine** (körperschaftlich organisierte Ges, Grundtyp: rechtsfähiger Verein); nicht zu den PersonenGes gehört der nichtrechtsfähige Verein (§ 54 BGB ist mißverständlich).

B. **Anwendbares Recht:** In erster Linie gelten die besonderen Gesetze bzw. Vorschriften für die jeweilige Ges: zB OHG §§ 105ff, KG §§ 166ff, GmbH §§ 1ff GmbHG. In zweiter Linie gilt, subsidiär zur Füllung verbleibender Lücken, das Recht des jeweiligen Grundtyps: zB für die OHG das Recht der GbR (§ 105 II), für die KG das Recht der OHG (§ 161 II) und insoweit auch das der GbR (§§ 161 II, 105 II), für die GmbH das Recht des rechtsfähigen Vereins. Schließlich sind die allgemeinen Vorschriften des BGB, HGB und anderer Gesetze anwendbar, die ebenso wie für natürliche Personen auch für juristische Personen gelten.

C. **System der Normativbestimmungen:** Ges können im Rahmen der Gesetze **frei** gebildet werden, bedürfen also keiner staatlichen Konzession. Den Schutz der Gläubiger, des Publikums und der Gfter übernehmen besondere Struktur- und Verhaltensnormen sowie uU eine zwingende externe Gründungs- und Abschlußprüfung (sog Normativbestimmungen für rechtsfähige Ges seit AktG 1884). Ebensowenig besteht eine allgemeine Staatsaufsicht über Ges, auch nicht derart, daß wie in anderen Ländern ein (Aktien-)Aufsichtsamt über die Einhaltung der Normativbestimmungen wacht. **Nur** in ganz wenigen besonders gläubiger- und publikumsgefährlichen Branchen, zB für **Kreditinstitute** (KWG, s (7) Bankgeschäfte I 2) und **Versicherungsunternehmen** (VAG), gibt es auch heute den **Konzessionszwang und** eine laufende **Staatsaufsicht** (durch BAKred und BAV).

D. **Freie Rechtsformenwahl:** Die Unternehmer können nach deutschen GesRecht grundsätzlich frei nach ihren persönlichen Bedürfnissen und Wünschen zB eine OHG oder eine GmbH oder eine AG gründen. Sogar bestimmte Mischformen wie die GmbH & Co sind anerkannt. Zum Schutz der Gläubiger und des Publikums besteht jedoch **ausnahmsweise** ein **Rechtsformzwang.** Bsp: Lebens-, Unfall-, Haftpflicht-, Feuer-, Hagelversicherung dürfen nur als AG oder VVaG betrieben werden (§ 7 II VAG, zur Anwendbarkeit des HGB auf VVaG s § 1 Anm 8 C), private Bausparkassen nur als AG (§ 2 I BauspG); Hypothekenbanken und Schiffspfandbriefbanken nur als AG oder KGaA (§ 2 I HypBG, § 2 I SchiffsBG); Kapitalanlagegesellschaften nur als AG oder GmbH (§ 1 II); Wirtschaftsprüfungsgesellschaften (unter dieser Bezeichnung) nur als HdlGes (s Anm 2 A), nicht als GbR (§ 27 WPO). Apotheken (soweit Ges) nur als GbR oder OHG (§ 8 ApG), auch als stGes (§ 230 Anm 2 A); Kreditinstitute nur als Ges, nicht als EinzelKfm (§ 2a KWG). Auch für die jeweils gewählte Ges besteht Spielraum für **Vertragsfreiheit,** besonders zB bei OHG und KG (s § 109 Anm 2, § 161 Anm 1), nur gering zB bei AG (§ 23 V AktG). Welche GesForm in casu vorliegt, bestimmt der objektive Sachverhalt (einschließlich der noch nicht verwirklichten Abreden), Jahnke ZHR 146 (**82**) 602; vgl Anm 4 B zur Umwandlung von Rechts wegen. Unerheblich ist, welche Form die Gfter für gegeben halten oder zu schaffen gedachten, BGH **10,** 96. Auslegung von PersonenGesVerträgen s § 105 Anm 2 K. Die **richtige Gesellschaftsformenwahl und Gesellschaftsvertragsgestal-**

tung hängen von zahlreichen Faktoren ab: Haftung (persönlich und unbeschränkt; persönlich, aber beschränkt; nur mit Stamm- bzw Grundkapital), Geschäftsführung (Selbst- oder Drittorganschaft), Auftreten nach außen (Personen-, Sachfirma), Beteiligung Dritter am Unternehmen (Kinder, Mitarbeiter), GfterWechsel und Vererbung, Publizität und Rechnungslegung, Mitbestimmung und ganz besonders **Steuern** (Besteuerung der Gfter von PersonenGes nach EStG; Besteuerung der Körperschaften nach KStG und ihrer Gfter bei Gewinnausschüttung nach EStG). Die Zuziehung erfahrener Anwälte oder Notare ist unbedingt zu empfehlen. Einführende Hdb: Tiefenbacher-Dernbach, Klauss-Mittelbach, Stehle-Stehle, Zartmann-Litfin. Beispielsfall s Doralt ZGR **81,** 249.

2) Handelsgesellschaften

A. **Handelsgesellschaften und stille Gesellschaften:** Buch II des HGB ist überschrieben: HdlGes und stGes. Ursprünglich waren hier OHG, KG, AG, KGaA und stGes geregelt. AG und KGaA (früher Abschn 3 §§ 178–319, Abschnitt 4 §§ 320–334) wurden durch das AktG 1937 aus dem HGB herausgenommen und neu geregelt. **Handelsgesellschaften** sind **nur OHG, KG, GmbH, AktG, KGaA** (§§ 105 I, 161 I HGB; §§ 3, 278 III AktG; § 13 III GmbHG). Nicht so eindeutig ist die Verwendung des Begriffs in §§ 13–13c, wo die HdlGes neben die juristische Person gesetzt ist. **Nicht** HdlGes sind also zB GbR, stGes, eG, VVaG. KapitalGes & Co s § 6 Anm 1.

B. **Kaufmannseigenschaft:** Für HdlGes (s Anm A) gelten die Vorschriften für Kflte (§ 6 I), und zwar VollKflte (§§ 4 II, 6 II). Die stGes betreibt nur der Inhaber des HdlGeschäfts, nur er ist Kfm (§ 230). Die eG gilt nach § 17 II GenG als Kfm. Auf den VVaG finden Buch I (außer §§ 1–7), Buch III Abschn 1 und Buch IV entspr Anwendung (§ 16 VAG).

C. **Innengesellschaften** sind Ges, bei denen die Gfter nach außen nicht gemeinsam hervortreten. Die InnenGes nimmt nicht als Ges am Rechtsverkehr teil. Ein zweites Merkmal, Verzicht auf die Bildung von Gesamthandvermögen, ist streitig. Typisch ist die **stille Gesellschaft,** bei der die Einlage des Stillen in das Vermögen des Inhabers des HdlGeschäfts übergeht und nur dieser aus den im Betrieb geschlossenen Geschäften berechtigt und verpflichtet ist (§ 230); Unterbeteiligung am GesAnteil, s § 105 Anm 1 H. Zur InnenGes BGH **12,** 314, NJW **60,** 1851, **82,** 99, WM **65,** 793, **73,** 297, Ffm BB **69,** 1411, Düss DB **82,** 536 (Tippgemeinschaft); MüKo-Ulmer § 705 Rz 192; Monographie: Steckhan 1966. – **Außengesellschaften** sind Ges, bei denen nach außen eine Gesamtheit hervortritt. Die GbR kann bloße InnenGes (zB idR EhegattenGes, § 105 Anm 2 B) oder AußenGes (zB Anwaltssozietät, § 105 Anm 3 A) sein. Dagegen sind **alle Handelsgesellschaften** notwendig AußenGes. Sie treten als Ges zu Dritten in Rechtsbeziehung. Sie können als Ges eigene Rechte und Pflichten haben, klagen und verklagt werden. Alle haben eine Firma (§ 19 HGB, § 4 GmbHG, §§ 4, 279 AktG). Auch bei AußenGes gibt es eine strenge Trennung zwischen Innenverhältnis unter den Gftern (vgl §§ 109ff) und Außenverhältnis der Ges (Gfter) zu Dritten (vgl §§ 123ff), s § 114 Anm 1 B. – Einige HdlGes sind darüber hinaus **juristische Person,** also rechtsfähig (s Anm 1 A): AG, KGaA (§§ 1, 278 AktG), GmbH (vgl § 13 GmbHG); auch die eG (§ 17 I GenG). OHG und KG sind anders als durchweg die entspr GesFormen im Ausland zwar nicht juristische Person, zB BGH **34**, 296, hL, aA Flume ZHR 136 (**72**) 177, Flume I 1 („Gruppe" als Rechtssubjekt); sie sind aber rechtlich weitgehend verselbständigt und deshalb als Übergangsform zur juristischen Person weithin den gleichen Regeln unterworfen (§ 124 Anm).

D. **Personen- und Kapitalgesellschaften** werden nach der rechtlichen Bedeutung des eingebrachten Kapitals unterschieden. Unter den HdlGes ist typische PersonenGes die OHG (persönliche Mitarbeit und persönliche Haftung der Gfter), typische KapitalGes die AG (Grundkapital, Kapitalbeteiligung der Mitglieder, Umlauffähigkeit dieser Kapitalanteile, Kapitalverwaltung durch besondere Organe (Drittorganschaft ua). Weniger typisch sind für die PersonenGes die KG, für die KapitalGes die GmbH. Mischformen sind die KGaA und die GmbH & Co, zumal die PublikumsKG (s Anh § 177a Anm I, VIII). „Wesenselemente" der PersonenGes in der Rspr s Reuter GmbHR **81**, 129.

3) Personenhandels- und nahestehende Gesellschaften

A. Die **Gesellschaft des bürgerlichen Rechts (GbR)** ist Grundform der PersonenGes; ihr Recht (§§ 705–740 BGB) ist subsidiär anwendbar auf die OHG, KG und stGes (s Anm 1 B). Die GbR spielt im Wirtschaftsverkehr eine beachtliche Rolle, wenn auch nicht vergleichbar mit der der OHG. Bsp: Ges der freien Berufe, Landwirtschaft und sonstiger MinderKflte (s § 105 Anm 3 A, B), vor allem Anwaltssozietäten, Gemeinschaftspraxen von Notaren, Steuerberatern, Ärzten, Architekten; Arbeitsgemeinschaften namentlich in der Bauwirtschaft; Konsortien (zur Emission von Wertpapieren, zur Kreditgewährung, zum Stillhalten oder zur Sanierung), s § 383 Anm 4; Poolverträge (Gewinne, sog Metaverbindung; Stimmrechte), Kooperation (Forschung, Entwicklung ua), Interessengemeinschaften, Kartelle, Gemeinschaftsunternehmen; Unterbeteiligung (§ 105 Anm 1 H); Ehegattengesellschaft (§ 105 Anm 2 B). Die GbR kann Innen- oder AußenGes sein (Anm 2 C), Spielart der GbR als InnenGes ist die stGes (s Anm D).

B. Die **offene Handelsgesellschaft (OHG)**, im HGB wie schon im ADHGB ausführlich geregelt, ist die alte Grundform der Zusammenarbeit von Kflten. Diese wirken gleichermaßen persönlich mit und stellten sich mit ihrem ganzen Vermögen hinter das Unternehmen. Im Gegensatz zur „stillen" Beteiligung nennt das HGB im Anschluß an das ADHGB die Ges „offen". Andere Rechte heben in der Bezeichnung ihrer entsprechenden GesForm das Auftreten im HdlVerkehr unter gemeinsamer Firma hervor: „société en nom collectif" (Frankreich), „KollektivGes" (Schweiz), „vennootschap onder firma" (Niederlande). Das angloamerikanische Recht unterscheidet bei der „partnership" nicht zwischen HdlGes und GbR, da es die Trennung von HdlRecht und bürgerlichem Recht im deutschen Sinn nicht kennt. Ausländisches Recht s Einl I 4 C vor § 1.

C. Die **Kommanditgesellschaft (KG)** stammt aus derselben Grundform wie die stGes: A macht Geschäfte, B gibt Geld dazu. Die Bezeichnung kommt von (lateinisch) „commenda". Die entspr GesForm ist in Frankreich die „société en commandite simple", ähnlich in anderen romanischen Rechten. Im niederländischen Recht ist es die „vennootschapen commandite", im anglo-amerikanischen Recht die „limited partnership". Das prALR und öABGB kannten nur die „stille Ges", der Code de commerce nur die „société en commandite", man nannte die stGes „deutsche KG". Das ADHGB nahm beide Formen auf. Die **GmbH & Co KG** ist rechtlich eine KG, deren idR einziger phG eine GmbH ist. Die damit praktisch verbundene Haftungsbeschränkung (die GmbH haftet unbeschränkt, ist aber selbst nur „mbH") hat zu einem langdauernden Streit um die Zulässigkeit dieser Mischform geführt, der heute positiv entschieden ist (Anh § 177a Anm I 2). Die Sachprobleme dieser Typenverbindung bestehen fort, vgl ua Anm zu §§ 19 V, 172 VI, § 172a iVm §§ 32a, 32b GmbHG, § 177a iVm §§ 125a, 130a, 130b sowie Anh § 177a. Die PublikumsGes ist rechtlich idR eine GmbH & Co, wirtschaftlich eine AG (Anh § 177a Anm VIII). Im Ausland mit Ausnahme Österreich ist die GmbH & Co KG ohne große Bedeutung, teils sogar ausdrücklich verboten, zB Art 594 II (entspr § 552 I für die OHG, sog KollektivGes) schweizerisches OR.

D. Die **stille Gesellschaft (stGes)** ist InnenGes (s Anm 2 C); nur der Inhaber des Unternehmens, an dem der „Stille" beteiligt ist, hat Rechte und Pflichten gegenüber Dritten (§ 230 II). Eben darum wird sie, obwohl im HGB geregelt, nicht zu den HdlGes gezählt, sondern neben sie gestellt (s Überschrift Buch II). Sie ist weder PersonenGes, weil der stille Geldgeber idR nicht persönlich im Geschäft mitwirkt, noch KapitalGes (s Anm 2 D), weil sie keinen nach außen verselbständigten Zusammenschluß von Geldgebern wie bei der AG oder GmbH darstellt. Die stGes hängt historisch eng mit der KG zusammen (s Anm C), ist aber vom HGB ganz verschieden geregelt. Im Ausland (société occulte, silent oder dormant partner) fehlt meist eine gesonderte gesetzliche Regelung, sie ist Unterfall der gewöhnlichen Ges (des bürgerlichen Rechts, soweit man Hdl- und bürgerliches Recht scheidet).

4) Umwandlung, Verschmelzung, Spaltung

A. **Unternehmensformwechsel: a) Umwandlung** ist der nachträgliche Wechsel der Rechtsform. Sie kann **von Rechts wegen** erfolgen, zB wenn das HdlGewerbe der OHG auf minderkfm Umfang zurückgeht (Anm B) **oder** durch die Gfter **vereinbart** werden, wenn diese entweder von Anfang an nicht die zweckmäßigste GesForm gewählt haben (Anm 1 D) oder sich aufgrund späterer Entwicklungen umbesinnen müssen. Bsp: Tod des einzigen phG und mangelnde Bereitschaft der Erben zum Eintritt mit persönlicher Haftung und Geschäftsführung; Eigenkapitalbedarf und Gang zum Kapitalmarkt; Zusammengehen mit einem großen Unternehmen; steuerliche Entwicklungen; Flucht aus rechtlich besonders belasteten GesFormen (Schwerfälligkeit, Publizität, Mitbestimmung). Keine eigentliche Umwandlung, wenngleich in der Praxis ebenfalls so genannt, ist die Auflösung und Neugründung (s Anm C). Die vereinbarte Umwandlung oder Umwandlung ieS (s Anm D) kann **formwechselnde** Umwandlung bei gleichbleibender Identität der Ges oder **übertragende** Umwandlung sein, bei der die alte und die neue Ges nicht identisch sind und das Vermögen (idR im Wege der Sonderrechtsnachfolge, ausnahmsweise der Gesamtrechtsnachfolge) übertragen werden muß. Außerdem gibt es eine **errichtende** Umwandlung (Gründung einer neuen Ges) und eine **verschmelzende** Umwandlung (Vermögensübertragung von der aufzulösenden Ges auf eine bestehende andere mit anderer Rechtsform). **b)** Die **Verschmelzung oder Fusion** ist die rechtliche Vereinigung der Vermögen mehrerer Ges ohne Abwicklung. Bei der Verschmelzung **durch Aufnahme** wird das Vermögen der einen wegfallenden auf die andere fortbestehende Ges übertragen, bei der Verschmelzung **durch Neubildung** geht das Vermögen von zwei oder mehr wegfallenden Ges auf eine neue über. Die Verschmelzung mit Gesamtrechtsnachfolge ist nur bei AG, KGaA, GmbH und bergrechtlicher Gewerkschaft möglich (§§ 339–358a AktG; G über Kapitalerhöhung aus Gesellschaftsmitteln und über die Gewinn- und Verlustrechnung §§ 19–35 idF GmbHNovelle 4. 7. 80 BGBl 836); ,,Verschmelzung" von Personen-Ges unter Ausnutzung der Anwachsung (§ 142) s Barz FS Ballerstedt **75**, 143. Ein Sonderfall der Verschmelzung ist die **Verstaatlichung** (§ 359 AktG). Bei der ,,**Vermögensübertragung in anderer Weise**" (§ 361 AktG) ist keine Gesamtrechtsnachfolge vorgesehen. **c) Spaltung** von Unternehmen ist bisher nicht geregelt (aber EGSpaltungs-Ri s Anm 7 B), aber privatautonom, wenngleich mit Schwierigkeiten, möglich. Monographie: Duvinage 1984; Teichmann ZGR **78**, 36, Schulze=Osterloh ZHR 149 (**85**) 614. **d) Probleme** beim Unternehmensformwechsel sind vor allem die **Übertragung** des Vermögens (Einzelverfügungen, s Einl II 2 A vor § 1, anders nur bei besonderer Zulassung der Gesamtrechtsnachfolge), die Vermeidung von Steuernachteilen (nur die Gesamtrechtsnachfolge vermeidet die **Auflösung und Versteuerung der stillen Reserven**, vgl § 40 Anm 2 D) und kartellrechtlich die **Fusionskontrolle** (§§ 22–24b GWB, s Einl III 2 A vor § 1). Zum Ganzen: Schilling 1981 (Sonderausgabe aus Hachenburg), Widmann-Mayer (LBl), Böttcher-Zartmann-Kandler und die Komm zum AktG und UmwG. Übersicht zum UmwG Meyer-Ladewig BB **69**, 1005, Schneider-Schlaus DB **69**, 2213, 2261, **70**, 237, 621. Umwandlung mittelständischer Unternehmen in AG s Werner-Kindermann, Schürmann-Beyer ZGR **81**, 17, 58. Änderungen (auch im UmwG) durch **Verschmelzungsrichtliniegesetz** 25. 10. 82 BGBl 1425, dazu Priester NJW **83**, 1459.

B. **Umwandlung von Rechts wegen (BGB, HGB): a)** Die Umwandlung **zwischen GbR, OHG, KG** setzt keine besondere Vereinbarung der Gfter voraus; sie erfolgt von Rechts wegen, sogar gegen den Willen der Gfter. Die Identität der Ges ändert sich nicht, die Rechte und Pflichten bleiben dieselben, die stillen Reserven bleiben unberührt, eine Vermögensübertragung ist nicht notwendig. Das GesVermögen zB der bisherigen OHG ist nunmehr das Gesamthandsvermögen der Gfter der GbR. Auflassung ist nicht nötig, das Grundbuch ist dahin zu berichtigen, RG **155**, 85, KG JW **35**, 1792, BayObLG NJW **82**, 110; das ist jedoch keine (eine sachlich falsche Eintragung beseitigende) Berichtigung iSv §§ 22, 39, 53 GBO, § 894 BGB, sondern nur Richtigstellung der falschen Bezeichnung des Berechtigten, BayObLG NJW **52**, 29. Geschäftsführung und Vertretung s § 105 Anm 3 B. Bsp: GbR wird automatisch OHG, wenn sie ein VollHdl-Gewerbe beginnt, BGH BB **67**, 143. OHG oder KG werden automatisch GbR, wenn sie ihr HdlGewerbe freiwillig oder unfreiwillig aufgeben oder dieses auf den Umfang eines Kleingewerbes (§ 4) zurückgeht, BGH **32**, 310. Die OHG wird zur KG, wenn für einen Gfter Haftungsbeschränkung vereinbart und eingetragen oder ein beschränkt haftender Gfter aufgenommen wird. Die KG wird zur OHG, wenn der einzige Kdtist ausscheidet oder seine Haftungsbeschränkung aufgehoben wird, vgl BGH **68**, 12. Konsequenzen für die Firmenfortführung s § 24 Anm 2 B, C. **b)** Die Umwandlung von GbR, OHG oder KG in ein einzelkfm Unternehmen erfolgt ebenfalls von Rechts wegen, zB wenn von zwei Gftern der eine ausscheidet. Das Unternehmen bleibt dasselbe, das Vermögen der Ges geht **auf den** übrigbleibenden **Einzelkaufmann** im Wege der **Anwachsung** über (entspr § 142 HGB, § 738 I 1 BGB), BGH **32**, 315, **50**, 308. Die stillen Reserven bleiben bei dem EinzelKfm unberührt (anders beim Ausscheidenden, wenn er nicht nur eine Buchwertabfindung ausbezahlt erhält, s § 138 Anm 5). Konsequenzen für die Firmenfortführung s § 24 Anm 2 D. Der umgekehrte Fall des Unternehmensformwechsels **vom Einzelkaufmann** in eine GbR, OHG oder KG ist hingegen nicht Umwandlung, sondern **Neugründung** einer Ges.

C. **Auflösung und Neugründung:** Zwischen anderen Ges ist eine Umwandlung von Rechts wegen nicht möglich. Der Unternehmensformwechsel kann sich aufgrund Vereinbarung als Auflösung und Neugründung vollziehen. **a)** Das gilt für die **stille Gesellschaft.** Der an einem einzelkfm Unternehmen beteiligte Stille kann phG oder Kdtist nur durch Neugründung einer OHG oder KG mit dem bisherigen Alleininhaber des HdlGeschäfts werden. Umgekehrt wird der phG (oder Kdtist) nur durch Auseinandersetzung der Gfter nach § 738 BGB und Umwandlung seines Auseinandersetzungsguthabens in eine stille Einlage zum Stillen, RG **170**, 105. **b)** Das gilt auch (soweit keine Umwandlung ieS vorliegt, s Anm D) für die Umwandlung einer **Personengesellschaft** in eine **Kapitalgesellschaft,** zB OHG in GmbH, **und umgekehrt,** sowie der KapitalGes einer Rechtsform in eine solche einer anderen Rechtsform, zB GmbH in AG. Die alte und neue Ges sind dann nicht identisch, eine Vermögensübertragung ist nötig, die stillen Reserven werden aufgelöst und besteuert. Das schließt diesen Weg in der Praxis meist aus. Steuerrechtlich zur Umgründung von GmbH Felix-Stahl DStR **86**, Beihefter zu Heft 3.

D. **Umwandlung im engeren Sinne (AktG, UmwG): a)** Die Umwandlung einer **AG** in eine **andere Kapitalgesellschaft** (KGaA, GmbH) und bestimmter Ges (zB KGaA, GmbH, bergrechtliche Gewerkschaft, VVaG, eG) in eine AG sowie einer KGaA in eine GmbH und umgekehrt ist als **formwechselnde Umwandlung** bei gleichbleibender Identität der Ges nach dem AktG (§§ 362–393) möglich. **b)** Das UmwG idF 6. 11. 69 BGBl 2081 ermöglicht die **übertragende Umwandlung,** bei der das Vermögen mit Eintragung des Umwandlungsbeschlusses ex lege auf eine bestehende oder neuerrichtete Ges übergeht (verschmelzende oder errichtende Umwandlung) und die Auflösung der stillen Reserven vermieden wird. Das betrifft die Umwandlung einer **Kapitalgesellschaft** (AG, KGaA, GmbH; auch bergrechtliche Gewerkschaft) in eine **Personengesellschaft** (GbR, OHG, KG) oder ein einzelkfm Unternehmen **und umgekehrt** einer PersonenHdlGes (OHG, KG) oder eines einzelkfm Unternehmens in eine KapitalGes (AG, KGaA, GmbH). **Bsp:** Umwandlung einer **OHG** oder **KG** oder des HdlGewerbes eines **Einzelkaufmanns in** eine **GmbH** (§§ 46–49, 56a–56f UmwG); der EinzelKfm kann dabei Aktiva, nicht aber Passiva zurückbehalten, Priester DB **82**, 1967. Die Umwandlung erfolgt durch einstimmigen notariell beurkundeten Umwandlungsbeschluß der Gfter

(§§ 47, 48 UmwG; bei Vertragsbestimmung auch mit Mehrheit, BGH **85,** 354, Westermann FS Hengeler **72,** 246) bzw entspr durch Umwandlungserklärung des EinzelKfm (§§ 56b, 56c UmwG). Der Beschluß bzw die Erklärung legt den GesVertrag der GmbH fest. Die Gründungsvorschriften des GmbHG (zB betr Kapital und Prüfung) gelten entspr, §§ 47 II, 56 b II, 56 d UmwG. Mit der Eintragung der GmbH in das HdlReg geht das Vermögen der Ges bzw des EinzelKfm (hier entspr einer öffentlich beglaubigten Aufstellung des Betriebsvermögens, §§ 52 IV, 56c III 2 UmwG) auf die GmbH (bei EinzelKfm dann Einmann-GmbH) über; die OHG oder KG ist aufgelöst; die Firma der Ges bzw des EinzelKfm erlischt, doch kann die GmbH sie fortführen (vgl § 19 Anm 4), §§ 48 III, 49 II, 56 c III, 56 f UmwG. Die persönliche Haftung der Gfter bzw des EinzelKfm besteht fort, sie verjährt in fünf Jahren entspr §§ 26, 159 ff HGB, §§ 45, 49 II 2, IV, 55 II, 56, 56 f II UmwG. Schrifttum s Anm A aE.

5) Verbundene Personengesellschaften

A. Das Recht der verbundenen Unternehmen (Konzernrecht) zielt auf den Schutz der Aktionäre der abhängigen Ges vor Maßnahmen der herrschenden Ges, aber auch der Aktionäre der herrschenden Ges vor Maßnahmen der Verwaltung sowie auf den Schutz der Gläubiger. Der Konzern selbst ist keine einheitliche juristische Person, s Einl II 1 D vor § 1. Ist eine AG oder KGaA an einer Unternehmensverbindung (§§ 15 ff AktG; Unternehmensbegriff s Einl II 1 A vor § 1) beteiligt, gilt zu ihrem Schutz das **Konzernrecht des Aktiengesetzes,** besonders §§ 15–19 (Definitionen), §§ 20–22 (Mitteilung des Erwerbs von über 25% der Aktien), §§ 291–337 (verbundene Unternehmen); die Konzernrechnungslegung folgt seit dem BiRiLiG 1985 aus §§ 290 ff HGB. Diese Vorschriften richten sich also auch gegen eine PersonenGes. Bsp: vertragliche oder faktische Beherrschung einer AG durch eine KG (vgl §§ 17, 308 ff, 311 ff AktG), Beteiligung einer OHG oder KG an einer AG (§§ 20–22 AktG); Einbeziehung der OHG unter der einheitlichen Leitung einer inländischen AG oder KGaA in die Konzernrechnungslegung (§§ 290 ff HGB). Schrifttum s Einl zu **(4)** AktG.

B. Im übrigen ist das Recht der verbundenen PersonenGes bisher gesetzlich nicht geregelt. Ein (noch rudimentäres) **Konzernrecht für Personengesellschaften** wird jedoch von der Rspr schon unter geltendem Recht entwickelt. Dabei ist zu unterscheiden: **a)** Die **abhängige Personengesellschaft** (die Definition der Abhängigkeit nach § 17 I AktG gilt auch hier) ist vor mißbräuchlicher und fehlerhafter Ausübung der Leitungsmacht durch die Treue- und Sorgfaltspflichten des Gfter geschützt. Der herrschende Unternehmer-Gfter (zB AG) ist der im Rahmen eines Beherrschungsvertrags eingegliederten KG zum Verlustausgleich verpflichtet; er hat zu beweisen, daß er und seine Erfüllungsgehilfen (§ 278 BGB) sich pflichtgemäß verhalten haben, nicht nur daß sie kein Verschulden trifft; die Haftungserleichterung des § 708 gilt nicht; BGH NJW **80,** 231 (Gervais) m Anm Raiser ZGR **80,** 558. Benachteiligung einer konzernabhängigen KG und ihrer TochterKG durch Konzernumlage ohne entspr Gegenwert, BGH **65,** 15 (ITT), s Anh § 177a Anm III 1. Wettbewerbsverbot für den herrschenden Gfter, BGH **89,** 162 (Heumann-Ogilvy), s Anh § 177a Anm III 1. **b)** Die **herrschende Personengesellschaft** (Beherrschung durch eine PersonenGes nach § 23 II Nr 5 GWB s BGH **81,** 56), zB eine KG, die eine GmbH (nicht

AG, sonst Anm A) beherrscht, muß vor allem die Auskunfts-, Einsichts- und Mitwirkungsrechte der Gfter beachten, BGH WM **73**, 170; die Kdti- sten dürfen nach § 166 auch die Bücher und Papiere der abhängigen GmbH einsehen, Kln OLGZ **67**, 364, ausnahmsweise auch durch vertrauenswürdi- ge Sachverständige, BGH **25**, 115. Zum Konzernrecht der PersonenGes Monographien: Schießl 1985, Baumgartl 1986; Schneider ua in ZHR 143 (**79**) 485, BB **80**, 1057, ZGR **80**, 511, Reuter ZHR 146 (**82**) 30, AG **86**, 130, Emmerich FS Stimpel **85**, 743.

C. Personengesellschaften in der **Fusionskontrolle** (§§ 23ff GWB) s Wiedemann ZHR 146 (**82**) 296.

6) Intertemporales Gesellschaftsrecht

Manche heute bestehende HdlGes ist älter als das heutige HGB. Ihre Rechtsbeziehungen zu Dritten richten sich nach neuem Recht. Im Innen- verhältnis gilt zwar für OHG und KG (auch für die stGes, die nicht HdlGes ist; für AG und KGaA s dagegen §§ 2ff EGAktG 1937) nach Art 170 EGBGB grundsätzlich das alte Recht, mit Ausnahme zwingender neuer Vorschriften (zB § 133 III, RG **71**, 255). Praktisch gilt jedoch auch hier meist das neue Recht aufgrund stillschweigender Unterwerfung der Gfter, RG **145**, 291.

7) Internationales und europäisches Gesellschaftsrecht

A. **Internationales Gesellschaftsrecht:** Dabei handelt es sich als Teil des internationalen Privatrechts um deutsches Recht. Ausländische Ges, die nach dem für sie gültigen Recht existent sind, werden ohne weiteres **aner- kannt.** Für die Rechtsverhältnisse einer PersonenHdlGes gilt das **Recht des Sitzes,** RG **117**, 217, BGH LM § 105 Nr 7, WM **59**, 1110, NJW **67**, 36; maßgebend ist ihr tatsächlicher Sitz, nicht der Satzungssitz, vgl § 105 Anm 6. Für eine in der BRD gebildete Vereinigung zur Gründung einer ausländischen AG gelten das deutsche Personalstatut und die deutsche Ge- richtszuständigkeit, BayObLG MDR **65**, 915, vgl § 105 Anm 2 C. Das Recht des Sitzes gilt vor allem für das **Außenverhältnis** zu Dritten (zB Vertretung der Ges, Haftung der Gfter für GesSchulden, Parteifähigkeit der Ges im Prozeß). Also Haftung des deutschen Gfters einer ausländischen Ges idR nach dem ausländischen Recht, auch aus Rechtsverhältnis unter deutschem Recht; anders bei abweichender Regelung im GesVertrag, BGH **LM** § 105 Nr 7 (vorbehaltlich des Schutzes des guten Glaubens des Vertrags- partners auf Haftung aller Gfter nach Sitzrecht?). Für das **Innenverhältnis** können die Gfter die Rechtsordnung beim Vertragsschluß (auch stillschwei- gend) wählen. Doch gilt das zwingende Recht des Sitzes (zB über Kündi- gung, Auflösungsklage, Zulässigkeit der Anteilsübertragung) auch unter ausländischen Gftern. Die **Form** gesellschaftsrechtlicher Geschäfte richtet sich nach dem Recht des Sitzes, doch genügt die Wahrung der Form des Landes, in dem das Geschäft vorgenommen wird, Art 11 I EGBGB; eine andere Frage ist, ob das Recht des ausländischen Sitzes den in der BRD in deutscher Form vorgenommenen Akt, zB mündliche Abtretung eines An- teils an einer ausländischen PersonenGes, als wirksam anerkennt. Beson- ders schwierig sind die Regelungsprobleme des **internationalen Konzern- rechts** und der **multinationalen Unternehmen.** Übersicht: Staud-Groß- feld, EGBGB Internationales GesRecht, 1980; Wiedemann I §§ 14, 15;

Hopt, Groups of Companies in European Laws, Berlin 1982; H. P. Westermann ZGR **75**, 68 (Methodendiskussion), Behrens ZGR **78**, 499 (Anerkennung).

B. **Europäisches Gesellschaftsrecht**: Dabei handelt es sich um Verordnungen (zB geänderter VOVorschlag eines Statuts für europäische AG, geänderter Vorschlag einer VO über die Europäische Kooperationsvereinigung), Übereinkommen (zB über die gegenseitige Anerkennung von Ges und juritischen Personen, Entwurf eines Übereinkommens über die internationale Fusion von AG) und Richtlinien (7 bereits verabschiedete EG-Ri zur Koordinierung des GesRechts, zahlreiche weitere EG-Ri-Vorschläge und -Entwürfe). Die weitaus größte Rolle spielen die EG-Ri, die eine weitgehende Rechtsvereinheitlichung anstreben (Einl I 4 D vor § 1) und durch nationale Durchführungsgesetze in das deutsche GesRecht eingehen, zB 1. EG-Ri 9. 3. 68 (PublizitätsRi) G 15. 8. 69 BGBl 1146; 2. EG-Ri 13. 12. 76 (KapitalRi) G 13. 12. 78 BGBl 1959; 3. EG-Ri 9. 10. 78 (FusionsRi) G 25. 10. 82 BGBl 1425; 4. EG-Ri 25. 7. 78 (BilanzRi), 7. EG-Ri 13. 6. 83 (KonzernrechnungslegungsRi) und 8. EG-Ri 25. 3. 84 (RechnungsprüferRi), alle drei transformiert durch BiRiLiG 19. 12. 85 BGBl 2355 (s Einl vor § 238); 6. EG-Ri 17. 12. 82 (SpaltungsRi), noch nicht transformiert. Die 5. EG-Ri (StrukturRi) und die 9. EG-Ri (KonzernrechtsRi) sind inhaltlich umstritten und noch nicht erlassen. Europäisches GesRecht sind auch die Regeln über die **Europäische wirtschaftliche Interessenvereinigung (EWIV)**, VO (EWG) 25. 7. 85 EWIVG; die EWIV ist eine neue supranationale GesRechtsform zur Erleichterung der grenzüberschreitenden Zusammenarbeit für Unternehmer und Freiberufler, sie gilt als OHG mit rechtlichen Besonderheiten; dazu Gleichmann ZHR 149 (**85**) 633, Ganske DB Beil 20/**85**. Textsammlung Lutter ZGR Sonderheft 1, 2. Aufl 1984. Überblick: Hopt-Hehl Schema 18, letzter Stand FN 4/**85**, 128a, Die Bank **85**, 310.

Erster Abschnitt. Offene Handelsgesellschaft

Erster Titel. Errichtung der Gesellschaft

[Begriff der OHG; Anwendbarkeit des BGB]

105 ⁱ **Eine Gesellschaft, deren Zweck auf den Betrieb eines Handelsgewerbes unter gemeinschaftlicher Firma gerichtet ist, ist eine offene Handelsgesellschaft, wenn bei keinem der Gesellschafter die Haftung gegenüber den Gesellschaftsgläubigern beschränkt ist.**

ⁱⁱ **Auf die offene Handelsgesellschaft finden, soweit nicht in diesem Abschnitt ein anderes vorgeschrieben ist, die Vorschriften des Bürgerlichen Gesetzbuchs über die Gesellschaft Anwendung.**

Übersicht

1) Mögliche Gesellschafter
2) Gesellschaftsvertrag
3) Betrieb eines Handelsgewerbes unter gemeinschaftlicher Firma
4) Unbeschränkte Haftung aller Gesellschafter
5) Anwendbarkeit des Gesellschaftsrechts des BGB
6) Sitz der Gesellschaft

7) Ausscheiden und Eintritt von Gesellschaftern
8) Fehlerhafte Gesellschaft

1) Mögliche Gesellschafter

A. Übersicht s Einl 3B vor § 105. **Gesellschafter** können alle natürlichen Personen sein. Im heutigen gesetzlichen Güterstand (Zugewinngemeinschaft, §§ 1363 ff BGB) ist idR **jeder Ehegatte** ohne Mitwirkung des anderen frei zur Beteiligung, zur Tätigkeit in der Ges, zur Verfügung über seinen Anteil. Ausnahmen ergeben sich vor allem aus **§ 1365 BGB:**

BGB 1365 [Einschränkung der Verfügungsmacht über Vermögen im ganzen]

¹ Ein Ehegatte kann sich nur mit Einwilligung des anderen Ehegatten verpflichten, über sein Vermögen im ganzen zu verfügen. Hat er sich ohne Zustimmung des anderen Ehegatten verpflichtet, so kann er die Verpflichtung nur erfüllen, wenn der andere Ehegatte einwilligt.

² Entspricht das Rechtsgeschäft den Grundsätzen einer ordnungsmäßigen Verwaltung, so kann das Vormundschaftsgericht auf Antrag des Ehegatten die Zustimmung des anderen Ehegatten ersetzen, wenn dieser sie ohne ausreichenden Grund verweigert oder durch Krankheit oder Abwesenheit an der Abgabe einer Erklärung verhindert und mit dem Aufschub Gefahr verbunden ist.

§ 1365 BGB ist auch anwendbar, wenn nicht ausdrücklich über das **Vermögen im ganzen** verfügt wird, sondern über einen einzigen Gegenstand, der aber das ganze (einzige wesentliche) Vermögen des Verfügenden bildet, BGH **35,** 135, vorausgesetzt Geschäftsgegner kennt diesen Sachverhalt oder wenigstens die Voraussetzungen solcher Beurteilung des Geschäfts, BGH **43,** 174, **64,** 246, NJW **84,** 609. Dingliche Belastungen sind als Wertminderung zu berücksichtigen; bei kleinen Vermögen ist § 1365 BGB idR nicht erfüllt, wenn dem Verfügenden Werte von 15% seines ursprünglichen Gesamtvermögens verbleiben, BGH **77,** 293. Unerheblich ist der Wert der Gegenleistung, BGH **43,** 174. Die Begründung von Geldschulden in Höhe des ganzen Vermögens (zB Kauf, Darlehen, Bürgschaft) fällt nicht unter § 1365 BGB, BGH WM **83,** 267. Im GesRecht kann § 1365 BGB Platz greifen zB: bei Einbringung des HdlGeschäfts eines EinzelKfm in eine Ges; bei Änderung eines GesVertrags; in beiden Fällen aber vielleicht nur bei den vermögenswert gefährdenden Absprachen, zB betr Kündigungsfolgen, Fischer NJW **60,** 940; bei GesKündigung, BGH **35,** 144, Kln MDR **63,** 51, Hbg MDR **70,** 419. Ohne Bedeutung ist § 1365 BGB bei Gläubigerkündigung (§ 135), Hbg MDR **70,** 419. Übersichten: Sandrock FS Bosch **76,** 841 u FS Duden **77,** 513. Zur Wirkung des gesetzlichen Zugewinnausgleichs, vor allem nach Ehescheidung (§§ 1371 ff BGB), auf GesVerhältnisse s Sudhoff NJW **61,** 801, Tubbesing BB **66,** 829. S auch § 1 Anm 4 (Ehegatten als Kflte); § 114 Anm 2 D (Geschäftsführung durch Ehegatten); unten Anm 2 B (Ges unter Ehegatten). **Erben** als Gfter: s zu § 139. **Rechtsanwälte, Ärzte** ua s § 105 Anm 3 A. Sozietätsverbote zwischen **Notar** und **Wirtschaftsprüfer** nach BNotO sind zulässig, BVerfG NJW **80,** 2123.

B. Zur Teilnahme eines **Minderjährigen** an einer neuen oder schon bestehenden Ges bedarf es des Vertragsschlusses durch den gesetzlichen Vertreter (der nicht MitGfter sein darf, §§ 181, 1795 II, 1629 II BGB, andernfalls durch einen Pfleger, § 1909 BGB) mit Genehmigung des Vormundschaftsgerichts, **§§ 1822 Nr 3, 1643 I BGB,** auch zur Teilnahme an einer KG als Kdtist, BGH **17**, 162. Fortführung des HdlGeschäfts als Erbengemeinschaft s § 1 Anm 6 B. Voraussetzungen der Erteilung (KG: Verlustbeteiligung, Geschäftsbeginn vor Eintragung: nicht notwendig hindernd) s BayObLG BB **77**, 669, DB **79**, 2314. Der Genehmigung bedarf es wohl auch zum Ausscheiden aus einer OHG, KG (§ 1822 Nr 3 BGB ,,Veräußerung eines Erwerbsgeschäfts"). Dagegen nicht zum automatischen Eintritt als Erbe aufgrund einer Nachfolgeklausel, s § 139 Anm 1 D. Auch nicht zur Zustimmung zu Änderungen des GesVerhältnisses, auch nicht recht einschneidenden, zB: Aufnahme neuer Gfter, BGH **38**, 27, Ausscheiden von MitGftern, BGH LM § 138 Nr 8, Neubestimmung der Anteile, BGH DB **68**, 932, Einlageerhöhung, Ffm BB **68**, 764; zT str. Wohl auch nicht zur Auflösung der Ges, BGH **52**, 319 (GmbH), str. Zur Fortsetzung einer aufgelösten (noch nicht beendeten, vgl § 131 Anm 1) str. Die GfterRechte übt der gesetzliche Vertreter (oder Pfleger, s oben) für ihn aus, ggf auch Geschäftsführungsbefugnis und Vertretungsmacht. Er kann, falls dem nicht der GesVertrag entgegensteht, mit Genehmigung des Vormundschaftsgerichts den Minderjährigen zur selbständigen Ausübung der Gfter-Rechte ermächtigen; dieser ist dann für alle Rechtsgeschäfte unbeschränkt geschäftsfähig, die der GesBetrieb mit sich bringt, jedoch mit Ausnahme der in §§ 1643 I, 1821 f BGB genannten (was dies unpraktikabel machen kann), § 112 BGB. Vertretung Minderjähriger bei GfterBeschlüssen s § 119 Anm 3 C. § 1822 Nr 10 BGB (Übernahme einer fremden Verbindlichkeit) ist bei OHG und KG unanwendbar, erst recht seit die Rspr diese Vorschrift auch beim Beitritt von Minderjährigen zur eG für unanwendbar hält, BGH NJW **64**, 766, Hamm NJW **66**, 1971. Gfter der OHG und KG haften erst recht für eigene nicht fremde Verbindlichkeiten. Daß Minderjährige Gfter sind, bedeutet nichts für die Vertretung der OHG und KG gegenüber Dritten, auch bei Geschäften der in §§ 1643, 1822 BGB bezeichneten Art, sie bedürfen nicht der Genehmigung, BGH **36**, 26, DB **71**, 189. Eine Dauerergänzungspflegschaft für minderjährige Kdtisten, deren Eltern MitGfter sind (§§ 1795 I, 1909 BGB, vgl oben) ist idR unzulässig, da Vertretung durch die Eltern bei GfterBeschlüssen möglich ist (§ 119 Anm 3 C); unerheblich Entgang von Steuervorteilen; im Bedarfsfall Pflegschaft für einzelne Geschäfte; BGH **65**, 95. Monographien: Biddermann 1965, Fastrich 1976; Winkler ZGR **73**, 177, Klamroth BB **75**, 525. S auch § 1 Anm 5 (minderjähriger Kfm), unten Anm H (Unterbeteiligung), § 230 Anm 2 D (stGes).

C. Auch **juristische Personen** können Gfter sein, stRspr seit RG **105**, 102, dies obwohl die OHG mit der ,,unbeschränkten Haftung" auf sie nicht zugeschnitten ist (darum anders Schweiz, s Einl 3C vor § 105); das ist jetzt auch gesetzlich anerkannt, s Anh § 177a Anm I 2. Doch muß das in der Firma klargestellt werden, § 19 V. Geschäftsführung durch juristische Person als Gfter s § 114 Anm 2 D. Auch (andere) **OHG, KG** können angesichts § 124 Gfter sein, heute hL; auch Vor-GmbH, BGH **80**, 132, str, s Anh § 177a Anm II 2. Ausländische KapitalGes als phG einer deutschen KG s Bokelmann BB **72**, 1426. Ist eine GmbH alleinvertretender Gfter der OHG, spricht man von ,,GmbH & Co OHG", Bsp: Hamm BB **73**, 354, s Anh § 177a Anm I 3 F.

D. Gfter einer OHG (KG) können **nicht** sein: GbR, BGH **46**, 296, WM

66, 190 (anders für GbR als Gründer einer GmbH, BGH **78,** 311, Zweibr OLGZ **82,** 155, Koch ZHR 146 (**82**) 118), Hohner NJW **75,** 718, nicht rechtsfähiger Verein; Erbengemeinschaft, BGH **58,** 317, NJW **83,** 2377, aA Klamroth BB **83,** 796, Grund: die OHG ist idR persönlichkeitsbezogene Haftungs- und (idR) Arbeitsgemeinschaft, s § 139 Anm 2 A; eheliche und fortgesetzte Gütergemeinschaft (§§ 1417, 717, 719 BGB, aber das Auseinandersetzungsguthaben nach Auflösung der Ges fällt ins Gesamtgut, RG **146,** 283).

E. Die Ges kann **nicht ihr eigener Gesellschafter** sein, es gibt keine eigenen Anteile der Ges, die Verselbständigung der Ges (s bei § 124) geht nicht so weit wie bei HdlGes mit Rechtspersönlichkeit (vgl § 71 AktG, § 33 GmbHG). Eine **Tochtergesellschaft** oder GmbH, auch eine ausländische Ges, deren sämtliche Anteile die Ges hält, kann ihr Gfter sein. Ausdrücklich oder stillschweigend kann der GesVertrag ihre GfterRechte anders bestimmen als die der andern Gfter, zB sie automatisch, mit oder ohne Abfindungsanspruch (vgl bei § 138), für den Fall ausschließen, daß ihre Anteile ohne Zustimmung der Ges (zB durch ausländische Enteignung) auf Dritte übertragen werden.

F. Ein Gfter kann **Treuhänder** für Dritte sein, bes häufig bei Publikums-Ges (s Anh § 177 a Anm VIII 5 C). Er, nicht Treugeber ist Gfter gegenüber MitGftern und Dritten, BGH BB **71,** 368, beschließt mit, vertritt die Ges, haftet (§§ 125 ff, 171 ff) usw. Das Treuhandverhältnis, zB Auftrag oder Geschäftsbesorgung, mit Bindung an Weisungen, Auskunfts- und Rechenschaftspflicht, Ablieferungspflicht, Freihaltungsrecht (§§ 665–667, 670, 675 BGB, dazu BGH **76,** 127) berührt MitGfter und Ges idR nicht unmittelbar. Aber MitGfter haben rechtliches Interesse an Feststellung, ob Gfter Treuhänder für Dritten ist, BGH WM **71,** 306 (entspr Einwand gegen Klage auf Feststellung der GfterEigenschaft uU beachtlich). Verfügungen des Treuhänders über GfterRechte entgegen Weisung des Treugebers sind wirksam, auch bei erkennbarem Weisungsverstoß (die Grundsätze über den Mißbrauch der Vertretungsmacht, s § 50 Anm 3, sind nicht übertragbar); den Treugeber schützen nur uU §§ 826, 138, 823 II BGB (mit § 266 StGB), BGH BB **68,** 560, WM **77,** 527. Der GesVertrag kann aber auch Treugebern (zB mehreren „Kdtisten", deren Anteile dem Treuhänder übertragen sind, vgl § 164 Anm 2) unmittelbar (schuldrechtlich) Rechte gegen Ges und MitGfter geben, zB zu Weisung und Kontrolle, auch beschränkt auf Ausübung durch Ausschüsse, OGH **2,** 253, BGH **10,** 47, **76,** 131, auch Stimmrechte, Ffm BB **76,** 1626. Pflichten und (vorvertragliche) Haftung des Treuhänders s BGH **84,** 144. Treuhänderbestellung durch Gfter ist Anteilsübertragung von diesem auf jenen, dazu § 124 Anm 2 B. Gfter im Eigeninteresse (auch Kdtist) darf iZw nicht ohne Zustimmung der MitGfter Treuhänder eines andern werden, da GesVertrag iZw Gfter im Eigeninteresse voraussetzt. Daher verdeckte Treuhand iZw vertragswidrig (ua Stimmbindung, vgl § 119 Anm 2 E; Geheimnisweitergabe). Sanktionen gegen Treuhänder-Gfter zB §§ 117, 127, uU § 140. Wegfall des Treuhandverhältnisses bewirkt iZw nicht ohne weiteres Ausscheiden des Treuhänders und Übergang seines Anteils auf Treugeber, sondern dieser hat Anspruch gegen jenen auf Übertragung (vgl § 667 BGB) bei Zustimmung der MitGfter, BGH BB **71,** 368; in der Zustimmung der MitGfter

1. Abschnitt. Offene Handelsgesellschaft **1 § 105**

zur treuhänderischen Sicherungsabtretung (eines Kommanditanteils) liegt zugleich unwiderrufliche Einwilligung zur Rückübertragung auf Treugeber, BGH **77,** 392, WM **85,** 1143. Rechtsunwirksame „faktische" Beteiligung des Treuhänder-Gfters nötigt zu seiner Ausschließung (s Anm 8 H), BGH **10,** 51; Treugeber können uU vom Treuhänder-Gfter den Abfindungsanspruch (nach Ausschließung) herausfordern (§ 667 BGB) und damit selbst oder über andern Treuhänder (bei Zustimmung der MitGfter) in die Ges eintreten. Unterscheide **Ausübung** von GfterRechten (ohne Übertragung der GfterStellung) durch Nicht- oder MitGfter: Verwaltung durch TV, Nachlaßverwalter s § 139 Anm 4, 5; gewillkürte Verwaltung: § 109 Anm 6 C, § 164 Anm 1 C; Vertretung bei Beschlußfassung: § 119 Anm 2 E, 3 C; gemeinsame Vertretung mehrerer Kdtisten s § 164 Anm 2 A; Vertretung Minderjähriger durch gesetzliche Vertreter oder Pfleger s Anm B. Immobilienfonds-KG (ein phG, ein TreuhänderKdtist), Rechtsstellung der Anleger (Treugeber) und Anlegergesamtheit s Kindermann WM **75,** 782. Nießbrauch (uU Gfter Treuhand-ähnlich) s § 124 Anm 2 D. Treuhand für Anteilsteile s § 124 Anm 2 A. Monographie Blaurock, Unterbeteiligung und Treuhand an GesAnteilen, 1981; Beuthien ZGR **74,** 26.

G. Die Ausübung der GfterRechte durch einen **Gebrechlichkeitspfleger** (§ 1910 BGB) ist nicht vertraglich ausschließbar; möglicherweise können aus wichtigem Grunde MitGfter vom Pflegling fordern, daß er Auswechslung des Pflegers beantragt, BGH **44,** 100. Pflegschaft für Minderjährige s Anm B.

H. **Unterbeteiligung** an einem GesAnteil ist InnenGes (Einl 2 C vor § 105) u GbR, nahestehend der stGes (§§ 230 ff), BGH **50,** 320, 323. Schaffung einer Unterbeteiligung ist zulässig ohne besondere Zulassung durch HauptGes (MitGfter), BGH **50,** 325 (anders Treuhand, s Anm F). Begründung durch Vertrag (formfrei) Gfter-Unterbeteiligter; uU aufgrund Vermächtnisses von Gfter-Erblasser unter mehreren Erben, vgl § 139 Anm 2 C. Unterbeteiligung ist möglich auf bestimmte Zeit oder auf Dauer der HauptGes. Ist (im Fall 2) die HauptGes auf unbestimmte Zeit eingegangen (weder zeitlich noch durch ihren Zweck begrenzt), ist es auch die Unterbeteiligung; sie ist dann zwingend kündbar nach § 723 I 1, III BGB; BGH **50,** 322 (bei Gleichstellung mit stGes: nach §§ 234, 132, vgl § 234 Anm 3 A). UU Auslegung des Unterbeteiligungsvertrags als auf bestimmte Zeit eingegangen, dann so lange nur Kündigung aus wichtigem Grund, § 723 I 2, III BGB, BGH **50,** 323. Unterbeteiligter hat (entspr § 233 I) Recht auf Jahresbilanz über den Anteil und dessen Erträge (auch deren Zusammensetzung: Gewinnanteil, Kapitalzins, Geschäftsführergehalt), nicht auf Bilanz (Hdl-, Steuer-) und GuVRechnung der HauptGes; anders wenn UnterGesVertrag auch dies Recht gewährt und die HauptGes der Weitergabe zustimmt; Zulassung der Unterbeteiligung im HauptGesVertrag genügt nicht; BGH **50,** 323. Zulassung der Unterbeteiligung deckt iZw auch nicht sonstige Geheimnisweitergabe, nicht Stimmbindung des Gfters an Unterbeteiligten, vgl Anm F (Treuhänder). Zu Unterbeteiligung bei Erbfolge Wendelstein BB **70,** 735. Unterbeteiligung nach Gemeinschaftsrecht (§§ 741 ff BGB), über „geschlossene Industriefonds" s Lipps BB **72,** 860 ff. Mitgeschäftsführender Unterbeteiligter, der auch volle Mithaftung übernahm, BGH BB **73,** 1368 (keine Vergütung für Haftung,

§ 105 2   II. Buch. Handelsgesellschaften und stille Gesellschaft

wie für Gfter selbst, vgl § 110 Anm 1 B). Unterbeteiligungsvertrag zwischen Gfter und Minderjährigen ist genehmigungspflichtig (vgl Anm B), wenn auch Verlustbeteiligung vorgesehen, auch bei Schenkung der Beteiligung; unmöglich Genehmigung bei nicht endgültig vereinbarter, sondern von künftiger Beurteilung des Finanzamts abhängig gemachter Ertragsbeteiligung; Hamm BB **74,** 294. Unterbeteiligung an Anteilsteilen s § 124 Anm 2 A. Monographien: Friehe 1974, Wagner 1975, Böttcher-Zartmann-Faut 1978, Blaurock 1981; Schneider FS Möhring **65,** 115, Paulick ZGR **74,** 253. Durchlaub DB **78,** 873, Schnidt-Diemitz DB **78,** 2397, Bilsdorfer NJW **80,** 2785, Obermüller FS Werner **84,** 607.

I. Der Gfter der OHG ist **Kaufmann** wohl nur iSv § 109 GVG (Hdl-Richter, vgl Einl IV 2 B vor § 1), nicht in andern (jedenfalls in privatrechtlichen) Beziehungen; insbesondere nicht als Haftender für GesVerbindlichkeiten nach §§ 128 ff gegenüber Dritten; nicht im GesVerhältnis selbst (Abschluß des OHGVertrags ist nicht HdlGeschäft, s Anm 2 I), schon gar nicht in rein persönlichen Beziehungen, zB bei einem Schuldanerkenntnis außerhalb des GesBetriebs, nicht formfrei nach § 350, BGH BB **68,** 1053; aber wohl auch nicht bei Geschäften im eigenen Namen im Zusammenhang mit GesGeschäften (zB Bürgschaft für GesSchuld, § 128 Anm 1 F); dazu Zöllner DB **64,** 796, Lieb DB **67,** 759, Landwehr JZ **67,** 198, Kötter ZHR 137 (**73**) 179; sehr str, aA Ballerstedt JuS **63,** 259 (sogar für Kdtisten, s § 161 Anm 2 B). Nicht eindeutig bisher die Rspr, zB BGH **34,** 296 (betr Wirkung des Konkursvorrechts nach § 28 III RVO im GfterKonkurs): beiläufig, Gfter sei Kfm, BGH LM § 406 Nr 1: Gfter sei Kfm, sein HdlGewerbe sei das der Ges, daher KfmRecht (in §§ 392 II, 406 I 2) nur anwendbar bei Handeln des Gfters für die Ges nach (§ 164 BGB) (dann interessiert aber nur KfmEigenschaft der Ges, nicht des Gfters); BGH **45,** 284: verneinend für Kdtisten (vgl § 161 Anm 2 B), beiläufig bejahend für Gfter der OHG und phG der KG.

2) Gesellschaftsvertrag

A. Die OHG ist Ges iSv §§ 705 ff BGB (Sonderform der GbR, s Einl 1 B vor § 105):

BGB 705 [Inhalt des Gesellschaftsvertrags]
Durch den Gesellschaftsvertrag verpflichten sich die Gesellschafter gegenseitig, die Erreichung eines gemeinsamen Zweckes in der durch den Vertrag bestimmten Weise zu fördern, insbesondere die vereinbarten Beiträge zu leisten.

Besteht also eine GbR und nimmt sie ein vollkfm Gewerbe unter gemeinsamer Firma auf, wird sie ohne weiteres (ohne neuen Vertragsschluß der Gfter) OHG, die Vertragsverhältnisse der GbR werden ohne weiteres die der OHG, usw, BGH BB **67,** 143. Anderes gilt für andere Gemeinschaften, zB fortgesetzte Gütergemeinschaft, RG JW **26,** 552, Erbengemeinschaft, s Anm B und § 1 Anm 6 B; ihre Mitglieder bilden eine OHG nur durch Abschluß eines Vertrags, der freilich, wenn sie ein vollkfm Gewerbe unter gemeinsamer Firma aufnehmen, uU als stillschweigend geschlossen anzusehen ist. Für die **Gültigkeit** des Vertrags gelten die allgemeinen Regeln. Bei bewußtem Offenlassen eines wesentlichen Punktes bewirkt Invollzugsetzung der Ges Gültigkeit entgegen § 154 S 1 BGB, BGH NJW **82,** 2817. Bei Nichtigkeit von Einzelbestimmungen bleibt Ges-

Vertrag im übrigen idR gültig (§ 139 BGB aE, oft auch ausdrückliche salvatorische Klausel); dazu Westermann FS Möhring **75**, 135. Liegen Nichtigkeitsgründe oder Anfechtung vor, greifen die Sonderregeln über die fehlerhafte Ges ein, s Anm 8 D; bei der stGes § 230 Anm 3 A. Bedingter Vertragsschluß oder Beitritt s § 161 Anm 3 A. Bei Vertragsschluß ist **Vertretung** zulässig, aber bei Vertretung durch MitGfter, ist § 181 BGB anwendbar, RG **67**, 61, BGH BB **61**, 304. Über **Verschulden beim Vertragsschluß** s Anm L. Grenzen der Vertragsfreiheit s § 109 Anm 2.

B. **a) Form:** Der Abschluß des GesVertrags ist **formfrei**. Anders, wenn ein Gfter darin eine Verpflichtung übernimmt, die nur in bestimmter Form übernommen werden darf, zB zur Übertragung eines **GmbHGeschäftsanteils**, § 15 IV 1 GmbHG, oder eines **Grundstücks**, § 313 BGB, BGH **22**, 317, NJW **78**, 2506, oder des Rechts zur Verwertung eines Grundstücks durch Veräußerung an einen Dritten, RG **162**, 80, nicht nur des Benutzungsrechts, zB bei Bildung eines „Gesellschaftsvermögens" nur im Innenverhältnis, RG **109**, 381, **166**, 160. § 313 BGB gilt auch nicht, wenn Gfter das einzubringende Grundstück für Rechnung der Ges (im eigenen Namen) schon erwarb, RG JW **35**, 3529, oder noch erwerben soll, BGH BB **67**, 731 (dies im Einklang mit der Rspr über Unanwendbarkeit des § 313 BGB auf Aufträge und Geschäftsbesorgungsverträge, §§ 670, 675 BGB zur Grundstücksverschaffung, weil hier die Übereignungspflicht nicht unmittelbar Vertragsinhalt, sondern nur gesetzliche Vertragsfolge, RG **54**, 78, **91**, 70, BGH BB **56**, 1124); auch nicht für eine Ges zum Zwecke des Erwerbs und der Veräußerung von Grundstücken, RG **68**, 260. Dazu Steindorff ZHR 129 (**67**) 21; bei Durchgangserwerb Schwanecke NJW **84**, 1588. § 313 BGB gilt für den OHG-(KG)-Vertrag von Erben (vgl Anm A), wenn die Betriebsgrundstücke zunächst außerhalb des GesVermögens (in ungeteilter Erbengemeinschaft) bleiben, mit Verpflichtung jedes Erben-Gfters, bei seinem Ausscheiden aus der Ges seinen Grundstücksanteil auf sie zu übertragen, Fischer NJW **57**, 894. § 313 BGB gilt seit 1973 auch für Grundstückserwerbs-(nicht nur Übertragungs-)Pflicht, BGH GmbHR **78**, 251 (Erwerbspflicht der Kdtisten). § 313 BGB betr Anteilsübertragung s § 124 Anm 2 B, 6 A. **Rechtsfolge:** Die formwidrige Einbringungs- oder Erwerbsverpflichtung ist nichtig, aber nach § 15 IV 2 GmbHG, § 313 S 2 BGB heilbar. Dagegen ist iZw nicht der gesamte GesVertrag nichtig, denn § 139 BGB gilt im PersonenGesRecht wegen des gemeinsamen Interesses am Bestand der Ges nicht, str, Wiesner NJW **84**, 99; anders wenn die formwidrige Verpflichtung für die Ges zentral ist, dann kann aber fehlerhafte Ges vorliegen, s Anm 8. Verdeckt ein Schein-GesVertrag einen Grundstückskauf, so ist der GesVertrag nach § 117 I BGB, der Kauf nach §§ 117 II, 313 BGB nichtig, auch wenn jener notariell geschlossen war, weil nicht der Kauf beurkundet ist, RG JW **30**, 2655 m krit Anm Hachenburg. **b)** Abschluß durch **schlüssiges Verhalten** kann vorliegen: zB wenn mehrere tatsächlich ein HdlGewerbe gemeinsam betreiben; wenn ein nicht rechtsfähiger Verein ein vollkfm Gewerbe beginnt, BGH **22**, 244 (dagegen macht solche Veränderung die GbR ohne neuen Vertragsschluß zur OHG, s Anm A); wenn GmbHGfter außerhalb des GmbHVertrags ein zweites HdlGeschäft beginnen, BGH **22**, 244, dazu Anm C; wenn im Einverständnis der Beteiligten eine Anmeldung als OHG zum Register erfolgt; wenn

§ 105 2   II. Buch. Handelsgesellschaften und stille Gesellschaft

Erben bei Fortführung des ererbten Geschäfts (s Anm A) zeigen, daß sie enger als in einer gewöhnlichen Erbengemeinschaft verbunden sein wollen, wenn sie zB die einseitige Lösung ausschließen wie bei einer OHG. Eine stillschweigend geschlossene **Ehegattengesellschaft** liegt vor, wenn nicht nur der eine Ehegatte im Geschäft des andern mitarbeitet, wozu er als Ehegatte ohnehin im Rahmen des Üblichen verpflichtet ist, die Ehegatten über den typischen Rahmen der ehelichen Lebensgemeinschaft hinaus durch beiderseitige Leistungen ein Erwerbsgeschäft aufbauen oder unterhalten. Außer Tätigkeit ist Kapitaleinsatz beachtlich und dessen buchungsmäßige und steuerliche Behandlung. Bei Gütertrennung ist eher Ges anzunehmen als bei Gütergemeinschaft. Zum ganzen BGH **47**, 162, NJW **74**, 1554, 2045. Bildung einer OHG durch Ehegatten in Gütergemeinschaft (reine EhegattenGes) verlangt Ausscheidung des Geschäfts aus dem Gesamtgut (vgl § 1 Anm 4) als Vorbehaltsgut (jedes Gatten zu einem Anteil) durch formgebundenen Ehevertrag (§§ 1410, 1418 Abs 2 Nr 1 BGB), BGH **65**, 79, sehr str, Reuter-Kunath JuS **77**, 376; anders wenn an der OHG außer den Ehegatten noch ein Dritter beteiligt ist, BayObLG DB **81**, 519. Bei Formmangel kann fehlerhafte Ges vorliegen (s Anm 8). Die Art der Ges (GbR, OHG, KG) folgt aus der Art des Auftretens nach außen und der Art des Geschäfts. Auch bei **nichtehelicher Lebensgemeinschaft** kann Ges vorliegen mit gesellschaftsrechtlichen Ansprüchen beim Auseinandergehen, BGH **77**, 55, NJW **81**, 1502, Battes ZHR 143 **(79)** 385, Lipp JuS **82**, 17.

C. Die **werdende GmbH, AG, eG**, nach Gründungsvertrag, vor Eintragung, ist idR nicht OHG (auch nicht GbR oder nicht rechtsfähiger Verein), sondern **Vorgesellschaft** (zB Vor-GmbH) unter dem Recht der geplanten Form mit den Abweichungen, die aus der Lage vor Eintragung folgen. Persönliche Haftung der vor Eintragung für die GmbH, AG Handelnden s §§ 11 II GmbHG, 41 I 2 AktG; daneben haftet oft, insbesondere bei Fortführung eines Geschäfts, die VorGes, dh die Gründer, soweit sie der Tätigkeit vor Eintragung zustimmen, je bis zur Höhe ihrer Einlage-Zusage. Zur Haftung im Gründungsstadium der GmbH und GmbH & Co s Anh § 177a Anm II 2. **Anders wenn die Eintragung** (als GmbH, AG, eG) **nicht** (nicht mehr) „betrieben" wird; dann entsteht durch gemeinsamen Geschäftsbetrieb, trotz Bezeichnung als GmbH (AG, eG), eine **OHG**, BGH **22**, 240, **50**, 32, WM **65**, 246, wohl auch BayObLG DB **78**, 1685 (Folge: für Gfter, der Ges Gläubiger befriedigte, Ersatzklage gegen MitGfter im Gerichtsstand § 22 ZPO). Mangels vollkfm GrundHdlGewerbes (§ 1) entsteht bloße **GbR**, BGH **61**, 67, beide Formen mit persönlicher Haftung aller Gfter. Entspr gilt für Gfter einer **bestehenden GmbH**, die, ohne gemäß § 53 GmbHG Gegenstand, Sitz und Firma der Ges zu ändern, ein neues vollkfm Unternehmen unter neuer (GmbH) Firma eröffnen, BGH **22**, 244. Monographie: Rittner 1973; K. Schmidt GmbHR **70**, 162, **73**, 146, Lieb DB **70**, 961, Flume FS Geßler **71**, 3, Ulmer FS Ballerstedt **75**, 279; RsprÜbersicht: Fleck ZGR **75**, 212; zur Haftung s Anh § 177a Anm II 2.

D. § 705 BGB verlangt gegenseitige Verpflichtung zur Förderung eines gemeinsamen Zwecks. Der **gemeinsame Zweck** ist Grundbegriff des Rechts der PersonenGes, Ballerstedt JuS **63**, 253, Düss BB **73**, 1325, Petzoldt BB **73**, 1332 („Verwalten" eines Grundstücks), Fikentscher FS Westermann **74**, 87. Zweck der OHG ist Betrieb eines HdlGewerbes unter gemeinschaftlicher Firma (§ 105 I, dazu Anm 3). Nach § 705 BGB muß Förderung dieses Betriebs durch alle Gfter vereinbart sein, und zwar Förderung in der durch den Vertrag bestimmten Weise, insbesondere durch Leistung der vereinbarten Beiträge. Außer durch Beiträge, die sehr verschiedenartig sein können (§ 109 Anm 4), kann ein Gfter uU schon durch den bloßen Einsatz seines Ansehens, also allein indem er den Vertrag mitzeichnet und sich als Gfter in das HdlReg eintragen läßt, oder durch die (gesetzlich notwendige) Übernahme der Haftung nach § 128 (die vielleicht erst die Ges kreditwürdig macht) den GesZweck fördern. Ohne jede Förderung besteht aber keine Ges. Der gemeinsam verfolgte Zweck kann für die Gfter Mittel zu unterschiedlichen Endzwecken sein. Monographie: Schulze=Osterloh 1973.

E. Die Ges ist OHG, wenn **objektiv** die **Voraussetzungen einer OHG** vorliegen, mögen die Gfter in anderer Verbindung stehen wollen, BGH **32**, 310, zB als GbR, BGH **10**, 97, oder als GmbH, BGH **22**, 245, vgl oben Anm C. Bei **Wegfall** der Voraussetzungen erlischt die OHG oder wird GbR, dies zB bei Aufgabe des Gewerbebetriebs, s Anm 3 B. Der Vertrag zur Errichtung einer OHG, als solcher unwirksam (zB weil nicht auf ein HdlGewerbe gerichtet) geschlossen in irriger Annahme der Möglichkeit der Wahl zwischen OHG und GbR, ist uU aufrechtzuerhalten durch **Umdeutung** (§ 140 BGB) als Vertrag über eine GbR, BGH **19**, 272.

F. Der GesVertrag ist **nicht** (wie etwa der Vertrag über eine stGes) **rein schuldrechtlich**, sondern schafft auch eine sachenrechtliche Gemeinschaft (wenigstens die Grundlage einer solchen: § 124 Anm 1 D) und bildet einen korporativen Zusammenschluß (der zB in der Haftung nach § 31 BGB wirksam wird: § 124 Anm 3 B). Der OHGVertrag schafft in gewissem Umfang auch **gegenseitige** Verpflichtung der Gfter. Also Anwendbarkeit der §§ 320 ff BGB, soweit Zweck und Struktur der Ges es gestatten; Anwendbarkeit des § 320 BGB hauptsächlich bei Ges mit nur zwei Gftern, sonst grundsätzlich nur gegenüber der Forderung des säumigen MitGfters, nicht gegenüber der Forderung der Ges, nicht gegen Anspruch des Gfter-Geschäftsführers auf Vergütung, weil er einem MitGfter zu Unrecht die Mitgeschäftsführung verweigert habe, BGH **LM** § 105 Nr 11. Anwendbarkeit des § 321 BGB idR ja, der §§ 323, 324 BGB meist ja, des Schadensersatzanspruchs nach §§ 325, 326 BGB meist ja, des Rücktrittsrechts nach §§ 325, 326 BGB nur vor Eintritt der Ges in den Rechtsverkehr nach außen (später nur Auflösung nach §§ 133 ff, die ex nunc, nicht ex tunc wirkt). Anwendbar auch §§ 17 ff KO, §§ 36, 50 VerglO. Aufnahme eines Gfters durch Alleininhaber (Bsp Vater-Sohn) ist wegen der mit dem GesAnteil verbundenen Haftung und Pflichten idR **keine Schenkung** des Anteils iSv § 516 BGB, BGH NJW BB **65**, 472, NJW **81**, 1956.

G. **Vertragsänderung: Form** grundsätzlich **frei** wie für GesVertrag selbst (s Anm B). 20 Jahre faktische Abweichung vom GesVertrag läßt dessen Änderung vermuten, kehrt Beweislast hierfür um, BGH NJW **66**, 826. Gemeinsame Anmeldung einer Vertragsänderung bedeutet idR auch die Zustimmung der Anmeldenden im Innenverhältnis, BGH BB **72**, 1474, GmbHR **77**, 103. Im GesVertrag **vorgeschriebene** Form für Vertragsänderungen ist entgegen § 125 S 2 BGB (wegen der Erhaltungstendenz des GesRechts und der Häufigkeit von GesVertragsänderungen) idR nicht Gül-

§ 105 2 II. Buch. Handelsgesellschaften und stille Gesellschaft

tigkeitserfordernis, sondern hat nur Klarstellungsfunktion, BGH **49**, 365, str; vgl § 119 Anm 3 A, Einl 5 vor § 343. Die Gfter können (einstimmig) ohne Wahrung solcher (auch als Gültigkeitserfordernis) vorgeschriebenen Form im Einzelfall den Vertrag durchbrechen und Vertragsänderndes beschließen, BGH DB **72**, 475. Schriftformklausel bei PublikumsGes, Anh § 177a Anm VIII 3 C. Bei **Teileinigung** über mehrere geplante Änderungen gilt § 154 I BGB, BGH BB **66**, 52 (Einigung über KapErhöhung, nicht über neue Gewinnverteilung). IdR ist Zustimmung **aller Gfter** erforderlich; der GesVertrag kann jedoch Änderung mit **Mehrheit** zulassen, dazu § 119 Anm 2 B. **Vertretung** durch MitGfter (§ 181 BGB) s § 119 Anm 3 C. Der Vertrag kann auch einem Schiedsgericht (Einl IV 3 A vor § 1) ergänzende Auslegung erlauben; der hierauf gestützte Schiedsspruch bindet auch Gfter, die in einer an sich Einstimmigkeit fordernden Frage überstimmt wurden zB: Kdtist soll phG werden, BGH BB **58**, 820. Unterwerfung gewisser Gfter im voraus unter beliebige Vertragsänderung durch gewisse andere ist idR sittenwidrig, OGH **4**, 69. Zur Vertragsänderung ist kein Gfter verpflichtet, auch nicht zur Förderung des grundsätzlichen Ges-Zweckes (Bsp: Übernahme der Geschäftsführung zur Erlangung einer sonst nicht erlangbaren Geschäftserlaubnis); **ausnahmsweise** folgt **Pflicht zur Vertragsänderung** aus der **Treuepflicht** (§ 109 Anm 5) oder wegen Wegfalls der **Geschäftsgrundlage**, BGH BB **74**, 1135, dazu Reuter ZGR **76**, 88, Westermann FS Hefermehl **76**, 225, aber nur soweit zur verständigen Weiterverfolgung des GesZwecks die Anpassung an geänderte Verhältnisse dringend geboten und dem Widerstrebenden zumutbar, BGH BB **56**, 221, NJW **60**, 434 (unvermeidbarer Betriebsverkauf), NJW **61**, 724 (Ausscheiden eines in Schwierigkeiten geratenen MitGfters), **44**, 41, NJW **77**, 2362 (Tätigkeitsvergütung), BB **70**, 226 (vorzeitige Beiratsabwahl, vgl § 114 Anm 2 G), NJW **73**, 1602 (nicht Verlängerung der Ges, allenfalls Pflicht zur Hinnahme der Fortsetzung durch die MitGfter), BB **74**, 1135 (Ehefrau-Nachfolgerecht nach Scheidung?), BGH **64**, 257 (entspr Anwendung dieser Grundsätze auf Ausschließung eines MitGfters, vgl § 140 Anm 3 A), BB **79**, 1522 (Aufnahme eines neuen phG, verstärkte Treuepflicht für Übergangszeit), NJW **84**, 174 (Entziehung der Geschäftsführungsbefugnis), NJW **85**, 973, 974 (Änderung der Verzinsung von Kapitaleinlagen), WM **86**, 68 (Ausscheiden eines Gfters). Klage auf Zustimmung uU auch wenn Ausschließung des Widerstrebenden möglich ist, Brem BB **72**, 811, vgl § 140 Anm 2 B. Entspr Pflicht zu rein redaktioneller Änderung besteht, wenn Klarstellung zB für künftige Gfter wesentlich ist. Die Vertragsänderung ist idR nicht wirksam vor Zustimmung oder rechtskräftiger Verurteilung (vgl § 894 ZPO) des (zur Zustimmung) Verpflichteten, BGH WM **75**, 1263, NJW **84**, 173; anders wohl bei Weigerung ohne vertretbaren Grund, BGH WM **72**, 489 (GbR), **75**, 1263. Verfahren vgl §§ 117 Anm 4, 140 Anm 3. Monographie: Zöllner 1979; Hueck ZGR **72**, 237, Pabst BB **77**, 1524; krit Kollhosser FS Westermann **74**, 275, FS Bärmann **75**, 533. Eine unter zwei phG abgesprochene, mangels Mitwirkung der Kdtisten unwirksame Änderung betr Abfindung eines ausscheidenden Gfters muß der phG A uU im Verhältnis zu B nach Treu und Glauben gegen sich gelten lassen, wenn er den Anteil des ausscheidenden B allein übernimmt, BGH **LM** § 138 Nr 7. Teilnahme Minderjähriger s Anm 1 B.

H. Möglich ist ein **Vorvertrag** zum Abschluß des GesVertrags. Er kommt namentlich in Betracht, wenn dem Abschluß des GesVertrags noch rechtliche oder tatsächliche Hindernisse entgegenstehen, die Parteien sich aber sogleich binden wollen. Voraussetzungen des gültigen Vorvertrags sind 1) die allgemeinen Erfordernisse eines Vertragsschlusses, 2) ggf Formwahrung (vgl Anm B), 3) hinreichend genaue Bestimmung des Inhalts des GesVertrags: der wesentliche Vertragsinhalt muß festliegen oder das Fehlende im Streitfall durch das Gericht feststellbar sein, zB durch ergänzende Vertragsauslegung (vgl Anm K), BGH WM **76,** 180. Aus dem Vorvertrag kann auf Abschluß des Hauptvertrags geklagt werden, das Urteil muß den Inhalt des abzuschließenden Vertrags angeben, mit seiner Rechtskraft kommt der Hauptvertrag zustande, § 894 ZPO. Bei Fassung der Verurteilung sind Änderungen der Verhältnisse seit Vorvertragsschluß zu berücksichtigen und die Bestimmungen des Hauptvertrags so festzulegen wie Parteien sie bei Kenntnis jener Änderungen festgelegt hätten, BGH BB **62,** 1056. Bei positivem Verstoß gegen den Vorvertrag hat der Gegner ein Rücktrittsrecht, Kblz MDR **59,** 130. Monographie: Henrich 1965; Wenner BB **66,** 669 ff.

I. Der Abschluß des GesVertrags der OHG ist **nicht Handelsgeschäft** (§ 343 I) des Gfters (der nicht schon Kfm ist und im Betrieb des eigenen HdlGewerbes die Ges mit andern eingeht); str, s Anm 1 I; offen BGH **45,** 284. Die allgemeinen Vorschriften über HdlGeschäfte in §§ 346–372 gelten nicht im GesVerhältnis; so RG **118,** 303 für §§ 369ff (Zurückbehaltungsrecht); statt §§ 346 (HdlBrauch) und 358–361 (Auslegung) gelten §§ 157, 242 BGB, die aber idR zum gleichen Ergebnis führen; für die Sorgfaltspflicht der Gfter gilt § 708 BGB ohne Rücksicht auf diese Frage, vgl § 347 II, § 109 Anm 3 C; § 352 (Zinsfuß) gilt iVm §§ 110 II, 111, nicht aufgrund § 343. Auch Änderungen des GesVertrages, GfterBeschlüsse und sonstige Rechtsgeschäfte im GesVerhältnis sind wohl nicht Hdlgeschäfte iSv §§ 343ff, weil die (einzelnen) Gfter (als solche) nicht KfmEigenschaft haben und (idR) nicht im Betrieb eines (persönlichen) HdlGewerbes handeln, vgl Anm 1 I.

K. **Auslegung** des GesVertrags: nach § 157 BGB; einfache (des vorliegenden Texts) oder ergänzende (des Gesamtvertrags in bezug auf im Text nicht behandelte Fragen). Auch diese geht nachgiebigem Recht vor, BGH BB **79,** 287, s auch GroßKo-Fischer 59 gegen BGH **LM** § 133 BGB (A) Nr 5; ergänzende Auslegung scheidet zwar idR aus, wenn die Parteien einen Punkt bewußt nicht geregelt haben, anders aber wenn sie übereinstimmend den Punkt noch regeln wollten, BGH WM **79,** 891. – Bsp: bei Tod eines Gfters (uU) auch ohne entspr (ausdrückliche) Bestimmung Fortsetzung statt Auflösung, vgl § 131 Anm 3 C. Häufige Auslegungsprobleme betreffen zB: Anwendbarkeit von OHG-Vertragsbestimmungen, wenn Ges KG geworden ist, vgl zB § 139, BGH WM **73,** 294 (wird MitGfter-Zustimmungsrecht zu Kdtisten-Zustimmungsrecht?), Anwendbarkeit einer phG-Bestimmung (zB betr Entnahmerecht) auf Kdtisten-Erben, BGH BB **73,** 1000, vgl § 169 Anm 1 A; Anwendbarkeit einer Bestimmung für Mehr-Gfter-OHG bei Zwei-Mann-Ges (wird aus Fortsetzungsklausel Übernahmeklausel?), BGH JZ **57,** 308, umgekehrt Bedeutung einer Bestimmung für Drei-Gfter-OHG, wenn es mehr wurden, Karlsr BB **75,** 155. Das Revisionsgericht ist an Auslegung, auch ergänzende durch Tatrichter gebunden, kann aber Einhaltung der Auslegungsregeln nachprüfen, zB Beachtung des gängigen Verständnisses üblicher Klauseln. Richtigkeit der Annahme der Eindeutigkeit einer Bestimmung, BGH **32**, 63, WM **73**, 38. Bei Auslegungsfehler legt Revisionsgericht, wenn Tataufklärung ausreicht, selbständig aus. Es gilt Auslegung nach Sinn und Zweck der Vertragsregelung ohne ,,Beweislast" dessen, der Abweichung vom Gesetz behauptet, BGH WM **75**, 662. Auslegungselemente (autonome/heteronome) bei Satzungen und GesVerträgen, Wiedemann DNotZ Sonderheft **77**, 99; bei PersonenGes Coing ZGR **78**, 659. Rückdatierung s § 123 Anm 5 A. Zum Ganzen auch § 109 Anm 2.

L. **Verschulden bei Vertragsschluß:** Falsche Angaben über Wert und Pfandfreiheit einzubringender Maschinen verpflichten uU zum Ersatz des Vertrauensschadens, BGH BB **57**, 837. Ebenso haftet uU, wer bei dem anderen das Vertrauen auf den Vertragsschluß weckt und ihn dann verweigert; idR setzt das voraus, daß der wesentliche Vertragsinhalt (vgl zum Vorvertrag Anm H) festliegt; BGH WM **76**, 180.

3) Betrieb eines Handelsgewerbes unter gemeinschaftlicher Firma

A. **Gewerbe:** Die **Abgrenzung**, besonders Merkmal der Gewinnerzielungsabsicht, ist **im Fluß** und str, s § 1 Anm 1 und Rspr zu § 196 II BGB, s Einl 7 C vor § 343. Gewerbe ist idR zu bejahen bei ImmobilienGes (zur Kapitalanlage und -nutzung in Grundbesitz, ua Mietshäuser), Rspr s § 196 II BGB, str, Reichel BB **65**, 1117, Svoboda BB **66**, 684, Gördel BB **66**, 1000; Kindermann WM **75**, 782, Pick ZGR **78**, 698; auch bei SteuerabschreibungsKG, str, aA Sack DB **74**, 1657, vgl Anh 177a Anm VIII 1 A, 8 B; auch Land- und Forstwirtschaft, Hoffmann NJW **76**, 1298, von Olshausen ZHR 141 (**77**) 93. **Nicht** ein Gewerbe begründen zB Durchführung einzelner Geschäfte, Abwicklung eines Unternehmens (zB durch Gläubiger); eine Tätigkeit, die nicht auf Gewinn durch das Unternehmen der Ges selbst, sondern auf Förderung der Mitglieder zielt (zB Entwicklungs-, Patent-, Einkaufsgemeinschaft, erlaubtes Kartell); reines Halten und Verwalten von Anteilen anderer HdlGes (HoldingGes). Tätigkeit **freier Berufe** s § 1 Anm 1 C; Probleme der Ärztegemeinschaften (Mayo-Ambulatorien), s Hopt-Hehl JuS **79**, 273; Anwaltssozietät, BGH **56**, 355, **70**, 247, **83**, 328, Steindorff FS Fischer **79**, 747. Zusammenschlüsse zu solchen Zwecken können GbR sein, uU auch GmbH, AG, uU eG, wirtschaftender Verein (§ 22 BGB), schon mangels Gewerbeeigenschaft dagegen nicht OHG, KG.

B. **Handelsgewerbe** (s § 1 Anm 2): § 1 II oder § 2, auch in GesForm betriebene Land- oder Forstwirtschaft oder Nebengewerbe solcher nach (hier fakultativer) Eintragung (§ 3 II, III); nicht Kleingewerbe, § 4 II. Der Betrieb muß nicht bei Beginn der Geschäftstätigkeit schon als **vollkaufmännisches** Unternehmen vorhanden, aber auf ein solches angelegt sein, BGH **32**, 311, BayObLG NJW **85**, 983. Sonst ist die als OHG oder KG gegründete Ges GbR, für ihre Geschäftsführung und Vertretung gilt uU OHG-(KG-)Recht als Vertragsregelung, BGH BB **72**, 61. Betriebsübernahme ohne Eintragung genügt, wenn Betrieb nach § 2 für EinzelKfm eingetragen war (zB Aufnahme eines Gfters durch EinzelKfm); anders bei Übernahme des Betriebs einer GmbH, BGH **59**, 183. **Betriebseinstellung**

1. Abschnitt. Offene Handelsgesellschaft **3 § 105**

macht (wenn die Ges überhaupt fortbesteht) OHG zur GbR, gleich ob die Einstellung freiwillig (zB Vermietung der Gewerberäume) oder aufgezwungen oder ganz von GfterWillen unabhängig ist, BGH **32**, 312, NJW **71**, 1698, WM **75**, 99; auch bei Verpachtung des Betriebs, so BGH **32**, 312, BB **62**, 349, NJW **71**, 1698, aber bei **Betriebsaufspaltung** betreibt das Besitzunternehmen uU ein Gewerbe iSv § 2 (s § 2 Anm 1 B); nicht sonstige vorübergehende Stillegung oder Aufgabe, zB infolge Verlusts der Betriebsmittel, RG **110**, 425, **155**, 82, BGH **32**, 312. Die bisherige Geschäftsführungs- und Vertretungsregelung gilt für die GbR fort, BGH BB **60**, 681; entspr wird bei ex-KG die phG-Vertretungsmacht zur Vollmacht, die die Verpflichtung der ex-Kdtisten entspr ihrer beschränkten Haftung gestattet; die ex-Kdtisten können von den geschäftsführenden Gftern verlangen, daß sie diese Begrenzung ihrer Vertretungsmacht soweit nötig nach außen erkennbar machen; hatte der ex-Kdtist Geschäftsführungsbefugnis und Vollmacht (vgl § 164 Anm 1 A, § 170 Anm B), steht er uU in der GbR den ex-phG gleich; BGH NJW **71**, 1698, BB **72**, 61; dazu K. Schmidt DB **71**, 2345, **73**, 653, BB **73**, 1612, Beyerle NJW **72**, 229, Kornblum BB **72**, 1032. Bei Lösung der Pacht wird die GbR wieder OHG, BGH BB **62**, 349. Noch bestehende Eintragung als OHG schließt den Einwand aus, das Gewerbe sei kein VollHdlGewerbe, nicht den Einwand, daß gar kein Gewerbe vorliegt, s § 5 Anm 1 C, D. Bleibt eine als OHG oder KG gegründete Ges wegen § 4 II oder mangels Eintragung (vgl § 2) GbR („fehlgeschlagene", „bürgerlich-rechtliche" OHG, KG), gilt ähnliches wie wenn eine OHG (KG) kraft Gesetzes GbR wird; dazu K. Schmidt DB **73**, 703, JZ **74**, 219, Beyerle BB **73**, 1376. Zur Haftung vor Eintragung § 176 Anm 1. S auch § 5 Anm 2, Einl 4 B a vor § 105. GesApotheken s Schiedermair FS Laufke **71**, 253 (s auch § 1 Anm 8 A); OHG (und GbR) sind bei Apotheken möglich, die Gfter müssen Apotheker sein, § 8 ApG.

C. Der Betrieb muß **bezweckt** sein, dann wird der Vertrag intern sofort wirksam, vor Geschäftsbeginn oder Eintragung (die gegenüber Dritten maßgebend sind, § 123). Das Bestehen einer OHG schließt das Zustandekommen eines auf denselben Geschäftsbetrieb gerichteten zweiten GesVertrages (zwischen einem Gfter und Dritten) nicht aus, OGH **1**, 350. Eine Gründung zum **Schein**, die gar kein HdlGewerbe betreiben will (oder nicht unter der gemeinsamen Firma, s Anm D), ist unwirksam, vorbehaltlich etwaiger Haftung gegenüber gutgläubigen Dritten nach ScheinKfmGrundsätzen, die auch für die Schein-OHG oder -KG gelten (§ 5 Anm 2).

D. Form der **Firma**: §§ 18 II, 19, 22, 24 (s dort). Unrichtige Bildung ist für das Zustandekommen der OHG unschädlich, so auch, wenn (außerhalb der Fälle §§ 22, 24) entgegen § 19 nur Einzelname ohne GesZusatz gewählt ist (falls diese Firma wirklich als gemeinsame gewollt ist), erst recht zB bei unzulässiger Wahl einer Sachfirma oder ähnlichem Verstoß. Jede OHG kann nur eine Firma haben, auch wenn sie mehrere Unternehmen betreibt (die Gfter können aber zum Betrieb mehrerer Unternehmen mehrere OHGen mit verschiedener Firma, denkbar auch: gleicher Firma bei verschiedenem Sitz, § 30, gründen). Dazu § 17 Anm 1 E. OHG besteht trotz unrichtiger Firma, Karlsr MDR **63**, 765.

4) Unbeschränkte Haftung aller Gesellschafter

Nach §§ 105, 161 ist eine „Ges zum Betrieb eines HdlGewerbes" unter gemeinschaftlicher Firma entweder OHG oder KG; sie ist OHG, wenn sie nicht KG ist. Wird also keine Haftungsbeschränkung nach § 161 I vereinbart (und auch keine der anderen Formen der Vereinigung mit beschränkter Haftung gewählt, zB GmbH oder eV), so ist die zum Betrieb eines HdlGewerbes unter gemeinschaftlicher Firma errichtete Ges OHG, auch wenn die Gfter die Haftung beschränken wollen, zB indem sie sich als Verein bezeichnen und die Mitglieder nur zu bestimmten Beiträgen verpflichten; die Absicht, die Haftung zu beschränken, bleibt dann wirkungslos; es liegt eine OHG vor, das Registergericht kann ihre Anmeldung als OHG erzwingen. Entgegen dem Wortlaut des § 105 I ist also genau gesagt nicht „unbeschränkte Haftung" aller Gfter Begriffsmerkmal der OHG, sondern nur, daß die Haftung nicht in einer der vorgesehenen Formen beschränkt ist, insbesondere nicht gemäß § 161 I. Im Innenverhältnis kann die Haftung beliebig geregelt werden.

5) Anwendbarkeit des Gesellschaftsrechts des BGB

Als Sonderform der GbR unterliegt die OHG, wo das HGB nichts Abweichendes sagt, dem GesRecht des BGB, § 105 II. Anwendbar sind §§ 705 (Text s Anm 2), 706 und 707 BGB (Text s § 109 Anm 4 A), 708 BGB (Text s § 109 Anm 3 C), 712 II BGB (Text s § 117 Anm 6 A), 717 BGB (Text s § 109 Anm 6), 718–720 BGB (Text s § 124 Anm 1 A), 722 II BGB (Text s § 121 Anm 3 B), 725 II BGB (Text s § 135 Anm 1 B), 732 BGB (Text s § 138 Anm 4 B), 735 BGB (Text s § 155 Anm 1 C), 738–740 BGB (Text s § 138 Anm 4 A, 5 K, 6 A). Die übrigen Vorschriften sind durch solche des HGB ersetzt: statt §§ 709–711 BGB s §§ 114f, 119 II; statt § 712 I BGB s § 117; statt §§ 714f BGB s §§ 125–127; statt § 716 BGB s § 118; statt § 721 BGB s §§ 120, 122; statt § 722 I BGB s § 121; statt § 723 BGB s §§ 132f; statt § 724 BGB s § 134; statt § 725 I BGB s § 135; statt § 726 BGB s § 131; statt §§ 727, 728 BGB s §§ 131, 137; statt § 729 BGB s § 136; statt §§ 730f, 733f BGB s §§ 145ff; statt § 736 BGB s § 138; statt § 737 BGB s § 140.

6) Sitz der Gesellschaft

A. Um für Publikum und Obrigkeit die Ges leichter greifbar, ihre Struktur leichter feststellbar zu machen, ist (durch den GesVertrag) für jede OHG (anders als für eine GbR) ein Ort (§ 30 Anm 1) als **Sitz** zu bestimmen. Dies setzt § 106 voraus. Vom Sitz hängen wichtige Zuständigkeiten ab: die des Registergerichts (§ 106, §§ 13, 13a, 13c), der allgemeine Gerichtsstand (§ 17 I 1 ZPO), die der IHK ua.

B. Die Bestimmung des Sitzes der OHG, KG ist nicht frei (wie beim Verein, § 24 BGB), auch nicht bedingt frei (wie bei der AG, § 5 AktG). Nur der **Ort der Geschäftsführung** (ggf der zentralen Geschäftsführung) kann als Sitz bestimmt werden; nicht der eines Fabrikationsbetriebes, nicht der Wohnsitz von Gftern, nicht ein beliebiger anderer Ort (Grund: Interesse enger Verbindung zwischen Geschäftsführung der Ges und Tätigkeit der nach dem Sitz zuständigen Behörden). Der Ort der Geschäftsführung ist Sitz auch bei abweichender Vertragsbestimmung und Eintragung, BGH BB **57**, 799, MDR **69**, 662. Dieser Sitz gilt auch in der Liquidation, auch

1. Abschnitt. Offene Handelsgesellschaft 7 **§ 105**

wenn diese vorläufig beendet, dann wieder aufgenommen war, BGH MDR **69,** 662. Verlegung des Sitzes s Anm D.

C. Der Zweck des Sitzes verlangt, daß jede Ges nur **einen** Sitz hat. **Doppelsitz** für SpaltGes nach 1945 (BRD einerseits, DDR oder Westberlin andererseits) s BayObLG BB **62,** 497, LG Düss BB **66,** 1036. Jeder Sitz ist für sein Rechtsgebiet grundsätzlich der allein maßgebende, die Ges muß an jedem Sitz alle Registerpflichten erfüllen, auch betr Verhältnisse aller ZwNl.

D. **Verlegung des Sitzes** geschieht durch Verlegung der Geschäftsführung auch ohne GfterBeschluß, BGH BB **57,** 799, sie ist im HdlRegister zu vermerken (§§ 13 c, 107), nicht etwa ändert den Sitz erst die Eintragung (oder Anmeldung). Auch vertragswidrige Sitzverlegung durch die Geschäftsführenden ist wirksam und macht die MitGfter anmeldepflichtig (§ 108 I); (sie können durch Klage die Rückverlegung erzwingen), AG Kblz BB **67,** 430. In der Liquidation dürfen die Liquidatoren den Sitz nur verlegen, wenn das der Liquidationszweck verlangt, BGH MDR **69,** 662.

7) Ausscheiden und Eintritt von Gesellschaftern

A. Ausscheiden s §§ 131–144. Eintritt im Todesfall s § 131 Anm 3, durch Erbgang s zu § 139. Anteilsübertragung s § 124 Anm 2. Anmeldung s §§ 106, 107, 143. Wirksamkeit gegenüber Dritten s § 123 Anm 2. Wirkung auf Firma s § 24. Haftung des Eintretenden s § 130, des Ausgeschiedenen s § 128 Anm 5. Fehlerhafter Eintritt, Eintritt in fehlerhafte Ges s Anm 8.

B. **Eintritt** eines Gfters außerhalb Erbgangs ist Änderung des GesVertrags (Ges hat im Gegensatz zum Verein grundsätzlich festen Mitgliederbestand), bedarf daher idR des Aufnahmevertrags sämtlicher AltGfter (nicht der Ges) mit dem Neuen. So auch, wenn der GesVertrag den Beitritt schon vorsieht, RG JW **26,** 2099, **128,** 176; doch kann darin ein Beitrittsangebot liegen, das der Neue nur anzunehmen braucht. Möglichkeit des Mehrheitsentscheids über die Aufnahme s § 119 Anm 2 B. Der Vertrag kann die Entscheidung einem Gfter, Ausschuß uä übertragen, wohl auch Dritten (§§ 317 ff BGB). Er kann Gfter, auch Dritte, zur Ausführung (Abschluß des Aufnahmevertrags) ermächtigen (bevollmächtigen), (GmbH & Co, Kdtisten-Aufnahme durch GmbH-Geschäftsführer); dabei ist Aufnahme „namens der Ges" (KG) uU Aufnahme namens der Gfter (§ 164 I 2 BGB); BGH BB **76,** 154. Doch können die Gfter auch die Ges ermächtigen, im eigenen Namen (nicht namens der Gfter) neue Gfter aufzunehmen, BGH BB **78,** 1133; zur PublikumsGes s Anh § 177 a Anm VIII 2. **Verpflichtung** der Ges, unter bestimmten Voraussetzungen eine Person als Gfter **aufzunehmen**, ist möglich; uU Verpflichtung gegenüber A zur Aufnahme des B (zB gegenüber dem ausscheidenden Vater zur Aufnahme der Tochter, OGH MDR **50,** 147); dadurch kann ein unmittelbarer Anspruch des B geschaffen werden (§§ 328 ff BGB, der durch Verwirkung seitens A nicht berührt wird); bestehen gegen die aufzunehmende Person Ausschlußgründe (§ 133), so kann die Aufnahme verweigert werden (nicht erforderlich ist Aufnahme und danach Ausschluß, offen gelassen in OGH MDR **50,** 147). Aufnahme in eine OHG, auch ohne Einlage, ist schon wegen der Haftung, erst recht bei Geschäftsführungspflicht, allenfalls gemischte **Schenkung,**

BGH WM **59**, 719, **65**, 359, **77**, 864. Bei Widerruf (§ 530 BGB) allenfalls Anteilswerterstattung (nicht Rückgängigmachung des Eintritts), BGH WM **77**, 864.

C. Ob Vertrag einer OHG mit Drittem Beitrittsvertrag ist, kann bei unklarer Fassung **Auslegungsfrage** sein; Übertragung der Geschäftsführung allein genügt nicht zur Bejahung, Unterbleiben der Eintragung im HdlReg nicht zur Verneinung, OGH **4**, 242, anders wenn Eintragung ausdrücklich ausgeschlossen, RG **165**, 265, OGH **2**, 253.

D. Denkbar ist auch, daß sich bei Eintritt eines neuen Gfters die **alte Gesellschaft auflöst** und eine **neue begründet** wird; das muß geschehen, wenn § 130 (Haftung des Neuen für alte GesSchulden) nicht gelten soll. Was vorliegt, ist Auslegungsfrage, Stgt OLGE **19**, 311. Ersetzung sämtlicher alten Gfter durch neue s § 124 Anm 2 B.

8) Fehlerhafte Gesellschaft

A. In Anlehnung an das Recht der KapitalGes und eG (Ausschluß oder Einschränkung der Nichtigerklärung und Anfechtung des Beitritts des einzelnen Gründers und der Gründung im ganzen nach ihrer Eintragung im HdlReg, vgl §§ 275 ff AktG, 75 ff GmbHG, 94 ff GenG) hat schon das RG auch bei OHG und KG im Verhältnis zu **Dritten**, insbesondere bezüglich der persönlichen **Haftung** der Gfter die Wirksamkeit der Anfechtung oder Geltendmachung der Nichtigkeit nach § 138 BGB durch Gfter verneint nach Eintragung der Ges (des Eintritts), RG **142**, 104. Der Eintragung gleichgestellt wurde eine andere schlüssige Erklärung an die Öffentlichkeit, zB (entspr § 123) Eröffnung des gemeinsamen Geschäftsbetriebs; ebenso schlüssiges Auftreten als Gfter gegenüber einem einzelnen Gläubiger (mit Wirkung nur gegenüber diesem), RG **142**, 105 (nicht ausreichend Bezeichnung als Gfter in nicht öffentlichen, nicht unmittelbar den klagenden Gläubiger berührenden Verträgen). Diese Haftung trifft den Beitretenden nach §§ 28, 130 auch für ältere Verbindlichkeiten (des früheren Einzelinhabers, der Ges), RG **142**, 105; ohne Rücksicht darauf, ob ein Vertrauen des Gläubigers in die Wirksamkeit des Beitritts eine Rolle spielte und schutzwürdig ist, BGH **44**, 235 (fehlerhafter Eintritt in fehlerfreie Ges und fehlerfreier Eintritt in fehlerhafte Ges wirken gleich; es handelt sich nicht um eine Vertrauenshaftung, str); Kdtisten haften uU unbeschränkt nach § 176, BGH DB **77**, 1250. Unberührt bleibt der Schutz Geschäftsunfähiger, s Anm E. Zum Verhältnis zu § 15 III (dort Anm 4) s Büzek AcP 171 (**71**) 328. Monographien Weber 1978, Wiesner 1980. Dogmatische Einordnung Ulmer FS Flume **78** II 301. Kritisch gegen die Lehre von der fehlerhaften Ges (und für Vertrauenshaftung) Canaris, Vertrauenshaftung 172, Möschel FS Hefermehl **76**, 171, Müller=Graff JuS **79**, 28, RsprÜbersicht: Ronke FS Laufke **71**, 217 u FS Paulick **73**, 55.

B. Auch **unter den Gesellschaftern** ist die fehlerhafte, in Vollzug gesetzte Ges (zunächst) wirksam (Auflösbarkeit s Anm H), stRspr, BGH **55**, 8, **62**, 26. Grund: Unangemessenheit der Rückgängigmachung der Ergebnisse der vertragsmäßigen Zusammenarbeit, darum Bestandsschutz bis zur Geltendmachung des Fehlers. Die vorher übliche Bezeichnung ,,faktische" Ges gab der BGH auf zugunsten der Bezeichnung als ,,fehlerhaft", zur Hervorhebung des Erfordernisses eines Vertrags und Absetzung von wirk-

1. Abschnitt. Offene Handelsgesellschaft **8 § 105**

lich nur faktischen Vertragsverhältnissen (iSv Siebert, Haupt ua, betr vor allem Arbeits-, Versorgungs-, Beförderungsverhältnisse), BGH **21,** 319, Fischer **LM** § 105 Nr 19 u FS Heymanns Verlag **65,** 271.

C. Auf die **Art der** (fehlerhaften) **Gesellschaft** kommt es nicht an, mindestens sofern sie echte Risikogemeinschaft ist, mit auf längere Zeit vereinbarter Gewinn- und Verlustteilung und Beiträgen aller Gfter zum Unternehmenserfolg, BGH **3,** 285 (KG), **8,** 157 (atypische stGes), **13,** 320 (GmbH-GründerGes), BGH **55,** 9 (typische stGes), BGH **62,** 237, WM **73,** 901, DB **76,** 2106 (alle stGes). Zur fehlerhaften InnenGes BGH BB **65,** 1004 (GbR), WM **72,** 1056 (stGes), Monographie: Steckhan 1966; Siebert BB **58,** 1065.

D. **Anwendungsfälle** der Grundsätze über die fehlerhafte Ges sind zB: **Formnichtigkeit** des (durch Jahre von den Gftern als gültig betrachteten und durchgeführten) GesVertrags, BGH **8,** 165 (Verletzung des § 313 BGB bei Grundstückseinbringung), DB **77,** 1250, dahingestellt für OHG von Ehegatten in Gütergemeinschaft, BGH **65,** 85; Nichtigkeit wegen **Dissenses** über eine wesentliche Bestimmung (§ 155 BGB), BGH **3,** 286, **LM** § 516 BGB Nr 3 (anders bei Invollzugsetzung unter bewußtem Offenlassen eines wesentlichen Punktes, s Anm 2 A); Nichtigkeit einer Einzelbestimmung nach **§ 138 BGB,** die (entspr § 139 BGB) den ganzen Vertrag fehlerhaft erscheinen läßt, BGH BB **70,** 897, DB **76,** 2106; vgl Anm 2 A; Anfechtbarkeit und Anfechtung wegen **Willensmängeln,** auch wegen **Täuschung** oder **Drohung** (§ 123 BGB, unbeschadet der Schadensersatzpflicht hieraus, vgl Anm F), BGH **13,** 324, **26,** 335, **44,** 235, **55,** 10, **63,** 346, BB **73,** 1090, **74,** 1501; ebenso sittenwidrige **Übervorteilung** (§ 138 I, II BGB), BGH BB **75,** 759; ferner **Fehlen** der **Geschäftsgrundlage,** BGH **62,** 26, BB **59,** 318 (Rechtsmängel einer Einlage), Kln BB **71,** 211 (Ausbleiben zugesagten Darlehens); entspr gilt für deren **Wegfall:** nicht „automatisch" Auflösung (Rücktrittsrecht), sondern nur Auflösungs-(Ausschließungs-)Klage (Anm H) oder Anpassung (Ergänzung), vgl Anm 2 G. Jedenfalls muß ein **Vertrag** vorliegen, BGH **11,** 190, BB **65,** 1004, WM **76,** 180, Fischer **LM** § 105 Nr 19. Kein Anwendungsfall ist daher der (automatische) Eintritt des ScheinGfter-Erben aufgrund Nachfolgeklausel; anders seine Aufnahme durch Vertrag (dem die Geschäftsgrundlage fehlt); Fischer FS Heymanns Verlag **65,** 271, vgl § 131 Anm 3 F. Keine fehlerhafte Gesellschaft ist die nur nach außen gezeigte, unter den Beteiligten nicht gewollte und nicht verwirklichte ScheinGes (§ 117 BGB), BGH NJW **53,** 1220. S auch Anm 2 B, § 128 Anm 1 C.

E. **Ausnahmen:** Die rechtliche Anerkennung der fehlerhaften Gesellschaft endet, wo gewichtige Interessen der **Allgemeinheit** oder einzelner **schutzwürdiger Personen** entgegenstehen, BGH **3,** 288, **26,** 334, **55,** 9. Bsp: gemeinschaftlichem Verstoß der Gfter gegen Gesetz oder gute Sitten (**§§ 134, 138 BGB**), BGH **13,** 323, **17,** 166, **55,** 9 (besonders grober Sittenwidrigkeit), **62,** 241 (klarer Verstoß gegen RBeratG); anders uU wenn die zur Durchführung eines gesetzlichen Verbots (§ 134 BGB) zuständige Behörde zeitweilig die Ges wirken ließ, BGH **LM** § 105 Nr 8; oder bei Verstoß eines Gfters ohne Kenntnis der anderen (zB Berufsverbot). Verstoß gegen **§ 1365 BGB,** Fischer NJW **60,** 938, str, aber nicht wenn nach § 1365 BGB nur einzelne Absprachen ungültig sind, der Gesamtvertrag aber

§ 105 8   II. Buch. Handelsgesellschaften und stille Gesellschaft

wirksam bleibt, s Anm 1 A. Keine Anerkennung auch, soweit ein Gfter **geschäftsunfähig** ist; die übrigen haften nach § 128; RG **145,** 158; entspr bei Teilnahme eines Minderjährigen ohne vormundschaftsgerichtliche Genehmigung (vgl Anm 1 B), BGH **17,** 166, NJW **83,** 748, BayObLG DB **77,** 860; der Minderjährige kann aber trotzdem Rechte gegen die Ges und die anderen Gfter haben, zB bei GesGewinnen unter Mitwirkung des Minderjährigen, str.

F. **Rechte und Pflichten der Gesellschafter** in der fehlerhaften Ges (zB Gewinn- und Verlustteilung), auch die **Auseinandersetzung** nach ihrer Auflösung (s Anm H) richten sich grundsätzlich nach dem (fehlerhaften) GesVertrag, weil er iZw die Absicht der Gfter auch für den Fall ausdrückt, daß der Vertrag sich nachträglich als ungültig erweist. Anders unmittelbar vom Fehler des Vertrags betroffene (zB nach § 138 BGB nichtige, vgl Anm D) Vertragsbestimmungen; statt ihrer gilt die gesetzliche oder eine andere nach den Umständen angemessene Regelung, BGH DB **76,** 2107. Die infolge arglistiger Täuschung übernommene **Einlage-** oder Verlustausgleichpflicht ist grundsätzlich zu erfüllen. Eine Arglisteinrede hiergegen besteht, soweit dies nur dem Betrüger zugute kommt; nicht soweit es nur Gläubigern zugute kommt (zB nach einem Liquidationsvergleich); auch nicht soweit es dazu dient, Verluste auf Mitopfer angemessen zu verteilen; auch nicht soweit es MitGftern zugute kommt, denen nach Lage des Falls die Täuschung (zB durch phG der KG) nicht nach § 278 BGB zugerechnet werden kann; BGH **26,** 335, **63,** 343, **69,** 161, BB **73,** 1091, WM **75,** 348, NJW **76,** 894, DB **76,** 142 (alle betr KG mit vielen Kdtisten, s Anh § 177a Anm VIII 2 C). Offen: Arglisteinrede eines „schwer" Getäuschten, der leisten soll, bevor er sein Auflösungsklagerecht (§ 133), vgl Anm H) ausüben kann, BGH **26,** 335. Bei Auflösung (s Anm H) Gesamtabrechnung (vgl § 145 Anm 1 F), auch bei stGes (vgl § 235 Anm 1 A), so BGH WM **72,** 1056. Der Bedrohte, Getäuschte, Übervorteilte (vgl Anm D) kann ggf bei der Auseinandersetzung Schadensersatz fordern; ein durch Drohung oder Täuschung erlangter besonders günstiger Gewinn- oder Liquidationsanteil entfällt uU ohne weiteres, BGH **13,** 323, **26,** 335, **55,** 9.

G. Der fehlerhaften Ges ist auch **gegen Dritte,** die mit ihr umgehen, volle GesWirkung zuzusprechen, nicht nur zugunsten gutgläubiger Dritter, sondern auch zu ihrem Nachteil (zB bei unrichtiger Vertretung der Ges), auch prozessual (§ 124 I, II HGB, § 17 ZPO, § 209 KO), vgl Richert MDR **60,** 976 (Konkurs). Dies gilt wohl auch zugunsten und zu Lasten Dritter, die den Fehler im GesVertrag kennen (sie sind nicht verpflichtet, die Gfter auf ihn hinzuweisen, können aber auch nicht Vorteile aus ihm ziehen). Hierzu Möschel FS Hefermehl **76,** 171.

H. Ist die fehlerhafte Ges wirksam, führt doch der Fehler zu Rechten der Gfter auf Remedur: Grundsätzlich liefert der Vertragsfehler einen wichtigen Grund zur **Auflösungsklage** (§ 133), BGH **3,** 290, **63,** 345, NJW **76,** 894, **oder Kündigung,** BGH **55,** 7 (stGes). Anders wenn der Fehler nicht mehr ernstlich interessiert, Bsp: Irrtum über Eigenschaften eines Gfters, der inzwischen ausschied. Trifft der Fehler nur eine einzelne Bestimmung des Vertrags (zB: Gewinnteilung, Kündigung, Auseinandersetzung), ist idR nur diese durch die angemessene Regelung zu ersetzen, BGH **47,** 301. Fällt der Fehler einzelnen Gftern gegenüber andern zur Last (§§ 123, 138 BGB),

1. Abschnitt. Offene Handelsgesellschaft § 106

kommt statt der Auflösungs- die Ausschließungsklage (§§ 140, 142) gegen diese in Betracht, BGH **10,** 51, uU auch die Übernahme unmittelbar durch Erklärung, BGH **47,** 301 (Fall Aufnahme des B durch Alleininhaber A infolge Betrugs oder Drohung), dazu § 139 Anm 1 D (Herausgabeklage des Nachlaßverwalters des Übernehmers). Die **Fristen** nach §§ 121, 124 BGB sind bei Ausübung dieser Rechte beachtlich. Schadensersatz: s §§ 823, 826 BGB (vgl Anm E), andererseits § 122 BGB. **Abwicklung** der Ges idR nach Gesetz und (fehlerhaftem) Vertrag, jedoch ohne Bestimmungen im Widerspruch zur ratio des verletzten Gesetzes, BGH **65,** 85 (Ehegatten in Gütergemeinschaft, vgl Anm D, Übernahmeklausel mit Abfindungsausschluß).

I. Was für fehlerhafte GesGründung gilt, gilt entspr für **fehlerhaften Beitritt** eines neuen Gfters, Bsp s Anm A, B, D–F: Auch hier idR nur Auflösungsklagerecht (§ 133, vgl Anm H); gibt aber Vertrag ein Kündigungsrecht (mit Frist), dann dieses nun fristlos, BGH BB **73,** 1090; uU ist ein solches außerordentliches Kündigungsrecht aufgrund ergänzender Vertragsauslegung anzunehmen, BGH **63,** 346, **69,** 163, BB **75,** 759, NJW **76,** 894 (Kdtisten in PublikumsGes, Anh § 177a Anm VIII 2 B). Die ,,Anfechtung" des Beitritts kann als Kündigung zu werten sein, BGH BB **75,** 759, NJW **76,** 894. Kündigung gegenüber dem phG genügt, wenn Beitritt gegenüber diesem (vgl Anm 7 B) genügte, BGH NJW **76,** 894. Einlageleistung in diesen Fällen s Anm F. Bei Fehlen der Geschäftsgrundlage (zB Irrtum über Erbrecht) kommt statt Rückgängigmachung (zB Ausschließung des falschen Erben) uU Anpassung in Betracht, zB bei langer Dauer bis zur Aufklärung und Verdiensten des Eingetretenen um die Ges seine endgültige Anerkennung als Gfter bei Abfindung des wahren Erben, Fischer **LM** § 105 Nr 19. S auch Kln BB **71,** 1211: Aufnahme X (als Kdtist), ,,Geschäftsgrundlage" Darlehen Y an X, Auslegung: Trotz Ausbleibens des Darlehens Eintritt mit Einlagepflicht wirksam (ähnlich ,,fehlerhaftem" Beitritt). Auch **fehlerhaftes Ausscheiden** eines Gfters ist idR nicht ex tunc unwirksam, BGH BB **69,** 739, **75,** 759; es kann Neubestimmung der Abfindung begründen, BGH BB **69,** 739; gibt wohl idR Anspruch auf Wiederaufnahme; so wohl auch (nicht entspr Anm E) bei Minderjährigkeit des Ausgeschiedenen; der zugleich erfolgte Eintritt eines andern wird uU fehlerhaft, wenn der Ausgeschiedene wieder eintritt. Vgl BGH WM **55,** 1702, NJW **69,** 1483, Fischer NJW **55,** 851, Däubler BB **66,** 1292. Entsprechendes gilt dagegen idR **nicht** für **andere fehlerhafte Änderungen** eines (fehlerfreien) GesVertrags; anders wenn im Einzelfall auch hier das Bedürfnis nach Bestandsschutz (s Anm B) besteht; BGH **62,** 26; verneint, wo nur Gfter X als Kdtist statt als phG behandelt wurde; eher zu bejahen, wo umgekehrt zuviel Rechte gewährt wurden, BGH **62,** 28. So Stgt NJW **51,** 29 bei Behandlung eines Kdtist als phG. Dazu Finger ZGR **76,** 240.

[Anmeldung zum Handelsregister]

106 ^I **Die Gesellschaft ist bei dem Gericht, in dessen Bezirke sie ihren Sitz hat, zur Eintragung in das Handelsregister anzumelden.**
^{II} **Die Anmeldung hat zu enthalten:**
1. den Namen, Vornamen, Stand und Wohnort jedes Gesellschafters;

§ 106 1, 2   II. Buch. Handelsgesellschaften und stille Gesellschaft

2. die Firma der Gesellschaft und den Ort, wo sie ihren Sitz hat;
3. den Zeitpunkt, mit welchem die Gesellschaft begonnen hat.

1) Die OHG im Handelsregister

A. Die OHG gehört wie jeder andere Kfm (§ 29) in das **Handelsregister**. Einerlei ob sie schon vor Eintragung im HdlReg OHG ist (weil sie ein Grundhandelsgewerbe betreibt: §§ 1, 6 I, 105) oder es erst durch die Eintragung wird (als SollKfm nach §§ 2, 6 I, 105). **Wirkung** der Eintragung s §§ 15, 123, für KG §§ 174, 176.

B. Außer der **Errichtung** der Ges (§ 106) sind viele **weitere** die Ges betreffende **Vorgänge** im Register zu vermerken: §§ 107 (Firmenänderung, Sitzverlegung, Eintritt eines Gfters), 125 IV (Ausschluß, Einschränkung, Änderung der Vertretungsmacht), 143 (Auflösung, Ausscheiden eines Gfters), 144 (Fortsetzung nach Konkurs) und Fortsetzung in anderen Fällen (vgl § 131 Anm 1 C), 148, 150 (betr Liquidation), 157 (Erlöschen der Firma nach Liquidation), für die KG ferner: §§ 162 (Kdtist und Einlage), 175 (Änderung der Einlage). Ferner wie für alle Kflte §§ 13–13b (betr Zweigniederlassung), 13c (Sitzverlegung, vgl § 107), 25 II (Haftungsausschluß bei Geschäftsübernahme), 28 II (Haftungsausschluß bei Eintritt eines Gfters in EinzelKfmGeschäft), 31 I (Änderung des Inhabers, zB Übernahme), 31 II (Erlöschen der Firma), 32 (Konkurseröffnung und andere Konkursakte), 53 (Erteilung und Erlöschen einer Prokura). Anteilsübertragung s § 162 Anm 3 (KG).

C. Die Eintragungen erfolgen idR nur auf **Anmeldung**, ausnahmsweise **von Amts wegen** in den Fällen der §§ 31 II (Erlöschen, wenn Anmeldung nicht zu erwirken), 32 (Konkurs), 148 II (Bestellung von Liquidatoren durch Gericht). Anmeldungspflichtige Personen s § 108 Anm 1. **Erzwingung der Anmeldung** durch das Gericht: § 14, Beugestrafen gegen jeden Anmeldepflichtigen, Bsp BayObLG DB **78**, 1832 (Eintritt); erforderlich ist glaubhafte Kenntnis, (3) FGG § 132; Anmeldepflicht auch eines zwischen Anmeldung und Eintragung Ausgeschiedenen.

D. Anzumelden ist beim **Gericht des Sitzes** (§ 106, s § 105 Anm 6). Bei Sitzverlegung s §§ 107, 13c, bei Errichtung oder Vorhandensein von ZwNl §§ 13–13b. **Form** der Anmeldung s § 12. **Prüfung** s § 8 Anm 4. Eintragung in **Abteilung A** des Registers, **(4)** HRV §§ 3, 39ff. **Inhalt** der Eintragung s Anm B und (die einschlägigen gesetzlichen Anordnungen für den Gebrauch des Registergerichts zusammenfassend) **(4)** HRV § 40. IdR ist kein Zeitpunkt des zu verlautbarenden Ereignisses einzutragen (nur der der Eintragung); Ausnahme: **(4)** HRV § 40 Nr 5 II 2, BayObLG BB **70**, 940.

2) Eintragung der Errichtung der Gesellschaft

A. Die Errichtung der Ges ist zur Eintragung anzumelden (I) entweder vor oder **unverzüglich nach Geschäftsbeginn**. Einzutragen ist sie raschestens, aber nicht vor dem (nach II Nr 3 mit einzutragenden) Zeitpunkt des „Beginns der Ges" (falls diese nicht mit der Eintragung „beginnen", dh gegenüber Dritten wirksam werden soll, vgl § 123), also nicht zB Eintragung am 1. Februar mit Vermerk „Beginn 1. März"; sonst wäre unklar, wann die Wirksamkeit nach außen (§ 123) beginnt. Eine unterbliebene

1. Abschnitt. Offene Handelsgesellschaft §§ 107, 108

Anmeldung und Eintragung der Errichtung kann noch nach Auflösung der Ges nachgeholt werden, damit diese eingetragen werden kann, RG JW 02, 172.

B. Inhalt der Anmeldung und Eintragung: **a)** II Nr 1: Nachname, Vorname (einer genügt, es muß der Rufname sein), Stand (dh Beruf), Wohnort aller **Gesellschafter**; für KfmGfter genügt Firma nicht, abw LG Essen BB **62**, 388 (für Kdtist); wenn OHG oder KG Gfter, auch Namen der Gfter-Ges, LG Essen BB **62**, 388; **b)** II Nr 2: **Firma** (§ 19, § 105 Anm 3) und Ort des Sitzes (§ 105 Anm 6); **c)** II Nr 3: **Zeitpunkt**, mit welchem die Ges begonnen hat, also nach § 123 des Geschäftsbeginns (nicht des Vertragsschlusses, nicht des Stichtags für den Beginn der gemeinsamen Rechnung), auch des noch bevorstehenden Geschäftsbeginns (üM, trotz Wortlaut § 106, mit Wortlaut § 123), oder der Eintragung; **d)** § 125 IV: ggf gewisse Beschränkungen der **Vertretungsmacht** der Gfter.

C. Prüfung der Anmeldung (§ 8 Anm 4) hier besonders auf (jedenfalls in den Formalien) richtigen Vertragsschluß, zB richtige Vertretung Minderjähriger und Genehmigung des Vormundschaftsgerichts, KGJ **23** A 89. Einreichung des schriftlichen GesVertrags (falls einer besteht, vgl § 105 Anm 2) kann wegen der Öffentlichkeit der Registerakten (§ 9) idR nicht gefordert werden, allenfalls Vorlegung zur Einsicht.

[Anzumeldende Änderungen]

107 Wird die Firma einer Gesellschaft geändert oder der Sitz der Gesellschaft an einen anderen Ort verlegt oder tritt ein neuer Gesellschafter in die Gesellschaft ein, so ist dies ebenfalls zur Eintragung in das Handelsregister anzumelden.

1) Anmeldepflichtige Änderungen

Einzutragen sind ua (vgl Anm 1 B): 1) Änderung der Firma (§ 19, § 105 Anm 3), der ganzen oder irgendeines Bestandteils, ob bei Änderung des Gfter Bestands oder ohne solchen Anlaß, 2) Verlegung des Sitzes an einen anderen Ort (§ 105 Anm 6, § 13 c), 3) Eintritt eines ,,neuen Gfters'' (§ 105 Anm 7), auch des Erben eines verstorbenen, auch Wiedereintritt eines ,,alten''; ggf GfterWechsel in Gfter-Ges, LG Essen (vgl Anm 2 B). Eintritt von Erben s § 139 Anm 1 A, 4 A. Eintragung des Eintritts (und Ausscheidens) auch wenn dadurch die Firma unzulässig wird, s § 143 Anm 1 B.

2) Nicht anmeldepflichtige Änderungen

Änderung der Personalien (Nachname, Vorname, ,,Stand'', Wohnort, § 106 II Nr 1) eines Gfters sind mangels entspr Vorschrift nicht anmeldepflichtig, können aber auf Anmeldung eingetragen werden, ihre Eintragung ist zur Klarheit des Registers wünschenswert.

[Anmeldung durch alle Gesellschafter; Unterschriften]

108 ^I **Die Anmeldungen sind von sämtlichen Gesellschaftern zu bewirken.**

^{II} **Die Gesellschafter, welche die Gesellschaft vertreten sollen, haben**

§ 108 1, 2   II. Buch. Handelsgesellschaften und stille Gesellschaft

die Firma nebst ihrer Namensunterschrift zur Aufbewahrung bei dem Gerichte zu zeichnen.

1) Anmeldung durch sämtliche Gesellschafter (I)

A. **Anmeldepflichtig** sind (auch zur Eintragung im Register der ZwNL): 1) alle Gfter betr die Errichtung der Ges und die Vorgänge, welche die Struktur der Ges ändern: §§ 108, 125 IV, 143, 144, 148 I, 150, 162 (mit 106, 108, 161 II), 175; auch die Kdtisten; auch Gfter, die einer (gültig beschlossenen) einzutragenden Änderung widersprachen; 2) die Liquidatoren betr Erlöschen nach Liquidation: § 157; 3) die vertretungsberechtigten Personen betr andere anmeldepflichtige Vorgänge (s § 106 Anm 1 A, B). Näheres bei §§ 13 ff, 25, 28, 31, 53.

B. **Vertretung** bei der Anmeldung s § 12 Anm 2, §§ 181, 1630, 1795 BGB sind unanwendbar, also zB Anmeldung durch Gfter A zugleich für vertretene (gesetzlich oder mit Vollmacht) Gfter B, C, BayObLG BB **70**, 940. Fraglich wieweit Vollmacht schon im GesVertrag erteilbar ist (Umgehung des Gebots der Anmeldung durch alle Gfter), LG Bln BB **75**, 251.

C. Mehrere anmeldungspflichtige Personen sind auch einander **zur Mitwirkung** bei der Eintragung **verpflichtet;** Klage der Gfter (nicht der Ges, s § 124 Anm 6 H) auf Mitwirkung ist möglich, obsiegendes Urteil ersetzt die Mitwirkung, § 16. Die Verpflichtung zur Mitwirkung entfällt, wo der Gfter einen Anspruch auf Auflösung der Ges aus §§ 133, 140 hat (dolo petit qui petit quodstatim redditurus est), RG **112**, 282, OGH NJW **49**, 382. Die Anmeldung ist bis zur Eintragung durch jeden Gfter widerruflich. Haben nicht alle angemeldet, ist aber eingetragen, so ist der Mangel geheilt, vgl KGJ **53**, 257. Mitwirkung an einer Anmeldung ist iZw (anders wenn aus den Umständen ein anderer Wille erhellt) auch im **Innenverhältnis** der Gfter als Billigung des in der Anmeldung Erklärten zu werten, BGH BB **76**, 529, WM **84**, 1606.

2) Hinterlegung von Firma und Namensunterschrift (II)

A. Vgl für EinzelKfm § 29 Anm 2; auch §§ 35, 53 III, 148 III, 153 (andere Fälle). Zeichnung durch alle **Gesellschafter** mit (irgendeiner) Vertretungsmacht (§ 125) jedenfalls bei Errichtung der Ges, wohl auch bei Firmenänderung; bei Eintritt oder Neuzuteilung von Vertretungsmacht wohl nur durch den Neuen. **Form** der Einreichung s § 12 I. Bezugnahme auf ältere Einreichung aus anderem Anlaß genügt nicht, KGJ **37** A 139. Firmen- und Namenszeichnungspflicht sind selbständig; die Firmen(änderungs)eintragung darf nicht von der Namenszeichnung abhängig gemacht werden, Hamm OLGZ **83**, 260. GmbH & Co s Anh § 177a Anm II 1 B. Vgl § 53 II betr Prokurist.

B. Über die Art der Zeichnung im **Geschäftsverkehr** besteht keine Vorschrift. Möglich: Name mit Firmenstempel oder nur Firma, RG JW **02**, 636, auch im Grundstücksverkehr, KGJ **31** A 211; bei Notariatsurkunden (die angeben, für wen X handelt) auch nur Name, KGJ **13** A 170, oder auch hier nur Firma, falls beglaubigt als vom vertretungsberechtigten Gfter herrührend, KGJ **21** A 103. S auch § 125 Anm 1 F. **Änderung** der Zeichnungsweise im Geschäftsverkehr entwertet die Hinterlegung, verpflichtet zu Einreichung der neuen Form.

Zweiter Titel. Rechtsverhältnis der Gesellschafter untereinander

[Gesellschaftsvertrag]

109 Das Rechtsverhältnis der Gesellschafter untereinander richtet sich zunächst nach dem Gesellschaftsvertrage; die Vorschriften der §§ 110 bis 122 finden nur insoweit Anwendung, als nicht durch den Gesellschaftsvertrag ein anderes bestimmt ist.

Übersicht
1) Rechtsverhältnis der Gesellschafter untereinander
2) Vertragsfreiheit
3) Pflichten und Rechte aus der Gesellschaft, Allgemeines
4) Beitragspflicht der Gesellschafter
5) Treuepflicht der Gesellschafter
6) Verfügung über Rechte der Gesellschafter

1) Rechtsverhältnis der Gesellschafter untereinander

Abschnitt **1** Titel 2 (§§ 109–122) handelt nach der Überschrift vom „Rechtsverhältnis der Gfter untereinander". Dazu gehören, da die OHG einer juristischen Person angenähert ist (Einl 2 C vor § 105), sowohl unmittelbare Beziehungen zwischen Gfter und Gfter wie solche zwischen Gfter und Ges (wie der dritte Titel nach der Überschrift nur von Rechtsbeziehungen „der Gfter" zu Dritten handeln soll, aber größtenteils die Beziehungen der Ges als verselbständigter Organisation zu Dritten regelt). Titel 2 meint das **ganze Innenverhältnis** (Titel 3 das ganze Außenverhältnis) der Ges und Gfter. Innen- und Außenregelung greifen eng ineinander, hängen voneinander ab, können deshalb in der Darstellung der Einzelheiten nicht scharf getrennt werden. Über die auf **Vermögen** und **Schulden** der Ges bezüglichen Rechtsverhältnisse, auch der Gfter untereinander und zur Ges, s § 124 Anm 1, 2, 3, 6.

2) Vertragsfreiheit

A. Im Innenverhältnis der Ges gilt nach § 109 in erster Linie der **Gesellschaftsvertrag;** dessen ausdrücklicher Bestimmung steht die durch Auslegung zu erschließende gleich, der Bestimmung im GesVertrag die (auch stillschweigend, durch schlüssiges Verhalten) außerhalb des eigentlichen Vertrags getroffene, ihn ändernde oder ad hoc beiseite setzende Anordnung der Gfter. In zweiter Linie gelten **§§ 110–122.** In dritter Linie gilt (für zahlreiche im HGB nicht geregelte Fragen des Innenverhältnisses) nach § 105 II das **BGB.** Zwingend ist unter den §§ 110–122 nur § 118 I (Kontrollrecht des Gfters, auch des nicht geschäftsführenden) nach Maßgabe des § 118 II. Bei Auslegung des GesVertrags gilt: idR keine „Ergänzung", die den Vertrag gegen zwingendes Recht verstoßen läßt, vgl zB § 119 Anm 2 E betr Stimmvollmachten. Rückwirkung kann im Innenverhältnis vereinbart werden, BGH WM **79,** 889.

B. **Grenzen** der Vertragsfreiheit im GesRecht s Monographien: Westermann 1970, Teichmann 1970, dazu Geßler ZHR 135 (**71**) 90 u Duden ZGR **73,** 380; Wüst FS Duden **77,** 749. Zur Inhaltskontrolle des GesVertrags nach § 242 BGB bei PublikumsGes s Anh § 177a Anm VIII 3 B. **Typenverfeh-**

lung, zB als OHG oder KG gegründete (oder trotz Wegfall der Voraussetzungen aufrecht erhaltene) GbR (§ 105 Anm 3 B) s Wiedemann FS Westermann **74,** 596.

3) Pflichten und Rechte aus der Gesellschaft, Allgemeines

A. Vertrag und Gesetz oder das Gesetz allein schaffen mannigfache Rechte und Pflichten zwischen Gfter und Gfter und zwischen Gfter und Ges. Die Erfüllung solcher Pflichten ist grundsätzlich (trotz der unter den Gftern geltenden Treuepflicht und Pflicht zu besonderer Rücksicht, s Anm 5) mit denselben prozessualen Behelfen **erzwingbar** wie die Erfüllung gleichartiger Pflichten außerhalb einer Ges, auch durch Beugestrafen nach § 888 ZPO (von Dritten nicht ausführbare Handlung, zB Bilanzaufstellung, Vorlage von Geschäftsbüchern, Mitwirkung bei einem GesGeschäft) oder § 890 ZPO (Unterlassung, zB von Wettbewerb, §§ 112f, oder eigenmächtiger Geschäftsführung), RG JW **37,** 236. Verletzung der GfterPflicht verpflichtet zu Schadensersatz und Ersatzherausgabe (§§ 280, 281, 283, 286 BGB, für Wettbewerbsverstöße § 113 HGB) und kann Grund zur Auflösung der Ges (§ 133) oder Ausschließung des Gfters (§§ 140, 142) liefern. Über die Anwendbarkeit des **Schuldrechts** überhaupt, der Vorschriften über **gegenseitige Verträge** (§§ 320 ff BGB) im besonderen s § 105 Anm 2 F. Theorie der Mitgliedschaft und mitgliedschaftliche Pflichten s Lutter AcP 180 (**80**) 84.

B. Mangels abweichender Regelung ist **Gleichheit der Rechte und Pflichten** aller Gfter zu vermuten (so für die Beitragspflicht § 706 BGB). Außerdem gilt **Gleichbehandlung** in dem Sinne, daß (auch bei verschiedenen Rechten und Pflichten) aus gleichen Situationen gegenüber den Gftern gleiche Konsequenzen gezogen werden. Bsp: keine Vorwegeinziehung ausstehender Einlagen von einzelnen Gftern statt im gleichen Verhältnis von allen (der Gleichbehandlungsgrundsatz kann hier die Einrede des nicht erfüllten Vertrags ersetzen, vgl § 105 Anm 2 F), auch umgekehrt keine Vorwegerlaubnis zur Einlageerhöhung, vgl Anm 4 E. Auch die Gleichbehandlung in diesem Sinne kann aufgrund des Vertrags durchbrochen werden. Bei Verstoß durch Gewährung von Sondervorteilen an einzelne Gfter haben die übergangenen Gfter idR keinen Anspruch auf dieselben Vorteile, sondern nur auf Ausgleich nach Treu und Glauben, Karls ZIP **83,** 446.

C. Für das Maß der **Sorgfalt,** das die Gfter einander bei Erfüllung der GfterPflichten schulden (Beitrag, Geschäftsführung, Wettbewerbsverbot, Treuepflicht ua) gilt die (rechtspolitisch fragwürdige, so ua BGH **46,** 318, Hoffmann NJW **67,** 1207) Vorschrift des § 708 BGB:

BGB 708 [Haftung der Gesellschafter]

Ein Gesellschafter hat bei der Erfüllung der ihm obliegenden Verpflichtungen nur für diejenige Sorgfalt einzustehen, welche er in eigenen Angelegenheiten anzuwenden pflegt.

Sie **beschränkt** die Sorgfaltspflicht auf „Sorgfalt in eigenen Angelegenheiten" (erhöht sie bei überdurchschnittlicher Sorgfalt nicht über das Normale, hM) gestattet also die Berufung auf gewohnheitsmäßige Nachlässigkeit in eigenen Angelegenheiten zur Abwehr der Inanspruchnahme aus nachlässiger Erfüllung von GfterPflichten. Die Praxis begegnet dem in vielen Fällen mit der Annahme grober Fahrlässigkeit, für die nach § 277

1. Abschnitt. Offene Handelsgesellschaft   4 § 109

BGB auch der Schuldner haftet, der sonst nur für diligentia quam in suis einsteht:

BGB 277 [Sorgfalt in eigenen Angelegenheiten; grobe Fahrlässigkeit]
Wer nur für diejenige Sorgfalt einzustehen hat, welche er in eigenen Angelegenheiten anzuwenden pflegt, ist von der Haftung wegen grober Fahrlässigkeit nicht befreit.

Der GesVertrag kann im Rahmen der guten Sitten (§ 138 BGB) jede Haftung wegen Fahrlässigkeit ausschließen, nicht Haftung wegen Vorsatzes, § 276 II BGB. Der GesVertrag kann, auch stillschweigend, den Haftungsmaßstab auf die objektiv erforderliche Sorgfalt erhöhen, BGH **46**, 317. Nicht kann aus einer Handlung, für die § 708 BGB gilt, aus Deliktsrecht (§§ 823 ff BGB) eine nach § 708 BGB nicht begründete Haftung abgeleitet werden, BGH **46**, 316. § 708 BGB gilt nicht für die Erfüllung von GfterPflichten als Kraftfahrer im Straßenverkehr, zB gegenüber mitfahrenden MitGftern; soweit diese Eigenarten des Fahrers bewußt in Kauf nehmen, uU Mitverschulden (§ 254 BGB), BGH **46**, 318; anders betr Luftverkehr, BGH JZ **72**, 88 (Sportflieger). § 708 BGB gilt nicht in der PublikumsGes, s Anh § 177 a Anm VIII 5 B. Zum Ganzen Larenz FS Westermann **74**, 299.

D. Die Rechte der Gfter aus dem GesVertrag richten sich grundsätzlich **gegen die Mitgesellschafter** und sind gegen sie persönlich geltend zu machen RG **170**, 392, DR **44**, 245, zB das Recht auf Erhöhung der Einlage von MitGftern (vgl Anm 4 E), RG DR **40**, 1428, das Recht auf Information über den Geschäftsbetrieb der Ges, BGH BB **55**, 1068. Sie können auch gegen die Ges geltend gemacht werden. Grundsätzlich nur gegen diese geltend zu machen sind während des Bestehens der Ges Rechte auf Vermögensleistungen aus dem GesVermögen, zB auf Gewinnauszahlung, BGH BB **55**, 1068. Vgl über Schuldverhältnis und Klagerecht zwischen Ges und Gfter und unter Gftern § 124 Anm 6, § 128 Anm 7.

E. Über Grenzen zulässiger Formen der **Kritik** eines Gfters an der Tätigkeit des anderen, bei Berücksichtigung des berechtigten Interesses der Kritisierenden am Erfolg der GfterTätigkeiten s BGH DB **72**, 279: auch massive Kritik eines Kdisten an der Geschäftsführung des phG ist, wenn gesellschaftsintern (in Brief an Beiratsmitglieder), nicht pflichtwidrig.

4) Beitragspflicht der Gesellschafter

A. Sie ist nicht im HGB, sondern im BGB geregelt:

BGB 705 (Text s § 105 Anm 2 A)

BGB 706 [Beiträge der Gesellschafter]

^I Die Gesellschafter haben in Ermangelung einer anderen Vereinbarung gleiche Beiträge zu leisten.

^{II} Sind vertretbare oder verbrauchbare Sachen beizutragen, so ist im Zweifel anzunehmen, daß sie gemeinschaftliches Eigentum der Gesellschafter werden sollen. Das gleiche gilt von nicht vertretbaren und nicht verbrauchbaren Sachen, wenn sie nach einer Schätzung beizutragen sind, die nicht bloß für die Gewinnverteilung bestimmt ist.

^{III} Der Beitrag eines Gesellschafters kann auch in der Leistung von Diensten bestehen.

BGB 707 [Erhöhung des vereinbarten Beitrags]
Zur Erhöhung des vereinbarten Beitrags oder zur Ergänzung der durch Verlust verminderten Einlage ist ein Gesellschafter nicht verpflichtet.

Beiträge sind vermögenswerte Leistungen der Gfter für den GesZweck (§ 705 BGB). Beiträge können bestehen in: Geld, Sachen, Rechten (zB einer Gewerbeerlaubnis, OGH **1,** 349), Nutzungseinlagen, Groh BB **82,** 133, auch vermögenswerten tatsächlichen Beziehungen (Goodwill, vgl § 124 Anm 1 E), auch Diensten (§ 706 III; vor allem Geschäftsführung, §§ 114ff). S auch § 120 Anm 3 C, § 171 Anm 2 A. Die gesetzlich notwendige Übernahme der Haftung nach § 128, erst recht die Teilnahme am GesVertrag an sich, ist nicht Beitrag, vgl § 105 Anm 2 D. Verfügung über die Forderung der Ges auf den Beitrag s Anm F, auch § 124 Anm 1 E, § 171 Anm 2 A.

B. **Ob** und **welche Beiträge** zu leisten sind, bestimmt der **Gesellschaftsvertrag.** Eine OHG (KG) ist auch ohne Einlagen möglich (zB ein Maklergeschäft, das weder Geld noch Sacheinlagen braucht). Sachen und Rechte können in verschiedener Weise beigetragen, dh (s Anm A) dem GesZweck gewidmet werden, insbesondere durch Übertragung auf die Ges oder durch Überlassung zur Nutzung (zB Sachen zum Gebrauch: gewerbliche Schutzrechte zur Benutzung, ein ganzes HdlGeschäft zur Fortführung für Rechnung der Ges wie bei Pacht). Bei Unklarheit des Vertrags ist nach § 706 II BGB für vertretbare oder verbrauchbare Sachen iZw Beitrag zu Eigentum anzunehmen, ebenso für andere Sachen, wenn im Vertrag ihr Wert festgestellt wird (und zwar in solcher Weise, daß die Wertfeststellung nicht nur als Rechnungsgrundlage der Gewinnverteilung erscheint – die sich auch bei bloßer Nutzungsüberlassung nach dem Wert der überlassenen Sache richten könnte –, sondern als Grundlage weitergehender Rechte des Gfters, zB seines späteren Auseinandersetzungsguthabens; eine in der Praxis wenig hilfreiche Bestimmung). Das bedeutet keine Vermutung für das Gegenteil (Überlassung nur zur Nutzung) in den nicht von § 706 II BGB erfaßten Fällen, hier gelten die gewöhnlichen Auslegungsregeln. Betr Dienste als Beitrag (§ 706 III BGB) s § 120 Anm 3 C, § 230 Anm 5, A, C, § 235 Anm 1 A. Pflicht zur Übertragung von Erfindungen s § 124 Anm 6 B.

C. Die **Einlageschuld** ist iZw erfüllbar auch durch Dritte (vgl § 267 I 1 BGB), auch durch MitGfter aus deren Vermögen, BGH NJW **84,** 2290, aber nicht aus GesMitteln, auch nicht aus Drittdarlehen, das die Ges sichert, BGH BB **73,** 862. An Geld oder eine anderer nicht nur vorübergehender Leistung muß der Einleger der Ges tatsächliche dauernde Verfügungsmacht verschaffen (einen dauerhaften Leistungserfolg); die Ges trägt die Gefahr des späteren Verlusts der Einlage, auch ihrer zweckwidrigen Verwendung, zB durch unberechtigte Entnahme durch MitGfter; anders bei Einlageleistung durch mittellosen MitGfter aus Darlehen und später Wiederentnahme der Einlage durch ihn zur Rückzahlung des Darlehens: Erstattungspflicht des Einlageschuldners (§§ 278, 249 BGB); BGH BB **73,** 862. In Absprache mit Ges ist auch Erfüllung durch Leistung an Dritte, zB GesGläubiger, möglich (Leistung an Erfüllungs Statt); ohne Absprache entsteht zumindest aufrechenbarer Erstattungsanspruch (§ 110), BGH NJW **84,** 2290. Auf Nicht-Geld-Beitragspflichten sind die Regeln des nach

1. Abschnitt. Offene Handelsgesellschaft 4 § 109

Art des Beitrags verwandten Vertragstyps (Kauf, Pacht, Miete, Werk-, Dienst-, Lizenzvertrag usw) entspr anwendbar (vgl §§ 445, 493 BGB über kaufähnliche Verträge, dazu BGH NJW **66**, 1311, Schönle NJW **66**, 2161 betr GmbH), soweit das die Zugehörigkeit der Beitragspflicht zum Ges-Verhältnis gestattet; zB bei Sacheinlage: Haftung für Rechts- und Sachmängel; bei Rechtsmangel uU Rücktritt der Ges von der Vereinbarung über die Sacheinlage und deren Ersetzung durch Geld, idR nicht Rücktritt der MitGfter vom ganzen GesVertrag (anders unter den Voraussetzungen des § 133), erst recht idR nicht Ausschluß des Gfters (anders unter den Voraussetzungen der §§ 140, 142); bei Sachmangel uU Wandlung (vgl das oben über Rücktritt Gesagte) oder Minderung, dh hier Zuzahlung des Minderwerts, oder (bei Gattungssachen, § 480 BGB) Nachlieferung; bei Rechts- oder Sachmangel uU Schadensersatzpflicht (§§ 440, 463 BGB). Geldbeiträge sind nach § 111 zu verzinsen. **Bewertung** der Beiträge (Einlagen) s § 120 Anm 3 C. Geschäftsgrundlage von Eintritt und Beitragspflicht s Kln BB **71**, 1211 (vgl § 105 Anm 8 J). Mitarbeit von Familienangehörigen, Monographie: Fenn 1970. Mitarbeit des Ehegatten eines Gfters kann im Dienstverhältnis zur Ges geleistet sein oder aufgrund der Ehe für diesen, BGH DB **74**, 36; s näher § 105 Anm 2 B. Es besteht **kein Aufrechnungsverbot** (ungleich § 66 I 2 AktG, § 19 II 2 GmbHG). Dazu auch Anm F. Enthaftungswirkung der Einlageleistung des Kdtisten im **Außenverhältnis** s § 171 I 2.

D. Möglich ist auch, daß ein Gfter außerhalb seiner GfterBeitragspflicht (falls solche besteht) **Leistungen auf Grund eines echten Schuldvertrags** erbringt, der er wie ein Dritter mit der Ges schließt, zB Grundstücke der Ges verpachtet (sehr häufig), Erfindungen der Ges in Lizenz gibt. Solche Abrede kann gleichzeitig mit dem GesVertrag getroffen werden. Dann ist oft unklar, ob Beitragspflicht oder selbständiger Vertrag vorliegt; wichtiges Indiz ist, ob die Vergütung fest oder abhängig vom Geschäftsergebnis vereinbart ist (zB fester Pachtzins oder Gewinnanteil für Überlassung von Grundstücken), im ersten Falle liegt Annahme eines selbständigen Vertrags, im zweiten einer GfterBeitragspflicht nahe. Die Unterscheidung kann aus vielen Gründen wichtig sein: Kündigung vor GesEnde, besondere Formvorschriften (zB §§ 566, 581 II BGB), Grad der Sorgfaltspflicht (vgl § 708 BGB), Haftung der MitGfter (§ 128) neben der Ges gegenüber dem GfterGläubiger (vgl § 128 Anm 7), s auch § 124 Anm 6 B.

E. Nach § 707 BGB ist der Gfter zur **Erhöhung** des vereinbarten Beitrags **nicht verpflichtet,** auch nicht zur Ergänzung der durch Verlust verminderten Einlage (was auch nichts anderes als die Erhöhung seines Beitrags wäre); daher auch nicht zur persönlichen Erfüllung (§ 128) von Anspruch eines MitGfters an die Ges, § 124 Anm 6 C. § 707 BGB ist nachgiebig; man kann **Nachschußpflichten** vereinbaren, aber nur in verständlicher, nicht versteckter Weise, BGH NJW **83**, 164, sie auch von Mehrheitsbeschlüssen abhängig machen, dies jedoch nicht unbeschränkt; die unbeschränkte Unterwerfung unter Mehrheitsbeschluß für Nachschußpflichten (die den Gfter ruinieren können) ist sittenwidrig, RG **163**, 391; ein zunächst unverbindlicher Mehrheitsbeschluß kann für den überstimmten Gfter durch seinen nachträglichen Beitritt wirksam werden, RG **163**, 392. Ein Gfter ist zur Erhöhung seines Beitrags eigenmächtig **auch nicht berech-**

tigt, weil dadurch entweder seine Rechte in der Ges (mindestens für die Auseinandersetzung nach Auflösung der Ges) gestärkt werden oder eine unentgeltliche Zuwendung vorliegt, welche die Ges sich auch nicht aufdrängen lassen muß, wenn ihre Lage nicht solche Hilfe nötig macht. Natürlich ist die **Verminderung** des vereinbarten Beitrags, etwa einer zugesagten oder schon geleisteten Sach- oder Geldeinlage, dem Gfter nicht ohne Grundlage im GesVertrag gestattet (er hat nur Anspruch auf Ausschüttung der Gewinne); ebensowenig muß iZw umgekehrt ein Gfter auf Verlangen der MitGfter seine Einlage ganz oder zT zurücknehmen, wenn die Ges nicht aufgelöst wird.

F. Der Anspruch auf den (der Art nach übertragbaren, insbesondere Geld-)Beitrag **(Einlageforderung)** ist abtretbar. Praktisch häufig ist Abtretung der Einlageforderung gegen Kdtist an einen GesGläubiger. Die Abtretung erfolgt (1) an Erfüllungs Statt oder (2) erfüllungshalber (zur Sicherung), § 399 BGB (eventuelle Inhaltsänderung zulasten des Kdtisten wegen Doppelzahlungsgefahr, s § 171) steht nicht entgegen: Fall 1 befreit Kdtist, im Fall 2 kann er etwaige Leistungen an anderen Gläubiger (für die ihm die GesErstattung schuldet, § 110) gegen Zessionar aufrechnen (der die Einlageforderung nur „belastet" mit dieser Aufrechnungsmöglichkeit erwirbt); BGH **63**, 339, vgl § 171 Anm 2 D. Gfter kann gegenüber Zessionar mit einer persönlichen Forderung an die Ges nach § 406 BGB aufrechnen, vgl BGH **51**, 392. Er behält gegen Zessionar seine gegen die Ges begründeten Einwendungen (§ 404 BGB), ggf ein Kündigungsrecht wegen Täuschung beim Beitritt, vgl § 105 Anm 8 I. Pfändet Gfter-GesGläubiger A die Einlageforderung der Ges an B, kann dieser nicht beliebig mit Forderung an die Ges aufrechnen (vgl Anm C), sondern der Verlust ist unter beiden Gfter-GesGläubigern zu teilen, BGH BB **76**, 853. Nichtigkeit der Globalvorauszession aller Kommanditeinlageforderungen einer PublikumsKG bei unechtem Factoring s Anh § 177a Anm VIII 4.

5) Treuepflicht der Gesellschafter

A. Sie ergänzt die Einzelpflichten der Gfter. Ihr Inhalt ist **Wahrnehmung der Gesellschaftsinteressen,** grundsätzlich nicht der persönlichen Interessen der MitGfter, sofern das nicht im Hinblick auf die Zusammenarbeit der Gfter und deren Erfolg geboten ist, BGH **30**, 201, **34**, 83, BB **62**, 349 (GbR). Der Gfter muß alles dem GesZweck Abträgliche unterlassen, nicht aber GfterRechte zugunsten der MitGfter aufgeben, BGH **34**, 83 (Option auf MitGfterAnteil). Die Treuepflicht endet vor dem berechtigten eigenen Interesse, OGH **4**, 73, Hbg ZIP **83**, 576. Sie ist in Personal- und KapitalGes nicht gleich (besonders bei Ausübung der Mitgliedschaftsrechte, Fischer NJW **54**, 777). Sie verbietet nicht, den Konkurs anzustreben, wenn die Lage der Ges aussichtslos und schnelle Liquidierung allen nützlich ist, BGH BB **68**, 850. Zur FamilienGes Monographie: Fries 1971.

B. Die Treuepflicht verlangt uU Zustimmung zur Änderung des GesVertrags (§ 105 Anm 2 G), uU zur Aufgabe des (wirtschaftlich unmöglich gewordenen) Geschäftsbetriebs, besonders vom nur beschränkt haftenden Kdtisten BGH NJW **60**, 434. Die Treuepflicht verlangt uU Rücksichtnahme bei Einziehung einer Forderung gegen die Ges, besonders aus zur Förderung der Ges gegebenem Darlehen, RG JW **37**, 1986, s § 124 Anm 6 C,

1. Abschnitt. Offene Handelsgesellschaft **6 § 109**

so zB bei Anwendung des § 135 (s dort Anm 1 A), bei Aufrechnung gegen Einlageschuld (vgl § 171 Anm 2), uU bei (rechtmäßiger) Kündigung (s § 132 Anm 2 D). Auf der Treuepflicht beruht auch das Wettbewerbsverbot, §§ 112, 113.

C. Verletzung der Treuepflicht macht schadensersatzpflichtig (im Falle des § 112 s § 113), kann Auflösungs- (§ 133) oder Ausschlußgrund (§§ 140, 142) sein, das treupflichtwidrig mit Dritten geschlossene Geschäft nichtig machen (§ 138 BGB), zB bei absichtlicher Vereitelung des Mitbestimmungs- und Mitverwaltungsrechts eines MitGfters und seines Rechts auf Abwicklung der Ges nach §§ 145 ff, RG **162**, 375. Treuepflicht zur Nichtbeeinträchtigung nach Ausscheiden, BGH BB **60**, 305 (GbR). Die Treuepflicht ist wichtig für die Auslegung des GesVertrags.

D. Die Treuepflicht besteht auch noch in der **Liquidation**, jedoch immer schwächer mit deren Fortschreiten; idR kein Wettbewerbsverbot, aber Verbot der Nutzung von GesVermögen (Geschäftsbezeichnungen, Vertriebsrechte usw) ohne Ausgleich, BGH NJW **71**, 802, **80**, 1627; s § 112 Anm 1 A.

6) Verfügung über Rechte der Gesellschafter

A. Die Rechte des Gfters aus dem GesVerhältnis sind **grundsätzlich nicht übertragbar**, § 717 S 1 BGB, weder an MitGfter noch an Dritte:

BGB 717 [Nichtübertragbarkeit der Gesellschafterrechte]
Die Ansprüche, die den Gesellschaftern aus dem Gesellschaftsverhältnisse gegeneinander zustehen, sind nicht übertragbar. Ausgenommen sind die einem Gesellschafter aus seiner Geschäftsführung zustehenden Ansprüche, soweit deren Befriedigung vor der Auseinandersetzung verlangt werden kann, sowie die Ansprüche auf einen Gewinnanteil oder auf dasjenige, was dem Gesellschafter bei der Auseinandersetzung zukommt.

Das gilt für Rechte des Gfters gegen die MitGfter persönlich, zB das Recht, vom MitGfter die Erfüllung seiner Pflichten gegenüber der Ges zu fordern (s § 124 Anm 6 E), wie für Rechte gegenüber der Ges, zB das Recht auf Entnahme, die Kontroll- und Mitspracherechte, nach Vertrag etwa Rechte auf Dienste und sonstige Naturalleistungen für die Ges oder auf Rückgabe der Einlagen unter gewissen Voraussetzungen usw. Die Übertragbarkeit an MitGfter kann von den Gftern vereinbart werden, da sie frei sind, die Rechtsverhältnisse unter sich nach Belieben zu ordnen (§ 109). Die Übertragbarkeit an NichtGfter kann nur vereinbart werden, soweit diese Rechte nicht nach der Struktur der OHG nur Gftern zustehen können, so die Kontroll- und Mitverwaltungsrechte, zB das Stimmrecht des Gfters, vgl § 119 Anm 2 E. Übertragung des GesAnteils im ganzen s § 124 Anm 2.

B. **Übertragbar** (auch pfändbar, verpfändbar, s § 124 Anm 2 C, E) sind nach § 717 S 2 BGB: **a)** die Ansprüche des Gfters auf seinen **Gewinnanteil** (§ 120 Anm 1, 2), auch an künftigem Gewinn; aber Zessionar hat keinen Einfluß auf dessen Feststellung, auch kein Informationsrecht betr die Geschäftsgebarung der Ges, weder gegen die Ges selbst noch gegen den Gfter-Zedent, mindestens soweit dieser der Ges zur Verschwiegenheit verpflichtet ist; **b)** seine (vor der Auseinandersetzung erfüllbaren (so iZw immer) Ansprüche aus seiner **Geschäftsführung** (zB auf Aufwendungsersatz,

§ 110 1   II. Buch. Handelsgesellschaften und stille Gesellschaft

§ 110, und auf die etwa vereinbarte besondere Vergütung für Geschäftsführung); **c)** sein (künftiger) Anspruch auf das **Auseinandersetzungsguthaben**, vgl § 138 Anm 4, 5, 6, §§ 145 ff, 155; Zustimmung der GfterVersammlung ist unnötig, auch wenn sie zur GesAnteilsübertragung nötig ist, BGH WM **81**, 649; **d) Ausgleichsansprüche zwischen den Gesellschaftern** nach § 128 HGB, §§ 426, 735 BGB (auf Teilersatz des aufgrund der persönlichen Haftung unmittelbar an GesGläubiger oder zur Befriedigung der GesGläubiger an die Ges Geleisteten).

    C. **Vereinbarung** der **Verwaltung** der GfterRechte eines Gfters durch einen MitGfter oder Dritten ist möglich; Prozeßvergleich unter Gftern über einen von Dritten ausgewählten, weisungsfreien, nur aus wichtigem Grunde abrufbaren Treuhänder auf Lebenszeit verletzt aber § 138 BGB, BGH **44**, 158; dazu Wiedemann JZ **66**, 101, Fischer LM § 161 Nr 7, Erman FS Nipperdey **65**, I 277. Maßnahmen solcher Art betreffen speziell das Stimmrecht, § 119 Anm 2 D, E. Treuhänder, Pfleger, Nießbraucher s § 105 Anm 1 F, G; TV und Nachlaßverwalter s § 139 Anm 4, 5.

[Ersatz für Aufwendungen und Verluste]

110   ᴵ **Macht der Gesellschafter in den Gesellschaftsangelegenheiten Aufwendungen, die er den Umständen nach für erforderlich halten darf, oder erleidet er unmittelbar durch seine Geschäftsführung oder aus Gefahren, die mit ihr untrennbar verbunden sind, Verluste, so ist ihm die Gesellschaft zum Ersatze verpflichtet.**

ᴵᴵ **Aufgewendetes Geld hat die Gesellschaft von der Zeit der Aufwendung an zu verzinsen.**

1) Aufwendungsersatz

A. § 110 wiederholt und erweitert § 670 BGB (Text s § 86 Anm 1 C). § 110 gilt für alle Gfter; nicht nur für ,,geschäftsführende" iSv §§ 114 ff, sondern für jeden, der befugt im GesInteresse handelt. Auch bei schuldlos (§ 708 BGB) irriger Annahme einer solchen Tätigkeitsbefugnis; sicher bei Genehmigung solcher unbefugter Tätigkeit durch die Ges; sonst gilt § 683 (mit § 679) BGB (betr Geschäftsführung ohne Auftrag): Aufwendungsersatz bei (1) objektiver Übereinstimmung mit dem GesInteresse, (2 a) Übereinstimmung mit dem wirklichen oder mußmaßlichen Willen der Ges (der sie vertretenden Gfter) oder (2 b) Erfüllung öffentlicher Pflichten der Ges.

BGB 679 [Unbeachtlichkeit des entgegenstehenden Willens des Geschäftsherrn]

Ein der Geschäftsführung entgegenstehender Wille des Geschäftsherrn kommt nicht in Betracht, wenn ohne die Geschäftsführung eine Pflicht des Geschäftsherrn, deren Erfüllung im öffentlichen Interesse liegt, oder eine gesetzliche Unterhaltspflicht des Geschäftsherrn nicht rechtzeitig erfüllt werden würde.

BGB 683 [Ersatz von Aufwendungen]

Entspricht die Übernahme der Geschäftsführung dem Interesse und dem wirklichen oder dem mutmaßlichen Willen des Geschäftsherrn, so kann der Geschäftsführer wie ein Beauftragter Ersatz seiner Aufwendungen verlangen. In den Fällen des § 679 steht dieser Anspruch dem Geschäftsführer zu, auch wenn die Übernahme der Geschäftsführung mit dem Willen des Geschäftsherrn in Widerspruch steht.

1. Abschnitt. Offene Handelsgesellschaft   2 **§ 110**

B. Zum Begriff der **Aufwendung** vgl § 87 d Anm 1, § 396 Anm 2 A, auch RG **122,** 303, zB: Geldauslagen; Überlassung von Gegenständen (Bsp: private Erfindung); auch Dienste außerhalb der GfterPflicht, soweit Vergütung üblich, insbesondere berufliche (zB anwaltliche). Über Dienste aus GfterPflicht s Anm 4. Auch Deckung von GesSchulden (§ 128) ist Aufwendung iSv § 110 (obwohl nicht freiwillig), jedenfalls ersatzpflichtig entspr § 110, BGH **37,** 301, vgl § 128 Anm 4, mit Besonderheiten gegenüber anderem Aufwendungsersatz, s Anm F. Der noch nach Ausscheiden zur Gewerbesteuer Herangezogene hat den Ersatzanspruch; das gilt auch für Ges, die Hdlgeschäft und Firma einer anderen aufgelösten Ges übernahm (§ 25); BGH WM **78,** 114. Keine Aufwendung iSv I ist die bloße Bereitschaft zur Haftung nach § 128, BGH BB **73,** 1369.

C. Die **Verzinsung** von Geldauslagen (§ 110 II) folgt für Gfter, soweit sie Kflte sind (s § 105 Anm 1 I, 2 I) auch aus § 353. Auch anderer Aufwand als Geld ist zu verzinsen, § 256 BGB. Zinssatz für § 110 II 5%, § 352 II, für § 256 BGB bei Kfm-Gfter 5% nach § 352 I, für andere Gfter 4% (§ 246 BGB).

D. Von Verbindlichkeiten, die ein Gfter im Interesse der Ges eingegangen ist und deren Eingehung er für erforderlich halten durfte, kann er **Freistellung** fordern, § 257 BGB.

E. Die geschäftsführenden Gfter haben Anspruch auf **Vorschuß** für Auslagen nach §§ 669, 713 BGB.

F. Ansprüche auf Aufwendungsersatz nach § 110 sind während Bestehens der Ges nur gegen diese, nicht gegen **Mitgesellschafter** geltend zu machen; § 128 gilt nicht, auch nicht, wenn aus dem GesVermögen keine Befriedigung zu erlangen (sonst entstünde praktisch entgegen § 707 BGB eine Nachschußpflicht); BGH **37,** 301. Anders nach Deckung einer GesSchuld durch Gfter, s § 128 Anm 4 B.

2) Ersatz für Verluste

A. Verlust ist gleich Schaden. § 110 gewährt dem Gfter den im BGB (Auftrags- und Geschäftsbesorgungsrecht, §§ 662 ff, 675) nicht anerkannten, daher dort umstrittenen Anspruch auf **Ersatz für Schäden, die er aus der Erfüllung seiner Aufgaben** (ohne Schuld des Auftraggebers, der Ges) **erleidet.** § 110 spricht von Schäden aus „Geschäftsführung" des Gfters; man liest dies wohl richtig als „Geschäftsbesorgung" iSv § 675 BGB, welche außer der Geschäftsführung der Ges (§§ 114 ff) auch die Besorgung einzelner „Geschäfte" durch nicht „geschäftsführende" Gfter umfaßt (zB eine einzelne Reise, ein chemischer Versuch). Nicht erstattungsfähig sind Schäden aus dem allgemeinen Lebensrisiko; aus einer vom Gfter im persönlichen Interesse geschaffenen Gefahrenlage, zB durch Verknüpfung persönlicher mit GesGeschäften, BGH NJW **60,** 1568. § 110 ist Ausprägung des Grundsatzes der Risikozurechnung, s § 59 Anm 7 F, 8 A b, B a.

B. **Immaterieller Schaden** ist nicht Verlust iSv § 110, also zB kein Anspruch gegen die Ges auf Schmerzensgeld aus Unfall auf Geschäftsreise; die Ges kann aber aus gegenseitigem Treuverhältnis (vgl § 109 Anm 5) zur Naturalbeseitigung (zB richtigstellender Veröffentlichung, wenn Ruf des Gfters durch Dienst für die Ges geschädigt) verpflichtet sein. Straftaten, in der Tätigkeit für die Ges begangen, sind nicht erlaubte Geschäftsführung für die Ges, auch wenn die MitGfter die Handlung billigen. Daher idR kein Ersatz für **Geldstrafen,** abweichende Vereinbarung ist aber bei Personen-Ges zulässig, Rehbinder ZHR 148 (**84**) 555. Denkbar ist Anspruch eines Gfters auf Ersatz einer Geldstrafe gegen MitGfter, die pflichtwidrig die Straftat nicht verhüteten, vgl BGH NJW **57**, 586 (betr Bankgirovertrag), oder auch deswegen gegen die Ges.

C. Der **Ersatzanspruch gegen Dritte,** auch wenn leicht realisierbar (zB aus Verletzung durch haftpflichtversicherten Kraftfahrer), hindert nicht den Anspruch aus § 110 gegen die Ges (str), ist aber nach § 255 BGB an diese abzutreten.

3) Vergütung für Dienste

A. Solche gewährt das Gesetz dem Gfter weder in § 110 noch an anderer Stelle, BGH **17**, 301, weder in § 354 (Dienstleistung für ,,andere"), noch in § 612 BGB (Dienste, für welche Vergütung üblich ist). Nach § 713 BGB stehen die geschäftsführenden Gfter unter dem Recht des (unentgeltlichen) Auftrags. Entgelt ihrer Arbeit (wie ihres Kapitaleinsatzes) ist iZw nur ihre Gewinnbeteiligung, BGH **44**, 41, BB **73**, 1369. Diese ist oft für geschäftsführende Gfter besonders erhöht oder durch einen Vorrang besonders gesichert (Gewinnvoraus); ferner oft ergänzt durch eine vom Geschäftsertrag unabhängige, auch ohne Gewinn und bei Verlust zahlbare **Dienstvergütung** (,,Gehalt"). Auch stillschweigend kann uU, bei außergewöhnlicher Dienstleistungspflicht, eine solche (ausnahmsweise) als vereinbart gelten, BGH **17**, 301. Kdtist, Kdtist-Gatte s § 164 Anm 1 A. Monographie: Ganssmüller 1961 u NJW **65**, 1948.

B. **Änderung** solcher Vergütung ist Vertragsänderung (nicht Geschäftsführung, BGH BB **67**, 143). Änderung entspr den Lebenshaltungskosten oder der Entwicklung der Gehälter leitender Angestellter ist iZw nicht vereinbart, BGH **44**, 41. UU aber gibt ergänzende Vertragsauslegung oder Wegfall der Geschäftsgrundlage der ursprünglichen Bemessung oder (ganz ausnahmsweise) die Treuepflicht der MitGfter (§ 105 Anm 2 G) ein Recht auf Änderung, BGH **44**, 42, BB **67**, 1307 (hier verneint, Geschäftsführer bekamen je 48000 und 26,66%), BB **77**, 1271. Dabei gilt iZw weder automatische (Index-)Erhöhung noch solche nach freiem Ermessen der MitGfter, sondern Neubestimmung nach billigem Ermessen, ggf Richterspruch (§ 315 I, III BGB), BGH BB **77**, 1272. Die durch Unfall ausfallende Arbeitskraft eines Gfters ist idR, besonders bei einer FamilienGes, ohne zusätzliche Vergütung (ohne Änderung der Gewinnanteile) zu ersetzen, BGH **17**, 301, **LM** § 249 (Bb) BGB Nr 12a.

C. Solche Vereinbarung kann echter Dienstvertrag sein, § 109 Anm 4 D. Mindestens ist sie **dienstvertragsähnlich,** s betr Weihnachtsgratifikation (§ 59 Anm 6 B d), Nürnb BB **65**, 887. Auch **gegenüber Dritten** steht bei solcher Vergütung der geschäftsführende Gfter ähnlich Arbeitnehmern; er kann daher (entspr der Rspr für Arbeitnehmer, BGH **7**, 30, **21,** 112) vom Schädiger Schadensersatz wegen Arbeitsunfähigkeit fordern, obwohl die Ges sein ,,Gehalt" fortzahlt, BGH BB **63**, 368, **66**, 1411; dazu Ganssmüller NJW **63**, 1446. Anders bei reiner Gewinnbeteiligung: Schadensersatz für den Verletzten (nicht die nur mittelbar am Vermögen geschädigten MitGfter) für Rückgang des Gesamtgewinns der Ges, dadurch seines Anteils;

1. Abschnitt. Offene Handelsgesellschaft **§§ 111, 112**

kein Schadensersatzanspruch bei ungeschmälertem Gesamtgewinn und Anteil (der nicht zT einer Tätigkeitsvergütung gleichzusetzen); Schadensersatz für sachlich gebotene, vom Verletzten unter zumutbarer Interessenwahrung konzedierte Gewinnanteilskürzung zugunsten der MitGfter (bei Familien-Ges idR nicht); BGH **LM** § 249 BGB (Bb) Nr 12a, BB **66,** 1411. Dazu auch Schmidt VersR **65,** 320, Kollhosser ZHR 129 (**67**) 153 ff.

[Verzinsungspflicht]

111 ⁱ **Ein Gesellschafter, der seine Geldeinlage nicht zur rechten Zeit einzahlt oder eingenommenes Gesellschaftsgeld nicht zur rechten Zeit an die Gesellschaftskasse abliefert oder unbefugt Geld aus der Gesellschaftskasse für sich entnimmt, hat Zinsen von dem Tage an zu entrichten, an welchem die Zahlung oder die Ablieferung hätte geschehen sollen oder die Herausnahme des Geldes erfolgt ist.**

ⁱⁱ **Die Geltendmachung eines weiteren Schadens ist nicht ausgeschlossen.**

1) Einlage-, Ablieferungs- und Rückzahlungsschulden von Gftern, letztere aus unbefugter Entnahme, läßt § 111 ab Fälligkeit ohne Mahnung verzinsen, nicht zB Schulden aus Darlehen (oder ,,Vorschuß" oder ,,genehmigter Überziehung" usw). Wo § 111 nicht platzgreift, kann § 353 anwendbar sein. Zinssatz 5%, § 352 II.

2) Weitergehende Ersatzpflichten behält II ausdrücklich vor.

[Wettbewerbsverbot]

112 ⁱ **Ein Gesellschafter darf ohne Einwilligung der anderen Gesellschafter weder in dem Handelszweige der Gesellschaft Geschäfte machen noch an einer anderen gleichartigen Handelsgesellschaft als persönlich haftender Gesellschafter teilnehmen.**

ⁱⁱ **Die Einwilligung zur Teilnahme an einer anderen Gesellschaft gilt als erteilt, wenn den übrigen Gesellschaftern bei Eingehung der Gesellschaft bekannt ist, daß der Gesellschafter an einer anderen Gesellschaft als persönlich haftender Gesellschafter teilnimmt, und gleichwohl die Aufgabe dieser Beteiligung nicht ausdrücklich bedungen wird.**

1) Wettbewerbsverbot für Gesellschafter (I)

A. §§ 112, 113 regeln einen wichtigen Interessenkonflikt (Beeinträchtigung durch Wettbewerb des über die Interna der Ges informierten phG, Zuweisung von Geschäftschancen an die Ges) zugunsten der Ges. Das Verbot ist Ausprägung der Treuepflicht der Gfter (§ 109 Anm 5), BGH **89,** 165. Es gilt für **alle Gesellschafter** der OHG, ob geschäftsführend oder nicht. In der KG gilt es mangels abweichender vertraglicher Vorschrift nur für die phG, nicht die Kdtisten (§ 165). Es erlischt bei Ausscheiden des Gfters oder Auflösung der Ges. In der **Abwicklung** gilt es nicht; doch kann die Treuepflicht Unterlassung des Wettbewerbs fordern, wenn er dem Abwicklungszweck zuwiderliefe, insbesondere solange der werbende Betrieb weitergeführt wird, vgl § 109 Anm 5 D. Funktion als konzernrechtlicher Präventivschutz s Anh § 177 s Anm III 1. Monographie: Kardaras 1967.

B. Verboten sind: a) **Geschäfte** im gleichen Handelszweig, einerlei ob für eigene oder fremde Rechnung; auch als GmbHGeschäftsführer, Vorstand der AG oder bei sonstiger aktiver Mitwirkung an der Geschäftsführung eines anderen Unternehmens; auch mittelbar als Geschäftsführer einer GmbH mit 50%iger Beteiligung an der Konkurrenzfirma wegen des „tatsächlichen Einflusses", der nicht so stark sein muß wie in § 23 I 2 GWB, Nürnb BB **81**, 452; nicht schon bei bloßer Kapitalbeteiligung oder Aufsichtsratstätigkeit. Der HdlZweig der Ges ist durch GesVertrag und tatsächlichen GesBetrieb bestimmt. Er ist nicht eng aufzufassen. Mögliche Weiterentwicklung der GesTätigkeit ist zu berücksichtigen. Unwesentlich ist, ob Ges das Geschäft selbst vorgenommen hätte bzw so wie Gfter, BGH BB **57**, 874 (Kauf eines Schleppboots, das Ges kaufen wollte), BGH **70**, 333 („Bautransport"-KG; phG betrieb Gabelstapler-Verleih- und Vertriebs-GmbH), WM **84**, 229. b) **Teilnahme mit persönlicher Haftung an gleichartiger Handelsgesellschaft**, also als phG einer nach GesVertrag oder Satzung auf einen ganz oder teilweise gleichen Zweck gerichteten HdlGes (einerlei welcher Rechtsform: OHG, KG, KGaA), BGH **38**, 306. Die Gleichartigkeit kann sich durch die unzulässige Übertragung von Unternehmenstätigkeiten von der einen auf die andere Ges ergeben, Ffm BB **76**, 383.

C. **Wettbewerb nach Ausscheiden:** §§ 112, 113 gelten nicht für ausgeschiedene Gfter. Gewisse Beschränkungen können aber aus seiner Treuepflicht (§ 138 Anm 3 C) folgen. Möglich ist **vertragliches Verbot**, begrenzt durch GWB (vgl Anm 3) und § 138 BGB; §§ 74 ff (HdlGehilfe), 90 a (HV) sind nicht, auch nicht entspr anwendbar, ihr Schutzzweck gilt grundsätzlich nicht für Gfter. Wer von MitGftern schuldhaft zum Ausscheiden veranlaßt wurde, wird frei (vgl § 325 I BGB, §§ 75 I, 90 III HGB). Ges iL s § 156.

2) Abweichende Vereinbarungen, Einwilligung (II)

A. Der **Vertrag** kann das Verbot einschränken oder streichen, auch verschärfen, für alle oder einzelne Gfter. Verbot jeder anderen (auch nicht konkurrierenden) Tätigkeit oder Verpflichtung zur Abführung allen (über einen geringen Betrag für Lebenskosten) liegenden Einkommens aus jeder anderen Tätigkeit kann zumal bei Ges auf sehr lange Zeit sittenwidrig sein, BGH **37**, 384.

B. **Einwilligung** aller Gfter (auch der nicht geschäftsführenden) macht die Wettbewerbshandlung erlaubt (I); sie wird im Falle II unterstellt. II gilt nicht über seinen klaren Wortlaut hinaus, doch wird häufig (stillschweigende, allerdings von dem Gfter zu beweisende) Einwilligung vorliegen, wenn die Tätigkeit des Gfters als EinzelKfm bekannt ist und nicht untersagt wird; GmbH & Co s Anh § 177a Anm III 1. Die Einwilligung ist aufgrund Vorbehalts oder aus wichtigem Grunde widerruflich, sie ist nichtig oder anfechtbar wie andere Willenserklärungen. Auslegung gesellschaftsvertraglicher Wettbewerbsverbote s BGH BB **70**, 1374 (Wirkung in bezug auf Ehegatten, § 138 BGB).

3) Verhältnis zu § 1 GWB

Bei einer der gesetzlichen Regelform entsprechenden OHG und KG, deren GesVertrag nicht geeignet ist, durch Beschränkung des Wettbewerbs die Marktverhältnisse zu beeinflussen, sichern §§ 112, 113 nur gesellschaftstreue Mitarbeit der Gfter und kollidieren nicht mit § 1 GWB, BGH **70,** 334 (Gabelstapler). Anders in Ausnahmefällen, zB bei wesentlich kapitalistisch organisierter OHG (KG), wenn §§ 112, 113 hauptsächlich die Tätigkeit der Gfter außerhalb der Ges beschränken, BGH **38,** 306 (2 Kino-OHG, beide spezialisiert auf Aktionsfilme) oder wenn Rechtsform der OHG (KG) für kartellrechtswidrige Ziele verwandt wird, BGH NJW **82,** 938 (VertriebsGmbH & Co von Baustoffhändlern); str, Beuthien ZHR 142 (**78**) 259, DB **78,** 1625, 1677, Kellermann FS Fischer **79,** 307.

[Rechtsfolgen der Verletzung des Wettbewerbsverbots]

113 ^I **Verletzt ein Gesellschafter die ihm nach § 112 obliegende Verpflichtung, so kann die Gesellschaft Schadensersatz fordern; sie kann statt dessen von dem Gesellschafter verlangen, daß die für eigene Rechnung gemachten Geschäfte als für Rechnung der Gesellschaft eingegangen gelten lasse und die aus Geschäften für fremde Rechnung bezogene Vergütung herausgebe oder seinen Anspruch auf die Vergütung abtrete.**

^{II} **Über die Geltendmachung dieser Ansprüche beschließen die übrigen Gesellschafter.**

^{III} **Die Ansprüche verjähren in drei Monaten von dem Zeitpunkt an, in welchem die übrigen Gesellschafter von dem Abschlusse des Geschäfts oder von der Teilnahme des Gesellschafters an der anderen Gesellschaft Kenntnis erlangen; sie verjähren ohne Rücksicht auf diese Kenntnis in fünf Jahren von ihrer Entstehung an.**

^{IV} **Das Recht der Gesellschafter, die Auflösung der Gesellschaft zu verlangen, wird durch diese Vorschriften nicht berührt.**

1) Schadensersatz, Gewinnherausgabe (I)

I entspricht genau § 61 I (Rechte des Prinzipals bei Verletzung des Wettbewerbsverbots des § 60 durch HdlGehilfen, s § 61 Anm 3). Abw von BAG BB **62,** 638 zu § 61 (s dort Anm 3) gewährt BGH **38,** 306 auch bei Beteiligung an anderer OHG intern zwischen den Gftern der ersten OHG das volle ,,Eintrittsrecht", dh Recht, die Ergebnisse (Gewinn abzüglich Aufwendungen) an sich zu ziehen (ohne unmittelbare Außenwirkung auf die andere OHG, mittelbar sind aber Wirkungen zu Lasten des an beiden GesBeteiligten dort möglich); also keinesfalls Abtretung des Anteils an der anderen OHG, BGH **89,** 170.

2) Geltendmachung nur aufgrund Beschluß (II)

A. Die **Geltendmachung** der Ansprüche nach I setzt nach II einen Beschluß der übrigen (auch nicht geschäftsführenden) Gfter voraus, bei der Zwei-Mann-Ges die Entschließung des anderen Gfters. Die Geltendmachung erfolgt durch den oder die vertretenden Gfter oder (mit actio pro socio, auf Leistung an die Ges, vgl § 124 Anm 6 E) durch MitGfter (zB bei

§ 114 1 II. Buch. Handelsgesellschaften und stille Gesellschaft

Zwei-Mann-Ges durch den einzigen MitGfter gegen den ungetreuen alleingeschäftsführenden Gfter). Der Beschluß kann auch in der Klageerhebung liegen, BGH **89,** 172. Kommt kein Beschluß zustande, können die Ansprüche nach I nicht geltend gemacht werden; die MitGfter sind auch einander grundsätzlich nicht zur Zustimmung verpflichtet; bei unbegründeter (darum vertragswidriger) Weigerung kann aber der die Geltendmachung betreibende Gfter A den nicht zustimmenden B auf Zustimmung zur Geltendmachung der Ansprüche gegen den untreuen C verklagen; Verbindung der Klage gegen B mit der gegen C ist zulässig (wie bei der Entziehungs- und Ausschließungsklage, § 117 Anm 1, § 140 Anm 3).

B. Auch in der **Liquidation** ist der GfterBeschluß erforderlich; die Liquidatoren (Gfter oder nicht) müssen ihn ausführen. Auskunftsklage des Gfters gegen MitGfter ohne solchen Beschluß zur Klärung von Voraussetzungen eines Ersatzanspruchs aus § 113 I s Ffm BB **76,** 382 (vgl § 145 Anm 1 G). Im **Konkurs** der Ges entscheidet über die Geltendmachung der Konkursverwalter nach dem Interesse der Konkursgläubiger.

C. Auf **Unterlassung** drohender Verstöße können die Ges (durch die vertretenden Gfter) oder die MitGfter auch ohne Beschluß nach II klagen; auch jeder MitGfter allein, Nürnb BB **81,** 452.

3) Verjährung (III)

Die Verjährungsvorschrift des III entspricht der in § 61 II (s dort). Die Verjährungsfrist läuft erst, wenn alle MitGfter von dem Verstoß Kenntnis haben. Sie gilt nicht für den Anspruch auf Zahlung einer Vertragsstrafe, auch nicht für den Schadensersatzanspruch wegen einer (mit dem Wettbewerbsverstoß zusammengehenden) Nichterfüllung von Geschäftsführungspflichten (§ 114 I), BGH WM **71,** 413, NJW **72,** 1860 (Überleitung von GesGeschäften auf sich selbst), Düss NJW **70,** 1373 (Abwicklung über andere Firma), vgl § 114 Anm 3 E. Sie gilt iZw auch bei vertraglicher Wiederholung des gesetzlichen Verbots.

4) Auflösung (IV), Ausschließung

§ 113 berührt nicht sonstige Rechte der Ges oder MitGfter, zB Auflösung (§ 133), so beispielhaft IV, Ausschließung des Schuldigen (§§ 140, 142), Entziehung der Geschäftsführung und Vertretung (§§ 117, 127).

[Geschäftsführung]

114 ᴵ **Zur Führung der Geschäfte der Gesellschaft sind alle Gesellschafter berechtigt und verpflichtet.**

ᴵᴵ **Ist im Gesellschaftsvertrage die Geschäftsführung einem Gesellschafter oder mehreren Gesellschaftern übertragen, so sind die übrigen Gesellschafter von der Geschäftsführung ausgeschlossen.**

1) Übersicht über §§ 114–117

A. Zur **Führung der Geschäfte der Gesellschaft** (I) gehört: Handeln für die Ges gegenüber Dritten, auch Arbeitnehmern, auch den Gftern persönlich (vgl für GmbH BGH **13,** 60: Kontrolle der Mitgeschäftsführer), auch Behörden, Öffentlichkeit; außer rechtsgeschäftlichem Handeln, zB auch

Organisation des Betriebs, Lenkung des Personals, Entscheidungen über Werbung, Leitung der Buchführung und Aufstellung der Jahresabschlüsse, usw. **Nicht** Geschäftsführung ist interne persönliche Arbeit zB als Erfinder, Entwerfer, Zeichner, Prüfer usw; sie ist Dienst-Beitrag anderer Art als Geschäftsführung, § 706 III BGB, oder Erfüllung besonderen Auftrags der Ges, §§ 662ff BGB, oder Dienstvertragsleistung, §§ 611ff BGB, fällt nicht unter §§ 114–117, ist zB idR nur Pflicht, nicht Befugnis des Gfters, und wenn auch ein Recht, dann nicht nur durch Prozeß nach § 117 entziehbar, sondern nach allgemeinem Vertragsrecht. Nicht Geschäftsführung ist grundsätzlich auch **Gestaltung des GesVerhältnisses selbst** (Änderung des GesVertrags, Umwandlung, Auflösung), soweit nicht der GesVertrag solche Maßnahmen den geschäftsführenden Gftern zuweist, zB Bestimmung und Einforderung von Beiträgen, Genehmigung der Übertragung von Anteilen, Neuaufnahme von Gftern, BGH **76,** 164.

B. BGB (§§ 709–713, §§ 714, 715) und HGB (§§ 114–117, §§ 125–127) unterscheiden klar Geschäftsführungsrecht und -pflicht im Verhältnis der Gfter zueinander **(Innenverhältnis)** und Rechtsmacht zur Bindung der Ges gegenüber Dritten (Vertretungsmacht, **Außenverhältnis**). Nicht nur viele Verträge, auch manche Gesetze mißachten diesen Unterschied: Vertragsklauseln über „Geschäftsführung" meinen oft (nur oder auch) Vertretung.

C. **§ 114** sagt, wer von den Gftern an der Geschäftsführung teilnimmt, **§ 115** wie sie unter mehreren Geschäftsführern geregelt ist, **§ 116** welche Art Handlungen die Befugnis zur Geschäftsführung umfaßt; **§ 117** regelt die Entziehung dieser Befugnis.

D. Unberührt von der Regelung der Geschäftsführung ist das Recht jedes Gfters, **notwendige Maßnahmen zur Erhaltung** von Gegenständen des GesVermögens oder der Ges selbst, auch ohne Zustimmung der MitGfter, zu treffen, **§ 744 II BGB** (Anwendbarkeit s § 124 Anm 1 A), RG **112,** 367, BGH **17,** 183. Der Gfter kann aus diesem Titel uU auch gegen Dritte klagen, zB auf eine Leistung an die Ges, jedoch nur im eigenen Namen, nicht namens der Ges, BGH **17,** 186; dazu § 124 Anm 1 H.

BGB 744 [Gemeinschaftliche Verwaltung]
^{II} Jeder Teilhaber ist berechtigt, die zur Erhaltung des Gegenstandes notwendigen Maßregeln ohne Zustimmung der anderen Teilhaber zu treffen; er kann verlangen, daß diese Einwilligung zu einer solchen Maßregel ihm voraus erteilen.

2) Teilnahme der Gesellschafter an der Geschäftsführung

A. Gesetzliche Regel ist Geschäftsführungsrecht und -pflicht aller **Gesellschafter** (I). Der GesVertrag kann einen oder einige Gfter von der Geschäftsführung ausschließen, auch indem er diese den anderen „überträgt" (II). Er kann nicht alle Gfter von ihr ausschließen und sie einem **Dritten** übertragen (**Selbstorganschaft,** keine Drittorganschaft), BGH **36,** 293, str, s § 125 Anm 1 C. Wohl aber können die Gfter (im GesVertrag oder später, iZw nur einstimmig) einen Dritten durch Dienstvertrag (§ 675 BGB) mit entsprechenden, auch umfassenden Aufgaben als Geschäftsführer bestellen (und ihm eine Vollmacht, zB Generalvollmacht erteilen, vgl § 125 Anm 1 D), BGH NJW **82,** 878, auch eine **juristische Person** (zB GmbH, Stiftung); auch umfassender Betriebsführungsvertrag (Hotel) frei von Einzelweisungen ist zulässig, wenn Kontroll- und Planungsbefugnis den Gftern erhalten bleiben, BGH NJW **82**, 1817, restriktiv Monographie Veelken 1975. Ein **nicht geschäftsführender** Gfter kann der Ges für von ihm geförderten Pflichtverstoß der geschäftsführenden haftbar sein, BGH BB **73**, 1506, BGH **65**, 19.

B. Bei Gefahr im Verzug und in anderen **außergewöhnlichen Fällen** (wohl uU auch zur Wahrnehmung einer außergewöhnlichen, sonst der Ges entgehenden Chance) können von der Geschäftsführung ausgeschlossene Gfter doch wie geschäftsführende für die Ges zu handeln berechtigt, uU auch verpflichtet sein **a)** nach (uU ergänzender) Auslegung des GesVertrags, insbesondere als Vertrag über eine Zweckgemeinschaft (§ 705 BGB, § 105 Anm 2 A, D) und ein Treueverhältnis (§ 109 Anm 5) und in Anlehnung an §§ 677 ff BGB (Geschäftsführung ohne Auftrag, uU erlaubt), **b)** zum Schutz des GesVermögens nach § 744 II BGB, s Anm 1 D.

C. Der GesVertrag kann die Teilnahme der Gfter an der Geschäftsführung noch anders regeln, sie zB einzelnen Gftern abwechselnd, **alternierend** auftragen, Geschäftsführer **auf Zeit** wählen lassen, usw. Im Rechtsstreit über vertraglich geforderte Eignung zur Geschäftsführung können die sie bestreitenden MitGfter den ihnen obliegenden Beweis nicht führen durch Antrag auf Fachprüfung durch Sachverständigen vor dem Prozeßgericht, BGH JZ **58**, 541.

D. Jeder Ehegatte kann (anders als früher) seine Rechte als Gfter ohne Mitwirkung des anderen frei ausüben. Er kann den anderen dazu bevollmächtigen, vgl Anm 3 B. Er kann bei vertraglicher Übertragung von Verwaltung und Nutznießung auf den anderen, diesem nur mit Zustimmung der MitGfter Kontroll- und Mitwirkungsrechte einräumen (ohne selbst Geschäftsführungsrecht und Vertretungsmacht aufzugeben), BAG DB **62**, 332. Für eine **beschränkt geschäftsfähige** (natürliche) Person, die geschäftsführender Gfter ist (und sein kann), handeln ihre gesetzlichen Vertreter; Minderjährige können die Ermächtigung nach § 112 BGB erhalten. Ist eine **juristische Person** Gfter der OHG oder KG (vgl § 105 Anm 1 C, § 161 Anm 2 C), kann sie auch Geschäftsführer sein (anders § 6 II 1 GmbH, § 76 IV 1 AktG); sie handelt durch ihre gesetzlichen Vertreter; s zur GmbH & Co Anh § 177a Anm IV 1.

E. Der in die Ges eintretende (§ 131 Anm 5) und phG bleibende (vgl § 139) **Erbe** eines Gfters hat iZw Geschäftsführungs- (und Vertretungs-) Befugnis nach dem Gesetz (§§ 114 ff, 125 ff); der GesVertrag kann anordnen, auch mangels ausdrücklicher Anordnung so auszulegen sein, daß er weitergehende oder geringere Rechte (und Pflichten) hat als die gesetzlichen, gleiche oder geringere oder weitergehende als der Verstorbene; es handelt sich um eine Frage des Gesellschafts-, nicht des Erbrechts, vgl RG DR **42**, 1057, BGH **41**, 368, NJW **59**, 192, Fischer BB **56**, 839, abw Merkel MDR **63**, 102. Für phG der KG s § 161 Anm 1 C. Ein Testament kann den **Testamentsvollstrecker** nicht ermächtigen, an Stelle des eintretenden Erben einen Geschäftsführer mit Vertretungsbefugnis zu bestellen, KG DR **43**, 353; wohl aber kann es die Ernennung durch den Erben an die Zustimmung des Testamentsvollstreckers binden. S auch § 139 Anm 4.

F. Der GesVertrag kann einzelne Gfter berechtigen, einem anderen (bei dessen Eintritt oder später) Geschäftsführung (und Vertretung) zu übertragen, sei es unmittelbar (**Optionsrecht**), sei es über einen GfterBeschluß (**Präsentationsrecht**). Sind die Voraussetzungen vertraglich bestimmt (zB: Alter, bestimmte Ausbildung) und gegeben, sind die MitGfter zur Zustimmung verpflichtet, auch geschäftsführende Gfter, deren Gewinnvoraus dadurch gekürzt wird. Sieht der Vertrag Anfechtbarkeit des Beschlusses vor, beschränkt sich die Anfechtung auf Ermessensmißbrauchsfälle. „Entsprechende Eignung und Vorbildung" fordert nicht Bewährung in einer Geschäftsleitung gleicher Bedeutung, auch nicht Ausbildung gerade in der zZ vakanten Sparte (Ausbildung als Chemiker, gebraucht wird ein Kfm), BGH BB **67**, 309.

G. Der GesVertrag kann einen **Beirat** („Aufsichtsrat", „Überwachungsausschuß" uä) mit Kompetenzen in Bezug auf die Geschäftsführung (Beratung, Entscheidung, Kontrolle, incl Vertretung iSv § 125, s dort) vorsehen; ihm können Gfter und NichtGfter angehören; Bestellung, Amtszeit, Vergütung der Mitglieder, Aufgabe, Befugnisse regelt der GesVertrag. Der Beirat ist iZw Gesellschaftsorgan, jedenfalls bei Rechten entspr einem Aufsichtsrat der AG; seine (vertragsgemäßen) Entscheidungen binden die Gfter; von ihnen abweichender Beschluß ist Vertragsänderung; ihre Durchführung kann Gfter gegen MitGfter einklagen, auch nach Auflösung des Beirats; BGH BB **70**, 226. Sie sind iZw nicht nach §§ 317 ff BGB angreifbar (Schiedsgutachter, vgl Einl IV 3 B vor § 1). Ein Beiratsmitglied steht grundsätzlich im Dienstverhältnis (§ 675 BGB) zur Ges; zugleich gehört es einem GesOrgan an (ähnlich dem Aufsichtsrat der AG), BGH NJW **85**, 1900, nur bei besonderer Gestaltung ist es Organ einer Gftergruppe (zB Kdtistengesamtheit, s Anh § 177a Anm VIII 5 B). Dementsprechend sind Schadensersatzansprüche nur durch die Ges geltend zu machen; Geltendmachung durch Konkursverwalter, BGH **80**, 348, NJW **75**, 1318; räumt GesVertrag dieses Recht auch Gftern ein, können diese nur Zahlung an die Ges verlangen (entspr actio pro socio), BGH NJW **85**, 1900. Ebenso bedarf es zur Abberufung iZw eines Gfterbeschlusses; weder einzelne Gfter als solche noch die vertretenden (§ 125) namens der Ges können es abberufen; diese können auch nicht namens der Ges gegen das Beiratsmitglied klagen, solange unter den Gftern Streit über die Abberufung besteht, BGH BB **68**, 145. Vorzeitige Abwahl eines (vertragsmäßig auf bestimmte Frist berufenen) Beiratsmitglieds ist Vertragsänderung, auch bei wichtigem Abberufungsgrund; uU verlangt Treuepflicht Zustimmung (vgl § 105 Anm 1 G); BGH BB **70**, 226. S auch BGH WM **73**, 101 (Abberufung mit Mehrheit bei entspr Vertragsklausel), 844 (kein Stimmverbot wegen Interessenkollision, vgl § 119 Anm 1 D). Streitigkeiten über Beiratsmitglied-Bestellung und -Abberufung: § 124 Anm 6 H. S auch § 164 Anm 2 B (KG); Anh § 177a Anm III 2 C, VIII 5 B (GmbH & Co, PublikumsGes). Monographie: Voormann 1981; Schneider DB **73**, 953 (Haftung), Wiedemann FS Schilling **73**, 105 (Grenzen möglicher Kompetenz).

3) Rechte und Pflichten der geschäftsführenden Gesellschafter

A. Die Geschäftsführung von Gftern beruht nicht auf besonderem Rechtsverhältnis zwischen Ges und Gfter, sondern ist **Ausfluß des Gesellschaftsverhältnisses** selbst, RG **142**, 18; für sie gilt daher, was allgemein für Rechte und Pflichten der Gfter aus dem GesVerhältnis gilt (s § 109), zB Haftung für Sorgfalt in eigenen Angelegenheiten (§ 708 BGB, bei § 109

Anm 3). Diese Grundsätze werden durch Bestimmungen des Auftragsrechts ergänzt, die § 713 BGB für anwendbar erklärt, das HGB aber für OHG und KG zT durch besondere ersetzt:

BGB 713 [Rechte und Pflichten der geschäftsführenden Gesellschafter]
Die Rechte und Verpflichtungen der geschäftsführenden Gesellschafter bestimmen sich nach den für den Auftrag geltenden Vorschriften der §§ 664 bis 670, soweit sich nicht aus dem Gesellschaftsverhältnis ein anderes ergibt.

Die geschäftsführenden Gfter üben das Geschäftsführungsrecht in eigener Verantwortung aus; Weisungen durch GfterBeschluß binden sie nur, soweit besonders vorgesehen (zB § 116 II, GesVertrag), Grenze § 117. Dienstvertragsähnlichkeit bei Gehaltsvereinbarung s § 110 Anm 4.

B. Recht und Pflicht zur Geschäftsführung sind **nicht übertragbar,** §§ 717, 664, 713 BGB, BGH BB **62,** 233. Zulässig ist Bestellung eines **Vertreters** in der Geschäftsführung (MitGfters, Angestellten der Ges, Dritten) während kurzer Verhinderung (mit oder ohne Vollmacht zur Vertretung der Ges gegenüber Dritten), RG HRR **29,** 964, für dessen Verschulden der Geschäftsführer wie für eigenes Verschulden haftet, §§ 278, 664 S 3, 713 BGB; wohl auch auf Dauer, jedoch mangels anderer Abrede nur auf jederzeitigen Widerruf der Duldung durch die MitGfter. Betrauung eines **Dritten** mit Geschäftsführungsaufgaben, auch sehr umfassend (zulässig bei entspr gesellschaftsvertraglicher Bestimmung), ist nicht Übertragung der Geschäftsführung iSv § 114; der Dritte hat keine Gfter Treuepflicht, ist abberufbar durch die Gfter (nicht nur durch Prozeß gemäß § 117), ist Drittgläubiger für seine Vergütung, bei ihrer Einziehung nicht beschränkt wie ein Gfter, kann Gfter nach § 127 in Anspruch nehmen, ua, BGH BB **62,** 233; s auch Anm 2 A, § 125 Anm 1 C. Das **Personal** der Ges ist nicht Vertreter des Geschäftsführers, nicht sein Erfüllungsgehilfe gegenüber den anderen Gftern, BGH **13,** 64; die Geschäftsführer haften für sein Verschulden nur, soweit sie selbst Mitschuld trifft (bei Auswahl, Leitung, Überwachung, entspr § 831 BGB).

C. Die geschäftsführenden Gfter schulden **Bericht** (ohne besondere Aufforderung), **Auskunft** auf Verlangen und **Rechenschaft,** §§ 666, 713 BGB, und zwar jedem MitGfter (geschäftsführend oder nicht) auf sein Verlangen, nicht etwa nur auf GfterBeschluß, RG **91,** 36. Diese Rechte der MitGfter bestehen neben ihrem Kontrollrecht (§ 118), das sie nur verstärkt (str, manche finden §§ 666, 713 BGB durch § 118 ersetzt). Vorlegung der Bücher kann der Verpflichtung genügen, Hbg JW **21,** 687, idR wohl nicht, weil nicht alles Wichtige in den Büchern steht. Nach §§ 259, 260 BGB muß der Geschäftsführer uU eine eidesstattliche Versicherung abgeben.

D. Über **Sorgfaltspflicht** der Geschäftsführer § 708 BGB, § 109 Anm 3. Bei Verletzung der Pflicht **haften** sie der Ges; die Ges selbst und jeder Gfter können Schadensersatzleistung an die Ges fordern (§ 124 Anm 6). Bei **Überschreitung** der Geschäftsführungsbefugnis (zB Handeln gegen Widerspruch eines anderen Geschäftsführers, § 115 I) Haftung aus Geschäftsführung ohne Auftrag (§§ 677 ff BGB, RG **158,** 312, str, nach aA Vertragshaftung), falls die Überschreitung nach § 708 BGB vom Geschäftsführer zu vertreten ist. Der geschäftsführende Gfter darf **Erwerbschancen**

1. Abschnitt. Offene Handelsgesellschaft §115

(corporate opportunity) nicht für sich oder andere, sondern nur für die Ges nutzen; bei ungenügenden Mitteln der Ges muß er sich uU um Kredite bemühen, jedenfalls aber erst Entscheidung der GfterVersammlung herbeiführen, BGH NJW **86**, 584 (Erwerb des der Ges verpachteten Geschäftsgrundstücks durch Ehefrau des Gfters); zu weitgehend BGH NJW **86**, 585 (für GmbH-Geschäftsführer); s auch Anh § 177a Anm III 1. Hat der geschäftsführende Gfter pflichtwidrig ein vorteilhaftes Geschäft für sich persönlich statt für die Ges geschlossen, so muß er Schadensersatz leisten derart, daß er die Ges stellt, wie wenn er das Geschäft für sie geschlossen hätte (zB das erworbene Grundstück zum Erwerbspreis in die Ges einbringen, RG **82**, 14). Gegen den Ersatzanspruch aus Untreue (§ 823 II BGB, § 266 StGB) kann der geschäftsführende Gfter nicht mit einem Gewinnanspruch aufrechnen (§ 393 BGB), BGH BB **60**, 755. **Erlaß** der Ersatzpflicht ist durch GfterBeschluß möglich, erschwerende Vorschriften wie bei der AG (§ 124 AktG) bestehen nicht, Mehrheitsbeschluß, wenn zugelassen (§ 119, ohne den Ersatzpflichtigen), reicht aus. Klage auf **Erfüllung** der Geschäftsführungspflicht ist möglich, ein Urteil aber nicht vollstreckbar, da es sich um persönliche Dienste handelt, § 888 II ZPO. Der Geschäftsführer hat Anspruch auf (idR jährliche) **Entlastung** zur Klarstellung, daß (soweit die Geschäftsführung den MitGftern bekannt ist) keine Ersatzansprüche erhoben werden. Voraussetzung ist ordnungsmäßige Rechenschaftslegung, BGH WM **83**, 912, idR Aufstellung der Jahresbilanz, und ordentliche Geschäftsführung. **Nebentätigkeit** ist iZw zulässig im Rahmen (a) der Tätigkeits- und Sorgfaltspflicht für die Ges, (b) des Wettbewerbsverbots (§§ 112, 113), grundsätzlich unbeschränkt als Abgeordneter (Art 48 II 1 GG, der nicht etwa nur abhängig Tätige betrifft), den daraus folgenden Nachteil muß die Ges hinnehmen, BGH **43**, 385, dazu Konzen AcP 172 (**72**) 317. Verstoß gegen § 114 (durch Unterlassung) und zugleich § 112, wenn Gfter-Geschäftsführer GesGeschäfte anderswohin leitet, Mithaftung eines Nicht-Geschäftsführer-Gfters, der den Vertragsverstoß eines Geschäftsführer-Gfters fördert s Anm 2 A.

E. Ersatz für **Aufwendungen** und **Schäden** § 110 (der § 670 BGB ersetzt und darüberhinausgeht), **Vorschuß** § 669 BGB (s § 110 Anm 1), **Vergütung** („Gehalt") § 110 Anm 4, **Zinspflicht** § 111 (der § 668 BGB ersetzt). Die Pflicht zur **Herausgabe** alles durch die Geschäftsführung Erlangten (§ 667 BGB) gilt zB für Zuwendungen seitens der Kundschaft (Schmiergelder), RG **99**, 31.

F. Der für den Ausfall eines geschäftsführenden Gfters (zB durch Kfz-Unfall) verantwortliche **Dritte** haftet nicht der Ges für ihr dadurch entstandenen Schaden, Celle MDR **60**, 400.

[Geschäftsführung durch mehrere Gesellschafter]

115 ^I Steht die Geschäftsführung allen oder mehreren Gesellschaftern zu, so ist jeder von ihnen allein zu handeln berechtigt; widerspricht jedoch ein anderer geschäftsführender Gesellschafter der Vornahme einer Handlung, so muß diese unterbleiben.

^{II} Ist im Gesellschaftsvertrage bestimmt, daß die Gesellschafter, denen die Geschäftsführung zusteht, nur zusammen handeln können, so bedarf

§ 115 1

es für jedes Geschäft der Zustimmung aller geschäftsführenden Gesellschafter, es sei denn, daß Gefahr im Verzug ist.

1) Gesetzliche Regelung

A. Nehmen mehrere Gfter an der Geschäftsführung teil, so ist nach der gesetzlichen Regel jeder von ihnen im ganzen Bereich der Geschäftsführung **allein** zu handeln berechtigt (er kann auch idR die Ges allein gegenüber Dritten vertreten, § 125 I), auch verpflichtet, wenn Abstimmung mit den MitGftern (vgl B, C) nicht möglich. Das Alleinhandlungsrecht deckt nicht bewußte Übergehung des MitGfters, von dem Widerspruch (s Anm B) zu erwarten ist; auf dessen Verlangen ist die Maßnahme rückgängig zu machen; der MitGfter kann dies auch selbst tun (auch gegen den Widerspruch des anderen); BGH BB **71**, 759 (Kündigung des Sohnes des MitGfters, Aufhebung der Kündigung durch diesen).

B. Ein Geschäftsführer darf aber nicht gegen **Widerspruch** eines Mitgeschäftsführers handeln. Der Widerspruch muß dem Handelnden erklärt sein; er darf zwar mehrere Geschäfte oder alle Geschäfte bestimmter Art, aber nicht die ganze Tätigkeit des Mitgeschäftsführer betreffen, RG **84**, 139, ist frei bis zur Vornahme der Handlung, idR ausgeschlossen durch frühere Zustimmung. Der widersprechende Geschäftsführer (nicht ein nichtgeschäftsführender Mitgeschäftsführer, RG DR **44**, 575, s § 116 Anm 1 D) hat klagbaren, im Eilfall mit einstweiliger Verfügung durchsetzbaren Anspruch gegen den Mitgeschäftsführer auf Unterlassen der Handlung. Handeln gegen Widerspruch ist Überschreitung der Geschäftsführungsbefugnis (§ 114 Anm 3). Das Widerspruchsrecht ist selbst Teil des Rechts zur Geschäftsführung, es kann durch beharrliche Untätigkeit in der Geschäftsführung verwirkt werden, außer gegen pflichtwidrige Maßnahmen der Mitgeschäftsführer; ähnlich BGH BB **72**, 551 für GbR. Bedeutung des Widerspruchs für Vertretungsmacht des Handelnden s § 126 Anm 3 A.

C. Das Widerspruchsrecht ist als Teil der Geschäftsführungsbefugnis ausschließlich im GesInteresse auszuüben. Der Widerspruch ist (nur) dann **unbeachtlich,** wenn darin pflichtwidrige Verletzung des GesInteresses gesehen werden kann, BGH NJW **86**, 844; Bsp: Widerspruch gegen gesetzlich gebotene Handlungen; von seiten eines Gfters, gegen den ein Anspruch der Ges erhoben, BGH BB **74**, 996, oder dem gegenüber für die Ges ein Rechtsgeschäft vorgenommen werden soll, zB Vertragskündigung, str, vgl § 119 Anm 1 B über Stimmausschluß bei GfterBeschlüssen; gegen unerläßliche Maßnahmen zur Erhaltung der Ges und ihres Vermögens, zB Zahlung eines Wechsels zur Vermeidung von Protest und Konkursantrag (entspr Anwendung § 744 II BGB betr Verwaltung eines gemeinschaftlichen Gegenstands, BGH **17**, 183); wenn der Widersprechende sich aus Eigennutz über das GesInteresse hinwegsetzt, RG **158**, 310, **163**, 39, BGH BB **56**, 92, **71**, 759; **nicht:** wenn die Maßnahme, der Gfter widersprach, im Rückblick zweckmäßig erscheint; wenn beim Widerspruch auch persönliches Interesse (neben dem der Ges) mitwirkt, BGH NJW **86**, 844; bei kfm Ermessensentscheidungen hat der widersprechende Gfter einen gerichtlich nur beschränkt überprüfbaren Ermessensspielraum, BGH NJW **86**, 844. Wer Unwirksamkeit des Widerspruchs behauptet (zB der Mitgeschäftsführer, der trotz Widerspruch handelte), muß im Streitfall die Gründe bewei-

1. Abschnitt. Offene Handelsgesellschaft 1 § 116

sen. Ein schuldhaft pflichtwidrig widersprechender Mitgeschäftsführer macht sich ebenso wegen Verletzung der Geschäftsführungspflicht haftbar, wie der, der den Widerspruch schuldhaft pflichtwidrig unterläßt.

D. Ein Recht auf **Zustimmung** besteht idR nicht, der Gfter mit Alleingeschäftsführungsrecht braucht sie idR nicht, doch kann Treuepflicht (§ 109 Anm 5) sie gebieten (zB wenn ein Dritter nicht ohne sie mit der Ges abschließen will).

2) Vertragliche Regelung

A. Der **Gesellschaftsvertrag** kann die Geschäftsführung durch mehrere abw von § 115 I regeln. Bsp: Gesamtgeschäftsführung: § 115 II (gesetzliche Regel für GbR, § 709 I BGB); Ausschluß des Widerspruchs des Mitgeschäftsführers (so daß jeder Geschäftsführer nach seiner Entschließung für die Ges handeln darf), wohl außer im direkten Gegensatz zum Handeln des Mitgeschäftsführers; Gesamtbefugnis einiger, Alleinbefugnis anderer Geschäftsführer; Mehrheitsentscheid der Geschäftsführer (ähnlich Vorstandsbeschluß der AG); Unterscheidung nach Arten von Geschäften, nach Sachgebieten (Ressorts), dh mit Ausschluß (entsprechend § 114 II) der Geschäftsführungsbefugnis (auch des Widerspruchsrechts nach § 115 I) des B im Ressort des A und umgekehrt und entsprechend geteilter Verantwortung und Haftung (im Gegensatz zur schlichten Arbeitsteilung unter Gftern mit gemeinsamer Geschäftsführung), vgl Schwamberger BB **63,** 279; Bindung einzelner an Mitwirkung von Mitgeschäftsführern, Prokuristen, Dritten; Gewährung von Überwachungs- und Widerspruchsrecht an Dritte, BGH NJW **60,** 963.

B. **Gesamtgeschäftsführung** (§ 115 II) verlangt zu jedem Geschäft Zustimmung (nicht notwendig Mitwirkung) aller Geschäftsführer, bei Gefahr im Verzug derjenigen, deren Zustimmung schnell genug erhältlich. Die Zustimmung ist nur aus wichtigem Grunde widerruflich. Gesamtgeschäftsführung verlangt **gemeinsame Beratung** der ganzen Geschäftsführung.

[Umfang der Geschäftsführungsbefugnis]

116 **¹ Die Befugnis zur Geschäftsführung erstreckt sich auf alle Handlungen, die der gewöhnliche Betrieb des Handelsgewerbes der Gesellschaft mit sich bringt.**

II Zur Vornahme von Handlungen, die darüber hinausgehen, ist ein Beschluß sämtlicher Gesellschafter erforderlich.

III Zur Bestellung eines Prokuristen bedarf es der Zustimmung aller geschäftsführenden Gesellschafter, es sei denn, daß Gefahr im Verzug ist. Der Widerruf der Prokura kann von jedem der zur Erteilung oder zur Mitwirkung bei der Erteilung befugten Gesellschafter erfolgen.

1) Gewöhnliche Handlungen (I)

A. Die Geschäftsführung berechtigt zu allen Handlungen des gewöhnlichen Betriebs des, das heißt dieses, Unternehmens. **Gewöhnliche Geschäfte** sind iZw alle Geschäfte im HdlZweig, der den Gegenstand des Unternehmens bildet, zB auch übliche Kreditgewährung.

§ 116 2, 3   II. Buch. Handelsgesellschaften und stille Gesellschaft

B. Der Gegensatz sind **außergewöhnliche** Geschäfte, dh solche mit Ausnahmecharakter nach Inhalt oder Zweck oder Bedeutung oder Risiko, bei Beachtung der besonderen Verhältnisse der Ges und der Zeitumstände, RG **158**, 308, BGH LM § 116 Nr 1. Außergewöhnlich sind zB regelmäßig besonders gefährliche Geschäfte; Bauausführungen auf dem Geschäftsgrundstück, vgl RG **109**, 57; Ersteigerung von Grundstücken, RG LZ **14**, 580; Einrichtung von Zweigniederlassungen; Verkauf von als Notrücklage aufbewahrten Wertpapieren, RG JW **30**, 706; Übertragung des GesVermögens, RG **162**, 372; Aufnahme eines stillen Gfter s § 230 Anm 4. Eine sonst noch gewöhnliche Maßnahme kann ungewöhnlich sein, wenn sie eine schwere Interessenkollisionsgefahr begründet, BGH BB **73**, 213 (Einkauf-Zusammenlegung mit Unternehmen des GeschäftsführerGfters persönlich); typische Interessenkollission, zumal bei gesellschaftsvertraglicher Gestattung des Selbstkontrahierens (§ 181 BGB), genügt dafür aber nicht, BGH **76**, 163. Was bei der Ges als ungewöhnlich zu werten ist, muß das nicht auch bei einer TochterGes sein, BGH BB **73**, 214.

C. **Grundlagengeschäfte** (vgl § 126 Anm 1 D) betr Gestaltung des Ges-Verhältnisses selbst sind weder gewöhnliche noch außergewöhnliche Geschäfte der Geschäftsführung, BGH **76**, 164, sondern bedürfen der Zustimmung aller Gfter, sofern GesVertrag nichts anderes vorsieht (s § 114 Anm 1 A). Aufstellung des Jahresabschlusses, dh Vorbereitung bis zur Beschlußreife, gehört zur Geschäftsführung, die Wahl des Abschlußprüfers (nach § 6 PublG) und die Feststellung (Billigung) der Bilanz erfolgen dagegen als Grundlagengeschäfte, BGH **76**, 338 (vgl § 164 Anm 1 B).

D. Bei pflichtwidrigen einfachen Geschäften nur Schadensersatz-, **kein Unterlassungsanspruch** der nicht geschäftsführungsberechtigten Gfter (Grund: Funktionsfähigkeit), BGH **76**, 160, anders uU wenn dies wegen besonderer Umstände zur Erhaltung des gemeinsamen Vermögens erforderlich ist (§ 744 II BGB), BGH **76**, 168.

2) Außergewöhnliche Handlungen (II)

Sie setzen einen **Beschluß sämtlicher Gesellschafter** (§ 119), auch der nicht geschäftsführenden voraus. Dessen Ausführung ist dann Recht und Pflicht der Geschäftsführer. Eine Ausnahme entspr § 115 II (bei Gefahr im Verzug) ist im § 116 nicht gemacht; aber unerläßliche außergewöhnliche Erhaltungsmaßnahmen sind bei Unmöglichkeit rechtzeitiger Beschlußfassung auch ohne sie erlaubt, uU geboten, § 744 II BGB, vgl § 114 Anm 1 D; ebenso wenn ausnahmsweise Pflicht der MitGfter zur Zustimmung anzunehmen ist, BGH WM **73**, 1294, vgl § 115 Anm 1 C, D. Das Erfordernis des GfterBeschlusses berührt nicht die Vertretungsmacht (Außenverhältnis, §§ 125ff); daher prüft zB der Grundbuchrichter bei Eintragung eines Geschäfts vertretungsberechtigter Gfter nicht, ob es außergewöhnlich ist, ein GfterBeschluß erforderlich war und ob dieser gefaßt wurde, KGJ 23 A 122.

3) Erteilung und Widerruf einer Prokura (III)

A. **Erteilung** einer Prokura ist idR gewöhnliches Geschäft (I), nicht ungewöhnliches (II), bedarf aber nach III 1 (abw von § 115 I, entspr § 115 II) der **Zustimmung aller geschäftsführenden Gesellschafter** außer bei Gefahr im Verzug (wenn Schaden droht infolge ungenügender Vertretung

1. Abschnitt. Offene Handelsgesellschaft **§ 117**

der Ges, die nur durch Erteilung der Prokura bestellt werden kann), dann darf, muß uU jeder Geschäftsführer den Prokuristen bestellen, die Zustimmung ist unverzüglich nachträglich einzuholen, erforderlichenfalls ist die Prokura zu widerrufen. Auch dieses Erfordernis (vgl II) gilt nur im Innenverhältnis, vgl § 126 I (die gewöhnliche Vertretungsmacht der Gfter schließt Prokuraerteilung und Widerruf ein), es berührt also zB nicht den Registerrichter bei Eintragung der vom vertretungsberechtigten Gfter erteilten Prokura, RG **134**, 307, BGH **62**, 169. **Anmeldung** zum HdlReg s § 53.

B. **Widerrufen** darf die Prokura **jeder geschäftsführende Gesellschafter**, auch bei Gesamtgeschäftsführung, obwohl er dort nicht allein erteilen könnte. Gleich bleibt, ob die anderen Gfter widersprechen; III macht eine Ausnahme zu § 115. Ist die Prokura auf Widerruf gelöscht, so ist sie auf Wiederanmeldung durch einen vertretungsberechtigten Gfter (die manche für zulässig halten) nicht wiedereinzutragen, denn sie wäre auf erneuten Widerruf sofort wieder zu löschen, BayObLG HRR **28**, 638. So freilich nur, wo eine gesellschaftsvertragliche Bindung fehlt, denn bei ihr verstieße erneuter Widerruf gegen die Treuepflicht (oder wäre Rechtsmißbrauch), RG **163**, 39. Auch willkürlicher oder gesellschaftsschädlicher Widerruf durch einen Gfter kann die Treuepflicht verletzen und andere zur Versagung der Mitwirkung bei Anmeldung berechtigen, RG DR **42**, 1698. Widerruf der im GesVertrag einem Kdtisten erteilten Prokura s § 170 Anm 2 B.

C. Auf **Erweiterung** einer Prokura ist III 1, auf **Beschränkung** III 2 (str) entspr anzuwenden. Unter I fällt idR Erteilung und Widerruf einer **Handlungsvollmacht** (§ 54).

4) Vertragliche Regelung

Der GesVertrag kann zwischen Einzel- und Gesamtgeschäftsführung wählen (und beide kombinieren), § 115, den Umfang der Geschäftsführungsbefugnis (für einen oder mehrere Geschäftsführer) abw vom Gesetz regeln, insbesondere das Erfordernis des Gfter-Beschlusses (§ 116 II) erweitern (auf nicht außergewöhnliche Geschäfte bestimmter Art) oder beschränken (auf außergewöhnliche Geschäfte bestimmter Art unter Ausschluß der anderen) und die Voraussetzungen von Erteilung und Widerruf der Prokura ändern, zB (häufig) den Widerruf ebenso an Zustimmung der Mitgeschäftsführer binden wie die Erteilung (ohne Wirkung im Außenverhältnis, RG **163**, 37). Wenn GesVertrag für Maßnahmen bestimmter Art Zustimmung der Nichtgeschäftsführer fordert, gilt dies iZw auch soweit Geschäftsführer die Rechte der Ges in bezug auf gleichartige Maßnahmen einer hundertprozentigen TochterGes ausübt, BGH BB **73**, 214.

[Entziehung der Geschäftsführungsbefugnis]

117 Die Befugnis zur Geschäftsführung kann einem Gesellschafter auf Antrag der übrigen Gesellschafter durch gerichtliche Entscheidung entzogen werden, wenn ein wichtiger Grund vorliegt; ein solcher Grund ist insbesondere grobe Pflichtverletzung oder Unfähigkeit zur ordnungsmäßigen Geschäftsführung.

§ 117 1, 2   II. Buch. Handelsgesellschaften und stille Gesellschaft

1) Entziehung der Geschäftsführung

A. Die Geschäftsführung ist entziehbar durch Urteil auf Klage der MitGfter (§ 712 I BGB: durch GfterBeschluß; vertragliche Abweichung von § 117, s Anm 5). Dies gilt auch gegen den einzigen Geschäftsführenden (vgl § 114 II), auch den einzigen phG der KG (vgl § 164), BGH **51**, 201, NJW **84**, 173; sie fällt dann iZw an die Gesamtheit aller Gfter; Verbindung der Entziehungsklage mit Klage auf Zustimmung zu geeigneter anderer vertraglicher Regelung ist möglich, BGH **51**, 201, vgl § 105 Anm 2 G, § 114 Anm 2. Entziehung der Vertretungsmacht s § 127; Verbindung beider Entziehungen s § 127 Anm 1 A.

B. Anders als nach § 712 I BGB (Unentziehbarkeit der gesetzlichen Gesamtgeschäftsführung) kann **jede Art** Geschäftsführungsrecht (vollständig oder zT, s Anm 2) entzogen werden, auch das des einzigen Geschäftsführenden, vgl Anm A, auch das durch Vertrag abw von § 164 dem Kdtisten gewährte, RG **110**, 418, Kln BB **77**, 465. Vgl § 164 Anm 1 A. Entspr anwendbar ist § 117 auf **einzelne** die Geschäftsführung betreffende **Rechte,** zB vertragliches Veto- oder anderes Mitwirkungs- oder Kontrollrecht nicht geschäftsführender Gfter, Kln BB **77**, 465, Felix NJW **72**, 853; nicht auf das gesetzliche Informationsrecht nach § 118, s dort Anm 1 C. Nicht § 117, sondern Dienstvertragsrecht gilt für geschäftsführende **Nichtgesellschafter** (vgl § 114 Anm 2); idR darf die Ges auf ihre Dienste jederzeit, ohne wichtigen Grund und ohne Prozeß, verzichten, unbeschadet ihres Anspruchs auf die Vergütung, § 615 BGB. Nur der phG selbst fällt unter §§ 117, 127; nicht auch dessen (GmbH-)Geschäftsführer, insoweit auch keine auf Wirkungskreis der OHG beschränkte Entziehung entspr §§ 117, 127 (anders bei GmbH & Co), Hopt ZGR **79**, 9.

C. Zur Entziehung bedarf es (vgl § 712 I BGB) eines **wichtigen Grundes.** Dies ist insbesondere grobe Pflichtverletzung durch den Geschäftsführenden (Bsp: Antrag auf GesKonkurs aus persönlichen Motiven, Düss JW **32**, 1671, hartnäckige Nichtbeachtung der Mitwirkungsrechte anderer Gfter, BGH NJW **84**, 173) oder Unfähigkeit zur ordnungsmäßigen Geschäftsführung (Bsp: dauernde Krankheit). Vgl §§ 127, 133, 140, 142 (s dort). Auch für § 117 ist das Verhalten des Klägers von Bedeutung BGH **LM** § 117 Nr 1. Zum „kann" in § 117 s RG **122**, 314, **146**, 179.

D. § 117 verlangt den Antrag **aller Gesellschafter,** mitgeschäftsführend oder nicht. Möglich ist Klage gegen Gfter X auf Entziehung, zugleich gegen den zu Unrecht (zB gegen vertraglich maßgebenden Mehrheitsbeschluß oder treuwidrig) die Mitwirkung verweigernden Y auf Zustimmung. Vgl § 140 Anm 3 A (betr Ausschließung).

E. Mit Entziehung der Geschäftsführung entfällt auch die für sie ausgesetzte **Vergütung** (§ 110 Anm 4) oder, wenn (bei Geschäftsführung aller Gfter) eine besondere Vergütung für die Geschäftsführung nicht ausgesetzt war, kommt sie jetzt in angemessener Höhe den nunmehr allein geschäftsführenden MitGftern zu, str.

2) Beschränkung der Geschäftsführung

Auch im Entziehungsprozeß nach § 117 (und idR § 127, s dort) ist zu prüfen, ob eine weniger einschneidende Maßnahme genügt und möglich, auch dem Beklagten zumutbar ist, zB eine bestimmte Beschränkung seiner

1. Abschnitt. Offene Handelsgesellschaft 3–5 § 117

Geschäftsführungsbefugnis statt ihrer Entziehung; s OGH **1**, 33, BGH **51**, 203; einschränkend Fischer NJW **59**, 1057, GroßKo-Fischer 26, Lukes JR **60**, 47 (vgl § 133 Anm 2 D, § 140 Anm 2 E, § 142 Anm 1 B). Möglich ist auch von vornherein Klage auf solche Beschränkung statt der Entziehung.

3) Neuordnung der Geschäftsführung

Macht die Entziehung eine Neuordnung der Geschäftsführung nötig, zB weil kein Geschäftsführender bleibt oder von zwei Geschäftsführern mit Gesamtgeschäftsführung der verbleibende nun ohne Mitgeschäftsführer ist (und auch nicht ohne weiteres Alleingeschäftsführer wird), und hat der GesVertrag nicht für solchen Fall vorgesorgt, einigen die Gfter (samt dem nach § 117 Beklagten) sich auch nicht ad hoc auf eine Neuordnung, so ist uU jeder Gfter (auch der Beklagte) **verpflichtet**, zur Erhaltung der Ges einem sachgemäßen, zumutbaren Neuordnungsvorschlag **zuzustimmen**; vgl § 105 Anm 2 G. Die Klage auf diese Zustimmung kann mit der Klage auf Entziehung (und ggf Zustimmung zur Entziehung, vgl. Anm 1 D) verbunden werden. Kommt auch so die Neuordnung nicht zustande, kann jeder Gfter Auflösung der Ges (§ 133), uU Ausschließung des die Neuordnung vereitelnden (§ 140) verlangen. Der Mangel ordnungsmäßiger Geschäftsführung macht die Ges nicht unvertreten; dazu § 125 Anm 1 C, D.

4) Verfahren

A. Das Geschäftsführungsrecht erlischt (oder wird beschränkt) **mit Rechtskraft** des entziehenden Urteils. Möglich ist im Prozeß Beschränkung (auch vorläufige Entziehung) durch **einstweilige Verfügung,** dazu Semler BB **79**, 1533, uU (vor allem im Prozeß gegen den einzigen Geschäftsführenden, s Anm 1 A) mit Bestellung eines Dritten als Geschäftsführer (auch mit Vertretungsmacht, s § 125 Anm 1 C). Aufsicht des Vollstreckungsgerichts iZw entsprechend Pflegschaftsrecht, Hamm MDR **51**, 742. Umgekehrt einstweilige Verfügung gegen Drohung mit Entziehung durch Abberufung als Geschäftsführer einer GmbH, deren AlleinGfter die KG ist, Kln BB **77**, 464, vgl § 164 Anm 1 A. Zum Verfahren s auch § 140 Anm 3.

B. Möglich ist **Schiedsabrede** (s Einl IV 3 Ab vor § 1), für die Entziehungsklage, RG **71**, 255, wie für den Streit über vertraglich (s Anm 5 B) zugelassenen Entziehungsbeschluß. Anmeldung der Entziehung durch Schiedsspruch erst nach dessen Vollstreckbarerklärung (§§ 1042ff ZPO, trotz § 16 HGB). Eilmaßnahmen iSv §§ 916ff ZPO stets nur durch das ordentliche Gericht, RG JW **28**, 1494, BGH ZZP **71**, 436; weitergehend Lindacher ZGR **79**, 201. Der Schiedsvertrag kann aber dem Schiedsgericht erlauben, bei Verfahrensbeginn Enthaltungspflicht, auch vorläufige Entziehung auszusprechen, Erman FS Möhring **65**, 3.

C. Mehrere Kläger sind notwendige Streitgenossen, § 62 ZPO, RG **122**, 315. Verbindung der Klagen auf Entziehung, Zustimmung zur Entziehung, Zustimmung zur Neuordnung der Geschäftsführung: s Anm 1 D, 3.

5) Vertragliche Regelung

A. Der GesVertrag kann die Entziehung der Geschäftsführung **erschweren,** zB durch einengende Umschreibung der Entziehungsgründe, durch (zusätzliches) Erfordernis eines GfterBeschlusses (mit qualifizierter oder einfacher Mehrheit) oder der Vorprüfung durch Schiedsgutachter usw., wohl auch ganz **ausschließen**, maW gegen einen untreuen Geschäftsführer-Gfter nur Ausschließung gestatten (§§ 140, 142, was Auszahlung verlangt, uU mit Aufrechnung von Schadensersatz) oder Auflösung der Ges (§ 133), abw RG JW **35,** 696.

B. Der GesVertrag kann die Entziehung der Geschäftsführung auch **erleichtern,** zB durch Aufstellung absoluter (nicht im Streitfall auf ,,Wichtigkeit" nachprüfbarer) Entziehungsgründe, kann auch das gerichtliche Verfahren streichen, also Entziehung durch GfterBeschluß zulassen (wie nach § 712 I BGB), mit einfacher oder qualifizierter Mehrheit aus wichtigem Grunde oder auch nach freiem Ermessen der MitGfter, RG HRR **40,** 1074. Im Streitfall stellt das Gericht dann nur die Wirksamkeit der Entziehung fest, spricht diese nicht aus. S auch § 140 Anm 1 F (Herabstufung zum Kommanditisten, ohne Geschäftsführungsrecht).

6) Niederlegung der Geschäftsführung

A. Hierfür gilt

BGB 712 [Entziehung und Kündigung der Geschäftsführung]

^{II} Der Gesellschafter kann auch seinerseits die Geschäftsführung kündigen, wenn ein wichtiger Grund vorliegt; die für den Auftrag geltenden Vorschriften des § 671 Abs. 2, 3 finden entsprechende Anwendung.

§ 712 II BGB dürfte wie § 712 I BGB nur für die durch Vertrag gewährte, nicht schon auf dem Gesetz beruhende Geschäftsführung gelten. Entspr dem auf jede Art Geschäftsführungsrecht anwendbaren § 117 (s Anm 1) ist aber in OHG, KG auch das Recht zur Niederlegung der gesetzlichen Geschäftsführung (§§ 114 I, 115 I) anzuerkennen, hM, Weimar JR **77,** 234.

B. Der Geschäftsführer muß einen **wichtigen Grund** zur Niederlegung haben, § 712 II BGB vgl §§ 626, 671 III BGB, §§ 70, 89a HGB, sonst verletzt sie seine Pflicht zur Geschäftsführung. Auch dann darf er (bei Schadensersatzpflicht) idR nicht zur Unzeit niederlegen (so daß die Ges nicht für die Weiterführung der Geschäfte angemessen sorgen kann), anders wenn er wichtigen Grund zu Niederlegung gerade in solchem Zeitpunkt hat, §§ 712 II, 671 II BGB.

C. Die Niederlegung kann durch den **Gesellschaftsvertrag** beliebig erleichtert, aber nicht erschwert werden, §§ 712 II, 671 III BGB. Möglich ist Vorausbestimmung ,,wichtiger" Niederlegungsgründe (und solcher Tatsachen, die es nicht sein sollen), vgl bei §§ 70, 89a. Ein erweitertes (nicht von wichtigem Grunde abhängiges) Niederlegungsrecht kann an beschränkende Voraussetzungen (zB Kündigungsfristen) gebunden werden.

[Kontrollrecht der Gesellschafter]

118 ^I **Ein Gesellschafter kann, auch wenn er von der Geschäftsführung ausgeschlossen ist, sich von den Angelegenheiten der Gesellschaft persönlich unterrichten, die Handelsbücher und die Papiere der Gesellschaft einsehen und sich aus ihnen eine Bilanz und einen Jahresabschluß anfertigen.**

^{II} **Eine dieses Recht ausschließende oder beschränkende Vereinbarung**

1. Abschnitt. Offene Handelsgesellschaft **1 § 118**

steht der Geltendmachung des Rechtes nicht entgegen, wenn Grund zu der Annahme unredlicher Geschäftsführung besteht.

1) Gesetzliche Regelung

A. Nach §§ 666, 713 BGB schulden die geschäftsführenden den Mit-Gftern Nachricht, Rechenschaft und (auf Verlangen) Auskunft, vgl § 114 Anm 3. § 118 gibt darüber hinaus jedem einzelnen Gfter ein Recht, sich unmittelbar zu unterrichten, also ein allgemeines individuelles Informationsrecht; auch in der Liquidation, KG HRR **32,** 1142; auch dem mit der Erfüllung eigener GfterPflichten Säumigen außer bei Mißbrauch, LZ **18,** 66; auch dem ausgeschiedenen Gfter bis zum Ende der Auseinandersetzung, RG **148,** 280, BGH BB **70,** 187. Angelegenheiten der Ges sind nicht nur solche in der Ges, sondern zB auch ihre Konzernbeziehungen, BGH WM **83,** 911. Mißbrauchsverbot, Treu und Glauben, Zweck des Rechts begrenzen die Kontrolle, RG **148,** 280, BGH **10,** 387, **25,** 120, BB **70,** 187. S Anm B–D. Das Kontrollrecht nach § 118 ist nicht entziehbar (beschränkbar) nach § 117, Peters NJW **65,** 1212. KG: § 166; stGes: § 233; GbR: § 716 BGB (dem § 118 inhaltlich entspricht), dazu BGH BB **70,** 187. Über Kritik von Gftern an der Geschäftsführung anderer Gfter s § 109 Anm 3 E. Monographie: K. Schmidt 1984.

B. Des näheren darf der Gfter: Geschäftsräume betreten; Anlagen, Einrichtungen, Sachen besichtigen; die HdlBücher einsehen (auch Privatbücher eines Gfters, in denen GesGeschäfte verzeichnet sind, RG **103,** 72, BGH BB **70,** 187); die sonstigen „Papiere", besonders Verträge, Korrespondenzen, Aktenvermerke, einsehen; sich aus den HdlBüchern und Papieren eine Bilanz und einen Jahresabschluß (nF 1986, Anpassung an § 242 III) anfertigen; dazu und als Gedächtnisstütze (nicht zur Mitteilung an Dritte) sich aus Büchern und Papieren Abschriften machen (idR nicht: solche fordern); auch **Geheimsachen** (zB Rezepte, Zeichnungen, Modelle, Apparaturen) sehen, sie aber wohl grundsätzlich nicht kopieren, was für den Gfter (der sie wieder sehen kann) nicht wesentlich ist, für die Ges aber gefährlich sein kann; von den Geschäftsführern erläuternde Auskunft fordern (RG JW **07,** 523). Das Kontrollrecht kann zum Auskunftsrecht des einzelnen Gfter (nicht nur aller, s § 114 Anm 3) erstarken, wenn dieser sich aus den Büchern keine Klarheit verschaffen kann, BGH WM **83,** 911.

C. Das Informationsrecht des Gfters richtet sich gegen die Ges, BGH BB **62,** 899; wenn nötig, auch gegen den (die) geschäftsführenden Gfter, BGH WM **83,** 911. Es ist grundsätzlich nur persönlich **ausübbar,** BGH **25,** 122, BB **62,** 899; ggf durch gesetzliche Vertreter; im (früher gesetzlichen, jetzt vertraglichen) ehelichen Güterstand mit Verwaltung eingebrachten Guts der Frau durch den Mann durch diesen, OGH **1,** 33. Der einsichtsberechtigte Gfter darf, wenn sonst sachgerechte Information nicht möglich, einen geeigneten **Sachverständigen** zuziehen (nicht diesem schlicht die Ausübung übertragen), BGH **25,** 112, BB **62,** 899. Geeignet ist idR nur, wer berufsrechtlich zur Verschwiegenheit verpflichtet (zB Wirtschaftsprüfer, Rechtsanwalt, vereidigter Buchprüfer), BGH BB **62,** 899. Ein Sachverständiger kann aus Gründen des Einzelfalls von der Ges ablehnbar sein, nicht allein wegen ständiger enger Verbindung mit dem einsichtsberechtigten Gfter, aber zB wenn er für Verleumdung in der Klagschrift verantwortlich ist oder nachweislich schon Störenfried in anderen Ges war, BGH BB **62**, 900. Einsicht uU nur durch Sachverständigen, mit Verschwiegenheitspflicht auch gegenüber Kläger in bezug auf ihm nicht zustehende Informationen, zB bei Einsicht in Gfter-(nicht Ges-)Bücher, zumal wenn Gfter Wettbewerber ist, BGH BB **70**, 187. Bestellung des Sachverständigen notfalls durch das Gericht, BGH BB **70**, 187. Übersicht: Goerdeler FS Stimpel **85**, 125.

D. Einsicht ist nach **Ort, Zeit, Weise** (der gegenseitigen Treuepflicht entspr, vgl BGH BB **62**, 900) zu bestimmen, zu möglichst reibungsloser Durchführung, idR in den Geschäftsräumen, uU anderswo, Kln BB **61**, 953. **Kosten** trägt grundsätzlich der einsehende Gfter (dagegen trägt die Ges die Kosten von Bericht, Auskunft, Rechenschaft nach §§ 666, 713 BGB; § 114 Anm 3); uU Schadensersatzanspruch des Gfters gegen Ges u/o MitGfter auf Erstattung (wenn Prüfung Verstoß ergibt).

E. Einstweilige Verfügung, zB auf Sicherstellung von Büchern und Papieren ist möglich. **Vollstreckung** des Rechts auf Einsicht in Urkunden (Vorlage dieser) nach § 883 (nicht § 888) ZPO (ähnlich Herausgabe), Hamm BB **73**, 1600, str.

2) Vertragliche Regelung

Der GesVertrag kann die Kontrollrechte nach § 716 BGB, § 118 HGB **erweitern** (zB zugunsten ausgeschiedener Gfter und Gfter-Erben zu Zwecken ihrer Abfindung), (zB im Interesse der Geheimhaltung von Geheimnissen) **beschränken** oder ganz **ausschließen**, jedoch nach II nicht soweit der Gfter **Grund zur Annahme unredlicher Geschäftsführung** (bewußter Schädigung der Ges durch einen Geschäftsführer) dartut (iS der ZPO glaubhaft macht).

3) Ausgeschiedene Gesellschafter

A. § 118 gilt **nicht** für ausgeschiedene Gfter. Sie haben betr Geschäftsvorfälle vor ihrem Ausscheiden (zB zur Bestimmung der Abfindung, § 138 Anm 5 E; betr Beteiligung an schwebenden Geschäften s § 138 Anm 6) das Einsichtsrecht nach § 810 BGB (s Anm B) und das Auskunfts- und uU Einsichtsrecht aus § 242 BGB (s Anm C); üM, vgl entspr BGH zu § 233 (stGes, s dort); aber Hbg, Hamm MDR **61**, 325, **70**, 596 zu § 166 (Kdtist, s dort). Nicht eindeutig für Vorgänge vor Ausscheiden RG **117**, 332. Vgl auch OGH **4**, 42. Möglich abw Vereinbarung im GesVertrag oder ad hoc (zB beim Ausscheiden), zB Erstreckung der Rechte nach § 118 bis Ende der Auseinandersetzung. Vgl BGH BB **61**, 1341: Ausscheiden auf 30. 6., Vereinbarung der Prüfung auf diesen Termin, schließt Prüfung des Jahresabschlusses (31. 12.) zur Bestimmung des Gewinnanteils 1. 1.–30. 6. ein. Zuziehung von Sachverständigen s auch hier Anm 1 C.

B. **§ 810 BGB**: Grundsätzlich weit auszulegen, BGH s WM **71**, 238, Ffm WM **80**, 1247. Errichtung „im Interesse einer Partei" bedeutet: bestimmt, ihr als Beweismittel zu dienen, mindestens ihre rechtlichen Beziehungen zu fördern, BGH DB **71**, 1416 (verneint für Gläubigerbeirats-Protokolle gegenüber Vergleichsgarant). Für Beurkundung eines Rechtsverhältnisses zwischen dem Einsichtsfordernden und einem anderen genügt eine unmittelbare rechtliche Beziehung des beurkundeten Vorgangs zu dem fragli-

1. Abschnitt. Offene Handelsgesellschaft   1 § 119

chen Rechtsverhältnis, BGH WM **71**, 238 (bejaht für Geschäftsunterlagen gegenüber daraus provisionsberechtigten Dritten). Kein rechtliches Interesse an Einsicht ist das zur ,,Ausforschung" (nicht zur Beweisführung für bestimmte Tatsachen), BGH DB **71**, 1416.

BGB 810 [Einsicht in Urkunden]
 Wer ein rechtliches Interesse daran hat, eine in fremdem Besitze befindliche Urkunde einzusehen, kann von dem Besitzer die Gestattung der Einsicht verlangen, wenn die Urkunde in seinem Interesse errichtet oder in ihr ein zwischen ihm und einem anderen bestehendes Rechtsverhältnis beurkundet ist oder wenn die Urkunde Verhandlungen über ein Rechtsgeschäft enthält, die zwischen ihm und einem anderen oder zwischen einem von beiden und einem gemeinschaftlichen Vermittler gepflogen worden sind.

C. Ebenfalls anwendbar zugunsten ausgeschiedener Gfter bis zur Erledigung der Auseinandersetzung (vgl Anm A) ist das von der Rspr aus § **242 BGB** für alle Vertrags- und gesetzlichen Schuldverhältnisse abgeleitete Recht auf Auskunft; wenn X entschuldbar Bestehen und Umfang seiner Rechte nicht kennt, Y darüber unschwer Auskunft geben kann; dazu, wenn Auskunft nicht hinreichend klären kann, auch Einsicht. Vgl BGH **14**, 56 (GmbHGfter, Büchereinsicht), DB **62**, 766, **71**, 380, 1416, WM **71**, 238. Anwendung auf Auskunftverlangen von Gfter gegen Gfter in der Liquidation zur Klärung von Rechnungsposten für die Auseinandersetzung s § 145 Anm 1 G.

D. Ein Auskunftsberechtigter (aus §§ 260 I oder 242 BGB, vgl Anm C) hat uU das Recht auf **Offenbarungseid**, § 260 II BGB, nicht grundsätzlich nachrangig dem Bucheinsichtsrecht (abw BGH **32**, 305 für HdlVertreter, s § 87c Anm 3 D), doch kann vor Ausübung dieses das Rechtsschutzinteresse für jenes fehlen, BGH WM **71**, 238.

[Beschlußfassung]

119 ^{I} **Für die von den Gesellschaftern zu fassenden Beschlüsse bedarf es der Zustimmung aller zur Mitwirkung bei der Beschlußfassung berufenen Gesellschafter.**

^{II} **Hat nach dem Gesellschaftsvertrage die Mehrheit der Stimmen zu entscheiden, so ist die Mehrheit im Zweifel nach der Zahl der Gesellschafter zu berechnen.**

1) Erforderlichkeit von Gesellschafterbeschlüssen

A. Eines Beschlusses **aller Gesellschafter** bedarf es: nach spezieller Gesetzesvorschrift zu außergewöhnlichen Geschäftsführungsmaßnahmen, § 116 II, zur einvernehmlichen Auflösung der Ges, § 131 Nr 2, zu verschiedenen Maßnahmen in und nach der Liquidation, §§ 146 I, 147, 152, 157 II 2; nach allgemeinem Recht zur Änderung des GesVertrags (vgl § 105 Anm 2 G); zu Abreden, die von dem ihn ergänzenden (nachgiebigen) Recht abweichen, zur Abweichung im Einzelfall von jenem oder diesem; ggf in noch andern Fällen nach Vorschrift des GesVertrags. – Zulässig sind Gfter-Beschlüsse in allen GesAngelegenheiten, auch solchen, die nach dem Ges-Vertrag einzelnen Gftern zugewiesen sind; sie weichen insoweit wirksam vom Vertrag ab (s oben mit Vorbehalt des zwingenden Rechts und der

413

guten Sitten). Der GesVertrag kann das Beschlußerfordernis auch einschränken, zB abw vom Gesetz in gewissen Fällen einem Gfter die Alleinentscheidung einräumen. Dazu auch Anm 2 D. – Übersicht Stimmrecht, Stimmabgabe, Beschluß: Winnefeld DB **72**, 261.

B. Den Beschluß **aller geschäftsführenden Gesellschafter** verlangen §§ 115 II (Gesamtgeschäftsführung), 116 III (Bestellung von Prokuristen), nicht selten in andern Fällen GesVerträge. Soweit aber (nach Vertrag oder Gesetz) Einzelgeschäftsführung gilt, kann nur ein Beschluß aller Gfter (vgl Anm A), nicht einer der geschäftsführenden allein dies ändern.

C. Den Beschluß **aller Mitgesellschafter** des Betroffenen sehen vor §§ 113 II (Ansprüche aus unzulässigem Wettbewerb), 141 (Ausschließung bei Pfändung und Konkurs); ihre gemeinsame Klage, die idR auf einem Beschluß beruhen wird, §§ 117, 127, 140 (Entziehung, Ausschließung); über Mitverklagen widerstrebender Nichtbetroffener auf Zustimmung § 113 Anm 2, § 117 Anm 1, § 140 Anm 3.

D. Nicht im Gesetz geregelt ist die Frage des **Ausschlusses des Stimmrechts** eines Gfters in andern Fällen der **Interessenkollision** seines persönlichen mit dem GesInteresse. Andere Gesetze bieten Parallelen. Das Stimmrecht entfällt jedenfalls bei Beschluß über (gerichtliche oder außergerichtliche) Geltendmachung eines Anspruchs gegen den Gfter (auch außer Fall § 113 s oben), BGH BB **74**, 996; bei seiner Entlastung oder Befreiung von einer Verbindlichkeit; bei der Einleitung oder Erledigung eines Rechtsstreits mit ihm, BGH WM **83**, 60, vgl §§ 34 BGB, 47 IV GmbHG, 43 III GenG, 136 I AktG. Gleiches gilt wohl auch (entspr BGB, GmbHG, GenG aaO) bei Vornahme eines **Rechtsgeschäfts** mit (gegenüber) einem Gfter (zB Vertrag, Vertragskündigung), so RG **136**, 245 (sogar: Zulassung des Mitstimmens in solchem Falle sei gesetzwidrig, § 134 BGB), heute str, höchstrichterlich nicht geklärt, zweifelnd (insbesondere im Hinblick auf die Änderung des Aktienrechts im Gegensinne: § 114 V AktG 1937, jetzt § 136 I 1 AktG 1965, gegen früher § 252 III HGB) RG **162**, 373, BGH **48**, 256. – Vgl entspr zum Widerspruchsrecht geschäftsführender Gfter § 115 Anm 1 C. – Das Stimmrecht entfällt aus dem Grunde der Interessenkollision nicht bei Beschlüssen über die innere Ordnung der Ges, zB Änderung der Geschäftsführungsbefugnis zum Vorteil oder Nachteil eines Gfters, Ausschließung, auch wenn der Vertrag die Klage durch den MitGfter-Beschluß ersetzt, vgl § 117 Anm 5 B, § 140 Anm 1 B; BGH WM **73**, 844. – Verhältnis Stimmrechtsausschluß zu § 181 BGB s Schilling FS Ballerstedt **75**, 257. RsprÜbersicht: Wank ZGR **79**, 222 (GmbH).

2) Einstimmigkeit und Mehrheit, Stimmrecht

A. Nach gesetzlicher Regel können bei OHG und KG (wie bei der GbR § 709 I BGB) GfterBeschlüsse nur „mit Zustimmung aller zur Mitwirkung bei der Beschlußfassung berufenen Gfter" (darüber Anm 1), also **einstimmig** gefaßt werden.

B. Der GesVertrag kann **Mehrheitsbeschlüsse** zulassen; auch stillschweigend durch längere Übung ohne entsprechende Vertragsbestimmung können es die Gfter, RG **151**, 327, nicht nur für Geschäftsführungsmaßnahmen (vgl Anm 1 D), auch für Änderungen des GesVertrags, zB für Bestellung und Abberufung der Geschäftsführer (§ 114 Anm 2), Entziehung der Geschäftsführung aus wichtigem Grunde (§ 117 Anm 5), Ausschluß (§ 140 Anm 1) und Aufnahme (§ 105 Anm 7) von Gftern, Annahme eines Antrags nach § 139 (dort Anm 3 A). Grenzen setzen §§ 134, 138 BGB (**gute Sitten**). Der Mehrheitsbeschluß darf keine sittenwidrige Abhängigkeit des einzelnen Gfters von der Mehrheit begründen, zB Erhöhung der Einlagepflicht nur in vorausbestimmten Grenzen, RG **91**, 168, **151**, 327, **163**, 391, oder mit Austrittsrecht des Übersstimmten; ähnlich für Verlängerung der Ges BGH DB **73**, 1545 aufgrund § 723 III BGB (s bei § 234 Anm 3 A). **Minderheitsschutz** setzt selbst qualifizierten Minderheitsbeschlüssen Grenzen, zB keine nachteilige **Ungleichbehandlung** eines Gfters gegenüber den anderen ohne seine Zustimmung; kein Eingriff in den **Kernbereich** der GfterPosition; kein rückwirkender **Entzug erworbener Rechte**, zB bereits entstandener Anspruch auf Zinsen, BGH NJW **85**, 974; ebenso Grenzen für Schiedsabreden, vgl Spengler FS Möhring **65**, 165. GesVertragsklauseln über **Zulassung von Mehrheitsbeschlüssen** sind für die Gfter gefährlich und deshalb **eng auszulegen**. Pauschale Mehrheitsklausel deckt nur Beschlüsse über die laufenden GesGeschäfte. Eine pauschal Vertragsänderungen erfassende Mehrheitsklausel deckt nur übliche Vertragsänderungen. Bei Vertragsänderungen mit **ungewöhnlichem Inhalt** muß sich der Beschlußgegenstand **unzweideutig**, sei es auch nur durch Auslegung, aus dem GesVertrag ergeben (**Bestimmtheitsgrundsatz**), BGH **85**, 356 (Umwandlung von KG in GmbH). Dabei handelt es sich nicht um eine bloße Auslegungsregel, sondern um eine formale, grundsätzlich unverzichtbare Regel des Minderheitenschutzes, str, offen BGH **85**, 357. Bsp: Ausschluß, Entziehung der Geschäftsführung oder Vertretung, Aufnahme eines neuen Gfter, nach oben unbegrenzte Beitragserhöhung, Schaffung oder Beseitigung von Sonderrechten; BGH **8**, 39 (Fortsetzung nach Auflösung), **48**, 254 (Änderung von Kündigungsfolgen nach Kündigung), **66**, 85 (KG-„Kapitalerhöhung"), BGH WM **73**, 101 (Abberufung aus Beirat aufgrund Klausel über Entziehung der phG-Stellung und Geschäftsführung), DB **73**, 1545 (Verlängerung der Ges, soweit mit Mehrheit möglich, vgl oben), WM **75**, 663 (Eingriff in schon entstandene GfterAnsprüche, zB Guthabenzinsen), BB **76**, 948 (Bildung von Rücklagen, dazu § 121 Anm 4, NJW **85**, 2830 (Beschränkung der actio pro socio, s § 124 Anm 6 E). Zulassung der Beitragserhöhung durch Mehrheitsbeschluß ist idR nur möglich bei Festsetzung einer Obergrenze, BGH **8**, 39, **66**, 85. RsprÜbersicht: Brändel FS Stimpel **85**, 95. Diese Rspr hat den Bestimmtheitsgrundsatz jedoch zT **überzogen**. Der Schutz des Bestimmtheitsgrundsatzes ist bei der heutigen Kautelarpraxis beschränkt und mit Inflexibilität erkauft. Die **Treuepflicht** der Gfter (§ 105 Anm 2 G, § 109 Anm 5) wird als objektive Schranke für Mehrheitsbeschlüsse **wichtiger**. Auf einen engen Kern reduziert behält der Bestimmtheitsgrundsatz aber auch neben der Treuepflicht seine Funktion; zutr Marburger NJW **84**, 2252. Krit zum Bestimmtheitsgrundsatz Fischer FS Barz **74**, 33, Ulmer BB **76**, 950, Wiedemann JZ **78**, 612, Hennerkes-Binz BB **83**, 713, Leenen FS Larenz **83**, 371. **Sonderregeln** gelten auch nach der Rspr für die kapitalistische KG, s § 161 Anm 1 C, und die Publikums-KG s Anh § 177a Anm VIII 3 C.

C. **Mehrheit der Stimmen** ist iZw Mehrheit **nach Köpfen**, § 119 II. Das bedeutet Mehrheit der stimmberechtigten Mitglieder, Enthaltung wirkt also wie Gegenstimme, str, aA für Verein BGH **83,** 36. Der GesVertrag kann die Mehrheit anders, insbesondere **nach Kapitalanteilen** (s bei § 120) berechnen lassen. Er kann statt einfacher auch (irgendwie) **qualifizierte** Mehrheit fordern oder statt Mehrheit aller Gfter Mehrheit unter einer Mindestzahl von an der Beschlußfassung (deren Form s Anm 3) teilnehmenden Gfter (Quorum, vgl §§ 32 I 3 BGB, 133 I AktG, 47 I GmbHG) ausreichen lassen. Ein mit ausreichender Mehrheit gefaßter Beschluß ist trotzdem unwirksam (weil nicht vertragsgemäß zustande gekommen), wenn nicht **alle Stimmberechtigten** ihre Stimme abgeben und (iZw) auch begründen konnten. Beschlüsse mit ungenügender Mehrheit können (nach Grundsätzen der Verwirkung, § 242 BGB) uU **mangels Widerspruchs** der überstimmten oder zu Unrecht an der Beschlußfassung nicht beteiligten Gfter **wirksam werden,** OGH **4,** 68, BGH DB **73,** 467. Unrichtige Vertretung steht iZw der Nichtbeteiligung gleich, dazu Anm 3 C.

D. Möglich ist **vertraglicher Ausschluß des Stimmrechts** für Kdtisten (wie für GmbHGfter, BGH **14,** 269), außer für Beschlüsse, die in die Rechtsstellung des Kdtisten selbst eingreifen, zB durch Änderung des Anteils der Haftsumme, der Gewinnbeteiligung, des Auseinandersetzungsguthabens (ähnlich dem Schutz der Sonderrechte des GmbHGfters, § 35 BGB, § 53 III GmbHG), BGH **20,** 368; wohl auch für Gfter der OHG und phG in KG, Spengler FS Möhring **65,** 170, in BGH aaO dahingestellt, dazu Comes DB **74,** 2189, 2237. **Ungleiches Stimmrecht** ist wohl idR unbedenklich, außer wenn GesVertrag mit Mehrheit geändert werden kann und das ungleiche Stimmrecht sittenwidrige Abhängigkeit schafft, BGH **20,** 370.

E. Nicht möglich („mit dem Wesen der Gesamthandsgemeinschaft nicht zu vereinbaren", s auch § 717 BGB) ist die **Übertragung des Stimmrechts** (ohne den Anteil) von einem Gfter auf einen MitGfter oder Dritten, auch nicht mit Zustimmung der MitGfter, BGH NJW **60,** 963; auch keine Legitimationszession, offen BayObLG ZIP **86,** 305. Ebenso die Erteilung unwiderruflicher Stimmrechtsvollmacht mit Stimmverzicht des Gfters-Vollmachtgebers, BGH **3,** 357 **(Abspaltungsverbot),** oder mit Verpflichtung dieses, nicht gegen den Willen des Bevollmächtigten zu stimmen; solche nichtig machende Selbstbindung idR nicht aufgrund ergänzender Auslegung (§ 157 BGB), BGH BB **70,** 187; so auch für Kdtisten, auch bei kapitalistisch organisierter KG, BGH **20,** 364 (in Betracht kommt uU Umdeutung in wirksamen Stimmrechtsausschuß, vgl Anm 2 D). Zum Abspaltungsverbot (GmbH) differenzierend Fleck FS Fischer **79,** 107. Möglich ist Gewährung zusätzlichen (entziehbaren) Stimmrechts an NichtGfter (ohne Beschränkung desjenigen der Gfter), entspr § 317 BGB, BGH NJW **60,** 963, auch eines Überwachungs- und Widerspruchsrechts iSv § 115 I, s dort Anm 2 A. S hierzu aber auch § 164 Anm 2 A: gemeinsame Vertretung mehrerer Kdtisten ist möglich, für Gfter der OHG und phG der KG offen, BGH **46,** 297. Ferner: § 109 Anm 6 C („Verwaltung" von GfterRechten), Hueck ZHR 125 (**63**) 1, Martens DB **73,** 413.

F. Bei Beschlüssen über die Geschäftsführung sind die zur Mitwirkung berufenen Gfter auch zur Mitwirkung (Information, Erörterung, Stellungnahme) verpflichtet (§ 705 BGB, bei § 105 Anm 2 A: Zweckförderungspflicht), sog **Stimmpflicht** (uU auch durch Stimmenthaltung erfüllbar),

1. Abschnitt. Offene Handelsgesellschaft 3 **§ 119**

grundsätzlich gleichermaßen wo Mehrheit genügt (vgl Anm B) und wo Einstimmigkeit nötig (aber hier ist Enthaltung nein). UU aus GesVertrag Pflicht zum Stimmen in bestimmtem Sinne (**Zustimmungspflicht**, vgl § 105 Anm 2 G). Die pflichtwidrig abgegebene Stimme ist unwirksam (vgl Anm 3 D). Die zustimmungsbedürftige Maßnahme, der ein Gfter pflichtwidrig nicht zustimmt, ist zulässig ohne seine Zustimmung. Übersicht Hueck ZGR **72**, 237. Bei Vertragsänderung nur ausnahmsweise Mitwirkungs-, erst recht Zustimmungspflicht, vgl § 105 Anm 2 G. Die geschuldete Zustimmung ist durch Urteil ersetzbar (§ 894 ZPO).

G. **Stimmbindung** unter einigen Gftern unter Ausschluß anderer ist (ähnlich wie bei AG, GmbH) zulässig und unter den beteiligten wirksam im Rahmen der guten Sitten (§ 138 BGB) und soweit sie nicht durch diese Bindung ihre Treuepflicht (§ 109 Anm 5) oder Stimmpflicht (vgl Anm F) gegenüber den MitGftern verletzen. Die bindungswidrig abgegebene Stimme ist im GesVerhältnis wirksam. Nach BGH **48**, 163 (für GmbH) ist Erfüllungsklage (auf Stimmabgabe wie vereinbart) möglich und entsprechendes Urteil vollstreckbar nach § 894 ZPO: das Urteil auf Stimmabgabe in bestimmtem Sinne, wenn dem die Beschlußfassung Leitenden mitgeteilt (BGH **48**, 174) ersetzt die Stimmabgabe. Unwirksamkeit der Abrede macht grundsätzlich nicht die ihr gemäß abgegebene Stimme auch unwirksam. Auch Stimmbindung an Dritte (Treugeber, Unterbeteiligte) ohne Zustimmung der MitGfter ist zulässig und wirksam, soweit nicht Verstoß gegen Gfterpflichten versprochen wird, str. Übersicht: Hueck FS Nipperdey **65** I 401.

H. Im gleichen Rahmen wie Mehrheitsentscheidung (s Anm B) kann Entscheidung über Meinungsverschiedenheiten durch **Schiedsgericht** oder **-gutachter** (vgl Einl IV 3 vor § 1) vorgesehen werden, BGH DB **65**, 624.

3) Zustandekommen der Beschlüsse

A. Beschlüsse sind grundsätzlich **formfrei**, Versammlung der Gfter ist nicht erforderlich, es genügt gesonderte Stimmabgabe (auch mündlich); iZw wohl gegenüber jedem Mitstimmenden; falls nach GesVertrag ein Gfter die Beschlußfassung leitet (nicht ohne weiteres der alleinige Geschäftsführer): gegenüber diesem. Bei gesonderter Stimmabgabe wird der Beschluß idR wirksam bei Zugang der letzten Stimmerklärung (an den letztempfangenden MitGfter oder den Leiter) vorausgesetzt, in diesem Zeitpunkt stehen noch alle Mitstimmenden zu ihrer Erklärung, RG **128**, 177, **163**, 392, OGH **4**, 69. Ausnahmsweise kann Verzicht auf Zugang (§ 151 BGB) anzunehmen sein, OGH **4**, 70. Übereinstimmendes schlüssiges Verhalten der Gfter kann einem GfterBeschluß gleichkommen. Betr Vertragsänderung s § 105 Anm 2 G. **Vertraglich** vorgeschriebene Form (s Einl 5 B vor § 343) ist nach § 125 S 2 BGB iZw Gültigkeitsvoraussetzung, uU hat sie nur Klarstellungs-(Beweis-)Funktion; vgl RG **104**, 415, **122**, 367, Rutenfranz BB **65**, 601. S aber BGH **49**, 365 betr Vertragsformvorschrift für Vertragsänderungen (idR nur Klarstellungsfunktion s § 105 Anm 2 G), wohl anwendbar allgemein auf Beschlußformvorschriften. Die Gfter können von der Formvorschrift abweichen, indem sie (einstimmig) einen in anderer Form gefaßten Beschluß als gültig bezeichnen, BGH DB **72**, 475. „Mindestens schriftliche Form" ist nicht erfüllt durch notarielles Versammlungsprotokoll, Düss NJW **77**, 2216. Abw van Venrooy NJW **78**, 766. Vgl Einl 5 vor § 343.

B. Ist vertragliche Beschlußfassung in einer **Gesellschafterversammlung** vorgeschrieben, so kann diese grundsätzlich jeder Gfter einberufen, ggf der Leiter der Beschlußfassung (s Anm A); dieser muß es auf Verlangen jedes Gfters; tut er es nicht, so kann es dieser. Ort, Zeit und Art der Vorbereitung der Versammlung (Ladung mit Frist und Ankündigung der Verhandlungsgegenstände) müssen tunlich allen die Teilnahme ermöglichen und Überrumpelungen ausschließen. Teilnahme an Versammlungen und Beschlußfassungen ohne Widerspruch schließt idR die Rüge von Fehlern in Einberufung oder Vorbereitung der Versammlung aus, OGH **4**, 68. Zur Teilnahme an der Versammlung berechtigt sind iZw nur Gfter (sofern nicht vertreten) und zuzulassende Vertreter (s Anm C), nicht **Beistände** neben Gftern, bloße „Beobachter" für abwesende Gfter, Angestellte, Berater der Ges. Treu- und Zusammenwirkenspflicht der Gfter können anderes gebieten, generell oder für einzelne Gfter oder bei bestimmten Beratungen (zB Bilanzbeschluß). Bsp: Zulassung eines Dritten (der unter beruflicher Verschwiegenheitspflicht) als Beistand einer Kdtistin (bei vertraglichem Ausschluß der „Vertretung" durch Dritte), s LG Kln BB **75**, 343, dazu Kirberger BB **78**, 1390. Zulassung von nicht Teilnahmeberechtigten iZw nur einstimmig. Wird eine Niederschrift errichtet, auf Vertragsvorschrift oder nicht, hat jeder Gfter Recht auf Einsicht, § 810 BGB, auch auf Abschrift, auch auf Einsicht in ein Verhandlungsstenogramm, hier abw Rutenfranz BB **65**, 601.

C. Die Stimmerklärungen der Gfter können nicht durch **Vertreter** (außer gesetzlichen Vertretern) erfolgen, auch nicht durch MitGfter. Der Ges-Vertrag kann aber die Stimmvollmacht zulassen, auch für NichtGfter, auch eine unwiderrufliche, wenn sie nicht der Stimmrechtsübertragung gleichkommt, vgl Anm 2 E. Nicht ausschließbar ist Vertretung eines gebrechlichen Gfters durch einen Pfleger (§ 1910 BGB), vgl § 105 Anm 1 G. Auch ad hoc können die MitGfter eine Vertretung zulassen, uU sind sie dazu verpflichtet (vorübergehend, durch vertrauenswürdigen Dritten), BGH DB **70**, 437. **§ 181 BGB** (Verbot des Selbstkontrahierens) hindert grundsätzlich nicht Stimmerklärung über Geschäftsführung (vgl §§ 116 II, 164) und andere gemeinsame GesAngelegenheiten durch einen Gfter für sich und zugleich in Vertretung von MitGftern (unbeschadet der Ungültigkeit pflichtwidriger Stimmabgabe, s Anm D), so BGH **65**, 97 (da solch Beschluß typisch nicht Gegnergeschäft, worauf § 181 zielt), dazu Klamroth BB **75**, 1452; vgl schon BGH **52**, 318 (GmbH, „Sozialakt"). Anders vertragsändernde Beschlüsse, jedenfalls einstimmige, BGH BB **61**, 304, **76**, 901, wohl auch solche mit Mehrheit (vgl BGH BB **76**, 901): § 181 BGB hindert idR Stimmen für sich und MitGfter; nicht bei Gestattung (vgl § 181 BGB), die zB enthalten ist in unbeschränkter Vollmacht zur Stimmabgabe in der für einen solchen Beschluß vorgesehenen Versammlung, BGH **66**, 86, nicht auch wenn der vertretene Gfter zur Zustimmung zur Vertragsänderung verpflichtet (vgl § 105 Anm 2 G und § 181 BGB), BGH NJW **61**, 724. Befreiung von § 181 BGB ist keine in das HdlReg einzutragende Tatsache, Hgb OLGZ **83**, 23; anders bei GmbH s Anh § 177a Anm IV 2 D. Hierzu Monographie: Hübner 1977; Schilling FS Ballerstedt **75**, 257, Fi-

1. Abschnitt. Offene Handelsgesellschaft § 120

scher FS Hauß **78**, 61, Röll NJW **79**, 627. Bedeutung für Vertretung Minderjähriger s § 105 Anm 1 B. GmbH & Co s Anh § 177a Anm IV 2 D. Unzulässig ist zwischen Mutter als einzigem phG und minderjährigen Kindern der Kdtisten die Generalbevollmächtigung jener, zur Vermeidung der Ergänzungspflegerbestellung bei späteren Rechtsgeschäften unter den Gftern, Hamm BB **72**, 593. Beistände für Gfter s Anm B. Probleme der **Erben**-Legitimation s Schreiner NJW **78**, 921.

D. Die Stimmerklärungen sind ferner **nichtig** oder **anfechtbar** gemäß §§ 116–144 BGB, im Falle des Entscheids über Geschäftsführungsmaßnahmen auch **unwirksam** bei pflichtwidriger Abgabe (wie der Widerspruch gegen Geschäftsführungsmaßnahmen nach § 115 I, s dort Anm 1 C). Sie sind **widerruflich** bei solchem Entscheid bis zur Ausführung der Maßnahme, jedoch nicht beliebig, nur aus wichtigem Grunde, bei das GesVerhältnis berührenden Beschlüssen nur bis zur Perfektion des Beschlusses (s Anm A). Ungültigkeit einer Stimmerklärung macht den **ganzen Beschluß ungültig**, wenn die Erklärung für das Ergebnis ursächlich gewesen sein kann, sei es, daß ohne sie ohne weiteres die erforderliche Mehrheit fehlte, sei es auch, daß bei anderer Stimmabgabe des Gfters vielleicht MitGfter auch anders gestimmt hätten (vgl BGH **12**, 331 über Abstimmungen im Aufsichtsrat einer AG).

E. **Fehlerhafte Beschlüsse** sind nach hM idR nichtig (nicht nur anfechtbar wie nach §§ 243ff AktG), ,,Anfechtung" heißt hier Geltendmachen der Nichtigkeit. Manches spricht stattdessen auch hier für Beschlußanfechtungsklage, so K. Schmidt FS Stimpel **85**, 217. Der GesVertrag kann für Geltendmachung eine Frist bestimmen, sie gilt iZw nicht für von vornherein unzulässige Beschlüsse, BGH **68**, 216 (Gfterausschließung ohne wichtigen Grund, vgl § 140 Anm 1 B). Prozeßparteien s § 124 Anm 6 H. Anfechtung eines Teils eines Beschlusses ist möglich, wenn der Rest ein sinnvoller Beschluß bleibt; ob er für sich allein gelten soll, bestimmt sich nach § 139 BGB; BGH BB **73**, 771. Die Beweislast für die Wirksamkeit des Beschlusses liegt bei dem, der Rechte aus ihm ableitet, BGH NJW **82**, 2065. Einstweilige Verfügungen sind nur in engen Grenzen (eindeutige Rechtslage oder besonderes Schutzbedürfnis) möglich; dazu Ffm BB **82**, 274, von Gerkan ZGR **85**, 167. Übersicht: K. Schmidt JZ **77**, 769, FS Fischer **79**, 693 (Kartellbeschlüsse), FS Stimpel **85**, 217.

[Gewinn und Verlust]

120 ^I **Am Schlusse jedes Geschäftsjahrs wird auf Grund der Bilanz der Gewinn oder der Verlust des Jahres ermittelt und für jeden Gesellschafter sein Anteil daran berechnet.**

^{II} **Der einem Gesellschafter zukommende Gewinn wird dem Kapitalanteile des Gesellschafters zugeschrieben; der auf einen Gesellschafter entfallende Verlust sowie das während des Geschäftsjahrs auf den Kapitalanteil entnommene Geld wird davon abgeschrieben.**

§ 120 1, 2   II. Buch. Handelsgesellschaften und stille Gesellschaft

1) Ermittlung des Gewinns oder Verlusts der OHG (I Halbsatz 1)

A. Die OHG hat wie jeder Kfm bei Beginn ihres HdlGewerbes eine **Eröffnungsbilanz** und dann für den Schluß jedes Geschäftsjahrs einen **Jahresabschluß** zu machen (§§ 242 ff). ,,Aufstellung" und ,,Feststellung" § 116 Anm 1, Unterzeichnung § 245, Aufbewahrung § 257. KG s § 164 Anm 1 B.

B. **Ansprüche** aller Art **gegen Gesellschafter** sind Aktiven, **Schulden** an sie sind Passiven der Ges (vgl § 124 Anm 3). Die Haftung der Gfter für GesSchulden nach § 128 berührt die Bilanz der Ges nicht. Ein fester **Kapitalbetrag** wie bei AG und GmbH ist gesetzlich nicht vorgeschrieben, aber nach GesVertrag oder Übung der Gfter möglich, er ist idR gleich der Summe fester Kapitalanteile der Gfter (s Anm 3 B a), denkbar wäre auch ein fester Kapitalbetrag der Ges mit variablen, nach besonderem Schlüssel wechselnden Kapitalanteilen, vgl Anm 3 B c). Der gesetzlichen Regelung entspricht die Ausweisung veränderlicher Kapitalanteile (s Anm 3 B b), deren Summe der Differenz von Aktiven und Passiven am Bilanztage entspricht. Der GesVertrag kann die grundsätzlich erlaubte Bildung **stiller Rücklagen** (s § 253 Anm 5) beschränken. Stillschweigende Beschränkung auf ein kfm Übung entspr Maß, unter Berücksichtigung der Interessen aller Gfter an Ausweisung von Gewinn und an Ausschüttungen, dürfte anzunehmen sein, wo die geschäftsführenden Gfter unter Ausschluß anderer Gfter den Jahresabschluß feststellen (s oben). Gleiches gilt für **offene Rücklagen** für bestimmte künftige Bedürfnisse (Bsp: Pensionsrücklagen). Freie (nicht zur Deckung bestimmter künftiger Bedürfnisse bestimmte) offene Rücklagen sind iZw mit Wirkung gegen die Gewinnansprüche der Gfter nicht möglich.

C. Eine besondere **Gewinn- und Verlustrechnung** ist jetzt auch für OHG, KG gesetzlich vorgeschrieben (§ 242 II, III).

D. Diese Rechnung schließt mangels anderer Vereinbarung **alle Vorfälle des Geschäfts** der Ges in gleicher Weise ein. Abweichungen, zB gesonderte Rechnung und Bilanz für einzelne Abteilungen, Niederlassungen, Einzelgeschäfte, sind nach Vereinbarung möglich, zB als Grundlage einer Gewinnverteilung gemäß Teilergebnissen, an denen die Gfter in verschiedener Weise teilhaben sollen, entbinden aber nicht von der Pflicht zur Aufstellung der Gesamtbilanz der Ges nach § 242. Ein förmlicher Lagebericht (vgl § 289 für KapitalGes) ist für die OHG nicht vorgeschrieben. Über Berichtspflicht § 114 Anm 3 D, Kontrollrechte § 118.

2) Berechnung des Anteils der Gesellschafter (I Halbsatz 2)

A. Gewinn und Verlust der Ges sind Zahlen, welche die Änderung ihres Vermögensstands anzeigen (s Anm 1 A); aus diesen Beträgen sind **Anteile** der Gfter zu bilden (I Halbs 2, § 121).

B. Aus der Feststellung der Anteile der Gfter am Gewinn oder Verlust folgt nach dem **Gesetz** nur die Zu- oder Abschreibung dieser Beträge zum oder vom Kapitalanteil (II), dazu Anm 3 B b; der Gewinn kommt dem Gfter persönlich nur mittelbar zugute, indem er sein Entnahmerecht stärkt (§ 122 I) und für den Fall der Auflösung der Ges das dem Gfter dann zukommende Auseinandersetzungsguthaben (für den Normalfall der Liquidation des Unternehmens vgl § 155 I) erhöht; der Verlust berührt ihn

1. Abschnitt. Offene Handelsgesellschaft **3 § 120**

mittelbar in derselben Weise, unmittelbar trifft er ihn nicht, er hat nichts nachzuschießen (§ 707 BGB, s § 109 Anm 4 E). Der **Gesellschaftsvertrag** kann beliebige andere Regelungen treffen, insbesondere einerseits schlicht (ohne die Einschränkung des § 122 I) Ausschüttung der Gewinnanteile, andererseits Deckung der Verlustanteile durch Nachschüsse anordnen. Verfügungen über das Recht auf Gewinnanteile s § 121 Anm 2. Verschiedene Verlusttragungsmodelle s Ganssmüller DB **68,** 1699; FamilienGes s Paulick FS Laufke **71,** 193.

3) Bildung und Behandlung der Kapitalanteile der Gesellschafter (II)

A. Das HGB unterstellt in II das Bestehen von ,,Kapitalanteilen" der Gfter; es nimmt dann auf sie Bezug in § 121 (Gewinnverteilung), § 122 (Entnahmerecht), § 155 (Auseinandersetzung). Es sagt nicht, was diese Kapitalanteile sind; das ergibt sich aus der alten HdlÜbung, das **Verhältnis der Beteiligung der verschiedenen Gesellschafter** durch Zahlen auszudrücken, die nicht nur ein bloßes Verhältnis (zB 3:2:1 oder ½:⅓:⅙), sondern zugleich den Wert der Beteiligung des einzelnen Gfters (genau oder wenigstens annähernd) angeben (zB 30000 DM, 20000 DM, 10000 DM). Rechtlich bedeutsam ist nur das erste: die Kapitalanteile zeigen das Verhältnis gewisser Rechte der Gfter zueinander an, nach der gesetzlichen Regel in bezug auf die drei genannten Punkte (§ 121, § 122, § 155), nach Vertrag uU für weitere Fragen (zB Stimmrechte, Zuschußpflichten usw) oder auch für einige jener drei Fragen nicht, so zB wenn Gewinnverteilung und Entnahmerecht unabhängig von ,,Kapitalanteilen" geregelt sind, also diese nur noch für die Auseinandersetzung nach Auflösung der Ges, § 155, maßgebend sind; macht der Vertrag auch die Auseinandersetzung von den Kapitalanteilen unabhängig (zB durch Zuweisung bestimmter Beträge an Gfter A und B, des Restes des Liquidationserlöses an C), so sind sie rechtlich überflüssig (werden sie doch der Übung gemäß auf den Kapitalkonten und in der Bilanz ausgewiesen, so hat das wie gewöhnliche Buchungen nur die Bedeutung historischer Feststellung). Hiernach ist der Kapitalanteil iS des Gesetzes **nur eine Zahl,** die für gewisse Zwecke das Verhältnis der Rechte (oder Pflichten) der Gfter angeben soll; er bezeichnet keine dingliche Berechtigung am GesVermögen, ist also nicht dasselbe wie der (auch oft Kapitalanteil genannte) ,,Anteil am GesVermögen" (§ 719 I BGB, s § 124 Anm 2); er ist auch nicht Forderung des Gfters gegen die Ges; im Konkurs der Ges ist der Kapitalanteil nicht Konkursforderung (sowenig der EinzelKfm in seinem Konkurs mit dem Betrag, den er in sein Geschäft gesteckt hat, Konkursgläubiger ist), der passive Kapitalanteil (s Anm E) nicht Verbindlichkeit, den der Konkursverwalter vom Gfter einziehen könnte. Monographie: U. Huber 1970; Hopt-Hehl JuS **79,** 728.

B. Der Kapitalanteil als Verhältniszahl (s Anm A) kann auf verschiedene Weise gebildet werden, insbesondere:

a) als sog **fester Kapitalanteil** (sehr häufig) nach GesVertrag einfach durch Festsetzung eines Betrages (etwa genau oder ungefähr wie die Einlagen der Gfter entspr), der (bis zu einer Vertragsänderung) ungeändert bleibt, zB: A 30000 DM, B 20000 DM, C 10000 DM; Gewinne, Verluste, Entnahmen der Gfter werden dann gesondert gebucht (s Anm D), ändern die Kapitalanteile nicht, beeinflussen also nicht die von der Höhe der Kapitalanteile abhängigen Beziehungen (s Anm A), zB Anteile am Gewinn, am

Verlust, Höhe der erlaubten Entnahmen, Stimmrechte, Zuschußpflichten, Anteile am Liquidationserlös nach Auflösung der Ges usw. Diese Regelung sichert also (das ist ihre ratio) das Einfluß-, Rechte- und Pflichten Verhältnis der Gfter gegen rasche, uU unerwartete Änderung, die das Einvernehmen stören kann; Bsp: BGH NJW **72**, 1756 (Bedeutung für Nießbrauch an einem Anteil);

b) nach der gesetzlichen Regel (II) als **veränderlicher Kapitalanteil** durch Gutschrift der ersten Einlage (was das Gesetz stillschweigend unterstellt), Zuschreibung der Gewinnanteile (und etwaiger weiterer Einlagen) und Abschreibung der Verlustanteile und Entnahmen (auch unzulässiger, § 122 Anm 1); idR jährlich einmal bei Feststellung des Jahresabschlusses; die vom Kapitalanteil abhängigen Regelungen (s Anm A und oben bei Anm a) richten sich dann jeweils nach den im letzten Jahresabschluß festgestellten Kapitalanteilen. Vgl Ganssmüller DB **70**, 389 (Gewinnanteil als „Einlage");

c) nach Vertrag (selten) als bloße **Quote** (zB ⅗, ⅖, ⅙ oder x%, y%, z%), OGH **1**, 349; dieser Kapitalanteil sagt entgegen der Übung (s Anm A) nichts über den Wert der Beteiligung aus, ist sonst mit einem festen Kapitalanteil (s oben) weitgehend gleichbedeutend, führt aber zu anderer Buchung (s Anm D).

C. Die **Bewertung der Einlagen** für die Bestimmung der Kapitalanteile steht in den Grenzen des § 138 BGB im Belieben der Gfter. Sie können Bareinlagen niedriger (zB bei Aufnahme eines neuen Gfters wegen stiller Rücklagen im Altvermögen) oder höher als ihr Nennwert, Sacheinlagen über oder unter Verkehrswert ansetzen, BGH **17**, 135, BB **59**, 92, **70**, 1070, WM **72**, 214 (HdlGeschäft). An der durch Unterbewertung einer Sacheinlage gebildeten stillen Rücklage haben bei Auseinandersetzung die Mit-Gfter teil, wenn nicht ausdrücklich vereinbart, daß der Mehrwert als Darlehen des Einbringers zu behandeln, BGH WM **72**, 214. Eine Ges vollzogen im Einvernehmen aller Gfter unter Vorbehalt der Einigung über die Bewertung von Einlagen ist (abw von der „iZw"-Regel des § 154 I BGB) vollwirksam, keine fehlerhafte (s § 105 Anm 8). Ist klar, daß eine Bareinlage nicht mit ihrem Nennbetrag, unklar aber, wie sonst sie bewertet werden sollte, so hat im Streit das Gericht sie unter Berücksichtigung der für die Parteien maßgeblichen Bewertungsmaßstäbe zu bewerten, BGH **17**, 135. Auch **Dienste** können als Einlagen bewertet werden, Sudhoff NJW **64**, 1249 (mit einem Erinnerungswert oder als laufende Einlage oder kapitalisiert als Summe des Werts künftiger Dienste), zT abw Ganssmüller DB **70**, 285; dazu § 230 Anm 5 C, § 235 Anm 1 A (Dienste des stillen Gfters, Vergütung von Diensten). Auch Kenntnisse und Erfahrungen (**Know-how**, vgl Einl II 1 B vor § 1), Barz FS W. Schmidt **59**, 157. Sittenwidrige Unterbewertung besteht bei auffälligem Mißverhältnis zwischen Leistung und Gegenleistung und Handeln des Begünstigten aus verwerflicher Gesinnung oder sonst anstandswidrig, BGH BB **75**, 852. Bsp (Schadensersatz aus § 826 BGB auch bei Nichtigkeit des Vertrags nach § 138 BGB): BGH WM **75**, 327. Keine Bewertungsfrage ist die der Berücksichtigung einer Einlage bei Ermittlung eines nach **(22)** GüKG § 22 noch zulässigen Gftergewinns (s dort Anm 1 B). S auch § 171 Anm 2 A.

D. Der Kapitalanteil jedes Gfters wird buchmäßig auf seinem **Kapital-**

1. Abschnitt. Offene Handelsgesellschaft **3 § 120**

konto ausgewiesen, sei es mit stets gleichbleibendem Betrag (Anm B a), sei es veränderlich (idR von Jahr zu Jahr, s Anm B b), sei es in jeder Bilanz mit dem der Quote (Anm B c) entsprechenden Teilbetrag des aus der Bilanz hervorgehenden Reinvermögens. Die Kapitalanteile der Gfter stehen in der **Bilanz** der OHG unter den Passiven wie Grundkapital und Stammkapital in der Bilanz der AG und GmbH und zeigen das buchmäßige (vom wahren Wert oft sehr abweichende) Reinvermögen der Ges, wenn nicht (was besonders beim festen Kapitalanteil, in Betracht kommt) aus Gewinnen Rücklagen gebildet sind; beim System des Gesetzes (s Anm B b) erhöhen die Gewinne die Kapitalanteile . Auf anderen Konten (**Sonder-, Separat-, Privatkonto** ua) bucht man die Ansprüche und Verbindlichkeiten zwischen Ges und Gfter, zB Ansprüche des Gfters auf Gehalt, auf Aufwendungsersatz, aus der Ges gegebenen Darlehen, der Ges auf Zahlung rückständiger Einlagen, Rückzahlung unzulässiger Entnahmen, Ansprüche und Verbindlichkeiten aus Geschäften zwischen Ges und Gfter usw; bei festen Kapitanteilen gehören hierhin auch der Anspruch auf Auszahlung des Gewinns (der hier nicht wie beim System des § 120 II dem Kapitalanteil zugeschrieben wird) und entspr die Verbindlichkeit des Gfters zur Einzahlung des ihn treffenden Verlustanteils (der hier nicht dem Kapitalanteil abgeschrieben wird). Die Buchung des auf Kapitalkonto Gehörenden auf Privatkonto oder umgekehrt ist entweder unrichtig und für die Rechtslage unerheblich oder (wenn mit Einverständnis aller Gfter geschehen) eine Änderung des Rechtsverhältnisses (zB Umwandlung einer Darlehensforderung des Gfters in eine Einlage, die nun wie der übrige Kapitalanteil gebunden, nicht mehr wie ein Darlehen auszahlbar, nicht mehr im Konkurs der Ges als Konkursforderung anmeldbar. Sonder-, Privat-, Separatkonto uä, aber auch „**Kapitalkonto II**" nennt man manchmal auch ein Konto, auf dem während des Geschäftsjahrs die für den Jahresabschluß im Kapitalkonto zu berücksichtigenden Vorgänge (zB Entnahmen, reine Einlagen) gebucht werden, das also die zu erwartende Änderung des Kapitalanteils anzeigt. Die Bedeutung der Konten richtet sich nach GesVertrag und Gfterbeschlüssen und nach der Art der ihrer Bildung zugrundeliegenden Geschäftsvorgänge; die Bezeichnungen wechseln zT, Kapitalkonto II ist zB nicht notwendig ein (verfügbares) Privatkonto, BGH **58**, 316, BB **75**, 295, Plassmann BB **78**, 413. IdR sind Darlehenskonten nicht Kapitalbeteiligung und können einzelne auf ihnen gebuchte Beträge rechtlich nicht unterschiedlich gewertet werden, BGH BB **78**, 631.

E. Durch Verluste und Entnahmen (wenn diese vom Kapitalanteil abgeschrieben werden, s Anm B b) kann der **Kapitalanteil** (einzelner Gfter oder auch aller) **passiv** (oder negativ, Gegensatz **aktiv** oder „positiv") werden. Das ändert seine Bedeutung als reine Vergleichszahl (s Anm A) nicht. Nachschußpflicht (§ 707 BGB, Text s § 109 Anm 4) besteht iZw nicht. Ein passiver Kapitalanteil von x DM besagt: würde jetzt liquidiert (und ergäbe sich kein Liquidationsergebnis, s § 154 Anm 2 B), so müßte der Gfter x DM einzahlen, entweder zugunsten der MitGfter mit aktiven Kapitalanteilen oder (aufgrund der persönlichen Haftung der Gfter, § 128) zugunsten der Gläubiger der Ges (wenn alle Gfter passive Anteile haben oder die passiven die aktiven überwiegen, also die Ges überschuldet ist). Vor Auflösung der Ges hindert nach der gesetzlichen Regelung der passive

Kapitalanteil die Entnahme ohne Gewinn (§ 122 I: Entnahmerecht bis 4% des Kapitalanteils ohne Rücksicht auf Gewinn, s § 122 Anm 2 A); der GesVertrag kann an das ,,Passivwerden" eines Gfters weitere Folgen knüpfen (zB hinsichtlich Stimmrechts). Im Konkurs der Ges ist der passive Kapitalanteil nicht vom Konkursverwalter einzuziehen, er ist nicht Verbindlichkeit des Gfters an die Ges, aber er gibt an, wieweit der Gfter im Innenverhältnis die ungedeckten GesSchulden auf sich nehmen muß, wenn die Gläubiger ihn oder andere Gfter aufgrund ihrer persönlichen Haftung (§ 128) in Anspruch nehmen.

F. **Verfügungen** über den Kapitalanteil (besonders Abtretung, Verpfändung, Pfändung des Ganzen oder von Teilen) sind nicht möglich, wenn man den Kapitalanteil mit dem Gesetz nicht als Recht des Gfters, sondern nur als Zeichen des Verhältnisses seiner Rechte und Pflichten zu denen der MitGfter versteht (s Anm A); man kann Verhältniszahlen ändern, aber nicht über sie verfügen. Die sog Verfügungen über Kapitalanteile sind idR ebenso zu deuten wie Verfügungen über Anteile am GesVermögen, Ges-Anteile, Geschäftsanteile und in derselben Weise wie diese (s § 124 Anm 2) möglich. Die Pfändung eines Kapitalanteils ist Pfändung gemäß § 859 I 1 ZPO (§ 124 Anm 2 C). Keine ,,Verfügung über den Kapitalanteil" eines Gfters kann ihn zum Verschwinden bringen, seine Abtretung bringt ihn auf die Zahl Null (idR mit der Möglichkeit späterer Änderung, s § 120 II und oben Anm B b), solange der Abtretende nicht aus der Ges ausscheidet.

[Verteilung von Gewinn und Verlust]

121 [I] **Von dem Jahresgewinne gebührt jedem Gesellschafter zunächst ein Anteil in Höhe von vier vom Hundert seines Kapitalanteils. Reicht der Jahresgewinn hierzu nicht aus, so bestimmen sich die Anteile nach einem entsprechend niedrigeren Satze.**

[II] **Bei der Berechnung des nach Absatz 1 einem Gesellschafter zukommenden Gewinnanteils werden Leistungen, die der Gesellschafter im Laufe des Geschäftsjahrs als Einlage gemacht hat, nach dem Verhältnisse der seit der Leistung abgelaufenen Zeit berücksichtigt. Hat der Gesellschafter im Laufe des Geschäftsjahrs Geld auf seinen Kapitalanteil entnommen, so werden die entnommenen Beträge nach dem Verhältnisse der bis zur Entnahme abgelaufenen Zeit berücksichtigt.**

[III] **Derjenige Teil des Jahresgewinns, welcher die nach den Absätzen 1 und 2 zu berechnenden Gewinnanteile übersteigt, sowie der Verlust eines Geschäftsjahrs wird unter die Gesellschafter nach Köpfen verteilt.**

1) Gewinnverteilung

A. § 121 I, II, III sagen, **zu welchen Teilen der** (nach § 120 I ermittelte) **Jahresgewinn den einzelnen Gesellschaftern gebührt** sei es, daß er nach der gesetzlichen Regelung (§ 120 II) dem Kapitalanteil zugeschrieben, sei es, daß er nach Bestimmung des GesVertrags als gesonderter Anspruch (neben dem unveränderten Kapitalanteil, s § 120 Anm 3) gebucht wird (während in beiden Fällen das Recht auf Auszahlung sich nach § 122, s dort, oder abw Vertragsvorschriften bestimmt).

B. Bei ausreichendem Gewinn erhält jeder Gfter zunächst 4% **seines**

1. Abschnitt. Offene Handelsgesellschaft   2 **§ 121**

Kapitalanteils bei Geschäftsjahresanfang (I S 1); zuzüglich 4% auf im Geschäftsjahr gemachte **Einlagen** abzüglich 4% auf im Geschäftsjahr vorgenommene **Entnahmen,** beides aber nur mit dem Anteil entspr dem Teil des Jahres, der nach der Einlage bzw vor der Entnahme verstrich (II); reicht der Gewinn hierfür nicht aus, dann denjenigen **unter 4%** liegenden Prozentsatz, dessen Anwendung den Gewinn erschöpft (I 2). Vorausgesetzt ist positiver Kapitalanteil, ein negativer (vgl § 120 Anm 3) bleibt unberührt, wird nicht etwa entspr belastet. Auch ein Gfter ohne Kapitalanteil bleibt unberührt. Fehlt ein Gewinn, so erhalten die Gfter nichts (die 4% des § 121 I 1 sind Vorzugsdividende, nicht Kapitalzins).

C. **Mehrgewinn** ist nach Köpfen, dh gleichmäßig auf alle Gfter (insbesondere ohne Rücksicht auf ihre Kapitalanteile) zu verteilen.

D. Der **Gesellschaftsvertrag** kann in der Gewinnverteilung von § 121 beliebig (im Rahmen des § 138 BGB) abweichen, zB: die Vorzugsdividende auf die Kapitalanteile (I 1) erhöhen oder senken; den Mehrgewinn anders als nach Köpfen (III) verteilen; die Anteile je nach Höhe des Gewinns verschieden bestimmen; Vorausanteile einzelnen Gftern zuteilen, insbesondere Gewinn-,,Tantiemen" für geschäftsführende Gfter, Gründer-Gfter, für Überlassung von Gegenständen zur Nutzung usw, statt oder neben Gehalt (§ 110 Anm 4) oder anderen, vom Gewinn unabhängigen, auch ohne Gewinn geschuldeten Leistungen. Anwendung des Gewinnverteilungsschlüssels auf Schulderlaß durch Zwangs- oder freiwilligen (Liquidations-)Vergleich s BGH **26,** 129. Ausschüttung auch bloßer Buchgewinne ist iZw nicht vereinbart, BGH WM **86,** 356. **Änderung** der Vertragsbestimmungen über die Gewinnverteilung bedarf grundsätzlich (vgl § 105 Anm 29) einstimmigen Beschlusses der Gfter; langdauernde Abweichung vom Vertrag kann den Beschluß ersetzen, wenn im Einverständnis aller Gfter geübt, nicht wenn ihr nicht alle zustimmten, BGH NJW **66,** 826, BB **67,** 1307. Änderung mit Mehrheit s § 119 Anm 2 B. Bedeutung einer Gewinnteilungs-Vereinbarung unter Familienmitgliedern s BGH FamRZ **65,** 40.

2) Verfügungen über Gewinnanteile

A. Das Recht eines Gfters auf einen **Gewinnanteil gemäß festgestelltem Jahresabschluß** ist abtretbar, verpfändbar, pfändbar (bei Zuschreibung zum Kapitalanteil wie bei gesonderter Buchung, § 120 Anm 2, 3), § 717 S 2 BGB. Die Beschränkung der Gewinnauszahlung (§ 122 I) gilt auch gegen Zessionar, Pfand- und Pfändungsgläubiger. Verjährung des Gewinnanspruchs in 30 Jahren (§ 195 BGB, nicht wiederkehrende Leistung iSv § 197 BGB), BGH **80,** 357. Übersicht: Ganssmüller DB **67,** 2103, **70,** 285.

B. Es gibt wohl kein vom Gfter-Mitgliedschaftsrecht trennbares Gewinnstammrecht, also auch keine Verfügung über ein solches, vgl BGH BB **75,** 296. Möglich ist Verfügung über **künftige Gewinnansprüche** (Abtretung, Verpfändung, Pfändung) wie allgemein Vorausverfügung über künftige verfügbare Rechte. Sie hindert (nach Mitteilung an die Ges) die Gewinnauszahlung an den Gfter und anderweitige Verfügung über die Gewinne, gibt aber dem Zessionar, Pfand- und Pfändungsgläubiger keinen Einfluß auf die Feststellung der die künftigen Gewinne bestimmenden Jahresabschlüsse, RG **98**, 318 (für GmbH); kein Informationsrecht gegenüber der Ges (außer auf Mitteilung des Gewinnanteils), RG **90**, 19, LZ **12**, 558, kein Veto (im Rahmen der §§ 138, 826 BGB) gegen Änderung des GesVertrags, die das Gewinnrecht des Zedenten (Verpfänders, Pfändungsschuldners) schmälert, str. Mit stärkerer Wirkung kann über das Gewinnrecht eines Gfters nur im Rahmen der Verfügung über seinen ganzen GesAnteil verfügt werden, welche über Auflösung der Ges Zugriff auf die versteckten Gewinne gewährt, § 109 Anm 6, § 120 Anm 3, § 124 Anm 2; über Pfändung vgl § 135. Vgl (Pfändung, Nießbrauch, Verpfändung, Sicherungsabtretung) § 124 Anm 2 C, D, E.

3) Verteilung eines Verlusts

A. Nach **III** ist der (nach § 120 I) ermittelte **Jahresverlust** mit gleichen Teilen (insbesondere ohne Rücksicht auf die Kapitalanteile) auf die Gfter umzulegen, dh entweder nach § 120 II von den Kapitalanteilen abzuziehen oder neben „festen" Kapitalanteilen, vgl § 120 Anm 3, gesondert zu buchen. Ihn durch Nachschüsse auszugleichen, sind die Gfter nicht verpflichtet, § 707 BGB, auch nicht berechtigt, § 109 Anm 4.

B. Der **Gesellschaftsvertrag** kann abweichen, zB: (häufig) den Verlust ganz oder (wie nach I, II, III den Gewinn) zum Teil nach Kapitalanteilen verteilen (als negativen Kapitalertrag); einzelne Gfter von Verlustbeteiligung freistellen (was iZw als minus aus einer Gewinngarantie folgt, iZw nicht aus Gewährung einer Vorausantieme). Die Bestimmung der Gewinnanteile gilt iZw entspr für die Umlegung eines Verlusts (§ 722 II BGB).

4) Rücklagen

A. Für ungewisse Verbindlichkeiten und drohende Verluste aus schwebenden Geschäften ua sind **Rückstellungen** zu bilden (näher § 249 I). Dagegen ist die Bildung von gesetzlichen **Rücklagen** anders als zB nach § 150 AktG für die OHG zwar nicht vorgeschrieben (vgl nur § 122, aber Grenze § 122 Anm 2 B), doch ist nach GoB (§ 238 Anm 4 A) jedenfalls Bildung der „für Lebens- und Widerstandsfähigkeit erforderlichen" Rücklagen zu fordern, Ulmer FS Hefermehl **76**, 207. Allg Westermann FS von Caemmerer **78**, 657.

B. Der **Gesellschaftsvertrag** kann die Bildung von Rücklagen vorschreiben oder zulassen. Sie ist auch zulässig, soweit alle Gfter einverstanden sind. Mangels vertraglicher Zulassung ist Rücklagenbeschluß Vertragsänderung (vgl aber Anm A: Ulmer). Gestattet Vertrag allgemein Änderung mit Mehrheit (dazu § 119 Anm 2 B), erlaubt das Mehrheitsbeschluß für Bildung ktm notwendiger Rücklagen, BGH BB **76**, 948.

[Entnahmen]

122 **¹Jeder Gesellschafter ist berechtigt, aus der Gesellschaftskasse Geld bis zum Betrage von vier vom Hundert seines für das letzte Geschäftsjahr festgestellten Kapitalanteils zu seinen Lasten zu erheben und, soweit es nicht zum offenbaren Schaden der Gesellschaft gereicht, auch die Auszahlung seines den bezeichneten Betrag übersteigenden Anteils am Gewinne des letzten Jahres zu verlangen.**

1. Abschnitt. Offene Handelsgesellschaft   1 **§ 122**

^{II} **Im übrigen ist ein Gesellschafter nicht befugt, ohne Einwilligung der anderen Gesellschafter seinen Kapitalanteil zu vermindern.**

1) Übersicht

A. § 122 spricht von: ,,Erheben von Geld aus der GesKasse" durch Gfter, ,,Auszahlung" an Gfter, ,,Vermindern ihres Kapitalanteils" durch Gfter. Man nennt diese Vorgänge zusammenfassend meist **Entnahmen** der Gfter. Sie umfassen jede Art Vermögenszuwendung, insbesondere Zahlung oder andere geldwerte Leistung von der Ges an einen Gfter, zB die oft vertraglich vorgesehene Bezahlung persönlicher Steuerschulden der Gfter durch die Ges (s Anm 3). Bspe zu §§ 120–122 s Hopt-Hehl JuS **79**, 728.

B. § 122 **unterscheidet nicht, ob die Entnahme aus Gewinn oder Kapital erfolgt.** Die Grenzen des Gewinnrechts (§ 121) einerseits, des Entnahmerechts (§ 122) andererseits decken sich nur zum Teil. § 122 geht hierbei von der gesetzlichen Regel (§ 120 II) aus, nach der Gewinnanteile stets sogleich dem Kapitalanteil zugeschlagen werden, der also sowohl Kapital wie Gewinn (im wirtschaftlichen Sinne) enthält; § 122 paßt daher schlecht auf die (häufige) vertragliche Regelung (§ 120 Anm 3), nach der das Gewinnrecht Ansprüche außerhalb des Kapitalanteils begründet; bei Wahl dieses von § 120 abweichenden Systems wird zweckmäßig auch das Entnahmerecht abw von § 122 geregelt, gesondert für Kapitalanteil und Gewinnanteil.

C. Bei OHG und KG besteht wegen der persönlichen Haftung der Gfter (für Kdtisten vor Einzahlung und nach Rückzahlung ihrer Einlage, §§ 171, 172) **kein** (im Gläubigerinteresse erlassenes) **Verbot von Auszahlungen an die Gesellschafter aus dem Kapital** wie bei AG und GmbH. Schon die gesetzliche Regelung (§ 122 I) gestattet in gewissem Umfang Auszahlungen aus dem Kapital, diese Möglichkeit kann vertraglich erweitert werden.

D. Das Entnahmerecht im Rahmen des Gewinnanteils ist nicht für sich allein **abtretbar, verpfändbar, pfändbar,** geht aber auf den Zessionar (Pfändungsgläubiger) durch Abtretung (Überweisung) des Anspruchs auf Gewinnanteile, § 717 S 2 BGB, § 124 Anm 2. Die Beschränkung des Entnahmerechts (s Anm 2) wirkt auch gegen den Zessionar des Gewinnanspruchs (Pfändungsgläubiger); soweit die Entnahme unzulässig ist, muß der Zessionar (Pfändungsgläubiger) den Gewinn bei der Ges stehenlassen. Das Recht zur Entnahme außerhalb eines Gewinnanteils ist **nicht** übertragbar, verpfändbar, pfändbar, RG **67**, 15; aA Winnefeld DB **77**, 897.

E. Das ,,Entnahme"-Recht gestattet nur vertretungsberechtigten Gftern im Rahmen ihrer Vertretungsmacht, die Beträge, die entnommen werden dürfen, **selbst** der GesKasse **zu entnehmen.** Ohne hierzu ausreichende Vertretungsmacht muß es der Gfter mit **Klage** auf Zahlung verfolgen, grundsätzlich gegen die Ges, nicht gegen die MitGfter, aber möglich ist Klage gegen den die Auszahlung verweigernden AlleinGeschäftsführer-MitGfter auf Zahlung aus der GesKasse, RG **170**, 395. Beweislast für Entnahmerecht trifft den Gfter, der entnommen hat, wie den, der Entnahme begehrt, BGH **LM** § 128 Nr 7. Ein Gfter, der selbst unzulässig entnahm, verwirkt uU das Recht, von MitGftern Rückzahlung unzulässiger Entnahmen zu fordern, BGH WM **73**, 101.

427

§ 122 2, 3   II. Buch. Handelsgesellschaften und stille Gesellschaft

F. **Unzulässige Entnahmen** sind zurückzuzahlen und bis zur Rückzahlung zu verzinsen (s bei § 111). Im gesetzlichen System der veränderlichen Kapitalanteile (s bei § 120) mindern sie den Kapitalanteil, damit den Gewinnanteil (§ 121 I, II) und das Entnahmerecht im folgenden Jahr (§ 122 I), str, vgl RG DR **41**, 2124. Der Gfter schuldet uU der Ges Schadensersatz über den Zins hinaus (§ 111 II).

G. **Gesellschafterdarlehen** sind gemäß Vereinbarung zurückzuzahlen und zu verzinsen, sie berühren den Kapitalanteil nicht, somit nicht Gewinnanteil und Entnahmerecht (§§ 121, 122). Eine vereinbarte außerordentliche rückzahlbare ,,Entnahme" ist idR Darlehen. Wichtige **Schranken** ergeben sich aber bei der Ges ohne eine natürliche Person als phG aus §§ **129a, 172a**.

2) Gesetzliche Regelung

A. Der Gfter darf **4% des Betrags seines Kapitalanteils am letzten Geschäftsjahresende** (nach Zu- und Abschreibung nach § 120 II, vorbehaltlich abw Vertrags, § 120 Anm 3) entnehmen, einerlei ob ihm das letzte Geschäftsjahr Gewinn oder Verlust gebracht hatte und grundsätzlich auch ohne Rücksicht darauf, ob die Auszahlung der Ges leicht oder schwer fällt: die Einschränkung ,,soweit es nicht zum offenbaren Schaden der Ges gereicht" gilt nach dem Gesetz hier noch nicht, die allgemeine Treuepflicht der Gfter (§ 109 Anm 5) kann aber das Entnahmerecht schon hier beschränken.

B. Hatte der Gfter am letzten Geschäftsjahresende einen **Gewinnanteil** und war dieser größer als 4% des (diesen Gewinnanteil nach § 120 II mitenthaltenden) Kapitalanteils (s Anm A), so darf der Gfter auch diesen Überschuß entnehmen, **soweit es nicht zum offenbaren Schaden der Gesellschaft gereicht**, also zB nur ohne ihr unentbehrliche Betriebsmittel zu nehmen. Rücklagen s § 121 Anm 4 A.

C. Vor Feststellung des Jahresabschlusses für das Vorjahr sind iZw angemessene **Vorschüsse** kraft des GesVertrags entnehmbar nach Maßgabe des ungünstigsten möglich erscheinenden Abschlußergebnisses.

D. Das Entnahmerecht verfällt, soweit nicht bis dahin geltendgemacht, mit Feststellung des Abschlusses für das Jahr, in dem es galt (Bsp: Entnahmerecht 1987 bemessen gemäß I nach Kapitalanteil und Gewinn laut Abschluß 1986: Verfall 1988 bei Feststellung des Abschlusses 1987), mit Vorbehalt des § 242 BGB; Gestattung der Entnahme nach Verfall ist Vertragsänderung (verlangt idR Einstimmigkeit); BGH BB **75**, 1605.

3) Vertragliche Regelung

A. Der GesVertrag kann Voraussetzungen und Umfang der Entnahme abweichend regeln. Ein Verbot der Kapitalrückzahlung besteht nicht (s Anm 1 C). Beschluß über Entnahme bei (angeblichem) Liquiditätsüberschuß s BGH NJW **82**, 2065, 2066. Ein Entnahmerecht **nach den Bedürfnissen der Gesellschafter** ist weder einseitig vom Gfter, noch einseitig von den Geschäftsführern (oder etwa der Gesamtheit der MitGfter) zu beziffern, auch nicht mit den Einschränkungen des § 315 BGB; es geht auf angemessene Deckung der Bedürfnisse bei Rücksicht auf das GesInteresse, den Betrag bestimmt erforderlichenfalls das Gericht. Übersicht: Barz FS Knur **72**, 25.

B. Nach dem geltenden **Steuerrecht** (§ 15 EStG) wird der Gfter mit seinem Anteil am GesGewinn besteuert, nicht nur mit der Ausschüttung an ihn; er schuldet aus der Beteiligung Vermögenssteuer auch ohne Gewinn; gesetzliche Ausschüttungen (§ 122 I) und Besteuerung des Gfters fallen zeitlich nicht zusammen. Das Gesetz kennt **kein Steuerentnahmerecht** neben § 122; uU ergibt es die Vertragsauslegung (§ 157 BGB), Hbg BB **63,** 1192; dann wohl idR nicht, wenn Kapitalzins (vgl § 122 I) oder eine Tätigkeitsvergütung (§ 110 Anm 4) die Steuern decken; ausnahmsweise ist vielleicht an eine Pflicht zu entspr Vertragsänderung (§ 105 Anm 2 G, § 109 Anm 5) zu denken. **Verdeckte Entnahmen** (bei KapitalGes entsprechend der verdeckten Gewinnausschüttung) sind steuerlich zu berücksichtigen. Besteuerung des Gewinns der OHG s von Wallis FS Fischer **79,** 809. Monographie: Knobbe-Keuk, Bilanz- und Unternehmenssteuerrecht.

C. **Rückzahlung** einer bedingt (vorschußweise) gestatteten Entnahme; wenn der Entnahmegrund entfällt, ist Vertragspflicht, nicht Bereicherungsschuld (§ 812 BGB), daher nicht zugänglich dem ,,Durchgriff" eines Dritten (Bereicherungsgläubigers der Ges aus Vorgängen, die die Sonderentnahme veranlaßten), BGH **48,** 70 (ohne abschließende Stellungnahme zum Durchgriff).

Dritter Titel. Rechtsverhältnis der Gesellschafter zu Dritten

[Wirksamkeit der Gesellschaft im Verhältnis zu Dritten]

123 ^I Die Wirksamkeit der offenen Handelsgesellschaft tritt im Verhältnisse zu Dritten mit dem Zeitpunkt ein, in welchem die Gesellschaft in das Handelsregister eingetragen wird.

^{II} Beginnt die Gesellschaft ihre Geschäfte schon vor der Eintragung, so tritt die Wirksamkeit mit dem Zeitpunkte des Geschäftsbeginns ein, soweit nicht aus § 2 sich ein anderes ergibt.

^{III} Eine Vereinbarung, daß die Gesellschaft erst mit einem späteren Zeitpunkt ihren Anfang nehmen soll, ist Dritten gegenüber unwirksam.

1) Übersicht der §§ 123–130

A. Buch II Titel 3 (§§ 123–130) handelt vom **Rechtsverhältnis der Gesellschaft und der Gesellschafter zu Dritten** (die Überschrift sagt nur ,,der Gfter", aber §§ 123–130 scheiden klar, auch im Verhältnis zu Dritten, Ges und Gfter).

B. § 123 handelt vom **Eintritt der Wirkungen des Gesellschaftsvertrags im Verhältnis zu Dritten,** § 124 von der Scheidung der Rechte und Pflichten der Ges von denen der Gfter, §§ 125–127 von der Vertretungsmacht der Gfter für die Ges, §§ 128–130 von der Haftung der Gfter für Verbindlichkeiten der Ges. Über die gesetzliche Haftung der Ges (§ 124) und mit ihr der Gfter (§ 128) aus zum Schadensersatz verpflichtenden, in der Tätigkeit für die Ges begangenen Handlungen von Gftern (§ 31 BGB) s bei § 124.

2) Übersicht des § 123

A. Der (formfreie) Vertrag zur Errichtung einer OHG soll ohne weiteres zwar unter den Gftern wirksam sein, aber nicht im Verhältnis zu Dritten seine (dem einzelnen Gfter uU gefährlichen) Wirkungen entfalten (zB: Ein-

§ 123 3 II. Buch. Handelsgesellschaften und stille Gesellschaft

zelvertretung, § 125, persönliche Haftung, § 128, Haftung für unerlaubte Handlung, § 31 BGB, s bei § 124). Dazu fordert § 123 einen **weiteren Akt: Eintragung** der Ges ins HdlReg (die alle Gfter beantragen müssen, §§ 106, 108 I) oder **Geschäftsbeginn** (im Einvernehmen aller Gfter, s Anm 4).

B. Erst mit der Wirksamkeit der Ges im Verhältnis zu Dritten erlangt auch die Ges die **Kaufmannseigenschaft** (§ 6 I), deren Bedeutung im Verhältnis zu Dritten liegt; mit der Eintragung auch dann, wenn sie erst später ihre Geschäfte aufnimmt und damit erst ihr HdlGewerbe beginnt.

C. Da eine Ges, die kein GrundHdlGewerbe (§ 1 II), sondern ein unter § 2 oder § 3 fallendes betreibt, erst durch die Eintragung OHG wird, treten für sie die Wirkungen gegenüber Dritten nach OHGRecht immer nur durch die Eintragung im HdlReg ein, nicht schon durch früheren Geschäftsbeginn (einschließlich anderen Erklärungen an die Öffentlichkeit als Eintragung, s Anm 4 C) § 123 II aE, vorher besteht eine GbR; s für die KG § 176 Anm 2 B. Diese kann als „**OHG in Gründung**" bereits im Grundbuch eingetragen werden, BayObLG WM **85**, 1398; bei Entstehen der OHG geht das Vermögen der GbR wegen Identität der beiden Ges ohne Einzelübertragung über. Aus Geschäften vor Eintragung ggf Klage des Vertragsgegners gegen die Gfter, Hamm WM **75**, 46. Rechtsgeschäfte mit der künftigen OHG (im Unterschied zu der OHG in Gründung, also GbR) sind möglich, so zB Auflassung, BayObLG NJW **84**, 497.

D. § 123 soll in erster Linie die Gfter im Verhältnis zu Dritten vorübergehend schützen, wirkt aber auch **zugunsten Dritter:** Die Firma der Ges ist vor Eintragung oder Geschäftsbeginn nicht gegen Dritte (firmenmäßig, § 17 Anm 4) geschützt, vorher müssen sich Dritte nicht von der Ges (nur von den Gftern) verklagen lassen (§ 124), zur Vollstreckung in GesVermögen brauchen sie vorher keinen Titel gegen die Ges (§ 124 II), vorher gilt zwischen Ges und Dritten auch kein KfmRecht, usw. Nach Eintragung bis zu deren Bekanntmachung, nach Geschäftsbeginn bis die Ges eingetragen und bekanntgemacht ist, gilt ferner zugunsten Dritter § 15 I.

E. Daß die Ges **später** als gemäß § 123 I, II im Verhältnis zu Dritten wirksam werden soll, können die Gfter nicht mit Wirkung gegen Dritte vereinbaren, § 123 III.

F. § 123 ist entspr anwendbar beim **Eintritt eines neuen Gesellschafters** in eine schon bestehende Ges: nicht schon der Beitrittsvertrag (vgl § 105 Anm 7), sondern die Eintragung des Eintritts ins HdlReg oder die Fortsetzung der Geschäfte mit Zustimmung des Neuen und auch für seine Rechnung (oder mit solchem Schein, zB unter neuer aufgrund des Beitritts angenommener Firma) macht den Beitritt gegenüber Dritten wirksam, zB den Neuen haftbar nach § 130.

3) Eintragung ins Handelsregister

A. Nach § 106 II Nr 3 ist mit der Ges anzumelden und einzutragen der **Zeitpunkt, mit welchem die Gesellschaft begonnen hat:** entweder der Zeitpunkt der Eintragung selbst oder ein früherer, nicht ein späterer (s § 106 Anm 2).

B. Ist für den Beginn der Ges (§ 106 II Nr 3) ein **Zeitpunkt vor der Eintragung** eingetragen und begann die Ges an diesem früheren Zeitpunkt

1. Abschnitt. Offene Handelsgesellschaft 4, 5 § 123

tatsächlich ihre Geschäfte, so wurde sie damals im Verhältnis zu Dritten wirksam. Begann sie tatsächlich ihre Geschäfte später, so wurde sie erst später im Verhältnis zu Dritten wirksam, § 123 II (spätestens durch die Eintragung, § 123 I), aber die Gfter müssen gegen sich gelten lassen, daß sie schon früher eine OHG sein wollten, müssen sich daher als OHG seit dem angegebenen früheren Zeitpunkt behandeln lassen, ähnlich RG **34,** 55: Beginn der Ges bei Beginn ihrer Geschäfte, die Erklärung der Gfter hierüber binde sie, str.

C. Ist (unzulässig, s § 106 Anm 2) für den Beginn der Ges ein Zeitpunkt nach der Eintragung eingetragen, so wird die Ges trotzdem durch die **Eintragung** im Verhältnis zu Dritten wirksam.

4) Geschäftsbeginn

A. Maßgeblich ist der **wirkliche** Geschäftsbeginn, nicht der vereinbarte, nicht was nach § 106 II Nr 3 über den Beginn der Ges angemeldet und eingetragen wird.

B. Der Geschäftsbeginn wirkt (wie die Eintragung) im Verhältnis zu **allen Dritten,** nicht etwa nur im Verhältnis zu den Partnern derjenigen Geschäfte, mit denen die Ges ihre Geschäfte beginnt.

C. Die Ges beginnt ihre Geschäfte spätestens mit der ersten, **dem Gesellschaftszweck dienenden, an Dritte gerichteten** Handlung, vorher schon durch **Vorbereitungshandlungen** wie Miete von Räumen, Anstellung von Personal, Eröffnung eines Bankkontos, RG DR **41,** 1944, **43,** 1221, schon durch das Erscheinen eines Vertreters der Ges vor einem Notar zu einem Vertragsschluß (so daß für diesen schon OHGRecht gilt, KG DR **39,** 1795: Erwerb eines Grundstückes auf den Namen der Ges, § 124). Gleiche Wirkung wie der Geschäftsbeginn haben Erklärungen an die Öffentlichkeit, zB Zeitungsanzeigen, Werberundschreiben oder die ausdrückliche **Mitteilung an Dritte,** daß die Ges bestehe.

D. Beginn der Geschäfte der Ges sind nur Handlungen **namens der Gesellschaft,** nicht solche von Gftern im eigenen Namen, mögen sie sie auch für Rechnung der werdenden Ges gelten lassen wollen. Die Rückdatierung des Beginns der Ges im HdlReg (s § 106 Anm 2 u oben bei Anm 3) beweist nicht, daß Geschäfte in der Zwischenzeit im Namen der Ges geschlossen wurden, RG **119,** 67.

E. **Alle** Gfter müssen dem Beginn der Geschäfte (wie der Anmeldung zur Eintragung: § 108 I) zugestimmt haben. Einzelvertretung (§ 125) gilt hier noch nicht (sondern erst nachdem mit Zustimmung aller Gfter die Geschäfte begonnen sind).

5) Innenverhältnis

A. Den Beginn des GesVerhältnisses unter den Gftern bestimmt der **Gesellschaftsvertrag.** Verlegt er ihn zurück, so bedeutet das: Vorbereitende Maßnahmen von Gftern in der Zwischenzeit oder, wenn die Ges ein schon bestehendes HdlGeschäft übernimmt, dessen Ergebnis in der Zwischenzeit geht auf Rechnung der Ges; offen Rückwirkung in bezug auf persönliche Rechtsverhältnisse, BGH DB **76,** 1860. Hierzu Schneider AcP 175 **(75),** 297.

B. Zur Wirkung unter den Gftern bedarf es weder der Eintragung noch des Beginns der Geschäfte unter gemeinsamer Firma, der Vertrag muß nur hierauf gerichtet sein; aufgrund des Vertrags allein kann also ein Gfter vom anderen die **Mitwirkung zur Eintragung** als OGH (§§ 106, 108 I) fordern, RG **112**, 281, durch welche die Ges dann auch im Verhältnis zu Dritten wirksam wird.

C. Unter den Gftern gilt **OHGRecht** (nicht Recht der GbR) schon vor Beginn der Wirksamkeit im Verhältnis zu Dritten iZw auch in den Fällen der §§ 2, 3 (wo die Ges erst durch die Eintragung OHG wird), weil die Gfter eine OHG (nicht GbR) errichten, daher auch iZw das Rechtsverhältnis unter ihnen alsbald dem OHGRecht, nicht dem der GbR unterstellen wollen.

[Rechtliche Selbständigkeit; Zwangsvollstreckung in Gesellschaftsvermögen]

124 ^{I} Die offene Handelsgesellschaft kann unter ihrer Firma Rechte erwerben und Verbindlichkeiten eingehen, Eigentum und andere dingliche Rechte an Grundstücken erwerben, vor Gericht klagen und verklagt werden.

^{II} Zur Zwangsvollstreckung in das Gesellschaftsvermögen ist ein gegen die Gesellschaft gerichteter vollstreckbarer Schuldtitel erforderlich.

Übersicht
1) Gesellschaftsvermögen
2) Anteile am Gesellschaftsvermögen
3) Verbindlichkeiten der Gesellschaft
4) Andere Rechtsverhältnisse der Gesellschaft
5) Die Gesellschaft in Prozeß, Zwangsvollstreckung, Konkurs
6) Verhältnis zwischen Gesellschafter und Gesellschaft

1) Gesellschaftsvermögen

A. Das **BGB** sagt über das Gesellschaftsvermögen:

BGB 718 [Gesellschaftsvermögen]

^{I} Die Beiträge der Gesellschafter und die durch die Geschäftsführung für die Gesellschaft erworbenen Gegenstände werden gemeinschaftliches Vermögen der Gesellschafter (Gesellschaftsvermögen).

^{II} Zu dem Gesellschaftsvermögen gehört auch, was auf Grund eines zu dem Gesellschaftsvermögen gehörenden Rechtes oder als Ersatz für die Zerstörung, Beschädigung oder Entziehung eines zu dem Gesellschaftsvermögen gehörenden Gegenstandes erworben wird.

BGB 719 [Gesamthänderische Bindung]

^{I} Ein Gesellschafter kann nicht über seinen Anteil an dem Gesellschaftsvermögen und an den einzelnen dazu gehörenden Gegenständen verfügen; er ist nicht berechtigt, Teilung zu verlangen.

^{II} Gegen eine Forderung, die zum Gesellschaftsvermögen gehört, kann der Schuldner nicht eine ihm gegen einen einzelnen Gesellschafter zustehende Forderung aufrechnen.

1. Abschnitt. Offene Handelsgesellschaft **1 § 124**

BGB 720 [Schutz des gutgläubigen Schuldners]
Die Zugehörigkeit einer nach § 718 Abs. 1 erworbenen Forderung zum Gesellschaftsvermögen hat der Schuldner erst dann gegen sich gelten zu lassen, wenn er von der Zugehörigkeit Kenntnis erlangt; die Vorschriften der §§ 406 bis 408 finden entsprechende Anwendung.

§ 718 bezeichnet das GesVermögen als „gemeinschaftliches Vermögen der Gfter", es ist im Falle der OHG, besonders durch § 124, so weitgehend vom **Einzelvermögen** der Gfter gelöst, daß die OHG als Zwischenstufe zur juristischen Person erscheint, s Einl 2 C vor § 105. Klar geschieden ist das Vermögen der OHG auch von dem einer aus denselben Personen bestehenden GbR oder OHG (Konsequenz: besondere Übertragungsakte, s Anm 6 A). Soweit §§ 718–720 BGB und das sonstige GesRecht nichts anderes ergeben, gelten für das GesVermögen iSv §§ 718 ff BGB nach § 741 BGB die Vorschriften über die Gemeinschaft nach Bruchteilen (**§§ 742 ff BGB**), zB § 744 BGB, s § 114 Anm 1 D.

B. Es gibt **keine Anteile** der Gfter **an den einzelnen Gegenständen** des GesVermögens. § 719 I BGB, insofern einhellig als zwingend verstanden, spricht zwar von solchen Anteilen, schließt aber die Verfügung über sie aus; § 859 ZPO erklärt ihre Pfändung für unmöglich; man kann sagen: es gibt sie als gesonderte Rechte ebensowenig wie Anteile der Mitglieder einer juristischen Person (zB AG, GmbH) an den einzelnen Gegenständen ihres Vermögens. Werden also Verfügungen über solche Anteile erklärt (zB Abtretung des „Anteils" des Gfters A am Auto der Ges an den einzigen MitGfter B), so sind sie, wenn möglich, umzudeuten (in casu in Übertragung des Autos aus dem GesVermögen in Eigentum des B; bei einem Grundstück bedürfte es dazu der Auflassung und Umschreibung im Grundbuch). Die Verfügung der vertretenden Gfter über GesVermögen (zB ein Grundstück) ist daher nicht Verfügung über Rechte der einzelnen Gfter; daher bedarf es zB dazu nicht der Genehmigung des Vormundschaftsgerichts nach § 1821 Nr. 1 BGB, wenn ein Gfter minderjährig ist, vgl § 105 Anm 1 B.

C. Die **Verfügung über ungeteiltes Gesellschaftsvermögen,** über einzelne Gegenstände oder auch das gesamte Vermögen, im Gegensatz zur Verfügung über einzelne GfterAnteile, ist durch die Vorschriften über die Vertretung der OHG (§§ 125 ff) geregelt. **Aufrechnung** einer GfterSchuld gegen eine GesForderung ist nicht möglich. Dem Dritten verwehrt dies § 719 II BGB, BGH **80,** 227 (aber Unterbrechung der Verjährung der GfterSchuld, aA Tiedtke BB **81,** 1920). Der schuldende Gfter andererseits kann nur als Vertreter nach §§ 125 ff über die GesForderung verfügen; hat er solche Vertretungsmacht, so darf er doch idR die GesForderung nicht zur Tilgung seiner persönlichen Schuld verwenden. Aufrechnung einer GesSchuld gegen eine GfterForderung ist möglich durch den Gfter, s dazu Anm 3 D; nicht durch die Ges, die Vertretungsmacht nach §§ 125 ff berührt nicht das persönliche Vermögen der Gfter. Ein **Vorwegbefriedigungsrecht** aus übernommenem Vermögen gegenüber Inanspruchnahme durch Dritte aus **§ 419 BGB** hat die Ges nur wegen eigener Forderungen an den Vermögensveräußerer, nicht wegen Forderungen ihrer Gfter, auch nicht wegen einer Forderung, die allen Gftern gemeinsam als GbR gehört, BGH **LM** § 419 BGB Nr 8, vgl Anm 6 H.

§ 124 1   II. Buch. Handelsgesellschaften und stille Gesellschaft

D. Die Fähigkeit der Ges, ein **Gesellschaftsvermögen iSv §§ 718 ff BGB** zu erwerben, kann zwar nicht vertraglich ausgeschlossen werden (das widerspräche dem Gewerbebetrieb unter gemeinsamer Firma); ein solches Vermögen wird praktisch auch wohl immer bestehen müssen (zB bei Pachtung der Betriebsmittel oder eines ganzen Betriebes: die Rechte aus dem Pachtvertrag); es ist aber **nicht rechtlich notwendig.** Möglich ist, am Eingebrachten und Erworbenen, zB Bruchteilseigentum, Eigentum einzelner Gfter in einer besonderen Gemeinschaft (zB GbR) unter Ausschluß anderer, Eigentum eines Gfters allein. Das kann von vornherein oder nach Gründung der Ges vereinbart werden. Das zunächst ins GesVermögen Eingebrachte und alles später unter GesFirma Erworbene muß dazu förmlich übertragen werden, es sei denn, es wird unter der GesFirma für den, den es angeht, erworben oder durch antezipiertes Besitzkonstitut über die Ges sogleich in solches besonderes Eigentum überführt (vgl § 383 Anm 3 D zur Einkaufskommission). Das Gesamthandsvermögen nach §§ 718 ff BGB ist die Normalform der dinglichen Rechtsverhältnisse unter den Gftern, daher kann iZw kein Gfter Teilung des GesVermögens fordern (§ 719 BGB abdingbar); das gilt sogar nach Auflösung der Ges, dann wird mangels anderer Vereinbarung liquidiert und der Liquidationserlös (nach Tilgung der Schulden) geteilt, nicht das bei Auflösung vorhandene Ges-Vermögen realiter (§§ 145 ff).

E. Zum GesVermögen können **Vermögensrechte aller Art** gehören, auch gewerbliche Schutzrechte, Urheberrechte; nach RG **114**, 93 auch ein Namensrecht nach § 12 BGB, wenn die Firma einen persönlichen Namen enthält (falls man dieses Schutzrecht zum Vermögen der Ges, nicht zu einem besonderen gemeinschaftlichen Rechtsbestand der Gfter von persönlichkeitsrechtlicher Art rechnen darf); Nießbrauch und beschränkte persönliche Dienstbarkeiten wohl nach gleichen Vorschriften wie bei juristischen Personen (§§ 1059a–1059e, 1061 S 2, 1092 II BGB), nicht wie bei anderer Gesamthand (zB GbR), str. Auch öffentliche Vermögensrechte, zB Gewerbekonzessionen (die aber mannigfaltig sind, zT nur Einzelpersonen erteilt werden). Auch **vermögenswerte tatsächliche Beziehungen** wie Erfindungen, Kenntnisse, Geheimnisse, Bekanntschaften mit Lieferern, Abnehmern, Geldgebern, Behörden und sonstiger Goodwill, Rechte an Grundstücken sind besonders hervorgehoben; da die OHG sie unter ihrer Firma erwirbt, wird sie mit ihrer Firma im Grundbuch eingetragen; dasselbe gilt für andere registrierte Rechte (Patente, Warenzeichen, Musterrechte). Entschädigungsanspruch nach BEG s BGH BB **58**, 394. **Besitzer** der Sachen der Ges sind nicht die Gfter (so aber bei der BGBGes, BGH **86**, 307), sondern die Ges selbst, BGH JZ **68**, 69, Flume FS Hengeler **72**, 76, Kuchinke FS Paulick **73**, 45, aA Steindorff FS Kronstein **67**, 151, JZ **68**, 70; dahingestellt von BGH **57**, 167: jedenfalls sind es bei einer KG nicht die Kdtisten. GesVermögen ist auch der Anspruch gegen Gfter auf Leistung von **Beiträgen** (§ 109 Anm 4); Verfügungen über die Einlageforderung sind möglich, auch Sicherungsabtretung, LG Göttingen NJW **70**, 1375, Gramlich NJW **67**, 1447; KG s § 171 Anm 3 B. Aktivlegitimation der Ges zur Einziehung trotz Liquidationsvergleich (Vermögensübertragung zur Gläubigerbefriedigung an X in unechter Treuhand), BGH WM **73**, 863 (auch bei echter, falls Treuhänder zustimmt).

F. Die Ges **erwirbt** GesVermögen iSv §§ 718 ff BGB: **a)** durch **Beiträge** der Gfter, § 718 I BGB; dazu § 109 Anm 4; **b)** durch die **Geschäftsführung**, idR durch Handeln von Gftern in Vertretung der Ges (§§ 125 ff); uU durch Handeln von Gftern im eigenen Namen für Rechnung der Ges, vgl § 383 Anm 3 D (Einkaufskommission); uU originär, zB durch im Betrieb erfolgende Verarbeitung, Verbindung, Vermischung (§§ 946 ff BGB), Erfindung (PatG), Gewinnung von Verkehrsgeltung für eine Ausstattung (§ 25 WZG) usw. Arbeitnehmererfindungen s § 59 Anm 5 B f. Die persönliche Erfindung eines geschäftsführenden Gfters gehört ihm, falls nicht der Ges-Vertrag im voraus über sie zugunsten der Ges verfügt hat; der Vertrag kann den Gfter verpflichten, sie (als einen Beitrag, § 705 BGB) der Ges zu übertragen oder zur Benutzung zu überlassen; BGH NJW **55**, 542; dazu Schramm BB **61**, 105; **c)** aufgrund zum GesVermögen gehörender Rechte, zB Früchte und andere Nutzungen (§§ 99f BGB), Erwerb aus Option (zB Bezug junger Aktien); **d)** durch **Surrogation**, § 718 II BGB, zB Schadensersatz nach § 823 I BGB, Entschädigung aus öffentlichem Recht, aus Versicherung, auch (über den zu engen Wortlaut des § 718 II hinaus) Schadensersatz (zB aus § 823 II, § 826 BGB) oder Entschädigung für Schaden nicht an einzelnen Gegenständen, sondern am Vermögen im ganzen; **e)** aus anderem, im Falle der OHG wirksamem Rechtsgrund, zB durch letztwillige Verfügung, s Anm 4 D.

G. Der Ges **zur Nutzung überlassene Gegenstände** im Eigentum von Gftern (vgl Anm D) sind nicht GesVermögen, das Nutzungsrecht ist es, auch ggf die Rechte aus Verwendungen auf solche Gegenstände (häufiges Bsp: Betriebsgrundstücke, Bauten auf diesen), auch der Besitz, BGH BB **63**, 576 (Baugerät des A, zur Nutzung überlassen der Bauunternehmer-Arbeitsgemeinschaft A–B). Folgen des Ausscheidens eines Gfters aus der Ges, der an solchem Gegenstand berechtigt bleibt: § 138 Anm 4 B. Möglich ist auch Einbringung (zB von Grundstücken, Patenten) zur Benutzung und **dem Werte nach** (ohne Übereignung), so daß alle Wertänderungen, Lasten, Nutzungen des Gegenstands der Ges zukommen, BGH BB **55**, 203 (Betriebsgrundstücke); auch der Verkaufserlös gebührt dann allen Gftern, nicht nur dem Einbringer, BGH WM **72**, 214.

H. **Rechte** der Ges gegen Dritte sind in ihrem Namen durch vertretende Gfter (§§ 125–127), nach Auflösung Liquidatoren (§§ 149 ff), oder Bevollmächtigte (vgl § 48 Anm 1) **geltend zu machen.** Ein Gfter kann Rechte der Ges grundsätzlich nicht im eigenen Namen geltend machen. Insbesondere gelten für **Forderungen** der Ges nicht §§ 428 ff, 432 BGB, auch nicht in der Liquidation, auch nicht im GesKonkurs nach Freigabe einer GesForderung durch den Konkursverwalter, BGH BB **64**, 823; die von BGH **12**, 308, **17**, 340, **39**, 15 für die GbR aufgestellten Grundsätze (betr Voraussetzungen der Geltendmachung von Gesamthand-Forderungen durch einzelne Gfter) sind auf OHG, KG nicht anwendbar, BGH BB **73**, 1507; str, dazu Hadding JZ **75**, 159.

Ein Recht des Gfters zur Geltendmachung von Rechten der Ges gegen Dritte im eigenen Namen folgt uU aus § 744 II BGB (§ 114 Anm 1 D), wenn das Recht gefährdet ist und hierdurch erhalten wird. Übersicht: Diederichsen MDR **63**, 632, Nitschke ZHR 128 (**66**) 48.

I. Rechte aus **Schaden** am GesVermögen gehören zum GesVermögen

(§ 718 II BGB, s Anm A, F) und sind gegen Dritte geltend zu machen wie andere Rechte der Ges (s Anm H). Der einzelne Gfter hat weder aus § 823 I BGB aufgrund seines Gesamthands-Miteigentums noch ggf aus §§ 823 II, 826 BGB oder Vertragsrecht (zB §§ 280, 286 BGB) unmittelbar Anspruch gegen den Dritten (Schädiger) auf Schadensersatz wegen der Auswirkungen der die Ges schädigenden Handlung auf ihn persönlich, BGH **10**, 102.

2) Anteile am Gesellschaftsvermögen

A. **„Gesellschaftsanteil"**, auch Geschäftsanteil (§ 14 GmbHG), nennt man die Gesamtheit der Rechte und Pflichten eines Gfters aus dem GesVerhältnis; in ihm enthalten ist sein Anteil an dem GesVermögen (§ 719 I BGB, s Anm 1 A, auch § 725 BGB, § 859 ZPO, s Anm C); vgl BGH BB **72**, 11. Die **Beteiligung** eines Gfters ist **stets einheitlich**, abw von § 15 II GmbHG (Gfter mit mehreren Geschäftsanteilen), erst recht vom AG-Recht (Aktien), BGH **24**, 108, **58**, 316, NJW **84**, 363; aber im Innenverhältnis der Gfter kann andere Behandlung vereinbart werden. Der phG der KG wird durch Erwerb des Anteils eines Kdtisten nicht auch Kdtist, sondern bleibt (nur) phG mit vergrößertem Anteil, BGH BB **63**, 1076; ein Kdtist kann nicht, ohne diese Rechtsstellung zu verlieren, derselben Ges als phG beitreten, Hamm NJW **82**, 835. Unmöglich Aufspaltung eines KdtAnteils in Teile, die Kdtist treuhänderisch (vgl § 105 Anm 1 F) für verschiedene Personen hält; daher Unterbeteiligungen am volleingezahlten KdtAnteil nur möglich nach Volleinzahlung des ganzen Anteils; BGH WM **76**, 1262. Auslegungsfrage ist, ob (nach GesVertrag zulässige) Teilanteilsübertragung von phG auf Kdtist diesen zum (weiteren) phG macht, BGH DB **75**, 2123. Ausdruck des Größenverhältnisses der Beteiligungen der Gfter zueinander: „Kapitalanteile", s § 120 Anm 3. Der Anteil ist nicht unbewegliches Vermögen, auch wenn Grundstücke im GesVermögen sind, BGH **24**, 268. Monographie: U. Huber 1970; Hadding FS Reinhardt **72**, 249.

B. **Übertragung** des Anteils oder eines Teils desselben, durch den Gfter an einen MitGfter oder einen (dadurch Gfter werdenden) NichtGfter ist, entgegen dem Wortlaut des § 719 I BGB, möglich bei Zulassung im GesVertrag oder Zustimmung der MitGfter ad hoc. Die **Zustimmung** der MitGfter wirkt nach §§ 182 ff BGB, die Übertragung ist bis Zustimmung aller MitGfter oder Ablehnung durch einen MitGfter schwebend unwirksam, wird mit Zustimmung aller MitGfter ex tunc wirksam. So BGH **13**, 185 in Anlehnung an die einhellige Beurteilung der Übertragung und Zustimmung nach §§ 15, 17 GmbHG, gegen RG, das bei den PersonenGes (§ 713 BGB) nur ein relativ wirkendes Veräußerungsverbot nach § 135 BGB annahm, und gegen eine Meinung, die einen den GesVertrag ändernden Vertrag (grundsätzlich aller Gfter, vgl § 105 Anm 2 G, dazu ggf der Eintretende) fordert. Zustimmung und Verweigerung der Zustimmung sind unwiderruflich, eine Ablehnung macht den Vertrag endgültig unwirksam, spätere Zustimmung dessen, der ablehnte, ändert daran nichts, BGH **13**, 187. Anfechtung einer Zustimmung ist allen MitGftern (nicht nur dem begünstigten) zu erklären, BGH DB **76**, 1007. Der GesVertrag kann die Wirksamkeit der Übertragung an weitere Voraussetzungen knüpfen, zB: „Vollziehung" des Übergangs erst mit Anmeldung zum HdlReg, BGH BB **55**, 490. Stillschweigende, einverständliche Aufhebung gesellschaftsvertraglicher Formvorschriften ist möglich, einerlei ob an die letzte-

1. Abschnitt. Offene Handelsgesellschaft 2 § 124

ren gedacht wird, BGH **71**, 164. Der **Umfang** der auf den Erwerber übergehenden Rechte (soweit übertragbar) und Verbindlichkeiten bestimmt sich näher nach Vereinbarung von Veräußerer und Erwerber, iZw gemäß dem Rechenwerk der Ges, dann geht eine nicht gebuchte Pflicht zur Rückzahlung von unbefugt entnommener Tätigkeitsvergütung nicht über, BGH **45**, 222, dazu Teichmann NJW **66**, 2336; ergänzend BGH BB **73**, 165: iZw auch Übergang von (verfügbaren) Guthaben auf Privatkonto. Ein vom Gfter gegen MitGfter eingeklagter Anspruch aus der Ges kann nach Abtretung des Anteils weiter verfolgt werden (§ 265 ZPO), BGH MDR **60**, 472. Möglich ist auch gleichzeitige Übertragung **aller Anteile** durch die Gfter auf Dritte (Auswechslung aller Gfter ohne Änderung der Identität der Ges, statt Auflösung der alten und Geschäftsübertragung auf eine von den Erwerbern gebildete neue), BGH **13**, 187, **44**, 229; auch auf einen einzigen Dritten, dieser wird Alleininhaber des Vermögens der Ges, die erlischt, s § 142 Anm 2 E, 3. Klage auf Rechnung nach UStG, BGH WM **75**, 77, s § 373 Anm 1 D. Die Übertragung des Anteils eines **Minderjährigen**, auch eines Kdtisten-Anteils, bedarf der Genehmigung des Vormundschaftsgerichts, BGH **17**, 164. MitGfter-Zustimmung nicht schon nötig zur **Verpflichtung** zur Übertragung, BGH BB **58**, 57. Die Verpflichtung zur Anteilsübertragung ist auch bei Grundstücksgesellschaften (außer uU bei bewußter Umgehung) **nicht formbedürftig** nach § 313 BGB (s § 105 Anm 2 B), BGH **86**, 370 (Verlust und Erwerb ex lege). Das gilt aus Rechtssicherheitsgründen auch, wenn das Vermögen der Ges im wesentlichen aus einem Grundstück besteht und alle Anteile übertragen werden. Bei **Verkauf aller oder nahezu aller Anteile** (nach Verkehrsauffassung: des Unternehmens) haftet der Verkäufer **wie beim Unternehmenskauf** (§§ 459ff BGB; s Einl II B c vor § 1), BGH **65**, 246 (GmbH); andernfalls Rechtskauf (§§ 459ff BGB nicht anwendbar). Genaue Grenze bisher offen: sicher Rechtskauf bei Anteilen von 49%, BGH **65**, 250; aber auch bei 50% Anteilen an AG, aA BGH DB **80**, 679; bei 60% Anteil an GmbH, BGH NJW **80**, 2408 (keine satzungsändernde Mehrheit); auch satzungsändernde Mehrheit genügt aber noch nicht, Sachkauf erst bei Ausschaltung von Minderheitsrechten (§ 50 I GmbHG: über 90%, §§ 122 I, 258 II AktG: über 95%), Hiddemann ZGR **82**, 441, aA Mössle BB **83**, 2147. Auch Haftung aus Verschulden bei Vertragsschluß wegen mangelnder Aufklärung zB über Geschäftsschulden, BGH **69**, 53, NJW **80**, 2408 m Anm Müller BB **80**, 1393; gegen Überspannung BGH BB **81**, 700 (für GmbH). Zur Haftung bei Unternehmens(anteils)verkauf Baur BB **79**, 381, Westermann ZGR **82**, 45, Hommelhoff ZGR **82**, 366. Möglich Anteils-**Schenkung.** Folgen des Nichteintritts gewünschter Steuer-Wirkung, Winterberg DB **75**, 1925. Gegen Schenkung durch **Vorerben** gilt § 2113 II BGB; ein Leibrentenversprechen für den Vorerben ist keine Gegenleistung zugunsten der Ges; der Vorerbe wird ersatzpflichtig nach § 2134 BGB (Verwendung eines Erbschaftsgegenstands für sich) außer bei Befreiung (§ 2136 BGB), BGH **69**, 50. Übertragung von Todes wegen s § 131 Anm A 5. – KditAnteil s § 162 Anm B, § 172 Anm 2 B.

C. **Pfändung** des Anteils erfolgt nach § 859 I ZPO. Zustellung (§§ 857 I, 829 III ZPO) an Ges oder MitGfter, dahingestellt BGH BB **72**, 11. Pfändung des Anteils erfaßt Gewinnansprüche und (künftiges) Auseinandersetzungsguthaben (§ 717 BGB, s § 109 Anm 6 A); sie erfaßt erst recht, falls Ges schon aufgelöst, die schon begründete Abfindungsforderung, so wie sie von den Gftern vertraglich bestimmt ist, auch wenn der Pfändende diesen Vertrag nicht kennt; BGH BB 72, 11. Eine ,,Überweisung des Anteils zur Einziehung" wirkt auf diese Ansprüche, vgl BGH BB 72, 11. Herbeiführung der Auseinandersetzung durch Gläubiger: § 135. Die Anteilspfändung bewirkt keine Verfügungsbeschränkung der einzelnen Ges-Vermögensgegenstände, deshalb keine Grundbucheintragung, Zweibr OLGZ 82, 406. Kein Zwangsverkauf des Anteils, keine Überweisung an Zahlungs Statt (vgl §§ 844, 857 ZPO), auch nicht an Gläubiger-MitGfter. Übersicht: K. Schmidt JR 77, 177.

ZPO 859 [Pfändung von Gesamthandanteilen]
[1] Der Anteil eines Gesellschafters an dem Gesellschaftsvermögen einer nach § 705 des Bürgerlichen Gesetzbuchs eingegangenen Gesellschaft ist der Pfändung unterworfen. Der Anteil eines Gesellschafters an den einzelnen zu dem Gesellschaftsvermögen gehörenden Gegenständen ist der Pfändung nicht unterworfen.

D. **Nießbrauch** am Anteil ist auf verschiedene Weise möglich: jedenfalls entweder 1) mit Einräumung nur des Gewinnbezugsrechts (der Abtretung der künftigen Gewinnansprüche), oder 2) durch treuhänderisch (nur intern) beschränkte Übertragung des Anteils (vgl Anm E: Sicherungsabtretung); vielleicht 3) mit Übertragung nicht des Anteils, aber gewisser Mitwirkungsrechte (vor allem Stimmrecht), sehr str; wohl nicht 4) durch selbständige Belastung eines Gewinnstammrechts (vgl § 121 Anm 2 B), das jedenfalls nicht Mitverwaltungsrechte gäbe; s BGH BB 75, 296. Dem Nießbraucher zustehender bestimmungsmäßiger Ertrag des Anteils (§§ 1030 I, 100, 99 II BGB) ist der von den Gftern (im Jahresabschluß) nach (vertragsmäßiger) Rücklagenbildung als Überschuß erklärte, damit zur Ausschüttung freigegebene Vermögensanteil, nicht vertragsmäßig in Rücklage (zB Kapitalkonto II) gestellter Gewinn, daher nicht der aus diesem später gebildete Gratis-Zusatz-Kapitalanteil, auch nicht das ,,Bezugsrecht" auf solchen jungen Anteil; der Nießbrauch erstreckt sich wohl nur auf diesen (verschafft dem Nießbraucher den Ertrag auch aus ihm); gleichgültig ob der Gesamtgewinn (auch der zurückgelegte) als Einkünfte des Nießbrauchers besteuert; BGH 58, 316. Der auf Gewinnbezug beschränkte Nießbraucher (s oben Fälle 1, 4) kann einem GfterBeschluß, der Gewinne in Rücklage stellt, nicht widersprechen, außer wohl bei sittenwidriger Beeinträchtigung, BGH BB 75, 296. Übersichten: Kreifels FS Hengeler 72, 158, Teichmann ZGR 72, 1, 73, 24, Sudhoff NJW 74, 2205, Finger DB 77, 1033, Bender DB 79, 1445.

E. **Verpfändung** des Anteils ist möglich bei Zulassung im GesVertrag oder Zustimmung der MitGfter ad hoc, ihre Zulässigkeit folgt wohl nicht ohne weiteres aus der der Übertragung (vgl B). Anders Verpfändung von Gewinn- und Auseinandersetzungsansprüchen, vgl Anm C betr Pfändung. Monographie: Hackenbroch 1970. **Sicherungsabtretung** des Anteils (an NichtGfter) ist möglich (mit Zustimmung der MitGfter) als Eintritt des Gläubigers in die Ges mit Übernahme des Anteils des Schuldners (ganz oder teilweise, mit oder ohne Ausscheiden des Schuldners aus der Ges) unter Verpflichtung des Gläubigers zum Wiederausscheiden nach Tilgung seiner Forderung (Sanktion: entweder Klage auf Zustimmung zum Aus-

1. Abschnitt. Offene Handelsgesellschaft 3 § 124

scheiden oder, wenn im Vertrag vorgesehen, Ausschluß, s § 140 Anm 1 B). Geschäftsführungsbefugnis, Vertretungsmacht, Gewinn- und Verlustbeteiligung, Entnahmerecht nach Vereinbarung. Nicht ausschließbar Haftung des Eintretenden (§§ 128, 130); str. Betr Kommanditanteil s § 172 Anm 2 B; möglich Umwandlung einer phG-Beteiligung in solchen ad hoc. Ohne jene Zustimmung möglich ist Sicherungsabtretung von Gewinn- und Auseinandersetzungsansprüchen (vgl Anm B); als solche deutbar (§ 140 BGB) uU die des Anteils; dann keine Haftung des Gläubigers, auch keine Mitverwaltung; Verwertung ggf nach § 135; Wert solcher Sicherung, Riegger BB **72**, 115. Übersicht: Rümker WM **73**, 626.

F. Der GesVertrag kann A unter gewissen Voraussetzungen (auch ohne wichtigen Grund iSv § 140, zB bei Erbfällen) das **Recht zur Übernahme** des (oder eines Teils des) Anteils des B geben, als Forderung auf Übertragung oder (was wohl iZw anzunehmen) einseitiges Gestaltungsrecht; eine solche Bestimmung ist nicht notwendig sittenwidrig; BGH **34**, 83, NJW **67**, 2161 (GmbH), Fischer LM § 105 Nr 16.

G. Im **Konkurs** eines Gfters haben MitGfter wegen Forderungen aus dem GesVerhältnis nach § 51 KO Recht auf abgesonderte Befriedigung aus dem (aus Auflösung der Ges oder Ausscheiden des Gfters, §§ 131, 138, folgenden) Auseinandersetzungsanspruch des Gemeinschuldners, BGH BB **55**, 331.

H. Bringt ein Gfter (Kdtist) als vermeintlicher Erbe Nachlaßwerte als Einlage ein, wird nicht sein Anteil (ganz oder zT) herauszugebendes **Erbsurrogat** (§ 2019 I BGB); das Anteilsrecht beruht auf dem GesVertrag, nicht der Einlage; BGH BB **77**, 160.

3) Verbindlichkeiten der Gesellschaft

A. Die OHG kann **unter ihrer Firma Verbindlichkeiten eingehen.** Hier ist zunächst an **Rechtsgeschäfte** gedacht, die OHG wird dabei nach §§ 125 ff vertreten. Kommt es für Rechtswirkungen eines Rechtsgeschäftes auf Eigenschaften der Person an, so hier auf Eigenschaften der Gfter; Verwandtschaft eines Gfters genügt zur Anfechtung nach § 3 Nr 2 AnfG, § 31 Nr 2 KO. Ähnliches gilt für Kenntnis, Kennenmüssen, Absicht ua, RG **43**, 104, BGH **26**, 330, **34**, 297; beim Erwerb einer Sache vom Nichtberechtigten aufgrund Beschlusses aller Gfter schließt Bösgläubigkeit eines Gfters den Rechtserwerb kraft guten Glaubens aus, auch wenn der mit dem Erwerb beauftragte vertretungsberechtigte Gfter gutgläubig ist, anders wenn ein gutgläubiger Gfter aus eigener Initiative erwirbt.

B. Durch Handlungen der Gfter oder andere Vorgänge im Gewerbebetrieb der OHG können **gesetzliche Verbindlichkeiten** der OHG entstehen (zB aus Bereicherung, unerlaubter Handlung). Die OHG ist insbesondere privatrechtlich **deliktsfähig**, § 31 BGB ist entspr anwendbar auf sie, BGH **45**, 312, NJW **52**, 528 (dagegen nicht auf GbR, BGH **45**, 312, str, aA überzeugend von Caemmerer, Ulmer FS Flume **78** I 366, II 309).

BGB 31 [Haftung des Vereins für Organe]
Der Verein ist für den Schaden verantwortlich, den der Vorstand, ein Mitglied des Vorstandes oder ein anderer verfassungsmäßig berufener Vertreter durch eine in Ausführung der ihm zustehenden Verrichtungen begangene, zum Schadensersatze verpflichtende Handlung einem Dritten zufügt.

Verfassungsmäßig berufener Vertreter der OHG (KG) ist iSv § 31 BGB jeder Gfter im Rahmen der Tätigkeit, die der GesVertrag (oder ergänzende Vereinbarung der Gfter) ihm zuweist, BGH WM **73**, 165, **74**, 153. Vertretungsmacht nach §§ 125ff ist nicht entscheidend; es genügt zB, daß der nicht vertretungsberechtigte, nach GesVertrag mit der Werbung betraute Gfter gegen § 1 UWG oder § 826 BGB verstößt oder von zwei Gesamtvertretern (§ 125 II) bei einem Geschäftsschluß nur einer eine unerlaubte Handlung begangen hat (so für juristische Person RG **157**, 233). Verfassungsmäßig berufener Vertreter iSv § 31 BGB (der Begriff wurde von Rspr und Lehre zunehmend ausgedehnt) ist aber auch jeder NichtGfter (auch ohne jede rechtsgeschäftliche Vertretungsmacht, auch außerhalb des Aufgabenbereichs der geschäftsführenden Verwaltung), dem durch „allgemeine Betriebsregelung und Handhabung bedeutsame, wesensmäßige Funktionen (der Ges) zur selbständigen eigenverantwortlichen Erfüllung zugewiesen" sind, der die Ges auf diese Weise repräsentiert, BGH **49**, 21 (Filialleiter einer Auskunftei). Unerheblich ob verfassungsmäßig berufener Vertreter (Repräsentant) seine Vertretungsmacht mißbraucht (seinen Auftrag überschreitet), auch vorsätzliche unerlaubte Handlung (im Amtstätigkeits-Rahmen) läßt die Ges haften, vgl BGH **49**, 23, WM **73**, 1293, BB **74**, 297. Bei Haftung begründendem Verstoß durch **Angestellte** in anderen Fällen gilt idR § 831 BGB, die Ges kann sich exkulpieren, § 831 I 2 BGB. Doch kommt Haftung aus **Organisationsmangel** in Betracht: betrieblichem (auch des EinzelKfm) aus §§ 823ff BGB (bei OHG, KG iVm § 31 BGB) bei Verursachung des Verstoßes durch ungenügende Organisation des Betriebs, oder körperschaftlichem, weil jemand handelte, der nicht iSv § 31 BGB verfassungsmäßig berufen war, das aber bei richtiger Organisation hätte sein müssen, ohne scharfe Trennung dieser Fälle, in jedem Falle ohne Exkulpationsrecht nach § 831 I 2 BGB, BGH **24**, 212 (Zeitschriftenverlag, Boykotthetze), **27**, 280 (Gemeinde, Verletzung der Streupflicht), **39**, 129 (Zeitschriftenverlag, herabsetzende Reportage), LM § 126 Nr 1, Hbg BB **74**, 1266 (Bank, falsche Verwendung eingereichter Wechsel, Schecks). Übersicht und Kritik: Landwehr AcP 164 (**64**) 482, Steindorff AcP 170 (**70**) 93. Die OHG haftet für unerlaubte Wettbewerbshandlungen, die ein Vertreter vor Wirksamwerden der Ges vornimmt, wenn sie sich deren rechtliche Wirkungen in Kenntnis der Unerlaubtheit zu eigen macht; vgl RG **151**, 91.

C. Entspr § 31 BGB wird der OHG, die ihrerseits einen Schadensersatzanspruch geltend macht, Mitverschulden ihrer verfassungsmäßig berufenen Vertreter (s Anm B) nach **§ 254 BGB** zugerechnet, BGH NJW **52**, 537.

D. **Erfüllung** der GesVerbindlichkeiten ist Aufgabe der geschäftsführenden (§§ 114ff), die dazu erforderlichen Verfügungen über GesVermögen treffen die vertretungsberechtigten Gfter (§§ 125ff). GesVerbindlichkeiten können (soweit nach ihrem Inhalt möglich) statt durch die Ges durch Gfter persönlich erfüllt werden, auch durch Aufrechnung (vgl Anm 1 C), ohne Widerspruchs- und Ablehnungsrecht von Ges und Gläubiger nach § 267 II BGB; die (nach § 128 für die GesSchuld haftenden) Gfter sind nicht „Dritte" iSv § 267 BGB. GesSchulden gehen nicht nach § 419 BGB über auf den Übernehmer nur des Ges-, nicht auch des (mithaftenden) GfterVermögens, BGH **27**, 263.

E. Die OHG (KG) ist **Inhaber** des Betriebs auch iSv § 13 III UWG (Unterlassungsanspruch aus Wettbewerbsverstößen von Angestellten oder Beauftragten), Nürnb BB **71**, 540.

4) Andere Rechtsverhältnisse der Gesellschaft

A. Die OHG kann **Mitglied einer privatrechtlichen Vereinigung** sein, Aktionär, Gfter einer GmbH, auch Genosse einer eG, wohl auch Gfter einer anderen OHG (vgl § 105 Anm 1 C), einer KG (vgl § 161 Anm 2 A, C), GbR (RG **142**, 21), eines eV, nicht rechtsfähigen Vereins; auch phG einer KGaA, str (Anh § 177a Anm IV 1 A). Für OHG (KG) mit GmbH-Anteil (Aktien) gelten nicht § 18 GmbHG, § 69 AktG (mehrere Berechtigte), hM, aA Schwichtenberg DB **76**, 375.

B. Die OHG kann **Vollmachten** empfangen, nach hM auch eine HdlVollmacht (§ 54), aber keine Prokura (weil §§ 52 II, 53 II eine natürliche Person verlangten). Die OHG (zB eine BankOHG) kann **Verwalter fremden Vermögens** sein, als Beauftragter kraft Vertrags oder als Liquidator einer HdlGes (jeder Art) (wie eine juristische Person, vgl § 206 I 2 AktG und § 146 Anm 3), Testamentsvollstrecker, Abwesenheitspfleger (hier handelt es sich stets um reine Vermögensfürsorge). Dagegen kann sie nicht Vormund oder Pfleger nach §§ 1671 V, 1773 ff BGB sein (Personenfürsorge nur durch natürliche Personen).

C. Die OHG genießt wie alle HdlGesellschaften als solche zivilrechtlichen **Ehrenschutz** (§§ 823, 824 BGB); bei rufschädigenden Angriffen auf einen Gfter oder Betriebsangehörigen aber nur, soweit sie dadurch selbst unmittelbar getroffen wird; keine Geldentschädigung der OHG für immaterielle Nachteile, BGH **78**, 24. Persönlichkeitsrechtsschutz juristischer Personen s Leßmann AcP 170 (**70**) 266, Wronka WRP **76**, 425.

D. Die OHG kann auch als **Erbe** eingesetzt oder mit einem **Vermächtnis** bedacht werden.

E. Stellung im **öffentlichen Recht:** Die OHG kann mit Verfassungsbeschwerde das Grundrecht auf allgemeine Handlungsfreiheit (Art 2 I GG) auf wirtschaftlichem Gebiet geltend machen, BVerfG **10**, 89. Die OHG hat die öffentlichen Pflichten, die aus ihrem Gewerbebetrieb folgen, ist darum auch Adressat für einschlägige polizeiliche Anordnungen, vgl OVG Münst BB **69**, 1327.

F. Stellung im **Strafrecht: a)** Die OHG genießt Strafrechtsschutz, zB nach §§ 186, 187 StGB, str für § 186 StGB; dagegen schützt § 185 BGB nur natürliche Personen (zum zivilrechtl Ehrenschutz s Anm A). Sie kann bei Verletzung ihrer Rechte (zB gewerbliche Schutzrechte) Strafanträge stellen. **b)** Bestraft werden kann die OHG nach dem StGB (und WiStG 1954 idF von 1975) grundsätzlich nicht; aber Anordnung des Verfalls (§ 73 III StGB) und der Einziehung (§ 75 StGB) sind auch gegenüber der OHG möglich, nach § 30 OWiG (gilt über § 377 II AO auch für Steuerordnungswidrigkeiten) auch Geldbuße gegenüber der OHG. Die OHG ist nicht strafbar nach §§ 4 II, 15 II UWG (Strafbarkeit von ,,Inhaber" und ,,Leiter" des Geschäftsbetriebs: auch hier sind natürliche Einzelpersonen gemeint). Ein Strafantrag gegen die OHG, wo nur Einzelpersonen bestraft werden können, ist idR als Antrag gegen die Personen zu verstehen, die für die Ges gehandelt haben.

5) Die Gesellschaft in Prozeß, Zwangsvollstreckung, Konkurs

A. Die OHG ist nach § 124 im Zivilprozeß **parteifähig** (nicht jedoch, wenn sie ihr Hdlgeschäft vor Klageerhebung verpachtet hat, LG Regensburg WM **79**, 594). Ges und Gfter sind verschiedene Prozeßparteien (vgl § 139 Anm 1 B), BGH **62**, 132, **64**, 156; Klage gegen beide s § 128 Anm 8. Daher genügt die Bezeichnung der OHG als Prozeßpartei mit ihrer Firma, der Namen der Gfter bedarf es nicht. Falsche Bezeichnung schadet bei Klage einer OHG oder gegen eine OHG sowenig wie sonst, wenn die Identität der Partei feststeht (zB als Inhaber eines bestimmten Unternehmens, mag er EinzelKfm oder Ges sein), RG **157**, 373. Wechsel der Gfter berührt Prozesse der OHG nicht. Übergang vom Ges- zum Gfterprozeß ist gewillkürter Parteiwechsel, BGH **17**, 342, **62**, 132, WM **82**, 1170. Prozesse zwischen Ges und Gfter sind möglich. Allgemeinen Gerichtsstand hat die OHG nach § 17 ZPO an ihrem Sitz, ohne Rücksicht auf den Wohnsitz der Gfter. S ferner § 128 Anm 8. Vertretung der OHG im Prozeß: §§ 125 ff; bei Zustellungen an sie: § 125 II 3, III 2. KG s Noack DB **73**, 1157.

B. Zur **Vollstreckung** gegen die OHG bedarf es des Titels gegen sie (§ 124 II), nicht eines gegen die Gfter (vgl § 736 ZPO betr GbR); doch genügt ein solcher, wenn eine GbR ohne Kenntnis des Gläubigers OHG wurde (vgl Einl 4 B a vor § 105), BGH BB **67**, 143. Umschreibung (§§ 727 ff ZPO) gegen Gfter nicht möglich (würde persönliche Einwendungen, § 129 I, abschneiden; Gfter können mitverklagt werden, § 128, dazu dort Anm 8), auch nicht nach ,,Ende" der Ges, BGH **62**, 133, dazu Anm E. Berichtigung (§ 319 ZPO) des Urteils gegen ,,X-OHG", die in GmbH & Co (KG) umgewandelt war, Düss MDR **77**, 144.

C. Im Prozeß der OHG, KG sind ihre vertretungsberechtigten **Gesellschafter** als **Partei** (§§ 445 ff ZPO) zu hören, die nicht vertretungsberechtigten Gfter, soweit nicht mitverklagt, als **Zeugen** (also nicht im Urkundenprozeß, § 595 II ZPO); so der Nicht-Liquidator-phG der KG iL, der Gfter der OHG ohne Vertretung (§ 125), der Kdtist (vgl § 170); Fischer FS Hedemann **58**, 75, BGH **42**, 231, BB **65**, 1167; der Kdtist auch wenn er Prokura hat, Lepke DB **69**, 1591. **Kostenfestsetzung** für den Prozeßbevollmächtigten der Ges (§ 19 BRAGO) ist nicht nur gegen die Ges, sondern auch gegen die Gfter (die es bei Erteilung oder während Ausführung des Auftrags waren) zulässig, so KG BB **70**, 1023, str.

D. Das **Armenrecht** erhält die OHG gemäß der Vorschrift für natürliche, nicht für juristische Personen (§ 114 IV ist nicht anwendbar), wenn die Mittel sowohl der Ges wie der Gfter persönlich (die ja für die Verpflichtungen der Ges persönlich einstehen) nicht ausreichen; auf die Mittel von wirtschaftlich Beteiligten, zB Angehörigen, stillen Teilhabern, Großgläubigern kommt es nicht an, BGH BB **54**, 1008. Bei einer KG kommt es auch auf die Leistungsfähigkeit der Kdtisten an, Stgt NJW **75**, 2022.

E. Bei **Auflösung** der Ges während des Prozesses dauert die Parteifähigkeit bis zur Prozeßbeendigung notwendig fort, vgl § 265 ZPO. Ob Abwicklung eintritt oder eine andere Art der Auseinandersetzung, ist gleich. Unterbrechung tritt bei Abwicklung nicht ein, Kln BB **59**, 463, jedenfalls wenn die bisherigen gesetzlichen Vertreter Abwickler werden; daß sich der Inhalt der Vertretungsmacht ändert, genügt nicht, str. Bei

1. Abschnitt. Offene Handelsgesellschaft § 124

„**Ende**" der Ges (vgl § 131 Anm 1) erforderlich Aufnahme durch (gegen) die Gfter (gewillkürter Parteiwechsel), bei Wegfall der beklagten Ges Zustimmung der nunmehr beklagten Gfter, sofern nicht deren Verweigerung mißbräuchlich, zB weil die Gfter schon vorher durch Geschäftsführung für die Ges (auch als Geschäftsführer der phG-GmbH) mit dem Prozeß befaßt; BGH **62**, 132 gegen RG, Ffm DB **76**, 2299; abw Henckel ZGR **75**, 232: gesetzlicher Parteiwechsel ähnlich Fällen §§ 239 ff ZPO; dazu auch Anm A, B. Erledigung der Hauptsache bei Verlust der Rechtsfähigkeit der KG und der Komplementär-GmbH während des Rechtsstreits, falls Klage gegen sie bis dahin begründet war, BGH, NJW **82**, 238. Geschäftsübernahme durch einen einzigen Gfter s § 142 Anm 3 A.

F. Die KO macht ein **besonderes Konkursverfahren über das Gesellschaftsvermögen** möglich, unterschieden vom Konkursverfahren über das Privatvermögen von Gftern, §§ 209–212 KO (§ 209 I 3 nF ab 1. 1. 81):

KO 209 [Personengesellschaften]

^I Im Falle der Zahlungsunfähigkeit einer offenen Handelsgesellschaft, einer Kommanditgesellschaft oder einer Kommanditgesellschaft auf Aktien findet über das Gesellschaftsvermögen ein selbständiges Konkursverfahren statt. Über das Vermögen einer Kommanditgesellschaft auf Aktien findet das Konkursverfahren auch im Falle der Überschuldung statt. Gleiches gilt für das Konkursverfahren über das Vermögen einer offenen Handelsgesellschaft oder Kommanditgesellschaft, wenn kein persönlich haftender Gesellschafter eine natürliche Person ist, es sei denn, daß zu den persönlich haftenden Gesellschaftern eine andere offene Handelsgesellschaft oder Kommanditgesellschaft gehört, bei der ein persönlich haftender Gesellschafter eine natürliche Person ist.

^{II} Die Vorschrift des § 207 Abs. 2 findet entsprechende Anwendung.

KO 210 [Antragsberechtigte bei Konkurs von Personengesellschaften]

^I Zu dem Antrage auf Eröffnung des Verfahrens ist außer den Konkursgläubigern jeder persönlich haftende Gesellschafter und jeder Liquidator berechtigt.

^{II} Wird der Antrag nicht von allen persönlich haftenden Gesellschaftern oder allen Liquidatoren gestellt, so ist er zuzulassen, wenn bei einer Kommanditgesellschaft auf Aktien oder bei einer offenen Handelsgesellschaft oder Kommanditgesellschaft der in § 209 Abs. 1 Satz 3 bezeichneten Art die Zahlungsunfähigkeit oder die Überschuldung, bei einer anderen offenen Handelsgesellschaft oder Kommanditgesellschaft die Zahlungsunfähigkeit glaubhaft gemacht wird. Das Gericht hat die übrigen persönlich haftenden Gesellschafter oder die Liquidatoren nach Maßgabe des § 105 Abs. 2, 3 zu hören.

^{III} Bei einer offenen Handelsgesellschaft oder Kommanditgesellschaft der in § 209 Abs. 1 Satz 3 bezeichneten Art gelten § 208 Abs. 2 und § 210 Abs. 2 für die organschaftlichen Vertreter und die Liquidatoren der zur Vertretung der Gesellschaft ermächtigten Gesellschafter sinngemäß. Gleiches gilt, wenn die organschaftlichen Vertreter ihrerseits Gesellschaften der in § 209 Abs. 1 Satz 3 bezeichneten Art sind oder sich die Verbindung von Gesellschaften in dieser Art fortsetzt.

KO 211 [Zwangsvergleich bei Konkurs von Personengesellschaften]

^I Ein Zwangsvergleich kann nur auf Vorschlag aller persönlich haftenden Gesellschafter geschlossen werden.

^{II} Der Zwangsvergleich begrenzt, soweit er nicht ein anderes festsetzt, zugleich den Umfang der persönlichen Haftung der Gesellschafter.

§ 124 5   II. Buch. Handelsgesellschaften und stille Gesellschaft

KO 212 [Konkurs eines Gesellschafters]

^I In dem Konkursverfahren über das Privatvermögen eines persönlich haftenden Gesellschafters können die Gesellschaftsgläubiger, wenn das Konkursverfahren über das Gesellschaftsvermögen eröffnet ist, Befriedigung nur wegen desjenigen Betrags suchen, für welchen sie in dem letzteren Verfahren keine Befriedigung erhalten.

^{II} Bei den Verteilungen sind die Anteile auf den vollen Betrag der Gesellschaftsforderungen zurückzubehalten, bis der Ausfall bei dem Gesellschaftsvermögen feststeht.

^{III} Im übrigen finden auf die bezeichneten Forderungen die Vorschriften der §§ 64, 96 entsprechende Anwendung.

§ 207 II KO (angezogen in § 209 II) gestattet (bei AG) die Eröffnung des Konkursverfahrens nach Auflösung der Ges, solange die Verteilung des Vermögens nicht vollzogen ist. § 105 II, III KO (angezogen in § 210 II) handelt vom Anhören des Gemeinschuldners (und weiteren Maßnahmen) bei Konkursantrag eines Gläubigers. §§ 64, 96 KO (angezogen in § 212 III) regeln für absonderungsberechtigte Gläubiger Geltendmachung des Ausfalls zur Masse und Stimmrecht in der Gläubigerversammlung. Das Konkursverfahren über das GesVermögen hindert die nicht in Konkurs befindlichen, für GesSchulden persönlich haftenden (§ 128) Gfter nicht, gegen einen Gläubiger auf Feststellung des Nichtbestehens einer von ihm zur Konkurstabelle angemeldeten Forderung zu klagen; diese Anmeldung begründet auch ihr Feststellungsinteresse (§ 256 ZPO); BGH NJW **57**, 144. Im GesKonkurs gibt es keine Konkursanfechtung von (das Geschäftsvermögen kürzenden) Rechtshandlungen des Vorinhabers des Geschäfts, auch nicht nach Übergang von EinzelKfm auf Ges aus diesem und Teilhaber, BGH MDR **56**, 86; abw BGH **71**, 296, (Gesamtrechtsnachfolge KG – GmbH, vgl § 142 Anm 2 E). Nach Karlsr MDR **69**, 152 gilt das Konkursvorrecht der Kinder des (einzigen) phG einer KG (§ 61 Nr 5 KO) für (vom phG verwaltete) Forderungen an die Ges auch im GesKonkurs. Anwendbarkeit § 31 Nr 2 KO (Anfechtung; Beweislastumkehr) auf Geschäfte zwischen KG und Gfter (Gfter-Angehöriger?), LG Hbg KTS **76**, 63, Fehl ZGR **78**, 725. Wirkung des GesKonkurses auf Haftung der Gfter (§ 128) und (ggf) deren Erfüllungsansprüche (§ 128 Anm 4) s K. Müller NJW **68**, 225, Mohrbutter NJW **68**, 1125. Ges und Gfterkonkurs s § 128 Anm 9 B. Wirkung des § 211 II KO für ex-Gfter und Kdtisten (ex-phG) s Anm G zu § 109 VerglO. Anfechtung von Handlungen der Ges nach deren Aufgehen in einer KapitalGes s § 142 Anm 2 E.

G. Entsprechend der KO kennt die VerglO ein besonderes **Vergleichsverfahren** über das Vermögen der Ges, unterschieden von dem über das Privatvermögen von Gftern.

VerglO 109 [Offene Handelsgesellschaften usw.]

^I Für offene Handelsgesellschaften, Kommanditgesellschaften und Kommanditgesellschaften auf Aktien gelten die folgenden besonderen Vorschriften:

1. Der Vergleichsvorschlag muß von allen persönlich haftenden Gesellschaftern gemacht werden. Andernfalls kann das Verfahren eröffnet werden, wenn glaubhaft gemacht wird, daß der Gesellschafter, der dem Vorschlag nicht zugestimmt hat, daran durch wichtige Gründe verhindert war; in diesem Falle muß die Zustimmung spätestens im Vergleichstermin vor dem Beginn der Abstimmung über den Vergleichsvorschlag erklärt werden.
2. Soweit es für die Eröffnung oder die Fortsetzung des Verfahrens auf das Verhalten des Schuldners ankommt, genügt es, wenn ein die Ablehnung der Eröffnung, die

1. Abschnitt. Offene Handelsgesellschaft 6 § 124

Versagung der Bestätigung des Vergleichs oder die Einstellung des Verfahrens rechtfertigender Grund in der Person eines persönlich haftenden Gesellschafters, in den Fällen des § 100 Abs. 1 Nr. 3, 4, 6 und 7 in der Person eines zur Vertretung berechtigten Gesellschafters vorliegt.
3. Der Vergleich begrenzt, soweit er nichts anderes festsetzt, zugleich den Umfang der persönlichen Haftung der Gesellschafter.

II In dem Vergleichsverfahren über das Vermögen einer von § 129a oder § 172a des Handelsgesetzbuchs erfaßten Gesellschaft gilt für die dort bezeichneten Gläubiger § 108 Abs. 2 Satz 3 sinngemäß.

VerglO 110 [Vergleichsverfahren und Konkurs über das Vermögen eines Gesellschafters]

I In dem Vergleichsverfahren über das Privatvermögen eines persönlich haftenden Gesellschafters einer offenen Handelsgesellschaft, einer Kommanditgesellschaft oder einer Kommanditgesellschaft auf Aktien sind die Gesellschaftsgläubiger, wenn über das Gesellschaftsvermögen das Vergleichsverfahren oder das Konkursverfahren eröffnet worden ist, nur in Höhe des Betrags beteiligt, für den sie in dem Verfahren über das Gesellschaftsvermögen keine Befriedigung erhalten. § 71 Abs. 2 und § 97 gelten sinngemäß.

II Das Vergleichsverfahren über das Vermögen einer offenen Handelsgesellschaft, einer Kommanditgesellschaft oder einer Kommanditgesellschaft auf Aktien steht für die Befriedigung der Gesellschaftsgläubiger im Konkursverfahren über das Privatvermögen eines persönlich haftenden Gesellschafters dieser Gesellschaft dem Konkursverfahren gleich.

§ 109 Nr 3 VerglO gilt nicht für ausgeschiedene (für Altschulden noch haftende) Gfter; in der KG auch nicht zugunsten des Kdtisten, der phG war (und für Schulden von vor der Umwandlung noch unbeschränkt haftet), gleich ob er (nicht ein phG) eigentlich bestimmender Gfter, wirtschaftlicher Rückhalt des Ges ist wie zB typisch nach Umwandlung einer OHG (KG) in eine GmbH & Co, BGH BB **70**, 942. Einlageeinziehung bei Liquidationsvergleich (im Vergleichsverfahren) s § 124 Anm 1 E. Auflösung der Ges bei solchem Vergleich s § 131 Anm 2 C.

6) Verhältnis zwischen Gesellschafter und Gesellschaft

A. Rechtsübertragung vom Gfter auf die Ges und umgekehrt ist echte Übertragung vom einen auf den anderen Rechtsträger, bedarf daher der für eine solche vorgeschriebenen Form (zB bei Einbringung eines Grundstücks, einer beweglichen Sache, eines GmbHAnteils durch einen Gfter der Formen der §§ 313, 873, 925 BGB, §§ 929 ff BGB, § 15 GmbHG, vgl § 105 Anm 2 B). Im Falle des § 930 BGB wird das Besitzkonstitut idR im Ges-Verhältnis stillschweigend vereinbart sein. Die Übertragungsformen sind ferner ua zu wahren: bei Übertragung aus Bruchteilseigentum der Gfter in GesVermögen (oben Anm 1) und umgekehrt; aus GesVermögen der OHG in Gesamthandseigentum einer GbR derselben Gfter, RG **136**, 405, BayObLG NJW **82**, 110; aus einer OHG in eine personengleiche andere, BGH BB **63**, 747, BayObLG NJW **82**, 110; aus ungeteilter Erbengemeinschaft in das Vermögen einer von den Erben errichteten OHG (wohl hM, vgl über diese Umwandlung § 105 Anm 2 A, B). Anders bei bloßer Umwandlung einer GbR zur OHG (KG) oder umgekehrt, vgl Einl 4 B a vor § 105. Kraft **guten Glaubens** kann uU ein Gfter durch Übertragung von der nichtberechtigten OHG Rechte erwerben; erwirbt umgekehrt die OHG vom nichtberechtigten Gfter (zB bei Einbringung von Sachen durch den Gfter), so kommt es auf den guten Glauben der für sie handelnden Gfter an (§ 166 I BGB), zu diesen gehört der übertragende Gfter idR nicht (anders im Fall § 181 BGB), dessen Bösgläubigkeit hindert also den Erwerb der OHG idR nicht, wenn die anderen Gfter gutgläubig sind, str, anscheinend aA BGH BB **59**, 318; die rechtlich unwirksame Einlage ist nicht als fehlerhafte Ges (§ 105 Anm 8) wirksam, BGH BB **59**, 318.

B. Zwischen Ges und Gfter sind weitgehend gleiche **Rechtsverhältnisse** möglich wie sonst zwischen Rechtspersonen, zB Schuldverhältnisse, dingliche Rechtsverhältnisse (zB Miteigentum, beschränkte Rechte des einen Teils am Eigentum des anderen, Vollmacht und andere Ermächtigungen, Options- und andere Gestaltungsrechte. **Schuldverhältnisse** zwischen Ges und Gfter („Sozial"-Ansprüche, -Verpflichtungen) können hervorgehen aus (1) dem **Gesellschaftsverhältnis** selbst, zB aus Beitragspflicht, § 109 Anm 4, Geschäftsführungsrecht und -pflicht, §§ 114ff, Aufwendungen, § 110, Wettbewerb, § 113, Entnahmerecht, § 122 Anm 1 E, usw oder aus (2) anderem Rechtsgrund, zB **Vertrag** zwischen Ges und Gfter. Im Falle (2), grundsätzlich nicht (1), haften dem Gfter für die Ges auch die MitGfter, § 128 Anm 7. Über Unterscheidung zwischen Beitragspflicht aus GesVertrag (Fall 1) und selbständigem Vertrag (Fall 2) s § 109 Anm 4 C, D. Möglich ist auch Arbeitsvertrag zwischen Ges und Gfter, auch mit geschäftsführendem Gfter iSv §§ 114ff (dessen Geschäftsführung, Tätigkeitspflicht aus dem GesVerhältnis hervorgeht, Fall 1) in bezug auf andere Tätigkeit, dazu Molitor DB **57**, 164. Grundstückspacht s BGH BB **61**, 6. Überlassung von (Bau-)Gerät vgl BGH BB **63**, 576. Überlassung von Erfindungen s oben Anm 1 F. Einziehung von Forderungen der Ges gegen Gfter in der Liquidation s § 149 Anm 2 B. Vertretung der Ges bei Vertrag zwischen Ges und Gfter s § 126 Anm 3. Monographie: Loritz, Die Mitarbeit Unternehmensbeteiligter, 1984.

C. Der Gfter kann eine **Forderung gegen die Gesellschaft grundsätzlich** wie ein Dritter (als Drittgläubiger) geltend machen, uU nötigt ihn seine Treuepflicht (§ 109 Anm 5) bei der Einziehung zu besonderer Rücksicht, zB bei einem im Hinblick auf die Zugehörigkeit zur Ges und zur Förderung der GesInteressen gegebenen Darlehen, RG JW **37**, 1986. Abw Prediger BB **71**, 245. Er kann nach § 128 die **Mitgesellschafter** nicht in Anspruch nehmen für eine Forderung (gegen die Ges) aus dem GesVerhältnis (das wäre Erhöhung von deren Beitrag, vgl § 707 BGB, § 109 Anm 4 E), wohl aber für eine andersartige (vgl Anm B) Forderung, RG **153**, 307 (Darlehen), BGH **LM** § 138 Nr 7 (stille Beteiligung), jedoch mit Abzug mindestens des seinem Verlustanteil entspr Forderungsteils, RG **153**, 307, vgl § 128 Anm 7 A. RG ließ dahingestellt, ob mehrere MitGfter als Gesamtschuldner oder nur entsprechend ihren Verlustquoten; für das zweite Prediger BB **71**, 246. Zur veränderten Lage nach Auflösung s § 145 Anm 1 F.

D. **Verbindlichkeiten eines Gesellschafters an die Gesellschaft** kann zunächst die **Gesellschaft geltend machen.** Sie wird dabei nach §§ 125ff vertreten; der vertretende Gfter muß aber auch gegenüber dem in Anspruch genommenen Gfter zur Ausübung der Vertretungsmacht in diesem Falle befugt, maW er muß für die Sache, zB für eine Klage gegen den Gfter, auch Geschäftsführungsbefugnis (§§ 114ff) haben, muß also sowohl vertretungs- wie geschäftsführungsberechtigt sein; bei Einzelgeschäftsführung kann jeder MitGfter widersprechen (§ 115 I, nicht der schuldende Gfter, § 115 Anm 1 C), bei Gesamtgeschäftsführung müssen alle geschäftsführenden Gfter, unter den Voraussetzungen des § 116 II alle Gfter, auch die nicht geschäftsführenden, zustimmen (§§ 115 II, 116 II, vorbehaltlich abw Regelung des GesVertrags, zB Mehrheitsentscheidung, vgl § 119 II), wieder mit Ausnahme des Schuldner-Gfters.

E. Die Verbindlichkeit eines Gfters an die Ges aus dem GesVerhältnis kann (da der GesVertrag die Gfter unmittelbar untereinander bindet, § 705 BGB) **auch** von **Mitgesellschaftern** geltend gemacht werden: **actio pro socio** (Einzelklagebefugnis). Sie richtet sich idR (dazu Anm F) auf Leistung an die Ges, BGH **10**, 101. Bsp: BGH **25**, 49 (Rückzahlung von Entnahmen), BB **60**, 15 (Schadensersatz wegen pflichtwidriger Geschäftsführung), WM **71**, 725 (Auskunft und Rechnungslegung zur Klärung der Haftung aus Treuepflichtverletzung), BB **73**, 1507 (Schadensersatz wegen pflichtwidriger Geschäftsführung). Dies gilt auch in der Liquidation. Die Klage bedarf nicht der Zustimmung der MitGfter (anders RG **171**, 51), doch können diese uU durch Mehrheitsbeschluß (ohne den Schuldner-Gfter) die Verpflichtung stunden oder erlassen, dadurch der Klage den Boden entziehen, BGH **25**, 49, aber nicht soweit sie dadurch in GfterRechte eingreifen, BGH NJW **85**, 2830. Der klagende Gfter kann über den Anspruch nicht verfügen (zB keinen Vergleich über ihn schließen), ein ihn abweisendes Urteil hat auch nicht Rechtskraft gegen die Ges. Geltendmachung durch MitGfter-Erben, OGH **3**, 214. Weiterverfolgung nach Anteilsabtretung (§ 265 ZPO), BGH BB **60**, 340. Ist schuldender MitGfter eine OHG (KG), kann der Gfter auch deren Gfter (phG) in Anspruch nehmen (§ 128), BGH BB **73**, 1507. Klage Gfter-Gfter auf Durchführung eines Beirats- (vgl § 114 Anm 2 G) Beschlusses: BGH DB **70**, 389. Monographie Hadding 1966.

F. **Ausnahmsweise** kann der Gfter vom MitGfter mit der actio pro socio (s Anm E) **Leistung** nicht an die Ges, sondern **an sich selbst** verlangen, nämlich wenn und soweit dies bei aufgelöster (besonders Zwei-Mann-)Ges die Auseinandersetzung vorwegnimmt und weitere Auseinandersetzung erspart, zB keine GesVerbindlichkeit und außer der Forderung an den Gfter kein Vermögen mehr vorhanden ist, die Auseinandersetzung sich also auf Teilung des Werts der Forderung beschränkt; dann kann der Umweg: Leistung an Ges und Teilung des Geleisteten, vermieden werden, BGH **10**, 102, WM **71**, 725; oder wenn der von Gfter A geschuldete Wert bei der Auseinandersetzung dem Gfter B allein zukommen soll, BGH BB **58**, 603.

G. Auch von den **Gesellschaftern** außerhalb der OHG (KG) gemeinsam **(als GbR)** erworbenes Vermögen ist vom Vermögen der OHG (KG) zu trennen, Bsp: Forderung gegen X aus gemeinsamen persönlichen Darlehen der Gfter: nach Übernahme des Vermögens des X durch die OHG (KG) haftet diese (§ 419 BGB) den Gftern wie anderen Gläubigern des X, sie hat kein Recht auf Vorwegbefriedigung der Darlehensforderung aus dem Übernommenen, BGH BB **57**, 131, vgl Anm 1 C. Erst recht rechtlich zu trennen ist Vermögen personengleicher (Vertriebs-)**GmbH;** Klage der OHG aus Forderung der GmbH unterbricht nicht deren Verjährung, BGH BB **59**, 353. Haftung der Ges, wenn die Gfter gemeinsam außerhalb der Ges einem Vertrag der Ges zuwiderhandeln, vgl Hamm WM **73**, 744.

H. Grundsätzlich nur **unter den Gesellschaftern** (nicht zwischen Gftern und Ges) **auszutragen** sind Streitigkeiten über das GesVerhältnis selbst (das nicht der Dispositionsbefugnis der Ges unterliegt), zB über: Gfter-Eigenschaft einer Person (Wirksamkeit eines Beitritts, Ausscheidens, Eintritts als Erbe), BGH **30**, 197, **48**, 175, **81**, 265; Eigenschaft eines Gfters als phG oder Kdtist, BGH BB **66**, 1122; Recht zur Einlageerhöhung, RG **163**, 388; Übernahmerecht eines Gfters (§§ 141 II, 142 II, 145 II), BGH **48**, 175; Wirksamkeit einer Vertragsänderung, BGH BB **65**, 14; Vereitelung vertraglicher Sonderrechte eines Gfters durch einen MitGfter (auch durch eine Geschäftsführungshandlung eines geschäftsführenden Gfters), BGH BB **62**, 349; Wirksamkeit eines GfterBeschlusses, BGH BB **66**, 1169, **68**, 145, WM **83**, 785; Gültigkeit einer Beiratsmitgliedsbestellung, BGH DB **77**, 1086. Die Ges selbst kann nicht von Gfter Anmeldung zum HdlReg verlangen, BGH WM **83**, 786. Der **Gesellschaftsvertrag** kann Abweichungen zulassen, zB Streit über Wirksamkeit von GesVertragsänderung oder Anfechtung von GfterBeschlüssen durch Klage gegen die Ges, BGH **85**, 353, BB **66**, 1169. Für solche GesProzesse (s oben) gilt zwar nicht gesetzlich (vgl §§ 117, 127, 133, 140) notwendige Streitgenossenschaft **aller Gesellschafter** (mit Modifikationen durch die Rspr, vgl § 133 Anm 2 A, § 140 Anm 3 A), BGH **30**, 197, BB **57**, 1087. Aber das Rechtsschutzinteresse dürfte auch für solche Klage verlangen, daß sie zur Bereinigung des Streits unter allen Gftern geeignet ist; dazu wird oft Beteiligung aller Gfter gehören. In einem Prozeß **Gesellschafter-Gesellschaft** können solche Streitfragen nur als Vorfragen entschieden werden (Bsp Gewinnauszahlungsklage des Gfter-Prätendenten), nicht etwa auf Inzidentfeststellungsantrag, Fischer **LM** § 125 Nr 1. Ist die Streitfrage unter den Gftern rechtskräftig entschieden, wirkt das auch zwischen Gftern und Ges, BGH **48**, 175 (dahingestellt, ob als GesVertrags- oder Rechtskraft-Folge oder durch das Zusammenwirken beider). Jedenfalls in der Zwei-Mann-OHG kann A auf Feststellung, daß die Zinsen einer GesSchuld von der Ges, nicht von ihm zu tragen sind, auch (statt gegen die Ges) gegen B klagen, BGH NJW **65**, 1591. Abfindungsklage s § 138 Anm 5 D.

I. Bei **Versicherung** von GesVermögen durch die Ges (zB Kfz-Kaskoversicherung) sind die Gfter (Mit-)Versicherte, Versicherer kann daher nach Entschädigung der Ges nicht gegen einen Gfter als Dritten (§ 67 I 1 VVG) **Rückgriff** nehmen, nach § 67 II VVG auch nicht gegen seinen mit ihm lebenden Sohn (der den Schaden verschuldet hatte), BGH NJW **64**, 485.

[Vertretung der Gesellschaft]

125 ^I **Zur Vertretung der Gesellschaft ist jeder Gesellschafter ermächtigt, wenn er nicht durch den Gesellschaftsvertrag von der Vertretung ausgeschlossen ist.**

^{II} **Im Gesellschaftsvertrage kann bestimmt werden, daß alle oder mehrere Gesellschafter nur in Gemeinschaft zur Vertretung der Gesellschaft ermächtigt sein sollen (Gesamtvertretung). Die zur Gesamtvertretung berechtigten Gesellschafter können einzelne von ihnen zur Vornahme bestimmter Geschäfte oder bestimmter Arten von Geschäften ermächtigen. Ist der Gesellschaft gegenüber eine Willenserklärung abzugeben, so**

1. Abschnitt. Offene Handelsgesellschaft **1 § 125**

genügt die Abgabe gegenüber einem der zur Mitwirkung bei der Vertretung befugten Gesellschafter.

III Im Gesellschaftsvertrage kann bestimmt werden, daß die Gesellschafter, wenn nicht mehrere zusammen handeln, nur in Gemeinschaft mit einem Prokuristen zur Vertretung der Gesellschaft ermächtigt sein sollen. Die Vorschriften des Absatzes 2 Satz 2 und 3 finden in diesem Falle entsprechende Anwendung.

IV Der Ausschluß eines Gesellschafters von der Vertretung, die Anordnung einer Gesamtvertretung oder eine gemäß Absatz 3 Satz 1 getroffene Bestimmung sowie jede Änderung in der Vertretungsmacht eines Gesellschafters ist von sämtlichen Gesellschaftern zur Eintragung in das Handelsregister anzumelden.

1) Allgemeines

A. §§ 125–127 handeln von der **Vertretung** der Ges durch (die, einzelne, einen) Gfter (durch Dritte s Anm C) im **Außenverhältnis** gegenüber Dritten, im Gegensatz zu ihrer (in §§ 114–117 geregelten, das Innenverhältnis unter den Gftern berührenden) Geschäftsführungsbefugnis, vgl § 114 Anm 1. § 125 regelt, wer unter den Gftern die Vertretungsmacht hat, § 126 den Umfang der Vertretungsmacht, § 127 ihre Entziehung aus wichtigem Grunde. Von der Frage der Vertretung der Ges ist die ihrer Sachbefugnis zur Führung von Rechtsstreitigkeiten zu unterscheiden, zB über das Ges-Verhältnis selbst (§ 124 Anm 6 H).

B. Die **Rechtsnatur** dieser **organschaftlichen** (BGH **33**, 108, **36**, 295) Vertretungsmacht ist str (Vollmacht, gesetzliche Vertretung oder dritte Kategorie). Da die Vertretungsmacht das Außenverhältnis der Ges betrifft, die OHG aber gerade hier der juristischen Person sehr nahe steht (Einl 2 C vor § 105), paßt wohl die bei der juristischen Person gebräuchliche Figur der gesetzlichen (dh mangels Geschäftsfähigkeit des Vertretenen nicht von diesem, sondern vom Gesetz begründeten) Vertretung. Die vertretenden Gfter sind ähnlich Organ der Ges wie die gesetzlichen Vertreter von juristischen Personen. Die Anwendung von Vollmachtsvorschriften ist aber nicht ausgeschlossen, zB des § 166 II BGB (zB: kein Erwerb der Ges kraft guten Glaubens, wenn der handelnde Gfter gutgläubig ist, aber nach Weisungen der anderen Gfter handelt, von denen auch nur einer bösgläubig). Dazu Baumann ZGR **73**, 284 (Bedeutung des § 166 I, II BGB).

C. Vertreter iSv §§ 125 ff können idR nur **Gesellschafter** sein (**Selbstorganschaft**, entspr für Geschäftsführung s § 114 Anm 2 A), BGH **26**, 333, **33**, 108, **41**, 367, NJW **82**, 1817, str; wichtiger Unterschied von den KapitalGes; bei der KG nur phG, § 170, BGH **51**, 200. Anders (uU gerichtliche Anordnung der Vertretung durch **Nichtgesellschafter**) in der Liquidation, § 146 II, und vorübergehend in Prozeß-Situationen: während Ausschließungs-, Auflösungs-, Entziehungsprozesses, BGH **33**, 108, **51**, 200, vgl § 127 Anm 1 C, § 133 Anm 2 A, § 140 Anm 3 B; nicht stets aus wichtigem Grunde, Müller NJW **55**, 1910; nicht allgemein als Notvertretung entspr § 29 BGB, § 85 AktG, BGH **51**, 200. Möglich ist Prozeßvertreterbestellung nach § 57 ZPO; wohl auch Pflegschaft nach §§ 1911, 1913 BGB, Peters MDR **51**, 243. Weitergehend Monographie Teichmann 1970, H. P. Westermann 1970; Dellmann FS Hengeler **72**, 64, Helm-Wagner BB **79**, 225. Vererbung des Vertretungsrechts s § 114 Anm 2 E, § 139 Anm 1 D.

D. NichtGfter können (von den vertretenden Gftern) **Vollmachten** verschiedener Art erhalten (Prokura, HdlVollmacht, Generalvollmacht nach BGB, Überbl 1 A vor § 48), uU mit solcher die Geschäfte allein führen, § 114 Anm 2 A.

E. **Keine Vertretungsmacht** für die Ges gewährt das Recht der Gfter zu Notmaßnahmen zur Erhaltung des GesVermögens (§ 744 II BGB, BGH **17**, 184, s § 114 Anm 1 D); ebenso nicht das Recht, uU Rechte der Ges gegen Dritte, auch Forderungen im eigenen Namen gegen Dritte geltend zu machen (s § 124 Anm 1 H); ebenso nicht ggf das Recht zur Geschäftsführung ohne Auftrag (§§ 677ff BGB), BGH **17**, 187.

F. Die Ges vertreten heißt **in ihrem Namen** handeln. Gewöhnlich genügt, daß die Umstände dies ergeben, § 164 I BGB; bei skripturgemäßer Verpflichtung muß es aus der Urkunde, zB dem Wechsel, hervorgehen, RG **47**, 166. Die klarste **Form** der Unterschrift namens der Ges ist das Zeichnen des eigenen Namens mit einem Vermerk, der sagt, daß man für die Ges handelt („für die X-Ges", „namens der X-Ges"). Möglich ist Zeichnen mit der GesFirma allein, auch im Grundbuchverkehr (es kann umgekehrt uU auch Handeln im eigenen Namen, nicht namens der Ges bedeuten, Bsp: Einspruch gegen Strafandrohung nach § 37 I HGB, §§ 132–140 FGG, KGJ **31**, 211.

G. An die GfterVertretungsmacht knüpfen **öffentlichrechtliche** Verhaltenspflichten an; der Gfter mit Vertretungsmacht bleibt ihnen unterworfen, obwohl er die Betriebsleitung einem anderen überträgt; Bsp Kblz BB **75**, 983 (Transport gefährlicher Güter).

H. Die Klage eines Gfters gegen den Geschäftspartner der Ges auf Feststellung seiner Vertretungsmacht ist idR unzulässig, BGH BB **79**, 286 (kein feststellbares Rechtsverhältnis).

2) Gesetzliche Regelung der Vertretung

Mangels anderer Vereinbarung hat **jeder Gesellschafter** und jeder ohne Mitwirkung der anderen Vertretungsmacht (§ 125 I), ganz anders als nach §§ 714, 709 bei der GbR. Auch Geschäftsunfähige, beschränkt Geschäftsfähige, juristische Person und andere Personenvereinigungen, die Gfter sein können, s § 105 Anm 1; die namens der Ges handelnden Vertreter solcher Gfter handeln mit Wirkung für und gegen die Ges, nicht die Gfter persönlich. Von einander widersprechenden Erklärungen mehrerer Gfter gilt, wenn die Erklärung unwiderruflich ist, die erste (idR nach der Zeit des Zugehens), andernfalls die letzte, gleichzeitige heben sich auf.

3) Abweichende vertragliche Regelung

A. Der GesVertrag kann von der gesetzlichen Regel abweichen, und zwar durch Ausschluß eines oder mehrerer Gfter von der Vertretung (I, s Anm 4), durch Einrichtung der Gesamtvertretung durch mehrere Gfter (II, s Anm 5) oder außerdem durch Gfter in Gemeinschaft mit Prokuristen (III, s Anm 6), auch durch Kombination dieser Maßnahmen (zB Einzelvertretung durch Gfter A, Gesamtvertretung durch B mit C oder A, C mit B oder A); auch Einzelvertretung durch A, Gesamtvertretung durch B mit A

1. Abschnitt. Offene Handelsgesellschaft   4, 5 § 125

– was nicht dem Ausschluß des B von der Vertretung gleichsteht, RG **90,** 22, BGH **62,** 171 (halbseitige Gesamtvertretung, vgl § 48 Anm 2 B betr Prokura).

B. Ist die gesetzliche Vertretung abbedungen, die vereinbarte aber nicht wirksam, so gilt **Gesamtvertretung** durch **alle** Gfter, KG HRR **39,** Nr 94, BGH **33,** 108, mit passiver Einzelvertretung, § 125 II 3. So bei vertraglichem Ausschluß aller Gfter von der Vertretung (s Anm 4) oder Wegfall des einzigen Vertretenden, durch Tod, Geschäftsunfähigwerden, Ausschließung (§ 140 Anm 1 E), Entziehung der Vertretungsmacht (§ 127 Anm 1 C). Anders bei (vorübergehender) **Verhinderung** der vertretenden Gfter; die geltende Regelung der Vertretung bleibt in Kraft; Nothilfen s Anm 1 C.

4) Ausschluß von der Vertretung

Der GesVertrag kann einen oder mehrere Gfter von der Vertretung ausschließen (§ 125 I); wegen Selbstorganschaft nicht alle Gfter (mit Vertretung durch NichtGfter), BGH **41,** 367, s Anm 1 C, 3 B. Benennung einiger Gfter als vertretungs- („‚zeichnungs-", ‚‚firmierungs-") berechtigt bedeutet idR Ausschluß der übrigen. Klauseln über ‚‚Geschäftsführung" meinen meist sowohl Geschäftsführungsbefugnis (§§ 114 ff) wie Vertretung (§§ 125 ff). Die Vertretungsmacht nach §§ 125 ff kann nicht nur teilweise oder befristet oder bedingt ausgeschlossen werden (§ 126 II), aber der von ihr (ganz) ausgeschlossene Gfter kann (wie ein NichtGfter, s Anm 1 D) besondere Vollmacht erhalten, auch HdlVollmacht, auch Prokura, hM.

5) Gesamtvertretung

A. Der GesVertrag kann alle oder einige Gfter nur in Gemeinschaft zur Vertretung ermächtigen (**Gesamtvertretung,** § 125 II, oft Gesamt-, ‚‚Zeichnung" oder -‚‚Firmierung" genannt; vgl § 48 II Gesamtprokura, § 71 II AktG für den Vorstand der AG, § 35 II GmbHG für die Geschäftsführer der GmbH). Nur das Zusammenwirken der so ermächtigten Gfter schafft die für die Ges verbindliche Erklärung; Willensmängel, Kenntnis, Kennenmüssen eines der mehreren Handelnden sind für und gegen die Ges wirksam. Die Gesamtvertreter müssen nicht gleichzeitig handeln, aber die erste Erklärung muß noch in Kraft sein, wenn die andere folgt. Ein Gesamtvertreter kann den anderen zum alleinigen Handeln ermächtigen (s Anm C) oder solches auch nachträglich nach § 177 BGB genehmigen (beides formlos, auch bei formbedürftigem Rechtsgeschäft), bei Verhinderung auch für einzelne Geschäfte (nicht in allgemeiner Weise) einen Dritten zur Mitwirkung an seiner Statt bevollmächtigen. Wegfall eines Gesamtvertreters (A) gibt nicht dem Mitvertreter (B) Alleinvertretung, sofern noch andere Gesamtvertretung möglich (zB BC), anders wenn diese unmöglich, zB bei nur zwei phG einer KG, BGH **41,** 367, KG JW **39,** 424. Fälscht ein Gesamtvertreter die Mitunterschrift des zweiten, ist die Ges nicht wirksam vertreten, sie haftet dann auch nicht aus § 31 BGB (vgl § 124 Anm 3 B), auch nicht nur auf Vertrauensschaden, so BGH BB **67,** 856. Gesamtvertretung von phG und Kdtist s § 170 Anm 1 A. Halbseitige Gesamtvertretung s Anm 3 A.

B. Die vereinbarte Gesamtvertretung berührt nie die **passive Vertretung** der Ges beim Empfang von Willenserklärungen, hier gilt (zwingend) immer Einzelvertretung, die Erklärung braucht nur einem Gesamtvertreter zuzugehen, § 125 II 3, entspr § 71 II 3 AktG, § 35 II 3 GmbHG (für die Gesamtprokura, § 48 II, gilt Gleiches auch ohne gesetzliche Vorschrift, s bei § 48). Für Zustellungen im Prozeß ebenso schon § 171 III ZPO. Wechselprotest genügt gegenüber einem Gesamtvertreter, RG **53,** 227, Urteilsverkündung in Anwesenheit eines Gesamtvertreters, RG JW **28,** 68. Zur passiven Vertretung gehört nicht **stillschweigende Zustimmung** zu einer zugegangenen Erklärung; Kenntnis eines Gesamtvertreters von einem Bestätigungsschreiben ist zwar als Kenntnis der Ges zu achten, genügt daher idR als Voraussetzung stillschweigender Genehmigung durch die Ges (RG JW **27,** 1676), aber Ges kann bei Willensmangel auch nur eines Gesamtvertreters anfechten.

C. Die Gesamtvertreter können einzelne unter ihnen zur Alleinvornahme bestimmter Geschäfte oder bestimmter Arten von Geschäften **ermächtigen,** nicht im ganzen Umfang ihrer Vertretungsmacht, § 125 II 2, schon nach allgemeinem Recht (§ 125 II 2 beseitigt aber Zweifel aus § 181 BGB). Hierzu genügt eine formlose Erklärung an den zu Ermächtigenden, auch durch schlüssiges Handeln, zB kann die Klage des Gfters A gegen die Ges, vertreten durch den (einzigen) MitGfter B, bei Gesamtvertretung als Ermächtigung des B zur Vertretung der Ges in dem Rechtsstreit verstanden werden, RG **116,** 18, BGH **41,** 367 (zu § 150 II 1). Die Ermächtigung macht den Ermächtigten (partiell) zum (organschaftlichen) Alleinvertreter, ist nicht Hdl- oder sonstige Vollmacht, BGH **64,** 75 (vgl § 126 Anm 3 B). Auf die Ermächtigung sind aber die §§ 174, 180 BGB (Zurückweisung, Unzulässigkeit einseitiger Rechtsgeschäfte) entspr anwendbar, BAG NJW **81,** 2374. Übersicht: Lüdtke-Handjery DB **72,** 565.

6) Gemischte Gesamtvertretung

A. Wird Gesamtvertretung durch Gfter (Abs II) angeordnet, so kann außerdem auch Gesamtvertretung durch einen oder mehrere Gfter mit **einem oder mehreren Prokuristen** angeordnet werden („gemischte" oder „unechte" Gesamtvertretung). Also nicht, wo keine Gesamtvertretung durch Gfter besteht, zB wenn nur ein einziger Gfter vertretungsberechtigt ist, BGH **26,** 332, WM **61,** 322, oder wenn mehrere einzeln vertretungsberechtigt sind. Sehr häufig ist die Anordnung der Vertretung durch entweder zwei Gfter oder einen Gfter mit einem Prokuristen. GesamtHdlVollmacht neben gemischter Gesamtvertretung s § 48 Anm 2 B.

B. Die gemischte Gesamtvertretung erweitert sachlich die Vertretungsmacht des beteiligten Prokuristen, s § 49 Anm 1 C.

C. Für **passive Vertretung** und **Sondervollmachten** gilt bei gemischter Gesamtvertretung Gleiches wie bei gewöhnlicher Gesamtvertretung (§ 125 III 2 mit II 2, 3; s Anm 5 B, C).

D. Bei gemischter Vertretung handelt der **Prokurist** (P) nicht als Gehilfe des oder der geschäftsführenden Gfter (A, B), sondern **unter eigener Verantwortung.** Leidet die Ges aus von A und P abgeschlossenem Geschäft Schaden, so haftet B nicht etwa für das Tun des P aus § 278 BGB (iVm §§ 713, 664ff BGB, s § 114 Anm 3 B). Anders für Schaden aus Verletzung der Überwachungspflicht des B gegenüber A, soweit B sich hierzu des P bediente, BGH **13,** 64, 66 (für die GmbH, gleiche Frage).

1. Abschnitt. Offene Handelsgesellschaft § 125 a

E. Möglichkeit einer **Prokura** mit Bindung an Mitwirkung eines (allein-) vertretenden **Gesellschafters** (ohne dessen Bindung nach § 125 III) s § 48 Anm 2 B.

7) Eintragung im Handelsregister

Vom Gesetz abweichende vertragliche Anordnungen über die Vertretung der Ges (s Anm 3–6) einschließlich Gestattung des Selbstkontrahierens (vgl § 53 Anm 1 B), Hamm BB **83**, 858 (ohne Eintragungspflicht), nicht aber Ermächtigungen nach II 2, III 2 (s Anm 5 C, 6 C), sind zum Register anzumelden, und zwar von sämtlichen Gftern, auch denen, die von der Vertretung ausgeschlossen werden, und nur von den Gftern (auch bei Einrichtung der „gemischten" Gesamtvertretung mit Prokuristen, s Anm 6). Ebenso ist jede Änderung in der Vertretungsmacht eines Gfters zum Register anzumelden, ob sie einen Gfter speziell betrifft (zB Ausschluß von der Vertretung) oder die ganze Regelung der Vertretung (zB Einrichtung der Gesamt- statt Einzelvertretung). Auch die Aufhebung (oder Änderung der Modalitäten) der gemischten Gesamtvertretung (IV, s Anm 6) ist anzumelden, schon nach dem Wortlaut des § 125 IV, denn sie ist auch eine „Änderung in der Vertretungsmacht eines Gfters" (Aufhebung oder Änderung der einzelnen Prokura ist gemäß § 53, s dort, anzumelden). Wirkung der Eintragungen s § 15.

8) Mißbrauch der Vertretungsmacht

Es gelten die allgemeinen Grundsätze (§ 50 Anm 3), s KG WM **82**, 407.

[Angaben auf Geschäftsbriefen]

125 a ᴵ Bei einer Gesellschaft, bei der kein Gesellschafter eine natürliche Person ist, müssen auf allen Geschäftsbriefen, die an einen bestimmten Empfänger gerichtet werden, die Rechtsform und der Sitz der Gesellschaft, das Registergericht des Sitzes der Gesellschaft und die Nummer, unter der die Gesellschaft in das Handelsregister eingetragen ist, sowie die Firmen der Gesellschafter angegeben werden. Ferner sind auf den Geschäftsbriefen der Gesellschaft für die Gesellschafter die nach § 35a des Gesetzes betreffend die Gesellschaften mit beschränkter Haftung oder § 80 des Aktiengesetzes für Geschäftsbriefe vorgeschriebenen Angaben zu machen. Diese Angaben sind nicht erforderlich, wenn zu den Gesellschaftern der Gesellschaft eine offene Handelsgesellschaft oder Kommanditgesellschaft gehört, bei der ein persönlich haftender Gesellschafter eine natürliche Person ist.

ᴵᴵ Für Vordrucke und Bestellscheine ist § 35a Abs. 2 und 3 des Gesetzes betreffend die Gesellschaften mit beschränkter Haftung, für Zwangsgelder gegen die organschaftlichen Vertreter der zur Vertretung der Gesellschaft ermächtigten Gesellschafter und die Liquidatoren ist § 79 Abs. 1 des Gesetzes betreffend die Gesellschaften mit beschränkter Haftung sinngemäß anzuwenden.

Schrifttum: *Hüttmann* DB **80**, 1884. – *Lutter* DB **80**, 1325. – *Schaffland* BB **80**, 1501.

1) Geschäftsbriefe

A. Die durch die GmbHNovelle 1980 eingefügte Vorschrift soll für Dritte die GesVerhältnisse einer OHG besser durchschaubar machen, bei der kein Gfter eine natürliche Person ist und bei der deshalb den Gläubigern nur eine begrenzte Haftungsmasse zur Verfügung steht. Die gesetzliche Regelung ist den bestehenden Vorschriften für die AG (§ 80 AktG) und GmbH (§ 35a GmbHG) nachgebildet und verweist zT darauf.

B. Geschäftsbriefe an einen bestimmten Empfänger sind zB Offerte und Annahme, Mängelrügen, Wandelung und Minderung, auch Bestellscheine (s Anm 2 B), keinesfalls aber zB Drucksachen, Postwurfsendungen. Geschäftsbrief ist gegenüber HdlBrief (nach § 257 II nur Schriftstück, das ein HdlGeschäft betrifft) der weitere Begriff.

C. Auf Geschäftsbriefen an einen bestimmten Empfänger sind Rechtsform (zB KG; nicht zwingend genauer: GmbH & Co, str; Grund: keine eigene Rechtsform; Angabe auch wenn Rechtsform bereits aus Firma deutlich wird, str) und Sitz der Ges, das Registergericht des Sitzes der Ges und die Nummer der Eintragung in das HdlReg sowie die Firmen der Gfter der OHG anzugeben. Zusätzlich sind für Gfter, soweit es sich um AG oder GmbH handelt, die nach § 80 AktG bzw § 35a GmbHG vorgeschriebenen Angaben zu machen (I 2). I 3 entspricht § 19 V 2, s § 19 Anm 3 D d.

2) Vordrucke, Bestellscheine, Zwangsgelder

A. In Vordrucken mit bloßen Einfügungen für den Einzelfall sind die Angaben nach I entbehrlich, wenn die Mitteilungen und Berichte im Rahmen einer bestehenden Geschäftsverbindung (s Einl 2 vor § 343) ergehen und für sie üblicherweise Vordrucke verwendet werden (§ 125a II iVm § 35a II GmbHG).

B. Bestellscheine gelten als Geschäftsbriefe, nicht als Vordrucke (s § 125a II iVm § 35a III GmbHG). Die Erleichterungen nach § 35a II GmbHG gelten für sie also nicht.

C. Geschäftsführer und Liquidatoren, die § 125a nicht befolgen, sind vom Registergericht durch Zwangsgeld dazu anzuhalten (§ 125a II iVm § 79 I GmbHG). Dazu (3) FGG § 132.

[Umfang der Vertretungsmacht]

126 ^I **Die Vertretungsmacht der Gesellschafter erstreckt sich auf alle gerichtlichen und außergerichtlichen Geschäfte und Rechtshandlungen einschließlich der Veräußerung und Belastung von Grundstücken sowie der Erteilung und des Widerrufs einer Prokura.**

^{II} **Eine Beschränkung des Umfanges der Vertretungsmacht ist Dritten gegenüber unwirksam; dies gilt insbesondere von der Beschränkung, daß sich die Vertretung nur auf gewisse Geschäfte oder Arten von Geschäften erstrecken oder daß sie nur unter gewissen Umständen oder für eine gewisse Zeit oder an einzelnen Orten stattfinden soll.**

^{III} **In betreff der Beschränkung auf den Betrieb einer von mehreren Niederlassungen der Gesellschaft finden die Vorschriften des § 50 Abs. 3 entsprechende Anwendung.**

1. Abschnitt. Offene Handelsgesellschaft 1, 2 § 126

1) Umfang der Vertretungsmacht (I)

A. Die (in § 125 der Person nach geordnete) Vertretungsmacht umfaßt nach I **alle** gerichtlichen und außergerichtlichen **Geschäfte** und **Rechtshandlungen;** nicht nur solche, die der Betrieb eines derartigen HdlGewerbes gewöhnlich mit sich bringt (vgl § 54 I betr HdlVollmacht); auch nicht nur solche, die der Betrieb eines HdlGewerbes mit sich bringt (vgl § 49 I betr Prokura); auch zB Schenkungen (nicht nur im Geschäftsleben übliche, nicht nur Anstand oder sittlicher Pflicht entsprechende) und Übernahme fremder Verbindlichkeiten (außerhalb des geschäftlich Üblichen), auch wenn unter den Gftern ein Minderjähriger ist (dessen Vormund dies in Vertretung des Mündels gar nicht oder nur mit Genehmigung des Vormundschaftsgerichts tun könnte), RG **125,** 380.

B. Besonders nennt § 126 I Veräußerung und Belastung von **Grundstücken** (im Gegensatz zu § 49 II betr Prokura).

C. Besonders nennt § 126 I ferner: Erteilung und Widerruf einer **Prokura.** Die nach §§ 125, 126 wirksam, wenn auch im Widerspruch zu § 116 III 1 oder sonst pflichtwidrig erteilte Prokura ist im HdlReg einzutragen, vgl RG **134,** 307 (AG), Düss SJZ **49,** 780 (GmbH). Zum Widerruf einer Prokura (und zu dessen Anmeldung zum HdlReg) bedarf es, wenn Gesamtvertretung gilt (§ 125 II, III) solcher Vertretung durch mehrere (entgegen dem Wortlaut des § 116 III 2: ,,kann von jedem . . . erfolgen", der nur dem einzelnen Gfter das Recht gibt, von seinen MitGftern die erforderliche Mitwirkung zum Widerruf zu fordern). Auch durch gemischte Gesamtvertretung (§ 125 III: Gfter und Prokurist) ist Erteilung und Widerruf einer (anderen) Prokura möglich, ebenso deren Anmeldung zum HdlReg, RG **134,** 307 (AG), KG JW **37,** 890, wohl auch Anmeldung des Erlöschens der Prokura des mitwirkenden Prokuristen.

D. Die Vertretungsmacht der Gfter nach §§ 125, 126 findet ihre Grenze an den **Grundlagen des Gesellschaftsverhältnisses** (vgl § 116 Anm 1 C), sie erstreckt sich nicht auf solche Geschäfte, die das innere Verhältnis der Gfter zueinander betreffen, zB Änderung des GesVertrags, Entziehung der Geschäftsführungsbefugnis und Vertretungsmacht, Aufnahme eines neuen Gfters, Ausschließung eines Gfters, Auflösung der Ges, auch Änderung der GesFirma, RG **162,** 374, BGH NJW **52,** 537. Sie umfaßt dagegen zB die (das OHG-Verhältnis nicht ändernde) Aufnahme eines stillen Teilhabers, s § 230 Anm 3 A; auch die Übertragung des HdlGeschäfts der Ges (ohne Firma), hM, zB seine Einbringung in eine AG, KG, OLG **42,** 196; ebenso seine Verpachtung (auch wenn dadurch die OHG GbR wird?) vgl § 105 Anm 3 B. Vertretungsmacht kann in GesVertrag auch auf Grundlagengeschäft erweitert werden, s Anh § 177a Anm VIII 2 A. Ebenso die Kündigung einer stGes der Ges mit einem Gfter, BGH WM **79,** 72. Monographie: Schlüter 1965.

2) Beschränkung durch den Gesellschaftsvertrag (II, III)

Der Umfang der Vertretungsmacht kann durch den GesVertrag **nicht mit Wirkung gegen Dritte** beschränkt werden. Nur wenn die Ges **mehrere Niederlassungen** unter verschiedenen Firmen (auch nur durch Zusätze unterschieden) betreibt, kann die Vertretungsmacht von OHG-Gftern der OHG mit Wirkung gegen Dritte auf Handlungen im Betrieb einer dieser

Niederlassungen beschränkt werden (III, entspr § 50 III für die Prokura). Vertretung der Ges gegenüber den Gftern s Anm 3. Mißbrauch der Vertretungsmacht s Anm 3 C, 4.

3) Vertretung im Verhältnis zu Gesellschaftern

A. §§ 125, 126 I gelten auch für Vertretung der Ges bei Rechtsgeschäften mit Gftern. Dagegen gilt hier idR nicht § 126 II (vgl BGH WM **79,** 72), sondern

BGB 714 [Vertretungsmacht]
Soweit einem Gesellschafter nach dem Gesellschaftsvertrage die Befugnis zur Geschäftsführung zusteht, ist er im Zweifel auch ermächtigt, die anderen Gesellschafter Dritten gegenüber zu vertreten.

Beschränkungen der Geschäftsführungsbefugnis des für die Ges Handelnden nach §§ 114–116 oder Vertrag sind also hier wirksam; der gemäß §§ 125, 126 I, aber zB ohne vertraglich vorgeschriebene Erfordernisse (zB Zustimmung eines MitGfters, GfterBeschluß) oder gegen Widerspruch (§ 115 I) Handelnde vertritt die Ges ohne Vertretungsmacht; BGH **38,** 33, BB **74,** 996, **76,** 527. So auch bei Bindung der Vertretenden nicht durch den GesVertrag, aber durch (einstimmigen) GfterBeschluß ad hoc; wird eine dann demgemäß erteilte Zustimmung wirksam angefochten, entfällt die Vertretungsmacht rückwirkend zulasten der Gfter-Vertragspartner (§ 142 BGB); BGH BB **73,** 771. S auch BGH WM **79,** 72 (Beseitigung gesellschaftsinterner Einschränkung der Vertretungsmacht durch Beschluß). – Es kann nicht darauf ankommen, ob der GfterGeschäftsgegner die Beschränkung im Einzelfall kennt und ob er sie kennen muß (zB Widerspruch eines dritten Gfters, § 115 I). Str, s Lindacher JR **73,** 376. Gegenüber Gfter-Erben, die selbst nicht Gfter, gilt § 126 II, BGH BB **74,** 996. Gibt der GesVertrag einem Kdtisten Geschäftsführung ohne Vergütung (vgl § 164 Anm 1 B), beschränkt dies die Vertretungsmacht des phG bezüglich der Zusage einer solchen, BGH BB **76,** 527.

B. Für Geschäfte der Ges mit den **Gesellschaftern, die** sie **vertreten** (auch mit einem von mehreren Gesamtvertretern), gilt § 181 BGB; vgl § 119 Anm 3 C. Ein Gfter mit Alleinvertretung kann iZw nicht GesForderungen an sich abtreten, auch nicht, wenn die Ges dadurch nur Vorteil hätte, RG **157,** 31, wohl aber Alleinvertreter A an B und zugleich Alleinvertreter B an A, Hbg BB **59,** 173. Von zwei Gftern mit Gesamtvertretung kann A den B ermächtigen (§ 125 II 2, s dort Anm 5 C), die Ges gegenüber ihm (A) zu vertreten, so BGH **64,** 75, krit Reinicke NJW **75,** 1185, Klamroth BB **75,** 851, Plander DB **75,** 1493. Die Frage der Anwendbarkeit von § 181 BGB beim Abschluß des AlleinGfters mit sich als Vertreter der Ges (für GmbH & Co Anh § 177a Anm IV 2 D) stellt sich für OHG, KG grundsätzlich nicht, da EinmannGes hier im allgemeinen unmöglich ist; s aber Sonderfall Vorerbschaft, § 131 Anm 3 D. Bei Nichtigkeit des Vertrags nach § 181 BGB: ggf Bereicherungsansprüche beider Seiten (§§ 812ff BGB); Kenntnis des Insichgeschäfts ist Geschäftsleuten nicht ohne weiteres zu unterstellen, Zweifel oder Kennenmüssen steht iSv § 814 BGB (Ausschluß der Rückforderung) nicht gleich, BGH WM **73,** 295.

C. Verstärkt gilt hier der **Mißbrauchseinwand** (s Anm 4), wenn der vertretende Gfter vorsätzlich zum Nachteil der Ges handelte und der Gfter-

Geschäftsgegner dies erkannte oder erkennen mußte. Aber auch, wenn der vertretende Gfter nur fahrlässig oder gar schuldlos zum Nachteil der Ges handelte und der Gfter-Geschäftsgegner die Nachteiligkeit des Geschäfts für die Ges kannte oder erkennen mußte, kann dies ihm uU die Ges entgegenhalten: wenn er das Eigeninteresse so grob vor das der Ges setzte, daß seine Treuepflicht verletzt erscheint, die auch dann nicht ganz entfällt, wenn er der Ges als Geschäftsgegner, also mit entgegengesetztem persönlichen Interesse gegenübertritt. Bsp: Anstellungs- und Pensionsvertrag des phG mit seinem Schwiegersohn, BAG GmbHR **78,** 272.

4) Mißbrauch der Vertretungsmacht

Weder (1) Überschreitung der Befugnisse (nach §§ 115, 116 oder Ges-Vertrag oder Weisung, s bei § 114) des (im Rahmen seiner Vertretungsmacht) vertretenden Gfters noch (2) Handeln (auch ohne solche Überschreitung) zum Nachteil statt zum Vorteil der Ges beeinträchtigt die Wirksamkeit der Vertretung gegenüber einem Dritten, der den Verstoß weder erkannt noch erkennen muß. Anders bei (1) vorsätzlichem Zusammenwirken (Kollusion) des vertretenden Gfters (mit oder ohne Befugnisüberschreitung im Innenverhältnis) und Geschäftsgegnern zum Nachteil der Ges; (2) wenn der vertretende Gfter vorsätzlich zum Nachteil der Ges handelt (wie Fall 1) und der Geschäftsgegner dies (nur) erkannte oder erkennen mußte, jedoch mit Vorbehalt entsprechender Anwendung des § 254 BGB zu Lasten der Ges bei ungenügender Kontrolle des Vertretenden (etwa durch mit-geschäftsführende Gfter), vgl BGH **50,** 114 betr Prokura (teils ausdrücklich auch für Vertretungsmacht des Gfters); enger hL: nur bei grober Fahrlässigkeit des Geschäftsgegners, s § 50 Anm 3 B; einschränkend jetzt auch BGH BB **76,** 852 (zu § 37 GmbHG), DB **81,** 840: jedenfalls wenn die Untreue des Vertreters sich dem Dritten nach den Umständen geradezu aufdrängt. Vertretungsmacht im Falle des Widerspruchs eines Mitgeschäftsführers (§ 115) s Schmidt=Rimpler FS Knur **72,** 235. Mißbräuchliche Vertretung der Ges gegenüber Gftern s Anm 3 C. Übersicht: Geßler FS von Caemmerer **78,** 531.

[Entziehung der Vertretungsmacht]

127 **Die Vertretungsmacht kann einem Gesellschafter auf Antrag der übrigen Gesellschafter durch gerichtliche Entscheidung entzogen werden, wenn ein wichtiger Grund vorliegt; ein solcher Grund ist insbesondere grobe Pflichtverletzung oder Unfähigkeit zur ordnungsgemäßen Vertretung der Gesellschaft.**

1) Entziehung der Vertretungsmacht

A. Im gleichen Verfahren und aus entsprechenden Gründen wie die Geschäftsführungsbefugnis (§ 117, s dort) kann einem Gfter die Vertretungsmacht entzogen werden; das eine geschieht selten ohne das andere; der Antrag auf Entziehung der „Geschäftsführungsbefugnis" kann als Antrag auf Entziehung beider Rechte auszulegen sein, BGH **51,** 199. Der GesVertrag kann die Entziehung der Vertretungsmacht ebenso abw vom Gesetz regeln wie die der Geschäftsführungsbefugnis (§ 117 Anm 5).

B. **Beschränkung** der Vertretungsmacht statt Entziehung ist möglich,

§ 128 II. Buch. Handelsgesellschaften und stille Gesellschaft

soweit das Gesetz eine (mit Wirkung gegen Dritte) beschränkte Vertretungsmacht kennt (§ 125 II, III: Gesamtvertretung, § 126: ZwNl); sie setzt entsprechenden Antrag voraus; sie allein ist zulässig, wenn ausreichend zur Behebung der Beschwer und dem betroffenen Gfter zumutbar (vgl für die Geschäftsführungsbefugnis § 117 Anm 2).

C. Entziehung der Vertretungsmacht des **einzigen vertretenden (OHG-) Gesellschafters** ist möglich, sie schafft Gesamtvertretung aller Gfter, RG **74**, 299, BGH **33**, 108, vgl § 125 Anm 1 C; das Entziehungs-Urteil sollte dies aussprechen. Während des Prozesses dürfte, wie im Ausschließungsprozeß gegen den einzigen Vertretenden, Vertretung durch Dritten möglich sein, vgl § 125 Anm 1 C. Dem einzigen phG der KG kann (zwar die Geschäftsführungsbefugnis, s § 117 Anm 1 A, aber) nicht die Vertretungsmacht entzogen werden (es wäre keine andere Vertretung der Ges zu schaffen; Schutz der Kdtisten ggf nach §§ 133, 140, 142), so BGH **51**, 200; abw Wiedemann JZ **69**, 471: Entziehung möglich, auf Prozeß- (und uU „kurze" weitere) Zeit gerichtliche Regelung (zB Gesamtvertretung phG-Kdtisten), dann mangels neuer Einigung Auflösung. Entziehung der Vertretungsmacht eines **Gesamtvertreters** (§ 125 II, III) vernichtet auch die des (der) anderen, wenn nicht die (mehreren) anderen ohnehin miteinander ohne ersteren vertretungsberechtigt sind.

2) Verzicht auf die Vertretungsmacht

Verzicht auf Vertretungsmacht ist unter gleichen Voraussetzungen für möglich zu halten wie Niederlegung der Geschäftsführung (§ 117 Anm 6). Wirkung gegen Dritte s §§ 125 IV, 15.

3) Eintragung im Handelsregister

Entziehung und Verzicht sind im HdlReg anzumelden, § 125 IV durch alle übrigen Gfter, §§ 125 IV, 16 (bei Entziehung ohne Prozeß aufgrund des Vertrags: durch alle, auch den betroffenen, § 125 IV, uU also erst nach dessen Verurteilung zur Mitwirkung). Wirkung gegen Dritte s § 15.

[Persönliche Haftung der Gesellschafter]

128 Die Gesellschafter haften für die Verbindlichkeiten der Gesellschaft den Gläubigern als Gesamtschuldner persönlich. Eine entgegenstehende Vereinbarung ist Dritten gegenüber unwirksam.

Schrifttum: *Kornblum* 1972. – *Flume* FS Westermann **74**, 119 (GbR). – *Wiedemann* WM Sonderbeil 4/**75**. – *Beuthien* DB **75**, 725, 773.

Übersicht

1) Allgemeines
2) Der grundsätzliche Inhalt der Haftung
3) Inhalt der Haftung nach der Art und Schuld
4) Erstattungsansprüche
5) Haftung ausgeschiedener Gesellschafter
6) Abweichende Vereinbarungen
7) Haftung gegenüber Mitgesellschaftern
8) Prozeß gegen Gesellschaft und Gesellschafter
9) Konkurs, Vergleichsverfahren

1. Abschnitt. Offene Handelsgesellschaft **1 § 128**

1) Allgemeines

A. Die Verbindlichkeit einer **bürgerlichrechlichen Gesellschaft** (GbR) sind idR Gesamtschulden der Gfter (§§ 427, 431, 840 BGB), eine von dieser Verbindlichkeit der Gfter unterschiedene Verbindlichkeit „der Ges" kennt das BGB nicht; die persönliche Haftung des Gfters der GbR für vertragliche Gesamtschulden werde nur durch Rechtsgeschäft begründet, BGH **74**, 242, str. Dagegen unterscheidet das HGB für die **OHG** einerseits die von der Ges unter ihrer Firma eingegangene Verbindlichkeit (§ 124, s dort Anm 3), andererseits die „persönliche Haftung" der Gfter für „die Verbindlichkeit der Ges" (§ 128). §§ 128–130 gelten in der **KG** nicht nur für phG, sondern auch für den (die) Kdtisten, aber mit den Einschränkungen nach §§ 171–176.

B. § 128 gilt für Verbindlichkeiten jeden **Rechtsgrundes** (zB auch aus unerlaubter Handlung, aus öffentlichem Recht, zB Steuerschulden) und jeden **Inhalts** (dieser ist nur für den Inhalt der Haftung der Gfter wichtig, s Anm 2). Über Verbindlichkeiten gegenüber Gftern (Haftung der MitGfter neben der Ges) s Anm 7. Möglich ist in Ges A-B Klage A gegen B auf Feststellung, daß die Verbindlichkeit eine solche der Ges ist, nicht des A, BGH JZ **65**, 407.

C. Nach § 128 haften **alle Gesellschafter,** die zur Zeit der Entstehung der Verbindlichkeit der Ges angehören, auch nach ihrem späteren Ausscheiden (Anm 5). Später in die Ges eintretende treten auch in die Haftung ein (§ 130). **Scheingesellschafter** haften mit, soweit dies der Schutz des durch ihr Verhalten geweckten Vertrauens verlangt, also idR aus Rechtsgeschäften, wenn ihr Auftreten als Gfter deren Zustandekommen förderte (was zu vermuten), BGH **17**, 13, vgl § 5 Anm 2, idR nicht zB aus unerlaubter Handlung der wirklichen Gfter. Dulden des Scheins reicht aus; öffentlicher Schein macht Nachweis der Ursächlichkeit für bestimmte Geschäfte entbehrlich; Hamm MDR **65**, 580 (A brauchte Briefkopf mit GesFirma, B trat nicht entgegen). Anwendung des § 128 setzt Schein der OHG (nicht zB einer GbR) voraus, er ist mangels Eintragung des Unternehmens (wenn dies dem Geschäftspartner bekannt) gegeben bei Durchführung von GrundHdlGeschäften (vgl §§ 1 II, 123 II), Hamm MDR **65**, 580 (sonst wohl uU Haftung nach anderen Vorschriften, etwa des BGB, vgl Anm A). Bei Unklarheit der Rechtsstellung des Handelnden ist je nach den Umständen entweder der als Gfter Handelnde klarstellungspflichtig oder der Partner muß nachfragen, BGH BB **70**, 684 (ex-phG nach Umwandlung in GmbH & Co). Mißbräuchliche Berufung auf Haftungsbeschränkung uU bei Umwandlung während Verhandlung, BGH BB **72**, 1159 (vgl § 15 Anm 3 C). Für ausgeschiedene Gfter s auch § 15 I.

D. Die Haftung dauert **während Bestehens der Gesellschaft** unverändert fort, verjährt auch nicht, der Gfter hat die Verjährungseinrede nur so wie die Ges (§ 129 I), also zB nicht, wenn die Ges auf sie verzichtete, auch nicht, wenn Verjährung der GesSchuld durch Klage gegen Ges unterbrochen wurde, BGH **73**, 217. Nach **Auflösung** der Ges verjährt sie für alle Gfter, nach **Ausscheiden** eines Gfters für diesen (§§ 159f; unten Anm 5).

E. Neben der (beim Kdtisten gemäß §§ 161 ff beschränkten) Haftung nach §§ 128–130 kommt (unbeschränkte) Haftung des Gfters (auch Kdtisten) nach **§ 826 BGB** in Betracht, wenn er sittenwidrig und vorsätzlich schädigend die Nichterfüllung von Verpflichtungen der Ges veranlaßt.

F. Die nach §§ 128, 129 persönlich haftenden Gfter können sich außerdem für GesSchulden **verbürgen;** sie haften daraus ohne die Verjährung nach §§ 159, 160 und ggf ohne Befreiung durch Vergleich nach § 211 II KO, § 109 Nr 3 VerglO. Verbürgen sich (persönlich haftende) Gfter neben einem Dritten, so hat der aus der Bürgschaft in Anspruch genommene Gfter iZw keinen Rückgriff gegen den Dritten, BGH **LM** § 774 BGB Nr 3.

2) Der grundsätzliche Inhalt der Haftung

A. Nach älterer Auffassung sind GesSchuld und Gfter-„Haftung", da die Ges nicht Rechtsperson ist, im Grunde eins und zeigt das Nebeneinander der §§ 124, 128 nur die Möglichkeit des Zugriffs auf mehrere Vermögensmassen. Neuere Ansicht wendet sich gegen die Identitätsvorstellung: die Gfter haften für fremde Schuld. Was besagt des näheren dieses Haften? ein Mitschulden grundsätzlich gleichen Inhalts („Erfüllungstheorie") oder die Pflicht zum Einstehen für Erfüllung durch die Ges („Haftungstheorie")? Wohl das Zweite. Dazu auch Flume FS Knur **72,** 125 u FS Reinhardt **72,** 223, Kühne ZHR 133 (**70**) 149, Hadding ZGR **73,** 144, **81,** 577. S auch Anm C, § 124 Anm 3. Haftung der Gfter gegenüber stillem Gfter der OHG s § 135 Anm 2 A. Bsp für Haftung (des KG-phG) aus GesVerhältnis der Ges mit Dritten, BGH BB **73,** 1506.

B. Im Fall der **Geldschuld** decken sich GesSchuld und GfterHaftung. Bei Gesellschaftsschulden **anderer Art** heutiger Stand wohl: Unmittelbarer Erfüllungsanspruch gegen Gfter, der Ges vertraglich verpflichtet, die Leistung namens der Ges dem Gläubiger zu erbringen. Bspe: von Ges geschuldete Rechnungslegung, Klage gegen Geschäftsführer-Gfter, BGH **23,** 305; von Ges geschuldete Übereignung von GfterGrundstück, wenn Gfter der Ges zur Übereignung verpflichtet; Wettbewerb-Unterlassungspflicht der Ges aus Betriebsverkauf, gleiche Pflicht der Gfter (auch als Gfter einer anderen Ges), BGH BB **74,** 482. Inanspruchnahme auch des phG, wenn es auf die Person des Ausführenden nicht ankommt und Erfüllung ihn in seiner gesfreien Privatsphäre nicht wesentlich mehr als Geldleistung beeinträchtigt, BGH **73,** 221. Hierzu GroßKo-Fischer 12: maßgebend Auslegung Vertrag Ges-Gläubiger: Pflicht der Ges, für Leistung durch Gfter an Gläubiger zu sorgen? dann unmittelbarer Erfüllungsanspruch „zuzubilligen"; folgt nicht aus Haftung iSv § 128, steht neben dieser. Andere Gfter haften nur auf Geldersatz. Über Ansprüche eines Gfters gegen die Ges aus dem GesVerhältnis s Anm 7 D, aus anderem Rechtsgrund Anm 7 A.

C. **Gesamtschuldner** iSv §§ 421 ff BGB sind nach § 128 die mehreren „haftenden" Gfter im Verhältnis zueinander (vgl Anm zB 4 B betr § 426 BGB, Anm 9 D betr Konkurs, Vergleichsverfahren). Nimmt Gläubiger eine Leistung des Gfters A an Erfüllungs Statt an, wird Gfter B frei, § 422 I BGB, BGH BB **72,** 1113. § 128 bestimmt nicht näher die Art der Rechtsbeziehung zwischen Ges-Gfter; es ist in gewissen Punkten der Gesamtschuld, in anderen der Bürgschaft ähnlich und nicht ganz gleich im Verhältnis zum aktiven und zum ausgeschiedenen (noch haftenden) Gfter; dazu oben

1. Abschnitt. Offene Handelsgesellschaft 3 **§ 128**

Anm A und Anm 4 A, 5 A, C, 8 A, § 129 Anm 1 A. Bei Nichterfüllung der Ges kann eine Vorauszahlung erst zurückverlangt werden, wenn der Vertrag von keinem der Gfter erfüllt wird, BGH **72,** 267 (für GbR-Bauarbeitsgemeinschaft). ISv § 100 IV ZPO (Prozeßkostenschuld) sind Ges und Gfter, zusammen verurteilt, Gesamtschuldner, Karlsr NJW **73,** 1202.

3) Inhalt der Haftung nach der Art und Schuld

Aus der Art der Haftung nach § 128 (s Anm 2) folgt, daß je nach dem Gegenstand der Verbindlichkeit der Inhalt der „Haftung" verschieden ist und der Gläubiger gegenüber dem Gfter prozessual verschiedene Behelfe hat, zB:

A. Verbindlichkeit zur **Zahlung:** Zahlungsklage, Vollstreckung nach §§ 803 ff ZPO.

B. Verbindlichkeit zur Lieferung oder Herausgabe **vertretbarer Sachen:** Falls ausnahmsweise Gfter der Ges zur Lieferung oder Herausgabe solcher Sachen, wie sie Ges dem Gläubiger schuldet, verpflichtet: Leistungsklage, Vollstreckung nach §§ 883, 884 ZPO, wenn beim Gfter vorgefunden; sonst Schadensersatz nach § 283 BGB.

C. Verbindlichkeit zur Lieferung oder Herausgabe **nicht vertretbarer Sachen:** Ähnlich Fall Anm B; Vollstreckung ggf nach §§ 883, 885 ZPO; betr Übereignung (Auflassung) s Anm H.

D. Verbindlichkeit zu **vertretbarer Handlung** (zB Beförderung, sonstige unpersönliche Werkleistung, Instandsetzung vermieteter Sachen, Baumängelbeseitigung usw, vgl Anm E): Im Falle der Verpflichtung des Gfters zu solcher Leistung für die Ges (vgl Anm 2 B): Leistungsklage, Vollstreckung nach § 887 ZPO.

E. Verbindlichkeit zu **unvertretbarer Handlung:** Vgl Anm 2 B, zB betr Rechnungslegung. Andere Bspe: Erteilung einer Auskunft, Ausstellung eines Zeugnisses, Mitteilung von Kenntnissen und Erfahrungen; wohl auch: Verlag eines literarischen Werks, technische Spezialleistungen, zB Prüfungen usw. Vollstreckung nach § 888 ZPO.

F. Verbindlichkeit zur **Unterlassung** (zB von **Wettbewerb**): soll die verbotene Handlung nur im HdlGeschäft der Ges unterbleiben, vgl Anm 2 B betr Rechnungslegung: unmittelbarer Unterlassungsanspruch an Geschäftsführer-Gfter; Geldhaftung anderer Gfter. Soll die Handlung auch außerhalb des GesHdlGeschäfts unterbleiben, zB in GfterHdlGeschäft, vgl Anm 2 B betr Gftergrundstück: unmittelbarer Unterlassungsanspruch an Gfter, wenn dieser der Ges zur Unterlassung verpflichtet; nicht zB in von Ges genehmigtem Konkurrenzgeschäft; Geldhaftung anderer Gfter. Dazu Kornblum BB **71,** 1434: ähnlich für OHG, KG-phG; für Kdtisten idR keinerlei Haftung, für „kapitalistische" uU auf Geldersatz, wenn „Unterlassungswert" die ausstehende Einlage übersteigt. – Darüber hinaus uU, jedenfalls bei GesSchuld-widrigem Handeln aller Gfter, Zugriff auf diese ohne Rücksicht auf Verhältnis Gfter-Ges, RG **136,** 270, auch auf von ihnen gebildete zweite Ges, BGH **59,** 67 (Kiesgrubenpacht mit Sperrbezirksklausel), auch wenn in diese ein weiterer Gfter (jedenfalls wenn nicht geschäftsführend) aufgenommen, BGH WM **75,** 777.

G. Bei Verbindlichkeit zur **Duldung** einer Handlung (zB Einwirkung

§ 128 4, 5   II. Buch. Handelsgesellschaften und stille Gesellschaft

auf ein Grundstück, Befriedigung aus Pfand oder zurückbehaltener Sache, § 371) ist Vorfrage, ob der Gfter **a)** in der Lage ist, Widerstand gegen die Handlung zu leisten (zB die Sache besitzt oder ihr Eigentümer ist oder ihre Herausgabe verlangen kann; daher keine Klage aus § 371 III gegen den Gfter auf Duldung der Befriedigung aus GesVermögen, LG Hbg NJW **52,** 826) und **b)** der Ges zur Aufgabe dieses Widerstands verpflichtet ist (zB weil er das ihm persönlich gehörende Grundstück der Ges zur Verfügung nach Maßgabe ihrer Verpflichtungen halten muß). Dann Duldungsklage, Vollstreckung nach § 890 ZPO, sonst nur Interessenersatz (vgl Anm F).

H. Auf Abgabe einer **Willenserklärung** namens der Ges kann kein Gfter, auch nicht ein vertretender, persönlich in Anspruch genommen werden; die Verurteilung der Ges ersetzt die verweigerte Erklärung (§ 894 ZPO), die Inanspruchnahme des (vertretenden) Gfters fügt nichts hinzu, BGH WM **83,** 221; anders wenn der Erklärung zur Ausführung einer Leistung gehört, welche die Ges schuldet, die aber nach Lage des Falles der Gfter erbringen kann, zB Auflassung eines von der Ges verkauften, dem Gfter persönlich gehörenden Grundstücks. Hier Klage gegen den Gfter mit der Wirkung des § 894 ZPO (wegen der Herausgabe s Anm C). Sonst nur Haftung des Gfters auf Geldersatz.

4) Erstattungsansprüche

A. Hat ein Gfter nach § 128 an einen GesGläubiger geleistet, kann er nach (oder entspr) § 110 (s dort Anm 1 B, F) von der **Gesellschaft** Ersatz fordern. Im Verhältnis zur Ges besteht keine Gesamtschuld iSv §§ 421 ff BGB (s Anm 2 C), daher kein Forderungsübergang, daher kein Übergang von Sicherungsrechten vom befriedigten Gläubiger auf den Gfter (vgl §§ 426 II, 412, 401 BGB), BGH **39,** 323; wohl ohne Unterschied ob Ges, andere Gfter, Dritte die Sicherheit stellten. Anders im Falle des Ausgeschiedenen, s Anm 5. Rückgriff des Gfters, der von der Ges ausgestellten Wechsel einlöste: keine Rechtsnachfolge iSv §§ 265, 727 ZPO, Hbg MDR **68,** 1014, str. Bei drohender Inanspruchnahme durch Gläubiger Befreiungsanspruch des Gfters gegen Ges entspr § 257 BGB, LG Hagen BB **76,** 763.

B. Gegen die **Mitgesellschafter** hat Gfter, der eine GesSchuld deckte (§ 128), Ausgleichsansprüche nach § 426 BGB. Anders als im Regelfall des § 110 (s dort Anm 1 F) nicht erst nach Auflösung oder Ausscheiden, sondern alsbald; er muß jedoch zuerst von der Ges Erstattung suchen; diese darf ihn nicht auf eine bestrittene Forderung (der Ges) gegen MitGfter verweisen; BGH **37,** 302, BB **71,** 1530. Die subsidiäre Haftung der Mit-Gfter greift nicht erst bei Aussichtslosigkeit der Zwangsvollstreckung in das GesVermögen ein, sondern schon wenn die Ges keine freiverfügbaren Mittel hat, BGH NJW **80,** 340. Die Ausgleichspflicht der MitGfter beruht auf der auch sie treffenden Haftung nach § 128, verteilt nur deren Folgen, bedeutet also nicht Nachschußzwang im Widerspruch zu § 707 BGB, BGH **37,** 302. Zur Inanspruchnahme eines durch Anteilsabtretung ausgeschiedenen Gfters BGH NJW **81,** 1095. Übersicht: Prediger BB **70,** 868.

5) Haftung ausgeschiedener Gesellschafter

A. Das **Ausscheiden** des Gfters **beseitigt** seine **Haftung nicht** (aber **Verjährung** nach §§ 159 f). Er bleibt auch haftbar, wenn nach seinem Ausscheiden die Ges aufgelöst wird und ein Gfter das HdlGeschäft (mit Akti-

1. Abschnitt. Offene Handelsgesellschaft   5   **§ 128**

ven und Passiven) übernimmt (vgl § 142 Anm 1 C, § 145 Anm 2 C), BGH **48**, 205, **50**, 237. Das **Verhältnis** zur **Gesellschaft** (dem Alleinübernehmer, s oben) wird der Gesamtschuld (vgl Anm 2 C) ähnlicher, aber es bleibt jeweils zu prüfen, ob die dem Gesamtschuldverhältnis nicht gleiche Interessenlage die entspr Anwendung der §§ 422ff BGB erlaubt, BGH **36**, 227, **39**, 324, **44**, 233, **48**, 204, Fischer LM § 105 Nr 21, § 128 Nr 10 (s zB Anm 8 A betr Erstattung, Prozeß, § 129 Anm 1 A betr Erlaß). Der **Erstattungs**-Anspruch des Ausgeschiedenen, der zahlte, folgt nicht aus § 110 (vgl oben Anm 4 A), sondern aus § 670 BGB, BGH DB **78**, 627, str. Es gilt § 426 II BGB: Forderungsübergang mit Sicherheiten (§§ 412, 401 BGB), BGH **39**, 324. Zu den hiernach übergehenden Rechten gehören zur Sicherung bestellte Grundschulden nicht, BGH WM **73**, 1382. Klage und Urteil gegen die Ges wirken nicht gegen einen vorher ausgeschiedenen (forthaftenden) Gfter (vgl § 425 II BGB), BGH JZ **66**, 145 Erstattungsanspruch gegen den Ausgeschiedenen s Anm 4 B. Haftung der Gfter für ungedeckte Schulden der Ges nach ihrer Auflösung s § 155 Anm 1. Unterbrechung der Verjährung s § 160 Anm 1. Übersicht: Hadding ZGR **73**, 137, FS Stimpel **85**, 139; zur Haftungsbegrenzung bei ausgeschiedenen Gftern Budde NJW **79**, 1637.

B. Die Haftung gilt grundsätzlich auch für laufende und neue Teilverbindlichkeiten aus **Dauerschuldverhältnissen** (zB Dauerliefer- und Dauerabnahmeschulden, Miet- und Vermiet-, Pacht- und Verpachtschulden, Verbindlichkeiten aus Arbeitsverträgen, Lizenz- und Verlagsverträgen, WPVerwahrung usw). Demgegenüber sind **Einschränkungen** notwendig. Sie folgen nicht aus § 159 III (§ 159 Anm 3 C) und sind sehr str. Nach dem **BGH** gilt die Haftung: (1) idR **nur bis zum ersten ordentlichen Kündigungstermin nach Ausscheiden;** unnötig ausdrückliche oder stillschweigende Vereinbarung hierüber zwischen Ges und Vertragspartner, BGH **70**, 135, **87**, 291; auch für Vertrag unter Kontrahierungszwang (Energie, Wasser), BGH **70**, 136; dazu K. Schmidt NJW **78**, 638, Binz GmbHR **78**, 145; vorzeitige Kündigungsmöglichkeit aus wichtigem Grund (außerordentlich) enthaftet nicht, BGH NJW **85**, 1899; (2) bei Dauerschuldverhältnissen, bei denen baldige Kündigung tatsächlich oder rechtlich ausscheidet, Haftung **nur für die innerhalb von fünf Jahren** nach Eintragung des Ausscheidens im HdlReg **fällig werdenden Ansprüche**, BGH **87**, 292, NJW **83**, 2941. Anders zT BAG für Arbeitnehmeransprüche, s § 59 Anm 2 C. Anders auch bei fortdauernder alter, nicht neu erwachsener Teilverbindlichkeit (Herausgabe von Aktien beim Depotvertrag), BGH **36**, 225. Für bei Dauerschuld für vorweg erbrachte Gegenleistung, zB Rentenschuld aus Kauf, haftet der Ausgeschiedene ohne solche Einschränkung, und selbst die Verjährung nach § 159 läuft nur für jede Rate von ihrer Fälligkeit, BGH **50**, 235, vgl § 159 Anm 3 B. Nichtkündigung eines laufenden Kredits ist jedenfalls dann nicht als Verzicht auf die Haftung des Ausgeschiedenen zu werten, wenn Kündigung das Unternehmen gefährden würde, BGH DB **73**, 2439; für Kreditgewährung nach Ausscheiden (aufgrund von Kreditzusage vorher) haftet der Ausgeschiedene nicht, Gamp-Werner ZHR 147 (**83**) 1. Nach der **Lehre** sind **weitergehende Einschränkungen** nötig: (1) bei langfristigen Verträgen über bestimmte Leistungen, (2) bei Ansprüchen, die bis zu fünf Jahren nach Eintragung des Ausscheidens fällig werden, (3) bei Umwandlung der Ges in GmbH & Co, deren früherer phG und jetziger

§ 128 5

Kdtist weiterhaftet (s § 159 Anm 1 A); hier greift **Enthaftung analog § 613a II BGB;** sehr str. Übersicht: Ulmer-Wiesner ZHR 144 (**80**) 393, von Stebut ZGR **81,** 183, Ulmer BB **83,** 1865, Wiesner ZIP **83,** 1032, Lieb ZGR **85,** 124, Hönn ZHR 149 (**85**) 300; weitere Literatur s § 59 Anm 2 C.

C. Die Haftung gilt für alle Verpflichtungen, deren **Rechtsgrund** vor dem Ausscheiden gelegt ist, (auch wenn weitere Voraussetzungen ihres Entstehens erst später erfüllt werden), BGH **55,** 259. ZB für die Bezahlung von Leistungen aus einem vorher geschlossenen später erfüllten Werkvertrag, BGH **55,** 269. Der Ausgeschiedene haftet insbesondere abw von § 425 BGB (sonst würde der Sicherungszweck der Haftung vereitelt) auf Schadensersatz aus Vertragsverletzung durch die Ges nach seinem Ausscheiden, BGH **36,** 226 (Wertpapierverwahrung, schuldhafte Auslieferung an Nichtberechtigten, § 280 BGB, ähnlich RG **125,** 418); wohl auch Dienstverpflichteten der Ges nach deren, von der Ges verschuldeten, Kündigung (§§ 628 II BGB). Auch auf Entschädigung aus erlaubten, aber zur Entschädigung verpflichtenden Handlungen der Ges nach seinem Ausscheiden, RG **140,** 12 (Vergleichsverfahren, Mietkündigung, vgl §§ 50, 51 II, 52 I VerglO). Auch auf Schadensersatz wegen Nichterfüllung, wenn die Ges (oder ein Alleinübernehmer, vgl Anm A) in Konkurs fällt und Konkursverwalter Vertragserfüllung ablehnt (§ 17, auch § 26 KO), BGH **48,** 205.

D. Die Haftung gilt auch für nach dem Ausscheiden **gestundete Verbindlichkeiten,** Düss HRR **38,** 538. Nicht für Prolongationswechsel, wohl aber für die fortbestehende Verbindlichkeit, für die erfüllungshalber, nicht an Erfüllungsstatt Wechsel gegeben sind, RG JW **13,** 324. Wohl nicht für Kreditprolongierung durch Vereinbarung, der Neugewährung gleichkommend (zB in der Bank-Refinanzierung).

E. Für Schulden in **laufender Rechnung** (§§ 355ff) haftet der Ausgeschiedene bis zur Höhe der Schuld bei seinem Ausscheiden (nach dem Tagessaldo, mit Berücksichtigung von § 15), jedoch nicht über den niedrigsten späteren Rechnungsabschluß-(nicht Tages-)Saldo hinaus, BGH **26,** 142, **50,** 278, 283 (mit Analogie zu § 356 I), DB **73,** 2439; ergibt sich einmal beim Abschluß einer Rechnungsperiode ein Guthaben der Ges, erlischt die Haftung des Ausgeschiedenen, BGH WM **72,** 284. Dazu § 356 Anm 1 A, B.

F. Gläubiger muß, bei **Verwirkung** des Rechts zur Inanspruchnahme des Ausgeschiedenen, dessen Interesse beachten, darf nicht ohne verständigen Grund seine Stellung verschlechtern (die Chance seiner Inanspruchnahme erhöhen), BGH DB **73,** 2440. Gibt Gläubiger **andere Sicherheiten** frei, wirkt das nicht ohne weiteres entspr § 776 BGB (Bürgschaft) zugunsten des Ausgeschiedenen; doch kann dieser die Freigabe dem Gläubiger entgegenhalten, wenn diesem in casu Nichtfreigabe zuzumuten war; nicht bei Freigabe zugunsten eines anderen, für die Ges existenzwichtigen Kredits; BGH BB **72,** 1112; s Anm B betr Kreditfortsetzung.

G. Der Ausgeschiedene kann eine von ihm wegen seiner Haftung gegebene **Sicherheit** erst zurückfordern, wenn seine Haftung aus § 128 weggefallen ist (uU durch Freigabe anderer Sicherheiten durch Gläubiger, vgl Anm F), BGH BB **72,** 1112.

1. Abschnitt. Offene Handelsgesellschaft 6, 7 § 128

6) Abweichende Vereinbarungen

Sie sind nach § 128 S 2 **Dritten gegenüber unwirksam.** Gemeint sind Vereinbarungen der Gfter untereinander, sie können die Ausgleichspflichten unter den Gftern (s Anm 4 B), nicht die Haftung gegenüber den Ges-Gläubigern ändern, ohne Rücksicht auf Kenntnis des Gläubigers von der Vereinbarung; doch kann uU die Geltendmachung der Haftung unzulässige Rechtsausübung des Gläubigers sein; s BGH WM **77,** 811 (besondere Beziehungen zwischen Gläubiger und verbleibenden Gftern). Möglich ist auch **Verzicht des Gläubigers** auf die Haftung nach § 128 („Entlassung" aus dieser), BGH BB **71,** 975, zB gegenüber ausscheidenden Gftern (s Anm 5), oder zB Vereinbarung eines ausscheidenden Gfters mit den verbleibenden, daß für seine Abfindung nur die Ges selbst hafte (vgl § 138 Anm 5 M). Möglich auch stillschweigend, das aber nur, wenn nach Sachlage Treu und Glauben die Erklärung, man halte an der Haftung fest, forderten; die Vermutung spricht gegen solchen Verzicht (für Dauerschuldverhältnisse vgl Anm 5 B). Durch Vereinbarung mit dem Gläubiger kann die Haftung auch sonstwie geändert werden, zB in Teil- statt Gesamtschuld der Gfter.

7) Haftung gegenüber Mitgesellschaftern

A. Dem Gfter-Gläubiger aus **anderem Rechtsgrund** als dem GesVerhältnis (**Drittgläubigerforderung,** § 124 Anm 6 B) haften die MitGfter nach § 128. Bei Geldforderungen in Höhe der Forderung abzüglich eines Teils entspr dem Verlustanteil des Gläubiger-Gfters (§ 120 Anm 2), auch ggf eines entsprechenden Teils vom Anteil eines mit Sicherheit zahlungsunfähigen anderen MitGfters. Bsp: A, B, C haben gleiche Verlustbeteiligung, A hat 9000 DM zu fordern, C ist zahlungsunfähig, A kann von B 9000-3000-1500 = 4500 DM fordern. Der Abzug des Verlustanteils trifft auch den NichtGfterZessionar (§ 404 BGB), BGH NJW **83,** 749 m Anm Walter JZ **83,** 260. Der in Anspruch genommene Gfter hat die Einwendungen der Ges (§ 129 I), zB den Einwand mangelnder Rücksichtnahme auf das GesInteresse (§ 124 Anm 6 C). Die Inanspruchnahme der Gfter kann auch durch Vereinbarung, auch stillschweigend ausgeschlossen oder beschränkt sein, RG **153,** 314, JW **37,** 1986; der Ausschluß der Inanspruchnahme dürfte idR insoweit anzunehmen sein, als ohne Nachteil aus GesVermögen geleistet werden kann, aA Prediger BB **71,** 246. Mehrere MitGfter haften dem Gläubiger-Gfter als Gesamtschuldner, str. Über Nicht-Geld-Forderungen s Anm 2 B. Behandlung in der Liquidation s § 145 Anm 1 F.

B. Für Forderungen eines Gfters gegen die Ges aus dem **Gesellschaftsverhältnis** (zB auf Aufwendungsersatz, Geschäftsführervergütung, Gewinn) haften während Bestehens der Ges die MitGfter grundsätzlich nicht; sie würden sonst wirtschaftlich entgegen § 707 BGB (bei § 109 Anm 4 E) zu Nachschüssen in die Ges genötigt; anders zur Erstattung des von einem Gfter nach § 128 zur Erfüllung von GesSchulden an Dritte Aufgewandten; BGH **37,** 201, s Anm 4 B. Nicht geldwerte Leistungen kann der Gfter, den die Ges sie schuldet, von den MitGftern persönlich fordern, die sie nach dem GesVertrag zu bewirken haben; zB Gestattung der Einsicht in die GesBücher, RG DR **44,** 246, BGH WM **55,** 1585, vgl Anm 2 B; so auch die Gewinnauszahlung aus der GesKasse, RG **170,** 396; der berechtigte Gfter kann gegen den geschäftsführenden klagen auf Erbringung dieser Lei-

§ 128 8   II. Buch. Handelsgesellschaften und stille Gesellschaft

stungen. – Dazu Fischer **LM** § 128 Nr 11. – Haftung gegenüber dem ausgeschiedenen Gfter s § 138 Anm 5 M.

C. Einem **ausgeschiedenen** Gfter haften für Ansprüche an die Ges die (ex-) MitGfter wie einem Dritten, zB für seine Abfindung s § 138 Anm 5 M.

8) Prozeß gegen Gesellschaft und Gesellschafter

A. Der Gläubiger kann nach Belieben die Ges u/o alle Gfter oder einen oder einige Gfter verklagen. Übergang von einer Klage zu anderer s § 124 Anm 5 A. Werden Ges und Gfter zusammen verklagt, sind sie **nicht notwendige Streitgenossen** (§ 62 ZPO), BGH **54**, 254, **63**, 54 (maßgebend ob nach Klagebegründung oder -erwiderung verschiedene Beurteilung der Klage gegen diesen und jene möglich, ua bei Geltendmachung persönlicher Einwendungen, vgl § 129 I). ZB hindern Rechtsmittel des Gfters nicht Rechtkraft des Urteils gegen die Ges. Beim Tod des verklagten Gfters ist nur gegen ihn auszusetzen, nicht gegen die Ges, Celle NJW **69**, 515. Klage eines Gfter auf Zahlung einer Tätigkeitsvergütung ist nur gegen die Ges zu richten (Anm 7 B), möglich ist aber Feststellungsklage zwischen den Gftern, Kblz BB **80**, 855. **Tenor** des (Zahlungs-)Urteils gegen Ges und Gfter: bis heute unklar, wahrscheinlich (obwohl kein Fall der §§ 421 ff BGB, vgl 2 C) „als Gesamtschuldner", vgl (Fall Hauptschuldner und Bürge) Celle JZ **56**, 490, Schneider MDR **67**, 353, nicht „als unechte Gesamtschuldner" (Hbg MDR **67**, 50) oder „als wären sie Gesamtschuldner" (LG Hbg MDR **67**, 401). Kosten s § 100 IV ZPO. Hierzu auch § 124 Anm 5 A-E.

B. Klage gegen die Ges macht die Sache **nicht rechtshängig** gegen den Gfter und umgekehrt; Partei und Prozeßgegenstand sind in den Prozessen gegen Ges und Gfter verschieden, BGH **62**, 133, hM, abw RG **49**, 344. Der (mitverklagte, vgl BGH **8**, 78, oder nicht mitverklagte) Gfter kann der verklagten Ges als **Nebenintervenient** beitreten, da ein vom Gläubiger gegen die Ges erwirktes Urteil gegen ihn wirksam wäre (s Anm C), BGH **62**, 133. **Unterbrechung** des Prozesses gegen die Ges durch GesKonkurs hindert nicht Ausdehnung der Klage auf die Gfter, BGH BB **61**, 426, unterbricht nicht schon anhängigen Prozeß gegen Gfter, gleich ob dieser persönliche Einwendungen erhob oder nicht, Nürnb MDR **68**, 502.

C. Auf ein **Urteil** zugunsten der Ges kann sich auch der Gfter gegen den Gläubiger berufen. Ein Urteil gegen die Ges wirkt auch gegen den Gfter, indem es ihm die Einwendungen nimmt, die der Ges abgesprochen werden, § 129 I (s dort Anm 1 B), BGH **64**, 156 (nicht Rechtskraftwirkung nach § 325 I ZPO), WM **76**, 1085 (Rechtskrafterstreckung oder Präklusion ähnlich § 767 II ZPO). Das Urteil im Prozeß gegen den Gfter wirkt weder für noch gegen die Ges; aber die Ges muß dem Gfter, der verurteilt worden ist und gezahlt hat, die Auslage erstatten (ebenso ggf die MitGfter, § 426 BGB, s Anm 4 B), wenn er den Prozeß ordentlich geführt hat. Zweckmäßig verkündet er ihr den Streit. **Nicht** wirkt das gegen die Ges ergangene Urteil gegen den **ausgeschiedenen** Gfter, jedenfalls bei Klage nach dem Ausscheiden, BGH **44**, 229; Wirkung aber gegen

1. Abschnitt. Offene Handelsgesellschaft 9 § 128

den ehemaligen phG, der nach Umwandlung in GmbH & Co KG Kdtist und Geschäftsführer der GmbH ist, BGH **78**, 114.

D. Zur **Vollstreckung** in das GesVermögen bedarf der Gläubiger des Titels gegen die Ges (§ 124 II), zur Vollstreckung in das private Vermögen eines Gfters des Titels gegen ihn (§ 129 IV). Er kann aufgrund dieses Titels auch den Anteil des Gfters an der Ges (oder nur seinen Anspruch auf das künftige Auseinandersetzungsguthaben) pfänden (§ 124 Anm 2 C, D), aber die Ges nicht kündigen, § 135 Anm 1 A.

E. Neben Klage gegen die Ges auf **Feststellung** einer GesVerbindlichkeit fehlt idR das Rechtsschutzinteresse (§ 256 ZPO) für gleiche Klagen gegen Gfter, weil das Urteil auf jene auch gegen diese wirkt (§ 129 I), BGH **2**, 254. Anders vielleicht bei Feststellungen nicht einer Verbindlichkeit, sondern eines „umfassenden Rechtsverhältnisses", Hbg MDR **67**, 498.

F. **Gerichtsstandsvereinbarung** (Einl IV 2 C vor § 1) der Ges wirkt idR auch für und gegen die (nach § 128 in Anspruch genommen) Gfter, ihre Haftung richtet sich nach dem Inhalt der Schuld der Ges, BGH NJW **81**, 2644; ebenso **Schiedsklausel** (Einl IV 3 A vor § 1) im Vertrag der Ges mit Dritten, Kln BB **61**, 65, BGH BB **80**, 489 (bei Eintritt als Gfter), str. Rechtsschutzinteresse für Klage gegen Gfter nach Schiedsspruch gegen Ges s BGH BB **69**, 892.

G. Aufgrund § 128 kann aus einem Wechsel, den Gfter A namens der Ges zeichnete, auch Gfter B im **Wechselprozeß** verklagt werden, BGH BB **60**, 341.

H. **Arbeitsgerichtsprozeß** (§ 22 ArbGG) auch bei Klage aus § 128 gegen Gfter der Arbeitgeberin, BAG NJW **80**, 1710.

I. **Haftungsbescheid** (Verwaltungsakt) statt Zivilprozeß bei **öffentlichrechtlichen** Verbindlichkeiten der Gfter der OHG, Wochner BB **80**, 1757.

9) Konkurs, Vergleichsverfahren

A. **Konkurs der Gesellschaft** (§ 124 Anm 5) berührt grundsätzlich die Haftung des Gfters nicht (macht sie vielmehr aktuell). Zur Auswirkung auf GfterHaftung K. Müller, Mohrbutter NJW **68**, 225, 1125, 2230, Wochner BB **83**, 517. Zwangsvergleich im GesKonkurs (der von allen Gftern vorgeschlagen werden muß, § 211 I KO) begrenzt iZw (wenn darin nicht, wie häufig, anderes festgesetzt wird) die persönliche Haftung der Gfter entspr, § 211 II KO (bei § 124 Anm 5 F); nicht die von vor Konkurseröffnung ausgeschiedenen, RG **142**, 208, **159**, 319, für sie gilt § 193 S 2 KO: Zwangsvergleiche berühren nicht die Rechte der Gläubiger gegen Bürgen und Mitschuldner; auch nicht dingliche Sicherungsrechte am Vermögen von Gftern, zB Zwangshypothek, auch wenn erst nach Konkurseröffnung eingetragen, BGH DB **74**, 85. Dazu Lambsdorff MDR **73**, 362. Siehe auch § 124 Anm 5 F. Jeder Gfter darf angemeldete Forderungen bestreiten, Feststellung einer Konkursforderung zur Tabelle (§§ 145 II, 164 II KO) ohne Widerspruch eines Gfters wirkt rechtskräftig auch gegen alle Gfter, Widerspruch eines Gfters hindert Rechtskraft gegenüber diesem, BGH BB **61**, 426. Haftung ausgeschiedener Gfter s Anm 5.

B. Fällt (wie oft) **neben der Gesellschaft der Gesellschafter in Konkurs**, so dürfen die GesGläubiger (im Interesse der Privatgläubiger des Gfters, denen schon der GesAnteil ihres Schuldners entgeht) sich im Gfter-Konkurs nur mit dem bei der Ges erlittenen Ausfall beteiligen (§ 212 KO); anders bei ausgeschiedenen Gftern (die ihren GesAnteil zurückerhalten haben oder als Auseinandersetzungsguthaben im GesKonkurs geltend machen können), hM. Das Vorrecht für Sozialversicherungsbeiträge (§ 28 III RVO mit § 61 Nr 1 KO) gilt im Ges- und GfterKonkurs, BGH **34**, 294, wohl auch das für die Dienstbezüge selbst (§ 61 Nr 1 KO), undeutlich BGH **34**, 294, ebenso für Lohnforderungen nach § 59 I Nr 3a KO, BAG BB **82**, 1053; str. § 418 II BGB ist unanwendbar, BGH **34**, 298. Masseschulden im GesKonkurs berühren nicht den GfterKonkurs, RG **135**, 62, BGH **34**, 294. Kommt es im GesKonkurs zum Zwangsvergleich und wird dessen Wirkung zugunsten der Gfter nicht ausgeschlossen (s Anm A), so fällt die Befriedigung aus dem GfterVermögen fort (soweit der Zwangsvergleich aus dem GesVermögen erfüllt wird). Entspr gilt, wenn (neben dem GesKonkurs) nicht Konkurs, sondern **Vergleichsverfahren über das Privatvermögen** des Gfters stattfindet (§ 110 I VerglO). Übersicht: Krantz BB **53**, 76.

C. Der **Vergleich** zur Abwendung des GesKonkurses (§ 109 VerglO) begrenzt (wie der Zwangsvergleich im Konkurs, s Anm A) iZw auch die persönliche Haftung der Gfter. Das gilt nicht für vorher ausgeschiedene Gfter, sie haften unbeschränkt weiter (5 Jahre lang, §§ 159, 160), RG **142**, 208, **159**, 319. Es gilt in der KG zugunsten eines Gfters, der vorher phG, zur Zeit des Vergleichs Kdist war, LG Nürnb MDR **63**, 417. Die Beschränkung wirkt von der Annahme, nicht erst der Bestätigung des Vergleichs an, AG Medingen NJW **67**, 1475.

D. Geraten **mehrere Gesellschafter** in Konkurs oder Vergleichsverfahren, so kann der Gläubiger in jedem Verfahren bis zu seiner Befriedigung den vollen Betrag geltend machen, den er von den Gftern persönlich bei Eröffnung des Verfahrens fordern konnte (vgl dazu, falls auch die Ges in Konkurs oder Vergleichsverfahren ist, s Anm A–C), § 68 KO, § 32 VerglO.

[Einwendungen des Gesellschafters]

129 ^I Wird ein Gesellschafter wegen einer Verbindlichkeit der Gesellschaft in Anspruch genommen, so kann er Einwendungen, die nicht in seiner Person begründet sind, nur insoweit geltend machen, als sie von der Gesellschaft erhoben werden können.

^{II} **Der Gesellschafter kann die Befriedigung des Gläubigers verweigern, solange der Gesellschaft das Recht zusteht, das ihrer Verbindlichkeit zugrunde liegende Rechtsgeschäft anzufechten.**

^{III} **Die gleiche Befugnis hat der Gesellschafter, solange sich der Gläubiger durch Aufrechnung gegen eine fällige Forderung der Gesellschaft befriedigen kann.**

^{IV} **Aus einem gegen die Gesellschaft gerichteten vollstreckbaren Schuldtitel findet die Zwangsvollstreckung gegen die Gesellschafter nicht statt.**

1. Abschnitt. Offene Handelsgesellschaft 1, 2 § 129

1) Einwendungen des Gesellschafters (I)

A. Der nach §§ 128f haftende Gfter (auch der ausgeschiedene, s § 128 Anm 5) hat gegen Inanspruchnahme aus GesSchulden: **a) die Einwendungen der Gesellschaft** (jeder Art, zB Erfüllung, Erlaß, Vergleich, Annahmeverzug, ähnlich §§ 422–424 BGB), auch solche die er nach § 425 BGB nicht hätte (zB Verjährung, Verwirkung, rechtskräftige Abweisung, persönliche Unmöglichkeit usw). Umgekehrt wirkt Entkräftung solcher Einwendungen im Verhältnis Gläubiger-Ges auch gegen den haftenden Gfter, zB Unterbrechung der Verjährung, BGH **73**, 223, str. Nicht möglich ist Erlaß durch den GesGläubiger unter Vorbehalt der Inanspruchnahme des Gfters (ausgeschiedenen Gfters, vgl § 128 Anm 5), weil sie diesem Rechte (vgl I, II, III) nehmen würde (§ 423 BGB gilt nicht entspr); der Vorbehalt ist unwirksam, damit idR der ganze Erlaß; anders bei Zustimmung des Gfters; BGH **47**, 376 (gegen RG JW **28**, 2612), WM **75**, 974; dazu Kötter ZHR 137 (**73**) 178, Reinicke FS Westermann **74**, 487, Tiedtke DB **75**, 1109. I gilt nicht für prozessuale Einreden wie örtliche Unzuständigkeit nach Sitz des Ges, Rechtshängigkeit wegen eines Prozesses der Ges, dazu § 128 Anm 8 B;

b) persönliche Einwendungen, zB Ausschluß der Haftung durch Abrede des Gfters mit dem Gläubiger, § 128 Anm 6, Vergleich des Gfters mit dem Gläubiger, Abrede zwischen Ges und Gläubiger, daß zuerst ein anderer Gfter in Anspruch genommen werden soll (Vertrag zugunsten eines Dritten, vgl § 328 BGB).

B. Nach rechtskräftigem **Urteil gegen die Gesellschaft** bleiben dem Gfter nur noch: 1) die der Ges noch offenstehenden Einwendungen, zB die nach § 767 ZPO (Vollstreckungsgegenklage), im übrigen wirkt die Rechtskraft auch gegen den Gfter, § 128 Anm 8 C, 2) die persönlichen Einwendungen, diese kann der Gläubiger nur durch gegen den Gfter selbst erwirktes Urteil beseitigen. Ist Löschungsantrag der Ges gegen ein Gebrauchsmuster rechtskräftig abgewiesen, kann (aus Verletzung nach § 128 haftender) Gfter nicht den (jedermann zustehenden) Löschungsanspruch aus § 7 GebrMG geltend machen, jedenfalls nicht der vertretende Gfter nach GebrM-Ablauf, BGH **64**, 155. Ist die rechtskräftig verurteilte Ges vollbeendigt (vgl § 131 Anm 1 A), keine Umschreibung des Titel (§ 727 ZPO?) auf einen ex-Gfter, Hamm NJW **79**, 51.

C. Nach rechtskräftigem **Urteil gegen den Gesellschafter** (nicht die Ges) kann der Gfter noch die später entstandenen Einwendungen der Ges geltend machen, zB nachträgliche Erfüllung durch die Ges (§§ 767 II, 796 II ZPO). Das gilt nicht für die Einrede, die Forderung des Gläubigers gegen die Ges sei nachträglich verjährt (Grund: Gläubiger soll nicht zur zusätzlichen Klage gegen die Ges gezwungen sein), BGH NJW **81**, 2579.

2) Anfechtung (II)

Ein **Anfechtungsrecht der Gesellschaft** (wegen Willensmangels, §§ 119ff BGB, nicht wegen Gläubigerbenachteiligung) kann der Gfter nicht aus eigenem Recht ausüben, weil nicht er, sondern die Ges die anfechtbare Erklärung abgegeben hat. Aber der Gfter hat, anders als die Ges selbst und als Ausnahme von I, eine aufschiebende Einrede, solange die Ges anfechten und damit den Anspruch beseitigen kann. Hat die Ges angefochten, so kann sich der Gfter nach Abs 1 auf die Folgen berufen wie die Ges selbst.

3) Aufrechnung (III)

A. Der Gfter kann mit einer Gegenforderung der Ges nicht aufrechnen, weil er über GesGegenstände nicht verfügen kann. Nach Abs 3 kann er aber die Leistung an den Gläubiger **verweigern,** wenn dieser sich durch Aufrechnung gegen diese Gegenforderung befriedigen kann; Anwendung gegen Klage auf künftige Leistung des Gläubigers mit noch nicht fälliger Forderung: vgl BGH **38,** 122 (Erbe neben Erbengemeinschaft). Der Gfter hat das Verweigerungsrecht **nicht** (entgegen dem Wortlaut), wenn zwar der Gläubiger, nicht aber die Ges aufrechnen darf (zB wenn die Ges Schuldner aus unerlaubter Handlung ist, § 393 BGB), oder der Vertrag Gläubiger-Ges dieser die Aufrechnung verbietet, BGH **42,** 397; auch nicht, wenn umgekehrt nur die Ges aufrechnen kann, nicht der Gläubiger, die Ges aber nicht aufrechnet, str, Übersicht: Schlüter FS Westermann **74,** 509.

B. GesSchuld einerseits, **persönliche Forderung** des Gfters gegen den Gläubiger andrerseits können der Gfter und der Gläubiger aufrechnen.

4) Zwangsvollstreckung (IV)

Sie verlangt immer einen **Titel gegen den Gesellschafter;** Titel gegen die Ges genügt nicht, auch nicht nach Auflösung der Ges (keine Klauselumstellung nach § 727 ZPO), Ffm BB **82,** 399. S § 128 Anm 8 D. Wird ohne solchen Titel vollstreckt: §§ 766, 771 ZPO.

[Rückgewähr von Darlehen]

129 a Bei einer offenen Handelsgesellschaft, bei der kein Gesellschafter eine natürliche Person ist, gelten die §§ 32a und 32b des Gesetzes betreffend die Gesellschaften mit beschränkter Haftung sinngemäß mit der Maßgabe, daß an die Stelle der Gesellschafter der Gesellschaft mit beschränkter Haftung die Gesellschafter oder Mitglieder der Gesellschafter der offenen Handelsgesellschaft treten. Dies gilt nicht, wenn zu den Gesellschaftern der offenen Handelsgesellschaft eine andere offene Handelsgesellschaft oder Kommanditgesellschaft gehört, bei der ein persönlich haftender Gesellschafter eine natürliche Person ist.

1) Der durch die GmbHNovelle 1980 zusammen mit § 172a ua eingefügte § 129a regelt die eigenkapitalersetzenden GfterDarlehen. Für die OHG, bei der **kein Gfter** eine **natürliche Person** ist, deren Gläubiger also nur eine beschränkte Haftungsmasse wie bei einer KapitalGes zusteht, gelten die ebenfalls neuen §§ 32a, 32b GmbHG (s bei § 172a Anm 1). Danach kann ein Gfter, der der Ges unmittelbar oder mittelbar ein eigenkapitalersetzendes Darlehen gewährt hat, dieses im gerichtlichen Konkurs- oder Vergleichsverfahren nicht zurückfordern bzw haftet für ein bereits zurückgezahltes Darlehen. Nach § 129a S 2 gilt das dann nicht, wenn letztlich doch eine natürliche Person (als phG des phG) haftet (s § 19 Anm 3 D). Näheres s bei § 172a.

2) § 129a wird voraussichtlich kaum größere Bedeutung erlangen, weil OHG ohne natürliche Personen als Gfter gegenüber der GmbH & Co (s

Anh § 177a) nicht ins Gewicht fallen und für diese der gleichlautende § 172a eingreift. § 129a **verhindert** aber die **Umgehung des § 172a** durch die Bildung einer OHG mit zwei GmbH bzw ohne natürliche Personen als Gfter.

[Haftung des eintretenden Gesellschafters]

130 ¹ Wer in eine bestehende Gesellschaft eintritt, haftet gleich den anderen Gesellschaftern nach Maßgabe der §§ 128 und 129 für die vor seinem Eintritte begründeten Verbindlichkeiten der Gesellschaft, ohne Unterschied, ob die Firma eine Änderung erleidet der nicht.

^{II} Eine entgegenstehende Vereinbarung ist Dritten gegenüber unwirksam.

1) Haftung des Gesellschafters der OHG für Altschulden

A. Über den Eintritt in eine OHG s § 105 Anm 7. Anwendung des § 130 auch bei einer im HdlRegister noch als OHG eingetragenen „GbR" (§ 5), BGH NJW **82**, 45; auch bei fehlerhaftem Eintritt (oder fehlerfreiem Eintritt in eine fehlerhafte Ges), s § 105 Anm 8 I, also auch bei arglistiger Täuschung, aA Honsell-Harrer ZIP **83**, 259. Zur Haftung aus Rechtsschein des § 130 (als OHG firmierende Ärztegemeinschaft) Hopt-Hehl Jus **79**, 274.

B. Nach § 130 II sind von I abweichende Vereinbarungen (zwischen dem Neuen und AltGftern) Dritten gegenüber schlechthin (abweichend von § 28 II) unwirksam.

2) Ähnliche Fälle

A. Eintritt der OHG oder KG als Kdtist s § 173; Eintritt als Gfter in das Geschäft eines EinzelKfm s § 28.

B. Bei Eintritt in GbR keine analoge Anwendung des § 130, Haftung des Eingetretenen für Altschulden nur kraft bes rechtsgeschäftlicher Vereinbarung mit Gläubiger, BGH **74**, 240, str. Im Einzelfall ist aber eine Vertrauenshaftung denkbar.

[Antragspflicht bei Zahlungsunfähigkeit oder Überschuldung]

130a ¹ Wird eine Gesellschaft, bei der kein Gesellschafter eine natürliche Person ist, zahlungsunfähig oder deckt das Vermögen der Gesellschaft nicht mehr die Schulden, so ist die Eröffnung des Konkursverfahrens oder des gerichtlichen Vergleichsverfahrens zu beantragen; dies gilt nicht, wenn zu den Gesellschaftern der offenen Handelsgesellschaft eine andere offene Handelsgesellschaft oder Kommanditgesellschaft gehört, bei der ein persönlich haftender Gesellschafter eine natürliche Person ist. Antragspflichtig sind die organschaftlichen Vertreter der zur Vertretung der Gesellschaft ermächtigten Gesellschafter und die Liquidatoren. Der Antrag ist ohne schuldhaftes Zögern, spätestens aber drei Wochen nach Eintritt der Zahlungsunfähigkeit oder der Überschuldung der Gesellschaft zu stellen. Der Antrag ist nicht schuldhaft verzögert, wenn die Antragspflichtigen die Eröffnung des gerichtlichen Vergleichsverfahrens mit der Sorgfalt eines ordentlichen und gewissenhaften Geschäftsleiters betreiben.

§ 130a 1   II. Buch. Handelsgesellschaften und stille Gesellschaft

^II^ Nachdem die Zahlungsunfähigkeit der Gesellschaft eingetreten ist oder sich ihre Überschuldung ergeben hat, dürfen die organschaftlichen Vertreter der zur Vertretung der Gesellschaft ermächtigten Gesellschafter und die Liquidatoren für die Gesellschaft keine Zahlungen leisten. Dies gilt nicht von Zahlungen, die auch nach diesem Zeitpunkt mit der Sorgfalt eines ordentlichen und gewissenhaften Geschäftsleiters vereinbar sind.

^III^ Wird entgegen Absatz 1 die Eröffnung des Konkursverfahrens oder des gerichtlichen Vergleichsverfahrens nicht oder nicht rechtzeitig beantragt oder werden entgegen Absatz 2 Zahlungen geleistet, nachdem die Zahlungsunfähigkeit der Gesellschaft eingetreten ist oder sich ihre Überschuldung ergeben hat, so sind die organschaftlichen Vertreter der zur Vertretung der Gesellschaft ermächtigten Gesellschafter und die Liquidatoren der Gesellschaft gegenüber zum Ersatz des daraus entstehenden Schadens als Gesamtschuldner verpflichtet. Ist dabei streitig, ob sie die Sorgfalt eines ordentlichen und gewissenhaften Geschäftsleiters angewandt haben, so trifft sie die Beweislast. Die Ersatzpflicht kann durch Vereinbarung mit den Gesellschaftern weder eingeschränkt noch ausgeschlossen werden. Soweit der Ersatz zur Befriedigung der Gläubiger der Gesellschaft erforderlich ist, wird die Ersatzpflicht weder durch einen Verzicht oder Vergleich der Gesellschaft noch dadurch aufgehoben, daß die Handlung auf einem Beschluß der Gesellschafter beruht. Ein Zwangsvergleich oder ein im Vergleichsverfahren geschlossener Vergleich wirkt für und gegen die Forderung der Gesellschaft. Die Ansprüche aus diesen Vorschriften verjähren in fünf Jahren.

^IV^ Diese Vorschriften gelten sinngemäß, wenn die in den Absätzen 1 bis 3 genannten organschaftlichen Vertreter ihrerseits Gesellschaften sind, bei denen kein Gesellschafter eine natürliche Person ist, oder sich die Verbindung von Gesellschaften in dieser Art fortsetzt.

1) Konkurs- oder Vergleichsantragspflicht (I)

A. §§ 130a, 130b sind durch das 1. WiKG eingefügt, § 130a I 1 letzter Halbs durch die GmbHNovelle 1980 mit Geltung ab 1. 1. 81. Für KG s § 177a.

B. Nach **§ 130a I 1** gilt für eine OHG, bei der kein Gfter eine natürliche Person ist, abw von dem sonst für OHG Geltenden (vgl § 124 Anm 5 F, G) eine Pflicht zur Herbeiführung des Konkurs- oder gerichtlichen Vergleichsverfahrens, sowohl bei Zahlungsunfähigkeit als auch Überschuldung (ebenso bei anderen Ges ohne persönliche GfterHaftung s §§ 92 II, 268 II AktG, §§ 64 I, 71 III GmbHG), unabhängig von Bilanzaufstellung, BGHSt NJW **84**, 2958. Die Ergänzung des I 1 durch den letzten Halbsatz nimmt nach dem Sinn der gesetzlichen Regelung solche OHG aus, bei denen zwar kein Gfter eine natürliche Person ist, für deren Verbindlichkeiten aber letztlich eine natürliche Person unbeschränkt haftet, weil sie Gfter der MitgliedsOHG oder phG der MitgliedsKG ist. Bei solchen OHG soll nicht schon die Überschuldung Konkursgrund sein; sie verfügen nicht wie KapitalGes nur über eine beschränkte Haftungsmasse. Entsprechend ist § 209 I 3 KO mit demselben Wortlaut ergänzt (Text s § 124 Anm 5 F). Die Ges ist **überschuldet,** wenn ihr Vermögen bei normaler Liquidation ihre

Schulden nicht mehr deckt (**rechnerische Überschuldung**) und Ertrags- bzw Lebensfähigkeit der Ges zu verneinen ist (**negative Fortbestehungsprognose**), sog zweistufige Überschuldungsprüfung, im einzelnen sehr str; vgl Hbg BB **81**, 1441, Hach-Ulmer § 63, Scholz-K. Schmidt § 63, Menger GmbHR **82**, 221. Zur Wertansatzproblematik dabei KöKo-Mertens § 92, Kroppen DB **77**, 663 (bes bei öffentlichen u/o GfterDarlehen), Franzheim NJW **80**, 2501.

C. Nach I 2 trifft die Antragspflicht die „organschaftlichen Vertreter" der Organisationen, die Gfter der OHG und zu ihrer Vertretung ermächtigt sind, zB den (die) Geschäftsführer der GmbH, die vertretender Gfter der OHG ist, im Fall einer AG oder rechtsfähigen Stiftung ihre Vorstandsmitglieder, im Falle einer OHG oder KG (die vertretender Gfter der insolventen oder überschuldeten OHG ist) die vertretenden Gfter dieser OHG oder KG, usw. Die Antragspflicht trifft, wenn die OHG in Liquidation ist, ihre Liquidatoren. Keine Ausdehnung auf andere Personen mit satzungsmäßigem oder tatsächlichem Einfluß, es sei denn, sie hätten den phG völlig aus der Geschäftsführung verdrängt, BGH **75**, 106 (Herstatt, zu § 92 AktG); aA BGHSt BB **83**, 783, jedenfalls bei überragender Stellung in der Geschäftsführung. Die Antragspflichtigen können sich ihrer Pflicht nicht durch Amtsniederlegung entziehen. Rechtspflichten des Geschäftsführers der GmbH & Co in der Krise s Uhlenbruck BB **85**, 1277.

D. Nach I 3 ist der Antrag ohne schuldhaftes Zögern (Legaldefinition I 4), spätestens aber binnen drei Wochen zu stellen. Die Antragspflicht beginnt bei Überschuldung erst mit Kenntnis des Antragspflichtigen vom Konkursgrund; die Dreiwochenfrist ist eine zeitliche Höchstgrenze, die nur bei triftigen Gründen ausgeschöpft werden darf, BGH **75**, 110 (s Anm 1 C). Ein danach sinnvoll erscheinender Sanierungsversuch impliziert Geheimhaltung und macht auch bei späterem Scheitern nicht haftbar, BGH **75**, 96 (s Anm 1 C).

2) Zahlungsverbot (II)

II verbietet (entspr §§ 92 III, 268 II AktG, §§ 64 II, 71 III GmbHG) den Antragspflichtigen im Grundsatz alle Auszahlungen nach Eintritt der Zahlungsunfähigkeit oder Feststellung der Überschuldung.

3) Haftung (III)

A. III regelt die Haftung der Antragspflichtigen gegenüber der OHG bei Verletzung des I oder II (zT entspr §§ 93 II, III Nr 6, VI, 268 II AktG, §§ 64 II, 71 III GmbHG). Bei einer nach Konkursreife geleisteten Zahlung kann Eintritt eines Schadens der Ges zweifelhaft sein, BGH **75**, 102 (s Anm 1 C). Selbst nicht antragspflichtige Gfter haften uU als Teilnehmer nach §§ 830, 840 BGB (bei vorsätzlicher Haupttat). Haftung des faktischen Geschäftsführers s Stein ZHR 148 (**84**) 207.

B. Haftung gegenüber Vertragspartnern der Ges aus **culpa in contrahendo** s § 172a Anm 9 D. Daneben haften die Antragspflichtigen und Teilnehmer den Gläubigern und übrigen Gftern **deliktisch** nach §§ 823 II, 826 BGB. Schutzgesetze iSv § 823 II BGB sind auch Konkursanmeldevorschriften, zB § 130a HGB, § 92 II AktG, § 64 I GmbHG; dies gilt aber nur in dem Umfang, als durch die verzögerte Konkurseröffnung die Befriedigungsaussicht der Gläubiger verringert ist, str), BGH **75**, 106 (s Anm 1 C); **29**, 100 u BAG NJW **75**, 708 (beide zu § 64 GmbHG). Einschränkend auf Vorsatz Schulze=Osterloh AG **84**, 141.

4) Umgehungsverbot (IV)

IV verlangt entspr Anwendung der I–III, wenn der organschaftliche Vertreter selbst eine Ges ist, bei der kein Gfter natürliche Person ist, und bei noch weiter gehender Verschachtelung.

[Strafvorschriften]

130 b ^{I} Mit Freiheitsstrafe bis zu drei Jahren oder mit Geldstrafe wird bestraft, wer es entgegen § 130a Abs. 1 oder 4 unterläßt, als organschaftlicher Vertreter oder Liquidator bei Zahlungsunfähigkeit oder Überschuldung der Gesellschaft die Eröffnung des Konkursverfahrens oder des gerichtlichen Vergleichsverfahrens zu beantragen.

^{II} Handelt der Täter fahrlässig, so ist die Strafe Freiheitsstrafe bis zu einem Jahr oder Geldstrafe.

1) § 130 bedroht Verletzung des § 130a I (ggf IV), nicht des II (ggf IV) mit Strafe (entspr § 401 AktG, § 84 GmbHG). Kohlmann-Giemulla GmbHR **78**, 53.

Vierter Titel. Auflösung der Gesellschaft und Ausscheiden von Gesellschaftern

[Auflösungsgründe]

131 Die offene Handelsgesellschaft wird aufgelöst:
1. durch den Ablauf der Zeit, für welche sie eingegangen ist;
2. durch Beschluß der Gesellschafter;
3. durch die Eröffnung des Konkurses über das Vermögen der Gesellschaft;
4. durch den Tod eines Gesellschafters, sofern nicht aus dem Gesellschaftsvertrage sich ein anderes ergibt;
5. durch die Eröffnung des Konkurses über das Vermögen eines Gesellschafters;
6. durch Kündigung und durch gerichtliche Entscheidung.

1) Auflösung und Ende der Gesellschaft

A. Auflösung der Ges bedeutet idR nur ihren Übergang aus der dem GesZweck gewidmeten, werbenden Tätigkeit in die Auseinandersetzung unter den Gftern (§§ 730ff BGB, 145ff HGB). Deren Ende ist das Ende (Vollbeendigung) der Ges. Ausnahmsweise fallen Auflösung und Ende der Ges zusammen, zB wenn uno actu die Ges durch Vertrag aufgelöst, das von ihr betriebene Unternehmen mit allen Aktiven (sofern diese sämtlich so durch einen Akt übertragen werden können, zB nicht Grundbesitz, der umzuschreiben ist) und Passiven auf einen Gfter oder Dritten übertragen, auch der Preis unter den Gftern verteilt wird (die nach § 159 fortbestehende Haftung der Gfter für die GesSchulden und die aus ihr etwa folgenden

1. Abschnitt. Offene Handelsgesellschaft **1 § 131**

Ausgleichspflichten unter ihnen begründen unter den Gftern kein GesVerhältnis mehr; die Gfter wirken nicht mehr zu gemeinsamem Zweck zusammen, § 705 BGB). Die Auflösungsgründe sind zT zwingenden, zT nachgiebigen Rechts, s Anm 2, 3 und bei den Spezialvorschriften. Vertragskonstruktionen zum Ziel der ,,ewigen" NachfolgeGes, Sudhoff DB **71,** 2097.

B. Keine Auflösung der Ges iSv §§ 131 ff ist das Ende der Eigenschaft als OHG bei Fortbestehen der Ges, also ihre **Umwandlung** (durch Vertrag oder ipso jure durch Wegfall einer Voraussetzung der OHG) in eine KG oder GbR (s Einl 4 B vor § 105). Dagegen erfolgt die Auflösung der OHG, KG bei ihrer Umwandlung durch Vermögensübertragung auf eine AG, KGaA, GmbH nach dem UmwG (s Einl 4 B vor § 105). **Verschmelzung** (Fusion, s Einl 4 A vor § 105) von OHG (KG), Barz FS Ballerstedt **75,** 143.

C. Das **Ende** der Ges ist nicht aufhebbar, eine ganz abgewickelte oder anders zu Ende geführte Ges (s Anm A, Bsp: Oldbg BB **55,** 237: Übernahme durch einen Gfter) kann nicht wiederhergestellt werden; die Gfter müssen ggf eine neue Ges gründen; das kann mit solchem Wiederbelebungsbeschluß gemeint sein. Auffinden von Vermögen nach angenommenem Ende der Ges s § 157 Anm 1 C. Schuldenhaftung nach Wiederherstellung s unten. Ende während eines Prozesses s § 124 Anm 5 E. Die **Auflösung** ist zwar ebenfalls nicht (rückwirkend vom Auflösungstag) aufhebbar, jedenfalls nicht mit Wirkung nach außen. Wohl aber können die Gfter die noch nicht zu Ende geführte, also in der Liquidation (§§ 145 ff) oder einer anderen das Ende vorbereitenden Auseinandersetzung (§ 158) befindliche Ges (ex nunc) **fortsetzen,** dh wieder zur werbenden machen, indem sie ihr von neuem einen Zweck nach § 705 BGB, § 105 HGB setzen. In einem Falle sagt das schon das Gesetz: § 144. Die Ges bleibt dann dieselbe, mag auch die Firma geändert werden; an Stelle des Abwicklungsregimes (§§ 145 ff, 158) treten wieder Geschäftsführung und Vertretung nach dem GesVertrag wenn nichts anderes vereinbart, RG **106,** 66, BGH **1,** 327, auch nach Auflösung durch Tod eines Gfters. Der Beschluß muß einstimmig sein, ein zunächst übergangener Gfter (Erbe) kann den Mangel durch nachträgliche Zustimmung rückwirkend heilen, § 184 I BGB, BGH **LM** § 105 Nr 19. Der GesVertrag kann Mehrheitsbeschluß genügen lassen, Zulassung der Änderung des GesVertrags mit Mehrheit genügt iZw nicht, s § 119 Anm 2 B. Ein Fortsetzungsbeschluß (zB nach Auflösung durch Tod eines Gfters) auf falscher Geschäftsgrundlage (zB allseitigem Irrtum über die Erbfolge) ist idR nicht unwirksam; aber der benachteiligte Gfter ist so zu stellen wie er ohne den Irrtum stünde (zB durch Änderung der Kapitalanteile und Gewinn-Nachzahlung), BGH **LM** § 105 Nr 19. Der minderjährige Erbe bedarf der Genehmigung des Vormundschaftsgerichts, vgl § 105 Anm 1 B. Die Fortsetzung ist stets (vgl § 144 II) anmeldepflichtig. Die beendete, dann wiederhergestellte Ges (die nicht mehr die alte ist) haftet nicht für die alten Schulden, wohl aber haften die Gfter nach §§ 128 f, 159 f; die aufgelöste, dann wieder zur werbenden gemachte Ges haftet für die alten Schulden (die ihre eigenen sind). Zeitweilige Verzögerung der Auflösungswirkung (vorübergehende Fortsetzung) s Kötter FS Geßler **71,** 247.

D. Die **Auflösungsgründe** sind in § 131 (von gewissen Sondergesetzen abgesehen, zB § 38 KWG: Abwicklungsanordnung des BAKred wirkt wie Auflösungsbeschluß) abschließend aufgeführt, BGH **75,** 179, WM **73,** 864.

Zweckerfüllung oder ihr **Unmöglichwerden** löst im Gegensatz zu § 726 BGB die OHG nicht auf, BGH WM **73**, 864; s aber unten zu § 131 Nr 1; die Gfter können ihr einen neuen, dem § 105 entsprechenden Zweck setzen (idR nur einstimmig), sonst hat jeder Gfter die Auflösungsklage (§ 133). Wird die Absicht, HdlGeschäfte irgendwelcher Art zu betreiben, endgültig ganz aufgegeben, so wird die OHG zur GbR (s Anm B) und ist, falls ihr auch kein anderer Zweck gesetzt wird, nach § 726 BGB ausgelöst. Enteignung in der **DDR** löste nicht auf, wenn Fortsetzung der Tätigkeit anderswo möglich und beabsichtigt ist; vgl BGH **13**, 108, WM **71**, 724 (Ges iL, Enteignung, Fortbestand zur Abwicklung des Vermögens in der BRD). Haftung der Gfter s § 128 Anm 1 D. Zwangsverwaltung, BGH BB **55**, 680.

2) Auflösungsgründe (Nr 1, 2, 3, 5, 6)

A. **Zeitablauf** (Nr 1). Dazu § 132 Anm 1. Bei Bestimmung der Dauer der Ges im Zusammenhang mit ihrem Zweck (Bsp: auf die Dauer der durch die Ges auszuwertenden Schutzrechte) kommt die Regelung der des § 726 BGB (s Anm 1 D) nahe. Bei Nichtbeachtung des Zeitablaufs (unbewußte stillschweigende Fortsetzung) s § 134, dazu Kötter FS Geßler **71**, 247.

B. **Gesellschafterbeschluß** (Nr 2); idR einstimmig; Mehrheitsbeschluß s § 119 Anm 2 B. Ein Auflösungsbeschluß liegt uU in: Annahme der unstatthaften Kündigung eines Gfters durch die übrigen, Einstellung des Gewerbebetriebs, Übertragung des ganzen Vermögens, BGH BB **58**, 891 (wenn kein Entgelt: zugleich Ende der Ges, vgl Anm 1 A), Auflösungsklage aller übrigen Gfter gegen einen widersprechenden (Mehrheitsbeschluß).

C. **Gesellschaftskonkurs** (vgl § 209 KO), zwingend (Nr 3). Auflösende Bedingung: Aufhebung des Eröffnungsbeschlusses auf Beschwerde. Verfahren: dazu § 145 I mit Anm 1 A. Nach Ende des Konkurses Möglichkeit der Fortsetzung der Ges, s § 144 oben Anm 1 C. Der Vertragspartnerschutz nach § 23 I 2 KO, § 674 BGB wird durch die Auflösung der Ges nicht berührt, BGH **63**, 91. Keine Auflösung der Ges durch Konkursablehnung mangels Masse BGH **75**, 178. Auch nicht durch **Vergleichsverfahren** (vgl § 109 VerglO), doch kann Abschluß eines Liquidationsvergleichs (mit Vermögensübertragung zur Gläubigerbefriedigung) durch die Gfter (vgl § 109 VerglO) Auflösungsbeschluß bedeuten, BGH **26**, 130. Anders bei KG, wenn nur die phG solchen Vergleich schließen, BGH WM **73**, 864.

D. **Gesellschafterkonkurs** (Nr 5), dagegen nicht Nachlaßkonkurs des GfterErben (Grund: Sondererbfolge, s § 139 Anm 2 A), BGH **91**, 132; auch nach Erbeneintritt in die Ges. Nach GesVertrag möglich statt Auflösung Ausscheiden, § 138 (häufig). Bei Auflösung Auseinandersetzung (§§ 145 ff) außerhalb des Konkurses, § 16 KO; anstelle des Gfters tritt der Konkursverwalter. Die MitGfter haben für Ansprüche aus dem GesVerhältnis Recht auf abgesonderte Befriedigung aus dem Auseinandersetzungsguthaben des Gemeinschuldners, § 51 KO. Verhältnis zum GesKonkurs: § 212 KO. Gfter-Vergleichsverfahren löst die Ges nicht auf, aber Gfter-Schuldner kann Erfüllung des GesVertrags ablehnen, § 50 VerglO, RG **147**, 341, dh ihn kündigen (fristlos): Folge s E (§ 131 Nr 6). GmbH & Co s Anh § 177a Anm V. Insolvenzrechtsreform und GesRecht s Ulmer ZHR 149 (**85**) 541.

1. Abschnitt. Offene Handelsgesellschaft   3 **§ 131**

E. **Kündigung** (Nr 6) durch Gfter (§§ 132, 134) oder Gfter-Gläubiger (§ 135). Möglich statt Auflösung Ausscheiden, § 138, § 135 Anm 1 C (häufig). Kündigung mit Folge des Ausscheidens des Gekündigten s § 140 Anm 1 B. Vgl auch Übernahme, § 142 Anm 2, 3 (gleich Kündigung der Ges mit besonderer Folge).

F. **Gerichtliche Entscheidung** (Nr 6): s § 133 (Auflösung), § 142 (Übernahme).

3) Tod eines Gesellschafters (Nr 4)

A. Zum Verhältnis von GesRecht und Erbrecht s Monographien: Wiedemann 1965, Rokas 1965, Behrens 1969, Säcker 1970, Finger 1974; ferner Stötter DB **70**, 525, 573, Ulmer ZGR **72**, 195, 324, FS Schilling **73**, 79, BB **77**, 805, Flume FS Schilling **73**, 23, Wiedemann JZ **77**, 689, Tiedau MDR **78**, 353 NJW **80**, 2446, Marotzke AcP 184 (**84**) 541. – Mangels anderer Vertragsbestimmung (dazu Anm C) löst Tod eines Gfters die Ges auf. Vgl für GbR § 727 BGB. Abw für KG bei Tod eines Kdtisten § 177. Nichteheliche Kinder: Roth BB **72**, 1540 (Erbfolge), Stauder-Westerhoff FamRZ **72**, 601 (Auswirkungen des Erbersatzanspruchs, §§ 1934a ff BGB).

B. Der **Erbe** wird, wenn die Ges nicht zugleich erlischt (vgl Anm 1 A), Gfter der Ges iL (§§ 145 ff), wirkt mit an dieser (s zB bei § 146), nimmt ggf teil an Fortsetzungsbeschluß (vgl Anm 1 A), KG HRR **42**, 477, auch bei Fortsetzung ohne ihn. Er haftet (beschränkbar als Erbe, mit Erblasser-Anteil und Außer-Ges-Nachlaß) für GesSchulden, auch in der Liquidation (nach dem Erbfall) eingegangene. **Mehrere** Erben treten als Erbengemeinschaft in die LiquidationsGes, RG **106**, 65. Vertretung: § 146 I 2. Der Fortsetzungsbeschluß bedarf (ggf) auch bei Fortsetzung ohne die Erben (s oben), der Zustimmung aller Erben. Vor- und Nacherbe: Hefermehl FS Westermann **74**, 223.

C. Abw von § 131 Nr 4 kann der **Gesellschaftsvertrag** das **Fortbestehen der Gesellschaft** anordnen, und zwar: **a) unter den Mitgesellschaftern** ohne den (die) Erben des Verstorbenen (die nicht auch MitGfter), mit Anwachsen des Anteils des Verstorbenen an alle oder bestimmte MitGfter entweder durch (nur den Anteil vererblich machende, vgl § 139 Anm 1 A) „erbrechtliche" oder (den Gfter-Erblasser endgültig bindende) „rechtsgeschäftliche" Nachfolgeklausel, s BGH **68**, 225; mit oder ohne Abfindung der Erben, ggf Abfindung durch die Ges oder durch den MitGfter-Empfänger des Anteils, darüber s bei § 138; oder **b) mit dem** (den, einem, einigen) **Erben** des Verstorbenen, mit oder ohne dessen (deren) Zustimmung und mit oder ohne noch andere Bedingungen und Modalitäten, darüber s bei § 139; oder **c) mit einem Dritten**: Möglich ist aber nur Gewährung des Eintrittsrechts an diesen, auszuüben durch Erklärung nach dem Erbfall, nicht Anordnung automatischer Nachfolge (weil Verfügung teils zu Lasten eines Dritten), BGH **22**, 188, **68**, 231, WM **71**, 1339, NJW **78**, 264 (Frist und Bedingungen des Eintritts). Möglich Verpflichtung des Dritten zur Abfindung der Erben, vgl BGH **LM** § 516 BGB Nr 3 (Fall Zuwendung an MitGfter, vgl § 138 Anm 2 C), oder Ausschluß auch der Abfindung der Erben; dazu § 138 Anm 5 H. Dritter in diesem Sinne ist auch, wer im GesVertrag als Erbe bezeichnet ist, beim Erbfall aber nicht Erbe wird, vgl KG JW **33**, 118. Anspruch aus Vermächtnis des Anteils (s oben) ist nur abtretbar (so daß Abtretungsempfänger X Gfter würde), wenn nach GesVertrag die Anteile frei übertragbar (vgl § 124 Anm 2 B), BGH BB **58**, 351. Möglichkeit, bei Fehlen einer Fortsetzungsbestimmung im GesVertrag die **Fortsetzung** zu **beschließen** s Anm 1 C.

D. Die Ges erlischt in jedem Falle, wenn von **zwei Gesellschaftern** einer stirbt und der andere ihn allein beerbt, falls nicht aufgrund Vereinbarung beider Gfter mit einem Dritten dieser an Stelle des Verstorbenen tritt, BGH BB **57**, 345. Anders wohl wenn B nur Vorerbe (dazu § 139 Anm 1 D): Einmann-OHG (mit 2 Anteilen) bis zum Nacherbfall, Baur-Grunsky ZHR 133 (**70**) 209. Abw Hefermehl FS Westermann **74**, 223.

E. Ist eine **juristische Person** Gfter (vgl § 105 Anm 1 C), so bewirkt nicht schon ihre Auflösung (zB § 262 AktG, § 60 GmbHG), sondern erst ihre Vollbeendigung (§ 273 AktG, § 74 GmbHG) die Auflösung der OHG, deren Gfter sie ist, Ffm BB **82**, 1689.

F. Zur Stellung des **vermeintlichen Erben** oder Miterben (mit und ohne Erbschein) und des wahren nach Aufdeckung des Irrtums über das Erbrechts Fischer FS Heymanns Verlag **65**, 271, Konzen ZHR 145 (**81**) 29; vgl § 105 Anm 8 D, auch §§ 2018 ff BGB (Erbschaftsanspruch).

[Kündigung eines Gesellschafters]

132 Die Kündigung eines Gesellschafters kann, wenn die Gesellschaft für unbestimmte Zeit eingegangen ist, nur für den Schluß eines Geschäftsjahrs erfolgen; sie muß mindestens sechs Monate vor diesem Zeitpunkte stattfinden.

1) Allgemeines

,,Bestimmte Zeit": nicht nur nach dem Kalender, auch durch den GesZweck, zB: bis zum Erscheinen der ersten Ausgabe eines Verlags, BGH **10**, 98 (vgl Anm 3 B), **50**, 321, auf die Dauer des Bestehens einer anderen Ges (die nicht Gfter ist). **Unbestimmte Zeit:** nicht in diesem Sinne bestimmte; doch muß wohl in jedem Falle die Dauer der Bindung für die Gfter einigermaßen übersehbar sein, so daß sie ähnlich wie bei kalendermäßig bestimmter Dauer danach Dispositionen treffen können, BGH **50**, 322 (Fall: UnterbeteiligungsGes, dazu § 105 Anm 1 H). Dazu auch § 134.

2) Gesetzliche Kündigung

A. Bei Ges auf unbestimmte Zeit (s Anm 1) Kündigung jederzeit zum Geschäftsjahrsende mit 6-Monatsfrist; wenn Geschäftsjahrsausgleich Kalenderjahr: spätestens 30. 6. (zugehend) zum 31. 12. Verspätete wirkt idR auf den nächstfolgenden Termin. Geltenlassen verspäteter Kündigung wird idR Auflösungsbeschluß (vgl § 131 Anm 2 B) oder (im Falle § 138) Einigung über Ausscheiden des Kündigenden zum genannten Termin bedeuten.

B. Kündigung **formfrei**, in Auflösungsklage (§ 133) idR enthalten, nicht in Übernahmeklage (§ 142), wegen der anderen Wirkungen. Empfangsbedürftige Willenserklärung. Nicht an die Ges zu richten, sondern an sämtliche, nicht nur die geschäftsführenden, übrigen Gfter; doch wirkt Kündigung an Ges, sobald sie die übrigen Gfter erfahren, RG **21**, 94. Muß klar

1. Abschnitt. Offene Handelsgesellschaft 3 **§ 132**

und eindeutig sein, läßt darum keine Bedingung zu, str, kann aber unter gewissen Voraussetzungen geschehen, zB für den Fall, daß der vermißte frühere Gfter gestorben und seine Witwe, an welche die Kündigung gerichtet ist, Gfterin geworden ist, OGH **3**, 250.

C. Die Kündigung kann **unzeitig** sein, dann zwar wirksam, aber zu Schadensersatz verpflichtend, § 723 II BGB (Text s § 234 Anm 3), Koehler JZ **54**, 195, str.

D. Eine Kündigung kann als **Mißbrauch** des Kündigungsrechts unwirksam sein, zB Kündigung gegenüber der Frau eines Kriegsvermißten für den Fall, daß er tot und seine Witwe Gfterin sei, OGH **3**, 250, uU eine Kündigung schon in den ersten Jahren der Ges, BGH **23**, 16. Das Mißbrauchsverbot darf nicht zum (unzulässigen, s Anm 3 A) dauernden Ausschluß der Kündigung führen, BGH **23**, 16, DB **77**, 1404. Mißbrauch ist nicht schon Ausnutzung einer dem kündigenden Gfter einen Vorteil bei der Auseinandersetzung sichernden Dauerlage, sonst wäre hier die Kündigung (im Widerspruch zu § 723 III BGB, s Anm 3) ausgeschlossen, BGH JZ **54**, 195: Kinogrundstückseigentümer kündigt Kino-BetriebsGes (aber MitGfter kann uU Anteil am Kino-Goodwill fordern, der dem EigentümerGfter zufällt). Mißbrauch ist nicht schon Kündigung zwecks Fortsetzung unter günstigeren Bedingungen, BGH DB **77**, 1404. Kündigungsschranken aus GfterTreuepflicht (§ 109 Anm 5) s Ulmer FS Möhring **75**, 295.

E. Die Kündigung wird gegenstandslos, wenn der Kündigende vor Ende der Kündigungsfrist **stirbt** und schon dadurch die Ges aufgelöst wird, OGH **3**, 254.

3) Vertragsfreiheit

A. **Unzulässig** ist Ausschluß der Kündigung auf die Dauer, der Rechtsgedanke des § 723 III BGB (Text s § 234 Anm 3) gilt verstärkt für die OHG (und die phG der KG), BGH NJW **54**, 106. Gleiches gilt für dem Ausschluß nahekommende Erschwerung, zB durch Anordnung von Nachteilen gegen den Kündigenden, RG **75**, 238, Bindung an Zustimmung von MitGftern, RG **21**, 94. Unzulässigkeit solcher Vereinbarung wird idR nicht zur Nichtigkeit des GesVertrags führen (§ 139 BGB), sondern zur Umdeutung in Ges auf unbestimmte Zeit mit Kündigungsrecht nach § 132, BGH NJW **54**, 106. Beachte § 138 BGB (Knebelung). Übersicht: Gersch BB **77**, 871.

B. **Zulässig: a)** Erleichterung der Kündigung bezüglich Termin u/o Frist (auch: Kündigung jederzeit fristlos); **b)** zeitweiliger Ausschluß der Kündigung (gleichkommend der Eingehung der Ges auf bestimmte Zeit ohne Kündigung), nicht notwendig auf Kalenderfrist, Bsp: bis zum Erscheinen der ersten Ausgabe eines Verlags, vgl Anm 1, nicht auf unmäßig lange Zeit, RG HRR **26**, 1266; **c)** dauernde Erschwerung in gewissem Maße, vgl Anm A, dazu Merkel NJW **61**, 2004, BB **63**, 456, zB durch Anordnung des Ausscheidens des Kündigenden (vgl § 138) und (gewisse) Beschränkung der Abfindung (§ 138 Anm 4); **d)** zeitweilige Erschwerung. StGes s § 234 Anm 3.

§ 133 1, 2   II. Buch. Handelsgesellschaften und stille Gesellschaft

[Auflösung durch gerichtliche Entscheidung]

133 ¹ **Auf Antrag eines Gesellschafters kann die Auflösung der Gesellschaft vor dem Ablaufe der für ihre Dauer bestimmten Zeit oder bei einer für unbestimmte Zeit eingegangenen Gesellschaft ohne Kündigung durch gerichtliche Entscheidung ausgesprochen werden, wenn ein wichtiger Grund vorliegt.**

II Ein solcher Grund ist insbesondere vorhanden, wenn ein anderer Gesellschafter eine ihm nach dem Gesellschaftsvertrag obliegende wesentliche Verpflichtung vorsätzlich oder aus grober Fahrlässigkeit verletzt oder wenn die Erfüllung einer solchen Verpflichtung unmöglich wird.

III Eine Vereinbarung, durch welche das Recht des Gesellschafters, die Auflösung der Gesellschaft zu verlangen, ausgeschlossen oder diesen Vorschriften zuwider beschränkt wird, ist nichtig.

1) Übersicht

A. § 723 BGB gestattet aus wichtigem Grunde: vorzeitige Kündigung der auf bestimmte Zeit eingegangenen GbR, Kündigung ohne Einhaltung einer vereinbarten Kündigungsfrist, Kündigung zur Unzeit. § 133 gewährt für OHG und (§ 161 II) KG neben der ordentlichen Kündigung (§§ 132, 134; Vertrag) aus wichtigem Grunde nur die Auflösungsklage. Sie ist vor allem von Bedeutung bei langfristigem Ausschluß der ordentlichen Kündigung (oder langer Kündigungsfrist) und wenn nach dem Vertrag Kündigung nicht zur Auflösung der Ges, sondern zum Ausscheiden des Kündigenden führt (vgl § 138).

B. Unterscheide von der Auflösung der Ges nach § 133: Anfechtung des GesVertrags wegen Willensmangels, dazu § 105 Anm 8; Rücktritt vom GesVertrag nach §§ 325, 326 BGB, dazu § 105 Anm 2 F.

C. Das Klagerecht nach § 133 kann einredeweise geltend gemacht werden gegen die Forderung zur Mitwirkung bei der Anmeldung der noch nicht eingetragenen OHG ins HdlReg (§ 108 Anm 1), RG **112**, 282; nicht gegenüber der Klage auf Feststellung des Bestehens der OHG, OGH **1**, 351. Die Klage ist möglich als Widerklage.

2) Auflösungsklage

A. Alle Gfter haben das Klagerecht (auch Kdtisten). Zur einheitlichen Entscheidung über das GesVerhältnis unter allen Gftern müssen grundsätzlich alle am Prozeß (als Kläger oder Beklagte) teilnehmen. Doch genügt außergerichtliche (dem Gericht nachzuweisende) bindende Erklärung des Einverständnisses mit der Auflösung, sie macht nachträglichen Widerspruch unbeachtlich, RG **146**, 169, BGH JZ **58**, 406. Klagen mehrere zusammen, so sind sie notwendig Streitgenossen, § 62 ZPO; ebenso sind es mehrere Beklagte. Vgl Ulmer FS Geßler **71**, 269. Mitverklagung von NichtGftern, zB nicht eingetragene Treugeber (s § 105 Anm 1 F), kann nicht vorgeschrieben werden (vgl III, OGH **2**, 257). Ausscheiden des Klägers während des Prozesses ist Wegfall des Klagerechts, RG JW **17**, 360. Gerichtsstand s §§ 17, 22 ZPO. Zwischen Zulässigkeit und Begründetheit der Klage kann nicht unterschieden werden, es geht stets nur um die einheitliche Frage des wichtigen Grundes zur Auflösung, OGH **2**, 258. Streitwert (§ 3 ZPO) entspr dem Interesse des Klägers an Auflösung, Kln BB **82**, 1384. Während des Auflösungsprozesses dürfte uU Vertretung und Geschäftsführung durch Dritten möglich sein, BGH **33**, 110, §§ 125 Anm 1 C, 127 Anm 1 B, 140 Anm 1 E. Verhältnis zur Ausschließungsklage s § 140 Anm 3 B.

B. Die Klage geht auf Auflösung der Ges, also **Rechtsgestaltung**. Wirkung erst mit Rechtskraft, RG **123**, 153. Ist zu Unrecht für vorläufig vollstreckbar erklärt, so ist das ohne Wirkung, läßt namentlich keine Eintragung zu, KG RJA **11**, 225. Einstweilige Verfügung auf Auflösung der Ges ist unzulässig.

C. Nach § 276 BGB muß der Gfter, der durch schuldhaft vertragswidriges Verhalten die Kündigung veranlaßt hat, dem anderen Teil den durch vorzeitige Beendigung der Ges erwachsenden **Schaden ersetzen**, RG **89**, 400; dazu gehört auch der Geschäftswert des Unternehmens (falls es erlischt). Ein ersatzbegründendes Verschulden des Beklagten kann im unnützen Bestreiten des Klaganspruchs liegen. Bei beiderseitigem Verschulden § 254 BGB.

D. „Kann" (I) stellt die Entscheidung nicht ins Ermessen des Gerichts, RG **122**, 314 (gegen RG **105**, 376, gibt aber der Würdigung der angeführten Tatsachen Spielraum). Keine Auflösung, wenn Ausschließung des Auflösungsklägers gerechtfertigt wäre (Vorrang von den Fortbestand der Ges sichernden Abhilfemaßnahmen), BGH **80**, 348, s § 140 Anm 2 B und § 142 Anm 1 B. Ebenso wenn eine **weniger einschneidende Regelung** möglich und dem Kläger zumutbar ist, RG **146**, 180, JW **38**, 2213; zB Neuregelung der Geschäftsführung und Vertretung, uU Ausscheiden des Klägers, OGH **2**, 262; dabei aber keine Grundumgestaltung der Ges oder Erhöhung der GfterPflichten, Nürnb BB **58**, 1001. Anpassung statt Auflösung vor allem dann, wenn eine Änderung der Verhältnisse den Kläger begünstigen würde, BGH **LM** § 133 Nr 6 (Verzicht des Beklagten auf persönliche Ausübung der GfterRechte?).

3) Wichtiger Grund

A. Wichtiger Grund zur Auflösung (I) ist ein Sachverhalt, der das Zusammenwirken der Gfter zur Erreichung des GesZwecks beeinträchtigt und dem Kläger die Fortsetzung der Ges **unzumutbar** macht, RG LZ **16**, 40, JW **29**, 1360. Die Gesamtheit der Umstände (bei Schluß der mündlichen Verhandlung) ist unter diesem Gesichtspunkt zu würdigen. Florieren des Unternehmens fällt gegen die Auflösung ins Gewicht, schließt sie aber nicht aus, OGH **2**, 259, BGH **4**, 113, **LM** § 133 Nr 4, 6. Die eben beginnende Ges ist idR eher auflösbar als die ältere, BGH WM **69**, 526, **76**, 1032. Der Klage steht entgegen, daß dem Kläger die ordentliche Kündigung (vgl § 132), ggf das Warten auf den Kündigungstermin, zumutbar ist.

B. **II** bezeichnet (entspr § 723 I 2 BGB) zwei Sachverhalte (nicht abschließend) als Auflösungsgrund: **a) Verletzung** einer **wesentlichen Verpflichtung** aus dem GesVertrag; gleich ob der Vertrag selbst oder das Gesetz die Pflicht begründet; auch der allgemeinen Treupflicht (§ 109 Anm 5); gleich ob durch Nichterfüllung oder unzulässiges Handeln; uU auch allgemeinere Pflichten gegenüber MitGftern (Körperverletzung, Beleidigung, Verleumdung); auch von Pflichten in bezug auf das Verhalten gegenüber dem Personal, RG JW **38**, 2752, KG OLGE **36**, 272. II nennt vorsätzliche oder grobfahrlässige Pflichtverletzung, doch nur beispielhaft, daher können uU auch leichtfahrlässige, auch schuldlose Verstöße Auflösungsgrund sein. Verfehlungen des Klägers fallen bei Würdigung derjenigen des Beklagten ins Gewicht, RG **122**, 13; vgl dazu § 140 Anm 2 B, § 142 Anm 1 B (betr Ausschließung). **b) Unmöglichkeit** der **Erfüllung** solcher Verpflichtung; zB durch Krankheit; uU solche Verhinderung auf der Seite des Klägers (sei er nach II) oder nach dem weiteren Grundsatz (in I, vgl Anm A).

C. Andere Anwendungsfälle: Unmöglichkeit der Erreichung des Ges-Zwecks (die eine GbR ipso iure auflöst, § 726 BGB), zB dauernde Ertragslosigkeit, RG JW **13**, 265. Gründungsfehler (vgl § 105 Anm 8 H). Dauerndes Zerwürfnis der Gfter, RG JW **29**, 1360, BGH **4**, 113, **LM** § 133 Nr 4, 6, vor allem unter mehreren phG einer KG, OGH **2**, 261, auch ohne Verschulden hier oder dort, zumal aber wenn vorwiegend vom Beklagten verschuldet, stets nach Lage des Falls, vgl BGH WM **63**, 282, **66**, 1051, **75**, 330, 770 (zT zu § 723 BGB).

D. Langes Warten mit der Auflösungsklage (bei GbR Kündigung, vgl Anm 1 A) kann Verzicht auf das Auflösungsrecht (aus den bis dahin gegebenen Gründen) bedeuten, RG JW **38**, 2213, oder es kann das Klag-(Kündigungs-)Recht verwirkt werden oder die (tatsächliche) Vermutung entstehen, daß seine Gründe entkräftet sind, BGH **LM** § 133 Nr 4, NJW **66**, 2160.

4) Vereinbarungen (III)

Die Auflösungsklage aus wichtigem Grunde ist zwingend gegeben, III. Die Nichtigkeit einer entgegenstehenden Vereinbarung wird idR nicht den ganzen GesVertrag nichtig machen (vgl § 139 BGB). Möglich ist Verzicht auf Klage aus schon gegebenem Grund (s Anm 3 D). Der GesVertrag kann gewisse Dinge als wichtigen Grund bezeichnen, andere als solchen ausschließen, RG Warn **14** Nr 248 (zu § 626 BGB), vorausgesetzt, daß er damit das Kündigungsrecht nicht ungebührlich beeinträchtigt, zB andere Abhilfe vorsieht, vgl auch Anm 2 D. Unzulässige Beschränkung liegt im Ausschluß des Rechtswegs oder Vorbehalts eines GfterBeschlusses, § 119. Nicht in Vereinbarung eines Schiedsgerichts, RG **71**, 255; der Schiedsspruch äußert auflösende Wirkung erst mit der Vollstreckbarerklärung, nicht schon mit Rechtskraft, BayObLG NJW **84**, 809, hL, aA Vollmer BB **84**, 1774. Zulässig Vereinbarung, daß statt gerichtlicher Entscheidung einfache Kündigung genügt, BGH **31**, 298. Ebenso, daß das Unternehmen bei Auflösung in eine KapitalGes einzubringen ist und die Gfter nur Aktien oder Geschäftsanteile erhalten, RG **156**, 136. Bei Vereinbarung, daß (begründete) Klage (Kündigung) nach § 133 zum Ausscheiden des Klägers (Kündigenden) führt (vgl § 138), wird es darauf ankommen, ob die Abfindungsregelung Nachteile für ihn ausschließt. Unzulässig, weil die Klage (Kündigung) erschwerend, ist wohl die (quasi Straf-)Klausel, daß unbegründete Klage (Kündigung) ohne weiteres zum Ausscheiden führt. Mitverklagen von Treugebern s Anm 2 A.

1. Abschnitt. Offene Handelsgesellschaft **§§ 134, 135**

[Gesellschaft auf Lebenszeit; fortgesetzte Gesellschaft]

134 Eine Gesellschaft, die für die Lebenszeit eines Gesellschafters eingegangen ist oder nach dem Ablaufe der für ihre Dauer bestimmten Zeit stillschweigend fortgesetzt wird, steht im Sinne der Vorschriften der §§ 132 und 133 einer für unbestimmte Zeit eingegangenen Gesellschaft gleich.

1) Gesellschaft auf Lebenszeit

Kündigung mit Sechsmonatsfrist zum Geschäftsjahresende (§ 132) und Auflösungsklagrecht (§ 133, Bedeutung neben Kündigungsrecht nach § 132 s § 133 Anm 1 A) gelten auch für die auf Lebenszeit eines Gfters (also auf bestimmte, nicht unbestimmte Zeit, vgl § 132 Anm 1) eingegangene Ges; auch wo nur ein Gfter auf Lebenszeit gebunden sein soll, RG **156**, 136; wohl auch bei der auf bestimmte Kalenderzeit eingegangenen Ges, wenn diese Zeit die voraussichtliche Lebenszeit aller Gfter übersteigt (Bsp: bis 2100), str; wohl auch bei Abschluß auf die Dauer des Bestehens einer als Gfter teilnehmenden juristischen Person oder Ges, zB GmbH & Co KG (s §§ 105 Anm 1 C, 161 Anm 2 C), str. Das Kündigungsrecht nach § 132 hat jeder Gfter, nicht nur der auf Lebenszeit gebundene, RG **156**, 129, str. § 134 gilt **nicht** bei Abschluß auf Lebenszeit, wenn jeder Gfter durch Kündigung ausscheiden kann, BGH **23**, 10 (stGes, vgl § 234 Anm 3 A); ebenso wohl wenn er statt des Kündigungsrechts das Recht auf Umwandlung in eine KapitalGes hat, anders wohl wenn er statt zu kündigen nur seinen Anteil abgeben kann. Kasuistik: Simon DB **61**, 1679. Übersicht: Merle FS Bärmann **75**, 631.

2) Nach Ablauf stillschweigend fortgesetzte Gesellschaft

Die Rechte nach §§ 132, 133 bestehen auch hier. Auch bei ausdrücklicher Fortsetzung auf unbestimmte Zeit, auch bei Streichung des Endtermins, also Änderung der Ges auf bestimmte in Ges auf unbestimmte Zeit, beides schon nach §§ 132, 133 selbst. Nicht bei Fortsetzung (nach Ablauf) auf bestimmte Zeit, auch nicht bei stillschweigender Fortsetzung auf stillschweigend bestimmte Zeit (zB stillschweigend bis zum Ablauf eines Patents, Vertrags, s bei § 131 Nr 1). Unbewußte (vgl § 131 Anm 2 A) und bewußte (als Beschluß wertbare) stillschweigende Fortsetzung gelten wohl gleich.

[Kündigung durch den Privatgläubiger]

135 Hat ein Privatgläubiger eines Gesellschafters, nachdem innerhalb der letzten sechs Monate eine Zwangsvollstreckung in das bewegliche Vermögen des Gesellschafters ohne Erfolg versucht ist, auf Grund eines nicht bloß vorläufig vollstreckbaren Schuldtitels die Pfändung und Überweisung des Anspruchs auf dasjenige erwirkt, was dem Gesellschafter bei der Auseinandersetzung zukommt, so kann er die Gesellschaft ohne Rücksicht darauf, ob sie für bestimmte oder unbestimmte Zeit eingegangen ist, sechs Monate vor dem Ende des Geschäftsjahrs für diesen Zeitpunkt kündigen.

§ 135 1–3   II. Buch. Handelsgesellschaften und stille Gesellschaft

1) Übersicht

A. § 135 gewährt, zT entspr § 725 BGB, dem **Privatgläubiger** eines Gfters die Möglichkeit des Zugriffs auf den Kapitalwert des GesAnteils seines Schuldners (nicht nur dessen Gewinnrechte, § 124 Anm 2 C). § 135 gilt auch für einen Gfter mit (Außer-Ges-)Anspruch gegen einen MitGfter, sofern seiner Kündigung nicht die Treu(-Rücksichtnahme)-Pflicht gegenüber der Ges (§ 109 Anm 5) entgegensteht, BGH **51**, 87 (Fall: MitGfter entnahm zuviel, Vergleich auf Ersatz unmittelbar an Benachteiligten, Nichterfüllung). Forderung aus gerichtlicher Kostenfestsetzung ist gesfremd, auch wenn aus Streit über GesVerhältnis entstanden, BGH DB **78**, 1395. Wohl zu Unrecht wird Anwendbarkeit (nicht des insofern klaren § 135, aber) des § 725 BGB (und des § 859 S 1 ZPO) auch zugunsten eines Gesellschafts- (nicht Gesellschafter-)Gläubigers vertreten, Clasen NJW **65**, 2141, dagegen Schönle NJW **66**, 1797; ihm haftet das GesVermögen ohnehin.

B. Ein Kündigungsrecht entspr § 725 BGB, § 135 HGB (ohne die Voraussetzungen des Titels, der Pfändung und Überweisung, der fruchtlosen Vollstreckung) ist dem **Nachlaßverwalter** (§§ 1981 ff BGB) zu geben, damit er ohne die Ungleichheiten und Schwerfälligkeiten des § 135 den Kapitalwert des Anteils für die Gläubiger greifbar machen kann, KG HRR **42**, 477 (andeutend), str.

2) Voraussetzungen der Kündigung

A. Erfolgloser (nicht zur vollen Befriedigung des Gläubigers führender) **Vollstreckungsversuch** (wegen einer Geldforderung, gleich durch wen, zB durch andern Gläubiger) ins bewegliche Vermögen des Gfters in den letzten sechs Monaten (vgl §§ 186–188, 193 BGB) ab (str) Feststehen der Erfolglosigkeit. Nachweis zB durch Gerichtsvollzieher-Unpfändbarkeitsprotokoll.

B. „Nicht bloß vorläufig vollstreckbarer **Schuldtitel**" des Gläubigers, zB rechtskräftiges Urteil, rechtskräftiger Vollstreckungsbefehl, Prozeßvergleich, vollstreckbare Urkunde, verwaltungsrechtlicher Titel (etwa Steuertitel); nicht: vorläufig vollstreckbares Urteil, Arrest, Vorbehaltsurteil.

C. **Pfändung** und Überweisung des Auseinandersetzungsguthabens des Gfters (dieses allein oder im „Anteil", vgl § 124 Anm 2 C). Beschränkungen der Abfindung durch den GesVertrag (s § 138 Anm 5 H, I) wirken grundsätzlich gegen den Gläubiger; uU kommt Anfechtung nach § 3 I AnfG, §§ 31, 32 KO in Betracht.

D. **Reihenfolge** der drei Voraussetzungen (s Anm A–C) ist entgegen Wortlaut des § 135 gleichgültig, BGH NJW **82**, 2773.

3) Form und Frist der Kündigung

Der Gläubiger kann mit Sechsmonatsfrist auf das Geschäftsjahresende kündigen, entspr § 132 durch Erklärung an den Schuldner-Gfter und die MitGfter persönlich (nicht an die Ges), BGH **LM** § 142 Nr. 7. Die Gfter können die Kündigung entspr § 174 BGB zurückweisen, wenn ihnen der Gläubiger auf ihr Verlangen nicht die Voraussetzungen nachweist.

1. Abschnitt. Offene Handelsgesellschaft §§ 136, 137

4) Folgen der Kündigung

A. Die Ges wird am Geschäftsjahresende aufgelöst. **Liquidation** darf nur mit Zustimmung des Gläubigers unterbleiben, § 145 II. Er kann beim Registergericht dahin wirken, daß es die Anmeldung der Auflösung veranlaßt, vgl § 14, RG **95**, 233.

B. An der **Liquidation** kann der Gläubiger nur nach §§ 146 II 2, 147, 152 mitwirken (Bestellung, Abberufung, Instruktion von Liquidatoren). Man muß ihm aber diejenigen Rechte auf Einsicht, Prüfung, Rechnungslegung, Auskunft nicht nur gegen den Schuldner-Gfter, sondern gegen die Ges selbst (vertreten durch die Liquidatoren) geben, die er braucht, um zu klären, was ihm als Auseinandersetzungsguthaben (das ihm zur Einziehung überwiesen ist) zukommt, KG OLGE **21**, 386, str.

C. Der GesVertrag kann statt Auflösung der Ges **Ausscheiden** des Schuldner-Gfters und Fortsetzung der Ges unter den MitGftern vorsehen. Die Gfter können dies auch noch in der Kündigungsfrist nach § 135 beschließen, auch ohne den Schuldner-Gfter, § 141, s dort. Hat Schuldner-Gfter danach seinen Gläubiger befriedigt, müssen ihn uU die verbleibenden Gfter aus GfterTreupflicht wieder aufnehmen, RG **169**, 155, BGH **30**, 201. Gfter A, der arglistig den Gläubiger des B zur Kündigung veranlaßte und Hilfe durch C, D hinderte, kann sich auf Ausscheiden des B nicht berufen, BGH **30**, 202.

[Schutz unverschuldeter Unkenntnis]

136 Wird die Gesellschaft in anderer Weise als durch Kündigung aufgelöst, so gilt die Befugnis eines Gesellschafters zur Geschäftsführung zu seinen Gunsten gleichwohl als fortbestehend, bis er von der Auflösung Kenntnis erlangt oder die Auflösung kennen muß.

1) § 136 betrifft die **Geschäftsführungsbefugnis**, mag sie auf Gesetz oder GesVertrag beruhen, nicht die Vertretungsmacht; diese wirkt, solange sie eingetragen und ihr Erlöschen Dritten unbekannt ist; § 136 schützt den geschäftsführenden Gfter vor Ersatzansprüchen, wenn er von seiner Geschäftsführungsbefugnis, obwohl sie durch Auflösung der Ges erloschen war, Gebrauch machte in nicht fahrlässiger Unkenntnis der Auflösung. § 136 gilt **nicht** bei Auflösung durch Kündigung: hier wird das Risiko des Nichtkennens der Auflösung den geschäftsführenden Gftern auferlegt. § 136 ist entspr anwendbar, wenn die Ges nicht aufgelöst wird, sondern der Gfter ohne Kündigung **ausscheidet** und von seinem Ausscheiden weder Kenntnis hat noch haben muß.

[Tod oder Konkurs eines Gesellschafters]

137 ^{I} Wird die Gesellschaft durch den Tod eines Gesellschafters aufgelöst, so hat der Erbe des verstorbenen Gesellschafters den übrigen Gesellschaftern den Tod unverzüglich anzuzeigen und bei Gefahr im Verzuge die von seinem Erblasser zu besorgenden Geschäfte fortzuführen, bis die übrigen Gesellschafter in Gemeinschaft mit ihm anderweit Fürsorge treffen können. Die übrigen Gesellschafter sind in gleicher Weise zur einstweiligen Fortführung der von ihnen zu besorgen-

§ 138   II. Buch. Handelsgesellschaften und stille Gesellschaft

den Geschäfte verpflichtet. **Die Gesellschaft gilt insoweit als fortbestehend.**

II Die Vorschriften des Absatzes 1 Satz 2 und 3 finden auch im Falle der Auflösung der Gesellschaft durch die Eröffnung des Konkurses über das Vermögen eines Gesellschafters Anwendung.

1) Fortführung der Geschäfte bei Tod eines Gesellschafters

A. § 137 sorgt, entspr § 727 II BGB, bei Auflösung der Ges durch Tod eines Gfters (entspr anwendbar bei Fortsetzung der Ges unter den MitGftern ohne den (die) Erben des Verstorbenen, § 138) oder durch Eröffnung des Konkurses über das Vermögen eines Gfters (entspr anwendbar bei Ausscheiden dieses Gfters, § 138) für **einstweilige Fortführung der Geschäfte** bis anderweit Fürsorge getroffen ist, zB Liquidatoren bestellt sind.

B. **Erbe** ist der dazu Berufene vom Tag des Anfalls an; Annahme der Erbschaft hier unnötig (sonst wäre I ohne praktische Bedeutung, str); bei Ausschlagung bleiben die Maßnahmen des Handelnden wirksam, gegenüber dem Erben nach § 1959 BGB. Miterben sind gesamtschuldnerisch verpflichtet, § 431 BGB. Sie müssen im Innenverhältnis gemeinsam handeln, soweit nicht Maßnahmen zur Erhaltung des Nachlasses in Frage stehen, § 2038 BGB, Umfang der Geschäftsführungspflicht entspr der des Verstorbenen. Im Rahmen der notwendigen Maßnahmen hat der Erbe auch Vertretungsmacht. Diese tritt an die Stelle der des Erblassers, ist also Gesamtvertretung, wo es diese war, str. Die Pflicht des Erben ist eine Nachlaßverbindlichkeit, § 1967 BGB; daher die gesetzlichen Beschränkungen. Für eingegangene Verbindlichkeiten haften die Gfter und der Nachlaß. Versäumnis macht ersatzpflichtig. Keine Haftung mit dem persönlichen Vermögen, str. Die **Mitgesellschafter** trifft nach I 2 eine entspr Pflicht. I 3 ist wohl überflüssig, die aufgelöste Ges besteht noch, § 131 Anm 1 A.

2) Fortführung der Geschäfte bei Konkurs eines Gesellschafters

Im **Konkursfall** trifft nur die MitGfter die Fortführungspflicht, nicht etwa den Konkursverwalter für den in Konkurs Gefallenen, er wirkt nur bei der Liquidation mit, § 146 III. Die MitGfter sind wegen ihrer Aufwendungen Massegläubiger im Konkurs des Gfters, entspr § 28 KO.

[Fortsetzung nach Ausscheiden eines Gesellschafters]

138 **Ist im Gesellschaftsvertrage bestimmt, daß, wenn ein Gesellschafter kündigt oder stirbt oder wenn der Konkurs über sein Vermögen eröffnet wird, die Gesellschaft unter den übrigen Gesellschaftern fortbestehen soll, so scheidet mit dem Zeitpunkt, in welchem mangels einer solchen Bestimmung die Gesellschaft aufgelöst werden würde, der Gesellschafter, in dessen Person das Ereignis eintritt, aus der Gesellschaft aus.**

Übersicht
1) Ausscheiden statt Auflösung
2) Bestimmung im Gesellschaftsvertrag
3) Ausscheiden

1. Abschnitt. Offene Handelsgesellschaft 1, 2 § 138

4) Auseinandersetzung mit dem Ausgeschiedenen
5) Abfindung, Abfindungsklauseln
6) Beteiligung an schwebenden Geschäften

1) Ausscheiden statt Auflösung

A. § 138 handelt von Fällen, in denen das Gesetz Auflösung der Ges anordnet (**Kündigung, Tod, Konkurs** eines Gfters, § 131 Nr 4, 5, 6), und ersetzt bei entspr Vertragsbestimmung (dazu Anm 2) die Auflösung der Ges durch Ausscheiden des Gfters aus der unter den MitGftern fortbestehenden Ges (im Fall des Todes richtig: Nicht-Eintreten der Erben). Im Konkursfall (nicht bei Kündigung, Tod) können, wenn solche Klausel fehlt, die MitGfter gleiches noch durch Fortsetzungsbeschluß erreichen, § 141 II. Gegen Wirksamkeit einer Bestimmung iSv § 138 in der Liquidation (ua Anteils-Anwachsung) BGH DB **63,** 959 (für GbR). Irrtum über das Erbrecht s § 105 Anm 8 D, § 131 Anm 5 F.

B. Der GesVertrag kann das Ausscheiden eines Gfters aus der unter den MitGftern fortbestehenden Ges auch in **anderen Fällen** vorsehen, zB bei Kündigung eines Gläubigers des Gfters nach § 135, die sonst zur Auflösung der Ges führen würde (§ 131 Nr 6); auch hier (wie im Konkursfall, s Anm A) können bei Fehlen der Klausel die MitGfter Fortsetzung beschließen, § 141 I; ebenso bei Eintritt bestimmter Umstände in der Person des Gfters, zB Alter, Wiederverheiratung (des durch Heirat Gfter gewordenen, dann Verwitweten), Zölibatsklausel, sie verstößt idR nicht gegen § 138 BGB, nicht gegen Art 2, 6 GG, uU auch bei Beschränkung, ja Ausschluß der Abfindung (vgl Anm 5 H, I), sie ist auch in der Liquidation wirksam, BGH FamRZ **65,** 600.

C. Die Gfter können **ad hoc** das Ausscheiden eines Gfters vereinbaren, einstimmig, bei entspr Vertragsbestimmung mit Mehrheit, vgl § 119 Anm 2 B, C, auch ohne solche ausnahmsweise bei Zustimmungspflicht (Treuepflicht, s § 105 Anm 2 G). Mangels Fortsetzungsklausel im GesVertrag können sie auch noch nach Auflösung Fortsetzung beschließen, s § 131 Anm 1 C.

2) Bestimmung im Gesellschaftsvertrag

A. Bsp: BGH BB **73,** 166. Vertragsauslegung, uU ergänzende, iS Fortsetzung, vgl § 105 Anm 2 K. Nicht genügt dazu (betr Kündigung, auch durch Kdtist) Entwicklung zum Großunternehmen, sofern Personenbezogenheit der Ges gewahrt, BGH DB **77,** 1303 (anders uU bei PublikumsKG, vgl Anh § 177a Anm VIII). Fortsetzungsklausel für den Todesfall zwingt nicht zu entspr Auslegung betr Kündigung, BGH DB **77,** 1303. Statt Vertragsbestimmung genügt Beschluß ad hoc, vor Eintritt der Auflösung (zB zwischen Kündigung und Kündigungstermin), idR einstimmig (dazu § 119 Anm 2 B), mit Teilnahme des Kündigenden (Erben; Konkurs s § 141 II). Möglich ist Vertragsbestimmung, daß MitGfter nicht ohne weiteres fortsetzen, sondern dies beschließen können, mit oder ohne Teilnahme des Kündigenden (Erben), einstimmig oder mit Mehrheit, vgl BGH BB **74,** 902 (Auslegung: hier schlichte Fortsetzung). Scheidet bei einer KG der einzige phG aus, so kann Vertrag vorsehen, daß verbleibende Kdtisten einen neuen phG aufnehmen; verweigert ein Kdtist hierbei seine Mitwirkung, verstößt er gegen Treuepflicht, BGH DB **79,** 1836.

487

§ 138 3, 4   II. Buch. Handelsgesellschaften und stille Gesellschaft

B. Unter noch **zwei Gesellschaftern** folgt aus einer Bestimmung iSv § 138, auch wenn die Ges ursprünglich mehr als zweigliedrig war, idR bei Wegfall des A ein Übernahmerecht des B (vgl § 142) und bei diesen Ausübung Übergang des Geschäfts auf B als Alleininhaber (entspr § 138, insbesondere „Zuwachsen" des Anteils des A, vgl Anm 4 A) BGH **LM** § 138 Nr 2, BB **65,** 844 (insbesondere über den Abfindungsstichtag), Mü BB **81,** 1117 (Kündigung). Eine vor Übernahme bewilligte, später für die Ges eingetragene Hypothek entsteht unmittelbar für den Übernehmer. Übernahme ist mißbräuchlich, wenn doch Liquidation nötig und die Übernahme nur dem Übernehmer einen besonderen Liquidationsgewinn brächte, BGH BB **58,** 851.

C. Im GesVertrag kann Gfter A seinen Anteil für den Todes- (oder einen anderen) Fall auf Gfter B (zB Sohn, Schwiegersohn, ohne Rücksicht auf Erbrecht) übertragen. Dazu § 131 Anm 3 C, unten Anm 5 H.

D. Soll nach GesVertrag der Erbe **stiller Gesellschafter** werden, so scheidet er aus der OHG (KG) aus, die MitGfter sind ihm und untereinander verpflichtet, zu veranlassen, daß zwischen ihm und der OHG (KG) eine stGes (§ 230) begründet wird, sein Auseinandersetzungsguthaben (s Anm 4 D) bildet seine Einlage (§ 230 I).

3) Ausscheiden

A. Der Gfter, der kündigte (in Konkurs fiel), scheidet aus, Erben des verstorbenen Gfters treten nicht ein. Zur Anmeldung hat der Ausgeschiedene (Erbe) mitzuwirken, auch ohne die Abfindung erhalten zu haben, Hbg OLGE **40,** 189.

B. Die **Firma** der Ges kann grundsätzlich trotz Ausscheidens eines Gfters ohne Änderung fortgeführt werden, § 24 I. Wenn sie aber seinen Namen enthält, nur mit seiner Zustimmung, § 24 II. Die Ges in Firma AB (vom Vater her) kann uU vom ausgeschiedenen AB (Sohn) verlangen, daß er geschäftlich diesen Namen nur mit unterscheidungskräftigem Zusatz führt, Celle BB **60,** 1076.

C. Der Ausgeschiedene untersteht der **Treuepflicht,** § 109 Anm 5, noch insofern, als er die Belange der Ges nicht durch unlautere Handlungen beeinträchtigen, zB keine Geheimnisse verraten, den Ruf der OHG nicht schädigen darf, § 242 BGB und UWG, vgl auch RG **117,** 176. Ein gesetzliches Wettbewerbsverbot besteht nicht. Auf ein vertragliches sind die für HdlGehilfen geltenden Grundsätze nicht anzuwenden, s § 112 Anm 3 B.

4) Auseinandersetzung mit dem Ausgeschiedenen

A. Mangels anderer Vereinbarung (s Anm **5** I) gelten §§ 738–740 BGB. Der **Anteil** des Ausgeschiedenen am GesVermögen (§ 124 Anm 2) wächst den andern Gftern zu, § 738 I 1 BGB, ohne besonderen Übertragungsakt, RG **136,** 99:

BGB 738 [Auseinandersetzung beim Ausscheiden]

[1] Scheidet ein Gesellschafter aus der Gesellschaft aus, so wächst sein Anteil am Gesellschaftsvermögen den übrigen Gesellschaftern zu. Diese sind verpflichtet, dem Ausscheidenden die Gegenstände, die er der Gesellschaft zur Benutzung überlassen hat, nach Maßgabe des § 732 zurückzugeben, ihn von den gemeinschaftlichen Schulden zu befreien und ihm dasjenige zu zahlen, was er bei der Auseinandersetzung

erhalten würde, wenn die Gesellschaft zur Zeit seines Ausscheidens aufgelöst worden wäre. Sind gemeinschaftliche Schulden noch nicht fällig, so können die übrigen Gesellschafter dem Ausscheidenden, statt ihn zu befreien, Sicherheit leisten.

II Der Wert des Gesellschaftsvermögens ist, soweit erforderlich, im Wege der Schätzung zu ermitteln.

Die **Kapitalanteile** (§ 120 Anm 3) der bleibenden Gfter sind neu zu bestimmen; sie ändern sich nicht, wenn sich das Abfindungsguthaben des Ausgeschiedenen mit seinem Kapitalanteil deckt, also in der Bilanz dem Eigenkapital gerade das abgeht, was den MitGftern „zuwachsen" könnte. Ein Gläubigerschutz ist nicht vorgesehen. § 1976 BGB (Nachlaßverwaltung, Nachlaßkonkurs) macht nicht die Anwachsung hinfällig, sondern nur das Erlöschen des Anspruchs auf Zahlung des Abfindungsguthabens, RG **136,** 99. § 738 BGB (insbesondere das Befreiungsgebot, s Anm C) ist nicht entspr anwendbar zwischen Ausscheidendem und gleichzeitig (durch besonderen Vertrag oder durch Anteilsübertragung, s § 124 Anm 2 B) Eintretendem, BGH NJW **75,** 166 (GbR).

B. **Gegenstände,** die ein Gfter zur Benutzung überlassen hat, sind ihm **zurückzugeben,** ohne Ersatz für Verluste durch Zufall, §§ 738 I 2, 732 BGB:

BGB 732 [Rückgabe von Gegenständen]
Gegenstände, die ein Gesellschafter der Gesellschaft zur Benutzung überlassen hat, sind ihm zurückzugeben. Für einen durch Zufall in Abgang gekommenen oder verschlechterten Gegenstand kann er nicht Ersatz verlangen.

Die Ges hat aber ein Zurückbehaltungsrecht bis zur genauen Feststellung eines noch wahrschinlich bestehenden Ausgleichsanspruchs gegen den Gfter in der Abschichtungsbilanz, BGH NJW **81,** 2802. – Umgekehrt ist der Ausgeschiedene verpflichtet, Gegenstände, die ihm aufgrund des Ges-Verhältnisses von der Ges oder MitGftern (zu Eigentum oder zur Benutzung) überlassen sind, zurückzugeben, vgl §§ 667, 713 BGB. Über Pflicht zur Übertragung des Anteils an nicht in die Ges eingebrachtem, aber deren Betrieb dienendem Grundstück (ua zur Beurkundung dieser Pflicht im voraus im GesVertrag), zB bei Erben-OHG (-KG) s Fischer, Löhlein, Eckelt NJW **57,** 894, 1466, 1860.

C. Der Ausgeschiedene ist von den gemeinschaftlichen **Schulden** (vgl § 128 Anm 5) zu **befreien.** Der Anspruch geht nach dem Gesetz auf sofortige Befreiung: Beseitigung entweder der Schuld selbst (zB durch deren Erfüllung) oder der Haftung des Ausscheidenden für die Schuld (zB indem eine Entlassungserklärung des Gläubigers für ihn besorgt wird), einerlei ob die Schuld fällig ist und ob Inanspruchnahme des Ausgeschiedenen droht; nur genügt für nicht fällige Schulden Sicherheitsleistung statt (sofortiger) Befreiung, I 3. Für eine vom Dritten behauptete, von der Ges aber bestrittene Schuld gilt dies nicht, RG **60,** 156, hier bleibt dem Ausscheidenden ein Risiko wie aus einer noch unbekannten Schuld. Durch Vereinbarung werden diese Rechte oft abgeschwächt zur Pflicht zur **Freistellung, Freihaltung,** dh Befreiung unter (aufschiebender) Bedingung der Inanspruchnahme durch den Gläubiger. Solche Vereinbarung erläßt nicht dem Ausscheidenden den geschuldeten Ausgleich seines negativen Kapitalanteils (vgl § 120 Anm 3 E), BGH **23,** 29. Der Anspruch auf Freihaltung von einer

Verbindlichkeit kann an deren Gläubiger abgetreten werden und wird dann Zahlungsanspruch, BGH **23**, 22. Der Ausscheidende kann fordern, daß die Ges eine von ihm persönlich einem GesGläubiger gestellte **Sicherheit** freimacht, RG **132**, 29, BGH BB **74**, 811; die Ges kann damit zurückhalten (§ 273 BGB), wenn feststeht, daß Ausscheidender keine Abfindung (s Anm 5) bekommt, sondern Verlustausgleich (vgl Anm 5 K) schuldet, uU auch (§ 242 BGB) vor dieser Klärung (durch die Abschichtungsbilanz, vgl Anm 5 B), BGH BB **74**, 811. Bei GfterWechsel kein Feststellungsanspruch des alten gegen den neuen Gfter, BGH DB **75**, 145 (GbR, bei OHG beachte § 130). Der Befreiungsanspruch aus § 738 I 2 BGB gilt nicht für Haftung des Ausscheidenden als **Bürge;** hier gilt nur § 775 BGB; doch kann das Recht auf Befreiung oder Sicherung sich daraus ergeben, daß der Ausscheidende sich im Auftrag der Ges unter der Bedingung seiner GesZugehörigkeit verbürgte oder diese Geschäftsgrundlage dieses Auftrags war, vgl BGH **51**, 207, dazu § 142 Anm 1 C. Falls Befreiung nicht erfolgt und Ausgeschiedener in Anspruch genommen: Erstattung, s § 128 Anm 5 A.

D. Wie nach Auflösung (vgl § 145 Anm 1 F) sind Einzelansprüche zwischen Ges und Ausgeschiedenem Auseinandersetzungs-**Rechnungsposten**, idR nicht mehr gesondert geltend zu machen, auch Schadensersatzansprüche, BGH WM **71**, 131; anders ausnahmsweise solche Einzelposten, von denen feststeht, daß der so erlangte Betrag keinesfalls mehr zurückgezahlt werden muß, BGH WM **81**, 487; auch solche aus unerlaubter Handlung, LG Hbg MDR **72**, 596. Vor endgültiger Auseinandersetzungs-Rechnung keine Einlage-Nachschuß-Forderung der Ges, auch wenn schon Abfindungs-Zahlungen an Ausgeschiedenen (vgl Anm 5 G) erfolgen, BGH Karlsr BB **52**, 870, **73**, 1457 (stGes), vgl Stötter DB **72**, 272.

E. Eine **Verbindlichkeit** des Ausgeschiedenen (Verstorbenen) aus dem GesVerhältnis an die Ges (zB auf Rückzahlung unzulässiger Entnahmen) ist von ihm (seinen Erben) auch dann zu erfüllen, wenn der GesVertrag (vgl Anm 5 H) die Abfindung für den Anteil ausschließt, BGH BB **74**, 996.

5) Abfindung, Abfindungsklauseln

A. Der Ausgeschiedene wird für seinen Anteil am GesVermögen abgefunden. Maßgebend ist der **Wert** des GesVermögens am Tag des Ausscheidens, der wirkliche, nicht der in der HdlBilanz ausgewiesene (falls er abweicht). Bewertung (entgegen Wortlaut § 738 I 2 BGB) nicht wie bei Auflösung der Ges (und Liquidation des Unternehmens), sondern des lebenden Unternehmens, bei Unterstellung (idR) des Verkaufs dieses als Einheit samt stillen (und offenen) Reserven und Geschäftswert (einerlei was gerade der Ausscheidende für ihn geleistet hatte, also nicht einfach Addition von Buchwert und anteiligen stillen Reserven), BGH **17**, 136, WM **71**, 1450, BB **74**, 151, WM **79**, 432, NJW **85**, 192, die einzelnen Gegenstände nicht nach aktuellem Verkaufs-, sondern nach nachhaltigem inneren Wert („Teilwert", Wert als Teil des bleibenden Unternehmens), RG **106**, 132, DR **41**, 1303, BGH **17**, 136, iZw mit Einbeziehung von einer 100%-Tochter erzielter, von dort nicht ausgeschütteter Gewinne, einerlei was über ihre Ausschüttung vereinbart, BGH **LM** § 138 Nr 7, idR ohne Beachtung steuerlicher Gesichtspunkte, zB bei Einbeziehung noch unversteuerter stiller Reserven kein Abzug für Einkommensteuer, wohl auch

1. Abschnitt. Offene Handelsgesellschaft 5 § 138

nicht für Gewerbesteuer. BGH LM § 138 Nr 7, ggf mit einem Abzug für noch (auch nur aus Geschäftsraison, ohne Rechtspflicht) zu erbringende Leistungen aus älterem Grund, BGH BB **71**, 1531 (Molkerei, Nachvergütung an Milchlieferer). Meist ist Schätzung nötig (§ 738 II BGB), idR nur auf Grund Sachverständigengutachten, BGH NJW **85**, 193. Bsp: Bewertung Warenbestand, Investitionen in Mieträumen, Gewinn als Geschäftswert-Grundlage: BGH WM **73**, 286. Marktgängige Ware: Marktwert am Stichtag, ggf unter Anschaffungs- und unter späterem Verkaufswert, BGH BB **74**, 151. Übersicht: Stötter DB **72**, 271, BB **74**, 676. Zur Abschichtungsbilanz von Westphalen BB **82**, 1894. Zur Berechnung der Abfindung Sudhoff ZGR **72**, 157, Wagner-Nonnenmacher ZGR **81**, 674, Großfeld ZGR **82**, 141, s Einl II 1 B vor § 1. Abfindungsklauseln s Anm 7. Zusammenhang von Abfindungsregelungen mit Ausschließung und Hinauskündigung s bei § 140 Anm 1 B, F, 2 C. Abfindungsklausel und Bewertung für Zugewinnausgleich, BGH **75**, 195.

B. Man kann (nicht muß) diese Bewertung des GesVermögens in einer besonderen Auseinandersetzungs- (Abfindungs-, Abschichtungs-)**Bilanz** ausweisen; maßgeblich ist der Zeitpunkt des Ausscheidens des Gfter, doch können auch nachträgliche Erkenntnisse Rückschlüsse auf die Werte am Stichtag erlauben, BGH WM **81**, 452. Der durch Vergleich der Abfindungsbilanz mit dem letzten Jahresabschluß (bei Ausscheiden zum Geschäftsjahresende: mit dem vorigen Jahresabschluß) ermittelte Gewinn (**Auseinandersetzungsgewinn**: insbesondere aufgelöste stille Reserven, aktivierter Goodwill ua) ist nach den (gesetzlichen oder vertraglichen) Regeln über Gewinnverteilung (den zuletzt gültigen, nicht den etwa abweichenden, bei Legung oder Anfallen der stillen Reserven gültig gewesenen) dem Kapitalanteil des Ausscheidenden zuzuschlagen, BGH **17**, 133, **19**, 47. Vgl für Auflösung der Ges § 154 Anm 2 C.

C. **Feststellung** der Abfindungsschuld (dh der Abfindungsbilanz und der aus ihr hervorgehenden Abfindungssumme) ist grundsätzlich gemeinsame Aufgabe des (der) ausgeschiedenen und verbleibenden Gfter. Aufzustellen ist die Abfindungsbilanz durch den bzw die am ehesten dazu in der Lage befindlichen, idR die verbleibenden Gfter, voran die geschäftsführenden; der Ausgeschiedene hat in diesem Falle gegen die Verbleibenden Anspruch auf Aufstellung und Vorlegung, geltend zu machen uU auch gegen nur einen Gfter; BGH NJW **59**, 1491 (einziger verbleibender phG), BB **73**, 441 (Kdtist mit Geschäftsführung, vgl § 164 Anm 1 A). Der Anspruch auf Aufstellung der Abfindungsbilanz besteht auch bei Streit über ältere Jahresabschlüsse, Hbg MDR **64**, 511; er besteht idR nicht bei bloßem Buchwertabfindungsanspruch (s Anm I), BGH WM **80**, 1362. Anfechtung wegen Willensmängeln s §§ 119 ff BGB.

D. Möglich ist **Klage** auf Leistung des zu wenig Angebotenen, auch auf Feststellung, daß in Bilanz bestimmte Posten aufzunehmen oder außer Ansatz zu lassen, nicht auf Feststellung oder (Gestaltungsklage) Errichtung (durch das Gericht) der ganzen Bilanz, BGH **26**, 28, WM **71**, 1450; nicht auf Feststellung (ohne Substantiierung), daß Kläger OHG-Gfter Rechte hatte, BGH WM **72**, 1400. IdR gerichtliche Geltendmachung des Zahlungsanspruchs (ggf auch durch die Ges, vgl K) erst nach abschließender Ermittlung des Guthabens, keine gesonderte Geltendmachung einzelner Rechnungsposten, BGH **23**, 29, WM **73**, 864; anders Teilklage auf sicheren Mindestbetrag, RG HRR **39** Nr 937, oder auf Posten, der jedenfalls zahlbar falls (was zu klären) bei der Abfindung zugunsten des Ausgeschiedenen zu berücksichtigen, BGH **LM** § 138 Nr 7. Passiv legitimiert ist die Ges, und zwar auch bei Streit über ex-Gfter-Stellung (Vorfrage), BGH WM **72**, 1400 (vgl § 124 Anm 6 H).

E. Der Ausgeschiedene hat betr die Zeit vor dem Ausscheiden die **Einsichts-** und **Auskunftsrechte** aus § 810 BGB und § 242 BGB. Vgl § 118 Anm 3. Im Prozeß kann das Gericht Sachverständige zuziehen (§ 287 ZPO); dadurch verliert der Ausgeschiedene nicht das Recht zur eigenen Überprüfung, BGH BB **59**, 505. Vertragliche Bestimmung des Kontrollrechts entspr §§ 166 (Kdtist), 233 (stiller Gfter), entspr Anwendung der §§ 166 III, 233 III, Hbg MDR **65**, 666; dazu § 166 Anm 3. UU vor Ausscheiden (zB Kündigung) Recht auf **Vorab**-Klärung der Abfindung, aus GfterTreuepflicht (§ 109 Anm 5), Erman FS Westermann **74**, 75. Prozeß s Anm L.

F. Möglich (und häufig) vertragliche Vereinbarung, daß ein Sachverständiger (oder mehrere) als **Schiedsgutachter** das Abfindungsguthaben verbindlich feststellen soll, vgl BGH NJW **57**, 1834; dann gelten §§ 317 ff BGB; nach § 319 BGB sind zwei Auslegungen der Klausel möglich. Erstens der Sachverständige soll „nach billigem Ermessen" entscheiden, dann Unwirksamkeit der Entscheidung bei „offenbarer Unbilligkeit" (§ 319 I BGB), zweitens der Sachverständige soll „nach freiem Belieben" entscheiden, dann Unwirksamkeit nur bei nachweisbarer Gesetz- oder Sittenwidrigkeit (§ 319 II BGB), OGH NJW **50**, 782, ebenso bei vereinbartem Ausschluß der Nachprüfung der Billigkeit, vgl §§ 1041 I Nr 6, 580 Nr 5 ZPO, BGH **17**, 366 (zu § 661 II BGB). Bei Bindung an die allgemeinen wirtschaftlichen Grundsätze für einschlägige Bewertungen und die wahren Werte: erster Fall, BGH WM **76**, 253. Bei Berufung eines Schiedsgutachters häufig Ausschluß des Rechts auf Einsicht in die Grundlagen des Gutachtens und Auskunft: grundsätzlich wirksam; unwirksam, soweit dadurch der Angriff auf das Schiedsgutachten (§ 319 I oder II BGB) unmöglich oder zu sehr erschwert würde (zB wenn der Ausgeschiedene selbst nicht genügende Kenntnis von den GesVerhältnissen hat und auch das Gutachten Zweifel läßt), OGH NJW **50**, 782. Offenbare Unrichtigkeit in einem Wertansatz läßt idR Gutachter-Bilanz im übrigen verbindlich, es kommt auf die Bedeutung des Fehlers (der Fehler) für das ganze an, BGH NJW **57**, 1834. Schätzen mehrere Gutachter verschieden, gilt iZw die Durchschnittssumme, § 317 II BGB; bei krasser Abweichung (Bsp 60000/ 162000) ist uU § 319 anzuwenden (Bestimmung durch Urteil), BGH NJW **64**, 2401. Verhältnis von Abfindungsklauseln zu Pflichtteils-, Zugewinn- (und jetzt Nichtehelichen-Ersatzerbanspruch-)Errechnung s Sudhoff NJW **61**, 801, Zimmermann BB **69**, 965.

G. Die Abfindung ist iZw sofort **fällig**; „aus den Umständen" kann eine Hinausschiebung zu entnehmen sein, indem die Flüssigmachung Zeit braucht. Kein Anspruch auf Sicherheit vor Auszahlung, RG JW **19**, 34. Verzinsung immer nach § 353, auch wo Erben abzufinden sind, die nicht Kfm sind, RG JW **38**, 3047. Zulässig auch Abfindung in langjährigen Raten; ist dabei eine vermeintlich wertbeständige Währung als Wertmesser angenommen und entwertet sich die Währung, so ist ein Ausgleichsanspruch aus § 242 BGB gegeben, vgl RG **163**, 327. Recht auf Abschlagszahlung, wenn Mindesthöhe der Abfindung feststeht, BGH **LM** § 138 Nr 7, BB **61**, 348, DB **62**, 867. Einbeziehung des Abfindungsanspruchs in die Gesamtauseinandersetzung s Anm 4 D.

H. **Ausschluß der Abfindung bei Tod** kann im GesVertrag wirksam vereinbart werden. Nicht eintretenden Erben (vgl § 131 Anm 3 C) kann dann auch die Abfindung versagt werden, der Anteil geht gemäß GesVertrag an die MitGfter, einzelne von ihnen (vgl Anm 2 C), Dritte (vgl § 131 Anm 3 C); RG **145**, 294, **171**, 350, BGH **22**, 194, **LM** § 516 BGB Nr 3, WM **71**, 1339. Solche Vereinbarung ist, wenn sie gleichmäßig für alle Gfter gilt, keine Schenkung, BGH **22**, 194. Bei ungleicher Regelung kann Entgeltlichkeit aus Vorgängen bei Gründung der Ges folgen, vgl BGH WM **71**, 1339; KG, Säcker JR **71**, 423. Ist Schenkung anzunehmen, ist sie unter Lebenden vollzogen durch Zuwendung der Anwartschaft auf den Anteil an die Begünstigten, daher ggf Formmangel geheilt, §§ 2301 II, 518 II BGB; BGH WM **71**, 1339; KG, Säcker JR **71**, 423. Der Anteil ist entweder nicht im Nachlaß oder nicht nachlaßaktiv, daher ggf nicht Grundlage von Pflichtteilsansprüchen (§ 2311 BGB); ist Schenkung zu verneinen (s oben), besteht auch kein Pflichtteilsergänzungsanspruch (§ 2325 BGB); BGH WM **71**, 1339 (auch zur Frage der Sittenwidrigkeit solcher Regelung); s aber Düss MDR **77**, 932 (§ 2325 BGB). Hierzu Finger DB **74**, 27. Abfindungsausschluß hindert nicht Rückforderung unzulässiger Entnahmen, ggf von Erben, s Anm 4 E. S auch Anm I und § 139 Anm 2 C.

I. **Abfindungsklauseln:** Die Auseinandersetzung kann ferner durch **Vereinbarung** (im voraus oder ad hoc) **abweichend** (grundsätzlich beliebig) vom Gesetz geregelt werden. Häufig sind **Buchwertklauseln**, zB Beschränkung auf Buchwert oder Buchwert und stille Reserven (ohne Geschäftswert). Sie sind grundsätzlich zulässig, bei erheblichem Mißverhältnis zwischen Buchwert und verdecktem Wert (Ermittlung s Anm D) jedoch wegen unzumutbarer Erschwerung der Kündigung (§ 723 III BGB) unzulässig, BGH NJW **85**, 192. Vereinbarung einer Abfindung zu Buchwerten ist idR unzulässig (§ 138 BGB), falls bei Ausschließung ohne sachlich gerechtfertigten Grund (idR ist jedoch dann schon die Ausschließung selbst unzulässig, s § 140 Anm 1 B), BGH NJW **79**, 104 (anders wenn Persönlichkeit eines oder mehrerer Gfter entscheidend den inneren Wert der Ges prägt), Schilling ZGR **79**, 419, Fischer ZGR **79**, 264, krit Flume NJW **79**, 902. Über ,,Betriebsfortsetzungswert unter Auflösung stiller Reserven" BGH BB **61**, 348. Die Abfindungsvereinbarung hindert nicht nachträgliche Geltendmachung eines Ersatzanspruchs aus Untreue gegen den Ausgeschiedenen (§ 157 BGB), BGH BB **60**, 755; im Falle einer ausdrücklichen Pauschalierungsklausel anscheinend anders BGH BB **62**, 1303. – Übernahme von aus Abfindung folgender Einkommensteuerpflicht (aus Veräußerungsgewinn) des Ausscheidenden durch Ges kann Ges zur Befreiung des Ausgeschiedenen auch von mittelbaren Steuerfolgen verpflichten, BGH BB **57**, 907. – Nichterwähnen des Geschäftswerts in Vertrags-Abfindungsregelung schließt Anteil an ihm aus, wenn die Regelung als erschöpfende gewollt, BGH BB **70**, 685. ,,Buchmäßiger Kapitalanteil" bedeutet nicht notwendig Bewertung nur nach Buchwerten, schließt aber wohl

Geschäftswert aus, BGH BB **73**, 442. Auslegungsfrage ist, ob (sofern verschieden schätzbar) Wert für Verbleibende oder Wert bei (unterstellter) Veräußerung an Dritten maßgebend, BGH WM **73**, 286. Abfindung „zu Buchwerten" erfaßt idR nicht stille Reserven und Firmenwert, aber offene Rücklagen und sonstige Posten mit Rücklagecharakter, BGH BB **78**, 1333. Sittenwidrigkeit der Abfindungsklausel macht nicht ohne weiteres die Ausschließung überhaupt unwirksam, s § 140 Anm 1 B, F. Übersichten: Sudhoff ZGR **72**, 167, Erman FS Westermann **74**, 75, Flume FS Ballerstedt **75**, 197, Huber ZGR **80**, 203, Eiselt NJW **81**, 2448 (Buchwertabfindung und Pflichtteil), Koller DB **84**, 545 (FamilienGes); allgemeine Schranken solcher Abfindungsklauseln: Ulmer NJW **79**, 81, Rasner NJW **83**, 2907, Engel NJW **86**, 345. Monographie Heckelmann 1973, dazu Schmidt FamRZ **74**, 518. Abfindungsklausel berührt nicht Zugewinnausgleichsanspruch des einen Ehegatten gegen den an einer Ges beteiligten anderen, Brem FamRZ **79**, 434.

K. Ggf hat der Ausgeschiedene sein **negatives Kapitalkonto** u/o den **Debetsaldo anderer Konten** (s § 120 Anm 3) durch Zahlung an die Ges auszugleichen; dies widerspricht nicht dem (während Bestehens des Ges-Verhältnisses geltenden) Grundsatz, daß die Gfter iZw nicht nachschußpflichtig sind, BGH **23**, 30, WM **73**, 864 (Verlustanteil, bei nicht geleisteter Einlage).

BGB 739 [Haftung für Fehlbetrag]

Reicht der Wert des Gesellschaftsvermögens zur Deckung der gemeinschaftlichen Schulden und der Einlagen nicht aus, so hat der Ausscheidende den übrigen Gesellschaftern für den Fehlbetrag nach dem Verhältnisse seines Anteils am Verlust aufzukommen.

Erst mit Feststellung des Abfindungsguthabens weiß man, ob der Ausscheidende überhaupt einen Anspruch gegen die Ges hat; daher vorher keine **Aufrechnung** gegen Forderungen der Ges aus mit ihm abgeschlossenen Geschäften, Ansprüche aus solchen Geschäften kann die Ges außerhalb des Auseinandersetzungsverfahrens geltend machen, RG **118**, 297, 299.

L. Im **Prozeß** kann bei Streit über Bestandenhaben, Dauer, Höhe (Quote) einer GesBeteiligung über alle drei Fragen Grundurteil ergehen; die Bindungswirkung im Betragsverfahren (§ 318 ZPO) bestimmt sich nicht nur nach der Formel, sondern auch nach den Gründen des Grundurteils, BGH BB **69**, 380. Berichtigung einer „Abschichtungsbilanz" durch Ges, die gegen ausgeschiedenen Gfter eine „Abfindungsschuld" einklagt, ist nicht Klageänderung (§ 264 ZPO), ändert nur den Tatsachenvortrag (§ 268 Nr 1 ZPO), macht nicht sofortiges Anerkenntnis iSv § 93 ZPO möglich, Karlsr BB **71**, 290. Möglich Stufenklage auf Rechnungslegung (vgl Anm E) und Zahlung des Guthabens, s Stötter BB **77**, 1219.

M. Dem Ausgeschiedenen **haften** auf die Abfindung neben der Ges die (gebliebenen und neu eingetretenen) **Gesellschafter**, §§ 128–130, BGH BB **71**, 1530. Wird später oder gleichzeitig, doch ohne Mitwirkung des Ausscheidenden, ein Gfter Kdtist, berührt das nicht seine Haftung gegenüber jenem, es sei denn bei Verzicht des Ausscheidenden auf diese Haftung (vgl § 128 Anm 6), BGH DB **71**, 2400. Gleichzeitig Ausgeschiedene haften einander nicht, Stimpel **LM** § 135 Nr 2.

1. Abschnitt. Offene Handelsgesellschaft   **§ 139**

6) Beteiligung an schwebenden Geschäften
Der Ausgeschiedene wird mangels anderer Abrede am später realisierten Ergebnis schwebender Geschäfte beteiligt:
BGB 740 [Beteiligung am Ergebnis schwebender Geschäfte]
^{I} Der Ausgeschiedene nimmt an dem Gewinn und dem Verluste teil, welcher sich aus den zur Zeit seines Ausscheidens schwebenden Geschäften ergibt. Die übrigen Gesellschafter sind berechtigt, diese Geschäfte so zu beendigen, wie es ihnen am vorteilhaftesten erscheint.
^{II} Der Ausgeschiedene kann am Schlusse jedes Geschäftsjahrs Rechenschaft über die inzwischen beendigten Geschäfte, Auszahlung des ihm gebührenden Betrags und Auskunft über den Stand der noch schwebenden Geschäfte verlangen.

Das gilt auch bei einer zweigliedrigen Ges, wenn der Verbleibende das Geschäft mit Aktiven und Passiven übernimmt, RG **56**, 19. Die Vorschrift wirkt nur nach innen, RG JW **02**, 445. Nach außen § 15; die Abwicklungsgeschäfte gehen nicht auf seinen Namen. **Schwebendes Geschäft** ist ein die Ges im Zeitpunkt des Ausscheidens des Gfter bereits bindendes, aber von beiden Vertragspartnern bis dahin noch nicht voll erfülltes Geschäft, BGH ZIP **86**, 303, zB der Vergleich über einen Streit, vor allem aber die Durchführung vor Ausscheiden abgeschlossener, jedoch noch nicht ausgeführter Liefer- und Leistungsverträge, RG **56**, 18; Dauerrechtsverhältnisse fallen nicht darunter, zB Vermietung, Verpachtung, Bodenausbeutungsvertrag, BGH ZIP **86**, 303, sonst ergäbe sich Perpetuierung der GesZugehörigkeit. Die Verbleibenden können die Geschäfte nach pflichtmäßigem Ermessen abwickeln; Willkür oder gar Arglist deckt aber § 740 BGB nicht; Sorgfalt wie in eigenem, § 708 BGB. An jedem Geschäftsjahresende kann der Ausgeschiedene **Rechenschaft, Auszahlung** des ihm Gebührenden und **Auskunft** verlangen, § 740 II BGB; dazu BGH WM **80**, 212. Er hat für die Zeit nach seinem Ausscheiden kein Recht auf Einsicht der Bücher und Papiere der Ges, sondern auf Rechnung, Belege und uU Abgabe einer eidesstattlichen Versicherung nach § 259 BGB, BGH BB **59**, 828, **61**, 190. Vgl § 118 Anm 3 betr die Zeit vor Ausscheiden. Auszahlung nicht unbedingt nach dem Ergebnis der Rechnungslegung; der Gfter kann sein Guthaben ohne Rechnung einklagen, wenn er es anderweit berechnet. Generalunkosten treffen den Ausgeschiedenen anteilig. Die Fälligkeit am Geschäftsjahresende gilt auch, wenn nur ein einziges Geschäft schwebt und sehr lange nach dem Ausscheiden abgewickelt wird, BGH BB **69**, 773. Der Anspruch aus § 740 BGB ist selbständig, nicht Rechnungsposten der Ermittlung des Abfindungsguthabens (der Ausgleichsschuld; §§ 738, 739 BGB, s oben), kann daher, wenn früher geklärt (was nicht die Regel), vor Regelung jener geltend gemacht werden, BGH BB **69**, 773.

[Fortsetzung mit den Erben]

139 ^{I} **Ist im Gesellschaftsvertrage bestimmt, daß im Falle des Todes eines Gesellschafters die Gesellschaft mit dessen Erben fortgesetzt werden soll, so kann jeder Erbe sein Verbleiben in der Gesellschaft davon abhängig machen, daß ihm unter Belassung des bisherigen Gewinnanteils die Stellung eines Kommanditisten eingeräumt und der auf**

§ 139 1 II. Buch. Handelsgesellschaften und stille Gesellschaft

ihn fallende Teil der Einlage des Erblassers als seine Kommanditeinlage anerkannt wird.

^{II} Nehmen die übrigen Gesellschafter einen dahingehenden Antrag des Erben nicht an, so ist dieser befugt, ohne Einhaltung einer Kündigungsfrist sein Ausscheiden aus der Gesellschaft zu erklären.

^{III} Die bezeichneten Rechte können von dem Erben nur innerhalb einer Frist von drei Monaten nach dem Zeitpunkt, in welchem er von dem Anfalle der Erbschaft Kenntnis erlangt hat, geltend gemacht werden. Auf den Lauf der Frist finden die für die Verjährung geltenden Vorschriften des § 206 des Bürgerlichen Gesetzbuchs entsprechende Anwendung. Ist bei dem Ablaufe der drei Monate das Recht zur Ausschlagung der Erbschaft noch nicht verloren, so endigt die Frist nicht vor dem Ablaufe der Ausschlagungsfrist.

^{IV} Scheidet innerhalb der Frist des Absatzes 3 der Erbe aus der Gesellschaft aus oder wird innerhalb der Frist die Gesellschaft aufgelöst oder dem Erben die Stellung eines Kommanditisten eingeräumt, so haftet er für die bis dahin entstandenen Gesellschaftsschulden nur nach Maßgabe der die Haftung des Erben für die Nachlaßverbindlichkeiten betreffenden Vorschriften des bürgerlichen Rechtes.

^V Der Gesellschaftsvertrag kann die Anwendung der Vorschriften der Absätze 1 bis 4 nicht ausschließen; es kann jedoch für den Fall, daß der Erbe sein Verbleiben in der Gesellschaft von der Einräumung der Stellung eines Kommanditisten abhängig macht, sein Gewinnanteil anders als der des Erblassers bestimmt werden.

Übersicht
1) Vererbung des Gesellschaftsanteils
2) Mehrheit von Erben
3) Wahlrecht der Erben (I)
4) Testamentsvollstreckung
5) Nachlaßverwaltung

1) Vererbung des Gesellschaftsanteils

A. § 139 handelt vom Fall, daß der Vertrag bei Tod eines Gfters Fortsetzung der Ges mit dem (den) Erben anordnet. Solche Klausel stellt iZw den Anteil unmittelbar vererblich („**erbrechtliche Nachfolgeklausel**"), begründet nicht Eintrittsrechte, ist nicht „rechtsgeschäftliche" (endgültige) Verfügung über den Anteil (vgl § 131 Anm 3 C); beim Erbfall bestimmt sich die Nachfolge erbrechtlich, ggf nach (auch jungerer) letztwilliger Verfügung; so uU auch wenn im GesVertrag schon Nachfolger benannt sind: erben sie nicht, werden sie nicht Gfter; möglich aber uU ausdehnende Auslegung der Klausel, zB zugunsten von Erben eines vor dem Erblasser-Gfter verstorbenen als Nachfolger Benannten; BGH **68**, 225 (hierzu ua Wiedemann JZ **77**, 689), BayObLG DB **80**, 2028. Dies gilt iZw auch für Vor- und Nacherben, BGH **69**, 49. Bei Scheitern der „Nachfolgeklauseln", weil die Benannten nicht Erben werden, kann ergänzende Auslegung des GesVertrags **Eintrittsrechte** (s § 131 Anm 3 C) dieser ergeben, BGH NJW **78**, 264. Verschaffungsvermächtnis über Gewinn bis zum Eintritt s BGH BB **83**, 1562. Über Fortsetzungsbeschluß nach Auflösung durch den Tod s § 131 Anm 1 C, 5 C. Irrtum über das Erbrecht s § 105 Anm 8 D, § 131 Anm 5 F. Nachfolgerbestimmung durch Dritte vgl § 1 Anm 6 A. Anmeldung des Todesfalls s § 143 II, des Eintritts von Erben s § 107, dazu Anm 4 A; Unterlagen s § 12 Anm 2 C. Lit (auch betr nichtehelicher Kinder) s § 131 Anm 3 A.

B. Die Berufung von Erben zum Eintritt in die Ges anstelle des verstorbenen Gfters kann im GesVertrag von **Bedingungen** abhängig gemacht werden, zB betr Alter, Geschlecht, Ausbildung. Auch von **Potestativbedingungen**, zB: berufende Erklärung des Erblasser-Gfters („Bezeichnung", „Bestimmung" des „Nachfolgers": formfreie Erklärung an die MitGfter); Beschluß der MitGfter nach seinem Tode (zB Wahl eines unter mehreren Erben); Zustimmung (oder Nicht-Ablehnung s Anm 2 de) Berufenen; Präsentation des Nachfolgers durch Beschluß mehrerer Erben; usw. Tritt die Bedingung (zB Beschluß, Zustimmung usw) erst nach dem Erbfall ein, so besteht bis dahin ein Schwebezustand, RG **170**, 108, (falls nicht nur ein ex nunc wirkendes Eintrittsrecht, § 105 Anm 7, inzwischen also Fortbestand der Ges nur unter den MitGftern gewollt ist). Der **Fiskus** als Erbe nach § 1936 BGB kann zum Eintritt berufen werden, str; die Berufung von „Erben" meint ihn aber iZw nicht.

C. Die Fortsetzung der Ges mit Erben des Verstorbenen setzt **Annahme der Erbschaft** durch diese voraus. **Nachlaßkonkurs** (nicht Nachlaßverwaltung) führt zur Auflösung der Ges (s zu § 131 Nr 5), bei entspr Bestimmung des GesVertrags zur Fortsetzung unter den MitGftern, § 138.

D. Der **eintretende Erbe**, der nicht die Rechte nach § 139 (s Anm 3) ausübt, haftet für die (auch älteren) GesSchulden persönlich unbeschränkt (§ 128); auch wenn die Ges bei Eintritt nur noch GbR, aber noch als OHG im HdlRegister eingetragen ist (§ 5), BGH NJW **82**, 45. Er tritt iZw auch in alle übrigen Gfter-Rechte und -Pflichten des Erblassers, betr Geschäftsführung und Vertretung s § 114 Anm 2 E. Beschränkung durch TV s Anm 4. Ein **minderjähriger Erbe** wird Gfter ohne Genehmigung des Vormundschaftsgerichts, BGH **55**, 269, BB **72**, 1475; seine Rechte, auch persönliche, übt der gesetzliche Vertreter, uU ein Pfleger aus, als Pfleger kann auch der Testamentsvollstrecker bestellt werden, KG JW **35**, 3558. Die Nachfolgeklausel gilt iZw auch für **Vor-** und **Nacherben** (s Anm 1 A); der Vorerbe kann über den Anteil verfügen, aber nicht unentgeltlich (§ 2113 II BGB, zB nicht gegen Leibrente), BGH **69**, 47. Entgeltlich bedeutet vollwertige Gegenleistung bzw bei gesellschaftsinternen Maßnahmen ordnungsgemäße Verwaltung. GesVertragsänderung für alle Gfter gleichmäßig oder einseitige Änderung zu Lasten des Vorerben als Konzession für zusätzlichen Einsatz der MitGfter für GesUnternehmen sind nicht unentgeltlich, BGH **78**, 177. Ausscheiden des Vorerben wegen Abfindungsklausel kann bei nicht vollwertiger Abfindung als teilweise unentgeltliche Verfügung unwirksam sein, BGH NJW **84**, 362. Wurde der Vorerbe gemäß § 139 Kdtist, kann der Nacherbe nicht verlangen, phG zu werden, BGH **69**, 52. Anfallende Gewinnanteile gebühren dem Vorerben als Nutzung iSv § 2111 I 1 BGB, BGH **78**, 188. Zustimmung des Vorerben zur Änderung des Gewinnverteilungsschlüssels mit Auswirkung auf Verteilung der stillen Reserven bei Auflösung, s BGH NJW **81**, 1561. GesSanierungsmaßnahmen der Vorerben, BGH NJW **84**, 366. Bei Vorerbschaft uU Einmann-OHG? s § 131 Anm 3 D. Vor- und Nacherbfolge bei PersonenHdlGes s Hefermehl FS Westermann **74**, 223; Beschränkung des Vorerben s Lutter ZGR **82**, 108, Paschke ZIP **85**, 129. Haftung nach § 139 s Emmerich ZHR 150 (**86**) 193.

E. **Pflichtteilsansprüche** (von Nichterben) gegen den (die) eintretenden Erben bestimmen sich (§ 2311 I 1 BGB) nach dem wahren Wert der fortgeführten Beteiligung, ungeachtet gesellschaftsvertraglicher Beschränkung der Abfindung bei Ausscheiden von Gftern, Zimmermann BB **69**, 965, Heckelmann (vgl § 138 Anm 5 I), Heinrich, Brunk, DB **73**, 1003, 1005, abw Sudhoff DB **73**, 53, 1006.

2) Mehrheit von Erben

A. **Mehrere Erben,** die nach dem GesVertrag alle an Stelle des Verstorbenen Gfter werden sollen, werden es durch eine **Sondererbfolge** (Einzelnachfolge) (außerhalb Erbengemeinschaft nach §§ 2032ff BGB, da diese nicht Mitglied einer OHG werden kann, § 105 Anm 1 D) als Gfter je mit dem ihrem Erbteil entsprechenden Teil des GesAnteils des Verstorbenen, BGH **22**, 192, **68**, 237, NJW **83**, 2377 (KdtAnteil); die so aufgeteilten GesAnteile der Nachfolger gehören nicht zum Nachlaß, BGH NJW **81**, 750 (II ZS, zur BGBGes), Ulmer NJW **84**, 1496; aA BGH NJW **83**, 2376 (IVa ZS), Esch NJW **84**, 339, Damrau NJW **84**, 2787 (Konsequenzen für TV an GesAnteilen s Anm 4 A). So wohl auch, wenn der GesVertrag die ,,Erbengemeinschaft" als Gfter-Nachfolger nennt, RG DR **43**, 1228. Der Vertrag kann vorsehen, daß nur ein vom Gfter-Erblasser bestimmter Erbe **Komplementär** (phG) wird, die anderen **Kommanditisten**. Nach dem Vertrag richtet sich, wie solche Bestimmung erfolgen muß. Ist sie erfolgt, selbst erbvertraglich (in gemeinschaftlichem Testament) bindend, schließt das nicht abw Regelung durch Änderung des GesVertrags aus, BGH **62**, 23 (vgl § 2286 BGB), s auch MDR **74**, 218; aber bei irriger Annahme des Gfter, Erblasser-Gfter sei auch erbrechtlich frei zur Änderung seiner Bestimmung, kann der GesVertragsänderung die Geschäftsgrundlage fehlen, BGH **62**, 25 (Folgen s § 105 Anm 8 I). Der GesVertrag kann vorsehen, daß mangels phG-Bestimmung durch den Erblasser die Erben selbst diese Bestimmung treffen; dies kann auch durch Auslegung dem Vertrag zu entnehmen sein, BGH BB **66**, 1123. Hat der Erblasser den phG-Nachfolger bestimmt, so wird mit dem Erbfall dieser phG, jeder Miterbe Kdtist; haben ihn die Erben zu wählen, so werden sie zunächst alle Kdtisten, der Gewählte wird mit der Wahl phG, BGH BB **63**, 323. Gemeinsamer Vertreter mehrerer ErbenKdtisten s § 164 Anm 2 A. Anwendbarkeit eines Schiedsvertrags auf Streit, wer Erbe wurde, s Einl IV 3 A b vor § 1. Haftung für Nachlaßschulden: Westermann AcP **173** (**73**) 24.

B. Nach dem GesVertrag kann von mehreren Erben **einer** (durch solche Sonderrechtsnachfolge) mit dem seinem Erbteil entsprechenden Teil des GesAnteils des Verstorbenen **Gesellschafter** werden, während **andere** für ihre Teile **abgefunden** werden; sind mehrere so ausgeschlossen, so haben sie für die Summe ihrer Teile den Abfindungsanspruch zur gesamten Hand entspr § 2032 BGB: RG **170**, 106, **171**, 350, BGH **22**, 194.

C. Nach dem GesVertrag kann auch von mehreren Erben **einer den ganzen Gesellschaftsanteil** des Verstorbenen erhalten, die **Miterben**

1. Abschnitt. Offene Handelsgesellschaft **3 § 139**

nichts, auch keine Abfindung, und zwar (entgegen BGH **22**, 195) durch unmittelbaren Übergang des ganzen Anteils auf Nachfolger, BGH **68**, 237. Befugnis des TV zur Bestimmung des Nachfolgererben setzt entsprechende Nachfolgeklausel im GesVertrag oder Zustimmung der MitGfter voraus, BGH NJW-RR **86**, 28. Unter den Erben ist der Zuviel-Empfang des Erben-Nachfolgers gemäß den Erbquoten auszugleichen, RG **170**, 107 (selbstverständliche Folge der Zuteilung eines Nachlaßgegenstandes an einen Erben), BGH **22**, 197 (nach § 242 BGB), **68**, 238; uU aufgrund Testaments (Vermächtnis) durch Schaffung von Unterbeteiligungen (§ 105 Anm 1 H) der Miterben, BGH **50**, 318 (Umdeutung, § 140 BGB, eines gesellschaftsvertragswidrigen, die Miterben auch in die Ges berufenden Testaments). – Auch in diesem Falle Haftung aller Erben (nicht nur des GfterNachfolgers) für Erblasserschuld an die Ges, zB aus Entnahmen (vgl § 122 Anm 1 F), BGH **68**, 239.

3) Wahlrecht der Erben (I)

A. Ein GfterErbe, der durch den Erbgang Gfter der OHG (in der KG phG) geworden ist (vgl oben Anm 1, 2), kann an die MitGfter den Antrag richten, ihn zum Kdtisten zu machen. Nach RG JW **12**, 475 gilt dies auch, wenn der Eintritt als Gfter der OHG (in der KG als phG) nach GesVertrag abhängt vom Beschluß der MitGfter, die Ges mit dem Erben fortzusetzen, und die MitGfter dies beschließen. Die Regelung erfolgt durch Vertrag des (der) Erben mit dem (allen) MitGftern; war ein Erbe schon Gfter, kann er hierbei einen anderen nicht vertreten, § 181 BGB; BGH **55**, 270. Ist ein Erbe minderjährig, braucht es (wie zu seinem Eintritt als Gfter, vgl Anm 1 D) zu dieser (sein Risiko beschränkenden) Vereinbarung nicht der Genehmigung des Vormundschaftsgerichts. Jeder Erbe hat das Wahlrecht unabhängig vom anderen. Der Antrag ist in der Frist gemäß III zu stellen; für einen minderjährigen Erben, dem die gesetzliche Vertretung fehlt, läuft die Drei-Monats-Frist erst vom Zeitpunkt des Aufhörens dieses Mangels oder seiner Volljährigkeit, III 2, § 206 I BGB; die gesetzliche Vertretung fehlt auch dann, wenn ein gesetzlicher Vertreter vorhanden, aber an der Mitwirkung verhindert ist, zB durch § 181 BGB (s oben), BGH **55**, 271. Der Antrag ist von den MitGftern, iZw (vgl § 119 Anm 2 B) einstimmig, anzunehmen. Er kann für mehrere Erben verschieden beschieden werden. Anmeldung und Eintragung von Tod und Erbeintritt (vgl § 107) vor Klärung nach I–III, str ob zulässig oder geboten. Jedenfalls nicht Voraussetzung der Haftungsbeschränkung nach IV, vgl Anm D. Übersicht: Schwerdtner JR **71**, 420.

B. Der Erbe wird (ggf) Kdtist mit dem **auf ihn fallenden Teil der Einlage des Erblassers,** dh seines Kapitalanteils (§ 120 Anm 3) bei seinem Tode; bei festen Kapitalanteilen ggf mit einem Anteil an zusätzlichen Guthaben oder Debet des Erblassers; ggf auch mit einem Anteil an sonstiger Einlage-(Nachschuß-)Pflicht des Erblassers. Negativer Kapitalanteil steht der Ausübung des Wahlrechts nach I nicht entgegen, BGH NJW **71**, 1269, str, aA 26. Aufl. Bei Verbleiben des Erben in der Ges als Kdtist bleibt die Pflichteinlage negativ, die Hafteinlage beträgt DM 1, üL; nach aA freie Wahl der Hafteinlage durch Erben bis zur Obergrenze des Kapitalanteils des Erblassers. Die Ges wird KG, an Stelle der Rechte und Pflichten eines phG treten für den ErbenGfter die eines Kdtisten. Die übrigen Bestimmungen des GesVertrags bleiben unberührt. Doch ist dem Kdtisten der bisherige **Gewinnanteil** (und Verlustanteil) zu belassen; Änderung nach V zulässig.

C. Kommt die Vereinbarung nach I nicht zustande, kann der Erbe **ausscheiden** (II). Er muß auch dies noch in der Frist nach III erklären. Er kann schon mit dem Antrag nach I für den Fall der Ablehnung das Ausscheiden erklären, Hueck 427. Bleibt nur ein Gfter, so kann keine Ges mehr bestehen, der Verbleibende darf aber das Unternehmen mit Aktiven und Passiven unter Ausschluß der Abwicklung übernehmen, vgl bei § 142. Auseinandersetzung s § 138 Anm 3–5. Eine das Abfindungsguthaben eines kündigenden Gfters beschränkende Abrede dürfte iZw nicht für nach § 139 II (wegen Ablehnung der Umwandlung gemäß I) ausscheidende Erben gelten.

D. Scheidet der Erbe in der Frist gemäß III aus oder wird in dieser Frist die Ges aufgelöst, so **haftet** er für bis dahin entstandene GesSchulden nur mit den erbrechtlichen Beschränkungsmöglichkeiten (§§ 1967 ff BGB), **IV.** Ebenso bei Auflösung der Ges vor oder mit dem Erbfall, BGH NJW **82**, 46. Dies gilt für in der Übergangszeit (III) entstandenen Verbindlichkeiten ohne Rücksicht auf § 15 I; das Haftungsbeschränkungsrecht ist keine ,,einzutragende Tatsache"; auch wäre die Eintragung des Erben idR so rasch nicht möglich; Anwendung des § 15 I würde den Schutz nach § 139 aushöhlen; die Gläubiger haben die volle Haftung des Nachlasses, die sie nach § 1967 BGB bei nach dem Erbfall begründeten Verbindlichkeiten nicht hätten; BGH **55**, 272. Gleiches gilt, wenn der Erbe als Kdtist in der Ges bleibt. § 173 ist gegenüber § 139 IV unanwendbar. Haftung für nachher entstehende GesSchulden nach § 171.

E. Die Befugnis nach § 139 ist **unabdingbar (V)**, vgl BGH BB **63**, 323. Das Kommanditist-Werden oder Ausscheiden kann nicht erschwert, wohl aber erleichtert werden. Nur den Gewinnanteil des Erben kann der Vertrag für den Fall, daß er Kdtist wird, kürzen.

F. Stirbt in der **KG** der einzige phG, so wird die Ges aufgelöst, wenn nicht entweder mindestens ein Erbe als phG eintritt oder ein neuer Gfter als phG beitritt, RG **106**, 66, KG HRR **39**, 95.

4) Testamentsvollstreckung

A. Anders als ein ganzes HdlGeschäft (BGH **12**, 102, § 1 Anm 6) unterliegt der **Anteil an einer OHG** der Verwaltung durch TV **nicht**. Denn es fehlt schon an der Nachlaßzugehörigkeit des Anteils infolge Sondernachfolge (str, s Anm 2 A); nach aA sind jedenfalls die unbeschränkte Haftung nach § 128 BGB und die nach § 2208 BGB beschränkte Rechtsmacht des TV unvereinbar. Möglich ist aber eine Überlassung der Rechtsausübung durch den (die) Erben-Nachfolger an den TV, jedenfalls für phG, BGH **24**, 112, **68**, 239, NJW **81**, 750 (für BGBGes). Ob **Kommanditanteil** der TV unterfällt, ist **sehr streitig**; verneinend Ffm NJW **83**, 1806, BayObLG WM **83**, 1092 (jedenfalls mangels Zustimmung der übrigen Gfter), Ulmer ZHR 146 (**82**) 555, Koch NJW **83**, 1762; offen BGH **24**, 112, **68**, 241, **91**, 138, aber NJW **85**, 1954 (vorsichtige Distanzierung); bejahend GroßKo-Schilling 22, Esch NJW **81**, 2222, Bommert BB **84**, 178, Damrau NJW **84**, 2785. Wenn KdtAnteile nicht der TV unterfallen, kann Vermächtnis eine

Lösung sein. Wenn KdtAnteile den TV unterfallen können, ist jedenfalls Zustimmung der MitGfter, die schon im GesVertrag enthalten sein kann, Voraussetzung, BGH NJW **85**, 1954; mangels Zustimmung unterfällt zumindest **Anspruch auf Auseinandersetzungsguthaben** der TV, BGH NJW **85**, 1954. Auf jeden Fall ist aber eine postmortale, unwiderrufliche (dh vom Erben nur bei wichtigem Grund widerrufliche) Vollmacht am TV betr KdtAnteil möglich (§§ 133, 140 BGB); sie kann nach Ulmer ZHR 146 (**82**) 573 sogar verdrängend sein, str. Möglich, aber unnötig weitgehend ist auch die Übertragung des Anteils auf den TV als Treuhänder, dazu Anm D. In der letztwilligen Anordnung einer den Anteil erfassenden TVVerwaltung liegt wohl iZw die Auflage an den Erben, dem TV die Rechtsausübung zu überlassen oder den Anteil treuhänderisch zu übertragen, RG **172**, 205, abw BGH BB **69**, 773, s aber BGH **24**, 112 für Einzelgeschäft (vgl § 1 Anm 6 C). Die Überlassung der Rechtsausübung (oder Übertragung des Anteils) bedarf der **Zustimmung** der MitGfter (im voraus im GesVertrag oder ad hoc), sie ist vor dieser schwebend unwirksam, BGH **24**, 114 (zB das Stimmrecht aus dem Anteil vorher beim Erben, nicht TV), entspr der Verfügung eines Gfters über seinen Anteil unter Lebenden, § 124 Anm 2 B. Der GesVertrag kann die MitGfter zur Zustimmung verpflichten. Auslegung des GesVertrags iS der Zustimmung (mangels ausdrücklicher Regelung) allenfalls wenn GesVertrag dem Erblasser-Gfter zur Nachfolgerbestimmung ganz freie Hand läßt, BGH **68**, 241. **Anmeldung** des Erbeneintritts (§ 143) durch diese selbst (mit den MitGftern, vgl §§ 107, 108), nicht durch den TV nach § 2205 BGB, da nicht zum Nachlaß gehörig (s Anm 2 A), BayObLG BB **81**, 1751. Übersicht: Siebert FS Hueck **59**, 321, Baur FS Dölle **63** I 249, Nolte FS Nipperdey **65** I 667, Säcker BB **65**, 1403, Emmerich ZHR 132 (**69**) 297, Finger DB **75**, 2021, Durchlaub DB **77**, 1399, Ulmer BB **77**, 808.

B. Wenn KdtAnteil nicht der TV unterfällt (s Anm A), dann unterliegen auch die auf dem Anteil beruhenden **Gewinnansprüche** nicht der TV (falls keine abweichende Anordnung des Erblassers), Hbg ZIP **84**, 1226, aA 26. Aufl; dagegen unterliegt der **Anspruch auf Auseinandersetzungsguthaben** bei Ausscheiden des Gfter oder Auflösung der Ges der TV (s Anm A).

C. Die Mitwirkung des TV bei Ausübung der **Mitverwaltungsrechte** des Erben müssen die MitGfter im selben Umfang dulden wie die durch Bevollmächtigte, vgl § 114 Anm 2, 3, § 119 Anm 3. Das Stimmrecht des Erben ist, auch mit Zustimmung der MitGfter, nicht gesondert übertragbar auf den TV, jedenfalls nicht langfristig, sachlich uneingeschränkt auf NichtGfter-TV, BGH BB **53**, 926; vgl schon RG **172**, 207. Das Informationsrecht des Erben (§ 118) ist nicht durch die TV beschränkt (mangels anderer Anordnung des Erblassers oder im GesVertrag), RG **170**, 395.

D. Mit Zustimmung der MitGfter kann (falls kein anderer Wille des Erblassers erhellt) der TV wie bei Vererbung eines ganzen HdlGeschäfts (BGH **12**, 101, § 1 Anm 6), auch den **Anteil auf sich als Treuhänder übertragen** lassen. So jedenfalls den Anteil eines phG, BGH **24**, 112, NJW **81**, 750. Auch einen KdtAnteil, mindestens kann er Teilung des KdtAnteils und Übertragung eines Teils auf sich fordern, wenn sein Verwaltungsrecht sich nur auf diesen Teil des Anteils erstreckt, BGH **24**, 112.

§ 140 II. Buch. Handelsgesellschaften und stille Gesellschaft

E. **Unberührt** läßt iZw die Testamentsvollstreckung die **Rechte des Erben** zur Entscheidung gemäß § 139 I, II, zur Fortsetzung einer aufgelösten Ges (§ 131 Anm 1 C), Auflösung einer (durch den Erbfall nicht aufgelösten) Ges, zu wesentlicher Änderung des GesVertrags.

F. Der TV kann den Anteil (ebenso wie ein ganzes HdlGeschäft, § 1 Anm 6) **freigeben;** nach § 2217 I BGB ist er dazu uU verpflichtet. Die Freigabe ist wirksam, auch wenn sie den Anordnungen des Erblassers zuwiderläuft; fehlen aber die Voraussetzungen der Freigabe nach diesen Anordnungen oder nach §§ 2217 I BGB, so kann der TV nach § 812 BGB Wiederherstellung seines Verwaltungsrechts fordern, ggf auch durch Rückübertragung auf ihn als Treuhänder, BGH **24,** 109.

5) Nachlaßverwaltung

Ein **Nachlaßverwalter** (§§ 1984, 1985 BGB) verfügt über Vermögensrechte, zB Ansprüche auf Gewinn oder Abfindung, nicht über persönliche Rechte des Erben-Gfters. Nur dieser selbst kann den GesVertrag ändern, zB nach Auflösung durch den Tod die Fortsetzung (§ 131 Anm 1 C) mit beschließen, KG HRR **42,** 477; nur er hat die Rechte aus § 139; ist ggf zu verklagen auf Ausschließung (§ 140); hat das Prozeßführungsrecht, aktiv oder passiv, im Streit darüber, ob er mit dem Erbfall Gfter geworden ist, zB ob ein gültiger GesVertrag besteht; hat die Klagerechte aus §§ 133, 140, 142; auf Feststellung, daß die Ges als fehlerhafte dem Gesetz unterliegt (nicht nach dem Vertrag kündbar sei, vgl § 105 Anm 8 H) oder daß der GesVertrag durch den Erblasser wirksam angefochten sei. Wohl aber kann der Nachlaßverwalter den (ex-)MitGfter auf Herausgabe des Geschäftsvermögens verklagen, wenn der betrogene oder bedrohte Erblasser (§ 123 BGB) nicht nur ein Anfechtungs-, sondern (ausnahmsweise, vgl § 105 Anm 3 H) ein Übernahmerecht hatte und ausgeübt hat, so daß er beim Erbfall Alleininhaber war und jetzt der Erbe das ist, BGH **47,** 293.

[Ausschließung eines Gesellschafters]

140 ¹ **Tritt in der Person eines Gesellschafters ein Umstand ein, der nach § 133 für die übrigen Gesellschafter das Recht begründet, die Auflösung der Gesellschaft zu verlangen, so kann vom Gericht anstatt der Auflösung die Ausschließung dieses Gesellschafters aus der Gesellschaft ausgesprochen werden, sofern die übrigen Gesellschafter dies beantragen.**

^{II} **Für die Auseinandersetzung zwischen der Gesellschaft und dem ausgeschlossenen Gesellschafter ist die Vermögenslage der Gesellschaft in dem Zeitpunkte maßgebend, in welchem die Klage auf Ausschließung erhoben ist.**

Übersicht

1) Allgemeines
2) Ausschließungsgründe
3) Verfahren
4) Auseinandersetzung

1. Abschnitt. Offene Handelsgesellschaft **1 § 140**

1) Allgemeines

A. **Ausschließung** eines Gfters nach § 140 (bei nur zwei Gftern s § 142 mit strengeren Voraussetzungen) ist das **letzte Mittel** zum Schutze der Ges; sie soll grundsätzlich nicht Strafe sein und nicht die verbleibenden Gfter bereichern, sondern nur Schaden von der Ges abwenden; das zwischen den Gftern bestehende Treueverhältnis erlaubt sie daher **nur, wo sich kein anderer zumutbarer Weg findet**, RG 146, 180, JW 38, 2213, BGH BB 55, 1038, sei es ein anderer Zwangsweg, zB die Entziehung oder Beschränkung der Vertretungsmacht oder Geschäftsführung, §§ 117, 127, OGH 1, 33, BGH DB 71, 140, WM 77, 500, oder (im Liquidationsstadium) die Abberufung als Liquidator oder Einsetzung eines Dritten zur Ausübung der Liquidatorrechte, OGH 3, 210, oder eine Vertragsänderung, zB Umwandlung phG in Kdtist. BGH NJW 61, 1767, DB 71, 140, oder Kontrollrechtsbeschränkung für Kdtist oder Ausübung der GfterRechte nur durch Treuhänder uä, BGH 18, 362, LM § 142 Nr 6, JR 68, 339. Dazu Anm 2 E. Solche Alternativen sind besonders sorgfältig zu prüfen bei Ausschließung des einzigen KG-phG (vgl Anm E), zumal aus einer FamilienGes, BGH DB 71, 140 auch bei GmbH & Co. BGH WM 77, 500. Monographie Westermann 3. Aufl 1986. Übersicht: Sandrock JR 68, 323, Lindacher FS Paulick 73, 73, Merle ZGR 79, 84. Zur Rspr krit Westermann NJW 77, 2185; das Ausschlußrecht sei eine stumpfe Waffe.

B. **§ 140 ist nicht zwingend** (anders das Recht auf Auflösung, § 133 III). Der GesVertrag kann das Ausschließungsrecht **a) einengen** (Ausscheidung möglicher Gründe, Einbau einer Vorprüfung, Erfordernis der Zustimmung Dritter usw) oder ganz beseitigen; **b) erweitern:** weitere Umschreibung der möglichen Ausschlußgründe, BGH 51, 205, Vorwegfeststellung solcher, Mehrheitsentscheidung, dazu Schramm MDR 63, 174, Antragsrecht einzelner Gfter usw. Die Geltendmachung des Ausschließungsrechts kann anders als nach § 140 geregelt werden, sofern nur gerichtliche (auch schiedsgerichtliche) Nachprüfung möglich bleibt. Ausschließung durch **bloßen Gesellschafterbeschluß** der übrigen Gfter (also Stimmrechtsausschluß des Auszuschließenden, s § 119 Anm 1 D) und Erklärung (wie nach § 737 BGB), BGH 31, 301, 68, 214, Ulmer JZ 76, 97. Möglich ist sogar ein einseitiges **Ausschließungsrecht** gewisser Gfter (zB älterer KG-phG) gegen andere (zB jüngere Kdtisten), auch als „Kündigungsrecht" mit als Folge nicht Auflösung (§ 131 Nr 6), nicht Ausscheiden des Kündigenden (§ 138), sondern Ausscheiden des Gekündigten (**Hinauskündigung**). Für Klage auf Feststellung der Wirksamkeit solcher Beschlüsse gilt nicht die notwendige Streitgenossenschaft nach BGH BB 57, 1087. Der Beschluß wirkt (wenn rechtmäßig) mit Mitteilung an den Ausgeschlossenen; der rechtswidrige, daher unwirksame Beschluß verpflichtet uU die Beschließenden zum Schadensersatz, BGH 31, 301. Befristung der Anfechtung solchen Beschlusses s § 119 Anm 3 E. **c)** Solche Vereinbarungen haben aber in der Rspr zunehmend enger gezogene **Grenzen**: (1) Eine Vereinbarung, daß Kdtisten durch Mehrheitsbeschluß **ohne „wichtigen Grund"** ausgeschlossen werden können, muß unzweideutig sein und ist **nur ausnahmsweise** bei besonderen Gründen zulässig, BGH 68, 215, NJW 79, 104. Bei einer dem gesetzlichen Regeltyp entsprechenden Ges (KG) ist die Einräumung eines solchen Rechts an die phG, MitGfter (Kdtisten) nach

§ 140 1

freiem Ermessen aus der Ges auszuschließen, jedoch idR nichtig; anders nur bei sachlicher Rechtfertigung durch außergewöhnliche Umstände, BGH 81, 269; das gilt selbst bei voller oder jedenfalls angemessener Abfindung, weil die vom „Damoklesschwert der Hinauskündigung" bedrohten Gfter in ihrer gesellschaftlichen Willensbildung unzulässig beeinflußt werden, BGH 81, 268, 84, 16. Dazu krit Flume NJW 79, 902, Huber ZGR 80, 177, Hirtz BB 81, 761, Hennerkes-Binz NJW 83, 73, Bunte ZIP 83, 8, Kreutz ZGR 83, 109; bejahend Wiedemann ZGR 80, 147, Krämer NJW 81, 2553, Behr ZGR 85, 475; s § 138 Anm 5 I. (2) Neben diesen engen Grenzen aus den Grundprinzipien des GesRechts sind die allgemeinen Grenzen zB § 138 BGB nur noch von geringer Bedeutung. Zu prüfen sind ua: Rechtsstellung der Betroffenen als Gfter (zB Ausscheiderecht ihrerseits), Herkunft ihrer Beteiligung. Kündigungs- und Übernahmerecht nach freiem Ermessen ist sittenwidrig, wenn die Mitgliedschaft Lebensberuf und Existenzgrundlage bildet, auch bei FamilienGes, auch wenn dem Gründer vorbehalten, BGH NJW 85, 2421, str. Sittenwidrigkeit kann zB zu verneinen sein im Falle geschenkter oder vererbter Beteiligung, BGH 62, 465, 68, 480. (3) Zur **Sittenwidrigkeit von Buchwertabfindungsklauseln** in solchen Fällen § 138 Anm 5 I; die Sittenwidrigkeit der Abfindungsklausel läßt die Wirksamkeit der Ausschließung unberührt, die angemessene Abfindung ist notfalls in einem besonderen Rechtsstreit festzustellen, BGH NJW 73, 1606.

C. Die Ausschließungs- (oder Übernahme-, s § 142 Anm 1 A) Klage ist auch nach Auflösung der Ges möglich, auch durch einen Gfter, der die Ges durch Kündigung zur Auflösung brachte; jedoch, wenn die Ausschließungs- (Übernahme-)Gründe in der Person des Beklagten erst nach der Auflösung eingetreten sind, nicht mehr zu seiner Ausscheidung aus dem Unternehmen und dessen Sicherung für die (den) Kläger allein, sondern nur noch als äußerstes Mittel zur Durchführung einer sachgemäßen und gerechten Abwicklung OGH 3, 206, BGH 1, 331. Diese Einschränkung gilt nicht, wenn die Ausschließungs-(Übernahme-)Gründe vor der Auflösung eingetreten waren, BGH BB 68, 230.

D. Die Größe des Anteils des Auszuschließenden ist nach BGH 51, 207 idR unerheblich (Sonderfall extrem kleiner Anteil, BGH 6, 117); aA Sandrock JR 68, 323. Auch ein oder mehrere MehrheitsGfter können ausgeschlossen werden, idR aber nicht durch eine Minderheit unter 25%; aber keine Ausschließung mehrerer en bloc mit Beschluß, in dem ihnen insgesamt das Stimmrecht verweigert wird, von Stetten GmbHR 82, 107. Die Art des vom Auszuschließenden Eingebrachten ist wohl erst recht idR unerheblich, BGH 51, 207.

E. Möglich ist Ausschließung des **einzigen vertretenden** Gfters, dann Gesamtvertretung der andern; im Prozeß uU Bestellung eines Dritten als Geschäftsführer-Vertreter durch einstweilige Verfügung ähnlich § 146 II (Liquidator); s § 125 Anm 1 C, § 127 Anm 1 C; auch des einzigen phG der **KG**, dann aber Auflösung, wenn nicht ein Kdtist phG wird oder ein Dritter als phG zutritt, BGH 6, 116, 51, 200, WM 77, 500 (GmbH & Co). Ausschließung des einzigen weiteren Gfters s § 142.

F. **Herabstufung** des Gfters der OHG (in der KG: des phG) zum Kommanditisten (ohne Geschäftsführungsrecht) kommt in Betracht als mildere

Maßregel als Ausschließung, vgl Anm 2 E. Sie kann auch vertraglich vorgesehen werden, unter Voraussetzungen und im Verfahren gemäß dem Vertrag, vgl Anm B. Eine solche Regelung ist nicht schon darum sittenwidrig, ein ihr entsprechender GfterbeschluU unwirksam, weil die Herabstufung dem Gfter Grund zum Ausscheiden gibt, dieses aber nach dem Vertrag nur mit unangemessen niedriger Abfindung möglich ist; viel mehr sind (idR) Herabstufungsregelung und Beschluß wirksam, und es ist (danach) ggf die Abfindung angemessen zu bestimmen. BGH NJW **73**, 651, dazu Schneider NJW **73**, 750, Stauder-Comes DB **73**, 2433. S auch Anm B.

2) Ausschließungsgründe

A. Im System des Gesetzes können Ausschließungsgründe sein: solche Auflösungsgründe (§ 133), die in der Person eines Gfters liegen. Solche umschreibt schon § 133 II, s § 133 Anm 3. Doch sind mit der Rechtsprechung idR **höhere Anforderungen** an die Ausschließung (als in jedem Falle ungleich wirkende Weise der Trennung) als an die Auflösung zu stellen, str. Der Sachverhalt X in der Person eines Gfters rechtfertigt uU die Auflösung der Ges, nicht die Ausschließung des Gfters. Zum „kann" im I s § 133 Anm 2 D. Längeres Zuwarten mit der Klage kann Ausschließungsgründe entkräften; vgl § 133 Anm 3 D. Maßgebend ist die Lage bei Verhandlungsschluß.

B. **Beispiele**: S § 133 Anm 3, auch § 142 Anm 2 A. Dazu: Übervorteilung bei gemeinsamer Steuerhinterziehung (keine Analogie zu § 817 BGB), so BGH **31**, 303. Schon (objektiv begründeter) Verdacht grober Unredlichkeit, BGH **31**, 304 (Verschleierung von Sonderentnahmen); auch Kln DB **63**, 860. Aushöhlung des GesUnternehmens und Aufbau eines eigenen in Erwartung der Trennung, BGH JR **68**, 340. – Verschulden des Beklagten ist nicht unbedingt Voraussetzung; ausreichend zur Ausschließung zB uU Krankheit oder nicht vorwerfbare, aber mit dem GesVerhältnis unvereinbare Bindung, RG **146**, 176, BGH **LM** § 140 Nr 2, oder Scheidung der Ehe, Grundlage der GfterStellung des Beklagten, Brem BB **72**, 813. – Beachtlich Alter, lange verdienstliche Tätigkeit für das Unternehmen, auch ob mit dem Beklagten ein ganzer Familien-„Stamm" ausscheiden würde, BGH DB **71**, 140. – Verschulden des Klägers fällt gegen die Ausschließung ins Gewicht, dazu § 142 Anm 2 A: strenger. Es sind die Verdienste um das Unternehmen wie die Verfehlungen und ihre Folgen, auf beiden Seiten zu beachten, BGH **LM** § 140 Nr 2, § 133 Nr 6, WM **77**, 500. Dazu Lindacher BB **74**, 1610. – Nach RG HRR **41**, 777, BGH **4**, 111, JR **68**, 341 auch: wer das Unternehmen am besten weiterführen kann (?). – Möglich ist uU Ausschließung eines zum Austritt bereiten Gfters, wenn Einvernehmen über sein Ausscheiden nicht zustandekommt, weil er nichts zur Klärung der Bedingungen seines Ausscheidens beiträgt, BGH **LM** § 142 Nr 6. – Möglich uU Mitausschließung der Ehefrau, welche die Verfehlungen des ersten Beklagten duldete, obwohl (oder gerade weil) von Ehefrau nichts anderes zu erwarten war, Stgt DB **61**, 1644. – Private Vorgänge s Anm G.

C. Zu beachten sind die **Folgen** der Ausschließung ua betr die Abfindung, vgl § 138 Anm 4–6. Härte der vertraglichen Abfindungsregelung (§ 138 Anm 5 H, I), zB Nichtberücksichtigung stiller Reserven und des Geschäftswerts, kann zur Folge haben, daß der Ausschließungsklage nur stattzugeben ist, wenn die Kläger **bessere Abfindung** versprochen oder wenigstens erfolglos für den Fall freiwilligen Ausscheidens **angeboten** haben, RG **146**, 182, JW **38**, 2212, OGH **3**, 212, BGH LM § 133 Nr 4. Dies gilt in erster Linie, wenn die Ausschließung nur auf das Gesetz oder auf eine nur das Gesetz (§ 140) wiederholende Vertragsklausel gestützt wird. Es gilt idR nicht bei Ausschließung aus im Vertrag besonders als Ausschließungsgrund bezeichnetem Sachverhalt: der Beklagte muß dann idR mit der vertraglich stipulierten Ausschließung auch die vertraglich stipulierte schlechte Abfindung hinnehmen; Ausnahmen nach §§ 138, 242 BGB. UU kann auch die Ausschließung von einer Altersversorgung abhängig gemacht werden, BGH **6**, 113 (phG mit geringfügigem Kapitalanteil).

D. Das Ausschließungsrecht gilt in der **KG** auch gegen Kdtisten, aber wegen ihres loseren Verhältnisses zu den MitGftern (idR) unter strengeren Anforderungen; anders bei Handlungen, die vom Kdtisten für den Partner so gefährlich wie von einem phG, oder nach ganz kurzer GesZugehörigkeit und Wegfall der Voraussetzungen der Aufnahme, BGH NJW **61**, 1767, BB **73**, 62, Hamm BB **76**, 722. Das Ausschließungsrecht gilt auch in einer kapitalistisch organisierten, aus einer AG (die nur aus Steuergründen umgewandelt wurde) hervorgegangenen KG, doch fällt die unpersönliche Organisation bei Beurteilung der Klage ins Gewicht und es kann nicht auf Handlungen vor der Umwandlung zurückgegriffen werden, BGH **18**, 361, 365. Ausschließung des einzigen phG s Anm 1 E. Übersicht für Eltern-Kinder-KG: Felix WPg **61**, 117.

E. Die Klage kann abzuweisen sein, wenn der Beklagte eine die Interessen der Kläger wahrende, **weniger harte Regelung** als die Ausschließung (vgl Anm 1 A) **vorgeschlagen** hat und die Kläger sie ablehnten oder das Gericht solche Regelung vorschlug, der Beklagte annahm, die Kläger ablehnten, BGH **18**, 363 (Vorschlag: Übertragung des Anteils des Beklagten auf dessen Söhne, Ruhen des Stimmrechts aus dem Anteil auf Lebzeit des Beklagten), WM **75**, 769 (verbindliches Angebot erforderlich, Voraussetzung erschöpfende Aufklärung der Klagevorwürfe). Umgekehrt kann der sonst nicht hinreichend begründeten Klage stattzugeben sein, wenn der Beklagte eine vorgeschlagene mildere, ihm zumutbare Regelung ablehnt (vgl betr Abfindung Anm C). Auch das **Revisionsgericht** kann solches noch vorschlagen und sein Urteil nach der Stellungnahme der Parteien zu solchem Vorschlag bestimmen, BGH **18**, 363, LM § 142 Nr 6, Fischer LM § 161 Nr 6.

F. Ausschließungsgründe gegen Gfter X wirken idR (nach seinem Tode) nicht gegen dessen **Nachfolger** (Erbe oder nach GesVertrag an seine Stelle rückend), RG **153**, 277, OGH **3**, 211, BGH **1**, 330, BB **58**, 58. Nach Tod des Klägers kann idR sein Nachfolger (Erbe) die Klage fortführen; der Beklagte kann ihm Verfehlungen des Klägers (Erblassers) idR nicht entgegenhalten, selbst wenn nur dessen Tod ihn (Beklagten) an der Gegen-Ausschließungsklage hinderte, RG **153**, 277, OGH **3**, 211.

G. Rein **Privates** begründet die Ausschließung nicht, wird nicht „gesellschaftsrechtlich bestraft", so idR Eheverfehlungen (auch gegen Tochter-Schwester des MitGfters); anders bei unmittelbarer persönlicher Verletzung von MitGftern (zB Bruch der Ehe des MitGfters), oder wenn die persönliche Verfehlung sich aus besonderen Gründen unmittelbar geschäftlich auswirkt, zu feststellbarer Schädigung des Unternehmens führt, BGH **4**, 113, BB **73**, 62. S auch § 142 Anm 1 C.

3) Verfahren

A. Es bedarf idR der Klage „der", dh **aller Mitgesellschafter;** nicht eines MitGfters, der sich dem Kläger verpflichtete, bei Erfolg der Klage auch auszuscheiden, RG **146**, 172; nicht eines MitGfters, der verbindlich dem Klagziel zustimmte, BGH BB **58**, 213; aA Ulmer FS Geßler **71**, 269: hier anders als bei Auflösung (vgl § 133 Anm 2 A), Lindacher FS Paulick **73**, 73: Erklärung der Nichtteilnehmenden, bei Erfolg der Klage die Ges ohne den Ausgeschlossenen fortzusetzen oder mit auszuscheiden. – Möglich ist Ausschließungsklage gegen mehrere Gfter, durch alle MitGfter; sie ist, wenn gegen einen Beklagten unbegründet, im ganzen abzuweisen, weil dann gegen den (die) andern der Antrag aller MitGfter fehlt; BGH **64**, 255. – Zu begründeter Ausschließung sind die MitGfter entspr der Rspr über Treuepflicht zur Zustimmung zu Vertragsänderungen (§ 105 Anm 2 G) uU mitzuwirken **verpflichtet,** BGH **64**, 257. So auch die bei vertragsmäßiger Mehrheitsentscheidung (vgl Anm 1 B) Überstimmten; anders bei triftigen persönlichen Gegengründen, zB naher Verwandtschaft; RG **162**, 388, Nürnb BB **58**, 1001. Zu Unrecht nicht Mitwirkende machen sich schadensersatzpflichtig. Möglich ist Klage auf Zustimmung; das Urteil ersetzt die Teilnahme an der Ausschließungsklage, BGH **64**, 259, **68**, 82. Möglich ist Klage zugleich gegen X auf seine Ausschließung und Y auf Zustimmung dazu, BGH **68**, 83 gegen Ulmer FS Geßler **71**, 269; Y kann X als Streithelfer beitreten, BGH **68**, 85. Auf diese Zustimmung klagen kann (anders als auf die Ausschließung) jeder MitGfter allein, BGH **64**, 256. Die Kläger sind notwendige Streitgenossen iSv § 62 ZPO (Bsp: Abweisung aller, wenn Verfehlungen eines einzigen die Klage entkräften), RG **122**, 315, Übersicht: Nickel JuS **77**, 14, Pabst BB **78**, 892.

B. Gerichtsstand: beim Auszuschließenden (§ 13 ZPO) und bei der Ges (§ 22 ZPO). Während des Prozesses Änderung der Gfter-Rechte und -Pflichten möglich durch einstweilige Verfügung, vgl Stgt DB **61**, 1644, uU auch Übertragung von Geschäftsführung und Vertretung auf NichtGfter, BGH **33**, 108, vgl § 125 Anm 1 C, § 127 Anm 1 C, § 133 Anm 2 A Möglich Gestaltungs-Widerklage (§§ 117, 127, 133, 140). Ausschließung und Auflösung (§§ 140, 133) sind Verschiedenes; Übergang ist Klageänderung; Gericht kann nicht auf das eine erkennen statt des beantragten anderen, RG JW **17**, 292. Ausschließung ist nicht „weitergehend" als Auflösung, Entscheidung über jene nicht „vorgreiflich" der über diese, darum der Prozeß über diese nicht auszusetzen (§ 148 ZPO) bis zur Entscheidung über jene; vielmehr sind beide Verfahren wenn möglich zu verbinden, sonst gesondert durchzuführen, Ffm BB **71**, 1479.

C. Das (rechtskräftige) **Urteil** (der für vollstreckbar erklärte Schiedsspruch) wird rechtsgestaltend: der Beklagte scheidet aus. Dazu Anm 4. Unberührt bleibt ggf die Schadensersatzpflicht des Ausgeschlossenen. Nach Aufhebung des Ausschließungsurteils im Wiederaufnahmeverfahren kann eine neue Ausschließungsklage sich auf das Verhalten des Beklagten in der Zwischenzeit stützen mit Berücksichtigung, daß er sich in dieser Zeit als NichtGfter fühlen durfte, BGH **18**, 358.

4) Auseinandersetzung

Es gelten §§ 738–740 BGB. Dazu § 138 Anm 4, 5. Auch bei Ausschließung umfaßt, wenn nichts anderes vereinbart, die Abfindung auch den Anteil am Geschäftswert (§ 138 Anm 5 A), dahingestellt (falls nicht klar zugesagt) in OGH **3,** 212. Stichtag der Abfindung aber (II): der der Klageerhebung, nicht der der Urteilsrechtskraft (des Ausscheidens): der Ausgeschlossene nimmt nicht teil am Gewinn (oder Verlust) der Prozeßzeit. Gleich ob der durchschlagende Ausschließungsgrund erst später (vgl Anm 2 A) eintrat, RG **101,** 242, zweifelnd OGH BB **50,** 174.

[Fortsetzung bei Gläubigerkündigung oder Konkurs]

141 **I Macht ein Privatgläubiger eines Gesellschafters von dem ihm nach § 135 zustehenden Rechte Gebrauch, so können die übrigen Gesellschafter auf Grund eines von ihnen gefaßten Beschlusses dem Gläubiger erklären, daß die Gesellschaft unter ihnen fortbestehen solle. In diesem Falle scheidet der betreffende Gesellschafter mit dem Ende des Geschäftsjahres aus der Gesellschaft aus.**

II Diese Vorschriften finden im Falle der Eröffnung des Konkurses über das Vermögen eines Gesellschafters mit der Maßgabe Anwendung, daß die Erklärung gegenüber dem Konkursverwalter zu erfolgen hat und daß der Gemeinschuldner mit dem Zeitpunkte der Eröffnung des Konkurses als aus der Gesellschaft ausgeschieden gilt.

1) Fortsetzung nach Gläubigerkündigung

A. Hat ein ,,Privatgläubiger'' eines Gfters die Ges nach § 135 gekündigt, so können (bei Fehlen einer Klausel nach § 138), um die Auflösung der Ges (§ 131 Nr 6) zu verhüten, die MitGfter (mangels anderer Bestimmung des GesVertrags einstimmig) die Fortsetzung der Ges unter sich beschließen. Am Geschäftsjahresende (vgl § 135) wird dann nicht die Ges aufgelöst, sondern der Gfter-Schuldner scheidet aus. Er kann sich aus dem ihm überwiesenen (vgl § 135) Auseinandersetzungsguthaben (§ 138 Anm 4) seines Schuldners befriedigen. Auskunftsrechte sind wie bei Auflösung nach § 135 (s dort) zu gewähren. Bestimmungen des GesVertrags über die Höhe des Guthabens (zB Nichtberücksichtigung von stillen Reserven und Geschäftswert) sind auch gegenüber dem Gläubiger wirksam, wenn nicht nur gerade zum Nachteil der Privatgläubiger der Gfter getroffen (zur Wirksamkeit von Abfindungsklauseln s § 138 Anm 5 H, I).

B. Möglich, nach Kündigung der Ges durch Gläubiger des C, Beschluß (A B): A übernimmt allein (vgl § 142 Anm 2 D), auch B scheidet aus, jedoch nicht gleichzeitig, nur ,,unmittelbar nach'' Ausscheiden des C; solcher Beschluß liegt uU in einseitiger ,,Übernahmeerklärung'' durch A, der B zustimmt; uU auch wenn A selbst pfändender (und kündigender) ,,Privatgläubiger'' des C (vgl § 135 Anm 1 A); es entfällt die besondere Erklärung an den Gläubiger nach I 1; BGH **51,** 88. Zur Möglichkeit des gleichzeitigen Ausscheidens von C und B in diesem Fall Stimpel **LM** § 135 Nr 2.

C. Beschluß und Erklärung an den Gläubiger idR nur bis zum Kündigungstermin (Geschäftsjahresende, § 135). Möglich (einvernehmlich mit

1. Abschnitt. Offene Handelsgesellschaft 1 **§ 142**

Zustimmung auch des Gläubigers) Verlängerung der Frist (über den Auflösungszeitpunkt hinaus, unter Aufschub der Liquidation, BGH **51,** 90.

2) Fortsetzung bei Gesellschafterkonkurs
Ist über das Vermögen eines Gfters der Konkurs eröffnet und dadurch (mangels vertraglicher Anordnung der Fortsetzung der Ges unter den MitGftern, § 138) die Ges aufgelöst, so können die MitGfter (mangels anderer Bestimmung des GesVertrags einstimmig) das Ausscheiden des Gfter-Gemeinschuldners und die ,,Fortsetzung" (§ 131 Anm 1) der (schon aufgelösten) Ges unter sich beschließen. Der Beschluß wirkt im Verhältnis der Gfter, auch für die Konkursmasse, zurück auf den Zeitpunkt der Konkurseröffnung. Er ist binnen angemessener Zeit nach diesem Zeitpunkt zu fassen und dem Konkursverwalter mitzuteilen. Der Konkursmasse kommt das Auseinandersetzungsguthaben des ausgeschiedenen Gfter-Gemeinschuldners zu, vgl Anm 1 A.

[Übernahme des Geschäfts durch einen Gesellschafter]

142 **I Sind nur zwei Gesellschafter vorhanden, so kann, wenn in der Person des einen von ihnen die Voraussetzungen vorliegen, unter welchen bei einer größeren Zahl von Gesellschaftern seine Ausschließung aus der Gesellschaft zulässig sein würde, der andere Gesellschafter auf seinen Antrag vom Gerichte für berechtigt erklärt werden, das Geschäft ohne Liquidation mit Aktiven und Passiven zu übernehmen.**

II Macht bei einer aus zwei Gesellschaftern bestehenden Gesellschaft ein Privatgläubiger des einen Gesellschafters von der ihm nach § 135 zustehenden Befugnis Gebrauch oder wird über das Vermögen des einen Gesellschafters der Konkurs eröffnet, so ist der andere Gesellschafter berechtigt, das Geschäft in der bezeichneten Weise zu übernehmen.

III Auf die Auseinandersetzung finden die für den Fall des Ausscheidens eines Gesellschafters aus der Gesellschaft geltenden Vorschriften entsprechende Anwendung.

1) Übernahmeklage
A. Die Übernahmeklage ist in der **Zwei-Mann-Gesellschaft** das Gegenstück zur Ausschließung (§ 140, s dort), I. Anwendbarkeit zugunsten des Kdtisten gegen phG und entspr Anwendbarkeit auf ,,Ausschließung" von B, C durch A in Ges mit mehr als zwei Gftern s Stgt DB **61,** 1644. Anwendung nach Auflösung der Ges s § 140 Anm 1 C. Entspr Anwendung auf GbR (zB ex-OHG, nach Stillegung, vgl § 105 Anm 3 B), BGH **32,** 314, Canter NJW **65,** 1553. Übersicht: Sandrock JR **68,** 323.

B. **Gründe:** sind hier idR noch **höhere Anforderungen** als für die Ausschließung dort (s § 140 Anm 2) zu stellen, str. Die Ausschließung eines von zwei ist idR noch härter als eines von drei oder mehr Gftern. Daher Unabweisbarkeit (nicht Ersetzbarkeit durch weniger harte Maßnahme, § 140 Anm 2 E) ist streng zu prüfen, isolierte Betrachtung von Verstößen des Beklagten ungenügend, Gesamtwürdigung aller Umstände geboten, insbesondere auch das Verhalten des Klägers von Gewicht. Bei (einen wichtigen Grund iSv §§ 140, 142 darstellenden) Verfehlungen beider, auch irgendwie überwiegend des Beklagten, idR keine Übernahme, nur (wenn begehrt) Auflösung (§ 133); BGH **4**, 111, **46**, 394, **51**, 205, NJW **57**, 873, **LM** § 133 Nr 4; auch **32**, 35, **80**, 352. Gesellschaftswidriges, aber keinen wichtigen Grund iSv §§ 140, 142 darstellendes Verhalten des Klägers hindert dagegen Ausschluß des Beklagten nicht, BGH **80**, 352 (GmbH). Bedeutung der vertraglichen Abfindungsregelung (vgl § 140 Anm 2 C) s BGH MDR **59**, 186. Trennen A und B, bisher eine OHG, sich in zwei KG (hier A phG, dort B), gilt § 142 grundsätzlich hier wie dort ohne besondere Erschwerung; anders uU, wenn Beklagter B für Verbindlichkeiten der A-Ges bürgte, bei Ausscheiden ein Freistellungs- oder Sicherungsrecht hätte (vgl § 138 Anm 4 C, § 140 Anm 4) und dieses gefährdet würde, nicht schon weil er die Kontrolle der A-Geschäftsführung verlöre; BGH **51**, 207. Übersicht: Lindacher BB **74**, 1610.

C. Unter **Verwandten** gelten nicht allgemein strengere Anforderungen an die Übernahmeklage; manches kann hier leichter, anderes schwerer wiegen; BGH **4**, 115, **51**, 206. Unter Ehegatten ist außergeschäftliches ehewidriges Verhalten des Klägers beachtlich; es schließt aber die Übernahme nicht aus, besonders wenn Kläger das Unternehmen schuf und führt und der Partner wichtige Unternehmensinteressen grob verletzte, BGH **46**, 396 (kein Staatszwang zur Ehetreue, dazu BGH **34**, 80). S auch § 140 Anm 2 G.

D. **Verfahren:** Vgl § 140 Anm 3. Das (rechtskräftige) Urteil gibt nicht nur ein Recht zur Übernahme, sondern überträgt unmittelbar, hM; iZw auch ein Schiedsspruch; entspr Formulierung (abw vom Wortlaut des § 142) zweckmäßig.

E. § 142 ist (wie § 140, s dort Anm 1 B) nicht zwingend. Der **Vertrag** kann Gründe und Verfahren der ,,Übernahme"-Ausschließung abw vom Gesetz regeln. Bsp: Übernahmerecht schon bei ,,nicht verhältnismäßig geringfügiger" Vertragsverletzung (vgl §§ 142 I, 140 I, 133 II) und schon bei Privatgläubiger-Pfändung (vor Kündigung, vgl §§ 142 II, 141, 135; BGH **51**, 205).

2) Übernahme durch Erklärung, Vereinbarung

A. Nach II ersetzt in der Zwei-Mann-Ges bei Privatgläubigerpfändung oder Konkurs (§ 141 I, II) die Erklärung des MitGfters (an Gläubiger, Konkursverwalter) den MitGfterbeschluß. Die Ausübung dieses Rechts kann mißbräuchlich sein, zB wenn Gläubiger nach seiner Kündigung befriedigt wurde, wenn statt Übernahme vertragsgemäße Auflösung zuzumuten, nicht schon weil A das Vorgehen des Gläubigers gegen B mitverursachte, BGH **LM** § 142 Nr 7 (Selbstanzeige A an Finanzamt, Vorgehen dieses gegen D, Übernahmeerklärung A).

B. Der **Gesellschaftsvertrag** kann in (grundsätzlich beliebigen) andern Fällen Gftern (in der Ges mit zwei oder mehr Gftern) das Übernahmerecht geben, BGH **32**, 22, **50**, 308. ZB bei Tod des MitGfters (vgl § 131 Anm 3 C, D); bei dessen Kündigung, soweit nicht mißbräuchlich, zB wenn er wichtigen Grund zu dieser Kündigung gab, RG JW **38**, 2214 (vgl auch RG DR **44**, 187), oder um in der ohnehin nötig gewordenen Liquidierung Sondervorteile zu erlangen, BGH **LM** § 142 Nr 9, nicht weil der Übernehmende ,,schenkweise" ins Geschäft aufgenommen worden (vgl § 105 Anm 7 B) und die ,,Schenkung" widerrufen sei, BGH WM **77**, 864. Zur

1. Abschnitt. Offene Handelsgesellschaft § 143

Auslegungsfrage, ob Übernahmerecht gegen später eintretenden MitGfter gilt, BGH WM **73**, 866. Fortsetzung iSv § 138, wenn Ges Zwei-Mann-Ges wurde, s § 138 Anm 2 B.

C. Fehlerhafte Zwei-Mann-Ges s § 105 Anm 8 H.

D. Übernahme (Wirkung s Anm 3) ist, ohne Vereinbarung im GesVertrag, auch möglich durch **Übernahmevereinbarung** ad hoc, sowohl bei noch werbender Ges (die dadurch aufgelöst wird) wie bei schon aufgelöster (dazu § 145 Anm 2 C), BGH **48**, 206, **50**, 308, BB **71**, 974.

E. mit entspr Wirkung (Erlöschen der Ges, Gesamtrechtsnachfolge) möglich ist Übernahme aller Anteile (§ 124 Anm 2 B) durch einen einzigen **Nichtgesellschafter**, BGH **71**, 299 („Aufgehen" dieserart einer KG in einer GmbH, Konkurs dieser, Anfechtung von Rechtshandlungen der KG, Sondermasse für alte KGGläubiger).

3) Wirkungen der Übernahme

A. Das GesVermögen wird **Alleinvermögen** des Übernehmers (entspr der Anwachsung bei Ausscheiden eines von mehr als zwei Gftern, § 138 Anm 4 A) durch Gesamtrechtsnachfolge, ohne Liquidation (§§ 145 ff). Es gelten die Grundsätze für die Umwandlung von Rechts wegen, zB für Beibehaltung der stillen Reserven und für Firmenfortführung (Einl 4 B vor § 105). Aber ein (dingliches) Vorkaufsrecht der Ges erlischt nicht nach § 514 BGB, sondern besteht fort nach §§ 1059a Nr 1, 1098 III BGB (betr juristische Person, entspr anwendbar auf OHG), BGH **50**, 310. Im anhängigen Prozeß der Ges erfolgt Parteiwechsel kraft Gesetzes; Fortführung durch GesGläubiger-Kläger gegen den Übernehmer ist nicht Klageänderung; war in 1. Instanz gegen die Ges abgewiesen, hindert Berufung mit Antrag gegen Übernehmer die Rechtskraft; BGH BB **71**, 974. Übernahmeerklärung mit Vereinbarung der „Liquidation" kann bedeuten: Übergang des Unternehmens, aber während der Auseinandersetzung nach Fortführung auch zugunsten des Ausscheidenden, BGH BB **73**, 910.

B. Die **Auseinandersetzung** erfolgt im übrigen nach §§ 738–740 BGB, § 140 III HGB, s § 138 Anm 3, 4, § 140 Anm 4.

C. An der **Haftung** eines Gfters, der schon vor der Übernahme ausschied (vgl § 128 Anm 5), ändert sich nichts, BGH **40**, 206, **50**, 237.

[Anmeldung von Auflösung und Ausscheiden]

143 ᴵ **Die Auflösung der Gesellschaft ist, wenn sie nicht infolge der Eröffnung des Konkurses über das Vermögen der Gesellschaft eintritt, von sämtlichen Gesellschaftern zur Eintragung in das Handelsregister anzumelden.**

ᴵᴵ **Das gleiche gilt von dem Ausscheiden eines Gesellschafters aus der Gesellschaft.**

ᴵᴵᴵ **Ist anzunehmen, daß der Tod eines Gesellschafters die Auflösung oder das Ausscheiden zur Folge gehabt hat, so kann, auch ohne daß die Erben bei der Anmeldung mitwirken, die Eintragung erfolgen, soweit einer solchen Mitwirkung besondere Hindernisse entgegenstehen.**

§ 144 1 II. Buch. Handelsgesellschaften und stille Gesellschaft

1) Anmeldung von Auflösung und Ausscheiden

A. Über die OHG im HdlReg s bei §§ 106–108. Nach I ist die **Auflösung** der Ges anzumelden und einzutragen; nicht Auflösung durch GesKonkurs (§§ 131 Nr 3, 32, 6, § 112 KO: Eintragung von Amts wegen), auch durch GfterKonkurs (§ 131 Nr 5), auch Übernahme (§ 142 mit Anm). Auch Auflösung einer (zu Unrecht) nicht eingetragenen Ges, die dann einzutragen, zugleich mit ihrer Auflösung.

B. Anzumelden ist ebenso das **Ausscheiden** eines Gfters (II), gleichwohl wodurch, auch Ausschließung. Einzutragen, auch wenn dadurch die Firma unzulässig wird, zB bei Wegfall der letzten natürlichen Person unter den Gftern (vgl § 19 Anm 1 C), BGH BB **77,** 1221 gegen Kln DB **75,** 2365 (Vorgehen gegen unzulässige Firma s § 37). Eintritt von Gftern, auch Eintritt von Erben s § 107.

2) Anmeldepflicht sämtlicher Gesellschafter

Anmeldepflichtig für Ausscheiden durch Tod alle MitGfter, daneben alle Erben, auch soweit nicht nachfolge- oder eintrittsberechtigt, BayObLG DB **79,** 86 (außer im Fall besonderer Hindernisse, III). TV s § 139 Anm 4 A. Bei §§ 133, 140, 142 I ersetzt rechtskräftiges Urteil die Anmeldung des Ausgeschiedenen. Statt des wegen Konkurs ausscheidenden Gfters hat der Konkursverwalter mitanzumelden (§ 146 III analog), BGH NJW **81,** 822. Erzwingung: § 14. Auch Mitwirkungspflicht aller Gfter untereinander; vermögensrechtliche Verpflichtung, RG HRR **42,** 763. Ordnungspflicht, daher keine Einrede aus dem GesVerhältnis, zB aus § 320 BGB. Einklagbar ohne notwendige Streitgenossenschaft (bei mehr als 2 Gftern) auf Aktivoder Passivseite, BGH **30,** 197: Ges A, B, C, D; A klagt gegen B auf Feststellung von dessen Ausscheiden und Mitanmeldung; keine Aktivlegitimation der Ges, s § 124 Anm 6 H. Streitwert (§ 3 ZPO) nach BGH BB **79,** 647 etwa ¼ des Anteils (samt stillen Reserven) des klagenden Gfters, nach Kln DB **71,** 1055 etwa ⅟₁₀ der (Kdt-)Einlage.

3) Wirkung der (Nicht-)Eintragung

S § 15. Kenntnis des Auflösungsgrunds ist nicht gleich Kenntnis der Auflösung (vgl § 15 I): der Schluß verlangt Rechtskenntnis, die idR nicht zu unterstellen; außerdem ändern viele Verträge die gesetzliche Auflösungsregelung (s bei § 138); RG **144,** 204. S auch RG **127,** 99.

[Fortsetzung nach Gesellschaftskonkurs]

144 ⁱ Ist die Gesellschaft durch die Eröffnung des Konkursses über ihr Vermögen aufgelöst, der Konkurs aber nach Abschluß eines Zwangsvergleichs aufgehoben oder auf Antrag des Gemeinschuldners eingestellt, so können die Gesellschafter die Fortsetzung der Gesellschaft beschließen.

ⁱⁱ Die Fortsetzung ist von sämtlichen Gesellschaftern zur Eintragung in das Handelsregister anzumelden.

1) Fortsetzung der durch GesKonkurs (§ 131 Nr 3) aufgelösten Ges: § 144 nennt zwei Fälle der Konkursbeendigung. Gleiches gilt bei Einstellung mangels Masse oder Aufhebung des Konkurses nach dem Schlußter-

1. Abschnitt. Offene Handelsgesellschaft **1 § 145**

min (§§ 204, 163 KO). Allgemeiner über Möglichkeit der Fortsetzung einer aufgelösten, nicht vollbeendeten Ges s § 131 Anm 1 C.

Fünfter Titel. Liquidation der Gesellschaft

[Notwendigkeit der Liquidation]

145 ¹ Nach der Auflösung der Gesellschaft findet die Liquidation statt, sofern nicht eine andere Art der Auseinandersetzung von den Gesellschaftern vereinbart oder über das Vermögen der Gesellschaft der Konkurs eröffnet ist.

ᴵᴵ Ist die Gesellschaft durch Kündigung des Gläubigers eines Gesellschafters oder durch die Eröffnung des Konkurses über das Vermögen eines Gesellschafters aufgelöst, so kann die Liquidation nur mit Zustimmung des Gläubigers oder des Konkursverwalters unterbleiben.

1) Übersicht

A. **Auf die Auflösung** (vgl § 131 Anm 1) der Ges **folgt die Auseinandersetzung** unter den Gftern (§ 730 BGB), idR durch die Liquidation (vgl §§ 731–735 BGB) oder bei entspr Vereinbarung auf eine andere Art (vgl § 731 BGB). Auf Auflösung durch Konkurs über das Vermögen der Ges (§ 131 Nr 3) folgt zunächst nur das Konkursverfahren, nach dessen Ende (wenn noch Vermögen vorhanden) Auseinandersetzung (durch Liquidation oder anders), RG **40,** 31, oder Fortsetzung der Ges (§ 144). Ausnahmsweise entfällt jede Art der Auseinandersetzung, so wenn von zwei Gftern der eine stirbt und der andere ihn beerbt. Bei **Umwandlung** der (nicht aufgelösten) Ges durch Vermögensübertragung nach dem UmwG (s Einl 4 D vor § 105) entfällt die Liquidation. Eine aufgelöste Ges kann gemäß dem UmwG umgewandelt werden, wenn eine Liquidation stattfindet und noch nicht mit der Verteilung des Reinvermögens unter die Gfter begonnen ist (§§ 40 II, 46 S 2 UmwG).

B. **Liquidation** ist die **Normalregelung,** sie allein ist in der Überschrift des fünften Titels erwähnt und in §§ 146 ff des näheren geregelt. Mangels anderer Abrede hat jeder Gfter Anspruch darauf (solange GesVermögen vorhanden ist, RG **40,** 31), daß die Auseinandersetzung in dieser Form erfolgt. Die Gfter können anderes vereinbaren, s Anm 2. Vorausverzicht auf Liquidation kann aber sittenwidrig sein. Grundsätzlich sind die Gfter in diesen Entscheidungen frei; uU stehen aber Rechte eines Vertragspartners der Ges der Liquidation entgegen und verlangen eine andere Art der Auseinandersetzung, so wenn die Ges kein eigenes, sondern ein gepachtetes Unternehmen betreibt und den Pachtvertrag nicht lösen kann, RG **123,** 155.

C. In der **Terminologie** herrscht Verwirrung. RG **123,** 155 unterscheidet Liquidation der Ges und Liquidation des Unternehmens, das Gegenstand der Ges ist, gewöhnlich gehe die erste den Weg über die zweite. Das HGB spricht aber nur von einer Art von Liquidation; es nennt sie im Text (§§ 145 I, II, 146 I ua) einfach „Liquidation", in der Überschrift „Liquidation der Ges"; es ist die in § 149 S 1 beschriebene, von Liquidatoren zu

513

erfüllende Aufgabe. Statt Liquidation sagt man neuerlich auch **Abwicklung** (auch in Gesetzen: §§ 264ff AktG), statt „Liquidator" „Abwickler", ein zweifelhafter Gewinn: abwickeln gibt vage ein Bild der Art der hier verlangten Tätigkeit, liquidieren (flüssigmachen) kennzeichnet klar ihr normales Ziel.

D. **Wirkung** auf die **Gesellschaft:** Vgl § 156. Die Auflösung berührt nicht die Identität der Ges, RG **155,** 85; grundsätzlich auch nicht die Rechtsverhältnisse am GesVermögen, der Gfter untereinander, zwischen Ges und Gfter. Durch die Auflösung entfällt der Erwerbszweck der Ges, sie ist nicht mehr werbend, die Gfter schulden einander nur noch Mitwirkung zur Abwicklung. Nach RG JW **30,** 3743 bleiben die Gfter Kflte (s aber § 105 Anm 1 I). Die Geschäfte der Ges nach Auflösung sind HdlGeschäfte. Die Firma bleibt bestehen, ist aber als Liquidationsfirma zu bezeichnen, § 153, s dort; sie kann in der Liquidation noch geändert werden, zB nach Veräußerung des Unternehmens (oder eines Teils) mit der (bisherigen) Firma, KGJ **39** A 104. Die Vertretungsmacht der Gfter entfällt zugunsten derjenigen der Liquidatoren (§§ 146–153). Prokuren erlöschen, werden HdlVollmachten im Rahmen des Liquidationszwecks, RG **72,** 123, str; Prokura kann nicht mehr erteilt werden, § 48 Anm 1 A.

E. **Wirkung** auf **Dritte.** Vgl § 156. Forderungen an die Ges werden idR nicht vorzeitig fällig, natürlich auch nicht Forderungen der Ges an Dritte. Die Auflösung kann dem Partner der Ges in einem langfristigen Vertrag, uU auch der Ges selbst, Grund zu außerordentlicher Kündigung (vgl §§ 626, 723 BGB) oder zu Rücktritt oder Änderung wegen Wegfalls der Geschäftsgrundlage (§ 242 BGB) liefern. Dies vor allem, wenn das von der Ges betriebene Unternehmen liquidiert wird, uU auch wenn die Gfter sich anders auseinandersetzen (s Anm 2) dabei das Unternehmen zwar erhalten bleibt, aber in andere Hand übergeht. Aus einer Genossenschaft scheidet die Ges mit Auflösung aus, weil ihr Erwerbszweck entfällt, §§ 1, 77 GenG, KG JW **26,** 2933, str.

F. Auf der Ges beruhende Ansprüche **unter Gesellschaftern** sind (wie solche zwischen Ges und Gftern, dazu § 149 Anm 2 B, D) in der Liquidation idR nicht mehr selbständig geltend zu machen, sondern nur Rechnungsposten der Auseinandersetzung, BGH **37,** 304, NJW **68,** 2005, NJW **84,** 1455. Möglich bleibt Feststellungsklage, BGH NJW **85,** 1898; auch Zahlungsverlangen, soweit schon vor Ende der Auseinandersetzung ein Anspruch aus dieser sicher erscheint, BGH **37,** 305; ebenso wenn Schuldner-Gfter die Auseinandersetzung absichtlich verzögert (er muß dann Zuviel-Vorausleistung riskieren), BGH NJW **68,** 2005. In unbegründeter Zahlungsklage kann begründeter Feststellungsantrag liegen. So auch uU ein Erstattungsanspruch gegen MitGfter, BGH BB **75,** 7. Ausscheiden von Gftern s § 138 Anm 4 D. Möglich ist Klage eines Gfter-**Drittgläubiger** (vgl § 124 Anm 6 C) gegen MitGfter, der nach Auflösung (DDR-Enteignung) das (Rest-)Vermögen übernahm (so daß die Ges ohne Vermögen); jedenfalls wenn keine Verlustumlegung unter den Gftern erforderlich ist (Gfter-Drittgläubiger muß sich seinen Verlustanteil abziehen lassen), BGH BB **70,** 320; vgl auch § 128 Anm 1 D, 7 A. Übersicht: Messer FS Stimpel **85,** 205.

G. Möglich ist Klage auf **Auskunft** unter Gftern gegen Gfter auf Klärung bestimmter Rechnungsposten (vgl Anm F) für die Auseinandersetzung, zB eines Schadensersatzanspruchs der Ges gegen Beklagten aus Wettbewerb (§§ 112, 113), Ffm BB **76**, 382.

2) Andere Art der Auseinandersetzung (I)

A. Der **Gesellschaftsvertrag** kann statt der Liquidation eine **andere Art** der Auseinandersetzung vorsehen. Die Gfter können solche **auch ad hoc** vereinbaren, mangels anderer Vertragsbestimmung einstimmig; auch noch nach Auflösung und Beginn der Liquidation, die dadurch abgebrochen wird, ohne Mitwirkung des NichtGfter-Liquidators, KGJ **39** A 111, BayObLG DB **81**, 518, Hamm ZIP **84**, 181. Mehrere Erben eines Gfters haben als Erbengemeinschaft (§ 131 Anm 5 B) nur die eine Stimme des Erblassers. Für nicht voll Geschäftsfähige kann der gesetzliche Vertreter, uU Pfleger, an solcher Vereinbarung teilnehmen, und zwar, sofern eine Auseinandersetzung in üblicher Art (wenn auch ohne Liquidation) beschlossen wird, ohne Genehmigung des Vormundschaftsgerichts, auch wenn Grundstücke zum GesVermögen gehören.

B. Die Gfter können nach Auflösung der Ges uU aus wichtigem Grunde die Liquidation zunächst **aufschieben** und die Art der Auseinandersetzung zeitweilig in der Schwebe lassen, zB bei Anhängigkeit einer Klage auf Übernahme nach § 142, die durch Liquidation vereitelt würde; während dieser Zeit darf die werbende Tätigkeit fortgeführt werden, darin liegt noch keine Fortführung der Ges (dh Wiederaufnahme ihres werbenden Zwecks), BGH **1**, 329.

C. Als ,,andere Art der Auseinandersetzung" kommen insbesondere in Betracht: **a) Übernahme** des HdlGeschäfts durch einen **Gesellschafter** aufgrund kaufähnlicher Vereinbarung, auch Versteigerung, mit Abfindung des (der) MitGfter, vgl § 142 Anm 2 D, 3. Erlaß einer GesSchuld durch Gläubiger nach Auflösung vor Auseinandersetzung kommt allen Gftern, nicht nur dem übernehmenden zugute, Nürnb BB **58**, 891. Die GesRechte und -schulden setzen sich in der Person des Übernehmers fort; fällt er in Konkurs, hat zB der Konkursverwalter das Wahlrecht nach § 17 KO in bezug auf noch unerfüllte Verträge des Ges, BGH **48**, 206 (Vorbehaltskauf der Ges); **b) Einbringung** des HdlGeschäfts **in eine GmbH, AG, KGaA**, die zu diesem Zweck gegründet wird (Umwandlung s Einl 4 C, D vor § 105) oder schon besteht und dafür neue Anteile ausgibt; **c) Naturalteilung** des GesVermögens (einschließlich des HdlGeschäfts, zB mehrerer Niederlassungen auf je einen Gfter); **d)** Übertragung des Gesamtvermögens auf Treuhänder zur Abfindung der Gläubiger (**Liquidationsvergleich**) und Ausgleich unter Gftern mit aktivem und passivem Kapitalkonto, BGH **26**, 128; **e)** Übertragung aller Anteile (aufgrund Verkaufs durch die Gfter) auf einen NichtGfter, vgl § 142 Anm 2 E, 3.

D. **Gläubiger der Gesellschaft** können dem Ausschluß der Liquidation nicht widersprechen, sie schützt die fortdauernde Haftung der Gfter, §§ 128 ff, 159 f und § 25, uU das AnfG. Dagegen bedarf es nach **II** bei Auflösung der Ges durch Kündigung des **Privatgläubigers eines Gesellschafters** (§§ 135, 131 Nr 6) oder **Konkurs** über sein Vermögen zum Ausschluß der Liquidation der Zustimmung des Privatgläubigers (Konkursverwalters), wenn der Ausschluß der Liquidation nicht schon vor der Pfändung (Konkurseröffnung) unter den Gftern vereinbart ist, str. Die Zustim-

§ 146 1, 2   II. Buch. Handelsgesellschaften und stille Gesellschaft

mung des Schuldner-Gfters ist entbehrlich im Konkursfall (weil er die Verwaltung seines Vermögens verliert), nicht im Pfändungsfall.

[Bestellung der Liquidatoren]

146 ^I Die Liquidation erfolgt, sofern sie nicht durch Beschluß der Gesellschafter oder durch den Gesellschaftsvertrag einzelnen Gesellschaftern oder anderen Personen übertragen ist, durch sämtliche Gesellschafter als Liquidatoren. Mehrere Erben eines Gesellschafters haben einen gemeinsamen Vertreter zu bestellen.

^{II} Auf Antrag eines Beteiligten kann aus wichtigen Gründen die Ernennung von Liquidatoren durch das Gericht erfolgen, in dessen Bezirke die Gesellschaft ihren Sitz hat; das Gericht kann in einem solchen Falle Personen zu Liquidatoren ernennen, die nicht zu den Gesellschaftern gehören. Als Beteiligter gilt außer den Gesellschaftern im Falle des § 135 auch der Gläubiger, durch den die Kündigung erfolgt ist.

^{III} Ist über das Vermögen eines Gesellschafters der Konkurs eröffnet, so tritt der Konkursverwalter an die Stelle des Gesellschafters.

1) Übersicht

Bei Auflösung der Ges erlöschen Geschäftsführungsbefugnis und Vertretungsmacht der Gfter, wie sie nach Gesetz (§§ 114ff, 125ff) und Vertrag für die werbende Ges gelten. Erfolgt die Auseinandersetzung der Gfter durch Liquidation, so führen in ihr **Liquidatoren** (uU Gfter als Liquidatoren) die Geschäfte und vertreten die Ges. Über ihre Rechtsstellung s bei § 149. Erfolgt die Auseinandersetzung in anderer Weise, s bei § 145, so bedarf es der Bestellung von Liquidatoren nicht; was an Geschäftsführung erforderlich ist, haben die Gfter als solche zu leisten, sie vertreten auch die Ges, s bei § 158.

2) Gesetzliche Regelung (geborene Liquidatoren)

A. Mangels gegenteiligen GesVertrags oder GfterBeschlusses sind Liquidatoren: **sämtliche Gesellschafter**, auch die vor der Auflösung nicht Geschäftsführungsbefugnis und Vertretungsmacht hatten, in der KG auch die Kdtisten, BGH WM **82**, 1170, auch die sie durch Entziehung (§§ 117, 127) verloren (auch wenn eben diese Entziehung zur Auflösung führte, vgl § 127 Anm 1 C); im Falle des § 135 auch der Gfter-Schuldner (nicht der Gläubiger); an Stelle eines nicht voll geschäftsfähigen Gfters der **gesetzliche Vertreter**, uU Pfleger (dieser selbst, nicht der vertretene Gfter ist Liquidator mit Rechten, Pflichten, Haftung eines solchen, str, vgl dagegen Geschäftsführungsbefugnis des nicht voll geschäftsfähigen Gfters, § 105 Anm 1 B); an Stelle eines in Konkurs befindlichen Gfters (ebenso im Falle des Konkurses über den Nachlaß eines verstorbenen Gfters) der **Konkursverwalter** (III, nicht ein Vergleichsverwalter), dazu BGH NJW **81**, 822; an Stelle mehrerer Erben eines Gfters (dessen Tod die Ges auflöste oder der nach der Auflösung der Ges starb, KGJ **32** A 135) ein von ihnen zu bestellender **gemeinsamer Vertreter** (I 2: dieser selbst, nicht die von ihm vertretenen Erben, ist Liquidator mit Rechten, Pflichten, Haftung eines solchen), an Stelle eines oder mehrerer Erben solchen Gfters ggf der **Testaments-**

1. Abschnitt. Offene Handelsgesellschaft 3, 4 § 146

vollstrecker mit Verwaltungsrecht (§§ 2205 ff BGB) oder **Nachlaßverwalter** (§§ 1981 ff BGB).

B. Die Gfter erlangen das Amt kraft Gesetzes, sie sind **einander** zur Erfüllung der Pflichten des Liquidators **verpflichtet.** Zur Bestellung des gemeinsamen Vertreters nach I 2 sind die **Erben** einander verpflichtet, er kann mit Mehrheit gewählt werden, §§ 2038 II 1, 745 BGB, Säumnis kann die Bestellung eines Liquidators durch das Gericht nach II auf Antrag anderer Gfter rechtfertigen, die Bestellung ist nicht nach § 14 erzwingbar. Bestellung eines MitGfters (Nicht-Erbe) verlangt Zustimmung aller Erben, § 181 BGB (da der MitGfter-Vertreter als Liquidator zugleich mit Wirkung für und gegen sich selbst und die Erbengemeinschaft handelt); anders wohl Bestellung eines der Erben (der als Liquidator nicht mit Wirkung für und gegen sich selbst, nur für und gegen die Erbengemeinschaft handelt).

3) Abweichende Vereinbarung (gekorene Liquidatoren)

Durch den GesVertrag oder GfterBeschluß ad hoc, vor oder nach Auflösung der Ges, mangels anderer Bestimmung des GesVertrags einstimmig (mit Vertretung mehrerer Erben und in anderen Fällen gemäß I 2 und oben Anm 2 A), kann die Liquidation **einzelnen Gesellschaftern** unter Ausschluß anderer oder **Dritten** übertragen werden; auch einer **juristischen Person** (zB TreuhandGes) oder anderen OHG (KG), die ja auch Gfter sein können (§ 105 Anm 1 C); auch einem von der Gfter-Versammlung erst zu Bestimmenden, Brem BB **78,** 275 (bis dahin keine gesetzliche Vertretung, außer ggf nach II, nicht gilt I, str); auch einem oder mehreren **Gläubigern** der Ges, auch mit der Ermächtigung, sich aus dem GesVermögen selbst zu befriedigen, § 181 BGB. Geschäftsführende Gfter sind iZw zur Annahme des so übertragenen Liquidatoramtes verpflichtet. Der Gfter, dem durch GfterBeschluß die Liquidation übertragen ist, hat grundsätzlich nicht Anspruch auf Vergütung; diese kann ihm durch Beschluß bewilligt, auch wieder entzogen werden, Hamm BB **60,** 1355.

4) Bestellung durch das Gericht

A. Auf **Antrag** eines **Beteiligten,** zB jedes Gfters, jedes Erben eines Gfters, des Gläubigers im Falle des § 135 (II 2), ggf des Konkursverwalters, Testamentsvollstreckers, Nachlaßverwalters (III und oben Anm 2 A), **nicht** jedes GesGläubigers, kann das Gericht Liquidatoren, Gfter oder Dritte, **bestellen;** vorsorglich schon vor Auflösung der Ges, KG HRR **39,** 95; nach Auflösung der Ges bis nichts mehr zu verteilen ist, KG OLGE **9,** 262. Die Bestellung bedarf der **Annahme** durch den Bestellten gegenüber der Ges. Das Rechtsverhältnis des Bestellten zur Ges ist nicht anders als beim gesetzlichen oder durch Vereinbarung berufenen Liquidator, s bei § 149. Entspr Anwendung des § 146 II während des Ausschließungs-, Auflösungs-, Entziehungsprozesses s § 125 Anm 1 C.

B. Voraussetzung ist ein **wichtiger Grund** für solche Änderung der gesetzlichen oder vereinbarten Regelung (s Anm 2, 3) und (falls die Bestellung nicht schon vor der Auflösung erfolgt) Abberufung der durch Gesetz oder Vereinbarung berufenen Liquidatoren, zB: Verdacht der Unfähigkeit, Parteilichkeit, Unredlichkeit, zu starke Behinderung, Fehlen des Mindestmaßes an Vertrauen der Interessenten (Gfter und Gläubiger),

§ 147 II. Buch. Handelsgesellschaften und stille Gesellschaft

Nichtbestellung des gemeinsamen Vertreters nach I 2, BayObLG JW **28,** 2639, Brschw OLGE **24,** 136, KGJ **32** A 133, Hamm BB **58,** 497.

C. Das Gericht kann zwar bestimmen, daß der bestellte Abwickler Einzel- oder Gesamtbefugnis hat, daß er neben oder statt dem vorhandenen Abwickler tätig wird, **nicht** aber im übrigen seine Befugnisse beschränken oder ihm **Weisungen** geben, auch nicht mit Wirkung in Innenverhältnis, RG LZ **13,** 212. Es hat kein Überwachungsrecht, KG RJA **6,** 131. Seine Tätigkeit erschöpft sich mit der Ernennung; auch die Vergütung darf es nicht festsetzen, KG RJA **4,** 144, und nicht einem verhinderten Abwickler einen Vertreter bestellen, KG RJA **15,** 127. Ebenso Hbg MDR **73,** 54. Aufhebung der Ernennung läßt inzwischen vorgenommene Geschäfte wirksam, § 32 FGG.

D. **Zuständig** für die Bestellung ist das Registergericht, sie erfolgt nach §§ 145, 146 FGG (Text folgt, soweit hier von Bedeutung; § 145a FGG hier nicht einschlägig):

FGG 145 [Sonstige Zuständigkeiten des Amtsgerichts]

¹ Die Amtsgerichte sind zuständig für die nach § 146 Abs. 2, §§ 147, 157 Abs. 2, § 166 Abs. 3, § 233 Abs. 3, § 318 Abs. 3 bis 5 ... des Handelsgesetzbuchs ... vom Gericht zu erledigenden Angelegenheiten.

ᴵᴵ Ist die Führung des Handelsregisters für mehrere Amtsgerichtsbezirke einem Amtsgericht übertragen worden, so gehören zur Zuständigkeit dieses Amtsgerichts auch die im Absatz 1 bezeichneten Angelegenheiten, ...

FGG 146 [Verfahren in Handelssachen nach § 145 FGG]

¹ Soweit in den im § 145 bezeichneten Angelegenheiten ein Gegner des Antragstellers vorhanden ist, hat ihn das Gericht, wenn tunlich, zu hören.

ᴵᴵ Gegen die Verfügung, durch welche über den Antrag entschieden wird, findet die sofortige Beschwerde statt. Die Vorschriften des Aktiengesetzes und des Gesetzes über die Rechnungslegung von bestimmten Unternehmen und Konzernen vom 15. August 1969 (Bundesgesetzbl. I S. 1189) über die Beschwerde bleiben unberührt.

Über die Übertragung an den Rechtspfleger s Einl IV 1 B vor § 1. Anhörung der Beteiligten (auch soweit nicht „Gegner") nach § 146 I FGG. Gegen abweisende Verfügung sofortige Beschwerde (§ 146 II FGG) des Antragstellers, gegen die Bestellung jedes in seinem Recht Beeinträchtigten.

E. Neben dem Verfahren nach § 146 II HGB, §§ 145f FGG ist bei Dringlichkeit eine vorläufige Regelung durch **einstweilige Verfügung** des **Prozeßgerichts** nicht ausgeschlossen, sowohl zur Beschränkung vorhandener Liquidatoren wie zur Einschaltung anderer Personen, Dresden JW **24,** 1185, abw RG JW **01,** 754, jedoch nicht durch Bestellung als Liquidator (mit allen Befugnissen), sondern nur mit beschränktem Auftrag (zB als Sequester bestimmter Objekte).

[Abberufung von Liquidatoren]

147 Die Abberufung von Liquidatoren geschieht durch einstimmigen Beschluß der nach § 146 Abs. 2 und 3 Beteiligten; sie kann auf Antrag eines Beteiligten aus wichtigen Gründen auch durch das Gericht erfolgen.

1. Abschnitt. Offene Handelsgesellschaft   1–3 § 147

1) Abberufung

A. Jeder Liquidator, auch ein vom Gericht bestellter, kann durch einstimmigen Beschluß aller Beteiligten (§ 146 II, III, ggf mit der Vertretung nach § 146 I 2, s § 146 Anm 4 A) **abberufen** werden. Neben der Abberufung gibt es andere Beendigungsgründe, zB Erledigung der übertragenen Tätigkeit, Übergang zu einer anderen Art der Auseinandersetzung (§ 158), Amtsniederlegung (s Anm 2), Tod (s Anm 3), BayObLG DB **81,** 518. Abberufung vom Amt und Kündigung des Dienstvertrags eines Nicht-Gfter-Liquidators sind ebenso wie im Aktienrecht auseinanderzuhalten, anders wohl BayObLG DB **81,** 518. Die Abberufung aus wichtigem Grunde ist unverzichtbar, die aus freier Entschließung verzichtbar. Im GesVertrag kann auch für die Abberufung Mehrheitsbeschluß der Gfter vorgesehen sein; er ist auch gegen Konkursverwalter möglich; er ist nicht möglich bei vom Gericht bestelltem Liquidator gegen den Gfter oder Konkursverwalter, auf dessen Antrag er bestellt wurde.

B. Die Bestellung weiterer Liquidatoren ist **Beschränkung** der vorhandenen und deren Abberufung iSv § 147 gleichzustellen, ebenso ihre Beschränkung in anderer Weise.

C. Die Abberufung durch das **Gericht** ist möglich aus **wichtigen Gründen.** Vgl dazu §§ 117, 127; aber die Aufgabe des Liquidators ist (sachlich und zeitlich) anders und enger begrenzt, daher rechtfertigt ein Sachverhalt, der Rechtsentziehung nach §§ 117, 127 rechtfertigen würde, nicht notwendig Abberufung nach § 147 und umgekehrt, Hamm BB **60,** 918. Abberufung wegen Gehaltsentnahme nach Widerruf der Gehaltsbewilligung durch die Gfter, Hamm BB **60,** 1355 (vgl § 146 Anm 3).

D. **Verfahren** und **Zuständigkeit** bei gerichtlicher Abberufung: § 146 Anm 4 C, D. Vorherige Eintragung der Liquidation ist nicht unbedingte Voraussetzung, KG JW **39,** 163. Beteiligter ist ua jeder Miterbe eines Gfters, auch der Liquidator, er kann also seine Abberufung beantragen, str. Entscheidung nur auf Abberufung oder Zurückweisung des Antrags, nicht auf Vornahme oder Unterlassung einer Handlung. Daß ein Liquidator einen Prozeß gegen die Ges führen will, ist kein Abberufungsgrund, auch nicht, wo der Prozeß grundlos ist. Die Möglichkeit der Aussetzung nicht nach (3) FGG § 127, aber entspr § 148 ZPO, zB bei Anhängigkeit eines Rechtsstreits über Eintritt der Ges in die Liquidation oder Fortführung des Unternehmens durch einen Gfter BayObLG NJW **64,** 2353. Gegen Abberufung besteht kein Beschwerderecht (§ 20 I FGG) des einzelnen MitGfters, Hamm DB **77,** 2089.

2) Niederlegung des Amts

Amtsniederlegung steht Dritten frei, als unentgeltlichem Beauftragten nach § 671 BGB, als Dienstverpflichteten nach § 627 BGB; bei unzeitiger Niederlegung Ersatzpflicht. Der Gfter-Liquidator darf nur aus wichtigem Grunde niederlegen.

3) Tod

Der Tod des vom Gericht bestellten Liquidators, iZw auch des von den Gftern besonders bestellten (§ 146 I 1, auch eines Gfters) beendet sein Amt. Anstelle eines durch Gesetz berufenen (§ 146 I 1: jedes Gfters) tritt sein

§ 148 1–3   II. Buch. Handelsgesellschaften und stille Gesellschaft

Erbe; mehrere Erben müssen entspr § 146 I 2 einen Vertreter bestellen. Anstelle des gekorenen (§ 146 Anm 3) tritt der gesetzliche, wenn der Gfter oder das Gericht keinen anderen bestellt haben, Hamm BB **82**, 399.

[Anmeldung der Liquidatoren]

148 ^I Die Liquidatoren sind von sämtlichen Gesellschaftern zur Eintragung in das Handelsregister anzumelden. Das gleiche gilt von jeder Änderung in den Personen der Liquidatoren oder in ihrer Vertretungsmacht. Im Falle des Todes eines Gesellschafters kann, wenn anzunehmen ist, daß die Anmeldung den Tatsachen entspricht, die Eintragung erfolgen, auch ohne daß die Erben bei der Anmeldung mitwirken, soweit einer solchen Mitwirkung besondere Hindernisse entgegenstehen.

^{II} Die Eintragung gerichtlich bestellter Liquidatoren sowie die Eintragung der gerichtlichen Abberufung von Liquidatoren geschieht von Amts wegen.

^{III} Die Liquidatoren haben die Firma nebst ihrer Namensunterschrift zur Aufbewahrung bei dem Gerichte zu zeichnen.

1) Über die Behandlung der OHG im HdlReg allgemein s bei §§ **106–108**. Die Eintragung ist nur rechtsbekundend (§ 8 Anm 5), Bestellung und Abberufung der Liquidatoren erfolgen außerhalb des HdlRegisters nach materiellem Recht. Zur Eintragung anzumelden sind auch: die **Person der Liquidatoren** (I 1, auch der Gfter im Falle § 146 I 1), jede **Änderung** der **Personen** oder ihrer **Vertretungsmacht** (I 2, vor allem ihre Abberufung), auch schon jede (durch GesVertrag, GfterBeschluß oder gerichtliche Entscheidung, § 146 I, II angeordnete) Abweichung von der Gesamtvertretung (§ 150); außer der Person gerichtlich bestellter Liquidatoren und ggf ihrer Abberufung, diese werden von Amts wegen eingetragen, § 148 II. Ist die Ges noch nicht eingetragen, so sind vorweg ihre Errichtung und ihre Auflösung einzutragen, KG OLGE **41**, 202. I 1 gilt auch, wenn zugleich das Erlöschen der Firma angemeldet wird, BayObLG BB **82**, 1749.

2) Anmeldepflichtig sind **alle Gesellschafter;** bei Konkurs eines Gfters wohl entspr § 146 III (der den Fall nicht unmittelbar trifft) der Konkursverwalter, str; im Falle des § 135 nicht der Gläubiger, sondern der Gfter-Schuldner; ggf alle Erben eines verstorbenen Gfters, aber mit der Erleichterung nach I 3 (entspr § 143 III); für nicht voll geschäftsfähige Gfter die gesetzlichen Vertreter. Einen Streit darüber, wer Liquidator ist, kann das Registergericht selbständig entscheiden und entspr Anmeldung erzwingen; es kann aber auch anstelle der gesetzlich Berufenen, wenn deren Person nicht feststeht, selbst Liquidatoren bestellen, §§ 146 II, 147.

3) Zu III vgl § 29 Anm 2 (EinzelKfm), § 108 Anm 2. Über die Firma der OHG (KG) iL und Zeichnungsweise der Liquidatoren s § 145 Anm 1 D, § 153.

1. Abschnitt. Offene Handelsgesellschaft 1, 2 § 149

[Rechte und Pflichten der Liquidatoren]

149 **Die Liquidatoren haben die laufenden Geschäfte zu beendigen, die Forderungen einzuziehen, das übrige Vermögen in Geld umzusetzen und die Gläubiger zu befriedigen; zur Beendigung schwebender Geschäfte können sie auch neue Geschäfte eingehen. Die Liquidatoren vertreten innerhalb ihres Geschäftskreises die Gesellschaft gerichtlich und außergerichtlich.**

1) Verhältnis zur Gesellschaft

§§ 149–151 regeln die Rechte und Pflichten der Liquidatoren in der Gesellschaft. Ein Gfter-Liquidator handelt aufgrund des **Gesellschaftsverhältnisses** wie ein geschäftsführender Gfter, s § 114 Anm 3, ein Dritter (auch der vom Gericht bestellte, § 146 II) aufgrund **Dienstvertrags zur Geschäftsbesorgung** (§ 675 BGB), RG LZ **13,** 212. In beiden Fällen (nach § 713 BGB und nach § 675 BGB) gilt weitgehend Auftragsrecht. Die Sorgfaltsanforderung bestimmt sich dort nach § 708 BGB, hier nach § 276 BGB. Die Gfter, die nicht Liquidatoren sind, haben die Kontrollrechte nach § 118 oder GesVertrag. Über Weisungsrecht (vgl §§ 665, 675, 713 BGB) s auch § 152. Über Auskunft, Rechenschaft §§ 666, 675, 713 BGB s Karlsr LZ **17,** 556, RG **91,** 35. Gfter erhalten als Liquidatoren iZw keine besondere **Vergütung,** BGH **17,** 301, anders Dritte, Hbg MDR **73,** 54, uU auch Vorschuß.

2) Aufgaben

A. Die Liquidatoren haben die **laufenden Geschäfte** zu **beendigen.** Anhängige Prozesse setzen die Abwickler unter der Abwicklungsfirma fort; die Auflösung unterbricht nicht, wenn die Gfter Abwickler werden. Fehlen zunächst Abwickler, so greifen §§ 241, 240 ZPO ein. Auch neue Prozesse können nötig und dann zulässig sein. Die Abwickler brauchen bei minderjährigen Gftern keine vormundschaftsgerichtliche Genehmigung.

B. Die Liquidatoren haben die **Forderungen** der Ges **einzuziehen** (oder anders zu verwerten). Auch solche gegen **Gesellschafter:** Ohne besondere Einschränkung Forderungen aus anderen Rechtsverhältnissen (vgl § 124 Anm 6 B). Rückständige Einlagen (auch gleichstehende zurückbezahlte GfterDarlehen s § 172a Anm 7 B, soweit zur Durchführung der Abwicklung benötigt; den Gfter trifft die Gegenbeweislast, jedoch mit Aufklärungspflicht der Abwickler; BGH BB **78,** 1134. Pflichtgemäßes Ermessen des Liquidators, ob und in welchem Umfang einzelne rückständige Einlagen eingezogen werden, nicht notwendig anteilsmäßig (Praktikabilität, keine Vorwegauseinandersetzung), BGH NJW **80,** 1522; kein Einzug zwecks endgültigen Ausgleichs unter den Gftern, dieser ist Sache der Gfter nach beendeter Liquidation, BGH NJW **84,** 435. Schadensersatz wegen pflichtwidriger Geschäftsführung nicht, soweit der Gfter-Schuldner auch bei Schadensersatzleistung im Endergebnis aus der Liquidationsmasse noch etwas zu fordern hätte, BGH WM **60,** 47, **77,** 618. Ferner entfällt für die Forderungen aus dem GesVerhältnis idR die selbständige Geltendmachung, sie werden Rechnungsposten der Auseinandersetzung, s Anm D, § 145 Anm 1 F. Darunter fallen uU auch Drittgläubigeransprüche von Gftern, die eng mit dem GesVerhältnis verbunden, BGH WM **71,** 931 (aufgelöste Ges), **78,** 89 (Ausscheiden von Gftern). Geltendmachung durch **Mitgesellschafter** s § 124

Anm 6 E, F. Keine Forderung der Ges gegen einen Gfter ist der durch Verluste u/o zulässige Entnahmen auf seinem Kapitalkonto entstandene **Sollsaldo**; Ausgleich der Kapitalkonten unter den Gftern s § 155 Anm 1 B, C.

C. Die Liquidatoren haben das **übrige Vermögen in Geld umzusetzen**, ohne Einschränkung (abw von § 733 III BGB), freihändig oder durch Versteigerung. Öffentliche Versteigerung nicht vorgeschrieben. Sie sind zum Verkauf im ganzen (oder solcher Teile wie möglich) verpflichtet, wenn das die vorteilhafteste Verwertung ist; vgl RG LZ **13,** 212; zum Verkauf an den Meistbietenden, auch einen Gfter oder eine GfterGruppe, Hamm BB **54,** 913, auch gegen Widerspruch eines anderen Gfters (der nicht Liquidator), auch mit Firma bei Einwilligung sämtlicher Gfter, auch wenn die Firma ihren Namen nicht enthält, § 22, RG JW **38,** 3182. Zeit der Versilberung nach pflichtmäßigem Ermessen der Abwickler; sie können aber nicht unbeschränkt auf Besserung der Marktlage warten. Zulässig auch Teilung in Natur oder Zuweisung bestimmter Vermögensstücke nach (iZw einstimmigem) GfterBeschluß (vgl über Ersetzung der ganzen Liquidation durch Naturalteilung § 145 Anm 2 C).

D. Die Liquidatoren haben die **Gläubiger** zu **befriedigen.** Sie haften diesen nur nach § 826 BGB; § 149 ist nicht Gesetz zum Schutze der Gläubiger iSv § 823 II BGB. Ist eine Schuld noch nicht fällig oder bleibt sie streitig, so ist das zur Berichtigung Erforderliche zurückzuhalten, § 733 I 2 BGB. Können die Gläubiger nicht voll befriedigt werden, müssen die Liquidatoren Konkurs anmelden oder das Vergleichsverfahren beantragen. Ansprüche **von Gesellschaftern** gegen die Ges aus dem GesVerhältnis (zB aus § 110, aus Abdeckung von GesSchulden, § 128 Anm 4) sind in der Liquidation grundsätzlich nicht mehr selbständig geltend zu machen (weder gegen die Ges noch gegen MitGfter), sondern nur noch Rechnungsposten der Auseinandersetzung; vgl Anm B, § 145 Anm 1 F.

E. „Zur Beendigung schwebender Geschäfte" (§ 149 I 1) dürfen die Liquidatoren **neue Geschäfte** eingehen, Bsp: Einkauf von Ware zur Erfüllung von Verbindlichkeiten. Allgemeiner: zur Abwicklung gehören neue Geschäfte (auch außerhalb einzelner älterer schwebender), soweit zur Erhaltung des Werts des GesVermögens notwendig oder wirtschaftlich sinnvoll, BGH LM § 149 Nr 2, zB uU Grundstücksbelastung, KG RJA **9,** 122, Miete von Geschäftsräumen, Wechselindossierung, RG **44,** 82, Kauf von X-Aktien zur Stützung der X-AG, an welcher die Y-AG beteiligt, deren Aktien 100% bei der OHG und realiter auf die Gfter verteilt werden sollen, BGH LM § 149 Nr 2. Die Liquidatoren dürfen Vergleiche schließen, in denen sie auf zweifelhafte Ansprüche verzichten, RG HRR **32,** 257. Nicht erlaubt sind ihnen idR werbende Geschäfte (auf Vermögens-Mehrung, nicht nur -Erhaltung und -Flüssigmachung zielend), mögen sie der Ges nützlich sein oder nicht; sind alle Gfter Liquidatoren, kann aber in der Vornahme werbender Geschäfte ein Beschluß zur Fortführung der Ges, also ein Rückgängigmachen der Auflösung, liegen, vgl § 131 Anm 1. Die Liquidatoren dürfen auch nicht die Grundlagen des GesVerhältnisses ändern; auch nicht die GesFirma (das bei Veräußerung zu tun ist Sache der Erwerber); auch nicht den Sitz der Ges, außer wenn der Abwicklungszweck das ausnahmsweise verlangt, vgl § 105 Anm 6 D.

1. Abschnitt. Offene Handelsgesellschaft 1 **§ 150**

3) Vertretungsmacht

A. Die Liquidatoren **vertreten** die Ges gerichtlich und außergerichtlich, § 149 S 2; die Ges haftet für ihre Handlungen auch nach § 31 BGB, vgl § 124 Anm 3 B. Ihre Vertretungsmacht besteht ,,innerhalb ihres Geschäftskreises", dh für alle Handlungen, die ihrer Art und den Umständen nach (objektiv) **Handlungen für den Liquidationszweck** sein können; daß dies zutrifft, ist zugunsten Dritter zu vermuten, RG **146**, 378. Auch das nachweislich liquidationsfremde Geschäft verpflichtet die Ges; anders wenn der Geschäftsgegner die Liquidationsfremdheit kannte oder kennen mußte, wofür die Ges beweispflichtig ist, BGH **LM** § 149 Nr 2, ZIP **84**, 315; dazu K. Schmidt AcP 174 (**74**) 55 (in Wahrheit unbeschränkte Vertretung), 184 (**84**) 529. Vertretung im Verhältnis zu Gftern, Selbstkontrahieren, Mißbrauch vgl § 125 Anm 3, 4, 5; die Überschreitung der Vertretungsmacht kann von den (allen) Gftern genehmigt werden, § 177 BGB, BGH ZIP **84**, 315. Durch **Gesellschaftsvertrag** oder (iZw einstimmigen) GfterBeschluß kann die Vertretungsmacht erweitert (von jener Beschränkung auf den Liquidationszweck befreit), dagegen nicht mit Wirkung gegen Dritte beschränkt werden, § 151, s dort.

B. Im **Prozeß** der Ges sind Gfter-Liquidatoren Partei wie vertretungsberechtigte Gfter; Gfter, die nicht Liquidatoren sind, sind Partei wie nicht vertretungsberechtigte vor der Auflösung; vgl § 124 A um 5 C. Dritte sind als Liquidatoren hier wie bei AG, GmbH, eG nicht Partei, können Zeuge sein, str.

[Mehrere Liquidatoren]

150 ^I Sind mehrere Liquidatoren vorhanden, so können sie die zur Liquidation gehörenden Handlungen nur in Gemeinschaft vornehmen, sofern nicht bestimmt ist, daß sie einzeln handeln können; eine solche Bestimmung ist in das Handelsregister einzutragen.

^II Durch die Vorschrift des Absatzes 1 wird nicht ausgeschlossen, daß die Liquidatoren einzelne von ihnen zur Vornahme bestimmter Geschäfte oder bestimmter Arten von Geschäften ermächtigen. Ist der Gesellschaft gegenüber eine Willenserklärung abzugeben, so findet die Vorschrift des § 125 Abs. 2 Satz 3 entsprechende Anwendung.

1) Gemeinsames Handeln, Gesamtvertretung

A. Mehrere Liquidatoren **dürfen nur gemeinsam handeln,** keiner also gegen Widerspruch des anderen, es sei denn bei **Gefahr im Verzug** und bei unzulässigem Widerspruch, vgl § 115 und Erläuterungen. Einen pflichtwidrig nicht mitwirkenden Liquidator kann die Ges, hierbei vertreten durch sämtliche Gfter, auf Mitwirkung verklagen, einen Gfter-Liquidator auch jeder MitGfter (im eigenen Namen, actio pro socio, s § 124 Anm 6 E). Entfällt ein Liquidator, so verschafft das dem verbleibenden keine Alleinbefugnis, RG **103**, 417.

B. Mehrere Liquidatoren können die Ges auch **nur gemeinsam vertreten,** auch bei Gefahr im Verzug, es gibt keine Not-Einzelvertretung (vgl bei § 125); kein Gegenstück zB zur uU möglichen Alleinklage eines Gfters der aufgelösten GbR gegen Dritte nach § 432 BGB, vgl BGH **17**, 346. Gerichtliche Abberufung und Bestellung nach §§ 146 II, 147 kann helfen.

§§ 151, 152 II. Buch. Handelsgesellschaften und stille Gesellschaft

C. Zur Geltendmachung eines Anspruchs der Ges **gegen einen Gesellschafter-Liquidator** oder Verfügung über solchen Anspruch bedarf es anderweitiger Regelung der Vertretung durch einstimmigen Beschluß, Ermächtigung einzelner nach § 150 II 1 oder Ernennung nach § 146 II, RG **162**, 376 (ebenso RG **47**, 18, zweifelnd KG JW **36**, 943).

D. Durch **Gesellschaftsvertrag**, GfterBeschluß (iZw einstimmig), gerichtliche Anordnung (§ 146 II) kann Einzelgeschäftsführung und Einzelvertretung der Liquidatoren vorgesehen sein, § 150 I, auch Kombination von Gesamt- und Einzelvertretung, vgl § 125 Anm 3, nicht gemischte Gesamtvertretung mit Prokuristen (vgl § 125 Anm 6), da Prokuren in der Liquidation nicht bestehen, § 145 Anm 1 D.

2) Ermächtigung, passive Vertretung (II)

A. § 150 II 1 entspricht § 125 II 3, dazu § 125 Anm 5 C.

B. Entspr § 125 II 3 (s dort) genügt für Erklärungen an die Ges die Abgabe gegenüber einem Liquidator, § 150 II 2.

[Unbeschränkbarkeit der Befugnisse]

151 Eine Beschränkung des Umfanges der Befugnisse der Liquidatoren ist Dritten gegenüber unwirksam.

1) Die Vertretungsmacht der Liquidatoren kann nicht mit Wirkung gegen Dritte beschränkt werden, auch nicht entspr § 126 III auf eine von mehreren Niederlassungen. § 151 gilt nicht gegenüber den Gftern. Erweiterung der Vertretungsmacht bleibt möglich, s § 149 Anm 3 A.

[Bindung an Weisungen]

152 Gegenüber den nach § 146 Abs. 2 und 3 Beteiligten haben die Liquidatoren, auch wenn sie vom Gerichte bestellt sind, den Anordnungen Folge zu leisten, welche die Beteiligten in betreff der Geschäftsführung einstimmig beschließen.

1) Die **Bindung des Liquidators an Weisungen** gemäß Auftragsrecht (mit §§ 713 oder 675 BGB, § 149 Anm 1) wird präzisiert durch § 152. Beteiligte: §§ 146 II, III, vgl § 146 Anm 4 A, vor allem die Gfter. Nur einstimmig beschlossene Weisungen binden nach § 152 den Nicht-Gfter-Liquidator, BGH **LM** § 149 Nr 2, nicht liquidationsfremde (§ 149 Anm 2 E); den Gfter-Liquidator binden sie also nur mit seiner eigenen Zustimmung. Abweichung von nach § 152 bindender Weisung ist zulässig nach § 665 BGB. Unverbindliche Weisung (zB nur von einem Gfter) verpflichtet uU den anders handelnden Liquidator zu erhöhter Sorgfalt, fällt dann bei Mißerfolg für Schuldvorwurf gegen ihn ins Gewicht, BGH **LM** § 149 Nr 2. Durch Ges-**Vertrag** oder GfterBeschluß kann das Weisungsrecht erweitert oder eingeschränkt werden; die Gfter können auf es verzichten, auch stillschweigend, zB bei Berufung eines Treuhänders der GesGläubiger als Liquidatoren mit Überlassung des GesVermögens an ihn zur Befriedigung der Gläubiger, unverzichtbar bleibt auch dann die Abberufung aus wichtigem Grunde, s bei § 147. Der GesVertrag kann abweichen. Möglich zB Mehrheitsentscheid über Weisungen. Fraglich ob dem entspr Vertragsän-

1. Abschnitt. Offene Handelsgesellschaft **§§ 153, 154**

derung möglich durch Mehrheitsbeschluß aufgrund Klausel, die Vertragsänderungen mit Mehrheit zuläßt (vgl § 119 Anm 2 B), jedenfalls nicht mehr nach (zu Auflösung und Liquidation führender) Kündigung, BGH **48**, 255.

[Unterschrift]

153 Die Liquidatoren haben ihre Unterschrift in der Weise abzugeben, daß sie der bisherigen, als Liquidationsfirma zu bezeichnenden Firma ihren Namen beifügen.

1) Über die Firma der OHG (KG) in Liquidation s § 145 Anm 1 D. Übliche Zusätze „in Liquidation", „i. L.", „in Abwicklung". Verstoß gegen § 153 macht das Geschäft nicht unwirksam. Aber Unterlassung des Hinweises auf die Auflösung der Ges kann Anfechtungsrecht des Geschäftsgegners begründen (wesentliche Eigenschaft iSv § 119 II BGB), für Schaden hieraus den Liquidator ersatzpflichtig machen.

[Bilanzen]

154 Die Liquidatoren haben bei dem Beginne sowie bei der Beendigung der Liquidation eine Bilanz aufzustellen.

1) Buchführung

Die Buchführungspflicht (§§ 238 ff) gilt auch in der Liquidation. Die Liquidatoren, aber auch die Gfter, können sich strafbar machen (§ 238 Anm 6 A).

2) Bilanzen

A. Die **Liquidationseröffnungsbilanz**, unverzüglich nach Auflösung aufzustellen auf den Tag der Auflösung, ist Wertfeststellungs-, Vermögens-, statische Bilanz (s § 242 Anm 2), dient nicht zur Ermittlung eines Geschäftsergebnisses (etwa der Zeit vom letzten Jahresabschluß bis zur Auflösung), nur der vorläufigen Klärung des Standes von Aktiven und Passiven, damit der Aussichten der Liquidation, als Grundlage der Entschlüsse der Liquidatoren und ihrer Verhandlungen mit Gläubigern. Man übernimmt die Kapitalanteile (§ 120 II) aus dem letzten Jahresabschluß und weist das Mehr oder Weniger an Eigenkapital ungeteilt gesondert aus, vgl RG **98**, 360, KG OLGE **21**, 378. Auch bei Auflösung der Ges am Geschäftsjahresende ist außer dem Jahresabschluß auf denselben Zeitpunkt die Liquidationseröffnungsbilanz aufzustellen.

B. Eine **Liquidationsschlußbilanz** ist (entgegen dem Wortlaut) nicht erst bei Beendigung der Liquidation aufzustellen, sondern sobald das Vermögen vollständig gemäß § 155 verteilbar ist, idR also wenn das Sachvermögen flüssig gemacht ist, die Schulden getilgt, wenigstens festgestellt sind, so daß das Liquidationsergebnis festgestellt und auf die Gfter umgelegt werden kann. Gewinn oder Verlust der Liquidation ergibt der Vergleich mit dem letzten Jahresabschluß (die Liquidationseröffnungsbilanz, s Anm B, dient nicht der Verteilung eines Ergebnisses). Liquidationsgewinn und -verlust werden nach gleichen Regeln (s bei § 120) wie vorher Gewinn und Verlust verteilt, BGH **19**, 48. Die Liquidationsschlußbilanz ist über-

§ 155 1   II. Buch. Handelsgesellschaften und stille Gesellschaft

flüssig, wenn aus der Liquidation in den Konkurs der Ges übergegangen wird.

C. **Jahresbilanzen** (§ 39 II) sind während der Liquidation (mangels Weisung, § 152) idR nicht geboten, weil vom Zweck der Liquidation nicht gefordert; anders bei längerer Liquidation mit umfangreichen Geschäften, BGH NJW **80**, 1523; dann kann auch Pflicht zur Aufstellung von **Zwischenbilanzen** bestehen, Celle BB **83**, 1451.

D. **Aufstellung** der Bilanz ist Vorbereitung der Bilanz für die Feststellung; sie ist jedem einzelnen Gfter möglich, deshalb keine notwendige Streitgenossenschaft (selbst wenn mehrere Gfter zur Aufstellung verpflichtet sind), BGH WM **83**, 1280. Erst die **Feststellung** der Bilanz ist rechtsgeschäftlicher Natur und legt die Bilanzansätze verbindlich fest (s § 242 Anm 1 C).

[Verteilung des Gesellschaftsvermögens]

155 **I** **Das nach Berichtigung der Schulden verbleibende Vermögen der Gesellschaft ist von den Liquidatoren nach dem Verhältnisse der Kapitalanteile, wie sie sich auf Grund der Schlußbilanz ergeben, unter die Gesellschafter zu verteilen.**

II **Das während der Liquidation entbehrliche Geld wird vorläufig verteilt. Zur Deckung noch nicht fälliger oder streitiger Verbindlichkeiten sowie zur Sicherung der den Gesellschaftern bei der Schlußverteilung zukommenden Beträge ist das Erforderliche zurückzuhalten. Die Vorschriften des § 122 Abs. 1 finden während der Liquidation keine Anwendung.**

III **Entsteht über die Verteilung des Gesellschaftsvermögens Streit unter den Gesellschaftern, so haben die Liquidatoren die Verteilung bis zur Entscheidung des Streites auszusetzen.**

1) Verteilung

A. Der Anspruch auf **Zwischen- und Schlußverteilung** (I, II 1, 2) **geht auf Geld** (Grundsatz der Versilberung); Abweichung mit Einverständnis des Gfters; BayObLG BB **83**, 82. Der Anspruch setzt nicht in jedem Fall Aufstellung der Schlußbilanz (§ 154) voraus, BGH BB **68**, 268, str, der Gfter kann also seinen Anteil selbst errechnen und einklagen, RG **47**, 19, ebenso der Gläubiger im Falle § 135, über dessen Auskunftsrechte § 135 Anm 4; im Prozeß vertreten die Ges die unbeteiligten Liquidatoren, notfalls Vertreter nach § 57 ZPO. Die Zwischenverteilung ist vorläufig, II 1; zu viel Gezahltes ist ggf aufgrund dieses Vorbehalts (nicht nach §§ 812 ff BGB) zurückzuzahlen, RG LZ **31**, 1261 (wohl mit angemessenem Zins, vgl RG **151**, 125), im Falle des § 135 auch vom Gläubiger, bei (vor der Zahlung eröffnetem) Konkurs des Gfters als Masseschuld (§ 59 Nr 3 KO). Über die ,,Entbehrlichkeit" von Geld (II 1) entscheiden die Liquidatoren pflichtgemäß, Klage der Gfter gegen sie auf Zahlung ist möglich. Das **Entnahmerecht** nach § 122 I entfällt in der Liquidation, II 3.

B. Schluß- und auch schon Zwischenverteilung erfolgen **nach Kapitalanteilen**. Die bei der GbR nach § 733 II BGB zu erstattenden Einlagen

1. Abschnitt. Offene Handelsgesellschaft 1 § 155

fallen bei der OHG in die nach §§ 120, 155 I gebildeten Kapitalanteile. Dem flüssigen GesVermögen entspricht die Summe dieser Kapitalanteile, wo diese alle aktiv sind. Bestehen neben positiven auch negative Anteile, so ist die Summe der ersten abzüglich der Summe der zweiten gleich dem Schlußvermögen. Die positiven Anteile erhalten dann je nur eine Quote und sind zur Auffüllung auf den Ausgleichsanspruch gegen die Inhaber negativer Anteile angewiesen; diesen haben nur bei entspr Bestimmung des GesVertrags oder GfterBeschlusses die Liquidatoren einzuziehen und zu verteilen, sonst geht er anteilig auf die Gfter mit positiven Anteilen über, der Ausgleich vollzieht sich unter den Gftern unmittelbar, RG LZ **14**, 1030, jeder Gfter kann und muß seine etwaige Ausgleichsforderung persönlich gegen die MitGfter geltend machen, BGH BB **66**, 844. Mit Beendigung der Schlußverteilung ist die Liquidation beendet. Stellt sich später heraus, daß noch ungeteiltes Vermögen da ist, so ist sie in Wahrheit nicht beendet und fortzusetzen; die Liquidatoren werden wieder tätig, die Schlußbilanz ist zu berichtigen. Sehen die Gfter nach Befriedigung der GesGläubiger von Verteilung des Restvermögens ab, so bilden sie eine GbR, KG DR **40**, 806.

C. Für **ungedeckte Schulden** der Gesellschaft gilt:

BGB 735 [Nachschußpflicht bei Verlust]
Reicht das Gesellschaftsvermögen zur Berichtigung der gemeinschaftlichen Schulden und zur Rückerstattung der Einlagen nicht aus, so haben die Gesellschafter für den Fehlbetrag nach dem Verhältnis aufzukommen, nach welchem sie den Verlust zu tragen haben. Kann von einem Gesellschafter der auf ihn entfallende Beitrag nicht erlangt werden, so haben die übrigen Gesellschafter den Ausfall nach dem gleichen Verhältnisse zu tragen.

Die Vorschrift sagt für die OHG: **a)** sind GesSchulden in der Abwicklung ungedeckt geblieben, so haften die Gfter auf den Fehlbetrag nach dem (vertraglichen oder gesetzlichen) Verlustverteilungsschlüssel; **b)** sind die GesGläubiger befriedigt, aber die Gfter mit aktivem Kapitalkonto ganz oder teilweise ungedeckt, so haften die Gfter mit passivem Kapitalkonto (s oben); für jeden Ausfall bei einem Gfter haften alle anderen nach dem Verlustverteilungsschlüssel. Diesen Ausgleich müssen und dürfen die Gfter ohne Rücksicht auf rückständige GesSchulden vornehmen; nimmt ein Gläubiger dann einen Gfter in Anspruch, so muß ein neuer Ausgleich stattfinden, RG **40**, 32. Denn die Haftung der Gfter den Gläubigern gegenüber berührt die Verteilung nicht. Ausgleich unter Gftern mit aktiven und passiven Kapitalkonten nach Zwangs- oder freiwilligem (Liquidations-) Vergleich, BGH **26**, 129 (Teilung des durch Teilschulderlaß entstandenen Liquidationsgewinns).

D. Streiten die Gfter über die **Verteilung (III)** so geht dieser Streit die Liquidatoren nichts an, RG **59**, 59, sofern nicht die Beteiligten ihnen die Entscheidung übertragen. Die Gfter haben ihn unter sich auszutragen; die Liquidatoren müssen die Verteilung bei Meidung der Ersatzpflicht bis zur Entscheidung des Streits aussetzen, und zwar sowohl eine Abschlags- wie die Schlußverteilung und ohne ein Recht, die Aussichten zu prüfen. Die Entscheidung bindet die Liquidatoren. Vor Erledigung ist die Liquidation nicht beendet, BayOBLG BB **83**, 82; doch können sie die Liqidatoren durch Hinterlegung des Betrags beenden, BayObLG WM **79**, 655.

E. Ein Gfter, der nach Abwicklung des GesUnternehmens dessen Hauptaktivum (zB Importquote) persönlich nutzen kann und nutzt, während sein früherer MitGfter daran (faktisch, nicht rechtlich) gehindert ist, muß diesem uU nach Treu und Glauben einen **Ausgleich** leisten, BGH MDR **58**, 584. Entspr schuldet der deutsche ex-Gfter seinem französischen MitGfter Ausgleich, wenn dieser aus der Aktivität der Straßburger KG aufgrund der französischen Nachkriegsgesetze allein (auf die volle Wiedergutmachung) in Anspruch genommen wurde, BGH NJW **67**, 36.

2) Rückgabe

Wie beim Ausscheiden eines Gfters aus fortbestehender Ges sind in der Liquidation der Ges den Gftern die von ihnen der Ges zur Benutzung überlassenen **Gegenstände zurückzugeben,** § 732 BGB, § 138 Anm 4 B. Rückgabe, sobald das der Liquidationszweck erlaubt, spätestens bei Beendigung der Liquidation. Ersatz für Verlust oder Verschlechterung nur bei Verschulden; die Gefahr trägt der Gfter. Anspruch erfaßt Surrogate entspr § 281 BGB. Kein Ersatz für die gewährte Benutzung und für geleistete Dienste, § 733 II 3 BGB; anders bei werkvertraglichen Leistungen, BGH NJW **80**, 1744 (Architekt). Gegenstände, die der Ges als Einlage zu Eigentum (nicht nur zur Benutzung) überlassen sind, sind wie anderes GesEigentum zu versilbern. § 732 BGB gilt ferner nicht bei Miete oder Pacht von Gegenständen des Gfters durch die Ges, solche Verträge erlöschen nicht durch die Auflösung der Ges. Der Vermieter-Gfter ist auch nicht ohne weiteres zur vorzeitigen Vertragsauflösung verpflichtet.

[Rechtsverhältnisse der Gesellschafter]

156 **Bis zur Beendigung der Liquidation kommen in bezug auf das Rechtsverhältnis der bisherigen Gesellschafter untereinander sowie der Gesellschaft zu Dritten die Vorschriften des zweiten und dritten Titels zur Anwendung, soweit sich nicht aus dem gegenwärtigen Titel oder aus dem Zwecke der Liquidation ein anderes ergibt.**

1) Allgemeines

Über die Wirkung der Auflösung s § 131 Anm 1, § 145 Anm 1. § 156 bringt zum Ausdruck, daß die Ges fortbesteht und die Rechtsverhältnisse der Gfter untereinander und der Ges zu Dritten unverändert bleiben, soweit nicht besondere Vorschriften oder der Liquidationszweck entgegenstehen. § 156 nennt nur die Vorschriften des 2. und 3. Titels (§§ 109ff, 123ff), aber auch Vorschriften aus dem 1., 4. und 6. Titel sind auf die Ges in Liquidation anwendbar:

2) Anwendbare Vorschriften:

1. Titel: § 105 II: anwendbar. Namentlich regeln die Vorschriften des BGB über die Ges die Haftung der Gfter für Verschulden; die Übertragbarkeit der GfterRechte; die Beitragspflicht, auch in Form der Dienstleistung als Liquidatoren; die Gesamtbindung des GesVermögens (ein Gfter kann während der Liquidation Leistung an sich nur verlangen, wenn die Verteilung des letzten Vermögenswerts in Frage steht und keine Schulden mehr da sind, RG **158**, 314); den Ausschluß der Haftung des GesVermögens für

1. Abschnitt. Offene Handelsgesellschaft § 157

persönliche Schulden der Gfter; die Aufrechnungsvorschriften. – § 106: unanwendbar. – §§ 107, 108: nur für Änderung von Sitz und Firma anwendbar, soweit der Liquidationszweck diese Änderung verlangt. Jedenfalls müssen alle Liquidatoren anmelden. § 108 II ist ersetzt durch § 148 III.

2. Titel: § 109: anwendbar. Auch für die LiquidationsGes gilt in erster Linie der GesVertrag, unbedingt, soweit er gerade die Liquidation vorsieht, im übrigen unter Beachtung des Liquidationszwecks (Auslegungsfrage). – § 110: anwendbar. Aufwendungen, die ein Gfter als Liquidator macht, sind ihm zu erstatten, aber nur, soweit hinreichende Mittel da sind. Aufwendungen eines sonstigen Liquidators fallen unter §§ 670, 675 BGB. – § 111: (Verzinsungspflicht) anwendbar. – §§ 112, 113: (Wettbewerbsverbot) s § 109 Anm 5 D, § 112 Anm 1 A. – §§ 114–117: (Geschäftsführung) durch §§ 146, 147, 149 ersetzt. – § 118: (Überwachungsrecht) anwendbar, KG Recht **32**, 337. Auch nach Ende der Liquidation besteht noch ein Einsichtrecht, § 157 III. – § 119: (Beschlußfassung) anwendbar (Ausnahme § 147). Mehrheitsbeschlüsse nach Vertrag zulässig; iZw muß man die Vereinbarung auch auf die Liquidation beziehen, hM. – §§ 120–122: (Gewinn und Verlust der Gfter) nur sehr beschränkt anwendbar (s §§ 154, 155 mit Anm). § 122 II gilt fort.

3. Titel: § 123: (Beginn der Wirksamkeit) unanwendbar. – § 124: (Rechtsstellung und Zwangsvollstreckung in GesVermögen) anwendbar. Die Liquidatoren handeln unter der Firma der OHG mit Liquidationszusatz, auch wenn die LiquidationsGes kein HdlGewerbe mehr betreibt. Der Gerichtsstand des § 17 ZPO dauert fort. – §§ 125–127: (Vertretung) ersetzt durch §§ 146, 147, 149–151. – §§ 128, 129: anwendbar. Die alte Gesamthaftung der Gfter besteht fort; sie tritt ein für die von den Liquidatoren eingegangenen GesSchulden. Nur die Gfter haften, nicht ihre eingetretenen Erben (Erbenhaftung) und nicht die Liquidatoren. Fortdauer auch bei Konkurseröffnung über das Vermögen eines Gfters; die Masse haftet nur für vor Eröffnung entstandene Schulden. – § 130: anwendbar. Während der Liquidation eintretende neue Gfter haften; so auch, wenn die LiquidationsGes nicht wieder ErwerbsGes wird.

4. Titel: Da ein Gfter auch in der Liquidation ausscheiden kann, sind die Vorschriften, die ein Ausscheiden betreffen, anwendbar. S aber § 138 Anm 1.

6. Titel: §§ 159, 160: anwendbar (Verjährung), allgM. Ansprüche des Gläubigers gegen die Ges sind auch die in der Liquidation entstandenen.

[Anmeldung des Erlöschens; Geschäftsbücher]

157 ^I Nach der Beendigung der Liquidation ist das Erlöschen der Firma von den Liquidatoren zur Eintragung in das Handelsregister anzumelden.

^II **Die Bücher und Papiere der aufgelösten Gesellschaft werden einem der Gesellschafter oder einem Dritten in Verwahrung gegeben. Der Gesellschafter oder der Dritte wird in Ermangelung einer Verständigung durch das Gericht bestimmt, in dessen Bezirke die Gesellschaft ihren Sitz hat.**

III Die Gesellschafter und deren Erben behalten das Recht auf Einsicht und Benutzung der Bücher und Papiere.

1) Erlöschen der Firma (I)

A. Zu I s schon § 31 II. Die Firma **erlischt** im Falle der Liquidation mit Beendigung der Verteilung des reinen Vermögens, RG JW **26**, 1432, es dürfen also zwar noch GesSchulden vorhanden sein, aber keine beitreiblichen Forderungen mehr, auch nicht gegen Gfter oder Liqidatoren, vgl KGJ **28** A 44. Ein Prozeß gegen die Ges hindert nicht, abw BayObLG LZ **14**, 785. Findet keine Liquidation statt oder geht man von ihr zu anderer Auseinandersetzung über, übernimmt zB ein Gfter das Geschäft mit Aktiven, Passiven und Firma, so gilt § 157 (auch Abs 1) nicht, KGJ **39** A 112, der Übernehmer ist anmeldepflichtig nach § 31 I. Die Eintragung enthält die öffentliche Kundgabe der Beendigung; ist früher beendigt, so ist das nur nach § 15 Dritten entgegenzusetzen, RG JW **30**, 3743. Nach Beendigung der OHG geht der Prozeß gegen die letzten Gfter als notwendige Streitgenossen weiter, Berichtigung der Parteibezeichnung, notfalls von Amts wegen, RG DR **44**, 665.

B. **Anmeldepflichtig sind sämtliche Liquidatoren.** So auch, wo sie oder die Gfter das Geschäft ohne Firma veräußern. Erlischt die Firma ohne Liquidation, haben die Gfter dies anzumelden, KGJ **22** A 109. Auch sonst können alle Gfter zusammen das Erlöschen der Firma anmelden, weil sie auch die Abwicklung beenden oder selbst übernehmen können.

C. Die Löschungseintragung wirkt nur deklaratorisch. Findet sich nach Schlußverteilung (§ 155), auch Löschung (§ 151 I), doch noch GesVermögen, so ist die Liquitation noch nicht beendet, die Firma in Wahrheit noch nicht erloschen, BGH NJW **79**, 1987, BayObLG BB **83**, 82. Die bisherigen (Vertretungsmacht besteht ohne Neubestellung weiter, BGH NJW **79**, 1987), ggf neu bestellte Liquidatoren haben die Liquidation zu vollenden. Die unzutreffende Löschung der Firma ist (falls zum Registerzweck geboten) ihrerseits zu löschen, vgl § 8 Anm 6.

2) Bücher und Papiere (II)

A. II trifft alle Fälle, in denen **liquidiert** ist und die Bücher nicht auf einen Übernehmer oder Erwerber übergegangen sind; aber entspr auch alle Fälle, in denen keine **Liquidation stattgefunden** hat und für die Verwahrung nicht anderweitig gesorgt ist, wie bei Beendigung des GesKonkurses, KG OLGE **19**, 317. Zu verwahren sind die Bücher und Papiere der aufgelösten Ges. Ergänzt wird § 157 durch § 257. Die Kosten der Verwahrung tragen die Gfter gemeinsam; sie sind von den Liquidatoren zurückzubehalten. Sind bei Beendigung der Liquidation keine Bücher usw vorhanden, so ist II unanwendbar; so namentlich, wo die Bücher mit den Aktiven in den Besitz eines Geschäftserwerbers übergehen. Vgl Hbg BB **72**, 417 (GbR).

B. Aufzubewahren hat ein **Gesellschafter** oder ein **Dritter**. Die Person bestimmt sich **a)** nach Vereinbarung der Gfter oder ihrer Erben, die nach § 119 stattzufinden hat. Fremde Zustimmung, auch die der Liquidatoren, unnötig. Ebenso die des Konkursverwalters (nach manchen bestimmt der Konkursverwalter, nach anderen er mit den Gftern). Die Liquidatoren müssen dem Beschluß nach § 152 gehorchen und die Bücher usw abliefern.

Die Vereinbarung ist unwiderruflich. **b)** Fehlt sie, so bestimmt das Amtsgericht des Sitzes der Ges, nicht unbedingt das Registergericht, einen Verwahrer, wobei es an Anträge auch bezüglich der Person gebunden ist. Verfahren nach §§ 145, 146 FGG (Text s § 146 Anm 4). Das Gericht stellt die nötigen Ermittlungen von Amts wegen an. Zulässig auch Bestellung durch einstweilige Verfügung des Prozeßgerichts. Nachträgliche Vereinbarung der Gfter macht den Beschluß hinfällig. Kein Zwang zur Annahme des Amts. Mit Annahme entsteht zwischen den früheren Gftern und dem Aufbewahrer ein Verwahrungsverhältnis. Vergütung entspr § 689 BGB; das Gericht ist dabei unbeteiligt.

3) Einsicht und Benutzung (III)

Sie stehen den Gftern und ihren Erben zu, die dabei Sachverständige zuziehen dürfen. Jeder Gfter und jeder Erbe ist für sich berechtigt, Ges-Gläubiger und Privatgläubiger nach § 135 dürfen nur nach § 810 BGB benutzen, ebenso ein vor Liquidationsende ausgeschiedener Gfter. Berechtigt ist aber auch der Konkursverwalter. Einsicht an fremdem Ort nur nach § 811 BGB. Rechtliches Interesse unnötig. Der Gfter kann sich Abschriften fertigen; er hat auch das Recht, sich die Beziehungen der Ges und ihre Geschäftsgeheimnisse zunutze zu machen. Sind die Bücher mit dem Geschäft veräußert, richtet sich das Einsichtsrecht früherer Gfter nach dem Vertrag und § 810 BGB, RG **43**, 135.

[Andere Art der Auseinandersetzung]

158 Vereinbaren die Gesellschafter statt der Liquidation eine andere Art der Auseinandersetzung, so finden, solange noch ungeteiltes Gesellschaftsvermögen vorhanden ist, im Verhältnisse zu Dritten die für die Liquidation geltenden Vorschriften entsprechende Anwendung.

1) § 158 bringt für den Fall einer „andern Art der Auseinandersetzung" § 145 Anm 2, (wie § 156 für den Fall der Liquidation) zum Ausdruck, daß die aufgelöste Ges **fortbesteht.** Im Verhältnis zu Dritten soll **Liquidationsrecht** (ohne Berufung von Liquidatoren) entspr gelten, solange noch ungeteiltes GesVermögen vorhanden ist. Die Ges haftet nach § 124, wird vertreten durch die Gfter entspr §§ 146 I, III, 150 I, II, 151.

2) § 158 gilt, wenn die **andere Art der Auseinandersetzung** unmittelbar auf die Auflösung folgt und wenn von der Liquidation zu ihr übergegangen wird (wodurch die Liquidation endet, das Amt der Liquidatoren erlischt, § 145 Anm 2 A). Wird die OHG **bürgerlichrechtliche Gesellschaft** (vgl Einl 4 B vor § 1), so gilt § 158 nicht, die Rechtsverhältnisse zu Dritten bestimmen sich nicht nach HGB, sondern BGB (zB §§ 714f, 427; §§ 719f, § 725).

Sechster Titel. Verjährung

[Verjährung der Ansprüche gegen einen Gesellschafter]

159 ⁱ **Die Ansprüche gegen einen Gesellschafter aus Verbindlichkeiten der Gesellschaft verjähren in fünf Jahren nach der Auflösung der Gesellschaft oder nach dem Ausscheiden des Gesellschafters, sofern nicht der Anspruch gegen die Gesellschaft einer kürzeren Verjährung unterliegt.**

ⁱⁱ **Die Verjährung beginnt mit dem Ende des Tages, an welchem die Auflösung der Gesellschaft oder das Ausscheiden des Gesellschafters in das Handelsregister des für den Sitz der Gesellschaft zuständigen Gerichts eingetragen wird.**

ⁱⁱⁱ **Wird der Anspruch des Gläubigers gegen die Gesellschaft erst nach der Eintragung fällig, so beginnt die Verjährung mit dem Zeitpunkte der Fälligkeit.**

1) Übersicht

A. **Ausscheidende Gesellschafter** (nicht eintretende Erben eines verstorbenen Gfters) haften weiter für die Verbindlichkeiten der Ges, dazu § 128 Anm 5. Gleiches gilt für alle Gfter nach Auflösung der Ges. §§ 159, 160 mildern diese Haftung durch Kürzung langer Verjährungsfristen für solche Ansprüche. Diese Sonderverjährung gilt nicht für phG, der mit Umwandlung der Ges in GmbH & Co Kdtist wird, falls er zugleich Geschäftsführer der GmbH wird (ähnlich § 28 für bisherigen Alleininhaber, s § 28 Anm 1 E; anders bei Umwandlung in KapitalGes nach § 45 UmwG), BGH **78**, 114 NJW **83**, 2258, 2941, krit K. Schmidt NJW **81**, 159, Priester-K. Schmidt ZIP **84**, 1064; anders für Kdtisten, der nicht an der Geschäftsführung beteiligt ist, BGH NJW **83**, 2943, oder nur wegen § 176 persönlich haftet, BGH **78**, 117. Enthaftung bei Umwandlung s Koch NJW **84**, 838.

B. §§ 159, 160 gelten nur für **Ansprüche** aus der persönlichen Haftung (**§§ 128ff**) für GesVerbindlichkeiten; nicht zB aus Bürgschaft des Gfters für solche, Schuldbeitritt, Wechselzeichnung, Geschäftsübernahme (§ 25, RG **142**, 301). Sie gelten auch gegen MitGfter als Gläubiger der Ges aus anderm Rechtsgrund als dem GesVerhältnis. Sie gelten auch, wenn über die GesSchuld ein rechtskräftiges Urteil (gegen die Ges) vorliegt (das idR nicht „Rechtskraft" gegenüber dem Ausgeschiedenen hat, § 128 Anm 8 C); ist aber der (ex-)Gfter selbst verurteilt, gilt Verjährung nach § 218 BGB (idR 30 Jahre), BGH NJW **81**, 2579.

2) Verjährungsfrist (I)

Sie beträgt **fünf Jahre**. Wenn der Anspruch jedoch nach allgemeinem Recht (oder Rechtsgeschäft) rascher verjährt, bleibt es bei der kürzeren Verjährung, hL; aA BGH NJW **82**, 2443, Brandes FS Stimpel **85**, 113, aber Berufung auf Verjährungseinwand der OHG, s § 129 Anm 1.

3) Beginn der Verjährung (II, III)

A. Die Fünfjahresfrist läuft von der **Eintragung** der Auflösung des Ges (oder des Konkursvermerks nach § 32, BGH NJW **82**, 2443) oder des Ausscheidens des Gfters (§ 159 II). Unerheblich ist, ob diese sich verzögert, ob und wann sie bekannt gemacht wird, ob und wann Gläubiger vom Ausscheiden (der Auflösung) Kenntnis erlangt. § 15 ist nicht anwendbar. Ist die Ges gar nicht eingetragen, entfällt die Verjährung nach § 159 (möglich Nachholung der Eintragung der Ges, dann Eintragung des Ausscheidens, der Auflösung). Ist das Ausscheiden nicht eingetragen, kann sich der Ausgeschiedene doch auf die Fünfjahresfrist nach Eintragung der Auflösung der Ges berufen, BGH NJW **83**, 2259.

B. Spätere **Fälligkeit** schiebt den Fristbeginn hinaus. Erst recht späteres Entstehen des Anspruchs, zB Begründung in der Liquidation. Bei Fälligkeit auf Kündigung gilt § 199 BGB. Im Fall einer Dauerschuld mit wiederkehrenden Einzelfälligkeiten (zB Rentenschuld aus Kauf) verjährt nach § 159 nicht der Gesamtanspruch schon in fünf Jahren, sondern der Anspruch auf jede einzelne Rate erst nach deren Fälligkeit; so (wegen des Zwecks dieser Haftung) BGH **50**, 235, str. (Eine andere Frage ist Verjährung des Gesamtanspruchs, neben der der Teilansprüche, in solchem Falle nach BGB, hier der Ges gegenüber; dahingestellt vom BGH **50**, 234). Haftung ausgeschiedener Gfter aus **Dauerschuldverhältnissen** ist in III nicht geregelt, die Lücke ist anderweitig zu füllen, BGH **87**, 291, NJW **83**, 2942, s § 128 Anm 5 B.

C. Nicht maßgebend Zeitpunkt der Einlagerückzahlung, insbesondere beim ausgeschiedenen Kdtisten, s § 112 Anm 2 A.

[Unterbrechung der Verjährung]

160 Die Unterbrechung der Verjährung gegenüber der aufgelösten Gesellschaft wirkt auch gegenüber den Gesellschaftern, welche der Gesellschaft zur Zeit der Auflösung angehört haben.

1) Unterbrechung der Verjährung im Verhältnis Ges-Gläubiger (zB durch Anerkenntnis, Klage, §§ 208, 209 BGB) wirkt gegen die nicht ausgeschiedenen Gfter, s § 129 Anm 1 A; nicht gegen vorher Ausgeschiedene (Ges und ex-Gfter gleichen mehr Gesamtschuldnern, vgl § 128 Anm 5 A). Wohl aber wirkt, was § 160 klärt, nach Auflösung der Ges die Unterbrechung im Verhältnis zwischen Gläubiger und (aufgelöster, damit nicht erloschener) Ges (vgl § 145 Anm 1 D, E) gegen die Gfter, die im Zeitpunkt der Auflösung angehörten. Dies gilt, solange noch ungeteiltes Vermögen vorhanden ist (oder nachträglich aufgefunden) wird, vgl § 157 Anm 1 C. Keine Unterbrechungswirkung gegenüber den Gftern, wenn die Forderung der Ges verjährt ist, BGH NJW **82**, 2443. Unterbrechung im Verhältnis zwischen Gläubiger und Gfter wirkt nicht gegen MitGfter. Nach Ende der Unterbrechung läuft erneut die Frist des § 159, RG HRR **42**, 376 (vgl § 217 BGB).

Zweiter Abschnitt. Kommanditgesellschaft

[Begriff der KG; Anwendbarkeit der OHG-Vorschriften]

161 ^{I} Eine Gesellschaft, deren Zweck auf den Betrieb eines Handelsgewerbes unter gemeinschaftlicher Firma gerichtet ist, ist eine Kommanditgesellschaft, wenn bei einem oder bei einigen von den Ge-

§ 161

¹ ... sellschaftern die Haftung gegenüber den Gesellschaftsgläubigern auf den Betrag einer bestimmten Vermögenseinlage beschränkt ist (Kommanditisten), während bei dem anderen Teile der Gesellschafter eine Beschränkung der Haftung nicht stattfindet (persönlich haftende Gesellschafter).

II Soweit nicht in diesem Abschnitt ein anderes vorgeschrieben ist, finden auf die Kommanditgesellschaft die für die offene Handelsgesellschaft geltenden Vorschriften Anwendung.

Schrifttum: S Einl vor § 105. – Zur GmbH & Co s Anh § 177a vor Anm I. – RsprÜbersichten: *Kuhn* WM **68**, 1074, **74**, 674, Sonderbeil I/78.

1) Übersicht

A. Die KG ist **Abart der OHG**, mangels spezieller anderer Anordnung gilt das OHG-Recht auch für sie, **II**. Die Erläuterung der §§ 105–160 ist daher auch auf die KG anwendbar, soweit nachstehend zu §§ 161–177 nichts anderes gesagt wird. Prozeß und Vollstreckung s Noack DB **73**, 157. Umwandlung OHG-KG und KG-OHG s § 139, Einl 4 B vor § 105; zur GesVertragsauslegung in diesem Falle § 105 Anm 2 K.

B. Die KG unterscheidet sich **von der OHG** dadurch, daß mindestens ein Gfter **Kommanditist** höchstens alle außer einem **persönlich haftenden Gesellschafter (Komplementär)** den GesGläubigern nicht nach §§ 128 ff, sondern beschränkt nach **§§ 171 ff** haftet. §§ 171–176 betr Haftung des Kdtisten bilden den Kern des Rechts der KG, die übrigen Vorschriften des Abschn 2 (§§ 161–170, 177) bringen durch diesen Hauptunterschied veranlaßte weitere Abweichungen vom Recht der OHG. **Firma** s § 19.

C. Die Möglichkeit der Haftungsbeschränkung für alle Gfter außer einem führt zu mannigfachen Bildungen, die vom Leitbild der KG (ein oder wenige voll haftende und führende, ein oder wenige nur Kapital gebende, nicht führende Gfter) beträchtlich abweichen, insbesondere: **a)** KG mit vielen, in einer besonderen Organisation zusammengefaßten Kdtisten (angenähert der KGaA), dazu § 164 Anm 2; **b)** KG mit juristischer Person als phG, dazu: Anm 2 C, Anh § 177a (GmbH & Co); **c) kapitalistische** KG: die Kdtisten halten das ganze (fast das ganze) Kapital und beherrschen die GfterVersammlung (ähnlich Aktionären), der bzw die phG führen die Geschäfte (ähnlich dem angestellten AG-Vorstand). Dieser Sachverhalt ändert nicht die Grundregeln des KG-Rechts, vgl zB BGH **18**, 351 (betr Ausschließung) **20**, 364 (Stimmrechtsausschluß, dazu Spengler FS Möhring **65**, 165, **23**, 15 (Kündigung), **45**, 204 (Rektor-Fall, beschränkte Haftung des Kdtisten, falls nicht Täuschung), **50**, 320. Er ist aber von Bedeutung für die Auslegung des Vertrags, Bsp: Wettbewerbsverbot der Kdtisten, vgl § 165; Nachfolge des phG-Erben in die phG-Stellung (vgl § 114 Anm 2 E), Fischer BB **56**, 841: besondere Bestellung. Der Bestimmtheitsgrundsatz (s § 119 Anm 2 B) gilt nur beschränkt, BGH **85**, 358. Er ist uU auch anderswie erheblich, Bsp: Einstehen der Kdtisten für Täuschung durch phG s § 105 Anm 8 F. Grenzen der KdtistenRechte (§ 138 BGB), Maiberg DB **80**, 2175. Monographie: Nitschke 1970; Wiedemann FS Bärmann **75**, 1048.

2) Die Gesellschafter

A. Vgl (für phG und Kdtist) § 105 Anm 1. Ein phG kann nicht gleichzeitig Kdtist sein und umgekehrt, § 124 Anm 2 A. **Kommanditist** kann eine OHG oder andere KG eher sein als phG (vgl § 105 Anm 1 C); **nicht** eine GbR, eheliche Gütergemeinschaft, **Erbengemeinschaft**, auch nicht bei Beerbung eines Kdtisten, auch hier gilt, wie bei Beerbung eines Gfters der OHG (§ 139 Anm 2) oder phG der KG Sondernachfolge der einzelnen Erben als Kdtisten, BGH **58**, 317, DB **77**, 1374; abw Köbler DB **72**, 2241. **Treuhänder**-Kdtisten (uU mit Vielzahl von Treugebern) s § 105 Anm 1 F. Einheit des Anteils jedes Gfters, Unmöglichkeit der Doppelrolle phG-Kdtist s § 124 Anm 2 A. Vertretung einer KG, die Kdtist ist, bei Anmeldungen s BayObLG BB **74**, 1089. Beitritt von Kdtisten s § 105 Anm 7 B, 8 F, I. Zur Auslegung einer Vollmacht (des phG) zur Anmeldung (ua) des Beitritts von Kdtisten (sie umfaßt iZw nicht die Anmeldung der Auswechslung des phG) s KG OLGZ **76**, 30.

B. Der Kdtist ist als solcher **nicht Kaufmann**, weder grundsätzlich noch bei Geschäften mit MitGftern oder der KG, BGH **45**, 285 (Schiedsabrede, Einl IV 3 A b vor § 1), NJW **80**, 1049, 1574, **82**, 570 (Bürgschaft); aA Ballerstedt JuS **63**, 259. Dazu § 105 Anm 1 I, 2 I (OHG). – Nach §§ 210, 211 KO (bei § 124 Anm 5) können nur phG, nicht Kdtisten Konkursantrag für die Ges stellen und Zwangsvergleich vorschlagen. – Kdtist ist ,,Gewerbetreibender" iSv GewO (zB § 14 I: Anzeigepflicht, § 35: Untersagung), auch ggf eintragspflichtig in Handwerksrolle (§ 7 HdwO); OVG Münst BB **62**, 541.

C. **Komplementär**, auch einziger, kann auch eine **juristische Person** sein, zB eine GmbH (GmbH & Co KG), so die Praxis seit RG **105**, 104, s Anh § 177a; sonst grundsätzlich, wer OHGfter sein kann (§ 105 Anm 1), zB eine OHG oder eine andere KG. Geschäftsführung durch juristische Person als Gfter s § 114 Anm 2 D. Auch der phG ist als solcher nicht uneingeschränkt **Kaufmann**, s § 105 Anm 1 I. **Konkurs** von Ges und phG s BGH **34**, 294, § 128 Anm 9 B. Vorrecht der Kinder des phG im GesKonkurs s § 124 Anm 5 F. Kein Armenrecht für mittellosen phG, wenn Mitvertretung durch Prozeßbevollmächtigten des andern phG und der KG möglich ist, Ffm BB **74**, 1458.

D. Durch Änderung des GesVertrags kann ein phG Kdtist, ein Kdtist phG (eine ,,Gfterstelle" entspr **umgewandelt**) werden. § 109 Nr 3 VerglO (bei § 124 Anm 5 G) gilt nicht für Kdtist, der phG war, so BGH BB **70**, 941, aA Mayer-Maly FS Westermann **74**, 380. Anwendung von § 15 I in solchem Falle (mangels Eintragung), ebenso wenn ein (schon der Ges angehörender) Kdtist einen phG, mit solcher Umwandlung, beerbt; BGH BB **76**, 437.

3) Gesellschaftsvertrag, Handelsgewerbe

A. GesVertrag s § 105 Anm 2. Auch **stillschweigender** Vertragsschluß, es muß aber dann stillschweigend auch für einen oder mehrere Gfter die Beschränkung der Haftung auf einen bestimmten Betrag vereinbart sein. Bedingter Vertragsschluß oder Beitritt zu KG ist im Innenverhältnis zulässig, im Außenverhältnis gilt § 123 I, II, Bedingung ist nicht im HdlReg eintragungsfähig, Koller-Buchholz DB **82**, 2172. **Form** nach § 313 BGB nicht erforderlich für GesVertrag und Kdtisten Beitritt bei KG zur Verschaffung von Eigentumswohnungen, wohl aber für Beitritt, der Kdtist zum Erwerb der Wohnung verpflichtet, BGH BB **78,** 726. Zur Schriftformklausel bei PublikumsKG s Anh § 177a Anm VIII 3 C. Schiedsabreden s Einl IV 3 A b vor § 1.

B. Das Erfordernis des Betriebs eines **Handelsgewerbes** unter gemeinschaftlicher Firma gilt für KG wie für OHG (vgl § 105 Anm 3). Unzulässigkeit der KG-Form für Apotheken: § 8 ApG, vgl § 1 Anm 8 A. ,,KG"-Gründung (-Aufrechterhaltung) bei Fehlen (Wegfall) des HdlGewerbes s § 105 Anm 3 B; Haftung vor Eintragung s § 176 Anm 1 C.

C. Fehlerhafter Beitritt von Kdtisten s § 105 Anm 8 I. Treuhand, Unterbeteiligung, Anteilsteilung s § 105 Anm 1 F, H, § 124 Anm 2 A. PublikumsKG s Anh § 177a Anm VIII.

D. Der GesVertrag kann **Vertragsänderung** mit Mehrheit zulassen, vgl § 119 Anm 2 B. Besonderheiten bei der PublikumsKG s Anh § 177a Anm VIII 3 C.

[Anmeldung zum Handelsregister]

162 ^I **Die Anmeldung der Gesellschaft hat außer den in § 106 Abs. 2 vorgesehenen Angaben die Bezeichnung der Kommanditisten und den Betrag der Einlage eines jeden von ihnen zu enthalten.**

^{II} **Bei der Bekanntmachung der Eintragung ist nur die Zahl der Kommanditisten anzugeben; der Name, der Stand und der Wohnort der Kommanditisten sowie der Betrag ihrer Einlagen werden nicht bekanntgemacht.**

^{III} **Diese Vorschriften finden im Falle des Eintritts eines Kommanditisten in eine bestehende Handelsgesellschaft und im Falle des Ausscheidens eines Kommanditisten aus einer Kommanditgesellschaft entsprechende Anwendung.**

1) Angaben bei Anmeldung der Gesellschaft (I, II)

A. Über die Behandlung der KG im HdlReg im allg s bei §§ 106–108; GmbH & Co s Anh § 177a Anm II 1 B. Verzögerung der Anmeldung gefährdet den Kdtisten besonders, § 176. Soweit alle Gfter anmeldepflichtig sind, sind es auch die Kdtisten. Die Anmeldung der **Errichtung** der KG muß außer den Angaben nach § 106 II auch die nach § 162 I enthalten. Nach BayObLG BB **73,** 397 kann ein EinzelKfm, der unter seiner Firma als Kdtist einer Ges beitritt (s § 17 Anm 2 C), auch mit der Firma als Kdtist eingetragen werden, jedenfalls bei Zufügung des bürgerlichen Namens (Firma X, Inhaber Y). ,,Einlage" ist die vereinbarte **Haftsumme,** § 171 Anm 1. Unschädlich Bezeichnung als Bareinlage wenn aus dem Zusammenhang klar wird, daß jene gemeint ist, Celle OLGZ **75,** 385. Änderung der Einlage s § 175.

B. Bekanntgemacht (§ 10) wird nicht der volle Inhalt der Eintragung, sondern nur die Zahl der Kdtisten, II.

C. Die **Wirkung** der Eintragung und Bekanntmachung ist bezüglich des Umfangs der Haftung des Kdtisten in §§ 172, 174, 176 zT abw von § 15 geregelt.

2) Anmeldung bei Umwandlung

Auch Umwandlung der Beteiligten als Gfter einer OHG oder phG der KG in Kommanditbeteiligung und umgekehrt ist anmeldepflichtig; wird wohl im allg im Register entspr **(4)** HRV § 40 Nr 5 II c dargestellt als Ausscheiden in dieser, Eintritt in jener Eigenschaft; keinesfalls ist Anmeldung in dieser Form zu fordern, BayObLG BB **70,** 941, Düss BB **76,** 1759. Ggf ist auch die Umwandlung der Ges (KG in OHG oder OHG in KG) bekannt zu machen.

3) Anmeldung bei Rechtsnachfolge (III)

Bei Übergang eines KdtAnteils durch **Erbgang** ist im HdlReg nicht nur das Ausscheiden eines Kdtisten und der Eintritt eines anderen (oder mehrerer) einzutragen, sondern auch, daß dieser als Erbe eintrat, so daß deutlich ist, daß nicht mehr Gfter als vorher haften. Anmeldung des Eintritts mehrerer Erben-Kdtisten durch sie alle, KGJ **44,** 135. Bei rechtsgeschäftlicher **Übertragung** des Anteils an anderen Kdtisten (nicht bei Übertragung an Komplementär, BayObLG BB **83,** 334, denn Einheit des Anteils, s § 124 Anm 2 A) ist die (Einzel- oder Sonder-)Rechtsnachfolge deutlich zu machen, RG DNotZ **44,** 201 (auf die, nicht auch im Register zu vermerkende, Versicherung, daß Veräußerer keinerlei Abfindung von der Ges erhalten habe, teils abw LG Ffm NJW **68,** 2114); wohl zu **(4)** HRV § 40 Nr 5 II c (Vermerk von Eintritt und Ausscheiden von Gftern); dann Haftungsfragen, s § 172 Anm 3. Anmeldung der Übertragung durch alle Gfter, § 108 I, auch durch Bevollmächtigte (Form s § 12 II); GfterMehrheitsbeschluß ersetzt nicht die Vollmachten aller Gfter, wohl aber Bevollmächtigung im GesVertrag, sofern in der Form des § 12 II, Ffm BB **73,** 722 (GmbH & Co, Vollmacht für phG zur Anmeldung von Kommanditanteilsübertragungen). Gebühren s Lappe BB **70,** 992.

[Rechtsverhältnis der Gesellschafter untereinander]

163 Für das Verhältnis der Gesellschafter untereinander gelten in Ermangelung abweichender Bestimmungen des Gesellschaftsvertrags die besonderen Vorschriften der §§ 164 bis 169.

1) Das Verhältnis der Gfter untereinander **(Innenverhältnis)** regelt in erster Linie der **Gesellschaftsvertrag.** Bei kapitalistischer KG (§ 161 Anm 1 C) ist uU der phG im Innenverhältnis Angestellter des (der) Kdtisten. Mangels abw Bestimmung des GesVertrags gelten §§ 164–169 und, soweit diese nicht abw, gemäß § 161 II die §§ 109–122.

[Geschäftsführung]

164 Die Kommanditisten sind von der Führung der Geschäfte der Gesellschaft ausgeschlossen; sie können einer Handlung der persönlich haftenden Gesellschafter nicht widersprechen, es sei denn, daß die Handlung über den gewöhnlichen Betrieb des Handelsgewerbes der Gesellschaft hinausgeht. Die Vorschriften des § 116 Abs. 3 bleiben unberührt.

§ 164 1 II. Buch. Handelsgesellschaften und stille Gesellschaft

1) Geschäftsführung

A. Kdtisten sind mangels abw Vertragsbestimmung von der **Geschäftsführung** (§§ 114–117) ausgeschlossen. Der GesVertrag kann ihnen (idR ohne Vertretungsmacht, dazu § 170) Geschäftsführungsbefugnis geben, vgl §§ 115, 116, Bsp BGH BB **76**, 526, auch andere Rechte auf Mitwirkung an der Geschäftsführung. Solche Rechte sind dann nur nach § 117 entziehbar, RG **110**, 420, OGH **1**, 33, vgl § 117 Anm 1 B. So uU auch die Stellung als Geschäftsführer einer GmbH, deren AlleinGfter die KG, Kln BB **77**, 464 (einstweilige Verfügung gegen Abberufung aus dieser Stellung durch phG). Die Gewährung der Geschäftsführungsbefugnis an einen Kdtisten ist iZw (abw von § 114 II) nicht als Ausschluß des (der) phG von der Geschäftsführung zu verstehen; auch dieser Ausschluß (nicht von der Vertretungsmacht) ist aber möglich, BGH **17**, 394, **41**, 369, **51**, 201, DB **68**, 797. Der Kdtist kann auch aufgrund eines **Arbeitsverhältnisses** (vgl § 124 Anm 6 B) für die Ges tätig sein, auch als HdlGehilfe mit Konkursvorrecht nach § 61 Nr 1 KO. Der aufgrund des GesVertrags wie ein Gfter mitarbeitende Ehemann einer Kdtistin verliert diese Tätigkeit bei Auflösung der Ges und hat keine Versorgungsrechte, auch nicht aus Treuepflicht der MitGfter, BGH FamRZ **66**, 92. Gibt der GesVertrag dem Kdtisten Geschäftsführungsbefugnis, bedarf auch die **Vergütung** der Bestimmung im GesVertrag (oder vertragsändernden Beschlusses) BGH BB **76**, 526. Übersicht: Immenga ZGR **74**, 385 (Kdtisten-Minderheitsrechte).

B. Der Kdtist (ohne Geschäftsführungsbefugnis, vgl Anm A) kann Handlungen der geschäftsführenden Gfter nicht (wie der OHGGfter, § 115 I) widersprechen, soweit sie nicht **über den gewöhnlichen Betrieb** des HdlGewerbes der Ges **hinausgehen.** Hierzu § 116 Anm 1, 4. Gehen sie hierüber hinaus, darf er (entgegen dem mißverständlichen Wortlaut von S 1) nicht nur widersprechen, sondern es bedarf (entspr dem, was § 116 II für nichtgeschäftsführende Gfter der OHG bestimmt) eines GfterBeschlusses mit seiner Zustimmung, RG **158**, 305. § 116 III bleibt unberührt; die Erteilung einer Prokura erfolgt also durch die geschäftsführenden Gfter ohne Mitwirkung der (der) (nicht geschäftsführenden) Kdtisten; jeder zur Erteilung oder Mitwirkung bei der Erteilung befugte Gfter kann eine Prokura widerrufen. Zur Kdtisten-Prokura s § 170 Anm 2. An der Aufstellung (vgl § 116 Anm 1) des **Jahresabschlusses** nimmt Kdtist nicht teil, aber an der Wahl der Abschlußprüfer (nach § 6 PublG) und der Feststellung (Billigung) der Bilanz, BGH **76**, 338 (vgl § 116 II), Ulmer FS Hefermehl **76**, 207 (Feststellung durch Vereinbarung aller Gfter, aber Entscheidung über Reserven, GoB-gerecht, durch phG), Schulze=Osterloh BB **80**, 1402; aA üL ua wegen §§ 166, 245 S 2. Endgültige Feststellung idR erst durch Unterschrift des (der) phG (§ 245 S 2), § 41 S 2, BGH BB **60**, 188; Rechtswirkung s § 245 Anm 3. Mitunterzeichnung durch den Kdtisten macht ihn idR nicht verantwortlich gegenüber Dritten (Gläubigern der Ges) für die Richtigkeit; nicht als Auskunft „an alle, die es angeht"; nicht nach § 823 II BGB; uU aus § 826 BGB oder (zB wenn Kdtist den Abschluß Dritten mit vorlegte) aus Haftung für Auskunft, § 347 Anm 3 D. Haftung nichtgeschäftsführender Gfter aus Einflußnahme auf geschäftsführende s § 114 Anm 2 A.

C. Der GesVertrag kann die Rechte des Kdtisten in bezug auf die Geschäftsführung in gewissen Grenzen **schwächen**, zB: das Zustimmungs-

2. Abschnitt. Kommanditgesellschaft **1 § 165**

recht (s Anm B) auf bestimmte Fälle beschränken; sein Stimmrecht (weitgehend) ausschließen, BGH **20**, 368, vgl § 119 Anm 2 D; die Verwaltung seiner Rechte (weitgehend) einem phG übertragen, Erman FS Nipperdey **65** I 277; mehrere Kdtisten ungleich stellen, s BGH BB **73**, 213. Dazu § 105 Anm 1 F, § 109 Anm 6 C. **Stärkung** der Rechte des Kdtisten durch den GesVertrag s Anm A.

2) Mehrere Kommanditisten

A. Der GesVertrag kann mehreren Kdtisten (zB Erben eines Gfters, § 139 Anm 2 A) vorschreiben, ihre Rechte **gemeinsam** durch einen **Vertreter** ausüben zu lassen; diese Vertreterklausel gebietet iZw einheitliche Rechtsausübung; sie verbindet die Gruppe gesellschaftsähnlich (§§ 705 ff BGB, nach aA §§ 741 ff BGB), verpflichtet die Beteiligten zur Mitwirkung an der Bestellung des Vertreters (Bevollmächtigter der Gruppe, nach aA GesOrgan) und Erteilung von Weisungen an ihn (durch einstimmige oder, str, Mehrheitsentscheidung, gemäß Auslegung des GesVertrags oder besonderer Regelung durch die Gruppe); sie vereinigt nicht (entspr § 719 BGB) die Anteile; sie berührt iZw nicht das Recht jedes Mitglieds zur Geltendmachung seiner Rechte im Prozeß; BGH **46,** 291. Solche Klauseln (sofern sie Majorisierung des einzelnen Kdtisten erlauben) unterliegen entspr Beschränkung wie die über Vertragsänderung mit Mehrheit, BGH NJW **73**, 1602, Zweibr OLGZ **75**, 404; Grenzen sind zB: keine unwiderrufliche verdrängende Stimmrechtsvollmacht (Abspaltungsverbot, § 119 Anm 2 E), keine obligatorische Gruppenvertretung im Kernbereich der GfterRechte (§ 119 Anm 2 B), nicht für höchstpersönliche GfterRechte wie Kündigungsrecht und, soweit unentziehbar, Informationsrechte. Vgl § 105 Anm 1 F (Treuhänder-Gfter), § 109 Anm 6 C (Verwaltung von GfterRechten). Übersicht: K. Schmidt ZHR 146 (**82**) 525.

B. Der GesVertrag kann (häufig bei größerer Zahl von Kdtisten) einen **Beirat** (Aufsichtsrat, Verwaltungsrat oä) vorsehen, der neben den Kdtisten oder an ihrer Stelle Zustimmungs- (vgl §164) u/o Kontrollrechte (vgl § 166) ausübt. S dazu § 114 Anm 2 G. Der Vertrag kann jeden Rechtsstreit unter Gftern vom vorgehenden Gutachten und Schlichtungsversuch durch den Beirat abhängig machen; auch gegenüber einem ausgeschiedenen Gfter, doch wirken nach dem Ausscheiden vereinbarte belastende Verfahrensbedingungen nicht gegen ihn; BGH BB **77**, 1321. Zum Beirat in der GmbH & Co Anh § 177a Anm III 2 C; zur Beiratshaftung in der PublikumsKG s Anh § 177a Anm VIII 5 B.

[Wettbewerbsverbot]

§ 165 Die §§ 112 und 113 finden auf die Kommanditisten keine Anwendung.

1) Persönlich haftende Gesellschafter

In der KG unterliegen phG dem Wettbewerbsverbot der §§ 112, 113; auch wenn sie von der Geschäftsführung ausgeschlossen sind. Die Einwilligung nach § 112 muß auch von dem (den) Kdtisten erteilt, ein Beschluß nach § 113 II mit ihrer Mitwirkung gefaßt werden. GmbH in GmbH & Co s Anh § 177a Anm III 1.

§ 166 1   II. Buch. Handelsgesellschaften und stille Gesellschaft

2) Kommanditisten

A. Für Kdtisten gelten §§ 112, 113 **nicht**. Einschränkung der persönlichen Einsichtsrechte bei Wettbewerbssituation s § 166 Anm 2 B b; deshalb muß Wettbewerbsverbot der Ausübung eines Eintrittsrechts eines Wettbewerbers als Kdtist nicht entgegenstehen, BGH WM **82**, 234. Gefahr der Kollision mit § 1 GWB s § 112 Anm 3.

B. Allein auf die formale KdtistenStellung kommt es aber nicht an. Hat dieser nach GesVertrag nach innen die **Stellung eines Geschäftsführers** (§ 164 Anm 1 A) **oder** sonst einen **maßgeblichen Einfluß** auf die Geschäftsführung, gelten §§ 112, 113 auch für ihn (Treuegedanke, s § 112 Anm 1 A), BGH **89**, 166; so auch bei Zugang zu den Informationen des Geschäftsführungsbereichs (s § 112 Anm 1 A). Vielfach erstreckt schon der GesVertrag das Wettbewerbsverbot (nach §§ 112, 113 oder mit Abweichungen) auf die Kdtisten. Übersicht: Löffler NJW **86**, 223.

C. **GmbH & Co** s Anh § 177a Anm III 1. **Konzernrecht** s dort und Einl 5 vor § 105.

[Kontrollrecht]

166 ^{I} **Der Kommanditist ist berechtigt, die abschriftliche Mitteilung des Jahresabschlusses zu verlangen und dessen Richtigkeit unter Einsicht der Bücher und Papiere zu prüfen.**

^{II} **Die in § 118 dem von der Geschäftsführung ausgeschlossenen Gesellschafter eingeräumten weiteren Rechte stehen dem Kommanditisten nicht zu.**

^{III} **Auf Antrag eines Kommanditisten kann das Gericht, wenn wichtige Gründe vorliegen, die Mitteilung einer Bilanz und eines Jahresabschlusses oder sonstiger Aufklärungen sowie die Vorlegung der Bücher und Papiere jederzeit anordnen.**

1) Übersicht

A. Der Kdtist hat zur Kontrolle der Geschäftsführung ein Recht auf Mitteilung und Nachprüfung des Jahresabschlusses (dazu Anm 2), so I, II. Bei Vorliegen wichtiger Gründe hat er darüber hinaus die Rechte nach III. Die Rechte des § 118, zB allgemeines Büchereinsichtsrecht, hat er nicht, BGH WM **83**, 911; § 166 schließt aber ein Auskunftsrecht nach §§ 713, 666 BGB (Grenzen: Treuepflicht) nicht aus, Huber ZGR **82**, 539, str, s § 114 Anm 3 C. Zur Feststellung des Jahresabschlusses und zur Mitwirkung dabei s § 164 Anm 1 B. § 166 gilt auch in der Liquidation (wenn Kdtist nicht selbst Liquidator ist, KG HRR **31**, 1690) bis zur Vollbeendigung, Celle BB **83**, 1450. § 166 ist auch anwendbar auf eine betriebseigene (Organ-)Verkaufs-GmbH, BGH **25**, 118. Einsichtsrecht besteht auch, wenn Kdtist Wettbewerber der KG ist; bei überwiegenden Interessen der KG jedoch Ausübung uU durch Sachverständigen, BGH BB **79**, 1315; vgl Anm 2 B.

B. Nach **Ausscheiden** hat Kdtist (mangels anderer Vereinbarung) nicht die Rechte aus § 166, nur die aus § 810 BGB und § 242 BGB betr die Zeit vor Ausscheiden. Vgl § 118 Anm 3. Abw Hbg, Hamm MDR **61**, 325, **70** 596: § 166 anwendbar (§§ 810, 242 BGB nicht berücksichtigt). Vgl auch

§ 233 Anm 2 (stGes). Ein Verfahren nach III kann nach dem Ausscheiden nicht mehr eingeleitet werden, ein vorher eingeleitetes aber bleibt zulässig, Hamm aaO (der Antrag aber nun wohl, idR, aufgrund §§ 810, 242 BGB zu beurteilen).

C. Der **Gesellschaftsvertrag** kann die Überwachungsrechte des Kdtisten **erweitern**. Er kann sie aber auch **einschränken,** solche Einschränkungen wirken aber (entspr § 716 II BGB, § 118 II HGB) nicht bei Verdacht unredlicher Geschäftsführung. Der GesVertrag kann mehreren Kdtisten verbieten, ihre Rechte anders als durch gemeinsamen Vertreter wahrzunehmen, Hamm MDR **52,** 549 (nicht eintragungsfähig, weil das Innenverhältnis der Ges betreffend). Dies schließt aber bei wichtigem Grunde das Vorgehen des einzelnen Kdtisten nach III nicht aus, auch nicht bei Verdacht unredlicher Geschäftsführung (entspr § 716 II BGB, § 118 II HGB) oder nicht ausreichender Kontrolle durch den Beauftragten.

2) Einsicht und Prüfung des Jahresabschlusses (I, II)

A. **Jahresabschluß** bedeutet bei PersonenGes Bilanz samt Gewinn- und Verlustrechnung (§ 242 III). I (nF 1986, Anpassung an § 242 III) umfaßt seinem Zweck nach neben der Handelsbilanz auch die höchst wichtige Steuerbilanz (dh die Handelsbilanz mit den steuerlich notwendigen Änderungen); nicht Zwischenabschlüsse, Prüfungsberichte (zB über freiwillige Abschlußprüfung oder des Finanzamts); nur Einsichtsrecht (s Anm C), aber das Vorliegen solcher Aufstellungen kann wichtiger Grund zu weitergehenden Forderungen gemäß III sein, s unten. Mitunterzeichnung (die nach § 245 S 2 nicht erforderlich) der Bilanz durch Kdtist (der sie iZw nicht mit auf- und feststellt, s § 164 Anm 1 B) ist Anerkennung ihrer Richtigkeit, schließt spätere Einsicht in die Unterlagen aus, anders wenn Anerkenntnis rechtswirksam durch Anfechtung (§ 119 BGB) oder Rücknahme (§ 812 BGB) beseitigt, Nürnb BB **57,** 1047; sie begründet nicht (auch bei Mitbeschluß durch Kdtist) Verantwortlichkeit des Kdtist gegenüber Dritten für die Richtigkeit, es sei denn nach § 826 BGB, BGH BB **62,** 426.

B. **a)** Das **Kontrollrecht** richtet sich gegen die Ges, Celle BB **83,** 1451, wenn nötig auch gegen die geschäftsführenden Gfter, s § 118 Anm 1 C. Es kann grundsätzlich **nur persönlich** ausgeübt werden; nur ausnahmsweise bei Behinderung der Kdtisten (zB längere Abwesenheit, Krankheit, Gebrechlichkeit) durch Dritte. Die bloße Hinzuziehung eines **Sachverständigen** (Wirtschaftsprüfer, Anwalt ua) zur Durchführung ist idR zulässig, weil dabei der Kdtist für Art und Weise verantwortlich bleibt, BGH **25,** 123, Hamm BB **70,** 104, Celle BB **83,** 1451, Hirte BB **85,** 2208; weitergehend für PublikumsGes s Anh § 177a Anm VIII 4. Möglich ist Ablehnung aus Gründen in der Person des Vorgeschlagenen, bei Streit hierüber Bestimmung durch das Gericht, Hamm BB **70,** 104. War Zuziehung des Sachverständigen nach Sachlage geboten (Bsp: von der vorausgehenden erheblich abweichender, ohne Wirtschaftsprüfer aufgestellter Jahresabschluß), so trägt die Ges die Kosten, denn dann entsprach der Jahresabschluß nicht dem, was der Kdtist nach Treu und Glauben verlangen kann; sonst trägt sie der Kdtist; der (geschäftsführende) phG muß sie übernehmen, wenn die Prüfung von ihm schuldhaft begangene Fehler (auch nur in der Aufstellung des Jahresabschlusses) aufzeigt, Stgt 15. 10. **82** 2 U 40/82.

Kein Recht zur Nachprüfung nach § 166, nachdem Kdtist den Jahresabschluß durch Unterschrift anerkannt hat, aber uU Anfechtung (§§ 119ff BGB) oder Rückforderung (§ 812 BGB) dieses Anerkenntnisses, Nürnb BB **57**, 1047. **b)** Der Kdtist **darf** aufgrund seiner Treuepflicht sein Einsichtsrecht **ausnahmsweise** nicht persönlich, sondern **nur durch** einen zur Verschwiegenheit verpflichteten **Sachverständigen** ausüben, zB wenn er Wettbewerber der Ges ist (s § 165 Anm 2); die Beweislast für konkrete Gefährdung betr bestimmter Geschäftsunterlagen liegt aber bei der Ges, BGH WM **79**, 1061. Ein solcher Ausschluß der persönlichen Ausübung kann bei berechtigtem Interesse, zB bei PublikumsGes, auch im GesVertrag vorgesehen werden, BGH NJW **84**, 2471, vgl Anh § 177a Anm VIII 4.

C. **Bücher und Papiere:** dazu gehören alle Unterlagen der Ges, auch Prüfungsberichte (s Anm A), auch Geheimbücher der Ges; nicht nur solche über die inneren Angelegenheiten der Ges, sondern auch über ihre Konzernbeziehungen, BGH NJW **84**, 2470 (zur stGes), vgl § 118 Anm 1 A. Ein eigenes oder abgeleitetes Kontrollrecht gegen selbständige TochterGes hat er nach I nicht (aber uU nach III), auch nicht gegen die KG auf Ermöglichung solcher unmittelbarer Kontrolle, BGH NJW **84**, 2470; anders bei EinmannGes, BGH **25**, 118. Der Kdtist kann unter den Schriftstücken wählen; geschäftsführender Gfter kann dartun, daß Einsicht in gewähltes Stück nicht zur sachgerechten Prüfung des Jahresabschlusses erforderlich, daher mißbräuchlich ist. Im Urteil auf Duldung der Einsicht Tenor idR ohne Einschränkung, die Gründe können auf mögliche Einschränkungen hinweisen, BGH **25**, 120, 122, BB **75**, 1083.

D. Die Rechte nach I sind idR durch **Klage** vor dem Prozeßgericht geltend zu machen. Doch ist für sie (wie für die Rechte nach III) bei wichtigem Grunde auch das Verfahren nach III möglich; wichtiger Grund ist insbesondere (vgl Anm 3 B) schon Verweigerung (ausdrücklich oder faktisch) der Kontrolle nach I (so daß bei Klageanlaß meist auch der Weg nach III offen sein wird); Hamm BB **70**, 509, MDR **71**, 1014. Kdtist kann gleichzeitig auf beiden Wegen vorgehen (unterschiedliche Voraussetzungen), Celle BB **83**, 1451. Keine Klage des Kdtisten gegen KG auf Änderung eines Bilanzentwurfs, BGH BB **80**, 121.

3) Außerordentliches Überwachungsrecht (III)

A. Es dient der Kontrolle der Geschäftsführung, nicht zB der Nachprüfung der Rechtmäßigkeit eines GfterBeschlusses, Hamm BB **70**, 509 (Verlustumlegung). Es ist unanwendbar zur Prüfung von Unterlagen (Schlußbilanz) eines einzelkfmUnternehmens, aus dem die KG hervorging, Düss DB **71**, 1779. Es ist nicht abdingbar, nicht einschränkbar, Hamm BB **70**, 509; vgl Anm 1 C. Doch hindert eine im GesVertrag enthaltene Schiedsgerichtsvereinbarung solche Anträge, BayObLG DB **78**, 2405.

B. **Wichtiger Grund:** zB begründeter Verdacht nicht ordnungsmäßiger Geschäfts- oder Buchführung s auch Anm 1 C. Auch Hbg MDR **65**, 666: Vorliegen eines Finanzprüfungsberichts, der die Gewinnfeststellung ändert.

C. **Umfang:** Bilanz, Jahresabschluß (III nF 1986, Anpassung an § 242 III) und sonstige Urkunden und Aufklärungen; Konzernbeziehungen und

2. Abschnitt. Kommanditgesellschaft **1–3 § 167**

TochterGes s Anm 2 C. Der Umfang richtet sich im übrigen nach Lage des Falles; Bsp: Teile eines Berichts, vgl Hbg MDR **65**, 666.

D. **Verfahren** nach FGG s Einl IV 1 vor § 1; §§ 145, 146 FGG (Text s § 146 Anm 4 D). Antrag gegen den (die) Geschäftsführer-Gfter, Hamm BB **70**, 104. Echtes Streitverfahren, trotzdem keine entspr Anwendung des § 239 ZPO (Unterbrechung bei Tod), Hamm BB **70**, 104. Im Verfahren nach III kann Anspruch nach I mitgeprüft werden (s Anm 2 D); der Anspruch nach III kann auch wie bei I mittels Klage (und einstweiliger Verfügung, str) geltend gemacht werden; vgl BGH NJW **83**, 2471.

[Gewinn und Verlust]

167 ^I **Die Vorschriften des § 120 über die Berechnung des Gewinns oder Verlustes gelten auch für den Kommanditisten.**

^{II} **Jedoch wird der einem Kommanditisten zukommende Gewinn seinem Kapitalanteil nur so lange zugeschrieben, als dieser den Betrag der bedungenen Einlage nicht erreicht.**

^{III} **An dem Verluste nimmt der Kommanditist nur bis zum Betrage seines Kapitalanteils und seiner noch rückständigen Einlage teil.**

1) Ermittlung von Gewinn und Verlust (I)

Für die **Ermittlung** des Gewinns oder Verlusts der Ges **im ganzen** gilt bei der KG nichts anderes als bei der OHG, s § 120 Anm 1.

2) Bildung der Kapitalanteile (II)

Grundsätzlich gilt gleiches wie bei der OHG, § 120 Anm 3. Dem Kapitalanteil des Kdtisten wird aber, abw von § 120 II, iZw **Gewinn** nicht beliebig hoch zugeschrieben, sondern nur **bis** der Kapitalanteil die zugesagte **Einlage erreicht,** also gar nicht, wenn diese sogleich voll geleistet ist und nicht durch Verluste oder Entnahmen vermindert wird. Darüber hinaus kommen Gewinnanteile dem Kdtisten außerhalb seines Kapitalanteils zugute, § 167 II, wie im System der festen Kapitalanteile (§ 120 Anm 3 B) alle Gewinnanteile allen Gftern. Nicht abgerufener Gewinn s § 169 Anm 1 D.

3) Begrenzter Verlustanteil (III)

Der Kdtist soll aber nach § 167 III am Verlust nur ,,bis zum Betrage seines Kapitalanteils und seiner noch rückständigen Einlage teilnehmen". Nach hM (wohl richtig) bedeutet das (entgegen dem Wortlaut) nicht, daß die Belastung des Kdtisten mit Verlusten bei Erschöpfung seines (durch Einlage und Gewinnzuschreibungen, vgl Anm 2, gebildeten) Kapitalanteils zuzüglich der noch zu leistenden Einlage aufhört, der Kdtist also keinen passiven Kapitalanteil (vgl § 120 Anm 3 E) haben kann; sein **Kapitalanteil** kann **passiv** werden, so daß er ihn durch spätere Gewinnanteile zunächst wieder auf Null bringen muß. Er ist nur bei Ausscheiden mit passivem Kapitalanteil (oder wenn die Ges aufgelöst wird und sein Kapitalanteil passiv ist oder in der Liquidationsschlußbilanz, § 154, passiv wird) nicht zum Nachschuß verpflichtet, BGH **86**, 126, WM **86**, 235. **Abbdingung** von III (Freistellungspflicht des Kdtisten) bei GmbH & Co, s Anh § 177a Anm IV 3 Bb. Steuerrechtliche Einschränkung des negativen Kapitalkontos s Anh § 177a Anm VIII 8 B.

[Verteilung von Gewinn und Verlust]

168 ^I Die Anteile der Gesellschafter am Gewinne bestimmen sich, soweit der Gewinn den Betrag von vier vom Hundert der Kapitalanteile nicht übersteigt, nach den Vorschriften des § 121 Abs. 1 und 2.

^{II} In Ansehung des Gewinns, welcher diesen Betrag übersteigt, sowie in Ansehung des Verlustes gilt, soweit nicht ein anderes vereinbart ist, ein den Umständen nach angemessenes Verhältnis der Anteile als bedungen.

1) Gewinnverteilung

Nach I werden entspr § 121 (falls nicht wie üblich vertraglich anders geregelt) aus dem **Gewinn** zunächst bis zu 4% auf die Kapitalanteile (s Anm 2) verteilt, bei Berücksichtigung von Leistungen und Entnahmen während des Geschäftsjahrs nach § 121 II. Mehrgewinn wird iZw nicht (wie nach § 121 III) nach Köpfen, sondern in angemessenem Verhältnis verteilt, II, vgl RG Gruch **38**, 1132.

2) Verlustverteilung

Auch **Verlust** wird, abw von § 121 III, in angemessenem Verhältnis umgelegt, II. Nichtteilnahme des phG am Verlust aufgrund GesVertrag führt nicht zur unbeschränkten Haftung der Kdtisten, da nur interne Regelung zwischen den Gftern, str, Ganssmüller NJW **72**, 1034, aA Buchheister BB **73**, 687.

[Keine Entnahmen; Gewinnauszahlung]

169 ^I § 122 findet auf den Kommanditisten keine Anwendung. Dieser hat nur Anspruch auf Auszahlung des ihm zukommenden Gewinns; er kann auch die Auszahlung des Gewinns nicht fordern, solange sein Kapitalanteil durch Verlust unter den auf die bedungene Einlage geleisteten Betrag herabgemindert ist oder durch die Auszahlung unter diesen Betrag herabgemindert werden würde.

^{II} Der Kommanditist ist nicht verpflichtet, den bezogenen Gewinn wegen späterer Verluste zurückzuzahlen.

1) Entnahmen

A. In der KG haben **Komplementäre (phG)** das Entnahmerecht nach § 122. Für **Kommanditisten** gilt § 122 nicht; das Verbot des § 122 II kehrt der Sache nach wieder in § 169 I 2, Vertragsauslegung dazu, § 122 I gilt nicht, s Anm B, C. Auch in der KG ist diese Regelung nachgiebig, s BGH WM **79**, 803, es besteht kein Auszahlungsverbot zum Schutze der Gläubiger, aber Auszahlungen an den Kdtisten können seine persönliche Haftung begründen, § 172 IV. Das Entnahmerecht kann gegen § 169 I 2 Halbs 1 beschränkt werden; bei Vorschrift, daß nicht entnehmbare Beträge auf einem Darlehenskonto gutzuschreiben sind, ist nach Düss BB **63**, 284, das so gebildete Darlehen iZw kündbar (Fristen § 609 I, II BGB), jedoch mit Rücksichtnahme auf die Belange der Ges nach Treu und Glauben (§ 109 Anm 5). Entnahmerecht von Kdtisten-Erben eines phG: in erster Linie nicht nach § 169, sondern durch ergänzende Auslegung (vgl § 105 Anm 2 K) anhand Entnahmeregelung für Erblasser zu bestimmen, BGH BB **73**, 1000, (zB ähnlich beschränkt). Die Beschränkung des I 2 Halbs 2 gilt iZw nur gegen den gesetzlichen Gewinnanspruch (§§ 167, 168), nicht eine vertragliche Gewinngarantie, BGH WM **75**, 662.

B. Den ihm zukommenden **Gewinn** darf der Kdtist grundsätzlich ganz entnehmen, ohne die Einschränkung in § 122 I, daß dies nicht zum offenbaren Schaden der Ges gereichen darf; doch kann seine Treuepflicht (§ 109 Anm 5) sein Entnahmerecht beschränken. Er darf einen Gewinnanteil nicht entnehmen, wenn sein Kapitalanteil infolge von Verlusten unter dem Betrage der von ihm zugesagten Einlage liegt oder durch die Auszahlung unter diesem Betrag käme, I 2. Ist der Kdtist mit der zugesagten Einlage im Rückstand, so hat er den Anspruch auf Auszahlung seines Gewinnanteils, aber die Ges kann diesen und die Einlageschuld aufrechnen; anders soweit die Einlage noch nicht fällig ist (§ 387 BGB), bis dahin darf der Kdtist Gewinnanteile entnehmen. Anders als der phG (§§ 122 I, 161 II) hat der Kdtist kein Entnahmerecht außerhalb des Gewinns, aber Vereinbarung ist möglich, BGH WM **79**, 803, s Anm C.

C. Vereinbarte **Tätigkeitsvergütung** folgt entweder aus dem GesVertrag (als Voraus auf den Gewinnanteil nach § 169 oder abw von § 169 vereinbarte gewinnunabhängige Ausschüttung) oder aus besonderem Dienstvertrag, vgl § 164 Anm 1 A; das erste gilt iZw bei Übertragung der Geschäftsführung an den Kdtisten neben dem phG; Celle OLGZ **73**, 343 (Folge: Haftung nach § 172 IV).

D. **Nicht abgerufener** (nicht dem Kapitalanteil zugeschriebener, vgl § 167 II) **Gewinn** ist jederzeit fristlos verfügbar (abrufbar, abtretbar, verpfändbar), nur mit Rücksichtnahmepflicht (§ 109 Anm 5 B), und für Gläubiger pfändbar. Bei Buchung als Darlehen oder sonstwie Einigung auf Behandlung als Darlehen gilt § 609 BGB, oder für GfterDarlehen vereinbarte schärfere Bindung, uU Verfügbarkeit nur mit dem Kapitalanteil (vgl § 120 Anm 3 F). Im Konkurs ist Kdtist insoweit nicht bevorrechtigter Konkursgläubiger, § 61 Nr 6 KO. Hierzu Weimar DB **78**, 285.

2) Gewinnrückzahlung

Der Kdtist braucht ebenso wie der Gfter der OHG und der phG der KG einmal bezogene (ausgezahlte oder auch zur freien Verfügung gutgeschriebene) Gewinne nicht wegen späterer Verluste zurückzuzahlen. Anders wenn etwa irrtümlich im Widerspruch zu § 169 I 2 ausgezahlt wurde oder wenn nachträglich Änderung der Abschlüsse den Gewinn beseitigt. Haftung gegenüber Gläubigern aus Entnahmen s § 172 IV, V. Rückzahlung einer bedingt gestatteten Entnahme s § 122 Anm 3 C.

§§ 170, 171   II. Buch. Handelsgesellschaften und stille Gesellschaft

[Vertretung der KG]

170 Der Kommanditist ist zur Vertretung der Gesellschaft nicht ermächtigt.

1) Gesetzliche Regelung

A. Die KG wird nach §§ 125–127 (s dort) iVm § 161 II durch die phG vertreten. Kdtisten sind von der organschaftlichen Vertretung (s § 125 Anm 1 B) zwingend ausgeschlossen. S aber Brox FS Westermann **74,** 21: möglich Gesamtvertretung von phG und Kdtist, einzutragen entspr § 125 IV; **(4)** HRV § 40 Nr 5 d hindert nicht. Mitunterschrift des Kdtisten (Angestellter) s § 17 Anm 2 F. Entziehung der Vertretungsmacht des einzigen phG s § 127 Anm 1 C.

B. Gesetzliche Haftung der Ges aus Handlungen von Kdtisten s § 124 Anm 3 B, Kdtist mit Geschäftsführung (vgl § 164 Anm 1 A) steht hier grundsätzlich gleich phG (mit Geschäftsführung).

2) Kommanditisten mit Vollmacht

A. Kdtisten können, durch GesVertrag oder durch den (die) phG namens der Ges, **Vollmacht** jeder Art für die Ges erhalten, auch Prokura, auch stillschweigend durch schlüssiges Verhalten des (der) phG, BGH BB **72,** 726. Mehrere phG (nicht der einzige phG, KG JW **39,** 424) können nach § 125 III (gemischte Gesamtvertretung) an Mitwirkung eines Kdtisten mit Prokura gebunden werden.

B. Die im GesVertrag einem Kdtisten erteilte Prokura kann zwar jederzeit mit Wirkung nach außen (§ 52 I), darf aber nur aus wichtigem Grunde **entzogen** werden, entspr der Entziehung der Geschäftsführungsbefugnis und Vertretungsmacht, §§ 117, 127, aber ohne Prozeß, durch bloße Erklärung, BGH **17,** 394. Das gilt auch, wenn der Kdtist von der Geschäftsführung ausgeschlossen ist (Titularprokura). Anders, wenn die Prokura des Kdtisten auf Dienst- oder sonstigem Vertrag beruht. Der GesVertrag kann die Entziehung von Zustimmung aller andern Gfter oder einer Mehrheit von ihnen abhängig machen, Karlsr BB **73,** 1551.

[Haftung des Kommanditisten]

171 ¹ Der Kommanditist haftet den Gläubigern der Gesellschaft bis zur Höhe seiner Einlage unmittelbar; die Haftung ist ausgeschlossen, soweit die Einlage geleistet ist.

ᴵᴵ Ist über das Vermögen der Gesellschaft der Konkurs eröffnet, so wird während der Dauer des Verfahrens das den Gesellschaftsgläubigern nach Absatz 1 zustehende Recht durch den Konkursverwalter ausgeübt.

1) Beschränkung der Haftung (I Halbsatz 1)

A. Der Kdtist haftet den GesGläubigern **bis zur Höhe** der im GesVertrag bestimmten, nach § 162 I ins HdlReg einzutragenden „Einlage", besser **Haftsumme.** Diese ist von der im Verhältnis unter den Gftern zu leistenden **Pflichteinlage** zu unterscheiden; mangels besonderer Vereinbarung entspricht zwar die Hafteinlage der Pflichteinlage, BGH DB **77,** 1249; die Pflichteinlage kann jedoch von der Haftsumme abweichen, vgl § 172 III.

2. Abschnitt. Kommanditgesellschaft   1 **§ 171**

Auch der StrohmannKdtist und der offene TreuhänderKdtist haften als Gfter, daneben uU auch der Treugeber, Celle ZIP **85**, 102, s Anm D. Die Berufung des Kdtisten auf die Beschränkung seiner Haftung ist **mißbräuchlich** nicht schon, wenn er allein Kapitalinhaber ist und den maßgeblichen Einfluß in der Ges hat, während der phG vermögenslos, und daher seine persönliche Haftung für Gläubiger nutzlos ist, BGH **45**, 204 (s § 161 Anm 1 C); nur wenn er vorsätzlich sittenwidrig durch solche Gestaltung der Ges Dritte schädigt (§ 826 BGB); nach Treu und Glauben wohl auch in gewissen andern Situationen, wenn seine Berufung auf Haftungsbeschränkung unannehmbar erscheint, nicht schon wenn er auf seine persönliche Kreditwürdigkeit und Zahlungsbereitschaft hinwies (vgl Vorinstanz Hamm MDR **63**, 849), falls nicht Schuldbeitritt oder Garantie anzunehmen, BGH **45**, 208. Durchgriffshaftung s BGH **54**, 222 (e. V.), § 172a Anm 9 B; Rechtsscheinhaftung s § 5 Anm 2. Haftung vor Eintragung des Einlagebetrags s § 176. Übersicht: Keuk ZHR 135 (**71**) 410.

B. Die Haftung des Kdtisten ist, von der Beschränkung und von der Sondervorschrift für den Konkurs (II) abgesehen, keine andere als die der Gfter der OHG und des phG in der KG, §§ **128, 129,** s dort. Wie deren Haftung dauert sie über Auflösung der Ges und Ausscheidens des Gfters fort, im Fall des Ausscheidens beschränkt auf die vor dem Ausscheiden begründeten GesVerbindlichkeiten (Altgläubiger), § 128 Anm 5, §§ 159, 160. Sie ist nicht subsidiär, gilt ohne Rücksicht auf Möglichkeit oder Unmöglichkeit der Befriedigung des Gläubigers aus dem GesVermögen, BGH **39**, 322. So auch bei Übertragung des GesAnteils; aber in Höhe des von ihm Eingelegten bleibt der Veräußerer nach § 171 I Halbs 2 von der Haftung befreit, § 172 Anm 2 B. Schiedsklausel zwischen KG und Dritten wirkt auch für Kdtisten, die nach §§ 171 ff in Anspruch genommen werden, BGH WM **71**, 308 (s § 128 Anm 8 F).

C. **Gewerbesteuer** für den GesBetrieb nach GewStG: persönliche Steuerpflicht nur nach Maßgabe der bürgerlichrechtlichen Haftung für Verbindlichkeiten, des Gewerbebetriebs, des Kdtisten also nur gemäß KdtistenHaftung. Vgl BB **66**, 319. Ebenso nur beschränkte Haftung für Grundsteuer, RFH **48**, 160; ebenso für die Fernsprechgebührenschuld der KG, BGH BB **65**, 303. – Für HdlRegEintragungskosten haftet der Kdtist persönlich, soweit er selbst anmeldepflichtig ist (Bsp Sitzverlegung, §§ 107, 108 I, 161 II); anders für (auch damit verbundene) andere Anmeldung der Ges (Bsp ZwNlErrichtung, § 13), Hamm BB **76**, 811.

D. Möglich (und häufig) ist die Haftung des Kdtisten aus anderem Schuldgrund, zB **Verschulden bei Vertragsschluß** oder **Rechtsschein** (s Anh § 177a Anm IV 3 B b), **Bürgschaft** oder Schuldbeitritt. Bei Dauer-Mitschuld-Vertrag des Kdisten uU (aus § 242 BGB) Kündigungsrecht aus wichtigem Grunde, nicht allein wegen Vermögensverschlechterung der KG, Mü MDR **72**, 243. **Verlustausschluß des persönlich haftenden Gesellschafters** kann als nur intern wirkende Verteilungsvorschrift gemeint sein; Pflicht des (der) Kdtisten, phG von Außenhaftung freizustellen, führt mittelbar zu unbeschränkter Haftung des (der) Kdtisten, vgl Anh § 177a Anm IV 3 B b. Gegen den Haftungsanspruch (Inanspruchnahme des Kdisten durch Gläubiger) ist entspr § 387 BGB **Aufrechnung** mit Anspruch des Kdisten gegen die Ges möglich, so wie Aufrechnung gegenüber Ges als

§ 171 2   II. Buch. Handelsgesellschaften und stille Gesellschaft

enthaftende Einlageleistung wirksam (vgl Anm 2 B), BGH **58**, 75, NJW **74**, 2000, **76**, 418.

2) Wegfall der Haftung (I Halbsatz 2)

A. Die Haftung (I Halbs 1) entfällt durch **Leistung der Einlage** in Höhe des Werts des Geleisteten. Erforderlich ist **tatsächliche Wertzuführung (Kapitalaufbringungsprinzip),** BGH **95**, 197. Absprache über Leistung der Einlage aus späteren GesTantiemen und Wegfall der Beitragspflicht im übrigen ist nur im Innenverhältnis relevant, BGH WM **82**, 7. Die freie **Bewertung** im Innenverhältnis der Gfter (§ 120 Anm 3 C) gilt nicht für den Haftungswegfall. Eine Sachleistung ist mit objektivem Zeitwert anzusetzen, BGH **95**, 195, unmittelbar vor Konkurs nur mit Versilberungswert, BGH **39**, 330; entspr eine dubiose Forderung gegen Dritte, BGH **61**, 71; ebenso ein eingebrachtes HdlGeschäft und eine Forderung gegen dieses, BGH DB **77**, 394. Eine Goodwill-Anteil-Gutschrift, ohne wirkliche Wertzuführung, wirkt nicht gegen die Gläubiger, Kln BB **71**, 1077. Bei Unterbewertung wirkt auch ein ,,stille" Teil der Einlage gegen die Gläubiger, kürzt die sonst gegebene Direkthaftung, kann später eine Haftsummenerhöhung decken (iS § 171 I Halbs 2), kann ohne Haftungseffekt gemäß § 172 IV (s dort Anm 2 A) entnommen werden, str, s Felix NJW **73**, 491. Anteile an der phG-GmbH s § 172 VI. Anteilsübertragung s § 172 Anm 3. Zahlung auf zusätzlich versprochene Darlehen s Anh § 177a Anm VIII 4. Sind Dienste als Einlage geleistet (vgl § 109 Anm 4 B, § 120 Anm 3 C, § 230 Anm 5 A, C, § 235 Anm 1 A), kommt es auf deren objektiven Wert an. Sach-(Grundstücks-)Einbringung ,,dem Werte nach" s Ullrich NJW **74**, 1490. Monographien: K. Schmidt 1977 (Verhältnis Einlage-Haftung), Elsing 1977; K. Schmidt ZGR **76**, 307, DB **77**, 2313.

B. Enthaftende Einlageleistung erfolgt auch (wesentlicher Unterschied von § 19 II 2 GmbHG, § 66 I 2 AktG) durch **Aufrechnung** mit einer Forderung gegen die Ges, gleich welcher Art, auch mit einem Schadensersatzanspruch. Befreit der Kdtist die Ges durch Aufrechnung von einer Drittgläubigerforderung, enthaftet ihn das in Höhe des Nennwertes, also ohne Rücksicht auf die Bonität der Forderung des Drittgläubigers im Hinblick auf die Vermögenslage der Ges, BGH **95**, 195. Rechnet der Kdtist jedoch gegen die Einlageforderung mit einer Eigenforderung gegen die Ges auf, kommt es auf die tatsächliche Wertzuführung an (s Anm A), BGH **95**, 196 m Anm K. Schmidt ZGR **86**, 152, aA BGH **51**, 394 (s 26. Aufl). Der Kdtist steht als GesGläubiger also schlechter als der außenstehende Gläubiger. Die Aufrechnung ist auch bei nur teilweiser Wertzuführung nicht überhaupt nichtig (anders als für GmbH), sondern befreit teilweise, BGH **95**, 198.

C. Enthaftende Einlageleistung ist ferner **Befriedigung** eines **Gesellschaftsgläubigers,** gleich welcher Art, auch eines Schadensersatzgläubigers; auch Befriedigung durch Aufrechnung mit einer persönlichen Gegenforderung an den Gläubiger; gleich auch ob die getilgte Forderung mit Rücksicht auf die Vermögenslage der Ges vollwertig ist, der Kdtist wird so gegenüber allen Gläubigern von der Haftung frei; das gilt, solange die Ges nicht in Konkurs ist (dazu Anm 3); es gilt auch gegenüber einem anderen Gläubiger, der den Kdtist schon verklagt hat; BGH **36**, 328, **42**, 192, **51**,

2. Abschnitt. Kommanditgesellschaft 3 **§ 171**

393. Es gilt auch während eines Vergleichsverfahrens, BGH **58**, 74 (dazu Anm 3 A). Es gilt für den (forthaftenden) ex-Kdtisten (vor GesKonkurs, dazu Anm 3 C) bei Befriedigung eines Altgläubigers (vgl Anm 1 B), BGH **42**, 193.

D. Gleich wirkt **Abtretung** (vgl § 109 Anm 4 F) der Einlageforderung Ges-Kdtist an GesGläubiger an Erfüllungs Statt (also Ges gegenüber Gläubiger befreiend, gleich wie Vermögenslage der Ges, vgl dazu Anm D), BGH **63**, 341, NJW **82**, 35; auch Abtretung zur Sicherung, erfüllungshalber, und daraufhin Zahlung an den Gläubiger nach GesKonkurseröffnung, BGH **63**, 341. Erlaß oder Rückabtretung der Einlageforderung durch den Gläubiger an Kdtisten schadet nicht, BGH NJW **84**, 874.

E. Der **Beweis** der die Haftung ausschließenden Einlage obliegt dem Kdtisten, Kln BB **71**, 1077; auch der des Werts der Einlage (vgl Anm A), BGH DB **77**, 394. Er kann die Leistung der Einlage noch durch Vollstreckungsklage (§ 767 ZPO) geltend machen. Die Haftungsklage des Gläubigers erledigt sich durch Einlageleistung des beklagten Kdtisten während des Prozesses. Der Kdtist, der über die Leistung der Einlage dem Gläubiger nicht Auskunft gab, schuldet ihm (der mit der Haftungsklage abgewiesen wird) Kostenersatz, §§ 242, 276 BGB.

F. Einbringung eines schon **überschuldeten** HdlGeschäfts als Einlage (zu Wert x) wirkt nicht befreiend (I Halbs 2), begründet aber keine Haftung über die Einlage (Haftsumme) hinaus, BGH **60**, 327. Auszahlung s § 172 Anm 2 E. GmbH & Co s § 172a. Vgl aber Kuhn FS Schilling **73**, 69: uU Erstattungsanspruch der Ges gegen Kdtist aus § 812 BGB, mit § 138 BGB (bei bewußter Gläubigerbenachteiligung) oder § 242 BGB. S auch K. Schmidt DB **73**, 2228.

3) Haftung des Kommanditisten im Gesellschaftskonkurs (II)

A. Fällt die OHG in Konkurs, so meist auch die Gfter. Anders die KG, in der mindestens ein Gfter nur beschränkt haftet, daher idR nicht neben der Ges auch in Konkurs geraten wird. Um Wettrennen der GesGläubiger um die Verwertung dieser Haftung des Kdtisten zu unterbinden, läßt II die Rechte aus dieser Haftung bei Konkurs der Ges **ausschließlich** den **Konkursverwalter** (im Interesse der GesGläubiger) ausüben. Die GesGläubiger können aber weiterhin gegen den phG und die nach § 176 unbeschränkt haftenden Kdtisten vorgehen, BGH **82**, 214. II gilt nicht im Vergleichsverfahren; der Anschlußkonkurs wirkt nicht zurück auf vorher erfolgte Leistungen eines Kdtisten, BGH **58**, 74 (vgl Anm 2 C). II ist nicht, auch nicht entspr, anwendbar zugunsten des KV im Konkurs des (auch einzigen) phG, der das HdlGeschäft der KG (zB durch Ausscheiden aller Kdtisten) übernahm; die ex-Kdtisten bleiben den KGGläubigern haftbar gemäß I; BGH BB **76**, 383, abw K. Schmidt JR **76**, 278: § 171 II gilt in jedem Konkurs, wenn für Gemeinschuldnerschulden X als (ex-, auch Schein-)-Kdtist haftet. Kdtistenhaftung und Insolvenzrecht s Häsemeyer ZHR 149 (**85**) 42.

B. Der Kdtist schuldet **Zahlung** des Betrags, mit dem er haftet und der zur Befriedigung der Gläubiger benötigt wird, RG **51**, 40, **zur Masse:** sog ,,Hafteinlageschuld" (zu unterscheiden von der ,,Pflichteinlage", s Anm 1 A, § 109 Anm 4). Er kann keinen Gläubiger mehr mit Wirkung gegen den

Konkursverwalter befriedigen, RG 37, 86. Ein anhängiger Rechtsstreit des GesGläubigers mit dem Kdtisten wird entspr § 13 AnfG unterbrochen, BGH 82, 218, also keine Erledigung in der Hauptsache (anders hL), Konkursverwalter kann also in den Rechtsstreit eintreten, Kdtist kann ihn später uU wieder aufnehmen. Erlaß und Vergleich zwischen Konkursverwalter und Kdtisten wirken gegen die Gläubiger, RG 39, 64. Der Konkursverwalter kann den Anspruch gegen den Kdtisten nicht auf Gläubiger „übertragen" oder „rückübertragen" oder ihnen „freigeben", vgl RG 74, 430, str; möglich ist wohl treuhänderische Abtretung an einen Konkursgläubiger zur Einziehung für die Masse, BGH BB 74, 1361. Der Kdtist kann gegen den Anspruch des Konkursverwalters **aufrechnen** mit einer (vor Konkurseröffnung begründeten) Drittgläubiger-Forderung (§ 124 Anm 6 C) an die Ges (entspr Anwendung § 387 BGB, §§ 53 ff KO: Kdtist ist zwar nach § 171 Schuldner nicht der Ges, sondern der GesGläubiger, kann aber befreiend an die Ges leisten, § 171 I Halbs 2); nicht so aufrechnen kann er mit einem Erstattungsanspruch aus Inanspruchnahme als Bürge oder Mitschuldner durch einen GesGläubiger (anders RG 37, 87 betr Kdtist-Bürge), soweit der Anspruch sich mit der Hafteinlageschuld (§ 171 II) deckt; insoweit zahlt er doppelt; BGH 58, 75, BB 74, 1361, NJW 81, 232; aA Fromm BB 81, 813: für GmbH & Co § 19 II 2 GmbHG analog. Der Sicherungszessionar einer Einlageforderung (vgl § 124 Anm 1 E) hat ein Absonderungsrecht, LG Gött NJW 70, 1375. Zur Sacheinlageleistungspflicht (gemäß Vertrag) des Kdtisten, der vor dem Konkurs schon gemäß seiner Haftsumme einen Gläubiger befriedigte (doppeltes Risiko des Kdtisten) BGH 39, 323, **63,** 342, str; s Gursky DB **78,** 1261.

C. Der vor dem GesKonkurs **ausgeschiedene Kommanditist** haftet (vgl Anm 1 B) nur noch für vor seinem Ausscheiden begründete Verbindlichkeiten der Ges; die Ansprüche der Altgläubiger gegen den ex-Kdtisten macht nach II der Konkursverwalter im eigenen Namen für ihre Rechnung geltend (sie werden nicht Konkursmasse), das Eingezogene darf der Konkursverwalter nur für die Altgläubiger verwenden, BGH 27, 56, **39,** 321, **71,** 304; Fischer **LM** § 172 Nr 2, 3, 4. Die Einziehung setzt nicht Feststellung der Altforderung im Prüfungstermin voraus, Stgt NJW **55,** 1928. Der Konkursverwalter darf den Anspruch des einzigen Altgläubigers nicht gemäß § 171 II geltend machen, wenn der Gläubiger sich nicht am Konkurs beteiligt, BGH NJW **58,** 1139, vgl BGH **39,** 321. Der haftende ex-Kdtist befreit sich nicht durch unmittelbare Befriedigung eines einzelnen GesGläubigers, auch nicht durch Aufrechnung mit einer eigenen Forderung gegen diesen, BGH **42,** 192. Er hat für nach Konkurseröffnung an Altgläubiger geleistete Zahlungen Erstattungsanspruch an die Ges; er kann diesen nicht neben einer Restforderung der Altgläubiger im Konkurs geltend machen (§ 68 KO), wohl aber nach Vollbefriedigung der Altgläubiger (durch ihn selbst oder kraft eines Vorrechts aus der Masse) in gleichem Rang mit Neugläubigern, BGH 27, 58, **38,** 325, 327. Für einen Altgläubiger mit Vorrecht nach § 61 KO kann der Konkursverwalter den ex-Kdtist nicht in Anspruch nehmen, denn dann ginge die Forderung mit dem Vorrecht (vgl § 128 Anm 5 A) auf den ex-Kdtist über und dieser könnte das Gezahlte aus der Masse zurückholen, BGH **39,** 326.

D. Ein im Konkurs geschlossener **Zwangsvergleich** und ein **Vergleich**

2. Abschnitt. Kommanditgesellschaft 1 § 172

im Vergleichsverfahren beschränken die Verbindlichkeiten zugunsten der (nicht vorher ausgeschiedenen) phG, § 128 Anm 9 A, C, nicht zugunsten von (nach §§ 171 ff unmittelbar haftenden) Kdisten, RG **150**, 166, str.

E. **Konkursanfechtung** nach § 31 KO bei Geschäften der KG mit Gfter oder dessen Angehörigen s Fehl ZGR **78**, 725.

[Umfang der Haftung]

172 ^I **Im Verhältnisse zu den Gläubigern der Gesellschaft wird nach der Eintragung in das Handelsregister die Einlage eines Kommanditisten durch den in der Eintragung angegebenen Betrag bestimmt.**

^{II} **Auf eine nicht eingetragene Erhöhung der aus dem Handelsregister ersichtlichen Einlage können sich die Gläubiger nur berufen, wenn die Erhöhung in handelsüblicher Weise kundgemacht oder ihnen in anderer Weise von der Gesellschaft mitgeteilt worden ist.**

^{III} **Eine Vereinbarung der Gesellschafter, durch die einem Kommanditisten die Einlage erlassen oder gestundet wird, ist den Gläubigern gegenüber unwirksam.**

^{IV} **Soweit die Einlage eines Kommanditisten zurückbezahlt wird, gilt sie den Gläubigern gegenüber als nicht geleistet. Das gleiche gilt, soweit ein Kommanditist Gewinnanteile entnimmt, während sein Kapitalanteil durch Verlust unter den Betrag der geleisteten Einlage herabgemindert ist, oder soweit durch die Entnahme der Kapitalanteil unter den bezeichneten Betrag herabgemindert wird.**

^V **Was ein Kommanditist auf Grund einer in gutem Glauben errichteten Bilanz in gutem Glauben als Gewinn bezieht, ist er in keinem Falle zurückzuzahlen verpflichtet.**

^{VI} **Gegenüber den Gläubigern einer Gesellschaft, bei der kein persönlich haftender Gesellschafter eine natürliche Person ist, gilt die Einlage eines Kommanditisten als nicht geleistet, soweit sie in Anteilen an den persönlich haftenden Gesellschaftern bewirkt ist. Dies gilt nicht, wenn zu den persönlich haftenden Gesellschaftern eine offene Handelsgesellschaft oder Kommanditgesellschaft gehört, bei der ein persönlich haftender Gesellschafter eine natürliche Person ist.**

1) Höhe der Haftsumme

A. Nach Eintragung der Ges bestimmt sich die Höhe der Haftung des Kdtisten im Verhältnis zu Dritten allein **nach dem Eingetragenen**, I (vorher gilt grundsätzlich unbeschränkte Haftung, § 176); anderweitige Vereinbarungen und Fehler (Irrtum, Täuschung) im Innenverhältnis sind unmaßgeblich, Celle ZIP **85**, 100. Der Kdtist kann dem Dritten ggf entgegenhalten, daß ein höherer als der angemeldete Betrag eingetragen wurde und der Dritte zZ der Begründung seiner Forderung dies wußte, hM; idR (vorbehaltlich der §§ 826, 242 BGB) kann er nicht einwenden, es sei ein höherer als der vereinbarte Betrag angemeldet worden und dies dem Dritten bekannt gewesen; dieses Risiko liegt in der Sphäre des Gfters, jenes nicht.

B. Eine **Erhöhung** der Haftsumme wird (auch für ältere Schulden) zu-

§ 172 2 II. Buch. Handelsgesellschaften und stille Gesellschaft

gunsten Dritter wirksam: durch ihre **Eintragung,** I, durch handelsübliche **Bekanntmachung,** II, zB in einer verbreiteten Zeitung, RG JW **30,** 2658, durch **Mitteilung** irgendwelcher Art an den Gläubiger, der sich auf sie beruft, vorausgesetzt daß Bekanntmachung oder Mitteilung von der Ges mit Zustimmung des Kdtisten ergehen, erst recht wenn sie vom Kdtisten selbst ergehen (Rechtsscheinhaftung, § 5 Anm 2).

C. III bringt zum Ausdruck, vgl § 171 Anm 1 A, daß für die Haftung des Kdtisten gegenüber Dritten **nicht maßgebend** ist, **was** er nach Vereinbarung der Gfter **einzulegen** hat; wie von vornherein, so kann auch später durch Erlaß oder Stundung oder Einlage dies unabhängig von jenem geregelt werden.

2) Rückzahlung der Einlage

A. IV, V ergänzen § 171 I Halbs 2: Was **zurückgewährt** ist, gilt **wie nicht geleistet.** Die Haftung lebt insoweit wieder auf (nur für die Zukunft kann sie nach §§ 174, 175 herabgesetzt werden). Eine andere, von den internen Abreden abhängige Frage ist, ob die Ges abermalige Einlegung des Zurückgegebenen fordern kann. Nach Ausscheiden des Kdtisten **Verjährung** der Ansprüche gegen ihn nach §§ 159, 160. Beginn der Verjährung s §§ 159 II, III. Unerheblich ist wohl der Zeitpunkt der Rückgewähr der Einlage (nach Eintragung des Ausscheidens), Tschierschke NJW **68,** 1367, str. Dazu LG Gött NJW **70,** 1375. Rückgewähr bisher stiller Reserven s § 171 Anm 2 A. Anteilsübertragung s Anm 3.

B. **Rückzahlung** der Einlage ist auch die Auszahlung des Auseinandersetzungsguthabens (§ 138 Anm 4) an den ausgeschiedenen (aber weiterhaftenden, vgl § 171 Anm 1 B) Kdtisten: liegt es infolge von Verlusten (nicht Überentnahmen, vgl Anm C, D) unter dem Eingelegten, lebt die Haftung entspr niedriger auf. Ferner stehen der Rückzahlung iSv IV 1 gleich: Überentnahmen, vgl Anm C, D; Begleichung persönlicher Verbindlichkeiten des Kdtisten durch die Ges; Leistung an Dritten, der dafür entspr dem Kdtisten leistet, BGH **47,** 149; Eigentümergrundschuldabtretung durch die Ges an Kreditgeber des Kdtisten, BGH BB **76,** 383; Rückzahlung aus Privatvermögen des MitGfters mit der Folge von Erstattung(sanspruch, § 110) aus GesVermögen, also bei Zahlung auf GesSchuld, BGH **61,** 151, **76,** 130, **93,** 249; Anteilsübertragung Kdtist-phG gegen Kaufpreis, Ffm NJW **63,** 545, s auch BGH WM **77,** 919; Auszahlung durch MitGfter-Geschäftsübernehmer, nach dieser Übernahme oder auch vorwegnehmend vorher, BGH **61,** 151. **Nicht** Rückzahlung aus (den Gläubigern auch haftendem) phG-(uU Kdtist-)Privatvermögen, wenn Erstattung rechtlich oder tatsächlich ausscheidet, BGH **93,** 246, denn Privatvermögen unterliegt keiner gesetzlichen Kapitalerhaltung; aA Riegger BB **75,** 1282, differenzierend Bälz BB **77,** 1481. Nicht Rückzahlung ist Zahlung angemessener Tätigkeitsvergütung für Geschäftsführung des Kdtisten, str, s Anh § 177a IV Anm 3 B. Umwandlung des Auseinandersetzungsguthabens (§ 138 Anm 4 D) in Darlehensforderung, anders Begleichung dieser Darlehensschuld, auch schon Zinszahlung auf das Darlehen soweit nicht gleich Gewinnanteil, BGH **39,** 331; dazu Keuk ZHR 135 (**71**) 421.

C. Werden **Gewinne entnommen,** nachdem das Eingelegte durch Verlust vermindert war, so läßt die Entnahme die Haftung wie eine Rückzahlung des Eingelegten wiederaufleben (zuerst soll der durch Einlegung begründete, durch Verlust verminderte Kapitalanteil des Kdtisten wieder aufgefüllt werden). Gleiches gilt, wenn noch kein Verlust bestand, aber nun die ,,Gewinnentnahme" den Kapitalanteil mindert. So **IV 2**. Bei Überbewertung des Eingelegten (vgl § 120 Anm 3 C, § 171 Anm 2 A) gilt der wahre Wert, Schmeding BB **71**, 1301. Im Innenverhältnis verneint § 167 II (nachgiebig) den Anspruch des Kdtisten auf Gewinnauszahlung in diesen Fällen. § 169 I 2 und § 172 IV 2 treffen nicht Gewinnauszahlungen auf einen unter dem Betrage der Einlage liegenden Kapitalanteil, wenn dieser niemals höher war als bei der Auszahlung, eine Wiederauffüllung also nicht in Frage steht. Auch Zahlung von Geschäftsführerbezügen an Kdtist, falls kein Arbeitsverhältnis begründet, was iZw nicht anzunehmen (vgl § 110 Anm 4 A, § 164 Anm 1 A), kann (als Gewinnvoraus) zu Haftung nach IV 2 führen, Celle OLGZ **73**, 343, Hamm DB **77**, 717, dazu Priester DB **75**, 1878. Ausschüttungen bei reinem **Buchverlust** durch Sonderabschreibungen fallen nach dem Gläubigerschutznormzweck nicht unter IV 2, str, Priester BB **76**, 1004.

D. **V** spricht vom ,,**Zurückzahlen**" **von Gewinnen,** meint aber, wie der Zusammenhang mit I-IV ergibt, die **Haftung** des Kdtisten im Verhältnis zu GesGläubigern und gerade nicht die Frage, ob er an die Ges zurückzahlen muß oder nicht; er kann zum Zurückzahlen an die Ges verpflichtet sein, ohne daß der Gewinnbezug seine Haftung gegenüber den GesGläubigern erhöht, und umgekehrt, RG Gruch **37**, 1163, hL, aA K. Schmidt BB **84**, 1593. V gilt bei Auszahlung von Scheingewinn; bei Auszahlung von dem Kdtisten nicht zukommenden Anteilen aus echtem Gewinn; bei Auszahlung von ihm zukommenden Anteilen aus echtem Gewinn, wenn die Auszahlung nach IV 2 nur mit der Wirkung des Auflebens der Haftung möglich war. In diesen Fällen soll die Haftung nicht (gemäß IV) aufleben, wenn (1) die Bilanz richtig war oder (von allen an der Errichtung beteiligten Gftern) ohne Vorsatz, BGH **84**, 385, und ohne grobe (nicht schon leichte, str, vgl § 62 I 2 AktG) Fahrlässigkeit für richtig (dh nicht unerlaubt günstig) gehalten wurde, vgl RG Gruch **37**, 1163, (2) der Kdtist ohne grobe Fahrlässigkeit (nach aA ohne Kenntnis) den Gewinnbezug für ordnungsmäßig, dh keinen der genannten drei Fälle für gegeben ansah. Nur Bezug als Gewinn ist geschützt, nicht Gutschrift; fordert der Kdtist den Gewinn nicht bis zur nächsten Jahresbilanz ein, so verliert seine Forderung den Charakter als Gewinnanspruch. Vorauszahlungen auf Gewinn fallen nicht unter V, RG **37**, 82. Die Voraussetzungen des IV 2, insbesondere die Unrichtigkeit der Bilanz muß der Gläubiger, den guten Glauben muß der Kdtist beweisen.

E. Über die Einlage (Haftsumme) hinausgehende Zahlungen der Ges an Kdtist lassen ihn nicht höher haften (GesVermögensminderung zugunsten des Kdtist ist nicht verboten, macht ihn nicht schlechthin haftbar, nur im Rahmen der Einlage), BGH **60**, 327. Rückzahlung von Aufgeld, das Kdtist neben Einlage gezahlt hat, ist unschädlich, wenn nicht Kapitalanteil dadurch unter die Haftsumme sinkt, BGH **84**, 387. Vgl betr Einbringung eines überschuldeten Geschäfts § 171 Anm 2 F. GmbH & Co s § 172a. Übersicht: K. Schmidt DB **73**, 2228.

F. Der durch die GmbH-Novelle 1980 eingefügte **VI** dient dem verbes-

§ 172a

serten Schutz der Gläubiger einer KG, bei der kein phG eine natürliche Person ist und den Gläubigern deshalb nur eine begrenzte Haftungsmasse zur Verfügung steht (vgl § 19 Anm 3 D). Werden in einer solchen KG Anteile am phG (meist Geschäftsanteile der Komplementär-GmbH) als Kommanditeinlage geleistet, so gilt die Einlage des Kdtisten gegenüber den Gläubigern der KG als nicht geleistet, der Kdtist haftet ihnen also persönlich bis zur Höhe seiner Einlage (§ 171 I). Grund dieser schon bisher vertretenen Regelung ist, daß die Haftungsmasse einer solchen KG aus der Haftung der Komplementär-GmbH und der beschränkten Haftung der Kdtisten besteht. Könnten die Geschäftsanteile an der GmbH als Kommanditeinlagen befreiend geleistet werden, würde das Vermögen der GmbH gleichzeitig als Haftungsmasse der Komplementär-GmbH und als Haftungsmasse der Kdtisten dienen; den Gläubigern stünde in Wirklichkeit nur eine Haftungsmasse zur Verfügung.

3) Anteilsübertragung

Bei **Übertragung** des Anteils (als solche eingetragen, s § 162 Anm 3, ohne Aus- und Einzahlung) vom ausscheidenden auf einen eintretenden Kdtisten (im Gegensatz zu gesondertem Ausscheiden und Eintritt, sei es auch ohne Auszahlung an den Ausscheidenden, sondern mit Umbuchung seines Kapitalguthabens auf den Eintretenden) gilt betr Haftung im Hinblick auf §§ 171 I, 172 IV: Leistung durch AltKdtist (früher oder jetzt) wirkt für den Neuen; Leistung durch den Neuen (jetzt oder später) wirkt für den Alten; soweit die Einlage nicht geleistet ist, haften beide; RG GrS WM **64**, 1131, BayObLG BB **83**, 334. Rückzahlung an den Alten (jetzt oder später) wirkt gegen den Neuen. (Spätere) Rückzahlung an den Neuen sollte nicht gegen den mit Übertragung Ausgeschiedenen wirken, ihn nicht (im Rahmen der §§ 159, 160) erneut haften lassen, str, abw RG WM **64**, 1131. Bei Abtretung eines KdtAnteils und Eintragung in das HdlReg ohne Rechtsnachfolgevermerk („im Wege der Sonderrechtsnachfolge", „als Rechtsnachfolger" oä) haftet der Rechtsnachfolger nicht, wenn der Rechtsvorgänger die Haftsumme eingezahlt hat, wohl aber der Rechtsvorgänger entspr § 172 IV (Grund: seine Einlageleistung wirkt jetzt für den Neuen), BGH **81**, 82 gegen die bisher hL; dazu K. Schmidt GmbHR **81**, 253, Eckert ZHR 147 (**83**) 565, Huber ZGR **84**, 146.

[Rückgewähr von Darlehen]

172a

Bei einer Kommanditgesellschaft, bei der kein persönlich haftender Gesellschafter eine natürliche Person ist, gelten die §§ 32a, 32b des Gesetzes betreffend die Gesellschaften mit beschränkter Haftung sinngemäß mit der Maßgabe, daß an die Stelle der Gesellschafter der Gesellschaft mit beschränkter Haftung die Gesellschafter oder Mitglieder der persönlich haftenden Gesellschafter der Kommanditgesellschaft sowie die Kommanditisten treten. Dies gilt nicht, wenn zu den persönlich haftenden Gesellschaftern eine offene Handelsgesellschaft oder Kommanditgesellschaft gehört, bei der ein persönlich haftender Gesellschafter eine natürliche Person ist.

2. Abschnitt. Kommanditgesellschaft **1 § 172a**

Schrifttum: *Hachenburg,* GroßKo GmbHG, §§ 30, 31 Anh § 30, 7. Aufl 1977, Ergänzungsband 1985. – *Kamprad,* 2. Aufl 1981. – *Canaris* FS Fischer **79**, 31 (Rückgewähr durch Zuwendung an Dritte). – *Ulmer* FS Duden **77**, 661. – *K. Schmidt* AG **78**, 334. – *H. P. Westermann* GmbHR **79**, 217. – *Lutter-Hommelhoff* ZGR **79**, 31 (nachrangiges Haftkapital. – *Ulmer* ZIP **84**, 1163. – RsprÜbersicht: Hommelhoff 1984.

Übersicht
1) Gesellschafterdarlehen bei der KG
2) Eigenkapitalersetzende Gesellschafterdarlehen (§ 32a I GmbHG)
3) Sicherheiten (§ 32a II GmbHG)
4) Darlehensähnliche Geschäfte (§ 32a III GmbHG)
5) Zurückgewährte Darlehen (§ 32b GmbHG)
6) Ergänzende Vorschriften (KO, AnfG, VerglO)
7) Gesellschafterdarlehen in der GmbH & Co nach §§ 30, 31 GmbHG
8) Verhältnis von § 172a HGB und §§ 30, 31 GmbHG
9) Die unterkapitalisierte GmbH & Co.

1) Gesellschafterdarlehen bei der KG

A. § 172a stammt mit mehreren zusammengehörenden Vorschriften in verschiedenen Gesetzen (Anm 1a, 6) aus der GmbHNovelle 1980 (s Einl I 2 D vor § 1). § 129a regelt das Problem der eigenkapitalersetzenden Gfter-Darlehen (ausführliche Begr RegE BT-DrS 8/1347, erhebliche Änd durch Rechtsausschuß BT-DrS 8/3908). Für die KG, bei der **kein persönlich haftender Gesellschafter eine natürliche Person** ist, deren Gläubigern also nur eine beschränkte Haftungsmasse wie bei einer KapitalGes zusteht, gelten **§§ 32a und 32b GmbHG sinngemäß:**

GmbHG 32a [Rückgewähr von Darlehen]

^{I} Hat ein Gesellschafter der Gesellschaft in einem Zeitpunkt, in dem ihr die Gesellschafter als ordentliche Kaufleute Eigenkapital zugeführt hätten, statt dessen ein Darlehen gewährt, so kann er den Anspruch auf Rückgewähr des Darlehens im Konkurs über das Vermögen der Gesellschaft oder im Vergleichsverfahren zur Abwendung des Konkurses nicht geltend machen. Ein Zwangsvergleich oder ein im Vergleichsverfahren geschlossener Vergleich wirkt für und gegen die Forderung des Gesellschafters.

^{II} Hat ein Dritter der Gesellschaft in einem Zeitpunkt, in dem ihr die Gesellschafter als ordentliche Kaufleute Eigenkapital zugeführt hätten, statt dessen ein Darlehen gewährt und hat ihm ein Gesellschafter für die Rückgewähr des Darlehens eine Sicherung bestellt oder hat er sich dafür verbürgt, so kann der Dritte im Konkursverfahren oder im Vergleichsverfahren zur Abwendung des Konkurses über das Vermögen der Gesellschaft nur für den Betrag verhältnismäßige Befriedigung verlangen, mit dem er bei der Inanspruchnahme der Sicherung oder des Bürgen ausgefallen ist.

^{III} Diese Vorschriften gelten sinngemäß für andere Rechtshandlungen eines Gesellschafters oder eines Dritten, die der Darlehensgewährung nach Absatz 1 oder 2 wirtschaftlich entsprechen.

GmbHG 32b [Haftung für zurückgezahlte Darlehen]

Hat die Gesellschaft im Fall des § 32a Abs. 2, 3 das Darlehen im letzten Jahr vor der Konkurseröffnung zurückgezahlt, so hat der Gesellschafter, der die Sicherung bestellt hatte oder als Bürge haftete, der Gesellschaft den zurückgezahlten Betrag zu erstatten. Die Verpflichtung besteht nur bis zur Höhe des Betrags, mit dem der Gesellschafter als Bürge haftete oder der dem Wert der von ihm bestellten Sicherung im Zeitpunkt der Rückzahlung des Darlehens entspricht. Der Gesellschafter wird von der Verpflichtung frei, wenn er die Gegenstände, die dem Gläubiger als Sicherung gedient hatten, der Gesellschaft zu ihrer Befriedigung zur Verfügung stellt. Diese Vorschriften gelten sinngemäß für andere Rechtshandlungen, die der Darlehensgewährung wirtschaftlich entsprechen.

Ausgenommen sind nach I 2 solche KG, zu deren phG eine OHG oder KG gehört, bei der ein phG natürliche Person ist (s § 19 Anm 3 D).

B. § 172a setzt die rechtliche Zulässigkeit der **GmbH & Co** voraus und hat in der Praxis die größte Bedeutung für diese GesForm. Nach § 172a sind auch eigenkapitalersetzende Darlehen der Kdtisten erfaßt, die nicht einmal gleichzeitig Gfter der Komplementär-GmbH sein müssen (anders bisher BGH, s Anm 7). § 172a in seiner nicht auf die GmbH & Co beschränkten Fassung und der wortlautgleiche § 129a für die OHG machen die Flucht in andere Gestaltungen, zB AG & Co, OHG aus zwei GmbH ua, müßig.

C. Nach der **Übergangsregelung** in Art 12 § 3 der Novelle (s Anm A) gelten die neuen Vorschriften nicht für **vor dem 1. 1. 81 gewährte Gesellschafterdarlehen,** insoweit bleibt es allein bei den Grundsätzen der Rspr des BGH zu §§ 30, 31 GmbHG (s Anm 7), anders bei Konkurs (s Anm 6), Düss WM **83,** 878. Nachher greifen die neuen Vorschriften neben den alten ein, s Anm 8 A.

2) Eigenkapitalersetzende Gesellschafterdarlehen (§ 32a I GmbHG)

A. Gewährt ein Gfter der KG Darlehen in einem Zeitpunkt, in dem die Gfter als ordentliche Kaufleute Eigenkapital zugeführt hätten, so kann er im gerichtlichen Konkurs- oder Vergleichsverfahren den Rückzahlungsanspruch nicht geltend machen **(§ 32a I 1 GmbHG).** Das Darlehen wird also wie Eigenkapital behandelt. Der Gfter kann allerdings seine Forderung nach Abschluß des Konkurs- oder Vergleichsverfahrens geltend machen, soweit noch GesVermögen vorhanden ist, im Verhältnis zu anderen Gftern wird das Darlehen also nicht als Einlage behandelt.

B. Unter welchen Voraussetzungen das Darlehen **Eigenkapital ersetzt,** ist die Kernfrage der gesamten Neuregelung. Sie ist bewußt offen geblieben (RegE S 39). Sie wird von Rspr und Literatur wie zu §§ 30, 31 GmbHG beantwortet. Eigenkapitalersetzender Charakter des Darlehens liegt vor, wenn es dazu dient, die Insolvenz der Ges abzuwenden oder hinauszuschieben; auch dann, wenn keine Insolvenzreife vorliegt, Kredit zu marktüblichen Bedingungen von Dritten jedoch nicht zu erlangen und deshalb die Liquidation unvermeidlich gewesen wäre, vgl BGH **76,** 326 (s Anm 7). Stehenlassen von Darlehen kann dem Gewähren gleichstehen, BGH NJW **85,** 858, 2719 (s Anm 7).

C. Die **Rechtsfolge** eines Verstoßes ist **auf Konkurs und Vergleich beschränkt,** dort allerdings ohne Begrenzung durch die Höhe des Nennkapitals; ein Zurückhaltungs- oder Rückgewährungsanspruch der GmbH vorher besteht nicht, BGH **90,** 378. Anders nach §§ 30, 31 GmbHG, s Anm 8 A.

D. Ein Zwangsvergleich (§§ 173 ff KO) oder ein im gerichtlichen Vergleichsverfahren abgeschlossener **Vergleich** wirkt auch für und gegen den Rückforderungsanspruch des Gfters **(§ 32a I 2 GmbHG),** die Forderung wird also grundsätzlich berücksichtigt; sonst würde der Rückforderungsanspruch in voller Höhe bestehen bleiben, der Gfter also besser gestellt als andere GesGläubiger (RegE S 40).

3) Sicherheiten (§ 32a II GmbHG)

Hat nicht der Gfter, sondern ein Dritter ein eigenkapitalersetzendes Darlehen gewährt und hat der Gfter dem Dritten dafür eine Sicherung bestellt (zB Sicherungsübereignung, Grundschuld etc, Bsp für GmbH & Co s Hbg WM **84,** 1088), oder hat er sich verbürgt, so kann der Dritte im gerichtlichen Konkurs- oder Vergleichsverfahren seinen Anspruch gegen die Ges nur insoweit geltend machen, als er bei Inanspruchnahme der Sicherheit oder des bürgenden Gfers ausgefallen ist (§ 32a II GmbHG). Der Dritte muß also die Sicherheit bzw Bürgschaft des Gfters, zunächst in Anspruch nehmen, BGH NJW **85,** 858, er kann nicht etwa nach § 64 KO oder § 27 VerglO darauf verzichten; möglich bleibt aber die Anmeldung der Forderung als ,,Ausfallforderung". § 32a II GmbHG erfaßt aber nicht auch von der Ges gewährte (konkursfeste) Sicherheiten; aus ihnen kann sich der Dritte befriedigen ohne vorherigen Zugriff auf die GfterSicherheit; BGH NJW **85,** 858, **86,** 429. Der Konkursverwalter hat dann Erstattungsanspruch gegen Gfter im Umfang der von ihm bestellten Sicherheit, BGH NJW **85,** 858, aber keinen Anspruch auf die unverbrauchte Gftersicherheit selbst (Grund: § 32b S 3 GmbHG, s Anm 5), BGH NJW **86,** 429. Zur Doppelsicherung durch Gfter und Ges s Monßen DB **81,** 1603, Feuerborn BB **82,** 401. Praktische Bedeutung hat die Vorschrift vor allem für kreditgewährende Banken. § 32a II GmbHG ist zur Ergänzung des § 32a I GmbHG unbedingt notwendig, da sonst solche Gestaltung naheliegt und § 32a I GmbHG weitgehend leerliefe. Auch ,,harte" Patronatserklärungen (s § 349 Anm 4 E) fallen darunter, Obermüller ZIP **82,** 920. Zu II Fastrich NJW **82,** 260.

4) Darlehensähnliche Geschäfte (§ 32a III GmbHG)

§ 32a III GmbHG unterwirft als **Generalklausel** auch alle anderen Rechtshandlungen eines Gfters oder eines Dritten den Rechtsfolgen der I und II, die **der Darlehensgewährung** nach diesen Vorschriften **wirtschaftlich entsprechen.** Damit wird nur darauf verzichtet, weitere Sachverhalte wie im RegE kasuistisch festzuschreiben (zB Erwerb gestundeter Forderung eines Dritten durch Gfter, Stundung einer Forderung des Gfters gegen die Ges, Erstreckung der Sachverhalte auf mit der Ges oder Gfters verbundene Unternehmen (vgl § 15 AktG) oder nahe Verwandte; Beteiligung als stGfter); materiell fallen aber entspr Sachverhalte unter die Generalklausel, BGH **81,** 315, K. Schmidt ZIP **81,** 694, aA wohl Geßler BB **80,** 1391. So können **Bankkredite an eine GmbH** unter III fallen, wenn die Bank, um sie zu retten, eine 100%ige TochterGes die Mehrheit der Geschäftsanteile der GmbH erwerben läßt und dann ihre zunächst gekündigten Kredite stehen läßt, BGH **81,** 311 (Sonnenring), mit Durchgriff hat das nichts zu tun, BGH **81,** 317; die Bank entgeht der Haftung nicht durch Ausscheiden, BGH **81,** 259; das Sonnenring-Urteil verdeutlicht Fleck FS Werner **84,** 107. Bei dieser Rspr ist aber sehr darauf zu achten, daß **Sanierungen durch Banken** nicht unmöglich gemacht werden, sondern praktisch **sinnvolle Zurechnungskriterien** gefunden werden: ZB spricht koor-

§ 172a 5, 6   II. Buch. Handelsgesellschaften und stille Gesellschaft

dinierte Sanierung von GfterBank und Drittbanken (Sanierungskonsortium) gegen Haftkapital; auch keine Umwidmung von Bankaltkrediten in Haftkapital durch bloßes Stehenlassen; auch nicht bei nicht ins Gewicht fallenden und für die Fortführung der laufenden Geschäfte bis zur Sanierungsentscheidung gewährten Bankkrediten. Hausbank kann kurzfristige Überbrückungskredite zurückfordern, wenn sie die gebotene Kapitalerhöhung nicht durchsetzen kann, Düss WM **83**, 879; bei kurzfristigen Darlehen einer Bank, die Gfter (ohne Mehrheit) ist, kann es eine Rolle spielen, ob ein typisches Bankgeschäft oder unternehmerisches Handeln der Bank vorliegt, Düss WM **83**, 880, dazu Westermann ZIP **83**, 1284. Ein **eigentliches Sanierungs- oder** (enger) **Bankenprivileg** ist **jedoch nicht** erforderlich, K. Schmidt ZHR 147 (**83**) 165, Ullrich GmbHR **83**, 133, aA Westermann ZIP **82**, 386, Uhlenbruck GmbHR **82**, 141, Rümker ZIP **82**, 1385 u FS Stimpel **85**, 673. Unter III fällt auch das **Finanzierungsleasing,** sehr str, Ulmer ZIP **84**, 1173; auch die **Hingabe** von Sachen und Rechten an die Ges **zur Nutzung** und Verwendung unter Eigentumsvorbehalt, sehr str, Lutter-Hommelhoff ZGR **79**, 31, 49, aA Ulmer ZIP **84**, 1172; auch Betriebsaufspaltung, sehr str, Schulze=Osterloh ZGR **83**, 123, Braun ZIP **83**, 1175, aA Knobbe=Keuk BB **84**, 1.

5) Zurückgewährte Darlehen (§ 32b GmbHG)

§ 32a GmbHG wird durch § 32b GmbHG für bereits zurückgewährte Darlehen ergänzt. § 32b GmbHG verpflichtet den Gfter, der nach § 32a II, III GmbHG dem darlehensgewährenden Dritten eine Sicherung bestellt oder sich verbürgt, der Ges den durch sie an den Dritten zurückgezahlten Betrag zu **erstatten,** wenn die Rückzahlung im letzten Jahr vor der Konkurseröffnung über das GesVermögen erfolgte. Erstattungspflicht wird begrenzt durch die Höhe der Bürgschaft bzw den Wert der gewährten Sicherung. Statt dessen kann (nicht muß, s Anm 3) der Gfter der Ges die zur Sicherung dienenden Gegenstände zur Befriedigung zur Verfügung stellen und sich so befreien (§ 32b S 3 GmbHG). Denn er soll gegenüber der Ges nicht strenger haften, als er gegenüber dem Dritten gehaftet hätte.

6) Ergänzende Vorschriften (KO, AnfG, VerglO)

A. Der neue § 32a KO unterwirft solche Rechtshandlungen der Konkursanfechtung, die dem Gläubiger einer Forderung nach § 32a I und III GmbHG Sicherung gewähren, gleichgültig wie lange vor Konkurseröffnung dies geschehen ist, (S 1) oder dem Gläubiger einer solchen Forderung im letzten Jahr vor Konkurseröffnung Befriedigung gewähren (S 2). Gilt also nicht für § 32a II GmbHG, da diese Forderung im Konkurs nur begrenzt geltend gemacht werden kann (s oben) und bei Rückgewähr § 32b GmbHG gilt.

KO 32a [Rückgewähr von Darlehen]

Anfechtbar sind Rechtshandlungen, die dem Gläubiger einer von § 32a Abs. 1, 3 des Gesetzes betreffend die Gesellschaften mit beschränkter Haftung erfaßten Forderung Sicherung gewähren. Gleiches gilt für Rechtshandlungen, die dem Gläubiger einer solchen Forderung Befriedigung gewähren, wenn sie in dem letzten Jahre vor der Eröffnung des Verfahrens vorgenommen sind.

B. Entsprechend der neue § 3b AnfG:

2. Abschnitt. Kommanditgesellschaft 7 **§ 172a**

AnfG 3 b [Rückgewähr von Darlehen]
Anfechtbar sind Rechtshandlungen, die dem Gläubiger einer von § 32a Abs. 1, 3 des Gesetzes betreffend die Gesellschaften mit beschränkter Haftung erfaßten Forderung Sicherung gewähren. Gleiches gilt für Rechtshandlungen, die dem Gläubiger einer solchen Forderung Befriedigung gewähren, wenn sie in dem letzten Jahre vor der Anfechtung vorgenommen sind; § 3 Abs. 2 ist anzuwenden.

C. Die Ergänzungen der §§ 108 II 3, 109 II VerglO sollen sicherstellen, daß Gläubiger, die nach § 32a GmbHG, §§ 129a, 172a HGB Anspruch auf Darlehensrückzahlung im Vergleichsverfahren nicht geltend machen können, dem Vollstreckungsverbot des § 47 VerglO unterliegen und auch mit schon betriebenen Vollstreckungsmaßnahmen nicht besser stehen als Vergleichsgläubiger. Text der §§ 108, 109 VerglO bei § 124 Anm 5 G.

7) Gesellschafterdarlehen in der GmbH & Co nach §§ 30, 31 GmbHG
Schrifttum: s vor Anm. 1.

A. Die Rspr hat schon bisher in Anwendung der **§§ 30, 31 GmbHG** für die **GmbH** (ohne Beteiligungsuntergrenze, Ulmer ZIP **84**, 1167) und bei unternehmerischer Beteiligung (idR über 25%) auch bei der **AG**, BGH **90**, 381, ähnliche Regeln für eigenkapitalersetzende GfterDarlehen aufgestellt wie nunmehr §§ 32a, 32b GmbHG. **a) Gesellschafterdarlehen,** die der Ges zur Abwendung der Konkursantragspflicht **(Zahlungsunfähigkeit oder Überschuldung,** §§ 63, 64 GmbHG) gegeben werden, dürfen wie haftendes Kapital nicht zurückgezahlt (§ 30 I GmbHG) bzw müssen bei Rückzahlung der Ges erstattet werden (§ 31 I GmbHG), solange der Konkursabwendungszweck nicht nachhaltig erreicht ist; BGH **31**, 258, WM **72**, 75. Das GfterDarlehen braucht nicht für den Konkursabwendungszweck bestimmt zu sein oder verbraucht zu werden, wenn nur ohne es die Ges zahlungsfähig oder überschuldet wäre oder eine vorhandene Überschuldung noch verschärft würde bzw wenn es der konkursreifen Ges eine sonst nicht mehr mögliche Aufwendung gestattet, BGH **67**, 182, **75**, 336. Darlehen für einen nur vorübergehenden, unerwartet aufgetretenen Geldbedarf sind idR nicht wie haftendes Kapital zu behandeln; anders wenn sie das illiquiden Ges Eigenkapital ersetzen, BGH **67**, 171, **75**, 337. §§ 30, 31 GmbHG greifen **schon vor Konkursreife** ein, wenn die Ges von dritter Seite keinen Kredit zu marktüblichen Bedingungen mehr bekommt und ohne das Gfterdarlehen liquidiert werden müßte, BGH, **75**, 337, **76**, 326, **81**, 255. Das ist bei Vorhandensein ausreichender Sicherheiten idR nicht der Fall, BGH NJW **85**, 2720. Die Rückforderung eines noch unter wirtschaftlich gesunden Verhältnissen gegebenen Darlehens **bei** Eintritt der Kreditunfähigkeit ist zulässig, BGH **95**, 194; anders wenn der Gfter das Darlehen **stehen läßt,** so daß die sonst notwendige Liquidation unterbleibt, BGH **76**, 331, **81**, 257; tatsächliches (nicht nur rechtsgeschäftliches) Stehenlassen genügt, wenn der Gfter erkennen kann und muß, daß sein Darlehen nunmehr als Kapitalgrundlage unentbehrlich ist, BGH **75**, 339 mit Klarstellung **76**, 331, offen ob auch sonst, BGH NJW **85**, 2720, verneinend Ulmer ZIP **84**, 1169, aber uU stillschweigende Vereinbarung. Stehenlassen nach Ausscheiden des Gfters genügt nur, wenn das Darlehen schon vorher auch als Krisenfinanzierung angelegt war, BGH NJW **85**, 2720. GfterDarlehen kraft Rangrücktrittsvereinbarung s BGH NJW **82**, 121. Banken haben kein Sa-

§ 172a 7   II. Buch. Handelsgesellschaften und stille Gesellschaft

nierungsprivileg, s Anm 4. Das Darlehen verliert Darlehenscharakter **nicht** durch **nachträgliche Zweckänderung** in Tilgung einer GesSchuld oder des Rückgewähranspruchs aus § 31 GmbHG, BGH NJW **84**, 1036. **b)** Diese Grundsätze gelten auch für **Sicherheiten** und **darlehensähnliche Geschäfte,** so wenn der Gfter das Darlehen nicht an die Ges, sondern in ihrem Auftrag und für ihre Rechnung unmittelbar an einen Dritten auszahlt oder sich bei einem Darlehen des Dritten an die Ges diesem verbürgt, BGH **67**, 182, **81**, 255, Hbg ZIP **80**, 94, oder wenn die GmbH einem Dritten für dessen Forderung gegen einen Gfter eine Sicherheit bestellt, BGH WM **82**, 1402, oder der Gfter die Schuld eines Dritten an die Ges durch einverständliche Aufrechnung mit seinem Darlehensanspruch tilgt, BGH **81**, 368. Auch für die „**Sachdarlehen**" (Betriebsmittel werden der Ges nur pachtweise oder unter Kauf mit Eigentumsvorbehalt zur Verfügung gestellt), Lutter-Hommelhoff ZGR **79**, 49, str. So wie der die Auszahlung Verlangende oder Erhaltende bei Begründung der Auszahlungsverpflichtung (noch) Gfter (Kdtist) sein muß, BGH **69**, 280, muß der den Rückgriffsanspruch des Bürgen gegen die Ges tragende Tatbestand (noch) im Zusammenhang mit der GfterStellung des (ausgeschiedenen) Bürgen begründet sein, BGH **81**, 258. Stundung von Kaufpreisforderungen aus Warenlieferungen eines Gfters an die Ges **(Warenkredit)** kann Kapitalersatz sein, wenn Stundungen Bestandteile eines einheitlichen Sanierungskonzepts sind und ein fremder Lieferant in gleicher Lage dazu nicht bereit wäre, BGH **81**, 263. Dieselben Grundsätze gelten für mit der Ges oder den Gftern **verbundene Unternehmen** (§§ 15ff AktG) und **nahe Verwandte,** die eigenkapitalersetzende Darlehen geben oder Rückgewähr erhalten. So können kapitalersetzende Bankkredite an GmbH auch bei Erwerb der Mehrheit der Geschäftsanteile der GmbH durch 100%ige Banktochter unter §§ 30, 31 GmbHG fallen, BGH **81**, 311 (näher Anm 4). Darlehensgeber haftet, auch wenn er selbst nicht an der GmbH beteiligt, aber ein ihr oder einem Gfter verbundenes Unternehmen ist, BGH **84**, 1036, oder für ihn der GesAnteil treuhänderisch gehalten wird, BGH **31**, 264, **75**, 336, **95**, 193. Eigenkapitalersatz im Konzern und in Beteiligungsverhältnissen s Hommelhoff WM **84**, 1105. Eine Rückgewähr nach § 30 GmbHG kann auch in einer Leistung der GmbH auf Veranlassung des Gfters an dessen minderjähriges Kind liegen; dieses haftet entsps §§ 89 III, 115 II AktG, § 31 I GmbHG selbst auf Erstattung, zumindest bei Kenntnis oder Kennenmüssen des gesetzlichen Vertreters, BGH **81**, 365. **Sonstige Dritte haften nicht,** außer wenn sie mit dem Gfter bewußt zum Schaden der Ges oder der Gläubiger zusammenwirken, BGH AG **81**, 227, WM **82**, 1402; dazu Canaris FS Fischer **79**, 31, Sonnenhol-Stützle WM **83**, 2. **c) Auszahlungssperre** und **Rückgewährpflicht** der §§ 30, 31 GmbHG erfassen **nur** das satzungsmäßige **Stammkapital** und greifen deshalb nur ein, wenn und soweit die Leistung verlorenes Stammkapital oder eine über den Verlust hinausgehende Überschuldung abdeckt, BGH **76**, 335, **90**, 378, **95**, 193. Das bedeutet bei der GmbH & Co keine Begrenzung durch die Höhe des Nennkapitals der GmbH, BGH **81**, 259, s Anm B a. Stammkapitalersetzende Darlehen gelten als Haftungsfonds für alle gegenwärtigen und künftigen GesGläubiger ohne Rücksicht auf Ursachenzusammenhang zwischen deren Forderungen und Kredithingabe des Gfters, BGH **81**, 320. Ersichtlichkeit der Darlehen und ihrer Absicherung aus dem Grundbuch ist gleichgültig, BGH **81**, 320. Erhaltung

2. Abschnitt. Kommanditgesellschaft 7 **§ 172a**

des Stammkapitals ist nach fortgeführten Buchwerten zu beurteilen, stille Reserven bleiben idR außer Betracht, offen BGH **81**, 261. Eine nach § 30 GmbHG verbotene Rückgewähr bzw Schmälerung von Stammkapital kann auch in einer Aufrechnung gegen eine GesForderung liegen, BGH **95**, 191; auch in der Stundung des Kaufpreises für veräußertes GesVermögen, BGH **81**, 321. Sicherheitsleistung der GmbH für GfterVerbindlichkeiten s Meister WM **80**, 390. Verstoß gegen § 30 GmbHG führt nicht automatisch zur Nichtigkeit des Erfüllungsgeschäfts, anders bei bewußtem Zuwiderhandeln, BGH **95**, 192.

d) Nach §§ 30, 31 GmbHG haften außer dem die Rückzahlung erhaltenden Gfter (s Anm b) die **Geschäftsführer** (§ 43 III GmbH) sowie die die Rückgewähr durch Gfterbeschluß **veranlassenden anderen Gesellschafter;** letztere haften der Ges (ohne Milderung nach § 708 BGB) auch für Zahlungen an ihre Mitgfter, BGH **93**, 146 m Anm Ulmer ZGR **85**, 598 (kick-back-Zahlungen aus GmbHVermögen).

B. §§ 30, 31 GmbHG gelten **entsprechend** für die **GmbH & Co KG,** bei der sich die Haftungsverhältnisse für die Gläubiger ähnlich wie bei der GmbH darstellen, BGH **60**, 328, **67**, 174, **69**, 274, **75**, 334, **76**, 326. **a)** In einer GmbH & Co KG verstößt eine Auszahlung an den Kdtisten, der zugleich der GmbH angehört, auch dann gegen § 30 I GmbHG, wenn sie nicht aus dem Vermögen der GmbH, sondern aus dem der KG erbracht wird und soweit dadurch mittelbar das Vermögen der GmbH unter den Nennwert des Stammkapitals herabsinkt, BGH **60**, 324; dasselbe gilt, wenn der Kdtist nicht zugleich der GmbH angehört, offen BGH WM **79**, 804. Eine derartige **mittelbare Auswirkung** auf das **Stammkapital der GmbH** liegt in zwei Fällen vor: (1) wenn die KG überschuldet ist und die GmbH keine über ihr Stammkapital hinausgehende Vermögenswerte hat (Grund: Haftung der GmbH nach § 128 für die Schulden der KG), (2) wenn die GmbH am Vermögen der KG beteiligt ist, die Entwertung dieser Beteiligung durch Kapitalverlust das Stammkapital der GmbH in Mitleidenschaft gezogen hat und die GfterLeistung diese Kapitallücke ausfüllt, BGH **76**, 326. Keine Rolle spielt, ob die Ges von Anfang an unterkapitalisiert war; auch nicht, daß bei Rückgewährung des GfterDarlehens das in die KG eingebrachte Stammkapital der GmbH bereits verloren ist. Die Erstattungspflicht wird nicht durch den Nennbetrag des satzungsmäßigen Stammkapitals begrenzt, sondern entspricht den darüberhinausgehenden ungedeckten Verbindlichkeiten; denn das Darlehen ist als Ersatz für eine sonst notwendige Kapitalerhöhung zu betrachten, BGH **67**, 179, **81**, 259; insoweit weniger streng für die Mithaftung der anderen Gfter, BGH **60**, 331. **b)** Bei der **Umwandlung** der Einlage des **ausscheidenden Kommanditisten** in Darlehen sind für §§ 30, 31 GmbHG die Vermögensverhältnisse zum Zeitpunkt des Ausscheidens maßgeblich; steht danach § 30 I GmbHG einer Rückzahlung entgegen, darf auch später nicht zurückgezahlt werden, als das zur Erhaltung des Stammkapitals der GmbH erforderliche Vermögen beeinträchtigt würde, BGH **69**, 274; der Ausgeschiedene kann die Erstattung nach § 31 I GmbHG nicht von einer Gesamtabrechnung abhängig machen, BGH **76**, 328. Zur Umwandlung der Einlage oder des Auseinandersetzungsguthabens des Kdtisten als möglicher Verstoß gegen § 172 IV 1 BGH **39**, 331, **60**, 327. Rückgewährung durch Zuwendung an

Dritte s Anm A b. Kenntnis des Kdtisten von Vorliegen des § 172 IV 1 bedeutet nicht Böslichkeit iSv § 31 V 2 GmbHG, Mü WM **83**, 101. **c)** Soweit die verbotswidrige Zahlung aus dem Vermögen der KG erbracht worden ist, gehört der **Anspruch** der GmbH nach § 31 GmbHG zum Gesamthandsvermögen **der KG,** BGH **60,** 330. **Abtretung** dieses Anpruchs **an Gesellschaftsgläubiger** ist möglich, auch wenn diese sonst aus dem GesVermögen keine Befriedigung erlangen könnten, BGH **69,** 274.

8) Verhältnis von § 172a HGB und §§ 30, 31 GmbHG

A. **Normkonkurrenz:** § 172a HGB, §§ 32a, 32b GmbHG regeln die eigenkapitalersetzenden GfterDarlehen gezielt und umfassend (vgl § 32a III GmbHG und die flankierenden Normen in anderen Gesetzen, s Anm 6), jedoch mit Ansatz im Konkurs- und Vergleichsverfahren. Die Rspr behandelt deshalb Neudarlehen ab 1. 1. 81 (s Anm I C) weiterhin auch nach §§ 30, 31 GmbHG, BGH **90,** 370.

B. **Materielle Normkontinuität: a)** Die neuen Vorschriften bringen zwar verschiedene Neuerungen gegenüber der bisherigen Rspr. Vor allem knüpft § 32a I GmbHG nicht mehr an die Erhaltung des Stammkapitals an. Der darlehensgebende Gfter braucht außer Kdtist nicht gleichzeitig auch GmbH-Gfter zu sein. Bei Sicherungen eines Gfters für Darlehen Dritter an die Ges muß der Dritte erst die Sicherung bzw den Bürgen in Anspruch nehmen (§ 32a II GmbHG). Ein weites Feld eröffnet das Umgehungsverbot des § 32a III GmbHG. **b)** Aber wesentliche Voraussetzungen und Rechtsfolgen sind gleich oder **ähnlich.** So ist ua das zentrale Merkmal des eigenkapitalersetzenden GfterDarlehen in der Neuregelung bewußt offengelassen worden. Die Substanz der Rspr zu §§ 30, 31 GmbHG kann deshalb weitgehend zur Auslegung der §§ 172a (u 129a) HGB, §§ 32a, 32b GmbHG herangezogen werden (s Anm 2 A).

9) Die unterkapitalisierte GmbH & Co

A. Weder § 172a noch §§ 30, 31 GmbHG erfassen die (von vornherein oder ab einem späteren Zeitpunkt) unterkapitalisierte GmbH bzw GmbH & Co, **sofern keine Gesellschafterdarlehen gewährt** werden. Der Gesetzgeber der GmbHNovelle 1980 hat sich zu einem eigenen Haftungstatbestand der Unterkapitalisierung nicht entschließen können, vgl Herber GmbH-Rdsch **78,** 28. Gegen den Haftungsdurchgriff bei einer unterkapitalisierten Einmann-GmbH BGH **68,** 312 (VIII. ZS) m Anm K. Schmidt NJW **77,** 1451; abl Emmerich NJW **77,** 2163, Fleck **LM** § 30 GmbHG Nr 6, Kuhn WM **78,** 598 u Sonderbeil 1/**78,** 16, Meyer-Cording JZ **78,** 10. Der II. (gesrechtliche) ZS hat offengelassen, ob dem ,,in Anbetracht neuerer, auch in der Rspr des II. ZS zu verzeichnender Tendenzen zu einem verstärkten Gläubigerschutz gefolgt werden kann", BGH NJW **77,** 1668, in BGH **69,** 95 nicht abgedruckt; seine restriktiven Äußerungen in BGH **76,** 335 beziehen sich nur auf §§ 30, 31 GmbHG.

B. Demgegenüber greift die Rspr zT auf **§ 826 BGB** und auf **Durchgriffshaftung** bei sittenwidriger Einschaltung einer vermögenslosen GmbH durch den Gfter zurück. BGH **31,** 271, **54,** 222 (Durchgriff bei e. V.), **78,** 333 (Rechtsmißbrauch), **95,** 334 (Vermischung von Ges- und Privatvermögen durch undurchsichtige Buchführung oder sonstige Verschleierung), NJW **79,** 2104 (§ 826 BGB bei krass nachteiligem Geschäft der

2. Abschnitt. Kommanditgesellschaft **9 § 172a**

beherrschenden Gfter mit GmbH & Co), **85**, 740 (restriktiv zur Vermögensvermengung), BSozG NJW **84**, 2117 (Mißbrauch durch ,,Staffette" einer illiquiden GmbH nach der anderen), Karlsr BB **78**, 1332. Beherrschung einer rechtlich selbständigen Ges und entscheidende Beeinflussung ihrer Geschäftsführung genügen für Durchgriffshaftung nicht, BGH NJW **79**, 1828, WM **80**, 956, auch nicht bei EinmannGes, BGH NJW **81**, 2811. Bei Durchgriffshaftung gilt § 129 I entspr, BGH **95**, 330. Allgemeiner zur Durchgriffshaftung Rehbinder FS Fischer **79**, 579, Haberlandt BB **80**, 847. RsprÜbersicht zum Trennungsprinzip bei juristischen Personen: Schulte WM Sonderbeil 1/79. Bei Vermögenslosigkeit einer abhängigen Ges (GmbH) kommt uU auch **Ausfallhaftung** des herrschenden Konzernunternehmens entspr §§ 303, 322 II, III AktG in Betracht, BGH **95**, 330 (Autokran); dazu Lutter ZIP **85**, 1425, K. Schmidt BB **85**, 2074.

C. Zutreffend ist ein eigener **Haftungstatbestand der Unterkapitalisierung**, üL, s zB Hachenburg-Ulmer, Anh § 30, Ulmer FS Duden **77**, 661, Lutter-Hommelhoff ZGR **79**, 31. Annahme einer Pflicht zur angemessenen Kapitalausstattung der Ges (dagegen BGH **76**, 334) ist dafür unnötig. **a) Tatbestandsvoraussetzungen:** (1) eindeutig unzureichende Kapitalausstattung der Ges von vornherein oder später; entfällt bei Vorhandensein einer natürlichen Person als phG (Rechtsgedanke der §§ 172a S 2, 129a S 2) oder bei Gewährung eigenkapitalersetzender GfterDarlehen, vgl BGH **31**, 271; (2) als Folge davon Zusammenbruch der Ges; nicht bei Zusammenbruch infolge ungewöhnlicher anderer Ereignisse; (3) Zurechenbarkeit; dafür genügt, daß der Gfter die Unterkapitalisierung mit ihren Folgen für die Gläubiger erkennen kann und muß, vgl BGH **75**, 339; entfällt uU für Gfter mit geringer Beteiligung oder ungenügendem internen Mitspracherecht. Diese Tatbestandsvoraussetzungen sind zwar mangels Rspr noch wenig konkret, aber doch schon hinreichend faßbar und praktikabel, str. **b) Rechtsfolgen:** Verlust des Haftungsbegrenzungsprivilegs der Gfter im Konkurs der Ges.

D. **Persönliche Haftung des GmbHGeschäftsführers** (s Anh § 177a Anm IV 3 C) ist möglich bei weiterer **Kreditinanspruchnahme trotz** einer für den Zeitpunkt der Rückzahlung abzusehenden **Zahlungsunfähigkeit oder** (str) bloßer **Überschuldung** der Ges. Sie kann aus culpa in contrahendo des Vertreters wegen mangelnder Aufklärung folgen, jedenfalls wenn der Kreditgeber in laufender Geschäftsbeziehung bei dem Alleingeschäftsführer und MehrheitsGfter anfragt, BGH **87**, 27, NJW **83**, 677, Schlesw WM **80**, 1020; krit Brandner FS Werner **84**, 53. Notwendig ist aber ein **besonderes Verhandlungsvertrauen** (s Überbl 4 vor § 48); ein **unmittelbares wirtschaftliches Eigeninteresse** des (die Verhandlung maßgeblich beeinflussenden) GmbHGeschäftsführers genügt nicht, aA BGH NJW **86**, 586, keinesfalls aber bloße Beteiligung des Geschäftsführers an der GmbH (auch EinmannGmbH), BGH NJW **86**, 586. Eine Haftung aus § 823 II BGB, § 64 I GmbHG erstreckt sich nur auf Verminderung des GesVermögens, nicht auch auf den durch die fahrlässige Konkursverschleppung verursachten Verlust von Aus- und Absonderungsrechten der Gläubiger, Kln ZIP **82**, 1087, aA Ulmer NJW **83**, 1580.

§§ 173–175   II. Buch. Handelsgesellschaften und stille Gesellschaft

[Haftung bei Eintritt als Kommanditist]

173 ^I **Wer in eine bestehende Handelsgesellschaft als Kommanditist eintritt, haftet nach Maßgabe der §§ 171 und 172 für die vor seinem Eintritte begründeten Verbindlichkeiten der Gesellschaft, ohne Unterschied, ob die Firma eine Änderung erleidet oder nicht.**

^{II} **Eine entgegenstehende Vereinbarung ist Dritten gegenüber unwirksam.**

1) § 173 entspricht § 130. Die HdlGes nach I kann OHG (die durch den Zutritt eines Kdtisten KG wird) sein oder KG. Bei Eintritt eines phG in die KG gilt § 130 (§ 161 II), bei Eintritt eines Teilhabers als Kdtist in das Geschäft eines EinzelKfms § 28, RG **142**, 101. Anteilsübertragung mit Ausscheiden und Eintritt s § 162 Anm 3, § 172 Anm 2 B. Wird ein phG in derselben Ges Kdtist, haftet er für ältere Schulden unbeschränkt nach §§ 128 ff (insoweit ohne Verjährung nach § 159, vgl § 28 Anm 1 E), beschränkt nach § 173 bis zu seinem Ausscheiden oder zur Auflösung der Ges; danach nach § 159 noch fünf Jahre.

[Herabsetzung der Einlage]

174 **Eine Herabsetzung der Einlage eines Kommanditisten ist, solange sie nicht in das Handelsregister des Gerichts, in dessen Bezirke die Gesellschaft ihren Sitz hat, eingetragen ist, den Gläubigern gegenüber unwirksam; Gläubiger, deren Forderungen zur Zeit der Eintragung begründet waren, brauchen die Herabsetzung nicht gegen sich gelten zu lassen.**

1) **Herabsetzung** der Einlage (dh Haftsumme, s § 171 Anm 1 A) **wirkt** gegen Dritte nur durch Eintragung ins HdlReg, § 174, und Bekanntmachung, § 15. Vor Eintragung begründete Verbindlichkeiten bleiben unberührt, für sie haftet der Kdtist bis zur alten Haftsumme. Wirkung der **Erhöhung** s § 172 II.

[Anmeldung der Änderung einer Einlage]

175 **Die Erhöhung sowie die Herabsetzung einer Einlage ist durch die sämtlichen Gesellschafter zur Eintragung in das Handelsregister anzumelden. Die Bekanntmachung der Eintragung erfolgt gemäß § 162 Abs. 2. Auf die Eintragung in das Handelsregister des Sitzes der Gesellschaft finden die Vorschriften des § 14 keine Anwendung.**

1) § 175 handelt (ebenso wie § 174) von der Haftsumme des Kdtisten, nicht seiner Pflichteinlage, vgl § 171 Anm 1 A. Über die Behandlung der KG im HdlReg s §§ 106–108 (mit § 161 II) und § 162. Auch Erhöhung und Herabsetzung der Haftsumme sind gemäß S 1 zur **Eintragung** in das HdlReg anzumelden. Bekanntgemacht wird nur, daß die Einlage eines (ungenannten) Kdtisten (um einen ungenannten Betrag) erhöht oder herabgesetzt worden ist. Die Anmeldung soll vom Gericht nicht erzwungen (§ 14) werden, sondern den Gftern freistehen. Eintragung im HdlReg des Sitzes verpflichtet aber zur Anmeldung bei ZwNl. Anmeldung durch an-

2. Abschnitt. Kommanditgesellschaft 1 **§ 176**

deren Gfter aufgrund Vollmacht im GesVertrag s § 108 Anm 1 G; jedenfalls nicht ohne klare Erstreckung auf Einlageerhöhung, LG Bln BB **75,** 251.

[Haftung vor Eintragung]

176 ⁱ **Hat die Gesellschaft ihre Geschäfte begonnen, bevor sie in das Handelsregister des Gerichts, in dessen Bezirke sie ihren Sitz hat, eingetragen ist, so haftet jeder Kommanditist, der dem Geschäftsbeginne zugestimmt hat, für die bis zur Eintragung begründeten Verbindlichkeiten der Gesellschaft gleich einem persönlich haftenden Gesellschafter, es sei denn, daß seine Beteiligung als Kommanditist dem Gläubiger bekannt war. Diese Vorschrift kommt nicht zur Anwendung, soweit sich aus § 2 ein anderes ergibt.**

ⁱⁱ **Tritt ein Kommanditist in eine bestehende Handelsgesellschaft ein, so findet die Vorschrift des Absatzes 1 Satz 1 für die in der Zeit zwischen seinem Eintritt und dessen Eintragung in das Handelsregister begründeten Verbindlichkeiten der Gesellschaft entsprechende Anwendung.**

1) Haftung vor Eintragung der Gesellschaft (I 1)

A. **Beginnt die KG** ihre **Geschäfte** (§ 123 Anm 4) **vor ihrer Eintragung** ins HdlReg, so **haftet jeder Kommanditist, der** dem früheren Geschäftsbeginn **zustimmte,** für die zwischen Geschäftsbeginn und Eintragung (nicht Anmeldung, nicht Bekanntmachung) begründeten GesSchulden grundsätzlich wie ein phG, also **ohne Beschränkung** gemäß §§ 171, 172 (so **I** 1). Auch § 171 II (Zugriff nur des Konkursverwalters) greift vor Eintragung nicht ein, s § 171 Anm 3 A. Normzweck ist objektiver Vertrauensschutz im Rechtsverkehr, Haftungsbeschränkung setzt Publizität voraus. Dieser vielfach als zu streng empfundenen Regelung sollte der Kdtist dadurch entgehen, daß er seinen Beitritt unter die **aufschiebende Bedingung** der HdlRegEintragung stellt, BGH **82,** 212, NJW **83,** 2259. Verbindlichkeiten iSv § 176 sind nicht solche aus unerlaubter Handlung, BGH **82,** 215; richtiger ist Erstreckung auf den gesamten **Geschäfts- und Prozeßverkehr** wie in § 15 (§ 15 Anm 2 E), str. Die Haftung aus § 176 entfällt (anders als nach § 11 II GmbHG, s Anh § 177a Anm II 2 C) nicht mit späterer Eintragung. Die Verjährung des Anspruchs aus § 176 wird auch durch die Klage zunächst nur aus § 171 I unterbrochen, BGH NJW **83,** 2813. Verjährung gemäß §§ 159, 160 ab Eintragung, vgl BGH **78,** 117. Bei Dauerschuldverhältnissen bis zum ersten ordentlichen Kündigungstermin nach Eintragung der KG, BGH **70,** 137 (s § 128 Anm 5 betr ausgeschiedenen Gfter). Geltung des § 176 für **GmbH & Co-**Kdtisten str, s Anh § 177a Anm II 2 E. Bei Rechtsschein-KG Rechtsscheinhaftung (s Anm 2 C, § 5 Anm 2 A); anders BAG NJW **80,** 1071, Priester BB **80,** 911: § 176 analog. Monographie: Beyerle 1976, dazu Lieb ZHR 141 (**77**) 374; Crezelius BB **83,** 5, Knobbe=Keuk FS Stimpel **85,** 187.

B. War dem Gläubiger die Beteiligung als Kdtist, gleichviel mit welcher Einlage, **bekannt,** so entfällt die unbeschränkte Haftung; Kenntnis, daß die Ges eine KG ist, genügt nicht. Kennenmüssen steht der Kenntnis nicht gleich, RG **128,** 183. Beweispflichtig ist der Kdtist. § 15 gilt nicht: bei zwischen Eintragung und Bekanntmachung begründeter Verbindlichkeit kann weder der Dritte sich auf Unkenntnis der Eintragung (der Ges als KG, des Gfters als Kdtist) berufen noch muß Kdtist dem Dritten Kenntnis der beschränkten Haftung beweisen. Höhe der beschränkten Haftung: Haftsumme lt GesVertrag, BGH DB **77**, 1250; dazu K. Schmidt DB **77**, 2313. Beitritt s Anm 3 A. S auch Ffm BB **72**, 333: volle Haftung des X, auch wenn Gläubiger von ihm überhaupt nichts weiß.

2) Unanwendbarkeit auf Gesellschaft ohne Grundhandelsgewerbe (I 2)

Schrifttum: *Fischer* NJW **73**, 2188. – *Canaris* NJW **74**, 455. – *Flume* FS Westermann **74**, 137. – *K. Schmidt* JZ **74**, 219, NJW **75**, 665. – *Beyerle* BB **75**, 944. – *Teichmann-Schick* JuS **75**, 18. – *Kollhosser* ZGR **76**, 231. – *Huber* FS Hefermehl **76**, 127.

A. Übt die Ges ein **Gewerbe nach § 2**, also kein Grundhandelsgewerbe nach § 1, aus, wird also die Ges erst durch die Eintragung KG, während sie vorher GbR ist (vgl § 123 Anm 2 C), so ist I 1 nicht anwendbar (**I 2** entspr § 123 II). I 1 ist anwendbar, wenn die (noch nicht eingetragene) KG ein schon nach § 2 eingetragenes EinzelKfmGeschäft übernimmt und unter alter Firma fortführt (§ 28); unanwendbar bei Übernahme des nicht unter § 1 fallenden Geschäfts einer GmbH (obwohl diese stets als HdlGes gilt, § 13 III GmbHG); BGH **59**, 183, **61**, 60, **73**, 220.

B. Bei Unanwendbarkeit von I 1 gilt für die (noch nicht eingetragene) KG das **Recht der BGB Gesellschaft** (MitunternehmerGbR), BGH **69**, 95, NJW **83**, 1907. Aus Wechselzeichnung (namens der ,,KG") durch Geschäftsführer der phG-GmbH (vgl oben) haftet idR nur dieser selbst, BGH **59**, 184, **61**, 60, dazu Schwerdtner JR **73**, 319. Der Akzeptzeichner haftet nicht (Art 8 WG ist unanwendbar); die nach hM (vom BGH dahingestellt) für solche ,,Mitunternehmer-GbR" geltende ungünstigere Prozeßregelung (Klage gegen die Gfter) muß Gläubiger hinnehmen; BGH **61**, 60, **69**, 99.

C. **Rechtsscheinhaftung** kommt zB bei Wechselannahme namens der ,,KG" zwecks Stundung von Geschäftsverbindlichkeiten in Betracht. Dann haften die ,,Kdtisten"-(GbRGfter), soweit sie der Geschäftsaufnahme zustimmten, aus Rechtsschein durch Auftreten als Gfter der HdlGes (vgl § 5 Anm 2), jedoch nicht weiter als wäre der Schein Wahrheit, dh beschränkt gemäß dem KGVertrag; nicht etwa gilt § 176 I 1, gleich ob Gläubiger weiß, wer Kdtist, wer phG sein soll, str; BGH **61**, 60, **69**, 99. Beyerle BB **75**, 944, Teichmann-Schick JuS **75**, 18, Kollhosser ZGR **76**, 231, Huber FS Hefermehl **76**, 127.

D. Im Falle von I 2 (vgl Anm C) idR auch keine Haftung des Handelnden aus § 179 I BGB (Vertreter ohne Vertretungsmacht), da die KG mit Eintragung Schuldnerin wird, BGH **69**, 101; abw in einem Sonderfall (rechtskräftige Abweisung der Klage gegen die KG) BGH **63**, 48. Zum Wegfall der Haftung des Handelnden aus § 11 II GmbHG s Anh § 177a II 2 bei der GmbH & Co. Möglich (idR nicht anzunehmen) ist persönliche Einstehensverpflichtung der Gründer (§ 427 BGB), BGH **63**, 48; Wegfall der Verpflichtung der Gründer für Verbindlichkeiten der Vorgesellschaft bei Eintragung der GmbH, BGH **80**, 130, s Anh § 177a Anm II 2.

2. Abschnitt. Kommanditgesellschaft **1 § 177**

3) Haftung bei Eintritt (II)

A. Der in eine bestehende ,,HdlGes", dh OHG (die dadurch KG wird) oder KG, eintretende Kdtist haftet unbeschränkt, entsprechend I 1 für die zwischen seinem Eintritt und dessen Eintragung ins HdlReg begründeten GesSchulden (II). **Eintritt** ist iZw der Abschluß des Eintrittsvertrags; anders wenn nach diesem der Eintritt zu anderer Zeit wirksam werden soll, zB erst mit Eintragung des Eintritts, wodurch das Risiko aus II entfällt, BGH **82**, 212 m Anm K. Schmidt NJW **82**, 886. Anders als nach I 1 bei Beitritt vor Geschäftsbeginn ist nach II **keine Zustimmung** des Eintretenden zur Fortführung der Geschäfte erforderlich, BGH **82**, 211. II trifft auch den nicht eingetragenen Kdtisten, der seinen Anteil durch Abtretung erworben hat, BGH NJW **83**, 2259, str, aA K. Schmidt ZHR 144 (**80**) 192, Huber ZGR **84**, 160. II gilt auch, wenn der GesGläubiger bei Geschäftsabschluß die GesZugehörigkeit des Kdisten nicht gekannt hat, BGH **82**, 212, aA Priester BB **80**, 913. Bei Kenntnis des Gläubigers vom Eintritt als Kdtist beschränkte Haftung vgl Anm 1 B. Höhe (falls nicht im GesVertrag bestimmt, vgl Anm 1 B): vereinbarte Einlage (Haftsumme gleich Pflichteinlage); wenn Sacheinlage deren wirklicher Wert; soweit Einbringungszusage rechtswirksam (zB nicht bei Formverstoß, § 313 BGB); BGH DB **77**, 1250.

B. II gilt auch bei Eintritt (eines NichtGfters) durch Rechtsnachfolge, zB **Abtretung** des KdtAnteils; auch kraft **Erbgangs** (und Nachfolgeklausel im GesVertrag), aber nur nach Schonfrist für unverzügliche Herbeiführung der Eintragung (als Kdtist); BGH **66**, 100, NJW **83**, 2259. Anders wenn ein (schon der Ges angehörender) Kdtist einen phG beerbt mit Umwandlung der phG in Kommanditbeteiligung; doch kommt dann seine Haftung als Erbe des phG in Betracht (§§ 15 I, 128, Erbenhaftungsrecht); die ihn schützende Kenntnis des Gegners (§ 15 I) muß sich auch auf diese Umwandlung beziehen; BGH **66**, 100 m Anm Schilling ZGR **78**, 173.

C. Haftung erlischt nicht mit Eintragung der KG (anders § 11 II GmbHG, s Anh § 177a Anm II 2 C), **verjährt** aber in fünf Jahren entspr § 159.

[Tod des Kommanditisten]

177 Der Tod eines Kommanditisten hat die Auflösung der Gesellschaft nicht zur Folge.

1) Abw von § 131 Nr 4 (mit § 161 II) löst iZw der Tod eines Kdtisten die Ges **nicht auf.** Der GesAnteil des Kdtisten fällt, wie in der OHG bei entspr Vertrag, an seine Erben, vgl § 139 Anm 1, 2. Mehrere Erben treten auch anstelle eines Kdtisten nicht als Erbengemeinschaft, sondern einzeln ein, § 161 Anm 2 A, § 139 Anm 2. Zum Eintrittsrecht der Erben bei negativem Kapitalkonto (§ 120 Anm 3 E) des Erblassers s § 139 Anm 3 B. Ist wirksam unter Lebenden (auf den Todesfall) über den Anteil verfügt (vgl § 131 Anm 3 C, § 138 Anm 2 C), fällt der Anteil an den so Bestimmten. Ist es der einzige MitGfter (phG), wird er Alleininhaber, (vgl § 142 Anm 2 B), ggf (vgl § 138 Anm 5 H) ohne Pflicht zur Abfindung der Erben, KG, Säcker JR **71**, 422. Ist durch **Vermächtnis** über den Anteil verfügt, wird zunächst der Erbe

§ 177a, Anh § 177a

Kdtist, er hat den Anteil dem Bedachten zu verschaffen; wenn der GesVertrag das hindert: die übertragbaren Rechte aus dem Anteil (zB auf Gewinn, Auseinandersetzungsguthaben), BGH WM **76**, 251. Ergänzende Auslegung eines GesVertrags über Beerbung eines Kdtisten s BGH WM **79**, 535.

[Angaben auf Geschäftsbriefen; Antragspflicht bei Zahlungsunfähigkeit oder Überschuldung]

177a Die §§ 125a, 130a und 130b gelten auch für die Gesellschaft, bei der ein Kommanditist eine natürliche Person ist, § 130a jedoch mit der Maßgabe, daß anstelle des Absatzes 1 Satz 1 zweiter Halbsatz der § 172 Abs. 6 Satz 2 anzuwenden ist. Der in § 125a für die Gesellschafter vorgeschriebenen Angaben bedarf es nur für die persönlich haftenden Gesellschafter der Gesellschaft.

1) Nach dem durch die GmbHNovelle 1980 geänderten § 177a gelten §§ 125a, 130a und 130b auch für die KG, bei der zwar ein Kdtist natürliche Person ist, nicht jedoch ein phG. Ausgenommen sind auch hier nach dem Zweck des Gesetzes solche KG, zu deren phG eine OHG oder KG gehört, bei der ein phG eine natürliche Person ist (Verweisung auf § 172 VI 2); s Anm zu §§ 19 V, 125a, 130a. Die nach § 125a vorgeschriebenen Angaben auf Geschäftsbriefen müssen nur für die phG der KG, nicht jedoch für die Kommanditisten gemacht werden.

Anhang nach § 177a:
GmbH & Co
(mit Publikumsgesellschaft)

Schrifttum

a) Kommentare: s Kommentare zum HGB und GmbHG.

b) Handbücher: *Brönner-Bünz,* Die GmbH & Co KG in Recht und Praxis, 4. Aufl 1981. – *Hennerkes-Binz,* Die GmbH & Co KG, 7. Aufl 1984. – *Hesselmann,* Handbuch der GmbH & Co, 16. Aufl 1980. – *Sudhoff,* Der Gesellschaftsvertrag der GmbH & Co, 4. Aufl 1979. – *Westermann* ua, Hdb der Personengesellschaften I (LBl).

c) Einzeldarstellungen und Sonstiges: Centrale für GmbH Dr. O. Schmidt, Hrsg, Aktuelle Probleme der GmbH & Co, 1967. – *H. P. Westermann,* Die GmbH & Co im Lichte der Wirtschaftsverfassung, 1973. – *Binz,* Haftungsverhältnisse im Gründungsstadium der GmbH & Co KG, 1977. – *Uhlenbruck,* Die GmbH & Co in Krise, Konkurs und Vergleich, 1977. – *Priester,* Vertragsgestaltung bei der GmbH & Co, 1981. – RsprÜbersichten: *Kuhn* WM Sonderbeil 1/**78**; zur GmbH *Brandes* WM **83**, 286. – Zahlreiche Aufsätze bes in GmbHR. – Laufende Materialsammlung bei Centrale für GmbH Dr. Otto Schmidt. – Zur GmbH-Reform 1980 s Einl I D vor § 1. – Zur PublikumsGes s Anm VIII.

Übersicht
I. Begriff, Allgemeines

1) Begriff, praktische Bedeutung

2) Rechtliche Zulässigkeit
3) Erscheinungsformen

II. Errichtung

1) Gründung
2) Haftung im Gründungsstadium
3) Firma

III. Rechtsverhältnisse der Gesellschafter untereinander

1) Rechte und Pflichten der Gesellschafter
2) KGGeschäftsführung, GmbHGeschäftsführer, Beirat
3) Änderungen des Gesellschaftsvertrags

IV. Rechtsverhältnisse der Gesellschafter zu Dritten

1) Rechtliche Selbständigkeit der Gesellschaft
2) Vertretung, Selbstkontrahieren
3) Haftung gegenüber Dritten

V. Auflösung, Ausscheiden von Gesellschaftern, Liquidation

1) Auflösung
2) Ausscheiden von Gesellschaftern, Übertragung
3) Liquidation

VI. Mitbestimmung

VII. Rechnungslegung

VIII. Publikumsgesellschaft

1) Begriff, Sonderrecht
2) Errichtung, arglistige Täuschung, Prospekthaftung
3) Gesellschaftsvertrag, Inhaltskontrolle, Änderung
4) Rechte und Pflichten der Kommanditisten
5) Geschäftsführer, Aufsichtsorgane, Treuhänder
6) Rechtsverhältnisse der Gesellschafter zu Dritten
7) Auflösung, Ausscheiden von Gesellschaftern, Liquidation
8) Kapitalmarktrecht, Steuerrecht

I. Begriff, Allgemeines

1) Begriff, praktische Bedeutung

A. Die **GmbH & Co** (KG) ist eine **KG, an der eine GmbH als** fast immer einziger **Komplementär beteiligt ist.** Als KG ist sie rechtlich eine PersonenGes, die ein VollHdlGewerbe voraussetzt, §§ 1, 2, 4 II, 161 I (str, Lüdtke=Handjery BB **73,** 71; die KG selbst, nicht nur die GmbH muß Vollkfm sein, BayObLG NJW **85,** 982, str; oben s Anm 3 D) und auf die grundsätzlich KGRecht Anwendung findet. Der Umstand, daß ihr phG eine Ges „mbH" (juristische Person, KapitalGes) ist, bedeutet eine Typenverbindung und wirtschaftliche Annäherung an eine KapitalGes, BGH **62,** 226 („der Form nach eine Personengesellschaft", „sachlich Gesellschaft mbH"). Dies ist der Grund für die besonderen Rechtsprobleme der GmbH & Co. Dabei geht es um die Überlagerung des KGRechts durch KapitalGesRecht oder eigene Regeln für den besonderen Mischtyp.

B. Die GmbH & Co hat sich seit den 20er Jahren vor allem aus **steuerlichen Gründen** rasch ausgebreitet. Die Doppelbesteuerung nach KStG (Besteuerung der Gewinne zB der AG und noch einmal der Dividenden bei den Aktionären) ist zwar seit 1977 durch ein Anrechnungsverfahren beseitigt, doch besteht sie bei der Vermögensbesteuerung fort; weitere Steueranreize ergeben sich auch heute aus Sonderabschreibungen, die nur der PersonenGes offenstehen. Bei der Entscheidung für GmbH & Co oder bloße GmbH ist ein **konkreter Belastungsvergleich** unerläßlich; idR sprechen hohes Betriebsvermögen schon wegen der Vermögenssteuer für GmbH & Co, niedriges Betriebsvermögen und hohes Geschäftsführerentgelt für GmbH; näher Hennerkes-Binz Teil 3 II. Hönik-Schreiner BB 80, 829; s Anm VIII 8 B. Heute stehen die **gesellschaftsrechtlichen Vorteile** im Vordergrund. Sie liegen in der Kombination von Vorteilen der KapitalGes und der PersonenGes. Zu den ersteren gehören zB Haftungsbeschränkung, Drittorganschaft, Lösung des Nachfolgeproblems (Unternehmensperpetuierung), leichtere Kapitalbeschaffung durch besseren Zugang zum Finanz- und Kapitalmarkt (vgl Anm VIII 1), Beherrschung ohne Kapitalmehrheit, Sachfirma, EinmannGes ua. Dies alles ermöglichte diese Rechtsform bei gleichzeitiger Inanspruchnahme der Vorteile einer PersonenGes zB freie Gestaltung des Innenverhältnisses, Entnahmerecht auch ohne Gewinnerwirtschaftung, Vermeidung der unternehmerischen Mitbestimmung (im Aufsichtsrat) nach BetrVG und Entschärfung derjenigen nach MitbestG (s Anm VI), und zuletzt wegen der Nichteinbeziehung in das BilanzrichtlinieG (s Einl I 2 B vor § 238) erheblich geringerer Zwang zur Publizität.

2) Rechtliche Zulässigkeit

A. Die Zulässigkeit der GmbH & Co ist trotz Widerstands der Literatur schon früh von der Rspr **anerkannt**, BayObLG OLGE **27**, 331 (**1912**), RG **105**, 101 (**1922**), inzwischen auch vom Gesetzgeber (KVStG 1972; § 4 I MitbestG 1976; 1976: §§ 130a, 130b; 1981: §§ 19 V, 125a, 129a, 172 VI, 172a, 177a).

B. Eine Reihe der wichtigsten **Probleme** wie Firmierung (§ 19 V), Angabe der Rechtsform ua auf Geschäftsbriefen (§§ 125a, 177a), Antragspflicht außer bei Zahlungsunfähigkeit auch bei Überschuldung (§§ 130a, 130b, 177a), Leistung der Kommanditeinlage durch Einbringung des GmbHAnteils (§ 172 VI), Darlehensrückgewähr der (unterfinanzierten) Ges an die Gfter-Darlehensgeber (§§ 129a, 172a) sind besonders durch die GmbHNovelle 1980 gelöst oder entschärft worden. Das gilt nicht für die Rechnungslegung (s Anm VII). Die Problematik der GmbH & Co hat sich heute im Rahmen der klassischen GmbH & Co zu vielen Detailfragen, im übrigen zur PublikumsGes (s Anm VIII) verlagert. Überblick: K. Schmidt GmbHR **84**, 272.

3) Erscheinungsformen

A. Die **personen- und beteiligungsgleiche GmbH & Co (echte GmbH & Co)** ist heute in der Praxis am häufigsten; bei ihr sind die Gfter der GmbH und die Kdtisten der KG identisch und haben dieselben Beteiligungsquoten in der GmbH und KG. Das führt zum rechtlichen Gleichlauf (**Verzahnung**), vermeidet Probleme und ist für viele Fälle empfehlenswert; Vertragsgestaltung s Hennerkes-Binz Teil 1 V. Ein **Sonderfall** der personengleichen GmbH & Co ist die **EinmannGmbH & Co.** Hier ist der AlleinGfter der GmbH zugleich der einzige Kdtist. Seit 1981 kann die GmbH und damit die GmbH & Co auch als EinmannGes gegründet werden (§ 1 GmbHG nF); damit ist auch die EinmannVorGmbH anerkannt, K. Schmidt NJW **80**, 1775, s Anm II 2. Rechtsprobleme der Einmanngründung der GmbH, Ulmer BB **80**, 1001, Hüffer ZHR 145 (**81**) 521, K. Schmidt ZHR 145 (**81**) 540, Flume ZHR 146 (**82**) 205. Verbot des Selbstkontrahierens (§ 181 BGB, § 35 IV GmbHG nF) s Anm IV 2 B.

B. Die **nicht personen- und beteiligungsgleiche GmbH & Co** ist praktisch ebenfalls wichtig. Bei ihr sind die Gfter der GmbH und die Kdtisten der KG entweder verschiedene Personen oder ihre Beteiligungsverhältnisse weichen in beiden Ges ab; zB bestimmte Gfter wollen oder sollen keinen Einfluß auf die Geschäftspolitik haben. Gelegentlich fungiert dieselbe GmbH als phG bei verschiedenen GmbH & Co (**sternförmige GmbH & Co**). GmbH & Co mit AnlageGftern als Kdtisten (PublikumsGes) s Anm VIII, mit Arbeitnehmern als Kdtisten Tillmann DB **70**, 2157. Abwandlung der internen Organisation s Anm E.

C. Bei der **wechselseitig beteiligten GmbH & Co (EinheitsGmbH & Co)** besteht die nach dem GesVertrag zu erbringende Einlage der Kdtisten in ihren Anteilen an der GmbH. Damit kann die KG AlleinGfter der GmbH, also ihres Komplementärs, werden, BayObLG DB **74**, 962, Mertens NJW **66**, 1049. Diese Form ist durch § 172 VI nF seit 1981 entgegen früheren Zweifeln gesetzlich anerkannt; die KdtEinlage gilt aber als nicht geleistet, wenn sie in Anteilen am phG bewirkt wird, außer wenn letztlich doch eine natürliche Person (als phG des Komplementärs der GmbH & Co) haftet (§ 172 VI 2). Willensbildung in der EinheitsGes s Anm III 3 A. Übersicht: Bülow DB **82**, 527.

D. Bei der **doppelstöckigen** (dreistufigen) **GmbH & Co** ist Komplementär der GmbH & Co eine weitere GmbH & Co, Bsp LG Brem BB **71**, 1121. Auch diese Form ist zulässig (zB § 4 I 2 MitbestG), hL, Hbg GmbHR **69**, 135 (für KGaA, s Anm IV 1 A) m zust Anm Hesselmann, aA Pfander-von Stumm DB **73**, 2499. Das HdlGewerbe der KomplementärGmbH kann im Betreiben des HdlGewerbes der dreistufigen GmbH & Co KG bestehen, str, dazu Veismann BB **70**, 1159, Wessel BB **70**, 1276, Lüdtke-Handjery BB **73**, 68.

E. Auch die einfache, nicht personengleiche GmbH & Co (s Anm B) kann durch entspr Rechte und Pflichten der Kdtisten vom Normaltyp der noch einer PersonenGes ähnlichen GmbH & Co zu einer **kapitalistischen GmbH & Co** (Geldgeber und beherrschend sind die Kdtisten, s § 161 Anm 1 C) oder einer **Publikumsgesellschaft** (Geldgeber sind die Kdtisten, beherrschend die Gfter der GmbH oder Außenstehende, s Anm VIII 1) ausgestaltet werden. Letzteres führt idR zu einer **körperschaftlich strukturierten KG**. Für diese sind typisch: Abstimmung mit Mehrheit und nach Kapitalbeträgen; GfterWechsel ohne Folgen für den Bestand der Ges; Pooling der Kontrollrechte; Aufsichtsorgane, Beiräte und Treuhänder; Verbriefung der Mitgliedschaftsrechte (nur Beweisurkunde, keine WP) ua.

F. **Typenverbindungen** mit **anderen Gesellschaften** sind zB OHG nur mit juristischen Personen als Gfter (s § 105 Anm 1 C); AG & Co; rechtsfähige Stiftung & Co (wegen Stiftungsaufsicht heute unattraktiv); ausländische juristische Person & Co, letztere selbst wenn sie sich nach ihrem Heimatrecht nicht an der dort der KG entspr PersonenGes beteiligen könnte, Bokelmann BB **72**, 1426. In der Praxis spielen diese Formen keine große Rolle. Die Rechtsprobleme sind dieselben oder ähnliche wie bei der GmbH

& Co (vgl §§ 19 V, 125a, 129a, 130a, 130b). Zur GmbH & Still s § 230 Anm 2 A.

II. Errichtung

1) Gründung

A. Beim **KGVertragsschluß** greift § 181 BGB ein, wenn der GmbHGeschäftsführer selbst Kdtist ist (vgl Anm IV 2 B); wenn GmbH hierzu gegründet wird, Gestattung durch GmbHVertrag, BGH BB **68**, 481.

B. **Anmeldung** der KG (§§ 106, 162) idR erst nach Eintragung der GmbH, die vorher nicht besteht (§ 11 I GmbHG). Wenn eine VorGmbH besteht, die bereits phG der KG sein kann (s Anm 2 A), str, ist auch ein früherer Zeitpunkt möglich, Ulmer ZGR **81**, 617, aA Hamm BB **76**, 1094, und wegen des für Kdtisten drohenden Haftungsrisikos aus § 176 I (s Anm 2 D) empfehlenswert. Danach richtet sich auch der einzutragende Zeitpunkt des Beginns der KG (§ 106 II Nr 3). Eintragung der VorGmbH als phG der KG ist zulässig (s Anm 2 A), aber nicht mehr, wenn bereits die GmbH eingetragen ist, BGH NJW **85**, 736. Als Gegenstand des Unternehmens der GmbH (§ 10 GmbHG) ist nach der Rspr konkret der Tätigkeitsbereich der GmbH & Co anzugeben, nicht nur „phG-Funktion in der KG X", Hbg BB **68**, 267, BayObLG NJW **76**, 1694, dagegen wegen Vermischung der Eigen- und Fremdgeschäftsführung zu Recht üL, Hachenburg-Ulmer § 3 Rz 22. Die bei der Anmeldung der GmbH abzugebende Versicherung über Einlageleistungen (§ 8 II GmbHG nF) und die Prüfung durch das Registergericht (§ 9e GmbHG nF) haben sich bei einer Bargründung auch darauf zu erstrecken, inwieweit das Anfangskapital der GmbH bereits durch Schulden vorbelastet ist (s Anm 2 B), BGH **80**, 143. Zeichnung der Firma der KG (und der Firma der GmbH, diese nicht unbedingt handschriftlich) zur Registerakte der KG (§§ 161 II, 108 II) und Unterschrift durch alle GmbHGeschäftsführer, einerlei ob gesamt- oder einzelvertretungsberechtigt, Hamm OLGZ **83**, 264, und ob im gleichen Register bereits zur Registerakte der GmbH erfolgt, BayObLG DB **73**, 175, Hamm OLGZ **83**, 264, aA Celle BB **80**, 223: keine Zeichnung der Firma der GmbH. Für den Kdtisten, der zugleich GmbHGeschäftsführer ist, genügt eine einzige Unterschrift, wenn eindeutig ist, daß er für sich und die GmbH handelt, Düss OLGZ **66**, 346, BayObLG BB **74**, 1089, Celle Rpfleger **79**, 313, str. Beglaubigung nach § 12 I muß die Person des namens der GmbH unterzeichnenden Geschäftsführers namentlich benennen, Hamm OLGZ **83**, 257.

C. **Umwandlung** in GmbH & Co kann den Gläubiger zur fristlosen Kündigung eines langfristigen Vertrags berechtigen, wenn der Schuldner ihm nicht von sich aus Mitteilung macht, BGH BB **78**, 982; zur Rechtsscheinhaftung in solchen Fällen s § 15 Anm 3 D. Umgründung von EinzelKfm und OHG in GmbH & Co s Henssler-Kormann BB Beil 11/**71**. Umwandlung in und von GmbH & Co s Hennerkes-Binz Teil 4, allgemein s Einl 4 vor § 105. Die Haftung des ehemaligen phG und jetzigen Kdt-GmbHGeschäftsführers dauert fort, str, s § 159 Anm 1 A; Gestaltungsmöglichkeiten zur Haftungsbegrenzung s Hennerkes-Binz Teil 1 VIII 1 d. GmbHMantel s Priester DB **83**, 2291, Mantelkauf s § 23 Anm 1.

2) Haftung im Gründungsstadium

Schrifttum: *Hachenburg-Ulmer,* GmbHG, 7. Aufl 1975 § 11, Ergänzungsband 1985. – *Fischer* in ProGmbH 1980, 160. – *K. Schmidt* NJW **81**, 1345. – *Flume* NJW **81**, 1753. – *Ulmer* ZGR **81**, 593. – *John* BB **82**, 505 (EinmannVorGmbH). – *Priester* ZIP **82**, 1141. – *Schultz* JuS **82**, 732. – *Maulbetsch* DB **84**, 1561. – *Meister* FS Werner **84**, 521. – *Roth* ZGR **84**, 597. – RsprÜbersicht: *Westermann* 1984; *Fleck* GmbH-Rdsch **83**, 5. S auch § 176 Anm 1 C.

A. Eröffnen die Gründer den Geschäftsbetrieb **vor Eintragung** der GmbH und der KG, besteht GbR, wenn der Betrieb nicht unter § 1 fällt (im Innenverhältnis unter den Gftern gilt trotzdem nicht das Recht der GbR, sondern der KG, str), sonst hdlrechtliche PersonenGes. Diese ist **KG**, denn die (mit Abschluß des GmbHVertrags entstehende, selbst nicht eingetragene) **VorGmbH** kann bereits phG der KG sein (VorGmbH & Co), BGH **80**, 132 gegen **63**, 47, noch offen in **69**, 95, **70**, 132 (s auch § 105 Anm 2 C). Auf die VorGmbH finden weitgehend die für die spätere Rechtsform gültigen Rechtsgrundsätze Anwendung, stRspr, BGH **79**, 241, **80**, 132 (anders früher RG). Die **Vertretungsmacht** des Geschäftsführers der VorGmbH ist durch deren Zweck begrenzt; bei Bargründung also idR auf Herbeiführung der Eintragung und ihrer Voraussetzungen (außer bei einer weitergehenden, nicht der Form des § 2 GmbHG bedürftigen Ermächtigung aller Gfter), BGH **80**, 139; bei Sachgründung ist Fortführung des eingebrachten HdlGeschäfts gedeckt, BGH WM **63**, 249. Laufende Geschäfte namens der künftigen Ges verpflichten aus der Sicht des Geschäftsgegners iZw auch die VorGes. Für Verbindlichkeiten der VorGmbH haften nicht nur die VorGmbH mit ihrem Gesamthandsvermögen (einschließlich offener Einlagenforderungen), str, offen BGH **80**, 144, sondern auch die Gründer (**Gründerhaftung**), soweit sie den handelnden Geschäftsführer (auch stillschweigend) ermächtigt haben, persönlich, aber nur bis zur Höhe ihrer Einlagen, BGH **65**, 382, **72**, 45 (für GmbH), NJW **83**, 2822, nach aA unbeschränkt, zB Flume NJW **81**, 1756. Abwicklung und Aufwendungsersatz bei Auflösung der VorGmbH ohne Eintragung der GmbH s BGH **86**, 122.

B. **Mit Eintragung** entsteht die GmbH; die VorGmbH und die persönliche Haftung der Gfter der VorGmbH fallen weg. Die Rechte und Pflichten aus Geschäften der VorGmbH gehen mit Eintragung der GmbH voll auf diese über (**Schuldenübergang ohne Vorbelastungsverbot**), BGH **80**, 134, Gründe: Übergang auch aller Aktiva der VorGmbH auf die GmbH, Rechtsgedanke des § 419 BGB; sehr str. Konsequent haften die Gfter anteilig für die Differenz, die sich durch solche Vorbelastungen zwischen dem Stammkapital und dem Wert des GesVermögens zum Zeitpunkt der Eintragung ergibt (**Differenzhaftung**, Rechtsgedanke des § 9 GmbHG nF auch bei Bargründung), BGH **80**, 140. Diese Haftung geht über Stammkapital und -einlage hinaus auf vollen Verlustausgleich (wie bei verbotener Einlagenrückgewähr, s § 172a Anm 7 A), BGH WM **82**, 40. Mit der Eintragung beider Ges wird die KG, soweit nicht anderes vereinbart ist, Schuldnerin der namens der GmbH & Co eingegangenen Verbindlichkeiten; hierfür haftet die eingetragene GmbH nach § 128, BGH **69,** 95, **76,** 320. Als Korrelat zu Schuldenübergang und Differenzhaftung kommt es mit Eintragung der GmbH zum **Erlöschen der Haftung der Gründer aus** Verbindlichkeiten der **VorGmbH,** BGH **80,** 144.

C. **Persönliche Haftung des vor Eintragung** für die GmbH **Handelnden** folgt aus **§ 11 II GmbHG;** der Sinn des II liegt nicht so sehr in der Beschaffung eines Ersatzschuldners vor Entstehen der GmbH, sondern in einem den Gläubigern gebührenden Ausgleich für die geringere rechtliche Kontrolle und Absicherung der Kapitalgrundlage der VorGes, BGH **80,** 184 gegen **65,** 381. ,,Handelnder'' ist eng auszulegen, BGH **65,** 378, **66,** 359, WM **80,** 955. Der Geschäftsführer der VorGmbH haftet persönlich nach § 11 II GmbHG, auch wenn er im Namen der KG handelt, aber dadurch die Haftung der VorGmbH nach § 128 auslöst, BGH **80,** 133. § 11 II GmbHG greift erst nach notariellem Abschluß des GesVertrags bzw Einmannerrichtungserklärung (§§ 1, 2 GmbHG), ohne den auch noch keine VorGes besteht, ein, BGH **91,** 148, anders noch BGH NJW **80,** 287. Die Haftung aus § 11 II GmbHG greift nicht ein zugunsten eines GründungsGfters und seines Treugebers, auch nicht bei Erwerb einer Forderung gegen die Ges als Drittgläubiger vor Eintragung der GmbH, BGH **76,** 320. Die Haftung nach § 11 II GmbHG aus namens der Ges mit Ermächtigung aller Gründer getätigten Geschäfte **erlischt** (bei Sach- und bei Bargründung gleichermaßen) **mit Eintragung der GmbH,** BGH **76,** 320, **80,** 143, 182; ebenso eine eventuelle Haftung aus § 179 BGB, BGH **76,** 320 (vgl BGH **63,** 45 zu § 179 BGB; überholt).

D. **Persönliche Haftung** der Gründer als **Mitglieder** einer vor Abschluß des GmbHVertrags geschlossenen **Vorgründungsgesellschaft:** diese Ges (,,GmbH in Gründung'') ist entweder BGBGes oder, wenn sie bereits ein HdlGewerbe unter gemeinsamer Firma betreibt, eine OHG. Aus für sie abgeschlossenen Geschäften haften die Gfter persönlich unbeschränkt; eine anderweitige Vereinbarung folgt anders als bei der VorGes (s Anm A) aus dem Auftreten für die ,,GmbH in Gründung'', BGH NJW **83,** 2822. Diese Haftung endet nicht mit Abschluß des GmbHVertrags und dadurch Entstehen der VorGmbH, trotz deren Haftung für dieselbe Verbindlichkeit; Grund: keine GesIdentität und keine befreiende Schuldübernahme ohne Zustimmung der Gläubiger. Die Haftung der VorgründungsGes endet anders als bei der VorGes und bei § 11 II GmbHG auch nicht mit Eintragung der GmbH, außer wenn das mit dem Gläubiger so vereinbart ist, BGH NJW **82,** 932 (iErg ja), **83,** 2822 (iErg nein). Übersicht: K. Schmidt GmbHR **82,** 6, Maulbetsch DB **84,** 1561.

E. **Noch nicht** im HdlReg **eingetragene Kommanditisten** haften richtigerweise **nicht nach § 176 I unbeschränkt,** weil üblicherweise alle Gfter außer der KomplementärGmbH Kdtisten sind und der Verkehr das weiß (kein Vertrauenstatbestand, s § 176 Anm 1 A), so üL, K. Schmidt ZHR 144 (**80**) 202, Priester BB **80,** 913; dies gilt angesichts § 19 V jedenfalls für Vorgänge ab 1. 1. 81, offen BGH NJW **83,** 2260, aA für früher zB BGH NJW **80,** 54, **83,** 2260. Möglicher Ausweg ist Eintragung der KG vor der GmbH (s Anm 1 B).

GmbH & Co (mit Publikumsgesellschaft)   III 1, 2 **Anh § 177a**

3) Firma

Die Firma der GmbH & Co ist in § 19 V geregelt, s dort (§ 19 Anm 3).

III. Rechtsverhältnisse der Gesellschafter untereinander

1) Rechte und Pflichten der Gesellschafter

Die Rechte und Pflichten der Gfter bestimmen sich nach **KGRecht**; für die GmbH sind es die eines phG der KG. Doch können das Fehlen der unbeschränkt haftenden natürlichen Person und die besondere Erscheinungsform, zB personengleiche GmbH & Co (s Anm I 3 B), zu Abweichungen und Anwendung von OHGRecht, zT auch von GmbH- und Aktienrecht (s Anm VIII 1) führen. Bsp: **Wettbewerbsverbot** (§§ 112, 113, s § 165 Anm 2) für die Gfter der personengleichen GmbH & Co (abw von § 165 und von GmbHG). Bei bekannter Altkonkurrenz der GmbH kann entweder deren Einstellung oder deren Fortführung gewollt sein, Lüdtke=Handjery BB **73,** 69 (vgl § 112 Anm 2 B), ausdrückliche GesVertragsklausel empfiehlt sich. Ein Wettbewerbsverbot der GmbHGfter und GmbHGeschäftsführer gegenüber der KG und den KGGftern besteht unmittelbar nicht. Doch kann es je nach den Umständen mittelbar aus der Treuepflicht gegenüber der GmbH folgen, zB wenn der GmbHGfter und -Geschäftsführer aufgrund hoher Mehrheitsbeteiligungen an GmbH und KG die Ges beherrscht (§§ 17 II, 18 I 3 AktG, anders bei bloßer Finanzbeteiligung), BGH **89,** 162; ist der beherrschende Gfter eine HoldingGes, deren sich ihre MutterGes beim Erwerb jener Mehrheitsbeteiligungen bedient hat, kann auch die MutterGes dem Wettbewerbsverbot unterliegen, BGH **89,** 162, Immenga JZ **84,** 579, Wiedemann-Hirte ZGR **86,** 163. Befreiung vom Wettbewerbsverbot durch GfterBeschluß und GmbHKonzernrecht, BGH **80,** 69 (Süssen), Raiser FS Stimpel **85,** 855; Erwerbschancen der Ges (corporate opportunity) s § 114 Anm 3 D, Timm GmbHR **81,** 177. Kollision mit § 1 GWB s § 112 Anm 3. Die gegenseitige **Treuepflicht** der Gfter der GmbH, die satzungsgemäß die Geschäfte der KG führt, verbietet es dem MehrheitsGfter, die GmbHGeschäftsführung zu nachteiligen Geschäften (Konzernumlage) zu Lasten der KG und ihrer TochterKG zu veranlassen; der MinderheitsGfter der GmbH und KG kann Schadensersatz an die benachteiligten Ges verlangen, BGH **65,** 18 („ITT"); dazu Schilling BB **75,** 1451, Rehbinder ZGR **76,** 386, Ulmer NJW **76,** 192, Westermann GmbHR **76,** 77, Wiedemann JZ **76,** 392. **Gewinn und Verlust** s §§ 167–169; vertragsändernde Beschlüsse darüber s § 119 Anm 2 B.

2) KGGeschäftsführung, GmbHGeschäftsführer, Beirat

A. **Geschäftsführung** für die KG s GesVertrag (Vertragsfreiheit §§ 161 II, 109) und §§ 164 ff. Verbot des Selbstkontrahierens s Anm IV 2 C. Der GmbH kann die Geschäftsführungsbefugnis nach § 117 entzogen werden; sie muß sich dabei das Handeln ihres Geschäftsführers zurechnen lassen, ohne daß stets vorrangig dessen Abberufung betrieben werden müßte, BGH NJW **84,** 173 m Anm Westermann ZIP **83,** 1070. Die Geschäftsführung kann dem Kdtisten allein übertragen werden, die Vertretungsmacht aber der GmbH nicht entzogen werden, vgl § 164 Anm 1 A, § 170 Anm 1.

B. Der **Geschäftsführer der GmbH** steht im Dienstvertrag zur GmbH; nur bei besonderer Vertragsgestaltung wird er von der GmbH & Co angestellt und bezahlt, BAG WM **83**, 800 (mit Konsequenz für Kündigungsschutz), Celle GmbHR **80**, 32; zur Drittanstellung Fleck ZHR 149 (**85**) 387. Für den GmbHGeschäftsführer gilt ein Wettbewerbsverbot gegenüber der GmbH und auch (str) der KG. Der Geschäftsführer der GmbH, deren wesentliche Aufgabe die Geschäftsführung der KG ist, haftet jedoch auch der KG aus Dienstvertrag mit der GmbH (§ 43 II GmbHG mit **Schutzwirkung für die KG**), BGH **75**, 321, **76**, 327, BB **80**, 1344, WM **81**, 440, Grunewald BB **81**, 581, Hüffer ZGR **81**, 351, s Anm VIII 5 C. Die Verletzung von Geschäftsführerpflichten kann beim GfterGeschäftsführer zugleich Verstoß gegen GfterPflichten sein; dann keine nur fünfjährige Verjährung nach § 43 IV GmbHG; BGH NJW **82**, 2869 m krit Anm Westermann. Bestellungswiderruf in GmbH mit zwei gleich hoch beteiligten Gftern s BGH **86**, 177, Schneider ZGR **83**, 535. Grundsätzlich keine Eigenhaftung des Geschäftsführers gegenüber Dritten, zB Vertragspartnern der GmbH oder KG, Mü DB **84**, 498, aber s § 172a Anm 9 D; Überbl 3 u 4 vor § 48. Zur Abberufung des GmbHGeschäftsführers bei der GmbH & Co Hopt ZGR **79**, 1. Insolvenzsicherung für Ruhegeldansprüche des GmbH-Geschäftsführers s § 59 Anm 6 E f. Stimmrechtsausübung bei der GmbH im Alleinbesitz ihrer KG s Bülow GmbHR **82**, 121. RsprÜbersicht: Fleck WM **85**, 677 (Geschäftsführer). Monographie: Tillmann, 4. Aufl 1986 (Geschäftsführervertrag der GmbH und GmbH & Co).

C. **Beirat** in der KG s Hölters DB **80**, 2225, Monographien: Hölters 1979, Maulbetsch 1984; vgl § 114 Anm 2 G. Prozeß über Zugehörigkeit zum Beirat der GmbH (und KG) ist möglich unter den GmbHGftern (Kdtisten), BGH WM **77**, 477 (vgl § 124 Anm 6 H).

3) Gesellschafterversammlung, Änderung des Gesellschaftsvertrags

A. Eine **Gesellschafterversammlung** ist im HGB nicht vorgesehen (anders §§ 48ff GmbHG), fördert aber klare Beschlüsse und die Integration der Gfter und ist deshalb für die Satzung zu empfehlen (Regelung entspr GmbHRecht). Bei der EinheitsGmbH & Co (s Anm I 3 C) vollzieht sich die Willensbildung in der GfterVersammlung der Kdtisten, weil die GmbH GfterRechte der KG nicht bei sich selbst in ihrer GfterVersammlung ausüben kann, im einzelnen Vertragsgestaltung; s Scholz-K. Schmidt Anh § 45 Rz 16. Monographie: Vogel 1976.

B. Änderung des KGVertrags als Grundlagengeschäft s § 105 Anm 2 G. In der personengleichen GmbH & Co (s Anm I 3 A) liegt im einstimmigen Beschluß zur KGVertragsänderung die Gestattung des Selbstkontrahierens an den Kdtisten, der zugleich GmbHGeschäftsführer ist, BGH BB **76**, 901; s § 119 Anm 3 C.

IV. Rechtsverhältnisse der Gesellschafter zu Dritten

1) Rechtliche Selbständigkeit der Gesellschaft

A. **Inhaber** des HdlGeschäfts und Eigentümer des Geschäftsvermögens ist die KG (Verpachtung s § 1 Anm 3 A). Sie ist auch Besitzer der Sachen der Ges, vgl § 124 Anm 1 E. Sie ist in die Handwerksrolle einzutragen, s § 1 Anm 9 F. Die GmbH & Co kann trotz § 281 I AktG phG einer KGaA sein, Hbg GmbHR **69,** 135 (vgl Anm I 3 D), str, doch können ihr dann nicht die Geschäftsführung und Vertretung zustehen (§§ 278 II, 283, 76 III AktG).

B. Im **Prozeß** der GmbH & Co ist der Geschäftsführer der GmbH als Partei, nicht als Zeuge zu hören, LG Oldbg BB **75,** 983 (vgl § 124 Anm 5 C).

2) Vertretung, Selbstkontrahieren

A. Die **Vertretung** der KG kann organschaftlich oder rechtsgeschäftlich sein. **Organschaftlich** (s Überbl 1 A c vor § 48) wird die KG durch die GmbH vertreten (§§ 125, 161 II, 170). Für die **GmbH** handeln, auch soweit sie als phG der KG für diese tätig wird, ihre gesetzlichen Vertreter, also die **GmbHGeschäftsführer;** Abberufung s Anm III 2 A. Nach Löschung der GmbH ist die KG nicht mehr prozeßfähig, Zweibr ZIP **83,** 941. Bestellung eines Notliquidators (§§ 29, 48 I BGB) für die aufgelöste GmbH zur Sicherung von Vertretung und Geschäftsführung der nicht aufgelösten KG auf Antrag von Kdtisten, BayObLG DB **76,** 1571.

B. Für die **rechtsgeschäftliche Vertretung** der KG gilt allgemeines Vertretungsrecht. Ein **Prokurist** der GmbH kann für die GmbH als Vertreter in der KG (dh mittelbar für die KG) handeln, Hamm NJW **67,** 2163. Prokuristen der KG werden durch die GmbH bestellt (§§ 161 II, 126 I). Möglich ist auch Prokura für die KG mit Bindung an die Mitwirkung an die GmbH (ihrer vertretenden Geschäftsführer), aber nicht mit Bindung an einen GmbHGeschäftsführer ohne Alleinvertretungsmacht für die GmbH, Hbg GmbHR **61,** 128, BayObLG BB **70,** 226; vgl § 48 Anm 2 B. Auch die Geschäftsführer der GmbH können Prokura für die KG erhalten, Hamm BB **73,** 354, BayObLG BB **80,** 1487. Auch **Kommanditisten** können trotz § 170 Prokura oder Vollmacht für die KG erhalten, s § 170 Anm 2. § 170 hindert nicht die Vertretung der GmbH & Co durch GmbH, für die ein Geschäftsführer handelt, der auch Kdtist ist, aA BPatG BB **75,** 1127; Kdtisten als solche sind aber von der organschaftlichen Vertretung ausgeschlossen, s § 170 Anm 1.

C. Die rechtsgeschäftliche **Vertretung der Kommanditisten persönlich durch die GmbH** setzt deren Vollmacht voraus, zB Übernahme der persönlichen Haftung der Kdtisten für ein der KG zu gewährendes Bankdarlehen; zur Auslegung der von der GmbH vorformulierten Vollmacht, BGH DB **80,** 534.

D. **Selbstkontrahieren** des GmbHGeschäftsführers (als Vertreter der Ges mit sich selbst) ist nur möglich bei bloßer Erfüllung einer Verbindlichkeit, zB Einlageschuld, oder bei Gestattung (§ 181 BGB, s § 119 Anm 3 C).

a) Eigene Rechtsgeschäfte des GmbHGeschäftsführers **mit der GmbH** erfordern Gestattung der GmbH. Das gilt auch für die EinmannGmbH, so § 35 IV GmbHG nF ab 1. 1. 81 (anders früher BGH **56,** 97, **75,** 358 (für die GmbH & Co), **81,** 367, aber strenge Beweisanforderungen, mindestens Verbuchung des Insichgeschäfts). Die generelle Befreiung des Geschäftsführers und AlleinGfters der EinmannGmbH ist nur im GesVertrag möglich oder aber nachträglich durch Satzungsänderung (nicht bloßen GfterBeschluß) und bedarf dann der Eintragung im HdlReg, BGH **87,** 60, BayObLG NJW **81,** 1565, BB **82,** 577 (anders bei OHG/KG, s § 119 Anm 3 C); Befreiung durch GfterBeschluß ist bei Ermächtigung im GesVertrag zulässig; solcher Einmannbeschluß verstößt nicht gegen § 47 IV 2 GmbHG; erüst nach unterschriebener Niederschrift (§ 48 III GmbHG) im HdlReg einzutragen, BayObLG WM **84,** 1570. Beschränkung auf den AlleinGfter ist jedoch nicht eintragbar, da die Vertretungsmacht so nicht allein aus dem HdlReg ersichtlich ist, BGH **87,** 63 (s auch § 8 Anm 3). § 181 BGB gilt entspr, wenn der GmbHGeschäftsführer sich durch seinen Ehegatten vertreten läßt, Hamm NJW **82,** 1105; auch bei anderen Unterbevollmächtigten, nicht aber bei Prokuristen, BGH **91,** 336. **b)** Eigene Rechtsgeschäfte des GmbHGeschäftsführers **mit der KG** erfordern Gestattung der KG. Eine Gestattung auf den Einzelfall obliegt als Maßnahme der KGGeschäftsführung und -Vertretung allein der KomplementärGmbH; auch bei rechtlicher Verhinderung des GmbHGeschäftsführers sind dazu weder die Kdtisten noch die GmbHGfter befugt, BGH **58,** 115, aA Frank NJW **74,** 1073. Möglich ist aber ein den GesVertrag für den Einzelfall ändernder Beschluß der Gfter der KG mit satzungsändernder Mehrheit; ist Einstimmigkeit nötig, liegt für den GmbHGeschäftsführer zugleich ein eigenes Rechtsgeschäft mit der GmbH vor (s Anm a), BGH **58,** 118. Der GmbHGeschäftsführer kann namens der GmbH der Übertragung des (einzigen) Kommanditanteils auf ihn zustimmen, BayObLG WM **77,** 949.

3) Haftung gegenüber Dritten

A. Die **Haftung der GmbH & Co** ist unbeschränkt mit ihrem gesamten Vermögen. Für Handlungen ihres Geschäftsführers haftet die GmbH entspr § 31 BGB (vgl § 124 Anm 3 B).

B. **Haftung der Kommanditisten: a)** Die Kdtisten haften nach §§ **171 ff.** Leistung der KG an die GmbH und dieser an einen Dritten, der dafür entsprechend an den Kdtisten leistet, ist Einlagenrückgewähr nach § 172 IV, BGH **47,** 149. Keine Einlagenrückgewähr ist Bezug angemessener Tätigkeitsvergütung als GmbHGeschäftsführer durch Kdtisten, BAG WM **83,** 514, differenzierend Riegger DB **83,** 1909, Bork AcP 184 (**84**) 465; s § 172 Anm 2 B. Weder der unter Abbedingung des § 164 geschäftsführende Kdtist noch der EinmannGfter haftet als solcher unbeschränkt; Ausnahme Durchgriffshaftung s § 172a Anm 9 B. Haftung bei GfterDarlehen s § 172a. Haftung der Kdtisten trotz § 109 Nr 3 VerglO s § 124 Anm 5 G. **b)** Daneben werden **besondere Haftungsgründe** praktisch. **Verschulden bei Vertragsschluß** wegen mangelnder Aufklärung eines Kreditgebers (vgl § 172a Anm 9 D), BGH NJW **84,** 2284 m krit Anm Wiedemann. **Rechtsscheinhaftung** der Kdtisten, die wie phG auftreten, s § 5 Anm 2, § 128 Anm 1 C. Weiterhaftung nach **§ 15** bei Wechsel des phG in KdtistenStellung, s § 15 Anm 2, Weiterhaftung des früheren EinzelKfm und jetzigen

Kdtisten für Altschulden s § 28 Anm 1 E. Bei Ausschluß der Verlustbeteiligung der GmbH trifft die Kdtisten nach GesVertrag bei Inanspruchnahme der GmbH nicht ohne weiteres eine **Freistellungspflicht,** diese setzt vielmehr eine klare Abbedingung des § 167 III (idR zu verneinen) voraus, Karlsr BB **82,** 327; dann haften die Kdtisten (mittelbar) unbeschränkt den auf die Freistellungsansprüche zugreifenden KGGläubigern; Ganssmüller NJW **72,** 1034, Sudhoff DB **73,** 2175, K. Schmidt DB **73,** 2227, Fehl BB **76,** 109. Die Abbedingung des § 167 III gilt nur im Innenverhältnis und steht einer Eintragung der Ges als KG nicht entgegen, aA Buchheister BB **73,** 687. Haftung bei Geschäftsaufnahme vor Eintragung s Anm II 2 D, § 176 Anm 1. Bürgschaft von Kdtisten bei Scheingeschäften zur Umgehung der Bardepotpflicht, BGH NJW **80,** 1572.

C. **Haftung des GmbHGeschäftsführers:** im Gründungsstadium s Anm II 2; aus Prospekthaftung s Anm VIII 2 C a; aus Rechtsscheinhaftung mangels Kennzeichnung der Haftungsbeschränkung, s § 19 Anm 3 D; sonst aus culpa in contrahendo (Eigenhaftung des Vertreters) s Überbl 4 vor § 48, § 172a Anm 9 D; aus Konkursverschleppung s §§ 130 a, 130 b HGB, § 64 GmbH; aus § 826 BGB, BGH WM **82,** 740.

V. Auflösung, Ausscheiden von Gesellschaftern, Liquidation

1) Auflösung

A. Die **GmbH & Co** wird durch den Tod eines Kdtisten iZw nicht aufgelöst (§ 177 HGB, vgl § 60 GmbHG). Erbfolge und TV s Petzold GmbHR **77,** 32, Lenzen GmbHR **77,** 56. Konkursablehnung mangels Masse (KG oder GmbH) löst die KG nicht auf; Auflösung der GmbH (G 9. 10. 34 über Auflösung und Löschung von Ges und Genossenschaften RGBl 914) steht dem Tod eines phG nach § 131 Nr 4 nicht gleich, die GmbH behält ihre Alleinvertretungsbefugnis, BGH **75,** 178, aA K. Schmidt BB **80,** 1497. Konkurs der GmbH (zB bei Überschuldung der KG, wenn daraus wie idR die Überschuldung der persönlich haftenden GmbH folgt) führt zur Auflösung der GmbH und der KG (§ 60 I Nr 4 GmbHG, §§ 161 II, 131 Nr 5 HGB). Konkurs- und Vergleichsantragspflicht für die zahlungsunfähige oder überschuldete KG s §§ 177a, 130a, 130b; antragspflichtig sind die Geschäftsführer der GmbH, nach Auflösung der KG ihre Liquidatoren, § 130 a I 2; dazu Blumers BB **76,** 1441, Mühlberger GmbHR **77,** 146. Haftung der Kdtisten im Konkurs der GmbH & Co, Aufrechnungsverbot, s § 171 Anm 3 B. Konkurs und Vergleich bei GmbH & Co s Monographie Uhlenbruck 1977.

B. Die **GmbH** wird durch die Auflösung der GmbH & Co iZw nicht aufgelöst, sie nimmt teil an der Auseinandersetzung der KG.

2) Ausscheiden von Gesellschaftern, Übertragung

A. Ausscheiden des phG oder von Kdtisten **aus der KG** und die Übertragung von Kommanditanteilen richtet sich nach KGRecht. Ausschließung geschäftsführender Gfter (GmbH, Kdtist) s Tillmann DB **74,** 1705. Selbstkontrahieren bei Anteilsübertragung s Anm IV 2 B. Kopplung der Übertragung der Kommandit- und GmbHAnteile s Anm B. Vereinigung aller

GesAnteile der KG bei der GmbH hat Rechtsfolgen entspr § 142 (s § 142 Anm 3, Firmierung s § 24 Anm 2 D). Haftung bei Übertragung der EinmannGmbH & Co (vgl Anm I 3 B) s Westerhoff DB **75,** 1973. Anmeldung der Übertragung des Kommanditanteils s § 162 Anm 3.

B. Ausscheiden von Gftern **aus der GmbH** und Übertragung von GmbHAnteilen richtet sich nach GmbHRecht. Erlauben der KG- und der GmbHVertrag die Anteilsübertragung in der KG und der GmbH nur gleichzeitig und im gleichen Verhältnis, ist bei Unwirksamkeit der einen Übertragung (zB in KG mangels Beschlusses der Gfter) auch die sonst ordnungsmäßige andere unwirksam, BGH BB **67,** 1307.

3) Liquidation

Einzug rückständiger Kommanditeinlagen ist uU auch noch im Liquidationsstadium möglich, BGH NJW **80,** 1522 (s § 151 Anm 2 B, § 235 Anm 1 A). Übersicht: K. Schmidt GmbHR **80,** 261.

VI. Mitbestimmung

PersonenGes fallen nicht unter das MitbestG 1976. Hat die Mehrheit der Kdtisten aber die Mehrheit der Anteile oder Stimmen der GmbH inne, wird die Zahl der Arbeitnehmer der GmbH & Co der GmbH zugerechnet (§ 4 MitbestG); die KomplementärGmbH wird dann ab idR 2000 Arbeitnehmern, einerlei ob bei ihr oder der KG, mitbestimmungspflichtig (außer bei eigenem Geschäftsbetrieb der GmbH mit idR mehr als 500 Arbeitnehmern), Zöllner ZGR **77,** 329, U. Schneider ZGR **77,** 342, Kunze ZGR **78,** 321. Ist die KG herrschendes Unternehmen eines Konzerns, gelten die Arbeitnehmer der Konzernunternehmen als solche der GmbH (§ 5 II MitbestG), Schneider ZGR **78,** 344. Versuche, der Mitbestimmung durch Einschaltung einer doppelstöckigen GmbH & Co (s Anm I 3 D) zu entgehen (§ 4 MitbestG) sind rechtlich unbehelflich, zumindest unsicher, str. Die GmbH & Co kann auch Konzern iSv § 5 MitbestG sein, hL, str. Komm: Hanau-Ulmer 1981, Gemeinschaftskomm MitbestG (LBl); zur GmbH & Co Wiesner GmbHR **81,** 36.

VII. Rechnungslegung

Die GmbH & Co ist ab entspr Größe rechnungslegungspflichtig nach dem Publizitätsgesetz s Biener GmbHR **75,** 5, 30. Die 4. EG-Ri (Bilanzrichtlinie, s Einl 2 A vor § 238) erfaßt die GmbH & Co nicht ausdrücklich, aber ihrem Zweck nach, Lutter DB **79,** 1285. Das BiRiLiG 1985 hat die GmbH & Co trotzdem wie eine reine PersonenGes behandelt, s Einl I 2 D vor § 238.

GmbH & Co (mit Publikumsgesellschaft) VIII 1, 2 **Anh § 177 a**

VIII. Publikumsgesellschaft

Schrifttum: *Hopt* ZHR 141 (77) 404. – *U. Schneider* ZHR 142 (78) 228, ZGR **78**, 1. – *Hüffer* JuS **79**, 457. – *Reuter* AG **79**, 321. – *Stimpel* FS Fischer **79**, 771. – *Bälz* ZGR **80**, 1. – *Moll* BB Beil 3/82. – *von Westphalen* DB **83**, 2745. – *Hopt, Kellermann, Krieger, Pleyer* FS Stimpel **85**, 265, 295, 307, 335. – *Crezelius* BB **85**, 209. – RsprÜbersicht: *Schlarmann* BB **79**, 192, *Kraft* FS Fischer **79**, 321.

1) Begriff, Sonderrecht

A. **Publikumsgesellschaft** (PublikumsKG, MassenKG) ist rechtlich eine PersonenGes, idR eine GmbH & Co KG, die zur Kapitalsammlung eine unbestimmte Vielzahl rein kapitalistisch beteiligter Kdtisten als AnlageGfter aufgrund eines fertig vorformulierten GesVertrags aufnehmen soll. Häufig ist sie Abschreibungsgesellschaft zur Nutzung steuerlicher (Sonder-) Abschreibungen (s Anm 8 B). Die Initiatoren oder GründungsGfter (idR die Gfter der GmbH) behalten fast immer die Herrschaft, die Kdtisten sind auf Kontrollrechte beschränkt, die sie häufig nur über einen Beirat oder einen Kdtistenvertreter (unechte Treuhand) ausüben können. Bei der echten Treuhand ist nur der Treuhänder Kdtist, die Anleger stehen nur zu ihm in rechtlicher Beziehung. Wirtschaftlich handelt es sich danach um eine KapitalGes (KGaA, str) im Kleid einer PersonenGes (KG).

B. Wegen dieser Zwitterstellung und erheblicher Mißstände hat die Rspr, vor allem der II. ZS des BGH, seit 1972 (BGH NJW **73**, 1604) in rascher Folge ein **Sonderrecht** der PublikumsGes herausgebildet. Die Sonderregeln, die oft dem Recht der KapitalGes angenähert sind, beruhen einerseits auf der vom gesetzlichen Leitbild abweichenden, körperschaftlichen Struktur der PublikumsGes, andererseits auf dem öffentlichen Vertrieb der Anteile auf dem Kapitalmarkt an unbestimmte Anleger ähnlich Aktien. Im übrigen gilt das Recht der GmbH & Co (s Anm I–VII).

2) Errichtung, arglistige Täuschung, Prospekthaftung

A. **Aufnahmeverträge** mit Kdtisten werden idR durch den phG (GmbH) im Namen auch der übrigen Gfter geschlossen, BGH WM **76**, 15 (vgl § 105 Anm 7 B). Der GesVertrag kann jedoch vorsehen, daß die KG selbst oder ein Treuhänder Aufnahmeverträge im eigenen Namen mit Wirkung für alle Gfter abschließt, BGH NJW **78**, 1000; dann kann die KG auch, sofern der Kdtist seine Beteiligung nicht finanzieren kann, wirksam ihrer Herabsetzung zustimmen, BGH NJW **83**, 1117. Beitrittserklärung unter Vorbehalt s BGH NJW **85**, 1080.

B. **Arglistige Täuschung** des beitretenden Kdtisten durch den phG (GmbH) bzw seiner Organvertreter (Geschäftsführer der GmbH) berechtigt den Getäuschten nicht wie sonst nach §§ 123, 142 I BGB zur Anfechtung mit Wirkung ex tunc, sondern nach den Grundsätzen der fehlerhaften Ges bzw des fehlerhaften GesBeitritts an sich nur zur Auflösungsklage nach § 133 (s § 105 Anm 8 F). Das entspräche jedoch nicht den Interessen der nur kapitalmäßig beteiligten AnlageGfter in der PublikumsGes. Die Rspr gibt deshalb dem durch arglistige Täuschung zum Beitritt veranlaßten Kdtisten auch ohne besondere Grundlage im GesVertrag ein Recht zur fristlosen **außerordentlichen Kündigung** mit Wirkung des sofortigen Ausscheidens (also ohne Klage nach § 133), BGH **63**, 338, NJW **73**, 1604, **75**, 1700, **76**,

894, WM **76**, 355, NJW **78**, 225, WM **81**, 452. Die Kündigung erfolgt gegenüber der KG, wenn diese selbst die Aufnahmeverträge abschließt (s Anm A), BGH **63**, 346. Nach Auflösung des Ges ist im Interesse einer zügigen Liquidation keine solche Kündigung mehr möglich, BGH NJW **79**, 765, vgl Kblz WM **78**, 856, s Anm 7 B. Zur Unanwendbarkeit der Grundsätze des finanzierten Abzahlungskaufs BGH NJW **81**, 389, s **(7)** Bankgeschäfte V 3 B. Zum Ganzen Loritz NJW **81**, 369.

C. **Prospekthaftung:** Auch ohne arglistige Täuschung berechtigt schuldhafte Irreführung den beitretenden Kdtisten zum Schadensersatz aus Verschulden bei Vertragsschluß. Vor allem zur PublikumsGes hat die Rspr hier die allgemeine **zivilrechtliche** Prospekthaftung entwickelt. Sie ist aus Verschulden bei Vertragsschluß und Vertrauenshaftung hergeleitet und richtet sich in Anspruchsinhalt und Rechtsfolgen nach der Haftung für Rat und Auskunft (s § 347 Anm 3, 4). Von ihr zu unterscheiden ist die besondere **börsen- und investmentrechtliche Prospekthaftung.** Diese ist gesetzlich genau geregelt (s **(14)** BörsG §§ 45–49, § 20 KAGG, § 12 AuslInvestmG) und in Voraussetzungen, Anspruchsinhalt und Rechtsfolgen deutlich enger; eine punktuelle Annäherung beider folgt neuerdings aus den BuM-Urteilen, s **(14)** BörsG § 45 Anm 1. Eine Prospektherausgabepflicht folgt bisher nur aus Börsen- und Investmentrecht; allgemein beim öffentlichen Vertrieb von GesAnteilen und Kapitalanlagen besteht eine solche Pflicht (noch) nicht. Die Prospekthaftung setzt aber keinen eigentlichen Prospekt voraus, sondern deckt alle Vertriebsangaben gleich in welcher Form ab. **a) Anspruchsgegner** ist zunächst der unmittelbar Irreführende, idR der den Aufnahmevertrag abschließende phG (GmbH). Der Kreis der Haftenden reicht jedoch weit darüber hinaus. Alle das Management bildenden Initiatoren, Gestalter und Gründer der Ges haften dem beigetretenen Kdtisten (idR aus Verschulden bei Vertragsschluß) für Vollständigkeit und Richtigkeit der mit ihrem Wissen und Willen in Verkehr gebrachten (Werbe)Prospekte, BGH **71**, 284, zB die Geschäftsführer des phG (GmbH); die hinter der Ges stehenden Personen, die in der Ges besonderen Einfluß ausüben und Mitverantwortung tragen, auch wenn sie nicht der Geschäftsleitung angehören, BGH **72**, 382; auch wenn sie dem Beitretenden im Einzelfall nicht bekannt werden (typisches Vertrauen), BGH **72**, 387, **79**, 342; auch wenn sie zugleich Kdtisten sind, BGH NJW **85**, 380; Rechtsanwälte, Wirtschaftsprüfer ua (Garantenstellung als berufsmäßige Sachkenner oder aufgrund ihrer besonderen wirtschaftlichen Stellung), wenn sie, ohne Vertreter der Ges zu sein, durch ihr nach außen in Erscheinung tretendes Mitwirken am Prospekt einen Vertrauenstatbestand schaffen, BGH **77**, 172, Treuhänder, BGH BB **84**, 94, uU weitergehende Haftung s Anm 5 C. Kapitalanlagevermittler, BGH **74**, 103, BB **78**, 1031 (Handelsvertreter, Auslandsfondsanteile); Rechtsanwalt, der die Einzahlungen auf Anderkonto sichern soll, BGH NJW **84**, 865; Banken s Anm d. **Nicht** haftbar sind die **KG selbst** und die vorhandenen (kleinaktionärähnlichen) **Kommanditisten** als solche; die arglistige Täuschung der GmbH und ihres Geschäftsführers ist nur diesen selbst zuzurechnen (Grund: MassenKG, Anlegerschutz fordert Ausnahmen von § 278 BGB), BGH NJW **85**, 380; der getäuschte Kdtist kann deshalb auch nicht seine Schadensersatzforderung gegen die Einlageforderung der KG aufrechnen, BGH NJW **73**, 1604, **78**, 225, aA

Moll BB Beil 3/**82**, 12; bei Beitritt unter Vorbehalt (zB einer bestimmten Verlustzuweisung) kann Einlageverpflichtung jedoch entfallen, BGH WM **79**, 612. Für die unrichtigen Prospektangaben haftet auch nicht schon jeder eingeschaltete HdlVertreter oder HdlMakler außer bei Inanspruchnahme eines besonderen persönlichen Vertrauens, BGH WM **71**, 499, Kln 28. 5. 82 6 U 2/82; erst recht nicht bloße Angestellte; auch nicht jeder, der mit seiner Zustimmung als Kdtist u/o Beiratsmitglied im Prospekt genannt ist, BGH **79**, 348; auch nicht der GmbHGfter und -Geschäftsführer, wenn keine PublikumsKG, sondern nur ein Warentermingeschäft mit seiner GmbH vorliegt (Grund: kein Durchgriff), BGH NJW **81**, 2810, WM **83**, 554. Richtigstellung des irreführenden Prospekts ist bis zum Beitritt des Kdtisten möglich und schließt Haftung aus, BGH **72**, 387. **b) Anspruchsinhalt** und andere schadensersatzrechtliche Probleme der Prospekthaftung s ausführlich bei § 347 Anm 3, 4; Verschulden oder Garantiehaftung s § 347 Anm 4 B. Verjährung idR 30 Jahre, bei bloß typischem Vertrauen im Gegensatz zu persönlichen Vertrauen sechs Monate ab Kenntnis bis höchstens drei Jahre, s § 347 Anm 4 G. Abgrenzung von Prospekthaftung und Verschulden bei Vertragsverhandlungen s BGH NJW **84**, 2523. Die Prospekthaftung begründet nur einen Schadensersatz-, keinen Unterlassungsanspruch, BGH WM **80**, 953. **c)** Ihrem **Rechtscharakter** nach ist diese allgemeine Prospekthaftung ein kapitalmarktrechtlicher Unterfall der Vertrauens- und Berufshaftung (s § 347 Anm 3 E). Sie wird durch die engere gesetzliche Prospekthaftung nach **(14)** BörsG §§ 45, 46, § 20 KAGG, § 12 AuslInvestmG nicht ausgeschlossen, BGH BB **78**, 1033. Monographien: Köndgen 1983 = AG **83**, 85, 120, Assmann 1985; Lutter FS Bärmann **75**, 605, Nirk FS Hefermehl **76**, 189, FS Hauß **78**, 267, Schwark BB **79**, 897, Coing WM **80**, 206, Wiedemann-Schmitz ZGR **80**, 129, Wittmann DB **80**, 1579, Assmann WM **83**, 138, von Westphalen DB **83**, 2748, von Bar ZGR **83**, 476, Pleyer-Hegel ZIP **85**, 1370. **d)** Besondere Rechtspflichten treffen die **beteiligten Banken**, s **(7)** Bankgeschäfte I 6. Prospekthaftung der Bank bei Finanzierungsgeschäften nur bei Aktivitäten über die Rolle als Kreditgeber hinaus, BGH **93**, 266, Hopt FS Stimpel **85**, 288. Zur Warn- und Schutzpflicht einer Bank als Hauptgläubigerin der KG gegenüber Kdtisten, die auf ihren Aufruf die KG mit von der Bank finanzierten Darlehen unterstützen, BGH NJW **78**, 2547; der Einwendungsdurchgriff (finanziertes Abzahlungsgeschäft, s **(7)** Bankgeschäfte V 3) soll nach BGH NJW **81**, 389 nicht durchgreifen.

3) Gesellschaftsvertrag, Inhaltskontrolle, Änderung

A. Der GesVertrag ist **wie** eine **Satzung** nach dem objektiven Erklärungsbefund **auszulegen**, BGH NJW **79**, 2102, BB **84**, 170, Wiedemann DNotZ Sonderheft **77**, 99, Coing ZGR **78**, 674. Schiedsklauseln im GesVertrag gelten nur bei Wahrung der **Form** des § 1027 ZPO (s Einl IV 3 C vor § 1), BGH NJW **80**, 1049; Zulässigkeit von Schlichtungsklauseln im GesVertrag vor Eröffnung des Rechtswegs s BGH NJW **77**, 2263. Verpflichtungen der Ges zum Vorteil von GründungsGftern (Bsp Tätigkeitsvergütung) bedürfen der Festlegung im schriftlichen GesVertrag oder im ordnungsgemäß protokollierten GfterBeschluß, BGH BB **76**, 526 m Anm Heinze ZGR **79**, 106; das gilt auch, wenn die Anleger nicht unmittelbar an der KG beteiligt sind, sondern nur über einen TreuhänderKdtisten, BGH

NJW **78**, 755. Diese Form gilt ihrem Sinn nach nicht auch für Vereinbarungen mit am Kapitalmarkt geworbenen Gftern, BGH NJW **83**, 1118.

B. Der fertig vorformulierte GesVertrag unterliegt wegen **(5)** AGBG § 23 I zwar nicht dem AGBG, eine **gerichtliche Inhaltskontrolle** findet aber über § 242 BGB statt. Sie erfolgt jedoch wegen der Unterschiede von Ges- und Austauschverträgen „mit Vorsicht" und uU einem „gewissen Vertrauensschutz" für die Gfter, die nicht mitformulierten, BGH **64**, 241 (s Anm 5 B), **84**, 15 (s Anm 7 B), NJW **82**, 2495 (s Anm 5 A), BB **84**, 169 (s Anm 5 A), KG DB **78**, 1922. Die Auslegung geht jedoch der Inhaltskontrolle vor und macht diese zum Behelf für Notfälle, BGH NJW **79**, 2102, s Anm 4. Übersichten: Wiedemann FS Westermann **74**, 591, Fischer FS Barz **74**, 38, Westermann AcP 175 (**75**) 407, Schulte ZGR **76**, 97, Martens JZ **76**, 511, Schneider ZGR **78**, 1 u ZHR 142 (**78**) 228, Reuter AG **79**, 321, von Westphalen DB **83**, 2745, Heid DB Beil 4/85.

C. **Vertragsänderung durch Mehrheitsbeschluß** ist möglich, wenn der GesVertrag das vorsieht; auch ohne daß der GesVertrag den Beschlußgegenstand näher bezeichnet (**keine Geltung des Bestimmtheitsgrundsatzes**, vgl § 119 Anm 2 B, weil die PublikumsGes sonst in Krisen blockiert wäre), BGH **71**, 53, dazu Hadding ZGR **79**, 636, Wiedemann JZ **78**, 612. Das gilt auch für weitgehende Änderungen, zB Gegenstand der Ges oder Geschäftsführung; überstimmte Kdtisten können dann aber ausscheiden, BGH **69**, 165; für Umwandlung, BGH **85**, 358 (für kapitalistische KG); für Verzicht auf Verzinsung von Kapitaleinlagen, BGH NJW **85**, 974. Zulässig ist Bestimmung im GesVertrag, wonach Kapitalerhöhung durch einfachen Mehrheitsbeschluß ohne feste Obergrenze möglich ist, falls die Kdtisten keine Pflicht, sondern nur das Recht zur Teilnahme entspr ihrer bisherigen Beteiligung haben, BGH **66**, 82 m krit Anm Wiedemann ZGR **77**, 690; der Schriftformklausel (vgl § 105 Anm 2 G) wird in diesem Fall uU schon durch privatschriftliche Beschlußprotokollierung genügt, BGH **66**, 83 (bezüglich Kapitalerhöhung, nicht bezüglich Anteilszeichnung durch Gfter). Ob Mehrheitsentscheidungen nach § 242 BGB im Interesse des Anlegerschutzes auch ohne Zulassung im GesVertrag möglich sind, ist offen, BGH **76**, 165, zutr zu bejahen; dazu Stimpel FS Fischer **79**, 779, Reuter GmbHR **81**, 131 (entspr § 278 AktG). Beschlüsse der GfterVersammlung sind trotz Ladungsmängeln wirksam, wenn sie darauf sicher nicht beruhen, BGH BB **84**, 170. Wirksame Vertragsänderung durch dazu ermächtigten Beirat s BGH NJW **84**, 972, jedenfalls uU Zustimmungspflicht der Gfter (s § 105 Anm 2 G).

4) Rechte und Pflichten der Kommanditisten

Besonderheiten gelten auch für die Leistungspflichten der Kdtisten aus GesVertrag. Die Rspr bestimmt sie idR im Wege der Auslegung, nicht der Inhaltskontrolle (vgl Anm 3 A, B). Der Einlageanspruch besteht nicht, wenn der Beitritt unter **Bedingung** (Vorbehalt oä) der im Prospekt genannten Verlustzuweisung durch das Finanzamt erfolgt ist und die anerkannte Verlustzuweisung prospektwidrig die Einlagenhöhe nicht wesentlich übersteigt, BGH WM **79**, 612, **86**, 255 (iErg nein), Mü WM **84**, 1335. Eine **Nachschußklausel** gilt iZw nur für solche Nachschüsse, die nicht der Drittgläubigerbefriedigung, sondern der Förderung des GesZwecks dienen, BGH NJW **79**, 419. Unzulässig ist Nachschußpflicht auf Verlangen eines NichtGfters (Bank), KG DB **78**, 1922, Kaligin DB **81**, 1172. Soll im GesVertrag die Pflicht des Kdtisten zur **Bürgschaftsübernahme** für Ges begründet werden, muß der GesVertrag eine derart weitgehende Verpflichtung eindeutig erkennbar machen, BGH NJW **79**, 2102. Übernehmen Kdtisten neben Einlage- auch **Darlehens**pflichten, sind diese iZw ebenfalls Pflichten aus GesVertrag, die Darlehen sind also nicht gesondert kündbar, BGH **70**, 61, **93**, 161, BB **78**, 1134; dann sind aber auch Zahlungen auf das Darlehen auf die Haftsumme nach §§ 171, 172 anzurechnen, BGH NJW **82**, 2253. Der GesVertrag verpflichtet die Kdtisten häufig über ihre Einlage hinaus zu **stillen Beteiligungen**; BGH BB **78**, 14, NJW **80**, 1523; haben diese Eigenkapitalcharakter, entfällt Rückforderung im Konkurs, s § 236 Anm 4. Zur **Sittenwidrigkeit** einer Vereinbarung, daß der Kdtist eine Einlage durch Abtretung seines Zwischengewinns aus Beschaffung von Maschinen für das geplante Unternehmen erbringen soll, BGH WM **78**, 88. Globalabtretung aller Einlageforderungen gegen Kdtisten im Rahmen eines unechten Factoring (vgl **(7)** Bankgeschäfte VI 4) kann bei Entstehung übermäßiger Abhängigkeit der Ges sittenwidrig sein, BGH BB **79**, 12, vgl Ffm DB **78**, 1443. **Kontrollrechte** der Kdtisten richten sich nach § 166, BayObLG NJW **86**, 140; sie sind auch ohne persönliches Erscheinen allein durch Sachverständige, bei großer Zahl der Gfter uU sogar nur durch gemeinsamen Kdtistenvertreter ausübbar; Celle BB **83**, 1451; entsprechende GesVertragsklausel ist wirksam, BGH NJW **84**, 2471. Recht auf **Mitteilung der Namen und Adressen der MitGfter** ist grundsätzlich zu bejahen (Grund: Quoren- und Mehrheitsbildung, Kdtistenschutz), aber nicht ohne Einwilligung des jeweiligen MitGfters; Ausschluß dieses Rechts im GesVertrag ist unwirksam (vgl Anm 3 B), beseitigt aber mutmaßliche Einwilligung. Für **Sonderprüfung** gelten §§ 142 ff AktG analog, aA BayObLG NJW **86**, 140 (zu § 145 IV 3 AktG iVm § 4 HGB). **Streit über Gesellschaftsvertrag**, zB Wirksamkeit von GfterBeschlüssen, ist mangels anderer Vereinbarung auch in der PublikumsGes unter den Gftern auszutragen, BGH WM **83**, 785, s § 124 Anm 6.

5) Geschäftsführer, Aufsichtsorgane, Treuhänder

A. Zur Haftung des **Geschäftsführers** der GmbH gegenüber der KG s Anm III 2. Leichte Fahrlässigkeit genügt, § 708 BGB ist bei der PublikumsGes unanwendbar, BGH **75**, 327. Abberufung des Fremdgeschäftsführers aus wichtigem Grund ist zwingend mit einfacher Mehrheit möglich, BGH NJW **82**, 2495; offen ob auch Neubestellung, jedenfalls ist Sperrminorität der GründerGfter bei Wahl des den Geschäftsführer kontrollierenden Aufsichtsrats unwirksam, BGH BB **84**, 169. Zur Abberufung des GmbHGeschäftsführers durch die Kdtisten der PublikumsGes Hopt ZGR **79**, 21, Stimpel FS Fischer **79**, 781.

B. Mitglieder von **Aufsichtsorganen** (Aufsichtsrat, Verwaltungsrat, Beirat, vgl § 114 Anm 2 G), auch Kdtisten haben die Pflicht zur Überwachung der Geschäftsführung und zur Prüfung des Jahresabschlusses, dagegen nicht jeder einzelnen Geschäftsführungsmaßnahme, BGH **69**, 207, NJW **78**, 425, BB **80**, 546, Düss WM **84**, 1080. Die Prüfung des Jahresabschlusses hat durch unabhängigen Sachverständigen zu erfolgen, BGH WM **77**, 1448, Hüffer ZGR **80**, 330. Zum Ganzen Hüffer ZGR **80**, 320, **81**,

Anh § 177a VIII 6   Anhang nach § 177a:

348. Haftung uU schon aus Beteiligung an Beirat in dubioser Ges (§ 826 BGB), BGH NJW **85**, 1900; im übrigen Haftung gegenüber der Ges entspr §§ 116, 93 AktG ohne Milderung nach § 708 BGB, BGH **69**, 207. Sie haften nicht bei bindendem GfterBeschluß, außer bei Pflicht gerade zur Verhinderung des Beschlusses, BGH **69**, 207. Am Schaden kann es fehlen, wenn Wiedereinziehung der zu Unrecht an Gfter ausgeschütteten Beträge möglich ist, BGH NJW **78**, 425. Die Beweislast liegt bei den Aufsichtsratsmitgliedern (§ 93 I 2 AktG). Die Verjährung dauert fünf Jahre (§ 93 VI AktG), BGH **64**, 238, **87**, 84. Der Schadensersatzanspruch steht grundsätzlich allein der Ges zu, nicht den Kdtisten (s § 114 Anm 2 G); Kontrollausschuß kann aber GesOrgan oder Kdtistensachwalter sein, je nachdem Anspruchsinhaberschaft, BGH WM **83**, 556. Haftung eines Bankenvertreters im Aufsichtsorgan trotz Interessenkollision, BGH **80**, 1629 (für AG), Ulmer NJW **80**, 1603; Interessenkonflikte von Bankenvertretern im Aufsichtsrat s Lutter, Werner ZHR 145 (**81**) 224, 252. Ermächtigung zu Vertragsänderung s Anm 3 C. Monographie: Maulbetsch 1984.

C. **Treuhänder** (TreuhandKdtist), häufig mit Vielzahl von Anleger-Treugebern s § 105 Anm 1 F. Zentral ist der Grundsatz der Unabhängigkeit des TreuhandKdtisten von der Geschäftsführung, BGH **73**, 299, Maulbetsch DB **84**, 2232. Zur Offenlegung von Interessenkonflikten im Prospekt s § 347 Anm 4 A g. Der Treuhänder haftet für Verschulden der KG bei Abschluß des Treuhandvertrags (§ 278 BGB), also auch für ohne sein Wissen vorgelegte Prospekte, BGH **84**, 141. Abschluß des Aufnahmevertrags durch Treuhänder s Anm 2 A. Die KG hat keine unmittelbaren Einlageansprüche gegen die Anleger-Treugeber. Der Einlageanspruch der KG gegen den Treuhänder hängt von der Zahlung der Anleger-Treugeber an diesen ab, Mü NJW **84**, 810. Auch bei drohendem Vermögensverfall der PublikumsKG ist der Treuhänder idR nicht zur Zurückhaltung der Kdtisteneinlagen verpflichtet, noch der Ges gegenüber berechtigt, BGH NJW **80**, 1162. Haftung des Geschäftsführers der TreuhänderGmbH hat Schutzwirkung für Anleger-Treugeber (s Anm III 2 B); uU auch für KG, Düss WM **84**, 1080. Auch ein nur mittelbar über einen Treuhänder beteiligter Anleger kann sich aus wichtigem Grund, zB grobe Pflichtverletzung des Treuhänders durch Übertragung der Treuhandbeteiligungen an ein Geschäftsführungsmitglied, von seiner ,,Beteiligung" völlig lösen, BGH **73**, 294 m Anm Kraft ZGR **80**, 399. Der ausgeschiedene Anleger-Treugeber muß bis zur Höhe der ihm zurückgezahlten Einlage dem TreuhandKdtisten erstatten, was dieser wegen der wiederaufgelebten Haftung (s § 172 Anm 2 B) einem GesGläubiger leistet, BGH **76**, 127. Zur Treuhand bei der PublikumsGes Bälz ZGR **80**, 1; Monographien: Blaurock 1981, Maulbetsch 1984; s § 105 Anm 1 F, H.

6) Rechtsverhältnisse der Gesellschafter zu Dritten

Besonderheiten der PublikumsGes gegenüber der GmbH & Co (s Anm IV) sind in der Rspr bisher kaum aufgetaucht. Der Kdtist haftet nach § 172; Abs V ist nicht entspr § 62 I, III AktG einzuschränken, BGH **84**, 386 m Anm K. Schmidt NJW **82**, 2501.

7) Auflösung, Ausscheiden von Gesellschaftern, Liquidation

A. **Auflösung:** Massenaustritt (86 von 91 Gftern) führt trotz Fortsetzungsklausel (§ 138) zur Auflösung, Stgt BB **83,** 12 m Anm Schneider JZ **83,** 768.

B. **Ausscheiden** durch fristlose Kündigung wegen arglistiger Täuschung s Anm 2 B. Bei Unerreichbarkeit des GesZwecks kann der Kdtist nur dann fristlos kündigen, wenn die Gfter einen Beschluß auf Zweckänderung (und ggf weitere Umgestaltung) ohne seine Zustimmung treffen (s Anm 3 C); ohne solchen Beschluß bleibt ihm nur die Auflösungsklage nach § 133 (Gedanke der Risikogemeinschaft), BGH **69,** 160, NJW **78,** 376, **79,** 765. Fristlose Kündigung wegen Pflichtverletzung des Treuhänders s Anm 5 C. Der Kdtist kann selbst bei angemessener Abfindung nicht einseitig nach freiem Ermessen hinausgekündigt werden, BGH **84,** 15, s § 140 Anm 1 B. Buchwertklausel wie bei normaler KG, Rasner NJW **83,** 2910, s § 138 Anm 5 I. Für ein unabdingbares Austrittsrecht des Kdtisten (entspr § 39 BGB) Reuter AG **79,** 324, AcP 181 (**81**) 8.

C. In der **Liquidation** können rückständige Kdtisteneinlagen erst eingezogen werden, wenn die Auseinandersetzungsrechnung einen Passivsaldo zu Lasten des Kdtisten ergibt, BGH **73,** 302, NJW **78,** 424 (vgl § 149 Anm 2 B). Einziehung rückständiger stiller Einlagen des Kdtisten-Stillen bei der PublikumsGes s BGH NJW **80,** 1522, vgl § 235 Anm 1 A. Keine Aufrechnung des Kdtisten im GesKonkurs mit Anspruch, dessen Erfüllung Eigenkapitalrückgewähr war, BGH **93,** 159.

8) Kapitalmarktrecht, Steuerrecht

A. Die Probleme des Anlegerschutzes in der PublikumsGes stellen nur einen Teilaspekt der Regelungsprobleme auf dem (grauen) Kapitalmarkt dar; dazu 51. DJT **76** (Hopt, Mertens). Die Regelung dieser Probleme erfolgt vor allem durch das **Kapitalmarktrecht,** Hopt ZHR 141 (**77**) 389, Schwark FS Stimpel **85,** 1087. Der RegE eines G über den Vertrieb von Vermögensanlagen (BT-Drucks 8/1405) setzte am öffentlichen Vertrieb der Vermögensanlage an und zielte auf Vertriebspublizität (Prospektpflicht, -prüfung, -haftung) und periodische Rechnungslegung nach Muster des AktG. Dazu Steder AG **78,** 173, Ulmer-Dopfer BB **78,** 461, Biener WPg **78,** 257, Schwark BB **79,** 897. Im Gesetzgebungsverfahren war diese im Vergleich zu ausländischen Rechten bescheidene Reform nicht durchzusetzen, aber (**14**) BörsG §§ 88, 89 nF 1986, Börsenhandel s (**14**) BörsG § 43.

B. Die PublikumsGes und vor allem die AbschreibungsGes hängen maßgeblich vom **Steuerrecht** ab. § 15a EStG nF 1980 beschränkt das **negative Kapitalkonto** (dh die buchmäßig auf einen Mitunternehmer entfallenden, seine Einlage übersteigenden Verluste). Verrechnung von Verlusten mit anderen positiven Einkünften ist bei beschränkt haftenden Unternehmern grundsätzlich auf den Haftungsbetrag begrenzt; höhere Verluste dürfen nur in späteren Jahren und nur mit Gewinnen aus derselben Einkunftsquelle wie die der Verluste verrechnet werden. Zu § 15a EStG nF Knobbe=Keuk NJW **80,** 2557 („Mißgeburt"), Wassermeyer DB **85,** 2634. Änderung von § 15a EStG 1985, Bordewin BB **85,** 386. Besteuerung der GmbH & Co s BFH GrS 25. 6. 84 BB Beil 21/**84**; partielle Korrektur durch § 15 III EStG nF 1986, dazu Hennerkes-Binz BB **86,** 235. RsprÜbersichten: Neumann BB **81**, 1442, BB Sonderbeil 22/84 (steuerbegünstigte Kapitalanlagen).

178–229 *(aufgehoben)*

Dritter Abschnitt. Stille Gesellschaft

Schrifttum

a) Handbücher: *Paulick,* 3. Aufl 1981. – Ferner *Böttcher-Zartmann-Faut,* StGes und Unterbeteiligung, 3. Aufl 1978. – *Hartmann,* 2. Aufl 1974. – *Klauss-Mittelbach,* 2. Aufl 1980.

b) Einzeldarstellungen und Sonstiges: *Blaurock,* Unterbeteiligung und Treuhand an GesAnteilen, 1981. – *Friehe,* Die Unterbeteiligung bei Personengesellschaften, 1974. – *Post-Hoffmann,* Die stille Beteiligung am Unternehmen der Kapitalgesellschaft, GmbH & Still, 2. Aufl 1984. – *Schulze zur Wiesche,* GmbH & Still, 1984. – *Thomsen,* Die Unterbeteiligung an einem Personengesellschaftsanteil, 1978. – *K. Schmidt,* ZHR 140 (**76**) 475, DB **76**, 1705, KTS **77**, 1, 65. – RsprÜbersichten: *Kuhn* WM **68**, 1114, **75**, 718, *U. Fischer* WM **81**, 638.

[Begriff und Wesen der stillen Gesellschaft]

230 ^I **Wer sich als stiller Gesellschafter an dem Handelsgewerbe, das ein anderer betreibt, mit einer Vermögenseinlage beteiligt, hat die Einlage so zu leisten, daß sie in das Vermögen des Inhabers des Handelsgeschäfts übergeht.**

^{II} **Der Inhaber wird aus den in dem Betriebe geschlossenen Geschäften allein berechtigt und verpflichtet.**

Übersicht
1) Begriff der stillen Gesellschaft
2) Abgrenzung gegenüber anderen Verträgen
3) Mögliche Gesellschafter
4) Gesellschaftsvertrag
5) Rechte und Pflichten des Inhabers
6) Rechte und Pflichten des Stillen
7) Rechtsverhältnis zu Dritten

1) Begriff der stillen Gesellschaft

A. §§ 230–237 (bis 1986 §§ 335–342, durch BiRiLiG ohne inhaltliche Änderung nach vorn versetzt) handeln von der Beteiligung als **stiller Gesellschafter** („Stiller") am HdlGewerbe eines anderen mit einer Vermögenseinlage; auch nur an einem Teil des **Handelsgeschäfts** (selbständig abgrenzbaren Geschäftszweig), BFH GmbHR **75**, 188. Der Begriff der stGes ist aber nicht auf diese Fälle beschränkt. Er kann stille Beteiligungen an anderen Unternehmen und anders als mit solcher Einlage umfassen, auch dann können §§ 230ff (unmittelbar oder entspr) anzuwenden sein, zB bei stiller Beteiligung an NichtHdlGewerbe (zB Landwirtschaft) oder freiem Beruf oder bei gesellschaftsmäßiger Beteiligung am Ertrag von HdlGewerbe oder anderen Unternehmen auf anderer Grundlage als einer Vermögenseinlage. Vgl Fischer JR **62**, 202, Esch NJW **64**, 902, Schneider FS Möhring **65**, 115. Andere partiarische Verhältnisse und Beteiligung an einzelnen Geschäften (Unterbeteiligung) s Anm 2. Atypische stGes s Anm C. Steuerrecht s Scheuffele BB **79**, 1026.

B. Die stGes nach § 230 ist **Gesellschaft** (§ 705 BGB); Unterscheidungen s Anm 1 C, 2. Sie ist **Innengesellschaft** (s Einl 2 C vor § 105), darum vom Gesetzgeber **nicht** als **Handelsgesellschaft** betrachtet; das vom Stillen dem Unternehmen zu widmende Vermögen wird nicht gemeinschaftliches Ges-Vermögen iSv § 718 BGB, sondern ist dem Partner zu übertragen, der allein in seinem Namen das HdlGewerbe betreibt und daraus berechtigt und verpflichtet wird (I, II), vgl RG **142**, 21, **166,** 162, BGH **7**, 378. Die stGes als solche ist deshalb kein Unternehmensträger (s Einl II 2 D vor § 1). Zur Frage, ob es neben der stGes eine InnenGes (an einem HdlGeschäft), die nicht stGes ist, gibt, s Anm 6 A (betr Beteiligung mit Diensten). Die stGes ist **Schuldverhältnis,** nicht Rechtserwerbs- und Verpflichtungsgemeinschaft; sie erscheint nicht im HdlReg (muß aber iZw nicht geheim bleiben).

C. Der Stille nimmt iZw gemäß §§ 231, 232 und dem GesVertrag am Gewinn und Verlust des HdlGeschäfts teil (**typische** stGes). Es kann aber auch vereinbart werden, daß im Verhältnis der Parteien (ohne dingliche Wirkung) das ganze Geschäftsvermögen, auch das vor der Einlage des Stillen vorhanden gewesene, als gemeinsames Vermögen behandelt werden soll (**atypische** stGes), so daß er bei der Auseinandersetzung nach Auflösung der stGes so zu stellen ist, als wäre er am ganzen Geschäftsvermögen gesamthänderisch beteiligt gewesen, die Wertänderungen des ganzen Geschäftsvermögens also ihm auch zukommen (vgl § 235 Anm 1), RG **126,** 390, **166,** 160, BGH **7**, 178, 379, **8**, 160. Die (hierbei maßgebenden) „Anteile" des Stillen und des Inhabers müssen nicht nach den objektiven Werten des Altvermögens des Inhabers und der Einlage des Stillen, sondern können frei bestimmt werden, auch bloß durch eine Verhältniszahl, BGH **7**, 179 (bei Einbringung einer RM-Forderung, deren Umstellung fraglich war), bei Überschreitung der Grenze zur Schenkung aber (nach BGH **7**, 179, 380, dagegen § 230 Anm 4 B) nur in der Form gemäß § 518 I BGB. Monographie: Rasner 1961. StGes an GmbH (GmbH & Still) s Monographie Schulze zur Wiesche 1984; Wahl GmbHR **75**, 169. Atypische stille Beteiligung an PublikumsGes s § 235 Anm 1 A.

2) Abgrenzung gegenüber anderen Verträgen

Von partiarischen Verträgen, bes **partiarischen Darlehen** (Darlehen mit Gewinnbeteiligung) unterscheidet sich die stGes durch den gemeinsamen Zweck, das gemeinsame Streben nach einem Ziel anstelle der Abstimmung gegenläufiger Interessen (Kreditaufnahme und -gewährung). Bei dieser Abgrenzung sind Vertragszweck und -inhalt und wirtschaftliche Ziele der Teilnehmer umfassend zu würdigen. Beachtlich sind ua: Bezeichnung (zB „Beteiligung"); Gründungs- oder spätere Zusatzfinanzierung, im ersten Fall liegt die Annahme der Ges näher; Kontrollrechte des Geldgebers; Maß seiner Teilnahme an der Chance und am Risiko (dazu § 231 II); BGH **3,** 81,

BB **67**, 349, Ffm WM **82**, 199. Dem **Dienstvertrag** ähnlich ist stGes mit Einlage von Diensten (vgl Anm 5 A), der Unterschied liegt in der Gleichordnung der Gfter, vgl RG **142**, 21. Ein Dienstverpflichteter, zB HdlGehilfe des Geschäftsinhabers kann daneben (mit anderer Einlage als seinen Dienstvertrags-Diensten) stiller Gfter sein. Erfolgsbeteiligung (Provision) ist nicht Gewinnbeteiligung, s § 59 Anm 6 Bb, c. Beteiligung des A **an einzelnen Geschäften**, die B im eigenen Namen für gemeinsame Rechnung ausführt, zB **Metageschäft** (it: Hälfte; s § 383 Anm 4 C; Übersicht: Obermüller FS Werner **84**, 611), ist nicht stGes, sondern GbR (InnenGes, s Einl 2 C vor § 105, und GelegenheitsGes), BGH DB **64**, 67, WM **82**, 1403. Der still Beteiligte kann die Ergebnisse zurückweisen, wenn der geschäftsführende Partner abredewidrig handelt, RG JW **32**, 1667. Unterbeteiligung (Beteiligung an Beteiligung) s § 165 Anm 1 H.

3) Mögliche Gesellschafter

A. Der **Inhaber** muß **Kaufmann** sein, einerlei welcher Art, §§ 1–6, ein EinzelKfm oder eine HdlGes (OHG: RG **142**, 21, BGH **LM** § 128 Nr 7; KG: BGH DB **71**, 189; AG, aber Schranken aus §§ 293, 294 AktG (Teilgewinnabführungsvertrag), K. Schmidt ZGR **84**, 295; GmbH: ,,GmbH & Still", Döllerer ZGR **78**, 608, Schulze zur Wiesche GmbHR **79**, 33, 62), heute auch eG, str; VollKfm oder MinderKfm, auch eine GbR von MinderKflten, str; auch Erbengemeinschaft, die das HdlGewerbe des Erblassers fortführt (s § 1 Anm 6 B). Zwischen einer Ges iL und einem still an ihr Teilnehmenden ist keine stGes iSv §§ 230 ff möglich, nur eine ihr ähnliche GbR, weil sie nicht werbend tätig ist, str. Ist der Inhaber eine OHG (KG), so tritt der Stille in das Rechtsverhältnis der stGes nur zu dieser Ges (§ 124), nicht ihren Gftern, nimmt am GesVerhältnis unter diesen nicht teil; daher kann diesen Vertrag für die OHG (KG) der vertretende Gfter (unbeschadet § 116 II, s dort) schließen wie andere Verträge mit Dritten, RG **153**, 373 (gegen ältere Rspr), **170**, 105, BGH DB **62**, 1638, **71**, 189; für Ansprüche des Stillen haften (anders als für Ansprüche eines MitGfters in der OHG § 124 Anm 6 C) die Gfter der OHG auch persönlich nach § 128, BGH **LM** § 128 Nr 7. **Nicht möglich** ist stGes iSv §§ 230 ff an stGes; am einzelnen Anteil (der Rechtsstellung) eines Gfters (einer OHG, KG, GmbH), str, vgl § 105 Anm 1 H (Unterbeteiligung). Nicht mehr zulässig ist die typische (s § 230 Anm 1 C) stGes eines Nichtapprobierten mit Apotheker, § 8 S 2 ApG idF 15. 10. 80 (Übergangsregelung bis Ende 1985, ÄndG 4. 8. 80 BGBl 1142); aA früher (apothekenrechtlich neutral) BGH **8**, 162, NJW **72**, 338. Schon früher bei persönlicher und wirtschaftlicher Abhängigkeit des Apothekers durch unangemessene wirtschaftliche Bedingungen, dann § 134 BGB, BGH **75**, 214 (s Anm 4 C); ebenso bei stGes mit Inkassounternehmen (RBerG), BGH **62**, 238. Verhältnis stGes mit AG/Konzernrecht Schulze=Osterloh ZGR **74**, 427. Übersicht über die Parteien der stGes s K. Schmidt DB **76**, 1705.

B. **Stiller** Gfter kann jedermann sein, Kfm oder Nichtkfm (er wird nicht etwa durch die stille Beteiligung Kfm, die stGes ist nicht schon als solche beiderseitiges HdlGeschäft, vgl § 235 Anm 1 B), jede HdlGes, auch eine GbR, oder Erbengemeinschaft, RG **126**, 390, auch ein Treuhänder (mit oder ohne Wissen des Inhabers), vgl für die OHG § 105 Anm 1 F.

3. Abschnitt. Stille Gesellschaft 4 § 230

C. **Mehrere still** an einem HdlGeschäft **Beteiligte** können je für sich in einem GesVerhältnis gemäß § 230 zum Inhaber stehen oder zusammen mit dem Inhaber in einem einzigen GesVerhältnis (für welches §§ 230 ff, die eine stGes mit nur einem Stillen unterstellen, entspr gelten) oder unter sich in einer GbR, die ihrerseits (vgl Anm B) in stGes mit dem Inhaber; s BGH NJW **72**, 338, Blaurock NJW **72**, 1119; oder es tritt für mehrere still Beteiligte (die untereinander eine GbR bilden) einer von ihnen oder ein Dritter als Treuhänder (vgl Anm B) ins GesVerhältnis nach § 230 zum Inhaber, während die Unterbeteiligten oder Treugeber ohne unmittelbares Rechtsverhältnis zum Inhaber bleiben.

D. **Minderjährige** bedürfen zu stiller Beteiligung der Genehmigung des Vormundschaftsgerichts nach §§ 1643, 1822 Nr 3 BGB, LG Bielefeld NJW **69**, 753, Hamm BB **74**, 294, außer bei nur einmaliger Kapitaleinlage und Ausschluß von Verlust und vom Geschäftsbetrieb, BGH JZ **57**, 382, Knopp NJW **62**, 2184; nach aA immer, GroßKo-Schilling 35, oder überhaupt nicht, Fischer JR **62**, 202. Dagegen bedarf es der Genehmigung nicht, wenn ein minderjähriger Geschäftsinhaber einen stillen Teilhaber aufnimmt, Fischer JR **62**, 202, aA Knopp NJW **62**, 2184. Unentgeltliche Beteiligung eines Kindes als Stiller, Tiedtke DB **77**, 1064. Vgl für die OHG § 105 Anm 1 B.

4) Gesellschaftsvertrag

A. Der Vertrag über eine stille Beteiligung ist GesVertrag iSv § 705 BGB. S dazu § 105 Anm 2, § 231 Anm 2 B, C. Auch der GesVertrag der stGes ist idR im ganzen nach § 138 BGB nur nichtig, wenn ihr Zweck gegen die guten Sitten verstößt, nicht bei Übervorteilung des einen durch den andern Gfter, BGH DB **73**, 1739, **76**, 2106 (vgl § 105 Anm 2 B). Sittenwidrigkeit einzelner Bestimmungen s Anm C. Entsprechendes gilt in bezug auf § 134 BGB (Gesetzwidrigkeit), BGH BB **70**, 1069, vgl **(22)** GüKG § 22 Anm 1 C. S auch Anm 2 A. Aufklärungspflichten des Arbeitgebers und der Bank bei finanzierten stillen Beteiligungen von Arbeitnehmern, BGH **72**, 92.

B. Der Vertrag ist grundsätzlich **formfrei**, auch stillschweigend möglich, BayObLG OLGE **38**, 196, vgl § 105 Anm 2 B, C. Soll der Stille ein **Grundstück** einbringen, gilt § 313 BGB. Unerheblich ist, was für Vermögen im HdlGeschäft liegt, da es Alleineigentum des Inhabers bleibt. Das Versprechen der **Schenkung** einer stillen Beteiligung bedarf der Form des § 518 BGB; nicht die Begründung der Beteiligung (insoweit aber Anm 3 D), aA BGH **7**, 179, 380 (weil der Stille nur schuldrechtliche Ansprüche habe), wohl unrichtig, unvereinbar mit Auffassung der stillen Einlage durch BGH **51**, 353 (vgl Anm 6 B). Str, abw K. Schmidt ZHR 140 **(76)** 486.

C. Bei **Fehlerhaftigkeit** der stGes gelten ähnliche Grundsätze wie für OHG und KG, vgl § 105 Anm 8 C. Aus Nichtigkeitsgründen Recht zur Auflösung ex nunc durch Kündigung; nicht wegen Sittenwidrigkeit einzelner Bedingungen (die nach Gesamtheit der Umstände zu beurteilen sind), wenn Vertrag vorsieht, daß Teilunwirksamkeit ihn nicht ganz entkräftet; BGH WM **73**, 901; wie bei Sittenwidrigkeit von Kernbestimmungen (Einlagenbewertung, Vermögens- und Ertragsanteil)? BGH DB **76**, 2107. Aus-

§ 230 5   II. Buch. Handelsgesellschaften und stille Gesellschaft

nahmsweise keine Anwendung der Grundsätze über fehlerhafte stGes (§ 134 BGB), BGH, **62,** 234, **75,** 214 (s Anm 3 A). Nach Schenkung der stillen Beteiligung (vgl Anm B) Nichteintritt der gewünschten Steuer-Wirkung, Folgen: Winterberg DB **75,** 1925.

D. Streitigkeiten aus dem GesVertrag gehören wie bei OHG, KG, anders als bei GbR und anderen partiarischen Verträgen (vgl Anm 1) mit NichtKflten, vor die **Kammer für Handelssachen** (obwohl die stGes nicht als solche beiderseitiges HdlGeschäft ist), § 95 Nr 4 a GVG (Text s Einl IV 2 a vor § 1). Über Schiedsabreden s Einl IV 3 A vor § 1.

5) Rechte und Pflichten des Inhabers

A. Der **Inhaber** ist dem Stillen zum Betrieb (ggf vorher zur Errichtung) des HdlGeschäfts **zum gemeinsamen Nutzen** verpflichtet. Die Verpflichtung ist klagbar, aber nicht vollstreckbar; Verletzung gibt Schadensersatzanspruch. Der Inhaber darf und muß den Betrieb (bei Spielraum für seine kfm Initiative und Einsicht) so ausdehnen und begrenzen, wie bei gleichartigen Unternehmen mit gleichartigen Mitteln gewöhnlich; weitergehende Geschäfte braucht der Stille nicht gegen sich wirken zu lassen, wenn er sie nicht genehmigte, RG **92,** 293; er muß sich über die Genehmigung unverzüglich erklären, nicht erst nach Hervortreten des Ergebnisses. Der Inhaber hat die Einlage des Stillen bestimmungsgemäß zu verwenden. Er darf dem Unternehmen nicht wesentliche Vermögensstücke entfremden, RG **126,** 391, der Stille kann klagen auf Wiederzuführung entspr Mittel.

B. Recht und Pflicht zur **Geschäftsführung** (§§ 709 ff BGB), bestehend im Betrieb des HdlGeschäfts (s Anm A), hat nach dem Gesetz nur der Inhaber. Dieses Recht ist unentziehbar, § 712 BGB unanwendbar, der Stille kann uU die Ges kündigen, s bei § 234. Nach Vereinbarung kann der Stille an der Geschäftsführung, dh am Betrieb des HdlGeschäfts des Inhabers, teilnehmen, der Inhaber sich darin in grundsätzlich beliebiger Weise an ihn binden, BGH **8,** 160, auch durch schlüssiges Verhalten, BGH DB **66,** 187.

C. Der Inhaber darf iZw nicht ohne die Zustimmung des Stillen wesentliche Grundlagen des Gewerbebetriebs ändern, BGH BB **63,** 1277, ebensowenig die **Rechtsform** des Unternehmens ändern oder Dritte als **Teilhaber** aufnehmen, wohl auch nicht als stille Gfter, str. Dazu Sudhoff-Sudhoff GmbHR **81,** 235.

D. §§ 112, 113 betr **Wettbewerb** gelten in der stGes nicht, anders uU für atypisch stillen Gfter, BGH **89,** 166; aber die Pflicht zum Geschäftsbetrieb zu gemeinsamen Nutzen (s Anm A) und die **Treuepflicht** (vgl § 109 Anm 5) verbieten dem Inhaber konkurrierende, das HdlGeschäft (an dem die stille Beteiligung besteht) schädigende Tätigkeit. Grenzen setzt das Kartellrecht, s § 112 Anm 3.

E. Der Inhaber schuldet **Sorgfalt** nach §§ 708, 277 BGB (bei § 109 Anm 3). Er darf das Geschäftsvermögen nicht schmälern und den Ges-Zweck nicht gefährden, BGH BB **63,** 1277; private Nutzung des Firmen-Kfz ist aber noch nicht treuwidrig, Hamm BB **78,** 1585.

F. Über Gewinn, Verlust, Entnahmen s bei §§ 231, 232. Der Inhaber hat mangels abw Vereinbarung iZw gegenüber dem Stillen kein weiteres Recht auf **Vergütung seiner Arbeit,** vgl für geschäftsführende Gfter der

3. Abschnitt. Stille Gesellschaft 6 § 230

OHG, KG § 110 Anm 4. Er hat Recht auf **Aufwendungsersatz** nach §§ 713, 670 BGB, vgl § 110 Anm 1, bei der atypischen stGes (s § 230 Anm 1 C) auch auf **Verlustersatz** entspr § 110 (dort Anm 2).

G. Der Inhaber schuldet **Rechenschaft**, ist daher beweispflichtig für Verluste, BGH BB **60**, 15.

6) Rechte und Pflichten des Stillen

A. Der Stille hat eine **Vermögenseinlage** zum HdlGeschäft des Inhabers zu leisten. Die Einlage kann (wie die eines Kdtisten, § 171 Anm 2) in jedem mit einem Geldbetrag schätzbaren Vorteil bestehen, zB: Umwandlung einer Darlehensforderung in stille Beteiligung, BGH **7**, 177, Know-how, BFH GmbHR **75**, 187, eine vermögenswerte Unterlassungspflicht, Kenntnis von Bezugsquellen; auch Geld- oder Warenkredit zu Sonderbedingungen; nicht Warenkredit, der nicht selbständig bewertbar ist, RG **31**, 74. Die Einlage kann vom Inhaber geschenkt sein (Verrechnung zwischen Schenk- und Einlageforderung), Hengeler ZHR 147 (**83**) 329, aA Herrmann ZHR 147 (**83**) 313: überhaupt keine stGes. Über Erhöhung der Einlage und Nachschüsse s § 707 BGB, § 109 Anm 4, §§ 231, 232 (betr Verluste). Die Vermögenseinlage kann auch in **Diensten** bestehen, § 706 III BGB (Text s § 109 Anm 4 A), RG **142**, 21, BGH BB **66**, 53 (nicht in früheren Diensten, RG LZ **08**, 158, wohl aber in der Forderung auf deren Vergütung). Doch spricht die Rspr im Fall bloßer Dienstleistung, falls ein GesVerhältnis angenommen wird, lieber schlicht von „Innen-", statt von „stiller" Ges; vgl BGH FamRZ **61**, 212, **67**, 319, 618, **68**, 589 betr Ehegatten, **68**, 194 betr Vater und Sohn. Vermögenseinlagen des Stillen als haftendes Eigenkapital s § 10 IV 1 KWG.

B. Der Stille hat die Einlage so zu leisten, daß sie **in das Vermögen des Inhabers übergeht.** Dh idR: Übereignung vom Stillen an den Inhaber; der Stille behält obligatorische, nicht dingliche Rechte; doch ist das Gesamtverhältnis anderer Art als ein Darlehen: Die Einlage des Stillen ist nicht „Leihkapital", sondern „verantwortliches Kapital"; er hat (vor Auflösung der stGes) keinen bloßen Vermögensanspruch, sondern ein Mitgliedschaftsrecht; RG **168**, 286, BGH **4**, 368, **51**, 353 (Folgen für das Vergleichsverfahren s § 236 Anm 3, für Vollzug der Schenkung s Anm 4 B). Str, abw K. Schmidt ZHR 140 (**76**) 475. Möglich auch Einlage eines Miteigentumsanteils (§ 1008 BGB) durch dessen Übertragung vom Stillen (bisher Alleineigentümer) an den Inhaber. Möglich auch Einlage von Benutzungsrechten, an Gegenstand im Eigentum des Stillen (zB Grundstück, Patent), auch an Gegenstand im Gesamthandseigentum von Stillem und Inhaber (nur das Benutzungsrecht, nicht das Miteigentum dieser Art ist dann Geschäftsvermögen). Vgl hierzu § 109 Anm 4. Einschaltung von Treuhändern, Hamm GmbHR **79**, 255; s § 105 Anm 1 F.

C. Die **Bewertung** des Eingebrachten steht den Parteien frei, doch ist Überbewertung uU Schenkung (und nach BGH **7**, 179 formgebunden, vgl Anm 4 B). Atypische stGes s § 230 Anm 1 C. Auch Dienste (vgl Anm A) können Einlage sein und mit bestimmtem Betrag bewertet werden, BGH BB **66**, 53, dazu § 120 Anm 3 C, § 235 Anm 1 A.

D. Auch den Stillen trifft eine **Treuepflicht**, vgl § 109 Anm 5, Kontrollrechte s § 233. Ist der Stille nach Vereinbarung an der Geschäftsführung beteiligt, kann er nichtgeschäftsführenden Gftern der OHG (KG), die Inhaber des HdlGeschäfts sind, auskunftspflichtig sein, RG HRR **33,** 1447.

E. Gewinn, Verlust, Entnahmen s §§ 231, 232.

7) Rechtsverhältnis zu Dritten

A. Das **Geschäftsvermögen** ist Alleinvermögen des Inhabers, die im Betrieb geschlossenen Geschäfte (II) und alle andern Vorgänge im **Geschäftsbetrieb berechtigen** und **verpflichten** nur den Inhaber. Die stGes wird nicht im **Handelsregister** vermerkt. In der **Firma,** unter welcher der Inhaber das HdlGeschäft betreibt, darf der Stille nicht genannt, auf das Bestehen der stGes nicht hingewiesen werden, vgl §§ 18 II 1, 19 IV.

B. Dem Stillen kann Recht und Pflicht zur **Geschäftsführung** (Entscheidungspflicht und -befugnis) gegeben werden, auch in gleichem Umfang wie Inhaber, BGH BB **61,** 583 (andere InnenGes, vgl Einl 2 C vor § 105). **Vertretungsmacht** des Stillen für den Inhaber ist (nur) möglich durch besondere Vollmacht, auch Prokura, auch HdlVollmacht für Inhaber (nicht für die Ges), BGH BB **61,** 583, vgl § 170 Anm 2.

C. Der Stille haftet **Geschäftsgläubigern** unmittelbar nur aus besonderer Verpflichtung (zB Bürgschaft); Rechtsscheinhaftung, wenn er wie der Gfter einer OHG auftritt, BAG JZ **55,** 582 (Haftung für Gehalt des unter besonderer Mitwirkung des Stillen angestellten Geschäftsführers), BGH BB **64,** 327, s § 5 Anm 2. Die **Einlagepflicht** des Stillen kann von den Geschäftsgläubigern nicht unmittelbar geltend gemacht, nur aufgrund Titels gegen den Inhaber gepfändet und ihnen überwiesen werden; der Stille behält gegenüber dem Gläubiger alle Einwendungen aus dem GesVertrag, zB uU das Recht, aus wichtigem Grunde (§ 723 BGB, s bei § 234) die Ges zu kündigen, so daß die Einlagepflicht entfällt.

D. **Gläubiger des Stillen** können in die in § 717 S 2 BGB bezeichneten Ansprüche des Stillen vollstrecken und haben nach Pfändung und Überweisung der Forderung des Stillen auf sein künftiges Auseinandersetzungsguthaben auch das Recht zur Kündigung der Ges entspr § 135 und Befriedigung aus dem so entstehenden Guthaben, § 234 I, s dort.

[Gewinn und Verlust]

231 ^I Ist der Anteil des stillen Gesellschafters am Gewinn und Verluste nicht bestimmt, so gilt ein den Umständen nach angemessener Anteil als bedungen.

^{II} Im Gesellschaftsvertrage kann bestimmt werden, daß der stille Gesellschafter nicht am Verluste beteiligt sein soll; seine Beteiligung am Gewinne kann nicht ausgeschlossen werden.

1) Beteiligungsmaßstab (I)

Die Bildung der **Gewinn- oder Verlustanteile** regelt in erster Linie der **Gesellschaftsvertrag,** hilfsweise gelten ,,den Umständen nach **angemessene** Anteile", in letzter Linie wohl **gleiche** Anteile, § 722 I BGB. Bei vertraglicher Bestimmung der Gewinn-, nicht der Verlustanteile, sind diese iZw gleich jenen, § 722 II BGB. Sollen die Gewinnanteile sich nach den

3. Abschnitt. Stille Gesellschaft   1 § 232

Einlagen beider Teile richten, so bleibt das ursprüngliche Verhältnis maßgebend, auch wenn die Einlage des Stillen später in anderem Verhältnis zum (Gesamt-)Geschäftsvermögen steht, RG **25**, 46.

2) Ausschluß der Beteiligung (II)
A. Der Vertrag kann die Beteiligung des Stillen am **Gewinn** anders gestalten, auch einschränken, zB durch Ausschluß des Gewinns aus bestimmten Geschäften, Arten von Geschäften, der Geschäfte einer bestimmten Niederlassung, der bei Eingehung der stGes schwebenden Geschäfte, RG JW **39**, 490, auch durch Festsetzung eines Höchst- oder Mindestbetrags. Sie kann **nicht ganz ausgeschlossen** werden (II Halbs 2). Fester Zins ist nicht Beteiligung am Gewinn iSv § 231, RG **122**, 390; ebenso bloße Umsatzbeteiligung. Eine „stGes" mit Ausschluß der Gewinnbeteiligung ist Darlehen (vgl § 230 Anm 2), BGH LM § 139 BGB Nr 8, oder GbR (anderer Art als die stGes) oder (wenn dies nicht gewollt war) nichtig oder der Gewinnbeteiligungsausschluß ist nichtig und es gilt Gewinnbeteiligung nach § 231 I. Gesetzesumgehung durch Gewinnregelung einer stGes mit dem Auftraggeber s **(22)** GüKG § 22 Anm 1 B.

B. Die Teilnahme des Stillen am **Verlust** kann im Vertrag anders geregelt, auch ganz **ausgeschlossen** werden (II Halbs 1), so idR bei Garantie eines Mindestgewinns.

[Gewinn- und Verlustrechnung]

232 ^I Am Schlusse jedes Geschäftsjahrs wird der Gewinn und Verlust berechnet und der auf den stillen Gesellschafter fallende Gewinn ihm ausbezahlt.

^{II} **Der stille Gesellschafter nimmt an dem Verluste nur bis zum Betrage seiner eingezahlten oder rückständigen Einlage teil. Er ist nicht verpflichtet, den bezogenen Gewinn wegen späterer Verluste zurückzuzahlen; jedoch wird, solange seine Einlage durch Verlust vermindert ist, der jährliche Gewinn zur Deckung des Verlustes verwendet.**

^{III} **Der Gewinn, welcher von dem stillen Gesellschafter nicht erhoben wird, vermehrt dessen Einlage nicht, sofern nicht ein anderes vereinbart ist.**

1) Ermittlung des Gewinns oder Verlusts
A. Anders als die Gfter der OHG, KG (vgl § 120 Anm 1) ist der Stille nicht am Geschäftsergebnis schlechthin beteiligt. Er ist iZw beteiligt an **Anlagevermögen,** die durch Aufwendung von GesMitteln herbeigeführt sind, RG **120**, 410, BGH **7**, 177, 379, also am Wert von Investitionen mit Berücksichtigung nicht der steuerlich zulässigen, sondern der betriebswirtschaftlich richtigen Abschreibungen (insbesondere nicht hoher steuerlich zulässiger Erstjahresabschreibungen bei Auseinandersetzung einer nur einjährigen Ges), BGH BB **60**, 15. Er ist dagegen iZw nicht beteiligt an anderen Wertänderungen im Anlagevermögen, zB nicht am Verkehrswertzuwachs unbebauter Grundstücke, nicht am Gewinn oder Verlust aus der Veräußerung von Anlagegütern, zB Grundstücken, Maschinen. Er ist beteiligt an Wertänderungen im **Umlaufvermögen;** iZw auch aus vor Ges-

§ 232 2–4   II. Buch. Handelsgesellschaften und stille Gesellschaft

Vertrag abgeschlossenen, aber erst nachher verwirklichten Geschäften, str. Diese Beschränkung der Teilnahme des Stillen am Geschäftsergebnis gilt für die Jahresabschlüsse sowie für die Auseinandersetzung nach Auflösung der stGes (§ 235 Anm 1). Anders bei atypischer stGes, s § 230 Anm 1 C. Gewinnermittlung bei Beteiligung an Geschäftsteil s § 230 Anm 2. Umlegung der Generalunkosten, BFH GmbHR **75**, 188.

B. Der Stille kann die Belastung mit dem Ergebnis von **Geschäften** ablehnen, zu denen der Inhaber ihm gegenüber **nicht berechtigt** war, § 230 Anm 5 A, RG **92**, 293, RG HRR **33**, 465. Umgekehrt ist der Stille nicht beteiligt an Gewinnen, die der Inhaber anders als durch den Betrieb des HdlGewerbes erzielt, RG JW **39**, 490.

C. Zur Ermittlung des Gewinns oder Verlusts bedarf im Falle der stGes auch der Inhaber, der **Minderkaufmann** (§ 4) und daher nicht nach §§ 238 ff buchführungspflichtig ist, der Buchführung und des regelmäßigen Jahresabschlusses.

2) Auszahlung des Gewinnanteils (I)

A. Der **Stille** hat ähnlich dem Kdtist (§ 169) kein Entnahmerecht unabhängig vom Gewinn (§ 122), sondern kann nur **Auszahlung seines Gewinnanteils** fordern, I, außer soweit er zur Deckung eines ihm früher belasteten Verlusts benötigt wird, II 2 Halbs 2; aus Treuepflicht (§ 109 Anm 5) muß auch er (vgl § 122 I) uU zur Verhütung von Schäden auf die Auszahlung verzichten. Das richtig Ausgezahlte braucht er nicht später zur Deckung von Verlusten zurückzuzahlen, II 2 Halbs 1. Die Auszahlung ist fällig nach Rechnungsabschluß oder sobald dieser im ordnungsmäßigen Geschäftsgang möglich. Zins, wenn der Stille Kfm ist, ab Fälligkeit, § 353, sonst ab Verzug, §§ 284, 288 BGB; Zinssatz: § 352 HGB, § 246 BGB.

B. Der **Inhaber** kann über die Mittel des (ihm allein gehörenden) HdlGeschäfts grundsätzlich nach Belieben verfügen, dabei iZw auch Beliebiges für sich entnehmen, unbeschadet seiner Pflicht gegenüber dem Stillen, das HdlGeschäft zu gemeinsamem Nutzen ordnungsmäßig zu führen (§ 230 Anm 5).

3) Begrenzter Verlustanteil (II)

II 1 bringt entspr § 167 III (s dort Anm 3) nur zum Ausdruck, daß dem Stillen belastete, über sein Einlageguthaben hinausgehende Verlustbeträge nicht bei Ende der stGes von ihm nachzuschießen sind, hindert also nicht die Bildung eines Passivsaldos auf dem Einlagekonto, der (solange die stGes besteht) durch spätere Gewinne auszugleichen ist, bevor diese wieder auszahlbar werden.

4) Nicht abgehobener Gewinn (III)

Nicht erhobener Gewinn des Stillen erhöht iZw nicht seine Einlage, § 232 III, ist daher gesondert zu buchen (zB auf Privatkonto, vgl § 120 Anm 3 D) und berührt nicht die (nach dem GesVertrag) vom Betrag der Einlage abhängigen Rechte und Pflichten des Stillen (zB betr Gewinn- und Verlustanteil). Stehenlassen im Einvernehmen mit dem Inhaber, besonders auf bestimmte längere Zeit, kann zusätzliche Einlage bedeuten. Vgl hierzu § 169 Anm 1 D (Kdist).

3. Abschnitt. Stille Gesellschaft §§ 233, 234

[Kontrollrecht des stillen Gesellschafters]

233 ⁱ Der stille Gesellschafter ist berechtigt, die abschriftliche Mitteilung des Jahresabschlusses zu verlangen und dessen Richtigkeit unter Einsicht der Bücher und Papiere zu prüfen.

ⁱⁱ Die in § 716 des Bürgerlichen Gesetzbuchs dem von der Geschäftsführung ausgeschlossenen Gesellschafter eingeräumten weiteren Rechte stehen dem stillen Gesellschafter nicht zu.

ⁱⁱⁱ Auf Antrag des stillen Gesellschafters kann das Gericht, wenn wichtige Gründe vorliegen, die Mitteilung einer Bilanz und eines Jahresabschlusses oder sonstiger Aufklärungen sowie die Vorlegung der Bücher und Papiere jederzeit anordnen.

1) Überwachungsrecht

I, III (nF 1986, Anpassung an § 242 III) entsprechen wörtlich, II (der § 716 BGB, nicht § 118 HGB nennt, weil stGes Abart der GbR) entspricht sachlich **§ 166** betr Kdtist und sind dort kommentiert. Ob der Stille seine Verpflichtungen erfüllt, namentlich seine Einlage geleistet hat, ist für die Rechte aus § 233 nicht wesentlich, BayObLG KGJ **53**, 260. Kosten sachverständiger Prüfung s § 166 Anm 2 B, abw (aber zu eng) Düss JW **29**, 2169. Die Rechte aus § 233 sind nicht abtretbar, bei (zulässiger, vgl § 717 BGB, § 109 Anm 6 B) Abtretung des Gewinnanteils hat Zessionar Recht auf Mitteilung von dessen Höhe, BGH BB **76**, 11. Entspr Anwendung auf Unterbeteiligung s § 105 Anm 1 H.

2) Nach Ende der Gesellschaft

Mit Beendigung (s § 234 Anm 1 A) der stGes entfallen die Rechte aus § 233, der Stille hat zur Durchsetzung seiner Rechte aus der Auseinandersetzung die aus §§ 810, 242 BGB, BGH **50**, 324, DB **69**, 39, **76**, 41, 2107. Vgl § 118 Anm 3, § 166 Anm 1 B (Kdtist). S auch § 235 Anm 1 C, 2 B.

[Kündigung der Gesellschaft; Tod des stillen Gesellschafters]

234 ⁱ Auf die Kündigung der Gesellschaft durch einen der Gesellschafter oder durch einen Gläubiger des stillen Gesellschafters finden die Vorschriften der §§ 132, 134 und 135 entsprechende Anwendung. Die Vorschriften des § 723 des Bürgerlichen Gesetzbuchs über das Recht, die Gesellschaft aus wichtigen Gründen ohne Einhaltung einer Frist zu kündigen, bleiben unberührt.

ⁱⁱ Durch den Tod des stillen Gesellschafters wird die Gesellschaft nicht aufgelöst.

1) Auflösung und Ende

Wie bei OHG, KG (§ 131 Anm 1) bedeutet auch bei der stGes **Auflösung** idR noch nicht **Ende** der Ges, str. Zwar wirkt das GesVerhältnis gegenüber Dritten nach der Auflösung so wenig wie vorher (da sie reine InnenGes ist, § 230 Anm 1 B), aber bis zur Abwicklung der Geschäfte des Inhabers, an denen der Stille noch Teil hat (§ 235 II, III) besteht das GesVerhältnis fort, nur mit geändertem Zweck (vgl § 131 Anm 1): nicht mehr zum Betrieb des HdlGewerbes im ganzen zu gemeinsamem Nutzen, sondern nur noch zur Abwicklung der schwebenden Geschäfte zu gemeinsamem Nutzen, str. Anders wenn der GesVertrag die Beteiligung an bei Auflösung der stGes schwebenden Geschäften (§ 235 II, III) ausschließt, dann ist Auflösung der stGes Ende des GesVerhältnisses und bleibt nur die schlichte Forderung auf das Auseinandersetzungsguthaben (§ 235 I).

2) Auflösungsgründe (außer Kündigung)

A. Die stGes kann gemäß **Vereinbarung** enden durch Ablauf ihrer vereinbarten Dauer, Eintritt vereinbarter auflösender Bedingung, unmittelbar auflösende Vereinbarung. Rückgewähr (einvernehmlich) der (ganzen) Einlage muß nicht notwendig die Ges auflösen, vgl § 237 (der Rückgewähr ohne Auflösung als möglich unterstellt), RG HRR **41**, 637.

B. Die stGes wird (anders als OHG, KG, s bei § 131) aufgelöst durch **Erreichen** des vereinbarten Zwecks oder **Unmöglichwerden** der Erreichung dieses Zwecks:

BGB 726 [Auflösung wegen Erreichens oder Unmöglichwerdens des Zwecks]
Die Gesellschaft endigt, wenn der vereinbarte Zweck erreicht oder dessen Erreichung unmöglich geworden ist.

Unmöglichkeit der Zweckerreichung muß dauernd und offenbar sein, nicht nur vorübergehend, BGH **84**, 381. So zB wenn das HdlGewerbe, auch aus in der Person des Inhabers liegenden Gründen, nicht fortgeführt werden kann; nicht schon, wenn es ohne Gewinnaussicht erscheint, dies kann Grund zur außerordentlichen Kündigung sein, s Anm 3 B.

C. **Tod** des Inhabers löst iZw die stGes auf, § 727 I BGB:

BGB 727 [Auflösung durch Tod eines Gesellschafters]
[1] Die Gesellschaft wird durch den Tod eines der Gesellschafter aufgelöst, sofern nicht aus dem Gesellschaftsvertrage sich ein anderes ergibt.
[II] Im Falle der Auflösung hat der Erbe des verstorbenen Gesellschafters den übrigen Gesellschaftern den Tod unverzüglich anzuzeigen und, wenn mit dem Aufschube Gefahr verbunden ist, die seinem Erblasser durch den Gesellschaftsvertrag übertragenen Geschäfte fortzuführen, bis die übrigen Gesellschafter in Gemeinschaft mit ihm anderweit Fürsorge treffen können. Die übrigen Gesellschafter sind in gleicher Weise zur einstweiligen Fortführung der ihnen übertragenen Geschäfte verpflichtet. Die Gesellschaft gilt insoweit als fortbestehend.

Nach § 234 II gilt das nicht beim Tode des Stillen, die Ges wird iZw mit seinen Erben fortgeführt. Ist der Inhaber eine HdlGes (§ 230 Anm 3), steht deren Auflösung iZw nicht dem Tod gleich, doch kann der Stille uU außerordentlich kündigen (Anm 3 B), BGH **84**, 380.

D. **Konkurs** des Inhabers, auch nach seinem Tode (wenn dieser nicht schon die Ges auflöst, s Anm C) Nachlaßkonkurs, löst (zwingend) die stGes auf, ebenso Konkurs des Stillen (auch Nachlaßkonkurs), RG **122**, 72:

BGB 728 [Auflösung durch Konkurs eines Gesellschafters]
Die Gesellschaft wird durch die Eröffnung des Konkurses über das Vermögen eines Gesellschafters aufgelöst. Die Vorschriften des § 727 Abs. 2 Satz 2, 3 finden Anwendung.

Konsequenzen im Inhaberkonkurs s §§ 236, 237. Zur Auflösung durch Konkurs des Stillen K. Schmidt KTS **77**, 5.

3. Abschnitt. Stille Gesellschaft 3 § 234

E. Anders wirkt Eröffnung des **Vergleichsverfahrens** über das Vermögen des Inhabers: die stGes wird dadurch nicht aufgelöst, nur können Inhaber und Stiller uU aus wichtigem Grunde fristlos kündigen (§ 723 BGB, dazu Anm 3 B), und Inhaber hat immer (da beiderseits irgendwelche unerfüllten GfterPflichten bestehen) mit Gerichtsermächtigung das Erfüllungs-Ablehnungsrecht nach § 50 VerglO; BGH **51,** 351. Konsequenzen bei Auflösung (§ 723 BGB oder § 50 VerglO) und bei Fortbestehen der stGes s § 236 Anm 3. Eröffnung des Vergleichsverfahrens über das Vermögen des Stillen löst erst recht die stGes nicht auf, gibt aber beiden Teilen uU ein Kündigungs-, dem Inhaber jedenfalls das Ablehnungsrecht (§ 723 BGB, § 50 VerglO).

F. Dem Stillen kann ein Anspruch auf (auch unentgeltliche) **Geschäftsübertragung** eingeräumt werden, zB wenn der Stille das Unternehmen einrichtete und (ohne Gegenleistung) dem Inhaber überließ, BGH **62,** 237 (vgl bei OHG, KG § 140 Anm 1 B, § 142 Anm 2 B).

3) Kündigung

A. **Ordentliche Kündigung** einer auf bestimmte Zeit eingegangenen stGes durch den Inhaber oder Stillen ist nicht vor Ablauf dieser Zeit möglich, einer auf unbestimmte Zeit eingegangenen, auch einer auf Lebenszeit des Inhabers oder Stillen eingegangenen oder nach Ablauf bestimmter Zeit stillschweigend fortgesetzten, abw von § 723 I 1 BGB, mit Sechsmonatsfrist auf das Ende des Geschäftsjahrs (des Unternehmens des Inhabers) entspr §§ 132, 134, so § 234 I 1. Die ordentliche Kündigung kann bei der auf unbestimmte Zeit oder Lebenszeit geschlossenen stGes (auch der kapitalistischen) wie bei jeder andern InnenGes nicht vertraglich ausgeschlossen werden, § 723 III BGB; das Gegenteil folgt nicht daraus, daß § 234 I nur für die außerordentliche, nicht die ordentliche Kündigung auf § 723 BGB verweist, BGH **23,** 12, **50,** 321. Dagegen kann ordentliche Kündigung für gewisse Zeit ausgeschlossen, die Ges also auf diese bestimmt und danach auf weitere unbestimmte (oder Lebens-)Zeit (mit ordentlicher Kündigung) eingegangen werden, RG JW **36,** 1959; auch stillschweigend, wenn die Umstände zu dieser Auslegung nötigen; unterstellen die Vertragsschließenden Unkündbarkeit des Lebenszeitvertrags (zB zwecks sicherer Versorgung des Stillen), so fehlt eine Geschäftsgrundlage und ist uU Anpassung des Vertrags (wohl gemäß § 140 BGB) durch solche Teilung der Vertragszeit geboten, BGH **LM** § 339 Nr 2. Vgl für OHG § 132 Anm 3.

BGB 723 [Kündigung durch Gesellschafter]

[I] Ist die Gesellschaft nicht für eine bestimmte Zeit eingegangen, so kann jeder Gesellschafter sie jederzeit kündigen. Ist eine Zeitdauer bestimmt, so ist die Kündigung vor dem Ablaufe der Zeit zulässig, wenn ein wichtiger Grund vorliegt; ein solcher Grund ist insbesondere vorhanden, wenn ein anderer Gesellschafter eine ihm nach dem Gesellschaftsvertrag obliegende wesentliche Verpflichtung vorsätzlich oder aus grober Fahrlässigkeit verletzt oder wenn die Erfüllung einer solchen Verpflichtung unmöglich wird. Unter der gleichen Voraussetzung ist, wenn eine Kündigungsfrist bestimmt ist, die Kündigung ohne Einhaltung der Frist zulässig.

[II] Die Kündigung darf nicht zur Unzeit geschehen, es sei denn, daß ein wichtiger Grund für die unzeitige Kündigung vorliegt. Kündigt ein Gesellschafter ohne solchen Grund zur Unzeit, so hat er den übrigen Gesellschaftern den daraus entstehenden Schaden zu ersetzen.

III Eine Vereinbarung, durch welche das Kündigungsrecht ausgeschlossen oder diesen Vorschriften zuwider beschränkt wird, ist nichtig.

B. **Außerordentliche Kündigung** der stGes durch Inhaber oder Stillen ist möglich nach § 723 I 2, 3, II, III BGB (Text s Anm A), so ausdrücklich § 234 I 2. Es bedarf nicht der Klage entspr § 133. Über wichtige Gründe vgl § 133 Anm 3; aber wie schon zwischen phG und Kdtist (OGH **2**, 261), so erträgt erst recht zwischen Inhaber und Stillem das idR weniger enge persönliche Verhältnis uU Dinge, die zwischen Gftern der OHG zur Auflösung zwängen. Auflösung des Inhabers (HdlGes) ist nicht immer wichtiger Grund für den Stillen, BGH **84**, 382. Anders bei auf aktive Zusammenarbeit gerichteter (atypischer, vgl § 230 Anm 1 C) stGes, BGH DB **77**, 88. Fristlose Kündigung des atypisch Stillen bei wesentlicher GesVertragsänderung ohne seine Zustimmung, BGH BB **80**, 958, s Anh § 177 a Anm VIII 3 C. Dauernde Ertragslosigkeit kann Grund zur außerordentlichen Kündigung sein, RG JW **27**, 1350. Ausschluß oder Beschränkung des außerordentlichen Kündigungsrechts ist nichtig, § 723 III BGB (s oben); Vereinbarung schiedsgerichtlicher Entscheidung über das Kündigungsrecht ist nicht Beschränkung, vgl § 133 Anm 4 und KG HRR **29**, 743.

C. Kündigung durch einen **Gläubiger des Stillen** (ein Gläubiger des Inhabers hat ohnehin Zugriff auf das ganze Geschäftsvermögen) ist möglich nach fruchtloser Vollstreckung, Pfändung und Überweisung des Auseinandersetzungsguthabens mit Sechsmonatsfrist auf das Ende des Geschäftsjahrs (des Unternehmens des Inhabers) entspr § 135, so § 234 I 1. Dazu K. Schmidt KTS **77**, 5.

[Auseinandersetzung]

235 **I Nach der Auflösung der Gesellschaft hat sich der Inhaber des Handelsgeschäfts mit dem stillen Gesellschafter auseinanderzusetzen und dessen Guthaben in Geld zu berichtigen.**

II Die zur Zeit der Auflösung schwebenden Geschäfte werden von dem Inhaber des Handelsgeschäfts abgewickelt. Der stille Gesellschafter nimmt teil an dem Gewinn und Verluste, der sich aus diesen Geschäften ergibt.

III Er kann am Schlusse jedes Geschäftsjahrs Rechenschaft über die inzwischen beendigten Geschäfte, Auszahlung des ihm gebührenden Betrags und Auskunft über den Stand der noch schwebenden Geschäfte verlangen.

1) Auseinandersetzung, Guthaben (I)

A. Die **Auseinandersetzung** ist im Falle der stGes anderer Art als bei (Außen-)GbR (vgl Einl 2 C vor § 105) und OHG, KG. Sie erfolgt bei diesen ,,in Ansehung des GesVermögens" (§ 730 I BGB), hier im (schuldrechtlichen) Verhältnis Inhaber-Stiller (§ 235 I). Dort werden grundsätzlich alle Ansprüche aus dem GesVerhältnis zwischen Ges und Gftern und unter Gftern unselbständige Rechnungsposten (vgl § 145 Anm 1 F, § 151 Anm 2 B, D); hier ist das Endguthaben des Stillen (aus seiner Beteiligung) zu ermitteln, auf dessen Auszahlung er Anspruch hat (§ 235 I); diesen Anspruch können Ansprüche des Inhabers aus dem GesVerhältnis gegenüber-

3. Abschnitt. Stille Gesellschaft 1 § 235

stehen; so BGH BB **68**, 268 (Aufrechnung des Stillen; Zurückbehaltung, § 273 BGB, des Inhabers); abw BGH BB **61**, 583, WM **72**, 1056, DB **77**, 2040: auch bei stGes Gesamtabrechnung; anders soweit (Gesamt- oder Teil-)Anspruch des Stillen ohne weiteres klar; dazu § 138 Anm 4 D. Das aus der Auseinandersetzung folgende **Guthaben** des Stillen ist (ggf mit Vorbehalt der Abrechnung über schwebende Geschäfte, II, III, s Anm 2) zu ermitteln durch vom Inhaber unverzüglich nach Auflösung auf den Auflösungstag (RG JW **29**, 321) aufzustellenden **Abschluß (Auseinandersetzungsbilanz)**, vgl Mü HRR **39**, 1299. Dieser entspricht dem zur Ermittlung des Guthabens eines aus OHG, KG ausscheidenden Gfters aufzustellenden, § 138 Anm 4 D, jedoch (bei der typischen stGes) mit der für den Stillen (im Gegensatz zu den Gftern der OHG, KG) geltenden beschränkten Teilnahme an den Wertänderungen des Geschäftsvermögens, § 232 Anm 1; anders im Falle der atypischen stGes, § 230 Anm 1 C. Auch beliebige andere Vereinbarungen sind möglich. Als Einlage geleistete **Dienste** des Stillen sind, soweit bewertet und als Einlage gebucht (vgl § 230 Anm 6 A, C), als solche zu vergüten; sonst iZw nicht, § 733 II 3 BGB; anders wenn durch den Gewinnanteil nicht voll abgegolten und noch als greifbarer und meßbarer Vermögenswert im Geschäft vorhanden; BGH NJW **66**, 501 (Teppichhandel, Einkaufstätigkeit, Gekauftes noch im Lager: Schätzung des noch vorhandenen Werts der Einkaufstätigkeit). Aber keine entsprechende Anwendung des § 89b (Ausgleichsanspruch für HdlVertreter), BGH BB **78**, 422. Einbeziehung der „atypisch" (s § 230 Anm 1 C), still an einer PublikumsKG (s Anh § 177a Anm VIII) Beteiligten gleich wie die Kdtisten, BGH BB **78**, 14. Vgl § 120 Anm 3 C; bei PublikumsKG mit GesKapital aus Kommanditeinlagen und stillen Beteiligungen der Kdtisten kann § 235 unanwendbar sein, BGH NJW **80**, 1523. Zur Bedeutung von Auseinandersetzungsabsprachen Ffm DB **77**, 1841.

B. Das Guthaben ist stets **in Geld** zu berichtigen, einerlei, was der Stille eingelegt hat. **Zins** nach Vereinbarung, sonst nach § 246 BGB; § 352 (5%) nur, wenn die stGes auch für den Stillen HdlGeschäft ist, OGH Wien BB **65**, 100; vgl § 230 Anm 3 B, 4 D. Ein **Passivsaldo** verpflichtet den Stillen iZw nicht zur Nachzahlung, sondern wird gegenstandslos, § 232 Anm 3. **Fälligkeit** des Guthabens des Stillen idR erst nach Gesamtabrechnung, anders soweit schon vorher ein Zahlungsanspruch sicher erscheint, BGH DB **77**, 89 (vgl für OHG, KG § 145 Anm 1 F).

C. Der Stille kann **klagen** auf Zahlung, auf Rechnungslegung, RG JW **26**, 1812, auf Rechnungslegung und Zahlung nach § 254 ZPO, ggf schon vor Abwicklung der schwebenden Geschäfte, an denen er noch beteiligt ist. Kontrollrechte s § 233 Anm 2, auch § 118 Anm 2 (OHG), § 166 Anm 1 B (Kdtist). Der Stille, der die Richtigkeit des vom Inhaber zur Auseinandersetzung aufgestellten Abschlusses bestreitet, ist nicht auf (ihm idR unmögliche) Aufstellung einer Gegenrechnung zu verweisen, sondern kann Richtigstellung einzelner Unrichtigkeiten verlangen, BGH BB **60**, 15. Für behaupteten Verlust hat Inhaber die Beweislast aufgrund seiner Rechenschaftspflicht (§ 230 Anm 5 G).

2) Ergebnis schwebender Geschäfte (II, III)

A. An ihm ist nach II, III, entspr § 740 BGB (Text s § 138 Anm 6), iZw der Stille noch beteiligt. Bedeutsam ua bei saisonabhängigem Betrieb (zB Getreidehandel). Abbedingung (Beteiligung nur am Ergebnis bis Stichtag der Auflösung nach gewöhnlicher Gewinn- und Verlustrechnung) möglich, wohl iZw anzunehmen, wenn Stiller bei Beginn der stGes sogleich entspr (auch am Ergebnis vorher eingeleiteter Geschäfte) beteiligt war.

B. Ggf hat der Stille die schwebenden Geschäfte abzuwickeln, es besteht noch ein GesVerhältnis zu beschränktem Zweck, § 234 Anm 1, mit **Sorgfalts- und Treuepflicht** grundsätzlich wie vorher, vgl § 230 Anm 5, 6. Der Inhaber darf zur Abwicklung der schwebenden auch neue Geschäfte eingehen, vgl § 149 I 1. Über schwebende Geschäfte (II, III) ist gesondert abzurechnen außerhalb der Auseinandersetzungsbilanz auf den Auflösungstag, BGH BB **60**, 15, DB **76**, 2107. Der Stille hat die **Kontrollrechte** nach III, daneben, da das GesVerhältnis noch nicht zu Ende ist, wohl auch die nach § 233 (vgl oben Anm 1 C), beschränkt auf die Kontrolle der Abwicklung der schwebenden Geschäfte, str. Übersicht: K. Schmidt DB **83**, 2401.

[Konkurs des Inhabers]

236 ^I **Wird über das Vermögen des Inhabers des Handelsgeschäfts der Konkurs eröffnet, so kann der stille Gesellschafter wegen der Einlage, soweit sie den Betrag des auf ihn fallenden Anteils am Verlust übersteigt, seine Forderung als Konkursgläubiger geltend machen.**

^{II} **Ist die Einlage rückständig, so hat sie der stille Gesellschafter bis zu dem Betrage, welcher zur Deckung seines Anteils am Verlust erforderlich ist, zur Konkursmasse einzuzahlen.**

1) Forderung des Stillen (I)

A. Konkurs des Inhabers löst die stGes auf, § 234 Anm 2 D. Auf den Tag der Konkurseröffnung (und Auflösung der stGes) ist ein Abschluß aufzustellen und (unter Berücksichtigung seiner Beteiligung an den bis dahin eingetretenen Verlusten) das Guthaben des Stillen zu ermitteln, § 235 Anm 1; mit diesem ist er **Konkursgläubiger** wie die andern nicht bevorrechtigten Gläubiger, ohne Absonderungsrecht (etwa an dem von ihm Eingelegten), sofern nicht sein Guthaben pfandgesichert ist, RG Gruch **29**, 996. Nur zum Gebrauch überlassene Gegenstände kann er aussondern. I regelt nur Einlagenrückzahlung; Schadensersatz wegen Verlust der Einlage kann der Stille uneingeschränkt fordern (außer bei Vereinbarung nachrangiger Hafteinlagen, vgl § 10 IV 1 KWG), BGH **83**, 344. Zu § 236 K. Schmidt KTS **77**, 1, 65.

B. **Schwebende Geschäfte**, § 235 II, III, hat der Konkursverwalter abzuwickeln (vgl §§ 17–28 KO), ein Gewinnanteil des Stillen hieraus ist auch Konkursforderung.

C. Stille Einlage kann entgegen § 236 Teil der **Eigenkapital**grundlage des Inhabers (KG) sein, so wenn Stiller wie Kdtist in KG mitbestimmt; dann muß die stille Einlage als Haftungsmasse für die Gläubiger voll eingezahlt werden, BGH NJW **85,** 1079. Eigenkapitalersetzende Darlehen des Stillen s Anm 4.

2) Einzahlungspflicht des Stillen (II)

Eine noch geschuldete Einlage hat der Stille in die Konkursmasse zu zahlen, aber erst bei Fälligkeit und nur (auch wenn er mit der Einzahlung im Verzug war) bis zu dem Betrag, der zur Deckung seines Anteils am Verlust benötigt wird. Wenn er am Verlust gar nicht beteiligt ist, § 231 II, hat er nichts mehr einzuzahlen, RG **84,** 436. Noch zu erfüllende Sacheinlageschulden werden nicht Geldschuld, str. Der Stille kann gegen den Einzahlungsanspruch mit seinem Rückzahlungsanspruch aufrechnen, sofern dieser bereits feststeht; vorher kann er nur Sicherheit verlangen, § 54 III KO.

3) Vergleichsverfahren

A. Besteht die stGes trotz Eröffnung des Vergleichsverfahrens über das Vermögen des Inhabers fort (vgl § 234 Anm 2 E), so ist der Stille nicht Vergleichsgläubiger (er hat keinen ,,Vermögensanspruch", § 25 I VerglO), BGH **51,** 351, vgl § 230 Anm 6 B. Er nimmt (nach § 231 und ggf Vertrag) teil am Verlust während des Vergleichsverfahrens und am Sanierungsgewinn (durch die Kürzung der Verbindlichkeiten des Inhabers), BGH **51,** 353.

B. Wird die stGes aufgelöst (vgl § 234 Anm 2 E), so hat der Stille den Schadensersatzanspruch aus § 52 I 1 VerglO oder, bei Kündigung des Stillen, aus positiver Vertragsverletzung (des Inhabers: seine Insolvenz); mit diesem Ausspruch ist er Vergleichsgläubiger, § 52 I 2 VerglO, bei Kündigung des Stillen entspr anzuwenden; BGH **51,** 354. Er ist auch in diesem Falle nicht Vergleichsgläubiger mit den (erst nach Verfahrenseröffnung entstehenden) Ansprüchen aus der Einlage (vgl § 235), wird insoweit nicht vom Vergleich betroffen (§ 36 II VerglO, teilbare Leistungen, ist unanwendbar), BGH **51,** 355.

4) Rückgewähr von Gesellschafterdarlehen bei der GmbH & Still

Bei der GmbH & Still (s § 230 Anm 3 A) ist die Interessenlage betr Rückgewähr eigenkapitalersetzender Darlehen des Stillen aus der stGes ähnlich wie bei der GmbH & Co. Eine den §§ 172a, 129a entsprechende Vorschrift ist zwar nicht vorhanden; § 32a VII idF RegE GmbH-Novelle 1980 (s § 172a Anm 1) ist nicht Gesetz worden. Nach dem im Rechtsausschuß eingefügten § 32a III GmbH (s § 172a Anm 1) gelten aber §§ 32a, 32b GmbHG sinngemäß für andere Rechtshandlungen, die der Darlehensgewährung wirtschaftlich entsprechen. Das Gleiche kann für die entsprechende Anwendung der §§ 30, 31 GmbHG (s § 172a Anm 7) angenommen werden. Der Stille kann danach uU entsprechend §§ 172a, 129a HGB iVm §§ 32a, 32b GmbHG einerseits und §§ 30, 31 GmbHG andererseits eigenkapitalersetzende Darlehen im gerichtlichen Konkurs- oder Vergleichsverfahren der stGes nicht zurückfordern bzw haftet für ein bereits zurückgezahltes Darlehen, kann also entgegen § 236 seine Forderung auch nicht als normaler Konkursgläubiger geltend machen. So wenn Kdtist aufgrund GesVertrag die stille Einlage erbringt, BGH NJW **81,** 2251, allgemeiner für atypisch Stille Ffm WM **81,** 1371; das gilt aber nicht für typisch Stille, die als solche nicht an der GmbH beteiligt sind, BGH NJW **83**, 1856. Stille Einlage selbst als Teil des Eigenkapitals s Anm 1 C. Übersicht: K. Schmidt ZHR 140 (**76**) 488, Lutter-Hommelhoff ZGR **79**, 49, Kollhosser WM **85**, 929.

[Konkursanfechtung]

237 ^I **Ist auf Grund einer in dem letzten Jahre vor der Eröffnung des Konkurses zwischen dem Inhaber des Handelsgeschäfts und dem stillen Gesellschafter getroffenen Vereinbarung diesem die Einlage ganz oder teilweise zurückgewährt oder sein Anteil an dem entstandenen Verluste ganz oder teilweise erlassen worden, so kann die Rückgewähr oder der Erlaß von dem Konkursverwalter angefochten werden. Es begründet keinen Unterschied, ob die Rückgewähr oder der Erlaß unter Auflösung der Gesellschaft stattgefunden hat oder nicht.**

^{II} **Die Anfechtung ist ausgeschlossen, wenn der Konkurs in Umständen seinen Grund hat, die erst nach der Vereinbarung der Rückgewähr oder des Erlasses eingetreten sind.**

^{III} **Die Vorschriften der Konkursordnung über die Geltendmachung der Anfechtung und deren Wirkung finden Anwendung.**

1) **Besonderes Konkursanfechtungsrecht**

Neben dem allgemeinen Anfechtungsrecht nach §§ 29 ff KO hat der Konkursverwalter nach § 237 ein besonderes Recht zur **Anfechtung** einer **Rückgewähr der Einlage** und eines **Erlasses der Verlustbeteiligung**, wenn diese (vor oder bei Auflösung der stGes) aufgrund einer im letzten Jahr vor der Konkurseröffnung getroffenen Vereinbarung erfolgten, außer wenn der Konkurs in später (nach dieser Vereinbarung) eingetretenen Umständen „seinen Grund hat". § 237 gilt nicht bei Rückgewähr aufgrund des GesVertrags, RG **84**, 438, auch wenn er erst während des letzten Jahres vor Eröffnung des Konkurses eingegangen wurde. § 237 gilt auch nicht bei Rückgewähr nach Kündigung des GesVertrags durch den Stillen aus wichtigem Grunde, zB wegen Täuschung beim Vertragsschluß (s § 105 Anm 8 E, H), BGH **55**, 10. § 237 trifft nicht den Erlaß einer Einlagepflicht, soweit die Einlage nicht zur Verlustdeckung benötigt wird (§ 236 II). § 237 setzt als besonderer Fall der Konkursanfechtung Aktivlegitimation des Konkursverwalters wie zu §§ 29 ff KO voraus, zB für Ansprüche aus § 826 BGB nur bei Schädigung des Gemeinschuldners oder der zur gemeinsamen Befriedigung dienenden Konkursmasse, BGH ZIP **86**, 378.

2) **Vereinbarung der Rückgewähr**

Die Vereinbarung der Rückgewähr kann in vorzeitiger Auflösung (zB Annahme einer nicht zulässigen Kündigung des Stillen durch den Inhaber) der stGes liegen, welche die Rückzahlungspflicht begründet. Der Rückgewähr steht hier jede andersartige Beseitigung des Zugriffs anderer Gläubiger, auch (nachträgliche) **Sicherung** des Stillen mit Gegenständen des Geschäftsvermögens, gleich, RG **84**, 436. Die Anfechtung macht nicht das rückgewährende Rechtsgeschäft nichtig, sondern verpflichtet nur Empfänger zur Rückgewähr, BGH WM **71**, 183.

Drittes Buch. Handelsbücher
Einleitung vor § 238

Schrifttum

a) Kommentare: *Budde-Clemm-Pankow-Sarx,* Der Jahresabschluß nach Handels- und Steuerrecht, Beck'scher Bilanzkommentar, 1986. – *Deutsche Treuhand-Gesellschaft (DTG),* Einführung in das BiRiLiG, oJ (nicht allgemein zugänglich). – *Glade,* Rechnungslegung und Prüfung nach dem BiRiLiG, 1986. – *Gross-Schruff,* Der Jahresabschluß nach neuem Recht, 2. Aufl 1986 (ohne Konzernrechnungslegung). – *Peat-Marwick* 1986 (dünner Leitfaden). – *Niehus-Scholz,* Rechnungslegung und Prüfung der GmbH nach neuem Recht, 1982 (zu Entwurf 12. 2. 1982). Zur AG s **(2)** AktG; zur GmbH s **(2)** GmbHG und *Baumbach-Hueck-Schulze=Osterloh* § 42 (vor BiRiLiG, gute Einführung, viele Nachweise).

b) Lehr- und Handbücher: *Adler-Düring-Schmaltz,* Rechnungslegung und Prüfung der AG, 3 Bde, 4. Aufl 1968–1972; Rechnungslegung und Prüfung der Unternehmen, 5. Aufl von *Forster, Goerdeler* ua, ab 1986 (LBl). – *Castan-Heymann-Müller-Ordelheide-Scheffler,* Beck'sches Hdb der Rechnungslegung, ab 1986 (LBl). – *Großfeld,* Bilanzrecht, 1978. – *Heinen,* Handelsbilanzen, 10. Aufl 1982. – *Hofbauer-Kupsch,* Bonner Hdb der Rechnungslegung (LBl). – *Knobbe=Keuk,* Bilanz- und Unternehmenssteuerrecht, 5. Aufl 1985. – *Küting-Weber,* Hdb der Rechnungslegung, 1986. – *Moxter,* Bilanzlehre Bd II: Einführung in das neue Bilanzrecht, 3. Aufl 1986. – *Wirtschaftsprüfer-Handbuch* 1985/86, Bd I, 9. Aufl 1985, Bd II (mit BiRiLiG) angekündigt (WP-Hdb). – *Wöhe,* Bilanzierung und Bilanzpolitik, 6. Aufl 1984. – *von Wysocki-Schulze=Osterloh,* Hdb des Jahresabschlusses in Einzeldarstellungen, 1984 ff (LBl, zit HdJ).

c) Einzeldarstellungen und Sonstiges: *Biener-Schatzmann,* Konzern-Rechnungslegung, 7. EG-Richtlinie (Konzernbilanzrichtlinie), 1983. – *Busse von Colbe-Ordelheide,* Konzernabschlüsse, 5. Aufl 1984 – *Heuser,* Die neue Bilanz der GmbH, ihre Prüfung und Publizität, 3. Aufl 1986. – *IdW,* Fachgutachten und Stellungnahmen (LBl). – *Jonas,* Der Konzernabschluß, 1986. – *Küting-Weber,* Konzernabschluß nach neuem Recht, 1986. – *Leffson,* Die Grundsätze ordnungsmäßiger Buchführung, 6. Aufl. 1982. – *Leffson, Rückle, Großfeld,* Hrsg., Handwörterbuch unbestimmter Rechtsbegriffe im Bilanzrecht des HGB, 1986. – Treuarbeit 1986 (ohne Konzernrechnungslegung und Prüfung). – *von Wysocki-Wohlgemuth,* Konzernrechnungslegung, 3. Aufl 1986. – Ferner *Helmrich* GmbHR **86**, 6. – *IdW* WPg **84**, 125. – *Ordelheide-Hartle* GmbHR **86**, 9, 38. – *WPK/IdW* **WPg 85**, 537.

RsprÜbersichten: *Moxter,* Bilanzrechtsprechung, 2. Aufl. 1985 (BFH).

Übersicht

I. Anlaß und Entwicklung der Bilanzrechtsreform 1985

1) Das Bilanzrichtlinien-Gesetz 1985 (BiRiLiG)
2) Die 4., 7. und 8. EG-Richtlinien und ihre Transformation
3) Die Gesetzesgeschichte des BiRiLiG

II. Die wesentlichen Reformziele

1) Formale Reformziele (Art und Ort der Umsetzung)
2) Materielle Reformziele (Individual- und Funktionsschutz, Gesellschafter- und Gläubigerschutz, Prüfung)

III. Der Inhalt des Dritten Buches
1) Überblick
2) Aufbauprinzipien und damit verbundene Sachentscheidungen
3) Definitionen und Größenmerkmale
4) Die wichtigsten Neuerungen

IV. Bilanzrecht in anderen Gesetzen nach dem BiRiLiG
1) AktG
2) GmbHG
3) GenG
4) PublG
5) WPO
6) KWG
7) VAG
8) LöschG
9) Weitere Gesetze

V. Übergangsrecht
1) Übergangsvorschriften in (1) EGHGB Art 23–28
2) Übergangsvorschriften außerhalb von (1) EGHGB

I. Anlaß und Entwicklung der Bilanzrechtsreform 1985

1) Das Bilanzrichtlinien-Gesetz 1985 (BiRiLiG)

A. Das ,,Gesetz zur Durchführung der Vierten, Siebenten und Achten Richtlinie des Rates der Europäischen Gemeinschaften zur Koordinierung des Gesellschaftsrecht (Bilanzrichtlinien-Gesetz – BiRiLiG)" vom 19. 12. 85 (BGBl I 2355), in Kraft ab 1. 1. 86 (Übergangsrecht s Anm V) hat die **einschneidendste Änderung des HGB seit** Herausnahme des Aktienrechts (Streichung von § 20 und Buch II Abschn 3, 4) bei Erlaß des AktG **1937** gebracht. Es hat neben kleineren Änderungen des HGB im Ersten und Zweiten Buch (§§ 8a, 9 II, 100 II, 118 I, 166; Aufhebung der §§ 38–47b; Umbenennung der §§ 335–342 in §§ 230–237) ein eigenes **neues Drittes Buch** des HGB mit 102 Paragraphen (Überschriften sind amtlich, im übrigen HGB außerhalb des Dritten Buches nichtamtlich) geschaffen und gleichzeitig tiefe Einschnitte in zahlreiche andere Gesetze wie AktG, GmbHG, GenG, PublG, WPO und andere (s Anm IV) vorgenommen.

B. In der Sache faßt das BiRiLiG das bisher höchst rudimentäre Buchführungs- und Bilanzrecht des HGB (§§ 38–47b aF, jetzt in §§ 238 ff inkorporiert) und wesentliche Teile des bisherigen Rechnungslegungsrecht für Aktiengesellschaften (über die Aufstellung des Jahresabschlusses, über die Prüfung des Jahresabschlusses und über die Rechnungslegung im Konzern, s Anm IV 1) in einem eigenen Buch des HGB zusammen. Dieses dritte Buch bildet eine Art **Grundgesetz des Bilanzrechts** (Grundgesetz für Soll und Haben des Kfm), das die wesentlichen Teile des Rechts der Buchführung, Bilanzierung und Rechnungslegung, Prüfung und Offenlegung enthält und für alle Kaufleute (1. Abschn.), Kapitalgesellschaften (2. Abschn: AG, KGaA, GmbH) und eingetragene Genossenschaften (3. Abschn) zusammenfassend zugänglich macht. Nur abgestimmt, aber nicht integriert in das HGB sind im wesentlichen nur das Bilanzrecht für Großunternehmen, die nicht Kapitalgesellschaften sind (PublG) sowie Sondernormen für Kreditinstitute (KWG) und Versicherungsunternehmen (VAG), s Anm. IV 4–7.

C. Das **HGB** insgesamt hat damit nach einem jahrzehntelangen Aushöhlungsprozeß (s Einl 1 vor 2. Teil Handelsrechtliche Nebengesetze) eine enorme Aufwertung erfahren, die es in seiner Rolle **als das grundlegende privatrechtliche Gesetz für Kaufleute, Handelsgesellschaften und Unternehmen bestätigt.**

2) Die 4., 7. und 8. EG-Richtlinien und ihre Transformation

A. Das BiRiLiG hat vor allem die **4.** EG-Ri zur Koordinierung des GesRechts 25. 7. 78 ABlEG 14. 8. 78 Nr L 222/11–31, die sog **Bilanzrichtlinie** betreffend den **Jahresabschluß von Gesellschaften bestimmter Rechtsformen,** in das deutsche Recht umgesetzt. Diese ist Teil des europäischen Gesellschaftsrecht (s Einl 7 B vor § 105) und bislang für das deutsche Recht die einschneidendste Rechtsvereinheitlichungsmaßnahme der EG auf dem Gebiet des Handels- und GesRechts. Monographien: Biener 1979, Bierich ua 1980, Jonas 1980, Schruff 1978. Übersichten: Hommelhoff-Inhoffen DB **79,** 1052, Knobbe=Keuk EuR **79,** 312, Lutter DB **79,** 1285. Zur Transformation in den EG-Mitgliedstaaten (Ausübung der Wahlrechte) Niehus ZGR **85,** 536.

B. Das BiRiLiG hat mit den neuen §§ 290–315 auch die **7.** EG-Ri 13. 6. 83 ABlEG 18. 7. 83 Nr L 193/1–17, die sog **Konzernrechnungslegungsrichtlinie** betreffend den **konsolidierten Abschluß,** transformiert. Diese ergänzt die 4. Ri durch Schaffung eines gemeinsamen Rahmens für die Jahresabschlüsse von Konzernen, insbesondere also auch von multinationalen Unternehmen, und ist ihrerseits Vorstufe für eine noch nicht verabschiedete 9. Ri, die sog **Konzernrechtsrichtlinie** betreffend die Verbindungen zwischen Unternehmen, insbesondere Konzernen. Übersicht: Biener 1979 (Materialien) u DB Beil 19/**83.**

C. Schließlich hat das BiRiLiG auch noch die **8.** EG-Ri 10. 4. 84 ABlEG 12. 5. 84 Nr L 126/20–26, die sog **Abschlußprüferrichtlinie** betreffend die **Zulassung der mit der Pflichtprüfung der Rechnungslegungsunterlagen beauftragten Personen,** umgesetzt. Das ist zwar unmittelbar nicht im HGB, sondern in der WPO geschehen. Doch hat das BiRiLiG dies zum Anlaß genommen, die bisherigen §§ 162–169 AktG über die Prüfung durch Abschlußprüfer aus dem AktG herauszunehmen und als §§ 316–324 in das Dritte Buch des HGB zu übernehmen.

D. Die **Transformation** dieser drei EG-Ri ist durch das BiRiLiG im großen und ganzen korrekt erfolgt. Der Gesetzgeber hat zwar die **Mitgliedstaatenwahlrechte** weitestgehend ausgenutzt und an die Unternehmen weitergegeben, was der Rechtsvereinheitlichung (s Einl I 4 D vor § 1) in der EG abträglich ist, aber nach den Ri vorgesehen und legitim ist. Zur Ausübung der Wahlrechte durch die Mitgliedstaaten Niehus ZGR **85,** 536. Anders zu beurteilen ist die **Ausklammerung der GmbH & Co** aus dem BiRiLiG entgegen dem RegE 1982 und trotz berechtigter Kritik, zB Lutter-Mertens-Ulmer BB **83,** 1737. Die 4. EG-Ri nennt zwar die Rechtsform der GmbH & Co nicht ausdrücklich, aber erfaßt sie ihrem Sinn nach. Die GmbH & Co ist keine bloße PersonenhandelsGes (unrichtig AmtlBegr), sondern sachlich eine Gesellschaft mbH, BGH **62,** 226, und unterliegt deshalb rechtlich ähnlichen Gläubigerschutzregeln wie eine KapitalGes (s Anh § 177a Anm I 2 B). Die Abschlußpublizität ist notwendiger Ausgleich für die Haftungsbeschränkung (aA AmtlBegr). Wegen der Gefahr der Umgehung durch Umgründung wird durch die Ausklammerung der GmbH & Co auch der Gläubigerschutz durch Publizität bei der GmbH unterlaufen. Schon 1985 gab es etwa 60000 KapitalGes & Co, die im Schnitt größer und bedeutender sind als viele GmbH. Die Ausklammerung der GmbH & Co ist danach mindestens ein Systembruch im deutschen GesRecht. Darüberhinaus drohen Konsequenzen nach EG-Recht (praktisch weniger Vertragsverletzungsklage nach Art 169, 170 EWGV als **Vorlage durch ein nationales Gericht** und Vorabentscheidung durch den EuGH nach Art 177 EWGV). Zur Rechtswirkung von EG-Ri, uU innerstaatliche Anwendbarkeit (auch von Teilen) ohne Vermittlung des nationalen Gesetzgebers, Zuleeg ZGR **80**, 466, Seidel NJW **85**, 517. Inzwischen liegt der Vorschlag einer EG-Ri zur Änderung der 4. und 7. EG-Ri hinsichtlich ihres Anwendungsbereichs 5. 5. 86 ABlEG 11. 6. 86 Nr C 144/10–11 vor, welche auch OHG und KG, deren alleiniger phG eine AG oder GmbH ist, diesen EG-Ri unterwerfen soll. Für (rechtsfortbildende) Einbeziehung de lege lata Schulze=Osterloh ZHR 150 (**86**) 432.

3) Die Gesetzesgeschichte des BiRiLiG

A. Nach einem Vorentwurf 1980, einem RegE 1982 BTDrucks 9/1878 und einem von der neuen Regierung vorgelegten RegE 1983 BTDrucks 10/317 (zit: **E**) zur Durchführung der 4. EG-Ri sowie einem eigenen RegE 1985 BTDrucks 10/3440 (zit: **EK**) zur Durchführung der 7. und 8. EG-Ri änderte der Rechtsausschuß des BT die Konzeption und faßte beide Entwürfe in einem Entwurf mit neuer Paragraphenfolge zusammen. Dieser **neue Entwurf und** der **Bericht des Rechtsausschusses** 15. 11. 85 BTDrucks 10/4268 (zit: **AmtlBegr**) sind die **maßgeblichen Grundlagen** für das BiRiLiG.

B. In der Sache haben sich **Konzeption** und Einzelregelungen des BiRiLiG im Verlaufe des Gesetzgebungsprozesses erheblich **verschoben**. Die ursprüngliche Überlegung eines eigenen Rechnungslegungsgesetzes wurde schon im Vorfeld fallengelassen zugunsten einer Regelung schwerpunktmäßig im HGB. Die GmbH & Co war noch im **RegE 1982** einbezogen, nicht mehr dagegen im RegE 1983 (s Anm 2 D). Der **RegE 1983** beließ noch §§ 38–47b, sah einen anderen Aufbau des Dritten Buches vor (Allgemeine Vorschriften über Jahresabschluß und Lagebericht mit Ausnahmen und Erleichterungen für EinzelKflte und PersonenGes) und war verschiedentlich sachlich strenger als das BiRiLiG. Die **Hauptänderungen des Rechtsausschusses** waren: (1) die Schaffung eines 1. Abschn für EinzelKflte und PersonenGes gegenüber einem 2. Abschn für KapitalGes mit der Konsequenz, daß die Grundsatznorm des § 264 über die Jahresabschlußpflicht für erstere nicht gilt; (2) der Verzicht vorzuschreiben, daß der Jahresabschluß der Nicht-KapitalGes (nur Bilanz und Gewinn- und Verlustrechnung, nicht auch Anhang) ein den tatsächlichen Verhältnissen entsprechendes Bild der Vermögens-, Finanz- und Ertragslage des Unternehmens zu vermitteln hat (vgl. § 264 II); (3) die Ausgestaltung der Bewertungsvorschriften des 1. Abschn als Höchstwertvorschriften statt fester Ober- und Untergrenzen auch für EinzelKflte und PersonenhandelsGes, also Zulassung (in Grenzen, s § 253 Anm 5 C) der Bildung stiller Reserven anders als bei KapitalGes; (4) Gleichstellung der kleinen AG mit der kleinen GmbH hinsichtlich Aufstellung, Offenlegung und Prüfung und insoweit Absenkung des bisherigen Publizitätsniveaus des AktG; (5) strengere Anforderungen an die Bilanzwahrheit bei laufenden Pensionen und Pensionsanwartschaften; (6) Wiedereröffnung des Berufs des vereidigten Buchprüfers mit dem Recht, mittelgroße GmbH zu prüfen, bei der Wirtschaftsprüferkammer für Steuerberater und Rechtsanwälte mit Zusatzexamen sowie Eröffnung der Möglichkeit, bei bestimmtem Besitzstand die Zusatzqualifikation als Wirtschaftsprüfer unter erleichterten Voraussetzungen zu erwerben.

II. Die wesentlichen Reformziele

1) Formale Reformziele

A. **Art der Umsetzung:** Das BiRiLiG verfolgt die Konzeption, grundsätzlich nur das durch die EG-Ri unbedingt Vorgesehene in das deutsche Recht zu übernehmen. Es hat deshalb die zahlreichen Wahlrechte der 4. EG-Ri (41 Mitgliedstaatenwahlrechte und 35 Wahlrechte der Gesellschaften selbst, Niehus ZGR **85**, 537) weitestgehend an die Unternehmen weitergegeben, um die Eingriffe möglichst gering zu halten. Ziel war dabei, die Umsetzung für die Unternehmen und den Fiskus steuerneutral zu gestalten. Eine Ausnahme zugunsten der Bilanzwahrheit ist zB die Passivierungspflicht für ab 1987 erteilte Pensionszusagen. Für EinzelKflte und PersonenGes sowie für GmbH & Co (s Anm I 2 D) sollte es grundsätzlich ohne zusätzliche Anforderungen beim status quo bleiben. Die notwendigen Eingriffe sind durch teilweise sehr lange Übergangsfristen abgemildert (s Anm V).

B. **Ort der Umsetzung:** Der eindeutige Schwerpunkt des BiRiLiG liegt auf dem Dritten Buch des HGB. Ein großer Teil des bisher im AktG befindlichen Bilanzrechts ist in das HGB übernommen worden. Das Dritte Buch enthält jetzt nahezu vollständig und abschließend die Vorschriften über die Rechnungslegung, deren Prüfung und Offenlegung sowohl für EinzelKflte und PersonenGes als auch für KapitalGes und eG. Damit sollte im Interesse der Kflte, der beratenden Berufe und aller Personen, die mit Fragen der Rechnungslegung zu tun haben, ein übersichtliches, lesbares und interessengerechtes Bilanzrecht geschaffen werden. Das HGB ist so zum Grundgesetz des Bilanzrechts geworden (s Anm I 1 B).

2) Materielle Reformziele

A. **Individualschutz und Funktionenschutz:** Das BiRiLiG zwingt den EinzelKfm und die PersonenGes zu ordnungsmäßiger Buchführung, Bilanzierung und Aufbewahrung von Unterlagen (1. Abschn). Prüfung und Publizität nach außen sind nicht vorgesehen. Das BiRiLiG zielt damit auf verbesserte **Selbstinformation** des Unternehmers ab. Bessere Durchleuchtung der wirtschaftlichen Verhältnisse des Unternehmens führt tendenziell zu besserer Diskussion und Entscheidung. Schutzadressaten sind die mit dem Kfm bzw der Ges in Rechtsverkehr tretenden Gläubiger und Dritten (Individualschutz). Der damit zugleich bewirkte Selbstschutz des Unternehmers ist nur Mittel zum Zweck. Der **Funktionenschutz von Wirtschaft und Allgemeinheit** ist mit dem Individualschutz untrennbar verbunden und diesem gleichwertig.

B. **Gesellschafterschutz und Gläubigerschutz:** Das BiRiLiG stellt demgegenüber strengere Anforderungen an KapitalGes (AG, KAaA, GmbH, 2. Abschn) sowie eingetragene Genossenschaften (3. Abschn). Das gilt materiell, insbesondere ist ausdrücklich vorgesehen, daß der Jahresabschluß ein den tatsächlichen Verhältnissen entsprechendes Bild der Vermögens-, Finanz- und Ertragslage der KapitalGes vermitteln muß (§ 264 II). Formell sind Prüfung und Publizität des Jahresabschlusses zwingend. Der Grund für diese strengeren Anforderungen ist, daß die KapitalGes Dritten eine Sicherheit nur durch ihr GesVermögen bieten (AmtlBegr 4. EG-Ri). Ziel ist **Kontrolle des Schuldendeckungspotentials.** Schutzadressaten sind außer den Gläubigern und Dritten auch die Gfter, die anders als bei PersonenGes häufig bloße AnlageGfter sind und eines besonderen Schutzes bedürfen (Aktionärs-, Anlegerschutz). Ziel ist **Kontrolle der Anteilsbewertung und Gewinnermittlung.** Das BiRiLiG zwingt die (Unternehmens)Verwaltung zu ordnungsmäßiger Rechnungslegung und ermöglicht durch diese den Gftern und Gläubigern die **Kontrolle über die Verwaltung,** und zwar gesellschaftsintern (Erörterung in der GfterVersammlung, Verweigerung der Entlastung, Abberufung) und gesellschaftsextern (Veräußerung der Anteile, Eintreiben von Außenständen, Abbruch von Geschäftsbeziehungen). Gfter- und Gläubigerschutz werden nur erreicht, wenn der Jahresabschluß zutreffend (Prüfung) und zugänglich (Publizität) ist. Das BiRiLiG stellt an alle KapitalGes gleicher Größe unabhängig von ihrer Rechtsform gleiche Anforderungen, um den notwendigen Individual- und Funktionenschutz zu gewährleisten und Wettbewerbsverzerrungen zu vermeiden. Gute Publizität bestärkt das **Vertrauen** der KapitalGfter, der Gläubiger und des Marktes in das Unternehmen und kommt damit mittelbar diesem selbst zugute.

C. **Gesellschafter- und Gläubigerschutz im abhängigen und herrschenden Unternehmen:** Das BiRiLiG beschränkt sich nicht auf Anforderungen an selbständige Unternehmen, sondern trägt dem Befund Rechnung, daß eine bedeutende Anzahl von Ges Unternehmenszusammenschlüssen angehört (2. Abschn 2. Unterabschn). Informationen nur über einzelne Unternehmen eines Unternehmensverbundes führen leicht irre, da das einzelne Unternehmen nicht mehr allein am Markt, sondern auch oder vorrangig an dem Unternehmensverbund (zB Transferpreise, Marktaufteilungen, Gewinnverlagerungen und Verlustzuweisungen) orientiert ist. Gesellschafter und Gläubiger benötigen Informationen über die finanziellen Verhältnisse des Konzerns. Dazu ist ein konsolidierter Abschluß nötig. Schutzadressaten sind die Gfter und Gläubiger der abhängigen Ges, die nicht frei ihre eigenen Vorteile am Markt suchen kann. Schutzadressaten sind aber auch die Gfter und Gläubiger der herrschenden Ges. Denn die Gfter der letzteren können die Verwaltung nur wirklich kontrollieren, wenn sie die entsprechenden Informationen über den Unternehmensverbund haben, und Schwierigkeiten im Unternehmensverbund, sei es auch bei einer abhängigen Ges, schlagen erfahrungsgemäß leicht auf das herrschende Unternehmen zurück.

D. **Prüfung durch unabhängige, fachkundige und zuverlässige Prüfer:** Publizität ist idR nur so gut wie ihre Überwachung. Das BiRiLiG sorgt für Prüfung des Jahresabschlusses und des Lageberichts von nicht kleinen KapitalGes (2. Abschn 3. Unterabschn). Für kleine KapitalGes

Einleitung III 1, 2 **Einl v § 238**

(§ 267 I) gilt das aus wirtschaftspolitischen Gründen (Mittelstandsschutz, Risikokapitalförderung, Vermeidung eines zu großen Verwaltungs- und Kostenaufwands) nicht außer bei Börsennotierung. Die Anforderungen an die Unabhängigkeit des Prüfers sind im Dritten Buch selbst geregelt (§ 319 II, III), die an die Fachkunde und Zuverlässigkeit in Anlehnung an die 8. EG-Ri in der WPO (s Anm IV 5). § 323 unterstreicht diese Anforderungen mit der Verantwortlichkeit des Prüfers gegenüber der Ges und den verbundenen Unternehmen.

III. Der Inhalt des Dritten Buches

1) Überblick

Drittes Buch. Handelsbücher (§§ 238–339)

1. Abschn. Vorschriften für alle Kflte . . . . §§ 238–263
   1. Unterabschn. Buchführung. Inventar (§§ 238–241)
   2. Unterabschn. Eröffnungsbilanz. Jahresabschluß (§§ 242–256)
      [Allgemeine Vorschriften §§ 242–245; Ansatzvorschriften §§ 246–251; Bewertungsvorschriften §§ 252–256]
   3. Unterabschn. Aufbewahrung und Vorlage (§§ 257–261)
   4. Unterabschn. SollKflte. Landesrecht (§§ 262–263)

2. Abschn. Ergänzende Vorschriften für KapitalGes (AG, KGaA und GmbH) . . . . §§ 264–335
   1. Unterabschn. Jahresabschluß des KapitalGes und Lagebericht (§§ 264–289)
      [Allgemeine Vorschriften §§ 264–265; Bilanz §§ 266–274; Gewinn- und Verlustrechnung §§ 275–278; Bewertungsvorschriften §§ 279–283; Anhang §§ 284–288; Lagebericht § 289]
   2. Unterabschn. Konzernabschluß und Konzernlagebericht (§§ 290–315)
      [Anwendungsbereich §§ 290–293; Konsolidierungskreis §§ 294–296; Inhalt und Form des Konzernabschlusses §§ 297–299; Vollkonsolidierung §§ 300–307; Bewertungsvorschriften §§ 308–309; Anteilsmäßige Konsolidierung § 310; Assoziierte Unternehmen §§ 311–312; Konzernanhang §§ 313–314; Konzernlagebericht § 315]
   3. Unterabschn. Prüfung (§§ 316–324)
   4. Unterabschn. Offenlegung (Einreichung zu einem Reg, Bekanntmachung im BAnz). Veröffentlichung und Vervielfältigung. Prüfung durch das Registergericht (§§ 325–329)
   5. Unterabschn. Verordnungsermächtigung für Formblätter und andere Vorschriften (§ 330)
   6. Unterabschn. Straf- und Bußgeldvorschriften. Zwangsgelder (§§ 331–335)

3. Abschn. Ergänzende Vorschriften für eingetragene Genossenschaften . . §§ 336–339

2) Aufbauprinzipien und damit verbundene Sachentscheidungen

A. **Formal** folgt das Dritte Buch drei Aufbauprinzipien: vom Einfachen zum Komplizierten (Kflte §§ 238–263, unabhängige KapitalGes §§ 264ff, Konzern §§ 290–315); vom Allgemeinen zum Besonderen (Vorschriften für alle Kflte einschließlich der KapitalGes §§ 238–263, ergänzende Vorschriften für KapitalGes §§ 264–335, ergänzende Vorschriften für eG

611

§§ 336–339) und in zeitlicher Reihenfolge vom Anfang zum Ende (Buchführung §§ 238–241, Bilanz und Jahresabschluß §§ 242–256, Aufbewahrung und Vorlage §§ 257–261; Jahresabschluß §§ 264–289, Prüfung §§ 316–324, Offenlegung §§ 325–329). Aus Praktikabilitätsgründen wird dazu innerhalb des 2. Abschn vereinzelt abgewichen, zB werden die Gliederungsvorschriften für die Bilanz und die Gewinn- und Verlustrechnung zunächst für die großen KapitalGes gebracht (§§ 266, 275) und dann erst die Erleichterungen dazu für kleine und mittelgroße KapitalGes (§§ 266 I 3, 267, 276).

B. Mit dem formalen Aufbau des Dritten Buchs sind indessen wichtige **Sachentscheidungen verbunden.** Durch die klare Einteilung in einen 1. Abschn, der für Einzelkflte und PersonenGes abschließend und darüber hinaus für alle anderen Kflte und gleichgestellte Ges (s Einl 2 A, B vor § 105) gilt, und einen 2. Abschn für KapitalGes soll ausdrücklich der früheren Tendenz nach Erlaß des AktG 1965 Einhalt geboten werden, die strengen Rechnungslegungsvorschriften für KapitalGes auf PersonenGes und EinzelKflte entsprechend anzuwenden. Die Regelvorschriften sind die weniger strengen 1. Abschn. Die Sondervorschriften des 2. Abschn für KapitalGes sollen es schwer haben, sich gegenüber der Regel zu behaupten (AmtlBegr). Methodisch ist das zwar nicht zwingend, kommt es doch bei einer Analogie nicht auf ein formales Regel-Ausnahme-Verhältnis an, sondern auf Sinn und Zweck der Regel bzw der Ausnahme. In der Sache ist aber eine Entscheidung des Gesetzgebers, daß eine bestimmte Vorschrift des Dritten Buches nur für KapitalGes gelten soll, zu respektieren (zB § 264 I 1 Aufstellung des Jahresabschlusses samt Anhang und Lagebericht gegenüber § 242). Damit wird jedoch nicht schlechthin jede Analogie vom 2. Abschn auf den 1. Abschn ausgeschlossen, und erst recht bleibt eine einheitliche Auslegung Aufgabe. Entscheidend ist die Teleologie des Gesetzes. So steht die Normierung des § 264 II nur für KapitalGes nicht entgegen, Ähnliches aus dem Grundsatz der Bilanzwahrheit auch für EinzelKflte und PersonenGes zu folgern, und die Einschränkung stiller Reserven für KapitalGes nach dem Vorbild des AktG bedeutet keine Sperre, auch für EinzelKflte und PersonenGes die geltenden Grundsätze ordnungsmäßiger Buchführung (GoB) dahin fortzuentwickeln, daß auch für diese stille Reserven einzuschränken sind (unklar AmtlBegr A IV 2, 3; s § 243 Anm 1 B, § 253 Anm 5).

C. Formale Aufbauprinzipien und damit verbundene Sachentscheidungen gelten auch im Verhältnis des Dritten Buchs zu den wenigen **außerhalb des HGB** geregelten Bilanzrechtsnormen. Grundlage ist auch für sie das Dritte Buch des HGB. So ist für die Rechnungslegung zB einer Aktienbank allgemein auf den 1. Abschn des Dritten Buches für Kflte, spezieller auf den 2. Abschn für KapitalGes und schließlich auf die besonderen Vorschriften des KWG zurückzugreifen. Entsprechendes gilt für Versicherungsgesellschaften und das VAG. Die Einbeziehung auch der in speziellen Gesetzen wie KWG, VAG, PublG befindlichen Rechnungslegungsvorschriften in das Dritte Buch erschien dem Rechtsausschuß zwar als wünschenswert, war ihm aber zu aufwendig (AmtBegr).

3) Definitionen und Größenmerkmale

A. **Kaufmann:** Das Dritte Buch gilt für **alle Kaufleute** (Überschrift des 1. Abschn). Kaufmann iSv § 238 sind die Kflte des § 1 (auch §§ 4, 5, 6), abw von § 2 aber **auch Sollkaufleute vor Eintragung** in das HdlReg (§ 262). Auf den im RegE enthaltenen Begriff des Unternehmens ist bewußt verzichtet worden. Das BiRiLiG hat sich also aus der Unternehmensrechtsdiskussion (Einl II vor § 1) herausgehalten, auch wenn es einen großen Schritt zu einer rechtsformunabhängigeren Rechnungslegung (jedenfalls aller KapitalGes) getan hat. Die sich unter § 1 stellenden Abgrenzungsschwierigkeiten (Gewinnerzielungsabsicht, freie Berufe, gesetz- oder sittenwidriger Betrieb, s § 1 Anm 1) stellen sich auch hier (s § 238 Anm 3 A).

B. **Kapitalgesellschaft:** Der 2. Abschn bringt ergänzende Vorschriften für KapitalGes und definiert diese in der Überschrift als **AG, KGaA und GmbH.** Nicht KapitalGes iSv §§ 264 ff sind nach gesetzlicher Entscheidung die GmbH & Co und andere KapitalGes & Co (s Anm I 2 D). Für die **eG** verweist der 3. Abschn im wesentlichen auf den 2. Abschn (§§ 336–339). Ähnliches gilt für **bestimmte Großunternehmen** in der Rechtsform einer PersonenHdlGes, eines EinzelKfm ua (§§ 3 I, 5 PublG) und für Versicherungsunternehmen, die nicht KapitalGes sind, also den **VVaG** (§ 55 III VAG). Für **Kreditinstitute,** die nicht KapitalGes, eG oder öffentlichrechtliche Sparkassen sind, verweist § 25a KWG auf das PublG. Besonderheiten gelten für die Konzernrechnungslegung (2. Unterabschn), s § 290 Anm 1 A.

C. **Kleine, mittelgroße und große Kapitalgesellschaft:** Das BiRiLiG differenziert in seinen Anforderungen je nach Größe der KapitalGes und bildet dazu drei Größenklassen. § 267 umschreibt diese anhand von drei Merkmalen, von denen mindestens zwei vorliegen müssen (ähnliche Gesetzgebungstechnik wie im PublG und MitbestG). Diese drei sind bei der **kleinen** KapitalGes: Bilanzsumme nicht größer als DM 3,9 Mio, Umsatzerlöse nicht höher als DM 8 Mio, Zahl der Arbeitnehmer nicht mehr als 50 (§ 267 I); bei der **mittelgroßen** KapitalGes: Bilanzsumme nicht größer als DM 15,5 Mio, Umsatzerlöse nicht höher als DM 32 Mio, Zahl der Arbeitnehmer nicht mehr als 250 (§ 267 II); bei der **großen** KapitalGes: Bilanzsumme größer als DM 15,5 Mio, Umsatzerlöse höher als DM 32 Mio, Zahl der Arbeitnehmer mehr als 250 (§ 267 III). Bei Börsennotierung gilt eine KapitalGes stets als große (§ 267 III 2). Die jeweiligen **Grenzwerte** sind also: **Bilanzsumme DM 3,9 Mio und 15,5 Mio; Umsatzerlöse DM 8 Mio und 32 Mio; Zahl der Arbeitnehmer: 50 und 250.** Nach Schätzungen treffen die Erleichterungen für kleine KapitalGes rund 90% der 350 000 GmbH und etwa ⅓ der 2000 AG, die Erleichterungen für mittelgroße KapitalGes rund 20 000 GmbH.

D. **Vermögensgegenstand:** Das BiRiLiG hat entgegen dem RegE den handelsrechtlichen Begriff des Vermögensgegenstandes (zB §§ 240, 246, 248) beibehalten und nicht durch den steuerrechtlichen und betriebswirtschaftlichen Begriff des Wirtschaftsgutes ersetzt. Das erschien zum einen unnötig, weil der BFH Wirtschaftsgut und Vermögensgegenstand gleichgesetzt hat. Zum anderen soll der Begriff Vermögensgegenstand im Interesse der Rechtssicherheit einen Grenzpfahl für den steuerrechtlichen Begriff Wirtschaftsgut bilden (AmtlBegr A III). Das ist deshalb möglich, weil als

Wirtschaftsgüter bei der Gewinnermittlung steuerrechtlich nur Vermögensgegenstände nach HGB berücksichtigt werden dürfen (Maßgeblichkeitsgrundsatz des § 5 EStG, s § 242 Anm 2 A).

4) Die wichtigsten Neuerungen

Das BiRiLiG bringt eine Vielzahl von Neuerungen, die bei den einzelnen Vorschriften anzusprechen sind. Im Überblick können die wichtigsten in 10 Gruppen (A–L) zusammengestellt werden (in der Reihenfolge des Gesetzes, nicht nach Wichtigkeit):

A. Allgemeine Buchführungs- und Bilanzierungsvorschriften: Der 1. Abschn (§§ 238–263) enthält die bisherigen §§ 38–47b, jedoch angereichert durch Bilanzierungs-, Ansatz- und Bewertungsvorschriften, die bisher nur im AktG standen, aber über die GoB auch Anwendung auf andere Kflte als AG gefunden hatten. Diese Verdeutlichung ist auch wegen der Maßgeblichkeit der Handelsbilanz für die steuerrechtliche Gewinnermittlung erfolgt (AmtlBegr). Hervorzuheben ist: Ein Aktivierungswahlrecht (entgegen dem RegE keine Aktivierungspflicht) besteht für den **derivativen** (entgeltlich erworbenen) **Firmenwert** (§ 255 IV, schon bisher § 153 V 2 AktG); er darf sofort abgeschrieben werden (AmtlBegr; zeitliche Obergrenze s § 255 IV 2, 3). **Pensionen und ähnliche Verpflichtungen** sind künftig zu passivieren (§ 254 I; § 266 III Passivseite B 1; so richtigerweise schon nach bisherigem Recht, s 26. Aufl § 40 Anm 3 F gegen die üL). Für Zusagen, die vor dem 1. 1. 87 erteilt worden sind, soll jedoch ein Passivierungswahlrecht gelten (s **(1)** EGHGB Art 28 I, der damit die bisherige bedenkliche Praxis festschreiben will, aber s § 249 Anm 3 B b); KapitalGes die davon Gebrauch machen, müssen aber die in der Bilanz nicht ausgewiesenen Rückstellungen dafür jeweils im Anhang in einem Betrag angeben (s **(1)** EGHBG Art 28 II).

B. Jahresabschluß der Kapitalgesellschaft: Die meisten Neuerungen befinden sich im 2. Abschn über den Jahresabschluß der KapitalGes. Davon werden vor allem die bisher nicht erfaßten rund 350000 GmbH betroffen. Hier ist zunächst die **Grundsatznorm des § 264** zu nennen. Der Jahresabschluß der KapitalGes besteht nicht nur aus Bilanz und Gewinn- und Verlustrechung wie nach § 242 bei anderen Kflten, sondern zusätzlich aus einem **Anhang** (§ 264 I 1). Die **Frist** für die Aufstellung des Jahresabschlusses ist grundsätzlich auf **die ersten drei Monate des nachfolgenden Geschäftsjahres** verkürzt (§ 264 I 2; so schon bisher nach AktG, GroßKo (AktG)-Mellerowicz § 148 Anm 5, anders bei entspr GesVertragsklausel nach § 41 II aF GmbHG: bis zu sechs Monaten). Für kleine KapitalGes (§ 267 I) gilt eine Erleichterung, falls dies einem ordnungsgemäßen Geschäftsgang entspricht, jedoch bis höchstens sechs Monate (§ 264 I 3). Kernstück ist § 264 II, der die **Vermittlung eines den tatsächlichen Verhältnissen entsprechenden Bildes der Vermögens-, Finanz- und Ertragslage** der KapitalGes vorschreibt. Damit wird die bisherige unter dem Gläubigerschutz- und Vorsichtsprinzip stehende Bilanzpraxis der GmbH zugunsten des anglo-amerikanischen „**true and fair view**"-Prinzips aufgegeben. Grundsätzliche Änderungen sind in der Praxis jedoch nicht zu erwarten (§ 264 Anm 3 A).

C. Bilanz: Für alle KapitalGes ist ein **festes Gliederungsschema** vorgeschrieben (§ 266), während bisher bei der GmbH die Gliederung nur den GoB entsprechen mußte. Für kleine KapitalGes (§ 267 I) genügt eine stark verkürzte Bilanz (§ 266 I 3). Das gilt auch für die kleine AG, was mit der Förderung der Risikokapitalausstattung der deutschen Wirtschaft begründet wird, aber doch eine bedauerliche Verringerung an Publizität bedeutet. **Wertberichtigungen** zu Aktivposten **auf der Passivseite** sind **nicht mehr zulässig** (§ 266 III Passivseite anders als § 151 I Passivseite III aF AktG). Auch die Pauschalwertberichtigung zu Forderungen muß auf der Aktivseite erfolgen. Für den **Anlagespiegel** nach § 268 II ist **nur noch** die **Bruttomethode** erlaubt. Danach werden auf der Aktivseite die historischen Anschaffungs- und Herstellungskosten sowie die Abschreibungen in ihrer gesamten Höhe gesondert aufgeführt. Bei jedem gesondert ausgewiesenen Posten ist der Betrag der Forderungen mit einer **Restlaufzeit** von mehr als einem Jahr und der Betrag der Verbindlichkeiten mit einer Restlaufzeit bis zu einem Jahr zu vermerken (§ 268 IV, V).

D. **Gewinn- und Verlustrechnung:** Für alle KapitalGes ist ein **festes Gliederungsschema** vorgeschrieben (§ 275), während bisher bei der GmbH nach den GoB eine sehr grobe Mindestgliederung ausreichte. Dabei besteht ein Wahlrecht zwischen dem Gesamtkostenverfahren und dem Umsatzkostenverfahren (§ 275 I 1). Kleine und mittelgroße KapitalGes (§ 267) dürfen einen Teil der Posten zu einem Posten „**Rohergebnis**" zusammenfassen (§ 276). Nach dem Ergebnis der gewöhnlichen Geschäftstätigkeit (§ 275 II Nr 14, III Nr 13) ist ein **außerordentliches Ergebnis** auszuweisen (§ 275 II Nr 15–17, III Nr 14–16), das gegenüber der bisherigen Bilanzierungspraxis erheblich enger definiert ist (§ 277 IV).

E. **Bewertungsvorschriften:** Die auf den vorhergehenden Jahresabschluß angewandten Bewertungsmethoden sollen beibehalten werden; davon darf nur in begründeten Ausnahmefällen abgewichen werden (§ 252 I Nr 2 sieht das für alle Kflte vor). Damit wird der **Grundsatz der Bewertungsstetigkeit,** der bisher noch nicht fester Teil der GoB war, niedergelegt (Begr E § 259). Nur für KapitalGes gilt, daß **Höchstwertgrenzen und Mindestwertgrenzen** gesetzt werden. Letzteres war bisher nur für die AG, nicht auch die GmbH vorgesehen. Damit werden die Möglichkeiten zur Bildung stiller Reserven (s § 253 Anm 5 C) erheblich eingeschränkt. Bei außerplanmäßigen Abschreibungen auf das Anlagevermögen und bei Abschreibungen auf das Umlaufvermögen dürfen EinzelKflte und PersonenGes einen niedrigeren Wertansatz beibehalten, auch wenn die Gründe dafür nicht mehr bestehen (§§ 253 V, 254 S 2; ebenso bisher die KapitalGes, §§ 154 II 2, 155 IV aF AktG). Für KapitalGes gilt demgegenüber das **Wertaufholungsgebot** des § 280. Dementsprechend dürfen KapitalGes außerplanmäßige Abschreibungen auf das Anlagevermögen außer bei Finanzanlagen nur noch bei voraussichtlich dauernder Wertminderung vornehmen (§ 279 I 2; anders § 253 II 3), und Abschreibungen nach § 253 IV sind für KapitalGes überhaupt ausgeschlossen.

F. **Anhang:** Der Anhang besteht aus einer Erläuterung der Bilanz und der Gewinn- und Verlustrechnung, ua Angaben über die Bilanzierungs- und Bewertungsmethoden und die Grundlagen der Währungsumrechnung (§ 284), sowie aus sonstigen Pflichtangaben in 14 Berichtsgruppen (§ 285), zB Gesamtbetrag der sonstigen finanziellen Verpflichtungen, die nicht in der Bilanz erscheinen und auch nicht nach § 251 unter ihr zu vermerken sind (§ 285 Nr 3), Aufgliederung der Umsatzerlöse nach Tätigkeitsbereichen sowie nach geographisch bestimmten Märkten (§ 285 Nr 4), Einfluß steuerlicher Wahlmöglichkeiten und Abschreibungen auf das Jahresergebnis (§ 285 Nr 5), Gesamtbezüge der Mitglieder des Geschäftsführungsorgans, Aufsichtsrates uä (§ 285 Nr 9), Unternehmensbeteiligungen ab 20% (§ 285 Nr 11). Die Angaben zu § 285 Nr 4 und Nr 11 können unterbleiben, wenn ein erheblicher Nachteil drohen kann (§ 286). Mittelgroße Kapital-Ges (§ 267 II) brauchen die Angaben nach § 285 Nr 4 nicht zu machen, für kleine KapitalGes (§ 267 III) gelten weitere Erleichterungen (§ 288).

G. **Lagebericht:** Im Lagebericht, der bei der KapitalGes eine zwingende Ergänzung des Jahresabschlusses ist, sind der Geschäftsverlauf und die Lage der KapitalGes so dazustellen, daß ein den tatsächlichen Verhältnissen entsprechendes Bild vermittelt wird (§ 289). Damit wird das true and fair view-Prinzip des § 264 II abgestützt. Der Lagebericht, der ebenso wie der Jahresabschluß prüfungspflichtig ist (s Anm J), ist deshalb ein wichtiges Instrument externer Unternehmungsanalyse.

H. **Konzernrechnungslegung:** In Konzernen muß das Mutterunternehmen ab 1990 einen Konzernabschluß und einen Konzernlagebericht aufstellen (§ 290). Bei einheitlicher Leitung oder bei über 50%igen Beteiligungen muß das Mutterunternehmen die Aktiva und Passiva sowie die Erträge und Aufwendungen der Tochterunternehmen vollständig in die Weltbilanz einbeziehen ebenso wie bei einem einheitlichen Unternehmen. Gewinne und Verluste, die zwischen den Konzernunternehmen entstehen, bleiben grundsätzlich unberücksichtigt. Beteiligungen unter 50% (ohne einheitliche Leitung) werden nur mit dem Eigenkapitalanteil erfaßt (§§ 311, 312). Von diesen umfangreichen Konzernrechnungslegungsregeln (§§ 290–315) gibt es größenabhängige Befreiungen (§ 293). Die Konzernrechnungslegung ist erstmals für das nach dem 31. 12. 89 beginnende Geschäftsjahr zwingend vorgeschrieben (s **(1)** EGHGB Art. 23 II, s Anm V 1 A).

J. **Prüfung:** Der Jahresabschluß und der Lagebericht von KapitalGes mit Ausnahme der kleinen iSv § 267 I sind durch einen Abschlußprüfer zu prüfen (§ 316 I). Dasselbe gilt für den Konzernabschluß und den Konzernlagebericht, aber erst ab 1990 (§ 316 II, **(1)** EGHGB Art 23 III 2). Demgegenüber war der Jahresabschluß der GmbH bisher nicht prüfungspflichtig, umgekehrt war der Jahresabschluß aller AG, auch der kleinen, nach § 162 aF AktG prüfungspflichtig. Die Zahl der neu prüfungspflichtig werdenden GmbH ist auf zwischen 15 000 und 18 000 geschätzt worden, die der nicht mehr prüfungspflichtigen AG auf ein Drittel. Zu den erheblichen Neuerungen für Wirtschaftsprüfer und vereidigte Buchprüfer s Anm IV 5.

K. **Offenlegung:** Der Jahresabschluß der KapitalGes (Bilanz, Gewinn- und Verlustrechnung, Anhang) mit dem Bestätigungsvermerk, der Lagebericht, der Bericht des Aufsichtsrates und die Ergebnisverwendung sind spätestens neun Monate nach dem Geschäftsjahr beim HdlReg einzureichen (§ 325). Bei großen KapitalGes (§ 267 III) sind sie zunächst im BAnz bekanntzumachen (§ 325 II). Diese Bekanntmachungspflicht trifft auch Konzerne (§ 325 III). Doch braucht die Aufstellung des Anteilsbesitzes nicht bekannt gemacht zu werden (§ 325 II 2). Mittelgroße KapitalGes (§ 267 II) brauchen die Bilanz und den Anhang nur in verkürzter Form

Einleitung IV 1 **Einl v § 238**

beim HdlReg einzureichen (§ 327). Im BAnz wird nur die Einreichung zum HdlReg, nicht der Jahresabschluß usw selbst bekanntgemacht. Es genügt also die Einreichung der offenzulegenden Unterlagen beim HdlReg (reine Registerpublizität). Bei kleinen KapitalGes (§ 267 I) verbleibt es ebenfalls bei der reinen Registerpublizität, doch ist selbst diese noch erheblich eingeschränkt. Gewinn- und Verlustrechnung und Lagebericht brauchen überhaupt nicht offengelegt zu werden, die Bilanz und der Anhang nur in stark verkürzter Form (§§ 266 I 3, 288) sowie, falls daraus nicht ersichtlich, die Ergebnisverwendung (§ 326).

L. **Übergangsrecht** s Anm V.

IV. Bilanzrecht in anderen Gesetzen nach dem BiRiLiG

Das Bilanzrecht ist zwar nach dem BiRiLiG weitgehend im Dritten Buch des HGB enthalten. Doch sind einige Normkomplexe nicht eingearbeitet, sondern ua im PublG, KWG und VAG belassen worden. Viele andere Gesetze mußten auf das neue Bilanzrecht abgestimmt werden. Das BiRiLiG hat nicht weniger als **39 Gesetze, davon acht tiefgreifend, geändert oder aufgehoben.** Im folgenden ist nur auf die wichtigsten Änderungen hinzuweisen.

1) AktG

Art 2 BiRiLiG bringt tiefgreifende Änderungen des AktG, vor allem des 1. Buchs 5. Teil Rechnungslegung. Gewinnverwendung (§§ 148–178 aF AktG) und des 3. Buchs 5. Teil Rechnungslegung im Konzern (§§ 329–338 aF AktG).

A. 1. Buch 5. Teil **Rechnungslegung. Gewinnverwendung,** unten abgedruckt **(2)** AktG **§§ 148–176,** hat die früheren §§ 148, 149, 150a, 151, 153–157, 159, 161–169, 177, 178 an das HGB verloren. Die übrigen Vorschriften sind meist geändert. Aufstellung des Jahresabschlusses durch den Vorstand und Inhalt des Jahresabschlusses (**§§ 148, 149 aF** AktG) sind jetzt in §§ 264 ff HGB geregelt. **(2)** AktG § 150 über die gesetzliche Rücklage ist dahin verkürzt worden, daß das Agio aus Ausgabe von Aktien und weitere bisher in die gesetzliche Rücklage einzustellenden Beträge (§ 150 II Nr 2–4 aF AktG) jetzt als Kapitalrücklage zum Eigenkapital auszuweisen sind (§ 272 II Nr 1–4 HGB). Die Rücklage für eigene Aktien (**§ 150a aF** AktG) ist jetzt in § 272 IV HGB, die Gliederung der Jahresbilanz (**§ 151 aF** AktG) in § 266 HGB geregelt. **(2)** AktG § 152 mit Vorschriften zur Bilanz enthält nur noch wenige rechtsformspezifisch für die AG über das HGB hinaus notwendige Bestimmungen: I entspricht dem III aF; II entspricht dem IV aF, aber mit einem Ausweiswahlrecht für Kapitalrücklagen, bezogen auf Bilanz oder Anhang; III sieht die Anlehnung an § 151 I Passivseite II aF AktG eine Aufgliederung der Gewinnrücklagen vor; es ist gesondert auszuweisen, aber wiederum mit Ausweiswahlrecht, bezogen auf Bilanz oder Anhang. Die Vorschriften über Wertansätze (**§§ 153–156 aF** AktG) sind jetzt in den Bewertungsvorschriften der §§ 279–283 HGB geregelt. Die Gliederung der Gewinn- und Verlustrechnung, bisher **§ 157 aF** AktG, folgt jetzt aus § 275 HGB. **(2)** AktG **§ 158** enthält in I eine Ergänzung der Gewinn- und Verlustrechnung für AG um die Darstellung der Ergebnisver-

Einl v § 238 IV 1   III. Buch. Handelsbücher

wendung (§ 157 I Nr 29–32 aF AktG); II entspricht III aF. Pensionsverpflichtungen müssen künftig passiviert (§ 259 I, § 266 III Passivseite B 1), von KapitalGes jedenfalls während der Übergangszeit im Anhang angegeben werden; **§ 159 aF** AktG entfiel daher. (2) AktG § 160 enthält Vorschriften zum Anhang und übernimmt, soweit sich das aus der neu eingeführten Trennung zwischen Anhang (§ 279–283 HGB) und Lagebericht (§§ 284–288 HGB) ergibt, Teile des § 160 aF AktG über den Inhalt des Geschäftsberichts. I entspricht teilweise dem III aF, teilweise verlangt I zusätzliche Angaben. II übernimmt IV 2 aF. Die Formblätter für den Jahresabschluß sind jetzt in § 330 HGB statt in **§ 161 I aF** AktG geregelt. Der bisherige § 161 II AktG wurde zu § 265 IV HGB. Der gesamte 2. Abschn über Prüfung des Jahresabschlusses (**§§ 162–169 aF** AktG) ist in das Dritte Buch übernommen worden (§§ 316–324 HGB). (2) AktG **§§ 170–171** über die Prüfung durch den Aufsichtsrat sind der neuen Rechtslage ohne Änderungen mit materieller Bedeutung angepaßt. Der 3. Abschn über Feststellung des Jahresabschlusses und Gewinnverwendung (s (2) AktG **§§ 172–176**) sind weitgehend belassen worden, von kleineren Anpassungen abgesehen. Der 4. Abschn über Bekanntmachung des Jahresabschlusses (**§§ 177–178 aF** AktG) ist jetzt Gegenstand von §§ 325–329 HGB.

B. 3. Buch 5. Teil **Rechnungslegung im Konzern** (§§ 329–338 aF AktG) ist (bis auf (2) AktG § 337 über Vorlage des Konzernabschlusses und des Konzernlageberichts) aufgehoben und in das HGB übergeführt worden. Die Aufstellung ist jetzt statt in **§ 329 I aF** AktG in § 290 HGB, die Einbeziehung (Konsolidierungskreis) statt in **§ 329 II aF** AktG in §§ 294–296 HGB geregelt. Die Sonderregelung für Teilkonzernabschlüsse nach **§ 330 aF** AktG ist wegen des Prinzips der Stufenabschlüsse unnötig und aufgehoben worden. Die Konzernbilanz (**§ 331 aF** AktG) ist jetzt in §§ 297ff HGB bei weitem ausführlicher geregelt. Die Konzern-Gewinn- und Verlustrechnung (**§ 332 aF** AktG) findet sich ebenfalls unter §§ 297ff HGB. Eine Konzern-Gewinn- und Verlustrechnung in vereinfachter Form (**§ 333 aF** AktG) ist nicht mehr zulässig, § 333 aF AktG entfällt. Konzernanhang und Konzernlagebericht sind in §§ 313–314, 315 HGB geregelt, **§ 334 aF** AktG über den Konzerngeschäftsbericht wurde damit überflüssig. Die Pflicht der Tochtergesellschaften zur Einreichung von Unterlagen an die Muttergesellschaft (**§ 335 aF** AktG) ist jetzt in § 294 III HGB niedergelegt. Die Prüfung des Konzernabschlusses (**§ 336 aF** AktG) ist in die allgemeinen Vorschriften über die Prüfung eingearbeitet (§ 316 II HGB ua). (2) AktG § 337 regelt die Vorlage des Konzernabschlusses und des Konzernlageberichts entspr **§ 337 aF** AktG mit sprachlichen Anpassungen. Die Offenlegung (Einreichung zum HdlReg und Bekanntmachung im Bundesanzeiger) ist in die allgemeinen Vorschriften über die Offenlegung integriert (§ 325 III HGB ua), **§ 338 aF** AktG konnte damit entfallen.

C. Bei den **übrigen Änderungen des AktG** handelt es sich weitgehend um bloße Änderungen der Verweisungen und um sprachliche Anpassungen an das neue Dritte Buch des HGB. Hier genügt der Hinweis auf einige wenige Vorschriften. **§ 58 II a nF** AktG erlaubt die Einstellung des Eigenkapitalanteils von Wertaufholungen und bestimmter Passivposten in andere Gewinnrücklagen. Damit soll der AG die Fortführung des bisherigen Rechtszustandes ermöglicht werden. Während nämlich nach §§ 154 II 2,

155 IV aF AktG ein Beibehaltungswahlrecht nach Vornahme von nicht mehr gerechtfertigten Abschreibungen bestand, gilt nach § 280 I HGB für KapitalGes ein Wertaufholungsgebot (Ausnahmen § 280 II HGB). Die danach erforderlich werdenden Wertaufholungen erhöhen das Jahresergebnis, während die entsprechenden Beträge bisher Reserven blieben. § 58 II a AktG ermöglicht Vorstand und Aufsichtsrat, diese Beträge als Gewinnrücklage im Unternehmen zu halten. Dasselbe gilt für den Fall, daß in der Steuerbilanz eine Rückstellung gebildet werden darf, ohne daß die Zulässigkeit der Passivierung von der Bildung eines entsprechenden Postens in der Handelsbilanz abhängt, sog Fehlen der umgekehrten Maßgeblichkeit. KapitalGes dürfen Rückstellungen in der Handelsbilanz aufgrund steuerrechtlicher Vorschriften nur noch bilden, wenn hiervon die Anerkennung der Rückstellung im Steuerrecht abhängt (§ 279 II HGB). Auch insoweit sind künftig zwar keine stille Reserven mehr möglich, aber doch Gewinnrücklagen im Unternehmen. Diese Gewinnrücklagen werden auf die sonstigen Maßnahmen nach § 58 AktG nicht angerechnet. § 58 IIa AktG gilt nur für Entscheidungen über den Jahresüberschuß der KapitalGes; entsprechende Entscheidungen von TochterGes sind bei Mutterunternehmen nicht zu berücksichtigen. **§ 131 I 3 nF** AktG trägt den größenabhängigen Erleichterungen nach §§ 266 I 3 (Redaktionsversehen § 266 I 2), 276, 288 HGB für kleine und teils auch für mittelgroße KapitalGes Rechnung. Machen diese davon durch Verkürzung der Bilanz, der Gewinn- und Verlustrechnung oder des Anhangs Gebrauch, dann kann jedenfalls jeder Aktionär verlangen, daß ihm in der Hauptversammlung über den Jahresabschluß der Jahresabschluß in der Form vorgelegt wird, die er ohne diese Erleichterungen hätte (ähnlich § 157 IV 2 aF AktG für FamilienGes). Sonst könnten die Gfter die Vermögens-, Finanz- und Ertragslage ihrer Ges nicht so beurteilen, wie dies für ihre Stellung als Gfter notwendig ist (AmtlBegr). Nach **§ 131 III Nr 4 nF** AktG kann der Vorstand die Auskunft über Bewertungs- und Abschreibungsmethoden verweigern, soweit die Angabe dieser Methoden im Anhang ausreicht, um ein den tatsächlichen Verhältnissen entsprechendes Bild der Vermögens-, Finanz- und Ertragslage der Ges iSv § 264 II HGB zu vermitteln, es sei denn daß die Hauptversammlung den Jahresabschluß feststellt. Das ist keine bloß terminologische Anpassung des § 131 III Nr 4 aF AktG, sondern engt dieses Auskunftsverweigerungsrecht im Ergebnis erheblich ein (true and fair view). **§ 143 II nF AktG** regelt die Ausschließungsgründe für Sonderprüfer in enger Anlehnung an diejenigen für Abschlußprüfer. Da diese nach § 319 II, III HGB erheblich weiter gehen als bisher, folgt auch für Sonderprüfer eine entsprechende Einschränkung der Auswahl gegenüber § 143 II, III aF AktG. **§ 208 nF** AktG über die Umwandlungsfähigkeit von Kapital- und Gewinnrücklagen trägt der Trennung von umwandlungsfähigen Rücklagen (§ 208 aF AktG) in Kapital- und Gewinnrücklagen Rechnung. Die Umwandlung darf jetzt auch schon erfolgen, wenn die Zuführung von Gewinn zu diesen Rücklagen (bei der Feststellung des Jahresabschlusses nach § 58 AktG oder im Gewinnverwendungsbeschluß nach § 174 AktG) beschlossen worden ist. **§ 270 nF** AktG über die Eröffnungsbilanz, den Jahresabschluß und den Lagebericht bei aufgelösten, abzuwickelnden AG unterwirft diese grundsätzlich denselben Anforderungen an die Rechnungslegung und Prüfung wie werbende AG, krit WPK/IdW WPg **85**, 548. Grund für § 270 AktG ist, daß die sofortige

Einstellung des Geschäftsbetrieb bei Liquidation selten ist, die AG iL ihren Geschäftsbetrieb vielmehr häufig noch geraume Zeit fortführen. Sich als nötig erweisende Ausnahmen sind nach II („entspr anzuwenden") und III (gerichtliche Entscheidung) möglich. Nach § 286 II 3 nF AktG ist künftig in der Jahresbilanz der KGaA bei einem den Kapitalanteil eines phG übersteigenden Verlust zu trennen zwischen „Einzahlungsverpflichtungen" von phG und, soweit keine Zahlungsverpflichtung besteht, „Nicht durch Vermögenseinlagen gedeckter Verlustanteil" von phG. § 325 aF AktG, nach dem hundertprozentige Tochterunternehmen ihren Jahresabschluß im Falle der Eingliederung unter bestimmten Voraussetzungen nicht offenzulegen brauchten, ist aus ordnungspolitischen Gründen (keine Begünstigung von Konzernen gegenüber mittelständischen Unternehmen) ersatzlos **gestrichen** worden.

2) GmbHG

Art 3 BiRiLiG bringt wichtige Änderungen des GmbHG, betroffen sind aber nur wenige Vorschriften. **§ 29 nF** GmbHG trägt Änderungen des HGB Rechnung. Da danach stille Rücklagen auch bei der GmbH nicht mehr möglich sind und somit die Gfter Anspruch auf einen höheren Gewinn hätten, bestimmt I 1, daß die Gfter Anspruch auf den Jahresüberschuß nur haben, soweit nicht Gesetz, GesVertrag oder Ergebnisverwendungsbeschluß dies ausschließen. Auf diese Weise soll den in aller Regel bestehenden gemeinsamen Interessen aller Gfter an der Erhaltung und Fortentwicklung der Ges Rechnung getragen werden (Begr E § 29). IV entspricht § 58 II a nF AktG (s Anm B c). Für I, II gilt die Übergangsregelung des § 7 nF GmbHÄndG (s Anm V 2 A), wonach sie erst anzuwenden sind, wenn eine diesbezügliche Änderung des GesVertrag in das HdlReg eingetragen worden ist. Zu § 29 nF GmbHG Liebs GmbHR **86,** 145. **§ 33 nF** GmbHG schreibt für den Erwerb eigener Geschäftsanteile entspr § 71 II 2 AktG vor, daß auch eine GmbH in Höhe dieser Anteile eine Rücklage bilden können muß, ohne das Stammkapital oder eine nach dem GesVertrag zu bildende Rücklage zu mindern. Nur so kann eine verdeckte Rückzahlung von gebundenem Eigenkapital verhindert werden. **§ 40 nF** GmbHG bringt eine Erleichterung für die Geschäftsführer und das Registergericht. Die Liste der Gfter ist nicht mehr alljährlich im Januar, sondern zum gleichen Zeitpunkt wie der Jahresabschluß zum HdlReg einzureichen. **(2)** GmbHG **§ 41 nF** bleibt in I mit der Pflicht der Geschäftsführer, für die ordnungsmäßige Buchführung der Ges zu sorgen, unberührt; die Frist für die Aufstellung des Jahresabschlusses folgt aus § 264 I 2 HGB mit einer Erleichterung für kleine KapitalGes (§ 267 I HGB), sodaß II aF überflüssig wurde. Die Möglichkeit einer Verlängerung durch GesVertrag nach III aF ist beseitigt. Nach **(2)** GmbHG **§ 42 nF** gelten für GmbH einige Sonderbestimmungen für die Bilanz. Das Stammkapital ist zwecks besserer Verständlichkeit besonders im Ausland entspr **(2)** AktG § 152 I 1 als gezeichnetes Kapital auszuweisen (I; Begr E § 42). II nF entspricht Nr 3 aF. III verlangt den gesonderten Ausweis von Ausleihungen, Forderungen und Verbindlichkeiten gegenüber Gftern, doch genügt Angabe im Anhang. **(2)** GmbHG **§ 42a nF** regelt die Aufstellung des Jahresabschlusses bei der GmbH teilweise besonders. Nach **I** haben die Geschäftsführer den Jahresabschluß und den Lagebericht zum Zwecke der Feststellung des Jahresabschlusses den Gftern (bzw den nach GesVertrag statt dieser zuständigen Personen, Begr E § 42d) vorzulegen, damit diese auf dieser Grundlage über die Verwendung eines Bilanzgewinns entscheiden können. Eventuelle Prüfungsberichte des Abschlußprüfers und eines Aufsichtsrates sind mitvorzulegen. Nach **II** haben die Gfter (bzw die sonst zuständigen Personen, §§ 46 Nr 1, 45 II GmbHG) über die Feststellung des Jahresabschlusses und über die Ergebnisverwendung innerhalb der ersten acht (bei kleinen GmbH iSv § 267 I HGB elf) Monate zu beschließen. Diese Frist ist im Interesse ordnungsmäßiger Rechnungslegung zwingend und kann nicht durch GesVertrag verlängert werden. Die für die Aufstellungen geltenden Vorschriften gelten auch für die Feststellung (II 3, entspr § 173 II 1 AktG). Bei einer prüfungspflichtigen GmbH hat der Abschlußprüfer auf Verlangen eines Gfters (nicht auf jeden Fall wie nach § 176 II AktG) an den Verhandlungen über die Feststellung des Jahresabschlusses teilzunehmen (**III**). **IV** stellt klar, daß es der Feststellung des Konzernabschlusses nicht bedarf, für die Aufstellung jedoch nach I zu verfahren ist. **§ 52 nF** GmbHG verweist wegen Vorlage an den Aufsichtsrat auf §§ 170, 171, 337 AktG; der Aufsichtsrat muß seine Überwachungsaufgabe pflichtgemäß erfüllen können. **§ 71 nF** GmbHG entspricht für die GmbH iL im wesentlichen § 270 nF AktG (s Anm B).

3) GenG

Art 4 BiRiLiG bringt erhebliche Änderungen des GenG. Statt der bisherigen langen Sonderregeln (§§ 33–33i aF GenG) kommt man jetzt mit der einzigen Vorschrift des § 33 nF GenG aus, **§§ 33a–33i aF** GenG wurden **aufgehoben**. § 33 nF GenG regelt in I wie bisher die Zuständigkeit des Vorstands für die Erfüllung der Buchführungspflicht der eG. Die Vorschriften für die eG selbst folgen aus dem Dritten Buch des HGB mit Besonderheiten in §§ 336–339 HGB. § 33 II nF GenG beschränkt die Bilanzanfechtung wie bisher § 33h aF GenG; eine umfassendere Regelung der Nichtigkeit soll der Rechtsprechung überlassen bleiben. § 33 III nF GenG regelt die Vorstandspflichten bei Verlust wie § 33i aF GenG. **§ 48 nF** GenG regelt die Feststellung des Jahresabschlusses. Statt der Beschlußfassung der Generalversammlung nach I aF ist nach I nF die förmliche Feststellung des Jahresabschlusses vorgeschrieben. II nF regelt das dabei einzuhaltende Verfahren (entspr § 173 II, III AktG). III nF entspricht IV aF. Die besondere Pflichtprüfung bei der eG nach § 53 GenG, die weitergehend als die aktienrechtliche Pflichtprüfung des Jahresabschlusses sich auch auf die Geschäftsführung erstreckt, muß nach **nF** erst ab einer Bilanzsumme von DM 2 Mio (bisher 1 Mio) stattfinden. Die Pflichtprüfung bei der eG wurde in weiteren Vorschriften zT neu geregelt.

4) PublG

Unter Berücksichtigung der erheblichen textlichen und zT inhaltlichen Änderungen durch Art 5 BiRiLiG stellt sich diese größenbedingte Publizität wie folgt dar. Das G über die Rechnungslegung von bestimmten Unternehmen und Konzernen vom 15. 8. 69 BGBl 1189 (PublG) enthält eine **rechtsformunabhängige Publizität**. Es gilt für Unternehmen (Einl II 1 A vor § 1) verschiedener Rechtsformen (PersonenHdlGes, EinzelKfm, wirtschaftlicher Verein, bestimmte Stiftungen, juristische Personen des öffentlichen Rechts, die Kfm nach §§ 1, 5 HGB sind, aber nur eingeschränkt Sparkassen, die einem Sparkassen- und Giroverband angehören, ua; nicht Versicherungsunternehmen nach VAG, ua, § 3), die mindestens zwei von drei Merkmalen aufweisen: Bilanzsumme über 125 Mio DM, Jahresumsatz über 250 Mio DM, mehr als 5000 Arbeitnehmer (§ 1 I, II; Besonderheiten für Kreditinstitute § 1 III). Keine Ausnahme für Tendenzunternehmen (GroßverlagsKG), Hbg AG **81**, 100. Die betroffenen Unternehmen müssen einen Jahresabschluß (Definition § 242 HGB) und, falls sie nicht PersonenHdlGes oder EinzelKfm sind, einen Anhang und einen Lagebericht aufstellen (§ 5), prüfen lassen (§§ 6, 7) und zum Register einreichen (§ 9). §§ 11–15 regeln die Rechnungslegung von Konzernen in Anpassung an §§ 290–315 HGB, aber mit Besonderheiten. Übersichten: Biener BB **69**, 1097, Prühs DB **69**, 1385, BB **70**, 517, Goerdeler FS Kaufmann **72**, 169.

5) WPO

Art 6 BiRiLiG bringt eine Kompromißlösung zu der heftig umstrittenen Frage, in welchem Umfang Steuerberater, vereidigte Buchprüfer und Rechtsanwälte zu den Pflichtprüfungen bei neu prüfungspflichtig gewordenen mittelgroßen und großen GmbH Zugang haben sollten. Zu unterscheiden ist dabei zwischen der Zulassung als Wirtschaftsprüfer und der wieder eröffneten Zulassung als vereidigter Buchprüfer mit dem Recht, mittelgroße GmbH (§ 267 II HGB) zu prüfen (§ 129 I nF WPO). Die **Zusatzqualifikation als Wirtschaftsprüfer** kann **entweder** nach § 13 WPO erworben werden (**Dauerlösung** für Steuerberater, gegenüber bisher zT erleichtert, §§ 8 I Nr 2, II, 13 a nF WPO ua **oder** nach **§ 131 c nF WPO** (**Übergangslösung** für selbständige vereidigte Buchprüfer, Steuerberater und Rechtsanwälte mit Besitzstand, Anmeldefrist für die Übergangsprüfung bis 31. 12. 89). **Besitzstand** iSv § 131 c II nF WPO bedeutet: im Zeitpunkt der Anmeldung fünf Jahre hauptberufliche selbständige Tätigkeit und Nachweis, daß der Bewerber spätestens am 1. 1. 87 seit zwei Jahren und im Zeitpunkt der Antragstellung mindestens für eine mittelgroße GmbH (§ 267 II HGB, spätestens für 1987) in erheblichem Umfang selbständig in eigener Praxis geschäftsmäßig Hilfe in Steuersachen geleistet oder Prüfungen auf dem Gebiet des betrieblichen Rechnungswesens durchgeführt hat. Die **Zusatzqualifikation als vereidigter Buchprüfer** kann **entweder** nach § 131 I 1 WPO erworben werden (**Dauerlösung** für Steuerberater und Rechtsanwälte mit fünf Jahren Berufstätigkeit als Steuerberater, Steuerbevollmächtigter oder Rechtsanwalt und wenigstens drei Jahren Prüfungstätigkeit oder 15 Jahren Tätigkeit als Steuerberater oder vereidigter Buchprüfer) **oder nach § 131 I 2 WPO** (**Übergangslösung** für alle Steuerberater und Rechtsanwälte mit fünf Jahren Berufstätigkeit als Steuerberater, Steuerbevollmächtigter oder Rechtsanwalt **ohne Besitzstand**, Anmeldefrist für die Übergangsprüfung bis 31. 12. 89, uU Verlängerung um drei Jahre). Vorläufige Bestellung ist nach der Härteklausel des § 131 b nF WPO möglich. Neu eingeführt ist eine **Kapitalbindung für Wirtschaftsprüfungs- und Buchprüfungsgesellschaften** (§ 28 IV nF WPO mit sechs kumulativen Anerkennungsvoraussetzungen). Damit soll die Einflußnahme Berufsfremder durch Beteiligungen verhindert und der freie Beruf des Wirtschaftsprüfers und des vereidigten Buchprüfers erhalten werden. Der Unabhängigkeit des verantwortlichen Wirtschaftsprüfers dient auch das

Einleitung v 1 **Einl v § 238**

Verbot der Einflußnahme nach § 44 II 3 nF WPO. § 134a nF WPO bringt eine Übergangsregelung für bis zum 31. 12. 89 bereits bestellte Wirtschaftsprüfer und vereidigte Buchprüfer (I), sowie für Ges hinsichtlich der neuen Kapitalbindung (II). Übergangsrecht s auch Anm V 1 C, D.

6) KWG

Art 7 BiRiLiG bringt Änderungen der besonderen Vorschriften über die Rechnungslegung von Kreditinstituten (**§ 25a–26b KWG**) sowie über die Prüfung des Jahresabschlusses von Kreditinstituten (**§ 27 KWG**). Diese Änderungen lassen aber die bestehenden Sonderregelungen für Kreditinstitute im Bereich der Rechnungslegung bis zur geplanten Rechtsvereinheitlichung durch eine Ri über die Jahresabschlüsse von Banken und anderen Finanzinstituten im wesentlichen unberührt (deshalb §§ 25a II, 25b nF KWG sowie § 26a nF KWG über die vorläufige Beibehaltung der Möglichkeit zu stillen Reserven und zum Verzicht auf die Erläuterung der Bilanzierungs- und Bewertungsmethoden). Zu EG-Ri-Vorschlag 1984 Schimann WPg **85,** 157. Bankbilanzen und Bankenaufsicht s Monographie Bieg 1983.

7) VAG

Art 8 BiRiLiG bringt Änderungen zum Recht der Versicherungsaufsicht. Ebenso wie für Kreditinstitute bleiben die Sonderregelungen nach Möglichkeit erhalten bis zur geplanten Rechtsvereinheitlichung durch eine Ri über die Rechnungslegung der Versicherungsunternehmen. Soweit jedoch schon bisher aktienrechtliche Vorschriften anwendbar waren, waren Anpassungen an das Dritte Buch des HGB unvermeidlich (besonders §§ 55, 55a, 56, 56b, 57–59 nF VAG).

8) LöschG

Art 9 BiRiLiG ergänzt § 2 LöschG, um eine wirksame Sanktion gegen Unternehmen zu haben, die ihrer Verpflichtung zur Offenlegung des Jahresabschlusses über einen längeren Zeitpunkt (drei aufeinanderfolgende Jahre) trotz Abmahnung (weitere sechs Monate) nicht nachkommen. Angesichts von über 250 000 heute in den HdlReg eingetragenen GmbH, von denen wohl eine große Zahl eine gewerbliche Tätigkeit nicht ausübt und vermögenslos ist, wird damit die Arbeit der Registergerichte erheblich vereinfacht (Begr E Art 9).

9) Weitere Gesetze

Art 10 BiRiLiG bringt Aufhebungen und Änderungen zahlreicher weiterer Gesetze und VO, ua FGG, KapErhG, EGAktG, EStG, BBankG, HypBG, SchiffsBG.

V. Übergangsrecht

1) Übergangsvorschriften in (1) EGHGB Art 23–28

Art 11 BiRiLiG hat neu den 2. Abschn über Übergangsvorschriften zum BiRiLiG in (1) EGHGB eingefügt. Das BiRiLiG selbst konnte somit zugleich mit seiner Verkündung entfallen, weil es seiner Konzeption nach nur andere Gesetze änderte.

A. (1) EGHGB **Art 23** betrifft den **Jahresabschluß**. Nach **I 1** sind die Vorschriften über den Jahresabschluß und den Lagebericht sowie über die Pflicht zur Offenlegung erstmals auf das nach dem **31. 12. 86** beginnende Geschäftsjahr anzuwenden. Damit bleibt den Unternehmen mindestens ein Jahr, bei Abweichen des Geschäftsjahrs vom Kalenderjahr eine noch längere Umstellungsfrist, was angesichts der seit 1978 geführten Diskussion um das BiRiLiG nicht als zu kurz zu beanstanden ist. **I 2** erlaubt den Unternehmen, das neue Recht schon vorher anzuwenden, dann allerdings nur insgesamt. Vorschriften, die nicht die Rechnungslegung und deren Offenlegung betreffen, wie zB die Strafvorschriften, sind am 1. 1. 86 in Kraft getreten. Nach **II 1** sind die Vorschriften über den **Konzernabschluß** und den Konzernlagebericht sowie über die Pflicht zur Offenlegung erstmals auf das nach dem **31. 12. 89** beginnende Geschäftsjahr anzuwenden. **II 2** entspricht I 2 und ermöglicht es den Unternehmen, eine zweimalige Umstellung ihrer Rechnungslegung zu vermeiden. **II 3** erleichtert den bereits zur Konzernrechnungslegung verpflichteten Unternehmen die vorzeitige Anwendung (kein Weltabschluß, Nichtanwendung der §§ 308, 311, 312). Nach **III 1** sind die Vorschriften über die Prüfungspflicht für bisher nach Bundesrecht nicht prüfungspflichtige Unternehmen erstmals für das nach dem 31. 12. 86 beginnende Geschäftsjahr anzuwenden, für Konzernunternehmen nach **III 2** erstmals für das nach dem 31. 12. 89 beginnende Geschäftsjahr. **III 3** bestimmt, daß die Neufassung des Bestätigungsvermerks erst auf die nach neuem Recht aufgestellten Abschlüsse angewendet wird. Nach **IV** ist die neue **Inkompatibilitätsvorschrift** des § 319 II Nr 8 HGB für Wirtschaftsprüfer (Bezug eines wesentlichen Anteils der Einkünfte aus Mandatsverhältnissen mit demselben Auftraggeber) erstmals auf das sechste nach dem Inkrafttreten des BiRiLiG am 1. 1. 86 beginnende Geschäftsjahr anzuwenden, also ab **1. 1. 92** bzw bei Abweichen des Geschäftsjahrs vom Kalenderjahr noch später. Diese lange Frist soll es den Wirtschaftsprüfer ermöglichen, ihren Mandatenkreis entsprechend umzustrukturieren. Nach **V** verbleibt es bis zur Anwendung von I–III beim bisherigen, durch das BiRiLiG aufgehobenen Recht.

B. (1) EGHGB **Art 24** betrifft die **Bewertung**. Die Übergangsregelung ist wichtig, weil auch für die GmbH Mindestbewertungsvorschriften eingeführt wurden. Sie ist § 14 EGAktG 1965 nachgebildet. **I** bezieht sich auf die Bewertung von Vermögensgegenständen des **Anlagevermögens**. Bisherige niedrigere Wertansätze dürfen beibehalten werden, weil sonst ein unverhältnismäßiger Ermittlungsaufwand und zT sogar eine erhebliche Rechtsunsicherheit (Fehlen von Unterlagen nach Ablauf der zehn- bzw sechsjährigen Aufbewahrungsfrist des § 44 aF HGB) entstünden. **II** bezieht sich auf die Bewertung von Vermögensgegenständen des **Umlaufvermögens**. Da diese meist innerhalb des Geschäftsjahrs umgesetzt werden, kann zwar idR ohne Schwierigkeiten festgestellt werden, ob die Wertansätze dem neuen Recht entsprechen. II räumt deshalb nur in den zwei angegebenen Fallgruppen ein Beibehaltungswahlrecht ein. Praktisch setzt II voraus, daß der Vermögensgegenstand länger als ein Geschäftsjahr zum Vermögen des Unternehmens gehört (Begr E Art 24). **III** betrifft die Fälle, in denen die **Werte aufgeholt** werden. Diese Beträge können sofort den Rücklagen zugeführt werden, ohne daß sie den Jahresüberschuß erhöhen und damit zu Gewinnausschüttungen führen. III ist notwendig, weil § 29 nF GmbHG (s

Anm IV 2) auf bestehende GmbH erst anzuwenden ist, wenn die Gfter dies beschließen. III ist nicht zwingend, sondern läßt die Wahl zwischen einer ergebnisunwirksamen und einer ergebniswirksamen Wertaufholung. **IV** regelt die bei der erstmaligen Anwendung des neuen Rechts möglicherweise erforderliche **Höherbewertung von Schulden.** Der für die Nachholung erforderliche Betrag kann den Rücklagen entnommen werden, soweit diese nicht für andere Zwecke gebunden sind; er ist nicht Bestandteil des Ergebnisses oder des Bilanzgewinns. Die Entnahme kann also ergebnisunwirksam erfolgen. Nach **V** kann bei der erstmaligen Anwendung sowohl bei der Darstellung als auch bei der Bewertung **vom Grundsatz der Stetigkeit** (§§ 252 I Nr 6, 265 I, 284 II Nr 3 HGB) **abgewichen** und auf die Angabe der beim ersten Mal ohnehin nicht vergleichbaren Vorjahreszahlen verzichtet werden. **VI** erleichtert die Umstellung zu § 268 II nF HGB (Anlagespiegel mit Bruttomethode). Bei der Darstellung der Entwicklung des Anlagevermögens und des Postens ,,Aufwendungen für die Ingangsetzung und Erweiterung des Geschäftsbetriebs" braucht nicht lange und kostspielig die Vergangenheit ermittelt zu werden. Vielmehr kann von den Buchwerten des vorausgegangenen Geschäftsjahres ausgegangen werden. Erlaubt soll aber auch sein, jeden anderen Wert, der dem Ziel der Darstellung der gesamten Anschaffungs- oder Herstellungskosten der im Unternehmen noch vorhandenen Vermögensgegenstände und der darauf vorgenommenen Abschreibungen näher kommt, zugrundezulegen, zB Buchwerte eines früheren Geschäftsjahrs oder auch die geschätzten ursprünglichen Anschaffungs- oder Herstellungskosten (Begr E Art 24). Damit unvereinbar wäre allerdings eine Neubewertung, die über die ursprünglichen Anschaffungs- oder Herstellungskosten hinausgeht.

C. **(1)** EGHGB **Art 25** betrifft die Prüfung des Jahres(Konzern)abschlusses von gemeinnützigen Wohnungsunternehmen. Den bisher vorgesehenen Prüfungsverbänden wird eine längere Übergangszeit eingeräumt, bis die strengen neuen Vorschriften für WirtschaftsprüfungsGes (mehr als die Hälfte der Mitglieder des Vorstands müssen Wirtschaftsprüfer sein) erfüllt werden müssen.

D. **(1)** EGHGB **Art 26** berücksichtigt in **I** für § 319 I HGB, daß nach §§ 131 b II, 131 f II WPO Personen, die noch nicht vereidigte Buchprüfer oder Wirtschaftsprüfer sind, vorläufig zur Vornahme von Abschlußprüfungen bestellt werden können. **II** schiebt die Geltung der verschärften Unvereinbarkeitsregelungen in § 319 II, III HGB partiell (Aufsichtsratstätigkeit) kurzfristig auf.

E. **(1)** EGHGB **Art 27** enthält eine Übergangsregelung für die Kapitalkonsolidierung nach angelsächsischem Vorbild (§ 301 HGB in Abweichung von § 331 I 3 aF AktG). Nach **I 1** braucht eine nach bisherigem Recht vorgenommene Konsolidierung nicht aufgrund des neuen Rechts wiederholt zu werden. Doch darf die Verrechnung bei der erstmaligen Anwendung des neuen Rechts wiederholt werden. Nach **I 2** wird ein aus der früheren Konsolidierung herrührender Unterschiedsbetrag wie ein Unterschiedsbetrag nach neuem Recht behandelt (§ 301 I 3 HGB), doch kann das Unternehmen vorhandene Unterschiedsbeträge auch ohne weitere Prüfung als Geschäfts- oder Firmenwert behandeln (§ 309 I HGB; passivisch § 309 II). **II** erlaubt es, für schon bisher konsolidierte Tochterunternehmen

§ 238

bei Konsolidierung nach neuem Recht auch den Zeitpunkt der erstmaligen Anwendung des neuen Rechts zugrundezulegen. Nach **III** sind Beteiligungen an assoziierten Unternehmen entspr I und II zu behandeln, da insoweit dieselben Probleme auftauchen. **IV** zielt auf die ergebnisneutrale Behandlung des Unterschiedsbetrags aus der erstmaligen Konsolidierung nach neuem Recht (§§ 303, 304, 306, 308); dieser kann ohne Wirkung auf den Jahresüberschuß/fehlbetrag in die Gewinnrücklagen des Konzerns eingestellt oder mit diesen offen verrechnet werden.

F. **(1) EGHGB Art 28** will in **I 1** das Passivierungswahlrecht für Pensionsverpflichtungen, die vor dem 1. 1. 87 eingegangen worden sind, aufrechterhalten, und zwar auch bei späterer Erhöhung bestehender Zusagen. **I 2** will das Passivierungswahlrecht auch für mittelbare Zusagen sowie für pensionsähnliche Verpflichtungen festschreiben (AmtlBegr). Das erscheint bedenklich (s Anm III 4 A, § 249 Anm 3 B). Bei Anwendung des I müssen KapitalGes dann allerdings die in der Bilanz ausgewiesenen Rückstellungen dafür jeweils im Anhang und im Konzernanhang in einem Betrag angeben **(II)**.

2) Übergangsvorschriften außerhalb von (1) EGHGB

A. **§ 7 GmbHGÄndG** betrifft die Änderung des § 29 nF GmbHG. **I** führt abweichend von § 29 nF GmbHG für bestehende Ges die bisherige Regelung über die Gewinnverwendung fort und setzt damit die Gfter unter Zugzwang nach II, III (s Anm IV 2: § 29 nF GmbHG). Nach **II** werden Änderungen des GesVertrags nach dem Inkrafttreten des BiRiLiG am 1. 1. 86 nur dann in das HdlReg eingetragen, wenn gleichzeitig darüber, wie die Ges es künftig halten will, eine Klarstellung im GesVertrag erfolgt. **III** stellt klar, daß § 29 nF GmbHG auf solche Ges erst nach Eintragung der Änderung nach II anwendbar ist. Da § 29 nF GmbHG jedoch abdingbar ist, kann das auch bedeuten, daß nicht der neue § 29 GmbHG, sondern eine abweichende Vereinbarung des GesVertrags anzuwenden ist. Übersichten: Goerdeler FS Werner **84**, 153, Liebs GmbHR **86**, 145.

B. **WPO:** Zum Übergangsrecht für Wirtschaftsprüfer s Anm IV 5.

C. **KWG, VAG:** Die besonderen Rechnungslegungsvorschriften für Kreditinstitute und Versicherungsunternehmen sind zwar im Hinblick auf die geplante EG-Rechtsvereinheitlichung im wesentlichen belassen worden (s Anm IV 6, 7). Um ein eigentliches Übergangsrecht handelt es sich dabei aber nicht, da die EG-Richtlinien dazu bisher noch nicht erlassen worden sind.

Erster Abschnitt. Vorschriften für alle Kaufleute

Erster Unterabschnitt. Buchführung. Inventar

Buchführungspflicht

238 [1] **Jeder Kaufmann ist verpflichtet, Bücher zu führen und in diesen seine Handelsgeschäfte und die Lage seines Vermögens nach den Grundsätzen ordnungsmäßiger Buchführung ersichtlich zu machen. Die Buchführung muß so beschaffen sein, daß sie einem sachverständi-**

1. Abschnitt. Vorschriften für alle Kaufleute 1 § 238

gen Dritten innerhalb angemessener Zeit einen Überblick über die Geschäftsvorfälle und über die Lage des Unternehmens vermitteln kann. Die Geschäftsvorfälle müssen sich in ihrer Entstehung und Abwicklung verfolgen lassen.

II Der Kaufmann ist verpflichtet, eine mit der Urschrift übereinstimmende Wiedergabe der abgesandten Handelsbriefe (Kopie, Abdruck, Abschrift oder sonstige Wiedergabe des Wortlauts auf einem Schrift-, Bild- oder anderen Datenträger) zurückzubehalten.

Übersicht
1) Begriff, Bedeutung, Beweisart der Handelsbücher
2) Rechtsgrundlagen der Buchführungspflicht
3) Verpflichtete Personen (I 1)
4) Art und Weise der Buchführung, GoB (I 1–3)
5) Briefkopien (II)
6) Folgen der Verletzung der Buchführungspflicht

1) Begriff, Bedeutung und Beweiswert der Handelsbücher

A. **Begriff:** § 238 entspricht § 38 aF. Das HGB setzt den Begriff der HdlBücher voraus. Welche Bücher HdlBücher iSv §§ 238 ff sind und wie sie zu führen sind, ergibt sich aus den GoB (s Anm 4). HdlBuch ist auch das Verwahrungsbuch nach **(13)** DepotG § 14; **nicht** das Tagebuch des HdlMaklers nach § 100 (§ 100 II verweist nur auf §§ 239, 257), das Tagebuch des Kursmaklers nach **(14)** BörsG § 33, das Aktienbuch nach § 67 AktG, das Baubuch nach § 2 G über Sicherung der Bauforderungen 1. 6. 09 RGBl 449. Die entspr Anwendung einzelner Vorschriften des 1. Abschn ist damit nicht ausgeschlossen (ausdrücklich zB § 100 II). Zu den Aufgaben des kfm Rechnungswesens s **(1a)** Buchführungs-Ri Abschn I.

B. **Bedeutung.** Die HdlBücher sind **Urkunden gemäß §§ 267 ff StGB.** Fälschung vorhandener, nachträgliche Einfügung unrichtiger oder Beseitigung richtiger Eintragungen ist Urkundenfälschung, wenn ein anderer ein gesetzliches oder vertragliches Recht auf unveränderten Fortbestand der Bücher erlangt hat; der nachträgliche, als ursprünglich getarnte unrichtige Eintrag durch den Buchführer (oder einen Dritten) ist dann nicht straflose schriftliche Lüge, sondern fälscht das Buch als Gesamturkunde, RGSt **69**, 398, KG JW **36**, 1538. Das Vorhandensein auch nur eines HdlBuchs begründet den **Gerichtsstand des Vermögens** (23 ZPO), RG **51**, 165. HdlBücher sind **unpfändbar** (§ 811 Nr 11 ZPO) und unterliegen nicht dem Vermieterpfandrecht (§ 559 S 3 BGB). Sie fallen aber in die **Konkursmasse** (§ 1 III KO) die Geschäftsstelle schließt sie (§ 122 II KO), sie sind mit dem HdlGeschäft, soweit dazu unentbehrlich, veräußerlich (§ 117 II KO).

C. **Beweiswert:** Der Inhalt der HdlBücher ist im Zusammenhang mit dem sonstigen Verhandlungs- und Beweisaufnahmeergebnis frei zu würdigen (§ 286 ZPO, s auch § 257 Anm 4). Ordnungsmäßig geführte HdlBücher können eine erhebliche Wahrscheinlichkeit für die Richtigkeit der einzelnen Einträge und das Nichtbestehen auszuweisender, nicht ausgewiesener Vorgänge begründen. Sie liefern aber keinen Beweis des ersten Anscheins (prima-facie Beweis) derart, daß zur Erschütterung ihrer Glaubwürdigkeit bestimmte widersprechende Tatsachen bewiesen werden müßten, BGH BB **54**, 1044. Für das Steuerrecht s § 158 AO.

2) Rechtsgrundlagen der Buchführungspflicht

A. **Handelsrechtliche Buchführungspflicht:** Eine (öffentlichrechtliche) Buchführungspflicht folgt aus dem allgemeinen Handelsrecht und den handelsrechtlichen Nebengesetzen. §§ 238 ff werden durch **(2)** AktG §§ 150 ff, **(2)** GmbHG §§ 41 ff, **(3)** GenG § 33 für AG, KGaA, GmbH und eG und durch das PublG für bestimmte Großunternehmen (s Einl IV 4 vor § 238) ergänzt. Besondere handelsrechtliche Buchführungsvorschriften s § 100, **(13)** DepotG § 14, **(14)** BörsG § 33, § 67 AktG (s Anm 1 A), **(22)** GüKG §§ 29, 32 I 2 ua.

B. **Steuerrechtliche Buchführungspflicht (§§ 140 ff AO):** Nach § 140 AO ist **die nach anderen Gesetzen bestehende Buchführungspflicht** (also besonders die handelsrechtliche) **auch für die Besteuerung** zu erfüllen und dadurch offen für **steuerrechtliche Sanktionen** wie Zurückweisung schlecht geführter Bücher als Besteuerungsgrundlage oder Verlust gewisser Steuervorteile.

AO (1977) Buchführungs- und Aufzeichnungspflichten nach anderen Gesetzen.
> Wer nach anderen Gesetzen als den Steuergesetzen Bücher und Aufzeichnungen zu führen hat, die für die Besteuerung von Bedeutung sind, hat die Verpflichtungen, die ihm nach den anderen Gesetzen obliegen, auch für die Besteuerung zu erfüllen.

§ 141 AO verpflichtet **weitergehend** unter bestimmten Bedingungen gewerbliche Unternehmer und Land- und Forstwirte, auch soweit sie der handelsrechtlichen Buchführungspflicht nicht unterliegen, zu Buchführung und Jahresabschlüssen entspr §§ 238, 240–242 I, 243–245 HGB. § 142 AO verlangt von Land- und Forstwirten neben Inventar und Abschluß ein Anbauverzeichnis, §§ 143, 144 AO von gewerblichen Unternehmern Aufzeichnungen des Warenein- und -ausgangs. § 145 AO formuliert allgemeine Anforderungen an Buchführung und Aufzeichnung gemäß der AO. §§ 146, 147 AO geben Ordnungsvorschriften für Buchführung, Aufzeichnungen und Aufbewahrung von Unterlagen. § 148 AO erlaubt die Bewilligung von Erleichterungen. Konkursverwalter s Anm 3 B.

C. **Sonstige Buchführungspflichten:** Eine Buchführungspflicht kann allgemeiner aus Gesetz oder Vertrag folgen, besonders **aus Pflicht zur Verwaltung fremden Vermögens und Rechnungslegung** hierüber, so für Beauftragte, Geschäftsbesorger, geschäftsführende Gfter (vgl §§ 662, 666, 675, 713 BGB), Geschäftsführer ohne Auftrag (vgl §§ 666, 681 BGB), Vormünder, Nachlaßverwalter, Testamentsvollstrecker (vgl §§ 1840 ff, 1985, 2215, 2218 BGB). Sie kann auch folgen aus Leistungspflichten, deren Erfüllung Buchführung voraussetzt, zB **aus Gewinn- oder Umsatzbeteiligungspflicht** (zB aus Lizenz-, Darlehens-, Dienstvertrag). Sie kann durch solche und andere Verträge auch **ausdrücklich** begründet werden.

1. Abschnitt. Vorschriften für alle Kaufleute 3, 4 § 238

3) Verpflichtete Personen (I 1)

A. Kaufmann: Die Buchführungspflicht nach § 238 gilt für **jeden Vollkaufmann** (§§ 1, 2, 3), auch HdlGes (§ 6), eG (§ 17 II GenG), juristische Personen nach §§ 33–36, aber für Gebietskörperschaften mit dem Recht abzuweichen (§ 263). Sie gilt für SollKflte iSv § 2 bereits vor Eintragung (§ 262). Sie gilt **nicht** für MinderKfm (§ 4), auch wenn er nach § 5 zu Unrecht (noch) im HdlReg als VollKfm eingetragen ist, Celle NJW **68**, 2119, oder wenn er als VollKfm aufgetreten ist (§ 5 Anm 2); erst recht nicht, wenn ein Minderjähriger ein HdlGeschäft ohne Zustimmung des gesetzlichen Vertreters (§ 112 BGB, s § 1 Anm 5) betreibt, RGSt **45**, 4. Als öffentlichrechtliche, strafbewehrte Pflicht gilt sie nicht einmal für eingetragene ScheinKflte (§ 5 Anm 1 F). Der Kfm ist buchführungspflichtig **nur mit seinem Betriebsvermögen** und den in dem Betrieb des Unternehmens begründeten Verbindlichkeiten (vgl § 25 Anm 1 Eb), nicht mit dem Privatvermögen oder dem einem anderen Unternehmen gewidmeten Vermögen des EinzelKfm, Gfter einer OHG oder KG, Land- oder Forstwirts (§ 3), der juristischen Person (§§ 33–36); s § 242 Anm 4 A. Auch hiernach nicht buchführungspflichtige Personen können aber **steuerrechtlich** buchführungspflichtig sein, s Anm 2 B.

B. Organe, gesetzliche Vertreter, Amtspersonen: Bei HdlGes und eG sind die **zuständigen Organmitglieder** für die Erfüllung dieser Pflicht verantwortlich, zB Vorstand, GmbHGeschäftsführer, Liquidatoren; bei OHG und KG nicht jeder phG, sondern nur die geschäftsführenden Gfter, die allein zur Führung der Bücher berufen sind, aA RGSt **45**, 387. Die Arbeitsteilung mehrerer so Verantwortlicher ist unerheblich, RGSt **45**, 387. Die zulässige Zuziehung von **Hilfspersonen** hebt die Verantwortlichkeit des Kfm (strafrechtlich jedenfalls für Auswahl und Überwachung) nicht auf, RGSt **58**, 305. Strafrechtlich verantwortlich (s Anm 6 A) ist der gesetzlich zur Buchführung Verpflichtete, auch das Organmitglied, ein **gesetzlicher Vertreter** eines anderen oder ein mit der Leitung des Betriebs oder der Erfüllung der Buchführungspflichten in eigener Verantwortung Beauftragter (vgl § 14 StGB). Das betrifft ua auch **Testamentsvollstrecker** (s § 1 Anm 6 C) und **Konkursverwalter** (s § 1 Anm 3), einerlei ob sie selbst VollKfm sind, aA Klasmeyer-Kübler BB **78**, 371. Zu den steuerrechtlichen Buchführungspflichten des Konkursverwalters gegenüber Steuerbehörden und Gemeinschuldnern BGH **74**, 316.

C. Zweigniederlassungen: S § 13 Anm 2 B. §§ 238 ff gelten auch für inländische ZwNl ausländischer Kflte. Über Kflte mit HauptNl oder Sitz in der DDR und Betriebsstätten in der BRD oder Westberlin s § 13 Anm 1 F.

4) Art und Weise der Buchführung, GoB (I 1–3)

A. Grundsätze ordnungsmäßiger Buchführung (GoB, I 1): Das HGB hat nur einige Vorschriften über Buchführung (§§ 238 ff) und verweist im übrigen auf die GoB, so ausdrücklich I 1. Den GoB kommt damit zentrale Bedeutung zu. Sie gelten außer für die eigentliche Buchführung (GoB ieS), zB Buchführung mit EDV (§ 239 IV), auch **für** Art und Weise der **gesamten Rechnungslegung**, zB für Inventurverfahren (§ 241), die Aufstellung der Bilanz (§ 243 I) und Bewertungsverfahren (§ 256). Dabei sind formelle

GoB (Buchführungstechnik, zB doppelte Buchführung (s Anm B), und materielle GoB (zB allgemeine Bilanzierungsgrundsätze, s Anm D, § 243 Anm 1, 2) zu unterscheiden. Die **Rechtsnatur** der GoB (Gewohnheitsrecht, HdlBrauch, kfm Standesrecht, außerrechtliche Fachnormen ua) ist umstritten; zutreffend sind sie zT Gewohnheitsrecht, zT HdlBrauch. Den Inhalt der GoB ermitteln letztlich die Gerichte, besonders der BFH (wegen des Grundsatzes der Maßgeblichkeit der HdlBilanz für die Steuerbilanz, s § 242 Anm 2 A). Die GoB sind Regeln, nach denen der Kfm zu verfahren hat, um zu einer dem gesetzlichen Zweck (s Einl II 2 vor § 238, für verschiedene Bilanzarten s § 242 Anm 2) entspr Bilanz zu gelangen, nicht aber Regeln, die tatsächlich eingehalten werden; zwar kann für ihre Ermittlung die tatsächliche Übung der Kflte eine wichtige Erkenntnisquelle sein, aber sie vermag nicht GoB rechtsschöpferisch zu gestalten, BFH BStBl **67** III 609, GrS BStBl **69** II 292, hL (**deduktive Methode** im Gegensatz zur induktiven Methode, wonach die Anschauung ordentlicher, ehrenwerter Kflte festzustellen ist). **Anhaltspunkte für GOB** geben außer Gesetz und Rspr (BGH, BFH, LG nach § 324 ua) zB die Fachgutachten und Stellungnahmen des IdW, Stellungnahmen des DIHT und der IHK, die Fachliteratur (insbesondere die gesicherten Erkenntnisse der Betriebswirtschaftslehre), die nicht mehr verbindlichen, aber weithin befolgten (**1 a**) Buchführungs-Ri und die International Accounting Standards des IASC (WP-Hdb 533). Monographien: Leffson, 6. Aufl 1982, Kruse, 3. Aufl 1978, H. Schmidt 1978; Moxter ZGR **80,** 254.

B. **Doppelte Buchführung:** Notwendig ist heute idR doppelte Buchführung (oder eine gleichwertige kameralistische bei öffentlichen Körperschaften). Einfache Buchführung genügt nur unter besonderen Verhältnissen, etwa in Kleinbetrieben des Einzelhandels und Handwerks (die aber idR handelsrechtlich nicht buchführungspflichtig sind, § 4), vgl (**1 a**) Buchführungs-Ri II 1, sonst uU in Unternehmen mit ganz wenigen oder völlig gleichartigen Geschäftsvorfällen. Die **Konten** (Sach- und Personenkonten; Konten betr Ausschnitte des Vermögens: zB Grundstücke, Maschinen, Waren, Kasse, Forderungen, Verbindlichkeiten; Konten betr Eigenmittel: Kapitalkonto, Gewinn- und Verlustkonto) sind bei doppelter Buchführung so gebildet, daß jeder zu buchende Geschäftsvorfall zu Soll- und Haben-Buchungen in gleicher Höhe führt. Die Salden werden im Rechnungsabschluß zusammengefaßt. Der Saldo des Abschlusses ist Gewinn oder Verlust. Die Gewinn- und Verlustrechnung nach §§ 275 ff setzt doppelte Buchführung voraus.

C. **Gegenstand der Buchungen, Realisationsprinzip:** Gewohnheitsrechtlich (gegen Wortlaut des I 1) bucht der Kfm **nicht unmittelbar seine Handelsgeschäfte, sondern nur die Änderungen der Lage seines Vermögens**, Bsp: nicht schon Kaufabschluß, sondern erst Lieferung der Ware oder Kaufpreiszahlung. Bei Lieferung vor Zahlung: Warenabgang hier, -zugang dort und Entstehung der Preisforderung (die vorher als nicht buchbar behandelt wird) hier, der Preisschuld dort. Bei Zahlung: Geldzugang hier, -abgang dort und Tilgung der Forderung hier, der Schuld dort. Bei Zahlung vor Lieferung (Anzahlung, die wie Darlehen behandelt wird): Geldzugang hier, -abgang dort und entspr Schuld hier, Forderung dort. Bei Lieferung: Warenabgang hier, -zugang dort und Tilgung der Schuld

1. Abschnitt. Vorschriften für alle Kaufleute §238

hier, Forderung dort. Die Buchungen müssen aber den Abschluß, aus dem sie hervorgehen, und den Geschäftspartner angeben. Der buchungsrechtliche Begriff der Änderung der Lage des Vermögens des Kfm entspricht nicht den Vorschriften des BGB über Erwerb, Änderung und Verlust von Rechten, vielmehr gelten hier einfachere, am wirtschaftlichen Effekt orientierte Begriffe von **Zu- und Abgang von Vermögenswerten (Realisationsprinzip**, s § 252 Anm 6). Bsp: Sicherungsübereignung von im Betrieb des Kfm bleibenden Waren ist nicht als Abgang der Ware (und beim Gläubiger als Zugang) zu buchen, vielmehr wird bis zur Verwertung der Sicherheit durch den Gläubiger nur die Schuldforderung gebucht.

D. **Allgemeinste materielle Anforderungen an Buchführung (I 2, 3):** I 2, 3 entsprechen § 145 I 1, 2 AO. I 2 verlangt, daß die Buchführung einem sachverständigen Dritten (nicht beliebiger Privatmann, aber auch nicht Wirtschaftsprüfer, sondern jemand, der Bilanzen lesen kann) innerhalb angemessener Zeit (hängt vom Fall ab) einen Überblick über die Geschäftsvorfälle und über die Lage des Unternehmens (schlechthin, nicht nur Vermögens-, Finanz- und Ertragslage, AmtlBegr) vermitteln kann. Darin kommt in allgemeinster Form die Ausrichtung auf Nachprüfbarkeit und Kontrolle durch Außenstehende (s Einl II 2 B vor § 238) zum Ausdruck. I 2 bedeutet des näheren, daß die Buchführung richtig und vollständig (§ 239 II), klar und übersichtlich sein muß. I 3 verlangt, daß die Buchführung zeitlich fortlaufend (§ 239 II) ist, damit die Geschäftsvorfälle in ihrer Entstehung und Entwicklung verfolgt werden können. Diese allgemeinen Grundsätze für die Buchführung schlagen sich in den gleichnamigen Grundsätzen ordnungsmäßiger Bilanzierung nieder und sind dort näher erläutert (s § 243 Anm 1, 2). Frist s § 239 Anm 2.

5) Briefkopien (II)

Der Kfm muß Kopie, Abdruck, Abschrift oder sonstige Wiedergabe seiner abgesandten HdlBriefe zurückbehalten und aufbewahren (§ 257 I Nr 3). Seit 1977 ist die Speicherung auf anderen Datenträgern als in Schrift oder Bild zugelassen. Zum Ganzen BGH BB **54**, 455, Franta BB **57**, 1189.

6) Folgen der Verletzung der Buchführungspflicht

A. Die Verletzung der Buchführungspflicht nach §§ 238 ff kann (abgesehen von steuerrechtlichen ua Sanktionen, s Anm 2 B) strafbar sein, so bei Zahlungseinstellung oder Konkurs (§ 283 VI StGB) nach §§ 283 ff StGB (idF 1. WiKG; früher §§ 239, 240 KO), sog Konkursstraftaten, ua § 283 I Nr 5, 6, 7 (Bankrott), § 283 a (besonders schwerer Fall des Bankrotts), § 283 b (Verletzung der Buchführungspflicht). Dazu BGH NJW **79**, 1418, **81**, 2206, Düss NJW **80**, 1292; Göhler-Wilts DB **76**, 1658, Dreher MDR **78**, 724, Schlüchter JR **79**, 513.

B. §§ 238 ff sind **nicht Schutzgesetze nach § 823 II BGB**, RG **73**, 32. Wer sich im Vertrauen auf falsch geführte Bücher an einem HdlGeschäft beteiligt, kann für daraus folgende Verluste nicht einen ausgeschiedenen, früher für die Buchführung Verantwortlichen haftbar machen, BGH BB **64**, 1273. Möglich ist aber Schadensersatzhaftung aus Auskunft, Bescheinigung ua (Vertrag, culpa in contrahendo, § 826 BGB; s § 347 Anm 3, 4).

§ 239 1, 2   III. Buch. Handelsbücher

Führung der Handelsbücher

239 ᴵ Bei der Führung der Handelsbücher und bei den sonst erforderlichen Aufzeichnungen hat sich der Kaufmann einer lebenden Sprache zu bedienen. Werden Abkürzungen, Ziffern, Buchstaben oder Symbole verwendet, muß im Einzelfall deren Bedeutung eindeutig festliegen.

ᴵᴵ Die Eintragungen in Büchern und die sonst erforderlichen Aufzeichnungen müssen vollständig, richtig, zeitgerecht und geordnet vorgenommen werden.

ᴵᴵᴵ Eine Eintragung oder eine Aufzeichnung darf nicht in einer Weise verändert werden, daß der ursprüngliche Inhalt nicht mehr feststellbar ist. Auch solche Veränderungen dürfen nicht vorgenommen werden, deren Beschaffenheit es ungewiß läßt, ob sie ursprünglich oder erst später gemacht worden sind.

ᴵⱽ Die Handelsbücher und die sonst erforderlichen Aufzeichnungen können auch in der geordneten Ablage von Belegen bestehen oder auf Datenträgern geführt werden, soweit diese Formen der Buchführung einschließlich des dabei angewandten Verfahrens den Grundsätzen ordnungsmäßiger Buchführung entsprechen. Bei der Führung der Handelsbücher und der sonst erforderlichen Aufzeichnungen auf Datenträgern muß insbesondere sichergestellt sein, daß die Daten während der Dauer der Aufbewahrungsfrist verfügbar sind und jederzeit innerhalb angemessener Frist lesbar gemacht werden können. Absätze 1 bis 3 gelten sinngemäß.

1) Sprache und Schriftzeichen (I)

§ 239 entspricht § 43 aF. Nach I 1 ist bei der Führung der HdlBücher (s § 238 Anm 1) und bei den sonst erforderlichen Aufzeichnungen nur eine lebende Sprache verwendbar. Abw vom Wortlaut des I 1 sind nur solche lebenden Sprachen verwendbar, deren Übertragung ins Deutsche (im Prozeß, vgl §§ 258–260, oder sonstwie im Rechtsverkehr) keine zu großen Schwierigkeiten bereitet (Grund § 238 I 2). Nur Abkürzungen, Ziffern, Buchstaben und Symbole mit eindeutiger Bedeutung sind zulässig **(I 2)**. Der Jahresabschluß ist demgegenüber in deutscher Sprache aufzustellen (§ 244).

2) Vollständigkeit, Richtigkeit, Zeitgerechtheit und Ordnung (II)

II entspricht § 146 I 1 AO. Er konkretisiert § 238 I 2, 3 (s dort Anm 5 D). Die Eintragungen müssen richtig sein (Buchführungswahrheit, vgl § 243 Anm 2 A). Konten auf falsche oder erdichtete Namen sind unzulässig (§ 154 I AO); Nummernkonto s (7) Bankgeschäfte II 2 A. Vollständig bedeutet lückenlose Erfassung aller Geschäftsvorfälle. Die Eintragungen müssen zeitgerecht erfolgen, also nicht sofort oder unverzüglich, sondern in vernünftigen, kurzfristigen Buchungsintervallen, nicht später als ein Monat, Maaßen DB **70**, 851; strenger (10 Tage) BFH BStBl **69** II 159. Kasseneinnahmen und Kassenausgaben sollen täglich festgehalten werden (§ 145 II AO). Zeitliche Grenzen für Inventur und Bilanz s §§ 240 II 3, 243 III. Geordnet bedeutet heute nicht mehr fortlaufend gebunden, sondern eine Anordnung, die den zeitlichen Ablauf der Geschäftsvorgänge erkennen läßt (§ 238 I 3) und den Einblick nach § 238 I 2 ermöglicht. Geordnete Buchführung setzt Abstützung jeder Buchung durch einen **Buchungsbeleg** (§ 257 I Nr 4) voraus, aus dem sich die Art des Geschäftsvorfalls, Betrag bzw Menge/Wert und Firma des Ausstellers, bei Eigenbelegen Name des Ausstellenden, ergeben. Die Buchung selbst muß das Datum, bei der doppelten Buchführung das Gegenkonto und die Belegnummer oä erkennen lassen.

3) Änderungen und Berichtigungen (III)

Änderungen sind nur zulässig, wenn sie den ursprünglichen Inhalt und die Tatsache späterer Änderung erkennen lassen. Änderung und Berichtigung des Jahresabschlusses s § 245 Anm 3.

4) Buchführung mit EDV (IV)

Buchführung mit EDV ist nach IV als zulässig anerkannt, sofern sie den GoB (s § 238 Anm 4 A) entspricht **(IV 1)**. **IV 2** verlangt speziell bei Führung der Bücher und Aufzeichnungen die Sicherstellung jederzeitiger Verfügbarkeit und prompter Lesbarkeit der Daten. I–III gelten sinngemäß **(IV 3)**, also unter Berücksichtigung der Besonderheiten der EDV. Nach IV sind Loseblattbuchführung, Offene-Posten-Buchhaltung und andere Buchführungsformen wie zB Speicherbuchführung zulässig. Dazu Stellungnahmen IdW-FAMA 1/72 WPg **72**, 534 (EDV Buchführung außer Haus), 1/75 WPg **75**, 555 (Buchführung mit EDV, auch Speicherbuchführung); BMF zur Speicherbuchführung, Mikrofilmerlaß. Übersicht: WP-Hdb **85** I 534, 964.

Inventar

240 ¹Jeder Kaufmann hat zu Beginn seines Handelsgewerbes seine Grundstücke, seine Forderungen und Schulden, den Betrag seines baren Geldes sowie seine sonstigen Vermögensgegenstände genau zu verzeichnen und dabei den Wert der einzelnen Vermögensgegenstände und Schulden anzugeben.

II Er hat demnächst für den Schluß eines jeden Geschäftsjahrs ein solches Inventar aufzustellen. Die Dauer des Geschäftsjahrs darf zwölf Monate nicht überschreiten. Die Aufstellung des Inventars ist innerhalb der einem ordnungsmäßigen Geschäftsgang entsprechenden Zeit zu bewirken.

III Vermögensgegenstände des Sachanlagevermögens sowie Roh-, Hilfs- und Betriebsstoffe können, wenn sie regelmäßig ersetzt werden und ihr Gesamtwert für das Unternehmen von nachrangiger Bedeutung ist, mit einer gleichbleibenden Menge und einem gleichbleibenden Wert angesetzt werden, sofern ihr Bestand in seiner Größe, seinem Wert und seiner Zusammensetzung nur geringen Veränderungen unterliegt. Jedoch ist in der Regel alle drei Jahre eine körperliche Bestandsaufnahme durchzuführen.

IV Gleichartige Vermögensgegenstände des Vorratsvermögens sowie andere gleichartige oder annähernd gleichwertige bewegliche Vermögensgegenstände können jeweils zu einer Gruppe zusammengefaßt und mit dem gewogenen Durchschnittswert angesetzt werden.

§ 240 1-4 III. Buch. Handelsbücher

1) Inventarpflicht (I)

I, II entsprechen § 39 I, II, 40 II aF, soweit sie das Inventar betrafen. Zur Buchführungspflicht (§ 238) gehört die Inventarpflicht. **Inventar** ist das genaue Verzeichnis aller Vermögensgegenstände und Schulden mit Angabe ihrer Werte (I). I spricht vom Anfangsinventar, II regelt das Inventar zum Schluß des Geschäftsjahrs. Die **Inventur** ist die Aufstellung des Inventars. Sie verlangt herkömmlich bei körperlichen Gegenständen (Sachen, Urkunden) eine körperliche Bestandsaufnahme am Stichtag. III, IV und § 241 bringen dazu bestimmte Erleichterungen. Der handelsrechtliche Begriff **Vermögensgegenstand** ist mit dem steuerrechtlichen des Wirtschaftsguts identisch (s Einl III 3 D vor § 238). Der Begriff umfaßt nach HGB grundsätzlich nur Gegenstände der Aktivseite; passive Vermögensgegenstände werden deshalb idR als Schulden oder Verbindlichkeiten bezeichnet. Die **Bewertungsvorschriften** der §§ 252-256 für den Jahresabschluß (§ 242 III) gelten als zu einengend nicht unmittelbar für das Inventar (AmtlBegr). Das Inventar muß datiert sein, braucht aber nicht unterzeichnet zu werden (§ 245 gilt nicht).

2) Inventurfrist (II)

Zum Schluß eines jeden Geschäftsjahrs (meist, aber nicht immer identisch mit dem Kalenderjahr) schreibt II eine Schlußinventur vor. Wird das HdlGewerbe während des Geschäftsjahrs aufgegeben, ist das Rumpfgeschäftsjahr maßgeblich. Das Geschäftsjahr darf kürzer als 12 Monate sein, aber nicht länger (**II 2**). Stichtagsprinzip s § 243 Anm 3 B. **II 3** schreibt die (Schluß)Inventurfrist nicht selbst vor, sondern verweist auf GoB. Da die Inventur unerläßliche Grundlage der Bilanz ist, muß so zeitig inventarisiert werden, daß die Frist für die Bilanzaufstellung eingehalten werden kann (s § 243 Anm 3 A).

3) Festbewertung (III)

III entspricht § 40 IV Nr 2 aF. Vermögensgegenstände sind einzeln zu bewerten (Grundsatz der **Einzelbewertung,** I aE). Davon gibt es zwei wichtige Ausnahmen (III, IV; vgl auch § 256: Sammelbewertung wie lifo ua). Vermögensgegenstände des Sachanlagevermögens (s § 247 I) sowie Roh-, Hilfs- und Betriebsstoffe (§ 266 II B I Nr 1, Teil des Umlaufvermögens, s § 247 I) können nach **III 1** mit gleichbleibender Menge und gleichbleibendem Wert angesetzt werden (**Festbewertung**). Voraussetzung sind regelmäßige Ersetzung, nachrangig bedeutsamer Gesamtwert für das Unternehmen und nur geringe Veränderungen des Bestands in Größe, Wert und Zusammensetzung. Grund dafür ist, daß sich dann Zugänge und Abgänge in etwa entsprechen werden. Zur Kontrolle ist aber nach **III 2** idR alle drei Jahre eine körperliche Bestandsaufnahme nötig. III und IV sind auch auf den Jahresabschluß anwendbar (§ 256 S 2). **Übergangsrecht** zu III, IV in **(1)** EGHGB Art 24 I, III (s Einl V 1 B vor § 238).

4) Gruppen- oder Sammelbewertung (IV)

IV entspricht § 40 IV Nr 1 aF. IV bringt eine weitere Ausnahme zur Einzelbewertung (s Anm 3). Gleichartige Vermögensgegenstände des Vorratsvermögens (§ 266 II B I, Teil des Umlaufvermögens, s § 247 I) sowie andere gleichartige oder annähernd gleichwertige Vermögensgegenstände

1. Abschnitt. Vorschriften für alle Kaufleute 1, 2 § 241

können jeweils zu einer Gruppe zusammengefaßt werden. Sie werden dann mit dem gewogenen (nicht auch sonstwie ermittelten oder bekannten) Durchschnittswert angesetzt. Angabe im Anhang § 284 II Nr 4. Übergangsrecht s Anm 3.

Inventurvereinfachungsverfahren

241 **I Bei der Aufstellung des Inventars darf der Bestand der Vermögensgegenstände nach Art, Menge und Wert auch mit Hilfe anerkannter mathematisch-statistischer Methoden auf Grund von Stichproben ermittelt werden. Das Verfahren muß den Grundsätzen ordnungsmäßiger Buchführung entsprechen. Der Aussagewert des auf diese Weise aufgestellten Inventars muß dem Aussagewert eines auf Grund einer körperlichen Bestandsaufnahme aufgestellten Inventars gleichkommen.**

II Bei der Aufstellung des Inventars für den Schluß eines Geschäftsjahrs bedarf es einer körperlichen Bestandsaufnahme der Vermögensgegenstände für diesen Zeitpunkt nicht, soweit durch Anwendung eines den Grundsätzen ordnungsmäßiger Buchführung entsprechenden anderen Verfahrens gesichert ist, daß der Bestand der Vermögensgegenstände nach Art, Menge und Wert auch ohne die körperliche Bestandsaufnahme für diesen Zeitpunkt festgestellt werden kann.

III In dem Inventar für den Schluß eines Geschäftsjahrs brauchen Vermögensgegenstände nicht verzeichnet zu werden, wenn

1. **der Kaufmann ihren Bestand auf Grund einer körperlichen Bestandsaufnahme oder auf Grund eines nach Absatz 2 zulässigen anderen Verfahrens nach Art, Menge und Wert in einem besonderen Inventar verzeichnet hat, das für einen Tag innerhalb der letzten drei Monate vor oder der ersten beiden Monate nach dem Schluß des Geschäftsjahrs aufgestellt ist, und**
2. **auf Grund des besonderen Inventars durch Anwendung eines den Grundsätzen ordnungsmäßiger Buchführung entsprechenden Fortschreibungs- oder Rückrechnungsverfahrens gesichert ist, daß der am Schluß des Geschäftsjahrs vorhandene Bestand der Vermögensgegenstände für diesen Zeitpunkt ordnungsgemäß bewertet werden kann.**

1) Stichprobenverfahren (I)

I entspricht § 39 II a aF. I 1 erlaubt ein anerkanntes mathematisch-statistisches Stichprobenverfahren. Voraussetzung ist, daß es den GoB (s § 238 Anm 4 A) entspricht (**I 2**) und ein Inventar mit dem gleichen Aussagewert wie bei körperlicher Bestandsaufnahme ermöglicht (**I 3**). Stichprobenverfahren für die Vorratsinventur IdW-HFA 1/81 WPg **81**, 479; zur körperlichen Bestandsaufnahme bei automatisch gesteuerten Lagersystemen IdW-HFA 1/77 WPg **77**, 462.

2) Permanente Inventur (II)

II entspricht § 39 III aF. II erlaubt Inventur durch Fortrechnung des einmal festgestellten Istbestandes auf Grund der Buchungsunterlagen. Der Sollbestand wird für den Istbestand genommen. Das geht nur, wenn das

§ 242 1

den GoB entsprechende Buchhaltungsverfahren eine solche Fortrechnung nach Art, Menge und Wert auch ohne körperliche Bestandsaufnahme zum Inventurzeitpunkt gestattet, zB nicht bei Materialien mit hoher Schwundquote. III entbindet nicht von der Verpflichtung zur körperlichen Bestandsaufnahme (grundsätzlich mindestens einmal jährlich), sondern nur von dieser Art der Aufnahme für den Zeitpunkt der Inventur.

3) Vor- oder nachverlagerte Stichtagsinventur (III)

III entspricht § 39 IV aF. III gestattet Rückrechnung oder Fortschreibung des Bestands ohne ein zu einem einzigen Zeitpunkt erstelltes Gesamtinventar. Voraussetzung sind ein besonders zeitnahes (drei Monate vor, zwei Monate nach Schluß des Geschäftsjahrs) Inventar, das entweder durch körperliche Bestandsaufnahme oder durch permanente Inventur nach II aufgestellt ist (Nr 1) und Eignung des den GoB entsprechenden Buchhaltungsverfahrens für die ordnungsgemäße Bewertung des Bestands für diesen Zeitpunkt (Schluß des Geschäftsjahrs; Nr 2).

Zweiter Unterabschnitt. Eröffnungsbilanz. Jahresabschluß

Erster Titel. Allgemeine Vorschriften

Pflicht zur Aufstellung

242 ^I **Der Kaufmann hat zu Beginn seines Handelsgewerbes und für den Schluß eines jeden Geschäftsjahrs einen das Verhältnis seines Vermögens und seiner Schulden darstellenden Abschluß (Eröffnungsbilanz, Bilanz) aufzustellen. Auf die Eröffnungsbilanz sind die für den Jahresabschluß geltenden Vorschriften entsprechend anzuwenden, soweit sie sich auf die Bilanz beziehen.**

^{II} **Er hat für den Schluß eines jeden Geschäftsjahrs eine Gegenüberstellung der Aufwendungen und Erträge des Geschäftsjahrs (Gewinn- und Verlustrechnung) aufzustellen.**

^{III} **Die Bilanz und die Gewinn- und Verlustrechnung bilden den Jahresabschluß.**

Übersicht

1) Bilanz (I)
2) Bilanzarten, insbesondere Handels- und Steuerbilanz
3) Bilanzierungsfähiges Vermögen und Schulden (I 1)
4) Vermögen und Schulden des Kaufmanns (I 1)
5) Gewinn- und Verlustrechnung (II)
6) Jahresabschluß (III)

1) Bilanz (I)

A. **Aufstellung:** I entspricht § 39 I, II 1 aF. **I 1** enthält die Pflicht jedes Kfm (s § 238 Anm 3) zur Aufstellung der Eröffnungsbilanz und der Jahresabschlußbilanz und regelt ihren Inhalt, soweit alle Kflte betroffen sind. Für KapitalGes gelten weitergehende Anforderungen nach § 264. Grund und Folgen dieser Trennung zwischen §§ 242ff und §§ 262ff s Einl III 2 A, B vor § 238 sowie § 243 Anm 1 B. Der zu Beginn des HdlGewerbes aufzustellende Abschluß (Eröffnungsbilanz) basiert auf dem Eröffnungsinventar

(§ 240 I), der für den Schluß des Geschäftsjahrs aufzustellende Abschluß (Bilanz oder Jahresbilanz) auf dem Schlußinventar (§ 240 II). Nach I 2 sind auf die Eröffnungsbilanz die für den Jahresabschluß (III) geltenden Vorschriften entspr anzuwenden, soweit sie sich auf die Bilanz beziehen.

B. **Begriff:** Bilanz (spätlateinisch bilanx, Waage) iSv I ist der für den Schluß eines jeden Geschäftsjahrs das Verhältnis des Vermögens und der Schulden des Kfm darstellende Abschluß (Legaldefinition in I 1). Bilanz ist also ein Abschluß, der auf der linken oder Aktivseite das Vermögen (Summe aller Aktiva, s Anm C; untergliedert in Anlage- und Umlaufvermögen, s § 247 I) und auf der rechten oder Passivseite die Schulden (auch Kapital genannt, Summe aller Passiva, s Anm C; untergliedert in Eigenkapital und Fremdkapital, s § 247 I) aufzeigt und gegenüberstellt. Aus der rechten Seite ist die Mittelherkunft (Eigenkapital, bei KapitalGes vor allem Grundkapital bzw gezeichnetes Kapital; Fremdkapital), aus der linken Seite die Mittelverwendung ersichtlich. Aktiv- und Passivseite der Bilanz sind definitionsgemäß stets gleich groß. Bilanztechnisch wird das durch Ansatz des Bilanzverlustes auf der Aktivseite bzw des Bilanzgewinns auf der Passivseite (vgl § 151 I aF AktG) oder durch Ansatz des Jahresüberschusses/Jahresfehlbetrags auf der Passivseite (§ 266 III A V) und des ,,Nicht durch Eigenkapital gedeckten Fehlbetrags" auf der Aktivseite (§ 268 III) erreicht. Die sog **Bilanzgleichung** lautet: **Aktiva = Passiva** oder Vermögensformen = Vermögensquellen oder Vermögen = Kapital. Die sog **erweiterte Bilanzgleichung** lautet: **Vermögen = Eigenkapital + Fremdkapital.**

C. **Rechtsnatur:** Bilanz ist ein rechtsgeschäftliches Anerkenntnis iSv §§ 780, 781 BGB unter mehreren sie gemeinsam Feststellenden (§ 245 S 2; s § 116 Anm 1, § 164 Anm 1 B), ebenso im Verhältnis zu Interessierten, denen sie mitzuteilen und mitgeteilt ist (Kdtist § 166 I, stiller Gfter § 233 I, vertraglich am Ergebnis Beteiligter). Sie ist formlos mitteilbar (§ 782), BGH **LM** § 128 Nr 7; anfechtbar (§§ 119 ff BGB) mit Wirkung des Wegfalls der Verbindlichkeit derjenigen Punkte, auf welche sich der Willensmangel bezieht, nicht der ganzen Bilanz, BGH **LM** § 128 Nr 7. Haftung s § 238 Anm 6 B.

2) Bilanzarten, insbesondere Handels- und Steuerbilanz

A. **Handels- und Steuerbilanz:** Je nach dem Zweck der Bilanz sind nach Aufbau und Inhalt ganz unterschiedliche Bilanzen möglich. Die wichtigste Unterscheidung betrifft die HdlBilanz und die Steuerbilanz. Die HdlBilanz ist die des HGB (§§ 242 I 1, 266). Die Steuerbilanz ist die von der Finanzbehörde als Grundlage der Besteuerung anerkannte Bilanz; das ist idR die HdlBilanz mit gewissen Abweichungen (**Grundsatz der Maßgeblichkeit der Handelsbilanz für die Steuerbilanz,** § 5 I EStG), uU eine unabhängig von der HdlBilanz aufgestellte Bilanz; dazu Döllerer BB **69,** 501, **71,** 1333, krit D. Schneider BB **80,** 1225. Ausnahmsweise gilt der **Grundsatz der umgekehrten Maßgeblichkeit der Steuerbilanz für die Handelsbilanz,** wenn nämlich die steuerrechtliche Anerkennung zB einer Steuervergünstigung davon abhängt, daß von ihr auch in der HdlBilanz Gebrauch gemacht ist; Bspe: §§ 247 III, 254, 273, 275 II, 280 II. Dazu klarstellend § 6 III nF EStG. Die HdlBilanz wird dadurch verfälscht; krit Knobbe=Keuk § 2 III. PersonenGes und Steuerbilanz s Döllerer FS Flume **78** II 43. Zu den **Diver-**

§ 242 3

genzen beider Bilanzen Sauer AG **78**, 341, Harms-Küting BB **82**, 840. Für Präjudizwirkung von BFH-Urteilen für das HdlRecht und den Wirtschaftsprüfer Liebs AG **78**, 44. RsprÜbersicht: Moxter, 2. Aufl 1985 (BFH); Beisse BB **80**, 637.

B. **Weitere Bilanzarten:** Bilanzen sind zu unterscheiden **a)** zeitlich: Eröffnungsbilanz und Schlußbilanz (s Anm 1); **b)** nach dem Bilanzierungsanlaß: Abschlußbilanz (Jahresabschluß), Sonderbilanzen (zB Gründung, Umwandlung, Auseinandersetzung, Sanierung, Konkurs), zB Liquidationseröffnungsbilanz, s § 155 Anm 2 A; **c)** nach den einbezogenen Unternehmen: Einzel-, Konzernbilanz (§ 290); **d)** nach der Rechtsgrundlage: Handels- und Steuerbilanz, Bilanzen für Unternehmen verschiedener Rechtsformen (EinzelKfm und PersonenGes, KapitalGes, s Anm 1 A), branchenspezifische Bilanzen, zB Bankbilanzen (s Einl IV 6 vor § 238).

3) Bilanzierungsfähiges Vermögen und Schulden (I 1)

A. **Ansatz- und Bewertungsvorschriften:** Die Ansatzvorschriften (zB §§ 246–251, 266–278) bestimmen, welche Posten in der Bilanz bzw der Gewinn- und Verlustrechnung (I 3) ausgewiesen werden dürfen (Bilanzierbarkeit, Bilanzfähigkeit) oder müssen (Bilanzpflichtigkeit). Sie regeln also das Ob. Die Bewertungsvorschriften (zB §§ 252–256, 279–283) bestimmen, mit welchem Wert diese Posten angesetzt werden dürfen (Bewertungswahlrecht) oder müssen (gesetzlich vorgeschriebene Bewertung). Sie regeln also das Wie.

B. **Aktivierbarkeit:** Aktivierbar ist nach I 1 das Vermögen des Kfm, also jeder Vermögensgegenstand (s Einl III 3 D vor § 238, auch zum steuerrechtlichen Begriff des Wirtschaftsguts). Körperliche Gegenstände (§ 90 BGB) sind kaum problematisch, wohl aber immaterielle Güter. Handelsrechtlich setzt ihre Aktivierbarkeit voraus: **a) Selbständige Bewertbarkeit:** Diese erweist sich bei immateriellen Anlagegütern ausschließlich (sonst Bilanzierungsverbot nach § 248 II) durch die Gewährung eines Entgelts für den Erwerb. Bei Teilen von Sachgesamtheiten sowie bei immateriellen Umlaufgütern (s § 248 Anm 2 C) kann das Merkmal Probleme aufwerfen. **b) Selbständige Veräußerlichkeit bzw Verkehrsfähigkeit:** Dieses Merkmal ist unverzichtbar, hL, str, denn es sondert entsprechend dem Vorsichtsprinzip (s § 252 Anm 5) nicht einzeln verwertbare Güter aus. Aktivierbar sind allerdings auch der entgeltlich erworbene Geschäfts- oder Firmenwert (§ 255 IV), Warenzeichen (§ 266 II A I 1, obwohl nach § 8 I 2 WZG nur mit dem Geschäftsbetrieb übertragbar), Nießbrauch (obwohl nicht übertragbar, § 1059 S 1), Urheberrecht (trotz § 29 UrhG) und Forderungen, deren Abtretung durch Vereinbarung mit dem Schuldner ausgeschlossen ist (§ 399 BGB). In all diesen Fällen liegt Verkehrsfähigkeit (selbständige Veräußerlichkeit iwS) vor, weil diese Güter individuell wirtschaftlich nutzbar sind, wenn nicht durch rechtliche Veräußerung, so durch Überlassung zur Nutzung. Nach aA liegen insoweit Ausnahmen vor, die das Merkmal nicht in Frage stellen, Großfeld § 9 II 1 a. Aufwendungen für Ingangsetzung und Erweiterung s § 269. Realisationsprinzip und schwebende Geschäfte s § 252 Anm 6. **Steuerrechtlich** sieht der BFH die Aktivierbarkeit unter Verzicht auf das Merkmal der Verkehrsfähigkeit (zu) weit. Auch bloße vermögenswerte Vorteile, Zustände und konkrete

1. Abschnitt. Vorschriften für alle Kaufleute   4 § 242

Möglichkeiten sollen aktivierbare Wirtschaftsgüter sein, wenn sie (1) derart sind, daß sich der Kfm ihre Erlangung etwas kosten läßt, (2) nach der Verkehrsauffassung einer selbständigen Bewertung zugänglich sind und (3) einen Nutzen für mehrere Wirtschaftsjahre erbringen, BFH BStBl **78** II 371, **84** II 825, L. Schmidt § 5 Anm 15. Die wahre Funktion dieser Rspr ist Versagung des sofortigen Abzugs der Aufwendungen als Betriebsausgaben und bloße Abschreibung als Wirtschaftsgut verteilt über einen längeren Zeitraum. **c) Einzelfälle:** Nicht aktivierbar sind zB Ausgaben für einen einmaligen Werbefeldzug, aA früher BFH BStBl **63** III 8; gesicherte Stromversorgung infolge Zuschuß an E-Werk zum Bau einer Trafo-Station, aA BFH GrS BStB **69** II 292, **70** II 37; entgeltlich erlangtes Wettbewerbsverbot, sehr str, aA BFH BStBl **82** II 57. Näher (wie hier) Knobbe=Keuk § 4 IV 3 a. **d) Aktivseite** im übrigen s §§ 247 I, 266 II.

C. **Passivierbarkeit:** Passivierbar sind nach I 1 die Schulden des Kfm. Schuld ist bilanzrechtlich nicht die rechtlich bestehende Verbindlichkeit, sondern die den Kfm wirtschaftlich belastende, erzwingbare. Passivierbar ist also zB auch eine rechtlich nicht existente Verbindlichkeit, der sich der Kfm aber nicht entziehen kann; auch eine nicht durchsetzbare, wenn sich die KapitalGes auf den Termin- oder Differenzeinwand (s **(14)** BörsG Überbl 1 vor § 50) oder die Verjährung (§ 222 BGB) nicht berufen will. Nicht passivierbar ist zB eine bestehende Verbindlichkeit, mit deren Einforderung der Kfm nicht zu rechnen braucht, außer wenn er trotzdem erfüllungsbereit ist; nicht passivierbar sind Verpflichtungen des Kfm gegen sich selbst, zB Selbstversicherung. Bei auflösender Bedingung ist Verbindlichkeit zu passivieren, nicht auf aufschiebender (aber uU Rückstellung, s 249 Anm 2). Rückstellungen für ungewisse Verbindlichkeiten und drohende Verluste s § 249 I 1. Realisationsprinzip und schwebende Geschäfte s § 252 Anm 6. Passivseite im einzelnen s §§ 247 I, 266 III. Rangrücktritt, eigenkapitalersetzende GfterDarlehen s § 266 Anm 13.

4) Vermögen und Schulden des Kaufmanns (I 1)

A. **Betriebsvermögen, Privatvermögen:** Gegenstand der Bilanz des Kfm sind nur „sein" Vermögen und „seine" Schulden (I 1). Sein Vermögen, über das er Rechnung legen muß, ist nur das dem HdlGeschäft gewidmete Vermögen, also das Betriebsvermögen (s § 238 Anm 3 A, ebenso für Inventar § 240 Anm 1). Nicht dazu gehört das Privatvermögen des Kfm sowie das einem anderen Unternehmen desselben Kfm zugehörige Vermögen (sowie das Vermögen Dritter, s Anm B). Ebenso sind seine Schulden nur die im Betrieb des HdlGewerbes bzw Unternehmens begründeten Verbindlichkeiten (s § 238 Anm 3 A). Diese bilanzrechtliche Unterscheidung zwischen Betriebsvermögen und Privatvermögen wird durch § 5 IV nF PublG (entspr § 5 III aF PublG) bestätigt und gilt auch nach §§ 4 I, 5 EStG (steuerliche Gewinnermittlung durch Betriebsvermögensvergleich). Die Unterscheidung entfällt bei KapitalGes, die kein Privatvermögen haben; bei PersonenGes ist Betriebsvermögen das Gesamthandsvermögen. In der Praxis kann die Zuordnung schwierig sein, nicht beim **notwendigen Betriebsvermögen** (zB Fabrikgebäude, Maschinen, Waren) und beim **notwendigen Privatvermögen** (zB Privatwohnung, Hausrat), aber bei Gütern, die erst durch die Zuordnungsentscheidung des Kfm (Widmung) zu einem dem Betrieb dienenden Vermögen werden (**gewillkürtes Be-**

triebsvermögen). Dieses muß in einem gewissen objektiven Zusammenhang mit dem Betrieb stehen und ihn zu fördern bestimmt und geeignet sein (Abschn 14 III 1 EStR, krit Knobbe=Keuk § 4 II). Bei zT betrieblicher, zT privater Nutzung ist bei Grundstücken eine Aufteilung zulässig, nicht aber bei beweglichen Gütern. Ein in das Betriebsvermögen eingebrachtes Gut (**Einlage,** § 4 I 3 EStG) kann idR dem Betrieb auch wieder entzogen werden (**Entnahme,** § 4 I 2 EStG), aber mit der steuerlichen Folge der Gewinnrealisierung. Änderung von Privat- in Betriebsschuld s BFH BStBl 85 II 621.

B. **Eigenvermögen, Drittvermögen:** Die **Vermögenszugehörigkeit (Zurechnung)** bestimmt sich nicht einfach nach dem Sachenrecht des BGB (rechtliche Position als Eigentümer ua), sondern **nach der wirtschaftlichen Inhaberschaft,** hL. Zuzurechnen ist der Vermögensgegenstand dem, der die tatsächliche Herrschaft über sie so ausübt, daß er den Eigentümer im Regelfall für die gewöhnliche Nutzungsdauer von der Einwirkung wirtschaftlich ausschließen kann (so § 39 II Nr 1 AO). Die Berechtigung zur Verwertung auf eigene Rechnung ist nicht nötig, str. Beginn und Ende dieser Inhaberschaft s § 252 Anm 6 (**Realisationsprinzip**). Buchung s § 238 Anm 4 C. **Beispiele: a) Eigentumsvorbehalt** wirkt wie Pfandrecht des Verkäufers, wirtschaftlich liegt **Aktivum des Käufers** vor, hL; **b) Sicherungsübereignung** sichert den Gläubiger bis zur Zahlung, wirtschaftliches Eigentum bleibt beim Schuldner (Sicherungsgeber), hL; **c) Grundstückskauf:** Das Grundstück ist mit Übergang der Verfügungsgewalt, zB tatsächliche Übernahme, dem Käufer zuzurechnen, auch wenn die Eintragung im Grundbuch noch aussteht; **d) Versendungskauf:** Verfügungsgewalt liegt idR beim Absender, anders wenn der Empfänger bereits während des Transport über die Ware verfügen kann, zB mittels Traditionspapier (s § 363 Anm 4); das entspricht dem Realisationsprinzip (s § 252 Anm 6). Ausbuchung durch den Verkäufer und Einbuchung durch den Käufer muß nicht unbedingt zusammenfallen, Geßler-Hefermehl-Kropff § 149 Anm 71; **e) Kommission:** Bei Ein- und Verkaufskommission Aktivum des Kommittenten; bei Wertpapieren praktisch mit Abrechnung der Bank (s § 252 Anm 6 B), also schon vor Eigentumsübergang zB nach **(13)** DepotG §§ 18 III, 24; **f) Treuhand:** Aktivum des Treugebers (§ 39 II Nr 1 S 2 AO), nicht des Treuhänders, aber bei diesem uU Bilanzvermerk sowie Besonderheiten bei Kreditinstituten, Geßler-Hefermehl-Kropff § 149 Anm 56; einerlei ob Treuhänder das Treugut unmittelbar vom Treuhänder erworben hat, str; **g) Pensionsgeschäft:** Aktivum des Pensionsnehmers bei unechtem Pensionsgeschäft (Rückgaberecht, s **(7)** Bankgeschäfte VI 3 B), unstr, aber auch bei echtem Pensionsgeschäft (Rückgabepflicht, aber doch Eigentum auf Zeit), str; anders bei (echtem) Pensionsgeschäft mit Sicherungscharakter, dann Aktivum des Pensionsgebers; Übersicht: Offerhaus BB **83,** 870; **h) Factoring:** Beim echten wie beim unechten Factoring (s **(7)** Bankgeschäfte XI) Aktivum des Factors; Ausfallrisiko beim unechten Factoring ist bei Bewertung der Forderung des Factorkunden gegen den Factor zu berücksichtigen; **i) Leasing:** Bilanzierung beim Finanzierungsleasing (s **(7)** Bankgeschäfte XII) ist sehr str. Die Leasingsache ist dem Leasingnehmer als wirtschaftlichem Eigentümer zuzurechnen, wenn er sie über die nahezu ganze betriebsgewöhnliche Nutzungsdauer nutzen kann (Grundmietzeit bis zum Schrottwert), wenn Rückgabe wirtschaftlich sinnlos ist (Spezialleasing), wenn derartige Verlängerungs- oder Kaufoption besteht, daß mit Rückgabe nicht zu rechnen ist (Gegenleistung bei Optionsausübung von wesentlich geringerem Wert als Zeitwert der Leasingsache), ua, Baumbach-Hueck-Schulze=Osterloh § 42 Rn 36; steuerrechtlich (Leasingerlasse) WP-Hdb 85 I 539.

5) Gewinn- und Verlustrechnung (II)

Gewinn- und Verlustrechnung iSv II ist die für den Schluß eines jeden Geschäftsjahrs aufzustellende Gegenüberstellung der Aufwendungen und Erträge des Geschäftsjahrs (Legaldefinition in II). II stellt die Pflicht zur Aufstellung nicht nur der Bilanz, sondern auch der Gewinn- und Verlustrechnung für jeden Kfm ausdrücklich fest. Das folgte schon vorher aus den GoB. §§ 242–256 enthalten keine Gliederungsvorschriften für die Gewinn- und Verlustrechnung des EinzelKfm und der PersonenGes. §§ 275–278 gelten nur für KapitalGes. Eine Mindestgliederung verlangen aber die GoB, s § 247 Anm 1 C.

6) Jahresabschluß des Kaufmanns (III)

A. **Begriff und Inhalt:** Der Jahresabschluß des EinzelKfm und der PersonenGes besteht nach der Legaldefinition des III aus der Bilanz (I) und (nunmehr zwingend) der Gewinn- und Verlustrechnung (II). Der Inhalt des Jahresabschlusses wird somit durch die Anforderungen an den Inhalt der Bilanz (zB § 247; Sondervorschriften s § 247 Anm 1 C) und der Gewinn- und Verlustrechnung (s Anm 5) festgelegt. Bei KapitalGes umfaßt der Jahresabschluß zusätzlich den Anhang (§ 264 I 1, praktisch ein anderer erweiterter Begriff des Jahresabschlusses), und die Anforderungen an den Inhalt sind weitaus strenger (§ 264 II). Es steht aber nichts entgegen, daß EinzelKflte oder PersonenGes freiwillig den strengeren Vorschriften für KapitalGes folgen, also zB einen Anhang als Teil des Jahresabschlusses aufstellen (AmtlBegr, s § 243 Anm 1 B). Berichtigung und Änderung s § 245 Anm 3.

B. **Prüfung:** Der Jahresabschluß des EinzelKfm und der PersonenGes braucht nicht durch Abschlußprüfer geprüft zu werden, außer wenn sie Kreditinstitute sind (§ 27 KWG, s Einl IV 6 vor § 238), oder dem PublG (s Einl IV 4 vor § 238) unterfallen. Das gilt auch für kleine KapitalGes (§ 316 I 1).

C. **Offenlegung:** Der Jahresabschluß des EinzelKfm und der Personen-Ges braucht nicht zum HdlRegister eingereicht und erst recht nicht im BAnz bekannt gemacht und veröffentlicht zu werden (Ausnahmen nach § 25a KWG und PublG, s Anm B). Anders für KapitalGes §§ 325–329.

Aufstellungsgrundsatz

243 ^I **Der Jahresabschluß ist nach den Grundsätzen ordnungsmäßiger Buchführung aufzustellen.**

^{II} **Er muß klar und übersichtlich sein.**

^{III} **Der Jahresabschluß ist innerhalb der einem ordnungsmäßigen Geschäftsgang entsprechenden Zeit aufzustellen.**

§ 243 1, 2   III. Buch. Handelsbücher

Überblick
1) Aufstellung nach den Grundsätzen ordnungsmäßiger Buchführung (I), stille Reserven
2) Grundsätze ordnungsmäßiger Bilanzierung (II)
3) Aufstellungsfrist (III), Stichtagsprinzip

1) Aufstellung nach den Grundsätzen ordnungsmäßiger Buchführung (I), stille Reserven

A. **Aufstellung nach GoB:** Nach I ist der Jahresabschuß (§ 242 III) nach den GoB (s § 238 Anm 4 A) aufzustellen. Die GoB beinhalten nicht nur Grundsätze für die Buchführung, sondern auch für die Bilanzierung; diese sind teilweise als eigene Grundsätze ordnungsmäßiger Bilanzierung normiert (II). Wo es an speziellen Gliederungs- und Bewertungsvorschriften fehlt, ist auf die allgemeinen GoB zurückzugreifen, zB für den Zeitpunkt der Bilanzierung (Gewinnrealisierung, s § 242 Anm 1 C), insbesondere Bilanzierung bei Eigentumsvorbehalt und Sicherungsübereignung (ebenda), die Bilanzierung schwebender Geschäfte sowie überall dort, wo ein Beurteilungsspielraum besteht, zB wenn die Bewertung eine Schätzung erfordert. Dabei wird zT noch einmal besonders auf GoB verwiesen, zB § 256. Daß das zwingende Recht einzuhalten ist, folgt nicht erst aus GoB. Bedeutung von Sondervorschriften für GoB s Anm C.

B. **Stille Reserven:** § 243 sieht bewußt von einer § 264 II entsprechenden Vorschrift, daß der Jahresabschluß ein den tatsächlichen Verhältnissen entsprechendes Bild der Vermögens-, Finanz- und Ertragslage zu vermitteln hat, ab (AmtlBegr, aA RegE § 237). Die bestehenden Möglichkeiten für EinzelKflte und PersonenGes zur Bildung stiller Reserven und zur Anwendung von Vorschriften des Steuerrechts ohne zusätzliche Angaben sollten erhalten bleiben (AmtlBegr). Das bedeutet aber keine Sperre, auch für Einzelkflte und PersonenGes weitere Einschränkungen der stillen Reserven aus den GoB zu entwickeln (s Einl III 2 B vor § 238), und erst recht nicht für diese selbst, ihren Jahresabschluß freiwillig ganz oder teilweise an §§ 264ff auszurichten. Bei teilweiser Ausrichtung muß aber klar erkennbar sein, daß nicht auch im übrigen entspr §§ 264ff bilanziert wird. Zulässige Unterbewertung und stille Reserven bei Einzelkfm und PersonenGes s § 252 Anm 5 C, § 253 Anm 5.

C. **Sondervorschriften:** Zu § 243 und §§ 242ff gibt es Sondervorschriften, vor allem §§ 264ff, (2) AktG §§ 150ff, (2) GmbHG §§ 42, 42a, (2) GenG § 33, ua. Diese Sondervorschriften sind auch für die Auslegung des § 243, der §§ 242ff und der jeweils anderen Sondervorschriften bedeutsam, sie dürfen aber nach Erlaß des BiRiLiG noch weniger als bisher (s Einl III 2 B vor § 238) pauschal als GoB (s Anm A) für andere Bilanzierungspflichtige übernommen werden; vgl Döllerer BB **65,** 1417, **66,** 631, Rehbinder NJW **66,** 1549, Geßler DB **66,** 215, Weissenborn BB **76,** 97.

2) Grundsätze ordnungsmäßiger Bilanzierung (II)

A. **Bilanzklarheit (II):** Der Jahresabschluß muß nach II klar und übersichtlich sein. Buchführung und Jahresabschluß müssen einem sachverständigen Dritten (§ 238 I 2) verständlich sein. Notwendig sind ua die eindeutige Bezeichnung der einzelnen Bilanzposten, sachgerechte Gliederungen und das Unterlassen von Verrechnungen (Saldierungsverbot, § 246 II).

Ausdrückliche Angaben der Bilanzierungs- und Bewertungsmethoden und der Abweichungen von ihnen gehören ebenfalls zum Bilanzklarheitsgrundsatz, sind aber gesetzlich nur für KapitalGes vorgeschrieben (Anhang, § 284 II Nr 1, 3). Ebensowenig gibt es für Nicht-KapitalGes ausdrückliche Gliederungsvorschriften. Aus II und GoB folgt jedoch, daß auch der Jahresabschluß von EinzelKflten und PersonenGes zumindest in seiner Grundform § 266 entsprechen muß (Knobbe=Keuk § 3 III 2, vgl Einl 2 B vor § 238). Abweichungen von der Postenbezeichnung des § 266 sind wegen der Gefahr der Irreführung unzulässig, zB Ausweis von Rücklagen und Rückstellungen als Verbindlichkeiten (vgl § 152 VIII 2 aF AktG). Der Grundsatz der Bilanzklarheit kann Abweichungen vom Bilanzschema des § 266 erforderlich machen, zB bei nicht in das allgemeine Schema passenden Posten oder Besonderheiten des Geschäftszweigs; Formblätter s § 330.

B. **Bilanzwahrheit:** Der Jahresabschluß muß nicht nur formal, sondern auch materiell ordnungsmäßig sein. Es gilt der Grundsatz der Bilanzwahrheit. Bilanzwahrheit bedeutet aber nicht, daß die Bilanz der objektiven Wahrheit (wirkliche Vermögenslage) entspricht, aA ROHG **12**, 18. Wahrheit ist vielmehr als Richtigkeit in Bezug auf den Bilanzzweck (s § 242 Anm 2, Einl II 2 vor § 238), die gesetzlichen Vorschriften und die GoB zu verstehen. Danach darf die Bilanz nichts Falsches enthalten. Vermögensgegenstände und Schulden dürfen nicht fingiert werden. Sie müssen vollständig aufgeführt werden (s Anm C). Die Bewertung muß den Bewertungsvorschriften (§§ 252 ff, für KapitalGes §§ 279 ff) und -grundsätzen entsprechen. Wo diese die Wahl zwischen Bewertungsmethoden, Bewertungsspielräume und stille Reserven zulassen, liegt kein Verstoß gegen die Bilanzwahrheit vor. Für KapitalGes gelten weitergehende Anforderungen, die sich aber weniger aus dem true and fair view-Prinzip des § 264 II, als aus konkreten Einzelvorschriften wie zB §§ 279 I, 280, 284, 285, 289 ergeben.

C. **Bilanzvollständigkeit:** Der Grundsatz der Bilanzvollständigkeit folgt aus dem der Bilanzwahrheit und ist entsprechend zu verstehen (s Anm B). Er ist in § 246 I besonders niedergelegt.

D. **Bilanzidentität:** Der Grundsatz der Bilanzidentität ist in § 252 I Nr 1 ausgesprochen. Er entspricht der fortlaufenden Buchführung.

E. **Bilanzkontinuität:** Die Grundsätze der formellen Bilanzkontinuität (Ausweiskontinuität, s § 252 Anm 7) und der materiellen Bilanzkontinuität (Bewertungsstetigkeit, § 252 Nr 6) dienen der Aussagekraft des Jahresabschlusses durch Vergleichbarkeit über den einen Abschluß hinaus.

F. **Grundsatz der Vorsicht:** Der Grundsatz der Vorsicht dient vor allem dem Gläubigerschutz. Er ist in § 252 I Nr 4 näher geregelt. Ausprägungen des Grundsatzes der Vorsicht sind das **Imparitätsprinzip** (s § 252 Anm 5 B und das **Realisationsprinzip** (s § 252 Anm 6).

3) Aufstellungsfrist (III), Stichtagsprinzip

A. **Aufstellungsfrist:** III sieht entspr § 39 II 2 aF für EinzelKflte und PersonenGes anders als § 264 I 2, 3 für KapitalGes keine absoluten Aufstellungsfristen vor, sondern verlangt Aufstellung innerhalb der einem ordnungsmäßigen Geschäftsgang entsprechenden Zeit (aA RegE § 39 III 2: 5 Monate). Die Sechsmonatsfrist für kleine KapitalGes (§ 264 I 3) gilt aber

§ 244 1, 2   III. Buch. Handelsbücher

grundsätzlich entsprechend auch für EinzelKflte und PersonenGes und darf nur ausnahmsweise geringfügig überschritten werden, Düss NJW **80**, 1292 (zu § 283b I Nr 3b StGB); auch BGH BB **55**, 109 m Anm Rowedder; offen BFH ZIP **84**, 882 (jedenfalls nicht über ein Jahr). Rsprübersicht: Reichel BB **81**, 708 (BFH). Inventarfrist s § 240 II 3. Fristüberschreitung ist Tatbestandsmerkmal in §§ 283 ff StGB.

B. **Stichtagsprinzip:** Der Jahresabschluß ist innerhalb der Aufstellungsfrist für einen bestimmten Stichtag aufzustellen. Bilanzstichtag ist der Schluß des Geschäftsjahres (§ 242 I, II). Das Geschäftsjahr darf zwölf Monate nicht überschreiten (§ 240 II 2), aber unterschreiten (sog Rumpfgeschäftsjahr, zB bei Anpassung des Geschäftsjahres an das Kalenderjahr). Dem Geschäftsjahr entspricht steuerrechtlich das Wirtschaftsjahr (§ 4a EStG). Festsetzung und Änderung des Stichtags sind frei; die Umstellung des Wirtschaftsjahres auf einen vom Kalenderjahr abweichenden Zeitpunkt bedarf bei im HdlReg eingetragenen Gewerbetreibenden des Einvernehmens mit dem Finanzamt (§ 4a EStG). Bei Gewerbetreibenden gilt der Gewinn des Wirtschaftsjahres als in dem Kalenderjahr bezogen, in dem das Wirtschaftsjahr endet (§ 4a II Nr 2 EStG). Nach dem Stichtagsprinzip sind tatsächliche Verhältnisse vor oder nach dem Stichtag nicht zu berücksichtigen. Bei nach dem Stichtag erlangten Kenntnissen des Kfm ist zwischen sog wertaufhellenden Tatsachen, die zum Stichtag bereits vorlagen, ohne daß der Kfm das wußte, und wertbeeinflussenden Tatsachen, die erst nach dem Stichtag eingetreten sind, scharf zu unterscheiden. Erstere sind zu berücksichtigen (ausdrücklich § 252 I Nr 4 für Risiken und Verluste), letztere müssen als zum nächsten Geschäftsjahr gehörend außer Betracht bleiben. Bsp: Zerstörung einer Maschine vor dem 31. 12. und nach dem 31. 12., was der Kfm erst nach dem 31. 12., aber vor Bilanzaufstellung erfährt. Das gilt entspr für die Bewertung (s § 252 Anm 5). Krit zu Vermengungen in der Rspr Knobbe=Keuk § 3 IV.

Sprache. Währungseinheit

244 Der Jahresabschluß ist in deutscher Sprache und in Deutscher Mark aufzustellen.

1) Sprache

Der Jahresabschluß (§ 242 III) ist in **deutscher Sprache** aufzustellen (abw § 43 I 1 aF). Diese Klarstellung ist für die zahlreichen ausländischen Kflte wichtig. Für die Buchführung sind dagegen auch andere lebende Sprachen zugelassen (§ 239 I).

2) Währungseinheit

§ 244 verlangt entspr § 40 I aF die Aufstellung des Jahresabschlusses **in DM**. Die einzelnen Werte sind ggf umzurechnen, zB ausländische Sachwerte und Beteiligungen. Die Geldentwertung (schleichende Inflation) bleibt nach dem deutschen Hdl- und Steuerbilanzrecht grundsätzlich unberücksichtigt (**Nominalwertprinzip:** Mark = Mark), um nicht zusätzliche Inflationsimpulse zu geben. Allerdings führt das zu Scheingewinnen ohne realen Vermögenszuwachs, deren Ausschüttung die Substanz antasten würde, und zur Außerachtlassung des gestiegenen Wiederbeschaffungs-

1. Abschnitt. Vorschriften für alle Kaufleute   1–3 **§ 245**

werts von Anlage- und Umlaufgütern. Eine besondere Substanzerhaltungsrücklage ist bisher rechtlich nicht anerkannt, erst recht nicht die sog inflationsbereinigte Bilanz. Das BiRiLiG hat gegen die Möglichkeit der im Ausland verbreiteten Bilanzierung zu Wiederbeschaffungspreisen (Wahlrecht nach Art 33 der 4. EG-Ri, Einl I 2 vor § 238) optiert. Monographie: von Maydell 1974 (Geldschuld und Geldwert).

Unterzeichnung

245 Der Jahresabschluß ist vom Kaufmann unter Angabe des Datums zu unterzeichnen. Sind mehrere persönlich haftende Gesellschafter vorhanden, so haben sie alle zu unterzeichnen.

1) Unterzeichnung (Satz 1)

§ 245 entspricht § 41 aF. Persönliche Unterschrift des Kfm mit Datumsangabe ist nur für den Jahresabschluß (Bilanz und Gewinn- und Verlustrechnung, § 242 III; KapitalGes s § 264 I 1) und über § 242 I 2 auch für die Eröffnungsbilanz erforderlich. Inventar s § 240 Anm 1.

2) Gesellschaftermehrheit (Satz 2)

S 2 beinhaltet eine öffentlichrechtliche Pflicht (Recht zur Mitwirkung an der Aufstellung s § 116 Anm 1 C, § 164 Anm 1 B). Unterschrift aller phG ist aber nicht Gültigkeitsvoraussetzung. Die Bilanz ist (mindestens im Innenverhältnis) gültig, sobald aus den Umständen der Gfterwille erhellt, sie als abschließende kontenmäßige Gegenüberstellung der Aktiva und Passiva der Ges gelten zu lassen, BGH BB **75**, 1606.

3) Nichtigkeit, Berichtigung und Änderung des Jahresabschlusses

A. **Unverbindlichkeit noch nicht aufgestellter oder nichtiger Jahresabschlüsse:** Bevor der Jahresabschluß nicht festgestellt ist (bei EinzelKfm idR mit Unterschrift, bei Ges durch Beschluß der Gfter, bei AG nach §§ 172, 173 AktG), kann er jederzeit frei geändert werden. Das gilt auch für den nichtig aufgestellten oder wirksam angefochtenen Jahresabschluß (vgl für Hauptversammlungsbeschluß § 241 Nr 5 AktG); ADS § 172 Rz 14, aA für nach §§ 119, 123 BGB angetochtene Bilanz einer Personen-Ges BGH WM **60**, 189.

B. **Berichtigung:** Der wirksam festgestellte Abschluß ist für das Unternehmen bzw die Ges verbindlich. Berichtigung ist die **Beseitigung eines unrichtigen Bilanzansatzes**, ggf schon der zugrundliegenden Buchungen, auch einer unzulässigen Gliederung. Sie ist möglich (vgl § 4 II 1 EStG), aber wenn sie in bestehende Rechte Dritter (zB die durch Gewinnverwendungsbeschluß entstandenen Gewinnansprüche) eingreift, nur mit deren Zustimmung. Wird nicht berichtigt, ist der Fehler im nächsten Jahresabschluß unter Berücksichtigung der zwischenzeitigen Entwicklung (zB Abschreibungen, die hätten vorgenommen werden müssen) richtigzustellen. Bei Berichtigung ist § 239 III zu beachten.

C. **Änderung:** Änderung ist der **Ersatz eines zulässig gewählten Bilanzansatzes** durch einen anderen (besonders hinsichtlich der Bewertung, §§ 252 ff), ggf schon der zugrundliegenden Buchungen, auch einer zulässigen Gliederung. Sie ist nur bei wichtigem Grund und unter erneuter

Aufstellung, Prüfung und Verabschiedung möglich, und nur wenn die Beteiligten zB bei HdlGes damit einverstanden sind. Steuerrechtlich ist Bilanzänderung nach Einreichung beim Finanzamt nur mit dessen Zustimmung zulässig (§ 4 II 2 EStG).

Zweiter Titel. Ansatzvorschriften

Vollständigkeit. Verrechnungsverbot

246 [I] Der Jahresabschluß hat sämtliche Vermögensgegenstände, Schulden, Rechnungsabgrenzungsposten, Aufwendungen und Erträge zu enthalten, soweit gesetzlich nichts anderes bestimmt ist.

[II] Posten der Aktivseite dürfen nicht mit Posten der Passivseite, Aufwendungen nicht mit Erträgen, Grundstücksrechte nicht mit Grundstückslasten verrechnet werden.

1) Vollständigkeit (I)

I entspricht § 40 II aF. Der Grundsatz der Vollständigkeit ist eine Ausprägung des Grundsatzes der Wahrheit (s § 243 Anm 2 B) bezogen auf die Bilanzansätze. I sieht eine umfassende Aktivierungs- und Passivierungspflicht für den Jahresabschluß, also Bilanz und Gewinn- und Verlustrechnung (§ 242 III), vor. Sämtliche Vermögensgegenstände (s § 242 Anm 1 C), Schulden (ebenda), Rechnungsabgrenzungsposten (§ 250), Aufwendungen und Erträge (vgl §§ 275 II, III) sind im Jahresabschluß vollständig aufzuführen, soweit gesetzlich nichts anderes bestimmt ist. Gesetzliche Ausnahmen folgen aus Bilanzierungsverboten (zB § 248) sowie Aktivierungs- und Passivierungswahlrechten (s § 264 Anm 4). Abgeschriebene Werte sind als Erinnerungsposten mit DM 1 weiterzuführen, RG **131**, 197. Daß umgekehrt Vermögensgegenstände und Schulden nicht fingiert werden dürfen, folgt aus der Bilanzwahrheit (s § 243 Anm 2 B). Vermögenszugehörigkeit s § 242 Anm 4.

2) Verrechnungsverbot (II)

II entspricht § 152 VIII 1 aF AktG. Das Verrechnungsverbot ist eine Ausprägung des Vollständigkeitsgebots (I). II enthält ein Mindestverbot: Posten der Aktivseite dürfen nicht mit Posten der Passivseite verrechnet werden, Aufwendungen nicht mit Erträgen und Grundstücksrechte nicht mit Grundstückslasten. Nicht mehr ausdrücklich erwähnt, aber selbstverständlich ist das Verbot, nicht abgerechnete Leistungen nicht mit Anzahlungen zu verrechnen. Weitergehende Anforderungen gelten in Verbindung mit den Gliederungsvorschriften (§§ 266 ff, 275 ff) für KapitalGes. II gilt nicht bei (mindestens seitens des bilanzierenden Kfm) aufrechenbaren Forderungen und Verbindlichkeiten zwischen denselben Personen (§ 387 BGB; aA GroßKo(AktG)-Mellerowicz § 152 Anm 84); ebenso wenn die Zeitpunkte der Fälligkeit der Forderung und der Erfüllbarkeit der Verbindlichkeit auseinanderfallen (und damit Aufrechnung ausscheidet, § 387 BGB aE), aber nur unwesentlich und es bis zur Aufstellung der Bilanz zum Erlöschen kommt (str). In diesen Fällen darf, aber muß nicht verrechnet werden. Keine Ausnahme zu II liegt beim Kontokorrent vor, wenn nur noch der Saldo geschuldet ist (§ 355).

1. Abschnitt. Vorschriften für alle Kaufleute   1, 2 § 247

Inhalt der Bilanz

247 ᴵ In der Bilanz sind das Anlage- und das Umlaufvermögen, das Eigenkapital, die Schulden sowie die Rechnungsabgrenzungsposten gesondert auszuweisen und hinreichend aufzugliedern.

ᴵᴵ Beim Anlagevermögen sind nur die Gegenstände auszuweisen, die bestimmt sind, dauernd dem Geschäftsbetrieb zu dienen.

ᴵᴵᴵ Passivposten, die für Zwecke der Steuern vom Einkommen und vom Ertrag zulässig sind, dürfen in der Bilanz gebildet werden. Sie sind als Sonderposten mit Rücklageanteil auszuweisen und nach Maßgabe des Steuerrechts aufzulösen. Einer Rückstellung bedarf es insoweit nicht.

1) Gesonderter Ausweis, hinreichende Aufgliederung (I)

A. **Gesonderter Ausweis:** I entspricht § 152 I 2 aF AktG. Folgende Posten sind in der Bilanz gesondert auszuweisen: **Anlagevermögen**, (Definition in II), **Umlaufvermögen** (negativ definiert in II, s Anm 2); **Eigenkapital** (s § 266 III A; vgl § 272 für KapitalGes); **Schulden** (s § 242 Anm 1 C); **Rechnungsabgrenzungsposten** (§ 250). Alle diese Posten finden sich als mit Großbuchstaben bezeichnete Oberbegriffe in der Bilanz der KapitalGes (§ 266 II, III), mit Ausnahme der Rückstellungen (§ 266 III B). Nach § 249 muß aber auch der EinzelKfm bzw die PersonenGes bestimmte Rückstellungen bilden. Sonderposten mit Rücklageanteil s III.

B. **Hinreichende Aufgliederung der Bilanz:** I macht deutlich, daß die in dem gesonderten Ausweis der genannten Posten liegende Gliederung auch bei EinzelKfm und PersonenGes nicht ausreicht („und hinreichend aufzugliedern", I aE). I ist somit eine Ausweisvorschrift, aber zugleich auch eine (Mindest)Gliederungsvorschrift (aA AmtlBegr). Wie tiefer zu gliedern ist, folgt aus dem Grundsatz der Bilanzklarheit und -übersichtlichkeit (s § 243 Anm 2 A) und GoB. Diese beinhalten für EinzelKfm und PersonenGes aber nicht dieselben Anforderungen wie für KapitalGes § 266. Das bedeutet, daß die Bilanz der EinzelKflte und PersonenGes über die Angaben nach I hinaus eine Mindestgliederung nach § 266 II, III grundsätzlich bis zur Tiefe der römischen Ziffern (sowie ggf Sonderposten mit Rücklageanteil, §§ 247 III, 273 S 2) einhalten muß (str); für sie gilt also nach GoB dasselbe wie für kleine KapitalGes nach § 266 I 3.

C. **Hinreichende Aufgliederung der Gewinn- und Verlustrechnung:** § 247 bezieht sich nur auf die Bilanz. Eine Mindestgliederung der Gewinn- und Verlustrechnung (§ 242 II) folgt aber aus GoB. Danach sind mindestens auszuweisen das Ergebnis der gewöhnlichen Geschäftstätigkeit des Geschäftsjahrs, das außerordentliche Ergebnis des Geschäftsjahrs; periodenfremde Aufwendungen und Erträge (s § 275 Anm 2 A). Die Erträge und die zugehörigen Aufwendungen dürfen saldiert werden (Nettomethode). Zulässig sind Staffel- und Kontoform, Gesamtkostenverfahren und Umsatzkostenverfahren. Strenger für die KapitalGes § 275.

2) Anlagevermögen (II)

A. **Abgrenzung zum Umlaufvermögen:** II entspricht § 152 I 1 aF AktG, aber ohne das Wort „am Abschlußstichtag"; krit IdW WPg **84**, 129. Damit wird klargestellt, daß zB bei der Zuordnung zum Anlage- oder

§ 248

zum Umlaufvermögen wie bisher ausnahmsweise auch vor oder nach dem Stichtag liegende Tatsachen berücksichtigt werden können (AmtlBegr; s § 243 Anm 3 B). II definiert Anlagevermögen als die Gegenstände, die bestimmt sind (s Anm B), dauernd (s Anm C) dem Geschäftsbetrieb zu dienen (s Anm D). Umlaufvermögen ist alles Vermögen, was nicht Anlagevermögen iSv II ist (oder zu den Rechnungsabgrenzungsposten gehört, § 250), zB das zum Verbrauch durch Verarbeitung oder Veräußerung bestimmte Vorratsvermögen. Die Abgrenzung ist wichtig zB für die Bilanzierung immaterieller Vermögensgegenstände (§ 248 II), die Bewertung (§§ 252 ff; § 6 EStG) und im Subventionsrecht.

B. **Zu dienen bestimmte Gegenstände:** Entscheidend ist nicht der rein subjektive Wille des Kfm (so aber KöKo-Claussen § 152 Rz 2), sondern die objektive betriebliche Zweckbestimmung zum maßgeblichen Zeitpunkt (s Anm A), BFH BStBl **75** II 353, **77** II 685, üL. Gegenstände nach § 266 II A sind iZw solche des Anlagevermögens, andere Gegenstände sind iZw solche des Umlaufvermögens.

C. **Dauernd:** Nicht dauernd zu dienen bestimmt sind Vermögensgegenstände, die zur Be- und Verarbeitung sowie zum Umsatz bestimmt sind.

D. **Dem Geschäftsbetrieb dienend:** Nicht nur Sachanlagen wie Maschinen und immaterielle Vermögensgegenstände wie gewerbliche Schutzrechte, sondern auch Finanzanlagen (§ 266 II A) dienen dem Geschäftsbetrieb. Nicht zu veräußernde, sondern nur zu vermietende Gegenstände dienen nicht deshalb schon dem Geschäftsbetrieb, sondern können Umlaufvermögen sein, zB Kopiergeräte, Videokassetten, Leihfilme, str. Beteiligungen s § 271.

3) Sonderposten mit Rücklageanteil (III)

Die Regelung des III entspricht für die Passivseite der Regelung des § 254 für die Aktivseite. Erlaubt das Steuerrecht die Bildung von Passivposten vom Einkommen und vom Ertrag, die handelsrechtlich an sich nicht zulässig wären, gestattet III 1 diese Ansätze auch in der HdlBilanz zwecks Gleichklang mit der Steuerbilanz. Das gilt auch bei Fehlen der umgekehrten Maßgeblichkeit (s § 242 Anm 2 A). Die Passivposten sind als Sonderposten mit Rücklageanteil auszuweisen und nach Maßgabe des Steuerrechts aufzulösen (III 2). Sie sind also handelsrechtlich nur solange zulässig, wie steuerliche Gründe vorliegen. Nach III 2 ist eine Rückstellung (für latente Steuern) unnötig. Für KapitalGes gilt § 247 III nach § 273 nur eingeschränkt (umgekehrte Maßgeblichkeit, s § 242 Anm 2 A; vgl §§ 254, 279 II, 280 II). **Übergangsrecht** in **(1)** EGHGB Art 24 III (Einl V1 B vor § 238).

Bilanzierungsverbote

248 [I] **Aufwendungen für die Gründung des Unternehmens und für die Beschaffung des Eigenkapitals dürfen in die Bilanz nicht als Aktivposten aufgenommen werden.**

[II] **Für immaterielle Vermögensgegenstände des Anlagevermögens, die nicht entgeltlich erworben wurden, darf ein Aktivposten nicht angesetzt werden.**

1. Abschnitt. Vorschriften für alle Kaufleute § 249

1) Aufwendungen für Unternehmensgründung und Eigenkapitalbeschaffung (I)

I entspricht § 153 IV 1 aF AktG. Aufwendungen für die Unternehmensgründung (zB Beurkundungs-, Gründungsprüfungskosten) und die Beschaffung des Eigenkapitals (zB Bankprovisionen, Aktien- und Prospektdruckkosten; für die AG vgl §§ 182–221 AktG) sind keine Vermögensgegenstände und deshalb nicht aktivierungsfähig. Passivposten bleiben möglich. Aufwendungen für die Ingangsetzung und Erweiterung des Geschäftsbetriebs (s § 269 für KapitalGes) fallen wie schon bisher (§ 153 IV 2 aF AktG) nicht unter das Verbot des I.

2) Immaterielles Anlagevermögen (II)

A. **Nicht entgeltlich erworbenes immaterielles Anlagevermögen:** Nur dieses fällt unter II (entspr 153 III aF AktG). Nicht entgeltlich erworbene immaterielle Vermögensgegenstände des Anlagevermögens (§ 247 II) sind nicht aktivierungsfähig, nicht einmal mit einem Erinnerungsposten (s § 246 Anm 1). Denn II ist ein Bilanzierungsverbot, keine Bewertungsvorschrift. II gilt auch für verkörperte immaterielle Vermögensgegenstände, zB Modelle, Prototypen (str), Pläne. Das Aktivierungsverbot für selbst geschaffenes immaterielles Anlagevermögen gilt auch für die steuerliche Gewinnermittlung (§ 5 II EStG).

B. **Entgeltlich erworbenes immaterielles Anlagevermögen:** Solche Vermögensgegenstände dürfen aktiviert werden wegen der Objektivierung am Markt durch das Entgelt für den Erwerb. Allgemeine Voraussetzungen der Aktivierbarkeit immaterieller Güter s § 242 Anm 3 B. Ebenso Geschäfts- oder Firmenwert, s § 255 IV. Am **Erwerb** fehlt es nicht schon, weil der Vermögengegenstand durch Einräumung eines Rechts erst geschaffen wird, str, Baumbach-Hueck-Schulze=Osterloh § 42 Rz 26. **Entgelt** (Geld ua, aber nicht ein nur immaterieller Tauschgegenstand) muß von Dritten gewährt worden sein. Eigene Aufwendungen des Kfm sind kein Entgelt (hL, aA GroßKo-Mellerowicz § 149 Anm 40). Dritter ist auch ein Konzernunternehmen, auch bei Beherrschungs- und/oder Gewinnabführungsvertrag (§ 291 AktG; aA Geßler-Hefermehl-Kropff § 153 Anm 48), jedoch darf dann nicht ohne weiteres das Entgelt, sondern nur der Teil, der am Markt bezahlt worden wäre (allgemeines Problem der konzerninternen Verrechnungspreise; vgl auch § 313 AktG), angesetzt werden. Der Kfm darf, aber muß nicht aktivieren (**Bilanzierungswahlrecht;** hL, str; aA Begr E § 242: Vollständigkeit, § 246 I), außer bei klarer Wertigkeit wie bei materiellem Anlagevermögen. Die KapitalGes hat dieses Wahlrecht nicht (vgl § 266 II A I). Bei der steuerrechtlichen Gewinnermittlung (§ 5 II EStG) besteht dagegen allgemeine Aktivierungspflicht. Übersicht: Moxter BB **78,** 821.

C. **Immaterielles Umlaufvermögen:** II gilt nach Wortlaut und Sinn nicht, hL, str. Software-Unternehmen müssen ihre Programme also aktivieren, auch wenn die Bewertung schwierig sein kann.

Rückstellungen

249 ¹Rückstellungen sind für ungewisse Verbindlichkeiten und für drohende Verluste aus schwebenden Geschäften zu bilden. Ferner sind Rückstellungen zu bilden für

§ 249 1

1. im Geschäftsjahr unterlassene Aufwendungen für Instandhaltung, die im folgenden Geschäftsjahr innerhalb von drei Monaten, oder für Abraumbeseitigung, die im folgenden Geschäftsjahr nachgeholt werden,
2. Gewährleistungen, die ohne rechtliche Verpflichtung erbracht werden.

Rückstellungen dürfen für unterlassene Aufwendungen für Instandhaltung auch gebildet werden, wenn die Instandhaltung nach Ablauf der Frist nach Satz 2 Nr. 1 innerhalb des Geschäftsjahrs nachgeholt wird.

II Rückstellungen dürfen außerdem für ihrer Eigenart nach genau umschriebene, dem Geschäftsjahr oder einem früheren Geschäftsjahr zuzuordnende Aufwendungen gebildet werden, die am Abschlußstichtag wahrscheinlich oder sicher, aber hinsichtlich ihrer Höhe oder des Zeitpunkts ihres Eintritts unbestimmt sind.

III Für andere als die in den Absätzen 1 und 2 bezeichneten Zwecke dürfen Rückstellungen nicht gebildet werden. Rückstellungen dürfen nur aufgelöst werden, soweit der Grund hierfür entfallen ist.

Übersicht
1) Zweck und Arten von Rückstellungen
2) Rückstellungen für ungewisse Verbindlichkeiten (I 1 1. Alternative)
3) Pensionsrückstellungen (zu I 1 1. Alternative)
4) Rückstellungen für drohende Verluste (I 1 2. Alternative)
5) Instandhaltungs- und Abraumbeseitigungsrückstellungen (I 2 Nr 1)
6) Rückstellungen für Gewährleistungen ohne rechtliche Verpflichtung (I 2 Nr 2)
7) Aufwandrückstellungen (II)
8) Verbot sonstiger Rückstellungen, Auflösungsverbot (III)

1) Zweck und Arten von Rückstellungen

§ 249 I, III 1 entspricht § 152 VII 1, 3 aF AktG; § 249 I 2, 3, II sind zT neu. Rückstellungen sind Passivposten mit dem Zweck, Aufwendungen, deren Existenz oder Höhe am Abschlußstichtag noch nicht sicher sind und die erst später zu einer Auszahlung führen, der Periode der Verursachung zuzurechnen. Rückstellungsbegriff s Müller ZGR **81**, 126. § 249 anerkennt abschließend fünf Fälle von Rückstellungen: **a)** für ungewisse Verbindlichkeiten (I 1 1. Alt, s Anm 2), wozu auch Pensionsrückstellungen gehören (s Anm 3); **b)** für drohende Verluste (I 1 2. Alt, s Anm 4), ein Unterfall von Rückstellungen für ungewisse Verbindlichkeiten; **c)** für Aufwendungen für im Geschäftsjahr unterlassene Instandhaltung oder Abraumbeseitigung (I 2 Nr 1, s Anm 5); **d)** für Gewährleistungen ohne rechtliche Verpflichtung (I 2 Nr 2, s Anm 6), ebenfalls ein Unterfall von Rückstellungen für ungewisse Verbindlichkeiten; **e)** für im Geschäftsjahr entstandenen Aufwand, sog Aufwandrückstellungen (II, bisher verboten, s Anm 7). Bewertung von Rückstellungen s § 253 I 2. Für KapitalGes Ausweis nach § 266 III B 1–3, Steuerabgrenzung (latente Steuern) nach § 274 und Angabe im Anhang § 285 Nr 12; Ausnahmen für kleine KapitalGes §§ 266 I 3, 288, für mittelgroße KapitalGes bei der Offenlegung § 327 Nr 2. Wenn keine Rückstellung zu bilden ist, kann doch Vermerk nach § 251 nötig sein.

2) Rückstellungen für ungewisse Verbindlichkeiten (I 1 1. Alternative)

A. **Voraussetzungen: a) Verbindlichkeit** ist eine Schuld gegenüber einem Dritten, keine bloße innerbetriebliche Verpflichtung; auch tatsächliche Verpflichtung ohne rechtliche Verbindlichkeit (wirtschaftliche Betrachtungsweise), vgl I 2 Nr 2, s Anm 6. Doch muß es so sein, daß mit Inanspruchnahme zu rechnen ist, bloß theoretische, wenngleich rechtlich begründbare Verpflichtung genügt nicht. **b) Ungewiß** ist die Verbindlichkeit, wenn sie in Existenz oder Höhe nicht feststeht, einerlei ob aus rechtlichen oder tatsächlichen Gründen. Ist die Inanspruchnahme bereits gewiß, ist keine Rückstellung zu bilden, sondern die Verbindlichkeit normal zu passivieren. **c) Bis zum Bilanzstichtag wirtschaftlich verursacht** muß die Verbindlichkeit sein, sonst gehört sie nicht mehr in das Berichtsjahr. Monographie: Eifler 1976.

B. **Beispiele:** Rückstellungen sind zulässig: bei Beherrschungs- und Gewinnübernahmevertrag (Verlustübernahme § 302 AktG); für betriebliche Berufsausbildung (BerBG, s § 59 Anm 1 E) wegen Pflicht des Arbeitgebers und Kündigungsschutz des Auszubildenden, üL, IdW-HFA FN **82,** 125, Nehm DB **84,** 2477, aA BFH BStBl **84** II 344; Gewährleistungen, Garantien, und zwar als Einzel- oder Pauschalrückstellung, BFH BStBl **84,** II 264, mehrjährige Garantiefrist, BGH BStBl **83** II 104; drohende Inanspruchnahme aus Haftungsverhältnissen (vgl § 251) etwa aus Bürgschaft, BFH DStR **67,** 354; Kfz-Haftpflichtschäden, ein für den Fall der Inanspruchnahme entstehender Haftpflichtversicherungsanspruch ist gegenüberzustellen, WP-Hdb **85** I 640; drohende Haftung nach § 128 oder §§ 171, 172 als Gfter einer PersonenGes, IdW-HFA 3/76 WPg **76,** 592; Jahresabschluß- und Prüfungskosten für das abgelaufene Jahr, BFH BStBl **80** II 298, IdW-HFA 2/73 WPg **73,** 503, aA Geßler-Hefermehl-Kropff § 152 Anm 60; Handelsvertreterausgleichsansprüche (§ 89b) vor HVVertragsende, str, ja üL, wohl nur Wahlrecht BGH NJW **66,** 2055, nein BFH stRspr BStBl **83** II 376; Produkthaftpflicht, von Westphalen WM **81,** 1154, Vollmer-Nick DB **85,** 53, dabei auch Pauschalrückstellung, aA wohl BFH BStBl **84** II 265; Prozeßkosten aber nur für schwebende Prozesse und idR nur für das Kostenrisiko; Steuererklärungskosten für Betriebssteuern für das abgelaufene Jahr, BFH BStBl **84** II 302; Schadensersatzanspruch bei drohender Inanspruchnahme, BFH BStBl **85** II 46; Schutzrechtsverletzung, auch wenn noch ungewiß, aber nicht unwahrscheinlich, BFH BStBl **82** II 748, WP-Hdb **85** I 641 für HdlBilanz, enger § 5 III EStG für Steuerbilanz: erst wenn Anspruch geltend gemacht oder damit ernsthaft zu rechnen ist, krit Moxter BB **82,** 2084; Sozialplan (§§ 111, 112 BetrVG), falls ernsthaft bevorstehend, WP-Hdb **85** I 642, EStR Abschn 31a IX; Steuerschulden für abgelaufene Geschäftsjahre vor rechtskräftiger Veranlagung; Steuerabgrenzung s § 274. **Nicht** zB für Hauptversammlungskosten, WP-Hdb **85** I 640; für Provisionsverpflichtungen vor Ausführung des vermittelten Geschäfts, BFH BStBl **73** II 482.

C. **Passivierungspflicht:** Für Rückstellungen nach I 1 besteht nach Wortlaut und Sinn kein Wahlrecht, sondern eine Passivierungspflicht, und zwar idR Einzelrückstellung, ausnahmsweise Pauschalrückstellung zB bei Garantieverpflichtungen und Produkthaftplicht (str), s Anm B.

3) Pensionsrückstellungen (zu I 1 1. Alternative)

A. **Neufälle:** Ansprüche der Arbeitnehmer aus betrieblicher Altersversorgung (s § 59 Anm 6 E) sind ungewisse Verbindlichkeiten (abhängig vom Eintritt des Versorgungsfalls). Sie fallen also ohne weiteres unter I 1 1. Alt (AmtlBegr). Es besteht also **Passivierungspflicht** (s Anm 2 C). Pensionsrückstellungen sind zu bilden für laufende Pensionen und für Pensionsanwartschaften (s § 59 Anm 6 Ec); auch bei Bestehen einer selbständigen Unterstützungseinrichtung, sobald persönliche Haftung des Arbeitgebers auf Nachschüsse (s § 59 Anm 6 Eb) droht; auch für künftige Ansprüche aus Vorruhestandsregelungen, IdW-HFA WPg **84,** 331. **Gesonderter Ausweis** nur nach § 266 III B 1 für KapitalGes außer kleine (§ 266 I 3). **Steuerrechtlich: sind Pensionsrückstellungen nur nach § 6a EStG zulässig.** Voraussetzungen sind ua Bestehen eines Rechtsanspruchs des Arbeitnehmers, Schriftform der Pensionszusage und Vorbehalte zur Kürzung oder zum Widerruf nur für Tatbestände, bei deren Vorliegen nach allgemeinen Rechtsgrundsätzen eine Minderung oder ein Entzug zulässig ist (EStR Abschn 41 II–V). Vorbehalte für Geschäftsaufgabe oder -übertragung oder Ausscheiden aus PersonenGes können steuerschädlich sein (WP-Hdb 85 I 632).

B. **Altfälle: a) Vor BiRiLiG:** Unter Berufung auf BGH **34,** 324, WM **74,** 392 wurde Passivierungspflicht verneint für die AG nach üL (dann aber Vermerk nach § 159 aF AktG), zT auch für die GmbH. Indessen ist mit Erlaß des BetrAVG die Pensionsanwartschaft rechtlich verfestigt (s § 59 Anm 6 E), die Hoffnung auf Deckung durch die laufenden Pensionszahlungen ist keine solide Basis für mangelnde Vorsorge und der Schutz der Unternehmen vor Schwierigkeiten aus Passivierung ist weder berechtigt (Gläubigerschutz) noch iErg wirksam, da ein Passivierungswahlrecht für die Überschuldungsbilanz und für die Konkurs- und Vergleichsantragspflicht (§ 92 II AktG, § 64 GmbHG, §§ 130a, 177a HGB) irrelevant wäre (KöKo-Mertens § 92 Anm 17, str) und sich nur auf die Kapitalerhaltung nach § 30 GmbHG (s § 172a Anm 7) und die Verlustanzeigepflicht nach § 92 I AktG, § 49 III GmbHG auswirkte (KöKo-Mertens § 92 Anm 3, str). Die besseren Gründe sprachen also schon bisher für eine Passivierungspflicht nach GoB (IdW-HFA WPg **76,** 86, IdW WPg **83,** 20, Knobbe=Keuk § 4 V c cc). Auf jeden Fall dürfen einmal gebildete Pensionsrückstellungen nicht mehr frei aufgelöst werden, BFH BStBl **77** II 801, IdW-HFA 3/77 WPg **77,** 464, vgl jetzt III 2. **b) Übergangsregelung:** Nach **(1)** EGHGB Art 28 braucht für laufende Pensionen und Pensionsanwartschaften, die **vor dem 1. 1. 87 erworben** oder vorher begründet, aber nach dem 31. 12. 86 erhöht worden sind, keine Rückstellung nach § 249 I 1 gebildet zu werden (S 1), keinesfalls für mittelbare Zusagen und pensionsähnliche Verpflichtungen (S 2), doch müssen KapitalGes den Gesamtbetrag im (Konzern)Anhang angeben (II). Damit sollte das angeblich bestehende Passivierungswahlrecht aufrechterhalten werden (AmtlBegr). Indessen bestand richtiger Ansicht nach ein solches Wahlrecht schon bisher nicht. Es ist deshalb zu überlegen, **(1)** EGHGB Art 28 einengend dahin auszulegen, daß er nur § 249 I, nicht aber die allgemeinen GoB betrifft, nach denen eine Passivierungspflicht eventuell schon bisher besteht, und erst recht keine Festschreibung dahin beinhaltet, daß sich nicht auch für Altfälle im Laufe

1. Abschnitt. Vorschriften für alle Kaufleute 4, 5 § 249

der Zeit GoB mit dem Inhalt einer Passivierungspflicht bilden können. Die Festschreibung eines „Grundsatzes ordnungswidriger Buchführung" (Döllerer BB **82**, 777) durch (1) EGHGB Art 28 I 1 und besonders I 2 auf Dauer (so AmtlBegr zu § 249) wäre mit dem Gesetzeszweck unvereinbar. Diese teleologische Auslegung geht der historischen jedenfalls längerfristig vor. Für Verfassungswidrigkeit Birk NJW **84**, 1329. Falls keine Rückstellungen gebildet werden, sollten diese Haftungsverhältnisse jedenfalls unter der Bilanz vermerkt werden (aber s § 251 Anm 1).

4) Rückstellungen für drohende Verluste (I 1 2. Alternative)

A. **Voraussetzungen:** Rückstellungen für drohende Verluste sind ein Unterfall von Rückstellungen für ungewisse Verbindlichkeiten (s Anm 2); die dazu entwickelten Grundsätze gelten auch für I 1 2. Alt. Die Passivierungspflicht folgt aus dem Imparitätsprinzip, wonach unrealisierte Verluste schon dann zu berücksichtigen sind, wenn ihr Eintritt droht (§ 252 I Nr 4). a) **Verlust** ist der Mehrwert der eingegangenen Verbindlichkeit gegenüber der erworbenen Forderung. Er zeigt sich beim Vergleich der vom Kfm zu erbringenden Hauptleistung mit der zu erwartenden Gegenleistung. Berechnungsbeispiele s Anm B. b) **Drohend** bedeutet, daß der Verlust nicht nur möglich, sondern einigermaßen wahrscheinlich ist (vgl Anm 2 A). Allgemeine Risiken wie Geschäftsrisiko oder Exportrisiko (vgl (7) Bankgeschäfte VII 7 B Hermes-Deckung) genügen nicht; anders bei konkreten Länderrisiken. c) **Bis zum Bilanzstichtag wirtschaftlich verursacht** s Anm 2 A.

B. **Beispiele:** Bei **Beschaffungsgeschäften** des Kfm errechnet sich ein Verlust, wenn der zulässige Bilanzwert (zB § 253 III, § 254) der ausstehenden Ware am Bilanzstichtag niedriger ist als der geschuldete Kaufpreis, BFH BStBl **82** II 122, Knobbe=Keuk § 4 VII 2. Bei **Absatzgeschäften** des Kfm sind die Selbstkosten mit der Kaufpreisschuld zu vergleichen. Die Kaufpreisschuld ist zum Nennwert anzusetzen. Die Selbstkosten umfassen nicht nur die Herstellungskosten (s § 255 Anm 2), sondern auch künftige Lager- und Vertriebskosten, diese einschließlich zu erwartender Preis- und Lohnerhöhungen, soweit sie der Kfm nicht durch Tagespreisklauseln oä (s aber (5) AGBG § 11 Nr 1) übergewälzt hat, str, Knobbe=Keuk § 4 VII 2, aA BFH BStBl **83** II 104, üL. Diese Kosten umfassen die anteiligen Fixkosten, zB Abschreibungen auf Maschinen ua; für diesen Vollkostenansatz üL, Döllerer BB **74**, 1542, Bordewin BB **74**, 973; aA Leffson S 369; für Wahlrecht WP-Hdb **85** I 637. Rückstellungen sind auch bei gezieltem Unter-Selbstkosten-Verkauf zu bilden, str. Bei Dauerschuldverhältnissen können nicht einzelne Verlustjahre isoliert gesehen werden, BFH BStBl **84** II 58, aA Knobbe=Keuk § 4 VII 4c: Rückstellung für Restgeschäft.

C. **Passivierungspflicht:** s Anm 2 C; Wahlrecht zwischen Voll- und Teilkostenansatz s Anm B.

5) Instandhaltungs- und Abraumbeseitigungsrückstellungen (I 2 Nr 1, I 3)

A. **Voraussetzungen:** Aufwendungen für Instandhaltung oder Abraumbeseitigung sind unterlassen worden, werden aber im folgenden Geschäftsjahr nachgeholt (I 2, 3). Die Instandhaltungsrückstellungen nach I 2, 3 sind anders als die aus I 1 keine solche mit Schuldcharakter, sondern solche

§ 249 6, 7   III. Buch. Handelsbücher

wegen innerbetrieblicher Verpflichtungen (s Anm 2 A) und deshalb umstritten. Dafür Dziadkowski-Runge WPg **84**, 544; krit Siegel WPg **85**, 14. Die Abraumbeseitigungsrückstellungen fallen an sich schon unter I 1, aber s Anm C.

B. **Beispiele:** Hinausgeschobene Wartungs- und Reparaturarbeiten am Maschinenpark, Renovierung von Wohnungen.

C. **Passivierungspflicht bzw -wahlrecht:** Für im folgenden Geschäftsjahr nachgeholte Abraumbeseitigungsrückstellungen besteht nach I 2 Passivierungspflicht. Das gilt anders als nach I 1 ohne Rücksicht auf ihr Drohen am Bilanzstichtag. Für Instandhaltungsaufwendungen ist zu unterscheiden. I 2 Nr 1 sieht Passivierungspflicht nur vor, wenn sie in den ersten drei Monaten des folgenden Geschäftsjahres nachgeholt werden. Sonst bleibt es nach I 3 bei einem Passivierungswahlrecht. Diese Differenzierung ist mit Rücksicht auf BFH BStBl **84** II 278 erfolgt, wonach Instandhaltungsaufwendungen bei bloßem Wahlrecht nach HGB steuerrechtlich nicht anerkannt werden (AmtlBegr). Anders als nach § 152 VII 2 aF AktG ist **kein gesonderter Ausweis** der Rückstellungen aus I 2 nötig.

6) Rückstellungen für Gewährleistungen ohne rechtliche Verpflichtung (I 2 Nr 2)

A. **Voraussetzungen:** Es handelt sich um einen Unterfall von Rückstellungen für ungewisse Verbindlichkeiten, Döllerer BB **65**, 1410, hL, Kulanzleistungen fallen entweder schon unter I 1 1. Alt, wenn sie die Vermeidung von Rechtsstreitigkeiten bezwecken, oder unter I 2 Nr 2, wenn sie eindeutig ohne rechtliche Verpflichtung, aber im Hinblick auf die Erhaltung der Geschäftsbeziehung erfolgen. Notwendig ist ein faktischer Leistungszwang, Moxter § 6 I 3.

B. **Beispiele:** Reparatur unter Selbstkosten trotz unsachgemäßer Behandlung der Kaufsache durch den Kunden oder klaren Verjährungseintritts. **Nicht:** Kulanzleistung ohne Bezug auf vorangegangenen Vertrag, zB Reparaturen an bei Dritten gekauften Produkten oder sonstige Dienstleistungen unter Selbstkosten zum Gewinnen vom Kunden (auf die Zukunft gerichtete Werbemaßnahme), BFH BStBl **65** III 383.

C. **Passivierungspflicht:** So klar I 2. Bei Kulanzleistungen ohne Bezug auf vorangegangenen Vertrag (s Anm B) scheidet Passivierung überhaupt aus (III 1), also auch kein Passivierungswahlrecht, Moxter § 6 I 3, aA Hefermehl-Geßler-Kropff § 152 Anm 79. Kein gesonderter Ausweis, s Anm 5 C.

7) Aufwandrückstellungen (II)

A. **Voraussetzungen:** II läßt anders als § 152 VII aF AktG Aufwandrückstellungen zu. Denn es handelt sich dabei nicht um eine allgemeine Zukunftsvorsorge wie durch Rücklagen, sondern um die Vorsorge für konkrete künftige Aufwendungen, die vergangenen Geschäftsjahren zuzuordnen und für den Kfm unabweisbar sind, und solche Rückstellungen sind auch in anderen EGMitgliedstaaten zulässig (AmtBegr). II ist eng auszulegen; notwendig sind genaue Umschreibung, klare Periodenzuordenbarkeit und zwar nicht Sicherheit, aber hohe Wahrscheinlichkeit. Unbestimmtheit der Höhe und des Zeitpunkts ist sinngemäß verzichtbar.

1. Abschnitt. Vorschriften für alle Kaufleute § 250

Aktivierungspflichtige Aufwendungen fallen nicht unter II. Steuerrechtlich bleiben sie wegen des Passivierungswahlrechts ohne Auswirkung auf die Gewinnermittlung. Übersicht: Ordelheide-Hartle GmbHR **86**, 16.

B. **Beispiele:** Reparaturen und Instandhaltungsarbeiten an eigenen Anlagen (soweit nicht schon von I 2 Nr 1 erfaßt); unterlassener Forschungs- und Werbeaufwand; auch an sich fällige Großreparaturen, die aber erst nach dem nächsten Geschäftsjahr ausgeführt werden sollen.

C. **Passivierungswahlrecht:** So klar II. Steuerrechtliche Konsequenz s Anm A.

8) Verbot sonstiger Rückstellungen, Auflösungsverbot (III)

A. **Verbot sonstiger Rückstellungen:** Nach III 1 sind andere Rückstellungen als nach I und II unzulässig. Die Reichweite von III 1 ist gegenüber dem gleichlautenden § 152 VII 3 aF AktG wegen der Zulassung von Aufwandrückstellungen nach II erheblich eingeschränkt. Rückstellungen zwecks stiller Reservenbildung ist aber unzulässig (s § 253 Anm 5 C).

B. **Auflösungsverbot:** nach **III 2** dürfen Rückstellungen auch bei Passivierungswahlrecht nicht nach freier Wahl wieder aufgelöst werden, sondern nur soweit der Grund hierfür entfallen ist. Ebenso für Pensionsrückstellungen schon vor dem BiRiLiG, s Anm 3 B a (unbeschadet der Wahl, ob neu zugeführt werden soll). III 2 gilt auch für Pensionsrückstellungen nach Übergangsrecht, soweit ein fortdauerndes Passivierungswahlrecht anerkannt wird, s Anm 3 B b. III 2 räumt kein Beibehaltungswahlrecht ein; denn das würde zu mit dem Gesetzeszweck unvereinbaren stillen Reserven (§ 253 Anm 5 C) führen. **Übergangsrecht** in **(1)** EGHGB Art 24 III (s Einl V 1 B vor § 238). Übersicht: Gail BB **82**, 217.

Rechnungsabgrenzungsposten

250 [I]{.sup} Als Rechnungsabgrenzungsposten sind auf der Aktivseite Ausgaben vor dem Abschlußstichtag auszuweisen, soweit sie Aufwand für eine bestimmte Zeit nach diesem Tag darstellen. Ferner dürfen ausgewiesen werden

1. als Aufwand berücksichtigte Zölle und Verbrauchsteuern, soweit sie auf am Abschlußstichtag auszuweisende Vermögensgegenstände des Vorratsvermögens entfallen,
2. als Aufwand berücksichtigte Umsatzsteuer auf am Abschlußstichtag auszuweisende oder von den Vorräten offen abgesetzte Anzahlungen.

[II]{.sup} Auf der Passivseite sind als Rechnungsabgrenzungsposten Einnahmen vor dem Abschlußstichtag auszuweisen, soweit sie Ertrag für eine bestimmte Zeit nach diesem Tag darstellen.

[III]{.sup} Ist der Rückzahlungsbetrag einer Verbindlichkeit höher als der Ausgabebetrag, so darf der Unterschiedsbetrag in den Rechnungsabgrenzungsposten auf der Aktivseite aufgenommen werden. Der Unterschiedsbetrag ist durch planmäßige jährliche Abschreibungen zu tilgen, die auf die gesamte Laufzeit der Verbindlichkeit verteilt werden können.

§ 250 1–3

1) Aktive Rechnungsabgrenzungsposten nach I 1

A. Voraussetzungen: I 1 entspricht § 152 IX Nr 1 aF AktG. Rechnungsabgrenzungsposten auf der Aktivseite ebenso wie auf der Passivseite sind keine Vermögensgegenstände oder Schulden, sondern dienen der periodengerechten Erfolgsermittlung. Aktive Rechnungsabgrenzungsposten sind Ausgaben vor dem Abschlußstichtag, soweit sie Aufwand für eine bestimmte Zeit nachher darstellen (transitorische Posten ieS). **Ausgaben** sind Barausgaben, Buchungen von Verbindlichkeiten, Wechselhingabe, WP-Hdb 85 I 614. Abschlußstichtag s § 243 Anm 3 B. **Bestimmte Zeit** bedeutet nicht notwendig kalendermäßige Fixierung, aA WP-HdB 85 I 615, sondern bestimmbarer Zeitraum, auch über mehrere Jahre hinweg, Knobbe=Keuk § 4 VI 1, Federmann BB **84**, 251, zT weitergehend BFH, zB BStBl **81** II 672, **84** II 553. Zu Rechnungsabgrenzungsposten kommt es idR, wenn Leistung und Gegenleistung zeitlich auseinanderfallen. **Nicht** unter Rechnungsabgrenzung fallen **transitorische Posten im weiteren Sinne,** zB Forschungs- und Entwicklungskosten, Werbekosten, da sie künftigen Geschäften dienen, auch nicht **antizipative Posten,** bei denen der Zahlungsvorgang erst im neuen Geschäftsjahr liegt, diese sind als Verbindlichkeiten (bzw als Forderungen) zu verbuchen.

B. Beispiele: Noch im alten Jahr getätigte Vorauszahlungen von Versicherungsprämien, Miete, Beiträgen für das folgende Jahr; auch Vorauszahlungen auf Dauermiete von Werbefläche, WP-Hdb **85** I 614. **Nicht:** Kosten für Werbekampagne im alten Jahr (transitorisch iwS); im alten Jahr nicht mehr bezahlte Prämien und Mietzins für das alte Jahr (antizipativ); allgemeine Anzahlungen bei schwebenden Geschäften (s § 252 Anm 6 D).

C. Aktivierungspflicht: so I 1 zwecks periodengerechter Erfolgsermittlung.

2) Passive Rechnungsabgrenzungsposten nach I 2

A. Voraussetzungen: I 2 entspricht § 152 IX Nr 2 aF AktG. Passive Rechnungsabgrenzungsposten sind Einnahmen vor dem Abschlußstichtag, soweit sie Ertrag für eine bestimmte Zeit nachher darstellen. Einnahmen sind Bareinnahmen, Buchungen von Forderungen, Entgegennahme eines Wechsels. Im übrigen gilt (von der anderen Bilanzseite abgesehen) dasselbe wie für aktive Rechnungsabgrenzungsposten, s Anm 1 A.

B. Beispiele: Öffentlichrechtlicher Kostenzuschuß für die Stellung eines Ausbildungsplatzes über zwei aufeinanderfolgende Ausbildungsverhältnisse, BFH BB **84**, 1404; noch im alten Jahr erhaltene Vorauszahlungen, s Anm 1 B.

C. Passivierungspflicht: vgl Anm 1 C.

3) Zölle, Verbrauchssteuern, Umsatzsteuer (I 2)

I 2 übernimmt § 5 IV 2 EStG auch in das HGB mit der Ergänzung, daß I 2 Nr 2 auch für Umsatzsteuer auf von den Vorräten offen abgesetzte Anzahlungen zugelassen wird. Bei den als Aufwand berücksichtigten Zöllen und Verbrauchssteuern (I 2 Nr 1) und Umsatzsteuerzahlungen (I 2 Nr 2) handelt es sich **an sich** um **antizipative Posten,** die nur als Forderungen oder Verbindlichkeiten anzusetzen sind (s Anm 1 A), aber nach I 2 zwecks Einheitlichkeit von Handels- und Steuerbilanz als aktive Rechnungsabgrenzungsposten angesetzt werden dürfen (**Aktivierungswahlrecht**). Soweit Zölle und Verbrauchssteuern den Anschaffungs- oder Herstellungskosten der Vermögensgegenstände zuzurechnen sind (s § 255 Anm 2 B), verbleibt es dabei; vgl Abschn 31 a V 2 EStR, IdW WPg **84**, 130. Zur Umsatzsteuer Abschn 31 a V 3, 4 EStR.

4) Disagio oder Damnum (III)

III entspricht § 156 III aF AktG. Die **Differenz zwischen Rückzahlungsbetrag** einer Verbindlichkeit (Nennwert) **und** niedrigerem **Ausgabebetrag** heißt Disagio, Abgeld oder bei Hypotheken Damnum. Bsp: Der Kfm erhält nur 97%, muß aber 100% zurückbezahlen. Dem steht das Agio oder Aufgeld gleich, so wenn nominal 97% bezahlt und geschuldet sind, aber ein Aufgeld von 3% hinzukommt. Disagio ist vorweg gezahlter Zins. III 1 räumt ein **Aktivierungswahlrecht** (bisher str) ein, doch ist bei Gebrauch davon der aktivierte Betrag durch planmäßige **Abschreibungen** zu tilgen (III 2). Nach Abschn 37 III EStR besteht dagegen Aktivierungs- und Abschreibungspflicht. Nach § 268 VI bei KapitalGes wahlweise Angabe im Anhang. Bei **Zerobonds** ist als Rückzahlungsbetrag beim Emittenten der Ausgabebetrag zuzüglich der bis zum jeweiligen Bilanzstichtag aufgelaufenen Zinsen anzusetzen (Nettomethode), Disagio dann nur noch für die Feineinstellung; bei den Erwerbern sind die jährlich auflaufenden Zinsen jeweils zusätzliche Anschaffungskosten.

Haftungsverhältnisse

251 Unter der Bilanz sind, sofern sie nicht auf der Passivseite auszuweisen sind, Verbindlichkeiten aus der Begebung und Übertragung von Wechseln, aus Bürgschaften, Wechsel- und Scheckbürgschaften und aus Gewährleistungsverträgen sowie Haftungsverhältnisse aus der Bestellung von Sicherheiten für fremde Verbindlichkeiten zu vermerken; sie dürfen in einem Betrag angegeben werden. Haftungsverhältnisse sind auch anzugeben, wenn ihnen gleichwertige Rückgriffsforderungen gegenüberstehen.

1) Vermerkpflicht (Satz 1)

A. **Passivierung oder Vermerk**: § 251 entspricht § 151 V 1, 2 aF AktG, aber mit der Erleichterung, daß der Ausweis in einem Betrag gestattet ist. Für KapitalGes s ergänzend § 268 VII. Haftungsverhältnisse iSd § 251 begründen Eventualverbindlichkeiten, mit deren Aktualisierung gerechnet werden muß. Soweit sie nicht als eigene Schuld (branchenübliche Herstellergarantie für eigene Schuld, s Anm B) oder als schon aktualisiert auf der Passivseite auszuweisen sind (s § 266 Anm 13), sind sie jedenfalls unter der Bilanz zu vermerken. Sie sind dann erkennbar, ohne sich doch auf die Gewinnermittlung auszuwirken.

B. **Haftungsverhältnisse**: Diese sind abschließend aufgezählt: Wechselobligo als Aussteller (Art 9 WG) oder Indossant (Art 15 WG); Bürgschaftsobligo (§ 765 BGB, s § 349 Anm 1); Wechsel- und Scheckbürgschaftsobligo (Art 32 WG, Art 27 ScheckG, s § 349 Anm 4 D); Gewährleistungsvertragsobligo zB aus Schuldbeitritt (str), Garantie (auch für eigene Leistung wie Herstellergarantie, s § 349 Anm 4 C, außer bei Branchenüblichkeit,

§ 252   III. Buch. Handelsbücher

WP-Hdb 85 I 651), rechtlich oder wirtschaftlich verbindlicher Patronatserklärung (s § 349 Anm 4; IdW-HFA 2/76 WPg **76,** 528), Haftungsverhältnis aus Bestellung von Sicherheiten für fremde (auch Privatschuld des Kfm s § 242 Anm 4 A) Verbindlichkeiten, zB Grundpfandrecht an Grundstück des Kfm für fremde Schuld. Sonstige Haftungsverhältnisse sind als zu unbestimmt nicht erwähnt (AmtlBegr), aber bei KapitalGes im Anhang anzugeben, falls für die Beurteilung der Finanzlage von Bedeutung (§ 285 Nr 3). Unterlassene Pensionsrückstellungen (Altfälle s § 249 Anm 3) sollen nicht unter S 1 fallen (AmtlBegr, aber s § 249 Anm 3 Bb); jedenfalls für die KapitalGes greift § 285 Nr 3 ein (anders AmtlBegr zu § 251). Nicht bezifferbare Risiken fallen unter § 285 Nr 3.

C. **Angabe:** Die Verbindlichkeiten dürfen in einem Betrag angegeben werden (S 1 Halbs 2). Dabei ist der tatsächlich (eventual) geschuldete Betrag zugrundezulegen; bei Wechselobligen die Wechselsumme einschließlich bereits absehbarer Nebenkosten (Art 48, 49 WG); bei Bürgschaft nicht unbedingt nur der Betrag der valutierten Hauptverbindlichkeit, sondern das Bürgschaftslimit (str, aA WP-Hdb 85 I 651); bei Gewährleistung für fremde Leistung idR nur der jeweilige Betrag der Hauptschuld am Bilanzstichtag, bei jederzeit möglicher Erhöhung der Hauptschuld und Gewährleistung des höheren Betrags dieser (str, aA WP-Hdb 85 I 652). Fehlanzeige ist unnötig (s § 265 Anm 8).

2) Rückgriffsforderungen (Satz 2)

Der Vermerk nach S 1 ist auch nötig, wenn dem Obligo eine gleichwertige Rückgriffsforderung gegenübersteht (Verrechnungsverbot, § 248 II). Die Rückgriffsforderung selbst ist nicht zu aktivieren; anders wenn das Obligo selbst passiviert wird (s Anm 1 A).

Dritter Titel. Bewertungsvorschriften

Allgemeine Bewertungsgrundsätze

252 [1] **Bei der Bewertung der im Jahresabschluß ausgewiesenen Vermögensgegenstände und Schulden gilt insbesondere folgendes:**

1. **Die Wertansätze in der Eröffnungsbilanz des Geschäftsjahrs müssen mit denen der Schlußbilanz des vorhergehenden Geschäftsjahrs übereinstimmen.**
2. **Bei der Bewertung ist von der Fortführung der Unternehmenstätigkeit auszugehen, sofern dem nicht tatsächliche oder rechtliche Gegebenheiten entgegenstehen.**
3. **Die Vermögensgegenstände und Schulden sind zum Abschlußstichtag einzeln zu bewerten.**
4. **Es ist vorsichtig zu bewerten, namentlich sind alle vorhersehbaren Risiken und Verluste, die bis zum Abschlußstichtag entstanden sind, zu berücksichtigen, selbst wenn diese erst zwischen dem Abschlußstichtag und dem Tag der Aufstellung des Jahresabschlusses bekanntgeworden sind; Gewinne sind nur zu berücksichtigen, wenn sie am Abschlußstichtag realisiert sind.**
5. **Aufwendungen und Erträge des Geschäftsjahrs sind unabhängig von**

1. Abschnitt. Vorschriften für alle Kaufleute **1 § 252**

den Zeitpunkten der entsprechenden Zahlungen im Jahresabschluß zu berücksichtigen.
6. **Die auf den vorhergehenden Jahresabschluß angewandten Bewertungsmethoden sollen beibehalten werden.**

II **Von den Grundsätzen des Absatzes 1 darf nur in begründeten Ausnahmefällen abgewichen werden.**

Übersicht
1) Die Bewertung beim Jahresabschluß (I) und anderen Bilanzen
2) Bilanzidentität (I Nr 1)
3) Fortführungs- oder going concern-Prinzip (I Nr 2)
4) Einzelbewertung zum Abschlußstichtag (I Nr 3)
5) Grundsatz der Vorsicht, Imparitätsprinzip (I Nr 4); Unterbewertung
6) Realisationsprinzip (I Nr 5), schwebende Geschäfte, Anzahlungen
7) Bewertungsstetigkeit (I Nr 6)
8) Abweichen nur in begründeten Ausnahmefällen (II)
9) Bewertungswahlrechte

1) Die Bewertung beim Jahresabschluß (I) und anderen Bilanzen

A. **Jahresabschluß:** Der Wert der in der Bilanz auszuweisenden Vermögensgegenstände und Schulden ist keine feststehende Größe, sondern hängt davon ab, wie der Markt zum Bilanzstichtag ist, ob von der Fortführung oder der Zerschlagung des Unternehmens ausgegangen wird, ob die Gegenstände einzeln oder zusammen betrachtet werden, wie vorsichtig bewertet wird usw. Deswegen gibt es handelsrechtliche Bewertungsvorschriften (**§§ 252–256;** für KapitalGes zusätzlich §§ 279–283; im Konzern §§ 308–309). Die Bewertung hängt vom Zweck und damit der Art der jeweiligen Bilanz ab (s § 242 Anm 2). §§ 252 ff gelten für den normalen Jahresabschluß, also für die HdlBilanz und Gewinn- und Verlustrechnung (§ 242 III), bei dem es um die periodengerechte Aufteilung von Aufwänden und Erträgen auf die einzelnen Rechnungsperioden geht, also um die Ermittlung von Gewinn oder Verlust des einzelnen Geschäftsjahres (Gewinnermittlungs-, Erfolgs- oder dynamische Bilanz). Stichtagsprinzip s Anm 4, § 243 Anm 3 B. Überbewertung und Unterbewertung (stille Reserven) s Anm 5, § 243 Anm 1 B. **Übergangsrecht** in **(1)** EGHGB Art 24 (s Einl V 1 B vor § 238).

B. **Steuerbilanz:** Das Steuerrecht anerkennt zwar grundsätzlich die HdlBilanz (Maßgeblichkeitsgrundsatz, s § 242 Anm 2 A). Für die Bewertung gilt jedoch der **Bewertungsvorbehalt** (§ 5 V EStG). Das Steuerrecht verfolgt dabei eigene fiskalische Zwecke und versucht ua die Unterbewertung (zu hohe Abschreibungen) zu verhindern und stille Rücklagen, verdeckte Gewinnausschüttungen ua zu erfassen (§§ 6, 7 EStG). Für die **Vermögenssteuer,** Grundsteuer, Gewerbesteuer, Grunderwerbssteuer und Erbschaftssteuer gilt unabhängig von der HdlBilanz das BewG (§ 17 BewG).

C. **Sonstige Bilanzen:** Für sonstige gesetzlich vorgesehene Bilanzen mit anderem Zweck als der Jahresabschluß (s § 242 Anm 2 B), zB Feststellung des Vermögenswerts am Bilanzstichtag (Wertfeststellungs-, Vermögens-, statische Bilanz) gelten §§ 252 ff grundsätzlich nicht; doch kann etwas anderes bestimmt sein, zB für die Eröffnungsbilanz § 242 I 2 oder die Liquidationseröffnungsbilanz bei der AG § 270 II 2 AktG (anders § 270 III 1 aF AktG); Döllerer BB **68**, 637.

D. **Privatbilanzen:** Für nicht gesetzlich vorgeschriebene, sondern aufgrund Vereinbarung zB bei Unternehmenskauf (Einl II 1 B, II vor § 1) oder aus Anlaß des Ausscheidens eines Gfters bei Abfindungsklauseln (s § 138 Anm 5) erstellte Bilanzen gelten §§ 252 ff nicht, außer bei anderweitiger vertraglicher Vereinbarung. Die Errrichtung einer solchen Privatbilanz ist Rechtsgeschäft und in den Grenzen der §§ 138, 826 BGB ua in der Bewertung frei.

2) Bilanzidentität (I Nr 1)

Die Anfangsbilanz des neuen Jahres muß mit der Schlußbilanz des alten übereinstimmen. Das gilt für sämtliche Wertansätze (fortlaufende Buchführung). Dieser Grundsatz der Bilanzidentität (Bilanzzusammenhang) führt dazu, daß höhere oder niedrigere Wertansätze im alten Jahr sich entgegengesetzt im neuen Jahr auswirken (sog **Zweischneidigkeit der Bilanz**). Bsp: Schnellere Abschreibung in den ersten Jahren läßt weniger für die restlichen übrig, der Gewinn in den ersten Jahren ist also niedriger, der in den restlichen entsprechend höher. Damit kommt es jedenfalls über die Jahre hinweg tendenziell zur zutreffenden Erfassung des Gesamtgewinns (vgl § 4 I 1 EStG). Bilanzkontinuität s Anm 7. Mitangabe der Vorjahreszahlen bei KapitalGes s § 265 II.

3) Fortführungs- oder going concern-Prinzip (I Nr 2)

Bei der Jahresabschlußbewertung ist grundsätzlich von der Unternehmensfortführung (going concern) auszugehen. Das gilt auch bei kritischer Unternehmenslage; zu weit (auch bei drohendem Unternehmenszusammenbruch) Moxter WPg **80**, 345. Nur wenn die **Fortführungsprognose** aus tatsächlichen oder rechtlichen Gründen negativ ist, sind Zerschlagungswerte anzusetzen. Die Prognose muß das Jahr nach dem Bilanzstichtag abdecken, nach aA das laufende und nächstfolgende Geschäftsjahr; dazu Müller ZGR **85**, 200. Übersicht: Janssen WPg **84**, 341.

4) Einzelbewertung zum Abschlußstichtag (I Nr 3)

I Nr 3 entspricht § 39 I, II aF. I Nr 3 verbietet Saldierung von Wertminderungen mit Wertsteigerungen bei anderen Vermögensgegenständen. Der Grundsatz der Einzelbewertung entspricht bezogen auf die Bewertung dem Verrechnungsverbot (§ 246 II). Zulässige Ausnahmen sind die Festbewertung (§ 240 III), die Gruppen- oder Sammelbewertung (§ 240 IV) und GoB-mäßige Bewertungsvereinfachungsverfahren wie Durchschnittsbewertung, fifo, lifo ua (§ 256). Das **Stichtagsprinzip** (s § 243 Anm 3 B) gilt auch für die Bewertung. Veränderungen nach dem Bilanzstichtag bis zur Bilanzaufstellung, zB Änderung des Marktpreises von Verkaufsware, dürfen nicht mehr berücksichtigt werden. Dagegen können und müssen im Rahmen der GoB in der Zwischenzeit gewonnene Erkenntnisse über den Wert am Bilanzstichtag berücksichtigt werden, zB wenn die Überschuldung eines Schuldners erst jetzt in Erscheinung tritt und sich auswirkt, aber schon damals einsetzte, oder wenn sich Waren als unverkäuflich herausstellen. Vgl BGH NJW **73**, 511 (zu § 2311 BGB); für die Abfindungsbilanz s § 138 Anm 5 B.

1. Abschnitt. Vorschriften für alle Kaufleute 5 § 252

5) Grundsatz der Vorsicht, Imparitätsprinzip (I Nr 4); Unterbewertung

A. **Grundsatz der Vorsicht:** Er dient vor allem dem Gläubigerschutz, BGH NJW **82,** 2825 (BuM). Er gilt nicht nur für die Bewertung (I Nr 4), sondern allgemeiner (zB Bilanzierungs- bzw Ansatzverbote, § 248 I, II), und ist auch im Imparitätsprinzip, im Realisationsprinzip (I Nr 5) und im Niederstwertprinzip (§ 253 II, III) ausgeprägt. Der Grundsatz der Vorsicht ist berechtigt (str); rechtfertigt aber nicht beliebige Unterbewertung und stille Reserven, s Anm C. Der Grundsatz der Vorsicht geht den Grundsätzen der Bilanzklarheit, -wahrheit und -vollständigkeit (§ 243 Anm 2) nicht vor.

B. **Imparitäts- oder Verlustantizipationsprinzip:** Nach dem Imparitätsprinzip sind Gewinne und Verluste bei der Bewertung nicht paritätisch, sondern verschieden zu behandeln. Während Gewinne nur zu berücksichtigen sind, wenn sie am Abschlußstichtag realisiert worden sind (I Nr 4 letzter Halbs), sind alle vorhersehbaren Risiken und Verluste, die bis zum Abschlußstichtag entstanden, wenn auch nicht realisiert sind, zu berücksichtigen. Noch nicht realisierte Verluste sind also in der Bilanz vorwegzunehmen (Verlustantizipation). Eine Verlustantizipation steckt auch im Niederstwertprinzip (§ 253 II, III). Daß die Verluste ,,bis zum Abschlußstichtag entstanden" sein müssen, bezieht sich auf die Periodenzuordnung (Stichtagsprinzip), wie aus der Präzisierung ,,selbst wenn diese erst zwischen dem Abschlußstichtag und dem Tag der Aufstellung des Jahresabschlusses bekanntgeworden sind" erhellt. Bsp: Die Umstände, wegen derer eine Forderung des Kfm praktisch nicht mehr zu realisieren ist, müssen noch vor dem Ende des Geschäftsjahres eingetreten sein; aber es genügt, wenn der Kfm davon erst nachher, aber bis zur Aufstellung des Jahresabschlusses erfährt (wertaufhellende Tatsache, s § 243 Anm 3 B). Nach dem Abschlußstichtag eintretende wertmindernde Umstände sind nur nach § 253 III 3 berücksichtigbar.

C. **Unterbewertung:** Überbewertung von Bilanzposten, also Ansatz von Aktiva zu einem höheren Wert oder von Passiva zu einem niedrigeren Wert als nach Gesetz oder GoB vorgesehen, ist, wie auch I Nr 4 zeigt, klar unzulässig und kann zur Nichtigkeit oder doch Anfechtbarkeit des Jahresabschlusses führen. Unterbewertung, also Ansatz von Aktiva zu einem niedrigeren Wert oder von Passiva zu einem höheren Wert als nach Gesetz oder GoB vorgesehen, ist nur scheinbar durch I Nr 4 gerechtfertigt. Keine Unterbewertungen im eigentlichen Sinn sind die Unterschiede zwischen dem wirklichen und dem gesetzlich vorgeschriebenen oder erlaubten Wert (zB Niederstwertprinzip, Ansatz- und Bewertungswahlrechte); die sich daraus ergebenden Reserven sind dementsprechend keine stillen Reserven im eigentlichen Sinn und ohne weiteres auch bei KapitalGes zulässig. Echte Unterbewertungen und damit die Bildung echter stiller Reserven sind bei KapitalGes unzulässig (§§ 279 ff); bei EinzelKflten und PersonenGes sind sie ebenfalls nicht ohne weiteres zulässig (str), aber nach § 253 IV (auf KapitalGes unanwendbar, § 279 I 1) doch allgemein im Rahmen vernünftiger kfm Beurteilung. Auch § 253 IV rechtfertigt indessen keine beliebigen Unterbewertungen und stillen Reserven (s § 253 Anm 5).

6) Realisationsprinzip (I Nr 5), schwebende Geschäfte, Anzahlungen

A. Realisationsprinzip: Das Realisations- oder Abgrenzungsprinzip regelt den Ausweis der Aufwendungen und Erträge gemäß dem Zeitpunkt ihrer wirtschaftlichen Verursachung. Das Realisationsprinzip ist Ausfluß des Vorsichtsprinzips (s Anm 5 A) und dient der richtigen Periodenabgrenzung, wie auch I Nr 4 letzter Halbs zeigt: ein Gewinn bzw Ertrag darf erst ausgewiesen werden, wenn er durch Umsatz (entgeltlich, am Markt) realisiert worden ist; bis dahin dürfen Vermögensgegenstände höchstens mit den Anschaffungs- oder Herstellungskosten angesetzt werden, auch wenn ihr Wert gestiegen ist. Auch Aufwendungen sind erst bei Realisierung auszuweisen; bei Risiken und Verlusten geht aber das Imparitätsprinzip vor (s Anm 5 B). RsprÜbersicht: Moxter, 2. Aufl 1985 (BFH) §§ 2, 6; Moxter BB **84**, 1780.

B. Realisationszeitpunkt: a) Austauschverträge: Dies ist weder der Zeitpunkt des Vertragsschlusses (Erfüllung noch nicht gesichert) noch der Bezahlung (zu früh bei Anzahlung, zu spät bei Stundung) noch der Rechnungsstellung (so vielfach die kfm Praxis, aber da Rechnungsstellung erst nach Bewirkung der Hauptleistung üblich ist, mit Ergebnis wie hier), sondern der Lieferung, also der **Bewirkung der Hauptleistung.** Dann hat der Kfm das Seine getan und kann mit Gegenleistung rechnen, die Kaufpreisforderung also aktivieren. Bspe: Beim Barkauf mit Erfüllung. Beim Versendungskauf im Zeitpunkt der Absendung der Ware (§ 447 BGB). Bei Rückgabevorbehalt erst mit Erlöschen des Rückgaberechts, auch bei statistisch geringer Rückgabequote, Piltz BB **85**, 1368. Bei selbständig abrechenbaren Teilleistungen (zB Miete, Pacht; Leasing s **(7)** Bankgeschäfte Anm XII) mit ihrer Bewirkung; bei langfristigen Großprojekten (Industrieanlagenvertrag s Überbl 1 A vor § 373) greift uU § 269 (Bilanzierungshilfe, Wahlrecht); die weiter vorgezogene Teilgewinnrealisierung in der Praxis auch ohne selbständige Abrechnung von Teilleistungen ist als zu riskant abzulehnen, str, Knobbe=Keuk § 6 I 4, aA Leffson S 253. **Vermögenszugehörigkeit von Gütern** (Kaufsache, Leasingsache, Sicherungseigentum etc) s § 242 Anm 4 B. Übersicht: Brandl BB **77**, 886, Backhaus ZfbF **80**, 347. **b) Andere Forderungen** (zB Ansprüche auf Schadensersatz, Rückgewähr, Dividendenzahlung, Zuschüsse) sind dann zu aktivieren, wenn sie für den Kfm hinreichend sicher und konkretisiert sind; ob und wann die Forderung rechtlich entsteht, ist nicht ausschlaggebend (s § 242 Anm 4 B), str. Bspe: Aktivierung eines streitigen Schadensersatzanspruchs erst mit rechtskräftigem Obsiegen, BFH BStBl **74** II 91, Baumbach-Hueck-Schulze=Osterloh § 42 Rn 28.

C. Schwebende Geschäfte: Das sind solche gegenseitigen Geschäfte, bei denen die Hauptleistung, die Gegenstand des Geschäfts ist, noch nicht bewirkt ist, Geßler-Hefermehl-Kropff § 149 Anm 50; aA üL: solche, bei denen beide Leistungen noch nicht bewirkt sind (aber Anzahlungen s Anm D). Schwebende Geschäfte dürfen nicht bilanziert werden, hL, Rspr; denn vor Bewirkung der Hauptleistung besteht keine hinreichende Sicherheit der Erfüllung (Vorsichtsprinzip, s Anm 5). Für drohende Verluste aus schwebenden Geschäften sind dagegen Rückstellungen zu bilden (§ 249 I 1, Imparitätsprinzip s Anm 5 B). Mit Bewirkung der Hauptleistung endet der Schwebezustand: Der Verkäufer bucht die Ware (zB DM 4500) ab und die

1. Abschnitt. Vorschriften für alle Kaufleute 7–9 § 253

Kaufpreisforderung (zB DM 5000) ein (Gewinnrealisierung, s Anm B). Übersicht: Friederich 1976; Döllerer BB **80,** 1334.

D. **Anzahlungen:** Sie sind beim Zahlenden als ,,geleistete Anzahlungen" (vgl § 266 II A I 3) und beim Zahlungsempfänger als ,,erhaltene Anzahlungen" (auf Bestellungen, vgl § 266 III C 3) zu verbuchen, also jeweils nur in Höhe des Anzahlungsbetrags. Die Bewirkung der Anzahlung führt also nicht zur Gewinnrealisierung (anders als die der Hauptleistung, zB Kaufsache, s Anm B). Das folgt schon daraus, daß hier das Geschäft noch schwebt (so Anm C), nach üL (s Anm C) ist eben beim einseitig erfüllten Geschäft zwischen Vorleistungen des Geldschuldners und des Sach-(Haupt-)schuldners zu unterscheiden; Knobbe=Keuk § 4 VII 3. Rechnungsabgrenzungsposten s § 250.

7) Bewertungsstetigkeit (I Nr 6)

Die Jahresabschlüsse verschiedener Geschäftsjahre sollen miteinander **vergleichbar** sein. Das erhöht auch die Aussagekraft der einzelnen Bilanz. Dem dient der Grundsatz der Bilanzidentität (I Nr 1) und der Bilanzkontinuität. I Nr 6 schreibt **materielle Bilanzkontinuität (Bewertungsstetigkeit)** vor (bisher str, ob GoB). Die auf den vorhergehenden Jahresabschluß angewandten Bewertungsmethoden, zB Abschreibungen (§§ 253f) oder Bewertungsvereinfachungsverfahren (§ 256), sollen beibehalten werden. Anders als bei I Nr 1–5 handelt es sich um eine Sollvorschrift, von der aber ebenso wie bei Nr 1–5 nur in begründeten Ausnahmefällen abgewichen werden darf (II). I Nr 6 hindert den Kfm aber nicht daran, steuerrechtliche Bewertungswahlrechte, zB Sonderabschreibungen, von Jahr zu Jahr unterschiedlich auszuüben (AmtlBegr). Nach dem Grundsatz der **formellen Bilanzkontinuität (Ausweiskontinuität)**, der zwar für KapitalGes in § 265 I näher ausgeformt ist, aber im Kern auch für EinzelKfm und PersonenGes gilt, darf auch die Darstellungsform, also die einmal gewählte Gliederung der Bilanz und der Gewinn- und Verlustrechnung und die Benennung und Abgrenzung der Bilanzposten, nicht willkürlich geändert werden. Übersicht: Hafner WPg **85,** 593.

8) Abweichen nur in begründeten Ausnahmefällen (II)

Die Grundsätze von 1 gelten nicht starr. Vielmehr darf in begründeten Ausnahmefällen von ihnen abgewichen werden (II). Die Abweichung nach II muß den GoB entsprechen. Bei der KapitalGes muß uU sogar abgewichen werden (true and fair view, § 264 II). Abweichungen von Bilanzierungs- und Bewertungsmethoden sind von der KapitalGes im Anhang zu erläutern (§ 284 II Nr 3).

9) Bewertungswahlrechte

Auch wenn §§ 252–256 und noch erheblich weitergehend §§ 279–283 für KapitalGes die freie Bewertung erheblich einschränken, bleibt Raum für Bilanzpolitik (s § 264 Anm 4, dort auch Bilanzierungswahlrechte) durch Ausübung der Bewertungswahlrechte. Solche bestehen zB bei Ermittlung der Anschaffungskosten (§ 255 I), der Herstellungskosten (§ 255 II, III), der planmäßigen Abschreibungen (§ 253 II 1 2), bei bestimmten außerplanmäßigen Abschreibungen (§§ 253 II 3, 279 I 2), Vorwegnahme zukünftiger Wertschwankungen (§ 253 III 3), Anwendung von Bewertungsvereinfachungsverfahren (§ 256).

§ 253 1 III. Buch. Handelsbücher

Wertansätze der Vermögensgegenstände und Schulden

253 [I] Vermögensgegenstände sind höchstens mit den Anschaffungs- oder Herstellungskosten, vermindert um Abschreibungen nach den Absätzen 2 und 3 anzusetzen. Verbindlichkeiten sind zu ihrem Rückzahlungsbetrag, Rentenverpflichtungen, für die eine Gegenleistung nicht mehr zu erwarten ist, zu ihrem Barwert und Rückstellungen nur in Höhe des Betrags anzusetzen, der nach vernünftiger kaufmännischer Beurteilung notwendig ist.

[II] Bei Vermögensgegenständen des Anlagevermögens, deren Nutzung zeitlich begrenzt ist, sind die Anschaffungs- oder Herstellungskosten um planmäßige Abschreibungen zu vermindern. Der Plan muß die Anschaffungs- oder Herstellungskosten auf die Geschäftsjahre verteilen, in denen der Vermögensgegenstand voraussichtlich genutzt werden kann. Ohne Rücksicht darauf, ob ihre Nutzung zeitlich begrenzt ist, können bei Vermögensgegenständen des Anlagevermögens außerplanmäßige Abschreibungen vorgenommen werden, um die Vermögensgegenstände mit dem niedrigeren Wert anzusetzen, der ihnen am Abschlußstichtag beizulegen ist; sie sind vorzunehmen bei einer voraussichtlich dauernden Wertminderung.

[III] Bei Vermögensgegenständen des Umlaufvermögens sind Abschreibungen vorzunehmen, um diese mit einem niedrigeren Wert anzusetzen, der sich aus einem Börsen- oder Marktpreis am Abschlußstichtag ergibt. Ist ein Börsen- oder Marktpreis nicht festzustellen und übersteigen die Anschaffungs- oder Herstellungskosten den Wert, der den Vermögensgegenständen am Abschlußstichtag beizulegen ist, so ist auf diesen Wert abzuschreiben. Außerdem dürfen Abschreibungen vorgenommen werden, soweit diese nach vernünftiger kaufmännischer Beurteilung notwendig sind, um zu verhindern, daß in der nächsten Zukunft der Wertansatz dieser Vermögensgegenstände auf Grund von Wertschwankungen geändert werden muß.

[IV] Abschreibungen sind außerdem im Rahmen vernünftiger kaufmännischer Beurteilung zulässig.

[V] Ein niedrigerer Wertansatz nach Absatz 2 Satz 3, Absatz 3 oder 4 darf beibehalten werden, auch wenn die Gründe dafür nicht mehr bestehen.

Übersicht
1) Wertansatz der Vermögensgegenstände (I 1)
2) Wertansatz der Verbindlichkeiten (I 2)
3) Abschreibungen beim Anlagevermögen (II)
4) Abschreibungen beim Umlaufvermögen (III)
5) Abschreibungen nach vernünftiger kaufmännischer Beurteilung (IV), stille Reserven
6) Beibehaltungswahlrecht (V), Zuschreibungen

1) Wertansatz der Vermögensgegenstände (I 1)

I 1 entspricht §§ 153 I 1, 155 I 1 aF AktG. Vermögensgegenstände sind nach I 1 höchstens mit den Anschaffungs- oder Herstellungskosten (§ 255), vermindert um Abschreibungen nach II und III anzusetzen. I 1 geht also vom **Kostenwertprinzip** aus und **korrigiert** dieses **durch das Niederst-**

1. Abschnitt. Vorschriften für alle Kaufleute 2 § 253

wertprinzip. I 1 setzt damit („**höchstens**") nur eine **Wertobergrenze** (keine Überbewertung entspr dem Vorsichtsprinzip, s § 252 Anm 5), und zwar einheitlich für EinzelKflte und PersonenGes wie für KapitalGes. Weder ein höherer Wiederbeschaffungspreis noch ein höherer möglicher Verkaufserlös rechtfertigen höhere Bewertung. Für die zur Veräußerung bestimmten Umlaufgüter bedeutet das, daß nur bereits realisierte (nicht bloß erwartete) Gewinne gebucht werden dürfen (s § 252 Anm 6 A). Gesetzliche **Wertuntergrenzen** (Unterbewertung s § 252 Anm 5 C) gelten wie schon bisher für AktG nach §§ 279ff für alle KapitalGes. Für diese gilt sogar ein Wertaufholungsgebot (**Zuschreibungen,** § 280). Für EinzelKflte und PersonenGes erlaubt IV niedrigere Wertansätze im Rahmen vernüftiger kfm Beurteilung (anders § 279 I 1). Wertuntergrenzen folgen aber auch für sie aus GoB (s Anm 5). I 1 gilt für alle Germögensgegenstände; II, III trennen zwischen Anlage- und Umlaufvermögen wegen der ganz unterschiedlichen Liquidität dieser Vermögenswerte. **Übergangsrecht zu § 253** in **(1)** EGHGB Art 24 (s Einl V 1 B vor § 238).

2) Wertansatz der Verbindlichkeiten (I 2)

A. **Verbindlichkeiten:** I 2 entspricht § 156 II, IV aF AktG. Verbindlichkeiten sind zu ihrem Rückzahlungsbetrag anzusetzen. Das gilt auch für unverzinsliche Schulden (keine Abzinsung); für Wechselverbindlichkeiten, obwohl die Wechselsumme auch die Schuldzinsen enthalten kann; grundsätzlich auch für bestrittene Verbindlichkeiten, BGH BB **58,** 95, aber Grenze durch Verlustantizipation (s § 252 Anm 5 B). **Disagio** oder Damnum s § 250 III (Aktivierungswahlrecht). Verbindlichkeiten iSv 1 2 sind idR Geldschulden; **Sachschulden** sind häufig nicht zu passivieren (schwebendes Geschäft, s § 252 Anm 6 C), sonst ist ein Erfüllungsbetrag wertend festzusetzen. Ungewisse oder **Eventualverbindlichkeiten** s Rückstellungen (Anm B). **Fremdwährungsverbindlichkeiten** (vgl Anm 4 E) sind zum Ankaufskurs umzurechnen, der zum Zeitpunkt der Erstverbuchung galt. Nach dem Vorsichtsprinzip ist aber ein höherer Kurs am Abschlußstichtag maßgeblich, dagegen nicht ein niedrigerer, sehr str; nach aA gilt der Stichtagskurs außer bei langfristigen Valutaschulden, WP-Hdb **85** I 646, oder dann schon besser der Devisenmittelkurs am Abschlußstichtag zulässig ist dagegen die Kompensation von Devisenkursänderungen bei Deckungsgeschäften (Kurssicherung s (**14**) BörsG Überbl 1 C vor § 50); auch sonst zwischen Verbindlichkeiten und Forderungen in derselben Währung, str, WP-Hdb **85** I 646. Angabe im Anhang § 284 I Nr 2. Währungsumrechnung im Jahresabschluß s Entwurf IdW-HFA WPg **84,** 585; Geßler-Hefermehl-Kropff § 156 Anm 11; OECD, Foreign Currency Translation, 1986.

B. **Rentenverpflichtungen:** I 1 regelt nur Rentenverpflichtungen, für die eine Gegenleistung nicht mehr zu erwarten ist; diese sind zum Barwert (Abzinsung auf den Abschlußstichtag; Zinssatz zwischen 3% als Regeluntergrenze und demjenigen für langfristig aufgenommenes Kapital; Angaben dazu im Anhang, § 284 II Nr 1) anzusetzen. Rentenverpflichtungen mit noch laufender Gegenleistung, zB Pensionsverpflichtungen bei aktivem Arbeitsverhältnis, sind entspr § 6a EStG anzusetzen (AmtlBegr), also nur mit dem Teilwert (§ 6a III EStG); zulässig aber auch mit dem Gegenwartswert, ADS § 156 Rz 69.

§ 253 3

C. **Rückstellungen:** Sie sind nach § 249 vorgeschrieben oder zulässig. Nach I 2 sind sie nur in der Höhe des Betrags anzusetzen, der nach vernünftiger kfm Beurteilung notwendig ist, also nicht einfach mit dem vollen Betrag der Eventualverbindlichkeit, sondern womit am ehesten zu rechnen ist (Ermessensspielraum).

3) Abschreibungen beim Anlagevermögen (II)

A. **Zweck und Arten der Abschreibung:** II entspricht § 154 aF AktG. Vermögensgegenstände des Anlagevermögens sind nach I 1 höchstens mit den Anschaffungs- oder Herstellungskosten anzusetzen. Die **Abschreibungen** sind die Beträge, um die diese Ausgangswerte im Jahresabschluß entsprechend der Wertminderung des Vermögensgegenstands vermindert werden (I 1). Anders als nach § 154 I 1 aF AktG sind nur noch (direkte) Abschreibungen zulässig, **nicht** auch **Wertberichtigungen** (indirekte Abschreibungen), welche die Wertminderung nicht durch Abschreibung auf der Aktivseite, sondern durch einen Gegenposten auf der Passivseite erfassen; aber s § 281 Anm 1 A. Die Regel sind planmäßige Abschreibungen, so bei zeitlich nur begrenzt nutzbaren Vermögensgegenständen (II 1, 2). Bei voraussichtlich dauernder Wertminderung sind auch bei zeitlich unbegrenzt nutzbaren Vermögensgegenständen außerplanmäßige Abschreibungen erforderlich (II 3). Abschreibungen auf den niedrigeren steuerrechtlich zugelassenen Wert s § 254. II betrifft nur das Anlagevermögen (§ 247 II), Umlaufvermögen s. III. Bewertung von Beteiligungen s § 271 Anm 1.

B. **Planmäßige Abschreibungen:** Diese sind nach II 1 bei zeitlich nur begrenzt nutzbarem bzw abnutzbarem Anlagevermögen zwingend vorgeschrieben. Notwendig ist ein Abschreibungsplan, der die Anschaffungs- oder Herstellungskosten auf die Zeit der voraussichtlichen Nutzungsdauer verteilt (jährliche Abschreibungen, II 2). Die je nach Betrieb uU unterschiedliche wirtschaftliche (nicht technische) **Nutzungsdauer** ist zu schätzen. Die Praxis orientiert sich an den AfA-Tabellen. Abzuschreiben ist auf Null, einen Erinnerungswert von DM 1 oder einen Restwert (Veräußerungs-, Schrottwert). Für die Abschreibung ist irrelevant, ob der Wert des Vermögensgegenstands in einem bestimmten Jahr mehr oder weniger sinkt oder sogar steigt. Den planmäßigen Abschreibungen des II 1 entsprechen im **Steuerrecht** die **Absetzung für** betriebsgewöhnliche **Abnutzung** (**AfA**, § 7 I EStG) und für Substanzverringerung (AfS, § 7 VI EStG). II 2 schreibt keine bestimmte **Abschreibungsmethode** vor; doch kommen nur Methoden, die den GoB entsprechen, in Frage. Das sind vor allem die lineare (AfA in gleichbleibenden Jahresbeträgen; Jahresbetrag = Anschaffungs- oder Herstellungskosten geteilt durch Zahl der Jahre der Nutzung); die geometrisch-degressive (Buchwertabschreibung; Abschreibung in ungleichmäßig fallenden Jahresbeträgen, anfangs höher, später entspr niedriger; Jahresbetrag = gleichbleibender Prozentsatz des jeweiligen Restbuchwerts); die arithmetisch-degressive (oder digitale; Abschreibung in gleichmäßig fallenden Jahresbeträgen); die leistungsbedingte (entspr der mit dem abzuschreibenden Vermögensgegenstand produzierbaren Leistung) und Kombinationen aus diesen Methoden. Steuerrechtlich ist grundsätzlich linear abzuschreiben (§ 7 I EStG), für bewegliche Gegenstände uU auch degressiv (§ 7 II EStG). Die einmal gewählte Abschreibungsmethode kann

1. Abschnitt. Vorschriften für alle Kaufleute 4 § 253

nicht willkürlich gewechselt werden (Bewertungsstetigkeit, § 252 I Nr 6; enger § 7 III EStG). Eine zeitweilige Aussetzung ist auf jeden Fall unzulässig. Ausnahmsweise muß sogar gewechselt werden, zB bei zu lang angesetzter Nutzungsdauer oder sonstiger Verzerrung des Bild des Unternehmens; Geßler-Hefermehl-Kropff § 154 Anm 21.

C. **Außerplanmäßige Abschreibungen:** Diese sind nach II 3 bei abnutzbarem und nicht abnutzbarem Anlagevermögen möglich, wenn der Vermögensgegenstand am Abschlußstichtag einen niedrigeren Wert hat (Bewertungswahlrecht; bei KapitalGes nur für Finanzanlagen, § 279 I 2); sie sind zwingend vorzunehmen bei einer voraussichtlich dauernden Wertminderung (II 3 letzter Halbs), zB bei Zerstörung der Maschine oder Entwertung der Beteiligung (§ 271). Für das Anlagevermögen gilt also anders als für das Umlaufvermögen (s Anm 4) nur das gemilderte Niederstwertprinzip. Maßgeblicher Wert ist bei ausnahmsweise zur baldigen Veräußerung vorgesehenem Anlagevermögen der Veräußerungswert, sonst idR der Wiederbeschaffungswert oder, falls wie ein Patent nicht wiederzubeschaffen, der Ertragswert, ADS § 154 Rz 72. Angabe bei KapitalGes § 277 III 1. Im **Steuerrecht** entsprechen den außerplanmäßigen Abschreibungen die Absetzung für außergewöhnliche technische oder wirtschaftliche Abnutzung (AfaA, § 7 I 4 EStG) und die Teilwertabschreibung (§ 6 I Nr 1, 2 EStG).

D. **Sofortige Abschreibungen:** Geringwertige bewegliche Vermögensgegenstände des Anlagevermögens sind (ab DM 100) zwar bei Erwerb als Zugang auszuweisen, können aber im gleichen Jahr ganz abgeschrieben werden. Die Praxis orientiert sich auch für die HdlBilanz an § 6 II EStG, wonach enge Grenzen gelten (abnutzbare bewegliche Wirtschaftsgüter des Anlagevermögens, die einer selbständigen Nutzung fähig sind, nicht über DM 800). Der Begriff der selbständigen Nutzbarkeit wird konkret nach der betrieblichen Zweckbestimmung und eng ausgelegt (§ 6 II 2, 3 EStG), zB nicht Kinobestuhlung.

4) Abschreibungen beim Umlaufvermögen (III)

A. **Strenges Niederstwertprinzip:** III entspricht § 155 aF AktG. Vermögensgegenstände des Umlaufvermögens sind nach I 1 höchstens mit den Anschaffungs- oder Herstellungskosten anzusetzen. Für Umlaufvermögen gilt anders als für Anlagevermögen (s Anm 3 C) das strenge Niederstwertprinzip, dh niedrigere Stichtagswerte als die Anschaffungs- oder Herstellungskosten, sind zwingend anzusetzen, auch wenn wieder mit einer Wertsteigerung zu rechnen ist. Es ist also auf einen niedrigeren Börsen- oder Marktpreis (s Anm B) oder sonstigen Zeitwert (s Anm C) abzuschreiben. Zur Verhinderung von Wertschwankungen darf sogar (Wahlrecht) auf einem unter dem Stichtagswert liegenden Wert abgeschrieben werden (s Anm D). Abschreibungen auf den niedrigeren steuerrechtlich zugelassenen Wert s § 254. Für Vorratsvermögen gelten besondere Wertermittlungsvorschriften (§§ 256, 240 III, IV). **Ausnahmen** vom Niederstwertansatz (aber auch dann kein höherer Ansatz als zu den Anschaffungs- oder Herstellungskosten) gelten, wenn die Verlustantizipation (s § 252 Anm 5 B) jeder Grundlage entbehrte, zB bei bindender Abnahmeverpflichtung zu einem höheren Preis oder speziell zuzuordnenden Deckungsgeschäften oder Garantien, Geßler-Hefermehl-Kropff § 155 Anm 52.

§ 253 4

B. **Börsen- oder Marktpreis:** Nach III 1 ist ein niedrigerer Börsen- oder Marktpreis am Abschlußstichtag anzusetzen. Börsenpreis ist der im amtlichen Handel (s (14) BörsG § 29) oder im geregelten Freiverkehr (s (14) BörsG § 43 Anm 2) festgestellte Preis. Marktpreis ist der Durchschnittspreis der Ware am jeweils relevanten Markt (ieS eines HdlPlatzes mit Preisfeststellung wie in § 373; Markt iwS s III 2). Relevanter Markt ist je nach Art des zu bewertenden Umlaufvermögens der Absatz- oder der Beschaffungsmarkt (s Anm E). Anzusetzen ist nicht der Börsen- oder Marktpreis schlechthin, sondern der sich aus diesem ergebende Preis, also abzüglich noch entstehender Aufwendungen (zB am Absatzmarkt Verkaufsspesen, Transportkosten oder am Beschaffungsmarkt Anschaffungsnebenkosten). Auszugehen ist vom Preis am Abschlußstichtag, auch wenn er ungewöhnlich niedrig liegt; liegt er dagegen ungewöhnlich hoch, ist nach dem Vorsichtsprinzip ein niedrigerer Preis (analog III 2) anzusetzen; ADS § 155 Rz 167. Bspe s Anm E.

C. **Sonstiger Zeitwert:** Nach III 2 ist statt eines nicht feststellbaren Börsen- oder Marktpreises der Wert, der den Vermögensgegenständen am Abschlußstichtag beizulegen ist, anzusetzen. Dieser beizulegende Wert richtet sich nach dem am Markt iwS zu erzielenden bzw zu bezahlenden Preis (s Anm B). Im übrigen gilt für III 2 dasselbe wie für III 1. Bspe s Anm E.

D. **Wertschwankungen:** Nach III 3 ist zur Verhinderung von Änderungen auf Grund von Wertschwankungen auch ein unter dem Zeitwert am Abschlußstichtag (III 1, 2) liegender Wertansatz zulässig (Wahlrecht). Voraussetzung sind sonst drohende Änderungszwänge in der nächsten Zukunft und Notwendigkeit des niedrigeren Wertansatzes nach vernünftiger kfm Beurteilung (Ermessensspielraum), um diese Änderungen zu verhindern. Angabe bei KapitalGes § 277 III 1.

E. **Beispiele:** Der Niederstwert nach III ist je nach Art des Umlaufvermögens (vgl § 266 II B) weiter zu präzisieren. **Roh-, Hilfs- und Betriebsstoffe** (§ 266 II B I 1) sind nach den Preisen am Beschaffungsmarkt zu bewerten, hL, Geßler-Hefermehl-Kropff § 155 Anm 44; nach aA Absatzmarkt, aber notfalls doch Rückgriff auf Beschaffungsmarkt, Baumbach-Hueck-Schulze=Osterloh, GmbHG, § 42 Rn 107. Das gilt nicht für Überbestände an Roh-, Hilfs- und Betriebsstoffen, die abzugeben sind, WP-Hdb 85 I 594. **Unfertige und fertige Erzeugnisse** (§ 266 II B I 2, 3) sind ebenso wie die genannten Überbestände an Rohstoffen zu Absatzmarktpreisen zu bewerten; nach hL darf (nicht muß) sogar ein niedrigerer Preis am Beschaffungsmarkt angesetzt werden, str. Bei **Handelswaren** ist ebenfalls vom Absatzmarkt auszugehen, doch muß ein niedrigerer Preis am Beschaffungsmarkt angesetzt werden (doppelte Maßgeblichkeit), hL, WP-Hdb 85 I 594, str. **Forderungen** (§ 266 II B II) sind zum Nennwert anzusetzen. Zweifelhafte Forderungen sind nach ihrem wahrscheinlichen Wert anzusetzen, uneinbringliche Forderungen abzuschreiben; entspr bedingte Forderungen. Pauschalwertberichtigung von Forderungen ist nur mehr auf der Aktivseite zulässig. Verzinsliche Forderungen sind nicht über Nennbetrag anzusetzen; unverzinsliche oder niedrige verzinsliche sind abzuzinsen (außer bei Forderungen mit Laufzeit bis zu drei Monaten), Geßler-Hefermehl-Kropff § 155 Anm 49; verjährte sind abzuschreiben, außer

1. Abschnitt. Vorschriften für alle Kaufleute 5 § 253

wenn mit Geltendmachung der Einrede nicht zu rechnen ist. **Fremdwährungsforderungen** (vgl Anm 2 A) sind zu dem Verkaufskurs umzurechnen, der zum Zeitpunkt ihrer Begründung galt; nach aA Zeitpunkt der Erstverbuchung. Nach dem Vorsichtsprinzip ist aber ein niedrigerer Kurs am Abschlußstichtag maßgeblich, dagegen nicht ein höherer, str, Geßler-Hefermehl-Kropff § 155 Anm 50. Kompensation wie bei Fremdwährungsverbindlichkeiten (s Anm 2 A). **Wertpapiere** des Umlaufvermögens (§ 266 II B III) sind nach Absatzmarktpreisen unter Abzug der Verkaufsspesen zu bewerten; nach aA, falls nicht zum Absatz bestimmt, schlechthin zum Börsenkurs, Geßler-Hefermehl-Kropff § 155 Anm 47.

5) Abschreibungen nach vernünftiger kaufmännischer Beurteilung (IV), stille Reserven

A. **Begriff der stillen Reserven: a) Stille Reserven im weiteren Sinn** ist die **positive Differenz zwischen dem wahren Wert** des Unternehmens **und dem** im Jahresabschluß angesetzten **Buchwert**. Sie entstehen durch Unterbewertung iwS, dh Ansatz von Aktiva zu einem niedrigeren Wert oder von Passiva zu einem höheren Wert als dem wahren Wert (s § 252 Anm 5 C). Dieser weite Begriff der stillen Reserven ist zB bei der Unternehmensbewertung vor einem Unternehmenskauf (Einl II 1 B, 2 B vor § 1) oder bei der Abfindung ausscheidender Gfter (s § 138 Anm 5) sinnvoll. Zur Wirksamkeit von Buchwertklauseln (Abfindung ohne Beteiligung an den stillen Reserven) s § 138 Anm 5 I. **b)** Bei der Frage, inwieweit die Bildung stiller Reserven zugelassen oder zuzulassen ist, geht es um stille Reserven ieS. Differenzen zwischen dem wahren Wert und dem Buchwert sind teils unvermeidlich (zB Bandbreite bei Schätzwerten), teils gesetzlich vorgeschrieben (zB Bilanzierungsverbote § 248; Imparitätsprinzip, s § 252 Anm 5 B; Niederstwertprinzip, s Anm 1, 3 C, 4 A), teils gesetzlich erlaubt (zB Ansatz- und Bewertungswahlrechte, Abschreibungen auf den niedrigeren steuerrechtlich zugelassenen Wert § 254). **Um diese Differenzen geht es im Streit um die stillen Reserven nicht. Problematisch sind vielmehr die stillen Reserven im engeren Sinn**, dh um die zusätzliche Differenz zwischen dem nach Gesetz oder GoB vorgesehenen ,,normalen" Buchwert und dem durch **freie Unterbewertungsentscheidung des Kaufmanns** weiter erniedrigten ,,tatsächlichen" Buchwert.

B. **Beurteilung der stillen Reserven: a) Für** stille Reserven wird vorgebracht, sie dienten der Unternehmenssicherung (Pufferfunktion), beschränkten zu weit gehende Entnahmen (Thesaurierungsfunktion) und sorgten für eine größere Stetigkeit des Unternehmens und der ausgewiesenen Jahresgewinne (Egalisierungsfunktion); dazu Moxter BB **85**, 1103. **b) Gegen stille Reserven** sprechen jedoch die besseren Gründe. Die **Selbstinformation** des Kfm (s Einl II 2 A vor § 238) wird verfälscht, außer wenn dieser Eigenbilanzen ohne stille Reserven führt und fortschreibt. Der **Gesellschafterschutz** (s Einl II 2 B vor § 238) wird beeinträchtigt, weil der ausschüttungsfähige Bilanzgewinn künstlich verringert und eine zutreffende Bewertung der Anteile am Markt erschwert wird. Thesaurierung und Wiederauflösung ohne Wissen und Willen der Gfter entmündigt sie zugunsten der Verwaltung der Ges. Stille Reserven berühren aber auch den **Gläubigerschutz** (s Einl II 2 B vor § 238): Verluste werden durch Auflösung stiller Reserven verschleiert (Irreführung durch Egalisierung), unfähige

669

Verwaltungen nicht rechtzeitig abgelöst, Vertrauenskrisen und Runs bei Ende der stillen Reserven heraufbeschworen, und all dies, obwohl die notwendige Thesaurierung durch (offene) Gewinnrücklagen (§ 272 III) möglich ist. Stille Reserven stören schließlich tendenziell den Markt- und Allokationsmechanismus (**Funktionenschutz**, s Einl II 2 A vor § 238).

C. **Stille Reserven durch Abschreibungen nach IV:** Nach IV sind Abschreibungen über II und III hinaus im Rahmen vernünftiger kfm Beurteilung zulässig. Mit diesem Wahlrecht sollte EinzelKfltn und PersonenGes die Bildung stiller Reserven erlaubt werden (AmtlBegr). IV gilt **nicht für Kapitalgesellschaften,** also anders als bisher auch nicht für die GmbH (§ 279 I 1); Kreditinstitute s § 279 Anm 1 B. **Auch sonst,** also für EinzelKflte und PersonenGes, ist aber nach IV die Bildung stiller Reserven iErg **erheblich eingeschränkt: a)** Stille Reserven ieS (s Anm A), also durch freie Unterbewertung, sind **nur noch nach IV** zulässig. § 243 ist selbst keine Ermächtigung zu stiller Reservenbildung, sondern sieht nur von dem Verbot des § 264 II ab (s § 243 Anm 1 B). Auch das Vorsichtsprinzip ermächtigt nicht zu beliebigen Unterbewertungen und stillen Reserven (s § 252 Anm 5 A, C). Vielmehr ist nach Wortlaut, Systematik und Zweck nunmehr IV sedes materiae der stillen Reserven ieS. **b)** IV betrifft nur Abschreibungen auf das Anlage- und Umlaufvermögen, wie sich aus Wortlaut und Stellung nach II, III ergibt. Unberührt bleiben die Wertansätze der Schulden nach I 2. Stille Reserven ieS sind also **nur auf der Aktivseite** durch Abschreibungen auf Vermögensgegenstände nach I 1 zulässig. Die Einstellung fingierter Schulden oder ihr überhöhter Ansatz sind unzulässig. Rückstellungen auf der Passivseite sind nur unter den Voraussetzungen des § 249 zulässig, nicht zwecks Bildung stiller Reserven ieS (§ 249 III 1). **c)** IV läßt freie Abschreibungen **nur im Rahmen vernünftiger kaufmännischer Beurteilung** zu. Was diese ist, ist gesetzlich nicht fixiert, sondern muß nach GoB bestimmt werden. IV soll nur dafür sorgen, daß die bisherige Rechtslage nicht verschärft wird. IV verweist damit auf die bereits bestehenden und weiter herauszubildenden GoB. Ob stille Reserven ieS bisher zulässig waren, war sehr str, verneinend zB Ulmer FS Hefermehl **76,** 220 (für PersonenGes), aA üL; jedenfalls hindert IV nicht die Herausbildung von GoB, die die freie Unterbewertung einschränken. Vernünftiger kfm Beurteilung entspricht es danach nicht, beliebige generelle Bewertungsabschläge zu machen oder unter Berufung auf IV Bewertungsregeln wie zB II, III zu verletzen. Für Abschreibungen nach IV muß vielmehr „ein guter Grund" vorliegen (Interessenabwägung zwischen Unternehmensinteresse und Gfter- und Gläubigerinteressen, Privatinteresse des Kfm bleibt außer Betracht), zB besondere Vorsicht bei Beteiligungen oder bei Fremdwährungsforderungen und konkret darauf bezogene, ggf intern dokumentierte Abschläge auf die nach II, III ermittelten Ansätze. **d)** IV betrifft unmittelbar **nur die Bildung** stiller Reserven. Das Unternehmen soll im Rahmen vernünftiger kfm Beurteilung bilanziell schlechter aussehen dürfen als tatsächlich der Fall. Die Freiheit zur Bildung stiller Reserven eröffnet mittelbar auch einen gewissen Spielraum zu ihrer Auflösung. Aber doch nur mittelbar! IV erlaubt es **nicht, durch heimliche Auflösung die Gläubiger gezielt irrezuführen,** also trotz großer Verluste den Eindruck von Gewinnen zu erwecken und ähnliche Verschleierungsmaßnahmen zu treffen. Der Einsatz eines größeren Teils der stillen Reserven zur Verbesserung des aus-

1. Abschnitt. Vorschriften für alle Kaufleute § 254

zuweisenden Geschäftsergebnisses oder sogar zur Ermöglichung der Ausschüttung von Gewinnen, daraus muß vielmehr in geeigneter Weise deutlich gemacht werden, sei es in der Bilanz oder der Gewinn- und Verlustrechnung, sei es in einem notwendigen oder freiwilligen Anhang oder auch im Lagebericht des Kfm. Nach weitergehender aA ist sogar der Gesamtbetrag der aufgelösten stillen Reserven, soweit dieser den Gesamtbetrag der neugebildeten stillen Reserven übersteigt, offenzulegen. Das Verbot beliebiger heimlicher Auflösung zulässig gebildeter stiller Reserven folgt aus dem Grundsatz der Bilanzwahrheit (s § 243 Anm 2 B) und aus GoB (s § 243 Anm 1). **e)** IV betrifft **nur** die Frage, **ob** die Bildung stiller Reserven **bilanzrechtlich zulässig** ist. Gesellschaftsrechtliche und andere **Informations- und Zustimmungspflichten** bleiben **unberührt**. Mitwirkungsrechte der Kdtiste s § 164 Anm 1 B. **f)** Vor allem betrifft IV **nur** die **Handelsbilanz, nicht** die **Steuerbilanz**. Für diese gilt der Bewertungsvorbehalt der §§ 5 V, 6, 7 EStG. Um IV wahrzunehmen, muß der Kfm also zwei Bilanzen erstellen. Die Kosten dafür werden das Wahlrecht des IV praktisch häufig illusorisch machen. Übersicht: Schulze=Osterloh ZHR 150 (**86**) 415 (mit Differenzierung zwischen Einzelkfm und Personenges).

6) Beibehaltungswahlrecht (V), Zuschreibungen

A. **Beibehaltungswahlrecht:** V entspricht §§ 154 II 2, 155 IV aF AktG. Die niedrigeren Wertansätze auf Grund von außerplanmäßigen Abschreibungen beim Anlagevermögen (II 3, s Anm 3 C), sämtlicher Abschreibungen beim Umlaufvermögen (III, s Anm 4) und Abschreibungen nach vernünftiger kfm Beurteilung (IV, s Anm 5) dürfen beibehalten werden, auch wenn die Gründe dafür nicht mehr bestehen. Das führt zwar zu Differenzen zwischen dem wahren Wert und dem Buchwert, aber nicht zu stillen Reserven ieS (s Anm 5 A). Für KapitalGes gilt V nicht (§ 280 I). Eine teilweise Beibehaltung erlaubt V nicht, s Anm B.

B. **Zuschreibungen:** Nach V darf, aber muß nicht beibehalten werden. V erlaubt aber nur Zuschreibungen bei Wegfall der Gründe für Abschreibungen nach II 3, III und IV. Sonst sind Zuschreibungen nur ausnahmsweise zulässig (Grundsatz der Bewertungsstetigkeit, § 252 I Nr 6), hL, aA Geßler-Hefermehl-Kropff § 154 Anm 13; zB bei Bilanzbereinigung nach Sanierung, Umwandlung und Verschmelzung, IdW-NA 1/68 WPg **68**, 73, oder bei Scheitern der steuerrechtlichen Abschreibung (§ 254 S 2), ADS § 149 Rz 74, nicht aber zur Korrektur zu hoher planmäßiger Abschreibungen nach II 1, 2, IdW-NA 1/68 WPg **68**, 73, str. Die Höhe der Zuschreibungen nach V und sonst ist nach oben durch die Anschaffungs- oder Herstellungskosten, vermindert um angemessene Abschreibungen nach II und III, begrenzt (I 1). Beliebige Zwischenwerte sind unzulässig, Knobbe=Keuk § 5 V 1.

Steuerrechtliche Abschreibungen

254. Abschreibungen können auch vorgenommen werden, um Vermögensgegenstände des Anlage- oder Umlaufvermögens mit dem niedrigeren Wert anzusetzen, der auf einer nur steuerrechtlich zulässigen Abschreibung beruht. § 253 Abs. 5 ist entsprechend anzuwenden.

§ 255

1) Abschreibungen auf den niedrigeren steuerrechtlich zulässigen Wert (Satz 1)

Die Regelung des § 254 entspricht für die Aktivseite der Regelung des § 247 III für die Passivseite (enger für KapitalGes §§ 279 II, 280 und § 273). Erlaubt das Steuerrecht Abschreibungen, also steuerrechtlich begründete niedrigere Wertansätze auf der Aktivseite, so sind diese Ansätze, auch wenn sie nicht den GoB entsprechen, nach § 254 auch in der HdlBilanz zulässig. Gründe: Gleichklang mit der Steuerbilanz; häufig sogar Abhängigkeit der steuerrechtlichen Abschreibung von Berücksichtigung in der HdlBilanz (umgekehrte Maßgeblichkeit, vgl §§ 247 III, 273, 279 II, 280 II). Für die Abschreibung nach S 1 genügen ausreichende Anhaltspunkte für eine steuerliche Anerkennung des niedrigeren Wertansatzes, IdW-NA 1/68 WPg **68**, 73; die steuerrechtliche Anerkennung muß nicht sicher sein. Bei KapitalGes wahlweise Wertberichtigung (Sonderposten mit Rücklageanteil) s § 281; auch für EinzelKftle und PersonenGes DTG S 38. Bei Kapital-Ges Angabe im Anhang § 285 Nr 5. Bspe: Abschreibungen nach §§ 6 I, II, 6b I, 7b, 7d, 7e, 7f, 7g EStG und steuerrechtliche Sonderabschreibungen in anderen Gesetzen. **Übergangsrecht** in (1) EGHGB Art 24 (s Einl V 1 B vor § 238).

2) Beibehaltungswahlrecht (Satz 2)

S 2 begründet anders als § 247 III ein Beibehaltungswahlrecht entspr § 253 V (s § 253 Anm 6 A, B). Bsp: Versagung der steuerrechtlichen Anerkennung. KapitalGes s Anm 1.

Anschaffungs- und Herstellungskosten

255 [I] Anschaffungskosten sind die Aufwendungen, die geleistet werden, um einen Vermögensgegenstand zu erwerben und ihn in einen betriebsbereiten Zustand zu versetzen, soweit sie dem Vermögensgegenstand einzeln zugeordnet werden können. Zu den Anschaffungskosten gehören auch die Nebenkosten sowie die nachträglichen Anschaffungskosten. Anschaffungspreisminderungen sind abzusetzen.

[II] Herstellungskosten sind die Aufwendungen, die durch den Verbrauch von Gütern und die Inanspruchnahme von Diensten für die Herstellung eines Vermögensgegenstands, seine Erweiterung oder für eine über seinen ursprünglichen Zustand hinausgehende wesentliche Verbesserung entstehen. Dazu gehören die Materialkosten, die Fertigungskosten und die Sonderkosten der Fertigung. Bei der Berechnung der Herstellungskosten dürfen auch angemessene Teile der notwendigen Materialgemeinkosten, der notwendigen Fertigungsgemeinkosten und des Wertverzehrs des Anlagevermögens, soweit er durch die Fertigung veranlaßt ist, eingerechnet werden. Kosten der allgemeinen Verwaltung sowie Aufwendungen für soziale Einrichtungen des Betriebs, für freiwillige soziale Leistungen und für betriebliche Altersversorgung brauchen nicht eingerechnet zu werden. Aufwendungen im Sinne der Sätze 3 und 4 dürfen nur insoweit berücksichtigt werden, als sie auf den Zeitraum der Herstellung entfallen. Vertriebskosten dürfen nicht in die Herstellungskosten einbezogen werden.

1. Abschnitt. Vorschriften für alle Kaufleute 1 § 255

III Zinsen für Fremdkapital gehören nicht zu den Herstellungskosten. Zinsen für Fremdkapital, das zur Finanzierung der Herstellung eines Vermögensgegenstands verwendet wird, dürfen angesetzt werden, soweit sie auf den Zeitraum der Herstellung entfallen; in diesem Falle gelten sie als Herstellungskosten des Vermögensgegenstands.

IV Als Geschäfts- oder Firmenwert darf der Unterschiedsbetrag angesetzt werden, um den die für die Übernahme eines Unternehmens bewirkte Gegenleistung den Wert der einzelnen Vermögensgegenstände des Unternehmens abzüglich der Schulden im Zeitpunkt der Übernahme übersteigt. Der Betrag ist in jedem folgenden Geschäftsjahr zu mindestens einem Viertel durch Abschreibungen zu tilgen. Die Abschreibung des Geschäfts- oder Firmenwerts kann aber auch planmäßig auf die Geschäftsjahre verteilt werden, in denen er voraussichtlich genutzt wird.

Übersicht
1) Anschaffungskosten (I)
2) Herstellungskosten (II)
3) Zinsen für Fremdkapital (III)
4) Geschäfts- oder Firmenwert (IV)

1) Anschaffungskosten (I)

A. **Begriff:** I definiert die Anschaffungskosten (zB § 253 I 1) weitgehend entspr der bisherigen Praxis; kleinere Abweichungen s IdW WPg **84,** 134. Nach I 1 sind Anschaffungskosten die geleisteten Erwerbs- und Inbetriebnahmekosten ohne Gemeinkosten; hinzu kommen die Nebenkosten sowie die nachträglichen Anschaffungskosten (I 2), abzusetzen sind Anschaffungspreisminderungen (I 3). **Übergangsrecht zu § 255** in **(1)** EGHGB Art 24 (s Einl V 1 B vor § 238). RsprÜbersicht: Moxter 2. Aufl 1985 (BFH) § 9.

B. **Erwerbs- und Inbetriebnahmekosten (I 1):** Bei entgeltlichem Erwerb sind die **Erwerbskosten** der Kaufpreis; unentgeltliche und andere Verträge s Anm C. Umfaßt der Kaufpreis auch das Entgelt für andere Leistungen des Verkäufers, sind entspr Abschläge zu machen. Die im Kaufpreis enthaltene **Umsatzsteuer** ist abzuziehen, soweit Vorsteuerabzug nach § 15 UStG möglich ist, IdW-HFA 1/85 WPg **85,** 257. Doch kann auch entspr § 9b EStG verfahren werden, WP-Hdb 85 I 553. **Inbetriebnahmekosten** betreffen zB Transport, Transportversicherung, Montage. **Gemeinkosten**, also die dem angeschafften Vermögensgegenstand nicht einzeln zuordenbaren Kosten, sind **nicht** zu berücksichtigen, zB Kosten der Einkaufsabteilung.

C. **Zuschläge (I 2):** Zu den Anschaffungskosten gehören auch die **Nebenkosten,** zB Provisionen, Beurkundungskosten, Grunderwerbssteuer. **Nicht** zu den Anschaffungsnebenkosten gehören **Finanzierungskosten,** da sie im Zusammenhang mit einer Kreditaufnahme stehen; Ausnahme Fremdkapitalzinsen zur Finanzierung von Vorauszahlungen auf den Erwerb, hL, aber nicht kalkulatorische Zinsen auf Eigenkapital, aA Geßler-Hefermehl-Kropff § 153 Anm 15. Vgl für die Herstellungskosten III. Auch **nachträgliche Anschaffungskosten** gehören dazu, also auch Aufwendungen, die erst längere Zeit nach dem Erwerb anfallen; auch wenn mit ihnen eine andere als die bisherige Nutzung ermöglicht wird, zB Straßenanlieger- und Erschließungsbeiträge nach Baurecht (Begr E § 260, krit IdW WPg **84**, 134).

D. **Abzüge (I 3)**: Abzusetzen sind **Anschaffungspreisminderungen**, zB Rabatte, Skonti, andere Nachlässe. Sehr str ist die Behandlung von **Zuwendungen Dritter**. Zuschüsse (steuerpflichtig) und Zulagen (steuerfrei) öffentlicher oder privater Dritter aus Anlaß der Anschaffung mindern die Anschaffungskosten nicht, Knobbe=Keuk § 5 III 1a, aA ADS § 153 Rz 20; gegen sofortige vollständige Vereinnahmung (Verzerrung des Periodenergebnisses) und für wahlweise Anschaffungskostenminderung oder gesonderten Passivposten IdW-HFA 1/84, WPg **84**, 612; dazu Kupsch WPg **84**, 369. Nach Abschn 34 EStR besteht Wahlrecht zwischen sofortiger erfolgswirksamer Vereinnahmung und Anschaffungskostenminderung.

E. **Andere Erwerbsgeschäfte als Kauf:** Beim **Tausch** besteht Wahlrecht zwischen der Fortführung des Buchwerts des hingegebenen Gegenstandes und Ansatz des Zeitwerts des erworbenen Gegenstandes, hL, ADS § 153 Rz 32. Steuerrechtlich gelten als Anschaffungskosten des erworbenen Gegenstandes der gemeine Wert des hingegebenen Gegenstands (Gewinnrealisierung), BFH BStBl **59** III 32; ebenso für die HdlBilanz Döllerer BB **66**, 1405. Beides zulassend WP-Hdb **85** I 543. Bei **Schenkung** besteht Aktivierungswahlrecht (str), Ansatz des Zeitwerts des unentgeltlich erworbenen Gegenstands. Beim **Factoring** (s (7) Bankgeschäfte XI) sind die abgetretenen Forderungen beim Factor (Erwerber) zu bilanzieren. Das unterschiedliche Risiko beim echten und beim unechten Factoring ist bei der Bewertung der Forderung zu berücksichtigen, WP-Hdb **85** I 543. Beim (Finanzierungs-) **Leasing** (s (7) Bankgeschäfte XII) richten sich, falls der Leasinggegenstand beim Leasingnehmer anzusetzen ist (s § 242 Anm 4 B i), die Anschaffungskosten nach dem abgezinsten Barwert des Leasingentgelts; umfaßt dieses auch das Entgelt für andere Leistungen des Leasinggebers, zB Reparaturen, sind entspr Abzüge zu machen; IdW-HFA 1/73 WPg **73**, 102, str.

F. **Grund und Boden und Gebäude:** Grundstücke und darauf stehende Gebäude sind als zwei verschiedene Vermögensgegenstände zu behandeln und getrennt zu bewerten. Die Aufteilung eines Gesamtanschaffungspreises erfolgt nach den Wertvorstellungen der Parteien. Das gilt auch bei Bebauung eines erworbenen Grundstücks. Dazu Knobbe=Keuk § 5 III 3 und Abschn 33a EStR.

2) Herstellungskosten (II)

A. **Begriff:** II definiert die Herstellungskosten (zB § 253 I 1) über § 153 II aF AktG hinausgehend, aber weitgehend entspr der bisherigen Praxis; kleinere Abweichungen s IdW WPg **84**, 134. Nach II 1 sind Herstellungskosten die Aufwendungen aus Verbrauch von Gütern und Inanspruchnahme von Diensten für die Herstellung des Vermögensgegenstands. Herstellung umfaßt auch Erweiterung und über den ursprünglichen Zustand hinausgehende wesentliche Verbesserung. II 2 erwähnt als Hauptbeispiele die Materialkosten, die Fertigungskosten und die Sonderkosten der Fertigung. Gemeinkosten dürfen anteilig einbezogen werden (II 3–5), Vertriebskosten dagegen nicht (II 6). RsprÜbersicht: Moxter 2. Aufl 1985 (BFH) § 10.

1. Abschnitt. Vorschriften für alle Kaufleute 3 **§ 255**

B. **Einzelkosten (II 1, 2):** Sie gehören zwingend zu den Herstellungskosten. Einzelkosten sind alle dem Erzeugnis direkt zurechenbare Aufwendungen, insbesondere (II) **Materialkosten,** zB Rohstoff, Verpackung nur ausnahmsweise, zB Bier, Wein; **Fertigungskosten,** zB Lohnkosten; **Sonderkosten der Fertigung,** zB Kosten für Spezialwerkzeuge, Patent- und Lizenzgebühren für das spezielle Produkt. Dazu gehören auch Zölle und Verbrauchssteuern, zB Bier-, Mineralöl-, Tabaksteuer; IdW-HFA 5/75 WPg **76,** 59, sonst sind insoweit Rechnungsabgrenzungsposten zulässig, s § 250 Anm 3.

C. **Gemeinkosten (II 3–5):** Nach **II 3** besteht ein Einrechnungswahlrecht für angemessene Teile der notwendigen Materialgemeinkosten (zB Lagerhaltung), der notwendigen Fertigungsgemeinkosten (zB technische Leitung, allgemeine Energiekosten, allgemeine Instandhaltung der Produktion) sowie des Wertverzehrs des Anlagevermögens (zB Wertminderung der Fertigungsanlagen), aber nur soweit durch die Fertigung veranlaßt, nicht bei Einwirkung von außen. II 3 gilt nur für die ,,notwendigen" Kosten (entspr Absatz 33 I 2 EStR, AmtlBegr, krit WPK/IdW WPg **85,** 539. Unterbeschäftigungskosten sind dadurch nicht betroffen, Aktivierung im bisherigen Umfang, str. Steuerlich besteht kein Wahlrecht, sondern Einrechnungspflicht (Abschn 33 I 2, II EStR). Nach **II 4** brauchen Kosten der allgemeinen Verwaltung (zB Lohnkosten der Verwaltung, Telefon) sowie Aufwendungen für soziale Einrichtungen des Betriebs, für freiwillige soziale Leistungen und für betriebliche Altersversorgung nicht eingerechnet zu werden. Aus der Trennung von II 3 und 4 wird deutlich, daß das Aktivierungswahlrecht des II 3 nicht nur fixe Gemeinkosten, sondern auch variable, also leistungsabhängige, erfaßt (bisher str). Nach **II 5** scheiden aber Gemeinkosten aus, die nicht auf den Zeitraum der Herstellung entfallen.

D. **Vertriebskosten (II 6):** Vertriebskosten (zB Verpackung, aber s Anm B; Versand; Werbung; Lohnkosten für Versandabteilung) dürfen nicht in die Herstellungskosten einbezogen werden. II 6 gilt entgegen seinem Wortlaut nicht für die Sondereinzelkosten des Vertriebs, zB Fracht, Transportversicherung, Provisionen und ähnliche Akquisitionskosten für fest abgeschlossene Verkaufskontrakte; diese fallen also unter Herstellungskosten (s Anm B), str, DTG S 37, WP-Hdb **85** I 603.

3) Zinsen für Fremdkapital (III)

A. **Grundsatz:** Nach III 1 gehören Zinsen für Fremdkapital nicht zu den Herstellungskosten. Das gilt erst recht für kalkulatorische Zinsen auf Eigenkapital. Entsprechendes gilt für die Anschaffungskosten (s Anm 1 C).

B. **Ausnahme:** Nach III 2 gilt eine Ausnahme, wenn das Fremdkapital zur Finanzierung der Herstellung des Vermögensgegenstands verwendet wird und die Fremdkapitalzinsen auf den Zeitraum der Herstellung entfallen. Steuerbilanz s enger Abschn 33 VII 3 EStR: unmittelbarer wirtschaftlicher Zusammenhang mit der Herstellung und Erstreckung der Herstellung über einen längeren Zeitraum, idR mehr als ein Jahr. Voraussetzung ist nach Abschn 33 VII 6 Berücksichtigung in der HdlBilanz. III 2 trägt dem Rechnung. Bei KapitalGes Angabe im Anhang § 284 II Nr 5.

§ 256 1   III. Buch. Handelsbücher

4) Geschäfts- oder Firmenwert (IV)

A. **Derivativer Geschäftswert:** IV entspricht § 153 V aF AktG. Für den originären Geschäfts- oder Firmenwert besteht ein Aktivierungsverbot. Er ist entweder, da zu unsicher, schon kein Vermögensgegenstand, zutr hL, oder fällt doch unter § 248 II (s auch § 248 I). Der derivative, also entgeltlich erworbene Geschäfts- oder Firmenwert darf dagegen aktiviert werden (**IV 1**, s § 248 Anm 2 B). Es besteht ein Aktivierungswahlrecht (Ansatzwahlrecht, trotz Stellung unter Bewertungsvorschriften), keine Aktivierungspflicht. Angesetzt werden darf nur die Differenz zwischen dem (höheren) Kaufpreis und dem Wert der einzelnen Vermögensgegenstände abzüglich der Schulden im Zeitpunkt der Übernahme, also nicht der Unternehmenswert insgesamt (dazu Einl II 1 B vor § 1). Statt des Verkehrswerts der einzelnen Vermögensgegenstände darf der vom Erwerber fortgeführte Buchwert angesetzt werden (wie schon bisher; Geßler-Hefermehl-Kropff, § 153 Anm 67). Übersicht: Müller=Dahl BB **81**, 274, Ordelheide-Hartle GmbHR **86**, 41 (krit).

B. **Tilgungszeitraum:** Der Betrag nach IV 1 ist innerhalb von 5 Jahren (in jedem folgenden Geschäftsjahr zu mindestens einem Viertel) abzuschreiben (**IV 2**). Auch eine sofortige Abschreibung ist danach zulässig. Nach **IV 3** kann die Abschreibung aber auch planmäßig auf den voraussichtlichen Nutzungszeitraum verteilt werden. Steuerrechtlich beträgt die betriebsgewöhnliche Nutzungsdauer des Geschäfts- oder Firmenwerts 15 Jahre (§ 7 I 3 nF EStG).

Bewertungsvereinfachungsverfahren

256 Soweit es den Grundsätzen ordnungsmäßiger Buchführung entspricht, kann für den Wertansatz gleichartiger Vermögensgegenstände des Vorratsvermögens unterstellt werden, daß die zuerst oder daß die zuletzt angeschafften oder hergestellten Vermögensgegenstände zuerst oder in einer sonstigen bestimmten Folge verbraucht oder veräußert worden sind. § 240 Abs. 3 und 4 ist auch auf den Jahresabschluß anwendbar.

1) Schätzungsverfahren bei Preisschwankungen (Satz 1)

A. **Grundsatz der Einzelbewertung:** Er ist niedergelegt in § 252 I Nr 3, entspricht dem Vorsichtsprinzip, führt aber zT zu einem unvertretbaren Arbeitsaufwand, vor allem bei Preisschwankungen der Anschaffungs- oder Herstellungskosten im Geschäftsjahr. Deswegen sind Ausnahmen vorgesehen.

B. **Durchschnittsbewertung:** Sie ist die Bewertung nach dem gewogenen Mittel der zu Anfang des Geschäftsjahres vorhandenen und während des Geschäftsjahrs erworbenen Vermögensgegenstände. Sie ist zulässig bei im Verkehr nach Maß, Zahl oder Gewicht bestimmten (vertretbaren, § 91 BGB) Vermögensgegenständen des Vorratsvermögens (Teil des Umlaufvermögens, s §§ 247 I, 266 I B I). Die Durchschnittsbewertung ist im HdlRecht zulässig, im Steuerrecht sogar die Regel (Abschn 36 II EStR). Sie darf nicht zu offenbar unrichtiger Bewertung führen, zB wenn der Bestand im Geschäftsjahr auf Null sinkt (Durchschnittsbewertung dann nur für die

1. Abschnitt. Vorschriften für alle Kaufleute § 257

später angeschafften Bestände) oder bei sinkenden Preisen im Laufe des Geschäftsjahrs (Niederstwertprinzip), Knobbe=Keuk § 5 II 2d aa.

C. **Fiktive Verbrauchs- oder Veräußerungsfolge:** Nach **Satz 1** (entspr § 155 I 3 aF AktG) kann im Rahmen der GoB für den Wertansatz gleichartiger Vermögensgegenstände des Vorratsvermögens (s Anm B; nicht auch Wertpapiere, krit WPK/IdW WPg **85,** 540) eine bestimmte Verbrauchs- oder Veräußerungsfolge unterstellt werden. Beim **Fifo-**Verfahren (first in – first out) wird unterstellt, daß die zuerst angeschafften oder hergestellten Vermögensgegenstände zuerst veräußert oder verbraucht werden. Beim **Lifo-**Verfahren (last in – first out) wird dies für die zuletzt angeschafften oder hergestellten Vermögensgegenstände unterstellt. Andere Verfahren stellen auf die Höhe der Anschaffungs- oder Herstellungskosten ab. So wird beim **Hifo-**Verfahren (highest in – first out) bzw beim **Lofo-**Verfahren (lowest in – first out) unterstellt, daß die zu den höchsten bzw niedrigsten Kosten angeschafften oder hergestellten Vermögensgegenstände zuerst veräußert oder verbraucht werden. In der HdlBilanz sind fifo und lifo nach S 1 klar zulässig, nach üL aber auch hifo und lofo, str, aA Baumbach-Hueck-Schulze=Osterloh GmbHG § 42 Rz 106 (Grund: der Wertansatz hängt unmittelbar von den Kosten ab). In der Steuerbilanz sind all diese Fiktionen grundsätzlich unzulässig (Abschn 36 II 2 EStR, auflockernd für lifo bei Glaubhaftmachung zB nach Art der Lagerung Abschn 36 II 4 EStR). Handelsrechtlich bedarf es keiner Glaubhaftmachung, aber die Verfahren dürfen nicht zu offenbar unrichtiger Bewertung führen (s Anm B). Zur Vorratsbewertung IdW-NA 5/66 WPg **66,** 677. Angabe im Anhang § 284 II Nr 4. **Übergangsrecht** in **(1)** EGHGB Art 24 (s Einl V 1 B Vor § 238).

2) Festbewertung, Gruppen- oder Sammelbewertung (Satz 2)
S 2 läßt diese nach § 240 III, IV beim Inventar erlaubten Verfahren auch für den Jahresabschluß zu.

Dritter Unterabschnitt. Aufbewahrung und Vorlage

Aufbewahrung von Unterlagen. Aufbewahrungsfristen

257 ^I Jeder Kaufmann ist verpflichtet, die folgenden Unterlagen geordnet aufzubewahren:

1. **Handelsbücher, Inventare, Eröffnungsbilanzen, Jahresabschlüsse, Lageberichte, Konzernabschlüsse, Konzernlageberichte sowie die zu ihrem Verständnis erforderlichen Arbeitsanweisungen und sonstigen Organisationsunterlagen,**
2. **die empfangenen Handelsbriefe,**
3. **Wiedergaben der abgesandten Handelsbriefe,**
4. **Belege für Buchungen in den von ihm nach § 238 Abs. 1 zu führenden Büchern (Buchungsbelege).**

^{II} **Handelsbriefe sind nur Schriftstücke, die ein Handelsgeschäft betreffen.**

^{III} **Mit Ausnahme der Eröffnungsbilanzen, Jahresabschlüsse und der Konzernabschlüsse können die in Absatz 1 aufgeführten Unterlagen auch als Wiedergabe auf einem Bildträger oder auf anderen Datenträ-**

§ 257 1–3

gern aufbewahrt werden, wenn dies den Grundsätzen ordnungsmäßiger Buchführung entspricht und sichergestellt ist, daß die Wiedergabe oder die Daten
1. mit den empfangenen Handelsbriefen und den Buchungsbelegen bildlich und mit den anderen Unterlagen inhaltlich übereinstimmen, wenn sie lesbar gemacht werden,
2. während der Dauer der Aufbewahrungsfrist verfügbar sind und jederzeit innerhalb angemessener Frist lesbar gemacht werden können.

Sind Unterlagen auf Grund des § 239 Abs. 4 Satz 1 auf Datenträgern hergestellt worden, können statt des Datenträgers die Daten auch ausgedruckt aufbewahrt werden; die ausgedruckten Unterlagen können auch nach Satz 1 aufbewahrt werden.

^{IV} Die in Absatz 1 Nr. 1 aufgeführten Unterlagen sind zehn Jahre und die sonstigen in Absatz 1 aufgeführten Unterlagen sechs Jahre aufzubewahren.

^{V} Die Aufbewahrungsfrist beginnt mit dem Schluß des Kalenderjahrs, in dem die letzte Eintragung in das Handelsbuch gemacht, das Inventar aufgestellt, die Eröffnungsbilanz oder der Jahresabschluß festgestellt, der Konzernabschluß aufgestellt, der Handelsbrief empfangen oder abgesandt worden oder der Buchungsbeleg entstanden ist.

1) Aufzubewahrende Unterlagen (I, II)

§ 257 entspricht § 44 aF. **I** sagt, was geordnet (vgl § 239 Anm 2) aufzubewahren ist und gibt dabei einen Überblick über die verschiedenen kfm Unterlagen, zB HdlBücher, HdlBriefe, Buchungsbelege. **II** definiert HdlBriefe: nur Schriftstücke, die ein HdlGeschäft betreffen, also zB Offerte und Annahme, Mängelrüge ua bezüglich eines HdlGeschäfts iSv §§ 343, 344. Zum Begriff Geschäftsbrief s § 125 a. Aufgelöste HdlBücher s § 157 II, III HGB, §§ 273 II, III AktG, § 74 GmbHG, § 93 GenG. Grenzen der Pflicht s Radke BB **77**, 1529. Aufbewahrung beim HdlReg s § 8 a I, Einreichung von Jahres- und Konzernabschlüssen samt Unterlagen zum HdlReg auch auf Bild- oder Datenträgern s § 8 a II.

2) Aufbewahrungsform (III)

III erlaubt für alle aufzubewahrenden Unterlagen mit Ausnahme der Eröffnungsbilanzen, Jahres- und Konzernabschlüsse (weitergehend § 8 a II) verschiedene Weisen der Aufbewahrung, auch als Wiedergabe auf einem Bild- oder anderen Datenträger, soweit dies den GoB (§ 238 Anm 4 A) entspricht und Übereinstimmung mit dem Original, jederzeitige Verfügbarkeit und prompte Lesbarkeit sichergestellt sind.

3) Aufbewahrungsfrist (IV, V)

IV, V regeln die Aufbewahrungsfrist: zehn Jahre für HdlBücher, Inventare, Bilanzen, Lageberichte (Verweis auf I Nr 1, I ist versehentlich weggelassen); im übrigen sechs Jahre.

1. Abschnitt. Vorschriften für alle Kaufleute **§§ 258, 259**

4) Beweiswert

Auf Vorlegungsantrag (§ 421 ZPO) betr Urkunde, die der Gegner nach § 257 aufzubewahren verpflichtet ist, und Erklärung des Gegners, er besitze sie nicht mehr, kann das Gericht auch ohne förmliches Beweisverfahren den behaupteten möglichen Inhalt als bewiesen ansehen, Düss MDR **73**, 592, vgl § 444 ZPO. Umgekehrt kann sich bei Vernichtung nach Ablauf der Aufbewahrungsfrist die Beweislast umkehren, vgl BGH WM **72**, 281 (zu **(13)** DepotG § 2). Allgemeiner für HdlBücher s § 238 Anm 1 C.

Vorlegung im Rechtsstreit

258 ^I Im Laufe eines Rechtsstreits kann das Gericht auf Antrag oder von Amts wegen die Vorlegung der Handelsbücher einer Partei anordnen.

^II Die Vorschriften der Zivilprozeßordnung über die Verpflichtung des Prozeßgegners zur Vorlegung von Urkunden bleiben unberührt.

1) Anordnung der Vorlegung (I)

§ 258 entspricht § 45 aF. I erlaubt über §§ 422, 423 ZPO hinaus dem Gericht zur Klärung erheblicher streitiger Tatsachen die Vorlegung der HdlBücher (nicht HdlBriefe usw, § 257 I) einer vollkfm Partei anzuordnen, auch von Amts wegen und nicht nur in HdlSachen.

2) Sonstige Vorlegungspflichten (II)

§§ 422, 423 ZPO verpflichten Prozeßparteien zur Vorlegung von Urkunden, auch von HdlBüchern, HdlBriefen und anderen kfm Unterlagen (§ 257 I), auch nach Verstreichen der Frist nach § 44:

ZPO 422 [Vorlegungspflicht nach bürgerlichem Recht]

Der Gegner ist zur Vorlegung der Urkunde verpflichtet, wenn der Beweisführer nach den Vorschriften des bürgerlichen Rechts die Herausgabe oder die Vorlegung der Urkunde verlangen kann.

ZPO 423 [Vorlegungspflicht bei Bezugnahme]

Der Gegner ist auch zur Vorlegung der in seinen Händen befindlichen Urkunden verpflichtet, auf die er im Prozeß zur Beweisführung Bezug genommen hat, selbst wenn es nur in einem vorbereitenden Schriftsatz geschehen ist.

Bürgerlichrechtliche Pflichten zur Herausgabe oder Vorlegung (vgl § 422 ZPO) begründen ua §§ 809, 810 BGB (Text s § 118 Anm 3 B). Zum Verfahren Ffm WM **80**, 1246. Bei Leugnen des Besitzes oder Nichtvorlegung: §§ 426 f ZPO. Vorlegungspflicht für Steuerzwecke § 97 AO.

Auszug bei Vorlegung im Rechtsstreit

259 Werden in einem Rechtsstreit Handelsbücher vorgelegt, so ist von ihrem Inhalt, soweit er den Streitpunkt betrifft, unter Zuziehung der Parteien Einsicht zu nehmen und geeignetenfalls ein Auszug zu fertigen. Der übrige Inhalt der Bücher ist dem Gericht insoweit offenzulegen, als es zur Prüfung ihrer ordnungsmäßigen Führung notwendig ist.

§§ 260–262 III. Buch. Handelsbücher

1) § 259 entspricht § 46 aF. § 259 regelt das Verfahren bei Vorlegung von HdlBüchern im Rechtsstreit. Nur die **auf den Streitpunkt bezüglichen** Stellen, die vom Beweisführer oder bei Beiziehung von Amts wegen (vgl § 258) vom Gericht bezeichnet werden, sind unter Zuziehung der Parteien einzusehen; nur insoweit ist geeignetenfalls auch ein Auszug zu fertigen (S 1). Der übrige Inhalt ist nur, soweit zur Prüfung ihrer ordnungsmäßigen Führung notwendig (keine Ausforschung durch den Gegner), und nur dem Gericht ohne Zuziehung der Parteien offenzulegen (S 2). Das Gericht kann mit der Einsicht auch einen Sachverständigen betrauen, dieser muß ebenso wie das Gericht die Parteien zuziehen, RG JW **27**, 2416. Vorlegung vor dem Prozeßgericht oder dem kommissarischen Richter s § 355, 434 ZPO.

Vorlegung bei Auseinandersetzungen

260 Bei Vermögensauseinandersetzungen, insbesondere in Erbschafts-, Gütergemeinschafts- und Gesellschaftsteilungssachen, **kann das Gericht die Vorlegung der Handelsbücher zur Kenntnisnahme von ihrem ganzen Inhalt anordnen.**

1) § 260 entspricht § 47 aF. In den in § 260 bezeichneten Sachen kann das Gericht nach seinem Ermessen die Vorlegung von HdlBüchern zur Kenntnisnahme von ihrem **ganzen Inhalt** (anders § 259) anordnen.

Vorlegung von Unterlagen auf Bild- oder Datenträgern

261 Wer aufzubewahrende Unterlagen nur in der Form einer Wiedergabe auf einem Bildträger oder auf anderen Datenträgern vorlegen kann, ist verpflichtet, auf seine Kosten diejenigen Hilfsmittel zur Verfügung zu stellen, die erforderlich sind, um die Unterlagen lesbar zu machen; soweit erforderlich, hat er die Unterlagen auf seine Kosten auszudrucken oder ohne Hilfsmittel lesbare Reproduktionen beizubringen.

1) § 261 entspricht § 47 a aF; vgl §§ 238 II, 257 III. § 261 gilt entspr auch bei Urkundenvorlegung nach §§ 422, 423 ZPO (Text s § 258 Anm 2) oder § 810 BGB (Text s § 118 Anm 3 B) oder Urkundenherausgabe nach Beschlagnahme (§ 95 StPO); G über Entschädigung von Zeugen und Sachverständigen ist nicht anwendbar, Brem NJW **76**, 685 (Bankkontounterlagen).

Vierter Unterabschnitt. Sollkaufleute. Landesrecht
Anwendung auf Sollkaufleute

262 Für Unternehmer, die nach § 2 verpflichtet sind, die Eintragung ihres Unternehmens in das Handelsregister herbeizuführen, gelten die Vorschriften dieses Abschnitts schon von dem Zeitpunkt an, in dem diese Verpflichtung entstanden ist.

2. Abschnitt. Vorschriften für Kapitalgesellschaften §§ 263, 264

1) § 262 entspricht § 47b aF. Die Verpflichtungen aus dem 1. Abschn betr HdlBücher (Vorschriften für alle Kflte §§ 238–263) gelten für SollKflte iSv § 2 bereits, bevor sie eingetragen und damit Kflte sind, nämlich ab dem Zeitpunkt, in dem sie nach § 2 verpflichtet sind, ihre Eintragung herbeizuführen. Vgl § 2 Anm 3 B.

Vorbehalt landesrechtlicher Vorschriften

263 Unberührt bleiben bei Unternehmen ohne eigene Rechtspersönlichkeit einer Gemeinde, eines Gemeindeverbands oder eines Zweckverbands landesrechtliche Vorschriften, die von den Vorschriften dieses Abschnitts abweichen.

1) Geltung auch für die öffentliche Hand

Aus § 263 (enger als § 42 aF) folgt, daß wie schon nach bisheriger Rspr auch die öffentliche Hand bei Betätigung wie VollKfm dem 1. Abschn unterliegt. Diese Gleichstellung mit anderen Kflten im Bereich der Rechnungslegung ist aus Wettbewerbsgründen unerläßlich. Änderungen folgen daraus für die Praxis jedoch kaum, insbesondere keine Publizitäts- und Prüfungspflichten (2. Abschn). Es bleibt zu hoffen, daß sich die öffentliche Hand freiwillig wie vielfach schon bisher an der aktienrechtliche Rechnungslegung, so jetzt an den (zT schärferen, zT milderen) Vorschriften für KapitalGes orientiert.

2) Ausnahmen

Abweichungen vom 1. Abschn sind nach § 263 nur noch auf Grund bestehenden Landesrechts für Unternehmen ohne eigene Rechtspersönlichkeit einer Gemeinde, eines Gemeindeverbands oder eines Zweckverbands, also insbesondere für gemeindliche Eigenbetriebe, zulässig, zB kameralistische Rechnungsabschlüsse (vgl (1a) Buchführungs-Ri II 1). Für KapitalGes in öffentlicher Hand, auch 100%ige, gilt dagegen nicht nur der 1., sondern auch der 2. Abschn (§§ 264ff).

Zweiter Abschnitt. Ergänzende Vorschriften für Kapitalgesellschaften (Aktiengesellschaften, Kommanditgesellschaften auf Aktien und Gesellschaften mit beschränkter Haftung)

Erster Unterabschnitt. Jahresabschluß der Kapitalgesellschaft und Lagebericht

Erster Titel. Allgemeine Vorschriften

Pflicht zur Aufstellung

264 [1]Die gesetzlichen Vertreter einer Kapitalgesellschaft haben den Jahresabschluß (§ 242) um einen Anhang zu erweitern, der mit der Bilanz und der Gewinn- und Verlustrechnung eine Einheit bildet, sowie einen Lagebericht aufzustellen. Der Jahresabschluß und der Lagebericht sind von den gesetzlichen Vertretern in den ersten drei Monaten

§ 264 1, 2

des Geschäftsjahrs für das vergangene Geschäftsjahr aufzustellen. Kleine Kapitalgesellschaften (§ 267 Abs. 1) dürfen den Jahresabschluß und den Lagebericht auch später aufstellen, wenn dies einem ordnungsmäßigen Geschäftsgang entspricht; diese Unterlagen sind jedoch innerhalb der ersten sechs Monate des Geschäftsjahrs aufzustellen.

II Der Jahresabschluß der Kapitalgesellschaft hat unter Beachtung der Grundsätze ordnungsmäßiger Buchführung ein den tatsächlichen Verhältnissen entsprechendes Bild der Vermögens-, Finanz- und Ertragslage der Kapitalgesellschaft zu vermitteln. Führen besondere Umstände dazu, daß der Jahresabschluß ein den tatsächlichen Verhältnissen entsprechendes Bild im Sinne des Satzes 1 nicht vermittelt, so sind im Anhang zusätzliche Angaben zu machen.

1) Anwendungsbereich und Gliederung des 2. Abschnitts

A. **Anwendungsbereich:** Der 2. Abschn (§§ 264–335), der den 1. Abschn ergänzt, gilt unmittelbar nur für KapitalGes. Dies sind laut Überschrift AG, KGaA und GmbH. Mittelbare Geltung kraft Verweisung für eG, bestimmte Großunternehmen, VVaG und Kreditinstitute s Einl III 3 B vor § 238. Zusätzliche rechtsformspezifische Vorschriften in AktG, GmbHG ua (s Einl IV vor § 238). Der 2. Abschn gilt **nicht für** KapitalGes & Co, insbesondere **GmbH & Co** (s Einl I 2 D vor § 238).

B. **Gliederung:** s Einl III 1 vor § 238.

2) Jahresabschluß und Lagebericht (I)

A. **Begriffe: a)** Der **Jahresabschluß** besteht nach der auch für KapitalGes gültigen Legaldefinition des § 242 III aus Bilanz und Gewinn- und Verlustrechnung. **b)** Der **Anhang** (§§ 284–288), der den Jahresabschluß erläutert und bestimmte Pflichtangaben enthält, bildet nach I 1 mit diesem eine Einheit. Mit dieser Formulierung wird einerseits die Legaldefinition des § 242 III durchgehalten, andererseits der Sache nach für KapitalGes der Anhang als Teil des Jahresabschlusses gekennzeichnet. Wenn im 3. Buch vom Jahresabschluß der KapitalGes die Rede ist, bedeutet das also außer Bilanz und Gewinn- und Verlustrechnung auch den Anhang, so zB in I 2 für die Aufstellungsfrist. **c)** Der **Lagebericht** (§ 289), der zusätzliche Informationen zu Geschäftsverlauf und Lage der KapitalGes enthält, ist nicht Teil des Jahresabschlusses (samt Anhang). Ist im 3. Buch nur von Jahresabschluß die Rede, ist damit der Lagebericht grundsätzlich nicht automatisch mitangesprochen.

B. **Aufstellung: I 1** erweitert für KapitalGes § 242. Die gesetzlichen Vertreter der KapitalGes (idR Vorstand der AG, phG der KGaA, Geschäftsführer der GmbH) haben den Jahresabschluß um einen Anhang zu erweitern und müssen außerdem einen Lagebericht aufstellen. Deren Inhalt ergibt sich aus §§ 284 ff und § 289. Vorlage an den Abschlußprüfer s § 320 I 1; Offenlegung s §§ 325 ff.

C. **Aufstellungsfrist:** Diese beträgt für KapitalGes nach I 2 höchstens die ersten drei Monate des neuen Geschäftsjahres. I 3 mildert dies für kleine KapitalGes (§ 267 I), also entgegen § 148 aF AktG auch für kleine AG. Die Sechsmonatsfrist des I 3 Halbs 2 ist für diese aber nicht die zulässige Regel, sondern die äußerste Grenze. I 3 verlangt Aufstellung innerhalb der einem

2. Abschnitt: Vorschriften für Kapitalgesellschaften   3, 4 § 264

ordnungsgemäßen Geschäftsgang entsprechenden Zeit; diese kann nach GoB unter sechs Monaten liegen. EinzelKflte und PersonenGes s § 243 Anm 3 A. Stichtagsprinzip s § 243 Anm 3 B.

3) Vermittlung eines den tatsächlichen Verhältnissen entsprechenden Bildes (II)

A. **Generalklausel des II 1:** II 1 enthält das auf britisches Recht zurückgehende true and fair view-Prinzip als Generalklausel für den Jahresabschluß der KapitalGes. Für EinzelKflte und PersonenGes gilt dieses Prinzip nicht, doch können im Einzelfall gleiche Anforderungen aus dem Grundsatz der Bilanzwahrheit folgen (s § 243 Anm 2 B). II 1 geht über § 149 I 2 aF AktG hinaus. Der Jahresabschluß muß unter Beachtung (nicht nur im Rahmen) der GoB ein den tatsächlichen Verhältnissen entsprechendes Bild der Vermögens-, Finanz- und Ertragslage der KapitalGes (nicht nur einen möglichst sicheren Einblick in die Vermögens- und Ertragslage der Ges) vermitteln. II 1 stellt ein Ziel auf, das grundsätzlich durch die Vorschriften der §§ 238 ff erreicht wird. Inhalt und Umfang des Jahresabschlusses ergeben sich aus den Einzelvorschriften der §§ 238 ff und anderer Rechtsnormen sowie der GoB („unter Beachtung der GoB"). Nur wo diese auslegungsbedürftig oder lückenhaft sind, ist auf die Generalklausel des II 1 zurückzugreifen (Begr E § 237; str, aA wohl Niehus § 42 Rz 18: allen anderen Anforderungen übergeordnet). Das true and fair view-Prinzip läßt sich nicht vom Inhalt her bestimmen, Tubessing AG **79,** 91, Niehus DB **79,** 221. II 1 erlaubt es also nicht, den Inhalt und Umfang des Jahresabschlusses abweichend von den gesetzlichen Vorschriften zu bestimmen oder ganz allgemein zusätzliche Anforderungen für alle oder bestimmte Unternehmen zu begründen (Begr E § 237). Kapitalflußrechnungen oder Finanzpläne sind wünschenswert (s § 284 Anm 3), aber nicht ohne weiteres durch II 1 vorgeschrieben, str. Somit sind aus II gegenüber § 149 I 2 aF AktG für die Praxis keine grundsätzlichen Änderungen zu erwarten, Begr E § 237, Knobbe=Keuk § 3 III 1 b, iErg auch Ballwieser BB **85,** 1034 (leichte Gewichtsverschiebungen).

B. **Angabepflicht bei besonderen Umständen:** II 2 verlangt zusätzliche Angaben im Anhang, also über die Pflichtangaben hinaus, wenn aufgrund besonderer Umstände der Jahresabschluß trotz Anwendung der gesetzlichen Vorschriften und GoB (s Anm A) hinter der Aussagekraft eines Jahresabschlusses dieses Unternehmens unter normalen Umständen iSv II 1 zurückbleibt (Begr E § 237). Diskrepanzen zwischen dem wirklichen und dem zulässigen Buchwert zB aufgrund des Niederstwertprinzips oder der Bewertungswahlrechte (s § 252 Anm 5 C) lösen die Angabepflicht nach II 2 nicht aus. Besondere Umstände iSv II 2 können sein zB langfristige Fertigung in erheblichem Umfang, Betriebe in Hochinflationsländern, Reorganisation, Sanierung, Zweckänderung ua; Niehus § 42 Rz 23.

4) Bilanzpolitik (Bilanzierungs- und Bewertungswahlrechte)

II steht einer Bilanzpolitik durch Ausnutzung aller zulässigen Bilanzierungs- und Bewertungswahlrechte nicht entgegen. **Bilanzierungswahlrechte** sind Aktivierungswahlrechte (zB §§ 250 III, 255 IV, 269) oder Passivierungswahlrechte (zB §§ 249 I 3, II, umstritten bei Pensionszusagen für Altfälle, s § 249 Anm 3 B). **Bewertungswahlrechte** s § 252 Anm 9.

§ 265 — Allgemeine Grundsätze für die Gliederung

265 ᴵ Die Form der Darstellung, insbesondere die Gliederung der aufeinanderfolgenden Bilanzen und Gewinn- und Verlustrechnungen, ist beizubehalten, soweit nicht in Ausnahmefällen wegen besonderer Umstände Abweichungen erforderlich sind. Die Abweichungen sind im Anhang anzugeben und zu begründen.

ᴵᴵ In der Bilanz sowie in der Gewinn- und Verlustrechnung ist zu jedem Posten der entsprechende Betrag des vorhergehenden Geschäftsjahrs anzugeben. Sind die Beträge nicht vergleichbar, so ist dies im Anhang anzugeben und zu erläutern. Wird der Vorjahresbetrag angepaßt, so ist auch dies im Anhang anzugeben und zu erläutern.

ᴵᴵᴵ Fällt ein Vermögensgegenstand oder eine Schuld unter mehrere Posten der Bilanz, so ist die Mitzugehörigkeit zu anderen Posten bei dem Posten, unter dem der Ausweis erfolgt ist, zu vermerken oder im Anhang anzugeben, wenn dies zur Aufstellung eines klaren und übersichtlichen Jahresabschlusses erforderlich ist. Eigene Anteile dürfen unabhängig von ihrer Zweckbestimmung nur unter dem dafür vorgesehenen Posten im Umlaufvermögen ausgewiesen werden.

ᴵⱽ Sind mehrere Geschäftszweige vorhanden und bedingt dies die Gliederung des Jahresabschlusses nach verschiedenen Gliederungsvorschriften, so ist der Jahresabschluß nach der für einen Geschäftszweig vorgeschriebenen Gliederung aufzustellen und nach der für die anderen Geschäftszweige vorgeschriebenen Gliederung zu ergänzen. Die Ergänzung ist im Anhang anzugeben und zu begründen.

ⱽ Eine weitere Untergliederung der Posten ist zulässig; dabei ist jedoch die vorgeschriebene Gliederung zu beachten. Neue Posten dürfen hinzugefügt werden, wenn ihr Inhalt nicht von einem vorgeschriebenen Posten gedeckt wird.

ⱽᴵ Gliederung und Bezeichnung der mit arabischen Zahlen versehenen Posten der Bilanz und der Gewinn- und Verlustrechnung sind zu ändern, wenn dies wegen Besonderheiten der Kapitalgesellschaft zur Aufstellung eines klaren und übersichtlichen Jahresabschlusses erforderlich ist.

ⱽᴵᴵ Die mit arabischen Zahlen versehenen Posten der Bilanz und der Gewinn- und Verlustrechnung können, wenn nicht besondere Formblätter vorgeschrieben sind, zusammengefaßt ausgewiesen werden, wenn

1. sie einen Betrag enthalten, der für die Vermittlung eines den tatsächlichen Verhältnissen entsprechenden Bildes im Sinne des § 264 Abs. 2 nicht erheblich ist,
oder
2. dadurch die Klarheit der Darstellung vergrößert wird; in diesem Falle müssen die zusammengefaßten Posten jedoch im Anhang gesondert ausgewiesen werden.

ⱽᴵᴵᴵ Ein Posten der Bilanz oder der Gewinn- und Verlustrechnung, der keinen Betrag ausweist, braucht nicht aufgeführt zu werden, es sei denn, daß im vorhergehenden Geschäftsjahr unter diesem Posten ein Betrag ausgewiesen wurde.

2. Abschnitt. Vorschriften für Kapitalgesellschaften 1–6 § 265

1) Ausweiskontinuität (I)

I normiert für KapitalGes den Grundsatz der **formellen Bilanzkontinuität** (s § 252 Anm 7 auch zur materiellen Kontinuität). Die Darstellungsform (zB Gliederung des Jahresabschlusses, Benennung und Abgrenzung der Bilanzposten) ist beizubehalten. Abweichungen sind nur in Ausnahmefällen und falls wegen besonderer Umstände (zB Produktionsänderungen) erforderlich, zugelassen (I 1). Sie sind im Anhang anzugeben und zu begründen (I 2, vgl § 284 II Nr 3, 4). **Übergangsrecht** in (1) EGHGB Art 24 V (s Einl V 1 B vor § 238).

2) Mitangabe der Vorjahreszahlen (II)

In der Bilanz und Gewinn- und Verlustrechnung sind zu jedem Posten die entsprechenden Vorjahreszahlen anzugeben (II). Das erhöht über Bilanzidentität und Bilanzkontinuität (s § 252 Anm 2, 7) hinaus die Vergleichbarkeit der Jahresabschlüsse verschiedener Geschäftsjahre. Die Mitangabe ist auch erlaubt, wenn die Zahlen nicht vergleichbar sind, und die Vorjahreszahlen dürfen angepaßt werden. Beidesmal aber Offenlegungspflicht (II 2, 3).

3) Vermerk der Mitzugehörigkeit (III)

III entspricht § 151 III aF AktG. Bei Zugehörigkeit zu verschiedenen Bilanzposten ist dort auszuweisen, wozu die Zugehörigkeit enger ist; bei gleich enger Zugehörigkeit besteht ein Wahlrecht. Die Mitzugehörigkeit ist aber nach III 1 zu vermerken, falls die Bilanzklarheit (§ 243 II) dies erfordert; auf jeden Fall nach § 42 III 2. Halbs nF GmbHG. III 2 stellt klar, daß eigene Anteile immer nur unter Umlaufvermögen auszuweisen sind (§ 266 II B III 2).

4) Gliederung bei mehreren Geschäftszweigen (IV)

IV entspricht zT § 161 II aF AktG. Unterfällt die KapitalGes bei Betätigung in mehreren Geschäftszweigen verschiedenen Gliederungsvorschriften (zB nach KWG oder VAG), dann ist die Gliederung zugrundezulegen, die den tatsächlichen Verhältnissen am ehesten entspricht (§ 264 II; also idR kein Wahlrecht), und nach der anderen zu ergänzen (IV 1). Die Art der Ergänzung ist zu wählen, die der Bilanzklarheit (§ 243 II) am besten dient. Angabe- und Begründungspflicht s IV 2.

5) Weitere Untergliederung, neue Posten (V)

Die nach §§ 266, 275 vorgeschriebene Gliederung darf (wie schon nach §§ 151 I, 157 I aF AktG) erweitert, aber nicht sonst abgeändert werden. Zulässig sind also weitere Untergliederungen (zB zu § 266 II A II 1 bebaute und unbebaute Grundstücke), neue Posten jedoch nur, wenn ihr Inhalt nicht von einem vorgeschriebenen Posten gedeckt wird (V 2). Wird er nur teilweise gedeckt und ein neuer Posten eingesetzt, gilt III.

6) Anpassung an Besonderheiten (VI)

Gliederung und Bezeichnung (Benennung und Abgrenzung) der mit arabischen Zahlen versehenen Posten in §§ 266, 275 sind, falls die Bilanzklarheit (§ 243 III) dies erfordert, den Besonderheiten der KapitalGes anzupassen (kein Wahlrecht), um so eine unternehmensspezifischere Aussage im Jahresabschluß zu ermöglichen. Bisher war das nur in engem Rahmen zulässig. Bspe: Gliederung des Anlagevermögens bei Energieversorgungs-, Großforschungs- oder Reedereiunternehmen.

7) Zusammenfassung von Posten (VII)

VII erlaubt die Zusammenfassung von mit arabischen Zahlen versehenen Posten in §§ 266, 275 (außer wenn besondere Formblätter vorgeschrieben sind, s § 330), falls die Zusammenfassung entweder die Aussagekraft iSv § 264 II (true and fair view) nicht berührt (Nr 1: „nicht erheblich", Niehus WPg **81**, 5) oder die Bilanzklarheit (§ 243 III) vergrößert (Nr 2, dann aber gesonderter Ausweis der zusammengefaßten Posten im Anhang). VII enthält ein Wahlrecht (Ermessen), das aber in seltenen Fällen (Ermessensmißbrauch) zur Zusammenfassungspflicht zusammenschrumpfen kann (wohl aA Begr E § 238).

8) Weglassen von Leerposten (VIII)

Nach VIII (anders §§ 151 II, 157 II aF AktG) dürfen Leerposten (Nullbetrag, nicht schon geringfügiger Betrag) erst im zweiten Jahr weggelassen werden. VIII entspricht insoweit II. Vermerke, zB nach § 251, fallen nicht unter VIII, können also sofort weggelassen werden.

Zweiter Titel. Bilanz

Gliederung der Bilanz

266 $^\text{I}$ **Die Bilanz ist in Kontoform aufzustellen. Dabei haben große und mittelgroße Kapitalgesellschaften (§ 267 Abs. 3, 2) auf der Aktivseite die in Absatz 2 und auf der Passivseite die in Absatz 3 bezeichneten Posten gesondert und in der vorgeschriebenen Reihenfolge auszuweisen. Kleine Kapitalgesellschaften (§ 267 Abs. 1) brauchen nur eine verkürzte Bilanz aufzustellen, in die nur die in den Absätzen 2 und 3 mit Buchstaben und römischen Zahlen bezeichneten Posten gesondert und in der vorgeschriebenen Reihenfolge aufgenommen werden.**

$^\text{II}$ **Aktivseite**

A. Anlagevermögen:
   I. Immaterielle Vermögensgegenstände:
      1. Konzessionen, gewerbliche Schutzrechte und ähnliche Rechte und Werte sowie Lizenzen an solchen Rechten und Werten;
      2. Geschäfts- oder Firmenwert;
      3. geleistete Anzahlungen;
   II. Sachanlagen:
      1. Grundstücke, grundstücksgleiche Rechte und Bauten einschließlich der Bauten auf fremden Grundstücken;
      2. technische Anlagen und Maschinen;
      3. andere Anlagen, Betriebs- und Geschäftsausstattung;
      4. geleistete Anzahlungen und Anlagen im Bau;
   III. Finanzanlagen:
      1. Anteile an verbundenen Unternehmen;
      2. Ausleihungen an verbundene Unternehmen;
      3. Beteiligungen;
      4. Ausleihungen an Unternehmen, mit denen ein Beteiligungsverhältnis besteht;

2. Abschnitt. Vorschriften für Kapitalgesellschaften **§ 266**

      5. Wertpapiere des Anlagevermögens;
      6. sonstige Ausleihungen.
B. Umlaufvermögen:
   I. Vorräte:
      1. Roh-, Hilfs- und Betriebsstoffe;
      2. unfertige Erzeugnisse, unfertige Leistungen;
      3. fertige Erzeugnisse und Waren;
      4. geleistete Anzahlungen;
  II. Forderungen und sonstige Vermögensgegenstände:
      1. Forderungen aus Lieferungen und Leistungen;
      2. Forderungen gegen verbundene Unternehmen;
      3. Forderungen gegen Unternehmen, mit denen ein Beteiligungsverhältnis besteht;
      4. sonstige Vermögensgegenstände;
 III. Wertpapiere:
      1. Anteile an verbundenen Unternehmen;
      2. eigene Anteile;
      3. sonstige Wertpapiere;
 IV. Schecks, Kassenbestand, Bundesbank- und Postgiroguthaben, Guthaben bei Kreditinstituten.

C. Rechnungsabgrenzungsposten.

[III] Passivseite

A. Eigenkapital:
   I. Gezeichnetes Kapital;
  II. Kapitalrücklage;
 III. Gewinnrücklagen:
      1. gesetzliche Rücklage;
      2. Rücklage für eigene Anteile;
      3. satzungsmäßige Rücklagen;
      4. andere Gewinnrücklagen;
 IV. Gewinnvortrag/Verlustvortrag;
  V. Jahresüberschuß/Jahresfehlbetrag.

B. Rückstellungen:
   1. Rückstellungen für Pensionen und ähnliche Verpflichtungen;
   2. Steuerrückstellungen;
   3. sonstige Rückstellungen.

C. Verbindlichkeiten:
   1. Anleihen,
     davon konvertibel;
   2. Verbindlichkeiten gegenüber Kreditinstituten;
   3. erhaltene Anzahlungen auf Bestellungen;
   4. Verbindlichkeiten aus Lieferungen und Leistungen;
   5. Verbindlichkeiten aus der Annahme gezogener Wechsel und der Ausstellung eigener Wechsel;
   6. Verbindlichkeiten gegenüber verbundenen Unternehmen;
   7. Verbindlichkeiten gegenüber Unternehmen, mit denen ein Beteiligungsverhältnis besteht;

§ 266 1, 2   III. Buch. Handelsbücher

8. **sonstige Verbindlichkeiten,**
   davon aus Steuern,
   davon im Rahmen der sozialen Sicherheit.
D. **Rechnungsabgrenzungsposten.**

Übersicht

1) Kontoform, Erleichterungen (I)
2) Aktivseite (II): Überblick
3) Immaterielle Vermögensgegenstände (Aktivseite A I)
4) Sachanlagen (Aktivseite A II)
5) Finanzanlagen (Aktivseite A III)
6) Vorräte (Aktivseite B I)
7) Forderungen und sonstige Vermögensgegenstände (Aktivseite B II)
8) Wertpapiere (Aktivseite B III)
9) Schecks, Kassenbestand, Bankguthaben (Aktivseite B IV)
10) Passivseite (III): Überblick
11) Eigenkapital (Passivseite A)
12) Rückstellungen (Passivseite B)
13) Verbindlichkeiten (Passivseite C)
14) Rechnungsabgrenzungsposten

1) Kontoform, Erleichterungen (I)

A. **Kontoform:** § 266 entspricht § 151 aF AktG. **I 1** schreibt die Kontoform vor (also Trennung in Aktiv- und Passivseite); die im Ausland gebräuchliche Staffelform (4. EG-Ri Art 10, vgl Einl I 2 A vor § 238) hat I 1 nicht zugelassen. § 266 enthält das Gliederungsschema für die Bilanz. Es ist für mittelgroße und große KapitalGes (§ 267 II, III) nach Sonderung und Reihenfolge der in II und III angegebenen Posten verbindlich **(I 2)**; für kleine KapitalGes gelten dagegen Erleichterungen (s Anm B). Auch für mittelgroße und große KapitalGes gelten aber einzelne Abweichungswahlrechte und sogar -pflichten (§ 265).

B. **Erleichterungen:** I 3 sieht Erleichterungen von dem Gliederungsschema nur für kleine KapitalGes (§ 267 I) vor, also einschließlich der kleinen AG, was eine erhebliche Verringerung an Publizität gegenüber bisher bedeutet. Die verkürzte Bilanz der kleinen KapitalGes reicht nur bis zur Tiefe der römischen Ziffern (sowie ggf Sonderposten mit Rücklageanteil, §§ 247 III, 273 S 2). Für EinzelKflte und PersonenGes folgt eine entsprechende Mindestgliederung aus GoB (s § 247 Anm 1 B). Erleichterungen (auch für die mittelgroße KapitalGes) bei der Offenlegung s § 327.

2) Aktivseite (II): Überblick

II enthält das Gliederungsschema für die Aktivseite. Gesondert und in dieser Reihenfolge sind aufzunehmen: A. Anlagevermögen (Begriff s § 247 II), B. Umlaufvermögen (Begriff s § 247 Anm 2 A), C. Rechnungsabgrenzungsposten (s § 250). Das Anlagevermögen ist unterzugliedern in Immaterielle Vermögensgegenstände, Sachanlagen und Finanzanlagen (s Anm 3–5), das Umlaufvermögen in Vorräte, Forderungen und sonstige Vermögensgegenstände, Wertpapiere und Schecks ua (s Anm 6–9). Voraussetzung der Aufnahme in die Aktivseite der Bilanz ist, daß ein Aktivposten gegeben ist. Dies ist abgesehen von Ausnahmen (zB Rechnungsabgrenzungsposten, Bilanzierungshilfe des § 269 bei Aufwendungen für Ingangsetzung und Erweiterung des Geschäftsbetriebs) ein Vermögensgegenstand (s § 242 Anm 3 B), der dem Vermögen des Kfm zuzurechnen ist (s § 242 Anm 4 B). Zeitpunkt der Zurechnung (Realisationsprinzip) s § 252 Anm 6 B. Schwebende Geschäfte s § 252 Anm 6 C.

3) Immaterielle Vermögensgegenstände (Aktivseite A I)

Auf der Aktivseite unter A I Nr 1–3 werden die immateriellen Vermögensgegenstände des Anlagevermögens ausgewiesen, soweit sie aktivierbar sind (s § 242 Anm 3 B). Immaterielles Anlagevermögen ist nur bei entgeltlichem Erwerb aktivierbar (§ 248 II), also zB nicht eine eigene Erfindung. **Nr 1:** Konzessionen (öffentlichrechtliche Erlaubnis zur Ausübung einer bestimmten wirtschaftlichen Tätigkeit, zB nach KWG, s **(7)** Bankgeschäfte I 2); gewerbliche Schutzrechte, zB Patent, Warenzeichen; ähnliche Rechte, zB Urheber-, Verlagsrecht; ähnliche Werte, zB ungeschützte Erfindungen, Herstellungsverfahren; Lizenzen (Nutzungsrecht) an solchen Rechten und Werten: bei Einmalbetrag für mehrere Jahre der Lizenz. **Nr 2:** Geschäfts- oder Firmenwert, s § 255 IV. **Nr 3:** Geleistete Anzahlungen, s § 252 Anm 6 D.

4) Sachanlagen (Aktivseite A II)

Nr 1: Die Grundstücke ua sind anders als nach § 151 I Aktivseite II A Nr 1–4 aF AktG in einem Posten zusammengefaßt. Grundstücke, auch Wohnungseigentum; grundstücksgleiche Rechte, zB Erbbaurecht; Bauten einschließlich der Bauten auf fremden Grundstücken, letztere ohne weiteres bei Eigentum des Bauenden (§ 95 I 1 BGB), aber auch bei bloßem Wegnahmerecht (§ 547a BGB), aber nicht bei bloßem Verwendungsersatzanspruch, str, Knapp BB **75**, 1103, aA Knobbe=Keuk § 4 IV 4b. **Nr 2:** technische Anlagen und Maschinen; auch wenn fest eingebaut bzw im Grundstück verankert; auch bei Sicherungsübereignung, s § 242 Anm 4 B. **Nr 3:** andere Anlagen als technische (Nr 2), Betriebs- und Geschäftsausstattung, zB Büroausstattung, Transportmittel, aber nicht Privatwagen (s § 247 Anm 2); nicht Vorräte, zB Betriebsstoffe, s Umlaufvermögen B I Nr 1. Geringwertige Güter (nicht über DM 100, Abschn 31 III EStR) können wegbleiben. **Nr 4:** Geleistete Anzahlungen auf Sachanlagen, s § 252 Anm 6 D; Anlagen im Bau (beim wirtschaftlichen Inhaber; Forderungen aus solchen Anlagen s § 252 Anm 6 B).

5) Finanzanlagen (Aktivseite A III)

Nr 1: Anteile (zB Aktien, GmbHAnteile) an verbundenen Unternehmen iSv § 271 II. **Nr. 2:** Ausleihungen an verbundene Unternehmen iSv § 271 II. Ausleihungen sind auf längere Zeit angelegte Darlehen (Vierjahresfrist des § 151 I Aktivseite B Nr 3 aF AktG ist nicht maßgeblich). Entscheidend ist die ursprüngliche, nicht die Restlaufzeit, str. **Nr 3:** Beteiligungen iSv § 271 I. **Nr 4:** Ausleihungen an Unternehmen mit Beteiligungsverhältnis, s Nr 3, 4. **Nr 5:** Wertpapiere des Anlagevermögens, also Wertpapiere (Aktien, Obligationen, Investmentanteile, Mischformen) die nicht unter Nr 1–4 fallen; Wertpapiere des Umlaufvermögens nach B III s Anm 8. **Nr 6:** Sonstige Ausleihungen, s Nr 2. Hierher gehören alle Finanzanlagen, die nicht unter Nr 1–5 fallen, zB auch unverbriefte Geschäftsanteile, die nicht Beteiligungen iSv Nr 3 sind, auch Namenspapiere, falls nicht unter Nr 5 (str) gebucht.

§ 266 6–10 III. Buch. Handelsbücher

6) Vorräte (Aktivseite B I)

Zum Umlaufvermögen gehören vor allem die Vorräte. **Nr 1:** Roh-, Hilfs- und Betriebsstoffe, zu unterscheiden von Betriebs- und Geschäftsausstattung, die zum Anlagevermögen gehört, s Anm 4 Nr 3. **Nr 2:** unfertige Erzeugnisse und Leistungen. Zum Realisationszeitpunkt der Forderung für Teilleistungen s § 252 Anm 6 B. **Nr 3:** fertige Erzeugnisse und Waren, dh es fehlen nur noch die Versandarbeiten. **Nr 4:** geleistete Anzahlungen auf Vorräte, s § 252 Anm 6 D.

7) Forderungen und sonstige Vermögensgegenstände (Aktivseite B II)

Zum Umlaufvermögen gehören auch bestimmte Forderungen und sonstige Vermögensgegenstände, soweit nicht anderswo auszuweisen, zB Bankguthaben (B IV). **Nr 1:** Forderungen aus Lieferungen und Leistungen stammen aus Umsatzgeschäften, die bereits von einer Seite erfüllt sind (Bewirkung der Hauptleistung, s § 252 Anm 6 B), vorher handelt es sich um nicht bilanzierbare schwebende Geschäfte (s § 252 Anm 6 C). Unter Nr 1 gehören auch Warenwechsel. **Nr 2:** Forderungen gegen verbundene Unternehmen iSv § 271 II. **Nr 3:** Forderungen gegen Unternehmen im Beteiligungsverhältnis iSv § 271 I. **Nr 4:** Sonstige Vermögensgegenstände, zB Schadensersatzforderungen, GesAnteile, soweit nicht Beteiligung nach A III 3; Realisationszeitpunkt s § 252 Anm 6 Bb. Eingeforderte Nachschüsse bei GmbH s § 42 II nF GmbHG. Ausleihungen und Forderungen gegenüber GmbHGftern s § 42 III nF GmbHG.

8) Wertpapiere (Aktivseite B III)

Hierher gehören nur die Wertpapiere des Umlaufvermögens, solche des Anlagevermögens gehören zu den Finanzanlagen nach A III (s Anm 2, 5). **Nr 1:** Anteile an verbundenen Unternehmen iSv § 271 II. **Nr 2:** Eigene Anteile, ihr Erwerb ist gefährlich, rechtlich erschwert (zB § 71 AktG, § 33 GmbHG) und deshalb besonders auszuweisen. Rücklage für eigene Anteile auf der Passivseite unter A III Nr 2. **Nr 3:** Sonstige Wertpapiere, zB Finanzwechsel; Warenwechsel s Anm 7 Nr 1.

9) Schecks, Kassenbestand, Bankguthaben (Aktivseite B IV)

Anders als bisher Ausweis in einem Posten. Bank- und Postgiroguthaben s (7) Bankgeschäfte II, III.

10) Passivseite (III): Überblick

III enthält das Gliederungsschema für die Passivseite. Gesondert und in dieser Reihenfolge sind aufzunehmen: A. Eigenkapital (s Anm 11), B. Rückstellungen (s Anm 12), C. Verbindlichkeiten (s Anm 13), D. Rechnungsabgrenzungsposten (s Anm 14). Voraussetzung der Aufnahme in die Passivseite der Bilanz ist, daß ein Passivposten gegeben ist, was bei Verbindlichkeiten zweifelhaft sein kann (Passivierbarkeit, Zurechnung zu den Schulden des Kfm, s § 242 Anm 3 C, 4). Zeitpunkt der Zurechnung (Realisationsprinzip) s § 252 Anm 6 B. Schwebende Geschäfte s § 252 Anm 6 C. Sonderposten mit Rücklageanteil ist vor den Rückstellungen auszuweisen (§ 273 S 2)

2. Abschnitt. Vorschriften für Kapitalgesellschaften   11–13 § 266

11) Eigenkapital (Passivseite A)

Sämtliche Eigenkapitalposten unter Einbeziehung des Jahresgewinns oder -verlusts sowie von Gewinn- und Verlustvorträgen sind in einer Gruppe auszuweisen (anders § 151 I Passivseite aF AktG). Die Eigenkapitalverhältnisse des Unternehmens werden dadurch klarer dargestellt. **A I:** Gezeichnetes Kapital ist das Stamm- bzw Grundkapital, s § 272 I 1. Die ausstehenden Einlagen sind entweder auf der Aktivseite vor dem Anlagevermögen gesondert auszuweisen oder auf der Passivseite offen abzusetzen, näher § 272 I 2, 3. **A II:** Kapitalrücklage, s § 272 II. **A III:** Gewinnrücklagen, s § 272 III; Rücklage für eigene Anteile, s § 272 IV, die eigenen Anteile selbst sind auf der Aktivseite als Umlaufvermögen (B III 2) auszuweisen. **A IV:** Gewinnvortrag, Verlustvortrag aus dem Vorjahr; vgl § 174 II Nr 4 AktG zum Gewinnvortrag. Ausweis in der Bilanz, bisher in der Gewinn- und Verlustrechnung s § 157 I Nr 29 aF AktG. **A V:** Jahresüberschuß, Jahresfehlbetrag; hier liegt ein wesentlicher Unterschied zu § 151 III aF AktG, wonach die Aktivseite mit einem eventuellen Bilanzverlust, die Passivseite mit dem Bilanzgewinn abschloß (aber jetzt § 158 nF AktG, s § 275 Anm 3 V). Eigenkapitalersetzende Darlehen s Anm 13. Übersicht: Harms-Küting DB **83**, 1449.

12) Rückstellungen (Passivseite B)

Rückstellungen s § 249. **Nr 1:** Rückstellungen für Pensionen und ähnliche Verpflichtungen, s § 249 Anm 3, aber nur für Neufälle; Altfälle und Übergangsregelung s § 249 Anm 3 B, sehr str. **Nr 2:** Steuerrückstellungen; Steuerabgrenzung s § 274; zurückzustellen sind die Beträge, die bis zum Ablauf des Geschäftsjahres als Steuerschuld entstanden sind, was sich nach Steuerrecht beurteilt; WP-Hdb **85** I 642. **Nr 3:** sonstige Rückstellungen, s abschließend (§ 249 III 1) § 249 Anm 1.

13) Verbindlichkeiten (Passivseite C)

Verbindlichkeiten sind unter Passivseite C nur auszuweisen, wenn sie passivierbar sind, also wirtschaftlich real sind (s § 242 Anm 3 C) und wenn sie zu den Schulden des Kfm gehören, also nicht Privatschulden und nicht Schulden Dritter sind (s § 242 Anm 4 A, B). Verbindlichkeiten, die nur **aus künftigen Gewinnen zu tilgen** sind, belasten die KapitalGes jetzt nicht und sind deshalb nicht zu passivieren, hL. Das gilt auch bei echtem **Rangrücktritt**, str, Baumbach-Hueck-Schulze=Osterloh § 42 Rn 72, aA Lutter-Hommelhoff ZGR **79**, 53. Verbindlichkeiten gegenüber GmbHGftern s § 42 III nF GmbHG. **Eigenkapitalersetzende Darlehen,** die nach §§ 30, 31 GmbHG analog nicht geltend gemacht werden können, sind funktional Eigenkapital und deshalb nicht als Verbindlichkeiten anzusetzen, wohl aber als gesperrte Position innerhalb des Eigenkapitals, Hommelhoff WPg **84**, 632; anders wenn Darlehen nach § 32a GmbHG nur im Konkurs- oder Vergleichsverfahren nicht geltend gemacht werden können, da sie sonst durchsetzbar sind, Baumbach-Hueck-Schulze=Osterloh § 42 Rz 72, str. Rückstellung für ungewisse Verbindlichkeiten s § 249 Anm 2. Weitere Verweise s Anm 10. **C 1:** Anleihen, davon konvertibel, letzteres betrifft Fremdwährungsanleihen. **C 2:** Verbindlichkeiten gegenüber Kreditinstituten, vgl Aktivseite B IV. **C 3:** Erhaltene Anzahlungen auf Bestellungen; für die Umsatzsteuer darf Rechnungsabgrenzungsposten gebildet werden, s

§ 250 I 2 Nr 2. **C 4:** Verbindlichkeiten aus Lieferungen und Leistungen, vgl Aktivseite B II Nr 1. **C 5:** Verbindlichkeiten aus der Annahme gezogener Wechsel (Art 28 WG) und der Ausstellung eigener Wechsel (Solawechsel, Austeller verspricht selbst Zahlung); Haftung als Ausfteller, Indossant, Wechselbürge fallen als Eventualverbindlichkeiten idR nur unter § 251 (Bilanzvermerk). **C 6:** Verbindlichkeiten gegenüber verbundenen Unternehmen iSv § 271 II, vgl Aktivseite A III Nr 2, B II Nr 2. **C 7:** Verbindlichkeiten gegenüber Unternehmen mit Beteiligungsverhältnis iSv § 271 I, vgl Aktivseite A III Nr 4, B II Nr 3. **C 8:** Sonstige Verbindlichkeiten, davon aus Steuern, davon im Rahmen der sozialen Sicherheit; vgl Aktivseite A III Nr 6, B II Nr 4.

14) Rechnungsabgrenzungsposten

Sie können aktivisch (Aktivseite C) oder passivisch (Passivseite D) sein; s § 250.

Umschreibung der Größenklassen

267 ^{I} Kleine Kapitalgesellschaften sind solche, die mindestens zwei der drei nachstehenden Merkmale nicht überschreiten:
1. Drei Millionen neunhunderttausend Deutsche Mark Bilanzsumme nach Abzug eines auf der Aktivseite ausgewiesenen Fehlbetrags (§ 268 Abs. 3).
2. Acht Millionen Deutsche Mark Umsatzerlöse in den zwölf Monaten vor dem Abschlußstichtag.
3. Im Jahresdurchschnitt fünfzig Arbeitnehmer.

^{II} Mittelgroße Kapitalgesellschaften sind solche, die mindestens zwei der drei in Absatz 1 bezeichneten Merkmale überschreiten und jeweils mindestens zwei der drei nachstehenden Merkmale nicht überschreiten:
1. Fünfzehn Millionen fünfhunderttausend Deutsche Mark Bilanzsumme nach Abzug eines auf der Aktivseite ausgewiesenen Fehlbetrags (§ 268 Abs. 3).
2. Zweiunddreißig Millionen Deutsche Mark Umsatzerlöse in den zwölf Monaten vor dem Abschlußstichtag.
3. Im Jahresdurchschnitt zweihundertfünfzig Arbeitnehmer.

^{III} Große Kapitalgesellschaften sind solche, die mindestens zwei der drei in Absatz 2 bezeichneten Merkmale überschreiten. Eine Kapitalgesellschaft gilt stets als große, wenn Aktien oder andere von ihr ausgegebene Wertpapiere an einer Börse in einem Mitgliedstaat der Europäischen Wirtschaftsgemeinschaft zum amtlichen Handel zugelassen oder in den geregelten Freiverkehr einbezogen sind oder die Zulassung zum amtlichen Handel beantragt ist.

^{IV} Die Rechtsfolgen der Merkmale nach den Absätzen 1 bis 3 Satz 1 treten nur ein, wenn sie an den Abschlußstichtagen von zwei aufeinanderfolgenden Geschäftsjahren über- oder unterschritten werden. Im Falle der Verschmelzung, Umwandlung oder Neugründung treten die Rechtsfolgen schon ein, wenn die Voraussetzungen des Absatzes 1, 2 oder 3 am ersten Abschlußstichtag nach der Verschmelzung, Umwandlung oder Neugründung vorliegen.

2. Abschnitt. Vorschriften für Kapitalgesellschaften 1, 2 § 267

ᵛ **Als durchschnittliche Zahl der Arbeitnehmer gilt der vierte Teil der Summe aus den Zahlen der jeweils am 31. März, 30. Juni, 30. September und 31. Dezember beschäftigten Arbeitnehmer einschließlich der im Ausland beschäftigten Arbeitnehmer, jedoch ohne die zu ihrer Berufsausbildung Beschäftigten.**

ᵛᴵ **Informations- und Auskunftsrechte der Arbeitnehmervertretungen nach anderen Gesetzen bleiben unberührt.**

1) Kleine Kapitalgesellschaften (I)

A. **Unterscheidung nach Größenklassen:** Das BiRiLiG differenziert in seinen Anforderungen entspr der 4 EG-Ri (Einl I 2 A vor § 238) je nach Größe der KapitalGes statt wie bisher nach Rechtsform. § 267 enthält dazu die Umschreibung der Größenklassen. Die Größen entsprechen den durch die Ri 27. 11. 84 ABlEG Nr L 314/28 erhöhten Beträgen. § 267 umschreibt die Größenklassen anhand von drei Merkmalen, von denen mindestens zwei vorliegen müssen (ähnliche Gesetzgebungstechnik wie im PublG und MitbG). Diese sind bei der **kleinen** KapitalGes: **Bilanzsumme nicht größer als DM 3,9 Mio, Umsatzerlöse nicht höher als DM 8 Mio, Zahl der Arbeitnehmer nicht mehr als 50.**

B. **Berechnung:** Die Bilanzsumme ist die Summe der Aktivseite der Bilanz (§ 267 II) nach Abzug eines auf der Aktivseite eventuell ausgewiesenen Fehlbetrags (§ 268 III), so Nr 1. Die Umsatzerlöse (Nr 2) sind ohnehin in der Gewinn- und Verlustrechnung anzugeben (§ 275 II Nr 1). Maßgeblich sind nach Nr 2 die Umsatzerlöse in den letzten 12 Monaten vor dem Abschlußstichtag (nicht unbedingt identisch mit dem normalen Geschäftsjahr oder dem Kalenderjahr, zB bei Rumpfgeschäftsjahr). Die Zahl der Arbeitnehmer nach Nr 3 ist nach dem Jahresdurchschnitt zu rechnen (vgl Angabe im Anhang § 285 Nr 7), dazu V. Die Arbeitnehmereigenschaft folgt aus dem Arbeitsrecht (vgl § 59 Anm 3, der Begriff des Handlungsgehilfen ist enger). Die gesetzlichen Vertreter der KapitalGes, also die Mitglieder der Geschäftsführung mit Organstellung, sind nicht mitzuzählen. Teilzeitbeschäftigte sind voll zu zählen (vgl zum PublG Biener WPg **72**, 3).

C. **Erleichterungen:** Für kleine KapitalGes, also anders als früher auch AG, gelten viele Erleichterungen: zB längere Frist zur Aufstellung des Jahresabschlusses, § 264 I 3; stark verkürzte Bilanzgliederung, § 266 I 3; verkürzte Gewinn- und Verlustrechnung beginnend mit dem Rohergebnis, § 276; viel weniger Angaben im Anhang, § 288 S 1; keine Prüfung durch Abschlußprüfer, § 316 I 1; stark reduzierte Offenlegung, § 326, also nur stark verkürzt Bilanz und Anhang, überhaupt nicht Gewinn- und Verlustrechnung und Bestätigungsvermerk, dagegen vollständig Ergebnisverwendung (Vorschlag und Beschluß); Einreichung zum HdlReg, aber Bekanntmachung nur der Einreichung im BAnz, § 325 I 2.

2) Mittelgroße Kapitalgesellschaften (II)

A. **Mittlere Größenklasse:** Bei den mittelgroßen KapitalGes sind die drei Merkmale, von denen mindestens zwei vorliegen müssen: Bilanzsumme nicht größer als DM 15,5 Mio, Umsatzerlöse nicht höher als DM 32 Mio, Zahl der Arbeitnehmer nicht mehr als 250. Aus dieser Abgrenzung gegenüber großer KapitalGes und der aus I folgenden gegenüber kleinen

KapitalGes ergeben sich als jeweilige Grenzwerte: Bilanzsumme DM 3,9 Mio–15,5 Mio: Umsatzerlöse DM 8 Mio–32 Mio: Zahl der Arbeitnehmer: 50–250.

B. **Berechnung:** s Anm 1.

C. **Erleichterungen:** Für mittelgroße KapitalGes, also anders als früher auch für mittelgroße AG, gelten Erleichterungen: bei Gewinn- und Verlustrechnung (beginnend mit Rohergebnis) § 276; weniger Angaben im Anhang, § 288 S 2; verkürzte Offenlegung, § 327, nämlich verkürzt Bilanz, Gewinn- und Verlustrechnung und Anhang; Einreichung zum HdlReg, aber Bekanntmachung nur der Eintragung im BAnz, § 325 I 2, keine vollinhaltliche Bekanntmachung wie für große KapitalGes nach § 325 II.

3) Große Kapitalgesellschaften (III)

A. **Große Größenklasse:** Bei den großen KapitalGes sind die drei Merkmale, von denen mindestens zwei vorliegen müssen: Bilanzsumme größer als DM 15,5, Umsatzerlöse höher als DM 32 Mio, Zahl der Arbeitnehmer mehr als 250.

B. **Berechnung:** s Anm 1.

C. **Börsennotierung:** KapitalGes mit börsennotierten Wertpapieren gelten nach **III 2** wegen der Schutzbedürftigkeit des als Anlegerschaft angesprochenen breiten Publikums und des Funktionenschutzes von Kapitalmarkt und Wirtschaft (Einl II 2 vor § 238) als große, auch wenn sie nach den Größenmerkmalen mittelgroße oder kleine wären. Damit entfallen für sie die Erleichterungen bei der Aufstellung und Offenlegung und die Befreiung von der Pflichtprüfung. Welche Wertpapiere der KapitalGes börsennotiert sind, spielt keine Rolle, zB Aktien, von ihr herausgegebene Obligationen; näher **(15)** BörsZulassBek. Dem amtlichen Handel steht für III 2 der geregelte Freiverkehr gleich, nicht der ungeregelte Freiverkehr oder ein sonstiges drittes oder viertes Marktsegment (vgl **(14)** BörsG § 43 Anm 2, 3). Börsennotierung in einem anderen Mitgliedstaat der EG steht gleich. Vgl § 293 Anm 5.

4) Mindestdauer (IV)

Zufallsausschläge in einem Jahr sollen nicht maßgeblich sein. Die Merkmale nach I–III müssen an den Abschlußstichtagen von zwei aufeinanderfolgenden Geschäftsjahren erfüllt sein **(IV 1)**. Das gilt nicht bei Verschmelzung, Umwandlung (s Einl 4 vor § 105) und Neugründung, weil die Veränderung dabei kein Zufallsausschlag ist **(IV 2)**. Bsp zu IV 1: Sind die Merkmale nach I jeweils zum Stichtag erfüllt: a) 1986 ja, 1987 nein, dann ist die KapitalGes 1987 iSv I eine kleine; b) 1986 nein, 1987 ja, dann ist die KapitalGes 1987 iSv I keine kleine; c) 1986 ja, 1987 nein, 1988 nein, dann ist die KapitalGes iSv I eine kleine 1987, aber nicht mehr 1988; d) 1986 nein, 1987 ja, 1988 ja, dann ist die KapitalGes iSv I keine kleine 1987, jedoch 1988.

5) Berechnung der durchschnittlichen Arbeitnehmerzahl (V)

Bei der Berechnung des Durchschnitts sind die im Ausland beschäftigten Arbeitnehmer mitzuzählen, nicht aber die zu ihrer Berufsausbildung Beschäftigten (BerBG, vgl bei § 82 a). Als Durchschnittszahl gilt ein Viertel der addierten Vierteljahresstichtagszahlen.

2. Abschnitt. Vorschriften für Kapitalgesellschaften **§ 268**

6) Informations- und Auskunftsrechte nach anderen Gesetzen (VI)
Informations- und Auskunftsrechte nach anderen Gesetzen, zB Recht der Arbeitnehmer auf Erläuterung des Jahresabschlusses nach § 108 V BetrVG, bleiben unberührt.

Vorschriften zu einzelnen Posten der Bilanz. Bilanzvermerke

268 ^I Die Bilanz darf auch unter Berücksichtigung der vollständigen oder teilweisen Verwendung des Jahresergebnisses aufgestellt werden. Wird die Bilanz unter Berücksichtigung der teilweisen Verwendung des Jahresergebnisses aufgestellt, so tritt an die Stelle der Posten „Jahresüberschuß/Jahresfehlbetrag" und „Gewinnvortrag/Verlustvortrag" der Posten „Bilanzgewinn/Bilanzverlust"; ein vorhandener Gewinn- oder Verlustvortrag ist in den Posten „Bilanzgewinn/Bilanzverlust" einzubeziehen und in der Bilanz oder im Anhang gesondert anzugeben.

^{II} In der Bilanz oder im Anhang ist die Entwicklung der einzelnen Posten des Anlagevermögens und des Postens „Aufwendungen für die Ingangsetzung und Erweiterung des Geschäftsbetriebs" darzustellen. Dabei sind, ausgehend von den gesamten Anschaffungs- und Herstellungskosten, die Zugänge, Abgänge, Umbuchungen und Zuschreibungen des Geschäftsjahrs sowie die Abschreibungen in ihrer gesamten Höhe gesondert aufzuführen. Die Abschreibungen des Geschäftsjahrs sind entweder in der Bilanz bei dem betreffenden Posten zu vermerken oder im Anhang in einer der Gliederung des Anlagevermögens entsprechenden Aufgliederung anzugeben.

^{III} Ist das Eigenkapital durch Verluste aufgebraucht und ergibt sich ein Überschuß der Passivposten über die Aktivposten, so ist dieser Betrag am Schluß der Bilanz auf der Aktivseite gesondert unter der Bezeichnung „Nicht durch Eigenkapital gedeckter Fehlbetrag" auszuweisen.

^{IV} Der Betrag der Forderungen mit einer Restlaufzeit von mehr als einem Jahr ist bei jedem gesondert ausgewiesenen Posten zu vermerken. Werden unter dem Posten „sonstige Vermögensgegenstände" Beträge für Vermögensgegenstände ausgewiesen, die erst nach dem Abschlußstichtag rechtlich entstehen, so müssen Beträge, die einen größeren Umfang haben, im Anhang erläutert werden.

^V Der Betrag der Verbindlichkeiten mit einer Restlaufzeit bis zu einem Jahr ist bei jedem gesondert ausgewiesenen Posten zu vermerken. Erhaltene Anzahlungen auf Bestellungen sind, soweit Anzahlungen auf Vorräte nicht von dem Posten „Vorräte" offen abgesetzt werden, unter den Verbindlichkeiten gesondert auszuweisen. Sind unter dem Posten „Verbindlichkeiten" Beträge für Verbindlichkeiten ausgewiesen, die erst nach dem Abschlußstichtag rechtlich entstehen, so müssen Beträge, die einen größeren Umfang haben, im Anhang erläutert werden.

^{VI} Ein nach § 250 Abs. 3 in den Rechnungsabgrenzungsposten auf der Aktivseite aufgenommener Unterschiedsbetrag ist in der Bilanz gesondert auszuweisen oder im Anhang anzugeben.

^{VII} Die in § 251 bezeichneten Haftungsverhältnisse sind jeweils geson-

dert unter der Bilanz oder im Anhang unter Angabe der gewährten Pfandrechte und sonstigen Sicherheiten anzugeben; bestehen solche Verpflichtungen gegenüber verbundenen Unternehmen, so sind sie gesondert anzugeben.

Übersicht

1) Bilanzgewinn, Bilanzverlust (I)
2) Anlagenspiegel (II)
3) Nicht durch Eigenkapital gedeckter Fehlbetrag (III)
4) Bestimmte Forderungen und Vermögensgegenstände (IV)
5) Bestimmte Verbindlichkeiten und Anzahlungen (V)
6) Disagio oder Damnum (VI)
7) Haftungsverhältnisse (VII)

1) **Bilanzgewinn, Bilanzverlust (I)**

Nach dem Gliederungsschema des § 266 III A wird die Bilanz vor bzw ohne Berücksichtigung der Verwendung des Jahresergebnisses aufgestellt. Unter Passivseite A V wird nur der Jahresüberschuß bzw Jahresfehlbetrag ausgewiesen. I 1 gestattet, die Gliederung der Bilanz an die den KapitalGes freistehende Art des Ausweises der Ergebnisverwendung anzupassen. Das ist sinnvoll, wenn der Jahresabschluß nach teilweiser oder vollständiger Ergebnisverwendung aufgestellt wird, wie bei AG wegen § 58 AktG üblich. Der Posten Jahresüberschuß bzw Jahresfehlbetrag wird nach I 2 bei teilweiser Ergebnisverwendung durch den Posten Bilanzgewinn bzw Bilanzverlust (unter Einbeziehung von Gewinn- oder Verlustvortrag und seiner gesonderten Angabe) ersetzt; bei vollständiger Ergebnisverwendung kann er ersatzlos entfallen.

2) **Anlagenspiegel (II)**

Nach I 1 ist entspr § 152 I 2 aF AktG die Entwicklung der einzelnen Posten des Anlagevermögens sowie des neu zugelassenen Postens ,,Aufwendungen für die Ingangsetzung und Erweiterung des Geschäftsbetriebs" nach § 269 darzustellen (Anlagenspiegel oder Anlagengitter). Der Anlagenspiegel ist in der Bilanz (Aktivseite, da Wertberichtigungen auf der Passivseite nicht mehr zulässig sind; Ausnahme steuerrechtliche Abschreibungen, dann Sonderposten mit Rücklageanteil, s §§ 247 III, 273) oder im Anhang darzustellen. I 2 verlangt (statt eines Nettoanlagespiegels wie bisher) einen Bruttoanlagenspiegel, der statt vom Buchwert zu Beginn des Geschäftsjahres von den gesamten (historischen) Anschaffungs- und Herstellungskosten der Vermögensgegenstände ausgeht. Zu gliedern ist dann (Acht-Spalten-Schema): Anschaffungs- oder Herstellungskosten (kumuliert) / (+) Zugänge / (−) Abgänge (zu ursprünglichen Werten) / (+/−) Umbuchungen / (+) Zuschreibungen (nicht kumuliert, sondern nur des Geschäftsjahrs) / (−) Abschreibungen (kumuliert) / Buchwert (Ende des Geschäftsjahrs) / Buchwert Vorjahr. Die Zuschreibungen des Jahres werden sodann in der Anfangsbilanz des folgenden Jahres mit den kumulierten Abschreibungen saldiert. Die Abschreibungen des Geschäftsjahrs sind entweder in der Bilanz oder im Anhang auszuweisen (I 3; Einbeziehung in den Anlagenspiegel führt zu Neun-Spalten-Schema). Bei geringwertigen Vermögensgegenständen (sofortige Abschreibung s § 253 Anm 3 D) kann nach

2. Abschnitt. Vorschriften für Kapitalgesellschaften 3–7 § 268

GoB sofortiger Abgang unterstellt werden (AmtlBegr). Die **Übergangsvorschrift** des **(1)** EGHGB Art 24 II (s Einl V 1 B vor § 238) gestattet eine indirekte Bruttomethode derart, daß beim ersten Mal unter engen Voraussetzungen statt historischer Wertansätze die bisherigen Buchwerte zulässig sind. Übersicht: Küting ua BB **85,** 1948.

3) Nicht durch Eigenkapital gedeckter Fehlbetrag (III)

Eigenkapital ist nach § 266 III A Nr 1–5 zu gliedern. Nur dort, also auf der Passivseite, sind auch ein Verlustvortrag und ein Jahresfehlbetrag auszuweisen. Davon macht III eine enge Ausnahme. Nur im Fall eines das gesamte Eigenkapital übersteigenden Fehlbetrags ist dieser auf der Aktivseite am Schluß auszuweisen. Sonst entstünde auf der Passivseite ein Minusbetrag. Der Posten ,,Nicht durch Eigenkapital gedeckter Fehlbetrag" zeigt nur die buchmäßige Überschuldung des Unternehmens an.

4) Bestimmte Forderungen und Vermögensgegenstände (IV)

IV 1 bringt eine Vermerkpflicht für jeden der Posten Aktivseite B II Nr 1–3 bei Restlaufzeit von über einem Jahr. **IV 2** betrifft die sog antizipativen Rechnungsabgrenzungsposten, die nicht unter § 250 fallen (dort zugelassen nur die sog transitiven ieS). Werden sie nach GoB unter sonstige Vermögensgegenstände (Aktivseite B II Nr 4) ausgewiesen, sind größere Erträge, die erst nach dem Abschlußstichtag rechtlich entstehen, im Anhang zu erläutern.

5) Bestimmte Verbindlichkeiten und Anzahlungen (V)

V 1 bringt eine Vermerkpflicht für jeden der Posten Passivseite C bei Restlaufzeit bis zu einem Jahr. Der Gesamtbetrag der Verbindlichkeiten mit Restlaufzeit von über fünf Jahren und der dinglich gesicherten Verbindlichkeiten ist im Anhang anzugeben (§ 285 Nr 1 a). **V 2** erlaubt, erhaltene Anzahlungen auf aktivierte Vorräte von diesen (Aktivseite B I) offen abzusetzen. Im übrigen sind erhaltene Anzahlungen auf Bestellungen unter Verbindlichkeiten gesondert auszuweisen (Passivseite C Nr 3). **V 3** entspricht für die Passivseite IV 2. Er betrifft Aufwendungen vor dem Abschlußstichtag, die erst nach diesem Tag rechtlich entstehen, aber Aufwand des Geschäftsjahrs darstellen.

6) Disagio oder Damnum (VI)

Nach VI (entspr § 156 III 2 aF AktG) ist das Disagio, falls es nach § 250 III als aktiver Rechnungsabgrenzungsposten aufgenommen wird, entweder in der Bilanz gesondert auszuweisen oder im Anhang anzugeben.

7) Haftungsverhältnisse (VII)

VII ergänzt für KapitalGes § 251. Haftungsverhältnisse sind danach gesondert, entweder unter der Bilanz oder im Anhang, samt Sicherheiten anzugeben. Haftungsverhältnisse gegenüber verbundenen Unternehmen (§ 271 II) sind gesondert anzugeben.

§§ 269, 270

Aufwendungen für die Ingangsetzung und Erweiterung des Geschäftsbetriebs

269 Die Aufwendungen für die Ingangsetzung des Geschäftsbetriebs und dessen Erweiterung dürfen, soweit sie nicht bilanzierungsfähig sind, als Bilanzierungshilfe aktiviert werden; der Posten ist in der Bilanz unter der Bezeichnung „Aufwendungen für die Ingangsetzung und Erweiterung des Geschäftsbetriebs" vor dem Anlagevermögen auszuweisen und im Anhang zu erläutern. Werden solche Aufwendungen in der Bilanz ausgewiesen, so dürfen Gewinne nur ausgeschüttet werden, wenn die nach der Ausschüttung verbleibenden jederzeit auflösbaren Gewinnrücklagen zuzüglich eines Gewinnvortrags und abzüglich eines Verlustvortrags dem angesetzten Betrag mindestens entsprechen.

1) Aktivierung (Satz 1)

S 1 entspricht § 153 IV 2 aF AktG. Aufwendungen für die Ingangsetzung des Geschäftsbetriebs (zB Betriebsaufwendungen, aber auch Kosten für Aufbau der Unternehmensorganisation) und (anders als bisher) auch dessen Erweiterung sind idR nicht bilanzierungsfähig (§ 248; s § 242 Anm 3 B). Dabei verbleibt es für EinzelKflte und PersonenGes (Vorsichtsprinzip; wirksame Ausschüttungssperre nach S 2 nur bei KapitalGes). Dagegen erhalten KapitalGes durch S 1 das Wahlrecht der Aktivierung für die Anlaufs- oder Erweiterungsphase des Unternehmens (ausdrücklich nur Bilanzierungshilfe, keine Aktivierung als Vermögensgegenstand, also ohne Auswirkung auf die steuerliche Gewinnermittlung). Sie können damit uU die Überschuldung und ihre Konsequenzen (zB § 92 AktG, § 64 GmbHG) vermeiden. Aufwendungen für die Gründung und Eigenkapitalbeschaffung (zB Gerichts- und Notariatskosten, Kapitalverkehrssteuern) fallen nicht unter S 1, sondern unter § 248 II. Ausweis und Erläuterung nach S 1 Halbs 2. Aber S 1 gilt seinem Sinn nach nicht, wenn nicht mit den aktivierten Aufwendungen entsprechenden künftigen Erträgen zu rechnen ist. Darstellung im Anlagenspiegel nach § 268 II. Mindestabschreibung s § 282. **Übergangsrecht** in (1) EGHGB Art 24 VI (s Einl V 1 B vor § 238).

2) Ausschüttungssperre (Satz 2)

S 2 stellt sicher, daß die Aktivierung der Aufwendungen nach S 1 nicht zur Gewinnausschüttung mißbraucht wird.

Bildung bestimmter Posten

270 [I] Einstellungen in die Kapitalrücklage und deren Auflösung sind bereits bei der Aufstellung der Bilanz vorzunehmen. Satz 1 ist auf Einstellungen in den Sonderposten mit Rücklageanteil und dessen Auflösung anzuwenden.

[II] Wird die Bilanz unter Berücksichtigung der vollständigen oder teilweisen Verwendung des Jahresergebnisses aufgestellt, so sind Entnahmen aus Gewinnrücklagen sowie Einstellungen in Gewinnrücklagen, die nach Gesetz, Gesellschaftsvertrag oder Satzung vorzunehmen sind

2. Abschnitt. Vorschriften für Kapitalgesellschaften 1 § 271

oder auf Grund solcher Vorschriften beschlossen worden sind, bereits bei der Aufstellung der Bilanz zu berücksichtigen.

1) Bildung der Kapitalrücklage (I)

§ 270 entspricht § 151 IV 1, 2 aF AktG. Veränderungen der Kapitalrücklage (§ 272 II) sind nach I 1 bereits bei der Aufstellung der Bilanz vorzunehmen, also von dem dafür zuständigen Organ (s § 264 Anm 2 B), ebenso nach I 2 solche des Sonderpostens mit Rücklageanteil (§§ 247 III, 273).

2) Bildung der Gewinnrücklagen (II)

Wird die Bilanz unter Berücksichtigung der Verwendung des Jahresergebnisses aufgestellt (Wahlrecht nach § 268 I), sind die Entnahmen aus Gewinnrücklagen (§ 272 III) sowie bestimmte Einlagen (aufgrund von Gesetz, zB § 150 II AktG oder GesVertrag, zB §§ 150 II Nr 1, 58 I, II AktG) bereits bei der Aufstellung der Bilanz zu berücksichtigen. Wie I ist II zugleich eine Zuständigkeitsregelung.

Beteiligungen. Verbundene Unternehmen

271 ^I **Beteiligungen sind Anteile an anderen Unternehmen, die bestimmt sind, dem eigenen Geschäftsbetrieb durch Herstellung einer dauernden Verbindung zu jenen Unternehmen zu dienen. Dabei ist es unerheblich, ob die Anteile in Wertpapieren verbrieft sind oder nicht. Als Beteiligung gelten im Zweifel Anteile an einer Kapitalgesellschaft, deren Nennbeträge insgesamt den fünften Teil des Nennkapitals dieser Gesellschaft überschreiten. Auf die Berechnung ist § 16 Abs. 2 und 4 des Aktiengesetzes entsprechend anzuwenden. Die Mitgliedschaft in einer eingetragenen Genossenschaft gilt nicht als Beteiligung im Sinne dieses Buches.**

^{II} **Verbundene Unternehmen im Sinne dieses Buches sind solche Unternehmen, die als Mutter- oder Tochterunternehmen (§ 290) in den Konzernabschluß eines Mutterunternehmens nach den Vorschriften über die Vollkonsolidierung einzubeziehen sind, das als oberstes Mutterunternehmen den am weitestgehenden Konzernabschluß nach dem Zweiten Unterabschnitt aufzustellen hat, auch wenn die Aufstellung unterbleibt, oder das einen befreienden Konzernabschluß nach § 291 oder nach einer nach § 292 erlassenen Rechtsverordnung aufstellt oder aufstellen könnte; Tochterunternehmen, die nach § 295 oder § 296 nicht einbezogen werden, sind ebenfalls verbundene Unternehmen.**

1) Beteiligungen (I)

I entspricht § 152 II aF AktG. I 1 definiert Beteiligung für die Jahresabschlüsse aller KapitalGes, nicht nur der AktG wie bisher. I 1 kann darüber hinaus auch für EinzelKflte und PersonenGes Bedeutung haben (Amtl-Begr). Der Anteilsbesitz muß der Herstellung einer dauernden Verbindung zu dem anderen Unternehmen zu dienen bestimmt sein. **a)** Voraussetzung ist ein **Anteil** an KapitalGes oder PersonenGes; auch stille Beteiligung (§ 230), falls der Stille im Innenverhältnis Mitverwaltungsrecht hat. Ein GesVerhältnis muß vorliegen, partiarisches Darlehen mit Einwirkungs-

§ 272   III. Buch. Handelsbücher

rechten genügt nicht; auch personelle und wirtschaftliche Einflußmöglichkeiten auf das Unternehmen (vgl § 23 II GWB) reichen allein nicht aus. Eine Mindesthöhe der Beteiligung ist nicht erforderlich, in Sonderfällen können zwischen 5 und 10% ausreichen. Zum Ausweis bei schwebend unwirksamem Beteiligungserwerb (§ 24a GWB) BGH BB **79**, 388.

b) Herstellung einer dauernden Verbindung zu dem anderen Unternehmen bedeutet über den bloßen Anteilsbesitz aus Anlage- und Renditegründen hinaus das Halten des Anteils zu unternehmerischen Zwecken. Diese können in der Einflußnahme auf die Geschäftsführung im einzelnen bestehen. Es genügt aber auch ohne solche Einzeleinwirkung die unternehmensstrategische Zusammenführung der beiden Unternehmen, die auf eine gewisse Dauer bestimmte Rahmenbedingungen für die Geschäftspolitik des anderen Unternehmens setzt. **c)** Der Anteil muß **bestimmt sein,** dem eigenen Geschäftsbetrieb durch Herstellung einer solchen dauernden Verbindung **zu dienen.** Diese Bestimmung ist eine unternehmerische Entscheidung. Insofern ist Beteiligungsabsicht notwendig, hL, str, nach aA rein objektive Abgrenzung, offen BGH BB **79**, 388. Ob diese Absicht vorliegt, ist allerdings nicht aus verbalen Erklärungen des Kfm, sondern in erster Linie aus den objektiven Umständen zu entnehmen. **I 2** stellt klar, daß es nicht auf die Verbriefung der Anteile in Wertpapieren ankommt, zB GmbHAnteil. **I 3** begründet eine Vermutung für Beteiligung bei über 20% Anteil am Nennkapital einer KapitalGes (bisher ab 25%, § 152 II aF AktG). Die Vermutung ist widerleglich (im Zweifel), aber idR nicht durch bloße verbale Erklärungen, es fehle an einer Beteiligungsabsicht uä. **I 4** verweist für die Berechnung nach I 3 auf § 16 II, IV AktG; über § 16 IV AktG werden auch indirekte Beteiligungen, zB ,,Enkel"unternehmen, erfaßt. **I 5** verhindert, daß bei Kreditinstituten in der Form der eG normale Kredite als Forderungen und Verbindlichkeiten gegenüber verbundenen Unternehmen ausgewiesen werden müssen (§ 290 I). Bewertung von Beteiligungen an KapitalGes s Knobbe=Keuk AG **79**, 299, an PersonenGes s Schulze=Osterloh WPg **79**, 632. Übersicht: Schulze=Osterloh ZHR 143 (**79**) 227.

2) Verbundene Unternehmen (II)

II bringt eine auf die Rechnungslegung (Drittes Buch des HGB) beschränkte Definition der verbundenen Unternehmen. Die abweichende Definition des § 15 AktG gilt bis zur Konzernrechtsangleichung in der EG (Einl 7 B vor § 105) für das übrige Konzernrecht weiter. Die Aufstellung eines Konzernabschlusses erlaubt also nicht den Schluß, daß zB Abhängigkeit (§ 17 AktG) vorliegt (Begr EK § 236). II definiert die verbundenen Unternehmen von der Einbeziehung von Mutter- und Tochterunternehmen in einen Konzernabschluß her, ohne daß es auf die tatsächliche Aufstellung des Konzernabschlusses oder Einbeziehung ankommt. S zu §§ 290, 291, 292, 295, 296. Übersicht: Kropff DB **86**, 364.

Eigenkapital

272 ¹ **Gezeichnetes Kapital ist das Kapital, auf das die Haftung der Gesellschafter für die Verbindlichkeiten der Kapitalgesellschaft gegenüber den Gläubigern beschränkt ist. Die ausstehenden Einlagen auf das gezeichnete Kapital sind auf der Aktivseite vor dem Anlagevermögen gesondert auszuweisen und entsprechend zu bezeichnen; die davon**

2. Abschnitt. Vorschriften für Kapitalgesellschaften 1 § 272

eingeforderten Einlagen sind zu vermerken. Die nicht eingeforderten ausstehenden Einlagen dürfen auch von dem Posten „Gezeichnetes Kapital" offen abgesetzt werden; in diesem Falle ist der verbleibende Betrag als Posten „Eingefordertes Kapital" in der Hauptspalte der Passivseite auszuweisen und ist außerdem der eingeforderte, aber noch nicht eingezahlte Betrag unter den Forderungen gesondert auszuweisen und entsprechend zu bezeichnen.

II Als Kapitalrücklage sind auszuweisen

1. der Betrag, der bei der Ausgabe von Anteilen einschließlich von Bezugsanteilen über den Nennbetrag hinaus erzielt wird;
2. der Betrag, der bei der Ausgabe von Schuldverschreibungen für Wandlungsrechte und Optionsrechte zum Erwerb von Anteilen erzielt wird;
3. der Betrag von Zuzahlungen, die Gesellschafter gegen Gewährung eines Vorzugs für ihre Anteile leisten;
4. der Betrag von anderen Zuzahlungen, die Gesellschafter in das Eigenkapital leisten.

III Als Gewinnrücklagen dürfen nur Beträge ausgewiesen werden, die im Geschäftsjahr oder in einem früheren Geschäftsjahr aus dem Ergebnis gebildet worden sind. Dazu gehören aus dem Ergebnis zu bildende gesetzliche oder auf Gesellschaftsvertrag oder Satzung beruhende Rücklagen und andere Gewinnrücklagen.

IV In eine Rücklage für eigene Anteile ist ein Betrag einzustellen, der dem auf der Aktivseite der Bilanz für die eigenen Anteile anzusetzenden Betrag entspricht. Die Rücklage darf nur aufgelöst werden, soweit die eigenen Anteile ausgegeben, veräußert oder eingezogen werden oder soweit nach § 253 Abs. 3 auf der Aktivseite ein niedrigerer Betrag angesetzt wird. Die Rücklage, die bereits bei der Aufstellung der Bilanz vorzunehmen ist, darf aus vorhandenen Gewinnrücklagen gebildet werden, soweit diese frei verfügbar sind. Die Rücklage nach Satz 1 ist auch für Anteile eines herrschenden oder eines mit Mehrheit beteiligten Unternehmens zu bilden.

1) Gezeichnetes Kapital (I)

A. **Definition:** Gezeichnetes Kapital ist das Haft(ungsfonds)kapital der KapitalGes (I 1), gleichbedeutend bisher Grundkapital oder Stammkapital. Die neue Bezeichnung soll im Interesse der Lesbarkeit des Jahresabschlusses auch für Ausländer verdeutlichen, daß es um gezeichnetes, nicht notwendig eingezahltes Kapital geht.

B. **Ausstehende Einlagen:** I 2 entspricht § 151 I Aktivseite I aF AktG. Nach I 2 (zT alternativ dazu I 3) steht auf der Passivseite: „Gezeichnetes Kapital (zB 100)", auf der Aktivseite vor dem Anlagevermögen: „Ausstehende Einlagen (zB 40); davon eingefordert (zB 10)".

C. **Nicht eingeforderte ausstehende Einlagen:** Nach I 3 ist alternativ zu I 2 zulässig auszuweisen auf der Passivseite: „Gezeichnetes Kapital (zB 100); davon abgesetzt: nicht eingeforderte ausstehende Einlagen (zB 30); verbleibender Betrag: Eingefordertes Kapital (zB 70)". Auf der Aktivseite steht dann unter den Forderungen gesondert: „eingeforderte ausstehende

§ **272** 2–4   III. Buch. Handelsbücher

Einlagen (zB 10)". Die Bezeichnung „Eingefordertes Kapital" ist mißverständlich, weil dieser Betrag zum überwiegenden Teil bereits eingezahlt ist, DTG S 35.

D. **Zusatzangaben bei AG:** Gesamtnennbeträge der Aktien jeder Gattung, bedingtes Kapital zum Nennbetrag, Gesamtstimmenzahl der Mehrstimmrechtsaktien und der übrigen Aktien, **(2)** AktG § 152 I nF.

2) Kapitalrücklage (II)

II entspricht § 150 II Nr 2–4 aF AktG. Zu den Kapitalrücklagen gehören alle Einlagen, die nicht gezeichnetes Kapital oder Einlagen und Kapitalanteile von phG sind. Das sind nach **Nr 1** das Aufgeld bei der Ausgabe von Anteilen sowie von Bezugsanteilen, Ausgabekosten sind nicht abziehbar (für GmbH bisher str); nach **Nr 2** der bei Ausgabe von Wandlungs- und Optionsrechten zum Erwerb von Aktien (s § 221 AktG) erzielte Betrag, zB die Differenz zwischen höherem Ausgabe- und niedrigerem Rückzahlungsbetrag der Schuldverschreibung, aber auch die in der Einräumung eines unter dem Kapitalmarktzins liegenden Zinssatzes bestehende Gegenleistung (AmtlBegr); auch bei Zwischenschaltung von TochterGes, Lutter DB **86**, 1607; nach **Nr 3** Zuzahlungen von Gftern gegen Gewährung eines Vorzugs für ihre Anteile; nach **Nr 4** sonstige Zuzahlungen der Gfter in das Eigenkapital. Die Zuzahlungen nach Nr 4 müssen gewollt sein, verdeckte Einlagen und verlorene Zuschüsse sind nicht ohne weiteres erfaßt (AmtlBegr). Die Zuzahlungen nach Nr 4 sind nicht in die gesetzliche Rücklage nach **(2)** AktG § 150 einbezogen. Zusatzangaben bei AG: Einstellungen und Entnahmen in/aus Kapitalrücklage, **(2)** AktG § 152 II. Eingeforderte Nachschüsse bei GmbH s § 42 II nF GmbHG. Eigenkapitalersetzende GfterDarlehen s § 266 Anm 13.

3) Gewinnrücklagen (III)

Gewinnrücklagen sind die aus dem Geschäftsergebnis gebildeten Rücklagen (III 1). Der Ausdruck verdeutlicht dies besser als der bisherige „offene Rücklagen". Davon zu unterscheiden sind Kapitalrücklagen (II). Gewinnrücklagen sind nach III 2, § 266 III A III: die gesetzliche Rücklage (s **(2)** AktG § 150; bei GmbH nicht geregelt); Rücklage für eigene Anteile (IV); satzungsmäßige Rücklagen (§ 58 AktG, auch § 29 I GmbHG); andere Gewinnrücklagen, dazu § 58 II a nF AktG (s Einl IV 1 C vor § 238), § 29 IV nF GmbHG (s Einl IV 2 vor § 238). Zusatzangaben bei AG s **(2)** AktG § 152 III.

4) Rücklage für eigene Anteile (IV)

IV entspricht § __0 a aF AktG. In Höhe des auf der Aktivseite (§ 266 II B III Nr 2, s § 266 Anm 8) angesetzten Betrags ist auf der Passivseite eine Rücklage für eigene Anteile einzustellen **(IV 1)**. IV stützt § 71 AktG, § 33 GmbHG ab und läßt nicht zu, daß der Erwerb und die Aktivierung der eigenen Anteile zur Ausschüttung an die Gfter führen. **IV 2** beschränkt die Auflösung der Rücklage entsprechend der Veränderung auf der Aktivseite. Wird auf der Aktivseite zB nach § 253 III der eigene Anteil abgeschrieben, ist die Rücklage entsprechend zu erniedrigen (kein Wahlrecht). Die Rücklage ist nach **IV 3** bereits bei der Aufstellung der Bilanz vorzunehmen und darf entweder aus dem Jahresergebnis oder aus vorhandenen frei verfügbaren Gewinnrücklagen (s Anm 3) gebildet werden. **IV 4** verlangt die Rückla-

2. Abschnitt. Vorschriften für Kapitalgesellschaften **§§ 273, 274**

ge auch für Anteile eines herrschenden oder mit Mehrheit beteiligten Unternehmens. Die diesbezüglichen Definitionen der §§ 16, 17 AktG sind für alle KapitalGes heranziehbar.

Sonderposten mit Rücklageanteil

273 Der Sonderposten mit Rücklageanteil (§ 247 Abs. 3) darf nur insoweit gebildet werden, als das Steuerrecht die Anerkennung des Wertansatzes bei der steuerrechtlichen Gewinnermittlung davon abhängig macht, daß der Sonderposten in der Bilanz gebildet wird. Er ist auf der Passivseite vor den Rückstellungen auszuweisen; die Vorschriften, nach denen er gebildet worden ist, sind in der Bilanz oder im Anhang anzugeben.

1) Bildung des Sonderpostens mit Rücklageanteil (Satz 1)

§ 273 entspricht zT § 152 V aF AktG. KapitalGes dürfen den Sonderposten mit Rücklageanteil (§ 247 III) nur noch bilden, wenn der steuerrechtliche Wertansatz von der Bildung des Sonderpostens in der HdlBilanz abhängt (umgekehrte Maßgeblichkeit; vgl §§ 254, 279 II, 280 II). Die Einschränkung wird iErg dadurch gemildert, daß nach § 58 IIa nF AktG, § 29 IV GmbHG Gewinnrücklagen möglich sind (s Einl IV 1 C, 2 vor § 238). Die nach § 281 erlaubte Wertberichtigung erfolgt ebenfalls unter Einstellung in den Sonderposten mit Rücklageanteil. Für Auflösung gilt **Übergangsrecht** nach **(1)** EGHGB Art 24 III (s Einl V 1 B vor § 238). Übersicht: Müller DB **84**, 197, 254.

2) Ausweis (Satz 2)

Der Sonderposten ist auf der Passivseite der Bilanz vor den Rückstellungen (§ 266 III B) auszuweisen. Pflichtangabe der Vorschriften (S 2 Halbs 2).

Steuerabgrenzung

274 ^I Ist der dem Geschäftsjahr und früheren Geschäftsjahren zuzurechnende Steueraufwand zu niedrig, weil der nach den steuerrechtlichen Vorschriften zu versteuernde Gewinn niedriger als das handelsrechtliche Ergebnis ist, und gleicht sich der zu niedrige Steueraufwand des Geschäftsjahrs und früherer Geschäftsjahre in späteren Geschäftsjahren voraussichtlich aus, so ist in Höhe der voraussichtlichen Steuerbelastung nachfolgender Geschäftsjahre eine Rückstellung nach § 249 Abs. 1 Satz 1 zu bilden und in der Bilanz oder im Anhang gesondert anzugeben. Die Rückstellung ist aufzulösen, sobald die höhere Steuerbelastung eintritt oder mit ihr voraussichtlich nicht mehr zu rechnen ist.

^{II} Ist der dem Geschäftsjahr und früheren Geschäftsjahren zuzurechnende Steueraufwand zu hoch, weil der nach den steuerrechtlichen Vorschriften zu versteuernde Gewinn höher als das handelsrechtliche Ergebnis ist, und gleicht sich der zu hohe Steueraufwand des Geschäftsjahrs und früherer Geschäftsjahre in späteren Geschäftsjahren voraussichtlich aus, so darf in Höhe der voraussichtlichen Steuerentlastung nachfolgender Geschäftsjahre ein Abgrenzungsposten als Bilanzierungshilfe auf der Aktivseite der Bilanz gebildet werden. Dieser Posten ist unter entspre-

chender Bezeichnung gesondert auszuweisen und im Anhang zu erläutern. Wird ein solcher Posten ausgewiesen, so dürfen Gewinne nur ausgeschüttet werden, wenn die nach der Ausschüttung verbleibenden jederzeit auflösbaren Gewinnrücklagen zuzüglich eines Gewinnvortrags und abzüglich eines Verlustvortrags dem angesetzten Betrag mindestens entsprechen. Der Betrag ist aufzulösen, sobald die Steuerentlastung eintritt oder mit ihr voraussichtlich nicht mehr zu rechnen ist.

1) Latente Steueraufwände (I)

A. **Rückstellung:** Nach I 1 ist im Falle künftiger Steuerbelastung bei Periodenverschiebung eine Rückstellung nach § 249 I 1 zu bilden und gesondert anzugeben (Rückstellung für Steuerabgrenzung). Voraussetzung ist, daß der dem Geschäftsjahr und früheren Geschäftsjahren zuzurechnende Steuerbilanzgewinn niedriger ist als der HdlBilanzgewinn und damit der Steueraufwand zu niedrig ist und daß sich diese Differenz später voraussichtlich ausgleicht. Dabei ist eine Gesamtbetrachtung (also nicht zu jedem einzelnen Posten) vorzunehmen, innerhalb derer auch latente Steueraufwände (I) und latente Steuererträge (II) ohne Verstoß gegen das Verrechnungsverbot (§ 248 II) saldiert werden. Das führt zu einer Einengung gegenüber bisher. So ist zB Preissteigerungsrücklage nicht neben stiller Reservenbildung (in der HdlBilanz gegenüber der Steuerbilanz) im gleichen Jahr möglich. Ob Gesamtbetrachtung auch mit den in früheren Geschäftsjahren gebildeten Posten nach I und II zu erfolgen hat, ist str, aber wohl zu verneinen, dann aber entsprechende Fortschreibung. Nicht unter I 1 fallen zeitlich unbegrenzte Unterschiede zwischen Handels- und Steuerbilanz, weil es bei diesen am späteren Ausgleich fehlt. Bsp für I: Aufwendungen für die Ingangsetzung und Erweiterung des Geschäftsbetriebs (Aktivierungswahlrecht nach § 269, steuerlich sofortiger voller Abzug als Betriebsausgabe). Übersicht: Harms-Küting BB **85**, 94.

B. **Auflösung der Rückstellung:** Nach I 2 ist die Rückstellung aufzulösen, sobald die latente Steuerbelastung eintritt oder mit ihr voraussichtlich nicht mehr zu rechnen ist. Denn § 274 dient der Periodenabgrenzung, erlaubt aber keine stillen Reserven.

2) Latente Steuererträge (II)

A. **Aktivischer Abgrenzungsposten:** II 1 erlaubt erstmals die aktivische Steuerabgrenzung in Form einer Bilanzierungshilfe. Damit wird die Nutzung des § 249 II (Aufwandrückstellungen) erleichtert; denn diese werden steuerlich nicht anerkannt, die darauf zunächst zu bezahlenden Steuern sind aber nach II abgrenzbar und belasten das Jahresergebnis nicht zusätzlich (AmtlBegr). Voraussetzung ist, daß der dem Geschäftsjahr und früheren Geschäftsjahren zuzurechnende Steuerbilanzgewinn höher ist als der HdlBilanzgewinn und damit der Steueraufwand zu hoch ist und daß sich diese Differenz später voraussichtlich ausgleicht. Gesamtbetrachtung und Verrechenbarkeit s Anm 1 A. Bspe für II: Disagio (Aktivierungswahlrecht nach § 250 III, also auch sofortige Verbuchung als Aufwand, steuerlich Aktivierungspflicht und Abschreibung während der Laufzeit, s § 250 Anm 4); Herstellungskosten (Wahlrechte nach § 255 II 3 bei Gemeinkosten, steuerlich Einrechnungspflicht); Bewertungsvereinfachungsverfahren

2. Abschnitt. Vorschriften für Kapitalgesellschaften §275

nach § 256, wenn sie im Einzelfall zu rascherer Abschreibung führen als die steuerrechtliche Durchschnittsbewertung); Pensionsrückstellungen (nach § 249 großzügiger als in der Steuerbilanz, s § 249 Anm 3 A).

B. **Ausweis und Erläuterung:** Nach II 2 ist der aktivische Abgrenzungsposten gesondert auszuweisen (am besten zwischen Umlaufvermögen und Rechnungsabgrenzungsposten) und im Anhang zu erläutern.

C. **Gewinnausschüttungssperre:** Nach II 3 dürfen Gewinne nur ausgeschüttet werden, wenn der Bilanzgewinn und die jederzeit auflösbaren Gewinnrücklagen (vgl § 272 III) größer sind als der Posten nach II 1 und der Bilanzverlust(vortrag).

D. **Auflösung:** II 4 entspricht I 2.

Dritter Titel. Gewinn- und Verlustrechnung

Gliederung

275 ⁱ Die Gewinn- und Verlustrechnung ist in Staffelform nach dem Gesamtkostenverfahren oder dem Umsatzkostenverfahren aufzustellen. Dabei sind die in Absatz 2 oder 3 bezeichneten Posten in der angegebenen Reihenfolge gesondert auszuweisen.

ⁱⁱ Bei Anwendung des Gesamtkostenverfahrens sind auszuweisen:

1. Umsatzerlöse
2. Erhöhung oder Verminderung des Bestands an fertigen und unfertigen Erzeugnissen
3. andere aktivierte Eigenleistungen
4. sonstige betriebliche Erträge
5. Materialaufwand:
   a) Aufwendungen für Roh-, Hilfs- und Betriebsstoffe und für bezogene Waren
   b) Aufwendungen für bezogene Leistungen
6. Personalaufwand:
   a) Löhne und Gehälter
   b) soziale Abgaben und Aufwendungen für Altersversorgung und für Unterstützung,
   davon für Altersversorgung
7. Abschreibungen:
   a) auf immaterielle Vermögensgegenstände des Anlagevermögens und Sachanlagen sowie auf aktivierte Aufwendungen für die Ingangsetzung und Erweiterung des Geschäftsbetriebs
   b) auf Vermögensgegenstände des Umlaufvermögens, soweit diese die in der Kapitalgesellschaft üblichen Abschreibungen überschreiten
8. sonstige betriebliche Aufwendungen
9. Erträge aus Beteiligungen,
   davon aus verbundenen Unternehmen
10. Erträge aus anderen Wertpapieren und Ausleihungen des Finanzanlagevermögens,
    davon aus verbundenen Unternehmen
11. sonstige Zinsen und ähnliche Erträge,

§ 275 III. Buch. Handelsbücher

    davon aus verbundenen Unternehmen
12. Abschreibungen auf Finanzanlagen und auf Wertpapiere des Umlaufvermögens
13. Zinsen und ähnliche Aufwendungen,
    davon an verbundene Unternehmen
14. Ergebnis der gewöhnlichen Geschäftstätigkeit
15. außerordentliche Erträge
16. außerordentliche Aufwendungen
17. außerordentliches Ergebnis
18. Steuern vom Einkommen und vom Ertrag
19. sonstige Steuern
20. Jahresüberschuß/Jahresfehlbetrag.

^{III} Bei Anwendung des Umsatzkostenverfahrens sind auszuweisen:

1. Umsatzerlöse
2. Herstellungskosten der zur Erzielung der Umsatzerlöse erbrachten Leistungen
3. Bruttoergebnis vom Umsatz
4. Vertriebskosten
5. allgemeine Verwaltungskosten
6. sonstige betriebliche Erträge
7. sonstige betriebliche Aufwendungen
8. Erträge aus Beteiligungen,
   davon aus verbundenen Unternehmen
9. Erträge aus anderen Wertpapieren und Ausleihungen des Finanzanlagevermögens,
   davon aus verbundenen Unternehmen
10. sonstige Zinsen und ähnliche Erträge,
    davon aus verbundenen Unternehmen
11. Abschreibungen auf Finanzanlagen und auf Wertpapiere des Umlaufvermögens
12. Zinsen und ähnliche Aufwendungen,
    davon an verbundene Unternehmen
13. Ergebnis der gewöhnlichen Geschäftstätigkeit
14. außerordentliche Erträge
15. außerordentliche Aufwendungen
16. außerordentliches Ergebnis
17. Steuern vom Einkommen und vom Ertrag
18. sonstige Steuern
19. Jahresüberschuß/Jahresfehlbetrag.

^{IV} Veränderungen der Kapital- und Gewinnrücklagen dürfen in der Gewinn- und Verlustrechnung erst nach dem Posten „Jahresüberschuß/Jahresfehlbetrag" ausgewiesen werden.

Übersicht

1) Staffelform, Verfahrenswahlrecht (I)
2) Erfolgsquellen und Zwischensummen in II und III
3) Einzelne Posten beim Gesamtkostenverfahren (II)
4) Einzelne Posten beim Umsatzkostenverfahren (III)
5) Rücklagenveränderungen (IV)

2. Abschnitt. Vorschriften für Kapitalgesellschaften 1–3 § 275

1) Staffelform, Verfahrenswahlrecht (I)

A. **Staffelform:** § 275 entspricht § 157 aF AktG, aber mit Einräumung eines Verfahrenswahlrechts (auch Umsatzkostenverfahren) und deutlich verkürztem Gliederungsschema (nur noch 20 bzw 19 statt 32 Posten). Zulässig ist nur die Staffelform, nicht die Kontoform.

B. **Verfahrenswahlrecht:** Zulässig sind künftig das bisherige Gesamtkostenverfahren (Produktionskostenverfahren, II) und neu das international gebräuchlichere Umsatzkostenverfahren (III), damit sich Unternehmen ohne zweite Gewinn- und Verlustrechnung international vergleichbarer darstellen können. Das **Gesamtkostenverfahren** stellt den Umsatzerlösen (II Nr 1) die Gesamtkosten der Betriebsleistung der Periode gegenüber, muß dann allerdings die Bestandsveränderungen an Halb- und Fertigfabrikaten sowie andere aktivierte Eigenleistungen (II Nr 2, 3) bei der Ermittlung des Betriebsergebnisses eigens berücksichtigen. Dies muß das **Umsatzkostenverfahren** nicht, denn es stellt den Umsatzerlösen (III Nr 1) die Selbstkosten der abgesetzten Betriebsleistung (Umsatzkosten; III Nr 2, auch III Nr 4, 5) gegenüber. Der beim Gesamtkostenverfahren erscheinende Material- und Personalaufwand (II Nr 5, 6) erscheint beim Umsatzkostenverfahren nur im Anhang (§ 285 Nr 8). Das Gesamtkostenverfahren arbeitet mit den Primärkosten, die direkt aus dem Rechnungswesen ersichtlich sind. Das Umsatzkostenverfahren gliedert demgegenüber nach Funktionsbereichen bzw Produktgruppen.

C. **Mindestgliederung:** Nach I 2 sind die Posten und die Reihenfolge von II oder III zwingend. Zusätzliche Posten und weitere Untergliederungen sind dagegen fakultativ (§ 265 V).

2) Erfolgsquellen und Zwischensummen in II und III

Das Ergebnis der gewöhnlichen Geschäftstätigkeit (II Nr 14; III Nr 13), das aus dem **Betriebsergebnis** (II Nr 1–8; III Nr 1–7) und dem **Finanzergebnis** (II Nr 9–13; III Nr 8–12) besteht, und das **außerordentliche Ergebnis** (II Nr 17, s III Nr 15; III Nr 16, s III Nr 14, 15) und die **Steuern** (II Nr 18, 19; III Nr 17, 18) ergeben den **Jahresüberschuß oder Jahresfehlbetrag** (II Nr 20; III Nr 19). Nicht mehr besonders ausgewiesen, aber ohne weiteres zu errechnen sind (beim Gesamtkostenverfahren) die Gesamtleistung (bestehend aus II Nr 1–3; vgl § 157 I Nr 4 aF AktG) und der Rohertrag/Rohaufwand (bestehend als Gesamtleistung abzüglich Materialaufwand, also II Nr 1–3 minus II Nr 5; vgl § 157 I Nr 6 aF AktG). Das Rohergebnis nach § 276, das kleine und mittelgroße KapitalGes zusammenfassen dürfen, umfaßt beim Gesamtkostenverfahren zusätzlich II Nr 4. Beim Umsatzkostenverfahren besteht es aus III Nr 1–3 und 6.

3) Einzelne Posten beim Gesamtkostenverfahren (II)

A. **Umsatzerlöse (Nr 1):** s § 277 I. Nr 1 entspricht § 157 I Nr 1 aF AktG. Ausweis netto ohne Umsatzsteuer, IdW-HFA 1/85 WPg **85**, 257.

B. **Bestandsveränderungen (Nr 2):** s § 277 II. Nr 2 entspricht § 157 I Nr 2 aF AktG.

C. **Andere aktivierte Eigenleistungen (Nr 3):** Nr 3 entspricht § 157 I Nr 3 aF AktG. Nr 3 ist auf der Ertragsseite notwendig, weil die Aufwendungen für diese aktivierten Eigenleistungen in Nr 5, 6 als Material- und

§ 275 3

Personalaufwand mitenthalten sind. Nr 3 betrifft nur aktivierte Eigenleistungen (Aktivierungsverbote s § 248, Aktivierungswahlrechte s zB § 269). Nr 3 hat gegenüber Nr 2 Auffangfunktion. Bspe: Bestandsveränderungen selbsterzeugter Roh-, Hilfs- und Betriebsstoffe, soweit diese nicht fertige oder unfertige Erzeugnisse (s Nr 2) sind; Leistungen in das eigene Anlagevermögen, zB Reparaturen, Eigenbau von Anlagen; in den aktivierten Eigenleistungen enthaltene Aufwendungen für bezogene Materialien und bezogene Leistungen (E § 255 III; str, aA Geßler-Hefermehl-Kropff § 157 Anm 55 für Nettomethode), dann sind diese Aufwendungen aber in gleicher Höhe auch unter Materialaufwand nach Nr 5 zu bringen (Bruttomethode); aktivierte Aufwendungen nach § 269.

D. **Sonstige betriebliche Erträge (Nr 4):** Nr 4 ist ein Sammelposten für alle Erträge aus der gewöhnlichen Geschäftstätigkeit, die nicht unter Nr 1–3, 9–11 fallen. Auch periodenfremde Erträge können dazu gehören (s § 277 Anm 4). Unter Nr 4 fallen, soweit es sich nicht im Einzelfall um außerordentliche Erträge (Nr 15, § 277 IV) handelt, zB: Erträge aus Abgängen und Zuschreibungen im Anlagevermögen (§ 157 I Nr 11 aF AktG), str ob auch aus Abgängen und Zuschreibungen im Finanzanlagevermögen (denn Abschreibungen darauf fallen unter Nr 12; das spräche für Nr 9–11); Erträge aus der Herabsetzung der Pauschalwertberichtigung zu Forderungen (§ 157 I Nr 12 aF AktG); Erträge aus der Auflösung von Rückstellungen (§ 157 I Nr 13 aF AktG; s § 249); sonstige (betriebliche) Erträge iSv § 157 I Nr 14 aF AktG. Erträge aus der Auflösung des Sonderpostens mit Rücklageanteil (§ 273) müssen entweder gesondert hier oder im Anhang erscheinen (§ 281 II 2).

E. **Materialaufwand (Nr 5):** Nr 4 entspricht, abgesehen von der Unterteilung, § 157 I Nr 5 aF AktG. **Nr 5a:** Aufwendungen für Roh-, Hilfs- und Betriebsstoffe und für bezogene Waren errechnen sich aus: Anfangsbestand + Zugänge − Endbestand. Die Bestände sind mit dem Bilanzwert anzusetzen (s §§ 252–256, 279 ff), also unter Berücksichtigung der üblichen Abschreibungen (bei der KapitalGes unübliche s Nr 7). **Nr 5b:** Aufwendungen für bezogene Leistungen (Fremdleistungen) müssen Materialaufwand sein, zB Fremdleistungen im Rahmen der Produktion; nicht: solche für Verwaltung und Vertrieb (unter Nr 8), Fremdreparaturen, da nicht notwendig absatzbezogen (unter Nr 8, str), Lizenzgebühren.

F. **Personalaufwand (Nr 6):** entspr § 157 I Nr 16–18 aF AktG.

G. **Abschreibungen (Nr 7):** In **Nr 7a** (entspr § 157 I Nr 19 aF AktG) sind Abschreibungen auf Teile des Anlagevermögens (immaterielle Vermögensgegenstände und Sachanlagen, § 266 II A I, II) geregelt. Abschreibungen auf Finanzanlagen (§ 266 II A III) fallen unter Nr 12. Unter Nr 7a gehören zB Abschreibungen nach §§ 253 II 1, 254. Dazu gehören auch aktivierte Aufwendungen für die Ingangsetzung und Erweiterung des Geschäftsbetriebs, s §§ 269, 282. Die Beträge nach Nr 7a und § 268 II 3 (Anlagenspiegel) entsprechen sich. **Nr 7b** (zT entspr § 157 I Nr 21 aF AktG) betrifft nur einen Teil des Umlaufvermögens (Vermögensgegenstände; Abschreibungen auf Wertpapiere fallen unter Nr 12) und nur einen Teil der Abschreibungen auf das Umlaufvermögen (nur die über die in der Kapital-

2. Abschnitt. Vorschriften für Kapitalgesellschaften **3 § 275**

Ges üblichen Abschreibungen hinausgehenden Abschreibungen; andere fallen unter Nr 2, s § 277 II, Nr 5 oder Nr 8). Nach **§ 277 III 1** sind außerplanmäßige Abschreibungen beim Anlagevermögen (§ 253 II 3) und Abschreibungen wegen Wertschwankungen beim Umlaufvermögen (§ 253 III 3) jeweils gesondert auszuweisen oder im Anhang anzugeben.

H. **Sonstige betriebliche Aufwendungen (Nr 8):** Nr 5 ist ein Sammelposten für alle Aufwendungen der gewöhnlichen Geschäftstätigkeit, die nicht unter Nr 5–7, 12, 13 fallen. Vgl entspr sonstige betriebliche Erträge (Nr 4). Unter Nr 8 fallen, soweit es sich nicht im Einzelfall um außerordentliche Aufwendungen (Nr 16, § 277 IV) handelt, zB: Verluste aus dem Abgang von Umlaufvermögen außer Vorräten (§ 157 Nr 21 aF AktG), aus dem Abgang von Anlagevermögen (§ 157 Nr 22 aF AktG). Abschreibungen s Anm F. Einstellungen in den Sonderposten mit Rücklageanteil (§ 273) müssen entweder gesondert hier oder im Anhang erscheinen (§ 281 II 2).

I. **Erträge aus Beteiligungen (Nr 9):** Nr 9 entspricht § 157 I Nr 8 aF AktG. Mit Nr 9 beginnen die Posten des Finanzergebnisses (s Anm 2). Begriff der Beteiligung s § 271 I. Erträge aus verbundenen Unternehmen (§ 271 II) sind gesondert zu vermerken. Erträge aus Gewinngemeinschaft, Gewinnabführungs- oder Teilgewinnabführungsvertrag sind nicht als Erträge aus Beteiligungen, sondern gesondert auszuweisen (§ 277 III 2; entspr § 157 I Nr 7 aF AktG). Erträge sind zB Dividenden, Gewinnanteile, Ausschüttungen, Entnahmen bei PersonenGes; auch Anrechnungsbetrag auf Körperschaftssteuer nach § 36 II Nr 3 EStG, IdW-HFA 2/77 WPg **77**, 463; nicht tatsächliche Vorteile in der Form günstigerer Verrechnungspreise als am Markt (kaum faßbar), str, üL aA ADS § 157 Rz 96. Dazu, ab wann Beteiligungsertrag aus AG, GmbH, PersonenGes zu aktivieren ist, Baumbach-Hueck-Schulze=Osterloh § 42 Rz 127. Saldierung von Erträgen und Verlusten aus verschiedenen Beteiligungen ist unzulässig, letztere fallen unter Nr 12. Die Erträge sind brutto auszuweisen ohne Absetzung einbehaltener Kapitalertragsteuer, WP-Hdb **85** I 662.

K. **Erträge aus anderen Wertpapieren und Ausleihungen des Finanzanlagevermögens (Nr 10):** Nr 10 entspricht § 157 I Nr 9 aF AktG. Hierher gehören die Erträge des Finanzanlagevermögens (§ 266 II A III), soweit es nicht Beteiligungen betrifft (dann Nr 9). Erträge aus verbundenen Unternehmen (§ 271 II) sind gesondert zu vermerken. Unter Nr 10 fallen auch Erträge aus periodischer Aufzinsung abgezinster langfristiger Ausleihungen, WP-Hdb **85** I 662, str. S auch Anm I.

L. **Sonstige Zinsen und ähnliche Erträge (Nr 11):** Nr 11 entspricht § 157 I Nr 10 aF AktG. Hierher gehören alle Zinsen, die nicht unter Nr 9, 10 fallen. Saldierung von Zinserträgen und -aufwendungen ist unzulässig, letztere fallen unter Nr 13. Ähnliche Erträge sind zB Agio, Disagio, Kreditprovisionen. Erträge aus verbundenen Unternehmen (§ 271 II) sind gesondert zu vermerken.

M. **Abschreibungen auf Finanzanlagen und auf Wertpapiere des Umlaufvermögens (Nr 12):** Nr 12 entspricht zT § 157 I Nr 20, 21 aF AktG. Finanzanlagen s § 266 II A III, einschließlich Beteiligungen (ohne Trennung wie auf der Ertragsseite, Nr 9, 10). Außerplanmäßige Abschreibungen nach § 253 II 3 sowie Abschreibungen nach § 253 III 3 sind jeweils gesondert auszuweisen oder im Anhang anzugeben (§ 277 III 1). Zuschreibungen s Anm D.

N. Zinsen und ähnliche Aufwendungen (Nr 13): Nr 13 entspricht § 157 I Nr 23 aF AktG. Aufwendungen an verbundene Unternehmen (§ 271 II) sind gesondert zu vermerken.

O. Ergebnis der gewöhnlichen Geschäftstätigkeit (Nr 14): Zwischensumme aus Nr 1–13, s Anm 2.

P. Außerordentliche Erträge (Nr 15): s § 277 IV.

Q. Außerordentliche Aufwendungen (Nr 16): s § 277 IV.

R. Außerordentliches Ergebnis (Nr 17): Zwischensumme nach Zwischensumme Nr 14, s Anm 2.

S. Steuern vom Einkommen und vom Ertrag (Nr 18): Nr 18 entspricht zT § 157 I Nr 24a aF AktG. Unter Nr 18 fallen Körperschaftsteuer, Kapitalertragsteuer, Gewerbeertragsteuer. Die Beträge sind auszuweisen, welche die KapitalGes als Steuerschuldner zu entrichten hat (§ 158 IV aF AktG). Berechnung s § 278. Die Körperschaftsteuer ist brutto auszuweisen vor Berücksichtigung etwaiger Anrechnungsbeträge nach § 36 II Nr 3 EStG und etwaiger Kapitalertragssteuer, WP-Hdb 85 I 672. Zusatzangabe im Anhang s § 285 Nr 6. Steuerabgrenzung s § 274.

T. Sonstige Steuern (Nr 19): Nr 19 entspricht zT § 157 I Nr 24b aF AktG, die Steuern vom Vermögen gehören jetzt unter Nr 19. Unter Nr 19 fallen zB Vermögenssteuer, Grundsteuer, Gewerbekapitalsteuer, Erbschaftssteuer, Schenkungssteuer.

U. Jahresüberschuß/Jahresfehlbetrag (Nr 20): Nr 20 entspricht § 157 I Nr 28 aF AktG. Der Jahresüberschuß ist der im Geschäftsjahr neu erzielte Gewinn vor Ergebnisverwendung (s Anm V). Nr 20 entspricht § 266 III A V.

V. Ergebnisverwendung bei der AG: Bei der AG ist die Gewinn- und Verlustrechnung nach Nr 20 um fünf weitere Posten zu ergänzen, die die Ergebnisverwendung darstellen und zum Bilanzgewinn/Bilanzverlust führen, s (2) AktG § 158. Ferner IV (s Anm 5).

W. Zusatzposten: Zwingend s § 277 III 2. Freiwillig s Anm 1 C.

4) Einzelne Posten beim Umsatzkostenverfahren (III)

A. Abweichungen von II: Die Posten II Nr 1, 4, 8–20 finden sich hier als III Nr 1, 6, 7–19. Unterschiede ergeben sich also nur bei der Ermittlung des Betriebsergebnisses (s Anm 2). Statt II Nr 2, 3 finden sich III Nr 2–5. Die Posten II Nr 5–7 fehlen ganz (aber statt II Nr 5, 6 Ausweis im Anhang nach § 285 Nr 8); ihr Inhalt geht im wesentlichen in III Nr 2, 4, 5 ein. Zu beachten ist allerdings, daß je nach Auslegung von III Nr 2–5, insbesondere der Herstellungskosten nach III Nr 2, trotz formaler Postenentsprechung zwischen II und III inhaltliche Unterschiede bestehen können, s Anm B. Überblick über Umsatzkostenverfahren s Anm 1 B, 2.

B. Herstellungskosten (Nr 2): Die Herstellungskosten der zur Erzielung der Umsatzerlöse (Nr 1) erbrachten Leistungen (s Anm 1 B) sind für Bilanz und Gewinn- und Verlustrechnung gleich (§ 255 II). Aktivierungsfähige

2. Abschnitt. Vorschriften für Kapitalgesellschaften **1 § 276**

Steuern, zB Verbrauchssteuern, gehören danach zu den Herstellungskosten (s § 255 Anm 2 B), also nicht unter Nr 18 (sonstige Steuern, vgl aber Anm 3 T).

C. **Bruttoergebnis vom Umsatz (Nr 3):** Es ist die Zwischensumme aus Nr 1 und 2 und informiert über das Kosten-Leistungsverhältnis des Unternehmens. Genauere Informationen ergibt eine fakultative (s Anm 1 C) weitere Aufgliederung zu Nr 1 und 2 nach Produktgruppen, Auslands- und Inlandsabsatz, Absatzmärkten (s Anm 1 B).

D. **Vertriebskosten (Nr 4):** s § 255 Anm 2 D. Sondereinzelkosten des Vertriebs fallen unter Herstellungskosten (Nr 2), str, s § 255 Anm 2 C. Nr 4 erfaßt die Vertriebskosten allgemein, auch soweit nicht den Umsatzerlösen nach Nr 1 zugeordnet.

E. **Allgemeine Verwaltungskosten (Nr 5):** s § 255 Anm 2 C. Unter Nr 5 fallen nur die nicht nach § 255 II 2 als Herstellungskosten angesetzten Verwaltungskostenteile; auch ohne Zuordnung zu den Umsatzerlösen (s Anm D).

F. **Sonstige betriebliche Erträge (Nr 6):** Nr 6 ist ein Sammelposten für alle betrieblichen Erträge, die nicht unter Nr 1, 8–10 fallen. Nr 6 entspricht II Nr 4 (s Anm 3 D), die dazu ausgewiesenen Beträge decken sich aber wegen der Unterschiede der jeweils vorausgehenden Posten nicht.

G. **Sonstige betriebliche Aufwendungen (Nr 7):** Nr 7 ist ein Sammelposten für alle betrieblichen Aufwendungen, die nicht unter Nr 2, 4, 5, 11, 12 fallen. Nr 7 entspricht II Nr 8 (s Anm 3 H) ohne Gleichheit der Beträge (s Anm F).

5) Rücklagenveränderungen (IV)

Veränderungen der Kapital- und Gewinnrücklagen (§ 266 III A II, III, § 272 II, III) dürfen erst nach dem Jahresüberschuß/Jahresfehlbetrag (II Nr 20, III Nr 19) ausgewiesen werden. Sie müssen es bei der AG nach **(2)** AktG § 158 (s Anm 3 V).

Größenabhängige Erleichterungen

276 Kleine und mittelgroße Kapitalgesellschaften (§ 267 Abs. 1, 2) dürfen die Posten § 275 Abs. 2 Nr. 1 bis 5 oder Abs. 3 Nr. 1 bis 3 und 6 zu einem Posten unter der Bezeichnung „Rohergebnis" zusammenfassen.

1) § 276 mildert § 275 für kleine und mittelgroße KapitalGes (§ 267 I, II). Diese brauchen insbesondere ihre Umsatzerlöse nicht auszuweisen, sondern nur einen Sammelposten „Rohergebnis" (bestehend aus den Posten § 275 II Nr 1–5 oder III Nr 1–3, 6). Der Betrag dieses Postens ist je nach Wahl des Gesamtkostenverfahrens oder Umsatzkostenverfahrens unterschiedlich. Die Bezeichnung „Rohergebnis" ist deshalb ohne Angabe des gewählten Verfahrens ohne Aussagekraft, wenn nicht irreführend. § 276 betrifft die interne, den Gftern vorzulegende Gewinn- und Verlustrechnung; größenabhängige Erleichterungen bei der Offenlegung nach außen s §§ 326, 327.

§ 277 1, 2 III. Buch. Handelsbücher

Vorschriften zu einzelnen Posten der Gewinn- und Verlustrechnung

277 ^I Als Umsatzerlöse sind die Erlöse aus dem Verkauf und der Vermietung oder Verpachtung von für die gewöhnliche Geschäftstätigkeit der Kapitalgesellschaft typischen Erzeugnissen und Waren sowie aus von für die gewöhnliche Geschäftstätigkeit der Kapitalgesellschaft typischen Dienstleistungen nach Abzug von Erlösschmälerungen und der Umsatzsteuer auszuweisen.

^{II} Als Bestandsveränderungen sind sowohl Änderungen der Menge als auch solche des Wertes zu berücksichtigen; Abschreibungen jedoch nur, soweit diese die in der Kapitalgesellschaft sonst üblichen Abschreibungen nicht überschreiten.

^{III} Außerplanmäßige Abschreibungen nach § 253 Abs. 2 Satz 3 sowie Abschreibungen nach § 253 Abs. 3 Satz 3 sind jeweils gesondert auszuweisen oder im Anhang anzugeben. Erträge und Aufwendungen aus Verlustübernahme und auf Grund einer Gewinngemeinschaft, eines Gewinnabführungs- oder eines Teilgewinnabführungsvertrags erhaltene oder abgeführte Gewinne sind jeweils gesondert unter entsprechender Bezeichnung auszuweisen.

^{IV} Unter den Posten „außerordentliche Erträge" und „außerordentliche Aufwendungen" sind Erträge und Aufwendungen auszuweisen, die außerhalb der gewöhnlichen Geschäftstätigkeit der Kapitalgesellschaft anfallen. Die Posten sind hinsichtlich ihres Betrags und ihrer Art im Anhang zu erläutern, soweit die ausgewiesenen Beträge für die Beurteilung der Ertragslage nicht von untergeordneter Bedeutung sind. Satz 2 gilt auch für Erträge und Aufwendungen, die einem anderen Geschäftsjahr zuzurechnen sind.

1) Umsatzerlöse (I)

I entspricht § 158 I, II aF AktG. Umsatzerlöse iSv § 275 II Nr 1, III Nr 1 sind die Erlöse der gewöhnlichen Geschäftstätigkeit (Lieferungen und Leistungen) nach Abzug der Erlösschmälerungen und der Umsatzsteuer. Erlöse außerhalb der gewöhnlichen Geschäftstätigkeit fallen nicht darunter (s IV). Erlösschmälerungen sind zB Preisnachlässe und zurückgewährte Entgelte (§ 158 II aF AktG), entsprechende Rückstellungen, ADS § 158 Rz 27. Abzug der Umsatzsteuer schon bisher nach hL; entspr Abzug der Umsatzsteuer bei Anschaffungskosten (§ 255 Anm 1 B). Aufgliederung der Umsatzerlöse im Anhang s § 285 Nr 4.

2) Bestandsveränderungen (II)

II betrifft nur das Gesamtkostenverfahren (§ 275 I, II). Bestandsveränderungen (Erhöhung oder Verminderung des Bestands an fertigen und unfertigen Erzeugnissen, § 275 II Nr 2) umfassen Mengen- und Wertänderungen sowie die in der KapitalGes sonst üblichen Abschreibungen. Unübliche Abschreibungen fallen unter § 275 II Nr 7 b.

2. Abschnitt. Vorschriften für Kapitalgesellschaften §§ 278, 279

3) Besondere Abschreibungen, Ergebnisübernahme aus Unternehmensverträgen (III)

III betrifft: außerplanmäßige Abschreibungen beim Anlagevermögen (§ 253 II 3); Abschreibungen wegen Wertschwankungen beim Umlaufvermögen (§ 253 III 3); Erträge und Aufwendungen aus Verlustübernahme (zB §§ 302, 324 II AktG); auf Grund von Gewinngemeinschaft oder -abführungsvertrags erhaltene oder abgeführte Gewinne (s §§ 291, 292 AktG). Nach III 1 sind die Abschreibungen jeweils gesondert auszuweisen oder im Anhang anzugeben. Nach III 2 ist gesonderter Ausweis nötig (s § 275 Anm 3 I).

4) Außerordentliche Erträge/Aufwendungen (IV)

IV 1 definiert außerordentliche Erträge/Aufwendungen (§ 275 II Nr 15, 16, III Nr 14, 15) als solche Erträge und Aufwendungen, die außerhalb der gewöhnlichen Geschäftstätigkeit der KapitalGes anfallen. Solche aus gewöhnlicher Geschäftstätigkeit s I. Bspe: Gewinne und Verluste aus Verschmelzung, Schuldnachlässe, Kursgewinne aus Währungen, Ausverkäufe. **IV 2** bringt Erläuterungspflicht außer bei untergeordneter Bedeutung für die Beurteilung der Ertragslage. **IV 3** erstreckt diese Erläuterungspflicht auch auf periodenfremde Erträge und Aufwendungen. Aus IV 3 wird deutlich, daß periodenfremde Erträge und Aufwendungen nicht wie bisher ohne weiteres zu den außerordentlichen Erträgen und Aufwendungen gehören, außer wenn sie außerdem außerhalb der gewöhnlichen Geschäftstätigkeit anfallen.

Steuern

278 Die Steuern vom Einkommen und vom Ertrag sind auf der Grundlage des Beschlusses über die Verwendung des Ergebnisses zu berechnen; liegt ein solcher Beschluß im Zeitpunkt der Feststellung des Jahresabschlusses nicht vor, so ist vom Vorschlag über die Verwendung des Ergebnisses auszugehen. Weicht der Beschluß über die Verwendung des Ergebnisses vom Vorschlag ab, so braucht der Jahresabschluß nicht geändert zu werden.

1) § 278 betrifft die Berechnung der Steuern vom Einkommen und vom Ertrag (§ 275 II Nr 18, III Nr 17; s § 275 Anm 3 S). Auszugehen ist nach **S 1** vom Ergebnisverwendungsbeschluß, mangels eines solchen vom Ergebnisverwendungsvorschlag (vgl §§ 58, 170 II, 172–174 AktG, §§ 29, 46 Nr 1 GmbHG). Abweichungen zwischen Vorschlag und Beschluß zwingen nicht zur Änderung des Jahresabschlusses **(S 2)**.

Vierter Titel. Bewertungsvorschriften

Nichtanwendung von Vorschriften. Abschreibungen

279 ¹ § 253 Abs. 4 ist nicht anzuwenden. § 253 Abs. 2 Satz 3 darf, wenn es sich nicht um eine voraussichtlich dauernde Wertminderung handelt, nur auf Vermögensgegenstände, die Finanzanlagen sind, angewendet werden.

§ 280 — III. Buch. Handelsbücher

II Abschreibungen nach § 254 dürfen nur insoweit vorgenommen werden, als das Steuerrecht ihre Anerkennung bei der steuerrechtlichen Gewinnermittlung davon abhängig macht, daß sie sich aus der Bilanz ergeben.

1) Keine stillen Reserven (I 1) außer bei Kreditinstituten

A. **Keine stillen Reserven:** § 253 IV erlaubt EinzelKflten und Personen-Ges Abschreibungen nach vernünftiger kfm Beurteilung und damit stille Reserven ieS. Das ist schon für diese Personen problematisch. Für Kapital-Ges sind solche Abschreibungen und stille Reserven untersagt. Die in § 253 festgelegte Obergrenze bildet deshalb für KapitalGes zugleich die Untergrenze. **Übergangsrecht** in (1) EGHGB Art 24 (Einl V 1 B vor § 238).

B. **Kreditinstitute:** Nach § 26a KWG können KapitalGes, die Bankgeschäfte betreiben, vorerst noch (s Einl IV 6 vor § 238) Forderungen und Wertpapiere des Umlaufvermögens mit einem niedrigeren als dem nach §§ 253 I, III, 279 I 1 vorgeschriebenen oder zugelassenen Wert ansetzen. Voraussetzung ist, daß dies nach vernünftiger kfm Beurteilung zur Sicherung gegen die besonderen Bankgeschäftsrisiken notwendig ist. Zur Sonderbehandlung der Kreditinstitute s BGH **86,** 12. § 26a KWG ist enger als § 253 IV: Zulässig sind stille Reserven nur bei Forderungen und WP des Umlaufvermögens, nicht beim sonstigen Umlaufvermögen und beim Anlagevermögen, und nur, soweit zur Sicherung gegen die besonderen Bankgeschäftsrisiken notwendig.

2) Eingeschränkte außerplanmäßige Abschreibungen (I 2)

Das Abwertungswahlrecht nach § 253 II 3 besteht für KapitalGes nur bei Finanzanlagen (§ 266 II A III), nicht bei sonstigem Anlagevermögen. Der Abwertungszwang bei voraussichtlich dauernder Wertminderung (§ 253 II 3 letzter Halbs) gilt auch für KapitalGes.

3) Eingeschränkte steuerrechtlich motivierte Abschreibungen (II)

Handelsrechtliche Abschreibungen auf den niedrigeren steuerrechtlich zulässigen Wert (§ 254) sind für KapitalGes nur zulässig, wenn die steuerrechtliche Abschreibung von der Berücksichtigung in der HdlBilanz abhängt (umgekehrte Maßgeblichkeit, vgl §§ 247 III, 254, 273, 280 II).

Wertaufholungsgebot

280 ¹ Wird bei einem Vermögensgegenstand eine Abschreibung nach § 253 Abs. 2 Satz 3 oder Abs. 3 oder § 254 Satz 1 vorgenommen und stellt sich in einem späteren Geschäftsjahr heraus, daß die Gründe dafür nicht mehr bestehen, so ist der Betrag dieser Abschreibung im Umfang der Werterhöhung unter Berücksichtigung der Abschreibungen, die inzwischen vorzunehmen gewesen wären, zuzuschreiben. § 253 Abs. 5, § 254 Satz 2 sind insoweit nicht anzuwenden.

II Von der Zuschreibung nach Absatz 1 kann abgesehen werden, wenn der niedrigere Wertansatz bei der steuerrechtlichen Gewinnermittlung beibehalten werden kann und wenn Voraussetzung für die Beibehaltung ist, daß der niedrigere Wertansatz auch in der Bilanz beibehalten wird.

2. Abschnitt. Vorschriften für Kapitalgesellschaften § 281

III Im Anhang ist der Betrag der im Geschäftsjahr aus steuerrechtlichen Gründen unterlassenen Zuschreibungen anzugeben und hinreichend zu begründen.

1) Zuschreibungszwang (I)

Niedrigere Wertansätze auf Grund von außerplanmäßigen Abschreibungen beim Anlagevermögen (§§ 253 II 3, 279 I 2), sämtlichen Abschreibungen beim Umlaufvermögen (§ 253 III) und Abschreibungen auf den niedrigeren steuerrechtlich zulässigen Wert (§ 254) dürfen bei KapitalGes im Interesse einer zutreffenden Darstellung der Vermögenslage nur solange beibehalten werden, als die Gründe für die niedrigeren Wertansätze andauern. Stellt sich später heraus, daß diese Gründe nicht mehr bestehen, gilt nach I 1 für KapitalGes ein Wertaufholungsgebot bzw Zuschreibungszwang. Zuzuschreiben ist der Betrag dieser Abschreibungen im Umfang der Werterhöhung unter Berücksichtigung der Abschreibungen, die inzwischen vorzunehmen gewesen wären. Sonstige Zuschreibungen s § 253 Anm 6 B. I 2 hat gegenüber I 1 nur klarstellende Funktion, daß das Beibehaltungswahlrecht nach §§ 253 V, 254 S 2 für KapitalGes nicht gilt. Die Zuschreibung kann zu Ausschüttungen führen, falls keine Gewinnrücklagen (§ 266 III A III) gebildet werden. Eine besondere Wertaufholungsrücklage ist nicht vorgesehen. **Übergangsrecht** in (1) EGHGB Art 24 (Einl V 1 B vor § 238). Übersicht: Harms=Küting=Weber DB **86**, 653.

2) Zuschreibungswahlrecht (II)

II sieht eine Ausnahme von I vor, um die Steuerneutralität der Zuschreibung zu wahren. Die Zuschreibung nach I kann unterbleiben, wenn die Beibehaltung in der Steuerbilanz von der Beibehaltung in der HdlBilanz abhängt (umgekehrte Maßgeblichkeit; vgl §§ 247 III, 254, 273, 279 II). Dazu § 6 III nF EStG; Knobbe=Keuk § 5 V 3.

3) Pflichtangabe (III)

III begründet für nach II unterlassene Zuschreibungen eine Angabe- und Erläuterungspflicht. S auch § 285 Nr 5.

Berücksichtigung steuerrechtlicher Vorschriften

281 ¹ Die nach § 254 zulässigen Abschreibungen dürfen auch in der Weise vorgenommen werden, daß der Unterschiedsbetrag zwischen der nach § 253 in Verbindung mit § 279 und der nach § 254 zulässigen Bewertung in den Sonderposten mit Rücklageanteil eingestellt wird. In der Bilanz oder im Anhang sind die Vorschriften anzugeben, nach denen die Wertberichtigung gebildet worden ist. Unbeschadet steuerrechtlicher Vorschriften über die Auflösung ist die Wertberichtigung insoweit aufzulösen, als die Vermögensgegenstände, für die sie gebildet worden ist, aus dem Vermögen ausscheiden oder die steuerrechtliche Wertberichtigung durch handelsrechtliche Abschreibungen ersetzt wird.

II Im Anhang ist der Betrag der im Geschäftsjahr allein nach steuerrechtlichen Vorschriften vorgenommenen Abschreibungen, getrennt nach Anlage- und Umlaufvermögen, anzugeben, soweit er sich nicht aus der Bilanz oder der Gewinn- und Verlustrechnung ergibt, und hinreichend zu begründen. Erträge aus der Auflösung des Sonderpostens mit Rücklageanteil sind in dem Posten „sonstige betriebliche Erträge", Einstellungen in den Sonderposten mit Rücklageanteil sind in dem Posten „sonstige betriebliche Aufwendungen" der Gewinn- und Verlustrechnung gesondert auszuweisen oder im Anhang anzugeben.

1) Sonderposten mit Rücklageanteil (I)

A. **Bildung des Sonderpostens:** I 1 entspricht § 152 V aF AktG. Nach I 1 ist statt einer Abschreibung nach § 254 auf der Aktivseite die Berücksichtigung eines niedrigeren steuerrechtlich zulässigen Werts auch auf der Passivseite der HdlBilanz möglich. Der steuerrechtlich begründete Unterschiedsbetrag (zwischen dem Wert nach §§ 253, 279 und nach § 254) wird in den Sonderposten mit Rücklageanteil (vgl § 247 III, 273) eingestellt. I 1 ist eine Wertberichtigung (s § 253 Anm 3 A). Ausdehnung auf EinzelKflte und PersonenGes s § 254 Anm 1 A.

B. **Pflichtangabe der Vorschriften:** Nach I 2 sind in der Bilanz oder im Anhang die Vorschriften anzugeben, auf denen die Wertberichtigung beruht.

C. **Auflösung:** Die Wertberichtigung ist ebenso wie die Abschreibung nach § 254 (s § 280) nur solange berechtigt, als die steuerrechtlichen Gründe dafür vorliegen. Entfallen diese nach Steuerrecht oder auf Grund der Disposition des KapitalGes (Ausscheiden aus dem Vermögen oder Ersatz durch handelsrechtliche Abschreibung), ist insoweit aufzulösen.

2) Pflichtangabe des Betrags, Änderungen des Sonderpostens (II)

A. **Pflichtangabe des Betrags:** Der Betrag der allein nach Steuerrecht vorgenommenen Abschreibungen (§§ 247 III, 254, 273, 279 II) ist getrennt nach Anlage- und Umlaufvermögen anzugeben und hinreichend zu begründen (näher **II 1**).

B. **Änderungen des Sonderpostens:** Erträge aus der Auflösung und Aufwendungen aus der Bildung von Sonderposten mit Rücklageanteil sind als sonstige betriebliche Erträge bzw Aufwendungen (§§ 275 II Nr 4, 8, III Nr 6, 7) gesondert auszuweisen oder im Anhang anzugeben.

Abschreibung der Aufwendungen für die Ingangsetzung und Erweiterung des Geschäftsbetriebs

282 Für die Ingangsetzung und Erweiterung des Geschäftsbetriebs ausgewiesene Beträge sind in jedem folgenden Geschäftsjahr zu mindestens einem Viertel durch Abschreibungen zu tilgen.

1) § 282 entspricht § 153 IV 3 aF AktG, aber mit Mindesttilgung von einem Viertel. Aufwendungen für die Ingangsetzung und Erweiterung des Geschäftsbetriebs (§ 269) sind, falls ausgewiesen, in jedem auf das Geschäftsjahr folgenden Geschäftsjahr zu mindestens einem Viertel zu tilgen. Mehrabschreibungen sind zulässig, aber ohne rechtliche Auswirkung auf die Pflicht zur Mindestabschreibung von je einem Viertel in den Folgejahren. Abzuschreiben ist nicht erst im folgenden Geschäftsjahr, sondern uU

2. Abschnitt. Vorschriften für Kapitalgesellschaften   §§ 283, 284

schon anteilig im Geschäftsjahr der Ingangsetzung, aber nicht vor deren Abschluß, Geßler-Hefermehl-Kropff § 153 Anm 61, str.

Wertansatz des Eigenkapitals

283 Das gezeichnete Kapital ist zum Nennbetrag anzusetzen.

1) § 283 entspricht § 156 I aF AktG. Gezeichnetes Kapital s § 272 I. Als solches ist bei der AG das Grundkapital, bei der GmbH das Stammkapital auszuweisen (s **(2)** AktG § 152 I nF, **(2)** GmbHG § 42 I nF).

Fünfter Titel. Anhang

Erläuterung der Bilanz und der Gewinn- und Verlustrechnung

284
^I In den Anhang sind diejenigen Angaben aufzunehmen, die zu den einzelnen Posten der Bilanz oder der Gewinn- und Verlustrechnung vorgeschrieben oder die im Anhang zu machen sind, weil sie in Ausübung eines Wahlrechts nicht in die Bilanz oder in die Gewinn- und Verlustrechnung aufgenommen wurden.

^{II} Im Anhang müssen

1. die auf die Posten der Bilanz und der Gewinn- und Verlustrechnung angewandten Bilanzierungs- und Bewertungsmethoden angegeben werden;
2. die Grundlagen für die Umrechnung in Deutsche Mark angegeben werden, soweit der Jahresabschluß Posten enthält, denen Beträge zugrunde liegen, die auf fremde Währung lauten oder ursprünglich auf fremde Währung lauteten;
3. Abweichungen von Bilanzierungs- und Bewertungsmethoden angegeben und begründet werden; deren Einfluß auf die Vermögens-, Finanz- und Ertragslage ist gesondert darzustellen;
4. bei Anwendung einer Bewertungsmethode nach § 240 Abs. 4, § 256 Satz 1 die Unterschiedsbeträge pauschal für die jeweilige Gruppe ausgewiesen werden, wenn die Bewertung im Vergleich zu einer Bewertung auf der Grundlage des letzten vor dem Abschlußstichtag bekannten Börsenkurses oder Marktpreises einen erheblichen Unterschied aufweist;
5. Angaben über die Einbeziehung von Zinsen für Fremdkapital in die Herstellungskosten gemacht werden.

Übersicht
1) Rechtsnatur und Funktion des Anhangs
2) Pflichtangaben und Wahlpflichtangaben im Anhang (I 1)
3) Freiwillige Angaben
4) Gliederung und Darstellung
5) Bilanzierungs- und Bewertungsmethoden (II Nr 1)
6) Währungsumrechnung (II Nr 2)
7) Abweichungen von Bilanzierungs- und Bewertungsmethoden (II Nr 3)
8) Unterschiedsbeträge bei Bewertungsmethoden nach §§ 240 IV, 256 S 1 (II Nr 4)
9) Einbeziehung von Fremdkapitalzinsen in Herstellungskosten (II Nr 5)

§ 284 1, 2 III. Buch. Handelsbücher

1) Rechtsnatur und Funktion des Anhangs

A. Rechtsnatur: Der Anhang ist Teil des Jahresabschlusses der KapitalGes neben Bilanz und Gewinn- und Verlustrechnung (§ 264 I 1). Insofern ist er mit dem Geschäftsbericht nach § 160 aF AktG nicht zu vergleichen, obwohl er inhaltlich in weitem Umfang an dessen Stelle tritt.

B. Funktion: Der Anhang dient der Erläuterung der Bilanz und der Gewinn- und Verlustrechnung. Die Vermittlung eines den tatsächlichen Verhältnissen entsprechenden Bildes der Vermögens-, Finanz- und Ertragslage der KapitalGes (§ 264 II 1) wird erst vollends durch die Angaben im Anhang möglich. Zu unterscheiden sind: Pflichtangaben im Anhang (in jedem Anhang, s Anm 2), Wahlpflichtangaben im Anhang oder sonst im Jahresabschluß (s Anm 2), freiwillige Angaben (s Anm 3). Die Pflicht- und Wahlpflichtangaben gehen insgesamt weit über den Erläuterungsbericht nach § 160 II, III, V aF AktG hinaus. Größenabhängige Erleichterungen s § 288.

2) Pflichtangaben und Wahlpflichtangaben im Anhang (I 1)

A. Nach HGB: a) § 264 II 2 (zusätzliche Angaben zwecks true and fair view); § 265 I 2 (Abweichungen von Ausweiskontinuität, Übergangsrecht s **(1)** EGHGB Art 24 V); § 265 II 2 (mangelnde Vergleichbarkeit der Vorjahreszahlen); § 265 II 3 (Anpassung der Vorjahreszahlen); § 265 III 1 (Mitzugehörigkeit zu anderem Bilanzposten; **oder** in Bilanz); § 265 IV 2 (Gliederungsergänzung bei mehreren Geschäftszweigen); § 265 VII Nr 2 (Postenzusammenfassung); § 268 I 2 (Gewinn- oder Verlustvortrag bei Bilanzaufstellung unter teilweiser Ergebnisverwendung; **oder** in Bilanz); § 268 II 1 (Anlagespiegel; **oder** in Bilanz); § 268 II 3 (Abschreibungen des Geschäftsjahrs auf die Posten des Anlagespiegels; **oder** in Bilanz); § 268 IV 2 (größere antizipative Rechnungsabgrenzungsposten unter „sonstige Vermögensgegenstände"); § 268 V 3 (größere antizipative Rechnungsabgrenzungsposten unter „Verbindlichkeiten"); § 268 VI (aktiviertes Disagio; **oder** in Bilanz); § 268 VII (Haftungsverhältnisse; **oder** unter Bilanz); § 269 S 1 (aktivierte Aufwendungen für die Ingangsetzung und Erweiterung des Geschäftsbetriebs); § 273 S 2 (Vorschriften, nach denen Sonderposten mit Rücklageanteil gebildet ist; **oder** in Bilanz); § 274 I 1 (passivierte latente Steuern; **oder** in Bilanz); § 274 II 2 (aktivierte latente Steuern); § 277 III 1 (außerplanmäßige Abschreibungen beim Anlagevermögen und Abschreibungen wegen Wertschwankungen vom Umlaufvermögen; **oder** in Gewinn- und Verlustrechnung); § 277 IV 2 (außerordentliche Erträge, außerordentliche Aufwendungen); § 277 IV 3 (periodenfremde Erträge und Aufwendungen, soweit nicht von untergeordneter Bedeutung); § 280 III (aus Steuergründen unterlassene Wertaufholung); § 281 I 2 (Vorschriften, nach denen Wertberichtigung als Sonderposten mit Rücklageanteil gebildet ist; **oder** in Bilanz); § 281 II 1 (Angabe des Betrags der steuerrechtlichen Sonderabschreibungen auf Anlage- und Umlaufvermögen; **oder** in Bilanz bzw Gewinn- und Verlustrechnung; sowie Begründung des Betrags im Anhang); § 281 II 2 (Änderungen des Sonderpostens mit Rücklageanteil; **oder** in Gewinn- und Verlustrechnung).

b) Hinzu kommen die **Angaben nach § 284 II 1 Nr 1–5** und **§ 285 Nr 1–14** sowie nach §§ 286, 287: § 284 II Nr 1 (Bilanzierungs- und Bewertungsmethoden); § 284 II Nr 2 (Grundlagen für Währungsumrechnung); § 284 II Nr 3 (Abweichungen von Bilanzierungs- und Bewertungsmethoden, Angabe ihres Einflusses auf Vermögens-, Finanz- und Ertragslage; **Übergangsrecht** in **(1)** EGHGB Art 24 V); § 284 II Nr 4 (pauschale Unterschiedsbeträge bei bestimmten Bewertungsvereinfachungen); § 284 II Nr 5 (Einbeziehung von Fremdkapitalzinsen in Herstellungskosten). § 285 Nr 1 a (Gesamtbetrag der Verbindlichkeiten mit Restlaufzeit über 5 Jahren); § 285 Nr 1 b (Gesamtbetrag der besicherten Verbindlichkeiten, Art und Form der Sicherheiten); § 285 Nr 2 (Aufgliederung der Angaben zu § 285 Nr 1 für jeden Posten der Verbindlichkeiten; **oder** in Bilanz); § 285 Nr 3 (Gesamtbetrag der nicht ausgewiesenen oder vermerkten sonstigen finanziellen Verpflichtungen, falls für Beurteilung der Finanzlage von Bedeutung; gesonderte Verpflichtungen gegenüber verbundenen Unternehmen); § 285 Nr 4 (Aufgliederung der Umsatzerlöse nach Tätigkeitsbereichen sowie nach geographisch bestimmten Märkten); § 285 Nr 5 (Ergebnisbeeinflussung durch steuerrechtliche Bewertung sowie erhebliche künftige Belastungen daraus); § 285 Nr 6 (Aufteilung der Einkommens- und Ertragssteuerbelastung); § 285 Nr 7 (Zahl der Arbeitnehmer); § 285 Nr 8 a, b (Material- und Personalaufwand bei Umsatzkostenverfahren); § 285 Nr 9 a, b (Gesamtbezüge tätiger und früherer Organmitglieder jeweils für jede Personengruppe); § 285 Nr 9 c (Vorschüsse und Kredite an Organmitgliedergruppen sowie Haftungsverhältnisse zu ihren Gunsten); § 285 Nr 10 (Angaben zu Organmitgliedern); § 285 Nr 11 (Angaben zu Anteilsbesitz ab 20%, **oder** in Beteiligungsliste nach § 287); § 285 Nr 12 (in Bilanz nicht ausgewiesene, nicht unerhebliche sonstige Rückstellungen); § 285 Nr 13 (Gründe für längere planmäßige Abschreibung des Geschäfts- oder Firmenwerts nach § 255 IV 3); § 285 Nr 14 (Angaben zu Mutterunternehmen); § 286 III 3 (Anwendung der Schutzklausel bei Angaben zu Anteilsbesitz nach § 285 Nr 11); § 287 S 3 (Hinweis auf besondere Beteiligungsliste).

B. **Nach (1) EGHGB:** Art 24 VI 3 (Übernahme der Buchwerte als ursprüngliche Anschaffungs- oder Herstellungskosten im Anlagenspiegel; s Einl V 1 B vor § 238); Art 28 II (Betrag nicht passivierter Pensionsverpflichtungen; s Einl V 1 F vor § 238). Vgl auch Art 24 V (s Anm A: § 265 I 2 und § 284 II Nr 3).

C. **Nach (2) AktG:** § 58 II a 2 AktG (andere Gewinnrücklagen aus Einstellung des Eigenkapitalanteils von Wertaufholungen und steuerlichen Passivposten; **oder** in Bilanz); § 152 II AktG (Veränderungen der Kapitalrücklage; **oder** in Bilanz); § 152 III AktG (Veränderungen der Gewinnrücklage; **oder** in Bilanz); § 158 I 2 (Ergänzung der Gewinn- und Verlustrechnungsposten bei AG; **oder** in Gewinn- und Verlustrechnung); § 160 I Nr 1 AktG (Vorratsaktien); § 160 I Nr 2 AktG (eigene Aktien); § 160 I Nr 3 AktG (Aktiengattungen); § 160 I Nr 4 AktG (genehmigtes Kapital); § 160 I Nr 5 AktG (Wandelschuldverschreibungen und vergleichbare Wertpapiere); § 160 I Nr 6 AktG (Genußrechte, Besserungsschein und ähnliche Rechte); § 160 I Nr 7 AktG (wechselseitige Beteiligungen); § 160 I Nr 8 AktG (nach § 20 AktG mitgeteilte Beteiligungen); § 240 S 3 AktG (Verwendung der aus Kapitalherabsetzung und aus Auflösung offener Rücklagen gewonnenen Beträge); § 261 I 3, 4 AktG (Sonderprüfung wegen unzulässiger Unterbewertung).

§ 284 3–8   III. Buch. Handelsbücher

D. **Nach GmbHG:** § 29 IV 2 GmbHG (andere Gewinnrücklagen aus Einstellung des Eigenkapitalanteils von Wertaufholungen und steuerlichen Passivposten; **oder** in Bilanz); § 42 III GmbHG (Ausleihungen, Forderungen und Verbindlichkeiten gegenüber Gftern; **oder** in Bilanz).

3) Freiwillige Angaben

I regelt nur den Mindestinhalt des Anhangs (Pflichtangaben und Wahlpflichtangaben, s Anm 1 B, 2). Die KapitalGes darf, soweit nicht irreführend (§ 264 II 1), weitere freiwillige Angaben machen, entweder im Anhang oder im Lagebericht, zB Kapitalflußrechnung, Sozialbilanz. EinzelKflte und PersonenGes dürfen einen Anhang ohne bestimmte Mindestangaben machen (anders E § 270); er ist aber nicht Teil des Jahresabschlusses (§ 242 III) und darf nicht irreführen. Kapitalflußrechnung als Ergänzung des Jahresabschlusses s IdW-HFA 1/78 WPg **78,** 207; Gebhardt WPg **84,** 481. Zur Sozialbilanz Monographien: Dierkes 1974, von Wysokki 1981; Arbeitskreis „Sozialbilanz-Praxis" DB **78,** 1141.

4) Gliederung und Darstellung

A. **Gliederung des Anhangs:** Eine bestimmte Gliederung ist nicht vorgeschrieben. Die gewählte Gliederung muß aber den §§ 243 II, 264 II, 265 entsprechen. Gliederungsvorschlag s DTG S 124.

B. **Darstellung:** Auch die Darstellung ist frei, sofern sie klar und übersichtlich ist (§ 243 II) und nicht irreführt (§ 264 II). Das gilt auch für graphische Darstellungen und Bilder.

5) Bilanzierungs- und Bewertungsmethoden (II Nr 1)

II Nr 1 entspricht zT § 160 II 2 aF AktG, betrifft aber weitergehend auch die Bilanzierungsmethoden und läßt Bezugnahme auf Erläuterung früherer Geschäftsjahre nicht mehr zu. Anzugeben sind die auf Bilanz und Gewinn- und Verlustrechnung angewandten Bilanzierungsmethoden (zB Ausübung von Ansatzwahlrechten wie § 249 II) und Bewertungsmethoden (zB Abschreibungsmethoden, §§ 253, 254; Methode der angesetzten Anschaffungs- und Herstellungskosten, § 255; Bewertungsvereinfachungsverfahren, § 256). Vgl zu § 160 II aF AktG IdW-NA 1/67 WPg **67,** 129.

6) Währungsumrechnung (II Nr 2)

Anzugeben sind die Methoden der Fremdwährungsumrechnung in DM von Posten im Jahresabschluß (§ 264 I 1), die auf Fremdwährung lauten bzw lauteten. Dazu IdW-HFA (Verlautbarungsentwurf) WPg **84,** 585, WP-Hdb 85 I 750, s § 253 Anm 2 A.

7) Abweichungen von Bilanzierungs- und Bewertungsmethoden (II Nr 3)

II Nr 3 entspricht zT § 160 II 4, 5 aF AktG. II Nr 3 ergänzt ua § 252 I Nr 6, II. Übergangsrecht s (1) EGHGB Art 24 V, s Einl V 1 B vor § 238.

8) Unterschiedsbeträge bei Bewertungsmethoden nach §§ 240 IV, 256 S 1 (II Nr 4)

Anzugeben sind bei Anwendung der Bewertungsvereinfachungen nach §§ 240 IV, 256 S 1 (Gruppenbewertung, fiktive Verbrauchs- oder Veräu-

2. Abschnitt. Vorschriften für Kapitalgesellschaften § 285

ßerungsfolge wie fifo, lifo) die Unterschiedsbeträge zur Stichtagspreisbewertung pauschal für die jeweilige Gruppe.

9) Einbeziehung von Fremdkapitalzinsen in Herstellungskosten (II Nr 5)

II Nr 5 ergänzt § 255 III 2.

Sonstige Pflichtangaben

285 Ferner sind im Anhang anzugeben:

1. zu den in der Bilanz ausgewiesenen Verbindlichkeiten
   a) der Gesamtbetrag der Verbindlichkeiten mit einer Restlaufzeit von mehr als fünf Jahren,
   b) der Gesamtbetrag der Verbindlichkeiten, die durch Pfandrechte oder ähnliche Rechte gesichert sind, unter Angabe von Art und Form der Sicherheiten;
2. die Aufgliederung der in Nummer 1 verlangten Angaben für jeden Posten der Verbindlichkeiten nach dem vorgeschriebenen Gliederungsschema, sofern sich diese Angaben nicht aus der Bilanz ergeben;
3. der Gesamtbetrag der sonstigen finanziellen Verpflichtungen, die nicht in der Bilanz erscheinen und auch nicht nach § 251 anzugeben sind, sofern diese Angabe für die Beurteilung der Finanzlage von Bedeutung ist; davon sind Verpflichtungen gegenüber verbundenen Unternehmen gesondert anzugeben;
4. die Aufgliederung der Umsatzerlöse nach Tätigkeitsbereichen sowie nach geographisch bestimmten Märkten, soweit sich, unter Berücksichtigung der Organisation des Verkaufs von für die gewöhnliche Geschäftstätigkeit der Kapitalgesellschaft typischen Erzeugnissen und der für die gewöhnliche Geschäftstätigkeit der Kapitalgesellschaft typischen Dienstleistungen, die Tätigkeitsbereiche und geographisch bestimmten Märkte untereinander erheblich unterscheiden;
5. das Ausmaß, in dem das Jahresergebnis dadurch beeinflußt wurde, daß bei Vermögensgegenständen im Geschäftsjahr oder in früheren Geschäftsjahren Abschreibungen nach §§ 254, 280 Abs. 2 auf Grund steuerrechtlicher Vorschriften vorgenommen oder beibehalten wurden oder ein Sonderposten nach § 273 gebildet wurde; ferner das Ausmaß erheblicher künftiger Belastungen, die sich aus einer solchen Bewertung ergeben;
6. in welchem Umfang die Steuern vom Einkommen und vom Ertrag das Ergebnis der gewöhnlichen Geschäftstätigkeit und das außerordentliche Ergebnis belasten;
7. die durchschnittliche Zahl der während des Geschäftsjahrs beschäftigten Arbeitnehmer getrennt nach Gruppen;
8. bei Anwendung des Umsatzkostenverfahrens (§ 275 Abs. 3)
   a) der Materialaufwand des Geschäftsjahrs, gegliedert nach § 275 Abs. 2 Nr. 5,

§ 285

   b) der Personalaufwand des Geschäftsjahrs, gegliedert nach § 275 Abs. 2 Nr. 6;
9. für die Mitglieder des Geschäftsführungsorgans, eines Aufsichtsrats, eines Beirats oder einer ähnlichen Einrichtung jeweils für jede Personengruppe
   a) die für die Tätigkeit im Geschäftsjahr gewährten Gesamtbezüge (Gehälter, Gewinnbeteiligungen, Aufwandsentschädigungen, Versicherungsentgelte, Provisionen und Nebenleistungen jeder Art). In die Gesamtbezüge sind auch Bezüge einzurechnen, die nicht ausgezahlt, sondern in Ansprüche anderer Art umgewandelt oder zur Erhöhung anderer Ansprüche verwendet werden. Außer den Bezügen für das Geschäftsjahr sind die weiteren Bezüge anzugeben, die im Geschäftsjahr gewährt, bisher aber in keinem Jahresabschluß angegeben worden sind;
   b) die Gesamtbezüge (Abfindungen, Ruhegehälter, Hinterbliebenenbezüge und Leistungen verwandter Art) der früheren Mitglieder der bezeichneten Organe und ihrer Hinterbliebenen. Buchstabe a Satz 2 und 3 ist entsprechend anzuwenden. Ferner ist der Betrag der für diese Personengruppe gebildeten Rückstellungen für laufende Pensionen und Anwartschaften auf Pensionen und der Betrag der für diese Verpflichtungen nicht gebildeten Rückstellungen anzugeben;
   c) die gewährten Vorschüsse und Kredite unter Angabe der Zinssätze, der wesentlichen Bedingungen und der gegebenenfalls im Geschäftsjahr zurückgezahlten Beträge sowie die zugunsten dieser Personen eingegangenen Haftungsverhältnisse;
10. alle Mitglieder des Geschäftsführungsorgans und eines Aufsichtsrats, auch wenn sie im Geschäftsjahr oder später ausgeschieden sind, mit dem Familiennamen und mindestens einem ausgeschriebenen Vornamen. Der Vorsitzende eines Aufsichtsrats, seine Stellvertreter und ein etwaiger Vorsitzender des Geschäftsführungsorgans sind als solche zu bezeichnen;
11. Name und Sitz anderer Unternehmen, von denen die Kapitalgesellschaft oder eine für Rechnung der Kapitalgesellschaft handelnde Person mindestens den fünften Teil der Anteile besitzt; außerdem sind die Höhe des Anteils am Kapital, das Eigenkapital und das Ergebnis des letzten Geschäftsjahrs dieser Unternehmen anzugeben, für das ein Jahresabschluß vorliegt; auf die Berechnung der Anteile ist § 16 Abs. 2 und 4 des Aktiengesetzes entsprechend anzuwenden;
12. Rückstellungen, die in der Bilanz unter dem Posten „sonstige Rückstellungen" nicht gesondert ausgewiesen werden, sind zu erläutern, wenn sie einen nicht unerheblichen Umfang haben;
13. bei Anwendung des § 255 Abs. 4 Satz 3 die Gründe für die planmäßige Abschreibung des Geschäfts- oder Firmenwerts;
14. Name und Sitz des Mutterunternehmens der Kapitalgesellschaft, das den Konzernabschluß für den größten Kreis von Unternehmen aufstellt, und ihres Mutterunternehmens, das den Konzernabschluß für den kleinsten Kreis von Unternehmen aufstellt, sowie im Falle der Offenlegung der von diesen Mutterunternehmen aufgestellten Konzernabschlüsse der Ort, wo diese erhältlich sind.

1) Verbindlichkeiten über noch fünf Jahre, Sicherheiten (Nr 1)

Nr 1 erfordert Angaben a) des Gesamtbetrags langfristiger Verbindlichkeiten (maßgebend Restlaufzeit, anders § 151 I Passivseite V aF AktG), b) Gesamtbetrag der besicherten Verbindlichkeiten sowie Art und Form der Sicherheiten.

2) Aufgliederung der Angaben zu Nr 1 (Nr 2)

s Anm 1. Angabe im Anhang oder in Bilanz. Kleine KapitalGes s § 288.

3) Sonstige finanzielle Verpflichtungen (Nr 3)

Nr 3 entspricht zT § 160 III Nr 7 aF AktG. Anzugeben ist der Gesamtbetrag der nicht in der Bilanz erscheinenden und auch nicht als Haftungsverhältnisse (§ 251) angegebenen finanziellen Verpflichtungen, gesondert der Verpflichtungen gegenüber verbundenen Unternehmen (§ 271 II); anders wenn Angabe für die Beurteilung der Finanzlage ohne Bedeutung ist. Bspe: Mehrjährige Verpflichtungen aus Miet- oder Leasingverträgen (s **(7)** Bankgeschäfte XII), aus begonnenen Investitionsvorhaben, künftigen Großreparaturen und aus notwendig werdenden Umweltschutzmaßnahmen, also vor allem Verpflichtungen aus schwebenden Geschäften und künftige Ausgaben, für die eine Rückstellung nicht zulässig oder nicht gewählt ist, DTG S 135. Nicht passivierte Pensionsverpflichtungen fallen nicht unter Nr 3, sondern **(1)** EGHGB Art 28 II. Kleine KapitalGes s § 288.

4) Aufgliederung der Umsatzerlöse (Nr 4)

Nr 4 verlangt Aufgliederung der Umsatzerlöse nach Tätigkeitsbereichen und geographisch bestimmten Märkten, wenn sie sich untereinander erheblich unterscheiden. Das ist anhand der für die KapitalGes typischen Erzeugnis- und Dienstleistungsgruppen unter Berücksichtigung ihrer Verkaufsorganisation zu beurteilen. Geographisch bestimmte Märkte können Ländergruppen, einzelne Länder und Binnenregionen bis zu einzelnen Gemeinden sein, DTG S 136. Nr 4 gilt nur für große KapitalGes (§ 288 S 1, 2), und auch diese können sich noch auf die Schutzklausel (§ 286 II) berufen.

5) Ergebnisbeeinflussung durch steuerrechtliche Bewertung (Nr 5)

Anzugeben ist die Auswirkung von steuerrechtlich begründeten Bewertungen (§§ 254, 280 II, 273) auf das Jahresergebnis sowie das Ausmaß erheblicher künftiger Belastungen daraus. Sonst sind die durch deutsches Steuerrecht (umgekehrte Maßgeblichkeit, s § 242 Anm 2 A) beeinflußten Jahresabschlüsse international nicht vergleichbar. Nr 5 betrifft die Auswirkungen auch aus früheren Geschäftsjahren auf das Jahresergebnis nach Steuern; anders §§ 280 III, 281 II 1; DTG S 136. Kleine KapitalGes s § 288.

6) Aufteilung der Einkommens- und Ertragssteuerbelastung (Nr 6)

Nr 6 verlangt für den Posten § 275 II Nr 18, III Nr 17 eine Aufteilung auf das Ergebnis der gewöhnlichen (§ 275 II Nr 14, III Nr 13) und der außergewöhnlichen Geschäftstätigkeit (§ 275 II Nr 17, III Nr 16). Das kann durch Angabe der Beträge oder Erläuterung in allgemeiner Form geschehen (Begr E § 271 V).

7) Zahl der Arbeitnehmer (Nr 7)

Berechnung auch für Nr 7 nach § 267 V. Kleine KapitalGes s § 288.

8) Material- und Personalaufwand bei Umsatzkostenverfahren (Nr 8)

Die Posten Materialaufwand und Personalaufwand erscheinen in der Gewinn- und Verlustrechnung nur bei Entscheidung für das Gesamtkostenverfahren (§ 275 II Nr 5, 6). Bei Wahl des Umsatzkostenverfahrens (§ 275 I, III) sind dieselben Informationen im Anhang zu geben. Kleine KapitalGes brauchen den Materialaufwand nicht anzugeben (§ 288; Grund § 276).

9) Gesamtbezüge der Organmitglieder, Organkredite (Nr 9)

Nr 9 betrifft die Mitglieder des Geschäftsführungsorgans (Vorstand der AG, Geschäftsführer der GmbH), eines Aufsichtsrats, eines Beirats der KapitalGes oder einer ähnlichen Einrichtung und verlangt aggregierte Angaben jeweils für jede Personengruppe (nicht Einzelangaben zu jedem Mitglied). Nach **Nr 9a** sind die Gesamtbezüge (Legaldefinition mit Einrechnungsvorschrift nach Nr 9a S 2, Zusatzangabe nach Nr 9a S 3) der tätigen Organmitglieder und nach **Nr 9b** der früheren Organmitglieder (mit Zusatzangabe nach Nr 9b S 3 über die Beträge der für sie gebildeten und der nicht gebildeten Pensionsrückstellungen, s § 249 Anm 3) anzugeben. Die von verbundenen Unternehmen erhaltenen Bezüge brauchen nur im Konzernabschluß angegeben zu werden. **Nr 9c** verlangt detaillierte Angaben zu den Organkrediten iwS (vgl §§ 89, 115 AktG; anders § 43a GmbHG). Haftungsverhältnisse sind alle die KapitalGes jetzt, später oder bedingt belastenden Drittverbindlichkeiten zugunsten eines Organmitglieds (vgl §§ 251, 285 Nr 3). Kleine KapitalGes brauchen nur Angaben nach Nr 9c zu machen (§ 288).

10) Angaben zu Organmitgliedern (Nr 10)

Namensangaben nach S 1, Funktionsangaben nach S 2.

11) Angaben zu Anteilsbesitz ab 20% (Nr 11)

Nr 11 verlangt Angaben über den Beteiligungsbesitz (§ 271 I), knüpft aber starr an Prozentsatz an. Die Angaben sind also ab 20% Anteilsbesitz auch dann zu machen, wenn keine Beteiligung vorliegt, also § 271 I 1 nicht gegeben bzw § 271 I 3 widerlegt ist. Anteilsbesitz ist auch solcher über Strohmänner, Treuhänder ua (für Rechnung der KapitalGes) sowie indirekter Anteilsbesitz (Nr 11 2. Halbs iVm § 16 IV AktG). Berechnung entspr § 16 II, IV AktG. Anzugeben sind außer der prozentualen Höhe des Anteilsbesitzes Name, Sitz, Eigenkapital und Ergebnis des letzten Geschäftsjahrs des anderen Unternehmens. Erleichterungen s § 286 III. Beteiligungsliste statt Angabe im Anhang s § 287. Wechselseitige Beteiligung bei AG ist nach § 160 I Nr 7 AktG anzugeben.

12) Rückstellungen (Nr 12)

In der Bilanz unter den sonstigen Rückstellungen (§ 266 III B Nr 3) nicht gesondert ausgewiesene, nicht unerhebliche Rückstellungen sind zu erläutern. Kleine KapitalGes s § 288.

2. Abschnitt. Vorschriften für Kapitalgesellschaften　　1, 2 § 286

13) Längere planmäßige Abschreibung des Geschäfts- oder Firmenwerts (Nr 13)

§ 255 IV 3 erlaubt Abschreibung des Geschäfts- oder Firmenwerts über einen längeren Zeitraum als fünf Jahre wie nach § 255 IV 1. Die Gründe für eine solche längere Abschreibung sind nach Nr 13 anzugeben.

14) Angaben zu Mutterunternehmen (Nr 14)

Ein Tochterunternehmen (§ 290 I) muß Angaben über Name, Sitz und Erhältlichkeit der offengelegten Konzernabschlüsse des bzw der Mutterunternehmen (größter und kleinster Konsolidierungskreis, dem das Tochterunternehmen angehört, §§ 294 ff) machen.

Unterlassen von Angaben

286 ^{I} Die Berichterstattung hat insoweit zu unterbleiben, als es für das Wohl der Bundesrepublik Deutschland oder eines ihrer Länder erforderlich ist.

^{II} **Die Aufgliederung der Umsatzerlöse nach § 285 Nr. 4 kann unterbleiben, soweit die Aufgliederung nach vernünftiger kaufmännischer Beurteilung geeignet ist, der Kapitalgesellschaft oder einem Unternehmen, von dem die Kapitalgesellschaft mindestens den fünften Teil der Anteile besitzt, einen erheblichen Nachteil zuzufügen.**

^{III} **Die Angaben nach § 285 Nr. 11 können unterbleiben, soweit sie**

1. **für die Darstellung der Vermögens-, Finanz- und Ertragslage der Kapitalgesellschaft nach § 264 Abs. 2 von untergeordneter Bedeutung sind oder**
2. **nach vernünftiger kaufmännischer Beurteilung geeignet sind, der Kapitalgesellschaft oder dem anderen Unternehmen einen erheblichen Nachteil zuzufügen.**

Die Angabe des Eigenkapitals und des Jahresergebnisses kann unterbleiben, wenn das Unternehmen, über das zu berichten ist, seinen Jahresabschluß nicht offenzulegen hat und die berichtende Kapitalgesellschaft weniger als die Hälfte der Anteile besitzt. Die Anwendung der Ausnahmeregelung nach Satz 1 Nr. 2 ist im Anhang anzugeben.

1) Schutzklausel im Staatsinteresse (I)

I (wie § 160 IV 2 aF AktG) entspricht dem strafrechtlichen Staatsschutz (Geheimnisverrat), erlaubt also den zuständigen Organen der KapitalGes nicht Bestimmung des öffentlichen Interesses darüber hinaus nach eigenem Ermessen. Liegt I vor, darf auch nicht das Gebrauchmachen von I offenbart werden.

2) Schutzklausel im Unternehmensinteresse zu § 285 Nr 4 (II)

II dispensiert von der Aufgliederung der Umsatzerlöse nach § 285 Nr 4, wenn durch die Angabe der KapitalGes bzw einem anderen Unternehmen, an dem diese mindestens 20% Anteile besitzt (Berechnung wie in § 285 Nr 11), objektiv (nach vernünftiger kfm Beurteilung) ein erheblicher Nachteil droht. Eine akute Gefahr ist nicht nötig („geeignet" zur Nachteilszufügung), aber sie muß ernsthaft sein. Angabe des Gebrauchmachens von II ist

§§ 287–289 III. Buch. Handelsbücher

nicht vorgeschrieben (anders III 3, § 314 II 2), kann aber nach § 264 II 2 nötig sein.

3) Schutzklausel im Unternehmensinteresse zu § 285 Nr 11 (III)

III 1 dispensiert von den Angaben über Beteiligungsbesitz nach § 285 Nr 11, wenn sie für § 264 II von untergeordneter Bedeutung sind (III Nr 1) oder objektiv ein erheblicher Nachteil droht (III Nr 2, s Anm 2). **III 2** dispensiert von der Angabe des Eigenkapitals und des Jahresergebnisses nach § 285 Nr 11 bei Beteiligung unter 50% an nicht offenlegungspflichtigen Unternehmen (EinzelKfm, PersonenGes; nicht KapitalGes, §§ 325–327). **III 3** verlangt bei Gebrauchmachen von III 1 Nr 2 Angabe im Anhang.

Aufstellung des Anteilsbesitzes

287 Die in § 285 Nr. 11 verlangten Angaben dürfen statt im Anhang auch in einer Aufstellung des Anteilsbesitzes gesondert gemacht werden. Die Aufstellung ist Bestandteil des Anhangs. Auf die besondere Aufstellung des Anteilsbesitzes und den Ort ihrer Hinterlegung ist im Anhang hinzuweisen.

1) Die Angaben über Beteiligungsbesitz nach § 285 Nr 11 dürfen auch in einer gesonderten **Beteiligungsliste** außerhalb des Anhangs gemacht werden **(S 1)**. Diese ist aber Bestandteil des Anhangs, unterliegt also allen für den Anhang geltenden Vorschriften **(S 2)**. Sie braucht aber nur zum HdlReg eingereicht, nicht im BAnz bekanntgemacht zu werden (§ 325 II 2). Auf Vorhandensein und Ort der Hinterlegung der Beteiligungsliste ist aber im Anhang hinzuweisen **(S 3)**.

Größenabhängige Erleichterungen

288 Kleine Kapitalgesellschaften im Sinne des § 267 Abs. 1 brauchen die Angaben nach § 285 Nr. 2 bis 5, 7, 8 Buchstabe a, Nr. 9 Buchstabe a und b und Nr. 12 nicht zu machen. Mittelgroße Kapitalgesellschaften im Sinne des § 267 Abs. 2 brauchen die Angaben nach § 285 Nr. 4 nicht zu machen.

1) **S 1** bringt Erleichterungen (s zu § 285) für kleine KapitalGes (§ 267 I), **S 2** für mittelgroße (§ 267 II) bezüglich der Angaben im Anhang. Erleichterungen bezüglich Bilanz, Gewinn- und Verlustrechnung und Offenlegung s §§ 266 I 3, 276, 326, 327.

Sechster Titel. Lagebericht

[Lagebericht]

289 [I] Im Lagebericht sind zumindest der Geschäftsverlauf und die Lage der Kapitalgesellschaft so darzustellen, daß ein den tatsächlichen Verhältnissen entsprechendes Bild vermittelt wird.

[II] Der Lagebericht soll auch eingehen auf:

1. Vorgänge von besonderer Bedeutung, die nach dem Schluß des Geschäftsjahrs eingetreten sind;

2. Abschnitt. Vorschriften für Kapitalgesellschaften § 290

2. die voraussichtliche Entwicklung der Kapitalgesellschaft;
3. den Bereich Forschung und Entwicklung.

1) Bericht über Geschäftsverlauf und Lage (I)

§ 289 entspricht zT § 160 I aF AktG. Der Lagebericht ist nicht Teil des Jahresabschlusses (s § 264 Anm 2 A). Die Aufstellungspflicht folgt aus § 264 I. Der Lagebericht bringt zusätzliche Informationen zum Jahresabschluß, mindestens über Geschäftsverlauf und Lage der KapitalGes (idR Aufgliederung in Wirtschaftsbericht und Sozialbericht, ferner Berichtsteile nach II). Über I und II hinausgehende freiwillige Informationen sind üblich und erwünscht (s § 284 Anm 3). Die Darstellung muß, auch soweit freiwillig, ein den tatsächlichen Verhältnissen entsprechendes Bild vermitteln (true and fair view, § 264 III). Größenabhängige Erleichterungen sind anders als für den Anhang (§ 288) nicht vorgesehen und bei dem knappen Mindestinhalt des Lageberichts auch nicht nötig, außer bei der Offenlegung (nur mittelgroße und große KapitalGes, §§ 325–327).

2) Nachtragsbericht, Entwicklungsprognose, Forschung und Entwicklung (II)

II ist eine bloße Sollvorschrift (aber Grenze § 264 II 1, s Anm 1). Der Lagebericht soll auch die Zeit nach dem Stichtag (s § 243 Anm 3 B) abdekken (**II Nr 1,** Nachtragsbericht). Er soll eine Prognose der Entwicklung der KapitalGes geben **(II Nr 2)**; Hopt ZGR **80,** 249. Der Bereich Forschung und Entwicklung ist für einesolche Prognose besonders bedeutsam **(II Nr 3).**

Zweiter Unterabschnitt. Konzernabschluß und Konzernlagebericht

Erster Titel. Anwendungsbereich

Pflicht zur Aufstellung

290 ᴵ Stehen in einem Konzern die Unternehmen unter der einheitlichen Leitung einer Kapitalgesellschaft (Mutterunternehmen) mit Sitz im Inland und gehört dem Mutterunternehmen eine Beteiligung nach § 271 Abs. 1 an dem oder anderen unter der einheitlichen Leitung stehenden Unternehmen (Tochterunternehmen), so haben die gesetzlichen Vertreter des Mutterunternehmens in den ersten fünf Monaten des Konzerngeschäftsjahrs für das vergangene Konzerngeschäftsjahr einen Konzernabschluß und einen Konzernlagebericht aufzustellen.

ᴵᴵ Eine Kapitalgesellschaft mit Sitz im Inland ist stets zur Aufstellung eines Konzernabschlusses und eines Konzernlageberichts verpflichtet (**Mutterunternehmen**), wenn ihr bei einem Unternehmen (**Tochterunternehmen**)

1. **die Mehrheit der Stimmrechte der Gesellschafter zusteht,**
2. **das Recht zusteht, die Mehrheit der Mitglieder des Verwaltungs-, Leitungs- oder Aufsichtsorgans zu bestellen oder abzuberufen, und sie gleichzeitig Gesellschafter ist oder**
3. **das Recht zusteht, einen beherrschenden Einfluß auf Grund eines**

mit diesem Unternehmen geschlossenen Beherrschungsvertrags oder auf Grund einer Satzungsbestimmung dieses Unternehmens auszuüben.

III Als Rechte, die einem Mutterunternehmen nach Absatz 2 zustehen, gelten auch die einem Tochterunternehmen zustehenden Rechte und die den für Rechnung des Mutterunternehmens oder von Tochterunternehmen handelnden Personen zustehenden Rechte. Den einem Mutterunternehmen an einem anderen Unternehmen zustehenden Rechten werden die Rechte hinzugerechnet, über die es oder ein Tochterunternehmen auf Grund einer Vereinbarung mit anderen Gesellschaftern dieses Unternehmens verfügen kann. Abzuziehen sind Rechte, die

1. mit Anteilen verbunden sind, die von dem Mutterunternehmen oder von Tochterunternehmen für Rechnung einer anderen Person gehalten werden, oder
2. mit Anteilen verbunden sind, die als Sicherheit gehalten werden, sofern diese Rechte nach Weisung des Sicherungsgebers oder, wenn ein Kreditinstitut die Anteile als Sicherheit für ein Darlehen hält, im Interesse des Sicherungsgebers ausgeübt werden.

IV Welcher Teil der Stimmrechte einem Unternehmen zusteht, bestimmt sich für die Berechnung der Mehrheit nach Absatz 2 Nr. 1 nach dem Verhältnis der Zahl der Stimmrechte, die es aus den ihm gehörenden Anteilen ausüben kann, zur Gesamtzahl aller Stimmrechte. Von der Gesamtzahl aller Stimmrechte sind die Stimmrechte aus eigenen Anteilen abzuziehen, die dem Tochterunternehmen selbst, einem seiner Tochterunternehmen oder einer anderen Person für Rechnung dieser Unternehmen gehören.

1) Anwendungsbereich, Gl

A. **Anwendungsbereich:** Der 2. Unterabschn (§§ 290–315) über die Konzernrechnungslegung ist Teil des 2. Abschn und gilt wie dieser **nur für Kapitalgesellschaften** (AG, KGaA, GmbH; nicht für KapitalGes § Co, insbesondere GmbH & Co, s § 264 Anm 1), die bei einer KapitalGes zu konsolidierenden Unternehmen können jedoch auch andere Rechtsformen haben. Für die eG verweist der 3. Abschn auf den 2. Abschn ohne den 2. Unterabschn (§§ 336–339). §§ 11–15 PublG enthalten eigene Konzernrechnungslegungsvorschriften für **bestimmte Großunternehmen** in der Rechtsform einer PersonenHdlGes, eines EinzelKfm ua (§§ 3 I, 5 PublG), die aber zu Art und Weise der Konzernrechnungslegung weithin auf den 2. Unterabschn verweisen. Sondervorschriften für **Versicherungsunternehmen** und **Kreditinstitute,** die unter den 2. Unterabschn fallen, enthalten § 25b KWG, § 56b VAG. Der 2. Unterabschn betrifft nur Konzernabschluß und Konzernlagebericht (entspr dem 1. Unterabschn für Kapital-Ges); die 3.–6. Unterabschn über Prüfung, Offenlegung ua enthalten speziellere Vorschriften auch für die Konzernrechnungslegung. **§§ 290–293** regeln speziell den Anwendungsbereich (Regel § 290, Befreiungen §§ 291–293).

B. **Gliederung:** s Einl III 1 vor § 238.

C. **Geltung:** Zwingend **erstmals für das nach dem 31. 12. 89** beginnen-

2. Abschnitt. Vorschriften für Kapitalgesellschaften   2, 3 § 290

de Geschäftsjahr, (1) EGHGB Art 23 II 1; erleichterte freiwillige Umstellung schon vorher, (1) EGHGB Art 23 II 2, 3 (s Einl V 1 A vor § 238).

2) Konzernabschluß bei einheitlicher Leitung (I)

I entspricht § 329 I 1 aF AktG, § 28 I aF EGAktG. I stellt wie bisher auf die tatsächliche einheitliche Leitung (von oben) ab, während II an bestimmte Kontrollelemente (einerlei auf welcher Stufe, sog Stufen- oder Tannenbaumprinzip) anknüpft. Das führt (leider) zu **unterschiedlichen Konzernbegriffen** nach Konzernbilanzrecht und Konzernrecht (§§ 15 ff AktG). Voraussetzung für die Konzernrechnungslegungspflicht nach I sind: (1) die **einheitliche Leitung** einer KapitalGes **(Mutterunternehmen)** über andere Unternehmen **(Tochterunternehmen)**; das Mutterunternehmen muß Sitz im Inland haben, die Tochterunternehmen können auch Sitz im Ausland haben; (2) eine **Beteiligung** des Mutterunternehmens nach § 271 I an dem oder den Tochterunternehmen; liegt eine solche Beteiligung vor (so wenn die Vermutung nach § 271 I 3 widerlegt wird bzw § 271 I 1 nicht erfüllt ist), dann entfällt I und kommt nur noch II in Betracht. **Einheitliche Leitung** ist nicht definiert, aber entspr dem Konzernbegriff in § 18 AktG zu bestimmen (vgl Begr EK § 329 AktG). Einheitliche Leitung setzt kein Weisungsrecht des Mutterunternehmens voraus, vielmehr genügt auch sonstiger Einfluß auf die Geschäfts- und Unternehmenspolitik des Tochterunternehmens, auch indirekt über den Einfluß auf die Besetzung der Organe desselben, doch muß dieser Einfluß gesellschaftsrechtlich vermittelt sein; eine durch Austauschbeziehung, zB Kreditvertrag, begründete rein wirtschaftliche Abhängigkeit reicht nicht aus, BGH **90,** 381 (BuM). Eine Sperrminorität genügt nicht. Einfluß auf alle wesentlichen Bereiche des Unternehmens ist unnötig, Festlegung der Geschäftspolitik in großen Linien genügt. Ob sich das Unternehmen der einheitlichen Leitung entziehen könnte, ist gleichgültig, solange es das nicht tut. Einheitliche Leitung kann auch durch zwei oder mehrere Mutterunternehmen bei einem Gemeinschaftsunternehmen gegeben sein, s § 310 Anm 1. Ob Gleichordnungskonzerne unter I fallen, ist offengeblieben (AmtlBegr) und str. Liegen die Voraussetzungen (1) und (2) vor, haben die gesetzlichen Vertreter des Mutterunternehmens innerhalb der ersten **fünf Monate** des neuen Konzerngeschäftsjahrs einen **Konzernabschluß** (§ 297 I) **und** einen **Konzernlagebericht** (§ 315) aufzustellen.

3) Konzernabschluß bei bestimmten Kontrollrechtsstellungen (II)

II knüpft an bestimmte Kontrollelemente unabhängig von einer einheitlichen Leitung an (s Anm 2). Diese wird in II auch nicht etwa fingiert, um Auswirkungen des Vorliegens von II auf den Begriff der einheitlichen Leitung in § 18 AktG und anderweitig zu vermeiden (Begr EK § 329 AktG). I und II sind also echte Alternativen, auch wenn bei Vorliegen von II praktisch zumeist auch I vorliegt. Konzernrechnungslegungspflichtig iSv I ist das Unternehmen mit Sitz im Inland **(Mutterunternehmen)**, das eine von drei Kontrollrechtsstellungen bei einem anderen Unternehmen **(Tochterunternehmen)** hat. **Nr 1:** Stimmrechtsmehrheit (nicht Anteilsmehrheit), Berechnung s IV. **Nr 2:** Recht zur Bestellung oder Abberufung der Mehrheit des Verwaltungs-, Leitungs- oder Aufsichtsorgans, aber nur bei gleichzeitiger GfterStellung (unabhängig von Kapitalanteil). **Nr 3:** Recht auf Ausübung eines beherrschenden Einflusses kraft Beherrschungsvertrag oder Satzungsbestimmung.

4) Indirekte Kontrollrechtsstellungen (III)

III ergänzt II zT entspr § 16 IV AktG. Rechte (iSv II) eines Tochterunternehmens (unabhängig von Nichteinbeziehung nach §§ 295, 296; vgl § 271 Anm 2) oder der für Rechnung des Mutter- oder des Tochterunternehmens handelnden Personen gelten als Rechte des Mutterunternehmens **(III 1).** Das gilt auch für Rechte, über die das Mutter- oder das Tochterunternehmen kraft Vereinbarung mit anderen Gftern dieses Unternehmens verfügen kann **(III 2).** Erfaßt sind damit die Stimmrechtsüberlassung in Satzungsbestimmungen, Stimmrechtsrechtsbindungsverträgen (vgl § 119 Anm 2 G) ua. So wie nach III 1, 2 zuzurechnen ist, sind nach **III 3** abzurechnen die für Dritte gehaltenen Anteile (Nr 1) und die als Sicherheit gehaltenen, aber für den Sicherungsgeber ausgeübten Anteilsrechte (Nr 2). III gilt nur für II; I erfaßt indirekte Beteiligungen über die einheitliche Leitung und § 271 I 4, § 16 IV AktG.

5) Berechnung der Stimmrechtsmehrheit (IV)

IV ergänzt II Nr 1 zT entspr § 16 III AktG.

Befreiende Konzernabschlüsse und Konzernlageberichte

291 ^I Ein Mutterunternehmen, das zugleich Tochterunternehmen eines Mutterunternehmens mit Sitz in einem Mitgliedstaat der Europäischen Wirtschaftsgemeinschaft ist, braucht einen Konzernabschluß und einen Konzernlagebericht nicht aufzustellen, wenn ein den Anforderungen des Absatzes 2 entsprechender Konzernabschluß und Konzernlagebericht seines Mutterunternehmens einschließlich des Bestätigungsvermerks oder des Vermerks über dessen Versagung nach den für den entfallenden Konzernabschluß und Konzernlagebericht maßgeblichen Vorschriften in deutscher Sprache offengelegt wird. Ein befreiender Konzernabschluß und ein befreiender Konzernlagebericht können von jedem Unternehmen unabhängig von seiner Rechtsform und Größe aufgestellt werden, wenn das Unternehmen als Kapitalgesellschaft mit Sitz in einem Mitgliedstaat der Europäischen Wirtschaftsgemeinschaft zur Aufstellung eines Konzernabschlusses unter Einbeziehung des zu befreienden Mutterunternehmens und seiner Tochterunternehmen verpflichtete wäre.

^{II} Der Konzernabschluß und Konzernlagebericht eines Mutterunternehmens mit Sitz in einem Mitgliedstaat der Europäischen Wirtschaftsgemeinschaft haben befreiende Wirkung, wenn

1. das zu befreiende Mutterunternehmen und seine Tochterunternehmen in den befreienden Konzernabschluß unbeschadet der §§ 295, 296 einbezogen worden sind,
2. der befreiende Konzernabschluß und der befreiende Konzernlagebericht dem für das den befreienden Konzernabschluß aufstellende Mutterunternehmen maßgeblichen und mit den Anforderungen der Richtlinie 83/349/EWG des Rates vom 13. Juni 1983 über den konsolidierten Abschluß (ABl. EG Nr. L 193 S. 1) übereinstimmenden Recht

2. Abschnitt. Vorschriften für Kapitalgesellschaften 1 § 291

entsprechen und nach diesem Recht von einem in Übereinstimmung mit den Vorschriften der Richtlinie 84/253/EWG des Rates vom 10. April 1984 über die Zulassung der mit der Pflichtprüfung der Rechnungslegungsunterlagen beauftragten Personen (ABl. EG Nr. L 126 S. 20) zugelassenen Abschlußprüfer geprüft worden sind und

3. der Anhang des Jahresabschlusses des zu befreienden Unternehmens folgende Angaben enthält:
   a) Name und Sitz des Mutterunternehmens, das den befreienden Konzernabschluß und Konzernlagebericht aufstellt, und
   b) einen Hinweis auf die Befreiung von der Verpflichtung, einen Konzernabschluß und einen Konzernlagebericht aufzustellen.

III Die Befreiung nach Absatz 1 kann trotz Vorliegens der Voraussetzungen nach Absatz 2 von einem Mutterunternehmen nicht in Anspruch genommen werden, wenn Gesellschafter, denen bei Aktiengesellschaften und Kommanditgesellschaften auf Aktien mindestens zehn vom Hundert und bei Gesellschaften mit beschränkter Haftung mindestens zwanzig vom Hundert der Anteile an dem zu befreienden Mutterunternehmen gehören, spätestens sechs Monate vor dem Ablauf des Konzerngeschäftsjahrs die Aufstellung eines Konzernabschlusses und eines Konzernlageberichts beantragt haben. Gehören dem Mutterunternehmen mindestens neunzig vom Hundert der Anteile an dem zu befreienden Mutterunternehmen, so kann Absatz 1 nur angewendet werden, wenn die anderen Gesellschafter der Befreiung zugestimmt haben.

1) Offenlegung eines befreienden EG-Konzernabschlusses in Deutsch (I)

I 1 befreit jedes Mutterunternehmen, das zugleich Tochterunternehmen eines anderen Mutterunternehmens mit **Sitz in** der BRD oder einem anderen **EG-Mitgliedstaat** ist, von der eigenen Aufstellung eines Konzernabschlusses und Konzernlageberichts. Voraussetzung ist, daß das andere Mutterunternehmen einen **befreienden** Konzernabschluß (s Anm 2) und Konzernlagebericht einschließlich Bestätigungs- bzw Versagungsvermerk **in deutscher Sprache** offenlegt. Diese Befreiungsmöglichkeit ist bei mehrstufigen Konzernen zur Vermeidung einer Vielzahl von Stufenabschlüssen (Stufenprinzip, s § 290 Anm 2, 3) unerläßlich. Den befreienden Konzernabschluß kann nicht nur die Konzernspitze (mit Wirkung auch für „Enkel" unternehmen) aufstellen, sondern jedes Tochterunternehmen, das seinerseits Mutterunternehmen anderer Tochterunternehmen ist, mit Wirkung für diese (befreiender Teilkonzernabschluß). I 1 verlangt keine Währungsumrechnung, Beglaubigung der Übersetzung und sonstige Anpassung, doch ist Offenlegung nach den für den entfallenden Konzernabschluß maßgeblichen Vorschriften nötig, also nach deutschem Recht (§§ 325 ff). Nach I 2 (ähnlich § 330 I 3 aF AktG) kann ein befreiender Konzernabschluß rechtsform- und größenunabhängig auch freiwillig aufgestellt werden, wenn das Unternehmen als KapitalGes geführt werden könnte und dann konzernrechnungslegungspflichtig wäre; Privatpersonen, Bund, Länder und Gemeinden scheiden damit als Mutterunternehmen aus (AmtlBegr).

2) Anforderungen an den befreienden Konzernabschluß (II)

II (ähnlich § 330 II 2 aF AktG) stellt drei Anforderungen. **Nr 1:** Der befreiende Konzernabschluß muß sich (außer unter den Voraussetzungen der §§ 295, 296) auf das zu befreiende Mutterunternehmen und dessen Tochterunternehmen erstrecken. **Nr 2:** Der befreiende Konzernabschluß und -lagebericht muß entspr der 7. und 8. EG-Ri (s Einl I 2 vor § 238) in der Form des jeweils für das aufstellende Mutterunternehmen maßgeblichen Rechts, also je nachdem deutsches oder anderes EG-Mitgliedstaatsrecht, aufgestellt und geprüft sein. **Nr 3:** Angaben über Name und Sitz des aufstellenden Mutterunternehmens und Hinweis auf Befreiung.

3) Ausnahmen zum Schutz von Minderheitsgesellschaftern (III)

Nach **III 1** entfällt die Befreiung bei rechtzeitigem Antrag einer Minderheit (10% bei AG, KGaA, 20% bei GmbH) der Gfter des zu befreienden Mutterunternehmens. **III 2** geht im Minderheitenschutz bei Mutterunternehmen mit mindestens 90%igen Tochterunternehmen noch weiter; die restlichen 10% müssen der Befreiung zugestimmt haben, sonst entfällt § 291. Weitere Ausnahmen, zB wie nach § 293 V bei Börsennotierung, sind nicht vorgesehen.

Rechtsverordnungsermächtigung für befreiende Konzernabschlüsse und Konzernlageberichte

292 ¹Der Bundesminister der Justiz wird ermächtigt, im Einvernehmen mit dem Bundesminister der Finanzen und dem Bundesminister für Wirtschaft durch Rechtsverordnung, die nicht der Zustimmung des Bundesrates bedarf, zu bestimmen, daß § 291 auf Konzernabschlüsse und Konzernlageberichte von Mutterunternehmen mit Sitz in einem Staat, der nicht Mitglied der Europäischen Wirtschaftsgemeinschaft ist, mit der Maßgabe angewendet werden darf, daß der befreiende Konzernabschluß und der befreiende Konzernlagebericht nach dem mit den Anforderungen der Richtlinie 83/349/EWG übereinstimmenden Recht eines Mitgliedstaates der Europäischen Wirtschaftsgemeinschaft aufgestellt worden oder einem nach diesem Recht eines Mitgliedstaates der Europäischen Wirtschaftsgemeinschaft aufgestellten Konzernabschluß und Konzernlagebericht gleichwertig sein müssen. Das Recht eines anderen Mitgliedstaates der Europäischen Wirtschaftsgemeinschaft kann einem befreienden Konzernabschluß und einem befreienden Konzernlagebericht jedoch nur zugrunde gelegt oder für die Herstellung der Gleichwertigkeit herangezogen werden, wenn diese Unterlagen in dem anderen Mitgliedstaat anstelle eines sonst nach dem Recht dieses Mitgliedstaates vorgeschriebenen Konzernabschlusses und Konzernlageberichts offengelegt werden. Die Anwendung dieser Vorschrift kann in der Rechtsverordnung nach Satz 1 davon abhängig gemacht werden, daß die nach diesem Unterabschnitt aufgestellten Konzernabschlüsse und Konzernlageberichte in dem Staat, in dem das Mutterunternehmen seinen Sitz hat, als gleichwertig mit den dort für Unternehmen mit entsprechender Rechtsform und entsprechendem Geschäftszweig vorgeschriebenen Konzernabschlüssen und Konzernlageberichten angesehen werden.

2. Abschnitt. Vorschriften für Kapitalgesellschaften § 293

^{II} Ist ein nach Absatz 1 zugelassener Konzernabschluß nicht von einem in Übereinstimmung mit den Vorschriften der Richtlinie 84/253/EWG zugelassenen Abschlußprüfer geprüft worden, so kommt ihm befreiende Wirkung nur zu, wenn der Abschlußprüfer eine den Anforderungen dieser Richtlinie gleichwertige Befähigung hat und der Konzernabschluß in einer den Anforderungen des Dritten Unterabschnitts entsprechenden Weise geprüft worden ist.

^{III} In einer Rechtsverordnung nach Absatz 1 kann außerdem bestimmt werden, welche Voraussetzungen Konzernabschlüsse und Konzernlageberichte von Mutterunternehmen mit Sitz in einem Staat, der nicht Mitglied der Europäischen Wirtschaftsgemeinschaft ist, im einzelnen erfüllen müssen, um nach Absatz 1 gleichwertig zu sein, und wie die Befähigung von Abschlußprüfern beschaffen sein muß, um nach Absatz 2 gleichwertig zu sein. In der Rechtsverordnung können zusätzliche Angaben und Erläuterungen zum Konzernabschluß vorgeschrieben werden, soweit diese erforderlich sind, um die Gleichwertigkeit dieser Konzernabschlüsse und Konzernlageberichte mit solchen nach diesem Unterabschnitt oder dem Recht eines anderen Mitgliedstaates der Europäischen Wirtschaftsgemeinschaft herzustellen.

^{IV} Die Rechtsverordnung ist vor Verkündung dem Bundestag zuzuleiten. Sie kann durch Beschluß des Bundestages geändert oder abgelehnt werden. Der Beschluß des Bundestages wird dem Bundesminister der Justiz zugeleitet. Der Bundesminister der Justiz ist bei der Verkündung der Rechtsverordnung an den Beschluß gebunden. Hat sich der Bundestag nach Ablauf von drei Sitzungswochen seit Eingang einer Rechtsverordnung nicht mit ihr befaßt, so wird die unveränderte Rechtsverordnung dem Bundesminister der Justiz zur Verkündung zugeleitet. Der Bundestag befaßt sich mit der Rechtsverordnung auf Antrag von so vielen Mitgliedern des Bundestages, wie zur Bildung einer Fraktion erforderlich sind.

1) § 292 (vgl § 330 II aF AktG) eröffnet die Möglichkeit befreiender Konzernabschlüsse von Mutterunternehmen mit **Sitz außerhalb der EG**, wenn die Konzernabschlüsse und -lageberichte denen nach § 291 (Mutterunternehmen mit Sitz in der EG) gleichwertig (also nicht gleich) aufgestellt (**I**) und von einem Abschlußprüfer von außerhalb der EG mit gleichwertiger Befähigung gleichwertig geprüft worden sind (**II**). § 292 enthält nur eine Ermächtigung. Die Befreiung selbst erfolgt nach Maßgabe einer RechtsVO, die die Voraussetzungen der Gleichwertigkeit im einzelnen (**III**), eventuell auch ein Erfordernis der Gegenseitigkeit in dem Auslandsstaat (**I 3**) regelt. **IV** enthält eine flexible Mitwirkung des BT beim VOVerfahren (Unterfall der ZustimmungsVO).

Größenabhängige Befreiungen

293 ^I Ein Mutterunternehmen ist von der Pflicht, einen Konzernabschluß und einen Konzernlagebericht aufzustellen, befreit, wenn

1. am Abschlußstichtag seines Jahresabschlusses und am vorhergehenden

§ 293 III. Buch. Handelsbücher

Abschlußstichtag mindestens zwei der drei nachstehenden Merkmale zutreffen:
  a) Die Bilanzsummen in den Bilanzen des Mutterunternehmens und der Tochterunternehmen, die in den Konzernabschluß einzubeziehen wären, übersteigen insgesamt nach Abzug von in den Bilanzen auf der Aktivseite ausgewiesenen Fehlbeträgen nicht sechsundvierzig Millionen achthunderttausend Deutsche Mark.
  b) Die Umsatzerlöse des Mutterunternehmens und der Tochterunternehmen, die in den Konzernabschluß einzubeziehen wären, übersteigen in den zwölf Monaten vor dem Abschlußstichtag insgesamt nicht sechsundneunzig Millionen Deutsche Mark.
  c) Das Mutterunternehmen und die Tochterunternehmen, die in den Konzernabschluß einzubeziehen wären, haben in den zwölf Monaten vor dem Abschlußstichtag im Jahresdurchschnitt nicht mehr als fünfhundert Arbeitnehmer beschäftigt;
  oder
2. am Abschlußstichtag eines von ihm aufzustellenden Konzernabschlusses und am vorhergehenden Abschlußstichtag mindestens zwei der drei nachstehenden Merkmale zutreffen:
  a) Die Bilanzsumme übersteigt nach Abzug eines auf der Aktivseite ausgewiesenen Fehlbetrags nicht neununddreißig Millionen Deutsche Mark.
  b) Die Umsatzerlöse in den zwölf Monaten vor dem Abschlußstichtag übersteigen nicht achtzig Millionen Deutsche Mark.
  c) Das Mutterunternehmen und die in den Konzernabschluß einbezogenen Tochterunternehmen haben in den zwölf Monaten vor dem Abschlußstichtag im Jahresdurchschnitt nicht mehr als fünfhundert Arbeitnehmer beschäftigt.

Auf die Ermittlung der durchschnittlichen Zahl der Arbeitnehmer ist § 267 Abs. 5 anzuwenden.

II Ein Kreditinstitut ist abweichend von Absatz 1 von der Pflicht, einen Konzernabschluß und einen Konzernlagebericht aufzustellen, befreit, wenn
1. am Abschlußstichtag seines Jahresabschlusses und am vorhergehenden Abschlußstichtag die Bilanzsummen in seiner Bilanz und in den Bilanzen der Tochterunternehmen, die in den Konzernabschluß einzubeziehen wären, zuzüglich der den Kreditnehmern abgerechneten eigenen Ziehungen im Umlauf, der Indossamentsverbindlichkeiten aus weitergegebenen Wechseln und der Verbindlichkeiten aus Bürgschaften, Wechsel- und Scheckbürgschaften sowie aus Gewährleistungsverträgen aller Unternehmen insgesamt nicht einhundertzweiunddreißig Millionen Deutsche Mark übersteigen oder
2. am Abschlußstichtag eines von ihm aufzustellenden Konzernabschlusses und am vorhergehenden Abschlußstichtag die Konzernbilanzsumme zuzüglich der den Kreditnehmern abgerechneten eigenen Ziehungen im Umlauf, der Indossamentsverbindlichkeiten aus weitergegebenen Wechseln und der Verbindlichkeiten aus Bürgschaften, Wechsel- und Scheckbürgschaften sowie aus Gewährleistungsverträgen nicht einhundertzehn Millionen Deutsche Mark übersteigt.

2. Abschnitt. Vorschriften für Kapitalgesellschaften 1 § 293

III Ein Versicherungsunternehmen ist abweichend von Absatz 1 von der Pflicht, einen Konzernabschluß und einen Konzernlagebericht aufzustellen, befreit, wenn

1. die Bruttobeiträge aus seinem gesamten Versicherungsgeschäft und dem der Tochterunternehmen, die in den Konzernabschluß einzubeziehen wären, jeweils in den zwölf Monaten vor dem Abschlußstichtag und dem vorhergehenden Abschlußstichtag nicht dreiundvierzig Millionen zweihunderttausend Deutsche Mark übersteigen oder
2. die Bruttobeiträge aus dem gesamten Versicherungsgeschäft in einem von ihm aufzustellenden Konzernabschluß jeweils in den zwölf Monaten vor dem Abschlußstichtag und dem vorhergehenden Abschlußstichtag nicht sechsunddreißig Millionen Deutsche Mark übersteigen.

Bruttobeiträge aus dem gesamten Versicherungsgeschäft sind die Beiträge aus dem Erst- und Rückversicherungsgeschäft einschließlich der in Rückdeckung gegebenen Anteile.

IV Außer in den Fällen der Absätze 1 bis 3 ist ein Mutterunternehmen von der Pflicht zur Aufstellung des Konzernabschlusses und des Konzernlageberichts befreit, wenn die Voraussetzungen der Absätze 1, 2 oder 3 nur am Abschlußstichtag oder nur am vorhergehenden Abschlußstichtag erfüllt sind und das Mutterunternehmen am vorhergehenden Abschlußstichtag von der Pflicht zur Aufstellung des Konzernabschlusses und des Konzernlageberichts befreit war.

V Die Absätze 1 bis 4 sind nicht anzuwenden, wenn am Abschlußstichtag Aktien oder andere von dem Mutterunternehmen oder einem in den Konzernabschluß des Mutterunternehmens einbezogenen Tochterunternehmen ausgegebene Wertpapiere an einer Börse in einem Mitgliedstaat der Europäischen Wirtschaftsgemeinschaft zum amtlichen Handel zugelassen oder in den geregelten Freiverkehr einbezogen sind oder die Zulassung zum amtlichen Handel beantragt ist.

1) Größenabhängige Befreiung nach der Brutto- oder Nettomethode (I)

§ 293 sieht (ähnlich wie § 267 für die Jahresrechnungslegung) eine größenabhängige Befreiung von der Konzernrechnungslegung nach §§ 290ff vor. Die Größenbestimmung erfolgt wahlweise nach der **Bruttomethode** (Nr 1) oder der **Nettomethode** (Nr 2). Bei der Nettomethode richten sich die Größen nach dem (konsolidierten) Konzernabschluß, bei der Bruttomethode nach den summierten Einzelabschlüssen. Vorteil der Bruttomethode: man braucht nicht erst einen Konzernabschluß aufzustellen um festzustellen, ob ein solcher überhaupt nötig ist; Nachteil: die Größenmerkmale der Bilanzsumme und des Umsatzerlöses sind jeweils rund 20% höher. I umschreibt die Höchstgrößen für die Befreiung anhand von drei Merkmalen, von denen mindestens zwei vorliegen müssen. Diese sind bei der Bruttomethode (Nettomethode): **Bilanzsumme(n)** (nach Abzug eines Fehlbetrags auf der Aktivseite) **DM 46,8 (39) Mio, Umsatzerlöse DM 96 (80) Mio, Zahl der Arbeitnehmer 500** (Berechnung nach § 267 V). Diese Voraussetzungen müssen für zwei aufeinanderfolgende Abschlußstichtage vorliegen, damit die Befreiung eintritt (genauer I, IV, s Anm 4). Schon bisher nach § 329 aF AktG rechnungslegungspflichtige Konzerne können bereits für das Geschäftsjahr 1986 von der Befreiung nach § 293 Gebrauch

735

§ 294
III. Buch. Handelsbücher

machen, wenn sie das neue Konzernrecht (insgesamt) freiwillig anwenden (s **(1)** EGHGB Art 23 II 2, Einl V 1 A vor § 238), DTG S 152.

2) Sonderregeln für Kreditinstitute (II)

II regelt für Kreditinstitute in Anlehnung an § 1 III PublG die Größenmerkmale abweichend. Maßgebend ist nur das Merkmal der Bilanzsumme mit bestimmten Zusatzposten. Die Höchstgrößen für die Befreiung sind bei der Bruttomethode (Nettomethode): **Bilanzsumme DM 132 (110) Mio.**

3) Sonderregeln für Versicherungsunternehmen (III)

III bringt Sonderregeln für Versicherungsunternehmen in Anlehnung an § 1 IV PublG.

4) Befreiung auch bei nur einmaliger Größenüberschreitung (IV)

IV besagt (mißverständlich), daß die Größenmerkmale nach I–III an zwei aufeinanderfolgenden Abschlußstichtagen überschritten sein müssen, damit die Befreiung entfällt (einmaliges Überschreiten schadet nicht). Das gilt nach I, IV aber auch umgekehrt (einmaliges Unterschreiten nützt nichts).

5) Keine Befreiung bei Börsennotierung (V)

Eine größenabhängige Befreiung scheidet aus, wenn am Abschlußstichtag (auch erstmals) Wertpapiere des Mutterunternehmens oder eines in den Konzernabschluß (tatsächlich) einbezogenen (nicht nur einzubeziehenden) Tochterunternehmens an einem EG-Börsenmarkt (amtlicher Handel, geregelter Freiverkehr, s **(14)** BörsG § 43 Anm 1, 2) notiert sind oder die Zulassung zum amtlichen Handel beantragt ist. S § 267 Anm 3 C.

Zweiter Titel. Konsolidierungskreis

Einzubeziehende Unternehmen. Vorlage- und Auskunftspflichten

294 ᴵ In den Konzernabschluß sind das Mutterunternehmen und alle Tochterunternehmen ohne Rücksicht auf den Sitz der Tochterunternehmen einzubeziehen, sofern die Einbeziehung nicht nach den §§ 295, 296 unterbleibt.

ᴵᴵ Hat sich die Zusammensetzung der in den Konzernabschluß einbezogenen Unternehmen im Laufe des Geschäftsjahrs wesentlich geändert, so sind in den Konzernabschluß Angaben aufzunehmen, die es ermöglichen, die aufeinanderfolgenden Konzernabschlüsse sinnvoll zu vergleichen. Dieser Verpflichtung kann auch dadurch entsprochen werden, daß die entsprechenden Beträge des vorhergehenden Konzernabschlusses an die Änderung angepaßt werden.

ᴵᴵᴵ Die Tochterunternehmen haben dem Mutterunternehmen ihre Jahresabschlüsse, Lageberichte, Konzernabschlüsse, Konzernlageberichte und, wenn eine Prüfung des Jahresabschlusses oder des Konzernabschlusses stattgefunden hat, die Prüfungsberichte sowie, wenn ein Zwischenabschluß aufzustellen ist, einen auf den Stichtag des Konzernabschlusses aufgestellten Abschluß unverzüglich einzureichen. Das

2. Abschnitt. Vorschriften für Kapitalgesellschaften § 295

Mutterunternehmen kann von jedem Tochterunternehmen alle Aufklärungen und Nachweise verlangen, welche die Aufstellung des Konzernabschlusses und des Konzernlageberichts erfordert.

1) Weltabschluß (I)

§§ 294–296 stecken den **Konsolidierungskreis** der in den Konzernabschluß einzubeziehenden Unternehmen ab. § 294 enthält die Regel, § 295 ein Einbeziehungsverbot, § 296 ein Einbeziehungswahlrecht. § 294 I schreibt (anders als § 329 II aF AktG) Einbeziehung des Mutterunternehmens (mit Sitz im Inland, § 290 I, II) und aller, auch der ausländischen Tochterunternehmen (Begriff s § 290 Anm 2, 3) unbeschadet §§ 295, 296 vor (Weltabschluß). Einzubeziehen sind auch alle mittelbaren Tochterunternehmen („Enkel"unternehmen); Zurechnung nach § 290 I iVm § 271 I 4 HGB, § 16 IV AktG oder § 290 II, III HGB. **Übergangsrecht** in (1) EGHGB Art 23 II 3 (s Einl V 1 A vor § 238).

2) Vergleichbarkeit aufeinanderfolgender Konzernabschlüsse (II)

Bei **wesentlicher Veränderung des Konsolidierungskreises** sind zwecks sinnvoller Vergleichbarkeit der aufeinanderfolgenden Konzernabschlüsse (Bilanzkontinuität, s § 243 Anm 2 E; auch §§ 297 III 2–5, 313 I Nr 3) in den Konzernabschluß (§ 297 I, also idR Konzernanhang) entsprechende Angaben aufzunehmen **(II 1)**. II 2 erlaubt, statt die Änderungen und ihre Auswirkungen zu erläutern, die entsprechenden Vorjahreszahlen anzupassen (vgl §§ 298 I, 265 II).

3) Einreichungs- und Auskunftspflichten der Tochterunternehmen (III)

III entspricht § 335 aF AktG. III ist angesichts der einheitlichen Leitung für Fälle des § 290 I idR überflüssig, für solche des § 290 II dagegen unentbehrlich. Die umfassende Auskunftspflicht ausländischer Tochterunternehmen nach III 2 kann zu **Kollisionen** mit entgegenstehendem Auslandsrecht (Abwehrgesetze ua), aber auch mit anderweitigen Geheimhaltungspflichten des Tochterunternehmens nach deutschem Recht führen. Dann ist Interessenabwägung bei grundsätzlicher Vorrangigkeit des Rechnungslegungsinteresses (s Einl II 2 vor § 238) geboten.

Verbot der Einbeziehung

295 ^{I} Ein Tochterunternehmen darf in den Konzernabschluß nicht einbezogen werden, wenn sich seine Tätigkeit von der Tätigkeit der anderen einbezogenen Unternehmen derart unterscheidet, daß die Einbeziehung in den Konzernabschluß mit der Verpflichtung, ein den tatsächlichen Verhältnissen entsprechendes Bild der Vermögens-, Finanz- und Ertragslage des Konzerns zu vermitteln, unvereinbar ist; § 311 über die Einbeziehung von assoziierten Unternehmen bleibt unberührt.

^{II} Absatz 1 ist nicht allein deshalb anzuwenden, weil die in den Konzernabschluß einbezogenen Unternehmen teils Industrie-, teils Handels- und teils Dienstleistungsunternehmen sind oder weil diese Unternehmen unterschiedliche Erzeugnisse herstellen, mit unterschiedlichen Erzeugnissen Handel treiben oder Dienstleistungen unterschiedlicher Art erbringen.

§ 296 III. Buch. Handelsbücher

III Die Anwendung des Absatzes 1 ist im Konzernanhang anzugeben und zu begründen. Wird der Jahresabschluß oder der Konzernabschluß eines nach Absatz 1 nicht einbezogenen Unternehmens im Geltungsbereich dieses Gesetzes nicht offengelegt, so ist er gemeinsam mit dem Konzernabschluß zum Handelsregister einzureichen.

1) Einbeziehungsverbot bei Verfälschung des wahren Bildes (I)

§ 295 entspricht zT §§ 329 II 3, 334 I 4, 5 aF AktG. Auch für die Konzernrechnungslegung gilt das true and fair view-Prinzip (§ 297 II 2, s § 264 Anm 3). Unterscheiden sich die Tätigkeiten des Tochterunternehmens und der anderen einbezogenen Unternehmen (Mutter- und anderen Tochterunternehmen) so, daß bei Einbeziehung kein den tatsächlichen Verhältnissen entsprechendes Bild der Vermögens-, Finanz- und Ertragslage des Konzerns vermittelt würde, muß sie unterbleiben. Mit einer solchen Verfälschung ist zu rechnen bei Konzernen, die überwiegend in grundlegend verschiedenen Bereichen (zB Industrie und Kredit- oder Versicherungswirtschaft) tätig sind; bei Mischkonzernen; nicht ohne weiteres bei branchenfremden Tochterunternehmen (s II). I läßt § 311 über assoziierte Unternehmen unberührt; ein unter I fallendes Tochterunternehmen ist aber nicht schon deswegen ein assoziiertes Unternehmen.

2) Enge Auslegung des Einbeziehungsverbots (II)

II stellt zu I klar, daß Branchen-, Produkt- und Dienstleistungsunterschiede nicht ohne weiteres zu einer Verfälschung iSv I führen.

3) Erläuterungs- und Einreichungspflichten (III)

III 1 begründet die Pflicht zur Erläuterung im Konzernanhang, III 2 die Pflicht zur Einreichung des Jahres(Konzern)abschlusses des nach I einbezogenen Unternehmens zum HdlReg, falls dieser nicht in der BRD offengelegt wird. Form und Inhalt der nach III 2 miteinzureichenden Abschlüsse richten sich nach dem jeweils für sie geltenden Recht, zB Gleichordnungsabschlüsse, Zusammenfassungen von Abschlüssen, Auslandsabschlüsse, auch nicht gleichwertige iSv §§ 291, 292, ua.

Verzicht auf die Einbeziehung

296 I Ein Tochterunternehmen braucht in den Konzernabschluß nicht einbezogen zu werden, wenn

1. erhebliche und andauernde Beschränkungen die Ausübung der Rechte des Mutterunternehmens in bezug auf das Vermögen oder die Geschäftsführung dieses Unternehmens nachhaltig beeinträchtigen,
2. die für die Aufstellung des Konzernabschlusses erforderlichen Angaben nicht ohne unverhältnismäßig hohe Kosten oder Verzögerungen zu erhalten sind oder
3. die Anteile des Tochterunternehmens ausschließlich zum Zwecke ihrer Weiterveräußerung gehalten werden.

II Ein Tochterunternehmen braucht in den Konzernabschluß nicht einbezogen zu werden, wenn es für die Verpflichtung, ein den tatsächlichen Verhältnissen entsprechendes Bild der Vermögens-, Finanz- und Ertragslage des Konzerns zu vermitteln, von untergeordneter Bedeu-

2. Abschnitt. Vorschriften für Kapitalgesellschaften 1–3 § 296

tung ist. Entsprechen mehrere Tochterunternehmen der Voraussetzung des Satzes 1, so sind diese Unternehmen in den Konzernabschluß einzubeziehen, wenn sie zusammen nicht von untergeordneter Bedeutung sind.

III Die Anwendung der Absätze 1 und 2 ist im Konzernanhang zu begründen.

1) Einbeziehungswahlrecht in engen Ausnahmefällen (I)

I begründet, soweit kein Einbeziehungsverbot nach § 295 besteht, in drei engen Ausnahmefällen zur Einbeziehungspflicht nach § 294 I ein Einbeziehungswahlrecht. Dieses soll in Fällen, in denen § 290 II über das bisherige Recht hinaus Konzernrechnungslegungspflicht trotz Fehlens einer einheitlichen Leitung vorsieht, Milderung schaffen (AmtlBegr). I steht ebenso wie II unter dem Vorbehalt von § 297 II (true and fair view-Prinzip; Amtl Begr). **Nr 1** gibt ein Wahlrecht, wenn das Mutterunternehmen infolge erheblicher und andauernder Beschränkungen in der Ausübung seiner Rechte bezüglich Vermögen oder Geschäftsführung des Tochterunternehmens nachhaltig beeinträchtigt ist. Bspe: Konkurs des Tochterunternehmens, Unterstellung unter andauernde staatliche Treuhänderschaft ua; aber nicht schon bei üblichen Einschränkungen und Beeinträchtigungen der Einflußnahme auf ausländische Tochterunternehmen, soweit das Mutterunternehmen nachhaltig über Fortbestand und Entwicklung des Tochterunternehmens entscheiden kann, vgl IdW-AKW 1/77, 1977 S 13, wo im letzteren Fall trotzdem einheitliche Leitung bejaht wird, DTG S 156. **Nr 2** soll § 329 II 2 aF AktG entsprechen und den Grundsatz der Wesentlichkeit konkretisieren (Begr EK § 280). Nr 2 ist deshalb einschränkend auszulegen (teleologische Reduktion). Entgegen dem Wortlaut genügen unverhältnismäßige Kosten oder Verzögerungen allein nicht. Vielmehr ist zusätzlich erforderlich, daß die Nichteinbeziehung im Lichte des true and fair view-Prinzips (§ 297 II 2) unwesentlich ist und daß die Erschwernisse nicht dem Mutterunternehmen selbst zuzurechnen sind. Mängel im konzerninternen Informationssystem tragen also das Wahlrecht nicht, DTG S 156. So verstanden hat Nr 2 neben II kaum eine eigenständige Bedeutung. **Nr 3** ist ebenfalls einengend auszulegen. Die Absicht, Anteile ausschließlich zwecks Weiterveräußerung zu halten, ist in erster Linie aus objektiven Umständen zu entnehmen (vgl § 271 Anm 1), zB bei Emissionskonsortien, bei Paketübernahme durch ein Kreditinstitut zwecks Plazierung, nicht schon ohne weiteres bei Sanierungsbeteiligungen von Banken. Vgl auch schon § 290 III 3.

2) Einbeziehungswahlrecht bei untergeordneter Bedeutung (II)

II entspricht § 329 II 2 aF AktG. Tochterunternehmen, die (kumuliert, II 2) für das den tatsächlichen Verhältnissen entsprechende Bild des Konzerns (§ 297 II 2) von untergeordneter Bedeutung sind, brauchen nicht einbezogen zu werden (Grundsatz der Wesentlichkeit, vgl § 303 Anm 2).

3) Begründungspflicht (III)

III entspricht zT § 334 I 4 aF AktG. III verlangt (enger als § 295 III 2) Begründung der Anwendung von I oder II im Konzernanhang.

Dritter Titel. Inhalt und Form des Konzernabschlusses
Inhalt

297 ᴵ Der Konzernabschluß besteht aus der Konzernbilanz, der Konzern-Gewinn- und Verlustrechnung und dem Konzernanhang, die eine Einheit bilden.

ᴵᴵ Der Konzernabschluß ist klar und übersichtlich aufzustellen. Er hat unter Beachtung der Grundsätze ordnungsmäßiger Buchführung ein den tatsächlichen Verhältnissen entsprechendes Bild der Vermögens-, Finanz- und Ertragslage des Konzerns zu vermitteln. Führen besondere Umstände dazu, daß der Konzernabschluß ein den tatsächlichen Verhältnissen entsprechendes Bild im Sinne des Satzes 2 nicht vermittelt, so sind im Konzernanhang zusätzliche Angaben zu machen.

ᴵᴵᴵ Im Konzernabschluß ist die Vermögens-, Finanz- und Ertragslage der einbezogenen Unternehmen so darzustellen, als ob diese Unternehmen insgesamt ein einziges Unternehmen wären. Die auf den vorhergehenden Konzernabschluß angewandten Konsolidierungsmethoden sollen beibehalten werden. Abweichungen von Satz 2 sind in Ausnahmefällen zulässig. Sie sind im Konzernanhang anzugeben und zu begründen. Ihr Einfluß auf die Vermögens-, Finanz- und Ertragslage des Konzerns ist anzugeben.

1) Begriff des Konzernabschlusses (I)

§§ 297–299 regeln **Inhalt und Form** des Konzernabschlusses. § 297 I (zT entspr § 329 I 1) definiert den Konzernabschluß so wie §§ 242 III, 264 I 1 den Jahresabschluß von KapitalGes. Der Konzernabschluß besteht aus Konzernbilanz, Konzern-Gewinn- und Verlustrechnung und in Einheit mit ihnen Konzernanhang (§ 313).

2) Vermittlung eines den tatsächlichen Verhältnissen entsprechenden Bildes, Bilanzklarheit (II)

II 1 verlangt Bilanzklarheit auch für den Konzernabschluß (wie § 243 II). **II 2, 3** wiederholen die Generalklausel des § 264 II (true and fair view-Prinzip), s § 264 Anm 3; aber Grundsatz der Wesentlichkeit (s § 303 Anm 2), WPK/IdW WPg **85**, 544 (auch für Einzelabschluß zu § 264 II).

3) Vermittlung eines Bildes wie von einem einzigen Unternehmen, Konsolidierungsstetigkeit (III)

III 1 präzisiert II 2. Die Konzernunternehmen sind im Konzernabschluß so darzustellen, daß das Bild eines einzigen Unternehmens entsteht. Das ist allerdings nicht vollkommen möglich und nötig: zB Einbeziehungsverbot (§ 295), Einbeziehungswahlrecht (§ 296), Stichtagsunterschiede (§ 299), Wahlrechte in § 304, verschiedene Konsolidierungsmethoden ua. III 2–5 regeln die Stetigkeit der angewandten Konsolidierungsmethoden (Teil der Bilanzkontinuität, s § 243 Anm 2 E; ähnlich Bewertungsstetigkeit, § 252 I Nr 6, II); s auch § 313 I Nr 3.

2. Abschnitt. Vorschriften für Kapitalgesellschaften §§ 298, 299

Anzuwendende Vorschriften. Erleichterungen

298 ⁱ Auf den Konzernabschluß sind, soweit seine Eigenart keine Abweichung bedingt oder in den folgenden Vorschriften nichts anderes bestimmt ist, die §§ 244 bis 256, §§ 265, 266, 268 bis 275, §§ 277 bis 283 über den Jahresabschluß und die für die Rechtsform und den Geschäftszweig der in den Konzernabschluß einbezogenen Unternehmen mit Sitz im Geltungsbereich dieses Gesetzes geltenden Vorschriften, soweit sie für große Kapitalgesellschaften gelten, entsprechend anzuwenden.

ⁱⁱ In der Gliederung der Konzernbilanz dürfen die Vorräte in einem Posten zusammengefaßt werden, wenn deren Aufgliederung wegen besonderer Umstände mit einem unverhältnismäßigen Aufwand verbunden wäre.

ⁱⁱⁱ Der Konzernanhang und der Anhang des Jahresabschlusses des Mutterunternehmens dürfen zusammengefaßt werden. In diesem Falle müssen der Konzernabschluß und der Jahresabschluß des Mutterunternehmens gemeinsam offengelegt werden. Bei Anwendung des Satzes 1 dürfen auch die Prüfungsberichte und die Bestätigungsvermerke jeweils zusammengefaßt werden.

1) Anzuwendende Vorschriften (I)

Nach I (entspr §§ 331 IV, 332 III aF AktG) gelten für den Konzernabschluß grundsätzlich die Vorschriften für den Jahresabschluß von großen KapitalGes mit den entsprechenden Sonderregeln für Rechtsform und Geschäftszweig. Die Vorschriften über den Anhang sind in der Aufzählung des I ausgespart, insoweit gelten speziell §§ 313, 314.

2) Erleichterungen (II, III)

II erlaubt wie § 331 IV 2 aF AktG in bestimmten Fällen die Zusammenfassung der Vorräte (§ 266 II B I Nr 1–4) in einem Posten. Ausländische Unternehmen sollen nicht allein wegen des Konzernabschlusses insoweit ihre Buchführung ändern müssen. III erlaubt die Zusammenfassung des Konzernanhangs und des Anhangs des Jahresabschlusses des Mutterunternehmens samt Prüfungsberichten und Bestätigungsvermerken. Doch sind dann Konzernabschluß und Jahresabschluß gemeinsam offenzulegen. § 297 II gilt auch hier. Vgl auch § 315 III.

Stichtag für die Aufstellung

299 ⁱ Der Konzernabschluß ist auf den Stichtag des Jahresabschlusses des Mutterunternehmens oder auf den hiervon abweichenden Stichtag der Jahresabschlüsse der bedeutendsten oder der Mehrzahl der in den Konzernabschluß einbezogenen Unternehmen aufzustellen; die Abweichung vom Abschlußstichtag des Mutterunternehmens ist im Konzernanhang anzugeben und zu begründen.

ⁱⁱ Die Jahresabschlüsse der in den Konzernabschluß einbezogenen Unternehmen sollen auf den Stichtag des Konzernabschlusses aufgestellt werden. Liegt der Abschlußstichtag eines Unternehmens um mehr als drei Monate vor dem Stichtag des Konzernabschlusses, so ist dieses Un-

§ 300 — III. Buch. Handelsbücher

ternehmen auf Grund eines auf den Stichtag und den Zeitraum des Konzernabschlusses aufgestellten Zwischenabschlusses in den Konzernabschluß einzubeziehen.

III Wird bei abweichenden Abschlußstichtagen ein Unternehmen nicht auf der Grundlage eines auf den Stichtag und den Zeitraum des Konzernabschlusses aufgestellten Zwischenabschlusses in den Konzernabschluß einbezogen, so sind Vorgänge von besonderer Bedeutung für die Vermögens-, Finanz- und Ertragslage eines in den Konzernabschluß einbezogenen Unternehmens, die zwischen dem Abschlußstichtag dieses Unternehmens und dem Abschlußstichtag des Konzernabschlusses eingetreten sind, in der Konzernbilanz und der Konzern-Gewinn- und Verlustrechnung zu berücksichtigen oder im Konzernanhang anzugeben.

1) Stichtagswahlrecht für den Konzernabschluß (I)

I (entspr § 329 I 2) erlaubt die Wahl zwischen dem Stichtag des Jahresabschlusses des Mutterunternehmens und dem Stichtag der Jahresabschlüsse der bedeutendsten oder meisten der in den Konzernabschluß einbezogenen Unternehmen. Angabe im Konzernanhang s Halbs 2. Stichtagsprinzip s § 243 Anm 3 B.

2) Zwischenabschlüsse (II)

II fordert zwar zu einheitlichen Stichtagen für die Jahresabschlüsse aller in den Konzernabschluß einbezogenen Unternehmen auf (II 1). Obligatorisch ist aber ein Zwischenabschluß (ein auf den Stichtag und den Zeitraum des Konzernabschlusses aufgestellter zusätzlicher Abschluß) nur, wenn der Abschlußstichtag des Unternehmens mehr als drei Monate vor dem Stichtag des Konzernabschlusses liegt (II 2; anders § 331 II 2 aF AktG). Die darin liegende Beeinträchtigung der Aussagefähigkeit des Konzernabschlusses soll durch Angaben nach III und uU Ergänzungen des Bestätigungsvermerks nach § 322 II (Hinweis auf Unsicherheiten infolge Fehlens des Zwischenabschlusses, AmtlBegr) aufgefangen werden.

3) Angaben bei Nichtaufstellung von Zwischenabschlüssen (III)

Liegen die Abschlußstichtage nur bis zu drei Monate auseinander und sieht deshalb das Mutterunternehmen von der Aufstellung eines Zwischenabschlusses nach II 2 zulässigerweise ab, sind die zwischen den Abschlußstichtagen eingetretenen Vorgänge von besonderer Bedeutung im Konzernabschluß zu berücksichtigen. Es genügt Angabe im Konzernanhang.

Vierter Titel. Vollkonsolidierung

Konsolidierungsgrundsätze. Vollständigkeitsgebot

300 I In dem Konzernabschluß ist der Jahresabschluß des Mutterunternehmens mit den Jahresabschlüssen der Tochterunternehmen zusammenzufassen. An die Stelle der dem Mutterunternehmen gehörenden Anteile an den einbezogenen Tochterunternehmen treten die Vermögensgegenstände, Schulden, Rechnungsabgrenzungsposten, Bilanzierungshilfen und Sonderposten der Tochterunternehmen, soweit sie nach dem Recht des Mutterunternehmens bilanzierungsfähig sind

2. Abschnitt. Vorschriften für Kapitalgesellschaften 1, 2 § 300

und die Eigenart des Konzernabschlusses keine Abweichungen bedingt oder in den folgenden Vorschriften nichts anderes bestimmt ist.

II Die Vermögensgegenstände, Schulden und Rechnungsabgrenzungsposten sowie die Erträge und Aufwendungen der in den Konzernabschluß einbezogenen Unternehmen sind unabhängig von ihrer Berücksichtigung in den Jahresabschlüssen dieser Unternehmen vollständig aufzunehmen, soweit nach dem Recht des Mutterunternehmens nicht ein Bilanzierungsverbot oder ein Bilanzierungswahlrecht besteht. Nach dem Recht des Mutterunternehmens zulässige Bilanzierungswahlrechte dürfen im Konzernabschluß unabhängig von ihrer Ausübung in den Jahresabschlüssen der in den Konzernabschluß einbezogenen Unternehmen ausgeübt werden.

1) Grundsatz der Vollkonsolidierung (I)

§§ 300–307 legen das **Konsolidierungsverfahren** im einzelnen fest. Das Ziel, den Konzern so darzustellen, als ob die einbezogenen Unternehmen ein einziges Unternehmen wären (§ 297 III 1), wird am besten mit **Vollkonsolidierung** erreicht. Die **anteilsmäßige Konsolidierung oder Quotenkonsolidierung** ist nur bei Gemeinschaftsunternehmen vorgesehen (§ 310), die **Equity-Konsolidierung** nur bei assoziierten Unternehmen (§§ 311, 312). § 300 I 1 (entspr §§ 331 I, 332 I aF AktG) enthält das Gebot der Konsolidierung der verschiedenen Jahresabschlüsse. Nach I 2 ist für die Konsolidierung die Beteiligung des Mutterunternehmens bilanziell durch die Vermögensgegenstände, Schulden und anderen Bilanzposten der Tochterunternehmen zu ersetzen. Grenzen ergeben sich aus dem Recht des Mutterunternehmens, ua Bilanzierungsfähigkeit der einzelnen Posten (I 2 letzter Halbs, s Anm 2).

2) Neuaufstellung nach dem Recht des Mutterunternehmens (II)

II stellt wie schon I aE klar, daß bei der Vollkonsolidierung nach I nicht einfach die Ansätze und Werte aus den einzelnen Jahresabschlüssen übernommen werden dürfen oder sogar müssen (so aber § 331 I Nr 1 aF AktG). Vielmehr geht es um eine **Neuaufstellung** des Konzernabschlusses nach dem Recht des Mutterunternehmens. Die einzelnen Jahresabschlüsse sind also entsprechend anzupassen. Damit ergeben sich im Einzelfall zT erhebliche Unterschiede, die teils zwingend (zB Bilanzierungsunfähigkeit nach I 2, Vollständigkeitsgebot nach II 1), teils fakultativ sind (zB eigene Bewertungswahlrechte des Mutterunternehmens, II 2). Weitere Unterschiede folgen aus der Art und Weise der Vollkonsolidierung im einzelnen (§§ 301 ff).

II 1 enthält ein **Vollständigkeitsgebot** für Vermögensgegenstände, Schulden und Rechnungsabgrenzungsposten (nicht Bilanzierungshilfen und Sonderposten) sowie Erträge und Aufwendungen. Die Vollständigkeit beurteilt sich nach dem Recht des Mutterunternehmens, ebenso Bilanzierungsverbote und Bilanzierungswahlrechte. Die Bilanzposten sind grundsätzlich mit ihrem Gesamtbetrag aufzunehmen (nicht nur anteilsmäßig, s Anm 1). II 2 erlaubt, **Bilanzierungswahlrechte** unabhängig von ihrer Ausübung in den einzubeziehenden Jahresabschlüssen (der Tochterunternehmen, aber auch des Mutterunternehmens selbst) **neu auszuüben;** dabei ist § 297 III 1 (Darstellung als rechtliche Einheit) zu beachten (AmtlBegr).

Bspe: Ansatzwahlrecht nach § 255 IV bei derivativem Geschäfts- oder Firmenwert, obschon das Mutterunternehmen dieses Wahlrecht im eigenen Jahresabschluß bereits in eine Richtung betätigt hat; Wahlrecht nach § 269 bei Ingangsetzungsaufwendungen, auch wenn das Tochterunternehmen selbst keine KapitalGes ist und deshalb dieses Wahlrecht gar nicht hatte (s § 269 Anm 1). Bewertungswahlrechte s § 308 I 2.

Kapitalkonsolidierung

301 ¹ Der Wertansatz der dem Mutterunternehmen gehörenden Anteile an einem in den Konzernabschluß einbezogenen Tochterunternehmens wird mit dem auf diese Anteile entfallenden Betrag des Eigenkapitals des Tochterunternehmens verrechnet. Das Eigenkapital ist anzusetzen

1. entweder mit dem Betrag, der dem Buchwert der in den Konzernabschluß aufzunehmenden Vermögensgegenstände, Schulden, Rechnungsabgrenzungsposten, Bilanzierungshilfen und Sonderposten, gegebenenfalls nach Anpassung der Wertansätze nach § 308 Abs. 2, entspricht, oder
2. mit dem Betrag, der dem Wert der in den Konzernabschluß aufzunehmenden Vermögensgegenstände, Schulden, Rechnungsabgrenzungsposten, Bilanzierungshilfen und Sonderposten entspricht, der diesen an dem für die Verrechnung nach Absatz 2 gewählten Zeitpunkt beizulegen ist.

Bei Ansatz mit dem Buchwert nach Satz 2 Nr. 1 ist ein sich ergebender Unterschiedsbetrag den Wertansätzen von in der Konzernbilanz anzusetzenden Vermögensgegenständen und Schulden des jeweiligen Tochterunternehmens insoweit zuzuschreiben oder mit diesen zu verrechnen, als deren Wert höher oder niedriger ist als der bisherige Wertansatz. Bei Ansatz mit den Werten nach Satz 2 Nr. 2 darf das anteilige Eigenkapital nicht mit einem Betrag angesetzt werden, der die Anschaffungskosten des Mutterunternehmens für die Anteile an dem einbezogenen Tochterunternehmen überschreitet. Die angewandte Methode ist im Konzernanhang anzugeben.

ᴵᴵ Die Verrechnung nach Absatz 1 wird auf der Grundlage der Wertansätze zum Zeitpunkt des Erwerbs der Anteile oder der erstmaligen Einbeziehung des Tochterunternehmens in den Konzernabschluß oder, beim Erwerb der Anteile zu verschiedenen Zeitpunkten, zu dem Zeitpunkt, zu dem das Unternehmen Tochterunternehmen geworden ist, durchgeführt. Der gewählte Zeitpunkt ist im Konzernanhang anzugeben.

ᴵᴵᴵ Ein bei der Verrechnung nach Absatz 1 Satz 2 Nr. 2 entstehender oder ein nach Zuschreibung oder Verrechnung nach Absatz 1 Satz 3 verbleibender Unterschiedsbetrag ist in der Konzernbilanz, wenn er auf der Aktivseite entsteht, als Geschäfts- oder Firmenwert und, wenn er auf der Passivseite entsteht, als Unterschiedsbetrag aus der Kapitalkonsolidierung auszuweisen. Der Posten und wesentliche Änderungen gegenüber dem Vorjahr sind im Anhang zu erläutern. Werden Unterschiedsbeträge der Aktivseite mit solchen der Passivseite verrechnet, so sind die verrechneten Beträge im Anhang anzugeben.

2. Abschnitt. Vorschriften für Kapitalgesellschaften 1, 2 § 301

IV Absatz 1 ist nicht auf Anteile an dem Mutterunternehmen anzuwenden, die dem Mutterunternehmen oder einem in den Konzernabschluß einbezogenen Tochterunternehmen gehören. Solche Anteile sind in der Konzernbilanz als eigene Anteile im Umlaufvermögen gesondert auszuweisen.

Übersicht
1) Überblick über die Kapitalkonsolidierungsmethoden
2) Erfolgswirksame Erstkonsolidierung (I)
3) Buchwertmethode (I 2 Nr 1, I 3)
4) Anteilswert- oder Neubewertungsmethode (I 2 Nr 2, I 4)
5) Wahlrecht zum Zeitpunkt der Wertansätze (II)
6) Unterschiedsbetrag (III)
7) Anteile an dem Mutterunternehmen (IV)
8) Folgekonsolidierung

1) Überblick über die Kapitalkonsolidierungsmethoden

§§ 301, 302 betreffen die Kapitalkonsolidierung (Konsolidierung der Anteile des Mutterunternehmens an einem Tochterunternehmen). Dabei geht es um Kapitalkonsolidierung im Rahmen der Vollkonsolidierung (im Unterschied zur Quoten- und zur Equity-Konsolidierung (s § 300 Anm 1). § 301 schreibt als Regelfall die **erfolgswirksame Erstkonsolidierung (angelsächsische Methode)** vor. § 302 erlaubt ausnahmsweise bei Interessenzusammenführung (ua 90%iges Tochterunternehmen) eine nicht (derart) erfolgswirksame Kapitalkonsolidierung **(pooling of interests-Methode).** Bei der Methode des § 301 erfolgt die Verrechnung des Beteiligungswerts mit dem anteiligen Eigenkapital des Tochterunternehmens **nicht jährlich** (wie nach § 331 I Nr 3 aF AktG, deutsche Methode), **sondern nur einmal,** also wie wenn der Beteiligungserwerb eine Fusion zwischen Mutter- und Tochterunternehmen darstellte. Dies kommt dem Ziel des § 297 III 1 (Darstellung des Konzerns als rechtliche Einheit) am nächsten. Die aktiven oder passiven Aufrechnungsdifferenzen (Unterschiedsbeträge, III), zu denen es bei dieser einmaligen Verrechnung kommt **(erfolgswirksame Erstkonsolidierung),** zwingen auch in den Folgejahren zu Fortschreibungen. Deswegen sind Erstkonsolidierung und **Folgekonsolidierungen** zu unterscheiden. Bei der erfolgswirksamen Erstkonsolidierung wiederum stellt § 301 I zwei Methoden zur Wahl (Buchwert- und Anteilswert- oder Neubewertungsmethode). Zur angelsächsischen Methode WP-Hdb **85** I 758, Küting-Zündorf BB **85,** 1166. **Übergangsrecht** in **(1)** EGHGB Art 27 (s Einl V 1 E vor § 238).

2) Erfolgswirksame Erstkonsolidierung (I)

Nach I 1 ist bei der erstmaligen Kapitalkonsolidierung der Wertansatz der dem Mutterunternehmen gehörenden **Anteile** an dem Tochterunternehmen **mit** dem entsprechenden Betrag des **Eigenkapitals** des Tochterunternehmens **zu verrechnen.** Der Aktivposten Anteilsbesitz wird also gegen den Passivposten Eigenkapital gesetzt, und nur der Unterschiedsbetrag geht in die Konzernbilanz ein. Erfaßt werden **alle Anteile** des Mutterunternehmens **an dem Tochterunternehmen;** auch die indirekten (s § 290 Anm 4), die im Jahresabschluß des Mutterunternehmens nicht ausgewiesenen; nicht die direkten und indirekten eigenen Anteile an dem Mutterun-

§ 301 3–5 III. Buch. Handelsbücher

ternehmen (IV). **Eigenkapital** des Tochterunternehmens s §§ 266 III A I–V, 272. **I 2** regelt, wie dieses Eigenkapital zu bewerten ist und stellt dafür zwei Methoden zur Wahl: Buchwertmethode (**I 2 Nr 1, I 3**; s Anm 3) und Anteilswert- oder Neubewertungsmethode (**I 2 Nr 2, I 4**; s Anm 4). Die gewählte Methode ist im Konzernanhang anzugeben (**I 5**).

3) Buchwertmethode (I 2 Nr 1, I 3)

A. **Buchwertansatz:** Nach **I 2 Nr 1** ist das Eigenkapital des Tochterunternehmens mit dem Betrag anzusetzen, der dem Buchwert aller in den Konzernabschluß aufzunehmenden Aktiva und Passiva des Tochterunternehmens entspricht. Diese Buchwerte dürfen aber nicht einfach übernommen werden, sondern sind nach § 308 II anzupassen (also ggf Neubewertung).

B. **Unterschiedsbetrag:** Bei dem Ansatz mit dem Buchwert nach I 2 Nr 1 kann sich ein (aktivischer oder passivischer) Unterschiedsbetrag ergeben, so wenn die Buchwerte höher oder niedriger sind als der von dem Mutterunternehmen bezahlte Kaufpreis für die Anteile bzw deren Wertansatz im Jahresabschluß des Mutterunternehmens. Das ist zB der Fall bei stillen Reserven oder bei unzureichenden Rückstellungen bei dem Tochterunternehmen, die sich im Kaufpreis nicht niedergeschlagen haben. Nach **I 3** ist dieser Unterschiedsbetrag den Wertansätzen von Vermögensgegenständen und Schulden des Tochterunternehmens zuzuschreiben bzw mit diesen zu verrechnen. Zu diesem Zweck sind die Gründe für den Unterschiedsbetrag (stille Reserven ua) zu ermitteln. Liegen diese bei verschiedenen Posten, so ist der Unterschiedsbetrag auf diese entsprechend zu verteilen. Ein nach Zuschreibung oder Verrechnung nach I 3 verbleibender Unterschiedsbetrag ist nach III auszuweisen. Ausgleichsposten für Anteile anderer Gfter s § 307.

C. **Rechenbeispiele:** Küting-Zündorf BB **85**, 1166, DTG S 165.

4) Anteilswert- oder Neubewertungsmethode (I 2 Nr 2, I 4)

A. **Anteilswertansatz:** Nach **I 2 Nr 2** ist das Eigenkapital des Tochterunternehmens mit dem Betrag anzusetzen, der dem beizulegenden Wert aller in den Konzernabschluß aufzunehmenden Aktiva und Passiva des Tochterunternehmens entspricht. Der beizulegende Wert ist der Zeitwert bzw Verkehrswert an dem nach II gewählten Stichtag.

B. **Unterschiedsbetrag:** Die Neubewertung nach I 2 Nr 2 führt zu Differenzen zwischen Buchwert und Zeitwert. **I 4** setzt jedoch für den Zeitwert eine Obergrenze bei den Anschaffungskosten des Mutterunternehmens für die Anteile an dem Tochterunternehmen. Die Anteilswertmethode zwingt also bis zur Grenze des I 4 zur vollen Aufdeckung stiller Reserven (auch der auf andere Gfter entfallenden, deshalb § 307 I 2). Ergibt sich ein (aktivischer) Unterschiedsbetrag, ist er nach III auszuweisen. Das Entstehen eines passivischen Unterschiedsbetrags verhindert I 4. Ausgleichsposten für Anteile anderer Gfter s § 307.

C. **Rechenbeispiele:** Küting-Zündorf BB **85**, 1166, DTG S 170.

5) Wahlrecht zum Zeitpunkt der Wertansätze (II)

II 1 stellt für die Bestimmung der nach I zu verrechnenden Wertansätze drei Zeitpunkte zur Wahl: Anteilserwerb, erstmalige Einbeziehung des

2. Abschnitt. Vorschriften für Kapitalgesellschaften § 302

Tochterunternehmens in den Konzernabschluß oder (bei Anteilserwerb zu unterschiedlichen Zeitpunkten) Beginn der Mutter-Tochterbeziehung (§ 290 I, II). Angabe im Konzernanhang nach **II 2**.

6) Unterschiedsbetrag (III)

Sowohl bei der Buchwertmethode als auch bei der Anteilswertmethode kann es zu einem Unterschiedsbetrag kommen (s Anm 3 B, 4 B). Unterschiedsbeträge aus Einbeziehung mehrerer Tochterunternehmen werden zu einem einheitlichen Unterschiedsbetrag zusammengefaßt. Ist der Unterschiedsbetrag aktivisch, ist er als Geschäfts- oder Firmenwert auszuweisen. Ist er passivisch, ist er als Unterschiedsbetrag aus der Kapitalkonsolidierung auszuweisen (**III 1**). Erläuterung im Anhang nach **III 2, 3**. Abschreibung bzw Auflösung des Unterschiedsbetrags s § 309. Die Möglichkeit der Saldierung von aktivischen und passivischen Unterschiedsbeträgen (III 3) bezieht sich nur auf den Ausweis. Die Beträge selbst sind getrennt fortzuschreiben (unterschiedlich erfolgswirksame Auflösungen), DTG S 173.

7) Anteile an dem Mutterunternehmen (IV)

Hält das Mutterunternehmen direkt oder indirekt (s § 290 Anm 4) eigene Aktien oder Anteile, scheidet I aus (**IV 1**). Eigene Anteile sind ebenso wie in der Jahresbilanz (§ 266 II B III Nr 2) auch in der Konzernbilanz (§ 298 I) im Umlaufvermögen unter dem Posten eigene Anteile auszuweisen (**IV 2**). Vgl § 314 I Nr 7 (Konzernanhang).

8) Folgekonsolidierung

§ 301 spricht unmittelbar nur von der Erstkonsolidierung. Die Kapitalkonsolidierung nach I bleibt aber nicht ohne Auswirkung auf die Folgejahre. Insbesondere sind bei Zuschreibungen nach der Buchwertmethode und bei Beilegung des Zeitwerts nach der Anteilswertmethode, wenn es sich um abnutzbare Vermögensgegenstände handelt, in den Folgejahren zusätzliche Abschreibungen notwendig; DTG S 173. Abschreibung des nach III auszuweisenden Geschäfts- oder Firmenwerts in den Folgejahren s § 309 I; Auflösung des passivischen Unterschiedsbetrags s § 309 II. An teilige Fremdzurechnung der Abschreibungen s § 307 Anm 2.

Kapitalkonsolidierung bei Interessenzusammenführung

302 [I] **Ein Mutterunternehmen darf die in § 301 Abs. 1 vorgeschriebene Verrechnung der Anteile unter den folgenden Voraussetzungen auf das gezeichnete Kapital des Tochterunternehmens beschränken:**

1. **die zu verrechnenden Anteile betragen mindestens neunzig vom Hundert des Nennbetrags oder, falls ein Nennbetrag nicht vorhanden ist, des rechnerischen Wertes der Anteile des Tochterunternehmens, die nicht eigene Anteile sind,**
2. **die Anteile sind auf Grund einer Vereinbarung erworben worden, die die Ausgabe von Anteilen eines in den Konzernabschluß einbezogenen Unternehmens vorsieht, und**
3. **eine in der Vereinbarung vorgesehene Barzahlung übersteigt nicht**

zehn vom Hundert des Nennbetrags oder, falls ein Nennbetrag nicht vorhanden ist, des rechnerischen Wertes der ausgegebenen Anteile.

II Ein sich nach Absatz 1 ergebender Unterschiedsbetrag ist, wenn er auf der Aktivseite entsteht, mit den Rücklagen zu verrechnen oder, wenn er auf der Passivseite entsteht, den Rücklagen hinzuzurechnen.

III Die Anwendung der Methode nach Absatz 1 und die sich daraus ergebenden Veränderungen der Rücklagen sowie Name und Sitz des Unternehmens sind im Konzernanhang anzugeben.

1) Pooling of interests-Methode (I)

A. **Voraussetzungen:** § 302 erlaubt für bestimmte Fälle der Interessenzusammenführung von Unternehmen die Kapitalkonsolidierung nach der **Pooling of interests-Methode (merger accounting).** Eine Interessenzusammenführung iSv § 302 liegt unter drei kumulativen Voraussetzungen vor. **Nr 1:** mindestens 90%ige Beteiligung an dem Tochterunternehmen, eigene Anteile ausgenommen. **Nr 2:** Übernahme dieser Beteiligung gegen Zusage der Ausgabe von Anteilen des Mutterunternehmens oder eines anderen in den Konzernabschluß einbezogenen Unternehmens, also typischerweise Tausch gegen eigene Anteile. **Nr 3:** keine Barzahlung über 10% des Nennbetrags der ausgegebenen Anteile. In solchen Fällen wollen die beiden Unternehmen idR nur ihre stillen Reserven poolen, jedenfalls aber nicht ein Über-Unterordnungsverhältnis schaffen, sondern bei bloßer Interessenzusammenführung selbständige Unternehmen bleiben. Eine erfolgswirksame Kapitalkonsolidierung nach § 301 erscheint deshalb nicht zwingend nötig (AmtlBegr; fraglich). Zur Pooling of interests-Methode Niehus WPg **83,** 437.

B. **Konsolidierungsmethodenwahlrecht:** Das Mutterunternehmen darf unter den Voraussetzungen von I Nr 1–3 die Verrechnung nach § 301 I derart beschränken, daß der Buchwert der Beteiligung nur gegen das anteilige gezeichnete Kapital des Tochterunternehmens (Grund-, Stammkapital, s § 272 I) verrechnet wird. Im übrigen werden die Buchwerte des Tochterunternehmens übernommen und die Auflösung von stillen Reserven damit weitgehend vermieden.

2) Unterschiedsbetrag (II)

Trotz der beschränkten Verrechnung nach I kann es zu einem Unterschiedsbetrag zwischen dem Buchwert der Beteiligung und dem anteiligen gezeichneten Kapital kommen (vgl auch § 301 Anm 3 B, 4 B). Ist der Unterschiedsbetrag aktivisch, ist er mit den Rücklagen zu verrechnen. Ist er passivisch, ist er den Rücklagen hinzuzurechnen.

3) Angabepflicht (III)

III verlangt Angaben im Konzernanhang vor allem über die nach I entstehenden Veränderungen der Rücklagen.

2. Abschnitt. Vorschriften für Kapitalgesellschaften §§ 303, 304

Schuldenkonsolidierung

303 ^I Ausleihungen und andere Forderungen, Rückstellungen und Verbindlichkeiten zwischen den in den Konzernabschluß einbezogenen Unternehmen sowie entsprechende Rechnungsabgrenzungsposten sind wegzulassen.

^{II} Absatz 1 braucht nicht angewendet zu werden, wenn die wegzulassenden Beträge für die Vermittlung eines den tatsächlichen Verhältnissen entsprechenden Bildes der Vermögens-, Finanz- und Ertragslage des Konzerns nur von untergeordneter Bedeutung sind.

1) Schuldenkonsolidierung durch Weglassung (I)

I entspricht § 331 I Nr 4 aF AktG. Alle Forderungen und Verbindlichkeiten (samt den anderen genannten Posten) sind wegzulassen, wenn sie auf konzerninternen Beziehungen beruhen. Denn sie würden sich bei einem einzigen Unternehmen (§ 297 III 1) aufheben. Problematisch sind die Fälle, in denen sich konzerninterne Forderung und Verbindlichkeit nicht völlig decken (Aufrechnungsdifferenzen), KöKo-Kronstein § 331 Anm 46 (für periodenrichtigen Ausweis der Aufrechnungsdifferenz), WP-Hdb 85 I 770. I gilt nicht für sich entsprechende Forderungen und Verbindlichkeiten verschiedener Konzernunternehmen gegenüber Dritten. Nach § 297 III 1 ist vielmehr wie bei einem einzigen Unternehmen zu verfahren, also Verrechnungsverbot (§ 246 II) mit engen Ausnahmen zB bei aufrechenbarem Gegenüberstehen (s § 246 Anm 2). **Übergangsrecht** in (1) EGHGB Art 27 IV, s Einl V 1 E vor § 238.

2) Wahlrecht bei untergeordneter Bedeutung (II)

Beträge, die (kumuliert) für das den tatsächlichen Verhältnissen entsprechende Bild des Konzerns (§ 297 II 2) von untergeordneter Bedeutung sind, brauchen nicht eliminiert zu werden. Vgl § 296 II sowie §§ 304 III, 305 II, 308 II 3, 311 II, 313 II Nr 4 S 2 (Grundsatz der Wesentlichkeit).

Behandlung der Zwischenergebnisse

304 ^I In den Konzernabschluß zu übernehmende Vermögensgegenstände, die ganz oder teilweise auf Lieferungen oder Leistungen zwischen in den Konzernabschluß einbezogenen Unternehmen beruhen, sind in der Konzernbilanz mit einem Betrag anzusetzen, zu dem sie in der auf den Stichtag des Konzernabschlusses aufgestellten Jahresbilanz dieses Unternehmens angesetzt werden könnten, wenn die in den Konzernabschluß einbezogenen Unternehmen auch rechtlich ein einziges Unternehmen bilden würden.

^{II} Absatz 1 braucht nicht angewendet zu werden, wenn die Lieferung oder Leistung zu üblichen Marktbedingungen vorgenommen worden ist und die Ermittlung des nach Absatz 1 vorgeschriebenen Wertansatzes einen unverhältnismäßig hohen Aufwand erfordern würde. Die Anwendung des Satzes 1 ist im Konzernanhang anzugeben und, wenn der Einfluß auf die Vermögens-, Finanz- und Ertragslage des Konzerns wesentlich ist, zu erläutern.

^{III} Absatz 1 braucht außerdem nicht angewendet zu werden, wenn die

749

§ 305

III. Buch. Handelsbücher

Behandlung der Zwischenergebnisse nach Absatz 1 für die Vermittlung eines den tatsächlichen Verhältnissen entsprechenden Bildes der Vermögens-, Finanz- und Ertragslage des Konzerns nur von untergeordneter Bedeutung ist.

1) Eliminierung von Zwischengewinnen und -verlusten (I)

§ 304 (entspr zT § 331 II aF AktG) regelt die Eliminierung von Zwischenergebnissen, anders als bisher auch von Zwischenverlusten. Bei **konzerninternen Lieferungen und Leistungen** kommt es zu Bilanzwertunterschieden bei den beiden Vertragspartnern, zB niedrigere Herstellungskosten beim Veräußerer, höherer Kaufpreis und damit Anschaffungskosten beim Erwerber. Solche Gewinne (Verluste) kämen innerhalb eines einzigen Unternehmens (zB zwischen dessen verschiedenen Betrieben) nicht zum Ansatz und müssen deshalb eliminiert werden (§§ 297 III 1, 304 I aE). I bewirkt die Eliminierung durch Festsetzung von Wertober- und -untergrenzen für die in den Konzernabschluß zu übernehmenden Vermögensgegenstände. In der Konzernbilanz sind sie zum Stichtag nach den für das Mutterunternehmen geltenden Bewertungsregeln neu zu bewerten, so als bestünde ein einziges Unternehmen. Das Mutterunternehmen hat dabei im Rahmen von Bilanzierungswahlrechten die Möglichkeit, die Werte nach oben oder nach unten zu setzen (konzerninterne Herstellungskosten, § 255 II; §§ 252–256, 279–283) und dadurch den Umfang der Eliminierung zu beeinflussen. Aus der Behandlung wie ein einziges Unternehmen folgt, daß zB Verpackungs- und Transportkosten (obwohl beim Veräußerer nicht ansetzbare Vertriebskosten, s § 255 Anm 2 D) ansetzbar sind, Lizenzgebühren für konzerninterne Schutzrechte dagegen nicht. Konzerninterne Gemeinkosten sind, soweit nicht ein Einrechnungswahlrecht nach § 255 II 3–4 besteht, nicht ansetzbar. Das gilt auch für Kosten allein infolge der rechtlichen Selbständigkeit der Konzernunternehmen, zB Gebühren und Steuern bei Grundstücks- und Wertpapiergeschäften. Währungsumrechnung s WP-Hdb 85 I 751. **Übergangsrecht** in (1) EGHGB Art 27 IV, s Einl V I E vor § 238.

2) Wahlrecht bei Marktbedingungen und unverhältnismäßigem Aufwand (II)

Die Eliminierung nach I darf unterbleiben, wenn die konzerninternen Transferpreise üblichen Marktbedingungen entsprachen und die Wertermittlung nach I unverhältnismäßig aufwendig wäre **(II 1)**. Dann aber Angabe und bei wesentlichem Einfluß Erläuterung im Konzernanhang **(II 2)**. II ist eng zu handhaben (vgl § 296 Anm 1 zu Nr 2), sonst droht aus der Ausnahme in der Praxis die Regel zu werden, WPK/IdW WPg **85**, 545.

3) Wahlrecht bei untergeordneter Bedeutung (III)

S § 303 Anm 2.

Aufwands- und Ertragskonsolidierung

305 ¹In der Konzern-Gewinn- und Verlustrechnung sind
1. bei den Umsatzerlösen die Erlöse aus Lieferungen und Leistungen zwischen den in den Konzernabschluß einbezogenen Unter-

2. Abschnitt. Vorschriften für Kapitalgesellschaften **1 § 306**

nehmen mit den auf sie entfallenden Aufwendungen zu verrechnen, soweit sie nicht als Erhöhung des Bestands an fertigen und unfertigen Erzeugnissen oder als andere aktivierte Eigenleistungen auszuweisen sind,
2. andere Erträge aus Lieferungen und Leistungen zwischen den in den Konzernabschluß einbezogenen Unternehmen mit den auf sie entfallenden Aufwendungen zu verrechnen, soweit sie nicht als andere aktivierte Eigenleistungen auszuweisen sind.

II Aufwendungen und Erträge brauchen nach Absatz 1 nicht weggelassen zu werden, wenn die wegzulassenden Beträge für die Vermittlung eines den tatsächlichen Verhältnissen entsprechenden Bildes der Vermögens-, Finanz- und Ertragslage des Konzerns nur von untergeordneter Bedeutung sind.

1) Eliminierung von Zwischenaufwendungen und -erträgen (I)

§ 305 regelt (wie § 304 für die Konzernbilanz) die Behandlung konzerninterner Lieferungen und Leistungen für die Konzern-Gewinn- und Verlustrechnung. Zwischenaufwendungen und -erträge (Begriffe entspr § 304) sind bei den Umsatzerlösen und anderen Erträgen (§ 275 II, III) zu verrechnen, soweit keine Bestandserhöhung an fertigen und unfertigen Erzeugnissen oder andere aktivierte Eigenleistungen vorliegen. Eine nur teilkonsolidierte oder nur in vereinfachter Form aufgestellte Konzern-Gewinn- und Verlustrechnung wie nach §§ 332 I Nr 1, 333 aF AktG ist unzulässig. Die Verrechnung der Erträge erfolgt mit den auf sie entfallenden Aufwendungen (idR des Empfängers, in Sonderfällen des Leistenden). Zur vollkonsolidierten Konzern-Gewinn- und Verlustrechnung WP-Hdb 85 I 774.

2) Wahlrecht bei untergeordneter Bedeutung (II)

S § 303 Anm 2.

Steuerabgrenzung

306 Ist das im Konzernabschluß ausgewiesene Jahresergebnis auf Grund von Maßnahmen, die nach den Vorschriften dieses Titels durchgeführt worden sind, niedriger oder höher als die Summe der Einzelergebnisse der in den Konzernabschluß einbezogenen Unternehmen, so ist der sich für das Geschäftsjahr und frühere Geschäftsjahre ergebende Steueraufwand, wenn er im Verhältnis zum Jahresergebnis zu hoch ist, durch Bildung eines Abgrenzungspostens auf der Aktivseite oder, wenn er im Verhältnis zum Jahresergebnis zu niedrig ist, durch Bildung einer Rückstellung nach § 249 Abs. 1 Satz 1 anzupassen, soweit sich der zu hohe oder der zu niedrige Steueraufwand in späteren Geschäftsjahren voraussichtlich ausgleicht. Der Posten ist in der Konzernbilanz oder im Konzernanhang gesondert anzugeben. Er darf mit den Posten nach § 274 zusammengefaßt werden.

1) § 306 ergänzt § 274 für den Konzernabschluß. § 274 iVm § 298 I betrifft die **latenten Steuern** aus den dem Konzernabschluß zugrundeliegenden Jahresabschlüssen einschließlich ihrer Anpassung nach § 308. § 306 betrifft die nur infolge der Einbeziehung in den Konzernabschluß entste-

751

§ 307 1, 2 III. Buch. Handelsbücher

henden latenten Steuern, zB bei erfolgswirksamen Konsolidierungsmaßnahmen (s § 301 Anm 2, 3 B, 4 B). Latente Steuererträge zwingen zur Bildung eines aktivischen Abgrenzungspostens (anders § 274 II, Wahlrecht), latente Steueraufwände zu einer Rückstellung nach § 249 I 1. Voraussetzung ist, daß sich der zu hohe oder zu niedrige Steueraufwand in späteren Geschäftsjahren voraussichtlich ausgleicht. Vgl § 274 Anm 1, 2. Kontroverse Probleme der Berechnung der latenten Steuern s DTG S 181. Angabepflicht nach **S 2** in der Konzernbilanz oder im Konzernanhang. Anzugeben ist der sich nach Zusammenfassung (S 3) ergebende Posten. **S 3** erlaubt die Zusammenfassung der gleichartigen Posten aus S 1 und § 274, also nicht Verrechnung von Steuererträgen nach S 1 mit Steueraufwänden nach § 274 und umgekehrt, DTG S 180. Der Betrag nach S 1 ist dagegen bereits der Saldo zwischen Steuererträgen und Steueraufwänden, also nur entweder aktivisch oder passivisch (s § 274 Anm 1). **Übergangsrecht** in **(1)** EGHGB Art 27 IV, s Einl V 1 E vor § 238.

Anteile anderer Gesellschafter

307 ¹ In der Konzernbilanz ist für nicht dem Mutterunternehmen gehörende Anteile an in den Konzernabschluß einbezogenen Tochterunternehmen ein Ausgleichsposten für die Anteile der anderen Gesellschafter in Höhe ihres Anteils am Eigenkapital unter entsprechender Bezeichnung innerhalb des Eigenkapitals gesondert auszuweisen. In den Ausgleichsposten sind auch die Beträge einzubeziehen, die bei Anwendung der Kapitalkonsolidierungsmethode nach § 301 Abs. 1 Satz 2 Nr. 2 dem Anteil der anderen Gesellschafter am Eigenkapital entsprechen.

II In der Konzern-Gewinn- und Verlustrechnung ist der im Jahresergebnis enthaltene, anderen Gesellschaftern zustehende Gewinn und der auf sie entfallende Verlust nach dem Posten „Jahresüberschuß/Jahresfehlbetrag" unter entsprechender Bezeichnung gesondert auszuweisen.

1) Anteile anderer Gesellschafter am Kapital (I)

Hält das Mutterunternehmen weniger als 100% der Anteile des in den Konzernabschluß einbezogenen (s §§ 295, 296) Tochterunternehmens, muß dies in der Konzernbilanz zum Ausdruck kommen. I (entspr zT § 331 I Nr 2 aF AktG) schreibt deshalb insoweit die **Bildung eines Ausgleichspostens** für die Anteile der anderen Gfter in Höhe ihres Anteils am Eigenkapital vor (**I 1**). Indirekte Anteile des Mutterunternehmens stehen direkten gleich (s § 290 Anm 4). **I 2** bestimmt bei Anwendung der Anteilswert- oder Neubewertungsmethode nach § 301 I 2 Nr 2, daß sich der Ausgleichsposten nach dem neubewerteten Eigenkapital richtet (s § 301 Anm 4 B).

2) Anteiliger Gewinn oder Verlust anderer Gesellschafter (II)

II (entspr § 332 III 3 aF AktG) korrigiert die Konzern-Gewinn- und Verlustrechnung. Der im Jahresergebnis enthaltene anteilige Gewinn oder Verlust anderer Gfter ist nach dem Posten „Jahresüberschuß/Jahresfehlbetrag" (§ 275 II Nr 20, III Nr 19) gesondert auszuweisen. Bei der Aufdeckung stiller Reserven, auch soweit sie auf andere Gfter entfallen, nach der

2. Abschnitt. Vorschriften für Kapitalgesellschaften § 308

Anteilswert- oder Neubewertungsmethode (s § 301 Anm 4 B) sind Abschreibungen in den Folgejahren den anderen Gftern anteilig zuzurechnen (Folgekonsolidierung, s § 301 Anm 8), DTG S 182.

Fünfter Titel. Bewertungsvorschriften

Einheitliche Bewertung

308 ¹ Die in den Konzernabschluß nach § 300 Abs. 2 übernommenen Vermögensgegenstände und Schulden der in den Konzernabschluß einbezogenen Unternehmen sind nach den auf den Jahresabschluß des Mutterunternehmens anwendbaren Bewertungsmethoden einheitlich zu bewerten. Nach dem Recht des Mutterunternehmens zulässige Bewertungswahlrechte können im Konzernabschluß unabhängig von ihrer Ausübung in den Jahresabschlüssen der in den Konzernabschluß einbezogenen Unternehmen ausgeübt werden. Abweichungen von den auf den Jahresabschluß des Mutterunternehmens angewandten Bewertungsmethoden sind im Konzernanhang anzugeben und zu begründen.

II Sind in den Konzernabschluß aufzunehmende Vermögensgegenstände oder Schulden des Mutterunternehmens oder der Tochterunternehmen in den Jahresabschlüssen dieser Unternehmen nach Methoden bewertet worden, die sich von denen unterscheiden, die auf den Konzernabschluß anzuwenden sind oder die von den gesetzlichen Vertretern des Mutterunternehmens in Ausübung von Bewertungswahlrechten auf den Konzernabschluß angewendet werden, so sind die abweichend bewerteten Vermögensgegenstände oder Schulden nach den auf den Konzernabschluß angewandten Bewertungsmethoden neu zu bewerten und mit den neuen Wertansätzen in den Konzernabschluß zu übernehmen. Wertansätze, die auf der Anwendung von für Kreditinstitute oder Versicherungsunternehmen wegen der Besonderheiten des Geschäftszweigs geltenden Vorschriften beruhen, dürfen beibehalten werden; auf die Anwendung dieser Ausnahme ist im Konzernanhang hinzuweisen. Eine einheitliche Bewertung nach Satz 1 braucht nicht vorgenommen zu werden, wenn ihre Auswirkungen für die Vermittlung eines den tatsächlichen Verhältnissen entsprechenden Bildes der Vermögens-, Finanz- und Ertragslage des Konzerns nur von untergeordneter Bedeutung sind. Darüber hinaus sind Abweichungen in Ausnahmefällen zulässig; sie sind im Konzernanhang anzugeben und zu begründen.

III Wurden in den Konzernabschluß zu übernehmende Vermögensgegenstände oder Schulden im Jahresabschluß eines in den Konzernabschluß einbezogenen Unternehmens mit einem nur nach Steuerrecht zulässigen Wert angesetzt, weil dieser Wertansatz sonst nicht bei der steuerrechtlichen Gewinnermittlung berücksichtigt werden würde, oder ist aus diesem Grunde auf der Passivseite ein Sonderposten gebildet worden, so dürfen diese Wertansätze unverändert in den Konzernabschluß übernommen werden. Der Betrag der im Geschäftsjahr nach Satz 1 in den Jahresabschlüssen vorgenommenen Abschreibungen, Wertberichtigungen und Einstellungen in Sonderposten sowie der Betrag der unterlassenen Zuschreibungen sind im Konzernanhang anzugeben; die Maßnahmen sind zu begründen.

1) Einheitliche Bewertung durch das Mutterunternehmen (I)

A. **Einheitliche Bewertung:** Vollkonsolidierung nach § 300 bedeutet Neuaufstellung des Konzernabschlusses nach dem Recht des Mutterunternehmens (s § 300 Anm 2). Dementsprechend sind nach I 1 die nach 300 II übernommenen Vermögensgegenstände und Schulden der in den Konzernabschluß einbezogenen Unternehmen (Tochterunternehmen und Mutterunternehmen) einheitlich nach dem Recht des Mutterunternehmens zu bewerten (anders § 331 I Nr 1 aF AktG). I 1 erlaubt also sämtliche für den Jahresabschluß des Mutterunternehmens zulässigen Bewertungsmethoden auch für den Konzernabschluß, also nach §§ 252–256, 279–283. Damit soll der Aufwand für die Neubewertung nach II möglichst gering gehalten werden (Begr E I § 289). Dies entspricht auch der Darstellung des Konzerns wie eines einzigen Unternehmens (§ 297 III 1). **Übergangsrecht** in (1) EGHGB Art 23 II 3, 27 IV, s Einl V 1 A, E vor § 238.

B. **Bewertungswahlrechte,** die auch im Jahresabschluß eines einzigen Unternehmens unterschiedlich ausgeübt werden können, brauchen nicht wegen I 1 einheitlich ausgeübt zu werden (Begr EK § 289), zB unterschiedlicher Wertansatz bei gleichartigen Produkten verschiedener Tochterunternehmen, DTG S 184. Die Bewertungswahlrechte entstehen neu, unabhängig von ihrer Ausübung in den einzelnen Jahresabschlüssen (auch des Mutterunternehmens), I 2. Dies und die Neubewertung nach II können zu erheblichen Unterschieden zwischen Konzernabschluß und den zugrundeliegenden Jahresabschlüssen führen mit Konsequenzen für die Folgejahre (vgl § 301 Anm 8). Dann wird eine spezielle Konzernbuchführung notwendig, DTG S 185.

C. **Angabepflicht:** Abweichungen von den Bewertungsmethoden im Konzernabschluß gegenüber denen im Jahresabschluß des Mutterunternehmens (nicht der Tochterunternehmen) sind nach I 1 erlaubt (kein Verstoß gegen die Bewertungsstetigkeit, §§ 252 I Nr 6, 297 II 2), aber nach I 3 im Konzernanhang anzugeben und zu begründen.

2) Neubewertung in den zugrundeliegenden Jahresabschlüssen (II)

A. **Neubewertung:** II stellt die einheitliche Bewertung nach I sicher. Je nach den für das Mutterunternehmen geltenden Bewertungsvorschriften besteht Neubewertungspflicht oder Neubewertungswahlrecht. Diese Neubewertung erstreckt sich auf alle in den Konzernabschluß aufzunehmenden Vermögensgegenstände und Schulden sowohl des Mutterunternehmens als auch der Tochterunternehmen. Die Neubewertung ist in den einzelnen Jahresabschlüssen, also nicht sofort im Konzernabschluß, vorzunehmen und von dort erst in den Konzernabschluß zu übertragen (II 1).

B. **Besondere Geschäftszweige:** II 2 begründet ein Beibehaltungswahlrecht für die nach Sondervorschriften des Geschäftszweigs gebildeten Wertansätze bei Kreditinstituten und Versicherungsunternehmen, zB stille Reserven, versicherungstechnische Rückstellungen. Aber Hinweis im Konzernanhang.

C. **Beibehaltungswahlrecht bei untergeordneter Bedeutung:** Zu II 3 vgl § 303 Anm 2.

D. **Unbestimmte Ausnahmen:** II 4 erlaubt darüber hinaus Abweichun-

2. Abschnitt. Vorschriften für Kapitalgesellschaften 1 § 309

gen in nicht näher konkretisierten Ausnahmefällen, aber unter Angabe- und Begründungspflicht. Gesetzgeberische Vorstellungen dazu bestanden offenbar nicht (Übernahme aus EG-Ri).

3) Beibehaltungswahlrecht entsprechend Steuerrecht (III)

III betrifft Abschreibungen auf den niedrigeren steuerrechtlich zulässigen Wert (§ 254) und steuerlich begründete Sonderposten mit Rücklageanteil (§ 247 III) im Jahresabschluß eines in den Konzernabschluß einbezogenen Unternehmens, sofern sonst Berücksichtigung bei der steuerrechtlichen Gewinnermittlung ausschiede (umgekehrte Maßgeblichkeit, s § 247 Anm 3, § 254 Anm 1). **III 1** gibt dem Mutterunternehmen ein Beibehaltungswahlrecht. Aber Angabe- und Begründungspflicht im Konzernanhang **(III 2)**.

Behandlung des Unterschiedsbetrags

309 ᴵ Ein nach § 301 Abs. 3 auszuweisender Geschäfts- oder Firmenwert ist in jedem folgenden Geschäftsjahr zu mindestens einem Viertel durch Abschreibungen zu tilgen. Die Abschreibung des Geschäfts- oder Firmenwerts kann aber auch planmäßig auf die Geschäftsjahre verteilt werden, in denen er voraussichtlich genutzt werden kann. Der Geschäfts- oder Firmenwert darf auch offen mit den Rücklagen verrechnet werden.

ᴵᴵ Ein nach § 301 Abs. 3 auf der Passivseite auszuweisender Unterschiedsbetrag darf ergebniswirksam nur aufgelöst werden, soweit

1. eine zum Zeitpunkt des Erwerbs der Anteile oder der erstmaligen Konsolidierung erwartete ungünstige Entwicklung der künftigen Ertragslage des Unternehmens eingetreten ist oder zu diesem Zeitpunkt erwartete Aufwendungen zu berücksichtigen sind oder
2. am Abschlußstichtag feststeht, daß er einem realisierten Gewinn entspricht.

1) Abschreibung (I)

Ein bei der ertragswirksamen Erstkonsolidierung nach § 301 I entstehender **aktivischer Unterschiedsbetrag** ist nach § 301 III als Geschäfts- oder Firmenwert auszuweisen (s § 301 Anm 6). Nach **I 1, 2** (entspr § 255 IV 2, 3) ist dieser Betrag innerhalb von 5 Jahren (in jedem folgenden Geschäftsjahr zu mindestens einem Viertel) oder planmäßig auf den voraussichtlichen Nutzungszeitraum verteilt abzuschreiben (s § 255 Anm 4 B). **I 3** begründet weitergehend auch ein Verrechnungswahlrecht. Der Betrag darf mit den Rücklagen erfolgsneutral, aber offen verrechnet werden. Die Verrechnung braucht nur im Jahr ihrer Durchführung offen ausgewiesen zu werden (AmtlBegr). Nach dem Wortlaut von I ist auch eine Kombination von I 1, 2, 3 zulässig, zB zunächst Abschreibung und dann Verrechnung des Rests; Art 31 II der 7. EG-Ri (s Einl I 2 B vor § 238) steht nicht entgegen („unmittelbar" ist nicht zwingend zeitlich zu verstehen), aA DTG S 187.

§ 310 1

2) Auflösung (II)

Ein **passivischer Unterschiedsbetrag** nach § 301 I, III ist nach II grundsätzlich erfolgsneutral zu behandeln. Nur in zwei Ausnahmefällen kommt eine ergebniswirksame Auflösung in Betracht, nach **Nr 1** insbesondere wenn die bei Anteilserwerb oder erstmaliger Konsolidierung erwartete ungünstige Entwicklung eingetreten ist, nach **Nr 2** wenn feststeht, daß der Unterschiedsbetrag einem realisierten Gewinn entspricht. Ersterenfalls handelt es sich um eine Art Rückstellung für drohende Verluste, letzterenfalls um einen Gewinn aus dem Anteilserwerb. Nr 1 ist als Wahlrecht formuliert, aber, da der Verlust sonst auf andere Jahre verlagert werden könnte, als Auflösungspflicht zu verstehen, vgl WPK/IdW WPg **85,** 546.

Sechster Titel. Anteilmäßige Konsolidierung

[Anteilmäßige Konsolidierung]

310 ^I **Führt ein in einen Konzernabschluß einbezogenes Mutter- oder Tochterunternehmen ein anderes Unternehmen gemeinsam mit einem oder mehreren nicht in den Konzernabschluß einbezogenen Unternehmen, so darf das andere Unternehmen in den Konzernabschluß entsprechend den Anteilen am Kapital einbezogen werden, die dem Mutterunternehmen gehören.**

^{II} **Auf die anteilmäßige Konsolidierung sind die §§ 297 bis 301, §§ 303 bis 306, 308, 309 entsprechend anzuwenden.**

1) Voraussetzungen der Quotenkonsolidierung (I)

Die **anteilsmäßige oder Quotenkonsolidierung** (6. Titel, § 310) bedeutet im Gegensatz zur Vollkonsolidierung Einbeziehung der Aktiva und Passiva des Tochterunternehmens in den Konzernabschluß nur quotal, also nur entsprechend dem Anteil des Mutterunternehmens. Dieses Konsolidierungsverfahren führt zu Verzerrungen und ist deshalb nach § 300 grundsätzlich wie schon bisher **unzulässig.** § 310 macht eine **Ausnahme für Gemeinschaftsunternehmen,** also ein Unternehmen, das von zwei oder mehreren Gftern idR zu gleichen Anteilen (Berechnung § 271 I 4 HGB, § 16 IV AktG) und mit gleichen Rechten geführt wird. Das Gemeinschaftsunternehmen kann auf der Ebene des Mutterunternehmens oder eines Tochterunternehmens (jeweils nur KapitalGes) bestehen. Das Gemeinschaftsunternehmen selbst ist nicht Tochterunternehmen seiner Gfter (Begr EK § 291). Einer der Gfter des Gemeinschaftsunternehmens muß ein nicht in den Konzernabschluß einbezogenes Unternehmen sein. Das Quotenkonsolidierungsverfahren ist eine Alternative zur Equity-Konsolidierung (§§ 311, 312), nicht zur Vollkonsolidierung (AmtlBegr). Liegen die **Voraussetzungen der Vollkonsolidierung** vor, folgt, daß das **Wahlrecht des § 310 entfällt.** Einheitliche Leitung iSv § 290 I (s § 290 Anm 2) kann aber auch durch zwei oder mehrere Mutterunternehmen bei einem Gemeinschaftsunternehmen gegeben sein, BGH **74,** 367, **80,** 73, Säcker NJW **80,** 801, K. Schmidt ZGR **80,** 277, WP-Hdb **85** I 1320. Konsequent fallen diese Fälle nicht unter § 310. Vielmehr verbleiben nur solche Gemeinschaftsunternehmen, bei denen zB mangels einigermaßen beständig gleichgerichteten Interessenlagen

2. Abschnitt. Vorschriften für Kapitalgesellschaften   1 § 311

der Gfter eine einheitliche Leitung zu verneinen ist; aA AmtlBegr: Vollkonsolidierung bei je 50%igen Gemeinschaftsunternehmen führe durch die aufgeblähte Bilanzsumme und Umsatzerlöse irre. Liegen die Voraussetzungen der Equity-Konsolidierung (§§ 311, 312) und nicht der Vollkonsolidierung vor, kann statt ihrer die Quotenkonsolidierung gewählt werden.

2) Durchführung der Quotenkonsolidierung (II)
Die Durchführung richtet sich nach §§ 297–301, 303–306, 308, 309. Nur bezieht sich die Konsolidierung (des Kapitals, der Schulden, der Zwischenergebnisse, der Aufwände und Erträge) allein auf die Quote. Übersicht: Küting BB **83**, 804, Harms-Knischwewski DB **85**, 1353.

Siebenter Titel. Assoziierte Unternehmen

Definition. Befreiung

311 ⁱ Wird von einem in den Konzernabschluß einbezogenen Unternehmen ein maßgeblicher Einfluß auf die Geschäfts- und Finanzpolitik eines nicht einbezogenen Unternehmens, an dem das Unternehmen nach § 271 Abs. 1 beteiligt ist, ausgeübt (assoziiertes Unternehmen), so ist diese Beteiligung in der Konzernbilanz unter einem besonderen Posten mit entsprechender Bezeichnung auszuweisen. Ein maßgeblicher Einfluß wird vermutet, wenn ein Unternehmen bei einem anderen Unternehmen mindestens den fünften Teil der Stimmrechte der Gesellschafter innehat.

ⁱⁱ Auf eine Beteiligung an einem assoziierten Unternehmen brauchen Absatz 1 und § 312 nicht angewendet zu werden, wenn die Beteiligung für die Vermittlung eines den tatsächlichen Verhältnissen entsprechenden Bildes der Vermögens-, Finanz- und Ertragslage des Konzerns von untergeordneter Bedeutung ist.

1) Ausweis als assoziiertes Unternehmen (I)

A. **Definition:** I 1 enthält eine Legaldefinition des assoziierten Unternehmens. Erforderlich sind danach: a) **Ausübung eines maßgeblichen Einflusses** durch ein in den Konzernabschluß einbezogenes Unternehmen (KapitalGes) auf die Geschäfts- und Finanzpolitik eines anderen Unternehmens (auch NichtKapitalGes); b) **Beteiligung** des Einfluß nehmenden Unternehmens an dem anderen iSv § 271 I; c) **Nichteinbeziehung** des beeinflußten Unternehmens in den Konzernabschluß mittels **Vollkonsolidierung** (§ 300) **oder Quotenkonsolidierung** (§ 310). Das letztere Merkmal spiegelt das Rangverhältnis der Konsolidierungsverfahren nach § 300, 310, 311 (s § 300 Anm 1) wider; § 311 ist ihnen gegenüber ein **Auffangtatbestand**. Damit ist zugleich klargestellt, daß die **maßgebliche Einflußnahme** ein Minus zur einheitlichen Leitung (s § 290 Anm 2) ist. Nach I 1 muß der Einfluß maßgeblich sein, also ein solcher von einer gewissen Bedeutung, so wie ihn idR eine mindestens 20%ige Beteiligung (vgl Vermutung nach I 2) gibt. Eine gesellschaftsrechtliche Vermittlung des Einflusses wie bei der einheitlichen Leitung (s § 290 Anm 2) ist nicht nötig; wirtschaftlicher Einfluß (finanzielle oder personelle Verflechtung, maßgebliche Kreditbeziehung, technologische Abhängigkeit ua) ist ausreichend. Eine

Sperrminorität genügt nicht. Einflußnahme nur gelegentlich reicht nicht aus. Der maßgebliche Einfluß muß sich nach I 1 **auf die Geschäfts- und Finanzpolitik** des anderen Unternehmens beziehen. Das ist nicht kumulativ gemeint. Einfluß auf die Finanzpolitik kann uU ausreichen. Umgekehrt ist nicht Einfluß auf alle wesentlichen Geschäftsbereiche nötig. Der Einfluß muß **ausgeübt** werden. Bloße Möglichkeit der Einflußnahme genügt nicht. Indirekter maßgeblicher Einfluß s § 312 Anm 9.

B. **Ausweis:** Die Beteiligung nach I 1 ist in der Konzernbilanz unter dem Posten „Beteiligungen an assoziierten Unternehmen" auszuweisen und entsprechend zu bezeichnen. **Übergangsrecht** in (1) EGHGB Art 23 II 3, 27 III, s Einl V 1 A, E vor § 238.

C. **Vermutung:** Bei einem Stimmrechtsanteil von mindestens 20% wird nach **I 2** der maßgebliche Einfluß (widerleglich) vermutet. Diese Vermutung wird durch den Nachweis widerlegt, daß ein maßgeblicher Einfluß tatsächlich nicht ausgeübt wird, aber idR nicht durch bloße verbale Erklärungen (vgl § 271 Anm 1). Zur Widerlegung genügt aber auch schon, daß die für die Anwendung der Equity-Methode erforderlichen Angaben nicht erhältlich sind oder die Rechte aus der Beteiligung nicht geltend gemacht werden können (Begr EK § 292: Ratsprotokollvermerk).

2) Wahlrecht bei untergeordneter Bedeutung (II)
Vgl § 303 Anm 2.

Wertansatz der Beteiligung und Behandlung des Unterschiedsbetrags

312 ^I **Eine Beteiligung an einem assoziierten Unternehmen ist in der Konzernbilanz**

1. entweder mit dem Buchwert oder
2. mit dem Betrag, der dem anteiligen Eigenkapital des assoziierten Unternehmens entspricht,
anzusetzen. Bei Ansatz mit dem Buchwert nach Satz 1 Nr. 1 ist der Unterschiedsbetrag zwischen diesem Wert und dem anteiligen Eigenkapital des assoziierten Unternehmens bei erstmaliger Anwendung in der Konzernbilanz zu vermerken oder im Konzernanhang anzugeben. Bei Ansatz mit dem anteiligen Eigenkapital nach Satz 1 Nr. 2 ist das Eigenkapital mit dem Betrag anzusetzen, der sich ergibt, wenn die Vermögensgegenstände, Schulden, Rechnungsabgrenzungsposten, Bilanzierungshilfen und Sonderposten des assoziierten Unternehmens mit dem Wert angesetzt werden, der ihnen an dem nach Absatz 3 gewählten Zeitpunkt beizulegen ist, jedoch darf dieser Betrag die Anschaffungskosten für die Anteile an dem assoziierten Unternehmen nicht überschreiten; der Unterschiedsbetrag zwischen diesem Wertansatz und dem Buchwert der Beteiligung ist bei erstmaliger Anwendung in der Konzernbilanz gesondert auszuweisen oder im Konzernanhang anzugeben. Die angewandte Methode ist im Konzernanhang anzugeben.

^{II} **Der Unterschiedsbetrag nach Absatz 1 Satz 2 ist den Wertansätzen von Vermögensgegenständen und Schulden des assoziierten Unternehmens insoweit zuzuordnen, als deren Wert höher oder niedriger ist als der bisherige Wertansatz. Der nach Satz 1 zugeordnete oder der sich**

2. Abschnitt. Vorschriften für Kapitalgesellschaften § 312

nach Absatz 1 Satz 1 Nr. 2 ergebende Betrag ist entsprechend der Behandlung der Wertansätze dieser Vermögensgegenstände und Schulden im Jahresabschluß des assoziierten Unternehmens im Konzernabschluß fortzuführen, abzuschreiben oder aufzulösen. Auf einen nach Zuordnung nach Satz 1 verbleibenden Unterschiedsbetrag und einen Unterschiedsbetrag nach Absatz 1 Satz 3 zweiter Halbsatz ist § 309 entsprechend anzuwenden.

III Der Wertansatz der Beteiligung und die Unterschiedsbeträge werden auf der Grundlage der Wertansätze zum Zeitpunkt des Erwerbs der Anteile oder der erstmaligen Einbeziehung des assoziierten Unternehmens in den Konzernabschluß oder beim Erwerb der Anteile zu verschiedenen Zeitpunkten zu dem Zeitpunkt, zu dem das Unternehmen assoziiertes Unternehmen geworden ist, ermittelt. Der gewählte Zeitpunkt ist im Konzernanhang anzugeben.

IV Der nach Absatz 1 ermittelte Wertansatz einer Beteiligung ist in den Folgejahren um den Betrag der Eigenkapitalveränderungen, die den dem Mutterunternehmen gehörenden Anteilen am Kapital des assoziierten Unternehmens entsprechen, zu erhöhen oder zu vermindern; auf die Beteiligung entfallende Gewinnausschüttungen sind abzusetzen. In der Konzern-Gewinn- und Verlustrechnung ist das auf assoziierte Beteiligungen entfallende Ergebnis unter einem gesonderten Posten auszuweisen.

V Wendet das assoziierte Unternehmen in seinem Jahresabschluß vom Konzernabschluß abweichende Bewertungsmethoden an, so können abweichend bewertete Vermögensgegenstände oder Schulden für die Zwecke der Absätze 1 bis 4 nach den auf den Konzernabschluß angewandten Bewertungsmethoden bewertet werden. Wird die Bewertung nicht angepaßt, so ist dies im Konzernanhang anzugeben. § 304 über die Behandlung der Zwischenergebnisse ist entsprechend anzuwenden, soweit die für die Beurteilung maßgeblichen Sachverhalte bekannt oder zugänglich sind. Die Zwischenergebnisse dürfen auch anteilig entsprechend den dem Mutterunternehmen gehörenden Anteilen am Kapital des assoziierten Unternehmens weggelassen werden.

VI Es ist jeweils der letzte Jahresabschluß des assoziierten Unternehmens zugrunde zu legen. Stellt das assoziierte Unternehmen einen Konzernabschluß auf, so ist von diesem und nicht vom Jahresabschluß des assoziierten Unternehmens auszugehen.

Übersicht

1) Equity- oder Eigenkapitalmethode (I)
2) Buchwertmethode (I 1 Nr 1, I 2, 4)
3) Kapitalanteilsmethode (I 1 Nr 2, I 3, 4)
4) Unterschiedsbetrag (II)
5) Wahlrecht zum Zeitpunkt der Wertansätze (III)
6) Fortschreibung des Wertansatzes der Beteiligung (IV)
7) Neubewertungswahlrecht zwecks einheitlicher Bewertung (V 1, 2)
8) Eliminierung von Zwischenergebnissen und -verlusten (V 3, 4)
9) Letzter Jahresabschluß, Konzernabschluß des assoziierten Unternehmens (VI)

§ 312 1–3   III. Buch. Handelsbücher

1) Equity- oder Eigenkapitalmethode (I)

§ 312 regelt die Equity- oder Eigenkapitalmethode trotz der Parallelen zur Kapitalkonsolidierung nach der Methode der Vollkonsolidierung (§ 301) selbständig ohne Verweisung auf diese. Die Equity-Methode ist eine vereinfachte, angelsächsische Konsolidierungsform, die die Konsolidierung auf die Beteiligung (und zT auf die Eliminierung von Zwischenergebnissen, V 3) beschränkt. Dabei wird beim ersten Mal der Wertansatz der Beteiligung (idR Anschaffungskosten) in der Bilanz des Mutterunternehmens mit dem anteiligen Eigenkapital des assoziierten Unternehmens verglichen und danach der Wertansatz in der Konzernbilanz gebildet, und zwar entweder nach der Buchwertmethode (I 1 Nr 1, Anm 2) oder Kapitalanteilsmethode (I 1 Nr 2, Anm 3). In den Folgejahren werden Veränderungen des Eigenkapitals des assoziierten Unternehmens jeweils im Konzernabschluß dem Wertansatz der Beteiligung erfolgswirksam zu- oder abgeschrieben; Dividenden werden abgesetzt (IV). Die Equity-Methode versucht also den Wert der Beteiligung und seine jährlichen Veränderungen zu zeigen und die Beteiligungserträge periodengerecht auszuweisen. Übergangsrecht s § 311 Anm 1 B.

2) Buchwertmethode (I 1 Nr 1, I 2, 4)

A. **Buchwertansatz:** Nach **I 1 Nr 1** ist die Beteiligung in der Konzernbilanz mit dem Buchwert, also idR Anschaffungskosten, anzusetzen. Nr 1 gestattet also die Beibehaltung des Buchwerts aus der Bilanz des Mutterunternehmens (anders § 301: angepaßte Buchwerte aus der Bilanz des Tochterunternehmens, s § 301 Anm 3 A).

B. **Unterschiedsbetrag:** Nach I 2 ist der Unterschiedsbetrag zwischen dem Buchwert nach I 1 Nr 1 und dem anteiligen Eigenkapital des assoziierten Unternehmens gesondert kenntlich zu machen (Vermerk in der Konzernbilanz oder Angabe im Konzernanhang, nur im Jahr der erstmaligen Anwendung). Angabe der Anwendung der Buchwertmethode nach I 4.

C. **Rechenbeispiele:** s DTG S 199.

3) Kapitalanteilsmethode (I 1 Nr 2, I 3, 4)

A. **Anteilswertansatz:** Nach I 1 Nr 2 ist die Beteiligung in der Konzernbilanz mit dem Betrag anzusetzen, der dem anteiligen Eigenkapital des assoziierten Unternehmens entspricht. Nach I 3 ist das der Betrag, der dem beizulegenden Wert aller in den Konzernabschluß aufzunehmenden Aktiva und Passiva des assoziierten Unternehmens entspricht. Der beizulegende Wert ist der Zeitwert bzw Verkehrswert an dem nach III gewählten Stichtag.

B. **Unterschiedsbetrag:** Die Neubewertung nach I 1 Nr 2, I 3 führt zu Differenzen zwischen Buchwert des Eigenkapitals und Zeitwert. I 3 setzt jedoch für den Zeitwert eine Obergrenze bei den Anschaffungskosten des Mutterunternehmens für die Anteile an dem assoziierten Unternehmen. Die Kapitalanteilsmethode zwingt also bis zur Grenze des I 3 zur Aufdeckung stiller Reserven. Der Unterschiedsbetrag kann wegen der Obergrenze nicht passivisch sein. Ein aktivischer Unterschiedsbetrag ist in der Konzernbilanz zusätzlich zum Betrag des anteiligen Eigenkapitals zu aktivieren. Gesonderter Ausweis in der Konzernbilanz oder Angabe im Konzernan-

2. Abschnitt. Vorschriften für Kapitalgesellschaften 4–8 § 312

hang nur bei erstmaliger Anwendung (I 3, letzter Halbs); statt dessen auch schon im ersten Jahr Ausweis als Geschäfts- oder Firmenwert oder offene Verrechnung mit den Rücklagen (wie nach II 3, § 309 I für die Folgejahre). Angabe der Anwendung der Kapitalanteilsmethode nach I 4.

C. **Rechenbeispiele:** s DTG S 201.

4) Unterschiedsbetrag (II)

Nach **II 1** ist der Unterschiedsbetrag nach I 2 (Buchwertmethode) den Wertansätzen von Vermögensgegenständen und Schulden des assoziierten Unternehmens zuzuordnen. Zu diesem Zweck sind die Gründe für den Unterschiedsbetrag (stille Reserven ua) zu ermitteln. Liegen diese bei verschiedenen Posten, so ist der Unterschiedsbetrag auf diese entsprechend zu verteilen. Nach **II 2** ist der nach II 1 zugeordnete (Buchwertmethode) oder der sich nach I 1 Nr 2 (Kapitalanteilsmethode) ergebende Betrag in den **Folgejahren** im Konzernabschluß entsprechend zu behandeln wie die zugehörigen Wertansätze im Jahresabschluß des assoziierten Unternehmens. Er ist also parallel dazu fortzuführen, abzuschreiben oder aufzulösen. Nach **II 3** ist ein Unterschiedsbetrag, der nach Zuordnung nach II 1 (Buchwertmethode) verbleibt oder nach I 3 2. Halbs (Kapitalanteilsmethode) entstanden ist, entsprechend § 309 zu behandeln (Abschreibung, Auflösung). Damit kommt es über die Jahre hinweg bei beiden Methoden tendenziell zum gleichen Resultat.

5) Wahlrecht zum Zeitpunkt der Wertansätze (III)

III entspricht § 301 II. Wie dort stehen drei Zeitpunkte zur Wahl.

6) Fortschreibung des Wertansatzes der Beteiligung (IV)

Der im ersten Jahr nach I ermittelte Wertansatz der Beteiligung ist in den **Folgejahren** in der Konzernbilanz jeweils entsprechend den Veränderungen des Eigenkapitals des assoziierten Unternehmens fortzuschreiben, also erfolgswirksam zu erhöhen oder zu vermindern. Dividenden sind abzusetzen (**IV 1**). Diese Fortschreibung ist auch im Konzernanlagenspiegel (§§ 298 I, 268 II) vorzunehmen; zu den Zuordnungsproblemen dabei DTG S 203. Nach **IV 2** ist das anteilige Jahresergebnis des assoziierten Unternehmens in der Konzern-Gewinn- und Verlustrechnung gesondert auszuweisen. Saldierung von anteiligen Jahresüberschüssen und Jahresfehlbeträgen verschiedener assoziierter Unternehmen setzt Aufgliederung dieser Beträge im Konzernanhang voraus, DTG S 204.

7) Neubewertungswahlrecht zwecks einheitlicher Bewertung (V 1, 2)

V zielt auf einheitliche Bewertungsmethoden im Jahresabschluß des assoziierten Unternehmens und im Konzernabschluß. Abweichend bewertete Vermögensgegenstände oder Schulden des assoziierten Unternehmens können für die Zwecke von I–IV nach den Methoden des Konzernabschlusses bewertet werden (Wahlrecht, **V 1**; anders § 308). Wird Nichtanpassung gewählt, ist dies im Konzernanhang anzugeben (**V 2**).

8) Eliminierung von Zwischenergebnissen und -verlusten (V 3, 4)

V 3 verweist auf § 304. Danach ist die Eliminierung von Zwischenergebnissen zwischen dem Mutterunternehmen und dem assoziierten Unternehmen zwingend, außer bei Wahlrecht nach § 304 II, III. V 3 macht eine weitere Ausnahme, soweit die für die Beurteilung maßgeblichen Sachverhalte nicht bekannt oder nicht zugänglich sind. Nach **V 4** dürfen die Zwischenerfolge auch anteilig weggelassen werden. V 3, 4 betreffen die Lieferungs- und Leistungsbeziehungen zwischen dem Mutterunternehmen und dem assoziierten Unternehmen, auch die unter mehreren in die Konzernbilanz einbezogenen assoziierten Unternehmen (str); nicht solche mit anderen vollkonsolidierten Unternehmen, DTG S 205.

9) Letzter Jahresabschluß, Konzernabschluß des assoziierten Unternehmens (VI)

Nach **VI 1** ist (abw von § 299) jeweils der letzte Jahresabschluß des assoziierten Unternehmens zugrunde zu legen. Nach **VI 2** ist ggf vom Konzernabschluß des assoziierten Unternehmens auszugehen (indirekter maßgeblicher Einfluß).

Achter Titel. Konzernanhang

Erläuterung der Konzernbilanz und der Konzern-Gewinn- und Verlustrechnung. Angaben zum Beteiligungsbesitz

313 ^I In den Konzernanhang sind diejenigen Angaben aufzunehmen, die zu einzelnen Posten der Konzernbilanz oder der Konzern-Gewinn- und Verlustrechnung vorgeschrieben oder die im Konzernanhang zu machen sind, weil sie in Ausübung eines Wahlrechts nicht in die Konzernbilanz oder in die Konzern-Gewinn- und Verlustrechnung aufgenommen wurden. Im Konzernanhang müssen

1. die auf die Posten der Konzernbilanz und der Konzern-Gewinn- und Verlustrechnung angewandten Bilanzierungs- und Bewertungsmethoden angegeben werden;
2. die Grundlagen für die Umrechnung in Deutsche Mark angegeben werden, sofern der Konzernabschluß Posten enthält, denen Beträge zugrunde liegen, die auf fremde Währung lauten oder ursprünglich auf fremde Währung lauteten;
3. Abweichungen von Bilanzierungs-, Bewertungs- und Konsolidierungsmethoden angegeben und begründet werden; deren Einfluß auf die Vermögens-, Finanz- und Ertragslage des Konzerns ist gesondert darzustellen.

^{II} Im Konzernanhang sind außerdem anzugeben:

1. Name und Sitz der in den Konzernabschluß einbezogenen Unternehmen, der Anteil am Kapital der Tochterunternehmen, der dem Mutterunternehmen und den in den Konzernabschluß einbezogenen Tochterunternehmen gehört oder von einer für Rechnung dieser Unternehmen handelnden Person gehalten wird, sowie der zur Einbeziehung in den Konzernabschluß verpflichtende Sachverhalt, sofern die Einbeziehung nicht auf einer der Kapitalbeteiligung entsprechenden Mehrheit der Stimmrechte beruht. Diese Angaben sind auch für Tochterunternehmen zu machen, die nach den §§ 295, 296 nicht einbezogen worden sind;
2. Name und Sitz der assoziierten Unternehmen, der Anteil am Kapital der assoziierten Unternehmen, der dem Mutterunternehmen und den

2. Abschnitt. Vorschriften für Kapitalgesellschaften § 313

in den Konzernabschluß einbezogenen Tochterunternehmen gehört oder von einer für Rechnung dieser Unternehmen handelnden Person gehalten wird. Die Anwendung des § 311 Abs. 2 ist jeweils anzugeben und zu begründen;

3. Name und Sitz der Unternehmen, die nach § 310 nur anteilmäßig in den Konzernabschluß einbezogen worden sind, der Tatbestand, aus dem sich die Anwendung dieser Vorschrift ergibt, sowie der Anteil am Kapital dieser Unternehmen, der dem Mutterunternehmen und den in den Konzernabschluß einbezogenen Tochterunternehmen gehört oder von einer für Rechnung dieser Unternehmen handelnden Person gehalten wird;

4. Name und Sitz anderer als der unter den Nummern 1 bis 3 bezeichneten Unternehmen, bei denen das Mutterunternehmen, ein Tochterunternehmen oder eine für Rechnung eines dieser Unternehmen handelnde Person mindestens den fünften Teil der Anteile besitzt, unter Angabe des Anteils am Kapital sowie der Höhe des Eigenkapitals und des Ergebnisses des letzten Geschäftsjahrs, für das ein Abschluß aufgestellt worden ist. Diese Angaben brauchen nicht gemacht zu werden, wenn sie für die Vermittlung eines den tatsächlichen Verhältnissen entsprechenden Bildes der Vermögens-, Finanz- und Ertragslage des Konzerns von untergeordneter Bedeutung sind. Das Eigenkapital und das Ergebnis brauchen nicht angegeben zu werden, wenn das in Anteilsbesitz stehende Unternehmen seinen Jahresabschluß nicht offenzulegen hat und das Mutterunternehmen, das Tochterunternehmen oder die Person weniger als die Hälfte der Anteile an diesem Unternehmen besitzt.

III Die in Absatz 2 verlangten Angaben brauchen insoweit nicht gemacht zu werden, als nach vernünftiger kaufmännischer Beurteilung damit gerechnet werden muß, daß durch die Angaben dem Mutterunternehmen, einem Tochterunternehmen oder einem anderen in Absatz 2 bezeichneten Unternehmen erhebliche Nachteile entstehen können. Die Anwendung der Ausnahmeregelung ist im Konzernanhang anzugeben.

IV Die in Absatz 2 verlangten Angaben dürfen statt im Anhang auch in einer Aufstellung des Anteilsbesitzes gesondert gemacht werden. Die Aufstellung ist Bestandteil des Anhangs. Auf die besondere Aufstellung des Anteilsbesitzes und den Ort ihrer Hinterlegung ist im Anhang hinzuweisen.

Übersicht

1) Rechtsnatur und Funktion des Konzernanhangs
2) Pflichtangaben und Wahlpflichtangaben im Konzernanhang (I 1)
3) Freiwillige Angaben
4) Gliederung und Darstellung
5) Bilanzierungs- und Bewertungsmethoden (I 2 Nr 1)
6) Währungsumrechnung (I 2 Nr 2)
7) Abweichungen von Bilanzierungs- und Bewertungsmethoden (I 2 Nr 3)
8) Name, Sitz, Kapitalanteil an anderen Unternehmen (II)
9) Schutzklausel im Unternehmensinteresse zu II (III)
10) Konzernbeteiligungsliste (IV)

1) Rechtsnatur und Funktion des Konzernanhangs

A. Rechtsnatur: Der Konzernanhang ist Teil des Konzernabschlusses des Mutterunternehmens neben Konzernbilanz und Konzern-Gewinn- und Verlustrechnung (§ 297 I). Insofern ist er mit dem Konzerngeschäftsbericht nach § 334 aF AktG nicht zu vergleichen. Auch inhaltlich geht er zT erheblich weiter.

B. Funktion: Der Anhang dient der Erläuterung der Konzernbilanz und der Konzern-Gewinn- und Verlustrechnung. Die Vermittlung eines den tatsächlichen Verhältnissen entsprechenden Bildes der Vermögens-, Finanz- und Ertragslage des Konzerns (§ 297 II 2) wird erst vollends durch die Angaben im Anhang möglich. Unterscheidung von Pflicht-, Wahlpflicht- und freiwilligen Angaben s § 284 Anm 1 B. Größenabhängige Erleichterungen gibt es nicht (abw § 288).

2) Pflichtangaben und Wahlpflichtangaben im Anhang (I 1)

A. Nach HGB: a) alle Angaben wie im Anhang, **soweit § 298 I** für den Konzernabschluß **auf Jahresabschlußrecht** (§§ 244–256, 265, 266, 268–275, 277–283) **verweist,** das Angabepflichten enthält (s § 284 Anm 2 A a).

b) §§ 294 II 1; 295 III 1; 296 III; 297 II 3, III 4, 5; 299 I, III; 301 I 5, II 2, III 2, 3; 302 III; 304 II 2; 306 S 2; 308 I 3, II 2, 4, III 2; 312 I 2, 3, 4, III 2, V 2.

c) Hinzu kommen die **Angaben nach § 313** I 2 Nr 1–3, II Nr 1–4, III 2, IV 3 und **§ 314** I Nr 1–7, II 2.

B. Nach (1) EGHGB, (2) AktG, (3) GmbHG: vgl § 284 Anm 2 B–D.

3) Freiwillige Angaben

S § 284 Anm 3.

4) Gliederung und Darstellung

S § 284 Anm 4.

5) Bilanzierungs- und Bewertungsmethoden (I 2 Nr 1)

I 2 Nr 1 entspricht § 284 II Nr 1 (s § 284 Anm 5).

6) Währungsumrechnung (I 2 Nr 2)

I 2 Nr 2 entspricht § 284 II Nr 2 (s § 284 Anm 6).

7) Abweichungen von Bilanzierungs- und Bewertungsmethoden (I 2 Nr 3)

I 2 Nr 3 entspricht § 284 II Nr 3 (s § 284 Anm 7).

8) Name, Sitz, Kapitalanteil an anderen Unternehmen (II)

II Nr 1 betrifft die in den Konzernabschluß einbezogenen Unternehmen (§ 294), aber auch die nach §§ 295, 296 nicht einbezogenen Tochterunternehmen. Vgl beim Einzelabschluß § 285 Nr 11, 14. **Nr 2** betrifft die assoziierten Unternehmen (§ 311 I). Die Nichteinbeziehung nach § 311 II ist jeweils anzugeben und zu begründen (Nr 2 S 2). **Nr 3** betrifft die Gemeinschaftsunternehmen (§ 310). **Nr 4** verlangt darüber hinaus entsprechende Angaben für sonstige, auch indirekte Beteiligungen ab 20%. Wahlrecht

2. Abschnitt. Vorschriften für Kapitalgesellschaften §314

bei untergeordneter Bedeutung (Nr 4 S 2). Bei unter 50%igen Beteiligungen an einem selbst nicht offenlegungspflichtigen Unternehmen (EinzelKfm, PersonenGes, s § 325 I 1) brauchen Eigenkapital und Ergebnis nicht angegeben zu werden (Nr 4 S 3).

9) Schutzklausel im Unternehmensinteresse zu II (III)

Für alle Angaben nach II (s Anm 8) gilt eine Schutzklausel im Unternehmensinteresse (vgl zT abw § 286 II, III; auch § 314 II).

10) Konzernbeteiligungsliste (IV)

IV entspricht § 287.

Sonstige Pflichtangaben

314 ¹ Im Konzernanhang sind ferner anzugeben:
1. der Gesamtbetrag der in der Konzernbilanz ausgewiesenen Verbindlichkeiten mit einer Restlaufzeit von mehr als fünf Jahren sowie der Gesamtbetrag der in der Konzernbilanz ausgewiesenen Verbindlichkeiten, die von in den Konzernabschluß einbezogenen Unternehmen durch Pfandrechte oder ähnliche Rechte gesichert sind, unter Angabe von Art und Form der Sicherheiten;
2. der Gesamtbetrag der sonstigen finanziellen Verpflichtungen, die nicht in der Konzernbilanz erscheinen oder nicht nach § 298 Abs. 1 in Verbindung mit § 251 anzugeben sind, sofern diese Angabe für die Beurteilung der Finanzlage des Konzerns von Bedeutung ist; davon und von den Haftungsverhältnissen nach § 251 sind Verpflichtungen gegenüber Tochterunternehmen, die nicht in den Konzernabschluß einbezogen werden, jeweils gesondert anzugeben;
3. die Aufgliederung der Umsatzerlöse nach Tätigkeitsbereichen sowie nach geographisch bestimmten Märkten, soweit sich, unter Berücksichtigung der Organisation des Verkaufs von für die gewöhnliche Geschäftstätigkeit des Konzerns typischen Erzeugnissen und der für die gewöhnliche Geschäftstätigkeit des Konzerns typischen Dienstleistungen, die Tätigkeitsbereiche und geographisch bestimmten Märkte untereinander erheblich unterscheiden;
4. die durchschnittliche Zahl der Arbeitnehmer der in den Konzernabschluß einbezogenen Unternehmen während des Geschäftsjahrs, getrennt nach Gruppen, sowie der in dem Geschäftsjahr verursachte Personalaufwand, sofern er nicht gesondert in der Konzern-Gewinn- und Verlustrechnung ausgewiesen ist; die durchschnittliche Zahl der Arbeitnehmer von nach § 310 nur anteilmäßig einbezogenen Unternehmen ist gesondert anzugeben;
5. das Ausmaß, in dem das Jahresergebnis des Konzerns dadurch beeinflußt wurde, daß bei Vermögensgegenständen im Geschäftsjahr oder in früheren Geschäftsjahren Abschreibungen nach den §§ 254, 280 Abs. 2 oder in entsprechender Anwendung auf Grund steuerrechtlicher Vorschriften vorgenommen oder beibehalten wurden oder ein Sonderposten nach § 273 oder in entsprechender Anwendung gebildet wurde; ferner das Ausmaß erheblicher künftiger Belastungen, die sich für den Konzern aus einer solchen Bewertung ergeben;

§ 314 1, 2 III. Buch. Handelsbücher

6. für die Mitglieder des Geschäftsführungsorgans, eines Aufsichtsrats, eines Beirats oder einer ähnlichen Einrichtung des Mutterunternehmens, jeweils für jede Personengruppe:
   a) die für die Wahrnehmung ihrer Aufgaben im Mutterunternehmen und den Tochterunternehmen im Geschäftsjahr gewährten Gesamtbezüge (Gehälter, Gewinnbeteiligungen, Aufwandsentschädigungen, Versicherungsentgelte, Provisionen und Nebenleistungen jeder Art). In die Gesamtbezüge sind auch Bezüge einzurechnen, die nicht ausgezahlt, sondern in Ansprüche anderer Art umgewandelt oder zur Erhöhung anderer Ansprüche verwendet werden. Außer den Bezügen für das Geschäftsjahr sind die weiteren Bezüge anzugeben, die im Geschäftsjahr gewährt, bisher aber in keinem Konzernabschluß angegeben worden sind;
   b) die für die Wahrnehmung ihrer Aufgaben im Mutterunternehmen und den Tochterunternehmen gewährten Gesamtbezüge (Abfindungen, Ruhegehälter, Hinterbliebenenbezüge und Leistungen verwandter Art) der früheren Mitglieder der bezeichneten Organe und ihrer Hinterbliebenen; Buchstabe a Satz 2 und 3 ist entsprechend anzuwenden. Ferner ist der Betrag der für diese Personengruppe gebildeten Rückstellungen für laufende Pensionen und Anwartschaften auf Pensionen und der Betrag der für diese Verpflichtungen nicht gebildeten Rückstellungen anzugeben;
   c) die vom Mutterunternehmen und den Tochterunternehmen gewährten Vorschüsse und Kredite unter Angabe der Zinssätze, der wesentlichen Bedingungen und der gegebenenfalls im Geschäftsjahr zurückgezahlten Beträge sowie die zugunsten dieser Personengruppen eingegangenen Haftungsverhältnisse;
7. der Bestand an Anteilen an dem Mutterunternehmen, die das Mutterunternehmen oder ein Tochterunternehmen oder ein anderer für Rechnung eines in den Konzernabschluß einbezogenen Unternehmens erworben oder als Pfand genommen hat; dabei sind die Zahl und der Nennbetrag dieser Anteile sowie deren Anteil am Kapital anzugeben.

II Die Umsatzerlöse brauchen nicht nach Absatz 1 Nr. 3 aufgegliedert zu werden, soweit nach vernünftiger kaufmännischer Beurteilung damit gerechnet werden muß, daß durch die Aufgliederung einem in den Konzernabschluß einbezogenen Unternehmen erhebliche Nachteile entstehen. Die Anwendung der Ausnahme ist im Konzernanhang anzugeben.

1) **Verbindlichkeiten über noch fünf Jahre, Sicherheiten (I Nr 1)**

I Nr 1 entspricht § 285 Nr 1.

2) **Sonstige finanzielle Verpflichtungen (I Nr 2)**

I Nr 2 entspricht § 285 Nr 3. Gesondert anzugeben sind Verpflichtungen gegenüber nicht in den Konzernabschluß einbezogenen Tochterunternehmen (I Nr 2 2. Halbs, folgt aber schon aus §§ 298 I, 268 VII 2. Halbs).

2. Abschnitt. Vorschriften für Kapitalgesellschaften §§ 315, 316

3) Aufgliederung der Umsatzerlöse (I Nr 3)
I Nr 3 entspricht § 285 Nr 4.

4) Zahl der Arbeitnehmer, Personalaufwand (I Nr 4)
I Nr 4 entspricht § 285 Nr 7, 8b. Gesonderte Angabe der Durchschnittszahl der Arbeitnehmer von Gemeinschaftsunternehmen nach § 310 (I Nr 4 2. Halbs).

5) Ergebnisbeeinflussung durch steuerrechtliche Bewertung (I Nr 5)
I Nr 5 entspricht § 285 Nr 5.

6) Gesamtbezüge der Organmitglieder, Organkredite (I Nr 6)
I Nr 6 entspricht § 285 Nr 9.

7) Anteile an dem Mutterunternehmen (I Nr 7)
Vgl § 301 Anm 7.

8) Schutzklausel im Unternehmensinteresse zu I Nr 3 (II)
II 1 entspricht § 286 II; vgl auch § 313 III. Aber Angabe der Anwendung der Ausnahme im Konzernanhang nach II 2.

Neunter Titel. Konzernlagebericht

[Konzernlagebericht]

315 ᴵ Im Konzernlagebericht sind zumindest der Geschäftsverlauf und die Lage des Konzerns so darzustellen, daß ein den tatsächlichen Verhältnissen entsprechendes Bild vermittelt wird.

ᴵᴵ Der Konzernlagebericht soll auch eingehen auf:
1. Vorgänge von besonderer Bedeutung, die nach dem Schluß des Konzerngeschäftsjahrs eingetreten sind;
2. die voraussichtliche Entwicklung des Konzerns;
3. den Bereich Forschung und Entwicklung des Konzerns.

ᴵᴵᴵ § 298 Abs. 3 über die Zusammenfassung von Konzernanhang und Anhang ist entsprechend anzuwenden.

1) I und II entsprechen § 289 I, II. Nach III ist die Zusammenfassung des Konzernlageberichts und des Lageberichts zum Jahresabschluß des Mutterunternehmens erlaubt (Verweis auf § 298 III).

Dritter Unterabschnitt. Prüfung

Pflicht zur Prüfung

316 ᴵ Der Jahresabschluß und der Lagebericht von Kapitalgesellschaften, die nicht kleine im Sinne des § 267 Abs. 1 sind, sind durch einen Abschlußprüfer zu prüfen. Hat keine Prüfung stattgefunden, so kann der Jahresabschluß nicht festgestellt werden.

ᴵᴵ Der Konzernabschluß und der Konzernlagebericht von Kapitalgesellschaften sind durch einen Abschlußprüfer zu prüfen.

ᴵᴵᴵ Werden der Jahresabschluß, der Konzernabschluß, der Lagebericht

§ 317

oder der Konzernlagebericht nach Vorlage des Prüfungsberichts geändert, so hat der Abschlußprüfer diese Unterlagen erneut zu prüfen, soweit es die Änderung erfordert. Über das Ergebnis der Prüfung ist zu berichten; der Bestätigungsvermerk ist entsprechend zu ergänzen.

1) Prüfung des Jahresabschlusses und des Lageberichts (I)

Der Dritte Unterabschnitt (§§ 316–324) entspricht im wesentlichen §§ 162–169 aF AktG. I entspricht § 162 I aF AktG. Prüfungspflichtig sind alle mittelgroßen und großen KapitalGes (§ 267 II, III), also anders als bisher auch solche GmbH, jedoch nicht mehr kleine AG; **Übergangsrecht** in **(1)** EGHGB Art 23 III (s Einl V 1 A vor § 238). **I 1** sieht Prüfung des Jahresabschlusses (§ 264 I 1) und des Lageberichts (§ 289) vor. Zu prüfen ist durch einen (oder mehrere) Abschlußprüfer (§§ 318, 139). **I 2** macht die Prüfung zur Voraussetzung für die Feststellung des Jahresabschlusses (§§ 172, 173 AktG, § 42a GmbHG). Ohne Prüfung (mindestens Prüfungshandlungen, wenngleich unvollständig, Prüfungsbericht und Erteilung oder Versagung des Bestätigungsvermerks durch den Abschlußprüfer) ist der festgestellte, prüfungspflichtige Jahresabschluß nichtig (§ 256 I Nr 2 AktG). Sonderregelungen ua nach § 53 GenG, § 6 PublG, § 27 KWG, § 57 VAG. Zur Funktion der Wirtschaftsprüfung Monographien: Busse von Colbe-Lutter 1977, dazu Hommelhoff AG **77**, 237; IdW, 50 Jahre Wirtschaftsprüferberuf, 1981.

2) Prüfung im Konzern (II)

II entspricht § 336 I 1 aF AktG. Zu prüfen sind der Konzernabschluß (§ 297 I) und der Konzernlagebericht (§ 315). Größenabhängige Befreiungen s schon § 293.

3) Nachtragsprüfung (III)

III entspricht § 162 III aF AktG. Änderungen der nach I, II zu prüfenden Unterlagen nach Vorlage des Prüfungsberichts, zB auch Umarbeitung des geprüften Jahresabschlusses in einen solchen nach Gewinnverwendung (§ 268 I), machen eine erneute Prüfung (Nachtragsprüfung) notwendig, soweit es die Änderung erfordert. Das gilt nicht für rein redaktionelle Änderungen des (Konzern)Lageberichts (Grund: Prüfungsumfang nach § 317 I 3). Änderung iSv III ist weit zu verstehen, also Änderung ieS und Berichtigung (s § 245 Anm 3). Zulässigkeit der Änderung s § 245 Anm 3). Erneute Prüfung, soweit es die Änderung erfordert, beschränkt den Abschlußprüfer nicht darauf, wenn er bei der ersten Prüfung zu beanstandende Punkte übersehen hat. Berichtspflicht s III 2. Der zuvor erteilte Bestätigungsvermerk ist nicht ohne weiteres unwirksam (so § 162 III 3 aF AktG), sondern ist entsprechend zu ergänzen (III 2 2. Halbs).

Gegenstand und Umfang der Prüfung

317 ¹In die Prüfung des Jahresabschlusses ist die Buchführung einzubeziehen. Die Prüfung des Jahresabschlusses und des Konzernabschlusses hat sich darauf zu erstrecken, ob die gesetzlichen Vorschriften und sie ergänzende Bestimmungen des Gesellschaftsvertrags oder der Satzung beachtet sind. Der Lagebericht und der Konzernlage-

2. Abschnitt. Vorschriften für Kapitalgesellschaften 1 § 317

bericht sind darauf zu prüfen, ob der Lagebericht mit dem Jahresabschluß und der Konzernlagebericht mit dem Konzernabschluß in Einklang stehen und ob die sonstigen Angaben im Lagebericht nicht eine falsche Vorstellung von der Lage des Unternehmens und im Konzernlagebericht von der Lage des Konzerns erwecken.

II Der Abschlußprüfer des Konzernabschlusses hat auch die im Konzernabschluß zusammengefaßten Jahresabschlüsse darauf zu prüfen, ob sie den Grundsätzen ordnungsmäßiger Buchführung entsprechen und ob die für die Übernahme in den Konzernabschluß maßgeblichen Vorschriften beachtet sind. Dies gilt nicht für Jahresabschlüsse, die auf Grund gesetzlicher Vorschriften nach diesem Unterabschnitt oder die ohne gesetzliche Verpflichtung nach den Grundsätzen dieses Unterabschnitts geprüft worden sind. Satz 2 ist entsprechend auf die Jahresabschlüsse von in den Konzernabschluß einbezogenen Tochterunternehmen mit Sitz im Ausland anzuwenden; sind diese Jahresabschlüsse nicht von einem in Übereinstimmung mit den Vorschriften der Richtlinie 84/253/EWG zugelassenen Abschlußprüfer geprüft worden, so gilt dies jedoch nur, wenn der Abschlußprüfer eine den Anforderungen dieser Richtlinie gleichwertige Befähigung hat und der Jahresabschluß in einer den Anforderungen dieses Unterabschnitts entsprechenden Weise geprüft worden ist.

1) Umfang der Prüfung (I)

I entspricht §§ 162 II, 336 I 1 aF AktG. Nach I 1 ist die Buchführung (§§ 238–241) mitzuprüfen. Zu prüfen ist auf Einhaltung der Vorschriften aus Gesetz (vor allem 3. Buch) und GesVertrag bzw Satzung (I 2). Der (Konzern)Lagebericht ist auf Einklang mit dem Jahres(Konzern)abschluß und auf Vermittlung eines den tatsächlichen Verhältnissen des Unternehmens (Konzerns) entsprechenden Bildes (§§ 289 I, 315 I iVm § 264 II 1, true and fair view) zu prüfen (I 3). Die Prüfung erstreckt sich nicht auf die Einhaltung aller steuerrechtlicher Vorschriften, anders soweit sich aus ihrer Nichtbeachtung Risiken ergeben, denen Rechnung zu tragen ist; auf die allgemeine Geschäftsführung, anders soweit sich aus Verstößen (zB Einlagenrückgewähr, verdeckte Gewinnausschüttung, Unterschlagung) zu bilanzierende Ansprüche der KapitalGes ergeben; auf die Einhaltung der Pflichten bei Verlust, Überschuldung oder Zahlungsunfähigkeit (§ 92 AktG, § 64 GmbHG); dazu Geßler-Hefermehl-Kropff § 162 Anm 19, IdW-FG 1/77 WPg **77,** 210. Praktisch wichtig ist die Prüfung des internen Kontrollsystems, vor allem bei Einsatz von EDV; IdW-FAMA 1/74 WPg **74,** 83. Der Abschlußprüfer prüft in eigener Verantwortung. Er darf sich nicht einfach auf Prüfungsergebnisse und Untersuchungen Dritter verlassen, darf sie aber verwerten. Prüfungsergebnisse anderer, auch ausländischer Abschlußprüfer darf er übernehmen, falls keine Anhaltspunkte für ihre Unrichtigkeit vorliegen und bei Ausländern die Berufsqualifikation und Unabhängigkeit der deutschen vergleichbar ist (vgl. Anm 2). Die Einholung einer Vollständigkeitserklärung der KapitalGes über Buchführung und Jahresabschluß ist üblich, aber kein Ersatz für Prüfungshandlungen IdW-FG 1/77 WPg **77,** 214.

§ 318 III. Buch. Handelsbücher

2) Gegenstand der Prüfung im Konzern (II)

Der Gegenstand der Prüfung folgt schon aus § 316 I, II, nämlich Jahres-(Konzern)abschluß und (Konzern)Lagebericht. II 1 (entspr zT § 336 III aF AktG) erweitert dies auf die im Konzernabschluß zusammengefaßten Jahresabschlüsse. Geprüfte Jahresabschlüsse brauchen aber nicht erneut geprüft zu werden (II 2); anders wenn der Bestätigungsvermerk versagt oder eingeschränkt worden ist oder wenn Anhaltspunkte für die Unrichtigkeit des Testats vorliegen. Ausländische Prüfungen bei in den Konzernabschluß einbezogenen Tochterunternehmen (§ 290 I) mit Sitz im Ausland werden nur bei gleichwertiger Befähigung des Abschlußprüfers und Prüfung entsprechend §§ 316–324 (insbesondere Unabhängigkeit des Prüfers) anerkannt (II 3).

Bestellung und Abberufung des Abschlußprüfers

318 ⁱ Der Abschlußprüfer des Jahresabschlusses wird von den Gesellschaftern gewählt; den Abschlußprüfer des Konzernabschlusses wählen die Gesellschafter des Mutterunternehmens. Bei Gesellschaften mit beschränkter Haftung kann der Gesellschaftsvertrag etwas anderes bestimmen. Der Abschlußprüfer soll jeweils vor Ablauf des Geschäftsjahrs gewählt werden, auf das sich seine Prüfungstätigkeit erstreckt. Die gesetzlichen Vertreter haben unverzüglich nach der Wahl den Prüfungsauftrag zu erteilen. Der Prüfungsauftrag kann nur widerrufen werden, wenn nach Absatz 3 ein anderer Prüfer bestellt worden ist.

ⁱⁱ Als Abschlußprüfer des Konzernabschlusses gilt, wenn kein anderer Prüfer bestellt wird, der Prüfer als bestellt, der für die Prüfung des in den Konzernabschluß einbezogenen Jahresabschlusses des Mutterunternehmens bestellt worden ist. Erfolgt die Einbeziehung auf Grund eines Zwischenabschlusses, so gilt, wenn kein anderer Prüfer bestellt wird, der Prüfer als bestellt, der für die Prüfung des letzten vor dem Konzernabschlußstichtag aufgestellten Jahresabschlusses des Mutterunternehmens bestellt worden ist.

ⁱⁱⁱ Auf Antrag der gesetzlichen Vertreter, des Aufsichtsrats oder von Gesellschaftern, bei Aktiengesellschaften und Kommanditgesellschaften auf Aktien jedoch nur, wenn die Anteile dieser Gesellschafter zusammen den zehnten Teil des Grundkapitals oder den Nennbetrag von zwei Millionen Deutsche Mark erreichen, hat das Gericht nach Anhörung der Beteiligten und des gewählten Prüfers einen anderen Abschlußprüfer zu bestellen, wenn dies aus einem in der Person des gewählten Prüfers liegenden Grund geboten erscheint, insbesondere wenn Besorgnis der Befangenheit besteht. Der Antrag ist binnen zwei Wochen seit dem Tage der Wahl des Abschlußprüfers zu stellen; Aktionäre können den Antrag nur stellen, wenn sie gegen die Wahl des Abschlußprüfers bei der Beschlußfassung Widerspruch erklärt haben. Stellen Aktionäre den Antrag, so haben sie glaubhaft zu machen, daß sie seit mindestens drei Monaten vor dem Tage der Hauptversammlung Inhaber der Aktien sind. Zur Glaubhaftmachung genügt eine eidesstattliche Versicherung vor einem Notar. Unterliegt die Gesellschaft einer

2. Abschnitt. Vorschriften für Kapitalgesellschaften 1 § 318

staatlichen Aufsicht, so kann auch die Aufsichtsbehörde den Antrag stellen. Gegen die Entscheidung ist die sofortige Beschwerde zulässig.

IV Ist der Abschlußprüfer bis zum Ablauf des Geschäftsjahrs nicht gewählt worden, so hat das Gericht auf Antrag der gesetzlichen Vertreter, des Aufsichtsrats oder eines Gesellschafters den Abschlußprüfer zu bestellen. Gleiches gilt, wenn ein gewählter Abschlußprüfer die Annahme des Prüfungsauftrags abgelehnt hat, weggefallen ist oder am rechtzeitigen Abschluß der Prüfung verhindert ist und ein anderer Abschlußprüfer nicht gewählt worden ist. Die gesetzlichen Vertreter sind verpflichtet, den Antrag zu stellen. Gegen die Entscheidung des Gerichts findet die sofortige Beschwerde statt; die Bestellung des Abschlußprüfers ist unanfechtbar.

V Der vom Gericht bestellte Abschlußprüfer hat Anspruch auf Ersatz angemessener barer Auslagen und auf Vergütung für seine Tätigkeit. Die Auslagen und die Vergütung setzt das Gericht fest. Gegen die Entscheidung ist die sofortige Beschwerde zulässig. Die weitere Beschwerde ist ausgeschlossen. Aus der rechtskräftigen Entscheidung findet die Zwangsvollstreckung nach der Zivilprozeßordnung statt.

VI Ein von dem Abschlußprüfer angenommener Prüfungsauftrag kann von dem Abschlußprüfer nur aus wichtigem Grund gekündigt werden. Als wichtiger Grund ist es nicht anzusehen, wenn Meinungsverschiedenheiten über den Inhalt des Bestätigungsvermerks, seine Einschränkung oder Versagung bestehen. Die Kündigung ist schriftlich zu begründen. Der Abschlußprüfer hat über das Ergebnis seiner bisherigen Prüfung zu berichten; § 321 ist entsprechend anzuwenden.

VII Kündigt der Abschlußprüfer den Prüfungsauftrag nach Absatz 6, so haben die gesetzlichen Vertreter die Kündigung dem Aufsichtsrat, der nächsten Hauptversammlung oder bei Gesellschaften mit beschränkter Haftung den Gesellschaftern mitzuteilen. Den Bericht des bisherigen Abschlußprüfers haben die gesetzlichen Vertreter unverzüglich dem Aufsichtsrat vorzulegen. Jedes Aufsichtsratsmitglied hat das Recht, von dem Bericht Kenntnis zu nehmen. Der Bericht ist auch jedem Aufsichtsratsmitglied auf Verlangen auszuhändigen, soweit der Aufsichtsrat nichts anderes beschlossen hat.

1) Wahl des Abschlußprüfers (I)

§ 318 entspricht §§ 163, 336 aF AktG. Nach I 1 wählen die Gfter (Gfter des Mutterunternehmens, § 290 I) den Abschlußprüfer des Jahres(Konzern)abschlusses. Das ist außer bei der GmbH (Satzungsautonomie) zwingend (I 2). Sondervorschriften in § 30 I AktG (erstes Voll- oder Rumpfgeschäftsjahr), § 28 KWG, § 58 VAG. Zusätzliche persönliche Anforderungen an den Abschlußprüfer durch Satzung sind auch über I 2 hinaus analog § 100 IV AktG (für Aufsichtsratsmitglieder) zulässig. Doch muß eine echte Wahl möglich bleiben. I 3 ist eine Sollvorschrift zum Zeitpunkt der Wahl; s dazu IV. I 4 betrifft die Erteilung des Prüfungsauftrags. Erst mit Annahme wird der Wirtschaftsprüfer zum Abschlußprüfer der KapitalGes. Der Abschlußprüfer ist **nicht Organ** der KapitalGes, aA BGH **16**, 25, sondern außenstehende Kontrollinstanz mit öffentlicher Funktion (vgl Einl II 2 B,

D vor § 238). Der Vertrag zwischen Abschlußprüfer und KapitalGes ist ein **Werkvertrag** (§§ 675, 631), der uU vorausgegangene Beratervertrag ein Dienstvertrag (§§ 675, 611); überlagert jeweils von den Allgemeinen Auftragsbedingungen (Fassung 1. 10. 83, ZIP **84**, 1289), die ihrerseits der **AGB-Inhaltskontrolle** unterliegen (s **(5)** AGBG § 9 Anm 3: Wirtschaftsprüfer). Der (erteilte und angenommene) Prüfungsauftrag kann nach I 5 von der KapitalGes nur nach gerichtlicher Bestellung eines anderen Prüfers nach III widerrufen werden. Kündigung durch den Abschlußprüfer nur bei wichtigem Grund, s VI.

2) Konzernabschlußprüfer (II)

Auch die Wahl des Konzernabschlußprüfers erfolgt nach I 1. Unterbleibt diese, greift II (entspr § 336 I 2, 3 aF AktG) ein. Der Jahresabschlußprüfer des Mutterunternehmens wird auch ihr Konzernabschlußprüfer.

3) Gerichtliche Ersetzung des Abschlußprüfers (III)

III entspricht § 163 II aF AktG. Die gerichtliche Ersetzung ist nur zulässig, wenn sie aus einem in der Person des gewählten Abschlußprüfers liegenden Grund geboten ist, zB bei Besorgnis der Befangenheit (dazu WP-Hdb **85** I 38), erst recht Hinderungsgründe nach § 319 (obgleich die Wahl dann nichtig ist und das Verfahren nach IV offensteht). Das Gericht wird nur auf Antrag tätig. Antragsberechtigung s III 1, 5, eingeschränkt bei Aktionären s III 1, 2, 3. Antragsfrist s III 2. Rechtsmittel s III 6.

4) Gerichtliche Bestellung des Abschlußprüfers (IV)

IV (entspr § 163 III aF AktG) sieht gerichtliche Bestellung auf Antrag vor, wenn anders als nach III bis zum Ablauf des Geschäftsjahrs kein wirksam bestellter Abschlußprüfer da ist, zB wegen nicht rechtzeitiger Wahl entgegen I 3 (IV 1), Nichtannahme des Prüfungsauftrags nach I 4 ua und nicht rechtzeitige Ersatzwahl (IV 2), auch nichtige Wahl (sonst Nichtigkeit des festgestellten Jahresabschlusses § 256 I Nr 3 AktG, Heilung erst nach § 256 VI AktG). Antragspflicht der gesetzlichen Vertreter (IV 3), Antragsrecht (anders als nach III) auch eines einzelnen Aktionärs (IV 1). Rechtsmittel nur gegen Ablehnung der Bestellung (IV 4).

5) Rechtsstellung des gerichtlich bestellten Abschlußprüfers (V)

Die gerichtliche Bestellung bedarf der Annahme des Prüfers (vgl I 4). Dieser hat dann mangels anderer Vergütungsvereinbarung mit der Kapital-Ges Vergütungsanspruch nach V 1 und rasche Durchsetzungsmöglichkeit nach V 2–4.

6) Kündigung durch den Abschlußprüfer (VI)

Dieser kann nur aus wichtigem Grund kündigen, nicht schon bei Meinungsverschiedenheiten über den Bestätigungsvermerk und nicht ohne schriftliche Begründung und Bericht über das Ergebnis seiner bisherigen Prüfung. Damit wird die Stellung des Abschlußprüfers gegenüber der KapitalGes gestärkt und verhindert, daß Probleme bei der KapitalGes einfach durch einverständliche Kündigung unterdrückt werden.

2. Abschnitt. Vorschriften für Kapitalgesellschaften § 319

7) Bericht des kündigenden Abschlußprüfers (VII)
VII ergänzt VI durch Mitteilungs- und Vorlagepflichten.

Auswahl der Abschlußprüfer

319 ^I Abschlußprüfer können Wirtschaftsprüfer und Wirtschaftsprüfungsgesellschaften sein. Abschlußprüfer von Jahresabschlüssen und Lageberichten mittelgroßer Gesellschaften mit beschränkter Haftung (§ 267 Abs. 2) können auch vereidigte Buchprüfer und Buchprüfungsgesellschaften sein.

^{II} Ein Wirtschaftsprüfer oder vereidigter Buchprüfer darf nicht Abschlußprüfer sein, wenn er oder eine Person, mit der er seinen Beruf gemeinsam ausübt,

1. Anteile an der zu prüfenden Kapitalgesellschaft besitzt;
2. gesetzlicher Vertreter oder Mitglied des Aufsichtsrats oder Arbeitnehmer der zu prüfenden Kapitalgesellschaft ist oder in den letzten drei Jahren vor seiner Bestellung war;
3. gesetzlicher Vertreter oder Mitglied des Aufsichtsrats einer juristischen Person, Gesellschafter einer Personengesellschaft oder Inhaber eines Unternehmens ist, sofern die juristische Person, die Personengesellschaft oder das Einzelunternehmen mit der zu prüfenden Kapitalgesellschaft verbunden ist oder von dieser mehr als zwanzig vom Hundert der Anteile besitzt;
4. Arbeitnehmer eines Unternehmens ist, das mit der zu prüfenden Kapitalgesellschaft verbunden ist oder an dieser mehr als zwanzig vom Hundert der Anteile besitzt, oder Arbeitnehmer einer natürlichen Person ist, die an der zu prüfenden Kapitalgesellschaft mehr als zwanzig vom Hundert der Anteile besitzt;
5. bei der Führung der Bücher oder der Aufstellung des zu prüfenden Jahresabschlusses der Kapitalgesellschaft über die Prüfungstätigkeit hinaus mitgewirkt hat;
6. gesetzlicher Vertreter, Arbeitnehmer, Mitglied des Aufsichtsrats oder Gesellschafter einer juristischen oder natürlichen Person oder einer Personengesellschaft oder Inhaber eines Unternehmens ist, sofern die juristische oder natürliche Person, die Personengesellschaft oder einer ihrer Gesellschafter oder das Einzelunternehmen nach Nummer 5 nicht Abschlußprüfer der zu prüfenden Kapitalgesellschaft sein darf;
7. bei der Prüfung eine Person beschäftigt, die nach den Nummern 1 bis 6 nicht Abschlußprüfer sein darf;
8. in den letzten fünf Jahren jeweils mehr als die Hälfte der Gesamteinnahmen aus seiner beruflichen Tätigkeit aus der Prüfung und Beratung der zu prüfenden Kapitalgesellschaft und von Unternehmen, an denen die zu prüfende Kapitalgesellschaft mehr als zwanzig vom Hundert der Anteile besitzt, bezogen hat und dies auch im laufenden Geschäftsjahr zu erwarten ist; zur Vermeidung von Härtefällen kann die Wirtschaftsprüferkammer befristete Ausnahmegenehmigungen erteilen.

^{III} Eine Wirtschaftsprüfungsgesellschaft oder Buchprüfungsgesellschaft darf nicht Abschlußprüfer sein, wenn

§ 319 1, 2 III. Buch. Handelsbücher

1. sie Anteile an der zu prüfenden Kapitalgesellschaft besitzt oder mit dieser verbunden ist oder wenn ein mit ihr verbundenes Unternehmen an der zu prüfenden Kapitalgesellschaft mehr als zwanzig vom Hundert der Anteile besitzt oder mit dieser verbunden ist;
2. sie nach Absatz 2 Nr. 6 als Gesellschafter einer juristischen Person oder einer Personengesellschaft oder nach Absatz 2 Nr. 5, 7 oder 8 nicht Abschlußprüfer sein darf;
3. bei einer Wirtschaftsprüfungsgesellschaft oder Buchprüfungsgesellschaft, die juristische Person ist, ein gesetzlicher Vertreter oder ein Gesellschafter, der fünfzig vom Hundert oder mehr der den Gesellschaftern zustehenden Stimmrechte besitzt, oder bei anderen Wirtschaftsprüfungsgesellschaften oder Buchprüfungsgesellschaften ein Gesellschafter nach Absatz 2 Nr. 1 bis 4 nicht Abschlußprüfer sein darf;
4. einer ihrer gesetzlichen Vertreter oder einer ihrer Gesellschafter nach Absatz 2 Nr. 5 oder 6 nicht Abschlußprüfer sein darf oder
5. eines ihrer Aufsichtsratsmitglieder nach Absatz 2 Nr. 2 oder 5 nicht Abschlußprüfer sein darf.

^{IV} Die Absätze 2 und 3 sind auf den Abschlußprüfer des Konzernabschlusses entsprechend anzuwenden.

1) Allgemeine Abschlußprüferfähigkeit (I)

Wirtschaftsprüfer und WirtschaftsprüfungsGes (§ 1 WPO) haben uneingeschränkte Abschlußprüferfähigkeit (I 1), vereidigte Buchprüfer und BuchprüfungsGes (§ 128 WPO) nur eine auf mittelgroße GmbH (nicht allgemein mittelgroße KapitalGes, zB AG) iSv § 267 II beschränkte Abschlußprüferfähigkeit (I 2). Neues und Übergangsrecht nach WPO s Einl IV 5, V 1 C, D vor § 238. Verstoß gegen I (nicht gegen II, III, s Anm 2) führt zur Nichtigkeit des festgestellten Jahresabschlusses (§ 256 I Nr 3 nF AktG).

2) Ausschlußgründe für Wirtschaftsprüfer und vereidigte Buchprüfer (II)

II und III regeln erheblich strenger als § 164 II, III aF AktG die besondere Abschlußprüferunfähigkeit von Wirtschafts(Buch)prüfern und Wirtschafts(Buch)prüfungsGes. Der Abschlußprüfer muß unabhängig sein, II und III regeln den Ausschluß des Abschlußprüfers bei Fehlen oder Besorgnis des Fehlens der Unabhängigkeit und Unbefangenheit ausschließend. Rechtsfolge des Verstoßes sind Nichtigkeit der Bestellung nach § 318 (nach Begr E § 277 nicht auch des festgestellten Jahresabschlusses, anders § 256 I Nr 3 aF AktG); Verfahren nach § 318 IV (und III, s § 318 Anm 4 und 3) und § 334 II (Ordnungswidrigkeit). **II Nr 1** betrifft jeden Anteilsbesitz, auch Kleinstbeträge. **Nr 2** betrifft die direkte personelle Verflechtung auf Organebene bzw als Arbeitnehmer der zu prüfenden Ges bis zu drei Jahre rückwärts. **Nr 3** betrifft die indirekte personelle Verflechtung, die bei Unternehmensverbindung (§ 271 II) und schon ab Anteilsbesitz von mehr als 20% vorliegt. **Nr 4** entspricht Nr 3 bezüglich der Stellung als Arbeitnehmer. **Nr 5** erfaßt die Mitwirkung bei der Erstellung der zu prüfenden Unterlagen, aber nicht schon Einwirkung auf diese (zB Änderungsverlangen)

2. Abschnitt. Vorschriften für Kapitalgesellschaften **§ 320**

im Rahmen der Prüfungstätigkeit, um ein Testat erteilen zu können. **Nr 6** zielt auf Umgehungen von Nr 5 über Bildung verschiedener Ges oder über eine durch personelle Verflechtung abgesicherte Zusammenarbeit. **Nr 7** zielt auf Umgehungen von Nr 1–6 über Arbeitnehmer, die bei der Prüfung eingesetzt werden. **Nr 8 (Übergangsrecht** in **(1)** EGHGB Art 23 IV, s Einl V 1 A vor § 238) regelt den Fall, daß der Abschlußprüfer einen wesentlichen Teil seiner Einkünfte aus Mandatsverhältnissen mit demselben Auftraggeber bezieht und ihn deshalb eine Beendigung des Auftragsverhältnisses finanziell stark treffen würde. Einkünfte umfassen solche aus Prüfung und aus Beratung (im weitesten Sinne). Mandate von verbundenen und anderen (mehr als 20% Anteilsbesitz, vgl Nr 3, 4) Unternehmen stehen gleich. Der wesentliche Teil ist auf jeweils mehr als die Hälfte der Gesamteinnahmen in den letzten fünf Jahren festgesetzt. Ausnahmegenehmigungen in Härtefällen, zB bei Berufsanfängern und Prüfern am Ende ihres Berufslebens mit nur noch wenigen Mandaten, sind befristet möglich (Nr 8 letzter Halbs). **Weitere Fälle** des Ausschlusses sind zwar nicht in § 319 geregelt, aber standesrechtlich erfaßt. Vor allem verzichtet II bewußt auf eine obligatorische Trennung von Prüfung und Beratung. Der Abschlußprüfer ist aber nach den Berufsrichtlinien der WPK verpflichtet, im Einzelfall zu prüfen, ob er wegen seiner beratenden Tätigkeit von der Prüfung wegen Besorgnis der Befangenheit ausgeschlossen ist (AmtlBegr); dazu WP-Hdb **85** I 38. Ausschluß nur nach Standesrecht auch, zB wenn Ehegatte oder naher Verwandter des Prüfers in dem zu prüfenden Unternehmen Leitungs- oder Aufsichtsfunktionen innehat, oder wenn der Prüfer Treuhänder für Gfter der zu prüfenden Ges ist. **Übergangsrecht** zu II in **(1)** EGHGB Art. 26 II s Einl V 1 D vor § 238).

3) Ausschlußgründe für Wirtschafts(Buch)prüfungsgesellschaften (III)

III entspricht II für prüfende Ges (s Anm 2). **Nr 1** geht über II Nr 1 hinaus und erfaßt auch Unternehmensverbindungen und Anteilsbesitz über 20%. **Nr 2** erstreckt II Nr 5–8 auf WirtschaftsprüfungsGes. **Nr 3** erfaßt die Fälle persönlicher Beziehungen nicht des Abschlußprüfers selbst, sondern eines gesetzlichen Vertreters oder Gfters der prüfenden Ges, und zwar für Ausschlüsse nach II Nr 1–4. **Nr 4, 5** erstrecken II Nr 5, 6 über den Abschlußprüfer selbst hinaus auf gesetzliche Vertreter und (weitergehend als Nr 3 alle) Gfter sowie Aufsichtsratsmitglieder. **Übergangsrecht** zu III in **(1)** EGHGB Art 25, 26 II s Einl V 1 C, D vor § 238.

4) Ausschlußgründe für Konzernabschlußprüfer (IV)

Die Ausschlußgründe von II und III gelten entsprechend.

Vorlagepflicht. Auskunftsrecht

320 ^I **Die gesetzlichen Vertreter der Kapitalgesellschaft haben dem Abschlußprüfer den Jahresabschluß und den Lagebericht unverzüglich nach der Aufstellung vorzulegen. Sie haben ihm zu gestatten, die Bücher und Schriften der Kapitalgesellschaft sowie die Vermögensgegenstände und Schulden, namentlich die Kasse und die Bestände an Wertpapieren und Waren, zu prüfen.**

^{II} **Der Abschlußprüfer kann von den gesetzlichen Vertretern alle Auf-**

§ 321
III. Buch. Handelsbücher

klärungen und Nachweise verlangen, die für eine sorgfältige Prüfung notwendig sind. Soweit es die Vorbereitung der Abschlußprüfung erfordert, hat der Abschlußprüfer die Rechte nach Absatz 1 Satz 2 und nach Satz 1 auch schon vor Aufstellung des Jahresabschlusses. Soweit es für eine sorgfältige Prüfung notwendig ist, hat der Abschlußprüfer die Rechte nach den Sätzen 1 und 2 auch gegenüber Mutter- und Tochterunternehmen.

III Die gesetzlichen Vertreter einer Kapitalgesellschaft, die einen Konzernabschluß aufzustellen hat, haben dem Abschlußprüfer des Konzernabschlusses den Konzernabschluß, den Konzernlagebericht, die Jahresabschlüsse, Lageberichte und, wenn eine Prüfung stattgefunden hat, die Prüfungsberichte des Mutterunternehmens und der Tochterunternehmen vorzulegen. Der Abschlußprüfer hat die Rechte nach Absatz 1 Satz 2 und nach Absatz 2 bei dem Mutterunternehmen und den Tochterunternehmen, die Rechte nach Absatz 2 auch gegenüber den Abschlußprüfern des Mutterunternehmens und der Tochterunternehmen.

1) Vorlagepflicht (I)

§ 320 I, II entsprechen § 165 aF AktG. Eigentliche Vorlagepflicht folgt aus I 1, Pflicht zur Gestattung der Einsichtnahme an Ort und Stelle aus I 2.

2) Auskunftsrecht II

Der Abschlußprüfer hat über I hinaus Recht auf Mithilfe der gesetzlichen Verteter. Soweit nötig, müssen diese, auch schon vor Aufstellung des Jahresabschlusses (zB für vorgelagerte Zwischenprüfungen), alle Aufklärungen und Nachweise liefern (II 1, 2). Diese Rechte (aber nicht das Recht eigener örtlicher Einsichtnahme wie nach I 2) hat der Abschlußprüfer auch gegen Mutter- und Tochterunternehmen (§ 290). Unter I fällt auch Vollständigkeitserklärung (s § 317 Anm 1).

3) Konzernabschluß (III)

III entspricht § 336 IV aF AktG. III gibt die Rechte des I, II, auch dem Konzernabschlußprüfer gegen alle (nicht nur die in den Konzernabschluß einbezogenen, AmtlBegr) Mutter- und Tochterunternehmen, also auch Recht auf eigene örtliche Einsichtnahme nach I 2 (**III 2**, weiter als II), auch gegenüber den Abschlußprüfern dieser Unternehmen.

Prüfungsbericht

321 I Der Abschlußprüfer hat über das Ergebnis der Prüfung schriftlich zu berichten. Im Bericht ist besonders festzustellen, ob die Buchführung, der Jahresabschluß, der Lagebericht, der Konzernabschluß und der Konzernlagebericht den gesetzlichen Vorschriften entsprechen und die gesetzlichen Vertreter die verlangten Aufklärungen und Nachweise erbracht haben. Die Posten des Jahresabschlusses sind aufzugliedern und ausreichend zu erläutern. Nachteilige Veränderungen der Vermögens-, Finanz- und Ertragslage gegenüber dem Vorjahr und Verluste, die das Jahresergebnis nicht unwesentlich beeinflußt haben, sind aufzuführen und ausreichend zu erläutern.

II Stellt der Abschlußprüfer bei Wahrnehmung seiner Aufgaben Tatsa-

2. Abschnitt. Vorschriften für Kapitalgesellschaften 1, 2 § 321

chen fest, die den Bestand eines geprüften Unternehmens gefährden oder seine Entwicklung wesentlich beeinträchtigen können oder die schwerwiegende Verstöße der gesetzlichen Vertreter gegen Gesetz, Gesellschaftsvertrag oder Satzung erkennen lassen, so hat er auch darüber zu berichten.

III Der Abschlußprüfer hat den Bericht zu unterzeichnen und den gesetzlichen Vertretern vorzulegen.

1) Berichtspflicht (I)

§ 321 entspricht §§ 166, 336 V aF AktG. I 3 verhindert, daß nachteilige Veränderungen der Vermögens-, Finanz- und Ertragslage und wesentliche Verluste in der Fülle des Berichts untergehen, sie sind auf jeden Fall aufzuführen und zu erläutern. Grundsätze ordnungsmäßiger Berichterstattung bei Abschlußprüfung s IdW-FG 2/77 WPg **77**, 214, WP-Hdb **85** I 833. Zusätzliche Berichtspflichten s ua §§ 29, 30 KWG, auch § 57 II 2 VAG. Übersicht: Hoffmann BB **83**, 874.

2) Rede- und Warnpflicht (II)

II begründet eine besondere, über den eigentlichen Prüfungsauftrag hinausgehende Rede- und Warnpflicht des Abschlußprüfers nicht auf Grund einer Organstellung (aA BGH **16**, 25, s § 318 Anm 1), sondern als außenstehende Kontrollinstanz mit Schutzzielen über die KapitalGes hinaus (s Einl II 2 vor § 238). II ist Teil eines gesetzlichen Frühwarnsystems. II greift ein: **a)** bei Tatsachen, die den **Bestand** des geprüften (nicht auch eines verbundenen außer bei entspr Rückwirkung) Unternehmens (oder Konzerns) **gefährden oder** seine **Entwicklung wesentlich beeinträchtigen;** Bspe: erhebliche Verluste (nicht erst solche nach § 92 I AktG), Verlust von Großkunden, Abzug von Bankkrediten (soweit symptomatisch, nicht nur von Großkrediten), Drohen einschneidender Prozesse, Gefährdung wichtiger Schutzrechte und Lizenzen, drohender Verlust von Märkten, Unterlassung notwendiger Investitionen, Forschung und Entwicklung; auch drohende Abhängigkeit von einem anderen Unternehmen, aA üL: die Mitteilungspflicht nach § 20 AktG reiche aus, aber diese greift erst ab 25%, wegen der Vertrauensschäden uU auch Insidergeschäfte und andere schwerwiegende Verstöße anderer Unternehmensangehöriger und Gfter als nach b; **b)** bei **schwerwiegenden Verstößen der gesetzlichen Vertreter** gegen Gesetz, GesVertrag oder Satzung, nicht auch Geschäftsordnung; Bspe: Verstoß gegen §§ 92, 93 I 2, III AktG, Insidergeschäfte für eigene Rechnung und für die Ges, unerlaubte Eigengeschäfte, Schmiergeldannahme, sonstige Verstöße außerhalb des Prüfungsumfangs (s § 317 Anm 1), zB gegen Steuerrecht, UWG, GWB. II spricht von Feststellung ,,bei Wahrnehmung seiner Aufgaben"; damit ist nur gemeint, daß die Prüfung nicht gezielt auf diese Tatsachen durchgeführt werden muß (anders bei ernsthaftem Verdacht). Tatsachen nach II, die außerhalb der Wahrnehmung der Aufgaben als Prüfer, also bei beruflicher Tätigkeit für Dritte oder privat, festgestellt werden, fallen ebenfalls unter die Rede- und Warnpflicht, str; die gesetzliche Verschwiegenheitspflicht gegenüber Dritten darf der Prüfer aber nicht verletzen, eine allgemein gehaltene Warnung wird dies aber idR auch nicht tun. Der Abschlußprüfer muß (gerade) auch

§ 322 1 III. Buch. Handelsbücher

dann nach II reden, wenn die Tatsachen den GesOrganen bekannt sind. Die Warnung nach II muß klar und deutlich sein, falsche Schonung ist mit II nicht vereinbar, BGH **16**, 26. In Einzelfällen kann besonderer Bericht vorweg nötig sein, IdW-FG 2/77, WPg **77**, 216. Übersicht: Leffson WPg **80**, 637, Burkel ZIP **82**, 28.

3) Unterzeichnung und Vorlage (III)

Vorlage an alle, auf Verlangen an jeden einzelnen gesetzlichen Vertreter, str.

Bestätigungsvermerk

322 ^I Sind nach dem abschließenden Ergebnis der Prüfung keine Einwendungen zu erheben, so hat der Abschlußprüfer dies durch folgenden Vermerk zum Jahresabschluß und zum Konzernabschluß zu bestätigen:

„Die Buchführung und der Jahresabschluß entsprechen/Der Konzernabschluß entspricht nach meiner/unserer pflichtgemäßen Prüfung den gesetzlichen Vorschriften. Der Jahresabschluß/Konzernabschluß vermittelt unter Beachtung der Grundsätze ordnungsmäßiger Buchführung ein den tatsächlichen Verhältnissen entsprechendes Bild der Vermögens-, Finanz- und Ertragslage der Kapitalgesellschaft/des Konzerns. Der Lagebericht/Konzernlagebericht steht im Einklang mit dem Jahresabschluß/Konzernabschluß."

^II Der Bestätigungsvermerk ist in geeigneter Weise zu ergänzen, wenn zusätzliche Bemerkungen erforderlich erscheinen, um einen falschen Eindruck über den Inhalt der Prüfung und die Tragweite des Bestätigungsvermerks zu vermeiden. Auf die Übereinstimmung mit dem Gesellschaftsvertrag oder der Satzung ist hinzuweisen, wenn diese in zulässiger Weise ergänzende Vorschriften über den Jahresabschluß oder den Konzernabschluß enthalten.

^III Sind Einwendungen zu erheben, so hat der Abschlußprüfer den Bestätigungsvermerk einzuschränken oder zu versagen. Die Versagung ist durch einen Vermerk zum Jahresabschluß oder zum Konzernabschluß zu erklären. Die Einschränkung und die Versagung sind zu begründen. Einschränkungen sind so darzustellen, daß deren Tragweite deutlich erkennbar wird. Ergänzungen des Bestätigungsvermerks nach Absatz 2 sind nicht als Einschränkungen anzusehen.

^IV Der Abschlußprüfer hat den Bestätigungsvermerk oder den Vermerk über seine Versagung unter Angabe von Ort und Tag zu unterzeichnen. Der Bestätigungsvermerk oder der Vermerk über seine Versagung ist auch in den Prüfungsbericht aufzunehmen.

1) Einheitliche Kernfassung (I)

§ 322 entspricht zT §§ 167, 36 VI aF AktG. Der Bestätigungsvermerk zum Jahres(Konzern)abschluß hat eine einheitliche Kernfassung, die ggf nach II zu ergänzen ist. **Satz 1** des Bestätigungsvermerks enthält anders als bisher nicht mehr in jedem Fall (II 2) die Übereinstimmung mit der

2. Abschnitt. Vorschriften für Kapitalgesellschaften **§ 323**

Satzung; daß sich die Abschlußprüfung auch darauf bezieht, folgt aber aus § 317 I 2. **Satz 2** (neu) zwingt zur Aussage, ob der Jahresabschluß ein den tatsächlichen Verhältnissen entsprechendes Bild vermittelt (true and fair view, § 264 II 1); ist das nicht der Fall, ist nach III zu verfahren (anders bei freiwilligen Prüfungen bei NichtkapitalGes, da dann § 264 II nicht gilt, s § 243 Anm 1 B, 2 B; dann aber nur abgeänderter Vermerk nach I 2, DTG S 18). **Satz 3** ist enger formuliert als der Umfang der Prüfung des (Konzern)Lageberichts nach § 317 I 3; trotzdem ist auch dann, wenn dieser eine falsche Vorstellung von der Lage des Unternehmens (Konzerns) erweckt, nicht nach I, sondern nach III zu verfahren, denn dann sind Einwendungen iSv I zu erheben. Grundsätze für die Erteilung von Bestätigungsvermerken, IdW-FG 3/77 WPg **77,** 217.

2) Ergänzung (II)

II zielt auf mehr Flexibilität und Aussagekraft des Bestätigungsvermerks als bisher. II regelt die Mindestergänzung zwingend, läßt aber darüber hinaus Spielraum für freiwillige weitere Ergänzungen. Mindestergänzung ist nach II 1 (Vorbehaltszusätze) geboten, wenn sonst beim außenstehenden Leser (Begr E § 280; aber s § 238 I 2) ein falscher Eindruck über Prüfungsinhalt oder Tragweite des Bestätigungsvermerks entstehen könnte, nach II 2 bei ergänzenden Satzungsbestimmungen (Hinweiszusätze). Unzulässig sind Zusätze, die den Charakter einer Einschränkung haben. S auch III 5. Zu II WPK/IdW WPg **85,** 546.

3) Einschränkung und Versagung (III)

Sind (nicht nur geringfügige, klar unwesentliche) Einwendungen zu erheben, was sich nicht nach dem engeren Wortlaut des Bestätigungsvermerks nach I, sondern nach Umfang und Gegenstand der Pflichtprüfung (§ 317) beurteilt, ist der Bestätigungsvermerk je nach Art und Schwere der Einwendungen einzuschränken oder ganz zu versagen (**III 1**). Zumindest bei Nichtigkeitsgründen (§ 256 AktG) ist zu versagen, str. **III 2–4** sorgen dafür, daß die Dinge beim Namen genannt werden, insbesondere auch die Versagung begründet wird. **III 5** stellt klar, daß Ergänzungen iSv II keine Einschränkung sind. Um so wichtiger ist eine (nicht immer ganz einfache) klare Grenzziehung durch den Abschlußprüfer zwischen II 1 und III 1.

4) Unterzeichnung, Aufnahme in den Prüfungsbericht (IV)

Aufnahme in den Prüfungsbericht (§ 321) und Unterzeichnung; s sodann § 321 III.

Verantwortlichkeit des Abschlußprüfers

323 [I] Der Abschlußprüfer, seine Gehilfen und die bei der Prüfung mitwirkenden gesetzlichen Vertreter einer Prüfungsgesellschaft sind zur gewissenhaften und unparteiischen Prüfung und zur Verschwiegenheit verpflichtet. Sie dürfen nicht unbefugt Geschäfts- und Betriebsgeheimnisse verwerten, die sie bei ihrer Tätigkeit erfahren haben. Wer vorsätzlich oder fahrlässig seine Pflichten verletzt, ist der Kapitalgesellschaft und, wenn ein verbundenes Unternehmen geschädigt worden ist, auch diesem zum Ersatz des daraus entstehenden Schadens verpflichtet. Mehrere Personen haften als Gesamtschuldner.

§ 323 1

^{II} **Die Ersatzpflicht von Personen, die fahrlässig gehandelt haben, beschränkt sich auf fünfhunderttausend Deutsche Mark für eine Prüfung. Dies gilt auch, wenn an der Prüfung mehrere Personen beteiligt gewesen oder mehrere zum Ersatz verpflichtende Handlungen begangen worden sind, und ohne Rücksicht darauf, ob andere Beteiligte vorsätzlich gehandelt haben.**

^{III} **Die Verpflichtung zur Verschwiegenheit besteht, wenn eine Prüfungsgesellschaft Abschlußprüfer ist, auch gegenüber dem Aufsichtsrat und den Mitgliedern des Aufsichtsrats der Prüfungsgesellschaft.**

^{IV} **Die Ersatzpflicht nach diesen Vorschriften kann durch Vertrag weder ausgeschlossen noch beschränkt werden.**

^V **Die Ansprüche aus diesen Vorschriften verjähren in fünf Jahren.**

1) Verhaltenspflichten (I)

A. **Pflicht zur gewissenhaften und unparteiischen Prüfung:** § 323 entspricht §§ 168, 336 VIII aF AktG. Nach I 1 haben der Abschlußprüfer, seine Gehilfen und die bei der Prüfung mitwirkenden gesetzlichen Vertreter einer PrüfungsGes die Pflicht, gewissenhaft (vgl §§ 317, 320–322) und unparteiisch (über § 319 II hinaus, s § 319 Anm 2) zu prüfen. Diese Pflicht beschränkt sich nicht auf die Prüfung ieS, sondern umfaßt die Berufspflichten des Abschlußprüfers insgesamt (vgl. ,,seine Pflichten"). Im einzelnen Pflichten zur Wahrheit, Vollständigkeit, Klarheit, uU Berichtigung, s Hopt FS Pleyer **86**, 341; s § 347 Anm 4 A. Die Konkretisierungen der Verhaltenspflichten durch die Standesorganisationen (WPK, IdW) sind nicht unmittelbar rechtlich verbindlich, aber wirken praktisch idR als Mindestanforderungen. Haftung I 3, Strafnorm § 332.

B. **Schweigepflicht:** Ebenfalls nach I 1 unterliegen die genannten Personen der beruflichen Schweigepflicht, namentlich soweit ihnen Betriebs- oder Geschäftsgeheimnisse bei der Prüfung bekannt geworden sind (I 1; dazu Strafnorm § 333 I, III). Auch noch nicht allgemeine bekannte Tatsachen können Geheimnis sein. Es entscheiden die gesetzlichen Vertreter. Zeugnisverweigerungsrecht ua nach § 383 I Nr 6 ZPO, BGH WM **83**, 653. Der Schweigepflicht entspricht eine Zeugnisverweigerungspflicht. Die Schweigepflicht besteht auch gegenüber einzelnen Aufsichtsratsmitgliedern (vgl e contrario § 318 VII 3, 4; nicht gegenüber Aufsichtsrat insgesamt nach § 171 I 2 AktG), der Hauptversammlung und einzelnen Aktionären, dem Aufsichtsrat der eigenen PrüfungsGes (III, nicht deren Vorstand), sofern die gesetzlichen Vertreter von der Schweigepflicht nicht entbunden haben. In engen Grenzen besteht auch ein **Recht** zum Reden kraft Nothilfe, also über § 321 II (nur intern) und § 322 (auch extern, s § 325) hinaus, zB bei großangelegten, sonst nicht mehr zu verhindernden Kurs- und anderen Betrügereien; wegen der öffentlichen Funktion des Abschlußprüfers (s § 318 Anm 1) kann dieses Recht ausnahmsweise zur **Pflicht** werden. Besondere Rede- und Anzeigepflichten des Prüfers bestehen zB nach § 29 II KWG (unverzüglich an BAKred und DBBk), § 57 II 3 VAG (unverzüglich an Aufsichtsbehörde).

C. **Verwertungsverbot:** Nach I 2 dürfen die unter I 1 fallenden Personen Geschäfts- und Betriebsgeheimnisse, die sie bei ihrer Tätigkeit (nicht pri-

2. Abschnitt. Vorschriften für Kapitalgesellschaften 2 § 323

vat) erfahren haben, nicht unbefugt verwerten. Jede eigennützige Verwertung ist grundsätzlich unbefugt. Die gesetzlichen Vertreter können den Abschlußprüfer zwar von der Schweigepflicht entbinden, ihm nicht aber eigennützige Verwertung zB von Insiderinformationen an der Börse gestatten, str. § 323 I 2 ist ein klares gesetzliches **Verbot der Ausnutzung von Insiderinformationen** (s § 347 Anm 4 Ah; **(16)** InsiderRi und **(17)** Händlerregeln sind nicht einschlägig). Geschäfts- und Betriebsgeheimnis ist zwar nicht jedes Geheimnis der KapitalGes (Grund § 333 I), aber doch sehr weit zu verstehen. I 2 verbietet nicht nur Transaktionen zum eigenen Vorteil, sondern auch solche, zum Vorteil Dritter (Tippen); auch darin liegt ein Verwerten, wenn die Weitergabe nicht völlig uneigennützig erfolgt (dann aber Verstoß gegen I 1). Rechtsfolgen des Verstoßes sind § 333 I 2 (Straftat, aber nur Antragsdelikt), Haftung auf Schadensersatz nach I 3 und Gewinnabführung nach § 667 (wie für Schmiergelder). Ein Verstoß gegen I 2 (gesetzestechnisch Grundlage für § 333 I 2) ist häufig zugleich ein Geheimnisbruch nach I 1, immer aber auch eine Berufspflichtverletzung gegenüber dem Unternehmen nach I 1 (ebenso wie bei Vorstands- und Aufsichtsratsmitgliedern nach §§ 93 I 1, 116 AktG).

D. **Sonstige Verhaltenspflichten des Wirtschaftsprüfers:** § 323 betrifft nur den Pflichtprüfer nach §§ 316 ff. Verhaltenspflichten der Wirtschaftsprüfer nicht als Pflichtprüfer, sondern bei Prospektprüfung, Beratungstätigkeit und treuhänderischer Vermögensverwaltung s Hopt FS Pleyer **86,** 341, sowie § 347 Anm 3, 4.

2) Haftung auf Schadensersatz (I 3, 4)

Die Schadensersatzhaftung knüpft an einen Verhaltenspflichtverstoß iSv I 1, 2 an, und zwar nicht nur bei der Prüfung ieS, sondern irgendeinen Berufspflichtverstoß des Abschlußprüfers (s Anm 1). Die Haftung nach I 3 besteht nur gegenüber der KapitalGes und, wenn ein verbundenes Unternehmen (§ 271 II) geschädigt worden ist, auch diesem gegenüber. Es genügt leichte Fahrlässigkeit. Der Abschlußprüfer haftet gesamtschuldnerisch (I 4) für jeden aus der Pflichtverletzung entstehenden Schaden der Ges (s § 347 Anm 4 C), auch Folgeschäden. Mitverschulden der gesetzlichen Vertreter ist nur in ganz engen Ausnahmefällen anzuerkennen (Grund: Eigenverantwortlichkeit und besondere Kontrollaufgabe des Abschlußprüfers), zB bei vorsätzlicher Irreführung des Prüfers, auch dann entfällt die Ersatzpflicht aber nicht wie sonst immer gänzlich. Haftung für gesetzliche Vertreter und Prüfungsgehilfen nach § 278 BGB zusammen mit dem Prüfungsvertrag (s § 318 Anm 1), §§ 31, 831 BGB. § 323 I ist kein Schutzgesetz iSv § 823 II BGB, aber §§ 332, 333 sind Schutzgesetze zugunsten der Aktionäre und Gläubiger der Ges. I 3 läßt andere Haftungsgrundlagen unberührt, zB Prüfungsvertrag, § 823 II, 826 BGB, dazu Karlsr WM **85,** 940. Eine Vertrauens- oder Berufshaftung (s § 347 Anm 3 E) gegenüber den auf das Testat vertrauenden Dritten wird durch § 323 ausgeschlossen, aber nur innerhalb seines Geltungsbereichs (s auch Anm 3). Dritthaftung außerhalb der Pflichtprüfung (s Anm 1 D) s § 347 Anm 3 D. Übersicht: Hopt FS Pleyer **86,** 357.

§ 324

3) Gesetzliche Haftungsobergrenze (II)

Nach II ist die Haftung auf einen Höchstbetrag von DM 500000 für eine Pflichtprüfung seitens aller fahrlässig handelnder Personen insgesamt beschränkt, ohne Rücksicht darauf, ob mehrere Pflichtverstöße vorliegen oder andere Beteiligte vorsätzlich gehandelt haben; diese letzteren haften unbeschränkt. Mitverschulden mindert nur den Ersatzanspruch, nicht die Haftungsobergrenze. II ist ua angesichts der unangemessen niedrigen Haftungsobergrenze keinesfalls analogiefähig. II erstreckt sich also zwar auf die Vertragshaftung gegenüber dem zu prüfenden Unternehmen, nicht aber auf §§ 823 II, 826 BGB und überhaupt nicht auf die Haftung für andere Tätigkeiten als Pflichtprüfung (s Anm 1 D); eine Berufshaftpflichtversicherung über nur DM 500000 ist deshalb in aller Regel unzureichend.

4) Schweigepflicht innerhalb der Prüfungsgesellschaft (III)

III stellt zu I 1 (s Anm 1 B) klar, daß das Berufsgeheimnis auch gegenüber Aufsichtsrat(smitgliedern) der PrüfungsGes selbst gilt.

5) Keine Freizeichnung (IV)

§ 323 ist zwingend. Freizeichnung von § 323 ist wirkungslos. IV gilt aber nur für die Haftung aus § 323, nicht auch aus anderen Tätigkeiten als Pflichtprüfung (s Anm 1 D), dort aber AGB-Inhaltskontrolle (s **(5)** AGBG § 9 Anm 3: Wirtschaftsprüfer).

6) Verjährung (V)

Die Ansprüche aus § 323 verjähren ohne Rücksicht auf Kenntnis in 5 Jahren, konkurrierende andere Ansprüche nach den jeweils für sie geltenden Vorschriften (s § 347 Anm 4 G).

Meinungsverschiedenheiten zwischen Kapitalgesellschaft und Abschlußprüfer

324 ᴵ Bei Meinungsverschiedenheiten zwischen dem Abschlußprüfer und der Kapitalgesellschaft über die Auslegung und Anwendung der gesetzlichen Vorschriften sowie von Bestimmungen des Gesellschaftsvertrags oder der Satzung über den Jahresabschluß, Lagebericht, Konzernabschluß oder Konzernlagebericht entscheidet auf Antrag des Abschlußprüfers oder der gesetzlichen Vertreter der Kapitalgesellschaft ausschließlich das Landgericht.

ᴵᴵ Auf das Verfahren ist das Gesetz über die Angelegenheiten der freiwilligen Gerichtsbarkeit anzuwenden. Das Landgericht entscheidet durch einen mit Gründen versehenen Beschluß. Die Entscheidung wird erst mit der Rechtskraft wirksam. Gegen die Entscheidung findet die sofortige Beschwerde statt, wenn das Landgericht sie in der Entscheidung zugelassen hat. Es soll sie nur zulassen, wenn dadurch die Klärung einer Rechtsfrage von grundsätzlicher Bedeutung zu erwarten ist. Die Beschwerde kann nur durch Einreichung einer von einem Rechtsanwalt unterzeichneten Beschwerdeschrift eingelegt werden. Über sie entscheidet das Oberlandesgericht; § 28 Abs. 2 und 3 des Gesetzes über die Angelegenheiten der freiwilligen Gerichtsbarkeit ist entsprechend anzuwenden. Die weitere Beschwerde ist ausgeschlossen. Die Landesregierung

2. Abschnitt. Vorschriften für Kapitalgesellschaften § 325

kann durch Rechtsverordnung die Entscheidung über die Beschwerde für die Bezirke mehrerer Oberlandesgerichte einem der Oberlandesgerichte oder dem Obersten Landesgericht übertragen, wenn dies der Sicherung einer einheitlichen Rechtsprechung dient. Die Landesregierung kann die Ermächtigung durch Rechtsverordnung auf die Landesjustizverwaltung übertragen.

III Für die Kosten des Verfahrens gilt die Kostenordnung. Für das Verfahren des ersten Rechtszugs wird das Doppelte der vollen Gebühr erhoben. Für den zweiten Rechtszug wird die gleiche Gebühr erhoben; dies gilt auch dann, wenn die Beschwerde Erfolg hat. Wird der Antrag oder die Beschwerde zurückgenommen, bevor es zu einer Entscheidung kommt, so ermäßigt sich die Gebühr auf die Hälfte. Der Geschäftswert ist von Amts wegen festzusetzen. Er bestimmt sich nach § 30 Abs. 2 der Kostenordnung. Der Abschlußprüfer ist zur Leistung eines Kostenvorschusses nicht verpflichtet. Schuldner der Kosten ist die Kapitalgesellschaft. Die Kosten können jedoch ganz oder zum Teil dem Abschlußprüfer auferlegt werden, wenn dies der Billigkeit entspricht.

1) § 324 (entspr § 169 aF AktG, der aber praktisch bedeutungslos war) ermöglicht die Klärung von Meinungsverschiedenheiten zwischen Kapital-Ges und Abschlußprüfer im Verfahren der freiwilligen Gerichtsbarkeit statt des langsameren, teuereren Zivilprozesses.

Vierter Unterabschnitt.
Offenlegung (Einreichung zu einem Register, Bekanntmachung im Bundesanzeiger). Veröffentlichung und Vervielfältigung. Prüfung durch das Registergericht

Offenlegung

325 I Die gesetzlichen Vertreter von Kapitalgesellschaften haben den Jahresabschluß unverzüglich nach seiner Vorlage an die Gesellschafter, jedoch spätestens vor Ablauf des neunten Monats des dem Abschlußstichtag nachfolgenden Geschäftsjahrs, mit dem Bestätigungsvermerk oder dem Vermerk über dessen Versagung zum Handelsregister des Sitzes der Kapitalgesellschaft einzureichen; gleichzeitig sind der Lagebericht, der Bericht des Aufsichtsrats und, soweit sich der Vorschlag für die Verwendung des Ergebnisses und der Beschluß über seine Verwendung aus dem eingereichten Jahresabschluß nicht ergeben, der Vorschlag für die Verwendung des Ergebnisses und der Beschluß über seine Verwendung unter Angabe des Jahresüberschusses oder Jahresfehlbetrags einzureichen. Die gesetzlichen Vertreter haben unverzüglich nach der Einreichung der in Satz 1 bezeichneten Unterlagen im Bundesanzeiger bekanntzumachen, bei welchem Handelsregister und unter welcher Nummer diese Unterlagen eingereicht worden sind. Werden zur Wahrung der Frist nach Satz 1 der Jahresabschluß und der Lagebericht ohne die anderen Unterlagen eingereicht, so sind der Bericht und der Vorschlag nach ihrem Vorliegen, die Beschlüsse nach der Beschlußfassung und der Vermerk nach der Erteilung unverzüglich einzureichen;

§ 325 1   III. Buch. Handelsbücher

wird der Jahresabschluß bei nachträglicher Prüfung oder Feststellung geändert, so ist auch die Änderung nach Satz 1 einzureichen.

II Absatz 1 ist auf große Kapitalgesellschaften (§ 267 Abs. 3) mit der Maßgabe anzuwenden, daß die in Absatz 1 bezeichneten Unterlagen zunächst im Bundesanzeiger bekanntzumachen sind und die Bekanntmachung unter Beifügung der bezeichneten Unterlagen zum Handelsregister des Sitzes der Kapitalgesellschaft einzureichen ist; die Bekanntmachung nach Absatz 1 Satz 2 entfällt. Die Aufstellung des Anteilsbesitzes (§ 287) braucht nicht im Bundesanzeiger bekannt gemacht zu werden.

III Die gesetzlichen Vertreter einer Kapitalgesellschaft, die einen Konzernabschluß aufzustellen hat, haben den Konzernabschluß unverzüglich nach seiner Vorlage an die Gesellschafter, jedoch spätestens vor Ablauf des neunten Monats des dem Konzernabschlußstichtag nachfolgenden Geschäftsjahrs, mit dem Bestätigungsvermerk oder dem Vermerk über dessen Versagung und den Konzernlagebericht im Bundesanzeiger bekanntzumachen und die Bekanntmachung unter Beifügung der bezeichneten Unterlagen zum Handelsregister des Sitzes der Kapitalgesellschaft einzureichen. Die Aufstellung des Anteilsbesitzes (§ 313 Abs. 4) braucht nicht im Bundesanzeiger bekannt gemacht zu werden. Absatz 1 Satz 3 ist entsprechend anzuwenden.

IV Bei Anwendung der Absätze 2 und 3 ist für die Wahrung der Fristen nach Absatz 1 Satz 1 und Absatz 3 Satz 1 der Zeitpunkt der Einreichung der Unterlagen beim Bundesanzeiger maßgebend.

V Auf Gesetz, Gesellschaftsvertrag oder Satzung beruhende Pflichten der Gesellschaft, den Jahresabschluß, Lagebericht, Konzernabschluß oder Konzernlagebericht in anderer Weise bekanntzumachen, einzureichen oder Personen zugänglich zu machen, bleiben unberührt.

1) Gegenstand, Art, Frist der Offenlegung (I)

§ 325 ersetzt §§ 177, 338 AktG. Legaldefinition der **Offenlegung:** Einreichung zu einem Register, Bekanntmachung im BAnz; **zu unterscheiden von Veröffentlichung** und **Vervielfältigung** (§ 328). I ist der Grundtatbestand für alle KapitalGes; Verschärfungen für große KapitalGes s II, Erleichterungen für kleine und mittlere KapitalGes s §§ 326, 327; Entfallen von § 325 aF AktG (s Einl IV 1 C vor § 238). I 1 sieht als **Gegenstand** der Offenlegung vor: Jahresabschluß und Lagebericht samt Bestätigungsvermerk (oder Versagungsvermerk), Bericht des Aufsichtsrats und, soweit nicht aus dem Jahresabschluß ersichtlich, unter Angabe des Jahresergebnisses des Vorschlag für die Ergebnisverwendung und der Beschluß über diese. I 1 verlangt als **Art** der Offenlegung grundsätzlich nur Einreichung dieser Unterlagen zum HdlReg, I 2 anschließende Bekanntmachung im BAnz nicht der Unterlagen, sondern nur bei welchem HdlReg und unter welcher Nummer die Unterlagen eingereicht sind. I 1 bestimmt als **Frist** der Offenlegung Einreichung unverzüglich nach Vorlage des Jahresabschlusses an die Gfter, spätestens vor Ablauf des neunten Monats des neuen Geschäftsjahrs. I 3 regelt die sukzessive Einreichung und die Einreichung bei späteren Änderungen. Jahresabschluß und Lagebericht sind also notfalls vorweg offenzulegen.

2. Abschnitt. Vorschriften für Kapitalgesellschaften 1 § 326

2) Verschärfung bei großen Kapitalgesellschaften (II)
II verschärft die **Art** der Offenlegung nach I für große KapitalGes (§ 267 III) dahin, daß zuerst die Unterlagen nach I **im BAnz bekanntzumachen** sind (also nicht nur Hinweis auf sie wie in I 2), aber ohne die Beteiligungsliste (§ 287). Dann folgt die Einreichung zum HdlReg (samt Beteiligungsliste, die Teil des Anhangs ist).

3) Konzernabschluß (III)
Gegenstand der Offenlegung sind Konzernabschluß und Konzernlagebericht samt Bestätigungs- bzw Versagungsvermerk ohne Beteiligungsliste (§ 313 IV). **Art** der Offenlegung ist ohne Rücksicht auf die Unternehmensgröße die nach II, also volle Bekanntmachung im BAnz und dann Einreichung zum HdlReg. **Frist** wie in I. Auch I 3 gilt.

4) Fristwahrung (IV)
Für die Offenlegung nach II, III ist der Zeitpunkt der Einreichung zum BAnz, nicht der der Veröffentlichung maßgebend.

5) Sonstige Offenlegungspflichten (V)
Sonstige gesetzliche und gesellschaftsvertragliche Offenlegungspflichten bleiben unberührt.

Größenabhängige Erleichterungen für kleine Kapitalgesellschaften bei der Offenlegung

326 Auf kleine Kapitalgesellschaften (§ 267 Abs. 1) ist § 325 Abs. 1 mit der Maßgabe anzuwenden, daß die gesetzlichen Vertreter nur die Bilanz und den Anhang spätestens vor Ablauf des zwölften Monats des dem Bilanzstichtag nachfolgenden Geschäftsjahrs einzureichen haben. Soweit sich das Jahresergebnis, der Vorschlag für die Verwendung des Ergebnisses, der Beschluß über seine Verwendung aus der eingereichten Bilanz oder dem eingereichten Anhang nicht ergeben, sind auch der Vorschlag für die Verwendung des Ergebnisses und der Beschluß über seine Verwendung unter Angabe des Jahresergebnisses einzureichen. Der Anhang braucht die die Gewinn- und Verlustrechnung betreffenden Angaben nicht zu enthalten.

1) Für kleine KapitalGes (§ 267 I) gelten folgende Erleichterungen bei der Offenlegung gegenüber § 325. Zum **Gegenstand**: Nur Bilanz und Anhang und, soweit nicht aus diesen ersichtlich, unter Angabe des Jahresergebnisses der Vorschlag für die Ergebnisverwendung und der Beschluß über diese; also nicht Gewinn- und Verlustrechnung, Lagebericht und Bericht des Aufsichtsrats. Bestätigungsvermerk entfällt mangels Prüfungspflichtigkeit der kleinen KapitalGes (§ 316 I 1). Zum **Umfang**: Die Angaben im Anhang, die die Gewinn- und Verlustrechnung betreffen, können wegbleiben (S 3). Bilanz und Anhang dürfen bereits in verkürzter Form aufgestellt werden (§§ 266 I 3, 288 S 1). Zur **Frist**: 12 Monate statt 9. Für die **Art** der Offenlegung verbleibt es beim Grundtatbestand des § 325 I: Keine Bekanntmachung der Unterlagen im BAnz.

§ 327 1, 2   III. Buch. Handelsbücher

Größenabhängige Erleichterungen für mittelgroße Kapitalgesellschaften bei der Offenlegung

327 Auf mittelgroße Kapitalgesellschaften (§ 267 Abs. 2) ist § 325 Abs. 1 mit der Maßgabe anzuwenden, daß die gesetzlichen Vertreter

1. die Bilanz nur in der für kleine Kapitalgesellschaften nach § 266 Abs. 1 Satz 3 vorgeschriebenen Form zum Handelsregister einreichen müssen. In der Bilanz oder im Anhang sind jedoch die folgenden Posten des § 266 Abs. 2 und 3 zusätzlich gesondert anzugeben:

Auf der Aktivseite
A I 2	Geschäfts- oder Firmenwert;
A II 1	Grundstücke, grundstücksgleiche Rechte und Bauten einschließlich der Bauten auf fremden Grundstücken;
A II 2	technische Anlagen und Maschinen;
A II 3	andere Anlagen, Betriebs- und Geschäftsausstattung;
A II 4	geleistete Anzahlungen und Anlagen im Bau;
A III 1	Anteile an verbundenen Unternehmen;
A III 2	Ausleihungen an verbundene Unternehmen;
A III 3	Beteiligungen;
A III 4	Ausleihungen an Unternehmen, mit denen ein Beteiligungsverhältnis besteht;
B II 2	Forderungen gegen verbundene Unternehmen;
B II 3	Forderungen gegen Unternehmen, mit denen ein Beteiligungsverhältnis besteht;
B III 1	Anteile an verbundenen Unternehmen;
B III 2	eigene Anteile.

Auf der Passivseite
C 1	Anleihen, davon konvertibel;
C 2	Verbindlichkeiten gegenüber Kreditinstituten;
C 6	Verbindlichkeiten gegenüber verbundenen Unternehmen;
C 7	Verbindlichkeiten gegenüber Unternehmen, mit denen ein Beteiligungsverhältnis besteht;

2. den Anhang ohne die Angaben nach § 285 Nr. 2, 5 und 8 Buchstabe a, Nr. 12 zum Handelsregister einreichen dürfen.

1) Verkürzter Umfang der Bilanz (Nr 1)

Für mittelgroße KapitalGes (§ 237 II) bringt § 327 Erleichterungen beim **Umfang** der Offenlegung gegenüber § 325. Sie brauchen die Bilanz nicht im vollen Umfang, wie nach § 266 I 2 aufgestellt, sondern nur in der verkürzten Form wie für kleine KapitalGes (§ 266 I 3) offenzulegen (also nur bis zur Tiefe der römischen Ziffern, s § 266 Anm 1 B), S 1. Nach S 2 sind dann aber einige der dadurch weggefallenen Posten der Aktiv- und Passivseite in Bilanz oder Anhang gesondert anzugeben.

2) Verkürzter Umfang des Anhangs (Nr 2)

Wegbleiben dürfen die Angaben nach §§ 285 Nr 2, 5, 8a, 12, s dort.

3) Prüfung und Feststellung auch der verkürzten Form

Klarzustellen ist, daß der Jahresabschluß bei Inanspruchnahme der Erleichterungen des § 327 auch in der verkürzten Form geprüft und festgestellt werden muß, auch wenn daneben ein unverkürzter Jahresabschluß für interne Zwecke aufgestellt, geprüft und festgestellt ist (AmtlBegr).

Form und Inhalt der Unterlagen bei der Offenlegung, Veröffentlichung und Vervielfältigung

328 ^I Bei der vollständigen oder teilweisen Offenlegung des Jahresabschlusses und des Konzernabschlusses und bei der Veröffentlichung oder Vervielfältigung in anderer Form auf Grund des Gesellschaftsvertrags oder der Satzung sind die folgenden Vorschriften einzuhalten:

1. Der Jahresabschluß und der Konzernabschluß sind so wiederzugeben, daß sie den für ihre Aufstellung maßgeblichen Vorschriften entsprechen, soweit nicht Erleichterungen nach §§ 326, 327 in Anspruch genommen werden; sie haben in diesem Rahmen vollständig und richtig zu sein. Das Datum der Feststellung ist anzugeben, sofern der Jahresabschluß festgestellt worden ist. Wurde der Jahresabschluß oder der Konzernabschluß auf Grund gesetzlicher Vorschriften durch einen Abschlußprüfer geprüft, so ist jeweils der vollständige Wortlaut des Bestätigungsvermerks oder des Vermerks über dessen Versagung wiederzugeben; wird der Jahresabschluß wegen der Inanspruchnahme von Erleichterungen nur teilweise offengelegt und bezieht sich der Bestätigungsvermerk auf den vollständigen Jahresabschluß, so ist hierauf hinzuweisen.
2. Werden der Jahresabschluß oder der Konzernabschluß zur Wahrung der gesetzlich vorgeschriebenen Fristen über die Offenlegung vor der Prüfung oder Feststellung, sofern diese gesetzlich vorgeschrieben sind, oder nicht gleichzeitig mit beizufügenden Unterlagen offengelegt, so ist hierauf bei der Offenlegung hinzuweisen.

^{II} Werden der Jahresabschluß oder Konzernabschluß in Veröffentlichungen und Vervielfältigungen, die nicht durch Gesetz, Gesellschaftsvertrag oder Satzung vorgeschrieben sind, nicht in der nach Absatz 1 vorgeschriebenen Form wiedergegeben, so ist jeweils in einer Überschrift darauf hinzuweisen, daß es sich nicht um eine der gesetzlichen Form entsprechende Veröffentlichung handelt. Ein Bestätigungsvermerk darf nicht beigefügt werden. Ist jedoch auf Grund gesetzlicher Vorschriften eine Prüfung durch einen Abschlußprüfer erfolgt, so ist anzugeben, ob der Abschlußprüfer den in gesetzlicher Form erstellten Jahresabschluß oder den Konzernabschluß bestätigt hat oder ob er die Bestätigung eingeschränkt oder versagt hat. Ferner ist anzugeben, bei welchem Handelsregister und in welcher Nummer des Bundesanzeigers die Offenlegung erfolgt ist oder daß die Offenlegung noch nicht erfolgt ist.

^{III} Absatz 1 Nr. 1 ist auf den Lagebericht, den Konzernlagebericht, den Vorschlag für die Verwendung des Ergebnisses und den Beschluß über seine Verwendung sowie auf die Aufstellung des Anteilsbesitzes entspre-

chend anzuwenden. Werden die in Satz 1 bezeichneten Unterlagen nicht gleichzeitig mit dem Jahresabschluß oder dem Konzernabschluß offengelegt, so ist bei ihrer nachträglichen Offenlegung jeweils anzugeben, auf welchen Abschluß sie sich beziehen und wo dieser offengelegt worden ist; dies gilt auch für die nachträgliche Offenlegung des Bestätigungsvermerks oder des Vermerks über seine Versagung.

1) § 328 regelt entspr §§ 178, 338 IV aF AktG Form und Inhalt der Unterlagen bei der Offenlegung (s § 325 Anm 1) und bei der Veröffentlichung oder Vervielfältigung in anderer Form nach GesVertrag, um jede Irreführung zu verhindern. I betrifft die Pflichtbekanntmachung, II die freiwilligen Bekanntmachungen, III vor allem den Lagebericht.

Prüfungspflicht des Registergerichts

329 ᴵ Das Gericht prüft, ob die vollständig oder teilweise zum Handelsregister einzureichenden Unterlagen vollzählig sind und, sofern vorgeschrieben, bekanntgemacht worden sind.

ᴵᴵ Gibt die Prüfung nach Absatz 1 Anlaß zu der Annahme, daß von der Größe der Kapitalgesellschaft abhängige Erleichterungen nicht hätten in Anspruch genommen werden dürfen, so kann das Gericht zu seiner Unterrichtung von der Kapitalgesellschaft innerhalb einer angemessenen Frist die Mitteilung der Umsatzerlöse (§ 277 Abs. 1) und der durchschnittlichen Zahl der Arbeitnehmer (§ 267 Abs. 5) verlangen. Unterläßt die Kapitalgesellschaft die fristgemäße Mitteilung, so gelten die Erleichterungen als zu Unrecht in Anspruch genommen.

1) § 329 entspricht zT § 177 III aF AktG. Auf offensichtliche Nichtigkeit braucht das Gericht nicht mehr zu prüfen. Auch eine inhaltliche Prüfung und eine Prüfung der Einhaltung von § 328 findet nicht statt. Das Gericht prüft nur, ob es sich überhaupt um die einzureichenden Unterlagen handelt und ob sie vollzählig und ggf bekanntgemacht sind (I). II regelt das Verfahren bei Zweifeln des Gerichts an der Berechtigung der Inanspruchnahme größenabhängiger Erleichterungen. Die Angaben nach II werden nicht zu den einsehbaren HdlRegUnterlagen genommen (Begr E § 284). Weitere Prüfungen, etwa der Richtigkeit dieser Angaben, finden nicht statt.

Fünfter Unterabschnitt.
Verordnungsermächtigung für Formblätter und andere Vorschriften

[Formblätter]

330 Der Bundesminister der Justiz wird ermächtigt, im Einvernehmen mit dem Bundesminister der Finanzen und dem Bundesminister für Wirtschaft durch Rechtsverordnung, die nicht der Zustimmung des Bundesrates bedarf, für Kapitalgesellschaften Formblätter vorzuschreiben oder andere Vorschriften für die Gliederung des Jahresabschlusses oder des Konzernabschlusses oder den Inhalt des Anhangs, des Konzernanhangs, des Lageberichts oder des Konzernlageberichts zu erlassen, wenn der Geschäftszweig eine von den §§ 266, 275 abweichende Gliederung des Jahresabschlusses oder des Konzernabschlusses oder von den Vorschriften des Ersten Abschnitts und des Ersten und Zweiten Unterabschnitts des Zweiten Abschnitts abweichende Regelungen erfordert. Die sich aus den abweichenden Vorschriften ergebenden Anforderungen an die in Satz 1 bezeichneten Unterlagen sollen den Anforderungen gleichwertig sein, die sich für große Kapitalgesellschaften (§ 267 Abs. 3) aus den Vorschriften des Ersten Abschnitts und des Ersten und Zweiten Unterabschnitts des Zweiten Abschnitts sowie den für den Geschäftszweig geltenden Vorschriften ergeben. Über das geltende Recht hinausgehende Anforderungen dürfen nur gestellt werden, soweit sie auf Rechtsakten des Rates der Europäischen Gemeinschaften beruhen.

1) § 330 entspricht § 161 I aF AktG und ersetzt entsprechende Ermächtigungen in anderen Gesetzen, zB § 33g aF GenG. Betroffen sind vor allem Kreditinstitute und Versicherungsunternehmen.

Sechster Unterabschnitt. Straf- und Bußgeldvorschriften. Zwangsgelder

Unrichtige Darstellung

331 Mit Freiheitsstrafe bis zu drei Jahren oder mit Geldstrafe wird bestraft, wer
1. als Mitglied des vertretungsberechtigten Organs oder des Aufsichtsrats einer Kapitalgesellschaft die Verhältnisse der Kapitalgesellschaft in der Eröffnungsbilanz, im Jahresabschluß oder im Lagebericht unrichtig wiedergibt oder verschleiert,
2. als Mitglied des vertretungsberechtigten Organs oder des Aufsichtsrats einer Kapitalgesellschaft die Verhältnisse des Konzerns im Konzernabschluß oder im Konzernlagebericht unrichtig wiedergibt oder verschleiert,
3. als Mitglied des vertretungsberechtigten Organs einer Kapitalgesellschaft zum Zwecke der Befreiung nach § 291 oder einer nach § 292 erlassenen Rechtsverordnung einen Konzernabschluß oder Konzernlagebericht, in dem die Verhältnisse des Konzerns unrichtig wiedergegeben oder verschleiert worden sind, vorsätzlich oder leichtfertig offenlegt oder
4. als Mitglied des vertretungsberechtigten Organs einer Kapitalgesellschaft oder als Mitglied des vertretungsberechtigten Organs oder als vertretungsberechtigter Gesellschafter eines ihrer Tochterunternehmen (§ 290 Abs. 1, 2) in Aufklärungen oder Nachweisen, die nach § 320 einem Abschlußprüfer der Kapitalgesellschaft, eines verbundenen Unternehmens oder des Konzerns zu geben sind, unrichtige Angaben macht oder die Verhältnisse der Kapitalgesellschaft, eines Tochterunternehmens oder des Konzerns unrichtig wiedergibt oder verschleiert.

§§ 332–334 III. Buch. Handelsbücher

1) §§ 331–335 entsprechen weitgehend §§ 399 ff aF AktG, soweit diese sich auf die Jahresabschlußunterlagen beziehen. §§ 331–333 enthalten Straftatbestände, § 334 Ordnungswidrigkeitstatbestände und § 335 die Möglichkeit, Zwangsgeld festzusetzen.

Verletzung der Berichtspflicht

332 ᴵ Mit Freiheitsstrafe bis zu drei Jahren oder mit Geldstrafe wird bestraft, wer als Abschlußprüfer oder Gehilfe eines Abschlußprüfers über das Ergebnis der Prüfung eines Jahresabschlusses, eines Lageberichts, eines Konzernabschlusses oder eines Konzernlageberichts einer Kapitalgesellschaft unrichtig berichtet, im Prüfungsbericht (§ 321) erhebliche Umstände verschweigt oder einen inhaltlich unrichtigen Bestätigungsvermerk (§ 322) erteilt.

ᴵᴵ Handelt der Täter gegen Entgelt oder in der Absicht, sich oder einen anderen zu bereichern oder einen anderen zu schädigen, so ist die Strafe Freiheitsstrafe bis zu fünf Jahren oder Geldstrafe.

1) § 332 entspricht § 403 aF AktG. Verletzung der Berichtspflicht s § 323 Anm 1 A. § 332 setzt Vorsatz voraus. § 332 ist Schutzgesetz iSv § 823 II BGB, Karlsr WM **85**, 944, s § 323 Anm. 2.

Verletzung der Geheimhaltungspflicht

333 ᴵ Mit Freiheitsstrafe bis zu einem Jahr oder mit Geldstrafe wird bestraft, wer ein Geheimnis der Kapitalgesellschaft, eines Tochterunternehmens (§ 290 Abs. 1, 2), eines gemeinsam geführten Unternehmens (§ 310) oder eines assoziierten Unternehmens (§ 311), namentlich ein Betriebs- oder Geschäftsgeheimnis, das ihm in seiner Eigenschaft als Abschlußprüfer oder Gehilfe eines Abschlußprüfers bei Prüfung des Jahresabschlusses oder des Konzernabschlusses bekannt geworden ist, unbefugt offenbart.

ᴵᴵ Handelt der Täter gegen Entgelt oder in der Absicht, sich oder einen anderen zu bereichern oder einen anderen zu schädigen, so ist die Strafe Freiheitsstrafe bis zu zwei Jahren oder Geldstrafe. Ebenso wird bestraft, wer ein Geheimnis der in Absatz 1 bezeichneten Art, namentlich ein Betriebs- oder Geschäftsgeheimnis, das ihm unter den Voraussetzungen des Absatzes 1 bekannt geworden ist, unbefugt verwertet.

ᴵᴵᴵ Die Tat wird nur auf Antrag der Kapitalgesellschaft verfolgt.

1) S § 323 Anm 1 B, C, 2. § 333 ist Vorsatzstraftat und Antragsdelikt

Bußgeldvorschriften

334 ᴵ Ordnungswidrig handelt, wer als Mitglied des vertretungsberechtigten Organs oder des Aufsichtsrats einer Kapitalgesellschaft

1. bei der Aufstellung oder Feststellung des Jahresabschlusses einer Vorschrift
   a) des § 243 Abs. 1 oder 2, der §§ 244, 245, 246, 247, 248, 249 Abs. 1 Satz 1 oder Abs. 3, des § 250 Abs. 1 Satz 1 oder Abs. 2, des § 251 oder des § 264 Abs. 2 über Form oder Inhalt,

2. Abschnitt. Vorschriften für Kapitalgesellschaften **§ 335**

    b) des § 253 Abs. 1 Satz 1 in Verbindung mit § 255 Abs. 1 oder 2 Satz 1, 2 oder 6, des § 253 Abs. 1 Satz 2 oder Abs. 2 Satz 1, 2 oder 3, dieser in Verbindung mit § 279 Abs. 1 Satz 2, des § 253 Abs. 3 Satz 1 oder 2, des § 280 Abs. 1, des § 282 oder des § 283 über die Bewertung,
    c) des § 265 Abs. 2, 3, 4 oder 6, der §§ 266, 268 Abs. 2, 3, 4, 5, 6 oder 7, der §§ 272, 273, 274 Abs. 1, des § 275 oder des § 277 über die Gliederung oder
    d) des § 280 Abs. 3, des § 281 Abs. 1 Satz 2 oder 3 oder Abs. 2 Satz 1, des § 284 oder des § 285 über die in der Bilanz oder im Anhang zu machenden Angaben,
2. bei der Aufstellung des Konzernabschlusses einer Vorschrift
    a) des § 294 Abs. 1 über den Konsolidierungskreis,
    b) des § 297 Abs. 2 oder 3 oder des § 298 Abs. 1 in Verbindung mit den §§ 244, 245, 246, 247, 248, 249 Abs. 1 Satz 1 oder Abs. 3, dem § 250 Abs. 1 Satz 1 oder Abs. 2 oder dem § 251 über Inhalt oder Form,
    c) des § 300 über die Konsolidierungsgrundsätze oder das Vollständigkeitsgebot,
    d) des § 308 Abs. 1 Satz 1 in Verbindung mit den in Nummer 1 Buchstabe b bezeichneten Vorschriften oder des § 308 Abs. 2 über die Bewertung,
    e) des § 311 Abs. 1 Satz 1 in Verbindung mit § 312 über die Behandlung assoziierter Unternehmen oder
    f) des § 308 Abs. 1 Satz 3, des § 313 oder des § 314 über die im Anhang zu machenden Angaben,
3. bei der Aufstellung des Lageberichts einer Vorschrift des § 289 Abs. 1 über den Inhalt des Lageberichts,
4. bei der Aufstellung des Konzernlageberichts einer Vorschrift des § 315 Abs. 1 über den Inhalt des Konzernlageberichts,
5. bei der Offenlegung, Veröffentlichung oder Vervielfältigung einer Vorschrift des § 328 über Form oder Inhalt oder
6. einer auf Grund des § 330 Satz 1 erlassenen Rechtsverordnung, soweit sie für einen bestimmten Tatbestand auf diese Bußgeldvorschrift verweist,

zuwiderhandelt.

II Ordnungswidrig handelt auch, wer zu einem Jahresabschluß oder einem Konzernabschluß, der auf Grund gesetzlicher Vorschriften zu prüfen ist, einen Vermerk nach § 322 erteilt, obwohl nach § 319 Abs. 2 er nach § 319 Abs. 3 die Wirtschaftsprüfungsgesellschaft oder Buchprüfungsgesellschaft, für die er tätig wird, nicht Abschlußprüfer sein darf.

III Die Ordnungswidrigkeit kann mit einer Geldbuße bis zu fünfzigtausend Deutsche Mark geahndet werden.

Festsetzung von Zwangsgeld

335 Mitglieder des vertretungsberechtigten Organs einer Kapitalgesellschaft, die

§ 336

1. § 242 Abs. 1 und 2, § 264 Abs. 1 über die Pflicht zur Aufstellung eines Jahresabschlusses und eines Lageberichts,
2. § 290 Abs. 1 und 2 über die Pflicht zur Aufstellung eines Konzernabschlusses und eines Konzernlageberichts,
3. § 318 Abs. 1 Satz 4 über die Pflicht zur unverzüglichen Erteilung des Prüfungsauftrags,
4. § 318 Abs. 4 Satz 3 über die Pflicht, den Antrag auf gerichtliche Bestellung des Abschlußprüfers zu stellen,
5. § 320 über die Pflichten gegenüber dem Abschlußprüfer oder
6. § 325 über die Pflicht zur Offenlegung des Jahresabschlusses, des Lageberichts, des Konzernabschlusses, des Konzernlageberichts und anderer Unterlagen der Rechnungslegung

nicht befolgen, sind hierzu vom Registergericht durch Festsetzung von Zwangsgeld nach § 132 Abs. 1 des Gesetzes über die Angelegenheiten der freiwilligen Gerichtsbarkeit anzuhalten. Das Registergericht schreitet jedoch nur ein, wenn ein Gesellschafter, Gläubiger oder der Gesamtbetriebsrat oder, wenn ein solcher nicht besteht, der Betriebsrat der Kapitalgesellschaft dies beantragt; § 14 ist insoweit nicht anzuwenden. Bestehen die Pflichten hinsichtlich eines Konzernabschlusses und eines Konzernlageberichts, so können den Antrag nach Satz 2 auch die Gesellschafter und Gläubiger eines Tochterunternehmens sowie der Konzernbetriebsrat stellen. Die Antragsberechtigung ist glaubhaft zu machen. Ein späterer Wegfall der Antragsberechtigung ist unschädlich. Der Antrag kann nicht zurückgenommen werden. Das Gericht kann von der wiederholten Androhung und Festsetzung eines Zwangsgeldes absehen. Das einzelne Zwangsgeld darf den Betrag von zehntausend Deutsche Mark nicht übersteigen.

Dritter Abschnitt. Ergänzende Vorschriften für eingetragene Genossenschaften

Pflicht zur Aufstellung von Jahresabschluß und Lagebericht

336 ^{I}Der Vorstand einer Genossenschaft hat den Jahresabschluß (§ 242) um einen Anhang zu erweitern, der mit der Bilanz und der Gewinn- und Verlustrechnung eine Einheit bildet, sowie einen Lagebericht aufzustellen. Der Jahresabschluß und der Lagebericht sind in den ersten fünf Monaten des Geschäftsjahrs für das vergangene Geschäftsjahr aufzustellen.

^{II}Auf den Jahresabschluß und den Lagebericht sind, soweit in den folgenden Vorschriften nichts anderes bestimmt ist, § 264 Abs. 2, §§ 265 bis 289 über den Jahresabschluß und den Lagebericht entsprechend anzuwenden; § 277 Abs. 3 Satz 1, §§ 279, 280, 281 Abs. 2 Satz 1, § 285 Nr. 5, 6 brauchen jedoch nicht angewendet zu werden. Sonstige Vorschriften, die durch den Geschäftszweig bedingt sind, bleiben unberührt.

^{III}§ 330 über den Erlaß von Rechtsverordnungen ist entsprechend anzuwenden.

3. Abschn. Vorschr. für eingetragene Genossenschaften §§ 337, 338

1) Für die eG gelten Abschn 1 und ergänzend Abschn 3 mit §§ 336–339 (zT entspr §§ 33ff aF GenG). Diese machen einen Teil der Vorschriften des Abschn 2 (KapitalGes) auf die eG anwendbar und tragen im übrigen den Besonderheiten der eG Rechnung. § 336 I entspricht § 264 I für KapitalGes, verlängert aber die Aufstellungsfrist. II verweist auf den Abschn 2, nimmt aber insbesondere dessen Vorschriften über die Unzulässigkeit stiller Reserven aus; eG dürfen solche weiterhin bilden, soweit nicht Grenzen auch für EinzelKflte und PersonenGes bestehen (s § 253 Anm 5).

Vorschriften zur Bilanz

337 **I An Stelle des gezeichneten Kapitals ist der Betrag der Geschäftsguthaben der Genossen auszuweisen. Dabei ist der Betrag der Geschäftsguthaben der mit Ablauf des Geschäftsjahrs ausgeschiedenen Genossen gesondert anzugeben. Werden rückständige fällige Einzahlungen auf Geschäftsanteile in der Bilanz als Geschäftsguthaben ausgewiesen, so ist der entsprechende Betrag auf der Aktivseite unter der Bezeichnung „Rückständige fällige Einzahlungen auf Geschäftsanteile" einzustellen. Werden rückständige fällige Einzahlungen nicht als Geschäftsguthaben ausgewiesen, so ist der Betrag bei dem Posten „Geschäftsguthaben" zu vermerken. In beiden Fällen ist der Betrag mit dem Nennwert anzusetzen.**

II An Stelle der Gewinnrücklagen sind die Ergebnisrücklagen auszuweisen und wie folgt aufzugliedern:
1. **Gesetzliche Rücklage;**
2. **andere Ergebnisrücklagen; die Ergebnisrücklage nach § 73 Abs. 3 des Gesetzes betreffend die Erwerbs- und Wirtschaftsgenossenschaften und die Beträge, die aus dieser Ergebnisrücklage an ausgeschiedene Genossen auszuzahlen sind, müssen vermerkt werden.**

III Bei den Ergebnisrücklagen sind gesondert aufzuführen:
1. **Die Beträge, welche die Generalversammlung aus dem Bilanzgewinn des Vorjahrs eingestellt hat;**
2. **die Beträge, die aus dem Jahresüberschuß des Geschäftsjahrs eingestellt werden;**
3. **die Beträge, die für das Geschäftsjahr entnommen werden.**

1) § 337 enthält Sondervorschriften für die Bilanz der eG zu §§ 266 III Posten A I, III, 272 I, III. I über das gezeichnete Kapital (bei eG Geschäftsguthaben der Genossen) entspricht §§ 33 d I B I, 33 e I aF GenG, II über die Gewinnrücklagen (bei eG Ergebnisrücklagen) § 33 d I B II GenG. III (neu) verlangt Darstellung der Entwicklung der Ergebnisrücklagen wie bei KapitalGes.

Vorschriften zum Anhang

338 **I Im Anhang sind auch Angaben zu machen über die Zahl der im Laufe des Geschäftsjahrs eingetretenen oder ausgeschiedenen sowie die Zahl der am Schluß des Geschäftsjahrs der Genossen-**

§ 339

schaft angehörenden Genossen. Ferner sind der Gesamtbetrag, um welchen in diesem Jahr die Geschäftsguthaben sowie die Haftsummen der Genossen sich vermehrt oder vermindert haben, und der Betrag der Haftsummen anzugeben, für welche am Jahresschluß alle Genossen zusammen aufzukommen haben.

^{II} Im Anhang sind ferner anzugeben:

1. Name und Anschrift des zuständigen Prüfungsverbandes, dem die Genossenschaft angehört;
2. alle Mitglieder des Vorstands und des Aufsichtsrats, auch wenn sie im Geschäftsjahr oder später ausgeschieden sind, mit dem Familiennamen und mindestens einem ausgeschriebenen Vornamen; ein etwaiger Vorsitzender des Aufsichtsrats ist als solcher zu bezeichnen.

^{III} An Stelle der in § 285 Nr. 9 vorgeschriebenen Angaben über die an Mitglieder von Organen geleisteten Bezüge, Vorschüsse und Kredite sind lediglich die Forderungen anzugeben, die der Genossenschaft gegen Mitglieder des Vorstands oder Aufsichtsrats zustehen. Die Beträge dieser Forderungen können für jedes Organ in einer Summe zusammengefaßt werden.

1) § 338 enthält Sondervorschriften für den Anhang der eG zu §§ 284–288. **I** entspricht § 33 III 1, IV 1 aF GenG. **II** schreibt neu weitere Angaben vor. **III** ersetzt § 33 d IV durch eine mildere Fassung von § 289 Nr 9: Angabe der Forderungen der eG gegen Vorstands- und Aufsichtsratsmitglieder, nur für jedes Organ aggregiert.

Offenlegung

339 ^I Der Vorstand hat unverzüglich nach der Generalversammlung über den Jahresabschluß den festgestellten Jahresabschluß, den Lagebericht und den Bericht des Aufsichtsrats zum Genossenschaftsregister des Sitzes der Genossenschaft einzureichen. Ist die Erteilung eines Bestätigungsvermerks nach § 58 Abs. 2 des Gesetzes betreffend die Erwerbs- und Wirtschaftsgenossenschaften vorgeschrieben, so ist dieser mit dem Jahresabschluß einzureichen; hat der Prüfungsverband die Bestätigung des Jahresabschlusses versagt, so muß dies auf dem eingereichten Jahresabschluß vermerkt und der Vermerk vom Prüfungsverband unterschrieben sein. Ist die Prüfung des Jahresabschlusses im Zeitpunkt der Einreichung der Unterlagen nach Satz 1 nicht abgeschlossen, so ist der Bestätigungsvermerk oder der Vermerk über seine Versagung unverzüglich nach Abschluß der Prüfung einzureichen. Wird der Jahresabschluß oder der Lagebericht nach der Einreichung geändert, so ist auch die geänderte Fassung einzureichen.

^{II} Der Vorstand einer Genossenschaft, die die Größenmerkmale des § 267 Abs. 3 erfüllt, hat ferner unverzüglich nach der Generalversammlung über den Jahresabschluß den festgestellten Jahresabschluß mit dem Bestätigungsvermerk in den für die Bekanntmachungen der Genossenschaft bestimmten Blättern bekanntzumachen und die Bekanntmachung zu dem Genossenschaftsregister des Sitzes der Genossenschaft einzureichen. Ist die Prüfung des Jahresabschlusses im Zeitpunkt der Generalver-

sammlung nicht abgeschlossen, so hat die Bekanntmachung nach Satz 1 unverzüglich nach dem Abschluß der Prüfung zu erfolgen.

^{III} Die §§ 326 bis 329 über die größenabhängigen Erleichterungen bei der Offenlegung, über Form und Inhalt der Unterlagen bei der Offenlegung, Veröffentlichung und Vervielfältigung sowie über die Prüfungspflicht des Registergerichts sind entsprechend anzuwenden.

1) § 339 enthält Sondervorschriften für die Offenlegung der eG zu §§ 325–329. § 339 ersetzt § 33 III, IV aF GenG. Der eG kommen vor allem auch die größenabhängigen Erleichterungen zugute.

340–342 *(weggefallen)*

Viertes Buch. Handelsgeschäfte
Einleitung vor § 343

Schrifttum

a) Kommentare: *Großko*, 3. Aufl 1967 ff, 4. Aufl 1983 ff (Einzellieferungen). – *Schlegelberger,* 5. Aufl 1973 ff. – *Alff,* Fracht-, Lager- und Speditionsrecht, 1986.

b) Lehrbücher: *Brox* (Grundriß), 5. Aufl 1985. – *Capelle-Canaris,* 20. Aufl 1985. – *Gierke-Sandrock,* 9. Aufl 1975. – *Hofmann,* 5. Aufl 1985. – Hopt-Mössle 1986. – *Klunzinger,* 3. Aufl 1985. – *K. Schmidt* 1980, 2. (unveränderte) Aufl 1982.

c) Einzeldarstellungen und Sonstiges: *Canaris,* Vertrauenshaftung, 1971. – *Straatmann-Ulmer,* Handelsrechtliche Schiedsgerichts-Praxis, Bd 1 1975, Bd 2 1982.

Übersicht

1) Handelsgeschäfte und anwendbares Recht
2) Geschäftsverbindung
3) Geschäfte ohne Rechtsbindungswillen
4) Abschlußfreiheit, Kontrahierungszwang
5) Formfreiheit, Schriftformklausel
6) Inhaltsfreiheit
7) Verjährung

1) Handelsgeschäfte und anwendbares Recht

A. Die **Handelsgeschäfte** iSv Buch III sind im Gegensatz zum HdlGeschäft (oder kurz Geschäft) iSv §§ 18 I, II, 21 ff nicht das Unternehmen des Kfm (Einl II 1 vor § 1), sondern die einzelnen von ihm vorgenommenen (Rechts-)Geschäfte (mit näherer Abgrenzung durch §§ 343–345). Das HGB kennt im Gegensatz zum Code de Commerce und ADHGB keine ,,absoluten" HdlGeschäfte, die nach ihrer Art dem HdlRecht unterliegen, gleich von wem vorgenommen. § 343 leitet den Begriff HdlGeschäft iSv Buch III vielmehr von den Begriffen **Kaufmann** und **Handelsgewerbe** (§§ 1 ff; subjektives System, s Einl I 1 A vor § 1) ab und hat neben diesen keine große Funktion, manche Vorschriften gehen unmittelbar auf diese zurück (§§ 348, 354, 355–357, 362, 363–365, 366, 367).

B. Ob ein Geschäft HdlGeschäft ist, ist von Bedeutung für die **Anwendbarkeit von Handelsrecht** ua nach §§ 349, 350, 352, 353, 358, 368, 369–372 HGB, § 95 GVG (Text s Einl IV 2 A vor § 1). Ferner setzt die Anwendung der besonderen Vorschriften in Buch III Abschn 2–7 voraus, daß das Geschäft mindestens für eine Seite (§ 345), uU für beide Seiten (zB §§ 377–379) HdlGeschäft ist. HdlGeschäfte unterliegen, soweit das HGB nicht abweicht, dem **allgemeinen bürgerlichen Recht** (Einl I 1 B vor § 1).

2) Geschäftsverbindung

Die (laufende) **Geschäftsverbindung** ist der nicht nur auf ein Einmalgeschäft angelegte rechtsgeschäftliche Kontakt zwischen zwei Kflten oder Unternehmensträgern (s Einl II 1 D vor § 1), der den einzelnen Verträgen ihre rechtliche Selbständigkeit beläßt, BGH **87**, 32. Sie ist weder ein bloß

Einleitung 3 **Einl v § 343**

tatsächliches Verhältnis noch ein Vertragsverhältnis (Vorvertrag, s § 105 Anm 2 H; Rahmenvertrag, zB Bankvertrag s **(7)** Bankgeschäfte I 3 A), sondern ein gesetzliches Schuldverhältnis ohne primäre Leistungspflicht, das (ebenso wie culpa in contrahendo und positive Vertragsverletzung) besondere Schutzpflichten der Parteien gegeneinander trägt und Grundlage einer Vertrauenshaftung sein kann; Canaris, Bankvertragsrecht 14, Hopt, Kapitalanlegerschutz 404. Gesetzliche Anwendungsfälle im HdlRecht sind §§ 355, 362; s ferner Schweigen im HdlVerkehr (§ 346 Anm 4 A), Auskunftshaftung (§ 347 Anm 3 C, **(7)** Bankgeschäfte I 5, 6), stillschweigende Einbeziehung von AGB (s **(5)** AGBG § 2 Anm A), Überlagerung von § 15 II durch Hinweispflicht bei Rechts- und Registereintragsänderungen (s § 15 Anm 3 D), Anscheinsvollmacht (s Überbl 2 B vor § 48), Abgrenzung vom Gefälligkeitsbereich (s Anm 3 B), Bestimmung des Vertragsinhalts durch Geschäftsverbindungsbrauch der jeweiligen Partei. Die Geschäftsverbindung setzt keine bestimmte Mindestdauer voraus, schon das erste Geschäft in stillschweigender Erwartung weiterer genügt; kürzere Unterbrechungen schaden nicht; BGH WM **64,** 610, **67,** 1078. Die Geschäftsverbindung wird rechtsgeschäftlich (entspr §§ 164ff BGB) begründet. Die besondere Bedeutung der Geschäftsverbindung liegt in ihrer pflichtenbegründenden Funktion (§§ 276, 278 BGB), unabhängig von der Rechtsnatur und Wirksamkeit der in ihrem Rahmen geschlossenen Einzelverträge. Bsp: Pflichten schon vor Abschluß und nach Erfüllung des Einzelvertrags, Schutz auch des Geschäftsunfähigen; Interessenwahrungspflicht zB aus Bankvertrag, die dem Typ Kaufvertrag (Effekten-Propergeschäft) fremd wäre (s **(7)** Bankgeschäfte I 3 B). Schutzpflichtverletzung führt wie bei der culpa in contrahendo idR zum negativen Interesse, ausnahmsweise zum positiven. Die Vertrauenshaftung kann einseitig ausgeschlossen werden, Gerhardt JZ **70,** 537. Zur Beendigung der Geschäftsverbindung vgl **(8)** AGB-Banken Nr 17, 18; allgemeiner zur Auflösung eines Dauerschuldverhältnisses BGH BB **81,** 872. Monographien: Philipowski 1963; Müller-Graff 1974 u JZ **76,** 153.

3) Geschäfte ohne Rechtsbindungswillen

A. **Geschäfte ohne Rechtsbindungswillen** sind gentlemen's agreements, Absichtserklärungen, je nachdem Patronatserklärungen (§ 349 Anm 4 E), letter of intent (§ 349 Anm 4 E), memorandum of understanding, instruction to proceed, s Hertel BB **83,** 1824. Dennoch kann ihnen je nach Einzelfall rechtliche Bedeutung insbesondere aufgrund Vertrauenshaftung, ausnahmsweise auch Vertrag, zukommen. Monographien: Willoweit 1969, Canaris, Vertrauenshaftung 1971, s § 347 Anm 3 E. Solche Geschäfte („Frühstückskartelle", aufeinander abgestimmtes Verhalten; nicht schon bloßes bewußtes Parallelverhalten, str) können vor allem auch kartellrechtlich relevant werden, zB § 25 I GWB, s Einl III 2 vor § 1.

B. **Gefälligkeitsverhältnisse** (Zusagen, Gestattungen) sind keine rechtsgeschäftlichen, sondern außerrechtliche Verhältnisse. Ein Anspruch auf Erfüllung besteht nicht, doch kann Haftung außer nach §§ 823ff BGB im Einzelfall auch als Vertrauenshaftung, vor allem culpa in contrahendo (§§ 276, 278 BGB), gegeben sein, BGH **21,** 107, (Stellung eines unzuverlässigen LKWFahrers, keine Haftungsmilderung). Gefälligkeitsverträge sind dagegen rechtlich bindende, wenngleich aus Gefälligkeit eingegangene

Verträge, zB §§ 516, 598, 662, 690 BGB. Auch Zusage einer Kulanzregelung kann rechtlich verbindlich sein, Kln DB **75,** 2271. Im HdlRecht spielen die echten Gefälligkeitsverhältnisse nur eine geringe Rolle, idR liegt Geschäftsverbindung vor (s Anm 2).

4) Abschlußfreiheit, Kontrahierungszwang

A. Der Kfm ist wie jeder Privatmann grundsätzlich frei, ob, mit wem und mit welchem Inhalt er Verträge schließen will (**Privatautonomie:** Abschluß- und Inhaltsfreiheit, vgl Anm 6). Bsp: Der Einzelhändler kann einzelne Käufer nach Belieben abweisen, Hamm BB **64,** 940, Celle WuW/E OLG 1306. Der Abbruch der Vertragsverhandlungen ist zulässig, auch bei Kenntnis, daß der andere Teil in Erwartung des Vertragsschlusses bereits Aufwendungen gemacht hat, BGH NJW **75,** 43, WM **77,** 620; doch kann die schuldhafte Erweckung des Vertrauens auf sicheren Abschluß als Verschulden bei Vertragsschluß zum Schadensersatz (negatives Interesse) verpflichten, BGH **71,** 395.

B. **Kontrahierungszwang** ordnen ausnahmsweise an: **a)** besondere gesetzliche Abschlußpflichten, zB § 453, **(22)** GüKG § 90, **(24)** EVO § 3, § 22 PBefG, § 21 II 2 LuftVG, § 5 II PflVG; **b)** das kartellrechtliche Diskriminierungsverbot (§ 26 II GWB) für marktbeherrschende Unternehmen, Kartelle und Preisbinder und für sonstige Unternehmen, von denen Anbieten oder Nachfragen ohne zumutbare Ausweichmöglichkeit abhängig sind; zB BGH **49,** 98, NJW **76,** 801 (Rossignol), BB **79,** 797 (Nordmende), **80,** 1117 (Modellbauartikel II); vgl Einl III 2 A vor § 1; **c)** § 826 BGB bei rechtlicher oder tatsächlicher Monopolstellung, RG **133,** 391, aber heute nur noch soweit nicht wie meist § 26 II GWB eingreift. Zum Ganzen Bydlinski AcP 180 (**80**) 1 u JZ **80,** 378, Kilian AcP 180 (**80**) 47.

5) Formfreiheit, Schriftformklausel

A. HdlGeschäfte sind wie andere bürgerlichrechtliche Rechtsgeschäfte grundsätzlich **formfrei.** Die besonderen **Formvorschriften** des BGB und anderer Gesetze gelten auch für sie; Ausnahme § 350, auch § 1027 II ZPO (s Einl IV 3 A a vor § 1). Besonders bedeutsam sind zB § 313 BGB (Grundstücke), s § 93 Anm 4 A, § 105 Anm 2 B; § 34 GWB (Kartellverträge, Verträge mit Ausschließlichkeitsbindungen zB Bierlieferungsverträge ua), Emmerich NJW **80,** 1363. Ebenso gelten idR andere, die Form der Rechtsgeschäfte betreffende Grundsätze. Doch ist der kaufmännische strenger als der allgemeine Geschäftsverkehr.

B. Die **Schriftformklausel** (nach der vom Vertrag abweichende mündliche Absprachen, uU nur solche von Vertretern, unwirksam sein oder von schriftlicher Bestätigung abhängen sollen) ist grundsätzlich wirksam (§ 127 BGB); streitig ist aber, ob Individualabrede nach **(5)** AGBG § 4 vorgeht, s dort. Ausnahmsweise können Treu und Glauben Berufung auf die Klausel verbieten, BGH BB **75,** 1039, **77,** 62. Vorbehalt schriftlicher Bestätigung eines mündlichen Abschlusses macht dessen Verbindlichkeit (abw von §§ 154 II, 127 BGB) idR nicht abhängig von der Bestätigung; besteht (entspr §§ 154 II, 127) ein abweichender HdlBrauch, können doch im Einzelfall die Parteien mündlich verbindlich abschließen; BGH NJW **64,** 1269. Die Schriftformklausel kann jederzeit formlos aufgehoben werden, auch mündlich, auch stillschweigend, uU sogar wenn an sie gar nicht gedacht wurde, BGH **71**, 164, NJW **75**, 1654, BB **81**, 266; jedoch muß klar der Wille erhellen, die mündliche Abrede solle trotz der Klausel gelten, BGH **66**, 380; dagegen spricht die Zusage schriftlicher Bestätigung, BGH BB **67**, 1308 (Kfz-Kauf, mündliche Absprache der Inzahlungsnahme eines Gebrauchtwagens); anders betr wesentliche Angabe (km-Leistung eines gebrauchten Kfz) auf Verkaufsschild: wirksame Eigenschaftszusicherung trotz Schriftformklausel, BGH WM **75**, 897; entspr ist mündliche Kulanzzusage (Motortausch bis 60000 km) wirksam trotz Schriftformklausel in AGB (und bleibt es bei Änderung der Kulanzregelung), Kln DB **75**, 2271. Die ergänzende Klausel, daß Verzicht auf Schriftform nur schriftlich möglich ist, ist unter Kflten in Individualvertrag idR wirksam; Arglisteinwand (§ 242 BGB) dagegen nur, wenn Einhaltung der Schriftform bewußt vereitelt wird; BGH **66**, 381, aA Reinicke DB **76**, 2289. Für schriftliche Erklärungen gilt idR Vermutung der Vollständigkeit, BGH NJW **80**, 1680; für mündliche Nebenabreden ist beweispflichtig, wer sich auf sie beruft, Karlsr BB **72**, 198. Klausel „Nebenabreden sind nicht getroffen" schließt nach Karlsr BB **72**, 198 idR Beweisaufnahme über sie aus; fraglich. Schriftformklauseln in AGB vgl **(5)** AGBG §§ 4, 11 Nr 16. Übersichten: Schmidt-Salzer NJW **68**, 1257, Boergen BB **71**, 202, Tiedtke MDR **76**, 367.

C. **Fremdsprachen** s Reinhardt RIW **77**, 16. Betr AGB s **(5)** AGBG § 2 Anm 1 B.

6) Inhaltsfreiheit

A. Die Privatautonomie des Kfm umfaßt die Inhaltsfreiheit (s Anm 4 A). Diese stößt jedoch rascher als die Abschlußfreiheit an rechtliche Grenzen. Auch HdlGeschäfte sind bei Verstoß gegen ein **gesetzliches Verbot** oder gegen die **guten Sitten** nichtig:

BGB 134 [Gesetzliches Verbot]

Ein Rechtsgeschäft, das gegen ein gesetzliches Verbot verstößt, ist nichtig, wenn sich nicht aus dem Gesetz ein anderes ergibt.

BGB 138 [Sittenwidriges Geschäft; Wucher]

[I] Ein Rechtsgeschäft, das gegen die guten Sitten verstößt, ist nichtig.

[II] Nichtig ist insbesondere ein Rechtsgeschäft, durch das jemand unter Ausbeutung der Zwangslage, der Unerfahrenheit, des Mangels an Urteilsvermögen oder der erheblichen Willensschwäche eines anderen sich oder einem Dritten für eine Leistung Vermögensvorteile versprechen oder gewähren läßt, die in einem auffälligen Mißverhältnis zu der Leistung stehen.

Bsp: Darlehen zu überhöhten Zinsen, s **(7)** Bankgeschäfte IV 2 B; s auch § 1 Anm 1 E, § 105 Anm 2 A, 8 E, § 230 Anm 4 A. Kflte sind aber idR weniger schutzwürdig als Privatleute, s Einl I 1 C a vor § 1.

B. Die **Auslegung** bestimmt sich auch bei HdlGeschäften nach

BGB 133 [Auslegung einer Willenserklärung]

Bei der Auslegung einer Willenserklärung ist der wirkliche Wille zu erforschen und nicht an dem buchstäblichen Sinne des Ausdrucks zu haften.

BGB 157 [Auslegung von Verträgen]

Verträge sind so auszulegen, wie Treu und Glauben mit Rücksicht auf die Verkehrssitte es erfordern.

Der Kfm ist aber rascher und unbedingter „im Wort" als Privatleute. Vor allem gelten für die Auslegung die HdlBräuche, s § 346 Anm 1. Auslegung von AGB s **(5)** AGBG § 5. Auslegung von GesVerträgen s § 105 Anm 2 K, Anm § 177a Anm VIII 3 A.

C. **Treu und Glauben** beherrschen den HdlVerkehr wie den allgemeinen Rechtsverkehr. Auch für HdlGeschäfte gilt:

BGB 242 [Leistung nach Treu und Glauben]
> Der Schuldner ist verpflichtet, die Leistung so zu bewirken, wie Treu und Glauben mit Rücksicht auf die Verkehrssitte es erfordern.

Im HdlVerkehr spielt der Vertrauensschutz eine noch größere Rolle als sonst, s Einl I 1 C d vor § 1, § 5 Anm 2, § 15m Anm. Aus Treu und Glauben kann sich eine **Neuverhandlungspflicht** ergeben (in internationalen Verträgen häufig besonders vereinbart), Horn AcP 181 (**81**) 256; vgl IntHK, Einheitliche Regeln über Vertragshilfe (Anpassung von Verträgen), 1978 (IntHK-Publikation Nr 326, Sprache engl, frz). Anpassungsklauseln s Steindorff BB **83**, 1127, Horn NJW **85**, 1118. Die Rspr ist mit gerichtlicher Anpassung (mangels vertraglicher Anpassungsklausel) sehr zurückhaltend; Opfergrenze ist bei Kostenanstieg um 150% zu ziehen, BGH **94**, 260 (Erbbauzins), also Kaufkraftschwund des Entgelts um mehr als 60%. Anpassungspflichten bei Vertragsdurchführungshindernissen, zB Versagung behördlicher Genehmigung, BGH **67**, 36, **87**, 165; Härteklauseln (hardship clauses) im internationalen Verkehr, Böckstiegel RIW **84**, 1.

7) Verjährung

A. **Allgemein §§ 194 ff BGB.** Für das HdlRecht ist die zwei- bzw vierjährige Verjährung der Ansprüche von Kflten ua zu beachten, **§ 196 I Nr 1, II.** S ferner Nr 2 für Land- oder Forstwirte; Nr 3 für Eisenbahnen, Frachtfuhrleute (einschließlich Lufttransportunternehmen, BGH **80**, 280); Nr 7 für diejenigen, die ohne zu den Personen nach Nr 1 zu gehören, gewerbsmäßig entweder fremde Geschäfte besorgen oder Dienste leisten. § 196 I Nr 1 (zwei Jahre) hat Vorrang vor § 197 (vier Jahre bei regelmäßig wiederkehrenden Leistungen), BGH **91**, 309.

BGB 196 [Zweijährige Verjährungsfrist]
> [I] In zwei Jahren verjähren die Ansprüche:
>
> 1. der Kaufleute, Fabrikanten, Handwerker und derjenigen, welche ein Kunstgewerbe betreiben, für Lieferung von Waren, Ausführung von Arbeiten und Besorgung fremder Geschäfte, mit Einschluß der Auslagen, es sei denn, daß die Leistung für den Gewerbebetrieb des Schuldners erfolgt;
>
> [II] Soweit die im Absatz 1 Nr 1, 2, 5 bezeichneten Ansprüche nicht der Verjährung von zwei Jahren unterliegen, verjähren sie in vier Jahren.

B. Zu **§ 196 I Nr 1 BGB**, zweijährige Verjährung: **Kaufmann,** s §§ 1–7 HGB, auch Minderkfm (§ 4); HdlGes auch wenn sie nicht kfm tätig ist (§ 6 I), BGH **39**, 258, **72**, 231, **74**, 276; auch zugunsten gutgläubiger Dritter gegenüber Scheinkaufmann, hL, aA RG **129**, 403. **Fabrikanten,** auch wenn sie ausnahmsweise keine Kflte sind. **Handwerker,** s § 1 Anm 9; auch Bauunternehmer (obwohl idR weder Kfm noch Handwerker, s § 1 Anm 8 A), da die Leistungen im wesentlichen handwerksmäßig bewirkt werden, BGH **39**, 255. Nicht Architekt, BGH **45**, 226, aber kurze Verjährung nach

Nr 7, BGH **59**, 163 (gegen frühere Rspr). **Lieferung von Waren,** s § 1 Anm 8 A, auch elektrischer Strom, BGH NJW **61**, 455, Fernwärme, Ffm DB **80**, 538; nicht Wertpapiere, RG **74**, 161 (vgl aber § 381 I); nicht Herausgabe des vom Kommissionär Erlangten, s § 384 Anm 4 C, im Gegensatz zum Provisionsanspruch des Kommissionärs, s § 396 Anm 1 A. **Ausführung von Arbeiten,** auch Herstellung von Eigentumswohnung oder Haus einschließlich Grundstücks(anteils)beschaffung, weil erstere wirtschaftlich im Vordergrund steht, BGH **72**, 229, NJW **79**, 2193, entspr bei Verkauf und gesondert vergüteter Übernahme der Erschließung, BGH WM **81**, 1170, auch bei Aufspaltung in zwei Verträge, BGH NJW **81**, 273; auch Ersatzansprüche des Verkäufers aus § 347 S 2 BGB, BGH **86**, 319, aus § 2 AbzG, BGH **58**, 121, Ansprüche des Kreditinstituts aus §§ 2, 6 AbzG, BGH NJW **78**, 1581. Gleichgültig ist es, ob Anspruch auf Vertrag, Verschulden bei Vertragsschluß (s § 347 Anm 3 C), BGH **57**, 191, Geschäftsführung ohne Auftrag oder ungerechtfertigte Bereicherung gestützt wird, BGH **72**, 233. **Auslagen,** vgl Aufwendung § 110 Anm 1 B, zB Auslagen für Zwischenfinanzierung, BGH NJW **78**, 39. Anspruch auf Befreiung von Verbindlichkeit fällt nicht unter Nr 1, BGH DB **83**, 1296. Nicht unter § 196 fällt dagegen Darlehensanspruch der Bank beim finanzierten Abzahlungskauf (s **(7)** Bankgeschäfte IV), BGH **60**, 108.

C. Zu § 196 II BGB: Erfolgt die Leistung der in I genannten Personen für den Gewerbebetrieb des Schuldners, gilt vierjährige Verjährung nach II. **Gewerbebetrieb** ist ein berufsmäßiger, von der Absicht dauernder Gewinnerzielung beherrschter Geschäftsbetrieb, BGH **57**, 199, auch eine Nebentätigkeit kann darunterfallen, BGH **74**, 276; zur Ersetzung der Gewinnerzielungsabsicht durch andere Kriterien s § 1 Anm 1 B. Bsp: Errichtung und Veräußerung von Eigenheimen durch ein Wohnungsbauunternehmen, BGH BB **73**, 499. Wohnungsvermietung ist dagegen idR nur Kapitalanlage, nicht berufsmäßige Erwerbsquelle, BGH **74**, 273 (Erwerb dreier Eigentumswohnungen zur möblierten Vermietung im Rahmen eines von anderen geführten Hotelbetriebs), BGH NJW **68**, 1962 (Errichtung mehrerer Mietshäuser), Ffm DB **82**, 895. Freie Berufe sind kein Gewerbe, s § 1 Anm 1 C, zB Architekt, BGH WM **79**, 559, Steuerberater, BGH **72**, 324. Unternehmungen der öffentlichen Hand s § 1 Anm 7. Landwirtschaft ist idR Gewerbebetrieb iSv § 196, die andere Regelung des § 3 I HGB steht nicht entgegen, BGH **33**, 321, NJW **66**, 1403. FormKflte wie AG, GmbH, Genossenschaft (auch wenn von der öffentlichen Hand betrieben) fallen unter § 196, auch wenn sie keinen Gewerbebetrieb unterhalten, BGH **49**, 263, **66**, 48; s § 6. Es genügt, wenn der Gewerbebetrieb demnächst eröffnet werden soll, BGH NJW **67**, 2353; unnötig, daß der Gewerbebetrieb zur Zeit der Einklagung noch besteht, BGH BB **73**, 499. Beweislast für Verjährung nach § 196 II statt I Nr 1 liegt bei Gläubiger; die Vermutung des § 344 I HGB gilt aber auch hier, BGH **63**, 32.

Erster Abschnitt. Allgemeine Vorschriften

[Begriff der Handelsgeschäfte]

343 ^I **Handelsgeschäfte sind alle Geschäfte eines Kaufmanns, die zum Betriebe seines Handelsgewerbes gehören.**

^{II} **Die in § 1 Abs. 2 bezeichneten Geschäfte sind auch dann Handelsgeschäfte, wenn sie von einem Kaufmann im Betriebe seines gewöhnlich auf andere Geschäfte gerichteten Handelsgewerbes geschlossen werden.**

1) Geschäft eines Kaufmanns

A. HdlGeschäfte iSv § 343 I setzen zunächst überhaupt „Geschäfte" voraus. **Geschäfte** sind Rechtsgeschäfte und rechtsgeschäftsähnliche Handlungen und Unterlassungen zB Mahnung, Leistung und ihre Annahme, Schweigen im HdlVerkehr, Geschäftsführung ohne Auftrag (§ 677 BGB); **nicht** zB Vermischung und Verarbeitung (§§ 946 ff BGB); unerlaubte Handlungen, Ansprüche aus §§ 823 ff BGB, § 1 UWG; Halten, Fahren, Fahrenlassen von Kfz; Ansprüche aus Zusammenstoß der Kfz zweier Kflte auf Betriebsfahrt trägt also nicht Zins nach § 353 und gehört nicht nach § 95 Nr 1 GVG (Text s Einl IV 2 B vor § 1) vor die KfH.

B. HdlGeschäfte sind Geschäfte eines **Kaufmanns,** auch MinderKfm (§ 4), auch ScheinKfm iSv § 5. Nicht HdlGeschäfte sind Geschäfte eines NichtKfm, aA K. Schmidt § 17 I 1 b (jeder Unternehmensträger, s Einl II 1 D vor § 1). Doch können einzelne Vorschriften über HdlGeschäfte entspr auf NichtKflte anzuwenden sein; jedoch nie, wenn VollKfmEigenschaft vorausgesetzt ist (zB §§ 348–351). Im Fall der Rechtsscheinhaftung muß auch der NichtKfm seine Geschäfte als HdlGeschäfte behandeln lassen (§ 5 Anm 2).

2) Zum Betrieb des Handelsgewerbes gehörend

A. HdlGeschäfte sind die zum Betrieb des HdlGewerbes des Kfms gehörenden Geschäfte, dh alle, die dem Interesse des HdlGewerbes, der Erhaltung seiner Substanz und Erzielung von Gewinn dienen sollen, BGH NJW **60,** 1853; entfernter, lockerer Zusammenhang genügt, BGH **63,** 35. Auch **Hilfs- und Nebengeschäfte,** zB betr Personal, Einrichtung und Ausstattung des Betriebs, Bau von Gebäuden, BGH **63,** 35, Finanzierung, Geldanlage (s RG JW **04,** 496: Wertpapierkäufe), Rechtsschutz, Beteiligung an anderen Unternehmen, Aufnahme von Teilhabern usw. Auch nach Art des Betriebs **ungewöhnliche** Geschäfte, RG **87,** 331 (Bauunternehmer nahm Wertpapiere ins Depot), RG HRR **32,** 1645, RG **130,** 235 (Geschäft für eigene statt fremde Rechnung); auch freigiebige Akte, BGH WM **76,** 424. Auch **vorbereitende** Geschäfte sind HdlGeschäfte, RG JW **08,** 148 (Bierlieferungsvertrag für zu errichtendes Hotel), RG JW **08,** 206 (Ladenmiete), RG HRR **31,** 528, OGH **1,** 62 (Erwerb eines HdlGeschäfts), RG Recht **32,** 409. Auch **abwickelnde** Geschäfte, auch die Veräußerung des Unternehmens im ganzen, RG **72,** 436. Vgl die Rspr zum (verwandten, nicht gleichen) Begriff der im Betrieb eines HdlGeschäfts begründeten Verbindlichkeiten in §§ 25, 28. Die **Merkmale** für Hdl- oder Privatgeschäft sind objektiv zu verstehen, die Meinung der Beteiligten entscheidet nicht, kann aber mit ins Gewicht fallen, RG **33,** 110 (Gefälligkeitsgeschäf-

1. Abschnitt. Allgemeine Vorschriften **1, 2 § 344**

te). **Nicht** HdlGeschäft ist idR der Abschluß eines OHGVertrags, s § 105 Anm 2 I.

B. § 343 II führt irre und fehlte besser: Nicht nur **Grundhandelsgeschäfte** (§ 1 II), sondern alle branchenfremden, aber im Betrieb des HdlGewerbes vorgenommenen Geschäfte sind HdlGeschäfte.

[Vermutung für das Handelsgeschäft]

344 ᴵ Die von einem Kaufmanne vorgenommenen Rechtsgeschäfte gelten im Zweifel als zum Betriebe seines Handelsgewerbes gehörig.

ᴵᴵ Die von einem Kaufmanne gezeichneten Schuldscheine gelten als im Betriebe seines Handelsgewerbes gezeichnet, sofern nicht aus der Urkunde sich das Gegenteil ergibt.

1) Vom Kaufmann vorgenommene Geschäfte (I)

A. Die Rechtsgeschäfte des Kfm gelten **im Zweifel** als **zum Betrieb seines Handelsgewerbes gehörig** (I). Die Vermutung gilt, wenn Handeln im HdlGewerbe oder privates Handeln (zB für den Haushalt des Kfm) in Frage steht; nicht im Verhältnis von HdlGewerbe und nicht-kfm gewerblichem Betrieb, zB für den Kfm, der zugleich Landwirt ist, RG JW **32,** 50; nicht im Verhältnis von eigenem Betrieb des Handelnden zum Betrieb einer Ges, deren Geschäfte er auch führt, RG JW **32,** 50. § 344 ist gegenstandslos für **Handelsgesellschaften** (aller Art), alle ihre Geschäfte sind im Betrieb ihres HdlGewerbes vorgenommen, BGH NJW **60,** 1852; beim Gfter-Kfm (Gfter der OHG, phG der KG vgl § 1 Anm 3 B) kommt es auf Vornahme für die Ges oder für ihn persönlich an, was nach § 164 I 2, II BGB zu beurteilen ist, BGH NJW **60,** 1852. Ist die Ges bloße GbR, ist § 344 unanwendbar, Ffm DB **82,** 896 (für GrundstücksvermietungsGes, s Einl 7 C vor § 343).

B. § 344 I spricht nur von „Rechtsgeschäften". Gleiches muß aber für **alle Geschäfte** iSv § 343 I gelten. Anwendung auch iVm § 196 I Nr 1, II BGB (kurze Verjährung, s Einl 7 vor § 343), mit der Frage der Umkehr der Beweislastverteilung des BGB, BGH **63,** 32.

C. Der **Gegenbeweis** muß die Zugehörigkeit des Geschäfts zum Gewerbebetrieb des Kfms widerlegen. Nicht entscheidend ist Abschluß unter bürgerlichem Namen statt Firma, RG **59,** 213. Die Widerlegung zum Nachteil des Geschäftspartners setzt voraus, daß dieser den privaten Charakter des Geschäfts kannte oder kennen mußte, BGH WM **76,** 424, Kln MDR **72,** 865.

2) Vom Kaufmann gezeichnete Schuldscheine (II)

Die von einem Kfm gezeichneten Schuldscheine gelten als im Betrieb seines HdlGewerbes gezeichnet, nicht nur iZw wie nach I, sondern soweit sich nicht aus der Urkunde das Gegenteil ergibt. Ergibt sich das nicht, steht die Betriebszugehörigkeit unwiderlegbar fest; ob kraft Fiktion, so Hamm ZIP **82,** 50, oder verstärkter Vermutung ist belanglos. Der Gegenbeweis ist aus dem Inhalt der Urkunde zu führen, aus Angaben der Urkunde über den Schuldgrund, uU aus dem Inhalt der Schuldererklärung, uU aus anderen

Angaben der Urkunde. Bei Darlehensschuldschein auf Geschäftspapier wird uU die Vermutung nicht entkräftet durch privaten Zweck des Darlehens, Zeichnung mit bürgerlichem Namen, Mitzeichnung der Ehefrau, Sicherheitsübereignung privaten Vermögens, Nürnb BB **61,** 1178.
,,Schuldscheine" sind hier auch Wechsel, die in § 363 genannten Papiere, Schlußscheine, andere schriftliche Vertragsbestätigung, jede Urkunde, die Beweismittel, nicht bloß Mitteilung sein will und den Inhalt der in Rede stehenden Verpflichtung im wesentlichen angibt. RG **120,** 89, auch eine Mehrheit von Urkunden, RG **131,** 6. Ist in der Urkunde selbst ein Schuldgrund außerhalb des Geschäfts angegeben, kann noch dargetan werden (aber ohne Vermutung), daß der Kfm die Verbindlichkeit auf das Geschäft nahm, RG **56,** 197. Waren Aussteller und Nehmer des Scheins darüber einig, daß der Schein als nicht im Geschäft ausgestellt gelten solle, so steht dem, der sich in Kenntnis der Abrede auf II beruft, die Einrede der Arglist entgegen, RG **56,** 198; Kennenmüssen genügt nicht.

[Einseitige Handelsgeschäfte]

345 Auf ein Rechtsgeschäft, das für einen der beiden Teile ein Handelsgeschäft ist, kommen die Vorschriften über Handelsgeschäfte für beide Teile gleichmäßig zur Anwendung, soweit nicht aus diesen Vorschriften sich ein anderes ergibt.

1) Nach § 345 gelten, wo nichts anderes gesagt ist, die Vorschriften über HdlGeschäfte auch dann, wenn das Geschäft nur für einen der beiden Beteiligten HdlGeschäft ist **(einseitiges Handelsgeschäft),** wenn also der andere nicht Kfm ist oder wenn er zwar Kfm ist, das Geschäft aber nicht zum Betrieb seines HdlGewerbes gehört. **Anwendbar** sind in diesen Fällen namentlich §§ 352 II (Zinshöhe), §§ 355–357 (KK), §§ 358–361 (Zeit und Art der Leistung), §§ 363–365 (Indossierung gewisser Papiere), §§ 366, 367 (Schutz des guten Glaubens), ferner die Vorschriften über HdlKauf (ausgenommen §§ 377–379), Kommissions-, Speditions-, Lager-, Frachtgeschäft, Eisenbahnbeförderung. **Unanwendbar** bzw nur für die kfm Vertragspartei anwendbar sind insbesondere §§ 346–352 I, 353, 354, 368–372, 377–379, 391.

2) Ein **beiderseitiges Handelsgeschäft** wird ua in §§ 346, 353, 369, 377, 379, 391 vorausgesetzt. Dafür ist notwendig, daß beide Teile Kflte (auch MinderKflte) sind und das Geschäft für beide Teile ein HdlGeschäft iSv §§ 343, 344 ist.

[Handelsbräuche]

346 Unter Kaufleuten ist in Ansehung der Bedeutung und Wirkung von Handlungen und Unterlassungen auf die im Handelsverkehre geltenden Gewohnheiten und Gebräuche Rücksicht zu nehmen.

Übersicht
1) Begriff, Geltung
2) Herausbildung, Feststellung, Anwendung, Beispiele
3) Kaufmännisches und berufliches Bestätigungsschreiben
4) Schweigen im Handels- und Berufsverkehr
5) Handelsklauseln

1. Abschnitt. Allgemeine Vorschriften 1 **§ 346**

1) Begriff, Geltung

A. Die ,,im Handelsverkehre geltenden Gewohnheiten und Gebräuche" **(Handelsbräuche)** sind die Verkehrssitte des Handels (vgl §§ 157, 242 BGB, Einl 6 B, C vor § 343). Notwendig ist verpflichtende Regel, die auf einer gleichmäßigen, einheitlichen und freiwilligen Übung der beteiligten Kreise über einen angemessenen Zeitraum hinweg beruht, BGH WM **84,** 1002. § 346 gilt sowohl (§§ 133, 157 BGB ergänzend) für die **Auslegung** von Willenserklärungen (und die Würdigung eines Verhaltens als Willenserklärung) wie (nachgiebiges Recht idR verdrängend, vgl Anm D) für **Rechtsfolgen** von Willenserklärungen und anderen Handlungen und Unterlassungen (nicht nur im Schuldrechtsbereich), BGH BB **73,** 636. **Nicht** HdlBrauch sind bloße HdlÜbung ohne verpflichtende Regel; AGB, an Börsen zT auch Usancen (mehrdeutig) genannt, auf die nicht nur ,,Rücksicht zu nehmen" ist, sondern die die eine Vertragspartei der anderen stellt und die bei wirksamer Unterwerfung als Vertragsbedingungen gelten; so auch Vereinbarung über bestimmte Anwendung von HdlBrauch, dieser wird dadurch vertraglich fixiert und zu AGB; s **(5)** AGBG § 2 Anm 2. Abgrenzung zu Berufsgewohnheiten und -anschauungen (die zur Anwendung von § 1 UWG bedeutsam sein können) s BGH DB **69,** 1010. Monographie: Sonnenberger 1970; Pflug ZHR 135 (**71**) 12.

B. HdlBräuche gelten nach § 346 **unter Kaufleuten,** und zwar für ihr HdlGewerbe (nicht privat), also für ihre (beiderseitigen) HdlGeschäfte und für andere Vorgänge ihres Gewerbebetriebs (auf beiden Seiten). Kfm ist jeder Kfm nach §§ 1–6, auch der ScheinKfm. Auch MinderKflte (§ 4), aber ihre HdlBräuche sind nicht ohne weiteres dieselben wie die der VollKflte. Auch sonst haben verschiedene Gruppen von Kflte vielfach verschiedene HdlBräuche. Zwischen Kfm **und** NichtKfm oder zwischen NichtKflten gelten sie **a)** wenn ein gleicher Brauch (Verkehrssitte, vgl Anm A) auch im Verkehr mit NichtKflten besteht (was da besonders festzustellen ist), vgl RG **49,** 161, JW **22,** 706. Dabei ist vorsichtig zu verfahren; es ist unstatthaft, NichtKflte an ihnen unbekannte HdlBräuche zu binden, wenn das Erwachsen eines solchen Brauchs in eine allgemeine Verkehrssitte nicht einwandfrei feststeht (bedenklich RG JW **27,** 764); **b)** wenn im Vertrag zwischen Kfm und NichtKfm oder zwischen NichtKflten Unterwerfung unter einen HdlBrauch ausgesprochen oder anzunehmen ist, zB zwischen Filmvermittler (Kfm) und (nicht eingetragenem) Filmproduzenten (NichtKfm) bei branchenüblichem Abschluß, besonders wenn der Produzent seit Jahren in der Branche tätig ist und ihre Gewohnheiten kennt, BGH NJW **52,** 257; **c)** uU zugunsten des NichtKfms gegen Kfm zur Milderung von (diesem besser bekanntem) Spezialrecht, BGH BB **70,** 151 (Verjährung der Frachtnachforderung, s (**22**) GüKG § 84).

C. HdlBräuche **gelten** meist nicht allgemein wie HdlGesetze, sondern **beschränkt,** zB auf einzelne Geschäftszweige, Gruppen in einem Geschäftszweig (BGH **LM** § 346 (F) Nr 1 betr größeren Kunsthandel), Gebiete, Orte, Börsen (,,Platzusancen"). Vgl BGH NJW **77,** 386: Brauch (betr Rücktritt von Reservierung) zwischen Hotels und Reisebüros? Hotels und andern Kunden? Örtlicher HdlBrauch gilt gegenüber nicht am Platz ansässigen Kflten nur, wenn besondere Gründe für die Annahme der Unterwerfung sprechen, BGH **83,** 1628, Hbg RIW **82,** 283. Für Vertragsleistungen gelten die HdlBräuche am Erfüllungsort: so im Inland, bei ausländischem HdlBrauch, der dem inländischen entspricht, und bei internationalen HdlBräuchen; sonst nur wenn sich Kfm auf ausländischen Brauch eingelassen hat, BGH WM **84**, 1003. Der HdlBrauch am Ort des Maklers gilt idR auch für eine auswärtige Partei, RG **97**, 218, mindestens wenn diese widerspruchslos Schlußscheine mit entspr Hinweis annimmt, OGH **4**, 248: Schlußscheine mit der Klausel „Hamburger freundschaftliche Arbitrage und Schiedsgericht" (s Anm 5 „Arbitrage") unterwerfen unter Hamburger Usance allerdings wohl nur bezüglich Arbitrage- und Schiedsgerichtsfragen. Für die Wirkung einer Handlung (Unterlassung) gilt idR der Brauch am Ort der Handlung (Unterlassung, zB Nichtaufnahme und Bezahlung von Dokumenten am Käufersitz), uU aber der am Ort des Schwerpunkts (iSv IPR) des Geschäfts, zB des HauptHdlPlatzes der Branche, wo auch das Geschäft geschlossen und wohin die Ware lief, Feststellung des HauptHdlPlatzes ähnlich der des HdlBrauchs (vgl Anm 2 B); BGH BB **73**, 636, **76**, 480.

D. HdlBräuche gelten nicht gegenüber **zwingendem Recht**, zB nicht soweit durch sie eine verbotene Kartellabrede praktiziert wird, BGH **62**, 82 (IATA-Übung betr Provisionsverzicht von Reisebüros im Zulassungsverfahren). Sie gehen **nachgiebigem Recht** idR vor, BGH LM § 675 BGB Nr 3 (vgl § 384 Anm 5 C), NJW **66**, 502, BB **73**, 636. Anders wenn (ausnahmsweise) der Zweck des (sonst nachgiebigen) Gesetzes abweichenden Brauch ausschließt, Celle BB **61**, 1341. In Vertragsverhältnissen gelten sie **ohne Bezugnahme** der Parteien auf sie. Wer sich einem Brauch nicht unterwerfen will, muß seiner Geltung vor oder bei Vertragsschluß ausdrücklich widersprechen, Bestreiten des Bestehens des Brauchs genügt dazu idR nicht, BGH MDR **52**, 155, NJW **66**, 502. Doch ist auch eine vom HdlBrauch abweichende, vertragliche Einigung möglich, auch konkludent zB bei bestimmtem Vertragszweck, BGH WM **84**, 1002. Jedoch verlangt Düss BB **62**, 577 zur Anwendung eines HdlBrauchs im Verhältnis A–B das Bestehen vertraglicher oder bestimmter tatsächlicher Beziehungen zwischen A und B, verneint daher die Möglichkeit der Anwendung eines Brauchs (betr Zahlung eines Arbeits- und Gemeinkostenanteils) zwischen dem direkt an den Bauherrn liefernden Installationsgroßhändler und dem für den Bauherrn einbauenden Installateur.

E. Maßgeblich ist der Brauch nach § 346 auch bei **Unkenntnis** der Betroffenen (vgl Anm B). Der Brauch gilt auch gegen Kfm, der erstmals einschlägig tätig wird, BGH BB **73**, 635, Ffm AWD **77**, 236. Irrtumsanfechtung wegen Unkenntnis ist nicht möglich, str; vgl Canaris, Vertrauenshaftung 227, Flume II § 21, 9 c; s auch Anm 4 B, 5.

F. Ein **Mißbrauch** des Handels, zB ein gegen Treu und Glauben verstoßender HdlBrauch, ist unbeachtlich, Mü BB **55**, 748 (behaupteter Ausschluß jeder Untersuchungspflicht nach § 377 beim Südfrüchteimport). Das gilt aber nicht schon bei einem mit der Sicherheit des Verkehrs unverträglichen Brauch, aA RG **114**, 14. Eine Inhaltskontrolle entspr **(5)** AGBG § 9 findet nicht statt.

1. Abschnitt. Allgemeine Vorschriften 2 § 346

2) Herausbildung, Feststellung, Anwendung, Beispiele
A. Zur **Herausbildung** eines HdlBrauchs braucht es einen gewissen **Zeitraum**, die **Zustimmung** der Beteiligten und die **tatsächliche Übung**, RG **110**, 48, BGH NJW **52**, 257. Nach Art des Gegenstands kann die Zahl der festzustellenden Anwendungsfälle sehr verschieden sein, Hbg MDR **63**, 849, BGH NJW **66**, 502 (Schiffsverkäufe). RG **118**, 140 verneinte mit Recht die Bildung eines auf wertbeständige Zahlung gerichteten HdlBrauchs in den unruhigsten Zeiten der Geldentwertung. Einzelne AGBKlausel können zu HdlBrauch werden, aber nur wenn sie auch ohne besondere Vereinbarung oder Empfehlung freiwillig befolgt würden, BGH BB **80**, 1552. Einseitige Übung von Importeuren ohne Anerkennung durch die ausländischen Lieferer ist kein HdlBrauch, Mü BB **55**, 748 (betr Untersuchungspflichten beim Südfrüchteimport). Ein HdlBrauch erlischt nicht dadurch, daß einschlägige Geschäfte eine Zeitlang wegen besonderer Umstände nicht geschlossen werden, wohl aber wenn diese Geschäfte dann in ganz anderer Weise wieder aufgenommen werden, BGH NJW **52**, 257 betr Filmvermittlung. Nachweis einer Verkehrsauffassung, zB betr Mehrwertsteuer-Erstattungspflicht, ist noch nicht Beweis entspr (wirklich geübten) HdlBrauchs.

B. Wer sich auf einen HdlBrauch beruft, muß sein Bestehen und seinen Inhalt **behaupten** und bei Bestreiten **beweisen**, BGH LM § 346 (F) Nr 1, DB **62**, 197 (ausländischer Brauch), BB **72**, 1117 (Auslegung typischer Klausel). Den **Kammern für Handelssachen** (§ 114 GVG, s Einl IV 2 B vor § 1) ist ausdrücklich die Feststellung von HdlBräuchen aufgrund eigener Sachkunde und Wissenschaft zugestanden, dem OLG, auch den Zivilkammern des LG (wenn solche Frage vor sie kommt) ist sie nicht verboten wie allgemein die Feststellung gerichtsbekannter Tatsachen. Vgl zB betr die „Tegernseer Gebräuche" des Holzhandels, s Anm 2 D. Ferner BGH BB **60**, 1354 (Makler), **61**, 424 (Feststellung des „üblichen" HdlVertreterprovisionssatzes): erforderlich ausreichende Sachkunde der HdlRichter im Geschäftszweig, sonst Zuziehung von Sachverständigen nötig. **Ein Gutachten der Industrie- und Handelskammer** ist idR erforderlich und ausreichend; das Gericht hat es auf Schlüssigkeit seiner Begründung zu prüfen; BGH NJW **66**, 502. Zu enge Fragestellung des Gerichts, zu weite Umfrage der Kammer: BGH NJW **77**, 386 (Rücktritt von Zimmerreservierung durch Reisebüro). Die Kammer muß klar sagen, ob und aufgrund welcher Unterlagen sie einen HdlBrauch feststellt oder ob sie nur eine Rechtsansicht äußert (etwa beruhend auf häufig angewandten AGB), BGH MDR **64**, 48. UU bedarf es der Anhörung des Sachbearbeiters der Kammer über die Grundlagen ihres Gutachtens (§ 411 III ZPO), BGH BB **76**, 480. Die IHK und andere Stellen (zB Wirtschaftsverbände) zeichnen HdlBräuche auf und erteilen Auskünfte und Gutachten über ihr Bestehen, vgl ausführlich **Merkblatt** für die Feststellung von „HdlBräuchen" durch IHK, herausgeben vom DIHT: I Einführung, II Wesen des Handelsbrauchs, III Feststellungsverfahren (ua: idR Befragung kompetenter Unternehmen, nicht Verbände; dazu Hbg MDR **63**, 849), IV Kammergutachten. Übersichten: Wagner NJW **69**, 1282, Scholl DB **70**, 35 (Demoskopie).

C. Bestehen, Inhalt, Geltungsbereich eines HdlBrauchs sind Tatfrage, daher in der **Revision** nicht nachprüfbar, BGH MDR **52**, 155, NJW **66**,

§ 346 3   IV. Buch. Handelsgeschäfte

502, **LM** § 346 (F) Nr 1, WM **73**, 363 (anders HdlKlauseln s Anm 5 und AGB mit Geltung über einen OLGBezirk hinaus, vgl **(5)** AGBG § 5 Anm 5). Anders Begriff des HdlBrauchs (vgl Anm 1, 2 A), Verfahren seiner Feststellung (vgl Anm B), BGH NJW **77**, 386.

D. **Beispiele** sind vor allem das kfm Bestätigungsschreiben (Anm 3), Schweigen nach HdlBrauch (Anm 4) und nationale und internationale HdlKlauseln (Anm 5). Ferner zB betr Leistungszeit § 359 I. Ohne entspr Vereinbarung und ohne Vorbenachrichtigung ist Nachnahmesendung nicht zulässig, IHK Mü BB **50**, 225. Im WeinHdl ist für Lieferung und Zahlung mangels abw Vereinbarung der Wohnsitz des Verkäufers Erfüllungsort, LG Landau NJW **52**, 789. Im BuchHdl ist Vereinbarung des Gerichtsstands durch einseitige Fakturenklausel HdlBrauch, Fbg NJW **52**, 1416. Im HolzHdl gelten die „Tegernseer Gebräuche" (Aufzeichnung 1950/56/61), BGH WM **83**, 684; diese sind HdlBrauch, Kblz BB **71**, 1213, Karlsr BB **74**, 389, von Renthe gen. Fink BB **82**, 80, aA Roller BB **81**, 587. Im Schmuckhandel liegt Risiko des zufälligen Verlusts der Ware beim Weiterveräußerer-Kommissionär, Karlsr BB **82**, 704. HdlBrauch ist, Sonderverpackung bei Versand gesondert zu berechnen, Kln DB **63**, 860. Bedeutung der kfm **Rechnung** (Faktura), ua nach HdlBrauch, s Dauses DB **72**, 2145. HdlBrauch rechtfertigt uU Beeinträchtigung fremden **Eigentums**, BGH **LM** § 1004 BGB Nr 27 (Verwendung fremder Flaschen durch Getränkehersteller). HdlBrauch regelt uU die **Form** von Rechtsgeschäften, s Einl 5 vor § 343.

3) Kaufmännisches und berufliches Bestätigungsschreiben

A. Auftragsbestätigung und Bestätigungsschreiben sind im kfm Verkehr im Zusammenhang mit Vertragsabschlüssen üblich. Rechtlich sind beide streng zu unterscheiden; die Bezeichnung ist dafür nicht maßgeblich. **a)** Die **Auftragsbestätigung** schließt Vorverhandlungen, die noch nicht zum Vertragsschluß geführt haben, ab. Mit der Auftragsbestätigung nimmt der Kfm ein ihm gemachtes Angebot („Auftrag") an und macht dadurch idR den Vertrag perfekt. Weicht die Auftragsbestätigung vom Angebot ab, gilt dies als Ablehnung und neuer Antrag (§ 150 II BGB s Anm 4 D). Dieser neue Antrag bedarf der Annahme, **Schweigen** darauf **genügt** grundsätzlich **nicht** (s Anm 4 D). **Annahme** eines Angebots (des A durch B) mit **Abweichungen** (zB modifizierte **Auftragsbestätigung**) ist Ablehnung mit neuem Angebot (§ 150 II BGB); dieses führt zum Abschluß idR nur durch Annahme A, die B zugeht. Der Zugang darf fehlen in den Fällen § 151 S 1 BGB. Telegraphische Annahme mit Zusatz „Brief folgt" ist iZw noch keine bindende Annahme, Hamm DB **83**, 2619.

b) Das **Bestätigungsschreiben** hält demgegenüber nach Vorverhandlungen, die (tatsächlich oder zumindest in der Sicht des Bestätigenden) zum Vertragsschluß geführt haben, den bereits (formlos) zustandegekommenen Vertrag gegenüber dem anderen Teil schriftlich fest. Das Bestätigungsschreiben ist also idR bloße Beweisurkunde. Im Interesse des Verkehrsschutzes muß aber weitergehend der Empfänger, der das Bestätigungsschreiben widerspruchslos hinnimmt, dessen Inhalt als richtig gegen sich gelten lassen. **Schweigen** auf das Bestätigungsschreiben gilt also **als Zustimmung** (s Anm 4 A): Der vorher nicht perfekte Abschluß wird es dadurch, der mit einem anderen Inhalt bekommt den des Schreibens; hL, stRspr, BGH **7**, 187, **11**, 3, **18**, 216, **25**, 149, **40**, 42, **54**, 239; aA Bydlinski FS Flume I 335 (für Österreich). Das beruht nicht auf Schweigen als Willenserklärung (s Anm 4 B) oder als Folge einer Pflicht- oder Obliegenheitsverletzung, sondern gilt ursprünglich aufgrund HdlBrauchs, BGH **40**, 45, und ist inzwischen Gewohnheitsrecht zum Schutz des Hdl- und Berufsverkehrs, str. Das wirksame Bestätigungsschreiben hat die **Vermutung der Vollständigkeit** für sich; das schließt nicht Nachweis (gleich durch welche Partei) aus, daß die Parteien zusätzliche (dem Bestätigungsschreiben nicht widersprechende) Abreden getroffen haben, BGH **67**, 381, NJW **64**, 589, WM **86**, 168, s Anm D. Übersichten: Diederichsen JuS **66**, 129, Walchshöfer BB **75**, 719, Hopt AcP 183 (**83**) 691.

B. **Persönliche Reichweite:** Diese Regeln über das Bestätigungsschreiben galten ursprünglich als HdlBrauch nur unter Kflten, heute gelten sie als zum Gewohnheitsrecht erstarkte Verkehrssitte auch unter anderen Berufstätigen. **a)** Der **Empfänger** des Bestätigungsschreibens kann auch ein NichtKfm sein, der ähnlich einem Kfm am Geschäftsleben teilnimmt und von dem erwartet werden kann, daß er nach kfm Sitte verfährt, also dem Bestätigungsschreiben wenn nötig widerspricht; zB Grundstücksmakler, BGH **40**, 43; Architekt, BGH WM **73**, 1376; Rechtsanwalt, Bambg BB **73**, 1372; nicht Legationsrat, BGH WM **81**, 335. Das bedeutet eine Teilnahme am Geschäfts- oder Berufsverkehr in größerem, aber nicht unbedingt vollkfm Umfang: minderkfm Umfang kann aber im Einzelfall nicht ausreichen, vgl BGH **11**, 3 (nicht eingetragener Schrotthändler), BB **67**, 186 (Sägerei), andererseits Ffm MDR **66**, 512 (kleiner Färber); öffentliche Unternehmen s BGH NJW **64**, 1223. Weiter muß das bestätigte Geschäft zu den kfmähnlichen bzw Berufsgeschäften des Bestätigungsempfängers gehören (§ 344 I gilt nicht entspr); Erwerb von GrundstücksGesAnteilen durch Gastwirt genügt nicht, Stgt 29. 12. **82** 4 U 138/82. Wenn es dazu gehört, kann es aber auch ein für den Empfänger unübliches Geschäft sein, BGH WM **69**, 993, **75**, 325. Bloße Vertretung durch einen Rechtsanwalt genügt nicht, BGH Hamm NJW **75**, 1358, **74**, 462, vielmehr kommt es auf die Parteien an, vgl BGH BB **76**, 664. Zur Ausdehnung auf den nichtkfm Berufsverkehr s Hopt AcP 183 (**83**) 691.

b) Der **Absender** des Bestätigungsschreibens kann dagegen reiner Privatmann sein (vgl § 362); nach aA gilt dasselbe wie für den Empfänger (s Anm a). Vgl BGH **40**, 44, WM **62**, 301 (Vorstandsmitglied gegenüber seiner AG), WM **73**, 1376.

C. **Sachliche Voraussetzungen: a) Vorverhandlungen:** Dem Schreiben muß eine hinreichend konkretisierte ernsthafte Verhandlung (in der Sicht des Bestätigenden ein Abschluß) vorausgegangen sein, wofür der Bestätigende beweispflichtig ist, BGH DB **70**, 1777, NJW **74**, 991, **75**, 1358, Düss DB **82**, 592. Voraussetzung ist eine mündliche, telefonische, telegraphische ua, aber nicht briefliche Vorverhandlung (so daß der Vertragsinhalt im Bestätigungsschreiben erstmals schriftlich niedergelegt erscheint). Der Grundsatz ist aber uU auch anwendbar, wenn ein Teil schon schrieb, jedenfalls wenn jetzt der andere (der vorher nur telefonierte) brieflich bestätigt, BGH **54**, 240, krit Lieb JZ **71**, 135. S auch BGH DB **70**, 1777. Er gilt **nicht** bei Schriftformklausel iSv § 129 BGB (s Einl 5 B vor § 343), oder wenn Empfänger der Bestätigung den Vertragsschluß von seiner schriftli-

§ 346 3 IV. Buch. Handelsgeschäfte

chen Annahme abhängig gemacht hat, BGH NJW **70**, 2104; auch wenn der Bestätigende zugleich erklärt, er nehme an, der andere habe diesen Vorbehalt fallen lassen, offen BGH BB **70**, 1324.

b) Unmittelbar nachfolgendes Bestätigungsschreiben: Das Schreiben braucht die Verhandlungen nicht ausdrücklich zu erwähnen, BGH **54**, 239, aber es muß der Verhandlung **zeitlich** unmittelbar folgen, es kommt für die Frist auf den Fall an (Verstreichen weniger Tage muß nicht schaden), BGH WM **75**, 325. Nicht entscheidend ist die Bezeichnung des Schreibens (zB „Auftragsbestätigung", vgl Anm A), BGH **54**, 241, BB **71**, 1479, NJW **74**, 992, WM **79**, 19 (laut späterem Schreiben: „Vorabbestellung"). Es muß **erkennbar** bestimmt sein, einen erfolgten Abschluß und seinen Inhalt verbindlich festzulegen, BGH BB **61**, 271, **63**, 918, **67**, 978; das ist uU der Fall auch bei weitergehender Bezugnahme auf ein Schreiben des Empfängers, BGH **54**, 241, oder Verwendung von Kurzformeln, deren genaue Bedeutung durch zumutbare Rückfrage aufklärbar, BGH BB **71**, 1479; nicht genügt bloße Bezugnahme auf die Verhandlung ohne Äußerung des Festlegungswillens. Hat der Bestätigende um **Gegenbestätigung** gebeten, so ist uU ohne diese die Bestätigung unwirksam, das Schweigen des Partners nicht Zustimmung, maßgebend nur das mündliche Verhandelte, BGH NJW **64**, 1270; ebenso wenn Zusatzabrede nicht bestätigt, sondern vorgeschlagen wird, BGH NJW **72**, 820. Bei sich **kreuzenden,** inhaltlich verschiedenen Bestätigungsschreiben, tritt die Rechtswirkung nicht ein, Widerspruch ist nicht erforderlich, BGH BB **61**, 954; anders wenn die Abweichung nur eine ohnehin zu erwartende Vertragsergänzung betrifft, BGH NJW **66**, 1070; beidseitige Bezugnahme auf widersprechenden AGB s **(5)** AGBG § 2 Anm 2 C. Das Schreiben muß **zugehen** (§ 130 BGB), BGH **20**, 149 (auch bei Unterschlagung durch Empfangsvertreter), **70**, 232 (Beweislast beim Absender); ggf jemandem mit (passiver) Vertretungsmacht (vgl ua § 164 III BGB, § 125 II 3 HGB, § 35 II 3 GmbHG, § 78 II 2 AktG), dazu RG JW **27**, 1675. Nicht wesentlich ist, ob für Empfänger ein **Vertreter** verhandelte; auch wenn dieser, dem Bestätigenden unbekannt (Hbg MDR **64**, 502), ohne Vollmacht war (vorausgesetzt das Schreiben nimmt wirksamen Abschluß an, ist nicht Aufforderung zur Genehmigung iSv § 177 II BGB); BGH **7**, 187, **20**, 149, NJW **64**, 1951, **65**, 966, **67**, 902, NJW **75**, 1358, Karls BB **76**, 665, Kln ZIP **82**, 1426, DB **83**, 104; auch wenn ein Unbefugter unter dem Namen des Empfängers auftrat, Celle MDR **67**, 1016 (Sohn des Inhabers).

c) Schweigen des Empfängers: Zur Entkräftung des Schreibens muß **rechtzeitiger Widerspruch,** dh ohne schuldhaftes Zögern (unverzüglich, § 121 I 1 BGB, aber Risiko des Kfm zB bei Organisationsmängeln), erfolgen; BGH **11**, 3, **18**, 216, NJW **62**, 104, 246. Nach Kln BB **71**, 286 entspr § 147 BGB bis zum Zeitpunkt, in dem eine Antwort unter regelmäßigen Umständen zu erwarten ist. Widerspruch mehr als eine Woche nach Empfang der Bestätigung wohl meist zu spät, BGH NJW **62**, 246, BB **66**, 425, **69**, 933; bei einfachem Abschluß im Warengroßhandel uU nach drei Tagen zu spät, RG **105**, 390, BGH NJW **62**, 246. Einzelfall beachtlich (weitgehend Tatrichterermessen), zB daß Widersprechender noch nie gleiche Ware kaufte, daher Zeit brauchte zur Erlangung verläßlicher Marktauskunft, BGH NJW **62**, 246. Widerspruch gegenüber dem Makler (der die falsch bestätigte Verhandlung mitführte) kann genügen, BGH BB **67**, 186. Der

1. Abschnitt. Allgemeine Vorschriften   3 **§ 346**

Beweis des Zugangs des Schreibens, erforderlichenfalls auch des Zeitpunkts des Zugangs, obliegt dem Bestätigenden, BGH **70,** 232, der des rechtzeitigen Widerspruchs dem Empfänger, RG **114,** 282, BGH NJW **62,** 104. Bindung an ein im Widerspruch liegendes neues Angebot s Ffm BB **82,** 1510.

D. **Schutzgrenzen, Anfechtbarkeit: a)** Bei **bewußt unrichtiger** oder entstellender ,,**Bestätigung**" bleibt das Schweigen ohne Rechtswirkung, BGH BB **55,** 941, **67,** 978, MDR **67,** 918, DB **69,** 125, **70,** 1778; **b)** ebenso, praktisch wichtiger, wenn die Bestätigung sich (auch ohne Unredlichkeit oder Kenntnis) vom wirklichen Verhandlungsergebnis **so weit entfernt, daß der Bestätigende verständigerweise nicht mit dem Einverständnis des anderen rechnen kann,** BGH **7,** 190, **11,** 4, **40,** 44, **54,** 242, **61,** 286, **93,** 343, BB **71,** 1480, WM **73,** 1376, NJW **74,** 992, **82,** 1751, WM **84,** 641, oder wenn sie eine neue Bedingung einführt, mit der Empfänger nicht zu rechnen braucht, BGH **54,** 242, NJW **66,** 1070 oder die nach dem Geschäftsgegenstand unzumutbar ist, BGH BB **68,** 398; oder wenn die Bestätigung mit Zusatzforderungen verbunden ist, BGH BB **72,** 418 (zur Frage der Einigung über diese durch Nichtablehnung s Anm 4 D). Für solchen (Ausnahme-)Tatbestand ist Empfänger beweispflichtig, BGH NJW **74,** 991. Verhandelte für den Bestätigenden ein Vertreter, kommt es idR auf dessen Verhalten an, gleich ob er selbst oder der Vertretene bestätigte (vgl § 166 I BGB); anders wenn dieser (vom Vertreter falsch unterrichtet) gutgläubig und andererseits Empfänger bei der Verhandlung den Schein der Einigung wie bestätigt schuf (zB durch Zeichnung eines so verstehbaren Schriftstücks), BGH **11,** 4, **40,** 48. Das Bestätigungsschreiben wirkt (ohne Widerspruch) auch soweit es **zusätzliche Bedingungen** einführt, sofern solche zumutbar und der Art, daß Empfänger mit ihnen rechnen muß, Bspe: Einführung üblicher Verbandlieferbedingungen (mit Haftungsausschlußklausel), BGH **54,** 242, einer im Geschäftszweig gebräuchlichen Schiedsklausel, BGH DB **70,** 1777 (,,Garnschlußbriefe" aus Wien), Hbg RIW **81,** 263 (Selbstlieferungsvorbehalt). Einführung (im Geschäftszweig gebräuchlicher) **AGB** durch Bestätigungsschreiben s Lindacher WM **81,** 702, Coester DB **82,** 1551, s **(5)** AGBG § 2 Anm 2, § 4 Anm 1. **c)** Zur Frage der **Anfechtung** durch Empfänger, der sich verschwieg, s Anm 4 B. Auf die Wirkung des Bestätigungsschreibens können sich beide Parteien berufen, also kein Wahlrecht.

E. **Internationaler Verkehr:** Ob Schweigen rechtsgeschäftliche Wirkung hat, bestimmt sich nicht nach dem Vertragsstatut, sondern isoliert nach Sitz bzw gewöhnlichem Aufenthaltsort des Schweigenden, Hbg NJW **80,** 1232, Reithmann 260; str, aA nach einzelfallorientierter Kumulierung der Rechtsordnungen zugunsten des Schweigenden. Das Bestätigungsschreiben muß in der Verhandlungssprache bei Kaufabschluß abgefaßt sein, sonst hat es nicht die Wirkung nach Anm A; Ffm DB **81,** 1612 m Anm Reinhart IPRax **82,** 226; vgl für AGB **(5)** AGBG § 2 Anm 2 B, **(8)** AGB-Banken Einl 4 B vor Nr 1, **(19)** ADSp Einl 2 A vor § 1. Das Bestätigungsschreiben wirkt auch im Anwendungsbereich der EKAG und EKG, Hbg RIW **82,** 262 m Anm Kronke. Übersicht: Ebenroth ZVglRW **78,** 161.

§ 346 4 IV. Buch. Handelsgeschäfte

4) Schweigen im Handels- und Berufsverkehr

A. **Im bürgerlichen Recht** ist Schweigen idR überhaupt keine Willenserklärung, also **weder Annahme noch Ablehnung,** Flume II § 5, 2b. Zwar besteht uU eine Anzeigepflicht bei Nichtannahme, aber ihre Verletzung führt zum Ersatz des negativen Interesses, § 663 BGB (Text s § 362 Anm 1). **Im Handelsrecht** und im Berufsverkehr gelten strengere Anforderungen. Schweigen des Kfm auf Geschäftsbesorgungsantrag gilt nach § 362 als Annahme (s dort). In vielen anderen Fällen ist Schweigen nach **Handelsbrauch** bedeutsam. Qui tacet consentire videtur (wer schweigt gilt für zustimmend) gilt im HdlVerkehr, der mehr Zusammenspiel fordert, öfter als in anderem Rechtsverkehr, aber auch im HdlVerkehr doch nur ausnahmsweise, BGH **61**, 285, NJW **81**, 44. Schweigen soll nach der Rspr uU als **Zustimmung** gelten, wo nach der Lage des Einzelfalls entspr der Übung ordentlicher Kflte bei Ablehnung ausdrücklicher Widerspruch zu erwarten ist, BGH **1**, 355, **7**, 189, **11**, 3, **18**, 216, Düss DB **82**, 592, enger Flume AcP 161 (**62**) 52, dagegen Fischer ZHR 125 (**63**) 209; diese Formel ist aber gefährlich weit, nötig ist vorsichtige Fallgruppenbildung. Die ständige Geschäftsverbindung (Einl 2 vor § 343) verlangt zB eher eine klärende Äußerung als die einmalige, OGH **3**, 237, BGH **1**, 355. Akte des einen Teils, die gerade der Klarstellung der Rechtslage dienen, verlangen in besonderem Maße die prompte Stellungnahme, Düss DB **82**, 593, zB **kaufmännisches Bestätigungsschreiben** (s Anm 3), Schlußnoten des HdlMaklers (§ 94 Anm 1 B), feststellende Mitteilungen, Abrechnungen (dazu Anm G). Unbeachtlich sind Mitteilungen in **unüblicher Form,** zB mündlich durch Familienmitglieder oder Hauspersonal, auf Drucksachen, Geschäftsbriefen usw durch kleine, leicht übersehbare Vermerke (oder am Rand, auf der Ecke, auf der Rückseite), auf Katalogen usw über Fragen, die nicht hineingehören (unten Anm F). Monographie: Sonnenberger 1970; Canaris FS Wilburg **75**, 77.

B. Will in solchem Fall der Schweigende Zustimmung ausdrücken, ist es echte Willenserklärung; will er es nicht, wird ihm **ohne Willenserklärung** der objektive Erklärungswert seines Verhaltens nach § 242 BGB **zugerechnet.** Daher **keine Anfechtung** wegen Irrtums über die Bedeutung des Schweigens, zB darüber, daß das widerspruchslos hingenommene Bestätigungsschreiben (Anm 3) für den Vertragsinhalt maßgebend wird, BGH **11**, 5, **20**, 154, NJW **69**, 1711, auch nicht wegen irriger Annahme der Übereinstimmung solchen Schreibens mit der Verhandlung, BGH NJW **72**, 45; dagegen ist Anfechtung möglich analog § 119 BGB bei Irrtum in der (vorausgegangenen) Verhandlung oder über den Inhalt der Bestätigung, str, dahingestellt von BGH NJW **69**, 1711, **72**, 45; ebenso bei Unkenntnis des Zugangs des Bestätigungsschreibens (s. Anm 3 Cb). Einschränkend Flume II § 36, 7: nicht bei Sorgfaltspflichtverstoß. S Hübner FS Nipperdey **65** I 373. Das Schweigen muß schlüssig sein, in eine Erklärung bestimmten Inhalts übersetzt werden können, RG **97**, 195 (GegenBsp: Schweigen auf eine Frage). Prinzipielle Zweifel: Bickel NJW **72**, 607.

C. Wer, auch ohne Bestätigungsschreiben (s Anm 6) erkennt, daß der Vertragsgegner den vereinbarten Vertrag erheblich anders **auslegt,** muß, sofern diese Auslegung nicht unvernünftig ist, uU widersprechen oder nach Treu und Glauben die andere Auslegung gegen sich gelten lassen.

Schweigen des Bankkunden, der mehrmals einen vom selben Täter gefälschten Wechsel honorierte, auf Nachricht der Bank, daß abermals ein solcher Wechsel präsentiert ist, kann Bestätigung der gefälschten **Unterschrift** bedeuten, RG 145, 94, BGH JZ **51**, 783.

D. Schweigen auf Auftragsbestätigung s Anm 3 A) ist idR **nicht** Annahme; die Situation ist anders als beim kfm Bestätigungsschreiben (s Anm 3), das einen schon erfolgten Abschluß festhalten soll. **Ausnahmen** bei ganz besonderen Umständen, zB wenn Auftragsbestätigung zugleich Einzelheiten aus mündlicher Vorverhandlung festhält (insofern ähnlich kfm Bestätigung), BGH **18**, 216, **61**, 285, BB **73**, 2135, **74**, 1136, DB **77**, 1311, BB **86**, 554 (Schwesterfirmen mit ähnlicher Firma im selben Markt). Abweichung muß in Annahmeerklärung des B klar zum Ausdruck kommen, sonst kommt Vertrag mit Inhalt des Angebots des A zustande, BGH WM **83**, 313. Annahme ist uU widerspruchslose Entgegennahme gekaufter Ware, besonders wenn der Verkäufer deutlich machte, er liefere nicht anders als zu seinen Bedingungen, BGH **61**, 287, DB **77**, 1311; beiderseitige Bezugnahme auf widersprechende AGB s (5) AGBG § 2 Anm 2 C. Wer auf Preisliste, Katalog und dergl bestellt, genehmigt deren Inhalt, soweit er in eine Preisliste, einen Katalog usw hineingehört; zB Angaben über Preis, Beschaffenheit der Ware, Versendungsart, Zahlungsweise (zB Nachnahme); nicht aber die dort abgedruckten AGB des Anbieters, s (5) AGBG § 2 Anm 1 A.

E. Schweigen auf Rechnung (Faktura) ohne Vertragsgrundlage ist iZw **nicht Annahme** eines darin enthaltenen Vertragsangebots, BGH BB **59**, 827. Schweigen auf **Vermerke** in der Rechnung ist idR nicht Zustimmung zur Vertragsänderung, weil ein Änderungsvorschlag nicht in die Rechnung gehört, die nur zur Berechnung und Einforderung der vertragsgemäßen Vergütung für eine Leistung dient, RG **65**, 331 (Erfüllungsort, Gerichtsstand), BGH BB **59**, 827. **Ausnahmen** zB wenn die Rechnung Teil eines Bestätigungsschreibens ist (s Anm 3); wenn bei dauernder Geschäftsverbindung frühere Abreden wiederholt sind; bei handelsüblichen Vermerken, etwa über die Verpackung, wenn die Rechnung dem Besteller Vergünstigungen, etwa Preisnachlaß, gewährt, weil da die Zustimmung des Empfängers ohne weiteres anzunehmen ist, RG **95**, 120. Durch widerspruchslose Entgegennahme und Bezahlung einer Vielzahl von Rechnungen während längerer Zeit (hier zwei Jahre) verliert Empfänger das Recht zur Beanstandung der Rechnungen; auch bei Zahlung mit Vorbehalt der Rechnungsprüfung, wenn er nicht in angemessener (kürzerer) Zeit prüft und reklamiert, Düss DB **73**, 1064.

F. Schweigen auf Vertragsangebot ist idR auch im kfm Verkehr **nicht Zustimmung**, auch nicht unter Anwesenden. **Ausnahmen**, wenn Treu und Glauben oder die Verkehrssitte Widerspruch verlangen; zB bei alter Geschäftsverbindung, RG **84**, 325, vor allem, wenn schon früher Verträge durch Schweigen zustandegekommen sind; nach Vorverhandlungen bei abschlußreifem, inhaltlich festgelegtem Vertrag, BGH BB **55**, 1068; wenn A anträgt, nun B verspätet annimmt (§ 150 I BGB), A schweigt und kein besonderer Anlaß für ihn zu neuer anderer Entschließung, BGH NJW **51**, 313; wenn A Ware „freibleibend" (ohne Bindung an sein Angebot) anbietet und auf eine dem Angebot genau entspr Bestellung des B schweigt, RG

§ 346 5   IV. Buch. Handelsgeschäfte

102, 229; wenn es um die Auflösung oder Änderung eines zwischen den Parteien bestehenden Vertrags geht und der Anbietende für den Gegner erkennbar ein Interesse an baldiger Antwort hat, BGH **1,** 355; wenn es um die Abwicklung eines bestehenden Schuldverhältnisses geht, eine vernünftige Abwicklung vorgeschlagen wird und der Auftragsempfänger auf Frage, ob er widerspreche, weiter schweigt, BGH BB **62,** 1056; idR nicht gegenüber dem Angebot einer dem Empfänger des Angebots nachteiligen Änderung eines bestehenden Vertrags, BGH **LM** § 346 (D) Nr 7, 7b. IdR hat, auch unter Kaufleuten, nicht angenommen, wer **unbestellt** zugesandte **Ware** nicht zurücksendet oder ablehnt. Auch Einlösung einer unbestellten Nachnahmesendung ist noch nicht Annahme, IHK Mü BB **50,** 225. Anders zB, wo im laufenden Geschäftsverkehr zugesandt, wenn unbestellte Ware bereits früher abgenommen, uU auch wo unbestellte der bestellten Ware beigefügt, RG LZ **19,** 966, wenn durch wiederholte Sendung der Irrtum des anderen Teils klar wurde, BGH **LM** § 157 BGB (Gb) Nr 4.

    G. **Schweigen auf Rechnungsabschluß** ist **nicht Anerkennung;** gleich ob im Kontokorrent, auch nicht stillschweigend, anders nur unter besonderen Umständen, BGH WM **73,** 1014 (iErg nein).

    H. **Internationaler Verkehr:** BGH **67,** 72, NJW **76,** 2075, RIW **82,** 589; von Hoffmann RabelsZ 36 **(72)** 510.

5) Handelsklauseln

Der lange Sprüche scheuende HdlVerkehr verwendet gern **Abkürzungen.** Bsp hier und vor allem auch bei **(6) Incoterms** und beim **internationalen Abladegeschäft** (Überbl 6 C vor § 373). **Auslegung** iZw nach HdlBrauch; uU verschieden nach Ort, Branche, Beteiligten; aber grundsätzlich keine ergänzende Auslegung; revisibel (unbeschadet der Pflicht zur Beweisaufnahme über einschlägigen HdlBrauch, vgl Anm 2 B, C); BGH **14,** 61, WM **56,** 230, **66,** 219, **73,** 363, BB **70,** 984, **72,** 1117. Wo ein (ohne Unterwerfung im Einzelfall wirkender) HdlBrauch fehlt, können AGB (s **(5)** AGBG § 2 Anm 2) die Bedeutung solcher Klauseln klären, Bsp: **(6)** Incoterms. Doch sind ua **(5)** AGBG §§ 2, 9 und gegenüber NichtKflten die Klauselverbote der **(5)** AGBG §§ 10, 11 zu beachten (s dort). Irrtum des Erklärenden über die Bedeutung der Formel kann Anfechtung begründen (§ 119 I BGB), so auch bei Irrtum beider Teile, BGH BB **61,** 844 (nicht Nichtigkeit), Stgt BB **66,** 675 (vgl „Netto ab Werk"), anders aber bei verkehrsüblichen (durch HdlBrauch typisierten) Klauseln, RG **42,** 146 (cif), Hbg AWD **66,** 120 (Hbg frdsch Arbitr), s Anm 1 E, 4 B. Dazu Liesecke WM Sonderbeil 3/**78,** 6. **Schiedsgerichtspraxis** s St-Ul1 J, II J.

Ab Kai (verzollt... benannter Hafen): 5 **(6)** Incoterms Nr 8; Haage BB **56,** 195 (unter Berücksichtigung der Trade Terms).

Ab Lager: Die Kosten der Verpackung trägt der Käufer, Abweichungen nach HdlBrauch; § 380 Anm 2.

Ab Schiff... (benannter Bestimmungshafen); s **(6)** Incoterms Nr 7.

Ab Station: LG Oldbg RIW **76,** 454: Pflicht zur Übernahme und Prüfung der Ware am angegebenen Stationsort. S dazu auch **(24)** CMR Art 8 Abs 1 b.

Ab Werk: s **(6)** Incoterms Nr 1, HEZ **1,** 75: „Ab Werk" genügt nicht als einfache (Gefahrübergang bei Absendung bewirkendes) Verlangen des

1. Abschnitt. Allgemeine Vorschriften 5 **§ 346**

Käufers iSv § 447 BGB. ,,Netto ab Werk": Berechnung der Frachtkosten von dem den Artikel herstellenden Werk des Verkäufers, auch wenn Käufer an ein anderes (näheres) Werk dachte, andererseits auch wenn Verkäufer im Einzelfall bei einem Dritten (noch ferner) herstellen ließ und dessen Werk meinte, Stgt BB **66**, 675. ,,Ab Werk" (oder ,,Anlieferung unfrei") beläßt Versendungskosten beim Käufer (vgl § 448 BGB), gibt diesem kein Recht auf Selbstabholung, Kln MDR **73**, 590.

Akkreditiv: Käufer muß durch Akkreditiv zahlen. Dazu (7) Bankgeschäfte VII, (14) ERG zum Dokumentenakkreditiv.

Arbitrage: ,,Hamburger (freundschaftliche) Arbitrage" mit oder ohne ,,und Schiedsgericht" verweist auf § 20 der Platzusance für den hamburgischen Warenhandel und ist nicht nur Schiedsgutachterklausel oder auf Qualitätsfragen beschränkte Schiedsgerichtsklausel (vgl Einl IV 3 A, B vor § 1), sondern Schiedsgerichtsklausel für alle Streitigkeiten, OGH **4**, 249, auch ohne die in diesem Falle noch zugefügten Worte ,,und Schiedsgericht", BGH BB **60**, 679, ermächtigt das Schiedsgericht auch zur Entscheidung über seine eigene Zuständigkeit und ist unabhängig von der Gültigkeit des Vertrags im übrigen, BGH BB **52**, 529. Die ,,Qualitätsarbitrage" wird idR als Schiedsgutachten (von Arbitratoren) abgesondert (nicht nur bei ,,HdlKammer-Arbitrage" nach § 20 VII aaO), bei dessen Nichtbefolgung folgt Schiedsgerichtsverfahren (durch Arbiter). Benennung der Schiedsgutachter und Schiedsrichter nach § 20 II aaO, idR im Einklang mit § 1029 ZPO, nicht nur wenn auf Schiedsgutachter zur ,,Qualitätsarbitrage" bezüglich, BGH BB **60**, 679. Wirksam ist auch die Zuweisung der Entscheidung über Schiedsrichterablehnung an die HdlKammer Hbg, § 20 III 3 aaO, Hbg MDR **50**, 560. Übersicht der in Hbg und Brem gebräuchlichen Klauseln und der ihnen entspr Verfahren, BB **51**, 709. ,,Berliner Arbitrage" s KG JW **24**, 1182.

Baisseklausel: Käufer darf zurücktreten, wenn er von anderer Seite billiger beziehen kann (mindestens bei Dauervertrag); muß darlegen, daß fremdes Angebot ernst und Erfüllung versprechend, Hbg HRR **32**, 2284.

Baldmöglichst: s ,,so schnell wie möglich".

Bar: s ,,Zahlung".

Besichtigung (,,wie besichtigt", ,,wie besehen" usw): Ausschluß der Gewährleistung (§§ 459 ff BGB) und Haftung (§§ 275 ff BGB) wegen Mängeln, die (idR bei gemeinsamer) Besichtigung erkannt wurden (so schon § 460 S 1 BGB) oder ohne leichte Fahrlässigkeit (§ 460 S 2 BGB: ohne grobe Fahrlässigkeit) erkennbar waren, nicht wegen arglistig verschwiegener oder solcher Mängel, deren Fehlen zugesichert war (vgl §§ 276 II, 460 S 2 BGB); dabei trägt iZw der Verkäufer die Beweislast für die Kenntnis oder fahrlässige Unkenntnis des Käufers, Ffm DB **80**, 779. Trotz der eine Besichtigung vor Zahlung ausschließenden Akkreditivabrede darf Käufer vor Zahlung besichtigen, wenn das Vorleistungsverlangen mißbräuchlich ist, so uU eine zweite Teillieferung nach Mangelhaftigkeit der ersten, BGH AWD **63**, 213 mit Hinweis auf § 13 III Bedingungen des Waren-Vereins Hbger Börse (bei besonderen Umständen, die das Zahlungsverlangen arglistig erscheinen lassen).

Besserung (Stundung ,,auf Besserung", ,,Besserungsschein", meist noch näher formuliert) verpflichtet Schuldner zur Zahlung, wenn und soweit er ohne Gefährdung seiner wirtschaftlichen Existenz zahlen kann, RG

§ 346 5

94, 290; Gläubiger hat das zu beweisen, nach Verstreichen einer Zeit, in der Besserung zu erwarten war, Schuldner das Gegenteil. Die eingetretene Fälligkeit entfällt nicht, wenn die Lage des Schuldners sich wieder verschlechtert, Hbg HRR **32,** 2. Betriebseinstellung des Schuldners läßt Stundung ,,auf Besserung" erlöschen, Mü SeuffA 68 Nr 96.

c. a. d.: cash against documents; s Kasse gegen Dokumente

Cash against documents: s Kasse gegen Dokumente

C & F: Kosten und Fracht ... (benannter Verschiffungshafen); s **(6)** Incoterms Nr 5.

CIF: Kosten, Versicherung, Fracht ... (benannter Bestimmungshafen); s **(6)** Incoterms Nr 6. Beim cif-Abladegeschäft (Überbl 6 C vor § 373) hat Verkäufer nicht die Ware selbst, sondern kontraktmäßige Dokumente anzubieten, Käufer diese ,,aufzunehmen" und den Kaufpreis zu zahlen, BGH **LM** § 373 Nr 3. Dabei gilt nicht Dokumentenstrenge wie beim Akkreditivgeschäft (s **(7)** Bankgeschäfte VII), Dokumente mit vom Vertrag abweichender und nicht sachlich gleichbedeutender Bezeichnung der Ware darf aber Käufer abweisen, BGH **LM** § 373 Nr 3.

Circa (Toleranz): Zulässig ist eine, nach HdlBrauch oder Geschäftsumständen im Einzelfall zu bemessende Abweichung von der geschuldeten Menge nach oben oder unten. Circa neben Mengenangabe mit Spielraum (ca 25–30 Tonnen) gestattet idR, nicht notwendig, gewisse (nach Branche verschiedene) Unter- und Überschreitung der Mindest- und Höchstmenge. Die Klausel ist in verschiedenen Zusammenhängen uU enger oder weiter auszulegen, BGH MDR **64,** 48 (Abladegeschäft, s Überbl 6 C vor § 373). Zum Teil wird Abweichung bis zu 5% angenommen, zum Teil auch bis 10%, s **(11)** ERG Art 43a, uU zB bei Fristtoleranzen auch mehr. Die Toleranzrechte können durch grobe Abweichung ganz verwirkt werden, BGH **LM** § 157 BGB (Ge) Nr 2. Nach RG JW **17,** 971 haftet bei Circa-Liefervertrag der nicht liefernde Verkäufer nur wegen der Mindestmenge, der vertragsuntreue Käufer wegen der Höchstmenge: richtig, wenn Verkäufer im Circa-Raum ganz frei, nicht wenn er an objektive Maßstäbe (zB noch zu klärende Größe einer ,,Partie", Abrufe von Dritten) gebunden sein sollte. Übersicht: Thamm DB **82,** 417.

C.O.D: cash on delivery, nicht etwa cash on documents, BGH NJW **85,** 550; s Nachnahme.

D/A: documents against acceptance; s Dokumente gegen Akzept.

DC: documents against cash; s Kasse gegen Dokumente.

Dokumente gegen Akzept (d/a, documents against acceptance): Vereinbarung der (Kaufpreis-) Finanzierung durch Wechselrembours im Außenhandel, der Verkäufer erhält Akzept bzw Diskonterlös gegen Verladedokumente, s **(7)** Bankgeschäfte IV 4 B, VII 4 A, 5 D.

Dokumente gegen unwiderruflichen Zahlungsauftrag: ähnlich wie ,,Dokumente gegen Akzept", aber ohne dieselbe Sicherheit für den Verkäufer, außer bei eigenem Anspruch des Verkäufers gegen Bank (Vertrag zugunsten Dritter). Übersicht: von Bernstorff NJW **85,** 14.

D/P: documents against payment; s Kasse gegen Dokumente.

eta (expected oder estimated time of arrival), mit Datum, ,,Erwartungsklausel": ,,unechtes Abladegeschäft", dh Erfüllungs- und Leistungsort des Verkäufers ist der Bestimmungshafen (nicht der ,,Abladeort"); nicht notwendig Fixgeschäft; Celle MDR **73,** 412, vgl § 376 Anm 1 B.

1. Abschnitt. Allgemeine Vorschriften 5 § 346

FAS: frei Längsseite Seeschiff ... (benannter Verschiffungshafen); s **(6)** Incoterms Nr 3.
FOB: frei an Bord ... (benannter Verschiffungshafen); s **(6)** Incoterms Nr 4.
FOB Flughafen ... (benannter Abgangsflughafen); s **(6)** Incoterms Nr 11.
FOR/FOT: frei (franko) Waggon ... (benannter Abgangsort); s **(6)** Incoterms Nr 2.
Frachtfrei ... (benannter Bestimmungsort); s **(6)** Incoterms Nr 13. – ,,Unfrei": Hinweis darauf, daß Abbedingung des § 448 BGB nicht erfolgt, Kln BB **73**, 496.
Frachtfrei versichert ... (benannter Bestimmungsort); s **(6)** Incoterms Nr 14.
Frachtparität, Frachtbasis Versand- (Empfangs-)Station X: Wählt Verkäufer (Käufer) eine andere Versand-(Empfangs-)Station als X, gehen Mehr- oder Minderkosten zu Lasten oder zugunsten des Verkäufers (Käufers). So jedenfalls im Holzhandel, § 8 Gebräuche betr Grubenholz, § 10 Nr 7 Tegernseer Gebräuche.
Frei (frachtfrei, franko) mit Angabe des Bestimmungsorts hat im HdlVerkehr keinen eindeutigen Inhalt. Die Klausel bezieht sich jedenfalls auf die Transportkosten (Spesenklausel), kann aber auch Gefahrtragung des Verkäufers bis zu dem genannten Ort bedeuten; BGH NJW **84**, 567.
Freibleibend, ohne Obligo kann bedeuten: **a) Keine Bindung an den Antrag** (auch ,,unverbindlich"): (1) **Kein eigenes Angebot:** Häufig ist das freibleibende Angebot gar kein Antrag iSv § 145 BGB, sondern nur Aufforderung zu Angebot des Gegners; dieses gilt aber als angenommen, wenn der Antragende es nicht unverzüglich ablehnt, stRspr. (2) **Bis zur Annahme widerrufliches Angebot:** Das freibleibende Angebot kann aber auch bereits Antrag, aber mit Widerrufsvorbehalt (Ausschluß der Gebundenheit, § 145 BGB) sein, BGH NJW **84**, 1887. **b) Keine Bindung an** den Vertrag. Dabei kann sich die Freizeichnung beziehen: (1) auf die **Lieferverpflichtung.** Hier hat sie, wenn nur auf Unmöglichkeit und Unzumutbarkeit bezogen, idR keinen Sinn, weil die Lieferungsverpflichtungen ohne weiteres durch Unmöglichkeit oder Unzumutbarkeit nach Treu und Glauben ausgeschlossen ist. Oft wird darum mehr gemeint sein, nämlich Befreiung für den Fall, daß der Lieferer des Verpflichteten nicht liefert, vgl RG HRR **30**, 1040, oder daß der Verpflichtete alles getan hat, was man erwarten durfte, Hbg HRR **28**, 1215, oder daß bei nicht voraussehbarem Unvermögen zu rechtzeitiger Lieferung keine Rechte aus verspäteter Lieferung herzuleiten sind, RG **132**, 307 (,,Lieferungsmöglichkeit vorbehalten"; sah Verkäufer sein Unvermögen voraus: Einwand der Arglist). (2) auf die **Lieferzeit.** Da muß sie der Verkäufer nach billigem Ermessen bestimmen, § 315 BGB, RG **105**, 371. (3) auf den **Preis.** S unten bei ,,Preisvorbehalt". (4) auf die **Menge.** Dann ist der Verpflichtete frei, wenn er nicht liefern kann. Grenzen wie bei (2); s unten bei ,,Vorrat".
Frei Frachtführer ... (benannter Ort); s **(6)** Incoterms Nr 12.
Freight prepaid, im Konnossement: idR nicht Quittung für die Fracht (die uU noch nicht bezahlt), soll nur Empfänger vor Frachtforderung (und Pfandrecht) des Verfrachters schützen, Brem AWD **77**, 237.
Frei Haus ist kraft HdlBrauch Kosten- und Gefahrtragungsklausel,

SchiedsG HK Hbg **(77)** St-Ul II F 3 Nr 3, aA SchiedsG WV Hbg Börse **(74)** St-Ul II J 2 Nr 15 m abl Anm Timmermann.
Frei im Container gestaut: vgl „frei Frachtführer"; zur Untersuchungspflicht BGH DB **81,** 1816, s § 377 Anm 3 D.
Geliefert Grenze ... (benannter Lieferort an der Grenze); s **(6)** Incoterms Nr 9.
Geliefert verzollt ... (benannter Bestimmungsort im Einfuhrland); s **(6)** Incoterms Nr 10.
Getreue Hände: s zu getreuen Händen.
Härteklausel (hardship clause): Böckstiegel RIW **84,** 1; Neuverhandlungspflicht s Einl 6 C vor § 343.
Kasse, Kasse gegen Dokumente: besonders mit Fälligkeitsangabe (sofort, 30 Tage nach) u/o Klausel Zug-um-Zug-Papier-Übergabe (Kasse gegen Faktura, gegen Dokumente): echte Fälligkeitsregelung, begründet Vorleistungspflicht des Verkäufers betr Dokumentenvorlage, des Käufers betr Zahlung, BGH WM **71,** 385, **75,** 920; ferner idR Barzahlungsabrede, dh Ausschluß sonst zulässiger Zurückbehaltung oder Aufrechnung, BGH **14,** 61, **23,** 131, **94,** 76, BB **72,** 1117, NJW **76,** 853; sie begründet (anders als bei Nachnahme) keine Geldeinziehungsbefugnis des abliefernden Frachtführers oder Spediteurs, Ffm transpR **85,** 140. Klausel gilt auch für Zessionar des Verkäufers (finanzierende Bank), grundsätzlich auch wenn Verkäufer insolvent ist, Käufer also mit Gegenanspruch ausfällt, BGH **14,** 61, idR auch wenn der Ware ohne Verladepapiere ausgehändigt wurde, BGH **23,** 136. S auch Überbl. 6 C vor § 373 zum Abladegeschäft, **(6)** Incoterms, **(7)** Bankgeschäfte IV 4 B, VII 4 A, 5 D. Über Anschluß des Rechts zur Besichtigung und Untersuchung der Ware vor Zahlung § 377 Anm 3 A. Verzicht auf Untersuchung liegt in Empfang der Dokumente „zu getreuen Händen" – „Kasse gegen Duplikatfrachtbrief": in Übergabe des Doppels liegt Abtretung des Anspruchs auf Herausgabe, § 931 BGB, RG **102,** 97. – „Kasse gegen Lieferschein" (im Sinn der Anweisung an den Besitzer zur Lieferung an Käufer): Verkäufer erfüllt erst mit Auslieferung durch den Besitzer; Zahlung aber gegen Aushändigung des Scheins, die aber iZw nicht den Anspruch auf Herausgabe abtritt, RG **103,** 153. – „Kasse nach Lieferung", „Kasse nach Empfang" berechtigt den Verkäufer nicht zur Zurückhaltung der Ware bis Eingang. – S auch „Netto" Kasse.
Lager: „ab Lager" bedeutet idR nicht, daß der Kaufvertrag sich auf eine bestimmte eingelagerte Partie beschränkt, sondern bestimmt nur den Erfüllungsort, SchiedsG WV Hbg Börse **(72)** St-Ul I E 4 b Nr 12.
Liefermöglichkeit: Klausel „Lieferung vorbehalten" uä (nicht gleich „Selbstbelieferung vorbehalten", s dort) bietet Rücktrittsvorbehalt, aber keinen Freibrief auszusteigen. Sie befreit von Lieferpflicht nur nach erfolgloser zumutbarer Anstrengung zur Beschaffung der Ware, auch verteuert, OGH **1,** 179, BGH **49,** 392, BB **58,** 753, **68,** 398. Bei nur teilweiser Liefermöglichkeit Pflicht zur Lieferung pro rata. Reicht verfügbarer Warenbestand nicht für alle Käufer aus, muß Verkäufer grundsätzlich der Reihe der Bestellungen nach liefern, RG **103,** 116, Mü WM **85,** 362; s auch „Selbstbelieferung", „Vorrat".
Lieferzeit: Zulieferung „Ende Nov./Anfang Dez." in Lohnfertigungsvertrag bedeutet Lieferung spätestens am dritten Werktag des Dezember;

1. Abschnitt. Allgemeine Vorschriften 5 § 346

der Zusatz ,,ungefähr" verlängert diese Frist um zwei Werktage, SchiedsG HK Hbg **(77)** St-Ul II F Nr 3. Pflicht des Käufers zur rechtzeitigen Destination bei Geschäft ,,frei Haus Bundesrepublik", SchiedsG WV Hbg Börse **(74)** St-Ul II E 1e Nr 9.

Nachnahme: ,,Zusendung per Nachnahme", ,,cash on delivery" (C.O.D.), ,,pay on delivery" (P.O.D.) uä begründen eine Vorleistungspflicht ohne Untersuchungs- und Einwendungsmöglichkeit; aus der Barzahlungspflicht folgt Aufrechnungsausschluß, BGH NJW **84**, 550, Lebuhn IPRax **86**, 19. S auch § 436 Anm 1.

Netto (rein netto), vor allem mit ,,Kasse" (s dort): Ohne Zahlungsskonto, § 358 Anm 1 B.

Ohne Obligo: vgl ,,Freibleibend". Bankauskunft s **(8)** AGB-Banken Nr 10.

Option: mehrdeutig; aufschiebend bedingter Vertrag, den das freigestellte Tun erfüllt oder auch reines Angebot, dessen Annahme dem Gegner freisteht. Was gewollt ist, ist Frage des Falls, RG **136**, 134. Optionsgeschäft s **(14)** BörsG Überbl 2 B vor § 50, § 63. Monographie: Henrich 1965.

Order: ,,Oder an Ihre Order" kann je nach Lage des Falls die rechtliche Orderklausel darstellen oder die einfache Wiederholung der selbstverständlichen Abtretungsmöglichkeit; bei Kflten ist nicht vorauszusetzen, daß sie derartige überflüssige Ausdrücke vermeiden, RG **119**, 122.

P.O.D.: pay on delivery; s Nachnahme.

Preisvorbehalt, ,,Preis freibleibend" uä: wenn im Vertrag (nicht nur im Angebot) gebraucht: Kauf für beide Teile bindend, aber Preis soll nach Marktpreis zur Lieferzeit bestimmt werden. Auch möglich (zB in AGB, auf die Bezug genommen ist) neben Nennung eines bestimmten Preises (,,Richtpreis"). Die Vereinbarung ist idR so zu verstehen, daß Verkäufer den Preis bis zur Lieferung nach billigem Ermessen so erhöhen darf, daß er mit dem Marktpreis zur Lieferzeit übereinstimmt, BGH **1**, 354 mit RG **103**, 415, **104**, 307; OGH **4**, 168; der Richtpreis bildet die untere Grenze, muß also bei Sinken des Marktpreises nicht gesenkt werden, OGH **4**, 176. Ausnahmsweise kann der Preisvorbehalt auch so zu verstehen sein, daß Lieferer bei Erhöhung des Marktpreises den ursprünglichen Vertrag fallen lassen und ein neues Angebot machen darf, das Käufer annehmen oder ablehnen kann, BGH **1**, 354. Ein als ,,Festpreis" bezeichneter Preis schließt den Vorbehalt aus. Fordert Verkäufer kurz vor der Lieferung aufgrund des Preisvorbehalts eine bestimmte Erhöhung des ursprünglich vereinbarten Preises, erbietet er sich zB zur Lieferung gegen bestimmten erhöhten Preis, so soll damit das Recht zur Preiserhöhung ,,erschöpft" sein und später nicht nochmals Erhöhung verlangt werden können, RG **104**, 171, OGH **4**, 174; es kommt wohl darauf an, aus welchen Gründen sich die Lieferung dann abermals verzögert hat. Schranken ua nach **(5)** AGBG § 11 Nr 1.

Qualitätszertifikat: Ist ,,final gemäß Qualitätszertifikat" verkauft, so ist das Qualitätszertifikat als Schiedsgutachten für beide Parteien verbindlich außer bei offenbarer Unrichtigkeit, SchiedsG Hbg frdsch Arbitr **(65)** St-Ul I E 6b Nr 11 m Anm Timmermann; s Einl IV 3 B vor § 1.

Selbstbelieferung: Klausel ,,richtige und rechtzeitige Selbstbelieferung vorbehalten" oä (nicht gleich ,,Liefermöglichkeit vorbehalten", s dort)

§ 346 5   IV. Buch. Handelsgeschäfte

befreit Verkäufer von Lieferpflicht, wenn er ein kongruentes Deckungsgeschäft abgeschlossen hat und aus diesem ohne sein Verschulden nicht beliefert wird; sie gilt nicht nur in Fällen höherer Gewalt; sie gilt auch für Gattungskäufe (nicht etwa muß Käufer zuerst zumutbare andere Deckungsmöglichkeit erschöpfen); BGH **49,** 391, **92,** 399, BB **68,** 398. Nachweis des Deckungsgeschäfts s BGH **49,** 395; Kongruenz des Deckungsgeschäfts ist objektiv nach den Verträgen zu bestimmen, aber bei leichtfertiger Auswahl eines unzuverlässigen Deckungsgeschäftspartners keine Berufung auf Ausbleiben der Selbstbelieferung (§ 242 BGB), BGH **92,** 402. Verkäufer braucht nicht erst Deckungsgeschäftspartner verklagen. Bei teilweiser Nichtbelieferung muß Verkäufer pro rata liefern; reicht Warenbestand nicht für alle Käufer, idR Pflicht zur Belieferung der Reihe nach (s oben „Liefermöglichkeit"). Die Klausel berechtigt Verkäufer nicht zu mangelhafter oder vom Vertrag abweichender Lieferung, Hbg MDR **64,** 601 (Übersee-Import-Abladegeschäft, Weiterverkauf im Inland). Verkäufer muß Käufer prompt die eigene Nichtbelieferung anzeigen, Celle BB **74,** 201. Der frei werdende Verkäufer muß dem Käufer den Deckungsvertrag vorlegen und die Rechte aus diesem abtreten, Hbg BB **55,** 942; doch können diese Pflichten aus Wettbewerbsgründen entfallen (§ 242 BGB), Celle BB **74,** 201. Auch ist der Inhalt der abzutretenden Rechte fraglich: hat Verkäufer einen Ersatzanspruch gegen den Vormann, da er doch durch den Vorbehalt seinerseits vor Schaden geschützt ist? Drittschadensliquidation durch Verkäufer ist abzulehnen; Auslegung der Klausel nach Hamburger Brauch scheint: Verkäufer bleibt lieferpflichtig, befreit sich durch Abtretung, durch diese hat Käufer volle Rechte gegen Vormann; BGH DB **73,** 911. Fraglich ist auch, ob ggf Mitverschulden des Käufers anzunehmen ist (§ 254 BGB), wenn er Ware, die er nur unter Selbstlieferungsvorbehalt an der Hand hatte, ohne solchen weiterverkaufte, Celle BB **74,** 201. Unter dem Stichwort „Lieferzeit" beschränkt uU sich die Klausel auf Freizeichnung von den Folgen verspäteter Lieferung, BGH **24,** 42. Übersicht: Salger WM **85,** 625.
Skonto: Bei pünktlicher Zahlung kann Käufer entspr Abzug machen. Aber Grenzen aus RabattG.
(Lieferung) **so schnell wie möglich** bedeutet entweder angemessene kurze Lieferfrist ohne Stundung, so schnell wie im ordentlichen Geschäftsverkehr tunlich, RG HRR **29,** 1934, oder Lieferungszeit im Belieben (nach billigem Ermessen) des Lieferers, Mü BB **45,** 116.
Tel quel, telle quelle (namentlich bei Waren, die unterwegs sind; uU „laut Muster t. q."): gestattet Lieferung der geringsten Qualität der ausbedungenen (durch das Muster bestimmten) Gattung, schließt Haftung für (durch besondere Abrede neben der Klausel) zugesicherte Eigenschaften nicht aus, RG JW **38,** 2411, BGH NJW **54,** 385.
Unfrei (zB „Anlieferung unfrei"): auf Kosten des Bestellers, vgl zu „Ab Werk".
Verkauft wie beabsichtigt: s Besichtigung.
Vorbehalt: „Erntevorbehalt" s SchiedsG Hbg frdsch Arbitr **(77)** St-Ul II E 4b Nr 17, SchiedsG WV Hbg Börse **(77)** St-Ul II J 4 Nr 30, 33; „Wettervorbehalt" s SchiedsG Hbg frdsch Arbitr **(71)** St-Ul I E 4b Nr 9. S auch „Liefermöglichkeit", „Preisvorbehalt", „Selbstbelieferung".
Vorrat: „Solange Vorrat reicht"; geht Vorrat aus, braucht sich Verkäufer

1. Abschnitt. Allgemeine Vorschriften 1 § 347

nicht uU teurer neu einzudecken, sondern wird frei. Bei nur noch teilweisem Ausreichen Recht zur Lieferung pro rata. Kein Freibrief zu beliebiger Verteilung unter Bestellern, sondern Versprechen zu angemessener Behandlung der Bestellungen, idR der Reihe nach, vgl RG **103,** 116, Mü WM **85,** 363.

Zahlung „bar" hat im Geschäftsleben keine feste Bedeutung, KG JW **33,**1468; häufig ist damit nur sofortige Zahlung (ohne Kreditierung) gemeint, Zahlung durch Überweisung ist damit nicht ausgeschlossen, vgl **(7)** Bankgeschäfte III 4 A; Zahlung „nach Belieben", „Zahlung nach Bequemlichkeit", „wenn sich die Verhältnisse bessern": gewährt Stundung, ist eine angemessene Zeit zu warten. Klage auf künftige Leistung (§ 259 ZPO), wenn Schuldner bestreitet, RG **90,** 180.

Zu getreuen Händen, bei Andienung von Dokumenten durch Inkassobank oder Verkäufer, ist einseitiger Vorbehalt, berechtigt den Treuhandempfänger nicht seinerseits zur Weitergabe zu getreuen Händen, vielmehr muß er die Dokumente mangels voller Leistung des Gegenwerts in der bestimmten Frist zurückgeben, kein Zurückbehaltungsrecht, auch nicht bei Vermögensverfall; Hbg ZIP **83,** 153, Nielsen ZIP **83,** 535.

Zoll- und steuerfrei „auf Zollerlaubnisschein" (in Heizöllieferverbtrag): keine Grundlage für Preisaufschlag zur Deckung später eingeführter Mineralölsteuer, BGH **LM** § 346 (Ed) Nr 6.

Zwischenverkauf vorbehalten: Bindung des Verkäufers, soweit er nicht vor Annahme des Vertragsantrags anderweit verkauft, Hbg BB **60,** 383.

[Sorgfaltspflicht]

347 ¹ Wer aus einem Geschäfte, das auf seiner Seite ein Handelsgeschäft ist, einem anderen zur Sorgfalt verpflichtet ist, hat für die Sorgfalt eines ordentlichen Kaufmanns einzustehen.

II Unberührt bleiben die Vorschriften des Bürgerlichen Gesetzbuchs, nach welchen der Schuldner in bestimmten Fällen nur grobe Fahrlässigkeit zu vertreten oder nur für diejenige Sorgfalt einzustehen hat, welche er in eigenen Angelegenheiten anzuwenden pflegt.

Übersicht
1) Sorgfalt eines ordentlichen Kaufmanns (I)
2) Haftungsbeschränkung (II)
3) Rat, Auskunft, Aufklärung, Zeugnis, Prospekt: Haftungsgründe, Dritthaftung
4) Rat, Auskunft, Aufklärung, Zeugnis, Prospekt: Verhaltenspflichten, Haftungsfolgen

1) Sorgfalt eines ordentlichen Kaufmanns (I)
A. **Maßstab:** § 347 ergänzt § 276 I 2 BGB:

BGB 276 [Haftung für eigenes Verschulden]
¹ Der Schuldner hat, sofern nicht ein anderes bestimmt ist, Vorsatz und Fahrlässigkeit zu vertreten. Fahrlässig handelt, wer die im Verkehr erforderliche Sorgfalt außer acht läßt. Die Vorschriften der §§ 827, 828 finden Anwendung.

§ 347 1 IV. Buch. Handelsgeschäfte

II Die Haftung wegen Vorsatzes kann dem Schuldner nicht im voraus erlassen werden.

(§§ 827, 828 BGB handeln von der Verantwortlichkeit von Bewußtlosen, Geistesgestörten, Kindern, Jugendlichen, Taubstummen). Wie § 276 BGB regelt § 347 **nur** den **Sorgfaltsmaßstab**, nicht Voraussetzungen und Inhalt der Verantwortlichkeit des Kfm, § 347 ist also selbst **keine Anspruchsgrundlage**. Es gibt nach § 347 eine besondere **Sorgfalt des ordentlichen Kaufmanns**, eines Idealtyps, den das HGB nicht näher beschreibt, so wenig das BGB den gewöhnlichen ordentlichen Rechtsgenossen beschreibt, den es als Teilnehmer des Verkehrs iSv § 276 I 2 BGB voraussetzt. Jedenfalls ist die von jenem verlangte Sorgfalt vielfach größer als die von diesem verlangte. Der für die Sorgfaltsforderung maßgebende Idealtyp wird durch die **Art des Geschäfts** spezialisiert, vgl RG **64**, 257, gefordert ist zB ordentliche Sorgfalt eines Frachtführers (so ausdrücklich § 429, ebenso §§ 497, 511, 653 für Reeder, Schiffer), Groß- oder Einzelhändlers der Sparte X, Bankiers, Fabrikanten, Verlegers usw. Grundsätzlich obliegt **großen** und **kleinen** Kflten desselben Geschäftszweigs dieselbe Sorgfalt, uU sind Unterschiede möglich, so RG **105**, 389 betr Briefverkehr. Bspe: über Sorgfalt bei Behandlung der Korrespondenz, RG JW **27**, 1708, bei Aufbewahrung von Stempeln, RG JW **27**, 262, **34**, 3196, bei Prüfung von Unterschriften auf Schecks, Nürnb BB **58**, 323, Einrichtung eines Kontos für kfm Angestellten als für einen Kfm, RG **166**, 102. Personenidentitätsprüfung durch Kfm (**Händler**), der aufgrund Vertrags Darlehensanträge für Bank (zwecks Kunden-Kauf-Finanzierung) entgegennimmt, Düss WM **72**, 816. Spezialisierte Sorgfaltsanforderungen des kfm Verkehrs können zu spezialisierten HldBräuchen führen, s § 346 Anm 1 C.

B. Reichweite: a) § 347 gilt auch **außerhalb vollendeter Vertragsverhältnisse**, zB für Haftung aus Verschulden bei Vertragsschluß, RG **107**, 362, zB zwischen Importeur und kaufbereitem Händler, wenn eine Bewirtschaftungsbehörde dem Importeur bewirtschaftete Waren zum Verkauf an den Händler zugewiesen hat, BGH NJW **51**, 437, auch in den Fällen der §§ 179 III 1 BGB (fahrlässiges Vertrauen auf Vollmacht), 307 I 2 BGB (fahrlässiges Versprechen oder Sichversprechenlassen einer unmöglichen Leistung), auch für andere außervertragliche Verantwortlichkeit im Geschäftsverkehr, wohl auch (anders als die Rechtsscheinwirkungen, mindestens die gesetzlich festgelegten, §§ 5, 15) für Beziehungen öffentlichen Rechts und strafrechtlicher Haftung aus Rat, Empfehlung, Auskunft s Anm 3, 4. Verschulden bei Vertragsschluß durch Verschweigen von dem andern Teil erkennbar wichtigen Umständen, RG **151**, 366, BGH BB **55**, 1008, **56**, 938. UU sogar Pflicht zur Aufklärung gegenüber dem branchenunkundigen, eine Ware zu billig anbietenden Verkäufer, RG HRR **30**, 37, Gruch **54**, 994. **b)** § 347 gilt für die Haftung des Kfms aus eigenem Handeln und aus dem Handeln seiner **gesetzlichen Vertreter** oder **Erfüllungsgehilfen** (§ 278 BGB) oder (ggf, vgl §§ 431, 456) seiner **Leute** oder **Bediensteten**. **c)** § 347 gilt nicht nur für EinzelKflte, sondern auch für die **Geschäftsführer von Handelsgesellschaften** (OHG, KG, AG, KGaA, GmbH) und anderer am HdlVerkehr teilnehmender juristischer Personen und Vereinigungen (eG, unter §§ 33–36 fallende juristische Personen). Inhaltlich übereinstimmend verlangen §§ 84 I 1, 99 AktG von Vorstands-, Aufsichtsrats-

1. Abschnitt. Allgemeine Vorschriften 2, 3 § 347

mitglied der AG, KGaA „Sorgfalt eines ordentlichen und gewissenhaften Geschäftsleiters", § 43 GmbHG von Geschäftsführern der GmbH „Sorgfalt eines ordentlichen Geschäftsmannes".

2) Haftungsbeschränkung (II)

A. **Durch Gesetz:** Eine Haftungsbeschränkung tritt im HdlRecht entspr dem bürgerlichen Recht ein **a)** auf **grobe Fahrlässigkeit,** dh besonders starkes Verabsäumen der im Verkehr gebotenen Sorgfalt, zB beim Annahmeverzug des Gläubigers, § 300 BGB, §§ 373, 375 HGB; bei unentgeltlichen Leistungen, §§ 521, 599, 968 BGB; bei Geschäftsführung ohne Auftrag zur Abwendung drohender Gefahr, § 680 BGB. **b)** auf die **Sorgfalt wie in eigenen Dingen** bei unentgeltlicher Verwahrung, § 690 BGB, die im HdlVerkehr selten vorkommt; bei Gfter für Erfüllung der ihm nach GesVertrag obliegenden Pflichten, § 708 BGB, s § 109 Anm 3 C. Unerlaubte Handlung schließt diese Haftungsbeschränkung aus.

B. **Durch Vertrag:** Vertraglicher Ausschluß der Haftung aus Sorgfaltsverletzung **(Freizeichnung)** ist nach § 276 II BGB unmöglich gegen Haftung aus Vorsatz; darüber hinaus im Einzelvertrag möglich im Rahmen des § 138 BGB. Auch Haftungsfreizeichnung zugunsten Dritter ist möglich, Blaurock ZHR 146 (**82**) 238. Über Freizeichnung in AGB s (**5**) AGBG §§ 9, 11 Nr 7 ua. Nachgiebig ist idR auch die gesetzliche Regelung der **Beweislast** für Haftung, daher abweichende Individualvereinbarung idR wirksam. Über AGB s (**5**) AGBG §§ 9, 11 Nr 15 ua.

3) Rat, Auskunft, Aufklärung, Zeugnis, Prospekt: Haftungsgründe, Dritthaftung

Schrifttum: Musielak 1974. – *Hopt,* Kapitalanlegerschutz im Recht der Banken, 1975; Aktuelle Rechtsfragen der Haftung für Anlage- und Vermögensberatung einschließlich Prospekthaftung, 2. Aufl. 1985; FS Fischer **79**, 237. – *Heinsius, Kübler,* Anlageberatung durch Kreditinstitute, ZHR 145 (**81**) 177, 204. – *Hoegen,* Einzelfragen zur Haftung bei Anlagevermittlung und Anlageberatung, FS Stimpel **85**, 247. – RsprÜbersicht: *Bundschuh* WM **85**, 249 (Warenterminoptionen). – Zur Prospekthaftung s Anh § 177a Anm VIII 2 C.

A. **Haftungsgründe:** Auch für den Kfm gilt grundsätzlich § 676 BGB. Wer einem anderen einen Rat oder eine Empfehlung erteilt, ist, unbeschadet der sich aus einem Vertragsverhältnis oder einer unerlaubten Handlung ergebenden Verantwortlichkeit, zum Ersatze des aus der Befolgung des Rates oder der Empfehlung entstehenden Schadens nicht verpflichtet. Doch spielt § 676 BGB heute praktisch keine Rolle mehr. Die Rspr hat die Voraussetzungen der Haftung für **Rat** weiter präzisiert, stellt die **Auskunft** (Tatsachenmitteilung) dem Rat gleich, RG **148**, 293, BGH BB **63**, 1076, und macht keinen wesentlichen Unterschied mehr zwischen positiv erteiltem unrichtigen Rat und unrichtiger oder überhaupt mangelnder **Aufklärung.** Sie nimmt nämlich Aufklärungs-, Auskunfts- und Beratungspflichten pragmatisch je nach den Umständen an und stützt diese dann (vielfach miteinander austauschbar) auf (Auskunfts-)Vertrag (s Anm B), Geschäftsverbindung, culpa in contrahendo oder unerlaubte Handlung (s Anm C). Die neuere Lehre und der Sache nach auch die neuere Rspr vor allem zur Prospekthaftung sehen den Haftungsgrund in einer **Vertrauens- und Berufshaftung** (s Anm E), was Konsequenzen für die Einbeziehung Dritter in

§ 347 3   IV. Buch. Handelsgeschäfte

den Schutzbereich der Auskunft und Beratung (dazu **(7)** Bankgeschäfte I 7) hat. Inhalt und Umfang der Haftung bestimmen sich heute weitgehend unabhängig davon, welche Haftungsgrundlage der Haftung gewählt wird (s Anm 4). Entsprechend Haftung aus Erteilung einer erkennbar wichtigen **Bescheinigung** an X auf Veranlassung des Y, BGH BB **67**, 1450, aus **Gutachten** und **Testat**. Haftung gegenüber Dritten aus grob unrichtigem (Dienstleistungs-)**Zeugnis** mangels Warnung, BGH **74**, 281. Neuerdings auch **Prospekt**haftung bei PublikumsGes, s Anh § 177a Anm VIII 2 C. Auskunft und Rat durch **Banken** s **(7)** Bankgeschäfte I 5, 6, **(8)** AGB-Banken Nr 10; ferner **(17)** Händler- und Beraterregeln.

    B. **Haftung aus Vertrag**: Grundlage der Haftung für Schaden aus Rat, Empfehlung, Auskunft kann ein Vertrag sein, dessen Haupt- oder Nebenpflicht auf eine einmalige oder dauernde Rat- oder Auskunftserteilung geht: **a)** Ein **Auskunftsvertrag** (oft fiktiv, s Anm E) auf die (konkrete, einmalige) Erteilung des Rats oder der Auskunft kann **auch konkludent** (stillschweigend) zustandekommen, besonders wenn (1) der Befragte zur Auskunft durch (tatsächliche oder vorgegebene) Sachkunde besonders geeignet ist, (2) die Auskunft für den Frager, dem Befragten erkennbar, von wesentlicher Bedeutung ist, zB als Grundlage beabsichtigter Vermögensdisposition, erst recht wenn noch (3) der Auskunftgeber selbst wirtschaftlich interessiert ist; das Fehlen sonstiger vertraglicher Beziehungen und der Berechnung einer Gebühr schließt einen derartigen haftungsbegründeten Auskunftsvertrag nicht aus; entscheidend sind aber die Gesamtumstände; stRspr, BGH **7**, 374, **74**, 106 (Kapitalanlagevermittler), NJW **70**, 1737, **79**, 1596, **86**, 181; insbesondere zwischen Bank und Nichtkunde (der zB nach Kreditwürdigkeit eines Kunden fragt), BGH WM **58**, 1080, NJW **70**, 1737, **72**, 1200; für zwei Banken vgl BGH **49**, 168; für Rechtsanwalt, Notar, Wirtschaftstreuhänder BGH **7**, 375, NJW **72**, 680, für Anlagevermittler BGH NJW **82**, 1095. Geltung von **(8)** AGB-Banken Nr 10 bei solchem (Nur-)Auskunftsvertrag mit Nicht-Bankier-Anfrager (Nichtkunde) idR nur bei besonderer Bezugnahme, mit Bankier-Anfrager (auch als Vertreter eines Dritten) ohne sie, BGH WM **70**, 632, **72**, 1201. Unerheblich ist, ob der die Auskunft Erteilende von der Bank ausdrücklich zu Auskünften ermächtigt ist; es genügt, daß er mit ihrem Wissen Tätigkeiten ausübt, die die Auskunfterteilung umfassen, BGH WM **73**, 635. Die Erklärung, die Auskunft sei „unverbindlich", hindert idR nicht Annahme des Auskunftsvertrags, bedeutet nur Freizeichnung von Haftung, soweit zulässig (dazu **(8)** AGB-Banken Nr 10), BGH WM **70**, 1022, **73**, 636. Abonnement eines (privaten) **Börsendienstes** mit Anlageempfehlungen ist **gemischter Vertrag** (Kauf und entgeltliche Beratung); Haftung des Herausgebers bei fahrlässiger Empfehlung, BGH **70**, 360; Köndgen JZ **78**, 389, Hopt FS Fischer **79**, 237, aA Schröder NJW **80**, 2279. **b)** Bei der **laufenden Beratung** ist die Rat- oder Auskunftserteilung Hauptpflicht aus einem **Beratungsvertrag** (Dauerschuldverhältnis), zB Steuerberatung. Denkbar sind auch andere Verträge, in denen die Beratung eine Hauptpflicht unter mehreren ist, zB Werbeberatung durch Werbeagentur, BGH **61**, 120 (Haftung wegen Nichtunterrichtung über rechtliche Schranken der Werbung, bei Schaden Beweislast der Agentur dafür, daß Partner bei solcher Warnung nicht anders gehandelt hätte). **c)** Die Erteilung von Rat oder Auskunft kann auch **Nebenpflicht aus Kauf oder einem anderen Vertrag** sein. Bsp: Auskunft anläßlich WP-Kaufauftrags, RG **126**, 52; Inkassoauftrag an Bank, Rat der Bank betr Stundung, BGH **13**, 200; Auskunft über Akzeptant bei Wechseldiskont; Erklärung bei Verkauf einer Sägemaschine, der besichtigte Aufstellungsplatz passe: nicht Zusicherung einer Eigenschaft der Maschine (daher Gewährleistungsausschluß in AGB unerheblich), BGH BB **62**, 616. In diesen Fällen uU nach § 249 BGB Anspruch des falsch Beratenen auf Freistellung von Pflichten aus dem Hauptgeschäft, Ergebnis ähnlich Anfechtung dieses wegen Täuschung (§ 123 BGB), aber Fahrlässigkeit ausreichend, kurze Verjährungsfrist (§ 124 BGB) unanwendbar, BGH NJW **62**, 496, **68**, 986, **74**, 852; Larenz FS Ballerstedt **75**, 397.

C. **Haftung aus Gesetz:** Haftungsgrundlage kann auch **a)** die **Geschäftsverbindung** (Einl 2 vor § 343) sein. Aus dem durch diese begründeten Vertrauensverhältnis folgt die Nebenpflicht, richtig und vollständig Auskunft zu geben (zB zwischen Bank und Kunden, zwischen zwei Banken), RG **126**, 52, BGH **13**, 200, **49**, 168, LM § 157 BGB (Ga) Nr 3, WM **56**, 1056, BB **69**, 382. Das gilt bereits für das erste Geschäft bei Beginn der Geschäftsverbindung, BGH WM **76**, 630; die Geschäftsverbindung erweist sich dabei als rechtliche Sonderverbindung der gleichen Art wie culpa in contrahendo. Die Geschäftsverbindung ist ein gesetzliches Schuldverhältnis, das vertragsähnlich begründet wird und für das § 278 BGB gilt, also zB Haftung der Bank für Fahrlässigkeit jedes Angestellten, zB BGH **49**, 170; Haftung unter Heizölfirmen A, B in 10jähriger Verbindung mit über die Warengeschäfts-Abwicklung hinausgehender Hilfeleistung (zB: Aushelfen mit Waren, gegenseitiger Kundenschutz, gelegentlich Gespräch über Bonität von Kunden), wenn A der B einen Kunden zuführt und als gut bezeichnet, den sie selbst wegen seiner Schulden nicht mehr beliefert, BGH BB **69**, 382. **b)** Während die Rspr vor allem für Rat und Auskünfte von Banken (ua aus historischen Gründen) die Geschäftsverbindung als Haftungsgrundlage bevorzugt, greift sie neuerdings häufiger auf Verschulden bei Vertragsschluß (**culpa in contrahendo**) zurück, zB für die **Eigenhaftung des Vertreters**, s Überbl 4 vor § 48, des Kapitalanlagevermittlers, BGH **74**, 108, des Vermittlers von Warentermingeschäften (auch wenn nicht Kommission, sondern Kauf; (14) BörsG § 53 steht nicht entgegen), BGH **80**, 80, des GmbHGeschäftsführers, BGH **87**, 32; aber keine eigene Haftung unselbständig auftretender Hilfspersonen; s auch **Prospekthaftung** bei PublikumsGes Anh § 177a Anm VIII 2 C. **c)** Haftung aus **unerlaubter Handlung** (für Bank s (7) Bankgeschäfte I 7 D), § 826 BGB: vorsätzlich (auch bedingt) sittenwidrige Schädigung, Bsp: Bank rät A gefährlichen Kredit an B zu gewähren, um eigene Forderung gegen B zu stärken, BGH **13**, 202; grob anstößiges, gewerbsmäßiges Ausnutzen des eigenen Wissens- und Erfahrungsvorsprungs unter Zuschieben des ganzen Verlustrisikos an andere (Warenterminoptionen), BGH NJW **82**, 2816, WM **82**, 1374 m Anm Rössner, **83**, 300. Der wissentlich falschen Auskunft steht gewissenlos leichtfertige gleich (ins Blaue hinein), BGH NJW **86**, 181. Voraussetzung der Haftung: Handlung des Kaufmanns selbst, gesetzlichen Vertreters, ,,verfassungsmäßig berufenen" Vertreters (§ 31 BGB, dazu § 124 Anm 3 B), zB phG einer Bank, BGH WM **74**, 153, Bank-, Auskunftei-Filialleiters oder gleichzustellenden leitenden Angestellten, BGH **13**,

§ 347 3

203, **49**, 21; für andere Hilfspersonen idR mit Entlastungsmöglichkeit nach § 831 BGB, außer bei Organisationsmangel, vgl § 124 Anm 3 B.

D. Dritthaftung: Praktisch wichtig, aber dogmatisch noch unsicher ist die Erstreckung des Schutzes gegen unrichtigen Rat und Auskunft auf Dritte, die darauf vertrauen und Schaden erleiden. Der Deliktsrechtsschutz gilt als zu eng (kein allgemeiner Vermögensschutz, § 831 BGB, Beweislast, Verjährung). Die Rspr scheut sich bisher, offen direkte Beziehungen zwischen Auskunftsgeber und Drittem aus gesetzlicher Sonderverbindung (s Anm E) anzunehmen, sondern arbeitet (iErg häufig ähnlich) mit Vertragskonstruktionen: **a)** Ein **Auskunftsvertrag** kann auch unmittelbar **mit Dritten** zustandekommen (s Anm B a), so bei eigener Gewährübernahme gegenüber offenem Adressatenkreis; **nicht:** „Auskunft an den, den es angeht", BGH NJW **79**, 1595 (am Kapitalmarkt verbreitete Bankauskunft), NJW **83**, 276 (Versicherungsbestätigung); mit unselbständig auftretenden Hilfspersonen, zB bei Weitergabe von Umsatz- und Gewinnzahlen durch Steuerberater als verlängerter Arm des Unternehmensverkäufers, BGH NJW **86**, 180; bei der (üblichen) **Bank-zu-Bank-Auskunft**, auch wenn sie ersichtlich für Bankkunden eingeholt wird, BGH BB **76**, 856, Kln WM **85**, 598; anders wenn Bank ausnahmsweise als Vertreter ihres Kunden auftritt, BGH WM **80**, 528; Wirtschaftsprüfertestat, BGH NJW **73**, 322, Saarbr BB **78**, 1434 (aber Anm b). **b)** Da direkte Vertragsbeziehungen mit Dritten häufig fiktiv sind, zieht die Rspr **abgeleitete Beziehungen vertraglicher Art** vor. Eine **Drittschadensliquidation**, die vereinzelt für möglich gehalten wird, zB für Bank-zu-Bank-Auskunft bei mittelbarer Stellvertretung BGH NJW **72**, 1201, ist jedoch **nicht** möglich. Grund: Schadenshäufung (zB Bank und Bankkunde), nicht bloße Schadensverlagerung. Möglich ist **aber ein Auskunftsvertrag zugunsten von oder mit Schutzwirkung für Dritte** oder culpa in contrahendo oder andere **Haftung aus Gesetz** (Anm C, D) unmittelbar **gegenüber dem Dritten.** ZB wenn die Bank Auskunft an eine andere Bank in voller Kenntnis des Zwecks der Anfrage und zur Weitergabe an bestimmte Kunden erteilt, BGH WM **74**, 685 (§ 328 BGB), anders (da Auskunft nicht für Dritte „bestimmt") BGH WM **76**, 499; ebenso für Grundstückswertgutachten eines Sachverständigen, zB vor Kreditvergabe, BGH NJW **82**, 2431 u WM **85**, 450 (dänischer Konsul), oder vor Erwerb, BGH NJW **84**, 355; Schutz der Gfter bei Steuerrechtsgutachten eines Wirtschaftsprüfers für KapitalGes, BGH NJW **83**, 1054, Düss ZIP **85**, 1394. Ein besonderes Interesse des Auskunftsempfängers am Schutz des Dritten (Fürsorgepflicht, für Wohl und Wehe verantwortlich) ist nicht unbedingt nötig, BGH NJW **84**, 356. Der Sachverständige muß nur die Bestimmung der Auskunft für die Dritten kennen, nicht auch ihre Zahl und Namen; vielmehr genügt, daß die zu schützende Personengruppe objektiv abgrenzbar ist; eine Drittschutzpflicht darf aber den Sachverständigen nicht mit unzumutbaren Risiken belasten, BGH NJW **84**, 356, WM **85**, 1520. In Grundstückserwerbsfällen droht eine solche Schadenshäufung nicht, wenn allein der erste Erwerber in der Kette geschützt wird. In Kreditfällen ist der Schutz auf die konkret anstehenden Kreditgeber zu beschränken, beliebige künftige sind nicht geschützt. Bei Wirtschaftsprüfertestaten sind nicht beliebige Dritte am Kapitalmarkt geschützt, außer wenn sie mit dem Testat zum Beitritt geworben werden (Prospekthaftung, s Anh

1. Abschnitt. Allgemeine Vorschriften **4 § 347**

§ 177a Anm VII 2 C). Übersichten: Schulze JuS **83**, 81, Hopt FS Pleyer **86**, 350 (Wirtschaftsprüfer) und bei Anm E.

E. **Vertrauens- und Berufshaftung:** Dogmatisch wird die Haftung zunehmend der Vertrauenshaftung und, soweit Rat und Auskunft beruflich erteilt werden, der Sachwalter- und Berufshaftung (Kriterium: **selbständiges berufliches Auftreten am Markt**) zugeordnet, was gegen über culpa in contrahendo keinen Gegensatz, sondern eine Konkretisierung des gesetzlichen Schuldverhältnisses darstellt. Das erleichtert zugleich eine sachgerechte Einbeziehung der **geschädigten Dritten** (Kriterium: **berufliche Gewährübernahme**) in den Schutzbereich der Aufklärungs-, Auskunfts- und Beratungspflichten statt fiktiver Auskunftsverträge, Vertrag mit Schutzwirkung zugunsten Dritter oder Drittschadensliquidation (s Anm D). Die Haftungsgründe (Vertrag, Geschäftsverbindung, Delikt, s Anm B, C) verlieren dabei zugunsten des Haftungsstandards (s Anm 4) an Bedeutung. Aus der Rspr: BGH **70**, 360 (Börsendienst), **74**, 103 (Kapitalanlagevermittler), **74**, 281 (Zeugnis, eingeschränkte Fahrlässigkeitshaftung iVm § 278 BGB aus rechtlicher Sonderverbindung außerhalb Delikt und Vertrag) BGH NJW **79**, 1595 u **83**, 276 (Auskunft an offenen Adressatenkreis). Aus der Literatur: Assmann, Prospekthaftung, 1985 (kapitalmarktbezogene Verkehrspflichten); Lorenz FS Larenz **73**, 575 (Kreditauskunft); Hopt, Kapitalanlegerschutz (Banken), 1975 u FS Fischer **79**, 237 (Anlageberater), AcP 183 (**83**) 705 (Berufshaftung), FS Pleyer **86**, 350 (Wirtschaftsprüfer); Mertens AcP 178 (**78**) 227 (Fortentwicklung des § 823 BGB), Lammel AcP 179 (**79**) 337 (allgemeine berufliche Auskunftshaftung aus Gesetz), Hohloch NJW **79**, 2369 (Vertrauenshaftung), Grunewald JZ **82**, 627 (Fachleutehaftung). Ebenso (**13**) DepotG § 31.

4) Rat, Auskunft, Aufklärung, Zeugnis, Prospekt: Verhaltenspflichten, Haftungsfolgen

A. **Verhaltenspflichten:** Im Geschäftsverkehr muß sich grundsätzlich jeder selbst vergewissern, ob ein Vertrag für ihn von Vorteil ist (**Selbstverantwortlichkeit**); keine Aufklärungspflicht hat also zB der Vermieter von Gewerberaum über Konkurrenzschutzklausel mit Dritten, BGH NJW **82**, 376; der einen Rabatt einräumende Händler über Senkung des Herstellerlistenpreises nach Vertragsverhandlungen, aber vor Unterzeichnung, BGH NJW **83**, 2493; der Gläubiger bei Bürgschaftsabschluß außer bei Fragen des Bürgen, s (**7**) Bankgeschäfte Anm I 6 D d. Dieser Grundsatz ist jedoch heute vielfach durchbrochen. Bestand und Intensität der Pflichten hängen dabei von der **beruflichen Sachkunde** des einen und der **Aufklärungsbedürftigkeit** des anderen ab, BGH NJW **82**, 2816 (Ausnutzung des eigenen Wissens- und Erfahrungsvorsprungs auf Kosten unerfahrener, auf Fairness angewiesener anderer), BGH WM **80**, 284 (geringe Pflichtenintensität, wenn Käufer selbst Branchenkenner), BGH **72**, 92 (stille Beteiligungen von Arbeitnehmern an Arbeitgeberfirma); kurzer Hinweis genügt gegenüber geschäftserfahrenem Partner, weitere Erkundigungen sind seine Sache, BGH BB **81**, 700 (GmbHAnteilskauf, Bestand einer Mietoption), aber s Anm C. Warnpflicht eines bei Unternehmerkauf zugezogenen Steuerberaters, BGH WM **84**, 465. Vom Anlageberater kann der Aufklärungsbedürftige mehr erwarten als vom normalen Anlagevermittler, BGH NJW **82**, 1096, WM **82**, 128; die Pflicht muß betrieblich und finanziell tragbar sein,

§ 347 4 IV. Buch. Handelsgeschäfte

vgl BGH **70**, 363 (Börsendienst, Überprüfung von Grundbesitz der empfohlenen AG), LG Lüb NJW **82**, 1108 (keine Kuponkontrollpflicht des Pfandbriefschuldners). Die einzelnen Verhaltenspflichten sind ihrer Natur nach nicht abschließend festgelegt und werden heute von der Rspr rasch weiterentwickelt. **a)** Pflicht zur **Wahrheit**, zB BGH **74**, 110, NJW **84**, 866 (Sicherung durch Anderkonto), WM **85**, 381 (Kreditauskunft, Bilanzvorlage); auch richtiges Rechtsanwaltskurzgutachten über Ges in unrichtigem Prospekt kann irreführen, BGH **77**, 177. **b)** Pflicht zur **Vollständigkeit**, also Mitteilung aller entscheidungserheblichen Umstände, zB Bilanzverluste, BGH NJW **73**, 456; ständig zunehmende, den Anfragezweck gefährdende Kreditüberziehung, BGH WM **74**, 686; erhebliche dingliche Belastungen, falls Grundbesitz erwähnt wird, BGH NJW **79**, 1596; Zweifel an Seriosität des vermittelten Optionspartners, BGH WM **84**, 767; Bestehen von relevanten Informationslücken, BGH NJW **82**, 1096, WM **85**, 1530 (bei Empfehlung), Umfang von Abnahmezusagen, BGH NJW **83**, 1731. Für die Richtigkeit und Vollständigkeit kommt es nicht nur auf die (im Prospekt wiedergegebenen) Einzeltatsachen sondern auch auf das erweckte Gesamtbild an, BGH NJW **82**, 2824; zu den Pflichten einer Emissionsbank bei Prognosen s **(14)** BörsG § 45. **c)** Pflicht zur **Klarheit**, zB Offenlegung ungewöhnlich hoher Aufschläge auf Warenterminoptionsprämie, BGH **80**, 80, NJW **82**, 2816 (auch für Vermittler, der keine Beratung versprochen hat), **83**, 2696 (zur Warenterminoption, s auch Anm 3 C c), **86**, 123. Aufklärungspflicht bei Warenterminoptionsgeschäft auch gegenüber einem VollKfm und mittelständischen Unternehmer, BGH NJW **81**, 1440, WM **84**, 960; zum Hinweis auch auf rechtliche Tatsachen, BGH NJW **64**, 2058 (Prämiensparen); zu Nachforschungen, BGH **70**, 362, **74**, 111. **d) Übernahme** von geprüften Bilanzaussagen und Testaten ist idR ohne weiteres möglich; anders wenn berechtigte Zweifel naheliegen, so schon bei Ausnutzung aller gerade noch legalen Möglichkeiten der Bilanzkosmetik, BGH NJW **82**, 2825. **e)** In engen Grenzen (grobe bzw die Aussage im Kern berührende Unrichtigkeit, drohender schwerer Schaden, Leichtigkeit der Warnung) auch zur **Berichtigung** ursprünglich richtiger, später unrichtig gewordener Mitteilungen, BGH **61**, 179 (Scheckauskunft), **74**, 281 (Zeugnis, Warnung wohl nur bei Bewußtwerden der Unrichtigkeit), BB **84**, 94 (Bauherrenmodelltreuhänder), Mü WM **80**, 505 (Kreditauskunft); vgl auch BGH **70**, 337 („nachvertragliche" Vertrauenshaftung). **f)** Eine Rechtspflicht zur Veranlassung einer **Prospektprüfung** durch Wirtschaftsprüfer besteht nicht; wird aber mit Prospektprüfung geworben, sind die Grundsätze ordnungsgemäßer Prospektprüfung zu beachten; zu diesen IdW-WFA 1/83 ZIP **83**, 752; RefE (1978) ProspektVO nach RegE eines G über den Vertrieb von Vermögensanlagen (s Anh § 177a Anm VIII 8 A); Düss ZIP **82**, 852, Bihr BB **83**, 937, Stuhr-Stuhr DB **83**, 1081; Haftung des **Wirtschaftsprüfers** s Hopt FS Pleyer **86**, 350 und in IdW, Prospektprüfung, 1983. Durchführung der Prospektprüfung durch Treuhänder statt durch unabhängigen Wirtschaftsprüfer ist bedenklich. **g) Interessenkonflikte:** Grundsatz der Priorität des Empfängerinteresses; Interessenkollision entlastet nicht, vgl BGH NJW **80**, 1630 (Aufsichtsratsmitglied zweier Gesellschaften); zumindest Offenlegung notwendig, so über wesentliche kapitalmäßige und personelle Verflechtungen zwischen KomplementärGmbH (und ihren Geschäftsführern und beherrschenden Gftern) und dem das

1. Abschnitt. Allgemeine Vorschriften 4 § 347

Vorhaben ganz oder wesentlich durchführenden Unternehmen (und seinen Geschäftsführern und beherrschenden Gftern), BGH **79**, 337; auch darüber, daß TreuhandKdtist zugleich Geschäftsführer des phG (GmbH) der PublikumsKG ist, BGH NJW **80**, 1162. Ausnahmsweise sogar Pflicht zur Aufklärung über eigene Kreditunwürdigkeit, BGH **87**, 34, NJW **83**, 677; uU auch Pflicht zum Hinweis auf eigene Haftung samt Verjährungsfrist, so für Anwälte und Steuerberater gegenüber Mandanten, BGH **83**, 23. Provisionen für Wirtschaftsprüfer und Steuerberater (uU Untreue, jedenfalls Abführung an Mandanten, § 667 BGB) sind offenzulegen, BGH **78**, 268, auch bei Zahlung an Ges, an der der Steuerberater maßgeblich beteiligt ist, BGH **95**, 81; bei anderen Berufen unübliche, weit überhöhte Innenprovisionen, zB bei Bauherrenmodellen, str. Zum ,,Vorlaufen" von Anlageberatern (Privatkäufe vor objektiv guten Kauftips und Verkauf nach Kursanstieg) Hopt FS Fischer **79**, 248. Gewinnherausgabe bei unberechtigter Bevorzugung des Eigeninteresses (§ 667 BGB) s BGH WM **82**, 699. **h) Insiderinformationen:** Zu unterscheiden sind (1) **Eigengeschäfte und Tips von Insidern:** hier besteht unter miteinander verhandelnden Vertragspartnern bei WPGeschäften Aufklärungspflicht, an der Börse str, s **(15)** Insiderhandels-Ri. (2) **Prospektherausgabe** (s Anh § 177a Anm VIII 2 C, **(14)** BörsG § 45 Anm 1): hier muß das Gesamtbild objektiv richtig sein, BGH NJW **82**, 2826 (BuM); das zwingt zur Berücksichtigung (nicht Benennung) von Insiderinformationen, andernfalls muß Mitwirkung an Prospektherausgabe abgelehnt werden. (3) **Anlageberatung:** Berücksichtigung von Insiderinformationen str, s Heinsius ZHR 145 **(81)** 193 (nein), Kübler ZHR 145 **(81)** 209 (uU ja). Vgl **(15)** Insiderhandels-Ri Einl 5 C vor § 1.

B. **Einfache Fahrlässigkeit** ist notwendig (nach aA Garantiehaftung für Tatsachenangaben, Köndgen AG **83**, 97), aber auch genügend, hL u Rspr, zB BGH **79**, 345. Ausnahmsweise enger BGH **70**, 362 (Börsendienst); unklar BGH **74**, 281 (Zeugnis); bei nicht überzogenen Anforderungen an Pflicht (oben Anm Aa) und berufs- und situationsgebundener Sorgfalt besteht aber kein praktischer Unterschied zu hier.

C. **Schaden:** ersetzt wird der durch unrichtigen Rat **kausal** herbeigeführte Schaden, idR nur Vertrauensschaden, BGH BB **84**, 94 (Bauherrenmodell), Hbg WM **86**, 13, ausnahmsweise auch ein zugesagter steuerlicher Abschreibungsgewinn bestimmter Höhe, BGH BB **75**, 1180 (zugesicherte Eigenschaft iSv § 459 II BGB, bei Kauf sämtlicher KGAnteile), NJW **81**, 864 (Bauherrenmodell), krit Koller NJW **81**, 1768 (Garantie), allgemeiner für Garantiehaftung Köndgen AG **83**, 97; auch entgangener Gewinn. Es wird idR vermutet, daß der Empfänger bei richtigem Rat das Geschäft nicht getätigt hätte, BGH **79**, 346 (s Anm E). Vorteilsausgleichung findet statt ohne Pauschalierung, BGH NJW **84**, 230; anders zu Unrecht für Steuerersparnisse infolge Schädigung (idR durch Besteuerung der Schadensersatzleistung aufgewogen) BGH **74**, 116 m krit Anm von Linstow NJW **80**, 424, Piltz NJW **79**, 1336, dahingestellt BGH **79**, 347, **84**, 149 (unsubstantiierter Sachvortrag); für Anrechnung jedenfalls außergewöhnlicher Steuervorteile BGH NJW **84**, 2524. Tatsächlich entgangene Steuervorteile, die steuerrechtlich an sich nicht hätten gewährt werden dürfen, können dennoch ersatzfähiger Schaden sein, BGH **79**, 223. Der Schaden besteht trotz anderweitiger Ansprüche des Geschädigten gegen Dritte (§ 255

§ 347 4   IV. Buch. Handelsgeschäfte

BGB), BGH NJW **82**, 1806, Ausnahme bei Rückforderungsansprüchen gegen Gfter, BGH NJW **78**, 426.

D. **Mitverschulden:** häufig bei Verletzung von Aufklärungspflichten (s (7) Bankgeschäfte I 6 D); dagegen nicht bei eigener Fahrlässigkeit gegenüber vorsätzlich unrichtiger Kreditauskunft, BGH NJW **84**, 921; idR auch nicht wenn der Empfänger ohne eigene Nachprüfung dem Rat vertraut, BGH **74**, 112; anders bei offensichtlichen Irrtümern. Gegenüber einem bloßen Anlagevermittler hat der Anleger mehr an Eigenverantwortung als gegenüber einem Anlageberater, dann Rückfrage- und uU Nachforschungsobliegenheiten des Anlegers, BGH NJW **82**, 1095, Hoegen FS Stimpel **85**, 260, krit Assmann NJW **82**, 1083.

E. **Beweislast:** Der Berater muß beweisen, daß er seine Hinweispflicht erfüllt hat, BGH **83**, 267; daß ihn und seine Erfüllungsgehilfen kein Verschulden trifft (§ 282 BGB), BGH NJW **72**, 1201 (Kreditauskunft, Aufgabe früherer Rspr), **83**, 1731 (Anlagerat); auch daß ein Schaden trotz pflichtgemäßer Aufklärung eingetreten wäre, BGH NJW **61**, 118, **79**, 1597 (Kreditauskunft), **83**, 1053 (Steuerberatung), **84**, 1688 (Optionsgeschäftsabschluß).

F. **Freizeichnung:** Grenze grobe Fahrlässigkeit, (5) AGBG § 11 Nr 7; ausnahmsweise auch keine Freizeichnung für leichte Fahrlässigkeit s (5) AGBG § 11 Anm 7. S auch (8) AGB-Banken Nr 10. Keine Freizeichnung für zugesicherte Eigenschaften (zB bestimmter Mindestgewinn, Abschreibungsmöglichkeit). Freizeichnung ist im gleichen Umfang auch bei Haftung aus culpa in contrahendo und Vertrauenshaftung möglich (Einschränkung oder Beseitigung des Vertrauenstatbestands); aber nicht schon ohne weiteres durch Freizeichnungsklausel im Prospekt, Kln 28. 5. 82 6 U 2/82. Allgemein gegen Freizeichnung auch für leichte Fahrlässigkeit bei unrichtigem Rat Köndgen JZ **78**, 393, bei Verkehrspflichten auf Information Assmann, Prospekthaftung, 1985, S 371.

G. **Verjährung:** Ansprüche aus culpa in contrahendo verjähren idR erst in 30 Jahren, BGH **49**, 80, aA Canaris FS Larenz **83**, 108, Hopt AcP 183 (**83**) 711: 3 Jahre entspr § 852 BGB für alle Schutzpflichtverletzungen. Kürzere Verjährung für vertragliche Ansprüche gilt bei enger Verknüpfung auch für culpa in contrahendo, BGH **87**, 27, **88**, 130 (zu § 477 BGB). Die Regelverjährung gilt auch für Prospekthaftungssprüche gegen Personen, die unter Inanspruchnahme persönlichen Vertrauens oder aus eigenen wirtschaftlichen Interessen verhandelt haben, BGH **83**, 222, NJW **84**, 2534 (einfacher Anlageberater, anders Steuerberater), **85**, 381; gegenüber anderen Garanten, die dem Geschädigten erst nach Vertragsschluß bekannt geworden sind, gilt Verjährung von 6 Monaten ab Kenntnis von der Unrichtigkeit des Prospekts, höchstens aber von 3 Jahren seit Beitritt zur Ges (entspr § 20 V KAGG, § 12 V AuslInvestmG), BGH **83**, 222, NJW **82**, 1515, Hoegen FS Stimpel **85**, 202; aA für einheitliche kurze Verjährung Köndgen AG **83**, 129, Assmann WM **83**, 143. Beginn der Verjährung bei deliktischem Prospekthaftungsanspruch s BGH WM **80**, 825. Ansprüche der Auftraggeber von Anwälten und Steuerberatern verjähren in 3 Jahren (§ 51 BRAO, §§ 68, 72 StBerG), von Wirtschaftsprüfern in 5 Jahren (§§ 51a, 56 WPO), BGH NJW **83**, 1054. Übersicht: Schlund BB **84**, 1437 (Kapitalanleger).

1. Abschnitt. Allgemeine Vorschriften   1 § 348

H. **Gerichtsstand:** §§ 22, 32 ZPO, BGH **76,** 231, WM **80,** 825.

[Vertragsstrafe]

348 Eine Vertragsstrafe, die von einem Kaufmann im Betriebe seines Handelsgewerbes versprochen ist, kann nicht auf Grund der Vorschriften des § 343 des Bürgerlichen Gesetzbuchs herabgesetzt werden.

1) Vertragsstrafe nach BGB

A. Die Vertragsstrafe soll von Vertragsverletzung abschrecken und in zweiter Linie im Fall der Verletzung dem Gläubiger die Schadloshaltung ohne Einzelnachweis eröffnen, BGH **33,** 165, **85,** 313. Vertragsstrafe in AGB s (5) AGBG § 11 Anm 6. Die Folgen vertraglicher Strafversprechen regeln (weitgehend nachgiebig) §§ 339–345 BGB. Sie unterscheiden: (1) Strafe für Nichterfüllung, zu fordern statt der Erfüllung, § 340 BGB (Text s § 75 c Anm 1 B); (2) Strafe für nicht gehörige Erfüllung, zu fordern neben der Erfüllung, § 341; bei Annahme der Erfüllung ist Vorbehalt der Strafe nötig, § 341 III BGB, BGH **73,** 243, auch bei vorheriger Aufrechnung mit Vertragsstrafeanspruch, BGH **85,** 240. Bei Unterlassungspflichten hängt, ob (1) oder (2) gegeben ist, davon ab, ob die Strafe das Interesse an der gesamten Unterlassung oder nur das Interesse am Unterbleiben der einzelnen Zuwiderhandlungen decken soll, RG **70,** 439, stRspr. Mögliche Zusammenfassung mehrerer fahrlässiger Verstöße zu einem Vertragsstraffall, BGH BB **60,** 1224. Monographie: Lindacher 1972; Bötticher ZfA **70,** 1.

B. Das Strafgedinge kann sittenwidrig sein (zB als Knebelung oder Ausnutzung einer Notlage), daher nichtig, § 138 BGB. Die Strafforderung aus wirksamer Vereinbarung kann im Einzelfall gegen Treu und Glauben (§ 242 BGB) verstoßen, zB bei Geringfügigkeit der Vertragsverletzung oder ihre Folgen, RG JW **23,** 825, **152,** 260, Celle Karlsr BB **63,** 116, **67,** 1181. Das Strafversprechen ist unwirksam, wenn die Voraussetzungen der Verwirkung der Strafe nicht hinreichend bestimmt oder durch Auslegung (§§ 133, 157 BGB) bestimmbar sind, BGH WM **75,** 470. Die Festsetzung der Vertragsstrafe kann den Parteien oder Dritten (§ 317 I BGB), aber nicht von vornherein dem Gericht überlassen werden, BGH BB **78,** 12, **81,** 302.

C. Eine verwirkte unverhältnismäßig hohe Strafe kann, unabdingbar, durch Urteil auf Antrag des Strafschuldners (nicht von Amts wegen) angemessen herabgesetzt werden, § 343 BGB, BGH NJW **84,** 921 (iErg nein für DM 50000 für jeden Vertreterabwerbungsversuch). § 343 gilt nicht für AGB, BGH **85,** 314.

BGB 343 [Herabsetzung der Strafe]

[1] Ist eine verwirkte Strafe unverhältnismäßig hoch, so kann sie auf Antrag des Schuldners durch Urteil auf den angemessenen Betrag herabgesetzt werden. Bei der Beurteilung der Angemessenheit ist jedes berechtigte Interesse des Gläubigers, nicht bloß das Vermögensinteresse, in Betracht zu ziehen. Nach der Entrichtung der Strafe ist die Herabsetzung ausgeschlossen.

D. Die Vertragsstrafe verfällt iZw nur bei Zuwiderhandlung, die Schuldner **zu vertreten** hat, anderes kann (im Rahmen der §§ 138, 242 BGB) vereinbart werden; vgl § 339 S 1 iVm § 285 BGB; BGH **82,** 402,

NJW **72**, 1893. Das gilt auch bei Unterlassungsschuld, BGH WM **72**, 1277. Vgl auch Anm 3 C, D.

2) Vertragsstrafe gegen Kaufleute

A. § 348 gilt für die **Vollkaufleute** nach §§ 1–3, 5, auch für RechtsscheinKfm (§ 5 Anm 2), str, offen BGH **5**, 135 (wer Rechte oder Ansehen des Kfm beansprucht, muß seine Pflichten tragen); § 348 gilt nicht für MinderKflte (§§ 351, 4). § 348 betrifft nur Individualvereinbarung, nicht AGB, BGH **85**, 315, s Anm 1 C. Maßgebender Zeitpunkt ist Abgabe des Versprechens, nicht Verwirkung, BGH **3**, 193. Grundsätzlich gleich bleibt, ob der Berechtigte Kfm ist. UU ist entspr § 348 auch dem NichtKfm die Herabsetzung nach § 343 BGB zu versagen, BGH **5**, 136: gegenseitige Vertragsstrafevereinbarung zwischen GmbHGftern (NichtKflten) und EinzelKfm betr Geschäfte der GmbH. Das Versprechen muß ferner im Betrieb des HdlGewerbes erfolgt, also **Handelsgeschäft** sein. Die Vermutung des § 344 gilt auch für Strafversprechen, RG HRR **32**, 1645.

B. Auch die Herabsetzung der Strafe wegen Nichterfüllung **bei Abzahlungsgeschäften** (§ 4 AbzG) findet keine Anwendung, wenn der Käufer eingetragener Kfm ist und in seinem HdlGewerbe gekauft hat, § 8 AbzG; für die (nicht eingetragenen) MinderKflte (§ 4) gilt § 8 AbzG nicht, es bleibt also bei § 4 AbzG.

C. § 348 schließt Herabsetzung nach § 343 BGB aus; **Unwirksamkeit** nach § 138 BGB (s Anm 1 B) bleibt unberührt; AGB s Anm A. Ebensowenig hindert § 348 Herabsetzung (uU wohl auch Streichung) wegen Änderung der **Geschäftsgrundlage**, zB nach Aufklärung erheblicher (beiderseitiger, für die Höhevereinbarung ursächlicher) Überbewertung des Vertragsgegenstandes, BGH NJW **54**, 998 (Vertrag über ein Ausbeutungsrecht), Karlsr BB **67**, 1181. Ebenso uU weil der Verstoß infolge Änderung der Situation (zwar nicht ganz unwesentlich, vgl Anm 1 B, aber) von geringerem Gewicht als die Parteien (mindestens) voraussetzten, Karlsr BB **67**, 1181 (vertragswidrige Kündigung durch Werbeleiter, HdlVertreter, nach Wegfall der Werbeorganisation).

3) Ähnliche Rechtsfiguren

A. **Draufgabe** (§§ 336–338 BGB) ist Zeichen des Vertragsschlusses (§ 336 I BGB), sie ist bei Aufhebung des Vertrags idR zurückzugeben (§§ 337 II, 338 S 1 BGB), uU auch bei Vertragserfüllung (§ 337 I BGB) und bei Leistung von Schadensersatz wegen Nichterfüllung (§ 338 S 2 BGB). Ihre Rückgabe ist nicht Strafe, sondern hindert nur ungerechtfertigte Bereicherung.

B. **Reugeld** ist Zahlung, durch die sich ein Vertragsteil von einer Vertragspflicht befreien darf. Sie ist keine Strafe für Pflichtverstoß und wird nicht geschuldet. Auslegungsfrage ist, ob der Vertrag x DM Strafe für Verletzung einer Vertragspflicht (zB Unterlassungspflicht) festsetzt oder das abweichende Verhalten erlaubt, falls Schuldner x DM Reugeld zahlt. Vgl für Makleralleinauftrag § 93 Anm 9. Draufgabe (s Anm A) gilt iZw nicht als Reugeld, § 336 II BGB.

C. **Verfallklausel (kassatorische Klausel)** ist der Vertragsstrafe eng verwandt, sie sieht Rechtsverlust des Schuldners bei Pflichtverletzung vor; sie ist iZw nur bei Verschulden anwendbar, RG **145,** 31, und kann vom Richter bei Teilbarkeit des verwirkten Rechts entspr § 343 BGB (also nicht für VollKflte, §§ 348, 351) abgeschwächt werden; bei Verlustigerklärung der gesamten Vertragsrechte ist sie als Rücktrittsvorbehalt für den anderen Teil, nicht als automatischer Wegfall des Vertrags auszulegen, § 360 BGB. Für **Abzahlungsgeschäfte** verbietet § 1 I AbzG für den Fall der Aufhebung des Vertrags Verfall schon gezahlter Raten zu vereinbaren; das AbzG gilt nicht, wenn der Käufer eingetragener Kfm ist (§ 8 AbzG). Einschränkungen durch **(5)** AGBG §§ 9, 10 Nr 7 ua.

D. **Pauschalierter Schadensersatz** (bei Vertragsverstoß) ist der Vertragsstrafe ähnlich. Er ist nicht herabsetzbar nach § 343 BGB, und nur anzunehmen, wenn wirklich Ersatz von Schäden, nicht in erster Linie Druck auf Vertragserfüllung bezweckt ist (s Anm 1 A), zB bei bestimmten Leistungspflichten aus Kaufverträgen, vgl BGH **49,** 89. AGB s **(5)** AGBG §§ 9, 11 Nr 5 ua.

[Bürgschaft; keine Einrede der Vorausklage]

349

Dem Bürgen steht, wenn die Bürgschaft für ihn ein Handelsgeschäft ist, die Einrede der Vorausklage nicht zu. Das gleiche gilt **unter der bezeichneten Voraussetzung für denjenigen, welcher aus einem Kreditauftrag als Bürge haftet.**

RsprÜbersicht (Bürgschaft): Merz WM **77,** 1270, **80,** 230, **82,** 174, **84,** 1141, Rehbein FS Werner **84,** 697, Tiedtke ZIP **86,** 69.

1) Übersicht

§ 349 beseitigt für die HdlBürgschaft des VollKfm die **Einrede der Vorausklage** (§§ 771–773 BGB); S 2 stellt klar, daß dies auch für den aus Kreditauftrag (nach § 778 BGB) wie ein Bürge haftenden VollKfm gilt; § 350 macht die HdlBürgschaft des VollKfm **formfrei.** Weitere Besonderheiten für die HdlBürgschaft kennt das HGB nicht. Es gelten auch für sie §§ 765–777 BGB, beim VollKfm mit Ausnahme von §§ 766, 771 BGB.

2) Bürgschaft und Kreditauftrag nach BGB

A. **Begriff der Bürgschaft.** Bürgschaft ist ein Vertrag, durch den der Bürge gegenüber dem Gläubiger eines Dritten das Einstehen für die Verbindlichkeit des Dritten übernimmt, § 765 BGB. Art, Umfang und Person des Gläubigers müssen (mindestens aus den Umständen, zB Art der zu sichernden Forderung) hinreichend bestimmt sein; BGH WM **78,** 1065; aber Blankobürgschaft (Einsetzen von Betrag und Gläubiger durch Schuldner) und Bürgschaft zugunsten Dritter sind möglich (§ 328 BGB), BGH NJW **80,** 1574. Unklarheiten gehen zu Lasten des Gläubigers, BGH **76,** 187. Die Bürgschaft ist in Bestand und Umfang von der Hauptforderung gegen den Dritten abhängig (Akzessorietät, §§ 767, 768 BGB); jedoch führt die Beendigung einer zahlungsunfähigen HdlGes nicht zum Erlöschen der für eine ihrer Verbindlichkeiten gegebenen Bürgschaft, vielmehr verselbständigt sich die Bürgschaftsforderung und wird abtretbar; BGH **82,** 323. Warnpflicht gegenüber dem Bürgen s **(7)** Bankgeschäfte I 6 Dd. Devisensperre s **(7)** Bankgeschäfte Anm VII 7 A.

§ 349 2 IV. Buch. Handelsgeschäfte

B. **Arten der Bürgschaft** sind insbesondere: **a)** die **selbstschuldnerische;** bei ihr entfällt die Einrede der Vorausklage, § 773 Nr 1 BGB; auch der selbstschuldnerische Bürge kann sich auf Verjährung der Hauptschuld berufen, auch wenn diese erst nach Erhebung der Bürgschaftsklage eintritt, BGH **76**, 222. **b) Kreditbürgschaft** für einen dem Schuldner, namentlich von einer Bank, zu gewährenden Kredit. Im Druck hervorgehobene Klausel über Erstreckung auf alle auch künftigen Ansprüche der Bank gegen Schuldner ohne Höchstbetrag ist wirksam, BGH NJW **85**, 848. Umgekehrt sind Einschränkungen möglich, zB Höchstbetrag. Auslegung einer auf Zusatzkredit beschränkten Bürgschaft, BGH WM **80**, 330. Eine einseitige, wenngleich für den Gläubiger erkennbare Erwartung des Bürgen über die Weiterentwicklung des Kreditverhältnisses ist nicht Geschäftsgrundlage der Bürgschaft, BGH NJW **83**, 1850. Wird der Kredit nachträglich verlängert oder umgewechselt, so erlischt die Bürgschaft; werden bloß andere Vereinbarungen getroffen, so bleibt sie, wie jede Bürgschaft, unberührt, soweit sich die Lage des Bürgen nicht verschlechtert, RG **126**, 289, zB bei Änderung der Tilgungsbedingungen, BGH DB **80**, 2182. Die Kreditbürgschaft sichert auch den Gesamtrechtsnachfolger des Kreditgebers, der das Kreditverhältnis fortsetzt (Vereinigung zweier Sparkassen), BGH **77**, 167; nicht aber ohne weiteres den rechtsgeschäftlichen Nachfolger (Grund: §§ 401, 766 BGB), BGH **26**, 142. Avalkreditvertrag (s **(7)** Bankgeschäfte IV 4 C) zwischen Hauptschuldner und Bank ist idR kein Bürgschaftsvertrag zugunsten des Gläubigers (§ 328 BGB), BGH WM **84**, 786. Formularmäßiges Hinausschieben des Forderungsübergangs (§ 774 BGB) bis zur Befriedigung aller Ansprüche der Bank gegen Hauptschuldner ist wirksam, wenn Bürgschaft auch diese sichert, Bürgenzahlungen sind solange nur Sicherheitsleistung, BGH **92**, 374. Wirksam ist formularmäßiger Verzicht des Kreditbürgen gegenüber Bank auf Einreden der Anfechtbarkeit und Aufrechenbarkeit (§ 770 I, II BGB), BGH **95**, 350 (ohne Einschränkungen wie noch BGH NJW **81**, 761) und der Aufgabe einer Sicherheit (§ 776 BGB), BGH **78**, 137, **95**, 358. Unwirksam ist Klausel über Beseitigung der Akzessorietät, zB Haftung trotz erfolgter Anfechtung des Hauptschuldners, BGH **95**, 350. Bürgschaft für Kontokorrentschuld s § 356 Anm 2. Kreditbürgschaft sichert nicht Forderungen, die die Bank nach (Schuldner)Konkurseröffnung von Dritten erwirbt, BGH NJW **79**, 2040; idR auch nicht den Bereicherungsanspruch bei Nichtigkeit der Darlehensschuld, Ffm NJW **80**, 2201, BGH NJW **80**, 1157 (finanzierter Abzahlungskauf). AGBVerpflichtung des Bürgen zur Leistung von Sicherheiten ist unwirksam (Personalsicherheit, s **(7)** Bankgeschäfte Anm IV 6 A), BGH **92**, 295. Solange noch kein Kredit gewährt ist, kann der Kreditbürge die Bürgschaft frei widerrufen (nach manchen nur bei Änderung der Verhältnisse). Eine auf unbestimmte Zeit eingegangene Bürgschaft ist kündbar, nach Ablauf eines gewissen Zeitraums oder aus (besonders) wichtigem Grund, aber idR nur unter angemessener Frist, BGH NJW **85**, 3008, zB wenn Gfter-Bürge aus Ges ausscheidet, BGH NJW **86**, 252. Bei Verbürgung mehrerer bis zu einem bestimmten Satz entsteht keine Gesamtschuld, soweit die Bürgschaft des einzelnen den genommenen Kredit überschreitet. Übersicht über AGBKontrolle: von Westphalen WM **84**, 1589, Tiedtke ZIP **86**, 150. **c) Zeitbürgschaft**, § 777 BGB, BGH **76**, 81, **91**, 349; keine Zeitbürgschaft ist die durch Beibringung einer anderweitigen Bürgschaft bedingte Bürgschaft, hier befreit Zeitablauf nicht, BGH WM **79**, 831. Zeitbürgschaft mit fixem Endtermin unter Abbedingung des § 777 BGB s BGH NJW **82**, 172. Übersicht: Brändel FS Werner **84**, 41. **d) Bürgschaft auf erstes Anfordern;** Klausel „Zahlung auf erstes Anfordern" ist zwar Indiz für Garantie (s Anm 4 C sowie **(7)** Bankgeschäfte VII 6), aber auch bei Bürgschaft möglich, BGH **74**, 244, **95**, 387, NJW **84**, 923. Einwendungen aus dem Hauptschuldverhältnis können dann erst in einem Rückforderungsprozeß (§ 812 BGB) geltend gemacht werden, zB auch aus Urkunde nicht ersichtlicher, bestrittener Einwand zeitlicher Begrenzung, BGH NJW **85**, 1694. **e) Ausfallbürgschaft** (Schadlosbürgschaft), BGH NJW **79**, 646: der Bürge haftet nur für den endgültigen Vollstreckungsverlust des Gläubigers. Hier muß der Gläubiger jede Zwangsvollstreckung versuchen; zur Klagebegründung gehört Darlegung des Ausfalls trotz sorgsamer Vollstreckung. Die Ausfallbürgschaft kann sich vertraglich auf die Bürgschaft mit einer bestimmten Sicherheit beschränken. Eine Bürgschaft kann auch in erster Linie eine derartige Ausfallbürgschaft sein, im übrigen eine gewöhnliche oder gar selbstschuldnerische. **f) Rückbürgschaft:** sie soll den Bürgen für den Fall sichern, daß er Gläubiger des Hauptschuldners wird, also einstehen muß, BGH **95**, 379. Sie ist eine gewöhnliche bedingte Bürgschaft. Die Hauptschuld des Schuldners an den Gläubiger berührt den Rückbürgen nicht; ebensowenig die Person des Gläubigers. Dem Rückbürgen steht die Einrede der Vorausklage gegen den Hauptschuldner zu, RG Recht **15** Beil 308. Der Rückbürge haftet dem in Anspruch genommenen Nachbürgen, auch wenn ein Rückgriff gegen den Bürgen infolge eines Vergleichsverfahrens über dessen Vermögen nach § 82 VerglO scheitert, BGH **73**, 94. **g) Nachbürgschaft,** dh eine für den Bürgen geleistete Bürgschaft. Sie verlangt einen Vertrag zwischen Gläubiger und Nachbürgen; sie hängt vom Bestand der Hauptschuld ab; außerdem natürlich vom Bestand der Vorbürgschaft. Der Nachbürge hat auch die Einreden des Vorbürgen. Leistet der Nachbürge, so gehen entspr § 774 I BGB die Rechte des Gläubigers auf ihn über, nicht nur gegen den Hauptschuldner (so RG **83**, 343), sondern auch gegen den Vorbürgen (BGH **73**, 97). **h) Mitbürgschaft** mehrerer, §§ 769, 774 II, 426 BGB, BGH **83**, 206, **85**, 185, NJW **84**, 482.

C. **Kreditauftrag** ist der Auftrag (§ 662 BGB), einem Dritten im eigenen Namen und auf eigene Rechnung Kredit zu gewähren, § 778 BGB. Für Abgrenzung von Kreditbürgschaft (Schriftform, außer nach § 350) ist vertraglich ein eigenes Interesse des Auftraggebers an der Kreditgewährung nötig, BGH **56**, 890; dann formlos gültig. Nach der Kreditgewährung haftet der Auftraggeber für die Verbindlichkeit des Dritten wie ein Bürge (§ 778 BGB); Einrede der Vorausklage (außer nach § 349); BGH WM **84**, 423.

3) Wegfall der Einrede der Vorausklage

§ 349 gilt nur für den VollKfm, § 351; der Vollkfm als solcher haftet stets selbstschuldnerisch. Begriff des HdlGeschäfts s § 343; die Vermutung des § 344 gilt. Maßgebender Zeitpunkt ist die Übernahme der Bürgschaft, beim Kreditauftrag die Erteilung des Auftrags. Die schon begründete Einrede der Vorausklage geht nicht durch späteren Erwerb der KfmEigenschaft verloren; Verlust der VollKfmEigenschaft gibt die Einrede nicht. § 349 gilt auch für den Kfm kraft Eintragung (§ 5), und den RechtsscheinKfm (§ 5 Anm 2), Hbg JW **27**, 1109, str. § 349 ist nachgiebig, die selbstschuldnerische Haftung läßt sich abbedingen. Beweislast s § 351 Anm 1.

4) Verwandte Rechtsfiguren

A. Bei der **Mithaftung als Vertragsteil** besteht eine eigene Hauptschuld, so etwa wenn Mann und Frau zusammen kaufen. Zur Mitbestellerklausel in AGB s **(5)** AGBG § 3 Anm 2.

B. Die **Schuld(mit)übernahme** kommt in zwei Formen vor: **a) befreiende** Schuldabnahme, sie allein regelt das BGB in §§ 414ff BGB; bei ihr tritt der Schuldübernehmer an die Stelle des Schuldners; **b)** zusätzliche (**kumulative**) Schuldübernahme oder Schuldbeitritt; bei ihr tritt der Übernehmer neben den Schuldner als zweiter Schuldner. In beiden Fällen wird der Übernehmer formfrei Hauptschuldner, nicht Bürge. Schuldbeitritt ist nur bei unmittelbar eigenem wirtschaftlichen Interesse anzunehmen, sonst liegt iZw Bürgschaft vor, BGH WM **80**, 1286 (Schuldbeitritt des geschäftsführenden Gfter der konkursreifen GmbH).

C. Der **Garantievertrag** ist die Übernahme der Verpflichtung, jemandem für einen bestimmten Erfolg selbständig und ohne Rücksicht auf das Bestehen einer Hauptverbindlichkeit für diese Verpflichtung einzustehen (Übernahme der Gefahr, des Risikos), BGH WM **82**, 632. Ihn regelt das BGB nicht. Der Garantievertrag ist keine Bürgschaft, weil der Garant nicht Erfüllung schuldet, sondern nur Ersatz, wenn der Erfolg nicht eintritt; Abgrenzung also nach fehlender Akzessorietät; das Interessenkriterium hilft jedenfalls im HdlVerkehr kaum; wegen § 766 BGB und strengerer Verpflichtung ist iZw Bürgschaft anzunehmen, so BGH WM **75**, 348; für Kflte ist eine solche Vermutung jedoch problematisch (§ 350). Formen des Garantievertrags: **a) Delkrederehaftung** des Kommissionärs, § 394; uU auch des HdlVertreters, s § 86 Anm 1 D. **b) Kreditversicherung,** dh die Versicherung einer Forderung gegen Zahlungsunfähigkeit des Schuldners; der Versicherer zahlt aus eigener Schuld. **c)** Eine **Herstellergarantie** kann Vertrag zwischen Hersteller und Großhändler zugunsten Dritter (Endabnehmer) sein; die Garantie erstreckt sich auf die in der Garantiezeit auftretenden Mängel, BGH **75**, 75; Lehmann BB **80**, 964. Autoherstellergarantie in Garantieschein an Endabnehmer kann Garantievertrag unmittelbar zwischen Hersteller und Endabnehmer sein; Einschränkung auf Reparatur bei „Vertragsunternehmen" berührt Eigenhaftung des Herstellers nicht, BGH **78**, 369. Garantiefrist und Verjährung s § 377 Anm 1 A, E. Zu unwirksamen Garantieklauseln s **(5)** AGBG § 11 Anm 10, 11; Tonner NJW **81**, 1730. **d) Garantiekarte** (Herstellergarantie an Letztabnehmer) s Bader NJW **76**, 209; **Kreditkarte** s **(7)** Bankgeschäfte III 6 B. **e)** Zu (internationalen) **Bankgarantien** s **(7)** Bankgeschäfte VII 6.

D. Die **Wechselbürgschaft (Aval)** ist die durch Mitübernahme einer Wechselschuld „als Bürge" übernommene Verpflichtung, Art 30–32 WG; entspr die **Scheckbürgschaft,** Art 25 ff ScheckG. Beide „Bürgschaften" begründen eine selbständige abstrakte Wechsel- oder Scheckhaftung; §§ 765ff BGB gelten nicht. Eine durch Indossament übernommene Bürgschaft ist dagegen eine solche nach BGB.

E. **Patronatserklärungen** sind je nach Ausgestaltung nur wirtschaftlich

1. Abschnitt. Allgemeine Vorschriften **1 § 350**

oder auch rechtlich verbindliche Erklärungen idR eine MutterGes, für Verbindlichkeiten ihrer TochterGes einzustehen; vgl BAG AG **79**, 108. Bsp für ,,harte" Patronatserklärung Stgt WM **85**, 455; Muster s Gerth AG **84**, 95. Volle Einstandshaftung bei Patronatserklärungen und **Interzessionsversprechen,** zB Wechsel- und Scheckeinlösungszusagen, ist nur im kfm und beruflichen Verkehr, nicht Seitens Privater anzuerkennen, Hopt AcP **183 (83)** 701. **Finanzierungsbestätigungen** können bloße Auskunft oder eigenes abstraktes Schuldversprechen sein; Lauer WM **85**, 705; vgl Scheck(einlösungs)bestätigung (7) Bankgeschäfte III 6 F. Monographien: Mosch 1978, Lutter, Der Letter of Intent, 1982; Obermüller ZGR **75**, 1, ZIP **82**, 915, Schröder ZGR **82**, 552.

5) Internationaler Verkehr

Mangels ausdrücklicher oder stillschweigender Rechtswahl ist auf die Bürgschaft das Recht des Bürgenwohnsitzes (nicht das der Hauptschuld) anwendbar, hilfsweise ist der Erfüllungsort des Bürgen heranzuziehen. Das gilt auch für Kreditauftrag und Garantie, anwendbar ist also das Recht des Niederlassungsortes des Garanten. Patronatserklärungen unterstehen mangels Rechtswahl idR dem Recht am Sitz der MutterGes. Übersicht: Reithmann-Martiny Rz 39.

[Formfreiheit]

350 Auf eine Bürgschaft, ein Schuldversprechen oder ein Schuldanerkenntnis finden, sofern die Bürgschaft auf der Seite des Bürgen, das Versprechen oder das Anerkenntnis auf der Seite des Schuldners ein Handelsgeschäft ist, die Formvorschriften des § 766 Satz 1, des § 780 und des § 781 Satz 1 des Bürgerlichen Gesetzbuchs keine Anwendung.

1) Übersicht

A. **Grundsätzlich** sind Rechtsgeschäfte **formfrei;** das gilt für bürgerliches Recht und HdlRecht gleichmäßig. Wo das bürgerliche Recht eine Form vorschreibt, gilt sie auch für das HdlRecht, soweit nicht § 350 eine Ausnahme enthält.

B. **Formbedürftigkeit nach BGB** liegt, abgesehen von den in § 350 erwähnten Geschäften, namentlich in folgenden Fällen vor: **a)** Notarielle Beurkundung für die vertragliche Verpflichtung zur vollen oder bruchteilweisen **Vermögensübertragung,** § 311 BGB, zB anwendbar beim Liquidationsvertrag, dh der Abtretung des Vermögens zur Abwendung des Konkurses. **b)** Notarielle Beurkundung für die vertragliche Verpflichtung zur Übereignung eines **Grundstücks,** § 313 BGB. Auflassung und Eintragung im Grundbuch heilen. Die Erklärung des Veräußerers und des Erwerbers bedürfen der Beurkundung; auch ein Vorvertrag über die Übertragungsverpflichtung, RG **169**, 189. Formfrei sind Auftrag und Vollmacht zur Veräußerung, soweit nicht die Veräußerung bloß verschleiert wird, wie immer bei unwiderruflicher Vollmacht, RG **110**, 320. Aufhebung des Vertrags ist formfrei. **c)** Notarielle Beurkundung für ein **Schenkversprechen,** § 518 BGB. Erfüllung heilt. Schulderlaß ist formlos, weil er bereits Erfüllung ist. Annahme formlos. **d)** Schriftlichkeit für einen **Mietvertrag** über ein Grundstück auf mehr als ein Jahr, § 566 BGB. Bei Verstoß gilt der

Vertrag als auf unbestimmte Zeit geschlossen. § 566 BGB gilt auch für den Pachtvertrag, RG JW **26,** 979. **e)** Schriftlichkeit für Versprechen einer **Leibrente,** § 761 BGB; **f)** Schriftform und Übergabe des Hypothekenbriefs oder bloße Eintragung im Grundbuch für Abtretung einer **Hypothekenforderung** oder einer **Grundschuld,** §§ 1154, 1155, 1192 BGB; **g)** Schriftform für die Übertragung einer **Anweisung,** § 792 BGB, s § 363 Anm 2 A.

2) Die Fälle des § 350 nach BGB

A. Der Schriftform bedürfen nach BGB insbesondere: **a)** die **Bürgschaftserklärung,** § 766 BGB; **b)** das **Schuldversprechen,** § 780 BGB. Es ist ein abstrakter (dh vom Schuldgrund losgelöster) Vertrag, der eine beliebige Leistung verspricht; **c)** das **Schuldanerkenntnis,** § 781 BGB. Es ist ein abstrakter Vertrag, durch den jemand das Bestehen eines beliebigen Schuldverhältnisses anerkennt, § 781 BGB. Also geht das Schuldverhältnis beim Schuldanerkenntnis dem Vertrag voraus, beim Schuldversprechen entsteht es gleichzeitig. Der Unterschied der beiden Rechtsfiguren ist praktisch belanglos, weil sie das Gesetz gleich behandelt. Ihr Zweck ist, durch Ausschalten des Zurückgreifens auf den Schuldgrund klare, einfache Verhältnisse zu schaffen, wie sie namentlich im HdlVerkehr erwünscht und nötig sind. Einschränkungen für AGB s **(5)** AGBG §§ 9, 11 Nr 16 (str) ua.

B. Werden Schuldversprechen oder Schuldanerkenntnis aufgrund einer **Abrechnung** oder durch **Vergleich** erteilt, so bedürfen sie nie der Schriftform, § 782 BGB. Vergleich s § 779 BGB. Abrechnung setzt im Gegensatz zum Vergleich kein gegenseitiges Nachgeben voraus, sondern im Gegenteil eine unstreitige klare Sach- und Rechtslage. Auch sie ist ein Vertrag, RG **95,** 20, und hat, wie das Schuldanerkenntnis, dessen Grundlage sie bildet, den Zweck, die Rechtsbeziehungen zu vereinfachen: das Ergebnis der Abrechnung wird als richtig anerkannt. Ein Schuldanerkenntnis liegt dann vor, wenn Leistung auf Grund dieser Abrechnung unabhängig vom Schuldgrund versprochen ist (also die vertraglich als richtig bezeichnete Abrechnung ist noch nicht allein ein Schuldanerkenntnis oder Schuldversprechen). Anerkenntnis mit ausdrücklichen Worten unnötig, RG **71,** 103. Über Abrechnung vom Kontokorrent s §§ 355–357.

C. Unterscheide folgende ähnliche, nicht gleiche Rechtsfiguren: **Geständnis,** Erklärung über Tatsachen, im Prozeß bindend (§§ 288, 289 ZPO), sonst ein Beweismittel schaffend; **Bestätigung** eines (eigenen) nichtigen oder anfechtbaren Rechtsgeschäfts, §§ 141, 144 BGB; **Zustimmung** (vorherige: **Einwilligung,** nachträgliche: **Genehmigung)** Dritter zu Rechtsgeschäften anderer, §§ 182 ff BGB (Bsp. Vertragsschluß durch falsus procurator: § 177 BGB); nicht rechtsgeschäftliches **Anerkenntnis** eines Anspruchs, § 208 BGB (Unterbrechung der Verjährung); schlichter, nicht abstrakter, nicht unter § 781 BGB fallender **Anerkenntnis-** oder **Feststellungsvertrag,** nur bekannte Einwendungen gegen einen Anspruch ausräumend, später dem Schuldner bekanntwerdende Einwendungen ohne weiteres (ohne Rückforderung des Anerkenntnisses nach § 812 II BGB) nicht hindernd, formfrei; abstrakter vertraglicher **Erlaß** einer Schuld und abstraktes vertragliches **Anerkenntnis des Nichtbestehens** der Schuld, negatives Schuldanerkenntnis, § 397 BGB, beide formfrei, ggf nach § 812 ff BGB kondizierbar; schlichte, nicht abstrakte vertragliche **Feststellung** des

1. Abschnitt. Allgemeine Vorschriften   1 § 351

Nichtbestehens der Schuld, nur bekannte mögliche Anspruchsgründe ausräumen, später bekanntwerdende ohne weiteres (ohne Rückforderung der Feststellung nach §§ 812 ff BGB) nicht entkräftend, formfrei, vom vorerwähnten Fall unterschieden durch Fehlen der voluntas eventualis, den Anspruch, falls er etwa doch bestehe, zu beseitigen.

3) Bedeutung des § 350

Die Schriftform (s Anm 2 A) entfällt, wo die Übernahme der Bürgschaft, das Versprechen über das Anerkenntnis auf seiten des Schuldners, ein **Handelsgeschäft** (§§ 343, 344) ist; § 350 gilt für VollKflte (s § 351), auch für RechtsscheinKfm (§ 5 Anm 2), Hbg JW **27**, 1109, str. Bei Bürgschaft bleibt es gleich, ob die Hauptschuld aus HdlGeschäft stammt. § 350 gilt auch für die Bürgschaftserklärung einer Bank zum Zwecke der Abwendung der Zwangsvollstreckung gegen den Hauptschuldner, unbeschadet der prozessualen Voraussetzungen der Einwirkung der Einstellung der Zwangsvollstreckung aufgrund der Bürgschaft, vgl § 775 Nr 3 ZPO (Vorlegung einer öffentlichen Urkunde, aus der sich die Sicherung des Gläubigers ergibt), BGH NJW **67**, 823 m Anm Wittmann BB **67**, 265. Bei Schuldversprechen und -anerkenntnis bleibt die Form für das zugrunde liegende Geschäft nötig, s Anm 1 B. Maßgebender Zeitpunkt ist der der Willenserklärung des Schuldners, also bei Bürgschaft der Übernahme. Formlose Bestätigung nach Erlangung der Eigenschaft als VollKfm macht für die Zukunft wirksam; Verlust der Eigenschaft ändert nichts. § 350 ist unanwendbar auf Schuldanerkenntnis des Gfters der OHG außerhalb des GesBetriebs, BGH **68**, 1053. Nicht Kfm ist und nicht als gesetzlicher Vertreter eines Kfm handelt der Aufsichtsrat einer AG, der eine Bürgschaft für die Ges übernimmt, RG **126**, 122. Beweislast s § 348 Anm 2 A. Gewillkürte Form ist zulässig.

[Minderkaufleute]

351 Die Vorschriften der §§ 348 bis 350 finden auf die in § 4 bezeichneten Gewerbetreibenden keine Anwendung.

1) § 351 schließt die Anwendung der Sondervorschriften des HGB über Vertragsstrafen, Bürgschaft, Schuldversprechen und Schuldanerkenntnis auf MinderKflte (§ 4) aus. Diese unterstehen also insofern den Vorschriften des **BGB** in vollem Umfang. Sie können Ermäßigung einer Vertragsstrafe verlangen, als Bürgen die Einrede der Vorausklage erheben und können nur in den Formen des BGB eine Bürgschaft übernehmen und ein Schuldversprechen oder -anerkenntnis abgeben. Maßgebender Zeitpunkt ist der der Begründung der Verpflichtung. Über Wirkung späterer formloser Bestätigung s § 350 Anm 3. Dem wirklichen VollKfm stehen der Kfm kraft Eintragung (§ 5) und der RechtsscheinKfm (§ 5 Anm 2) gleich. Beweispflichtig für Eigenschaft als Kfm ist der Gegner; steht diese fest, aber nicht ob das Gewerbe nur Kleingewerbe ist, ist hierfür beweispflichtig, wer sich auf § 351 beruft, Kln ZIP **82**, 1429.

§ 352

[Gesetzlicher Zinssatz]

352 ^I **Die Höhe der gesetzlichen Zinsen, mit Einschluß der Verzugszinsen, ist bei beiderseitigen Handelsgeschäften fünf vom Hundert für das Jahr. Das gleiche gilt, wenn für eine Schuld aus einem solchen Handelsgeschäfte Zinsen ohne Bestimmung des Zinsfußes versprochen sind.**

^{II} **Ist in diesem Gesetzbuche die Verpflichtung zur Zahlung von Zinsen ohne Bestimmung der Höhe ausgesprochen, so sind darunter Zinsen zu fünf vom Hundert für das Jahr zu verstehen.**

1) Gesetzlicher Zins

A. Das **BGB** bestimmt:

BGB 246 [Gesetzlicher Zinssatz]

Ist eine Schuld nach Gesetz oder Rechtsgeschäft zu verzinsen, so sind vier vom Hundert für das Jahr zu entrichten, sofern nicht ein anderes bestimmt ist.

Das **HGB** erhöht den Zinssatz für beiderseitige HdlGeschäfte (§ 343) auf 5%, **I**, ebenso **II** für die im HGB angeordneten Zinspflichten, auch wo es sich nicht um beiderseitige HdlGeschäfte handelt (§§ 110 II, 111, 354, 355; die Zinspflicht nach § 353 fällt unter I 1 wie II). Bereicherungsansprüche fallen nicht darunter, BGH NJW **83**, 1423, str. Für KfmEigenschaft ist der Zeitpunkt der Begründung der Schuld maßgebend. Der zu Unrecht eingetragene Gewerbetreibende (§ 5) fällt mit Forderungen und Schulden (wenn der andere Teil Kfm ist) unter I, der als Kfm auftretende NichtKfm (§ 5 Anm 2) nur mit seinen Schulden. Wechsel- und Scheckzinsen betragen bei reinen Inlandpapieren 2% über dem (wechselnden) Diskontsatz der DBBk, aber mindestens 6% (Art 48 I Nr 2, 49 Nr 2 WG, Art 45 Nr 2, 46 Nr 2 ScheckG; zu unterscheiden davon sind Art 5 WG, Art 7 ScheckG). Über den Zinsbegriff (im Vergleich zu anderen neuerlich gängigen, ähnlich gebrauchten Vergütungsfomen) Canaris NJW **78**, 1891.

B. Nach **Handelsbrauch** (§ 346) kann (ohne besondere Abrede) ein abw Satz geschuldet werden, wohl selten.

2) Vereinbarter Zins

A. Weder BGB noch HGB begrenzen die Möglichkeit der Vereinbarung des Zinssatzes, außer durch § 138 I BGB (Verstoß gegen gute Sitten), § 138 II BGB (Wucher), § 242 BGB (uU Wegfall der Geschäftsgrundlage). Es kommt hierfür auf alle Umstände an. Deutliche Grenzen setzt die umfangreiche Rspr überhöhten Zinsen beim (Teilzahlungs-)Kreditgeschäft der Banken, s **(7)** Bankengeschäfte IV 2 D b.

B. § **609a BGB** gibt bei Vereinbarung eines Darlehens mit festem Zinssatz unter bestimmten Voraussetzungen ein Kündigungsrecht. § 609a BGB ersetzt § 247 aF BGB, s **(7)** Bankgeschäfte IV 2 D b.

BGB 609a [Kündigungsrecht bei festem Zinssatz]

(1) Der Schuldner kann ein Darlehen, bei dem für einen bestimmten Zeitraum ein fester Zinssatz vereinbart ist, ganz oder teilweise kündigen,

1. wenn die Zinsbindung vor der für die Rückzahlung bestimmten Zeit endet und keine neue Vereinbarung über den Zinssatz getroffen ist, unter Einhaltung einer

1. Abschnitt. Allgemeine Vorschriften § 353

Kündigungsfrist von einem Monat, frühestens für den Ablauf des Tages, an dem die Zinsbindung endet; ist eine Anpassung des Zinssatzes in bestimmten Zeiträumen bis zu einem Jahr vereinbart, so kann der Schuldner jeweils nur für den Ablauf des Tages, an dem die Zinsbindung endet, kündigen;

2. wenn das Darlehen einer natürlichen Person gewährt und nicht durch ein Grund- oder Schiffspfandrecht gesichert ist, nach Ablauf von sechs Monaten nach dem vollständigen Empfang unter Einhaltung einer Kündigungsfrist von drei Monaten; dies gilt nicht, wenn das Darlehen ganz oder überwiegend für Zwecke einer gewerblichen oder beruflichen Tätigkeit bestimmt war;

3. in jedem Falle nach Ablauf von zehn Jahren nach dem vollständigen Empfang unter Einhaltung einer Kündigungsfrist von sechs Monaten; wird nach dem Empfang des Darlehens eine neue Vereinbarung über die Zeit der Rückzahlung oder den Zinssatz getroffen, so tritt der Zeitpunkt dieser Vereinbarung an die Stelle des Zeitpunkts der Auszahlung.

(2) Der Schuldner kann ein Darlehen mit veränderlichem Zinssatz jederzeit unter Einhaltung einer Kündigungsfrist von drei Monaten kündigen.

(3) Das Kündigungsrecht des Schuldners nach den Absätzen 1 und 2 kann nicht durch Vertrag ausgeschlossen oder erschwert werden. Dies gilt nicht bei Darlehen an den Bund, ein Sondervermögen des Bundes, ein Land, eine Gemeinde oder einen Gemeindeverband.

3) Verzugszins

A. Das BGB bestimmt:

BGB 288 [Verzugszinsen]

[I] Eine Geldschuld ist während des Verzugs mit vier vom Hundert für das Jahr zu verzinsen. Kann der Gläubiger aus einem anderen Rechtsgrunde höhere Zinsen verlangen, so sind diese fortzuentrichten.

[II] Die Geltendmachung eines weiteren Schadens ist nicht ausgeschlossen.

Die niedrigen Zinssätze der § 288 BGB, § 352 sind eindeutig und nicht durch Richterspruch korrigierbar, Bartsch NJW **80**, 2564 str, aA Basedow ZHR 143 **(79)** 317, Gelhaar NJW **81**, 859 (2% über Diskontsatz). Wer mit einer Geldschuld aus einem beiderseitigen HdlGeschäft im Verzug ist, schuldet also nach § 352 I 1 **5%**; höheren **Bankzins** nur, wenn der Gläubiger beweist, daß er ihn infolge der Säumnis des Schuldners als Kreditzins wirklich aufwandte oder als Anlagezins verlor, Belke JZ **69**, 586; hierfür gilt auch unter Kflten kein Anscheinsbeweis, Kln NJW **61**, 30, Roll DRiZ **73**, 339, str; auch daß der Gläubiger ständig Bankkredit in Anspruch nimmt, genügt nicht ohne weiteres, er muß beweisen, daß er den Schuldbetrag bei pünktlicher Zahlung zur Tilgung eines entsprechenden Kreditbetrages verwandt, nicht flüssig gehalten, nicht investiert hätte, KG NJW **57**, 1562.

B. Auch die Höhe von Verzugszinsen kann für den Verzugsfall **vereinbart** werden. Grenzen setzen **(5)** AGBG §§ 9, 11 Nr 5, 6. Überhöhte Verzugszinsen bei Bankkrediten s **(7)** Bankgeschäfte IV 2 D b.

[Fälligkeitszinsen]

353 Kaufleute untereinander sind berechtigt, für ihre Forderungen aus beiderseitigen Handelsgeschäften vom Tage der Fälligkeit an Zinsen zu fordern. Zinsen von Zinsen können auf Grund dieser Vorschrift nicht gefordert werden.

§ 354

IV. Buch. Handelsgeschäfte

1) Zinspflicht (Satz 1)

A. **Voraussetzungen:** § 353 findet nur Anwendung, wenn vorliegt: **a)** auf beiden Seiten ein Kfm, gleichviel ob VollKfm, MinderKfm, ScheinKfm. Allein und dauernd maßgebender Zeitpunkt ist der der Entstehung der Forderung, späterer Erwerb oder Verlust der KfmEigenschaft sind belanglos, vgl RG **60**, 78; **b)** eine **Geldforderung,** weil nur bei solcher Zinsen entstehen. Die Währung bleibt gleich, ebenso die Rechtsnatur. Der Zins entfällt aber, wenn Gläubiger ausländisches Geld gegen inländisches zu bekommen und vorher das inländische zinsbringend angelegt hatte, Hbg OLGE **44**, 245; **c)** daß die Forderung ihren Rechtsgrund in einem beliebigen beiderseitigen **Handelsgeschäft** hat (§§ 343, 344), was einen einseitigen Vertrag sehr wohl zuläßt, nicht aber ein einseitiges Rechtsgeschäft (also genügt kfm Schuldschein); **d) Fälligkeit** der Forderung; der Gläubiger muß also Zahlung verlangen können. Darf Schuldner aber Erfüllung bis Vorleistung oder Zug-um-Zug-Leistung verweigern, so tritt keine Fälligkeit ein, auch ohne daß Schuldner die Einrede erhebt, RG **126**, 285, hM. Dagegen bleibt ein Zurückbehaltungsrecht aus § 273 BGB für die Fälligkeit gleich (s aber §§ 298, 301 BGB), weil es die Leistungspflicht an sich unberührt läßt. Stundung schiebt idR nur die Begleichung hinaus, nicht die Fälligkeit, RG **116**, 376. Staatliches Transferverbot (zB früher in Deutschland für Zahlungen an ausländische Gläubiger) hindert nicht Fälligkeit iSv § 353, BGH NJW **64**, 100; vgl BGH **27**, 335. Bei Holschulden ist der Gläubiger im Annahmeverzug, wenn er das Geld nicht bei Fälligkeit abholt; dann keine Verzinsung.

B. Die Zinspflicht beginnt mangels anderer Abrede bei **Fälligkeit** der Verbindlichkeit. Sie entfällt bei Verzug des Gläubigers, § 301 BGB. Der Zinsanspruch wird nicht schon durch vorbehaltlose Annahme des Kapitals ohne Zinsen verwirkt. Zinssatz 5%, § 352 II. Zuschlag der Mehrwertsteuer, welche die Finanzgerichte in stRspr auf Verzugszins erheben, als weiterer Verzugsschaden, LG Hbg MDR **71**, 399.

2) Keine Zinseszinsen (Satz 2)

Wie das BGB (ausgesprochen in § 289 BGB für den Fall des Verzugs mit Zinszahlung, sonst aus § 248 BGB als minus folgend) gibt auch § 353 nicht kraft Gesetzes **Zinseszinsen**. Für die Vereinbarung von Zinseszins gilt auch im HdlVerkehr § 248 BGB: Verbot der Vereinbarung „im voraus" mit Ausnahmen für Sparkassen, Kreditanstalten, Inhaber von Bankgeschäften. Für Kontokorrent s § 355 I.

[Provision; Lagergeld; Zinsen]

354 [I] Wer in Ausübung seines Handelsgewerbes einem anderen Geschäfte besorgt oder Dienste leistet, kann dafür auch ohne Verabredung Provision und, wenn es sich um Aufbewahrung handelt, Lagergeld nach den an dem Orte üblichen Sätzen fordern.

[II] Für Darlehen, Vorschüsse, Auslagen und andere Verwendungen kann er vom Tage der Leistung an Zinsen berechnen.

1. Abschnitt. Allgemeine Vorschriften 1, 2 § 354

1) Übersicht

Nach §§ 612 I, 632 I, 653 I, 689 **BGB** gilt im Dienst-, Werk-, Makler-, Verwahrungsvertrag eine Vergütung als stillschweigend vereinbart, wenn die Leistung den Umständen nach nur gegen eine Vergütung zu erwarten ist. § 354, ausgehend davon, daß Kflte noch weniger als andere Personen umsonst für andere tätig werden und daß dies allgemein bekannt ist (RG **122,** 232, JW **38,** 1175), erweitert diese Regelung zugunsten der Kflte auf jede Geschäftsbesorgung oder Dienstleistung für andere in ihrem Gewerbe. Aus § 354 kann die Ergänzung einer Provisionsvereinbarung folgen für im Vertrag nicht berücksichtigte Dienste, zB für Vermittlung eines Bezugsvertrags durch HdlVertreter, § 87 Anm 4 B. § 354 kann den Maßstab liefern für Schadensersatz aus Verschulden bei Vertragsverhandlung, für Parteien, die in Erwartung des Vertrags Dienste ohne besondere Vergütung leistete, LG Kreuznach BB **61,** 699 (KfzHändler A vermittelte für X Altwagenverkauf, X kaufte Neuwagen bei KfzHändler B: Schadensersatzprovision an A).

2) Voraussetzungen des Anspruchs

A. § 354 gilt für **Kaufleute,** auch MinderKflte (§ 4), auch fälschlich ins HdlReg eingetragene andere Gewerbetreibende (§ 5), nicht für sonstwie als Kflte erscheinende NichtKflte (aber § 5 Anm 2 Fb, uU Vertragsauslegung). Erforderlich ist KfmEigenschaft zZ der Leistung. Unerheblich ist, ob der andere Teil (der die Vergütung leisten soll) Kfm ist oder nicht.

B. Der Leistende muß gegenüber dem anderen zur Leistung **berechtigt** sein, idR aufgrund Vertrags; ist zB ein Maklervertrag nicht zustandegekommen (s § 93 Anm 3 A) oder fehlen die Voraussetzungen des Lohnspruchs nach diesem, kann Lohn nicht nach § 354 verlangt werden, BGH NJW **82,** 1523, Kblz NJW **85,** 2722. Ausnahmsweise kann der Leistende ohne Vertrag zur Leistung berechtigt sein, zB Bank nach §§ 683, 679 BGB; der Anspruch auf Provision, Lagergeld, Zins besteht dann neben dem Anspruch auf Ersatz von Aufwendungen (§ 683 BGB); auch als Reisebüro bei Flugpassagenvermittlung für IATA-Mitglieder-Linien, wenn die IATA zu der Vermittlung aufforderte, BGH **62,** 80. **Nicht** unter § 354 fällt eigenmächtige Einlagerung von Sachen durch A in Räumen des B, doch kann A auf Kosten des B ungerechtfertigt bereichert sein (§ 812 BGB). Der Makler hat keinen Anspruch aus § 354, wenn dem Interessenten nicht erkennbar ist, daß die Maklerdienste gerade für ihn geleistet werden, BGH **95,** 398 oder wenn Makler aufgrund eines Vertrags mit einem Dritten (zB Verkäufer) erkennbar in dessen Interesse handelt, sofern nicht erlaubte Doppeltätigkeit (s § 93 Anm 4 C) vorliegt, BGH BB **81,** 756; s § 93 Anm 5 Ab.

C. § 354 ist **abdingbar,** gilt daher nicht, wenn eine andere Vereinbarung über die Vergütung wirksam getroffen ist, zB ein Maklervertrag mit bestimmten Voraussetzungen für Lohnanspruch, BGH NJW **82,** 1523; wenn der Geschäftsherr sich ausdrücklich die Prüfung eines Provisionsanspruchs vorbehält, LG Hbg MDR **62,** 312. § 354 gilt auch nicht, soweit **Handelsbrauch** (Verkehrssitte) unentgeltliche Leistung fordert, vgl RG **92,** 16, zB für einfache vorbereitende Arbeiten (zB Kostenvoranschlag), erfolglose

§ 355 3 IV. Buch. Handelsgeschäfte

Vermittlungsversuche; anders bei rechtswidrigem „Handelsbrauch", BGH **62**, 82 (vgl § 346 Anm 1 D).

D. § 354 gilt, wenn der Kfm „einem anderen **Geschäfte besorgt** oder **Dienste leistet"**, nach HdlBrauch uU auch bei anderen Leistungen, zB Überlassung von Sachen zum Gebrauch, LG Brschw BB **49**, 217 (Kesselwagen). Er muß **im Interesse des anderen** (auch wenn zugleich im eigenen) handeln; Handeln im eigenen Interesse (wenn auch unter Rücksichtnahme auf das fremde) genügt nicht, BGH NJW **84**, 436. Bspe: Beschaffung von Kapital, RG **122**, 232; Bürgschaft oder Gefälligkeitsakzept, vgl RG LZ **09**, 311; Vermittlung von Flugpassagen, BGH **62**, 79; berechtigter Selbsthilfeverkauf des Verkäufers (§ 373 II–IV); Notverkauf des Käufers (§ 379 II); Pfandverkauf durch Pfandgläubiger; nicht Verwertung durch Eigentumsvorbehaltsverkäufer, BGH NJW **84**, 436. **Aufbewahrung** (in § 354 I besonders erwähnt), auch durch Verkäufer bei Annahmeverzug des Käufers (§ 373 I, hier gäbe § 304 BGB nur Ersatz von Mehraufwendungen) oder durch Käufer, der (mit Recht) die übersandte Ware beanstandet (§ 379 I), wohl auch durch Gläubiger aufgrund (vertraglichen oder gesetzlichen) Pfand- oder Zurückbehaltungsrechts. Gebrauchtwagenverkauf zur Erlösverwendung bei Neuwagen-Kauf, dieser scheitert; Verkaufsprovision; LG Hamm MDR **78**, 674. **Nicht** unter § 354 fallen Nebenleistungen, die im **Kaufpreis** bzw Entgelt für die Hauptleistung mit **abgegolten** sind, zB (uU) Zusendung der Kaufsache durch den Verkäufer, Verwahrung durch den Kommissionär; ebenso idR Mängelrügeabwehr durch HdlVertreter, anders uU bei außergewöhnlicher Belastung hierdurch, dann uU hierfür Sondervergütung aus § 354 (neben der Provision aus § 87), BGH BB **62**, 1345.

3) Art und Höhe der Vergütung

A. § 354 I, II gewähren Anspruch auf: **Provision** (vgl §§ 86b, 87ff betr HdlVertreter, 99 betr HdlMakler, 394, 396, 403, 406 betr Kommissionäre, 409, 412, 413, 415 betr Spediteur, Art 48 Nr 4, 49 Nr 4 WG, Art 45 Nr 4, 46 Nr 4 ScheckG); bei Aufbewahrung **Lagergeld,** nach dem Wortlaut neben der Provision, dies jedoch wohl nur wo ortsüblich für Lagerung neben Lagergeld Provision berechnet wird; für (bei der Geschäftsbesorgung, Dienstleistung gewährte, geleistete) Darlehen, Vorschüsse, Auslagen, andere Verwendungen **Zins** vom Tage der Leistung; zB auf vom HdlVertreter dem Unternehmer rückzahlbare Provisionen, Vorschüsse, BGH MDR **63**, 299. Für Verschaffung „mittelbaren Bankkredits" (Darlehensaufnahme im eigenen Namen, also Selbsthaftung, und Weiterleihung) gebührt dem Makler Provision nach I neben Zins nach II, BGH NJW **64**, 2343.

B. Provision, Lagergeld bestimmen sich nach **Ortsbrauch.** HdlVertreterprovision s § 87b. Feststellung von HdlBräuchen s § 346 Anm 2. Hilfsweise gilt, was **angemessen** ist, zB bei Lager nach Schwierigkeit der Aufbewahrung, Raumbedarf, Notwendigkeit der Behandlung des Guts, Versicherungsbedarf, RG JW **15**, 658, Stgt BB **58**, 573. Der **Zinsfuß** beträgt 5%, § 352 II.

C. **Verjährung:** Provision (I): 2 Jahre, bei Leistung für den Gewerbebetrieb des Schuldners 4 Jahre, § 196 I Nr 1, II BGB (Text s Einl 7 A vor

1. Abschnitt. Allgemeine Vorschriften 1, 2 § 355

§ 343), Bsp BGH **62**, 83. Zinsen (II): 4 Jahre, § 197 BGB. Lagergeld (I): vgl § 423 Anm 2.

[Laufende Rechnung, Kontokorrent]

355 ⁱ Steht jemand mit einem Kaufmanne derart in Geschäftsverbindung, daß die aus der Verbindung entspringenden beiderseitigen Ansprüche und Leistungen nebst Zinsen in Rechnung gestellt und in regelmäßigen Zeitabschnitten durch Verrechnung und Feststellung des für den einen oder anderen Teil sich ergebenden Überschusses ausgeglichen werden (laufende Rechnung, Kontokorrent), so kann derjenige, welchem bei dem Rechnungsabschlusse ein Überschuß gebührt, von dem Tage des Abschlusses an Zinsen von dem Überschusse verlangen, auch soweit in der Rechnung Zinsen enthalten sind.

ᴵᴵ Der Rechnungsabschluß geschieht jährlich einmal, sofern nicht ein anderes bestimmt ist.

ᴵᴵᴵ Die laufende Rechnung kann im Zweifel auch während der Dauer einer Rechnungsperiode jederzeit mit der Wirkung gekündigt werden, daß derjenige, welchem nach der Rechnung ein Überschuß gebührt, dessen Zahlung beanspruchen kann.

Übersicht
1) Allgemeines
2) Voraussetzungen des Kontokorrents
3) Wirkung des Kontokorrents
4) Umfang des Kontokorrents
5) Zinsen und Provisionen
6) Verfügungen über den Saldo
7) Ende des Kontokorrents

1) Allgemeines

Das Kontokorrent (laufende Rechnung, conto corrente, compte courant), reduziert eine Mehrzahl gegenseitiger Ansprüche auf eine einzige Schuld bzw Forderung (idR auf Geld, aber auch auf andere vertretbare Sachen, str, s Anm 4 A) der einen Seite an die andere. **Hauptfall** ist heute das **Bankkontokorrent** (s Anm 2 B, C). I versuchet eine Definition. I, II, III, §§ 356, 357 regeln Einzelfragen (Verzinsung, Dauer der Periode, Kündigung, Sicherungen, Saldopfändung). Monographien: Canaris 1974 (aus GroßKo), Herz Diss Tüb 1974 (va Zwangsvollstreckung, Konkurs); Scherner FS Bärmann **75**, 171; RsprÜbersicht: Pikart WM **60**, 1314, **70**, 866.

2) Voraussetzungen des Kontokorrents

A. **Zwei** Parteien; möglich und zT entspr zu behandeln ist unmittelbare Verrechnung unter mehr als zwei Parteien (selten, uU vermieden durch Schaffung einer Zentrale, mit der jede Partei gesondert zweiseitig verrechnet).

B. Eine Partei ist **Kaufmann** (auch MinderKfm, § 4, auch RechtsscheinKfm, § 5 Anm 2). Aber das **uneigentliche Kontokorrent** unter zwei

§ 355 3   IV. Buch. Handelsgeschäfte

nichtkfm Unternehmern (s § 1 Anm 1 B, Einl II 1 D vor § 1) und sogar unter Privatleuten steht rechtlich weitgehend gleich, zB betr Saldozins (Anm 5), RG **95**, 19 (wegen Novation nach § 781 BGB), ebenso betr Anerkenntnisform, § 782 BGB; anders hL betr Zinseszinsverbot (§ 248 BGB) gegen K. Schmidt JZ **81**, 126.

C. Es besteht eine **Geschäftsverbindung** (s Einl 2 vor § 343) aufgrund eines einzigen Dauerrechtsverhältnisses (zB Girovertrag oder Kreditverbindung, s **(7)** Bankgeschäfte IV, V; GesVerhältnis) oder mit ständig neuem Geschäftsschluß (Bsp: verladendes Unternehmen und regelmäßig beauftragter Spediteur); mit der Möglichkeit (nicht Sicherheit) einer größeren Zahl von den Schuldstand (in beiden Richtungen) ändernden Vorgängen, RG **115**, 396, JW **33**, 2827, Stgt BB **60**, 540.

D. Die **Kontokorrentabrede** enthält eine Vereinbarung über Inrechnungstellung, Verrechnung, Saldofeststellung nach I. Vereinbarung ist formfrei, auch stillschweigend (zB durch wiederholte Übersendung und Anerkennung eines Saldos), RG **115**, 396; nicht genügt, daß tatsächlich von Zeit zu Zeit die beiderseitigen Ansprüche verrechnet werden (durch Einzel-Aufrechnungsverträge), Kln MDR **63**, 138, Ffm WM **75**, 812. Verzinslichkeit (vgl Text von I) von Einzelansprüchen oder Saldo, ist nicht Voraussetzung.

E. Vereinbart sind **Kontokorrentperioden,** dh ,,regelmäßige Zeitabschnitte" zur Saldierung der aufgenommenen Posten, RG **115**, 396, **123**, 386, BGH **LM** § 413 Nr 1. Sie dauern nach II je 1 Jahr, sind meist nach Vereinbarung kürzer (bei Banken idR ½ Kalenderjahr). Denkbar ist aber auch eine einzige ,,Periode".

3) Wirkung des Kontokorrents

A. **Während der Periode** werden die unter die Kontokorrentabrede fallenden Ansprüche beider Teile gebunden (keine Verfügungen mehr, zB Abtretung, Pfändung, auch Erfüllung entzogen) und von der Geltendmachung ausgeschlossen (,,gelähmt"); eine Stundung ist damit nicht verbunden (Fälligkeitszinsen), kann aber vereinbart sein (s Anm 6 A). Trotz Lähmung ist die Klage aus Einzelanspruch nicht wirkungslos, seine Bindung im Kontokorrent muß durch **Einrede** geltend gemacht werden, BGH MDR **70**, 303. Bei **Abschluß der Periode** werden die Einzelansprüche unter Anrechnung der in der Periode erbrachten Leistungen **durch den Saldoanspruch ersetzt** (,,noviert"), und zwar durch abstrakten Schuldanerkenntnisvertrag, der in der Saldomitteilung der einen und dem Saldoanerkenntnis der anderen Seite enthalten ist, so stRspr, RG **125**, 416, DGH **26**, 150, **50**, 279, **58**, 260, **73**, 263, **80**, 176. Das ist wegen § 356 (s dort Anm 1 A) und des auch von der Rspr bei berechtigtem wirtschaftlichen Interesse eröffneten Rückgriffs auf bereits saldierte Einzelposten wenig überzeugend. Die neuere Lehre lehnt deshalb die Novationstheorie zutreffend ab, Hefermehl FS Lehmann **56**, 547, Blaurock NJW **71**, 2206: Einzelansprüche bestehen (undurchsetzbar) neben dem Saldoanspruch bis zu dessen Tilgung fort, Canaris DB **72**, 421, 469, FS Hämmerle **72**, 55: Verrechnung nach §§ 366, 367, 396 BGB, abstrakter neben kausalem Saldoanspruch.

B. Möglich ist **automatische** Saldierung bei Ablauf der Rechnungsperiode (ohne Saldovertrag, vgl Anm A), aufgrund einer im voraus in der

1. Abschnitt. Allgemeine Vorschriften 3 § 355

Kontokorrentabrede getroffenen Verrechnungsvereinbarung, der antizipierte Verrechnungsvertrag wird dann durch das Saldoanerkenntnis lediglich bestätigt. Das ist aber nicht bei jeder normalen Kontokorrentabrede so, BGH **93**, 314 m krit Anm Canaris ZIP **85**, 592, str. Möglich ist auch **Staffelkontokorrent**, dh sofortige Verrechnung bei jedem Kontokorrentpflichtigen Vorgang (Lieferung, Leistung, Darlehen, ersatzpflichtige Auslage usw); dieser schafft oder tilgt nicht einen besonderen Anspruch, sondern ändert immer nur den Saldoanspruch, Einzelansprüche gibt es nicht. Ähnlich für Wertpapiereinkaufskommission **(13)** DepotG § 19 IV. S auch RG **123**, 386.

C. Das **Bankkontokorrent** (mit täglicher Saldomitteilung, idR noch ohne Provision, Kosten, Zinsen) ist nach BGH **50**, 280, WM **72**, 284 idR nicht Staffelkontokorrent (vgl Anm B). Der Tagessaldo ist „reiner Postensaldo" zwecks Überblicks, Zinsberechnung, Verhütung von Überauszahlung, BGH **73**, 209. Schuldumschaffende Saldierung (vgl Anm A) erfolgt nur am Rechnungsperiodenende („Rechnungsabschluß"); BGH **50**, 280 (AGB-Spark Nr 11 I; ebenso **(8)** AGB-Banken Nr 14, 15); Einstellung von Abschlußspesen zu Rechnungsperiodenende in Tagesauszug macht diesen nicht ohne besonderen Hinweis zu Rechnungsabschluß iSv II, BGH NJW **85**, 3010. Anders bei abw Abrede, zB über Rückführung von überzogenem Kredit: bei Eingang auf Konto sofortige Saldierung, iZw auch über die Rückführung auf das Kreditlimit Hinausgehenden, Nürnb WM **76**, 1343. – Diese Kontokorrentfrage berührt nicht die (vom Giro- oder Kreditvertrag bestimmte) Höhe des jeweils für den Kunden verfügbaren Betrags, BGH **50**, 282. Möglich ist Verpflichtung des Kunden zum Ausgleich eines Debet-(Tages-)Saldos (maW zu entspr Leistung in das Kontokorrent) schon vor Periodenschluß und ohne Kontokorrentkündigung, BGH MDR **70**, 303, WM **72**, 287; so idR für Überziehungskredit, BGH **73**, 207. Möglich ist auch (zu entspr Besserung des Kontokorrentstands) Herauslösung eines Debetpostens aus dem Kontokorrent durch Vereinbarung, zB zur Umwandlung in ein Vereinbarungsdarlehen, BGH WM **72**, 287. Zahlt der Bankkunde fremdes Bargeld auf sein Kontokorrentkonto ein, und fällt dann in Konkurs, ist weder Aussonderung (§ 43 KO) noch Ersatzaussonderung (§ 46 S 1 KO) möglich (Kontokorrentbindung und Untergang spätestens mit Periodenabschluß), BGH **58**, 257 (s auch Anm F); durften Bareinzahlungen in das Kontokorrent eingestellt werden, begründet Abschluß des Kontokorrentkontos keine Anfechtung nach § 30 Nr 1, 2 KO, BGH **74**, 135. Haftung von Sicherheiten s § 356 Anm 1, Pfändung s § 357. Ausgeschiedener Gfter s § 128 Anm 5 E.

D. Nach jedem Periodenschluß, beim Staffelkontokorrent (s Anm B) nach jeder Buchung, ist der Saldo entweder vom einen Teil mitzuteilen und vom anderen anzuerkennen (so zwischen Bank und Bankkunden) oder (wenn beide Seiten buchen) gegenseitig mitzuteilen und anzuerkennen. Mitteilung des Rechnungsauszugs mit dem Saldo (ebenso Klage auf den Saldo) enthält Antrag auf Vertragsschluß über **Anerkennung des Saldos** (§§ 780ff BGB), vgl Anm A. Jeder Teil erkennt dadurch zugleich die aufgenommenen Habenposten des anderen an, BGH WM **67**, 1163, **75**, 557, ebenso Vollständigkeit der Buchungen zu seinen Gunsten. Sind einzelne Posten zu Unrecht aufgenommen, macht das nicht entspr § 139 BGB die

Saldierung (ganz oder zT) ungültig; das Saldoanerkenntnis steht insoweit auch nicht unter einer stillschweigenden auflösenden Bedingung der Gesamtverrechnung, so aber RG; auch findet keine verhältnismäßige Gesamtaufrechnung statt, offen BGH **93**, 313. Vielmehr werden die verbindlichen Posten unabhängig von den unverbindlichen verrechnet; Begründung und zT Ergebnis sehr str, für §§ 366, 396 BGB analog GroßKo-Canaris 83, für ergänzende Vertragsauslegung Schlegelb-Hefermehl 91; für Unverbindlichkeit des Saldoanerkenntnisses und der Verwendung als Teil davon BGH **93**, 313. Im Bankkontokorrent kommt insoweit nicht Storno wegen Buchungsfehlers (**(8)** AGB-Banken Nr 4 I 3) in Betracht; BGH WM **72**, 285. Das unrichtige Anerkenntnis kann als rechtlich grundlos widerrufen werden, § 812 II BGB, BGH WM **75**, 557 (mit Beweislast des Benachteiligten für die Unrichtigkeit), falls nicht § 814 BGB entgegensteht (Kenntnis der Unrichtigkeit, nicht genügt fahrlässige, auch grobfahrlässige Unkenntnis), BGH WM **72**, 285. § 814 BGB steht nur bei Kenntnis der Unrichtigkeit im Zeitpunkt der Mitteilung (Saldoklagerhebung) entgegen (Weiterverfolgung der zu niedrigen Saldoklage nach Aufklärung des Irrtums ist kein neues Anerkenntnis, hindert nicht Geltendmachung des Mehrbetrags aus § 812 II BGB); BGH BB **67**, 1398, BGH **51**, 348. Auf Mitteilung kann verzichtet werden, der Verzichtende anerkennt so im voraus, RG JW **35**, 2356. Verweigerung der Anerkennung wegen Unrichtigkeit des mitgeteilten Saldos ist zulässig, auch wenn der Verweigernde Tagesmitteilungen, die schon den Fehler enthielten, unbeanstandet ließ; Anfechtung des Anerkenntnisses ist möglich, nicht wegen irriger Annahme, die Abrechnung geprüft zu haben, wenn der Anerkennende die mitgeteilte Höhe der Schuld ungefähr kannte, RG JW **35**, 2356. Das Anerkenntnis hindert nicht die Ausscheidung eines durch unerlaubte Handlung in das Kontokorrent gelangten Postens, RG **125**, 416. Stillschweigende Anerkennung s § 346 Anm 4 G. Bei Saldoklage ohne Saldoanerkenntnis sind alle strittigen kontokorrentpflichtigen Vorgänge, ohne Änderung der Beweislast, zu prüfen zur Klärung des Ob und Wieviel des Überschusses, BGH **49**, 26, **93**, 314, DB **76**, 1219.

E. Der **Saldoanspruch** wird bei fortbestehendem Kontokorrent, wenn nicht bezahlt (s Anm 6 B), „vorgetragen" und am nächsten Stichtag mit den neuen Posten saldiert. Er hat eigenen Erfüllungsort (§ 269 BGB) und verjährt nach Ende des Kontokorrents in 30 Jahren (§ 195 BGB), BGH **51**, 349, WM **73**, 1015. Saldoausgleich vor Periodenschluß s Anm C.

F. Bei berechtigtem wirtschaftlichem Interesse und wirtschaftlich unsinnigen und mit der Kontokorrentabrede nicht beabsichtigten Folgen der Novation erlauben RG **162**, 251, **164**, 215, BGH BB **55**, 715, NJW **70**, 560, **Rückgriff** auf schon saldierte Einzelposten in Anlehnung an § 356, s § 356 Anm 1. Fraglich ist, ob entsprechend uU auch Abtretung einer (schon saldierten) Einzelforderung möglich ist, auch ob solche Ausnahmen von der Novationswirkung für Bankenkontokorrent annehmbar sind; jedenfalls ist nur Raum für sie im Verhältnis der Kontokorrentpartner, nicht zugunsten Dritter, zB durch Aussonderung, BGH **58**, 262 (vgl Anm C).

G. Die **Verjährung** einer in das Kontokorrent einzustellenden Forderung ist (entspr § 202 BGB, vgl Anm A) gehemmt bis zum Ende der bei ihrer Entstehung laufenden Rechnungsperiode, dann verjährt die

1. Abschnitt. Allgemeine Vorschriften **4, 5 § 355**

Forderung nach den für sie geltenden Vorschriften. Das gilt einerlei, ob sie vertragsgemäß in das Kontokorrent eingestellt ist oder nicht. Ist sie eingestellt, wird sie durch Saldoanerkennung (vgl Anm D) erledigt; bei Nichtanerkennung muß Gläubiger das Recht auf Anerkennung oder (nach Kontokorrentende) Zahlung innerhalb der Verjährungsfrist für die einzelnen streitigen Forderungen geltend machen; BGH **49**, 26, **51**, 349, WM **70**, 548, **73**, 1015, **76**, 506. Ist der Saldo ohne eine einzustellende Forderung anerkannt, muß Gläubiger in der für sie geltenden Verjährungsfrist das Anerkenntnis zurückfordern (§ 812 II BGB, vgl Anm D) und die Forderung (zur Einstellung oder Zahlung) geltendmachen, BGH **51**, 348. Verjährung des (anerkannten) Saldoanspruchs s Anm E.

4) Umfang des Kontokorrents

A. In das Kontokorrent einstellbar (**kontokorrentfähig**) sind nur buchungsfähige Vorgänge. Auch klaglose, aber erfüllbare Ansprüche (vgl **(14)** BörsG §§ 50 ff); unter der auflösenden Bedingung der Erfüllungsweigerung durch Schuldner; mit Möglichkeit der Vereinbarung ihrer bevorzugten Verrechnung (Erfüllung), RG **144**, 312; dazu Canaris DB **72**, 469. Auch vorausabgetretene Ansprüche (Kontokorrentabrede geht Vorausabtretung vor), BGH **70**, 93, **73**, 263; Serick BB **78**, 875; Warenlieferanten haben auch kein Ersatzaussonderungsrecht (s auch Anm 3 C), können sich aber zB durch Vorausabtretung des Kontokorrentsaldos sichern. Verbot der Warenlieferanten, die vorausabgetretenen Ansprüche in das Kontokorrent einzustellen, wäre unter § 15 GWB bedenklich, BGH **73**, 265; auch andere als Geldansprüche, sofern nicht Geldkontokorrent vereinbart ist (s Anm 1). **Nicht** zB bedingte Ansprüche; langfristig fällige; Ansprüche in anderer als der Kontokorrentwährung (wenn vereinbart, mit Gegenwert in dieser); Leistungen Dritter mit abw Weisung, BGH BB **74**, 670 (Bankkontokorrent, andere Bank überweist Betrag als Darlehen für den Kunden).

B. **Kontokorrentgebunden** sind die aus der Geschäftsverbindung folgenden gegenseitigen Ansprüche und Leistungen, iZw alle diese; zB auch ein der Bank nicht gebührender Mehrerlös aus Verwertung von Sicherheiten des Kunden, BGH NJW **82**, 1151. Zu Unrecht nicht gebuchte Posten werden doch von der Abrede erfaßt, Wirkung s Anm 3 A; zu Unrecht gebuchte sind nicht zu verrechnen, BGH BB **59**, 59. §§ 366, 367 BGB (Anrechnung der Leistung auf mehrere Forderungen, Vorrang von Kosten, Zinsen) sind im Kontokorrentverhältnis unanwendbar, BGH **77**, 261, Hamm NJW **78**, 1166, str.

C. **Mehrere Kontokorrente** unter denselben Parteien sind ohne weiteres möglich, zB Bankkonten, s **(8)** AGB-Banken Nr 2 II.

5) Zinsen und Provisionen

A. **Zinsen** dürfen (s Anm B, C) berechnet werden: **aus Einzelposten,** die nach Vereinbarung oder Gesetz (vor den §§ 353, 354 II) Zins tragen (zB Vorschuß des Verlegers an den Autor, § 354 II), soweit und solange der Saldo den zinspflichtigen Einzelposten deckt (zB bis dem Verlegervorschuß ein gleicher Honoraranspruch des Autors gegenübersteht). Aber unterschiedliche Verzinsung von Einzelposten widerspricht dem Vereinfa-

§ 355 6   IV. Buch. Handelsgeschäfte

chungszweck, ist deshalb iZw nicht beabsichtigt. Zinsvereinbarung für einen Einzelposten (abw von der im übrigen zwischen den Parteien geltenden Zinsregelung) kann Herausnahme des Postens aus dem Konkokorrent anzeigen.

B. **Zinsen vom jeweiligen Saldo** (der beim Nichtstaffelkontokorrent, vgl Anm 3 B, jeweils zu berechnen ist): unter zwei Kflten nach § 353, sonst nach Vereinbarung. Der Zinsanspruch vom (wechselnden) jeweiligen Saldo aus der Periode wird an deren Schluß berechnet, gebucht, mitsaldiert.

C. **Zinsen vom Periodenschlußsaldo:** so I unter Kflten (unter NichtKflten s Anm 2 B); auch wenn der Saldo schon (vgl Anm A, B) Zins enthält (entgegen dem Zinseszinsverbot des § 248 I BGB), Hamm WM **83,** 222; soweit reicht dann auch Kontokorrentbürgschaft, BGH **77,** 262, str.

D. **Zinssatz:** Unter zwei Kflten für gesetzlichen und vereinbarten Zins (vgl Anm A, B, C) 5%, § 352. Sonst nach Vereinbarung, die uU auf Gleichstellung mit dem kfm Zins gerichtet. Möglich verschiedener Satz für Einzelposten oder Saldo, zB bei Banken. Bei wechselndem Debet-, Kreditsaldo in der Periode: Zinssaldo, zu berechnen, buchen, mitsaldieren (vgl Anm B).

E. **Provisionen** sind zu berechnen nach § 354 oder besonderer Vereinbarung. Sie sind im Bankverkehr für die Bank üblich (vgl **(8)** AGB-Banken Nr 14 II 1) und werden idR bei Periodenschluß berechnet, gebucht und mitsaldiert.

6) Verfügungen über den Saldo

A. Wann der Saldogläubiger **Auszahlung** verlangen kann, richtet sich nach Vereinbarung. Im Bankkontokorrent kann iZw der Kunde seinen Kreditsaldo jederzeit abheben, die Bank einen Debetsaldo jederzeit einfordern, anders beim Kontokorrentkredit der Bank (der eben darin besteht, daß die Bank den Kunden im Debet sein läßt). In anderen Fällen (s Anm 3 A) kann Auszahlung iZw nur beim Periodenschluß verlangt werden; „quartalsweise Abrechnung" bedeutet idR Saldoauszahlung nur am Quartalsende. Kommen in das Kontokorrent ausschließlich oder überwiegend Verpflichtungen nur vom einen an den anderen Teil (Bsp: Unternehmer, HdlVertreter, Verlag-Mitarbeiter), kann, auch stillschweigend, diesem gestattet sein, „Vorschüsse" bestimmten (oder angemessenen) Umfangs „abzuheben". Wird das Kontokorrent während einer Periode gekündigt (was nach III iZw jederzeit möglich ist), so wird der Überschuß sogleich fällig (III); dazu Anm 7. Herauslösung eines Postens s Anm 3 C. Darlegungspflicht bei Klage auf Saldo s BGH NJW **83,** 2879.

B. Auch die Möglichkeit der **Abtretung** (zB Sicherungsabtretung) oder **Verpfändung** des Saldoanspruchs richtet sich nach Vereinbarung, mangels solcher nach der Art des Rechtsverhältnisses. Im Bankkontokorrent gibt es keine Abtretung des Kreditsaldos des Kunden, nur Überweisung des Saldobetrags, str. Bei anderen Kontokorrenten ist Abtretung wie Einziehung iZw nur des Saldos bei Periodenschluß zulässig (Abtretung auch im voraus). Die Abtretung gleicht den Saldo aus wie die Einziehung. Vorausabtretung s Anm 4 A, 7 A. Aus der Pfändbarkeit des jeweiligen Saldos (§ 357) folgt nicht seine Abtretbarkeit. **Pfändung** s § 357.

1. Abschnitt. Allgemeine Vorschriften § 356

7) Ende des Kontokorrents (III)
A. Das Kontokorrent endet mit der Geschäftsverbindung (s Anm 2 C, Kontokorrentkredit s **(7)** Bankgeschäfte IV 3 A), BGH **74**, 135, mit Konkurs einer Partei, BGH **70**, 93, **74**, 253 (jedenfalls für die im Kontokorrentvertrag enthaltenen antizipierten Verfügungs- und Verrechnungsvereinbarungen, Kontokorrentvertrag fällt nicht unter § 23 II KO, § 674 BGB), DB **79**, 1547, Düss DB **77**, 1549 (auch zum Gutglaubensschutz nach §§ 23 I 2, II KO, 674 BGB); durch Schließung des Betriebs der kontenführenden Bank von hoher Hand, BGH NJW **56**, 17; sonst nach Vereinbarung, auch stillschweigend, aber nicht durch Abhebung des Saldos, nicht schon bei Fehlen von Kontenbewegungen über mehrere Jahre, BGH BB **84**, 566; iZw nicht durch Pfändung (s § 357). Kündigung ist iZw jederzeit möglich, auch während einer Periode (III), auch bei Fortdauer der Geschäftsverbindung mit oder ohne weiterlaufenden Dauervertrag (dann fällt die laufende Verrechnung fort, alle Einzelansprüche sind gesondert zu begleichen oder durch besondere Erklärung aufzurechnen). Rückzahlungsanspruch ohne Kündigung während der Rechnungsperiode s Anm 3 C. Das Kontokorrent endet bei Eröffnung des Vergleichsverfahrens, Passivsaldo des Vergleichsschuldners ist Vergleichsforderung, BGH NJW **56**, 1594, NJW **77**, 1346, Neuvereinbarung verstieße gegen § 8 I, III VerglO (Gleichbehandlung der Gläubiger), BGH NJW **77**, 1346. Aufrechnung der Bank gegen vor Konkurseröffnung eingegangene gedeckte Überweisung an Kunden verstößt nicht gegen § 55 I Nr 1 KO, BGH WM **78**, 59; keine Verrechnung gegen einen vor Konkurseröffnung einbezahlten, für eine Überweisung bestimmten Betrag (§ 30 Nr 1 Fall 2 KO), BGH **74**, 129. Zur SicherungsVorausabtretung des Schlußsaldos im Konkurs s BGH **70**, 93, **73**, 265, Serick BB **78**, 873. Auskunft und Rechnungslegung s **(7)** Bankgeschäfte III 2 B.

B. Endet das Kontokorrent mit einer Saldoanerkennung, so besteht nur die **Saldoforderung,** s Anm 3 D. Endet es während der Dauer einer Rechnungsperiode (zB durch Kündigung, III) oder bei Ablauf einer Periode ohne daß ein Saldo anerkannt wird, so bestehen neben der Saldoforderung aus der letzten Anerkennung noch die danach in das Kontokorrent aufgenommenen (noch nicht anerkannt saldierten) **Einzelansprüche.** Der Gläubiger des (sofort fälligen) Überschusses (III) hat die Aktivposten zu begründen, der Gegner die Passivposten, RG JW **35**, 2355; Einwendungen und Einreden gegen diese Einzelposten sind nicht beschränkt; betr Verjährung s Anm 3 E, G.

[Sicherheiten im Kontokorrent]

356 ¹ Wird eine Forderung, die durch Pfand, Bürgschaft oder in anderer Weise gesichert ist, in die laufende Rechnung aufgenommen, so wird der Gläubiger durch die Anerkennung des Rechnungsabschlusses nicht gehindert, aus der Sicherheit insoweit Befriedigung zu suchen, als sein Guthaben aus der laufenden Rechnung und die Forderung sich decken.

II Haftet ein Dritter für eine in die laufende Rechnung aufgenommene Forderung als Gesamtschuldner, so findet auf die Geltendmachung

§ 357

IV. Buch. Handelsgeschäfte

der Forderung gegen ihn die Vorschrift des Absatzes 1 entsprechende Anwendung.

1) Sicherheiten für Einzelforderungen

A. Die für die Einzelansprüche bestellten **Sicherheiten** bleiben in Kraft. Mangels Novation ist das selbstverständlich, bei Novation wie nach der Rspr (s § 355 Anm 3 A) folgt dies regelwidrig aus § 356. So zB Bürgschaft (für Einzelanspruch, zu unterscheiden von Kontokorrentbürgschaft für künftige Salden, s Anm 2), Hypotheken, Pfandrechte, Zurückbehaltungsrechte, Konkursvorzugsrechte, § 61 KO, RG **162,** 251, besondere Pfandrechte wie Früchtepfandrecht, BGH **29,** 283; uU eine Aufrechnungsmöglichkeit, Hbg MDR **54,** 486, BGH BB **55,** 715; Eigentumsvorbehalt, Sicherungseigentum, Rechte aus Sicherungszessionen, Vormerkungen im Grundbuch; nach II auch die Mithaftung von Gesamtschuldnern. Auch die Gfter (§ 128) und ehemaligen Gfter (§ 128 Anm 5 E) haften weiter.

B. Die Sicherheit (auch Gfter-Haftung, s Anm 1 A) **gilt nunmehr** (in der ursprünglichen Höhe) **für den Saldo,** ebenso für spätere (nicht höhere) Rechnungsabschlußsalden. Änderungen in der Periode zählen nicht. Wiederanstieg des verminderten Saldos ist unerheblich, RG **76,** 334, **136,** 181, BGH **26,** 150, **50,** 283. Dazu § 128 Anm 5 E. § 356 gilt ua bei Sicherung eines Anspruchs in Unkenntnis seiner Erfassung durch ein Kontokorrent, RG **136,** 181; bei Einbeziehung einer gesicherten älteren Forderung in ein jüngeres Kontokorrent. Der Gläubiger kann uU haftende Werte zuerst für ungesicherte, dann für die gesicherte Saldoforderung in Anspruch nehmen, BGH **29,** 283. Einstellung einer Forderung in ein Kontokorrent gegen Vereinbarung Gläubiger-Bürge wirkt nicht gegen diesen; er haftet nur für die, aus dem Kontokorrent dazu wiederauszusondernde verbürgte Forderung soweit ungedeckt, BGH BB **61,** 117.

2) Sicherheiten für den Saldo

Bedeutender als Sicherung von Einzelansprüchen ist Sicherung des **Saldoanspruchs,** durch Vertrag (Bsp: Bankkontokorrentkredit, Bierlieferung) oder Gesetz (vgl §§ 397, 410, 440: Pfandrechte). Zahlungen Dritter (Bürge, Mitschuldner usw) werden dem Schuldner im Kontokorrent gutgebracht; die beglichene Saldoforderung geht auf den Dritten über (vgl zB §§ 426 II, 774 BGB). Kontokorrent(saldo)bürgschaft s BGH **77,** 256, NJW **85,** 3007, Mü DB **83,** 1540.

[Pfändung des Kontokorrentsaldos]

357 Hat der Gläubiger eines Beteiligten die Pfändung und Überweisung des Anspruchs auf dasjenige erwirkt, was seinem Schuldner als Überschuß aus der laufenden Rechnung zukommt, so können dem Gläubiger gegenüber Schuldposten, die nach der Pfändung durch neue Geschäfte entstehen, nicht in Rechnung gestellt werden. Geschäfte, die auf Grund eines schon vor der Pfändung bestehenden Rechtes oder einer schon vor diesem Zeitpunkte bestehenden Verpflichtung des Drittschuldners vorgenommen werden, gelten nicht als neue Geschäfte im Sinne dieser Vorschrift.

1. Abschnitt. Allgemeine Vorschriften **1-3 § 357**

1) Keine Pfändung der Einzelforderungen im Kontokorrent
Pfändung von in das Kontokorrent fallenden Einzelansprüchen ist nicht möglich, BGH **80**, 175, s § 355 Anm 3 A, B; Girotagesguthaben s Anm 4. Umdeutung in Saldopfändung scheitert idR, weil Identität der gepfändeten Forderung aus dem Pfändungsbeschluß erkennbar sein muß, BGH NJW **82**, 1151.

2) Pfändung des gegenwärtigen Saldos (§ 357)

A. **§ 357 Satz 1** meint den (beim Nichtstaffelkontokorrent, vgl § 355 Anm 3 A, B, ad hoc zu berechnenden) Saldo im Zeitpunkt der Pfändung (**Zustellungssaldo**), also nicht den Saldo (unter Ausschluß neuer Schuldposten) zZ des nächsten Periodenschlusses, BGH **80**, 176, hL. Besteht kein Aktivsaldo des Pfändungsschuldners, ist die Pfändung gegenstandslos und unwirksam, str. Wirkung auf künftigen Periodenschluß-Aktivsaldo, s Anm 3.

B. Pfändung und Überweisung **lösen** iZw das Kontokorrent **nicht auf**, sondern führen nur buchungstechnisch und nur zwischen Pfändungsgläubiger und Bank zum vorläufigen Kontoabschluß, BGH **80**, 176, aA Gröger BB **84**, 28, differenzierend Zwicker DB **84**, 1713, geben Pfändungsgläubiger kein eigenes Kündigungsrecht, kein Recht zur Ausübung des Kündigungsrechts seines Schuldners (s § 355 Anm 7), RG **140**, 222 (str; nach aA § 725 BGB, § 135 HGB analog), Einziehungsrecht also nur gemäß dessen Auszahlungsrecht (§ 355 Anm 6, 7).

C. **Beschlagwirkung:** § 829 I ZPO. Auslegung des Pfändungs- und Überweisungsbeschlusses bei mehreren Girokonten nach § 133 BGB, LG Oldbg WM **82**, 679. Zeitpunkt: Zustellung an Kontokorrentpartner, § 829 III. Demgemäß wirken jüngere Sollposten nicht gegen Pfändungsgläubiger, § 357 S 1. **Ausnahme bei älterem Recht** (Pflicht) des Kontokorrentpartners, **§ 357 Satz 2**, der gepfändete Saldo ist insofern „vorbelastet" (Drittschuldnerschutz). Bsp: Stornierung älterer Scheckgutschrift aufgrund Eingangsvorbehalts nach Nichteingang, Banküberweisung aufgrund älteren Auftrags, im Dauerliefervertrag Ausführung früher vereinbarter Lieferung von Kontokorrentpartner an Pfändungsschuldner. Maßgeblicher Zeitpunkt ist „Grundlegung" des Rechts. Bsp: Einlösepflicht bei Euroschecks (s **(7)** Bankgeschäfte III 6 A) ist schon mit Karten- und Formularaushändigung an Scheckaussteller angelegt, BGH **93**, 71. Jüngere Habenposten s Anm 3.

3) Pfändung künftiger Salden, Pfändung des Anspruchs auf Gutschrift

A. § 357 regelt nicht die Pfändung künftiger Kontokorrentsalden, BGH **80**, 178. Die **künftige Saldoforderung** ist aber wie andere künftige Forderungen nach §§ 829 ff ZPO pfändbar (idR wird diese Pfändung mit der des nicht ausreichenden gegenwärtigen Saldos verbunden, sog Doppelpfändung), wenn die Erwartung ihrer Entstehung ausreichend rechtlich fundiert ist, insbesondere beim Kontokorrent im Dauerrechtsverhältnis (zB des HdlVertreters zum Unternehmer, des Gfters zur Ges, des Dauerlieferers zum Dauerabnehmer). So auch beim Bankkontokorrent (vgl § 355 Anm 3 C). Schuldner ist frei zur Einrichtung eines anderen Kontos und Veranlassung seiner Schuldner zur Zahlung auf dieses. Übersichten: Schläger

§ 357 4

IV. Buch. Handelsgeschäfte

NJW **74**, 1095, Forgach, Herz DB **74**, 809, 1851, Terpitz WM **79**, 570, Gröger BB **84**, 25 (Mehrfachpfändungen).

B. Die Pfändung künftiger Forderungen erstreckt sich beim Bankkontokorrent nicht nur auf den nächsten Aktivsaldo, sondern auch **alle künftigen Aktivsalden** bis zur Befriedigung des Gläubigers, BGH **80**, 178, Oldbg WM **79**, 591, Celle WM **81**, 780, Stgt WM **81**, 1149 (Pfändung des Anspruchs auf laufende Auszahlung bei Sichteinlagen), aA Kln WM **81**, 1261. Dem Bestimmtheitserfordernis ist bei hinreichender Bezeichnung des bestehenden Kontokorrentverhältnisses auch hinsichtlich der späteren Periodensalden genügt, BHG **80**, 181. Die Pfändung der künftigen Aktivsalden läßt die künftigen Tagesguthaben unberührt (aber s Anm 4), BGH **84**, 378.

C. Die **Pfändung des Anspruchs auf Gutschrift** (§§ 675, 667 BGB, s **(7)** Bankgeschäfte III 3 A) hindert nur den Kunden an anderweitiger Verfügung; der gutzuschreibende Betrag gelangt also auf das Konto; sie begründet aber keinen Auszahlungsanspruch an Pfändungspfandgläubiger (bloße Hilfspfändung), BGH **93**, 323.

4) Pfändung künftiger Girotagesguthaben und der Kreditlinie

A. Pfändbar sind auch **künftige Einzelforderungen (Girotagesguthaben)** des Schuldners (Kontoinhabers) aus dem Girovertrag, soweit sie zwischen zwei Rechnungsabschlüssen entstehen und für den Schuldner verfügbar sind; weder § 613 S 2 BGB (Text s § 59 Anm 1 C) noch Kontokorrentabrede (s Anm 1) stehen entgegen; BGH **84**, 329, 373, str. Aber dazu ist eindeutig formulierter Pfändungs- und Überweisungsbeschluß nötig, BGH **80**, 180. Die Pfändung bewirkt, daß kein künftiger Aktivsaldo (s Anm 3) mehr entsteht. Das zeitlich frühere Pfandrecht der Bank nach **(8)** AGB Banken Nr 19 II geht vor, BGH **93**, 326. Zur Auskunfspflicht der Bank (§ 840 ZPO) BGH **86**, 23. Übersicht: Werner-Machunsky BB **82**, 1581.

B. Die Pfändung künftiger Girotagesguthaben läuft ins Leere, wenn das **Konto debitorisch** bleibt. Die Pfändung des Anspruchs auf Gutschrift ist möglich, BGH WM **73**, 893, doch gewinnt der Gläubiger dadurch keinen Auszahlungsanspruch; die Pfändung ist also nutzlos, soweit die Gutschrift nur ein Debet vermindert. Die Pfändung des Anspruchs auf Durchführung von Überweisungen ist möglich, BGH **84**, 329, aA Häuser ZIP **83**, 897; aber ein solcher Anspruch besteht idR nicht bei debitorischen Konto.

C. Die Pfändbarkeit von **Kreditlinien** ist str. Keinesfalls Pfändung bei bloßer Duldung der Kontoüberziehung (mangels Anspruch, s **(7)** Bankgeschäfte IV 2 D), BGH **93**, 325. Soweit wie idR bei gewerblichen und bei vielen privaten Krediten eine Zweckbindung besteht, ist sicher auch keine Pfändung außerhalb dieses Zweckes möglich, BGH WM **78**, 553. Aber auch zugesagte und einklagbare, nicht zweckgebundene (Dispositions)Kredite sind nicht pfändbar, sehr str, aA Kln WM **83**, 1050 (allgemeiner Überziehungs- und Dispositionskredit), offen BGH **86**, 30, **93**, 325; die Entscheidung über die Kreditaufnahme (Abrufrecht) ist angesichts der damit verbundenen Rückzahlungspflicht des Schuldners höchstpersönlich, Canaris 1225, Häuser ZIP **83**, 900, iErg auch Wagner JZ **85**, 718, ZIP **85**, 854 (pfändbar, Einziehung aber nur bei Abruf durch Schuldner), aA Grunsky ZZP 95 (**82**) 271. Die Pfändung des Anspruchs auf Durchführung von

1. Abschnitt. Allgemeine Vorschriften 1, 2 § 358

Überweisungen an Dritte geht mangels Deckungsgrundlage ins Leere, BGH **93**, 315.

[Zeit der Leistung]

358 Bei Handelsgeschäften kann die Leistung nur während der gewöhnlichen Geschäftszeit bewirkt und gefordert werden.

1) Leistungszeit nach BGB

A. Das HGB ändert nichts an der Regelung der **Leistungszeit** und ihrer Bedeutung im BGB:

BGB 271 [Leistungszeit]

[I] Ist eine Zeit für die Leistung weder bestimmt noch aus den Umständen zu entnehmen, so kann der Gläubiger die Leistung sofort verlangen, der Schuldner sie sofort bewirken.

[II] Ist eine Zeit bestimmt, so ist im Zweifel anzunehmen, daß der Gläubiger die Leistung nicht vor dieser Zeit verlangen, der Schuldner aber sie vorher bewirken kann.

Ebenso gelten auch im HdlVerkehr § 604 BGB (Rückgabe der geliehenen Sache), §§ 608, 609 BGB (Fälligkeit von Darlehenszins und -kapital), § 641 BGB (Fälligkeit des Werklohns), § 721 BGB (Gewinnverteilung unter Gftern, für OHG, KG §§ 120, 121, 167, 169 HGB). Abweichungen von § 271 I BGB können aus anderer ,,Bestimmung" (durch besondere Vorschrift, s oben, oder Abrede) folgen oder aus den (nach Treu und Glauben gewerteten) Umständen, auch aus HdlBrauch (§ 346), zB aus Anwendung von Klauseln wie ,,freibleibend", ,,so schnell wie möglich" (§ 346 Anm 5). § 271 II BGB ist nur Auslegungsvorschrift. Das Recht des Schuldners, vor Fälligkeit zu leisten, entfällt ua, wenn Gläubiger am Aufschub der Leistung bis zur Fälligkeit berechtigtes Interesse hat.

B. Ist keine Zeit vertraglich bestimmt, so ist notfalls der Parteiwille durch **Auslegung** zu ermitteln (s § 346 Anm 1). **Stundung** bei Vertragsschluß muß der Verkäufer widerlegen, spätere der Käufer beweisen, RG **68**, 305. Über gewisse **Klauseln:** auf ,,Besserung", ,,prompt", ,,frei bleibend", ,,so schnell als möglich" s § 346 Anm 5. Unerhebliche **Überschreitung** der Erfüllungszeit rechtfertigt idR keine schwerwiegenden Folgen (anders natürlich bei Fixgeschäften uä). Die Verfallklausel (kassatorische Klausel: bei nicht rechtzeitiger Zahlung einer Rate wird das Kapital fällig) ist so zu verstehen, daß Verschulden Voraussetzung ist (§ 279 BGB bleibt aber unberührt), hM. Bei Zahlung vor Fälligkeit, auch einer unverzinslichen Geldschuld, darf Schuldner iZw keinen Abzug (**Skonto**) machen, § 272 BGB.

2) Leistung nur während der gewöhnlichen Geschäftszeit

Schon aus § 242 BGB folgt, daß der Schuldner nur zur üblichen Zeit leisten darf. Diese übliche Zeit ist bei Kflten eben die Geschäftszeit, bei Banken zB die Zeit, in der die Schalter geöffnet sind. § 358 ist anwendbar, auch wenn der Leistende NichtKfm ist, sofern auf seiten des Leistungsempfängers ein HdlGeschäft vorliegt. Die Art der Leistung bleibt gleich. Für Willenserklärungen gilt § 358 nicht. Es entscheidet die gewöhnliche

855

Geschäftszeit im betr HdlZweig und am Leistungsort. Auch die Nacht kann gewöhnliche Geschäftszeit sein, ebenso ein Sonn- oder Feiertag. Leistung außerhalb der Geschäftszeit kann der Gläubiger zurückweisen, kommt also damit nicht in Annahmeverzug; anders wo die Zurückweisung gegen Treu und Glauben verstieße, RG **92**, 211. Nimmt er die Leistung an, so ist erfüllt. Die Aufforderung zur Leistung ist an die Geschäftszeit nicht gebunden. Der Samstag erhielt durch G 10. 8. 1965 BGBl 753 eigenes Recht, er ist nicht Sonn- und Feiertagen gleichgestellt, Spiegel BB **65**, 1001.

[Vereinbarte Zeit der Leistung; „acht Tage"]

359 ^{I} **Ist als Zeit der Leistung das Frühjahr oder der Herbst oder ein in ähnlicher Weise bestimmter Zeitpunkt vereinbart, so entscheidet im Zweifel der Handelsgebrauch des Ortes der Leistung.**

^{II} **Ist eine Frist von acht Tagen vereinbart, so sind hierunter im Zweifel volle acht Tage zu verstehen.**

1) Frühjahr, Herbst uä (I)

I gibt eine Regel über räumliche Konflikte: die Bedeutung unbestimmter Zeitangaben richtet sich iZw nach dem **Handelsbrauch** (soweit er erheblich ist, § 346 Anm 1) **des Leistungsorts,** nicht zB des (etwa abw) Schuldner- oder Gläubigersitzes.

2) „Acht Tage" (II)

Über Fristrechnung s §§ 187 ff BGB. „**Acht Tage**" sollen iZw (oft wird aus Brauch oder Vertragsumständen anderes hervorgehoben) entgegen beliebter Ausdrucksweise wirklich 8 Tagen, nicht 1 Woche (7 Tage) bedeuten. Soll diese Frist von der Vereinbarung oder von einem Ereignis x an laufen, so zählt der Tag der Vereinbarung oder des Ereignisses x nicht mit, § 187 I BGB. Fristablauf s § 193 BGB.

[Gattungsschuld]

360 **Wird eine nur der Gattung nach bestimmte Ware geschuldet, so ist Handelsgut mittlerer Art und Güte zu leisten.**

1) Die Gattungsschuld nach BGB

BGB 243 [Gattungsschuld]

^{I} Wer eine nur der Gattung nach bestimmte Sache schuldet, hat eine Sache von mittlerer Art und Güte zu leisten.

^{II} Hat der Schuldner das zur Leistung einer solchen Sache seinerseits Erforderliche getan, so beschränkt sich das Schuldverhältnis auf diese Sache.

A. Die **Gattungsschuld** steht im Gegensatz zur **Stückschuld (Speziesschuld).** Während bei dieser ein bestimmtes (konkretes) Einzelstück (das immer ein solches war oder aus einer Gattung ausgesondert wurde) zu leisten ist, ist die Gattungsschuld nur allgemein (abstrakt), nach Art und Zahl, bestimmt. **Beschränkte Gattungsschuld** heißt die Verpflichtung, aus einem bestimmten Vorrat eine bestimmte Menge zu liefern, zB: Quantität x Melasse eigener Erzeugung des Schuldners, RG **93,** 143, Zahl y Masten von bestimmtem Lagerplatz, RG **108,** 420, x Tonnen Öl aus der Ladung des Schiffes Z, BGH WM **73,** 363 (Pflicht zur Lieferung der ganzen Ladung ist Speziesschuld, Hbg SeuffA **65,** 160). Bei Untergang der beschränkten Gattung wird der Schuldner frei, RG **108,** 420, bis dahin steht er für seine Lieferfähigkeit ein, § 279 BGB, es sei denn, er muß nach Treu und Glauben die nicht voll ausreichende Masse unter mehrere Gläubiger teilen. Bei beschränkter Gattungsschuld folgt aus § 243 BGB, § 360 HGB zweierlei: (1) zu liefern ist Mittelgut der (beschränkten) Gattung, (2) das Gelieferte muß HdlGut mittlerer Art und Güte sein, zB ungetrübtes Öl; wurde die Olladung des Schiffes Z (vgl oben) trüb, hat Verkäufer wenn möglich (zumutbar) die Trübung zu beseitigen; BGH WM **73,** 363.

B. **Konzentration** (Konkretisierung) der Gattungsschuld, § 243 II BGB, nennt man die Bestimmung der zu leistenden Einzelstücke, durch welche die Gattungsschuld zur Stückschuld wird. Sie geschieht nicht schon mit der Ausscheidung durch den Schuldner (er kann nicht einseitig die Gattungsschuld in eine Stückschuld verwandeln), sondern erst, wenn er das zur Leistung seinerseits Erforderliche getan, dh bei Bringschulden am Wohnort des Gläubigers, bei Holschulden, wenn er eine den gesetzlichen und vertraglichen Erfordernissen genügende Sache angeboten hat, RG **69,** 408. Bei Sendeschuld genügt Absendung. Der Gläubiger kann nunmehr diesen Gegenstand verlangen, der Schuldner nur durch Leistung dieses die Schuld erfüllen. Vertragswidriges Verhalten des Gläubigers kann den Schuldner nach Treu und Glauben von Lieferung der bestimmten Ware befreien; so namentlich bei Annahmeverzug. Übersichten: Huber FS Ballerstedt **75,** 327, van Venrooy WM **81,** 890.

2) Gattungsschuld nach § 360

A. § 360 spricht statt von der Gattungsschuld schlechthin (§ 243 BGB) von der Gattungs**waren**schuld (ganz entspr gilt für andere Gattungsschulden, s Anm 1 A) und verlangt statt ,,Sachen mittlerer Art und Güte", **,,Handelsgut mittlerer Art und Güte",** was sowohl eine Erhöhung wie eine Minderung der verlangten Qualität bedeuten kann (der Hdl hat uU für schlechte Qualitäten Verwendung, die der Privatverkehr nicht brauchen kann). Er gilt auch bei einseitigem HdlGeschäft, § 345, aber vernünftigerweise nicht, denn vom NichtKfm Schuldner ist, denn vom NichtKfm kann auch ein Kfm kein ,,HdlGut" fordern. HdlGut mittlerer Art und Güte ist Ware, wie sie im HdlVerkehr am Erfüllungsort **üblich** ist. Vor allem ist also immer HdlGut zu liefern; selbst wo sich der Käufer schlechteste Beschaffenheit gefallen lassen muß, RG JW **38,** 2411, also nicht Ware, die zwingenden gesetzlichen Vorschriften nicht genügt. Im übrigen kann je nach Sachlage eine an sich gute Ware nicht genügen, eine fehlerhafte genügen. ,,Mittlere Art und Güte" bedeutet Durchschnittsware. Es bestimmt zunächst der Schuldner; der Gläubiger kann, wenn nicht entspr geliefert, die Rechte aus §§ 462f BGB geltend machen.

B. Die Verpflichtung, **Ware geringerer Art und Güte** anzunehmen, kann aus Vertrag (auch stillschweigender Vereinbarung), aus Treu und Glauben folgen oder gar aus dem Gesetz, wo es etwa eine fremde Beimengung vorschreibt, wie bei Treibstoff. Übliche derartige Klauseln sind ,,tel

§ 361 1, 2   IV. Buch. Handelsgeschäfte

quel" und die Besichtigungsklausel; s § 346 Anm 5. Beweispflichtig ist der Verkäufer, nach Annahme der Ware der Käufer, § 363 BGB.

[Maß, Gewicht, Währung, Zeitrechnung und Entfernungen]

361 Maß, Gewicht, Währung, Zeitrechnung und Entfernungen, die an dem Orte gelten, wo der Vertrag erfüllt werden soll, sind im Zweifel als die vertragsmäßigen zu betrachten.

1) Übersicht

A. § 361 gibt eine Regel zur **Auslegung** von in Verträgen gebrauchten Worten, die an verschiedenen Orten verschiedene Bedeutung haben. **Maße** (dh Längen-, Flächen- und Raummaße) und **Gewichte** sind in Deutschland durch G 13. 12. 35 RGBl 1499 endgültig vereinheitlicht für den innerdeutschen Hdl vorgeschrieben, dazu G 6. 7. 73 BGBl 709; aber international sind Verwechslungen möglich, dann gilt bei Anwendbarkeit deutschen Rechts § 361. Für **Zeitrechnung** und **Entfernungen** (die eigentlich unter Längenmaße fallen) gilt ähnliches (Zeitrechnung s § 359 II). § 361 hilft nicht gegen Zweideutigkeit eines Worts an ein und demselben Orte, zB **Temperaturgrade**, hier kommt es auf die Sprachübung des Handels an: x Grad (zB Leistung einer Kühlanlage) sind in der BRD regelmäßig x Grad Celsius, nicht Réaumur. Die **Währungs**terminologie war in Deutschland vereinheitlicht, wie die Währung selbst; jetzt gibt es zwei Arten ,,Deutsche Mark", somit kann § 361 Platz greifen, Hbg NJW **50,** 76 (Erfüllungsort maßgebend jedenfalls bei Übereinstimmung mit dem Schuldnerwohnsitz); international gibt es mehrfach Zweideutigkeiten (zB verschiedene ,,Pfunde"). § 361 ist aber auch anzuwenden, wenn der Vertrag gar nichts über die Währung einer Geldschuld sagt; dann gilt iZw die Währung des Erfüllungsorts (und nicht nur bei vertraglichen, sondern bei allen Geldschulden); die Höhe der Schuld ist dann eine zweite Frage.

B. **Erfüllungsort,** § 269 BGB, ist für Maß und Gewicht der Lieferungsort, für die Währung der Erfüllungsort der Zahlungsschuld. Demnach ist iZw in deutscher Währung zu zahlen, wenn Ware ins Ausland zu liefern, aber Zahlung im Inland zu leisten, RG **106,** 100. Schuldet ein Inländer Ersatz von in Auslandswährung entstandenen Schäden oder Aufwendungen, so schuldet er idR Auslandswährung, bei Zahlbarkeit im Inland iZw zahlbar in Inlandswährung nach dem Kurs zZ der Zahlung (§ 244 BGB), s Anm 2; uU, zB wenn der Geschädigte (Inländer) nachweislich den Verlust aus seinem deutscher Vermögen ausgeglichen hat, geht der Anspruch von vornherein auf deutsche Währung, nämlich auf den so mittelbar in deutscher Währung eingebüßten Betrag; § 361 ist hier nicht wesentlich; vgl aber RG **120,** 81 (Aufwendung), OGH **2,** 387 (Kollisionsschaden).

2) Währung

BGB 244 [Geldschuld]

[I] Ist eine in ausländischer Währung ausgedrückte Geldschuld im Inlande zu zahlen, so kann die Zahlung in *Reichs*währung erfolgen, es sei denn, daß Zahlung in ausländischer Währung ausdrücklich bedungen ist.

[II] Die Umrechnung erfolgt nach dem Kurswerte, der zur Zeit der Zahlung für den Zahlungsort maßgebend ist.

1. Abschnitt. Allgemeine Vorschriften § 362

BGB 245 [Geldsortenschuld]
Ist eine Geldschuld in einer bestimmten Münzsorte zu zahlen, die sich zur Zeit der Zahlung nicht mehr im Umlaufe befindet, so ist die Zahlung so zu leisten, wie wenn die Münzsorte nicht bestimmt wäre.

Eine Geldschuld ist **in ausländischer Währung ausgedrückt,** wenn der Vertragsinhalt die Geldleistung in ausländischer Währung bezeichnet, RG **109,** 62. Ist eine Valutaschuld im Inland zu bezahlen, so muß das in Valuta geschehen nur bei ausdrücklicher Vereinbarung (üblicher „effektiv"), nicht schon bei Bezeichnung der Schuld in Valuta oder einseitigem Verlangen des Gläubigers. Mündliche Vereinbarung ist gültig; aus Unterlassung schriftlicher Niederlegung der Effektivklausel zu schriftlichem Vertrag kann folgen, daß bei Unwirksamkeit der Klausel deshalb nicht (nach § 139 BGB) der ganze Vertrag unwirksam sein soll, RG JW **26,** 2838. Der Schuldner kann sonst wählen, ob er in Valuta oder deutscher Währung zahlen will (facultas alternativa des Schuldners). Ferner ist Devisenrecht zu beachten. Zur Vereinbarung neuer Schulden in fremder Währung im Inlandsverkehr bedarf es nach § 3 WährG der Genehmigung. Zahlungszeit ist die Zeit der wirklichen Zahlung, RG **101,** 312. Kurswert ist der Börsendevisenkurs (Briefkurs), und zwar derjenige, zu dem die Devisen tatsächlich erhältlich sind. § 244 BGB gilt grundsätzlich auch bei Unmöglichkeit oder Ungewißheit der Möglichkeit des Umtauschs (Konvertierung) der inländischen in ausländische Währung, RG **111,** 317, doch hat dem Gläubiger in diesem Falle nach Treu und Glauben das Recht auf (dem Schuldner zumutbare) Schulderfüllung in anderer Form zu geben, zB auf (dem Schuldner erhältliche) ausländische Währung (die geschuldete oder eine dritte) oder Stehenlassen der Schuld bis zum Eintritt der Konvertibilität. Die **Münzsortenschuld** (§ 245 BGB) ist praktisch ausgestorben. Vgl über Sortenklausel zur Wertsicherung RG **151,** 36 (kein Recht zur Erfüllung in RM). § 245 BGB ist (idR) nicht anwendbar auf die Vereinbarung der Zahlung in bestimmten Arten von Buchgeld („Sperrmark", „Askimark", „Reiselire" usw). Ist solches nicht erhältlich, so fällt iZw der ganze Vertrag, § 139 BGB.

[Schweigen des Kaufmanns auf Anträge]

362 ᴵ Geht einem Kaufmanne, dessen Gewerbebetrieb die Besorgung von Geschäften für andere mit sich bringt, ein Antrag über die Besorgung solcher Geschäfte von jemand zu, mit dem er in Geschäftsverbindung steht, so ist er verpflichtet, unverzüglich zu antworten; sein Schweigen gilt als Annahme des Antrags. Das gleiche gilt, wenn einem Kaufmann ein Antrag über die Besorgung von Geschäften von jemand zugeht, dem gegenüber er sich zur Besorgung solcher Geschäfte erboten hat.

ᴵᴵ Auch wenn der Kaufmann den Antrag ablehnt, hat er die mitgesendeten Waren auf Kosten des Antragstellers, soweit er für diese Kosten gedeckt ist und soweit es ohne Nachteil für ihn geschehen kann, einstweilen vor Schaden zu bewahren.

§ 362 1, 2 IV. Buch. Handelsgeschäfte

1) Vertragsabschluß im Privatverkehr; § 663 BGB

A. Verträge kommen idR zustande durch **Antrag** und **Annahme**, §§ 145, 146 BGB; die Annahme ist idR dem Antragenden zu erklären; anders wenn dieser hierauf verzichtete oder diese Erklärung nicht üblich ist, § 151 BGB; auch dann muß aber eine (nur eben nicht empfangsbedürftige) Annahme erfolgt, dh der Annahmewille betätigt sein. Sonst fehlt es am Vertrag.

B. § 663 BGB ändert daran nichts, sondern verpflichtet nur zum **Schadensersatz:**

BGB 663 [Anzeigepflicht bei Ablehnung]

Wer zur Besorgung gewisser Geschäfte öffentlich bestellt ist oder sich öffentlich erboten hat, ist wenn er einen auf solche Geschäfte gerichteten Auftrag nicht annimmt, verpflichtet, die Ablehnung dem Auftraggeber unverzüglich anzuzeigen. Das gleiche gilt, wenn sich jemand dem Auftraggeber gegenüber zur Besorgung gewisser Geschäfte erboten hat.

§ 663 (bei Auftrag, iVm § 675 BGB auch bei Dienst- und Werkverträgen, die eine Geschäftsbesorgung zum Gegenstand haben) verpflichtet den Antragsempfänger, der nicht unverzüglich (dh schuldhaft s § 121 I 1 BGB) die Ablehnung mitteilt, zum Ersatz des Vertrauensschadens (negatives Interesse), RG **104**, 267. Geschäftsbesorgung ist jede wirtschaftliche Tätigkeit für andere, auch eine rein tatsächliche, die kein dauerndes Dienstverhältnis begründet, vgl RG **97**, 65, nicht also HdlVertretung (§§ 83ff). Öffentliche Bestellung zur Besorgung gewisser Geschäfte s RG **50**, 392 (zu § 407 ZPO). Öffentliches Erbieten s RG **104**, 267 (Spediteur).

2) Vertragsschluß im Handels- und Berufsverkehr; § 362 HGB

A. Unter den Voraussetzungen des § 362 kommt es anders als nach § 663 BGB (s Anm 1 B) nicht nur zu einer Schadensersatzhaftung, sondern zu einer Vertragshaftung. Regelungsgrund des § 362 ist der Schutz des **Handels- und Berufsverkehrs**. In diesem Sinne kann auch von einem Fall der Vertrauenshaftung gesprochen werden. § 362 trifft nach **I 1** Kflte (§§ 1–5; uU so auftretende NichtKflte, s § 5 Anm 2; entspr Anwendung auf ,,kaufmannsähnliche", dh selbständig beruflich am Markt tätige NichtKflte, str), deren Gewerbebetrieb die **Besorgung von Geschäften für andere** mit sich bringt; Geschäfte für einen andern besorgt, wer (außerhalb eines dauernden Dienstverhältnisses) eine an sich dem anderen zukommende Tätigkeit, rechtsgeschäftlicher oder tatsächlicher Art, diesen abnimmt, RG **97**, 65, BGH **46**, 47; s § 1 II Nr 2, 4–9; auch idR Bank- und Börsengeschäfte, s **(7)** Bankgeschäfte I 2, **(14)** BörsG; nicht zB Kaufgeschäfte uä; wenn ihm die Besorgung ,,solcher Geschäfte" angetragen wird, zB nicht bei Umzugstransportauftrag an einen Möbelhändler, Wertpapierkaufauftrag an Fabrikanten (Gewerbe- und Berufseinschlägigkeit); unerheblich ist, ob Kfm der Sparte x (zB Spediteur) gerade Geschäfte der Art der angetragenen regelmäßig ausführt, aber s Anm 3 A. Weitere Voraussetzungen: Der Antrag muß von jemand kommen, mit dem der Kfm in **Geschäftsverbindung** steht, dh in geschäftlicher Beziehung, die (objektiv) auf gewisse Dauer angelegt ist (Einl 2 vor § 343). Übersicht: Hopt AcP 183 (**83**) 686.

B. § 362 gilt nach **I 2** ferner für jeden Kfm (§§ 1–5, s auch § 5 Anm 2), wenn ihm ein Antrag (gleich ob im Rahmen dessen, was er regelmäßig

1. Abschnitt. Allgemeine Vorschriften   **3, 4 § 362**

betreibt) zugeht von jemand, dem er sich **zur Besorgung solcher Geschäfte** (wie nun angetragen) **erboten** hat. Öffentliches Erbieten genügt nicht zur Anwendung des § 362 (aber für § 663 BGB, s Anm 1), aber Erbieten an viele, zB durch Rundsendung einer Werbedrucksache (an x Adressen je in besonderem Stück).

3) Folge versäumter Ablehnung

A. Mangels unverzüglicher (§ 121 I 1 BGB, Verschulden ist aber nicht unerläßlich, der Kfm trägt sein unternehmerisches Organisationsrisiko) Antwort **gilt** der Antrag **als angenommen**, das Vertragsverhältnis kommt zustande, **I 1, 2**. Darauf kann sich auch der Schweigende berufen, str; nach aA Wahlrecht des anderen Teils. Nur Schweigen schadet, nicht Antwort, die die Vertragsverhandlungen in der Schwebe hält (dann aber uU Vertrauenshaftung wegen Abhaltung von anderweitiger Vorsorge), BGH NJW **84**, 866; auch nicht unklare Antwort, die nicht deutlich macht, ob angenommen oder abgelehnt wird (zB: ,,Antrag zur Kenntnis genommen", anders etwa ,,Antrag notiert"). Rechtzeitige Absendung der Ablehnung dürfte genügen, so daß das Zugangsrisiko den Antragenden trifft. Ist einmal abgelehnt, entfällt bei neuem Antrag unter nicht wesentlich geänderten Umständen die Ablehnungspflicht, dh Anwendbarkeit von § 362, auch § 663 BGB. **Verkehrschutzgrenzen** sind subjektiv die Bösgläubigkeit des Antragenden (nur Kenntnis); objektiv darf der Antrag keinen solchen Inhalt haben, daß im Verkehr verständigerweise nicht mit der Annahme zu rechnen ist, zB bei im Verkehr bekannten Spezialisierungen, Hopt AcP 183 (**83**) 689.

B. **Anfechtung** durch Antragsempfänger ist möglich nach §§ 119–124 BGB, jedoch nicht aus dem Grunde (§ 119 I BGB), daß er durch sein Schweigen nicht habe annehmen wollen, denn darauf kommt es nach § 362 gerade nicht an; nach aA scheidet Anfechtung im Verkehrsinteresse (,,unverzüglich") bei Sorgfaltspflichtverstoß überhaupt aus; vgl § 346 Anm 1 E, 4 B, 5. **Geschäftsfähigkeit**, ggf **Vertretungsmacht** dessen, dem der Antrag für den Kfm zugeht, sind Voraussetzung des Zustandekommens des Vertrags auch im Falle des § 362.

4) Fürsorgepflicht für Waren (II)

In den beiden Fällen des § 362 (s Anm 2 A, B) muß auch der ablehnende Kfm mitgesandte Waren auf Kosten des Antragstellers einstweilen vor Schaden bewahren, wenn er für die Kosten irgendwie gedeckt ist, und sei es nur durch die Ware selbst (Zurückbehaltungsrecht nach § 273 I BGB, ggf § 369) und es ohne Nachteil für ihn geschehen kann, er dadurch keinen Schaden leidet. Der Kfm kann die Ware auch bei einem anderen lagern; er muß sie geeignetenfalls versichern. Für Verwahrung fällt Lagergeld u/o Provision an, § 354. ,,Mitgesandt": die Waren müssen (wenn auch gesondert gesandt) zum Auftrag in Beziehung stehen. ,,Einstweilen" bis der Absender normalerweise selbst Vorsorge treffen kann. Verstoß macht ersatzpflichtig (§§ 276, 278 BGB).

§ 363 1 IV. Buch. Handelsgeschäfte

[Kaufmännische Orderpapiere]

363 ⁱ Anweisungen, die auf einen Kaufmann über die Leistung von Geld, Wertpapieren oder anderen vertretbaren Sachen ausgestellt sind, ohne daß darin die Leistung von einer Gegenleistung abhängig gemacht ist, können durch Indossament übertragen werden, wenn sie an Order lauten. Dasselbe gilt von Verpflichtungsscheinen, die von einem Kaufmann über Gegenstände der bezeichneten Art an Order ausgestellt sind, ohne daß darin die Leistung von einer Gegenleistung abhängig gemacht ist.

ⁱⁱ Ferner können Konnossemente der Verfrachter, Ladescheine der Frachtführer, Lagerscheine der staatlich zur Ausstellung solcher Urkunden ermächtigten Anstalten sowie Transportversicherungspolicen durch Indossament übertragen werden, wenn sie an Order lauten.

1) Orderpapier, Orderklausel

A. **Orderpapiere** sind Wertpapiere, die dem Inhaber die Möglichkeit geben, die verbrieften Rechte in besonderer Form (Indossament, s § 364) mit besonderen Wirkungen (nämlich erhöhter Sicherung des Erwerbers, s §§ 364, 365) zu übertragen. Diese Möglichkeit gilt ohne weiteres für Wechsel, Scheck, Namensaktie, Art 11 I WG, Art 14 I ScheckG, § 68 AktG (gesetzliche, ,,geborene" Orderpapiere). Nach § 363 I, II können bestimmte Papiere privatautonom zu Orderpapieren gemacht werden und zwar durch **Orderklausel** im Papier, nach der die dem Papier gemäß geschuldete Leistung ggf demjenigen zu erbringen ist, den der (bestimmt bezeichnete, RG **14**, 102, **78**, 151) Erstberechtigte, ein Dritter oder der Aussteller selbst (Papier ,,an eigene Order", RG JW **30**, 1376), durch das Indossament bezeichnen wird (gewillkürte, ,,gekorene" Orderpapiere), so die in I, II genannten Papiere. Bei Wechsel und Scheck, nicht bei Aktien, kann man durch eine negative Orderklausel die Übertragbarkeit ausschließen (Art 11 WG, Art 5 ScheckG: ,,nicht an Order"). Schecks kann man auch auf den Inhaber stellen (zB Zusatz ,,oder Überbringer"), Art 5 ScheckG. RsprÜbersicht über sachenrechtliche Behandlung von Geld und Wertpapieren, Pikart WM **80**, 510.

B. Anweisungen auf einen Kfm, Verpflichtungsscheine eines Kfm, die nicht § 363 I entsprechen (Leistungsgegenstand, Gegenleistung, Betriebszugehörigkeit, vgl Anm 2 oder nicht an Order gestellt sind, unterliegen dem **BGB** (va §§ 398 ff, 783 ff). Einige orderpapierähnliche Wirkungen können vereinbart werden, RG **108**, 441 (,,Bezugschein", Einwendungsverzicht entspr § 364 II). Eine Leistung ,,an Order stellen" heißt uU nur: das Recht auf sie übertragbar machen, vgl RG **119**, 122. Ist ein Schein auf einen bestimmten Gläubiger allein ausgestellt, so kann dieser ihn nicht durch Offenlassen des Namens des neuen Gläubigers im Übertragungsvermerk zum Orderpapier machen, RG **117**, 146. Nicht unter §§ 363 ff fallen Namensschuldverschreibungen des Kapitalmarkts, Koller WM **81**, 474, aA Kümpel WM Sonderbeil 1/**81**; auch nicht das Spediteur-,,Forwarders Receipt" (FCR, Empfangsbescheinigung); durch dessen Übergabe erfolgt keine Übereignung (§ 931 BGB), jedenfalls wenn gleichzeitig über die Ware ein Verfrachter-Order-Konnossement ausgestellt ist, BGH **68**, 18.

1. Abschnitt. Allgemeine Vorschriften §364

2) Kaufmännische Anweisungen und Verpflichtungsscheine (I)

A. Kfm **Anweisung (I 1)** ist Anweisung iSv §§ 783 ff BGB, die von einem Kfm (s §§ 1–5) ausgestellt ist; nicht Rechtsscheinkfm (§ 5 Anm 2), Grund: Schutzfunktion der Beschränkung auf Kflte, str. Zu ergänzen ist: ausgestellt im Betrieb des HdlGewerbes des Kfm (vgl § 343 I); das ist aber (entspr § 344 II, der unmittelbar nicht den Angewiesenen, sondern den Aussteller trifft) zu unterstellen, es sei denn die Nichtzugehörigkeit ergebe sich aus der Urkunde selbst, auch dann Hamm ZIP **82**, 50. Unterscheide Akkreditiv, Kreditbrief und ähnliche Formen, die § 783 BGB nicht entsprechen und nur Anweisung iwS sind, s **(7)** Bankgeschäfte VII. Die Anweisung kann vom Angewiesenen durch Vermerk auf der Anweisung angenommen werden, er wird dadurch dem Anweisungsempfänger zur Leistung gemäß der Anweisung verpflichtet, § 784 BGB. Nach RG **136**, 210, BGH WM **55**, 1324 genügt dazu nicht (entspr Art 25 I 3 WG) die bloße Namensschrift (auf der Vorderseite), str. Bei mangels Angabe von Ausstellungsort und -tag **nichtigem Wechsel** ist **Umdeutung** in eine kfm Anweisung möglich (§ 140 BGB), wenn er den Erfordernissen einer solchen genügt, insbesondere der Empfänger angegeben, zB an eigene Order des Ausstellers gestellt ist (vgl Art 3 I WG); dies ist auch zulässig bei der kfm Anweisung; der Umdeutung steht nicht etwa die Ungebräuchlichkeit der kfm Anweisung entgegen; die Annahme des nichtigen Wechsels ist umdeutbar in Annahme der Anweisung (§ 784 BGB), mindestens die ausdrückliche („angenommen", vgl oben); Bambg NJW **67**, 913. Vgl ähnlich RG HRR **29**, 2073 (fehlerhafter eigener Wechsel: kfm Verpflichtungsschein), anders RG LZ **15**, 441, JW **30**, 1376, **35**, 1778.

B. Kfm **Verpflichtungsschein (I 2):** KfmBegriff, Betriebszugehörigkeit (§ 343 I) vgl Anm A; § 344 gilt hier unmittelbar. Der Verpflichtungsgrund darf, muß nicht angegeben sein, RG **44**, 230. Bsp: Orderschuldverschreibungen; über entsprechende Anwendung des § 793 II 2 BGB (Inhaberschuldverschreibung, faksimilierte Unterschrift) RG **74**, 340. Umdeutung (Wechsel) vgl Anm A.

3) Wertpapier des Fracht- und Lagerrechts (II)

Orderpapier bei Orderklausel sind nach II auch Konnossemente (der Seeschiffahrt), §§ 624 ff; Ladescheine der Frachtführer, §§ 444 ff HGB, § 72 BinnSchG; Lagerscheine der staatlich zur Ausstellung ermächtigten Lagerhäuser, § 424 HGB, **(21)** OLSchVO; Bodmereibriefe, §§ 628 ff; Beförderungsversicherungsscheine (Transportversicherungspolicen) der See- oder Binnenbeförderung, § 784 HGB, § 3 VVG.

4) Traditionspapiere (§§ 424, 450, 650)

S § 424 Anm 3.

[Indossament]

364 ^{I} Durch das Indossament gehen alle Rechte aus dem indossierten Papier auf den Indossatar über.

^{II} Dem legitimierten Besitzer der Urkunde kann der Schuldner nur solche Einwendungen entgegensetzen, welche die Gültigkeit seiner Erklärung in der Urkunde betreffen oder sich aus dem Inhalte der Urkunde ergeben oder ihm unmittelbar gegen den Besitzer zustehen.

§ 364 1, 2 IV. Buch. Handelsgeschäfte

III Der Schuldner ist nur gegen Aushändigung der quittierten Urkunde zur Leistung verpflichtet.

1) Übertragung der kaufmännischen Orderpapiere (I)

A. Übertragung durch **Indossament** läßt die verbrieften Rechte übergehen (I); vgl Art 14 I WG. Zur Wirksamkeit des Indossaments gehören der **Begebungsvertrag** zwischen Indossant und Indossatar und die **Übergabe des Papiers;** auch Besitzkonstitut (§ 930 BGB), das aber noch nicht die Geltendmachung der Rechte möglich macht. Gegen den durch Indossament legitimierten Inhaber muß ggf der in Anspruch genommene Schuldner das Fehlen rechtswirksamer Begebung vom Vorinhaber an den Inhaber beweisen, RG **35,** 76. Im Falle 3 des Art 14 II WG werden die verbrieften Rechte wie bei einem Inhaberpapier durch bloße Begebung übertragen. Auch der Anspruch aus dem Konnossement gegen den Reeder auf Schadensersatz wegen Verlusts oder Beschädigung der verschifften Ware wird übertragen, BGH **25,** 257. Nicht ohne weiteres, aber bei entspr (auch stillschweigender) Vereinbarung: für die Ansprüche aus dem Papier bestellte Sicherheiten, RG **41,** 172. Auch ein **Treuhandindossament** überträgt die vollen Rechte, läßt nur im Innenverhältnis den Indossatar gegenüber dem Indossant gebunden, Schuldner kann daraus gegen ihn keine Einwendungen herleiten, RG **134,** 291. Möglich ist **Ermächtigungsindossament** nur zur Legitimation des Empfängers ohne (beim Traditionspapier, s § 424 Anm 3) Rechtsübergang. Das offene **Vollmachts-**, Prokura-, Inkasso-, Pfand- oder sonstwie inhaltlich beschränkte **Indossament** berechtigt Indossatar nur zu entspr beschränkter Geltendmachung oder Weitergabe des Papiers mit derselben Beschränkung, vgl Art 18, 19 WG, RG **41,** 116.

B. Statt Indossaments ist schlichte **Abtretung** der verbrieften Rechte möglich, RG **119,** 217; auch diese nur mit Übergabe des Papiers, die verbrieften Rechte sollen nicht vom Papierbesitz getrennt werden. Die Abtretung wirkt nur nach §§ 398 ff BGB (stärker bei Verzicht auf Einwendungen entspr II, s Anm 2). Abtretung der Rechte aus dem Grundgeschäft neben Indossament schwächt dessen Wirkungen nicht, RG **166,** 312, BGH NJW **53,** 219.

2) Einwendungsausschluß (II)

A. Zugunsten des legitimierten Inhabers (§ 365 Anm 2) beschränkt **II** (entspr § 796 BGB, vgl Art 17 WG, Art 22 ScheckG) bei Übertragung durch Indossament, die **Einwendungen**, die dem Schuldner nach § 404 BGB zuständen, s Anm B–D. „Legitimierter Besitz" des Papiers ist auch der erste Nehmer (der es noch nicht weitergab), gegen ihn bestehen alle Einwendungen aus dem Grundgeschäft, zB des nicht erfüllten gegenseitigen Vertrags (§ 320 BGB), des Empfangs des Papiers ohne rechtlichen Grund (§ 812 I, II BGB).

B. Unter den „Einwendungen, welche die **Gültigkeit der Erklärung in der Urkunde** betreffen", maW gegen das Entstehen der Verpflichtung aus dem Papier, unterscheidet die hM, ohne klare Grundlage, aber aus dem Verkehrsbedürfnis mit Recht: **a)** gegen jeden Inhaber, auch einen gutgläubigen, kann eingewendet werden: mangelnde Geschäftsfähigkeit, absoluter Zwang bei Ausstellung und Begebung (nicht nur bei einem der beiden

Akte, RG **87,** 367); Fälschung, Verfälschung, inhaltliche Gesetz- oder Sittenwidrigkeit, fehlende KfmEigenschaft, Formfehler (nicht des Grundgeschäfts, RG **51,** 114), unzulässige Bedingung, Befristung; **b)** andere Mängel der Ausstellung oder Begebung können gutgläubigen Inhabern nicht entgegengehalten werden, zB Drohung, Täuschung, Irrtum, Schein, Sittenwidrigkeit der Ausstellung oder Begebung des Papiers (nicht seines Inhalts), RG **112,** 202. Fälschung und Verfälschung von Wertpapieren s Koller WM **81,** 210.

C. ,,Einwendungen, die sich aus dem **Inhalt der Urkunde** ergeben" (und nicht auch die Gültigkeit der Erklärung in der Urkunde betreffen, s Anm B) sind zB Stundung, Verjährung (soweit aus der Urkunde ersichtlich), bei Transportversicherungspolicen solche aus dem Versicherungsverhältnis (soweit aus der Urkunde ersichtlich), Schiedsvertrag, uU aus bloßer Bezugnahme auf den der Ausstellung zugrundeliegenden Vertrag, BGH **29,** 120: Bezugnahme in Seekonnossement auf Schiedsklausel des Chartervertrags.

D. Einwendungen, die dem Schuldner ,,**unmittelbar gegen den Besitzer** zustehen", sind solche aus Vereinbarungen mit diesem (zB Stundung, Erlaß), aus Erfüllung an ihn, Aufrechnung gegen ihn, mißbräuchliche Rechtsausübung durch ihn, jedoch nicht schon Mißbrauch eines Gefälligkeitsindossaments, weil Einwand aus fremdem Recht, RG **117,** 76.

F. Das Indossament gibt im Fall der in § 363 genannten Papiere **kein Rückgriffsrecht** des Indossatars, dem der Schuldner nicht leistet, gegen Vorinhaber u/o Aussteller des Papiers entspr Art 43 ff WG, unbeschadet etwaiger Rückgriffsrechte aus den Rechtsverhältnissen der Beteiligten außerhalb des Papiers, RG **44,** 159, Dresden LZ **29,** 506.

3) Aushändigung der Urkunde (III)

Der papiergemäß leistende Schuldner kann **Aushändigung** der Urkunde und **Quittung** auf der Urkunde selbst verlangen, III, bei Teilleistung nur Teilquittung auf der Urkunde, Art 39 II WG ist nicht entsprechend anwendbar: der Gläubiger braucht keine Teilzahlung anzunehmen. Aushändigung Zug um Zug gegen Leistung; der Schuldner kann bis zur Aushändigung zurückhalten. Klage auf Leistung gegen Aushändigung. Urteil ergeht auf Leistung gegen Aushändigung; ein ohne diese Klausel ergangenes Urteil ist so auszulegen. Die Schuld ist Holschuld; es ist iZw am Ausstellungsort zu leisten, § 269 BGB.

[Anwendung des Wechselrechts; Aufgebotsverfahren]

365 ⁱ In betreff der Form des Indossaments, in betreff der Legitimation des Besitzers und der Prüfung der Legitimation sowie in betreff der Verpflichtung des Besitzers zur Herausgabe, finden die Vorschriften der *Artikel 11 bis 13, 36, 74 der Wechselordnung* entsprechende Anwendung.

ⁱⁱ **Ist die Urkunde vernichtet oder abhanden gekommen, so unterliegt sie der Kraftloserklärung im Wege des Aufgebotsverfahrens. Ist das Aufgebotsverfahren eingeleitet, so kann der Berechtigte, wenn er bis zur Kraftloserklärung Sicherheit bestellt, Leistung nach Maßgabe der Urkunde von dem Schuldner verlangen.**

§ 365 1–3   IV. Buch. Handelsgeschäfte

1) Form und Inhalt des Indossaments

Nach I gilt für die Form des Indossaments entsprechend:

WG 13 [Form; Blankoindossament]

^I Das Indossament muß auf den Wechsel oder auf ein mit dem Wechsel verbundenes Blatt (Anhang) gesetzt werden. Es muß von dem Indossanten unterschrieben werden.

^{II} Das Indossament braucht den Indossatar nicht zu bezeichnen und kann selbst in der bloßen Unterschrift des Indossanten bestehen (Blankoindossament). In diesem letzteren Falle muß das Indossament, um gültig zu sein, auf die Rückseite des Wechsels oder auf den Anhang gesetzt werden.

WG 14 [Transportfunktion]

^I Das Indossament überträgt alle Rechte aus dem Wechsel.

^{II} Ist es ein Blankoindossament, so kann der Inhaber

1. das Indossament mit seinem Namen oder mit dem Namen eines anderen ausfüllen;
2. den Wechsel durch ein Blankoindossament oder an eine bestimmte Person weiter indossieren;
3. den Wechsel weiterbegeben, ohne das Blankoindossament auszufüllen und ohne ihn zu indossieren.

Das **Vollindossament** (Art 13 I WG) lautet extra „für mich an X" „für mich an die Order des X". Dieser Text kann gestempelt sein, ebenso aus der Unterschrift im Falle einer Firma mit Sachangabe und Namen die Sachangabe, RG **47,** 165. Ein Vollindossament kann **Blankoindossament** (Art 13 II WG) durch Streichen des Namens des Indossatars werden, vor Beginn, wenn Indossant streicht, nachher, wenn mit seiner Zustimmung gestrichen ist, RG **41,** 412. Das Indossament muß unbedingt sein, Bedingungen gelten als nicht geschrieben; Teilindossamente sind nichtig; Indossament an Inhaber gilt als Blankoindossament; Art 12 I, II, III WG. In Deutschland unterschriebenes Indossament nach deutschem Recht genügt auch zwischenstaatlich, Art 92 WG, § 11 EGBGB.

2) Legitimationswirkung (I, Art 16 I WG)

Nach I gilt für die Legitimation des Inhabers zur Geltendmachung der Rechte aus dem Papier entsprechend:

WG 16 [Wechselvermutung]

^I Wer den Wechsel in Händen hat, gilt als rechtmäßiger Inhaber, sofern er sein Recht durch eine ununterbrochene Reihe von Indossamenten nachweist, und zwar auch dann, wenn das letzte ein Blankoindossament ist. Ausgestrichene Indossamente gelten hierbei als nicht geschrieben. Folgt auf ein Blankoindossament ein weiteres Indossament, so wird angenommen, daß der Aussteller dieses Indossaments den Wechsel durch das Blankoindossament erworben hat.

3) Gutgläubiger Eigentumserwerb (I, Art 16 II WG)

Für die Verpflichtung des legitimierten (Anm 2) Inhabers des Papiers zur Herausgabe an einen besser Berechtigten gilt nach I entspr:

WG 16 [Wechselvermutung]

^{II} Ist der Wechsel einem früheren Inhaber irgendwie abhanden gekommen, so ist der neue Inhaber, der sein Recht nach den Vorschriften des vorstehenden Absatzes nachweist, zur Herausgabe des Wechsels nur verpflichtet, wenn er ihn in bösem Glauben erworben hat oder ihm beim Erwerb eine grobe Fahrlässigkeit zur Last fällt.

1. Abschnitt. Allgemeine Vorschriften § 366

Art 16 II WG schützt (abw von § 935 I BGB und entspr § 935 II BGB betr Inhaberpapiere und Geld) den gutgläubigen (nicht grob fahrlässigen) Nehmer des Papiers, auch wenn es einem früheren Inhaber „irgendwie" abhanden kam. Art 16 II WG schützt Erwerber (entspr §§ 932ff, 935 II BGB für Geld und Inhaberpapiere) nicht gegen Mängel des Begebungsvertrags, durch den er das Papier erwarb (s § 364 Anm 1 A), str, nach § 364 II nicht gegen gewisse Mängel der Ausstellung und Erstbegebung (s § 364 Anm 2 B). Der nach Art 16 II WG geschützte Nehmer des Papiers ist auch nicht nach §§ 812ff BGB herausgabepflichtig, außer bei unentgeltlichem Erwerb, § 816 I 2 BGB.

4) Befreiende Leistung an den Nichtberechtigten (I, Art 40 III WG)

Für die Prüfung der Legitimation des Inhabers durch den Schuldner gilt nach I entsprechend:

WG 40 [Zahlung vor und bei Verfall]

III Wer bei Verfall zahlt, wird von seiner Verbindlichkeit befreit, wenn ihm nicht Arglist oder grobe Fahrlässigkeit zur Last fällt. Er ist verpflichtet, die Ordnungsmäßigkeit der Reihe der Indossamente, aber nicht die Unterschriften der Indossanten zu prüfen.

Dagegen befreit Leistung an den nicht ausgewiesenen Gläubiger nur, wenn dieser wirklich Gläubiger ist. Der Schuldner muß darum vor Leistung den förmlichen Ausweis prüfen. Der erste Indossatar muß durch Indossament des im Orderpapier bezeichneten Berechtigten ausgewiesen sein. Es kommt nur auf den äußeren Zusammenhang der Indossamente an (der Augenschein genügt, RG **55**, 48). Der Vorzeiger gilt iZw als letzter Indossatar. Ist die Reihe der Indossamente unterbrochen, so fehlt der Ausweis für die späteren.

5) Aufgebot (II)

Zu II s §§ 1003 ff ZPO. Vgl Art 90 WG, Art 59 ScheckG, für Namensaktien § 72 AktG. Antragsberechtigt ist, wer aus dem Papier berechtigt ist, bei Blankoindossament der letzte Inhaber. Aufgebotsfrist mindestens 6 Monate. Keine Zahlungssperre. Nach Einleitung des Verfahrens kann der Berechtigte gegen Sicherheit Befriedigung verlangen (vgl Art 90 WG). Nach Abschluß des Verfahrens kann Gläubiger Zahlung gegen Aushändigung des Ausschlußurteils fordern. Mit Ausschlußurteil fällt die förmliche Berechtigung endgültig dem Erwirkenden zu, RG **168**, 6. Es wirkt, auch wenn es ein Nichtantragsberechtigter erlangt hat, und immer mit voller Rechtskraftwirkung, RG **168**, 14.

[Gutgläubiger Erwerb von beweglichen Sachen]

366 I Veräußert oder verpfändet ein Kaufmann im Betriebe seines Handelsgewerbes eine ihm nicht gehörige bewegliche Sache, so finden die Vorschriften des Bürgerlichen Gesetzbuchs zugunsten derjenigen, welche Rechte von einem Nichtberechtigten herleiten, auch dann Anwendung, wenn der gute Glaube des Erwerbers die Befugnis des Veräußerers oder Verpfänders, über die Sache für den Eigentümer zu verfügen, betrifft.

II Ist die Sache mit dem Rechte eines Dritten belastet, so finden die

§ 366 1 IV. Buch. Handelsgeschäfte

Vorschriften des Bürgerlichen Gesetzbuchs zugunsten derjenigen, welche Rechte von einem Nichtberechtigten herleiten, auch dann Anwendung, wenn der gute Glaube die Befugnis des Veräußerers oder Verpfänders, ohne Vorbehalt des Rechtes über die Sache zu verfügen, betrifft.

III Das gesetzliche Pfandrecht des Kommissionärs, des Spediteurs, des Lagerhalters und des Frachtführers steht hinsichtlich des Schutzes des guten Glaubens einem gemäß Absatz 1 durch Vertrag erworbenen Pfandrechte gleich.

1) Übersicht

A. Wer gutgläubig eine bewegliche Sache von dem, den er für den Eigentümer hält, zu Eigentum erwirbt oder als Pfand nimmt, den schützt das **BGB**, falls sich herausstellt, daß der Veräußerer nicht Eigentümer war (§§ 932–934, 1207 BGB, anders idR wenn die Sache dem Eigentümer abhanden gekommen war: §§ 935, 1207 BGB). Ebenso schützt es den gutgläubigen Erwerber oder Pfandnehmer gegen unbekannte Rechte Dritter an der Sache (§§ 936, 1208 BGB):

BGB 932 [Gutgläubiger Erwerb vom Nichtberechtigten]
I Durch eine nach § 929 erfolgte Veräußerung wird der Erwerber auch dann Eigentümer, wenn die Sache nicht dem Veräußerer gehört, es sei denn, daß er zu der Zeit, zu der er nach diesen Vorschriften das Eigentum erwerben würde, nicht in gutem Glauben ist. In dem Falle des § 929 Satz 2 gilt dies jedoch nur dann, wenn der Erwerber den Besitz von dem Veräußerer erlangt hatte.
II Der Erwerber ist nicht in gutem Glauben, wenn ihm bekannt oder infolge grober Fahrlässigkeit unbekannt ist, daß die Sache nicht dem Veräußerer gehört.

BGB 932a [Gutgläubiger Erwerb nicht eingetragener Seeschiffe]
Gehört ein nach § 929a veräußertes Schiff nicht dem Veräußerer, so wird der Erwerber Eigentümer, wenn ihm das Schiff vom Veräußerer übergeben wird, es sei denn, daß er zu dieser Zeit nicht in gutem Glauben ist; ist ein Anteil an einem Schiff Gegenstand der Veräußerung, so tritt an die Stelle der Übergabe die Einräumung des Mitbesitzes an dem Schiff.

BGB 933 [Gutgläubiger Erwerb bei Besitzkonstitut]
Gehört eine nach § 930 veräußerte Sache nicht dem Veräußerer, so wird der Erwerber Eigentümer, wenn ihm die Sache von dem Veräußerer übergeben wird, es sei denn, daß er zu dieser Zeit nicht in gutem Glauben ist.

BGB 934 [Gutgläubiger Erwerb bei Vindikationszession]
Gehört eine nach § 931 veräußerte Sache nicht dem Veräußerer, so wird der Erwerber, wenn der Veräußerer mittelbarer Besitzer der Sache ist, mit der Abtretung des Anspruchs, anderenfalls dann Eigentümer, wenn er den Besitz der Sache von dem Dritten erlangt, es sei denn, daß er zur Zeit der Abtretung oder des Besitzerwerbes nicht in gutem Glauben ist.

BGB 935 [Kein gutgläubiger Erwerb von abhanden gekommenen Sachen]
I Der Erwerb des Eigentums auf Grund der §§ 932 bis 934 tritt nicht ein, wenn die Sache dem Eigentümer gestohlen worden, verlorengegangen oder sonst abhanden gekommen war. Das gleiche gilt, falls der Eigentümer nur mittelbarer Besitzer war, dann, wenn die Sache dem Besitzer abhanden gekommen war.
II Diese Vorschriften finden keine Anwendung auf Geld oder Inhaberpapiere sowie auf Sachen, die im Wege öffentlicher Versteigerung veräußert werden.

1. Abschnitt. Allgemeine Vorschriften 2 § 366

BGB 936 [Erlöschen von Rechten Dritter]
[I] Ist eine veräußerte Sache mit dem Rechte eines Dritten belastet, so erlischt das Recht mit dem Erwerbe des Eigentums. In dem Falle des § 929 Satz 2 gilt dies jedoch nur dann, wenn der Erwerber den Besitz von dem Veräußerer erlangt hatte. Erfolgt die Veräußerung nach § 929a oder § 930 oder war die nach § 931 veräußerte Sache nicht im mittelbaren Besitze des Veräußerers, so erlischt das Recht des Dritten erst dann, wenn der Erwerber auf Grund der Veräußerung den Besitz der Sache erlangt.

[II] Das Recht des Dritten erlischt nicht, wenn der Erwerber zu der nach Absatz 1 maßgebenden Zeit in Ansehung des Rechtes nicht in gutem Glauben ist.

[III] Steht im Falle des § 931 das Recht dem dritten Besitzer zu, so erlischt es auch dem gutgläubigen Erwerber gegenüber nicht.

BGB 1207 [Verpfändung durch Nichtberechtigte]
Gehört die Sache nicht dem Verpfänder, so finden auf die Verpfändung die für den Erwerb des Eigentums geltenden Vorschriften der §§ 932, 934, 935 entsprechende Anwendung.

BGB 1208 [Gutgläubiger Erwerb des Vorrangs]
Ist die Sache mit dem Rechte eines Dritten belastet, so geht das Pfandrecht dem Rechte vor, es sei denn, daß der Pfandgläubiger zur Zeit des Erwerbes des Pfandrechts in Ansehung des Rechtes nicht in gutem Glauben ist. Die Vorschriften des § 932 Abs. 1 Satz 2, des § 935 und des § 936 Abs. 3 finden entsprechende Anwendung.

B. Das **BGB schützt den nicht, der weiß,** daß der Veräußerer oder Verpfänder **nicht Eigentümer** ist, ihn jedoch **für befugt hält,** die einem Dritten gehörende Sache zu veräußern oder zu verpfänden (oder das Recht des Dritten, zB Nießbrauch kennt, aber den Veräußerer oder Verpfänder für befugt hält, über die Sache zu verfügen, ohne dem Dritten das Recht vorzubehalten). Diesen Schutz des **guten Glaubens an die Verfügungsmacht des Verfügenden** gewährt unter gewissen Voraussetzungen § 366 **HGB.** Bsp: guter Glaube an Verfügungsmacht des KfzHändlers bei Kauf eines Vorführwagens auch ohne Vorlegung des KfzBriefs, Hamm NJW **64,** 2257. § 932 BGB und § 366 können nebeneinander zur Anwendung kommen; jedoch gilt allein § 932 BGB, wenn nur streitig ist, ob Veräußerer, der unter Eigentumsvorbehalt gekauft hatte, bezahlt hatte, und kein Eigentumsvorbehalt mit Weiterveräußerungsrecht in Frage steht, BGH **LM** § 366 Nr 4. Beruft sich Erwerber auf guten Glauben an Eigentum (§ 932 BGB) und an Verfügungsbefugnis (§ 366) des Veräußerers, kann Tatrichter Bösgläubigkeit bezüglich Eigentum unterstellen, wenn er Bösgläubigkeit bezüglich Verfügungsbefugnis nicht für bewiesen hält (darum Rechtserwerb nach § 366 bejaht), BGH NJW **59,** 1080, **75,** 736.

C. Auch durch § 366 **nicht geschützt** ist irriger guter Glaube an Geschäftsfähigkeit des Verfügenden, an Ordnungsmäßigkeit des Verfügungsgeschäfts (abgesehen vom Mangel im Recht des Verfügenden), bei Veräußerung der Sache als Pfand an Wahrung der Mindesterfordernisse ordnungsmäßigen Pfandverkaufs (§ 1244 BGB). Verhältnis § 366 zu § 1365 BGB (Text s § 105 Anm 1 A) Boehmer, Rittner FamRZ **59,** 4, 84, **61,** 193.

2) Veräußerung oder Verpfändung (I, II)

A. I, II gilt bei Veräußerung (Verpfändung) durch einen **Kaufmann** (§§ 1–5) im Betrieb eines HdlGewerbes (§ 343 Anm 1 C, dazu § 344). § 366 gilt nicht beim Erwerb vom RechtsscheinKfm (§ 5 Anm 2), hL, aA Groß-Ko-Canaris 6. Irriger guter Glaube des Erwerbers (Pfandnehmers) an

§ 366 2   IV. Buch. Handelsgeschäfte

KfmEigenschaft und Betriebszugehörigkeit des Geschäfts wird nicht geschützt, RG LZ **29**, 778.

    B. Gleich ist, aus welchem **Grund** Erwerber (Pfandnehmer) den Veräußerer (Verpfänder) für verfügungsberechtigt hält: kraft Gesetzes (Bsp: Notverkauf nach §§ 373, 389, 437, Verkauf durch Pfandgläubiger), sei es kraft Vertrags (zB als Verkaufskommissionär oder Abschlußvertreter), sei es kraft Zustimmung ad hoc (§ 185 BGB). Gleich ist, ob Verkäufer (Verpfänder) **in eigenem Namen** (zB als Verkaufskommissionär) oder **fremdem** (zB als Abschlußvertreter) handelt (üM, im zweiten Fall wird idR das Grundgeschäft (Verkauf, Beleihung) wegen Mangels der Vertretungsmacht unwirksam sein (§ 177 BGB), uU schuldet dann der durch § 366 geschützte Erwerber (Pfandnehmer) doch Herausgabe oder Wertersatz nach §§ 812 ff BGB, str, jedoch nur gegen Erstattung seiner Aufwendung (Kaufpreis, Darlehen).

    C. Voraussetzungen des **guten Glaubens**: § 932 BGB. Grobfahrlässige Unkenntnis ist der Kenntnis gleichgestellt (§ 932 II BGB). Begriff der groben Fahrlässigkeit: grundlegend BGH **10**, 14. Der Begriff ist revisibel; was im Einzelfall „grob" ist, ist (nicht revisible) Tatfrage, BGH **10**, 16. Bösgläubig handelt auch der Erwerber, der den Mangel des Verfügungsrechts dessen kennt, von dem der Veräußerer seine Rechte herleitet, RG JW **31**, 3081. Wer vom Händler im Rahmen seines Geschäftsbetriebs eine Ware kauft, kann idR sein Verfügungsrecht (oder Eigentum) annehmen, BGH NJW **59**, 1080, **75**, 736. Erkundigungspflicht nach Eigentumsvorbehalt des Vormanns des Veräußereres besteht bei Kauf und Übernahme zu Sicherungseigentum nur, wenn konkrete Anhaltspunkte für Nichteigentum sprechen, BGH WM **68**, 540, **73**, 38, **75**, 362; solche Anhaltspunkte brauchen nicht in persönlichen Verhältnissen des Vormanns liegen, allgemeine Liquiditätsschwierigkeiten der Branche genügen aber nicht, BGH **86**, 312. Bösgläubig ist ein gewerblicher Käufer, der Waren vom Verarbeiter erwirbt, in seinen AGB die Abtretung des Kaufpreisanspruchs ausgeschlossen hat und dadurch eventuellen verlängerten Eigentumsvorbehalt vereitelt, BGH **77**, 278; allgemeine Klausel in Käufer-AGB, daß der Verkäufer Freiheit der Ware von Eigentumsvorbehalt zusichert, genügt nicht, vielmehr besteht konkrete Erkundigungspflicht, BGH **77**, 279. Keine Erkundigungspflicht nach Sicherungsübereignung durch Verkäufer, BGH **86**, 311, DB **70**, 248. Der Käufer gebrauchter Kfz muß sich KfzBrief vorlegen lassen, BGH **68**, 325; nennt dieser Dritten als Eigentümer, muß Käufer uU (zB bei Kauf vom Händler auf der Straße) noch beim Dritten rückfragen, BGH NJW **75**, 736. Vorlage des KfzBriefs ist nicht erforderlich bei Kauf oder Sicherungsnahme eines fabrikneuen Kfz vom autorisierten Händler, BGH **10**, 74, LM § 366 Nr 10, oder eines Vorführwagens, s Anm 1 B; bei Kfz-Reparaturannahme, BGH **68**, 323, NJW **81**, 227, anders bei erheblichen Zahlungsschwierigkeiten des Bestellers, BGH **87**, 278. Erwerb aus Verkauf zu Schleuderpreisen ist idR bösgläubig, Hbg MDR **70**, 50 (Pelzwaren). Beweislast für bösen Glauben des Erwerbers trägt, wer seinen guten Glauben bestreitet (Wortlaut § 932 I 1 BGB).

    D. Bei aufschiebend bedingter Übereignung (zB beim üblichen Eigentumsvorbehalt muß der gute Glaube **zur Zeit der Einigung und Übergabe** bestehen, BGH **10**, 69.

1. Abschnitt. Allgemeine Vorschriften § 367

3) Begründung gesetzlicher Pfandrechte (III)

A. Das Pfandrecht des Kommissionärs (§§ 397, 404), Spediteurs (§ 410), Lagerhalters (§ 421), Frachtführers (§ 440; auch das des See-Verfrachters, § 623 III, Schiffseigners, § 77 II BinnSchG) **entsteht** kraft Gesetzes, wenn der Vertrag mit ihm geschlossen und ihm zu dessen Ausführung das Gut übergeben ist. Das gilt bei Vertragsschluß und Übergabe durch den Eigentümer des Guts oder (das unterstellt III) durch einen Dritten mit Zustimmung des Eigentümers (während das Werkunternehmerpfandrecht nach § 647 BGB nur an Sachen ,,des Bestellers" entsteht, daher die Werkbestellung, zB ein Reparaturauftrag durch Dritte mit Zustimmung des Eigentümers nicht gleichsteht, BGH **34**, 125, LG Bln WM **73**, 157, str, s Benöhr ZHR 135 (**71**) 144).

B. III klärt sodann, daß diese Pfandrechte wie vertraglich begründete **kraft guten Glaubens** entstehen. Für die gesetzlichen Pfandrechte des BGB ist das streitig, nach BGH **34**, 154, **87**, 280, zu verneinen, auch für das des Werkunternehmers (§ 647 BGB), obwohl dieses wie die gesetzlichen Pfandrechte des HGB Übergabe-, nicht Einbringungspfandrecht (so das des Vermieters, Verpächters, Gastwirts) ist, aA Kraft NJW **63**, 741. Der Schuldner braucht nicht Kfm zu sein. Es genügt guter Glaube an die Befugnis des Schuldners gegenüber dem Eigentümer, den Tatbestand herzustellen, dem das gesetzliche Pfandrecht entfließt. Etwa bestehende andere gesetzliche Pfandrechte treten zurück. Ein Pfändungspfandrecht ist kein gesetzliches Pfandrecht.

[Gutgläubiger Erwerb gewisser Wertpapiere]

367 [I] Wird ein Inhaberpapier, das dem Eigentümer gestohlen worden, verlorengegangen oder sonst abhanden gekommen ist, an einen Kaufmann, der Bankier- oder Geldwechslergeschäfte betreibt, veräußert oder verpfändet, so gilt dessen guter Glaube als ausgeschlossen, wenn zur Zeit der Veräußerung oder Verpfändung der Verlust des Papiers im Bundesanzeiger bekanntgemacht und seit dem Ablauf des Jahres, in dem die Veröffentlichung erfolgt ist, nicht mehr als ein Jahr verstrichen war. Inhaberpapieren stehen an Order lautende Anleiheschuldverschreibungen sowie Namensaktien, Zwischenscheine und Reichsbankanteilscheine gleich, falls sie mit einem Blankoindossament versehen sind.

[II] Der gute Glaube des Erwerbers wird durch die Veröffentlichung im Bundesanzeiger nicht ausgeschlossen, wenn der Erwerber die Veröffentlichung infolge besonderer Umstände nicht kannte und seine Unkenntnis nicht auf grober Fahrlässigkeit beruht.

[III] Auf Zins-, Renten- und Gewinnanteilscheine, die nicht später als in dem nächsten auf die Veräußerung oder Verpfändung folgenden Einlösungstermin fällig werden, auf unverzinsliche Inhaberpapiere, die auf Sicht zahlbar sind, und auf Banknoten sind diese Vorschriften nicht anzuwenden.

§ 367 1–3 IV. Buch. Handelsgeschäfte

1) Übersicht

A. § 367 gibt gesetzliche Regeln über Gut- oder Bösgläubigkeit (vgl §§ 932, 935 II BGB, Text bei § 366) für gewisse Fälle der Wertpapierveräußerung oder -verpfändung (in denen der Gesetzgeber diese schwierige Frage nicht ganz der freien Beurteilung nach der Lage des Einzelfalls überlassen wollte), und zwar zu Lasten erwerbender oder pfandnehmender (beleihender) Bankiers; sie **gelten als bösgläubig**, wenn der Verlust des Papiers in gewisser Weise und vor nicht zu langer Zeit veröffentlicht war, I 1, mit der Möglichkeit der **Entlastung** nach II durch Beweis der nicht grobfahrlässigen Nichtkenntnis der Veröffentlichung infolge besonderer Umstände (zB verspäteten Empfangs des BAnz, s Anm 2). Über das Aufgebot von Wertpapieren zur Kraftloserklärung s §§ 946 ff, besonders 1003–1024 ZPO.

B. § 367 gilt für **Inhaberpapiere**, I 1, inländische und ausländische (Bsp Investmentzertifikate, LG Essen WM 77, 433); nicht für Banknoten, auf Sicht zahlbare unverzinsliche Inhaberpapiere und demnächst fällige Zins-, Renten- und Gewinnanteile, III. Es wird dem Verkehr nicht zugemutet, auch bei jedem Angebot fälliger oder demnächst fälliger Coupons zu prüfen, ob ein Aufruf vorliegt. Erneuerungsscheine (Talons) gehören nicht hierher, sondern sind Ausweispapiere. § 367 gilt ferner für **blanko indossierte** (daher ähnlich Inhaberpapieren zu übertragende, s § 363 Anm 2 A, B) **Orderpapiere** gewisser Arten (die in großer Zahl umlaufen).

C. Das Papier soll dem Eigentümer **abhanden gekommen** sein; das ist hier weiter als in § 935 BGB zu verstehen, umfaßt vor allem auch unterschlagene Papiere, hM.

D. § 367 gilt bei Veräußerung, Verpfändung an einen Kfm, der **Bankier- oder Geldwechslergeschäfte** betreibt, wohl auch, wenn das HdlGewerbe des Kfm in erster Linie auf andere Geschäfte gerichtet ist, er also nicht unter § 1 II Nr 4 fällt (vgl § 1 Anm 2 A), aber doch regelmäßig auch Bankgeschäfte betreibt; wohl nur bei Erwerb oder Pfandnahme im HdlGeschäft (§§ 343, 344), nicht zB als Vermächtnis, str. Gleich ist, wer veräußert, verpfändet.

2) Bekanntmachung

Die § 367 entspr **Bekanntmachung** erfolgt auf Veranlassung einer **Behörde** (Gericht, Polizei usw) oder dem aus der Urkunde **Verpflichteten** oder noch anderer Stellen. Die Bekanntmachung muß das Papier hinreichend kennzeichnen. Es darf höchstens ein Jahr seit Ablauf des Jahres der Bekanntmachung verstrichen sein; der Bankier muß allein den laufenden und den letzten Jahrgang verfolgen. Bekanntmachung im BAnz, vgl § 10 Anm 2. Andere Veröffentlichungen oder nicht öffentliche Warnungen wirken nicht nach § 367, können aber nach § 932 II BGB den guten Glauben des Erwerbers (Pfandnehmers) hindern. Hierzu **(8)** AGB-Banken Nr 38.

3) Lieferbarkeit, Bereinigung

A. Wegen der Häufigkeit des Abhandenkommens von WP im Krieg und nach dem Krieg ergingen verschiedene Bereinigungsgesetze, s 24. Aufl.

1. Abschnitt. Allgemeine Vorschriften 1, 2 § 368

[Pfandverkauf]

368 I Bei dem Verkauf eines Pfandes tritt, wenn die Verpfändung auf der Seite des Pfandgläubigers und des Verpfänders ein Handelsgeschäft ist, an die Stelle der in § 1234 des Bürgerlichen Gesetzbuchs bestimmten Frist von einem Monat eine solche von einer Woche.

II Diese Vorschrift findet auf das gesetzliche Pfandrecht des Kommissionärs, des Spediteurs, des Lagerhalters und des Frachtführers entsprechende Anwendung, auf das Pfandrecht des Spediteurs und des Frachtführers auch dann, wenn nur auf ihrer Seite der Speditions- oder Frachtvertrag ein Handelsgeschäft ist.

1) Ist die Verpfändung (I) oder das ein gesetzliches Pfandrecht begründende (§§ 397, 404, 421) Kommissions- oder Lagergeschäft (II) ein zweiseitiges HdlGeschäft oder das ein gesetzliches Pfandrecht begründende (§§ 410f, 440) Speditions- oder Frachtgeschäft (II) auf der Seite des Spediteurs oder Frachtführers ein HdlGeschäft (§§ 343, 344, 345), so wird die **Wartefrist** nach § 1234 II BGB auf eine Woche gekürzt:

BGB 1234 [Verkaufsandrohung; Wartefrist]

I Der Pfandgläubiger hat dem Eigentümer den Verkauf vorher anzudrohen und dabei den Geldbetrag zu bezeichnen, wegen dessen der Verkauf stattfinden soll. Die Androhung kann erst nach dem Eintritte der Verkaufsberechtigung erfolgen; sie darf unterbleiben, wenn sie untunlich ist.

II Der Verkauf darf nicht vor dem Ablauf eines Monats nach der Androhung erfolgen. Ist die Androhung untunlich, so wird der Monat von dem Eintritte der Verkaufsberechtigung an berechnet.

Gleich bleibt, ob die Hauptschuld aus einem HdlGeschäft entspringt. Sind Verpfänder und Eigentümer verschieden, so kommt es für die Anwendbarkeit des § 368 auf den Eigentümer nicht an. Fristverletzung macht den Pfandgläubiger ersatzpflichtig und bleibt für den Erwerber gleich, § 1243 II BGB. Die Vorschrift ist nachgiebig, § 1245 BGB. **Androhung** des Verkaufs durch Kommissionär, Spediteur, Lagerhalter, an Eigentümer; nach §§ 1248, 1257 BGB mangels anderer Kenntnis an Kommittent, Versender, Einlagerer als Eigentümer; an diesen wohl auch, wenn Kommissionär, Spediteur, Lagerhalter weiß, daß er nicht Eigentümer ist (§§ 1248, 1257 BGB also nicht Platz greifen), aber den Eigentümer nicht kennt; durch Frachtführer an Empfänger, notfalls an Absender, § 440.

2) Unrechtmäßig ist ein Pfandverkauf bei Verstoß gegen folgende Erfordernisse: Pfandreife, § 1228 II BGB; Befriedigungsbedürfnis, § 1230 BGB; öffentliche Versteigerung, § 1235 BGB; Bekanntmachung, § 1237 S 1 BGB; Gold- und Silberwert bei Gold- und Silbersachen, § 1240 BGB; Wirksamkeit des Pfandrechts. Bei Verstoß kein Eigentumserwerb vorbehaltlich des § 1244 BGB, s § 1243 BGB. **Ordnungswidrig** ist ein Pfandverkauf bei Verletzung einer sonstigen Vorschrift, namentlich bei unterbliebener Androhung oder Verletzung der Wartefrist, § 1234 BGB. Folge: Ersatzpflicht, § 1243 BGB.

§ 369

[Kaufmännisches Zurückbehaltungsrecht]

369 ^I Ein Kaufmann hat wegen der fälligen Forderungen, welche ihm gegen einen anderen Kaufmann aus den zwischen ihnen geschlossenen beiderseitigen Handelsgeschäften zustehen, ein Zurückbehaltungsrecht an den beweglichen Sachen und Wertpapieren des Schuldners, welche mit dessen Willen auf Grund von Handelsgeschäften in seinen Besitz gelangt sind, sofern er sie noch im Besitze hat, insbesondere mittels Konnossements, Ladescheins oder Lagerscheins darüber verfügen kann. Das Zurückbehaltungsrecht ist auch dann begründet, wenn das Eigentum an dem Gegenstande von dem Schuldner auf den Gläubiger übergegangen oder von einem Dritten für den Schuldner auf den Gläubiger übertragen, aber auf den Schuldner zurückzuübertragen ist.

^{II} Einem Dritten gegenüber besteht das Zurückbehaltungsrecht insoweit, als dem Dritten die Einwendungen gegen den Anspruch des Schuldners auf Herausgabe des Gegenstandes entgegengesetzt werden können.

^{III} Das Zurückbehaltungsrecht ist ausgeschlossen, wenn die Zurückbehaltung des Gegenstandes der von dem Schuldner vor oder bei der Übergabe erteilten Anweisung oder der von dem Gläubiger übernommenen Verpflichtung, in einer bestimmten Weise mit dem Gegenstande zu verfahren, widerstreitet.

^{IV} Der Schuldner kann die Ausübung des Zurückbehaltungsrechts durch Sicherheitsleistung abwenden. Die Sicherheitsleistung durch Bürgen ist ausgeschlossen.

Übersicht
1) Übersicht über §§ 369–372
2) Fällige Forderung zwischen Kaufleuten (I)
3) Zurückzuhaltende Gegenstände (I)
4) Wirkung des Rechts gegen Dritte (II)
5) Ausschluß des Zurückbehaltungsrechts (III)
6) Abwendung der Zurückhaltung (IV)

1) Übersicht über §§ 369–372

A. Auch unter Kflten gelten § 320 BGB (Einrede des nicht erfüllten Vertrags) und § 273 BGB (Zurückbehaltungsrecht):

BGB 273 [Zurückbehaltungsrecht]

^I Hat der Schuldner aus demselben rechtlichen Verhältnis, auf dem seine Verpflichtung beruht, einen fälligen Anspruch gegen den Gläubiger, so kann er, sofern nicht aus dem Schuldverhältnis sich ein anderes ergibt, die geschuldete Leistung verweigern, bis die ihm gebührende Leistung bewirkt wird (Zurückbehaltungsrecht).

^{II} Wer zur Herausgabe eines Gegenstandes verpflichtet ist, hat das gleiche Recht, wenn ihm ein fälliger Anspruch wegen Verwendungen auf den Gegenstand oder wegen eines ihm durch diesen verursachten Schadens zusteht, es sei denn, daß er den Gegenstand durch eine vorsätzlich begangene unerlaubte Handlung erlangt hat.

^{III} Der Gläubiger kann die Ausübung des Zurückbehaltungsrechts durch Sicherheitsleistung abwenden. Die Sicherheitsleistung durch Bürgen ist ausgeschlossen.

§§ 369, 370 gewähren Kflten außerdem für gewisse Fälle der Pflicht zur Herausgabe eines Gegenstands (s Anm 3) ein Zurückbehaltungsrecht unter erweiterten Voraussetzungen in bezug auf den Zusammenhang von Anspruch und Gegenanspruch. §§ 371, 372 (nicht in allen Fällen der §§ 369, 370 anwendbar, s Anm 2 B, 3 A) fügen zum (nur ein Provisorium schaffenden) Recht, etwas zurückzuhalten, das Recht, sich aus dem Zurückbehaltenen für die eigene Forderung zu befriedigen. Ein Zurückbehaltungsrecht kann man auch **vertraglich** einräumen, RG **118**, 252, auch ein Recht auf Befriedigung nach § 371, nicht das Absonderungsrecht nach § 49 I Nr 4 KO. Kreditinstitute s **(8)** AGB-Banken Nr 19.

B. Für das Zurückbehaltungsrecht des **BGB** und **HGB** gilt: Es ist nicht von Amts wegen zu beachten, sondern nur auf Einrede, die zur Verurteilung Zug um Zug führt, § 274 I BGB; aufgrund solcher Verurteilung des Zurückhaltenden kann der andere Teil seinen Anspruch ohne Bewirkung seiner Leistung in der Zwangsvollstreckung verfolgen, wenn der Verurteilte im Annahmeverzug ist, § 274 II BGB, zB wenn er zwar das ihm Geschuldete annehmen, aber den Anspruch des anderen nicht erfüllen will, § 298 BGB. Ein Gläubiger, der Gegenstände zurückhält (§ 273 I, II BGB, 369 ff HGB), darf bei Verweisung auf die Zwangsvollstreckung in die zurückbehaltenen Gegenstände nicht in das übrige Schuldnervermögen vollstrecken (beneficium excussionis realis), § 777 ZPO. Ein vor Konkurseröffnung erworbenes Zurückbehaltungsrecht an Gegenständen nach §§ 369 ff HGB gewährt im Konkurs ein Recht auf abgesonderte Befriedigung aus diesen, ebenso ein solches Recht wegen Verwendungen auf den Gegenstand (§ 273 II BGB) in Höhe des noch vorhandenen, durch sie verursachten Vorteils, § 49 I Nr 3, 4 KO. Das Zurückbehaltungsrecht erlischt durch Befriedigung des Gläubigers, durch Besitzverlust, auch unfreiwilligen, vgl RG **109**, 105 (es lebt bei unfreiwilligem Besitzverlust durch Wiedererlangung des Besitzes rückwirkend wieder auf), durch Sicherheitsleistung, § 273 III BGB, § 369 IV HGB, s Anm 6.

2) Fällige Forderung zwischen Kaufleuten (I)

A. Das kfm Zurückbehaltungsrecht (§§ 369, 370) besteht **nur unter Kaufleuten**, also für Forderungen eines Kfm (§§ 1–4, auch 5) gegen einen Kfm (§§ 1–5), auch gegen den als Kfm Auftretenden (Rechtsscheinhaftung, s § 5 Anm 2, jedoch dann ohne das Dritte beeinträchtigende Absonderungsrecht im Konkurs, str, s Anm 1 B) aus zwischen ihnen geschlossenen **beiderseitigen Handelsgeschäften.** Beide Teile müssen Kfm sein (1) bei Entstehung der Forderung, sonst fehlt das beiderseitige HdlGeschäft (vgl D), und (2) bei Entstehung des Zurückbehaltungsrechts, nicht notwendig bei dessen Geltendmachung, das einmal entstandene Recht bleibt bestehen, auch wenn ein Teil die KfmEigenschaft verliert (oder beide).

B. Das Zurückbehaltungsrecht besteht für **Forderungen,** wohl nicht nur Geldforderungen oder die in solche übergehen können (aber nur wegen solcher kommt Befriedigung nach § 371, 372 in Betracht), sondern auch andere (vermögensrechtliche) Schuldforderungen, auch dingliche Ansprüche, zB auf Herausgabe von Eigentum (§ 985 BGB), str. Die Forderung braucht sich nicht auf den zurückbehaltenen Gegenstand zu beziehen (nicht konnex zu sein, vgl dagegen § 273 BGB, Text bei Anm 1); Ausnahme:

§ 369 3 IV. Buch. Handelsgeschäfte

(13) DepotG §§ 4 I, 30 für vom Zentralbankier für den Provinzbankier angeschaffte Wertpapiere.

C. Die Forderung, wegen der zurückbehalten werden soll, muß idR fällig sein, I 1 (anders in Notfällen, s § 370 I), fällig zZ der Geltendmachung des Zurückbehaltungsrechts, RG **106**, 249, nicht notwendig bei Erlangung des Besitzes an den zurückbehaltenen Gegenständen. Für eine unklagbare oder einredebehaftete, zB verjährte Forderung entsteht kein Zurückbehaltungsrecht, das vor Entstehen der Einrede, zB vor Verjährung begründete bleibt bestehen (wie beim gesetzlichen Pfandrecht). Schuldnerverzug unnötig, RG JW **28**, 1579.

D. Die Forderung muß hervorgehen aus einem **beiderseitigen Handelsgeschäft** (§§ 343, 344), geschlossen **zwischen** dem **Zurückhaltenden** und dem **Schuldner** der Forderung, auch Bereicherungsanspruch, jedenfalls bei Leistungskondition wie bei Überzahlung, BGH NJW **85**, 2418. Kein Zurückbehaltungsrecht kann zugunsten eines Dritten, zB Abtretungsempfängers, oder gegen einen Dritten, etwa den dritten Eigentümer verpfändeter Sachen, entstehen, RG HRR **28**, 1220. Gesamtnachfolge auf einer der Seiten ändert nichts; der Gläubiger kann vor und nach ihrem Eintritt in Besitz genommene Sachen zurückbehalten. Bei Übergang des Unternehmens nach § 25 muß der Erwerber die Zurückbehaltung wegen Forderungen dulden, die gegen den Veräußerer bestanden. Als Ausnahme entsteht bei Inhaber- und Orderpapieren ein Zurückbehaltungsrecht zugunsten jedes Gläubigers aus dem Papier gegen jeden Schuldner aus dem Papier, wenn der Erwerb des Papiers und die Eingehung der Verpflichtung ein HdlGeschäft sind, RG **9**, 45. Ist das Zurückbehaltungsrecht entstanden, so ist es zusammen mit der Forderung abtretbar, geht aber nicht ohne weiteres mit ihr über; § 1250 BGB ist nicht entspr anwendbar, hM. Das Zurückbehaltungsrecht allein ist nicht übertragbar.

3) Zurückzuhaltende Gegenstände (I)

A. Zurückgehalten werden dürfen nach I 1 **bewegliche Sachen** und **Wertpapiere**. Nicht ein angenommener Wechsel in der Hand des Annehmers, RG JW **28**, 232; nicht Rechte, namentlich Forderungen, Beweisurkunden, Ausweispapiere (Sparbücher, Hypothekenbriefe), RG **149**, 94, GesAnteilscheine, KfzBriefe, Ffm NJW **69**, 1720. Ein vertragliches Zurückbehaltungsrecht läßt sich an ihnen bestellen, es wirkt nicht gegen Dritte, zB im Konkurs des Schuldners, RG **91**, 157. An unpfändbaren Sachen ist das Zurückbehaltungsrecht möglich; die Ausübung kann aber als mißbräuchliche Rechtsausübung unzulässig sein. Einem gesetzlichen Veräußerungsverbot unterliegende Sachen können nach § 369 (auch § 370) zurückgehalten, nicht nach §§ 371, 372 verwertet werden (vgl Zurückhaltung für Nicht-GeldForderungen, s Anm 2 B); soweit das Verbot nur bestimmte Personen schützt oder sonst bedingt wirkt, ist das Verwertungsrecht entspr eingeschränkt; vgl §§ 134–136 BGB. Unanwendbarkeit der §§ 369, 370 auf Grundpfandbriefe, BGH BB **73**, 307. Unzulässig nach § 242 BGB ist wohl das Vorenthalten von Gegenständen ohne Verkehrswert, die der Schuldner aber braucht, Karlsr BB **72**, 1163 (Gußmodelle).

B. Die Sachen (Wertpapiere) müssen (im Zeitpunkt der Erfüllung der übrigen Voraussetzungen des Zurückbehaltungsrechts) im **Eigentum**

1. Abschnitt. Allgemeine Vorschriften 3 **§ 369**

(auch Miteigentum nach Bruchteilen) **des Schuldners** stehen, I 1 (Zurückhaltung eigener Sachen: § 369 I 2, s Anm D). Wegen Forderung gegen einen Gfter können Sachen der OHG, KG nicht zurückgehalten werden; wegen Forderung gegen eine OHG, KG Sachen eines Gfters (phG oder Kdtist) dann, wenn er persönlich haftet (phG: §§ 128, 161 II, Kdtist: §§ 171–176) und Gläubiger ihn auch persönlich in Anspruch nimmt, str. Kein gutgläubiger Erwerb des Zurückbehaltungsrechts an fremden Sachen entspr §§ 932 ff BGB, RG **69**, 16 (Spediteur, dazu **(19)** ADSp § 50, BGH **17**, 2). Hat der Dritte aber arglistig die Sache für eine Sache des Schuldners ausgegeben, so steht ihm die Einrede der Arglist entgegen. Ebenso, wenn der Vertragsteil, für dessen Rechnung abgeschlossen ist, dem Zurückbehaltenden zur Erfüllung seiner Verpflichtung geliefert hat, RG **152**, 121.

C. Die Sachen müssen mit Willen des Schuldners aufgrund von HdlGeschäften in den **Besitz des Gläubigers** gelangt sein. Mittelbarer Besitz genügt, wenn im Dritter, nicht der Schuldner selbst unmittelbar besitzt. Mitbesitz genügt in der qualifizierten Form des § 1206 BGB (betr Pfandrecht): die Sache muß unter Mitverschluß des Gläubigers sein; nicht genügt, daß Schuldner zwar rechtlich nicht allein über die Sache verfügen, wohl aber sie tatsächlich allein an sich nehmen kann, BGH BB **63**, 576 (wegen Rechtsähnlichkeit des kfm Zurückbehaltungsrechts mit dem Pfandrecht), Fall: Arbeitsgemeinschaft der Bauunternehmer A–B, Gerät des A am Bauplatz (aufgrund Mietvertrags oder Überlassung zur Benutzung als Beitrag, § 706 BGB), Gesamthandbesitz der Ges A–B, aber Zugriffsmöglichkeit für A allein. Besitzdienerschaft genügt nicht. Der Besitz muß **mit Willen des Schuldners erlangt** sein; es genügt, daß Schuldner nachträglich zustimmt (genehmigt). Der Wille muß nicht ausdrücklich erklärt werden, aber irgendwie hervorgetreten sein. Anfechtbarkeit schadet nicht; erfolgreiche Anfechtung vernichtet rückwirkend. Der Wille des Schuldners fehlt zB, wenn er nicht voll geschäftsfähig ist und gesetzlicher Vertreter nicht zustimmte oder wenn sich der Gläubiger den Besitz ohne die bedungene Gegenleistung verschafft hat, RG **46**, 202. Hat sich der Kfm mit erlaubter Eigenmacht in den Besitz gesetzt, muß er, um die Sache zu seiner Sicherung verwenden zu können, Arrest beantragen, § 230 II BGB; bei Verzögerung oder Ablehnung des Antrags muß er die Sache herausgeben, § 230 IV BGB, ein Zurückbehaltungsrecht hat er nicht, str. Widerruf des Willens nach Erwerb des Zurückbehaltungsrechts ist bedeutungslos. Der Besitz muß **aufgrund eines Handelsgeschäfts** erlangt sein, RG **26**, 58; es genügt, daß der Besitzerwerb HdlGeschäft ist, ebenso, daß man zunächst privat besitzt und dann aufgrund HdlGeschäfts; ein beiderseitiges HdlGeschäft ist unnötig. Auch hdlgeschäftliche (§§ 343, 344) Entgegennahme als Angebot zugesandter Ware genügt, ROHG **7**, 213, Hbg DB **63**, 1214, Ffm BB **76**, 333. Der Besitzüberlassungswille des Gegners muß noch bestehen im Zeitpunkt der Entstehung der Forderung des Zurückhaltenden, Hbg DB **63**, 124.

D. I 2 erlaubt **eigene, dem Schuldner zu übertragende** Sachen (Wertpapiere) zurückzuhalten, wenn der Zurückhaltende sie vom Schuldner (oder für diesen von einem Dritten) zu Eigentum bekam, zB eine vom Schuldner gekaufte Sache nach Anfechtung, Rücktritt, Wandlung, Rückkauf; Sicherungseigentum nach Deckung der so gesicherten Forderung (falls Eigen-

§ 369 4, 5   IV. Buch. Handelsgeschäfte

tum nicht dadurch schon an Schuldner zurückfiel, dann Fall I 1). S 2 ist ausdehnend auszulegen: Der Kfm darf immer zurückbehalten, wo er Besitz an eigenen Sachen mit Willen des Schuldners durch HdlGeschäft erlangt hat, Göppert ZHR **95**, (**30**) 55, str, so zB der Einkaufskommissionär an für den Kommittenten eingekauften Waren.

E. Das Zurückbehaltungsrecht besteht, solange der Gläubiger die Sachen (Wertpapiere) im **Besitz** hat, insbesondere mittels eines Traditionspapiers, nämlich Konnossements (§ 650), Ladescheins (§ 450), Lagerscheins (§ 424) ,,über sie verfügen" kann; Voraussetzungen und Bedeutung dieses Verfügenkönnens: § 424 Anm 2, 3.

4) Wirkung des Rechts gegen Dritte (II)

Das Zurückbehaltungsrecht nach §§ 369–372 besteht an Sachen (Wertpapieren) des Schuldners, uU des Gläubigers selbst, grundsätzlich nicht Dritter, § 369 I 1, 2, s Anm 3 B, D. Es bleibt aber nach **II** wirksam gegen einen Dritten, der **nachträglich** das **Eigentum** an der Sache durch Abtretung des Herausgabeanspruchs erworben hat, § 986 II BGB, entspr gegenüber Dritten, die nachträglich einen **Nießbrauch** oder ein **Pfandrecht** auf diese Weise erworben haben, §§ 1032, 1205 II, 1206 BGB. Nachträglich ist der Erwerb, wenn das Zurückbehaltungsrecht bereits begründet war, als er stattfand, wenn also damals die dieses Recht begründenden Tatsachen schon vorlagen. Späteren Pfändungspfandrechten geht das Zurückbehaltungsrecht vor, § 804 II ZPO, § 49 I Nr 4 KO. Es gibt gegenüber der Pfändung, die der Zurückbehaltungsberechtigte nach § 809 ZPO verhindern kann, die Erinnerung aus § 766 ZPO und die Widerspruchsklage des § 771 ZPO. Späteren gesetzlichen Pfand- und Zurückbehaltungsrechten gegenüber ist der Berechtigte machtlos. Er kann zB weder das gesetzliche Pfandrecht des Spediteurs an der Ware abwehren, noch einem Konnossement, Ladeschein, Lagerschein entgegentreten, noch das Verfolgungsrecht des Verkäufers oder Einkaufskommissionärs, § 44 KO, abwenden, RG **8**, 81. Das Zurückbehaltungsrecht gibt im Konkurs ein Absonderungsrecht, § 49 I Nr 4 KO. Anfechtung der Besitzübertragung nach KO und AnfG. Nach Konkurseröffnung läßt sich kein Zurückbehaltungsrecht mehr mit Wirkung gegen die Konkursgläubiger begründen, § 15 KO.

5) Ausschluß des Zurückbehaltungsrechts (III)

Das Zurückbehaltungsrecht entfällt nach III (anders in Notfällen, s § 370 II), wo der Gläubiger in bestimmter Weise mit dem Gegenstand verfahren muß, und zwar laut vor oder bei Übergabe erteilter **Weisung** des Schuldners, oder kraft einer irgendwann vom Gläubiger übernommenen **Verpflichtung**, die grundsätzlich auch stillschweigend sein kann, aber nicht schon in Besitzerlangung laut entspr Rechtsverhältnis liegt, RG JW 00, 756. Bsp: Gläubiger hat sich verpflichtet, die Sache zur Verfügung des Schuldners zu halten, RG **12**, 91; wer auf Probe gekauft hat, darf nur wegen Forderungen zurückbehalten, die gerade mit diesem Kauf zusammenhängen, etwa wegen Vorschußleistung oder Lagergeld; wer als Spediteur oder Frachtführer an Dritte zu versenden hat, darf nicht wegen Forderungen an den Absender zurückbehalten; die Bank als Zeichnungsstelle darf den Zeichnern auszuliefernde Anleihestücke nicht wegen Forderungen gegen die vermittelnde Bank zurückhalten, RG **146**, 59, jetzt (**13**) DepotG § 30.

1. Abschnitt. Allgemeine Vorschriften   1 § 370

Kein Ausschluß zB, wenn der Gläubiger die Ware wegen Mängel zur Verfügung stellt, RG **98,** 69; wenn die Ware zur Verwahrung übergeben ist, Denkschrift 579; bei Waren, die zur Bearbeitung oder Ausbesserung übergeben sind; wenn die Weisung des Schuldners usw nur die selbstverständliche Verpflichtung zur Herausgabe ausspricht. Überhaupt kann eine Weisung des Schuldners nur in Betracht kommen, wo Treu und Glauben ihre vorzugsweise Beachtung verlangen; die selbstverständliche Verpflichtung, die Sache herauszugeben oder zurückzugeben, genügt nicht.

6) Abwendung der Zurückhaltung (IV)

IV entspricht wörtlich dem § 273 III BGB (nur nennt das BGB den, der Herausgabe verlangen kann, Gläubiger, HGB nennt so den Gläubiger der gesicherten Forderung). Der Schuldner kann die Ausübung des Zurückbehaltungsrechts jederzeit durch Sicherheitsleistung nach §§ 232ff BGB abwenden, jedoch nicht (vgl § 232 II BGB) durch Bürgschaft. Sicherheit nötig in Höhe der zu sichernden Forderung; ist der Wert der zurückbehaltenen Sachen geringer, so entscheidet er, str, vgl RG **137,** 355. Erbietet sich der Schuldner zur Sicherheitsleistung, so wendet das die Zurückhaltung noch nicht ab, doch kann das Urteil die Herausgabepflicht vom Nachweis der Sicherheitsleistung abhängig machen, RG **137,** 355. Der Schuldner darf auch die Sache gegen Zahlung ihres Werts auslösen. An der hinterlegten Sicherheit erwirbt der Gläubiger ein Pfandrecht, § 233 BGB.

[Außerordentliches Zurückbehaltungsrecht]

370 ^I Das Zurückbehaltungsrecht kann auch wegen nicht fälliger Forderungen geltend gemacht werden:
1. **wenn über das Vermögen des Schuldners der Konkurs eröffnet ist oder der Schuldner seine Zahlungen eingestellt hat;**
2. **wenn eine Zwangsvollstreckung in das Vermögen des Schuldners ohne Erfolg versucht ist.**

^{II} Der Geltendmachung des Zurückbehaltungsrechts steht die Anweisung des Schuldners oder die Übernahme der Verpflichtung, in einer bestimmten Weise mit dem Gegenstande zu verfahren, nicht entgegen, sofern die in Absatz 1 Nr. 1 und 2 bezeichneten Tatsachen erst nach der Übergabe des Gegenstandes oder nach der Übernahme der Verpflichtung dem Gläubiger bekannt werden.

1) Zurückbehaltungsrecht wegen nicht fälliger Forderungen (I)

A. Auch wegen nicht fälliger Forderungen kann nach § 370 (**Notzurückbehaltungsrecht**) zurückbehalten werden. Das gilt nach **I Nr 1: a)** bei **Konkurseröffnung** (auch nur im Ausland) über das Vermögen des Schuldners; Konkursantrag genügt nicht, auch nicht Antrag auf oder Anordnung der Nachlaßverwaltung; das Zurückbehaltungsrecht erlischt durch Aufhebung des Eröffnungsbeschlusses, nicht durch Aufhebung oder Einstellung des Konkurses; **b)** bei **Zahlungseinstellung** des Schuldners, wenn eine voraussichtliche dauernde Unfähigkeit, sich die Mittel zur Bezahlung fälliger Geldschulden zu beschaffen, nach außen erkennbar geworden ist, vgl RG **50,** 41 (s auch § 102 KO); nicht bei Überschuldung, nicht solange Zah-

§ 371 IV   IV. Buch. Handelsgeschäfte

lungseinstellung nur zu erwarten ist, RG **3**, 114; Arrest oder Wechselprotest reichen allein nicht aus, können aber mit anderen Tatsachen Zahlungseinstellung belegen.

B. Dasselbe gilt nach **I Nr 2** wenn irgendwer **erfolglos** in das Vermögen des Schuldners **Vollstreckung** versucht hat, zu verstehen wie in § 772 I BGB und § 135 HGB, also Vollstreckung in Forderungen, sonstige Rechte und Liegenschaften unnötig; Nachweis durch Pfändungsprotokoll; muß vor nicht zu langer Zeit versucht sein; Gegenbeweis der Zahlungsfähigkeit nur in dem Sinn statthaft, daß ein unglücklicher Zufall oder dergl vorlag. Die Voraussetzungen des Notzurückbehaltungsrechts müssen bei Ausübung vorliegen. Der Zurückbehaltung nach § 370 steht grundsätzlich nicht entgegen, daß Gläubiger seinerseits mit der Herausgabe des Gegenstands (den er jetzt zurückhält) im Verzug war, die unzulässige Zurückhaltung kann so zulässig werden (denn jetzt würde die Herausgabe unbillig den Schuldner begünstigen, den Gläubiger gefährden), str.

2) Zurückbehaltungsrecht trotz Weisung oder Verpflichtung (II)

Die Weisung oder Verpflichtung (§ 369 III) hindert die Zurückhaltung nicht, wenn dem Gläubiger nach Empfang des Gegenstands oder nach Übernahme solcher Verpflichtung ein **Notfall, I,** bekannt wird, **II.** Gleich ist, ob Gläubiger die Kreditunwürdigkeit des Schuldners bei Begründung seiner Forderung oder als er die Sachen, Wertpapiere des Schuldners empfing, hätte kennen müssen.

[Befriedigungsrecht]

371 ^I Der Gläubiger ist kraft des Zurückbehaltungsrechts befugt, sich aus dem zurückbehaltenen Gegenstande für seine Forderung zu befriedigen. Steht einem Dritten ein Recht an dem Gegenstande zu, gegen welches das Zurückbehaltungsrecht nach § 369 Abs. 2 geltend gemacht werden kann, so hat der Gläubiger in Ansehung der Befriedigung aus dem Gegenstande den Vorrang.

^{II} Die Befriedigung erfolgt nach den für das Pfandrecht geltenden Vorschriften des Bürgerlichen Gesetzbuchs. An die Stelle der in § 1234 des Bürgerlichen Gesetzbuchs bestimmten Frist von einem Monate tritt eine solche von einer Woche.

^{III} Sofern die Befriedigung nicht im Wege der Zwangsvollstreckung stattfindet, ist sie erst zulässig, nachdem der Gläubiger einen vollstreckbaren Titel für sein Recht auf Befriedigung gegen den Eigentümer oder, wenn der Gegenstand ihm selbst gehört, gegen den Schuldner erlangt hat; in dem letzteren Falle finden die den Eigentümer betreffenden Vorschriften des Bürgerlichen Gesetzbuchs über die Befriedigung auf den Schuldner entsprechende Anwendung. In Ermangelung des vollstreckbaren Titels ist der Verkauf des Gegenstandes nicht rechtmäßig.

^{IV} Die Klage auf Gestattung der Befriedigung kann bei dem Gericht, in dessen Bezirke der Gläubiger seinen allgemeinen Gerichtsstand oder den Gerichtsstand der Niederlassung hat, erhoben werden.

1. Abschnitt. Allgemeine Vorschriften   1-3 § 371

1) Befriedigungsrecht (I)

Das Befriedigungsrecht des Gläubigers nach I macht das kfm Zurückbehaltungsrecht **dem Pfandrecht ähnlich,** ohne es dinglich zu machen, vgl § 369 Anm 4. **Voraussetzung** ist **Befriedigungsreife,** nämlich Fälligkeit der gesicherten Forderung, auch beim Notzurückbehaltungsrecht nach § 370 I (anders im Konkurs; § 65 KO) und Vorliegen **einer Geldforderung,** vgl § 1228 BGB, § 369 Anm 2 B. Wirkt das Zurückbehaltungsrecht gegen Dritte, § 369 II, so gibt es ein Recht auf vorzugsweise Befriedigung. Der Gläubiger braucht die Sache nicht einem Dritten zum Verkauf herauszugeben, § 1232 BGB. Befriedigt er sich, so hat er den Überschuß dem dritten Berechtigten herauszugeben. Ebenso darf der Dritte den Gläubiger befriedigen; er erwirbt damit die Forderung ohne Zurückbehaltungsrecht, §§ 1249, 268 BGB.

2) Vollstreckungsbefriedigung (III 1 Halbsatz 1)

Dem Gläubiger stehen **zwei Wege** offen, die in II besonders geregelte Verkaufsbefriedigung (s Anm 3) und die Vollstreckungsbefriedigung. Letztere ist selbstverständlich zulässig (vgl klarstellend III 1 Halbs 1). Bei ihr erwirkt der Gläubiger einen Titel mit der gewöhnlichen Zahlungsklage; dann kann er aus diesem Titel vollstrecken, auch die zurückbehaltene Sache pfänden und verkaufen lassen.

3) Verkaufsbefriedigung (II–IV)

A. Die **Durchführung** der Verkaufsbefriedigung nach **II** erfolgt nach **Pfandrechtsvorschriften** (II 1) mit Fristkürzung (vgl für Pfandverkauf § 368) und erschwert durch das Erfordernis eines vollstreckbaren Titels (III, s Anm B). Verkauf in öffentlicher Versteigerung, bei Börsen- oder Marktpreis auch freihändiger Verkauf, § 1235 BGB; nach öffentlicher Bekanntmachung, § 1237 BGB. Vorherige Androhung mit einer Woche Frist, II, § 1234 BGB (an Eigentümer, bei III, IV an Schuldner). Benachrichtigung des Eigentümers (oder Schuldners), III, vom Verkauf und seinem Ergebnis, §§ 1237, 1241 BGB. Ist eine andere Art der Verwertung den Beteiligten vorteilhafter, so kann sie jede Partei verlangen und bestimmt sie im Streitfall das Gericht des Orts, wo sich die Sache befindet, § 1246 BGB. Einer vorherigen Zwangsvollstreckung bedarf es nicht. Der Gläubiger darf aber statt der Pfandverwertung die Zwangsvollstreckung wählen; sie setzt einen anderen Titel voraus, s Anm 2. Die Parteien können vereinbaren, daß der Gläubiger ohne Titel verwerten darf. Wertpapiere darf der Gläubiger öffentlich versteigern lassen, freihändig verkaufen oder einziehen, je nach Sachlage, §§ 1282, 1294, 1295 BGB; ist keine dieser Arten der Befriedigung möglich, § 1277 BGB, wie bei Namensaktien ohne Börsenpreis, so bleibt nur Befriedigung durch Zwangsvollstreckung, Denkschrift 214. Der den Anspruch überschießende Erlös tritt an Stelle der Sache, § 1247 BGB; der Gläubiger kann ihn wegen anderer Forderungen zurückbehalten.

B. Die Notwendigkeit eines **vollstreckbaren Titels** nach **III 1** für die Verkaufsbefriedigung ist gegenüber den Pfandrechtsvorschriften eine (wegen der erleichterten Voraussetzungen des kfm Zurückbehaltungsrechts gerechtfertigte) Erschwerung. Der Gläubiger klagt auf Gestattung der Befriedigung aus dem zurückbehaltenen Gegenstand gemäß II; erlangt er hier einen Titel, so kann er entweder die Sache wie eine ihm verpfändete Sache

§ 372 IV. Buch. Handelsgeschäfte

verkaufen (Anm A) oder sie ohne Pfändung wie eine gepfändete Sache verkaufen lassen, § 1233 II BGB und ZPO. Zwangsvollstreckung in den Gegenstand ist aufgrund dieses Titels (anders bei Vollstreckungsbefriedigung s Anm 2) unmöglich. Die Klage gemäß III ist Gestaltungsklage. Sie bedarf des Nachweises einer Forderung, die das Zurückbehaltungsrecht begründet, nicht der Bezifferung dieser Forderung, Hbg MDR **58**, 343, **60**, 315. Richtiger Beklagter ist der Eigentümer; gehört der Gegenstand dem Gläubiger selbst, § 369 I 2, der Schuldner; bei Forderung gegen OHG nur diese, nicht (nach § 128) die Gfter (einerlei, ob Sache im Eigentum der OHG oder im Eigentum des Gläubigers mit Herausgabepflicht an OHG), LG Hbg NJW **52**, 826. Die Klage ist auch geeignetenfalls im Urkundenprozeß zu erheben, str; auch Mahnverfahren zulässig (in diesen Verfahren aber Bezifferung der Forderung nötig). Zulässig ist Verbindung der Klage nach § 371 III (im Gerichtsstand des IV) mit Klage zur Ermittlung der Höhe der Forderung, zB auf Buchauszug (§ 87 c II) nach § 254 ZPO (Stufenklage), Hbg MDR **58**, 343. Bei Anerkennung des Schuldners, der keinen Anlaß zur Klage gab, trägt Gläubiger die Kosten, § 93 ZPO, zB wenn Schuldner der Verwertung des Gegenstands zustimmte. Das Urteil muß die Gegenstände, für die es Befriedigung erlaubt, bezeichnen. Es braucht nur vorläufig vollstreckbar zu sein; bei nachträglicher Aufhebung Ersatzpflicht des Gläubigers nach § 717 ZPO. Zulässig im Verfahren gemäß III (im Gerichtsstand des IV) ist auch Inzidentklage (§ 280 ZPO) auf Feststellung der Höhe des gesicherten Anspruchs (zB aus § 89 b), Hbg MDR **60**, 315.

C. **Zuständig** ist nach **IV** das Gericht des allgemeinen Gerichtsstands oder der Niederlassung des Gläubigers (also abw von der Regel der Gerichtsstand des Klägers). Die Regelzuständigkeiten bleiben daneben. Ob Vereinbarung eines anderen Orts als Gerichtsstand (zB des Sitzes des Schuldners) den Gerichtsstand des § 371 IV ausschließt, ist Tatfrage, ohne Vermutung für oder gegen, Hbg MDR **60**, 315.

D. **Unrichtige Veräußerung** ist in gewissen Fällen rechtmäßig, verpflichtet nur Gläubiger bei Verschulden zu Schadensersatz. In anderen Fällen ist sie nicht rechtmäßig, aber zugunsten eines gutgläubigen Erwerbers wirksam; trotz des Fehlens des vollstreckbaren Titels für das Befriedigungsrecht, **III 2** (wenn nicht noch andere, den Schutz Gutgläubiger nach § 1244 BGB ausschließende Fehler begangen sind). Gewisse Fehler hindern auch die Wirkung zugunsten gutgläubiger Erwerber. So §§ 1243 I, II, 1244 BGB anwendbar nach § 371 II 1, vgl § 368 Anm 2.

[Eigentumstiktion und Rechtskraftwirkung bei Befriedigungsrecht]

372 ¹ In Ansehung der Befriedigung aus dem zurückbehaltenen Gegenstande gilt zugunsten des Gläubigers der Schuldner, sofern er bei dem Besitzerwerbe des Gläubigers der Eigentümer des Gegenstandes war, auch weiter als Eigentümer, sofern nicht der Gläubiger weiß, daß der Schuldner nicht mehr Eigentümer ist.

ᴵᴵ Erwirbt ein Dritter nach dem Besitzerwerbe des Gläubigers von dem Schuldner das Eigentum, so muß er ein rechtskräftiges Urteil, das in einem zwischen dem Gläubiger und dem Schuldner wegen Gestattung der Befriedigung geführten Rechtsstreit ergangen ist, gegen sich gelten lassen, sofern nicht der Gläubiger bei dem Eintritte der Rechtshängigkeit gewußt hat, daß der Schuldner nicht mehr Eigentümer war.

1) **Wechsel im Eigentum** (vom Schuldner zu Dritten), nach dem Besitzerwerb des Gläubigers, hindert nicht die rechtsgültige Befriedigung, solange Gläubiger von ihr nicht weiß (Wissenmüssen ist unerheblich); das nach § 371 III gegen den Schuldner erwirkte rechtskräftige Urteil wirkt auch gegen den neuen Eigentümer; so auch, wenn das Eigentum (nach dem Besitzerwerb des Gläubigers) schon vor der Klage, nicht erst während des Prozesses überging. Gläubiger kann das gegen den Schuldner erwirkte Urteil auf den neuen Eigentümer umschreiben lassen, § 727 ZPO; wenn das nicht erreichbar: gegen den neuen Eigentümer klagen, entweder auf Vollstreckungsklausel nach § 731 ZPO oder unmittelbar aus § 371 III.

Zweiter Abschnitt. Handelskauf

Überblick vor § 373

Schrifttum: Zum Kaufrecht s Komm zu §§ 433 ff BGB. – Zum finanzierten Abzahlungskauf s (7) Bankgeschäfte V. – Zum internationalen Kauf s Anm 6. – RsprÜbersicht zum Kaufrecht: *Hiddemann* WM Sonderbeil 5/**82**.

Übersicht
1) Kauf
2) Besondere Kaufformen und -abreden
3) Handelskauf
4) Handelsklassen für Waren
5) Vertragshändler
6) Internationaler Verkehr

1) Kauf

A. **Kauf** ist Umsatz von Sachen oder Rechten gegen Geld. Der Kauf ist in §§ 433 ff BGB geregelt. Auch Geschäfts- und Betriebsgeheimnisse, die Kundschaft und andere geschäftliche Werte wie Goodwill eines Geschäfts. (Einl II 1 B vor § 1) können Gegenstand eines Kaufs sein vgl RG **82,** 159. Der Kauf ist schuldrechtlicher, gegenseitiger Vertrag. Er verpflichtet zum Abschluß eines dinglichen Vertrags, zur Übertragung des Eigentums. Der Barkauf macht nur eine scheinbare Ausnahme, weil bei ihm schuldrechtliches und Erfüllungsgeschäft zeitlich zusammenfallen. Abgrenzung des Kaufs gegen andere Rechtsgeschäfte ist nicht immer leicht. **Tausch** (§ 515 BGB) ist Umsatz von Sachen und Rechten gegen Sachen und Rechte, wobei auch eine Nebenleistung in Geld nicht schadet, RG **88,** 364. **Werkvertrag** (§ 631 BGB) verpflichtet zur Herstellung des versprochenen Werks, zur Leistung einer Arbeit, nicht zur Lieferung von Sachen oder Rechten. **Werklieferungsvertrag** (§ 651 BGB), verpflichtet zur Herstellung des Werks aus einem vom Unternehmer zu beschaffenden Stoff. Darum wird er, soweit eine vertretbare Sache herzustellen ist (uneigentlicher Werklieferungsvertrag) als Kauf behandelt; ist eine nicht vertretbare Sache herzustellen, so gilt ein Teil der Regeln des Kaufs, ein Teil der des Werkvertrags (s für das HdlRecht § 381 II). **Miete** und **Pacht** (§§ 535, 581 BGB) sind auf entgeltliche Gebrauchsüberlassung gerichtet, nicht auf Verschaffung des Eigentums. Der **Lizenzvertrag** geht auf Überlassung von Nutzungen an einem Recht, nicht auf Überlassung des Rechts selbst. Auch ein **Darlehen** (§ 607 BGB) kann sich, zB bei der Wechseldiskontierung, dem Kauf nähern, s (7) Bankgeschäfte VI. Vorkaufsrecht s §§ 504ff BGB. Vertragshändler s Anm 5. „Durchhandeln" eingelagerter Ware s § 424 Anm 1 E. Unterscheidung von **Kommission** s § 383 Anm 1 C. **Industrieanlagenvertrag** ist ein Vertrag eigener Art, auf den je nach Gegenstand und Ausgestaltung Kauf- oder Werklieferungsvertragsrecht (dann §§ 373ff, 381 II) oder Werkvertragsrecht Anwendung finden; Monographie: Joussen 1981; Vertragsmuster MüVertragsHdb Bd 2 XII. Internationale Käufe s Anm 6. RsprÜbersicht: Mezger WM **75,** 878; Schiedsgerichtspraxis: St-Ul 1982.

B. **Abschluß** des Kaufvertrags ist formlos (Ausnahmen §§ 311, 312 II, 313, 2371 BGB, § 15 GmbHG). Ausfüllung eines Auftragsformulars (zB durch Vertreter des Lieferers) ist oft nach HdlBrauch nur beweissichernde Aufzeichnung nach mündlichem Abschluß, also für die Verbindlichkeit des Abschlusses nicht erforderlich, IHK Eßlingen BB **51,** 234. Der Verkaufsantrag (die Offerte) braucht sich nicht an eine bestimmte Person zu richten (zB Warenautomaten). Dagegen gelten an die Allgemeinheit gerichtete Angebote idR nur als Aufforderung zu einem Vertragsantrag, so Werbung, Warenauslage. Der Vertrag kommt idR mit Einigung über Ware und Preis zustande. In manchen Sparten des Rechtsverkehrs (bewirtschaftete Waren, Devisen, Liegenschaften, Höferecht usw) braucht es zur Gültigkeit des Vertrags mehr, insbesondere behördliche Genehmigungen.

C. Der **Kaufpreis** kann (abgesehen von Spezialbereichen, Bsp gewisse Agrarprodukte, Energieträger) frei vereinbart werden. Preiskalkulation und culpa in contrahendo s Basedow NJW **82,** 1030. Preisauszeichnung ua nach PAngV s (7) Bankgeschäfte IV 2 A b. **Grenzen** setzen **a)** § 138 BGB; **b)** das Wettbewerbs- und Kartellrecht (UWG, GWB, s Einl III vor § 1), s zu § 22 GWB (Preiskontrolle nur in engem Rahmen) BGH **67,** 104 („Vitamin B 12"), **68,** 23 („Valium"); **c)** in Ausnahmefällen das Preisrecht, ausgehend insbesondere vom PreisG 10. 4. 1948 WiGBl 27, ergänzt durch das Generalverbot der Preisüberhöhung für Gegenstände lebenswichtigen Bedarfs, § 4 WiStG 1954 idF vom 3. 6. 1975 BGBl I S 1313; dazu BGHSt DB **63,** 372.

D. Der vereinbarte Kaufpreis bezeichnet iZw vollständig den Umfang der Käuferzahlungsschuld, gilt also ua einschließlich **Mehrwertsteuer.** Der Käufer hat diese nicht außerdem dem Verkäufer zu erstatten; er kann diese aber auch nicht vom Kaufpreis abziehen, wenn Verkäufer nicht der MWSt unterfällt, auch nicht bei Klarstellung „einschließlich MWSt". Dieser zivilrechtliche Entgeltbegriff ist unberührt von dem Nettoentgeltbegriff des UStG. Abw HdlBrauch war (bisher) nicht feststellbar (vgl dazu § 346 Anm 2 A); abw Auslegung im Einzelfall möglich nach § 157 BGB; BGH **58,** 295, WM **73,** 678, Nürnb WM **73,** 796; eine DIHT-Umfrage von 1974 änderte daran wohl nichts, Düss BB **76,** 572; aA Schaumburg NJW **75,** 1261. Zur Überwälzung höherer (Mehrwert-)Steuer Düss NJW **79,** 1509, durch AGB s (5) AGBG § 11 Nr 1. Klage auf Rechnung (§ 14 I UStG) bei vollständigem Auswechseln der Gfter der OHG, KG (vgl § 124 Anm 2 B) s BGH WM **75**, 77 (nicht gegen einen Ausgeschiedenen allein). Vgl betr Makler § 93 Anm 7 B, betr Bauvertrag (mit Einheitspreisen) Karlsr OLGZ **72**, 202.

2) Besondere Kaufformen und -abreden

A. **Kauf nach Probe (Muster)**, § 494 BGB: unbedingter Kauf; positive Eigenschaften der Probe sind zugesichert, (erkennbare) Mängel der Probe vom Käufer genehmigt, BGH **LM** § 460 BGB Nr 1; bei übermäßiger Abweichung der Probe von der Bestellung (Fall § 378 Halbs 2) führt Nichtbeanstandung der Probe nicht zum Rechtsverlust, BGH **LM** § 378 Nr 1. Vorlegung der Probe unnötig und nicht beweisend, vgl RG **94**, 337. Aushändigung eines Musters spricht nach der Lebenserfahrung für Kauf nach Probe. ,,Ausfallproben" werden nach Kaufabschluß gegeben und sollen dem Käufer nur den vermutlichen Ausfall der Ware zeigen RG HRR **28**, 11. ,,Nur nach Muster" schließt Haftung für heimliche Mängel der Probe aus, vgl RG **95**, 45. ,,Nach Typ" bedeutet, daß das Typenmuster nur den Durchschnitt der Warengattung kennzeichnet, vgl RG LZ **15**, 354.

B. **Kauf auf Probe (Besicht)**, § 495 BGB: (iZw) unter der aufschiebenden Bedingung der ins freie Belieben des Käufers gestellten Billigung des Kaufgegenstandes, den der Käufer untersuchen darf. Frist für die Billigung s § 496 BGB. Klausel: Zahlung ,,nach Wareneingang und Gutbefund" bedeutet uU so bedingten Kauf, zB wenn Verwendbarkeit des Kaufgegenstands noch zweifelhaft ist, Düss BB **73**, 1372. Bei Gattungskauf (-Werklieferungsvertrag) ist typisch anstelle der Prüfung des (ganzen) Kaufgegenstands die eines Musters (Kauf ,,unter Vorbehalt der Musterkonvenienz"); ein ,,Ausfallmuster" muß unter den Bedingungen der kommenden Serienherstellung hergestellt sein; Pflicht des Käufers (Bestellers) zur Bezahlung des Musters nicht ohne weiteres, uU aus besonderem Kauf-(Werk-)Vertrag; Karlsr BB **71**, 1385. Bei Kauf (einer Landwirtschaftsmaschine) ,,auf Feldprobe": Abnahmepflicht bei Bewährung der vertragsmäßigen, ggf zugesicherten Eigenschaften unter den speziellen Bedingungen des Käufer-Betriebs, Mü NJW **68**, 109. Kauf nach Besicht schließt idR Haftung für Mängel, die Käufer erkannte oder infolge grober Fahrlässigkeit nicht erkannte, aus.

C. **Kauf mit Wiederkaufsrecht**, §§ 497 ff BGB: Kauf mit **Rückgaberecht**, ,,Konditionsgeschäft", Kauf ,,auf Kondition" (auch ,,in Kommission", dazu § 383 Anm 1 C), typisch im Großhandel mit manchen Waren (zB Bücher, Schmuck, Teppiche, Kleidung), ist entweder Kauf mit aufschiebender Bedingung des Weiterverkaufs oder auflösender der Rückgabe wegen Nichtweiterverkaufs oder (drittens) aufschiebender Bedingung der Nichtrückgabe binnen bestimmter Frist, BGH BB **75**, 393. Offen ob Vermutung (wegen schwächerer Bindung) für aufschiebende Bedingung; für solche spricht jedenfalls Rückgaberecht nach freiem Belieben, ähnlich Fall § 495, BGH BB **75**, 393; s auch Karlsr BB **71**, 1123, **72**, 552. Gefahrtragung bei aufschiebender Bedingung des Weiterverkaufs s BGH NJW **75**, 776 (vgl § 390 Anm 1 A). Kauf mit **Umtauschrecht**: unbedingt, jedoch mit Recht des Käufers, anstelle des zunächst bestimmten einen anderen Kaufgegenstand zu bestimmen (Frist, Gattung, Preisklasse wie vereinbart).

D. **Vorkaufsrecht** s §§ 504ff, 1094ff BGB.

E. Andere gesetzlich nicht geregelte Kaufformen bzw -abreden betreffen ua: **a)** Kaufgegenstand, zB **Unternehmenskauf,** s Einl II 2 B vor § 1; **b)** die Lieferungsweise, zB in Teilmengen, die je einzeln zu bezahlen sind, so beim **Sukzessivlieferungskauf** oder Dauerkauf; **c)** die Lieferfrist, zB **Kauf auf Abruf,** bei dem der Käufer den Zeitpunkt der Lieferung innerhalb der Abrufsfrist bestimmt, aber doch die gesamte Stückzahl abnehmen muß, Ffm DB **81,** 471, und der Verkäufer vor Ablauf der Abrufsfrist erst nach Abruf, nach Fristablauf nur nach Ankündigung liefern darf; **d)** die Zahlung und Finanzierung durch Dritte, zB **Abzahlungskauf,** s AbzG (nicht anwendbar auf eingetragene Kflte, § 8), und **finanzierter Abzahlungskauf** s **(7)** Bankgeschäfte V; **e)** die Art der Auslieferung und Eigentumsverschaffung zB **Streckengeschäft** (Kettenhandel, s § 377 Anm 4 A), Eigentum wandert durch die Kette, BGH NJW **82,** 2371, s Anm 6 C, anders beim **Durchhandeln,** s § 424 Anm 1 E.

3) Handelskauf

A. HdlKauf (Überschrift Abschn 2, §§ 373–382), ist Kauf von **Waren** (so §§ 373, 374, 376–380; dagegen sprechen §§ 375, 381 II von **beweglichen Sachen,** was auf dasselbe hinauslaufen dürfte, da Waren handelbare bewegliche Sachen sind, vgl bei § 1 II Nr 1) oder **Wertpapieren** (§ 381 I, vgl bei § 1 II Nr 1), der HdlGeschäft (§§ 343, 344) ist, auch nur einseitiges (nur §§ 377–379 verlangen zweiseitiges). Kauf und Verkauf anderer Gegenstände (zB Grundstücke, Rechte, vgl auch Anm 1 A) ist nach Maßgabe §§ 343, 344 HdlGeschäft, nicht HdlKauf, fällt nicht unter §§ 373ff; deren entspr Anwendung kommt in Betracht, soweit ihre Bestimmungen mehr von der KfmEigenschaft der Beteiligten als von der Art des Kaufgegenstands ausgehen.

B. Das HGB gibt für den HdlKauf (und HdlTausch, vgl § 515 BGB, Werklieferungsvertrag, § 381 II, vgl Anm 1 A) nur wenige Vorschriften, namentlich zugunsten des Verkäufers, im übrigen gilt für HdlKäufe **BGB,** die meisten Vorschriften des ADHGB über den HdlKauf sind ins BGB aufgenommen. Natürlich ergibt der HdlVerkehr Besonderheiten bei Anwendung des BGB-Kaufrechts, Bsp: nie gilt Weiterverkauf einer Ware als ausgeschlossen, auch nicht im Herstellerbetrieb, daher darf Käufer den Schadensersatz wegen Nichterfüllung immer abstrakt berechnen, Düss BB **53,** 129. Über HdlKlauseln s § 346 Anm 5.

4) Handelsklassen für Waren

A. Das HdlKlassenG idF 23. 11. 72 BGBl I 2201 bestimmt:

HdlKlassenG 1 [Gesetzliche Handelsklassen]

[I] Zur Förderung der Erzeugung, der Qualität und des Absatzes von Erzeugnissen der Landwirtschaft und der Fischerei sowie zur Förderung der Marktübersicht bei diesen Erzeugnissen kann der Bundesminister für Ernährung, Landwirtschaft und Forsten (Bundesminister) im Einvernehmen mit den Bundesministern für Jugend, Familie und Gesundheit und für Wirtschaft mit Zustimmung des Bundesrates durch Rechtsverordnung gesetzliche Handelsklassen einführen.

[II] Erzeugnisse im Sinne des Absatzes 1 sind die in der Landwirtschaft einschließlich des Gemüse-, Obst-, Garten- und Weinbaues, der gewerblichen Tierhaltung und der Imkerei und die in der Fischerei gewonnenen Erzeugnisse, ferner die daraus durch Be-

2. Abschnitt. Handelskauf 5 **Überbl v § 373**

und Verarbeitung hergestellten Lebensmittel; ausgenommen sind die den Vorschriften des Weingesetzes unterliegenden Erzeugnisse.

III (ergänzende Ermächtigung zur Durchführung von EWG Vorschriften)

Nach § 2 I sind durch VO nach § 1 I die Merkmale zu bestimmen, welche die Erzeugnisse mindestens aufweisen müssen, wenn sie nach gesetzlichen HdlKlassen in den Verkehr gebracht werden. Nach § 2 II können ferner durch VO nach § 1 weitere Bestimmungen getroffen werden, ua das zwingende Gebot des Inverkehrbringens nach HdlKlassen (Nr 2).

B. Das **Saatgutverkehrsgesetz** idF 23. 6. 75 BGBl 1453 erklärt (ähnlich wie früher des HdlKlassenG) in § 33 beim Vertrieb von Saatgut Sortenechtheit, Artenechtheit und gewisse weitere Anforderungen als zugesichert (mit den Folgen nach §§ 459 II, 463, 480 II BGB). Ferner trifft § 33 Sonderbestimmungen betr Gewährleistungsbeschränkung, Möglichkeit der Schadensersatzminderung, Verjährung von Gewährleistungsansprüchen.

C. Das Recht zur Führung von **Gütezeichen** kann nach Gesetz (zB § 24 Milch- und FettG idF 10. 12. 52 BGBl 811, § 10 ButterVO idF 10. 8. 70 BGBl 1287, § 11 KäseVO idF 19. 2. 76 BGBl 321) oder nach HdlBrauch auf Waren bestimmter HdlKlassen beschränkt sein.

5) Vertragshändler

A. **Vertragshändlervertrag** (Eigenhändler, s auch Zwischenhändler, Großhändler, Anm F) ist ein auf gewisse Dauer geschlossener Rahmenvertrag, der den einen Teil (**Vertrags- oder Eigenhändler,** Konzessionär) „in die Verkaufsorganisation des Herstellers eingliedert" und ihn verpflichtet, Waren des anderen (Hersteller, Lieferant) im eigenen Namen und auf eigene Rechnung zu vertreiben, so BGH **29,** 87, **34,** 285, **54,** 340, **74,** 140. Der Warenbezug des Vertragshändlers une seine Vertriebspflicht hängen zusammen, die **einzelnen Kaufverträge zwischen Hersteller und Vertragshändler** sind, obwohl vom Vertragshändlervertrag weitgehend vorgegeben, rechtlich selbständig, BGH **74,** 140; erst recht gilt das für die **Kaufverträge zwischen Vertragshändler und Endabnehmer** (idR keine direkten Vertragsbeziehungen zwischen Hersteller und Endabnehmer, s Anm Γ). Vertragshändler „zweiter Stufe" sind Händler in ähnlichem Vertrag mit einem Vertragshändler („erster Stufe"); sittenwidrige Knebelung durch solchen Vertrag (5 Jahre, bei Kündigung Übergabe der Kundschaft und 2 Jahre Wettbewerbsverbot gegen x DM je Kunden) s BGH BB **72,** 772. **Franchising** ist ein Gesamtsystem von Vertragshändlerverträgen; durch den Franchise-Vertrag erhält der Franchise-Nehmer gegen eine Franchise-Gebühr vom Franchise-Geber das Recht zum Vertrieb, BAG BB **79,** 325, BGH NJW **85,** 1895 m Anm Böhner 2811, Skaupy DB **82,** 2446. **AGBKontrolle** s Anm B, C und **(5)** AGBG § 9 Anm 3. Zulässigkeitsschranken unter **europäischem Kartellrecht** (Art 85, 86 EWG) s Hootz RIW **83,** 895 (selektiver Vertrieb), Pfeffer NJW **85,** 1241 (EGGruppenfreistellungsVO für Automobilhändlerverträge 1985), unter **deutschem Kartellrecht** (s Einl III 2 vor § 1; §§ 25, 18, 26 II GWB) s Immenga-Mestmäcker; für Franchise-Systeme Blaurock FS Werner **84,** 23, Neumann RIW **85,** 612. HV-ähnliche Agentur- oder Partner-Systeme sind zulässig, BGH BB **86,** 1387 m Anm Markert (Telefunken); Baur BB **85,** 1821, Rittner DB **85,** 2543, s auch § 86 Anm 2 B.

Monographie: Ebenroth 1980. Monographien zum Vertragshändler: Ulmer 1969, Stumpf-Zimmermann 2. Aufl 1979.

B. **Vertragspflichten:** Der Vertragshändlervertrag verpflichtet Händler und Hersteller zu **Treue und Rücksicht,** BGH **93,** 39. Der Hersteller ist iZw frei zur **Ablehnung** von Bestellungen des Händlers aus vertretbaren Gründen, ohne Willkür, BGH NJW **58,** 1139, BB **72,** 193. Aus Mindestabnahmepflicht des Händlers (mit Ausschluß des Bezugs von Dritten) folgt wohl idR Lieferpflicht des Herstellers jedenfalls für die Mindestmenge; anders etwa bei Lieferschwierigkeit infolge Produktionseinstellung; es ist gegenseitig Rücksicht zu nehmen, § 242 BGB, BGH BB **72,** 193. Formularmäßige Zustimmungs- und Kündigungsrechte bei **personellen Veränderungen im Händlerunternehmen** ohne Rücksicht auf unternehmerische Freiheit des Händlers sind unwirksam, BGH **93,** 39; ebenso Kündigungsrecht schon bei jeder Streitigkeit, BGH **93,** 57, bei Tod des Händlers ohne Nachfolgeregelungsmöglichkeit, BGH **93,** 58; Zustimmungsvorbehalt für Vertragsübertragung ist dagegen wirksam, BGH **93,** 56. **Änderungsvorbehalte des Herstellers** sind durch die Treuepflicht (s Anm A) und **(5)** AGBG § 9 (s §§ 10 Nr 4, 11 Nr 1) beschränkt; s von Westphalen NJW **82,** 2465. Der Hersteller hat aber ein Recht auf **freie Modellpolitik** (Dispositionsrecht); er ist **nicht** zur **Vorausinformation** der Händler innerhalb bestimmter Frist verpflichtet, BGH **93,** 51. Er kann auch **weitere Vertragshändler im Gebiet des Händlers einsetzen,** BGH **93,** 54; zu Recht einengend Bunte NJW **85,** 601; anders bei vertraglichem **Alleinvertriebsrecht** bzw Gebietsschutz (aber kartellrechtliche Grenzen, s Anm A), BGH **54,** 342; Grenzen für einseitige Verkleinerung des Vertragsgebiets s BGH **89,** 206.

C. **Rückgaberecht:** Bei Vertragsende **nicht abgesetzte Ware** muß Hersteller nicht ohne weiteres (nach §§ 667ff BGB oder Kommissions- oder Treuhandgrundsätzen) zurücknehmen, Ffm WM **86,** 141, solche Pflicht kann aber aus Depotabrede folgen, BGH **54,** 342 (Werbedepot), Ffm WM **86,** 141 (nicht ohne weiteres für Reparaturdepot). Die Pflicht entfällt idR wenn der Händler das Vertragsende verschuldet, BGH **54,** 342, aA Finger NJW **71,** 556. Sie erfaßt nur das Waren- und Ersatzteillager, nicht das Spezialwerkzeug des Eigenhändlers, Ffm BB **82,** 209.

D. **Vertragsende:** Bei (erheblicher) Vertragsverletzung des Herstellers hat Händler Recht zu fristloser Kündigung und auf Schadensersatz, BGH **54,** 342, NJW **82,** 2432, s § 89a Anm 4. Zur Wiederherstellung muß Hersteller uU unverkaufte, jetzt nicht (unzumutbar schwer) verwertbare Ware unter Streichung der Kaufpreisforderung zurücknehmen, BGH **54,** 342. Bei Vertragsende hat Händler Ausgleichsanspruch entspr § 89b (s § 84 Anm 2 A). Verletzung des Alleinvertriebsrecht des Händlers durch Vertrieb gleicher Gegenstände (Klein-Computer) in anderer Aufmachung unter anderer Bezeichnung durch Hersteller, BGH BB **72,** 1204 (bei solchem Vertrag wegen enger wirtschaftlicher Zusammenarbeit erhöhte Treuepflicht). Verletzung durch eigene Veranstaltung einer „Jahreswagenbörse" durch den Hersteller, Zweibr BB **83,** 1301. Zur Verletzung durch Duldung vorzeitiger Aktivität eines Nachfolger-Vertragshändlers (Anspruch auf Auskunft, auf Abtretung von Ansprüchen des Herstellers gegen den Nachfolger) s LG Ffm BB **74,** 1365. In solchem Falle uU Haftung des Herstellers über § 278 BGB, Ffm DB **74,** 1473.

E. **Anwendung von Handelsvertreterrecht:** Auf den Vertragshändlervertrag ist uU HVRecht entspr anwendbar, s § 84 Anm 2 A. IdR aber keine Gleichstellung, zB kein Schutz des Vertragshändlers gegen Direktbezug des Kunden vom Hersteller, Kln BB **75,** 8. Wird umgekehrt unter HVVertrag mit Provisionsrecht bei Direktlieferungen Eigenhandel praktiziert, hat „Vertreter" bei vertragswidriger Direktlieferung nicht nur Anspruch auf Provision (vgl § 87 II), sondern auf Schadensersatz einschließlich entgangenem Gewinn, BGH BB **75,** 1409.

F. **Beziehung zu Endabnehmer: Zwischen Hersteller und Endabnehmer** bestehen idR **keine unmittelbaren Vertragsbeziehungen**; anders bei Herstellergarantien, s § 349 Anm 4 C, § 377 Anm 1 E. Das Verhalten des Herstellers (und ggf seiner VertriebsGes und von Großhändlern) und die Rechtsbeziehungen unter diesen und zum Händler sind uU bei Wertung des Verhaltens des Händlers gegenüber dem Endabnehmer mit zu berücksichtigen, zB wenn Hersteller des Händlern als „seiner Organisation" die Verwendung bestimmter AGB bei ihren Verkäufen vorschreibt und in diesen auf Verhalten des „Verkäufers" abgestellt wird (zB in bezug auf die Bedeutung einer Lieferverzögerung für dem Kauf nachfolgende Preiserhöhung), BGH WM **72,** 84. Eine Garantiezusage in den Verkaufs-AGB des Händlers wirkt idR nicht unmittelbar gegen den Hersteller, Kln MDR **73,** 848 (Kfz). Der **Zwischenhändler** (B, zwischen A und C), auch von Gattungsware, der sie nicht auf Lager nimmt, (C holt sie von A, „Streckengeschäft"), braucht sie nicht zu untersuchen, wird nicht durch Mängel der Ware aus positiver Vertragsverletzung haftbar, idR auch nicht für A aus § 278 BGB, uU aber aus Zusicherung mangelfreier Lieferung durch A, BGH NJW **68,** 2238, WM **71,** 1122; anders uU bei enger organisatorischer Verbundenheit mit dem Hersteller, BGH NJW **81,** 2251 (zu § 823 BGB). Das gilt auch für den **Großhändler**; für Angaben in der Gebrauchsanweisung des Herstellers haftet er nur, wenn er sie sich besonders zu eigen macht, BGH BB **81,** 579. „Durchhandeln" eingelagerter Ware s § 424 Anm 1 E.

6) Internationaler Verkehr

A. **Anwendbares Recht:** Für **internationale Käufe** bestimmt sich das anwendbare Recht nach allgemeinem IPR (aber s Anm B), s Reithmann-Martiny Rz 1, 291. Für **Vertragshändlervertrag** gilt mangels ausdrücklicher oder stillschweigender Rechtswahl (falls durch AGB s **(5)** AGBG §§ 10 Nr 8, 12, 24) als Recht des Schwerpunkts des Schuldverhältnisses das Recht der Niederlassung des Vertragshändlers, Ebenroth RIW **84,** 169, nach aA das Recht des Landes, auf dessen Markt sich die Vereinbarung auswirkt, Reithmann-Schweickert Rz 570. Letzteres gilt auf jeden Fall für kartellrechtliche Schranken (§ 98 II GWB, Art 85 EWGV).

B. **Internationales Einheitsrecht:** Für **internationale** (nicht nur Handels-) **Käufe** (und Werklieferverträge), auch solche zwischen Hersteller und Vertragshändler aufgrund des Vertragshändlervertrags, BGH **74,** 136, gilt zT aufgrund internationaler Vereinbarung in einer Anzahl von Staaten, unter ihnen die BRD, gleiches Recht, das vom allgemeinen deutschen (Kauf-)- Recht abweicht. Es bestehen Einheitliche Gesetze über den internationalen Kauf beweglicher Sachen **(EKG)** und über den Abschluß solcher Kaufverträge **(EKAG)** lt Haager Abkommen 1. 7. 64, gezeichnet von zahlreichen Staaten, eingeführt in der BRD: G 17. 7. 73 BGBl 856, 868, in Kraft für die BRD 16. 4. 74, s BGBl 358, zunächst im Verhältnis zu Belgien, Großbritannien, Israel, Italien, den Niederlanden, San Marino. Dazu ua Riese RabelsZ 29 **(65)** 1, von Caemmerer RabelsZ 29 **(65)** 101, Zweigert-Drobnig RabelsZ 29 **(65)** 146, Kropholler RabelsZ 38 **(74)** 372, Lorenz ZHR 124 **(62)** 146, Huber DB **75** (4 Teile); Mann, Cohn JZ **75**, 14, 246 (Verhältnis zum IPR), Hartwig ZHR 138 **(74)** 457 (Bedeutung gegenüber Nichtvertragsstaaten), von Caemmerer AcP 178 **(78)** 121. Kommentare: Mertens-Rehbinder 1975, Stötter 1975, Dölle ua 1976. Die Einheitlichen Gesetze gelten unter gewissen weiteren Voraussetzungen für Verträge zwischen Parteien mit Niederlassung (hilfsweise: gewöhnlichem Aufenthalt) im Gebiet verschiedener Vertragsstaaten, Art 1 EKG. Gleich ob Parteien Kflte oder Nichtkflte sind und ob Vertrag ,,handelsrechtlicher oder bürgerlichrechtlicher Art" ist, Art 7 EKG. Die Vertragsparteien können (in der Praxis häufig) die Anwendung des EKG ausschließen, ganz oder zT, ausdrücklich oder stillschweigend, Art 3 EKG; BGH **74**, 140, 193, Hausmann AWD **77**, 186, Stötter RIW **80**, 37, WM **80**, 726, auch noch im Rechtsstreit, jedenfalls in den Tatsacheninstanzen, BGH NJW **81**, 1156, aber kein Abstellen auf hypothetischen Parteiwillen, BGH WM **86**, 166. Abw Brauch hat idR Vorrang, s Art 9 EKG. Rspr zum EKG s (ua) AWD **77**, 424. Vereinbarung ,,deutschen Rechts" umfaßt mangels weiterer besonderer Umstände Geltung des EKG, das deutsches Recht ist. Das einheitliche **UN-Kaufrecht** (Wiener UNCITRAL-Übk 11. 4. 80) ist von der Bundesrepublik und wichtigen weiteren Staaten (ua Frankreich, Österreich, Italien, Skandinavische Staaten, USA, DDR, UdSSR) zwar unterzeichnet, aber noch nicht in Kraft. Es soll das Haager Kaufrecht ersetzen, s Haber 1981, Schlechtriem 1981; Moecke RIW **83**, 885 (Gewährleistung). Außerhalb der Reichweite der Einheitlichen Gesetze gilt das nach internationalem Privatrecht anzuwendende nationale Recht. HdlBräuche und HdlKlauseln s § 346 Anm 5 und **(6)** Incoterms; Akkreditiv s **(7)** Bankgeschäfte VII, **(11)** ERA; Dokumenteninkasso s **(7)** Bankgeschäfte VII 5, **(12)** ERI.

C. **Internationales Abladegeschäft**: Eine einheitliche Rechtsentwicklung durch Brauch erfolgte vor allem im internationalen Abladegeschäft. Sammlung internationaler (Import-)Standardkontrakte: HdlKammer Hbg (Export-Kontrakte, ua: Verband Deutscher Maschinenbauanstalten, Ffm). Besichtigungsrecht des Importeurs vor Zahlung s § 377 Anm 3 A. Rechte des Käufers bei fehlerhafter Lieferung s Haage BB **55**, 944. Das Abladegeschäft ist Fixgeschäft, s § 376 Anm 1 C. ,,Direktes Abladegeschäft" s SchiedsG CaffeeHdlVerein **(74)** St-Ul II J 5a Nr 52; ,,indirektes Abladegeschäft" SchiedsG CaffeeHdlVerein **(75)** St-Ul II 5 J 5a Nr 64; allgemein **(6)** Incoterms. Zum Ketten- oder Stringgeschäft s SchiedsG CaffeeHdlVerein **(74)** St-Ul II J 5a Nr 46, 47, s Anm 2 E. Zu einzelnen Klauseln: In Fristbestimmungen bedeuten idR ,,Abladung", ,,Verladung" fristgemäße Übergabe der Ware (in Übersee) an die Reederei zur Verschiffung, ,,Verschiffung" Anbordgelangen der Ware, ,,Segelung" Auslaufen des Frachtschiffs mit der Ware; ,,circa" kann für ,,Verschiffung" (erst recht ,,Segelung") enger auszulegen sein als für ,,Abladung"; im circa-Rahmen muß ggf Käufer das Akkreditiv verlängern; BGH MDR **64**, 48. Klausel ,,Verschiffung per Dampfer X, ca Y-Tag auslaufend" bedeutet Festlegung des Bestim-

2. Abschnitt. Handelskauf 1 § 373

mungshafens und Interesse des Abladers an Verschiffung durch bestimmte Reederei, wahrscheinlich „erweitertes fob-Geschäft" mit Pflicht des Verkäufers, für Verschiffung der Ware zu sorgen, der „Segelungs"-Klausel nahe, BGH MDR **64**, 48. Nach Erstattung der Verladeanzeige, auch uüV (unter üblichem Vorbehalt), darf der Verkäufer nur noch Ware aus dem darin bezeichneten Schiff oder Substitut-Schiff liefern; Andienung aus anderem Schiff kann der Käufer zurückweisen, SchiedsG Hbg frdsch Arbitr (**57**) St-Ul II E 1 a Nr 7; Klausel „uüV", beachtlicher Irrtum, SchiedsG WV Hbg Börse (**74**) St-Ul II E 1 a Nr 9. „Prompte Abladung" s SchiedsG Hbg frdsch Arbitr (**58**) St-Ul II E 2 a Nr 5. Monographie: Haage 1958.

[Annahmeverzug des Käufers]

373 ^I Ist der Käufer mit der Annahme der Ware im Verzuge, so kann der Verkäufer die Ware auf Gefahr und Kosten des Käufers in einem öffentlichen Lagerhaus oder sonst in sicherer Weise hinterlegen.

^{II} Er ist ferner befugt, nach vorgängiger Androhung die Ware öffentlich versteigern zu lassen; er kann, wenn die Ware einen Börsen- oder Marktpreis hat, nach vorgängiger Androhung den Verkauf auch aus freier Hand durch einen zu solchen Verkäufen öffentlich ermächtigten Handelsmakler oder durch eine zur öffentlichen Versteigerung befugte Person zum laufenden Preise bewirken. Ist die Ware dem Verderb ausgesetzt und Gefahr im Verzuge, so bedarf es der vorgängigen Androhung nicht; dasselbe gilt, wenn die Androhung aus anderen Gründen untunlich ist.

^{III} Der Selbsthilfeverkauf erfolgt für Rechnung des säumigen Käufers.

^{IV} Der Verkäufer und der Käufer können bei der öffentlichen Versteigerung mitbieten.

^V Im Falle der öffentlichen Versteigerung hat der Verkäufer den Käufer von der Zeit und dem Orte der Versteigerung vorher zu benachrichtigen, von dem vollzogenen Verkaufe hat er bei jeder Art des Verkaufs dem Käufer unverzüglich Nachricht zu geben. Im Falle der Unterlassung ist er zum Schadensersatze verpflichtet. Die Benachrichtigungen dürfen unterbleiben, wenn sie untunlich sind.

Übersicht
1) Annahmeverzug des Käufers
2) Hinterlegungsrecht des Verkäufers (I)
3) Recht des Verkäufers zum Selbsthilfeverkauf (II, IV, V)
4) Wirkung des Selbsthilfeverkaufs (III)

1) Annahmeverzug des Käufers

A. Die **Voraussetzungen des Annahmeverzugs** des Käufers bestimmen sich nach §§ 293 ff BGB. Bei „Kasse"-Geschäften (s § 346 Anm 5) kommt Käufer in Annahmeverzug, wenn er nicht gegen Lieferung der Ware Zug um Zug den Kaufpreis zu zahlen bereit ist, § 298 BGB, RG **109**, 326. Nach Treu und Glauben muß der Verkäufer aber dem Käufer vorherige Prüfung der Ware erlauben, widrigenfalls der Annahmeverzug entfällt (auch bei

891

§ 373 2, 3

Klausel ,,Kassa gegen Dokumente", wenn die Ware schon angekommen ist, RG JW **32**, 586). Darum braucht der Käufer keine Nachnahmesendung anzunehmen. Bei Kauf nach Probe soll nach manchen das Prüfungsrecht entfallen. Der Annahmeverzug hört auf, sobald der Käufer das ihm Obliegende tut.

B. Nichtannahme der gehörig angebotenen Ware ist Verletzung der **Abnahmepflicht** des Käufers (§ 433 II BGB), bringt ihn bei Verschulden (§§ 285, 276 BGB) und idR erst auf Mahnung zur Abnahme (§ 284 I BGB) in **Schuldnerverzug** (ohne Mahnung in den Fällen des § 284 II BGB und bei endgültiger Verweigerung der Abnahme); macht ihn dem Verkäufer haftbar für Schaden aus der Verzögerung der Abnahme, uU für alle Schäden daraus, daß die Abnahme ganz unterbleibt, § 286 I, II BGB, über die (durch Annahme- und Abnahmeverzug nicht berührte) Kaufpreisforderung und über Mehraufwendungen (die Käufer schon wegen Annahmeverzugs zu erstatten hat, § 304 BGB) hinaus.

C. § 373 regelt nur die **Rechtsfolgen des Annahmeverzugs** des Käufers und diese nur zum Teil: § 373 sieht ein Hinterlegungsrecht (I, s Anm 2) und ein Selbsthilfeverkaufsrecht (II–V, s Anm 3–5) vor. Die allgemeinen Rechtsfolgen des Annahmeverzugs, die sich schon aus BGB ergeben, werden durch § 373 nicht berührt (§ 374, s näher dort).

2) Hinterlegungsrecht des Verkäufers (I)

Der Verkäufer darf bei Annahmeverzug des Käufers die Ware auf dessen Gefahr und Kosten hinterlegen, in einem öffentlichen Lagerhaus oder sonst in sicherer Weise, **I.** I betrifft Gefahr- und Kostentragung, befreit aber anders als § 378 BGB nicht von der Verbindlichkeit. Käufer trägt die Gefahr, die eine sorgfältige Hinterlegung mit sich bringt; Verkäufer muß die Ware idR versichern; Käufer trägt auch die Beförderungsgefahr, § 447 BGB. ,,Öffentliches Lagerhaus" ist eine öffentlich betriebene (auch private, nicht etwa nur öffentlich-rechtliche) Anstalt. Hinterlegung nur in einem sicheren Geschäft. Was sonst sicher ist, ist Tatfrage. Hinterlegung bei einer staatlichen Hinterlegungsstelle und nach HintO gemäß § 372 BGB sind immer zulässig. ,,Hinterlegung" auf Notaranderkonto s (9) AGB-Anderkonten Einl 2 B. Bei Auswahl der Hinterlegungsstelle haftet Verkäufer für Vorsatz und jede Fahrlässigkeit, RG JW **21**, 394. Verkäufer muß dem Käufer die Hinterlegung unverzüglich (ohne schuldhaftes Säumen) anzeigen (allgemeine Sorgfaltspflicht), str. Der Ort der Hinterlegung richtet sich nicht nach § 374 I BGB, weil dieser nur die staatliche Hinterlegungsstelle betrifft; es ist vielmehr an dem die beiderseitigen Belange am besten wahrenden Ort zu hinterlegen. Nichts hindert aber den Verkäufer, statt dessen die Ware in eigener Verwahrung zu behalten oder anderweitig zu verwahren, RG **45**, 302. Er haftet dann nur für Vorsatz und grobe Fahrlässigkeit, § 300 BGB, und hat Anspruch auf Ersatz der Aufwendungen, § 304 BGB.

3) Recht des Verkäufers zum Selbsthilfeverkauf (II, IV, V)

A. Verkäufer darf ferner bei Annahmeverzug des Käufers die Ware (abw von §§ 383, 385 BGB auch wenn sie hinterlegbar wäre) **a) gemäß II** (s Anm B–G) verkaufen lassen. Verkäufer darf aber in berechtigter Geschäftsführung für Käufer (§ 677 BGB) die Ware **b) auch anders als gemäß II**, zB ,,aus freier Hand" auch eine Ware ohne Börsen- oder Marktpreis und ohne

Zuziehung eines Maklers oder Versteigerers (§ 373 II 1 Halbs 2) verkaufen, sofern sein Wille erhellt, auch im Interesse des Käufers zu handeln, zB durch Sendung einer Aufstellung über den Selbsthilfeverkauf an Käufer; er braucht seinem Abnehmer nicht zu erklären, daß er für Rechnung des ersten Käufers handle, BGH MDR **58**, 93. Ihn trifft dann die Beweislast dafür, daß er den Verkauf so durchführte, wie das Interesse des Geschäftsherrn mit Rücksicht auf dessen wirklichen oder mutmaßlichen Willen es erfordert (§ 677 BGB). Auch dann ist nicht § 325, sondern § 324 BGB anwendbar, s Anm 4 A. Entsprechendes gilt für **Verwertung** des Kaufgegenstands durch Verkäufer **im eigenen Betrieb**, RG HRR **33**, 1176 (Grubenholz), BGH MDR **58**, 93. Vorherige Benachrichtigung entspr V 1, 3 auch bei Abweichung von II und bei Verwertung im eigenen Betrieb.

B. Verkäufer muß idR den Selbsthilfeverkauf dem Käufer vorher **androhen, II 1**; wie er ihn durchführen will, braucht er nicht zu sagen, hM. Droht er eine bestimmte Art an, so ist er daran gebunden; hat er zB öffentlichen Verkauf angedroht, so darf er nicht ohne neue Androhung freihändig verkaufen, RG **109**, 135. Androhung „nach HdlRecht zu verfahren" genügt nicht, RG JW **25**, 946, str, es bleibt aber dann Hinterlegung als zweite Möglichkeit. Es muß klar sein, ob der Verkäufer Selbsthilfeverkauf androht oder Erfüllungsablehnung nach § 326 BGB; iZw ist das erste anzunehmen, Hbg OLGE **33**, 225, str. Androhung ist formfrei, auch mündlich oder fernmündlich. Sie ist einseitiges empfangsbedürftiges Rechtsgeschäft. Eingeschriebener Brief (mit Rückschein) ist zu empfehlen, weil der Verkäufer beweispflichtig ist. Frühester Zeitpunkt: das Angebot, insoweit also vor Eintritt des Annahmeverzuges, KG OLGE **16**, 124. Androhung verpflichtet nicht zum Verkauf, RG LZ **08**, 224. Verkäufer kann seine Wahl auch ändern, zB noch nach Androhung des Selbsthilfeverkaufs Abnahme und Zahlung verlangen, Androhung darf unterbleiben, wenn die Ware dem Verderb (das ist wesentliche Wertminderung) ausgesetzt und Gefahr im Verzug oder die Androhung aus andern Gründen untunlich zB die Anschrift des Käufers unbekannt ist, **II 2**.

C. IdR ist die Ware **öffentlich** zu **versteigern**. Dazu:

BGB 383 [Versteigerung hinterlegungsunfähiger Sachen]

[I] Ist die geschuldete bewegliche Sache zur Hinterlegung nicht geeignet, so kann der Schuldner sie im Falle des Verzugs des Gläubigers am Leistungsorte versteigern lassen und den Erlös hinterlegen. Das gleiche gilt in den Fällen des § 372 Satz 2, wenn der Verderb der Sache zu besorgen oder die Aufbewahrung mit unverhältnismäßigen Kosten verbunden ist.

[II] Ist von der Versteigerung am Leistungsort ein angemessener Erfolg nicht zu erwarten, so ist die Sache an einem geeigneten anderen Orte zu versteigern.

[III] Die Versteigerung hat durch einen für den Versteigerungsort bestellten Gerichtsvollzieher oder zu Versteigerungen befugten anderen Beamten oder öffentlich angestellten Versteigerer öffentlich zu erfolgen (öffentliche Versteigerung). Zeit und Ort der Versteigerung sind unter allgemeiner Bezeichnung der Sache öffentlich bekanntzumachen.

[IV] Die Vorschriften der Absätze 1 bis 3 gelten nicht für eingetragene Schiffe und Schiffsbauwerke.

Außer Gerichtsvollzieher kommen in Frage zB Notare, öffentlich bestellte Versteigerer, es entscheidet das Landesrecht. HdlMakler sind als

§ 373 3

solche nicht befugt, ebensowenig Bahnbeamte. Bekanntmachung nach Treu und Glauben, die Verkehrssitte ist zu beachten. Läßt sich mit der Androhung (s Anm B) verbinden. Die Versteigerung ist öffentlich nur, wenn jedermann Zutritt hat. Verkäufer und Käufer dürfen mitbieten, **IV,** auch durch Dritte. Käufer ist (wenn nicht untunlich) von Zeit und Ort zu benachrichtigen, **V 1,** 3. Gesetzlich ausgeschlossene Bieter s §§ 456–458 BGB.

D. Hat die Ware einen **Börsen- oder Marktpreis** (s Überbl 1 C vor § 373), so darf Verkäufer (ebenfalls idR nach Androhung, s Anm B) sie „aus freier Hand" zum „laufenden Preis" verkaufen lassen durch einen zu solchen Verkäufen öffentlich ermächtigten HdlMakler, nicht durch jeden HdlMakler, auch durch einen amtlich bestellten Kursmakler, mag der Verkauf auch nicht an der Börse geschehen, (14) BörsG § 34, auch durch eine sonst zur öffentlichen Versteigerung befugte Person.

E. Gegenstand des Selbsthilfeverkaufs ist bei **Gattungskauf** Ware in vertraglicher Beschaffenheit, sofern nicht der Käufer ein Interesse an gerade der etwa schon ausgesonderten Ware hat, vgl RG **91,** 112. Beim Sukzessivlieferungskauf beschränkt sich der Selbsthilfeverkauf auf die der rückständigen Rate entspr Teillieferung, RG JW **04,** 90. Braucht Käufer Teillieferungen nicht anzunehmen, so darf Verkäufer nicht nur einen Teil der Ware verkaufen. Ist Käufer mit mehreren Raten rückständig, so darf Verkäufer einheitlich oder getrennt entspr Teillieferungen verkaufen. Ist ein Traditionspapier (§§ 424, 450, 650, s § 424 Anm 3) über die Ware ausgestellt, so ist die Ware zu versteigern, wo sie ist, auch wenn das Papier anderswo ist und erst dorthin gesandt werden muß, RG JW **01,** 654. Nicht der Anspruch des Verkäufers gegen einen Dritten auf Lieferung der Ware ist zu verkaufen, sondern die Ware selbst, RG **11,** 113.

F. Der Verkauf soll zu möglichst günstigen **Bedingungen** erfolgen; demgemäß sind alle Abweichungen von dem mit Käufer vereinbarten zulässig, die das Ergebnis verbessern oder wenigstens nicht nachteilig beeinflussen, vgl RG JW **04,** 561, bei Gewährleistungsausschlüssen ist Vorsicht am Platze. Ist der Marktpreis erzielt, so ist der Selbsthilfeverkauf immer wirksam, RG SeuffA **76,** 54. Andernfalls muß der Verkäufer beweisen, daß Käufer durch die Abweichung nicht geschädigt ist; so namentlich beim Ausschluß der Mängelhaftung, RG JW **04,** 561.

G. Abw von § 383 BGB ist der **Ort** des Verkaufs nicht vorgeschrieben. Verkäufer darf nicht willkürlich verfahren, sondern muß die Interessen des Käufers möglichst wahren, RG **110,** 270. Danach hat er idR an dem Ort zu verkaufen, wo die Ware sich bei Annahmeverweigerung befindet; somit, ist sie schon versandt, am Bestimmungsort, RG **110,** 269; nach RG JW **01,** 756 Verkauf auch dann am Bestimmungsort zulässig, wenn Käufer schon vor Absendung die Annahme ablehnte, falls nach Kaufvertrag Verkäufer die Versendungskosten trägt, da Käufer daher nicht benachteiligt werde (aber nach § 324 I 2 BGB wären bei Selbsthilfeverkauf am Absendeort die ersparten Versendungskosten dem Käufer gutzubringen). Ist die Ware unterwegs, so muß sie Verkäufer geeignetenfalls der Kostenersparnis halber anhalten und unterwegs verkaufen. Bei vorweggenommener Annahmeverweigerung kann Verkäufer am Absendeort, RG **50,** 211, verkaufen oder wo sich die Ware sonst befindet, Dresden OLGE **13,** 28. Verkauf am ungeeigneten Ort macht den Verkauf nicht unrechtmäßig. Folge ist nur, daß dem Käufer das am richtigen Ort zu erzielende bessere Ergebnis gutzubringen ist; Verkäufer muß auf Einwand, daß am richtigen Ort mehr erlöst worden wäre, beweisen, RG **110,** 270.

H. Verkäufer darf verkaufen, **solange** der **Annahmeverzug** dauert; da Käufer den Verzug jederzeit beenden kann, braucht Verkäufer grundsätzlich nur die eigenen Belange zu beachten (Ausnahme: Arglist), RG **41,** 64. Eine allzu lange Verzögerung kann aber Rechtsmißbrauch darstellen oder auf Verzicht des Verkäufers auf die Rechte aus dem Kaufvertrag schließen lassen. Grobe Fahrlässigkeit steht idR nicht gleich, anders wenn Verkäufer den Selbsthilfeverkehr leichtverderblicher Ware angekündigt und doch grob fahrlässig nicht rechtzeitig vorgenommen hat, RG **36,** 90. Selbsthilfeverkauf noch nach Erlangung eines Urteils auf Abnahme oder nach Hinterlegung nach I zulässig. Bei Gattungskauf kann der Verkäufer einen unwirksamen Selbsthilfeverkauf wiederholen, wo Käufer kein Interesse an bestimmter Ware hat, RG **32,** 63. Beim Fixgeschäft, § 376, ist der Verkauf regelmäßig sofort vorzunehmen, weil späterer Verkauf den Inhalt des Geschäfts ändert.

4) Wirkung des Selbsthilfeverkaufs (III)

A. Der Selbsthilfeverkauf (auch wenn abw von II in zulässiger Weise durchgeführt, auch eine zulässige Verwertung im eigenen Betrieb, s Anm 3 A) erfolgt **für Rechnung des Käufers,** III. Durch Abschluß des ordnungsmäßigen Selbsthilfeverkaufs erlischt die Lieferschuld des Verkäufers gegenüber dem Käufer ohne weiteres, die Kaufpreisforderung des Verkäufers idR durch Aufrechnung gegen den Anspruch des Käufers auf Herausgabe des Erlöses aus dem Selbsthilfeverkauf (§§ 667, 389 BGB). Soweit der Erlös, abzüglich der Kosten und der aus § 354 geschuldeten Provision, die Schuld des Käufers nicht deckt, bleibt sie bestehen; Verkäufer muß dem Käufer einen etwaigen Mehrerlös herausgeben. Ist der Kaufpreis noch nicht fällig, so muß der Verkäufer den Erlös voll herausgeben; er hat (außer wohl bei Verkauf mit Eigentumsvorbehalt) idR kein Zurückbehaltungsrecht, § 273 BGB, §§ 369–372 HGB. Der rechtmäßige Selbsthilfeverkauf erlaubt dem Käufer nicht den Rücktritt vom Kaufvertrag nach § 325 BGB, die Leistung des Verkäufers ist nicht infolge eines von ihm zu vertretenden Umstands unmöglich geworden, Verkäufer behält Anspruch auf den Kaufpreis mit Abzug des durch den Selbsthilfeverkauf Erlösten, BGH MDR **58,** 93.

B. Ist Käufer zugleich im **Zahlungsverzug,** so kann Verkäufer den Selbsthilfeverkauf als **Deckungskauf** nach § 326 BGB (für den § 373 II, IV, V nicht gelten) behandeln, falls es keiner Fristsetzung bedarf, RG **109,** 136 (Schadensersatz wegen Nichterfüllung). Hat Verkäufer schon vor Klage Ersatz aus § 326 BGB verlangt, so kann er dann nicht mehr Erfüllung fordern, dh keinen Selbsthilfeverkauf vornehmen.

C. Der **nicht rechtmäßige Selbsthilfeverkauf** wirkt nicht für Rechnung des Käufers. Das Unterlassen der Voranzeige von der Versteigerung (V 1) macht Verkäufer nur schadensersatzpflichtig, V 2; Käufer muß beweisen, daß die Anzeige zu besserem Ergebnis der Versteigerung geführt hätte (zB weil er mehr Interessenten für den Kauf zur Teilnahme hätte veranlassen

§§ 374, 375   IV. Buch. Handelsgeschäfte

können). Entspr gilt für das Unterlassen der Nachricht vom vollzogenen Selbsthilfeverkauf (zB für Schaden, den Käufer durch falsche Disposition leidet, weil er das Fortbestehen des Kaufvertrags annimmt), V 1, 2.

[Vorschriften des BGB über Annahmeverzug]

374 Durch die Vorschriften des § 373 werden die Befugnisse nicht berührt, welche dem Verkäufer nach dem Bürgerlichen Gesetzbuche zustehen, wenn der Käufer im Verzuge der Annahme ist.

1) Grundsatz: Rechte aus § 373 oder aus BGB nach Wahl

§ 374 stellt klar, daß § 373 dem Verkäufer bei Annahmeverzug des Käufers nur zwei zusätzliche Rechte einräumt. Die allgemeinen Rechtsfolgen des Annahmeverzugs nach BGB bleiben unberührt. Außer dem Hinterlegungsrecht (§ 373 I), und dem Recht zum Selbsthilfeverkauf (§ 373 II–V, zu erweitern nach allgemeinen Grundsätzen des bürgerlichen Rechts, s dort Anm 3 A) hat Verkäufer also die Befugnisse nach BGB.

2) Rechtsfolgen des Annahmeverzugs nach BGB

Verkäufer hat während Annahmeverzug des Käufers nur **Vorsatz** und grobe **Fahrlässigkeit** zu vertreten, § 300 I BGB. Käufer trägt also die Gefahr des Untergangs der Kaufsache infolge gewöhnlicher Fahrlässigkeit des Verkäufers. Das gilt aber nicht für die Sorgfaltspflicht des Käufers bei Hinterlegung oder Selbsthilfeverkauf, falls er vom Recht hierzu Gebrauch macht, RG JW **21**, 394. Bei Gattungsware geht nach Festlegung auf bestimmte Stücke und Angebot, RG **57**, 403, die **Gefahr** auf den Käufer über, § 300 II BGB, die Gefahr des Untergangs der ganzen Gattung (zB bei beschränkter Gattungsschuld, s § 360 Anm 1 A) trägt er schon vorher, vgl RG **103**, 15. Der Verkäufer behält bei einem von ihm nicht zu vertretenden Unmöglichwerden den Anspruch auf die Gegenleistung, § 324 II BGB. Sind dem Käufer nach dem Vertrag **Nutzungen** der Kaufsache schon für die Zeit vor Übergabe der Sache herauszugeben, so beschränkt sich die Verpflichtung des Verkäufers auf die von ihm selbst gezogenen Nutzungen, § 302 BGB. Anspruch auf Ersatz der Mehraufwendungen für das erfolglose Angebot und die Erhaltung der Kaufsache (auch ohne Hinterlegung, vgl § 373 Anm 2), § 304 BGB, im Rahmen der möglichen Maßnahmen eines verständigen Kfm (vgl §§ 677 ff BGB, RG **45**, 302).

[Bestimmungskauf]

375 **^I Ist bei dem Kaufe einer beweglichen Sache dem Käufer die nähere Bestimmung über Form, Maß oder ähnliche Verhältnisse vorbehalten, so ist der Käufer verpflichtet, die vorbehaltene Bestimmung zu treffen.**

^{II} Ist der Käufer mit der Erfüllung dieser Verpflichtung im Verzuge, so kann der Verkäufer statt des Käufers die Bestimmung vornehmen oder gemäß § 326 des Bürgerlichen Gesetzbuchs Schadensersatz wegen Nichterfüllung fordern oder vom Vertrage zurücktreten. Im ersteren Falle hat der Verkäufer die von ihm getroffene Bestimmung dem Käufer mitzuteilen und ihm zugleich eine angemessene Frist zur Vornahme

2. Abschnitt. Handelskauf § 375

einer anderweitigen Bestimmung zu setzen. **Wird eine solche innerhalb der Frist von dem Käufer nicht vorgenommen, so ist die von dem Verkäufer getroffene Bestimmung maßgebend.**

1) Bestimmungspflicht des Käufers

A. Ein Kauf kann so geschlossen werden, daß der Kaufgegenstand mit einigen, nicht allen Merkmalen bestimmt, die Bestimmung der übrigen Merkmale (**Spezifikation**) noch aufgeschoben wird, sie regelt sich nach §§ 315 ff BGB. Von einem Fall solcher Art handelt § 375. Er setzt voraus, daß der Kauf wenigstens auf einer Seite HdlGeschäft (§§ 343, 344) ist, § 345. I erklärt Käufer, dem die nähere Bestimmung über Form, Maß oder ähnliche Verhältnisse (auch Quantität) des Kaufgegenstands vorbehalten ist, für **verpflichtet,** diese Bestimmung zu treffen (der Kauf ist nicht bedingt durch dem Käufer freistehende Bestimmung). II gibt dem Verkäufer, bei Verzug des Käufers, mit der Bestimmung das Recht, sie an seiner Stelle zu treffen, klärt außerdem, daß dieser Verzug des Käufers den Verkäufer gemäß § 326 BGB zum Rücktritt oder zur Forderung von Schadensersatz wegen Nichterfüllung berechtigt. Bsp für Bestimmungskauf: Gasheizkessel von noch zu bestimmenden Leistungstypen, BGH WM **76,** 124. **Nicht** unter § 375 fallen zB: Wahlkauf (Käufer hat unter mehreren Warensorten die Wahl, § 262 BGB, RG HRR **34,** 1302, BGH BB **60,** 264); Vereinbarung, daß Käufer aus einer Gattung die zu liefernden Stücke wählen soll (Gattungsschuld, die nicht vom Schuldner, sondern vom Gläubiger konkretisiert werden soll, vgl § 243 BGB, § 360 Anm 1 A, B); besondere Vereinbarungen über die Art der Durchführung des Kaufs, zB die Leistungszeit (zB auf Abruf), offen BGH BB **71,** 1387.

B. Die Bestimmung ist **empfangsbedürftige** (formfreie) **Willenserklärung.** Käufer bestimmt iZw **nach billigem Ermessen,** § 315 I BGB, zB mit Rücksichtnahme auf die Lieferfähigkeit des Verkäufers bei Bestimmung der zu liefernden Menge (zB seines Bedarfs an der Ware x). Klage auf Bestimmung ist möglich, wenn ein Rechtsschutzinteresse für sie besteht, trotz der Möglichkeit, die Bestimmung selbst zu treffen.

C. Säumt Käufer schuldhaft (§ 285 BGB), idR nach Mahnung (§ 284 BGB) mit der fälligen (vgl § 271 BGB) Bestimmung, so kommt er in **Schuldnerverzug.** Verkäufer hat Anspruch auf Ersatz des Verzugsschadens (§ 286 BGB), ferner die in II genannten Rechte (s Anm 2). Ist Käufer zugleich im Verzug mit der Kaufpreiszahlung, hat Verkäufer auch aus diesem Grunde die Rechte aus § 326 BGB (vgl Anm 2 A), ferner Anspruch auf Zins und weiteren Schadensersatz wegen des Verzugs (§§ 286, 288 BGB). Die Ersatzpflicht nach § 286 BGB kann drittens aus Verzug des Käufers mit der Abnahme (§ 433 II BGB) folgen.

D. Fordert Verkäufer den mit der Bestimmung säumenden Käufer zur Bestimmung auf oder war für die Bestimmung eine Zeit nach dem Kalender (mit oder ohne Kündigung) bestimmt, so kommt Käufer auch in **Annahmeverzug,** §§ 293–299 BGB. Verkäufer hat dann auch die hieraus folgenden Rechte (§ 373 Anm 3, § 374 Anm 1, 2); wenn er die noch fehlende nähere Bestimmung (II, s Anm 2 B) trifft, auch das Recht zur Hinterlegung und zum Selbsthilfeverkauf (§ 373, Anm 2–4).

§ 376

2) Rechte des Käufers

A. Bei Bestimmungsverzug des Käufers hat Verkäufer die Rechte aus § 326 BGB. Beim Dauerlieferungs-(Sukzessiv-)Kauf kann Verkäufer wegen aller Raten nach § 326 BGB verfahren, wenn Käufer auch nur mit einer im Bestimmungsverzug ist, RG **58**, 420, BGH WM **76**, 125. Nachfristsetzung (mit Annahme-Weigerungs-Androhung, § 326 I 1 BGB) ist (nur) entbehrlich, wenn der Käufer zweifelsfrei endgültig Vertragsdurchführung verweigert, BGH WM **76**, 125, oder wenn die Erfüllung für den Verkäufer wegen des Verzugs kein Interesse mehr hat, § 326 II BGB. Für die Berechnung des Schadens gelten die allgemeinen Grundsätze, RG **91**, 33; soweit der Kaufpreis von der ausgebliebenen Bestimmung abhing, ist vom Verkäufer (s Anm B) eine Bestimmung hypothetisch zu treffen. Ist Verkäufer nach § 326 BGB verfahren, hat er also Bestimmungsfrist gesetzt mit Androhung des Rücktritts, so hat er endgültig gewählt und auf die Selbstbestimmung verzichtet.

B. Verkäufer darf bei Bestimmungsverzug des Käufers die **Bestimmung** auch **selbst vornehmen,** iZw nach billigem Ermessen, § 315 I BGB, jedoch mit Vorbehalt abw Bestimmung durch Käufer binnen angemessener, vom Verkäufer zu setzender Frist, II 2, 3. Es genügt nicht, daß Verkäufer dem Käufer nur die Bestimmung androht, RG JW **03**, 185. Die Mahnung an Bestimmung (§ 284 I BGB) muß nicht vorangehen, sondern kann, wenn die übrigen Voraussetzungen des Verzugs vorliegen, mit der eigenen Bestimmung und Fristsetzung zur abw Bestimmung (II 2) verbunden werden, vgl RG **93**, 181. Mit Fristablauf erlischt das Recht des Käufers, zu bestimmen und so seinen Verzug zu beseitigen. Die wirksame Selbstbestimmung bindet beide Vertragsteile. Käufer muß die Ware entspr der Selbstbestimmung annehmen und abnehmen, sonst gerät er erneut in Annahme- und Abnahmeverzug, so daß dem Verkäufer erneut (ua) die Rechte aus § 326 BGB und nun auch die aus § 373 HGB (s Anm 1 C, D) erwachsen. Verkäufer kann keine andere Wahl mehr ausüben. War die Selbstbestimmung wirkungslos, so kann Verkäufer erneut alle Rechte wie vorher ausüben.

[Fixhandelskauf]

376 **I** Ist bedungen, daß die Leistung des einen Teiles genau zu einer festbestimmten Zeit oder innerhalb einer festbestimmten Frist bewirkt werden soll, so kann der andere Teil, wenn die Leistung nicht zu der bestimmten Zeit oder nicht innerhalb der bestimmten Frist erfolgt, von dem Vertrage zurücktreten oder, falls der Schuldner im Verzug ist, statt der Erfüllung Schadensersatz wegen Nichterfüllung verlangen. Erfüllung kann er nur beanspruchen, wenn er sofort nach dem Ablaufe der Zeit oder der Frist dem Gegner anzeigt, daß er auf Erfüllung bestehe.

II Wird Schadensersatz wegen Nichterfüllung verlangt und hat die Ware einen Börsen- oder Marktpreis, so kann der Unterschied des Kaufpreises und des Börsen- oder Marktpreises zur Zeit und am Orte der geschuldeten Leistung gefordert werden.

III Das Ergebnis eines anderweit vorgenommenen Verkaufs oder Kaufes kann, falls die Ware einen Börsen- oder Marktpreis hat, dem Ersatzansprueche nur zugrunde gelegt werden, wenn der Verkauf oder Kauf sofort nach dem Ablaufe der bedungenen Leistungszeit oder Leistungsfrist bewirkt ist. Der Verkauf oder Kauf muß, wenn er nicht in öffentlicher Versteigerung geschieht, durch einen zu solchen Verkäufen oder Käufen öffentlich ermächtigten Handelsmakler oder eine zur öffentlichen Versteigerung befugte Person zum laufenden Preise erfolgen.

IV Auf den Verkauf mittels öffentlicher Versteigerung findet die Vorschrift des § 373 Abs. 4 Anwendung. Von dem Verkauf oder Kaufe hat der Gläubiger den Schuldner unverzüglich zu benachrichtigen; im Falle der Unterlassung ist er zum Schadensersatze verpflichtet.

1) Fixgeschäft

A. § 376 (anwendbar bei ein- oder zweiseitigem HdlGeschäft, §§ 343–345) weicht von § 361 BGB (bürgerlich-rechtliches Fixgeschäft) in folgenden Punkten ab: § 361 BGB läßt den Erfüllungsanspruch bestehen, § 376 nur bei Anzeige des Gläubigers; § 361 BGB berechtigt iZw zum Rücktritt, § 376 schlechthin; § 361 BGB gibt nur den Rücktritt, § 376 wahlweise einen Ersatzanspruch. Ein Unterfall des FixHdlKaufs ist das Börsen- und das Devisentermingeschäft, **(14)** BörsG §§ 50 ff, 96; aber auch (Devisen)Kassageschäfte (s **(14)** BörsG Überbl 1 B vor § 50) sind FixHdlKauf.

B. § 376 setzt Einigkeit der Vertragsteile darüber voraus, daß die Leistungszeit (vgl I) wesentlich sein, dh der ganze Vertrag **mit Fristeinhaltung „stehen oder fallen" soll**, RG 108, 158, BGH BB **83**, 1813. Bezeichnung nach dem Kalender unnötig. Daß die Partei schon vor dem bestimmten Zeitpunkt erfüllen darf, spricht nicht gegen Fixgeschäft. Ein Fixgeschäft liegt **nicht** schon vor, wenn die Partei ein starkes Interesse an rechtzeitiger Erfüllung hat; wenn die Ware starken Preisschwankungen unterliegt, Hbg RIW **81**, 264, s auch Celle MDR **73**, 412; wenn vorher keine Nachfrist gewährt ist; wenn wegen besonderer Wichtigkeit rechtzeitiger Leistung für Gläubiger (zur Abwendung erheblicher Nachteile) Eintritt der Verzugsfolgen ohne Mahnung (Verzicht des Schuldners auf Mahnung) anzunehmen ist, vgl BGH LM § 376 Nr 2; wenn eine bestimmte Erfüllungszeit als erwartet bezeichnet ist, vgl § 346 Anm 5 (bei „eta"). Jeder Zweifel wirkt sich gegen Annahme eines Fixgeschäfts aus, BGH WM **84**, 641. Maßgebend ist der HdlBrauch am Ort des Schwerpunkts der Lieferpflicht, Hbg MDR **75**, 845. Unterbliebener Rücktritt und mehrfach vereinbarte Fristverlängerung in früheren Fällen sprechen nicht ohne weiteres gegen Fixgeschäft, BGH BB **83**, 1814. Höherer Preis für streng fristgebundene Erfüllung spricht iZw für Fixgeschäft, BGH BB **83**, 1814. Beweispflichtig für Fixgeschäft ist, wer es behauptet. Grenzen der Revisibilität der Auslegung als Fixgeschäft s BAG NJW **67**, 415.

C. Bspe: **a) Fixklauseln**, dh Indiz für Fixgeschäft, können sein: „fix", BGH BB **83**, 1814, „präzis", „genau". Abschluß an der Börse unnötig; „im August 1912" im Zuckerterminhandel, RG **101**, 362; „Nüsse zu Weihnachten", Kassel OLGE **43**, 38; „Lieferung zwischen 20. bis 31. 5. ohne Nachfrist eintreffend cif Brake": Ware (starken Preisschwankungen unterliegend) mußte bis Ablauf 31. 5. in Brake eingetroffen und vom Befrachter freigestellt worden sein (in casu mit Nachreichung des Konossements), BGH LM § 376 Nr 2. **Abladeklauseln**, dh Vermerk von Ort und Zeit der Verladung der Ware durch Absender (zB bei fob, c&f und cif, s **(6)** Incoterms) beim internationalen Abladegeschäft (s Überbl 6 C vor § 373), sind nach HdlBrauch entspr Fixgeschäft zu behandeln, BGH MDR **55,** 344, Karlsr VersR **75,** 1043, Schlegelb-Hefermehl 6; **b) Keine Fixklauseln** sind idR: „ohne Nachfrist" (nur: Gläubiger hat ohne Nachfristsetzung die Rechte aus § 326 BGB), BGH MDR **55,** 343; „binnen kürzester Frist"; „bei offener Schiffahrt"; „täglich"; „sofort"; „spätestens bis Ende des Monats"; „bis Ultimo"; „von Woche zu Woche". Ungenügend ist, daß die Ware Modeartikel ist. Bloße Festsetzung eines Liefertages oder starke Preisschwankungen genügen nicht. Akkreditivstellung „spätestens in einer Woche" ist fix, auch bei mehrfacher Verlängerung. „Sofort" ist nicht Fixklausel, Hbg BB **54,** 613.

2) Rechte gegen den Säumigen

A. Säumnis, auch unverschuldet (so daß Verzug nicht vorliegt, § 285 BGB), BAG NJW **67,** 414, berechtigt den anderen Teil ohne weiteres zum **Rücktritt, I 1.** Der Säumige kann dieses Recht nicht durch verspätetes Angebot (vor dem Rücktritt des anderen) ausräumen, RG **108,** 160. Das Rücktrittsrecht entfällt, wenn die „fix" geschuldete Leistung von einer Vorleistung des Gläubigers abhing und dieser diese schudlhaft nicht erbrachte, BGH DB **65,** 138. Rücktritt wegen einer geringfügigen, für den Nichtsäumigen belanglosen Fristversäumnis wäre Rechtsmißbrauch, vgl RG JW **27,** 2797. Das Rücktrittsrecht ist unbefristet und läßt sich noch im Prozeß gegenüber dem erfüllungsbereiten Gegner ausüben, RG **71,** 277. Rücktritt ist unwiderruflich. § 355 BGB (Fristsetzung zum Rücktritt) ist anwendbar, solange der andere Teil (der nicht gemäß I 2 auf Erfüllung bestand) zwischen Rücktritt und Schadensersatz (I 1) wählen kann, str. § 454 BGB (Ausschluß des Rücktritts bei Kaufpreisstundung) ist unanwendbar, hM. Ist nur teilweise nicht erfüllt, ist Rücktritt nur wegen der Teilsäumnis möglich, außer wenn die teilweise Erfüllung für den Nichtsäumigen kein Interesse hat, § 325 BGB. Das Rücktrittsrecht besteht schon vor dem Termin, wenn Schuldner (auch ohne Verschulden) unmißverständlich erklärte, er könne nicht pünktlich leisten.

B. Bei Verzug (also bei Verschulden, § 285 BGB) des Säumigen kann der andere Teil statt zurückzutreten **Schadensersatz wegen Nichterfüllung** fordern, **I 1.** Er kann den Schaden **konkret,** zB aufgrund eines Deckungskaufs oder -verkaufs berechnen, jedoch für Ware mit Börsen- oder Marktpreis nur aufgrund eines Kaufs oder Verkaufs „sofort" (so rasch wie nach Brauch und Umständen möglich, aber ohne daß es auf schuldhaftes Zögern, vgl § 121 I 1 BGB, ankäme) nach Ablauf der Fixzeit in öffentlicher Versteigerung oder durch einen HdlMakler oder Versteigerer zum laufenden Preis, ähnlich wie beim Selbsthilfeverkauf im Falle Annahmeverzugs des Käufers, jedoch sieht IV 2 abw von § 373 V 3 nicht vor, daß Nachricht vom Verkauf unterbleiben kann, wenn sie nicht tunlich ist, **III 1, 2, IV,** vgl § 373 Anm 7 B. Er kann den Schaden auch **abstrakt** berechnen, und zwar, wenn die Ware einen Börsen- oder Marktpreis hat, aus dem Unterschied von Kaufpreis und Börsen- oder Marktpreis zur Zeit und am Ort der geschuldeten Leistung (wann und wo die Ware zu liefern war), **II;** wenn die Ware keinen Börsen- oder Marktpreis hat: aufgrund des Preises, der voraussichtlich durch Deckungsverkauf erzielt worden, bei Deckungskauf anzulegen gewesen wäre (nach im bürgerlichen Recht anerkannten Grundsätzen der Schadensberechnung).

C. **Erfüllung** kann der andere Teil vom Säumigen nur noch fordern, wenn er ihm „sofort" (vgl Anm B) anzeigt (durch empfangsbedürftige Erklärung, für die er die Versendungsgefahr trägt), daß er auf Erfüllung bestehe, I 2. Die Erklärung beseitigt die Rechte nach I 1 (s Anm A, B), und macht das Geschäft zum gewöhnlichen Kauf; es kann vertraglich (nicht einseitig) durch Bestimmung einer neuen Fixzeit erneut zum Fixgeschäft gemacht werden.

[Untersuchungs- und Rügepflicht]

377 ^{I} **Ist der Kauf für beide Teile ein Handelsgeschäft, so hat der Käufer die Ware unverzüglich nach der Ablieferung durch den Verkäufer, soweit dies nach ordnungsmäßigem Geschäftsgange tunlich ist, zu untersuchen und, wenn sich ein Mangel zeigt, dem Verkäufer unverzüglich Anzeige zu machen.**

^{II} **Unterläßt der Käufer die Anzeige, so gilt die Ware als genehmigt, es sei denn, daß es sich um einen Mangel handelt, der bei der Untersuchung nicht erkennbar war.**

^{III} **Zeigt sich später ein solcher Mangel, so muß die Anzeige unverzüglich nach der Entdeckung gemacht werden; anderenfalls gilt die Ware auch in Ansehung dieses Mangels als genehmigt.**

^{IV} **Zur Erhaltung der Rechte des Käufers genügt die rechtzeitige Absendung der Anzeige.**

^{V} **Hat der Verkäufer den Mangel arglistig verschwiegen, so kann er sich auf diese Vorschriften nicht berufen.**

Übersicht
1) Übersicht über §§ 377, 378
2) Schlechtlieferung (Mangel)
3) Untersuchung der Ware
4) Anzeige des Mangels (Rüge)

1) Übersicht über §§ 377, 378

A. §§ 377, 378 gelten **bei zweiseitigem Handelskauf** (§§ 343, 344), Werklieferungsvertrag (§ 381 II, s dort), Tausch (§ 515 BGB); Gattungs- oder Stückkauf (§ 360 Anm 1 A, § 378 Anm 1 C); Kauf nach Probe (§ 494 BGB; Überbl 2 A vor § 373), BGH BB **70**, 1416, WM **77**, 821; Kauf auf Probe (§§ 495, 496 BGB, Überbl 2 B vor § 373) nach Billigung des Gegenstands, wenn sich danach ein Fehler zeigt, vgl RG **137**, 298; beim finanzierten Abzahlungsgeschäft (s **(7)** Bankgeschäfte V); nicht nur entgeltliche Umsatzgeschäfte, sondern zB auch Sachdarlehen, BGH NJW **85**, 2418; für MinderKflte (§ 4), BGH NJW **80**, 783, den RechtsscheinKfm (§ 5 Anm 2); entspr bei Einkaufskommission (§ 391), Verkaufskommission mit Preisgarantie (§ 384 Anm 1 F). Ausdehnung uU auch auf selbständig beruflich am Markt auftretenden NichtKflte, Hopt AcP 183 (**83**) 690, str. In **anderen Fällen** folgt uU aus **§ 242 BGB** das Verbot ungebührlicher Verzögerung

§ 377 1   IV. Buch. Handelsgeschäfte

von Prüfung und Rüge, bei Verlust der Rechte wegen Fehlers der Lieferung, insbesondere zu Lasten eines beteiligten Kfm, Stgt MDR **58,** 774, vgl § 390 Anm 1 C. §§ 377, 378 gelten **nicht bei selbständigem Garantievertrag** (s § 349 Anm 4 C), BGH WM **77,** 366. Garantiefristen s Anm E. Übersicht: Marburger JuS **83,** 1; rechtsvergleichend und ökonomisch Lehmann WM **80,** 1162.

    B. §§ 377, 378 gelten bei **drei Arten fehlerhafter Lieferung:** (1) von Ware mit einem ,,Mangel" (§ 377, Schlechtlieferung, pejus), (2) von einer ,,anderen als der bedungenen Ware" (§ 378, falsche Gattung oder falsches Stück, Falschlieferung, aliud), (3) von Zuviel oder Zuwenig (§ 378). Die Fälle 1, 2 sind uU schwer zu unterscheiden (s Anm 2 C), aber die Unterscheidung ist aber nach dem Gesetz notwendig, weil die Einschränkung (,,sofern") in § 378 nur Fall 2, nicht Fall 1 trifft (s § 378 Anm 1 A). Andere Systematik s Koppensteiner BB **71,** 547 (Unterleistung: Quantitäts-, Qualitätsmängel, minderwertige alia; Überleistung: Mehrlieferung, höherwertige alia). Grundsätzlich gleich ist wie der Fehler zustande kam: durch Zufall; Einwirkung Dritter; schuldhaft oder schuldlos vertragswidriges Verhalten des Verkäufers; auch Einwirkung des Käufers, doch ist dann uU Geltendmachung von Rechten durch diesen wegen des Fehlers mißbräuchlich. **Nicht** anwendbar sind §§ 377, 378 bei Verletzung der Lieferpflicht in anderer Weise, zB Rechtsmängel (§§ 433, 434 BGB), Verspätung, Lieferung an falschem Ort oder sonst auf falsche Weise; Verletzung einer anderen als der Lieferpflicht. Vertragswidrig die Herkunft angebende (nicht ,,neutrale") Ausstattung kann Sachmangel, s (1) sein, so wenn die Ausstattung an sich interessierte, oder eine (nicht unter §§ 377, 378 fallende) andersartige Vertragsverletzung, so wenn es auf die Geheimhaltung ankam, RG **130,** 381.

    C. Mangels rechtzeitiger Rüge des Fehlers, ,,gilt die Ware als **genehmigt**" (II, III). Die Fiktion wirkt allseitig, also auch gegenüber der Bank beim finanzierten Kauf, BGH NJW **80,** 784. Käufer verliert die Rechte, die er sonst wegen des Fehlers hätte, vgl IV, dazu Anm D. Auch Ansprüche aus positiver Vertragsverletzung wegen des nicht rechtzeitig gerügten Fehlers (Sachmangel oder Falschlieferung), BGH **66,** 212, NJW **59,** 1081, BB **67,** 433; hierzu Hönn BB **78,** 685. Anders Ansprüche aus Verletzung einer Nebenpflicht aus dem Kaufvertrag, zB zur Verpackung: kein Rechtsverlust durch Rügesäumnis, allenfalls Schadensteilung nach § 254 BGB, BGH **66,** 213. Anders wohl auch Ansprüche aus unerlaubter Handlung, jedenfalls wegen Folge-(Körper- oder Sach-)Schäden, vgl BGH **66,** 315 (Verjährung). Untersuchung und Rüge (dazu Anm 3) sind ,,Last", ,,Obliegenheit" zur Erhaltung sonst bestehender Rechte. Das Unterlassen der Rüge ist kein Rechtsgeschäft, zB nicht anfechtbar nach § 119 I oder II BGB (mit der Wirkung, daß die Rüge nachgeholt werden kann). Bestellung aufgrund einer Probe (die zur Prüfung der Brauchbarkeit zugesandt) ohne Rüge erkennbarer Mängel der Probe gilt gleich Genehmigung einer der Probe entsprechenden Hauptlieferung, BGH LM § 460 BGB Nr 1. Die Folgen der Säumnis könne nachträglich einvernehmlich (also kein Wahlrecht des Verkäufers) behoben werden, Verkäufer kann auf den Einwand der Verspätung der Rüge verzichten, auch stillschweigend, dies liegt aber idR nicht schon im Verhandeln über die Rüge zwecks gütlicher Regelung,

BGH MDR **64**, 412, wohl aber in Bereiterklärung zur Nachbesserung, Hamm MDR **59**, 493.

D. **Rechte** des Käufers (durch Rüge nach § 377 zu wahren) s §§ 459ff BGB, im Falle des Werklieferungsvertrags (§ 381 II) §§ 633ff BGB, im Falle einer Falschlieferung (jedenfalls beim Identitäts-aliud) auch beim HdlKauf §§ 320ff BGB, BGH NJW **79**, 811; uU Schadensersatz wegen positiver Vertragsverletzung, s Anm C. Die Gewährleistungsansprüche schließen andere Rechte mit gleichem Ziele aus, zB aus § 242 BGB; aus Verschulden bei Vertragsschluß; aus ungerechtfertigter Bereicherung, RG **135**, 340, zB auf Herausgabe der Ersparnis durch billigere Werklieferung (nach Verjährung des Minderungsrechts, vgl §§ 477, 638 BGB), BGH DB **63**, 198. Anfechtung wegen Irrtums über Eigenschaften der Sache ist möglich bis zum (für § 459 BGB maßgeblichen) Gefahrübergang, BGH **34**, 34, DB **62**, 600. Kurze Verjährung nach § 477 BGB bei Schlechtlieferung (Gewährleistungsansprüche und Ansprüche aus positiver Vertragsverletzung) s BGH **77**, 215, **87**, 88 (Verpackungsmängel). Monographie: Graue 1967, dazu Fabricius JZ **67**, 464.

E. §§ 377, 378 sind **nachgiebig**. Die Rügepflicht kann verschärft, genauer umschrieben, gemildert oder aufgehoben werden, durch Einzelvertrag oder HdlBrauch (§ 346), durch AGB jedoch nur mit Einschränkungen, s (5) AGBG § 11 Anm 10e. Oft wird schriftliche Rüge verlangt, oft an Stelle des „unverzüglich" eine bestimmte Frist gesetzt; Bsp BGH DB **73**, 2390: 8 Tage (in Farbdruck-AGB, wirksam); BGH BB **77**, 14: 2 Wochen, nicht mehr nach Weiterverarbeitungsbeginn (Textilien). Eine Frist (zB 2 Monate) kann auch als bloße Ausschlußfrist gesetzt werden, so daß sie nicht beliebig ausgenutzt werden darf, sondern innerhalb der Frist unverzüglich Erklärung gemäß I, III vorgeschrieben bleibt, RG HRR **33**, 837. Ist beim Dokumentengeschäft Rüge „binnen x Tagen nach Eintreffen der Ware im Bestimmunghafen" vereinbart, ist sie doch nicht vor Andienung der Dokumente geboten, vor allem nicht, wenn vorher kein Untersuchungsrecht bestand, vgl Anm 3 A, Hbg MDR **70**, 334. Bestimmte Frist zur Rüge verborgener Mängel hindert iZw nur spätere Rüge solcher Mängel, die durch zumutbare Untersuchung (s Anm 3 G) feststellbar, BGH BB **70**, 1416, WM **77**, 822; dazu (5) AGBG § 11 Anm 10e. Zusage jederzeitiger Rücknahme der Ware bei Beanstandung ist Verzicht auf Rüge nach §§ 377, 378. Qualitätszusagen sind es nicht, sie erhöhen nur die vertragliche Anforderung an die Beschaffenheit der Ware (s Anm 2 A). **Garantiefristen** ändern idR nicht die Rügepflicht; sie verlängern nicht Verjährungsfrist mindestens auf Garantiefrist, sondern schieben Beginn der Verjährungsfrist hinaus (statt Ablieferung wie in § 477 BGB Entdeckung des Mangels), sofern Entdeckung des Mangels in Garantiefrist fällt, BGH **75**, 81, DB **65**, 1736; Ablauf der Verjährungsfrist also uU erst nach Ablauf der Garantiefrist, BGH NJW **79**, 645; Verjährung mangels Geltendmachung innerhalb von 6 Monaten nach Entdeckung des Mangels betrifft auch Warenherstellergarantie (§ 477 I BGB analog), BGH NJW **81**, 2248, krit Bunte NJW **82**, 1629. Zeigt sich in der Frist ein Fehler, so ist (bei beiderseitigem HdlKauf) unverzügliche Rüge nötig. Selbständiger Garantievertrag s Anm A, § 349 Anm 4 C. **Handelsbrauch** kann idR nur Art und Umfang der vorgeschriebenen Untersuchung ordnen, nicht von jeder Untersuchungspflicht ent-

§ 377 1   IV. Buch. Handelsgeschäfte

binden, RG **125**, 79. Ein HdlBrauch, der von der Untersuchungspflicht schlechthin oder von der Pflicht zur unverzüglichen Untersuchung entbindet, wäre unbeachtlicher Mißbrauch, Kln BB **57**, 910, Bambg DB **74**, 913, ähnlich BGH DB **76**, 144. Seltenheit des Fehlers ist unerheblich, Kln BB **57**, 910. Mißbräuchlich wäre insbesondere ein Brauch, der bei Fisch-, Gemüse-, Obstkonserven Käufer von unverzüglicher Untersuchung entbindet, Hbg MDR **65**, 390. Die Parteien können die Wirkung der Versäumung der Rüge **auch nachträglich** einvernehmlich beheben, Verkäufer kann auf Geltendmachung der Säumnis verzichten, zB trotz verspäteter Rüge des Käufers Nachbesserung versprechen, RG LZ **12**, 145, oder auf die Rüge sachlich eingehen, ohne ihre Verspätung zu beanstanden. Der Verspätungseinwand ist verzichtbar, auch nachträglich, auch stillschweigend; Verzicht liegt idR nicht schon im Verhandeln über die Rüge zwecks gütlicher Regelung; uU in vorbehaltlosem Nachbesserungsangebot, nicht in Nachbesserungsangebot und gleichzeitigem Insistieren auf sofortiger Bezahlung, BGH BB **78**, 1490. Unterlassen des Verspätungseinwands in erster Instanz ist nicht schon Verzicht des Verkäufers auf diesen Einwand, BGH BB **78**, 1491.

    F. **Versäumung** der Rüge bleibt **ohne Folgen, wenn** Verkäufer den (vom Käufer nicht rechtzeitig gerügten) **Mangel arglistig verschwiegen** hat (**V**, § 378), wenn er Fehlen einer zugesicherten Eigenschaft (§ 459 II BGB) verschwiegen hat oder wenn er einen **Vorzug arglistig vorgespiegelt** hat, RG **101**, 72, LZ **31**, 1456. Nach dem BGB sind dann ferner die Rechte des Käufers auch geschützt gegen den Einwand grobfahrlässiger Nichtentdeckung (§ 460 BGB), gegen die Berufung auf eine die Gewährleistung einschränkende Vereinbarung (§ 476 BGB), gegen die kurzfristige Verjährung (§ 477 BGB), und die arglistige Täuschung gibt dem Käufer gegen den Verkäufer Schadensersatzansprüche (§§ 463, 480 II, § 826 BGB); dagegen ist es, wenn Käufer die Ware in Kenntnis des Mangels vorbehaltlos annimmt (§ 464 BGB), gleichgültig, ob Verkäufer ihn arglistig (aber erfolglos) verschwiegen hatte. **Verschweigen** ist bewußtes Unterlassen nach Treu und Glauben gebotener Mitteilung, den Verkäufer muß also eine Aufklärungs- bzw Offenbarungspflicht treffen (vgl § 347 Anm 4 A), zB Fehlen der zugesicherten Generalüberholung, BGH NJW **86**, 317. **Arglist** ist Absicht, den Gegner zu täuschen, dh Wissen, mindestens Verdacht des Verkäufers, daß der Fehler besteht, daß Käufer ihn nicht erkennt und daß Käufer bei Kenntnis die Ware beanstanden würde, BGH NJW **86**, 317. Nicht nötig sind: Strafbarkeit des Verhaltens des Verkäufers (als Betrug), besondere täuschende Veranstaltungen, Ursächlichkeit des Verhaltens des Verkäufers für Unterbleiben oder Verspätung der Rüge, RG **55**, 214. Wissentlich fehlerhafte Lieferung ist nicht ohne weiteres arglistig, zB wenn Fehler offen zutage liegt oder Sache trotz Fehler für den Käufer brauchbar ist; anders wenn Verkäufer Rügeversäumnis des Käufers einkalkuliert und Käufer die Sache wegen des Fehlers nicht gebrauchen oder absetzen kann, BGH NJW **86**, 317. Arglistiges Verschweigen kann auch dann anzunehmen sein, wenn Verkäufer erst nach Vertragsschluß von dem Mangel erfährt, RG **91**, 423. Maßgeblicher Zeitpunkt ist der der Ablieferung, BGH MDR **55**, 31, NJW **86**, 317. Arglistiges Verschweigen durch einen **Erfüllungsgehilfen** (§ 278 BGB) wirkt gegen Verkäufer. Erfüllungsgehilfe ist zB der

Lieferer des Verkäufers, der auf seine Weisung die Ware unmittelbar an Käufer liefert. Es ist nicht der Zulieferer eines Teils, auch nicht im Falle des Werklieferungsvertrags (§ 651 BGB, vgl § 381 Anm 2, wo Herstellung und Zulieferung erst nach Vertragsschluß, zu seiner Erfüllung, erfolgen), BGH **48,** 121, BB **68,** 689. Ebensowenig ist, auch beim Werklieferungsvertrag, Erfüllungsgehilfe des Verkäufers, jedenfalls bezüglich seiner Fehler-Offenbarungspflicht gegenüber dem Käufer, jeder im Betrieb des Verkäufers mit der Herstellung Befaßte: verschweigt ein solcher vorschriftswidrige (fehlerhafte) Arbeit (zB Schweißung), gilt das allein nicht gleich arglistigem Verschweigen des Verkäufers gegenüber Käufer, BGH BB **68,** 689.

G. Der **Verspätungseinwand** ist verzichtbar, s Anm E. Der Einwand kann auch erst im Prozeß, auch erst in zweiter Instanz erhoben werden, BGH BB **78,** 1491. Der Einwand kann aber **mißbräuchlich** sein (§ 242 BGB), zB gegenüber einem Frontsoldaten, den am Unterbleiben der Rüge kein Verschulden traf, RG **170,** 158 oder bei Zwecklosigkeit der Rüge, zB wenn diese den Verkäufer wegen Sitzverlegung oder Geschäftsaufgabe ohnehin nicht erreicht hätte, BGH **93,** 350, NJW **80,** 784; idR nicht aus dem Grunde besonderen Gewichts des Fehlers und besonders großen Schadens durch ihn, vgl Anm 2 C.

H. Die ,,Genehmigung" (Anm C) gilt nicht, wenn der Mangel bei der Untersuchung (in der gebotenen Weise, vgl Anm 3) nicht erkennbar war, **II Halbsatz 2 (versteckter Mangel),** wofür Käufer beweispflichtig ist. Das Gegenteil, ,,offen", ist also der offen zu Tage tretende oder bei gebotener Untersuchung feststellbare Mangel, BGH BB **70,** 1416. Hat die Kaufsache **mehrere Mängel,** von denen nur der eine erkennbar war, gilt mangels rechtzeitiger Rüge nur dieser als genehmigt, das gilt nicht bei ein- und demselben Mangel, dessen verschiedenen Auswirkungen der Käufer zunächst nicht voll überblickt; vgl Ffm ZIP **85,** 107.

2) Schlechtlieferung (Mangel)

A. **Mangel** iSv I–III, V ist jede Abweichung der Beschaffenheit des Gelieferten, des verkauften und gelieferten Stücks oder des zur Erfüllung der Gattungsschuld Gelieferten von der aus Vertrag, Gesetz (§§ 459 I, II, 460 BGB, § 360 HGB) und uU HdlBrauch (§ 346) folgenden Norm, also auch Fehlen einer zugesicherten Eigenschaft.

BGB 459 [Haftung für Sachmängel]

[I] Der Verkäufer einer Sache haftet dem Käufer dafür, daß sie zu der Zeit, zu welcher die Gefahr auf den Käufer übergeht, nicht mit Fehlern behaftet ist, die den Wert oder die Tauglichkeit zu dem gewöhnlichen oder dem nach dem Vertrage vorausgesetzten Gebrauch aufheben oder mindern. Eine unerhebliche Minderung des Wertes oder der Tauglichkeit kommt nicht in Betracht.

[II] Der Verkäufer haftet auch dafür, daß die Sache zur Zeit des Überganges der Gefahr die zugesicherten Eigenschaften hat.

BGB 460 [Kenntnis des Käufers]

Der Verkäufer hat einen Mangel der verkauften Sache nicht zu vertreten, wenn der Käufer den Mangel bei dem Abschlusse des Kaufes kennt. Ist dem Käufer ein Mangel der im § 459 Abs. 1 bezeichneten Art infolge grober Fahrlässigkeit unbekannt geblieben, so haftet der Verkäufer, sofern er nicht die Abwesenheit des Fehlers zugesichert hat, nur, wenn er den Fehler arglistig verschwiegen hat.

Es gibt Ware mittlerer Art und Güte (§ 360) mit einem Fehler iSv § 459 I BGB; Bsp: Pflanzenöl mit gewöhnlichen Eigenschaften, aber nicht raffinierbar, bei Kauf zur Raffinierung.

B. Maßgebend für die Rechte des Käufers nach §§ 459 ff BGB ist der Zustand der Ware im **Zeitpunkt** des Übergangs der Gefahr auf den Käufer, § 459 I, II BGB (Text s Anm A), dh ihrer Übergabe an den Käufer oder die Transportperson, §§ 446 I 1, 447 I BGB. Die Rügepflicht nach § 377 besteht aber auch in bezug auf später, zB auf dem Transport, entstandene Mängel (bei Verlust der in diesem Falle etwa gegebenen Rechte des Käufers, insbesondere uU des Schadensersatzanspruchs wegen positiver Vertragsverletzung, vgl Anm 1 C.

C. Auch **krasse Abweichung** des Gelieferten vom Geschuldeten (vgl Anm A) enthebt Käufer nicht der Rügepflicht. Doch sind diese Fälle schwer abgrenzbar von „Falsch"-Lieferung, für die die Rügepflicht entfällt (§ 378 Anm 1 A). Die Rügepflicht entfällt, wenn Verkäufer den Mangel arglistig verschwieg, V, s Anm 1 F. Ist der Fehler besonders schwer (obwohl nicht arglistig verschwiegen und ohne daß Falsch- statt Schlechtlieferung anzunehmen, vgl oben), ist doch der Verspätungseinwand idR nicht mißbräuchlich, BGH NJW **75**, 2011, vgl Anm 1 G.

3) Untersuchung der Ware

A. Obliegenheit zur Rechtswahrung (vgl Anm 1 C) ist die **Anzeige** des (idR durch Untersuchung erkannten) Fehlers; Rüge ohne Untersuchung (aus anders erlangter Kenntnis des Mangels oder auf Verdacht) wahrt dem Käufer seine Rechte auch, RG **138**, 336, Ffm BB **84**, 177 LS. Die Bedeutung der Untersuchung ist nur: die für sie erforderliche Frist bestimmt den Zeitpunkt, in welchem Käufer die durch Untersuchung feststellbaren Mängel spätestens rügen muß; er hat mit der Rüge solcher Mängel soviel und nicht mehr Zeit, als er zur (ordnungsmäßigen, s Anm G) Untersuchung, „im ordnungsmäßigen Geschäftsgang" unverzüglich nach Ablieferung (I, s Anm F) braucht. Vgl besonders exakt BGH LM § 377 Nr 1. Unmöglichkeit der Untersuchung entbindet von der Rügepflicht; gleiches gilt, wenn die Untersuchung die Ware vernichten oder wesentlich beschädigen würde. Abweichender HdlBrauch s Anm 1 E. Das **Recht zur Untersuchung** hat Käufer selbstverständlich nach Empfang der Ware. Auch der schon auf Angebot der Ware zahlungspflichtige Käufer darf idR **vor Zahlung** die angebotene Ware auf Fehler prüfen. Das gilt idR auch beim Überseeabladegeschäft (Überbl 6 C vor § 373) nach Ankunft der Ware im Bestimmungshafen. Anderes kann vereinbart oder HdlBrauch sein, vgl MDR **63**, 1004. Das Prüfungsrecht vor Zahlung gilt idR (Möglichkeit der Gewährung des Rechts, Hbg MDR **70**, 335) nicht bei Vereinbarung „**Kasse gegen Dokumente**" (s § 346 Anm 5), auch wenn die Ware schon am Ablieferungsort ist, BGH **41**, 220 gegen RG JW **32**, 586 mit internationalem Brauch und Schiedsgerichtspraxis in Hbg, Brem (Grimm AWD **62**, 53); erst recht nicht bei Vereinbarung „K.g.D." bei Ankunft des Dampfers in X", BGH **41**, 221. Trotz abweichenden Vertrag (oder Brauch) besteht das Recht, wenn Weigerung der Untersuchung Rechtsmißbrauch wäre, was aber nur aus schwerwiegenden Gründen anzunehmen ist; nicht schon zB weil ähnliche Importe (anderer Lieferer) Mängel hatten; nicht ohne weiteres weil eine vorangegangene Teillieferung Mängel hatte, BGH MDR **63**, 1004, uU weil Käufer früher die Vorwegprüfung erlaubte, BGH **41**, 222.

B. **Ablieferung** iSv I ist erfolgt, wenn die Sache dem Empfänger oder dem von ihm Beauftragten (Spediteur, Frachtführer) in der Art zugänglich gemacht, daß er sie auf ihre Beschaffenheit prüfen kann, BGH **60**, 6, **93**, 345, NJW **61**, 730, **86**, 317, **LM** § 377 Nr 10 (Film: „Ablieferung" durch Vorführung und Aushändigung des Streifens, vgl § 381 Anm 2). Das ist iZw noch nicht der Fall bei noch beim Verkäufer gelagerten Gegenständen, anders nur bei klarer Parteiabrede über Wechsel der Verfügungsmacht, BGH **93**, 346. „Ablieferung" deckt sich nicht mit Gefahrübergang; bei Versendungskauf (vgl § 477 BGB), insbesondere „fob"-Geschäft, bestimmen mangels abw Vereinbarung oder HdlBrauchs die Umstände des Einzelfalls den Ort der Ablieferung, BGH **60**, 7, vgl Anm D. Untersuchung von Importware uU schon vor Verzollung, uU an der deutschen Grenze bei Empfang durch deutschen Adressat-Spediteur, offen BGH **LM** § 377 Nr 4. Bei Lieferung einer Maschine in Teilen ohne Montagepflicht des Lieferers idR schon nach Übergabe der Teile am Bestimmungsort, bei Montagepflicht des Lieferers nach deren Vollendung, BGH NJW **61**, 730, Graue AcP 163 (**64**) 406. Nicht nach Ablieferung am falschen Ort oder zur Unzeit, BGH NJW **61**, 730, wenn nicht genehmigt (auch stillschweigend). Keine Untersuchungspflicht (idR) bei Vertragsschluß (vgl § 460 BGB); wird aber Untersuchung vereinbart und grobfahrlässig durchgeführt, so verliert Käufer die Rechte wegen Mängeln, Celle BB **57**, 911. Beweislast für Ablieferung trägt Verkäufer, BGH **93**, 347.

C. Beim **Sukzessivliefervertrag** ist idR jede Einzellieferung zu untersuchen, RG LZ **27**, 1019, BGH BB **59**, 281, Kln, Hbg BB **57**, 910, **62**, 573. Auch bei **Teillieferung** aus einer Einmallieferung ist Untersuchung und ggf Rüge geboten, wenn die Teillieferung für sich allein verwendbar und die Restlieferung nicht in Kürze zu erwarten, RG **138**, 338. **Ausfallmuster** (Ausfallproben) vertreten bei entsprechender Vereinbarung die ganze Ware; werden sie nicht untersucht und gerügt, kann die ganze Ware nicht mehr beanstandet werden, RG **63**, 221. Eine vorangegangene zufriedenstellende **Probelieferung** befreit nicht von der Pflicht zur Untersuchung der Hauptlieferung, Kln BB **55**, 942.

D. Zu untersuchen ist, weil unverzüglich nach Ablieferung (I), idR am **Ort**, wo abgeliefert wird, zB bei Lieferung nach Übersee „fob" (s (**6**) Incoterms Nr 4) mit „seemäßiger Verpackung": erst am Bestimmungsort in Übersee, RG **102**, 91, BGH BB **53**, 186. Anders wenn schon im Abladehafen möglich und (nach Wert und Kosten) zumutbar, es kommt bei „fob"-Geschäften auf den Fall an, BGH **60**, 7, DB **81**, 1817, vgl Anm B. Ähnlich bei „ab Station"-Geschäft (s § 346 Anm 5), bei Klausel „frei im Container gestaut", BGH DB **81**, 1816. Bei Übergabe an Beauftragten des Käufers am Übergabeort, soweit dort in zumutbarer Weise möglich, Kln DB **75**, 2124 (Walnußkernbruch Neapel-Köln). Übersicht: Stötter DB **76**, 949 (Ort und Zeit der Untersuchung durch Importeur).

E. Es ist **unverzüglich**, also ohne schuldhaftes Zögern (§ 121 BGB) zu untersuchen. Das ist im Interesse der Schnelligkeit des HdlVerkehrs streng auszulegen. Schon geringe, bei ordnungsmäßigem Geschäftsgang vermeidbare Lässigkeit macht die Rüge verspätet, RG **106**, 360. Der objektive

§ 377 4
IV. Buch. Handelsgeschäfte

Maßstab hindert nicht, die Verhältnisse des Käufers zu berücksichtigen; von einem Großbetrieb ist eher mehr zu verlangen als von einem MinderKfm, jedenfalls nicht weniger, Hbg BB **53,** 98; unerheblich sind zB die Anstellung unzulänglichen Personals oder gewillkürte Ruhetage (anders gesetzliche Feiertage), RG HRR **31,** 769. Art der Ware ist wichtig; Maschinen, Wein, Zigarren zB erfordern längere, Orangen sehr kurze Untersuchungszeit, Mü BB **55,** 748. ,,Unverzüglich" ist Rechtsbegriff, im Prozeß zu substantiieren, Kln MDR **73,** 679. Unverzügliche Anzeige s Anm 4 A. Fristvereinbarungen s Anm 1 E.

F. Untersuchung, **soweit** nach ordnungsmäßigem Geschäftsgang **tunlich,** dh aufgrund Abwägung der Interessen dem Käufer zumutbar, ohne Überspannung. Dabei sind insbesondere beachtlich: Kosten, Zeitaufwand, Erfordernis technischer Kenntnisse, technischer Vorbereitungen, der Zuziehung Dritter; ob bei bestimmungsmäßiger Weiterverarbeitung besonders hohe Mangelfolgeschäden möglich sind (dann verschärfte Pflicht); ggf HdlBrauch; BGH BB **70,** 1416, NJW **76,** 625, WM **77,** 822.

G. Hiernach bestimmt sich **Art und Weise** der Untersuchung zB ob chemische Untersuchung geboten ist, BGH BB **59,** 393 (Perlon oder Nylon? verneint), **70,** 1416 (Diolen-Noppen, bestimmt als Teilrohstoff zu 5% an Garn, bejaht), ob Konserven zu erhitzen sind, BGH BB **77,** 1019 (Pilze, verneint), ob Sachverständiger zuzuziehen ist (was Hbg BB **53,** 99 schwerlich zu Recht ohne weiteres annimmt, wo Fehler nur durch Sachverständigen feststellbar ist). Läßt sich die Beschaffenheit der Ware nur durch ihre Verarbeitung erkennen, so ist Probeverarbeitung geboten, Kln BB **57,** 910. Maschinen sind in Gang zu setzen, uU längere Zeit zu beobachten, RG Warn **09,** 143; der Nichtfachmann darf länger und weniger gründlich prüfen als ein Maschinenhändler, RG **59,** 75; nicht erforderlich ist alsbaldiger Serienproduktionsbeginn mit der Maschine, BGH BB **77,** 618. Saaten vor der Ernte zu beobachten, ist idR nicht erforderlich, Königsberg HRR **42,** 765; erst recht ist idR ein Anbauversuch (vor der normalen Aussaat) nicht geboten, RG **103,** 81. Eine Untersuchung, die innere Materialfehler an Maschinenteilen zutage fördern würde, ist überhaupt unmöglich, dafür ist Käufer beweispflichtig (OGH **3,** 54: Spannungsriß in einer Pleuelstange). Bei Lieferung einer größeren Warenmenge sind Stichproben zu nehmen: wenige, wenn die Entnahme die Ware unverkäuflich macht, sonst mehr, möglichst an verschiedenen Stellen des Transportmittels, RG **106,** 362 (Konservendosen), Kln BB **55,** 941, Hbg MDR **64,** 601 (Folien in Säcken), **65,** 390 (Konservendosen), Kln DB **75,** 2124 (nicht nur 1 von 400 Kartons Nußbruch), BGH BB **77,** 1019 (genügend 5 von 2400 Pilzkonservendosen). Bei gefärbten Stoffen: Wasch- und Kochtest, Düss MDR **72,** 330, Abreiben, Bambg DB **74,** 913, Reiben mit feuchtem Lappen, BGH NJW **76,** 625.

4) Anzeige des Mangels (Rüge)

A. **Wenn sich ein Mangel zeigt (I),** muß der Käufer ihn **unverzüglich** (s Anm 3 E) dem Verkäufer anzeigen. Das Eilgebot (,,unverzüglich") gilt zweimal: für Untersuchung und Rüge, vgl RG **106,** 361, oben Anm 3 A. Ohne Untersuchung erkennbare Mängel sind als solche unverzüglich zu rügen, RG **73,** 168. Zeigt sich ein Mangel, ist er zu rügen, auch wenn man

Aufdeckung weiterer erwartet, RG **62,** 256; doch kann vor Rüge eines während einer Untersuchung aufgedeckten Mangels deren Gesamtergebnis abgewartet werden. Verdacht des Mangels verpflichtet zur Untersuchung, ob er besteht, RG DR **39,** 1795, noch nicht zur Rüge, RG **104,** 384. Unklarheit der Ursachen des Mangels rechtfertigt nicht Aufschub der Rüge, RG **106,** 360; tritt aber ein Mangel erst einige Zeit nach Lieferung hervor, darf Käufer vor Rüge untersuchen, ob er schon bei Lieferung bestand. Ein Mangel „zeigt sich", ist daher zu rügen, wenn er dem Käufer ohne Fahrlässigkeit erkennbar ist. Gleich ist, ob Verkäufer den Mangel schon kennt. Gleich ist, ob der bei Ablieferung der Ware an Käufer bestehende Mangel schon beim früheren Gefahrübergang, im Fall des Versendungskaufs (§ 447 BGB) bei Übergabe an eine Transportperson bestand (wenn nicht, wahrt die Rüge zwar nicht Anspruch aus §§ 459ff BGB, aber Schadensersatzanspruch aus §§ 275ff BGB), RG **106,** 309 (auf dem Transport infolge fahrlässiger Verpackung erfrorene Pflanzen). Rüge über zwei Wochen nach Entdeckung ist verspätet, BGH **93,** 348. Rüge am zweiten Tag nach der Lieferung kann bei schnellverderbender Ware zu spät sein, Mü BB **57,** 663 (Tomaten). Nach Verzögerung durch die Weihnachtszeit sind Untersuchung und Rüge zu beschleunigen, BGH MDR **64,** 412. Rüge weder nach der ersten Beanstandung durch Abnehmer noch nach dem ersten Wiederauftreten des Mangels ist wohl idR verspätet, Celle BB **57,** 595. Bei **Weiterverkauf (Streckengeschäft,** s Überbl 2 E vor § 373) kann Käufer die Untersuchung seinem Abnehmer überlassen; ausreichend ist dann rechtzeitige Mangelanzeige von Zweitabnehmer an Käufer und unverzügliche Weitergabe durch diesen an Verkäufer, BGH BB **54,** 954; offen BGH BB **78,** 1490 (ebenso schnell wie wenn Käufer selbst untersuchte?). Hat Verkäufer unmittelbar an den Abkäufer zu liefern oder war er einverstanden mit Untersuchung nur durch diesen, kann entweder dieser direkt oder auf seinen (unverzüglichen) Hinweis der Käufer (unverzüglich) beim Verkäufer rügen, RG **96,** 14.

B. Zeigt sich **später,** dh nach der (unverzüglich nach Ablieferung der Ware gebotenen) Untersuchung ein Mangel, der bei der Untersuchung nicht erkennbar war (ein „solcher" Mangel, dazu II), so muß der Käufer unverzüglich nach der Entdeckung (s Anm A) rügen. **III,** RG DR **39,** 1795. Beweispflichtig für den Zeitpunkt der Entdeckung der Käufer, auch dafür, daß der Mangel bei der Untersuchung nicht erkennbar war. Begnügt sich der Käufer nach erster rechtzeitiger Rüge mit **Nachbesserung** und ist auch diese **fehlerhaft,** muß er erneut rügen, BGH NJW **83,** 1496. Fristvereinbarungen s Anm 1 E. Übersicht MDR **66,** 642.

C. Die Rüge ist **formfrei,** auch mündlich oder fernmündlich möglich an zuständige Person (nicht nur Fahrer des Lieferers, Kln BB **54,** 613); mehrfach erfolgloser Versuch des Telefonanrufs genügt nicht, BGH **93,** 349, NJW **80,** 782. Telegramm ist uU zur Fristwahrung nötig, RG JW **02,** 425. Zur Rüge **legitimiert** ist der Käufer, sein Bevollmächtigter (uU sein Abnehmer, vgl Anm A), dessen Rüge aber Verkäufer mangels spezieller Legitimation nach § 174 BGB zurückweisen kann. Rüge durch Vertreter ohne Vertretungsmacht ist wirksam, wenn sie vom Verkäufer nicht beanstandet und vom Käufer genehmigt wird, §§ 180 S 1, 2, 177 I BGB. **Adressat** der Rüge ist der Verkäufer oder sein Bevollmächtigter, auch ein Ge-

§ 378

samtvertreter. Dazu § 54 (HdlBevollmächtigter), § 55 IV (Reisender), § 91 II (HV); nicht ermächtigt sind zB Makler, Kommittent, KG LZ **19**, 613. Gibt ein Unberechtigter die Rüge weiter, so kann sie rechtzeitig eintreffen. Zur Erhaltung der Rechte des Käufers genügt rechtzeitige **Absendung** der Anzeige, **IV**, auf geschäftsübliche Weise, BGH **LM** § 377 Nr 8, dh durch zuverlässiges Beförderungsmittel, zB Post, Telegraph, Fernschreiber; auch Kurierdienst, str, aA Mü NJW **55**, 1153, aber nicht durch eigene Leute; nicht zB unfrankierte Sendung, es sei denn das Schreiben käme trotzdem rechtzeitig in den Besitz des Verkäufers, BGH **LM** § 377 Nr 8. Verzögerungen bei der Übermittlung gehen also zu Lasten des Verkäufers, die Erklärung bleibt aber (so auch Mängelanzeige, § 478 I 1 BGB; Anfechtung, § 121 I 2 BGB, str) empfangsbedürftig (§ 130 I 2 BGB). Geht sie verloren, kann sie der Käufer unverzüglich nachholen; für die nachgeholte Anzeige gilt wiederum IV; erfährt der Käufer nichts von der Verzögerung oder dem Verlust der Anzeige, kann eine positive Vertragsverletzung darin liegen, daß er bei längerem Schweigen des Verkäufers nicht nachfragt. Auf IV kann sich Käufer nicht berufen, wenn er weiß, daß Anzeige Verkäufer nicht kurzfristig erreicht, zB wegen Urlaub, BGH **93**, 349.

D. Verkäufer muß der Anzeige **Art und Umfang der Mängel** entnehmen können, so daß er sich bessern und Käufer nicht vorher unpräzisierte Mängel „nachschieben" kann. Verlangt der Vertrag mehrere verschiedenartige Lieferungen, muß klar sein, auf welche sich die Rüge bezieht, BGH BB **78**, 1489. Käufer muß Funktionsstörungen einer Maschine nach Art und Umfang beschreiben; BGH **LM** § 377 Nr 12. Das Ausmaß der Abweichung von der bedungenen Qualität ist anzugeben, besonders wenn diese selbst schon eine Marge enthält, BGH BB **78**, 1489. Vorangegangener Schriftwechsel kann von Bedeutung sein, vgl RG LZ **09**, 466. Nicht entscheidend ist fachlich exakte Bezeichnung des Mangels, RG **47**, 13. Rüge des einen Mangels wirkt nicht in bezug auf einen anderen Mangel, Hbg MDR **64**, 601 (Folien: Größe, Dicke). Ist eine Sendung zT mangelhaft, ist anzugeben, welcher Teil weswegen bemängelt wird, RG LZ **25**, 654, Nürnb NJW **74**, 1912. Das Nichtrügen eines Mangels beseitigt auch die Rechte aus mit diesem untrennbar zusammenhängenden Mängeln, RG **38**, 11. Käufer muß nicht ausdrücklich Rechte aus dem Mangel vorbehalten oder zum Ausdruck bringen, daß er die Ware als Erfüllung ablehne, muß aber erkennen lassen, daß er von den aus dem Mangel für ihn hervorgehenden Rechten Gebrauch machen will, BGH **LM** § 377 Nr 4 (verneint aus Begleitumständen bei Übersendung einer die Fehler aufzeigenden Expertise ohne weitere Erklärung). Er muß nicht zugleich schon erklären, welche Folge er daraus ziehe, zB nicht, daß er die Ware „zur Verfügung stelle" (er kann sie behalten und den Preis mindern, uU darüber hinaus Schadensersatz fordern).

[Untersuchungs- und Rügepflicht bei Falschlieferung oder Mengenfehlern]

378 Die Vorschriften des § 377 finden auch dann Anwendung, wenn eine andere als die bedungene Ware oder eine andere als die bedungene Menge von Waren geliefert ist, sofern die gelieferte Ware

2. Abschnitt. Handelskauf **1 § 378**

nicht offensichtlich von der Bestellung so erheblich abweicht, daß der Verkäufer die Genehmigung des Käufers als ausgeschlossen betrachten mußte.

1) Falschlieferung

A. Die **Abgrenzung von Schlechtlieferung (§ 377) und Falschlieferung** (§ 378 „eine andere als die bedungene Ware") ist wegen der Einschränkung der Rügepflicht in § 378 Halbs 2 („sofern ...") notwendig, aber im Einzelfall oft schwierig. Maßgebend ist der vereinbarte oder dem Verkäufer wenigstens bekannte Vertragszweck unter Berücksichtigung der Verkehrsauffassung betr Branche und Liefergegenstand im Einzelfall, BGH NJW **75,** 2011 m krit Anm Marburger JuS **76,** 638 (Wellstegträger für Flachdach, falsche Norm: § 377), NJW **86,** 660. Falschlieferung setzt gegenständliche Abweichung der gelieferten von der geschuldeten Leistung voraus, BGH NJW **84,** 1955 (EGInterventionsware).

B. **a)** Die **Rügepflicht entfällt bei grober Artabweichung** (§ 378, „sofern ..."; abdingbar zB durch AGB, BGH DB **69,** 1057, s § 377 Anm 1 E), auch wenn Käufer die Ware nicht untersucht hat (Grund: s Anm 3 A), str, offen BGH NJW **86,** 317. Als Ausnahmeregelung ist § 378 eng auszulegen, BGH BB **75,** 718, WM **77,** 821: Ware, die so von der Bestellung abweicht, daß ein vernünftiger Kfm mit ihr nicht Erfüllung versuchen kann und andererseits vom Käufer ihr Behalten als Erfüllung schlechterdings nicht zu erwarten ist, BGH BB **60,** 1262 (Pfeffer mit 50% wertloser Beimischung), **67,** 433 (Anatase/Rutile, Farbgrundstoffe), **70,** 1416 (verneint bei Fremdfaserbeimischung in Diolen-Noppen). Unanwendbar typischerweise bei Lieferung (gleich wie) verdorbener Lebensmittel, BGH WM **77,** 821 (Jauche in Pilzkonserven). S auch BGH BB **56,** 1166, DB **69,** 1056, BB **78,** 1490 (Kühlschränke, die gar nicht oder zu tief kühlen: § 378 unanwendbar). AA ua von Caemmerer FS M. Wolff **52,** 3: Rügepflicht entfällt nicht schlechthin bei krasser Abweichung, sondern nur bei erkennbarem Versehen des Verkäufers (Bsp: Lieferung von Chloraluminium statt Aluminiumchlorat, RG **84,** 355) oder Andersangebot weil das Bestellte nicht lieferbar ist (Bsp: Kunst- statt Naturstein). **b)** § 378 gilt im Stückkauf **auch bei** Lieferungen eines **falschen Stücks** (zB statt der gekauften Maschine die gleichartige y), es sei denn Käufer darf ein Versehen (zB Verwechslung zweier Lieferungen) oder gewollte Abweichung (zB Lieferung einer andersartigen, aber ähnlich verwendbaren Maschine statt der durch Schaden ausgefallenen verkauften) annehmen, darum die Rüge für entbehrlich halten, vgl Anm a. **c)** Entfällt die Rügepflicht gemäß § 378, kommt **aber** noch solche aus **§ 242 BGB** oder HdlBrauch (§ 346) in Betracht (die sich mit jener nicht decken muß); vgl § 377 Anm 1 A.

C. Während §§ 377, 378 Schlecht- und Falschlieferung grundsätzlich gleichstellen, also in beiden Fällen zur Rechtswahrung prompte Rüge fordern, scheinen die **zu wahrenden Rechte** (s § 377 Anm 1 D) zT **verschieden:** Bei Schlechtlieferung gelten §§ 459 ff BGB, str; bei Falschlieferung ist zu unterscheiden: **a) Gattungskauf:** §§ 459 ff gelten bei genehmigungsfähigen Abweichungen auch hier, weil § 378 die schwierige Unterscheidung der beiden Fälle ganz habe beseitigen wollen, RG **86,** 90, Schumacher MDR **77,** 19, str. Darüberhinaus führt der konkrete, relative (vom

§ 378 2   IV. Buch. Handelsgeschäfte

Zweck des einzelnen Vertrags ausgehende) Fehlerbegriff (vgl RG **135**, 341, **161**, 330, BGH **16**, 55: Ultraschallgerät zu Heilzwecken, von Caemmerer FS M. Wolff **52**, 3, aA Schmidt NJW **62**, 710) immer, auch bei NichtHdl-Kauf, dazu, daß Falschlieferung fehlerhaft iSv § 459 BGB ist, also §§ 459 ff BGB auf sie anwendbar sind. Ebenso BGH **LM** § 477 BGB Nr 5 für Falschlieferung innerhalb einer Gattung (jugoslawische statt rumänischer Buche), dahingestellt für andere Fälle. Anders (auch betr § 477 BGB) BGH BB **68**, 13 bei Lieferung aus falscher Gattung (Winter- statt Sommerweizen). Zum Anspruch auf Rückübereignung des aliud bei nicht rechtzeitiger Rüge des Käufers s Knöpfle NJW **79**, 693. **b) Spezieskauf:** Liefert der Verkäufer hier eine andere als die vereinbarte Sache (Identitäts-aliud), gelten nicht §§ 459 ff BGB, sondern §§ 320 ff BGB, beim HdlKauf auch im Falle der Rügelast nach § 378, BGH NJW **79**, 811 (offengelassen für Qualifikations-aliud und Gattungskauf); zust Schultz NJW **80**, 2172, aA Kramer NJW **79**, 2023.

2) Mengenfehler

A. **Minder-** oder **Mehrlieferung** (Zuwenig- und Zuviellieferung) können zugleich Schlecht- oder Falschlieferung sein. Bsp: Lieferung von Einheiten (Blechen, Brettern, Stoffbahnen) mit falschen Maßen, das Ganze entwertende Minderlieferung (Wein für vorhandene Fässer, die nicht „hohl" liegen dürfen) oder Mehrlieferung (zu Zollstrafen führendes Übergewicht, Hbg HansRGZ **29** B 826; schwer ausscheidbare Überlieferung einzelner Sorten in einer Lieferung von Papierwaren, RG **23**, 126). Auch Untergewicht einer mit ca-Inhalt zu Pauschpreis verkauften Partie (zB Waggon, Kahnladung) ist eher Qualitäts- als Mengenfehler, wie Untergewicht eines als Spezies verkauften Ballens oder Sacks oder Stücks Vieh; in diesen Fällen gelten §§ 459 ff BGB, die Rügepflicht des Käufers folgt schon aus § 377. Die rechtliche Behandlung der Minder- und Mehrlieferung ist umstritten (s Anm B, C), Übersichten: von Caemmerer FS M. Wolff **52**, 3, Mailänder ZHR 126 (**64**) 92, Peters AcP 164 (**64**) 340, Koppensteiner BB **71**, 547, Werner BB **84**, 221.

B. **Minderlieferung** darf Käufer mangels rechtzeitiger Rüge nicht mehr als Teilleistung (§ 266 BGB) zurückweisen, er kann das Fehlende nicht mehr nachfordern, nicht Schadensersatz verlangen, nicht vom Vertrag zurücktreten. Seine Preisschuld reduziert sich bei offener Minderlieferung (ersichtlich aus Lieferschein, Rechnung, anderer Mitteilung) mit und ohne prompte Rüge auf den Preis des Gelieferten, offen BGH **91**, 301. Verborgene Minderlieferung (zB Manko gegen Lieferschein, Rechnung) muß Käufer (nach Aufdeckung) prompt rügen, sonst schuldet er den Preis der vollen Vertragsmenge, BGH **91**, 300.

C. **Mehrlieferung** muß Käufer mangels rechtzeitiger Rüge ganz abnehmen und (ob offen oder verborgen, vgl Anm B) nach Vertragspreiseinheiten bezahlen, als wäre der Vertrag einvernehmlich erweitert. Teils aA Mailänder ZHR 126 (**64**) 92, Koppensteiner BB **71**, 547: § 378 unanwendbar, uU stillschweigende Vertragserweiterung nach allgemeinen Grundsätzen (§ 346 Anm 4 F), sonst nur Pflicht zur Rückgabe des Zuviel, aber ohne Entreicherungseinwand (§ 818 III BGB). Bsp Hamm BB **78**, 1748 (2000 statt 1919 Akustikpaneele): Systematik dahingestellt, jedenfalls Mehrzahlung.

2. Abschnitt. Handelskauf 1 § 379

[Einstweilige Aufbewahrung; Notverkauf]

379 ᴵ Ist der Kauf für beide Teile ein Handelsgeschäft, so ist der Käufer, wenn er die ihm von einem anderen Orte übersendete Ware beanstandet, verpflichtet, für ihre einstweilige Aufbewahrung zu sorgen.

ᴵᴵ Er kann die Ware, wenn sie dem Verderb ausgesetzt und Gefahr im Verzug ist, unter Beobachtung der Vorschriften des § 373 verkaufen lassen.

1) Aufbewahrungspflicht des Käufers (I)

A. Nach BGB ist Käufer, der die ihm gesandte Kaufsache beanstandet (ergänze: und sie deshalb abweisen, nicht bloß den Preis mindern oder Schadensersatz fordern will, vgl §§ 377, 378), nur nach Treu und Glauben und Verkehrssitte (§ 242 BGB) verpflichtet, für ihre einstweilige Aufbewahrung (bis über sie vom Verkäufer verfügt ist) zu sorgen. § 379 I verpflichtet Käufer hierzu unbedingt, wenn: **a)** der Kauf ein **beiderseitiges Handelsgeschäft** (§§ 343, 344) ist; ist er es nur für den Käufer, wird § 242 BGB von ihm kaum weniger Sorgfalt fordern; nach § 58 II SaatgutG 27. 6. 53 BGBl 450 gilt § 379 auch beim Kauf anerkannten Saatguts durch einen Kfm im Betrieb eines HdlGewerbes vom Erzeuger (einem einseitigen HdlKauf); **b)** die Ware dem Käufer **von einem andern Ort übersandt** ist (denn in diesem Fall ist Zurücksenden unwirtschaftlich und dem Verkäufer die Möglichkeit zu wahren, die Ware da, wo sie sich befindet, anders zu verwenden); nicht nur wenn Verkäufer sie durch eine Transportperson sendet (§ 447 I BGB); auch wenn Verkäufer sie selbst bringt; auch (erst recht) wenn sie dem Käufer schon anderswo übergeben war und er sie selbst dorthin sendet, wo sie zu prüfen und über ihre Annahme zu entscheiden ist; auch wenn Verkäufe am Bestimmungsort noch Verrichtungen an ihr schuldet (zB Montierung einer Maschine), vgl zB RG **66**, 196. Kommt die Ware vom selben Ort (idR politische Gemeinde) oder wird sie gar nicht bewegt, folgen Sorgepflichten nur aus § 242 BGB; ebenso wenn die Kaufsache gar nicht in den Gewahrsam des Käufers gelangt ist oder dieser sie berechtigt zurückweist, BGH NJW **79**, 812.

B. § 379 I zielt nicht auf **Beweissicherung,** gilt daher nicht, wenn Käufer die Ware beanstandet, aber behalten (und nur den Preis mindern oder Schadensersatz fordern) will, str. Ihn trifft die Beweislast für Mängel, er kann (vor Weitergabe, Verarbeitung, Verbrauch der Ware) Beweissicherung nach §§ 485 ff ZPO veranlassen; schafft er sich weniger zuverlässige Beweismittel, riskiert er Beweisfälligkeit; Verkäufer wird nicht gefährdet. Soweit ihm zumutbar, muß aber Käufer auch in diesem Falle vor anderer Verfügung über die Ware dem Verkäufer zur Prüfung auf gerügte Mängel Gelegenheit geben.

C. Der Käufer muß in den Besitz der Ware gelangt sein, so daß er für ihre Verwahrung sorgen kann; bei Abnahmeverzug muß er sich aber behandeln lassen, als habe er abgenommen, RG HRR **26**, 1147. Abw von § 362 II schuldet Käufer Aufbewahrung (im Rahmen der Billigkeit) ohne Rücksicht auf Nachteile und auf Deckung für die Kosten. Verletzung der Pflicht macht ersatzpflichtig, berührt nicht die Rechte aus dem Mangel.

§ 379 2   IV. Buch. Handelsgeschäfte

Käufer kann (mit Sorgfalt eines ordentlichen Kfms, § 347) selbst verwahren, Spediteur, Frachtführer, Schiffer zur Aufbewahrung veranlassen, bei Dritten hinterlegen (RG **98**, 70); solche Personen sind nicht seine Erfüllungsgehilfen (§ 278 BGB). Käufer muß idR die Ware versichern. Käufer bleibt aus dem Kaufvertrag verpflichtet, das Erforderliche zur Wahrung von Ansprüchen gegen Frachtführer zu tun (vgl § 438). Ist die Beanstandung begründet, kann Käufer Ersatz seiner **Kosten** mit Zinsen, § 354 II, verlangen; bei eigener Verwahrung Lagergeld, bei fremder außerdem Provision, § 354. Zurückbehaltungsrecht s §§ 369–372.

D. Käufer muß aufbewahren, bis Verkäufer über die Ware verfügen kann; der Zeitpunkt der Ankunft der Beanstandung entscheidet darum nicht, RG **43**, 32. Verkäufer gerät nach Ablauf angemessener Frist in Annahmeverzug; Käufer haftet dann nur noch für Vorsatz und grobe Fahrlässigkeit, § 300 BGB. Käufer kann nach Fristablauf die Ware dem Verkäufer auf dessen Kosten **zurücksenden.** Verpflichtet ist er dazu uU nach Treu und Glauben oder HdlBrauch. Verkäufer kann Rücksendung auf seine Kosten verlangen.

2) Recht zum Notverkauf (II)

A. Käufer darf (nach § 242 BGB uU: muß, vgl RG **66**, 192 über grobfahrlässige oder absichtliche Verzögerung zum Schaden des Verkäufers) die Ware bei Gefahr ihres Verderbs (vgl §§ 373 II 2) **verkaufen lassen;** nicht bei Widerspruch des Verkäufers gegen den Verkauf (nicht nur gegen die Beanstandung, RG **96**, 73). Der Verkauf ist nach den Vorschriften des **§ 373** vorzunehmen; vorherige Androhung entfällt nach § 373 II 2. Der Verkauf geschieht, wenn die Beanstandung der Ware begründet ist und der Käufer wegen des Mangels wandeln oder andere Lieferung fordern darf (was oft ausgeschlossen wird), für Rechnung des Verkäufers. Käufer muß das Interesse des Verkäufers nach Treu und Glauben wahren. Ersteigerer erwirbt Anspruch unmittelbar gegen Verkäufer. Käufer darf nicht den Erlös behalten und den Kaufpreis mindern (Minderung setzt Behalten der Ware voraus). Käufer darf mitbieten; erwirbt er die Ware, sind neue Beanstandungen und neuer Notverkauf wegen der alten Mängel nicht mehr zulässig, RG **66**, 194. Ein Verkauf, der § 373 nicht entspricht, kann als Geschäftsführung ohne Auftrag wirksam sein, wenn der Verkäufer nicht widerspricht, §§ 677ff BGB, RG **66**, 197 (vgl § 373 Anm 3 A); wenn Käufer ein Zurückbehaltungsrecht an der Ware hat: als Verkauf nach § 371; uU als Selbsthilfeverkauf nach § 383 BGB bei Rücknahmeverzug des Verkäufers.

B. Ist der **Notverkauf unzulässig,** so ist Käufer ersatzpflichtig und verliert das Recht auf Wandlung, Nachlieferung, Ersatz seiner Aufwendungen; das Recht auf Minderung und (uU) Schadensersatz wegen des Mangels der Ware behält er, vgl RG **43**, 37.

C. Auch **einstweilige Verfügung** kann Verkauf (oder andere Verwertung) beanstandeter Ware anordnen, §§ 935, 940 ZPO, er unterliegt dann nicht § 379, RG **104**, 284; daran kann Kläger Interesse haben (zB zu besserer Verwertung), auch wo Notverkauf nach §§ 379 II, 373 möglich.

2. Abschnitt. Handelskauf 1, 2 § 380

[Taragewicht]

380 ¹ **Ist der Kaufpreis nach dem Gewichte der Ware zu berechnen, so kommt das Gewicht der Verpackung (Taragewicht) in Abzug, wenn nicht aus dem Vertrag oder dem Handelsgebrauche des Ortes, an welchem der Verkäufer zu erfüllen hat, sich ein anderes ergibt.**

ᴵᴵ **Ob und in welcher Höhe das Taragewicht nach einem bestimmten Ansatz oder Verhältnisse statt nach genauer Ausmittelung abzuziehen ist, sowie, ob und wieviel als Gutgewicht zugunsten des Käufers zu berechnen ist oder als Vergütung für schadhafte oder unbrauchbare Teile (Refaktie) gefordert werden kann, bestimmt sich nach dem Vertrag oder dem Handelsgebrauche des Ortes, an welchem der Verkäufer zu erfüllen hat.**

1) Preisbestimmung nach Gewicht

A. Ist der Kaufpreis nach dem Gewicht der gelieferten Ware bestimmt, ist mangels abw Bestimmung durch Vertrag oder HdlBrauch des Erfüllungsorts des Verkäufers das Gewicht der Verpackung (**Tara**) nicht mitzurechnen (**I**), ,,rein netto Tara" (Gegensatz: ,,brutto für netto"). Vertrag oder HdlBrauch des Erfüllungsorts des Verkäufers können Preisbestimmung nach Bruttogewicht abzüglich x% oder y Gramm Tara vorschreiben, ohne Rücksicht auf das wirkliche Gewicht der Verpackung (**II**).

B. Vertrag oder HdlBrauch am Erfüllungsort des Verkäufers können (unabhängig von Ob und Wie der Berücksichtigung einer Verpackung, wo solche besteht) Preisbestimmung (wenn sie nach dem Gewicht der Ware erfolgen soll, s I) nach wirklichem Gewicht abzüglich x% oder y Gramm **Gutgewicht** oder **Refaktie** (Vergütung für schadhafte oder unbrauchbare Teile) vorschreiben (**II**).

2) Rechtsverhältnisse der Verpackung

Die Verpackung besorgt der Verkäufer, sofern nichts anderes vereinbart ist, wie etwa bei Kauf ,,ab Lager" (s § 346 Anm 5). Die Kosten der Verpackung trägt der Käufer. Das ist für den Versendungskauf in § 448 BGB bestimmt (,,Kosten der Versendung"). Die Kosten bestehen aus denen des Materials und der Arbeit. Gehört die Verpackung zur Ausstattung, so ist sie nicht zu vergüten. Wessen Eigentum die Verpackung ist, hängt ganz vom Fall ab; allgemeine Grundsätze lassen sich kaum aufstellen. Es entscheidet der Parteiwille, ergänzend der HdlBrauch. Säcke, in die verpackt ist, gelten iZw als ,,verliehen" und sind zurückzugeben (§ 556 BGB, Sackmiete). Ebenso für Flaschen bei Kennzeichnung als Leihflaschen des Verkäufers, Mü GRUR **80**, 1011; sonst liegt ein Flaschendarlehen vor (§ 607 BGB), BGH NJW **56**, 298; ebenso Palettendarlehen, Ffm ZIP **82**, 1332. Flaschenpfand ist kein ,,Pfand", sondern Sicherung des gattungsmäßigen Rückgabeanspruchs. Gefahrtragung je nach Eigentumslage, Rückgabe ist keine Bringschuld, str; Haake BB **82**, 1389 (Mehrweg-Paletten). Palettenverkehr, Palettentausch s Willenberg transpR **85**, 161.

§ 381 1, 2 IV. Buch. Handelsgeschäfte

[Kauf von Wertpapieren; Werklieferungsvertrag]

381 ^I **Die in diesem Abschnitte für den Kauf von Waren getroffenen Vorschriften gelten auch für den Kauf von Wertpapieren.**

^{II} **Sie finden auch Anwendung, wenn aus einem von dem Unternehmer zu beschaffenden Stoffe eine nicht vertretbare bewegliche Sache herzustellen ist.**

1) Kauf von Wertpapieren (I)

§§ 373–380 sind auf den Kauf von Wertpapieren (§ 369 Anm 3 A) anwendbar, was voraussetzt, daß ein HdlKauf vorliegt (Überbl 3 vor § 373). Der Kauf von nicht in Wertpapieren verbrieften Rechten, zB Hypothekenforderungen (auch mit Hypothekenbrief) fällt nicht unter §§ 373–380. § 381 rechtfertigt aber schwerlich den Umkehrschluß (RG **74**, 162) auf Unanwendbarkeit anderer Vorschriften über bewegliche Sachen oder Waren auf Wertpapieren. Anwendbar sind insbesondere: § 373 (Hinterlegung, Selbsthilfeverkauf), uU ist Verkauf ohne Androhung wegen Gefahr (zB des Kurssturzes, einer Sperre) im Verzug entspr § 373 II 2 (betr Verderb einer Ware) zulässig; **§ 375**; **§ 376**; **§§ 377, 378** bei ,,Sach"mängeln (§ 459 BGB) des Papiers, dh hier (nach der ratio legis): am Papier selbst wahrnehmbaren, zB Unvollständigkeit (Fehlen von Teilen der Urkunde selbst, ihrer Anlagen, von Anhängen, Erneuerungsscheinen, Zinsbogen, Dividendenscheinen), Fehlen der gesetzlich nötigen Versteuerung; nach RG **108**, 280 auch Unechtheit von Inhaberpapieren, falls bestimmte Stücke gekauft sind, während nach RG **108**, 317 Unechtheit gelieferter Banknoten Rechtsmangel ist; Unechtheit eines Wertpapiers dürfte immer Rechtsmangel sein (es trägt nicht nur ein mangelhaftes, sondern gar kein Recht); Rechtsmängel (für die §§ 377, 378 nicht gelten) sind zB Fehlen des Aktienbezugsrechts, Zahlungssperre, Aufgebot, RG **109**, 296; § 379.

2) Werklieferungsvertrag (II)

Der Werklieferungsvertrag über vertretbare bewegliche Sachen ist Kauf, § 651 BGB, ggf HdlKauf, fällt schon darum unter §§ 373–380. Den Werklieferungsvertrag über unvertretbare bewegliche Sachen behandelt § 651 BGB teils als Kauf, teils als Werkvertrag. II stellt klar, daß §§ 373–380 für ihn gelten, zB § 373: Annahmeverzug und Abnahmeverzug setzen Herstellung des Werks voraus; muß der Besteller mitwirken, so gelten §§ 642f BGB. Im übrigen läßt § 381 HGB § 651 BGB unberührt, zB: Unternehmer muß das versprochene Werk (den versprochenen Erfolg) herstellen, Besteller den Werklohn zahlen, § 631 BGB (statt § 433 BGB); Unternehmer trägt die Gefahr bis Annahme oder Abnahmeverzug des Bestellers, § 644 I BGB (statt § 446 I 1 BGB; beim Versendungsvertrag bleibt es bei den Regeln des Kaufs, §§ 644 II, 447 BGB); Abnahme des Werks, zu der § 640 BGB den Besteller verpflichtet (idR Hauptverpflichtung, RG DR **44**, 33), ist Annahme als Erfüllung, nicht Billigung, sonst hätten §§ 377, 378, die rechtzeitige Mängelrüge bei Meidung der Unterstellung der Genehmigung vorschreiben, für den handelsrechtlichen Werkliefervertrag keinen Sinn; Haftung für Sachmängel richtet sich nach §§ 633–637 BGB (statt §§ 459–464 BGB); Verjährung nach § 638 BGB (statt §§ 477–479 BGB). Das Unternehmerpfandrecht, § 647 BGB, entsteht aber nicht. Der Vertrag auf Herstellung

3. Abschnitt. Kommissionsgeschäft **§§ 382, 383**

eines Werbefilms ist, weil der Filmsteifen dem Besteller zu überlassen, Werklieferungsvertrag, der unter II fällt, daher ist § 377 anwendbar, BGH **LM** § 377 Nr 10. Industrieanlagenvertrag s Überbl 1 A vor 373. Werk-, nicht Werklieferungsvertrag ist der auf Lieferung und Einbau einer Heizungsanlage in eine KfzHalle, daher zB § 375 unanwendbar, BGH BB **71**, 1387.

[Viehmängel]

382 Die Vorschriften der §§ 481 bis 492 des Bürgerlichen Gesetzbuchs über die Gewährleistung bei Viehmängeln werden durch die Vorschriften dieses Abschnitts nicht berührt.

1) §§ 481–492 BGB beschränken die Gewährleistung der Verkäufer von Pferden, Eseln, Maultieren, Rindvieh, Schafen, Schweinen auf bestimmte „Hauptmängel", die sich in bestimmten „Gewährfristen" zeigen, ordnen ua auch die Rüge solcher Mängel durch Käufer (§ 485 BGB). Für andere Mängel solcher Tiere leisten Verkäufer nur bei besonderer Vereinbarung Gewähr, in bezug auf solche ist § 377 anwendbar, wenn nicht auch eine „Gewährfrist" vereinbart ist, dann gilt § 485 BGB, so § 492 BGB. § 377 gilt beim (zweiseitigen Hdl-) Kauf anderer Tiere. Anwendbar beim Kauf von Tieren genannter Arten (wenn er HdlGeschäft ist) sind §§ 373, 374, § 375, § 376, § 378 (mit § 377) wegen Mengenfehler und falschem Stück, § 379.

Dritter Abschnitt. Kommissionsgeschäft

Schrifttum: *von Dalwigk zu Lichtenfels* 1975 (Effektenkommission). – *Koller* BB **78**, 1733 (Interessenkonflikte), **79**, 1725 (Provisionsrisiko).

[Kommissionär; Kommissionsvertrag]

383 Kommissionär ist, wer es gewerbsmäßig übernimmt, Waren oder Wertpapiere für Rechnung eines anderen (des Kommittenten) in eigenem Namen zu kaufen oder zu verkaufen.

Übersicht
1) Begriff der Kommission, Abgrenzung zu anderen Verträgen
2) Kommissionsvertrag
3) Ausführungsgeschäft
4) Emissions- und Konsortialgeschäft

1) Begriff der Kommission, Abgrenzung zu anderen Verträgen

A. **Kommissionär** ist nach **§ 383,** wer es gewerbsmäßig übernimmt, Waren oder Wertpapiere für Rechnung eines anderen in eigenem Namen zu kaufen oder zu verkaufen. **Kommissionsvertrag** ist jeder von einem Kfm (der nicht Kommissionär zu sein braucht) im Betrieb seines HdlGewerbes geschlossene Vertrag, in dem er es übernimmt, für Rechnung eines anderen in eigenem Namen mit Dritten ein Geschäft zu schließen (nicht nur Waren- oder Wertpapierkauf oder -verkauf), § 406 („uneigentliche" oder „unregelmäßige" Kommission), Bsp: Verlag eines literarischen

Werks im Namen des Verlegers für Rechnung des Autors (nicht des Verlegers selbst wie üblich), RG **78**, 300, Veräußerung einer fremden Beteiligung im eigenen Namen (im Rahmen andersartigen Gewerbebetriebs), BGH NJW **60**, 1852; Werbeagenturen und Werbemittler s KG BB **69**, 151. Als Partei eines solchen Vertrags heißt jeder Kfm Kommissionär, auch wenn er dies nicht nach seinem Gewerbe (§ 383) ist. Der Kommissionär nach Gewerbe (§ 383) ist kraft dieses Gewerbes Kfm, § 1 II Nr 6. Auch sonst setzt der Kommissionsvertrag voraus, daß die Partei, die den Geschäftsschluß (mit Dritten) übernimmt, Kfm ist; der andere Teil, Kommittent, braucht dies nicht zu sein. Güterversendung für fremde Rechnung (Spedition) ist in Abschn 4 geregelt (§§ 407–415). Das persönliche Geschäft (in eigenem Namen für fremde Rechnung) des Gfter einer OHG ist nicht Kommission, BGH BB **60**, 797. Strafbarkeit des Kommissionärs nach Aufhebung von (**14**) BörsG § 95 nur noch nach allgemeinen Strafrecht, zB § 266 StGB. Entwurf eines einheitlichen Kommissionsgesetzes (Unidroit, Rom) s Leser ZHR 126 (**64**) 118. Die gewerbsmäßige Kommission ging im 19. Jahrhundert zugunsten des Eigenhandels und der offenen Vertretung zurück. Hauptbereiche heute: Wertpapiergeschäft der Banken, s (**13**) DepotG, (**8**) AGB-Banken, ferner ua Kunst-, Antiquitäten-, Briefmarkenhandel, ,,Konsignation" von Waren, vor allem zum Verkauf im Ausland (nicht immer Kommission, uU offene Vertretung), neuerdings auch im Gebrauchtwagenhandel (Vermeidung der MWSt).

B. **Kommissionsagent** ist, wer vertraglich ständig damit betraut ist, Waren oder Wertpapiere für Rechnung eines anderen in eigenem Namen zu kaufen oder verkaufen, und zwar zu von diesem vertraglich vorgegebenen Preisen und Konditionen. Der **Kommissionsagentvertrag** steht damit als Typus zwischen Kommissions- und Handelsvertretervertrag (Anwendung von HVRecht s § 84 Anm 2 B). Praktisch wichtig sind die **Schranken aus Kartellrecht** (s Einl III 2 vor § 1), vor allem §§ 15, 18, 26 II GWB und Art 85, 86 EWGV, s Immenga-Mestmäcker. Der Einsatz solcher Verträge zum Zwecke lückenloser Herstellerpreisbindung verstößt gegen § 15 GWB, KG BB **83**, 456 (Telefunken-Partnervertrag). Monographie: Ebenroth 1980 (Absatzmittlungsverhältnisse und Kartellrecht).

C. **Kauf** kann von Kommission im Einzelfall nur schwer abzugrenzen sein. Entscheidend ist nicht die von den Parteien gewählte Bezeichnung, sondern Inhalt (und Auslegung) ihrer Absprachen, RG **114**, 10, BGH BB **75**, 393 (,,Konditionsgeschäft", vgl Überbl 2 C vor § 373). Für Kauf sprechen Vereinbarung eines festen, mindestens objektiv bestimmbaren Preises, RG **110**, 121, BCH BB **75**, 393; Ausschluß des Rückgaberechts, Ffm BB **82**, 208; Erklärung des Verkäufers, nur zu liefern, wenn der eigene Lieferer liefert, RG **101**, 380. Kommission kann auch vorliegen, wo als Entgelt (Provision) der über einen festen Preis hinaus erzielte Mehrerlös überlassen wird, RG **110**, 121, umgekehrt kann Kauf vorliegen bei Berechnung von ,,Provision", dh Zuschlag zum Einkaufspreis des Lieferpflichtigen, BGH LM § 384 Nr 2. Für Kauf spricht Fehlen jeder Weisungsmöglichkeit, besonders hinsichtlich der Preisgestaltung, BGH **1**, 79, BB **75**, 393. Möglich ist (Verkaufs-)Kommission mit Mindestgarantie des Kommissionärs, kaufähnlich, dazu § 384 Anm 1 F. Verknüpfung von Neuwagenkauf und Gebrauchtwagenkommission durch Verrechnungsabrede,

Art der Rückabwicklung, BGH NJW **78**, 1482, **80**, 2190, **82**, 1699, **84**, 429. Gebrauchtwagenvermittlung zwecks Steuerersparnis ist kein verdeckter Kaufvertrag, BGH BB **81**, 1670.

D. **An- und Verkauf von Wertpapieren** vereinbart der Privatmann mit einem Bankier idR als Kommissionär, nicht Eigenhändler (Propergeschäft), RG **94**, 65, **114**, 11, BGH **8**, 226, wobei aber für amtlich gehandelte Werte idR von vornherein Selbsteintritt erklärt ist; **(8)** AGB-Banken Nr 29 I, BGH **8**, 228. Eine Verkehrssitte nach der jeder Verkaufsauftrag vom Bankier als Eigenhändler ausgeführt (und deshalb nicht der tatsächlich erzielte Kurs nach § 401 II, sondern ein Durchschnittskurs des Börsentags vergütet) werde, wäre mißbräuchlich und unbeachtlich, RG **114**, 13. Für nicht zum amtlichen Handel zugelassene Werte und Kuxe s **(8)** AGB-Banken Nr 29 II. Aufklärungs- und Beratungspflichten des Effektenkommissionärs treffen auch den Effekteneigenhändler bzw Verkäufer, BGH **80**, 82, NJW **81**, 1441 (Warentermingeschäfte). **Tafelgeschäft** s BGH NJW **84**, 1347; beim Tafelgeschäft wird der Effekten(ver)kauf am Bankschalter in effektiv gelieferten Stücken ausgeführt.

E. „**Kommissionsklauseln**" sollen bestimmte Kommissionsrechtsregeln auf andere Geschäfte übertragen, zB Sicherungsübereignung, Kauf mit Eigentumsvorbehalt, Factoring (s **(7)** Bankgeschäfte XI). Übersicht: Serick BB **74**, 285.

2) Kommissionsvertrag

A. Er ist **gegenseitiger Vertrag über Geschäftsbesorgung** (§ 675 BGB), bei Einzelgeschäften Werkvertrag, RG **71**, 77, bei längerer Verbindung Dienstvertrag, RG **110**, 123 (Dienste „höherer Art", daher jederzeit Kündigung nach § 627 BGB), vgl Sachverhalt BGH **LM** § 383 Nr 4 (Musikvertrieb). Verjährung: bei Dienstvertrag 30 Jahre (vorbehaltlich früherer Verwirkung), bei Werkvertrag 6 Monate, §§ 195, 638, 639, 646 BGB.

B. Der Kommissionsvertrag ist **formfrei**; die Verkehrssitte kann Schriftform verlangen; im Bankverkehr s **(8)** AGB-Banken Nr 6, 8. IdR gilt keine Form für Kommissionsgeschäfte, auch wenn Ausführungsgeschäft formbedürftig (ähnlich Vollmacht, § 167 II BGB); bei Ausführung der Kommission durch Selbsteintritt s § 400 Anm 3 A. Annahme des Auftrags häufig durch Ausführung, § 151 BGB. Bringt der Gewerbebetrieb eines Kfms Kommissionsgeschäfte regelmäßig mit sich, so nimmt der Kfm durch Schweigen an, § 362.

C. **Erfüllungsort** für die Verpflichtungen des Kommittenten (zB Zahlung von Provision, Vorschüssen, Aufwendungsersatz) ist iZw sein Wohnsitz (seine gewerbliche Niederlassung), für die des Kommissionärs iZw dessen gewerbliche Niederlassung, so für seine Rechenschafts- und Herausgabepflichten, auch wenn die Kommission im Ausland auszuführen, RG **112**, 81.

D. Das Kommissionsverhältnis **endet** ohne Ausführung: **a)** falls Werkvertrag (s Anm A) durch Widerruf des Kommittenten, § 649 BGB, zulässig bis (muß dem Kommissionär zugehen bis) zur Ausführung der Kommission, dh Abschluß mit dem Dritten oder Abgabe der Selbsteintrittserklärung (§ 405 III); **b)** falls Dienstvertrag (s Anm A), durch Kündigung des Kommittenten oder Kommissionärs, §§ 626, 627, 675 BGB; Kündigung

§ 383 2   IV. Buch. Handelsgeschäfte

des Kommissionärs zur Unzeit ist wirksam, verpflichtet aber zum Schadenersatz, § 627 II BGB; **c)** durch Rücktritt nach §§ 320ff (besonders 326) BGB des Kommittenten oder Kommissionärs, soweit kein Widerrufs- oder Kündigungsrecht bestand; **d)** durch Ablauf der zur Ausführung gesetzten Zeit, zB bei Börsengeschäften am „Ultimo"; **e)** durch Unmöglichwerden der Ausführung, zB Verschwinden oder Sperre der einzukaufenden Ware; **f)** durch Eintritt eines nach Vertrag die Kommission auslösenden Umstands (der zB das Interesse des Kommittenten an der einzukaufenden Ware beseitigt), die Parteien sind frei in solchen Bestimmungen, können sie auch stillschweigend treffen. Diese Regeln sind durchweg nachgiebig, abw Vereinbarung möglich. Tod des Kommissionärs oder des Kommittenten bringt die Kommission idR nicht zum Erlöschen, §§ 672, 675 BGB.

E. **Konkurs des Kommittenten** vor Ausführung der Kommission: Der Vertrag erlischt, § 23 II KO, RG **105**, 128, bei Einkaufs- und Verkaufskommission. Der Kommissionär erlangt aus dem Vertrag seit Konkurseröffnung keine Rechte mehr, namentlich für später erworbene Forderungen kein Absonderungsrecht am Kommissionsgut (vgl § 397 Anm 2 D). Der Kommissionsvertrag gilt zugunsten des Kommissionärs als fortbestehend, bis dieser die Konkurseröffnung kennt oder fahrlässig nicht kennt, § 23 I 2 KO, § 674 BGB. Der Kommissionsvertrag gilt weiter als fortbestehend, soweit bei Einstellung der Tätigkeit Gefahr droht, § 23 I 2 KO, § 672 BGB. Konkurs des Kommittenten nach Ausführung (durch Geschäft mit Dritten) auch vor Absendung der Ausführungsanzeige: Kommission ist erloschen, § 23 II KO nicht mehr anwendbar, vgl **(8)** AGB- Banken Nr 29.

F. **Konkurs des Kommissionärs** beendet die Kommission nicht, der Konkursverwalter kann zwischen Eintritt oder Ablehnung und Ersatzpflicht wählen, § 17 II KO. Der Kommittent kann kündigen. **a)** Konkurs vor Ausführung: Lehnt bei Einkaufskommission Konkursverwalter Erfüllung ab oder kündigt Kommittent, so ist der Anspruch auf Rückzahlung von Vorschüssen Konkursforderung. Andernfalls sind die Verpflichtungen des Kommissionärs aus der Kommission Masseschulden, § 59 Nr 2 KO. Bei Verkaufskommission hat Kommittent, wenn Konkursverwalter nicht eintritt, als Eigentümer der Ware ein Aussonderungsrecht. **b)** Konkurs nach Ausführung: Tritt der Konkursverwalter nicht ein und hat der Kommissionär bei Einkaufskommission noch die Ware, so kommt es darauf an, ob das Eigentum schon auf den Kommittenten übergegangen ist (s Anm 4 B), nur dann kann dieser die Ware aussondern. Da ausstehende Forderungen nach § 392 II als Forderungen des Kommittenten gelten, darf Kommittent sie aussondern.

G. Das für die Kommission **maßgebliche örtliche Recht** bestimmt sich in erster Linie nach Vereinbarung oder vermutetem Willen der Parteien. IdR gilt zwischen inländischem Kommittent und inländischem Kommissionär deutsches Recht, auch wenn die Kommission im Ausland auszuführen, RG **112**, 81; gilt für das Ausführungsgeschäft ausländisches Recht, kann dieses mittelbar die Verpflichtungen des Kommissionärs aus dem unter deutschem Recht stehenden Kommissionsvertrag beeinflussen, RG **108**, 191. Sitzen Kommittent und Kommissionär in verschiedenen Ländern, wird idR das Recht des Landes des Kommissionärs für maßgeblich zu halten sein, weil die Unterschiede des Kommissionsrechts in erster Linie die Tätigkeit des Kommissionärs betreffen, Ffm DB **72,** 1624. Auslegung und HdlBrauch bei (Südfrüchte-)Verkaufskommission für Italiener, Ffm MDR **67,** 498 (prezzo minimo garantito).

3) Ausführungsgeschäft

A. Ob ein zur Ausführung der Kommission geeignetes Geschäft des Kommissionärs **Geschäft zur Ausführung** der Kommission ist **oder Eigengeschäft** des Kommissionärs, entscheidet sein Wille, RG **18,** 21. Erklärung gegenüber dem Geschäftsgegner, das Geschäft sei Eigengeschäft, schließt nicht aus, daß es Kommissionsausführung ist, RG **148,** 192 (Verkauf von Kommissionsgut als eigenes). Hat der Kommissionär gemäß Weisung des Kommittenten gehandelt, so muß er beweisen, daß er kein Ausführungs-, sondern ein Eigengeschäft vornahm. Was einmal Ausführungsgeschäft war, kann nur durch Vereinbarung zwischen Kommissionär und Kommittent, nicht durch Bestimmung des Kommissionärs allein Eigengeschäft des Kommissionärs werden, und umgekehrt.

B. Ob Kommissionär bei Ausführung der Kommission (Geschäftsschluß mit Drittem) der Kommission entspr **im eigenen Namen** oder (im Widerspruch zur Kommission) **im Namen des Kommittenten** (als dessen Vertreter, ohne Vertretungsmacht) handelt, bestimmt sich nach § 164 I, II BGB. Im zweiten Fall richten sich die Folgen nach § 179 BGB.

C. Das **Rechtsverhältnis zwischen Kommissionär und Drittem** richtet sich nach dem zwischen ihnen geschlossenen Vertrag. Nur sie sind Vertragsteile, nicht Kommittent, nur ihnen erwachsen aus dem Ausführungsgeschäft Rechte und Pflichten (s aber § 392 II); so auch wenn der Dritte die Kommission kannte, RG **35,** 53. In der Person des Kommittenten liegende Umstände (zB Willensmängel, Unmöglichkeit der Leistung) und das Verhältnis zwischen Kommittenten und Kommissionär berühren den Dritten grundsätzlich nicht. Kommissionär kann aber vom nicht erfüllenden Dritten Ersatz des Schadens des Kommittenten fordern, auch durch Zahlung unmittelbar an Kommittenten, RG **90,** 246, HRR **29,** 1936.

D. **Eigentumserwerb des Kommittenten:** Einkaufskommissionär erwirbt grundsätzlich das Eigentum an den gekauften Sachen (oder Wertpapieren) zunächst selbst und muß es (§ 384 II) durch besonderes Rechtsgeschäft auf den Kommittenten übertragen, aber der Vorgang kann des näheren verschieden gestaltet sein, Kommittent kann Eigentum erwerben: **a)** durch **jede gewöhnliche Übereignung** (§§ 929 ff BGB) vom Kommissionär; **b)** insbesondere durch Übereignung nach § 930 BGB (**Besitzkonstitut,** § 868 BGB), vom Kommissionär in sich kraft zu vermutender Ermächtigung (§ 181 BGB) geschlossen **(Insichgeschäft),** das Konstitut muß aber äußerlich erkennbar werden, zB durch Absondern der Ware oder Papiere unter dem Namen des Kommittenten in Umschlag, Streifbanddepot usw, RG **63,** 17, **116,** 204, Anzeige an Kommittenten ist entbehrlich; nicht dagegen durch bloße Mitteilung, die Wertpapiere stünden zur Verfügung der Kunden; **c)** durch Übereignung nach § 930 BGB, und zwar durch vorweggenommenes bzw **antizipiertes Besitzkonstitut;** idR geht dann das Eigentum („durch den Kommissionär hindurch", Durchgangserwerb) sofort vom Dritten an Kommittent; zum Besitzkonstitut genügt es, daß

§ 383 3   IV. Buch. Handelsgeschäfte

Kommissionär über die Sachen verfügen kann, er muß sie nicht selbst im Gewahrsam haben; **d)** durch **Übereignung an „wen es angeht"** (verdeckte Stellvertretung), str; nur möglich wenn dem Dritten die Person des Erwerbers gleichgültig ist und Kommissionär sogleich für den Kommittenten Eigentum erwerben will, zB bei Umtausch von Wertpapieren oder Erwerb neuer im Aufgebotsverfahren (dem Fall c äußerlich ähnlich, aber dort werden zwei Rechtsgeschäfte geschlossen, hier nur eins); Vorteile: Eigentumserwerb früher und ohne Durchgangserwerb; **e)** durch Übereignung vom Dritten an Kommittenten mit **offener Vertretung** durch Kommissionär (§ 164 BGB), die möglich ist, auch wenn das Grundgeschäft kommissionsgemäß vom Kommissionär im eigenen Namen abgeschlossen wird; **f)** bei Wertpapieren durch **Absendung des Stückeverzeichnisses**, s **(13)** DepotG § 18 III; **g)** bei Wertpapieren ferner durch **Eintragung** des Übertragungsvermerks im **Verwahrungsbuch** der Bank, s **(13)** DepotG § 24 II 1. – Auch beschränkt auf das Verhältnis zum Kommittenten und dessen Gläubigern (vgl § 392 II für Forderungen) bedarf es zum Rechtserwerb und Schutz des Kommittenten einer solchen Übereignung, hM; aA Avancini FS Kästner **72,** 5 (§ 392 II analog). Zum Eigentumserwerb (vor allem nach d) bei der Effektenkommission) Monographie: Wolter 1979.

E. Das **Kaufgeld** kann vom Kommittenten auf Kommissionär übertragen sein (insbesondere durch Überweisung auf gewöhnliches, nicht Anderkonto des Kommissionärs), dann gehört es ihm und er überträgt es weiter an den Dritten; Kommissionär kann instandgesetzt sein, über Geld des Kommittenten zu verfügen; Kommittent kann für Kommissionär an den Dritten zahlen. S dazu auch § 384 Anm 1 E.

F. **Verkaufskommissionär** ist nicht Eigentümer der Kommissionsware, darf aber das **Eigentum** an der Ware auf den Dritten übertragen (darf auch Sicherungseigentum auf einen Vierten übertragen, der ein Darlehen zur Finanzierung des Kaufgeschäfts gibt, RG **132,** 198. Auch bei Kommission mit Selbsteintritt (und beim Eigengeschäft) wird er Verkaufskommissionär mit Erklärung gegenüber dem Kommittenten zwar Käufer der Ware, die Übereignung an den Dritten erfolgt aber idR nach § 185 BGB, also ohne Zwischenerwerb des Verkaufskommissionärs; str; s auch **(8)** AGB-Banken Nr 29 Anm 1 C. Wird durch Kommission eine nicht dem Kommittenten gehörende Sache rechtswirksam (vgl vor allem §§ 932ff BGB) veräußert, ist fraglich, ob iSv § 816 BGB der Kommittent oder der Kommissionär der Verfügende ist, im Falle der zweiten Annahme: ob nicht wegen § 392 II doch der Kommittent von vornherein als durch den Kaufpreis bereichert anzusehen ist; wird auch das nicht angenommen, ist mindestens der Kommissionär entreichert (§ 818 III), soweit er den Kaufpreis an den Kommittenten weitergeleitet hat, BGH **47,** 130.

G. Zur **Kaufpreis**forderung (bei Verkaufskommission) s § 392 I, II. Für die Übertragung des gezahlten Kaufpreises auf den Kommittenten gilt ähnliches wie bei Einkaufskommission für die Kaufsache (s Anm D); das durch Überweisung des Dritten entstandene Bankguthaben des Kommissionärs ist nicht Forderung des Kommissionärs aus dem Ausführungsgeschäft iSv § 392 II.

H. Nach der Rspr kann, wer in eigenem Namen für fremde Rechnung einen Vertrag geschlossen hat (Kommissionär), vom Vertragsgegner (aus dem Vertrag, ggf auch aus unerlaubter Handlung) auch Ersatz des Schadens verlangen, der nicht ihm selbst, sondern dem Geschäftsherrn (Kommittent) erwachsen ist (**Ersatz des Drittschadens**, Schadensliquidation im Drittinteresse); vgl RG **90**, 246, **115**, 425, **170**, 250, BGH **15**, 228, **51**, 93, NJW **85**, 2411 (für Lagergeschäft, s § 416 Anm 3 E). Monographie: Hagen 1971.

4) Emissions- und Konsortialgeschäft

A. **Bankkonsortien** sind zeitweilige Vereinigungen selbständig bleibender Banken zur Durchführung von Einzelgeschäften auf gemeinsame Rechnung, häufig mit dem Zweck, Risiko und Kapitalinanspruchnahme für den einzelnen Konsorten zu vermindern. Sie sind GbR (§§ 705 ff BGB, s Einl 3 A vor § 105), häufig mit Einzelteilvermögen statt GesVermögen iSv § 718 I BGB und Teil- statt Gesamthaftung gegenüber Vertragspartnern (aufgrund Vereinbarung mit diesen, vgl § 427 BGB). Gegenstand des Konsortialgeschäfts ist insbesondere: Kreditgewährung, auch Prolongation und Stillhaltung; Anleiheemission, auch Konversion (Änderung der Bedingungen einer Anleihe); Aktienemission, bei Gründung der AG oder Kapitalerhöhung; Börseneinführung von WP (Obligationen oder Aktien, meist mit Emission verbunden); Kurspflege (Kauf und Verkauf von WP zur Regulierung ihres Kurses oft anschließend an Emission und Börseneinführung). Zur Haftung einzelner Mitglieder nach § 278 BGB für Beauftragte BGH NJW **85**, 2584. Monographie: Scholze, Konsortialgeschäft der deutschen Banken 1973; Konsortialgeschäft und GWB s Möschel ZHR 136 (**72**) 273; erlaubte Kurspflege und unerlaubte Kursmanipulation s Hopt, Kapitalanlegerschutz 491.

B. Die **Emission** von WP durch Bankenkonsortien erfolgt entweder durch „reine" Übernahme: Kauf der WP vom Emittenten, oft ohne Sofort-Weitergabe, oder „reine" Begebung: Verkauf für Rechnung des Emittenten, im eigenen Namen (Kommission, §§ 383 ff) oder im Namen des Emittenten (Übergang von Fremd- zur Selbstemission des Emittenten), oder meist kombinierte Übernahme und Begebung: Kauf zum Sofortweiterverkauf (Plazierung) im eigenen Namen für eigene Rechnung.

C. Handelt die Konsortialführerin (abw von § 709 I BGB) nicht im Namen des Konsortiums (§§ 164, 714 BGB), sondern im eigenen (für Rechnung aller Konsorten) besteht ein **Innenkonsortium**. Ein **Unterkonsortium** ist eine Innenkonsortialbeteiligung (Unterbeteiligung) an der Beteiligung eines Konsorten an einem (Außen-)Konsortium. Innen- und Außengesellschaft s Einl 2 C vor § 105; stille Gesellschaft, Unterbeteiligung s § 105 Anm 1 H. **Metageschäft** (it: Hälfte; s § 230 Anm 2) ist Verbindung (auch von mehr als zwei Kreditinstituten mit je unter ½ Beteiligung) zur Durchführung eines Bankgeschäfts auf geteilte Rechnung, jedoch nach außen durch nur ein einziges Institut ungeteilt im eigenen Namen.

5) Internationaler Verkehr

A. **Kommissionsvertrag:** Mangels ausdrücklicher oder stillschweigender Rechtswahl gilt als Recht des Schwerpunktes des Schuldverhältnisses das Recht der Niederlassung des Kommissionärs, BGH WM **65**, 127, Ffm AWD **72**, 629, Reithmann-Martiny Rz 562. Übersicht: Stoll RabelsZ 24 (**59**) 601.

B. **Kommissionsagent** (s Anm 1 B): Es gilt dasselbe wie für HdlVertreter (s § 92 c Anm 1), Ebenroth RIW **84**, 168, also Sitz des HdlVertreters.

[Pflichten des Kommissionärs]

384 ^I Der Kommissionär ist verpflichtet, das übernommene Geschäft mit der Sorgfalt eines ordentlichen Kaufmanns auszuführen; er hat hierbei das Interesse des Kommittenten wahrzunehmen und dessen Weisungen zu befolgen.

^{II} Er hat dem Kommittenten die erforderlichen Nachrichten zu geben, insbesondere von der Ausführung der Kommission unverzüglich Anzeige zu machen; er ist verpflichtet, dem Kommittenten über das Geschäft Rechenschaft abzulegen und ihm dasjenige herauszugeben, was er aus der Geschäftsbesorgung erlangt hat.

^{III} Der Kommissionär haftet dem Kommittenten für die Erfüllung des Geschäfts, wenn er ihm nicht zugleich mit der Anzeige von der Ausführung der Kommission den Dritten namhaft macht, mit dem er das Geschäft abgeschlossen hat.

Übersicht
1) Ausführung der Kommission, Interessenwahrungspflicht
2) Nachrichtspflicht
3) Rechenschaftspflicht
4) Herausgabepflicht
5) Pflicht zur Nennung des Dritten

1) Ausführung der Kommission, Interessenwahrungspflicht

A. Kommissionär muß die Kommission mit der **Sorgfalt** eines ordentlichen Kfms (§ 347) ausführen, das **Interesse** des Kommittenten wahrnehmen, dessen **Weisungen** befolgen (dazu §§ 385, 386, 387), so I. Kommissionär muß einen Widerstreit seiner Interessen mit denen des Kommittenten offenbaren, wenn er die Kommission nicht ablehnt; er muß, wenn er die Kommission übernimmt, seine Interessen hintanstellen, RG JW **01**, 408. Ihn trifft die Beweislast für Sorgfalt, wenn Zweck der Kommission nicht erreicht, BGH **LM** § 384 Nr 2. Zur Behandlung der Interessenkonflikte zwischen Kommissionär und Kommittent und zwischen mehreren Kommittenten; Hopt, Kapitalanlegerschutz 1975, Koller BB **78**, 1733.

B. Kommissionär muß Kommittenten vor Auftragserteilung auf **Bedenken** hinweisen, BGH **8**, 235 (Auftrag zum Verkauf von Wertpapieren, die dem Bankier, nicht dem Kunden erkennbar „unreell" sind), ebenso uU auf günstigere als die von Kommittenten angenommenen (und seinen Weisungen zugrunde gelegten) Geschäftschancen, RG **83**, 204. **Rat** oder **Empfehlung** schuldet Kommissionär vor Auftrag (idR) nur auf Verlangen; danach soweit handelsüblich oder von Treu und Glauben gefordert, RG JW **01**, 408. Haftung aus Rat und Empfehlung s § 347 Anm 3, 4; Beratungs- und Verwaltungspflichten bei der Effektenkommission (uU auch unaufgefordert) Hopt (Anm A).

C. Kommissionär muß idR selbst die Kommission ausführen, darf **Hilfspersonen** zuziehen (für die er nach § 278 BGB haftet), idR die Kom-

3. Abschnitt. Kommissionsgeschäft 2 § 384

mission nicht ohne Zustimmung des Kommittenten einem anderen (**Zwischenkommissionär**, vgl Zwischenspediteur, Zwischenfrachtführer, § 411 Anm 1, § 432 Anm 1) übertragen, RG HRR **30**, 1489 (Kunsthandel, abw HdlBrauch unwirksam gegen NichtKfmKommittent). Anders wenn Kommission außerhalb des Platzes, wo Kommissionär zu arbeiten pflegt, auszuführen ist. Darf Kommissionär die Kommission einem Zwischenkommissionär übertragen, so haftet er nur für Sorgfalt bei dessen Auswahl (RG **78**, 313) und Überwachung, er muß ggf Schadensersatzansprüche gegen jenen geltend machen, dem Kommittenten das Erlangte herausgeben, zur Einklagung den Anspruch dem Kommittenten abtreten (wohl nicht: ihn selbst einklagen). Über Freizeichnung § 347 Anm 4 F.

D. Zur Ausführung der Kommission gehört idR nur der **Abschluß** des Ausführungsgeschäfts mit dem Dritten (außer bei Selbsteintritt, §§ 400ff), uU auch Sorge für **Erfüllung** des Ausführungsgeschäfts durch den Dritten, BGH **LM** § 384 Nr. 2, mit oder ohne Einstehen hierfür (§ 394).

E. **Kommittent** kann verpflichtet sein, zur Ausführung der Kommission **mitzuwirken**, zB (bei Einkaufskommission) durch Akkreditivstellung; diese kann Bedingung der Ausführungspflicht des Kommissionärs sein oder die Kommission ist Fixgeschäft (Kommissionär kann mangels Akkreditivstellung in der bestimmten Frist zurücktreten) oder die Ausführung durch Kommissionär wird mangels Akkreditivstellung unmöglich; BGH **LM** § 384 Nr 2, vgl **(7)** Bankgeschäfte VII. Der Kommittent darf **nicht** die Erfüllung der Pflichten (des Kommissionärs) aus dem Ausführungsgeschäft (zumal er die Rechte aus diesem an sich ziehen kann, § 384 II) **vereiteln**, zB nach Empfang der Ware aus einer Einkaufskommission dem insolventen Kommissionär den Kaufpreis zahlen, so daß Verkäufer in dessen Konkurs unbefriedigt bleibt; Kommittent haftet dann uU dem Verkäufer nach § 826 BGB, BGH NJW **65**, 249.

F. (Verkaufs-)Kommissionär kann **Mindestpreis garantieren** (§ 383 Anm 1 C), bleibt auch dann grundsätzlich weisungsgebunden (§ 385 Anm 1 A); die Garantie entfällt bei Schlechterlieferung des Kommittenten, Kommissionär muß sie prompt rügen (§ 377), Mü BB **55**, 682, **60**, 642.

2) Nachrichtspflicht

Der Kommissionär muß Kommittent die **erforderlichen Nachrichten** geben, dh alle für Kommittent bezüglich des Geschäfts wichtigen, insbesondere die ihn zu Anordnungen bezüglich des Geschäfts bestimmen können, BGH **LM** § 384 Nr 2, zB über den Zustand von Ware bei Ankunft, Ansprüche Dritter, Zahlungsunfähigkeit des Schuldners, insbesondere über die Ausführung der Kommission; jede Mitteilung (nicht nur die Ausführungsanzeige) unverzüglich (ohne schuldhaftes Zögern, § 121 BGB). Über Nennung des Dritten, mit dem das Ausführungsgeschäft geschlossen ist, s Anm 5, über Erklärung des Selbsteintritts § 400 Anm 3, über Übersendung des Stückeverzeichnisses beim Wertpapierkauf **(13)** DepotG §§ 18ff. Die Mitteilungspflicht ist durch ordnungsmäßige Absendung erfüllt, sie ist zu wiederholen, wenn der Kommissionär ihr Nichtzugehen erfährt. Die Ausführungsanzeige ist einfache Tatsachenmitteilung, darum kann sie der Kommissionär berichtigen, RG JW **26,** 1961. Versäumung, Verspätung machen ersatzpflichtig; das Geschäft bleibt trotzdem wirksam.

3) Rechenschaftspflicht

Kommissionär muß über das Ausführungsgeschäft Rechenschaft ablegen, insbesondere Empfänge und Aufwendungen angeben, vgl RG Gruch **49,** 834, nicht nur (Verkaufskommissionär) die Nettoeinnahme (Bruttoeinnahme abzüglich Aufwendungen), BGH **LM** § 254 ZPO Nr 6, schriftlich, auf Verlangen mit üblichen Belegen. Er muß auch auf Verlangen über seine Maßnahmen nähere **Auskunft** geben und sie **rechtfertigen** (zB den Preis, zu dem er die Kommission ausführte). Vorzeitiges Ende des Kommissionsverhältnisses (s § 383 Anm 2 D–F) verpflichtet zu vorzeitiger Rechenschaft. Die Verpflichtung ist vererblich, Erlaß zulässig. Verjährung wie beim Hauptanspruch. Ungenügende Rechenschaft verpflichtet zum Offenbarungseid, § 259 BGB. Kommissionär hat die Stufenklage (§ 254 ZPO) auf Rechnungslegung, Leistung des Offenbarungseids und Zahlung des sich aus der Abrechnung ergebenden Schuldbetrags, daneben dann nicht die Klage auf Feststellung dieser Zahlungspflicht BGH **LM** § 254 ZPO Nr 6. Kommissionär kann die Rechenschaft nicht (nach § 273 BGB) zurückhalten. Vorlegung der Belege genügt idR; aufzubewahren hat sie Kommissionär, solange er rechenschaftspflichtig ist. HdlBücher braucht Kommissionär nur ausnahmsweise vorzulegen, § 810 BGB greift nicht Platz. Die Vorlegung ist zu verlangen, wenn ganz bestimmte Anhaltspunkte, nicht nur bloße Vermutungen, ein Mißtrauen in die Ausführungsanzeige begründen, vgl RG Gruch **49,** 835. Die Pflicht zur Rechenschaft erlischt nicht mit Abwicklung der Kommission, Kommittent muß danach aber Anspruch auf Rechenschaft in angemessener Zeit geltend machen. Anerkennung der gelegten Rechnung oder weiterer Rechenschaft bedeutet idR Entlastung des Kommissionärs, so daß Kommittent grundsätzlich keine Ansprüche wegen vertragswidriger Ausführung der Kommission mehr geltend machen kann. Abrechnung an den falschen Kommittenten ist kein selbständiges Schuldanerkenntnis iSv §§ 781, 782 BGB, Ffm WM **72,** 1475.

4) Herausgabepflicht

A. Kommissionär muß dem Kommittenten herausgeben: was er **aus der Geschäftsbesorgung erlangt hat** (§ 384 II, auch schon §§ 667, 675 BGB) und was er **zur Ausführung der Kommission** erhielt und nicht verwandte (§§ 667, 675 BGB, zB unverkaufte Ware, unverbrauchter Vorschuß): Forderungen, an Kommittent abzutreten oder für ihn einzuziehen, bei Schadensersatz, auch uU Strafbarkeit (Untreue, § 266 StGB), uU auch Schadensersatzpflicht des Dritten (Schuldners), der den Rechtsmißbrauch des Kommissionärs kennt (§§ 826, 823 II BGB), BGH BB **59,** 975; den erlösten Kaufpreis mit Zinsen seit Fälligkeit des Herausgabeanspruchs (§ 353, wenn auch Kommittent Kfm ist); die gekaufte Ware mit Früchten und anderen Nutzungen; ggf die Traditionspapiere (§§ 424, 450, 650) über die Ware; Begleit- und Beweisurkunden; ggf Ersatz für die verlorene Ware, zB eine Versicherungssumme, wenn diese mehrere Schäden betrifft: ein entsprechender Anteil, Kblz MDR **67,** 770 (nachträgliches Wiederfinden verlorener Ware soll diese Teilung nicht mehr ändern); ,,Provision" (so-

3. Abschnitt. Kommissionsgeschäft **5 § 384**

weit nicht durch Vereinbarung oder Verkehrssitte gestattet, vgl RG HRR **29,** 1990 betr Versteigerer), „Geschenke", Schmiergelder, die Kommissionär vom Dritten für den Abschluß empfing, RG **96,** 55 (Strafbarkeit: § 12 UWG; Anfechtung des Ausführungsgeschäfts: RG JW **14,** 291).

B. Kommissionär hat **das Erlangte** herauszugeben (abzutreten), **wie er es hat:** zB statt Eigentum ggf Anwartschaft auf Eigentum (bei Erwerb unter Eigentumsvorbehalt), Besitz (bei unwirksamem Erwerb zu Eigentum), statt Sachen den Anspruch auf ihre Herausgabe oder Lieferung oder auf Ersatz für ihre Nichtherausgabe oder Nichtlieferung. Beim Gattungskauf muß Einkaufskommissionär die gekaufte Ware ausgesondert herausgeben, soweit er keine andere Vereinbarung beweist, RG **53,** 370. „Depotfixen" ist verboten: Kommissionär darf nicht gekaufte Papiere für sich veräußern und dem Kommittenten später gleichartige liefern, vgl RG **96,** 185. Siehe aber **(13)** DepotG §§ 24, 7.

C. Einkaufskommissionär muß die Ware bis zur Herausgabe verwahren, RG **53,** 369. Die Versendungsgefahr trägt Kommittent. Wird die Herausgabe durch einen vom Kommissionär zu vertretenden Umstand unmöglich, so verliert er den Anspruch auf Provision und muß das vom Kommittenten Empfangene zurückzahlen, §§ 323 ff BGB, RG **53,** 371. Kommissionär braucht nur Zug um Zug gegen Befriedigung seiner Ansprüche herauszugeben, hat ferner an Kommissionsgut und Anspruch aus dem Ausführungsgeschäft das Pfand- und Befriedigungsrecht nach §§ 397-399. Leistungsklage des Kommittenten setzt Klage auf Rechnungslegung nur voraus, wo Kommittent sein Guthaben ohne sie nicht beziffern kann. Der Herausgabepflicht des Kommissionärs entspricht eine Abnahmepflicht des Kommittenten, OGH NJW **50,** 786. Die Herausgabe des Kaufpreises durch den Kommissionär steht nicht im Gegenseitigkeitsverhältnis zur Warenhingabe durch den Kommittenten, BGH **79,** 93; wohl aber zu dessen Provisionszahlung, str. Ansprüche des Kommittenten gegen den Kommissionär verjähren in 30 Jahren (§ 195 BGB, nicht § 196 I Nr 1 BGB, s Einl 7 vor § 343), BGH **79,** 89.

5) Pflicht zur Nennung des Dritten

A. Zur Nennung des Dritten, mit dem er abgeschlossen hat, ist Kommissionär idR nach **II** (Anzeige von Ausführung der Kommission, s Anm 2) **verpflichtet** (wenn der Dritte nicht ohnehin dem Kommittenten bekannt). Unterlassung der Nennung (zu Recht oder Unrecht) läßt den Kommissionär dem Kommittenten **haften für Erfüllung** des von ihm mit dem Dritten für Rechnung des Kommittenten geschlossenen Geschäfts **(III),** ähnlich der Delkrederehaftung (§ 394 I), ohne besondere Provision nach § 394 II), unbeschadet des Anspruchs des Kommittenten auf Nennung des Dritten (falls Kommissionär zur Nennung verpflichtet ist). Verzicht des Kommittenten auf Nennung des Dritten ist iZw nicht Verzicht auf Haftung des Kommissionärs. Die Haftung setzt voraus, daß Ausführungsanzeige gesandt und dem Kommittenten zugegangen ist; sonst schuldet Kommissionär nur (bei Verschulden) Schadensersatz wegen Verletzung der Anzeigepflicht (Anm 3); dieser Ersatz schließt, falls Kommissionär zur Nennung des Dritten verpflichtet war, das Interesse an Erfüllung dieser Pflicht ein; Kommittent ist zu stellen, wie wenn Kommissionär die

§ 385 1   IV. Buch. Handelsgeschäfte

Ausführung angezeigt und den Dritten genannt hätte. Die Haftung gilt auch (und ist besonders bedeutsam) bei unwirksamem Selbsteintritt, BGH **LM** § 675 BGB Nr 3. Beweislast für Nennung liegt beim Kommissionär, BGH WM **84**, 930.

B. Die den Dritten nennende **Mitteilung** muß vor, in oder zugleich mit der Anzeige von Ausführung der Kommission (II, s Anm 2) dem Kommittenten zugehen. Später zugehende Nennung beseitigt die Haftung nicht. Die Haftung gilt auch bei nicht hinreichend bestimmter Bezeichnung des Dritten, bei Nennung einer Person, mit der in Wahrheit nicht abgeschlossen ist (ob mit einem anderen oder gar nicht mit einem Dritten abgeschlossen ist). Irrige Nennung kann Kommissionär berichtigen, haftet dann entspr § 122 BGB auf Ersatz des Vertrauensschadens, nicht nach § 384 III.

C. Die Nennungspflicht ist **abdingbar.** Sie kann auch durch HdlBrauch aufgehoben werden, RG **112**, 151, was für den WertpapierHdl behauptet wird, BGH **LM** § 675 BGB Nr 3.

[Weisungen des Kommittenten]

385 ^I **Handelt der Kommissionär nicht gemäß den Weisungen des Kommittenten, so ist er diesem zum Ersatze des Schadens verpflichtet; der Kommittent braucht das Geschäft nicht für seine Rechnung gelten zu lassen.**

^{II} **Die Vorschriften des § 665 des Bürgerlichen Gesetzbuchs bleiben unberührt.**

1) Bindung an Weisungen

A. Kommissionär hat die (im Rahmen der Kommission bleibenden, Kommissionär also nicht vertragswidrig belastenden) Weisungen des Kommittenten zu **befolgen;** uU nicht ohne Gegenempfehlung, s § 384 Anm 1 A (bei Haftung für Schaden trotz Befolgung der Weisung). Bsp: Weisung betr Auswahl zu erwerbender Wertpapiere, BGH WM **76**, 631. Das Weisungsrecht gilt auch bei Mindestpreisgarantie des Kommissionärs (§ 384 Anm 1 F), zB Weisung nicht zu verkaufen, solange die Preischancen eindeutig über der Garantie liegen, Kommittent also nicht wider Treu und Glauben aufgrund der Garantie spekuliert, Mü BB **55**, 682. Übersicht: Knütel ZHR 137 (**73**) 285.

B. **Abweichen** darf Kommissionär nach § 665 BGB (Text s § 86 Anm 1 C), so II (folgt auch aus § 675 BGB). Widerspricht eine Weisung des Kommittenten klar seinem Interesse und ist dem Kommissionär nicht erkennbar, daß Kommittent sie bewußt trotzdem aufrechthält, so ist Kommissionär aus der Interessenwahrungspflicht (§ 384 I) zur gebotenen Abweichung verpflichtet. Bei weisungswidriger, nicht interessenverletzender Ausführung uU gegen Zurückweisung durch Kommittent Treuwidrigkeitseinwand des Kommissionärs (der für dessen Voraussetzungen beweispflichtig), BGH WM **76**, 632.

3. Abschnitt. Kommissionsgeschäft 1 § 386

2) Folgen des Verstoßes gegen Weisungen

A. Unzulässige verschuldete (§ 276 I BGB, RG **56,** 151) Abweichung macht Kommissionär dem Kommittenten haftbar auf **Schadensersatz** (I Halbs 1), außer wenn dieser das Geschäft für seine Rechnung gelten läßt, vgl Anm B, str. Entspr BGH NJW **57,** 746 (Entlastungspflicht des Unternehmers für Werkfehler aus Ursachen in seinem Herrschaftsbereich) dürfte dem Kommissionär obliegen, sein Nichtverschulden bei Abweichung von der Weisung darzutun. Mitverschulden des Bankkunden (§ 254 BGB) bei Schweigen auf längeres Ausbleiben der Effektenverkaufsnachricht, BGH WM **81,** 714.

B. Kommittent braucht das weisungswidrig geschlossene Ausführungsgeschäft **nicht für seine Rechnung gelten zu lassen** (I Halbs 2). Er muß es (außer bei Verstoß gegen das Preislimit, § 386 I) nicht unverzüglich zurückweisen; sein Schweigen auf die Anzeige, aus der er die weisungswidrige Ausführung ersieht, bedeutet nicht ohne weiteres Genehmigung der Abweichung, RG Gruch **48,** 1007. Aber Annahme (auch nur teilweise) der Erfüllung bedeutet Genehmigung, RG JW **14,** 103. Geringfügige Abweichungen berechtigen nicht zur Zurückweisung (§ 242 BGB). Auch dann ist Zurückweisung nicht zulässig, wenn Kommissionär sich erboten hat, dem Kommittenten die Nachteile aus der Abweichung von der Weisung auszugleichen (wie für den Fall des Verstoßes gegen das Preislimit § 386 II ausdrücklich bestimmt); idR wird Kommissionär auch noch die schon erfolgte Zurückweisung durch unverzügliches Angebot solchen Ausgleichs entkräften können (abw von § 386 II). Ist zurückgewiesen, so dauert die Kommission fort, wenn sie nicht aus anderen Gründen erlischt, Kommittent braucht Verwendungen und Provision nicht zu zahlen, Kommissionär darf und muß die Kommission anders von neuem ausführen, RG JW **32,** 2608.

[Preisgrenzen]

386 ^I **Hat der Kommissionär unter dem ihm gesetzten Preise verkauft oder hat er den ihm für den Einkauf gesetzten Preis überschritten, so muß der Kommittent, falls er das Geschäft als nicht für seine Rechnung abgeschlossen zurückweisen will, dies unverzüglich auf die Anzeige von der Ausführung des Geschäfts erklären; anderenfalls gilt die Abweichung von der Preisbestimmung als genehmigt.**

^{II} **Erbietet sich der Kommissionär zugleich mit der Anzeige von der Ausführung des Geschäfts zur Deckung des Preisunterschieds, so ist der Kommittent zur Zurückweisung nicht berechtigt. Der Anspruch des Kommittenten auf den Ersatz eines den Preisunterschied übersteigenden Schadens bleibt unberührt.**

1) Zurückweisung durch Kommissionär (I)

Bei Abweichung vom Preislimit zum Nachteil des Kommittenten muß dieser das Geschäft **unverzüglich** (mit angemessener Überlegungsfrist) auf die (die Abweichung offenbarende) Anzeige von der Ausführung der Kommission **zurückweisen,** sonst gilt die Abweichung als genehmigt, Kommittent kann das Geschäft nicht mehr zurückweisen, auch wegen der Abweichung nicht Schadensersatz fordern, str. Die Zurückweisung ist empfangsbedürftig, geht sie verloren und kann Kommittent sie nicht innerhalb der Zeit, in der Kommissionär sie erwarten muß, wiederholen, so verliert Kommittent das Zurückweisungsrecht (wenn es nicht nach den Umständen gegen Treu und Glauben verstößt, daß Kommissionär ihn am weisungswidrig geschlossenen Geschäft festhält).

2) Deckungszusage des Kommittenten (II)

Das Zurückweisungsrecht des Kommittenten (nicht ggf sein Anspruch auf Schadensersatz außerhalb des Preisunterschieds, II 2) entfällt, wenn Kommissionär sich zugleich mit der Ausführungsanzeige (vgl § 384 Anm 5 B) **erbietet**, den **Preisunterschied zu decken**, II 1, dh zu zahlen mit mindestens den kommissions-(und weisungs-)gemäßen Zahlungsbedingungen, vorausgesetzt: Kommissionär ist leistungsfähig, sein Erbieten für voll zu nehmen.

[Vorteilhafter Abschluß]

387 **I Schließt der Kommissionär zu vorteilhafteren Bedingungen ab, als sie ihm von dem Kommittenten gesetzt worden sind, so kommt dies dem Kommittenten zustatten.**

II Dies gilt insbesondere, wenn der Preis, für welchen der Kommissionär verkauft, den von dem Kommittenten bestimmten niedrigsten Preis übersteigt oder wenn der Preis, für welchen er einkauft, den von dem Kommittenten bestimmten höchsten Preis nicht erreicht.

1) Vom Kommittenten gesetzte Bedingungen für den Abschluß sind iZw Mindestbedingungen; Kommissionär darf von ihnen zum Vorteil des Kommittenten abweichen, ist dazu soweit möglich verpflichtet (§ 384 I: Interessenwahrung); das günstigere Ergebnis, an Preis (II) oder anderen Bedingungen (zB Stundung, Zugabe; über Emissionsbonifikationen s RG JW **05,** 118) kommt dem Kommittenten (für dessen Rechnung Kommissionär abschließt, §§ 383, 406 I) zugute, I, II, soweit nicht anderes vereinbart ist (zB Beteiligung des Kommissionärs am Überpreis). Beweis für günstigeren Abschluß obliegt erforderlichenfalls dem Kommittenten, für von § 387 abw Vereinbarung dem Kommissionär.

[Beschädigtes oder mangelhaftes Kommissionsgut]

388 **I Befindet sich das Gut, welches dem Kommissionär zugesendet ist, bei der Ablieferung in einem beschädigten oder mangelhaften Zustande, der äußerlich erkennbar ist, so hat der Kommissionär die Rechte gegen den Frachtführer oder Schiffer zu wahren, für den Beweis des Zustandes zu sorgen und dem Kommittenten unverzüglich Nachricht zu geben; im Falle der Unterlassung ist er zum Schadensersatze verpflichtet.**

II Ist das Gut dem Verderb ausgesetzt oder treten später Veränderungen an dem Gute ein, die dessen Entwertung befürchten lassen, und ist keine Zeit vorhanden, die Verfügung des Kommittenten einzuholen, oder ist der Kommittent in der Erteilung der Verfügung säumig, so kann der Kommissionär den Verkauf des Gutes nach Maßgabe der Vorschriften des § 373 bewirken.

3. Abschnitt. Kommissionsgeschäft **§ 389**

1) Pflichten des Kommissionärs

A. I präzisiert (nicht abschließend) gewisse (schon aus § 384 I, II folgende) Pflichten des Kommissionärs. I gilt bei Einkaufs- und Verkaufskommission, einerlei von wem und wie Kommissionär das Gut empfängt, wenn nicht (bei Verkaufskommission) am Platze unmittelbar vom Kommittenten (der dann die Mängel selbst kennen muß). Kommissionär muß das Gut bei Empfang **auf äußerlich erkennbare** (vgl § 438 Anm 1) **Mängel prüfen**, ggf nach I verfahren. Zeigen sich ihm solche Mängel später, muß er dann ebenso verfahren.

B. **Wahrung der Rechte,** nicht nur gegen Frachtführer, Schiffer (so I), auch gegen Spediteur, Lagerhalter, auch (bei Einkaufskommission) gegen Verkäufer, zB durch Vorbehalt bei Empfang (vgl zB § 438), Herbeiführung einer amtlichen Feststellung (vgl zB § 438 II HGB, (25) EVO §§ 81, 93), Anhalten der Zahlung (vgl zB § 438 I), Mängelrüge (§ 377). **Sorge für Beweis des Zustands:** zB durch amtliche Feststellung (s oben), Beweissicherung nach § 485 ZPO, Aufnahme von Prüfungsprotokoll durch Sachverständige. Kommen Ansprüche gegen Frachtführer (Schiffer) nicht in Betracht, kann Kommissionär von Schadensfeststellung und unverzüglicher Nachricht absehen, hat dann aber bei Streit mit Kommittenten Beweislast für Zustand der Ware bei Empfang, Mü MDR **57,** 678.

C. Bei schuldhaftem Verstoß ist Kommissionär **ersatzpflichtig,** I Halbs 2. Verkaufskommissionär, der bei Empfang der ihm vom Kommittenten zugesandten Ware Kommittenten nicht von Mängeln benachrichtigte, ist zB ersatzpflichtig für Mindererlös infolge Nichtbehebung des Mangels; er ist nicht gehindert, gegenüber Kommittenten geltend zu machen, daß der Mangel bestand. Verstoß des Einkaufskommissionärs gegen Pflichten nach I (oder nach § 384 I, II) macht ihn ersatzpflichtig, zB für Verlust des Ersatzanspruchs gegen Frachtführer; Kommittent kann nicht das Ausführungsgeschäft (nach §§ 385, 386) zurückweisen.

2) Notverkaufsrecht des Kommissionärs

Bei Gefahr (schon bei Empfang des Guts oder später) des Verderbs, der Entwertung (was gleichzuachten ist, vgl § 373 Anm 7 B) des Kommissionsguts darf Kommissionär, falls Weisung des Kommittenten nicht eingeholt werden kann oder Kommittent mit Weisung säumt, das Gut nach § 373 (II–V) für Rechnung des Kommittenten verkaufen, s § 373 Anm 4 A. Bei Säumnis des Kommittenten mit Weisung zuerst Androhung des Verkaufs, falls nicht Gefahr im Verzug oder Androhung aus anderen Gründen untunlich, vgl § 373 II 2. Verkauft Kommissionär anders als nach § 373, schuldet er Kommittenten (ggf) Schadensersatz; Beweis, daß Verkauf nach § 373 nicht mehr erbracht hätte, obliegt ihm, Mü MDR **57,** 679. Im Interesse des Kommittenten kann Kommissionär zum Verkauf nicht nur berechtigt, sondern verpflichtet sein, § 384 I.

[Hinterlegung; Selbsthilfeverkauf]

389 Unterläßt der Kommittent über das Gut zu verfügen, obwohl er dazu nach Lage der Sache verpflichtet ist, so hat der Kommissionär die nach § 373 dem Verkäufer zustehenden Rechte.

§ 390 1 　　　　　　　　　　　　　　　　IV. Buch. Handelsgeschäfte

1) § 389 unterstellt, daß Kommissionär das (gekaufte oder zu verkaufende) Kommissionsgut verwahrt und Kommittent mit einer nach dem Kommissionsverhältnis geschuldeten Weisung, wie damit zu verfahren ist, säumt, zB das gekaufte Gut nicht abnimmt, über das zu verkaufende (bei Unmöglichkeit des Verkaufs oder nach Widerruf der Kommission durch ihn) nicht verfügt. Kommissionär darf dann, wenn weitere Verwahrung ihm nicht zuzumuten (vgl § 390), das Gut entspr § 373 hinterlegen, uU verkaufen; s dazu § 373 Anm 2, 3. Er darf idR nicht wegen Leistungsverzugs des Kommittenten nach § 326 BGB vorgehen (insbesondere nach Fristsetzung ohne Erfolg von der Kommission zurücktreten).

[Haftung des Kommissionärs für das Gut]

390 **I** **Der Kommissionär ist für den Verlust und die Beschädigung des in seiner Verwahrung befindlichen Gutes verantwortlich, es sei denn, daß der Verlust oder die Beschädigung auf Umständen beruht, die durch die Sorgfalt eines ordentlichen Kaufmanns nicht abgewendet werden konnten.**

II Der Kommissionär ist wegen der Unterlassung der Versicherung des Gutes nur verantwortlich, wenn er von dem Kommittenten angewiesen war, die Versicherung zu bewirken.

1) Verschärfte Haftung (I)

A. Im allgemeinen haftet bei Vertragsverletzung der Schuldner, wenn er sich nicht entlastet (§§ 282, 284, 285 BGB; bei positiver Vertragsverletzung nach der auf Gefahrenkreise abstellenden Rspr i Erg ebenso), so auch nach § 390 I: Kommissionär haftet für **Verlust** oder **Beschädigung** des Kommissionsguts, die eintreten, während er es aufgrund der Kommission verwahrt (oder die irgendwie durch die Verwahrung verursacht sind, was Kommittent beweisen muß), RG **126**, 74: Nicht ihm ist Verschulden, für das er einstehen muß (§§ 276 I, 278 BGB), zu beweisen, sondern er muß sich entlasten durch Beweis, daß Verlust oder Beschädigung auf Umständen beruhten, die durch die **Sorgfalt** eines ordentlichen Kfms (§ 347) nicht abgewendet werden konnten. Kommissionär muß die einzelnen Umstände darlegen, auf denen der Schaden beruht, RG HRR **26**, 2233. Es genügt zB nicht Nachweis eines Diebstahls; Kommissionär muß beweisen, daß er für genügend sichere Verwahrung sorgte, vgl RG JW **27**, 1351. Andererseits genügt es, daß Kommissionär nachweist, von Anfang bis zu Ende sorgfältig verfahren zu sein, er braucht die Ursache eines Brands nicht zu klären, RG **11**, 134. Mehrere Brände oder Diebstähle können zu besonderer Sorgfalt verpflichten, KG JW **24**, 325. Bei **nicht** vom Kommissionär verschuldeten Untergang des Guts keine Haftung, ähnlich der Rechtslage bei Kauf mit Rücktrittsvorbehalt oder Konditionskauf mit aufschiebender Bedingung des Weiterverkaufs (vgl Überbl 2 C vor § 373), § 350 BGB, BGH NJW **75**, 776.

B. Versicherung macht Kommissionär nicht frei, mindert nur seine Haftung um die ausgezahlte Summe. Auch Abtretung der Ansprüche gegen den Schadensverursacher befreit nicht. Die Entlastung wird nicht dadurch ausgeschlossen, daß Kommissionär (oder Lagerhalter, § 417 I) durch Benachrichtigung des Kommittenten (Einlagerers) diesem Abwendung des Schadens (zB Beschlagnahme) hätte ermöglichen können (doch haftet Lagerhalter dann uU nach § 417 II, OGH **1**, 383, Kommissionär aus § 242 BGB). Haftung für Dritte s § 384 Anm 1 C. Freizeichnung s § 347 Anm 2 B.

C. Kommittent, der vom Verkaufskommissionär unverkauftes Gut beschädigt zurückerhält, darf (trotz Unanwendbarkeit der §§ 377, 378, s § 377 Anm 1 A) die **Rüge** nicht ungebührlich verzögern, sonst droht Verlust des Rügerechts, Stgt MDR **58**, 774.

D. § 390 I ist **nachgiebig.** Aber Freizeichnung, auch schon Beweislastumkehr sind nicht beliebig möglich, vor allem in AGB, s **(5)** AGBG §§ 9, 11 Nr 7, 15 ua.

2) Versicherung (II)

Zur Versicherung des Kommissionsguts auf Kosten des Kommittenten (§ 396 II) ist der Kommissionär idR berechtigt; verpflichtet ist er dazu nur auf Weisung (nicht notwendig ausdrücklich, auch stillschweigend, zB aus längerer Übung folgend) des Kommittenten, dann im üblichen Umfang zu üblichen Bedingungen (RG **6**, 116), im Namen des Kommittenten oder im eigenen für dessen Rechnung (§§ 74 ff VVG), bei sorgfältiger Auswahl (§ 384 I) des Versicherers. Wertangabe nach **(25)** EVO § 89 ist nicht Versicherung, kann nach § 384 I nötig sein, RG **28**, 141. Weisungswidrige Versicherung kann ersatzpflichtig machen; gibt Anspruch auf Auslagenersatz nur bei erlaubter Abweichung, § 385 HGB, § 665 BGB; zahlt aber im Schadensfall die Versicherung an Kommittenten, so schuldet dieser dem Kommissionär Ersatz nach § 812 BGB. Ähnliche Rechtslage bei Konditionskauf (Überbl 2 C vor § 373), BGH BB **75**, 394.

[Untersuchungs- und Rügepflicht; Aufbewahrung; Notverkauf]

391 **Ist eine Einkaufskommission erteilt, die für beide Teile ein Handelsgeschäft ist, so finden in bezug auf die Verpflichtung des Kommittenten, das Gut zu untersuchen und dem Kommissionär von den entdeckten Mängeln Anzeige zu machen, sowie in bezug auf die Sorge für die Aufbewahrung des beanstandeten Gutes und auf den Verkauf bei drohendem Verderbe die für den Käufer geltenden Vorschriften der §§ 377 bis 379 entsprechende Anwendung. Der Anspruch des Kommittenten auf Abtretung der Rechte, die dem Kommissionär gegen den Dritten zustehen, von welchem er das Gut für Rechnung des Kommittenten gekauft hat, wird durch eine verspätete Anzeige des Mangels nicht berührt.**

1) Untersuchungs- und Rügepflicht

Bei **Einkaufskommission** obliegt nach **Satz 1** Kommittenten im Verhältnis zu Kommissionär entspr §§ 377, 378 unverzügliche Untersuchung des gelieferten Guts und ggf Rüge seiner Mängel. Die Rüge wahrt dem Kommittenten Anspruch aus dem Kommissionsvertrag gegen Kommissionär wegen von diesem selbst zu vertretender Mängel (vgl §§ 384 I, II, 388, II, 391) und wegen Unterlassens der Wahrung der (dem Kommissionär zustehenden, aber für Rechnung des Kommittenten wirkenden) Rechte

§ 392 1   IV. Buch. Handelsgeschäfte

gegen Verkäufer oder Zwischenpersonen aus von diesen zu vertretenden Mängeln (vgl § 388 I, § 388 Anm 1 B). Gleich ist, ob Kommittent das Gut von Kommissionär oder unmittelbar vom Verkäufer erhält (sofern in diesem Falle Anspruch des Kommittenten gegen Kommissionär wegen Mängeln des Guts, s oben, bestehen). Die Mängel, für welche Kommissionär dem Kommittenten (nach dem Kommissionsvertrag) einzustehen hat, können andere sein als die, für welche Verkäufer dem Kommissionär einsteht (wenn Kommissionär das Ausführungsgeschäft nicht genau zu den Bedingungen der Kommission abschloß). Die (dem Kommissionär zustehenden) Rechte aus dem Kaufvertrag gegen Verkäufer wegen Mängeln des Guts wahrt (nach §§ 377, 378, nicht § 391) iZw sowohl Rüge des Kommissionärs wie des Kommittenten, **Satz 2** stellt klar, daß Verspätung der Rüge durch Kommittent gegenüber Kommissionär zwar Anspruch des Kommittenten gegen Kommissionär (aus dem Kommissionsvertrag) wegen der Mängel ausschließt (s oben), nicht aber die Pflicht des Kommissionärs (§ 384 II), dem Kommittenten die Rechte abzutreten, die Kommissionär gegen Verkäufer (aus dem Kaufvertrag) wegen derselben Mängel hat (und erforderlichenfalls nach §§ 377, 378 durch rechtzeitige Rüge gegenüber Verkäufer wahrte). Für Verkaufskommission mit Mindestpreisgarantie s § 384 Anm 1 F. S auch § 390 Anm 1 C (Rückgabe unverkauften Guts).

2) Aufbewahrung, Notverkauf

Kommittent ist, wenn er die ihm zugesandte (s § 379 Anm 1 A) Ware beanstandet, entspr § 379 I, II verpflichtet, für ihre einstweilige Aufbewahrung zu sorgen, und bei Gefahr des Verderbs berechtigt, sie mit Beachtung der Vorschrift des § 373 (II–V) zu verkaufen. Der Verkauf erfolgt, wenn die Beanstandung berechtigt ist, für Rechnung des Kommissionärs (vgl § 373 III); dieser muß, falls er nicht im Verhältnis zum Verkäufer (aufgrund des Kaufvertrags) die Ware zurückweisen kann, den Kaufpreis für Verkäufer aufbringen, die Notverkaufskosten tragen und erhält den Notverkaufserlös.

[Forderungen aus dem Ausführungsgeschäft]

392 ^{I} **Forderungen aus einem Geschäfte, das der Kommissionär abgeschlossen hat, kann der Kommittent dem Schuldner gegenüber erst nach der Abtretung geltend machen.**

^{II} **Jedoch gelten solche Forderungen, auch wenn sie nicht abgetreten sind, im Verhältnisse zwischen dem Kommittenten und dem Kommissionär oder dessen Gläubigern als Forderungen des Kommittenten.**

1) Geltendmachung

A. I folgt daraus, daß Kommissionär im eigenen Namen abschließt, § 383 (vgl dort Anm 3 B). Die Forderung geht (vor Abtretung) auf Leistung an Kommissionär; der Dritte (Geschäftsgegner) befreit sich nur durch Leistung an diesen, kann nur mit ihm Erlaß, Stundung uä vereinbaren, kann nicht mit Gegenforderung an Kommittent aufrechnen (auch wenn er das Kommissionsverhältnis kennt). Dies gilt auch für eine Forderung des Kommissionärs gegen den Dritten auf Ersatz von Schaden des Kommittenten (§ 383 Anm 3 H).

3. Abschnitt. Kommissionsgeschäft 2 § 392

B. **Abtretung** von Kommissionär an Kommittent möglich jederzeit, auch im voraus im Kommissionsvertrag, vgl BGH NJW **69**, 276. Kommittent kann sie fordern, § 384 II (dort Anm 4); soweit nicht das Vorwegbefriedigungsrecht des Kommissionärs (§ 399 mit § 397) gilt. Die Abtretung wirkt nicht gegen den Dritten, solange er sie nicht kennt, § 407 I BGB. Das gilt bei Vorausabtretung (s oben), gleich ob man Durchgangserwerb des Kommissionärs (an der erst nach der Abtretung entstehenden Forderung) annimmt oder Soforterwerb des Kommittenten, BGH NJW **69**, 276. Kenntnis des Dritten, daß Kommissionär als solcher (nicht Eigenhändler) handelt, bedeutet nicht Kenntnis von Abtretung seiner Forderung, BGH NJW **69**, 276.

2) Verfügung

A. Kommissionär ist Inhaber der Forderungen aus dem Ausführungsgeschäft; er hat sie dem Kommittenten abzutreten (s Anm 1 B), macht sich durch andere (kommissionswidrige) Verfügung über sie dem Kommittenten haftbar, aber solche Verfügung ist grundsätzlich wirksam, auch gegenüber Kommittent. Anders jedoch nach II (so stärkt das Gesetz den Kommittenten schon vor der Abtretung) Verfügungen zugunsten eines Gläubigers des Kommissionärs. Unter II fallen alle Forderungen nach I, also auch auf Schadensersatz. Nicht unter II fällt Kommissionsgut, auch nicht der aufgrund des Ausführungsgeschäft bereits erlangte Kaufpreis, BGH **79**, 94; Bankguthaben aus Schulderfüllung des Geschäftsgegners ist keine „Forderung" des Kommittenten iSv § 392, sondern Einziehungserlös, Bank ist nur Zahlstelle, BGH BB **74**, 1551. Entspr Anwendung auf Sachenrecht s § 383 Anm 3 D. Monographie: Böhm 1971; Hager AcP 180 (**80**) 239 (zur mittelbaren Stellvertretung).

B. Unwirksam gegen Kommittent sind: **Abtretung** durch Kommissionär an dessen Gläubiger, RG **148**, 191; **Aufrechnung** durch Kommissionär mit Forderung des Dritten gegen ihn; ebenso nach Einziehungsauftrag des Kommissionärs an seinen Gläubiger und Einziehung durch diesen, Aufrechnung durch Kommissionär (der Herauszahlungsschuld des Gläubigers mit dessen Forderung), auch entspr Aufrechnungsvereinbarung zwischen Kommissionär und Gläubiger, BGH NJW **59**, 1678, Nürnb NJW **72**, 2044, dazu Böhm NJW **73**, 196.

C. Eine Ausnahme gilt, wenn der Schuldner des Ausführungsgeschäfts auch Gläubiger des Kommissionärs ist, II ist dann unanwendbar, der Schuldner kann mit Wirkung gegen den Kommittenten aufrechnen, RG **121**, 178, BGH NJW **69**, 276 (krit Dreßler, Schwarz NJW **69**, 655, 1942); auch wenn er wußte, daß sein Partner in Kommission handelte, BGH NJW **69**, 276; auch die Abtretung (vgl Anm 1 B) hindert seine Aufrechnung nicht, auch wenn er sie kennt, § 406 BGB (mit zwei Ausnahmen). Die Aufrechnung des Dritten kann mißbräuchlich sein, wenn er die Aufrechnungslage herbeiführte, um sich für seine Forderung an den Kommissionär materiell zu Lasten des Kommittenten zu befriedigen, vgl RG **32**, 43, oder wenn er den Kommissionär vor Abschluß des Ausführungsgeschäfts in den Glauben setzte, er werde zahlen, nicht aufrechnen, § 242 BGB, BGH NJW **69**, 276.

D. Kommittent kann der **Pfändung** der ausstehenden Forderung gegen

§ 393 1, 2 IV. Buch. Handelsgeschäfte

den Vertragspartner (im Ausführungsgeschäft) durch Gläubiger des Kommissionärs widersprechen, § 771 ZPO, im **Konkurs** des Kommissionärs diese Forderung aussondern, § 43 KO, allg M, schon RG **32**, 42, BGH BB **59**, 975. Er kann nicht das durch Einziehung der Forderung vom Kommissionär Erlangte (als Surrogat) aussondern, wenn es ihm nicht übertragen ist (vgl § 383 Anm 3 D, G). Kommittent kann Abtretung der auszusondernden Forderung vom Konkursverwalter verlangen und muß es, wenn er gegen den Dritten vorgehen will, RG LZ **07**, 439.

E. Unberührt bleibt das Vorwegbefriedigungsrecht des Kommissionärs nach §§ 397, 399 (bei Abtretung s Anm 1 B). Kommittent kann gegenüber Kommissionär auf die Rechte aus II verzichten. § 392 gilt auch für: Forderungen aus Order- und Inhaberpapieren, gleich, auf wessen Namen sie lauten, RG **41**, 4, Pfandrechte für Forderungen aus dem Ausführungsgeschäft, Anspruch auf Lieferung von Wertpapieren, die Kommissionär bei einer Emission für Kommittenten zeichnete, RG **96**, 8.

[Vorschuß oder Kredite an Dritte]

393 **I** **Wird von dem Kommissionär ohne Zustimmung des Kommittenten einem Dritten ein Vorschuß geleistet oder Kredit gewährt, so handelt der Kommissionär auf eigene Gefahr.**

II Insoweit jedoch der Handelsgebrauch am Orte des Geschäfts die Stundung des Kaufpreises mit sich bringt, ist in Ermangelung einer anderen Bestimmung des Kommittenten auch der Kommissionär dazu berechtigt.

III Verkauft der Kommissionär unbefugt auf Kredit, so ist er verpflichtet, dem Kommittenten sofort als Schuldner des Kaufpreises die Zahlung zu leisten. Wäre beim Verkaufe gegen bar der Preis geringer gewesen, so hat der Kommissionär nur den geringeren Preis und, wenn dieser niedriger ist als der ihm gesetzte Preis, auch den Unterschied nach § 386 zu vergüten.

1) Recht zur Kreditgewährung (I, II)

Kommissionär darf in Ausführung der Kommission (für Rechnung des Kommittenten) Dritten (Geschäftsgegner oder zB Frachtführer, Lagerer des Kommissionsguts) Vorschuß oder anderen Kredit nur geben mit Zustimmung des Kommittenten. Die Zustimmung kann vorausgehen (Einwilligung) oder folgen (Genehmigung). Vereinbarung des Delkredere (§ 394 I) wird idR diese Zustimmung bedeuten. HdlBrauch an Ort des Geschäfts ersetzt Zustimmung des Kommittenten zur Stundung einer Kaufpreisforderung, nicht zu Kredit anderer Art, zB Vorschuß; doch kann, wenn auch diese handelsüblich, der Kommissionsvertrag es implicite erlauben. Ort des Geschäfts ist idR wohl der Sitz des Käufers (vgl § 269 I BGB, § 361 HGB).

2) Folgen unerlaubter Kreditgewährung (I, III)

A. Unerlaubte Kreditgewährung des Kommissionärs berechtigt Kommittenten, das Ausführungsgeschäft **zurückzuweisen,** (§ 385 Anm 2 B), macht Kommissionär auch haftbar auf **Schadensersatz** (§ 385 Anm 2 A), jedoch verschärft: er „handelt auf eigene Gefahr", muß Kommittenten stellen, als wäre kein Kredit gewährt, auch ohne Verschulden, so Hbg MDR **65,** 580, str (abw Ansicht: Schadensersatz nach § 385, Voraussetzung Verschulden).

B. Bei Verkauf auf Kredit schuldet er dem Kommittenten **sofortige Zahlung** des Kaufpreises, so (I ausführend) III 1, dh grundsätzlich des Kaufpreises wie mit dem Dritten vereinbart, wäre aber (was ggf Kommissionär beweisen muß) der Preis bei Barverkauf niedriger gewesen: dann dieses niedrigeren Preises, mindestens des vom Kommittenten bestimmten Limitpreises (§ 386), III 2. Durch diese Zahlung nimmt Kommissionär dem Kommittenten das Recht, das Geschäft zurückzuweisen, wohl auch noch unverzüglich nachdem Kommittent die Zurückweisung schon erklärte. Hat Kommissionär nur zu lange gestundet, tritt seine Haftung mit Ablauf der richtigen Stundungszeit ein; hat er zuviel gestundet, haftet er auf den Überschuß.

[Delkredere]

394 ^I Der Kommissionär hat für die Erfüllung der Verbindlichkeit des Dritten, mit dem er das Geschäft für Rechnung des Kommittenten abschließt, einzustehen, wenn dies von ihm übernommen oder am Orte seiner Niederlassung Handelsgebrauch ist.

^{II} Der Kommissionär, der für den Dritten einzustehen hat, ist dem Kommittenten für die Erfüllung im Zeitpunkte des Verfalls unmittelbar insoweit verhaftet, als die Erfüllung aus dem Vertragsverhältnisse gefordert werden kann. Er kann eine besondere Vergütung (Delkredereprovision) beanspruchen.

1) Delkredere (I, II 1)

A. Kommissionär steht für die Erfüllung der (jeder) Verbindlichkeit des Geschäftsgegners ein: wenn er den Dritten nicht bei Ausführungsanzeige benennt, § 384 III, wenn er diese Haftung übernimmt, wenn es am Ort seiner Niederlassung HdlBrauch ist (und er diese Haftung nicht ablehnt), so I. Dieses **Delkredere** ist Garantie, nicht Bürgschaft. jeder Kommissionär, auch ein MinderKfm, kann sie mündlich übernehmen (vgl für Bürgschaft §§ 350, 351).

B. Kommissionär **haftet** dem Kommittenten aus dem Delkredere **unmittelbar,** ohne vorherige Inanspruchnahme des Dritten (die eine Abtretung voraussetzte), Kommittent kann aber Abtretung fordern (§ 392 Anm 2) und den Dritten allein oder neben dem Kommissionär belangen. Kommissionär hat die Einreden des Dritten, soweit sie nicht auf Verschulden des Kommissionärs zurückgehen (unbeschadet der Haftung des Kommissionärs für eigenmächtig gewährten Vorschuß oder Kredit, § 393 I). Kommissionär haftet **für volle Erfüllung,** auch zB wegen Warenmängel, aus Vertragsstrafen, Verzugsfolgen, er hat alle Einwendungen, die dem Dritten zustehen, kann zB anfechten oder die Leistung verweigern wie dieser. Hat Kommissionär das Delkredere für einen Zwischenkommissionär (§ 384 Anm 1 C) übernommen, so erlischt seine Haftung, wenn der Dritte an den Zwischenkommissionär zahlt, RG **78,** 314. Haftung des Kommissionärs für eigenes Verschulden bleibt unberührt.

§§ 395, 396 IV. Buch. Handelsgeschäfte

C. Übernahm Kommissionär das Delkredere **im Auftrag des Geschäftsgegners** oder in erlaubter Geschäftsführung ohne Auftrag für ihn, so hat er gegen ihn den Befreiungsanspruch entspr § 775 BGB.

2) Delkredereprovision (II 2)

Da das Delkredere den Kommissionär besonders belastet, steht ihm eine besondere Vergütung dafür zu, sofern nichts anderes vereinbart, RG **20**, 113, oder HdlBrauch abweicht. Ihre Höhe bemißt sich mangels Vereinbarung nach HdlBrauch am Niederlassungsort des Kommissionärs. Diese Provision ist verdient, sobald das Geschäft ausgeführt ist, wenn auch Zug um Zug oder bei Selbsteintritt, § 396.

[Wechselindossament]

395 Ein Kommissionär, der den Ankauf eines Wechsels übernimmt, ist verpflichtet, den Wechsel, wenn er ihn indossiert, in üblicher Weise und ohne Vorbehalt zu indossieren.

1) Kommissionär, der in Ausführung der Kommission (auch soweit nicht im Kommissionsvertrag vorgesehen, RG **20**, 113) einen Wechsel nimmt und (dem Kommittenten nach § 384 II) mit Indossament weitergibt, muß in üblicher Weise und ohne Vorbehalt indossieren, so daß er aus dem Wechsel haftet und folglich der Kommittent diesen leichter verwerten kann. § 395 greift nicht Platz, wenn Kommissionär (was er iZw darf) sich den Wechsel mit Blankoindossament oder Indossament auf Kommittenten geben läßt und ihn so (ohne sein Indossament) weitergibt.

[Provision des Kommissionärs; Ersatz von Aufwendungen]

396 ¹ Der Kommissionär kann die Provision fordern, wenn das Geschäft zur Ausführung gekommen ist. Ist das Geschäft nicht zur Ausführung gekommen, so hat er gleichwohl den Anspruch auf die Auslieferungsprovision, sofern eine solche ortsgebräuchlich ist; auch kann er die Provision verlangen, wenn die Ausführung des von ihm abgeschlossenen Geschäfts nur aus einem in der Person des Kommittenten liegenden Grunde unterblieben ist.

II Zu dem von dem Kommittenten für Aufwendungen des Kommissionärs nach den §§ 670 und 675 des Bürgerlichen Gesetzbuchs zu leistenden Ersatze gehört auch die Vergütung für die Benutzung der Lagerräume und der Beförderungsmittel des Kommissionärs.

1) Provision (I)

A. Kommissionär hat Anspruch auf Provision aus dem **Kommissionsvertrag,** auch ohne Verabredung, § 354 I. Übermäßige Provision kann sittenwidrig sein, kann auch für Vorliegen eines GesVertrags sprechen. Provision setzt rechtsverbindlichen Kommissionsvertrag voraus, aus unverbindlichen Börsentermingeschäften (s (14) BörsG §§ 50ff), Spiel, Wette erwächst keine Provision, RG **34**, 266. Verjährung nach zwei Jahren, bei Kommission für Gewerbebetrieb vier Jahre (§§ 196, 201 BGB, s Einl 7 vor § 343), BGH **79**, 96. Verlust des Anspruchs s auch **(13)** DepotG §§ 26, 27.

B. Die (volle) Provision ist vom Kommissionär **verdient bei Ausführung,** dh Erfüllung des (Ausführungs-)Geschäfts, und zwar durch den Geschäftsgegner (ebenso § 87a für HV). Man darf nicht immer volle Erfüllung verlangen; das Gesetz wählt absichtlich (Denkschrift 238) den etwas unklaren Ausdruck, um dem Einzelfall Rechnung zu tragen. Ausgeführt iSv § 396 ist das Geschäft, wenn sein wirtschaftlicher Erfolg im wesentlichen hergestellt ist. Teilausführung gibt iZw Anspruch auf Teilprovision; verschuldet Kommissionär die Nichtausführung des Rests, verliert er uU den Provisionsanspruch für den ausgeführten Teil. Für (volle) entspr Anwendung des § 87a auf Kommissionsagent (§ 84 Anm 2 B, § 383 Anm 1 B) LG Wuppertal NJW **66,** 1129.

C. **Unterbleibt Ausführung** des Geschäfts ausschließlich aus einem in der Person des Kommittenten liegenden Grund, so ist ebenfalls die (volle) Provision verdient, I 2 Halbs 2. Nicht wenn Ausführung des Geschäfts dem Kommittenten unzumutbar war, RG HRR **30,** 2087 (vgl § 87a III für HV). Widerruft Kommittent die Kommission vor ihrer Ausführung, so ist iZw keine Provision verdient; das Gegenteil kann handelsüblich sein. Zur Provisionsrisikotragung Koller BB **79,** 1725.

D. Nach Ortsbrauch am Ort der Niederlassung des Kommissionärs, RG **17,** 31 (erst recht nach Vereinbarung), kann Kommissionär, wenn aus nicht nur in der Person des Kommittenten liegenden Gründen das (Ausführungs-)Geschäft nicht ausgeführt wird, auch wenn solches gar nicht abgeschlossen wird (zB weil Kommittent vorher die Kommission widerrief, § 383 Anm 2 D), eine (idR kleinere) **Auslieferungsprovision** fordern, vor allem bei Verkaufskommission nach Übergabe der Ware an Kommissionär (als Entgelt für Bemühung um diese) auch nach (vom Kommissionär nicht verschuldetem) Untergang der Ware.

2) Ersatz für Aufwendungen (II)

A. Text §§ 670, 675 BGB s § 86 Anm 1 C. Zum Begriff der Aufwendung vgl § 59 Anm 7 F, § 87d Anm 1 A, § 110 Anm 1 B, auch RG JW **37,** 152. Aufwendung sind auch Kosten der Inanspruchnahme fremder Arbeit, nicht eigener Arbeit des Kommissionärs und seines Personals (weil durch die Provision vergütet); anders wenn er sein Personal zur Ausführung von Arbeiten verwendet, die nicht unmittelbar aus seinen Kommissionärspflichten folgen. Die Aufwendungen sind zu verzinsen, § 354 II. Widerruf der Kommission läßt den Erstattungsanspruch unberührt. Der Anspruch verjährt nach § 196 I 1 Nr 1, II BGB in zwei bzw vier Jahren (s Einl 7 vor § 343), BGH BB **53,** 100. Was Kommissionär für das Ausführungsgeschäft aufwendet, ist ihm zu erstatten, auch wenn Kommittent die verkaufte Ware wegen eines von ihm nicht zu vertretenden Umstands nicht liefern kann. Zur Risikoverteilung bei nutzlosen Aufwendungen Koller BB **79,** 1725. **Schäden** des Kommissionärs sind keine freiwilligen Vermögensopfer und deshalb keine Anforderungen, aber nach dem Grundsatz der Risikozurechnung trotzdem vom Kommittenten zu ersetzen, hL, Rspr, vgl § 59 Anm 8 G c. Haftet der Kommissionär, der Wertpapiere verkauft, dem Käufer wegen Rechtsmangels der Papiere (ohne daß er oder Kommittent daran schuld sind: nach 1945 unbefugt in Verkehr gebrachte, später für kraftlos erklärte Papiere), so geht die Schadensersatzpflicht ohne weiteres

§ 397 1, 2 IV. Buch. Handelsgeschäfte

zu Lasten des Kommittenten, schon weil alle Vor- und Nachteile aus dem Geschäft auf dessen Rechnung gehen (§ 383), BGH **8**, 228. Monographie: Koller 1979 (Risikozurechnung).

B. Kommissionär kann **Vorschuß** verlangen, § 669 BGB, und bis zur Leistung nach § 273 BGB die Ausführung verweigern, RG **82**, 403. Kosten der Rechtsverfolgung gegen Dritte braucht er nicht vorzuschießen, auch wenn er zur Rechtsverfolgung verpflichtet ist, RG **124**, 119. Vorschüsse an Dritte sind nicht Aufwendungen iSv § 396, dazu § 393. Für Benutzung seiner **Lagerräume** und **Beförderungsmittel** kann er außerhalb der Provision Vergütung fordern (II), auch wo er die Provision mangels Ausführung nicht verdient. UU beweist die Höhe der vereinbarten Provision, daß diese Vergütung schon in der Provision enthalten ist. Die Vergütung nach II gilt nur für über die gewöhnlichen Kommissionärspflichten hinausgehenden Leistungen, sie entfällt wo unüblich, Stgt BB **63**, 689 (Möbel im Ausstellungslager des Kommissionärs).

C. Ist der Kommissionär in Ausführung des Auftrags **Verbindlichkeiten** eingegangen, so muß Kommittent ihn von diesen befreien. Darf Kommissionär den Dritten nicht befriedigen, etwa bei Zahlungsverbot, so kann er nur Sicherheit verlangen, RG JW **17**, 467. Auch bei nicht fälligen Verbindlichkeiten darf Kommittent Sicherheit leisten, § 257 BGB.

[Gesetzliches Pfandrecht]

397 Der Kommissionär hat an dem Kommissionsgute, sofern er es im Besitze hat, insbesondere mittels Konnossements, Ladescheins oder Lagerscheins darüber verfügen kann, ein Pfandrecht wegen der auf das Gut verwendeten Kosten, der Provision, der auf das Gut gegebenen Vorschüsse und Darlehen, der mit Rücksicht auf das Gut gezeichneten Wechsel oder in anderer Weise eingegangenen Verbindlichkeiten sowie wegen aller Forderungen aus laufender Rechnung in Kommissionsgeschäften.

1) Übersicht

Kommissionär hat zur Sicherung seiner Ansprüche gegen Kommittenten folgende Rechte am Kommissionsgut und den Forderungen aus dem Ausführungsgeschäft: das Pfand-(ggf Befriedigungs-)Recht nach §§ 397, 398; das Zurückbehaltungsrecht nach § 273 BGB, bei zweiseitigem HdlGeschäft auch nach §§ 369–372 HGB; das Verfolgungsrecht nach § 44 KO; das Befriedigungsrecht nach § 399. Er hat kein Recht, bei Verzug des Kommittenten vom Kommissionsvertrag zurückzutreten (§ 326 BGB) und das gekaufte Kommissionsgut zu behalten.

2) Rechte am Kommissionsgut

A. **Kommissionsgut** ist, was Gegenstand der Kommission ist, nicht alles, was aus Anlaß der Kommission dem Kommissionär übergeben wird; Verpackung und Beförderungsmittel sind nur Kommissionsgut, wenn sie mitzuverkaufen sind. Das Pfandrecht kann an (individuell bestimmten, ggf aus der Gattung ausgesonderten) Sachen und Wertpapieren bestehen, nicht an Schuldscheinen und Grundpfandbriefen (§ 952 BGB), Ausweispapieren

(§ 808 BGB), Versicherungsscheinen (RG **51,** 86), Anteilsscheinen, Beweisurkunden; nicht an Rechten, die nicht in Wertpapieren verbrieft sind (str). Kommissionär erwirbt das Pfandrecht auch durch guten Glauben vom Kommittenten, der nicht Eigentümer ist, § 366 III HGB, §§ 932, 1207 BGB. Einschränkung s **(13)** DepotG § 4. Das Gut muß verpfändbar sein, nicht notwendig pfändbar.

B. Kommissionär muß das Gut **besitzen,** unmittelbar oder mittelbar. Gleich steht, daß er durch Lagerschein, Ladeschein, Konnossement (§§ 424, 450, 650) darüber verfügen kann, was Besitz dieser Papiere voraussetzt. Kommissionär besitzt nicht, wenn das Gut auf dem Weg vom Kommittenten zu ihm verlorengeht, RG **105,** 127. Freiwilliger oder dauernder (nicht bloß vorübergehender) unfreiwilliger Besitzverlust beendet das Pfandrecht. Ist es erloschen, so lebt es durch spätere Besitzerlangung nicht wieder auf, RG **44,** 120.

C. Das **Pfandrecht** sichert die in § 397 genannten **Ansprüche** (wegen anderer hat Kommissionär uU ein Zurückbehaltungsrecht, vgl Anm 1), nämlich wegen **a)** der auf das Gut verwendeten **Kosten,** dh Aufwendungen, § 396 II; **b)** der Provision, §§ 396 I, 394 II; **c)** der auf das Gut (mit Zustimmung des Kommittenten, § 393 I) gegebenen **Vorschüsse** und **Darlehen; d)** der mit Rücksicht auf das Gut (zB bei dessen Kauf für den Kaufpreis) gezeichneten **Wechsel; e)** der in anderer Weise mit Rücksicht auf das Gut eingegangenen **Verbindlichkeiten,** zB wegen einer Schadensersatzschuld des Kommissionärs an den Dritten, sofern Kommissionär von Kommittenten Erstattung fordern kann; **f)** aller Forderungen aus **laufender Rechnung** (nicht notwendig Kontokorrent iSv § 355, vgl dort Anm 2 B) in Kommissionsgeschäften, also auch aus anderen Kommissionsgeschäften (Ausnahme **(13)** DepotG §§ 4, 30); die laufende Rechnung braucht nicht ausschließlich Kommissionsgeschäfte zu enthalten, das Pfandrecht sichert aber kommissionsfremde Ansprüche nicht, RG **9,** 430.

D. Das **Pfandrecht** steht einem vertraglichen gleich, § 1257 BGB. Verwertung des Pfands: §§ 1220 ff BGB. Kommittent kann Herausgabe fordern, wenn Verderb oder wesentliche Wertminderung droht, § 1218 BGB. Das Pfandrecht gibt Widerspruchsrecht gegen fremde Pfändung, § 771 ZPO, bei Besitz der Traditionspapiere ohne die Beschränkung des § 805 ZPO, im Konkurs des Kommittenten Absonderungsrecht, § 49 I Nr 2 KO, wenn Besitz vor Konkurseröffnung erlangt, § 15 KO. Durch Konkurseröffnung erlischt die Kommission (§ 383 Anm 2 E), an später in den Besitz des Kommissionärs gelangten Sachen entsteht kein Pfandrecht, RG **71,** 77. Auch bei Pfandverwertung muß Kommissionär die Interessen des Kommittenten wahren, § 384 I. Für den Pfandverkauf steht ihm Provision zu, § 354 I. Befriedigungsrecht an eigenem Kommissionsgut s § 398.

[Befriedigung aus eigenem Kommissionsgut]

398 Der Kommissionär kann sich, auch wenn er Eigentümer des Kommissionsguts ist, für die in § 397 bezeichneten Ansprüche nach Maßgabe der für das Pfandrecht geltenden Vorschriften aus dem Gute befriedigen.

§ 399 1, 2 IV. Buch. Handelsgeschäfte

1) An eigener Sache läßt das BGB idR kein Pfandrecht entstehen und bestehen, § 1256 BGB. § 398 gibt deshalb dem Einkaufskommissionär, der das Kommissionsgut dem Kommittenten noch nicht übereignet hat, also noch Eigentümer ist (vgl § 383 Anm 3 D), ein dem Pfandrecht (§ 397) ähnliches Recht, den Herausgabeanspruch des Kommittenten (§ 384 II) abzuwehren und sich (auch wenn Kommittent nicht Kfm ist, das kfm Zurückbehaltungsrecht, §§ 369–372, daher nicht Platz greift), aus dem Kommissionsgut zu **befriedigen**. Kommissionär muß, wenn er sich aus dem Gut befriedigen will, die Erfordernisse der Pfandverwertung (s § 397 Anm 2 D) wahren. Eine Pflicht zur Befriedigung ist zu verneinen, Kommittent kann Kommissionär nicht auf das Kommissionsgut verweisen, muß auf Verlangen des Kommissionärs diesem das Geschuldete zahlen gegen Herausgabe des Kommissionsguts. Wo das Gesetz vom Pfandrecht des Kommissionärs spricht, meint es auch das Recht nach § 398.

[Befriedigung aus Forderungen]

399 Aus den Forderungen, welche durch das für Rechnung des Kommittenten geschlossene Geschäft begründet sind, kann sich der Kommissionär für die in § 397 bezeichneten Ansprüche vor dem Kommittenten und dessen Gläubigern befriedigen.

1) Forderungen aus dem Ausführungsgeschäft

Die Forderungen aus dem Ausführungsgeschäft stehen dem Kommissionär zu (gelten nur im Verhältnis zwischen Kommittent und Kommissionär und dessen Gläubigern als Forderungen des Kommittenten, § 392 II), sind auch nicht „Kommissionsgut" (vgl § 397 Anm 2 A), fallen daher weder unter § 397 noch § 398. § 399 gibt (§ 392 II einschränkend) dem Kommissionär an diesen Forderungen ein Befriedigungsrecht entspr § 398. Das Vorzugsrecht besteht für **Forderungen aus dem Ausführungsgeschäft,** auch Hilfs- und Nebengeschäften, nach RG **105,** 127 nicht für Ersatzansprüche an den Frachtführer aus Verlust des Kommissionsguts.

2) Befriedigungsrecht

A. Kommissionär kann Abtretung der Forderungen an Kommittenten (§ 384 Anm 4) verweigern, sie einziehen, und zwar ganz, nicht nur den zur Deckung seiner Ansprüche benötigten Teil (nicht entspr § 1282 I 2 BGB, da die Forderungen ihm selbst zustehen, str). Aus dem so Erlangten kann er sich befriedigen, aus Kommissionsgut nach §§ 397, 398, aus Gelderlös (bei Verkaufskommission) durch Aufrechnung gegen den Herauszahlungsanspruch (§ 384 II) des Kommittenten (es wird nicht kraft Gesetzes, entspr § 1288 II BGB, verrechnet). Kommissionär darf (wie ein Pfandgläubiger) die Forderungen aus dem Ausführungsgeschäft nicht durch freien Verkauf verwerten, wohl aber uU entspr §§ 1277, 1282 II BGB aufgrund vollstreckbaren Titels nach § 844 ZPO auf eine gerichtlich angeordnete Weise anders als durch Einziehung.

B. **Tritt Kommissionär** seine Ansprüche (§ 397) **ab** (während er Inhaber der Forderungen gegen Dritte, § 399, bleibt), so erlischt das Vorzugsrecht nicht, sondern wirkt ähnlich einem Pfandrecht zugunsten des Zessionars, str. Im Konkurs des Kommittenten erlischt das Vorzugsrecht nicht, es geht dem Recht der Konkursgläubiger vor.

3. Abschnitt. Kommissionsgeschäft   1 § 400

[Selbsteintritt des Kommissionärs]

400 ⁱ Die Kommission zum Einkauf oder zum Verkaufe von Waren, die einen Börsen- oder Marktpreis haben, sowie von Wertpapieren, bei denen ein Börsen- oder Marktpreis amtlich festgestellt wird, kann, wenn der Kommittent nicht ein anderes bestimmt hat, von dem Kommissionär dadurch ausgeführt werden, daß er das Gut, welches er einkaufen soll, selbst als Verkäufer liefert oder das Gut, welches er verkaufen soll, selbst als Käufer übernimmt.

ⁱⁱ Im Falle einer solchen Ausführung der Kommission beschränkt sich die Pflicht des Kommissionärs, Rechenschaft über die Abschließung des Kaufes oder Verkaufs abzulegen, auf den Nachweis, daß bei dem berechneten Preise der zur Zeit der Ausführung der Kommission bestehende Börsen- oder Marktpreis eingehalten ist. Als Zeit der Ausführung gilt der Zeitpunkt, in welchem der Kommissionär die Anzeige von der Ausführung zur Absendung an den Kommittenten abgegeben hat.

ⁱⁱⁱ Ist bei einer Kommission, die während der Börsen- oder Marktzeit auszuführen war, die Ausführungsanzeige erst nach dem Schlusse der Börse oder des Marktes zur Absendung abgegeben, so darf der berechnete Preis für den Kommittenten nicht ungünstiger sein als der Preis, der am Schlusse der Börse oder des Marktes bestand.

ⁱᵛ Bei einer Kommission, die zu einem bestimmten Kurse (erster Kurs, Mittelkurs, letzter Kurs) ausgeführt werden soll, ist der Kommissionär ohne Rücksicht auf den Zeitpunkt der Absendung der Ausführungsanzeige berechtigt und verpflichtet, diesen Kurs dem Kommittenten in Rechnung zu stellen.

ᵛ Bei Wertpapieren und Waren, für welche der Börsen- oder Marktpreis amtlich festgestellt wird, kann der Kommissionär im Falle der Ausführung der Kommission durch Selbsteintritt dem Kommittenten keinen ungünstigeren Preis als den amtlich festgestellten in Rechnung stellen.

1) Recht des Kommissionärs zum Selbsteintritt

A. Kommissionär darf uU die Kommission so ausführen, daß er selbst das zu kaufende Gut liefert, das zu verkaufende als Käufer übernimmt. Dieser **Selbsteintritt** des Kommissionärs ist **nach Gesetz (I)** zulässig bei Kauf oder Verkauf von Waren mit Börsen- oder Marktpreis, Wertpapieren mit amtlich festgestelltem Markt- oder Börsenpreis (s (14) BörsG § 29). Solcher Preis muß am Ort, wo die Kommission auszuführen ist (iZw am Sitz des Kommissionärs, ggf des Markt- oder Börsenplatzes, wo er zu arbeiten pflegt) zZ des Selbsteintritts (genau: der Abgabe der Ausführungsanzeige, vgl Anm 3 C) für Waren, Wertpapiere der Gattung, für Kauf- oder Verkaufsgeschäfte der Art (zB Kassa- oder Termingeschäft), die in Rede steht, tatsächlich bestehen, dh aufgrund abgeschlossener Geschäfte, nicht nur aufgrund unerledigter Aufträge (so RG **34,** 121) oder als Taxe geschätzter Preis mangels Kursfeststellung. Form und Zeit des Selbsteintritts s bei § 405.

B. Für andere Fälle kann der **Kommissionsvertrag** den Selbsteintritt erlauben, uU stillschweigend, zB bei Kauf, Verkauf von Wertpapieren,

§ 400 2, 3 — IV. Buch. Handelsgeschäfte

deren Kurs nicht amtlich festgestellt (aber sonstwie zuverlässig beobachtet und notiert) wird. **(8)** AGB-Banken Nr 29 (s dort Anm 1) regelt das Recht zum Selbsteintritt, seine Durchführung und Folgen wesentlich abweichend von §§ 400 ff.

C. Kommittent kann den Selbsteintritt **verbieten**, I, bis zur Abgabe der Ausführungsanzeige (vgl § 405 III), nicht notwendig ausdrücklich: es genügt, daß Kommissionär unzweideutig den Willen des Kommittenten erkennen muß, das Geschäft ohne Selbsteintritt ausgeführt zu sehen. In Preisbegrenzung (Limit), im Auftrag „bestens", in Delkredereübernahme liegt kein Verbot, OGH **3**, 14.

D. Kommissionär darf nicht selbst eintreten, wenn das dem **Interesse des Kommittenten** zuwiderläuft, § 384 I, zB bei Kommission zum Verkauf auf Kredit, wenn Kommissionär nicht hinreichend kreditwürdig ist. Kommissionär darf nicht zu anderen Bedingungen als für das Ausführungsgeschäft vorgeschrieben selbst eintreten; Selbsteintritt mit Abweichung vom Preislimit ist aber entspr § 386 I mangels unverzüglicher Rüge wirksam.

2) Wirkung des Selbsteintritts

A. Selbsteintritt des Kommissionärs ist eine Form der Ausführung der Kommission, ändert sie in **Kauf (Verkauf),** macht Kommittent und Kommissionär zu Käufer und Verkäufer (oder umgekehrt); Folge: grundsätzlich ist Kaufvertragsrecht anwendbar, zB Anspruch des Kommittenten auf Kaufpreis (statt auf Herausgabe des Erlangten, s § 384 Anm 4), BGH **89**, 135; entspr Verjährung dieses Anspruchs in zwei bzw vier Jahren nach § 196 BGB (statt in 30 Jahren, s § 384 Anm 4 C), BGH **79**, 96. Die Kaufvertragsregeln werden aber von der **Interessenwahrungspflicht** (einschließlich der Beratungs- und Verwaltungspflichten) des Kommissionärs (§ 384 I) überlagert: er ist zB ggf (wie ein Kommissionär, § 388 Anm 2) zum Selbsthilfekauf wegen Annahmeverzugs des Kommittenten-Käufers (§ 373) nicht nur berechtigt, sondern im Interesse jenes verpflichtet. Dabei kann der Kommissionär die Ware („in sich") seinem eigenen Lager entnehmen (zuführen), ein Deckungsgeschäft mit einem Dritten schließen, Aufträge entgegenstehender Art (Kauf- und Verkaufskommission über dieselben Wertpapiere) durch Selbsteintritt ausgleichen.

B. **Inhalt des Kaufgeschäfts** ist der des aufgetragenen Geschäfts. Das etwa vom Kommissionär vorgenommene **Deckungsgeschäft** berührt Kommittenten nicht; das gilt auch, wenn Erfüllung des Deckungsgeschäfts durch höhere Gewalt unmöglich wird, Kassel NJW **49**, 588, str. Der selbst eingetretene Kommissionär hat keinen Anspruch auf Ersatz von Aufwendungen für ein Deckungsgeschäft, dieses geht ganz auf seine Rechnung und Gefahr, OGH **2**, 91.

3) Bestimmung des Preises bei Selbsteintritt

A. II–V (und § 401, s dort; zwingendes Recht, s § 402) bestimmen genau den Preis, zu dem Kommissionär als Käufer oder Verkäufer selbst eintreten darf. Einhaltung des II–V hat erforderlichenfalls Kommissionär dem Kommittenten nachzuweisen (II: bei Selbsteintritt beschränkt sich die Rechenschaftspflicht des Kommissionärs, § 384 II, auf diesen Nachweis). § 403 ergänzt die Preisbestimmung, s dort. Preisstellung des Kommissionärs beim Selbsteintritt im Widerspruch zu II–V, §§ 401, 403 macht den Selbsteintritt nicht unwirksam, erlaubt Kommittenten nicht Zurückweisung des Selbsteintritts; dieser ist wirksam, Kommittent hat Anspruch auf vorschriftsmäßige Preisbestimmung, vgl RG **108**, 193, **114**, 13.

B. Maßgebend ist grundsätzlich der **Markt-** oder **Börsenpreis** (der amtlich festgestellte, wenn solche Feststellung erfolgt, § 400 V, was für Wertpapiere, nicht für Waren Voraussetzung des gesetzlichen Selbsteintrittsrechtes ist, vgl I) bei Abgabe der Ausführungsanzeige, II 1, 2 (dazu Anm C). Ein günstiger Preis aus einem tatsächlichen oder möglichen Deckungsgeschäft kommt dem Kommittenten zugute (s § 401). Sollte aber die Kommission zu einem **bestimmten Kurse** (erster Kurs, Mittelkurs, letzter Kurs) ausgeführt werden, so gilt dieser nach IV (ggf nur der amtlich festgestellte, V), auch wenn ein anderer Kurs, zB der zZ der Abgabe der Ausführungsanzeige (oder der Schlußkurs bei Abgabe der Anzeige, vgl Anm C) für Kommittenten günstiger wäre.

C. Maßgebend ist in erster Linie der Preis zZ der **Abgabe der Ausführungsanzeige zur Absendung**, II 2, nicht der zZ ihres Zugangs (ohne den aber der Selbsteintritt nicht wirkt, § 405 Anm 1 A). Die erste Abgabe zur Absendung ist wohl auch maßgebend, wenn Kommissionär die nicht zugegangene Anzeige wiederholt, abw RG **102**, 16. Ist die Börse vor Abgabe der Ausführungsanzeige geschlossen worden, so gilt der letzte Börsenkurs, OGH **2**, **89**, **4**, 218; dies gilt, wenn die Kommission während der Börsen- oder Marktzeit auszuführen war, so III, und wenn es gleich war, wann sie ausgeführt wurde. ,,Zur Absendung abgegeben" ist die Anzeige, sobald sie einem Boten zur Beförderung an Kommittenten oder an die Post übergeben ist. Kommissionär darf die Ausführung nicht verzögern; tut er das schuldhaft, darf er einen etwaigen höheren Preis nicht berechnen.

[Deckungsgeschäft bei Selbsteintritt]

401 ^I Auch im Falle der Ausführung der Kommission durch Selbsteintritt hat der Kommissionär, wenn er bei Anwendung pflichtmäßiger Sorgfalt die Kommission zu einem günstigeren als dem nach § 400 sich ergebenden Preis ausführen konnte, dem Kommittenten den günstigeren Preise zu berechnen.

^{II} Hat der Kommissionär vor der Absendung der Ausführungsanzeige aus Anlaß der erteilten Kommission an der Börse oder am Markte ein Geschäft mit einem Dritten abgeschlossen, so darf er dem Kommittenten keinen ungünstigeren als den hierbei vereinbarten Preis berechnen.

1) Nach § 400 II–V ist bei Selbsteintritt grundsätzlich der Markt- oder Börsenpreis maßgeblich. § 401 läßt dem Kommittenten einen günstigen Preis zugutekommen: **a)** der Preis zu dem der Kommissionär aus Anlaß der Kommission (dh in ursächlichem Zusammenhang mit ihr) ein Geschäft mit einem Dritten (**Deckungsgeschäft**) an der Börse oder am Markte abschloß; Eindeckung anderswo bleibt außer Betracht, wenn sie nicht nach I beachtlich ist, s § 400 Anm 3 C, so II; schloß er für mehrere gleichartige Kommissionen (für mehrere Kommittenten) mehrere Deckungsgeschäfte zu ver-

schiedenen Kursen, so kann er sie den Kommittenten frei zuteilen, darf nur insgesamt keinen Kursschnitt machen, oder **b)** der Preis, zu dem Kommissionär bei pflichtmäßiger Sorgfalt (§ 384 I) ein Ausführungsgeschäft **hätte schließen können,** I, und zwar an der Börse (dem Markt), wo er die Kommission ausführen sollte; war er hierin frei: da, wohin sich zu wenden ihm zuzumuten war. Maßgebend ist der für Kommittenten günstigste dieser Preise. Der Selbsteintritt soll Kommittenten nicht schlechter stellen als er bei pflichtmäßiger Ausführung der Kommission durch Geschäft mit Drittem (§ 384 I) stünde, RG **112,** 31. Der Beweis, daß der Kommissionär § 401 verletzt, obliegt dem Kommittenten (anders bei § 400, s dort Anm 3 A).

[Unabdingbarkeit]

402 Die Vorschriften des § 400 Abs. 2 bis 5 und des § 401 können nicht durch Vertrag zum Nachteile des Kommittenten abgeändert werden.

1) §§ 400 II–V, 401 betr die Bestimmung des Preises bei Selbsteintritt sind nicht (im voraus) zum Nachteil des Kommittenten abdingbar.

[Provision und Kosten bei Selbsteintritt]

403 Der Kommissionär, der das Gut selbst als Verkäufer liefert oder als Käufer übernimmt, ist zu der gewöhnlichen Provision berechtigt und kann die bei Kommissionsgeschäften sonst regelmäßig vorkommenden Kosten berechnen.

1) Provision bei Selbsteintritt

Der Kommittent soll nicht besser stehen, als habe der Kommissionär mit einem Dritten abgeschlossen, RG **108,** 193. Daher kann nach § 403 der Kommissionär, der (als Käufer oder Verkäufer) selbst eintrat, die **Provision** fordern, die er bei Ausführung der Kommission durch Geschäft mit Drittem hätte fordern können (§ 396 I). Voraussetzung ist (entspr § 396 I) Ausführung des (durch den Selbsteintritt zwischen Kommissionär und Kommittenten zustandegekommenen) Geschäfts durch Kommissionär selbst (vgl OGH **2,** 91) oder Unterbleiben der Ausführung infolge eines vom Kommittenten zu vertretenden Umstands. Hatte Kommissionär das Delkredere übernommen (§ 394), so kann er Delkredereprovision auch bei Selbsteintritt fordern.

2) Kosten bei Selbsteintritt

Kommissionär kann nach § 403 ferner die bei Kommissionsgeschäften sonst regelmäßig vorkommenden **Kosten** (vgl § 396 II) fordern, einerlei wieweit aufgewandt; außergewöhnliche Kosten soweit aufgewandt, §§ 675, 670 BGB, insgesamt aber darf der Selbsteintritt Kommittenten nicht benachteiligen.

3. Abschnitt. Kommissionsgeschäft §§ 404, 405

[Gesetzliches Pfandrecht bei Selbsteintritt]

404 Die Vorschriften der §§ 397 und 398 finden auch im Falle der Ausführung der Kommission durch Selbsteintritt Anwendung.

1) Einkaufskommissionär-Verkäufer hat nach § 404 für seine Ansprüche gegen Kommittenten-Käufer, vor allem den Kaufpreisanspruch (str), an der ihm selbst (noch) gehörenden, dem Kommittenten verkauften Ware das Befriedigungsrecht entspr § 398, an der dem Kommittenten schon übereigneten das Pfandrecht entspr § 397.

[Ausführungsanzeige und Selbsteintritt; Widerruf der Kommission]

405 ^{I} Zeigt der Kommissionär die Ausführung der Kommission an, ohne ausdrücklich zu bemerken, daß er selbst eintreten wolle, so gilt dies als Erklärung, daß die Ausführung durch Abschluß des Geschäfts mit einem Dritten für Rechnung des Kommittenten erfolgt sei.

^{II} Eine Vereinbarung zwischen dem Kommittenten und dem Kommissionär, daß die Erklärung darüber, ob die Kommission durch Selbsteintritt oder durch Abschluß mit einem Dritten ausgeführt sei, später als am Tage der Ausführungsanzeige abgegeben werden dürfe, ist nichtig.

^{III} Widerruft der Kommittent die Kommission und geht der Widerruf dem Kommissionär zu, bevor die Ausführungsanzeige zur Absendung abgegeben ist, so steht dem Kommissionär das Recht des Selbsteintritts nicht mehr zu.

1) Form und Zeit des Selbsteintritts

A. Der Selbsteintritt geschieht durch empfangsbedürftige **Erklärung** (RG **102**, 16) an Kommittenten, **formlos**. Nach **I** ist Anzeige, die Kommission sei ausgeführt, nur Selbsteintritt bei ausdrücklicher Erklärung, Kommissionär trete selbst ein; abweichende Vereinbarung ist möglich, zB (Umkehr von I): Anzeige von Ausführung bedeute Selbsteintritt, falls nicht ausdrücklich Abschluß mit Drittem mitgeteilt, RG **96**, 7. Ist das Ausführungsgeschäft formbedürftig, so ist Selbsteintritt formlos möglich aufgrund der Form genügenden Kommissionsvertrags.

B. **Ausdrücklich** (I, s Anm A) heißt klar und unzweideutig, RG JW **26**, 1961, wozu nicht die Anzeige (des Einkaufskommissionärs) genügt, es sei dem Kommittenten verkauft, RG **53**, 368. Nicht genügend ist Übersendung eines vom Kommissionär wie von einem Verkäufer unterschriebenen Schlußscheins, RG **63**, 30, genügend Bestätigung, daß (Verkaufs-)Kommissionär kauft (Einkaufskommissionär verkauft), vgl RG **112**, 28.

C. **Unbestimmte Ausführungsanzeige** ist iZw nicht Selbsteintritt, I, verpflichtet Kommissionär endgültig zur Ausführung der Kommission durch Geschäft mit Drittem, erlaubt späteren Selbsteintritt nicht. Im voraus kann vereinbart werden: Kommissionär dürfe nach unbestimmter Ausführungsanzeige (jedoch nicht später als am selben Tag, **II**) durch weitere Mitteilung erklären, ob er durch Selbsteintritt oder Geschäft mit Drittem ausführt. Nachträglich (nach unbestimmter Ausführungsanzeige) ist Vereinbarung längerer Frist zu dieser Klärung zulässig.

2) Widerruf der Kommission

Bei Ausführung der Kommission durch Abschluß mit Drittem ist Widerruf der Kommission durch Kommittenten möglich bis zu (dh zur Erklärung, die dem Kommissionär zugeht vor) dem Abschluß mit Drittem (§ 383 Anm 2 D). Führt Kommissionär durch Selbsteintritt aus, wäre Widerruf durch Kommittenten möglich bis zum (dh durch Erklärung, die dem Kommissionär zugeht vor dem) Zugang der Selbsteintritt-Ausführungsanzeige bei Kommittenten. III schränkt das Widerrufsrecht des Kommittenten ein: die Widerrufserklärung muß dem Kommissionär zugehen, bevor er die Anzeige der Ausführung (durch Selbsteintritt) zur Absendung abgibt. III greift jedoch nicht ein, wenn das Widerrufsrecht bereits erloschen ist. Deshalb gegen hL Canaris 1914: kein Widerruf mehr nach Ausführung des Deckungsgeschäfts, wenn die Ausführung der Kommission nur im Wege des Selbsteintritts vereinbart ist (so **(8)** AGB-Banken Nr 29 I), sonst könnte der Kunde zu Lasten der Bank spekulieren.

[Anwendung des Abschnitts 3 auf ähnliche Geschäfte]

406 ^{I} Die Vorschriften dieses Abschnitts kommen auch zur Anwendung, wenn ein Kommissionär im Betriebe seines Handelsgewerbes ein Geschäft anderer als der in § 383 bezeichneten Art für Rechnung eines anderen in eigenem Namen zu schließen übernimmt. Das gleiche gilt, wenn ein Kaufmann, der nicht Kommissionär ist, im Betriebe seines Handelsgewerbes ein Geschäft in der bezeichneten Weise zu schließen übernimmt.

^{II} Als Einkaufs- und Verkaufskommission im Sinne dieses Abschnitts gilt auch eine Kommission, welche die Lieferung einer nicht vertretbaren beweglichen Sache, die aus einem von dem Unternehmer zu beschaffenden Stoffe herzustellen ist, zum Gegenstande hat.

1) Zu I s § 383 Anm 1 A.

2) II entspricht § 381 II (Anwendung der Kaufvorschriften des HGB auf den Werklieferungsvertrag über nicht vertretbare bewegliche Sachen). Kommission ist danach auch die Beschaffung (im eigenen Namen für fremde Rechnung) einer erst herzustellenden nicht vertretbaren beweglichen Sache. Daß die Beschaffung erst herzustellender vertretbarer beweglicher Sachen unter § 383 fällt, folgt aus § 651 I 1, 2 Halbs 1 BGB.

Vierter Abschnitt. Speditionsgeschäft

Schrifttum: s vor **(19)** ADSp.

[Begriff des Spediteurs; Anwendung des Abschnitts 3]

407 ^{I} Spediteur ist, wer es gewerbsmäßig übernimmt, Güterversendungen durch Frachtführer oder durch Verfrachter von Seeschiffen für Rechnung eines anderen (des Versenders) in eigenem Namen zu besorgen.

^{II} Auf die Rechte und Pflichten des Spediteurs finden, soweit dieser Abschnitt keine Vorschriften enthält, die für den Kommissionär geltenden Vorschriften, insbesondere die Vorschriften der §§ 388 bis 390 über die Empfangnahme, die Aufbewahrung und die Versicherung des Gutes, Anwendung.

1) Spedition, Spediteur

A. **Spedition** ist nach I Besorgung der Güterversendung durch Frachtführer oder Verfrachter von Seeschiffen für Rechnung eines anderen in eigenem Namen. **Spediteur** ist, wer gewerbsmäßig Speditionen macht, § 407 I. Die Vorschrift des Abschn 4 „Speditionsgeschäft" gelten für die Speditionen der Spediteure (§ 407 I) und für die Speditionen anderer Kflte (Gelegenheitsspediteur, § 415) Spediteure befördern auch selbst, dann gilt für sie Frachtführerrecht (§§ 425 ff). Sofern sie Güter lagern, gelten für sie §§ 416 ff. Vom Frachtmakler (§§ 93 ff) unterscheidet sich der Spediteur durch den Abschluß der Frachtverträge im eigenen Namen (für Rechnung der Versender). Zur Abgrenzung von Speditions- und Frachtvertrag s Ffm BB **77**, 816, Düss transpR **86**, 165.

B. Versendung ist Beförderung von Ort zu Ort. Zu- und Abtransport sind Hilfsleistungen, der Spediteur kann sie selbst übernehmen, § 412, RG **125**, 387, oder auch (wie die Versendung selbst) Frachtführern (Rollfuhrunternehmer, Bahn-„Spediteur") auftragen. Der Spediteur besorgt Versendung von **Gütern,** nicht von Personen. **Reisebüros** sind nicht Speditionen.

C. **Kein Vertragsverhältnis** besteht (idR): zwischen Spediteur und Empfänger (wenn nicht Versender auch Empfänger ist); zwischen Versender und Frachtführer; zwischen Spediteur und dem Eigentümer des Guts (wenn dies nicht der Versender ist, dann wirkt Freizeichnung des Spediteurs im Speditionsvertrag grundsätzlich nicht gegen Ansprüche des Eigentümers, zB aus Schaden am Gut).

D. Im Verhältnis zwischen **Verkäufer und Käufer** des Guts ist bei Versendungskauf iSv § 447 BGB (Versendung auf Verlangen des Käufers nach einem anderen Ort als dem Erfüllungsorte) der Spediteur idR nicht **Erfüllungsgehilfe** iSv § 278 BGB des Verkäufers, RG **99**, 56, BGH **50**, 35. Anders bei Fehler des Spediteurs unmittelbar in Ausführung einer (speziellen) Weisung des Verkäufers, RG **115**, 162, BGH **50**, 35. Bedient sich Verkäufer, ohne daß Versendungskauf iSv § 447 BGB vorliegt, zur Erfüllung seiner Lieferpflicht eines Spediteurs, gilt § 278 BGB, BGH **50**, 35 (Versendung an A in X, während Transports Verkauf an B in Y und Anweisung des Spediteurs zur Umleitung dorthin: Verkäufer haftet dem Käufer bei Mißlingen durch Versehen des Spediteurs). Vgl **(6)** Incoterms Nr 2 B 3.

2) Speditionsvertrag

Der Speditionsvertrag (zwischen „Versender" und Spediteur) ist wie der Kommissionsvertrag (§ 383 Anm 2) **Werkvertrag** (auf Geschäftsbesorgung, § 675 BGB), wenn gerichtet auf einzelne Versendung (auch mehrere), oder **Dienstvertrag** (zu Geschäftsbesorgungen), wenn alle Versendungen bestimmter Art während der Vertragszeit umfassend. §§ 407–415 werden ergänzt durch die Vorschriften über den verwandten Kommissionsvertrag (Kommissionär und Spediteur besorgen Geschäfte in eigenem Namen für fremde Rechnung, Spedition ist Fall der nicht auf Wertpapierkauf oder

§ 407 2

IV. Buch. Handelsgeschäfte

-verkauf zielenden sog ,,Geschäftsbesorgungskommission", § 406, so **II.** Kommissionsrecht gilt jedoch nicht (auch soweit §§ 407–415 nichts Abweichendes sagen), soweit es nach Art des Geschäfts oder Tradition auf den Speditionsvertrag nicht paßt (s zB unten betr § 384 II, III). Im einzelnen:

Statt **§ 384 I** gilt (mit gleichem Inhalt) § 408 I. Statt **§ 384 II** gelten (hM) §§ 666, 667 (mit 675) BGB: statt Anzeige von Ausführung der Versendung nur ,,auf Verlangen Auskunft über den Stand des Geschäfts", sonst gleich. **§ 384 III** gilt nicht, RG **112**, 151.

§ 385 ist entspr anwendbar: Spediteur, der (ohne Befugnis nach § 665 BGB) von Weisungen des Versenders abweicht, haftet ihm auf Schadensersatz, und Versender braucht den Frachtvertrag nicht für seine Rechnung gelten zu lassen, RG **114**, 378, dh dem Spediteur nicht mehr Fracht- und sonstige Kosten zu erstatten als er bei Befolgung seiner Weisungen zu zahlen hätte. Dazu **(19)** ADSp §§ 6–15. Übersicht: Knütel ZHR 137 **(73)** 285.

§ 386 ist entspr anwendbar: Spediteur hat das ihm gesetzte Kostenlimit einzuhalten. Versender muß bei Überschreitung unverzüglich zurückweisen, dies Recht entfällt, wenn Spediteur die Überkosten übernimmt, str. Statt **§ 387** gilt § 408 II.

§§ 388, 389 sind entspr anwendbar: ist das Gut beschädigt, muß Spediteur die Rechte gegen Frachtführer, Schiffer (und ggf andere Zwischenpersonen) wahren, er darf das Gut uU verkaufen; disponiert Versender nicht über das Gut, darf Spediteur es hinterlegen, uU verkaufen. Dazu **(19)** ADSp §§ 13, 16.

§ 390 I ist entspr anwendbar (dazu § 408 Anm 1 C und **(19)** ADSp §§ 51 ff). **§ 390 II** gilt entspr; aus § 408 I (und §§ 157, 242 BGB) kann aber Verpflichtung des Spediteurs folgen, Versender zur Versicherung zu raten, uU (zB wenn Versicherung dringlich) auch: selbst zu versichern, vor allem wenn Spediteur besondere, dem Versender unbekannte Gefahren erkennt, gegen welche Versicherung möglich. Dazu **(19)** ADSp §§ 35 ff, 39 ff. Nach Düss DB **50**, 105, ist der Unternehmer verpflichtet, den Kunden bei Vertragsschluß über die Haftungsbeschränkungen der ADSp aufzuklären und ihm den Abschluß einer Versicherung (neben derjenigen nach **(19)** ADSp §§ 39 ff) zu empfehlen (dahingestellt in SVS-Schiedsspruch Hbg BB **51**, 457); vgl aber MDR **58**, 168. **§ 391** ist nicht anwendbar; aber Versender, der auch Empfänger ist, hat aus § 242 BGB Pflicht zur Untersuchung der Ware nach Empfang und ggf Rüge ohne ungebührliche Verzögerung. Dazu **(19)** ADSp §§ 51, 60.

§ 392 I, II ist entspr anwendbar: Versender kann Forderungen des Spediteurs aus Abschlüssen mit Frachtführern erst nach Abtretung geltend machen. Spediteur muß auf Verlangen abtreten. Im Verhältnis des Versenders zum Spediteur oder dessen Gläubigern gelten die Forderungen als solche des Versenders; gegen Pfändung hat Versender Widerspruchsrecht nach § 771 ZPO, im Konkurs des Spediteurs kann er aussondern (§ 46 KO), Abtretung der Forderung durch Spediteur an eigenen Gläubiger zur Befriedigung oder Sicherung ist unwirksam; KG JW **33**, 1846, vgl § 392 Anm 2 B.

§ 393 I (nicht II, III) ist entspr anwendbar; ebenso § 394, wenn Spediteur Pflichterfüllung durch Frachtführer garantiert. § 395 ist unanwendbar,

4. Abschnitt. Speditionsgeschäft 1 § 408

§ 396 I ersetzt durch § 409, § 396 II (Aufwendungsersatz) entspr anwendbar (unbeschadet §§ 412, 413), str, § 397 ersetzt durch § 410, § 398 unanwendbar, § 399 ggf (wenn Spediteur aus dem Abschluß mit Frachtführer ein geeigneter, insbesondere Geldanspruch erwächst) entspr anwendbar, §§ 400 bis 405 ersetzt durch § 412, § 406 unanwendbar angesichts § 415.

3) Internationaler Verkehr
Mangels ausdrücklicher oder stillschweigender Rechtswahl unterliegt der Speditionsverkehr dem Recht der gewerblichen Niederlassung des Spediteurs s Reithmann-Röper Rz 415. Geltung der ADSp gegenüber ausländischem Auftraggeber s **(19)** ADSp Einl 2 A vor § 1.

[Pflichten des Spediteurs]

408 ¹ Der Spediteur hat die Versendung, insbesondere die Wahl der Frachtführer, Verfrachter und Zwischenspediteure, mit der Sorgfalt eines ordentlichen Kaufmanns auszuführen; er hat hierbei das Interesse des Versenders wahrzunehmen und dessen Weisungen zu befolgen.

^{II} **Der Spediteur ist nicht berechtigt, dem Versender eine höhere als die mit dem Frachtführer oder dem Verfrachter bedungene Fracht zu berechnen.**

1) Sorgfaltspflicht (I)
A. Zu I s Anm zu §§ 384 I, 385, 407 II. Den Spediteur trifft ebenso wie den Kommissionär eine **Interessenwahrungspflicht** zugunsten des Versenders (s § 384 Anm 1), Übersicht: Schiller-Sips=Schiller BB **85,** 888. Spediteur schuldet sorgfältige Wahl des Frachtführers, nicht dessen Beaufsichtigung; Frachtführer ist auch nicht sein Erfüllungsgehilfe iSv § 278 BGB, Düss MDR **67,** 924. Spediteur muß ferner: sich über die Versendung berührende Vorschriften unterrichten, für die nötigen Begleitpapiere sorgen, RG **13,** 63, BGH **50,** 38 (Beachtung des CIM, vgl § 453 Anm 2 B), das Gut notfalls einlagern und gegen fremde Eingriffe schützen, vgl RG **112,** 40, den Wert der Sendung richtig angeben, RG **28,** 141, unterscheidende Merkzeichen anbringen, RG JW **02,** 29, seine Nachmänner mit ausreichender Weisung versehen, den Versender beraten (vgl § 384 Anm 1 B). Zu verpacken hat er nicht, er muß aber auf Mängel der Verpackung hinweisen. Versicherung s § 407 Anm 2 (zu § 390). Der mit Nachnahme beauftragte Spediteur darf Schecks nehmen, wo Zahlung durch Scheck üblich, muß sie aber sofort zur Einlösung geben, Senckpiehl BB **51,** 234. Abweichung von Weisungen s RG HRR **26,** 2358, BGH **9,** 3 (Bahntransport Bln-BRD statt angeordnetem Lufttransport: Verletzung des **(19)** ADSp § 11 und § 408 I). Er darf die Interessen des Versenders im Prozeßweg verfolgen, RG **90,** 246 (muß es aber nicht), zB in eigenem Namen den Bund bei Ansprüchen aus Verlust niedergelegten Zollguts verklagen, RG **115,** 425.

B. **Zwischenspediteur** ist ein Spediteur, mit dem der (Haupt-) Spediteur in eigenem Namen für Rechnung des Versenders einen Speditionsvertrag schließt zur Versendung des Guts auf einer Teilstrecke u/o Ablieferung des Guts an Empfänger; er besorgt Beförderung auf seiner Teilstrecke u/o

§ 408 1 IV. Buch. Handelsgeschäfte

Ablieferung in eigenem Namen anstelle des Hauptspediteurs (Auftragsübertragung, vgl § 664 I BGB); BGH **37,** 296. Versender kann Hauptspediteur anweisen, einen bestimmten Spediteur als Zwischenspediteur einzuschalten, § 408 I Halbs 2, BGH **37,** 296. Möglich sind direkte Weisungen vom Versender an Zwischenspediteur, auch abweichend von älterer (auf dieselbe Teilaufgabe bezüglicher) Weisung an Hauptspediteur; sie machen jenen nicht zum Hauptspediteur, lassen den Vertrag zwischen Versender und Hauptspediteur bestehen, BGH **37,** 296. Hauptspediteur darf ohne Weisung des Versenders Zwischenspediteur einschalten, soweit nötig oder förderlich oder üblich ohne Verletzung des Interesses des Versenders (§ 408 I Halbs 2), Schlesw transpR **85,** 137. Hauptspediteur haftet bei erlaubter Einschaltung eines Zwischenspediteurs nur für Sorgfalt bei dessen Auswahl, vgl § 664 I 2 BGB, BGH **37,** 296. Hauptspediteur muß dem Versender auf Verlangen Ersatzansprüche gegen Zwischenspediteur abtreten, §§ 667, 675 BGB, § 407 Anm 2, **(19)** ADSp § 52. Ein **Empfangsspediteur** (beauftragt mit Besorgung des Empfangs des Guts am Bestimmungsort und Ablieferung an (End-)Empfänger) kann Zwischenspediteur sein (vgl oben) oder mit dieser Teilaufgabe unmittelbar betraut (als Spediteur) vom Versender oder vom Empfänger; das bestimmt sich nach den Absprachen und Umständen des Einzelfalls, uU HdlBrauch (§ 346); hat der Versender den (Haupt-)Spediteur mit der Besorgung des Transports bis zum (End-)Empfänger betraut, ist der Empfangsspediteur, auch wenn er vom Versender benannt ist iZw Zwischenspediteur; BGH **37,** 298. **Unterspediteur** ist Erfüllungsgehilfe des Hauptspediteurs, Haftung nach § 278 BGB, abw **(19)** ADSp § 52a, b, vgl BGH **BB 69,** 1454, dazu **(19)** ADSp § 52 Anm, **(20)** SVS/RVS § 3. Haftung für Lagerhalter, Zolldispacheure nur bei Weisungsverletzung oder schuldhafter Auswahl, vgl RG **109,** 303.

C. **Haftung** des Spediteurs nach §§ 390, 407 II (s dort) und aus anderweitiger Verletzung seiner Vertragspflichten, zB aus Verzögerung der Beförderung, RG **38,** 17 (dann auch fristlose Kündigung entspr § 626 BGB, nicht nach § 649 BGB, also ohne Vergütungsanspruch des § 649 S 2 BGB); aus Verwechslung des Guts wegen nicht angebrachter Merkzeichen, RG JW **02,** 29; aus Ausfolgung des Guts ohne Einziehung der darauf ruhenden Nachnahme, RG **109,** 299. Voller Wertersatz (ohne Beschränkung entspr § 430 betr Frachtführer). Begleitet eine Rechnung das Gut, schuldet Spediteur idR den Rechnungsbetrag; so auch wo der Käufer die Versendungsgefahr trägt, § 447 BGB, aber Zahlung verweigert; nur muß da der Versender seine Ansprüche an den Spediteur abtreten, RG JW **06,** 191. Die Ansprüche gegen Spediteur erlöschen nicht durch Bezahlung der Fracht und Annahme des Guts (abw von § 438 betr Frachtführer). Beweislast für Sorgfalt trifft idR Spediteur, vgl BGH NJW **57,** 746: Entlastungspflicht des Werkunternehmers bei Schaden aus seinem Gefahrenkreis. Spediteur haftet bei unbedingtem Speditionsvertrag, wenn Monopol-Frachtführer ohne Kontrahierungspflicht den Transport ablehnt (jugoslawische Flußschiffahrt), aus anfänglichem oder verschuldetem nachträglichem **Unvermögen,** Hbg MDR **63,** 224. Siehe auch **(19)** ADSp § 41 Anm 1.

D. Eine Sorgfaltspflicht des Spediteurs in bezug auf in seine Obhut gelangtes **fremdes Eigentum,** die zu Schadensersatzpflicht aus unerlaubter Handlung führen kann, gilt schon außerhalb Vertrages allein aus der Tatsache gewerbsmäßiger Lagerung und Beförderung fremder Sachen durch den Spediteur. Solcher Schadensersatzanspruch setzt Nachweis des Verschuldens des Spediteurs voraus, anders als ein vertraglicher Anspruch nach §§ 407 II, 390 I, BGH **9**, 307, BB **77**, 921. Vgl für Lagerhalter § 417 Anm 1 D, Frachtführer § 429 Anm 1 B, Eisenbahn § 454 Anm 1 C.

2) Berechnung der Fracht (II)

A. Spediteur darf nach II (entspr §§ 670, 675 BGB) dem Versender höchstens die mit Frachtführer (Verfrachter) ausbedungene Fracht berechnen. Das folgt aus dem Abschluß des Beförderungsvertrages für Rechnung des Versenders, Frachtrabatt muß Spediteur dem Versender herausgeben, Hbg OLGE **28**, 388. Abw § 413 (s dort).

B. Bei Beförderung mit **Kfz** gilt der Tarif abw von § 408 II auch zwischen Spediteur und Versender, **(22)** GüKG § 20 II, s dort, zwingend, § 22 III, s dort. Spedition mit festen Spesen, Sammelladung bei Beförderung mit Kfz s § 413 Anm 1 C, 2 C.

[Fälligkeit der Provision]

§ 409

Der Spediteur hat die Provision zu fordern, wenn das Gut dem Frachtführer oder dem Verfrachter zur Beförderung übergeben ist.

1) Provision

A. Spediteur hat die Provision **verdient,** wenn (mit oder nach Abschluß des Beförderungsvertrags) das Frachtgut dem Frachtführer (Verfrachter) zur Beförderung übergeben ist, gleich ob Beförderung begonnen, gar beendet ist, auch ob das Gut nach Übergabe verlorengeht. Dies gilt auch, wenn vereinbart ist, daß der Spediteur die Provision vom Empfänger einzieht (und diese Einziehung unmöglich ist), Mü OLGE **37**, 31. Hat Spediteur mehrere Frachtverträge zu schließen, so muß das Gut dem letzten Frachtführer übergeben sein. Unterbleibt die Übergabe aus einem vom Versender zu vertretenden Grund, zB durch dessen (nicht vom Spediteur zu vertretenden) Widerruf, nachdem Spediteur mit Frachtführer abgeschlossen hat, so steht dem Spediteur die volle Provision zu (§ 324 BGB, nach aA entspr § 615 BGB). Widerruft Versender vorher, ist Spediteur entspr § 628 BGB Teilvergütung zuzusprechen, str. Führt Spediteur nach § 412 die Beförderung selbst aus, entsteht sein Provisionsanspruch erst mit deren Beginn, Widerruf ist bis dann zulässig; dazu **(19)** ADSp §§ 20– 32. Vorlageprovision (für Zahlung der Fracht vor Fälligkeit an Frachtführer) im Güterfernverkehr: Storke BB **58**, 360.

B. Die Provision schuldet der **Versender,** nicht auch der **Empfänger.** Handelsüblich braucht Spediteur dem Empfänger das Gut nur gegen Zahlung der Speditionskosten abliefern zu lassen; um dies möglich zu machen, muß Spediteur seine Kostenrechnung prompt mitteilen und auf Beanstandungen antworten, sonst Haftung, Fbg JZ **51**, 225. Soll Spediteur nach Vertrag die Provision vom Empfänger nachnehmen, muß er Nachnahme versuchen, Zahlungsschuld des Versenders bleibt unberührt.

C. **Höhe** der Provision: Einzelvereinbarung, hilfsweise Tarif (kraft

§ 410 1, 2
IV. Buch. Handelsgeschäfte

AGB, s **(19)** ADSp), hilfsweise das Übliche, vgl §§ 632 II, 612 II BGB. **Verjährung** des Anspruchs aus Provision in zwei Jahren, bei Spedition für Gewerbebetrieb des Versenders in vier Jahren, § 196 I Nr 1, II BGB (Text s Einl 7 vor § 343).

2) Aufwendungsersatz
Dazu §§ 396 II, 407 II. Bsp: Fracht-, Zollauslagen, auch unverschuldete Zollstrafen. Anspruch auf Vorschuß §§ 669, 675 BGB. Dazu **(19)** ADSp §§ 20–32. Erstattungsanspruch des einführenden Spediteurs gegen inländischen Empfänger für gezahlte Einfuhrumsatzsteuer aus Geschäftsführung ohne Auftrag, Stgt NJW **76**, 2079.

[Gesetzliches Pfandrecht]

410 Der Spediteur hat wegen der Fracht, der Provision, der Auslagen und Verwendungen sowie wegen der auf das Gut gegebenen Vorschüsse ein Pfandrecht an dem Gute, sofern er es noch im Besitze hat, insbesondere mittels Konnossements, Ladescheins oder Lagerscheins darüber verfügen kann.

1) Sicherungsrechte des Spediteurs
A. Spediteur hat ähnlich Kommissionär, Lagerhalter, Frachtführer (§§ 397, 421, 440) ein gesetzliches **Pfandrecht**. Er hat bei beiderseitigem HdlGeschäft auch das kfm Zurückbehaltungsrecht (§ 369), das dem Verfolgungsrecht weichen muß, RG **8**, 83. Spediteur hat kein eigenes Verfolgungsrecht aus § 44 KO, weil § 44 KO nur für Verkäufer und Einkaufskommissionär gilt, auf Spediteur nicht paßt, str. Unterspediteur (§ 408 Anm 1 B) kann sein Pfandrecht nach § 410, auch ein dem Hauptspediteur bestelltes vertragliches Pfandrecht, dem Eigentümer gegenüber geltend machen, RG JW **28**, 558.

B. Erwerb des Pfandrechts (für mit der Versendung zusammenhängende Forderungen) an nicht dem Versender gehörendem (vom Versender dem Spediteur übergebenem) Gut **kraft guten Glaubens** des Spediteurs an Eigentum oder (wenn Versender Kfm) Verfügungsrechts s §§ 1207, 1257, 932 BGB, § 366 HGB, BGH **17**, 2, vgl **(19)** ADSp § 50. Kein Zurückbehaltungsrecht kraft guten Glaubens an Eigentum oder Verfügungsrecht des Versenders, Hbg HRR **28**, 1319.

C. Stillschweigender **Ausschluß** des Pfandrechts, soweit seine Ausübung mit Vertragspflichten des Spediteurs nach Treu und Glauben unvereinbar, RG HRR **30**, 1041. **Erweiterung** durch **(19)** ADSp § 50 (s dort), wirksam mit Einschränkungen, BGH **17**, 2, **LM** § 50 ADSp Nr 3.

2) Gesicherte Ansprüche
Nicht gesichert sind (abw von § 397 für Kommissionär) alle Forderungen aus laufender Rechnung in Speditionsgeschäften. Erweiterung s **(19)** ADSp § 50. Anspruch auf Ersatz der Fracht entsteht mit Abschluß des Frachtvertrags, mag die Fracht auch gestundet sein. Vorschüsse müssen geleistet, nicht nur versprochen sein, auf das Gut (bar, durch Wechselannahme, durch Aufrechnung) auf Weisung des Versenders oder mit seiner Ermächtigung oder an den, der über das Gut verfügen kann. ,,Gut" ist,

4. Abschnitt. Speditionsgeschäft 1, 2 § 411

was dem Spediteur zur Beförderung übergeben ist. Hat Spediteur aus einheitlichem Speditionsvertrag mehrere Sendungen im Besitz, kann er das Pfandrecht aus der ganzen Forderung an jedem Teil der Sendung geltend machen. Dagegen besteht das Pfandrecht im Dauerspeditionsvertrag für die Einzelforderung nur an dem Gut, auf das sie sich bezieht.

3) Besitz

Mittelbarer Besitz genügt, vgl RG **112,** 136. Die Möglichkeit, durch Traditionspapiere zu verfügen, setzt den Besitz des Papiers voraus. Mit Verlust des Besitzes erlischt das Pfandrecht; nach unfreiwilligem Besitzverlust wird es wiederhergestellt, wenn Spediteur auf unverzügliches Betreiben den Besitz wiedererlangt (vgl § 369 Anm 1 betr kfm Zurückbehaltungsrecht, § 397 Anm 2 B betr Pfandrecht des Kommissionärs); Nachnahmevermerk im Frachtbrief oder Ladeschein erhält es, RG **44,** 119. Übt Frachtführer das Pfandrecht aus, verlängert es sich um drei Tage, §§ 440 f.

[Zwischenspediteur]

411 ¹ **Bedient sich der Spediteur eines Zwischenspediteurs, so hat dieser zugleich die seinem Vormanne zustehenden Rechte, insbesondere dessen Pfandrecht, auszuüben.**

II Soweit der Vormann wegen seiner Forderung von dem Nachmanne befriedigt wird, geht die Forderung und das Pfandrecht des Vormanns auf den Nachmann über. Dasselbe gilt von der Forderung und dem Pfandrechte des Frachtführers, soweit der Zwischenspediteur ihn befriedigt.

1) Ein **Zwischenspediteur** (§ 408 Anm 1 B) ist nach I dem Hauptspediteur verpflichtet, dessen Rechte auszuüben; so zB gegenüber dem Empfänger das Pfandrecht (§ 410, auch ein darüber hinausgehendes vertragliches Pfandrecht, zB kraft AGB, vgl (19) ADSp § 50, wenn er es kennt oder kennen muß) des Hauptspediteurs wegen dessen Anspruchs gegen den Versender. Er kann die Rechte des Hauptspediteurs in eigenem Namen geltend machen (vor Gericht Prozeßstandschaft). Unterlassung macht ihn dem Hauptspediteur haftbar. Gleiches gilt für Zwischenspediteur im Verhältnis zu einem anderen Vormann, zB für Zweit-Zwischenspediteur im Verhältnis zu Erst-Zwischenspediteur. Vgl für mehrere Frachtführer § 441 I.

2) Nach **II 1, 2** mit § 441 II, III gehen unter mehreren an einer Beförderung beteiligten Personen: Spediteur, Frachtführer, (See-) Verfrachter, wohl auch Lagerhalter, bei Befriedigung (zB Nachnahme-Einlösung) eines **Vormanns** durch den **Nachmann** (ergänze: im unmittelbaren Besitz des beförderten Guts) Forderung und Pfandrecht (§§ 410, 421, 440, 623) jenes auf diesen über. Frachtführer-, Verfrachter-Pfandrechte behalten das Folgerecht (§§ 440 III, 623 II) auch in anderer Hand, zB eines Spediteurs (dessen Pfandrecht dieses Recht nicht gibt), str. Befriedigung s §§ 362 ff BGB, idR auch durch Buchung im Kontokorrent (dazu § 355 Anm 3 C), zB zwischen Hauptspediteur A und Zwischenspediteur B, str. Hat Zwischenspediteur eine vom Hauptspediteur zu Unrecht verlangte Nachnahme eingelöst, geht keine Forderung, kein Pfandrecht auf ihn über; durfte er

§ 412 1, 2   IV. Buch. Handelsgeschäfte

die Nachnahme als berechtigt ansehen, erlangt er ein eigenes Pfandrecht aus der Aufwendung, str.

[Selbsteintritt des Spediteurs]

412 **¹ Der Spediteur ist, wenn nicht ein anderes bestimmt ist, befugt, die Beförderung des Gutes selbst auszuführen.**

II Macht er von dieser Befugnis Gebrauch, so hat er zugleich die Rechte und Pflichten eines Frachtführers oder Verfrachters; er kann die Provision, die bei Speditionsgeschäften sonst regelmäßig vorkommenden Kosten sowie die gewöhnliche Fracht verlangen.

1) Zulässigkeit

Wie Kommission (im Falle § 400 I) darf Spedition iZw durch Selbsteintritt ausgeführt werden. §§ 400–405 (betr Kommission) sind aber nicht (nach § 407 II) anwendbar (§ 407 Anm 2). Selbsteintritt ist auch bei der Spedition (vgl für Kommission §§ 400 ff) Willenserklärung, aber formlos, auch stillschweigend, zB durch Selbstbeförderung des Guts, aber dem Versender mitzuteilen, §§ 675, 666 BGB bindend durch Zugang der Erklärung an Versender vor Beförderung, str, jedenfalls durch Beförderung. Der selbst eingetretene Spediteur kann durch Dritten als Unterfrachtführer (§ 432 Anm 1) befördern. Selbsteintritt für Teilbeförderung (zB Abrollen) iZw zulässig. Kein Selbsteintritt ist Überlassung von Beförderungsmitteln an Frachtführer.

2) Folgen

A. Der selbsteingetretene Spediteur hat **Pflichten und Rechte** des **Spediteurs** (soweit nicht zusammenhängend mit Frachtabschluß mit Dritten) und **Frachtführers** (Verfrachters), als Spediteur Anspruch auf Provision (§ 409) und die bei Speditionsgeschäften sonst regelmäßig vorkommenden Kosten, mögen sie erwachsen sein oder nicht, als Frachtführer Anspruch auf gewöhnliche Fracht, auch Ersatz der Aufwendungen (vgl § 440 I), auch Pfandrecht nach § 440 (§ 623); er haftet nach §§ 429 ff, 454 ff, 606 ff HGB, 58 ff BinnSchG.

B. § 412 II gebietet dem selbst eintretenden Spediteur **nicht** (wie § 401 II dem Kommissionär, s dort Anm 4 B), an den Auftraggeber den **Vorteil abzuführen**, den er erzielt, indem er (durch einen Unterfrachtführer, s § 408 Anm 1 B) die Beförderung zu untergewöhnlichen Kosten ausführt; anders wohl (entspr Grundsätzen der Geschäftsführung ohne Auftrag, §§ 667, 681 S 2 BGB) wenn Spediteur (ohne entspr Weisung, vgl 408 I) eine ungewöhnliche (billigere) Beförderungsweise wählte.

C. **Widerruf** des Auftrags nach Beginn der Beförderung durch Spediteur läßt Provisionsanspruch unberührt (§§ 409, 412 II), wirkt gemäß § 649 BGB (vgl § 407 Anm 2 A, für Kommission § 383 Anm 2 D).

D. Bei Beförderung mit **Kfz** gelten zwingend **(22)** GüKG, **(23)** KVO, **(24)** CMR. Nach **(23)** KVO § 1 idF 1. 10. 78 gilt aber KVO-Haftpflichtrecht nur für den Spediteur, der das Gut mit eigenen Kfz befördert; ADSp sind dann unanwendbar, **(19)** ADSp § 2c S 2. Beauftragt er Dritte mit Kfz-Beförderung, haftet er nicht mehr zwingend nach KVO, sondern nur noch dispositiv nach §§ 429 ff, **(19)** ADSp §§ 51 ff; BGH **83,** 87, **87,** 4; anders stRspr früher, vgl BGH **83,** 99. Diese Änderung läßt **(24)** CMR jedoch unberührt, also keine Abbedingung der Haftung im internationalen Straßengüterverkehr, BGH **83,** 96. Multimodaler Transport s § 413 Anm 1 C.

[Spedition zu festen Spesen; Sammelladung]

413 ⁱ Hat sich der Spediteur mit dem Versender über einen bestimmten Satz der Beförderungskosten geeinigt, so hat er ausschließlich die Rechte und Pflichten eines Frachtführers. Er kann in einem solchen Falle Provision nur verlangen, wenn es besonders vereinbart ist.

ⁱⁱ Bewirkt der Spediteur die Versendung des Gutes zusammen mit den Gütern anderer Versender auf Grund eines für seine Rechnung über eine Sammelladung geschlossenen Frachtvertrags, so finden die Vorschriften des Absatzes 1 Anwendung, auch wenn eine Einigung über einen bestimmten Satz der Beförderungskosten nicht stattgefunden hat. Der Spediteur kann in diesem Falle eine den Umständen nach angemessene Fracht, höchstens aber die für die Beförderung des einzelnen Gutes gewöhnliche Fracht verlangen.

1) Spedition mit festen Spesen (I)

A. Bei **Vereinbarung** eines **bestimmten Satzes** (Pauschsumme oder fester Betrag je Gewichts- oder Entfernungs- oder anderer Einheit) der ,,Beförderungskosten" (einschließlich Zuroll-, Abroll-, Lagerungskosten), jedenfalls des Großteils dieser Kosten (mögen einzelne für Rechnung des Versenders offenbleiben), hat der Spediteur nur die Rechte und Pflichten eines Frachtführers (Verfrachters, nur versehentlich nicht genannt, str). Das gilt bei Güterversendung zu Lande ebenso wie auf Binnengewässern und über See, BGH **84,** 259. Aber so nur bei Vereinbarung vor Beförderung; nachträgliche Vereinbarung befreit nur von der Rechenschaftspflicht. § 413 I gilt auch bei Vereinbarung unerlaubt niedriger Sätze. Hbg MDR **55,** 554.

B. Spediteur **haftet** im Falle I für seine Frachtführer und Zwischenspediteure als seine Erfüllungsgehilfen wie ein Frachtführer, § 431, RG **55,** 237. Ihm steht **keine Provision** zu; er kann nur den vereinbarten Satz verlangen, diesen ohne Rücksicht auf seine **Kosten,** ferner Aufwendungsersatz wie ein Frachtführer, vgl § 440 I. § 413 I ist abdingbar. Nach **(19)** ADSp § 52c haftet Spediteur auch hier nur gemäß ADSp, bei Frachtführern, Zwischenspediteuren nur für Auswahl, RG **114,** 100, mit Verjährung nach **(19)** ADSp § 64, nicht § 414. Bei Spedition zu festen Kosten sind aber ähnlich wie bei Übernahme der Beförderung durch Spediteur selbst (Mü NJW **55,** 1931) an Unterwerfung unter die ADSp strenge Anforderungen zu stellen. Auch bei grenzüberschreitendem Güterverkehr mit der Eisenbahn gilt Abdingung des § 413 (und der CIM, vgl § 453 Anm 2 B) durch die ADSp, Kln AWD **74,** 159, Schmidt AWD **75,** 47.

C. **a)** Ist ein fester Kostensatz (I 1) und Beförderung mit **Kfz** vereinbart, so gelten **unabdingbar** das **(22)** GüKG mit den **RKT-Sätzen** (Reichskraftwagentarif) als Festentgelt (mit Recht und Pflicht zur Nachforderung des

§ 413 2

zuwenig Berechneten durch Spediteur) und der **(23)** KVO, s bei **(22)** GüKG §§ 20, 22, 23; stRspr. Die Haftungsvorschriften der KVO gelten aber nur bei Beförderung mit eigenen Kfz, **(23)** KVO § 1 V, s dort und § 412 Anm 2 D. Grenze der Anwendbarkeit der ADSp s **(19)** ADSp § 2c S 2 (neu 1. 10. 78), älter Düss DB **77**, 250 mwN. **b)** Bei **grenzüberschreitendem** Verkehr gilt die **(24)** CMR, nicht abdingbar durch **(19)** ADSp § 52c, BGH **65**, 342, Ffm NJW **81**, 1911, vgl § 412 Anm 2 D; ebenso Warschauer Abkommen bei Lufttransport (s § 425 Anm 1 B), aber soweit dort nicht geregelt, sind ADSp nicht ausgeschlossen, BGH transpR **86**, 70. **c)** Bei Beförderung auf **Bundeswasserstraßen** gelten zwingend die gemäß BinnSchG festgesetzten Sätze (§ 425 Anm 1 B), BGH **LM** BinnSchVerkG Nr 1. **d)** Zur Geltung von § 413 bei Eisenbahn-Fixkostenspedition und Eisenbahn-Sammelladungsverkehr verneinend BGH NJW **57**, 1314, offen BGH transpR **86**, 117, 118 m Anm Huber. **e)** Bei **multimodalem (kombiniertem) Transport** (zB Land-See, s § 425 Anm 1 B e) ist das Sonderfrachtrecht des Streckenabschnitts anwendbar, der bei Gesamtbetrachtung das Schwergewicht bildet, BGH **84**, 260, DB **85**, 1127; anders wenn einheitlicher Auftrag zur Beförderung zB im Fernverkehr erteilt ist, dann kann Absender auf KVO-Haftung auf der Gesamtstrecke vertrauen, BGH DB **85**, 1127 (zu § 413 II).

2) Sammelladung (II)

A. Bei der weit verbreiteten Sammelladung wird das Gut beim Versender abgeholt (Vorlauf), vom Versandspediteur umgeladen (Umschlag), zum Empfangsspediteur befördert (Hauptlauf) und von diesem dem Empfänger zugestellt (Nachlauf). Der Spediteur hat bei Versendung der Güter mehrerer Versender (auch an einen Empfänger, RG **106**, 420) mit einem einzigen **Sammelladungsvertrag** wie nach I ausschließlich die Rechte und Pflichten des Frachtführers, BGH **87**, 6; so auch bei Vereinigung mehrerer Spediteure zu solcher Sendung, auch bei Sammelladung durch einen Spediteur von fremden und eigenen Gütern. § 413 II sagt nicht, ob Spediteur das Gut so befördern lassen darf; er darf und muß es im Rahmen seiner Sorgfaltspflicht, § 408 I. Versendung in Sammelladung ist eine besondere Form des Selbsteintritts (§ 412), s zB BGH **83**, 90, NJW **72**, 866. II ist erst ab Übernahme des Gutes zur Beförderung durch den Sammelgutfrachtführer anwendbar, BGH DB **82**, 851.

B. Spediteur hat ausschließlich Rechte und Pflichten eines Frachtführers, auch wenn nicht feste Spesen (vgl I) vereinbart sind. Für Frachtführer **haftet** er als Erfüllungsgehilfe, § 431, RG **106**, 419, nicht über die Haftung der Frachtführer hinaus. S aber **(19)** ADSp § 52c. Er darf eine den Umständen nach angemessene **Fracht** verlangen, höchstens für die Beförderung des einzelnen Gutes gewöhnliche; Sammelladung spart idR Kosten. Spediteur soll einen angemessenen Teil der Ersparnis verdienen, aber nicht mehr verlangen als Stückgutbeförderung kostet, so II 2. Dabei sind die besonderen Aufwendungen bei Sammelladung (mehr Generalkosten, Lagerkosten usw) zu berücksichtigen. Provisionsanspruch entfällt. Aufwendungsersatz s § 440 I. Bei Anwendbarkeit der ADSp s **(19)** ADSp § 14b (obligatorische Beteiligung des Auftraggebers am Kostenvorteil). Bei Eisenbahntransport nicht Haftung nach **(25)** EVO (insbesondere § 82), sondern nach

4. Abschnitt. Speditionsgeschäft 1 **§ 414**

(19) ADSp (vgl dort § 2), zB § 54a, LG Osnabrück BB **74**, 394 m abl Anm Baumhöfener.

C. Keine Haftungsbeschränkung bei Beförderung mit **eigenem Kfz:** s Anm 1 C, § 412 Anm 2 D. Unanwendbarkeit von **(22)** GüKG, **(23)** KVO, ggf **(24)** CMR (Anwendbarkeit der **(19)** ADSp) auf Spediteur, der einem Zwischenspediteur (s § 408 Anm 1 B) überläßt, als Stückgut oder in Sammelladung zu versenden, Düss MDR **77**, 495. Bei Abhandenkommen von einem Stück aus Mehrstücksendung schon bei Spediteur (vor Übergabe an Frachtführer) Haftung nach Speditionsrecht (**(19)** ADSp), nicht **(23)** KVO, **(24)** CMR, BGH NJW **78**, 1160. Dazu auch **(22)** GüKG § 20 II 2. Multimodaler Transport s Anm 1 C.

[Verjährung]

414 ᴵ Die Ansprüche gegen den Spediteur wegen Verlustes, Minderung, Beschädigung oder verspäteter Ablieferung des Gutes verjähren in einem Jahre. Die Verjährungsfrist kann durch Vertrag verlängert werden.

ᴵᴵ Die Verjährung beginnt im Falle der Beschädigung oder Minderung mit dem Ablaufe des Tages, an welchem die Ablieferung stattgefunden hat, im Falle des Verlustes oder der verspäteten Ablieferung mit dem Ablaufe des Tages, an welchem die Ablieferung hätte bewirkt sein müssen.

ᴵᴵᴵ Die in Absatz 1 bezeichneten Ansprüche können nach der Vollendung der Verjährung nur aufgerechnet werden, wenn vorher der Verlust, die Minderung, die Beschädigung oder die verspätete Ablieferung dem Spediteur angezeigt oder die Anzeige an ihn abgesendet worden ist. Der Anzeige an den Spediteur steht es gleich, wenn gerichtliche Beweisaufnahme zur Sicherung des Beweises beantragt oder in einem zwischen dem Versender und dem Empfänger oder einem späteren Erwerber des Gutes wegen des Verlustes, der Minderung, der Beschädigung oder der verspäteten Ablieferung anhängigen Rechtsstreite dem Spediteur der Streit verkündet wird.

ᴵⱽ Diese Vorschriften finden keine Anwendung, wenn der Spediteur den Verlust, die Minderung, die Beschädigung oder die verspätete Ablieferung des Gutes vorsätzlich herbeigeführt hat.

1) Betroffene Ansprüche

A. § 414 gilt für Ansprüche **aus dem Speditionsvertrag,** nicht zB für Ansprüche aus besonderem Verwahrungsvertrag, nicht für Ansprüche aus unerlaubter Handlung, RG **49**, 95, **77**, 321, BGH **9**, 304 (vgl § 852 BGB: drei Jahre). Stützen sich Ansprüche aus einem Sachverhalt auf **mehrere Rechtsgründe,** zB auf Vertragsverletzung und unerlaubter Handlung, so hat jeder seine eigene Verjährung, es sei denn anderes vereinbart, zB daß außervertragliche Ansprüche wie vertragliche verjähren, soweit außervertragliche Ansprüche (insbesondere aus unerlaubter Handlung) durch Vereinbarung beschränkt werden können, BGH **9**, 304, 306 (verlangt ausdrückliche Abrede). Vgl BGH **66**, 319 (betr Verkäuferhaftung). Hierzu

§ 414 2, 3

auch § 429 Anm 1 B. Vgl für Frachtführer § 439. § 413 trifft nur Ansprüche gegen den Spediteur. Ansprüche des Spediteurs s § 196 I Nr 1, II BGB (Text s Einl 7 vor § 343) im Falle des Selbsteintritts bei Beförderung mit Kfz: **(23)** KVO § 40, mit Eisenbahn: **(25)** EVO § 94.

B. § 414 gilt für Ansprüche wegen **Verlusts** (auch Ablieferung an Nichtberechtigte, s § 429 Anm 2 A), **Minderung, Beschädigung, verspäteter Ablieferung des Guts;** nicht wegen anderer unrichtiger Vertragsausführung, nicht zB wohl wegen rechtswidrigen Pfandverkaufs, str („Verlust"?), nicht wenn Spediteur den Ersatzanspruch gegen Frachtführer vereitelt, RG **114**, 310; solche Ansprüche verjähren nach §§ 195, 198 ff BGB. §§ 638, 639 BGB betr Ansprüche wegen Werkmängeln dürften durch § 414 ausgeschlossen sein. Dazu **(19)** ADSp § 64.

C. § 414 gilt nach **IV** nicht für Ansprüche wegen **vorsätzlichen** Handelns (wofür Versender beweispflichtig) des Spediteurs (oder seiner Gehilfen, § 278 BGB). Es genügt das Bewußtsein, daß der schädigende Erfolg eintreten könne, RG **75**, 110. Auch bedingter Vorsatz ausreichend; so, wenn Spediteur das Gut einem Frachtführer übergibt, dessen Vermögenszerrüttung er kannte und bei dem er mit Verlust rechnete, Hbg HRR **30**, 310. Bei Vorsatz Verjährung in 30 Jahren, § 195 BGB. Auch für diesen Fall aber vertragliche Verkürzung zulässig (so durch **(19)** ADSp § 64), RG **135**, 175, aber wohl nur auf angemessene Frist ab Erlangung der Kenntnis vom Grund des Anspruchs (vgl § 276 II BGB).

2) Verjährungsfrist

Die Jahresfrist **(I 1)** läßt sich durch Vereinbarung kürzen, § 225 BGB, nach I 2 (regelwidrig) auch verlängern (auf höchstens 30 Jahre). Verkürzung auf drei Monate verstößt gegen § 242 BGB, BGH DB **80**, 82 (BinnSchG). Die Frist beginnt bei Beschädigung oder Minderung mit Ablauf des Tags der Ablieferung an Empfänger oder (bei Rücksendung) Versender (oder der Annahmeverweigerung des Versenders, an den die schadhafte Ware zurückging), bei Verlust oder verspäteter Ablieferung mit Ablauf des Tags, an dem abzuliefern war, **II.** Welcher das ist, ergibt sich zunächst aus der vereinbarten Lieferfrist, im übrigen aus den Umständen des Falls, vgl RG **49**, 95. Es ist üblich angemessene Lieferfrist zu berechnen. Gleich bleibt, ob Versender den Verlust kennt. Den Beginn beweisen muß Spediteur. Ausraubung einiger von mehreren zusammen gelagerten Kisten ist Minderung, nicht Verlust, Verjährung läuft von tatsächlicher Ablieferung, BGH **18**, 101.

3) Aufrechnung und Verjährung

Rügte Versender rechtzeitig den Verstoß des Spediteurs, so hat er auch nach Verjährung seiner Ansprüche gegen Anspruch des Spediteurs die Einrede des nicht erfüllten Vertrags (§§ 639 I, 478, 320 BGB). Er kann nach **III** auch unter der Voraussetzung (nur dann, abw von § 390 S 2 BGB) solcher rechtzeitiger Rüge (in den in III vorgesehenen Formen) mit dem verjährten Anspruch gegen Anspruch des Spediteurs aufrechnen. Beweissicherungsverfahren (III 2) s § 485 ff ZPO, Streitverkündung (III 2) s §§ 72 ff ZPO. Aufrechnung nur gegen Anspruch des Spediteurs aus demselben Speditionsvertrag, nicht gegen andere Ansprüche, RG **56**, 171, str. Einschränkung der Aufrechnung durch **(19)** ADSp § 32.

5. Abschnitt. Lagergeschäft §§ 415, 416

[Gelegenheitsspediteur]

415 Die Vorschriften dieses Abschnitts kommen auch zur Anwendung, wenn ein Kaufmann, der nicht Spediteur ist, im Betriebe seines Handelsgewerbes eine Güterversendung durch Frachtführer oder Verfrachter für Rechnung eines anderen in eigenem Namen zu besorgen übernimmt.

1) S § 407 Anm 1 A.

Fünfter Abschnitt. Lagergeschäft

Schrifttum: s vor (21) OLSchVO.

[Begriff des Lagerhalters]

416 Lagerhalter ist, wer gewerbsmäßig die Lagerung und Aufbewahrung von Gütern übernimmt.

1) Begriff des Lagerhalters

A. **Lagern** ist Unterbringen in dazu bestimmten und eingerichteten Räumen, auf gewisse Dauer. **Aufbewahren** heißt in Obhut nehmen. Vermieten des Lagerraums ist nicht Aufbewahren. Lagern und Aufbewahren ist auch in fremden Räumen möglich, auch in denen des Einlagerers, wenn Lagerhalter das Gut in Besitz (auch nur mittelbaren?) und Obhut nimmt, BGH WM **75**, 352. **Güter** sind zum Lagern und Aufbewahren geeignete bewegliche Sachen, nicht Geld, Wertpapiere, Tiere außerhalb geschlossenen Behältern (zB in Gaststall eingestelltes Vieh). Übergabe zu Eigentum des Lagerhalters, der Sachen gleicher Art, Güte und Menge zurückgeben soll, ist nicht Verwahrung iSv BGB, nicht Lagergeschäft iSv HGB, § 700 BGB, § 419 III HGB.

B. Lagerhalter iSv § 416 sind auch **Kommissionäre, Spediteure, Frachtführer,** die idR Güter lagern, auch Pfandleiher. Lagergeschäfte (nicht nur Lagerung als Nebengeschäft anderer Geschäfte, RG HRR **26**, 2232) mit solchen fallen unter §§ 417 ff. Lagergeschäfte und (mit anderen, besonders Speditionsgeschäften zusammenhängende) Lagerungen eines Spediteurs unterwirft **(19)** ADSp § 2 deren Vorschriften, besonders §§ 43–49. Nicht unter §§ 417 ff fallen (einzelne) Lagergeschäfte anderer Kflte, eine Vorschrift entspr §§ 406, 415 (betr sog Gelegenheitskommission, -spedition) fehlt, hier gelten nur §§ 688 ff BGB, §§ 343 ff HGB (zB § 354 I betr Lagergeld).

C. **Staatliche, städtische Lagerhäuser** betreiben Gewerbe (§ 1 Anm 1), fallen unter § 416; anders bei hoheitlichem Handeln zB die Zollverwaltung (vgl ZollG 20. 3. 39 RGBl I 529). Unter § 416 fällt Lagerung im Privatzollager, auch unter zollamtlichem Mitverschluß, RG **112**, 39.

D. Lagerhalter ist **Kaufmann,** § 1 II Nr 6, uU MinderKfm, § 4.

2) Gesetzliche Regelung des Lagergeschäfts

Das **HGB** bringt nur wenige Vorschriften, über Lagerscheine nur § 424; in zweiter Linie gelten §§ 688–700 BGB. Das **Lagergeschäft mit Orderlagerschein** regelt **(21)** OLSchVO 16. 12. 31 RGBl 763. Die Lagerung eines

§ 416 3   IV. Buch. Handelsgeschäfte

Guts, über das ein Orderlagerschein ausgestellt werden soll (und darf), unterliegt (21) OLSchVO Abschn II, III (§§ 14–42, so § 14 I), neben denen §§ 417–423 unanwendbar sind (str). Andere Lagergeschäfte eines Lagerhalters (§ 416), auch einer zur Ausstellung von Orderlagerscheinen befugten Anstalt, unterliegen §§ 417–423.

3) Lagervertrag

A. Neben §§ 417 ff gelten für den Lagervertrag (auch den unter die (21) OLSchVO fallenden) §§ 688–700 **BGB**, zB über **Lagerung bei Dritten** und **Änderung** der vereinbarten **Lagerart:**

BGB 691 [Hinterlegung bei Dritten]
Der Verwahrer ist im Zweifel nicht berechtigt, die hinterlegte Sache bei einem Dritten zu hinterlegen. Ist die Hinterlegung bei einem Dritten gestattet, so hat der Verwahrer nur ein ihm bei dieser Hinterlegung zur Last fallendes Verschulden zu vertreten. Für das Verschulden eines Gehilfen ist er nach § 278 verantwortlich.

BGB 692 [Änderung der Aufbewahrung]
Der Verwahrer ist berechtigt, die vereinbarte Art der Aufbewahrung zu ändern, wenn er den Umständen nach annehmen darf, daß der Hinterleger bei Kenntnis der Sachlage die Änderung billigen würde. Der Verwahrer hat vor der Änderung dem Hinterleger Anzeige zu machen und dessen Entschließung abzuwarten, wenn nicht mit dem Aufschube Gefahr verbunden ist.

S ferner § 694 BGB bei § 417 Anm 3. Anwendbarkeit des § 691 S 3, (nicht S 2), wenn Vertrag von vornherein auf Lagerung auf Drittgrundstück gerichtet, BGH WM **75,** 1164.

B. Der Lagervertrag ist **formfrei** und nicht Real-, sondern Konsensualvertrag (dahingestellt für den Verwahrungsvertrag nach § 688 BGB), also wirksam vor Übergabe des Guts und wenn diese ausbleibt; stellt Lagerhalter einen Orderlagerschein über ein nicht übernommenes Gut aus, so wirkt der Schein nicht nach § 424, aber der Vertrag besteht; Lagervertrag ist Annahme (§ 362 I) einer ,,delivery order" durch einen Spediteur, die ihn bittet, eine Ware einem Dritten zur Verfügung zu halten, wozu er sie zunächst in seine Verfügungsgewalt (unmittelbaren oder mittelbaren Besitz) zu bringen hat; BGH **46,** 48; Ersetzung dieses Lagervertrags durch den mit einem Zessionar der ,,delivery order", ist möglich, BGH **46,** 55; notwendig ist aber entsprechender Vertragswille, BGH WM **84,** 1279; dazu Heynen NJW **67,** 41.

C. **Erfüllungsort** ist für Lagerhalter der Lagerort, für den Einlagerer dessen Wohnsitz oder Niederlassung bei Vertragsschluß, § 269 BGB, RG JW **02,** 79, für seine Rücknahmepflicht aber der Lagerort, s § 422 Anm 2 A.

D. Auch Lagerverträge werden oft mit Unterwerfung unter **AGB** geschlossen, Bsp: ,,Allgemeine Lagerbedingungen des deutschen Möbeltransports" (ALB), bei Lagergeschäften mit Spediteuren: **(19)** ADSp, s oben Anm 1 B.

E. **Drittschadensliquidation** des Lagerhalters gegenüber dritten Schädigern des Guts zugunsten des Einlagerers (wie bei Kommission s § 383 Anm 3); Lagervertrag ist idR kein Vertrag zugunsten Dritter (des Einlagerers); (Drittschadens-)Vertragsklage des Lagerhalters und Deliktsklage des

Einlagerers-Eigentümers sind nebeneinander möglich, BGH NJW **85**, 2411.

[Rechte und Pflichten des Lagerhalters]

417 ^I Auf die Rechte und Pflichten des Lagerhalters in Ansehung der Empfangnahme, Aufbewahrung und Versicherung des Gutes finden die für den Kommissionär geltenden Vorschriften der §§ 388 bis 390 Anwendung.

^{II} Treten Veränderungen an dem Gute ein, welche dessen Entwertung befürchten lassen, so hat der Lagerhalter den Einlagerer hiervon unverzüglich zu benachrichtigen. Versäumt er dies, so hat er den daraus entstehenden Schaden zu ersetzen.

1) Haftung des Lagerhalters

A. Lagerhalter **schuldet** ordnungsmäßige Lagerung, Beobachtung des Guts, zu seiner Erhaltung nötige Behandlung. Er **haftet (I mit § 390 I)** für Verlust oder Beschädigung des gelagerten (vgl § 390 Anm 1 A) Guts, wenn er sich nicht entlastet durch Nachweis, daß der Schaden durch Umstände eintrat, die durch Sorgfalt eines ordentlichen Lagerhalters nicht abgewandt werden konnten. Lagerhalter muß zB Eignung seiner Räume zur Lagerung des Guts dartun, RG **64**, 257; darf das Gut nicht aushändigen, ohne die behauptete Sachbefugnis des Dritten (auch Gerichtsvollziehers) zu prüfen, ohne die Weisung des Lagerhalters vor Herausgabe einzuholen, BGH WM **84**, 1060 m Anm Koller transpR **85**, 1, ohne sich den ausgestellten Inhaberlagerschein zurückgeben zu lassen, RG JW **28**, 226; muß die Lagerräume bewachen lassen, Hbg OLGE **41**, 223, Unbeteiligten den Zutritt verwehren, vgl RG LZ **22**, 587, BGH WM **75**, 1164 (Holzlagerplatz, spielende Kinder stifteten Brand). Über Lagerung von Gerste Hbg HRR **42**, 764. Soll Lagerhalter das Gut an sich bringen und dann einem Dritten ausliefern (vgl § 416 Anm 3 B), so steht Nichtauslieferung des Guts durch den Dritten dem Verlust gleich, BGH **46**, 55; Freistellungserklärung auf Weisung des Einlagerers zieht keine Aufklärungs- und Auskunftspflichten gegenüber dem dritten Käufer nach sich, BGH WM **84**, 1277. Grenzen der Möglichkeit der Freizeichnung und Beweislastumkehr durch **(5)** AGBG §§ 9, 11 Nr 7, 15 ua; Inhaltskontrolle der Hamburger Lagerungsbedingungen, Hbg transpR **84**, 126. Geringes Entgelt mindert idR nicht die Sorgfaltspflicht, BGH WM **75**, 1164.

B. Lagerhalter haftet für **Gehilfen** nach § 278 BGB, nach RG **101**, 349 auch für Diebstahl des Lagermeisters außerhalb der Dienstzeit; für einen custodian (von der Besatzungsmacht bestellt), BGH **LM** § 278 BGB Nr 26. S auch § 416 Anm 3 A. Mitverschulden des Einlagerers (§ 254 BGB), vertragliche Minderung von dessen Verantwortung s BGH WM **75**, 1165.

C. Kommt das Gut schon mit **äußerlich erkennbaren Fehlern** zu ihm, muß Lagerhalter für Rechtswahrung sorgen und Einlagerer unterrichten (**I mit § 388 I**) (vgl § 388 Anm 1), uU die Annahme verweigern, BGH **46**, 50. Auch spätere, Entwertung drohende **Veränderungen** am Gut muß er unverzüglich dem Einlagerer mitteilen, **II**, entspr anwendbar bei Gefahren, die nicht Sacheigenschaft betreffen, zB Beschlagnahmegefahr, OGH **1**,

383; Schuldbeweis für Ansprüche aus II obliegt Einlagerer, anders als für Ansprüche aus I iVm § 390, OGH **1**, 384.

D. §§ 417, 390 lassen die **Haftung** des Lagerhalters für Verlust oder Beschädigung des Lagerguts **aus unerlaubter Handlung** (§§ 823 ff BGB) unberührt; diese Haftung verjährt idR nicht wie die vertragliche in einem Jahr (§ 414), sondern nach § 852 BGB in drei Jahren, BGH **9**, 304, vgl § 414 Anm 1. Wer gewerbsmäßig Lagerung oder Beförderung von Sachen betreibt, ist auch ohne Vertrag verpflichtet, fremdes Eigentum, das im Gewerbebetrieb in seinen Gewahrsam gelangt ist, sorgfältig zu hüten; Verletzung dieser Pflicht ist Verstoß gegen § 823 I BGB, BGH **9**, 307, BB **77**, 921. Vgl für Spediteur § 408 Anm 1 D, Frachtführer § 429 Anm 1 B, Eisenbahn § 454 Anm 1 C.

E. Für **Versicherung** des Guts ist Lagerhalter nur auf Anweisung des Einlagerers verantwortlich, **I mit § 390 II** (vgl § 390 Anm 2). Empfängt er diese Weisung vor Empfang des Guts, hat er für Versicherung vom Zeitpunkt der Inbesitznahme an zu sorgen BGH **46**, 51. Obliegt nach Vertrag Versicherung dem Einlagerer und unterläßt er sie, muß er Lagerhalter stellen wie sachversichert, dh dessen Haftung (vgl Anm A) aus leichter Fahrlässigkeit entfällt (vgl § 67 VVG), BGH WM **75**, 1165.

F. Entsteht durch Lagergut ein Brand und macht Lagerhalter Aufwendungen zur Beseitigung von Brandfolgen: kein Ersatzanspruch gegen Einlagerer aus **Geschäftsführung ohne Auftrag** (§§ 683, 677 BGB), wenn die Brandursache im Verantwortungsbereich des Lagerhalters, Düss MDR **77**, 226 (Unanwendbarkeit §§ 693, 694 BGB, § 420 I HGB, vgl dort).

2) Notrechte des Lagerhalters

A. Ist das Gut verderblich oder droht später sein Verderb und fehlt die Zeit, die Verfügung des Einlagerers einzuholen, oder säumt dieser mit der Verfügung, so kann Lagerhalter das Gut für seine Rechnung **verkaufen** wie ein Verkäufer bei Annahmeverzug des Käufers, **I mit §§ 388 II, 373 II–V**. Nach § 242 BGB kann er, um Erhöhung des Schadens zu verhüten, dazu verpflichtet sein.

B. Säumt in anderen Fällen Einlagerer mit der Verfügung über das Gut, zB nach (zulässiger) Aufforderung durch Lagerhalter zur Rücknahme (vgl § 422), kann Lagerhalter es wie ein Verkäufer bei Annahmeverzug des Käufers auf Gefahr und Kosten des Einlagerers in einem öffentlichen Lagerhaus oder sonst sicher **hinterlegen** (§ 373 I) oder es verkaufen (§ 373 II–V), so I iVm § 389.

3) Haftung des Einlagerers

BGB 694 [Schadensersatzpflicht des Hinterlegers]

Der Hinterleger hat den durch die Beschaffenheit der hinterlegten Sache dem Verwahrer entstehenden Schaden zu ersetzen, es sei denn, daß er die gefahrdrohende Beschaffenheit der Sache bei der Hinterlegung weder kennt noch kennen muß oder daß er sie dem Verwahrer angezeigt oder dieser sie ohne Anzeige gekannt hat.

Lagerhalter braucht ohne besonderen Anlaß das Gut nicht zu untersuchen. Er braucht ggf nur Entstehung des Schadens durch die Beschaffenheit des Guts zu beweisen; Einlagerer muß sich gemäß einer der drei Alternativen entlasten; daß Lagerhalter die Gefahr kennen mußte, genügt dazu

5. Abschnitt. Lagergeschäft §§ 418, 419

nicht. Zur Versicherung gegen Haftpflicht nach § 694 BGB ist Einlagerer dem Lagerhalter nicht verpflichtet.

[Besichtigung während der Geschäftszeit]

418 Der Lagerhalter hat dem Einlagerer die Besichtigung des Gutes, die Entnahme von Proben und die zur Erhaltung des Gutes notwendigen Handlungen während der Geschäftsstunden zu gestatten.

1) Das Recht des Einlagerers auf Besichtigung, Probeentnahme, Erhaltungsmaßnahmen (§ 418, nach § 242 BGB und uU auch an Feiertagen) schwächt idR nicht (bei Nichtausübung, nach § 254 BGB) die Haftung des Lagerhalters nach §§ 417 I, 390 I. Verstoß des Lagerhalters gegen § 418 macht ihn ersatzpflichtig, kann (als positive Vertragsverletzung) dem Einlagerer Rücktritt (entspr §§ 325, 326 BGB) erlauben.

[Sammellagerung]

419 ^I Im Falle der Lagerung vertretbarer Sachen ist der Lagerhalter zu ihrer Vermischung mit anderen Sachen von gleicher Art und Güte nur befugt, wenn ihm dies ausdrücklich gestattet ist.

^{II} Der Lagerhalter erwirbt auch in diesem Falle nicht das Eigentum des Gutes; aus dem durch die Vermischung entstandenen Gesamtvorrate kann er jedem Einlagerer den ihm gebührenden Anteil ausliefern, ohne daß er hierzu der Genehmigung der übrigen Beteiligten bedarf.

^{III} Ist das Gut in der Art hinterlegt, daß das Eigentum auf den Lagerhalter übergehen und dieser verpflichtet sein soll, Sachen von gleicher Art, Güte und Menge zurückzugewähren, so finden die Vorschriften dieses Abschnitts keine Anwendung.

1) Recht zur Sammellagerung

Lagerhalter darf das Gut nur wenn es vertretbare Sachen (§ 91 BGB) sind, und nur mit ausdrücklicher (dazu RG **63**, 30) Erlaubnis des Einlagerers mit solchem gleicher Art und Güte mischen. Unbefugte Mischung kann Einlagerer nachträglich genehmigen. Für Schaden des Einlagerers aus schuldhafter unbefugter (nicht nachträglich genehmigter) Mischung haftet Lagerhalter.

2) Wirkung der Sammellagerung

A. Die Mischung (erlaubt oder nicht) macht die Eigentümer der gemischten Mengen zu **Miteigentümern** des ganzen im Verhältnis des Werts jener Mengen, §§ 947, 948 BGB, vgl **(21)** OLSchVO §§ 23 II, 30 II, III. Dingliche Rechte Dritter am Eigentum eines Einlagerers bestehen fort an seinem Miteigentumsanteil.

B. Bei erlaubter Mischung (bei unerlaubter: §§ 749ff BGB) ist Lagerhalter ohne Mitwirkung der Eigentümer befugt (auch nach Maßgabe der einzelnen Lagerverträge verpflichtet) zur Aussonderung und **Auslieferung** (dh Übereignung zu Alleineigentum unter Wegfall des Miteigentums des Empfängers am Verbleibenden) **des Anteils** jedes Miteigentümers. Vgl **(21)** OLSchVO §§ 23 III, 31. Wer in gutem Glauben mehr als seinen Anteil

§ 420 1 IV. Buch. Handelsgeschäfte

erhält, wird Eigentümer des ganzen Empfangenen, § 366 HGB, § 932 BGB, muß aber die Bereicherung herausgeben, § 812 BGB, str; zudem ist Lagerhalter den benachteiligten Einlagerern ersatzpflichtig.

C. **Abtretung** des Anteilsrechts durch Abtretung des Anspruchs auf Herausgabe; **Verpfändung** ebenso. **Pfändung** durch Pfändung des Herausgabeanspruchs, § 857 ZPO. Im **Konkurs** des Lagerhalters haben die Einlagerer ein Aussonderungsrecht, § 43 KO; Konkursverwalter hat jedem seinen Anteil auszuliefern.

D. **Gewichtsverlust** der Gesamtmenge ist bei Auslieferung von Anteilen zu berücksichtigen. Vgl (21) OLSchVO §§ 23 IV, 32. Stellt sich der Verlust erst nach Auslieferung eines Teils heraus, so haftet den späteren Empfängern der erste anteilsmäßig aus ungerechtfertigter Bereicherung. Das gilt entspr bei Beschädigung. Ist ein Teil der Gesamtmenge beschädigt, so hat jeder Einlagerer an der beschädigten Menge teil, RG Recht 06, 2302. Dies gilt unbeschadet (ggf) der Haftung des Lagerhalters (§ 417 Anm 1); Lagerordnung oder besondere Vereinbarung können für (nicht vom Lagerhalter zu vertretenden) gewöhnlichen Schwund und (von ihm zu vertretenden) höheren Verlust feste Sätze bestimmen, vgl (21) OLSchVO §§ 23 IV, 32.

3) Zu III s § 416 Anm 1 A.

[Lagerkosten]

420 ᴵ Der Lagerhalter hat Anspruch auf das bedungene oder ortsübliche Lagergeld sowie auf Erstattung der Auslagen für Fracht und Zölle und der sonst für das Gut gemachten Aufwendungen, soweit er sie den Umständen nach für erforderlich halten durfte.

ᴵᴵ **Von den hiernach dem Lagerhalter zukommenden Beträgen (Lagerkosten) sind die baren Auslagen sofort zu erstatten. Die sonstigen Lagerkosten sind nach dem Ablaufe von je drei Monaten seit der Einlieferung oder, wenn das Gut in der Zwischenzeit zurückgenommen wird, bei der Rücknahme zu erstatten; wird das Gut teilweise zurückgenommen, so ist nur ein entsprechender Teil zu berichtigen, es sei denn, daß das auf dem Lager verbleibende Gut zur Sicherung des Lagerhalters nicht ausreicht.**

1) Lagergeld

A. **Einlagerer schuldet** auch ohne Vereinbarung Lagergeld, § 354 I (auch § 689 BGB). Lagert Lagerhalter unentgeltlich, haftet er nur für Sorgfalt wie in Eigenem (§ 691 BGB, str), stets aber für grobe Fahrlässigkeit, § 277 BGB.

B. Die **Höhe** des Lagergelds bestimmt sich nach Vereinbarung (ad hoc oder durch Bezugnahme, ausdrücklich oder stillschweigend, auf einen Tarif), hilfsweise nach Ortsbrauch.

C. **Endet** die Lagerung **vorzeitig**, erhält Lagerhalter iZw einen seinen bisherigen Leistungen (Einlagerung, Aufbewahrung während gewisser Zeit, Auslieferung) entsprechenden Teil des Lagergelds, § 699 II BGB.

5. Abschnitt. Lagergeschäft   1 § 421

2) Erstattung von Aufwendungen

Lagerhalter hat ferner Anspruch auf Erstattung der Aufwendungen für das Gut, die er den Umständen nach für erforderlich halten durfte, §§ 693 BGB, 420 I HGB, zB für Fracht oder Zölle (in I genannt), für Versicherung des Guts, zu dessen Erhaltung, soweit solche Aufwendungen nicht schon durch das Lagergeld abgegolten sind, sei es kraft besonderer Abrede, sei es weil sie mit einer Lagerung der in Rede stehenden Art gewöhnlich verbunden sind, sei es weil sie zur Erhaltung des Lagerraums in vertragsmäßigem Zustand nötig waren, KG BB **73,** 446 (Beseitigung von Ungeziefer). Zinsen s §§ 354 II, 352 II. Aufwendungen wegen Brandfolgen s § 417 Anm 1 F.

3) Fälligkeit der Lagerkosten (II)

Barauslagen (s Anm 2) sind dem Lagerhalter sofort zu erstatten. Lagergeld und anderer Aufwendungsersatz (s Anm 1, 2) ist periodisch alle drei Monate, vom Einlagerungstag gerechnet, fällig, ggf früher bei Rücknahme des Guts, bei Teilrücknahme des Guts zu entspr Teil, jedoch mindestens in solcher Höhe, daß das Restlagergut die Restforderung des Lagerhalters (wohl für drei Monate Lagerzeit vorausgeschätzt) deckt. II gilt nicht für andere Ansprüche des Lagerhalters als auf Lagerkosten iSv § 420 I, II, nicht zB für Anspruch aus Darlehen oder auf Ersatz für durch das Lagergut an anderen Gütern verursachte Schäden.

[Gesetzliches Pfandrecht]

421 Der Lagerhalter hat wegen der Lagerkosten ein Pfandrecht an dem Gute, solange er es im Besitze hat insbesondere mittels Konnossements, Ladescheins oder Lagerscheins darüber verfügen kann.

1) Voraussetzungen des Pfandrechts

Lagerhalter hat ein **Pfandrecht** wegen der Lagerkosten (§ 420), nicht wegen anderer Ansprüche zB Darlehen, sofern nicht Verpfändung des Guts hierfür vereinbart, nicht wegen Ansprüchen aus Bearbeitung des Guts durch Lagerhalter (hierfür Werkunternehmer-Pfandrecht, § 647 BGB), BGH BB **60,** 837. Das Pfandrecht besteht am Lagergut, solange er es besitzt, insbesondere durch Traditionspapier über es verfügen kann. Es besteht am ganzen Lagergut, grundsätzlich ohne Rücksicht auf das Wertverhältnis Lagerkosten-Lagergut, BGH BB **66,** 179 (Wein, Verhältnis 10:1). Ist das Gut verderblich, gilt § 1218 BGB: Anzeigepflicht des Lagerhalters, Austauschrecht des Einlagerers. Das Pfandrecht gilt auch für unpfändbare Gegenstände, zB solche des persönlichen Gebrauchs (§ 811 Nr 1 ZPO), die eingelagert sind; § 559 S 3 BGB (Vermieterpfandrecht) ist nicht entspr anwendbar, LG Ffm BB **54,** 912. Erwerb des Pfandrechts kraft guten Glaubens: §§ 1207, 1257, 932ff BGB, § 366 HGB. Gleich, ob Einlagerer Kfm ist, RG LZ **09,** 141. Erweiterung des Pfandrechts durch die ADSp s **(19)** ADSp § 2, 50. Gesetzliche Pfandrechte des Kommissionärs, Spediteurs, Frachtführers s §§ 397, 410, 440. Pfand- und Zurückbehaltungsrecht gegenüber Namenslagerscheinerwerber, Ohling BB **60,** 1266.

2) Wirkungen des Pfandrechts

Das Pfandrecht nach § 421 **wirkt** wie ein vertragliches Pfandrecht, § 1257 BGB; gibt ein Abrechnungsrecht im Konkurs, § 49 I Nr 2 KO, ein Recht auf vorzugsweise Befriedigung, § 805 ZPO. Frist für Androhung des Pfandverkaufs: § 368 I, II. Neben dem Pfandrecht hat Lagerhalter das Zurückbehaltungsrecht nach § 273 I, II BGB, wenn Einlagerer Kfm ist, §§ 369–372 HGB. Dem Verfolgungsrecht des Frachtführers (§ 440 III) geht das Pfandrecht des Lagerhalters vor, sein Zurückbehaltungsrecht nach.

[Rücknahme des Gutes]

422 ^I Der Lagerhalter kann nicht verlangen, daß der Einlagerer das Gut vor dem Ablaufe der bedungenen Lagerzeit und, falls eine solche nicht bedungen ist, daß er es vor dem Ablaufe von drei Monaten nach der Einlieferung zurücknehme. Ist eine Lagerzeit nicht bedungen oder behält der Lagerhalter nach dem Ablaufe der bedungenen Lagerzeit das Gut auf dem Lager, so kann er die Rücknahme nur nach vorgängiger Kündigung unter Einhaltung einer Kündigungsfrist von einem Monate verlangen.

^{II} Der Lagerhalter ist berechtigt, die Rücknahme des Gutes vor dem Ablaufe der Lagerzeit und ohne Einhaltung einer Kündigungsfrist zu verlangen, wenn ein wichtiger Grund vorliegt.

1) Rückgabeanspruch des Einlagerers

Einlagerer kann das Gut, auch bei Vereinbarung einer Lagerzeit, **jederzeit** zurücknehmen.

BGB 695 [Rückforderungsrecht des Hinterlegers]

Der Hinterleger kann die hinterlegte Sache jederzeit zurückfordern, auch wenn für die Aufbewahrung eine Zeit bestimmt ist.

Über Lagergeld in diesem Falle § 420 Anm 1 C.

2) Rücknahmeanspruch des Lagerhalters

A. **Lagerhalter** kann Rücknahme des Guts durch Einlagerer fordern: bei Ablauf der bedungenen Lagerzeit, mangels solcher Abrede erstmals bei Ablauf von drei Monaten ab ,,Einlieferung" (Übergabe an Lagerhalter, auch vor endgültiger Lagerung), danach jederzeit nach Kündigung mit Frist von einem Monat, so auch wenn das Gut nach Ablauf der bedungenen Lagerzeit auf dem Lager bleibt. Darf Lagerhalter Rücknahme verlangen, muß Einlagerer zurücknehmen, sonst kommt er in Annahme- und Schuldnerverzug. Ist Lagerzeit nicht bedungen, setzt Schuldnerverzug Aufforderung zur Rücknahme voraus. Beweispflichtig für Bedingung einer Lagerzeit ist der Einlagerer, Erfüllungsort für Rücknahme ist der Lagerort.

B. Aus **wichtigem Grunde** darf Lagerhalter jederzeit ohne Kündigungsfrist Rücknahme des Guts verlangen, zB wenn sich das Gut als gefahrdrohend herausstellt, oder wenn er es mangels geeigneter Einrichtung nicht mehr verwahren kann (falls er nicht auf so lange Verwahrung gefaßt

5. Abschnitt. Lagergeschäft §§ 423, 424

sein mußte), auch wenn Lagerkosten unbezahlt sind und das Gut die Kosten nicht mehr deckt, vgl § 420 II 2.

[Verjährung]

423 Auf die Verjährung der Ansprüche gegen den Lagerhalter wegen Verlustes, Minderung, Beschädigung oder verspäteter Ablieferung des Gutes finden die Vorschriften des § 414 entsprechende Anwendung. Im Falle des gänzlichen Verlustes beginnt die Verjährung mit dem Ablaufe des Tages, an welchem der Lagerhalter dem Einlagerer Anzeige von dem Verluste macht.

1) Verjährung der Ansprüche gegen den Lagerhalter

S § 414 Anm 1, 2, 3. Bei „gänzlichem Verlust" (dazu BGH **18**, 101, § 414 Anm 2) beginnt Verjährung nach Zugang der Anzeige des Lagerhalters beim Einlagerer (§ 414 II 2; nach dem Tag, an dem das versandte Gut abzuliefern war). Gefahr der Sendung der Anzeige trägt Lagerhalter. So auch wenn Lagerzeit noch läuft. Jede Mitteilung genügt, die unzweideutig klar macht, daß Lagerhalter das Gut nicht oder nicht mehr hat, RG **58**, 78. Zu dieser Anzeige ist Lagerhalter bei Ersatzpflicht verpflichtet. Mangels Anzeige keine Verjährung aus § 423, Verjährung dann in 30 Jahren seit Einlieferung.

2) Verjährung der Ansprüche des Lagerhalters

Ansprüche des Lagerhalters gegen Einlagerer auf Lagerkosten (§ 420) verjähren in zwei, bei Lagerung für Gewerbebetrieb des Einlagerers in vier Jahren (ab Fälligkeit, s § 420 II), § 196 I Nr 1, II BGB (Text s Einl 7 vor § 343). Das gilt auch bei Berechnung des Lagergelds nach Zeitabschnitten (wiederkehrende Leistungen iSv § 197 BGB), aA BGH **89**, 82; denn § 196 I Nr 1 BGB hat Vorrang, s Einl 7 A vor § 343. Andere Ansprüche des Lagerhalters verjähren in 30 Jahren, zB die auf Schadensersatz.

[Übergabe des Lagerscheins]

424 Ist von dem Lagerhalter ein Lagerschein ausgestellt, der durch Indossament übertragen werden kann, so hat, wenn das Gut von dem Lagerhalter übernommen ist, die Übergabe des Lagerscheins an denjenigen, welcher durch den Schein zur Empfangnahme des Gutes legitimiert wird, für den Erwerb von Rechten an dem Gute dieselben Wirkungen wie die Übergabe des Gutes.

1) Übersicht

A. § 424 handelt von **Orderlagerscheinen** (vgl § 363 II und **(21)** OLSchVO) und regelt die dingliche Wirkung ihrer Übergabe auf die Ware, über die sie ausgestellt sind. Über Lagerpapiere s auch **(19)** ADSp § 48.

B. Über eingelagerte Ware, über die ein Orderlagerschein ausgestellt ist, kann auch noch (ohne Übergabe des indossierten Scheins) nach allgemeinem bürgerlichem Recht, insbesondere **§§ 929ff BGB,** verfügt werden; nicht mehr möglich ist aber Übereignung durch Abtretung des Herausgabeanspruchs (§ 931 BGB) ohne Übergabe des (diesen verbriefenden)

Scheins; RG **119**, 217, BGH **LM** § 931 BGB Nr 1 (Orderkonnossement), **49**, 162. Wer so nach § 931 ohne Schein erwirbt, wird auch nicht geschützt im guten Glauben, daß kein Orderlagerschein bestehe, § 934 BGB greift nicht Platz, BGH **49**, 163; gleich ist ob der Übereignende Schein und Eigentum noch hat oder schon anderswohin weggab und ob er in diesem Falle ein Verfügungsrecht behielt.

C. **Inhaberlagerscheine** sind ohne staatliche Genehmigung möglich und wirken gemäß §§ 793 ff BGB, gestatten also zB dem Lagerhalter nur Einwendungen nach § 796 BGB, RG **142**, 152. Sie werden nach §§ 929 ff (§ 935 II!) BGB übertragen. Das Recht aus dem Papier (der Anspruch aus dem Lagervertrag gegen den Lagerhalter) folgt dem Recht am Papier. Übertragung des Scheins ist iZw Übereignung nach § 931 BGB.

D. **Namenslagerscheine** (Rektalagerscheine) sind möglich mit der Wirkung, daß die Ware nur gegen den Schein an den in ihm Bezeichneten oder seinen Zessionar ausgegeben werden darf. Der Orderlagerschein eines Lagerhalters ohne Genehmigung zur Ausgabe von Orderlagerscheinen kann so ausgelegt werden, RG **78**, 154. Übertragung ist Zession (§§ 398 ff BGB) und idR Übereignung nach § 931 BGB. Anwendung bei Ware unter Sicherungseigentum s Mauer BB **59**, 872. Pfand- und Zurückbehaltungsrecht gegenüber Namenslagerschein s bei § 421. Gutgläubigkeit des Nehmers eines blanko indossierten Namenslagerscheins s Anm 3 C. Zum Namenslagerschein s (**19**) ADSp § 48 Anm 1.

E. **Freistellungs-** oder **Lieferscheine**, oft verwendet beim Verkauf, besonders **„Durchhandeln"**, eingelagerter Ware, sind nicht „Traditionspapiere", ihre Übergabe ersetzt nicht die der Ware; sie ermächtigen idR nur (1) den Scheinempfänger, sich die Ware vom Lagerhalter aushändigen zu lassen, (2) diesen zu dieser Aushändigung; sie sind Anweisungen entspr §§ 783 ff BGB (gerichtet nicht auf Leistung vertretbarer Sachen, vgl § 783 BGB, sondern auf Herausgabe solcher als Verwahrung), geben Empfänger (ohne Annahme durch den Lagerhalter, § 784 BGB) keinen Herausgabeanspruch, sind bis zur Auslieferung der Ware (oder Annahme durch den Lagerhalter) widerruflich (§ 790 BGB); ihre Übergabe ist idR nicht Abtretung des Herausgabeanspruchs, bewirkt nicht Eigentumsübergang nach § 931 BGB, anders wenn aus besonderen Umständen ein solcher Wille erhellt, zB bei ausdrücklicher Anweisung des Lagerhalters, nunmehr die Ware für den Käufer zu lagern oder ihn als Eigentümer anzusehen, uU auch bei (nicht Blanko-) Indossierung des Scheins; beim Durchhandeln bleibt die Übereignungs- und Übergabepflicht jedes Verkäufers zunächst unerfüllt, die Auslieferung der Ware vom Lagerhalter an den letzten Käufer erfüllt sie für alle, dieser erwirbt das Eigentum vom Einlagerer; BGH NJW **71**, 1608, anders beim Streckengeschäft (Kettenhandel), s § 373 Anm 2 E. Zustellung einer Scheinkopie vom Aussteller an Lagerhalter begründet idR kein Vertragsverhältnis zwischen Lagerhalter und Scheinempfänger, verpflichtet jenen idR nicht zur Mitteilung an diesen, daß vorher über die Ware Orderlagerscheine ausgestellt wurden, BGH WM **71**, 1308. Kassalieferschein ist ein solcher, in dem schon der Aussteller zur Lieferung nur gegen Zahlung anweist. Lautet der Schein auf Auslieferung der Ware gegen Bezahlung ihres Werts (nicht nur der Lagerkosten) und wird die Ware versehentlich ohne Zahlung ausgeliefert, so behält der Auslieferer einen selbständigen Zahlungsanspruch in Höhe des im Lieferschein genannten Betrags gegen den Empfänger der Ware; das gilt auch, wenn Aussteller des Scheins und Verwahrer dieselbe Person sind (zB zwei Unternehmen desselben Kfms); die Lieferung des Angewiesenen an den letzten Inhaber erfüllt die Verkäuferpflichten aller Vormänner (vom Aussteller an); BGH **6,** 381. Der vom Lagerhalter auf sich selbst ausgestellte Lieferschein kann (je nach seinem Zweck) eine Auslieferungsforderung des berechtigten Inhabers begründen; durch Blanko-Indossament und Übergabe wird diese abgetreten; Hbg MDR **69,** 764. Haftungsprobleme beim Durchhandeln s Herrin MDR **70,** 881. ,,Kasse gegen Lieferschein", Monographie: Heynen 1955.

2) Voraussetzungen der dinglichen Wirkung gemäß § 424

A. Das Gut muß **vom Lagerhalter übernommen** sein. Nach **(21)** OLSchVO § 33 III darf der Lagerhalter den Schein sogar erst nach Einlagerung des Guts in seinem Lager (was mehr ist als ,,Übernahme") ausstellen. Nach richtiger hM hat die Scheinübergabe **nicht mehr** die Wirkung nach § 424, wenn der Lagerhalter das Gut nicht mehr (auch nicht mittelbar) besitzt, zB wenn es ihm abhanden gekommen ist, auch nicht mehr, wenn der Lagerhalter es unterschlagen und dadurch den mittelbaren Besitz des Scheininhabers zerstört hat. Ist Scheinübergeber verfügungsberechtigt, bleibt Übereignung nach § 931 BGB wirksam, nicht Verpfändung, vgl § 1205 II BGB.

B. **Übergabe** des Scheins an den durch ihn **Legitimierten,** das ist letzter Indossatar (§§ 364, 365). Möglich ist auch Indossament nur zu Legitimation gegenüber Dritten, ohne Rechtsübergang, Auslegungsfrage, BGH **36,** 335 (Konnossement).

3) Art der dinglichen Wirkung gemäß § 424 (Traditionspapiere)

A. Für den Erwerb von Rechten an dem Gut, also für Übereignung und Bestellung beschränkter dinglicher Rechte, besonders Verpfändung, wirkt nach dem Wortlaut des § 424 (Voraussetzungen s Anm 2) die **Übergabe des Scheins wie die Übergabe des Guts.** Einigung über den Übergang des Eigentums an der eingelagerten Ware und Übergabe des Scheins (str für Übergabesurrogate) verschaffen dem Erwerber das Eigentum, wenn der Veräußerer mittelbarer Besitzer ist (wirksame Übereignung folgt dann schon aus § 931 BGB, gutgläubiger Erwerb aus § 934 BGB); streitig ist, ob das auch gilt, wenn der Veräußerer wegen Eigenbesitzes des Inhabers des Scheins nicht mittelbarer Besitzer ist (§§ 931, 934 BGB versagen dann), bejahend GroßKo-Canaris § 363 Anm 97, verneinend üL. Der Nehmer des Scheins muß den Verfügenden ohne grobe Fahrlässigkeit für den Eigentümer der Ware oder über sie verfügungsberechtigt halten, nicht nur für den rechtmäßigen Inhaber des Scheins (den das Lagerhaus dem Einlagerer ausstellt, ohne Prüfung auf Eigentum oder Verfügungsrecht).

B. Die Übergabe des Scheins kann nicht mehr bewirken als die Übergabe des Guts. Das Recht an der Ware folgt nicht ohne weiteres dem Recht aus dem Papier. Einen strikten Parallelismus zwischen Recht am Papier und Recht aus dem Papier gibt es nicht. Der gutgläubige Erwerb abhandengekommener Ware durch den gutgläubigen Nehmer des Scheins ist ausgeschlossen (§ 935 I BGB), BGH NJW **58,** 1485, Reinicke BB **60,** 1368,

§ 425 1   IV. Buch. Handelsgeschäfte

str. Zum Streit zwischen der relativen, der absoluten und der Repräsentationstheorie (hL) s GroßKo-Canaris § 363 Anm 76.

C. Der Nehmer von Ware und Schein ist idR **gutgläubig**, wenn Veräußerer sein Verfügungsrecht versichert; nur bei schwerwiegenden Verdachtsgründen hat er weiter nachzuforschen; dies gilt bei Übergabe eines Order- wie eines blanko indossierten Namenslagerscheins; BGH DB **69**, 436.

D. Da der **Namenslagerschein** kein Traditionspapier ist, wird das Eigentum am eingelagerten Gut nach §§ 929, 931 BGB übertragen. Gleichwohl hat der Namenslagerschein für die Übertragung dann Bedeutung, wenn die Abtretung des Herausgabeanspruchs auf dem Schein einzutragen ist (Vereinbarung nach § 399 Halbs 2). Ist der Abtretende gar nicht Inhaber des Herausgabeanspruchs, so kann kein gutgläubiger Erwerb nach §§ 931, 934 BGB stattfinden, wenn diese Formvereinbarung nicht berücksichtigt wurde; § 934 BGB schützt nicht guten Glauben, daß kein Namenslagerschein und keine die Abtretung erschwerende Vereinbarung (§ 399 Halbs 2 BGB, hier schriftliche Abtretungserklärung auf dem Schein selbst) bestehe, BGH NJW **79**, 2037; dazu Tiedtke WM **79**, 1142, Hager WM **80**, 666.

Sechster Abschnitt. Frachtgeschäft

Schrifttum: s vor **(22)** GüKG, **(23)** KVO, **(24)** CMR.

[Begriff des Frachtführers]

425 Frachtführer ist, wer es gewerbsmäßig übernimmt, die Beförderung von Gütern zu Lande oder auf Flüssen oder sonstigen **Binnengewässern** auszuführen.

1) Frachtrecht

A. **a)** Fracht ist Beförderung von **Gütern** (§ 425), auch lebenden Tieren (vgl **(25)** EVO §§ 48–52). Güterbeförderung durch die Post s § 452. **b)** Die Beförderung von **Personen zu Lande** (außer auf ,,Eisenbahnen des öffentlichen Verkehrs") regelt das PersBefG 21. 3. 61 BGBl 241 (zuvor 1934, 1952). Es erfaßt gewerbliche oder geschäftsmäßige oder (auch nur einmalige) entgeltliche Beförderung, diese nicht, wenn Entgelt nicht über Betriebskosten und Fahrer und Mitfahrer ,,weder durch öffentliche Vermittlung noch durch Werbung zugeführt", § 1 I, II PersBefG mit VO. Ergänzend Werkvertragsrecht (§§ 631–651 BGB). RsprÜbersicht: Fromm BB **65**, 355, 1010, **69**, 741, 1157, **76**, 113. Komm. Fielitz-Meier-Montigel-Müller (LBl), Bidinger (LBl). Bundesrecht betr Personenbeförderung auf Binnengewässern: G 15. 2. 56 BGBl II 317, mehrfach geändert; dazu (nur für den Rhein) KleinfahrgastschiffVO 21. 10. 67 BGBl II 2393. Personenbeförderung **auf See** s §§ 664–678 HGB. Personenbeförderung **in der Luft** s Anm B. **c)** Beförderung von **Handgepäck** oder lebenden Tieren mit einer Person ist Nebenleistung der Personenbeförderung, vgl **(25)** EVO §§ 21, 22, RGSt **35**, 226.

B. Abschn 6 (§§ 426–452) handelt nur von **Güterbeförderung** zu Lande (Anm a) und auf Binnengewässern (Anm b).

6. Abschnitt. Frachtgeschäft **1 § 425**

a) Güterbeförderung zu Lande fällt unter Abschn 6; **jedoch nicht auf „Eisenbahnen** des öffentlichen Verkehrs", diese regelt (nicht nur ergänzend, sondern grundsätzlich die Anwendung des Abschn 6 ausschließend, § 453 Anm 2 D) Abschn 7 **(§§ 453–460) mit (25) EVO**; Hauptfall der Güterbeförderung zu Lande ist heute die mit Kfz („Güterkraftverkehr"), darüber s auch **(22) GüKG** mit zT öffentlich-rechtlichen, zT privatrechtlichen Vorschriften und die auf dem GüKG beruhenden Bestimmungen, insbesondere der „Reichskraftwagentarif" und dessen Teil, die **(23) KVO** (Kraftverkehrsordnung); über Frachtgeschäft der DBP s bei § 452. Im **internationalen** Verkehr gilt das Internationale Übereinkommen über den Beförderungsvertrag im internationalen Straßengüterverkehr, **(24) CMR** 1956/1962, ferner das Übk über den internationalen Warentransport mit Carnets TIR (**TIR**-Übereinkommen 1975) 14. 11. 75 BGBl 79 II 445, 83 II 446. Beförderung **gefährlicher Güter** s G 6. 8. 75 BGBl 2121, Gefahrgutverordnung Straße (GGVS) 22. 7. 85 BGB **1** 1550.

b) Güterbeförderung auf Binnengewässern fällt ebenfalls unter Abschn 6; dazu kommt **BinSchG** betr die privatrechtlichen Verhältnisse der Binnenschiffahrt idF 15. 6. 1898 BGB III 4103-1, sowie **BinSchVG** über den gewerblichen Binnenschiffsverkehr idF 8. 1. 69 BGBl 2355, jeweils mit späteren Änderungen. Die Entgelte werden idR als Festentgelte, uU als Höchst- oder Mindestentgelte festgesetzt, idR durch Frachtenausschüsse der Binnenschiffahrt mit Genehmigung des BMV, Übersicht Storke BB **61,** 961. Abweichende Absprachen sind unwirksam, der Frachtvertrag gilt mit dem amtlich festgesetzten Entgelt. Bei bewußter Abweichung verfällt die Differenz für den Bund.

c) Güterbeförderung auf See fällt unter Buch V HGB, besonders Abschn 4, §§ 556–663b.

d) Güter-(und Personen-)Beförderung in der Luft regelt **LuftVG** 21. 8. 36 idF 14. 1. 81 BGBl 61, dazu Schwenk NJW **81,** 857 (wohl zu ergänzen aus §§ 425–452). Rspr dazu: zB BGH **88,** 70 (Haftung eines Luftsportvereins als Luftfrachtführer). Im **internationalen** Luftverkehr gilt das Internationale **(Warschauer) Abkommen** zur Vereinheitlichung von Regeln über die Beförderung im internationalen Luftverkehr von 1929 idF 28. 9. 55, BGBl 58 II 291, 312, 64 II 1295, Änderung 63 II 1160, 64 II 1317 mit Zusatzabkommen zur Vereinheitlichung von Regeln über die von einem anderen als dem vertraglichen Luftfrachtführer ausgeführte Beförderung im internationalen Luftverkehr **(Guadalajara-Abkommen)** 18. 9. 61, BGBl 63 II 1159, 64 II 1371. Rspr: zB BGH **52,** 194, 213 (Haftung einer deutschen GmbH aus Unfall bei von ihr organisierten „Studienreise" in die USA), **72,** 389 (Haftung für abgegebenes Handgepäck), **74,** 162 (Haftung für abgegebene Devisenpakete, leichtfertiges Verhalten im Bewußtsein wahrscheinlicher Schädigung), **75,** 183 (Fluggastunfallversicherung bei Charterflügen), **76,** 32 (Gefälligkeitsflug), **84,** 101 (Anzeigepflicht nur für Beschädigung, nicht für Verlust von Luftfrachtgut; Unwirksamkeit gegenteiliger ADSp), **84,** 339 (Gerichtsstand), BB **74,** 140 (Luftbeförderungsvertrag ist Werkvertrag), NJW **82,** 524 (Klage gegen Piloten), **82,** 1218 (begrenzte Haftung). Art 19 betrifft nur Verzögerungsschäden, bei Flugausfall (Überbuchung) Anspruch aus §§ 631, 325 BGB, LG Bln NJW **82,** 343. Haftung und Versicherung im Luftverkehr s Müller-Rostin DB **77,** 1173.

Zum Luftverkehrsrecht Giemulla-Lau-Barton (LBl), Hofmann 1971, Schwenk 1981, Ruhwedel 1985 (Luftbeförderungsvertrag); international Guldimann 1965.

e) Multimodaler (kombinierter) Transport: national s bei Güterbeförderung zu Lande, Wasser, Luft. Haftung für Frachtgutschäden bei den verschiedenen Beförderungen Monographie Helm 1966. **International** s UN-Konvention über die internationale multimodale Güterbeförderung, Text s transpR **81,** 67 dazu Komm Richter=Hannes 1982. Das **FBL** (Negotiable Combined Transport Bill of Loading) ist ein übertragbares Durchkonnossement für den kombinierten Transport. S auch IntHK, Einheitliche Richtlinien für ein kombiniertes Transportdokument, 1975 (IntHK-Publikation Nr 298, Sprache engl, frz). Vertragsmuster zum internationalen Transportrecht MüVertragsHdb Bd 2 XI. Übersicht: Helm FS Hefermehl **76,** 57, Koller VersR **82,** 1, Richter=Hannes transpR **82,** 85.

C. **Befördern** heißt: von Ort zu (bestimmtem) Ort bringen, nicht nur abfahren (beliebig wohin, vom Frachtführer oder von Dritten zu bestimmen, zB Müll), RG **68,** 75: gewöhnlicher Werkvertrag. Gleich ob mit Motor-, Tier-, Menschenkraft, mit besonderen Beförderungsmitteln (Fahrzeug, Lasttier, Schubkarren, Handwagen) oder ohne solche (Gepäckträger), RG **106,** 370. Auch Viehtreiben ist Befördern des Viehs, str. **Schleppen** (ein Fahrzeug ziehen, zu Wasser oder zu Lande) ist Befördern des geschleppten Fahrzeugs und von dessen Ladung, der Schleppvertrag ist also Frachtvertrag, sofern das geschleppte Fahrzeug nicht unter selbständiger Leitung steht; sonst ist Schleppen ein Werk anderer Art, der Schleppvertrag ein Werkvertrag iSv § 631 BGB, RG **112,** 41; die Absender der Ladung des Schiffs stehen zum Schleppunternehmer nicht in Vertrag, RG **63,** 310. Vgl auch RG **122,** 288 (Schleppen mit Besatzung, die aufgrund Dienstverschaffungsvertrags mit Dritten verpflichtet ist). **Lohnfuhr** (Gegensatz zum Frachtvertrag), rechtlich nicht eindeutig bestimmt (eine Definition enthält § 2 IIb AGNB, vgl **(22)** GüKG § 84 Anm 2) bedeutet etwa: Stellung eines bemannten Fahrzeugs zu (grundsätzlich) beliebiger Beladung und Fahrt nach Weisung des Auftraggebers, dies ist idR wohl Miet- und Dienst- (nicht nur Dienstverschaffungs-) Vertrag (so daß Fuhrunternehmer für Fahrzeugführer nach § 278 BGB haftet), vgl BGH BB **75,** 857. Lohnfuhr mit Kfz s **(22)** GüKG § 1 Anm 5.

D. Eine Beförderung **ausführen** heißt sie selbst ausführen, wenn auch mit Gehilfen (auch Unterfrachtführern, § 278 BGB, § 431 HGB, Denkschrift 255). Gegensatz: Spedition, § 407.

E. **Frachtrecht** gemäß §§ 426–450 gilt für die Frachtgeschäfte (Übernahme der Beförderung von Gütern zu Lande oder auf Binnengewässern) der **gewerbsmäßigen** (vgl § 1 Anm 1) **Frachtführer,** § 425, und **anderer Kaufleute** in ihrem Geschäftsbetrieb, § 451. – Häufig schuldet Frachtführer außer der Beförderung Nebenleistungen, zB Aufbewahrung des Guts vor oder nach Beförderung; solche Nebenleistungen sind rechtlich nicht selbständig zu beurteilen, sondern folgen den Regeln des Frachtvertrags, RG HRR **29,** 1673. Anderseits kann auch das Befördern Nebenleistung in einem anderen Geschäft sein, zB Versendungskauf, Kommission, Lagerung, RG JW **02,** 79. Frachtführer sind Kflte, § 1 II Nr 5, ggf MinderKflte, § 4. – Auf den Frachtführer ist (anders als auf den Spediteur, § 407 II) nicht

6. Abschnitt. Frachtgeschäft 2 **§ 426**

Kommissionsrecht entspr anzuwenden, zB nicht § 388 (Rechtswahrung), doch ist uU entspr Nebenpflicht anzunehmen, zB wenn zweiter Frachtführer an dem ihm vom ersten übergebenen Gut Schaden erkennt (nicht wenn dieser nur erkennbar ist), Düss DB **73,** 1943.

2) Frachtvertrag

A. Der Frachtvertrag ist **Werkvertrag,** nicht die Dienste des Frachtführers sind sein Inhalt, sondern das Erreichen des Ziels. Die Gegenleistung heißt Fracht. Vertragsteile sind der **Absender** (im Seefrachtgeschäft „Befrachter"), dh wer den Frachtvertrag mit dem Frachtführer in eigenem Namen abschließt, ggf der Spediteur, nicht der Versender (§ 407 I), und der „**Frachtführer**" (im Seefrachtgeschäft „Verfrachter"). Der Vertrag über entgeltliche (Personen-) Luftbeförderung ist, auch bei Flugscheinausstellung über ein Reisebüro, Werkvertrag zwischen Fluglinie und Fluggast (nicht wird einseitig eine Beförderungspflicht der Linie begründet und das Recht auf sie vom Reisebüro verkauft), BGH **62,** 74.

B. Vertragsschluß formlos. Mangels Einigung über die Höhe der Fracht gilt § 354. Der Frachtvertrag verpflichtet den Frachtführer zur Beförderung mit der Sorgfalt eines ordentlichen Kfm (Frachtführers); der Absender verpflichtet sich durch Vertragsschluß zur Zahlung der vereinbarten oder üblichen Fracht; Aufwendungsersatz nach §§ 670, 675 BGB (vgl für Spediteur §§ 407 II, 396 II), Ffm NJW **81,** 1912. Umwegkosten s **(23)** KVO § 28 Anm 1. Der Frachtvertrag ist Vertrag zugunsten eines Dritten, des Empfängers (§ 328 BGB), s §§ 433–436. Zwischen Frachtführer oder Absender und einem dritten Eigentümer der Ware bestehen keine vertraglichen Bindungen. Frachtrechtliche Rahmenvereinbarungen s Konow DB **74,** 565. Auftrag (durch Verkäufer) an Transporteur, bei Dritten Waren zu empfangen und X (Käufer) **zur Verfügung** zu halten (Bereitstellen, Versenden, Herausgabe nach Weisung): Direktanspruch von X, ggf Schadensersatz, BGH BB **78,** 1234.

C. **Erfüllungsort** ist für den Frachtführer der Ablieferungsort, weil dort der Erfolg herzustellen ist. Für die Fracht gilt derselbe Erfüllungsort, wenn Zug um Zug zu zahlen ist; anders bei Vorauszahlung oder für den Vorschuß auf Auslagen. Der Empfänger macht seine Rechte auch am Ablieferungsort geltend. Der Inhalt des Frachtvertrags ist nach dem Brauch am Ort der Niederlassung des Frachtführers **auszulegen.**

D. **Der Frachtvertrag erlischt a) mit Kündigung;** sie ist für den Absender gem § 649 BGB bis zur vollständigen Ausführung der Beförderung jederzeit zulässig. Der Absender muß dann aber die volle Fracht zahlen mit Abzug des vom Frachtführer an Aufwendungen Ersparten oder anderweit zu erwerben böswillig Unterlassenen, § 649 BGB. Der Frachtführer darf nur mit Fristsetzung bei Annahmeverzug des Absenders kündigen, § 643 BGB. **b)** mit **Rücktritt** vom Frachtvertrag gemäß §§ 325, 326 BGB oder § 428 HGB. Der Tod des Absenders oder des Frachtführers berührt den Frachtvertrag idR nicht. Im Konkurs des Frachtführers gilt § 17 KO. Konkurs des Absenders beendet den Beförderungsauftrag, wenn das Gut noch zur Konkursmasse gehört, § 23 II KO, §§ 672 S 2, 674 BGB sind anwendbar; nach Konkurseröffnung entstandene Ansprüche des Frachtführers aus § 672 S 2 BGB (Fortsetzung des

§ 426 1 IV. Buch. Handelsgeschäfte

Transports zur Abwendung von Schaden bis zu neuer Weisung) sind Masseschuld, § 27 KO.

[Frachtbrief]

426 ^I **Der Frachtführer kann die Ausstellung eines Frachtbriefs verlangen.**

^{II} **Der Frachtbrief soll enthalten:**
1. **den Ort und den Tag der Ausstellung;**
2. **den Namen und den Wohnort des Frachtführers;**
3. **den Namen dessen, an welchen das Gut abgeliefert werden soll (des Empfängers);**
4. **den Ort der Ablieferung;**
5. **die Bezeichnung des Gutes nach Beschaffenheit, Menge und Merkzeichen;**
6. **die Bezeichnung der für eine zoll- oder steueramtliche Behandlung oder polizeiliche Prüfung nötigen Begleitpapiere;**
7. **die Bestimmung über die Fracht sowie im Falle ihrer Vorausbezahlung einen Vermerk über die Vorausbezahlung;**
8. **die besonderen Vereinbarungen, welche die Beteiligten über andere Punkte, namentlich über die Zeit, innerhalb welcher die Beförderung bewirkt werden soll, über die Entschädigung wegen verspäteter Ablieferung und über die auf dem Gute haftenden Nachnahmen, getroffen haben;**
9. **die Unterschrift des Absenders; eine im Wege der mechanischen Vervielfältigung hergestellte Unterschrift ist genügend.**

^{III} **Der Absender haftet dem Frachtführer für die Richtigkeit und die Vollständigkeit der in den Frachtbrief aufgenommenen Angaben.**

1) Rechtsnatur und Ausstellung des Frachtbriefs (I)

A. **Der Frachtbrief** ist eine vom Absender auszustellende **Beweisurkunde über den Frachtvertrag,** nicht Anweisung, nicht Lagerschein. Daneben wirkt er als Garantieschein für den Frachtführer, III. Für Abschluß und Wirksamkeit des Frachtvertrags ist er nicht von Bedeutung. Der Frachtbrief ist eine Erklärung des Absenders. Indem ihn der Frachtführer annimmt, nimmt er die Erklärung an und macht sie zum Inhalt des Frachtvertrags, KG OLGE **6,** 96, und zum Empfangsbekenntnis, freilich nur, soweit er die Angaben verkehrsüblich nachprüfen kann und muß, also zB nicht für Wertangaben bei verschlossenen Sendungen (aber hier muß der Absender die Angabe gegen sich gelten lassen). Anders, wo eine Partei einen Vorbehalt macht. Der Frachtführer darf seine Bindung vertraglich beschränken. So durch Vorbehalte, wie ,,Zahl, Maß und Gewicht unbekannt". Der Frachtbrief ist eine Privaturkunde, § 416 ZPO (anders bei der DBB), somit dem Gegenbeweis zugänglich (Ausnahme III). Er beweist gegen Absender und Frachtführer; aber auch gegen Dritte, die in den Frachtvertrag eintreten, und gegen den Empfänger des Guts, der den Frachtbrief annimmt (vgl §§ 432–436). Beginn der Beweiskraft mit Aushändigung und Annahme; spätere einseitige Änderungen sind belanglos. Das **FCR** (Forwarders Certificate of Receipt) ist eine Spediteurübernahmebescheinigung; es ist kein kfm Orderpapier (s § 363 Anm 1 B). Kombiniertes **Transportdokument** s § 425 Anm 1 B e.

B. Frachtführer kann vom Absender **Ausstellung** des Frachtbriefs verlangen, wenn das nicht unüblich ist (Bspe: Gepäckträger, Kleintransporte). Nur Frachtführer kann verlangen, nicht der Absender. Stellt Absender den Frachtbrief trotz Aufforderung nicht aus, so ist er in Gläubigerverzug, § 295 BGB. Nimmt der Frachtführer den Frachtbrief nicht an, so haftet er für etwaigen Schaden. Zwingend vorgeschrieben ist der Frachtbrief jetzt im Güterfernverkehr s **(22)** GüKG §§ 28 ff, **(23)** KVO §§ 10 ff. Für Eisenbahn s **(25)** EVO §§ 55 ff.

2) Inhalt des Frachtbriefs (II)

A. **II ist nur Sollvorschrift.** Welche Beweiskraft ein Frachtbrief hat, der von II abweicht, ist Frage der richterlichen Beweiswürdigung, vgl RG **83**, 395. Der Frachtführer kann aber einen Frachtbrief mit unvollständigen oder abweichenden Angaben zurückweisen. Der Frachtführer kann, wenn der Absender den Frachtbrief nicht ausstellt, die Beförderung zurückbehalten.

B. **Der Frachtbrief soll enthalten: 1)** Ort und Tag der Ausstellung, Nr **1**. Der Frachtvertrag kann vorher geschlossen sein. Anders im Eisenbahnfrachtverkehr. Dort ist der Frachtvertrag geschlossen, wenn die Güterabfertigung das Gut mit dem Frachtbrief zur Beförderung angenommen hat; als Zeichen der Annahme drückt sie den Tagesstempel auf, **(25)** EVO § 61; **2)** Namen und Wohnort des Frachtführers, Nr **2**; bei VollKflten Firma und Niederlassung; **3)** den Namen des Empfängers, dh dessen, an den das Gut abzuliefern ist, Nr **3**. Empfänger kann auch der Absender oder ein zunächst Ungenannter sein. An Order kann man einen Frachtbrief nicht stellen; auch nicht auf den Inhaber, allgM; **4)** den Ablieferungsort, Nr **4**, Bestimmungsort. Seine Angabe kann man vorbehalten; **5)** die Bezeichnung des Guts nach Beschaffenheit, Menge, Merkzeichen, Nr **5**. So um Verwechslungen auszuschließen. Dieser Zweck gibt den Maßstab für das zu Verlangende. Bezeichnung nach der Verpackung unzulänglich. Das Merkzeichen ist an der Ware oder ihrer Verpackung anzubringen und im Frachtbrief zu wiederholen. Es ist beliebig zu wählen; **6)** die Bezeichnung der Begleitpapiere, Nr **6**. S § 427; **7)** die Bestimmung über die Fracht, bei Vorausbezahlung entspr Vermerk, Nr **7** (Freivermerk). Die Fracht ist ziffernmäßig oder wenigstens so zu bestimmen, daß man sie leicht berechnen kann; Fracht schließt sämtliche Nebenkosten ein. Verpflichtung des Absenders zur Fracht-(Restfracht-)Zahlung „am Schluß der Entladung" erlaubt (auch wenn als Vorleistungspflicht des Frachtführers bezüglich der ganzen Entladung zu verstehen) dem Frachtführer Verweigerung der Entladung eines seine Ansprüche sichernden Teils des Guts, wenn Absender erklärt, nicht zahlen zu können oder zu wollen oder die Zahlung nicht soweit nötig vorbereitet oder in Vermögensverfall gerät, §§ 242, 321 BGB, BGH **LM** § 446 Nr 1; **8)** die besonderen Vereinbarungen, Nr **8**. Als Bsp nennt das Gesetz die Lieferfrist und die vereinbarte Vergütung für ihre Überschreitung, sowie auf dem Gut ruhende Nachnahmen. Es genügt hier jede Verweisung auf eine andere Urkunde, die die Abreden enthält, zB auf AGB. Nachnahme ist hier ganz weit zu verstehen als alles, was Zug um Zug

§ 427 1   IV. Buch. Handelsgeschäfte

gegen Ablieferung zu zahlen ist (Spesennachnahmen und Wertnachnahmen); **9)** die Unterschrift des Absenders, Nr **9**. Sie braucht weder eigenhändig noch handschriftlich zu sein, Nr 9 läßt zwar faksimilierte Unterschrift, aber im Gegensatz zu **(25)** EVO § 56 keine Unterstempelung zu. Die Unterschrift ist nicht wesentlich in dem Sinn, daß der Frachtbrief ohne sie nichtig wäre. Seine Beweiskraft ist bei fehlender Unterschrift frei zu würdigen; § 416 ZPO versagt dann (wohl allgM).

3) Haftung für Angaben im Frachtbrief (III)

Der Absender haftet **ohne Verschulden** (Denkschrift 256, RG **96**, 279, BGH **72**, 181, aA Konow DB **72**, 1615) für Richtigkeit und Vollständigkeit der in den Frachtbrief aufgenommenen Angaben. Den Frachtführer kann mitwirkendes Verschulden treffen, § 254 BGB (Verschulden bei Vertragsschluß, str). Bsp: dem Frachtführer entsteht ein Schaden dadurch, daß der Absender auf die Gefährlichkeit des Guts nicht hingewiesen hat, der Frachtführer hätte diese Gefährlichkeit aber bei einiger Aufmerksamkeit erkennen müssen (vgl zur Haftung RG **93**, 164). Auf die Angaben im Frachtbrief darf sich der Frachtführer regelmäßig verlassen. Verschärfte Haftung nach § 45 BinnSchG, **(25)** EVO § 60.

[Begleitpapiere]

427   **Der Absender ist verpflichtet, dem Frachtführer die Begleitpapiere zu übergeben, welche zur Erfüllung an die Zoll-, Steuer- oder Polizeivorschriften vor der Ablieferung an den Empfänger erforderlich sind. Er haftet dem Frachtführer, sofern nicht diesem ein Verschulden zur Last fällt, für alle Folgen, die aus dem Mangel, der Unzulänglichkeit oder der Unrichtigkeit der Papiere entstehen.**

1) Absender muß das seine tun, den Transport vor Schwierigkeiten zu sichern, die aus der Nichterfüllung **öffentlichrechtlicher Erfordernisse** folgen können. § 428 nennt Zoll, Steuer, Polizei, zu dieser gehört ggf die Devisenpolizei. Solche Schwierigkeiten (zB Anhalten, Zurückweisen, Umladenlassen) können dem Frachtführer Schäden bringen. Absender **haftet** ihm für solche. Verschulden des Absenders ist unnötig (str, s § 426 Anm 3). Verschulden des Frachtführers schließt die Haftung aus, wobei er für seine Erfüllungsgehilfen einstehen muß, § 278 BGB, § 431 HGB. Es kann darin liegen, daß er die Besorgung vertraglich übernommen oder daß er den Absender nicht auf die Notwendigkeit hingewiesen hat, zumal er die Vorschriften kennen muß. Trifft ihn allein ein Verschulden, so ist er auch ersatzpflichtig. Trifft beide Teile ein Verschulden, so ist § 254 BGB anzuwenden, dh das Gericht kann den Schaden verteilen. Der Frachtführer kann, wenn die Papiere nicht ausreichen, nach § 643 BGB den Frachtvertrag kündigen. Die Haftung aus unerlaubter Handlung bleibt unberührt. Beweispflichtig für ungenügende Papiere ist der Frachtführer, für Verschulden des Frachtführers der Absender. § 427 ist auf das Binnenschiffahrtsgeschäft anzuwenden, § 26 BinnSchG, s aber auch dort § 45. Ähnlich im Eisenbahnfrachtverkehr, **(25)** EVO § 65.

6. Abschnitt. Frachtgeschäft §§ 428, 429

[Lieferfrist; Verhinderung der Beförderung]

428 ¹ Ist über die Zeit, binnen welcher der Frachtführer die Beförderung bewirken soll, nichts bedungen, so bestimmt sich die Frist, innerhalb deren er die Reise anzutreten und zu vollenden hat, nach dem Ortsgebrauche. Besteht ein Ortsgebrauch nicht, so ist die Beförderung binnen einer den Umständen nach angemessenen Frist zu bewirken.

ᴵᴵ Wird der Antritt oder die Fortsetzung der Reise ohne Verschulden des Absenders zeitweilig verhindert, so kann der Absender von dem Vertrage zurücktreten; er hat jedoch den Frachtführer, wenn diesem kein Verschulden zur Last fällt, für die Vorbereitung der Reise, die Wiederausladung und den zurückgelegten Teil der Reise zu entschädigen. Über die Höhe der Entschädigung entscheidet der Ortsgebrauch; besteht ein Ortsgebrauch nicht, so ist eine den Umständen nach angemessene Entschädigung zu gewähren.

1) Bestimmung der Lieferfrist (I)

Frachtführer schuldet Beförderung binnen (mangels abweichender Abrede) **Frist** nach Ortsbrauch (des Abgangsorts, uU des größeren Verkehrsplatzes, über welchen von kleinerem Orte zu befördern ist, besonders bei Umladung an solchem Platze), hilfsweise binnen angemessener Frist, I. Die Lieferfrist in der Binnenschiffahrt regelt § 71 BinnSchG. Über Ansprüche bei Abbruch einer Binnenschiffsbeförderung durch höhere Gewalt BGH **2**, 23, bei Anwendbarkeit gewisser AGB, BGH **8**, 57: richtet sich der Eingriff gegen die Ladung, so trägt Befrachter die Kosten.

2) Rücktritt bei schuldloser zeitweiliger Verhinderung (II)

Bei „zeitweiliger" (nicht unwesentlicher) **Hinderung** des Antritts oder der Fortsetzung der (schon begonnenen) Reise (des Guts) ohne „Verschulden" des Absenders, dh ohne (auch nur mitwirkende) Ursache in seinem Sorgebereich (zB Mängel im Zustand des Guts, der Verpackung, auch nicht verschuldet iSv § 276 I BGB), darf Absender vom Frachtvertrag **zurücktreten,** muß dann aber dem Frachtführer, wenn nicht auch diesen ein „Verschulden" (s oben) an der zeitweiligen Hinderung trifft, Vorbereitungs- und Wiederausladekosten und Distanzfracht zahlen, gemäß Ortsbrauch, hilfsweise angemessen. Verweigert dagegen Frachtführer die Beförderung grundlos, so gilt § 636 BGB (Rücktritt). Ist die Verhinderung dauernd, so greifen §§ 323 ff, 645 BGB ein; dann kann Frachtführer keine Distanzfracht (s Anm B) verlangen, wenn nicht nach Lage des Falls die Teilbeförderung Teilerfüllung iSv § 323 BGB oder die Unmöglichkeit durch die Beschaffenheit des Guts herbeigeführt ist.

[Haftung des Frachtführers]

429 ¹ Der Frachtführer haftet für den Schaden, der durch Verlust oder Beschädigung des Gutes in der Zeit von der Annahme bis zur Ablieferung oder durch Versäumung der Lieferzeit entsteht, es sei denn, daß der Verlust, die Beschädigung oder die Verspätung auf Umständen beruht, die durch die Sorgfalt eines ordentlichen Frachtführers nicht abgewendet werden konnten.

§ 429 1

II Für den Verlust oder die Beschädigung von Kostbarkeiten, Kunstgegenständen, Geld und Wertpapieren haftet der Frachtführer nur, wenn ihm diese Beschaffenheit oder der Wert des Gutes bei der Übergabe zur Beförderung angegeben worden ist.

1) Übersicht

A. § 429 I schärft die **(vertragliche) Haftung** des Frachtführers im Vergleich mit § 276 BGB für Schäden aus **Verlust** oder **Beschädigung** des Guts zwischen Annahme und Ablieferung oder aus **Versäumung** der Lieferzeit: Dem Frachtführer obliegt Entlastung nach I. Ähnlich §§ 390, 407 II, 417 I, 454, 455 für Kommissionär, Spediteur, Lagerhalter, Eisenbahn. In der Binnenschiffahrt gelten statt § 429 die §§ 58, 62 BinnSchG (inhaltlich wesentlich gleich). Über vertragliche Beschränkung der Haftung vgl **(19)** ADSp §§ 52, 54, **(20)** SVS/RVS § 5; AGB s **(5)** AGBG §§ 9, 11 Nr 7 ua. Ist der Frachtführer vertraglich von seiner Beweislast entbunden, so ist doch zu beachten, daß er allein die Vorgänge bei der Beförderung klarlegen kann; darum genügt, daß nach dem regelmäßigen Zusammenhang der Dinge die Folgerung auf sein ursächliches Verschulden berechtigt ist, RG LZ **32**, 887. Drittschadensliquidation des Hauptfrachtführers, der selbst nur nach **(24)** CMR haftet, wenn sein Unterfrachtführer weitergehend nach **(23)** KVO haftet, Ffm RIW **82**, 759. Ist der Frachtvertrag durch einen **Spediteur** (im eigenen Namen für Rechnung des Versenders) abgeschlossen, hat dieser die Ersatzansprüche aus dem Vertrag auch wegen des dem Versender entstandenen Schadens (sog Drittschadensliquidation), BGH **40**, 99. Zur Haftung des Spediteurs wie ein Frachtführer s §§ 412, 413; bei Beförderung mit Kfz s § 412 Anm 2 D. (Absender-)-Selbstversicherungsklausel („Versicherung bis X decken wir") bedeutet nicht Freizeichnung des Frachtführers von seiner Haftung; der Ersatzanspruch gegen den Frachtführer geht ggf auf den Versicherer des Absenders über; gleich ob Frachtführer Haftpflichtversicherung genommen hat; Transportsachversicherung (des Absenders) und Haftpflichtversicherung (des Frachtführers) bewirken nicht Doppelversicherung; BGH BB **67**, 95, vgl **(23)** KVO § 29, **(24)** CMR Art 41. Monographie: Helm 1966.

B. Den Frachtführer trifft, vom Vertragsverhältnis abgesehen, eine allgemeine Rechtspflicht zur Sicherung des Guts; deren Verletzung begründet Haftung aus **§ 823 I BGB**; BGH **9**, 307, **46**, 146, BB **77**, 921. Der Vertrag kann diese Obhutspflicht beschränken, BGH BB **77**, 921 (Bsp s **(22)** GüKG § 84 Anm 2 betr Lohnfuhr). Ggf besteht echte Anspruchskonkurrenz der Vertrags- und Deliktsansprüche (Arens AcP 170 **(70)** 392). Die Voraussetzungen der Haftung sind verschieden: ua ist Deliktshaftung für fremdes Verschulden enger als die vertragliche (vgl § 278 BGB und § 431 HGB mit § 831 BGB). Umgekehrt ist die Deliktshaftung auch bei leichter Fahrlässigkeit unbeschränkt, für sie gelten § 430 I, II nicht. So BGH **46**, 140 (entspr BGH **24**, 193 zur EVO, s § 454 Anm 1), Emmerich JuS **67**, 345, str; aA Monographie Helm 1966, Schlechtriem ZHR 133 **(70)** 105: Vorrang der (die Risiken umfassend regelnden) vertraglichen Sonderordnung, auch BGH **86**, 234 (für § 660). Vgl auch für Spediteur § 408 Anm 1 D, Lagerhalter § 417 Anm 1 D. Eisenbahn § 454 Anm 1 C; für Verkäuferhaftung BGH **66**, 319. Der Haftung aus §§ 823 ff BGB stehen auch nicht §§ 989 ff BGB entgegen; der sein Besitzrecht überschreitende, zB die Sache verletzende Fremdbesitzer haftet wie der nichtbesitzende Verletzer, BGH **46,** 146. Vgl **(24)** CMR Art 28: Anwendung der Haftung ausschließenden oder ihren Umfang bestimmenden oder begrenzenden Vorschriften auch auf ,,nach dem anzuwendenden Recht" gegebene ,,außervertragliche" Ansprüche (abw von BGH **46,** 146). Monographie: Schlechtriem 1972 (Vertrags-Deliktshaftung).

2) Haftung nach I

A. Erfaßt sind nur Schäden aus Verlust und Beschädigung des Gutes. **Verlust** ist nicht nur Untergang oder Unauffindbarkeit, sondern auch Auslieferung an Nichtberechtigten; auch wenn der Absender das Gut bei einem Dritten auffindet und an sich bringt, dann aber entspr Schadensminderung, BGH NJW **79,** 2473 (zu Art 17 CMR). Nur **Beschädigung** des Gutes selbst, nicht Schaden anläßlich seiner Einfüllung in die Anlage, Kblz VersR **62,** 458.

B. **Annahme** meint (was § 454 für Eisenbahnen ausdrücklich sagt) Annahme zur Beförderung, nicht zB zur vorläufigen Verwahrung, wenn erst später Auftrag zur Beförderung erteilt werden soll. Sie geschieht nicht dadurch, daß der Packer des Möbeltransporteurs Sachen des Hausstands in Kisten packt, Hbg HRR **31,** 1699. Hat die Übernahme von Sachen eines Hausstands zur Beförderung begonnen, so ist der ganze Hausstand übergeben und bedarf es keiner Übergabe jedes Stücks, Hbg OLGE **28,** 394.

C. **Ablieferung** ist der Vorgang, durch den der Frachtführer die zur Beförderung erlangte Obhut über das Gut mit ausdrücklicher oder stillschweigender Einwilligung des Verfügungsberechtigten wieder aufgibt und diesen in Stand setzt, die tatsächliche Gewalt über das Gut auszuüben, stRspr, BGH NJW **80,** 833. Es bedarf also keiner körperlichen Inbesitznahme durch Empfänger. Die Ablieferung ist ein zweiseitiger Akt, RG **114,** 314. Einwilligung des Empfängers ist Rechtsgeschäft, BGH NJW **82,** 1284. Ablieferung iSv I ist zB: Ablieferung an die Zoll- oder Steuerbehörde des Bestimmungsorts mit Wissen und Willen des Empfängers, RG **67,** 338; regelmäßig auch Zahlung der Fracht und Quittieren über das Gut, RG **102,** 206; Ausstellung eines neuen Frachtbriefs zur Weiterbeförderung durch den Empfänger, RG **102,** 93; Anfahren an Entladerampe des Empfängers und Zuziehung eines seiner Leute zum Entladen, Düss NJW **55,** 1322. Bei Vereinbarung, das Gut an bestimmten Platz abzustellen (str ob dazu Eintragung im Frachtbrief nötig ist), ist Ablieferung erst die Verbringung dorthin, BGH NJW **80,** 833. **Nicht** genügend ist: Ankunft des Guts; Benachrichtigung von Ankunft mit Aufforderung zum Abholen, selbst bei Aushändigung des Frachtbriefs, RG **108,** 342; Verwahrung für den Empfänger am Bestimmungsort, wenn nur Nebenleistung des Frachtvertrags und nicht auf eigenem Verwahrungsvertrag beruhend; Belassung des Guts beim Empfänger (der die Fracht nicht zahlte) ,,vorläufig und zur baldigen Verfügung", RG JW **34,** 2972. Auch Auslieferung an einen Unberechtigten ist nicht Ablieferung; Auslieferung vor ausgemachtem Zeitpunkt, auch bei Annahme durch Betriebspförtner, BGH NJW **82,** 1284. Ist Ablieferung an den Berechtigten unmöglich, weil er unauffindbar ist, so besteht die verschärfte Haftung des Frachtführers fort, bis er nach § 437 II hinterlegt.

§ 429 3   IV. Buch. Handelsgeschäfte

Lehnt Empfänger die Annahme grundlos ab, so kommt Absender in Annahmeverzug, wenn er auf eine Aufforderung aus § 437 nicht verfügt; dadurch beschränkt sich die Haftung des Frachtführers auf Vorsatz und grobe Fahrlässigkeit, str.

    C. Der Absender (oder Empfänger, § 435) trägt die **Beweislast** für Schaden und dessen (adäquate) Verursachung durch Verlust, Beschädigung, Säumnis (s Anm 1), der Frachtführer für die Umstände, die für Verlust usw ursächlich waren, und ihre Unabwendbarkeit bei Anwendung der Sorgfalt eines ordentlichen Frachtführers. Den Frachtführer trifft Sorgfaltspflicht zur Sicherung des Transportgutes, auch zur besonderen Sicherung des TransportKfz gegen Entwendung samt Transportgut, Ffm DB **84,** 2192. Für eine unaufgeklärte Schadensursache steht der Frachtführer ein, RG **72,** 106; er kann sich nur entlasten, wenn er beweist, daß ihn für alle möglicherweise in Betracht kommenden Ursachen kein Verschulden trifft, RG **66,** 42. Bei mitwirkendem Verschulden des Absenders gilt § 254 **BGB.** Kläger muß Entstehung des Schadens während der Beförderung durch Frachtführer X beweisen; bleibt Entstehung vor dem Transport oder auf einer Vortransportstrecke möglich, ist abzuweisen, Düss DB **73,** 1944, Karlsr BB **75,** 1545, vgl § 432 Anm 1 A.

3) Bedingte Haftung (II)

    A. Frachtführer haftet bedingt nach II für Verlust oder Beschädigung von **a) Kostbarkeiten:** Güter, deren Wert das Maß dessen erheblich übersteigt, was nach Gewicht und Umfang des Frachtstücks als Wert zu vermuten ist, RG **105,** 204; das Gut muß nach den Anschauungen des Lebens als hochwertig gelten, RG **116,** 114. Bspe: Zobelpelz, RG **75,** 190; andere hochwertige Felle, RG **116,** 114, **120,** 315; Seide, RG **103,** 184; besonders wertvolle Briefmarken, Düss DB **50,** 202; auch uU eine Briefmarkensammlung ohne Rücksicht auf den Wert der einzelnen Marken, abw Düss BB **50,** 202; **b) Kunstgegenständen,** dh Erzeugnissen der Kunst oder des Kunstgewerbes (vgl KunstschutzG). Bsp: Gemälde, Hbg OLGE **28,** 394, Kupferstiche, Plastiken, uU Photographien und Filme (vgl RG **94,** 119), wenn sie nicht schon „Kostbarkeit" sind; **c) Geld und Wertpapieren:** Geld sind sämtliche irgendwo umlaufenden Münzen und Papiergeldsorten, also auch ausländische Geldmünzen, BGH WM **81,** 715; außer Kurs befindliche sind idR „Kostbarkeiten" (s Anm a). Wertpapiere sind hier alle Urkunden, die Träger des Rechts sind, uU alle Ausweis- und (Legitimations-)Papiere oder Beweisurkunden, wie Sparbücher, Hypothekenbriefe, str. Sind Kostbarkeiten usw mit gewöhnlichem Frachtgut gemischt, so ist nicht etwa das ganze Gut kostbar; jeder Gegenstand ist gesondert zu beurteilen, BGH **9,** 4 (für ADSp), vgl RG **106,** 372 (für Handgepäck, abw von RG **100,** 110 betr Frachtgut). Ist das Gut (Felle) durch Preissteigerung Kostbarkeit geworden, so ist unerheblich, ob es nach bisheriger Übung so zu bezeichnen war, RG **104,** 97.

    B. Der Frachtführer haftet hier für Verlust und Beschädigung (bei Versäumung der Lieferfrist gilt auch hier I) nur bei Wertangabe (Deklaration), dh wenn ihm Beschaffenheit oder Wert bei Übergabe zur Beförderung (oder schon vorher) angegeben ist. Es genügt nicht, daß der Frachtführer die Kenntnis anderweit erlangt hat. IdR geschieht die Angabe im Frachtbrief; das ist aber nicht unbedingt nötig. Die Angabe muß unmißverständlich sein; auf die Bezeichnung kommt es nicht an, sie kann formlos geschehen. So genügt Übergabe als „Ölgemälde", RG **110,** 63. Ist die Angabe wahrheitsgemäß gemacht, so ist sie als einseitige Erklärung des Absenders zu würdigen, die nur den Absender bindet; Frachtführer erkennt die Angabe nicht durch vorbehaltlose Annahme des Frachtbriefs an. Im Streitfall muß also Absender den Wert beweisen und kann nur den angegebenen Wert verlangen. Alle sonstigen Verpflichtungen des Frachtführers bleiben unberührt. Ist die Angabe verspätet gemacht, so wirkt sie wie nach II, wenn der Frachtführer sich mit ihr ausdrücklich oder stillschweigend einverstanden erklärt (nicht mit bloßer Kenntnisnahme).

C. **Unterbleibt die Angabe,** so entfällt die **(vertragliche) Haftung** des Frachtführers für Verlust oder Beschädigung des Guts, außer (selbstverständlich) bei (eigenem) Vorsatz (nicht von Gehilfen, § 431). UU ist Berufung auf II **arglistig,** so wenn er Frachtgut dieses Absenders in ständiger Geschäftsverbindung auch ohne Angabe als Kostbarkeit behandelt hat oder wo er in Kenntnis des Werts oder der Beschaffenheit zur Beförderung angenommen hat, vgl RG **97,** 110.

[Umfang des Ersatzes]

430 **I Muß auf Grund des Frachtvertrags von dem Frachtführer für gänzlichen oder teilweisen Verlust des Gutes Ersatz geleistet werden, so ist der gemeine Handelswert und in dessen Ermanglung der gemeine Wert zu ersetzen, welchen Gut derselben Art und Beschaffenheit am Orte der Ablieferung in dem Zeitpunkte hatte, in welchem die Ablieferung zu bewirken war; hiervon kommt in Abzug, was infolge des Verlustes an Zöllen und sonstigen Kosten sowie an Fracht erspart ist.**

II Im Falle der Beschädigung ist der Unterschied zwischen dem Verkaufswerte des Gutes im beschädigten Zustand und dem gemeinen Handelswert oder dem gemeinen Werte zu ersetzen, welchen das Gut ohne die Beschädigung am Orte und zur Zeit der Ablieferung gehabt haben würde; hiervon kommt in Abzug, was infolge der Beschädigung an Zöllen und sonstigen Kosten erspart ist.

III Ist der Schaden durch Vorsatz oder grobe Fahrlässigkeit des Frachtführers herbeigeführt, so kann Ersatz des vollen Schadens gefordert werden.

1) Übersicht

A. Gegenstück der Schärfung der Haftung für Verlust oder Beschädigung des Guts nach § 429 I ist die **Begrenzung ihrer Höhe** nach § 430 I, II; § 249 BGB wird insoweit ausgeschlossen, BGH NJW **80,** 2021, gilt wohl auch, wenn der Geschädigte nach § 276 BGB dem Frachtführer (gewöhnliche) Fahrlässigkeit beweist (also die Beweislastumkehrung nach § 429 keine Rolle spielt), dagegen nicht bei Haftung aus besonderer Abrede, zB wegen Nichtbefolgung bestimmter Weisung über die Behandlung des Guts oder abredewidriger Nichtversicherung. Haftung wegen Versäumung der Lieferzeit (vgl § 429) ist in der Höhe nicht beschränkt. In der Binnenschiffahrt gelten §§ 26, 59, 60 BinnSchG. Für die Eisenbahnen s **(25)**

§ 430 2–4   IV. Buch. Handelsgeschäfte

EVO § 85, für Kfz-Transport **(23)** KVO § 35, für KfzTransport der DBB s **(22)** GüKG § 46 Anm 1. Haftung aus unerlaubter Handlung s § 429 Anm 1 B.

B. Ersatz gemäß den **Schema-Maßstäben** der I, II ist auch dann geschuldet, wenn der Wert des verlorenen Guts (Fall I) oder die Werteinbuße (Fall II) im Einzelfall für den Geschädigten geringer, zB Anschaffungs- u/o Wiederbeschaffungswert für ihn geringer ist als der gemeine Wert, RG **100**, 103, **117**, 133, wohl nicht, wenn der Ersatzberechtigte aus anderen Gründen geringeren (oder keinen) Schaden hat, zB der Dritt-Eigentümer vom ersatzberechtigten Absender geringeren (oder keinen) Ersatz fordert.

2) Verlust (I)

A. Für **Verlust** des Guts (oder eines Teils) ist nach I zu ersetzen: sein **gemeiner Handelswert** (in erster Linie Börsen- oder Marktwert), hilfsweise (falls das Gut nicht kfm gehandelt wird) sein **gemeiner Wert** schlechthin, vgl **(25)** EVO § 85, an Zeit und Ort der Ablieferung (Begriff § 429 Anm 2), dh wann und wo abzuliefern war (anders für die Eisenbahnen **(25)** EVO § 85 I). Abzurechnen sind **ersparte Kosten** (namentlich an Zoll) und **Fracht**, die nach § 644 I BGB bei Verlust nicht zu zahlen ist. Die Ersparnis muß der Frachtführer beweisen, den gemeinen Handelswert der Geschädigte. Abtretung der Ansprüche des Ersatzberechtigten gegen Dritte aufgrund des Eigentums, § 255 BGB, kann der Frachtführer nur fordern, wo er vollen Ersatz leistet, sei es freiwillig oder weil der gemeine Wert vollen Ersatz gibt; dann kann der Frachtführer das Eigentum am wiedergefundenen Gut erwerben.

3) Beschädigung (II)

Für Beschädigung des Guts schuldet Frachtführer nach II den Unterschied zwischen dem (entspr I bestimmten) Wert, den es ohne Beschädigung gehabt hätte, und seinem (ebenfalls abstrakt nach geschätzten Verkaufsmöglichkeiten bestimmten) Verkaufswert im beschädigten Zustand. Abzuziehen sind die ersparten Kosten. Der Geschädigte hat nicht das Recht, das beschädigte Gut zurückzuweisen (er käme in Annahmeverzug) oder dem Frachtführer zu überlassen (kein Abandon), allgM. Ist das Gut nur teilweise beschädigt, so ist nur dieser Teil zu entschädigen, wenn nicht die ganze Sendung oder ein größerer Teil dadurch entwertet ist, RG **15**, 134. Kein Ersatz der Reparaturkosten wie in § 249 S 2 BGB, BGH NJW **80**, 2021.

4) Haftung bei Vorsatz, grober Fahrlässigkeit

A. Nach II gilt die Beschränkung der Haftung nach I, II nicht bei Vorsatz oder grober Fahrlässigkeit des Frachtführers oder derer, für die er haftet (§§ 431, 432 I). Bsp: Frachtführer ließ das Gut nicht bewachen, RG **102**, 208. Beweispflichtig der Absender, wobei aber genügt, daß er nachweist, das Gut habe nach Sachlage und Erfahrung des Lebens kaum ohne solches Verschulden verschwinden oder beschädigt werden können; Sache des Frachtführers ist es dann, diesen Anscheinsbeweis zu entkräften, vgl RG **102**, 208. Gilt § 430 I, II nicht, so haftet Frachtführer nach §§ 249 ff BGB. Bei mitwirkendem Verschulden des Absenders gilt § 254 BGB.

6. Abschnitt. Frachtgeschäft **§§ 431, 432**

Frachtführer kann bei vollem Ersatz Abtretung nach § 255 BGB verlangen (s Anm 2 A).

B. Die Haftung des Frachtführers für (eigenen) Vorsatz ist nicht abdingbar (§ 276 II BGB), für (eigene) grobe Fahrlässigkeit und für Verschulden der „Leute" und anderer Gehilfen nur mit Einschränkungen **abdingbar,** vgl BGH **20,** 167, Mü **55,** 654; AGB s **(5)** AGBG §§ 9, 11 Nr 7 ua.

[Haftung für Gehilfen]

431 Der Frachtführer hat ein Verschulden seiner Leute und ein Verschulden anderer Personen, deren er sich bei der Ausführung der Beförderung bedient, in gleichem Umfange zu vertreten wie eigenes Verschulden.

1) Schon nach § 278 BGB haftet der Frachtführer für Personen, deren er sich bei der Ausführung der Beförderung bedient, Angestellte oder selbst Unternehmer, vgl § 432 I, uU auch Schleppunternehmen, vgl § 425 Anm 1 C. Er haftet nach § 431 außerdem für alle **„seine Leute",** dh in seinem Betrieb zu irgendwelchen Arbeiten Angestellte, auch ohne Beziehung zum in Rede stehenden Frachtvertrag, auch nicht zu unmittelbar Beförderungen berührenden Arbeiten. Ein Kfm mit andersartigem Geschäft, der eine Fracht übernimmt (§ 451, Bsp: Hotel befördert Gepäck seiner Gäste von und zur Eisenbahn), haftet aber wohl nur für Leute, die hiermit Berührung haben (Bsp: das Hotel für Portier, Hausdiener, nicht für Kellner). Frachtführer haftet uU auch für Handlungen „seiner Leute" außerhalb des Dienstes, RG **101,** 349 (zu § 417), vgl RG **104,** 145 (zu § 278 BGB betr Streik). Der Frachtführer haftet nicht für Lagerhalter bei Hinterlegung nach § 437 II, BGH **86,** 176 (zu § 607). Die Haftung nach § 431 ist wie die nach § 278 BGB **abdingbar,** jedoch nicht unbedingt, vgl § 430 Anm 3 B und **(5)** AGBG §§ 9, 11 Nr 7. § 431 gilt für die Haftung des Frachtführers aus dem Frachtvertrag. Auf die Haftung aus anderen Rechtsgründen ist er nicht anwendbar; so auch nicht beim eigentlichen Schleppvertrag, § 425 Anm 1 C, RG **122,** 289. Auch nicht für die Haftung aus Verhalten bei Vertragsschluß. In der **Binnenschiffahrt** gilt § 431, s § 26 BinnSchG, aber mit Beschränkung der Haftung auf Schiff und Fracht, vgl §§ 3, 4 BinnSchG. Freizeichnung in Konnossementsbedingungen (uU auch Höchstsummen) für Schäden aus anfänglicher Fahr- oder Ladeuntüchtigkeit des Schiffs ist unwirksam, BGH **71,** 167, **82,** 162; s **(5)** AGBG § 9 Anm 3. Für Eisenbahnen s § 456.

[Mehrere aufeinanderfolgende Frachtführer]

432 ᴵ Übergibt der Frachtführer zur Ausführung der von ihm übernommenen Beförderung das Gut einem anderen Frachtführer, so haftet er für die Ausführung der Beförderung bis zur Ablieferung des Gutes an den Empfänger.

ᴵᴵ Der nachfolgende Frachtführer tritt dadurch, daß er das Gut mit dem ursprünglichen Frachtbrief annimmt, diesem gemäß in den

§ 432 1, 2

Frachtvertrag ein und übernimmt die selbständige Verpflichtung, die Beförderung nach dem Inhalte des Frachtbriefs auszuführen.

III Hat auf Grund dieser Vorschriften einer der beteiligten Frachtführer Schadensersatz geleistet, so steht ihm der Rückgriff gegen denjenigen zu, welcher den Schaden verschuldet hat. Kann dieser nicht ermittelt werden, so haben die beteiligten Frachtführer den Schaden nach dem Verhältnis ihrer Anteile an der Fracht gemeinsam zu tragen, soweit nicht festgestellt wird, daß der Schaden nicht auf ihrer Beförderungsstrecke entstanden ist.

1) Haftung für Unterfrachtführer (I)

Die Beförderung auf Strecke a–b–c kann (1) A für a–b, B für b–c übernehmen, jeder gesondert im Frachtvertrag mit Absender als **Teilfrachtführer**; oder (2) A übernimmt für a–b–c und überträgt (wie ein Spediteur) die Beförderung b–c im eigenen Namen für Rechnung des Absenders dem B; A haftet dem Absender dann nicht für B, nur für gute Auswahl und Unterweisung dieses **Zwischenfrachtführers** (vgl über Zwischenspediteur § 408 Anm 1 B); oder (3) (Fall § 432 I) A übernimmt für a–b–c, läßt aber Beförderung b–c durch B ausführen als seinen **Unterfrachtführer**, dh Erfüllungsgehilfen (§§ 278 BGB, 431 HGB), für den er (was I klarstellt) als **Hauptfrachtführer** haftet; ebenso (2 3) KVO § 6. Welcher Fall vorliegt, ist bei unklaren Abreden Auslegungsfrage, vgl BGH DB **62**, 1307. Der Absender hat keinen direkten Schadensersatzanspruch gegen den Unterfrachtführer, doch verwandelt sich der Freistellungsanspruch des Hauptgegen Unterfrachtführer mit Abtretung an Absender in Zahlungsanspruch, BGH **71**, 170. Unanwendbarkeit des § 432 zB bei Bahntransportauftrag bis Bahnhof A und Auftrag an X zum Transport von da zum Ziel, Düss DB **73**, 1944. In der Binnenschiffahrt ist § 432 anwendbar, § 26 BinnSchG. Beschränkung der Haftung s § 429 Anm 1. Übersicht Haftung bei Teilnahme mehrerer Frachtführer, auch verschiedener Art, Konow DB **73**, 905.

2) Eintritt des Unterfrachtführers (II)

§ 432 II läßt den (im Frachtvertrag mit Hauptfrachtführer stehenden) Unterfrachtführer auch in den (Haupt-)Frachtvertrag eintreten, aus dem dann Haupt- und Unterfrachtführer als **Samtfrachtführer** (Gesamtschuldner, §§ 421 ff BGB) dem Absender (und Empfänger, § 435) verpflichtet sind Voraussetzung Annahme des Guts mit dem ursprünglichen („durchgehenden") Frachtbrief durch Unterfrachtführer, BGH NJW **85**, 556. Der Frachtbrief bestimmt Rechte und Pflichten des Unterfrachtführers; nicht in ihn aufgenommene Abreden gelten nicht für Unterfrachtführer; AGB des Unterfrachtführers gelten nicht, außer wenn im Frachtbrief vermerkt. Die Haftung beider Frachtführer deckt die ganze Beförderung; Unterfrachtführer haftet auch für Teilleistung des Hauptfrachtführers (und umgekehrt, s schon Anm 1); Absender kann in Anspruch nehmen, wen er will, ohne Nachweis wo der Schaden entstand. UU Rechtswahrungspflicht des nachfolgenden Frachtführers, s § 425 Anm 1 E.

3) Rückgriff (III)

Leistet einer von mehreren nebeneinander haftenden Frachtführern (iSv II, aber auch I, also ohne Übernahme des ursprünglichen Frachtbriefs, str, offen BGH NJW **86,** 132) Schadensersatz, so kann er **Rückgriff** nehmen auf den, der den Schaden „verschuldete". Genauer: Beweist A (der zahlte) Entstehung des Schadens bei B, so schuldet B (volle) Erstattung, es sei denn, er entlastet sich nach § 429 I (dann schuldet weder A noch B Ersatz, A kann das Gezahlte nach § 812 BGB zurückfordern). Ist nicht zu ermitteln, wo der Schaden entstand, so ist er zu teilen nach den Anteilen am Frachtlohn; jeder beteiligte Frachtführer befreit sich durch Nachweis, daß der Schaden nicht bei ihm entstand. Ausfälle tragen die anderen Pflichtigen im selben Verhältnis, § 426 I 2 BGB. Der vom Geschädigten in Anspruch genommene Frachtführer hat (vor Leistung) **Anspruch auf Befreiung** gegen den (nach Leistung ersatzpflichtigen) „Verschulder" wie sonst bei Gesamtschuld, BGH NJW **58,** 497.

[Verfügungsrecht des Absenders]

433 ᴵ **Der Absender kann den Frachtführer anweisen, das Gut anzuhalten, zurückzugeben oder an einen anderen als den im Frachtbriefe bezeichneten Empfänger auszuliefern. Die Mehrkosten, die durch eine solche Verfügung entstehen, sind dem Frachtführer zu erstatten.**

ᴵᴵ **Das Verfügungsrecht des Absenders erlischt, wenn nach der Ankunft des Gutes am Orte der Ablieferung der Frachtbrief dem Empfänger übergeben oder von dem Empfänger Klage gemäß § 435 gegen den Frachtführer erhoben wird. Der Frachtführer hat in einem solchen Falle nur die Anweisungen des Empfängers zu beachten; verletzt er diese Verpflichtung, so ist er dem Empfänger für das Gut verhaftet.**

1) Übersicht (§§ 433–436)

A. **Absender** behält (was zT wohl schon aus § 649 BGB: Kündigungsrecht des Werkbestellers folgt) nach Vertragsschluß, auch nach begonnener Beförderung, ein Recht zu gewissen (die dinglichen Rechte am Gut nicht berührenden), den Frachtvertrag ändernden **Verfügungen** (§ 433 I 2, II 1) über das Gut. Er kann den Frachtführer anweisen: das Gut **anzuhalten,** soweit dem Frachtführer (bei Erstattung der Mehrkosten, § 433 I 2) zumutbar; es **zurückzugeben,** endgültig (den Frachtvertrag auflösend) oder (soweit zumutbar) vorläufig, idR nur vor Beförderung am Absendeort oder nach Teilbeförderung da, wo das Gut sich befindet, ohne Rückbeförderung; es **einem anderen** als dem im Frachtbrief genannten Empfänger **auszuliefern,** auch dem Absender selbst, idR nur am Bestimmungsort lt Vertrag ohne Weiter- oder Andersbeförderung. Die Mehrkosten muß der Absender ersetzen, soweit nicht der Frachtführer durch sein Verschulden die Weisung veranlaßt hat. Minderkosten kann er ersetzt verlangen, § 649 BGB entspr. § 433 gilt nur, wo kein Ladeschein ausgestellt ist, § 447 III, und nur im Verhältnis von Absender und Empfänger zum Frachtführer; das Verhältnis vom Absender zum Empfänger richtet sich nach deren Vertrag, vgl RG **34,** 66.

§ 434   IV. Buch. Handelsgeschäfte

B. **Empfänger** ist, an wen das Gut nach dem Frachtvertrag (oder kraft Abtretung der Rechte aus dem Vertrag) auszuliefern ist, uU ein „Empfangs"-, „Adreß"-Spediteur, der das Gut weiterliefern soll, RG **117**, 389. Der Empfänger steht zunächst in keiner Rechtsbeziehung zum Frachtführer. Der Frachtvertrag ist aber **Vertrag zugunsten eines Dritten,** des Empfängers (§ 328 BGB), er erlangt Rechte aus ihm unmittelbar gegen den Frachtführer gem §§ 433–435, wird dem Frachtführer zahlungspflichtig nach § 436. Er kann diese Rechte zurückweisen, auch schlüssig: idR nicht schon durch Nichtverfügen über das Gut; durch Annahmeverweigerung dann, wenn erhellt, daß er sich auch nicht abweichende Verfügung vorbehält; dann gelten diese Rechte als nicht vom Empfänger erworben, § 333 BGB; die Zurückweisung ist nicht widerruflich. Im Rahmen der dem Empfänger erwachsenen Rechte aus dem Vertrag kann er auch mit Frachtführer Änderungen des Vertrags vereinbaren. Wird das Gut trotz Gegenweisung (§ 433 I) vom Frachtführer dem Empfänger ausgeliefert, Bereicherungsanspruch (§ 812 BGB) jenes, Karlsr MDR **75**, 761.

C. §§ 433–436 gelten auch in der **Binnenschiffahrt,** § 26 BinnSchG, ergänzend §§ 36 ff, 46 ff BinnSchG.

2) Verfügungsrecht des Absenders (I)

Nach Ankunft des Guts am Ablieferungsort kann zwar Empfänger die Vertragsrechte geltend machen, § 435 S 1, 2. Aber selbst dann hat der Absender noch immer das Weisungsrecht nach § 433 I. Erteilt er eine solche Weisung, geht sie dem Auslieferungsanspruch des Empfängers vor, § 435 S 3.

3) Erlöschen des Verfügungsrechts (II)

Das Verfügungsrecht des Absenders erlischt: **a)** durch Übergabe des Frachtbriefs (oder des Guts selbst, RG Recht **12** Beil 474), nicht schon durch Anzeige der Ankunft und Abladebereitschaft, nicht durch Übergabe des Frachtbriefs an den Rollfuhrunternehmer (der nicht Bevollmächtigter des Empfängers ist), wohl wenn das Frachtgeld bezahlt, der Frachtbrief versehentlich dem Frachtführer belassen wurde, Mü OLGE **22**, 52. **b)** Erhält Empfänger den Frachtbrief vor Ankunft des Guts am Ablieferungsort, so erlischt das Weisungsrecht des Absenders mit der Ankunft des Guts. **c)** Es erlischt ferner wenn Empfänger aufgrund § 435 gegen Frachtführer klagt (auf Auslieferung des Guts, Frachtbriefübergabe oder andere Leistung aus dem Frachtvertrag). Weist Empfänger die Rechte aus dem Vertrag zurück (§ 333 BGB, s Anm 1 B), so wird Absender wieder weisungsberechtigt.

[Rechte des Empfängers vor der Ankunft des Gutes]

434 Der Empfänger ist vor der Ankunft des Gutes am Orte der Ablieferung dem Frachtführer gegenüber berechtigt, alle zur Sicherstellung des Gutes erforderlichen Maßregeln zu ergreifen und dem Frachtführer die zu diesem Zwecke notwendigen Anweisungen zu erteilen. Die Auslieferung des Gutes kann er vor dessen Ankunft am Orte der Ablieferung nur fordern, wenn der Absender den Frachtführer dazu ermächtigt hat.

Nur zu **sichernden Anordnungen** an Frachtführer ist Empfänger schon vor Ankunft des Guts am Ablieferungsort berechtigt, zur Anordnung der (sichernden) Auslieferung an ihn selbst aber nur bei besonderer Ermächtigung des Frachtführers durch Absender, **S 1, 2.** Eine Weisung des Absenders nach § 433 I geht aber vor (wie nach § 435 S 3 auch noch nach Ankunft des Guts, s § 433 Anm 2). Nichtbefolgung begründeter sichernder Weisung des Empfängers macht Frachtführer ersatzpflichtig gegenüber Empfänger und Absender.

[Rechte des Empfängers nach der Ankunft des Gutes]

435 **Nach der Ankunft des Gutes am Orte der Ablieferung ist der Empfänger berechtigt, die durch den Frachtvertrag begründeten Rechte gegen Erfüllung der sich daraus ergebenden Verpflichtungen in eigenem Namen gegen den Frachtführer geltend zu machen, ohne Unterschied, ob er hierbei in eigenem oder in fremdem Interesse handelt. Er ist insbesondere berechtigt, von dem Frachtführer die Übergabe des Frachtbriefs und die Auslieferung des Gutes zu verlangen. Dieses Recht erlischt, wenn der Absender dem Frachtführer eine nach § 433 noch zulässige entgegenstehende Anweisung erteilt.**

1) Rechte des Empfängers

Nach §§ 433–436 erwachsen aus dem Frachtvertrag dem Empfänger Rechte und Pflichten, vgl § 433 Anm 1, 2. Nach Ankunft des Guts am Ablieferungsort kann Empfänger in eigenem Namen und in eigenem oder fremdem Interesse **alle Rechte aus dem Frachtvertrag** (nicht nur die aus dem Frachtbrief hervorgehenden) gegen Erfüllung der sich daraus ergebenden Verpflichtungen gegen Frachtführer geltend machen, S 1, insbesondere: Auslieferung von Gut und Frachtbrief fordern, wenn nicht Absender noch nach § 433 anderes anordnet, S 2, 3. Er kann weiter fordern: Ersatz des ihm selbst oder dem Absender entstandenen Schadens, BGH **82,** 170, einerlei ob Schaden am Gut selbst, durch Lieferfristversäumung oder sonstwie, zB an anderen Gütern (vgl § 454 Anm 1). Eine Pflicht zur Geltendmachung der Rechte legt § 435 dem Empfänger nicht auf. Neben ihm bleibt Absender zur Geltendmachung der Rechte aus dem Vertrag berechtigt, BGH NJW **74,** 1615. Ist ein **Teil** angekommen, so bestehen die Rechte des Empfängers für das ganze Gut, auch ein Schadensersatzanspruch wegen Teilverlusts, BGH transpR **83,** 73, Ffm BB **77,** 1020. Ist das Gut ganz **verloren,** ist § 435 unanwendbar, RG **120,** 315. § 435 gilt nicht für Zufallsempfänger (dem das Gut versehentlich ausgeliefert wurde), Düss BB **73,** 819. Ist Empfänger weisungsberechtigt geworden und befolgt Frachtführer Weisungen des Empfängers nicht oder befolgt er zu Unrecht Weisungen des Absenders, so „ist er dem Empfänger für das Gut verhaftet", dh wohl nicht nur für Schaden am Gut selbst, sondern für jeden so verursachten Schaden, str.

2) Ankunft

Das Gut ist dem Empfänger idR zu **bringen** (ganz allgM); muß er vertraglich holen, so muß Frachtführer ihn benachrichtigen, § 157 BGB, § 346 HGB. Hat Empfänger **abzuladen,** so hat ihm Frachtführer sichern Zugang zum Entladungsort zu gewähren, RG **73**, 150 (Ersatzpflicht zB, wenn Empfänger durch mangelhaften Zustand der Entladerampe Schaden leidet, Kiel HRR **33**, 945).

3) Geltendmachung nur gegen Zahlung

Durch Ankunft des Guts am Ablieferungsort wird Empfänger noch nicht Zahlschuldner (erst durch Annahme des Guts und Frachtbriefs, § 436), aber er kann Rechte aus dem Frachtvertrag nur geltendmachen gegen Zahlung von Fracht, Zoll, Versicherung, Nachnahme usw Zug um Zug, RG **71**, 344. Die wegen unrichtiger Angabe des Guts vom Absender verwirkten Frachtzuschläge braucht Empfänger nicht zu zahlen, Breslau JW **27**, 2817; ebensowenig Ausgaben, die Frachtführer durch sein Verschulden verursacht hat, wie Nachzahlungen von Zoll, wenn die Zollpflicht dem Frachtbrief nicht zu entnehmen und dem Empfänger nicht bekannt war, vgl Stgt JW **28**, 1239. Geringfügige Mängel des Guts berechtigen den Empfänger nach Treu und Glauben nicht zur Weigerung der Zahlung; ebenso geringfügige Zahlungsabzüge den Frachtführer nicht zu Weigerung der Auslieferung des ganzen Guts. Gegen Sicherstellung wird Frachtführer idR auch teilweise ausliefern müssen.

[Zahlungspflicht des Empfängers]

436 Durch Annahme des Gutes und des Frachtbriefs wird der Empfänger verpflichtet, dem Frachtführer nach Maßgabe des Frachtbriefs Zahlung zu leisten.

1) Zahlungspflicht des Empfängers

Durch Annahme von Gut und Frachtbrief wird Empfänger dem Frachtführer zahlungspflichtig, als Gesamtschuldner neben Absender. Nicht schon durch Annahme des Guts ohne Frachtbrief, einerlei ob solcher nicht ausgestellt oder nur nicht übergeben, BGH **LM** § 436 Nr 1; anders bei Anwendbarkeit der ADSp, s **(19)** ADSp § 34. Annahme des Guts in Kenntnis einer Nachnahmebelastung verpflichtet aber Empfänger zur Zahlung des Nachnahmebetrags, auch wenn ihm kein Frachtbrief übergeben wird, RG **95**, 124, BGH **LM** § 436 Nr 1; er wird zur Bezahlung aller auf dem Gut ruhenden Kosten verpflichtet, wenn es ihm erkennbar unter Bedingung der Zahlung dieser Kosten zur Auslieferung angeboten wird, RG **101**, 321, BGH **LM** § 436 Nr 1. Die Klausel im Frachtvertrag, daß die Transportkosten ,,bei Ablieferung" bar zu zahlen sind, besagt Fälligkeit bei Beginn der Ablieferung, Empfänger darf sofort zahlen (und entging bei Zahlung vor 21. 6. 48 dadurch dem Währungsrisiko), Düss BB **50**, 745. Spediteur, der im eigenen Namen annimmt, wird Frachtschuldner als Empfänger, BGH **25**, 307 (betr Seefracht). Ferner **(23)** KVO § 25. Vereinbarung zwischen Absender und Frachtführer, daß jener allein (nicht Empfänger) die Fracht zahle, befreit Empfänger von der Zahlungspflicht (§ 436), auch ohne ,,Freivermerk" im Frachtbrief nach **(23)** KVO § 21 IV, BGH BB **70**, 323.

2) Annahme als Erfüllung

„Annahme" heißt Annahme als Erfüllung, nicht notwendig ausdrücklich, uU durch längeres Behalten des zugelieferten Guts. Keine Annahme ist zB Empfangnahme des Ladescheins; Angabe einer neuen Adresse zur Weiterbeförderung; Annahme unrichtigen Guts, RG JW **24**, 685; bloße Inverwahrungnahme für den Frachtführer. Wohl aber Zahlung der Fracht und Einlösung des Frachtbriefs und Abschluß eines neuen Frachtvertrags zur Beförderung an einen anderen, RG **102**, 93. Es genügt Vereinbarung, das Gut solle als abgeliefert gelten, der Frachtführer solle es einstweilen weiter verwahren (Besitzkonstitut). Annahme fehlt, wenn ein Angestellter usw abgenommen hat, der nicht zur Prüfung des Zustands des Guts und zur Abgabe bindender Erklärungen befugt ist; erst im Behalten oder in sonstiger Genehmigung liegt da die Annahme. Die Annahme ist als Willenserklärung des Empfängers wegen Willensmangels anfechtbar; freilich ist Irrtum über die Wirkung kein Irrtum in der Erklärung. Annahme mit Vorbehalt ist nicht Annahme iSv § 436, wenn Frachtführer den Vorbehalt anerkennt (was nicht schon geschieht durch Mitwirken beim Wiegen und Feststellen eines Mindergewichts, RG **101**, 239) und das Gut trotzdem ausliefert. Nachträglicher Vorbehalt wirkt nicht. Teilannahme verpflichtet nicht; anders bei selbständigen Teilsendungen, die besonderer Genehmigung zugänglich sind, vgl § 438 Anm 1.

3) Zahlungspflicht nach Maßgabe des Frachtbriefs

Empfänger wird zahlungspflichtig nach Maßgabe des Frachtbriefs (samt in Bezug genommenen anderen Schriftstücken, RG **6**, 102). Ein nach dem Frachtvertrag vom Absender dem Frachtführer geschuldeter Betrag (zB Zollauslage des Frachtführers) wird nicht nach § 436 vom Empfänger geschuldet, aber Frachtführer kann Auslieferung des Guts von Zahlung auch dieses Betrags abhängig machen, § 435 S 1, 2, und läßt sich Empfänger das Gut gegen diese Zahlung ausliefern, so ist sie nicht ohne Rechtsgrund geleistet, KG OLGE **22**, 50 (zur EVO). Zu zahlen sind alle dem Frachtbrief zu entnehmenden Beträge: Fracht, Zoll, Zuschläge, Liegegeld oder Standgeld, RG **122**, 225. Die Beträge braucht der Frachtbrief nicht ziffernmäßig anzugeben; die Möglichkeit der Berechnung aufgrund seiner Angaben genügt, BGH NJW **70**, 604. Ist die Tarifstelle richtig angegeben und ist nur falsch gerechnet, Haftung für richtige Fracht, Hbg OLGE **16**, 133. Fehlt eine Angabe, etwa über Zollauslagen, so haftet der Empfänger insoweit nicht, RG **71**, 346, auch nicht aus Geschäftsführung ohne Auftrag, Düss NJW **81**, 1911 gegen Stgt NJW **76**, 2079. Rückgabe des Guts oder des Frachtbriefs befreit den Empfänger nur, wo der Frachtführer auf seine Ansprüche gegen ihn verzichtet. Verjährung der Ansprüche des Frachtführers gegen den Empfänger in zwei Jahren, § 196 I Nr 3 BGB.

[Ablieferungshindernisse]

437 [1] Ist der Empfänger des Gutes nicht zu ermitteln oder verweigert er die Annahme oder ergibt sich ein sonstiges Ablieferungshindernis, so hat der Frachtführer den Absender unverzüglich hiervon in Kenntnis zu setzen und dessen Anweisung einzuholen.

§ 438

IV. Buch. Handelsgeschäfte

II Ist dies den Umständen nach nicht tunlich oder der Absender mit der Erteilung der Anweisung säumig oder die Anweisung nicht ausführbar, so ist der Frachtführer befugt, das Gut in einem öffentlichen Lagerhaus oder sonst in sicherer Weise zu hinterlegen. Er kann, falls das Gut dem Verderben ausgesetzt und Gefahr im Verzug ist, das Gut auch gemäß § 373 Abs. 2 bis 4 verkaufen lassen.

III Von der Hinterlegung und dem Verkaufe des Gutes hat der Frachtführer den Absender und den Empfänger unverzüglich zu benachrichtigen, es sei denn, daß dies untunlich ist; im Falle der Unterlassung ist er zum Schadensersatze verpflichtet.

1) Benachrichtigung bei Ablieferungshindernis (I)

§ 437 ordnet Pflichten und Rechte des Frachtführers im Fall eines Ablieferungshindernisses, zB wenn Empfänger unauffindbar ist oder die Annahme des Guts verweigert oder sich weigert, bei Annahme des Guts die Forderungen des Frachtführers zu begleichen, oder bei Beschlagnahme oder Pfändung des Anspruchs auf Herausgabe des Guts. Frachtführer braucht den Empfänger zwar regelmäßig nicht zu ermitteln; er verstieße aber gegen Treu und Glauben, wenn er sich gar nicht um die Feststellung einer neuen Anschrift bemühte, soweit das ohne besondere Mühe möglich ist. Vom Hindernis muß der Frachtführer den Absender unverzüglich (§ 121 BGB) benachrichtigen und seine Weisung einholen. In der Binnenschiffahrt gilt § 437 nicht, stattdessen § 52 BinnSchG (§ 425 Anm 1 Bb).

2) Hinterlegung, Notverkauf (II, III)

Ist Unterrichtung des Absenders und Einholung seiner Weisung untunlich (zB weil er schwer zu erreichen oder keine Zeit zur verlieren ist) oder ist Absender mit Weisung säumig (wie lange der Frachtführer warten muß, hängt ab zB von Art, Beschaffenheit des Guts, Möglichkeit längerer Verwahrung), oder ist die Weisung des Absenders unausführbar (rechtlich, zB vertragswidrig, oder tatsächlich), so darf Frachtführer das Gut nach II 1 (entspr § 373 I betr Annahmeverzug des Käufers) **hinterlegen** (in eigenem Namen für Rechnung des Absenders oder auch in dessen Namen), bei Gefahr des Verderbs (II 2) es entspr § 373 II–IV **verkaufen lassen.** Von beidem hat er (falls nicht untunlich) Absender und Empfänger unverzüglich (§ 121 I BGB) zu benachrichtigen. Die Sorgfalt eines ordentlichen Frachtführers kann Hinterlegung oder Notverkauf zur Pflicht machen. Keine Haftung für Lagerhalter, s § 431 Anm 1; behält der Frachtführer das Gut, so haftet er aus Verwahrungsvertrag, RG 100, 163. Beweissicherungsverfahren, § 485 ZPO.

[Erlöschen der Ansprüche gegen den Frachtführer]

438 **I Ist die Fracht nebst den sonst auf dem Gute haftenden Forderungen bezahlt und das Gut angenommen, so sind alle Ansprüche gegen den Frachtführer aus dem Frachtvertrag erloschen.**

II Diese Vorschrift findet keine Anwendung, soweit die Beschädigung oder Minderung des Gutes vor dessen Annahme durch amtlich bestellte Sachverständige festgestellt ist.

6. Abschnitt. Frachtgeschäft 1 § 438

^{III} Wegen einer Beschädigung oder Minderung des Gutes, die bei der Annahme äußerlich nicht erkennbar ist, kann der Frachtführer auch nach der Annahme des Gutes und der Bezahlung der Fracht in Anspruch genommen werden, wenn der Mangel in der Zeit zwischen der Übernahme des Gutes durch den Frachtführer und der Ablieferung entstanden ist und die Feststellung des Mangels durch amtlich bestellte Sachverständige unverzüglich nach der Entdeckung und spätestens binnen einer Woche nach der Annahme beantragt wird. Ist dem Frachtführer der Mangel unverzüglich nach der Entdeckung und binnen der bezeichneten Frist angezeigt, so genügt es, wenn die Feststellung unverzüglich nach dem Zeitpunkte beantragt wird, bis zu welchem der Eingang einer Antwort des Frachtführers unter regelmäßigen Umständen erwartet werden darf.

^{IV} Die Kosten einer von dem Empfangsberechtigten beantragten Feststellung sind von dem Frachtführer zu tragen, wenn ein Verlust oder eine Beschädigung ermittelt wird, für welche der Frachtführer Ersatz leisten muß.

^V Der Frachtführer kann sich auf diese Vorschriften nicht berufen, wenn er den Schaden durch Vorsatz oder grobe Fahrlässigkeit herbeigeführt hat.

1) Erlöschen der Ansprüche gegen den Frachtführer

Alle Ansprüche gegen Frachtführer aus dem **Frachtvertrag** (nicht aus unerlaubter Handlung, vgl § 429 Anm 1, nicht aus Bereicherung, RG **6**, 104), aber nicht solche auf Schadensersatz wegen vorsätzlichen oder grob fahrlässigen Verhaltens (des Frachtführers selbst oder derer, für die er haftet, § 431), erlöschen nach **I, V** grundsätzlich durch: **a) Zahlung** der Fracht (auch im voraus, bei „Frankosendung") und der sonst auf dem Gut haftenden Forderungen (zB für zu erstattende Auslagen des Frachtführers), dh Zahlung, die als Billigung, Anerkennung der Erfüllung aufgefaßt werden kann, durch Absender oder Empfänger (je nach „Verfügungs"-Recht, §§ 433, 434) oder ermächtigten Dritten, vgl RG **25**, 32. Der Zahlung stehen gleich: Schuldumwandlung, Aufrechnung; nicht Hingabe eines Wechsels zahlungshalber, Zahlungsversprechen, Ausstellung eines Verpflichtungsscheins, Gutschrift im Kontokorrent, RG **25**, 32. Es muß voll bezahlt sein; Teilzahlung kann aber einen Anhalt für Genehmigung geben; **b) Annahme des Guts** (dazu § 436 Anm 2 B). Annahme einzelner Stückgüter verwirkt die Rechte für die nicht abgelieferten nicht, RG JW **24**, 685. Rücknahme durch den Absender nach Aufhebung des Frachtvertrags (oder vorläufig, vgl § 433 Anm 1 A) ist keine Annahme, RG **22**, 146. Der Empfänger muß das Gut vorher besichtigen, was ihm der Frachtführer im Rahmen seines Geschäftsbetriebs, soweit möglich, erlauben muß (sonst keine Annahmepflicht), und kann die Annahme, wo Mängel zutage treten, verweigern. Billigung durch Annahme entfällt nicht durch Beschädigungsvermerk auf Frachtbrief, Ffm transpR **82**, 19. Über Erweiterung der Vorschrift auf Fälle der Haftung für Vorsatz oder grobe Fahrlässigkeit (V) vgl entspr § 430 Anm 3 B. § 438 gilt in der Binnenschiffahrt nicht (dort § 61 BinnSchG: Annahme des Guts allein verwirkt schon). Bei Geltung der KVO s **(23)** KVO § 39. Für Eisenbahnen **(25)** EVO § 93.

2) Feststellung der Beschädigung oder Minderung des Guts (II–IV)

A. Solche Feststellung durch amtlich bestellte Sachverständige **vor Annahme** läßt entgegen I Ansprüche wegen der Beschädigung oder Minderung bestehen. Geeignete Sachverständige sind alle die, die von einer zuständigen Behörde oder einer ermächtigten Berufsvertretung des Handels, des Handwerks, der Landwirtschaft zu einer derartigen Begutachtung ein für allemal bestellt sind. Ein einzelner Sachverständiger genügt. Private Gutachten haben die Wirkung nicht. Wirkung: I wird unanwendbar, mag sich auch keine Beschädigung oder Minderung ergeben haben; denn nunmehr steht ja der Sachverhalt klar, hM. Bindend ist die Feststellung der Sachverständigen nicht, auch nicht, wenn auf sie hin angenommen und gezahlt ist. Daß ein Beweissicherungsverfahren nach § 485 ZPO die Ansprüche erhält, ist klar.

B. Wegen zwischen Gutsübernahme und Ablieferung (§ 429 Anm 2 B) entstandener, bei Annahme **äußerlich nicht erkennbarer Mängel** (vorausgesetzt: Prüfung mit Sorgfalt eines ordentlichen Kfms, durch Private: mit allgemein im Verkehr erforderlicher Sorgfalt, aber nur äußerlich) können Ansprüche auch nach Annahme und Zahlung (I) erhalten werden durch Antrag auf Feststellung des Mangels durch amtliche Sachverständige (vgl II), zu stellen: **a)** unverzüglich (ohne schuldhaftes Zögern, § 121 BGB) nach Entdeckung des Mangels, Feststellung nach §§ 164 FGG, 485 ZPO genügt; **b)** längstens binnen 1 Woche seit Annahme; **c)** wenn zunächst in den Fristen nach a, b dem Frachtführer der Mangel angezeigt worden ist: unverzüglich nach dem Zeitpunkt, in dem der Eingang einer Antwort des Frachtführers regelmäßig zu erwarten steht. Außergewöhnliche, dem Rügenden unbekannte Umstände, wie Verkehrsstörungen, bleiben außer Betracht. Erkennt der Frachtführer den Mangel an, so bedarf es keiner amtlichen Feststellung.

C. Die Kosten der amtlichen Feststellung, II, III, trägt zunächst der Antragsteller. Er kann vom Frachtführer Erstattung verlangen, wenn (1) der Sachverständige eine Beschädigung oder Minderung feststellt, und (2) der Frachtführer sich damit zufrieden gibt oder im Prozeß unterliegt. Hat der Frachtführer feststellen lassen, so ist er erstattungsberechtigt nur, wo der Verfügungsberechtigte durch sein Verschulden Anlaß gegeben hatte.

[Verjährung]

439 Auf die Verjährung der Ansprüche gegen den Frachtführer wegen **Verlustes**, **Minderung**, **Beschädigung** oder **verspäteter Ablieferung des Gutes** finden die Vorschriften des § 414 entsprechende Anwendung. Dies gilt nicht für die in § 432 Abs. 3 bezeichneten Ansprüche.

1) Abgrenzung der Anwendbarkeit der Vorschrift, ua bei Ansprüchen aus mehreren Rechtsgründen s bei § 414. Eigenem Vorsatz (§ 414 IV) steht Vorsatz der ,,Leute" und anderer Gehilfen (§ 431) gleich. § 439 gilt nicht für Ansprüche eines Eisenbahnunternehmens gegen ein anderes auf Auskehrung eines Frachtanteils aufgrund Beförderungsgemeinschaft, RG JW **34**, 1113. Nach S 2 verjähren Ausgleichsansprüche gemäß § 432 III nicht

6. Abschnitt. Frachtgeschäft 1 § 440

nach Satz 1; soweit nicht KVO eingreift (s **(23)** KVO § 6 Anm 1), also nach allgemeinen Vorschriften (§ 195 BGB), sonst Verjährung nach **(23)** KVO § 40 (s dort). Verjährung der Ansprüche des Frachtführers s § 196 I Nr 3 BGB (zwei Jahre, gegen Kflte und NichtKflte, kein Unterschied entspr § 196 I Nr 1, 2, II BGB), vgl hierzu RG **61**, 391, **86**, 423. Bei Beförderung mit Kfz: **(23)** KVO § 40, mit Eisenbahn: **(25)** EVO § 94. Bei schiffahrtsrechtlicher Haftung des Schiffers und Schiffseigners verdrängen §§ 117, 118 BinnSchG § 439, BGH MDR **75**, 825. Dreimonatige Ausschlußfrist in Konnossementsbedingungen des Frachtführers ist unwirksam, BGH **71**, 167.

[Gesetzliches Pfandrecht]

440 ^I **Der Frachtführer hat wegen aller durch den Frachtvertrag begründeten Forderungen, insbesondere der Fracht- und Liegegelder, der Zollgelder und anderer Auslagen, sowie wegen der auf das Gut geleisteten Vorschüsse ein Pfandrecht an dem Gute.**

^{II} **Das Pfandrecht besteht, solange der Frachtführer das Gut noch im Besitze hat, insbesondere mittels Konnossements, Ladescheins oder Lagerscheins darüber verfügen kann.**

^{III} **Auch nach der Ablieferung dauert das Pfandrecht fort, sofern der Frachtführer es binnen drei Tagen nach der Ablieferung gerichtlich geltend macht und das Gut noch im Besitze des Empfängers ist.**

^{IV} **Die in § 1234 Abs. 1 des Bürgerlichen Gesetzbuchs bezeichnete Androhung des Pfandverkaufs sowie die in den §§ 1237 und 1241 des Bürgerlichen Gesetzbuchs vorgesehenen Benachrichtigungen sind an den Empfänger zu richten. Ist dieser nicht zu ermitteln oder verweigert er die Annahme des Gutes, so hat die Androhung und Benachrichtigung gegenüber dem Absender zu erfolgen.**

1) Voraussetzungen des Pfandrechts (I)

A. § 440 gibt dem Frachtführer ein **gesetzliches Pfandrecht;** es entsteht uU auch aufgrund Frachtvertrags mit nichtberechtigtem Absender, § 366 I, III. Daneben besteht das Zurückbehaltungsrecht der § 273 BGB, § 369 HGB, RG JW **34**, 2973; die Forderungen brauchen mit der Beförderung nicht in unmittelbarem Zusammenhang zu stehen. § 440 gilt auch für Eisenbahnen, § 457, und Binnenschiffahrt, § 26 BinSchG, BGH WM **86**, 26 (anders bei Frachtschiffmiete). Verhältnis zu anderen Pfandrechten am selben Gut s §§ 441–443.

B. Das Pfandrecht steht dem Frachtführer zu wegen aller durch diesen Frachtvertrag begründeten **Forderungen,** mögen sie sich aus dem Frachtbrief ergeben oder nicht. Es muß ein rechtlicher Zusammenhang (Konnexität) zwischen Fracht und Frachtgut bestehen; er liegt auch vor, wenn Teile einer aufgrund desselben Frachtvertrags zu befördernden Menge nach und nach ausgeliefert werden, wobei dann jeder Teil für die gesamte Fracht, nicht nur für einen entsprechenden Teilbetrag, haftet, RG **74**, 400. Als Bsp nennt I Fracht, Liegegelder, Zollgelder, andere Auslagen, Vorschüsse. Hierher gehören also alle Kosten und Wertnachnahmen, § 426

§ 440 2, 3   IV. Buch. Handelsgeschäfte

Anm 2 B. „Frei gegen Lieferschein" ändert daran nichts; die Klausel bedeutet, daß der Frachtführer die Fracht vom Absender gegen Bescheinigung der Ablieferung erhält, befreit aber den Absender nicht von Zahlung der Liegegelder und berührt darum das Pfandrecht idR nicht, RG **122**, 226. Wegen ausgelegter Vorfracht, die er (ohne nähere Prüfung) für gerechtfertigt halten durfte, Brschw NJW **51**, 804 (bei illegalen Interzonentransporten für entspr hohe Frachtkosten). Die Forderung richtet sich bis zur Ablieferung gegen den Absender, vgl § 436, RG JW **34**, 2973.

C. Das Pfandrecht besteht am **Frachtgut**, und zwar am ganzen Gut, nicht nur an einem ausreichend sichernden Teil. Dem Frachtführer steht Lagergeld für das zurückbehaltene Gut zu (abw Kiel OLGE **38**, 214).

2) Dauer des Pfandrechts (II, III)

A. Das Pfandrecht besteht nur, solange der Frachtführer das Gut in **Besitz hat,** wobei nach allgemeinen Grundsätzen genügt, daß er durch Traditionspapier (§ 363 Anm 1 C) darüber verfügen kann. Mittelbarer Besitz genügt, auch Verwahrung durch Empfänger (der das Gut nicht annahm) für Frachtführer, jedenfalls wenn Empfänger nicht alleiniger Schuldner der gesicherten Forderungen des Frachtführers ist (sondern auch Absender, uU Vor-Frachtführer oder -Spediteur), RG JW **34**, 2972, aber wohl auch in diesem Falle (von RG JW **34**, 2972 dahingestellt). Verlust des Pfandrechts bei Verbringung in Räume, die Frachtführer dem Auftraggeber vermietet, Nürnb MDR **73**, 55. Unfreiwilliger Besitzverlust schadet nicht, solange nicht ein Dritter gutgläubig erworben hat (auch dann nicht, wo das Gut abhanden gekommen war). Schlechtgläubiger Erwerb berührt das Pfandrecht nie, auch nicht im Fall III, str. Der Frachtführer kann auf Wiederverschaffung des Besitzes oder vorzugsweise Befriedigung klagen.

B. Das Gesetz durchbricht die Regel: das Pfandrecht **erlischt nicht, a)** wenn der Frachtführer das Gut einem nachfolgenden Frachtführer aushändigt, § 441; **b)** trotz Ablieferung, wenn (1) der Frachtführer das Pfandrecht binnen drei Tagen gerichtlich geltend macht (Fristberechnung nach § 187 BGB) durch Klageerhebung, auch schon durch Einreichung der Klage, eines Güteantrags, Antrags auf Zahlungsbefehl, auf Arrest oder einstweilige Verfügung; Zustellung ist nicht zu verlangen. Klage oder Antrag müssen nicht die Forderung des Frachtführers betreffen, sondern das Pfandrecht, also dessen Durchführung; der Frachtführer muß also Wiederverschaffung des Besitzes verlangen, oder Feststellung des Bestehens des Pfandrechts, oder vorzugsweise Befriedigung; die Klagfrist entfällt, wenn Empfänger dem Frachtführer freiwillig das Gut zurückgibt, RG JW **34**, 2973; und (2) das Gut noch im Besitz des Empfängers ist, wobei mittelbarer Besitz genügt, § 868 BGB. Erlangt der Frachtführer den Besitz in den drei Tagen vom Empfänger zurück, so genügt das. Dagegen lebt ein einmal erloschenes Pfandrecht nicht wieder auf, auch nicht durch Erlangen des Besitzes, RG **44**, 120.

3) Wirkung des Pfandrechts (IV)

Es wirkt wie ein vertragliches Pfandrecht, § 1257 BGB; gibt ein Absonderungsrecht im Konkurs, § 49 I Nr 2 KO, ein Recht auf vorzugsweise Befriedigung, § 805 ZPO. Pfandverkauf nach §§ 1228–1249 BGB, dazu § 368. Androhung und Benachrichtigungen nach §§ 1234, 1237, 1241 BGB sind an den Empfänger zu richten, weil von ihm in erster Linie Auslösung des Pfands zu erwarten. An den Absender sind sie zu richten, wenn der Empfänger nicht zu ermitteln ist oder die Annahme verweigert oder wenn der Absender das Gut nach § 433 anhält und einen anderen Empfänger bezeichnet. Wartefrist: eine Woche, § 368.

[Rechte und Pflichten des letzten Frachtführers]

441 ^I Der letzte Frachtführer hat, falls nicht im Frachtbrief ein anderes bestimmt ist, bei der Ablieferung auch die Forderungen der Vormänner sowie die auf dem Gute haftenden Nachnahmen einzuziehen und die Rechte der Vormänner, insbesondere auch das Pfandrecht, auszuüben. Das Pfandrecht der Vormänner besteht so lange als das Pfandrecht des letzten Frachtführers.

^{II} Wird der vorhergehende Frachtführer von dem nachfolgenden befriedigt, so gehen seine Forderung und sein Pfandrecht auf den letzteren über.

^{III} In gleicher Art gehen die Forderung und das Pfandrecht des Spediteurs auf den nachfolgenden Spediteur und den nachfolgenden Frachtführer über.

1) Der letzte Zwischen- oder Unterfrachtführer (§ 432 Anm 1), mit oder ohne durchgehenden Frachtbrief (§ 432 II), nicht selbständiger Teilfrachtführer (§ 432 Anm 1), hat die (mit dem Transport zusammenhängenden) **Forderungen** (auch nicht im Frachtbrief vermerkte, ihm anderswoher bekannte) **der Vormänner** (Frachtführer, auch Spediteur), auch auf dem Gut haftende Nachnahmen (zugunsten des Absenders) **einzuziehen** und deren **Rechte**, insbesondere ihr Pfandrecht, **auszuüben**; deren Pfandrecht bleibt (entgegen § 440 II, III) so lange bestehen wie sein eigenes, I 1, 2, vgl § 440 II, III; falls Nachmann kein Pfandrecht hat (zB weil er befriedigt ist): solange ein Pfandrecht des Nachmanns bestehen würde. Ist ein Zwischenspediteur der letzte, hat er die gleiche Pflicht nach § 411 I zugunsten des Hauptspediteurs; entspr dürfte gelten für den Zwischenspediteur zugunsten vorhergehender Frachtführer (auch ohne daß er diesen befriedigt, vgl § 411 II 2) und für einen Nicht-„Zwischen"-Spediteur, der das Gut als letzter hat. Anders bei abweichender Bestimmung im Frachtbrief oder abweichender Absprache zwischen Vormann und Absender (die ggf Empfänger dem letzten Frachtführer nachweisen muß). Befriedigt der Nachmann den Vormann, so **geht** dessen Forderung mit seinem Pfandrecht kraft Gesetzes auf ihn **über**. Vgl § 411 II betr Spediteur. § 441 gilt auch für Eisenbahnen, § 457, und in der Binnenschiffahrt, § 26 BinnSchG.

[Haftung des abliefernden Frachtführers]

442 Der Frachtführer, welcher das Gut ohne Bezahlung abliefert und das Pfandrecht nicht binnen drei Tagen nach der Ablieferung gerichtlich geltend macht, ist den Vormännern verantwortlich. Er wird, ebenso wie die vorhergehenden Frachtführer und Spediteure, des Rückgriffs gegen die Vormänner verlustig. Der Anspruch gegen den Empfänger bleibt in Kraft.

§ 443 1   IV. Buch. Handelsgeschäfte

1) Hat Frachtführer im Widerspruch zu § 441 I das Gut ohne Bezahlung abgeliefert und das Pfandrecht nicht binnen 3 Tagen gerichtlich geltend gemacht, vgl § 440 II, III, so ist er den **Vormännern** (Frachtführer, Spediteur) **verantwortlich,** dh ersatzpflichtig, **§ 442 S 1.** Er muß den Zustand herstellen, der bestünde, wenn er pflichtmäßig gehandelt hätte. Voraussetzung ist Verschulden des Frachtführers, wie grundsätzlich nach BGB; kannte also Frachtführer zB die Forderung eines Vormanns nicht, so haftet er insoweit nicht, § 254 BGB (mitwirkendes Verschulden) ist anwendbar. Auf Ansprüche und Pfandrechte anderer Personen, wie Kommissionäre, Lagerhalter, ist § 442 nicht anwendbar. Dem Absender haftet Frachtführer für nicht erhobene Nachnahme uU aus dem Frachtvertrag, zB aus Eintritt nach § 432 II, nicht nach § 442 S 1 (für die Nachnahme besteht kein Pfandrecht), undeutlich RG **122,** 221 (S 2 betrifft nicht S 1). § 442 gilt auch für Eisenbahnen, § 457, und in der Binnenschiffahrt, § 26 BinnSchG.

2) Der Frachtführer kann, wenn der Empfänger ihn und seine Vormänner (vgl § 441) nicht befriedigt, Rückgriff gegen seine Vormänner, uU auch unmittelbar gegen den Absender (§ 432 II) nehmen, auch ohne daß er zwangsweise Beitreibung oder Pfandbefriedigung versucht hat. Durch Ablieferung des Guts und Unterlassung rechtzeitiger nachträglicher Geltendmachung des Pfandrechts (vgl § 440 II, III) **verlieren** der letzte Frachtführer und (ggf) die Vor-Frachtführer und -Spediteure das **Recht zum Rückgriff** auf Vormänner, auch den Absender; sie haben nur noch Anspruch an Empfänger, wenn dieser haftet (§ 436), sonst (zB wenn Empfänger das Gut ohne Frachtbrief bekam, vgl § 436) nur noch wegen Bereicherung (§ 812 BGB) an Absender, wohl auch wenn dieser die Frachtkosten auf Empfänger abwälzen kann, str. Da S 2 auch zwischen Frachtführer und Absender gilt, ist er auch anwendbar gegen den einzigen Frachtführer; hat dieser zB gegen Empfänger und Absender Anspruch auf Liegegeld, so erlischt ggf der Anspruch gegen Absender, RG **122,** 226.

[Rang mehrerer Pfandrechte]

443   **I Bestehen an demselben Gute mehrere nach den §§ 397, 410, 421 und 440 begründete Pfandrechte, so geht unter denjenigen Pfandrechten, welche durch die Versendung oder durch die Beförderung des Gutes entstanden sind, das später entstandene dem früher entstandenen vor.**

II Diese Pfandrechte haben sämtlich den Vorrang vor dem nicht aus der Versendung entstandenen Pfandrechte des Kommissionärs und des Lagerhalters sowie vor dem Pfandrechte des Spediteurs und des Frachtführers für Vorschüsse.

1) § 443 (auch anwendbar auf Eisenbahnen, § 457, Binnenschiffahrt, § 26 BinnSchG) betrifft das Zusammentreffen mehrerer gesetzlicher Pfandrechte gem **§§ 397 (Kommissionär), 410 (Spediteur), 421 (Lagerhalter), 440 (Frachtführer).** Zu ergänzen sind (21) OLSchVO § 22, der den zur Ausstellung von Orderlagerscheinen ermächtigten Lagerhalter betrifft, und § 623, Pfandrecht des Verfrachters. Für alle anderen Pfandrechte gilt die Regel, daß das ältere dem jüngeren vorgeht (also umgekehrt wie in

6. Abschnitt. Frachtgeschäft **§§ 444, 445**

§ 443), §§ 1209, 1257 BGB. Das Pfandrecht des Spediteurs und Frachtführers geht dem des Vermieters bei Möbeltransport vor, Hbg DJZ **16**, 910. Die Grundsätze gutgläubigen Erwerbs können Rangumstellungen herbeiführen, vgl bei § 366. Treffen mehrere kfm Zurückbehaltungsrechte zusammen, so geht im Rahmen des § 443 das jüngere dem älteren vor.

2) § 443 bildet **zwei Klassen** von Pfandrechten: **a)** die durch **Versendung** oder **Beförderung** des Guts entstandenen, auch des Kommissionärs, Lagerhalters aus Aufwendungen für die Versendung oder Beförderung, beim Lagerhalter namentlich Ansprüche aus einer Einlagerung nach § 437 II, nicht Lagerkosten vor oder nach Versendung und Beförderung. Ausgenommen sind ausdrücklich die Forderungen wegen Vorschüssen, die Spediteur und Frachtführer auf das Gut geleistet haben. Auszunehmen sind auch an ihn Vormänner gezahlte Nachnahmen, soweit sie solche Vorschüsse einschließen, str; nicht im übrigen (als Kostennachnahmen). Das jüngere Pfandrecht geht hier dem älteren vor; **b)** die **sonstigen gesetzlichen Pfandrechte,** nämlich das des Kommissionärs, des Lagerhalters, die des Spediteurs und Frachtführers wegen der Wertvorschüsse (nur solche Vorschüsse sind gemeint). Hier gilt die allgemeine Regel: das ältere Pfandrecht geht dem jüngeren vor (s oben), ebenso wenn Pfandrechte des § 443 mit anderen Pfandrechten zusammentreffen.

[Ladeschein]

444 Über die Verpflichtung zur Auslieferung des Gutes kann von dem Frachtführer ein Ladeschein ausgestellt werden.

1) Der Ladeschein (**§§ 444–450**), nur in der Binnenschiffahrt gebräuchlich (für welche §§ 72ff BinnSchG die §§ 444–450 ergänzen), im Landfrachtgeschäft ungebräuchlich, dem Eisenbahnrecht unbekannt, dem Seekonnossement (§§ 642–657) entspr, daher auch ,,Binnen"-, ,,Flußkonnossement" genannt, vom Frachtführer auszustellen, nach § 444 nur freiwillig (oder aus vertraglich begründetem Zwang), nach § 72 BinnSchG auf vor Verladungsbeginn gestelltes Verlangen des Absenders (in der Seeschiffahrt stets obligatorisch, § 642), verbrieft die Pflicht des Frachtführers zur Auslieferung des Guts, § 444. Vgl BGH **LM** § 446 Nr 1 (,,Connaissement fluvial" betr Transport Frankreich-Deutschland).

[Inhalt des Ladescheins]

445 [I] Der Ladeschein soll enthalten:
1. den Ort und den Tag der Ausstellung;
2. den Namen und den Wohnort des Frachtführers;
3. den Namen des Absenders;
4. den Namen desjenigen, an welchen oder an dessen Order das Gut abgeliefert werden soll; als solcher gilt der Absender, wenn der Ladeschein nur an Order gestellt ist;
5. den Ort der Ablieferung;
6. die Bezeichnung des Gutes nach Beschaffenheit, Menge und Merkzeichen;

§ 446 1   IV. Buch. Handelsgeschäfte

7. die Bestimmung über die Fracht und über die auf dem Gute haftenden Nachnahmen sowie im Falle der Vorausbezahlung der Fracht einen Vermerk über die Vorausbezahlung

II **Der Ladeschein muß von dem Frachtführer unterzeichnet sein.**

III **Der Absender hat dem Frachtführer auf Verlangen eine von ihm unterschriebene Abschrift des Ladescheins auszuhändigen.**

1) Inhalt (I)

Den **Inhalt** bestimmt I; Nichterfüllung einzelner Erfordernisse hindert nicht die Gültigkeit des Scheins, vgl RG **106**, 338. Der Schein kann noch weitere Angaben enthalten. Im Binnenschiffahrtsverkehr muß er noch die Bezeichnung des Schiffs und, als Orderladeschein, eine etwaige Meldeadresse enthalten, § 72 BinnSchG. Der Absender kann im Binnenschiffahrtsverkehr einen Schein zurückweisen, der nicht die vorgeschriebenen Angaben enthält. Schuldhaft unrichtige Angaben machen den Frachtführer ersatzpflichtig, vgl §§ 73 ff BinnSchG, RG **58**, 231. Für richtige Angabe des Datums haftet der Aussteller jedem gutgläubigen berechtigten Inhaber, RG **58**, 231. Der Schein kann Namenspapier sein, nur auf den Empfänger lauten, Orderpapier (vgl §§ 363–365) oder Inhaberpapier. Lautet er nur auf Order, so gilt der Absender als Empfänger. Frachtführer haftet für Richtigkeit der Bezeichnung des Guts (§ 445 I Nr 6) nach § 74 BinnSchG, wenn er nicht beweist, daß er die Unrichtigkeit nicht erkennen konnte (so auch bei verpackten Gütern). Das HGB bestimmt Entsprechendes nicht; trotzdem muß es auch da gelten, weil der Schein für den Verkehr ausgestellt wird; vgl auch § 655 für das Seekonnossement. Über die Haftung für Zahl, Maß, Gewicht s § 73 BinnSchG. Freizeichnung zulässig. Die Bestimmung über Fracht, Nachnahmen, Vorausbezahlung (§ 445 I Nr 7) sichert den Nehmer des Scheins nicht gegen ,,Nachkosten'', s bei § 446. Die Verpflichtung des Frachtführers zur Auslieferung des Guts an den berechtigten Scheininhaber muß aus dem Schein hervorgehen, nicht wörtlich in ihm erklärt sein, BGH **LM** § 446 Nr 1.

2) Unterzeichnung, Abschrift (II, III)

Der Schein ist vom Frachtführer zu unterzeichnen; Frachtführer kann vom Absender (dem er den Ladeschein aushändigt) eine ,,unterschriebene'' (besser: beglaubigte) Abschrift des Ladescheins fordern.

[Ladeschein und Frachtvertrag]

446 I **Der Ladeschein entscheidet für das Rechtsverhältnis zwischen dem Frachtführer und dem Empfänger des Gutes; die nicht in den Ladeschein aufgenommenen Bestimmungen des Frachtvertrags sind dem Empfänger gegenüber unwirksam, sofern nicht der Ladeschein ausdrücklich auf sie Bezug nimmt.**

II **Für das Rechtsverhältnis zwischen dem Frachtführer und dem Absender bleiben die Bestimmungen des Frachtvertrags maßgebend.**

1) Der **Inhalt** des Ladescheins bestimmt den **Inhalt des Rechtsverhältnisses** zwischen Frachtführer und Empfänger (zum Empfang Legitimier-

6. Abschnitt. Frachtgeschäft § 447

tem, § 447 I). Zwischen Frachtführer und Absender bleibt der Inhalt des Frachtvertrags maßgebend (II), BGH **71**, 174. Ladeschein und Frachtvertrag stellen zwei völlig getrennte Rechtsverhältnisse dar, BGH **73**, 7 (für das Konnossement). Der Frachtführer hat Nachnahmen nach Schein zu erheben, RG **44**, 119. Er braucht aber nur das tatsächlich verladene Gut abzuliefern; er haftet nur für schuldhaft unrichtige Angaben im Schein, RG **5**, 81, hM. Er kann somit beweisen, daß er das Gut nicht erhalten hat; dann muß ihm der berechtigte Inhaber des Scheins Verschulden bei Ausstellung nachweisen. Zulässige Freizeichnung ist ,,Zahl, Maß, Gewicht unbekannt", vgl § 73 I BinnSchG. Der Frachtführer braucht auch hier nur gegen Zahlung von Fracht, Nachnahme, Zoll usw auszuliefern, wobei über das zu Zahlende der Ladeschein entscheidet, also dem Frachtbrief vorgeht, so daß dieser nur für nachher entstandene Kosten maßgebend ist. § 446 entsprechen § 26 BinnSchG, § 656 HGB (Seekonnossement, dazu BGH **25**, 300, **73**, 4).

2) A. Aus einem Namens- (Rekta-)Ladeschein haftet der Frachtführer nur bei **Begebungsvertrag,** nicht, wenn er in Verwahrung gegeben ist, RG **87**, 389. Das Gegenteil muß beim Orderladeschein gegenüber dem gutgläubigen Erwerber gelten, vgl RG **112**, 204. **Einreden** gegen den Schein stehen dem ausgewiesenen Erwerber nur entgegen, soweit sie **a)** die Gültigkeit seiner Erklärung in der Urkunde betreffen; oder sich **b)** aus dem Inhalt des Scheins ergeben; dahin gehören Einreden aus nach Aushändigung des Scheins aufgelaufenen Kosten, wie Zoll, Liegegeld und dergl; denn mit solchen Nachkosten muß jeder Erwerber rechnen; oder **c)** dem Frachtführer unmittelbar gegen den Besitzer des Scheins zustehen. Vgl zu a–c § 364; oder **d)** sich als Bestimmungen des Frachtvertrags aus dem Schein ergeben oder vom Schein ausdrücklich in Bezug genommen sind. § 446 I. Ganz allgemeine Bezugnahme auf den Frachtbrief genügt, RG **64**, 75. – Einreden aus der Person des Absenders scheiden für den Frachtführer, RG **57**, 64, und Empfänger aus, ebenso Einwendungen aus Vereinbarungen, die der Inhaber mit einem späteren Frachtführer getroffen hat.

B. Die Nichtauslieferung des Guts durch Frachtführer an Empfänger ist nach § 446 I, II uU gegenüber diesem unberechtigt, gegenüber Absender berechtigt (Bsp: Klausel ,,Frachtzahlung am Entladungsschluß", vgl § 426 Anm 2 B, fehlt im Ladeschein); dann hat Frachtführer entspr Ansprüche gegen Absender, nicht gegen Empfänger (Bsp: Liegegeld wegen Verzögerung der Löschung, § 49 BinnSchG), BGH **LM** § 446 Nr 1.

[Legitimation durch Ladeschein]

447 ^I **Zum Empfange des Gutes legitimiert ist derjenige, an welchen das Gut nach dem Ladeschein abgeliefert werden soll oder auf welchen der Ladeschein, wenn er an Order lautet, durch Indossament übertragen ist.**

^{II} **Der zum Empfange Legitimierte hat schon vor der Ankunft des Gutes am Ablieferungsorte die Rechte, welche dem Absender in Ansehung der Verfügung über das Gut zustehen, wenn ein Ladeschein nicht ausgestellt ist.**

§§ 448, 449

III Der Frachtführer darf einer Anweisung des Absenders, das Gut anzuhalten, zurückzugeben oder an einen anderen als den durch den Ladeschein legitimierten Empfänger auszuliefern, nur Folge leisten, wenn ihm der Ladeschein zurückgegeben wird; verletzt er diese Verpflichtung, so ist er dem rechtmäßigen Besitzer des Ladescheins für das Gut verhaftet.

1) Zum Empfang des Guts legitimiert ist **(I)** der im Ladeschein Genannte, ggf der Inhaber des Scheins, beim Orderschein (vgl §§ 364, 365) der durch Indossament Ausgewiesene, bei Blankoindossament der Besitzer des Scheins. Die Rechte aus einem Orderladeschein können auch (ohne Indossament) nach §§ 398 ff BGB abgetreten werden, RG **119**, 217. Ist ein Rektaladeschein indossiert, so spricht das für (iZw für zulässig zu haltende) Abtretung der Rechte und Pflichten des Empfängers (§§ 435, 436) aus dem Frachtvertrag, RG **122**, 224. Die Rechte des durch Ladeschein Ausgewiesenen vor Ankunft des Guts am Ablieferungsort **(II)** sind dieselben, wie sie dem Absender ohne Ladeschein zustehen, vgl § 433 I. Er hat außerdem die Rechte des Empfängers, §§ 433 II, 434, 435. Die Rechte des Absenders ruhen zugunsten des Ladescheinberechtigten. Dieser kann jederzeit das Gut anhalten und seine Herausgabe verlangen, womit er den Frachtvertrag kündigt. Nach **III** darf Frachtführer nur gegen Rückgabe des Scheins der Weisung des Absenders folgen, das Gut anzuhalten, es dem Absender zurückzugeben oder es an einen anderen als den durch den Ladeschein Legitimierten auszuliefern (vgl § 433 I), bei „Verhaftung für das Gut" (vgl § 433 Anm 2 C) gegenüber dem rechtmäßigen Besitzer des Ladescheins. Ablieferung an einen anderen kann auch unerlaubte Handlung sein.

[Frachtgut gegen Ladeschein]

448 Der Frachtführer ist zur Ablieferung des Gutes nur gegen Rückgabe des Ladescheins, auf dem die Ablieferung des Gutes bescheinigt ist, verpflichtet.

1) § 448 bestimmt für andere Ladescheine gleiches wie § 364 III für Orderladescheine. Bei Teilleistung Teilquittung. Bei länger dauerndenAusladungen gibt KG OLGE **8**, 391 dem Frachtführer Recht auf Hinterlegung des Ladescheins oder Sicherheit. Beschädigung des Guts berechtigt nicht zur Zurückbehaltung des Scheins. Bei Verlust des Scheins Auslieferung an (angeblichen) Berechtigten nur mit Zustimmung des Absenders; Frachtführer kann öffentlich beglaubigte Anerkenntnis des Erlöschens der Verpflichtungen des Frachtführers verlangen, § 371 S 2 BGB.

[Ladeschein und nachfolgende Frachtführer]

449 Im Falle des § 432 Abs. 1 wird der nachfolgende Frachtführer, der das Gut auf Grund des Ladescheins übernimmt, nach Maßgabe des Scheines verpflichtet.

1) Ein Unterfrachtführer (§ 432 Anm 1), der das Gut „auf Grund des Ladescheins", dh in Kenntnis der Ausstellung eines Ladescheins übernimmt, wird (neben dem Hauptfrachtführer) nach Maßgabe des Scheins

6. Abschnitt. Frachtgeschäft §§ 450–452

verpflichtet. Übernimmt er auch den ursprünglichen („durchlaufenden") Frachtbrief (§ 432 Anm 2), so tritt er gemäß diesem in den Frachtvertrag ein, § 432 II. Verpflichtungen aus Ladeschein und Frachtbrief können sich häufen, Rechte gewinnt er nur aus dem Frachtbrief.

[Wirkungen der Übergabe des Ladescheins]

450 Die Übergabe des Ladescheins an denjenigen, welcher durch den Schein zur Empfangnahme des Gutes legitimiert wird, hat, wenn das Gut von dem Frachtführer übernommen ist, für den Erwerb von Rechten an dem Gute dieselben Wirkungen wie die Übergabe des Gutes.

1) Dingliche Wirkung der Übergabe des Ladescheins (**Traditionspapier**) s § 424 betr Orderlagerschein. § 450 gilt für jeden (nicht nur Order-) Ladeschein iSv §§ 444 ff. Möglich auch Abtretung des Herausgabeanspruchs und Übergabe des keine Abtretung bekundenden oder ein wirkungsloses Indossament enthaltenden Scheins, RG **119**, 218.

[Gelegenheitsfrachtführer]

451 Die Vorschriften der §§ 426 bis 450 kommen auch zur Anwendung, wenn ein Kaufmann, der nicht Frachtführer ist, im Betriebe seines Handelsgewerbes eine Beförderung von Gütern zu Lande oder auf Flüssen oder sonstigen Binnengewässern auszuführen übernimmt.

1) Vgl § 425 Anm 1 D. Vertrag eines Kfms außerhalb des HdlGewerbes oder eines NichtKfms über eine §§ 425, 451 entsprechende Beförderung ist Werkvertrag nach BGB.

[Güterbeförderung durch Post]

452 Auf die Beförderung von Gütern durch die *Postverwaltungen des Reichs und der Bundesstaaten* finden die Vorschriften dieses Abschnitts keine Anwendung. Die *bezeichneten Postverwaltungen* gelten nicht als Kaufleute im Sinne dieses Gesetzbuchs.

Schrifttum: *Altmannsperger*, PostG (LBl), Postrecht-Entscheidungen (LBl). – *Florian-Weigert*, PostO (LBl). – *Kaemmerer-Eidenmüller*, Post- und Fernmeldewesen (LBl). – *Ohnheiser*, Postrecht, 4. Aufl 1984.

1) Das Post- und Fernmeldewesen der BRD wird unter der Bezeichnung „Deutsche Bundespost" (DBP) vom Bund verwaltet, das ihm gewidmete Vermögen ist Sondervermögen des Bundes, es allein haftet für die Verbindlichkeiten der DBP, es haftet nicht für andere Verbindlichkeiten des Bundes. Vgl Art 87 GG, PostverwaltungsG 24. 7. 53 BGBl I 676, vor allem §§ 1, 3. Die Post ist nicht Kfm, unterliegt aber wie jede öffentlichrechtliche Körperschaft den Regeln des Privatrechts, soweit sie bei oder zur Erfüllung ihrer Aufgaben den Boden des Privatrechtsverkehrs betritt. Vgl RG **158**, 88. Beförderungsvorbehalt der Post (nicht mehr Postzwang) nach

§ 453
IV. Buch. Handelsgeschäfte

§ 2 PostG, BVerwG NJW **83**, 2401. Die Benutzung der Posteinrichtungen, zB der Briefbeförderung (RG **158**, 92), Paketbeförderung (RG **164**, 276, BGH **16**, 112), Personenbeförderung (BGH **20**, 102) begründet ein öffentlichrechtliches Benutzungsverhältnis und regelt sich nach dem PostG 28. 7. 69 BGBl 1006, in Kraft 1. 1. 70 (ersetzend G über das Postwesen 28. 10. 1871 RGBl 347, mehrfach geändert) und nach den aufgrund § 14 PostVerwG (s oben) erlassenen ,,Benutzungsverordnungen"; vgl § 7 PostG. Unter diesen Benutzungsverordnungen s besonders ,,Postordnung" 16. 5. 63 BGBl 341 betr (vor allem) (Brief- und Paketbeförderung) hier zB §§ 26 ff betr besondere Versendungsformen (ua § 28 Wertangabe, § 29 Einschreiben, § 32 Nachnahme); Postbenutzungsverhältnis s BVerwG NJW **77**, 162, auch mit Minderjährigen, BVerwG NJW **84**, 2304. Haftungsbegrenzung der Post im Postdienst allgemein s § 11 PostG, im Brief- und Paketdienst im besonderen s § 12 PostG. Für Haftungsfragen auf dem Gebiet des Postwesen ist der ordentliche Rechtsweg gegeben; ebenso für Rückzahlungsansprüche der DBP gegen Bank bei Fehlüberweisung, BGH **87**, 377; im übrigen (mangels anderer ausdrücklicher Zuweisung durch Gesetz) besteht der Verwaltungsrechtsweg, § 26 PostG. Aus der Rspr vor PostG 1969: Geltung der Beschränkung nur für typische Postgefahren, zB für Verspätung telegraphischer Anweisung, Kln BB **55**, 654, nicht zB für fehlerhafte Zustellung gemäß ZPO, BGH **12**, 96, wohl aber für Fehlleitung durch bestochenen Postzusteller, BGH BB **68**, 151. Vgl auch BGH **14**, 281.
Postsparkassen- und Postscheckdienst s (7) Bankgeschäfte II 4, III 7.

Siebenter Abschnitt. Beförderung von Gütern und Personen auf den Eisenbahnen des öffentlichen Verkehrs

Schrifttum: s vor (25) EVO.

[Beförderungspflicht]

453 ^I Eine Eisenbahn des öffentlichen Verkehrs ist zur Beförderung von Gütern von und nach allen Bahnhöfen und Güternebenstellen innerhalb des *Deutschen Reichs* verpflichtet, wenn
1. der Absender sich den geltenden Beförderungsbedingungen und den sonstigen allgemeinen Anordnungen der Eisenbahn unterwirft,
2. die Beförderung nicht nach gesetzlicher Vorschrift oder aus Gründen der öffentlichen Ordnung verboten ist,
3. die Güter nach der Eisenbahn-Verkehrsordnung oder den auf Grund der Verkehrsordnung erlassenen Vorschriften und, soweit diese keinen Anhalt gewähren, nach der Anlage und dem Betrieb der beteiligten Bahnen sich zur Beförderung eignen,
4. die Beförderung mit den regelmäßigen Beförderungsmitteln möglich ist,
5. die Beförderung nicht durch Umstände verhindert wird, die die Eisenbahn nicht abzuwenden und denen sie auch nicht abzuhelfen vermochte.

^{II} Die Eisenbahn ist nur insoweit verpflichtet, Güter zur Beförderung anzunehmen, als die Beförderung alsbald erfolgen kann. Inwieweit sie verpflichtet ist, Güter, deren Beförderung nicht alsbald erfolgen kann,

7. Abschnitt. Beförd. auf Eisenbahnen **1 § 453**

in einstweilige Verwahrung zu nehmen, bestimmt die Eisenbahn-Verkehrsordnung.

III Die Beförderung der Güter, die nach der Eisenbahn-Verkehrsordnung gleichzubehandeln sind, findet in der Reihenfolge statt, in der sie zur Beförderung angenommen worden sind, sofern nicht zwingende Gründe des Eisenbahnbetriebs oder das öffentliche Wohl eine Ausnahme rechtfertigen.

IV Eine vorsätzliche oder fahrlässige Zuwiderhandlung gegen diese Vorschriften begründet den Anspruch auf Ersatz des daraus entstehenden Schadens.

1) Begriff und Arten der Eisenbahnen

A. HGB und (25) EVO definieren weder die „Eisenbahn" noch die „Eisenbahn des öffentlichen Verkehrs" (§ 1 EVO sagt: „Eisenbahnen, die dem öffentlichen Verkehr dienen"). Diese Definitionen enthalten §§ 1, 2 **AllgEisenbG** 29. 3. 51 BGBl 225 (andere Bestimmungen mehrfach geändert), Begründung BAnz 31. 7. 51 (§ 1 spricht zwar nur von Eisenbahnen „iS dieses G", muß aber iZw auch für andere Gesetze gelten, zB HGB und EVO):

AllgEisenbG 1 [Begriff der Eisenbahnen]

I Eisenbahnen im Sinne dieses Gesetzes sind Schienenbahnen mit Ausnahme der Straßenbahnen und der nach ihrer Bau- oder Betriebsweise ähnlichen Bahnen, der Bergbahnen und der sonstigen Bahnen besonderer Bauart.

II Die beteiligten obersten Landesverkehrsbehörden entscheiden, soweit es sich nicht um bundeseigene Schienenbahnen handelt, in Zweifelsfällen im Benehmen mit dem Bundesminister für Verkehr, ob und inwieweit eine Bahn zu den Eisenbahnen im Sinne dieses Gesetzes zu rechnen ist.

AllgEisenbG 2 [Begriff der öffentlichen Eisenbahnen]

I Eisenbahnen dienen dem öffentlichen Verkehr, wenn sie nach ihrer Zweckbestimmung jedermann zur Personen- oder zur Güterbeförderung benutzen kann.

II Die Entscheidung darüber, ob eine nicht zu den Bundesbahnen gehörende Eisenbahn dem öffentlichen Verkehr dient oder sie die Eigenschaft als Eisenbahn des öffentlichen Verkehrs verloren hat, treffen die beteiligten obersten Landesverkehrsbehörden im Benehmen mit dem Bundesminister für Verkehr.

Die Unterscheidungen zwischen Vollbahn und Kleinbahn und (innerhalb der Vollbahnen) Hauptbahn und Nebenbahn sind betriebstechnisch und für das Eisenbahnbeförderungsrecht nicht, jedenfalls heute nicht mehr von Bedeutung. Über Straßenbahnen, Bergbahnen und sonstige Bahnen „besonderer Bauart" s § 1 I AllgEisenbG (oben); für Güterbeförderung durch sie gilt Frachtrecht (§§ 425 ff), für Personenbeförderung PersBefG (s § 425 Anm 1 A). Nicht hierher gehören stillgelegte oder noch nicht eröffnete Bahnen, Eisenbahnfähren und Kfz zum Transport auf Verbindungsstrecken. Gegensatz zu Eisenbahnen des öffentlichen Verkehrs sind **Bahnen des nichtöffentlichen Verkehrs**, wie Fabrikanschlußbahnen oder Werkbahnen; für diese Unterscheidung kommt es nicht auf das Eigentum an, es gibt staatseigene Bahnen des nichtöffentlichen Verkehrs und Bahnen des öffentlichen Verkehrs im Privateigentum (meist einfach Privatbahnen genannt).

B. Die dem öffentlichen Verkehr dienenden Eisenbahnen waren in Deutschland wie anderswo ursprünglich Eigentum privater Unternehmen,

§ 453 2 IV. Buch. Handelsgeschäfte

besonders von AGen. Später verstaatlichten sie zum größten Teil die Länder. 1919 übernahm sie die selbständige juristische Person „Deutsche Reichsbahn". An deren Stelle trat 1924 (infolge des Dawes-Plan-Vereinbarungen) bis 1939 die „Deutsche Reichsbahn-Ges"; mit G 4. 7. 39 RGBl 1205 die **Deutsche Reichsbahn** als ein Sondervermögen des Reichs mit eigener Wirtschafts- und Rechnungsführung. Nach Art 87 GG werden die „Bundeseisenbahnen" „in bundeseigener Verwaltung geführt". Nach G 2. 3. 51 BGBl 155 über die vermögensrechtlichen Verhältnisse der DBB gehört das bisherige Sondervermögen „Deutsche Reichsbahn" mit Wirkung v 24. 5. 49 dem Bund als Sondervermögen **„Deutsche Bundesbahn"**. DBB und Reichsbahn sind personengleich, OGH **4**, 109, BGH **1**, 34. Nach § 1 BBahnG 13. 12. 51 BGBl 955 (geändert ua G 1. 8. 61 BGBl 1161, G 22. 12. 81 BGBl 1689) ist (entspr § 1 ReichsbahnG 39) „Deutsche Bundesbahn" der Name unter dem die BRD das Bundeseisenbahnvermögen als „nicht rechtsfähiges Sondervermögen des Bundes mit eigener Wirtschafts- und Rechnungsführung" verwaltet.

C. Der Eisenbahnbetrieb steht teils unter **Privatrecht** (so Sach- und Personenbeförderung, auch bei der DBB, oder der Betrieb eines Abstell- und Verschiebebahnhofs, auch der DBB, RG JW **38**, 2969, BGH **2**, 41, unten Anm 2 C), teils unter **öffentlichem Recht** (so die Bahnpolizei, bei der DBB auch zT die Dienstverhältnisse des Personals). Die Ausstellung von Beförderungspapieren der Eisenbahn, zB Abstempelung der Frachtbriefs und Frachtbriefdoppels (s **(25)** EVO § 61) ist auch bei der DBB privatrechtliche Tätigkeit, mag es sich auch um öffentliche Urkunden handeln, BGH **6**, 306, vgl **(22)** GüKG § 46 Anm 1. Sachschädenhaftung außerhalb der Güterbeförderung s § 454 Anm 1 E. Verhältnis Eisenbahn-Post vgl § 452.

2) Eisenbahnbeförderungsrecht

A. Das AllgEisenbG (s oben bei Anm 1 A) enthält außer den Begriffsbestimmungen (s Anm 1 A) besonders Vorschriften über das Verordnungsrecht der BReg, Eisenbahnaufsicht, Tarifwesen. § 3 ermächtigt die BReg ua zu Vorschriften für Personen- und Güterbeförderung „in Übereinstimmung mit den Vorschriften des HdlRechts"; diese Ermächtigung tritt neben die der §§ 458, 460 HGB, die speziell das **Beförderungsvertragsrecht** betreffen und aufgrund welcher **(25) Eisenbahn-Verkehrsordnung (EVO)** erlassen ist. § 6 AllgEisenbG macht jede Aufstellung, Änderung, Aufhebung von **Tarifen** von Genehmigung der Verkehrsbehörden abhängig; die Zuständigkeit zur Genehmigung (Tarifhoheit) liegt teils beim Bund, teils bei den Ländern (§ 6 IV); das allgemeine Preisrecht gilt auch hier (§ 6 VI).

B. Für den zwischenstaatlichen Verkehr gilt das internationale **Übereinkommen über den internationalen Eisenbahnverkehr (COTIF)** vom 9. 5. 80, G 23. 1. 85 BGBl **85** II 130, in Kraft 1. 5. 85 BGBl **85** II 666; COTIF besteht aus dem eigentlichen Übk Anhang A: Einheitliche Rechtsvorschriften für den Vertrag über die internationale Eisenbahnbeförderung von Personen und Gepäck (CIV), Anhang B: Einheitliche Rechtsvorschriften für den Vertrag über die internationale Eisenbahnbeförderung von Gütern (CIM) und den Anlagen I–IV, nämlich die Ordnungen für die internationale Eisenbahnbeförderung gefährlicher Güter (RID), für die internationale

7. Abschnitt. Beförd. auf Eisenbahnen 3 § 453

Eisenbahnbeförderung von Privatwagen (RIP), für die internationale Eisenbahnbeförderung von Containern (RICo) und die internationale Eisenbahnbeförderung von Expressgut (RIEx); Text von RID, RIP, RICo BGBl II 666 Anlagenband von RIEx BGBl II 130. Die alten Übereinkommen über den Eisenbahnfrachtverkehr (CIM) und über den Eisenbahnpersonen- und -gepäckverkehr (CIV) vom 7. 2. 70 sind samt Anlagen und Protokollen aufgehoben worden. Künftige Änderungen sind mit Mehrheit möglich. Übersicht: de la Motte transpR **85**, 245.

C. An der **privatrechtlichen** Natur des **Eisenbahnbeförderungsgeschäfts** hält Rspr fest, OGH **3**, 195, NJW **51**, 113, BGH **2**, 41, **6**, 314, mit RG **161**, 341, **162**, 365 (für die Reichsbahn, obwohl diese seit 1939 nicht mehr Kfm war; zur KfmEigenschaft der DBB § 1 Anm 7). Vgl auch HessVGH BB **50**, 575. Im Verhältnis des **Verkäufers** zum **Käufer** eines mit der Eisenbahn zu transportierenden Guts ist im Falle des Versendungskaufs iSv § 447 BGB (Versendung „auf Verlangen des Käufers...") die Eisenbahn nicht Erfüllungsgehilfe des Verkäufer mit der Folge des § 278 BGB; gleiches ist anzunehmen bei Verkauf und Umleitung schon rollender Ware; BGH **50**, 37; bezüglich des Spediteurs s § 407 Anm 1 D.

D. Den Eisenbahnbeförderungsvertrag regeln §§ 453–460 (nF G 4. 9. 38 RGBl 1149) und **(25)** EVO; ergänzend §§ 425 ff (nicht nur nach § 457 entspr die §§ 440–443), BGH **55**, 221.

E. Eisenbahnrecht gilt auch für Beförderung mit **Schiff, Kfz, Flugzeug** auf **Teilstrecken.** Insoweit sind besondere Beförderungsbedingungen möglich, **(25)** EVO § 5 II. Über Güterfernverkehr der DBB mit Kfz, der nicht unter Eisenbahnrecht fällt, **(22)** GüKG §§ 46, 47.

F. Im Verkehr mit der **DDR** gilt weder internationales Recht (s Anm B) noch EVO kraft Gesetzes, sondern die EVO wie AGB aufgrund Bekanntmachung des auf die EVO Bezug nehmenden, von der Bundesbahn mit der Deutschen Reichsbahn in der DDR geschlossenen Abkommens (Interzonentarifs), BGH **17**, 315, **LM** § 96 EVO Nr. 2.

3) Beförderungspflicht

A. Unter den in I Nr 1–5 und II bestimmten (positiven und negativen) Voraussetzungen ist eine Eisenbahn des öffentlichen Verkehrs (§ 2 AllgEisenbG, Text s Anm 1 A) zur Beförderung von **Gütern** von und nach allen inländischen Bahnhöfen und Güternebenstellen verpflichtet (**Kontrahierungszwang**). § 453 ist wiederholt für Güter, erweitert auf **Personen** in **(25)** EVO § 2. Beförderung von oder zu Plätzen ohne Bahnhof oder Güternebenstelle nach freier Vereinbarung, RG **130**, 78, ebenso Zurollen am Orte. Die Bahn haftet aus den Verpflichtungen aus § 453 nach allgemeinen Grundsätzen; Schadensersatz s IV; BGH **55**, 221.

B. Zu I Nr 1: **Unterwerfung** stillschweigend durch Abschluß des Frachtvertrags. Zu I Nr 2 s **(25)** EVO § 54. Zu I Nr 3, 4, 5 und II ist aus dem Grundsatz der Beförderungspflicht die weitere Pflicht zu schließen, **alles wirtschaftlich Zumutbare** zu tun zur Schaffung dieser Voraussetzungen der Beförderung. Zu II 1 s **(25)** EVO § 63.

C. Zu II 2 (**einstweilige Verwahrung**) s **(25)** EVO § 64.

D. Zu III (**Reihenfolge der Beförderung**) s **(25)** EVO § 67 II. Annahme zur Beförderung iSv III ist Abschluß des Frachtvertrags (s **(25)** EVO § 61), nicht schon Annahme zur einstweiligen Verwahrung gemäß II 2. III bringt eine allgemeine Pflicht zur Gleichbehandlung zum Ausdruck, s auch **(25)** EVO § 6 betr Tarife.

E. Zu IV (**Schadensersatz**): Da Beförderungspflicht die Regel, hat die Bahn zu beweisen, was im Einzelfall dieser Pflicht entgegensteht. Ebenso dürfte sie ggf die Beweislast treffen für Fehlen von Vorsatz und Fahrlässigkeit bei Verletzung der Beförderungspflicht. Es besteht auch **Anspruch auf Beförderung,** klagbar.

[Haftung der Eisenbahn]

454 **Die Eisenbahn haftet für den Schaden, der durch Verlust oder Beschädigung des Gutes in der Zeit von der Annahme zur Beförderung bis zur Ablieferung entsteht, es sei denn, daß der Schaden durch ein Verschulden oder eine nicht von der Eisenbahn verschuldete Anweisung des Verfügungsberechtigten, durch höhere Gewalt, durch Mängel der Verpackung oder durch besondere Mängel des Gutes, namentlich durch inneren Verderb, Schwinden, gewöhnlichen Rinnverlust verursacht ist.**

1) Haftung für Verluste oder Beschädigung des Gutes

A. § 454, **(25)** EVO §§ 82ff (für Reisegepäck, Expreßgut mit §§ 31, 42 EVO) regeln die **vertragliche Haftung der Bahn für Verlust und Beschädigung des beförderten Guts** zwischen Annahme zur Beförderung und Ablieferung. § 454, **(25)** EVO §§ 82f schärfen die Haftung im Vergleich mit BGB, auch mit § 429 (Frachtvertrag): die Bahn muß bestimmte entlastende Tatbestände (s unten Anm 2) beweisen. „Annahme zur Beförderung", **(25)** EVO § 61. Übersicht: von Tegelen BB **65,** 1377. Verlust ist auch Auslieferung an den Falschen, RGJW **28,** 2316. Nach Ablieferung des Guts besteht keine Bewachungspflicht der Bahn, wenn Empfänger den von ihm verschlossenen Waggon noch auf dem Entladegleis stehen läßt, RG **112,** 343. „Ablieferung" s **(25)** EVO § 82, Schäden aus **Versäumung der Lieferfrist** s § 455. Monographien: Helm 1966 (s § 425 Anm 1 B), Becker 1968. S auch Konow DB **69,** 1447, **70,** 1257, **71,** 1095.

B. § 454, **(25)** EVO §§ 82ff berühren **nicht** die **allgemeine vorvertragliche oder vertragliche Haftung für andere Schäden,** BGH WM **80,** 1124, zB am beförderten Gut vor Annahme zur Beförderung oder nach Ablieferung oder an anderen Sachen infolge fehlerhafter Behandlung des beförderten, BGH **17,** 216: Vergiftung von Vieh beim Empfänger durch beim Transport giftig gewordene Rüben, Anspruch des Empfängers uU aus Vertrag zugunsten Dritter (§ 328 BGB), so BGH **17,** 216, vgl **(25)** EVO § 95 Anm 1, oder am beförderten Gut durch nicht ordnungsmäßige Zurverfügungstellung des Guts zur Auslieferung (s **(25)** EVO § 75 XII), BGH NJW **73,** 511; oder Stellen eines ungeeigneten Waggons, RG **111,** 335; Abstempelung des Frachtbriefdoppels vor Annahme des Guts entgegen **(25)** EVO § 61 IV (aber §§ 254, 278 BGB bei Verschulden von Zwischenhändler), BGH WM **80,** 1124.

C. § 454, **(25)** EVO §§ 31ff, 82ff berühren auch **nicht** die **außervertragliche Haftung für Verlust und Beschädigung des beförderten Guts** aus

§§ 823ff BGB, besonders §§ 831 und 839 BGB iVm Art 34 GG, BGH **24**, 191, **32**, 203. Die Bahn hat (auch ohne Vertrag) Fürsorgepflicht für im Gewerbebetrieb in ihre Obhut gelangtes fremdes Eigentum; Verletzung dieser Pflicht durch Unterlassung entspr Maßnahmen, erst recht durch Eingriff eines ihrer Verrichtungsgehilfen (Diebstahl durch Bahngepäckarbeiter) macht sie haftbar nach §§ 823 I, 831 BGB; dies gilt auch für EVO-widrig aufgegebenes Reisegepäck (Koffer mit Kostbarkeiten, vgl **(25)** EVO § 25), außer wenn die Annahme erschlichen wurde; Leichtsinn des Aufgebers kann nur die Haftung der Bahn nach § 254 BGB mindern; BGH **24**, 197. Vgl für Spediteur § 408 Anm 1 D, Lagerhalter § 417 Anm 1 D, Frachtführer § 429 Anm 1 B und **(24)** CMR Art 28.

D. Ferner berühren § 454, **(25)** EVO §§ 82ff **nicht** die **außervertragliche Haftung der Bahn gegenüber Dritten** für Schäden an Sachen, die der Beförderungsvertrag nicht betrifft, auch wenn der Schaden durch das beförderte Gut verursacht ist, BGH **17**, 218 (Viehvergiftung beim Empfänger der beförderten Futtermittel).

E. Über **Sachschäden durch den Bahnbetrieb ohne Zusammenhang mit beförderten Gütern** s Haftpflichtgesetz idF 4. 1. 78 BGBl I 145.

2) Entlastung der Bahn

A. **Verschulden des Verfügungsberechtigten.** Bsp: Er gibt bei drohendem Aufruhr nicht als Expreßgut (früher „beschleunigtes Eilgut") auf, obwohl schleunige Beförderung das Gut retten konnte, RG **112**, 289; er verlädt leicht entzündliches Gut in offene Wagen, RG **66**, 405; er verheimlicht die besondere Beschaffenheit des Guts, RG **20**, 78. Für Gehilfen steht der Verfügungsberechtigte ein, RG **103**, 150. Trifft die Bahn und den Verfügungsberechtigten ein Verschulden, so ist § 254 BGB anwendbar, der Schaden also idR zu verteilen. Dabei ist zu beachten, daß, wo ein Verschulden des Verfügungsberechtigten in Frage kommt, die Bahn an sich überhaupt nicht haftet; der Verfügungsberechtigte muß daher ihre Mitschuld beweisen; RG **112**, 287. Ebenso entlastet die Bahn eine nicht von ihr „verschuldete" (dh irgendwie zu vertretende, auch ohne Fahrlässigkeit iSv § 276 I 2 BGB) **Anweisung** (einerlei ob fahrlässig oder objektiv fehlerhaft) **des Verfügungsberechtigten.** Bsp: Angabe einer falschen oder ungenauen Ablieferungsanschrift, RG JW **28**, 2316.

B. **Höhere Gewalt:** ein Ereignis, das **a)** außergewöhnlich ist, nicht (wenn auch schwerwiegend) so häufig, daß die Bahn seine Folgen in Kauf nehmen muß, dessen **b)** Ursachen außerhalb des Bahnbetriebs und der Einrichtungen der Bahn liegen und das **c)** bei größter Sorgfalt und durch alle der Bahn zumutbaren Vorkehrungen nicht abgewandt werden konnte. Bsp: Entgleisung durch Schneesturm, RG **101**, 94; Bergsturz, RG **93**, 305; Verbrechen Dritter, die am Betrieb nicht beteiligt sind, RG **109**, 173. Nicht zB: Funkenflug, RG JW **11**, 93; Achsbruch, Gefährdung durch den Straßenverkehr bei Niveaukreuzung, RG **93**, 67 (auch wo ein Kraftwagen eine Schranke durchfährt), Einsturz einer Uferbahn infolge Hochwassers, wenn nicht für ausreichende Befestigung gesorgt ist, RG ZAkDR **43**, 258. Man kann der Bahn nicht die Bewachung von Schwellen zumuten, die neben den Gleisen liegen, damit sie kein Verbrecher über die Schienen legen kann, RG **70**, 98. Die Unordnung und Unsicherheit der Nachkriegsver-

§§ 455, 456 IV. Buch. Handelsgeschäfte

hältnisse lieferte nicht immer schon Beweis der höheren Gewalt; es kam auf den Einzelfall an, zB: Vielzahl der Diebstähle bei Fehlen ausreichenden Polizeischutzes: höhere Gewalt, anders Diebstahl durch Bahnpersonal, durch Mitreisende usw, Hbg DB **48**, 333 (Kohlendiebstähle 1946/47), BGH **LM** § 454 Nr 1: voraussehbares, aber nicht abwendbares Ereignis kann höhere Gewalt sein. Verhältnis von „höherer Gewalt" und „unabwendbarem Ereignis" s BGH WM **75**, 522 (zu **(24)** CMR Art 17 II, s dort).

C. **Mängel der Verpackung,** auch wenn nicht vom Verfügungsberechtigten verschuldet (vgl oben Anm A), auch äußerlich nicht erkennbare, der „inneren" wie „äußeren" Verpackung, oder **„besondere Mängel des Guts".** Als Bspe so verursachter Schäden (durch Verpackungsmängel oder „besondere Mängel des Guts") nennt § 454 die aus innerem Verderb, Schwund, „gewöhnlichen" Rinnverlust. Die Bahn muß zu ihrer Entlastung beweisen, daß der Schaden so entstanden ist. In den Fällen des **(25)** EVO § 83 I (besonders b, d), zT die des § 454 deckend, nach § 458 diesem vorgehend, wird aber solche Verursachung, wenn sie möglich erscheint, zugunsten der Bahn vermutet (§ 83 II), anders bei ihr nachzuweisendem Verschulden (s **(25)** EVO § 83 III), vgl Kiel HRR **31**, 1244.

D. **Unabwendbar** iSv § 455 ist ein **Ereignis,** das auch durch Anwendung „äußerster nach den Umständen möglicher Sorgfalt nicht abgewendet werden konnte"; nicht wesentlich ist, ob die Schadensursache voraussehbar war; sie war iSv § 455 abwendbar, wenn die Beobachtung jeder nach den Umständen möglichen Sorgfalt sie (auch wenn unvorhersehbar) unwirksam gemacht hätte, BGH NJW **67**, 500 (Kobalt-Diebstahl aus abgestelltem Lastzug). Verhältnis zur „höheren Gewalt" s Anm B.

[Versäumung der Lieferfrist]

455 Die Eisenbahn haftet für den Schaden, der durch Versäumung der Lieferfrist entsteht, es sei denn, daß die Verspätung von einem Ereignis herrührt, das sie weder herbeigeführt hat noch abzuwenden vermochte.

1) Über Schäden aus **Versäumung der Lieferfrist:** § 455, **(25)** EVO §§ 33f (Reisegepäck), 42 II, III (Expreßgut), 88 ff (Frachtgut). Ist das Gut verloren, so ist nicht etwa außer dem Ersatz für Verlust noch Ersatz für Überschreitung der Lieferfrist zu leisten; anders bei Beschädigung und teilweisem Verlust (Minderung). Hat die Bahn in der Lieferfrist abgeliefert, so haftet sie für Beförderungsverzögerung selbst bei grober Fahrlässigkeit nicht, RG **100**, 52, str. Anders wenn sie arglistig später als möglich liefert, zB trotz Ankunft des Guts nicht abliefert, Mü OLGE **32**, 180, oder wenn sie die Reihenfolge der Beförderung verletzt.

[Erfüllungsgehilfen]

456 Die Eisenbahn haftet für ihre Bediensteten und andere Personen, deren sie sich bei der Ausführung der von ihr übernommenen Beförderung bedient.

7. Abschnitt. Beförd. auf Eisenbahnen §§ 457, 458

1) Geltungsbereich

§ 456 gilt für **jede vertragliche Haftung** der Bahn, nicht nur für die Haftung für Verlust oder Beschädigung des Guts (also für Fälle aus § 454 Anm 1 A, B, § 455 Anm 1), wohl auch für Haftung aus Verschulden bei Vertragsschluß (vor Abschluß des Frachtvertrags gemäß **(25)** EVO § 61), nicht für Haftung aus unerlaubter Handlung (§ 454 Anm 1 C, D, E). § 456 gilt nicht für Schaden, den Bedienstete der Bahn nach Ablieferung des Guts verursacht haben (RG **97**, 17: Hilfe beim Entladen), oder der durch eine Handlung entstanden ist, die offenbar aus dem dienstlichen Wirkungskreis des Bediensteten herausfiel (Fahrplanauskunft) durch einen Streckenwärter, Handgepäckbeförderung durch den Schaffner von einem Zug zum anderen), vgl RG **7**, 127.

2) Erfüllungsgehilfen

Neben den Bediensteten der Bahn fallen unter § 456 zB von der Bahn bestellte **Rollfuhrunternehmer**, s **(25)** EVO §§ 63 IX, 77 I. Wohl **nicht** die **Gepäckträger** (obwohl von der Bahn bestellt, **(25)** EVO § 35 I), aber für das ihnen übergebene Gut haftet die Bahn nach **(25)** EVO § 35 IV (nicht für Platzbelegen im Zug, RG **106**, 370). Ob unter § 456 fallende Personen im Verhältnis zur Bahn richtig oder falsch handeln, ist gleich, RG **119**, 149.

[Gesetzliches Pfandrecht]

457 §§ 440 bis 443 finden entsprechende Anwendung.

1) Entsprechend anwendbar sind nach § 457 die Frachtrechtsvorschriften über das gesetzliche Pfandrecht des Frachtführers (§ 440), die Pfandrechte mehrerer Frachtführer und Spediteure (§§ 441, 442) und von Frachtführer, Spediteur, Lagerhalter, Kommissionär (§ 443).

[Eisenbahn-Verkehrsordnung]

458 *^I Der Reichsverkehrsminister wird ermächtigt, die übrigen Bestimmungen über die Beförderung von Gütern auf den Eisenbahnen in der Eisenbahn-Verkehrsordnung zu treffen.*

^{II} Hierin können im Einvernehmen mit dem Reichsminister der Justiz Bestimmungen getroffen werden, die die Haftpflicht der Eisenbahn abweichend von den §§ 454, 455 regeln. Durch solche Bestimmungen darf jedoch die Haftung der Eisenbahn für Verschulden nicht ausgeschlossen werden.

1) Eisenbahnverkehrsordnung

A. Die **(25)** EVO wurde erlassen aufgrund §§ 458, 460 und zuletzt ganz neu gefaßt 8. 9. **38** (RGBl II 663). Viele Änderungen (der EVO selbst u/o ihrer Anlagen), zuletzt durch **86. VO** zur Änderung der EVO 19. 5. 82 BGBl 611, dazu Finger transpR 82, 144. Komm: Goltermann-Konow (LBl), Finger (LBl).

§§ 459–473 IV. Buch. Handelsgeschäfte

2) Übersicht über (25) EVO

Gliederung der EVO: I Allgemeine Bestimmungen, II Beförderung von Personen, III Beförderung von Reisegepäck, IV Gepäckträger, Gepäckaufbewahrung, V Beförderung von Expreßgut, VI Beförderung von Leichen, VII Beförderung von lebenden Tieren, VIII Beförderung von Gütern (Frachtgut). In Abschnitt IV–VII ist mehrfach auf den (ausführlichsten) Abschnitt VIII Bezug genommen. Zur EVO gehört seit 1. 7. 82 nur noch eine einzige **Anlage:** Nähere Bestimmungen über die Verladung und Beförderung von lebenden Tieren, RGBl **38** II 703. Anders als früher sind die Frachtbriefmuster keine Anlagen mehr, sondern werden im Tarif festgesetzt (s **(25)** EVO §§ 48 I, 55 I), was Änderungen ohne Rechtsverordnung ermöglicht. Zur (früheren) Anlage C (gefährliche Güter) Wesemann BB **67,** 1022, **68,** 1316, **70,** 907.

[Reisegepäck]

459 Zu den Gütern im Sinne dieser Vorschriften gehört auch das Reisegepäck.

1) Zu den Gütern iSv §§ 453, 454, 440–443 (mit 457), 458 gehört nach § 459 auch Reisegepäck (s **(25)** EVO §§ 25 ff), im Gegensatz zu Handgepäck (s **(25)** EVO § 16). Reisegepäck muß zum Reisezweck Beziehung haben und bestimmt sein, dem Reisenden in nicht zu ferner Zeit am Reiseziel zu dienen, RG **111,** 76.

[Personenbeförderung]

460 Die Vorschriften über die Beförderung von Personen auf den Eisenbahnen trifft der *Reichsverkehrsminister* in der Eisenbahn-Verkehrsordnung.

1) S § 458 und **(25)** EVO.

461–473 *(aufgehoben)*

Fünftes Buch. Seehandel

474–905 *(nicht kommentiert)*

1) Text s HGB einschließlich SeeHdlRecht (Beck'sche Textausgaben); Komm: Prüßmann-Rabe, 2. Aufl 1983, Schaps-Abraham I, II, 4. Aufl 1978.

Anlage (zu § 664)

Bestimmungen über die Beförderung von Reisenden und ihrem Gepäck auf See
(nicht kommentiert)

1) Angefügt durch Zweites SeerechtsÄndG 25. 7. 1986 BGBl 1120.

2. Teil

Handelsrechtliche Nebengesetze

Einleitung

1) HGB und Nebengesetze

A. Das HGB enthält nur einen Teil der hdlrechtlichen Vorschriften. Das hat mehrere Gründe. Schon eine **gesonderte Kodifikation** wie das HGB ist **nicht selbstverständlich.** In vielen Ländern ist das HdlRecht von vornherein oder neuerdings wieder Teil der Kodifikation des allgemeinen bürgerlichen Rechts (Einl I 1 B vor § 1). Das HGB als gesonderte Kodifikation hat nie den Anspruch auf abschließende gebietsmäßige Regelung erhoben, sondern war seit jeher ein Sonderprivatrecht der Kaufleute, das nur zusammen mit dem BGB verstanden und angewandt werden konnte (vgl zB §§ 48 ff über die hdlrechtlichen Vollmachten oder §§ 373 ff über den Hdlkauf). Wichtige hdlrechtliche Gebiete wie das Wechselrecht (Allgemeine deutsche WechselO, WechselO 1871, heute WG 1933) oder Scheckrecht (ScheckG 1908, heute ScheckG 1933) wurden von vornherein gesondert kodifiziert. Seither ist ein **Aushöhlungsprozeß** sowohl des BGB (zB AbzG, AGBG, ErbbaurechtsVO, WohnungseigentumsG, EheG, JugendwohlfahrtsG) als auch des HGB **durch Neben- bzw Sondergesetze** zu verzeichnen. Der wichtigste Verlust für das HGB war der des Kapitalgesellschaftsrechts. Das GenG 1889 und das GmbHG 1892 waren nie Teil des HGB, das Aktienrecht mit der AG und der KGaA wurde mit dem AktG 1937 (vgl EGAktG 30. 1. 37 RGBl I 166 §§ 1, 18) aus den früheren 3. und 4. Abschn (§§ 178–319, 320–334 aF) herausgenommen und ist jetzt mitsamt dem Konzernrecht im AktG 1965 geregelt. Heute sind vor allem im Speditions-, Lager-, Fracht- und Eisenbahnverkehrsrecht die Nebengesetze beherrschend (zB OLSchVO, GüKG, KVO, EVO). Aus dem privaten Bank- und Börsenrecht sind beispielhaft das BörsG und das DepotG zu nennen. Das private Versicherungsrecht hat sich längst verselbständigt (VVG 1908), erst recht das private Wettbewerbsrecht (UWG, ZugabeVO, RabattG, s Einl III 3 vor § 1), der gewerbliche Rechtsschutz (zB PatG, GebrMG, GeschmG) und das Urheberrecht (UrhG). **Dennoch** ist das **HGB** nicht nur historisch, sondern auch materiellrechtlich das **Kerngebiet des Kaufmanns- und Unternehmerprivatrechts.** Es hat **durch das BiRiLiG 1985 eine wichtige Aufwertung** erfahren. Die Inkorporierung des gesamten Rechnungslegungsrechts für Kflte und Ges mit nur wenigen Sonderregeln außerhalb des HGB hat die Rolle des **HGB als Grundgesetz für Kaufleute und Unternehmer und Bezugspunkt der handelsrechtlichen Nebengesetze** bestätigt und bekräftigt.

B. Im HdlRecht spielen außerrechtliche Gebräuche und Regelungen seit jeher eine hervorragende Rolle. Heute wird die hdlrechtliche Praxis von **AGB** und mehr oder weniger **typisierten Vertragsklauseln** (zB Incoterms) bestimmt, vor allem im Bank- und Börsenrecht (zB AGB-Banken oder für Dokumenten-Akkreditive und -Inkasso die ERG und ERI) und im Speditionsrecht (zB ADSp mit SVS/RVS und Sp-Police). Hinzu kommt in Deutschland seit etwa zehn Jahren besonders im Bank- und Börsenrecht ein Trend, durch **freiwillige Selbstregelungen** den Erlaß von Gesetzen und eine drohende behördliche Aufsicht oder Einflußnahme zu vermeiden. So sind zB die Reformprobleme des Insiderhandels, der Verhaltensnormen für Wertpapierhändler- und Berater und der öffentlichen freiwilligen Kauf- und Umtauschangebote (Übernahmeangebote bzw take-over bids) außerrechtlich durch Richtlinien und Leitsätze geregelt worden (Insiderhandels-Ri, Händler- und Beraterregeln, InsiderVerfO, LS-Übernahmeangebote).

C. **Internationales und europäisches Handelsrecht** bildet weitere Rechtsschichten um das HGB herum. Internationale Einheitsgesetze (loi uniforme) werden häufig nicht in vorhandene nationale Kodifikationen eingearbeitet, sondern als gesondertes nationales Gesetz erlassen. Das einheitliche Wechsel- und Scheckrecht (Genfer Konferenz 1931) betraf schon vorhandene Nebengesetze (s Anm A). Die einheitlichen Kaufgesetze (EKG und EAG 1973) entziehen dagegen mangels gegenteiliger Parteivereinbarung den internationalen Kauf beweglicher Sachen dem BGB und dem HGB und das Recht des grenzüberschreitenden Transport und Verkehrs ist heute nicht mehr vorrangig in §§ 425 ff HGB zu finden (zB für den Straßengüterverkehr CMR, Eisenbahnfrachtverkehr CIM, Eisenbahn-Personen- und Gepäckverkehr CIV, Luftverkehr Warschauer Abkommen). Die Rechtsangleichung im Rahmen der EG, insbesondere die des europäischen Gesellschaftsrechts, hat bisher nicht zu gesonderten Gesetzen geführt, sondern ist, soweit das HGB betroffen war, in dieses eingearbeitet worden (zB § 15 III aufgrund der 1. Ri 1968, sog Publizitäts-Ri, und besonders Buch III aufgrund der 4., 7. und 8. Ri 1978, 1983, 1984 durch das BiRiLiG 1985).

2) Auswahl und Darstellung

A. Die **Auswahl der Nebengesetze** erfolgte unter drei Sachgesichtspunkten. Aufgenommen wurden nur privatrechtliche Nebengesetze (also zB privates Bank- und Börsenrecht, nicht Bankaufsichtsrecht). Nicht aufgenommen wurden Nebengesetze aus etablierten selbständigen Gebieten (zB Aktien- und GmbHRecht, Wertpapierrecht, Gewerblicher Rechtsschutz und Urheberrecht, Privatversicherungsrecht). Entscheidend für die Auswahl war letztlich die **Nähe zum HGB**, sei es daß das HGB unmittelbar ergänzt wird (zB EGHGB mit wichtigen Übergangsvorschriften zum BiRiLiG; zu den Handelsbüchern die Sondernormen zu Buch III des HGB im AktG und GmbHG; zum Handelsregister Abschn VII des FGG und die HRV; zum Transportrecht die ADSp mit SVS/RVS und Sp-Police, OLSchVO, GüKG, KVO, CMR, EVO), sei es daß der Benutzer des HGB auf das Nebengesetz laufend oder dringend angewiesen ist (zB AGB-Gesetz, Incoterms und andere Handelskaufklauseln, AGB-Banken, Lastschriftabkommen usw) oder daß die nur gelegentlich benötigten Texte für ihn nicht ohne weiteres greifbar wären (zB ERG, ERI, BörsG, Insider-Regeln oder LS-Übernahmeangebote). Praktische und theoretische Gründe (Einl I 3 C–E vor § 1) ließen bei der Auswahl keine Unterscheidung zwischen Nebengesetzen ieS und außerrechtlichen Texten (AGB, Richtlinien, Regeln, Leitsätzen) zu.

B. Die **Darstellung** erfolgt zweckmäßig **nach fünf Gebieten in Anlehnung an die Systematik des HGB's**: I. EGHGB (mit den Übergangsvorschriften zum BiRiLiG), Handelsbücher und Bilanzen, II. Handelsregister, III. AGB-Gesetz und (nicht branchengebundene) Vertragsklauseln, IV. Bank- und Börsenrecht, V. Speditions-, Lager- und Frachtrecht (Transportrecht). Die einzelnen Nebengesetze sind durch **fortlaufende Numerierung (1)–(25)** leichter auffindbar. Ein **Verzeichnis** der aufgenommenen Nebengesetze ist Teil des Inhaltsverzeichnisses. Die Darstellung beschränkt sich entweder auf die Wiedergabe des Nebengesetzes mit kurzer Einleitung, Schrifttumsnachweisen und einzelnen Hinweisen oder bringt darüberhinaus eine durchgängige auf das Wichtigste beschränkte **Kurz-Kommentierung,** so **(5)** AGB-Gesetz, **(7)** Bankgeschäfte, **(8)** AGB-Banken, **(13)** Depotgesetz, **(14)** BörsG, **(19)** ADSp, **(21)** OLSchVO, **(22)** GüKG, **(24)** KVO, **(25)** EVO. **Verstärkte Aufmerksamkeit** kommt dabei wegen ihrer großen und allgemeinen Bedeutung den drei erstgenannten zu: **(5) AGB-Gesetz,** das kürzer als im Palandt und **mit Schwerpunkt auf den Klauseln im Handelsverkehr** kommentiert ist; **(7) Bankgeschäfte,** die ohne Anlehnungsmöglichkeit an einen Gesetzestext **mit Schwerpunkt auf dem Zahlungs- und Kreditrecht** behandelt werden, und **(8) AGB-Banken,** die exemplarisch für die in Text und Inhalt nicht völlig gleichen AGB der verschiedenen Kreditinstitute erläutert sind.

I. Einführungsgesetz, Handelsbücher und Bilanzen

(1) Einführungsgesetz zum Handelsgesetzbuche

Vom 10. Mai 1897 (RGBl 437)
mit den späteren Änderungen

Einleitung

Schrifttum

Großkommentare und Lehrbücher zum HGB (s Einl vor § 1)

1) Zur Geschichte des HGB und zum EGHGB s Einl I 2 C v § 1. Das BiRiLiG 1985 hat dem weitgehend überholten EGHGB wieder große praktische Bedeutung verliehen. Die bisherigen Art 1–22 wurden als Erster Abschnitt Einführung des Handelsgesetzbuches zusammengefaßt. Der neue Zweite Abschnitt (Art 23–28) enthält die **Übergangsvorschriften des BiRiLiG,** die die Anwendung von Teilen des Gesetzes erst ab 1987 und ab 1990 vorsehen. Sie sind in Einl V 1 vor § 238 HGB **kommentiert.**

Erster Abschnitt
Einführung des Handelsgesetzbuchs

[Inkrafttreten]

EGHGB 1 ^IDas Handelsgesetzbuch tritt gleichzeitig mit dem Bürgerlichen Gesetzbuch in Kraft.

^{II}**Der sechste Abschnitt des ersten Buches des Handelsgesetzbuchs tritt mit Ausnahme des § 65 am 1. Januar 1898 in Kraft.**

^{III} *(Ermächtigung zur früheren Inkraftsetzung des Abschn 7 des Buchs III)*

[Verhältnis zu BGB und Reichsgesetzen]

EGHGB 2 ^IIn Handelssachen kommen die Vorschriften des Bürgerlichen Gesetzbuchs nur insoweit zur Anwendung, als nicht im Handelsgesetzbuch oder in diesem Gesetz ein anderes bestimmt ist.

^{II}**Im übrigen werden die Vorschriften der *Reichsgesetze* durch das Handelsgesetzbuch nicht berührt.**

[Verweisungen auf ADHGB]

EGHGB 3 Soweit in *Reichsgesetzen* oder in Landesgesetzen auf Vorschriften des Allgemeinen Deutschen Handelsgesetzbuchs verwiesen ist, treten die entsprechenden Vorschriften des Handelsgesetzbuchs an deren Stelle.

[Handelsgewerbe und eheliches Güterrecht]

EGHGB 4 ^{I}Die nach dem bürgerlichen Rechte mit einer Eintragung in das Güterrechtsregister verbundenen Wirkungen treten, sofern ein Ehegatte Kaufmann ist und seine Handelsniederlassung sich nicht in dem Bezirke des für den Wohnsitz des Ehemanns zuständigen Registergericht befindet, in Ansehung der auf den Betrieb des Handelsgewerbes sich beziehenden Rechtsverhältnisse nur ein, wenn die Eintragung auch in das Güterrechtsregister des für den Ort der Handelsniederlassung zuständigen Gerichts erfolgt ist. Bei mehreren Niederlassungen genügt die Eintragung in das Register des Ortes der Hauptniederlassung.

^{II}Wird die Niederlassung verlegt, so finden die Vorschriften des § 1559 des Bürgerlichen Gesetzbuchs entsprechende Anwendung.

[Bergwerksgesellschaften]

EGHGB 5 Auf Bergwerksgesellschaften, die nach den Vorschriften der Landesgesetze nicht die Rechte einer juristischen Person besitzen, findet § 2 des Handelsgesetzbuchs keine Anwendung.

EGHGB 6 *(aufgehoben)*

EGHGB 7 *(betr Seerecht)*

EGHGB 8 *(Aufhebungsvorschrift)*

EGHGB 9–14 *(Änderungsvorschriften, vollzogene Ermächtigung)*

[Landesgesetze]

EGHGB 15 ^{I}Die privatrechtlichen Vorschriften der Landesgesetze bleiben insoweit unberührt, als es in diesem Gesetze bestimmt oder als im Handelsgesetzbuch auf die Landesgesetze verwiesen ist.

^{II}Soweit die Landesgesetze unberührt bleiben, können auch neue landesgesetzliche Vorschriften erlassen werden.

EGHGB 16 *(aufgehoben)*

EGHGB 17 *(gegenstandslos)*

[Landesrecht über Bierlieferung]

EGHGB 18 Unberührt bleiben die landesgesetzlichen Vorschriften über den Vertrag zwischen dem Brauer und dem Wirte über die Lieferung von Bier, soweit sie das aus dem Vertrage sich ergebende Schuldverhältnis für den Fall regeln, daß nicht besondere Vereinbarungen getroffen werden.

I. EinführungsG, Handelsbücher und Bilanzen

EGHGB 19 *(abhängig von aufgehobenem Recht)*

EGHGB 20 *(neu geregelt)*

EGHGB 21 *(abhängig von neugeregeltem Recht)*

[Weiterführung von Firmen]

EGHGB 22 ¹Die zur Zeit des Inkrafttretens des Handelsgesetzbuchs im Handelsregister eingetragenen Firmen können weitergeführt werden, soweit sie nach den bisherigen Vorschriften geführt werden durften.

II *(gegenstandslose Überleitungsvorschrift)*

Zweiter Abschnitt
Übergangsvorschriften zum Bilanzrichtlinien-Gesetz

[Jahresabschluß, Lagebricht, Offenlegung, Prüfung]

EGHGB 23 ¹Die vom Inkrafttreten der Artikel 1 bis 10 des Bilanzrichtlinien-Gesetzes vom 19. Dezember 1985 (BGBl. I S. 2355) an geltende Fassung der Vorschriften über den Jahresabschluß und den Lagebericht sowie über die Pflicht zur Offenlegung dieser und der dazu gehörenden Unterlagen ist erstmals auf das nach dem 31. Dezember 1986 beginnende Geschäftsjahr anzuwenden. Die neuen Vorschriften können auf ein früheres Geschäftsjahr angewendet werden, jedoch nur insgesamt.

II Die vom Inkrafttreten der Artikel 1 bis 10 des Bilanzrichtlinien-Gesetzes an geltende Fassung der Vorschriften über den Konzernabschluß und den Konzernlagebericht sowie über die Pflicht zur Offenlegung dieser und der dazu gehörenden Unterlagen ist erstmals auf das nach dem 31. Dezember 1989 beginnende Geschäftsjahr anzuwenden. Die neuen Vorschriften können auf ein früheres Geschäftsjahr angewendet werden, jedoch nur insgesamt. Mutterunternehmen, die bereits bei Inkrafttreten des Bilanzrichtlinien-Gesetzes zur Konzernrechnungslegung verpflichtet sind, brauchen bei früherer Anwendung der neuen Vorschriften Tochterunternehmen mit Sitz im Ausland nicht einzubeziehen und einheitliche Bewertungsmethoden im Sinne des § 308 sowie die §§ 311, 312 des Handelsgesetzbuchs über assoziierte Unternehmen nicht anzuwenden.

III Die vom Inkrafttreten der Artikel 1 bis 10 des Bilanzrichtlinien-Gesetzes an geltende Fassung der Vorschriften über die Pflicht zur Prüfung des Jahresabschlusses und des Lageberichts ist auf Unternehmen, die bei Inkrafttreten des Bilanzrichtlinien-Gesetzes ihren Jahresabschluß nicht auf Grund bundesgesetzlicher Vorschriften prüfen lassen müssen, erstmals für das nach dem 31. Dezember 1986 beginnende Geschäftsjahr anzuwenden. Die vom Inkrafttreten der Artikel 1 bis 10 des Bilanzrichtlinien-Gesetzes an geltende Fassung der Vorschriften über die Pflicht zur Prüfung des Konzernabschlusses und des Konzernlageberichts ist auf Unternehmen, die bei Inkrafttreten des Bilanzrichtlinien-Gesetzes nicht zur Konzernrechnungslegung verpflichtet sind, erstmals für das nach dem 31. Dezember 1989 beginnende Geschäftsjahr anzuwenden. Der Bestätigungsvermerk nach § 322 Abs. 1 des Handelsgesetzbuches ist erstmals auf Jahresabschlüsse, Konzernabschlüsse und Teilkonzernabschlüsse sowie auf Lageberichte, Konzernlageberichte und Teilkonzernlageberichte anzuwenden, die nach den am 1. Januar 1986 in Kraft tretenden Vorschriften aufgestellt worden sind.

^{IV} § 319 Abs. 2 Nr. 8 des Handelsgesetzbuchs ist erstmals auf das sechste nach dem Inkrafttreten des Bilanzrichtlinien-Gesetzes beginnende Geschäftsjahr anzuwenden.

^V Sind die neuen Vorschriften nach den Absätzen 1 bis 3 auf ein früheres Geschäftsjahr nicht anzuwenden und werden sie nicht freiwillig angewendet, so ist für das Geschäftsjahr die am 31. Dezember 1985 geltende Fassung der geänderten oder aufgehobenen Vorschriften anzuwenden. Satz 1 ist auf Gesellschaften mit beschränkter Haftung hinsichtlich der Anwendung des Gesetzes über die Rechnungslegung von bestimmten Unternehmen und Konzernen entsprechend anzuwenden.

[Bewertung]

EGHGB 24 ^I Waren Vermögensgegenstände des Anlagevermögens im Jahresabschluß für das am 31. Dezember 1986 endende oder laufende Geschäftsjahr mit einem niedrigeren Wert angesetzt, als er nach § 240 Abs. 3 und 4, §§ 252, 253 Abs. 1, 2 und 4, §§ 254, 255, 279 und 280 Abs. 1 und 2 des Handelsgesetzbuchs zulässig ist, so darf der niedrigere Wertansatz beibehalten werden. § 253 Abs. 2 des Handelsgesetzbuchs ist in diesem Falle mit der Maßgabe anzuwenden, daß der niedrigere Wertansatz um planmäßige Abschreibungen entsprechend der voraussichtlichen Restnutzungsdauer zu vermindern ist.

^{II} Waren Vermögensgegenstände des Umlaufvermögens im Jahresabschluß für das am 31. Dezember 1986 endende oder laufende Geschäftsjahr mit einem niedrigeren Wert angesetzt als er nach §§ 252, 253 Abs. 1, 3 und 4, §§ 254, 255 Abs. 1 und 2, §§ 256, 279 Abs. 1 Satz 1, Abs. 2, § 280 Abs. 1 und 2 des Handelsgesetzbuchs zulässig ist, so darf der niedrigere Wertansatz insoweit beibehalten werden, als

1. er aus den Gründen des § 253 Abs. 3, §§ 254, 279 Abs. 2, § 280 Abs. 2 des Handelsgesetzbuchs angesetzt worden ist oder
2. es sich um einen niedrigeren Wertansatz im Sinne des § 253 Abs. 4 des Handelsgesetzbuchs handelt.

^{III} Soweit ein niedrigerer Wertansatz nach den Absätzen 1 und 2 nicht beibehalten werden darf oder nicht beibehalten wird, so kann bei der Aufstellung des Jahresabschlusses für das nach dem 31. Dezember 1986 beginnende Geschäftsjahr oder bei Anwendung auf ein früheres Geschäftsjahr nach Artikel 23 in dem früheren Jahresabschluß der Unterschiedsbetrag zwischen dem im letzten vorausgehenden Jahresabschluß angesetzten Wert und dem nach den Vorschriften des Dritten Buchs des Handelsgesetzbuchs anzusetzenden Wert in Gewinnrücklagen eingestellt oder für die Nachholung von Rückstellungen verwendet werden; dieser Betrag ist nicht Bestandteil des Ergebnisses. Satz 1 ist entsprechend auf Beträge anzuwenden, die sich ergeben, wenn Rückstellungen oder Sonderposten mit Rücklageanteil wegen Unvereinbarkeit mit § 247 Abs. 3, §§ 249, 253 Abs. 1 Satz 2, § 273 des Handelsgesetzbuchs aufgelöst werden.

^{IV} Waren Schulden im Jahresabschluß für das am 31. Dezember 1986 endende oder laufende Geschäftsjahr mit einem niedrigeren Wert angesetzt, als er nach §§ 249, 253 Abs. 1 Satz 2 des Handelsgesetzbuchs vorgeschrieben oder zulässig ist, so kann bei der Aufstellung des Jahresabschlusses für das nach dem 31. Dezember 1986 beginnende Geschäftsjahr oder bei Anwendung auf ein früheres Geschäftsjahr nach Artikel 23 in dem früheren Geschäftsjahr der für die Nachholung erforderliche Betrag den Rücklagen entnommen werden, soweit diese nicht durch Gesetz, Gesellschaftsvertrag oder Satzung für andere

I. EinführungsG, Handelsbücher und Bilanzen   **EGHGB 25 (1)**

Zwecke gebunden sind; dieser Betrag ist nicht Bestandteil des Ergebnisses oder des Bilanzgewinns.

^V Ändern sich bei der erstmaligen Anwendung der durch die Artikel 1 bis 10 des Bilanzrichtlinien-Gesetzes geänderten Vorschriften die bisherige Form der Darstellung oder die bisher angewandten Bewertungsmethoden, so sind § 252 Abs. 1 Nr. 6, § 265 Abs. 1, § 284 Abs. 2 Nr. 3 des Handelsgesetzbuchs bei der erstmaligen Aufstellung eines Jahresabschlusses nach den geänderten Vorschriften nicht anzuwenden. Außerdem brauchen die Vorjahreszahlen bei der erstmaligen Anwendung nicht angegeben zu werden.

^{VI} Sind bei der erstmaligen Anwendung des § 268 Abs. 2 des Handelsgesetzbuchs über die Darstellung der Entwicklung des Anlagevermögens die Anschaffungs- oder Herstellungskosten eines Vermögensgegenstands des Anlagevermögens nicht ohne unverhältnismäßige Kosten oder Verzögerungen feststellbar, so dürfen die Buchwerte dieser Vermögensgegenstände aus dem Jahresabschluß des vorhergehenden Geschäftsjahrs als ursprüngliche Anschaffungs- oder Herstellungskosten übernommen und fortgeführt werden. Satz 1 darf entsprechend auf die Darstellung des Postens „Aufwendungen für die Ingangsetzung und Erweiterung des Geschäftsbetriebs" angewendet werden. Kapitalgesellschaften müssen die Anwendung der Sätze 1 und 2 im Anhang angeben.

[Gemeinnützige Wohnungsunternehmen]

EGHGB 25 ^I Auf die Prüfung des Jahresabschlusses von gemeinnützigen Wohnungsunternehmen (§ 1 des Wohnungsgemeinnützigkeitsgesetzes) sind die Vorschriften des Dritten Unterabschnitts des Zweiten Abschnitts des Dritten Buchs des Handelsgesetzbuchs über die Prüfung bis zum 31. Dezember 1989 nicht anzuwenden. Nach diesem Zeitpunkt sind die in Satz 1 bezeichneten Vorschriften nur dann nicht anzuwenden, wenn mehr als die Hälfte der Mitglieder des Vorstands des in § 23 des Wohnungsgemeinnützigkeitsgesetzes bezeichneten Prüfungsverbands Wirtschaftsprüfer sind. Hat der Prüfungsverband nur zwei Vorstandsmitglieder, so muß einer von ihnen Wirtschaftsprüfer sein.

^{II} Ist ein als gemeinnützig anerkanntes Wohnungsunternehmen oder ein als Organ der staatlichen Wohnungspolitik anerkanntes Unternehmen als Aktiengesellschaft, Kommanditgesellschaft auf Aktien oder als Gesellschaft mit beschränkter Haftung zur Aufstellung eines Konzernabschlusses und eines Konzernlageberichts nach dem Zweiten Unterabschnitt des Zweiten Abschnitts des Dritten Buchs des Handelsgesetzbuchs verpflichtet, so ist der Prüfungsverband, dem das Unternehmen angehört, auch Abschlußprüfer des Konzernabschlusses. Ab 1. Januar 1990 gilt dies jedoch nur, wenn mehr als die Hälfte der Mitglieder des Vorstands des in § 23 des Wohnungsgemeinnützigkeitsgesetzes bezeichneten Prüfungsverbands Wirtschaftsprüfer sind. Hat der Prüfungsverband nur zwei Vorstandsmitglieder, so muß einer von ihnen Wirtschaftsprüfer sein.

^{III} Auf die Prüfung des Jahresabschlusses von Aktiengesellschaften und Gesellschaften mit beschränkter Haftung, bei denen die Mehrheit der Anteile und die Mehrheit der Stimmrechte Genossenschaften, gemeinnützigen Wohnungsunternehmen oder zur Prüfung von Genossenschaften zugelassenen Prüfungsverbänden zusteht, ist § 319 Abs. 1 des Handelsgesetzbuchs mit der Maßgabe anzuwenden, daß diese Gesellschaften sich auch von dem Prüfungsverband prüfen lassen dürfen, dem sie als Mitglied angehören, sofern wenigstens die Hälfte und ab 1. Januar 1990 mehr als die Hälfte der Mitglieder des Vorstands dieses Prüfungsverbands Wirtschaftsprüfer sind. Hat der Prüfungsverband nur zwei Vorstandsmitglieder, so muß einer von ihnen Wirtschaftsprüfer sein. § 319 Abs. 2 und 3 des Handelsgesetzbuchs ist entsprechend anzuwenden.

IV Bei der Prüfung des Jahresabschlusses der in Absatz 3 bezeichneten Gesellschaften durch einen Prüfungsverband darf der gesetzlich vorgeschriebene Bestätigungsvermerk nur von Wirtschaftsprüfern unterzeichnet werden. Die im Prüfungsverband tätigen Wirtschaftsprüfer haben ihre Prüfungstätigkeit unabhängig, gewissenhaft, verschwiegen und eigenverantwortlich auszuüben. Sie haben sich, insbesondere bei der Erstattung von Prüfungsberichten, unparteiisch zu verhalten. Weisungen dürfen ihnen hinsichtlich ihrer Prüfungstätigkeit von Personen, die nicht Wirtschaftsprüfer sind, nicht erteilt werden. Die Zahl der im Verband tätigen Wirtschaftsprüfer muß so bemessen sein, daß die den Bestätigungsvermerk unterschreibenden Wirtschaftsprüfer die Prüfung verantwortlich durchführen können.

[Auswahl der Abschlußprüfer]

EGHGB 26 I Abschlußprüfer nach § 319 Abs. 1 Satz 1 des Handelsgesetzbuchs kann auch eine nach § 131f Abs. 2 der Wirtschaftsprüferordnung bestellte Person sein. Abschlußprüfer nach § 319 Abs. 1 Satz 2 des Handelsgesetzbuchs kann auch eine nach § 131b Abs. 2 der Wirtschaftsprüferordnung bestellte Person sein. Für die Durchführung der Prüfung von Jahresabschlüssen und Lageberichten haben diese Personen die Rechte und Pflichten von Abschlußprüfern.

II Für die Anwendung des § 319 Abs. 2 und 3 des Handelsgesetzbuchs bleibt eine Mitgliedschaft im Aufsichtsrat des zu prüfenden Unternehmens außer Betracht, wenn sie spätestens mit der Beendigung der ersten Versammlung der Aktionäre oder Gesellschafter der zu prüfenden Gesellschaft, die nach Inkrafttreten des Bilanzrichtlinien-Gesetzes stattfindet, endet.

[Kapitalkonsolidierung]

EGHGB 27 I Hat ein Mutterunternehmen ein Tochterunternehmen schon vor der erstmaligen Anwendung des § 301 des Handelsgesetzbuchs in seinen Konzernschluß auf Grund gesetzlicher Verpflichtung oder freiwillig nach einer den Grundsätzen ordnungsmäßiger Buchführung entsprechenden Methode einbezogen, so braucht es diese Vorschrift auf dieses Tochterunternehmen nicht anzuwenden. Auf einen noch vorhandenen Unterschiedsbetrag aus der früheren Kapitalkonsolidierung ist § 309 des Handelsgesetzbuchs anzuwenden, soweit das Mutterunternehmen den Unterschiedsbetrag nicht in entsprechender Anwendung des § 301 Abs. 1 Satz 3 des Handelsgesetzbuchs den in den Konzernabschluß übernommenen Vermögensgegenständen und Schulden des Tochterunternehmens zuschreibt oder mit diesen verrechnet.

II Ist ein Mutterunternehmen verpflichtet, § 301 des Handelsgesetzbuchs auf ein schon bisher in seinen Konzernabschluß einbezogenes Tochterunternehmen anzuwenden oder wendet es diese Vorschrift freiwillig an, so kann als Zeitpunkt für die Verrechnung auch der Zeitpunkt der erstmaligen Anwendung dieser Vorschrift gewählt werden.

III Die Absätze 1 und 2 sind entsprechend auf die Behandlung von Beteiligungen an assoziierten Unternehmen nach §§ 311, 312 des Handelsgesetzbuchs anzuwenden.

IV Ergibt sich bei der erstmaligen Anwendung der §§ 303, 304, 306 oder 308 des Handelsgesetzbuchs eine Erhöhung oder Verminderung des Ergebnisses, so kann der Unterschiedsbetrag in die Gewinnrücklagen eingestellt oder mit diesen offen verrechnet werden; dieser Betrag ist nicht Bestandteil des Jahresergebnisses.

I. EG, Handelsbücher u. Bilanzen **BuchFühr-Ri I (1a)**

[Rückstellungen für Pensionen]

EGHGB 28 ¹ Für eine laufende Pension oder eine Anwartschaft auf eine Pension auf Grund einer unmittelbaren Zusage braucht eine Rückstellung nach § 249 Abs. 1 Satz 1 des Handelsgesetzbuchs nicht gebildet zu werden, wenn der Pensionsberechtigte seinen Rechtsanspruch vor dem 1. Januar 1987 erworben hat oder sich ein vor diesem Zeitpunkt erworbener Rechtsanspruch nach dem 31. Dezember 1986 erhöht. Für eine mittelbare Verpflichtung aus einer Zusage für eine laufende Pension oder eine Anwartschaft auf eine Pension sowie für eine ähnliche unmittelbare oder mittelbare Verpflichtung braucht eine Rückstellung in keinem Fall gebildet zu werden.

II Bei Anwendung des Absatzes 1 müssen Kapitalgesellschaften die in der Bilanz nicht ausgewiesenen Rückstellungen für laufende Pensionen, Anwartschaften auf Pensionen und ähnliche Verpflichtungen jeweils im Anhang und im Konzernanhang in einem Betrag angeben.

(1a) Richtlinien zur Organisation der Buchführung (im Rahmen eines einheitlichen Rechnungswesens) (Buchführungs-Ri)

Vom 11. November 1937 (MinBlfWi 239)

Einleitung

Schrifttum zur Buchführung und Bilanzierung s Einl vor § 238 HGB

1) RMWi und RKfPr erließen am 11. 11. 37 die Richtlinien zur Organisation der Buchführung (im Rahmen eines einheitlichen Rechnungswesens). Diese Buchführungs-Ri waren damals zur Wirtschaftslenkung und Preisüberwachung notwendig, haben aber allgemeiner gültige ,,Grundsätze ordnungsgemäßer Buchführung" niedergelegt, die trotz mangelnder Rechtsverbindlichkeit seit 1945 noch heute weithin anerkannt sind und befolgt werden.

2) zu II Nr 8, 9: §§ 131, 132 AktG (1937) entsprechen §§ 266, 268 und §§ 275, 277 HGB. Zu II Nr 17 und III aE: Die Erläuterungen zum ,,Kontenrahmen" und zum ,,Beispiel eines Kontenplanes für Fertigungsbetriebe" (nebst Vorbemerkung) (MinBlfWi 243ff) sind hier nicht mitabgedruckt.

I. Grundaufgaben des Rechnungswesens

Ein geordnetes Rechnungswesen muß alle Geschäftsvorfälle und die mit ihnen verbundenen Mengen- und Wertbewegungen lückenlos erfassen und planmäßig ordnen. Es bietet dadurch eine unerläßliche Voraussetzung für eine Ordnung der Betriebe und der Gesamtwirtschaft sowie für eine dauernde Beobachtung des Betriebszustandes und der Betriebsgebarung.

1. Das Rechnungswesen verfolgt vier Grundzwecke:
    a) Ermittlung der Bestände – Vermögens- und Schuldteile – und des Erfolges am Ende des Jahres (Jahresbestands- und Erfolgsrechnung) und während der Betriebsperiode (kurzfristige Erfolgsrechnung),
    b) Preisbildung, Kostenüberwachung und Preisprüfung (auf der Grundlage der Selbstkosten),
    c) Überwachung der Betriebsgebarung (Wirtschaftlichkeitsrechnung),
    d) Disposition und Planung.

(1a) BuchFühr-Ri I 2. Handelsrechtl. Nebengesetze

Betriebliche und gesamtwirtschaftliche Zwecke werden gleichermaßen durch das Rechnungswesen verfolgt.

2. Das betriebliche Rechnungswesen umfaßt alle Verfahren zur ziffernmäßigen Erfassung und Zurechnung der betrieblichen Vorgänge. Es gliedert sich in vier Grundformen:
   a) Buchführung und Bilanz (Zeitrechnung),
   b) Selbstkostenrechnung (Kalkulation, Stückrechnung),
   c) Statistik (Vergleichsrechnung),
   d) Planung (betriebliche Vorschau-Rechnung).

Alle vier Formen besitzen ihre besonderen Verfahren, ihre eigenen Anwendungsgebiete und ihre besondere Erkenntniskraft. Sie stehen aber nicht nebeneinander, sondern hängen eng zusammen und ergänzen einander.

3. Die ursprünglichste und wichtigste Form des Rechnungswesens ist die Buchführung. Sie ist eine Zeitrechnung und hat den Zweck, Bestände und ihre Veränderung, Aufwände, Leistungen und Erfolge in einem Zeitraum festzustellen. Die wertmäßige Erfassung wird zweckmäßigerweise durch eine mengenmäßige in Nebenbüchern[1] ergänzt werden.

4. Aus dem derzeitigen Stande des Rechnungswesens und aus den Anforderungen, die die gegenwärtige Erzeugungs- und Wirtschaftsweise und nicht zuletzt die gesamtwirtschaftliche Überwachung an das Rechnungswesen und insbesondere an die Buchführung stellen, ergeben sich bestimmte Anforderungen an die Organisation der Buchführung.

II. Anforderungen an die Organisation der Buchführung

1. Die Buchführung muß im Regelfalle die doppelte kaufmännische oder eine gleichwertige kameralistische Buchführung sein. Nur unter besonderen Verhältnissen, vor allem in Kleinbetrieben des Einzelhandels und des Handwerks, ist eine einfache Buchführung angängig.

2. Die Buchführung muß klar und übersichtlich sein[2]. Vorgeschrieben werden kann nur eine Buchführung, die Mindestansprüchen genügt und auf mittlere Betriebe einer Reichsgruppe bzw. Wirtschaftsgruppe abgestellt ist. Ist ein Betrieb rechnungsmäßig bereits so entwickelt, daß er über Mindestanforderungen hinausgehen will, so muß sein Aufbau der Buchführung die Vergleichbarkeit mit der auf Grund dieser Richtlinien aufgestellten Kontenübersicht seiner Reichsgruppe bzw. Wirtschaftsgruppe in bequemer Weise zulassen. In einem solchen Falle erscheint eine weitere Aufgliederung der Kontengruppen, die für Vergleichszwecke wiederum ein leichtes Zusammenziehen ermöglicht, am geeignetsten. (Grundsatz der weitergehenden Gliederung der Kontengruppen.) Jede grundsätzlich andere Organisationsform der Buchführung erscheint weniger geeignet, weil sie die Vergleichbarkeit stört, mag sie als Buchführungsform auch gleichwertig sein. Für Kleinbetriebe sind die Anforderungen zu ermäßigen, was am besten durch eine Zusammenziehung der Konten erreicht wird. Auch hier muß eine Vergleichbarkeit gegeben sein.

Der aufgestellte Kontenrahmen ist demnach der einheitliche Organisationsplan der Buchführung für alle Betriebe.

3. Die Buchführung muß Stand und Veränderung an Vermögen, am Kapital

---

[1] Gemeint sind hier nicht nur gebundene Bücher, sondern auch „lose Blätter" und Karteien.

[2] Komplizierte Buchführungen verfehlen in den meisten Fällen ihren Zweck. Solche Buchführungen verbindlich vorschreiben zu wollen, hieße den Stand des betrieblichen Rechnungswesens überschätzen, bzw. ihre Durchführung unmöglich machen.

I. EG, Handelsbücher u. Bilanzen **BuchFühr-Ri I (1a)**

und an Schulden und die Aufwände, Leistungen und Erfolge erfassen (Geschäftsbuchführung, häufig auch Finanzbuchführung genannt, und Betriebsbuchführung).

4. Bei getrennten Buchführungen (zB Geschäfts- und Betriebsbuchführung, Haupt- und Nebenbuchführung, Zentral- und Filialbuchführung) müssen die einzelnen Teile der Buchführung in einem organischen Zusammenhang stehen.

5. Die wichtigste Frage der Organisation der Buchführung ist die Kontierung, d. h. die Art und Zahl der Konten. Der Kontierung dient am besten ein Kontenplan (für den Einzelbetrieb), der dem Kontenrahmen (der Reichsgruppe bzw. Wirtschaftsgruppe oder Fachgruppe) angepaßt werden muß.

6. Die Kontierung muß eine klare Erfassung und Abgrenzung der einzelnen Geschäftsvorfälle sowie eine ausreichend tiefe Gliederung der Bestands-, Aufwands-, Leistungs- und Erfolgsposten ermöglichen. Zusammenziehungen, die eine genügende Einsicht nicht gestatten, sind unzulässig. Für die Gliederung der Konten sind insbesondere die gesetzlichen Mindestanforderungen, die Betriebsgröße und der Gang der Erzeugung bzw die Betriebsfunktion maßgebend.

7. Die Führung gemischter, Bestand und Erfolg enthaltender Konten ist möglichst zu vermeiden.

8. Für die Gliederung der Bilanz ist die Anwendung der Vorschriften für die Gliederung der Jahresbilanz *(§ 131 des Aktiengesetzes)* mit sinngemäßer Anwendung auch für Nicht-Aktiengesellschaften erwünscht. Weitergehende besondere rechtliche Bestimmungen sind einzuhalten. Für die Gewinn- und Verlustrechnung ist die Trennung der betrieblichen Ergebnisse von den außerordentlichen Erträgen im Sinne der Gewinn- und Verlustrechnung *(§ 132 des Aktiengesetzes)* notwendig.

9. Es ist gleichwertig, ob bei Aktiengesellschaften die einzelnen Posten der Gewinn- und Verlustrechnung gemäß Aktiengesetz buchhalterisch oder statistisch festgestellt werden. Bei statistischer Feststellung ist aber eine leichte Nachprüfbarkeit der einzelnen Ziffern durch die Buchführung unerläßlich.

10. Die Buchführung muß weiterhin eine ausreichende Trennung ermöglichen:
    a) zwischen Jahres- und Monatsrechnung,
    b) zwischen kalkulierbaren und nicht kalkulierbaren sowie außerordentlichen Aufwänden bzw. Erträgen.

11. Die Buchführung hat die Abstimmungsfunktion für alle betrieblichen Zahlen und Rechnungsformen zu erfüllen, insbesondere für Kalkulation und Statistik (Kontrollprinzip).

12. Für die einzelnen Buchungen müssen rechnungsmäßige Belege vorhanden sein, die geordnet aufzubewahren sind (Belegprinzip).

13. Die Buchführung muß leichte Nachprüfbarkeit, im Sinne der vier Grundzwecke des Rechnungswesens (1 a–d), zulassen.

14. Die Buchführung muß ausreichende Vergleichsmöglichkeit der einzelnen Betriebe und daher eine genügende Analyse der Struktur und der Entwicklung des Kapitals, des Umsatzes, der Kosten und des Erfolges bieten.

15. Eine weitgehende Vereinheitlichung der Buchführung ist nicht nur notwendig, sondern auch ohne Beeinträchtigung der Erkenntniskraft der Buchführung und der berechtigten besonderen Betriebsbedürfnisse möglich. Die wichtigsten Bilanz- und Aufwandsposten und sogar Kostenstel-

lengruppen sind allen Betrieben, insbesondere aber allen Betrieben eines Wirtschaftszweiges, gemeinsam. Die Eigenart beruht meistens auf den einzelnen Kostenstellen und der weiteren oder geringeren Gliederung der Bestands-, Aufwands- und Ertragskonten.

16. In der Betriebsbuchführung der industriellen und sonstigen Betriebe, in denen die Leistungseinheits- oder Abteilungsrechnung von besonderer Bedeutung ist, sind insbesondere – mit sinngemäßer Anwendung – Konten der Kostenarten, Halb-, Fertigerzeugnis- und Erlöskonten zu führen. Es ist besonderes Gewicht auf die Kostenarten und Kosten-(Leistungs-)träger (Erzeugnisse) zu legen. Die Kostenstellen (Orte der Kostenentstehung: Abteilungen usw) in die Buchführung einzugliedern, ist in der Regel nur Betrieben mit gleichartigen Produktionsverhältnissen, die sich der Divisionskalkulation bedienen, zu empfehlen. In den meisten übrigen Fällen ist die Auslassung der Kostenstellen aus der Buchführung und die Aufstellung eines „Betriebsabrechnungsbogens" die bessere Lösung.

17. Der Betriebsabrechnungsbogen (im Bedarfsfall auch mehrere), der mit sinngemäßer Anwendung für jede Kostenstellenrechnung geeignet ist, also nicht nur für die Zuschlagskalkulation, sondern auch für die Divisionskalkulation mit Kostenstellenrechnung der Industrie und des Handwerks, für die Abteilungskalkulation des Handels, der Banken und der Versicherungsbetriebe, übernimmt die Zahlen aus der Buchführung, verteilt die Kostenarten nach festgelegten Gesichtspunkten auf die Kostenstellen und führt die umgruppierten Zahlen (über die Verrechnungskonten) zur Belastung der Kosten-(Leistungs-)träger wieder in die Buchführung ein.

Der Betriebsabrechnungsbogen stellt die Verbindung zwischen Buchführung und Kalkulation dar, die auf diese Weise durch die Buchführung stets leicht nachprüfbar ist.

Die Anwendung der vorstehenden Richtlinien stellt der anliegende
„Kontenrahmen"
mit dem
„Beispiel eines Kontenplanes für Fertigungsbetriebe"
dar. Er ist ein Organisationsplan der Buchführung und bestimmt nicht ihre Technik, die in völliger Freiheit durchgeführt werden kann.

III. Der Kontenrahmen als Grundlage der Selbstkostenrechnung und Statistik

1. Auf der Grundlage der vereinheitlichten Buchführung ist eine in den Grundsätzen vereinheitlichte Selbstkostenrechnung aufzubauen.

2. Zur Ergänzung der Buchführung und weiteren Auswertung der Ziffern der Buchführung dient eine vereinheitlichte Statistik, die bestimmte Betriebsanalysen vorzunehmen und Kennziffern der Vermögensverhältnisse, Umsätze, Bestände, Kosten und Erfolge zu errechnen hat. Diese Ziffern dienen unter entsprechender Auswertung vor allem der Wirtschaftlichkeitsrechnung und dem Betriebsvergleich. Darüber hinaus wird der Betrieb zweckmäßigerweise nach Bedarf weitere Statistiken führen.

Ein so aufgebautes Rechnungswesen wird nicht nur für die Allgemeinheit, sondern in erster Linie auch für den Einzelbetrieb von größtem Nutzen sein, weil es ihm die Erkenntnisse vermittelt, die er zur erfolgreichen Führung des Betriebes braucht.

I. EinführungsG, Handelsbücher u. Bilanzen **AktG (2a)**

(2a) Aktiengesetz (AktG): §§ 150–176, 337
Vom 6. September 1965 (BGBl 1089)
mit den späteren Änderungen

(2b) Gesetz betreffend die Gesellschaften mit beschränkter Haftung (GmbHG): § 41–42a
Vom 20. April 1892 (RGBl 477)
mit den späteren Änderungen

Einleitung

Schrifttum zum AktG

a) Kommentare: *Baumbach-Hueck*, 13. Aufl 1968. – *Geßler-Hefermehl-Ekkardt-Kropff*, 6 Bde (Einzellieferungen) 1973 ff. – *von Godin-Wilhelmi*, 4. Aufl 1971. – *GroßKo AktG*, begr von Gadow, Heinichen, 3. Aufl von Barz, *Brönner, Klug, Mellerowicz, Meyer=Landrut, Schilling, Wiedemann, Würdinger*, 4 Bde 1970–1975; 4. Aufl, hrsg von *Hopt, Wiedemann*, in Arbeit. – *KöKo AktG*, hrsg von *Zöllner*, 1970 ff; 2. Aufl 1986 ff (Einzellieferungen) – *Mellerowicz- Brönner*, Rechnungslegung und Gewinnverwendung der AG, 1970 (Sonderausgabe aus GroßKo AktG).

b) Lehr- und Handbücher: *Adler-Düring-Schmaltz*, Rechnungslegung und Prüfung der AG, 3 Bde, 4. Aufl 1968–1972. – *Möhring-Nirk-Tank-Brezing*, Handbuch der AG, 2 Bde, 2. Aufl 1982 ff (LBl). – *Henn*, Handbuch des Aktienrechts, 2. Aufl 1984. – *Selchert*, Aktienrechtliche Jahresabschlußprüfung, 1979. – *Würdinger*, Aktienrecht und das Recht der verbundenen Unternehmen, 4. Aufl 1981.

Schrifttum zum GmbHG

a) Kommentare: *Baumbach-Hueck (Hueck, Schulze=Osterloh, Zöllner)*, 14. Aufl 1985. – *Fischer-Lutter*, 11. Aufl 1985. – *Hachenburg*, 3 Bde, 7. Aufl 1975 ff, ErgBd 1985. – *Roth* 1983. – *Scholz*, 2 Bde, 6. Aufl 1978, 1983.
b) Lehr- und Handbücher: *Eder (-Berg-Heuser-Tillmann-Gaul)*, Handbuch der GmbH, 10. Aufl 1965 ff (LBl). – *Niehus Scholz*, Rechnungslegung und Prüfung der GmbH nach neuem Recht (RegE BiRiLiG 12. 2. 1982), 1982. – Ferner Schriften der *Centrale für GmbH Dr. Otto Schmidt* Köln.

1) Aus dem AktG sind zur Rechnungslegung aus dem 1. Buch der 5. Teil, Rechnungslegung, Gewinnverwendung (§§ 150–176) und aus dem 3. Buch, Verbundene Unternehmen, der 5. Teil, Rechnungslegung von Konzernen (§ 337), abgedruckt. Damit ist das Recht der Rechnungslegung der AG, das durch das BiRiLiG 1985 weitestgehend in Buch III des HGB überführt worden ist, auch hinsichtlich der wenigen im AktG verbliebenen Besonderheiten in diesem Kommentar einsehbar. Die frühere Modellwirkung des AktG für das Recht der Rechnungslegung der übrigen KapitalGes ist zwar durch das BiRiLiG gezielt unterbrochen. Aber praktisch wird die Rechnungslegung der AG, die am weitesten geht, auch künftig eine Vorreiterrolle spielen.

2) Aus dem GmbHG sind dementsprechend §§ 41, 42 und 42a idF BiRiLiG 1985 über **Buchführung, Bilanz und Feststellung und Prüfung des Jahresabschlusses** abgedruckt. Damit ist auch für die Geschäftsführer und Gfter der GmbH das schwerpunktmäßig in Buch III des HGB befindliche Recht der Rechnungslegung voll in diesem Kommentar einsehbar.

a) §§ 150–176, 337 AktG

Erstes Buch. Aktiengesellschaft

Fünfter Teil. Rechnungslegung. Gewinnverwendung

Erster Abschnitt. Jahresabschluß und Lagebericht

AktG 148, 149 (aufgehoben)

Gesetzliche Rücklage. Kapitalrücklage

AktG 150 ^I In der Bilanz des nach den §§ 242, 264 des Handelsgesetzbuchs aufzustellenden Jahresabschlusses ist eine gesetzliche Rücklage zu bilden.

^{II} In diese ist der zwanzigste Teil des um einen Verlustvortrag aus dem Vorjahr geminderten Jahresüberschusses einzustellen, bis die gesetzliche Rücklage und die Kapitalrücklagen nach § 272 Abs. 2 Nr. 1 bis 3 des Handelsgesetzbuchs zusammen den zehnten oder den in der Satzung bestimmten höheren Teil des Grundkapitals erreichen.

^{III} Übersteigen die gesetzliche Rücklage und die Kapitalrücklagen nach § 272 Abs. 2 Nr. 1 bis 3 des Handelsgesetzbuchs zusammen nicht den zehnten oder den in der Satzung bestimmten höheren Teil des Grundkapitals, so dürfen sie nur verwandt werden

1. zum Ausgleich eines Jahresfehlbetrags, soweit er nicht durch einen Gewinnvortrag aus dem Vorjahr gedeckt ist und nicht durch Auflösung anderer Gewinnrücklagen ausgeglichen werden kann;
2. zum Ausgleich eines Verlustvortrags aus dem Vorjahr, soweit er nicht durch einen Jahresüberschuß gedeckt ist und nicht durch Auflösung anderer Gewinnrücklagen ausgeglichen werden kann.

^{IV} Übersteigen die gesetzliche Rücklage und die Kapitalrücklagen nach § 272 Abs. 2 Nr. 1 bis 3 des Handelsgesetzbuchs zusammen den zehnten oder den in der Satzung bestimmten höheren Teil des Grundkapitals, so darf der übersteigende Betrag verwandt werden

1. zum Ausgleich eines Jahresfehlbetrags, soweit er nicht durch einen Gewinnvortrag aus dem Vorjahr gedeckt ist;
2. zum Ausgleich eines Verlustvortrags aus dem Vorjahr, soweit er nicht durch einen Jahresüberschuß gedeckt ist;
3. zur Kapitalerhöhung aus Gesellschaftsmitteln nach den §§ 207 bis 220.

Die Verwendung nach den Nummern 1 und 2 ist nicht zulässig, wenn gleichzeitig Gewinnrücklagen zur Gewinnausschüttung aufgelöst werden.

AktG 150a, 151 (aufgehoben)

Vorschriften zur Bilanz

AktG 152 ^I Das Grundkapital ist in der Bilanz als gezeichnetes Kapital auszuweisen. Dabei sind die Gesamtnennbeträge der Aktien jeder Gattung gesondert anzugeben. Bedingtes Kapital ist mit dem Nennbetrag zu vermerken. Bestehen Mehrstimmrechtsaktien, so sind beim

I. EinführungsG, Handelsbücher u. Bilanzen **AktG 153–160 (2a)**

gezeichneten Kapital die Gesamtstimmenzahl der Mehrstimmrechtsaktien und die der übrigen Aktien zu vermerken.

II Zu dem Posten „Kapitalrücklage" sind in der Bilanz oder im Anhang gesondert anzugeben
1. der Betrag, der während des Geschäftsjahrs eingestellt wurde;
2. der Betrag, der für das Geschäftsjahr entnommen wird.

III Zu den einzelnen Posten der Gewinnrücklagen sind in der Bilanz oder im Anhang jeweils gesondert anzugeben
1. die Beträge, die die Hauptversammlung aus dem Bilanzgewinn des Vorjahrs eingestellt hat;
2. die Beträge, die aus dem Jahresüberschuß des Geschäftsjahrs eingestellt werden;
3. die Beträge, die für das Geschäftsjahr entnommen werden.

AktG 153–157 *(aufgehoben)*

Vorschriften zur Gewinn- und Verlustrechnung

AktG 158 I Die Gewinn- und Verlustrechnung ist nach dem Posten „Jahresüberschuß/Jahresfehlbetrag" in Fortführung der Numerierung um die folgenden Posten zu ergänzen:
1. Gewinnvortrag/Verlustvortrag aus dem Vorjahr
2. Entnahmen aus der Kapitalrücklage
3. Entnahmen aus Gewinnrücklagen
   a) aus der gesetzlichen Rücklage
   b) aus der Rücklage für eigene Aktien
   c) aus satzungsmäßigen Rücklagen
   d) aus anderen Gewinnrücklagen
4. Einstellungen in Gewinnrücklagen
   a) in die gesetzliche Rücklage
   b) in die Rücklage für eigene Aktien
   c) in satzungsmäßige Rücklagen
   d) in andere Gewinnrücklagen
5. Bilanzgewinn/Bilanzverlust.

Die Angaben nach Satz 1 können auch im Anhang gemacht werden.

II Von dem Ertrag aus einem Gewinnabführungs- oder Teilgewinnabführungsvertrag ist ein vertraglich zu leistender Ausgleich für außenstehende Gesellschafter abzusetzen; übersteigt dieser den Ertrag, so ist der übersteigende Betrag unter den Aufwendungen aus Verlustübernahme auszuweisen. Andere Beträge dürfen nicht abgesetzt werden.

AktG 159 *(aufgehoben)*

Vorschriften zum Anhang

AktG 160 I In jedem Anhang sind auch Angaben zu machen über
1. den Bestand und den Zugang an Aktien, die ein Aktionär für Rechnung der Gesellschaft oder eines abhängigen oder eines im Mehrheitsbesitz der Gesellschaft stehenden Unternehmens oder ein abhängiges oder im Mehrheitsbesitz der Gesellschaft stehendes Unternehmen als Gründer oder Zeichner oder in Ausübung eines bei einer bedingten Kapitalerhöhung eingeräumten Umtausch- oder Bezugsrechts übernommen hat; sind solche Aktien im Geschäftsjahr verwertet worden, so ist auch über

die Verwertung unter Angabe des Erlöses und die Verwendung des Erlöses zu berichten;
2. den Bestand an eigenen Aktien der Gesellschaft, die sie, ein abhängiges oder im Mehrheitsbesitz der Gesellschaft stehendes Unternehmen oder ein anderer für Rechnung der Gesellschaft oder eines abhängigen oder eines im Mehrheitsbesitz der Gesellschaft stehenden Unternehmens erworben oder als Pfand genommen hat; dabei sind die Zahl und der Nennbetrag dieser Aktien sowie deren Anteil am Grundkapital, für erworbene Aktien ferner der Zeitpunkt des Erwerbs und die Gründe für den Erwerb anzugeben. Sind solche Aktien im Geschäftsjahr erworben oder veräußert worden, so ist auch über den Erwerb oder die Veräußerung unter Angabe der Zahl und des Nennbetrags dieser Aktien, des Anteils am Grundkapital und des Erwerbs- oder Veräußerungspreises, sowie über die Verwendung des Erlöses zu berichten;
3. die Zahl und den Nennbetrag der Aktien jeder Gattung, sofern sich diese Angaben nicht aus der Bilanz ergeben; davon sind Aktien, die bei einer bedingten Kapitalerhöhung oder einem genehmigten Kapital im Geschäftsjahr gezeichnet wurden, jeweils gesondert anzugeben;
4. das genehmigte Kapital;
5. die Zahl der Wandelschuldverschreibungen und vergleichbaren Wertpapiere unter Angabe der Rechte, die sie verbriefen;
6. Genußrechte, Rechte aus Besserungsscheinen und ähnliche Rechte unter Angabe der Art und Zahl der jeweiligen Rechte sowie der im Geschäftsjahr neu entstandenen Rechte;
7. das Bestehen einer wechselseitigen Beteiligung unter Angabe des Unternehmens;
8. das Bestehen einer Beteiligung an der Gesellschaft, die ihr nach § 20 Abs. 1 oder 4 mitgeteilt worden ist; dabei ist anzugeben, wem die Beteiligung gehört und ob sie den vierten Teil aller Aktien der Gesellschaft übersteigt oder eine Mehrheitsbeteiligung (§ 16 Abs. 1) ist.

II Die Berichterstattung hat insoweit zu unterbleiben, als es für das Wohl der Bundesrepublik Deutschland oder eines ihrer Länder erforderlich ist.

AktG 161 (aufgehoben)

Zweiter Abschnitt. Prüfung des Jahresabschlusses

Erster Unterabschnitt. Prüfung durch Abschlußprüfer

AktG 162–169 (aufgehoben)

Zweiter Unterabschnitt. Prüfung durch den Aufsichtsrat

Vorlage an den Aufsichtsrat

AktG 170 I Der Vorstand hat den Jahresabschluß und den Lagebericht unverzüglich nach ihrer Aufstellung dem Aufsichtsrat vorzulegen. Ist der Jahresabschluß durch einen Abschlußprüfer zu prüfen, so sind diese Unterlagen zusammen mit dem Prüfungsbericht des Abschlußprüfers unverzüglich nach dem Eingang des Prüfungsberichts dem Aufsichtsrat vorzulegen.

II Zugleich hat der Vorstand dem Aufsichtsrat den Vorschlag vorzulegen, den er der Hauptversammlung für die Verwendung des Bilanzgewinns ma-

I. EinführungsG, Handelsbücher u. Bilanzen **AktG 171–173 (2a)**

chen will. Der Vorschlag ist, sofern er keine abweichende Gliederung bedingt, wie folgt zu gliedern:
1. Verteilung an die Aktionäre ....
2. Einstellung in Gewinnrücklagen ....
3. Gewinnvortrag ....
4. Bilanzgewinn ....

[III] Jedes Aufsichtsratsmitglied hat das Recht, von den Vorlagen Kenntnis zu nehmen. Die Vorlagen sind auch jedem Aufsichtsratsmitglied auf Verlangen auszuhändigen, soweit der Aufsichtsrat nichts anderes beschlossen hat.

Prüfung durch den Aufsichtsrat

AktG 171 [I] Der Aufsichtsrat hat den Jahresabschluß, den Lagebericht und den Vorschlag für die Verwendung des Bilanzgewinns zu prüfen. Ist der Jahresabschluß durch einen Abschlußprüfer zu prüfen, so hat der Abschlußprüfer auf Verlangen des Aufsichtsrats an dessen Verhandlungen über diese Vorlagen teilzunehmen.

[II] Der Aufsichtsrat hat über das Ergebnis der Prüfung schriftlich an die Hauptversammlung zu berichten. In dem Bericht hat der Aufsichtsrat auch mitzuteilen, in welcher Art und in welchem Umfang er die Geschäftsführung der Gesellschaft während des Geschäftsjahrs geprüft hat. Ist der Jahresabschluß durch einen Abschlußprüfer zu prüfen, so hat der Aufsichtsrat ferner zu dem Ergebnis der Prüfung des Jahresabschlusses durch den Abschlußprüfer Stellung zu nehmen. Am Schluß des Berichts hat der Aufsichtsrat zu erklären, ob nach dem abschließenden Ergebnis seiner Prüfung Einwendungen zu erheben sind und ob er den vom Vorstand aufgestellten Jahresabschluß billigt.

[III] Der Aufsichtsrat hat seinen Bericht innerhalb eines Monats, nachdem ihm die Vorlagen zugegangen sind, dem Vorstand zuzuleiten. Wird der Bericht dem Vorstand nicht innerhalb der Frist zugeleitet, hat der Vorstand dem Aufsichtsrat unverzüglich eine weitere Frist von nicht mehr als einem Monat zu setzen. Wird der Bericht dem Vorstand nicht vor Ablauf der weiteren Frist zugeleitet, gilt der Jahresabschluß als vom Aufsichtsrat nicht gebilligt.

Dritter Abschnitt. Feststellung des Jahresabschlusses Gewinnverwendung

Erster Unterabschnitt. Feststellung des Jahresabschlusses

Feststellung durch Vorstand und Aufsichtsrat

AktG 172 Billigt der Aufsichtsrat den Jahresabschluß, so ist dieser festgestellt, sofern nicht Vorstand und Aufsichtsrat beschließen, die Feststellung des Jahresabschlusses der Hauptversammlung zu überlassen. Die Beschlüsse des Vorstands und des Aufsichtsrats sind in den Bericht des Aufsichtsrats an die Hauptversammlung aufzunehmen.

Feststellung durch die Hauptversammlung

AktG 173 [I] Haben Vorstand und Aufsichtsrat beschlossen, die Feststellung des Jahresabschlusses der Hauptversammlung zu überlassen, oder hat der Aufsichtsrat den Jahresabschluß nicht gebilligt, so stellt die Hauptversammlung den Jahresabschluß fest.

[II] Auf den Jahresabschluß sind bei der Feststellung die für seine Aufstellung geltenden Vorschriften anzuwenden. Die Hauptversammlung darf bei der Feststellung des Jahresabschlusses nur die Beträge in Gewinnrücklagen einstellen, die nach Gesetz oder Satzung einzustellen sind.

III Ändert die Hauptversammlung einen von einem Abschlußprüfer auf Grund gesetzlicher Verpflichtung geprüften Jahresabschluß, so werden vor der erneuten Prüfung nach § 316 Abs. 3 des Handelsgesetzbuchs von der Hauptversammlung gefaßte Beschlüsse über die Feststellung des Jahresabschlusses und die Gewinnverwendung erst wirksam, wenn auf Grund der erneuten Prüfung ein hinsichtlich der Änderungen uneingeschränkter Bestätigungsvermerk erteilt worden ist. Sie werden nichtig, wenn nicht binnen zwei Wochen seit der Beschlußfassung ein hinsichtlich der Änderungen uneingeschränkter Bestätigungsvermerk erteilt wird.

Zweiter Unterabschnitt. Gewinnverwendung

AktG 174 I Die Hauptversammlung beschließt über die Verwendung des Bilanzgewinns. Sie ist hierbei an den festgestellten Jahresabschluß gebunden.

II In dem Beschluß ist die Verwendung des Bilanzgewinns im einzelnen darzulegen, namentlich sind anzugeben

1. der Bilanzgewinn;
2. der an die Aktionäre auszuschüttende Betrag;
3. die in Gewinnrücklagen einzustellenden Beträge;
4. ein Gewinnvortrag;
5. der zusätzliche Aufwand auf Grund des Beschlusses.

III Der Beschluß führt nicht zu einer Änderung des festgestellten Jahresabschlusses.

Dritter Unterabschnitt. Ordentliche Hauptversammlung

Einberufung

AktG 175 I Unverzüglich nach Eingang des Berichts des Aufsichtsrats hat der Vorstand die Hauptversammlung zur Entgegennahme des festgestellten Jahresabschlusses und des Lageberichts sowie zur Beschlußfassung über die Verwendung eines Bilanzgewinns einzuberufen. Die Hauptversammlung hat in den ersten acht Monaten des Geschäftsjahrs stattzufinden.

II Der Jahresabschluß, der Lagebericht, der Bericht des Aufsichtsrats und der Vorschlag des Vorstands für die Verwendung des Bilanzgewinns sind von der Einberufung an in den Geschäftsraum der Gesellschaft zur Einsicht der Aktionäre auszulegen. Auf Verlagen ist jedem Aktionär unverzüglich eine Abschrift der Vorlagen zu erteilen.

III Hat die Hauptversammlung den Jahresabschluß festzustellen, so gelten für die Einberufung der Hauptversammlung zur Feststellung des Jahresabschlusses und für die Auslegung der Vorlagen und die Erteilung von Abschriften die Absätze 1 und 2 sinngemäß. Die Verhandlungen über die Feststellung des Jahresabschlusses und über die Verwendung des Bilanzgewinns sollen verbunden werden.

IV Mit der Einberufung der Hauptversammlung zur Entgegennahme des festgestellten Jahresabschlusses oder, wenn die Hauptversammlung den Jahresabschluß festzustellen hat, der Hauptversammlung zur Feststellung des Jahresabschlusses sind Vorstand und Aufsichtsrat an die in dem Bericht des Aufsichtsrats enthaltenen Erklärungen über den Jahresabschluß (§§ 172, 173 Abs. 1) gebunden.

I. EinführungsG, Handelsbücher u. Bilanzen AktG 176–338 (2a)

Vorlagen. Anwesenheit des Abschlußprüfers

AktG 176 ᴵ Der Vorstand hat der Hauptversammlung die in § 175 Abs. 2 angegebenen Vorlagen vorzulegen. Zu Beginn der Verhandlung soll der Vorstand seine Vorlagen, der Vorsitzende des Aufsichtsrats den Bericht des Aufsichtsrats erläutern. Der Vorstand soll dabei auch zu einem Jahresfehlbetrag oder einem Verlust Stellung nehmen, der das Jahresergebnis wesentlich beeinträchtigt hat.

ᴵᴵ Ist der Jahresabschluß von einem Abschlußprüfer zu prüfen, so hat der Abschlußprüfer an den Verhandlungen über die Feststellung des Jahresabschlusses teilzunehmen. Der Abschlußprüfer ist nicht verpflichtet, einem Aktionär Auskunft zu erteilen.

Vierter Abschnitt. Bekanntmachung des Jahresabschlusses

AktG 177, 178 *(aufgehoben)*

Drittes Buch. Verbundene Unternehmen

Fünfter Teil. Rechnungslegung im Konzern

AktG 329–336 *(aufgehoben)*

Vorlage des Konzernabschlusses und des Konzernlageberichts

AktG 337 ᴵ Unverzüglich nach Eingang des Prüfungsberichts des Abschlußprüfers hat der Vorstand des Mutterunternehmens den Konzernabschluß, den Konzernlagebericht und den Prüfungsbericht dem Aufsichtsrat des Mutterunternehmens zur Kenntnisnahme vorzulegen. Jedes Aufsichtsratmitglied hat das Recht, von den Vorlagen Kenntnis zu nehmen. Die Vorlagen sind auch jedem Aufsichtsratmitglied auf Verlangen auszuhändigen, soweit der Aufsichtsrat nichts anderes beschlossen hat.

ᴵᴵ Ist der Konzernabschluß auf den Stichtag des Jahresabschlusses des Mutterunternehmens aufgestellt worden, so sind der Konzernabschluß und der Konzernlagebericht der Hauptversammlung vorzulegen, die diesen Jahresabschluß entgegennimmt oder festzustellen hat. Weicht der Stichtag des Konzernabschlusses vom Stichtag des Jahresabschlusses des Mutterunternehmens ab, so sind der Konzernabschluß und der Konzernlagebericht der Hauptversammlung vorzulegen, die den nächsten auf den Stichtag des Konzernabschlusses folgenden Jahresabschluß entgegennimmt oder festzustellen hat.

ᴵᴵᴵ Auf die Auslegung des Konzernabschlusses und des Konzernlageberichts und die Erteilung von Abschriften ist § 175 Abs. 2, auf die Vorlage an die Hauptversammlung und die Berichterstattung des Vorstandes ist § 176 Abs. 1 entsprechend anzuwenden.

ᴵⱽ Die Auskunftspflicht des Vorstands des Mutterunternehmens in der Hauptversammlung, der der Konzernabschluß und der Konzernlagebericht vorgelegt werden, erstreckt sich auch auf die Lage des Konzerns und der in den Konzernabschluß einbezogenen Unternehmen.

AktG 338 *(aufgehoben)*

b) §§ 41–42a GmbHG

[Buchführung]

GmbHG 41 Die Geschäftsführer sind verpflichtet, für die ordnungsmäßige Buchführung der Gesellschaft zu sorgen.

[Bilanz]

GmbHG 42 ¹ In der Bilanz des nach den §§ 242, 264 des Handelsgesetzbuchs aufzustellenden Jahresabschlusses ist das Stammkapital als gezeichnetes Kapital auszuweisen.

II Das Recht der Gesellschaft zur Einziehung von Nachschüssen der Gesellschafter ist in der Bilanz insoweit zu aktivieren, als die Einziehung bereits beschlossen ist und den Gesellschaftern ein Recht, durch Verweisung auf den Geschäftsanteil sich von der Zahlung der Nachschüsse zu befreien, nicht zusteht. Der nachzuschießende Betrag ist auf der Aktivseite unter den Forderungen gesondert unter der Bezeichnung „Eingeforderte Nachschüsse" auszuweisen, soweit mit der Zahlung gerechnet werden kann. Ein dem Aktivposten entsprechender Betrag ist auf der Passivseite in dem Posten „Kapitalrücklage" gesondert auszuweisen.

III Ausleihungen, Forderungen und Verbindlichkeiten gegenüber Gesellschaftern sind in der Regel als solche jeweils gesondert auszuweisen oder im Anhang anzugeben; werden sie unter anderen Posten ausgewiesen, so muß diese Eigenschaft vermerkt werden.

[Feststellung und Prüfung des Jahresabschlusses]

GmbHG 42a ¹ Die Geschäftsführer haben den Jahresabschluß und den Lagebericht unverzüglich nach der Aufstellung den Gesellschaftern zum Zwecke der Feststellung des Jahresabschlusses vorzulegen. Ist der Jahresabschluß durch einen Abschlußprüfer zu prüfen, so haben die Geschäftsführer ihn zusammen mit dem Lagebericht und dem Prüfungsbericht des Abschlußprüfers unverzüglich nach Eingang des Prüfungsberichts vorzulegen. Hat die Gesellschaft einen Aufsichtsrat, so ist dessen Bericht über das Ergebnis seiner Prüfung ebenfalls unverzüglich vorzulegen.

II Die Gesellschafter haben spätestens bis zum Ablauf der ersten acht Monate oder, wenn es sich um eine kleine Gesellschaft handelt (§ 267 Abs. 1 des Handelsgesetzbuchs), bis zum Ablauf der ersten elf Monate des Geschäftsjahrs über die Feststellung des Jahresabschlusses und über die Ergebnisverwendung zu beschließen. Der Gesellschaftsvertrag kann die Frist nicht verlängern. Auf den Jahresabschluß sind bei der Feststellung die für seine Aufstellung geltenden Vorschriften anzuwenden.

III Hat ein Abschlußprüfer den Jahresabschluß geprüft, so hat er auf Verlangen eines Gesellschafters an den Verhandlungen über die Feststellung des Jahresabschlusses teilzunehmen.

IV Ist die Gesellschaft zur Aufstellung eines Konzernabschlusses und eines Konzernlageberichts verpflichtet, so ist Absatz 1 mit der Maßgabe anzuwenden, daß es der Feststellung des Konzernabschlusses nicht bedarf.

II. Handelsregister

(3) Gesetz über die Angelegenheiten der freiwilligen Gerichtsbarkeit (FGG): §§ 125–143

Vom 17. Mai 1898 (RGBl 189)
idF vom 20. Mai 1898 (RGBl 771/BGBl III 315-1)
mit den späteren Änderungen

Einleitung

Schrifttum

a) Kommentare: *Bassenge-Herbst,* FGG, RPflG, 3. Aufl 1981. – *Bumiller-Winkler,* Freiwillige Gerichtsbarkeit, 3. Aufl 1980 mit Nachtrag 1981. – *Jansen,* FGG, 3 Bde, 2. Aufl 1969/1971. – *Keidel-Kuntze-Winkler,* Freiwillige Gerichtsbarkeit, Teil A: FGG, 11. Aufl 1978 mit Nachtrag 1979, Teil B: BeurkG, 11. Aufl 1978 mit Nachtrag 1980.
b) Lehrbücher: *Habscheid,* Freiwillige Gerichtsbarkeit, 7. Aufl 1983.

1) Die Zuständigkeit zur Registerführung gemäß § 8 HGB, die Einrichtung und Führung des HdlReg regelt das **FGG**. S aus dessen erstem Abschnitt (Allgemeine Vorschriften): § 12 bei § 8 HGB Anm 4 B, § 34 bei § 9 HGB Anm 1 A; aus dessen siebentem Abschnitt (HdlSachen): **§§ 125–143** im folgenden, §§ 145, 146 (§ 145a nicht abgedruckt bei § 146 HGB Anm 4 D). Im siebenten Abschnitt handeln §§ 144, 144a nur von der AG, KGaA, GmbH, § 147 vom Genossenschaftsregister, § 148 von Verfahren nach GenG, GmbHG, BinnSchG, Flößerei G, §§ 149–158 von der ,,Dispache" nach HGB Buch V und BinnSchG; sie sind daher nicht abgedruckt.

Siebenter Abschnitt. Handelssachen

[Sachliche Zuständigkeit]

FGG 125 [I] Für die Führung des Handelsregisters sind die Amtsgerichte zuständig.

[II] Durch Anordnung des *Reichsministers der Justiz* kann die Führung des Registers für mehrere Amtsgerichtsbezirke einem Amtsgericht übertragen werden.

[III] Die näheren Bestimmungen über die sachliche Zuständigkeit der Beamten, über die Einrichtung und Führung des Handelsregisters trifft der *Reichsminister der Justiz.*

1) Die **Zuständigkeit** nach II liegt heute bei den Ländern, auch die nach III, jedoch mit Vorbehalt allgemeiner Verwaltungsvorschriften des Bundes (Art 84 II GG) und der Bundesgesetzgebung (Art 72, 74 GG). Aufgrund III erging die **(4)** HRV vom 12. 8. 37. Zu I s **(4)** HRV §§ 1, 2, auch § 48 II: Aufrechterhaltung älterer Anordnungen der Länder. Eine Liste der damals geltenden Übertragungen gab Anl 4 der HRV, DJ **37,** 1269. Die Zuständigkeit nach III liegt beim Rechtspfleger, §§ 3, 14ff RPflG, s Einl IV 1 vor § 1 HGB.

[Mitteilungspflichten der Behörden]

FGG 125 a [I] Die Gerichte, die Beamten der Staatsanwaltschaft, die Polizei- und Gemeindebehörden sowie die Notare haben von den zu ihrer amtlichen Kenntnis gelangenden Fällen einer unrichtigen, unvollständigen oder unterlassenen Anmeldung zum Handelsregister dem Registergericht Mitteilung zu machen.

II Die Steuerbehörden haben den Registergerichten Auskunft über die steuerlichen Verhältnisse von Kaufleuten oder Unternehmungen, insbesondere auf dem Gebiete der Gewerbe- und Umsatzsteuer, zu erteilen, soweit diese Auskunft zur Verhütung unrichtiger Eintragungen im Handelsregister sowie zur Berichtigung und Vervollständigung des Handelsregisters benötigt wird. Die Auskünfte unterliegen nicht der Akteneinsicht (§ 34).

[Mitwirkung der Organe des Handelsstandes und anderer Stände]

FGG 126

Die Organe des Handelsstandes sowie außer ihnen – soweit es sich um die Eintragung von Handwerkern handelt – die Organe des Handwerksstandes und – soweit es sich um die Eintragung von Land- oder Forstwirten handelt – die Organe des land- und forstwirtschaftlichen Berufsstandes sind verpflichtet, die Registergerichte bei der Verhütung unrichtiger Eintragungen, bei der Berichtigung und Vervollständigung des Handelsregisters sowie beim Einschreiten gegen unzulässigen Firmengebrauch zu unterstützen; sie sind berechtigt, zu diesem Zwecke Anträge bei den Registergerichten zu stellen und gegen Verfügungen der Registergerichte das Rechtsmittel der Beschwerde einzulegen.

1) Organe des HdlStands sind die **Industrie- und Handelskammern** (Einl I 3 E vor § 1 HGB); Organe des Handwerksstands die **Handwerkskammern** (§§ 90ff HdwO), zusammengefaßt regional in Arbeitsgemeinschaften und im Deutschen Handwerkskammertag. Die „Organe des land- und forstwirtschaftlichen Berufsstandes" bestimmen sich nach Landesrecht (meist **Landwirtschaftskammern**), dazu Hofmann NJW **76**, 1299.

2) Die **Mitwirkung** dieser Organe bei der Richtigerhaltung des HdlReg und dem Einschreiten gegen unzulässigen Firmengebrauch ist Pflicht der Organe des HdlStands; sie haben dazu Antrags- und Beschwerderecht bei den Registergerichten. Die IHK hat aber kein Antrags- und Beschwerderecht zugunsten des Anmelders, dieser bleibt allein Herr des Verfahrens, BayObLG BB **84**, 172. Anhörung vor Eintragungen s **(4)** HRV § 23. Schon durch Äußern von Bedenken gegen die Eintragung einer Firma wird die IHK formell am Eintragungsverfahren beteiligt und hat (bei Hervortreten neuer Umstände) Recht auf Gehör, Art 103 I GG, Hamm BB **83**, 2012. Hat sie in 1. Instanz gegen eine Eintragung opponiert, ist sie ohne weiteres im Beschwerdeverfahren zu hören, Ffm NJW **69**, 330, Hamm BB **83**, 2012. Pflicht der IHK, bei Einlegung unbegründeter Beschwerden anderen Beteiligten (außergerichtliche) Kosten zu erstatten, Oldbg BB **59**, 92. IHK und Handwerkskammern haben Auskunftsrechte gegenüber ihren Mitgliedern (diese stärkere als jene), sie müssen sie mit eigenen Mitteln durchsetzen, das Registergericht darf ein Mitglied der IHK nicht zur Auskunft an diese anhalten, BayObLG **67**, 385. Unverwertbar für das Registergericht sind Angaben der IHK, die auf vertraulichen, vom Gericht nicht nachprüfbaren, dem Beteiligten nicht mitteilbaren Angaben von Konkurrenten beruhen, Düss MDR **72**, 55. S auch § 8 HGB Anm 6 A (Löschungsantrag der IHK), § 16 HGB Anm 1 C (Verhältnis § 127 FGG zu § 16 II HGB), § 18 HGB Anm 2 (Täuschungsverbot).

[Aussetzung der Verfügung]

FGG 127

Das Registergericht kann, wenn eine von ihm zu erlassende Verfügung von der Beurteilung eines streitigen Rechtsverhältnisses abhängig ist, die Verfügung aussetzen, bis über das Verhältnis im

II. Handelsregister

Wege des Rechtsstreits entschieden ist. Es kann, wenn der Rechtsstreit nicht anhängig ist, einem der Beteiligten eine Frist zur Erhebung der Klage bestimmen.

FGG 128 (aufgehoben)

[Antragsrecht der Notare]

FGG 129 Ist die zu einer Eintragung erforderliche Erklärung von einem Notar beurkundet oder beglaubigt, so gilt dieser als ermächtigt, im Namen des zur Anmeldung Verpflichteten die Eintragung zu beantragen. Die Vorschriften des § 124 finden entsprechende Anwendung.

1) § 124 außer Kraft.

[Form der Eintragung; Bekanntmachung]

FGG 130 ^{I} Jede Eintragung soll den Tag, an welchem sie erfolgt ist, angeben und mit der Unterschrift des zuständigen Beamten versehen werden.

^{II} Jede Eintragung soll demjenigen, welcher sie beantragt hat, bekanntgemacht werden. Auf die Bekanntmachung kann verzichtet werden.

FGG 131 (aufgehoben)

[Einschreiten des Registergerichts]

FGG 132 ^{I} Sobald das Registergericht von einem sein Einschreiten nach den §§ 14, 125a Abs. 2, § 335 des Handelsgesetzbuchs, §§ 407, 408 des Aktiengesetzes, § 28 Abs. 4 des Einführungsgesetzes zum Aktiengesetz, § 21 des Gesetzes über die Rechnungslegung von bestimmten Unternehmen und Konzernen vom 15. August 1969 (Bundesgesetzbl. I S. 1189), § 79 Abs. 1 des Gesetzes betreffend die Gesellschaften mit beschränkter Haftung oder § 37 Abs. 1 des Gesetzes über die Kapitalerhöhung aus Gesellschaftsmitteln und über die Verschmelzung von Gesellschaften mit beschränkter Haftung rechtfertigenden Sachverhalt glaubhafte Kenntnis erhält, hat es dem Beteiligten unter Androhung eines Zwangsgeldes aufzugeben, innerhalb einer bestimmten Frist seiner gesetzlichen Verpflichtung nachzukommen oder die Unterlassung mittels Einspruchs gegen die Verfügung zu rechtfertigen. § 335 Satz 2 bis 7 des Handelsgesetzbuchs bleibt unberührt.

^{II} Die Beschwerde gegen diese Verfügung ist unzulässig.

1) Fassung der §§ 132–140 lt EStGB 1974: im wesentlichen Ersetzung von ,,Ordnungsstrafe" und ,,Strafe" durch ,,Zwangsgeld" und ,,Ordnungsgeld". Ab 1. 1. 81 § 132 nF. Verweis auf § 335 HGB in § 132 I 1 und § 132 I 2 neu durch BiRiLiG 1985.

[Festsetzung von Zwangsgeld]

FGG 133 ^{I} Wird innerhalb der bestimmten Frist weder der gesetzlichen Verpflichtung genügt noch Einspruch erhoben, so ist das angedrohte Zwangsgeld festzusetzen und zugleich die frühere Verfügung unter Androhung eines erneuten Zwangsgeldes zu wiederholen.

^{II} In gleicher Weise ist fortzufahren, bis der gesetzlichen Verpflichtung genügt oder Einspruch erhoben wird.

[Einspruch]

FGG 134 ᴵ Wird rechtzeitig Einspruch erhoben, so hat das Gericht, wenn sich der Einspruch nicht ohne weiteres als begründet ergibt, zur Erörterung der Sache den Beteiligten zu einem Termine zu laden.

ᴵᴵ Das Gericht kann, auch wenn der Beteiligte nicht erscheint, nach Lage der Sache entscheiden.

[Entscheidung über den Einspruch]

FGG 135 ᴵ Wird der Einspruch für begründet erachtet, so ist die erlassene Verfügung aufzuheben.

ᴵᴵ Andernfalls hat das Gericht den Einspruch zu verwerfen und das angedrohte Zwangsgeld festzusetzen. Das Gericht kann, wenn die Umstände es rechtfertigen, von der Festsetzung eines Zwangsgeldes absehen oder ein geringeres als das angedrohte Zwangsgeld festsetzen.

ᴵᴵᴵ Im Falle der Verwerfung des Einspruchs hat das Gericht zugleich eine erneute Verfügung nach § 132 zu erlassen. Die in dieser Verfügung bestimmte Frist beginnt mit dem Eintritt der Rechtskraft der Verwerfung des Einspruchs.

[Einspruch gegen die wiederholte Verfügung]

FGG 136 Wird im Falle des § 133 gegen die wiederholte Verfügung Einspruch erhoben und dieser für begründet erachtet, so kann das Gericht, wenn die Umstände es rechtfertigen, zugleich ein früher festgesetztes Zwangsgeld aufheben oder an dessen Stelle ein geringeres Zwangsgeld festsetzen.

[Wiedereinsetzung]

FGG 137 Gegen die Versäumung der Einspruchsfrist ist auf Antrag nach Maßgabe des § 22 Abs. 2 die Wiedereinsetzung in den vorigen Stand zu erteilen.

[Kosten]

FGG 138 Bei der Festsetzung des Zwangsgeldes sind dem Beteiligten zugleich die Kosten des Verfahrens aufzuerlegen.

[Sofortige Beschwerde]

FGG 139 ᴵ Gegen den Beschluß, durch welchen das Zwangsgeld festgesetzt oder der Einspruch verworfen wird, findet die sofortige Beschwerde statt.

ᴵᴵ Ist das Zwangsgeld nach Maßgabe des § 133 festgesetzt, so kann die Beschwerde nicht darauf gestützt werden, daß die Verfügung, durch welche das Zwangsgeld angedroht worden ist, nicht gerechtfertigt gewesen sei.

[Verfahren bei unbefugtem Firmengebrauch]

FGG 140 Soll nach § 37 Abs. 1 des Handelsgesetzbuchs gegen eine Person eingeschritten werden, die eine ihr nicht zustehende Firma gebraucht, so finden die Vorschriften der §§ 132 bis 139 mit der Maßgabe Anwendung, daß

1. in der nach § 132 zu erlassenden Verfügung dem Beteiligten unter Androhung eines Ordnungsgeldes aufgegeben wird, sich des Gebrauchs der Firma zu enthalten oder binnen bestimmter Frist den Gebrauch der Firma mittels Einspruchs gegen die Verfügung zu rechtfertigen;
2. das Ordnungsgeld festgesetzt wird, falls kein Einspruch erhoben oder der

II. Handelsregister **FGG 141–158 (3)**

erhobene Einspruch rechtskräftig verworfen ist und der Beteiligte nach der Bekanntmachung der Verfügung dieser zuwidergehandelt hat.

[Löschung einer Firma]

FGG 141 [I] Soll nach § 31 Abs. 2 des Handelsgesetzbuchs das Erlöschen einer Firma von Amts wegen in das Handelsregister eingetragen werden, so hat das Registergericht den eingetragenen Inhaber der Firma oder dessen Rechtsnachfolger von der beabsichtigten Löschung zu benachrichtigen und ihm zugleich eine angemessene Frist zur Geltendmachung eines Widerspruchs zu bestimmen. Die Frist darf nicht weniger als drei Monate betragen.

[II] Sind die bezeichneten Personen oder deren Aufenthalt nicht bekannt, so erfolgt die Benachrichtigung und die Bestimmung der Frist durch Einrückung in diejenigen Blätter, welche für die Bekanntmachungen der Eintragungen in das Handelsregister bestimmt sind. Es kann angeordnet werden, daß die Bekanntmachung noch in andere Blätter eingerückt wird.

[III] Wird Widerspruch erhoben, so entscheidet über ihn das Gericht. Gegen die den Widerspruch zurückweisende Verfügung findet die sofortige Beschwerde statt.

[IV] Die Löschung darf nur erfolgen, wenn Widerspruch nicht erhoben oder wenn die den Widerspruch zurückweisende Verfügung rechtskräftig geworden ist.

[Löschung unzulässiger Eintragungen]

FGG 142 [I] Ist eine Eintragung in das Handelsregister bewirkt, obgleich sie wegen Mangels einer wesentlichen Voraussetzung unzulässig war, so kann das Registergericht sie von Amts wegen löschen. Die Löschung geschieht durch Eintragung eines Vermerkes.

[II] Das Gericht hat den Beteiligten von der beabsichtigten Löschung zu benachrichtigen und ihm zugleich eine angemessene Frist zur Geltendmachung eines Widerspruchs zu bestimmen.

[III] **Auf das weitere Verfahren finden die Vorschriften des § 141 Abs. 3, 4 Anwendung.**

1) Hierzu § 8 HGB Anm 6. Zweifelhaftigkeit der Zulässigkeit ist nicht zureichender Grund, von der Kann-Vorschrift des I nicht Gebrauch zu machen, Hamm DB **73**, 2034. Löschungsantrag des BAKred nach KWG (s (7) Bankgeschäfte I 2) gegen Angabe „Betrieb von Finanzierungen" als Unternehmensgegenstand ohne Erlaubnis hierfür, LG Osnabrück BB **76**, 1530.

[Löschung auf Verfügung des Landgerichts]

FGG 143 [I] Die Löschung einer Eintragung kann gemäß den Vorschriften des § 142 auch von dem Landgericht verfügt werden, welches dem Registergericht im Instanzenzug vorgeordnet ist. Die Vorschrift des § 30 Abs. 1 Satz 2 findet Anwendung.

[II] Gegen die einen Widerspruch zurückweisende Verfügung des Landgerichts findet die sofortige Beschwerde an das Oberlandesgericht mit der Maßgabe statt, daß die Vorschriften des § 28 Abs. 2, 3 zur entsprechenden Anwendung kommen. Die weitere Beschwerde ist ausgeschlossen.

FGG 144–148 *(betr Zuständigkeit und Verfahren in Gesellschaftsrechtssachen)*

FGG 149–158 *(betr schiffahrtsrechtliche Dispache)*

(4) HRV 1–4

2. Handelsrechtl. Nebengesetze

(4) Verfügung über Einrichtung und Führung des Handelsregisters (Handelsregisterverfügung)

Vom 12. August 1937 (RMBl 515, DJ 1251)
mit den späteren Änderungen

Einleitung
Schrifttum

Drischler, 5. Aufl 1983. – *Gustavus*, HdlRegister-Anmeldungen, 1983. – *Keidel-Schmatz-Stöber-Keidel*, Registerrecht, 3. Aufl 194/85. – Ferner die Großkommentare zum HGB (s Einl vor § 1) und zum FGG (s Einl vor (3) FGG § 125).

1) Einzelheiten der Einrichtung und Führung des HdlReg regelt die aufgrund **(3)** FGG § 125 III erlassene Handelsregisterverfügung (HRV) von 1937. Sie wurde wiederholt geändert, ua durch 7. ÄndVO 24. 10. 85 BGBl 2033. Die HRV enthält allgemeinverbindliche Rechtsvorschriften, KG JW **38**, 2282. Im folgenden ist die HRV unter Weglassung der ihr beigegebenen Muster abgedruckt.

I. Einrichtung des Handelsregisters. Örtliche und sachliche Zuständigkeit

[Zuständigkeit des Amtsgerichts]

HRV 1 Jedes Amtsgericht führt für seinen Bezirk ein Handelsregister, soweit nicht durch Anordnung des *Reichs*ministers der Justiz die Führung des Registers für mehrere Amtsgerichtsbezirke einem Amtsgericht übertragen ist.

1) Die Zuständigkeit liegt heute bei den Ländern, Art 129 II GG. S **(3)** FGG § 125 Anm 1.

[Zusammenfassung von Bezirken]

HRV 2 Auch wenn die Führung des Registers für mehrere Amtsgerichtsbezirke einem Amtsgericht übertragen ist, wird für jeden Amtsgerichtsbezirk das Handelsregister gesondert geführt. Der Oberlandesgerichtspräsident kann eine abweichende Anordnung treffen.

[Einrichtung des Registers]

HRV 3 [I] Das Handelsregister besteht aus zwei Abteilungen.
[II] In die Abteilung A werden eingetragen die Einzelkaufleute, die in den §§ 33, 36 des Handelsgesetzbuchs bezeichneten juristischen Personen sowie die offenen Handelsgesellschaften und die Kommanditgesellschaften.
[III] In die Abteilung B werden eingetragen die Aktiengesellschaften, die Kommanditgesellschaften auf Aktien, die Gesellschaften mit beschränkter Haftung und die Versicherungsvereine auf Gegenseitigkeit.

[Zuständigkeit des Richters, Rechtspflegers und Urkundsbeamten]

HRV 4 [I] Für die Erledigung der Geschäfte des Registergerichts ist der Richter zuständig, soweit sie nicht nach dem Gesetz oder diesen Vorschriften dem Urkundsbeamten der Geschäftsstelle obliegt.

II. Handelsregister **HRV 5–10 (4)**

II Die §§ 6, 7 des Reichsgesetzes über die Angelegenheiten der freiwilligen Gerichtsbarkeit sind auf den Urkundsbeamten der Geschäftsstelle sinngemäß anzuwenden.

1) I wird verdrängt durch das RPflG (s Einl IV 1 B vor § 1 HGB), das die Verteilung der Geschäfte zwischen Richter und Rechtspfleger abschließend regelt. Die in II angezogenen Vorschriften handeln vom Ausschluß vom Richteramt (§ 6 FGG) und von Handlungen eines unzuständigen oder ausgeschlossenen Richters.

HRV 5, 6 *(aufgehoben durch VO 3. 7. 43 DJ 339)*

[Bände, Karteiform]

HRV 7 ^I Die Register werden in dauerhaft gebundenen Bänden oder in Karteiform geführt.

II Bei Führung in dauerhaft gebundenen Bänden erhält jeder Band einer Abteilung entsprechend der Reihenfolge der Anlegung eine Nummer und ist mit laufenden Seitenzahlen zu versehen. Die in jedem Band enthaltenen Registerblätter (§ 13) sind auf dem Rücken des Registerbandes anzugeben.

[Registerakten]

HRV 8 ^I Die Anlegung und Führung der Registerakten richtet sich nach § 24 der Aktenordnung vom 28. 11. 1934, soweit in dieser Verfügung nichts Besonderes bestimmt ist.

II Die zum Handelsregister eingereichten Schriftstücke (§ 9 Abs. 1 des Handelsgesetzbuchs [HGB]) sind für jedes Registerblatt (§ 13) in einem besonderen Aktenband zusammenzufassen.

III Werden Urkunden, die zum Register einzureichen waren, zurückgegeben, so wird eine beglaubigte Abschrift zurückbehalten. Ist die Urkunde in anderen Akten des Amtsgerichts enthalten, so ist eine beglaubigte Abschrift zu den Registerakten zu nehmen. In den Abschriften können die Teile der Urkunde, die für die Führung des Handelsregisters ohne Bedeutung sind, weggelassen werden. In Zweifelsfällen bestimmt der Richter den Umfang der Abschrift, sonst der Urkundsbeamte der Geschäftsstelle.

[Alphabetisches Verzeichnis, Handblatt]

HRV 9 ^I Die Führung alphabetischer Verzeichnisse der Namen und Firmen richtet sich nach § 23 Abs. 2 der Aktenordnung vom 28. 11. 1934, soweit in dieser Verfügung nichts besonderes bestimmt ist.

II In das Namenverzeichnis sind die Namen der Firmeninhaber sowie derjenigen persönlich haftenden Gesellschafter von Handelsgesellschaften aufzunehmen, deren Namen in der Firma enthalten sind. Der Oberlandesgerichtspräsident kann abweichende Bestimmungen treffen.

III Für jedes Registerblatt (§ 13) der Abteilung B des Handelsregisters ist ein dem Inhalt des Registers wörtlich entsprechendes Handblatt zu führen; es ist unter dem Deckel des letzten Bandes der Registerakten zu verwahren und in einen Umschlag zu heften, wenn ein Bedürfnis hierfür besteht. Im übrigen bleibt § 24 Abs. 2 Satz 1 der Aktenordnung unberührt.

[Einsichtnahme]

HRV 10 Das Register und die zum Register eingereichten Schriftstücke sind auf der Geschäftsstelle des Registergerichts während der Dienststunden zur Einsicht vorzulegen.

(4) HRV 11–14

[Bekanntmachungsorgane]

HRV 11 ^I Das Blatt oder die Blätter, in denen außer im Bundesanzeiger während des nächsten Jahres die Bekanntmachung der Eintragungen erfolgen soll, sind bis zum 6. 12. jedes Jahres zu bezeichnen.

^{II} Vor Auswahl der Blätter ist die Industrie- und Handelskammer gutachtlich zu hören. Die Bezeichnung der Blätter erfolgt durch einwöchigen Aushang an der Gerichtstafel des Registergerichts und durch Anzeige an die Industrie- und Handelskammer, die Handwerkskammer und die Landwirtschaftskammer oder, wenn eine Landwirtschaftskammer nicht besteht, die nach Landesrecht zuständige Stelle.

II. Führung des Handelsregisters

[Strenge Formvorschriften]

HRV 12 Die Eintragungen sind deutlich und in der Regel ohne Abkürzung zu schreiben; in dem Register darf nichts radiert oder unleserlich gemacht werden. Stempel dürfen nur mit Genehmigung des Oberlandesgerichtspräsidenten verwandt werden.

1) Kein Recht des Anmelders auf bestimmte Schriftart im HdlReg (zB Druck-/Handschrift, Fraktur/Antiqua, Groß-/Kleinbuchstaben), BayObLG NJW **68**, 364 (PFLANZEN & PFLEGEN Garten-Service-GmbH), Karlsr NJW **70**, 1379 (Livio statt LIVIO). Ungleichheit besteht nicht, wenn grundsätzlich klein geschrieben wird, aber groß soweit die Einzelbuchstaben phonetisch selbständig sind (zB MAN, ATS), Karlsr NJW **70**, 1380. Das Registergericht darf aus Zweckmäßigkeitsgründen seine Schriftartpraxis ändern, Karlsr NJW **70**, 1380.

[Nummern, besondere Blätter]

HRV 13 ^I Jeder Einzelkaufmann, jede juristische Person sowie jede Handelsgesellschaft ist unter einer in derselben Abteilung fortlaufenden Nummer (Registerblatt) in das Register einzutragen.

^{II} Für die eine Nummer betreffenden Eintragungen sind zwei gegenüberstehende Seiten des Registers zu verwenden. Für spätere Eintragungen sind Seiten frei zu lassen, insbesondere bei den in Abteilung B des Registers eingetragenen Gesellschaften.

^{III} Wird die Firma geändert, so ist dies auf demselben Registerblatt einzutragen. Die neue Firma ist mit allen noch gültigen Eintragungen unter einer neuen Nummer auf ein neues Registerblatt einzutragen, wenn dies für die Übersichtlichkeit erforderlich erscheint; dabei ist auf jedem Blatt auf das andere zu verweisen. Bei einer Umwandlung in den Fällen der §§ 362ff. des AktG ist die umgewandelte Handelsgesellschaft stets auf ein neues Registerblatt einzutragen.

^{IV} Auch für eine Zweigniederlassung im Bezirk des Registergerichts der Hauptniederlassung oder des Sitzes ist ein besonderes Registerblatt zu verwenden.

[Laufende Nummern, Trennung von Eintragungen]

HRV 14 ^I Jede Eintragung ist mit einer laufenden Nummer zu versehen und mittels eines alle Spalten des Registers durchschneidenden Querstrichs von der folgenden Eintragung zu trennen.

^{II} Werden mehrere Eintragungen gleichzeitig vorgenommen, so erhalten sie nur eine laufende Nummer.

II. Handelsregister

[Datumsangabe]

HRV 15 Bei jeder Eintragung ist der Tag der Eintragung anzugeben. Der Tag der Eintragung und ihre Stelle im Register ist in den Registerakten bei der gerichtlichen Verfügung zu vermerken.

[Änderungen und Löschungen]

HRV 16 [I] Änderungen des Inhalts einer Eintragung sowie Löschungen sind unter einer neuen laufenden Nummer einzutragen. Eine Eintragung, die durch eine spätere Eintragung ihre Bedeutung verloren hat, ist nach Anordnung des Richters rot zu unterstreichen. Mit der Eintragung selbst ist auch der Vermerk über ihre Löschung rot zu unterstreichen.

[II] In die Abschriften aus dem Register werden die rot unterstrichenen Eintragungen nur aufgenommen, soweit dies beantragt oder nach den Umständen angemessen ist.

[Berichtigungen]

HRV 17 [I] Bei noch nicht unterschriebenen Maschineneintragungen können Schreibfehler, die den Sinn der Eintragung nicht verändern, dadurch berichtigt werden, daß die fehlerhaften Worte, Buchstaben oder Zeichen durchgestrichen und – soweit erforderlich – in richtiger Schreibweise wiederholt werden. Die Berichtigung kann entweder unmittelbar bei der Streichung oder unter Verwendung von Einschaltezeichen an geeigneter Stelle außerhalb des Eintragungstextes erfolgen. Die unrichtig geschriebenen Worte, Buchstaben oder Zeichen müssen lesbar bleiben. Die Beachtung dieser Vorschriften ist von dem Beamten, der die Eintragung unterzeichnet, zu überprüfen.

[II] Sonstige Schreibversehen und ähnliche offenbare Unrichtigkeiten, die in einer Eintragung vorkommen, sind nach Anordnung des Richters neben dieser Eintragung in der Spalte „Bemerkungen" zu berichten. Der Berichtigungsvermerk ist unter Angabe des Tages der Berichtigung von dem Urkundsbeamten der Geschäftsstelle zu unterschreiben.

[III] Die Berichtigung nach Absatz 2 ist den Beteiligten bekanntzugeben. Die öffentliche Bekanntmachung kann unterbleiben, wenn die Berichtigung einen offensichtlich unwesentlichen Punkt der Eintragung betrifft.

[IV] Eine versehentliche rote Unterstreichung ist dadurch zu beseitigen, daß der rote Strich durch kleine schwarze Striche durchkreuzt wird.

[Eintragung auf Grund Entscheidung des Prozeßgerichts]

HRV 18 Erfolgt eine Eintragung auf Grund einer rechtskräftigen oder vollstreckbaren Entscheidung des Prozeßgerichts, so ist dies bei der Eintragung im Register zu vermerken. Eine Aufhebung der Entscheidung ist in dieselbe Spalte des Registers einzutragen.

[Löschung von Amts wegen]

HRV 19 [I] Soll eine Eintragung von Amts wegen gelöscht werden, weil sie mangels einer wesentlichen Voraussetzung unzulässig war, so erfolgt die Löschung durch Eintragung des Vermerks „Von Amts wegen gelöscht".

[II] Hat in sonstigen Fällen eine Eintragung von Amts wegen zu erfolgen, so hat sie den Hinweis auf die gesetzliche Grundlage und einen Vermerk „Von Amts wegen eingetragen" zu enthalten. Dies gilt nicht für die Eintragung des Konkurs- und des Vergleichsvermerks.

[Verlegung von Firmen]

HRV 20 Wird die Hauptniederlassung eines Einzelkaufmanns, einer juristischen Person oder der Sitz einer Handelsgesellschaft aus dem Bezirke des Registergerichts verlegt, so ist erst bei Eingang der Nachricht von der Eintragung in das Register des neuen Registergerichts (§ 13c Abs. 2 Satz 5 HGB; § 45 Abs. 2 Satz 6 des Aktiengesetzes) die Verlegung auf dem bisherigen Registerblatt in der Spalte 2 und in der Spalte „Rechtsverhältnisse" zu vermerken; die dort befindlichen Eintragungen sind alsdann rot zu unterstreichen. Auf dem bisherigen Registerblatt ist in der Spalte „Bemerkungen" auf das Registerblatt des neuen Registergerichts zu verweisen und umgekehrt.

[Registerumschreibung]

HRV 21 ^{I} Bietet ein Registerblatt für Neueintragungen keinen Raum mehr, so sind die noch gültigen Eintragungen unter einer neuen Nummer auf ein neues Registerblatt umzuschreiben. Dabei ist auf jedem Registerblatt auf das andere zu verweisen.

^{II} Gleiches gilt, wenn das Registerblatt unübersichtlich geworden ist.

^{III} Das Registerblatt kann umgeschrieben werden, wenn es durch die Umschreibung wesentlich vereinfacht wird oder wenn in demselben Registerband keine oder nur wenige noch gültige Eintragungen enthalten sind und daher die Ausscheidung des Bandes zweckmäßig erscheint.

^{IV} Die Übertragung ist den Beteiligten unter Mitteilung von dem Inhalt der neuen Eintragung bekanntzumachen.

^{V} Bestehen Zweifel über die Art oder den Umfang der Übertragung, so sind die Beteiligten vorher zu hören.

[Gegenstandslosigkeit aller Eintragungen]

HRV 22 Sämtliche Seiten des Registerblatts sind rot zu durchkreuzen, wenn alle Eintragungen gegenstandslos geworden sind.

III. Verfahren bei Anmeldung, Eintragung und Bekanntmachung

[Einholung des Gutachtens der Industrie- und Handelskammer]

HRV 23 Der Richter hat dafür Sorge zu tragen, daß die gesetzlich vorgeschriebenen Eintragungen in das Register erfolgen. Zu diesem Zweck und zur Vermeidung unzulässiger Eintragungen hat er bei der Eintragung neuer Firmen und Firmenänderungen in der Regel, sonst in zweifelhaften Fällen, das Gutachten der Industrie- und Handelskammer einzuholen, falls dies nicht aus besonderen Gründen untunlich ist. Holt er das Gutachten ein, so hat er außerdem, wenn es sich um ein handwerkliches Unternehmen handelt oder handeln kann, das Gutachten der Handwerkskammer, wenn es sich um ein land- oder forstwirtschaftliches Unternehmen handelt oder handeln kann, das Gutachten der Landwirtschaftskammer oder, wenn eine Landwirtschaftskammer nicht besteht, der nach Landesrecht zuständigen Stelle einzuholen. Weicht der Richter von dem Vorschlag eines Gutachtens ab, so hat er seine Entscheidung der Kammer oder der nach Landesrecht zuständigen Stelle, die das Gutachten erstattet haben, unter Angabe der Gründe mitzuteilen.

II. Handelsregister

[Eintragungsanmeldung, Form]

HRV 24 ^{I} *(wurde durch das BeurkG gestrichen)*
^{II} Es ist darauf hinzuwirken, daß bei den Anmeldungen auch der Geschäftszweig, soweit er sich nicht aus der Firma ergibt, und die Lage der Geschäftsräume angegeben werden.

[Entscheidung über die Eintragung, Bekanntmachung]

HRV 25 ^{I} Auf die Anmeldung zur Eintragung, auf Gesuche und Anträge verfügt der Richter. Er entscheidet auch über die erforderlichen Bekanntmachungen.

^{II} Der Richter ordnet die Eintragung auch dann an, wenn sie vom Beschwerdegericht oder nach § 143 des *Reichs*gesetzes über die Angelegenheiten der freiwilligen Gerichtsbarkeit verfügt ist.

[Ablehnung der Eintragung, Fristsetzung]

HRV 26 Wird eine Eintragung abgelehnt, so sind die Gründe der Ablehnung mitzuteilen. Ist eine Anmeldung zur Eintragung in das Handelsregister unvollständig oder steht der Eintragung ein Hindernis entgegen, so kann zur Behebung der Anstände eine Frist gesetzt werden.

1) Selbständigkeit mehrerer Beanstandungen, daher auch Beschwerde auf Teilaufhebung wie Rspr zu § 18 I GBO, BayObLG BB **70,** 941.

[Eintragungsverfügung, Wortlaut der Bekanntmachung]

HRV 27 Die Eintragungsverfügung hat den Wortlaut der Eintragung festzustellen. Der Wortlaut der öffentlichen Bekanntmachung ist besonders zu verfügen, wenn er von dem der Eintragung abweicht.

[Ausführung der Verfügungen]

HRV 28 Der Urkundsbeamte der Geschäftsstelle hat die Ausführung der Eintragungsverfügung zu veranlassen, die Eintragung zu unterzeichnen und die verfügten Bekanntmachungen herbeizuführen.

[Obliegenheiten des Urkundsbeamten]

HRV 29 ^{I} Der Urkundsbeamte der Geschäftsstelle ist zuständig:
1. für die Erteilung von Abschriften der Eintragungen und der zum Register eingereichten Schriftstücke; wird eine auszugsweise Abschrift beantragt, so entscheidet bei Zweifeln über den Umfang des Auszuges der Richter;
2. für die Beglaubigung und die Erteilung von Zeugnissen und Bescheinigungen nach § 9 Abs. 3, 4 des Handelsgesetzbuchs und § 32 der Grundbuchordnung;
3. für die Eintragung der Eröffnung des Konkurs- oder des gerichtlichen Vergleichsverfahrens.

^{II} Wird die Änderung einer Entscheidung des Urkundsbeamten der Geschäftsstelle verlangt, so entscheidet, wenn dieser dem Verlangen nicht entspricht, der Richter. Die Beschwerde ist erst gegen seine Entscheidung gegeben.

[Abschriften]

HRV 30 ^{I} Einfache Abschriften sind mit dem Vermerk: „Gefertigt am. ...." abzuschließen. Der Vermerk ist nicht zu unterzeichnen.

II Die Beglaubigung einer Abschrift geschieht durch einen unter die Abschrift zu setzenden Vermerk, der die Übereinstimmung mit der Hauptschrift bezeugt. Der Beglaubigungsvermerk muß Ort und Tag der Ausstellung enthalten, von dem Urkundsbeamten der Geschäftsstelle unterschrieben und mit Siegel oder Stempel versehen sein.

III Soll aus dem Handelsregister eine auszugsweise Abschrift erteilt werden, so sind in die Abschrift die Eintragungen aufzunehmen, die den Gegenstand betreffen, auf den sich der Auszug beziehen soll. In dem Beglaubigungsvermerk ist der Gegenstand anzugeben und zu bezeugen, daß weitere ihn betreffende Eintragungen in dem Register nicht enthalten sind.

IV Werden beglaubigte Abschriften der zum Register eingereichten Schriftstücke beantragt, so ist in dem Beglaubigungsvermerk ersichtlich zu machen, ob die Hauptschrift eine Urschrift, eine einfache oder beglaubigte Abschrift oder eine Ausfertigung ist; ist sie eine beglaubigte Abschrift oder eine Ausfertigung, so ist der Beglaubigungsvermerk oder der Ausfertigungsvermerk in die beglaubigte Abschrift aufzunehmen. Durchstreichungen, Änderungen, Einschaltungen, Radierungen oder andere Mängel einer von den Beteiligten eingereichten Schrift sollen in dem Vermerk angegeben werden.

V Die Bestätigung oder Ergänzung früher gefertigter Abschriften ist zulässig. Eine Ergänzung einer früher erteilten Abschrift soll unterbleiben, wenn die Ergänzung gegenüber der Erteilung einer Abschrift durch Ablichtung einen unverhältnismäßigen Arbeitsaufwand, insbesondere erhebliche oder zeitraubende Schreibarbeiten erfordern würde; andere Versagungsgründe bleiben unberührt.

[Ausfertigungen]

HRV 31 Ausfertigungen der Bescheinigungen und Zeugnisse sind von dem Urkundsbeamten der Geschäftsstelle unter Angabe des Ortes und Tages zu unterschreiben und mit dem Gerichtssiegel oder Stempel zu versehen.

[Veröffentlichung]

HRV 32 Die Veröffentlichung der Eintragung ist unverzüglich zu veranlassen.

[Form der Bekanntmachungen]

HRV 33 **I** Die öffentlichen Bekanntmachungen sollen knapp gefaßt und leicht verständlich sein.

II In den Bekanntmachungen ist das Gericht und der Tag der Eintragung zu bezeichnen, einer Unterschrift bedarf es nicht.

III Erfolgen mehrere Bekanntmachungen desselben Gerichts gleichzeitig, so sind sie getrennt nach Abteilungen A und B möglichst zusammenzufassen.

IV Die Bekanntmachungen sind tunlichst nach dem anliegenden Muster abzufassen (Anlage 3).

[Besondere Angaben in der Bekanntmachung]

HRV 34 In den Bekanntmachungen sind, falls entsprechende Mitteilungen vorliegen, auch der Geschäftszweig, soweit er sich nicht aus der Firma ergibt, und die Lage der Geschäftsräume anzugeben. Es ist in den Bekanntmachungen darauf hinzuweisen, daß diese Angaben ohne Gewähr für die Richtigkeit erfolgen.

II. Handelsregister

[Angabe des Löschungsgrundes]

HRV 35 Wird eine Firma im Handelsregister gelöscht, weil der Inhaber des Gewerbebetriebes nicht als Vollkaufmann anzusehen ist, so kann auf Antrag des Inhabers in der Bekanntmachung der Grund der Löschung erwähnt werden. Handelt es sich um einen Handwerker, der bereits in die Handwerksrolle eingetragen ist, so kann neben der Angabe des Grundes der Löschung in der Bekanntmachung auch auf diese Eintragung hingewiesen werden.

[Benachrichtigungen]

HRV 36 [I] Bei Benachrichtigungen von der Eintragung sind möglichst Vordrucke zu benutzen.

[II] Der Urkundsbeamte der Geschäftsstelle unterschreibt die Benachrichtigungen. In geeigneten Fällen ist darauf hinzuweisen, daß auf die Benachrichtigung verzichtet werden kann (§ 130 Abs. 2 Satz 2 FGG).

[Mitteilungen an die Industrie- und Handelskammer]

HRV 37 [I] Der Industrie- und Handelskammer ist mitzuteilen:
1. die Eintragung eines Einzelkaufmanns, einer juristischen Person oder einer Handelsgesellschaft unter Bezeichnung des Ortes der Niederlassung oder des Sitzes der Gesellschaft, und zwar bei Einzelkaufleuten, offenen Handelsgesellschaften, Kommanditgesellschaften und Kommanditgesellschaften auf Aktien unter Bezeichnung der Inhaber oder der persönlich haftenden Gesellschafter, bei Aktiengesellschaften und Versicherungsvereinen auf Gegenseitigkeit unter Bezeichnung der Mitglieder des Vorstandes, bei Gesellschaftern mit beschränkter Haftung unter Bezeichnung der Geschäftsführer;
2. die Änderung einer eingetragenen Firma, der Inhaber oder der persönlich haftenden Gesellschafter sowie des Ortes der Niederlassung oder des Sitzes der Gesellschaft, ferner bei Aktiengesellschaften und Versicherungsvereinen auf Gegenseitigkeit die Änderung der Mitglieder des Vorstandes, bei Gesellschaften mit beschränkter Haftung die Änderung der Geschäftsführer;
3. die Auflösung einer juristischen Person, einer Handelsgesellschaft oder eines Versicherungsvereins auf Gegenseitigkeit unter Angabe der Abwickler sowie ein Wechsel in der Person der Abwickler;
4. das Erlöschen einer Firma, die Löschung einer Aktiengesellschaft, Kommanditgesellschaft auf Aktien, Gesellschaft mit beschränkter Haftung oder eines Versicherungsvereins auf Gegenseitigkeit sowie Löschungen von Amts wegen;
5. das Bestehen und die Beendigung eines Unternehmensvertrags, eine Eingliederung und ihr Ende, eine Verschmelzung, eine Vermögensübertragung sowie eine Umwandlung;
6. bei Kreditinstituten in der Rechtsform der offenen Handelsgesellschaft, der Kommanditgesellschaft oder der Kommanditgesellschaft auf Aktien die gerichtliche Bestellung und Abberufung vertretungsbefugter Personen.

Die über Geschäftsräume und Geschäftszweige gemachten Angaben sind ebenfalls mitzuteilen.

[II] Die Mitteilungen an die Industrie- und Handelskammer erfolgen, soweit sie im Durchschreibeverfahren hergestellt werden können, laufend, sonst in regelmäßigen Zeitabschnitten mindestens nach dem Schlusse jedes Kalendermonats in Listen. Die erfolgte Mitteilung ist in den Akten zu vermerken. Fehlanzeigen sind nicht zu machen.

(4) HRV 38–40 2. Handelsrechtl. Nebengesetze

^{III} Die Mitteilungen nach Absatz 1 haben, wenn es sich um ein handwerkliches Unternehmen handelt oder handeln kann, auch an die Handwerkskammer, wenn es sich um ein land- oder forstwirtschaftliches Unternehmen handelt oder handeln kann, auch an die Landwirtschaftskammer oder, wenn eine Landwirtschaftskammer nicht besteht, die nach Landesrecht zuständige Stelle zu erfolgen; Absatz 2 gilt entsprechend.

^{IV} Soweit *reichs*rechtlich oder durch besondere Anordnung des Justizministers noch die Benachrichtigung anderer Stellen vorgesehen ist, bleiben diese Vorschriften unberührt.

[Anfragen bei anderen Registergerichten]

HRV 38 Gehört ein Ort oder eine Gemeinde zu den Bezirken verschiedener Registergerichte, so hat jedes Registergericht vor der Eintragung einer neuen Firma oder vor der Eintragung von Änderungen einer Firma bei den anderen beteiligten Registergerichten anzufragen, ob gegen die Eintragung im Hinblick auf § 30 des Handelsgesetzbuchs Bedenken bestehen.

IV. Sondervorschriften für die Abteilungen A und B

[Trennung, Muster]

HRV 39 ^I Die Abteilungen A und B werden in getrennten Registern nach den beigegebenen Mustern geführt.

^{II} Die in den Mustern enthaltenen Beispiele sind nicht Inhalt der Registerverfügung (Anlagen 1 und 2).

Abteilung A

[Eintragungsvorschriften]

HRV 40 1. In Spalte 1 ist die laufende Nummer der die Firma betreffenden Eintragungen anzugeben.
2. In Spalte 2 sind unter a die Firma, unter b der Ort der Niederlassung oder der Sitz der Gesellschaft, unter c bei juristischen Personen auch der Gegenstand des Unternehmens und die sich darauf beziehenden Änderungen einzutragen. In dieser Spalte ist auch die Errichtung von Zweigniederlassungen zu vermerken, und zwar unter Angabe des Ortes und, falls der Firma für eine Zweigniederlassung ein Zusatz beigefügt ist, unter Angabe dieses Zusatzes.
3. In Spalte 3 sind der Einzelkaufmann und bei den in Abteilung A einzutragenden Gesellschaften die persönlich haftenden Gesellschafter sowie bei Kreditinstituten die gerichtlich bestellten vertretungsbefugten Personen, bei juristischen Personen die Mitglieder des Vorstandes und deren Stellvertreter, ferner die Abwickler unter der Bezeichnung als solche mit Vornamen, Familiennamen, Beruf und Wohnort einzutragen.
4. Die Spalte 4 dient zur Aufnahme aller die Prokura betreffenden Eintragungen; Vorname, Familienname und Wohnort der Prokuristen sind anzugeben.
5. ^IIn Spalte 5 sind die der Eintragung unterliegenden sonstigen Rechtsverhältnisse einzutragen.
^{II}Bei den in Abteilung A einzutragenden Gesellschaften sind zu vermerken:
a) die Art der Gesellschaft;
b) der Zeitpunkt ihres Beginns;
c) der Eintritt und das Ausscheiden von Gesellschaftern;
d) Vereinbarungen über die Vertretungsbefugnis der persönlich haftenden

II. Handelsregister

Gesellschafter sowie bei Kreditinstituten die Vertretungsbefugnis der gerichtlich bestellten vertretungsbefugten Personen;
e) Vorname, Familienname, Beruf, Wohnort und Betrag der Einlage jedes Kommanditisten;
f) Auflösung und Fortsetzung der Gesellschaft; die Auflösung auch dann, wenn gleichzeitig ein neuer Geschäftsinhaber eingetragen wird;
g) die über die Vertretungsbefugnis der Abwickler getroffenen Bestimmungen, soweit diese von den gesetzlichen Vorschriften abweichen.

III Bei juristischen Personen sind zu vermerken:
die nähere Bezeichnung der juristischen Person und ihr Sitz, besondere Bestimmungen über die Vertretungsbefugnis des Vorstandes sowie über die Zeitdauer des Unternehmens, ferner jede Änderung der Satzung, die Auflösung, besondere Bestimmungen über die Vertretungsbefugnis der Abwickler sowie alle sich hierauf beziehenden Änderungen.

IV Ferner sind hier zu vermerken:
a) im Falle des Erwerbs eines Handelsgeschäfts bei Fortführung unter der bisherigen Firma eine von § 25 Abs. 1 des Handelsgesetzbuchs abweichende Vereinbarung;
b) beim Eintritt eines persönlich haftenden Gesellschafters oder eines Kommanditisten in das Geschäft eines Einzelkaufmanns eine von § 28 Abs. 1 des Handelsgesetzbuchs abweichende Vereinbarung;
c) die Aufhebung von Zweigniederlassungen;
d) die Eröffnung, Einstellung und Aufhebung des Konkurs- oder des gerichtlichen Vergleichsverfahrens sowie die Aufhebung des Eröffnungsbeschlusses;
e) das Erlöschen der Firma sowie Löschungen von Amts wegen;
f) bei ausländischen Versicherungsunternehmen die gemäß § 106 Abs. 3 des Versicherungsaufsichtsgesetzes bestellten Hauptbevollmächtigten mit Vornamen, Familiennamen und Wohnort;
g) bei einer Zweigstelle eines Unternehmens mit Sitz in einem anderen Staat, die Bankgeschäfte in dem in § 1 Abs. 1 des Gesetzes über das Kreditwesen bezeichneten Umfang betreibt, die gemäß § 53 Abs. 2 Nr. 1 dieses Gesetzes bestellten Geschäftsleiter mit Vornamen, Familiennamen und Wohnort.

6. In Spalte 6 erfolgt unter a die Angabe des Tages der Eintragung und die Unterschrift des Urkundsbeamten der Geschäftsstelle, unter b die Eintragung von Verweisungen auf spätere Eintragungen und von sonstigen Bemerkungen.

1) Nr 5 IV f nF 1983. Umwandlung einer Kdit- in phG-Beteiligung (oder umgekehrt) s § 162 HGB Anm 2. Der ,,Beruf" in Nr 3 ist sachlich richtig und rechtlich zulässig zu bezeichnen, BayObLG MDR **71**, 307 (,,Diplom-Detektiv"?). KdtAnteilsübertragung s § 162 HGB Anm 3, § 172 HGB Anm 3.

[Änderung der Firma, Neueintragung, Verweisungen]

HRV 41 I Wird bei dem Eintritt eines persönlich haftenden Gesellschafters oder eines Kommanditisten in das Geschäft eines Einzelkaufmanns oder bei dem Eintritt eines Gesellschafters in eine bestehende Gesellschaft die bisherige Firma nicht fortgeführt und die neue Firma unter einer neuen Nummer auf einem anderen Registerblatt eingetragen, so ist der Eintritt in Spalte 5 des Registers bei der bisherigen und bei der neuen Firma zu vermerken. Dasselbe gilt von einer von § 28 Abs. 1 des Handelsgesetzbuchs abweichenden Vereinbarung.

II Auf jedem Registerblatt ist auf das andere in Spalte ,,Bemerkungen" zu verweisen.

(4) HRV 42, 43   2. Handelsrechtl. Nebengesetze

1) Zu I 1 vgl HRV § 13 III 1, 2 (zwei Verfahrensmöglichkeiten), Hamm BB 77, 969.

[Übergang eines Handelsgeschäfts, Verweisungen]

HRV 42 Wird zum Handelsregister angemeldet, daß das Handelsgeschäft eines Einzelkaufmanns, einer juristischen Person, einer offenen Handelsgesellschaft oder einer Kommanditgesellschaft auf eine in Abteilung B eingetragene Handelsgesellschaft mit dem Recht zur Fortführung der Firma übergegangen ist, so sind die das Handelsgeschäft betreffenden Eintragungen in Abteilung A des Registers rot zu unterstreichen. Wird von dem Erwerber die Fortführung der Firma angemeldet, so ist bei der Eintragung in Abteilung B auf das bisherige Registerblatt in der Spalte „Bemerkungen" zu verweisen und umgekehrt.

Abteilung B

[Eintragungsvorschriften]

HRV 43 1. In Spalte 1 ist die laufende Nummer der die Gesellschaft betreffenden Eintragungen anzugeben.

2. In Spalte 2 sind dieselben Eintragungen aufzunehmen wie in Spalte 2 der Abteilung A.
3. In Spalte 3 sind bei Aktiengesellschaften und bei Kommanditgesellschaften auf Aktien die Höhe des Grundkapitals, bei Gesellschaften mit beschränkter Haftung die Höhe des Stammkapitals und bei Versicherungsvereinen auf Gegenseitigkeit die Höhe des Gründungsfonds sowie Änderungen dieser Beträge anzugeben. Die Erhöhung oder die Herabsetzung des Grund- oder Stammkapitals und die darauf gerichteten Beschlüsse sind, soweit deren Eintragung gesetzlich vorgeschrieben ist, in Spalte 6 einzutragen.
4. In Spalte 4 sind bei Aktiengesellschaften und Versicherungsvereinen auf Gegenseitigkeit die Mitglieder des Vorstandes und ihre Stellvertreter (bei Aktiengesellschaften unter besonderer Bezeichnung des Vorsitzenden), bei Kommanditgesellschaften auf Aktien die persönlich haftenden Gesellschafter sowie bei Kreditinstituten die gerichtlich bestellten vertretungsbefugten Personen, bei Gesellschaften mit beschränkter Haftung die Geschäftsführer und ihre Stellvertreter, ferner die Abwickler unter der Bezeichnung als solche mit Vornamen, Familiennamen, Beruf und Wohnort einzutragen.
5. Die Spalte 5 dient zur Aufnahme aller die Prokura betreffenden Eintragungen; Vorname, Familienname und Wohnort der Prokuristen sind anzugeben.
6. In Spalte 6 sind einzutragen:
    a) die Art der Gesellschaft oder des Versicherungsvereins auf Gegenseitigkeit;
    b) der Tag der Feststellung der Satzung oder des Abschlusses des Gesellschaftsvertrags; bei Versicherungsvereinen auf Gegenseitigkeit der Tag, an dem der Geschäftsbetrieb erlaubt worden ist;
    c) die besonderen Bestimmungen der Satzung oder des Gesellschaftsvertrags über die Zeitdauer der Gesellschaft oder des Versicherungsvereins auf Gegenseitigkeit;
    d) die Befugnis der Mitglieder des Vorstandes, der persönlich haftenden Gesellschafter sowie bei Kreditinstituten der gerichtlich bestellten vertretungsbefugten Personen, der Geschäftsführer oder der Abwickler zur Vertretung der Gesellschaft oder des Versicherungsvereins auf Gegenseitigkeit;
    e) jede Änderung in den Personen des Vorstandes, der persönlich haftenden Gesellschafter sowie bei Kreditinstituten der gerichtlich bestellten

II. Handelsregister **HRV 44 (4)**

vertretungsbefugten Personen, der Geschäftsführer oder Abwickler sowie jede Änderung der Vertretungsbefugnis einer dieser Personen;
f) jede Änderung der Satzung oder des Gesellschaftsvertrags, insbesondere Änderungen des Grund- und Stammkapitals nach Nr. 3 Satz 2. Bei der Eintragung genügt, soweit nicht die Änderung die einzutragenden Angaben betrifft, eine allgemeine Bezeichnung des Gegenstandes der Änderung; dabei ist in der Spalte „Bemerkungen" auf die beim Gericht eingereichten Urkunden sowie auf die Stelle der Akten, bei der die Urkunden sich befinden, zu verweisen;
g) das Bestehen und die Art eines Unternehmensvertrages sowie der Name des anderen Vertragsteils, bei Teilgewinnabführungsverträgen auch die Vereinbarung über die Höhe des abzuführenden Gewinns, außerdem die Änderung des Unternehmensvertrags sowie seine Beendigung unter Angabe des Grundes und des Zeitpunktes der Beendigung;
h) eine Eingliederung und die Firma der Hauptgesellschaft sowie das Ende der Eingliederung, sein Grund und sein Zeitpunkt;
i) die Eröffnung, Einstellung und Aufhebung des Konkurs- oder des gerichtlichen Vergleichsverfahrens sowie die Aufhebung des Eröffnungsbeschlusses;
k) die Auflösung, die Fortsetzung und die Nichtigkeit der Gesellschaft oder des Versicherungsvereins auf Gegenseitigkeit; die Verschmelzung, die Vermögensübertragung sowie die Umwandlung; das Erlöschen der Firma, die Löschung einer Aktiengesellschaft, Kommanditgesellschaft auf Aktien, Gesellschaft mit beschränkter Haftung oder eines Versicherungsvereins auf Gegenseitigkeit sowie Löschungen von Amts wegen;
l) die Aufhebung von Zweigniederlassungen;
m) bei ausländischen Versicherungsunternehmen die gemäß § 106 Abs. 3 des Versicherungsaufsichtsgesetzes bestellten Hauptbevollmächtigten mit Vornamen, Familiennamen und Wohnort;
n) bei einer Zweigstelle eines Unternehmens mit Sitz in einem anderen Staat, die Bankgeschäfte in dem in § 1 Abs. 1 des Gesetzes über das Kreditwesen bezeichneten Umfang betreibt, die gemäß § 53 Abs. 2 Nr. 1 dieses Gesetzes bestellten Geschäftsleiter mit Vornamen, Familiennamen und Wohnort.
7. Die Verwendung der Spalte 7 richtet sich nach den Vorschriften über die Benutzung der Spalte 6 der Abteilung A.

1) Durch VO 23. 7. 69 BGBl 1152 wurden Nr 6d, e (nF, vorher Nr 6d, e, f) ua dahin geändert, daß nicht nur Abweichungen von der gesetzlichen Vertretungsbefugnis, sondern die Vertretungsbefugnisse schlechthin einzutragen sind (im Zusammenhang mit der 1. EGGesRechtsangleichungs-Ri, vgl § 15 HGB Anm 1 A), dazu Ffm BB **70**, 370, Köln OLGZ **70**, 265, Hamm NJW **72**, 1763: nicht für jeden Geschäftsführer einzeln, sondern die für alle geltende generelle Regelung nebst Besonderheiten für einzelne. Nr 6m nF 1983.

[Eintragung von Urteilen über Nichtigkeitserklärungen und Verfügungen über Löschungen]

HRV 44 Urteile, durch die ein in das Register eingetragener Beschluß der Hauptversammlung einer Aktiengesellschaft, Kommanditgesellschaft auf Aktien oder der Gesellschafterversammlung einer Gesellschaft mit beschränkter Haftung rechtskräftig für nichtig erklärt ist, sowie die nach § 144 Abs. 2 des Reichsgesetzes über die Angelegenheiten der freiwilligen Gerichtsbarkeit verfügte Löschung eines Beschlusses sind in einem Vermerk, der den Beschluß als nichtig bezeichnet, in diejenigen Spalten des Registerblatts einzutragen, in die der Beschluß eingetragen war.

[Löschung einer Gesellschaft wegen Nichtigkeit, Benachrichtigung über Heilung eines Mangels]

HRV 45 ^I Soll eine Aktiengesellschaft, eine Kommanditgesellschaft auf Aktien oder eine Gesellschaft mit beschränkter Haftung als nichtig gelöscht werden, so ist, wenn der Mangel geheilt werden kann, in der nach § 142 Abs. 2, § 144 Abs. 1 des Reichsgesetzes über die Angelegenheiten der freiwilligen Gerichtsbarkeit in der Fassung des § 43 Nr. 2 des Einführungsgesetzes zum Aktiengesetz ergehenden Benachrichtigung auf diese Möglichkeit ausdrücklich hinzuweisen.

^{II} Die Löschung erfolgt durch Eintragung eines Vermerks, der die Gesellschaft als nichtig bezeichnet. Gleiches gilt, wenn die Gesellschaft durch rechtskräftiges Urteil für nichtig erklärt ist.

[Verweisung bei Firmenänderung]

HRV 46 Wird bei einer in Abteilung B eingetragenen Handelsgesellschaft die Änderung der Firma zum Handelsregister angemeldet, weil das Geschäft mit dem Recht zur Fortführung der Firma auf einen Einzelkaufmann, eine juristische Person oder eine Handelsgesellschaft übertragen worden ist, und wird von dem Erwerber die Fortführung der Firma angemeldet, so ist bei der Eintragung in die Spalte „Bemerkungen" auf das bisherige Registerblatt zu verweisen und umgekehrt.

[Verschmelzung und Vermögensübertragung, Verweisungen]

HRV 47 In den Fällen der Verschmelzung und der Vermögensübertragung sind bei Eintragung der Verschmelzung oder der Vermögensübertragung die die übertragenden Gesellschaften betreffenden Eintragungen rot zu unterstreichen. Auf den Registerblättern der übertragenden Gesellschaften ist in der Spalte „Bemerkungen" auf das Registerblatt der übernehmenden Gesellschaft zu verweisen und umgekehrt.

1) § 47 nF 1983.

V. Übergangs- und Schlußvorschriften

[Inkrafttreten, weiterbestehende Anordnungen]

HRV 48 ^I Diese Verfügung tritt am 1. 10. 1937 in Kraft, soweit nicht in den Anordnungen zu ihrer Durchführung Abweichendes bestimmt wird. Vorschriften des Landesrechts, welche das von dieser Verfügung umfaßte Gebiet betreffen, treten mit derselben Maßgabe außer Kraft.

^{II} Die Anordnungen der Landesjustizverwaltungen, durch welche die Führung des Handelsregisters für mehrere Amtsgerichtsbezirke einem Amtsgericht übertragen worden ist, bleiben unberührt.

III. AGB-Gesetz und (nicht branchengebundene) Vertragsklauseln
(5) Gesetz zur Regelung des Rechts der Allgemeinen Geschäftsbedingungen (AGB-Gesetz)

Vom 9. Dezember 1976 (BGBl I 3317)
mit den späteren Änderungen

Einleitung

Der Schwerpunkt der Kommentierung liegt auf den Klauseln im Handelsverkehr.

Schrifttum

a) Materialien: RegE, BTDrucks 7/3919, CDU-Entwurf BTDrucks 7/3200, Rechtsausschuß BTDrucks 7/5412 u 5422, Vermittlungsausschuß BTDrucks 7/5636.

b) Kommentare: *Löwe-Graf von Westphalen-Trinkner,* 1977, 2. Aufl 1983 ff, Bd II (§§ 10–30), Bd III (Einzelklauseln und Klauselwerke, LBl). – *MüKo-Kötz* (materiellrechtlicher Teil), *MüKo-Gerlach* (Verfahrensvorschriften), 2. Aufl 1984. – *Palandt-Heinrichs,* 45. Aufl 1986. – *Schlosser-Coester=Waltjen-Graba* 1977. – *Staud-Schlosser,* 12. Aufl 1980. – *Ulmer-Brandner-Hensen,* 4. Aufl 1982. – *Wolf-Horn-Lindacher,* 1. Aufl 1984.

c) Einzeldarstellungen und Sonstiges: *Bunte,* Handbuch der AGB, 1982. – *Locher,* Recht der AGB, 1980 (JuS-Schriftenreihe). – *Schmidt=Salzer,* AGB, 2. Aufl 1977 (NJW Schriftenreihe). – Besprechung der Komm: *Tilman* ZHR 142 (**78**) 52. – RsprÜbersichten: *Bunte,* Entscheidungssammlung zum AGBG I (aus **77–80**), II (aus **81**), III (aus **82**), IV (aus **83**), V (aus **84**); *Creutzig* DB **79**, 151, *Hardieck* BB **79**, 708, 1635, *Hennig-Jarre* BB **81**, 1161, *Bunte* AcP 181 (**81**) 31, *Seifert* BB **82**, 464, *Ulmer* BB **82**, 584, *Bohle-Micklitz* BB Beil 11/83, von Westphalen 1985 (Ein- und VerkaufsAGB).

1) AGB im Handelsverkehr

A. Unternehmen und Unternehmensverbände stellen seit langem allgemeine Geschäftsbedingungen (**AGB**) auf. Diese sollen den Inhalt der Einzelverträge bestimmen und dienen der Rationalisierung, Typisierung, aber auch der materiellen Gestaltung der Vertragsbedingungen zugunsten des Verwenders (Risikoabwälzung, Freizeichnungsklauseln ua). AGB sind heute bei Banken, Versicherungen und Verkehrsunternehmen selbstverständlich, aber auch bei anderen, selbst kleineren Unternehmen weit verbreitet. Entgegen älterer Auffassung, die sie in die Nähe des objektiven Rechts rückte (noch BGH **1**, 86), ist mindestens seit BGH **17**, 2 klar, daß sie nur kraft Annahme durch die Vertragsparteien (**Unterwerfung**), also als **Vertragsbestandteil** gelten (s jetzt § 2 AGBG).

2) Entstehung und Inhalt des AGBG

A. **Lage vor dem AGBG:** Die Praxis der AGB war unbefriedigend, ihr sachlicher, zeitlicher, örtlicher Anwendungsbereich oft undeutlich, ihre Bekanntmachung unzulänglich, ihre Formulierung ungeschickt, manchmal absichtlich täuschend, ihre Tendenz oft einseitig auf Abwälzung der Risiken auf den Verbraucher gerichtet. Kritik und die langjährige Inhaltskontrolle der Rspr nach §§ 242, 315 BGB haben sie gebessert, aber eine gesetzliche Regelung erschien notwendig. Monographien: L. Raiser 1935 (1967), G. Raiser 1966, Naendrup 1966, Schmidt=Salzer 1977, von Esch 1968, M. Wolf 1970. DJT 1955 u 1974.

B. **Anwendbarkeit des AGBG:** Das Gesetz ist nicht anwendbar auf vor seinem Inkrafttreten (1. 4. 77) geschlossene Verträge, anders Generalklausel des § 9 in Bezug auf noch nicht abgewickelte Verträge über regelmäßige Warenlieferung, Dienst- oder Werkleistungen oder Sachgebrauchsüberlassung, s § 28 I, II und für Wasser- und Fernwärmelieferung, § 28 III. Sachlicher Anwendungsbereich s § 23. Persönlicher Anwendungsbereich s § 24: ua gegenüber Kflten gelten nicht die Klauselverbote (§§ 10, 11), wohl aber (uU mit gleicher Wirkung) die Generalklausel (§ 9). Soweit das AGBG oder noch nicht anwendbar ist, gelten wie schon bisher das allgemeine, auf §§ 157, 242, 315 BGB gestützte Richterrecht (s bis 24. Aufl Einf Buch III Anm 3–9). Dabei ist eine doppelte Annäherung klar ersichtlich: Die Rspr aus der Zeit vor dem AGBG wird vielfach unter dem AGB beibehalten, umgekehrt strahlen das AGBG und die neue Rspr dazu auch auf nicht dem AGBG unterfallende Sachverhalte aus, zB Inhaltskontrolle von Gesellschaftsverträgen, s § 23 Anm 1 C.

Erster Abschnitt. Sachlich-rechtliche Vorschriften

1. Unterabschnitt. Allgemeine Vorschriften

Begriffsbestimmung

AGBG 1 ^I **Allgemeine Geschäftsbedingungen sind alle für eine Vielzahl von Verträgen vorformulierten Vertragsbedingungen, die eine Vertragspartei (Verwender) der anderen Vertragspartei bei Abschluß eines Vertrages stellt. Gleichgültig ist, ob die Bestimmungen einen äußerlich gesonderten Bestandteil des Vertrages bilden oder in die Vertragsurkunde selbst aufgenommen werden, welchen Umfang sie haben, in welcher Schriftart sie verfaßt sind und welche Form der Vertrag hat.**

^{II} **Allgemeine Geschäftsbedingungen liegen nicht vor, soweit die Vertragsbedingungen zwischen den Vertragsparteien im einzelnen ausgehandelt sind.**

1) A. **Begriff der AGB** s Definition in I 1: **a)** „**Vertragsbedingungen**" sind alle Klauseln, die den Inhalt eines Vertragsverhältnisses bestimmen sollen; auch solche, die (für das Vertragsverhältnis erhebliche) einseitige Kundenerklärungen enthalten, Bsp: Vollmacht, Ermächtigung, s auch § 11 Nr 15b; Bedingungen, die das Zustandekommen im Gegensatz zum Inhalt des Vertrags regeln, sollen keine AGB sein, KG NJW **81**, 2822 (Lotterie), fragwürdig. Standardklauseln in Individualverträgen s Anm 3, § 346 HGB Anm 5. **b)** „**Für eine Vielzahl von Verträgen vorformuliert**", uU schon ab 3–5 und dabei schon beim ersten Mal, BGH WM **81**, 944; einerlei ob durch Verwender oder einen Dritten für ihn formuliert (zB Verband für seine Mitglieder, Produzent für Händler), ob für unbestimmte oder bestimmte Verträge (zB die Mieter eines Hauses, die Teilnehmer eines Bauvorhabens), ob Ein- oder Mehrmalverwendung durch den Verwender. **c)** Vertragsbedingungen, die eine Vertragspartei (**Verwender**) der anderen (Kunde, Verbraucher ua) bei Vertragsabschluß „**stellt**", dh dieser einseitig ohne Verhandlung als Vertragsinhalt auferlegt (Gegensatz: Individualvereinbarung, II, s Anm 3), einerlei ob dem Kunden bewußt oder nicht. Ob der Kunde **Kaufmann** ist, spielt für § 1 keine Rolle (aber s § 24).

B. **Nicht** unter das AGBG fallen **Rechtsnormen,** also durch Gesetz, VO oder Satzung festgelegte Vertragsbedingungen, zB Anstaltsbenutzungsordnung; anders solche, die nur behördlicher Genehmigung unterliegen, BGH **86**,

III. AGB-Gesetz u. Vertragsklauseln **AGBG 2 (5)**

291. Für teilweise entspr Anwendung des AGBG auf Schwimmbadbenutzungsordnung Mü BB **80,** 496. AGB aufgrund von HdlBrauch (§ 346 HGB) fallen dagegen unter das AGBG, str.

2) Klarstellungen (I 2): als **AGB** gelten (unter den Voraussetzungen von I 1) **auch** vom Vertrag äußerlich nicht gesonderte Bestimmungen, zB **Formularverträge;** auch einzelne Formularbedingungen; auch wenn der Vertrag überwiegend individuell vereinbart ist, BGH **75,** 20. Auf den **Umfang** des Klauselwerks kommt es nicht an, hL, enger BGH **75,** 21 (zwar nur eine einzige, aber aus sich heraus nicht ohne weiteres verständliche, global verweisende Formularabrede), WM **78,** 792, BB **81,** 757 (kurzer, übersichtlicher Vordruck, aber eine volle Din-A 4 Seite ist zuviel). Die **Schriftart,** zB ganz in Handschrift, ist unerheblich. Auch **notarielle Verträge,** s Anm 3; der Notar muß bei unwirksamen Klauseln Amtstätigkeit ablehnen. KGVerträge s § 23 Anm 1 C.

3) Individualabrede (II): Keine AGB sind **im einzelnen ausgehandelte Vertragsbedingungen.** Der andere Teil muß nicht tatsächlich den Inhalt beeinflußt haben; möglich ist unveränderte Aufnahme des vom Verwender vorgelegten Texts, falls der Verwender zur Änderung bereit und dies dem anderen Teil bewußt war (Beweislast beim Verwender), BGH **84,** 111, NJW **77,** 624, offen NJW **79,** 367; str, nach aA muß der Vertragstext das (veränderte) Ergebnis des Aushandelns sein, Celle NJW **78,** 326; Trinkner BB **77,** 717, Löwe NJW **77,** 1328, von Westphalen DB **77,** 943. Vermittelnd Heinrich NJW **77,** 1508. Ferner von Falkenhausen BB **77,** 1127, Wolf NJW **77,** 1937, Peter JR **78,** 4, Schnur MDR **78,** 92, Garrn JZ **78,** 302, Jaeger NJW **79,** 1569, Willemsen NJW **82,** 1121. Aushandeln zwischen Verwender und WP schließt I 1 nicht aus, wenn WP erst später Treuhänder des anderen Teils wird, BGH NJW **85,** 2476; aber sonst, BGH BB **84,** 564; dazu Bartsch NJW **86,** 28. **Nicht** genügend ist bloße Bezugnahme auf früher verwandte, damals im einzelnen ausgehandelte Bedingungen, BGH NJW **79,** 367; Verlesen des Vertragstextes und notarielle Belehrung, BGH **75,** 20; bloße Wahlmöglichkeit zwischen ABG und dispositivem Recht, BGH WM **85,** 1209; bloßer Vermerk, die Bestimmung sei besprochen und anerkannt, BGH NJW **77,** 432, 624; Unterschreiben der AGB, BGH WM **76,** 962. Auch notarielle Formulare (Freizeichnungsklausel beim Hausverkauf), BGH **74,** 210, NJW **84,** 172, Garrn NJW **80,** 2782, jedenfalls wenn sich Verwender die im Notarformular enthaltene Freizeichnungsklausel einseitig zunutze macht, Mü NJW **81,** 2473 oder mangels ausführlicher Belehrung und besonderer Vereinbarung über die Klausel, BGH NJW **82,** 2244, **84,** 2094 m Anm Bunte ZIP **84,** 1313, sehr str, aA (nicht vom Vertragspartner „gestellt", aber dann uU Inhaltskontrolle nach § 242 BGB) Brambring-Schippel NJW **79,** 1802, Ul-Br-He 32 außer bei Serienverträgen im Auftrag einer Partei und uU bei Hausnotar. Nicht genügt Aushandeln unter den Verbänden ohne Aushandeln unter den Vertragsparteien. Spätere Umwandlung von AGB in Individualvereinbarung ist denkbar, Hamm NJW **81,** 1049. Keine analoge Anwendung des AGBG auf nicht ausgehandelte Individualvereinbarungen, str, aber §§ 134, 138, 242 BGB (Einl 6 vor § 343 HGB).

Einbeziehung in den Vertrag

AGBG 2 [1] Allgemeine Geschäftsbedingungen werden nur dann Bestandteil eines Vertrages, wenn der Verwender bei Vertragsabschluß

1. **die andere Vertragspartei ausdrücklich oder, wenn ein ausdrücklicher Hinweis wegen der Art des Vertragsabschlusses nur unter unverhältnismäßigen Schwierigkeiten möglich ist, durch deutlich sichtbaren Aushang am Ort des Vertragsabschlusses auf sie hinweist und**

2. der anderen Vertragspartei die Möglichkeit verschafft, in zumutbarer Weise von ihrem Inhalt Kenntnis zu nehmen,
und wenn die andere Vertragspartei mit ihrer Geltung einverstanden ist.

^{II} Die Vertragsparteien können für eine bestimmte Art von Rechtsgeschäften die Geltung bestimmter Allgemeiner Geschäftsbedingungen unter Beachtung der in Absatz 1 bezeichneten Erfordernisse im voraus vereinbaren.

1) § 2 regelt als Formvorschrift iSv § 125 BGB die **vertragliche Einbeziehung** der AGB in den Vertrag (Einbeziehungs-, Geltungsvereinbarung). Notwendig sind kumulativ:

A. **Ausdrücklicher Hinweis** bei Vertragsschluß **(I Nr 1)**, auch in AGB selbst, BGH **86**, 137, auch telefonisch. **Nicht** genügt Hinweis in allgemeinen Rundschreiben, Prospekten, Katalog, LG Bln BB **80**, 1770, vgl § 346 HGB Anm 4 D; in Rechnung; bei telefonischem Vertragsschluß in Auftragsbestätigung (anders wenn Vertragsschluß erst durch Auftragsbestätigung). Ausnahmsweise genügt deutlich sichtbarer **Aushang** am Ort des Vertragsschlusses, zB Beförderungsverträge, Selbstbedienungsläden, Kaufhäuser; Versteigerungslokal, BGH NJW **85**, 850; der Aushang selbst braucht den Text der AGB nicht zu enthalten (aber s Anm 8).

B. **Möglichkeit zumutbarer Kenntnisnahme vom Inhalt** der AGB seitens der anderen Vertragspartei **(I Nr 2)** zB Aushang oder Auslegen zur Einsicht, bei telefonischem Vertragsschluß Möglichkeit der Erkundigung (Übersendung wäre zu spät) oder Verzicht auf Form des § 2 durch Individualvereinbarung. Bloßer Verweis auf im Vertragswerk nicht abgedruckte Texte reicht idR nicht aus; anders bei VOB, wenn Vertragspartner im Baugewerbe tätig ist, BGH **86**, 138, aA Bunte BB **83**, 734. Übersetzung der AGB bei Geschäften ohne (sonstige) Auslandsberührung mit **ausländischen** Kunden im Inland kann nicht gefordert werden, auch nicht bei Sprachunkundigkeit des Kunden, Brem AWD **74**, 104 (Bankkontoeröffnung durch Iraner), Mü WM **76**, 48 (Unfallfinanzierung für Griechen), Ffm WM **77**, 298 (Türke, deutsche Bank); aber der Hinweis, daß überhaupt deutsche AGB verwendet werden, muß dem Ausländer notfalls durch Übersetzung klar werden, Mü NJW **74**, 1660 (Unfallfinanzierung). **Nicht zumutbar** ist Kenntnisnahme bei Unverständlichkeit, Unübersichtlichkeit oder Überlänge der AGB, was nach Art des Geschäfts und Kundenkreis zu beurteilen ist, Stgt NJW **81**, 1106, Düss BB **83**, 84. Bei Änderung ausgehängter AGB ist gegenüber Stammkunden besonderer Hinweis nötig, Hamm BB **79**, 1789 (Rennwettlokal). Klausel „Ausschluß von Schadensersatzansprüchen wegen Verzugs oder Nichterfüllung, soweit gesetzlich zulässig", verstößt gegen Nr 2 (Verständlichkeitsgebot), Stgt NJW **81**, 1106; salvatorische Klauseln s § 6 Anm 2.

C. **Einverständnis** der anderen Vertragspartei mit Geltung der AGB **(I aE);** auch stillschweigend, aber nicht ohne weiteres Schweigen des NichtKfm auf Auftragsbestätigung, BGH **61**, 287; formularmäßige Einbeziehungsbestätigung s BGH NJW **82**, 1388, krit Bohle BB **83**, 16. Irrtumsanfechtung bei AGB s Locher BB **81**, 818, Loewenheim AcP 180 (**80**) 433.

D. **Rahmenvereinbarungen** (Geschäftsverbindung, Rahmenvertrag, zB Bankvertrag, s Einl 2 vor § 343 HGB) können die vertragliche Einbeziehung in der Form des I vorwegnehmen **(II)**, aber nicht AGB in ihrer jeweiligen späteren Fassung vereinbaren.

2) § 2 gilt **nicht für Kaufleute** (§ 24 S 1 Nr 1); weitere Ausnahmen § 23 II Nr 1, III (Eisenbahn, Personenbeförderung, Bauspar- Versicherungs- und In-

III. AGB-Gesetz u. Vertragsklauseln **2 AGBG 2 (5)**

vestmentverträge). Auch unter Kflten gelten AGB aber nur kraft ausdrücklicher oder stillschweigender vertraglicher Einbeziehung, BGH NJW **85,** 1839.

A. Unter Kflten ist nicht unbedingt ausdrücklicher Hinweis oder Aushang nötig (vgl Anm 1 A). Entscheidend ist, daß Kfm **weiß oder wissen muß,** daß der Verwender nur zu seinen AGB abschließen will, BGH **18,** 99 (für ADSp), dann ist vertragliche Einbeziehung anzunehmen (§§ 133, 157 BGB, § 346 HGB). Es genügt also zB Hinweis in Auftragsbestätigung, kfm Bestätigungsschreiben (s § 346 HGB Anm 3), Lindacher WM **81,** 702, str; nicht in Rechnungsvermerk. Der Hinweis muß (in Druckformat, Stelle ua) hinreichend deutlich sein, BGH DB **71,** 2106, und auf die AGB im ganzen, nicht nur einen Einzelpunkt verweisen, Düss NJW **65,** 762. Kennenmüssen bzw stillschweigende Bezugnahme ist bei laufender **Geschäftsverbindung** anzunehmen, aus der der Kunde weiß, daß der andere nur zu seinen AGB abschließen will. Ein früherer Hinweis wirkt dann auch für spätere Geschäfte, doch bedarf es sorgfältiger Prüfung des Einzelfalls, zB auf Häufigkeit der früheren Abschlüsse und praktische Möglichkeit der Erkundigung nach AGB, BGH **7,** 191, **11,** 3, **18,** 212, **42,** 55, DB **71,** 2106, BB **73,** 1044, NJW **78,** 2244, Mü MDR **75,** 841 (Ausländer); nachträgliche Einbeziehung muß klar erkennbar sein, BGH NJW **83,** 1055 (Wirtschaftsprüfer). Das gilt auch bei wiederholten Vermerken auf **Rechnungen** und deren Hinnahme ohne Beanstandung, BGH **42,** 55; idR nicht bei bloßen Vermerken auf **Lieferscheinen,** BGH BB **78,** 1085. Die bei Erstbestellung durch A in Bezug genommenen AGB gelten auch bei Nachbestellung durch B, wenn B in Vollmacht und nach Weisung von A handelte (§ 166 II BGB) oder A die Nachbestellung genehmigte, BGH BB **65,** 425. Änderung von AGB s Anm 2 D. Bei **branchenüblicher Verwendung** muß der Kunde auch ohne (früheren) Hinweis und Geschäftsverbindung mit den AGB rechnen, so zB Banken, Versicherungen, Speditionen, BGH NJW **71,** 2127 (für ADSp), s zB **(8)** AGB-Banken, **(19)** ADSp Einl 2 A vor § 1, kommunale Betriebe ua. Schließt er ab, ohne daß die AGB ausdrücklich ausgeschlossen werden, unterwirft er sich idR stillschweigend den AGB als vorgefertigter Vertragsordnung, BGH **17,** 1, NJW **71,** 2127, WM **73,** 636. Maßgeblich ist aber, ob der Kfm-Kunde in der Branche tätig ist, BGH **3,** 201 (Lagergeschäft nicht im normalen Geschäftskreis des Kunden), ebenso Rspr zu **(19)** ADSp (s dort Einl 2 A vor § 1); eine Erkundigungspflicht des branchenfremden Kunden besteht nicht.

B. Möglichkeit zumutbarer Kenntnisnahme vom Inhalt der AGB ist auch für Kflte nötig (vgl Anm 1 B). Dem Kfm ist Anforderung des Texts der AGB (auf diesen Verwender ihn hingewiesen hat oder die branchenüblich sind, s Anm A) idR zumutbar, BGH NJW **82,** 1750; der Verwender muß allerdings mitteilungsbereit sein. **Nicht zumutbar** ist auch hier die Kenntnisnahme bei Unverständlichkeit, uU auch, wenn kaum lesbar und drucktechnisch verwirrend angeordnet, BGH WM **78,** 979, NJW **83,** 2773, jedoch ist dem Kfm mehr zuzumuten als dem Privatmann (s Anm 1 B), insbesondere was Fachausdrücke, Rechtssprache und Länge der AGB angeht. Für weitreichende Unzumutbarkeit auch unter Kflten Lindacher JZ **81,** 131. Bei Geschäften mit **Ausländern** kommt es maßgeblich auf die **Verhandlungssprache** an. Ist diese deutsch, muß der ausländische Vertragspartner auch deutschsprachige AGB gegen sich gelten lassen, BGH **87,** 114; sonst nur wenn er die Sprache der AGB beherrscht, Hbg NJW **80,** 1232. Das gilt auch für fremdsprachige AGB, wenn sie nicht dem deutschen Vertragspartner des in Deutschland geschlossenen Vertrags in deutscher Übersetzung zugehen, Stgt MDR **64,** 412, Karlsr NJW **72,** 2185, Düss AWD **74,** 103 (Gerichtsstandsklausel). Nachbringung des Texts in der Verhandlungssprache anläßlich eines ergänzenden Briefwechsels über anderes heilt nicht, Düss AWD **74,** 103. Wird bei ausländischer Verhandlungs- und Vertragssprache auf deutschsprachige AGB verwiesen, kann der ausländische Vertragspartner sich darauf wirksam einlassen, Mü NJW **74**, 2181. Erläuterungs- und im Einzelfall Übersetzungspflichten sind denkbar, Weimar DB **78**, 243. Bestätigungsschreiben s § 346 HGB Anm 3. Geltung von **(8)** AGB-Banken, **(19)** ADSp gegenüber ausländischen Kfltn s **(8)** AGB-Banken Einl 4 B vor § 1, **(19)** ADSp Einl 2 A vor § 1. Vgl Scheerer AWD **74**, 181 (dtsch-it), Reinhardt RIW **77**, 16, IPRax **82**, 226, Schlechtriem FS Weitnauer **80**, 129, Beckmann RIW **81**, 79.

C. **Einverständnis** ist auch seitens der kfm Kunden nötig (s Anm 1 C), auch **stillschweigendes**, anders als beim NichtKfm auch schon Schweigen auf Übergabe von Auftragskopie mit AGB nach mündlichem Abschluß, Ffm BB **84**, 177 LS, aber nicht schon, weil der Vertreter des Kunden die AGB des Verwenders aus früherer Beschäftigung bei diesem kennt, BGH WM **79**, 19, vgl BGH BB **65**, 425. Das Erfordernis des Einverständnisses hindert nicht Einbeziehung durch Vertragsschluß nach § 362 HGB oder durch Schweigen auf ein kfm Bestätigungsschreiben (s § 346 HGB Anm 3). **Individualabreden** gehen vor, s § 4 (Schriftformklausel). Bei **außergewöhnlichen** Geschäften, RG JW **36**, 2093 (bejaht für Verkauf kostbarer Bilder durch eine Bank, verneint für Grundstückserwerb einer Bank zur Unterbringung ihres Betriebs) ist Unterwerfung weniger leicht anzunehmen als bei gewöhnlichen. Bei **Schuldübernahme** eines Kfm gilt nicht ohne weiteres der in den AGB des Gläubigers vergesehene Erfüllungsort, Ffm RIW **80**, 60. Bei jeder Form der Unterwerfung muß zweifelsfrei sein, welche von **mehreren** (von einem der beiden Teile, zB Spediteur, in seinen Geschäften gebrauchten) **AGB** gemeint ist, BGH BB **53**, 514. Bei alternativer Bezugnahme auf Bedingungen (zB) ,,des Drogenvereins" oder ,,des Harzvereins" gelten die Bedingungen des für den Vertragsgegenstand zuständigen Vereins; ist zweifelhaft, wer zuständig ist, kann die Bezugnahme unwirksam sein. Wenn bei **widersprechenden AGB** jede Partei auf ihre AGB verweist und keine widerspricht, ist idR nicht die zeitlich letzte Verweisung (§ 150 II BGB) als maßgebend und die Vertragsdurchführung durch die andere Partei als stillschweigende Annahme anzusehen (Theorie des letzten Worts). So aber frühere Rspr. Vielmehr werden die AGB beider nur, soweit sie miteinander vereinbar sind, Vertragsbestandteil. Trotz des im übrigen vorliegenden Dissenses (§§ 154, 155 BGB) ist iZw anzunehmen, daß beide Parteien auch ohne diese AGBTeile am Vertrag festhalten wollen (Widerlegung des § 154 I 1 BGB), hL, BGH **61**, 288, BB **73**, 1459, **74**, 1136, DB **77**, 1311, NJW **82**, 1750, Kln BB **80**, 1237; Schlechtriem BB **74**, 1309, von Westphalen DB **76**, 1318, BB **80**, 1405, krit Ebel NJW **78**, 1033. Zur Abwehrklausel gegen Eigentumsvorbehalt s § 9 Anm 3. Überhaupt keine Unterwerfung ist nötig, wenn die AGB kraft **Handelsbrauch** gelten, Kenntnis des Betroffenen ist dazu nicht nötig, § 346 HGB Anm 1 E. Weder **(8)** AGB-Banken noch **(19)** ADSp sind bisher HdlBrauch.

D. **Rahmenvereinbarungen** sind unter Kflten besonders wichtig (s Anm 1 D). Da II nicht gilt, kann auch die Geltung der jeweiligen **späteren Fassung der AGBG** vereinbart werden, zB zT Unterwerfungserklärungen nach **(16)** Insiderhandels-Ri § 5; vgl dagegen **(8)** AGB-Banken Nr 28 II; davon zu unterscheiden sind Änderungen der AGB, die nur eine Gesetzesänderung nachvollziehen und Text der AGB berichtigen (nicht aus deren Anlaß selbständig ändern). Ohne solche Rahmenvereinbarung kann der Verwender nicht einseitig Änderungen der AGB durchsetzen, Ebel BB **80**, 479. Doch genügt Fortsetzung der Geschäftsverbindung in Kenntnis der Änderung, BGH **52**, 62 (AGB-Spark), oder nach mehrmaligen Rechnungen mit geänderten AGB, besonderer Hinweis ist nur bei wesentlicher Schlechterstellung nötig, Kblz BB **83**, 1635, s auch § 3; Kreditzinsen s **(7)** Bankgeschäfte Anm IV 2 A b.

III. AGB-Gesetz u. Vertragsklauseln **AGBG 3, 4 (5)**

3) Ausnahmsweise kann eine **Pflicht** des Verwenders **zur Verwendung neu gefaßter AGB** bestehen, zB eine Hinwirkungspflicht des Versicherers bei Vertragsverlängerung auf günstigere neue AVB; diese gelten dann über § 249 BGB als vereinbart, BGH **81**, 348.

Überraschende Klauseln

AGBG 3 Bestimmungen in Allgemeinen Geschäftsbedingungen, die nach den Umständen, insbesondere nach dem äußeren Erscheinungsbild des Vertrags, so ungewöhnlich sind, daß der Vertragspartner des Verwenders mit ihnen nicht zu rechnen braucht, werden nicht Vertragsbestandteil.

1) § 3 entspricht im wesentlichen der bisherigen Rspr, BGH **79**, 10. Überraschende Klauseln sind so **ungewöhnliche** Klauseln, daß der andere Teil **mit ihnen nicht zu rechnen braucht.** Ungewöhnlich ist nicht gleich sachlich unangemessen (für letztere AGB gilt § 9), auch sachlich angemessene Klauseln können überraschend sein, BGH NJW **77**, 196. Unüblichkeit genügt nicht. Bei der Beurteilung sind alle Umstände zu berücksichtigen, insbesondere auch das äußere Erscheinungsbild des Vertrags, zB umfangreiche, unübersichtliche AGB, **versteckte** Klauseln. Maßgeblich ist nicht der Horizont des einzelnen Kunden, sondern der des angesprochenen Kundenkreises, BGH NJW **77**, 195, **81**, 118, str. § 3 gilt auch für notarielle Vertragsurkunden, zB wenn auf nicht verlesene Urkunde Bezug genommen wird, BGH **75**, 22. Verlesen und Erläutern einer Klausel kann Überraschung (nicht Unangemessenheit, s § 9) beheben, nicht ohne weiteres Durchlesen seitens des Kunden; Beweislast dafür beim Verwender; BGH NJW **78**, 1520.

2) **Einzelfälle:** Gewährleistungsausschluß bei Leasing, BGH NJW **77**, 195; versteckte Freizeichnung betr Vorbenutzung beim Gebrauchtwagenkauf, BGH BB **77**, 63; Sicherungsgrundschuld auch für alle künftigen Ansprüche der Sparkasse gegen den Kreditnehmer, der nicht Grundstückseigentümer ist, BGH **83**, 59; Versicherung, Vollkfm zu sein, BGH **84**, 112; Bezugnahme auf nicht bekanntgemachten Kostenvoranschlag neben Festpreis, Nürnb MDR **77**, 137; Klausel in Darlehensvorvertrag über Bierbezugspflicht auch bei Nichtinanspruchnahme eines Brauereidarlehens, BGH NJW **78**, 1519; Mitbestellerklauseln, LG Bielefeld NJW **73**, 1797, LG Nürnb-Fürth BB **73**, 1603; uU kfm Bestätigungsschreiben mit einschneidenden AGB, vgl BGH **61**, 287, NJW **80**, 449. Eigentumsvorbehaltsklauseln s voran Westphalen DB **77**, 1638, 1685, BB **80**, 1406. **Nicht** ungewöhnlich ist zB Geltendmachung der Vertragsstrafe bis zur Bauschlußzahlung (vgl § 341 III BGB), BGH **72**, 225.

3) § 3 gilt uneingeschränkt auch unter **Kaufleuten;** für einen kfm Kundenkreis ist eine Klausel aber uU nicht überraschend. Denn von Kfltn ist höhere Geschäftserfahrung zu erwarten, die Voraussetzungen des § 3 liegen weniger leicht vor, Ffm WM **82**, 108.

Vorrang der Individualabrede

AGBG 4 Individuelle Vertragsabreden haben Vorrang vor Allgemeinen Geschäftsbedingungen.

1) Individualabrede s § 1 Anm 3. Mündliche Individualabrede setzt sich gegen **Schriftformklausel** (s Einl 5 B vor § 343 HGB; Unwirksamkeit s § 9 Anm 3, § 11 Nr 16) durch, BGH BB **81**, 266, Karlsr NJW **81**, 405, Ffm WM **81**, 599, üL, aA BGH BB **77**, 62, NJW **80**, 235; bei Vertreterhandeln kommt es jedoch auf den Umfang der Vertretungsmacht an (§§ 164, 177 BGB), auch

(5) AGBG 5 1, 2   2. Handelsrechtl. Nebengesetze

Rechtsscheinvollmacht, Lindacher JR **82**, 1; aber uU culpa in contrahendo iVm § 278 BGB, Ul-Br-He 38. Kfm Bestätigungsschreiben mit erstmaligem Hinweis auf AGB (s § 346 HGB Anm 3 D) scheitert nicht an § 4 (aber uU § 3), str, aA Batsch NJW **80**, 1731, differenzierend Coester DB **82**, 1551. Die Beweislast für die mündliche Zusage liegt bei dem, der sich darauf beruft.

2) **Einzelfälle:** Vertragliche Eigenschaftszusicherungen gehen dem Gewährleistungsausschluß in AGB vor, BGH **50**, 207; Individualabrede über Skontogewährung läßt Vorschußklausel in UmzugsvertragsAGB unberührt, BGH BB **81**, 1050; fester Liefertermin s § 10 Anm 1. Vertragliche Abweichung von ADSp s **(19)** ADSp Einl 2 B vor § 1.

Unklarheitenregel

AGBG 5 Zweifel bei der Auslegung Allgemeiner Geschäftsbedingungen gehen zu Lasten des Verwenders.

1) **Auslegung gegen den Verwender**

Die **Unklarheitenregel** ist ein seit langem angewandter Auslegungsgrundsatz, BGH **47**, 216, **62**, 89, BB **77**, 164; die praktische Bedeutung gegenüber §§ 9 ff ist beschränkt, weil die Verwender ihre AGB ggf rasch ändern. „Zweifel bei der Auslegung" bestehen nicht schon bei Streit über Klauselinhalt, vielmehr erst, wenn auf der Basis der Verständnismöglichkeit des typisch beteiligten Durchschnittsbürgers im Wege der Auslegung keine Klärung möglich ist, BGH DB **78**, 629. AGB von bewußt unklarer Formulierung können uU den ganzen Vertrag unwirksam machen, BGH **51**, 59. Unklarer Hinweis auf Widerrufsrecht nach AbzG kann zu Rücktrittsrecht auch für Bargeschäft führen, BGH NJW **82**, 2313. Die Klausel beim Gebrauchtwagenverkauf „gebraucht, wie besichtigt und unter Ausschluß jeder Gewährleistung" ist nicht unklar, BGH **74**, 385 (s auch § 9). Zur Anwendung von § 5 auf Klausel „soweit gesetzlich zulässig" s Thümmel-Oldenburg BB **79**, 1067, Willenbruch BB **81**, 1976. S auch salvatorische Klauseln § 6 Anm 2. Deutscher Verwender muß wesentliche Abweichung vom deutschen Recht deutlich formulieren, Karlsr NJW **73**, 1931 (Gerichtsstand). Im Verfahren nach § 13 ist iZw von Unwirksamkeit der Klausel auszugehen (Grundsatz der umgekehrten Anwendung der Unklarheitenregel), Stgt NJW **81**, 1106, ähnlich BGH **79**, 119.

2) **Enge Auslegung**

A. Einseitige Abweichungen vom Gesetz, zB Freizeichnung von gesetzlicher Haftung, sind nach der Rspr eng auszulegen (Restriktionsgrundsatz), BGH **24**, 43, BB **75**, 443, **77**, 164. Ihre Anwendung darf die Rechte des Vertragsgegners nicht weiter einschränken als ihr eindeutiger Wortlaut erheischt, BGH DB **60**, 1153, **62**, 601. Mögliche enge Auslegung kann Klausel vor Unwirksamkeit schützen, BGH **62**, 254, DB **65**, 391. Gegen ein Prinzip enger Auslegung (über Unklarheitenregel und objektive Auslegung hinaus) zur die hL (Gründe: verkappte Inhaltskontrolle, funktionswidrige Einschränkung der Verbandsklage nach § 13), Staud-Schlosser 17, Ul-Br-He 30, Sambuc NJW **81**, 313.

B. **Einzelfälle: Freizeichnungen** in AGB sind idR **eng** auszulegen, BGH **22**, 96, DB **69**, 2270, NJW **77**, 714. Freizeichnung in Abschnitt „Gewährleistung" hindert iZw nicht Haftung aus positiver Vertragsverletzung, BGH BB **70**, 898 (Heizungsbau), in Abschnitt „Haftung für Mängel der Lieferung" iZw nicht Haftung aus unerlaubter Handlung, BGH **67**, 366 (Reinigungsanlage), anders wenn das aus Gesamtregelung klar folgt, BGH NJW **79**, 2148. Ausschluß von Schadensersatz (§§ 463, 480 II BGB) bei Verarbeitung der Ware gilt nicht, wenn bestimmte Verwendbarkeit zugesichert wird, die Ware aber nicht nur im

Einzelfall mangelhaft, sondern für die geplante Verwendung generell ungeeignet und darum die nicht ausgeschlossene Ersatzlieferung sinnlos ist, BGH **50,** 206. Genereller Ausschluß von Schadensersatz in AGB betr Spezialmaschinenkauf trifft nicht klar genug auch Schaden aus unzulänglicher Information des Käufers über Funktion und nötige Wartung der Maschine, BGH BB **67,** 561. Freizeichnung für ,,unvorhergesehene" meint ,,unvorhersehbare" Ereignisse, ähnlich ,,höherer Gewalt" (vgl § 454 HGB Anm 2 B), BGH BB **70,** 466. Ausschluß der Mängelrüge nach Verarbeitung bedeutet nicht Wegfall aller Gewährleistung durch Verarbeitung, wenn vorher schon gerügt war, BGH BB **77,** 14. Freizeichnung bei Gebrauchtwagenkauf, wenn individuell Unfallfreiheit zugesichert wird, BGH NJW **78,** 261. **Rücktrittsrecht** bei ungünstiger Solvenzauskunft ist dahin auszulegen, daß Schwierigkeiten wirklich vorliegen müssen, und so im internationalen Metallhandel zulässig, Düss DB **76,** 1712. Die Verbindung einer Klausel mit einer Überschrift engeren Sinns kann ihre Bedeutung einschränken, BGH **24,** 43.

3) Ergänzende Auslegung

Ergänzende Auslegung von AGB ist möglich, uU auch zur Behebung der Unwirksamkeit von AGB, BGH **54,** 115, **60,** 362, **62,** 89, 327, **79,** 25 (Vorausabtretung von Teilforderungen); aber nicht bei Fehlen jeden Anhaltspunkts, welche von verschiedenen Alternativen die Parteien gewählt hätten, BGH **93,** 370. Sie ist möglich nur unter angemessener Berücksichtigung der beiderseitigen Interessen und nicht so, daß AGBKlauseln nur soweit ,,entschärft" werden, daß ,,gerade noch tragbar" erscheinen (insbesondere bei alternativen Korrekturmöglichkeiten), BGH **62,** 89, **94,** 342, NJW **79,** 2095; sondern diese entfallen dann ganz, statt ihrer gilt die gesetzliche Regelung, BGH **69,** 327, **72,** 208; näher § 6 Anm 2. Bsp: BGH **73,** 776 (Vergütungsanspruch trotz vorzeitiger Kündigung nach Gebührenordnung der Ingenieure: Vorteilsanrechnung), Hbg MDR **76,** 577 (bei Automatenaufstellvertrag: Recht zur Aufgabe der Gaststätte aus wichtigem Grund).

4) Objektive Auslegung

AGB sind nach ihrem typischen Sinn, also unabhängig von der Gestaltung des Einzelfalls und dem Willen und den Belangen des konkreten Vertragspartners auszulegen. Maßgeblich ist, wie sie von verständigen, redlichen Vertragspartnern unter Abwägung der Interessen der typischerweise beteiligten Kreise verstanden werden, stRspr, BGH **77,** 118, **79,** 20; krit Brandner AcP 162 (**62**) 237 (Erheblichkeit der Umstände des Einzelfalls). Mangels Angebots an bestimmten Kundenkreis ist Auslegungsmaßstab die Verständnismöglichkeit eines rechtsunkundigen Durchschnittskunden, BGH **79,** 119. Entscheidend ist nicht nur ein vertretbares Ergebnis im Einzelfall, sondern eine angemessene Lösung des in der Klausel geregelten, wiederkehrenden Interessengegensatzes, BGH **60,** 380.

5) Revisibilität

Reicht der Wirkungskreis der AGB über den Bezirk eines OLG hinaus, kann das Revisionsgericht die Auslegung der AGB voll nachprüfen, stRspr, BGH **62,** 254, **68,** 124, **71,** 149, **77,** 118. **Nicht** revisibel sind AGB, deren Auslegung wegen Gerichtsstandsklausel ,,praktisch nur durch ein (einziges) OLG" erfolgt, BGH WM **73,** 360, **77,** 112; ausländische AGB, BGH **49,** 362; Individualabrede zwischen zwei Parteien, auch wenn diese dann für andere Vertragspartner formularmäßig gebraucht wird, BGH BB **74,** 714.

(5) AGBG 6 1, 2

Rechtsfolgen bei Nichteinbeziehung und Unwirksamkeit

AGBG 6 [I] Sind Allgemeine Geschäftsbedingungen ganz oder teilweise nicht Vertragsbestandteil geworden oder unwirksam, so bleibt der Vertrag im übrigen wirksam.

[II] Soweit die Bestimmungen nicht Vertragsbestandteil geworden oder unwirksam sind, richtet sich der Inhalt des Vertrages nach den gesetzlichen Vorschriften.

[III] Der Vertrag ist unwirksam, wenn das Festhalten an ihm auch unter Berücksichtigung der nach Absatz 2 vorgesehenen Änderung eine unzumutbare Härte für eine Vertragspartei darstellen würde.

1) **Nichteinbeziehung oder Unwirksamkeit von AGB** führt entgegen § 139 BGB nicht zur Unwirksamkeit des ganzen Vertrags **(I)**, schon bisher BGH **22**, 92, **51**, 57, **62**, 327. Doch kann der ganze Vertrag aus anderen Gründen unwirksam sein, dann sind auch dessen AGB, auch sonst wirksame, unwirksam; anders uU Schiedsklausel, s Einl IV 3 B vor § 1 HGB. Grund der Unwirksamkeit der AGB (AGBG, §§ 134, 142 BGB ua) ist gleichgültig, aA für Anfechtung Locher BB **81**, 821. Individualvereinbarung s § 4; § 6 greift insoweit nicht ein.

2) Der **Inhalt des wirksam gebliebenen Vertrags** richtet sich nach den gesetzlichen Vorschriften **(II)**; dh diese treten an die Stelle der vorgesehenen AGB. Widersprechende AGB s § 2 Anm 2 C. Teilweise unangemessene AGB-Klauseln sind grundsätzlich insgesamt unwirksam, also **keine geltungserhaltende Reduktion** zB nach § 315 III 2 BGB, wie nach früherem Recht, das Risiko muß beim Verwender liegen, zB BGH **84**, 115 (zu § 11 Nr 12a), **92**, 315 (§ 11 Nr 3), NJW **82**, 2312, **84**, 48 (zu § 10 Nr 1), WM **86**, 230 (zu § 11 Nr 7), Ulmer NJW **81**, 2025, aA Kötz NJW **79**, 785. Die unwirksame Klausel **fällt** idR **ersatzlos weg.** Doch kann dadurch eine **Vertragslücke** entstehen, zu deren Füllung Rückgriff auf §§ 133, 157 BGB und ergänzende Vertragsauslegung (s § 5 Anm 3) möglich ist, nicht dagegen auf die Grundsätze zum Wegfall der Geschäftsgrundlage (Vorrang von III). Im einzelnen str, Lindacher BB **83**, 154. Für Preiserhöhungsklauseln (§ 11 Nr 1) sehr str, s BGH **90**, 69 (Preisänderungsrecht des Verkäufers im Rahmen der Billigkeit nach § 315 I, III BGB, aber uU Rücktrittsrecht des Käufers), NJW **85**, 621, Bunte NJW **84**, 1145, aA Trinkner, Löwe BB **84**, 490. Für unangemessen langen Automatenaufstellvertrag BGH BB **83**, 663, für einzelne Klauseln darin BGH NJW **85**, 53; für einzelne Klauseln im Möbelhandel BGH NJW **85**, 320. Zu weit gehende Freizeichnungsklausel ist insgesamt unwirksam; ergänzende Vertragsauslegung auf weniger weitgehende Freizeichnung ist nur ausnahmsweise, wenn die gesetzliche Regelung für den Sonderfall typisch unangemessen wäre, möglich, BGH WM **86**, 230. **Teilung von Klauseln** in wirksame und unwirksame bleibt jedoch möglich, wenn sie textlich klar aufgegliedert sind (wichtig für Vertragsgestaltung!), aber auch wenn sie trotz sprachlichen Zusammenhangs inhaltlich selbständig sind; das Risiko der Fehlformulierung trägt der Verwender, BGH NJW **82**, 2312, Bunte NJW **82**, 2298. **Salvatorische Klauseln,** wonach bei Unwirksamkeit der Klausel entgegen II eine andere, vom dispositiven Recht abweichende Regelung gelten soll, sind nach § 6 unwirksam, uU auch nach § 2 I Nr 2 (s dort Anm 1); II ist nur durch Individualabrede (s § 1 II) abdingbar, str, aA iE BGH DB **80**, 683 (zur Globalzession); Baumann NJW **78**, 1953 (einseitiges Leistungsbestimmungsrecht nach § 315 BGB). Salvatorische Klauseln sind aber wirksam bei rechtlichen Unklarheiten der Anforderungen des AGBG und Unzumutbarkeit genauerer Fassung, Stgt NJW **81**, 1106. **Ersatzklauseln** für den Fall der Unwirksamkeit der in erster Linie vorgesehenen Klauseln sind, falls inhaltlich zu-

lässig, wirksam, aber bergen Gefahr der Unklarheit (§ 5) in sich; bloße Vereinbarung der §§ 315, 316 BGB ist zu unbestimmt, Löwe BB **82,** 158. Zum Ganzen Monopraphie Schmidt 1986; Götz NJW **78,** 2223, Schlosser WM **78,** 568.

3) Unwirksamkeit des ganzen Vertrags (III) ist die praktisch seltene Ausnahme. Das Festhalten am Vertrag muß trotz der Ergänzung nach II eine unzumutbare Härte für eine Vertragspartei darstellen. Das kann für den Kunden der Fall sein, wenn ein als Typ gesetzlich nicht geregelter Vertrag durch Wegfall der AGB einen „völlig neuen Inhalt" bekäme, BGH **51,** 58, NJW **71,** 1035, **77,** 1059, NJW **83,** 159 (Automatenaufstellvertrag), LG Tüb MDR **81,** 227; uU ausnahmsweise auch, wenn die Ungewißheit über den Vertragsinhalt nach Wegfall der ganz überwiegend unangemessenen AGB für den Kunden unzumutbar ist, offen BGH NJW **77,** 1059. Auch eine unzumutbare Härte für den Verwender genügt für III; für AVB BGH NJW **82,** 825; doch ist eine solche kaum vorstellbar, der Verwender muß sich die Ergänzung nach II idR uneingeschränkt gefallen lassen. Bei Unwirksamkeit des Vertrags kann der Kunde einen Schadensersatzanspruch aus Verschulden bei Vertragsschluß (§§ 276, 278 BGB) gegen den Verwender haben. Daß III unter **Kaufleuten** eher eingreife, so Ul-Br-He 52, läßt sich nicht generell sagen.

Umgehungsverbot

AGBG 7 Dieses Gesetz findet auch Anwendung, wenn seine Vorschriften durch anderweitige Gestaltungen umgangen werden.

1) Umgehungsgeschäfte bzw -gestaltungen sind solche, die darauf abzielen, den wirtschaftlichen Zweck von AGB in einer nicht unmittelbar unter das AGBG fallenden rechtlichen Form zu erreichen (vgl § 6 AbzG). Der Umgehungstatbestand ist objektiv nach dem Zweck des AGBG zu bestimmen, Umgehungsabsicht ist unnötig. Das Umgehungsverbot gilt uneingeschränkt auch unter Kflten. § 7 hat jedoch kaum praktische Bedeutung; bei Umgehung der §§ 10, 11 greift § 9 ein, auch sonst helfen idR schon Auslegung und Analogie. Bsp für Umgehung: Einkleidung von AGB in GesForm (Freistellung nach § 23 I)

2. Unterabschnitt. Unwirksame Klauseln

Vorbemerkung

1) Kontrolle nach §§ 8–11 AGBG: Überblick

Kernstück des AGBG ist die Inhaltskontrolle von AGB (**nicht von Rechtsnormen,** s § 1 Anm 1 B) nach §§ 8ff. Der Gesetzgeber setzt drei Stufen: Bestimmte Klauseln sind schlechthin unwirksam (§ 11 Klauselverbote ohne Wertungsmöglichkeit), andere sind nach näherer Wertung unwirksam (§ 10 Klauselverbote mit Wertungsmöglichkeit), schließlich sind alle AGB auf ihre Angemessenheit zu überprüfen (§ 9 Generalklausel). Diese Stufenfolge legt zugleich die Reihenfolge der richterlichen Prüfung fest: zuerst § 11, dann § 10, zuletzt § 9. Scheiden §§ 10, 11 aus wie zB bei Kflten (s § 24 S 1 Nr 1), bleibt immer noch die allgemeine Inhaltskontrolle nach § 9. **Rechtsfolge** eines Verstoßes gegen §§ 9, 10 oder 11 ist **Unwirksamkeit** (§ 6); Verbot geltungserhaltender Reduktion s § 6 Anm 2. Die Verwendung unzulässiger AGB begründet Schadensersatzpflicht aus **culpa in contrahendo,** BGH WM **84,** 988.

2) Kontrolle nach §§ 242, 315 BGB

Soweit das AGBG nicht anwendbar ist (s Einl 2 B vor § 1), ist wie bisher eine Inhaltskontrolle nach §§ 242, 315 BGB möglich, zB im Arbeitsrecht s § 23 Anm 1 A, bei (Publikums)Ges s § 23 Anm 1 C, Anh § 177a HGB Anm VIII 3 B.

3) Kontrolle durch Behörden

A. Eine Inhaltskontrolle durch Behörden findet nur ausnahmsweise statt, zB nach §§ 5, 8 VAG, §§ 3, 5 BauspG, § 15 KAGG, § 15 HypBkG, § 15 SchiffsBkG ua. Prüfungsmaßstab ist für die Behörde (auch) das AGBG. Die Erteilung der Genehmigung stellt diese AGB nicht von der richterlichen Inhaltskontrolle nach AGBG bzw §§ 242, 315 BGB frei. Vgl § 23 II.

B. AGB mit Konditionenkartellen bzw -empfehlungen (§§ 2, 38 II Nr 3 GWB) sind anmeldepflichtig. Vollständige Bekanntmachung im BAnz (§ 10 GWB), Bsp: s **(19)** ADSp Einl 1 vor § 1. Die Kartellbehörde kann bei Mißbrauch (zB Verstoß gegen AGBG) einschreiten (§§ 12, 38 III GWB). Dazu Bunte BB **80**, 329, Hennig DB **84**, 1509. Gegen mißbräuchliche AGB marktbeherrschender Unternehmen kann das BKartA nach § 22 IV 2 Nr 2, 3 GWB vorgehen. Ähnliche Grundsätze gelten nach Art 85, 86 EWGV; vgl Einl III 2 vor § 1 HGB. Mißbrauchsaufsicht und Verbandskonditionenempfehlungen sind wegen der geringen Rolle der Verbandsklage vor allem im kfm Verkehr (§ 13 Anm 1) wichtig.

C. Das **Grundbuchamt** hat schon nach allgemeinen Verfahrensgrundsätzen die Unwirksamkeit von AGB zu beachten; eine darüberhinaus gehende besondere Prüfungspflicht nach AGBG besteht nicht, BayObLG NJW **80**, 2818, DB **81**, 1615, 1616, str; dazu Schmidt BB **79**, 1639.

2. Unterabschnitt. Unwirksame Klauseln

Schranken der Inhaltskontrolle

AGBG 8 Die §§ 9 bis 11 gelten nur für Bestimmungen in Allgemeinen Geschäftsbedingungen, durch die von Rechtsvorschriften abweichende oder diese ergänzende Regelungen vereinbart werden.

1) §§ 9–11 gelten nur bei **Abweichung oder Ergänzung von Rechtsvorschriften.** Darunter fallen zB auch im Gesetz für möglich erklärte Vereinbarungen, zB Rücktrittsvorbehalt (§ 346 BGB), Abtretungsausschluß (§ 399 BGB), Gewährleistungsausschluß (§ 476 BGB), Ausschluß des Eigentumsvorbehalts, BGH **78**, 307; auch unbestimmte Gesetzesbegriffe präzisierende Vereinbarungen, zB betr Frist („unverzüglich"), Untersuchungsweise („soweit tunlich") iSv § 377 I HGB. Übersicht: Niebling BB **84**, 1713.

2) A. **Nicht** unter §§ 9–11 fallen danach die **Leistungsbeschreibung** („Hauptkonditionen"), zB Baubeschreibung; einschränkend Brandner FS Hauß **78**, 5, aber uU Kontrolle der Bestimmungen betr Leistungsort (vgl § 269 BGB), Leistungszeit (vgl § 271 BGB, §§ 358, 359 HGB, vgl § 11 Nr 1), Einzelheiten der Leistung (die sonst nach §§ 157, 242 BGB zu bestimmen sind), alle Nebenabreden.

B. Ebensowenig die eigentliche **Preisbestimmung** einschließlich Zinsen, Gebühren, Nebenkosten, Skonti ua; **aber** Kontrolle der **Preisnebenabreden,** also Abreden, die sich zwar auf Preis und Leistung auswirken, aber nicht ausschließlich die in Geld geschuldete Leistung festlegen. Bsp: Klauseln über Fälligkeit, Verzugszinsen ua bei Leistungsstörung (§§ 10 Nr 7, 11 Nr 5, 6, 10), Wertsicherung, Zahlungsbedingungen, Preisänderung (vgl § 11 Nr 1), Preisberechnung (Bsp „ab Werk"), Preis(änderungs)vorbehalt und ähnliche, die Voraussetzungenzungen des Vergütungsanspruchs regelnde Abreden, BGH **91,** 316, **93,** 255, 361, **95,** 370, NJW **84,** 172; ebenso Preiszuschläge, falls nicht Entgelt für besondere Leistungen, str; ebenso wenn Entgeltklausel von preisrechtlichen Vorschriften (zB Honorarordnung für Architekten) abweicht, BGH **81,** 229. Schiedsgutachter- und Schätzpreisklauseln s § 9 Anm 3.

C. Erfaßt sind auch nicht AGB, die lediglich **Rechtsnormen wiederholen** bzw mit diesen inhaltlich, nicht unbedingt sprachlich übereinstimmen; **anders** bei (auch verdeckten) Abweichungen, bei Verweisung auf Rechnungen aus anderem Vertragstyp, bei Anwendbarkeitserklärung entgegen einer sonst aus Vertragsauslegung folgenden Abbedingung, BGH **91,** 55 (§ 367 BGB bei Ratenkredit).

Generalklausel

AGBG 9 ^{I} **Bestimmungen in Allgemeinen Geschäftsbedingungen** sind unwirksam, wenn sie den Vertragspartner des Verwenders entgegen den Geboten von Treu und Glauben unangemessen benachteiligen.

^{II} Eine unangemessene Benachteiligung ist im Zweifel anzunehmen, wenn eine Bestimmung
1. **mit wesentlichen Grundgedanken der gesetzlichen Regelung, von der abgewichen wird, nicht zu vereinbaren ist,** oder
2. **wesentliche Rechte oder Pflichten, die sich aus der Natur des Vertrages ergeben, so einschränkt, daß die Erreichung des Vertragszwecks gefährdet ist.**

1) Die **Generalklausel** nach § 9 und die **Klauselverbote** nach §§ 10, 11 gehören in der Praxis **zusammen;** Urteile zu Klauseln nach §§ 10, 11, die letztlich doch mit § 9 begründet sind, werden idR zu §§ 10, 11 nachgewiesen. – **I** statuiert das **Verbot unangemessener Benachteiligung.** Notwendig sind idR Nachteile von einigem Gewicht, umgekehrt sind auch gewichtige Nachteile nicht unbedingt unangemessen. Die Feststellung erfolgt unter Berücksichtigung aller Umstände objektiv-generalisierend, s § 5 Anm 4. **Günstigere Preise** rechtfertigen unangemessene AGB nicht, ebensowenig idR das Bestehen einer Versicherungsmöglichkeit, BGH **22,** 98, **33,** 219, **38,** 186, NJW **73,** 1193; anders uU bei Angebot mit oder ohne bestimmte Freizeichnungsklauseln zu unterschiedlichen Preisen bzw Angebot einer Versicherung gegen Aufpreis. § 9 gilt **auch für Kaufleute,** aber unter angemessener Berücksichtigung von HdlBrauch, s § 24 Anm 3.

2) Nach **II** ist iZw unangemessene Benachteiligung anzunehmen **a)** bei Abweichung von wesentlichen Grundgedanken der gesetzlichen Regelung (**Leitbildfunktion des dispositiven Rechts, Nr 1;** bei Verletzung zwingenden Rechts greift schon § 134 BGB ein), BGH **41,** 154, **54,** 110, **60,** 380; Weick NJW **78,** 11, Schapp DB **78,** 621; oder **b)** bei Einschränkung von wesentlichen Rechten oder (Haupt-, aber auch Neben-)Pflichten derart, daß die Erreichung des Vertragszwecks gefährdet ist **(Kardinalpflichten, Nr 2),** BGH **50,** 257, **72,** 208, NJW **85,** 916 (Tankscheck), ZIP **85,** 623 (Planungsfehler eines besonderes Vertrauen genießenden Fachmanns); s § 11 Anm 7.

3) Einzelne Branchen, Vertragstypen, Klauseln (Schwerpunkt im HdlVerkehr, s zuerst §§ 10, 11): **Abtretung:** Gehaltsvorausabtretung bei (Möbel-)Kreditkauf ist unwirksam, Hamm BB **83,** 1307. **Abtretungsverbot** in AGB des Käufers ist idR wirksam (Interesse an reibungsloser Abrechnung), BGH **77,** 275, str, s **(7)** Bankgeschäfte IV 6 B a; ebenso Verbot der Abtretung des Kfz-Lieferungsanspruchs bzw Weiterverkaufs an Wiederverkäufer, BGH

(5) AGBG 9 3   2. Handelsrechtl. Nebengesetze

NJW **81,** 117, **82,** 178; anders Ausschluß des Forderungsübergangs auf Versicherer (§ 67 VVG), BGH **65,** 364, oder der Abtretung an Versicherer, BGH **82,** 171, uU auch bei Factoring s **(7)** Bankgeschäfte XI 3 A. – **Abwehrklausel:** s Eigentumsvorbehalt; § 2 Anm 2 C. – **Abzahlungsgeschäft:** BGH NJW **85,** 321 (Möbelhandel); s auch Teilzahlungskredit. – **AGNB:** s **(22)** GüKG § 84 Anm 2. – **Arbeitskampfklausel:** Schmid NJW **79,** 15. – **Architekt:** kein Ausschluß der Delikthaftung, BGH NJW **75,** 1316; Beschränkung auf Ersatz des unmittelbaren Schadens am Bauwerk beschränkt nicht Haftung aus Nebenpflichten, aus Planungsfehlern (ohne Bauwerkschaden), aus Koordinierungsversagen, BGH NJW **77,** 714. – **Aufrechnungsverbot** gilt nicht in Konkurs und Vergleich (s **(8)** AGB-Banken Nr 2 Anm 1). Aufrechnungserklärung muß aber nach Konkurseintritt wiederholt werden, BGH NJW **84,** 357. – **Auktion:** s Kunstauktion.– **Auskunft** und Beratung, s § 346 HGB Anm 3, 4. – **Automatenaufsteller:** zehnjährige Laufzeit ist wirksam, jedenfalls bei beachtlicher Beteiligung des Wirts an den Einnahmen, BGH NJW **85,** 55. Ausschließlichkeitsbindung des Gastwirts bei Eröffnung weiterer Lokale ist unwirksam, BGH NJW **82,** 2693. Nachfolger- und andere Klauseln s BGH NJW **83,** 160, **85,** 53, WM **84,** 1228. . – **Banken:** s **(8)** AGB-Banken; Widerruflichkeit des Überweisungsauftrags s **(7)** Bankgeschäfte III 2 D. Darlehenszinsen s **(7)** Bankgeschäfte IV 2 A b, B; Stundungszinsklausel (weitere Kapitalnutzung) fällt nicht unter § 11 Nr 5, 21% Jahreszinsen für Teilbetragsstundung verstößt nicht gegen § 9, BGH **95,** 369. Klausel über sofortige Fälligkeit eines nicht finanzierten Ratenkredits (nicht § 11 Nr 6) ist nur wirksam bei Verzug mit zwei vollen aufeinanderfolgenden Raten, BGH **95,** 371. Einwendungsdurchgriff s **(7)** Bankgeschäfte V 2 D. Zu den AGB der Teilzahlungsbanken krit Ul-Br-He Anh § 9 Rz 750. Konditionenanpassung beim Hypothekenkredit s § 10 Anm 5, Köndgen-König ZIP **84,** 129. Grundschulddarlehen s von Westphalen ZIP **84,** 1. Kreditsicherung der Banken s Stürner JZ **77,** 431. – **Bauverträge:** Kein Ausschluß der Vergütung nach § 649 S 2 BGB, BGH **92,** 244. Gewährleistungsbeginn erst mit mängelfreier Abnahme des Gesamtbauwerks ist unzulässig, Karlsr/Fbg BB **83,** 725; ebenso versteckte Erhöhung des Pauschalpreises durch „Aufschließungskosten", BGH NJW **84,** 171; VOB (B) enthält einem im ganzen ausgewogenen Interessenausgleich, also keine Inhaltskontrolle einzelner Bestimmungen, BGH **86,** 141, krit Bunte BB **83,** 735, Flach NJW **84,** 156; anders wenn VOB (B) nur wesentlich eingeschränkt gelten soll, BGH NJW **86,** 315. Kein Ausschluß des Rechts auf Sicherungshypothek (§ 648 BGB) ohne andere angemessene Sicherheit, BGH **91,** 139. Baubetreuer s Ffm NJW **75,** 1662. S auch Vertragsstrafe; § 23 Anm 2 E; Heiermann DB **77,** 1733, Locher NJW **77,** 1801, Brambring NJW **78,** 777, Denzinger BB **81,** 1123, Peters NJW **83,** 798. – **Bewachungsgewerbe:** vgl VO über das Bewachungsgewerbe idF 1. 6. 76 BGBl 1341. – Im **Binnenschiff**charter- und -frachtverkehr ist die Haftung aus BinnSchG oder unerlaubter Handlung für Fahr- und Ladetüchtigkeit des Schiffes (Hauptpflicht) nicht ausschließbar, auch nicht für den Fall nur leichten Verschuldens, BGH **49,** 363, **65,** 367, auch nicht der Höhe nach beschränkbar, BGH **71,** 173; Beweislast des Frachtführers für erst nachträglichen Eintritt der Fahr- oder Ladeuntüchtigkeit, BGH **71,** 172. Fahrlässigkeit auf der Reise s BGH DB **73,** 2238. Ausschluß des Übergangs des Schadensersatzanspruchs gegen Frachtführer auf Transportversicherer (§ 67 I 1 VVG) ist unwirksam, BGH **65,** 364; ebenso Abtretungsverbot, BGH **82,** 171, und Anordnung des Erlöschens der Ansprüche, jedenfalls in sehr kurzer Frist (drei Monate) mangels gerichtlicher Geltendmachung, BGH **71,** 169, Verjährungsfrist von sechs Monaten ist dagegen zulässig, BGH DB **81,** 687. – **Brauereidarlehen:** Bierbezugspflicht des Gastwirts aufgrund Darlehensvorvertrag trotz Nichtinanspruchnahme des Darlehens ist unwirksam, BGH NJW

78, 1519. – **Bürgschaft:** s § 349 HGB Anm 2.– **CMR:** s **(24)** CMR Art 17 Anm 1. – **Darlehen:** s Banken.– **Detektiv:** BGH BB **78,** 637, DB **78,** 2259. – **Ehegattenmithaftungsklauseln,** zB bei Bankkrediten und Mitbestellerklauseln, zB Eltern für ihre Kinder, sind idR wirksam, aber ohne Hinweis überraschend, s § 3 Anm 2. – **Eigentumsvorbehalt:** Der einfache und jedenfalls unter Kflten auch der verlängerte und der erweiterte Eigentumsvorbehalt sind wirksam. Sachenrechtlich setzt sich der einfache, auch nachträgliche Eigentumsvorbehalt gegen Abwehrklausel des Käufers durch, BGH NJW **82,** 1749, 1751; Ulmer-Schmidt JuS **84,** 18, nicht dagegen ein verlängerter und erweiterter (s § 2 Anm 3), BGH NJW **85,** 1840; Lousanoff NJW **85,** 2921. Der erweiterte Eigentumsvorbehalt bis zur Bezahlung des Kaufpreises und aller Forderungen aus der gesamten Geschäftsverbindung **(Kontokorrentvorbehalt)** ist gegenüber Letztverbrauchern unwirksam, Ffm NJW **81,** 130, aA Braun BB **81,** 633; anders unter Kflten, BGH **94,** 112, NJW **78,** 632 (vor AGB), aber auch für diese sind Einschränkungen zu machen. Übersicherung (auch über 10%, str) wird auch durch schuldrechtliche Freigabeklausel („nur auf Verlangen des Kunden") ausgeräumt, BGH **94,** 115. Der auf die Forderungen auch der zum gleichen Konzern gehörenden Unternehmen erweiterte Kontokorrentvorbehalt **(Konzernvorbehalt)** ist uU nach § 3 unwirksam, und auch sonst bei Erstreckung auf nicht namentlich genannte KonzernGes, auch unter Kfltn. Der Ausschluß des Eigentumsvorbehalts in Einkaufsbedingungen eines Supermarkts ist wirksam, BGH **78,** 305, offen für andere Wirtschaftszweige, jedenfalls keine Aufrechnung im Konkurs des Vertragspartners des Verwenders (entspr § 55 Nr 2, 3 KO), BGH DB **81,** 1976. Konzernverrechnungsklausel s § 11 Anm 3. Monographie. Lambsdorff-Hübner 1982; Ul-Br-He Anh §§ 9–11 Rz 651, von Westphalen DB **85,** 425, 475. – **Eigenhändler:** s Vertragshändler. – **Eigentumswohnungen:** Klausel, daß Vertrag über die Veräußerung mit Fertigstellungsverpflichtung des Veräußerers Kauf statt Werkvertrag sein soll (Abkürzung der fünfjährigen Verjährung), ist unwirksam, BGH **74,** 258. – **Einkaufsbedingungen:** Meier DB **83,** 1133, von Westphalen ZIP **84,** 529; für Kfz-Branche von Westphalen DB **82,** 1655; s Ul-Br-He Anh §§ 9–11 Rz 295. – **Einwendungsdurchgriff:** s **(7)** Bankgeschäfte V 2 D. – **Elektro-** und galvanotechnische Industrie: BGH DB **71,** 3106 (untaugliches Chrombad), BGH BB **72,** 146 (Flutlichtmastenstatik). – **Energiewirtschaft:** s § 23 Anm 2 B. – **Ersetzungsbefugnis** einer Markenware durch eine andere ist (gegenüber Ausländer) unwirksam, BGH MDR **70,** 583. – **Finanzierter Abzahlungskauf:** s Teilzahlungskredit. – **Frachtvertrag:** Freizeichnungen des Verfrachters von Pflicht, nur an den Inhaber des Konnossements auszuliefern, ist unwirksam, BGH VersR **74,** 590, s auch Binnenschiffahrt. – **Garage:** Keine Freizeichnung für Diebstahl durch Personal bei Schlüsselübernahme, BGH BB **74,** 435. – **Gebrauchtwagenhandel:** Freizeichnungsklausel „gebraucht, wie besichtigt und unter Ausschluß jeglicher Gewährleistung" ist im Gebrauchtwagenhandel zulässig, BGH **74,** 383 m krit Anm Löwe BB **79,** 1062, 1318, auch unter Privaten, wenn Verkäufer nicht Erstbesitzer ist, BGH WM **84,** 535. Grenze bei (auch stillschweigender) Zusicherung (§ 11 Nr 11) und arglistigem Verschweigen (§ 476 BGB, Unfallschäden), BGH **74,** 391. Zu den Gebrauchtwagen-Verkaufsbedingungen Eggert BB **80,** 1826. – **Gerichtsstandsklauseln** sind unter NichtVollKflten grundsätzlich schon nach §§ 29 II, 38 I ZPO (Text s Einl IV 2 C vor § 1 HGB) unwirksam; bei Anschein einer wirksamen Gerichtsstandsklausel („soweit dem nicht zwingendes Recht entgegensteht") greift § 9, Hamm BB **83,** 1307. Unter VollKflten sind Gerichtsstandsklauseln nach ZPO zulässig, idR auch nach § 9, Kln VersR **76,** 537, anders, wenn berechtigtes Interesse des Kfm fehlt, Ul-Br-He Anh § 11 Rz 401, Schiller NJW **79,** 637 (für Privatgeschäfte des Kfm). Die Gerichtsstandsklausel kann aber überraschend iSv § 3 sein, zB bei Gerichtsstand ohne unmittelbaren Bezug zu dem HdlGeschäft. Gerichtsstandswahl nach Art 17 EuGVÜbk (s Einl IV 2 D vor § 1 HGB) und im internationalen Straßengüterverkehr (s (24) CMR Art 31 I) sind der Kontrolle durch § 9 entzogen, Grüter DB **78**, 384, str. Im übrigen sind Klauseln über ausländischen Gerichtsstand mangels anerkennenswerten Interesses unzulässig, Landfermann RIW **77**, 448, so zB idR, wenn in dem Land keine Vertragspartei ihren Sitz hat, Karlsr NJW **82**, 1950. – **Gesellschaftsverträge** bei PublikumsKG s § 23 Anm 1 C, Anh § 177a HGB Anm VIII 3 B. – **Grundschuld:** Formularmäßige Übernahme der persönlichen Haftung durch Dritte in Grundschuldurkunde ist unwirksam, Oldbg NJW **85**, 152. – **Grundstücke:** BGH NJW **67**, 32, Glaser JR **67**, 201; notarielle Verträge s § 2 Anm 3, § 3 Anm 1. – **Handelsüblich:** zulässige Beschaffenheitsangabe und Anspruchsbegrenzung, BGH NJW **85**, 324; s auch § 10 Anm 4. – **Handelsvertreterverträge:** s § 86 HGB Anm 1 D. – **Händler:** pauschale „Weitergabe" der LieferAGB durch Händler an seine Abnehmer ist idR unwirksam, vgl Hbg BB **64**, 99. – **Hypothekenbanken:** s Banken. – **Hypothekenkündigungs**klausel bei Grundstücksveräußerung verstößt nicht gegen den (zwingenden) § 1136 BGB und deshalb auch nicht gegen § 9 II Nr 1 (nur dispositives Recht), BGH **76**, 371, krit Löwe BB **80**, 1241. – **Irrtum:** Ausschluß des Einwands des Preis- oder Kalkulationsirrtums nur auf Seiten des Auftragnehmers ist unzulässig, BGH NJW **83**, 1671. – **Kauf:** völlige Abbedingungen der hdlrechtlichen Untersuchungs- und Rügepflicht in Einkaufsbedingungen ist unwirksam, Ul-Br-He Anh § 11 Rz 298. – **Kfz:** Einkaufsbedingungen der KfzHersteller s von Westphalen DB **83**, 1655; zu den Neuwagen-Verkaufsbedingungen s Reuter DB **79**, 2069. Haftungsausschluß für leicht fahrlässig verursachte Lackschäden in Autowaschanlagen ist wirksam, Düss WM **80**, 1128, str; s auch Bewachung, Miete. – **Konzernvorbehalt, Kontokorrentvorbehalt:** s Eigentumsvorbehalt. – **Kostenvoranschlag:** Bearbeitungsgebühr nur bei ausdrücklichem Hinweis vor Reparaturannahme, BGH NJW **82**, 766. – **Kredite:** s Banken. – **Kunstauktion:** umfassender Gewährleistungsausschluß betr Echtheit ist wirksam, BGH **63**, 369, aber Ausschluß der Berufung darauf bei Verletzung der Pflicht, in zumutbarem Umfang das Kunstwerk auf seine Echtheit zu überprüfen, BGH NJW **80**, 1619, str; dazu Schneider DB **81**, 201. – **Lagergeschäft:** s Koller VersR **80**, 1. Beweislastumkehr abw von §§ 417 I, 390 I HGB ist unwirksam, BGH **41**, 155 (Möbel), DB **69**, 963 u NJW **73**, 1193 (Hafen); ebenso Freizeichnung für Eignung der Lagerräume, BGH VersR **79**, 902. – **Leasing:** s § 11 Nr 10, **(7)** Bankgeschäfte XII 2 A; Ebenroth DB **78**, 2109, Quittnat BB **79**, 1530; s auch Miete. – **Luftverkehr:** s BGH **86**, 284. – **Makler:** s § 93 HGB Anm 9. – **Miete:** s Sonnenschein NJW **80**, 1489, 1713; Wohnraum s von Westphalen DB Beil 8/**84**. Abbedingung des § 366 BGB s BGH **91**, 375. Bei Kfz-Miete kann Haftungsfreistellung gegen Zusatzentgelt wirksam auf leichte Fahrlässigkeit beschränkt, die Beweislast für Nichtvorliegen von Vorsatz und grober Fahrlässigkeit aber nicht dem Mieter auferlegt werden, BGH **65**, 118, BB **74**, 340, WM **75**, 1159; der gewerbliche Kfz-Vermieter kann bei Zusatzentgelt die versprochene Haftungsfreistellung nicht derart einschränken, daß sie hinter einem am Leitbild der Kaskoversicherung orientierten Schutz zurückbleibt, kann sich aber Mietausfallersatz vorbehalten, BGH **70**, 304. Erfordernis polizeilicher Feststellung des Tatbestandes für vereinbarte Haftungsfreistellung ist wirksam, BGH NJW **82**, 167. Fahrberechtigung anderer Personen nur bei ausdrücklicher Vereinbarung ist wirksam, Karls VersR **80**, 432. – **Möbelhandel:** BGH NJW **83**, 1320, **85**, 320. Möbeltransport-Lagerbedingungen s Koller VersR **80**, 1. – **Öllieferer:** Abbedingung der Prüfung der Tankgröße und der Haftung betr Einfüllen in zu kleine Tanks ist unwirksam, BGH NJW **71**, 1036; ebenso Freizeichnung für Schäden aus falschem Einfüllen, BGH BB 72, 13. – **Pacht:** Gaststättenpächterbindung über Pachtvertrag hinaus s BGH WM 73, 388, 77, 113. – **Pfandrecht:** Werkunternehmerpfandrecht ist wirksam, BGH BB 77, 1417; s (8) AGB-Banken Nr 19, (19) ADSp § 50. – **Presse:** Dispositionsrecht des Großhändlers (volles Sortiment des Einzelhändlers nach Weisung des Großhändlers) ist wirksam, wenn dem Einzelhändler das Remissionsrecht zusteht, BGH 82, 238. – **Probezeit:** Bei Kündigung kein Ausschluß der Rückgewähr von Vertragsleistungen ohne entspr Gegenleistungen, BGH NJW 82, 181 (HdlVertreter). – **Produkthaftung:** kein Haftungsausschluß für Konstruktionsfehler, BGH NJW 71, 1797; Freizeichnung s Monographie Schmidt=Salzer, Bd II, 2. Aufl 1985; von Westphalen NJW 79, 838. – **Publikumsgesellschaft:** s Anh 177a Anm VIII 3 C. – **Prozeß:** Klagebeschränkung auf nur einen Gfter als Beklagten (Musterprozeßklausel) nach Wahl des Verwenders und ohne hinreichende Bindung der anderen Gfter an Prozeßergebnis ist unwirksam, BGH 92, 13. Klausel über Ersatz außergewöhnlicher Rechtsverfolgungskosten ohne Rechtsgrundlage ist unwirksam, BGH NJW 85, 324. – **Rechtsanwälte:** Bunte NJW 81, 2657. – **Reinigung:** Höchstersatz 15facher Reinigungspreis ist unzulässig, Kln BB 82, 638, anders bei Versicherungsangebot, BGH 77, 133; zu den CR-Bedingungen Schmidt VersR 78, 593. – **Reiseveranstalter:** Seit 1979 zwingend §§ 651a–k BGB, s dort; Vermittlerklausel s § 651a II BGB und zum früheren Recht BGH 77, 321. – **Reparaturen:** ,,Fahrzeiten gelten als Arbeitszeiten" ist unwirksam, BGH 91, 316; s Kostenvoranschlag, Vollmacht. – **Schätzpreisklauseln:** s Schiedsgutachter. – **Schiedsgutachter:** Klauseln über Leistungsbestimmung und Schiedsgutachten durch Dritte sind jedenfalls bei besonderer Nähe des Dritten und des Verwenders (Zusammenarbeit, erst recht Abhängigkeitsverhältnis) unwirksam, BGH 81, 236, NJW 83, 1855 (Schätzpreisklausel). – **Schiedsvertrag:** Schiedsklausel in AGB ist jedenfalls unter Kflten unbedenklich; Formerfordernisse s Einl IV 3 A a vor § 1 HGB. – **Schriftformklausel:** nicht schlechthin unwirksam, BGH NJW 85, 322, str, aber mangels Ausnahme für spätere Vereinbarungen, BGH NJW 85, 322; unwirksam bei Einmannbetrieb (Aushöhlung von § 4), BGH NJW 83, 1853; unwirksam mangels klarer Beschränkung auf Erklärungen nicht vertretungsberechtigter Mitarbeiter, Ffm WM 81, 599, s § 4 Anm 1, § 11 Nr 16; unwirksam als qualifizierte Schriftformklausel (Unterschrift zweier Vertreter mit Alleinvertretungsmacht), BGH 93, 61, dagegen wirksam als Vollständigkeitsklausel mit Möglichkeit des Gegenbeweises, BGH 93, 61; s auch Vollmacht. – **Sicherungsabtretung, -übereignung:** unbedingte Sicherungsübereignung (bloßer Rückübertragungsanspruch ohne auflösende Bedingung, für Bankkredit) ist wirksam, BGH NJW 84, 1184. Globalzession s (7) Bankgeschäfte IV 6 B. S auch Eigentumsvorbehalt. – **Spediteur:** s (19) ADSp Einl 2 D vor § 1. – **Steuerberater:** Klausel über volle Vergütung in allen Fällen vorzeitiger unberechtigter Beendigung eines Steuerberatervertrags ist unwirksam, BGH 54, 106. Allgemein Rohweder DStR 78, 63. – **Subunternehmerverträge:** s Locher NJW 79, 2235. – **Tankstellenvertrag** über 25 Jahre s BGH 83, 313. – **Teilzahlungskredit:** s (7) Bankgeschäfte V, zu überhöhten Zinsen ebenda IV 2 B. – **Treuhänder:** Vollhardt BB 82, 2142. – **VDMA-Bedingungen:** s Ul-Br-He Anh §§ 9–11 Rz 770. – **Verfallklauseln:** s Banken, § 11 Anm 6. – **Verjährung:** s § 11 Nr 10f. – **Versicherung:** s § 23 II Nr 6, III; Inhaltskontrolle der AVB, BGH 83, 169, 88, 78, Sieg VersR 77, 489, Bauer BB 78, 476, Helm NJW 78, 129; s auch (24) CMR 17 Anm 1. – **Vertragshändlervertrag:** s Überbl 5 vor § 373 HGB; einzelne Klauseln s BGH 89, 206, 93, 29; von Westphalen NJW 82, 2465, Bunte ZIP 82, 1166; Ul-Br-He Anh §§ 9–11 Rz 880; s auch § 10 Anm 4, § 11 Anm 1. – **Vertragsstrafe:** s § 11 Nr 6, § 348 HGB. – **Verzug:** s § 11 Nr 8; Annahme- bzw

(5) AGBG 10

Gläubigerverzug s BGH NJW **85**, 323. – **VOB(B):** s Bauverträge. – **VOL:** Johannson BB **81**, 208. – **Vollmacht:** Beschränkung der Vollmacht nach § 54 I HGB, zB Bestätigungsvorbehalt für Reparaturzeit, ist unwirksam, BGH NJW **82**, 1390; ebenso Beschränkung der Duldungs- und Anscheinsvollmacht (s Überbl 2 vor § 48 HGB); Vollmachtklausel für künftige Kreditaufnahme des Ehepartners in KreditAGB ist unwirksam Ffm **82**, 583, ebenso unbeschränkte Vollmachtklausel für Baubetreuer, str, Nürnb NJW **82**, 2326 gegen Mü NJW **84**, 63; s auch Schriftformklausel. – **Vorfälligkeitsklauseln:** s Banken; § 11 Anm 6. – **Vorleistung:** s § 11 Nr 2. – **Wasserversorgung:** Freizeichnung eines Wasserversorgungsverbands für von vornherein unsachgemäße Leitungsverlegung ist unwirksam (II Nr 2), BGH **71**, 226; s § 27. – **Werbung:** Wronka BB **76**, 1580, von Westphalen BB **77**, 423. – **Widerruf:** Klausel „Bestellung ist unwiderruflich" ist unwirksam (II Nr 1, § 130 I BGB), Ffm DB **81**, 884. – **Wirtschaftsprüfer:** Brandner ZIP **84**, 1186, JZ **85**, 757, Hopt FS Pleyer **86**, 367; s auch Steuerberater. – **Zinsen:** s Banken.

Klauselverbote mit Wertungsmöglichkeit

AGBG 10 In Allgemeinen Geschäftsbedingungen ist insbesondere unwirksam

1. (Annahme- und Leistungsfrist)
   eine Bestimmung, durch die sich der Verwender unangemessen lange oder nicht hinreichend bestimmte Fristen für die Annahme oder Ablehnung eines Angebots oder die Erbringung einer Leistung vorbehält;
2. (Nachfrist)
   eine Bestimmung, durch die sich der Verwender für die von ihm zu bewirkende Leistung entgegen § 326 Abs. 1 des Bürgerlichen Gesetzbuchs eine unangemessen lange oder nicht hinreichend bestimmte Nachfrist vorbehält;
3. (Rücktrittsvorbehalt)
   die Vereinbarung eines Rechts des Verwenders, sich ohne sachlich gerechtfertigten und im Vertrag angegebenen Grund von seiner Leistungspflicht zu lösen; dies gilt nicht für Dauerschuldverhältnisse;
4. (Änderungsvorbehalt)
   die Vereinbarung eines Rechts des Verwenders, die versprochene Leistung zu ändern oder von ihr abzuweichen, wenn nicht die Vereinbarung der Änderung oder Abweichung unter Berücksichtigung der Interessen des Verwenders für den anderen Vertragsteil zumutbar ist;
5. (Fingierte Erklärungen)
   eine Bestimmung, wonach eine Erklärung des Vertragspartners des Verwenders bei Vornahme oder Unterlassung einer bestimmten Handlung als von ihm abgegeben oder nicht abgegeben gilt, es sei denn, daß
   a) dem Vertragspartner eine angemessene Frist zur Abgabe einer ausdrücklichen Erklärung eingeräumt ist und
   b) der Verwender sich verpflichtet, den Vertragspartner bei Beginn der Frist auf die vorgesehene Bedeutung seines Verhaltens besonders hinzuweisen;
6. (Fiktion des Zugangs)
   eine Bestimmung, die vorsieht, daß eine Erklärung des Verwenders von besonderer Bedeutung dem anderen Vertragsteil als zugegangen gilt;

7. (Abwicklung von Verträgen)
eine Bestimmung, nach der der Verwender für den Fall, daß eine Vertragspartei vom Vertrage zurücktritt oder den Vertrag kündigt,
a) eine unangemessen hohe Vergütung für die Nutzung oder den Gebrauch einer Sache oder eines Rechts oder für erbrachte Leistungen oder
b) einen unangemessen hohen Ersatz von Aufwendungen verlangen kann;

8. *(aufgehoben)*

1) Übersicht; Annahme- und Leistungsfrist (Nr 1): Zum Verhältnis zu §§ 9, 10 s § 9 Anm 1; § 10 enthält Klauselverbote mit Wertungsmöglichkeit, dh unbestimmten Rechtsbegriffen, ohne allgemeine Unwirksamkeitsvermutung für die genannten Klauseln; kfm Verkehr s § 24 Anm 3 und bei den einzelnen Klauselverboten; Ausnahme § 23 II Nr 2 (Strom, Gas). Rechtsfolge ist Unwirksamkeit, s § 6. – Nach Nr 1 sind (Vertragsangebots-)Annahmefristen (vgl § 147 II BGB) und Lieferfristen (vgl § 271 BGB) unwirksam, die unangemessen lang oder nicht hinreichend bestimmt sind. Klausel über Verschiebung eines fest (individuell) zugesagten Liefertermins (Fertighaushersteller, sechs Wochen) verstößt schon gegen § 4, aber auch gegen Nr 1 iVm § 11 Nr 8, BGH **92**, 24. **Unangemessen lang** ist bei Alltagsgeschäften idR über 10 Tage, so Staud-Schlosser 11, str; zutr kommt es jedoch auf Branchen und Einzelfall an und darauf, ob Verwender Liefersache sich erst selbst beschaffen muß; auch dann sind drei Monate im Möbelhandel zu lang, BGH NJW **83**, 1320. Möglichkeit der Inverzugsetzung erst sechs Wochen nach Ablauf der (unverbindlichen) Lieferfrist ist im Neuwagenhandel wirksam, BGH NJW **82**, 333. **Nicht hinreichend bestimmt** ist Frist, die Kunde nicht berechnen kann, zB bei Abhängigkeit von Umständen aus der Sphäre des Verwenders wie ,,Fristbeginn mit schriftlicher Bestätigung des Herstellers", BGH NJW **85**, 856, ,,gewerbeübliche Lieferfrist", Kln BB **82**, 638, ,,Lieferung sofort nach Eintreffen der Ware beim Lieferer", Annahmefrist bis nach Eingang der Kreditauskunft, ,,Lieferfrist acht Wochen nach Aufmaß", Stgt NJW **81**, 1115; ,,angemessene Lieferfristverlängerung bei nachweisbarem erheblichen Einfluß von Arbeitskämpfen oder vorhersehbaren Ereignissen außerhalb des Willens des Unternehmers" (vgl § 636 BGB), Stgt NJW **81**, 1105. Hinreichend bestimmt ist zB ,,Leistungszeit circa vier Wochen". **Rechtsfolge:** Die unwirksame Fristklausel kann nicht auf einen zulässigen Inhalt zurückgeführt werden, BGH NJW **84**, 48, s § 6 Anm 2. **Kaufleute:** Annahme- und Leistungsfristen müssen angemessen iSv § 9 sein, aber Spielraum ist erheblich größer als nach Nr 1. Leistungsfristen für Lieferanten in Einkaufsbedingungen dürfen nicht unangemessen kurz sein. Klausel ,,Lieferfrist vorbehalten" scheitert häufig an § 1 II (Individualabrede) oder an § 9 II Nr 2; Leistungsvorbehaltsklausel s Nr 3.

2) Zu Nachfrist (Nr 2): betr Verzug des Verwenders § 326 I BGB (auch §§ 283, 634 BGB); Nr 2 entspricht Nr 1 (s dort) und ergänzt § 11 Nr 8. **Unangemessen lang** ist zB bei Verbrauchergeschäft idR über 14 Tage; Nachfrist von generell sechs Wochen, BGH NJW **85**, 857; 14 Tage im Möbelhandel ist aber wohl zulässig, vier Wochen nicht mehr, BGH NJW **85**, 323. **Nicht hinreichend bestimmt** ist zB Nachfrist bis zur Selbstbelieferung. **Kaufleute:** Termineinhaltung ist hier besonders wichtig und uU schadensträchtig; Nachfrist wird häufig überhaupt ausgeschlossen, zB bei Ablade- oder Ankunftsklausel; nach § 9 können deshalb kürzere Nachfristen als unter Nr 2 gelten, Staud-Schlosser 10.

3) Rücktrittsvorbehalt (Nr 3): betr jede Art einseitigen Lösungsrechts

(5) AGBG 10 4, 5   2. Handelsrechtl. Nebengesetze

(Rücktritt, Kündigung, auflösende Bedingung ua) ohne sachlich gerechtfertigten und im Vertrag angegebenen Grund. **Sachlich gerechtfertigter Grund:** zB Zahlungseinstellung, Nichteinlösung von Wechsel, uU Vermögensverschlechterung, Kblz ZIP **81**, 512, str; Falschangaben über Kreditwürdigkeit, BGH NJW **85**, 325; Verletzung der Pflicht zur Wahrung des Vorbehaltseigentums des Verwenders und entspr Mitteilungspflichten, BGH NJW **85**, 325; ,,freibleibend", ,,ohne Obligo", ,,solange Vorrat reicht", zT str; Selbstlieferungsvorbehalt (s § 346 HGB Anm 5 ,,Lieferung vorbehalten"), aber nur wenn schuldhaft herbeigeführte Nichtbelieferung klar ausgeschlossen ist, BGH NJW **83**, 1321; ,,höhere Gewalt", angemessen eingeschränkte Arbeitskampfklauseln (s aber Nr 2); **nicht** zB bloß vorübergehende Leistungshindernisse, dies muß zB in Selbstlieferungsvorbehalts- oder Arbeitskampfklausel klar ausgeschlossen sein, BGH NJW **85**, 857; schlechthin Falschangaben des privaten Käufers über seine Person oder Vermögensverhältnisse, BGH NJW **85**, 2271; leichter Verstoß ohne Abmahnung oder bloßer Verdacht, Hamm BB **49**, 1425; Streichung von Flügen, ,,wenn es die Umstände erfordern", BGH **86**, 296; ,,Betriebstörungen jeder Art", BGH NJW **83**, 1321; ,,Erkrankungen und sonstige erhebliche Betriebstörungen", Hamm BB **83**, 1305; ,,Fehlen oder Wegfall der Kreditwürdigkeit, unrichtige Selbstauskunft" (Ausdehnung des § 321 BGB), Hamm BB **83**, 1305. Für **Dauerschuldverhältnisse** (ebenso Wiederkehrschuldverhältnisse) gilt Nr 3 nicht; vgl für Kreditkündigung **(7)** Bankgeschäft IV 2 C. **Kaufleute:** Nr 3 gilt nicht schlechthin über § 9 auch für Kflte, BGH **92**, 399. Jedenfalls unter Kflten können Vermögensverschlechterung, uU schon negative Kreditauskunft, Düss DB **76**, 1712, als Rücktrittsgrund ausreichen (Grenze: wenn Interesse des Verwenders nicht berührt wird); zulässig sind unter § 9 idR auch andere, für den Privatrechtsverkehr umstrittene Klauseln (dazu § 346 HGB Anm 5), wie uneingeschränkte Selbstbelieferungsklausel, BGH **49**, 388, **92**, 399; ,,freibleibend", ,,Lieferung vorbehalten", Mü WM **85**, 363; ,,solange Vorrat reicht"; Arbeitskampfklauseln.

4) Änderungsvorbehalt (Nr 4): nur wirksam, wenn die Änderung oder Abweichung unter Berücksichtigung der Interessen des Verwenders dem anderen Teil **zumutbar** ist. Zumutbar sind unwesentliche Farbabweichungen, BGH WM **73**, 1337 (Farbdrucke), aA Ffm DB **81**, 884, Lieferung eines Stücks der neuen verbesserten Serie; Beweislast trägt der Verwender. **Nicht zumutbar** sind zB die Ersetzung einer Markenware durch eine andere, vgl BGH MDR **70**, 583, einseitige Änderung der Flugpläne und Fluggesellschaft, BGH **86**, 294, erhebliche Maßabweichungen und Modelländerung, allgemeiner Vorbehalt handelsüblicher Abweichungen von Muster, Kln NJW **85**, 500 (s auch § 9 Anm 3 Handelsüblichkeit). **Kaufleute:** Nr 4 gilt über § 9 auch gegenüber Klften. Das Interesse des kfm Kunden gerade an der von ihm gewünschten HdlWare überwiegt; auch geringfügige Maßabweichungen können unzumutbar sein, entscheidend ist der Verwendungs- und Absatzzweck. Umgekehrt ist das Interesse des Verwenders, zB aus der neuen Serie zu liefern, zu berücksichtigen. Daraus folgen deutliche Schranken des Dispositionsrechts des Prinzipals gegenüber Vertragshändlern, Ffm BB **83**, 1437. Einschränkungsloser Änderungsvorbehalt ist auch unter Kflten (Vertragshändler) unangemessen, vgl BGH **93**, 47; von Westphalen NJW **82**, 2465.

5) Fingierte Erklärungen (Nr 5): betr Fiktionen einer **rechtsgeschäftlichen Erklärung des Kunden;** Nr 5 betrifft nicht solche des Verwenders (nur § 9), nicht Fiktion von Tatsachen (s § 10 Nr 6, § 11 Nr 15b), Vorkenntnisklauseln von Maklern (§ 93 HGB Anm 9), Beweislastregelungen (s § 11 Nr 15a); Schweigen auf Tageskontoauszüge, s § 355 HGB Anm 3 C, **(8)** AGB-Banken

Nr 15 Anm 3, Nr 32 Anm 1. Keine fingierte Erklärung iSv Nr 5, sondern Präklusion ähnlich Verjährung ist „Ausschluß" von Nachforderungen bei vorbehaltloser Annahme der Schlußzahlung, BGH **86,** 139. Ausnahme für VOB(B) s § 23 Nr 5. Fingierte Erklärungen sind nur wirksam bei **angemessener Erklärungsfrist,** für Rechnungsabschlüsse idR vier Wochen, sonst je nach den Umständen, und bei **besonderem Hinweis,** zB Annahmefiktion in Konditionsanpassungsklausel einer Hypothekenbank, BGH NJW **85,** 617. Kontrolle des Inhalts der fingierten Erklärungen erfolgt nach § 9. Beweislast liegt beim Verwender. **Kaufleute:** Unberührt bleiben zB §§ 362 I, 377 II HGB, die Wirkung des Schweigens nach kfm Bestätigungsschreiben (§ 346 HGB Anm 3), HdlBrauch (§ 346 HGB Anm 4) und jeweils dem entsprechende AGB (s § 8 Anm 2 C). Bei Automatenkauf ist Neubeginn der Laufzeit mit jedem Geräteaustausch unwirksam, BGH NJW **85,** 55. Im übrigen ist auch unter Kflten nach § 9 eine angemessene Erklärungsfrist erforderlich, doch sind im HdlVerkehr kürzere Fristen üblich und zulässig (vgl Einl I 1 Cb vor § 1 HGB). Ein besonderer Hinweis ist idR unnötig, doch kann die Klausel überraschend iSv § 3 sein. Übersicht: Stübing NJW **78,** 1606.

6) Fiktion des Zugangs (Nr 6): betr Fiktion des Zugangs von Erklärungen des Verwenders; Nr 6 geht im Konfliktfall § 11 Nr 15 vor; für Erklärungen des anderen Teils gilt § 11 Nr 16. Unwirksam ist die Zugangsfiktion bei allen Erklärungen von **besonderer Bedeutung,** dh praktisch allen rechtsgeschäftlichen Erklärungen, zB Angebot; Rechnungsabschluß, BGH NJW **85,** 2699, aA für **(8)** AGB-Banken Nr 15 Hbg WM **86,** 383, sehr str; Mahnung, Stgt BB **79,** 909; Frist-, Nachfristsetzung; Kündigung, BayObLG NJW **80,** 2820; ohne besondere Bedeutung sind Anzeigen und Mitteilungen ohne rechtsgeschäftlich nachteilige Folgen für den Kunden, str, zB Tagesauszüge (vgl § 355 HGB Anm 3 C, **(8)** AGB-Banken Nr 15 Anm 3, Nr 32 Anm 1), Mitteilungen des Namens ua nach **(8)** AGB-Banken Nr 1 I 3 II. **Kaufleute:** Für Kflte führt § 9 in den meisten Fällen zur gleichen Beurteilung; anerkennenswerte andere Interessen des Verwenders oder des HdlVerkehrs sind idR nicht gegeben, str. Ausreichenlassen der Absendung (zB Verladeanzeige beim Abladegeschäft RG **88,** 393; vgl § 377 IV HGB) steht der Zugangsfiktion nicht unbedingt gleich, vgl Ul-Br-He 10. Übersicht: Stübing NJW **78,** 1611.

7) Abwicklung von Verträgen (Nr 7): betr pauschalierten Nutzungs- und Aufwendungsersatz bei Rücktritt und Kündigung einer der beiden Vertragsparteien (zB §§ 346 ff, 628, 649 BGB), Ergänzung zu § 11 Nr 5 (pauschalierter Schadensersatz); auch bei Abwicklungsregelungen (Nr 7) ist Abschneiden des Gegenbeweises unter § 11 Nr 5b unwirksam, BGH NJW **85,** 632, 633 (voller Flugpreis bei Rücktritt nach Anmeldeschluß). **Unangemessen hohe Pauschalen** sind unwirksam; zB: Fortzahlung der vollen Vergütung, Rückzahlung „in keinem Fall", BGH **87,** 319; generelle Pauschale auch bei Kündigung des anderen Teils aus wichtigem Grund, Ffm WM **81,** 599, Nichtanrechnung von ersparten Aufwendungen bzw anderweitigem Erwerb (Vorteilsausgleich), BGH **54,** 111, **60,** 359; unangemessen niedrige Pauschalierung des anderweitigen Verdiensts; uU überhöhte Bearbeitungspauschalen (vgl **(7)** Bankgeschäfte IV 2 B). Bearbeitungsgebühr von 3% bei Nichtabnahme des Darlehens ist idR überhöht, Hamm NJW **83,** 1503. „Bearbeitungsgebühr bis 5%" bei Fertighausvertrag ist zulässig (§ 649 BGB), auch ohne ausdrücklichen Vorbehalt des Gegenbeweises (anders als in § 10 Nr 7) und ohne Sonderregelung für vom Verwender zu vertretende Vertragsauflösung, BGH NJW **83,** 1492. Pauschale von 40% des Vertragswerts bei Werklieferungsvertrag (§ 649 S 2 BGB) ist zwar nicht zu hoch, aber uU unwirksam wegen des Anscheins, der Gegenbeweis höherer Ersparnisse des Verwenders sei ausgeschlossen (entspr § 11 Nr 5), Stgt NJW **81,**

1106; Abschlußzahlungen bei Leasing, s **(7)** Bankengeschäfte XII 2 A. **Kaufleute:** Nr 7 gilt über § 9 idR auch gegenüber Kflten, str. Mit unangemessen hohen Pauschalen darf auch im KfmVerkehr nicht gerechnet werden, vgl BGH **67,** 315 (Schadensersatzpauschale).

8) Rechtswahl (Nr 8): Aufgehoben zum 31. 8. 86 durch IPRG v 25. 7. 86 BGBl 1142. Der Grundsatz freier Rechtswahl gilt für AGB wie auch bei Individualabreden nur bei irgendeiner Auslandsbeziehung, vgl BGH NJW **61,** 1062. Wahl eines neutralen Rechts ist möglich. Nr 8 verlangte für AGB (außer für Kflte) darüberhinaus ein anerkennenswertes Interesse an der Wahl des konkreten ausländischen oder DDR-Rechts.

Klauselverbote ohne Wertungsmöglichkeit

AGBG 11 In Allgemeinen Geschäftsbedingungen ist unwirksam

1. **(Kurzfristige Preiserhöhungen)**
eine Bestimmung, welche die Erhöhung des Entgelts für Waren oder Leistungen vorsieht, die innerhalb von vier Monaten nach Vertragsabschluß geliefert oder erbracht werden sollen; dies gilt nicht bei Waren oder Leistungen, die im Rahmen von Dauerschuldverhältnissen geliefert oder erbracht werden, sowie bei Leistungen, auf deren Preise § 99 Abs. 1 oder 2 Nr. 1 des Gesetzes gegen Wettbewerbsbeschränkungen Anwendung findet;

2. **(Leistungsverweigerungsrechte)**
eine Bestimmung, durch die
   a) das Leistungsverweigerungsrecht, das dem Vertragspartner des Verwenders nach § 320 des Bürgerlichen Gesetzbuchs zusteht, ausgeschlossen oder eingeschränkt wird, oder
   b) ein dem Vertragspartner des Verwenders zustehendes Zurückbehaltungsrecht, soweit es auf demselben Vertragsverhältnis beruht, ausgeschlossen oder eingeschränkt, insbesondere von der Anerkennung von Mängeln durch den Verwender abhängig gemacht wird;

3. **(Aufrechnungsverbot)**
eine Bestimmung, durch die dem Vertragspartner des Verwenders die Befugnis genommen wird, mit einer unbestrittenen oder rechtskräftig festgestellten Forderung aufzurechnen;

4. **(Mahnung, Fristsetzung)**
eine Bestimmung, durch die der Verwender von der gesetzlichen Obliegenheit freigestellt wird, den anderen Vertragsteil zu mahnen oder ihm eine Nachfrist zu setzen;

5. **(Pauschalierung von Schadensersatzansprüchen)**
die Vereinbarung eines pauschalierten Anspruchs des Verwenders auf Schadensersatz oder Ersatz einer Wertminderung, wenn
   a) die Pauschale den in den geregelten Fällen nach dem gewöhnlichen Lauf der Dinge zu erwartenden Schaden oder die gewöhnlich eintretende Wertminderung übersteigt, oder
   b) dem anderen Vertragsteil der Nachweis abgeschnitten wird, ein Schaden oder eine Wertminderung sei überhaupt nicht entstanden oder wesentlich niedriger als die Pauschale;

6. **(Vertragsstrafe)**
eine Bestimmung, durch die dem Verwender für den Fall der Nichtabnahme oder verspäteten Abnahme der Leistung, des Zahlungsverzugs oder für den Fall, daß der andere Vertragsteil sich vom Vertrag löst, Zahlung einer Vertragsstrafe versprochen wird;

7. (Haftung bei grobem Verschulden)
   ein Ausschluß oder eine Begrenzung der Haftung für einen Schaden, der auf einer grob fahrlässigen Vertragsverletzung des Verwenders oder auf einer vorsätzlichen oder grob fahrlässigen Vertragsverletzung eines gesetzlichen Vertreters oder Erfüllungsgehilfen des Verwenders beruht; dies gilt auch für Schäden aus der Verletzung von Pflichten bei den Vertragsverhandlungen;
8. (Verzug, Unmöglichkeit)
   eine Bestimmung, durch die für den Fall des Leistungsverzugs des Verwenders oder der von ihm zu vertretenden Unmöglichkeit der Leistung
   a) das Recht des anderen Vertragsteils, sich vom Vertrag zu lösen, ausgeschlossen oder eingeschränkt oder
   b) das Recht des anderen Vertragsteils, Schadensersatz zu verlangen, ausgeschlossen oder entgegen Nummer 7 eingeschränkt wird;
9. (Teilverzug, Teilunmöglichkeit)
   eine Bestimmung, die für den Fall des teilweisen Leistungsverzugs des Verwenders oder der von ihm zu vertretenden teilweiser Unmöglichkeit der Leistung das Recht der anderen Vertragspartei ausschließt, Schadensersatz wegen Nichterfüllung der ganzen Verbindlichkeit zu verlangen oder von dem ganzen Vertrag zurückzutreten, wenn die teilweise Erfüllung des Vertrages für ihn kein Interesse hat;
10. (Gewährleistung)
    eine Bestimmung, durch die bei Verträgen über Lieferungen neu hergestellter Sachen und Leistungen
    a) (Ausschluß und Verweisung auf Dritte)
       die Gewährleistungsansprüche gegen den Verwender einschließlich etwaiger Nachbesserungs- und Ersatzlieferungsansprüche insgesamt oder bezüglich einzelner Teile ausgeschlossen, auf die Einräumung von Ansprüchen gegen Dritte beschränkt oder von der vorherigen gerichtlichen Inanspruchnahme Dritter abhängig gemacht werden;
    b) (Beschränkung auf Nachbesserung)
       die Gewährleistungsansprüche gegen den Verwender insgesamt oder bezüglich einzelner Teile auf ein Recht auf Nachbesserung oder Ersatzlieferung beschränkt werden, sofern dem anderen Vertragsteil nicht ausdrücklich das Recht vorbehalten wird, bei Fehlschlagen der Nachbesserung oder Ersatzlieferung Herabsetzung der Vergütung oder, wenn nicht eine Bauleistung Gegenstand der Gewährleistung ist, nach seiner Wahl Rückgängigmachung des Vertrags zu verlangen;
    c) (Aufwendungen bei Nachbesserung)
       die Verpflichtung des gewährleistungspflichtigen Verwenders ausgeschlossen oder beschränkt wird, die Aufwendungen zu tragen, die zum Zweck der Nachbesserung erforderlich werden, insbesondere Transport-, Wege-, Arbeits- und Materialkosten;
    d) (Vorenthalten der Mängelbeseitigung)
       der Verwender die Beseitigung eines Mangels oder die Ersatzlieferung einer mangelfreien Sache von der vorherigen Zahlung des vollständigen Entgelts oder eines unter Berücksichtigung des Mangels unverhältnismäßig hohen Teils des Entgelts abhängig macht;
    e) (Ausschlußfrist für Mängelanzeige)
       der Verwender dem anderen Vertragsteil für die Anzeige nicht offensichtlicher Mängel eine Ausschlußfrist setzt, die kürzer ist als die Verjährungsfrist für den gesetzlichen Gewährleistungsanspruch;
    f) (Verkürzung von Gewährleistungsfristen)
       die gesetzlichen Gewährleistungsfristen verkürzt werden;
11. (Haftung für zugesicherte Eigenschaften)
    eine Bestimmung, durch die bei einem Kauf-, Werk- oder Werklieferungsvertrag Schadensersatzansprüche gegen den Verwender nach den

§§ 463, 480 Abs. 2, § 635 des Bürgerlichen Gesetzbuchs wegen Fehlens zugesicherter Eigenschaften ausgeschlossen oder eingeschränkt werden;

12. (Laufzeit bei Dauerschuldverhältnissen)
bei einem Vertragsverhältnis, das die regelmäßige Lieferung von Waren oder die regelmäßige Erbringung von Dienst- oder Werkleistungen durch den Verwender zum Gegenstand hat,
   a) eine den anderen Vertragsteil länger als zwei Jahre bindende Laufzeit des Vertrags,
   b) eine den anderen Vertragsteil bindende stillschweigende Verlängerung des Vertragsverhältnisses um jeweils mehr als ein Jahr oder
   c) zu Lasten des anderen Vertragsteils eine längere Kündigungsfrist als drei Monate vor Ablauf der zunächst vorgesehenen oder stillschweigend verlängerten Vertragsdauer;
13. (Wechsel des Vertragspartners)
eine Bestimmung, wonach bei Kauf-, Dienst- oder Werkverträgen ein Dritter an Stelle des Verwenders in die sich aus dem Vertrag ergebenden Rechte und Pflichten eintritt oder eintreten kann, es sei denn, in der Bestimmung wird
   a) der Dritte namentlich bezeichnet, oder
   b) dem anderen Vertragsteil das Recht eingeräumt, sich vom Vertrag zu lösen;
14. (Haftung des Abschlußvertreters)
eine Bestimmung, durch die der Verwender einem Vertreter, der den Vertrag für den anderen Vertragsteil abschließt,
   a) ohne hierauf gerichtete ausdrückliche und gesonderte Erklärung eine eigene Haftung oder Einstandspflicht oder
   b) im Falle vollmachtsloser Vertretung eine über § 179 des Bürgerlichen Gesetzbuchs hinausgehende Haftung
   auferlegt;
15. (Beweislast)
eine Bestimmung, durch die der Verwender die Beweislast zum Nachteil des anderen Vertragsteils ändert, insbesondere indem er
   a) diesem die Beweislast für Umstände auferlegt, die im Verantwortungsbereich des Verwenders liegen;
   b) den anderen Vertragsteil bestimmte Tatsachen bestätigen läßt.
Buchstabe b gilt nicht für gesondert unterschriebene Empfangsbekenntnisse;
16. (Form von Anzeigen und Erklärungen)
eine Bestimmung, durch die Anzeigen oder Erklärungen, die dem Verwender oder einem Dritten gegenüber abzugeben sind, an eine strengere Form als die Schriftform oder an besondere Zugangserfordernisse gebunden werden.

1) Übersicht; kurzfristige Preiserhöhung (Nr 1): Zum Verhältnis zu §§ 9, 10 s § 9 Anm 1; § 11 enthält Klauselverbote ohne Wertungsmöglichkeit; kfm Verkehr s § 24 Anm 3 und bei den einzelnen Klauselverboten; Ausnahme § 23 II Nr 2 (Strom, Gas); Rechtsfolge ist Unwirksamkeit, § 6. – Nach Nr 1 sind Preiserhöhungsklauseln bei **vereinbarter Leistungszeit von bis zu vier Monaten** unwirksam (Auswirkung auf Restvertrag str, s § 6 Anm 2); zugleich kann ein Verstoß gegen die PAngV vorliegen (vgl **(7)** Bankgeschäfte IV 2 A b). Nr 1 gilt nicht, wenn die Klausel schon nach anderen Vorschriften (zB § 3 WährG, Mietrecht) nichtig ist. Maßgeblich ist die vereinbarte, nicht die spätere tatsächliche Leistungszeit; das gilt auch, wenn der Verwender die Leistungsverzögerung nicht zu vertreten hat, anders wenn die Verzögerung auf den Kunden zurückgeht, vgl Hamm BB **75,** 490, str. Unwirksam sind zB Tagespreisklauseln; Überwälzung der Mehrwertsteuer, BGH **77,** 79, NJW **81,** 979, Ffm NJW

79, 985, Jung BB **81,** 1606; Terminfestpreisklausel in Bauvertrag, BGH **94,** 335; Flugtarifanpassung durch Reiseveranstalter ohne Lösungsrecht, Ffm NJW **82,** 2198. Nr 1 verbietet nicht, Preise oder Nebenkosten offenzulassen (,,Preis freibleibend", s § 346 HGB Anm 5; ,,zuzüglich Fracht"), auch nicht die Berechnung von Kosten aufgrund zusätzlicher Kundenwünsche. – Für Lieferfristen über vier Monate und **Dauerschuldverhältnisse** (ebenso Wiederkehrschuldverhältnisse) gilt Nr 1 nicht, zB Erhöhung von Versicherungsprämien, Bankgebühren, Kreditzinsen. Grund: einheitliche Preisumstellung im Massenverkehr; auch nicht für DBP, DBB und Verkehrsträger nach § 95 I, II Nr 1 GWB (so Nr 1 aE). Auch kein Verstoß gegen § 9, zB bei Preiserhöhung entspr der des Vorlieferanten, BGH WM **86,** 73. Völlig freie Preiserhöhungsklausel ohne Lösungsrecht verstößt aber gegen § 9, BGH **82,** 25 (KfzHändler), NJW **80,** 2519 (Zeitschriftenabonnement), **83,** 1603, Ffm NJW **83,** 946, BB **84,** 175; Jung BB **81,** 1608; aA Reuter DB **81,** 71. Dasselbe gilt auch für Preisvorbehalt, str, offen BGH NJW **83,** 1605. **Kaufleute:** Nr 1 ist für den HdlVerkehr zu starr und gilt auch nicht über § 9, BGH **92,** 206 (aber **93,** 35), **93,** 260, aA von Westphalen NJW **82,** 2473. Doch muß die Klausel Voraussetzungen und Umfang des Änderungsvorbehalts konkretisieren, BGH **89,** 211, **93,** 34. Für Zulässigkeit einer Preiserhöhungsklausel uU auch ohne besondere Konkretisierung sprechen zB gleichgerichtete Interessen der Vertragsparteien am Absatz an Endverbraucher, erhebliche Vorleistungen des Verwenders bei langfristigem Bezugsvertrag, Preisüberwälzungsmöglichkeit, Unsicherheit der Entwicklung in der Branche (Mineralölmarkt), BGH **93,** 257. Einräumung eines völlig freien Preiserhöhungsrechts ist aber auch unter Kflten unwirksam; auch wenn Ausübung dieses Rechts an billiges Ermessen (§ 315 I BGB) gebunden wird, BGH **93,** 35 (Vertragshändler). Übersichten: Burck DB **78,** 1385, Bilda MDR **79,** 89.

2) Leistungsverweigerungsrechte (Nr 2): Die Leistungsverweigerungsrechte des Kunden aus §§ 320, 273 BGB sind **nicht einschränkbar,** BGH NJW **85,** 852 (Hinterlegung nach Bauvertrag). Klausel über Fälligkeit von 90% des Entgelts vor Einbau ist unwirksam, ebenso über Ausschluß der Schecksperre trotz Fehllieferung, BGH NJW **85,** 859. Die Vereinbarung der Vorleistungspflicht fällt nicht unter Nr 2, BGH NJW **85,** 851, str, jedenfalls nicht bei Naturalobligation, BGH **87,** 318 (Ehevermittlung), und ist idR auch unter § 9 wirksam, zB volle Vorleistung nach VersteigerungsAGB, BGH NJW **85,** 851, gestaffelte Abschlagszahlungen, BGH NJW **85,** 851, Teilvorauszahlungen. **Kaufleute:** Nr 2 ist für Kflte zu starr. Das erweiterte kfm Zurückbehaltungsrecht (§§ 369 ff HGB) besagt dagegen nichts, aA Staud-Schlosser 9; es ist dispositiv. §§ 320, 273 BGB können also unter Kflten idR ohne Verstoß gegen § 9 ausgeschlossen werden; schon bisher BGH **62,** 327. Anders bei eigenen groben Verstößen des Verwenders; bei Subunternehmerverträgen, wenn der Generalunternehmer seinerseits gegenüber dem Auftraggeber zurückbehält, vgl BGH **70,** 193; bei Bauverträgen, wenn Auftraggeber wegen nicht freigegebener Finanzierungsmittel in Verzug kommt, Fbg BB **83,** 726; weitere Fälle in BGH **48,** 269 f, Palandt-Heinrichs 2, Ul-Br-He 16.

3) Aufrechnungsverbot (Nr 3): Ausschluß der Aufrechnung des Kunden mit **unbestrittenen oder rechtskräftigen Forderungen** ist unwirksam. Grundlose oder unsubstantiierte Einwendungen machen die Forderung nicht zur bestrittenen, BGH **12,** 136 (zu **(19)** ADSp § 32, s dort), BB **77,** 815. Weitere Einschränkungen folgen aus § 9 (früher § 242 BGB), zB: bei Konkurs des Verwenders, BGH NJW **75,** 443; gegen begründete, entscheidungsreife Forderungen, BGH BB **77,** 814, WM **78,** 620, aA Staud-Schlosser 6 (vom Klauselaufsteller nicht zu berücksichtigen); im Prozeß; noch weiter einschränkend analog Nr 2

Palandt-Heinrichs 3. **Konzernverrechnungsklauseln** (Erweiterung der Gegenseitigkeit nach § 387 BGB auf alle Konzernmitglieder, vgl § 9 Anm 3 „Eigentumsvorbehalt") sind auch in AGB idR zulässig, aber nur bei Angabe der in den Verrechnungskreis einbezogenen Unternehmen, Westermann WM Sonderbeil 2/**86**, str, offen BGH **81**, 15 m Anm Joussen ZIP **82**, 279, aA Staud-Schlosser 7. **Kaufleute:** Nr 3 gilt über § 9 auch für den kfm Verkehr, BGH **91**, 384, **92**, 316. Unberührt bleiben (zumindest unter Kflten) auch die idR einen Aufrechnungsausschluß beinhaltenden HdlKlauseln wie „netto Kasse", „Kasse gegen Dokumente" (§ 346 HGB Anm 5); ebenso die eine Vorleistungspflicht begründende Nachnahmeklausel (§ 346 HGB Anm 5).

4) Mahnung, Fristsetzung (Nr 4): betr §§ 284 I, 326 I BGB (str für §§ 250, 635 BGB); auch ohne ausdrückliche Abbedingung, zB Rücktrittsrecht schon bei nicht ordnungsgemäßer Zahlung, BGH NJW **83**, 1322; auch Kostenersatz für Erstmahnung, BGH NJW **85**, 324; unberührt bleiben kalendermäßige Lieferungszeitpunkte (§ 284 II BGB) und Abbedingung der vorherigen Ablehnungsdrohung (§ 326 I 1 BGB), BGH **67**, 102, str. S auch § 10 Nr 3. Säumnis des Verwenders s § 10 Nr 2. **Kaufleute:** Nr 4 gilt über § 9 auch für Fälle des § 326 BGB, BGH NJW **86**, 843 (Warnfunktion der Nachfrist), aA 26. Aufl. Das echte kfm Fixgeschäft bleibt zulässig (§ 376 HGB, s dort Anm 1 C a). Dasselbe gilt für Klauseln, die zwar keine echten Fixklauseln sind, aber die Bedeutung des festen Leistungszeitpunkts besonders hervorheben, wie „ohne Nachfrist", „spätestens bis Ende des Monats" (§ 376 HGB Anm 1 Cb), str, wie hier wohl Staud-Schlosser 12.

5) Pauschalierung von Schadensersatzansprüchen (Nr 5): betr Pauschalierung (nicht Bestehen, dazu Nr 15) des Schadensersatzanspruches des Verwenders; pauschalierter Nutzungs- und Aufwendungsersatz s § 10 Nr 7, Nr 5b gilt dort analog, s § 10 Anm 7. Vertragsstrafe s Nr 6. Stundungszinsklausel fällt nicht unter Nr 5 (s § 9 Anm 3 Banken). Pauschalierung ist zulässig, aber nach Nr 5 in zwei Fällen unwirksam: **a)** Bei **Übersteigen des gewöhnlich eintretenden Schadens** (oder Wertminderung; vgl § 252 S 2 BGB), auch ein geringfügiges Überschreiten schadet; die nach der Rspr noch zulässigen Prozentsätze variieren nach Geschäft, Industrie oder Handel, HdlStufe, Branche und anderen Umständen, s Palandt-Heinrichs 5. Verzugsschadenpauschale von 1% bei Darlehen ist zulässig, BGH NJW **83**, 1542, ebenso 4,5% Nichtabnahmeentschädigung bei Entgang von 5% Disagio, BGH WM **86**, 156, ebenso 2% über Bundesbankdiskontsatz mit Offenlassen des Gegenbeweises, BGH NJW **82**, 332; dagegen nicht 6% über Bundesbankdiskontsatz bzw mindestens 9%, BGH NJW **84**, 2941, wohl auch nicht zeitlich unbegrenzte Verzinsung des Ratenkreditrestsaldos mit Vertragszinssatz nach vorzeitiger Fälligstellung wegen Verzug, str, offen BGH NJW **86**, 376. Vgl auch **(7)** Bankverträge IV 2 B b für Kreditverträge. Verzugszinspauschale bei Konsumentenkrediten, Reifner BB **87**. Beweispflichtig ist der Verwender, BGH **67**, 315, aA Weyer NJW **77**, 2237. **b)** Bei **Abschneiden des Gegenbeweises** eines wesentlich niedrigeren Schadens (oder Wertminderung); bereits der Anschein für den Vertragspartner, der Gegenbeweis sei ausgeschlossen, macht Klausel unwirksam, zB „mindestens" x% Verzugszinsen, BGH NJW **83**, 1322, **86**, 377. Ausdrücklicher Hinweis auf Recht zum Gegenbeweis ist aber unnötig, BGH NJW **82**, 2317. Die Beweislast liegt hier beim Kunden. Unwirksam ist die ganze Pauschalierungsklausel, nicht nur Abschneiden des Gegenbeweises, BGH NJW **86**, 378. **Kaufleute:** Nr 5 gilt über § 9 idR auch gegenüber Kflten, BGH **67**, 315 (vgl Sachverhalt); aA für Nr 5 b Staud-Schlosser 25, aber Nr 5 a und b liegen wertungsmäßig gleich und das angebliche Rationalisierungsinteresse des Verwenders wird angesichts der hier

III. AGB-Gesetz u. Vertragsklauseln 6,7 **AGBG 11 (5)**

dem Kunden obliegenden Beweislast kaum tangiert. Die Möglichkeit von Vertragsstrafeklauseln (s Nr 6) rechtfertigt keine großzügigere Haltung zu Nr 5, aA Ul-Br-He 24. Übersicht: Reich NJW **78,** 1570 (Werkvertrag).

6) Vertragsstrafe (Nr 6): Vertragsstrafe (§§ 339 ff BGB) des Geldschuldners bei Nichtabnahme, verspäteter Abnahme, Zahlungsverzug, Lösung vom Vertrag, ist unwirksam; positive Vertragsverletzung fällt nicht unter Nr 6, aber uU unter § 9. Nr 6 erfaßt nicht Sachleistungsschulden, doch gilt außer bei Verzug Entsprechendes über § 9, Ul-Br-He 12. Darlehensbereitstellungszinsen sind Entgelt, nicht Vertragsstrafe. Verfallklauseln können wie Vertragsstrafe wirken, BGH **95,** 371, NJW **65,** 1625 (sofern sie Rücktrittsvorbehalt sind, greift § 10 Nr 3 ein); Vorfälligkeitsklausel fällt dagegen nicht unter Nr 6 (s § 9 Anm 3 Banken); Vorfälligkeitsklausel muß aber unverschuldeten Verstoß ausnehmen, BGH NJW **85,** 2330; unangemessene Gesamtvorfälligkeit bei bloßer Nebenpflichtverletzung s BGH NJW **86,** 73; ähnlich Reugeld (§ 359 BGB), wenn es der Sache nach wie Vertragsstrafe wirkt. Vertragsstrafen in vertraglichen Beförderungsbedingungen (Schwarzfahrten) sind zulässig (§ 9), Hensen BB **79,** 499, gegen Bartl BB **78,** 1446 (§ 11 Nr 6), differenzierend Trittel BB **80,** 497. Anrechnung der Strafe auf Schadensersatz (§ 340 II BGB) ist unabdingbar, BGH **63,** 258. Vorbehalt der Strafe (§ 341 III BGB) ist nicht völlig abdingbar, BGH **85,** 310; aber Geltendmachung ohne Vorbehalt noch bis zur Schlußzahlung ist in Bauverträgen zulässig, BGH **72,** 222. Vertragsstrafe nach Prozentsatz der Auftragssumme je Kalendertag der Terminüberschreitung ohne zeitliche oder betragsmäßige Höchstgrenze ist unwirksam, BGH **85,** 313. **Kaufleute:** Vertragsstrafen sind im kfm Verkehr ein wesentliches Mittel, den Schuldner vor Vertragsverletzungen abzuschrecken und (in zweiter Linie) dem Gläubiger die Schadloshaltung zu erleichtern; zumal für Unterlassungspflichten bieten häufig nur Vertragsstrafen wirksamen Schutz; das starre Verbot der Nr 6 gilt deshalb nicht über § 9 für Kflte, BGH NJW **81,** 1509, **85,** 56. Aber Verbot der Kumulation von Schadensersatz und Vertragsstrafe gilt auch unter Kflten, BGH NJW **85,** 56. Verschuldensunabhängige Vertragsstrafe ist nur bei gewichtigen Umständen wirksam, BGH NJW **85,** 57, nach aA schlechthin. Vorfälligkeitsklausel auch für unverschuldeten Zahlungsrückstand ist auch im kfm Verkehr unwirksam, BGH NJW **86,** 426. Überhöhte Vertragsstrafen (zB täglich 1,5% für säumigen Bauunternehmer; keine Herabsetzung wegen § 348 HGB) verstößt gegen § 9, BGH NJW **81,** 1509, Nürnb BB **83,** 1307 (1%), in Adressenlieferungsvertrag unter Kflten ist dagegen eine Vertragsstrafe für den Fall der Mehrfachbenutzung in Höhe der zehnfachen Vergütung zulässig, BGH NJW **76,** 1886. Ausnahmsweise sind auch verschuldensunabhängige Vertragsstrafen in AGB wirksam, BGH **72,** 178 (Straffracht- und Schmuggelklausel in Konossementsbedingungen).

7) Haftung bei grobem Verschulden (Nr 7): Freizeichnung für vorsätzliche und **grob fahrlässige** Vertragsverletzungen (einschließlich Verschulden bei Vertragsschluß) des Verwenders, seiner gesetzlichen Vertreter oder **Erfüllungsgehilfen** (nicht nur leitende Angestellte, so frühere Rspr) sind unwirksam; Rechtsfolge s § 6 Anm 2. Ausnahme § 23 II Nr 3, 4 (Personenbeförderung, Lotterie). Nr 7 gilt für alle Vertragsverletzungen (Unmöglichkeit, Verzug, positive Vertragsverletzung, Gewährleistungsansprüche); für vertragsähnliche Schuldverhältnisse aus Gesetz (ausdrücklich: culpa in contrahendo, s auch § 347 HGB Anm 3 E); entspr parallele Deliktsansprüche (auf die sich die Freizeichnung erstrecken kann, BGH **67,** 366, NJW **79,** 2148); auch für in die Freizeichnung einbezogene Dritte zB Arbeitnehmer, vgl BGH NJW **62,** 388, eingeschaltete Unternehmer, BGH DB **71,** 1906, Unterfrachtführer, vgl BGH WM **77,**

1079

786, s Blaurock ZHR 146 (**82**) 256. Die Haftung läßt sich nicht ohne weiteres dadurch ausschalten, daß bereits die entspr Vertragspflicht abbedungen wird, Schlosser WM **78**, 564. Grobe Fahrlässigkeit s § 277 BGB. Erfüllungsgehilfe iSv § 278 BGB (Arbeitnehmer, aber auch selbständige Dritte), nicht Substitut nach §§ 664 I 2 (entspr iVm § 675), 691 S 2 BGB; doch kann Substitution nach § 9 II Nr 2 unwirksam sein, s (**8**) AGB-Banken Nr 9 Anm 1. Nr 7 untersagt Ausschluß und jede zB summenmäßige Begrenzung der Haftung, soweit nicht gesetzlich erlaubt, zB § 651 h BGB. Freizeichnung ist grundsätzlich zulässig für **leichte Fahrlässigkeit** (Umkehrschluß aus Nr 7), im Rahmen des § 9 ergeben sich aber auch hier Grenzen bei **Kardinal(haupt- oder neben-)pflichten,** Organisationspflichten, Vertrauensverhältnissen und besonderen Berufspflichten, zB bei Treuhandvertrag, Celle NJW **86**, 260, str; dazu Ul-Br-He 24 f, Staud-Schlosser 37, Wolf NJW **80**, 2433, von Westphalen WM **83**, 974. Kein Ausschluß der Haftung für anfängliches Unvermögen und Unmöglichkeit, Ffm BB **84**, 300. **Kaufleute:** Nr 7 gilt nicht schlechthin über § 9 auch für Kflte, str, Helm BB **77**, 1111, Staud-Schlosser 52, Ul-Br-He 33; aA von Westphalen WM **83**, 981; offen BGH **89**, 367, **95**, 183. Vielmehr ist über § 9 entspr den Umständen und Besonderheiten der HdlGeschäfte zu differenzieren. Schlechthin unwirksam sind jedenfalls wie schon bisher Ausschluß und Beschränkung der Haftung aus eigener grober Fahrlässigkeit und solcher von leitenden Angestellten (entspr Repräsentanten gemäß Versicherungsrecht, vgl BGH **11**, 123) bei Vertragserfüllung, BGH **20**, 164, **38**, 185, **54**, 243, **70**, 365, **89**, 366, **95**, 183, insbesondere bei schweren Organisationsmängeln, BGH NJW **73**, 2155 (ADSp), **74**, 901 (Garage); ebenso bei grober Fahrlässigkeit nicht leitender Erfüllungsgehilfen, die den vertragliche Kardinalpflicht verletzen, BGH **89**, 366 (Kaltlagerung), NJW **85**, 914 (Tankscheck), 3018 (Textilveredelung), Ffm ZIP **84**, 976 (Wirtschaftsauskunftei). Der Verwender (zB Spediteur oder Lagerhalter) kann den Kunden hier auch nicht auf den Abschluß einer Versicherung verweisen, BGH **20**, 167, **33**, 220, **38**, 186, **89**, 369, NJW **78**, 1918, WM **80**, 288; vgl (**9**) ADSp § 41 Anm 1 C. Klauseln über Haftung von Baufirmen mangels Feststellbarkeit des Schädigers und Haftung ohne Rücksicht auf Fehler der Bauleitung sind unwirksam, Karlsr/Fbg BB **83**, 727. Unwirksam ist Freizeichnung für leichte Fahrlässigkeit bei Kardinalpflichten etc (s oben). Im übrigen können aber Haftungsbeschränkungen (nicht -ausschlüsse) für vertragsuntypische und daher kaum vorhersehbare Schäden, vor allem bei Versicherbarkeit des Risikos, unter Kflten nach § 9 (auch bei grober Fahrlässigkeit nicht leitender Erfüllungsgehilfen) wirksam sein, zB Höchstsummen, Ausschluß des entgangenen Gewinns (vgl (**19**) ADSp §§ 41, 54); s BGH **77**, 133 (15facher Reinigungspreis), offen BGH NJW **85**, 3018. Freizeichnung in Luftfahrt, BGH **86**, 297, Binnenschiffahrt s König z f Binnenschiffahrt und Wasserstraßen **78**, 352.

8) Verzug, Unmöglichkeit (Nr 8): Bei Verzug (Hinausschieben des Eintritts s § 10 Anm 1) oder vom Verwender zu vertretender Unmöglichkeit (nicht positive Vertragsverletzung, aA Schlosser WM **78**, 566, aber für Nr 8 generell auf grobe Fahrlässigkeit abstellend) ist Ausschluß oder Einschränkung des Rechts, **sich vom Vertrag zu lösen** (zB Rücktritt, Kündigung) unwirksam; ebenso der Ausschluß oder die gegen Nr 7 verstoßende Einschränkung des **Schadensersatzanspruchs** aus §§ 280, 286, 325, 326 BGB, zB Verzögerungsschäden im Luftverkehr, BGH **86**, 293. Andere Einschränkungen des Schadensersatzanspruchs als Freizeichnung bei grobem Verschulden (Nr 7) läßt Nr 8 zu, zB summenmäßige Begrenzung oder Ausschluß bestimmter Schäden, aber (nach § 9) nur bei vertretbarem Verhältnis von Schadenshöhe und verbleibendem Schadensersatz, Stgt NJW **81**, 1106; weitergehend Wolf NJW **80**, 2433, str. Ausnahme für Personenbeförderung § 23 II Nr 3. **Kaufleute:** Nr 8a gilt über

§ 9 auch gegenüber Kflten; die Möglichkeit, sich vom Vertrag zu lösen, muß auch ihnen verbleiben, Karlsr/Fbg BB **83**, 728. Nr 8 b gilt dagegen auch nicht über § 9, str, vielmehr ist hier ebenso wie nach Nr 7 zu differenzieren. Ausschluß von Schadensersatzansprüchen unter Einräumung eines Rücktrittsrechts des Kunden ist unwirksam, wenn dieses für ihn praktisch ausscheidet (langfristige Planung und Vertragsbindungen im Schiffsbau), BGH BB **80**, 13. Zum Schutz von Vertragshändlern Ul-Br-He 22.

9) Teilverzug, Teilunmöglichkeit (Nr 9): Das Recht des Kunden auf Schadensersatz wegen Nichterfüllung der ganzen Verbindlichkeit oder zum Rücktritt vom ganzen Vertrag, wenn die Teilerfüllung für ihn kein Interesse hat (§§ 280 II, 325 I 2, 326 I 3, 636 BGB), kann nicht durch AGB ausgeschlossen werden. Einschränkungen des Schadensersatzanspruchs erlaubt aber Nr 8 b. Uneingeschränkter Selbstlieferungsvorbehalt (s § 10 Anm 3) verstößt auch gegen Nr 9, BGH NJW **83**, 1321. **Kaufleute:** Nr 9 schützt vermittelt durch § 9 auch Kflte; ihre Rechte bei für sie nicht brauchbaren Teilleistungen können nicht durch AGB ausgeschlossen werden. Der Kfm stellt sich aber über Nr 9 bei Teilleistungen nicht besser als bei Gesamtstörung; die Spielräume im kfm Verkehr unter Nr 7, 8 gelten auch für Nr 9.

10) Gewährleistung (Nr 10): Nur betr Lieferung neu hergestellter Sachen und Leistungen; auch Ersterwerb von "neuen" Gebäuden und Eigentumswohnungen; nicht Leasing und Gebrauchsüberlassungsverträge, BGH **94**, 187, sehr str, (7) Bankgeschäfte XII; nicht gebrauchte Sachen, Grundstücke, Kunstauktionen (aber s § 9), Forderungen und Rechte. **a)** Der **Ausschluß** der Gewährleistung des Verwenders oder ihre Beschränkung durch **Verweisung auf Dritte**, auch Erfordernis der vorherigen gerichtlichen Inanspruchnahme Dritter, ist unwirksam. Der Kunde muß mindestens Nachbesserung oder Ersatzlieferung (im Rahmen von Nr 10 b, c) fordern können, BGH **62**, 325, NJW **80**, 832. Klausel, wonach Gewährleistung (für neuhergestellte Geräte) bei Eingriff oder Beschädigung durch Käufer oder Dritte erlischt, ist unwirksam, BGH NJW **80**, 831; ebenso Klausel, die Gewährleistung von Verschulden des Verwenders abhängig macht, BGH **62**, 325. Subsidiäre Eigenhaftung des Bauträgers (Verjährung fünf Jahre) nach Verjährung der abgetretenen Gewährleistungsansprüche gegen die Baubeteiligten (zwei Jahre), BGH NJW **82**, 169. **Kaufleute:** Nr 10 gilt über § 9 eingeschränkt auch für Kflte. Der völlige Gewährleistungsausschluß für neu hergestellte Sachen ist auch gegenüber Kflten nicht anzuerkennen, vgl BGH **62**, 254 (ohne Unterscheidung zwischen Kflten und anderen); Subsidiaritätsklauseln sind jedoch nicht generell unwirksam, BGH **70**, 197; bei Fehlschlagen des Vorgehens gegen den Dritten und bereits bei mangelnder Unterstützung durch den Verwender beim Vorgehen gegen den Dritten (mangelnde Information) bleibt es bei Gewährleistung des Verwenders, BGH NJW **80**, 282. Vorherige gerichtliche Inanspruchnahme des Dritten kann unter § 9 zumutbar sein (uU Streitverkündung, §§ 72 ff ZPO), Staud-Schlosser 39. **b)** Die **Beschränkung auf Nachbesserung** oder Ersatzlieferung ist **ohne ausdrücklichen Vorbehalt** von Wandelung (außer im Bauwesen) und Minderung bei Fehlschlagen der Nachbesserung oder Ersatzlieferung unwirksam, schon bisher (ohne Ausdrücklichkeitserfordernis) BGH **22**, 90, **62**, 88, 325, **74**, 270. Schadensersatzansprüche der Kunden fallen nicht unter Nr 10 b, aber uU Nr 7, 11 oder § 9. Die Anforderungen an die Klarheit des Vorbehalts sind hoch; nicht "ausdrücklich" ist Hinweis am Ende der Garantiebedingungen, die gesetzlichen Gewährleistungsansprüche "werden nicht berührt", BGH **79**, 117 (zu Garantie s § 349 HGB Anm 4 C). Verwendung der Begriffe "Wandelung", "Minderung" sind für den Laien nicht hinreichend klar, BGH NJW **82**, 333, 2380. **Kaufleute:** Nr 10 b gilt über

§ 9 mit Einschränkungen auch für Kflte, str, offen BGH **93,** 62. Ausschluß der Wandelung unter Beschränkung auf Nachbesserung und bei ihrem Fehlschlagen auf Minderung ist auch unter Kflten unwirksam (§ 9 II Nr 1), BGH NJW **81,** 1501; Ausschluß des Schadensersatzanspruchs aus positiver Vertragsverletzung ist dagegen mindestens unter Kflten wirksam, BGH NJW **81,** 1502, ausnahmsweise jedoch unwirksam, falls der rechtlich zulässige Rücktritt wegen langfristiger Disposition wirtschaftlich ausscheidet, BGH BB **80,** 13. Ausschluß nur der Minderung ist wirksam, Stgt BB **84,** 495. Ausdrücklicher Hinweis ist, jedenfalls mit den hohen Anforderungen der Rspr zu Nr 10b (s oben), unter Kflten unnötig, Stgt BB **84,** 495, str. **c)** Die **Aufwendungen bei Nachbesserung** (zB Transport-, Wege-, Arbeits-, Materialkosten; nicht Nutzungsausfall) können nicht auf den Kunden abgewälzt werden (s §§ 476a, 633 II 2 BGB). Hinweis in Garantie auf Nichtberechnung von Ersatzteilen und Arbeitszeit kann irreführen (Berechnung anderer Kosten zB Versand), BGH **79,** 122. Für Kostenfragen des Herstellers bei Garantie gilt Nr 10c nicht, str, Reinel NJW **80,** 1610, von Westphalen NJW **80,** 2227, Nickel NJW **81,** 1490. **Kaufleute:** Nr 10c gilt nicht strikt über § 9 auch im kfm Verkehr, aA von Westphalen NJW **80,** 2232. Abwälzung der Reparatur- und Montagekosten auf den Besteller ist auch unter Kflten unwirksam, jedenfalls wenn sie so hoch sind, daß sie die Ausgewogenheit von Leistung und Gegenleistung stören, BGH NJW **81,** 1510, iE anders BGH BB **72,** 1528. **d) Vorenthalten der Mängelbeseitigung** oder Ersatzlieferung bis zur Zahlung des ganzen oder eines unverhältnismäßig hohen Teils des Entgelts (Ausdehnung der §§ 273, 320 BGB) ist für den Verwender unwirksam. Einschränkung der Zurückbehaltungsrechte des Kunden s Nr 2. **Kaufleute:** Das Verlangen des vollen oder eines unverhältnismäßig hohen Teils des Entgelts vor Mängelbeseitigung ist idR auch im kfm Verkehr nach § 9 unzulässig. Jedoch sind Ausnahmesituationen denkbar, die nicht durch starre Anwendung von Nr 10d über § 9 gleichgeschaltet werden sollten, str. Lieferer kann aber Vorauszahlung keinesfalls verlangen, wenn er die Nachbesserungspflicht nicht klar anerkennt, BGH DB **69,** 2270; ebenso bei weitestgehender Beschneidung der Rechte des Kunden im übrigen, BGH **48,** 264. **e)** Die **Ausschlußfrist für Mängelanzeige** des Kunden kann bei nicht offensichtlichen Mängeln nicht kürzer als bei gesetzlicher Mängelverjährung sein. Klausel mit Pflicht zur unverzüglichen, schriftlichen Mängelrüge ist unwirksam, falls Nachbesserungsrecht nur bei „fristgerechter" Rüge, BGH NJW **85,** 858; auch ohne ausdrückliche Aufführung von Rechtsfolgen wegen Verstoß gegen Nr 10e oder Nr 15, Stgt BB **79,** 1469. Bei offensichtlichen Mängeln gilt § 9 (idR mindestens eine Woche, str). **Kaufleute:** Nr 10e ist auf Kflte unanwendbar. Ausnahmsweise sind Rügepflichten über §§ 377, 378 HGB hinaus, zB ohne Rücksicht auf Erkennbarkeit, auch nach § 9 unwirksam, vgl BGH LM § 377 HGB Nr 6, Hbg MDR **74,** 577. Ausschluß der Haftung für verborgene Mängel (Rüge nur im Zeitpunkt der Ablieferung) ist unzulässig, BGH WM **85,** 1145, Ul-Br-He 76, str. Umgekehrt ist die formularmäßige Abbedingung der Rügepflicht aus §§ 377, 378 HGB nach § 9 nur bei besonderem Interesse des Verwenders zulässig, str, Abbedingung der Anzeige offenkundiger Mängel ist unzulässig, die bloße Verlängerung dagegen idR möglich. **f)** Die **Verkürzung von gesetzlichen Gewährleistungsfristen** (§ 477 BGB: sechs Monate, Grundstücke ein Jahr; § 638 BGB: Bauwerke 5 Jahre) ist unwirksam; Ausnahme s § 23 II Nr 5 (VOB: zwei Jahre). Unwirksam ist auch die rechtliche Unterstellung unter einen anderen Vertragstyp mit kürzerer Verjährung (Kauf statt Werkvertrag mit fünfjähriger Verjährung bei (Bau-)Erstellungsverpflichtung des Veräußerers, BGH **74,** 269. Die Klausel „(Nachbesserungs-)Garantieleistung verlängert Garantiezeit nicht" kann als Verkürzung der Verjährungsfrist mißverstanden werden (Hemmung

III. AGB-Gesetz u. Vertragsklauseln **11–13 AGBG 11 (5)**

der Verjährung bei Nachbesserung entspr § 639 S 2 BGB), BGH **79**, 121. Garantiefristen s Kornmeier NJW **82**, 793. Hinausschieben des Beginns der Verjährung auf einen vom Kunden nicht bestimmbaren Zeitpunkt s § 9 Anm 3 (Bauverträge). **Kaufleute:** Nr 10 f ist über § 9 grundsätzlich auch auf Kflte anwendbar, BGH **90**, 277 (verborgene Baumängel). Aus Geschäft und Umständen kann jedoch anderes folgen, str. Die Begrenzung der Klagefrist beim Konnossement auf drei Monate ist unwirksam, BGH **71**, 167. Eine Verkürzung der werkvertraglichen Gewährleistungsfrist von fünf Jahren auf sechs Monate nach Erhalt der Ware (Einbau von Heizkörpern) ist auch unter Kflten unwirksam, BGH NJW **81**, 1510.

11) Haftung für zugesicherte Eigenschaften (Nr 11): Ausschluß oder Einschränkung der Haftung für zugesicherte Eigenschaften (§§ 459 II, 463, 480 II, 494, 635 BGB) ist unwirksam, BGH **82**, 225, **87**, 308. Ausnahme § 651 h BGB. Nr 11 gilt entspr für § 538 BGB. **Kaufleute:** Nr 11 gilt über § 9 II Nr 2 auch im kfm Verkehr. Gerade auch Kflte müssen sich auf Zusicherungen verlassen können (vgl zur besonderen Bedeutung des Vertrauensschutzes im HdlVerkehr Einl I 1 Cc vor § 1 HGB). Eine uneingeschränkte Anwendung der Nr 11 auch auf Kflte ist aber nicht sachgerecht, str, von Westphalen DB **78**, 2061. Haftungsausschluß, mindestens aber Haftungsbegrenzung, für gewisse Mängelfolgeschäden sollte, auch soweit sie auf §§ 463, 635 BGB und nicht auf positiver Vertragsverletzung beruhen, wie bisher (BGH **54**, 242, NJW **74**, 272) möglich bleiben, aA Ul-Br-He 23; Bezugnahme auf industrielle Normen ist nicht ohne weiteres Zusicherung, Ausschluß des Schadensersatzanspruches wegen positiver Vertragsverletzung ist jedenfalls unter Kflten wirksam, BGH NJW **81**, 1501.

12) Laufzeit bei Dauerschuldverhältnissen (Nr 12): Bei Verträgen über periodische Warenlieferung, Dienst- oder Werkleistungen (mit Ratenlieferung; Miete, BGH NJW **85**, 2328) sind unwirksam: **a)** längere Laufzeit als zwei Jahre, **b)** stillschweigende Verlängerung um jeweils mehr als ein Jahr, **c)** Kündigungsfrist von mehr als drei Monaten. Ausnahme § 23 II Nr 2 (Elektrizität, Gas), § 23 II Nr 6 (Sachgesamtheiten, Versicherung, Urheberrechte). Der Maklervertrag ist auch bei Alleinauftrag idR nicht auf „regelmäßige" Dienstleistung gerichtet, BGH BB **79**, 756. Soweit Nr 11 nicht verletzt ist, kann doch § 9 eingreifen. Rechtsfolge ist nicht nur Teilunwirksamkeit, BGH **84**, 114, s § 6. **Kaufleute:** Nr 12 gilt nicht über § 9 für Kflte. Diese planen und binden sich wirtschaftlich in anderen Zeiträumen. Auch im kfm Verkehr gibt es aber Grenzen (§ 9, § 138 BGB, zB übermäßig lange Bierlieferungsvertragsbindungen). Auch unter Kflten kann die außerordentliche (fristlose) Kündigung von Dauerschuldverhältnissen nicht ausgeschlossen werden. 10jährige Miete einer Fernsprechnebenanlage verstößt nicht gegen § 9, BGH NJW **85**, 2338.

13) Wechsel des Vertragspartners (Nr 13): Übertragung des ganzen Vertragsverhältnisses vom Verwender auf Dritte ist beim Kauf-, Dienst- und Werkvertrag nur bei namentlicher Bezeichnung des Dritten (einschließlich seiner Anschrift, BGH NJW **80**, 2518) oder einem Rücktritts- bzw Kündigungsrecht des Kunden wirksam. Forderungsabtretung (§§ 398 ff BGB) fällt nicht unter Nr 13, aber befreiende Schuldübernahme (§ 415 BGB), str. Umwandlung von Rechts wegen und formändernde Umwandlung von Ges fallen nicht unter Nr 13, aber übertragende (vgl Einl 4 vor § 105 HGB), str. **Kaufleute:** Nr 13 gilt über § 9 nur eingeschränkt im kfm Verkehr, str. Entscheidend ist, ob der Kfm durch die Vertragsübernahme unangemessen benachteiligt wird. Das ist je nach Geschäft und Vertragszweck bei Übergang auf ein zum gleichen Konzern gehörendes Unternehmen oder ein anderes sicheres Unternehmen zu verneinen, bei wesentlicher Auswirkung auf die Vertragsdurchführung (vgl Mü BB **73**, 636, Bierlie-

1083

ferungsvertrag; dann auch § 10 Nr 4) dagegen idR zu bejahen, Staud-Schlosser 17. Klausel ist unangemessen bei typischem Interesse des Kunden an Zuverlässigkeit und Solvenz des Dritten, zB bei mehrjährigem Automatenaufstellvertrag mit zT personenbezogenen Elementen, BGH NJW **85,** 54.

14) Haftung des Abschlußvertreters (Nr 14): betr Eigenhaftung, Einstandspflicht oder über § 179 BGB hinausgehende Haftung des Vertreters des Kunden. Eine derartige Eigenhaftung des Vertreters folgt nur aus Vertrag mit ihm selbst, aus Verschulden bei Vertragsschluß (s Überbl 4 vor § 48 HGB) oder sonst aus Gesetz, zB § 179 BGB. Zur Mitbestellerklausel s § 3 Anm 2, § 9 Anm 3 („Ehegattenmithaftungsklauseln"). **Kaufleute:** Nr 14 stellt im wesentlichen nur die allgemeinen Grundsätze der Eigenhaftung des Vertreters klar. Diese gelten auch für Kflte.

15) Beweislast (Nr 15): Beweislaständerungen zum Nachteil des Kunden sind unwirksam. Nr 15 nennt (nicht abschließend: „insbesondere") zwei Beispiele: **a)** Zuschieben der Beweislast für im **Verantwortungsbereich des Verwenders** liegende Umstände, BGH **86,** 297. Nr 15 gilt auch für den Beweis des ersten Anscheins, str, nach aA gilt § 9. Fiktion des Zugangs s § 10 Nr 6, Pauschalierungen s §§ 10 Nr 7, 11 Nr 5. **b)** (beweislaständernde) **Tatsachenbestätigungen,** zB (Teilzahlungskredit-)Empfangsbestätigung, s **(7)** Bankgeschäfte V 3; auch tatsächliche Beweiserleichterung durch Formularerklärungen des Kunden zB über individuelles Aushandeln, str, aA Karlsr/Fbg BB **83,** 726 m Anm Strobel; „Mündliche Nebenabreden sind nicht getroffen" ist nicht beweislaständernd, BGH NJW **85,** 2329, str. Nr 15 trifft nicht gesetzlich anerkannte Institute, die im praktischen Ergebnis einer Beweislastumkehr gleichkommen, zB Grundschuld (§ 1191 BGB), Wechsel, Scheck; auch nicht abstrakte Schuldversprechen und -anerkenntnisse (§§ 780, 781 BGB), zB formularmäßig abstrakte Verpflichtung (mit Hypothekenbewilligung) bei Baufinanzierung, Stgt NJW **79,** 222, Kümpel WM **78,** 747, aA Stürner JZ **77,** 431, 639. Wirksam sind gesondert (auch auf derselben Urkunde) unterschriebene Empfangsbestätigungen (Quittung, § 368 BGB). **Kaufleute:** Nr 15a gilt über § 9 auch im kfm Verkehr, BGH NJW **85,** 3017 (offen, ob Ausnahmen). Gerade Kflte sind an klar abgegrenzten Verantwortungsbereichen interessiert und schützen ihre Unternehmen vor fremder Einsicht (Geschäftsgeheimnis, vgl Einl II 1 B a vor § 1 HGB). Sie dürfen ihre Vertragspartner nicht durch eine solche Beweislastumkehr „praktisch rechtlos" stellen, vgl BGH **41,** 155 (Lagervertrag), NJW **73,** 1193, Karlsr/Fbg BB **83,** 727. Beweislastumkehr für verborgene Fehler bei Weiterverarbeitung ist unwirksam, BGH NJW **85,** 3017. Soweit unter Kflten Haftungsfreizeichnung möglich ist (s Nr 7), ist aber auch eine (den Kfm nicht rechtlos stellende) Beweislastumkehr möglich, offen BGH NJW **85,** 3017. Nr 15b ist dagegen für Kflte zu restriktiv. Übersicht: Stübing NJW **78,** 1606.

16) Form von Anzeigen und Erklärungen (Nr 16): Der Verwender kann für einseitige empfangsbedürftige Erklärungen des Kunden nur die Schriftform (§§ 126, 127 BGB; s § 4 Anm 1, § 9 Anm 3), Nr 16 nicht telegrafisch oder auf besonderen Vordrucken, und nur normalen Zugang, zB nicht durch eingeschriebenen Brief oder an eine bestimmte Stelle des Unternehmens, str, verlangen. Nr 16 gilt nicht für vertragliche Abreden, insbesondere Vertragsänderungen. Zugang von Erklärungen des Verwenders s § 10 Nr 6. **Kaufleute:** Nr 16 gilt nicht über § 9 generell auch für Kflte, str. Der kfm Verkehr muß sich die adäquaten Formerfordernisse in den Grenzen eines berechtigten Interesses am raschen oder sicheren Zugang selbst wählen können, zB Fernschreiben oder Einschreibesendungen. Übersicht: Dürr BB **78,** 1546.

Zweiter Abschnitt. Kollisionsrecht

Zwischenstaatlicher Geltungsbereich

AGBG 12 Unterliegt ein Vertrag ausländischem Recht oder dem Recht der Deutschen Demokratischen Republik, so sind die Vorschriften dieses Gesetzes gleichwohl zu berücksichtigen, wenn

1. der Vertrag auf Grund eines öffentlichen Angebots, einer öffentlichen Werbung oder einer ähnlichen im Geltungsbereich dieses Gesetzes entfalteten geschäftlichen Tätigkeit des Verwenders zustande kommt und

2. der andere Vertragsteil bei Abgabe seiner auf den Vertragsschluß gerichteten Erklärung seinen Wohnsitz oder gewöhnlichen Aufenthalt im Geltungsbereich dieses Gesetzes hat und seine Willenserklärung im Geltungsbereich dieses Gesetzes abgibt.

Schrifttum: *Drobnig* FS Mann **77**, 591. – *Landfermann* RIW **77**, 445. – *Jayme* ZHR 142 (**78**) 105. – *Nörenberg* NJW **78**, 1082. – *Reichert-Facilides* VersR **78**, 481. – *Schütze* DB **78**, 2301. – *Sonnenberger* FS Ferid **78**, 377. – *von Westphalen* WM **78**, 1310. – *Stoll* FS Beitzke **79**, 759. – *Hübner* NJW **80**, 2601. – *Mühl* FS Mühl **81**, 449.

1) Anwendbarkeit des § 12: Untersteht ein Vertrag mit Auslandsberührung deutschem Recht, ist das AGBG voll anwendbar. Die Parteien können jedoch kraft ihrer Privatautonomie im internationalen Schuldrecht grundsätzlich ausdrücklich oder stillschweigend eine andere Rechtsordnung wählen. § 12 stellt sicher, daß das AGBG trotzdem in bestimmten Fällen anwendbar bleibt. § 12 setzt kumulativ voraus: Zustandekommen des Vertrags aufgrund inländischer Werbe- oder Geschäftstätigkeit des Verwenders (Nr 1) und Willenserklärung im Inland durch Kunden mit inländischem Wohnsitz bzw gewöhnlichem Aufenthalt (Nr 2). Ob AGB wirksam in den Vertrag einbezogen sind, bestimmt sich nach dem Recht des Offerenten, von Westphalen WM **78**, 1311. Für HdlGeschäfte von **Kaufleuten** gilt § 12 nicht, s § 24 S 1 Nr 1; die KfmEigenschaft bestimmt sich nach deutschem Recht.

2) Berücksichtigung des AGBG: Zu berücksichtigen sind nach § 12 der ganze Abschn 1 (§§ 1–11); vor allem die §§ 2 (vgl dort auch zur Sprache der AGB), 3, 5, 7, 9, auch 10, 11; auch Abschn 3 (§§ 13ff), str. Berücksichtigen bedeutet nicht uneingeschränkte Anwendung; vielmehr kommt es auf **funktionale Schutzäquivalenz** des ausländischen Rechts an. Bloßes Vorhandensein von Verbraucherschutznormen im ausländischen Recht genügt nicht, umgekehrt ist nicht notwendig, daß das ausländische Recht auch im konkreten Fall den Kunden nicht schlechter stellt als das AGBG, str, aA Palandt-Heldrich 3: AGBG als **Mindeststandard**. § 12 ähnelt der Vorbehaltsklausel des Art 30 EGBGB (aber mit Präzisierung der Inlandsbeziehung, s Anm 1); ebenso wie dort sind nur die unbedingt nötigen Eingriffe in das vereinbarte ausländische Recht zulässig.

Dritter Abschnitt. Verfahren

Unterlassungs- und Widerrufsanspruch

AGBG 13 [1] Wer in Allgemeinen Geschäftsbedingungen Bestimmungen, die nach §§ 9 bis 11 dieses Gesetzes unwirksam sind, verwendet oder für den rechtsgeschäftlichen Verkehr empfiehlt, kann auf Unterlassung und im Fall des Empfehlens auch auf Widerruf in Anspruch genommen werden.

II Die Ansprüche auf Unterlassung und auf Widerruf können nur geltend gemacht werden

1. von rechtsfähigen Verbänden, zu deren satzungsgemäßen Aufgaben es gehört, die Interessen der Verbraucher durch Aufklärung und Beratung wahrzunehmen, wenn sie in diesem Aufgabenbereich tätige Verbände oder mindestens fünfundsiebzig natürliche Personen als Mitglieder haben,
2. von rechtsfähigen Verbänden zur Förderung gewerblicher Interessen oder
3. von den Industrie- und Handelskammern oder den Handwerkskammern.

III Die in Absatz 2 Nr. 1 bezeichneten Verbände können Ansprüche auf Unterlassung und auf Widerruf nicht geltend machen, wenn Allgemeine Geschäftsbedingungen gegenüber einem Kaufmann verwendet werden und der Vertrag zum Betriebe seines Handelsgewerbes gehört oder wenn Allgemeine Geschäftsbedingungen zur ausschließlichen Verwendung zwischen Kaufleuten empfohlen werden.

IV Die Ansprüche nach Absatz 1 verjähren in zwei Jahren von dem Zeitpunkt an, in welchem der Anspruchsberechtigte von der Verwendung oder Empfehlung der unwirksamen Allgemeinen Geschäftsbedingungen Kenntnis erlangt hat, ohne Rücksicht auf diese Kenntnis in vier Jahren von der jeweiligen Verwendung oder Empfehlung an.

1) Schutzobjekt im Verfahren nach §§ 13ff ist nicht der einzelne Verbraucher, sondern der Rechtsverkehr. Deshalb sind Einzelfallumstände irrelevant, BGH NJW **82**, 765, und es ist unerheblich, ob die beanstandete Klausel bereits im Einzelfall Vertragsinhalt geworden ist oder von einer Individualvereinbarung überlagert wird, BGH NJW **81**, 979, **85**, 321, oder ob ein einseitiges Leistungsbestimmungsrecht (Preisänderungsvorbehalt, s § 11 Nr 1) schon nach § 315 III BGB nicht unbillig ausgeübt werden darf, BGH **82**, 26. Im Verfahren nach § 13 ist von der „kundenfeindlichsten" Auslegung der AGB auszugehen, also wie ein rechtsunkundiger Durchschnittskunde die Klausel verstehen kann, BGH **79**, 119, NJW **83**, 1671, aber ohne rein theoretische, fernliegende und nicht interessengerechte Auslegungsmöglichkeiten, BGH NJW **85**, 321. Eintragung als Konditionenempfehlung (§ 38 II Nr 3 GWB) präjudiziert nicht, Stgt BB **79**, 1469. § 13 erfaßt seinem Wortlaut nach nur Verstöße gegen §§ 9–11, BGH NJW **82**, 333; das ist aber zu eng, auch andere Verstöße sind erfaßt, zB gegen AbzG, BGH WM **85**, 30. § 38 ZPO (Text s Einl IV 3 C vor § 1 HGB) ist über § 9 II Nr 1 erfaßt, BGH NJW **83**, 1322; ebenso Verlängerung der Verjährung zugunsten des Verwenders (§ 225 BGB), Stgt BB **82**, 1753. Auch sprachlich in einem Satz verbundene AGB können, wenn inhaltlich voneinander trennbar und einzeln aus sich heraus verständlich, gesondert zu beurteilen sein, BGH NJW **82**, 178. – Zu I Karlsr NJW **81**, 405. Verwender kann auch der Vertreter eines anderen sein, zumindest bei eigenem Interesse an der Verwendung der AGB, BGH **81**, 231. Architekt als Empfehler s Karlsr/Fbg BB **83**, 725. Zu II Nr 2: auch Architektenkammer und andere Körperschaften des öffentlichen Rechts (Nr 3 steht nicht entgegen), BGH **81**, 230. Für den kfm Verkehr spielt die Verbandsklage bisher leider keine große Rolle (vgl vor § 8 Anm 3 B). Zu III Bsp Mü BB **78**, 1183 (Zeitschrift: AGB nur für Kfm-Annoncen). Einstweilige Verfügungen sind zulässig, KG DB **80**, 1063, Hbg NJW **81**, 2430 und allgemeine Praxis, aA Düss NJW **78**, 2512, Koch BB **78**, 1638. Unterlassungsverurteilung betrifft auch bereits abgeschlossene Verträge, BGH NJW **81**, 1511. Unterlassungsanspruch besteht nicht bei Beseitigung der Wiederholungsgefahr, BGH **81**, 222, aber strenge Anforderungen; Unterlassungserklärung unter Einschränkungen, zB Aufbrauchfrist, genügt nicht, BGH NJW **82**, 2312, str, enger

III. AGB-Gesetz u. Vertragsklauseln   **AGBG 14–16 (5)**

(strafbewehrte Unterlassungserklärung) Bultmann BB **82,** 703. Zum Verfahrensrecht Bunte DB **81,** 481. RsprÜbersichten: Hardieck BB **79,** 708, 1635, Hennig-Jarre BB **81,** 1161, Seifert BB **82,** 464, **84,** 880.

Zuständigkeit

AGBG 14 ᴵ Für Klagen nach § 13 dieses Gesetzes ist das Landgericht ausschließlich zuständig, in dessen Bezirk der Beklagte seine gewerbliche Niederlassung oder in Ermangelung einer solchen seinen Wohnsitz hat. Hat der Beklagte im Inland weder eine gewerbliche Niederlassung noch einen Wohnsitz, so ist das Gericht des inländischen Aufenthaltsorts zuständig, in Ermangelung eines solchen das Gericht, in dessen Bezirk die nach §§ 9 bis 11 dieses Gesetzes unwirksamen Bestimmungen in Allgemeinen Geschäftsbedingungen verwendet wurden.

ᴵᴵ Die Landesregierungen werden ermächtigt, zur sachdienlichen Förderung oder schnelleren Erledigung der Verfahren durch Rechtsverordnung einem Landgericht für die Bezirke mehrerer Landgerichte Rechtsstreitigkeiten nach diesem Gesetz zuzuweisen. Die Landesregierungen können die Ermächtigung durch Rechtsverordnung auf die Landesjustizverwaltungen übertragen.

ᴵᴵᴵ Die Parteien können sich vor den nach Absatz 2 bestimmten Gerichten auch durch Rechtsanwälte vertreten lassen, die bei dem Gericht zugelassen sind, vor das der Rechtsstreit ohne die Regelung nach Absatz 2 gehören würde.

ᴵⱽ Die Mehrkosten, die einer Partei dadurch erwachsen, daß sie sich nach Absatz 3 durch einen nicht beim Prozeßgericht zugelassenen Rechtsanwalt vertreten läßt, sind nicht zu erstatten.

Verfahren

AGBG 15 ᴵ Auf das Verfahren sind die Vorschriften der Zivilprozeßordnung anzuwenden, soweit sich aus diesem Gesetz nicht etwas anderes ergibt.

ᴵᴵ Der Klageantrag muß auch enthalten:
1. den Wortlaut der beanstandeten Bestimmungen in Allgemeinen Geschäftsbedingungen;
2. die Bezeichnung der Art der Rechtsgeschäfte, für die die Bestimmungen beanstandet werden.

Anhörung

AGBG 16 Das Gericht hat vor der Entscheidung über eine Klage nach § 13 zu hören

1. die zuständige Aufsichtsbehörde für das Versicherungswesen, wenn Gegenstand der Klage Bestimmungen in Allgemeinen Geschäftsbedingungen sind, die von ihr nach Maßgabe des Versicherungsaufsichtsgesetzes zu genehmigen sind, oder
2. das Bundesaufsichtsamt für das Kreditwesen, wenn Gegenstand der Klage Bestimmungen in Allgemeinen Geschäftsbedingungen sind, die das Bundesaufsichtsamt für das Kreditwesen nach Maßgabe des Gesetzes über Bausparkassen, des Gesetzes über Kapitalanlagegesellschaften, des Hypothekenbankgesetzes oder des Gesetzes über Schiffspfandbriefbanken zu genehmigen hat.

Urteilsformel

AGBG 17 Erachtet das Gericht die Klage für begründet, so enthält die Urteilsformel auch:

1. die beanstandeten Bestimmungen der Allgemeinen Geschäftsbedingungen im Wortlaut;
2. die Bezeichnung der Art der Rechtsgeschäfte, für die die den Unterlassungsanspruch begründenden Bestimmungen der Allgemeinen Geschäftsbedingungen nicht verwendet werden dürfen;
3. das Gebot, die Verwendung inhaltsgleicher Bestimmungen in Allgemeinen Geschäftsbedingungen zu unterlassen;
4. für den Fall der Verurteilung zum Widerruf das Gebot, das Urteil in gleicher Weise bekanntzugeben, wie die Empfehlung verbreitet wurde.

Veröffentlichungsbefugnis

AGBG 18 Wird der Klage stattgegeben, so kann dem Kläger auf Antrag die Befugnis zugesprochen werden, die Urteilsformel mit der Bezeichnung des verurteilten Verwenders oder Empfehlers auf Kosten des Beklagten im Bundesanzeiger, im übrigen auf eigene Kosten bekanntzumachen. Das Gericht kann die Befugnis zeitlich begrenzen.

Einwendung bei abweichender Entscheidung

AGBG 19 Der Verwender, dem die Verwendung einer Bestimmung untersagt worden ist, kann im Wege der Klage nach § 767 ZPO einwenden, daß nachträglich eine Entscheidung des Bundesgerichtshofs oder des Gemeinsamen Senats der Obersten Gerichtshöfe des Bundes ergangen ist, welche die Verwendung dieser Bestimmung für dieselbe Art von Rechtsgeschäften nicht untersagt, und daß die Zwangsvollstreckung aus dem Urteil gegen ihn in unzumutbarer Weise seinen Geschäftsbetrieb beeinträchtigen würde.

Register

AGBG 20 [I] Das Gericht teilt dem Bundeskartellamt von Amts wegen mit

1. Klagen, die nach § 13 oder nach § 19 anhängig werden,
2. Urteile, die im Verfahren nach § 13 oder nach § 19 ergehen, sobald sie rechtskräftig sind.
3. die sonstige Erledigung der Klage.

[II] Das Bundeskartellamt führt über die nach Absatz 1 eingehenden Mitteilungen ein Register.

[III] Die Eintragung ist nach zwanzig Jahren seit dem Schluß des Jahres zu löschen, in dem die Eintragung in das Register erfolgt ist. Die Löschung erfolgt durch Eintragung eines Löschungsvermerks; mit der Löschung der Eintragung einer Klage ist die Löschung ihrer sonstigen Erledigung (Absatz 1 Nr. 3) zu verbinden.

[IV] Über eine bestehende Eintragung ist jedermann auf Antrag Auskunft zu erteilen. Die Auskunft enthält folgende Angaben:

1. für Klagen nach Absatz 1 Nr. 1
   a) die beklagte Partei,
   b) das angerufene Gericht samt Geschäftsnummer,
   c) den Klageantrag;

2. für Urteile nach Absatz 1 Nr. 2
   a) die verurteilte Partei,
   b) das entscheidende Gericht samt Geschäftsnummer,
   c) die Urteilsformel;
3. für die sonstige Erledigung nach Absatz 1 Nr. 3 die Art der Erledigung.

1) Klage auf Löschung einer Eintragung nach §§ 23ff EGGVG, KG DB **80**, 1062. RsprÜbersichten: Klemp BB **77**, 1121, NJW **79**, 20; Creutzig DB **79**, 151.

Wirkungen des Urteils

AGBG 21 Handelt der verurteilte Verwender dem Unterlassungsgebot zuwider, so ist die Bestimmung in den Allgemeinen Geschäftsbedingungen als unwirksam anzusehen, soweit sich der betroffene Vertragsteil auf die Wirkung des Unterlassungsurteils beruft. Er kann sich jedoch auf die Wirkung des Unterlassungsurteils nicht berufen, wenn der verurteilte Verwender gegen das Urteil die Klage nach § 19 erheben könnte.

Streitwert

AGBG 22 Bei Rechtsstreitigkeiten auf Grund dieses Gesetzes darf der Streitwert nicht über 500 000 Deutsche Mark angenommen werden.

Vierter Abschnitt. Anwendungsbereich

Sachlicher Anwendungsbereich

AGBG 23 ⁱ Dieses Gesetz findet keine Anwendung bei Verträgen auf dem Gebiet des Arbeits-, Erb-, Familien- und Gesellschaftsrechts.

ⁱⁱ Keine Anwendung finden ferner
1. § 2 für die mit Genehmigung der zuständigen Verkehrsbehörde oder auf Grund von internationalen Übereinkommen erlassenen Tarife und Ausführungsbestimmungen der Eisenbahnen und die nach Maßgabe des Personenbeförderungsgesetzes genehmigten Beförderungsbedingungen der Straßenbahnen, Obusse und Kraftfahrzeuge im Linienverkehr;
2. die §§ 10 und 11 für Verträge der Elektrizitäts- und der Gasversorgungsunternehmen über die Versorgung von Sonderabnehmern mit elektrischer Energie und mit Gas aus dem Versorgungsnetz, soweit die Versorgungsbedingungen nicht zum Nachteil der Abnehmer von den auf Grund des § 7 des Energiewirtschaftsgesetzes erlassenen Allgemeinen Bedingungen für die Versorgung mit elektrischer Arbeit aus dem Niederspannungsnetz der Elektrizitätsversorgungsunternehmen und Allgemeinen Bedingungen für die Versorgung mit Gas aus dem Versorgungsnetz der Gasversorgungsunternehmen abweichen;
3. § 11 Nr. 7 und 8 für die nach Maßgabe des Personenbeförderungsgesetzes genehmigten Beförderungsbedingungen und Tarifvorschriften der Straßenbahnen, Obusse und Kraftfahrzeuge im Linienverkehr, soweit sie nicht zum Nachteil des Fahrgastes von der Verordnung über die Allgemeinen Beförderungsbedingungen für den Straßenbahn- und Obusverkehr sowie den Linienverkehr mit Kraftfahrzeugen vom 27. Februar 1970 abweichen;
4. § 11 Nr. 7 für staatlich genehmigte Lotterieverträge oder Ausspielverträge;
5. § 10 Nr. 5 und § 11 Nr. 10 Buchstabe f für Leistungen, für die die Verdingungsordnung für Bauleistungen (VOB) Vertragsgrundlage ist;

6. § 11 Nr. 12 für Verträge über die Lieferung als zusammengehörig verkaufter Sachen, für Versicherungsverträge sowie für Verträge zwischen den Inhabern urheberrechtlicher Rechte und Ansprüche und Verwertungsgesellschaften im Sinne des Gesetzes über die Wahrnehmung von Urheberrechten und verwandten Schutzrechten.

III Ein Bausparvertrag, ein Versicherungsvertrag sowie das Rechtsverhältnis zwischen einer Kapitalanlagegesellschaft und einem Anteilinhaber unterliegen den von der zuständigen Behörde genehmigten Allgemeinen Geschäftsbedingungen der Bausparkasse, des Versicherers sowie der Kapitalanlagegesellschaft auch dann, wenn die in § 2 Abs. 1 Nr. 1 und 2 bezeichneten Erfordernisse nicht eingehalten sind.

1) Bereichsausnahmen (I): A. Arbeitsrecht, s ArbG, LAG Bln NJW **81**, 479, 480. Die Rspr des BAG übt eine weitgehende richterliche Inhaltskontrolle aus bzw wird unmittelbar rechtsfortbildend tätig. Die materiellen Vorschriften des AGBG gelten damit idR auch für Arbeitsverhältnisse. Monographie von Hoyningen=Huene, Billigkeit im Arbeitsrecht, 1978.

B. **Familien- und Erbrecht;** schuldrechtliche Verträge zwischen Ehegatten und Verwandten fallen nicht darunter. EhegattenGes s Anm C.

C. **Gesellschaftsrecht**, s Einl 1 A vor § 105 HGB, also zB HdlGes, stGes, Kln DB **83**, 105, str; eG, Vereine. **Nicht** freigestellt sind Satzungsbestimmungen mit Regelung der Rechtsbeziehung zu Dritten, Ffm NJW **73**, 2209, BGH **LM** § 25 BGB Nr 10, Stimmbindungsverträge mit Dritten, Bankenstimmrechtsbedingungen, Gemeinschaft (§§ 741 ff BGB, zB Wohnungseigentümerbenutzungsordnung); VVaG (der Sache nach Austauschverhältnis), str, Sieg VersR **77**, 489. Umgehung § 7. Auch soweit die Bereichsausnahme vorliegt, ist eine Inhaltskontrolle von (Publikums)GesVerträgen möglich, s Anh 177 a HGB Anm VIII 3 B, anders für „Unternehmenssatzung" (eG), Ffm BB **78**, 926.

2) Einzelausnahmen (II): A. Nr 1: Überhaupt keine AGB, sondern Rechtsnormen sind die Tarife und Ausführungsbestimmungen nach **(22)** GüKG §§ 20a VI, 106 II mit RKT, **(23)** KVO s dort Einl 2 vor § 1, **(24)** EVO, § 58 I Nr 3 PBefG. Unter II 1 fallen aber Tarife und Ausführungsbestimmungen nach **(24)** EVO §§ 2 I, 6 VI, Art 9 CIM (s § 453 HGB Anm 2 B) und Beförderungsbedingungen zB nach § 39 VI PBefG, BGH NJW **81**, 569. Nicht unter II fallen die Flugbeförderungsbedingungen aufgrund Warschauer Abkommen (s § 425 HGB Anm 1 B), BGH **86**, 290. Nach II Nr 1 ist nur § 2 unanwendbar. Dagegen unterliegen auch genehmigte Beförderungsbedingungen der Inhaltskontrolle nach §§ 9 ff (aber s II Nr 3).

B. **Nr 2:** Die Allgemeinen Bedingungen nach § 7 EnergiewirtschaftsG sind Rechtsnormen, nicht AGB; die darin enthaltenen Haftungsbeschränkungen sind wirksam, BGH **64**, 359. Mit Sonderabnehmern werden die Bedingungen vertraglich vereinbart, diese unterliegen dann der Inhaltskontrolle, aber (zur Gleichstellung mit den Normalabnehmern) nur beschränkt nach II Nr 2. Dazu Danner BB **79**, 78, Ebel BB **80**, 477, Schmidt=Salzer BB **80**, 1701, Janke=Weddige BB **81**, 1427, Wichmann ZIP **83**, 393, Kunth-Wollburg BB **85**, 230.

C. **Nr 3:** Die in Nr 3 erwähnte VO 27. 2. 70 BGBl 230 enthält summenmäßige Haftungsbeschränkungen, die gleichermaßen auch in den nach PBefG genehmigten AGB vorkommen dürfen und dann nicht §§ 11 Nr 7, 8 unterliegen; die Inhaltskontrolle im übrigen bleibt unberührt.

D. **Nr 4:** S § 763 BGB.

E. **Nr 5:** VOB(B), s Locher NJW **77**, 1801; Nr 5 ist verfassungsrechtlich problematisch, offen BGH **86**, 139.

III. AGB-Gesetz u. Vertragsklauseln　　　　1–4 **AGBG 24 (5)**

F. **Nr 6:** Lieferung als zusammengehörig verkaufter Sachen (Sachgesamtheit, vgl § 1 c Nr 1 AbzG), zB Lexika, Sammelwerk; nicht Werbevertrag, BGH **84,** 113. Versicherungsverträge fallen schon tatbestandlich nicht unter § 11 Nr 12; auf VerwertungsGes paßt § 11 Nr 12 wegen der tatsächlichen Monopolstellung und des Kundeninteresses an langjährigen Verträgen nicht.

3) Einzelausnahmen (III): Die behördlich genehmigten AGB von Bausparkassen, Versicherungen und KapitalanlageGes gelten auch ohne Beachtung von § 2 I. § 2 II bleibt dagegen unberührt.

Persönlicher Anwendungsbereich

AGBG 24 Die Vorschriften der §§ 2, 10, 11 und 12 finden keine Anwendung auf Allgemeine Geschäftsbedingungen,
1. **die gegenüber einem Kaufmann verwendet werden, wenn der Vertrag zum Betriebe seines Handelsgewerbes gehört;**
2. **die gegenüber einer juristischen Person des öffentlichen Rechts oder einem öffentlich-rechtlichen Sondervermögen verwendet werden.**

§ 9 ist in den Fällen des Satzes 1 auch insoweit anzuwenden, als dies zur Unwirksamkeit von in den §§ 10 und 11 genannten Vertragsbestimmungen führt; auf die im Handelsverkehr geltenden Gewohnheiten und Gebräuche ist angemessen Rücksicht zu nehmen.

1) Kaufleute (S 1 Nr 1) und juristische Personen und Sondervermögen des öffentlichen Rechts (S 1 Nr 2, zB DBB, DBP) sind vom Schutz des AGBG nicht ausgeschlossen (früher str). § 24 erklärt aber die §§ 2, 10, 11, 12 für unanwendbar auf Kflte (s §§ 1–6 HGB, auch MinderKfm, auch RechtsscheinKfm s § 5 HGB Anm 2; wegen des Schutzzwecks nicht sonstige Unternehmensträger zB freiberuflich Tätige, s § 1 HGB Anm 1 C, auch nicht arbeitnehmerähnliche HdlVertreter nach § 59 I Nr 3c KO, § 92a HGB, Ul-Br-He 15) für die zum Betrieb ihres HdlGewerbes gehörenden Verträge (s § 343 HGB und Vermutung des § 344 HGB). Die KfmEigenschaft bestimmt sich auch gegenüber ausländischen Vertragspartnern nach deutschem Recht, str. Die KfmEigenschaft des AGBVerwenders spielt in § 24 keine Rolle. Übersichten: Helm BB **77,** 1109, Schlechtriem FS Duden **77,** 571, Schiller NJW **79,** 636, Alisch JZ **82,** 706, Müller-Graff FS Pleyer **86,** 401.

2) Danach ist unter Kfltn eine **stillschweigende Einbeziehung** der AGB in den Vertrag möglich (vgl näher § 2).

3) Die Klauselverbote der §§ 10, 11 sind für den HdlVerkehr zu starr; die Unanwendbarkeitsregelung beruht auf Zeit- und Datenmangel im Gesetzgebungsverfahren und überläßt deshalb die Sachentscheidung der Rspr im Rahmen der Generalklausel des § 9, allerdings unter angemessener Rücksicht auf die kfm Gewohnheiten und Gebräuche (s § 346 HGB, mißbräuchliche Übung s dort Anm 1 F), so ausdrücklich § 24 **S 2**; mißverständlich Ul-Br-He § 9 Rz 86: der Maßstab der Inhaltskontrolle werde durch HdlBrauch nicht verschoben. Ein Trend zur Übernahme der Wertungen aus §§ 10, 11 auch auf den Verkehr zwischen Kflten ist in der Rspr unverkennbar (s §§ 10, 11 m Anm, zB § 11 Nr 10b); das ist im Grundsatz billigenswert (KfmEigenschaft bewahrt nicht vor Aufzwingen unbilliger AGB), geht aber teilweise zu weit und hemmt die nötige Selbstverantwortlichkeit und Flexibilität im HdlVerkehr (s Einl I 1 C vor § 1 HGB).

4) Der **internationale Handelsverkehr** soll sich frei von Fesseln des AGBG (§ 12) entfalten können. Inländische Kflte können ihre HdlGeschäfte mit Aus-

(6) Incoterms Einl   2. Handelsrechtl. Nebengesetze

landsberührung ausländischem oder DDRRecht unterstellen und begeben sich damit wirksam des Schutzes des AGBG (vor den AGB des ausländischen Verwenders). Auch eine Inhaltskontrolle nach § 9 findet dann nicht statt (mißverständlich S 2), str. Grenze ist der ordre public (Art 30 EGBGB).

Fünfter Abschnitt. Schluß- und Übergangsvorschriften

AGBG 25–30 *(vom Abdruck wurde abgesehen)*

(6) Incoterms und andere Handelskaufklauseln

Einleitung

Schrifttum

a) Kommentare: *Eisemann-Melis,* Incoterms Ausgabe 1980, Kommentar 1982, Wien 1983. – *IntHK,* Leitfaden für die Incoterms, 2. Aufl 1980 (IntHK-Publikation Nr 354, Sprache engl).

b) Einzeldarstellungen und Sonstiges: *Digenopoulos,* Die Abwandlung der CIF- und FOB-Geschäfte im modernen Überseekauf, 1979. – *Eisemann,* Die Incoterms im internationalen Warenkaufrecht, Wesen und Geltungsgrund, 1967. – *Grimm,* Der Einfuhrhandel, 1968. – *Haage,* Die Vertragsklauseln CIF, FOB, ab Kai unter Berücksichtigung der Trade Terms, 1956. – *Haage,* Das Abladegeschäft, 1958. – *IntHK,* Einführung in die ICC Richtlinien für internationale Verträge (IntHK-Publikation Nr 365, Sprache engl); Internationale Handelsbräuche (IntHK-Publikation Nr 374, Sprache engl, frz). – *Lebuhn,* FOB und FOB-Usancen europäischer Seehäfen, Lieferklauseln im internationalen Handelsverkehr, 3. Aufl 1971. – Vertragsklauseln im Handelsverkehr, 4. gemeinsames Seminar Univ. Montpellier/Heidelberg, 1974. – *Liesecke* WM **66,** 174, Sonderbeil 3/**78,** 23.

Allgemeiner: *Straatmann-Ulmer,* Handelsrechtliche Schiedsgerichts-Praxis, Bd 1 1975, Bd 2 1982. – *von Westphalen,* Rechtsprobleme der Exportfinanzierung, 2. Aufl 1978. – *Zahn-Eberding-Ehrlich,* Zahlung und Zahlungssicherung im Außenhandel, 6. Aufl 1986. – Großkommentare zum HGB (s Einl vor § 1). – *Hoffmann* AWD **70,** 247. – S auch § 346 HGB Anm 5.

Übersicht

1. AB WERK (EXW)
2. FOR/FOT (FOR)
3. FAS (FAS)
4. FOB (FOB)
5. C & F (CFR)
6. CIF (CIF)
7. AB SCHIFF (EXS)
8. AB KAI (EXQ)
9. GELIEFERT GRENZE (DAF)
10. GELIEFERT VERZOLLT (DDP)
11. FOB FLUGHAFEN (FOA)
12. FREI FRACHTFÜHRER (FRC)
13. FRACHTFREI (DCP)
14. FRACHTFREI VERSICHERT (CIP)

III. AGB-Gesetz u. Vertragsklauseln   Einl **Incoterms (6)**

1) Trade Terms

Der rasch arbeitende, auf Klarheit der Rechtsverhältnisse bedachte Kaufhandel bedarf vor allem im internationalen Verkehr genormter Vertragsformen und verwendet deshalb seit alters kurze Klauseln, deren Bedeutung zwar im Kern feststeht, in Einzelheiten aber nicht ohne weiteres klar ist und in verschiedenen Ländern verschieden verstanden wird. Nationale und internationale Vereinigungen bemühen sich um ihre Klärung. ,,Trade Terms" und ,,Incoterms" (s Anm 2) formulieren Gebote für Käufer und Verkäufer, die aus der Anwendung gewisser Klauseln solcher Art (CIF, FOB usw) folgen. Die **Trade Terms,** von der IntHK zuerst 1923, zuletzt 1953 veröffentlicht, sind von einer Reihe von Landesgruppen der IntHK (in Ägypten, Australien, Belgien, Dänemark, Deutschland, Frankreich, Großbritannien, Italien, Jugoslawien, Kanada, Marokko, Niederlande, Norwegen, Österreich, Schweden, Schweiz, Südafrika, USA) aufgestellt je für ihr Land als Aufzeichnung der zu diesem Zeitpunkt üblichen Auslegung. Dabei kann es sich um einen nationalen HdlBrauch handeln, Karlsr RIW **75,** 225. Übersichten: Beyer AWD **54,** 20, Haage AWD Beil 1/**56,** BB **56,** 195 (über ,,ab Kai"); Hbg MDR **64,** 601 (unter deutschen Parteien) betr deutsche Trade Terms über CIF-Klausel: nach II 1 Gefahrübergang bei Überschreiten der Reeling oder Übergabe an Schiffseigner zur Verschiffung, nach I 17 unverzüglich Übergabe der Dokumente durch Verkäufer an Käufer. – Die nationalen Trade Terms sind in der Form aufeinander abgestimmt, zT inhaltlich einander angeglichen, aber (als Aufzeichnung tatsächlich verschiedener HdlBräuche) nicht vereinheitlicht. Die Usancen der einzelnen HdlZweige ergänzen sie. Bei Geschäften zwischen Kflten verschiedener Länder kann iZw jeder sich als Schuldner auf die Trade Terms seines Landes berufen. Die Berufung eines Schiedsgerichts an bestimmtem Orte (zB: ,,Hamburger freundschaftliche Arbitrage") macht iZw die Trade Terms des Landes des Schiedsgerichts anwendbar.

2) International Commercial Terms (Incoterms) mit Nachträgen 1967, 1976 und 1980

A. Die **Incoterms** (Text unten) betreffen dieselben Kurzklauseln, sie bezwecken die Vereinheitlichung ihrer Auslegung. Von der IntHK 1936 unabhängig von den nationalen HdlBräuchen aufgestellt und 1953, 1974, 1976 und 1980 neu ausgelegt, gelten sie, falls die Kaufparteien im (innerstaatlichen oder internationalen) Kaufvertrag auf sie Bezug nehmen, zB durch die Formel ,,Incoterms 1953 CIF". Die IntHK empfiehlt dies nachdrücklich; die Anwendung der Incoterms nimmt nach ihrer Auskunft zu. Die Geltung der Incoterms ist keine gesetzliche, sie sind vielmehr grundsätzlich **AGB** (vgl **(5)** AGBG §§ 12, 24 I Nr 1); somit auch ihre Einbeziehung bewiesen werden, ihr Inhalt ist dagegen nicht beweisbedürftig, BGH RIW **75,** 578. Sind die Incoterms Vertragsinhalt geworden, gehen sie den Trade Terms vor. Incoterms sind nach ihrem Zweck und dem Parteiwillen international einheitlich auszulegen, von Hoffmann RIW **70,** 252. Auch soweit die Incoterms nicht in den Vertrag aufgenommen wurden, tragen sie uU zur Auslegung des maßgeblichen nationalen HdlBrauchs bei bzw decken sich im Einzelfall mit diesem. Vielleicht wird ihr Inhalt künftig allgemeiner internationaler HdlBrauch. Dazu Basedow RabelsZ 43 (**79**) 125. Der **Inhalt** der Incoterms beschränkt sich auf einige Hauptprobleme des Kaufs (Lieferung, Abnahme, (Preis-)Gefahrübergang und Fragen der Aus-, Durch- und Einfuhr der Ware). Alle nicht in den Incoterms geregelten Fragen (zB sonstige Kaufrechtsfragen und vor allem der Eigentumsübergang) bestimmen sich nach dem auf den Vertrag anzuwendenden nationalen Recht.

B. Die IntHK veröffentlichte 1967 zwei weitere Klausel-Definitionen von „noch nicht dem gleichen Wert wie die Incoterms" in der Hoffnung auf ihre allmähliche Anerkennung als einheitliche Praxis für einschlägige Verträge: **„Geliefert Grenze"** und **„Geliefert verzollt"**. 1976 folgte die neue Klausel **„FOB Flughafen"**. Die Ausgabe 1980 enthält zwei weitere neue Klauseln: **„Frei Frachtführer"** und **„Frachtfrei versichert"**, die alte Klausel „Frachtfrei" wurde revidiert, Incoterms und Container s Basedow RabelsZ 43 (**79**) 116. Somit sind 14 Vertragstypen geregelt; diese betreffen das Überseegeschäft (FAS, FOB, C&F, CIF, Ab Schiff, Ab Kai), den Überlandhandel (Ab Werk, Frei Waggon, Geliefert Grenze, Geliefert verzollt), den Luftfrachtverkehr (FOB Flughafen), und den multimodalen Verkehr (Frei Frachtführer, Frachtfrei, Frachtfrei versichert). Darunter sind Abnahmegeschäfte (zB Ab Werk, Ab Schiff, Ab Kai), Versendungsgeschäfte (zB FOR/FOT, FAS, FOB, C&F, CIF, Frachtfrei), Fern- oder Ankunftsgeschäfte (zB Ab Schiff, Ab Kai, Geliefert, Geliefert verzollt).

C. Der **Text** der Incoterms 1980 ist als ICC(IntHK)-Publikation Nr 350 erhältlich. Der Originaltext ist englisch; abgedruckt ist die deutsche Übersetzung der IntHK. Die Durchnumerierung der einzelnen Klauseln ist inoffiziell. Die eingeklammerten Abkürzungen (s Übersicht) sind die standardisierten Abkürzungen für EDV-Zwecke, von der ECE im Einverständnis mit der IntHK 1974 herausgegeben. Die **offiziellen Fußnoten bzw Anmerkungen** (Bsp Anm (1) zu Einl Nr 9) **und Kurzeinführungen** vor dem Text der einzelnen Klauseln sind ganz klein gedruckt, die eigenen Anmerkungen (Bsp Anm 1 zu FOB) haben Normalgröße.

3) Warschau-Oxford-Regeln

Speziell für CIF-Geschäfte hatte die International Law Association schon früher ähnliche Regeln aufgestellt, die bei „ausdrücklicher" Aufnahme in den Kaufvertrag gelten sollen: Warschau-Oxford-Regeln (revidierter Text von Oxford, August 1932, engl, Übersetzung Drucks 5/1951 der Deutschen Gruppe der IntHK). Sie werden nach Auskunft der IntHK jetzt selten angewandt.

4) FIDIC-Bedingungen, ECE-Bedingungen

A. In internationalen Bau- und Industrieanlageverträgen spielen die **FIDIC-Bauvertragsbedingungen** (Conditions of Contract (International) for Works of Civil Engineering Construction, hrsg von der Fédération Internationale des Ingénieurs-Conseils und der Fédération Internationale Européenne de la Construction), 3. Aufl 1977, eine herausragende Rolle. Übersicht: Goedel RIW **82**, 81.

B. Die **ECE** (UN-Wirtschaftskommission für Europa) hat Allgemeine Lieferbedingungen für den Export von Maschinen und Anlagen und weitere AGB mit großer Verbreitung erstellt (erhältlich von VDMA/Maschinenbau-Verlag Ffm), zT abgedruckt in Zweigert-Kropholler, Quellen des Internationalen Einheitsrechts, Bd I 1971, E 150 (engl).

5) Verhältnis zu AGB und AGBG

Incoterms und andere HdlKaufklauseln sind AGB. Soweit sie wie idR unter Kflten verwendet werden, finden nach (**5**) AGBG § 24 S 1 Nr 1 die AGBG §§ 2, 10, 11, 12 keine Anwendung, wohl aber zB die Generalklausel des AGBG § 9. Im internationalen HdlVerkehr ist der Geltungsbereich des AGBG durch AGBG § 12 eingeschränkt. Verhältnis der Klauselpraxis zu angestrebter Rechtsvereinheitlichung, Entwicklung von Recht und Klauselpraxis im Ablade-Geschäft s Überbl 6 vor § 373 HGB.

Incoterms

Revision 1980

EINLEITUNG

Zweck der Incoterms

1. Die „Incoterms" verfolgen den Zweck, eine Reihe internationaler Regeln in Außenhandelsverträgen zur Auslegung der hauptsächlich verwendeten Vertragsformeln zur freiwilligen Benutzung durch solche Firmen zu bieten, welche die Sicherheit einheitlicher internationaler Regeln der Unsicherheit der verschiedenartigen Auslegung der gleichen Formeln in den verschiedenen Ländern vorziehen.

2. Den vertragschließenden Parteien sind die unterschiedlichen Handelsbräuche in ihren Ländern oft nicht bekannt. Die verschiedenartige Auslegung ist eine ständige Ursache von Reibungen im internationalen Handel, führt zu Mißverständnissen, Streitigkeiten sowie zur Anrufung der Gerichte mit dem damit verbundenen großen Aufwand an Zeit und Kosten. Um den Kaufleuten ein Mittel zur Beseitigung der Hauptursachen für diese Hemmnisse zu verschaffen, hatte die Internationale Handelskammer zunächst im Jahre 1936 eine Reihe internationaler Regeln zur Auslegung der handelsüblichen Vertragsformeln herausgegeben, die unter dem Namen „Incoterms 1936" bekannt geworden sind. Ergänzungen und zusätzliche Klauseln wurden 1953, 1967, 1976 und 1980 gemacht, um die Regeln der derzeitigen, von der Mehrzahl der im internationalen Handel tätigen Firmen geübten Praxis anzupassen.

3. Die Schwierigkeiten für den Importeur wie für den Exporteur beruhen im wesentlichen auf drei Umständen. Erstens auf der Ungewißheit, welches Landesrecht auf die abgeschlossenen Verträge Anwendung findet, zweitens auf dem Mangel an ausreichenden Informationen und drittens auf der unterschiedlichen Auslegung. Diese Handelshemmnisse können durch die Verwendung der „Incoterms" erheblich verringert werden.

Berücksichtigung des besonderen Handelsbrauchs oder der Hafenusancen

4. In einigen Punkten hat es sich als unmöglich erwiesen, eine unbedingt maßgebende Regel aufzustellen. In diesen Fällen bestimmen die Regeln, daß die Entscheidung dem besonderen Handelsbrauch oder den Hafenusancen überlassen wird. Wenn es auch nicht möglich gewesen ist, solche Verweisungen völlig zu vermeiden, so war man doch bestrebt, sie auf ein Mindestmaß zu beschränken.

Sonderbestimmungen in Einzelverträgen

5. Sonderbestimmungen in einzelnen Verträgen zwischen den Parteien gehen den Vorschriften dieser Regeln vor.

6. Es steht den Parteien frei, die „Incoterms 1953" als allgemeine Grundlage für ihre Verträge festzusetzen: Sie können aber auch den Bedürfnissen ihres Gewerbes, den Zeitumständen oder ihren persönlichen Wünschen entsprechend Änderungen oder Zusätze vereinbaren. Es kann zum Beispiel vorkommen, daß eine Firma von ihrem Lieferanten bei einem CIF-Vertrag verlangt, daß nicht nur die Seeversicherung sondern auch die Versicherung gegen Kriegsgefahr von diesem gedeckt werden soll. In diesem Fall kann der Käufer

die Formel „Incoterms 1953 CIF zuzüglich Versicherung gegen Kriegsgefahr" vorschreiben. Der Verkäufer wird dann seinen Preis auf dieser Grundlage angeben.

Einige im inländischen Handel benutzte Abkürzungen werden im internationalen Handel oft nicht verstanden. Es wird daher aus Gründen der Genauigkeit empfohlen, die Benutzung solcher inländischen Abkürzungen zu vermeiden.

Abweichungen bei C & F – und CIF-Geschäften

7. Die Firmen sollten außerordentlich vorsichtig sein, wenn sie in ihren Kaufverträgen irgendwelche Abweichungen von den C & F und CIF Formeln vereinbaren, wie zB „C & F und CIF verzollt und Zoll bezahlt" oder ähnliche Fassungen. Die Hinzufügung eines Wortes oder auch nur eines Buchstabens zu den Formeln C & F und CIF kann zuweilen gänzlich unerwartete Folgen haben und das Wesen des Vertrages ändern. Es kann vorkommen, daß ein Gericht mit Rücksicht auf solche Zusätze das Vorliegen eines C & F – bzw. eines CIF-Geschäftes überhaupt verneint. In solchen Fällen ist es stets sicherer, ausdrücklich im Vertrag zu bestimmen, welche Pflichten und Kosten jede Partei übernehmen soll.

„Incoterms" und Beförderungsvertrag

8. Die Firmen, die in ihren Verträgen auf diese Regeln Bezug nehmen, dürfen nicht außer acht lassen, daß diese Regeln nur im Verhältnis zwischen Käufer und Verkäufer gelten. Das im Beförderungsvertrag geregelte Verhältnis zwischen einer Vertragspartei und dem Frachtführer wird durch diese Bestimmungen weder unmittelbar noch mittelbar berührt.

Der Beförderungsvertrag sieht vor, wie der Verkäufer seine Verpflichtungen erfüllen muß, um die Ware dem Frachtführer zu übergeben. Die Klauseln FOB, C & F und CIF, die in der vorliegenden Fassung der Incoterms unverändert beibehalten sind, stimmen alle mit der bisherigen Praxis der Lieferung der Ware an Bord des Seeschiffes überein. Die jetzige Praxis geht dahin, daß die Ware normalerweise vom Verkäufer einem Frachtführer übergeben wird, bevor die Verladung an Bord erfolgt. In diesen Fällen sollten die Kaufleute die neuen und ergänzten Klauseln vereinbaren: Frei Frachtführer (benannter Ort), Frachtfrei..., oder Frachtfrei, versichert... Eine Definition des Begriffes Frachtführer ist in einer Fußnote zu der Klausel „Frachtfrei (benannter Ort)" aufgeführt.

„Geliefert" Klauseln

9. Mangels einer eindeutigen und ausdrücklichen gegenteiligen Vereinbarung im Kaufvertrag ist nach diesen Regeln der Verkäufer nicht verpflichtet, eine zugunsten des Käufers geltende Versicherungspolice zu beschaffen.

Unter bestimmten Umständen jedoch, wie sie z. B. in Art A. 5 dieser Regeln in bezug auf die Klausel „Geliefert Grenze" vorgesehen sind, kann es im Interesse der Parteien liegen, gemeinsam zu entscheiden, welche Verpflichtungen gegebenenfalls Verkäufer oder Käufer im Hinblick auf die Versicherung der Ware vom Abgangsort im Versandland bis zum endgültigen vom Käufer gewählten Bestimmungsort übernehmen sollen.

In diesen Regeln müssen mangels ausdrücklicher anderer Vereinbarung im Kaufvertrag alle vom Verkäufer dem Käufer zur Verfügung gestellten Transportpapiere rein sein[1].

In den vorliegenden Regeln haben die folgenden Ausdrücke, soweit der Text im Zusammenhang nichts anderes ergibt, die ihnen hier gegebene Bedeutung:

„Versandland" bedeutet das Land, von dem aus der Verkäufer die Ware an den benannten Lieferort an der Grenze bzw. im Einfuhrland durch Frachtführer oder mit eigenen Beförderungsmitteln zu versenden hat.

III. AGB-Gesetz u. Vertragsklauseln   **1. Ab Werk Incoterms (6)**

,,Kosten" bedeutet alle direkten und indirekten Kosten, Gebühren und Ausgaben, die den Parteien bei der Erfüllung ihrer Verpflichtungen entstehen und in Übereinstimmung mit diesen Regeln von den Parteien übernommen und gezahlt werden.

(1) Hier sei auf die Bestimmung des Begriffs ,,reines Verladedokument" im Bankwesen verwiesen: vgl Art 18 der ICC-Broschüre 290 ,,Einheitliche Richtlinien und Gebräuche für Dokumenten Akkreditive". Wollen die Parteien eine Vereinbarung darüber treffen, welche zusätzlichen Klauseln seitens des Frachtführers auf dem Transportpapier in bezug auf den Zustand der Ware bzw deren Menge oder Gewicht für Verkäufer und Käufer akzeptabel sind, so sei auf die ICC-Broschüre 283 verwiesen ,,The Problem of Clean Bills of Lading".

Definition des Begriffes ,,Konnossement"

10. Der in diesen Regeln verwendete Ausdruck ,,Konnossement" bezieht sich auf ein Bord-Konnossement, das von dem Frachtführer oder in seinem Auftrage ausgestellt worden ist und sowohl den abgeschlossenen Beförderungsvertrag als auch die Verbringung der Waren an Bord des Schiffes beurkundet.

11. Konnossemente können mit den Vermerken ,,Fracht im voraus bezahlt" oder ,,Fracht zahlbar am Bestimmungsort" ausgestellt werden. Im ersteren Falle ist das Dokument gewöhnlich erst verfügbar, wenn die Fracht bezahlt ist.

Vereinfachte Praxis bei den Dokumenten

12. In der Linienschiffahrt werden Konnossemente häufig durch nichtbegebbare Dokumente (,,Seefrachtbrief", ,,Frachtempfangsbescheinigung", ,,kombinierte oder multimodale Transportdokumente") ersetzt: die Möglichkeit der Übermittlung der Inanspruchnahme durch automatische Datenverarbeitung wird zur Zeit geprüft. Werden Konnossemente in den betreffenden Handelsbranchen nicht benutzt, sollten die Parteien entweder die Klausel ,,Frei Frachtführer (benannter Ort)" oder ,,Frachtfrei" benutzen oder alternativ bei den FOB, C & F und CIF Klauseln vereinbaren, daß der Verkäufer dem Käufer das übliche Dokument oder einen anderen Nachweis der Übergabe der Ware an den Frachtführer liefert.

Firmen, die die vorliegenden Regeln anwenden wollen, werden gebeten, in ihren Verträgen anzugeben, daß diese aufgrund der Bestimmungen der ,,Incoterms" abgeschlossen werden.

Falls die Parteien eine Klausel einer früheren Fassung der Incoterms benutzen wollen, sollten sie dies ausdrücklich vereinbaren.

1. AB WERK
... (ab Fabrik, ab Mühle, ab Pflanzung, ab Lagerhaus usw.)

,,Ab Werk" bedeutet, daß die einzige Verantwortung des Verkäufers darin besteht, die Ware auf seinem Grundstück (dh das Lager oder die Fabrikationsstätte) zur Verfügung zu stellen. Er ist insbesondere mangels anderer Vereinbarung nicht verpflichtet, die Ware auf das vom Käufer zu beschaffende Beförderungsmittel zu verladen. Der Käufer trägt alle Kosten und Gefahren, die mit dem Transport der Ware von diesem Ort zum Bestimmungsort verbunden sind. Diese Klausel stellt daher eine Mindestverpflichtung für den Verkäufer dar.

A. Der Verkäufer hat:

1. Die Ware in Übereinstimmung mit dem Kaufvertrag zu liefern und zugleich alle vertragsgemäßen Belege hierfür zu erbringen.

(6) Incoterms 1. Ab Werk 2. Handelsrechtl. Nebengesetze

2. Dem Käufer die Ware zu der vertraglich vereinbarten Zeit an dem benannten Lieferungsort oder an dem für die Lieferung solcher Ware üblichen Ort zur Verladung auf das vom Käufer zu beschaffende Beförderungsmittel zur Verfügung zu stellen.

3. Auf eigene Kosten gegebenenfalls für die notwendige Verpackung zu sorgen, damit der Käufer die Ware übernehmen kann.

4. Den Käufer innerhalb einer angemessenen Frist von dem Zeitpunkt zu benachrichtigen, in dem die Ware zur Verfügung gestellt wird.

5. Die durch die Zurverfügungstellung der Ware für den Käufer bedingten Kosten des Prüfens (wie der Qualitätsprüfung, des Messens, Wiegens und Zählens) zu tragen.

6. Alle Kosten und Gefahren der Ware zu tragen, bis sie innerhalb der vertraglich vereinbarten Zeit dem Käufer zur Verfügung gestellt worden ist, vorausgesetzt, daß die Ware in geeigneter Weise konkretisiert, d.h. als der für den Käufer bestimmte Gegenstand abgesondert oder auf irgendeine andere Art kenntlich gemacht worden ist.

7. Dem Käufer auf dessen Verlangen, Gefahr und Kosten bei der Beschaffung irgendwelcher Dokumente, die in dem Liefer- und/oder Ursprungsland ausgestellt werden und die der Käufer zur Ausfuhr und/oder Einfuhr (und gegebenenfalls zur Durchfuhr durch ein drittes Land) benötigt, jede Hilfe zu gewähren.

B. Der Käufer hat:

1. Die Ware abzunehmen, sobald sie an dem vertraglich vereinbarten Ort und innerhalb der vertraglich vereinbarten Frist zu seiner Verfügung gestellt worden ist, und den Preis vertragsgemäß zu zahlen.

2. Alle Kosten und Gefahren der Ware von dem Zeitpunkt an zu tragen, in dem sie auf diese Weise zu seiner Verfügung gestellt worden ist, vorausgesetzt, daß die Ware in geeigneter Weise konkretisiert, d.h. als der für den Käufer bestimmte Gegenstand abgesondert oder auf irgendeine andere Art kenntlich gemacht worden ist.

3. Alle Zollgebühren und Abgaben zu tragen, die auf Grund der Ausfuhr erhoben werden.

4. Wenn er sich eine Frist für die Abnahme der Ware und/oder die Wahl des Lieferortes vorbehalten hat und nicht rechtzeitig Anweisungen erteilt, die sich hieraus ergebenden Mehrkosten und alle die Ware betreffenden Gefahren vom Ablauf der vereinbarten Frist an zu tragen, vorausgesetzt, daß die Ware in geeigneter Weise konkretisiert, d.h. als der für den Käufer bestimmte Gegenstand abgesondert oder auf irgendeine andere Art kenntlich gemacht worden ist.

5. Alle Kosten für die Ausstellung und Beschaffung der oben in Artikel A. 7 erwähnten Dokumente zu tragen, einschließlich der Kosten für die Ursprungszeugnisse, die Ausfuhrbewilligung und die Konsulatsgebühren.

1) ,,Ab Werk" hat wegen der einseitigen Lastenverteilung auf den Käufer keine große Bedeutung für den Außenhandel. Der Ab-Werk-Vertrag ist nicht mit der bloßen Ab-Werk-Preisklausel zu verwechseln, die auch bei anderen Verträgen vorkommt. Der Gefahrübergang erfolgt im Werk des Verkäufers (A 6, B 2); der Käufer muß dort untersuchen und rügen, vgl § 377 HGB Anm 3 B, D. ,,Ab Werk" regelt nur den Preisgefahrübergang; die Leistungsgefahr geht mit der Konzentration der Gattungsschuld über. B 3 bedeutet nicht Übernahme der Transportgefahr durch Käufer wie beim Versendungskauf iS § 447 BGB, wenn ein solcher nicht vorliegt, vielmehr ein schon anderswohin reisendes Gut verkauft und zum Käufer umgeleitet wird (und dies mißlingt),

III. AGB-Gesetz u. Vertragsklauseln 2. FOR/FOT **Incoterms (6)**

BGH 50, 36, vgl § 407 HGB Anm 1 D. Mangels bestimmter Fristvereinbarung gilt für B 4 handelsübliche Frist.

2. FOR/FOT

Frei (Franko) Waggon
... (benannter Abgangsort)

„FOR-FOT" bedeutet „Frei Waggon" (oder offene Güterwagen). Diese beiden Ausdrücke sind synonym, da das Wort Truck (Wagen) Eisenbahnwaggons bedeutet. Die Klausel sollte nur benutzt werden, wenn die Ware per Eisenbahn transportiert wird.

A. Der Verkäufer hat:

1. Die Ware in Übereinstimmung mit dem Kaufvertrag zu liefern und zugleich alle vertragsgemäßen Belege hierfür zu erbringen.

2. Wenn es sich um Ware handelt, die entweder eine volle Waggonladung ausmacht oder genügend Gewicht für die Beanspruchung besonderer Mengentarife für Waggonladungen aufweist, rechtzeitig einen Waggon geeigneter Art und Größe zu beschaffen, der gegebenenfalls mit Planen zu versehen ist, und ihn auf seine Kosten zum vereinbarten Termin oder innerhalb der vereinbarten Frist zu beladen, wobei er sich bei der Bestellung des Waggons und bei der Beladung an die Vorschriften der Abgangsstation halten muß.

3. Wenn es sich um eine Ladung handelt, die entweder keine volle Waggonladung ergibt oder nicht genügend Gewicht zur Beanspruchung besonderer Mengentarife für Waggonladungen aufweist, die Ware zu dem vereinbarten Termin oder innerhalb der festgesetzten Frist der Eisenbahn entweder an der Abgangsstation oder einem von der Eisenbahn gestellten Fahrzeug zu übergeben, wenn die Anfuhr zur Bahn im Frachtsatz mit einbegriffen ist, sofern er nicht nach den Vorschriften der Abgangsstation selbst die Ware in den Waggon zu verladen hat.

Gibt es am Versandort mehrere Bahnhöfe, so kann der Verkäufer den ihm am besten zusagenden Bahnhof auswählen, sofern dieser Bahnhof üblicherweise Waren für den vom Käufer benannten Bestimmungsort annimmt, es sei denn, der Käufer hat sich die Wahl des Abgangsbahnhofs vorbehalten.

4. Alle Kosten und Gefahren der Ware bis zu dem Zeitpunkt zu tragen, in dem der beladene Waggon oder, in dem gemäß Artikel A. 3 vorgesehenen Fall, die Ware der Eisenbahn ausgehändigt worden ist, vorbehaltlich jedoch der Bestimmungen des nachstehenden Artikels B. 5.

5. Auf eigene Kosten für die übliche Verpackung der Ware zu sorgen, sofern es nicht Handelsbrauch ist, die Ware unverpackt zu versenden.

6. Die durch die Verladung der Ware oder durch ihre Aushändigung an die Eisenbahn bedingten Kosten des Prüfens (wie der Qualitätsprüfung, des Messens, Wiegens und Zahlens) zu tragen.

7. Den Käufer unverzüglich zu benachrichtigen, daß die Ware verladen oder der Eisenbahn ausgehändigt worden ist.

8. Auf eigene Kosten dem Käufer das übliche Versanddokument zu beschaffen, falls dies dem Handelsbrauch entspricht.

9. Dem Käufer auf dessen Verlangen und auf dessen Kosten das Ursprungszeugnis zu besorgen (siehe B. 6).

10. Dem Käufer auf dessen Verlangen, Gefahr und Kosten bei der Beschaffung von Dokumenten, die in dem Versand- und/oder Ursprungsland ausge-

stellt werden und die der Käufer zur Ausfuhr und/oder Einfuhr (sowie gegebenenfalls zur Durchfuhr durch ein drittes Land) benötigt, jede Hilfe zu gewähren.

B. Der Käufer hat:

1. Dem Verkäufer rechtzeitig die für den Versand notwendigen Anweisungen zu erteilen.

2. Die Ware von dem Zeitpunkt an abzunehmen, in dem sie der Eisenbahn übergeben worden ist, und den Preis vertragsgemäß zu zahlen.

3. Alle Kosten und Gefahren der Ware (mit Einschluß der etwa erforderlichen Kosten für die Miete der Planen) von dem Zeitpunkt an zu tragen, in dem der beladene Waggon oder, in dem unter Artikel A. 3 vorgesehenen Fall, von dem Zeitpunkt an, in dem die Ware der Eisenbahn ausgehändigt worden ist.

4. Alle Zollgebühren und Abgaben zu tragen, die auf Grund der Ausfuhr erhoben werden.

5. Wenn er sich eine Frist zur Erteilung der Versandanweisungen an den Verkäufer und/oder die Wahl des Verladeortes vorbehalten hat und nicht rechtzeitig Anweisungen erteilt, die sich hieraus ergebenden Mehrkosten und alle die Ware betreffenden Gefahren vom Ablauf der vereinbarten Frist an zu tragen, vorausgesetzt daß die Ware in geeigneter Weise konkretisiert, d.h. als der für den Käufer bestimmte Gegenstand abgesondert oder auf irgendeine andere Art kenntlich gemacht worden ist.

6. Alle Kosten und Gebühren für die Ausstellung und Beschaffung der in den Artikeln A. 9 und A. 10 erwähnten Dokumente zu tragen, einschließlich der Kosten der Ursprungszeugnisse und der Konsulatsgebühren.

1) „Frei Waggon" ist im Überlandhandel weit verbreitet. Der Vertragstyp betrifft den Eisenbahntransport, ist aber auch für den Straßentransport geeignet („Frei LKW", „Frei verladen"). Einwandfreie Lieferung an die Eisenbahn (A 1), aber von Waren ohne genügende Haltbarkeit für den Transport läßt Gefahr nicht übergehen; jedenfalls aber positive Vertragsverletzung. Erkennbare Mängel sind jedoch bei Warenübernahme zu rügen, vgl § 377 HGB Anm 3 B, D.

3. FAS

Frei Längsseite Seeschiff
... (benannter Verschiffungshafen)

„FAS" bedeutet „Frei Längsseite Seeschiff". Gemäß dieser Klausel hat der Verkäufer seine Verpflichtungen erfüllt, wenn die Ware längsseits des Schiffes am Kai oder in Leichterschiffen verbracht worden ist. Dies bedeutet, daß der Käufer alle Kosten und Gefahren des Untergangs oder von Schäden an der Ware von diesem Zeitpunkt an zu tragen hat. Es sollte beachtet werden, daß im Gegensatz zu „FOB" die vorliegende Klausel den Käufer verpflichtet, die Ware für den Export freizumachen.

A. Der Verkäufer hat:

1. Die Ware in Übereinstimmung mit dem Kaufvertrag zu liefern und zugleich alle vertragsgemäßen Belege hierfür zu erbringen.

2. Die Ware zu dem vereinbarten Zeitpunkt oder in der vereinbarten Frist dem Hafenbrauch entsprechend an dem vom Käufer benannten Ladeplatz in dem benannten Verschiffungshafen Längsseite Schiff zu liefern und dem Käufer unverzüglich mitzuteilen, daß die Ware Längsseite Schiff geliefert worden ist.

3. Dem Käufer auf dessen Verlangen, Gefahr und Kosten bei der Beschaffung aller für die Ausfuhr der Ware erforderlichen Bewilligungen oder sonstiger amtlicher Bescheinigungen jede Hilfe zu gewähren.

4. Alle Kosten und Gefahren der Ware bis zu dem Zeitpunkt zu tragen, in dem sie tatsächlich Längsseite Schiff in dem benannten Verschiffungshafen geliefert worden ist, einschließlich der Kosten aller für die Lieferung der Ware Längsseite Schiff erforderlichen Formalitäten, jedoch vorbehaltlich der Bestimmungen der nachstehenden Artikel B. 3 und B. 4.

5. Auf eigene Kosten für die übliche Verpackung der Waren zu sorgen, sofern es nicht Handelsbrauch ist, die Ware unverpackt zu verschiffen.

6. Die durch die Lieferung der Ware Längsseite Schiff bedingten Kosten des Prüfens (wie der Qualitätsprüfung, des Messens, Wiegens und Zählens) zu tragen.

7. Auf eigene Kosten das zum Nachweis der Lieferung der Ware Längsseite des benannten Schiffes übliche reine Dokument zu besorgen.

8. Dem Käufer auf dessen Verlangen und Kosten das Ursprungszeugnis zu beschaffen (siehe B. 5).

9. Dem Käufer auf dessen Verlangen, Gefahr und Kosten neben dem im Artikel A. 8 genannten Dokument bei der Beschaffung aller im Verschiffungs- und/oder Ursprungslande ausgestellten Dokumente (mit Ausnahme des Konnossements und/oder der Konsulatspapiere), die der Käufer zur Einfuhr der Ware in das Bestimmungsland (und gegebenenfalls zur Durchfuhr durch ein drittes Land) benötigt, jede Hilfe zu gewähren.

B. Der Käufer hat:

1. Dem Verkäufer rechtzeitig den Namen, den Ladeplatz sowie den Zeitpunkt der Lieferung an das Schiff bekanntzugeben.

2. Alle Kosten und Gefahren der Ware von dem Zeitpunkt an zu tragen, in dem die Ware tatsächlich Längsseite Schiff in dem benannten Verschiffungshafen zu dem vereinbarten Termin oder innerhalb der festgesetzten Frist geliefert worden ist, und den Preis vertragsgemäß zu zahlen.

3. Alle zusätzlich entstehenden Kosten zu tragen, wenn das von ihm benannte Schiff nicht rechtzeitig eintrifft oder die Ware nicht übernehmen kann oder schon vor der festgesetzten Zeit keine Ladung mehr annimmt, sowie alle Gefahren für die Ware von dem Zeitpunkt an zu tragen, in dem sie der Verkäufer zur Verfügung des Käufers gestellt hat, vorausgesetzt, daß die Ware in geeigneter Weise konkretisiert, d.h. als der für den Käufer bestimmte Gegenstand abgesondert oder auf irgendeine andere Art kenntlich gemacht worden ist.

4. Wenn er das Schiff nicht rechtzeitig bezeichnet oder wenn er sich eine Frist für die Abnahme der Ware und/oder die Wahl des Verschiffungshafens vorbehalten hat und nicht rechtzeitig Anweisungen erteilt, die sich hieraus ergebenden Mehrkosten und alle die Ware betreffenden Gefahren von dem Zeitpunkt an zu tragen, in dem die für die Lieferung festgesetzte Frist abläuft, vorausgesetzt, daß die Ware in geeigneter Weise konkretisiert, d.h. als der für den Käufer bestimmte Gegenstand abgesondert oder auf irgendeine andere Art kenntlich gemacht worden ist.

5. Alle Kosten und Gebühren für die Beschaffung der oben in den Artikeln A. 3, A. 8 und A. 9 genannten Dokumente zu tragen.

1) „FAS" läßt die (Preis-)Gefahr bereits Längsseite des Schiffes übergehen; Verlust beim Ladungsvorgang trifft den Käufer (A 4, B 2).

4. FOB

Frei an Bord
... (benannter Verschiffungshafen)

„FOB" bedeutet „Frei an Bord". Die Ware muß vom Verkäufer an Bord des Schiffes in dem im Kaufvertrag vereinbarten Verschiffungshafen verbracht werden. Die Gefahr des Untergangs oder von Schäden an der Ware geht vom Verkäufer auf den Käufer über, wenn die Ware die Schiffsreling überschreitet.

A. Der Verkäufer hat:

1. Die Ware in Übereinstimmung mit dem Kaufvertrag zu liefern und zugleich alle vertragsgemäßen Belege hierfür zu erbringen.

2. Die Ware an Bord des vom Käufer angegebenen Seeschiffes im vereinbarten Verschiffungshafen zu dem vereinbarten Zeitpunkt oder innerhalb der vereinbarten Frist dem Hafenbrauch entsprechend zu liefern und dem Käufer unverzüglich mitzuteilen, daß die Ware an Bord des Seeschiffes geliefert worden ist.

3. Auf eigene Kosten und Gefahr die Ausfuhrbewilligung oder jede andere amtliche Bescheinigung zu beschaffen, die für die Ausfuhr der Ware erforderlich ist.

4. Alle Kosten und Gefahren der Ware bis zu dem Zeitpunkt zu tragen, in dem die Ware im vereinbarten Verschiffungshafen die Reling des Schiffes tatsächlich überschritten hat, einschließlich aller mit der Ausfuhr zusammenhängenden Gebühren, Abgaben und Kosten sowie auch die Kosten aller Formalitäten, die für die Verbringung der Ware an Bord erforderlich sind, vorbehaltlich jedoch der Bestimmungen der nachfolgenden Artikel B.3 und B.4.

5. Auf eigene Kosten für die übliche Verpackung der Ware zu sorgen, sofern es nicht Handelsbrauch ist, die Ware unverpackt zu verschiffen.

6. Die durch die Lieferung der Ware bedingten Kosten des Prüfens (wie der Qualitätsprüfung, des Messens, Wiegens und Zählens) zu tragen.

7. Auf eigene Kosten das zum Nachweis der Lieferung der Ware an Bord des benannten Schiffes übliche reine Dokument zu beschaffen.

8. Dem Käufer auf dessen Verlangen und Kosten das Ursprungszeugnis zu beschaffen (siehe B. 6).

9. Dem Käufer auf dessen Verlangen, Gefahr und Kosten neben dem im vorhergehenden Artikel genannten Dokument bei der Beschaffung des Konnossements und aller im Verschiffungs- und/oder Ursprungslande auszustellenden Dokumente, die der Käufer zur Einfuhr der Ware in das Bestimmungsland (und gegebenenfalls zur Durchfuhr durch ein drittes Land) benötigt jede Hilfe zu gewähren.

B. Der Käufer hat:

1. Auf eigene Kosten ein Seeschiff zu chartern oder den notwendigen Schiffsraum zu beschaffen und dem Verkäufer rechtzeitig den Namen und den Ladeplatz des Schiffes sowie den Zeitpunkt der Lieferung zum Schiff bekanntzugeben.

2. Alle Kosten und Gefahren für die Ware von dem Zeitpunkt an zu tragen, in dem die Ware im vereinbarten Verschiffungshafen die Reling des Schiffes tatsächlich überschritten hat, sowie den Preis vertragsgemäß zu zahlen.

3. Alle zusätzlich entstehenden Kosten zu tragen, wenn das von ihm benannte Schiff zu dem festgesetzten Zeitpunkt oder bis zum Ende der vereinbarten Frist nicht eintrifft oder die Ware nicht übernehmen kann oder bereits vor dem vereinbarten Zeitpunkt oder vor Ablauf der festgesetzten Frist keine Ladung mehr annimmt, sowie alle die Ware betreffenden Gefahren von dem Ablauf der vereinbarten Frist an zu tragen, vorausgesetzt, daß die Ware in geeigneter Weise konkretisiert, d. h. als der für den Käufer bestimmte Gegenstand abgesondert oder auf irgendeine andere Art kenntlich gemacht worden ist.

4. Wenn er das Schiff nicht rechtzeitig bezeichnet oder wenn er sich eine Frist für die Abnahme der Ware und/oder die Wahl des Verschiffungshafens vorbehalten hat und nicht rechtzeitig genaue Anweisungen erteilt, alle sich hieraus ergebenden Mehrkosten sowie alle die Ware betreffenden Gefahren von dem Zeitpunkt an zu tragen, in dem die für die Lieferung festgesetzte Frist abläuft, vorausgesetzt, daß die Ware in geeigneter Weise konkretisiert, d. h. als der für den Käufer bestimmte Gegenstand abgesondert oder auf irgendeine andere Art kenntlich gemacht worden ist.

5. Die Kosten und Gebühren für die Beschaffung eines Konnossements zu tragen, falls dies gemäß vorstehendem Artikel A.9 verlangt worden ist.

6. Alle Kosten und Gebühren für die Beschaffung der oben in den Artikeln A.8 und A.9 erwähnten Dokumente zu tragen, einschließlich der Kosten der Ursprungszeugnisse und der Konsulatspapiere.

1) Vertragstyp

,,FOB" und ,,CIF" (s Nr 6) sind die beiden verbreitesten Vertragstypen des Überseekaufs. Beide sind Versendungsgeschäfte. ,,FOB" ist eine Klausel für das Überseegeschäft, kann aber auch für andere Transportarten vereinbart werden, doch sind dafür die Klauseln ,,FOB Flughafen" (s Nr 11) und ,,Frei Frachtführer" (s Nr 12) vorgesehen und vorzuziehen. ,,Frei Frachtführer" kommt auch statt ,,FOB" für das Überseegeschäft in Frage. ,,FOB" ist entgegen älterer Rspr keine Zweipunktklausel: nicht nur die Kostenlast, sondern auch die Gefahr geht erst mit Überschreiten der Reling über (A 4, B 2); ,,FOB" schließt aber Geschäftsbesorgung durch Verkäufer bei der Auswahl des Seehafenspediteurs nicht aus; dann wird dieser entweder im Namen und auf Rechnung des Empfängers tätig oder zwar nach außen im Namen und auf Rechnung des Verkäufers, aber dieser hat im Innenverhältnis Aufwendungsersatz gegen Empfänger.

2) Verkäuferpflichten

Nichteinhaltung der Lieferzeit nach A 2 macht entspr § 376 I HGB (Fixgeschäft) die Nachfristsetzung überflüssig, Karlsr RIW **75**, 225. Zu A 3 muß der Verkäufer mangels Vorbehalt für das Fehlen der Exportlizenz einstehen. A 4 regelt Kosten- und Gefahrübergang. A 6 betrifft eine Prüfungspflicht des Verkäufers; die des Käufers nach § 377 HGB kann später liegen, s Anm 3.

3) Käuferpflichten

Vorleistungspflicht des Käufers betr Benennung des Schiffs (B 1), BGH WM **75**, 920. B 2 entspricht A 4 von der Käuferseite. Zeitpunkt und Ort, wo Käufer untersuchen muß, s § 377 HGB Anm 3 B, D.

5. C&F

Kosten und Fracht
... (benannter Bestimmungshafen)

,,C&F" bedeutet ,,Kosten und Fracht". Der Verkäufer muß die notwendigen Kosten und die Fracht tragen, um die Ware zum vereinbarten Bestimmungsort zu befördern, aber die Gefahr des Untergangs oder von Schäden an der Ware geht, genau wie irgendwelche Kostensteigerungen vom Verkäufer auf den Käufer über, wenn die Ware die Schiffsreling im Verschiffungshafen überschreitet.

(6) Incoterms 5. C & F

A. Der Verkäufer hat:

1. Die Ware in Übereinstimmung mit dem Kaufvertrag zu liefern und zugleich alle vertragsgemäßen Belege hierfür zu erbringen.

2. Den Vertrag für die Beförderung der Ware auf eigene Rechnung auf dem üblichen Wege zu den üblichen Bedingungen bis zum vereinbarten Bestimmungshafen in einem Seeschiff (Segelschiff ausgenommen) der Bauart, die normalerweise für die Beförderung der im Vertrage genannten Ware verwendet wird, abzuschließen, sowie die Fracht und alle Ausladungskosten im Entladungshafen zu tragen, die von regulären Schiffahrtsgesellschaften schon bei der Verladung im Verschiffungshafen erhoben werden sollten.

3. Auf eigene Kosten und Gefahr die Ausfuhrbewilligung oder sonstige amtliche Bescheinigungen zu beschaffen, die für die Ausfuhr der Ware erforderlich sind.

4. Die Ware auf eigene Kosten zum vereinbarten Zeitpunkt oder innerhalb der vereinbarten Frist oder, falls weder ein Zeitpunkt noch eine Frist vereinbart wurde, innerhalb einer angemessenen Frist an Bord des Schiffes im Verschiffungshafen zu verladen und den Käufer unverzüglich von der Verladung an Bord des Schiffes zu benachrichtigen.

5. Alle Gefahren für die Ware bis zu dem Zeitpunkt zu tragen, in dem sie im Verschiffungshafen die Reling des Schiffes tatsächlich überschritten hat, vorbehaltlich jedoch der Bestimmungen des nachstehenden Artikels B.4.

6. Unverzüglich auf eigene Kosten dem Käufer ein reines begehbares Konnossement für den vereinbarten Bestimmungshafen sowie eine Rechnung über die verschiffte Ware zu beschaffen. Das Konnossement muß über die vertraglich vereinbarte Ware lauten, ein innerhalb der für die Verschiffung vereinbarten Frist liegendes Datum tragen und durch Indossierung oder anderweitig die Lieferung an die Order des Käufers oder dessen vereinbarten Vertreters ermöglichen. Das Konnossement muß aus einem vollständigen Satz von „An Bord" (on board) – oder „verschifft" (shipped) – Konnossementen bestehen. Lautet das Konnossement „empfangen zur Verschiffung" (received for shipment), so muß die Reederei zusätzlich einen unterschriebenen Vermerk anbringen, der besagt, daß sich die Ware tatsächlich an Bord befindet; dieser Vermerk muß ein Datum tragen, das innerhalb der für die Verschiffung vereinbarten Zeit liegt. Wenn das Konnossement einen Hinweis auf den Chartervertrag enthält, so muß der Verkäufer außerdem noch ein Exemplar dieser Urkunde beschaffen.[1]

(1) Ein Konnossement wird als „rein" bezeichnet, wenn es keine zusätzlichen Klauseln enthält, die ausdrücklich den Zustand der Ware oder der Verpackung als mangelhaft bezeichnen.
Folgende Klauseln sind bei einem reinen Konnossement zulässig:
a) Klauseln, die nicht ausdrücklich besagen, daß die Ware oder ihre Verpackung sich in einem unbefriedigenden Zustand befindet, z. B.: „gebrauchte Kisten", „gebrauchte Fässer" usw.: b) Klauseln, die betonen, daß der Frachtführer für die den Ware oder ihrer Verpackung innewohnenden Gefahren nicht haftet; c) Klauseln, mit denen der Frachtführer zum Ausdruck bringt, daß ihm der Inhalt, die Gewichte, die Abmessungen, die Qualität oder die technischen Einzelheiten der Ware nicht bekannt sind.

7. Auf seine Kosten für die übliche Verpackung der Ware zu sorgen, sofern es nicht Handelsbrauch ist, die Ware unverpackt zu verschiffen.

8. Die durch die Verladung der Ware bedingten Kosten des Prüfens (wie der Qualitätsprüfung, des Messens, Wiegens und Zählens) zu tragen.

9. Alle für die Ware bis zu ihrer Verladung erhobenen Abgaben und Gebühren zu tragen, einschließlich aller Steuern, Abgaben und Gebühren, die mit der Ausfuhr zusammenhängen, sowie die Kosten der zur Verbringung an Bord erforderlichen Formalitäten.

10. Dem Käufer auf dessen Verlangen und Kosten (siehe B.5) das Ursprungszeugnis sowie die Konsulatsfaktura zu beschaffen.

11. Dem Käufer auf dessen Verlangen, Gefahr und Kosten neben den im vorhergehenden Artikel genannten Dokumenten bei der Beschaffung aller im Verschiffungs- und/oder Ursprungslande auszustellenden Dokumente, die der Käufer zur Einfuhr der Ware in das Bestimmungsland (und gegebenenfalls zur Durchfuhr durch ein drittes Land) benötigt, jede Hilfe zu gewähren.

B. Der Käufer hat:

1. Die von dem Verkäufer beschafften Dokumente bei ihrer Einreichung anzunehmen, wenn sie sich in Übereinstimmung mit dem Kaufvertrag befinden, und den Preis vertragsgemäß zu zahlen.

2. Die Ware im vereinbarten Bestimmungshafen abzunehmen und mit Ausnahme der Fracht während des Seetransportes bis zur Ankunft im Bestimmungshafen entstehenden Kosten zu tragen, ebenso die Kosten für die Löschung, die Leichterung und die Verbringung an Land, sofern diese Kosten nicht von der Schiffahrtsgesellschaft zusammen mit der Fracht erhoben worden sind.[1]

(1) Beim Verkauf der Ware „C&F landed" gehen die Kosten für die Löschung, die Leichterung und die Verbringung an Land zu Lasten des Verkäufers.

1) Beim Verkauf der Ware „C&F landed" gehen die Kosten für die Löschung, die Leichterung und die Verbringung an Land zu Lasten des Verkäufers. Anders bei Vereinbarung ohne „landed", Ffm MDR **78,** 848.

3. Alle Gefahren der Ware von dem Zeitpunkt an zu tragen, in dem die Ware im Verschiffungshafen die Reling des Schiffes tatsächlich überschritten hat.

4. Wenn er sich eine Frist für die Verschiffung der Ware und/oder die Wahl des Bestimmungshafens vorbehalten hat und nicht rechtzeitig seine Anweisungen erteilt, alle zusätzlich entstehenden Kosten sowie sämtliche Gefahren vom Ablauf der für die Verschiffung festgesetzten Frist an zu tragen, vorausgesetzt, daß die Ware in geeigneter Weise konkretisiert, d. h. als der für den Käufer bestimmte Gegenstand abgesondert oder auf irgendeine andere Art kenntlich gemacht worden ist.

5. Die Kosten und Gebühren für die Beschaffung des Ursprungszeugnisses und der Konsulatspapiere zu tragen.

6. Alle Kosten und Gebühren für die Beschaffung der oben in Artikel A.11 erwähnten Dokumente zu tragen.

7. Die Zollgebühren und alle sonstigen bei der Einfuhr und für die Einfuhr zu entrichtenden Abgaben zu zahlen.

8. Auf eigene Rechnung und Gefahr alle Einfuhrbewilligungen, Bescheinigungen oder dergleichen zu beschaffen, die er zur Einfuhr der Ware am Bestimmungsort benötigt.

1) „C&F" steht auch inhaltlich zwischen „FOB" (s Nr 4) und „CIF" (s Nr 6); bis auf „CIF A 5" (Pflicht des Verkäufers zum Abschluß einer Seeversicherung und dazu „CIF B 2 II") sind „C&F" und „CIF" deckungsgleich. „C&F" wird nur dann gebraucht, wenn das Importland den Abschluß einer einheimischen Versicherung verlangt. „C&F" ist eine Klausel für das Überseegeschäft, kann aber auch für andere Transportarten vereinbart werden, doch ist dafür das deckungsgleiche „Frachtfrei" (s Nr 13) vorgesehen.

6. CIF

Kosten, Versicherung, Fracht
... (benannter Bestimmungshafen)

„CIF" bedeutet „Kosten, Versicherung und Fracht". Diese Klausel ist gleichbedeutend wie „C & F" nur mit dem Zusatz, daß der Verkäufer die Seetransportversicherung gegen die Gefahr des Untergangs oder von Schäden an der Ware während des Transportes abschließen muß. Der Verkäufer schließt mit dem Versicherer den Vertrag und zahlt die Versicherungsprämie. Der Käufer sollte beachten, daß gemäß der vorliegenden Klausel im Gegensatz zu der Klausel „Frachtfrei, versichert" der Verkäufer nur verpflichtet ist, eine Versicherung zu Mindestbedingungen (sogenannte FPA-Bedingungen) abzuschließen.

A. Der Verkäufer hat:

1. Die Ware in Übereinstimmung mit dem Kaufvertrag zu liefern und zugleich alle vertragsgemäßen Belege hierfür zu erbringen.

2. Den Vertrag über die Beförderung der Ware auf eigene Rechnung auf dem üblichen Wege zu den üblichen Bedingungen bis zum vereinbarten Bestimmungshafen in einem Seeschiff (Segelschiffe ausgenommen) der Bauart, die normalerweise für die Beförderung der im Vertrag genannten Ware verwendet wird, abzuschließen sowie die Fracht und alle Ausladungskosten im Entladungshafen zu tragen, die von regulären Schiffahrtsgesellschaften schon bei der Verladung im Verschiffungshafen erhoben werden sollten.

3. Auf eigene Kosten und Gefahr die Ausfuhrbewilligung oder sonstige amtliche Bescheinigungen zu beschaffen, die für die Ausfuhr der Ware erforderlich sind.

4. Die Ware auf eigene Kosten zum vereinbarten Zeitpunkt oder innerhalb der vereinbarten Frist, oder, falls weder ein Zeitpunkt noch eine Frist vereinbart wurde, innerhalb einer angemessenen Frist, an Bord des Schiffes im Verschiffungshafen zu verladen und den Käufer unverzüglich von der Verladung an Bord des Schiffes zu benachrichtigen.

5. Auf eigene Kosten eine übertragbare Seeversicherungspolice gegen die durch den Vertrag bedingten Beförderungsgefahren zu beschaffen. Dieser Vertrag muß bei zuverlässigen Versicherern oder Versicherungsgesellschaften auf der Grundlage der FPA-Bedingungen abgeschlossen werden und soll den CIF-Preis zuzüglich 10% decken. Die Versicherung ist, wenn möglich, in der Währung des Vertrages abzuschließen[1].

Sofern nichts anderes vereinbart ist, soll das Transportrisiko nicht die besonderen Risiken decken, die nur in einzelnen Geschäftszweigen üblich sind, oder gegen die sich der Käufer besonders schützen will. Zu den besonderen Risiken, die im Vertrage zwischen Käufer und Verkäufer besonders berücksichtigt werden müßten, gehören Diebstahl, Plünderung, Auslaufen, Bruch, Absplittern, Schiffsschweiß, Berührung mit anderen Ladungen sowie sonstige Gefahren, die in bestimmten Branchen auftreten können.

Auf Verlangen des Käufers muß der Verkäufer auf Kosten des Käufers die Versicherung gegen Kriegsgefahr in der Vertragswährung decken, sofern dies möglich ist.

(1) CIF A 5 sieht eine Mindestversicherung hinsichtlich der Leistung (FPA) und der Zeitdauer (von Haus zu Haus) vor. Wünscht der Käufer die vertraglichen Mindestverpflichtungen des Verkäufers zu erweitern, so muß er genau angeben, daß der Vertrag auf den „Incoterms" beruht, einschließlich der Zusätze, die er für erforderlich hält.

6. Alle Gefahren zu tragen bis zu dem Zeitpunkt, in dem die Ware im Verschiffungshafen tatsächlich die Reling des Schiffes überschritten hat, vorbehaltlich jedoch der Bestimmungen des nachstehenden Artikels B.4.

7. Unverzüglich auf eigene Kosten dem Käufer ein reines begebbares Kon-

III. AGB-Gesetz u. Vertragsklauseln 6. CIF **Incoterms (6)**

nossement auf den vereinbarten Bestimmungshafen sowie eine Rechnung über die verschiffte Ware und den Versicherungsschein zu beschaffen oder, falls der Versicherungsschein zur Zeit der Vorlage der Dokumente nicht verfügbar sein sollte, ein von den Versicherern ausgestelltes Versicherungszertifikat zu beschaffen, das dem Inhaber die gleichen Rechte wie der Besitz des Versicherungsscheines gewährt und das die wesentlichen Bestimmungen des Versicherungsscheines enthält. Das Konnossement muß für die verkaufte Ware ausgestellt worden sein, ein innerhalb der für die Verschiffung vereinbarten Frist liegendes Datum tragen und durch Indossierung oder auf andere Art die Lieferung an die Order des Käufers oder seines vereinbarten Vertreters ermöglichen. Das Konnossement muß aus einem vollständigen Satz von „An Bord" (on board) oder „verschifft" (shipped) – Konnossementen bestehen. Lautet das Konnossement „empfangen zur Verschiffung" (received for shipment), so muß die Reederei zusätzlich einen unterschriebenen Vermerk anbringen, der besagt, daß sich die Ware tatsächlich an Bord befindet; dieser Vermerk muß ein Datum tragen, das innerhalb der für die Verschiffung vereinbarten Zeit liegt. Wenn das Konnossement einen Hinweis auf den Chartervertrag enthält, so muß der Verkäufer außerdem noch ein Exemplar dieser Urkunde beschaffen.[1]

(1) Ein Konnossement wird als „rein" bezeichnet, wenn es keine zusätzlichen Klauseln enthält, die ausdrücklich den Zustand der Ware oder der Verpackung als mangelhaft bezeichnen.

Folgende Klauseln sind bei einem reinen Konnossement zulässig:
a) Klauseln, die nicht ausdrücklich besagen, daß die Ware oder ihre Verpackung sich in einem unbefriedigenden Zustand befindet, z. B.: „gebrauchte Kisten", „gebrauchte Fässer" usw; b) Klauseln, die betonen, daß der Frachtführer für die der Ware oder ihrer Verpackung innewohnenden Gefahren nicht haftet; c) Klauseln, mit denen der Frachtführer zum Ausdruck bringt, daß ihm der Inhalt, die Gewichte, die Abmessungen, die Qualität oder die technischen Einzelheiten der Ware nicht bekannt sind.

8. Auf eigene Kosten für die übliche Verpackung der Ware zu sorgen, sofern es nicht Handelsbrauch ist, die Ware unverpackt zu verschiffen.

9. Die durch die Verladung der Ware bedingten Kosten des Prüfens (wie der Qualitätsprüfung, des Messens, Wiegens und Zählens) zu tragen.

10. Alle für die Ware bis zu ihrer Verladung erhobenen Abgaben und Gebühren zu tragen, einschließlich aller Steuern, Abgaben und Gebühren, die mit der Ausfuhr zusammenhängen sowie auch die Kosten der zur Verbringung an Bord erforderlichen Formalitäten.

11. Dem Käufer auf dessen Verlangen und Kosten (siehe B.5) das Ursprungszeugnis sowie die Konsulatsfaktura zu beschaffen.

12. Dem Käufer auf dessen Verlangen, Gefahr und Kosten neben den im vorhergehenden Artikel genannten Dokumenten bei der Beschaffung aller im Verschiffungs- und/oder Ursprungslande auszustellenden Dokumente, die der Käufer zur Einfuhr der Ware in das Bestimmungsland (und gegebenenfalls zur Durchfuhr durch ein drittes Land) benötigt, jede Hilfe zu gewähren.

B. Der Käufer hat:

1. Die von dem Verkäufer beschafften Dokumente bei ihrer Einreichung anzunehmen, wenn sie sich in Übereinstimmung mit dem Kaufvertrag befinden, und den Preis vertragsgemäß zu zahlen.

2. Die Ware im vereinbarten Bestimmungshafen abzunehmen und mit Ausnahme der Fracht und der Seeversicherung alle während des Seetransportes bis zur Ankunft im Bestimmungshafen entstehenden Kosten zu tragen, ebenso wie die Kosten für die Löschung, die Leichterung und die Verbringung an Land, sofern diese Kosten nicht in der Fracht mit einbegriffen sind

(6) Incoterms 6. CIF

oder von der Schiffahrtsgesellschaft zusammen mit der Fracht erhoben worden sind.

Wenn die Versicherung gegen Kriegsgefahr gedeckt worden ist, muß der Käufer deren Kosten tragen (siehe A.5).[1]

(1) Beim Verkauf der Ware „CIF landed" gehen die Kosten für die Löschung, die Leichterung und die Verbringung an Land zu Lasten des Verkäufers.

3. Alle Gefahren der Ware von dem Zeitpunkt an zu tragen, in dem die Ware im Verschiffungshafen die Reling des Schiffes tatsächlich überschritten hat.

4. Wenn er sich eine Frist für die Verschiffung der Ware und/oder die Wahl des Bestimmungshafens vorbehalten hat und nicht rechtzeitig seine Anweisungen erteilt, alle zusätzlich entstehenden Kosten sowie sämtliche Gefahren vom Ablauf der für die Verschiffung festgesetzten Frist an zu tragen, vorausgesetzt, daß die Ware in geeigneter Weise konkretisiert, d.h. als der für den Käufer bestimmte Gegenstand abgesondert oder auf irgendeine andere Art kenntlich gemacht worden ist.

5. Die Kosten und Gebühren für die Beschaffung des Ursprungszeugnisses und der Konsulatspapiere zu tragen.

6. Alle Kosten und Gebühren für die Beschaffung der oben in Artikel A.12 erwähnten Dokumente zu tragen.

7. Die Zollgebühren und alle sonstigen bei der Einfuhr und für die Einfuhr zu entrichtenden Abgaben zu zahlen.

8. Auf eigene Rechnung und Gefahr alle Einfuhrbewilligungen, Bescheinigungen oder dergleichen zu beschaffen, die er zur Einfuhr der Ware am Bestimmungsort benötigt.

1) Vertragstyp

„CIF" und „FOB" (s Nr 4) sind die beiden verbreitetsten Vertragstypen des Überseekaufs. Beides sind Versendungsgeschäfte. „CIF" ist eine Klausel für das Überseegeschäft, kann aber auch für andere Transportarten vereinbart werden, doch ist dafür das deckungsgleiche „Frachtfrei Versichert" (s Nr 14) vorgesehen.

2) Verkäuferpflichten

Übliche Bedingung (A 2) kann die Zulässigkeit der Umladung unterwegs sein; Direkttransport dann nur bei Zusatzklausel „ohne Verladung". Ein- und Ausladungskosten gehören nicht zur Fracht, trägt der Verkäufer nach A 5, letztere nur ausnahmsweise (A 2 letzter Halbs). Auch Mehrfracht und Zuschläge (zB cape surcharge bei Schließung des Suez-Kanals) trägt der Verkäufer, außer wenn es sich um Zuschläge nach B 2 handelt (zB port congestion surcharge betr Ankunftshafen; auch unvorhergesehene Umladekosten unterwegs wegen Hafenstreik). Konzentration der Gattungsschuld tritt mit Versendungsanzeige nach A 4 (aber auch auf andere Weise) ein. Der Verkäufer ist (einziger Unterschied zu „C & F", s Nr 5) zum Abschluß einer Seeversicherung verpflichtet (A 5). Zum Umfang der Versicherungspflicht des Verkäufers Düss IPRax **82**, 101. Die **FPA-Versicherung** (A 5) wird von den Versicherern in England seit 1981 so nicht mehr angeboten; die neuen Institute Cargo Clauses (Institute of London Underwriters) weichen inhaltlich ab. Die IntHK beläßt A 5 vorerst trotzdem unverändert, bis sich eine neue einheitliche Versicherungspraxis bildet; ausdrückliche Vereinbarung der gewünschten Versicherung ist deshalb dringend zu empfehlen. Zur neuen Versicherungspraxis s Ehlers-Luttmer VersPr **82**, 143, 177, Nielsen ZIP **84**, 248. (Preis-)Gefahrübergang nach A 6 wie bei FOB (s Nr 4). Üblichkeit der Verpackung bestimmt sich, falls für die Verkäuflichkeit der Ware wesentlich, auch aus der Sicht des Bestimmungslands. „CIF, Zahlung

III. AGB-Gesetz u. Vertragsklauseln   7. Ab Schiff Incoterms (6)

gegen Dokumente nach Ankunft des Dampfers" regelt nur Zahlungszeitpunkt ohne Änderung des Gefahrübergangs, RG **87,** 135. Ankunftsklausel s Hbg frdsch Arbitr RIW **85,** 328. Gewichts- und Mankoklauseln (zB Ankunftsgewicht) regeln iZw nur Beweislast (für Verschiffungsgewicht). CIF-Kauf schwimmender Ware bewirkt rückwirkenden Gefahrübergang außer bei Kenntnis des Verkäufers vom Untergang, der Käufer ist nach A 5 geschützt. Nicht transportfähige Ware wie bei ,,FOR/FOT" (s Nr 2). ,,Reine" Konnossemente s auch **(11)** ERA Art 34.

3) Käuferpflichten
Der Käufer muß Gelegenheit zur Prüfung der Dokumente erhalten, kann aber nicht Zahlung von Besichtigung der Ware abhängig machen (A 1); Ausnahme Rechtsmißbrauch, str (vgl **(7)** Bankgeschäfte VII 3 C d). Zur Abnahme nicht vertragsgerechter Ware ist er unter B 2 nicht verpflichtet. Bei Zusatzklausel ,,landed" trägt Käufer auch Kosten der (reinen) Löschung, nicht Zollgebühren etc. Kostentragung nach B 2 umfaßt zB Überliegegelder im Ankunftshafen, s auch Anm 2.

7. AB SCHIFF
... (benannter Bestimmungshafen)

,,Ab Schiff" bedeutet, daß der Verkäufer dem Käufer die Ware an Bord des Schiffes in dem im Kaufvertrag vereinbarten Löschungshafen zur Verfügung stellen muß. Der Käufer muß alle Kosten der Lieferung der Ware bis zu diesem Ort tragen.

A. Der Verkäufer hat:

1. Die Ware in Übereinstimmung mit dem Kaufvertrag zu liefern und zugleich alle vertragsgemäßen Belege hierfür zu erbringen.

2. Dem Käufer die Ware tatsächlich innerhalb der vertraglich vereinbarten Frist an Bord des Schiffes an dem üblichen Löschungsort in dem benannten Hafen zur Verfügung zu stellen, so daß sie mit dem ihrer Natur entsprechenden Entladegerät von Bord genommen werden kann.

3. Alle die Ware betreffenden Gefahren und Kosten bis zu dem Zeitpunkt zu tragen, in dem die Ware tatsächlich dem Käufer gemäß Artikel A.2 zur Verfügung gestellt worden ist, vorausgesetzt, daß die Ware in geeigneter Weise konkretisiert, d. h. als der für den Käufer bestimmte Gegenstand abgesondert oder auf irgendeine andere Art kenntlich gemacht worden ist.

4. Auf eigene Kosten für die übliche Verpackung der Ware zu sorgen, sofern es nicht Handelsbrauch ist, die Ware unverpackt zu versenden.

5. Die durch die Zurverfügungstellung der Ware für den Käufer gemäß Artikel A.2 bedingten Kosten des Prüfens (wie der Qualitätsprüfung, des Messens, Wiegens und Zählens) zu tragen.

6. Den Käufer unverzüglich auf eigene Kosten über das voraussichtliche Ankunftsdatum des benannten Schiffes zu unterrichten und ihm rechtzeitig das Konnossement oder den Auslieferungsvertrag (delivery order) und/oder alle übrigen Dokumente zu beschaffen, die der Käufer zur Übernahme der Ware benötigt.

7. Dem Käufer auf dessen Verlangen und Kosten (siehe B.3) das Ursprungszeugnis und die Konsulatsfaktura zu besorgen.

8. Dem Käufer auf dessen Verlangen, Gefahr und Kosten neben den im vorhergehenden Artikel genannten Unterlagen bei der Beschaffung der sonstigen Dokumente, die im Verlade- und/oder Ursprungsland ausgestellt wer-

(6) Incoterms 8. Ab Kai 2. Handelsrechtl. Nebengesetze

den und die der Käufer zur Einfuhr der Ware in das Bestimmungsland (und gegebenenfalls zur Durchfuhr durch ein drittes Land) benötigt, jede Hilfe zu gewähren.

B. Der Käufer hat:

1. Die Ware abzunehmen, sobald sie gemäß den Bestimmungen des Artikels A.2 zu seiner Verfügung gestellt worden ist, und den Preis vertragsgemäß zu zahlen.

2. Alle die Ware betreffenden Kosten und Gefahren von dem Zeitpunkt an zu tragen, in dem sie tatsächlich gemäß Artikel A.2 zu seiner Verfügung gestellt worden ist, vorausgesetzt, daß die Ware in geeigneter Weise konkretisiert, d. h. als der für den Käufer bestimmte Gegenstand abgesondert oder auf irgendeine andere Art kenntlich gemacht worden ist.

3. Alle vom Verkäufer entrichteten Ausgaben und Gebühren zu tragen, die bei der Beschaffung irgendwelcher der in den Artikel A.7 und A.8 genannten Dokumente entstehen.

4. Auf eigene Kosten und Gefahr alle Bewilligungen oder ähnliche Dokumente zu beschaffen, die für das Löschen und/oder für die Einfuhr der Ware erforderlich sind.

5. Alle Kosten und Gebühren der Verzollung, alle Zölle sowie alle sonstigen Abgaben und Steuern zu tragen, die beim Löschen oder durch die Einfuhr der Ware entstehen.

1) ,,Ab Schiff" weist außer den Kosten auch die (Preis-)Gefahr der Seereise dem Verkäufer zu (Fern- oder Ankunftsvertrag). Die praktische Bedeutung ist sehr gering. ,,Ex Schiff X, Weiterverladung per Waggon Y" ist nur eine Instruktion für die Weiterverladung ohne Verschiebung des Gefahrübergangs.

8. AB KAI

(verzollt ... benannter Hafen) [1]

,,Ab Kai" bedeutet, daß der Verkäufer die Ware dem Käufer am Kai des im Kaufvertrag vereinbarten Bestimmungsortes zur Verfügung stellen muß. Der Käufer muß alle Kosten und Gefahren der Beförderung der Ware bis zu diesem Ort tragen.

Es gibt zwei ,,Ab Kai" Verträge, die benutzt werden, nämlich ,,Ab Kai verzollt" und ,,Ab Kai (Zoll zu Lasten des Käufers)"; im zweiten Fall obliegt die Verpflichtung zur Zollabfertigung für den Import der Ware dem Käufer anstelle des Verkäufers.

Die Parteien sollten immer die vollständige Klauselbezeichnung benutzen, nämlich ,,Ab Kai verzollt" oder ,,Ab Kai (Verzollung zu Lasten des Käufers)", andernfalls besteht Ungewißheit, wer die Einfuhrabfertigung vornehmen muß.

Falls die Parteien wünschen, daß der Verkäufer die Einfuhrabfertigung der Ware vornehmen soll, aber das einige Importkosten ausgeschlossen werden sollen – wie z. B. Mehrwertsteuer oder ähnliche Steuern – sollte dies durch einen Zusatz deutlich gemacht werden (d. h. ausschließlich Mehrwertsteuer und/oder Steuern).

(1) Ab Kai (unverzollt)
Es sind zwei ,,Ab Kai-Verträge" üblich, nämlich: ,,Ab Kai (verzollt)" laut vorstehender Beschreibung und ,,Ab Kai (unverzollt)", bei dem die in Artikel A.3 aufgeführten Verpflichtungen anstatt vom Verkäufer durch den Käufer zu erfüllen sind.

Es wird den Parteien empfohlen, stets den vollen Wortlaut dieser Vertragsformel anzugeben, nämlich: Ab Kai (verzollt) oder Ab Kai (unverzollt), damit immer Klarheit darüber herrscht, wer den oben im Artikel A.3 verzeichneten Pflichten nachzukommen hat.

A. Der Verkäufer hat:

1. Die Ware in Überstimmung mit dem Kaufvertrag zu liefern und zugleich alle vertragsgemäßen Belege hierfür zu erbringen.

III. AGB-Gesetz u. Vertragsklauseln   **8. Ab Kai Incoterms (6)**

2. Die Ware am Kai des benannten Hafens zum vereinbarten Zeitpunkt zur Verfügung des Käufers zu stellen.

3. Auf eigene Kosten und Gefahr die Einfuhrbewilligung zu beschaffen und die Kosten aller Einfuhrabgaben oder Steuern einschließlich aller anderen Abgaben, Gebühren oder Steuern zu tragen, die bei der Einfuhr oder für die Einfuhr der Ware sowie für deren Übergabe an den Käufer zu entrichten sind.

4. Auf eigene Kosten für die übliche Behandlung und Verpackung der Ware unter Berücksichtigung ihrer Beschaffenheit und ihrer Ab Kai-Lieferung zu sorgen.

5. Die durch die Zurverfügungstellung der Ware für den Käufer gemäß Artikel A.2 bedingten Kosten des Prüfens (wie der Qualitätsprüfung, des Messens, des Wiegens und des Zählens) zu tragen.

6. Alle Kosten und Gefahren für die Ware zu tragen, bis sie gemäß Artikel A.2 tatsächlich zur Verfügung des Käufers gestellt worden ist, vorausgesetzt, daß die Ware in geeigneter Weise konkretisiert, d. h. als der für den Käufer bestimmte Gegenstand abgesondert oder auf irgendeine andere Art kenntlich gemacht worden ist.

7. Auf eigene Kosten den Auslieferungsauftrag (delivery order) und/oder alle anderen Dokumente zu beschaffen, die der Käufer zur Übernahme der Ware und zu deren Abtransport vom Kai benötigt.

B. Der Käufer hat:

1. Die Ware abzunehmen, sobald sie gemäß den Bestimmungen des Artikels A.2 zu seiner Verfügung gestellt worden ist und den Preis vertragsgemäß zu zahlen.

2. Alle die Ware betreffenden Kosten und Gefahren von dem Zeitpunkt an zu tragen, in dem sie tatsächlich gemäß Artikel A.2 zu seiner Verfügung gestellt worden ist, vorausgesetzt, daß die Ware in geeigneter Weise konkretisiert, d. h. als der für den Käufer bestimmte Gegenstand abgesondert oder auf irgendeine andere Art kenntlich gemacht worden ist.

1) Vertragstyp

Die Klausel ,,Ab Kai (un)verzollt" regelt den praktisch wichtigsten Fernoder Ankunftsvertrag, auch Platz- oder Locogeschäft genannt (im Gegensatz zu den Versendungs- oder Abladegeschäften des Überseehandels ,,C & F" und ,,CIF"). Häufig handelt es sich dabei um Lieferung bereits eingelagerter Ware.

2) Verkäuferpflichten

Der Verkäufer hat die Ware nach A 2 zum vereinbarten Zeitpunkt (an dem dann näher bezeichneten Ort des Hafens) zur Verfügung zu stellen; das schließt die Vereinbarung einer Abnahmefrist zugunsten des Käufers nicht aus. A 3 gilt nur bei ,,Ab Kai verzollt"; bei ,,Ab Kai unverzollt" treffen die in A 3 genannten Kosten und Gefahr den Käufer, obwohl die Ware, um am Kai zur Verfügung zu stehen, uU den Zoll passiert haben muß; bei ,,Ab Kai unverzollt" ist der Verkäufer aber (wie bei ,,Ab Schiff" A 7, 8) beistandspflichtig. Prüfkosten trägt der Verkäufer nach A 5 nur, soweit sie für die Zurverfügungstellung der Ware durch ihn notwendig werden; sonst fallen sie dem Käufer zur Last, zB Einwiegekosten bei Übernahme der Ware ,,en vrac" (ohne Verpackung) oder Sortierungskosten bei Kauf verschiedener Sorten ,,en bloc".

3) Käuferpflichten

(Preis-)Gefahrübergang nach B 2 setzt Aussonderung (Konkretisierung der Gattungsschuld) voraus.

9. GELIEFERT GRENZE

... (benannter Lieferort an der Grenze) [1]

„Geliefert Grenze" bedeutet, daß der Verkäufer seine Verpflichtungen erfüllt hat, wenn er die Ware an der Grenze – allerdings vor der „Zollgrenze" des im Kaufvertrag vereinbarten Landes – zur Verfügung stellt.

(1) Um Mißverständnisse zu vermeiden, wird den Vertragspartnern empfohlen, bei Verwendung dieser Vertragsklausel das Wort „Grenze" genau zu bestimmen, und zwar durch Angabe der beiden durch diese Grenze getrennten Länder, und ferner auch den benannten Lieferort. Z. B. „Geliefert französisch-italienische Grenze (Modane)".

A. Der Verkäufer hat:

1. Die Ware in Übereinstimmung mit dem Kaufvertrag zu liefern und zugleich alle im Kaufvertrag vorgesehenen Belege hierfür zu erbringen.

2. Auf eigene Kosten und Gefahr:
a) Dem Käufer die Ware an dem benannten Lieferort an der Grenze zu dem vertraglich vereinbarten Zeitpunkt oder innerhalb der vertraglich vereinbarten Frist zur Verfügung zu stellen und ihm zugleich das übliche Transportpapier bzw. den Dock-, Lager- oder Lieferschein o.ä. zu besorgen und durch Indossament oder auf anderem Wege die Lieferung der Ware an den Käufer oder an dessen Order am benannten Lieferort an der Grenze sicherzustellen; der Verkäufer hat ferner eine Ausfuhrgenehmigung und alle sonstigen Dokumente zu besorgen, die absolut zu diesem Zeitpunkt am Lieferort benötigt werden, damit der Käufer, wie in Art. B.1 und 2 vorgesehen, die Ware zwecks späterer Bewegung abnehmen kann.
Die dem Käufer so zur Verfügung gestellte Ware muß abgesondert oder als die für den Käufer bestimmte Ware kenntlich gemacht werden;
b) Alle zu diesem Zweck evtl. erforderlichen Formalitäten zu erfüllen und alle Zollkosten und -gebühren, Inlandsteuern, Verbrauchssteuern, statistische Abgaben und dergl. zu zahlen, die im Versandland oder sonstwo erhoben werden, und die er aufgrund der Erfüllung seiner Verpflichtungen bis zum Zeitpunkt der Zurverfügungstellung der Ware an den Käufer in Übereinstimmung mit Art. A.2 a) zu übernehmen hat.

3. Alle Gefahren der Ware zu übernehmen bis zu dem Zeitpunkt, in dem er seine Verpflichtungen gemäß Art. A.2 a) erfüllt hat.

4. Auf eigene Kosten und Gefahr außer den in Art. A.2 a) vorgesehenen Dokumenten, Devisengenehmigungen sowie sonstige ähnliche amtliche Bescheinigungen zu beschaffen, die für die Zollabfertigung der Ware zur Ausfuhr an den benannten Lieferort an der Grenze erforderlich sind, sowie alle sonstigen Dokumente, die er für die Versendung der Ware an diesen Ort, gegebenenfalls zum Zweck des Transits durch ein oder mehrere Drittländer und für die Zurverfügungstellung an den Käufer in Übereinstimmung mit diesen Regeln benötigt.

5. Zu üblichen Bedingungen auf eigene Kosten und Gefahr die Beförderung der Ware (einschließlich des Transits durch ein oder mehrere Drittländer, falls erforderlich) zu dem benannten Lieferort an der Grenze zu übernehmen und die Fracht- oder sonstigen Transportkosten bis zu diesem Ort zu tragen und zu zahlen; vorbehaltlich der Bestimmungen in Art. A.6 und 7 hat er ferner alle sonstigen direkten oder indirekten Kosten für jede weitere Bewegung der Ware bis zu dem Zeitpunkt zu tragen und zu zahlen, in dem sie dem Käufer am benannten Lieferort an der Grenze ordnungsgemäß zur Verfügung gestellt wird.
Vorbehaltlich der Bestimmungen in Art. A.6 und 7 steht es dem Verkäufer

jedoch frei, auf eigene Kosten und Gefahr eigene Transportmittel zu benutzen, vorausgesetzt, daß er bei Ausübung dieses Rechts alle anderen in diesen Regeln enthaltenen Verpflichtungen erfüllt.

Ist im Kaufvertrag kein bestimmter Ort (z.B. Bahnstation, Mole, Kai, Dock, Lagerhaus oder dergl.) in dem benannten Lieferort an der Grenze benannt bzw. aufgrund der Bestimmungen des Frachtführers sowie der Zollbehörden oder sonstiger zuständiger Stellen vorgeschrieben, so kann der Verkäufer, wenn mehrere Orte zur Auswahl stehen, denjenigen auswählen, der ihm am besten zusagt; Voraussetzung ist, daß dort eine Zollstation sowie sonstige Einrichtungen vorhanden sind, die den Parteien die ordnungsgemäße Erfüllung ihrer Verpflichtungen in Übereinstimmung mit diesen Regeln ermöglichen[1]. Der vom Verkäufer gewählte Ort muß dem Käufer angezeigt werden[2]. Dieser Ort gilt alsdann für die Anwendung dieser Regeln als der Ort in dem benannten Lieferort an der Grenze, an dem die Ware dem Käufer zur Verfügung zu stellen ist und die Gefahr der Ware auf den Käufer übergeht.

(1) Befinden sich am benannten Lieferort an der Grenze zwei Zollstationen verschiedener Nationalität, so wird den Parteien empfohlen, entweder die vereinbarte Zollstation anzugeben, oder dem Verkäufer die Wahl zu lassen.

(2) Vgl. Art. A.8.

6. Dem Käufer, auf dessen Verlangen und Gefahr, ein Durchfrachttransportpapier zu besorgen, das normalerweise im Versandland zu beschaffen ist und das sich auf den Transport der Ware zu üblichen Bedingungen vom Abgangsort im Versandland bis zu dem endgültigen vom Käufer benannten Bestimmungsort im Einfuhrland bezieht. Voraussetzung dabei ist, daß die Beschaffung dieses Dokuments nicht als Übernahme weiterer Verpflichtungen, Gefahren oder Kosten gilt, die über die von ihm in Übereinstimmung mit diesen Regeln normalerweise zu erfüllenden, zu übernehmenden bzw. zu zahlenden hinausgehen.

7. Wenn es erforderlich oder üblich ist, die Ware beim Eintreffen am benannten Lieferort an der Grenze zu löschen oder aus- bzw. abzuladen, die Entladungs- oder Löschkosten zu übernehmen und zu zahlen (einschließlich der Kosten für Leichterung und Handhabung).

Entschließt sich der Verkäufer, für die Beförderung der Ware zu dem benannten Lieferort seine eigenen Transportmittel zu benutzen, so hat er alle direkten oder indirekten Kosten für die im vorhergehenden Absatz genannten erforderlichen oder üblichen Vorgänge zu tragen und zu zahlen.

8. Auf eigene Kosten dem Käufer anzuzeigen, daß die Ware an den benannten Lieferort an der Grenze abgesandt worden ist. Diese Benachrichtigung muß so rechtzeitig erfolgen, daß der Käufer alle für die Abnahme der Ware normalerweise erforderlichen Maßnahmen treffen kann[3].

(3) Diese Benachrichtigung des Verkäufers an den Käufer kann per Luftpostbrief erfolgen, der an den Käufer an dessen im Kaufvertrag genannten Sitz adressiert ist. Ist die Ware jedoch per Luftfracht versandt worden oder ist die Entfernung zwischen dem Abgangsort im Versandland und dem benannten Lieferort an der Grenze klein bzw. ist der Sitz des Verkäufers von dem des Käufers so weit entfernt, daß die Übermittlung der per Brief gesandten Benachrichtigung unangemessen verzögert wird, so ist der Verkäufer verpflichtet, diese Benachrichtigung per Kabel, Telegramm oder Fernschreiben zu übermitteln.

9. Auf eigene Kosten für Verpackung zu sorgen, die für den Transport der der vertraglichen Warenbeschreibung entsprechenden Ware zu dem benannten Lieferort üblich ist, sofern es in dem betreffenden Handelszweig nicht üblich ist, die der vertraglichen Warenbeschreibung entsprechende Ware unverpackt zu befördern.

10. Alle direkten oder indirekten Kosten zu tragen und zu zahlen für Prüfungen, wie Messen, Wiegen und Zählen, sowie für Qualitätsanalysen, die u.U. erforderlich sind, damit er die Beförderung der Ware zu dem benannten

Lieferort an der Grenze durchführen und die Ware dem Käufer an diesem Ort zur Verfügung stellen kann.

11. Zuzüglich der von ihm in Übereinstimmung mit den vorhergehenden Artikeln zu tragenden und zu zahlenden Kosten alle sonstigen direkten oder indirekten Kosten zu tragen und zu zahlen, die bei Erfüllung seiner Verpflichtung entstehen, die Ware dem Käufer am benannten Lieferort an der Grenze zur Verfügung zu stellen.

12. Dem Käufer, auf dessen Verlangen, Kosten und Gefahr, in angemessenem Umfang Hilfe zu leisten zur Beschaffung aller Dokumente – außer den bereits erwähnten – die im Versandland und/oder im Ursprungsland beschafft werden können und die der Käufer für die in Art. B.2 und 6 vorgesehenen Zwecke u. U. benötigt.

B. Der Käufer hat:

1. Die Ware, sobald sie ihm vom Verkäufer am benannten Lieferort an der Grenze ordnungsgemäß zur Verfügung gestellt wurde, abzunehmen, und ist für jede spätere Bewegung der Ware verantwortlich.

2. Auf eigene Kosten allen Zoll- und sonstigen Formalitäten zu entsprechen, die am benannten Lieferort an der Grenze oder anderswo zum Zeitpunkt oder aufgrund des Eingangs der Ware in das angrenzende Land oder sonstiger Bewegung der Ware, nachdem diese ihm ordnungsgemäß zur Verfügung gestellt worden ist, zu erfüllen sind.

3. Alle direkten oder indirekten Kosten für Löschung, Aus- oder Abladung der Ware beim Eintreffen am benannten Lieferort an der Grenze zu tragen und zu zahlen, insoweit als diese Kosten nicht in Übereinstimmung mit Art. A.7 vom Verkäufer zu zahlen sind.

4. Alle Gefahren der Ware zu übernehmen sowie alle sonstigen Kosten zu zahlen, einschließlich Zollkosten und -gebühren, die in dieser Hinsicht von dem Zeitpunkt an entstehen, in dem die Ware ihm am benannten Lieferort an der Grenze ordnungsgemäß zur Verfügung gestellt worden ist.

5. Wenn er die Ware, sobald diese ihm ordnungsgemäß zur Verfügung gestellt worden ist, nicht abnimmt, alle aufgrund der Nichtabnahme dem Verkäufer oder Käufer entstandenen zusätzlichen Kosten zu zahlen und alle Gefahren der Ware zu tragen; Voraussetzung ist jedoch, daß die Ware abgesondert oder auf irgendeine andere Art als die für den Käufer bestimmte Ware kenntlich gemacht worden ist.

6. Auf eigene Kosten und Gefahr Einfuhrlizenzen, Devisengenehmigungen, Zulassungen oder sonstige Dokumente zu beschaffen, die im Einfuhrland oder anderswo ausgestellt werden und die er im Zusammenhang mit der späteren Bewegung der Ware benötigt von dem Zeitpunkt an, in dem die Ware ordnungsgemäß am benannten Lieferort an der Grenze zur Verfügung gestellt worden ist.

7. Alle zusätzlichen Kosten zu tragen und zu zahlen, die dem Verkäufer u. U. hinsichtlich der Beschaffung eines Durchfrachttransportpapiers in Übereinstimmung mit Art. A.6 entstehen.

8. Auf Verlangen des Verkäufers, jedoch auf seine eigenen Kosten, dem Verkäufer Einfuhrlizenzen, Devisengenehmigungen, Zulassungen und sonstige Dokumente oder beglaubigte Abschriften davon zur Verfügung zu stellen, und zwar ausschließlich für die Beschaffung des in Art. A.6 vorgesehenen Durchfrachttransportpapiers.

9. Dem Verkäufer, auf dessen Verlangen, die Anschrift des endgültigen Bestimmungsortes der Ware im Einfuhrland bekanntzugeben, falls der Verkäufer diese Angabe für die Beantragung der in Art. A.4 und 6 vorgesehenen Genehmigungen und sonstigen Dokumente benötigt.

III. AGB-G u. Vertrklauseln 10. Geliefert Verzollt **Incoterms (6)**

10. Die dem Verkäufer entstandenen Kosten für die Beschaffung der u. U. im Kaufvertrag vorgesehenen Bescheinigung neutraler Sachverständiger hinsichtlich der Übereinstimmung der Ware mit dem Kaufvertrag zu tragen und zu zahlen.

11. Alle Kosten zu tragen und zu zahlen, die dem Verkäufer u. U. bei oder im Zusammenhang mit seinen Bemühungen entstehen, dem Käufer bei der Beschaffung der in Art. A.12 vorgesehenen Dokumente behilflich zu sein.

1) ,,Geliefert Grenze" und ,,Geliefert verzollt" (s Nr 10) wurden 1967 zur Beseitigung der Unsicherheiten bei den Frei- bzw Franko-Klauseln veröffentlicht. Sie betreffen den Fern- oder Ankunftsvertrag im Gegensatz zur Klausel ,,Frachtfrei" (s Nr 13), die den Versendungskauf betrifft.

10. GELIEFERT VERZOLLT

... (benannter Bestimmungsort im Einfuhrland)

Während die Klausel ,,Ab Werk" die Mindestverpflichtung des Verkäufers enthält, bedeutet die Klausel ,,Geliefert – verzollt", wenn der benannte Ort das Grundstück des Käufers ist, das andere Extrem – die Maximalverpflichtung des Verkäufers. Die Klausel ,,Geliefert – verzollt" kann unabhängig von der Transportart benutzt werden.

Falls die Parteien wünschen, daß der Verkäufer die Ware für den Import abfertigen muß, aber daß einige Importkosten ausgeschlossen werden sollen – wie z. B. Mehrwertsteuer oder ähnliche Steuern – sollte dies durch einen Zusatz deutlich gemacht werden (d. h. ausschließlich Mehrwertsteuer und/oder Steuern).

A. Der Verkäufer hat:

1. **Die Ware in Übereinstimmung mit dem Kaufvertrag zu liefern und zugleich alle im Kaufvertrag vorgesehenen Belege hierfür zu erbringen.**

2. **Auf eigene Kosten und Gefahr:**
a) Dem Käufer die Ware an dem benannten Bestimmungsort im Einfuhrland zu dem vertraglich vereinbarten Zeitpunkt oder innerhalb der vertraglich vereinbarten Frist verzollt zur Verfügung zu stellen und ihm zugleich das übliche Transportpapier bzw. den Dock-, Lager- oder Lieferschein o. ä. zu besorgen und durch Indossament oder auf anderem Wege die Lieferung der Ware an den Käufer oder an dessen Order am benannten Bestimmungsort im Einfuhrland sicherzustellen; der Verkäufer hat ferner alle sonstigen Dokumente zu besorgen, die absolut zu diesem Zeitpunkt am Bestimmungsort benötigt werden, damit der Käufer, wie in Art. B.1 vorgesehen, die Ware abnehmen kann.

Die dem Käufer so zur Verfügung gestellte Ware muß abgesondert oder als die für den Käufer bestimmte Ware kenntlich gemacht werden.

b) Die Einfuhrgenehmigung bzw. Zulassung zu beschaffen, alle Einfuhrzölle oder -abgaben zu tragen, einschließlich der Kosten für die Zollabfertigung sowie alle Steuern und Gebühren oder Abgaben, die am benannten Bestimmungsort zum Zeitpunkt der Einfuhr der Ware zu zahlen sind, insoweit als diese Zahlungen erforderlich sind, damit der Verkäufer dem Käufer die Ware verzollt am Bestimmungsort zur Verfügung stellen kann.

c) Alle zu diesem Zweck u. U. erforderlichen Formalitäten zu erfüllen.

3. **Alle Gefahren der Ware zu übernehmen bis zu dem Zeitpunkt, in dem der Verkäufer seine Verpflichtungen in Übereinstimmung mit Art. A.2 a) erfüllt hat.**

4. **Auf eigene Kosten und Gefahr außer den in Art. A.2 a) vorgesehenen Dokumenten, Ausfuhrgenehmigungen oder Zulassungen, Devisengenehmi-**

gungen, Bescheinigungen, Konsulatsfakturen sowie sonstige amtliche Dokumente zu beschaffen, die er für die Versendung der Ware, Ausfuhr vom Versandland, gegebenenfalls zum Zweck des Transit durch ein oder mehrere Drittländer, zur Einfuhr in das Land, in dem sich der benannte Bestimmungsort befindet und für die Zurverfügungstellung an den Käufer an diesem Ort benötigt.

5. Zu üblichen Bedingungen auf eigene Kosten und Gefahr die Beförderung der Ware vom Abgangsort im Versandland zu dem benannten Bestimmungsort zu übernehmen und die Fracht- und sonstigen Transportkosten bis zu diesem Ort zu tragen und zu zahlen; vorbehaltlich der Bestimmungen in Art. A.6 hat er ferner alle sonstigen direkten oder indirekten Kosten für jede weitere Bewegung der Ware bis zu dem Zeitpunkt zu tragen und zu zahlen, in dem sie dem Käufer am benannten Bestimmungsort ordnungsgemäß zur Verfügung gestellt wird.

Es steht dem Verkäufer jedoch frei, auf eigene Kosten und Gefahr eigene Transportmittel zu benutzen, vorausgesetzt, daß er bei Ausübung dieses Rechts alle anderen in diesen Regeln enthaltenen Verpflichtungen erfüllt.

Ist in dem Kaufvertrag kein bestimmter Ort (z. B. Bahnstation, Mole, Kai, Dock, Lagerhaus oder dgl.) in dem benannten Bestimmungsort im Einfuhrland benannt bzw. aufgrund der Bestimmungen des Frachtführers sowie der Zollbehörden oder einer anderen zuständigen Stelle vorgeschrieben, so kann der Verkäufer, wenn mehrere Orte zur Auswahl stehen, denjenigen auswählen, der ihm am besten zusagt; Voraussetzung ist, daß dort eine Zollstation und sonstige Einrichtungen vorhanden sind, die den Parteien die ordnungsgemäße Erfüllung ihrer Verpflichtungen in Übereinstimmung mit diesen Regeln ermöglichen. Der vom Verkäufer gewählte Ort muß dem Käufer angezeigt werden[1]. Dieser Ort gilt alsdann für die Anwendung dieser Regeln als der Ort in dem benannten Bestimmungsort, an dem die Ware dem Käufer zur Verfügung zu stellen ist und die Gefahr der Ware auf ihn übergeht.

(1) Vgl. Art. A.7.

6. Wenn es erforderlich oder üblich ist, die Ware beim Eintreffen am benannten Bestimmungsort zu löschen bzw. aus- oder abzuladen, damit sie dem Käufer an diesem Ort verzollt zur Verfügung gestellt werden kann, die Löschungs- oder Entladungskosten zu tragen und zu zahlen, einschließlich der Kosten für Leichterung, Verbringung an Land, Einlagerung und Handhabung.

7. Auf eigene Kosten dem Käufer anzuzeigen, daß die Ware dem ersten Frachtführer zwecks Versendung an den benannten Bestimmungsort ausgehändigt wurde, bzw. daß sie mit den eigenen Transportmitteln des Verkäufers an diesen Bestimmungsort versandt wurde. Diese Benachrichtigung muß so rechtzeitig erfolgen, daß der Käufer alle für die Abnahme der Ware normalerweise erforderlichen Maßnahmen treffen kann[2].

(2) Diese Benachrichtigung des Verkäufers an den Käufer kann per Luftpostbrief erfolgen, der an den Käufer an dessen im Kaufvertrag genannten Sitz adressiert ist. Ist die Ware jedoch per Luftfracht versandt worden oder ist die Entfernung zwischen dem Abgangsort im Versandland und dem benannten Bestimmungsort klein bzw. ist der Sitz des Verkäufers von dem des Käufers so weit entfernt, daß die Übermittlung der per Brief gesandten Benachrichtigung unangemessen verzögert wird, so ist der Verkäufer verpflichtet, diese Benachrichtigung per Kabel, Telegramm oder Fernschreiben zu übermitteln.

8. Auf eigene Kosten für Verpackung zu sorgen, die für den Transport der der vertraglichen Warenbeschreibung entsprechenden Ware zu dem benannten Bestimmungsort üblich ist, sofern es in dem betreffenden Handelszweig nicht üblich ist, die der vertraglichen Warenbeschreibung entsprechende Ware unverpackt zu befördern.

9. Alle direkten oder indirekten Kosten zu tragen und zu zahlen für Prüfungen, wie Messen, Wiegen und Zählen sowie für Qualitätsanaylsen, die u. U.

III. AGB-Gesetz u. Vertrklauseln **11. FOB Flughafen** Incoterms (6)

erforderlich sind, damit er die Beförderung der Ware zu dem benannten Bestimmungsort durchführen und die Ware dem Käufer an diesem Ort zur Verfügung stellen kann.

10. Zuzüglich der von ihm in Übereinstimmung mit Art. A.1 bis einschließlich A.9 zu tragenden und zu zahlenden Kosten, alle sonstigen direkten oder indirekten Kosten zu tragen und zu zahlen, die bei Erfüllung seiner Verpflichtung entstehen, die Ware in Übereinstimmung mit diesen Regeln dem Käufer am benannten Bestimmungsort zur Verfügung zu stellen.

B. Der Käufer hat:

1. Die Ware, sobald sie ihm vom Verkäufer am benannten Bestimmungsort ordnungsgemäß zur Verfügung gestellt wurde, abzunehmen, und ist für jede spätere Bewegung der Ware verantwortlich.

2. Alle direkten oder indirekten Kosten für Löschung, Aus- oder Abladung der Ware beim Eintreffen am benannten Bestimmungsort zu tragen und zu zahlen, insoweit als diese Kosten nicht in Übereinstimmung mit Art. A.6 vom Verkäufer zu zahlen sind.

3. Alle Gefahren der Ware zu übernehmen sowie alle sonstigen Kosten zu zahlen, die in dieser Hinsicht von dem Zeitpunkt an entstehen, in dem ihm die Ware in Übereinstimmung mit Art. A.2 a) am benannten Bestimmungsort ordnungsgemäß zur Verfügung gestellt worden ist.

4. Wenn er die Ware, sobald diese ihm ordnungsgemäß zur Verfügung gestellt worden ist, nicht abnimmt, alle aufgrund der Nichtabnahme dem Verkäufer oder Käufer entstandenen zusätzlichen Kosten zu zahlen und alle Gefahren der Ware zu tragen; Voraussetzung ist jedoch, daß die Ware abgesondert oder auf irgendeine andere Art als die für den Käufer bestimmte Ware kenntlich gemacht worden ist.

5. Dem Verkäufer – auf dessen Verlangen – die Anschrift des endgültigen Bestimmungsortes der Ware im Einfuhrland bekanntzugeben, falls der Verkäufer diese Angabe für die Beantragung der in Art. A.2 b) vorgesehenen Dokumente benötigt.

6. Die dem Verkäufer entstandenen Kosten für die Beschaffung der u. U. im Kaufvertrag vorgesehenen Bescheinigung von neutralen Sachverständigen hinsichtlich der Übereinstimmung der Ware mit dem Kaufvertrag zu tragen und zu zahlen.

7. Dem Verkäufer – auf dessen Verlangen, Kosten und Gefahr – in angemessenem Umfang Hilfe zur Beschaffung aller Dokumente zu leisten, die im Einfuhrland ausgestellt werden und die der Verkäufer zum Zweck der Zurverfügungstellung der Ware an den Käufer in Übereinstimmung mit diesen Regeln u. U. benötigt.

1) „Geliefert verzollt" unterscheidet sich von „Geliefert Grenze" (s Nr 9) nur dadurch, daß der Verkäufer die Ware auf seine Gefahr und Kosten in das Einfuhrland zu verbringen und dort zu verzollen hat; er muß also die Einfuhrgenehmigung beschaffen und alle Einfuhrzölle und -abgaben tragen (A 2).

11. FOB FLUGHAFEN
... (benannter Abgangsflughafen)

Die nachstehenden Regeln für Lieferung der Ware durch Lufttransporte auf FOB-Basis sind sorgfältig abgefaßt, um die vom Handel beachteten Bräuche wiederzugeben. Es sollte jedoch beachtet werden, daß der Ausdruck „FOB" (dessen eigentliche Bedeutung „free on board" ist) in bezug auf den Lufttransport nicht wörtlich zu verstehen ist, sondern daß das nächste Wort den Ort bezeichnet, wo die Verpflichtung des Verkäufers endet.

A. Der Verkäufer hat:

1. Die Ware in Übereinstimmung mit dem Kaufvertrag zu liefern und zugleich alle vertragsgemäßen Belege hierfür zu erbringen.

2. Die Ware dem Luftfrachtführer oder dessen Agenten oder jeder anderen, vom Käufer benannten Person oder, wenn ein Luftfrachtführer, Agent oder andere Person so nicht benannt worden ist, einem vom Verkäufer gewählten Luftfrachtführer oder dessen Agenten zu übergeben. Die Lieferung hat zu dem vereinbarten Zeitpunkt oder innerhalb der vereinbarten Lieferfrist und an dem benannten Abgangsflughafen, dem Flughafenbrauch entsprechend, oder an jedem anderen vom Käufer im Vertrag bezeichneten Ort, zu erfolgen.

3. Auf Kosten des Käufers den Vertrag für die Beförderung der Ware abzuschließen, es sei denn, der Käufer oder der Verkäufer gibt der anderen Partei unverzüglich gegenteilige Nachricht. Wenn der Verkäufer wie vorstehend den Beförderungsvertrag abschließt, muß er es, vorbehaltlich der in Artikel B.1 vorgesehenen Anweisungen des Käufers, zu den üblichen Bedingungen bis zu dem vom Käufer benannten Bestimmungsflughafen oder, falls kein solcher Flughafen benannt worden ist, bis zu dem dem Geschäftssitz des Käufers am nächsten gelegenen, für einen derartigen Transport benutzbaren Flughafen, auf dem üblichen Wege in einem Flugzeug der Bauart, die normalerweise für die Beförderung der im Vertrag bezeichneten Ware verwendet wird, tun.

4. Auf eigene Kosten und Gefahr die Ausfuhrbewilligung oder jede andere amtliche Bescheinigung zu beschaffen, die für die Ausfuhr der Ware erforderlich ist.

5. Vorbehaltlich der Bestimmungen der nachfolgenden Artikel B.6 und 7, alle Steuern, Gebühren und Abgaben zu zahlen, die im Hinblick auf die Ware aufgrund des Exports erhoben werden.

6. Vorbehaltlich der Bestimmungen der nachfolgenden Artikel B.6 und 7, alle weiteren im Hinblick auf die Ware zu zahlenden Kosten bis zu dem Zeitpunkt zu tragen, in dem sie in Übereinstimmung mit den Bestimmungen des oben genannten Artikels A.2 geliefert worden ist.

7. Vorbehaltlich der Bestimmungen der nachfolgenden Artikel B.6 und 7, alle Gefahren der Ware bis zu dem Zeitpunkt zu tragen, in dem sie in Übereinstimmung mit den Bestimmungen des oben genannten Artikels A.2 geliefert worden ist.

8. Auf eigene Kosten für eine angemessene Schutzverpackung zu sorgen, die für den Luftfrachtversand der Ware geeignet ist, sofern es nicht Handelsbrauch ist, die Ware unverpackt zu versenden.

9. Die durch die Lieferung der Ware bedingten Kosten des Prüfens (wie der Qualitätsprüfung, des Messens, Wiegens und Zählens) zu tragen.

10. Den Käufer unverzüglich auf eigene Kosten auf fernmeldetechnischem Wege von der Lieferung der Ware zu benachrichtigen.

11. Bei Vorliegen der in den nachfolgenden Artikeln B.6 und 7 vorgesehenen Umstände, den Käufer sofort auf fernmeldetechnischem Wege von dem Eintritt der genannten Umstände zu benachrichtigen.

12. Dem Käufer die ordnungsgemäße Handelsrechnung zu beschaffen, um die Einhaltung der geltenden Vorschriften zu erleichtern, sowie dem Käufer auf dessen Verlangen und Kosten das Ursprungszeugnis zu beschaffen.

13. Dem Käufer auf dessen Verlangen, Gefahr und Kosten, neben den in Artikel A.12 genannten Dokumenten, bei der Beschaffung aller im Abgangs-

III. AGB-Gesetz u. Vertrklauseln 11. **FOB Flughafen** Incoterms (6)

land und/oder Ursprungsland auszustellenden Dokumente, die der Käufer zur Einfuhr der Ware in das Bestimmungsland (und gegebenenfalls zur Durchfuhr durch ein drittes Land) benötigt, jede Hilfe zu gewähren.

14. Dem Käufer auf dessen Verlangen, Gefahr und Kosten, und vorbehaltlich der Bestimmungen des nachfolgenden Artikels B.9, bei der Geltendmachung eines Anspruchs gegenüber dem Luftfrachtführer oder dessen Agenten im Hinblick auf die Beförderung der Ware jede Hilfe zu gewähren.

B. Der Käufer hat:

1. Dem Verkäufer den Bestimmungsflughafen rechtzeitig bekanntzugeben und ihm (erforderlichenfalls) genaue Anweisungen zu geben für die Beförderung der Ware per Luftfracht von dem benannten Abgangsflughafen.

2. Wenn der Verkäufer den Vertrag für die Beförderung der Ware nicht abschließen will, auf eigene Kosten Vorkehrungen für diese Beförderung vom benannten Abgangsflughafen zu treffen und dem Verkäufer rechtzeitig über diese Vorkehrungen zu benachrichtigen, unter Angabe des Namens des Luftfrachtführers oder dessen Agenten oder jeder anderen Person, der die Ware zu übergeben ist.

3. Vorbehaltlich der Bestimmungen in oben genanntem Artikel A.5, alle im Hinblick auf die Ware zu zahlenden Kosten von dem Zeitpunkt an zu tragen, an dem die Ware in Übereinstimmung mit den Bestimmungen des oben genannten Artikels A.2 geliefert worden ist.

4. Den in Rechnung gestellten Preis vertragsgemäß zu zahlen, desgleichen die Kosten der Luftfrachtbeförderung, sofern diese vom Verkäufer bzw. in dessen Namen gezahlt worden sind.

5. Alle Gefahren für die Ware von dem Zeitpunkt an zu tragen, in dem sie in Übereinstimmung mit den Bestimmungen des oben genannten Artikels A.2 geliefert worden ist.

6. Alle zusätzlich entstehenden Kosten zu tragen, wenn der Luftfrachtführer, dessen Agent oder jede andere vom Käufer benannte Person die Ware bei Anlieferung durch den Verkäufer nicht übernimmt, sowie alle die Ware betreffenden Gefahren vom Zeitpunkt dieser Anlieferung, vorausgesetzt, daß die Ware in geeigneter Weise konkretisiert, d.h. als der für den Käufer bestimmte Gegenstand abgesondert oder auf irgendeine andere Art kenntlich gemacht worden ist.

7. Falls er dem Verkäufer keine genauen Anweisungen (soweit erforderlich) für die Beförderung der Ware erteilt, alle sich hieraus ergebenden Mehrkosten sowie alle die Ware betreffenden Gefahren von dem vereinbarten Lieferzeitpunkt an bzw. vom Ablauf der vereinbarten Lieferfrist an zu tragen, vorausgesetzt, daß die Ware in geeigneter Weise konkretisiert, d.h. als der für den Käufer bestimmte Gegenstand abgesondert oder auf irgendeine andere Art kenntlich gemacht worden ist.

8. Alle Kosten, Gebühren und Abgaben für die Beschaffung der im oben genannten Artikel A.13 erwähnten Dokumente zu tragen, einschließlich der Kosten der Konsulatspapiere und der Ursprungszeugnisse.

9. Alle Kosten, Gebühren und Abgaben zu tragen, die dem Verkäufer durch die Geltendmachung und Verfolgung von Ansprüchen gegenüber dem Luftfrachtführer oder dessen Agenten im Hinblick auf die Beförderung der Ware entstehen.

1) ,,FOB Flughafen", veröffentlicht 1976, trägt den Besonderheiten des FOB-Geschäftes bei Lufttransport (s § 425 HGB Anm 1 B d) Rechnung. Gegenüber ,,FOB" (s Nr 4) bestehen zwei wesentliche Unterschiede: Der Verkäufer schließt idR den Luftbeförderungsvertrag ab (A 3), aber auch hier auf Kosten des

1119

Käufers, und die Gefahr geht schon mit Übergabe an den Luftfrachtführer über (A 7), also uU auch außerhalb des Flughafens. Weitere Unterschiede betreffen zB die Verpackung nach A 8 und die Mitteilung nach A 11.

12. FREI FRACHTFÜHRER

... (benannter Ort)

Diese Vertragsformel ist erarbeitet worden, um den Anforderungen des modernen Transports zu entsprechen, insbesondere dem „multimodalen" Transport, z. B. Container oder Ro-Ro Verkehr per Anhänger und Schiff.

Sie basiert auf den gleichen Grundsätzen wie die Vertragsformel FOB, mit der Ausnahme jedoch, daß der Verkäufer seine Verpflichtungen erfüllt, wenn er die Ware dem Frachtführer am benannten Ort übergibt. Wenn bei Abschluß des Kaufvertrags kein genau bestimmter Ort angegeben werden kann, sollten die Parteien den Ort oder den Bereich bezeichnen, wo der Frachtführer die Ware zu übernehmen hat. Die Gefahr des Untergangs oder von Schäden an der Ware geht vom Verkäufer auf den Käufer zu diesem Zeitpunkt über und nicht bei Überschreiten der Reling des Schiffes.

Als „Frachtführer" gilt jeder, durch den oder in dessen Namen ein Vertrag über die Beförderung per Straße, Schiene, Luft, See bzw. eine Kombination von Transportarten abgeschlossen worden ist. Hat der Verkäufer ein Konossement, einen Frachtbrief oder Ladeschein zu beschaffen, so gilt diese Verpflichtung als ordnungsgemäß erfüllt, wenn er ein solches Dokument, ausgestellt von dem oben bezeichneten Frachtführer, vorlegt.

A. Der Verkäufer hat:

1. Die Ware in Übereinstimmung mit dem Kaufvertrag zu liefern und zugleich alle vertragsgemäßen Belege hierfür zu erbringen.

2. Die Ware dem vom Käufer benannten Frachtführer zu dem für die Lieferung vereinbarten Zeitpunkt bzw. innerhalb der für die Lieferung vereinbarten Frist am benannten Ort in der ausdrücklich vereinbarten bzw. an diesem Ort üblichen Art und Weise zu übergeben. Wenn kein bestimmter Ort benannt worden ist und mehrere Orte verfügbar sind, kann der Verkäufer den ihm am besten zusagenden Ort am Übergabeort auswählen.

3. Auf eigene Kosten und Gefahr die Ausfuhrbewilligung oder jede andere behördliche Genehmigung zu beschaffen, die für die Ausfuhr der Ware erforderlich ist.

4. Vorbehaltlich der Bestimmungen des nachstehenden Artikels B.5 alle Steuern, Gebühren und Abgaben zu zahlen, die im Hinblick auf die Ware aufgrund der Ausfuhr erhoben werden.

5. Vorbehaltlich der Bestimmungen des nachstehenden Artikels B.5 alle im Hinblick auf die Ware zu zahlenden Kosten bis zu dem Zeitpunkt zu tragen, in dem sie in Übereinstimmung mit den Bestimmungen des oben genannten Artikels A.2 dem Frachtführer übergeben worden ist.

6. Vorbehaltlich der Bestimmungen des nachstehenden Artikels B.5 alle Gefahren der Ware bis zu dem Zeitpunkt zu tragen, in dem sie in Übereinstimmung mit den Bestimmungen des oben genannten Artikels A.2 dem Frachtführer übergeben worden ist.

7. Auf eigene Kosten für die übliche Verpackung der Ware zu sorgen, sofern es nicht Handelsbrauch ist, die Ware unverpackt zu versenden.

8. Die durch die Lieferung der Ware bedingten Kosten des Prüfens (wie der Qualitätsprüfung, des Messens, Wiegens und Zählens) zu tragen.

9. Den Käufer unverzüglich auf fernmeldetechnischem Wege von der Lieferung der Ware zu benachrichtigen.

III. AGB-Gesetz u. Vertragsklauseln   13. Frachtfrei **Incoterms (6)**

10. Bei Vorliegen der in dem nachstehenden Artikel B.5 vorgesehenen Umstände, den Käufer unverzüglich auf fernmeldetechnischem Wege vom Eintritt der genannten Umstände zu benachrichtigen.

11. Auf eigene Kosten dem Käufer, falls handelsüblich, das übliche Dokument oder den Nachweis der Übergabe der Ware an den Frachtführer in Übereinstimmung mit den Bestimmungen des oben genannten Artikels A.2 zu beschaffen.

12. Dem Käufer die ordnungsgemäße Handelsrechnung zu beschaffen, um die Einhaltung der geltenden Vorschriften zu erleichtern, sowie dem Käufer auf dessen Verlangen und Kosten das Ursprungszeugnis zu beschaffen.

13. Dem Käufer, auf dessen Verlangen, Kosten und Gefahr neben den in oben genannten Artikel A.12 erwähnten Unterlagen, bei der Beschaffung aller Dokumente, die im Abgangsland und/oder Ursprungsland ausgestellt werden und die der Käufer zur Einfuhr der Ware in das Bestimmungsland (und gegebenenfalls zur Durchfuhr durch ein drittes Land) benötigt, jede Hilfe zu gewähren.

B. Der Käufer hat:

1. Auf eigene Kosten den Vertrag über die Beförderung der Ware vom benannten Ort abzuschließen und dem Verkäufer rechtzeitig den Namen des Frachtführers sowie den Zeitpunkt anzugeben, an dem diesem die Ware zu liefern ist.

2. Vorbehaltlich der Bestimmungen des oben genannten Artikels A.4, alle im Hinblick auf die Ware zu zahlenden Kosten von dem Zeitpunkt an zu tragen, in dem sie in Übereinstimmung mit den Bestimmungen des oben genannten Artikels A.2 an den Frachtführer übergeben worden ist.

3. Den Preis wie im Vertrag vorgesehen zu zahlen.

4. Alle Gefahren der Ware von dem Zeitpunkt an zu tragen, in dem sie in Übereinstimmung mit den Bestimmungen des oben genannten Artikels A.2 dem Frachtführer übergeben worden ist.

5. Alle entstehenden Mehrkosten zu tragen, wenn er zum vereinbarten Zeitpunkt den Frachtführer nicht benennt oder der von ihm benannte Frachtführer die Ware am vereinbarten Zeitpunkt nicht übernimmt, sowie alle Gefahren der Ware vom Ablauf der für die Übergabe bestimmten Frist, vorausgesetzt jedoch, daß die Ware in geeigneter Weise konkretisiert, d. h. als der für den Käufer bestimmte Gegenstand abgesondert oder auf irgendeine andere Art kenntlich gemacht worden ist.

6. Alle Kosten, Gebühren und Abgaben für die Beschaffung der in oben genanntem Artikel A.13 erwähnten Dokumente zu tragen, einschließlich der Kosten der Konsulatspapiere sowie die Kosten der Ursprungszeugnisse.

1) ,,Frei Frachtführer", veröffentlicht 1980, trägt den Besonderheiten des FOB-Geschäftes vor allem bei den neuen Transportarten Rechnung, steht aber auch statt ,,FOB" für den Seetransport zur Verfügung. Unterschiede zu ,,FOB" (s Nr 4) betreffen vor allem die Übergabe an Frachtführer (A 2) und den Gefahrübergang schon zu diesem Zeitpunkt (A 6), ferner die Mitteilung nach A 10 und die Dokumente nach A 11.

13. FRACHTFREI

... (benannter Bestimmungsort)

Genau wie C & F, bedeutet ,,Frachtfrei ...", daß der Verkäufer die Fracht für die Beförderung der Ware bis zu dem benannten Bestimmungsort zahlt. Jedoch geht die Gefahr

(6) Incoterms 13. Frachtfrei   2. Handelsrechtl. Nebengesetze

des Untergangs oder von Schäden an der Ware sowie eventueller Kostenerhöhungen vom Verkäufer auf den Käufer über, wenn die Ware dem ersten Frachtführer übergeben worden ist, und nicht bei Überschreiten der Reling des Schiffes. Diese Vertragsformel kann für alle Transportarten verwendet werden, einschließlich des multimodalen und Containertransports oder des Ro-Ro Verkehrs per Anhänger und Schiff. Hat der Verkäufer ein Konnossement, einen Frachtbrief oder Ladeschein zu beschaffen, so gilt diese Verpflichtung als ordnungsgemäß erfüllt, wenn er ein solches Dokument, ausgestellt von demjenigen, mit dem er einen Vertrag über die Beförderung der Ware bis zum benannten Bestimmungsort abgeschlossen hat, vorlegt.

A. Der Verkäufer hat:

1. Die Ware in Übereinstimmung mit dem Kaufvertrag zu liefern und zugleich alle vertragsgemäßen Belege hierfür zu erbringen.

2. Auf eigene Kosten den Vertrag abzuschließen für die Beförderung der Ware auf einem üblichen Wege und in üblicher Weise zu dem vereinbarten Ort am Bestimmungsort. Wenn der Ort nicht vereinbart ist oder sich nicht aus dem Handelsbrauch ergibt, kann der Verkäufer den ihm am besten zusagenden Ort am Bestimmungsort auswählen.

3. Vorbehaltlich der Bestimmungen des nachstehenden Artikels B.3, alle Gefahren der Ware zu tragen, bis diese dem ersten Frachtführer an dem im Vertrag vorgesehenen Zeitpunkt übergeben worden ist.

4. Den Käufer unverzüglich auf fernmeldetechnischem Wege zu benachrichtigen, daß die Ware dem ersten Frachtführer übergeben worden ist.

5. Auf eigene Kosten für die übliche Verpackung der Ware zu sorgen, sofern es nicht Handelsbrauch ist, die Ware unverpackt zu versenden.

6. Die durch die Verladung der Ware oder durch die Übergabe an den ersten Frachtführer bedingten Kosten des Prüfens (wie der Qualitätsprüfung, des Messens, Wiegens, Zählens) zu tragen.

7. Auf eigene Kosten dem Käufer das übliche Versanddokument zu beschaffen, sofern dies dem Handelsbrauch entspricht.

8. Auf eigene Kosten und Gefahr alle Ausfuhrbewilligungen oder sonstige behördliche, für die Ausfuhr der Ware erforderliche Genehmigungen zu beschaffen und alle für die Ware im Versandland zu entrichtenden Steuern und Abgaben einschließlich der Ausfuhrabgaben sowie die Kosten der zur Verladung der Ware erforderlichen Formalitäten zu tragen.

9. Dem Käufer die ordnungsgemäße Handelsrechnung zu beschaffen, um die Einhaltung der geltenden Vorschriften zu erleichtern, sowie dem Käufer auf dessen Verlangen und Kosten das Ursprungszeugnis zu beschaffen.

10. Dem Käufer, auf dessen Verlangen, Gefahr und Kosten, neben den im vorhergehenden Artikel genannten Unterlagen, bei der Beschaffung aller Dokumente, die im Verlade- und/oder Ursprungsland ausgestellt werden und die der Käufer zur Einfuhr der Ware in das Bestimmungsland (und gegebenenfalls zur Durchfuhr durch ein drittes Land) benötigt, jede Hilfe zu gewähren.

B. Der Käufer hat:

1. Die Ware am vereinbarten Ort am Bestimmungsort in Empfang zu nehmen, den Preis wie im Vertrag vorgesehen zu zahlen und, mit Ausnahme der Fracht, alle Kosten und Gebühren, die im Hinblick auf die Ware während des Transportes bis zu ihrer Ankunft am Bestimmungsort entstanden sind, zu tragen, desgleichen die Entladungskosten, es sei denn, diese Kosten und Gebühren sind in der Fracht enthalten oder vom Frachtführer bei Zahlung der Fracht vereinnahmt worden.

III. AGB-Gesetz u. Vertrklauseln   14. Frachtfrei vers **Incoterms (6)**

2. Alle Gefahren der Ware von dem Zeitpunkt an zu tragen, in dem sie dem ersten Frachtführer in Übereinstimmung mit Artikel A.3 übergeben worden ist.

3. Wenn er sich eine Frist für den Abruf der Ware und/oder die Wahl des Bestimmungsorts vorbehalten hat und nicht rechtzeitig Anweisungen erteilt, alle sich hieraus ergebenden Mehrkosten und alle Gefahren der Ware vom Ablauf der vereinbarten Frist an zu tragen, vorausgesetzt, daß die Ware in geeigneter Weise konkretisiert, d. h. als der für den Käufer bestimmte Gegenstand abgesondert oder auf irgendeine andere Art kenntlich gemacht worden ist.

4. Alle Kosten und Gebühren für die Beschaffung der in oben genannten Artikel A.10 erwähnten Unterlagen zu tragen, einschließlich der Kosten der Konsulatspapiere, sowie die Kosten der Ursprungszeugnisse.

5. Alle Zollgebühren und sonstige Abgaben zu tragen, die bei der Einfuhr oder für die Einfuhr zu entrichten sind.

1) ,,Frachtfrei", revidiert 1980, entspricht dem Frachtfrei-(C & F-)Vertrag der Incoterms 1953, ist aber für alle Transportarten geeignet. Bis auf ,,Frachtfrei versichert A 11" (Pflicht des Verkäufers zum Abschluß einer Transportversicherung) sind ,,Frachtfrei" und ,,Frachtfrei versichert" deckungsgleich. Nach A 3 tritt Gefahrübergang mit Übergabe an den ersten Frachtführer ein; auch wenn der Verkäufer den Transport bewerkstelligt.

14. FRACHTFREI VERSICHERT

... (benannter Bestimmungsort)

Diese Vertragsformel ist die gleiche wie ,,Frachtfrei . . .", jedoch mit der Ergänzung, daß der Verkäufer eine Transportversicherung gegen die Gefahr des Untergangs oder Schäden an der Ware während des Transports zu beschaffen hat. Der Verkäufer schließt die Versicherung mit dem Versicherer ab und zahlt die Versicherungsprämie.

A. Der Verkäufer hat:

1. Die Ware in Übereinstimmung mit dem Kaufvertrag zu liefern und zugleich alle vertragsgemäßen Belege hierfür zu erbringen.

2. Auf eigene Kosten den Vertrag abzuschließen für die Beförderung der Ware auf einem üblichen Wege und in üblicher Weise zu dem vereinbarten Ort am Bestimmungsort. Wenn der Ort nicht vereinbart ist oder sich nicht aus dem Handelsbrauch ergibt, kann der Verkäufer den ihm am besten zusagenden Ort am Bestimmungsort auswählen.

3. Vorbehaltlich der Bestimmungen des nachstehenden Artikels B.3, alle Gefahren der Ware zu tragen, bis diese dem ersten Frachtführer an dem im Vertrag vorgesehenen Zeitpunkt übergeben worden ist.

4. Den Käufer unverzüglich auf fernmeldetechnischem Wege zu benachrichtigen, daß die Ware dem ersten Frachtführer übergeben worden ist.

5. Auf eigene Kosten für die übliche Verpackung der Ware zu sorgen, sofern es nicht Handelsbrauch ist, die Ware unverpackt zu versenden.

6. Die durch die Verladung der Ware oder durch die Übergabe an den ersten Frachtführer bedingten Kosten des Prüfens (wie der Qualitätsprüfung, des Messens, Wiegens, Zählens) zu tragen.

7. Auf eigene Kosten dem Käufer das übliche Versanddokument zu beschaffen, sofern dies dem Handelsbrauch entspricht.

8. Auf eigene Kosten und Gefahr alle Ausfuhrbewilligungen oder sonstige behördliche, für die Ausfuhr der Ware erforderliche Genehmigungen zu beschaffen und alle für die Ware im Versandland zu entrichtenden Steuern und Abgaben einschließlich der Ausfuhrabgaben sowie die Kosten der zur Verladung der Ware erforderlichen Formalitäten zu tragen.

9. Dem Käufer die ordnungsgemäße Handelsrechnung zu beschaffen, um die Einhaltung der geltenden Vorschriften zu erleichtern, sowie dem Käufer auf dessen Verlangen und Kosten das Ursprungszeugnis zu beschaffen.

10. Dem Käufer, auf dessen Verlangen, Gefahr und Kosten, neben den im vorhergehenden Artikel genannten Unterlagen, bei der Beschaffung aller Dokumente, die im Verlade- und/oder Ursprungsland ausgestellt werden und die der Käufer zur Einfuhr der Ware in das Bestimmungsland (und gegebenenfalls zur Durchfuhr durch ein drittes Land) benötigt, jede Hilfe zu gewähren.

11. Auf eigene Kosten, die im Vertrag vorgesehene Transportversicherung zu beschaffen, deren Bedingungen den Käufer oder eine sonstige Person, die ein Versicherungsinteresse an der Ware hat, berechtigen, beim Versicherer Ansprüche direkt geltend zu machen, und dem Käufer die Versicherungspolice oder einen sonstigen Nachweis über den Versicherungsschutz zu übermitteln. Die Versicherung muß bei zuverlässigen Versicherern, und mangels ausdrücklicher Vereinbarung, zu Bedingungen abgeschlossen sein, die nach Auffassung des Verkäufers unter Berücksichtigung des Handelsbrauchs, der Art der Ware und sonstiger die Gefahr berührende Umstände angemessen sind. Im letztgenannten Fall hat der Verkäufer dem Käufer den Umfang des Versicherungsschutzes mitzuteilen, um diesem so die Möglichkeit zu geben, von ihm u. U. als erforderlich erachtete Zusatzversicherungen abzuschließen, ehe die Gefahr der Ware in Übereinstimmung mit dem nachstehenden Artikel B.2 auf ihn übergeht.

Die Versicherung muß den im Vertrag vorgesehenen Preis zuzüglich 10% decken und ist, sofern dies möglich ist, in der Vertragswährung zu beschaffen. Auf Verlangen des Käufers hat der Verkäufer auf Kosten des Käufers eine Versicherung gegen Kriegsgefahr in der Vertragswährung zu beschaffen, sofern dies möglich ist.[1]

(1) Es sollte beachtet werden, daß die Bestimmung über die Versicherung gemäß A.11 der vorliegenden Klausel sich von der gemäß A.5 der CIF Klausel unterscheidet.

B. Der Käufer hat:

1. Die Ware am vereinbarten Ort am Bestimmungsort in Empfang zu nehmen, den Preis wie im Vertrag vorgesehen zu zahlen und, mit Ausnahme der Fracht und der Transportversicherungskosten, alle Kosten und Gebühren, die im Hinblick auf die Ware während des Transportes bis zu ihrer Ankunft am Bestimmungsort entstanden sind, zu tragen, desgleichen die Entladungskosten, es sei denn, diese Kosten und Gebühren sind in der Fracht enthalten oder vom Frachtführer bei Zahlung der Fracht vereinnahmt worden.

2. Alle Gefahren der Ware von dem Zeitpunkt an zu tragen, in dem sie dem ersten Frachtführer in Übereinstimmung mit dem oben genannten Artikel A.3 übergeben worden ist.

3. Wenn er sich eine Frist für den Abruf der Ware und/oder die Wahl des Bestimmungsortes vorbehalten hat und nicht rechtzeitig Anweisungen erteilt, alle sich hieraus ergebenden Mehrkosten und alle Gefahren der Ware vom Ablauf der vereinbarten Frist an zu tragen, vorausgesetzt, daß die Ware in geeigneter Weise konkretisiert, d.h. als der für den Käufer bestimmte Gegenstand abgesondert oder auf irgendeine andere Art kenntlich gemacht worden ist.

IV. Bank- und Börsenrecht

4. Alle Kosten und Gebühren für die Beschaffung der in oben genannten Artikel A.10 erwähnten Unterlagen zu tragen, einschließlich der Kosten der Konsulatspapiere sowie die Kosten der Ursprungszeugnisse.

5. Alle Zollgebühren und sonstige Abgaben zu tragen, die bei der Einfuhr oder für die Einfuhr zu entrichten sind.

1) „Frachtfrei versichert", revidiert 1980, entspricht dem Frachtfrei-(CIF-)-Vertrag der Incoterms 1953, ist aber für alle Transportarten geeignet.

IV. Bank- und Börsenrecht

(7) Bankgeschäfte

Schrifttum:

a) Kommentare: Bankrecht und Bankpraxis (BuB, früher Bankgeschäftliches Formularbuch), (Einzellieferungen) 1979 ff (LBl). – *Canaris,* Bankvertragsrecht, 2. Aufl 1981 (Sonderausgabe aus GroßKo III 3, 2. Bearbeitung). – *Schlegelberger-Hefermehl,* Bd IV, Anh § 365, 5. Aufl 1976.

b) Lehrbücher: *Schönle,* Bank- und Börsenrecht, 2. Aufl 1976. – *Schinnerer-Avancini,* Bankverträge I–III, Wien, 3. Aufl 1975/76/78. – Grundrisse: *Herold-Lippisch,* 2. Aufl 1962; *Vallenthin* 1974.

c) Einzeldarstellung und Sonstiges: *Hopt,* Kapitalanlegerschutz im Recht der Banken, 1975. – *Obermüller,* Die Bank im Konkurs ihres Kunden, 3. Aufl 1985. – *Obst-Hintner (Kloten-von Stein),* Geld-, Bank- und Börsenwesen (Handbuch), 37. Aufl 1980. – *K. Schmidt,* Geldrecht (Geld, Zins, Währung, Sonderausgabe aus Staudinger), 1983. – Vertragsmuster zum nationalen *(von Westphalen)* und internationalen *(Schütze)* Bankrecht in MüVertragsHdb, Bd 2 1984. – Zu AGB s **(8)** AGB-Banken. – RsprÜbersichten: *Bundschuh,* 3. Aufl 1985; zu den einzelnen Bankgeschäften s dort.

Übersicht

I. Grundlagen des Bankrechts

1) HGB und Bankgeschäfte
2) KWG und Bankgeschäfte
3) Bankvertrag, Geschäftsverbindung und AGB
4) Bankgeheimnis
5) Bankauskünfte
6) Aufklärungs-, Warn- und Beratungspflichten
7) Haftung gegenüber Dritten
8) Automation, Datenschutz und Bildschirmtext bei Bankgeschäften
9) Bankgeschäfte und Konkurs
10) Internationaler Bankverkehr

II. Einlagengeschäft (samt Konto)

1) Rechtliche Qualifikation
2) Kontoarten, Kontoinhaber
3) Rückzahlung der Einlagen, insbesondere Spareinlagen
4) Postsparverkehr

III. Girogeschäft und Zahlungsverkehr

1) Rechtliche Qualifikation
2) Das Rechtsverhältnis zwischen den Banken und dem Überweisenden

(7) BankGesch — 2. Handelsrechtl. Nebengesetze

3) Das Rechtsverhältnis zwischen den Banken und dem Überweisungsempfänger
4) Das Rechtsverhältnis zwischen dem Überweisenden und dem Überweisungsempfänger
5) Scheckgeschäft, Scheckinkasso
6) Scheckkarte (Eurocheck), Kreditkarte, Reisescheck
7) Postscheckverkehr

III A. Lastschriftverfahren

1) Rechtliche Qualifikation
2) Das Rechtsverhältnis zwischen den Banken und dem Lastschriftschuldner
3) Das Rechtsverhältnis zwischen den Banken und dem Lastschriftgläubiger
4) Das Rechtsverhältnis zwischen dem Lastschriftschuldner und dem Lastschriftgläubiger

IV. Kreditgeschäft

1) Erscheinungsformen
2) Krediteröffnungsvertrag (einschließlich sittenwidriger Darlehen)
3) Rechtsprobleme besonderer Geldkreditgeschäfte (Kontokorrentkredit, Lombardkredit, Hypothekenbank- und Pfandbriefdarlehen, Schuldscheindarlehen)
4) Rechtsprobleme der Akzeptkreditgeschäfte
5) Haftung der Bank bei Kreditvergabe
6) Kreditsicherung, insbesondere Globalzession
7) Neue Finanzinstrumente

V. Teilzahlungskreditgeschäft

1) Rechtliche Qualifikation
2) Die Rechtsverhältnisse zwischen Bank, Käufer und Verkäufer beim B-Geschäft
3) Andere Teilzahlungskreditgeschäfte im Zusammenwirken von Bank und Verkäufer (C-Geschäft, A-Geschäft, sonstige Varianten)
4) Persönlicher Kleinkredit und Anschaffungsdarlehen
5) Die europäische Rechtsangleichung zum Verbraucherkredit

VI. Diskontgeschäft

1) Rechtliche Qualifikation
2) Rechte und Pflichten der Beteiligten
3) Verwandte Geschäfte (Forfaitgeschäft, Pensionsgeschäft)

VII. Akkreditiv, Dokumenteninkasso, Bankgarantie

1) Rechtliche Qualifikation des Akkreditivs
2) Das Rechtsverhältnis zwischen den Banken und dem Akkreditivauftraggeber (Käufer)
3) Das Rechtsverhältnis zwischen den Banken und dem Begünstigten (Verkäufer)
4) Das Rechtsverhältnis zwischen dem Akkreditivauftraggeber (Käufer) und dem Begünstigten (Verkäufer)
5) Dokumenteninkasso
6) Garantiegeschäft
7) Auslandsgeschäft

VIII. Effektengeschäft
(Wertpapierhandel mit Emissions- und Konsortialgeschäft)

s §§ 383 ff HGB

IX. Depotgeschäft (mit Vermögensverwaltung und Verwahrgeschäft)

s **(13)** DepotG

X. Investmentgeschäft

XI. Factoring
1) Rechtliche Qualifikation
2) Verhältnis zwischen Bank und Kunden
3) Globalzession

XII. Leasing
1) Rechtliche Qualifikation
2) Verhältnis zwischen Leasinggeber und Leasingnehmer
3) Verhältnis des Leasingnehmers zum Hersteller und Dritten

I. Grundlagen des Bankrechts

1) HGB und Bankgeschäfte

A. Das **HGB** behandelt in Buch I Bankgeschäfte als GrundHdlGeschäfte (Bankier- und Geldwechslergeschäfte, § 1 II Nr 4). Der Bankier ist VollKfm ohne Eintragung im HdlReg. Vorschriften von Bedeutung für Bankgeschäfte enthält Buch III, zB §§ 349–351 (Bürgschaft, Kreditauftrag, Schuldversprechen, Schuldanerkenntnis), §§ 352–354 (Zinsen, Provision), §§ 355–357 (Kontokorrent), §§ 363–365 (kfm Orderpapiere), §§ 366–368 (Übereignung und Verpfändung von Sachen und WP), §§ 369–372 (kfm Zurückbehaltungsrecht), §§ 383 ff (Kommissionsgeschäft), §§ 424, 444 ff, 642 ff (kfm Dokumente: Lagerschein, Ladeschein, Konossement) ua.

B. **Handelsrechtliche Nebengesetze** einschließlich nicht rechtsverbindlicher Texte der kfm und bankgeschäftlichen Praxis sind für die Bankgeschäfte von spezieller Bedeutung. Die **(8)** AGB-Banken bilden die Grundlage für die Geschäftsbeziehung zwischen Bank und Kunden mit zahlreichen Abweichungen vom dispositiven Recht. Sie werden durch Sonderbedingungen für bestimmte Geschäftsbereiche ergänzt, s zB **(9)** AGB-Anderkonten, **(10)** Lastschriftverkehr, **(11)** ERA betr Dokumenten-Akkreditive, **(12)** ERI betr Inkassi. Das Wertpapiergeschäft ist über das Recht der Effektenkommission in §§ 383 ff HGB hinaus durch **(13)** DepotG, **(14)** BörsG, **(15)** BörsZulassBek gesetzlich geregelt; Richtlinien und Leitsätze enthalten **(16)** Insiderhandels-Ri, **(17)** Händler- und Beraterregeln, **(18)** LSÜbernahmeangebote.

C. Das **Bankrecht** wird durch diese Regeln nur gebietsweise und zum kleineren Teil erfaßt. Im wesentlichen ist es eine Schöpfung der (durch die Rspr überwachten und korrigierten) Bankpraxis, mit der heute jeder, ob Privatmann oder Kfm, zu tun hat, zB wenn er ein Konto eröffnet (Einlagengeschäft, s Anm II), Überweisungen tätigen will (Girogeschäft und Zahlungsverkehr, Lastschriftverfahren, s Anm III A), Bankkredit aufnimmt (Kredit- und Teilzahlungskreditgeschäft, s Anm IV, V), mit Wechseln und Zahlungsgarantien arbeitet (Diskont- und Akkreditivgeschäft, s Anm VI, VII) oder Wertpapiere erwirbt oder besitzt (Effekten-, Depot-, Investmentgeschäft, s Anm VIII–X). Neuere Schöpfungen der Handels- und Bankpraxis sind das Factoring (s Anm XI) und das Leasing (s Anm XII). Die Wichtigkeit dieser Bankgeschäfte stellt heute manche andere im HGB eigens geregelte Geschäfte in den Schatten. Das entspricht der Entwicklung seit 1900 zu einer modernen Wirtschaft, in der Dienstleistungen allgemein und speziell bankmäßige Zahlung, Finanzierung und Sicherheiten zentrale Funktionen übernommen haben. Diese Entwicklung geht weiter und spiegelt sich in einer rasch anwachsenden Flut von bankrechtlichen Entscheidungen.

2) KWG und Bankgeschäfte

A. Das **Gesetz über das Kreditwesen** (KWG, 10. 7. 61 BGBl 881, nach 3. ÄndG 20. 12. 84 BGBl 1693, dazu Waldeck NJW **85**, 888, Henke, WM **85**, 41, jetzt idF Bek 11. 7. 85 BGBl 1472) definiert „Bankgeschäfte":

KWG 1 Begriffsbestimmungen

[1] Kreditinstitute sind Unternehmen, die Bankgeschäfte betreiben, wenn der Umfang dieser Geschäfte einen in kaufmännischer Weise eingerichteten Geschäftsbetrieb erfordert. Bankgeschäfte sind
1. die Annahme fremder Gelder als Einlagen ohne Rücksicht darauf, ob Zinsen vergütet werden (Einlagengeschäft);
2. die Gewährung von Gelddarlehen und Akzeptkrediten (Kreditgeschäft);
3. der Ankauf von Wechseln und Schecks (Diskontgeschäft);
4. die Anschaffung und die Veräußerung von Wertpapieren für andere (Effektengeschäft);
5. die Verwahrung und die Verwaltung von Wertpapieren für andere (Depotgeschäft);
6. die in § 1 des Gesetzes über Kapitalanlagegesellschaften in der Fassung der Bekanntmachung vom 14. Januar 1970 (Bundesgesetzbl. I S. 127), zuletzt geändert durch das Zweite Gesetz zur Änderung des Gesetzes über das Kreditwesen vom 24. März 1976 (Bundesgesetzbl. I S. 725), bezeichneten Geschäfte (Investmentgeschäft);
7. die Eingehung der Verpflichtung, Darlehensforderungen vor Fälligkeiten zu erwerben;
8. die Übernahme von Bürgschaften, Garantien und sonstigen Gewährleistungen für andere (Garantiegeschäft);
9. die Durchführung des bargeldlosen Zahlungsverkehrs und des Abrechnungsverkehrs (Girogeschäft).

Der Bundesminister der Finanzen kann nach Anhörung der Deutschen Bundesbank durch Rechtsverordnung weitere Geschäfte als Bankgeschäfte bezeichnen, wenn dies nach der Verkehrsauffassung unter Berücksichtigung des mit diesem Gesetz verfolgten Aufsichtszweckes gerechtfertigt ist.

Der Begriff der Bankgeschäfte wird in § 1 I 2 Nr 1–9 KWG durch Aufzählung der verschiedenen Bankgeschäfte umschrieben. Diese Aufzählung ist für das HdlRecht wenngleich eine wichtige Hilfe, so doch weder bindend noch abschließend, sondern Grundlage der Bankenkonzession und Bankenaufsicht. Das gewerbsmäßige Betreiben von Bankgeschäften (§ 1 I 1 KWG, zur Erforderlichkeit eines kfm Geschäftsbetriebs s § 2 HGB Anm 2) macht ein Unternehmen (auch gegen seinen Willen) zum **Kreditinstitut** (im folgenden wird **gleichbedeutend** der Begriff „Bank" gebraucht, also nicht ieS im Unterschied zur Sparkasse ua). Die Zulassung zum Geschäftsbetrieb und die Bankenaufsicht obliegt dem Bundesaufsichtsamt für das Kreditwesen (BAKred) in Berlin. Das KWG ist öffentliches Recht. Der Rechtsweg gegen Maßnahmen der BAKred ist der Verwaltungsrechtsweg (§ 42 VWGO; vgl § 49 KWG; anders betr Strafrecht). Zur Novelle 1976 Henke DB **76**, 517, Starke WM **76**, 366, Assmann BB **76**, 579, Knapp NJW **76**, 873. Zur Novelle 1984, Mülbert AG **86**, 1. Entscheidungssammlung: Beckmann-Bauer (LBl). Komm: Bähre-Schneider 3. Aufl 1986; Beck (LBl); Reischauer-Kleinhans (LBl); Schork (LBl); Szagunn-Wohlschieß, 4. Aufl 1986.

B. **Privatrechtliche Fragen:** Das **Fehlen einer Erlaubnis** nach §§ 1 I 2 Nr 2, 32 KWG führt nicht zur Nichtigkeit des Kreditvertrags, BGH **76**, 126, DB **72**, 1477; auch nicht Verstoß gegen § 13 KWG (Anzeigepflicht für Großkredite) BGH WM **78**, 787 und allgemein gegen §§ 13–20 KWG. – Die Bestimmungen des KWG sind seit 1. 1. 85 **keine Schutzgesetze** iSv § 823 II BGB mehr, nach § **6 III uF KWG** nimmt das BAKred seine gesetzlichen Aufgaben vielmehr nur im öffentlichen Interesse war. Zuvor (wichtig für Altfälle) waren dagegen einzelne Bestimmungen Schutzgesetze zugunsten von Bankkunden, zB Einlegern, jedoch nicht von dessen Geschäftspartnern und anderen Dritten, zB späteren (auch stillen Publikums-)Gesellschaftern der Bank selbst, BGH **90**, 310, WM **70**, 636, **71**, 1332; so zB § 6 (Kreditaufsicht), § 13 (Höchstmaß, Beschlußvoraussetzungen, Meldung von Großkrediten), nicht zB § 18, BGH WM **73**, 141. Soweit eine solche Schutzvorschrift zugunsten der Gläubiger vorliegt, stellt die sich darauf beziehende Aufsicht des BAKred eine den Einlagegläubigern der Bank gegenüber obliegende Amtspflicht iVm Art 34 GG) dar; eine Amtspflichtverletzung ist insoweit nicht erst bei Amtsmißbrauch oder evident fehlerhafter Amtstätigkeit, sondern schon bei fehlerhafter Ermessensausübung (auch Unterlassen) des BAKred anzunehmen; so für Prüfung durch BAKred, ob ein Unternehmen genehmigungspflichtige Bankgeschäfte betreibt, BGH **74**, 144 u WM **82**, 124 (Wetterstein); auch für laufende Aufsicht (§ 44 KWG), dabei nach Schwere gestaffelte Maßnahmen des BAKred, BGH **75**, 120 u NJW **83**, 563 (Herstatt). Die Aufstellung von Grundsätzen für das haftende Eigenkapital (§ 10 I 2 KWG) obliegt dem BAKred nicht gegenüber Dritten, BGH **75**, 121. Zur Drittschutzwirkung der Bankenaufsicht zust Kopf- Bäumler NJW **79**, 1871, Schwark JZ **79**, 670, abl Starke WM **79**, 1402, Püttner JZ **82**, 47. Die **Bezeichnungen** ,,Bank", ,,Bankier", ua sind geschützt, §§ 39 ff KWG; das BAKred entscheidet verbindlich über das Recht zur Führung dieser Bezeichnungen (§ 42 KWG); firmenrechtlicher Schutz s Consbruch BB **66**, 103, § 18 HGB Anm 5 A. **Registereintragungen** betr Kreditinstitute setzen den Nachweis der Erlaubnis nach § 32 KWG voraus (§ 43 I KWG). Im Verfahren des Registergerichts kann das BAKred Anträge stellen und Rechtsmittel einlegen (§ 43 III KWG). Internationale **Schiedsgerichtsbarkeit** und § 53 KWG s BGH **77**, 32.

3) Bankvertrag, Geschäftsverbindung, AGB

A. Der **allgemeine Bankvertrag** regelt das Verhältnis zwischen Bank und Kunden insgesamt. Bankkunden, die sich der Dienste einer Bank bedienen, wollen in aller Regel nicht nur ein einziges Geschäft erledigen, sondern eine (allerdings grundsätzlich jederzeit beendbare) ,,Bankverbindung" eröffnen. Der Bankvertrag regelt dieses Dauerschuldverhältnis und gibt damit die Grundlage bzw den Rahmen für die zahlreichen, rechtlich ganz verschiedenen Bankgeschäfte im einzelnen; vgl BGH **23**, 226, **63**, 91, BB **53**, 993, WM **56**, 921, Karlsr NJW **71**, 1042; Hopt, Kapitalanlegerschutz 393, Ul-Br-He § 2 Rz 74, Bunte WM **83**, 431, üL; aA Canaris 11 (aber mit ähnlichen Ergebnissen durch ,,Geschäftsverbindung"), Fuchs 1982. Der Bankvertrag ist damit ein Grundlagenbzw Rahmenvertrag, sein typischer Inhalt ist die vertragliche Bestätigung des Geschäftsverhältnisses als Vertrauensverhältnis (vgl **(8)** AGB-Banken I Allgemeines S 1), die allgemeine Zurverfügungstellung der Geschäftseinrichtungen der Bank (ebenda S 2), die Einbeziehungsvereinbarung der Grund-AGB und bestimmter Sonderbedingungen (s **(8)** AGB-Banken Nr 1 ff, 28 iVm zB **(9)** AGB-Anderkonten, **(11)** ERA, **(12)** ERI) nach **(5)** AGBG § 2 II im voraus für alle weiteren Einzelgeschäfte. Der Bankvertrag ist rechtlich ein Dienstvertrag mit Geschäftsbesorgungscharakter (§ 675 BGB). Folgen der Annahme eines Bankvertrags sind ua: vertragliche Interessenwahrungspflicht auch beim WPKauf (Effektenpropergeschäft), was mit dem Typ Kauf allein unvereinbar wäre; Abschlußpflichten hinsichtlich ,,neutraler" Geschäfte, str, zB Eröffnung eines Sparbuchs oder eines Girokontos, Besorgen von WPGeschäften, nicht ohne weiteres aber Gewährung eines Kredits, einer Bürgschaft, dies unbeschadet der jederzeitigen Kündigungsmöglichkeit nach **(8)** AGB-Banken Nr 17; Pflicht der Bank, sich streng an die Weisungen des Kunden zu halten, weil sie deren Relevanz für den Kunden idR nicht übersehen kann, vgl BGH WM **76**, 630, NJW **80**, 2130. Der Bankvertrag erlischt bei Konkurs des Kunden, besteht aber bis Kenntnis bzw Kennenmüssen der Bank fort (§ 23 KO, § 674 BGB), BGH **63**, 91.

B. Die **Geschäftsverbindung** ist das zwischen Bank und Kunden bestehende gesetzliche Schuldverhältnis ohne primäre Leistungspflicht (s Einl 2 vor § 343 HGB). Dieses wird idR vom Bankvertrag überlagert und vertraglich ausgestaltet. Die besonderen Verhaltens- und Berufspflichten der Bank, zB Bankgeheimnis (s Anm 4), Aufklärungs- und Beratungspflichten (s Anm 5), sind bei Bestehen eines Bankvertrags aus diesem versprochen. Fehlt dieser, uU beim Einmalgeschäft, oder ist er nichtig, zB bei Geschäftsunfähigkeit des Kunden, bleibt doch die Geschäftsverbindung als Schutzverhältnis und Grundlage einer Vertrauenshaftung (iVm § 278 BGB für Erfüllungsgehilfen). Bankgeschäfte mit Minderjährigen s Scheerer BB **71**, 981.

C. Die **AGB** sind für die gesamte Geschäftsverbindung vorformulierte, dem Kunden von der Bank gestellte Vertragsbedingungen, die Teil des Bankvertrags werden, s Anm A, **(8)** AGB-Banken.

4) Bankgeheimnis

A. **Geheimhaltungspflicht:** Die Bank schuldet ihren Kunden aufgrund des Bankvertrags (bzw der Geschäftsverbindung, s Anm 3) auch ohne ausdrückliche Vereinbarung umfassende Geheimhaltung des Geschäftsverkehrs, besonders von Stand und Bewegung der Konten des Kunden. Das Bankgeheimnis besteht grundsätzlich auch gegenüber Behörden, RG **126**, 52, **139**, 103. Es besteht bei Verhandlungen vor Vertragsschluß und überdauert das Vertragsende, BGH BB **53**, 993. Geheimnisherr ist der Kunde bzw sein gesetzlicher Vertreter, im Konkurs der Konkursverwalter (mit Ausnahme persönlicher, konkursirrelevanter Umstände). Nach dem Tode des Kunden geht der Anspruch auf Geheimhaltung und die Befugnis zur Entbindung davon auf die Erben über, Ffm NJW **66**, 503, anders betreff Intimsphäre des Verstorbenen, Stgt NJW **83**, 1744 LS (für Steuerberater). Das Bankgeheimnis erstreckt sich bei der in eine Überweisung eingeschalteten zweiten Bank auf die Angelegenheiten des Kunden der ersten Bank, für dessen Rechnung die Überweisung erfolgt, BGH **27**, 246 (Fall der Drittschutzwirkung, s Anm 7 B), das gilt auch bei Buchung auf ,,Konto pro Diverse", BGH **27**, 241. Im **Zivilprozeß** hat die Bank ein Zeugnisverweigerungsrecht nach § 383 I Nr 6 ZPO als ,,Person, der kraft ihres Gewerbes Tatsachen anvertraut sind, deren Geheimhaltung durch ihre Natur geboten ist"; es deckt alle unter ihre Verschwiegenheitspflicht fallenden Tatsachen; BGH BB **53**, 993, Kln MDR **68**, 931; ferner nach § 384 Nr 3 ZPO ,,Gewerbegeheimnis". Entsprechendes gilt in sonstigen Gerichtsverfahren (Arbeits-, Verwaltungs-, Sozial-). Die Drittschuldnererklärung nach § 840 ZPO bei Forderungspfändung kann die Bank nicht verweigern. Das Bankgeheimnis ist kein sonstiges Recht iSv § 823 I BGB, kann aber Teil des Unternehmensrechtsschutzes nach § 823 I BGB (Gewerbebetrieb, Persönlichkeitsrecht, s Einl II 3 C a, b vor § 1 HGB) sein.

B. **Grenzen: a)** Das Bankgeheimnis hat wie jedes Recht (Pflicht) seine Grenzen. So kann die Bank sich nicht unter Berufung auf das Bankgeheimnis von der gebotenen Aufklärung und Warnung (s Anm 6) dispensieren. Die Bank muß die Auskunftsansprüche Dritter gegen sie (§§ 260, 809, 810 BGB ua, vgl § 118 HGB Anm 3) erfüllen. Die Aufdeckung von Kreditbetrug kann durch Nothilfe gerechtfertigt sein, Canaris 62. In Ausnahmefällen kommt Notstand (§§ 34, 35

StGB) in Betracht. Auch in Fällen eines (unter Berücksichtigung der Fremdinteressenwahrung) überwiegenden Eigeninteresses kann ein Offenbarungsrecht gegeben sein, so zB gegenüber einem ehrenrührigen Vorwurf, BGH BB **53**, 993, RG BankA **34**, 326; erforderlichenfalls kann die Bank eine stille Zession offenlegen (s Anm IV 6); die Bank A kann idR ohne Rechtsmißbrauch in ein Konto ihres Kunden-Schuldners bei Bank B vollstrecken, von den sie unter Geheimnisbruch der B erfuhr; anders wenn A diese Vertragsverletzung der B veranlaßt, BGH MDR **73**, 926. **b) BAKred** und **DBBk** haben Einsichts- und Auskunftsrechte ohne Beschränkung durch das Bankgeheimnis. **c)** Im **Strafprozeß** hat die Bank kein Zeugnisverweigerungsrecht nach § 53 StPO; auch gegenüber der Staatsanwaltschaft muß sie aussagen (vgl § 161a StPO), nicht aber gegenüber der Polizei. Das gilt entspr nach § 46 II OWiG. Prost NJW **76**, 214, Ungnade WM **76**, 1210, Ehlers BB **78**, 1513. **d)** Gegenüber **Steuerbehörden** besteht Offenbarungspflicht ua nach §§ 90, 92, 93 AO; keine Aussageverweigerung nach AO, aber Einschränkung der Auskunftspflicht, näher BFM-Bankenerlaß 31. 8. 79, NJW **79**, 2190, dazu Monographie Becker 1983; Söhn NJW **80**, 1430; Einzelauskunftsersuchen nach §§ 93 ff AO und Steuer- bzw Zollfahndung nach § 208 AO bleiben möglich. Komm zu AO: Hübschmann-Hepp-Spitaler (LBl); Tipke-Kruse (LBl); Ungnade WM **76**, 1218, Ungnade-Kruck WM **80**, 258. Zum Bankgeheimnis Monographie: Sichtermann, 3. Aufl 1984 (bearb von Feuerborn ua); Spitzenverbände des Kreditgewerbes, Bankgeheimnis und Bankauskunft, 1981; Müller NJW **63**, 833, Scheer NJW **63**, 2062, Mielke AG **64**, 182, Sichtermann ZKW **68**, 1063, Wolff DB **68**, 695, AG **68**, 286 (Kreditauskunft), Schmidt WiR **72**, 127.

5) Bankauskünfte
A. **Pflichten gegenüber dem Anfrager:** Die Auskunftserteilung der Bank erfolgt entweder aufgrund des Bankvertrags (Anfrager ist Kunde) oder eines besonderen Auskunftsvertrags (Anfrager ist andere Bank oder Nichtkunde), st Rspr, s § 347 HGB Anm 3 B (zur Fiktivität eines solchen Auskunftsvertrags s dort Anm 3 E); bei Scheck- und Wechselauskunft ausnahmsweise Garantievertrag, s Anm III 5F. Die Bank haftet danach für schuldhaft unrichtige oder unvollständige Auskünfte dem Anfrager auf Schadensersatz (idR nur negatives Interesse). Die Bank schwebt dabei zwischen Haftung gegenüber dem Anfrager und gegenüber dem Kunden, über den angefragt wird (s Anm B). Das führt praktisch zu vorsichtigen Auskunftstormeln, die richtig gelesen werden müssen, Beispiele Rümker ZHR 149 (**85**) 147, und ist rechtlich bei der Aufstellung der Verhaltenspflichten zu berücksichtigen. „Gespaltene" Auskünfte (Positives schriftlich, Negatives mündlich) sind für die Bank gefährlich, weil der schriftliche Teil für sich unwichtig ist und die Bank diesen Schein widerlegen muß. Wechselprotest, Scheck- oder Lastschriftrückgaben (mangels Deckung) müssen erwähnt werden, BGH WM **62**, 1111. Die Tatsache einer Vollstreckung durch Dritte ist auch dann mitzuteilen, wenn sie durch Schuldzahlung erledigt wurde, BGH NJW **72**, 1200. Bsp für Anforderungen Ffm WM **85**, 253. Zur **Dritthaftung** bei der Bank-zu-Bank-Auskunft s § 347 HGB Anm 3 D. Zur Wahrheits-, Vollständigkeits-, Berichtigungs- und anderen Pflichten der auskunftgebenden Bank s § 347 HGB Anm 4 A; Einzelheiten zur **Haftung** s § 347 HGB Anm 4 B–H; zur Freizeichnung s (**8**) AGB-Banken Nr 10 II 3.

B. **Pflichten gegenüber dem Kunden:** Die Bank darf Kreditauskünfte grundsätzlich nur nach **Rückfrage** (diese ihrerseits nur mit Einverständnis des Anfragers) bei ihrem Kunden, über den die Auskunft eingeholt wird, erteilen, aA LG Mönchengladbach WM **81**, 289 (unüblich); zu (**8**) AGB-Banken Nr 10 I 1, 2, wonach eine solche Rückfragepflicht teilweise abbedungen wird, s dort.

Doch wird bei günstiger Auskunft idR mutmaßliche Einwilligung des kfm Kunden vorliegen, offen BGH **95,** 365. Der kfm Kunde weiß, daß üblicherweise Bankauskünfte eingeholt und erteilt werden (vgl **(8)** AGB-Banken Nr 10) und daß die Ablehnung einer Auskunft über ihn geradezu kreditschädigend wirkt. Die Bank haftet dem Kunden bei Erteilung einer richtigen Auskunft ohne (tatsächliche oder mutmaßliche) Einwilligung und für unrichtige nachteilige Auskünfte. Der Inhalt der Bankauskunft ist dem Kunden auf Verlangen mitzuteilen (ohne Namen des Anfragers), Karlsr NJW **71,** 1042; Datenschutz s Anm 8 B. Zur Bankauskunft ua: BGH BB **79,** 960, DB **79,** 1077; zum Verfahrensablauf von Bank-zu-Bank-Auskünften ,,Grundsätze über die Erteilung von Bankauskünften" (Zentraler Kreditausschuß) idF 24. 1. 83, ZIP **83,** 379. Monographien Sichtermann 3. Aufl 1984 (bearb von Feuerborn ua); Spitzenverbände des Kreditgewerbes, Bankgeheimnis und Bankauskunft, 1981; Gaede NJW **72,** 926, Schraepler NJW **72,** 1836, Lorenz FS Larenz **73,** 575, Scheerer FS Bärmann **75,** 801, Dirichs WM **76,** 1078, Musielak VersR **77,** 973, Kirchherr-Stützle ZIP **84,** 515.

C. Zum Schutz der Bankkunden bei Fehlmeldungen der **Schufa** (s Anm 8 B) an Bank s BGH NJW **78,** 2151 (§§ 823 I, 824 BGB im konkreten Fall verneint), zust Schaffland BB **78,** 1587, abl Simon NJW **79,** 265. Meldungen der Bank an Schufa (Schufa-Klausel) und **Datenschutz** s Anm 8 B.

6) Aufklärungs-, Warn- und Beratungspflichten

A. **Grundlage** der Aufklärungs-, Warn- und Beratungspflichten der Bank ist der Bankvertrag bzw die Geschäftsverbindung als gesetzliches Schuldverhältnis (s Anm 3, § 347 HGB Anm 3 B, C, E). Diese Pflichten sind Ausprägung der allgemeinen Interessenwahrungspflicht der Bank (s Anm 3 A). Sie sind (in ihrem Kern gesetzliche) Berufspflichten in einem Vertrauensverhältnis, s § 347 HGB Anm 3 E; Konsequenzen für Freizeichnung s Anm C.

B. **Verhaltenspflichten:** Inhalt und Umfang der Pflichten hängen von dem jeweiligen Bankgeschäft (s Anm D) und den Umständen ab. **a) Kriterien** sind: (1) **Aufklärungsbedürftigkeit** des Kunden, zB einfache Frau vom Lande mit geringer Bildung, Mü OLGE **28,** 204; auch VollKflte können aufklärungsbedürftig sein, BGH NJW **81,** 1440 (Warenterminoptionsgeschäfte); (2) Absprache, zB besonders erbetene Beratung, vgl BGH **70,** 356 (Börsendienst), konkrete Fragen oder Besorgnisse; (3) Intensität der gegenseitigen Beziehungen, zB Einmalgeschäft, laufende Geschäftsverbindung, selbständige Wertpapier- und Vermögensverwaltung durch die Bank; Tätigkeit als Hausbank, BGH BB **83,** 1174; (4) Schutzverzicht, zB Auftreten als Branchenkenner, vgl BGH WM **80,** 284 (Käufer eines Aktienpakets, selbst Aktionär und Branchenkenner), Vorgabe der Kenntnis einer Information, eigenverantwortliche Wahl einer aggressiven Anlagenpolitik für die zu verwaltenden WP; (5) betriebliche und finanzielle Tragbarkeit für die Bank, vgl BGH **70,** 303 (kein unzumutbarer Zeit- und Kostenaufwand). **b)** Je nachdem können sich unterschiedliche **Typen von Pflichten** ergeben: (1) **Wahrheitspflicht,** BGH **74,** 110, einschließlich Pflicht zur Vollständigkeit, BGH NJW **73,** 456, Klarheit und ggf Berichtigung, BGH **61,** 179 (Scheckauskunft); (2) **Nachforschungs- und Erkundigungspflichten,** BGH **70,** 363, **72,** 105; (3) **Organisationspflichten,** BGH NJW **64,** 2059 (laufende Überwachung des BGBl oder einer Fachzeitschrift), NJW **82,** 1513 (innerbetriebliche Scheckkontrolle), Hbg BB **74,** 1266 (Wechselprolongation). **c)** Bei **Interessenkonflikten** gilt der Grundsatz der Priorität des Kundeninteresses gegenüber dem Bankinteresse. Interessenkonflikte verpflichten uU überhaupt erst zur Aufklärung, BGH **72,** 102, BB **78,** 1186. **d)** Berücksichtigung von **Insiderinformationen,** str, s Heinsius ZHR 145 (**81**) 194 (nein), Kübler

ZHR 145 (**81**) 210 (uU ja). Zum Ganzen Monographie Hopt, Kapitalanlegerschutz, 1975; Rümker ZHR 147 (**83**) 30.

C. Schadensersatz: Die Probleme des Verschuldens (einfache Fahrlässigkeit), Schadens (idR negatives Interesse), Mitverschuldens (nicht schon im Vertrauen auf den Rat ohne eigene Nachprüfung), Beweislast (idR bei der Bank) ua sind nicht bankspezifisch. S ausführlich § 347 HGB Anm 4 B–H. Freizeichnung s § 347 HGB Anm 4 F, (**8**) AGB-Banken Nr 10 II 3, III, (**5**) AGBG § 11 Nr 7.

D. Einzelne Bankgeschäfte: a) Bei Bankgeschäften allgemein kann eine Aufklärungspflicht bestehen, wenn gegen den Vertreter (Geschäftsführer) des Kunden (GmbH) der Verdacht des **Mißbrauchs der Vertretungsmacht** (s § 50 HGB Anm 3) sich geradezu aufdrängt, BGH WM **76,** 474; ebenso bei Verdacht der Untreue des phG einer KG, aber nur wenn er der Gewißheit fast gleichkommt, sonst unzumutbare Belastung der Beziehungen und Schadensersatzrisiko der Bank, BGH BB **83,** 1174. **b)** Beim **Einlagengeschäft** (s Anm II), zB bei Spareinlagen, muß die Bank den Kunden auch auf rechtliche Tatsachen aufmerksam machen, zB Zinsverlust bei vorzeitiger Kündigung, BGH **28,** 373, **Prämienschädlichkeit** von Verfügungen, BGH NJW **64,** 2058, Celle NJW **54,** 1810. Sie muß den Kunden auch über die Gefahr eines Gemeinschaftskontos als Oder-Konto aufklären, zutr Canaris 117 gegen Kln ZIP **80,** 980. **c)** Beim **Girogeschäft** (s Anm III) ist die Bank angesichts der Massenhaftigkeit der Überweisungsvorgänge nicht über die korrekte Abwicklung des Verfahrens hinaus zur Fürsorge für die Teilnehmer verpflichtet; doch kann ausnahmsweise eine Warnpflicht der Bank gegenüber dem Überweisenden bestehen, wenn sie Kenntnis von der **Zahlungseinstellung** oder dem **unmittelbar bevorstehenden Zusammenbruch** des Begünstigten hat, BGH BB **61,** 503, NJW **63,** 1872, **78,** 1852 („Herstatt"), krit Hellner ZHR 145 (**81**) 123, idR aber nicht vor dem endgültigen Scheitern von Sanierungsverhandlungen. Das gilt grundsätzlich nicht im **Zentralbank-Abrechnungsverfahren,** BGH NJW **78,** 1852, Canaris WM **76,** 1013, Pfister ZHR 143 (**79**) 64, aA Ffm BB **76,** 758, Sandberger BB **76,** 487. Die Bank muß den uninformierten Kunden auch auf (devisen-)rechtliche Bedenken gegen einen Überweisungsauftrag hinweisen, BGH **23,** 227, Nürnb WM **61,** 94, enger BGH WM **58,** 1080. Das gilt entspr für das **Lastschriftverfahren** (s Anm IIIA). Im **Scheckgeschäft** gelten dagegen andere Grundsätze (bargeldähnliches Zahlungsmittel, vgl Art 32 I ScheckG), s Anm III 5 B, C. **d)** Beim **Kreditgeschäft** ist die Bank grundsätzlich nicht zum Hinweis auf die Gefährlichkeit der Kreditaufnahme (zu hohe eigene Verschuldung des Kunden) oder der Kreditvergabe (Vermögensverhältnisse des Darlehensnehmers) verpflichtet, BGH **72,** 102, NJW **63,** 2270, WM **69,** 560, **83,** 1038. Dasselbe gilt für Übernahme einer **Bürgschaft** und Gewährung anderer Sicherheiten, BGH WM **63,** 26, **83,** 499, **86,** 12, aber Hinweis auf überraschenden Inhalt der Bürgschaft, Düss WM **84,** 82, und gesteigerte Anforderungen bei Fragen des Bürgens. Die Bank braucht auch nicht mitzuteilen, daß sie selbst dem Kreditnehmer des Kunden keinen Kredit mehr gewährt, BGH WM **63,** 475. Die Grundsätze zu Anm c (Kenntnis von Zahlungseinstellung oder unmittelbar bevorstehendem Zusammenbruch) können aber hierher übertragen werden. Bei Projekt(beteiligungs)finanzierung kann sich Bank ohne weitergehende Aufklärungspflichten auf ihre Finanzierungsrolle beschränken; anders zB bei Mitwirkung an Prospektherausgabe (s Anh § 177a HGB Anm VIII 2 C) oder an Vertrieb oder Schaffung eines speziellen Gefährdungstatbestandes, BGH WM **85,** 994, **86,** 7, Hopt FS Stimpel **85,** 284, vgl Anm V 2 E b. Bei Fehlen jeglicher Kreditwürdigkeit (Scheckreitereien) muß Gläubigerbank Bürgen warnen, Hamm BB **82,** 1512. Bei der Gewährung von Krediten zur Finanzierung von Unternehmensbeteiligungen durch Arbeitnehmer muß die Bank durch den Arbeitgeber hervorgerufene Fehlvorstellungen berichtigen, BGH **72**, 92 (vgl Anm e). Besondere Schutz- und Warnpflichten hat eine Bank, die als Hauptgläubiger in einer PublikumsKG ein eigenes Interesse an der Sanierung hat und Kdtisten zur Unterstützung der KG mit von ihr finanzierten Darlehen auffordert, BGH BB **78**, 1186. Diskontkredit s Anm f. Aufbaudarlehen s BVerwG MDR **69**, 954. **e)** Beim **Teilzahlungskreditgeschäft** (s Anm V) hat die Bank angesichts der besonderen Schutzbedürftigkeit des Kreditnehmers und ihrer Eigeninteressen besonders weitgehende Aufklärungspflichten, zB über die rechtliche Trennung von Kauf- und Darlehensvertrag, Warnung vor Bescheinigung des Empfangs der Ware vor Empfang, stRspr BGH, s Anm V 2 E. **f)** Bei Hereinnahme von Kundenakzept zum **Diskont** (s Anm VI) hat die Bank idR keine Informationspflicht betr Bonität anderer Wechselbeteiligter, anders uU betr Akzeptant bei besonderer Vereinbarung mit diesem, BGH WM **69**, 1279, **77**, 638. Sicherheiten prüft die Bank nur im eigenen Interesse, BGH NJW **82**, 1520, anders in Sonderfall bei besonderem Vertrauenstatbestand, BGH WM **72**, 73. **g)** Auch beim **Akkreditivgeschäft** und ähnlichen Geschäften (s Anm VII) kann die Bank Warnpflichten haben, aber idR nicht ungefragt betr Zweckmäßigkeit der konkreten Akkrediotklausel; vgl Stötter RIW **81**, 86. Beim Auftrag zur Auslieferung von Warendokumenten gegen Akzept besteht zwar idR keine Pflicht zur Prüfung der Kreditwürdigkeit des Empfängers, aber uU Pflicht zum Hinweis auf schon bekannte wesentliche Bedenken, sogar wenn Empfänger Kunde der Bank ist, BGH BB **60**, 1305. **h)** Besonders ausgeprägt sind die Aufklärungs- und Beratungspflichten der Bank beim **Wertpapierhandel** (s Anm VIII) und allgemein bei **Anlagegeschäft** und **Vermögensverwaltung**, vor allem gegenüber unerfahrenen Anlegern, heute unstr. Dazu Monographien: Hopt, Kapitalanlegerschutz 413–510, Roll, Vermögensverwaltung durch Kreditinstitute, 1983; Heinsius, Kübler ZHR 145 (**81**) 177, 204, Reul Anlagepraxis **83**, 315, 351; zur Anlageberatung § 347 HGB Anm 3, 4. Zur ähnlich liegenden Prospekthaftung s Anh § 177a HGB Anm VIII 2 C, § 347 HGB Anm 3, 4.

7) Haftung gegenüber Dritten

A. Unmittelbare vertragliche Haftung: a) Zum Schutz der Dritten konstruiert die Rspr häufig einen (fiktiven) **Auskunftsvertrag mit dem Dritten** (s § 347 HGB Anm 3 B, D, E), BGH NJW **79**, 596 (Formularauskunft der Bank wurde von Finanzmakler an potentielle Anleger weitergegeben). Bei Bank-zu-Bank-Auskunft ist denkbar, daß die anfragende Bank im Einzelfall als **Vertreter** ihres Kunden auftritt, BGH WM **80**, 528; idR tritt sie aber im eigenen Namen auf, ein Auskunftsvertrag besteht dann nur zwischen beiden Banken. **b)** „**Auskunft an den, den es angeht**" ist rechtlich möglich, aber idR zu verneinen (s § 347 HGB Anm 3 Da); die Bank will sich nicht einer unbestimmten Vielzahl von Personen verpflichten, BGH NJW **79**, 1597.

B. Abgeleitete vertragliche Haftung: a) Vertrag mit Schutzwirkung zugunsten Dritter (s § 347 HGB Anm 3 D), so zB stRspr beim Lastschriftverfahren (s Anm IIIA 1 B), beim vereinfachten Scheck- und Lastschrifteinzugsverfahren (s Anm III 5 E); auch Drittschutzwirkung der Geschäftsverbindung (genauer: Einbeziehung bestimmter Dritter in den Schutzbereich der gesetzlichen Schutzpflichten). Drittschutzwirkung ist im einzelnen genau zu prüfen: sie ist zu bejahen für das Lastschriftverfahren (unter Preisgabe des Erfordernisses des personenrechtlichen Einschlags), BGH **69**, 82; für die Haftung der Bank NJW **86**, 250; vgl ebenso für die Haftung des GmbH-Geschäftsführers gegenüber der GmbH & Co KG, BGH **75**, 321, **76**, 327; sie ist idR zu verneinen für Bank-zu-Bank-Auskunft, s § 347 HGB Anm 3 D. Wegen Massenverkehr im Bankrecht zurückhaltend Rümker ZHR 147 (**83**) 35. **b) Drittschadensliquida-**

IV. Bank- und Börsenrecht **8 I BankGesch (7)**

tion, zB bei Bank-zu-Bank-Auskunft durch die Empfängerbank für ihren am Auskunftsvertrag nicht beteiligten Kunden, wird von der Rspr vereinzelt erwogen, BGH NJW **72,** 1201, ist aber schon mangels unmittelbaren Anspruchs des geschädigten Kunden eine ungeeignete Konstruktion.

C. **Haftung aus gesetzlichem Schuldverhältnis** zwischen Bank und Drittem, zB culpa in contrahendo, Berufshaftung, s § 347 HGB Anm 3 C, D, E.

D. **Deliktische Haftung:** zB § 823 I BGB (Unternehmensschutz: Gewerbebetrieb, Persönlichkeitsrecht, s Einl II 3 C a, b vor § 1 HGB); § 823 II BGB iVm Schutzgesetz, zB § 266 StGB (Beihilfe zur Untreue des Kunden gegenüber dem Dritten), BGH **LM** § 826 (B) BGB Nr 4; § 826 BGB, Bsp: unrichtige Kreditauskunft, s Anm 5; Vortäuschung der Kreditwürdigkeit eines Bankkunden ohne Kreditauskunft, aber durch Teilnahme an Verhandlungen zwischen dem Kunden und dem Dritten, BGH BB **74,** 297 (zur Eigenhaftung des Vertreters s Überbl 4 vor § 48 HGB); unrichtiger Rat s § 347 HGB Anm 3 C; Kredittäuschung ua s Anm IV 5; Diskontgeschäft und Wechselreiterei s Anm VI 1. Haftung gegenüber dem Aussteller von zur Wechselprolongation bestimmten Schecks bei Ermöglichung mißbräuchlicher Scheckverwendung durch Bankkunden, BGH NJW **73,** 1366, DB **75,** 1932; bei Ermöglichung der Fortsetzung einer als solche erkannten Scheckreiterei, BGH WM **69,** 335, **70,** 635.

8) Automation, Datenschutz und Bildschirmtext bei Bankgeschäften

A. **Automation:** Rechtsprobleme der Geldabhebung, Einzahlung, Überweisungen mittels Bankomatkarte s Stecher WM **77,** 186; Rechtsprobleme der Automation im Zahlungsverkehr s Hadding-Häuser ZHR 145 (**81**) 159. Zum sog institutsübergreifenden Geldausgabeautomaten s Ri für das institutsübergreifende Geldausgabe-System (Vereinbarung der Spitzenverbände der Kreditwirtschaft April 1979). Geplant ist ein institutsübergreifendes bargeldloses Kassensystem; Point-of-sale-Pilotprojekt (Pos) im Aufbau, s Bek 98/84 12. 11. 84 BAnz Nr 220; Monographie Priewasser 1981. Bildschirmtext und Bankgeschäfte s Borsum-Hoffmeister BB **83,** 1441. Allgemein zu EDV und Rechtsgeschäften s Köhler AcP 182 (**82**) 126. Monographie Schneider, Das Recht des elektronischen Zahlungsverkehrs, 1982.

B. **Datenschutz:** Kreditauskünfte über natürliche Personen sind ohne ausdrückliche (im Regelfall schriftliche) Einwilligung (§ 3 S 1 Nr 2 BDSG) nach § 24 I 1 BDSG (EDV primär für eigene Zwecke) als im Rahmen des Bankvertrags oder der Geschäftsverbindung liegend zulässig, aA Thilo NJW **84,** 585. Übermittlung von „Negativmerkmalen" eines Kreditbürgen durch Bank an **Schufa** (Schutzgemeinschaft für allgemeine Kreditsicherung, s auch Anm 5 C) kann gegen BDSG verstoßen, nötig sind Interessenabwägung und Wahrung des Verhältnismäßigkeitsgrundsatzes, BGH **95,** 350, NJW **84,** 437, 1889. Formularmäßige Einwilligung zur Speicherung aller Daten des Kreditnehmers über Aufnahme und Abwicklung des Kredits, also ohne Beschränkung auf bestimmte Kreditarten und auch von einseitigen Durchsetzungsmaßnahmen der Bank wie Mahnung, Kündigung etc, ohne Interesseabwägung im Einzelfall, ist unwirksam, BGH **95,** 368. Speicherung von personenbezogenen Angaben, die geeignet sind, etwaige Kreditgeber zu sorgfältiger Bonitätsprüfung zu veranlassen, ist zulässig, zB auch finanzelle Angaben über EinmannGmbHGfter, BGH WM **86,** 189 (§ 32 I 1 BDSG). Die **neuen Schufa-Klauseln** für Kontoeröffnungen und für Kreditverträge (ab 1. 7. 86) sehen in Abstimmung mit Datenschützern die Einholung der Einwilligung der Kunden unter Präzisierung der Voraussetzungen für Mitteilungen vor; gleichzeitige Verfahrenseinschränkungen betreffen engeren Teilnehmerkreis und Löschung nach Ablauf bestimmter Fristen. Bei unzulässiger Datenübermittlung hat der Betroffene Unterlassungsanspruch (s **(5)** AGBG § 13, BGH **95**, 362, und Widerrufsanspruch (aus BDSG oder § 1004 BGB) gegen die übermittelnde Stelle, BGH NJW **84**, 436. Zum Schadensersatzanspruch aus § 823 II BGB iVm BDSG bei unrichtiger Speicherung s LG Paderborn WM **81**, 913. Anspruch auf Auskunft über die Empfänger der von einer HdlAuskunftei weitergegebenen personenbezogenen Daten nicht nach § 34 II 1 BDSG, BGH **80**, 311, aber nach § 1004 BGB iVm Persönlichkeitsrecht, BGH **91**, 239. Bei EDV-Abruf Anspruch auf Auskunft über regelmäßige Empfänger (nicht alle Anschlußteilnehmer) der Daten des Kunden (§ 34 II 2 BDSG), BGH **89**, 218. Kein Anspruch auf alsbaldige Löschung von Negativeintragung („Zwangsvollstreckung erledigt"), Mü NJW **82**, 244. Übersichten: Mallmann BB **80**, 1020, Ungnade ua WM Sonderbeil 7/**83**, Zöllner ZHR 149 (**85**) 179. Komm zum BDSG: Simitis-Dammann-Mallmann-Reh, 3. Aufl 1981.

C. **Bildschirmtext (Btx):** ab 15. 7. 84 geregelt durch das „Abkommen über Btx" zwischen den Spitzenverbänden des Kreditgewerbes und DBP, das „Btx-Sicherungskonzept" als Anlage des Abkommens und Muster-(Sonder-)„Bedingungen über die Nutzung von Btx" durch Bankkunden, Text s WM **84**, 1070 = ZIP **84**, 637. Kern des Vertragswerks sind eine persönliche geheime Identifikationsnummer (Btx-PIN), eine nur für einen einzigen Zahlungsvorgang gültige Transaktionsnummer (TAN) und Sperrvorkehrungen. Übersicht: Hellner FS Werner **84**, 251.

9) Bankgeschäfte und Konkurs

A. **Konkurs des Kunden:** Bankgeschäfte bringen erhöhte Konkursgefahren mit sich. Rechtlich geht es um verschiedenartige, nur praktisch zusammenhängende Einzelprobleme wie Auswirkung des Konkurses auf **Bankvertrag** (Geschäftsverbindung) und einzelne Bankgeschäfte; diese enden, BGH **63**, 90, für Kontokorrent s § 355 HGB Anm 7 A, uU Bildung eines neuen Konkurskonto (korrentvertrags); Bankgeheimnis s Anm 4 A; Zahlungsverkehr s Anm III 3 E; Lastschriftverfahren s Anm IIIA 1, 2 E. **Warnpflichten** gegenüber anderen Kunden s Anm I 6 D. Besondere Probleme entstehen beim **Kreditgeschäft;** dabei geht es zunächst um die **Kreditsicherung** und ihre Wirksamkeit (s Anm IV 6), sodann um den rechtzeitigen Rückzug der Bank (s Anm IV 2 D c, d). Haftung gegenüber dem Kunden s Anm IV 5 A; Sanierungskredite, Konkursverschleppung und Haftung gegenüber Dritten s Anm IV 5 B; Gefahr des Verlusts als eigenkapitalersetzend angesehener Darlehen, wenn die Bank (auch nur als Sicherheit) Beteiligung hält, s § 172a HGB Anm 4, 6, 7. Monographien Obermüller, 3. Aufl 1985, Uhlenbruck-Obermüller 1985.

B. **Konkurs der Bank:** Schutz der Kunden durch Einlagesicherung, s **(8)** AGB-Banken 27.

10) Internationaler Bankverkehr

IPR s Monographie Jayme 1977; Kegel FS R. Schmidt **66**, 215. Sprachrisiko s Jayme FS Bärmann **75**, 509. S auch Auslandsgeschäfte Anm VII 7.

II. Einlagengeschäft (samt Konto)

RsprÜbersicht: *Liesecke* WM **75**, 214, 238, 286, 314 (Bankguthaben).

1) Rechtliche Qualifikation

Das **Einlagegeschäft** ist die Annahme fremder Gelder als Einlagen ohne Rücksicht darauf, ob Zinsen vergütet werden (§ 1 I 2 Nr 1 KWG). **Sichteinlagen** (Tagesgelder) sind täglich fällige Gelder auf Giro- oder laufenden Konten (s

§§ 355 ff HGB); für sie gelten §§ 700, 607 ff BGB, Celle WM **66,** 331. **Termineinlagen** sind Festgelder (über eine bestimmte Zeit unkündbar) und Kündigungsgelder; wegen der hinausgeschobenen Fälligkeit (§ 609 I BGB) und den Eigeninteressen der Bank an diesen Einlagen gelten §§ 607 ff BGB unmittelbar. **Spareinlagen** sind durch Sparbuch oder eine andere Urkunde gekennzeichnete Einlagen (§ 21 I KWG); sie sind Darlehen des Kunden an die Bank, § 607 BGB, BGH **64,** 284. Hinweis- und Warnpflichten der Bank s Anm I 6 D b.

2) Kontoarten, Kontoinhaber

A. **Kontoarten:** Das Konto verstanden als die Unterlagen ist ein HdlBuch (§ 43), wie üblich verstanden als die Rechtsstellung des Kunden gegenüber der Bank ist es eine Forderung (§§ 398 ff BGB). Die Einlageforderung kann in rechtlich verschiedenen Formen begründet werden (Kontoarten): **a)** Das **Eigenkonto** ist der Normalfall; es entsteht zB auch, wenn nicht deutlich erkennbar wird, daß ein Gemeinschaftskonto errichtet werden soll, BGH **61,** 76. Dritte, zB der Ehegatte, können Vertretungs- oder Verfügungsmacht haben; für den Passivsaldo haftet nur der Inhaber. Die Bank kann für einen Kunden mehrere, auch gleichartige Konten anlegen, ohne Pflicht zur Prüfung der Motive, BGH WM **61,** 321, s **(8)** AGB-Banken Nr 2 II. Überweisung nur auf das angegebene Konto; auch bei Fakultativklausel, s Anm III 2 B. **b) Gemeinschaftskonto** ist das mehreren Kontoinhabern, meist Ehegatten, gemeinsam zustehende Konto. Jeder haftet als Gesamtschuldner für den Passivsaldo voll mit (§ 421 BGB, **(8)** AGB-Banken Nr 2 III 2), Nürnb NJW **61,** 510. Das Gemeinschaftskonto ist idR ein **Oder-Konto,** jeder der Mitinhaber kann allein verfügen (s **(8)** AGB-Banken Nr 2 III 1); die Mitinhaber sind dann Gesamtgläubiger (§§ 428 ff BGB), Hbg NJW **64,** 726, KG NJW **76,** 807; die Bank kann aber abw von § 428 S 1 BGB nur an den leisten, der die Leistung verlangt; kein Ausgleich nach § 430 BGB unter Ehegatten, Düss WM **82,** 603. Beim Oder-Konto kann der Gläubiger jedes Inhabers das volle Guthaben pfänden und sich überweisen lassen, BGH **93,** 321, Wagner ZIP **85,** 355; der andere Inhaber kann jedoch weiterhin über das Konto verfügen und die Bank an ihn leisten, bis der gepfändete Betrag an den Pfandgläubiger ausbezahlt ist, offen BGH **93,** 321. Der Konkurs des einen berührt Fortbestand des Giro- und Kontokorrentverhältnisses mit dem andern nicht; die Bank kann auch nach Konkurseröffnung auf das Konto eingezahlte Beträge wirksam mit Schuldsaldo verrechnen, BGH **95,** 185. Der Auftrag zur Überweisung auf „ein Konto" des Gläubigers A erlaubt Gutschrift auf ein Oder-Konto AB, str, nicht aber auf ein Und-Konto AB (zB wenn A Gfter ist), Hbg NJW **64,** 726; anders, wenn ein dem Kontoinhaber allein zustehendes Konto angegeben ist, die Fakultativklausel ist unwirksam, s Anm III 2 B. Jeder Kontoinhaber kann allein das Oder-Konto in Und-Konto umwandeln, aber nur mit Einverständnis der Bank (Vertragsänderung); dieses kann im Schweigen auf entsprechende Weisung liegen; vgl Karlsr NJW **86,** 63, s **(8)** AGB-Banken Nr 2 III 1. Beim selteneren **Und-Konto** können nur beide Inhaber gemeinsam verfügen, BGH WM **80,** 438. Es entsteht kraft Gesetzes (zB Miterben des Kontoinhabers) oder kraft schriftlicher Weisung an die Bank (s **(8)** AGB-Banken Nr 2 III 1). Rechtlich beurteilt sich das Und-Konto nach dem zwischen den Mitinhabern bestehenden Rechtsverhältnis (zB Miterben, § 747 BGB, Ges), nach aA gilt § 432 BGB. Dazu Schebesta WM **85,** 1329. **c)** Beim **Fremdkonto** fallen Kontoinhaberschaft und Verfügungsbefugnis auseinander. Bsp: Fremdkonto „A, minderjährig, vertreten durch Vormund B". „Verwaltungskonto, Eigentumswohnung T" ist nicht Fremdkonto, sondern Eigenkonto des Verwalters, BGH WM **75,** 1200. **Konto pro Diverse (cpd)** ist ein Sammelkonto (der Bank) zur Buchung von Geschäftsvorfällen für verschiedene andere Personen, die aber noch

keine Verfügungsbefugnis erhalten, s Anm III 2 D, 3 B, 4 B, IV 2 Aa; es ist also nicht Fremd-, sondern Eigenkonto (der Bank). Dazu Schebesta WM **85,** 1329.
d) Sonderkonto (Separat-, Unter-, ,,Wegen"-Konto), zB Baukonto, ist idR Eigenkonto, so auch zB, wenn der Name des Errichtenden an erster Stelle und ein weiterer Name an zweiter steht; es kann aber auch Gemeinschaftskonto oder Treuhandkonto ua sein, BGH **21,** 152, **61,** 75. Konto für Wohnungseigentümergemeinschaften s Sühr WM **78,** 806. **e) Anderkonto** s **(9)** AGB-Anderkonten. **f) Treuhandkonto** s **(9)** AGB-Anderkonten Einl 1. **g) Sperrkonto** ist ein Konto, über das nur erschwert verfügt werden kann. Die Sperre kann gesetzlich (zB Devisensperrkonten) oder rechtsgeschäftlich (zB Mieterdarlehen, BGH WM **61,** 1128) sein. Dingliche Sperren erfolgen durch Sicherungsabtretung oder Verpfändung, schuldrechtliche durch entspr Verpflichtung des Kontoinhabers gegenüber dem Dritten (aber Grenze § 137 S 1 BGB). Auslegung des Sperrvermerks zugunsten des Vermieters bei Mietkaution auf Sparbuch des Mieters s BGH WM **84,** 799 m Anm Eckert ZIP **84,** 1121; Sperrvermerk zugunsten Enkelin s BGH NJW **76,** 2211. Bei Hinweis ,,Sperrkonto" Gutschrift nur auf diesem, wenn es das einzige von mehreren Konten ist, über das der Empfänger nur gemeinsam mit einem anderen verfügen kann, BGH WM **74,** 274. Übersicht: Kollhosser ZIP **84,** 389. **h)** Das **Nummernkonto** weist den Namen des Kontoinhabers nicht aus, es ist nach deutschem Recht unzulässig (§ 154 I, II AO, sog Kontenwahrheit); anders zB in der Schweiz. Die steuerrechtliche Prüfungspflicht der Bank bei Kontoeröffnung nach § 154 II AO ist kein Schutzgesetz iSv § 823 II BGB. Zum Sperrkonto s Bork NJW **81,** 905.

B. **Kontoinhaber** ist der Gläubiger der Einlageforderung. Er ist grundsätzlich der Verfügungsberechtigte, er schuldet den Passivsaldo, seine Gläubiger können auf das Konto zugreifen (Ausnahme: Treuhandkonto und uU Sperrkonto, s Anm A e–g), die Bank kann eingegangene Beträge mit Debetsaldo verrechnen (Ausnahmen wie bei Pfandrecht, s **(8)** AGB-Banken Nr 19 Anm 2 C). Die Bank muß sich bei **Kontoeröffnung** über die Person des Kontoinhabers vergewissern (s Anm III 5 B; zu unterscheiden von § 154 II AO, s Anm A h); dazu ist Ausweis mit Lichtbild (zB Führerschein) nötig, BGH WM **74,** 154, Identitätsprüfung des das Konto eröffnenden Stellvertreters genügt nicht, BGH WM **77,** 1019, Überprüfung der Zeichnungsberechtigung zB durch HdlRegAuszug, Hamm WM **85,** 1161. Die **Bestimmung** des Kontoinhabers kann schwierig sein. Maßgeblich ist, wer nach dem erkennbaren Willen des die Einzahlung Bewirkenden der Gläubiger der Bank werden soll, BGH **21,** 150, **28,** 370, WM **75,** 1200. Einerlei ist, von wem das Geld stammt, BGH **21,** 150, WM **72,** 383 und was im Innenverhältnis des Einzahlenden zu einem Dritten bestimmt ist. Kriterien für diesen Willen sind ua Kontobezeichnung, BGH **28,** 369, WM **73,** 895, Mü WM **86,** 34, Verfügungsbefugnis; beim Sparbuch vorrangig Besitz, stRspr, BGH **46,** 200, Mü WM **83,** 1295, anders bei klärer abweichender Bestimmung, Ffm NJW **86,** 64. Beim Sonderkonto ist Kontoinhaber idR, wer das Konto eröffnet, auch wenn in der Kontobezeichnung noch ein anderer genannt ist, BGH **61,** 75. Für Vertretungs- und Verfügungsmacht über das Konto gelten die allgemeinen Regeln, vgl Überbl 1 vor § 48 HGB. Beweis für Strohmannkonto s BGH NJW **83,** 626. Kontoinhaberschaft und Pfändung bei ausländischen Staatsunternehmen im Inland (keine Immunität), BVerfG NJW **83,** 2766. Beim **Tod** des Kontoinhabers geht das Konto auf die Erben über. Bei Miterben wird es zum Und-Konto (s Anm A b); die Bank muß ihnen auf Verlangen (nur an alle gemeinsam, § 2039 BGB) Auskunft über das Konto geben, das Bankgeheimnis steht nicht entgegen, Ffm MDR **66,** 503. Die Bank kann Vorlage eines Erbscheins verlangen, näher **(8)** AGB-Banken Nr 24. Vom

IV. Bank- und Börsenrecht **3 II BankGesch (7)**

Kontoinhaber erteilte Vollmachten bestehen fort (§ 52 III HGB, §§ 168 S 1, 672 S 1 BGB); der Vertreter hat aber nunmehr im Interesse des Erben zu handeln; Pflicht zur Rückfrage beim Erben str, BGH NJW **69,** 1247 u Düss WM **83,** 548 (nein), Hopt ZHR 133 (**70**) 305 (ja, aber nicht bei Vollmachten des HdlRechts), Canaris 207 (ja). Ein Sparkonto geht beim Tod des Kontoinhabers nicht auf die Erben über, wenn eine wirksame Schenkung auf den Todesfall vorliegt, so wenn die Bank aufgrund eines Vertrags zugunsten Dritter ein vom Kontoinhaber auf fremden Namen angelegtes Sparbuch (Sonderkonto, s Anm A d) auf dessen Weisung nach seinem Tode dem Begünstigten aushändigt (§§ 130 II, 153, 151, 518 II BGB); der Vorbehalt des Widerrufs durch den Erblasser gegenüber der Bank steht wegen §§ 328 II, 332 BGB nicht entgegen; unabhängig davon können jedoch die Erben bis zur Annahme des Schenkungsangebots durch den Begünstigten widerrufen, BGH **46,** 203, **66,** 8, NJW **75,** 383, **84,** 480, KG WM **79,** 928, str. Die Schenkung eines Bankguthabens ist auch bei unwiderruflicher Verfügungsvollmacht nicht vollzogen iSv § 518 II, 2301 II BGB, BGH **87,** 25. Auskunftsanspruch des Beschenkten gegen die Bank ohne Einwand des § 410 BGB, BGH WM **82,** 706. Feststellungsklage eines von mehreren Prätendenten gegen Bank betr Kontoberechtigung, BGH WM **81,** 120. Zur Kontoinhaberschaft Canaris NJW **73,** 825, bei Wohnungseigentümern Sühr WM **78,** 806.

3) Rückzahlung der Einlagen, insbesondere Spareinlagen

A. **Fälligkeit:** Sichteinlagen sind jederzeit fällig, Termineinlagen zu dem vereinbarten Termin (idR 30 Tage, danach jederzeit) bzw mit entspr Kündigungsfrist. Zu den Besonderheiten beim Kontokorrent s § 355 HGB Anm 3, 6. Spareinlagen sind bis DM 2000 (für jedes Sparkonto innerhalb von 30 Zinstagen) jederzeit fällig, darüberhinaus nur mit gesetzlicher Kündigungsfrist von drei Monaten (§ 22 I KWG). Mit vorzeitiger Rückzahlung sind kraft Gesetzes Zinsnachteile verbunden (§ 22 III KWG).

B. **Rückzahlung an Nichtberechtigte (§§ 362, 808 BGB):** Sparbücher sind Namens- bzw Rektapapiere (§ 952 II BGB, BGH WM **72,** 701, **73,** 41. Die Bank muß nur gegen Vorlage der Urkunde leisten und kann an jeden Inhaber befreiend leisten, ohne daß dieser die Leistung verlangen kann (hinkendes Inhaberpapier). § 808 BGB deckt Mängel der Berechtigung, der Vertretungs- und Verfügungsmacht und sogar Leistung an minderjährige oder geschäftsunfähige Inhaber (entspr Art 16 II WG, Art 21 ScheckG, dazu BGH NJW **51,** 598, WM **68,** 4), hL, Düss WM **71,** 231, str. Das gilt nicht bei Kenntnis oder grober Fahrlässigkeit der Bank (entspr Art 40 III 1 WG), üL. § 808 BGB befreit aber nach der Rspr nicht bei Leistung der Bank entgegen § 22 KWG ohne Einhaltung der gesetzlichen oder vertraglichen Kündigungsfrist, stRspr, BGH **42,** 305, **64,** 278, Pflug ZHR 140 (**76**) 175 (die Legitimationswirkung des Sparbuchs erstrecke sich nicht auf die Vertragsänderung betr frühere Zahlung, aA üL, Canaris 1187. Der Mangel erstreckt sich aber nicht auch auf den durch § 22 KWG gedeckten Sockelbetrag; aA wegen §§ 139, 266 BGB und Verletzung der Prüfungspflicht der Bank LG Hbg NJW **83,** 1860. **Kennwort** s BGH **28,** 372; Sperrvermerk s Anm 2 A g. Wird die Bank nach § 808 BGB nicht frei, kann sie doch uU einen Anspruch aus positiver Vertragsverletzung gegen den Kunden haben, BGH **28,** 374, Grenze § 254 BGB. Eine AGB-Klausel über das Recht der Bank, ungekündigtes Sparkapital an jeden Vorleger des Sparbuchs auszuzahlen, ist nichtig (§ 134 BGB iVm § 22 I KWG), BGH DB **75,** 1451. Auszahlung ohne Vorlage des Sparbuchs an Vorinhaber befreit grundsätzlich nicht (§ 407 BGB, § 21 IV 3 KWG), Hamm WM **84,** 851 m Anm Kümpel (Maßgeblichkeit der Sparbedingungen).

C. Rückzahlung beim prämienbegünstigten Sparen ist prämienschädlich. Darüber muß die Bank den Sparer beim Abheben aufklären, BGH **28,** 374, vgl Anm I 6 D b.

4) Postsparverkehr

Der Postsparkassendienst ist entspr dem Einlagengeschäft geregelt (PostG, PostSpO 1. 12. 69 BGBl 2164). Das Benutzungsverhältnis ist öffentlich-rechtlich, s Anm III 7. Schrifttum zum Postrecht s bei § 452 HGB.

III. Girogeschäft und Zahlungsverkehr

RsprÜbersicht: *Hadding-Häuser* 1984. – *Pikart* WM **60,** 1316, *Hadding* JZ **77,** 281, *Liesecke* WM **75,** 214, 238, 286, 314.

1) Rechtliche Qualifikation

A. Das **Girogeschäft** (it giro = Kreis, Kreislauf) ist die Durchführung des bargeldlosen Zahlungsverkehrs und des Abrechnungsverkehrs (§ 1 I 2 Nr 9 KWG); gemeint ist damit das Geldgirogeschäft, nicht das Effektengirogeschäft (s § 1 I 2 Nr 5 KWG, **(13)** DepotG § 5 Anm 1). Ein großer Teil des Überweisungsverkehrs wird heute beleglos abgewickelt (belegloser Datenträgertausch, Magnetbandclearing). Der **Girovertrag** ist ein entgeltlicher Dienstleistungsvertrag mit Geschäftsbesorgungscharakter (§§ 675, 611 BGB), hL, BGH NJW **85,** 2699. Die Bank eröffnet dem Kunden ein **Girokonto** (s Anm II 2) zum Zahlungsverkehr nach Weisung des Kunden (Überweisungen des Kunden, Annahme und Gutschrift von Geldern des Kunden oder Dritter für den Kunden); es steht damit im Gegensatz zum Sparkonto (Geldsammlung, s Anm II 3), s **(8)** AGB-Banken Nr 4. Bei Bareinzahlung erwirbt Kontoinhaber das Forderungsrecht sofort, nicht erst mit der Gutschriftbuchung, BGH **74,** 132; auch Belastungsbuchung bei Barauszahlung ist nur deklaratorisch, BGH **63,** 93. Gutschrift der zum Einzug eingereichten Wechsel und Schecks erfolgt unter Vorbehalt (Bedingung) des Eingangs, **(8)** AGB-Banken Nr 41 I. Von der **Belastungs-** und **Gutschrifts**buchung sind die für Soll- und Habenzinsen maßgeblichen **Wertstellungsbuchungen** (Valutierung) zu unterscheiden, die zT kundenungünstig gehandhabt werden, Hadding-Häuser ZHR 145 **(81)** 161. Die **Giroguthaben** sind jederzeit verfügbar (Sichteinlagen, s Anm II 1), übertragbar und pfändbar (§ 357 HGB Anm 2); auch künftige Girotagesguthaben (§ 357 HGB Anm 4). Der Kunde kann durch Überweisung verfügen, idR aber auch durch Scheckzahlung, dann liegt zusätzlich ein Scheckvertrag vor (s Anm 5). Überweisungen aufgrund Abbuchungsauftrag des Kunden oder Einzugsermächtigung des Gläubigers durch den Schuldner erfolgen im Lastschriftverfahren (s Anm IIIA). Das Girokonto ist ein Bankkontokorrentkonto, s § 355 HGB Anm 3 C. Lastschrift als rückläufige Überweisung s Anm IIIA.

B. Der **mehrgliedrige Überweisungsverkehr** macht Überweisungen von Kunden der Überweisungsbank (uU über Zwischenbanken) zu Kunden der Empfängerbank möglich, ohne daß der Kunde der Überweisungsbank zu den anderen Banken in vertragliche Beziehungen tritt, BGH WM **58,** 1078. Statt körperlichen Geldtransfers erfolgt dies durch Verrechnung in Gironetzen mit einer gemeinsamen Kopfstelle. Gironetze bestehen in den privaten Großbanken, den Sparkassen (12 Girozentralen und Deutsche Girozentrale–Deutsche Kommunalbank), den Volksbanken und Raiffeisenbanken (7 Zentralkassen und Deutsche Genossenschaftsbank) und zwischen diesen Netzen durch die Zentralbank (DBBk mit einer LZBk in jedem Bundesland und Zweiganstalten, s § 3 BBankG), s Besondere Bedingungen der DBBk für den beleglosen Datenträgeraustausch idF Mitt Nr 2013/85 26. 11. 85 BAnz Nr 225. Die Abrechnung erfolgt durch **Verrechnungsvertrag** (Skontration), BGH WM **72,** 1379; dazu Geschäftsbestimmungen der Abrechnungsstelle (DBBk), Canaris WM **76,** 994, Sandberger BB **76,** 488, Pfister ZHR 143 (**79**) 24. Warnpflichten im Abrechnungsverkehr s Anm I 6 D c. Auch zwischen den beteiligten Banken bestehen Giroverträge (Kontokorrente), bei Zwischenbanken (nicht aber bei bloßer Einschaltung von Landeszentralbanken: diese sind bloße Boten, Schlegelb-Hefermehl 49) aber nur mit diesen, nicht auch unmittelbar zwischen der Überweisungsbank und der Empfängerbank, BGH WM **57,** 1047. Das Abkommen über die Umwandlung beleghaft erteilter Überweisungsaufträge in Datensätze und deren Bearbeitung (**EZÜ-Abkommen**, 1. 4. 84, nicht veröffentlicht) zwischen den Spitzenverbänden des Kreditgewerbes, DBBk und DBP enthält Verfahrens- und Haftungsregeln für die beleglose Abwicklung der von Bankkunden in Belegform erteilten Überweisungsaufträge. Die Giroverträge zwischen den beteiligten Banken haben, zumutbare Pflichten vorausgesetzt, uU **Drittschutzwirkung,** Düss WM **82,** 575, Ffm WM **84,** 726, Canaris 395; iErg auch Möschel AcP 186 (**86**) 211 (Verbund- bzw Netzvertrag), nach aA ist nur Drittschadensliquidation möglich, Hadding FS Werner **84,** 165, Schlegelb-Hefermehl 100, s zum Lastschriftverfahren Anm IIIA 1 B. Die zwischengeschaltete Bank (Girozentrale) hat gegenüber dem Kunden der Überweisungsbank Schutzpflicht zur Übernahme der Personen- und Kontonummerangaben, Düss WM **82,** 575. Die Schutzpflicht muß aber ohne weiteres zumutbar sein (Reibungslosigkeit des Giroverkehrs), also keine Überwachungspflicht der Empfängerbank gegenüber dem Überweisenden, daß Empfänger nicht über zurückzuzahlende Gutschriftsbeträge verfügt, BGH NJW **83,** 1779. Zur Automation des unbaren Zahlungsverkehrs bei der DBBk s DBBk 8/**85,** 47.

2) Das Rechtsverhältnis zwischen den Banken und dem Überweisenden

A. Der **Überweisungsauftrag** des Bankkunden-Kontoinhabers (s Anm II 2B) ist Weisung iSv §§ 675, 665 BGB im Rahmen des Girovertrags (nicht eigener Auftrag nach § 662 BGB), BGH **10,** 319, NJW **83,** 1779 (antizipierte Einverständniserklärung des Rentenempfänger mit Rückzahlung von Rentenüberzahlungen an Rentenversicherungsträger). Die Weisung ist ein einseitiges Rechtsgeschäft, das der Bank zugehen (§ 130 BGB, Widerruf s Anm I), aber von ihr nicht angenommen werden muß und das sie aufgrund des (rechtswirksamen) Girovertrags zur Befolgung verpflichtet. Geht die Weisung auf Gutschrift einzuzahlender fremder Gelder auf das eigene Konto, ist § 181 BGB weder unmittelbar (einseitiges Rechtsgeschäft) noch analog anwendbar, BGH WM **58,** 553, aA Schlegelb-Hefermehl 17. Der Überweisungsauftrag ist tatbestandlich keine echte Anweisung iSv §§ 783 ff BGB (mangels Urkunde, Leistung von Sachen, Aushändigung ua), aber eine Anweisung iwS, die gleichzeitige Leistungen im Valutaverhältnis zwischen Überweisenden und Überweisungsempfänger (s Anm 4) und im Deckungsverhältnis zwischen Überweisungsbank und dem die Weisung erteilenden Kunden zur Folge hat (Simultanleistung); § 784 I Halbs 2 BGB (Einwendungsausschluß) ist entspr anwendbar, s Anm 3 C.

B. **Pflichten der Bank:** Überweisungen sind von der Bank strikt an den vom Kunden als Empfänger Genannten durchzuführen. Die Bank hat die **formale Weisung** ohne Rücksicht auf die zugrundeliegenden Rechtsverhältnisse der Beteiligten zu befolgen, BGH WM **61,** 78, **62,** 460, BB **71,** 195, WM **72,** 309, **76,** 905. Hat der als Empfänger Bezeichnete mehrere Konten, ist strikt auf das vom Kunden bezeichnete zu überweisen, auch wenn die vorgedruckte Fakultativklausel („oder ein anderes Konto des Empfängers") nicht gestrichen ist. Denn die **Fakultativklausel** ist trotz Streichungsmöglichkeit nach **(5)** AGBG § 9 **unwirksam,** BGH WM **86,** 875; Grund: Gefährdung des Kunden zB bei Kontopfändung oder Konto im Debet; s auch Anm II 2, **(8)** AGB-Banken Nr 4 III 1. Überweisung auf Und-, Oderkonto s Anm II 2 A b. Stimmen im Überweisungsauftrag Name des Empfängers und Kontonummer nicht überein, ist grundsätzlich der **Name entscheidend,** BGH **68,** 268 (Postscheck), NJW **69,** 320, WM **72,** 309, **78,** 367, Ffm NJW **83,** 1683, Hamm WM **85,** 1065 (Ausnahme: Überweisung gelangt trotz falschen Namens über Kontonummer an den richtigen Empfänger); die Bestimmung in **(8)** AGB-Banken Nr 4 III 2 ist nur unter sachgerechter Einschränkung wirksam (s dort). Der Überweisung an den Empfänger steht sofortiger Weiterleitung auf dessen Veranlassung an einen Dritten gleich, BGH WM **76,** 904. Vermerke in der Spalte **Verwendungszweck** auf dem Überweisungsvordruck dienen zu Mitteilungen des Bankkunden an den Empfänger (Valutaverhältnis s Anm 4) und brauchen von der Bank idR nicht beachtet zu werden, BGH **50,** 230, NJW **57,** 1555, WM **76,** 905. Anders in Ausnahmefällen, zB wenn die Bank selbst Überweisungsempfänger ist oder der abweichende Wille des Kunden für die Bank offensichtlich ist, BGH **50,** 230, WM **58,** 222, **62,** 460, **76,** 905 m Anm Hadding JZ **77,** 281. Ist die Weisung unklar, zB falsche Kontonummer und unkorrekte Empfängerbezeichnung, oder kann die Bank die Weisung aus einem anderen Grund nicht ausführen, ist die Bank zu unverzüglicher Rückfrage bzw Benachrichtigung verpflichtet, BGH **68,** 269 (Postscheck), WM **78,** 637, Hamm WM **85,** 1162; ebenso im Ausnahmefall einer berechtigten Abweichung von der Weisung (§ 665 BGB). Prüfungspflicht der Bank bei Verdacht mißbräuchlicher Abbuchungen eines Vertreters des Kunden s § 50 HGB Anm 3 B; Mitteilungspflicht bei Nichtausführung einer Überweisung mangels Deckung, aber Mitverschulden des Kunden (§ 254 I BGB). Auskunfts- und Rechenschaftspflicht (§ 666 BGB), auch neben § 355 HGB; zB laufende Kontoauszüge, aber nicht noch einmal umfassend bei Vertragsende (unzumutbar), BGH NJW **85,** 2699. **Rechte der Bank:** Die Bank kann Konto des Überweisenden vor Gutschrift belasten (Vorschuß, §§ 675, 669 BGB); mit Gutschrift hat sie einen Aufwendungsersatzanspruch (§ 670 BGB), bei außerbetrieblicher Überweisung s Anm C. Kontoüberziehung s Anm IV 2 D, **(8)** AGB-Banken Nr 14 III.

C. **Außerbetriebliche Überweisungen:** Die beauftragte Bank darf in die Überweisung andere Banken (Empfängerbank, Zwischenbanken) einschalten. Dabei handelt es sich nicht um eine (unzulässige) Substitution (s **(8)** AGB-Banken Nr 9 Anm 1), sondern die eigene Pflicht der Bank reicht von vornherein nicht weiter. Bei Nichtausführung haften die eingeschalteten Banken nur der sie einschaltenden Bank, nicht unmittelbar deren Kunden, BGH WM **61,** 78; doch kann der Kunde Abtretung der Ansprüche seiner Bank fordern (s **(8)** AGB-Banken Nr 9 I 4). Zur Drittschutzwirkung und Drittschadensliquidation s Anm 1 B. Die Bank haftet nicht für die eingeschalteten Banken nach § 278 BGB, sondern nur für eigenes Auswahl- und Überwachungsverschulden, RG **105,** 48. Bankgeheimnis s Anm I 4 A. Der Aufwendungsersatzanspruch (s Anm B) der Erstbank entsteht schon mit Weiterleitung (mehr schuldet sie nicht, s **(8)** AGB-Banken Nr 9), der Überweisende hat jedoch später uU einen Rückübertragungsanspruch (§ 667 BGB), Kindermann WM **82,** 332; aA Hadding-Häuser ZHR 145 (**81**) 152: Aufwendungsersatzanspruch erst mit Gutschrift an Empfänger.

D. **Widerruf des Überweisungsauftrags** ist als gegenteilige Weisung des Kunden (Zugang § 130 BGB) ohne weiteres möglich, solange die Bank den

Betrag dem Empfänger noch nicht gutgeschrieben hat, BGH **6,** 124, kein Ausschluß durch AGB, BGH NJW **84,** 2816; Belastung des Kundenkontos und Wertstellung sind unerheblich, ein **Anspruch** des Überweisungsempfängers **auf Gutschrift** steht unter der auflösenden Bedingung des Widerrufs, BGH **6,** 124; mit Gutschrift erlangt der Überweisungsempfänger dagegen einen **Anspruch aus Gutschrift** (anders bei Buchungen auf Konto pro Diverse, s Anm II 2 A c), ein Widerruf des Überweisenden nach Gutschrift ist dann ausgeschlossen. Bei außerbetrieblicher Überweisung (s Anm C) ist der Widerruf des Kunden nur gegenüber seiner Bank möglich, aA Möschel AcP 186 (**86**) 228; sein Widerruf an Zwischen- oder Empfängerbank (mit denen er nicht in Vertragsbeziehung steht, s Anm 1 B) ist wirkungslos, LG Fbg WM **76,** 143. Der Widerruf des Kunden an seine Bank ist von dieser jedoch unverzüglich weiterzugeben, BGH **4,** 249; aber nicht nur an die Zwischenbank, sondern zur Verhinderung der Gutschrift unmittelbar an die Empfängerbank. Auch im außerbetrieblichen Überweisungsverkehr wird der Widerruf nicht schon mit Zurverfügungsstellung des Überweisungsbetrags an die Empfängerbank, sondern erst ab Gutschrift der Empfängerbank an Empfänger ausgeschlossen. Beim beleglosen Datenträgeraustausch erfolgt die EDVGutschrift sofort, die Überprüfung folgt nach (Nachdisposition im Gegensatz zur Vordisposition); das Recht **aus** Gutschrift entsteht hier unter Vorbehalt der Nachdisposition; maßgeblicher Zeitpunkt für Gutschrift bzw Ende der Widerrufsmöglichkeit s Anm 3 B. Der wirksame Widerruf wirkt ex nunc. Die beteiligten Banken sind zur Stornierung (Rückbuchung) verpflichtet; Rechtsgrundlage ist § 667 BGB; Rückgewähr des in der Buchung liegenden Vorschusses (§ 669 BGB), BGH **27,** 248; bloße Abtretung des eigenen Rückbuchungsanspruchs der Bank an den Auftraggeber ist ungenügend, aA BGH **4,** 249. **Bereicherungsausgleich** bei Widerruf des Überweisungsauftrags s Anm 3 C d.

E. **Mängel des Überweisungsauftrags:** Bei Fehlen, Fälschung, Nichtigkeit (zB Geschäftsunfähigkeit, Vertretung ohne Vertretungsmacht) oder Anfechtung (§§ 119 ff, 142 I BGB; str) des Überweisungsauftrags ist die Überweisung gegenüber dem Kunden grundsätzlich nicht wirksam. Eine Belastungsbuchung ist ex tunc rückgängig zu machen. Empfangene Deckung ist nach § 667 BGB zurückzugeben, BGH **87,** 380, Gutschrift an unrichtigen Empfänger steht nicht entgegen, BGH WM **78,** 367. Ausnahmen ergeben sich zB aus Sorgfaltspflichtverletzungen des Kunden und seiner Erfüllungsgehilfen, Vertrauenshaftung (§ 5 HGB Anm 2), Risikoverlagerung (s **(8)** AGB-Banken Nr 23 bei Geschäftsunfähigwerden). Das **Fälschungsrisiko** trägt die Bank, BGH WM **66,** 397, **67,** 1142, **85,** 511, **(8)** AGB-Banken Nr 5, 8 betreffen das Fälschungsrisiko nicht (anders bei DBBk und Sparkassen; auch bei Banken betr Scheckverkehr); aber die Bank kann Anspruch gegen Kunden aus positiver Vertragsverletzung wegen Ermöglichung der Fälschung, dieser wiederum uU gemindert bei Mitverschulden der Bank wegen unzureichender Kontrolle, BGH WM **67,** 1142, **85,** 511. **Bereicherungsausgleich** bei Mängeln des Überweisungsauftrags s Anm 3 C d; bei versehentlichem aber wirksamem Überweisungsauftrag (Mangel im Valutaverhältnis) s Anm 3 C b.

3) Das Rechtsverhältnis zwischen den Banken und dem Überweisungsempfänger

A. **Vor Gutschrift:** Der Girovertrag zwischen Überweisungsbank und Kunde ist **kein Vertrag zugunsten Dritter** iSv § 328 BGB; der Überweisungsauftrag begründet für den Empfänger noch keinen unmittelbaren Anspruch gegenüber Überweisungsbank, OGH **4,** 85, BGH BB **60,** 343, NJW **61,** 1715 (Postscheck), Hbg MDR **61,** 1013. Auch die Mitteilung (Avis) des Überweisenden oder der Überweisungsbank an den Empfänger oder seine Bank ist nur eine Vorausankündigung, auch bei Auftragskopie mit Originalunterschriften; dazu Nürnb WM **77**, 1441, Düss WM **79**, 1272, Koller BB **72**, 687. Möglich ist aber ein Anspruch des Empfängers aus anderem Rechtsgrund, zB Garantie oder sonstiger Vereinbarung, RG **134**, 77, BGH WM **56**, 1293, BB **60**, 343; Haftung aus § 826 BGB s Anm I 7 C. IdR hat der Empfänger jedoch den **Anspruch auf Gutschrift** (oder Weiterüberweisung, BGH WM **58**, 222) jedoch aus seinem eigenen Girovertrag mit seiner (Empfänger)Bank (§§ 675, 667 BGB), Ffm NJW **83**, 1681. Dieser Anspruch entsteht erst, wenn die Empfängerbank den Überweisungsbetrag erhalten hat (Eingang der buchmäßigen Deckung: bei Hausüberweisung mit Belastung des Kontos des Überweisenden, bei außerbetrieblicher Überweisung mit entspr Belastung bzw Gutschrift für die Empfängerbank); auf Kenntnis der Empfängerbank kommt es nicht an. Fällt die Deckung wieder weg, zB durch Konkurs der Überweisungs- oder der Zwischenbank, ist nichts herauszugeben, zutr Canaris 402, aA LG Ffm NJW **76**, 332; Riesenkampff NJW **76**, 321. Erfüllung des Anspruchs wird nicht durch fälschliche Gutschrift für Dritten unmöglich, Ffm NJW **83**, 1681; aA BGH NJW **69**, 320. Der Anspruch auf Gutschrift ist vorläufig, er kann durch Widerruf bis zur Gutschrift beseitigt werden (s Anm 2 D). Der Anspruch ist unverzüglich zu erfüllen; ob dies Zinsberechnung vom Banktag nach Deckungseingang an bedeutet, ist str, Canaris 406. Der Anspruch auf Gutschrift ist grundsätzlich nicht abtretbar, aber pfändbar (analog § 851 II ZPO).

B. **Nach Gutschrift:** Die Gutschrift des überwiesenen Betrags durch die (Empfänger-)Bank für den Empfänger vollendet den Überweisungsvorgang. Der Empfänger soll sich durch sie möglichst wie bei Empfang von Bargeld stellen, BGH **6**, 124. Die Gutschrift begründet deshalb für ihn ein **abstraktes Recht aus Gutschrift,** das durch Widerruf des Überweisenden nicht mehr berührt werden kann und von Einwendungen und Einreden aus dem Deckungs- und Valutaverhältnis (s Anm C) unabhängig ist, BGH **6**, 124, **26**, 171, NJW **51**, 437, BB **76**, 1246 (Nichtbefolgen von Weisung zur Weiterleitung von Zweckangaben). Die Gutschrift ist als abstrakte Schulderklärung der Empfängerbank gegenüber dem Empfänger anzusehen (§§ 780, 781 BGB), hL, aA Kupisch WM Sonderbeil 3/**79**, 20. Diese beruht auf dem (wirksamen) Girovertrag, aus dem die Bank das Recht zur einseitigen Begründung abstrakter Rechte des Kunden hat (nach aA antizipierte Angebote des Kunden mit Verzicht auf Erklärung der Annahme nach § 151 BGB), Koller BB **72**, 692. Gutschrift Eingang vorbehalten (E. v.) ist möglich, Ffm BB **83**, 148, aber, da die Bank sich vorher Deckung verschaffen kann, anders als bei Gutschrift von Einzugspapieren (s **(8)** AGB-Banken Nr 41 I) unüblich. Der **maßgebliche Zeitpunkt** ist bei manueller Bearbeitung (Vordisposition) die Gutschriftbuchung durch die Bank. Kenntnis des Empfängers ist irrelevant. Anzeige an ihn ist nur deklaratorisch, BGH NJW **51**, 437. Der maßgebliche Zeitpunkt für die Gutschrift hangt beim maschinellen Buchungsverfahren von der Ausgestaltung ab. Erfolgt eine Nachdisposition (s Anm 2 D), ist die Gutschrift erst mit dieser endgültig; beim beleglosen Datenträgertausch (Magnetbandclearing) liegt der maßgebliche Zeitpunkt schon in der Eingabe in die Datenerfassung, Hamm WM **77**, 1238, Hadding-Häuser ZHR 145 (**81**) 161, Kindermann WM **82**, 320, aA Zweibr NJW **85**, 1034, Canaris 423, Möschel AcP 186 (**86**) 204 (mit Abrufpräsenz); aber die Gutschrift erfolgt dann unter der auflösenden Bedingung, daß bis zum Ausdruck der Tagesauszüge kein Widerruf erfolgt oder nicht bei Nachdisposition mangelnde Deckung festgestellt wird; vgl auch zur Lastschrift Anm IIIA 2 B. Gutschrift aus Ausland s Polke ZIP **85**, 11. Zum Forderungserwerb vor Gutschrift bei Bareinzahlung s Anm 1 A. Der Empfänger kann die Gutschrift analog § 333 BGB zurückweisen, Canaris 473, aA OGH **4**, 85. Gutschrift auf Konto pro Diverse (cpd, s Anm II 2 A c) begründet mangels Vertrags zwischen Bank und Empfänger, der bei ihr kein Konto hat, noch keinen Anspruch des letzteren, BGH **27**, 241, BB **59**, 94; anders in Ausnahmefällen, in denen dann aber ein mindestens konkludenter Vertragsschluß vorliegen muß. Die **Gefahr** zufälligen **Verlusts** von Geld auf dem Wege von der Bank zum Kunden trägt bei Herausgabe von durch Auftrag erlangtem Geld (§§ 667, 675 BGB) nicht (gemäß § 270 I BGB) die Bank, sondern (gemäß §§ 269, 270 IV BGB) der Kunde, BGH **28**, 127.

C. **Bereicherungsausgleich bei Fehlüberweisung:** Die Gutschrift begründet ein abstraktes Recht des Empfängers, gegen das entspr § 784 I 2 BGB (s Anm 2 A) Einwendungen und Einreden nur beschränkt zulässig sind: **a) Mängel im Deckungsverhältnis** zwischen der Bank und dem Überweisenden kann die Bank nicht gegen den Empfänger nach § 812 BGB, BGH WM **55**, 1476, sondern nur gegen den Überweisungsauftraggeber geltend machen; das gilt auch, wenn der Überweisende in Konkurs gefallen oder sein Konto ungedeckt oder gepfändet ist, hL; anders nur, wenn die Gutschrift selbst unter Vorbehalt erteilt wurde, vgl **(8)** AGB-Banken Nr 41 (Wechsel, Scheck, Lastschrift). **b) Mängel des Valutaverhältnisses** zwischen dem Überweisenden und dem Empfänger sind unmittelbar und ausschließlich zwischen dem Überweisenden und dem Empfänger (nicht deren Banken) auszugleichen (vgl Anm 4 E). So hat zB bei Nichtigkeit nur der Überweisende (nicht seine Bank) einen Bereicherungsanspruch, und zwar nur gegen den Empfänger (nicht gegen die Empfängerbank); ebenso bei Fehlüberweisung auf überschuldetes Konto des Empfängers nach erneuter Überweisung auf das richtige Konto desselben (idR ohne § 818 III BGB), BGH NJW **85**, 2700. **c)** Das gilt auch bei **Doppelmangel** des Deckungs- und Valutaverhältnisses, sonst würden Einwendungen und Aufrechnungsmöglichkeiten abgeschnitten; üL, vgl BGH **48**, 72; streitig ist, ob die Bank dann einen vom Valutaverhältnis unabhängigen Bereicherungsanspruch hat, Canaris FS Larenz **73**, 811, oder sich nur den Bereicherungsanspruch des Überweisenden abtreten lassen kann und dann das Risiko der Insolvenz des Empfängers trägt (§ 818 III BGB), Schlegelb-Hefermehl 79. Ausnahme: Bei Mangel im Deckungsverhältnis und unentgeltlicher Leistung im Valutaverhältnis besteht unmittelbarer Anspruch des Angewiesenen gegen Leistungsempfänger (entspr § 822 BGB), BGH **88**, 237, krit Mühl WM **84**, 1441. **d)** Bei von Anfang an gegebenen **Mängeln des Überweisungsauftrags** (s Anm 2 E, anders bei nachträglichem Widerruf s Anm e) hat die Bank dagegen einen Bereicherungsanspruch (Stornorecht s Anm e) unmittelbar gegen den Überweisungsempfänger, (§ 812 BGB, ,,in sonstiger Weise", idR gerichtet auf Zustimmung zur Aufhebung des abstrakten Rechts aus Gutschrift, s Anm B), üL; nach der Rspr jedenfalls, wenn dem Empfänger der Mangel bekannt war, vgl BGH **66**, 362, 372, **67**, 75, **69**, 190, uU auch ohne seine Kenntnis, Hbg WM **82**, 249, offen BGH **89**, 379. Bsp: Fehlen des Überweisungsauftrags, Doppelgutschrift, Gutschrift an falschen Empfänger, Fälschung, mangelnde Geschäftsfähigkeit; auch Anfechtung des Überweisungsauftrags (§ 142 I BGB), str. Der Empfänger ist geschützt nach §§ 172f BGB analog, Canaris 439. Allgemein ist der Empfänger nach § 818 III BGB geschützt, seine Bereicherung kann danach durch seine Verfügung über den irrtümlich gutgeschriebenen Betrag entfallen; das gilt nicht bei Kenntnis des Empfängers von dem Mangel (§ 819 I BGB), auch nicht bei fahrlässig mangelhafter Kontrolle der Kontoauszüge (positive Verletzung des Girovertrags, § 254 BGB), BGH **72**, 9, Mü WM **71**, 265, KG WM **80**, 254, str, nach aA ist § 819 I BGB lex specialis. **e)** Bei Gutschrift trotz rechtzeitigen **Widerrufs** (bzw Erlöschen eines Dauerauftrags) wurzelt der Fehler im Verhältnis zwischen Bank und Auftraggeber; Widerruf und von Anfang an fehlender Überweisungsauftrag stehen (auch aus Empfängersicht) nicht gleich. Die Bank hat deshalb keinen unmittelbaren Bereicherungsanspruch gegen den Empfänger, so wenn der Empfänger mit Überweisung des Auftraggebers rechnen konnte und Widerruf nicht kannte; dann findet Bereicherungsausgleich zwischen Bank und Auftraggeber statt, BGH **87**, 246 (ebenso wie bei Scheckwiderruf, s Anm 5 D), NJW **84**, 2205 (Änderung eines Dauerauftrags); anders nur wenn der Empfänger den Widerruf kannte (Beweislast für die Kenntnis liegt beim Auftraggeber), BGH **87**, 393, **88**, 235, **89**, 379. Nach aA hat die Bank einen Bereicherungsanspruch unmittelbar gegen den Empfänger auch ohne dessen Kenntnis, Lieb JZ **83**, 962, Schnepp WM **85**, 1249, aber dieser ist über § 818 III BGB hinaus bei Gutgläubigkeit entspr §§ 172f BGB geschützt, Canaris 439. Ein girovertraglicher Rückzahlungsanspruch gegen den Empfänger besteht nicht (aber Stornierung, s Anm D), Grund: Schutzgrenze der §§ 818 III, 819 I BGB, Canaris 434, aA Mü WM **71**, 265. Monographie Stierle 1980; Canaris WM **80**, 354 gegen Kupisch WM Sonderbeil 3/**79**, ZIP **83**, 1412, Flume NJW **84**, 464.

D. **Stornierung:** Neben dem gesetzlichen Bereicherungsanspruch hat die Bank bei Gutschriften infolge Irrtums, Schreibfehler oder anderer Gründe ohne entsprechenden Auftrag ein eigenständiges girovertragliches Rückbuchungsrecht (Stornierung, **(8)** AGB-Banken Nr 4 I 3); nach üL erstreckt sich das Stornorecht aber nur auf technische Buchungsfehler, richtiger auch auf Fälschung, Nichtigkeit und Anfechtung (s Anm C d), nach aA sogar auf Widerruf des Überweisungsauftrags; erstreckt man das Stornorecht auch auf diese Fälle, kommt dem Bereicherungsanspruch nur noch geringe Bedeutung zu, so uU bei einem Debetsaldo, s **(8)** AGB-Banken Nr 4 Anm 1 C.

E. **Verrechnung:** Die Bank kann eingehende Überweisungen mit einem Debet des Empfängers verrechnen (§ 355 HGB Anm 3) und hat ein Pfandrecht an der eingegangenen Forderung nach **(8)** AGB-Banken Nr 19; der Empfänger kann das nicht einseitig verhindern. Doch kann die Überweisung einen die Verrechnung untersagenden Sperrvermerk (Weisung des Überweisenden) enthalten, BGH WM **62**, 460, **71**, 158. Im **Konkurs** des Kunden kann die Bank trotz § 55 I Nr 1 KO aufrechnen, wenn die gedeckte Überweisung noch vor Konkurseröffnung einging, Gutschrift erst nach Konkurseröffnung schadet nicht, BGH NJW **78**, 699; anders bei Eingang auch der Überweisung erst nachher; der Schutzzweck von § 23 II KO, § 674 BGB steht nicht entgegen, BGH **74**, 257; s § 355 HGB Anm 3 C. Anfechtung der Verrechnung im Konkurs des Kunden s Uslar BB **80**, 916.

4) Das Rechtsverhältnis zwischen dem Überweisenden und dem Überweisungsempfänger

A. **Zulässigkeit der Überweisung:** Notwendig ist das **Einverständnis** des Überweisungsempfängers (Gläubiger) mit der Überweisung statt mit Barzahlung (Schuldnerwechsel: statt des überweisenden Schuldners schuldet die Bank des Gläubigers; Buchgeld statt Bargeld). Einverständnis liegt vor bei Angabe des Bankkontos auf Rechnung, Briefkopf oder Prospekt. Das Einverständnis kann sich auf eines von mehreren Konten des Empfängers beschränken. Die widerspruchslose Annahme einer Überweisung ist als Einverständnis zu werten, uU auch für künftige Zahlungen, BGH WM **55**, 1476. Eine Einverständniserklärung liegt aber angesichts der allgemeinen Üblichkeit der bargeldlosen Zahlung auch schon in der bloßen Errichtung eines Bankgirokontos (nicht Spar-, Festgeld- und andere nicht für den Zahlungsverkehr bestimmte Konten, s Anm II 2 A), auch ohne besondere Bekanntgabe, üL, aA BGH NJW **55**, 897, Canaris 470. Die Bank wird durch den Girovertrag zur Annahme ermächtigt (entspr §§ 362 II, 185 BGB); der Kontoinhaber kann sich, wenn er sein Geld anders empfangen will, durch entspr Mitteilung an den Schuldner schützen. Eine Barzahlungsklausel steht der Überweisung idR nicht entgegen (§ 346 HGB Anm 5 ,,Zahlung"). Das Einverständnis ist frei widerruflich (entspr § 183 BGB). Schutz des Schuldners bei Angabe der falschen Kontonummer oder Widerruf entspr §§ 170 ff BGB, Canaris 472.

B. **Erfüllung:** Die Überweisung im Einverständnis des Gläubigers ist Erfüllung (§ 362 BGB), nicht nur Leistung an Erfüllungs Statt (§ 364 I BGB), üL, aA BGH **58**, 109 (beiläufig), Canaris 467, denn die Überweisung ,,an den Gläubiger" und Barzahlung stehen sich nach der Verkehrsanschauung gleich. Leistungsempfänger ist nur der Gläubiger (Kontoinhaber), nicht seine Bank (nur Zahlstelle), BGH **53**, 142, NJW **74**, 458, **79**, 371; das ist wichtig für § 812 BGB. Die Erfüllungswirkung tritt **erst mit Gutschrift** auf dem Gläubigerkonto ein, BGH **6**, 123, **58**, 109, nicht schon mit Eintreffen bei der Empfängerbank (bloße Zahlstelle), str, (bis zur Gutschrift kann der Schuldner noch widerrufen, s Anm 2 B); auch noch nicht mit Unwiderruflichkeit des Überweisungsauftrags, BGH WM **82**, 294 (auch für internationales Zahlungsabkommen); auch nicht mit Gutschrift auf Konto pro Diverse (s Anm II 2 A c). Überweisung **an Dritte,** auch auf Notaranderkonto (s **(9)** AGB-Anderkonten), ist Erfüllung nach §§ 362 II, 185 BGB nur bei besonderer Vereinbarung (Verkäuferkonkursrisiko), BGH **87**, 164.

C. Für die **Rechtzeitigkeit** der Zahlung (wichtig zB für Verzug, Wechselkursänderungen, Vertragsstrafe) kommt es bei einer Geld-Bringschuld (Erfüllungsort ist ausnahmsweise der Wohnsitz des Gläubigers) auf den Zeitpunkt der Gutschrift auf dem Gläubigerkonto an, BGH BB **71**, 147. Die Geldschuld ist jedoch idR eine Schickschuld (§§ 270 IV, 269 I BGB), bei der nur rechtzeitige Leistungshandlung geschuldet ist; Gutschrift innerhalb der Leistungszeit (Leistungserfolg) ist nicht erforderlich, vielmehr genügt idR Abbuchung, BGH NJW **64**, 499; das trifft jedenfalls für die Hausüberweisung zu. Bei zwischenbetrieblichen Überweisungen (auch Filialüberweisung) genügt rechtzeitige Hinausgabe des Überweisungsauftrags durch die Bank des Überweisenden; differenzierend Canaris 481. Ort und Zeit bargeldloser Zahlung s Schönle FS Werner **84**, 817.

D. Die **Gefahrtragung** richtet sich nach § 270 I BGB. Die Gefahr (zB Verlust, Konkurs der Bank, Währungsreform) trägt der Schuldner bis zur Gutschrift (s Anm B). Die Gefahr des Konkurses der Empfängerbank ist aber nach der Sphärentheorie dem Gläubiger zuzuweisen.

E. **Bereicherungsausgleich:** nach §§ 812 ff BGB zwischen dem Überweisenden und dem Überweisungsempfänger, nicht deren Banken, s Anm 3 Cb; Ausnahme bei Mängeln des Überweisungsauftrags, s Anm 3 Cd. Beweislast, daß der Betrag dem Überweisungsempfänger nicht zugeflossen ist, weil das auf ihn lautende Konto nur Strohmannkonto ist, liegt bei ihm, BGH NJW **83**, 626. Monographie Stierle 1980.

5) Scheckgeschäft, Scheckinkasso

RsprÜbersicht: *Bundschuh* WM **83**, 1178, **84**, 1357.

A. **Scheckvertrag:** Der Scheckvertrag **zwischen Bank und Scheckaussteller** ist idR zusätzlich zum Girovertrag geschlossen. Er ist wie dieser ein entgeltlicher Dienstleistungsvertrag mit Geschäftsbesorgungscharakter (§§ 675, 611 BGB); nach aA Werkvertrag). Für ihn gelten die ,,Bedingungen für den Scheckverkehr", vgl **(8)** AGB-Banken Nr 28. Danach ist die Bank zur Einlösung der auf den von der Bank zugelassenen Scheckvordrucken ausgestellten Schecks bei Deckung verpflichtet und trotz mangelnder Deckung (dann Überziehungskredit) berechtigt, BGH **53,** 204, Scheckbedingungen Nr 1. Eine Pflicht zur Einlösung trotz mangelnder Deckung besteht idR nicht; Ausnahmen s Canaris ZHR 143 **(79)** 132. Doch kann die Bank uU zuvor zur Rückfrage verpflichtet sein; Scheckbedingungen Nr 5 S 2 („Bei Nichteinlösung wird dem Vorleger des Schecks ohne vorherige Rückfrage beim Kontoinhaber die gesetzlich vorgesehene Bescheinigung erteilt") verstößt gegen **(5)** AGBG § 9, Canaris 690. Löst die Bank den Scheck nicht ein, muß sie den Aussteller benachrichtigen (Scheckbedingungen Nr 7). Bei Scheckeinlösung hat die Bank einen Aufwendungsersatzanspruch gegen den Aussteller (§ 670 BGB). Das gilt auch, wenn sie ohne Verstoß gegen ihre Prüfungspflicht (s Anm B) einen gefälschten Scheck einlöst, denn der Kunde trägt das Risiko der Scheckfälschung, s Scheckbedingungen Nr 11 (vgl **(8)** AGB-Banken Nr 5 Anm 1), Hamm WM **85,** 1033; für Unwirksamkeit von Nr 11 gegenüber Privatkunden (außer bei deren Mitverschulden) nach **(5)** AGBG § 9 mit beachtlichen Gründen Koller NJW **81,** 2433, **84,** 2225, str. Die Einlösung des Schecks erfolgt in bar, durch Belastungsbuchung auf dem Ausstellerkonto, BGH **53,** 203 (aber unter Vorbehalt der Stornierung noch am folgenden Buchungstag, s **(8)** AGB-Banken Nr 41 II), oder durch die Erfüllungswirkung der verspäteten Scheckrückgabe im LZBk-Abrechnungsverkehr (s Anm IIIA 2B).

B. **Prüfungspflicht der Bank:** Die Bank ist zur sorgfältigen Prüfung der vorgelegten Schecks, ob wirksame Anweisung des Scheckausstellers-Kontoinhabers vorliegt, verpflichtet. Dies ist eine unabdingbare Hauptpflicht, also Haftung für jedes Verschulden (zu unterscheiden von Haftungsbeschränkung auf grobe Fahrlässigkeit bei Prüfung der Berechtigung des Vorlegers nach Scheckbedingungen Nr 4, BGH **91,** 231). Sie darf angesichts des Massengeschäftscharakters des Scheckgeschäfts nicht überspannt werden; die Bank genügt der Prüfungspflicht hinsichtlich der Echtheit der Schecks idR, wenn sie sich dem Massenverkehr entsprechend davon überzeugt, daß der Scheck seinem äußeren Gesamtbild nach den Eindruck der Echtheit erweckt, BGH NJW **69,** 694. Vor allem muß sich die Bank nicht um Angabe des Zahlungszwecks wie überhaupt um die zugrundeliegenden Rechtsbeziehungen des Ausstellers kümmern, BGH NJW **69,** 695; sie muß nicht jeweils die früher bei Kontoeröffnung gemachten Angaben über Beruf und damit verbundene interne Absprachen nachsehen; Verschiedenheit von Einreicher und Schecknehmer begründet keine Prüfungspflicht, auch nicht bei für Behörden bestimmten Schecks, BGH NJW **80,** 2354. Sorgfaltspflicht dagegen bei Prüfung der Unterschrift auf Schecks (bei Vertrautsein mit Unterschriftsbild ist Vergleich mit Unterschriftsprobe entbehrlich), BGH NJW **69,** 694, Karlsr WM **75,** 461, Hamm WM **75,** 480, zur Prüfung der Rückseite, BGH BB **76,** 1247; Rückfragepflicht bei Einlösung eines nach den bisherigen Gepflogenheiten des Kontoinhabers außergewöhnlich hohen Barschecks durch Unbekannten, BGH WM **86,** 123, anders wenn Einreicher der Bank bekannt ist, Kblz NJW **84,** 467; Prüfung, ob die Ausstellung durch die Scheckzeichnungsvollmacht gedeckt ist, BGH NJW **82,** 1513. **Bareinlösung durch nicht kontoführende Stellen** der bezogenen Bank an Einreicher, der sich nicht als Kontoinhaber oder sonst Verfügungsberechtigter ausweisen kann, ist idR pflichtwidrig, BGH **91,** 232. Einreichung durch Angestellte eines Unternehmens zur **Gutschrift auf persönliches Konto,** BGH **26,** 268, BB **65,** 1084, 1085, **69,** 1412, Stgt BB **70,** 1506 (zur Prüfung ist Rückfrage beim Arbeitgeber nur das letzte Mittel), Mü WM **69,** 510 (Gutschrift auf Konto der Ehefrau), BGH BB **65,** 1246 (HdlVertreter), Celle BB **71,** 327 (Buchführungsbüro). Einziehung durch **Minderjährigen** s BGH BB **62,** 502, Schütz BB **65,** 693. Pflicht zur Prüfung der Berechtigung des Einreichers von **Verrechnungsschecks** (Einlösung nur durch Gutschrift, Art 39 II ScheckG) besteht vor allem bei Barauszahlungsbegehren, auch bei gleichzeitiger Kontoeröffnung, uU auch sonst, jedoch keine Überspannung der Anforderungen; Voraussetzungen der groben Fahrlässigkeit iSv §§ 990, 989, 932 II BGB, Art 21 ScheckG s BGH **26**, 268, NJW **74**, 458, **77**, 1197, KG BB **80**, 755, Hamm WM **83**, 459; Bilda DB **81**, 1383, 1451. Haftung gegenüber Dritten s Anm I 7. **Mitverschulden des Kunden** iSv § 254 BGB bzw Aufrechnung der Bank mit Schadensersatzanspruch aus Sorgfaltspflichtverletzung des Kunden, uU nur zum Teil, BGH BB **68**, 232, ist möglich: zB bei Sendung des Schecks an einen falschen Empfänger, KG JW **17**, 113, Versendung des (Verrechnungs)Schecks im einfachen Brief, Hamm WM **83**, 461, nachlässiger Verwahrung des Scheckbuchs oder Schecks, Celle WM **63**, 175, Verlust von Reisepaß und Scheckkarte, mit denen dann ein Unberechtigter über das Konto verfügt, BGH BB **68**, 232, ungeeignete betriebliche Organisation, BGH NJW **82**, 1514, Hamm WM **83**, 461, unzureichende laufende Kontrolle der Scheckverwendung anhand der Bankauszüge in einem Betrieb, BGH NJW **69**, 696, Karlsr WM **75**, 460. Übersicht: Reiser WM **84**, 1557.

C. **Schecksperre:** Der Scheckvertrag verpflichtet die Bank zur Beachtung der von Kunden ihr wirksam erklärten Sperre eines (vom Kunden auf sie gezogenen, einem Dritten übergebenen) Schecks, dh des Widerrufs iSv Art 32 ScheckG. Der Widerruf kann nach Art 32 I ScheckG wirksam nach Ablauf der Vorlegungsfrist (im Inland 8 Tage ab angegebenem Ausstellungstag, Art 29 I, II ScheckG) erklärt werden; doch muß der Widerruf der kontoführenden Stelle spätestens am Bankarbeitstag vor Scheckvorlage zugehen. Einen vor Ablauf der Vorlegungsfrist erklärten Widerruf muß die Bank nach Scheckbedingungen Nr 10 S 1 nur beachten, wenn sie sich vertraglich besonders dazu verpflichtet („Annahme des Widerrufs"), zB durch Sperrvermerk auf Kontoblatt des Kunden, BGH **35**, 220; das ist unwirksam, Ul-Br-He Anh § 9 Rz 610, denn die Beachtung der Schecksperre ist üblich und entspricht der Interessenwahrungspflicht der Bank, Pflug ZHR 135 (**71**) 49, aA Düss WM **77**, 428. Eine wirksame Sperre verbietet der Bank die Einlösung des Schecks, verpflichtet sie zur Mitteilung der Sperre an anfragende Dritte (Inhaber des Schecks, zB andere Bank, welcher der Scheck zum Einzug mit Antrag auf sofortige Gutschrift gemäß (8) AGB-Banken Nr 41 eingereicht wird), selbstverständlich auf ausdrückliche Frage nach Ordnungsmäßigkeit des Schecks (s Anm F), uU auch bei Frage mit anderem Inhalt, zB nach Zahlungsfähigkeit des Ausstellers, sofern diese erkennbar durch den gesperrten Scheck veranlaßt ist, BGH **35**, 222 (Gefahr des Verlusts von Einwendungen durch den Aussteller). HdlBrauch s Pflug ZHR 135 (**71**) 1.

D. **Bereicherungsausgleich:** Es gelten dieselben Grundsätze wie bei Fehlüberweisungen (s Anm 3 C), BGH **89**, 381, aA Canaris 739. Bei Mängeln der Anweisung, zB Scheckfälschung oder formunwirksamer Scheck, hat die bezogene Bank Bereicherungsanspruch gegen den Einreicher (Geldempfänger), Kln WM **84**, 728; Vertrauensschutz s Anm 3 C d. Löst die Bank versehentlich den vom Aussteller widerrufenen Scheck ein, hat sie keinen Bereicherungsanspruch unmittelbar gegen den Inhaber (Geldempfänger), jedenfalls wenn dieser vom Widerruf nichts wußte, BGH **61**, 289; anders wenn dieser davon wußte, Kln WM **83**, 190 m Anm Axer, str. Anders auch bei Einlösung eines nicht unterschriebenen Schecks, jedenfalls wenn der Inhaber sich des Mangels bewußt war, BGH **66**, 364, **87**, 396. Vgl entspr betr Wechseleinlösung im Konkurs des Akzeptanten (Bankkunden) BGH **67**, 79. Übersicht: Canaris WM **80**, 363.

E. **Scheckinkasso:** Der Girovertrag (s Anm 1, 2 A) beinhaltet idR auch die Abrede, Schecks dritter Aussteller nach Weisung des Kunden für diesen einzuziehen. Doch ist auch ein selbständiger Inkassovertrag (§§ 675, 611 BGB) möglich. Geregelt wird also das Verhältnis **zwischen Bank und Scheckeinzieher.**

Entsprechendes gilt für Wechsel (Wechselinkasso). Dazu **(8)** AGB-Banken Nr 40–47. Inkassoauftrag geht iZw nicht nur auf Einziehung des Schecks, sondern auch auf Geltendmachung des Rückgriffsanspruch gegen den Aussteller, solange Inkassobank im Besitz des Schecks ist, BGH WM **77**, 1120. Die Inkassobank muß den Scheck auf dem schnellsten und sichersten Weg der bezogenen Bank vorlegen, BGH **22**, 305, NJW **86**, 250. Die Inkassobank haftet für schuldhafte Nichtvorlage des Schecks bei der bezogenen Bank; doch hat der Scheckeinreicher zu beweisen, daß zum Zeitpunkt ordnungsgemäßer Vorlage der Scheck gedeckt gewesen wäre, BGH WM **81**, 119. Die DBBk haftet im vereinfachten Scheck- und Lastschrifteinzug der Inkassobank, die den Scheck im eigenen Namen für Rechnung des Einreichers einzieht, und wegen Drittschutzwirkung auch dem Einreicher selbst, BGH NJW **86**, 249. Der Einreicher hat **keinen Anspruch** gegen die Bank **auf Einlösung** des Schecks eines dritten Ausstellers; zwar hat dieser gegen die Bank einen Anspruch auf Einlösung zugunsten des Einreichers, aber dieser Anspruch ist weder dem Einreicher abgetreten, vgl BGH **64**, 341, noch ist der Scheckvertrag ein Vertrag zugunsten des Einreichers iSv § 328 BGB, vgl BGH **3**, 241; der Einreicher hat auch bei jahrelanger Einlösungspraxis keinen Schadensersatzanspruch gegen die Bank wegen Nichteinlösung, BGH NJW **74**, 457. **Gutschrift** (s Anm 3 B) erfolgt idR sofort mit Einreichung, aber nur unter Vorbehalt des Eingangs und der Nichtstornierung (s **(8)** AGB-Banken Nr 41 I, II, Stornierungsvorbehalt auf Kontoauszug stellt dies nur klar), BGH **44**, 180, **69**, 27 (deshalb Sicherungstreuhand, nicht bloße Legitimationszession des Schecks, s **(8)** AGB-Banken Nr 42 V) darin kann Aufwendung iSv §§ 670, 675 BGB, Ffm WM **78**, 1027, oder Darlehen iSv § 607 BGB liegen, Prost NJW **69**, 1233. Zeitpunkt der **Einlösung** ist bei Vordisposition Belastung des Ausstellerkontos (einerlei ob dort Deckung vorhanden ist) mit Einlösungswillen der Bank, BGH **53**, 204, bei Nachdisposition erst diese (s Anm 3 B), bei LZBkAbrechnung spätestens mit Skontration (s Anm 1 B), Bauer WM **83**, 291. Das Rechtsverhältnis der Inkassobank und der bezogenen Bank ist im **Scheckabkommen** nF in Kraft 1. 10. 82 (parallel zum Lastschriftabkommen, s Anm IIIA 1 B) geregelt, BAnz Nr 132, ZIP **82**, 1254; das Scheckabkommen gilt nur für den beleghaften Scheckeinzug. Ferner Abkommen über das beleglose Scheckeinzugsverfahren (**BSE-Abkommen**) 8. 7. 85) zwischen den Spitzenverbänden der Kreditwirtschaft, DBBk und DBP, WM **85**, 986 = ZIP **85**, 771; das BSE-Abkommen regelt zT abweichend vom Scheckabkommen (zB Prüfungspflicht der ersten Inkassostelle, Rückgabefrist).

F. **Scheckauskunft:** Die auf Anfrage des Scheckinhabers erteilte Antwort der bezogenen Bank, sie werde den Scheck einlösen **(Scheckeinlösungszusage),** begründet eine selbständige Garantie (zeitlich begrenzt durch alsbaldige Vorlage im ordentlichen Geschäftsgang, aber Vorlagefrist des Art 29 ScheckG ist nicht maßgeblich), BGH WM **50**, WM **82**, 924, erst recht die Antwort „sie garantiere" die Einlösung, BGH WM **78**, 873; diese Garantie schließt Einwand der Scheckpräjudizierung und des Erlöschens der Ausstellerhaftung aus, kann aber im Einzelfall an bestimmte Voraussetzungen (zB Weiterbelieferung des Scheckausstellers mit Waren), gebunden sein, BGH WM **82**, 924. Die übliche Antwort, der Scheck sei gedeckt oder gehe in Ordnung, dh er würde eingelöst, wenn er zur Zeit der Auskunft vorläge **(Scheckbestätigung)** ist dagegen keine Garantie; anders bei Scheckbestätigung der DBBk nach § 23 BBankG, aber Form- und Fristerfordernisse, BGH NJW **86**, 249. Bank haftet aber uU aus Auskunftsvertrag oder laufender Geschäftsverbindung, BGH **49**, 168, **77**, 52, Kln WM **83**, 1372; Rieder WM **79**, 686. Das gilt auch bei der bloßen Tatsachenmitteilung, der Scheck sei eingelöst **(Scheckeinlösungsbestätigung),** zutr Canaris 733, aA BGH BB **59**, 94. Die Scheckauskunft ist dabei nicht schon richtig,

IV. Bank- und Börsenrecht **6 III BankGesch (7)**

wenn sie der letzten Eintragung auf dem Kontoblatt entspricht, vielmehr sind zur Einlösung bereits vorliegende Wechsel zu berücksichtigen, BGH **49,** 169; idR besteht keine Benachrichtigungspflicht, wenn nach Erteilung der Bestätigung Gründe gegen die Einlösung entstehen, BGH **61,** 176 (im konkreten Fall aber doch, s § 347 HGB Anm 4 A e). S auch Anm I 5, 6. Keine wirksame Freizeichnung für Scheckauskunft unter Banken, s **(8)** AGB-Banken Nr 10 Anm 2 B c. Rechtsstellung der Inkassobank s Klein WM **75,** 374; zum Scheckinkasso Prost NJW **69,** 1233, 2041.

6) Scheckkarte (Eurocheck), Kreditkarte, Reisescheck

A. **Scheckkarte (Eurocheck):** Rechtlich liegt ein Garantievertrag der bezogenen Bank, vertreten durch den Scheckaussteller, und dem Nehmer auf Garantie der Einlösung vor, Hamm NJW **72,** 299, Düss WM **75,** 504, Nürnb NJW **78,** 2514 (nach aA §§ 780, 328 BGB), offen BGH **93,** 80. Die Scheckkarte ist geregelt in ,,Bedingungen für eurocheque-Karten". Die Bank ,,garantiert" danach Scheckzahlung bis DM 400 oder den Gegenwert in ausländischer Währung (Bedingungen Nr 4 S 1). Ein Verstoß gegen Art 4 ScheckG liegt nicht vor (Einlösungspflicht außerhalb des Schecks), BGH **64,** 81. Vorlage der Scheckkarte an den Schecknehmer ist für die Entstehung der Garantiehaftung der Bank unnötig, BGH **83,** 31, aA Canaris 844, volle Wirkung also auch bei Euroscheckversendung. Der grob fahrlässige Nehmer von Schecks, die unter vertragswidrigem Gebrauch der Scheckkarte ausgestellt sind, kann sich aber der Bank gegenüber nicht auf die Scheckkartengarantie berufen (§ 242 BGB, aber uU § 254 BGB), BGH **64,** 79, **83,** 33, (46 Schecks zur Darlehensrückzahlung), Hamm WM **76,** 140; präzisierend Bundschuh WM **83,** 1182: bei bestimmungsgemäßer Verwendung der Scheckkarte schadet auch grobe Fahrlässigkeit nicht, Grund: Verkehrsschutz; Übersichten: Horn NJW **74,** 148, Eisemann JR **76,** 367, Wentzel WM **76,** 139, Pohlhausen WM **76,** 1371. Geschützt ist nur der erste Nehmer, str, doch kann dieser seinen Garantieanspruch an den zweiten abtreten, Nürnb NJW **78,** 2514, LG Hbg WM **75,** 90. Nach Bedingungen Nr 5 besteht eine Einlösungspflicht auch bei Scheck- bzw Scheckkarten(ver)fälschung, wenn die auf der Rückseite der eurocheque-Karte aufgezählten Voraussetzungen (Vermerk der Kartennummer auf Scheckrückseite; Übereinstimmen von Bank, Unterschrift, Konto- und Kartennummer auf Scheck und Scheckkarte ua) eingehalten sind und die Unterschriften auf eurocheque-Karte und ec- Scheckvordruck nach ihrem äußeren Gesamtbild den Eindruck der Echtheit erwecken (Rechtsscheinhaftung, Zurechenbarkeit ua wegen Bedingungen Nr 5; nach aA § 328 BGB); dazu LG Bln WM **81,** 1242; Abhandenkommen sollte nicht schaden, Kraftloserklärung der Scheckkarte analog § 176 BGB ist aber möglich, Canaris 849, str. Im gleichen Umfang besteht aber ein Rückgriffsanspruch der Bank (§ 670 BGB, Bedingungen Nr 7 S 2, 3). Keine wirksame Euroscheckrisikoabwälzung nach Bedingungen Nr 7 auf den Kunden, wenn der Mißbrauch in der Überschreitung der Vertretungsmacht besteht und der Bank der beschränkte Umfang der Ermächtigung mitgeteilt war, BGH NJW **82,** 1514; für Risikotragung der Bank Koller NJW **84,** 2225 (s Anm 5 A). S auch Ausstellungs-, Auszahlungs- und Verrechnungsusancen für einheitliche eurocheques nF 1. 5. 81. Eurocheque-Karte der DBP s Hagemeister WM **84,** 1625. Eine ähnliche Grundkonzeption hat das **Tankscheck**verfahren (seit 1959, nF 1981), Bedingungen s Die Bank **81,** 447. Zur Scheckkarte Monographien Wentzel 1974, Knoche 1983; Schaudwet NJW **68,** 9, Zöllner DB **68,** 560, Damrau BB **69,** 199, Dütz DB **70,** 189, Buchmüller NJW **79,** 1198, Lieb FS Pleyer **86,** 77.

B. **Kreditkarte:** Der Inhaber der Kreditkarte kann bei den dem System angeschlossenen Vertragsunternehmen (Hotels, Fluggesellschaften, Händler ua) bargeldlos einkaufen bzw Leistungen in Anspruch nehmen. Das Kreditkartenunternehmen (zB Eurocard GmbH) verspricht, die so entstandenen fälligen Forderungen der Vertragsunternehmen gegen den Karteninhaber zu erwerben. Zwischen Kreditkartenunternehmen und Vertragsunternehmen besteht ein Rahmenvertrag auf Bezahlung der einzelnen Forderungen erfüllungshalber für den Karteninhaber; die Zahlungszusage ist ähnlich wie bei Überweisung und Akkreditiv (s Anm 3 B, VII 3 B) ein abstraktes Schuldversprechen (§§ 780, 781 BGB); nach aA besteht ein Krediteröffnungsvertrag mit einzelnen Darlehensverträgen, Canaris 1640, oder Garantievertrag, üL. Einschränkung der Garantie (Genehmigungsvorbehalt bei Überschreitung bestimmter Beträge) ist rechtlich möglich. Zwischen Kreditkartenunternehmen und Karteninhaber liegt ein Werkvertrag mit Geschäftsbesorgungscharakter vor (§§ 675, 631 BGB); der vom Karteninhaber unterschriebene Belastungsbeleg ist Weisung iSv § 675, 665 BGB, BGH **91**, 224. Bei gefälschter Weisung besteht kein Aufwendungsersatzanspruch des Kartenunternehmens gegen Karteninhaber. Bei bestimmungsgemäßem Gebrauch ist Risikoabwälzung auf Karteninhaber unwirksam, zB bei Fälschung durch Vertragsunternehmen, BGH **91**, 221; anders bei Überlassung der Karte an unbefugte Dritte, uU auch bei Verlust. Karteninhaber braucht nicht zu sehen, daß Belastungsbeleg vor seinen Augen mit Kreditkarte abgestempelt wird. Überprüfung der Abrechnung durch Karteninhaber erst, aber alsbald nach Rückkehr von (auch längerer) Reise genügt, BGH **91**, 221. Text der AGB von Eurocard für Karteninhaber und für Vertragsunternehmen s Canaris 1639, 1646. Der Karteninhaber hat keinen Anspruch gegen Vertragsunternehmen auf Vertragsschluß überhaupt; wenn abgeschlossen wird, hat er aber Anspruch auf bargeldlose Zahlung (§ 328 I BGB, Rahmenvertrag). Monographien: Stauder-Weisensee 1970, Custodis 1970, Reyher 1977, Böttger 1979; Giger, Zürich 1985; Zahrnt NJW **72**, 1077, Hadding FS Pleyer **86**, 17.

C. **Reisescheck:** Reiseschecks haben zugunsten der Euroschecks und Kreditkarte (s Anm A, B) an Bedeutung verloren. Der DM-Reisescheck ist nach üL ein vom Reisenden an eigene Order ausgestellter Scheck iSv Art 1 ScheckG, Canaris 859; aA zutr Schlegelb-Hefermehl 314, Odefey 1982 für Legitimationsurkunde ohne WPCharakter: der Reisescheck dient der Bargeldbeschaffung, nicht der Zahlung (Nachfolger des Kreditbriefs); die Unterschriften des Reisenden sollen keine scheckrechtlichen Ausstellerhaftung (Art 12 ScheckG) begründen (der Gegenwert ist bereits bezahlt), sondern dienen nur dem Ausweis; die Vorlegungsfrist (Art 29 ScheckG) paßt ersichtlich nicht; der Widerruf (Art 32 ScheckG) ist funktionslos. Mangels Ausstellerunterschrift der ausgebenden Bank liegen auch keine Anweisung (§ 783 BGB) und kein kfm Verpflichtungsschein (§ 363 HGB) vor. Für die Einlösung müssen DM-Reiseschecks eine Unterschrift oberhalb der „Namenszeichnung" tragen, der Reisende zeichnet dieselbe Unterschrift zur Kontrolle gegen. Der Reisende hat gegen die den Reisescheck ausgebende Bank einen Anspruch auf „Einlösung" des (bereits bezahlten, Vorschuß nach § 669 BGB) Reiseschecks nach §§ 675, 631 BGB, einen Anspruch gegen andere Banken hat er grundsätzlich nicht (kein vorgängiger Vertrag zwischen der ausgebenden und der einlösenden Bank, jedenfalls nicht § 328 BGB). Lösen diese ein, haben sie Anspruch auf Ersatz gegen die den Reisescheck ausstellende Bank nach § 675, 670 BGB iVm entsprechenden Einlöseabkommen; nach aA kommt der Auftrag durch Einlösung des Reiseschecks zustande, der Reisende wird dabei als Vertreter oder Bote der ausgebenden Bank tätig. Die Reiseschecks sind übertragbar, dabei wird der Einlösungsanspruch des Reisenden mit übertragen (§ 398 BGB). Eine Übertragung durch Indossament ist nur nach der üL möglich, Folge ist Haftung aus Art 12, 18 ScheckG bei Vorlegung in der Frist des Art 29 ScheckG; gutgläubiger Erwerb des abhandengekommenen DM-Reiseschecks ohne Gegenzeichnung (aber mit der ersten Unterschrift) ist bei Indossament möglich (Art 19, 21 ScheckG), aber nicht gegen den Reisenden (die erste Unterschrift ist nur Sicherung, keine Scheckausstellung), üL, Canaris 864; bei Gegenzeichnung ist gutgläubiger Erwerb auch gegen den Reisenden möglich (Ausstellerhaftung, Art 12 ScheckG), aber häufig ist grobe Fahrlässigkeit nach Art 21 ScheckG zu bejahen (Einlösung durch jemand, dem nicht üblicherweise Reiseschecks übertragen werden; zu bereits vorhandenen Gegenzeichnung uU zusätzliche Prüfung durch Kontrollunterschrift auf der Rückseite des Schecks, vgl LG Ffm WM **80,** 290, str). Schecksperre ist trotz der einjährigen Laufzeit des Schecks möglich, str, nach aA abbedungen, schützt aber weder die den Reisescheck ausgebende Bank vor dem Ersatzanspruch einer Korrespondenzbank (§ 670 BGB), noch dann den Reisenden, der dafür aufkommen muß; das gilt auch bei Fälschung, sofern die einlösende Bank ihrer Prüfungspflicht (s Anm 5 B) genügt hat, str; vgl Ffm WM **80,** 752. Zum Reisescheck Monographien Heinichen 1964, Odefey 1982; Justat-Mauer ZKW **56,** 155, Käser ZKW **61,** 196 (travelers checks), **62,** 399.

7) Postscheckverkehr

Im Postscheckdienst übernimmt die DBP (vgl § 452 HGB Anm) die ,,bargeldlose und halbbare Übermittlung von Geldbeträgen" (§ 1 II PostSchO 1. 12. 69 BGBl 2159); nähere Regelung in PostG 28. 7. 69 BGBl 1006 und PostSchO; zur subsidiären Anwendung des ScheckG Willwater Diss Tüb 1978. Das Benutzungsverhältnis ist öffentlichrechtlich, jedoch sind Grundsätze des privatrechtlichen Geschäftsbesorgungsvertrags entspr anwendbar, RG **161,** 176, BGH **9,** 17; Minderjährigenschutz nach BGB gilt nicht, BVerwG NJW **84,** 2304. Zum Zeitpunkt der Zahlung bei Postschecküberweisung BGH NJW **64,** 499. Die DBP haftet für Fehlverhalten bei Post- und Zahlungsanweisungen nur auf Erfüllung (§ 15 PostG), BGH NJW **83,** 2195; im übrigen haftet sie für Schaden des Postscheckteilnehmers durch nicht ordnungsgemäße Ausführung seiner Aufträge (Überweisungen, Schecks, Einziehungsaufträge) ,,entspr den allgemeinen gesetzlichen Vorschriften über die Haftung des Schuldners für die Erfüllung seiner Verbindlichkeiten" (§ 19 S 1 PostG; §§ 276, 278 BGB), Bsp: BGH WM **77,** 580, NJW **82,** 2196, WM **84,** 958; für rechtzeitige Ausführung haftet sie nur bei Daueraufträgen (§ 19 S 2 PostG). § 11 I PostG schließt Haftung der DBP für grobe Fahrlässigkeit beim Erwerb von Verrechnungsschecks (s Anm 5 B) nicht aus, BGH NJW **80,** 2353. Ungültig ist die Freizeichnung von Haftung aus Verschulden in § 12 IV 2 (aF III 2) PostSchO, BGH WM **77,** 580. Haftung aus Amtspflichtverletzung, uU gegenüber dem als Empfänger benannten Nichtkontoinhaber, mit dem vertragliche Beziehungen nicht begründet werden, BGH NJW **61,** 1715. Postscheck- und Postsparkassengeheimnis besteht nach § 6 in gleichem Umfang wie Bankgeheimnis (s Anm I 4) ohne Schutz des Postgeheimnisses des Art 10 GG, LG Ffm NJW **80,** 1478. Abtretung, Verpfändung, Pfändung von Ansprüchen des Postscheckteilnehmers s § 23. Verjährungsfristen s § 24 PostG. Internationale Regelung der Posthaftung s G 1. 3. 60 BGBl II 697. Eurocheque-Karte der DBP s Anm 6 A.

IIIA*. Lastschriftverfahren

Schrifttum

a) Monographien: *Engel* 1966. – *Fallscheer=Schlegel* 1977. – *Hadding-Häuser* 1981. – *Zschoche* 1981. – *Reyher-Terpitz* 1982.

* Die Gliederungsziffer macht die Problemparallelität zum Girogeschäft (III) deutlich.

b) Einzelbeiträge und Sonstiges: *Franke* DB 73, 1055. – *Hadding* FS Bärmann **75**, 375. – *Sandberger* JZ **77**, 285. – *Holschbach* DB **77**, 1933. – *Frenz-Winterhalder* DB **78**, 1821. – *Buck* KTS **80**, 97. – *Canaris* WM **80**, 359. – *Denck* ZHR 144 (**80**) 171, 147 (**83**) 544. – *Bauer* WM **81**, 1186. – *Terpitz* NJW **81**, 1649. – *Hadding-Häuser* ZHR 145 (**81**) 156. – *Bundschuh* FS Stimpel **85**, 1039. – Rspr-Übersicht: *Hadding* WM **78**, 1366.

1) Rechtliche Qualifikation

A. Das **Lastschriftverfahren** ist eine weit verbreitete Sonderform des Überweisungsverfahrens; während dieses vom Schuldner (Überweisenden) ausgeht, geht jenes vom Gläubiger aus (Einzug durch Lastschrift); es ist also eine **„rückläufige Überweisung"**, BGH **69**, 84, 187. Mit der Lastschrift (idR beleglose Lastschriften, nur zT noch Einzugspapier) erhebt der Gläubiger (Zahlungsempfänger) durch Vermittlung seines Kreditinstituts (Gläubiger- oder Empfängerbank, **erste Inkassostelle**) aus dem Guthaben des Schuldners (Zahlungspflichtiger) bei demselben oder einem anderen Kreditinstitut des Schuldners (Schuldnerbank, **Zahlstelle**) einen Betrag. Der Gläubiger ist dazu berechtigt, entweder aufgrund eines Abbuchungsauftrags des Schuldners an die Zahlstelle zugunsten des Gläubigers (**Abbuchungs(auftrags)verfahren**, gedacht für Forderungen über höhere Beträge, zB Warenforderungen gegen Geschäftskunden) oder aufgrund einer Einzugsermächtigung des Gläubigers durch den Schuldner (**Einzugsermächtigungsverfahren**, gedacht für Massenlastschriftverkehr; die Lastschrift muß den **Vermerk** „Einzugsermächtigung des Zahlungspflichtigen liegt dem Zahlungsempfänger vor" tragen, sonst wird sie als Abbuchungsauftragslastschrift behandelt, **(10)** LSA I Nr 3 II). Zwischen Gläubiger und Inkassobank besteht letzterenfalls idR eine **Inkassovereinbarung** (Musterformular der Spitzenverbände des Kreditgewerbes). Die Inkassostelle erteilt dem Gläubiger sofort eine Gutschrift unter Vorbehalt, die Zahlstelle nimmt auf dem Schuldnerkonto eine Belastungsbuchung vor. Die für das Lastschriftenverfahren notwendige Zustimmung des Schuldners wird als Ermächtigung des Gläubigers iSv § 185 I BGB, als Vollmacht iSv § 164 BGB, als (General-)Weisung (für das Abbuchungsverfahren), so BGH, oder als (nachträgliche) Genehmigung (für das Einzugsermächtigungsverfahren) konstruiert. Ebenso wie bei der Überweisung sind das Deckungsverhältnis (Schuldner – Zahlstelle, s Anm 2), das hier sog Inkassoverhältnis (Gläubiger – erste Inkassostelle, s Anm 3) und das Valutaverhältnis (Schuldner – Gläubiger, s Anm 4) streng zu trennen. Zu den Verhältnissen zwischen den Banken s Anm B. Formularpraxis: drei Mustertexte der Spitzenverbände des Kreditgewerbes vom 1. 7. 82 betr Abbuchungsauftragsverfahren, Einzugsermächtigungsverfahren und beide Verfahren.

B. **Einschaltung mehrerer Banken:** Der Lastschriftverkehr, der seit 1964 bis 1981 bereits auf 20% des gesamten bargeldlosen Zahlungsverkehrs angewachsen ist, erfolgt ebenso wie der Giroverkehr idR unter Einschaltung mehrerer Banken. Wie dort stehen dabei Gläubiger und Schuldner nur jeweils zu ihrer eigenen Bank in Vertragsbeziehungen. Unmittelbare vertragliche Beziehungen bestehen zwischen dem Gläubiger und der Bank des Schuldners nicht, BGH **69**, 84; ebensowenig zwischen dem Schuldner und der Bank des Gläubigers, BGH **74**, 303. Dagegen stehen die Inkassostelle und die Zahlstelle in vertraglichen Beziehungen, soweit nicht Zwischenbanken eingeschaltet sind (s Anm III 1 B). Die Beziehungen der beteiligten Banken regeln ua das **(10) Lastschriftabkommen** 1. 1. 64, nF 1. 7. 82 (mit „Erläuterungen" der Vertragspartner, diese abgedruckt bei Reyher-Terpitz 1982, S 113f; neu ua Regelung des beleglosen Verkehrs, freie Rückgabewege für nicht bezahlte Lastschriften, Parallelisierung der

Lastschrift- und der Scheckrückgabe, Verkürzung der Rückgabefrist, Streichung der bisherigen Verbote der Drittschadensliquidation und der Abtretung von Ansprüchen aus dem LSA, zur nF Hadding-Häuser WM Sonderbeil 1/83) und **(10) AGB-DBBk Abschn III** ,,Vereinfachter Scheck- und Lastschrifteinzug für die Kreditinstitute" (Regelung seit 1. 7. 66, nF Mitt Nr 2007/85 23. 5. 85 BAnZ 100a ab 8. 7. 85). Das Abkommen begründet Rechte und Pflichten nur zwischen den beteiligten Banken, BGH **69,** 85, 187, nicht darüberhinaus. Die Zahlstelle hat gegenüber der ersten Inkassostelle ua ggf das Recht zur Rückgabe der Lastschrift, aber spätestens am Tag nach Eingang (bei Uneinbringlichkeit, mangelnder Deckung oder Fehlen des Abbuchungsauftrags im Abbuchungsverfahren) oder unverzüglich nach Widerspruch des Schuldners (s **(10)** LSA II Nr 1, III Nr 1 S 2), BGH **79,** 389; die erste Inkassostelle muß die uneingelöste oder auf Widerspruch des Schuldners gestoßene Lastschrift (Rücklastschrift, **(10)** LSA I Nr 7 S 1) zurücknehmen (s **(10)** LSA II Nr 3), auch bei nicht rechtzeitiger Rückgabe (diese führt nur zur Schadensersatzpflicht der Zahlstelle, nicht zur fingierten Einlösung), BGH **74,** 358, und muß sie wieder vergüten (s **(10)** LSA II Nr 3; Rückrechnungslastschrift, s **(10)** LSA Anl 1 II 2), BGH NJW **83,** 221; bei unberechtigter Rückbelastung hat die Inkassobank einen Anspruch auf Rückgängigmachung der Rückbelastung aus Girovertrag und § 812 BGB, BGH **79,** 384; die Beweislast für unberechtigte Rückbelastung (einer Abbuchungsauftragslastschrift) liegt bei der nach § 812 BGB vorgehenden Inkassostelle, BGH NJW **83,** 220. Die Zahlstelle hat Anspruch auf Wiedervergütung von Lastschriften bei Widerspruch des Schuldners binnen sechs Wochen, BGH **72,** 347, **74,** 355 (s **(10)** LSA III Nr 1 S 1, Nr 2 Anm 2 C); sie hat Anspruch auf Schadensersatz aus unberechtigt ausgestellten Lastschriften (s **(10)** LSA I Nr 4, verschuldensunabhängige Garantiehaftung der ersten Inkassostelle); Verstöße gegen das LSA sind unverzüglich zu rügen (s **(10)** LSA IV Nr 2 S 1), BGH **79,** 389; sie machen schadensersatzpflichtig (s **(10)** LSA IV Nr 2 S 2), zB wenn die Gläubigerbank wegen verspäteter Rückgabe der nicht eingelösten Lastschrift und bereits erfolgter Verfügung des Gläubigers ausfällt, BGH NJW **83,** 221. Das Fehlen einer Vertragsbeziehung zwischen Schuldner und Gläubigerbank bzw Gläubiger und Schuldnerbank hindert nicht Ansprüche aus **Schutzpflichtverletzungen** (s Anm I 7), so zB Schutzpflichtverletzung der Schuldnerbank gegenüber dem Gläubiger (entspr § 328 BGB), wenn diese die Nichtbezahlung einer Lastschrift nicht alsbald an die Gläubigerbank meldet (vgl **(10)** LSA II Nr 2 nF: Eilnachricht ab DM 2000) und der Gläubiger infolgedessen weiter mit Lastschrift an den Schuldner liefert und den Gegenwert verliert, BGH **69,** 82, **72,** 334 (iErg anders), NJW **86,** 249 (Verzögerung durch DBBk bei Scheckeinzug, s Anm III 5 E); str, krit Hellner ZHR 145 (**81**) 120, Hadding-Häuser WM Sonderbeil 1/**83,** 12, Hadding FS Werner **84,** 196 (für Drittschadensliquidation); entspr uU auch umgekehrt Gläubigerbank gegenüber Schuldner, aA BGH **69,** 187 (keine ,,allgemeine" Schutz- und Prüfungspflicht). Fraglich ist, ob auch Schuldner und Gläubiger selbst solche Schutzpflichten gegenüber der dritten Bank haben können, nein BGH **74,** 303 (stattdessen § 826 BGB, s Anm 2 D), Hamm WM **84,** 301, ja Canaris 612. Die Schutzpflicht muß aber auf jeden Fall ohne weiteres zumutbar sein, s Anm III 1 B.

2) Das Rechtsverhältnis zwischen den Banken und dem Lastschriftschuldner
A. **Vor Einlösung:** Das **Abbuchungsauftragsverfahren** beruht auf dem Abbuchungsauftrag des Lastschriftschuldners. Dieser ist eine (General)Weisung iSv §§ 665, 675 BGB innerhalb des bestehenden Girovertrags, BGH **69,** 85, **72,** 345; nach aA liegt eine Ermächtigung des Gläubigers iSv § 185 I BGB vor,

Canaris 532. Die Rechtslage ist dieselbe wie beim Vorliegen eines Überweisungsauftrags (s Anm III 2 A). Die Schuldnerbank ist zur Einlösung der Lastschrift berechtigt und verpflichtet, falls das Schuldnerkonto gedeckt ist; sonst hat die Schuldnerbank den Schuldner zu benachrichtigen. Beim **Einzugsermächtigungsverfahren** hängt die Einlösung von der Genehmigung des Schuldners ab (s Anm B, **Genehmigungstheorie**), stRspr. Nach aA ist die Bank auch hier zur Einlösung berechtigt und verpflichtet, weil der Schuldner den Gläubiger allgemein zum Einzug ermächtigt hat (§ 185 I BGB, **Ermächtigungstheorie**), Canaris 543; aber auch dann will sich der Schuldner Prüfung des Zahlungsbegehrens im Einzelfall vorbehalten, die Ermächtigung an den Gläubiger ersetzt nicht die Weisung des Schuldners an seine Bank. Die Schuldnerbank kann bei unberechtigter Einlösung einer Lastschrift dem Schuldner schadensersatzpflichtig werden, str. Warn- bzw Rückfragepflichten der Bank s Anm I 6 D.

B. **Einlösung:** Die Lastschrift wird von der Zahlstelle eingelöst. Die Belastungsbuchung hat insoweit anders als bei der Giroüberweisung (und bei Barauszahlung, s Anm III 1 A, wie hier aber bei Scheckeinlösung, s Anm III 5) nicht stets nur deklaratorische Bedeutung, sondern entspricht der Gutschrift bei der Überweisung (s Anm III 3B). Wann Einlösung anzunehmen ist, ist ähnlich problematisch wie dort, zumal beim maschinellen Buchungsverfahren (zum Zeitpunkt bei Nachdisposition s Anm III 3B). **(8)** AGB-Banken Nr 41 II stellt deshalb die Belastungsbuchung allgemein (auch für den Fall der Vordisposition) unter den Vorbehalt, daß Lastschriften erst eingelöst sind, wenn die Belastung nicht am zweiten Buchungstag nach der Belastungsbuchung storniert wird. Selbstverständlich kann die Zahlstelle die Lastschrift aber schon vorher zurückgehen lassen. Im Verkehr zwischen Banken ist zwischen den beiden Verfahrensarten zu unterscheiden: Beim **Abbuchungsauftragsverfahren** liegt in der Übersendung der Lastschrift die Weisung an die Schuldnerbank zum Einzug beim Schuldner; die Weisung ist für die Schuldnerbank bei Abbuchungsauftrag des Schuldners und Deckung auf seinem Konto bindend. In diesem Fall ist deshalb die Lastschrift mit Wirksamwerden der Belastung des Schuldnerkontos eingelöst; die Schuldnerbank muß dem Gläubigerbank den Erlös der Lastschrift nach § 667 BGB herausgeben, BGH **74**, 355, **79**, 385. Ohne Abbuchungsauftrag an die Schuldnerbank liegt in der Übersendung der Lastschrift ein Auftragsangebot zum Einzug nach Möglichkeit, BGH **74**, 356, **79**, 386, krit Hadding-Häuser WM Sonderbeil 1/**83**, 18. Dieses Angebot kann zwar durch bloße Belastungsbuchung (§ 151 BGB) angenommen werden; indessen ist trotz Belastungsbuchung nicht angenommen und die Lastschrift noch nicht eingelöst, solange der Schuldner der Belastung nicht zustimmt (fehlender Einlösungswille der Bank, §§ 133, 157 BGB), BGH **74**, 356; anders ist es, wenn die Bank das Risiko der Unwirksamkeit der Belastung des Schuldnerkontos übernimmt, so zB wenn sie bis zu bestimmten Beträgen das Vorliegen eines Abbuchungsauftrags generell nicht prüft, BGH **79**, 381 m Anm Terpitz NJW **81**, 1649. Beim **Einzugsermächtigungsverfahren** erfolgt die Belastung des Schuldnerkontos durch die Schuldnerbank allein aufgrund der Weisung der Gläubigerbank (s Anm A). Die Belastung wird also erst als Einlösung wirksam, wenn der Schuldner genehmigt, BGH **74**, 305; erst dann hat die Schuldnerbank den Erlös der Lastschrift erlangt und kann ihn herausgeben (§ 667 BGB). Eine Risikoübernahme der Bank wie uU beim Abbuchungsverfahren scheidet aus. Die Genehmigung kann auch durch Duldung erteilt werden, BGH WM **79**, 995, liegt aber nicht schon ohne weiteres (bei unberechtigter Verfügung überhaupt nicht) im Schweigen des Schuldners auf den entspr Kontoauszug (s **(8)** AGB-Banken Nr 15 iVm **(5)** AGBG § 5, s dort), BGH **95**, 108; eine Widerspruchsfrist besteht nicht, Bundschuh FS Stimpel **85,** 1039. Mangels Genehmigung kann der Schuldner die Rückgängigmachung der Belastungsbuchung verlangen, bei Vereinbarung (Sonderbedingungen für Lastschriftverkehr der Sparkassenorganisation) unverzüglich nach Bekanntwerden, s auch **(8)** AGB-Banken Nr 15 S 2; sonst nach hL ohne feste Zeitgrenze (spätestens Verwirkung, § 242 BGB), nach aA nur binnen sechs Wochen entspr **(10)** LSA III Nr 2, Canaris 560. Beim **Abrechnungsverfahren** (über Abrechnungsstelle einer LZBk) liegt nach den entspr AGB (zB Bestimmungen und Geschäftsordnung für die Abrechnungsstelle zu Hamburg) überdies Einlösung vor, wenn die Lastschrift nicht binnen drei Geschäftstagen zurückgereicht wird, BGH **74,** 359, **79,** 384; das gilt nicht beim vereinfachten Einzugsverfahren bei der LZBk (s **(10)** AGB-DBBk Abschn III) und bei unmittelbarer Zusendung an die Zahlstelle.

C. **Widerspruch (individueller Widerruf)** des Schuldners ist bis zur Belastungsbuchung ohne weiteres als gegenteilige Weisung möglich und von der Schuldnerbank zu beachten, str. Nach Belastungsbuchung ist zu unterscheiden: Im **Abbuchungsauftragsverfahren** ist einseitiger Widerspruch durch den Schuldner für die Schuldnerbank unverbindlich, BGH **72,** 345, WM **78,** 819 (entspr bei Überweisung nach Gutschrift, s Anm III 2D). Das soll auch dann gelten, wenn die Lastschrift den Einzugsermächtigungsvermerk trägt (doppelt begründete Lastschrift), BGH **72,** 346; der Abbuchungsauftrag des Schuldners kann jedoch auf die einfach begründete Lastschrift beschränkt sein, dann behält sich der Schuldner für alle anderen Lastschriften die Genehmigung vor; auf jeden Fall kann die Schuldnerbank an die Gläubigerbank zurückbelasten, wenn die Lastschrift den Einzugsermächtigungsvermerk trägt und der Schuldner binnen sechs Wochen widerspricht; so (aufgrund von **(10)** LSA) BGH **72,** 347; aA Canaris 590; eine Schutzpflicht der Schuldnerbank gegenüber der Gläubigerbank, einen solchen Widerspruch unbeachtet zu lassen, besteht nicht, BGH **72,** 348. Im **Einzugsermächtigungsverfahren** ist mangels Abbuchungsweisung des Schuldners sein Widerspruch für die Schuldnerbank grundsätzlich immer verbindlich (näher Anm B); auch dann, wenn die Schuldnerbank weiß, daß der Schuldner im Verhältnis zum Gläubiger oder zur Gläubigerbank rechtsmißbräuchlich widerspricht, BGH **74,** 309, auch wenn sie weiß, daß der Schuldner sich durch Widerspruch dem Gläubiger oder der Gläubigerbank (s Anm D) schadensersatzpflichtig macht, BGH **95,** 103. Der Widerspruch gegen die einzelne Lastschrifteinlösung ist von dem **generellen Widerruf** des Einverständnisses mit dem Lastschrifteinzug durch den Gläubiger überhaupt zu unterscheiden. Der generelle Widerspruch ist frei möglich, kann aber gegenüber der Bank an Zustimmung des Gläubigers gebunden werden (§ 168 S 2 BGB analog); auch dann aber Widerruf bei mißbräuchlichem Verhalten des Gläubigers, Canaris 650, Düss WM **84,** 724. Übersicht: Bauer WM **81,** 1188.

D. **Sittenwidriger Widerspruch: a) Haftung des Schuldners:** Der widersprechende **Schuldner** handelt keinesfalls sittenwidrig, wenn er keine Einzugsermächtigung erteilt hat oder den eingezogenen Betrag nicht schuldet, BGH **74,** 300, Hamm WM **84,** 300 m Anm Hadding-Häuser; auch nicht bei Widerruf zu einem Zeitpunkt, in dem eine Überweisung nicht mehr widerrufbar war (s Anm III 2 D), BGH NJW **85,** 847. Er handelt grundsätzlich auch dann nicht sittenwidrig, wenn er sonstige „anerkennenswerte Gründe" hat, vor allem wenn er im Zeitpunkt des Zugangs der Belastungsanzeige Leistungsverweigerungs-, Zurückbehaltungs- oder Aufrechnungsrechte gegen den Gläubiger geltend machen will, BGH **74,** 305, WM **79,** 831, 832, NJW **85,** 848; in diesem Fall handelt er jedoch dann sittenwidrig und macht sich **der Gläubigerbank** nach § 826 BGB schadensersatzpflichtig, wenn er (nach Ablauf einer angemessenen Überlegungsfrist) eine von einer Einziehungsermächtigung gedeckte Zahlung nur deshalb widerruft, um das Ausfallrisiko der Gläubigerbank zuzuschieben, BGH **74,** 300 (Kreditlastschrift soll nicht risikoloses Darlehen ermöglichen) oder weil er befürchtet, daß der Gläubiger den eingezogenen Betrag nicht mehr an dessen Lieferanten weitergeben kann, BGH WM **79,** 830; ein Schaden der Gläubigerbank besteht aber nur, wenn der Gläubiger zur Rückgewähr der Gutschrift nicht mehr imstande ist, BGH NJW **79,** 2147. Für Konkursverwalter ist Konkurszweck allein kein anerkennenswerter Grund; Konsequenz: Haftung nach § 82 KO, Hamm NJW **85,** 865. Diese Grundsätze gelten grundsätzlich nicht zwischen Schuldner und Schuldnerbank; diese muß auch rechtsmißbräuchlichen Widerspruch beachten (s Anm C), BGH **85,** 157. **b) Haftung der Schuldnerbank:** Ausnahmsweise hat die Gläubigerbank einen Schadensersatzanspruch gegen die **Schuldnerbank,** wenn diese den Schuldner im eigenen Interesse zum Widerspruch animiert oder Lastschriftreiterei des Gläubigers schon vor Belastungsbuchung kennt und unter Inkaufnahme einer Schädigung der Gläubigerbank duldet, BGH **74,** 313. Übersichten: Denck ZHR 144 (**80**) 171, Westermann FS Hübner **84,** 697.

E. Andere **Mängel** als Widerspruch, zB fehlender Abbuchungsauftrag, Fälschung, s Anm III 2 E. Bereicherungsausgleich s Anm 3 C. Konkursanfechtung im Konkurs des Lastschriftschuldners bei Abbuchungsauftrag s BGH NJW **80,** 1964, Brem ZIP **80,** 359; vgl Canaris ZIP **80,** 516, Buck KTS **80,** 97. Lastschriftverfahren und Konkurs, Canaris 651.

3) Rechtsverhältnis zwischen den Banken und dem Lastschriftgläubiger

A. **Gutschrift:** Der Gläubiger kann am Lastschriftverfahren nur teilnehmen, wenn die Gläubigerbank ihn dazu vertraglich besonders zuläßt (**Lastschriftinkassoabrede**); ein Anspruch darauf folgt wegen des Risikos für die Bank (Garantiehaftung, s Anm 1 B) nicht schon aus dem Bank- oder dem Girovertrag (kein ,,neutrales" Geschäft, s Anm I 3 A). Nach der formularmäßigen ,,Vereinbarung über den Einzug von Forderungen durch Lastschriften" (s Anm 1 A) zwischen der ersten Inkassostelle und dem Zahlungsempfänger schreibt die Gläubigerbank dem Gesamtbetrag dem Konto des Gläubigers gut **,,Eingang vorbehalten"** (,,E. v."). Der Gläubiger erhält also idR nicht erst einen Anspruch auf Gutschrift wie bei der Überweisung (s Anm III 3 A), sondern sofort die Gutschrift selbst, aber nur unter der (aufschiebenden) Bedingung der Lastschrifteinlösung (zum Zeitpunkt der Einlösung s Anm 2 B) und der (auflösenden) Bedingung der späteren Rückgabe der Lastschrift, BGH **74,** 315, s Anm 2 C.

B. **Rückbelastung:** Wird die Lastschrift nicht eingelöst oder wird die eingelöste Lastschrift rückbelastet (s Anm 2 C), hat die Gläubigerbank ein Zurückbelastungsrecht gegen den Gläubiger aufgrund der Lastschrifteinzugsvereinbarung (s Anm A). Dieses Zurückbelastungsrecht ist ein ex tunc wirkendes besonderes Stornorecht. Daneben besteht das allgemeine Stornorecht aus (**8**) AGB-Banken Nr 4 1 3 bei irrtümlichen Buchungen ohne entsprechenden Auftrag. Konkursanfechtung der Gutschrift bei Konkurs des Lastschriftgläubigers s BGH **70,** 177.

C. **Bereicherungsausgleich:** Für die Zahlung durch Lastschrift gelten dieselben Grundsätze wie für die durch Überweisung (Anm III 3 C), BGH **69,** 188, Grund: ,,rückläufige Überweisung", einheitliche Rückabwicklung fehlgeschlagener bargeldloser Zahlungsvorgänge. Der Bereicherungsausgleich ist wegen der Widerspruchsmöglichkeit des Schuldners beim Einzugsermächtigungsverfahren weniger bedeutsam als beim Abbuchungsauftragsverfahren. **a) Mängel in Deckungsverhältnis** (zB fehlende Deckung) zwischen der Schuldnerbank und dem Schuldner kann die Schuldnerbank, die die Lastschrift eingelöst hat, nicht gegen den Empfänger nach § 812 BGB, sondern nur gegen den Lastschriftauftraggeber geltend machen. **b) Mängel des Valutaverhältnisses** zwischen Schuldner und empfangendem Gläubiger sind nur zwischen diesen (nicht deren Banken) auszugleichen; der Schuldner hat keinen Bereicherungsanspruch gegen die Gläubigerbank (bloße Leistungsmittlerin), BGH **69,** 188 (für fehlende Einzugsermächtigung). **c)** Das gilt auch bei **Doppelmangel,** s Anm III 3 Cc. **d)** Bei von Anfang an gegebenen **Mängeln des Abbuchungsauftrags** hat die Schuldnerbank einen Bereicherungsanspruch unmittelbar gegen den Empfänger, s Anm III 3 C d. Die vom Schuldner nicht veranlaßte Zahlung ist auch keine Leistung an ihn im Deckungsverhältnis; die Schuldnerbank muß eine Belastung des Schuldnerkontos ohne weiteres aufgrund Girovertrag (nicht Bereicherungsrecht) rückgängig machen, BGH **69,** 190 (für fehlende Einzugsermächtigung). **e)** Bei Einlösung der Lastschrift trotz rechtzeitigen **Widerrufs** wurzelt der Fehler im Verhältnis zwischen der Zahlstelle und dem Schuldner. Die Bank hat deshalb keinen unmittelbaren Bereicherungsanspruch gegen den Empfänger, wenn dieser mit Zahlung rechnen konnte und Widerruf nicht kannte; sonst doch, sehr str, s Anm III 3 Ce. **f)** Mängel im Giroverhältnis zwischen den beteiligten Banken s Anm III 1 B, 3 C, D, IIIA 1 B.

4) Das Rechtsverhältnis zwischen Lastschriftschuldner und Lastschriftgläubiger

A. Die Abrede über den Lastschrifteneinzug ist, jedenfalls bei Kleinbeträgen, wirksam auch in AGB möglich; anders uU bei höheren Beträgen. Sie macht die Schuld des Gläubigers zur Holschuld, BGH **69,** 367, NJW **84,** 872. Die Bank des Schuldners bleibt dessen Erfüllungsgehilfin iSv § 278 BGB, str. Die Erfüllung (§ 362 BGB, BGH WM **78,** 821, aber s Anm III 4 B zur Überweisung) tritt mit Gutschrift ein, ist aber ebenso wie diese (str) bedingt (s Anm 3 A); für das Abrechnungsverfahren vgl BGH **74,** 359. Der Schuldner kann die Lastschrifteinzugsabrede allgemein widerrufen oder im Einzelfall dem Einzug widersprechen, eine Vertragsverletzung gegenüber dem Gläubiger liegt darin idR nicht, str; anders zB bei sittenwidrigem Widerruf, vgl Anm 2 D. Für Rechtzeitigkeit der Zahlung und Gefahrtragung ergeben sich Unterschiede zur Überweisung (s Anm III 4 C, D), da hier anders als dort Holschuld vorliegt, BGH **69,** 366 (zu § 39 II VVG).

B. **Bereicherungsausgleich:** nach §§ 812 ff BGB zwischen dem Schuldner und dem empfangenden Gläubiger, nicht deren Banken, s Anm 3 C b; Ausnahme bei Mängeln des Abbuchungsauftrags, s Anm 3 C d.

IV. Kreditgeschäft

RsprÜbersicht: *Wolf* WM **81,** 110, *Diederichs-Rixecker* WM Sonderbeil 7/**85.**

1) Erscheinungsformen

Das Kreditgeschäft der Banken ist die Gewährung von Gelddarlehen und Akzeptkrediten (§ 1 I 2 Nr 2 KWG). Damit sind zwei sehr unterschiedliche Grundformen von Kredit unterschieden. Einen einheitlichen, alle Kreditarten umfassenden Rechtsbegriff des Kredits gibt es nicht, str. **Gelddarlehen** ist **effektive Kreditgewährung (Zahlungskredit);** sie ist grundsätzlich in §§ 607 ff BGB geregelt. **Akzeptkredit** ist **Kreditleihe (Haftungskredit);** die Bank verpflichtet sich zur Einlösung des Wechsels als Fälligkeitstag, auf dieses Akzept der Bank erhält der Kreditnehmer bei seinem Lieferanten Ware oder Geld „auf Kredit", ohne daß die Bank selbst effektiv zahlen soll (Deckung des Wechsels durch den Kunden vor Verfall). Der Akzeptkredit unterliegt unterschiedlichen Regeln, nicht generell §§ 607 ff BGB. **Nicht** hierher gehört der

„Warenkredit" von Lieferanten an Kunden; er ist kein Kredit im Rechtssinn, sondern Stundung der Kaufpreisforderung gegen Sicherung durch (verlängerten) Eigentumsvorbehalt; das führt zum Zusammenprall mit der Sicherung der Geldkreditgeber durch Globalzession (Anm 6). Von Kreditgewährung ist **Kreditvermittlung** zu unterscheiden, sie ist kein Kreditgeschäft, s § 93 HGB Anm 1 C c.

2) Krediteröffnungsvertrag (einschließlich sittenwidriger Darlehen)

A. **Zustandekommen und Inhalt des Vertrags: a)** Der Krediteröffnungsvertrag ist ein Grund- bzw **Rahmenvertrag**, durch den sich der Kreditgeber zur Kreditgewährung bis zu einer bestimmten Höhe (Kreditrahmen) nach Abruf verpflichtet (nach aA Darlehensvorvertrag), BGH **83,** 81. Krediteröffnungsvertrag und einzelne Kreditgeschäfte innerhalb seines Rahmens sind rechtlich getrennt. Der Krediteröffnungsvertrag richtet sich idR auf Gelddarlehen und unterliegt dann selbst den §§ 607ff BGB; er kann sich aber auch auf Akzeptkredite ua richten und enthält dann bereits Elemente der jeweiligen Vertragstyps (§§ 607ff, 675, 433ff BGB, Garantievertrag ua). Der Krediteröffnungsvertrag kann auch stillschweigend zustandekommen, str, aber idR noch nicht durch bloße Zulassung einer vertragswidrigen Kontoüberziehung oder Einlösung eines ungedeckten Schecks (Überziehungskredit, nur einfaches Gelddarlehen § 607 BGB), Hopt ZHR 143 (**79**) 157. Einen Anspruch auf Abschluß des Krediteröffnungsvertrags hat der Kunde auch nicht aufgrund Bankvertrag (s Anm I 3 A); doch kann die Bank aus Verschulden bei Vertragsschluß haften (s Anm 5 A). Der **Abruf der einzelnen Kreditbeträge** ist einseitiges **Gestaltungsrecht** des Kreditnehmers, BGH **83,** 81. Der Kredit kann, falls besonders vereinbart (auch konkludent, str, offen BGH WM **84,** 1181), nach Rückzahlung erneut abgerufen werden (revolvierender Kredit, s Anm 3 A). Ein Anspruch auf Ausnutzung der Kreditzusage besteht idR nicht, doch kann ein solcher Anspruch (nicht notwendig ausdrücklich) vereinbart werden, BGH WM **62,** 115, Ffm NJW **69,** 327. Die Bank berechnet auf jeden Fall ihre Bereitstellungsprovision, BGH WM **78,** 422. Kein Entschädigungsanspruch der Bank wegen Nichtinanspruchnahme eines Darlehens bei unverschuldeter Unmöglichkeit der Stellung einer bestimmten Sicherheit (s **(5)** AGBG § 9), Saarbr WM **81,** 1212. Die Bank muß den Kredit dem Kunden effektiv, iZw **in bar,** zur Verfügung stellen; Abdeckung eines Schuldsaldos, Pfandrecht und Aufrechnung sind damit nicht vereinbar (vgl **(8)** AGB-Banken Nr 19 Anm 2 C). Auszahlung an Dritten auf Weisung und im Interesse des Darlehensnehmers genügt, BGH NJW **85,** 731, auch auf debitorisches Konto, BGH ZIP **85,** 596, nicht auf Konto pro Diverse (s Anm II 2 Ac), Düss WM **85,** 746, oder wenn Dritter „verlängerter Arm" des Kreditgebers ist, BGH WM **85,** 994. Der Anspruch auf Kreditgewährung ist außer bei Zweckbindung abtretbar. Pfändbarkeit ist str, § 357 HGB Anm 4 C. **Warnpflichten** der Bank s Anm I 6 D d; Aufklärungspflicht des Kreditnehmers s § 347 HGB Anm 4 A g.

b) Der **Kreditpreis** (Sollzins, vgl § 352 HGB) ist heute **frei.** Die ZinsVO des BAKred 5. 2. 65 BGBl 33 (aufgrund §§ 23, 62 KWG, betr Kredit- und Einlagenzins) wurde durch VO 21. 3. 67 BGBl 352 wettbewerbspolitisch zu Recht ersatzlos aufgehoben. Die Marge zwischen Soll- und Habenzinsen (s Anm II 1 A) ist Sache der Bank am Markt. Bereitstellungszinsen s BGH WM **83,** 447, **86,** 156. Disagio (s § 250 HGB Anm 4) ist erst bei effektiver Auszahlung an Kunden verdient, BGH NJW **85,** 1831. Die Bank kann sich bankinterne Neufestsetzung der Kreditzinsen vorbehalten, Mü BB **83,** 2211, vgl **(5)** AGBG § 2 Anm 2 D, **(8)** AGB-Banken Nr 28 Anm 2. Stundungszinsen s **(5)** AGBG § 9 Anm 3 (Banken). Überziehungszinsen s **(8)** AGB-Banken Nr 14 III, 18 I 1.

Tilgungsvereinbarung bei Ratenkredit (§ 367 BGB, AGB), BGH **91,** 55. **Preisangaben** sind durch die PAngV 14. 3. 85 BGBl 580 (anstatt der mangels Ermächtigung nichtigen PAngV 1973) vorgeschrieben, dazu Boest NJW **85,** 1440. Bei gewerbs-, geschäfts- oder regelmäßigem Angebot von Waren oder Leistungen an Letztverbraucher (gleichgestellt öffentliche Werbung unter Angabe von Preisen) sind Endpreise einschließlich MWSt anzugeben (§ 1 I PAngV), unter Beachtung von Preisklarheit, Preiswahrheit und deutlicher Lesbarkeit (§ 1 VI PAngV). Bei Leistungen ist ein Preisverzeichnis auszuhängen (§ 3 PAngV). Bei Krediten ist der effektive Jahreszins, bei Krediten mit nicht über die gesamte Laufzeit festen Konditionen der anfängliche effektive Jahreszins anzugeben (§ 4 I 1 PAngV). Dabei sind alle bei regelmäßigem Kreditverlauf preisbestimmenden Faktoren, die sich unmittelbar auf den Kredit und seine Vermittlung beziehen, zu erfassen (§ 4 II 1 PAngV). Erfaßt sind auch Bausparkassenkredite (§ 4 IV PAngV) und anders als bisher die Realkredite. Verstoß ist Ordnungswidrigkeit, führt aber nicht zur Nichtigkeit (str, s Anm B a). Kreditvermittler s § 93 HGB Anm 1 C c. Zur PAngV Zirpel DB **85,** 1008.

B. **Nichtige, widerrufene und sittenwidrige Darlehen: a)** Der Vertrag ist nach allgemeinen Regeln **nichtig** (§§ 104 ff, 117, 125, 134, 138, 142 I, 179 BGB ua). Darlehen als Scheingeschäft iSv § 117 BGB s BGH WM **80,** 380 (Schenkungssteuerersparnis, iErg nein), s auch Anm VII 7 A. Darlehen mit Bezugsbindung (Automatenaufstellung, Bierlieferung) sind insgesamt formbedürftig (§ 34 GW), BGH **84,** 322, BB **81,** 1292; enthält ein Vertragswerk einen Darlehensvertrag und eine Grundstücksveräußerungsklausel, setzt § 313 BGB einen rechtlichen, nicht nur wirtschaftlichen Zusammenhang beider voraus, BGH WM **79,** 868. Die Verbindung von Kredit und Besorgung von Rechtsangelegenheiten (Unfallhelferringe ua) kann wegen Verstoß gegen RBerG nach § 134 BGB nichtig sein, BGH **61,** 317, NJW **77,** 38, 431, WM **78,** 1062, Ffm WM **78,** 680; aA Canaris ZIP **80,** 709. Steuerhinterziehung nur, wenn sie Hauptzweck des Vertrags ist, Hamm WM **84,** 1149. Verstoß gegen Verbot, Geschäftsanteile zu kreditieren (§ 22 IV 2 GenG), BGH NJW **83,** 1420. Ebenso ist ein im Reisegewerbe abgeschlossenes oder vermitteltes Darlehensgeschäft wegen Verstoß gegen **§ 56 I Nr 6 GewO** (außer bei Zusammenhang mit Warenverkauf oder Bausparvertragabschluß) nichtig, BGH **71,** 358, NJW **79,** 1593, 1597, 2092, **80,** 1514, 2513, **82,** 2436, **83,** 868, **84,** 229, Hadding-Häuser WM **84,** 1413, Teske ZIP **85,** 649, Hopt NJW **85,** 1665. § 56 I Nr 6 GewO schützt nicht finanzierte Beteiligungen an Immobilien und AbschreibungsGes, BGH **93,** 264, WM **85,** 993 (s Anm V 3 B); insoweit ist § 56 I Nr 6 GewO auch kein Schutzgesetz iSv § 823 II BGB, BGH **93,** 264. § 56 I Nr 6 GewO greift nicht schon deshalb ein, weil der den Kredit aufnehmende Ehemann seine Ehefrau zuhause mitunterschreiben läßt, aA Stgt NJW **83,** 891. § 56 I Nr 6 GewO gilt auch für Darlehensbürgschaft, offen BGH WM **86,** 11. UU ist der Darlehensnehmer auch nicht um die für ihn an einen Dritten ausgezahlte Darlehensvaluta bereichert (vgl Anm V 2 F). Bank- oder Teilzahlungskreditaufnahme durch **Ehegatten** ist nicht durch Schlüsselgewalt (§ 1357 I BGB) gedeckt, Unterschrift beider ist nötig, LG Aach NJW **80,** 1472, Wacke NJW **79,** 2588, str, aber uU Haftung des Kontoinhabers trotz Nichtwissen nach § 812 BGB (s Anm C). Vollmachtklausel s **(5)** AGBG § 9 Anm 3; Gesamtschuldnerausgleich bei gemeinsamer Darlehensaufnahme s BGH **87,** 265. Sittenwidrige Darlehen s Anm B b. Verstoß gegen Außenwirtschaftsrecht s Anm VII 7 A. Anfechtung nach §§ 119, 123 BGB; im Zinssatz versteckte Honorare des Kreditvermittlers (packing) tragen § 123 BGB idR auch dann nicht, wenn zusätzlich Courtage verlangt wird, aA Stgt NJW **85,** 2597, WM **85,** 349, sind aber bei der Gesamtwürdigung nach § 138 I BGB zu würdigen, s Anm b. **Nicht** zu Nichtigkeit führen Verstöße gegen das KWG (s Anm I 2 B); gegen PAngV, BGH WM **80**, 306, aA Canaris 1303a; gegen Beleihungsgrenze bei Hypotheken- und Schiffsbanken, BGH WM **80, 862**. **Haustürgeschäfte:** Eine Vertragsschlußerklärung, zu der der Kunde durch mündliche Verhandlungen an seinem Arbeitsplatz oder im Bereich einer (nicht nur seiner) Privatwohnung oder überraschend im Bereich öffentlicher Verkehrswege bestimmt worden ist, wird erst mangels schriftlichen Widerrufs binnen einer Woche (rechtzeitige Absendung genügt) wirksam; Ausnahmen bei vorheriger Bestellung, Sofortabwicklung bis DM 80 oder notarieller Beurkundung; so G 16. 1. 86 BGBl 122.

b) Hochverzinsliche Darlehen sind aber nach § 138 I BGB **sittenwidrig, wenn** zwischen den Leistungen des Darlehensgebers und den durch einseitige Vertragsgestaltung festgelegten Gegenleistungen des Darlehensnehmers (1) objektiv ein **auffälliges Mißverhältnis** besteht **und** (2) der Darlehensgeber in Kenntnis oder zumindest leichtfertiger Unkenntnis der aufgrund seiner wirtschaftlichen Überlegenheit für den Darlehensnehmer bestehenden **Zwangslage** diese zu seinem Vorteil **ausnutzt.** Dazu ist (3) eine **Gesamtwürdigung aller Umstände** nötig, stRspr zusammenfassend BGH **80**, 153. Zuvor NJW **79**, 444, 805, 808, 2089, 2092, **80**, 445, 1155, 2074, 2076, 2301; später NJW **82**, 2433, 2436, **83**, 2692, WM **82**, 1023. Zu berücksichtigen sind dabei ua der Effektivzinssatz samt Auslagen, Inkassogebühren, Bearbeitungsgebühren, Restschuldversicherung (Ansatz der Prämien idR nur zur Hälfte, BGH **80**, 168), Vermittlungsprovision (auch bei eigenem Anspruch des Kreditvermittlers gegen den Darlehensnehmer), sowie die Belastungen und Vertragsklauseln für den Verzugsfall, einerlei ob sie nach dem AGBG nichtig sind, BGH **80**, 172. Maßgebend sind die von der Bank ausbedungenen Rechte, nicht welche sie idR oder im Einzelfall tatsächlich geltend macht, BGH NJW **82**, 2434. In Einzelfällen des gewerblichen Kredits ist „Zinswucher" etwa ab 40% angenommen worden; BGH WM **78**, 1349; bei 100% BGH NJW **82**, 2767; vgl von Olshausen ZHR 146 (**82**) 278; doch sind feste Grenzprozentsätze für Teilzahlungskredite schon angesichts der Marktzinsschwankungen mit der stRspr abzulehnen. Hier ist vielmehr ein Marktvergleich mit finanzmathematisch genauer Methode notwendig. Rückgriff auf den von der DBBk ermittelten „Schwerpunktzins" (Durchschnittszins aller, nicht nur der Teilzahlungs-Banken, unterschiedliche Kosten- und Risikostruktur der letzteren wird bei der Frage des „groben" Mißverhältnisses berücksichtigt, str) ist angezeigt, neuerdings str. Überschreitung des Durchschnittszinses um 50% wurde akzeptiert in BGH NJW **82**, 2437; sogar Überschreitung des marktüblichen Zinses um 100% macht den Teilzahlungs- oder Ratenkreditvertrag nicht schon für sich allein sittenwidrig, BGH **80**, 153. Sittenwidrige Verzugskostenregelung, einerlei ob in ABG oder Individualabrede, BGH WM **81**, 517. Beim Vergleich zwischen Vertrags- und Marktzins gelten verdeckte Kreditvermittlerkosten (packing, s Anm a) als Teil der Vertragszinsen ohne entsprechende Erhöhung des Marktzinses, BGH NJW **86**, 376. Der wirtschaftlichen Unterlegenheit steht die geschäftliche Unerfahrenheit gleich; Teilnehmer am kfm Verkehr sind weniger schutzwürdig außer bei ungewöhnlichen Darlehensbedingungen, BGH NJW **80**, 446, 2076; bei MinderKfltn ist Einzelfallprüfung nötig, BGH NJW **83**, 1422. Sittenwidrigkeit wegen finanzieller Überbelastung des unerfahrenen Kreditnehmers, Düss ZIP **84**, 166. Baufortschrittsdarlehen mit Begleichung der Handwerkerrechnungen durch Darlehensgeber ist nicht sittenwidrig, BGH WM **81**, 184. Bestätigung des sittenwidrigen Geschäfts (§ 141 BGB) ist trotz Wegfalls einzelner Umstände idR unwirksam, es sei denn das neue Geschäft ist insgesamt nicht sittenwidrig, BGH NJW **82**, 1981. Zur subjektiven Tatbestandsseite Hbg BB **82**, 699. Zum Ganzen Hadding 53. DJT 1980; Canaris NJW **78**, 1894, ZIP **80**, 709, von Olshausen

NJW **82**, 909, Derleder NJW **82**, 2401, Otto NJW **82**, 2744, Münstermann WM **82**, 1070, Bunte WM Sonderbeil 1/**84**, Nüssgens FS Werner **84**, 591, Reifner DB **84**, 2178 (Berechnungsformeln).

C. **Bereicherungsausgleich** bei Nichtigkeit des Vertrags (Anm A, B) erfolgt nach §§ 812ff BGB. Das soll auch für schon 1978 vor Änderung der Rspr voll abgewickelte **Altverträge** gelten, BGH NJW **83**, 2692, Nüssgens FS Stimpel **85**, 15, Reifner-Siederer NJW **84**, 2313, Bunte NJW **85**, 705; kein Verfassungsverstoß, BVerfG NJW **84**, 2345; Ausnutzung eines Vollstreckungstitels kann gegen § 826 BGB verstoßen, Kohte NJW **85**, 2217, str, dazu Monographie Braun 1986. Voraussetzung für § 812 BGB ist, daß der Kunde auf Kosten der Bank **etwas erlangt** hat. Der Kreditnehmer hat nichts erlangt, wenn die Valuta direkt an einen jetzt vermögenlosen Dritten zur Finanzierung eines gleichfalls nichtigen Vertrags bezahlt wurde, BGH **71**, 358 (Golden Products), ebenso wenn er den Verrechnungsscheck der Bank an den Dritten weitergibt, BGH NJW **78**, 2145, **79**, 1595; die Bank muß ihrerseits an sie geleistete Raten zurückzahlen, soweit der Kunde nicht selbst ungerechtfertigt bereichert ist, BGH NJW **79**, 1598. Die Ehefrau hat nichts erlangt, wenn das gemeinsame Darlehen (in ihrem Einverständnis) auf das Konto des Ehemanns ausbezahlt wurde und sie darüber keine Verfügungsmacht hatte, BGH NJW **82**, 2436 m Anm Berkenbrock BB **83**, 278. Ist das Darlehen auf das Konto des Ehemanns ausbezahlt und dort von der verfügungsberechtigten Ehefrau verbraucht worden, haftet der Ehemann nach §§ 812, 818 IV, 819, 166, 279 BGB, BGH **83**, 298; krit Wilhelm AcP 183 (**83**) 1. Der Bereicherungsanspruch geht nach seinem **Umfang** auf Rückzahlung des Kapitals, aber erst nach Ablauf der in dem unwirksamen Vertrag vorgesehenen Laufzeit, BGH NJW **79**, 209 und auf Rückzahlung sämtlicher Kreditzinsen, Gebühren und der an Vermittler geflossenen Beträge, BGH NJW **83**, 2693. Der Bereicherungsanspruch umfaßt auch einen Teil der Restschuldversicherungsprämie, und zwar idR die Hälfte (§ 287 II ZPO), ferner Vorschußzahlungen auf Geschäftsanteile bei Kreditgenossenschaft, BGH NJW **83**, 1422, 2693. Zahlungen des Restschuldversicherers an die Bank mindern ihren Bereicherungsanspruch, KG NJW **83**, 291. Wertersatz für gezogene Nutzung (§ 818 II BGB) scheitert an § 817 S 2 BGB, BGH NJW **83**, 1422, 2696, aA üL: für kapitalmarktorientierten Zins, s Bunte NJW **83**, 2676. Jedenfalls erstreckt sich der Bereicherungsanspruch nicht auf den mit dem Darlehen rechtsgeschäftlich erlangten Gegenwert, zB Wohnung, seine Nutzung und Gewinn aus seinem Verkauf, BGH NJW **83**, 868, **84**, 230 (anders bei Schadensersatz, s Anm V 2 E). Der Bereicherungsanspruch betr Zinsen verjährt in vier Jahren (entspr § 197 BGB), BGH WM **86**, 991. Übersichten: Canaris WM **81**, 978, Hübner ZIP **84**, 1175.

D. **Kündigung:** Für Leistungsstörungen gelten die allgemeinen Regeln (§§ 320ff BGB), jedoch wie bei allen Dauerschuldverhältnissen mit dem Recht zur fristlosen Kündigung statt Rücktritt. Dasselbe gilt für die Beendigung. Diese richtet sich zunächst nach den Parteiabreden, zB fester Termin, Kündigungsfrist, Verfallklausel. Kein dauernder Ausschluß der ordentlichen Kündigung eines unbefristeten Darlehens, BGH WM **80**, 381. Bei unerlaubter Kontoüberziehung (s **(8)** AGB-Banken Nr 14 III) ist keine Kündigung nötig; die Bank hat Anspruch auf sofortige Rückzahlung, BGH **73**, 209. Bei jeder Kündigung ist die **Trennung von Krediteröffnungsvertrag und einzelnen Kreditgeschäften** (s Anm A) zu beachten und genau zu unterscheiden, ob der ganze Krediteröffnungsvertrag oder nur innerhalb dieses Rahmens der einzelne (Darlehens-)Vertrag beendet wird, vgl **(8)** AGB-Banken Nr 17 Anm 1; Leistungsstörung und Kündigung im einen Verhältnis bedeuten nicht notwendig dasselbe auch im anderen Verhältnis, zB Kündigung des Krediteröffnungsvertrages bei Belassung des gewährten Darlehens bis zum Ende der für dieses vereinbarten Laufzeit.

a) Ordentliche Kündigung, ist mangels besonderer, auch stillschweigender Vereinbarung (so zB bei auf bestimmte Dauer angelegtem Darlehenszweck) jederzeit möglich (s **(8)** AGB-Banken Nr 17 S 1), BGH WM **83**, 1038; das Verbot der Kündigung zur Unzeit gilt auch hier (§§ 627 II, 671 II, 675 Halbs 2 BGB analog), vgl BGH WM **84**, 586 (Vorankündigung). Grenzen können aus einer Pflicht zu Rücksichtnahme (§ 242 BGB) folgen, BGH WM **77**, 835 (langjähriges Baudarlehen), NJW **81**, 1364, Hamm WM **85**, 1411. Grundsätzlich bestehen jedoch keine Rechtspflichten der Bank zur Kreditbelassung und Sanierung außer bei entspr vertraglicher Zusage, Düss WM **83**, 882, auch nicht zur Deckung eines kurzfristigen Liquiditätsbedarfs und bei Sicherheitsstellung, Zweibr WM **84**, 1635; Hopt ZHR 143 **(79)** 139, K. Schmidt WM **83**, 492, strenger Canaris ZHR 143 **(79)** 113.

b) § 247 aF BGB (bis Ende 1986) gibt bei Zinssätzen über 6% ein zwingendes sechsmonatiges Kündigungsrecht; die Regelung ist (vor allem in Hochzinsperioden) problematisch, aber geltendes Recht, BGH **79**, 165, Pleyer NJW **78**, 2128, einschränkend Canaris WM **78**, 686 (nicht anwendbar auf Vollkfte und öffentliche Hand), K. Schmidt BB **82**, 2075 (Kündigungsabwehr durch Zinsanpassung); zur Reform Canaris WM **82**, 254, von Heymann DB Beil 8/**83**, DB **84**, 1229. Das Kündigungsrecht setzt Auszahlung des Darlehens voraus, BGH NJW **83**, 1543. Umsatzbeteiligung fällt nicht unter § 247 BGB, auch wenn Vergütung iErg 6% übersteigt, BGH **85**, 63. Ob der Kreditgeber bei vorzeitiger Kündigung ein Disagio teilweise zurückverlangen kann, ist Frage der Vertragsauslegung, BGH NJW **81**, 2181, dazu Prass BB **81**, 1058. Disagio als einmalige Vertragsnebenkosten (und nicht laufzeitabhängige Zinsen) beschränkt das Kündigungsrecht aus § 247 BGB idR nicht, BGH **81**, 124, aber Vorfälligkeitsentschädigung, BGH **79**, 163. Ausnahmen gelten nach **§ 247 II BGB** für Inhaber- und Orderschuldverschreibungen und für zu einer gesetzlichen Deckungsmasse gehörende Darlehen, BGH **79**, 163 (keine Analogie), NJW **82**, 432; auch bei Deckungsstock für Sparkassenobligationen (kein Befriedigungsvorzug, aber Anstaltslast und Gewährträgerhaftung), BGH **90**, 169, aber nicht bei Überdeckung, BGH **90**, 172. Ein Kündigungsausschuß nach II 2 kann auch von einer Nicht-Hypothekenbank vereinbart werden, aber nur mit ausdrücklichem Hinweis auf die beabsichtigte Zession an eine Hypothekenbank, BGH **82**, 182; die Hypothekenbank kann vorzeitige Kündigung wirksam von Vorfälligkeitsentschädigung abhängig machen, BGH NJW **82**, 433, aA Kniestedt NJW **82**, 2254. Der Kündigungsausschluß muß nach II 2 ausdrücklich erfolgen und in AGB ohne weiteres erkennbar sein, BGH BB **82**, 464. Zu § 247 II BGB Hadding-Welter ZIP **82**, 399. Für **ab 1. 1. 87** geschlossene Darlehensverträge gilt nicht mehr § 247 BGB (aufgehoben), sondern **§ 609a nF BGB** (Text s § 352 HGB Anm ?)

c) Außerordentliche Kündigung, idR fristlos, ist bei wichtigem Grund möglich; s **(8)** AGB-Banken Nr 17 S 2. **Wichtiger Grund** ist zB mangelnde Sicherung; Zins- oder Tilgungsverzug und dadurch ausgelöster Eigenbedarf des Gläubigers; wesentliche Verschlechterung der wirtschaftlichen Lage, wenn sie wie idR die Interessen der Bank konkret gefährdet. Entscheidend ist aber immer Gesamtwürdigung und Interessenabwägung. Bestreiten des Anspruchs und Verweigerung der fälligen Ratenzahlungen aus erwägenswerten rechtlichen Zweifeln durch offenbar vertragstreuen Darlehensschuldner sind kein wichtiger Grund, der Gläubiger kann nach §§ 256 oder 259 ZPO vorgehen; BGH NJW **81**, 1666. Nachschieben von Kündigungsgründen ist zulässig, auch wenn vorher schon bekannt; entscheidend ist allein Vorliegen im Zeitpunkt der Kündigung; BGH WM **85**, 1493. Ausnahmsweise ist auch vor der außerordentlichen Kündigung Abmahnung nötig, zB wenn der Kunde an der Mißbilligung der Kontoüberziehung durch die Bank zweifeln kann, BGB NJW **78**, 947, BB **80**, 698; Schneider JR **78**, 416. Außerordentliche Kündigung nur innerhalb angemessener Frist, BGH WM **80**, 381, **83**, 753. Verhältnis der außerordentlichen Kündigung zum Wegfall der Geschäftsgrundlage, BGH WM **80**, 380.

d) Widerruf nach § 610 BGB ist möglich, wenn eine wesentliche Vermögensverschlechterung beim Kreditnehmer die Rückzahlung gefährdet, BGH WM **57**, 949, **59**, 629; § 610 BGB ist aber nur auf die Zusage des Kredits, nicht auf bereits gewährte Kredite anwendbar, BGH WM **59**, 665. Gefährdung iSv § 610 BGB ist uU zu bejahen, wenn sich die bisherige Finanzplanung des Kunden als unzuverlässig erweist, BGH WM **60**, 576, uU auch nach Darlehenszusage an den bereits konkursreifen Schuldner bei noch weiterer Verschlechterung, BGH WM **59**, 627.

3) Rechtsprobleme besonderer Geldkreditgeschäfte

A. **Kontokorrentkredit** ist die häufigste Form von Geldkredit. Der Kreditnehmer unterhält bei der Bank ein Einlagenkonto (Kontokorrentkonto), das er bis zu einem bestimmten Kreditrahmen überziehen darf. Die Überziehungen können beliebig häufig sein (**revolvierender Kredit**, s Anm 2 A). Beim Kontokorrentkredit liegen ein Krediteröffnungsvertrag und ein Girovertrag (s Anm 2 und III 1) vor; außerdem sind grundsätzlich §§ 355–357 HGB anwendbar (s dort).

B. **Lombardkredit** ist ein Gelddarlehen, das durch Verpfändung oder Sicherungsübereignung bzw Sicherungszession beweglicher Sachen oder Rechte gesichert ist (enger § 19 I Nr 3 BBankG: verzinsliche Darlehen gegen Pfänder). Der Lombardkredit ist also (dinglich gesicherter) Realkredit (aber nicht Immobiliarkredit) im Gegensatz zum (nur durch Personen gesicherten) Personalkredit. Als Pfänder sind vor allem Effekten wichtig (Effektenlombard). Die Lombardsätze (Sollzinsen bei Lombardkreditgewährung) der DBBk, idR 1% über Diskontsatz, sind für die Banken rechtlich nicht bindend, aber praktisch richtungsweisend. Monographie Brand 1968 (Effektenlombard).

C. **Hypothekenbankkredit** ist ein normaler, durch Hypotheken, Grundschulden (§ 40 HypBG) oder die volle Gewährleistung einer inländischen Körperschaft oder Anstalt des öffentlichen Rechts gesichertes Darlehen einer privatrechtlichen Hypothekenbank (§§ 1, 5 HypBG), Schiffsbank (§§ 1, 5 SchiffsDG) oder öffentlichrechtlichen Kreditanstalt (G 21. 12. 27 idF 8. 5. 63 BGBl 312). Beim **Pfandbriefdarlehen** wird der Hypothekenbankkredit ausnahmsweise statt in Geld in Hypothekenpfandbriefen der Bank gewährt; der Kreditnehmer kann dann nach seiner Wahl in Geld oder in Hypothekenpfandbriefen zu ihrem Nennwert zurückzahlen (§ 14 II HypBG). Pfandbriefumlauf und Darlehensgewährung bzw Hypothekenstock müssen sich entsprechen (Grundsatz der ordentlichen Deckung, § 6 HypBG).

D. **Schuldscheindarlehen** sind Kredite von Kapitalsammelstellen, die typisch durch Vermittlung eines Finanzmaklers (Kreditvermittler, s § 93 HGB Anm 1 C c) oder einer Bank zustandekommen, von dieser bei Großanlegern (Kapitalgeber) placiert werden, langfristig an kapitalsuchende Unternehmen und öffentliche Hände gegeben werden und idR besonders gesichert sind (Grundschulden, Treuhänder). Die Vertragsgestaltungen sind unterschiedlich; meist liegt zunächst ein Darlehen zwischen Bank und Kreditnehmer vor; in die Stellung der Bank rücken später die endgültigen Kreditgeber ein (§§ 398, 404 BGB; vgl § 405 BGB). Der Schuldschein hat idR bloße Beweisfunktion (§§ 371, 952 BGB).

4) Rechtsprobleme der Akzeptkreditgeschäfte

A. **Akzeptkredit** ist im Gegensatz zum Geldkredit (s Anm 3) bloßer Haftungskredit. Die Bank akzeptiert den vom Kreditnehmer auf sie gezogenen Wechsel und schafft durch diese wechselmäßige Haftung die Grundlage für die Kreditaufnahme des Kunden; dieser muß rechtzeitig vor Verfall des Wechsels Deckung beschaffen, so daß die Bank nicht effektiv zahlen muß. Je nach den Umständen des Falls, der Vertragsgestaltung und dem Einsatz eigener oder fremder Mittel der Bank liegt entweder Geschäftsbesorgung (§§ 675, 631 BGB) oder Darlehen (§ 607 BGB) vor, BGH **19**, 288, WM **60**, 608. Ersteres ist gegeben, wenn es Sache des Kunden ist, sich aufgrund des Akzepts den Geldkredit zu beschaffen, oder die Bank auf Rechnung und Gefahr des Kunden den Fremddiskont besorgt. Darlehen liegt vor, wenn die Bank den Geldkredit aus eigenen Mitteln gewährt (Eigendiskont) oder sich von vornherein auf eigene Rechnung und Gefahr Fremddiskont besorgt. Meist liegt ein Krediteröffnungsvertrag vor (s Anm 2), Akzeptkredit kann revolvierend sein. Der Anspruch auf Erteilung des Akzepts und Aushändigung des Wechsels zur eigenen Weitergabe bzw der Diskontsumme ist abtretbar außer im Fall des § 399 BGB, BGH WM **70**, 1095. Die Bank hat (auch bei Darlehen) Anspruch auf Akzeptprovision. Beim bloßen Haftungskredit hat die Bank Anspruch auf Freistellung und Aufwendungsersatz (Revalierung, §§ 675, 669, 670 BGB), aber nur wenn sie tatsächlich Aufwendungen hat, nicht wenn das Akzept nicht vorgelegt wird, BGH **19**, 291, KG WM **56**, 1554. Bei Darlehen besteht Anspruch auf Rückzahlung auf jeden Fall unabhängig von der Akzeptvorlegung.

B. **Rembourskredit** ist eine besondere Form des Akzeptkredits im Außenhandel, vgl BGH **LM** § 675 BGB Nr 25. Sie ist idR mit einem Akkreditiv gekoppelt. Zugrunde liegt zB ein Kauf zwischen Exporteur (Verkäufer) und Importeur (Käufer). Rembourskreditgeberin ist idR eine vom Käufer bzw seiner Bank zum Akzept des vom Verkäufer ausgestellten Wechsels beauftragte Bank (Remboursbank). Der Verkäufer erhält gegen den Wechsel und die Übergabe der Verladedokumente (Konossement mit Begleitpapieren) den Diskonterlös von seiner ausländischen (Haus-)Bank (Negoziierung); diese reicht den Wechsel samt Dokumenten zum Akzept an die Remboursbank weiter und refinanziert sich durch Rediskontierung des Akzepts. Der Rembourskredit wird dem Käufer eingeräumt, der sich bis zu Verfall und Revalierung des Wechsels durch Weiterverkauf der Importware refinanzieren kann. Zwischen dem Käufer und der Bank liegt wie beim Akkreditiv (s Anm VII) ein Geschäftsbesorgungsvertrag nach §§ 675, 631 BGB vor; bei Einschaltung einer dritten, idR ausländischen Bank kommt ein weiterer Geschäftsbesorgungsvertrag nach §§ 675, 631 BGB zwischen den beiden Banken hinzu. Zwischen Remboursbank und Verkäufer besteht nach Bestätigung des Akkreditivs (bestätigter Rembourskredit) ein abstraktes Schuldversprechen nach § 780 BGB bzw die aus Akzept folgende rechtliche Beziehung (vgl für das Akkreditiv Anm VII 3). Schrifttum s vor Anm VII (Außenhandelsfinanzierung).

C. **Avalkredit** ist wie Akzeptkredit bloßer Haftungskredit. Die Bank übernimmt gegen Zahlung einer Avalprovision durch den Kunden die Bürgschaft gegenüber dessen Gläubiger. Der Avalkreditvertrag (Innenverhältnis) ist streng von dem Bürgschaftsvertrag (Außenverhältnis) zu trennen. Er ist kein Vertrag zugunsten Dritter (des Gläubigers), BGH WM **84**, 768.

5) Haftung der Bank bei Kreditvergabe

A. **Haftung gegenüber Kreditnehmer: a)** Eine Haftung aus **Kreditversagung** gibt es mangels Abschlußzwangs im deutschen Recht nicht; die Ausnahmen, zB § 826 BGB, § 26 II GWB (s Einl 4 B vor § 343 HGB) spielen für das Kreditgeschäft keine Rolle (Ermessen bei Beurteilung der Kreditwürdigkeit). Möglich ist aber Haftung der Bank aus culpa in contrahendo auf das negative Interesse, wenn der Kunde ausnahmsweise auf den Abschluß vertrauen durfte, nicht wenn er falsche (auch für den Abschluß letztlich nicht maßgebliche) Angaben machte, dann Mitverschulden, BGH WM **60,** 433, **62,** 347. Bei vorangegangener Duldung von Kontoüberziehungen können Hinweis- und Warnpflichten der Bank bestehen, aber keine Erfüllungshaftung, Hopt ZHR 143 **(79)** 158. **b)** Haftung aus **Kreditkündigung** ist bei Vertragsverletzung möglich, zB bei unberechtigtem vorzeitigem Entzug des Kredits, s Anm IV 2 D; Haftung aus **Knebelung** s Anm 6 B b.

B. **Haftung gegenüber Dritten: a)** Haftung aus **Kreditversagung** ist nur ausnahmsweise denkbar, wenn der Dritte auf die Kreditgewährung vertrauen konnte (Vertrauenshaftung); zur Patronatserklärung s § 349 HGBAnm 4 E. **b)** Haftung aus **Kreditbelassung** ist häufiger (§§ 138, 826 BGB), zB **Konkursverschleppung**, Kredittäuschung, Gläubigerbenachteiligung (alle drei Fallgruppen ineinander übergehend) durch die selbst voll abgesicherte Bank, RG **136,** 253, 296, **143,** 51, BGH **10,** 233, **75,** 114, NJW **55,** 1272, WM **64,** 671, **65,** 475, **70,** 400, NJW **70,** 658, **84,** 728, 1900, **86,** 837. Dabei ist für § 826 BGB mindestens bedingter Vorsatz nötig, stRspr, aA Mertens ZHR 143 **(79)** 182. Sinnvolle **Sanierungsversuche**, die nach sorgfältiger Prüfung der Erfolgsaussichten dauerhafte Rettung als realistisch erscheinen lassen, machen auch bei Fehlschlag nicht haftbar, BGH **75,** 110 (Herstatt), **86,** 838 (BuM), NJW **84,** 1900. Erforderlich ist nach einer knappen Überlegungsfrist Aufstellung eines Sanierungsplanes idR unter Heranziehung eines Wirtschaftsprüfers (Verfahrenspflichten). § 826 BGB schützt bei Mißbrauch einer Kapitalerhöhung als Mittel zur Konkursverschleppung die Erwerber der Neuaktien, aber nicht die Käufer von Altaktien, die Dritten während der Verschleppungszeit einen überhöhten Preis bezahlen, BGH NJW **86,** 837. Zum Ganzen Mertens ZHR 143 **(79)** 174, Rümker ZHR 143 **(79)** 195, WM **82,** 286, Coing WM **80,** 1026, Obermüller ZIP **81,** 352, Koller JZ **85,** 1013.

6) Kreditsicherung insbesondere Globalzession

A. **Personalsicherheiten** sind zB Wechsel, Bürgschaft und Garantie (s § 349 HGB), Schuldbeitritt, Schuldübernahme. Auch die in notarieller Urkunde erklärte Unterwerfung unter die sofortige Zwangsvollstreckung und die Abgabe eines abstrakten Schuldanerkenntnisses (idR nicht schon in der bloßen Vorausquittung des erwarteten Darlehens) verbessern die Stellung des Kreditgebers; dazu Schlesw WM **80,** 964. Bei Krediten gegen Negativerklärung verspricht der Kreditnehmer, während der Laufzeit des Kredits sein Vermögen nicht zum Nachteil des Kreditgebers, zB durch Sicherheiten an Dritte, zu verändern (**Negativklausel**). Konzernweite Negativklauseln s Schneider FS Stimpel **85,** 887. **Realsicherheiten** (Sachsicherheiten) sind zB Grundpfandrechte (Realkredit ieS), Pfandrechte an beweglichen Sachen und Rechten, vor allem WP (Lombard, s Anm 3 B), Eigentumsvorbehalt, Sicherungsübereignung, Sicherungsabtretung, Hinterlegung, Zurückbehaltungsrecht (§§ 369 ff HGB). Einzelheiten sind im Schuld- und Sachenrecht des BGB geregelt. Ohne Kredithingabe bleibt Sicherungszession iZw wirkungslos (Akzessorietät), BGH NJW **82,** 275 m krit Anm Jauernig. Zur Zweckerklärung der Sicherungsgrundschuld Clemente NJW **83,** 6. Bei der Kreditsicherung besteht ein grundlegender Konflikt zwischen Kreditgeber und Kreditnehmer einerseits und Kreditgeber und anderen Gläubigern andererseits. Das wird besonders akut bei der Mantel- und Globalzession. **Mantelzession** ist eine Verpflichtung zur Abtretung künftiger (insbesondere aus künftigen Warenlieferungen oder anderen Leistungen des Kreditnehmers an Dritte entstehenden) Forderungen des Kreditnehmers an die Bank; die Abtretung erfolgt dann zB durch Übersendung von Rechnungskopien, Kontokarten, Listen ausgeführter Leistungen und Forderungen auf das Entgelt. **Globalzession** ist Vorwegabtretung (bei Kreditvertragschluß) bestimmter künftiger Forderungen; diese gehen bei Entstehung auf die Bank über, die Belege folgen. **Sicherheitenpool** ist BGBGes (nach aA unechte Treuhand) von Gläubigern zwecks gemeinsamer Interessenwahrnehmung gegen Schuldner im Konkurs, Marx NJW **78**, 246, vgl BGH ZIP **82**, 543. – Monographien Serick, Bd I 1963, II 1966, III 1970, IV 1976, V 1982, Lambsdorff 1974, Scholz-Lwowski, 6. Aufl 1986 (Hdb), Lwowski, 3. Aufl 1979 (Grundzüge), Weber 3. Aufl 1985, Bülow 1984, Merkel 1985 (Negativklausel).

B. **Unwirksamkeit der Globalzession: a)** Die Globalzession muß wirksam vorgenommen werden: Sie ist unwirksam bei **ungenügender Bestimmbarkeit** der abgetretenen Forderung, BGH **71,** 75. Unwirksamkeit einer Forderungsabtretung (im Rahmen eines verlängerten Eigentumsvorbehalts) bei **Kontokorrent**abreden, Stgt WM **78**, 149; Sicherungsvorausabtretung des künftigen Schlußsaldos ist aber möglich, s § 357 HGB Anm 3. **Abtretungsverbot** (§ 399 BGB) in AGB des Käufers ist idR wirksam, BGH **77**, 275, dazu Matthies WM **81**, 1042, vgl **(5)** AGBG § 9 Anm 3; dann allenfalls gutgläubiger Erwerb der unter verlängertem Eigentumsvorbehalt stehenden Ware, s § 366 HGB Anm 2 C. **b)** Die Globalzession kann sittenwidrig aus dem Verhältnis zum Kreditnehmer sein **(Knebelung)**, BGH BB **74**, 669, DB **79**, 301, Celle ZIP **82**, 942 (zur Übersicherung). **c)** Bei **Kollision infolge Mehrfachabtretung** hat grundsätzlich die zeitlich erstere Abtretung Vorrang **(Prioritätsprinzip)**, soweit nicht die spätere Abtretung durch eine iZw für widerrufliche **Einziehungsermächtigung** seitens des Vorrangigen gedeckt ist (§ 185 BGB), stRspr, BGH **32**, 288. Globalzessionen sind aber trotz Priorität idR sittenwidrig iSv § **138 BGB**, wenn sie den Kreditnehmer=Zedenten zu **Täuschung und** dadurch **Schädigung Dritter** verleiten, indem sie künftige Forderungen einbeziehen, die der Kreditnehmer aufgrund verlängerten Eigentumsvorbehalts an Lieferanten abtreten soll (Vertragsbruchtheorie) stRspr, BGH **72**, 308, Ausnahmen nur in Extremfällen, BGH **72**, 310; also auch wenn die Einzelzessionen noch der Zustimmung der Drittschuldner bedürfen, BGH **55**, 34; auch wenn der Kreditnehmer verpflichtet wird, mit den Kreditmitteln gerade jene Lieferanten laufend zu bezahlen, BGH NJW **74**, 943; auch bei nur schuldrechtlicher Teilverzichtsklausel, BGH **72**, 308, dazu Lambsdorff-Skora NJW **77**, 701, von Westphalen DB **78**, 73; auch bei Klausel betr ausschließliche Zahlung an die Bank als Zahlstelle des Kreditnehmers, BGH **72**, 316, Ffm WM **81**, 974; auch bei Globalzessionen nicht an Geld-, sondern Warenkreditgläubiger, BGH NJW **74**, 942, **77**, 2261. **Factoring** s Anm XI 3. Aufrechterhaltung einer insoweit nichtigen Globalzession im übrigen str, s **(5)** AGBG § 6 Anm 2. **Nicht sittenwidrig** sind Globalzessionen, wenn die Lieferantenansprüche aus verlängertem Eigentumsvorbehalt der Globalzession auf jeden Fall mit dinglicher Wirkung vorgehen sollen, was auch durch Auslegung erschließbar ist, BGH **30**, 154, **72**, 310, NJW **74**, 942; wenn die durch Globalzession erlangten Mittel unmittelbar zur Befriedung der Warenkreditgeber dienen, diese also nicht gefährdet werden, BGH **69**, 254 (echtes Factoring, s Anm XI 3); Abtretung des gesetzlich pfändbaren Arbeitseinkommens ohne zeitliche Beschränkung, wenn sie der gleichmäßigen Befriedung aller Gläubiger dient, BAG DB **80**, 835; Abtretung künftiger Kundenforderungen durch den Spediteur, weil der Warengläubiger ohne dies mit § 436 HGB rechnen muß, Zweibr WM **79**, 820; Diskontierung von Kundenwechseln s Anm VI 1. Haftung aus § 826 BGB s Anm I 7 D. Übersicht: Finger

DB **82**, 475 (BankAGB). **d)** Auskunftsanspruch des Warenlieferanten besteht gegen seinen Käufer, aber nicht ohne weiteres gegen die einzelne Bank, BGH NJW **80**, 2463. **Offenlegung** der stillen Zession kann zulässig sein, BGH BB **63**, 574, WM **79**, 1180.

C. Unwirksamkeit von Sicherungsklauseln: Die herkömmlichen Sicherungsklauseln der Kreditwirtschaft werden von der Rspr zunehmend kritisch an **(5)** AGBG §§ 9, 10, 11 gemessen. Die Klauselpraxis wird sich zT umstellen müssen. Zu Bürgschaftsklauseln s § 349 HGB Anm 2 B; weiter **(5)** AGBG § 9 Anm 3 (Eigentumsvorbehalt, Pfandrecht, Sicherungsabtretung, -überweisung); **(8)** AGB-Banken Nr 19. RsprÜbersicht: Clemente ZIP **85**, 193.

7) Neue Finanzinstrumente

Das Kreditgeschäft vor allem an den internationalen Finanzmärkten ist im Umbruch. Kreditbuchforderungen werden während ihrer Laufzeit verbrieft oder sonst handelbar gemacht (so securitization, von engl security = Wertpapier). Wirtschaftlich wird die Bank dabei zum Vermittler, der Anleger zum eigentlichen Kreditgeber. Rechtlich sind die Gestaltungen der neuen Finanzinstrumente sehr unterschiedlich: zB **TLF** (Transferable Loan Facilities; teils als übertragbare Schuldverschreibungen bezüglich der Rechte aus dem Kreditvertrag, teils Handelbarkeit durch Vertragsgestaltung); Absicherungsfazilitäten wie **NIF** (Note Issuance Facilities, Plazierungsgarantie einer Bank für Euronotes), **RUF** (Revolving Underwriting Facilities, zwecks fristenkongruenter Refinanzierung der üblichen Rolloverkredite am Euromarkt); Absicherung revolvierender Euronotesemissionen durch Bank. Refinanzierung der Banken zB durch **CD** (Certificates of Deposit, Festgeldzertifikate, Teilschuldverschreibung mit kurzen Laufzeiten), **FRN** (Floating Rate Notes, längerfristige Schuldverschreibungen mit Zinsanpassungsklausel), Währungs- und Zinssatz**swaps** (s Anm VII 7 C). Rechtsprobleme liegen ua in der passenden Vertrags- bzw Wertpapiergestaltung, Übernahme von Risiken (Bonität, Plazierung, Liquidität, Rentabilität) zT ohne Erscheinen in der Bilanz, Anwendung von Bankaufsichtsrecht (zB betr Eigenkapital) und Notenbankrecht (zB Geldpolitik der DBBk). Übersichten: Storck Die Bank **83**, 459, **84**, 504, Lerbinger Die Bank **85**, 245, 294; DBBk 4/**86**, 25.

V. Teilzahlungskreditgeschäft

RsprÜbersicht: *Wolf* WM **80**, 998, *Scholz* 2. Aufl 1985.

1) Rechtliche Qualifikation

Beim Teilzahlungskreditgeschäft der Banken (finanzierter Abzahlungskauf, Finanzierungsdarlehen) kauft der Käufer vom Verkäufer mit Mitteln, die die Bank vorstreckt; der Verkäufer wird also sofort bezahlt, der Käufer muß die Mittel an die Bank in Raten mit Gebühren und Zinsen zurückzahlen. **Sittenwidrig hohe Zinsen (§ 138 BGB)** s Anm IV 2 B b. Die Mittel besorgt entweder der Käufer-Bankkunde selbst ohne Einschaltung des Verkäufers (persönlicher Kleinkredit, Anschaffungsdarlehen, s Anm 4) oder der Verkäufer. Die Bank sichert sich außer durch Sicherungsübereignung der Kaufsache durch Mithaftung oder Bürgschaft des Verkäufers (B-Geschäft, s Anm 2) oder durch einen Wechsel, den der Verkäufer ausstellt und der Käufer akzeptiert (C-Geschäft, s Anm 3). Die ursprüngliche Form der Ausgabe von Warenschecks der Bank an den Käufer (A-Geschäft) kommt heute kaum mehr vor. Zwischen Käufer und Verkäufer liegt ein **Kauf** mit Abzahlungsgeschäftscharakter vor (§ 433 BGB, §§ 1–6 AbzG). Zwischen Käufer und Bank besteht ein **Darlehen** (§ 607 BGB). Besorgt der Verkäufer den Kredit, liegt zwischen Verkäufer und Bank idR ein

Grund- oder **Rahmenvertrag** (§§ 675, 611 BGB) vor, aufgrund dessen der Verkäufer der Bank Kunden zuführt und die Bank den Kunden bis zu einer bestimmten Gesamthöhe Darlehen gewährt und die Darlehenssumme direkt an den Verkäufer ausbezahlt. Der Rahmenvertrag ist damit ein besonders gestalteter Krediteröffnungsvertrag (s Anm IV 2), str. Die rechtliche Problematik des Teilzahlungskreditgeschäfts besteht in der **Aufspaltung des** wirtschaftlichen und funktionellen **Zusammenhangs von Kauf und Darlehen** mit der Wirkung, daß der Käufer das Darlehen an die Bank zurückzahlen muß, ohne Rücksicht auf Schlecht- oder Nichterfüllung des Verkäufers. Hier sind Korrekturen nötig (sog Einwendungsdurchgriff, s Anm 2), ohne daß jedoch entgegen Vertragsgestaltung und Parteiwillen die Verträge als rechtliche Einheit angesehen werden könnten, so die Trennungstheorie, hL, stRspr, aA Gernhuber FS Larenz **73**, 476, Vollkommer FS Larenz **73**, 712. Der Kauf hängt vom Zustandekommen des Darlehens ab, Ffm BB **77**, 1573. Die dogmatische Begründung des Einwendungsdurchgriffs ist streitig. Die Rspr arbeitet außer mit § 242 BGB mit culpa in contrahendo (Aufklärungs- und Warnpflichten), das Schrifttum ua mit § 139 BGB, § 273 BGB, § 404 BGB, Geschäftsgrundlage, Zweckverfehlung ua. Am besten erscheint heute die Ansiedlung in **(5)** AGBG § 9 und die Konkretisierung dieser Inhaltskontrolle anhand von Fallgruppen. Eine gesetzliche Reform des Verbraucherkredits, eventuell durch Einführung eines § 607a BGB (RegE BTDrucks 8/3212 (1979), nicht mehr in RegE BRDrucks 32/82) und des Rechts der **Kreditvermittler** (s § 93 HGB Anm 1 Cc) wird diskutiert; 53. DJT 1980 (Hadding, Hiddemann, Scholz) Abteilung Konsumentenkredit, dazu NJW **80**, 2505, 2509. Monographien: Marschall von Bieberstein 1959, 1978, 1980, Hörter 1969, Reiss 1970, König 1971, Gundlach 1979, Hadding (DJT) 1980, Scholz 2. Aufl 1985; Esser FS Kern **68**, 87, Emmerich JuS **71**, 273, Larenz FS Michaelis **72**, 193.

2) Das Rechtsverhältnis zwischen Bank, Käufer und Verkäufer beim B-Geschäft

A. **Wirtschaftliche Einheit von Kauf und Darlehen:** Voraussetzung für den Einwendungsdurchgriff des Käufers, besondere Aufklärungs- und Warnungspflichten der Bank und die Anwendung von § 6 AbzG zwischen Käufer und Bank ist, daß Kauf und Darlehen „wirtschaftlich eine auf ein Ziel ausgerichtete Einheit bilden oder sich zu einer solchen Einheit ergänzen", stRspr, BGH **47**, 255. Typische **„objektive Verbindungselemente"** sind zB Geschäftsverbindungen zwischen Bank und Verkäufer, das eigene Interesse der Bank am Zustandekommen des Kaufs wegen der Darlehensprovision und -zinsen, die unmittelbare Auszahlung des Darlehens durch die Bank an den Verkäufer, die formularmäßige Ausgestaltung der Verträge, Sicherungsübereignung der Kaufsache, BGH **47**, 255, enger zeitlicher und räumlicher Zusammenhang der Verträge, BGH NJW **80**, 1515, mangelnde freie Verfügung des Käufers über Darlehen, BGH **91**, 12, Beteiligung der Bank an dem finanzierten (Immobilien-) Geschäft über ihre Rolle als Kreditgeberin hinaus, BGH **83**, 304, NJW **80**, 43 ua. Diese Elemente brauchen nicht alle zugleich vorzuliegen, BGH NJW **80**, 940. **Nicht erforderlich** sind (entgegen früherer Rspr) zB Dauerverbindung, BGH **47**, 230, NJW **71**, 2303, Sicherungsübereignung an die Bank, BGH NJW **79**, 2511, **80**, 938, Vorliegen eines Abzahlungsgeschäfts iSv §§ 1, 6 AbzG, BGH NJW **78**, 1427, **79**, 2511, mangelnde Geschäftserfahrung des Käufers, BGH NJW **78**, 1428. Die Zwischenschaltung von Kreditvermittlern ändert nichts, BGH NJW **80**, 1516, **83**, 2252. Es genügt, daß Teilzahlung erst nachträglich vereinbart wird, BGH **91**, 13; uU auch, daß der Kredit nur zum Teil (zB 3/4) für den Abzahlungskauf bestimmt ist, BGH BB **70**, 417. Bei Refinanzierung der

Bank durch eine zweite Bank, erstreckt sich der Einwendungsdurchgriff auch auf diese, BGH **43**, 260, **51**, 78. Der Einwendungsdurchgriff erfaßt nur den finanzierten Kauf, nicht auch einen zweiten, wenngleich auch mit diesem verknüpften Vertrag zwischen Käufer und Verkäufer, BGH BB **73**, 776 (Drehbankkauf mit Auftragszusage).

B. **Anwendbarkeit des AbzG:** Bei wirtschaftlicher Einheit von Kauf und Darlehen ist nach § 6 AbzG **(Umgehungsgeschäft)** das AbzG auf den Darlehensvertrag entspr anwendbar. Danach gelten ua: das Schriftformerfordernis (§ 1 a AbzG) und das Widerrufs- und Rückgaberecht (§ 1 b AbzG: gesondert zu unterschreibende Belehrung als Voraussetzung des Beginns der einwöchigen Widerrufsfrist), BGH **91**, 9, 338, NJW **84**, 2292; rechtzeitiger Widerruf gegenüber Verkäufer wirkt auch gegen Bank, BGH **91**, 342; die Regelung über Vertragsstrafe und Verfallklausel (§ 4 AbzG); der ausschließliche Gerichtsstand (idR Wohnsitz) des Käufers (§ 6 a AbzG), obwohl in § 6 AbzG nicht aufgeführt, Mü WM **72**, 987. Vor allem aber gilt die Rücktrittsfiktion (§ 5 AbzG: der Käufer soll nicht den Besitz der Kaufsache verlieren und gleichwohl den Kaufpreis weiterschulden; zB wenn die Bank aufgrund ihres Sicherungseigentums an der Kaufsache diese an sich nimmt, BGH **47**, 242, **66**, 168, NJW **84**, 2294 (auch Ersatzsache). Die Rückabwicklung richtet sich nach § 1 d AbzG, nicht nach § 812 BGB. Das Rückabwicklungsverhältnis entsteht zwischen Bank und Käufer; nur wenn der Verkäufer zurücktritt, zwischen diesem und dem Käufer, BGH **57**, 112, **66**, 168, **91**, 19. Mit Rücktritt der Bank erwirbt diese Volleigentum der Kaufsache. Die Bank muß dem Käufer auch seine Anzahlungen an den Verkäufer erstatten, BGH **47**, 242; der Käufer muß der Bank ihre Aufwendungen (§ 2 I AbzG) erstatten, doch gehören dazu weder die Darlehenssumme noch die Kosten der Ansichnahme und Verwertung der Sache, BGH **47**, 246. Zur Nichtigkeit eines Verzichts des Käufers auf sein Recht nach § 2 AbzG, BGH NJW **79**, 872. Der Schutz des AbzG kommt auch dem nicht im eigenen Interesse mithaftenden Dritten, zB Ehegatten, zugute, BGH **91**, 37. **Nicht geschützt** ist der mithaftende Verkäufer, BGH **47**, 249; der Käufer, wenn er im HdlReg **eingetragener Kaufmann** ist (§ 8 AbzG), auch der eingetragene ScheinKfm (§ 5); entscheidend ist allein die Eintragung, geschützt bleibt also der nichteingetragene VollKfm, BGH **15**, 243; § 8 AbzG gilt nicht entspr beim Einwendungsdurchgriff (s Anm D).

C. **Anfechtung wegen arglistiger Täuschung des Verkäufers:** Die Bank muß sich eine arglistige Täuschung auch des Verkäufers zurechnen lassen. Der **Verkäufer ist** wegen der wirtschaftlichen Einheit (s Anm A) **nicht Dritter nach § 123 II 1 BGB**, stRspr, BGH **47**, 231, NJW **78**, 2144; ebenso Kreditvermittler, BGH NJW **79**, 1594; anders bei arglistigem Zusammenwirken zwischen Käufer und Verkäufer, BGH **47**, 233. Vertragsklauseln, der Käufer handele ausschließlich als Beauftragter des Käufers, ändern grundsätzlich nichts, BGH **47**, 239, aA Canaris 1433. Die Anfechtung des Kaufvertrags erstreckt sich aber nicht ohne weiteres auf den Darlehensvertrag, sondern muß für diesen grundsätzlich gesondert erklärt werden, BGH NJW **64**, 37. Bei Versäumung der einjährigen Anfechtungsfrist des § 124 BGB bleibt doch ein Einwendungsdurchgriff (Arglisteinrede, § 823 II BGB iVm § 263 StGB), BGH NJW **80**, 784. Übersicht: Hopt FS Stimpel **85**, 269.

D. **Einwendungsdurchgriff: a)** Der Käufer darf durch die Aufspaltung in Kauf und Darlehen (s Anm A) nicht „rechtlos" oder „schlechter" gestellt werden also ohne diese, stRspr, BGH **47**, 237. Er kann also die Einwendungen und Einreden gegen den Verkäufer grundsätzlich auch dem Darlehensrückzahlungsanspruch der Bank entgegenhalten (§ 242 BGB, so die Rspr): zB Nichtlieferung der Kaufsache oder wirksame Anfechtung des Kaufvertrags, BGH **47,** 233. Zwar ist es dem Käufer nicht selten zumutbar, sich **erst an den Verkäufer** (auch an den phG der VerkäuferGes) zu halten, zB wegen Wandelung oder Minderung (**Subsidiarität des Durchgriffs**), BGH NJW **73,** 452, **78,** 1428; weitergehend Canaris 1430, 1442: § 320 BGB, die Wandelungseinrede und alle dilatorischen Einreden könnten der Bank nie entgegengehalten werden. Der Käufer hat aber den Einwendungsdurchgriff **sofort gegen die Bank,** wenn ihm die Inanspruchnahme des Verkäufers von vornherein unzumutbar ist, zB bei arglistiger Täuschung oder Sittenwidrigkeit des Kaufvertrags nach § 138 I BGB, BGH NJW **80,** 1157, oder wenn die Inanspruchnahme des Verkäufers fruchtlos erscheint, zB bei anhaltender Verweigerung, BGH NJW **79,** 2194, bei Vermögensverfall oder Unauffindbarkeit des Verkäufers, BGH **47,** 240, NJW **79,** 2512. Eine Klage gegen den Verkäufer ist dem Käufer aber idR nicht zuzumuten, aA BGH NJW **73,** 454; jedenfalls kein volles Durchprozessieren, BGH NJW **79,** 2195. Der Käufer soll aber auch **nicht besser gestellt** werden, BGH NJW **84,** 2818, also kein Einwendungsdurchgriff bei Verjährung der Ansprüche gegen den Verkäufer, BGH NJW **78,** 1429. **b)** Der Käufer **verliert den Einwendungsdurchgriff** aus Gründen, die er unabhängig von seiner Schutzbedürftigkeit selbst zu verantworten hat, zB Ausstellung einer **unrichtigen Vorausquittung** (Empfangsbestätigung über Erhalt der Kaufsache) trotz Belehrung (s Anm Eb) und dadurch Veranlassung der Bank zur Auszahlung der Darlehenssumme an den Verkäufer, BGH **47,** 221, Celle NJW **73,** 372; ebenso Aushändigung einer Blankoerklärung an den Verkäufer; grundlose Verweigerung der Abnahme der Kaufsache, vgl BGH WM **63,** 1277 (§ 254 BGB); Aufhebung des Kaufvertrags im Einverständnis mit dem Verkäufer, LG Fbg MDR **73,** 495; Abtretung der Rechte aus dem Kauf an einen zweiten Käufer (§ 415 BGB), auch wenn die Bank informiert wird und dem zweiten Käufer einen Zahlungsplan übersendet, BGH NJW **74,** 187. Der Einwendungsdurchgriff entfällt nicht schon, weil der Käufer **eingetragener Kaufmann** ist, aA BGH **37,** 101, **47,** 237, NJW **80,** 782 (§ 8 AbzG analog); doch fehlt es bei Verstoß gegen § 377 HGB bereits an einer Einwendung des Käufers (auch) gegenüber der Bank, BGH NJW **80,** 782. Der Einwendungsdurchgriff kann **nicht durch AGB ausgeschlossen** werden, BGH **83,** 301, auch nicht durch Trennungsklausel, BGH **95,** 350.

E. **Aufklärungs- und Warnpflichten der Bank: a) Dogmatik:** Die Bank kann sich bei Verstoß gegen ihre Aufklärungs- und Warnpflichten (vgl Anm I 6) gegenüber dem Käufer schadensersatzpflichtig machen. Nach der Rspr kann der Käufer den Schadensersatzanspruch aus culpa in contrahendo dem Darlehensrückzahlungsanspruch der Bank entgegenhalten, stRspr, BGH **47,** 207, 217, üL. Diese teils kumulativ, teils alternativ zum Einwendungsdurchgriff gebrauchte Konstruktion ist diesem gegenüber schwächer, weil sie vom Vorliegen aller Schadensersatzanspruchsvoraussetzungen abhängt, zB Pflichtverletzung, Verschulden, Kausalität, mangelndes Mitverschulden des Käufers. Demgegenüber ist festzuhalten, daß der Einwendungsdurchgriff heute bereits aus Gesetz folgt (s Anm 1); auf eine Warnpflichtverletzung der Bank kommt es nicht mehr an, noch kann umgekehrt die Warnung den Einwendungsdurchgriff beseitigen, offen BGH **83,** 309, NJW **80,** 782. Die Rspr zu den Aufklärungs- und Warnpflichten beim finanzierten Abzahlungskauf behält aber ihre Bedeutung: (1) der Einwendungsausschluß durch Aufspaltung kann ohne Aufklärung überraschend iSv **(5)** AGBG § 3 sein; (2) die Bank kann sich auch auf einen an sich zulässigen Einwendungsausschluß (Subsidiarität, Verlust infolge Empfangsbestätigung ua, s Anm E) nicht berufen, wenn der Käufer bei entspr Aufklärung das Geschäft so nicht abgeschlossen hätte; (3) die Bank muß die über den Einwendungsausschluß hinausgehenden Vertrauensschäden aus unterlassener Aufklärung ersetzen. **b) Inhalt und Umfang:** Die Bank muß den Käufer, auch wenn er nicht besonders unerfahren ist, auf das Risiko der Darlehensrückzahlung unabhängig vom Kauf (Aufspaltungsrisiko) unmißverständlich hinweisen, BGH **47,** 222, 239; sie muß ihn insbesondere vor Abgabe einer unrichtigen Vorausquittung warnen, BGH **47,** 217; sie muß ihn bei KfzBriefübergabe durch den Verkäufer unmittelbar an die Bank darauf hinweisen, daß er mangels Briefvorlage nicht gutgläubig Eigentümer werden kann, BGH **47,** 216. Die Warnung muß klar, drucktechnisch deutlich gestaltet und vom Käufer gesondert unterschrieben sein (entspr § 1 b II 3 AbzG). Nicht ausreichend ist Warnung in einem für andere Zwecke bestimmten Selbstauskunftsformular, BGH WM **75,** 1298, allgemein im AGB statt im Text des Darlehensantrags, BGH NJW **79,** 2094, in Empfangsbestätigung (bereits Bindung nach § 145 BGB), BGH NJW **79,** 2512, **80,** 783. Nur eingeschränkte Aufklärungspflichten bei Erwerb von Immobilien- und AbschreibungsGesAnteilen, BGH **93,** 284; anders wenn Bank über bloße Finanzierung hinausgeht, BGH WM **86,** 7, oder speziellen Gefährdungstatbestand schafft, zB Nichtausfüllen der Auszahlungsadresse, BGH WM **86,** 98; Hopt FS Stimpel **85,** 284 (vgl Anm 3 B). **Interessenkonflikte,** zB bei Einschaltung der Arbeitgeberfirma als Kreditvermittlerin gegenüber den Arbeitnehmern, verstärken oder begründen uU erst die Pflicht zur Warnung vor gefährlichem Kreditgeschäft, BGH **72,** 102. Die Bank haftet für ein Verschulden des Verkäufers bei Vertragsschluß nach **§ 278 BGB,** BGH **47,** 229, **72,** 97; ebenso für Verschulden des Kreditvermittlers, Ffm **80,** 124. Der Verkäufer handelt auch dann in Erfüllung der Verbindlichkeit der Bank, wenn er den Käufer arglistig täuscht oder eine Blankoerklärung des Käufers abredewidrig ausfüllt, BGH WM **73,** 751. **Schaden** s § 347 HGB Anm 4 C; die Vorteile aus Nutzung und Weiterveräußerung der Kaufsache sind anzurechnen, BGH NJW **84,** 230. **Ursächlichkeit** der Verletzung der Aufklärungspflicht für den Schaden (Vertragsabschluß) ist vom Käufer nicht zu beweisen, BGH **72,** 106, NJW **80,** 2303. **Mitverschulden** des Käufers ist nach § 254 BGB zu berücksichtigen; geschäftliche Unerfahrenheit und Unachtsamkeit sind aber nicht schon ohne weiteres Mitverschulden, BGH **72,** 107.

F. **Bereicherungsausgleich:** Rückabzuwickeln sind Anweisungsleistungen, denn die Bank zahlt an den Verkäufer nur auf Anweisung des Käufers (Darlehenskunde). Der Bereicherungsausgleich hier entspricht deshalb dem bei Überweisung (Anm III 3 C, 4 E), Scheck (Anm III 5 D) und Lastschrift (Anm IIIA 3 C, 4 B). Er findet grundsätzlich zwischen Bank und Käufer bzw Käufer und Verkäufer statt (Doppelkondiktion), soweit nicht Schutzzwecke beim Teilzahlungskredit entgegenstehen. **a) Bereicherungsanspruch der Bank:** Ist der Kauf wirksam, das Darlehen unwirksam, hat die Bank einen Bereicherungsanspruch nur gegen den Käufer; der Anspruch kann aber entfallen bei Mängeln der Kaufsache (Einwendungsdurchgriff, s Anm D) oder bei mangelnder Aufklärung (Gegenanspruch auf Schadensersatz s Anm E), BGH NJW **80,** 2302. Sind Kauf und Darlehen unwirksam, besteht ausnahmsweise je nach Schutzzweck der verletzten Norm und des AbzG (dann Unwirksamkeit auch der Anweisung selbst) ein Bereicherungsanspruch der Bank nicht gegen den Käufer, sondern nur gegen den Verkäufer, vgl BGH **91,** 19 (§§ 1 b, d AbzG), NJW **80,** 940 (§ 1 a I AbzG), **80,** 1157 (§ 138 BGB). Grundsätzlich hat die Bank jedoch auch bei Doppelmängeln (Anweisung bleibt wirksam) die Leistungskondiktion nur **gegen den Käufer,** an den sie durch die Auszahlung des Darlehens an den Verkäufer geleistet hat. Der Bereicherungsanspruch geht aber auch dann inhaltlich nicht auf Rückzahlung des Darlehens (wie es der vermögensmäßigen Entscheidung des Käufers nach § 818 III BGB an sich entsprechen würde, was aber mit dem Einwendungsdurchgriff unvereinbar wäre), sondern nur auf Abtretung des Anspruchs des Käufers gegen den Verkäufer (abzüglich der zurückgezahlten Darlehensraten), BGH NJW **78**, 2145, **79**, 1595. **b) Bereicherungsanspruch des Käufers:** Der Käufer kann von der Bank nur die zurückgezahlten Darlehensraten verlangen, nicht die an den Verkäufer geleistete Anzahlung (anders s Anm B); wegen dieser muß er sich an den Verkäufer halten. Die Bank kann dem Kunden grundsätzlich die Auszahlung der Darlehensvaluta an den Verkäufer auf Weisung des Käufers entgegenhalten (Saldotheorie), denn das Verkäuferkonkursrisiko verlagert sich mit Ratenzahlung zunehmend auf den Käufer (wie auch ohne Einschaltung der Bank), Canaris 1452. Dem kann jedoch der Schutzzweck der verletzten Norm und des AbzG entgegenstehen (dann Zweikondiktionentheorie), so bei § 134 iVm § 56 I Nr 6 GewO, BGH **71**, 365, NJW **79**, 1599; bei § 138 I BGB, BGH NJW **80**, 1158; bei arglistiger Täuschung, BGH NJW **78**, 2145, **79**, 1595. Zum Ganzen Canaris WM **81**, 978.

G. **Verjährung:** Der Darlehensrückzahlungsanspruch verjährt in 30 Jahren (§ 195 BGB), nicht in zwei bzw vier Jahren wie der Kaufpreisanspruch (§ 196 BGB), auch wenn ihn die Bank an den Verkäufer abtritt und dieser ihn geltend macht, BGH **60**, 110, bei Raten mit Kapital- und Zinsanteil in vier Jahren (§ 197 BGB), Canaris 1332a; Ansprüche der Bank aus § 2 AbzG nach Rücknahme der Kaufsache (§ 5 AbzG) verjähren dagegen nach den Regeln für den Kaufpreisanspruch, BGH **71**, 322.

3) Andere Teilzahlungskreditgeschäfte in Zusammenwirken von Bank und Verkäufer

A. **C-Geschäft:** Der Verkäufer stellt hier **zusätzlich** einen **Wechsel** an Order der Bank aus, den der Käufer annimmt (wechselmäßige Haftung des Verkäufers als Aussteller und des Käufers als Akzeptant, Art 9, 28 WG). Das C-Geschäft ist also ein mit der Ausstellung von Wechseln verbundenes B-Geschäft (s Anm 2). Der Käufer hat gegen den wechselmäßigen Anspruch der Bank im Fall der Rücktrittsfiktion des § 5 AbzG (s Anm 2 B) oder des Einwendungsdurchgriffs (s Anm 2 D) die Bereicherungseinrede, BGH WM **62**, 761, 1263, **63**, 1278. Eventuelle Rückgewähransprüche (§ 2 AbzG, § 812 BGB) sind mangels gegenteiliger Vereinbarung durch den Wechsel nicht gesichert, BGH **51**, 73. Auch eine zweite Bank, der die erste den Wechsel zur Refinanzierung weitergegeben hat, kann bei wirtschaftlicher Einheit der Geschäfte (s Anm 2 A) den Einwendungen des Käufers nicht Art 17 WG entgegenhalten, BGH **43**, 260, **51**, 78; ebenso dem Zessionar einer Sicherungsgrundschuld, BGH **66**, 172, oder ein Garantiegläubiger, BGH NJW **80**, 1157.

B. **Teilzahlungskreditgeschäft bei Nicht-Warenkäufen: a)** Der Käuferschutz beim B-Geschäft gilt bei gleicher Interessenlage entspr auch bei anderen finanzierten Verträgen als Warenkauf: zB finanzierte Dienstverträge, Leasingverträge, Ehemäklerverträge (nach aA bereits § 656 BGB analog gegenüber der Bank), BGH **72**, 101, Werkverträge, BGH BB **82**, 1020; finanzierte Mitarbeiterverträge, auch unter Einschaltung von Kreditvermittlern, BGH NJW **80**, 1515; finanzierte Unfallhilfe, soweit der Kreditvertrag nicht schon wegen Verstoß gegen RBerG nichtig ist (s Anm IV 2 A b); finanzierte Beteiligungen der Arbeitnehmer an der Arbeitgeberfirma, BGH **72**, 92, finanzierter Kauf anderer als beweglicher Sachen, etwa Erwerb eines Waschsalons, BGH NJW **78**, 1427, dabei Aufklärung über Zweifel der Bank an Ertragsfähigkeit, BGH WM **81**, 869; im Einzelfall auch beim finanzierten Bauträgervertrag über Eigentumswohnungen, BGH NJW **80**, 42. **b)** Der Käuferschutz beim B-Geschäft gilt **nicht** beim finanzierten Beitritt zu einer AbschreibungsGes (s Anh § 177a HGB Anm VIII 1, 8 B), BGH **93**, 268, NJW **81**, 389 oder einem Bauherrnmodell,

BGH WM **83,** 652, vgl Anm IV 2 B; krit Baudenbacher JZ **85,** 661; Grund: eigenes (steuerrechtliches ua) Interesse des Erwerbers an der Vertragsaufspaltung, idR geringere Aufklärungsbedürftigkeit (Höhe der Beteiligung, Einschaltung von Steuerberatern), idR selbständige Rolle des Bauträgers, bloße Kreditgeberrolle der Bank; anders, wenn Bank über bloße Finanzierung hinausgeht (s Anm V 2 E), Hopt FS Stimpel **85,** 280; RsprÜbersicht: von Heymann 1986. Käuferschutz gilt auch nicht für den typischen finanzierten **Grundstückskauf,** offen BGH NJW **81,** 390; doch bestehen auch hier weitreichende Aufklärungs- und Warnpflichten, Wunderlich DB **80,** 913, nicht aber betr Rechtswirksamkeit der Verträge des Kreditnehmers mit Dritten, jedenfalls mangels konkreter Bedenken, Düss DB **84,** 400 (formunwirksame notarielle Vollmacht).

4) Persönlicher Kleinkredit und Anschaffungsdarlehen

Das freie Darlehen der Bank an den Käufer, häufig als persönlicher Kleinkredit ohne vertragliche Zweckbindung, und das idR größere Anschaffungsdarlehen der Bank an den Käufer mit einer je nach Vertrag unterschiedlich fixierten Zweckbindung (**beides** auch als **freier Personalkredit** bezeichnet) unterliegen mangels wirtschaftlicher Einheit von Kauf und Darlehen (vom Käufer „auf eigene Faust" besorgt, BGH NJW **80,** 516; vgl Anm 2 A) grundsätzlich weder dem AbzG noch der Anfechtung aus Täuschung des Verkäufers noch dem Einwendungsdurchgriff (s Anm 2 B–D); str für Anschaffungsdarlehen und bei Sicherungsübereignung der Kaufsache an die Bank. Anfechtung aus Täuschung des Kreditvermittlers bleibt aber auch beim Personalkredit möglich, BGH NJW **79,** 1595. Aufklärungs- und Warnpflichten (s Anm 2 E) können im Einzelfall jedoch auch hier bestehen, da sie auf der Geschäftsverbindung zwischen Bank und Kunde beruhen (s Anm I 6); so bei Gefahr eines Irrtums des Kunden über die Risikoaufteilung (auch bei Einschaltung eines Kreditvermittlers), BGH NJW **79,** 2093. Die Bank braucht den Kunden aber nicht auf das über das Aufspaltungsrisiko hinausgehende wirtschaftliche Risiko hinzuweisen, BGH **83,** 310.

5) Die europäische Rechtsangleichung zum Verbraucherkredit

Der Vorschlag einer EG-Ri über den Verbraucherkredit 27. 2. 79 ABl EG/C 80/4 27. 3. 79 plant eine sehr weitgehende Rechtsvereinheitlichung in den EG (vgl Einl I 4 D vor § 1 HGB). Erfaßt werden nicht nur das finanzierte Teilzahlungsgeschäft, sondern Gelddarlehen (einschließlich des Personalkredits) und Waren- bzw Lieferantenkredit. Inhaltlich sind geplant: erhöhte Publizität und Transparenz, Schriftform, Rücktrittsfiktion entspr § 5 AbzG, Einwendungsdurchgriff, Verbot des C-Geschäfts, System der Überwachung von gewerblichen Kreditgebern und Darlehensmaklern.

VI. Diskontgeschäft

1) Rechtliche Qualifikation

Das Diskontgeschäft ist der Ankauf von Wechseln und Schecks (§ 1 I 2 Nr 3 KWG). Die Bank erwirbt dabei vom Einreicher (Diskontant) den noch nicht fälligen Wechsel und bezahlt dafür den Nennbetrag der Forderung abzüglich des Zwischenzinses für die Zeit bis zum Fälligkeitstag **(Diskont).** Der Wechselerwerb dient nicht als Grundlage eines Haftungskredits (wie beim Akzeptkredit, s Anm IV 4), sondern ist Teil eines Geldkreditgeschäfts (Diskontkredit, vgl § 19 I Nr 2 KWG). Die Bank refinanziert sich durch Weitergabe des Wechsels an eine andere Bank (Privatdiskont) oder idR an die DBBk zum Diskontsatz (klassisches Mittel der Geldpolitik der DBBk). Letzteres setzt voraus (§ 19 I Nr 1 BBankG): Haftung dreier als zahlungsfähig bekannter Verpflichteter aus dem

Wechsel oder Scheck und Fälligkeit binnen dreier Monate ab Ankaufstag; außerdem soll es sich um gute Handelswechsel handeln (Zugrundeliegen eines Warenumsatzgeschäftes; Gegensatz Finanzwechsel). Wechselrechtlich ist der Einreicher idR Aussteller oder Indossant (so der Warenkreditgläubiger); er kann aber auch Akzeptant sein (so der Warenkäufer; Akzeptantenwechsel), zB beim umgekehrten Wechsel bzw Scheck-Wechselverfahren, diese sind nicht sittenwidrig (keine Wechselreiterei oder Akzepttausch, vgl BGH **27**, 172) BGH **56**, 265, WM **79**, 272, **80**, 126; Ulmer-Heinrich DB **72**, 1104, 1149, Thamm ZIP **84**, 922 (Sicherungsklausel, Skonto); ebenso umgekehrter Finanzwechsel, Hamm ZIP **86**, 364. Die bloße Diskontierung eines Akzeptantenwechsels ist, auch wenn die Bank weiß, daß für Regreß des Ausstellers wegen Sicherungsübereignungen kein vollstreckungsfähiges Vermögen mehr da ist, nicht sittenwidrig, BGH NJW **84**, 728. Das Diskontgeschäft ist idR **Kauf** oder kaufähnliches Geschäft, **ausnahmsweise Darlehen**, hL, stRspr, BGH **19**, 292, **59**, 200, WM **63**, 507, **68**, 797, **72**, 72; aA Canaris 1532: idR Darlehen, Hingabe des Wechsels als Leistung erfüllungshalber zur Darlehensrückzahlung. Ein Darlehen kann vorliegen zB bei Diskontierung des Wechsels für Rechnung des Kunden und sofortiger Gutschrift aus eigenen Mitteln der Bank, vgl BGH **19**, 291, WM **66**, 1222; bei Wechsel mit der Unterschrift nur des Ausstellers (eigener oder Solawechsel, Art 75 WG) oder nur dem Akzept ohne Unterschrift des Ausstellers, BGH WM **56**, 188; bei Vorbehalt der Rückforderung des Diskonterlöses vom Verkäufer über **(8)** AGB-Banken Nr 42 hinaus ua, näher Schönle § 14 III 4. Bei nicht nur einmaliger Diskontierung kann ein Diskontkrediteröffnungsvertrag vorliegen, s Anm IV 2. Diskontierung von Kundenwechseln durch die Wechseldiskontkredit gewährende Bank ist auch bei verlängertem Eigentumsvorbehalt der Lieferanten nicht sittenwidrig (s Anm IV 6 B), BGH BB **79**, 956; Muscheler NJW **81**, 657. Zum Selbstdiskont von Eigenakzepten beim Akzeptkredit s Anm IV 4 A. Übersichten: Helm WM **67**, 310, **68**, 930, Stauder WM **68**, 562, 1238.

2) Rechte und Pflichten der Beteiligten

Der Diskontkreditnehmer hat Anspruch auf den Wechselgegenwert. Die Geldsumme ist effektiv, iZw in bar, auszuzahlen (s Anm IV 2 A); die Bank erwirbt auch bei Ablehnung der Diskontierung kein Pfandrecht an dem Wechsel oder Scheck nach **(8)** AGB-Banken Nr 19 II (s dort Anm 2 C). Die Bank hat Anspruch auf Übertragung des Wechsels und Schecks, bei Verlangen auch durch Indossament, str. Warnpflichten der Bank s Anm I 6 D f. Der Kunde muß der Bank offenbaren, wenn es sich um einen Finanzwechsel handelt und die Bank das den Umständen nicht ohne weiteres entnehmen kann, BGH **56**, 266; denn dann scheiden Erwerb einer zugrundeliegenden Forderung nach **(8)** AGB-Banken Nr 44 und Rediskontierung durch die DBBk aus. Die Bank hat den wechsel- bzw scheckrechtlichen Rückgriffsanspruch (Art 9, 15, 47 ff WG), den Rückgriffsanspruch aus Diskontvertrag (§§ 437 f, uU § 607 BGB) und vor allem das Zurückbelastungsrecht nach **(8)** AGB-Banken Nr 42; das letztere ist ein vertragliches Rücktrittsrecht, BGH **59**, 200, nach aA vertragliche Garantiehaftung, Stauder WM **68**, 566. Nr 42 ist trotz seiner Weite wirksam, s dort.

3) Verwandte Geschäfte

A. **Fortfaitgeschäft:** Beim Forfaitgeschäft in der Form des Diskonts à forfait (frz: in Bausch und Bogen) diskontiert die Bank einen Wechsel unter Verzicht auf jeden Rückgriff beim Diskontkreditnehmer (auch aus **(8)** AGB-Banken Nr 42, s Anm 2). Daneben kommt das Forfaitgeschäft als Kauf von Exportforderungen vor, wiederum unter Verzicht auf Rückgriff, aber gegen Sicherheiten, idR Bankgarantien. Das echte Forfaitgeschäft ähnelt dem echten Factoring (s

IV. Bank- und Börsenrecht 1 **VII BankGesch (7)**

Anm XI 1), im Unterschied zu diesem ist es aber ein Einzelgeschäft, kein mit weiteren Dienstleistungen verbundenes Dauerverhältnis; dazu von Westphalen RIW **77**, 80; Zusammentreffen mit Globalzession wie beim echten Factoring, Hbg ZIP **83**, 47, s Anm XI 3. Das Forfaitgeschäft dient vor allem der Exportfinanzierung. Rechtlich liegt wie beim Diskontgeschäft ein Rechtskauf vor (s Anm 1), Hbg ZIP **83**, 47, nach aA Darlehen mit Hingabe des Wechsels als Leistung an Erfüllungs Statt zur Darlehensrückzahlung. Der Regreßverzicht begründet die Einrede des Forfaitgeschäfts gegen den Wechselanspruch, vgl BGH BB **58**, 724; um die Einrede gegen die Rediskontbank zu erhalten (Art 17 WG), muß die Bank diese auf den Forfaitcharakter hinweisen. Übersichten: Finger BB **69**, 765, Schultz-Meister AWD **72**, 230, Schütze WM **79**, 962 (IPR).

B. **Pensionsgeschäft:** Beim Pensionsgeschäft überträgt der Pensionsgeber Wechsel, Wertpapiere ua gegen Zahlung eines Betrags auf den Pensionsnehmer; diese sind entweder auf jeden Fall (echtes Pensionsgeschäft) oder nur auf Verlangen des Pensionsnehmers (unechtes Pensionsgeschäft) gegen Verzinsung der Kreditsumme wieder zurückzunehmen. Das Pensionsgeschäft hat idR Kreditcharakter und bringt Vorteile betr Mindestreserven, Bilanzierung ua. Anders als beim Effektenlombard (s Anm IV 3 B) erwirbt der Pensionsnehmer eine Kapitalanlage auf Zeit und trägt solange das Substanz- und Ertragsrisiko; das gilt auch für Zwangsvollstreckung und Konkurs. Das Pensionsgeschäft ist Kauf mit fester Rückkaufvereinbarung (echtes Pensionsgeschäft) oder mit Rückverkaufsrecht (unechtes Pensionsgeschäft), im Einzelfall auch Darlehen, Bennat WM **69**, 1437, Schönle § 19 I 2; nach aA Darlehen mit Hingabe des Wechsels sicherungshalber. Übersicht: Wittkämper DB **66**, 1957; DBBk 10/**85**, 19.

C. **Wechsel- und Scheckinkasso:** s Anm III 5, **(12)** ERI.

VII. Akkreditiv, Dokumenteninkasso, Bankgarantie
Schrifttum

a) Monographien: *Wiele* 1957. – *Borggrefe* 1971. – *Wessely* 1975. – *Horn* 1977. – *Eisemann-Eberth*, 2. Aufl 1979. – *Gleisberg* 1980. – *Schärrer* 1980. – *Gacho*, 2. Aufl 1985. – S auch vor **(11)** ERA.
Dokumenteninkasso s Anm 5. – Bankgarantie s Anm 6. – Außenhandelsfinanzierung s Anm 7.

b) Einzelbeiträge und Sonstiges: *Liesecke* WM **61**, 194, **64**, 1282 (Seefrachtgeschäft), FS Fischer **79**, 397 (Kredit, Konkurs). – *Obermüller* FS Bärmann **75**, 709 (Sicherungsrechte der Bank). – *Peters* WM **78**, 1030. – *Steindorff* FS von Caemmerer **78**, 761 (IPR). – RsprÜbersicht: *Liesecke* WM **76**, 258, *Eberth* RIW **77**, 522.

1) Rechtliche Qualifikation des Akkreditivs

A. Das Akkreditiv ist ein selbständiges Schuldversprechen iSv § 780 BGB, das eine Bank dem Verkäufer auf Anweisung des Käufers (iwS, nicht unmittelbar iSv § 783 BGB, aber §§ 783 ff BGB sind zT entspr anwendbar, str) erteilt. Es dient vor allem der Zahlungssicherung im Außenhandel, daneben aber auch sonst der Sicherung und ggf der Kreditgewährung. Zugrunde liegt ein **Warengeschäft**, zB Kauf, zwischen Exporteur (Verkäufer) und Importeur (Käufer), in dem der Käufer Bezahlung der Ware durch Stellung eines Akkreditivs bei einer Bank verspricht (Verpflichtung, ,,den Verkäufer bei der Bank zu akkreditieren"; sog **Akkreditivklausel,** s Anm 4). Der Käufer (**Akkreditivauftraggeber,** Akkreditivsteller) erteilt seiner Bank den Akkreditivauftrag (§§ 675, 631 BGB, s Anm 2). Die Bank teilt dem Verkäufer (**Begünstigter,** Akkreditierter) das Akkreditiv mit und eröffnet es. Mit Eröffnung des Akkreditivs erlangt der

Verkäufer einen unmittelbaren und selbständigen Anspruch gegen die eröffnende Bank auf Zahlung, Akzeptierung oder Negoziierung von Wechseln gegen Aushändigung der Warendokumente (s Anm 3). Die Besonderheit des Akkreditivs liegt vor allem darin, daß der Verkäufer sich nach Eröffnung des Akkreditivs auch berechtigte Einwendungen und Einreden aus dem Kaufvertrag nicht mehr entgegenhalten lassen muß; der Käufer ist auf Rückforderung nach § 812 BGB verwiesen (Grundsatz der **Unabhängigkeit des Zahlungsanspruchs von Grundgeschäft**, s Einwendungsausschluß Anm 3 C). Dies ist nur tragbar, weil andererseits die Bank zur Zahlung nur gegen Vorlage der Warendokumente verpflichtet ist und diese den Akkreditivbedingungen auf das Genaueste entsprechen müssen (Grundsatz der **Dokumentenstrenge**, s Anm 2 C). Das **Dokumentenakkreditiv** ist in (11) ERA näher geregelt; die ERA sind in (8) AGB-Banken Nr 28 I 2 mitvereinbart.

B. **Einschaltung weiterer Banken:** Üblicherweise sind mehrere Banken eingeschaltet, vor allem im internationalen Zahlungsverkehr. Die Bank des Käufers bzw Importeurs (**Akkreditivbank oder Eröffnungsbank**) schließt mit der zweiten, meist ausländischen Bank (Korrespondenzbank) einen Geschäftsbesorgungsvertrag (§§ 675, 631 BGB). Die zweite Bank beschränkt sich entweder darauf, den Verkäufer bzw Exporteur von der Stellung des Akkreditivs zu unterrichten (**Avisbank**, (11) ERA Art 8, 11c, 12d) und auch idR (ohne Übernahme einer eigenen Verbindlichkeit; aber Pflicht zur Überprüfung der augenscheinlichen Echtheit) ihm den Akkreditivbetrag gegen Prüfung der Warendokumente auszuzahlen (**Zahlstelle** oder Abwicklungsbank), BGH WM **58**, 1542, oder sie übernimmt es, das (unwiderrufliche) Akkreditiv dem Verkäufer gegenüber zu bestätigen (**Bestätigungsbank**, (11) ERA Art 10b). Letzterenfalls erhält der Verkäufer einen zusätzlichen, vom Grundgeschäft unabhängigen Zahlungsanspruch auch gegen die Bestätigungsbank (Gesamtschuld). Die zweitbeauftragte Bank hat gegen die Akkreditivbank Anspruch auf Vorschuß und Aufwendungsersatz (§§ 675, 669, 670 BGB), wenn sie auftragsgemäß gegen die Dokumente auszahlt, sonst nicht, BGH NJW **85**, 351; so auch bei Bevorschussung eines unwiderruflichen Akkreditivs mit aufgeschobener Zahlung nach Aufnahme des Dokuments (deferred-payment-Akkreditiv), Ffm WM **81**, 445; zur Rembourklausel (11) ERA Art 21. Der Käufer steht in vertraglicher Beziehung nur zur Akkreditivbank, nicht zur zweitbeauftragten Bank, RG **105**, 50, **106**, 27, Düss WM **78**, 360. Die Akkreditivbank haftet aber dem Käufer je nach Einzelfall (nach aA immer, nach aA nie, sondern nur § 664 BGB) für die eingeschalteten Banken nach § 278 BGB, BGH WM **58**, 1542, so zB betr Mitteilung und Eröffnung des Akkreditivs; soweit § 278 BGB vorliegt, ist die Freizeichnung nach (11) ERA Art 20, jedenfalls gegenüber Privatleuten, unwirksam, Canaris 975, Nielsen ZIP **84**, 239, aA von Westphalen WM **80**, 186: allgemein auch gegenüber Kflten; doch ist ihre Haftung nach (8) AGB-Banken Nr 25 immer auf grobe Fahrlässigkeit beschränkt. Möglich ist auch die Schadensliquidation der Akkreditivbank im Drittinteresse für den Käufer. UU bestehen auch Schutzpflichten der zweitbeauftragten Bank mit Drittwirkung, zB für richtige Akkreditivmitteilung (wie beim mehrgliedrigen Giroverkehr, s Anm III 1 B), str. Der Verkäufer hat vor Eröffnung des Akkreditivs keine eigenen Ansprüche gegen die eingeschalteten Banken, nachher hat er einen Anspruch aus § 780 BGB gegen die Akkreditivbank und ggf gegen die Bestätigungsbank.

2) Das Rechtsverhältnis zwischen den Banken und dem Akkreditivauftraggeber (Käufer)

A. **Akkreditivvertrag:** Zwischen Akkreditivauftraggeber und seiner Bank (Akkreditivbank) besteht ein Werkvertrag mit Geschäftsbesorgungscharakter

(§§ 675, 631 BGB), vgl BGH WM **56,** 1542, hL. Der Akkreditivauftrag ist zwar an sich formfrei, str, aber Schriftform ist handelsüblich. Die Akkreditivbank schuldet den Erfolg der Bezahlung des Akkreditierten (Verkäufers) aus Akkreditiv. Im einzelnen treffen die Bank gegenüber dem Akkreditivauftraggeber ua Pflichten zur Eröffnung des Akkreditivs (s Anm 3 B) durch unverzügliche Mitteilung von der Akkreditivstellung, vgl RG **103,** 379, **105,** 34, zur Prüfung der Dokumente auf Vollständigkeit und Ordnungsmäßigkeit (s Anm C) und zur Zahlung gegen fristgerechte Vorlage akkreditivgerechter Dokumente. Bei Nichteröffnung des Akkreditivs muß die Bank den Auftraggeber unverzüglich benachrichtigen, RG **103,** 379. Warnpflichten der Bank s Anm I 6 D g. Die Bank kann andere Banken einschalten, je nach Einzelfall haftet sie aber für diese als ihre Erfüllungsgehilfen (§ 278 BGB), str, s Anm 1 B. Der Akkreditivauftraggeber muß der Bank den Betrag vorschießen, ggf erstatten (Deckung, §§ 675, 669, 670 BGB), RG **102,** 155 und eine Akkreditivprovision (§§ 675, 633 BGB), ggf eine besondere Bestätigungsprovision bezahlen.

B. **Weisungen:** Die Bank muß die Weisungen des Auftraggebers strikt befolgen (Ausnahme § 665 BGB), BGH WM **58,** 292, 588, **60,** 39, **64,** 476, NJW **85,** 551, s Anm C aE. Die Weisungen müssen aber ,,vollständig und genau" sein, sonst kann die Bank das Akkreditiv nicht eröffnen und muß rückfragen (s **(11)** ERA Art 14). Weisungen mit zu weit gehenden Einzelheiten kann die Bank ablehnen, (s **(11)** ERA Art 5 S 2), ohne durch die Unabhängigkeit der Akkreditivverpflichtung vom Grundgeschäft auszuhöhlen (zB Weisung, nur bei ,,vereinbarungsgemäßer Lieferung der Ware" zu zahlen, vgl BGH BB **55,** 462). Nach Akkreditiveröffnung kann der Akkreditivauftraggeber die Rechtsstellung des Akkreditierten nicht mehr durch Gegenweisung an die Bank antasten (§ 790 BGB entspr, s Anm 3 B). Nichtordnungsgemäße Auszahlung, die aus den Dokumenten ersichtlich ist, muß der Auftraggeber unverzüglich rügen, sofern die Abweichung nicht offensichtlich ist, vgl (im konkreten Fall ablehnend) RG **114,** 268; die Unterlassung der Rüge macht schadensersatzpflichtig, bedeutet aber noch nicht ohne weiteres eine (allerdings auch stillschweigend mögliche) Genehmigung oder Verwirkung, Canaris 948, str. Die Bank kann ein vertragliches Pfandrecht an den Dokumenten nach **(8)** AGB-Banken Nr 19 erlangen, Liesekke WM **64,** 1282, **69,** 551. Freizeichnung s **(11)** ERA Art 17.

C. **Prüfung der Dokumente: a)** Der Akkreditivauftrag gibt der Akkreditivbank genau an, gegen welche Dokumente sie zahlen bzw Wechsel akzeptieren oder negoziieren soll (s **(11)** ERA Art 22). Wenn der Verkäufer die Dokumente der Bank andient, darf diese sie nur aufnehmen und einlösen, wenn aus ihnen hervorgeht, daß die Lieferung richtig ist, dh den Akkreditivbedingungen entspricht, zB daß die richtige Ware richtig verschifft ist. Solche **aufnahmefähige Dokumente** sind nach **(11)** ERA Art 22–42 vor allem Dokumente, welche die Verladung an Bord oder Versendung oder Übernahme ausweisen (sog Transportdokumente, Art 25–34, (zB Seekonnossement, Posteinlieferungsschein, Postversandbescheinigung, Dokumente des kombinierten Transports, dh mit mindestens zwei Beförderungsarten, FIATA Combined Transport Bill of Lading und, soweit im Akkreditiv vorgeschrieben, andere Transportdokumente wie Eisenbahnfrachtbrief, Flußladeschein oder entspr Verladebescheinigungen, Frachtbriefdoppel ua), Versicherungsdokumente (Art 35–40), HdlRechnung (Art 41) und andere Dokumente (Art 23, 42, zB Qualitätszertifikate, Analysenzertifikate, Inspektionszertifikate, Gewichtszeugnisse ua). Die Bank darf nur ,,reine" Verladedokumente ohne hinzugefügte Klauseln betr Mängel der Ware oder der Verpackung aufnehmen (s **(11)** ERA Art 34). ZT ergibt sich die Art der anzudienenden Dokumente aus der Art der vereinbarten Lieferung; so ist beim cif-Kauf (s **(6)** Incoterms Nr 6) das Versicherungsdokument vorzulegen, auch wenn das im Akkreditiv nicht besonders vorgeschrieben ist. **b)** Die Bank ist verpflichtet, die Dokumente fristig (s **(11)** ERA Art 16 Anm 1) mit angemessener Sorgfalt zu prüfen, ob sie der äußeren Aufmachung nach den Akkreditivbedingungen entsprechen (Hauptpflicht der Bank); zu prüfen ist **nur die förmliche Übereinstimmung** von Akkreditivbedingungen und Dokumenten, nicht die inhaltliche Richtigkeit der Dokumente, erst recht nicht die Waren (s **(11)** ERA Art 4, 15, 16). Dabei gilt der Grundsatz der **Dokumentenstrenge:** das Dokument muß den im Akkreditiv gestellten Bedingungen für die Zahlung genau entsprechen, BGH WM **58**, 292, 588, 1543, **LM** § 665 BGB Nr 3, § 373 HGB Nr 3, BB **71**, 195, Nielsen WM **62**, 778; § 242 BGB gilt auch hier, aber Berufung auf Dokumentenstrenge ist grundsätzlich nicht treuwidrig, BGH NJW **85**, 552. Bsp: „warehouse Bilbao" statt „fas Bilbao", BGH NJW **85**, 551; das Qualitätsattest muß von dem im Akkreditiv vorgesehenen Sachverständigen kommen, von keinem anderen, vgl RG **96**, 246; das spezifische Gewicht von Dieselkraftstoff darf nicht bei 15° statt gemäß Akkreditiv bei 20° C festgestellt sein, auch wenn ein Ölfachmann die Angaben als gleichwertig beurteilt, BGH WM **58**, 292; das Analysenzeugnis muß, falls es hierauf ankommt, eindeutig nachweisen, daß auch die Art der Herstellung geprüft wurde, BGH WM **58**, 588; „attested by Govt. Authorities" umfaßt auch Attest von IHK, Nielsen ZIP **84**, 240. Vorzulegen sind Originale; Erweiterungen s **(11)** ERA Art 22c. Bei HdlRechnungen braucht die Bank nicht sämtliche Einzelberechnungen nachzuprüfen. Rechnungsbetrag über und unter Akkreditivsumme s **(11)** ERA Art 41 Anm 1; Über- und Unterschreiten der angegebenen Warenmenge s **(11)** ERA Art 43 Anm 1. Ob die Dokumente akkreditivgerecht sind, entscheidet die Bank selbständig und allein aufgrund der Dokumente (s **(11)** ERA Art 16b). Eine Pflicht zur Rückfrage beim Auftraggeber hat sie idR nicht, aber Akkreditiv kann Inspektionsklausel (Auszahlung erst gegen Bestätigungsvorlage) enthalten, BGH NJW **83**, 631. Von den Akkreditivbedingungen darf die Bank jedoch ganz ausnahmsweise **abweichen** (bei Gefahr im Verzug sogar ohne vorherige Verständigung des Akkreditivstellers, §§ 665, 675 BGB), wenn sie ohne Zuziehung von Fachleuten völlig einwandfrei beurteilen kann, daß die Abweichung unerheblich und für den Auftraggeber unschädlich ist, BGH WM **84**, 1443, NJW **85**, 551. Andererseits kann die Pflicht zur Aufnahme an sich einwandfreier Dokumente entfallen bei Vorliegen einer widersprechenden urkundlichen Erklärung, besonders wenn dadurch die Auszahlung eines der Bank eröffneten Gegenakkreditivs gefährdet wird, BGH WM **64**, 223. Das Fälschungsrisiko trägt zwar an sich die Bank, doch ist es nach **(11)** ERA Art 17 wirksam auf den Auftraggeber abgewälzt. Verpflichtung der Bank zur Konnossement-Aufnahme (und Auszahlung der Akkreditivsumme) trotz gewisser Haftungseinschränkungsklauseln s Ffm WM **78**, 886, dazu Leisse WM **79**, 88.

D. **Beendigung:** Der Akkreditivvertrag kann ohne Kündigungsgrund von beiden Seiten jederzeit gekündigt werden (§§ 675, 649 S 1 BGB). Die Kündigung des Auftraggebers berührt aber einen bereits entstandenen Anspruch des Begünstigten aus dem Akkreditiv nicht. Der Konkurs des Auftraggebers läßt den Akkreditivauftrag erlöschen (§ 23 KO), Schutz der Bank nach § 23 I 2 KO, § 674 BGB; ist das Akkreditiv bereits bestätigt, ist für das Verhältnis von Auftraggeber und Bank streitig, ob § 23 KO oder § 17 KO anzuwenden ist, Canaris 1079. Zum Akkreditiv im Konkurs Liesecke FS Fischer **79**, 397.

3) **Das Rechtsverhältnis zwischen der Bank und dem Begünstigten (Verkäufer)**

A. **Vor Akkreditiveröffnung:** Der Begünstigte steht vor Akkreditiveröffnung in keinem Vertragsverhältnis (aus dem Akkreditiv) zur Akkreditivbank (vgl entspr zur Rechtslage vor Gutschrift bei der Überweisung, Anm III 3 A). Der Akkreditivvertrag ist kein Vertrag zugunsten Dritter iSv § 328 BGB, aufgrund dessen der Begünstigte schon vor Akkreditiveröffnung einen Anspruch gegen die Bank erlangen könnte, hL, vgl **(11)** ERA Art 6; das gilt mangels Auftragsverhältnis zwischen Bank und Verkäufer sogar, wenn die Bank bereits Deckung erhalten hat (vgl anders bei der Überweisung, Anm III 3 A).

B. **Nach Akkreditiveröffnung: a)** Die Akkreditivbank eröffnet das Akkreditiv durch Mitteilung an den Begünstigten (formlos per Telex ua, § 350 HGB; aber s **(11)** ERA Art 12) und wird dadurch diesem vertraglich unmittelbar und abstrakt zur Zahlung gegen Vorlage der vorgeschriebenen Dokumente verpflichtet (§§ 780, 151 BGB), RG **144**, 136, BGH **60**, 264, Düss WM **78**, 124. Die Mitteilung kann über eine andere Bank (Avisbank) erfolgen; diese haftet selbst nur bei eigener Bestätigung des (unwiderruflichen) Akkreditivs gegenüber dem Begünstigten (bestätigtes Akkreditiv, §§ 780, 151 BGB, s Anm 1 B), BGH **28**, 129. Ob bloßes Avis oder Bestätigung vorliegt, folgt aus §§ 133, 157 BGB. Eine Regel, daß die Mitteilung iZw eine verbindliche Bestätigung darstelle, gibt es nicht. Akkreditivbank und Bestätigungsbank haften als Gesamtschuldner. Die Verpflichtung aus dem Akkreditiv kann sich außer auf Zahlung auch auf Akzeptierung oder Negoziierung eines Wechsels erstrecken (s **(11)** ERA Art 10). **b)** Das Akkreditiv ist in der Praxis in aller Regel **unwiderruflich.** Die Verpflichtung daraus kann nur mit Zustimmung aller Beteiligten geändert werden (vgl **(11)** ERA Art 10d). Möglich ist aber auch ein **widerrufliches** Akkreditiv; ohne Angabe der Unwiderruflichkeit gilt es als widerruflich (s **(11)** ERA Art 7c). Die Bank kann das widerrufliche Akkreditiv jederzeit und ohne Nachricht an den Begünstigten widerrufen (s **(11)** ERA Art 9a); sie muß dem Begünstigten, dem sie die Akkreditiveröffnung zuerst mitgeteilt hat, aber auch den (erfolgten) Widerruf mitteilen, sonst haftet sie auf den Vertrauensschaden. Das Recht zum Widerruf erlischt mit Leistung der Akkreditivbank oder Bestätigungsbank an den Begünstigten, RG **107**, 9, vgl **(11)** ERA Art 9b; entspr mit Dokumentenaufnahme beim Akkreditiv mit hinausgeschobener Zahlung (Deferred Payment Akkreditiv), s **(11)** ERA Art 9b ii; bei gemischtem Akkreditiv (zahlbar teils bei Sicht teils nach Sicht) bleibt Verpflichtung für die Nachsichtrate. **c)** Der Anspruch des Begünstigten aus § 780 BGB ist **befristet.** Alle Akkreditive, auch die widerruflichen, müssen ein **Verfalldatum** für die Präsentation der Dokumente enthalten (s **(11)** ERA Art 46). Ohne Verfalldatum liegt nur ein unverbindliches Avis vor, doch wird die Bank den Empfänger auf diese Unverbindlichkeit hinweisen müssen. Die Bank darf (und muß gegenüber dem Auftraggeber) die Zahlung selbst bei geringfügiger Überschreitung des Verfalldatums verweigern, RG **105**, 52; eine Pflicht zur Einräumung einer Nachfrist ist mit der Striktheit des Akkreditivs nicht vereinbar. Außer dem Verfalldatum müssen die Akkreditive auch eine genau bestimmte Frist ab Ausstellungsdatum der Verladedokumente bis Vorlegung enthalten (**Vorlagefrist;** andernfalls Zurückweisung nach 21 Tagen, **(11)** ERA Art 7). **d)** Der Anspruch des Begünstigten aus § 780 BGB ist durch **Andienung akkreditivgerechter Dokumente** bedingt. Der Grundsatz der Dokumentenstrenge gilt im Verhältnis zwischen Bank und Begünstigtem (Zahlung) ebenso wie zwischen Bank und Auftraggeber (Erstattung), s Anm 2 C. Die Bank hat zur Prüfung der Dokumente eine angemessene Frist (s **(11)** ERA Art 16c). Während dieser Zeit hält die Bank die Dokumente als Treuhänderin für den Begünstigten; an den Auftraggeber darf sie sie keinesfalls ohne Einwilligung des Begünstigten herausgeben; anders erst, wenn sie bezahlt hat. Bei kleineren Unstimmigkeiten kommt Zahlung unter Vorbehalt in Betracht (s **(11)** ERA Art 16 f); dieser ist (Kredit)Abrede zwischen der Bank und dem Begünstigten ohne Änderung des Akkreditivs, str, Eberth WM **83,** 1302. Für nicht akkreditivgerechte Dokumente kann die Bank uU Genehmigung des Käufers einholen (Dokumenteninkasso, s Anm 5 A a). Bei Nichtaufnahme des Dokuments muß die Bank die Zweitbank bzw den Begünstigten, von dem sie die Dokumente erhalten hat, unverzüglich (Telekommunikation) benachrichtigen (s **(11)** ERA 16 d). Erneute Andienung nach Beseitigung des Dokumentenmangels ist möglich.

C. **Einwendungsausschluß:** Der abstrakte Zahlungsanspruch bietet dem begünstigten Verkäufer nur deshalb die notwendige Sicherheit im (Export-)Geschäft, weil die Bank nicht unbeschränkt Einwendungen aus den verschiedenen Verhältnissen entgegenhalten kann. Beim eröffneten oder bestätigten Akkreditiv gilt ein weitgehender Einwendungsausschluß entspr § 784 I Halbs 2 BGB (Akkreditiv als Anweisung iwS, s Anm 1 A; zum Ganzen entspr bei der Überweisung s Anm III 3 C), BGH **28,** 130, WM **55,** 767.

a) Ausgeschlossen sind **Einwendungen aus dem Deckungsverhältnis** zwischen Akkreditivbank und Akkreditivauftraggeber, zB der letztere habe keine Deckung gestellt oder er sei in Konkurs gefallen. Dasselbe gilt für Einwendungen aus dem Verhältnis zwischen Bestätigungsbank und Akkreditivbank, BGH WM **58,** 292.

b) Einwendungen aus dem Valutaverhältnis zwischen Verkäufer und Käufer, zB Gewährleistungsansprüche, sind ebenfalls ausgeschlossen, BGH **60,** 264. Der Käufer ist darauf angewiesen, notfalls die Zahlung direkt vom Verkäufer aus ungerechtfertigter Bereicherung zurückzuholen. Einwendungen aus dem Valutaverhältnis, zB Schadensersatzansprüche, kann die Bank dem begünstigten Verkäufer selbst dann nicht entgegensetzen, wenn der auftraggebende Käufer sie ihr abgetreten hat, BGH **28,** 129, **60,** 264.

c) Das gilt zwecks Erhaltung der jeweiligen Gegenrechte **auch bei einem Doppelmangel** von Deckungs- und Valutaverhältnis.

d) Zulässig sind dagegen (1) die Einwendung des **Mangels des Akkreditivauftrags** (s unten Anm f; vgl entspr zum Mangel des Überweisungsauftrags Anm III 3 C); weiter die Einwendungen nach § 784 I Halbs 2 BGB, also (2) Einwendungen, die die Gültigkeit der Annahme betreffen **(Gültigkeitseinwendung),** zB das Schuldversprechen nach § 780 BGB sei nach §§ 134, 138; 142 I iVm 119, 123; 179 BGB nichtig; (3) Einwendungen aus dem Inhalt des Akkreditivs, dh der Akkreditivurkunde, nicht des Akkreditivauftrags **(inhaltliche Einwendungen),** zB die angedienten Dokumente seien nicht akkreditivgerecht oder erst nach Verfall eingereicht; (4) Einwendungen aufgrund des Verhältnisses zwischen Akkreditiv- oder Bestätigungsbank unmittelbar zum Begünstigten **(unmittelbare Einwendungen).** Die Bank darf aber idR (Vertragsauslegung) **nicht** gegen die Akkreditivforderung **aufrechnen,** denn der Begünstigte sollte die Zahlung effektiv, also idR bar erhalten, offen BGH **60,** 264, str, anders für Zahlungsgarantie (s Anm 6 C c), BGH **94,** 171. Das gilt nicht nur für Forderungen aus dem Grundverhältnis, sondern für alle eigenen Forderungen der Bank, außer wenn sie im Zusammenhang mit der Akkreditiveröffnung bzw -bestätigung stehen, und erst recht für abgetretene des Auftraggebers (s Anm b). Entspr gilt für den Erwerb von Sicherungsrechten der Bank (§ 369 HGB, **(8)** AGB-Banken Nr 19). (5) Der Einwand des **Rechtsmißbrauchs** (§ 242 BGB) ist wie immer zulässig. Das kann aber nur in engen Ausnahmefällen gelten, sonst wird die Abstraktheit des Akkreditivs ausgehöhlt. Bsp: Verstoß des Grundgeschäfts gegen §§ 134, 138 BGB, RG **106**, 307; so grobe und evidente (liquide beweisbare) Mängel der Ware, daß das Zahlungsverlangen des Verkäufers arglistig erscheint, BGH WM **55**, 768, Schlesw WM **80**, 50 (Erschleichen einer akkreditivähnlichen Rechtsstellung), aA Canaris 1021, oder der Umstand, daß die Forderung des Verkäufers gegen den Käufer rechtskräftig abgewiesen ist, BGH WM **58**, 697; Rechtsmißbrauch nicht schon, weil nach der Bestätigung durch ausländische Devisenvorschriften Deckung aus dem Ausland unmöglich geworden ist, aA RG **144**, 137.

e) Verhinderung der Zahlung durch **einstweilige Verfügung** oder **Arrest** ist in engen Grenzen denkbar. Der Auftraggeber hat zwar keinen Anspruch aus dem Deckungsverhältnis gegen die Bank auf Unterlassung der Auszahlung (bei grundloser Zahlung kann sie aber vom Auftraggeber keine Erstattung verlangen), Düss WM **78**, 360, str; er kann aber einen Anspruch aus dem Valutaverhältnis gegen den Begünstigten auf Nichtinanspruchnahme des Akkreditivs haben, LG Düss WM **75**, 67, Aden RIW **76**, 678, von Bernstorff RIW **86**, 332. Das gleiche Problem taucht vor allem bei der internationalen Bankgarantie auf (s Anm 6).

f) Rückabwicklung: Bei ausgeschlossenen Einwendungen (s Anm a–c) erfolgt der Bereicherungsausgleich allein im Deckungs- bzw im Valutaverhältnis. Die Bank kann auch nicht aus einem vom Begünstigten ausgestellten Wechsel Regreß nehmen (s **(11)** ERA Art 10a iv); Wechselremboursgeschäft s Anm IV 4 B, Forfaitgeschäft s Anm VI 3 A. Nur bei zulässigen Einwendungen, praktisch vor allem bei Mängeln des Akkreditivauftrags, hat die Bank einen unmittelbaren Anspruch gegen den Begünstigten aus § 812 BGB; zT wird noch restriktiver die Anfechtung (§§ 119 ff BGB) der Dokumentenaufnahme gefordert, Nielsen FS Werner **84**, 573.

D. **Übertragung:** Ein Akkreditiv ist nur übertragbar, wenn es von der Akkreditivbank **ausdrücklich** als übertragbar bezeichnet worden ist. Der Begünstigte kann dann ein einziges Mal das Akkreditiv ganz oder zT einem oder mehreren Dritten **(Zweitbegünstigte)** verfügbar machen, dh dieser erhält gegen Andienung eigener Dokumente (eigene Lieferung) Bezahlung von der Akkreditiv- oder Bestätigungsbank (s **(11)** ERA Art 54). Die tatsächliche Übertragung des (übertragbar gestellten) Akkreditivs bedarf überdies der Mitwirkung der Bank (s **(11)** ERA Art 54c), Baumhöfener WM **69**, 1462, str; doch ist sie dazu im Rahmen der allgemeinen Übertragbarkeit und nach Deckung der entstehenden Kosten verpflichtet. Die Übertragung läßt für den Zweitbegünstigten einen abstrakten Anspruch gegen die Bank nach § 780 BGB mit entspr Einwendungsausschluß auch betr das Verhältnis der Bank zum Erstbegünstigten (s Anm C) entstehen; der Erstbegünstigte hat insoweit aus dem Akkreditiv kein Recht mehr, es ist übertragen (anders beim Unterakkreditiv, s Anm E). Weiterübertragung durch den Zweitbegünstigten ist unzulässig. Von der Übertragung des Akkreditivs zu unterscheiden ist die (auch beim unübertragbaren Akkreditiv) ohne weiteres mögliche Abtretung des bloßen Zahlungsanspruchs aus dem Akkreditiv durch den Begünstigten (s **(11)** ERA Art 55, §§ 398, 404 ff BGB; § 399 BGB liegt hier nicht vor), Karlsr IPRax **82**, 102 m Anm Nielsen 91. Zur Übertragung Stauder AWD **68**, 46. Das Akkreditivrecht ist nicht pfändbar (nur der Begünstigte kann seine eigenen Dokumente vorlegen); die Pfändung des Zahlungsanspruchs aus dem Akkreditiv ist zwar (außer durch den Käufer selbst, aA Aden RIW **76**, 680) möglich, aber ohne Vorlage der Dokumente praktisch nutzlos, außer bei Pfändung auch der Kaufpreisforderung, im einzelnen str.

E. **Unterakkreditiv:** Der Begünstigte kann für einen Dritten **(Unterbegünstigter)** bei der Akkreditivbank oder der Bestätigungsbank ein selbständiges Unterakkreditiv (Weiter-, Zwischen-, Zweit-, Gegenakkreditiv) bestellen, BGH WM **58,** 587, mit Fristablauf vor dem Fristablauf des Hauptakkreditivs, so daß die vom Dritten in der Frist des Unterakkreditivs eingereichten Dokumente noch innerhalb der Frist des Hauptakkreditivs der Hauptakkreditivbank weitergereicht werden können. Das Unterakkreditiv ermöglicht dem Verkäufer, sich die verkaufte Ware erst noch zu beschaffen. Das Unterakkreditiv ist also ein neues Akkreditiv an den Unterbegünstigten, keine Übertragung des Rechts aus dem Hauptakkreditiv. Es ist also auch bei einem unübertragbaren Hauptakkreditiv möglich. Der Erstbegünstigte behält seine vollen Rechte aus dem Hauptakkreditiv. Übersicht: Stauder AWD **69,** 385.

4) Das Rechtsverhältnis zwischen dem Akkreditivauftraggeber (Käufer) und dem Begünstigten (Verkäufer)

A. **Akkreditivklausel:** Der **Käufer** verpflichtet sich durch entspr (auch konkludente) Vereinbarung zur Stellung des Akkreditivs zugunsten des Verkäufers (entspr bei anderen Verträgen als Kauf). Die Akkreditivklausel enthält zweckmäßigerweise den Ausdruck Akkreditiv, rechtlich nötig ist das aber nicht. Zur Klausel „Kasse gegen Dokumente" BGH **41,** 221 (s § 346 HGB Anm 5). Die Akkreditivklausel macht den Käufer vorleistungspflichtig (Akkreditivstellung, Zahlung gegen Dokumente ohne Untersuchung der Ware, s § 377 HGB Anm 3 A), BGH **55,** 342, WM **55,** 767, **65,** 103. Akkreditivstellung ist Hauptpflicht, deren Verletzung die Rechte aus §§ 325, 326 BGB gewährt, BGH WM **58,** 458, **65,** 103. Die Vereinbarung befristeter Akkreditivstellung ist idR Fixgeschäft und gibt dann bei Nichteinhaltung ein Rücktrittsrecht unabhängig von Verschulden und Fristsetzung nach § 326 BGB (§ 376 HGB), RG **104,** 41, 375, BGH WM **58,** 456. Nicht notwendig ist bei einer solchen Vereinbarung auch die Lieferpflicht des Verkäufers „fix" mit entspr Folge zugunsten des Käufers, Nürnb NJW **66,** 2272. Die Akkreditivbank ist Erfüllungsgehilfin des Käufers bei Ausführung der Zahlung durch Akkreditiv (§ 278 BGB), RG **105,** 35, BGH WM **55,** 767, der Käufer haftet dem Verkäufer für ihr Verschulden, zB bei verspäteter Eröffnung des Akkreditivs oder unberechtigter Zurückweisung der vom Verkäufer angedienten Dokumente. Der **Verkäufer** verpflichtet sich, der Akkreditivbank akkreditivgerechte Dokumente anzudienen. Auch dies ist eine Hauptpflicht, str, aA RG **96,** 248. Der Verkäufer haftet für die von ihm eingeschaltete Bank nach § 278 BGB. Fälligkeit der Kaufpreisforderung und Verjährungsbeginn sind bis zur Vorlage der Dokumente hinausgeschoben, BGH **55,** 342.

B. **Erfüllung:** Das Akkreditiv wird ebenso wie Wechsel und Scheckhingabe nur **erfüllungshalber** gestellt (entspr §§ 788, 364 II BGB), BGH BB **56,** 546. Der Verkäufer muß Befriedigung erst aus dem Akkreditiv suchen (Akkreditiveinrede). Erst wenn die Bank nicht zahlt, kann der Verkäufer sich an den Käufer halten; das gilt auch bei Nichtzahlung aus vom Begünstigten zu vertretenden Gründen, zB Mängeln der Dokumente. In der Akkreditivabrede allein liegt dementsprechend idR noch keine Vereinbarung, der Sitz der Akkreditivbank solle **Erfüllungsort** für alle Ansprüche sein, BGH NJW **81,** 1905. Die Akkreditivklausel verpflichtet den Käufer zur effektiven Zahlung, idR in bar **(keine Aufrechnung),** BGH **60,** 264; das gilt nicht nach Verfall des Akkreditivs, außer wenn dieser auf Gründe im Risikobereich des Käufers zurückgeht (§ 242 BGB), BGH **60,** 265, Hbg BB **78,** 63, str. Zur Aufrechnung durch die Akkreditivbank s Anm 3 C d. Entsprechendes gilt für das Zurückbehaltungsrecht.

C. **Gefahrtragung:** Die Gefahr der Nichtzahlung der Bank, zB ihr Konkurs, trägt der Käufer, auch für die Zeit nach Akkreditiveröffnung (Grund: § 364 II BGB), hL, aA Canaris 1061.

D. **Einstweilige Verfügung, Arrest:** Der Käufer kann den Verkäufer uU durch Arrest oder einstweilige Verfügung (§§ 916 ff, 937 ff ZPO) daran hindern, den Akkreditivbetrag von der Bank einzuziehen (vgl Anm 3 C e), Liesecke WM **66,** 468. Voraussetzung ist ein Verzichtsanspruch, zB bei Nichtigkeit des Kaufvertrags (§ 812 II BGB). Das gilt aber nicht schon bei Mängeln des Valutaverhältnisses, von denen die Zahlung durch Akkreditiv gerade unabhängig sein soll, zB Mängel der Ware, Schadensersatzpflicht des Verkäufers ua; etwas anderes gilt nur bei evidentem und liquide beweisbarem Rechtsmißbrauch, LG Düss WM **75,** 68, Liesecke WM **76,** 267; s zur Garantie Anm 6. Pfändung der Kaufpreisforderung des Verkäufers durch Käufer s bejahend Hbg BB **78,** 63 m krit Anm Kremers.

5) Dokumenteninkasso

A. **Rechtliche Qualifikation: a)** Der Inkassoauftraggeber (Gläubiger, Verkäufer, Exporteur) beauftragt seine Bank (Inkassobank) mit dem Einzug seiner Kaufpreisforderung vom Schuldner (Käufer, Importeur) gegen Aushändigung der Warendokumente. Der Inkassovertrag zwischen Gläubiger und Bank ist ein Dienstvertrag mit Geschäftsbesorgungscharakter (§§ 675, 611 BGB), vgl BGH WM **58,** 224. Das Dokumenteninkasso ist in **(12)** ERI näher geregelt; diese sind in **(8)** AGB-Banken Nr 28 I 2 mitvereinbart. Im übrigen gelten entsprechend die Grundsätze des Wechsel- und Scheckinkassogeschäfts (s Anm III 5 und **(8)** AGB-Banken Nr 40–47); zT kann auch auf Akkreditivrecht zurückgegriffen werden, doch wird beim Dokumenteninkasso kein abstraktes Schuldversprechen abgegeben und für die Inkassobank als vom Gläubiger eingeschaltete Bank gilt der Grundsatz der Dokumentenstrenge nicht. In der Praxis kommt das Dokumenteninkasso (auf Verkäuferseite) häufig gemeinsam mit einem Akkreditiv (auf Käuferseite) vor, so wenn der Verkäufer seinerseits eine Inkassobank einschaltet oder wenn die Akkreditivbank oder Bestätigungsbank den Einzug nicht akkreditivgerechter Dokumente beim Käufer versucht (oft nur gegen Bankgarantie), s Anm 3 B d. Sicherungsrechte der Bank beim Dokumenteninkasso s Obermüller FS Bärmann **75,** 709. **b)** Üblicherweise zieht nicht die erstbeauftragte Bank **(Einreicherbank)** ein, sondern diese beauftragt die zweitbeauftragte Bank **(Inkassobank)** mit dem Einzug. Der Gläubiger steht dann zu der Inkassobank in keinen vertraglichen Beziehungen, Hbg MDR **70,** 335. Zwischen den beiden Banken besteht dagegen ein Vertrag nach §§ 675, 611 BGB. Für Drittschadensliquidation oder Drittschutzwirkung gilt dasselbe wie beim Akkreditiv (s Anm 1 B).

B. **Verhältnis zwischen Banken und Gläubiger:** Die Bank ist dem Gläubiger zur sorgfältigen Erledigung des Inkassoauftrags verpflichtet. Sie kann das als Bevollmächtigte oder im eigenen Namen (Einziehungsermächtigung nach § 185 BGB oder Treuhandübertragung, Canaris 1092). Die Einreicherbank darf eine andere Bank als Inkassobank einschalten. Sie haftet für diese idR nicht nach § 278 BGB, str, vielmehr liegt eine zulässige Substitution vor (s **(12)** ERI Art 3 III; anders **(8)** AGB-Banken Nr 9); die Bank haftet aber für eigenes Auswahlverschulden. Die Einreicherbank hat die Weisungen des Gläubigers strikt zu befolgen, BGH WM **80,** 588; Weisungen des Gläubigers sind nicht direkt an die Inkassobank möglich, aber von der Einreicherbank weiterzuleiten. Die Banken müssen nur prüfen, ob die erhaltenen Dokumente den im Inkassoauftrag aufgezählten Dokumenten entsprechen und bei Fehlen Nachricht geben, eine weitergehende Prüfungspflicht haben sie nicht (s **(12)** ERI Art 2). Die Bank darf dem Schuldner die Dokumente nur gegen Zahlung aushändigen (s **(12)** ERI Art 11; auch keine Andienung ,,zu getreuen Händen" (s § 346 HGB Anm 5). Vom Scheitern des Inkasso muß sie den Gläubiger unverzüglich benachrichtigen (s

(12) ERI Art 20). Pflichten bezüglich der Ware treffen sie idR nicht, vgl aber für einen Sonderfall BGH **36**, 339. Der Inkassovertrag kann jederzeit gekündigt werden (§§ 675, 649 S 1 BGB; s Anm 2 D). Sicherungsrechte der Bank s BGH **95**, 149.

C. **Verhältnis zwischen Banken und Schuldner:** Die Inkassobank steht in keinem vertraglichen Verhältnis zum Schuldner. Zu einem Schuldanerkenntnis wie beim eröffneten oder bestätigten Akkreditiv (s Anm 3 B) kommt es nicht.

D. **Verhältnis zwischen Gläubiger und Schuldner:** Im Valutaverhältnis zwischen Verkäufer und Käufer (entspr für andere Verträge) ist Zahlung durch Dokumenteninkasso vereinbart, zB durch Klausel „Kasse gegen Dokumente", „netto Kasse gegen Dokumente bei Ankunft des Dampfers", BGH **41**, 221, „d/p" (documents against payment), „d/a" (documents against acceptance), s § 346 HGB Anm 5. Der Käufer wird dadurch vorleistungspflichtig (Zahlung bzw Wechselhingabe gegen Dokumente ohne Untersuchung der Ware, s § 377 HGB Anm 3 A), BGH **41**, 221. Aufrechnung und Zurückbehaltungsrechte sind ausgeschlossen, BGH **14**, 62; die Grundsätze zum Akkreditiv gelten entspr, s Anm 4 A.

6) Garantiegeschäft

A. **Rechtliche Qualifikationen: a)** Das Garantiegeschäft ist die Übernahme von Bürgschaften, Garantien und sonstigen Gewährleistungen für andere (§ 1 I 2 Nr 8 KWG). Zur Bürgschaft s § 349 HGB; zur Patronatserklärung s § 349 HGB Anm 4 E. Abgrenzung von Bankbürgschaft und Bankgarantie s Hbg WM **83**, 188. Der Garantieauftraggeber (Schuldner, Käufer, Importeur) beauftragt seine Bank (Garantiebank) mit der Hinauslegung einer Garantie an den Garantiebegünstigten (Gläubiger, Verkäufer, Exporteur). Bsp: Bietungsgarantie (tender guarantee, Sicherheit für Vertragserfüllung des Bieters, falls er den Zuschlag erhält), Anzahlungs- oder Rückzahlungsgarantie (repayment guarantee), Leistungs- und Lieferungsgarantien (performance guarantee), Gewährleistungsgarantie (warranty guarantee). Die Bankgarantie ist ein gesetzlich nicht geregelter **Garantievertrag** (s § 349 HGB Anm 4 C). Die Bankgarantie ist in der internationalen Vertragspraxis bis ins einzelne geregelt; für vom nationalen Recht autonome Auslegung Coing ZHR 147 (**83**) 127. Einheitliche Richtlinien für Vertragsgarantien wurden von der IntHK 1978 veröffentlicht (IntHK-Publikation Nr 325; Muster für Vertragsgarantien nF 1982 IntHK-Publikation Nr 406), dazu Stumpf RIW **79**, 1, Trost RIW **81**, 659; sie beachten die rechtliche Selbständigkeit der Garantie zu wenig und haben sich deshalb in der Bankenpraxis nicht durchgesetzt, **(8)** AGB-Banken Nr 28 bezieht sie anders als **(11)** ERA und **(12)** ERI nicht ein; die IntHK arbeitet an Richtlinien für Garantien auf erstes Anfordern. Die **(11)** ERA nF 1983 beziehen jetzt auch die Standby Letters of Credits ein, s **(11)** ERA Art 1 Anm 1. Die Bankgarantie steht **dem Akkreditiv nahe**, obwohl sie der Sicherung und uU der Kreditierung, nicht aber der Zahlung dient; vor allem gelten auch hier der Grundsatz der **Unabhängigkeit** des Zahlungsanspruchs vom Grundgeschäft und der Grundsatz der **Dokumentenstrenge** (s Anm 1 A, 3 C, 2 C). Diese Grundsätze sind besonders streng zu beachten, weil die internationale Bankgarantie die **Funktion des Bardepots** übernommen hat („erst bezahlen, dann prozessieren").

b) Bei internationalen Bankgarantien sind idR **mehrere Banken** beteiligt. Der Schuldner beauftragt seine **Schuldnerbank** mit der Hinauslegung einer Garantie; dieser liegt dann ein Werkvertrag mit Geschäftsbesorgungscharakter zugrunde (§§ 675, 631 BGB). Die Schuldnerbank beauftragt eine zweite, idR vom Gläubiger benannte Bank (vereinfacht: **Gläubigerbank**) im Land des

Gläubigers mit der Mitteilung (Avis, s Anm 1 B) oder idR der selbständigen Hinauslegung einer Garantie; wiederum liegt ein Vertrag nach §§ 675, 631 BGB zugrunde, an dem aber der Schuldner-Käufer nicht beteiligt ist. Das anwendbare Recht wird idR ausdrücklich vereinbart, andernfalls gilt das Recht am Sitz der Bank, die die für die Garantie typische Leistung erbringt, **(8)** AGB-Banken Nr 26 I, Hbg RIW **78,** 616, LG Ffm NJW **63,** 451. Muß die Gläubigerbank bei Eintritt des Garantiefalls bezahlen, nimmt sie Regreß bei der Schuldnerbank (§§ 675, 670 BGB); diese hält sich wiederum an den Garantieauftraggeber (§§ 675, 670 BGB). Häufig läßt sich die Gläubigerbank von der Schuldnerbank zusätzlich, uU auch diese von einer dritten Bank eine **Rückgarantie** (Gegengarantie, counter guarantee) stellen. Bei Inanspruchnahme der Rückgarantie ist entscheidend, ob der Rückgarantiefall der Eintritt des Hauptgarantiefalls oder aber wie idR die rein tatsächliche Inanspruchnahme und Zahlung der Hauptgarantiebank ist. Mangelnde Abstimmung der Rückgarantie auf die Hauptgarantie s Stgt WM **81,** 1265. Monographien: Kübler 1967, Kleiner 3. Aufl 1979, von Westphalen 1982, Deutsche Bank 1984, Dohm (Schweiz) 1985, Mülbert 1985; von Caemmerer FS Riese **64,** 295, Pleyer WM Sonderbeil 2/**73,** Horn NJW **80,** 2153, von Westphalen WM **81,** 294, Bark ZIP **82,** 405, 655, Coing ZHR 147 **(83)** 125, Nielsen ZHR 143 **(83)** 145.

B. **Verhältnis zwischen Banken und Garantieauftraggeber:** Die Bank ist dem Garantieauftraggeber aus §§ 675, 631 ff BGB verpflichtet, eine Garantie mit dem vereinbarten Inhalt (Bsp s Anm A a; Garantie auf erstes Anfordern s Anm C) zu eröffnen. Warnpflichten s Anm I 6 D g. Anspruch auf Vorschuß hat sie nicht, doch gilt § 775 BGB analog. Andere Banken darf sie nur mit Einverständnis des Auftraggebers einschalten, je nach Einzelfall haftet sie dann nach § 278 BGB (s Anm 2 A), str. Sie muß die **Weisungen** des Auftraggebers strikt befolgen, Stgt WM **79,** 734; nach Garantieerteilung kann der Auftraggeber aber die Rechtsstellung des Garantiebegünstigten nicht mehr durch Gegenweisung an die Bank antasten. Bei Eintritt des Garantiefalls muß die Bank erst unverzüglich den Auftraggeber **benachrichtigen** (auch bei Garantie auf erstes Anfordern), um ihm Gelegenheit zur Stellungnahme zu geben, str, und (auch gegen den Widerspruch des Auftraggebers) **bezahlen,** aber nur gegen genaue Prüfung der zum Nachweis des Garantiefalls vorgeschriebenen Dokumente; **(8)** AGB-Banken Nr 13 steht nicht entgegen, Canaris 1108. Der Grundsatz der **Dokumentenstrenge** gilt hier wie beim Akkreditiv (s Anm 2 C), Hbg WM **78,** 261, Stgt WM **79,** 734. Verletzt sie diese Prüfungspflicht, verliert sie ihren Aufwendungsersatzanspruch gegenüber dem Auftraggeber aus §§ 675, 670 BGB (für Sicherheiten § 774 BGB analog, str) und (mangels Vorliegen des Garantiefalls, so wie formal festgelegt) uU auch den Rückgriffsanspruch gegen die Rückgarantiebank (s Anm A b). Der Garantievertrag kann von der Bank analog § 610 BGB gekündigt werden (nach aA jederzeit ohne Grund, §§ 675, 649 BGB).

C. **Verhältnis zwischen Banken und Garantiebegünstigten: a) Vor Garantieeröffnung** steht der Gläubiger in keinem Vertragsverhältnis (aus der Garantie) zur Garantiebank. Der Garantieauftrag ist kein Vertrag zugunsten Dritter iSv § 328 BGB (s Anm 3 A). Der Garantievertrag mit dem Begünstigten kommt formlos zustande (§ 151 BGB); in der Praxis ist aber Schriftform handelsüblich. **b) Nach Garantieeröffnung** hat der Begünstigte einen durch Eintritt des Garantiefalls bedingten, selbständigen Zahlungsanspruch gegen die Bank. Was Garantiefall sein soll, richtet sich nach dem Garantievertrag. Die einfache Garantie, bei der die Bank der Garantieforderung des Gläubigers alle Einwendungen aus dem Grundverhältnis entgegenhalten kann, nützt dem Gläubiger wenig. Internationale Bankgarantien sind deshalb idR eine **„Garantie auf erstes Anfordern"** (vgl Bürgschaft auf erstes Anfordern, BGH **74,** 244, NJW

84, 923). Dann ist zu zahlen schon auf die **bloße schlüssige Behauptung** des Eintritts des Garantiefalls durch den Begünstigten oder (Auslegung des Garantievertrags) seinen Zessionar, BGH **90**, 291, zB der Kaufpreis sei nicht bezahlt. Einwendungen aus dem Grundverhältnis werden damit ausgeschlossen, weitere gerichtliche oder andere Verfahren sollen nicht notwendig sein; Bsp: LG Ffm NJW **63**, 450. Die Garantie auf erstes Anfordern macht den Käufer vorleistungspflichtig und verweist ihn darauf, notfalls die Zahlung vom Verkäufer wieder zurückzuverlangen (je nach Vereinbarung an dessen Gerichtsstand und nach ausländischem Recht). Wegen der damit für den Käufer verbundenen Gefahren wird mitunter eine **besondere Nachweise** verlangende (sog bedingte) Garantie vereinbart, bei der der Eintritt des Garantiefalls von bestimmten urkundlich nachzuweisenden Umständen (Bestätigungen, Zertifikate unabhängiger Dritter, zB Controll-Co, uU auch Schiedsspruch) abhängig ist. Für die vorzulegenden Dokumente gilt der Grundsatz der Dokumentenstrenge auch gegenüber dem Gläubiger (s Anm B), Hbg WM **78**, 261, Stgt WM **79**, 734. Effektivklauseln (zB ,,falls der Schaden eintritt") führen zu Unsicherheit; es genügt Glaubhaftmachung, aA Canaris 1131. Empfehlenswert ist dagegen Klausel über automatische Garantieermäßigung. Der Garantieanspruch verjährt in 30 Jahren (§ 195 BGB), BGH WM **77**, 366, doch wird idR ein **Verfalldatum** vereinbart, bis zu dem die Garantie formgerecht in Anspruch genommen sein muß, Hbg RIW **78**, 616, Stgt WM **79**, 733; Bezifferung der Anspruchshöhe ist dazu jedoch nicht nötig, Brändel FS Werner **84**, 49, aA Ffm WM **83**, 517. Praktisch wird häufig die Verlängerung der Garantie erzwungen (,,pay or extend"), das kann rechtsmißbräuchlich sein, s Anm C. Ein Verfalldatum wird in verschiedenen Rechtsordnungen nicht anerkannt. Eine Pflicht zur Einräumung einer Nachfrist ist mit der Striktheit der Garantie nicht zu vereinbaren, aA wohl Canaris 1127. Die häufige Klausel, daß die Garantie bei Rückgabe der Urkunde erlischt, nützt praktisch wenig. Zur Urkundenrückgabepflicht nach Erlöschen der Garantie Schütze WM **82**, 1398. c) Für den **Einwendungsausschluß** gilt ähnliches wie beim eröffneten Akkreditiv (s Anm 3 C), zB idR keine Aufrechnung der Bank; differenzierend nach Garantiezweck, Aufrechnung mit eigenen liquiden Ansprüchen der Bank bei Zahlungsgarantie bejahend BGH **94**, 171. Im Vordergrund steht hier aber die Einwendung des (objektiven, str) **Rechtsmißbrauchs** (§ 242 BGB). Rechtsmißbräuchliches Verhalten des Begünstigten liegt nicht schon vor, wenn die Forderung aus dem Grundverhältnis bestritten, zweifelhaft oder auch möglicherweise inexistent ist. Die Garantie soll ihn gerade auch vor solchen Unsicherheiten abdecken. Rechtsmißbrauch liegt vielmehr nur bei Garantieabruf trotz **offensichtlicher** und **liquide beweisbarer Unbegründetheit** vor, hL, BGH **90**, 292, Stgt WM **79**, 735, Ffm WM **83**, 576; der Beweis wird idR durch geeignete Dokumente geführt, uU auch Zeugenbeweis, str. Das gilt auch für die Rückgarantie, Saarbr WM **81**, 277. Bei einem solchen Rechtsmißbrauch hat die Bank eine Pflicht gegenüber dem Garantieauftraggeber, die Zahlung zu verweigern, hL. Rückabwicklung s Anm 3 C f, Canaris 1141. Der Garantieanspruch ist übertragbar. Verhinderung der Zahlung ist nicht durch eine einstweilige Verfügung gegen Auszahlung der Garantiesumme durch die Garantiebank möglich, Stgt NJW **81**, 1913, Ffm NJW **81**, 1914; Heinsius FS Werner **84**, 229, sehr str, aA LG Ffm NJW **81**, 56 (§ 935 ZPO), wegen der Auslandsrisiken der Bank dann aber nur gegen Sicherheitsleistung (§§ 936, 921 II ZPO), Nielsen ZHR 147 (**83**), 159; aber in engen Grenzen ist einstweilige Verfügung (§ 940 ZPO) gegen Rückbelastung beim Garantieauftraggeber-Bankkunden denkbar, zB bei Auszahlung trotz Abruf der Garantie erst nach Garantieablauf, Stgt NJW **81**, 1913. Einstweilige Verfügung gegenüber dem Begünstigten s Anm D. Monographie Mülbert 1985; Schütze WM **80**, 1438,

RIW **81,** 83, DB **81,** 779, Stockmayer AG **80,** 326, Mettenheim RIW **81,** 581, Nielsen ZIP **82,** 253, Mülbert ZIP **85,** 1101.

D. Verhältnis zwischen Garantieauftraggeber und Begünstigtem: Der Käufer verpflichtet sich durch Garantieklausel zur Stellung einer Garantie mit genau bestimmtem Inhalt zugunsten des Verkäufers (entspr bei anderen Verträgen zB Werk-, Werklieferungsvertrag). Unwirksamkeit der Garantieklausel macht iZw den ganzen Vertrag unwirksam (§ 139 BGB). Die Stellung der Garantie ist Hauptpflicht iSv §§ 325, 326 BGB (s Anm 4 A). Der Käufer kann grundsätzlich ebensowenig wie beim Akkreditiv den Verkäufer durch Arrest oder einstweilige Verfügung an der Einziehung des Garantiebetrags hindern (s Anm 4 D), Ffm BB **74,** 954; die Garantie (auf erstes Anfordern) würde als Sicherungsmittel sonst hinfällig. Anders als beim Akkreditiv spielt hier aber der mißbräuchliche Abruf der Garantie eine erhebliche Rolle. Bei Rechtsmißbrauch, insbesondere Betrug des Verkäufers (s Anm Cc), kann sich der Käufer durch einstweilige Verfügung (§§ 937 ff ZPO) oder Arrest (§§ 916 ff ZPO, dazu Aden RIW **81,** 439) wehren, hL (s Anm Cc aE).

7) Auslandsgeschäft

A. **Übersicht:** Wichtige Auslandsgeschäfte der Banken sind Akkreditivgeschäft (s Anm 1–4), Dokumenteninkasso (s Anm 5), Garantiegeschäft (s Anm 6), Remboursgeschäft (s Anm IV 4 B), Forfaitgeschäft (s Anm VI 3 A). Regelmäßig geht es dabei um Import- oder Exportfinanzierung und die entsprechenden Sicherheiten. Rolloverkredite und Bardepotpflicht s BGH NJW **79,** 2097 m Anm Peltzer WM **79,** 788. Scheingeschäft (§ 117 BGB) zur Umgehung der Bardepotpflicht, BGH NJW **80,** 1572; Abgrenzung zwischen Schein- und Strohmannsdarlehen danach, ob nur der Hintermann oder der Strohmann selbst als Vertragspartei haftet, BGH NJW **82,** 569. Auswirkung von Devisensperren auf Bürgenhaftung, str, Kühn-Rotthege NJW **83,** 1233, Rüßmann WM **83,** 1126. Fehlende Genehmigung nach Außenwirtschaftsrecht (zB § 52 AWV) führt zur schwebenden Unwirksamkeit des Darlehensvertrags, BGH WM **81,** 190, vorsätzliche Mißachtung der Genehmigungspflicht zur Nichtigkeit, BGH WM **81,** 188. Eurokreditvertrag s Aden RIW **82,** 309. Monographien Klenke 1983; zur AußenHdlFinanzierung Zahn-Eberding-Ehrlich 6. Aufl 1986; von Westphalen 2. Aufl 1978.

B. **Hermes-Deckung:** Exportkredite werden heute vielfach unter Mitwirkung der öffentlichen Hand gewährt, die den Exporteuren und Banken unberechenbare Risiken abnimmt (Hermes-Deckung unter Einschaltung der Hermes Kreditversicherungs-AG Hamburg/Berlin für den Bund). Dazu Richtlinien für die Übernahme von Ausfuhrgewährleistungen 30. 12. 83 BAnz 29. 2. 84 Nr 42, von Spiegel NJW **84,** 2005. Die Richtlinien trennen Übernahmeentscheidung und vertragliche Abwicklung, geben Kriterien für die Übernahme und sehen eine grundsätzliche Stellungnahme (Zusicherung) gegenüber dem Antragsteller vor. Die Einzelverträge zwischen Hermes und dem Exporteur enthalten dann als AGB die Hermes-Bedingungen (nF ab 1. 10. 86 geplant). Gewährt werden ,,Bürgschaft" und ,,Garantie" (mangels Akzessorietät beidesmal Garantievertrag; von Westphalen BB **82,** 712) für Fabrikations- und Ausfuhrrisiko, gedeckt werden wirtschaftliche ebenso wie politische Risiken. Hermes-Deckung ist vielfach Voraussetzung dafür, daß sich die Banken auf die Exportfinanzierung überhaupt einlassen können; zur Anrechnung von Zahlungen auf Hermesgarantie s BGH WM **83,** 151, 912. Monographie Christopheit 1968; Nielsen BuB 5/184.

C. **Devisenhandelsgeschäfte:** Der Devisenhandel ist der Handel mit ausländischen Zahlungsmitteln. Dazu gehören Sorten (ausländische Noten und

Münzen), Fremdwährungsguthaben und im Ausland zahlbare Fremdwährungswechsel und -schecks. Devisenhandel ist kein Bankgeschäft iSv § 1 I 2 KWG (s aber Grundsatz Ia zu §§ 10, 11 KWG). Rechtlich handelt es sich idR um Kaufverträge. **Kassageschäfte** sind Verträge über Devisen, die nach zwei Tagen oder bei überseeischen Währungen binnen fünf Tagen zu erfüllen sind (Fixgeschäft iSv § 361 BGB, § 376 HGB); idR liegt Kommission mit Selbsteintritt der Bank vor, **(8)** AGB-Banken Nr 35. **Termingeschäfte** sind Verträge über Devisen, die von beiden Seiten erst zu einem späteren Zeitpunkt (als bei Tages- oder Kassageschäften) zu erfüllen sind; die Banken treten dabei als Eigenhändler auf, Kümpel WM Sonderbeil 1/**76**, 20. Börsentermingeschäfte s **(14)** BörsG Überbl vor § 50. **Swapgeschäfte** sind eine Kombination aus Kassa- und Termingeschäften; zB wird ein Devisenkassakauf mit einem Devisenterminverkauf oder umgekehrt verbunden. Rechtlich kann ein doppelter Kauf oder ein Kauf mit Wiederverkaufsabrede (vgl Anm VI 3 B zum Pensionsgeschäft), im Einzelfall, zB beim Finanzierungsswap, auch ein Darlehen vorliegen, Lüer WM Sonderbeil 1/**77**, 5. Der Swapsatz ist der Unterschied zwischen Kassa- und Terminkurs. Währungs- und Zinssatzswaps s Anm V 7. Switschgeschäfte, BGH **55**, 336, und Swinggeschäfte sind heute selten, Nielsen BuB 5/565. Überblick über Devisen- und Währungsrecht (AWG, AWV) s Nielsen BuB 5/490.

D. **Internationale Gerichtsbarkeit:** Internationale Zuständigkeit und Vollstreckung, vor allem EuGVÜbk, s Einl IV 2 D vor § 1 HGB; internationale Anerkennung von Schiedssprüchen s Einl IV 3 C vor § 1 HGB.

VIII. Effektengeschäft

Das Effektengeschäft ist die Anschaffung und die Veräußerung von WP für andere (§ 1 I 2 Nr 4 KWG, Text s Anm I 2 A). Zum Effektengeschäft (WP-Handel mit Emissions- und Konsortialgeschäft) s §§ 383 ff HGB. Zu den Aufklärungs- und Beratungspflichten der Bank s Anm I 6 D h, zur Anlageberatung s § 347 HGB Anm 3, 4.

IX. Depotgeschäft

Das Depotgeschäft ist die Verwahrung und die Verwaltung von WP für andere (§ 1 I 2 Nr 5 KWG, Text s Anm I 2 A). Zum Depotgeschäft (mit Vermögensverwaltung und Verwahrgeschäft) s **(13)** DepotG.

X. Investmentgeschäft

Das Investmentgeschäft sind die im KAGG bezeichneten Geschäfte (§ 1 I 2 Nr 6 KWG, Text s Anm I 2 A). Es ist besonderen Banken (Kapitalanlagegesellschaften) vorbehalten und im einzelnen im KAGG und für ausländische Investmentanteile (Begriff s BVerwG NJW **80**, 2482) im AuslInvestmG geregelt. Komm: Baur 1970, Flachmann (LBl).

XI. Factoring

RsprÜbersicht: *Wolf* WM **79**, 1374.

1) Rechtliche Qualifikation

Beim Factoringgeschäft überträgt der Factoringkunde (Gläubiger) seine Forderungen durch vorweggenommene Globalzession an den Factor. Dieser vergütet dem Kunden sofort den Gegenwert der Forderungen abzüglich Provision (Einbehalt auf Sperrkonto), nimmt ihm die Debitorenbuchhaltung ab und zieht die Forderungen ein. Das Factoring ist kein Bankgeschäft iSv § 1 I 2 KWG, wird aber meist von Banken betrieben. Rechtlich ist das Factoring weder einheitlich Kauf, so Blaurock ZHR 142 (**78**) 341, 143 (**79**) 71, noch einheitlich Darlehen, so Canaris 1655, vielmehr ist zu unterscheiden. Beim **echten Factoring** (ähnlich Forfaitgeschäft s Anm VI 3 A) verkauft der Kunde der Bank laufend gegen Sofortzahlung seine idR noch nicht fälligen Forderungen aus Warenlieferungen oder Dienstleistungen. Die Zession erfolgt offen (Einzug durch die Bank im eigenen Namen) oder still (Einzug auf Konto des Kunden bei der Factoringbank). Vor Übernahme kann eine Bonitätsprüfung erfolgen. Der Factor übernimmt hier das Risiko der Zahlungsunfähigkeit des Schuldners (Delkredere). Rechtlich ist dies ein **Forderungskauf**, BGH **69**, 257, **72**, 21. Beim **unechten Factoring** vergütet die Bank die Kundenforderungen zwar ebenfalls sofort und muß Befriedigung zuerst aus den abgetretenen Forderungen suchen, das Ausfallrisiko verbleibt aber beim Kunden (Rückbelastungsrecht des Factors). Rechtlich ist das kein Forderungskauf, sondern ein **Kreditgeschäft mit Abtretung der Forderungen erfüllungshalber**, BGH **58**, 366, **71**, 308, **82**, 61. Monographien Glomb 1969, Bette 1973, Ehling 1977.

2) Verhältnis zwischen Bank und Kunden

Der Factoringvertrag verstößt nicht gegen das RBerG, weder beim echten Factoring (reines Inkassogeschäft), BGH **76**, 119, noch beim unechten Factoring (Kreditgeschäft mit Sicherungsabtretung), BGH **58**, 364. Das Factoring ist ein Dauerschuldverhältnis, BGH **80**, 44. Der Factoringvertrag ist (auch beim echten Factoring) ein Krediteröffnungsvertrag (s Anm IV 2). Möglich ist, daß sich der Rahmenvertrag nicht generell auf echtes oder unechtes Factoring festlegt, dann kann der Factor ein Wahlrecht iSv § 262 BGB haben, Canaris 1671.

3) Globalzession

A. Beim **echten** Factoring ist die Globalzession (s Anm IV 6) an die Factoringbank auch gegenüber dem verlängerten Eigentumsvorbehalt der Warenkreditgläubiger wirksam, BGH **69**, 258; Grund: Vorbehaltsverkäufer steht wie bei Bareinzug der Kaufpreisforderung durch den Vorbehaltskäufer. Eine dem Vorbehaltskäufer vom Vorbehaltsverkäufer erteilte Einzugsermächtigung deckt auch die Factoringzession der Forderungen aus dem Weiterverkauf der Vorbehaltsware, BGH **72**, 15, aA Dähr DB **81**, 1759; gedeckt ist also auch die dem verlängerten Eigentumsvorbehalt nachfolgende Factoringzession. Ein Verbot des Factoring durch AGB des Vorbehaltsverkäufers ist unwirksam, Ffm NJW **77**, 907, so idR auch für ein generelles Lieferantenabtretungsverbot, Lambsdorff BB **82**, 337. Einzugsermächtigung durch Geldkreditgeber, der durch Globalzession gesichert ist, berechtigt Darlehensnehmer nicht zur nochmaligen Abtretung im echten Factoring, BGH **75**, 391; Grund: Substanzverlust der Sicherung durch Factorgebühren; die nochmalige Abtretung nach Globalzession ist aber gedeckt, wenn der Darlehensnehmer dafür den ungeschmälerten Gegenwert der Forderung (Abzinsung unschädlich) endgültig erhält, BGH **82**, 283.

B. Beim **unechten** Factoring ist anders als beim echten die Globalzession an die Factoringbank gegenüber dem verlängerten Eigentumsvorbehalt grundsätzlich unwirksam; denn entweder deckt schon die erteilte Einzugsermächtigung die Factoringzession nicht oder es gelten dieselben Grundsätze wie bei der Kollision von Geldkredit- und Warenkreditgläubigern (Vertragsbruchtheorie, s Anm IV 6 b); BGH **82**, 50, Serick BB **79**, 850, NJW **81**, 794, 1715, Lambsdorff ZIP **80**, 543, Kübler ZIP **80**, 546, Kuhnt BB **81**, 334; aA Canaris NJW **81**, 249, 1347 (Barvorschußtheorie), weil die Rückbelastung uneinbringlicher Forderungen den Vorbehaltsverkäufer nicht wesentlich schlechter als ohne Factoring stelle und die Zulässigkeit ähnlicher Rückbelastungsrechte zB der diskontierenden Bank anerkannt ist (BGH BB **79**, 956). Die zurückzubuchenden Forderungen können jedenfalls nicht als Sicherheit für mit dem Factoringvertrag nicht zusammenhängende Gegenforderungen der Bank verwandt werden. Die zurückzubuchenden Forderungen gehen iZw kraft auflösender Bedingung an den Lieferanten zurück (§ 185 II 1 Fall 2 BGB), Canaris NJW **81**, 252. Zur Sittenwidrigkeit eines unechten Factoring gegenüber PublikumsGes s Anh § 177a HGB Anm VIII 4. Das Factoring ist keine Vermögensübernahme iSv § 419 BGB, weder beim unechten Factoring, BGH **71**, 306, noch beim echten.

XII. Leasing

RsprÜbersicht: *Braxmaier* WM **82**, 121, **84**, 193, Sonderbeil 3/**86**, 14; *von Westphalen*, 3. Aufl 1985.

1) Rechtliche Qualifikation

Beim Leasinggeschäft überläßt der Leasinggeber eine Sache oder Sachgesamtheit dem Leasingnehmer gegen Entgelt zur Nutzung auf Zeit. Dabei trägt der Leasingnehmer die Gefahr des Untergangs und der Beschädigung und hat idR eine Kaufoption auf späteren Erwerb. Beim **Herstellerleasing** handelt es sich um einen **Mietvertrag** mit fester Mietzeit, Deckung von Anschaffungs- bzw Herstellungskosten und Gewinn durch die über die Laufzeit verteilten Raten und Gefahrtragung und Sachunterhaltung durch den Leasingnehmer, BGH NJW **77**, 1058; s dazu Komm zu §§ 535 ff BGB. Einen Übergang zum Finanzierungsleasing stellt das **sale-and-lease back** dar, bei dem der Eigentümer (Leasingnehmer) einen Gegenstand zunächst veräußert und dann vom Erwerber zurückleast. Das bringt Liquidität, senkt Kapitalzinsen und hat uU Bilanzvorteile (s § 242 HGB Anm 4 B i). Beim **Finanzierungsleasing** (seit etwa 1960) ist dagegen ein Dreiecksverhältnis zwischen Hersteller, Leasinggeber und dem zumeist vom Hersteller angeworbenen Leasingnehmer typisch. Der Leasinggeber ist wirtschaftlich auf die bloße Finanzierung der Gebrauchsnutzung durch den Leasingnehmer beschränkt und wälzt die Sach- und Preisgefahr auf diesen ab, BGH **71**, 198. Das Finanzierungsleasing ist kein Bankgeschäft iSv § 1 KWG, wird aber häufig von Banken betrieben. Rechtlich handelt es sich um einen **atypischen Mietvertrag**, BGH **68**, 123, **71**, 189, NJW **82**, 873, **86**, 179; die Einräumung einer Kaufoption ändert daran idR nichts, BGH **71**, 194; nach aA liegt gemischter (Geld-)Darlehens- und Kommissionsvertrag, bei dem der Leasinggeber Vereinbarungsdarlehensgeber (§ 607 II BGB) und bezüglich des Eigentums Treuhänder des Leasingnehmers (Darlehensnehmer, Treugeber) sein soll, Canaris 1719, nach aA Kauf oder Geschäftsbesorgung (§ 675 BGB). Für die Lösung der einzelnen Rechtsprobleme ist diese rechtliche Einordnung wegen der atypischen Ausgestaltung nur von begrenztem Wert, vgl zutr BGH **71**, 192. Monographien: Reich 1974, Borggräfe 1976 (Zwangsvollstreckung), Runge-Bremser- Zöller 1978, von Westphalen 2. Aufl 1984, Sannwald 1982. Ferner Flume DB **72**, 1, 53, 105, 152, **73**, 1661, Krause NJW **73**, 691, Blomeyer NJW **78**, 973, Canaris NJW **82**, 305 (Wandelung), Lieb JZ **82**, 561, Reinicke-Tiedtke BB **82**, 1142 (Sachmängelhaftung), Lwowski ZIP **83**, 900, Walz WM Sonderbeil 10/**85** (Sachen-, Vollstreckungs-, Konkursrecht).

2) Verhältnis zwischen Leasinggeber und Leasingnehmer

A. Bezüglich der **Leasingzinsen** gelten nicht die Grundsätze zum sittenwidrigen Darlehen (s Anm IV 2 B), Mü-Ausgbg NJW **81**, 1104. Der Leasingvertrag ist idR durch **AGB** geregelt. Klausel über Provisionserstattung trotz vom Leasingnehmer nicht verschuldeten Scheiterns des Leasingvertrags ist unwirksam,

BGH NJW **86,** 179. Ausschluß eigener Gewährleistung des Finanzierungsleasinggebers bei Übertragung der Gewährleistungsrechte gegen den Hersteller auf den Leasingnehmer verstößt weder gegen **(5)** AGBG § 9, BGH **68,** 124, **81,** 302, **94,** 47 (auch gegenüber NichtKfltn), NJW **84,** 2688 (anders bei Übertragung nur gegen Zahlung aller Raten), noch gegen **(5)** AGBG § 11 Nr 10a (s dort), Canaris 1765, aA üL, jedenfalls gegenüber Privatleuten, J. Blomeyer NJW **78,** 975; doch liegt darin die Erklärung des Leasinggebers, die Rechtsfolgen der Gewährleistung als auch für sich verbindlich hinzunehmen, BGH **81,** 305, bei Wandelung des Leasingnehmers verliert also Leasinggeber Anspruch auf Leasingraten (Wegfall der Geschäftsgrundlage), BGH **94,** 48, str, und zwar von Anfang an, auch soweit Leasingsache noch zeitweilig oder teilweise genutzt werden konnte, BGH NJW **85,** 796 (abw BGH **81,** 309); scheitert Durchsetzung der Wandelung an Vermögenslosigkeit des Herstellers, ist Leasingnehmer gegen Leasinggeber wie bei vollzogener Wandelung zu stellen, BGH NJW **85,** 129; das gilt auch, wenn Leasinggeber Insolvenzrisiko auf kfm Leasingnehmer abgewälzt hat, aA von Westphalen ZIP **84,** 1107. Überwälzung von Preiserhöhungen ist auch in AGB wirksam, kein Verstoß gegen **(5)** AGBG § 11 Nr 1 (Dauerschuldverhältnis). Klausel über Haftung des Leasingnehmers für zufälligen Untergang der Leasingsache gilt nicht, wenn diese bei Nachbesserung beim Hersteller untergeht, BGH **94,** 44. Die Kumulierung von Rücktrittsrecht und Anspruch auf alle Restraten in AGB hält aber der Inhaltskontrolle nicht stand, BGH **71,** 205, auch wenn der Leasingnehmer bei sofortiger Zahlung aller rückständigen und künftigen Raten die Sache wiedererlangen kann, BGH **82,** 127; ebenso Klausel, wonach die gesamte Restmiete bereits bei Verzug mit einer Rate fällig ist und die Sache zur Sicherheit herauszugeben ist, Stgt BB **78,** 122, Hamm BB **81,** 1795, aA Ffm WM **83,** 666. Der Leasinggeber hat ohne entspr Vertragsklausel vor Kündigung kein Recht zur vorläufigen Sicherstellung der Sache wegen Zahlungsverzugs; nimmt er sie trotzdem an sich, verliert er solange den Anspruch auf die Leasingraten, BGH **82,** 125. Zur Abschlußzahlung bei ordentlicher Kündigung (s **(5)** AGBG § 10 Nr 7a) BGH **95,** 39 (Teilamortisationsleasing). Bei Kündigung nach § 554 BGB hat der Leasinggeber einen Schadensersatzanspruch (entgangener Mietzins, aber Vorteilsausgleichung), BGH **94,** 194, 215, **95,** 39; davon abweichende AGB-Klausel kann gegen **(5)** AGBG § 9 verstoßen (so bei Kündigung nach 48 Monaten Grundmietzeit, Verfallklausel mit 43% der Beschaffungskosten und Rückgabe der Mietsache, ohne Weiterverkaufserlös anzurechnen und Abzinsung der Restzahlung erkennbar zu machen), BGH **82,** 129. Zweckbindung der Versicherungsleistung bei KfzLeasing, BGH **93,** 391. Zu AGB-Kontrolle von Westphalen WM **80,** 942 (Lieferanteninsolvenzrisiko), Sonnenberger NJW **83,** 2217, Klamroth BB **82,** 1949, von Westphalen ZIP **83,** 1021, Ulmer-Schmidt DB **83,** 2558, 2615, Gerth-Panner BB **84,** 813 (Schadenspauschalierung), Scholz ZIP **84,** 914, von Westphalen ZIP **85,** 1033, 1436.

B. Leasingvertrag **als Teilzahlungskreditgeschäft** (s Anm V 2, Grenzen s Anm V 3 B): **a)** Die Rspr bejaht dies (statt richtiger auf das zum finanzierten Kauf entwickelte Kriterium der **wirtschaftlichen Einheit** abzustellen, s Anm V 2 A) idR nur bei einem (auch stillschweigend vereinbarten) Erwerbs- oder Behaltensrecht des Leasingnehmers, nicht schon wenn die Gesamtmiete die Herstellerkosten deckt, BGH **62,** 45, **68,** 120, **94,** 195, sehr str; auch ohne Erwerbsrecht, wenn (bei Vertragsschluß erkennbar) die Sache während Vertragszeit jeden Gebrauchswert verliert, BGH **94,** 195, NJW **85,** 1546. Verdecktes Erwerbsrecht s Hamm BB **83,** 1438; nicht schon bei bloßem Anspruch des Leasingnehmers auf 90% des Erlöses für die vom Leasinggeber zu veräußernde Sache, BGH NJW **80,** 234; nicht einmal bei Erwerbspflicht (im Gegensatz zum Erwerbsrecht) des Leasingnehmers auf Verlangen des Leasinggebers, BGH **71,**

202; ausnahmsweise auch nicht trotz Erwerbsrecht, wenn Endziel des Vetrags nicht Eigentumsübertragung ist, uU bei Vereinbarung ungewöhnlich kurzer Festmietzeit, BGH WM **85**, 635. Die Grundsätze zum Schutz des Teilzahlungskreditkäufers (s Anm V 2) können somit auch zum Schutz des Leasingnehmers gegen Leasinggeber (Bank) anwendbar sein (vgl Anm V 2 B–E); **b) verdecktes Abzahlungsgeschäft** iSv § 6 AbzG, zB Rücktrittsfolge nach § 5 AbzG, BGH NJW **82**, 2250, Peters NJW **85**, 1498; **c) Anfechtung wegen arglistiger Täuschung durch Hersteller** (nicht Dritter nach § 123 II 1 BGB); **d) Einwendungsdurchgriff,** Düss NJW **73**, 1612, aA Ffm NJW **77**, 201 (zu § 123 BGB), auch durch eingetragenen Kfm (Anm V 2 D), str. Beide Teile haben das Recht zur außerordentlichen Kündigung; der Leasingnehmer muß aber zuvor versucht haben, sein Recht gegen den Hersteller durchzusetzen (Subsidiarität, s Anm V 2 D), BGH **68**, 122, BB **82**, 698. Wandelung begründet idR Wegfall der Geschäftsgrundlage ex tunc, BGH **81**, 308, Hamm MDR **81**, 669; anders nach Ingebrauchnahme der Leasingsache durch Leasingnehmer, BGH **81**, 309; nach aA besteht nur ein Recht zur außerordentlichen Kündigung des Leasingvertrags. Der Anspruch des Leasinggebers auf Rückgabe des Kaufpreises ist bei Abtretung des Wandelungsanspruchs an den Leasingnehmer mitabgetreten; dieser muß aber gegen den Hersteller vorgehen, sonst wird er von der Zahlung der Leasingraten nicht frei, BGH **81**, 310. Im Konkurs des Leasingnehmers gilt § 19 KO (Miete), nicht § 17 KO (Kauf), BGH **71**, 189. **e) Aufklärungs- und Beratungspflichten des Leasinggebers=Bank** (s Anm V 2 E); diese haftet für den mit ihrem Wissen und Willen tätigen Hersteller nach § 278 BGB, zB für unterlassene Hinweise des Herstellers, auch gegenüber Kfm, BGH **95**, 170. Übersicht: von Westphalen DB **85**, 584 (gegen BGH).

3) Verhältnis des Leasinggebers zum Hersteller und zu Dritten

Zwischen dem Leasinggeber und dem Hersteller besteht idR ein Kauf. Erfolgt die Abnahme der Kaufsache unmittelbar durch den Leasingnehmer an dem durch diesen angegebenen Bestimmungsort, ist dieser insoweit Erfüllungsgehilfe des Leasinggebers (§ 278 BGB), BGH **90**, 302. Übersicht: von Westphalen BB **84**, 2093.

4) Verhältnis des Leasingnehmers zum Hersteller und zu Dritten

Zwischen dem Leasingnehmer und dem Hersteller besteht idR kein Vertragsverhältnis. Auch unmittelbare Bereicherungsansprüche zwischen Leasingnehmer und Hersteller bestehen nicht. Die Gewährleistungsrechte des Leasinggebers gegen Verkäufer und Werkunternehmer sind aber idR an den Leasingnehmer abgetreten; andernfalls kommt Drittschadensliquidation des Leasinggebers für den Leasingnehmer in Betracht. Leasingnehmer kann (abgetretene) Wandelungseinrede gegen den an Hersteller abgetretenen Zahlungsausgleich auch vor Wandelungsvollzug erheben, BGH NJW **85**, 796. Zum Schadensersatzanspruch des Leasingnehmers gegen dritte Schädiger BGH BB **76**, 1194.

(8) Allgemeine Geschäftsbedingungen der Banken (AGB-Banken)

Fassung 1. 1. 1986

Einleitung

Schrifttum

a) Kommentare: Bankrecht und Bankpraxis (BuB, früher Bankgeschäftliches Formularbuch), 1979 ff (LBl) (Lieferung zu AGB-Banken steht noch aus). –

IV. Bank- und Börsenrecht **Einl AGB-Banken (8)**

Canaris, Bankvertragsrecht, 2. Aufl 1981, Rz 2532 ff. – *Ulmer-Brandner-Hensen,* AGB-Gesetz, 4. Aufl 1982, Anh §§ 9–11, Rz 151 ff. – *Wehrhahn-Schebesta* 1980 (ohne RsprNachweise).

b) Lehrbücher: *Schönle,* Bank- und Börsenrecht, 2. Aufl 1976, § 2 I b.

c) Einzeldarstellungen und Sonstiges: *Bunte-Schröter* 1986. – *Hefermehl,* AGB der Banken, 1984. – *Raiser,* Das Recht der AGB, 1936 (1961). – *Schäfer,* Die Entstehung und der Umfang des Pfandrechts der Banken nach deren AGB, Diss Tüb 1959. – *Schaudwet,* Bankenkontokorrent und AGB, 1967. – *Schlenke,* AGB-Banken und AGBG, 1984. – Zur Neufassung 1975 *Kümpel* WM Sonderbeil 1/**76,** *Rehbein* DB **76,** 997. Zur Neufassung 1977 *Rehbein* DB **77,** 1349, *Kümpel* WM **77,** 694, *Lwowski* Die Bank **78,** 123, 187. Zur Neufassung 1984 *Horn* WM **84,** 449. Zur Neufassung 1986 *Steuer* Die Bank **85,** 561. – RsprÜbersicht: *von Westphalen* WM **80,** 1406, **84,** 2.

1) AGB-Banken

Die AGB-Banken wurden 1937 aufgestellt und wiederholt geändert, ua 1955, 1969, 1976, 1977 (wegen **(5)** AGBG), 1984 und zuletzt zum 1. 1. 1986 (Nr 4 III, IV, 7, 10, 14 II, III, 18 II, 19 II, 22 II 1, 40 I) (vom Bundesverband deutscher Banken e. V., Köln). Sie werden von (soweit bekannt) **allen privatrechtlich organisierten** (überwiegend diesem Verband angehörenden) Kreditinstituten verwendet.

2) AGB anderer Kreditinstitute

Die gewerblichen und die ländlichen **Kreditgenossenschaften** verwenden nahezu unverändert die AGB-Banken (Bundesverband der Deutschen Volksbanken und Raiffeisenbanken e. V.), nF 1. 1. 1986. Andere AGB verwenden insbesondere **Sparkassen und Girozentralen** (AGB-Sparkk), hrsg vom Deutschen Sparkassen- und Giroverband, nF 1975, 1977, 1983 (Text ZIP **83,** 1255) u 1. 1. 1986 (Text der Änderungen Bek Nr 81/85 7. 10. 85 BAnz Nr 195). Eigene AGB hat die **Deutsche Bundesbank** (1958, nF 1979, Beil BAnz Nr 168 a, 7. 9. 79 mit späteren Änderungen; Teil III s **(10)** Lastschriftverkehr). Die **öffentlichrechtlichen** Geschäftsbanken verwenden zT (insbesondere soweit dem Sparkassen- und Giroverband angeschlossen) die AGB der Girozentralen, zT die der privatrechtlich organisierten Kreditinstitute, zT noch andere. Möglich sind Ergänzung und **Änderung einzelner Bestimmungen** solcher Gruppen-AGB durch ein einzelnes Institut; an die Annahme der Unterwerfung unter die AGB mit Einschluß solcher Abweichungen sind aber erhöhte Anforderungen zu stellen, s **(5)** AGB §§ 2, 3.

3) Sonderbestimmungen

Die (viele oder alle Bankgeschäftsarten behandelnden) AGB werden ergänzt durch ,,Sonderbestimmungen" für bestimmte Geschäftsarten, s unten Nr 28 (ähnlich nach anderen AGB).

4) Geltung

A. Geltung der Banken-AGB **nur durch Einbeziehung in den Vertrag,** s **(5)** AGBG § 2, zum früheren Recht, Mühl FS Kaufmann **72,** 285. Sie sind jedenfalls schon wegen der häufigen Änderung des Textes und der Unterschiede der AGB verschiedener Bankengruppen nicht Gewohnheitsrecht geworden, Ffm WM **73,** 1151. Individuelle Vertragsabreden gehen den AGB-Banken vor, s **(5)** AGBG § 4.

B. ,,Kunde" kann auch eine andere Bank sein. Daher gelten die AGB idR **auch** im Verkehr **zwischen Banken.** Im Verkehr zwischen den verschiedene

(8) AGB-Banken 1 2. Handelsrechtl. Nebengesetze

AGB handhabenden Kreditinstituten sind idR die AGB desjenigen anzuwenden, das dem anderen seine Dienste zur Verfügung stellt, zB durch Kontoeröffnung, WPVerwahrung, Ausführung eines Auftrags, auch Auskunft, BGH **49,** 172. Dazu Pleyer-Battes DB **71,** 1289.

C. Auch im **Auslandsverkehr** bestehen die Banken auf Anwendung ihrer AGB. Schweigen des ausländischen Kunden auf Übersendung der AGB s von Westphalen WM **84,** 17 (für deutsches Recht). Geltung der AGB ausländischer Banken s Canaris 2516. Anwendung gegenüber ausländischer Bank s BGH NJW **71,** 2126, dazu Ungnade WM **73,** 1130. Sprachrisiko s **(5)** AGBG § 2 Anm 2 B.

Die nachstehenden Allgemeinen Geschäftsbedingungen gelten für unseren Geschäftsverkehr mit unserer Kundschaft. Jeder Kunde kann diese Allgemeinen Geschäftsbedingungen während der Geschäftsstunden bei der kontoführenden Stelle einsehen, wo sie im Schalterraum aushängen oder ausgelegt sind; außerdem kann jeder Kunde die Aushändigung dieser Allgemeinen Geschäftsbedingungen an sich verlangen.

I. Allgemeines

Das Geschäftsverhältnis zwischen Kunden und Bank ist ein *gegenseitiges Vertrauensverhältnis*. Die Bank steht ihren Kunden mit ihren Geschäftseinrichtungen zur Erledigung verschiedenartigster Aufträge zur Verfügung. Der Kunde darf sich darauf verlassen, daß die Bank seine Aufträge mit der Sorgfalt eines ordentlichen Kaufmannes erledigt und dabei das Interesse des Kunden wahrt, soweit sie dazu im Einzelfall imstande ist. Die Mannigfaltigkeit der Geschäftsvorfälle, ihre große Zahl und die Schnelligkeit, mit der sie zumeist erledigt werden müssen, machen im Interesse der Rechtssicherheit die Aufstellung bestimmter allgemeiner Regeln erforderlich.

1) S 1 kennzeichnet das Geschäftsverhältnis als **Vertrauensverhältnis.** Damit wird (bank)vertraglich wiederholt, was bereits gesetzlich für die Geschäftsverbindung der Bank zu ihren Kunden gilt. Zum Verhältnis Bankvertrag, Geschäftsverbindung, AGB s **(7)** Bankgeschäfte I 3.

2) S 2 bedeutet noch kein Vertragsangebot im Rechtssinn, sondern nur die Aufforderung an den Kunden zum Abschluß von Einzelverträgen. Die Bank kann den Abschluß ablehnen, muß das aber unverzüglich tun, sonst gilt ihr Schweigen als Annahme (§ 362 I HGB).

3) S 3 bestätigt, was schon aus § 347 HGB (s dort Anm 1 A: Sorgfalt einer ordentlichen Bank) und aufgrund des auf Geschäftsbesorgung und Interessenwahrung gerichteten Bankvertrags (Geschäftsverbindung) folgt.

[Vertretungs- oder Verfügungsbefugnisse, Zugang, urkundenechte Schreibstoffe]

AGB-Banken 1 [1] **Die der Bank bekanntgegebenen *Vertretungs- oder Verfügungsbefugnisse* gelten bis zum schriftlichen Widerruf, es sei denn, daß der Bank eine Änderung infolge groben Verschuldens unbekannt geblieben ist. Änderungen der Vertretungs- oder Verfügungsbefugnisse, die in ein Handels- oder Genossenschaftsregister einzutragen sind, gelten jedoch stets erst mit schriftlicher Bekanntgabe an die Bank. Der Kunde hat alle für die Geschäftsverbindung wesentlichen Tatsachen, insbesondere Änderungen seines Namens, seiner Verfü-**

gungsfähigkeit (z. B. Eintritt der Volljährigkeit) und seiner Anschrift unverzüglich schriftlich anzuzeigen.

[II] Schriftliche Mitteilungen der Bank gelten nach dem gewöhnlichen Postlauf als zugegangen, wenn sie an die letzte Bank bekannt gewordene *Anschrift* abgesandt worden sind. Dies gilt nicht, wenn es sich um eine Erklärung von besonderer Bedeutung handelt oder wenn eine schriftliche Mitteilung als unzustellbar an die Bank zurückgelangt und die Unzustellbarkeit vom Kunden nicht zu vertreten ist oder wenn die Bank erkennt, daß die Mitteilung aufgrund einer allgemeinen Störung des Postbetriebes dem Kunden nicht zugegangen ist. Die Absendung wird vermutet, wenn sich ein abgezeichneter Durchschlag der Mitteilung im Besitz der Bank befindet oder wenn sich die Absendung aus einem abgezeichneten Versandvermerk oder einer abgezeichneten Versandliste ergibt.

[III] Der Bank zugehende Schriftstücke – insbesondere Wechsel und Schecks – sollen mit *urkundenechten Schreibstoffen* hergestellt und unterzeichnet sein. Die Bank ist nicht verpflichtet zu prüfen, ob urkundenechte Schreibstoffe verwendet worden sind. Für Schäden, die durch Verwendung nicht urkundenechter Schreibstoffe verursacht worden sind, haftet der Einreicher des Schriftstückes; bei einer etwaigen Mitverursachung haftet die Bank nur für grobes Verschulden.

1) Nr 1 I 1 verlangt für den Widerruf der Vertretungs- oder Verfügungsmacht (§§ 170, 171 II BGB) die **Schriftform** (vgl Einl 5 B vor § 343 HGB). Sonst kann sich die Bank auf Fortbestehen verlassen, außer (wie gegenüber früher klargestellt ist) bei grober Fahrlässigkeit; praktisch reicht daher der mündliche Widerruf idR aus. Die darin liegende Abweichung von §§ 170, 173 BGB ist mit **(5)** AGBG § 11 Nr 7 u 16 vereinbar. **I 2** läßt gegenüber der Bank die Publizität des HdlReg nicht ausreichen und fordert über § 15 II HGB, § 29 II GenG hinaus besondere schriftliche Mitteilung. I 2 ist wirksam, zumal ein solcher spezieller Vertrauensschutz gegen den Registerinhalt heute allgemeiner bei Geschäftsbeziehungen gilt (§ 15 HGB Anm 3 D); nach aA nicht bei grober Fahrlässigkeit (wie S 1), Ul-Br-He 152. **I 3** verlangt für die (selbstverständliche) Anzeige aller für die Geschäftsverbindung wesentlichen Tatsachen Schriftform. Verletzung von I 3 führt anders als bei I 1 nicht zu einer Fiktion, aber zu Schadensersatzpflicht wegen Vertragsverletzung (Voraussetzung Geschäftsfähigkeit); deliktische Haftung s Hamm WM **84,** 926.

2) II 1 fingiert abweichend von § 130 BGB Tatsache und Zeitpunkt des **Zugangs**. Ein Verstoß gegen **(5)** AGBG § 10 Nr 6 wird nur durch **II 2** vermieden, wonach II 1 ua **nicht** für **Erklärungen von besonderer Bedeutung** gilt. Das sind (jedenfalls im Verkehr mit NichtKflten) praktisch alle rechtsgeschäftlichen Erklärungen wie Mahnung und Fristsetzung; auch solche mit nur die Beweislast umkehrender Wirkung (vgl **(5)** AGBG § 11 Nr 15) wie Rechnungsabschlüsse und Depot- bzw Wertpapieraufstellungen (s **(5)** AGBG § 10 Nr 6 Anm 6, sehr str, aA von Westphalen WM **84,** 2); dagegen nicht routinemäßige Mitteilungen wie Tagesauszüge und Ausführungsanzeigen. Schwere Belastungen für die Bank entstehen nicht (vgl II 3, Anscheinsbeweis, § 286 ZPO). Nach **II 3** wird bei Vorhandensein eines abgezeichneten Durchschlags ua die **Absendung** (nicht der Zugang) vermutet. Das ist restriktiv als vertragliche Wiederholung des auch so geltenden Anscheinsbeweises zu verstehen und dann kein Verstoß gegen **(5)** AGBG § 11 Nr 15. So verstanden gilt II 3 auch bei Erklärungen nach II 2.

3) III regelt das **Fälschungsrisiko** durch Obliegenheit des Kunden zur Verwendung urkundenechter Schreibstoffe (S 1), Abbedingung einer Prüfungspflicht der Bank betr speziell diese Obliegenheit (S 2), Risikotragung des Kunden und Freizeichnung der Bank bis zur Grenze grober Fahrlässigkeit (S 3), aA

Canaris 2548 (Verschulden der Bank in III nicht geregelt). III ist auch in der hier vertretenen Auslegung mit **(5)** AGBG §§ 9, 11 Nr 7 (falls auf Mitverschulden anwendbar) vereinbar. Jede Freizeichnung von der allgemeinen Prüfungspflicht der Bank betr Echtheit der Urkunde würde aber gegen § 9 verstoßen (Haupt- und Berufspflicht), s **(5)** AGBG § 11 Nr 7.

[Aufrechnung, mehrere Konten, Gemeinschaftskonto]

AGB-Banken 2 ¹Der Kunde kann Forderungen gegen die Bank nur mit Verbindlichkeiten in derselben Währung und nur insoweit *aufrechnen,* als seine Forderungen unbestritten oder rechtskräftig festgestellt sind.

ᴵᴵ Unterhält der Kunde *mehrere Konten,* so bildet jedes Kontokorrentkonto ein selbständiges Kontokorrent. Bevorrechtigte Forderungen kann die Bank trotz Einstellung in das Kontokorrent selbständig geltend machen.

ᴵᴵᴵ Über das Guthaben auf einem *Gemeinschaftskonto* und über ein *Gemeinschaftsdepot* kann jeder der Inhaber allein verfügen, es sei denn, daß die Kontoinhaber der Bank schriftlich eine gegenteilige Weisung erteilt haben. Für die Verbindlichkeiten aus einem Gemeinschaftskonto haftet jeder Mitinhaber in voller Höhe als Gesamtschuldner.

1) Nr 2 I bringt ein **Aufrechnungsverbot** zu Lasten des Kunden, außer bei unbestrittenen oder rechtskräftig festgestellten Verbindlichkeiten (in derselben Währung). Nr 2 I ist wirksam (s **(5)** AGBG § 11 Nr 3), die Berufung darauf nicht treuwidrig, vgl BGH WM **81,** 714; Vorbehalt ,,in derselben Währung" entspricht § 387 BGB (Gleichartigkeit). Nr 2 erfaßt nicht das Zurückbehaltungsrecht (s **(5)** AGBG § 11 Nr 2). Die Berufung auf das Aufrechnungsverbot wäre mißbräuchlich, wenn die Gegenforderung des Kunden nach Grund und Höhe feststeht, zumal wenn sie aus schuldhafter Pflichtverletzung der Bank hervorgeht, BGH WM **72,** 73, NJW **78,** 2244. In besonderen Fällen kann die Berufung auf das Aufrechnungsverbot nach § 393 BGB und auch sonst nach § 242 BGB unzulässig sein, BGH WM **61,** 1357, **66,** 734, **76,** 1332, Nürnb WM **77,** 311. Das Aufrechnungsverbot gilt nicht, wenn die Bank im Konkurs (§§ 53ff KO) oder im Vergleichsverfahren und Liquidationsstadium ist, BGH NJW **78,** 2244, s **(5)** AGBG § 9 Anm 3. Zurückbehaltungsrechte erfaßt I nicht (s **(5)** AGBG §§ 5, 11 Nr 2), aA Ffm WM **77,** 156 LS.

2) Nach II 1 ist, wie schon nach § 355 HGB, jedes von **mehreren Kontokorrentkonten** ein selbständiges Kontokorrent (Saldierung und Saldoanspruch also nur im jeweiligen Kontokorrent, s § 355 HGB Anm 3 C, 4 C). Das gilt auch bei einem zweckgebundenen, auf eigenem Konto geführten Zusatzkredit über den Kreditrahmen hinaus, BGH WM **82,** 329. Das hat Konsequenzen ua für § 366 BGB. Trotz II kann der Parteiwille im Einzelfall ergeben, daß nur der Gesamtsaldo der Konten geltend gemacht werden darf, zB bei gleichem Kredit- und Debetzins und Aufteilung auf mehrere Konten nur zur besseren Übersicht oder aus anderen, das Verhältnis der Parteien nicht berührenden Gründen, BGH LM § 355 HGB Nr 3, WM **72,** 286. II 2 entspricht § 356 HGB. Monographie Schaudwet 1967 (Bankenkontokorrent und AGB); Liesecke WM **75,** 301.

3) Nach **III** ist das **Gemeinschaftskonto** (s **(7)** Bankgeschäfte II 2) mangels schriftlicher gegenteiliger Weisung ein Oder-Konto (S **1**) mit gesamtschuldnerischer Haftung der Mitinhaber (S **2**). Bei Kredit an eine KG und ihren phG als ,,Gesamtschuldner" und Kontoeröffnung für beide darf die Bank ein Guthaben der Ges zum Debetausgleich auf das Konto des phG umbuchen, Düss WM **75,** 18. Umwandlung in Und-Konto durch Weisung aller Kontoinhaber (III 1 Halbs 2); bei Weisung nur eines von ihnen nicht ohne Einverständnis der Bank (Vertragsänderung); s **(7)** Bankgeschäfte II 2 A b.

[Währungskredite, Währungsguthaben]

AGB-Banken 3 [I] *Währungskredite* sind in der Währung zurückzuzahlen, in der die Bank sie gegeben hat. Zahlungen in anderer Währung gelten als Sicherheitsleistung. Die Bank ist jedoch berechtigt, den Währungskredit in deutsche Währung umzuwandeln, wenn dessen ordnungsgemäße Abwicklung aus Gründen, die von der Bank nicht zu vertreten sind, nicht gewährleistet erscheint.

[II] Die Inhaber von bei der Bank unterhaltenen *Währungsguthaben* tragen anteilig im Verhältnis und bis zur Höhe ihrer Guthaben alle wirtschaftlichen und rechtlichen Nachteile und Schäden, die das Gesamtguthaben der Bank in der entsprechenden Währung als Folge von höherer Gewalt, Krieg, Aufruhr oder ähnlichen Ereignissen oder durch von der Bank nicht verschuldete Zugriffe Dritter im Ausland oder im Zusammenhang mit Verfügungen von hoher Hand des In- oder Auslandes treffen sollten.

1) Nr 3 I 1, sog **Effektivklausel** (§ 244 BGB aE); die Bank, die sich bei Währungskrediten idR in gleicher Währung refinanziert, soll vor unausgeglichener Währungsposition geschützt werden. Nach I 2 gelten Zahlungen in anderer Währung (über § 273 BGB, § 369 HGB hinaus) als Sicherheitsleistung; I 2 ist wirksam, Grenzen entspr § 369 III HGB, § 242 BGB. Nach I 3 hat die kreditgebende Bank ausnahmsweise ein Umwandlungsrecht (§ 315 BGB), zB wenn der Kreditnehmer den Fremdwährungskredit nicht rechtzeitig zurückzahlt und die Bank ihre Währungsposition ausgleichen muß. Kein Umwandlungsrecht hat demnach die Bank bei Fremdwährungswechsel zur Sicherung eines DM-Kredits (Grund: kein Währungskredit, Währungsrisiko des Wechsels liegt beim Sicherungsnehmer), BGH NJW **80,** 2017.

2) II bringt für **Währungsguthaben** eine Risikoabwälzung der Bank und eine **Gefahrengemeinschaft** aller beteiligten Kontoinhaber, bei Nostroguthaben auch der Bank selbst, pro rata und mit Limit ihres Währungsguthabens. II gilt auch für im Inland unterhaltene Währungsguthaben, aA Canaris 2561.

[Gutschriften, Stornorecht, Überweisung]

AGB-Banken 4 [I] Während der Geschäftsverbindung ist die Bank unwiderruflich befugt, *Geldbeträge für den Kunden entgegenzunehmen.* Den Auftrag, einem Kunden einen Geldbetrag zur Verfügung zu stellen oder zur Verfügung zu halten, darf die Bank durch Gutschrift des Betrages auf dem Konto des Kunden ausführen, wenn ihr nicht außerhalb des Überweisungsträgers ausdrücklich eine andere Weisung erteilt worden ist. Gutschriften, die infolge eines Irrtums, eines Schreibfehlers oder aus anderen Gründen vorgenommen werden, ohne daß ein entsprechender Auftrag vorliegt, darf die Bank bis zum nächstfolgenden Rechnungsabschluß durch einfache Buchung rückgängig machen *(stornieren).*

[II] Geldbeträge in *ausländischer Währung* darf die Bank mangels ausdrücklicher gegenteiliger Weisung des Kunden in Deutscher Mark gutschreiben, sofern sie nicht für den Kunden ein Konto in der betreffenden Währung führt. Die Abrechnung erfolgt zum amtlichen Geldkurs – bei Fehlen eines solchen zum Marktkurs – des Tages, an dem der Geldbetrag in ausländischer Währung zur Verfügung der die Buchung auf dem Konto vornehmenden Stelle der Bank steht und an dem er von der Bank verwertet werden kann.

[III] Bei Aufträgen zur Auszahlung oder Überweisung von Geldbeträgen darf die Bank die *Art der Ausführung* nach eigenem genauer Weisung nach bestem Ermessen bestimmen. Bei Aufträgen zur Gutschrift auf einem Konto (z. B. Überweisungsaufträge) hat der Auftraggeber für *Vollständigkeit* und *Rich-*

(8) AGB-Banken 4   1

tigkeit der angegebenen Kontonummer und der angegebenen Bankleitzahl einzustehen. **Die Bank unternimmt zumutbare Maßnahmen, um Fehlleitungen infolge unrichtiger oder unvollständiger Angaben der Kontonummer, der Bankleitzahl oder der Kontobezeichnung zu vermeiden; kommt es gleichwohl zu einer *Fehlleitung*, so haftet die Bank gegenüber dem Auftraggeber und dem Empfänger nur für grobes Verschulden.**

1) A. **Nr 4 I 1** berechtigt die Bank während der Geschäftsverbindung unwiderruflich, **Geldbeträge** für den Kunden **entgegenzunehmen;** das ist wirksam, weil der Kunde die Geschäftsverbindung nach Nr 17 jederzeit aufheben kann.

B. Nach **I 2** kann die Bank (Überweisungs-)Aufträge immer durch Gutschrift ausführen, außer bei ausdrücklich anderer Weisung außerhalb des Überweisungsträgers, dh ohne Rücksicht auf Vermerke in der Spalte ,,Verwendungszweck" (s Anm 3). Das ist einzuschränken: I 2 gilt nicht bei Kenntnis der Bank; ausnahmsweise, zB bei grober Fahrlässigkeit, auch sonst nicht, Canaris 339.

C. **I 3** nF 1984 regelt wirksam das **Stornorecht** (bis 1984 III 1, nach nF nur noch ,,bis zum nächstfolgenden Rechnungsabschluß"; s auch Nr 41 II). Das Stornorecht ist ein eigenständiges, von den Unsicherheiten des Bereicherungsrechts unabhängiges, girovertragliches Rückbuchungsrecht, BGH **87,** 251, seiner Rechtsnatur nach ein Widerrufsrecht, BGH **72,** 11, von Westphalen WM **84,** 4, oder besser ein vertragliches Anfechtungsrecht (Rückwirkung § 142 I BGB), Otto BB **78,** 987, 1383. Es bezweckt Rückgewähr durch Selbsthilfe und setzt deshalb materiellrechtlich Bestehen eines Rückgewähranspruchs gegen den Kontoinhaber (s **(7)** Bankgeschäfte III D) voraus, BGH **87,** 252; aA Canaris 447. Das Stornorecht beseitigt zugunsten der Bank die Schutzgrenze der §§ 818 III, 819 I BGB und dreht die Parteirollen im Prozeß um. Es ist auf technische Buchungsfehler, zB Fehl- oder Zuvielüberweisung, beschränkt, üL. Richtiger ist es (entspr der Abgrenzung beim Bereicherungsanspruch, s **(7)** Bankgeschäfte III 3 C d, e) auch bei allen von Anfang an gegebenen Mängeln wie Fälschung, Nichtigkeit und (str) Anfechtung des Überweisungsauftrags (§ 142 I BGB) Stornierung zuzulassen. Das Stornorecht besteht aber **nicht bei Widerruf** des Überweisungsauftrags, aA Canaris 449, dieser Fehler wurzelt im Verhältnis von Bank und Auftraggeber; AGB-Spark Nr 1 IV nF 1984 ist insoweit nach **(5)** AGBG § 9 unwirksam, str, vgl BGH **87,** 252, aA Flume NJW **84,** 467, Terpitz NJW **84,** 1330. Bei Irrtum der Bank über Deckung des Kontos besteht es keinesfalls. Es kann auch bei nichtausreichendem Kontoguthaben ausgeübt werden, also ins Debet führen, Mü WM **71,** 265, Nürnb WM **77,** 1336, KG KTS **83,** 450, aA Otto-Stierle WM **78,** 544, Canaris 448: der Wortlaut trage keinen vertraglichen Rückzahlungsanspruch; das ist zwar richtig, aber die Gutschrift wird auch dann ,,rückgängig gemacht", wenn das Konto dadurch debitorisch wird; der Rückzahlungsanspruch folgt aber idR jedenfalls aus § 812 BGB, dann allerdings mit der Schutzgrenze der §§ 818 III, 819 I BGB. Das Stornorecht ist (abgesehen vom nächstfolgenden Rechnungsabschluß, nF) nicht fristgebunden, BGH **72,** 11 (nach aA gilt § 121 BGB analog); ausnahmsweise ist aber Stornierung nach längerer Zeit, wenn der Empfänger mit ihr nicht mehr zu rechnen braucht, rechtsmißbräuchlich; der Kunde kann auch einen Anspruch aus positiver Vertragsverletzung entgegenhalten, nach aA aus § 122 BGB analog (dann ohne Verschulden der Bank). Das Stornorecht erlischt aber, wenn die irrtümliche Gutschrift in ein Saldoanerkenntnis eingegangen ist; die Bank kann diese für den Kunden zwischenzeitlich begründete günstige Rechtslage nicht einseitig beseitigen, sondern ist auf einen (ebenfalls kontokorrentgebundenen) Bereicherungsanspruch wegen des Salodanerkenntnisses angewiesen, BGH **72**, 11, Düss NJW **85**, 2723 m krit Anm Jähn BB **85**, 2285; dazu Otto BB **78**, 987, 1383; zu §§ 818 III, 819 I BGB s **(7)** Bankgeschäfte II 3 c. Das Stornorecht erlischt wegen Nr 18 II nicht schon mit Beendigung des Bankvertrags, KG KTS **83**, 449, aA BGH **63**, 93, Celle DB **77**, 2138, offen BGH **87**, 251, jedenfalls hindert das nicht spätere rein banktechnische Berichtigungsbuchungen, solange der Saldo nicht festgestellt ist, so auch BGH **63**, 93. Keine Stornierung aber bei Beendigung des Girovertrags durch Konkurs, aA BGH **63**, 93. Monographie Berninghaus 1980; Otto-Stierle WM **78**, 530, Otto BB **78**, 987, Kümpel WM **79**, 378, Sonderbeil 3/**79**, Blaurock NJW **84**, 1.

2) II nF (bis 1984 I 3, 4) betrifft Gutschrift und Abrechnung von Geldbeträgen in **ausländischer Währung**.

3) A. **Weisungen** nach **III 1** nF (bis 1984 II) müssen idR außerhalb des Überweisungsträgers erteilt werden. Angabe des Verwendungszwecks auf dem Überweisungsformular dient nur zu Mitteilungen des Überweisenden an den Überweisungsempfänger, anders nur in Ausnahmefällen, BGH **50**, 230, BB **76**, 1246; dazu und zur unwirksamen Fakultativklausel s **(7)** Bankgeschäfte III 2 B.

B. Nach **III 2** (nF 1984) hat der **Auftraggeber** bei Aufträgen zur Gutschrift auf einem Konto (bis 1984 nur bei Überweisungsaufträgen) **für** Vollständigkeit und Richtigkeit der angegebenen **Kontonummer und Bankleitzahl einzustehen**. Die aF, nach der Kontonummer und Bankleitzahl als allein „maßgeblich" ohne Rücksicht auf den mitangegebenen Namen des Empfängers galten, widersprach der Rspr zum Girogeschäft (s **(7)** Bankgeschäfte III 2 B) und war bei einer Abwägung der Rationalisierungsinteressen der Bank und des großen Schadensrisikos des Kunden gemäß **(5)** AGBG § 9 nur für den beleglosen Datenträgeraustausch (also beschränkt auf bestimmte Kunden), nicht schon allgemein bei Einsatz von EDV und nur unter der strikten Einschränkung wirksam, daß die Bank alle ihr technisch möglichen und zumutbaren Vorkehrungen trifft, um Fehlüberweisungen zu vermeinden, offen BGH **87**, 379, str, iE auch Hellner ZHR 145 (**81**) 135, Möschel AcP 186 (**86**) 208; für den herkömmlichen Überweisungsverkehr mit Belegträgern war III 2 aF unwirksam, Ffm NJW **83**, 1682; unklar Hamm WM **79**, 339. III 2 nF dieser Beschränkung keine Rechnung, sondern erstreckt sich auf den gesamten Gutschrifts- und Überweisungsverkehr und stößt insoweit auf dieselben Bedenken wie die aF, vgl von Westphalen WM **84**, 5. Auch III 2 nF ist also unwirksam. Beim herkömmlichen Überweisungsverkehr mit Belegträgern haftet die Bank danach für jede Verletzung ihrer Prüfungspflicht (§ 278 BGB), wenn nur die Empfängerbezeichnung richtig ist, begrenzt durch Mitverschulden des Kunden (§ 254 BGB). Beim beleglosen Datenträgertausch haftet die Bank dagegen nur für die Verletzung von Organisationspflichten. Haftungsbeschränkung s III 3.

C. **III 3** (nF 1986) enthält eine **Freizeichnung** der Bank **für leichte Fahrlässigkeit**. Sie greift bei **Fehlleitungen** infolge unrichtiger oder unvollständiger Angaben der Kontonummer, der Bankleitzahl oder der Kontobezeichnung und gilt ausdrücklich gegenüber Auftraggeber und Empfänger. Nach III 3 nF verspricht die Bank (alle?) zumutbare Maßnahmen zur Vermeidung von Fehlleitungen. Das allein trägt jedoch den zur aF entwickelten Beschränkungen (s Anm B) keine Rechnung. Die rechtlichen Konsequenzen sind str: Entweder ist III 3 insgesamt unwirksam (keine geltungserhaltende Reduktion, s **(5)** AGBG § 6 Anm 2) oder es ist wie bei III 2 zwischen dem herkömmlichen Überweisungsverkehr mit Belegträgern (keine Freizeichnung wegen des großen Schadensrisikos des Kunden) und dem beleglosen Datenträgertausch (Freizeichnung für grobe Fahrlässigkeit außer für Organisationspflichten, also zur Vermeidung von Fehlüber-

(8) AGB-Banken 5, 6   2. Handelsrechtl. Nebengesetze

weisungen alle technisch möglichen und zumutbaren Vorkehrungen zu treffen, s **(5)** AGBG § 11 Anm 7) zu unterscheiden. Entspr der neuen scharfen Rspr zu **(5)** AGBG § 6 bleibt nur die erste Konsequenz. Soweit die Bank danach haftet, ist allerdings ein Mitverschulden des Kunden und seiner Erfüllungsgehilfen zu berücksichtigen (s **(7)** Bankgeschäfte III 2 E). III 3 nF erstreckt sich auf Überweisungsaufträge des Kunden und auf Überweisungen an ihn, anders für aF Ffm NJW **83**, 1682. III 3 erfaßt aber nicht Ansprüche von Empfängern, die nicht Kunden der Bank sind, aus eventueller Schutzpflichtverletzung (s **(7)** Bankgeschäfte III 1 B); daß sie ihrer eigenen Bank gegenüber denselben AGB unterliegen, ändert nichts; dies läßt sich wohl noch durch Auslegung ohne Unwirksamkeit von III 3 feststellen (vgl **(5)** AGBG § 5).

4) IV aF ist 1986 ersatzlos entfallen. Er enthielt eine unwirksame Freizeichnung für einfache Fahrlässigkeit bei nicht rechtzeitig erledigten **Daueraufträgen.**

[Urkunden, Legitimation]

AGB-Banken 5 ^I Hat die Bank *Urkunden,* die sie im Auftrag des Kunden *entgegennimmt* oder *ausliefert,* auf Echtheit, Gültigkeit oder Vollständigkeit zu prüfen oder zu übersetzen, so haftet sie nur für grobes Verschulden.

^{II} Hat die Bank aufgrund eines Akkreditivs, Kreditbriefs oder sonstigen Ersuchens Zahlungen zu leisten, so darf sie an denjenigen zahlen, den sie nach sorgfältiger Prüfung seines Ausweises als *empfangsberechtigt* ansieht.

^{III} Werden der Bank als Ausweis der Person oder zum Nachweis einer Berechtigung *ausländische Urkunden* vorgelegt, so wird sie sorgfältig prüfen, ob diese zur Legitimation geeignet sind. Bei der Prüfung und einer etwaigen Übersetzung haftet sie nur für grobes Verschulden.

1) Nr 5 I wälzt nicht umfassend das **Fälschungsrisiko** auf den Kunden ab, sondern betrifft nur Urkunden, die die Bank im Auftrag des Kunden entgegennimmt oder ausliefert. Nr 5 gilt also nicht bei Fälschung des Auftrags selbst, das Fälschungsrisiko trägt die Bank, vgl BGH WM **66**, 397, **67**, 1142. Das Risiko der Scheckfälschung ist dagegen auf den Kunden abgewälzt, Scheckbedingungen Nr 11; ob zu Recht, ist streitig, s **(7)** Bankgeschäfte III 5. Im Einzelfall kann die Prüfungspflicht Hauptpflicht sein, gegen die Nr 5 I sich nicht durchsetzt (s **(5)** AGBG § 11 Anm 7). Spezialregeln, zT mit solchen Hauptpflichten, enthalten **(11)** ERA Art 15, 17 für das Dokumentenakkreditiv und **(12)** ERI Art 2, 8 für Inkassi, von Westphalen WM **84**, 6. Fälschung und Verfälschung von Wertpapieren s Koller WM **81**, 210.

2) II regelt das Freiwerden der Bank durch Auszahlung an einen Nicht-Empfangsberechtigten bei Akkreditiv, Kreditbrief oder sonstigen Ersuchen (vgl *(7)* Bankgeschäfte VII). Voraussetzung ist das Fehlen jeder, auch leichter Fahrlässigkeit auf seiten der Bank.

3) III enthält eine nach **(5)** AGBG § 11 Nr 7 wirksame Freizeichnung für leichte Fahrlässigkeit bei der Prüfung der Legitimation aus ausländischen Urkunden.

[Klare Aufträge]

AGB-Banken 6 Aufträge jeder Art müssen den Gegenstand des Geschäfts zweifelsfrei erkennen lassen; Abänderungen, Bestätigungen oder Wiederholungen müssen als solche gekennzeichnet sein.

IV. Bank- und Börsenrecht **AGB-Banken 7, 8 (8)**

1) Nr 6 legt dem Kunden eine **Klarheitspflicht** auf. Rechtsfolgen: Auslegung entgegen dem vom Kunden nicht klargemachten Willen (so schon §§ 133, 157 BGB, § 346 HGB, s Einl 6 B vor § 343 HGB), uU Schadensersatzpflicht des Kunden.

[Fristgebundene Zahlungen]

AGB-Banken 7 Der Kunde ist verpflichtet, die Bank in jedem Einzelfall, bei formularmäßig erteilten *Aufträgen außerhalb des Formulars*, darauf hinzuweisen, daß Zahlungen *fristgebunden* sind und daß aus *Verzögerungen* oder *Fehlleitungen* bei der Ausführung von Aufträgen oder von Mitteilungen hierüber ein über den Zinsnachteil hinausgehender Schaden entstehen kann. **Fehlt ein solcher Hinweis, so haftet die Bank für einen über den Zinsnachteil hinausgehenden Schaden nur bei grobem Verschulden; die Haftung beschränkt sich jedoch auf den Zinsnachteil, wenn der Auftrag für den Kunden zum Betrieb eines Handelsgewerbes gehört.**

1) Nr 7 nF 1986. Nach **S 1** muß der Kunde die Bank in jedem Einzelfall und außerhalb des benutzten Formulars auf Fristgebundenheit der Zahlung und auf drohende, über Zinsschaden hinausgehende **Schäden aus Verzögerung oder Fehlleitung** hinweisen. Bei Verzögerung oder Fehlleitung trotz Hinweis haftet die Bank für jede, auch leichte Fahrlässigkeit. Nr 7 betrifft nur den typischen Verzugsschaden; dagegen nicht Verlust eines Schecks oder Beeinträchtigung der einzuziehenden Forderung infolge Fehlleitung, BGH **13**, 132, die Nichterfüllung des Auftrags überhaupt und die Unmöglichkeit (s **(5)** AGBG § 5); dies läßt sich wohl noch durch Auslegung ohne Unwirksamkeit von S 1 feststellen (vgl **(5)** AGBG § 5 Anm 3, 4). S 1 ist also wirksam; aA Canaris 2577, weil Hinweispflicht außer auf außergewöhnliche oder besonders hohe Schäden den Kunden unbillig belaste. RsprÜbersicht: Liesecke WM **70**, 502.

2) S 2 beschränkt mangels Hinweis nach S 1 die Haftung der Bank auf grobe Fahrlässigkeit und bei HdlGeschäften eines Kfm auf den Zinsschaden. S 2 Halbs 1 ist mit der hL zu **(5)** AGBG § 11 Nr 8 unvereinbar; iErg Canaris 2578, aA von Westphalen WM **84**, 6, der aber nur **(5)** AGBG § 11 Nr 7 prüft. S 2 Halbs 2 mit Beschränkung auf den Zinsschaden gegenüber Kflten ist dagegen wirksam (s **(5)** AGBG § 11 Anm 8).

[Übermittlungsfehler]

AGB-Banken 8 [I] **Den Schaden der aus *Übermittlungsfehlern*, *Mißverständnissen* und *Irrtümern* im telefonischen, telegrafischen, drahtlosen oder fernschriftlichen Verkehr mit dem Kunden oder mit Dritten entsteht, trägt der Kunde, sofern der Schaden nicht von der Bank verschuldet ist.**

[II] **Die Bank behält sich vor, aus Gründen der Sicherheit bei telefonisch, telegrafisch, drahtlos oder fernschriftlich eingehenden Aufträgen vor Ausführung auf Kosten des Kunden telefonisch, telegrafisch, drahtlos oder fernschriftlich eine *Bestätigung einzuholen*.**

[III] **Wenn die Bank telefonische, telegrafische, drahtlose oder fernschriftliche Mitteilungen schriftlich bestätigt, hat der Kunde *Abweichungen* zwischen derartigen Mitteilungen und der schriftlichen Bestätigung unverzüglich zu beanstanden.**

1) Nr 8 I wälzt das Risiko der von der Bank nicht verschuldeten **Übermittlungsfehler,** Mißverständnisse und Irrtümer im Telefonverkehr ua auf den Kunden ab. Dies ist eine zulässige Einschränkung des § 122 I BGB. Die Beweislast für mangelndes Verschulden trägt nach allgemeinen Grundsätzen die Bank, vgl **(5)** AGBG § 11 Nr 15.

2) II enthält den Vorbehalt der Einholung einer Bestätigung bei Aufträgen per Telefon ua. Die Kosten dafür trägt der Kunde.

3) Nach **III** muß der Kunde Abweichungen der schriftlichen Bestätigung der Bank unverzüglich (ohne schuldhaftes Zögern, § 121 I 1 BGB) beanstanden. III ist wirksam, denn diese Pflicht folgt schon aus dem Bankvertrag (s **(7)** Bankgeschäfte I 3 A).

[Übertragung der Ausführung]

AGB-Banken 9 Die Bank darf mit der *Ausführung aller* ihr übertragenen *Geschäfte* im eigenen Namen *Dritte* ganz oder teilweise *beauftragen*, wenn sie dies auch unter Abwägung der Interessen des Kunden für gerechtfertigt hält. **Macht die Bank hiervon Gebrauch, so beschränkt sich ihre Verantwortlichkeit auf sorgfältige Auswahl und Unterweisung des von ihr beauftragten Dritten (Übertragung des Kundenauftrages nach § 664 Abs. 1 Satz 2 des Bürgerlichen Gesetzbuches). Folgt die Bank bei der Auswahl oder bei der Unterweisung des Dritten einer Weisung des Kunden, so trifft sie insoweit keine Haftung. Die Bank ist jedoch verpflichtet, ihrem Kunden auf Verlangen die etwa bestehenden Ansprüche gegen den Dritten abzutreten.**

1) Nr 9 S 1, 2 erlaubt entgegen §§ 613 S 1, 664 I 1, 691 S 1 BGB die **Substitution** mit der Konsequenz, daß die Bank nicht für (grobes, s Nr 25) Verschulden eines Erfüllungsgehilfen, sondern nur für eigenes Auswahl- und Unterweisungsverschulden haftbar wäre (§ 664 I 2 BGB) und nur etwaige Ansprüche gegen den Dritten dem Kunden auf Verlangen abzutreten hätte **(S 3)**. Das besondere in die Bank gesetzte Vertrauen (s I Allgemeines Anm 1) und die Umgehung der Beschränkung des **(5)** AGBG § 11 Nr 7 mit einschneidenden Folgen für den Kunden, der mit dem Dritten nichts zu tun hat (vgl auch **(5)** AGBG § 11 Nr 13) lassen Nr 9 S 1, 2 nach **(5)** AGBG §§ 9, 11 Nr 7 u 13 als unwirksam erscheinen, ganz üL, Koller ZIP **85**, 1248, aA zB Kümpel WM **77**, 699; vgl anders Nr 36. Keinesfalls ist Nr 9 bei Überweisungen innerhalb des Filialnetzes der Bank anwendbar, BGH **LM** § 355 HGB Nr 4. Die Konsequenz der Unwirksamkeit ist nur, daß es bei der allgemeinen Rechtslage verbleibt; danach schuldet die Bank aber in den meisten Fällen (zB Überweisungs- und Lastschriftverkehr, Scheck- und Dokumenteninkasso) nicht rein persönlich, sondern darf übertragen (§ 664 I 2 BGB), von Westphalen WM **84**, 7. Monographie von Gablenz 1983.

2) S 3 enthält eine Freizeichnung der Bank bei Weisung des Kunden. Das entspricht allgemeinen Grundsätzen und bleibt wirksam mit der Einschränkung, daß die allgemeinen Aufklärungs- und Beratungspflichten der Bank (s **(7)** Bankgeschäfte I 6) unberührt bleiben.

3) S 4 enthält die Pflicht der Bank zur Abtretung von Ansprüchen gegen den Unterbeauftragten. Das entspricht § 667 BGB, BGH DB **58**, 133. Wegen der Abtretungspflicht sind diese Ansprüche von der Kontokorrentabrede zwischen den Banken nicht erfaßt, BGH WM **78**, 367.

[Bankauskünfte, sonstige Auskünfte und Raterteilungen]

AGB-Banken 10 [1] **Die Bank ist berechtigt, über juristische Personen und im Handelsregister eingetragene Kaufleute *Bankauskünfte* zu erteilen, sofern ihr keine anderslautende Weisung des Kunden vorliegt. Bankauskünfte über alle sonstige Personen und**

Vereinigungen erteilt die Bank nur dann, wenn diese allgemein oder im Einzelfall ausdrücklich zugestimmt haben.

[II] Bankauskünfte sind *allgemein gehaltene Feststellungen* und Bemerkungen über die wirtschaftlichen Verhältnisse des Kunden, seine Kreditwürdigkeit und Zahlungsfähigkeit; betragsmäßige Angaben über Kontostände, Spargutbaben, Depot- oder sonstige der Bank anvertraute Vermögenswerte sowie Kreditinanspruchnahmen werden nicht gemacht. Bankauskünfte erhalten nur eigene Kunden sowie andere Kreditinstitute für deren Zwecke und die ihrer Kunden; sie werden nur erteilt, wenn der Anfragende ein berechtigtes Interesse an der gewünschten Auskunft glaubhaft darlegt. Die Bank haftet gegenüber dem Auskunftsempfänger bei der Erteilung von Bankauskünften und – soweit sie im Einzelfall eine Verpflichtung hierzu trifft – auch bei deren Unterlassung nur für grobes Verschulden.

[III] Bei *anderweitigen Auskünften* und *Raterteilungen* sowie bei sonstigen Hinweisen und bei deren Unterlassungen haftet die Bank ebenfalls nur für grobes Verschulden; sie haftet jedoch für leichte Fahrlässigkeit, wenn sie eine vertragswesentliche Pflicht zu Auskünften, Raterteilungen und Hinweisen zu erfüllen hat, der im Einzelfall besondere Bedeutung zukommt.

1) A. Nr 10 nF 1986 trennt zwischen Bankauskunftserteilungsrecht (im Verhältnis zu dem, über den Auskunft erbeten ist, I), Bankauskünften (Inhalt, Empfänger und Haftung, II) und anderweitigen Auskünften und Raterteilung (III). Nach I 1 hat die Bank mangels anderslautender Weisung ein allgemeines **Bankauskunftserteilungsrecht** über juristische Personen und im HdlRegister eingetragene Kflte. Zur Bankauskunft s **(7)** Bankgeschäfte I 5; zu den aus der Berufsstellung der Bank folgenden Aufklärungs- und Beratungspflichten s § 347 HGB Anm 3 E, F. Danach ist regelmäßig keine Rückfrage der Bank vor Auskunftserteilung notwendig. Denn die Auskunftserteilung liegt im Eigeninteresse dieser Geschäftskunden. Jedoch gilt dies auch gegenüber juristischen Personen und eingetragenen Kfltn nicht ausnahmslos, sondern nur soweit auch ohne Klausel mutmaßliche Einwilligung anzunehmen wäre, so idR bei günstiger Auskunft (s **(7)** Bankgeschäfte I 5 B), nicht bei klar negativer Auskunft; ähnlich Horn WM **84**, 455; dies läßt sich noch durch Auslegung ohne Unwirksamkeit von I 1 feststellen (vgl **(5)** AGBG § 5 Anm 3, 4). I 1 ist also wirksam, str. Zur Verpflichtung der Bank, dem Kunden Tatsache und Inhalt der über ihn erteilten Kreditauskunft mitzuteilen, s **(7)** Bankgeschäfte I 5 B, 8 B. Besonderheiten der Bank-zu-Bank-Auskunft s § 347 HGB Anm 3 D. Anwendung von Nr 10 gegenüber einer ausländischen Bank s BGH DB **71**, 1904.

B. Nach I 2 werden (entsprechend der bisherigen Bankpraxis seit 1984) Bankauskünfte über Privatkunden (alle nicht unter I 1 fallenden Kunden) nur noch nach ausdrücklicher Zustimmung des Kunden erteilt. Die Zustimmung soll für den konkreten Einzelfall oder auch allgemein für alle künftigen Auskunftsfälle gegeben werden können. Letzteres ist bedenklich. Eine allgemeine Rückfragepflicht bei Privatkunden schützt den Privatkunden am besten und belastet die Bank und den Rechtsverkehr nicht übermäßig. Zumindest müßte die Zustimmung von Privatkunden auf bestimmte Bereiche und Zeiträume beschränkt werden. Diese Einschränkung läßt sich nicht mehr durch bloße Auslegung erreichen (keine geltungserhaltende Reduktion, **(5)** AGBG § 6 Anm 2). I 2 ist danach unwirksam.

2) A. II 1 definiert Bankauskünfte als allgemein gehaltene Feststellungen und Bemerkungen über die wirtschaftlichen Verhältnisse des Kunden, seine Kreditwürdigkeit und Zahlungsfähigkeit. Diese Definition bezieht sich nur auf I 1, die Bank darf also keine weiter gehenden Auskünfte (zB nicht allgemein gehalten, über private Verhältnisse, über Eignung für andere Geschäfte) geben. Auch solche Auskünfte sind (vertragswidrige) Bankauskünfte im Rechtssinn. II 1 Halbs 2 verbietet betragsmäßige Angaben. Das entspricht dem Bankgeheimnis, s **(7)** Bankgeschäfte I 4.

B. **II 2** beschränkt den Empfängerkreis: nur eigene Kunden und andere Kreditinstitute, letztere für ihre eigenen Zwecke und die ihrer Kunden. Notwendig ist glaubhaftes berechtigtes Interesse an der Auskunft. Beide Einschränkungen sind ohne große Bedeutung, denn der Anfrager kann ohne Schwierigkeit Kunde der Bank werden und ein Auskunftsinteresse dartun.

C. **II 3** regelt die Haftung gespalten. Die Bank haftet gegenüber demjenigen, über den sie Auskunft erteilt hat, bei leichter Fahrlässigkeit (in II 3 nicht erfaßt bzw Umkehrschluß). Gegenüber dem Auskunftempfänger haftet sie dagegen nach II 3 nur bei grobem Verschulden, und zwar im kfm ebenso wie im privaten Verkehr. Das ist mit **(5)** AGBG §§ 9, 11 Nr 7 vereinbar. Allerdings folgen aus Gesetz Grenzen der Freizeichnung, die im Einzelfall auch für Bankauskünfte zu einer Haftung schon für leichte Fahrlässigkeit führen (s Anm 3 B). Das gilt insbesondere für unterlassene Auskünfte (s Anm 3 B b). Die Erstreckung von II 3 auch auf Unterlassungen („und – soweit sie im Einzelfall eine Verpflichtung hierzu trifft – auch bei deren Unterlassung") ist insoweit unwirksam.

3) A. III Halbsatz 1 bringt eine allgemeine **Freizeichnung für anderweitige Auskünfte, Raterteilungen und sonstige Hinweise** (samt deren Unterlassung) **von leichter Fahrlässigkeit**. III gilt für den privaten ebenso wie für den kfm Verkehr und ist unter Berücksichtigung von Halbs 2 (Anm B) mit **(5)** AGBG §§ 9, 11 Nr 7 vereinbar. Die Bank steht also auch gegenüber Kflten für ihre eigene grobe Fahrlässigkeit und die ihrer Erfüllungsgehilfen (nicht nur ihrer leitenden Angestellten) ein. Die Freizeichnung nach III gilt auch für bankmäßige Rechtsauskünfte, BGH **35**, 217. Die Freizeichnung gilt auch für Tatsachenangaben, BGH **49**, 167, außer Scheckbestätigung, s Anm B.

B. **III Halbsatz 2** begrenzt die Freizeichnung nach III Halbs 1. Die Bank haftet danach bei **vertragswesentlichen** Auskunfts-, Raterteilungs- und Hinweispflichten, sofern ihnen im Einzelfall **besondere Bedeutung** zukommt, nach allgemeinen Grundsätzen, also bei **leichter Fahrlässigkeit**. Diese Regelung geht in die richtige Richtung. Sie bezeichnet die gesetzlichen Grenzen der Freizeichnung nicht abschließend, aber doch (noch) ausreichend bestimmt, sodaß III ohne Verstoß gegen das Verbot der geltungserhaltenden Reduktion (s **(5)** AGBG § 6 Anm 2) wirksam ist. Gesetzliche **Grenzen** der Freizeichnung ergeben sich **a)** wie allgemein im AGB für **Kardinalpflichten**, bei denen die Freizeichnung auch für leichte Fahrlässigkeit gegen **(5)** AGBG § 9 II Nr 2 verstoßen kann (s **(5)** AGBG § 11 Anm 7). Jede Pflicht zur korrekten Beratung bei Effektengeschäften als Kardinalpflicht anzusehen, wie Canaris 2613 erwägt, geht wohl zu weit. Eine Kardinalpflicht ist auch noch nicht dann verletzt, wenn die Anlageberatung besonders vereinbart ist, BGH JZ **73**, 250. Doch kann das der Fall sein zB bei Dauerberatung, vgl Kübler ZHR 145 **(81)** 218. Eine Kardinalpflicht setzt aber entgegen dem Wortlaut von III Halbs 2 nicht voraus, daß ihr auch im konkreten Einzelfall besondere Bedeutung zukommt. **b)** Außerdem gilt die Freizeichnung nicht für die aus einem gesetzlichen Schuldverhältnis (Geschäftsverbindung) resultierenden Aufklärungs- und Warnpflichten, BGH WM **76**, 474, BB **78**, 1187. Zwar zielt III ersichtlich darauf ab, die Haftung aus ihrer Unterlassung auszuschließen. Die Rspr hat dies aber zu Recht abgelehnt. Dahinter steht der Grundsatz, daß die Freizeichnung für **besondere Berufspflichten bei Vertrauensverhältnis** (aber nicht generell, sondern je nach Beruf, Pflicht und Umständen; vgl § 347 HGB Anm 3 E) nach **(5)** AGBG § 9 unwirksam sein kann, zutr Staud-Schlosser § 11 Nr 7 Rz 37, insoweit aA Canaris 2616. **c)** Eine dritte Grenze gilt für die **Scheckauskunft** unter Banken, BGH **49,** 173. Denn es handelt sich dabei um einen ,,klar abgrenzbaren und überschaubaren Vorgang", die Auskunft kann nach den ,,bei dem befragten Kreditinstitut vorhandenen Unterlagen" erteilt werden und die Scheckbestätigung wäre andernfalls sinnlos. Diese Gründe sind vorsichtig verallgemeinerungsfähig, aA BGH WM **74,** 274.

[Verwaltungspflichten]

AGB-Banken 11 Mangels einer ausdrücklichen und schriftlichen abweichenden Vereinbarung übernimmt die Bank keine anderen als die in diesen Geschäftsbedingungen erwähnten *Verwaltungspflichten*, insbesondere nicht die Unterrichtung des Kunden über drohende Kursverluste, über den Wert oder die Wertlosigkeit anvertrauter Gegenstände oder über Umstände, die den Wert dieser Gegenstände beeinträchtigen oder gefährden könnten.

1) Nr 11 grenzt die **Verwaltungspflichten** der Bank ein. Nr 11 berührt nicht die auf der Geschäftsverbindung beruhende Pflicht zum Hinweis auf (steuer-)rechtliche Tatsachen (Prämiensparen), BGH BB **64,** 620, WM **78,** 637, auch nicht die allgemeinen Aufklärungs- und Beratungspflichten der Bank (s **(7)** Bankgeschäfte I 6), BGH WM **76,** 474. Zum Vorbehalt der Ausdrücklichkeit und Schriftlichkeit s allgemein Einl 5 B vor § 343 HGB; mündliche Individualabrede setzt sich gegenüber Nr 11 durch, s **(5)** AGBG § 4 Anm 1.

[Versendung]

AGB-Banken 12 Die Bank versendet *Geld* und *sonstige Werte* nach bestem Ermessen versichert oder unversichert auf Gefahr des Kunden; mangels besonderer Vereinbarung wird sie die *Versendungsart* unter Berücksichtigung der Interessen des Kunden festlegen. Schecks, Lastschriften, Einzugsquittungen, Wechsel und nicht bezahlte Einzugspapiere jeglicher Art dürfen in einfachem Brief versandt werden.

1) Nr 12 regelt wirksam die **Versendung** von Geld und sonstigen Werten, insbesondere die Gefahrtragung (vgl § 447 BGB).

[Bürgschafts- oder sonstige Gewährleistungsverpflichtung der Bank]

AGB-Banken 13 Wird die Bank aus einer im Auftrage oder für Rechnung des Kunden übernommenen *Bürgschafts- oder sonstigen Gewährleistungsverpflichtung* in Anspruch genommen, so ist sie auch ohne gerichtliches Verfahren auf einseitiges Anfordern des Gläubigers zur Zahlung berechtigt.

1) Nr 13 gibt der Bank das Recht, aus Bürgschaften, Garantien ua (s Anm zu § 349 HGB), auch ohne ein gerichtliches Verfahren und schon **auf einseitiges Anfordern des Gläubigers zu zahlen.** Das gilt also nicht nur bei der Bürgschaft oder Garantie auf erstes Anfordern, wo das gerade Inhalt des Versprechens der Bank gegenüber dem Haupt- bzw Garantiegläubiger ist, s **(7)** Bankgeschäft VII 6. Die Bank darf nicht nur ohne Zustimmung, sondern uU auch gegen den ausdrücklichen Widerspruch des Kunden bezahlen, ohne Rückgriff und Erstattungsanspruch gegen den Kunden (§§ 774, 670 BGB) zu verlieren. Nr 13 ist wirksam, BGH **95,** 375, üL, aA Tiedtke BB **86,** 541, von Westphalen WM **84,** 8 (nur bei Garantie oder bei Bürgschaft auf erstes Anfordern, im übrigen unwirksam, aber Möglichkeit einer Hinterlegungsklausel). Das gilt unter der (selbstverständlichen) Einschränkung, daß die Bank bei schlüssigen, substantiierten und ohne weiteres beweisbaren Einwendungen und Einreden nicht zu bezahlen braucht und im Verhältnis zum Kunden nicht bezahlen darf, zB bei mangelnder Fälligkeit, BGH WM **67**, 1008, **69**, 834. Um das festzustellen, muß die Bank dem Kunden Gelegenheit zum Vorbringen liquider Einwandtatsachen geben, BGH **95**, 375.

[Rechnungsabschlüsse, Zinsen, Entgelte, Auslagen, Nebenkosten]

AGB-Banken 14
^I Die Bank erteilt mindestens einmal jährlich *Rechnungsabschlüsse*.

^{II} Im Privatkundengeschäft ergibt sich die Höhe der *Zinsen* und *Entgelte* für die im Bankgeschäft typischen regelmäßig vorkommenden *Kreditgewährungen* und *Leistungen* aus dem „Preisaushang – Regelsätze im standardisierten Privatkundengeschäft" und ergänzend aus dem „Preisverzeichnis"; maßgeblich sind die Angaben in der jeweils aushängenden bzw. ausliegenden Fassung. Für dort nicht aufgeführte Kreditgewährungen sowie für Leistungen, die im Auftrag des Kunden oder in dessen mutmaßlichem Interesse erbracht werden und die nach den Umständen nur gegen eine Vergütung zu erwarten sind, darf die Bank die Höhe der Zinsen und Entgelte, soweit keine anderweitige Vereinbarung getroffen wurde, nach billigem Ermessen (§ 315 des Bürgerlichen Gesetzbuches) bestimmen. Außerhalb des Privatkundengeschäfts bestimmt die Bank die Höhe von Zinsen und Entgelten, soweit keine anderweitige Vereinbarung getroffen wurde, nach billigem Ermessen (§ 315 des Bürgerlichen Gesetzbuches). Der Kunde kann Abrechnung verlangen.

^{III} Bei der Inanspruchnahme von Krediten über den vereinbarten Betrag oder über den vereinbarten Termin hinaus oder ohne ausdrückliche Vereinbarung *(Kontoüberziehung)* hat der Privatkunde die im Preisaushang ausgewiesenen Zinsen und sonstigen Entgelte zu tragen. Außerhalb des Privatkundengeschäftes hat der Kunde die von der Bank im Rahmen des § 315 des Bürgerlichen Gesetzbuches für Überziehungen bestimmten *Zinsen* und sonstigen *Entgelte* zu tragen.

^{IV} Für *Leistungen und Maßnahmen,* die auf nicht vertragsgemäßer Kreditabwicklung durch den Kunden, auf vertragswidrigem Verhalten des Kunden, auf Zwangsmaßnahmen Dritter oder sonstigen Verfahren gegen den Kunden beruhen, kann die Bank ein angemessenes Entgelt im Rahmen des § 315 des Bürgerlichen Gesetzbuches in Rechnung stellen.

^V Der Kunde trägt alle im Zusammenhang mit der Geschäftsverbindung mit ihm entstehenden *Auslagen und Nebenkosten,* wie zB Steuern, Aufwendungen für Versicherungen, Ferngespräche, Fernschreiben, Telegramme und Porti.

1) Nr 14 I entspricht für **Rechnungsabschlüsse** § 355 II HGB. Auch bei Abschluß während der Rechnungsperiode wird der Saldo sofort fällig, s Nr 17, 18 I 1. Tagessaldo s § 355 HGB Anm 3 C.

2) A. II nF 1986 gibt der Bank das Recht, angemessene **Zinsen und Entgelte** zu berechnen. Das gilt für banktypische Kredite und sonstige Leistungen der Bank für den Kunden. Nach **II 1** sind für **Privatkunden** (vgl Nr 10 I 1, 2) der Preisaushang für Privatkunden und ergänzend das Preisverzeichnis (s **(7)** Bankgeschäfte IV 2 A b) maßgebend.

B. II 2 betrifft im Preisaushang und im Preisverzeichnis nicht aufgeführte Kreditgewährungen sowie Leistungen im Auftrag oder mutmaßlichen Interesse der Kunden (§§ 662, 677 BGB). Wenn diese nach den Umständen nur gegen Vergütung zu erwarten sind (§ 612 I BGB), kann die Bank mangels Vereinbarung die Höhe einseitig nach billigem Ermessen (§ 315 BGB) bestimmen. Das ist durch § 354 HGB, § 612 BGB gedeckt und mit **(5)** AGB § 11 Nr 1 vereinbar.

IV. Bank- und Börsenrecht 1–3 **AGB-Banken 15 (8)**

C. Nach **II 3** kann die Bank im Verkehr mit **kaufmännischen Kunden** mangels Vereinbarung die Höhe einseitig nach billigem Ermessen (§ 315 BGB) bestimmen; das ist wirksam (s Anm B). Personalkosten s bei Nr 22. Zur Sittenwidrigkeit bei hochverzinslichen Darlehen s **(7)** Bankgeschäfte IV 2 B b.

D. **II 4** gibt dem (kfm und privaten) Kunden einen **Abrechnungsanspruch** (§ 384 HGB, § 666 BGB). Die Bank muß also eine „Rechnung" stellen und darin Leistungen, Entgelte und Sachkosten etc spezifizieren. II 4 schließt die Möglichkeit eines Pauschalpreises nicht aus. Bei Abrechnung auf Stundenbasis sind aber Stundenzahl und Stundensatz aufzuschlüsseln.

3) **III** nF 1986 gibt der Bank bei **Kontoüberziehung** (s **(7)** Bankgeschäfte IV 2 D) einen Anspruch auf Überziehungszinsen oder -entgelte. Diese kann die Bank gegenüber kfm Kunden selbst nach billigem Ermessen (§ 315 BGB) bestimmen **(III 2)**; gegenüber Privatkunden ist der Preisaushang (s **(7)** Bankgeschäfte IV 2 A b) maßgebend (III 1). Mangels Preisaushang gilt § 612 I, II BGB. Bsp: Kontoüberzeichnung durch Rückbelastung eines nichteingelösten Schecks (Nr 41 I, 42 III), Hbg WM **83**, 487; Stornierung (s Nr 4 I 3) irrtümlicher Gutschrift, Düss NJW **85**, 2723. Die Überziehungsprovision hat für den Kunden Warnfunktion und deckt für die Bank das erhöhte Sicherheitsrisiko ab; 4,5% jährlich sind deshalb nicht zu beanstanden, Hamm WM **83**, 223. III soll auch bei Beendigung der Geschäftsverbindung während der Rechnungsperiode gelten, Nr 18 I 1 aE, aber s dort.

4) Nach **IV** nF (bisher IV 2 aF) kann die Bank bei Leistungen und Maßnahmen infolge von nicht vertragsgemäßer Kreditabwicklung, von **vertragswidrigem Verhalten** des Kunden oder von Verfahren gegen den Kunden ein angemessenes **Entgelt** (§ 315 BGB) berechnen. IV ist ebenso wie III wirksam. Zur Sittenwidrigkeit von Kreditrückzahlungsbedingungen s **(7)** Bankgeschäfte IV 2 B b.

5) Nach V nF (bisher II aF) trägt der Kunde alle **Auslagen und Nebenkosten** aus der Geschäftsverbindung mit ihm.

[Schweigen auf Rechnungsabschlüsse]

AGB-Banken 15 Der Kunde hat *Rechnungsabschlüsse* und *Wertpapieraufstellungen* sowie sonstige **Abrechnungen und Anzeigen auf ihre Richtigkeit und Vollständigkeit zu überprüfen.** *Einwendungen* **gegen Rechnungsabschlüsse und Wertpapieraufstellungen sind innerhalb eines Monats seit Zugang abzusenden; sonstige Einwendungen sind unverzüglich zu erheben. Die Unterlassung rechtzeitiger Einwendungen gilt als** *Genehmigung;* **die Bank wird bei Rechnungsabschlüssen und Wertpapieraufstellungen sowie sonstigen Abrechnungen und Anzeigen auf die Folge der Unterlassung rechtzeitiger Einwendungen besonders hinweisen. Gesetzliche Ansprüche des Kunden bei begründeten Einwendungen nach Fristablauf bleiben jedoch unberührt.**

1) Nach **Nr 15 S 1** trifft den **Kunden** eine **Pflicht zur Überprüfung** von Rechnungsabschlüssen, Wertpapieraufstellungen ua. Zur Anwendung der entspr Nr 15 der Raiffeisenbanken-AGB gegen Konkursverwalter s BGH WM **72**, 285.

2) Nach **S 2** sind **Einwendungen** unverzüglich (ohne schuldhaftes Zögern, § 121 I 1 BGB) zu erheben, gegen Rechnungsabschlüsse und Wertpapieraufstellungen innerhalb eines Monats seit Zugang abzusenden. Diese Fristbestimmung ist wirksam; zur Zugangsfiktion der Nr 1 II s dagegen Nr 1 Anm 2.

3) Nach **S 3** gilt die Unterlassung rechtzeitiger Einwendungen nach S 1, 2 als **Genehmigung** (vgl entspr § 346 HGB Anm 3, 4, § 362 HGB). S 3 verstößt

nicht gegen **(5)** AGBG § 10 Nr 5 (zum besonderen Hinweis s dort Anm 5). Unter S 3 („sonstige Abrechnungen und Anzeichen") fallen auch **Tages(konto)auszüge.** Tageskontoauszüge dienen jedoch als reiner Postensaldo nur rein tatsächlichen Zwecken (s § 355 HGB Anm 3 C); die in S 3 fingierte Genehmigung ist insoweit keine rechtsgeschäftliche Genehmigung, zB einer Überweisung zu Lasten des Kontos ohne Auftrag oder einer Belastung im Einzugsermächtigungsverfahren (s **(7)** Bankgeschäfte IIIA 2 B), sondern die rein tatsächliche Erklärung, daß der Kunde gegen die Buchung nichts einzuwenden hat, BGH **73,** 207 (zu Nr 10 ABG-Spark), **95,** 108. Auch keine Beweislastumkehr (Verstoß gegen **(5)** AGBG § 9 I), jedoch Schadensersatzpflicht des Kunden aus positiver Verletzung des Girovertrags bei fährlässig mangelhafter Kontrolle der Kontoauszüge, BGH **73,** 211, **95,** 108. Bei einer derart beschränkt fingierten Genehmigung von Tagesauszügen nach S 3 bedarf es also nicht der Rückgängigmachung nach § 812 BGB wie beim Saldoanerkenntnis. Für **Rechnungsabschlüsse** (zum Rechnungsperiodenende, also idR ein Jahr, sofern nichts anderes vereinbart ist, § 355 II HGB) ist dagegen von einer fingierten rechtsgeschäftlichen Genehmigung auszugehen, die zwar uU angefochten werden kann (vgl § 346 HGB Anm 4 B), aber im Ergebnis praktisch wie eine Beweislastumkehr wirkt; das verstößt gegen **(5)** AGBG § 10 Nr 6, sehr str (s dort), und § 11 Nr 15. Dasselbe gilt für Depot- bzw Wertpapieraufstellungen. Die Genehmigungsfiktion greift nicht ein bei Maßnahmen der Bank **ohne Auftrag des Kunden,** zB bei mangelnder Einziehungsermächtigung der Bank, Düss WM **78,** 771 oder gefälschtem Überweisungsauftrag, offen Hbg WM **83,** 518, bei krassen Abweichungen (vgl zum Bestätigungsschreiben § 346 HGB Anm 3 D) oder sonst unrechtmäßigen Verfügungen der Bank.

4) Nach S 4 bleiben gesetzliche Ansprüche des Kunden bei begründeten Einwendungen auch nach Fristablauf **unberührt.** Nr 15 hindert nicht Bereicherungsanspruch bei stillschweigend erklärtem unrichtigem Saldoerkenntnis im Kontokorrent (vgl § 355 HGB Anm 3 D), BGH WM **68,** 215.

[Ausbleiben von Anzeigen]

AGB-Banken 16 Das *Ausbleiben* von *Anzeigen* über die Ausführung von Aufträgen jeder Art sowie über erwartete Zahlungen und Sendungen ist der Bank unverzüglich mitzuteilen.

1) Nr 16 enthält eine **Mitteilungspflicht des Kunden** bei Ausbleiben von Anzeigen, Zahlungen und Sendungen. Verletzung kann Mitverschulden (§ 254 BGB) oder Schadensersatzpflicht des Kunden aus positiver Vertragsverletzung begründen, BGH NJW **84,** 922.

[Aufhebung der Geschäftsverbindung]

AGB-Banken 17 Der Kunde und die Bank dürfen mangels anderweitiger Vereinbarung nach freiem **Ermessen die** *Geschäftsverbindung* **im ganzen oder einzelne auf Dauer angelegte Geschäftsbeziehungen einseitig** *aufheben.* **Auch bei einer anderweitigen Vereinbarung ist dieses Recht gegeben, wenn ein wichtiger Grund vorliegt; die Bank kann dieses Recht insbesondere dann ausüben, wenn der Kunde unrichtige Angaben über seine Vermögenslage gemacht hat, wenn eine wesentliche Verschlechterung seines Vermögens oder eine erhebliche Vermögensgefährdung eintritt oder wenn der Kunde seiner Verpflichtung zur Bestellung oder Verstärkung von Sicherheiten nach Anforderung durch die Bank nicht innerhalb angemessener Frist nachkommt.**

IV. Bank- und Börsenrecht 1 **AGB-Banken 18 (8)**

1) Nr 17 S 1 erlaubt beiden Seiten **jederzeitige Kündigung** der Geschäftsverbindung (Bankvertrag) oder einzelner Geschäftsbeziehungen (zB Krediteröffnungsvertrag, s **(7)** Bankgeschäfte IV 2); nicht bei anderweitiger Vereinbarung, etwa bestimmte Laufzeit des Kredits, BGH NJW **81,** 1363, insoweit ist aber der sich darauf berufende Kunde beweispflichtig, BGH WM **79,** 458. S 1 ist wirksam, kein Verstoß gegen **(7)** AGBG, BGH WM **85,** 1136. Härten im Einzelfall, zB bei Kreditkündigung, sind über entsprechende Rücksichtspflichten der Bank zu bewältigen (s **(7)** Bankgeschäfte IV 2 D). Anwendung von S 1 durch Genossenschaftsbank gegen Genossen, Nürnb WM **60,** 891, BGH NJW **78,** 947.

2) Auch bei einer von S 1 abweichenden Vereinbarung haben beide Teile wie bei allen Dauerschuldverhältnissen das Recht zur **außerordentlichen** (fristlosen) **Kündigung** aus wichtigem Grund. **S 2** (nF 1984 „jederzeit" ist entfallen, keine sachliche Änderung) stellt das nur klar und gibt wichtige, aber letztlich nicht bindende Beispiele für solche wichtigen Gründe (str, iErg auch Canaris 1247); s **(7)** Bankgeschäfte IV 2 D c. S 2 ist somit richtig ausgelegt wirksam, hL, stRspr. Ausnahmsweise ist jedoch erst Abmahnung nötig (s **(7)** Bankgeschäfte IV 2 D c), zB wenn der Kunde an der Mißbilligung der Kontoüberziehung durch die Bank zweifeln kann, BGH NJW **78,** 947, WM **79,** 1179, Schneider JR **78,** 416. Unrichtige Angaben iSv S 2 sind nur solche, die das Interessen der Bank unmittelbar und wesentlich tangieren, zB die Sicherheit des Kredits gefährden oder Zweifel an der Zuverlässigkeit des Kunden begründen. Dasselbe gilt für die Vermögensverschlechterung und -gefährdung (s § 610 BGB, dazu **(7)** Bankgeschäfte IV 2 D d). Ein Kündigungsrecht nach S 2 besteht auch, wenn der Anspruch der Bank auf Sicherheiten aus Nr 19, der aber tatsächlich gegeben sein muß (Abbedingung s Nr 19 Anm 1), nicht erfüllt wird, BGH NJW **81,** 1363. Zur Kreditkündigung s **(7)** Bankgeschäfte IV 2 D.

3) Rechtsfolgen der Aufhebung nach S 1 oder 2 s Nr 18.

[Rechtsfolgen der Beendigung der Geschäftsbedingung]

AGB-Banken 18 [I]Mit der *Beendigung* der Geschäftsverbindung wird der *Saldo* jedes für den Kunden geführten Kontokorrents sofort *fällig;* von diesem Zeitpunkt ab gilt für Zinsen, Gebühren und Provisionen Nummer 14 Abs. 3. Der Kunde ist außerdem verpflichtet, die Bank von allen für ihn oder in seinem Auftrag übernommenen Verpflichtungen zu *befreien* und bis dahin bankmäßige Sicherheit zu leisten. Die Bank darf auch selbst Haftungsverpflichtungen kündigen und sonstige Verpflichtungen, insbesondere solche in fremder Währung, glattstellen sowie diskontierte Wechsel sofort zurückbelasten.

[II] Die Allgemeinen Geschäftsbedingungen gelten auch nach Beendigung der Geschäftsverbindung im Ganzen oder einzelner, auf Dauer angelegter Geschäftsbeziehungen für deren Abwicklung bis zur vollständigen *Beendigung weiter.*

1) Nr 18 regelt die **Rechtsfolgen der Beendigung der Geschäftsverbindung;** zu dieser s Nr 17 S 1, 2, auch **(7)** Bankgeschäfte IV 2 D; Nr 18 gilt nur für die Aufhebung der Geschäftsverbindung insgesamt, nicht auch einzelner Geschäftsbeziehungen (s Nr 17 Anm 1). Zu den erheblichen Konsequenzen für bereits gewährte Kredite s Canaris 1240. Nach **I 1 Halbsatz 1** wird der Gesamtsaldo auch vor Kontokorrentperiodenende fällig (s § 355 HGB Anm 7 A). Das ist einschneidend, aber Regelfolge der Vertragsauflösung und deshalb mit **(5)** AGBG § 9 vereinbar. Nach **I 1 Halbsatz 2** sind vertragliche Überziehungszinsen zu zahlen (Nr 14 III); das weicht von §§ 286, 288 II, 289 S 2 BGB ab und verstößt gegen **(5)** AGBG § 11 Nr 5, BGH WM **86,** 10. Die Bürgschaft eines Dritten für alle Ansprüche der Bank aus der Geschäftsverbindung deckt nicht Schuld des Kunden aus Beitritt zur Schuld eines anderen Kunden nach Auflösung der Geschäftsverbindung mit dem ersteren, BGH BB **69,** 1372.

2) Nach I 2 trifft den Kunden eine Freistellungspflicht (§ 257 BGB, vgl § 775 BGB) und bis dahin eine Sicherheitsleistungspflicht.

3) Nach I 3 darf die Bank auch selbst Haftungsverpflichtungen, zB Bürgschaften, Garantien ua (soweit gegenüber dem Gläubiger kündbar) kündigen und hat unabhängig von Nr 42 ein Zurückbelastungsrecht für diskontierte Wechsel.

4) Nach II nF 1986 (sachlich wie aF) gelten die **AGB auch für** die **Abwicklung** der Geschäftsverbindung im ganzen sowie einzelner auf Dauer angelegter Geschäftsbeziehungen. Die AGB gelten also bei totaler und bei partieller Lösung des Verhältnisses zwischen Bank und Kunden (s Nr 17 Anm 1). Das trägt der Besonderheit aller Dauerschuldverhältnisse Rechnung, daß die Auflösung (hier: Beendigung der Geschäftsverbindung) nicht mit ihrer Vollbeendigung (nach Abwicklung) zusammenfallen muß, und ist nicht zu beanstanden.

[Bankmäßige Sicherheiten, Pfandrecht, Zurückbehaltungsrecht]

AGB-Banken 19 ^I **Die Bank hat dem Kunden gegenüber jederzeit Anspruch auf die Bestellung oder Verstärkung** *bankmäßiger Sicherheiten* **für alle Verbindlichkeiten, auch soweit sie bedingt oder befristet sind.**

^{II} **Die in den Besitz oder die Verfügungsgewalt irgendeiner Stelle der Bank gelangten oder noch gelangenden** *Sachen* **und** *Rechte* **dienen als** *Pfand* **für alle bestehenden und künftigen – auch bedingten oder befristeten – Ansprüche der Bank gegen den Kunden; dies gilt auch für die** *Ansprüche des Kunden* **gegen die Bank selbst. Das Pfandrecht besteht ebenso für Ansprüche gegen den Kunden, die von Dritten auf die Bank übergehen, und für Ansprüche der Bank gegen Firmen oder Gesellschaften, für deren Verbindlichkeiten der Kunde persönlich haftet. Es macht keinen Unterschied, ob die Bank den mittelbaren oder unmittelbaren Besitz, die tatsächliche oder rechtliche Verfügungsgewalt über die Gegenstände erlangt hat.**

^{III} **Abs. 2 gilt nicht für Aktien, bei denen der Erwerb eines Pfandrechtes durch die Bank der Bestimmung des § 71 des Aktiengesetzes unterliegt, sowie für im Ausland ruhende in- und ausländische Wertpapiere.**

^{IV} **Die Bank kann ferner ihr obliegende** *Leistungen* **an den Kunden wegen eigener – auch bedingter oder befristeter – Ansprüche** *zurückhalten,* **auch wenn sie nicht auf demselben rechtlichen Verhältnis beruhen.**

^V **Über die Erhaltung und Sicherung aller der Bank als** *Sicherheit* **dienenden Sachen und Rechte sowie über den Einzug der ihr haftenden Forderungen, Grund- und Rentenschulden hat der Kunde** *selbst zu wachen* **und die Bank entsprechend zu unterrichten.**

^{VI} **Die Bank ist verpflichtet, auf Verlangen des Kunden** *Sicherungsgegenstände* **nach ihrer Wahl** *freizugeben,* **soweit der Wert des Sicherungsgutes die vereinbarte Deckungsgrenze nicht nur vorübergehend überschreitet. Ist keine Deckungsgrenze vereinbart, so hat die Bank auf Verlangen des Kunden Sicherungsgegenstände nach billigem Ermessen freizugeben, soweit sie diese nicht nur vorübergehend nicht mehr benötigt.**

1) Nr 19 regelt die Sicherheiten und Pfandrechte der Bank (II nF 1977, 1986, V–VII aF 1969 wurden 1977 IV–VI). – Der **Anspruch der Bank auf bankmä-**

IV. Bank- und Börsenrecht 2 **AGB-Banken 19 (8)**

ßige Sicherheiten (I) besteht nur gegen den Kunden, nicht dessen Bürgen, BGH **92**, 301. Er besteht „jederzeit", das ist iErg unbedenklich, von Westphalen WM **84**, 12. Auch sonst ist I wirksam, hL. Der Anspruch ist auch bei festem Darlehen auf bestimmte Zeit nicht ausgeschlossen. Die Bank braucht keinen besonderen Anlaß für ihr Verlangen, zB genügen veränderte Beurteilung der Lage des Kunden oder vorsichtigere Geschäftspolitik; Verschlechterung der Vermögensverhältnisse des Kunden ist nicht Anspruchsvoraussetzung, BGH NJW **81**, 1364. Die Bank hat Anspruch auf bankmäßige Sicherheiten, also vornehmlich solche mit leichter und rascher Verwertbarkeit; sie hat keinen Anspruch auf eine bestimmte Sicherheit, die freie Wahl der Art und des Gegenstandes bleibt beim Kunden, BGH **81**, 1363. Die Bank hat aber keinen Anspruch auf Übersicherung (VI, § 242 BGB) und muß bei einem Wechsel der Sicherheiten die Belange des Kunden angemessen berücksichtigen, zB kein Verlangen zur Unzeit, BGH NJW **83**, 2703. Trotz des Sicherungsrechts nach I ist die vom Kunden nach §§ 232ff BGB konkretisierte (also keine Wahlschuld iSv § 262 BGB) Sicherung in der kritischen Zeit nach § 30 Nr 2 KO „inkongruent", daher anfechtbar, BGH **33**, 394 (Grundschuld), BB **69**, 1061 (Forderungszession). Abbedingung von I s Anm 2 A. Übersicht: Pleyer-Weiser DB **85**, 2233.

2) Das **Pfandrecht der Bank (II):** liegt im berechtigten Interesse der Bank an Sicherung und dem des Kunden an rascher (Dispositions)Kreditgewährung einschließlich erlaubter Kontoüberziehung. II ist mit **(5)** AGBG §§ 3, 9 vereinbar, BGH **93**, 75, NJW **83**, 2702; auch die Erstreckung auf erst künftig entstehende Forderungen der Bank, auch gegen NichtKflte, BGH NJW **81**, 756. Rechtsfolgen im Konkurs s BGH **95**, 149.

A. Nach **II 1** haften alle (aF 1984: „irgendwie", entfallen in nF, keine sachliche Änderung) in den Besitz (auch mittelbarer, S 3, Filialklausel) der Bank gelangten oder noch gelangenden Sachen und Rechte für alle Ansprüche der Bank, auch für künftige Ansprüche, sofern sie bereits bestimmbar sind, Brem WM **73**, 1229; auch solche Werte haften, die nur zur Sicherung bestimmter Ansprüche gegeben sind, BGH WM **77**, 919. Es haften auch Ansprüche des Kunden gegen die Bank selbst (Pfandrecht in eigener Schuld, II 1 Halbs 2), BGH **93**, 76, BGH NJW **83**, 2702, Bsp: Erlösauszahlungsanspruch aus WPVerkauf, künftige Kostenerstattungsansprüche aus Prozessen mit dem Kunden, Brem BB **74**, 154; insoweit ohne Erfordernis der Verfügungsgewalt der Bank, aA Bambg ZIP **84**, 1213. Die Erstreckung der Sicherheiten auf künftige Forderungen der Bank erfolgt im Wege antizipierter Einigung und Abtretung (§§ 1205, 1274 BGB), BGH NJW **83**, 2702, II ersetzt nicht Anzeige nach § 1280 BGB und Zustimmung nach § 1274 I 1 BGB, § 68 II AktG. Nach § 157 BGB ist II aber idR nur auf Forderungen aus der bankmäßigen Geschäftsbeziehung zu beziehen, BGH NJW **81**, 756, **83**, 2702, **85**, 849; auch nicht auf Forderungen der Bank aus vorsätzlich unerlaubter Handlung des Kunden (entspr § 393 BGB), offen BGH NJW **85**, 849. Erstreckung einer Sicherungsgrundschuld auf alle künftigen Forderungen s **(5)** AGBG § 3 Anm 2. II wird nicht schon durch die Vereinbarung bestimmter Sicherheiten abgedungen (vgl I „Verstärkung"), BGH NJW **81**, 1364 (zu I); auch nicht bezüglich solcher Werte des Kunden, die die Bank bei Sicherungsabrede schon im Besitz hat, die Bank kann also auch nicht als Sicherheit vorgesehene Werte in Anspruch nehmen, BGH NJW **83**, 2702 (zu I u II). Die Sicherheit deckt nicht eine Forderung, die die Bank in nicht banküblicher Weise erwirbt, um dem Zedenten vor Ausfall bei dem Bankkunden zu schützen (Rechtsmißbrauch), BGH NJW **81**, 1600, oder die sie zwar banküblich erwirbt, aber ohne Eigeninteresse nur deshalb einzieht, um dem Zedenten Deckung aus den von ihr nicht voll benötigten Sicherheiten zu verschaffen (Einzug von an sie zur Sicherung abgetretenen Forderungen des Dritten gegen den Bankkunden ohne Eintritt des Sicherungsfalls), BGH NJW **83**, 1735. Nach **II 2** Haftung für alle Forderungen der Bank gegen den Kunden, Haftung auch für an die Bank abgetretene Ansprüche, BGH **58**, 722, **77**, 919; Haftung für Ansprüche gegen OHG oder KG des phG-Kunden, aA Clemente DB **83**, 1531 (AGBKontrolle).

B. II erfaßt **nicht Grundpfandrechte**, deren Brief in Bankbesitz kommt; schriftliche Anerkennung der AGB durch den Kunden wirkt nicht als Vorausverpfändung solcher Grundpfandrechte, hL; jedenfalls fehlt es aber am Erlangen der ,,Verfügungsgewalt" über das Grundpfandrecht, BGH **60**, 174, dazu Kollhosser JR **73**, 315.

C. Unter das Pfandrecht nach II fallen **nicht Werte**, die der Bank **mit besonderer Zweckbestimmung** übergeben werden, BGH WM **68**, 695, **73**, 167, Bareinzahlung des Kunden mit ausdrücklichem Überweisungsauftrag, auch wenn die Bank wegen Zahlungseinstellung des Kunden nach Nr 17 den Girovertrag einseitig aufhebt, BGH **74**, 132; Wertsachen, welche die Bank auf Bitte des Kunden wegen Reparatur seines Haus-Safe vorübergehend in Verwahrung nimmt, BGH **58**, 1480 (vgl **(13)** DepotG § 1 Anm 2 C zum Safevertrag). Wechseleinreichung **nur zum Diskont** schließt Pfandrechte nach Nr 19 aus, RG **126**, 348, BGH BB **68**, 691; lehnt die Bank den Diskont ab, um den Wechsel zur Minderung des Debets des Einreichers zu verwenden, und widerspricht der Einreicher nicht, so ist Treuhandsicherungsübereignung des Wechsels an die Bank anzunehmen, BGH NJW **70**, 42. Wirkung von II gegen Aussteller eines Wechsels zur Sicherung von Kredit an Akzeptant auch nach Wegfall der Ausstellerhaftung, BGH DB **76**, 768. Betr Wechsel und Scheck s auch Nr 42. **Einzug beim Dokumentenakkreditiv** (s **(7)** Bankgeschäfte VII, **(11)** ERA) und beim **Inkassogeschäft** (s **(12)** ERI) hindert dagegen Pfandrecht nach II nur bei besonderem Vorbehalt, BGH WM **71**, 179 (zum Scheckinkasso), fraglich; die Bank erlangt aber jedenfalls ein Pfandrecht am Herausgabeanspruch des Kunden gegen sie selbst, BGH **95**, 154; s auch Nr 42. II gilt auch nicht beim **Kreditgeschäft** (s **(7)** Bankgeschäfte IV, V); der Kunde will dabei ersichtlich die Verfügungsmacht über den Kredit, nicht nur Abdeckung einer Verbindlichkeit gegenüber der Bank; daran ändert ,,Auszahlung" durch Gutschrift auf Konto des Kunden nichts, aA BGH WM **56**, 218. II gilt auch nicht bei einem gegenteiligen, auch stillschweigenden, aus den Umständen zu schließenden Vorbehalt des Kunden; so bei (durch die Bezeichnung) ,,offenen" **Treuhandkonto** (s **(9)** AGB-Anderkonten Einl 1 vor Nr 1; **(7)** Bankgeschäfte II 2 A), hier ist nach §§ 133, 157 BGB Ausschluß der Aufrechnung und Zurückbehaltung durch die Bank anzunehmen, also Rechtslage entspr **(9)** AGB-Anderkonten Nr 8, BGH **61**, 77, WM **83**, 873, NJW **85**, 1954; ohne weiteres bei zu Bauzwecken dienendem Festgeldkonto einer TreuhandGes, die nur nach Baufortschritt verfügen kann, BGH NJW **85**, 1955. Spätere Offenlegung der Treuhandbindung steht dem Pfand-, Aufrechnungs-, Zurückbehaltungsrecht nicht entgegen; bei unklarer Bezeichnung besteht keine Nachforschungspflicht der Bank, BGH **61**, 78. II, IV erfassen nicht **von Dritten** nur für eine bestimmte Schuld des Kunden gegebene Sicherheiten, Ffm WM **73**, 1151, ebenso nicht Bürgschaft eines Dritten für bestimmte Kundenschuld, Stgt BB **77**, 416.

D. **Gutgläubiger Erwerb** aufgrund II (§§ 932ff, 1207f BGB, §§ 366f HGB, Art 16 II WG, Art 21 ScheckG ua) ist nicht schlechthin ausgeschlossen, Staud-Wiegand Anh § 1257 BGB Rz 9, aA Hbg MDR **70**, 422; der gutgläubige Pfandrechtserwerb an Gegenständen Dritter ist aber uU im Einzelfall ausgeschlossen, zB wenn die Bank gar nicht im Vertrauen auf die Sicherheit disponiert hat, vgl Canaris 2666, str.

3) Eigene Aktien der Bank (§ 71 e AktG) und im Ausland ruhende Wertpapiere werden von dem Pfandrecht nach II nicht erfaßt **(III)**. Grund: § 71 III AktG bzw eventuelle Gefahr eines Zugriffs ausländischer Gläubiger.

4) Das **Zurückbehaltungsrecht der Bank (IV)** hat Bedeutung dort, wo ein Pfandrechtserwerb ausscheidet, zB bezüglich Hypotheken- oder Grundschuldbrief (s Anm 2 B), eigene Aktien der Bank (s Anm 3), Schrankfachinhalt (s **(13)** DepotG § 1 Anm 2 C); Liesecke WM **69**, 555. IV ist wie II einschränkend auszulegen, zB Zurückbehaltung nur wegen bankmäßig erworbener Forderungen (s Anm 2 A), BGH NJW **85**, 849 (zu Nr 21 V AGB-Spark.). IV ist unanwendbar auf der Bank übergebenes Sicherungsgut, das der Kunde rechtlich zu kontrollieren gehindert ist, BGH WM **72**, 73 (Wein).

5) Die **Verwaltung der Sicherheiten (V)** obliegt dem Kunden; Verwaltungspflichten der Bank bestehen nur bei besonderer Abrede oder wenn nur die Bank die Sicherheiten kontrollieren kann, vgl BGH WM **72**, 73, zB bei unmittelbarem Besitz der Bank.

6) Freigabeanspruch des Kunden (VI): Die Bank muß auf Verlangen des Kunden Sicherheiten freigeben, soweit diese nicht nur vorübergehend die vereinbarte Deckungsgrenze überschreiten. Bei sonst sittenwidriger Übersicherung bedarf es keines Verlangens, BGH NJW **83**, 2702. Überschreiten der Deckungsgrenze bestimmt sich nach dem Liquidationswert (Einl II 1 B vor § 1 HGB). Die Deckungsgrenze wird nicht schon durch Vereinbarung bestimmter Sicherheiten festgesetzt (s Anm 2 A). Bei Freigabeverweigerung erfolgt Billigkeitskontrolle nach § 315 III BGB (Forderung DM 600.000, Sicherheit DM 1,9 Mio), BGH NJW **81**, 571 (zu AGB-Spark Nr 19 VI). Die Wahl der freizugebenden Gegenstände obliegt idR der Bank (VI, § 262 BGB). Sie darf aber nicht gegen schützenswerte Belange des Kunden verstoßen, BGH NJW **83**, 2703. Die Beweislast für Billigkeit liegt bei der Bank.

[Befugnis zur Verwertung von Sicherheiten]

AGB-Banken 20 [I] **Kommt der Kunde seinen Verbindlichkeiten bei Fälligkeit nicht nach, so ist die Bank befugt, die** *Sicherheiten* **ohne gerichtliches Verfahren unter tunlichster Rücksichtnahme auf den Kunden zu beliebiger Zeit an einem ihr geeignet erscheinenden Ort auf einmal oder nach und nach zu** *verwerten***. Unter mehreren Sicherheiten hat die Bank die Wahl. Sie darf zunächst aus dem sonstigen Vermögen des Kunden Befriedigung suchen. Über den Erlös wird die Bank dem Kunden eine** *Gutschrift* **erteilen, die als Rechnung für die Lieferung des Sicherungsgutes gilt und den Voraussetzungen des Umsatzsteuerrechtes entspricht.**

[II] **Einer Androhung der Verwertung, der Innehaltung einer Frist und der Ausbedingung sofortiger Barzahlung des Kaufpreises bedarf es nicht. Eine Abweichung von der regelmäßigen Art des Pfandverkaufs kann nicht verlangt werden. Die Bank wird nach Möglichkeit Art, Ort und Zeit der Verwertung mitteilen, sofern nicht die Benachrichtigung untunlich ist.**

1) Nr 20 regelt zusammen **mit Nr 21** die **Verwertung von Sicherheiten;** zu deren Entstehen s Nr 19; Kosten und Auslagen s Nr 20. Zu Nr 20, 21 s Kümpel WM **78**, 973, von Westphalen WM **80**, 1422, **84**, 14.

A. I 1 ist trotz Abweichung von § 1236 BGB wirksam. Denn er konkretisiert die allgemeine Interessenwahrungspflicht der Bank (s **(7)** Bankgeschäfte I 3) durch den Grundsatz tunlichster Rücksichtnahme auf den Kunden bei der Verwertung der Sicherheiten. Die Bank muß den Verhältnismäßigkeitsgrundsatz wahren und sich um den bestmöglichen Preis für die Sicherheit bemühen.

B. I 2 gestattet der Bank die Wahl unter mehreren Sicherheiten. Er entspricht § 1230 I BGB.

C. I 3 erlaubt der Bank, zunächst auf andere Kundenvermögen als die Sicherheit zuzugreifen. Das ist wirksam. Grenzen folgen aus der Rücksichtspflicht der Bank.

2) A. II 1 dispensiert von der Androhung und Wartefrist nach § 1234 BGB. Das ist angesichts der Mitteilungspflicht nach II 3 und der sich bereits aus dem Grundsatz der Rücksichtnahme (I 1) ergebenden Schranken kein Verstoß gegen **(5)** AGBG § 9, aA Staud-Schlosser 157 bezüglich Wartefrist.

B. II 2 bedingt § 1246 BGB ab. Das ist wirksam. Die Interessenwahrungspflicht der Bank kann im Einzelfall etwas anderes ergeben.

C. II 3 hält die Pflicht der Bank zur Mitteilung an den Kunden fest. S 3 ist wesentlich für die Zulässigkeit von Nr 20 (s Anm A). „Nach Möglichkeit" iSv S 3 gibt der Bank kein Ermessen. „Untunlich" iSv S 3 ist die Mitteilung in ganz besonderen Fällen, zB wenn sie offenbar sinnlos wäre.

[Art und Weise der Verwertung]

AGB-Banken 21

[I] *Pfänder,* die einen *Börsen-* oder *Marktpreis* haben, darf die Bank börsen- oder marktmäßig, *andere Pfänder* durch öffentliche Versteigerung verwerten. Der Verpfänder ist nicht berechtigt, die Herausgabe von Zins- und Gewinnanteilscheinen der als Pfand haftenden Wertpapiere zu verlangen. Die Bank darf diese Scheine auch vor Fälligkeit ihrer Forderung verwerten und den Erlös als Sicherheit behandeln.

[II] Die Bank darf die ihr *als Pfand haftenden Forderungen,* Grund- und Rentenschulden schon vor Fälligkeit ihrer Forderung kündigen und einziehen, wenn dies zur Erhaltung der Sicherheit erforderlich ist. Der Kunde ist verpflichtet, auf Verlangen der Bank die Zahlung an die Bank auf seine Kosten zu betreiben. Die Bank darf alle sonstigen Maßnahmen und Vereinbarungen mit den Drittschuldnern treffen, die sie zur Einziehung von Forderungen für zweckmäßig hält, insbesondere Stundungen oder Nachlässe gewähren und Vergleiche abschließen; sie wird sich bemühen, den Kunden vorher zu benachrichtigen, sofern nicht die Benachrichtigung untunlich ist. Eine Verpflichtung zum Einzug übernimmt die Bank nicht.

[III] *Zur Sicherung übertragene* Sachen und Rechte darf die Bank nach bestem Ermessen, insbesondere auch freihändig verwerten. Grund- und Rentenschulden wird die Bank freihändig mangels Zustimmung des Sicherheitsbestellers nur zusammen mit der gesicherten Forderung und nur in einer im Verhältnis zu ihr angemessenen Höhe verkaufen. Im übrigen gelten die Bestimmungen des Abs. 2 entsprechend.

1) Nr 21, s Nr 20 Anm 1. I 1 entspricht §§ 1221, 1235, 1245 II BGB. I 2, 3 regeln wirksam die Behandlung von Zins- und Gewinnanteilscheinen von haftenden Wertpapieren.

2) II 1 gibt der Bank ein Verwertungsrecht schon vor Fälligkeit der Forderung, aber nur wenn zur Erhaltung der Sicherheit erforderlich und deshalb wirksam, aA Ul-Br-He 662. II 2 wiederholt die Kostentragungspflicht des Kunden. II 3 gibt der Bank Spielraum bei der Einziehung von Forderungen, begrenzt durch die Interessenwahrungspflicht (s Nr 20 Anm 1 A) und nach voheriger Mitteilung. Vergleich der Bank über die ihr zur Sicherheit abgetretene Forderung s Pleyer FS Hilger-Stumpf **83**, 557. II 4 weicht wirksam von § 1285 II BGB ab.

IV. Bank- und Börsenrecht **AGB-Banken 22–24 (8)**

3) III 1 enthält ein wirksames Verwertungsrecht der Bank nach bestem Ermessen, auch freihändig. Grenzen setzt die Interessenwahrungspflicht. III 2 enthält nur eine schuldrechtliche Verpflichtung, kein Abtretungsverbot nach § 399 BGB, BGH NJW **82,** 2768.

[Unterlagen und Kosten für Verwertung]

AGB-Banken 22 ¹ **Die Bank ist berechtigt, sich auf Kosten des Kunden alle *Unterlagen* zu beschaffen, die sie zur Prüfung bei der Bestellung, Verwaltung, Freigabe und Verwertung von Sicherheiten für erforderlich hält; dazu zählen insbesondere beglaubigte Abschriften aus öffentlichen Registern, behördliche Bescheinigungen sowie Unterlagen über den Versicherungsschutz.**

II **Für alle sonstigen *Leistungen und Maßnahmen* bei der Bestellung, Verwaltung, Freigabe und Verwertung von Sicherheiten sowie bei der Inanspruchnahme von Mitverpflichteten kann die Bank ein angemessenes *Entgelt* im Rahmen des § 315 des Bürgerlichen Gesetzbuches in Rechnung stellen; im übrigen gilt Nr 14 Abs. 2 AGB entsprechend. Außerdem trägt der Kunde – neben den in Nr. 14 Abs. 5 erwähnten – alle sonstigen in diesem Zusammenhang entstehenden *Auslagen* und *Nebenkosten*, insbesondere Lagergelder, Kosten der Beaufsichtigung, Vermittlerprovisionen und Prozeßkosten.**

1) Nr 22 I nF 1984 gibt der Bank das Recht, sich **auf Kosten des Kunden** alle ihr notwendig erscheinenden **Unterlagen zur Prüfung** der Werthaltigkeit **von Sicherheiten** (s dazu Nr 20, 21), zB Registerauszüge ua, zu beschaffen. I ist eine Kostentragungsregel und gilt nur als solche wirksam. Als Regelung über die Erteilung des Einverständnisses des Kunden zur Einholung aller der Bank notwendig erscheinenden Unterlagen ginge I zu weit (vgl **(7)** Bankgeschäfte I 8 B).

2) A. **II 1** nF 1986 gibt der Bank das Recht, für Leistungen und Maßnahmen **im Zusammenhang mit Sicherheiten** sowie bei der Inanspruchnahme von Mitverpflichteten einseitig ein angemessenes **Entgelt** (§ 315 BGB) zu berechnen. II 1 Halbs 2 nF 1986 stellt klar, daß im übrigen Nr 14 II (Entgeltklausel mit Unterscheidung zwischen privaten und kfm Kunden) entsprechend gilt.

B. **II 2** (Nr 22 aF) betrifft die **Kostentragung bei Sicherheiten**. Nicht unter II 2 (und 14 II) fallen Personalkosten der Bank in einem Wechselverwertungskonsortium, Nürnb BB **69,** 932.

[Eintretender Mangel der Geschäftsfähigkeit]

AGB-Banken 23 **Der Kunde trägt den Schaden, der etwa daraus entstehen sollte, daß die Bank von einem eintretenden *Mangel in der Geschäftsfähigkeit* des Kunden oder seines Vertreters unverschuldet keine Kenntnis erlangt.**

1) Nr 23 betrifft nur das **Geschäftsunfähigwerden**, setzt also gültigen Abschluß des Bankvertrags voraus; Kunde muß damals noch geschäftsfähig gewesen sein. Klausel ist unter **(5)** AGBG § 9 wirksam wie sonstige Übernahme des einem anderen durch Zufall entstehenden Schadens, BGH **52,** 63 (zu AGB-Spark Nr 3 II), DB **74,** 1904, str. Verschulden ist anzunehmen bei Geschäften, die nach Art oder Umfang gegen die Geschäftsfähigkeit des Kunden erhebliche Bedenken wecken müssen; die Bank trägt die Beweislast für unverschuldete Unkenntnis; BGH **52,** 64.

[Ableben des Kunden, Legitimation der Erben]

AGB-Banken 24 **Beim *Ableben des Kunden* ist die Bank berechtigt, die Vorlegung eines Erbscheins, eines Zeugnisses des Nachlaßgerichts über die Fortsetzung der Gütergemein-**

schaft oder eines Testamentsvollstreckerzeugnisses zu verlangen; sie darf auch denjenigen, der in einer Ausfertigung oder einer beglaubigten Abschrift einer Verfügung von Todes wegen nebst zugehöriger Eröffnungsniederschrift als Erbe oder Testamentsvollstrecker bezeichnet ist, verfügen lassen, insbesondere mit befreiender Wirkung an ihn leisten. Werden der Bank ausländische Urkunden zum Nachweis des Erbrechtes oder der Verfügungsbefugnis über den Nachlaß vorgelegt, so wird sie diese insbesondere auf Echtheit, Gültigkeit und Vollständigkeit sorgfältig prüfen. Bei der Prüfung und einer etwaigen Übersetzung haftet sie nur für grobes Verschulden.

^{II} Der Kunde trägt den Schaden, der etwa daraus entstehen sollte, daß die Bank von einem Mangel in der Wirksamkeit derartiger *Urkunden* unverschuldet keine Kenntnis erlangt. Die Bank wird bei Auftreten begründeter Zweifel die Urkunden auf ihre fortdauernde Wirksamkeit prüfen, haftet jedoch insoweit nur für grobes Verschulden.

^{III} Entsprechendes gilt für *Bestallungen* von Vormündern, Pflegern, Konkursverwaltern usw. und ähnliche Ausweise.

1) Nr 24 regelt die **Legitimation der Erben,** Testamentsvollstrecker ua (s III) bei Tod (Entmündigung, Konkurs ua, s III) des Kunden. Nach I 1 nF 1984 erkennt die Bank eine Ausfertigung oder beglaubigte Abschrift eines Testaments nur dann als Erbrechtsnachweis an, wenn zugleich eine ordnungsgemäße Niederschrift über eine Eröffnungsverhandlung hinsichtlich dieses Testamtents vorliegt, kann aber dann den darin als Erbe oder Testamentsvollstrecker Genannten verfügen lassen, also zB mit befreiender Wirkung an ihn leisten. Die Niederschrift kann in Kurzform auch auf dem Testament selbst stehen. Ein reiner Eröffnungsvermerk genügt dagegen nicht. I 2 betrifft Prüfungspflichten der Bank bei ausländischen Urkunden. I 3 enthält Freizeichnung für leichte Fahrlässigkeit. Bsp: Einlösung von Erblasserschecks trotz Widerrufs durch Alleinerben, der noch keinen Erbschein hat, LG Krefeld WM **77,** 379.

2) II weist das Risiko unverschuldeter Unkenntnis der Bank von Urkunden nach I dem Kunden zu und enthält eine Freizeichnung von leichter Fahrlässigkeit; das ist wirksam, vgl § 173 BGB und Nr 1 Anm 1.

[Haftung für Mitarbeiter, keine Haftung für höhere Gewalt]

AGB-Banken 25 ^{I} Im Rahmen des von ihr zu vertretenden Verschuldens haftet die Bank auch für ihre Mitarbeiter; hat die Bank im Einzelfall für sonstige Dritte einzustehen, so haftet sie insoweit stets nur für grobes Verschulden.

^{II} Die Bank haftet nicht für Schäden, die durch *Störung ihres Betriebes* infolge von höherer Gewalt, Aufruhr, von Kriegs- und Naturereignissen oder infolge von sonstigen von ihr nicht zu vertretenden Vorkommnissen (z. B. Streik, Aussperrung, Verkehrsstörung) veranlaßt sind oder die durch Verfügungen *von hoher Hand* des In- oder Auslandes eintreten.

1) Nr 25 I macht bei der **Haftung für Mitarbeiter** keinen Unterschied zwischen leitenden und anderen Angestellten, anders unter Nr 10 I 3, aF. Nach I Halbs 2 haftet die Bank für andere Erfüllungsgehilfen als ihre Mitarbeiter nur für grobe Fahrlässigkeit, zB dritte Banken; auch selbständige Rechenzentren, aA Canaris 2717; das ist mit **(5)** AGBG § 11 Nr 7 vereinbar. I Halbs 2 betrifft nicht eigenes Verschulden der Bank bei Substitution (s Nr 9), von Westphalen WM **84,** 16.

2) II betrifft **Zufallschäden.** Soweit die Bank ausnahmsweise dennoch schadensersatzpflichtig ist, schließt II nur Schadensersatzansprüche gegen die Bank aus, verschafft dagegen nicht der Bank Ansprüche, die sie sonst nicht hätte, OGH 2, 91.

[Erfüllungsort, Gerichtsstand]

AGB-Banken 26 [I] Die Geschäftsräume der kontoführenden Stelle der Bank sind für beide Teile *Erfüllungsort*, wenn der Kunde Kaufmann ist, der nicht zu den in § 4 des Handelsgesetzbuches bezeichneten Gewerbetreibenden gehört, oder es sich bei ihm um eine juristische Person des öffentlichen Rechts oder ein öffentlich-rechtliches Sondervermögen handelt oder sich sein Wohnsitz außerhalb der Bundesrepublik Deutschland befindet. Das am Erfüllungsort geltende *Recht* ist maßgebend für alle Rechtsbeziehungen zwischen dem Kunden und der Bank und zwar auch dann, wenn der Rechtsstreit im Ausland geführt wird.

[II] Ist der Kunde Kaufmann, der nicht zu den in § 4 Handelsgesetzbuch bezeichneten Gewerbetreibenden gehört, oder handelt es sich bei ihm um eine juristische Person des öffentlichen Rechts oder ein öffentlich-rechtliches Sondervermögen, so kann die Bank nur am *Gerichtsstand* des Erfüllungsortes verklagt werden.

1) Nr 26 I 1 legt als **Erfüllungsort** unter VollKflten (den Sitz und) die Geschäftsräume der kontoführenden Bank fest. Damit ist zugleich eine **Rechtswahl** getroffen (I 2); I 2 ist mit **(5)** AGBG § 9 vereinbar; nicht für Privatgeschäfte des Kfm (s Einl IV 2 C vor § 1 HGB), str.

2) II enthält eine **Gerichtsstandsklausel.** Diese entspricht §§ 38 I, 29 II ZPO (Text s Einl IV 2 C vor § 1 HGB). Sie ist auch mit **(5)** AGBG §§ 3, 9 vereinbar, str (s **(5)** AGBG § 9 Anm 3 „Gerichtsstandsklausel").

[Einlagensicherung]

AGB-Banken 27 Die Bank ist dem *Einlagensicherungsfonds* des Bundesverbandes deutscher Banken e.V. (im folgenden Einlagensicherungsfonds genannt) angeschlossen. Soweit der Einlagensicherungsfonds oder ein von ihm Beauftragter Zahlungen an einen Kunden leistet, gehen dessen Forderungen gegen die Bank in entsprechender Höhe Zug um Zug auf den Einlagensicherungsfonds über. Entsprechendes gilt, wenn der Einlagensicherungsfonds die Zahlungen mangels Weisung eines Kunden auf ein Konto leistet, das zu seinen Gunsten bei einer anderen Bank eröffnet wird. Die Bank ist befugt, dem Einlagensicherungsfonds oder einem von ihm Beauftragten alle in diesem Zusammenhang erforderlichen Auskünfte zu erteilen und Unterlagen zur Verfügung zu stellen.

1) Das Statut des **Einlagensicherungsfonds** ist abgedruckt bei Canaris 2726. Monographien Möschel 1978, Nicklisch 1979; Scholl JuS **81**, 88.

[Sonderbedingungen]

AGB-Banken 28 [I] Für besondere Geschäftsarten finden neben diesen Allgemeinen Geschäftsbedingungen *Sonderbedingungen*, z.B. für den Scheckverkehr, für Ander- und Sparkonten, für die Annahme von Verwahrstücken und die Vermietung von Schrankfächern sowie für Optionsgeschäfte und Auslandsgeschäfte in Wertpapieren Anwendung. Ferner sind die von der Internationalen Handelskammer aufgestellten „Einheitlichen Richtlinien und Gebräuche für Dokumenten-Akkreditive" und die „Einheitlichen Richtlinien für Inkassi" maßgeblich.

[II] *Änderungen dieser Geschäftsbedingungen* einschließlich der *Sonderbedingungen* werden dem Kunden, wenn sie ihn nicht nur unwesentlich belasten, durch schriftliche Benachrichtigung, in allen anderen Fällen durch ausdrücklichen Hinweis bekanntgegeben. Sie gelten als genehmigt, wenn der Kunde nicht schriftlich Widerspruch erhebt. Auf diese Folge wird ihn die Bank bei der Bekanntgabe besonders hinweisen. Der Widerspruch des Kunden muß innerhalb eines Monats nach Bekanntgabe der Änderung bei der Bank eingegangen sein.

1) Nr 28 I 1 bezieht **Sonderbedingungen** neben den AGB in den Bankvertrag ein. Das ist mit **(5)** AGBG § 2 vereinbar, befreit aber nicht von dessen Voraussetzungen, s zB **(5)** AGBG § 2 Anm 1 B. Bsp: Bedingungen für den Scheckverkehr, für eurocheque-Karten, für den Verkehr mit Orderschecks, vgl **(7)** Bankgeschäfte III 5, 6; **(9)** AGB-Anderkonten; Bedingungen für Sparkonten, vgl **(7)** Bankgeschäfte II, bes 3; zum Schrankfachvertrag s **(13)** DepotG § 1 Anm 2 B; besondere Bedingungen für Optionsgeschäfte, vgl **(14)** BörsG Überbl 2 B vor § 50; Sonderbedingungen für Auslandsgeschäfte in Wertpapieren s **(13)** DepotG § 22. Nach I 2 sind **(11)** ERA über das Dokumentenakkreditiv und **(12)** ERI über Inkassi maßgeblich.

2) Änderungen der AGB und der Sonderbedingungen erfolgen durch schriftliche Benachrichtigung, bei unwesentlichen Belastungen durch ausdrücklichen Hinweis **(II 1)**; das ist wirksam s **(5)** AGBG § 2 Anm 1 D, 2 D. In der Mitteilung liegt ein Vertragsänderungsangebot der Bank. Genehmigungsfiktion mangels schriftlichen Widerspruchs innerhalb eines Monats **(II 2–4)**. Kein Verstoß gegen **(5)** AGBG §§ 2, 9, 10 Nr 5 u 6; vgl dazu oben Nr 15 Anm 3.

II. Handel in Wertpapieren, Devisen und Sorten

[Ausführungsart bei Wertpapieraufträgen]

AGB-Banken 29 [I] Die Bank führt alle Aufträge zum Kauf und Verkauf von Wertpapieren, die an der Börse des Ausführungsplatzes *zum amtlichen Handel zugelassen* sind, als *Kommissionär* durch Selbsteintritt aus, ohne daß es einer ausdrücklichen Anzeige gemäß § 405 des Handelsgesetzbuches bedarf. Kundenaufträge in zum amtlichen Handel zugelassenen Aktien werden von der Bank über die Börse geleitet, es sei denn, daß eine andere ausdrückliche Weisung des Kunden vorliegt.

[II] Bei Geschäften in *Kuxen* und in *nicht zum amtlichen Handel* zugelassenen Werten tritt die Bank stets als *Eigenhändler* auf. Das gleiche gilt für zugelassene Wertpapiere, deren Notiz durch Bekanntmachung der Börsenorgane ausgesetzt ist. Geschäfte im Eigenhandel kann die Bank netto berechnen, soweit nicht der Kunde Bruttoberechnung verlangt.

[III] *Abweichungen in der Ausführungsart* müssen ausdrücklich vereinbart werden.

[IV] Die vorbezeichneten Ausführungsarten gelten unabhängig von der Fassung der Abrechnung oder einer gesonderten Ausführungsanzeige.

1) A. Nr 29 I 1 weicht für die an der Börse des Ausführungsplatzes **zum amtlichen Handel zugelassenen Wertpapiere** von der Regelung des Selbsteintritts nach §§ 400–405 HGB ab. Mangels ausdrücklich anderer Vereinbarung gemäß III nur Ausführung durch Selbsteintritt; für einfache Kommission ohne Selbsteintritt bleiben nur Wertpapiere, die zum amtlichen Handel zugelassen sind (sonst II), aber nicht an der Börse des Ausführungsplatzes. Die Klausel ist nach § 9 AGBG **wirksam** (str), denn durch sie abbedungenes Recht des Kunden nach § 400 I HGB, den Selbsteintritt der Bank zu untersagen, kommt keine wesentliche anlegerschützende Bedeutung zu. I 1 setzt nur ,,Zulassung zum amtlichen Handel'' voraus, gilt also auch bei bloßem Geld-, Brief- oder Tax-

IV. Bank- und Börsenrecht 2 **AGB-Banken 29 (8)**

kurs; I 1 gilt nicht bei gestrichenem Kurs (vgl § 400 V HGB), bei Aussetzung der Notierung (s II 2), str bei vorübergehender Schließung der Börse. Nr 29 betrifft nicht Investmentanteile, diese werden nicht selbst an der Börse gehandelt; Selbsteintrittsrecht also nur nach Maßgabe von § 400 I HGB (ja wegen § 21 III KAGG).

B. **Zustandekommen des Vertrags** unter I 1: Abschluß eines Kommissionsvertrags mit Selbsteintrittsrecht der Bank (Wirkung s §§ 400–402 HGB Anm 2 A). Kauf bzw Verkauf kommt mit Ausübung dieses (Gestaltungs-) Rechts zustande; Ausübung liegt in der Ausführung des Auftrags durch Abschluß eines Deckungsgeschäfts (ausnahmsweise auch in der Buchung, str), nicht schon in der Auftragsannahme, denn die Bank will sich nicht ohne Deckungsgeschäft zur Lieferung verpflichten. Die Konstruktion eines vom Kunden bei Auftragserteilung zusätzlich abgegebenen Kauf- bzw Verkaufsangebots (OGH **4**, 213) ist iE gleich, aber gekünstelt.

C. Nr 29 **betrifft** nur die schuldrechtlichen Beziehungen zwischen Bank und Kunden, **nicht die dinglichen Verhältnisse** (dazu § 383 HGB Anm 3 D, F). Obwohl die Bank nach I 1 (und erst recht II) selbst kauft bzw verkauft, übereignet sie bei der Verkaufskommission idR ohne eigenen Zwischenerwerb an den Erwerber (§ 185 I BGB); bei der Einkaufskommission kommt es dagegen zum Zwischenerwerb, außer bei Übereignung durch Geschäft für den, den es angeht, das hier aber problematisch ist, Canaris 1979.

D. **Widerruf des Auftrags** durch Kommittenten ist nur vor Ausführung durch Deckungsgeschäft möglich; soweit sich das nicht schon nach § 405 III HGB ergibt (str, s dort Anm 2), kann in Nr 29 I 1 eine Abbedingung des § 405 III HGB gesehen werden (ausdrückliche Anzeige unnötig, I 1 letzter Halbs; IV schreibt keine Ausführungsanzeige anderer Art vor), str.

E. I 2 eingefügt im Zuge der freiwilligen Börsenreform seit 1969. Die **Pflicht zur Abwicklung über die Börse** dient der Umsatzkonzentration und der Bildung aussagekräftigerer Kurse. I 2 verbietet sowohl Abschluß aus dem Eigenbestand der Bank ohne Deckungsgeschäft an der Börse als auch Kompensation zwischen zwei Bankkunden ohne Leitung über die Börse.

2) A. II 1 enthält eine **Eigenhändlerklausel** für Geschäfte in Kuxen und in **nicht zum amtlichen Handel zugelassenen Werten**; dasselbe gilt bei vorübergehender Aussetzung der Notierung, II 2. Die Klausel ist nicht nach § 9 AGBG unwirksam, iE auch BGH WM **59**, 1001; aA von Dalwigk zu Lichtenfels, Effektenkommissionsgeschäft, 1975. **Bestens**-Auftrag kann bloße Vereinbarung über Berechnung des Durchschnittskurses des Börsentags bedeuten (Schönle § 18 II 3 c), idR aber weitergehend Abbedingung von II 1 und Kommissionsgeschäft mit entspr Bemühungspflicht der Bank. Aufklärungspflichten beruhen auch beim Proper(-Eigen)geschäft auf der Berufsstellung der Bank, s § 347 HGB Anm 3 E; Aufklärungspflicht bes bei Berechnung von Preisen, die eindeutig nicht marktgerecht sind (vgl Rspr zu Warenterminoptionsprämien, § 347 HGB Anm 3 Fa; Recht und Praxis in USA: ab 5% über Marktpreis).

B. **Weitergehende Eigenhändlerklausel** über II hinaus ist durch Individualvereinbarung, nicht aber durch AGB möglich (§§ 1, 9 AGBG); iErg schon RG **114**, 15 (Auslegung als bloße Selbsteintrittsklausel).

C. II 3 sieht nach Wahl der Bank **Nettoberechnung** vor, bei Verlangen des Kunden Bruttoberechnung. II 3 bezieht sich nicht auf den Preis des Deckungsgeschäfts; dieses geht den Kunden beim Eigenhandel nichts an. Umgekehrt hat die Bank beim Eigenhandel keine Provisions- und Aufwendungsersatzansprüche.

1221

3) Nach **III** muß eine Vereinbarung, in der **Ausführungsart** von I und II **abzuweichen**, ausdrücklich, aber nicht unbedingt schriftlich erfolgen. Die Beweislast für die Abweichung trägt der, der sich darauf beruft.

4) IV ist unnötig. Die spätere einseitige Abrechnung oder Ausführungsanzeige kann nichts mehr ändern. Es verbleibt bei I–III.

[Ausführungsplatz]

AGB-Banken 30 ^I Sind Werte an mehreren Börsen zugelassen oder in den geregelten Freiverkehr einbezogen, so trifft die Bank mangels anderweitiger Weisung die Wahl des *Ausführungsplatzes*.

^{II} Für Geschäfte in Wertpapieren, Devisen und Edelmetallen gelten die *Usancen* des jeweiligen *Ausführungsplatzes* sowie die Usancen der Ständigen Kommission für Angelegenheiten des Handels in amtlich nicht notierten Werten.

1) Zu **Nr 30 I** ist die einschränkende Auslegung geboten, daß die Bank idR nur die normalerweise eingeschaltete **Börse wählen** wird (keine Wahl nach freiem Belieben); umgekehrt besteht idR keine Pflicht der Bank zur Abrechnung nach einem für den Kunden günstigeren Kurs einer auswärtigen Börse, Canaris 1920f.

2) II verweist auf die **Usancen** des jeweiligen Ausführungsplatzes und die entspr Usancen für den Freihandel, s **(14)** BörsG § 43 Anm 1.

[Ausführungszeit, Deckung, Weitergabe des Auftrags]

AGB-Banken 31 ^I Ohne zeitliche Beschränkung erteilte Kauf- und Verkaufsaufträge sind bis zum letzten Börsentag des laufenden Monats gültig, wenn sie nicht vorher widerrufen werden; doch werden Aufträge, die am letzten Börsentag eines Monats eingehen und an diesem Tag nicht mehr erledigt werden konnten, für den nächsten Börsentag vorgemerkt. Für Aufträge zum Kauf und Verkauf von Bezugsrechten gelten die für den Bezugsrechtshandel im Einzelfall festgesetzten Fristen. Die Bank wird Börsenaufträge möglichst noch *am Tag des Eingangs* ausführen; bei nicht rechtzeitiger Ausführung haftet sie nur für grobes Verschulden.

^{II} Die Bank darf Ausführungen von Kauf- oder Verkaufsaufträgen ganz oder teilweise unterlassen oder rückgängig machen, wenn das *Guthaben* oder der *Depotbestand* des Kunden *nicht ausreicht*. Aufträge zu Verkäufen sowie zur Ausübung oder zum Verkauf von Bezugsrechten darf sie auch dann ausführen, wenn dem Kunden entsprechende Werte bei ihr nicht zur Verfügung stehen.

^{III} Befindet sich die beauftragte Stelle der Bank nicht am *Ausführungsplatz*, so gibt sie die Aufträge mangels besonderer Weisung nach ihrem Ermessen telefonisch, fernschriftlich, telegrafisch oder brieflich weiter.

1) Nr 31 I betrifft die **Gültigkeitsdauer** von Kauf- und Verkaufsaufträgen und den Ausführungszeitpunkt (möglichst noch am Tag des Eingangs). Die Freizeichnung nach I 3 ist wirksam; Abrechnung erfolgt aber zu dem leicht fahrlässig versäumten Kurs des Eingangstags, §§ 401 I, 402 HGB.

2) II sichert die Bank bei mangelnder Deckung des Kontos oder Depots des Kunden.

3) III überläßt der Bank die Wahl der Mitteilungsform bei auswärtigem Ausführungsplatz.

IV. Bank- und Börsenrecht **AGB-Banken 32–35 (8)**

[Einwendungen]

AGB-Banken 32 *Einwendungen* gegen Abrechnungen und Ausführungsanzeigen von Wertpapiergeschäften müssen unverzüglich nach Zugang telegrafisch, fernschriftlich oder in den Geschäftsräumen der Bank erhoben werden. Anderenfalls gelten die Abrechnungen, Anzeigen usw. als genehmigt; die Bank wird bei den Abrechnungen, Anzeigen usw. auf diese Folge der Unterlassung rechtzeitiger Einwendung besonders hinweisen. Einwendungen wegen Nichtausführung von Wertpapieraufträgen sind unverzüglich telegrafisch, fernschriftlich oder in den Geschäftsräumen der Bank nach dem Zeitpunkt zu erheben, an dem die Abrechnung oder Ausführungsanzeige dem Kunden im gewöhnlichen Postlauf hätte zugehen müssen.

1) Nr 32 stellt Anforderungen an **Zeit und Form der Einwendungen** (ähnlich § 386 I HGB). Die vorgeschriebene Form der Einwendung (nicht nur normaler Brief) verstößt nicht gegen **(5)** AGBG § 11 Nr 16, str; die Besonderheiten des WPGeschäfts (ua rasche Kursänderungen) fordern eine derartige Beschleunigung, **(5)** AGBG § 11 Nr 16 läßt dafür Raum, Staud-Schlosser 5. Telefonische Einwendung steht der in den Geschäftsräumen der Bank gleich (vgl § 147 I 2 BGB), Canaris 1932, zweifelnd Ul-Br-He § 10 Nr 5 Rz 15. Die Genehmigungsfiktion des **S 2** ist mit **(5)** AGBG §§ 9, 10 Nr 5 vereinbar, vgl dazu oben Nr 15 Anm 3. **S 3** enthält nur eine Anzeigepflicht mit der Rechtsfolge einer Schadensersatzpflicht, nicht auch eine Genehmigungsfiktion.

[Nicht volleingezahlte Aktien, eigene Aktien]

AGB-Banken 33 ^I Verkauft die Bank im Auftrage eines Kunden *nicht volleingezahlte Aktien,* so hat der Kunde, falls er von der Gesellschaft gemäß § 65 des Aktiengesetzes oder von seinem Vormann auf die Nachzahlung in Anspruch genommen wird, bereits vom Abschluß des Geschäfts an gegen die Bank lediglich Anspruch auf die Abtretung der ihr aus dem Kaufvertrage gegen ihren Nachmann zustehenden Rechte.

^{II} Läßt ein abhängiges oder ein in Mehrheitsbesitz stehendes Unternehmen der Vorschrift des § 71 des Aktiengesetzes zuwider *Aktien der herrschenden oder mit Mehrheit beteiligten Gesellschaft* durch die Bank anschaffen, so haftet es für alle der Bank daraus erwachsenden Schäden.

1) Zu **Nr 33** s Komm zu §§ 65, 71 AktG, s Einl vor **(2)** AktG.

[Anwendung auf Eigenhandel]

AGB-Banken 34 Die Bestimmungen der Nrn. 31, 32 und 33 gelten entsprechend für Kauf- und Verkaufsangebote im *Eigenhandel.* Diese Angebote darf die Bank auch teilweise annehmen, wenn sie es im Interesse des Kunden für tunlich hält.

1) Nr 34 S 1 dehnt Nr 31–33 auf den Eigenhandel aus, s **(13)** DepotG § 31 Anm 2. **S 2** erlaubt Teilannahme von Angeboten des Kunden; Individualvereinbarungen, so wenn der Kunde zum Ausdruck bringt, daß er nur an der Ausführung des gesamten Auftrags interessiert ist, gehen vor, s **(5)** AGBG § 4.

[Devisen und Sorten]

AGB-Banken 35 Soweit zulässig, führt die Bank Aufträge zum Kauf oder Verkauf von *Devisen und Sorten* als Kommissionär durch Selbsteintritt aus, ohne daß es einer ausdrücklichen Anzeige gemäß § 405 des Handelsgesetzbuches bedarf; andernfalls tritt

(8) AGB-Banken 36, 37   2. Handelsrechtl. Nebengesetze

die Bank als Eigenhändler auf. Die Nummer 29 Absatz 2 Satz 3 und Absätze 3 und 4, Nummer 31 Absatz 1 Satz 3 und Absatz 2 sowie Nummer 32 finden sinngemäße Anwendung.

1) Nr 35 regelt die Geschäfte mit **Devisen und Sorten** entspr den Effektengeschäften (vgl Nr 29, 31, 32).

III. Verwahrungsgeschäft

[Aufbewahrung von Wertpapieren]

AGB-Banken 36 [I] Die Bank haftet den gesetzlichen Bestimmungen entsprechend für sichere und getreue *Aufbewahrung* der ihr anvertrauten *Wertpapiere*. Sie darf Wertpapiere unter ihrem Namen an auswärtigen Plätzen und bei Dritten aufbewahren und verwalten lassen. Macht die Bank hiervon Gebrauch, so beschränkt sich ihre Verantwortlichkeit auf sorgfältige Auswahl und Unterweisung des von ihr beauftragten Dritten. Folgt die Bank bei der Auswahl oder bei der Unterweisung des Dritten einer Weisung des Kunden, so trifft sie insoweit keine Haftung. Die Bank ist jedoch verpflichtet, ihrem Kunden auf Verlangen die etwa bestehenden Ansprüche gegen den Dritten abzutreten.

[II] Bei Sammelverwahrung oder Sammelverwaltung durch eine Wertpapiersammelbank steht die Bank dem Kunden auch für die Erfüllung der Verwahrer- und Verwalterpflichten der Wertpapiersammelbank ein.

[III] Die Bestimmungen der vorstehenden Absätze sind entsprechend auf den Jungscheingiroverkehr anzuwenden.

1) Nr 36 I 1 regelt die **Verwahrungspflicht der Bank** für WP. Zum Verwahrungsgeschäft s **(13)** DepotG §§ 1–17. **I 2** erlaubt die Drittverwahrung iSv **(13)** DepotG § 3 I (s dort), Dritte iSv I 2 sind aber nur Verwahrer iSv **(13)** DepotG § 1 II. Der Haftungsausschluß nach **I 3** (vgl **(13)** DepotG § 3 II 2) entspricht §§ 664 I 2, 691 S 2 BGB (Substitution) und verstößt (anders als Nr 9 S 1, 2) nicht gegen **(5)** AGBG §§ 9, 11 Nr 7. **I 4, 5** sind wirksam, s Nr 9 Anm 2, 3.

[Zins- und Gewinnanteilscheine, Verlosungen, Kündigungen]

AGB-Banken 37 [I] Mangels besonderer Weisung des Kunden sorgt die Bank für *Trennung der fälligen Zins- und Gewinnanteilscheine* und zieht deren Gegenwert ein oder verwertet sie. Neue Zins- und Gewinnanteilscheinbogen erhebt die Bank ohne besonderen Auftrag für alle Wertpapiere, deren Zins- und Gewinnanteilscheine regelmäßig getrennt werden.

[II] *Verlosungen und Kündigungen* überwacht die Bank, soweit Bekanntmachungen hierüber in den „Wertpapier-Mitteilungen" erscheinen und die Bank die Papiere verwahrt. Pfandbriefe und Schuldverschreibungen werden ohne besondere Weisung des Kunden eingelöst; die Einlösung und Verwertung von Wertpapieren anderer Art darf die Bank mangels besonderer Weisung des Kunden nach ihrem Ermessen vornehmen.

[III] Zins- und Gewinnanteilscheine zu Wertpapieren, die auf ausländische Währung lauten, sowie verloste oder gekündigte Wertpapiere, die auf ausländische Währung lauten, und die Gegenwerte darf die Bank mangels anderer Weisung für Rechnung des Kunden bestens verwerten.

[IV] Der Gegenwert von Zins- und Gewinnanteilscheinen sowie von fälligen Wertpapieren jeder Art wird – auch wenn die Bank Zahlstelle oder Hauptzahlstelle ist – *vorbehaltlich des Eingangs* gutgeschrieben.

IV. Bank- und Börsenrecht 1, 2 **AGB-Banken 38, 39 (8)**

1) Nr 37–39 regeln die **Verwaltungspflichten der Bank** bei WPVerwahrung. Nach I übernimmt die Bank die Pflicht zum Einzug von Zins- und Dividendenforderungen, nach II zur Überwachung von Verlosungen und Kündigungen (aber Durchsicht nur der WM, nicht des BAnz; zulässig) und zur Einlösung von Pfandbriefen und Schuldverschreibungen. Der Kunde braucht also insoweit keine Eigeninitiative zu entfalten. Pflichten bezüglich der Stimmrechtsvollmacht (früher: Depotstimmrecht) s §§ 128, 135 AktG; Komm zu **(2)** AktG. Zum Depotvertrag s **(13)** DepotG § 1 Anm 2 B. Zu den allgemeinen Verhaltenspflichten der Bank s **(7)** Bankgeschäfte I 3–7.

2) Nr **37** IV nF 1984 stellt klar, daß die Bank Gutschriften von Zinsen, Dividenden und Kapitalrückzahlungen (schon bisher bei Kündigung und Auslosung, nach nF auch bei Endfälligkeit) von Wertpapieren nur unter dem Vorbehalt des tatsächlichen Eingangs des Betrags erteilt. Gutschriftsbuchung (s **(7)** Bankgeschäfte III 3) bedeutet also nicht ohne weiteres schon Bezahlung des Papiers. IV setzt keine zeitliche Grenze; die Bank muß indessen in kurzer Frist, maximal zwei Wochen, den Eingang abklären oder stornieren.

[Oppositionen, Aufgebote]

AGB-Banken 38 Ob Wertpapiere von *Oppositionen, Aufgeboten,* Zahlungssperren u. dgl. betroffen sind, wird einmalig nach ihrer Einlieferung anhand der „Wertpapier-Mitteilungen" geprüft.

1) S zu Nr 37.

[Bezugsrechte, Weisung]

AGB-Banken 39 [I] Bei Konvertierungen, Ausübung oder Verwertung von Bezugsrechten, Aufforderungen zu Einzahlungen, bei Fusionen, Sanierungen, Zusammenlegungen und Umstellungen sowie bei Umtausch-, Abfindungs- und Übernahmeangeboten wird die Bank, wenn hierüber eine Bekanntmachung in den „Wertpapier-Mitteilungen" erschienen ist, den Kunden benachrichtigen. Die Bank erwartet die besondere Weisung des Kunden; sollte diese nicht rechtzeitig eintreffen, so wird die Bank nach ihrem besten Ermessen verfahren, sofern damit nicht eine *Anlageentscheidung* für den Kunden verbunden ist. Bezugsrechte wird sie bestens verkaufen, sofern sie bis zu dem der letzten Notiz des Bezugsrechtes vorhergehenden Börsentag keine anderweitige Weisung des Kunden erhalten hat.

[II] Hat der Kunde in den Fällen des Absatzes 1 eine Weisung erteilt, so haftet die Bank für deren *sorgfältige Ausführung.* Bleibt jedoch eine Weisung aus, so haftet sie nur für grobes Verschulden. Dasselbe gilt bei etwaigen Unterlassungen.

1) S zu Nr 37. Nach **I 2** trifft die Bank keine Anlageentscheidung ohne Auftrag. Demgemäß sind nach **I 3** Bezugsrechte idR bestens zu verkaufen; ausnahmsweise ist (telefonische) Rückfrage beim Kunden erforderlich, vgl Ffm WM **77,** 986. Vollmacht aus früh fristwahrender Anmeldung in Sonderfall, KG WM **80,** 94. Zu Nr 39 Kümpel WM **80,** 707.

2) Nach **II** haftet die Bank bei Weisung für leichte Fahrlässigkeit **(S 1),** ohne Weisung nur für grobe **(S 2).** Das entspricht **(5)** AGBG § 11 Nr 7.

IV. Einzugs- und Diskontgeschäft, Wechsel- und Scheckverkehr

[Scheck- und Wechselinkasso]

AGB-Banken 40 [I] Der Kunde muß der Bank im Einzelfall und gesondert eine Weisung erteilen, wenn bei *Aufträgen zum Einzug* von Schecks und Wechseln der Einsatz von *Eilmitteln* erforderlich ist. In diesen Fällen haftet die Bank im Rahmen ihres Verschuldens; fehlt ein derartiger Hinweis, so haftet die Bank hinsichtlich des Einsatzes von Eilmitteln nur für grobes Verschulden.

[II] Soweit die Bank die wechsel- und scheckmäßige Behandlung von Wechseln oder Schecks auf *Auslandsplätze* selbst durchführt, haftet sie nur für grobes Verschulden.

[III] Nicht oder nicht genügend versteuerte Wechsel darf die Bank zurückgehen lassen.

[IV] Die Bank darf bei ihr ruhende Wechsel, falls ihr keine andere Weisung erteilt ist, bei Verfall vorlegen und mangels Zahlung protestieren lassen, sowie zu diesem Zweck Wechsel auf auswärtige Plätze rechtzeitig versenden.

1) Nr 40 betrifft das **Scheck- und Wechselinkasso**, s **(7)** Bankgeschäfte III 5 E. **I 1** nF 1984 enthält eine Obliegenheit des Kunden, bei Einzugspapieren die Restlaufzeit zu prüfen und uU zwecks fristgerechter Vorlegung (Erhaltung von Scheck- bzw Wechselregreß; unnötig bei Euroscheck) einen gesonderten Eilauftrag zu erteilen. Mangels eines Eilauftrags zeichnet sich die Bank in **I 2** (nF 1986 nur klarstellend: „hinsichtlich des Einsatzes von Eilmitteln") wirksam für leichte Fahrlässigkeit frei. **I 2** läßt eine gesetzliche Aufklärungs- und Hinweispflicht der Bank, zB auf längere Inkassolaufzeiten von in ländlichen Regionen oder im Ausland zahlbaren Schecks, unberührt (s Nr 10 Anm 3 B). Nr 40 gilt nicht für das Diskontgeschäft (s **(7)** Bankgeschäfte VI; Auslegung gegen den Verwender, s **(5)** AGBG § 5). Der Haftungsausschluß nach **II** erfaßt also nicht das Diskontgeschäft bei Auslandswechseln, BGH **59**, 202.

[Gutschrift unter Vorbehalt, Einlösung von Lastschriften und Kundenschecks]

AGB-Banken 41 [I] Schreibt die Bank den Gegenwert von *zum Einzug* eingereichten Einzugspapieren (z.B. Wechsel, Schecks, Lastschriften) schon vor Eingang gut, so geschieht dies unter dem *Vorbehalt des Eingangs,* und zwar auch dann, wenn das Einzugspapier bei der Bank zahlbar ist.

[II] *Lastschriften* und vom Kunden ausgestellte *Schecks* sind erst *eingelöst,* wenn die Belastung nicht spätestens am zweiten Buchungstag nach der Belastungsbuchung storniert wird.

1) Nr 41 I nF 1984 stellt klar, daß die Bank die **Gutschrift** beim Inkasso, anders als bei der Überweisung (s **(7)** Bankgeschäfte III 3 B), nur unter dem Vorbehalt des tatsächlichen Eingangs des Gegenwerts erteilt. Aus Nr 41 folgt kein Recht der Bank, den schon empfangenen, dann dem Bezogenen zurückgezahlten Scheckbetrag vom Einreicher zurückzufordern, LG Ffm NJW **75**, 2296.

2) Nach **II** nF 1984 sind **Lastschriften** (s **(7)** Bankgeschäfte IIIA 5, **(10)** Lastschriftverkehr) und Kundenschecks erst eingelöst, wenn die Bank nicht innerhalb von zwei (aF einem) Buchungstagen nach der Belastungsbuchung die Belastung des Kundenkontos rückgängig macht (**Stornierung**, s Nr 4 I 3). II gilt nicht bei Vordisposition (s **(7)** Bankgeschäfte III 3 B), Bauer WM **83**, 206. II

IV. Bank- und Börsenrecht 1-3 **AGB-Banken 42 (8)**

fingiert nicht die Einlösung spätestens am zweiten Buchungstag, sondern legt nur den (frühesten) Einlösungszeitpunkt fest, BGH **79**, 387. Wird vor dem zweiten Buchungstag eingelöst, kann also nach II doch noch storniert werden, str; wird auch später nicht eingelöst, steht II nicht entgegen.

[**Zurückbelastungsrecht, Devisenwechsel und -schecks**]

AGB-Banken 42 ^{I} Die Bank darf die ihr zum Einzug eingereichten oder von ihr diskontierten Wechsel bereits vor Verfall ohne Rücksicht auf das bestehende Rechnungsverhältnis, insbesondere auf eine etwa voraufgegangene Saldierung, im Konto *zurückbelasten,* wenn von der Bank eingeholte Auskünfte über einen Wechselverpflichteten nicht zu ihrer Zufriedenheit ausfallen, oder wenn Akzepte eines Wechselverpflichteten protestiert werden, oder wenn in den Verhältnissen eines Wechselverpflichteten eine wesentliche Verschlechterung eintritt. Entsprechendes gilt bei Schecks.

^{II} Gibt die Deutsche Bundesbank der Bank rediskontierte Wechsel oder Schecks zurück, weil sie sie nachträglich als zum Rediskont nicht geeignet befindet, so ist die Bank berechtigt, diese Wechsel oder Schecks dem Kunden zurückzubelasten. Der Rückbelastung wird der Nettobetrag der Diskontabrechnung zuzüglich der Zinsen vom Tag der Diskontierung durch die Bank bis zum Rückbelastungstag zu dem bei der Diskontierung angewendeten Diskontsatz zugrundegelegt.

^{III} Werden der Bank zum Einzug eingereichte oder von ihr diskontierte Wechsel oder Schecks bei Vorlegung nicht bezahlt oder ist die freie Verfügung über den Gegenwert durch Gesetz oder behördliche Maßnahmen beschränkt oder können die Papiere wegen Vorkommnissen, die von der Bank nicht zu vertreten sind, nicht oder nicht rechtzeitig vorgelegt werden, oder ist in dem Land, in dem die Wechsel oder Schecks einzulösen sind, ein Moratorium ergangen, so darf die Bank zurückbelasten.

^{IV} Die Zurückbelastung ist auch dann zulässig, wenn Wechsel oder Schecks nicht zurückgegeben werden können. Unbeschadet hiervon haftet die Bank, wenn die Rückgabe infolge ihres groben Verschuldens unterbleibt. Die Bank wird versuchen, den Gegenwert zurückbelasteter aber nicht zurückgegebener Wechsel und Schecks hereinzuholen oder dem Einreicher die ihr zustehenden Rechte übertragen.

^{V} In allen Fällen der Zurückbelastung von Wechseln und Schecks *verbleiben* der Bank die wechsel- oder scheckrechtlichen *Ansprüche* auf Zahlung des vollen Betrages der Wechsel und Schecks mit Nebenforderungen gegen den Kunden und jeden aus dem Papier Verpflichteten bis zur Abdeckung eines etwa vorhandenen Schuldsaldos.

^{VI} Werden Wechsel- und Scheckbeträge nicht in der Währung angeschafft, über die die Papiere lauten, so wird die Bank dadurch bei ihr anfallende Kursdifferenzen dem Kunden belasten oder gutbringen.

1) Nr 42 regelt das Inkasso- und (anders als Nr 40) auch das Diskontgeschäft, und zwar in I–IV das **Rückbelastungsrecht,** in V ein Sicherungsrecht. Zu **I:** Diskontgeschäft s **(7)** Bankgeschäfte VI.

2) Zu **II:** Wird der Wechsel bei Vorlegung nicht bezahlt, hat die Bank ohne weiteres das Rückbelastungsrecht.

3) Ist der Gegenwert eines eingelösten Schecks in das Vermögen der Bank übergegangen, so kann er von einer Sperre iSv **III** nicht mehr erfaßt werden, OGH **2,** 226, Kassel NJW **49,** 589. Zurückbelastung eines Wechsels nach III auch bei Versäumung des Protests, sofern ohne Verschulden der Bank, BGH **59,** 200.

1227

4) Nach **IV** hat die Bank das Zurückbelastungsrecht auch, wenn sie den Wechsel oder Scheck nicht zurückgeben kann (S 1), außer bei grobem Verschulden (S 2). IV ist wirksam, LG Ffm WM **75,** 1222 (Bsp: Scheck auf Bahamas-Bank).

5) Nach **V** behält die Bank **als Sicherheit** auch nach Zurückbelastung **die wechsel- und scheckrechtlichen Zahlungsansprüche.** Bei der Auslegung von V kann auf die allgemeine Regelung der Sicherheiten nach Nr 19 zurückgegriffen werden (s dort ua Anm 2 C, D). V verstößt nicht gegen (5) AGBG § 4, str. V ist wirksam (nicht sittenwidrig) auch für nicht dem Kunden gehörende Schecks (der Fall liegt anders als der des **(19)** ADSp § 50a), Düss WM **73,** 739. V dient, bei Hereinnahme von Schecks zur Einziehung, dem eigenen Sicherungsinteresse der Bank; V gibt ihr ein Sicherungsrecht am Scheck, wenn der einreichende Kunde im Debet ist, BGH **5,** 285, WM **75,** 20; ebenso am Wechsel, BGH **95,** 149; ein Sicherungsinteresse besteht auch, wenn Einreicher selbst nicht im Debet ist, aber für einen anderen haftet, BGH **69,** 30, WM **77,** 49; auch wenn das Konto erst durch Rückbelastung (nach Gutschrift und prompter Auszahlung) debitorisch wird, BGH **69,** 31. Sicherungsrecht der Bank auch an Forderung, die zur Lastschrift hereingegeben wird (Anfechtung?), BGH MDR **78,** 133. Zur Konkursanfechtung bei Verrechnung eines Inkassoschecks mit Kreditforderung s Kln WM **79,** 1193 (maßgeblicher Zeitpunkt ist Hereinnahme des Schecks).

6) VI betrifft Devisenwechsel und -schecks. VI regelt nur den Fall, daß die Beträge nicht in der Währung der Papiere angeschafft werden und weist dann **Kursverluste und -gewinne** dem Kunden zu. Dagegen verbleiben Kursverluste und -gewinne der Bank, wenn die Beträge wie im Papier angegeben angeschafft werden (§ 446 BGB); idR sichert sich die Bank dann durch Devisenterminsgeschäft ab.

[Weiterbelastung]

AGB-Banken 43 Werden Wechsel oder Schecks aufgrund ausländischen Rechts oder aufgrund einer mit ausländischen Banken getroffenen Vereinbarung der Bank wegen Fälschung von Unterschriften oder wegen Veränderung anderer Bestandteile der Wechsel oder Schecks belastet, so darf die Bank sie dem Kunden weiterbelasten.

1) Zum Zurückbelastungsrecht nach **Nr 43** vgl Nr 42.

[Übergang der zugrundeliegenden Forderungen, Rechte und Sicherheiten]

AGB-Banken 44 Erhält die Bank *Wechsel,* so gehen zugleich die dem Wechsel oder seinem Erwerb durch den Kunden *zugrundeliegenden Forderungen* sowie alle bestehenden und künftigen Rechte aus den betreffenden Geschäften auf die Bank über. Der Kunde ist verpflichtet, der Bank auf Verlangen eine Übertragungsurkunde zu erteilen. Soweit die für die Forderungen und Rechte bestehenden *Sicherheiten* nicht nach Satz 1 auf die Bank übergehen, kann die Bank deren Übertragung auf sich verlangen. Entsprechendes gilt bei *anderen Einzugspapieren,* namentlich bei Schecks, Lastschriften, Anweisungen und Rechnungen.

1) Nach **Nr 44** (nF 1984) **S 1** erhält die Bank zugleich mit dem Wechsel die zugrundeliegenden Forderungen, Rechte und Sicherheiten (Sicherungsabtretung), BGH **95,** 152. **S 1** enthält eine antizipierte Forderungsabtretung (§ 398 BGB) und Einigung mit Abtretung bezüglich der Sicherheit (§§ 929, 931 BGB);

IV. Bank- und Börsenrecht **AGB-Anderk (9)**

ebenso wie in Nr 19 II (anders AGB-Spark Nr 44: Abtretungspflicht); zutr Canaris, 2743. Der Schuldner wird von der Abtretung nicht benachrichtigt; ob dies die Wirksamkeit der Abtretung beeinträchtigt, entscheidet das für die abgetretene Forderung maßgebende Recht, BGH **95**, 152. Rechtsfolgen bei Einzug im Konkurs s BGH **95**, 149. **S 2** verpflichtet den Kunden auf Verlangen der Bank zur Erteilung einer Übertragungsurkunde, zB bei Briefgrundpfandrechten. **S 3** enthält hilfsweise eine Übertragungspflicht des Kunden. **S 4** erstreckt die Regelung aus S 1–3 für Wechsel auf die sonstigen Einzugspapiere. Einzugspapiere sind nicht nur Zahlungspapiere, sondern auch Handelspapiere (iSv (12) ERI B 1 II–IV vor Art 1), BGH **95**, 151. Zu S 4 für Lastschrift (s (7) Bankgeschäfte IIIA) BGH **70**, 185, NJW **80**, 1964.

[Einholung von Wechselakzepten oder -avalen]

AGB-Banken 45 Treffen die Bank bei der *Einholung* von *Wechselakzepten oder -avalen* Prüfungspflichten, insbesondere im Hinblick auf die Echtheit der Unterschrift und die Legitimation des Zeichnenden, so haftet sie nur für grobes Verschulden.

1) Wirksame Freizeichnung von leichter Fahrlässigkeit.

[Überziehungsprovision, Akzeptprovision]

AGB-Banken 46 Die Deckung der von der Bank *für Rechnung eines Kunden akzeptierten Wechsel* muß spätestens einen Bankarbeitstag vor Verfall in ihrem Besitz sein, anderenfalls berechnet die Bank eine besondere Provision im Rahmen des § 315 des Bürgerlichen Gesetzbuches; die Akzeptprovision deckt nur das Akzept selbst.

1) Nr 46 gibt einen Anspruch auf Überziehungsprovision neben der Akzeptprovision, wenn nicht spätestens einen Tag vor Verfall Deckung angeschafft ist. Vgl Nr 14 III. Zum (Akzept-)Kreditgeschäft s (7) Bankgeschäfte IV 4.

[Einlösungsauftrag, Wechseldeckung]

AGB-Banken 47 Die Bank braucht bei ihr *zahlbar gestellte Wechsel* nur einzulösen, wenn ein schriftlicher Auftrag mit allen erforderlichen Angaben rechtzeitig eingegangen und hinreichende Deckung vorhanden ist.

1) Nach **Nr 47** braucht die Bank Wechsel nur auf schriftlichen Antrag einzulösen.

(9) Geschäftsbedingungen für Anderkonten und Anderdepots (AGB-Anderkonten)

Einleitung

Schrifttum

a) Kommentare: Bankrecht und Bankpraxis (BuB, früher Bankgeschäftliches Formularbuch), 1979 ff (LBl) (Lieferung betr AGBAnderkonten steht noch aus). – *Canaris,* Bankvertragsrecht, 2. Aufl 1981, Rdn 288–299. – *Hellner,* Geschäftsbedingungen für Anderkonten (Fassung 1962), 1963.
b) Lehrbücher: *Schönle,* Bank- und Börsenrecht, 2. Aufl 1976, § 7 II 3a.

(9) AGB-Anderk 2. Handelsrechtl. Nebengesetze

c) **Einzeldarstellungen und Sonstiges:** *Capeller,* Die Pfändung von Fremdkonten, MDR **54,** 708. – *Coing,* Bemerkungen zum Treuhandkonto im deutschen Recht, FS Cohn **75,** 23.
Allgemein zur Kontoinhaberschaft s **(7)** Bankgeschäfte II 2.

1) Verdeckte und offene Fremdkonten

Auf Bankkonten können statt eigenen Werten des Kontoinhabers (Eigenkonto) fremde Werte (die im Verhältnis des Kontoinhabers zu einem Dritten diesem zustehen) verbucht werden **(Fremdkonto).** Inhaber der Werte und Inhaber des Kontos sind Treugeber-Treuhänder. Das Fremdkonto kann **verdeckt,** dh der Bank als solches nicht erkennbar sein; dann bleibt das Fremdinteresse im Bankverhältnis unerheblich. Es kann **offen,** dh als solches der Bank offenbart sein, BGH NJW **85,** 1955. Das trifft zu für: **a) Sonderkonten der gesetzlichen Treuhänder,** zB Testamentsvollstrecker, Konkurs-, Nachlaß-, Zwangsverwalter, so auch **b)** die vertraglich als solche begründeten **gewöhnlichen Treuhandkonten,** bezeichnet zB als ,,Treuhand"- oder ,,Sonder-Konto B" (Treugeber) des A (Treuhänder-Kontoinhaber). Zur Auslegung bei unklarer Bezeichnung und/oder Vereinbarung, BGH **11,** 41, **21,** 151, **61,** 77. Ein Eigenkonto kann ohne Änderung der Bezeichnung durch Vereinbarung zwischen Inhaber und Bank Fremdkonto werden, BGH BB **63,** 574. Dritte Form des offenen Fremdkontos sind die **c) Anderkonten.**

2) Anderkonten

A. Fassung von 1962 einheitlich festgestellt durch alle Gruppen der Kreditinstitute, jetzt **Neufassung** vom Bundesverband deutscher Banken e. V. Dezember **1978,** Text AGBAnderkonten Rechtsanwälte und Notare auch in NJW **79,** 1441.

B. Anderkonten sind beschränkt auf Angehörige gewisser Berufe, denen besonders oft fremdes Geld anvertraut wird und die ein eigenes Standesrecht haben: **Rechtsanwälte, Notare** (der Rechtsanwalt-Notar kann wählen, s unten Nr 2), **,,Treuhänder",** dh Wirtschaftsprüfer, vereidigte Buchprüfer, Steuerberater, Steuerbevollmächtigte, Wirtschaftsprüfungs-, Buchprüfungs-, Steuerberatungsgesellschaften (Aufzählung in Nr 2 der einschlägigen Bedingungen) und **Patentanwälte.** Die ,,Geschäftsbedingungen für Anderkonten und Anderdepots", gelten für diese vier Berufsgruppen in vier besonderen Fassungen, deren Grundlinien aber übereinstimmen: (1) Alleinverfügung durch Inhaber, (2) Unangreifbarkeit für Gläubiger des Begünstigten, (3) Trennung vom Eigenvermögen des Inhabers und Abwehr von Inhaber-Gläubigern, auch der Bank selbst. Die AGB-Anderkonten gelten wie alle AGB nur Kraft vertraglicher Vereinbarung, diese kann aber konkludent erfolgen. Eine ,,analoge" Anwendung der AGB-Anderkonten auf sonstige Treuhandkonten ist nicht möglich, aA Hgb WM **70,** 1308 (zu Nr 8 aF), wohl aber Heranziehung im Rahmen von § 157 BGB, Canaris 292. Widerspruchsrecht des Treugebers (§ 771 ZPO) gegen Vollstreckung durch Gläubiger des Treuhänders bei ,,echtem Anderkonto", auch ad hoc gebildetem Sonderkonto, nicht Rechtsanwalt-Privatkonto, BGH DB **71,** 1157. Dem Notar auf Notar-Anderkonto überwiesene (oder ihm bar übergebene) Gelder bleiben zwar für ihn ,fremde" Gelder (Treuhanderwerb), aber auch dabei geht das Eigentum auf den Erwerber über (Summenverwahrung, vgl § 700 BGB), BGH **76,** 13. Die vereinbarte ,,Hinterlegung" beim Notar (Überweisung auf Notar-Anderkonto) ist keine Hinterlegung iSv §§ 372, 378 BGB und idR noch nicht Erfüllung nach §§ 362 II, 185 BGB, BGH **87,** 160.

IV. Bank- und Börsenrecht **AGB-Anderk (9)**

a) Geschäftsbedingungen für Anderkonten und Anderdepots von Rechtsanwälten

Fassung Dezember 1978

1. Neben Konten und Depots (beide im folgenden ‚Konten' genannt) für eigene Zwecke des Kontoinhabers (Eigenkonten) führt die Bank für Rechtsanwälte auch Konten, die nicht eigenen Zwecken des Kontoinhabers dienen sollen, bei denen er aber gleichwohl der Bank gegenüber allein berechtigt und verpflichtet ist (Rechtsanwalts-Anderkonten).

1) Anderkonten sind nach Nr 1 als Vollrechtstreuhand (nicht wie Treuhandkonten idR sonst als Ermächtigungstreuhand) ausgestaltet, Kontoinhaber ist also allein der Rechtsanwalt, vgl BGH **11**, 43, KG WM **64**, 1039.

2. Ist der Rechtsanwalt auch Notar (Anwaltsnotar, Notaranwalt oder Patentanwalt), so führt die Bank seine Anderkonten als Rechtsanwalts-Anderkonten, sofern er nicht beantragt hat, ein Anderkonto als Notar- oder als Patentanwalts-Anderkonto zu führen. Für seine Notar- oder Patentanwalts-Anderkonten gelten die ‚Bedingungen für Anderkonten und Anderdepots von Notaren bzw. von Patentanwälten'.

3. Bei der Eröffnung des ersten Anderkontos hat der Rechtsanwalt auf dem Kontoeröffnungsformular der Bank zu erklären, daß Anderkonten nicht für seine eigenen Zwecke bestimmt sind. Die Bank ist berechtigt, weitere Anderkonten auch ohne Verwendung eines Kontoeröffnungsantrages der Bank einzurichten, wenn die weiteren Konten ausdrücklich als Anderkonten bezeichnet werden. Geschieht dies nicht, ist das für den Rechtsanwalt eröffnete Konto der Bank gegenüber ein Eigenkonto des Rechtsanwalts. Wird ein Eigenkonto in ein Anderkonto umgewandelt, so werden die bis zu diesem Zeitpunkt an dem Konto begründeten Rechte der Bank hierdurch nicht berührt.

1) Verfahrensmäßige Vereinfachung: schriftlicher Kontoeröffnungsantrag ist nur noch für das erste Anderkonto nötig, für weitere (Unter-)Anderkonten desselben Kontoinhabers genügt mündliche bzw telephonische Weisung.

4. Mehrere Anderkonten für denselben Kontoinhaber führt die Bank getrennt.

5. Der Kontoinhaber darf Werte, die seinen eigenen Zwecken dienen, nicht einem Anderkonto zuführen oder auf einem Anderkonto belassen.

6. Die Bank nimmt keine Kenntnis davon, wer bei einem Anderkonto Rechte gegen den Kontoinhaber geltend zu machen befugt ist. Rechte Dritter auf Leistung aus einem Anderkonto bestehen der Bank gegenüber nicht; sie ist demgemäß nicht berechtigt, einem Dritten Verfügungen über ein Anderkonto zu gestatten, selbst wenn nachgewiesen wird, daß das Konto in seinem Interesse errichtet worden ist.

1) Nr 6 schließt Sicherung der Bank nach **(8)** AGB-Banken Nr 19 nicht aus, Düss MDR **66**, 761.

7. Die Bank prüft die Rechtmäßigkeit der Verfügungen des Kontoinhabers in seinem Verhältnis zu Dritten nicht, auch wenn es sich um Überweisungen von einem Anderkonto auf ein Eigenkonto handelt. Sie haftet daher nicht für den einem Dritten aus einer unrechtmäßigen Verfügung des Kontoinhabers entstehenden Schaden.

1) Nr 7 S 1 hat nur klarstellende Bedeutung. Schadensersatzansprüche des Treugebers aus §§ 823 ff BGB werden durch Nr 7 S 2 (Vertrag Bank – Kunde) nicht berührt. Ebenso wie Nr 7 kann ein nicht den AGB-Anderkonten unterstelltes ,,gewöhnliches" Treuhandkonto (s Einl vor Nr 1) zu beurteilen sein, BGH JZ **54**, 438. Die Bank kann sich wie bei jeder Art von Treuhandkonto

1231

(9) AGB-Anderk

entgegen Nr 7 dem Treugeber oder sonst interessierten Dritten zur Überwachung der Verfügungen des Treuhänder-Kontoinhabers verpflichten und ist dann bei Verletzung dieser Pflicht für Schaden durch unrechtmäßige Verfügung haftbar, BGH BB **67**, 1453.

8. Die Bank wird bei einem Anderkonto weder das Recht der Aufrechnung noch ein Pfand- oder Zurückbehaltungsrecht geltend machen, es sei denn wegen Forderungen, die in bezug auf das Anderkonto selbst entstanden sind.

9. Der Rechtscharakter eines Kontos als Anderkonto kann nicht aufgehoben werden. Ist der Rechtsanwalt auch Notar (Anwaltsnotar, Notaranwalt oder Patentanwalt), so kann er bestimmen, daß ein Anderkonto in Zukunft als Notar- oder als Patentanwalts-Anderkonto zu führen ist.

10. Ansprüche aus Anderkonten sind nicht abtretbar und nicht verpfändbar.

11. Eine Kontovollmacht darf der Kontoinhaber nur einem Rechtsanwalt, Notar, Notarassessor, Notar a. D., Patentanwalt, Wirtschaftsprüfer oder Steuerberater erteilen.

1) Nr 11 S 2 aF, wonach die Vollmacht bis zur schriftlichen Anzeige ihres Erlöschens als fortbestehend anzusehen war, ist gestrichen; nach Nr 16 mit **(8)** AGB-Banken Nr 1 I 1 muß die Bank ein Erlöschen, das ihr bekannt oder infolge grober Fahrlässigkeit unbekannt geblieben ist, auch ohne schriftlichen Widerruf gegen sich gelten lassen.

12. Ein nach der amtlichen Bestallungsurkunde gemäß § 47 oder § 53 Bundesrechtsanwaltsordnung bestellter Vertreter ist neben dem Kontoinhaber und einem nach Nr. 11 bestellten Bevollmächtigten verfügungsberechtigt. Der Kontoinhaber kann gegenüber der Bank schriftlich etwas anderes bestimmen.

1) S Nr 11 Anm 1.

13. Stirbt der Kontoinhaber, so geht die Forderung aus einem Anderkonto nicht auf seine Erben über; Kontoinhaber wird vielmehr kraft Vertrages zugunsten eines Dritten der von der Landesjustizverwaltung bestellte Abwickler oder, falls ein solcher nicht bestellt ist, die zuständige Rechtsanwaltskammer oder die von ihr bestimmte Person.

Entsprechendes gilt, wenn der Kontoinhaber infolge Zurücknahme oder Erlöschens seiner Zulassung aus der Rechtsanwaltschaft ausscheidet oder gegen ihn ein Berufs- oder Vertretungsverbot verhängt ist. Wird im Falle eines Berufs- oder Vertretungsverbotes von der Landesjustizverwaltung ein Vertreter für den Kontoinhaber bestellt, so tritt dieser an die Stelle der in Absatz 1 genannten Personen.

1) Nr 13 I 3 aF ist gestrichen, die Bank muß also die Legitimation des neuen Kontoinhabers nach allgemeinen Grundsätzen prüfen.

14. Bei einer Pfändung wird die Bank die Anderkonten des Pfändungsschuldners nur dann als betroffen ansehen, wenn dies aus der Pfändungsurkunde ausdrücklich hervorgeht. In einer Auskunft an den Pfändungsgläubiger wird die Bank das Vorhandensein von Anderkonten des Pfändungsschuldners erwähnen, jedoch ohne Angabe des Kontostandes und sonstiger Einzelheiten, es sei denn, daß ein bestimmtes Anderkonto gepfändet ist.

15. Im Falle der Eröffnung des Konkursverfahrens über das Vermögen des Kontoinhabers wird die Bank dem Konkursverwalter Kenntnis vom Vorhandensein von Anderkonten und auf Verlangen auch Auskunft über diese Konten geben. Sie wird den Kontoinhaber nur mit Zustimmung des Konkursverwalters und den Konkursverwalter nur mit Zustimmung des Kontoinhabers über die Anderkonten verfügen lassen.

16. Im übrigen gelten die Allgemeinen Geschäftsbedingungen der Bank;

IV. Bank- und Börsenrecht **AGB-Anderk (9)**

insbesondere gilt im Hinblick auf die Nrn: 11, 12 und 13 die Regelung nach Nr. 1 Absatz 1 Satz 1 der Allgemeinen Geschäftsbedingungen.

1) Nr 16 dient lediglich der Klarstellung s **(8)** AGB-Banken Nr 28 I. Die Wirksamkeit von Änderungen der AGB-Anderkonten ergibt sich heute anders als nach aF aus **(8)** AGB-Banken Nr 28 II.

b) Geschäftsbedingungen für Anderkonten und Anderdepots von Notaren

Fassung Dezember 1978

1. Neben Konten und Depots (beide im folgenden ‚Konten' genannt) für eigene Zwecke des Kontoinhabers (Eigenkonten) führt die Bank für Notare auch Konten, die nicht eigenen Zwecken des Kontoinhabers dienen sollen, bei denen er aber gleichwohl der Bank gegenüber allein berechtigt und verpflichtet ist (Notar-Anderkonten).

2. Ist der Notar auch Rechtsanwalt (Anwaltsnotar, Notaranwalt), so führt die Bank seine Anderkonten als Rechtsanwalts-Anderkonten, sofern er nicht beantragt hat, ein Anderkonto als Notar-Anderkonto zu führen. Für seine Rechtsanwalts-Anderkonten gelten die ‚Bedingungen für Anderkonten und Anderdepots von Rechtsanwälten'.

3. Bei Eröffnung des ersten Anderkontos hat der Notar auf dem Kontoeröffnungsformular der Bank zu erklären, daß Anderkonten nicht für seine eigenen Zwecke bestimmt sind. Die Bank ist berechtigt, weitere Notar-Anderkonten auch ohne Verwendung des Kontoeröffnungsantrages der Bank zu eröffnen, wenn die weiteren Konten ausdrücklich als Notar-Anderkonten bezeichnet werden. Ist der Notar auch Rechtsanwalt (Anwaltsnotar, Notaranwalt) und wird das Konto lediglich als Anderkonto bezeichnet, so eröffnet die Bank das Konto entsprechend Nr. 2 als Rechtsanwalts-Anderkonto, sofern bereits ein Rechtsanwalts-Anderkonto besteht. Erfolgt keine Bezeichnung als Anderkonto, so ist das für den Notar eröffnete Konto der Bank gegenüber ein Eigenkonto des Notars. Wird ein Eigenkonto in ein Anderkonto umgewandelt, so werden die bis zu diesem Zeitpunkt an dem Konto begründeten Rechte der Bank hierdurch nicht berührt.

4. Mehrere Anderkonten für denselben Kontoinhaber führt die Bank getrennt. Notar-Anderkonten werden nicht als Gemeinschaftskonten geführt.

5.–8. *(gleichlautend wie Nr. 5–8 für Rechtsanwälte)*

9. Der Rechtscharakter eines Kontos als Anderkonto kann nicht aufgehoben werden. Ist der Notar auch Rechtsanwalt (Anwaltsnotar, Notaranwalt), so kann er bestimmen, daß ein Anderkonto in Zukunft als Rechtsanwalts-Anderkonto zu führen ist.

10. *(gleichlautend wie Nr. 10 für Rechtsanwälte)*

11. Eine Kontovollmacht darf der Kontoinhaber nur einem Rechtsanwalt, Notar, Notarassessor oder Notar a. D. erteilen.

12. Ein Notarvertreter ist neben dem Kontoinhaber und einem nach Nr. 11 bestellten Bevollmächtigten verfügungsberechtigt. Der Kontoinhaber kann gegenüber der Bank schriftlich etwas anderes bestimmen, wenn er dabei erklärt, daß der Vertreter auf seinen Antrag bestellt worden ist.

13. Stirbt der Kontoinhaber, so geht die Forderung aus einem Anderkonto nicht auf seine Erben über; Kontoinhaber wird vielmehr kraft Vertrages zugunsten eines Dritten der von der Landesjustizverwaltung bestellte Notariatsverweser. Entsprechendes gilt, wenn aus einem anderen Grunde von der Lan-

desjustizverwaltung an Stelle des Kontoinhabers ein neuer Notar oder ein Notariatsverweser bestellt wird.

Ist das Amt des Notars oder des Notariatsverwesers erloschen oder wird der Amtssitz des Notars verlegt, so ist bis zur Bestellung eines neuen Notars oder eines Notariatsverwesers die zuständige Notarkammer oder eine von ihr bestimmte Person Inhaber des Anderkontos.

14.–16. *(gleichlautend wie Nr. 14–16 für Rechtsanwälte)*

c) Geschäftsbedingungen für Anderkonten und Anderdepots von Angehörigen der öffentlich bestellten wirtschaftsprüfenden und wirtschafts- und steuerberatenden Berufe (Treuhänder)

Fassung Dezember 1978

1. Neben Konten und Depots (beide im folgenden ‚Konten' genannt) für eigene Zwecke des Kontoinhabers (Eigenkonten) führt die Bank für Treuhänder auch Konten, die nicht eigenen Zwecken des Kontoinhabers dienen sollen, bei denen er aber gleichwohl der Bank gegenüber allein berechtigt und verpflichtet ist (Treuhänder-Anderkonten).

2. Treuhänder im Sinne dieser Geschäftsbedingungen sind
a) Wirtschaftsprüfer, vereidigte Buchprüfer, Steuerberater und Steuerbevollmächtigte,
b) Wirtschaftsprüfungsgesellschaften, Buchprüfungsgesellschaften und Steuerberatungsgesellschaften.

3. Bei der Eröffnung des ersten Anderkontos hat der Treuhänder auf dem Kontoeröffnungsformular der Bank zu erklären, daß Anderkonten nicht für seine eigenen Zwecke bestimmt sind. Die Bank ist berechtigt, weitere Anderkonten auch ohne Verwendung eines Kontoeröffnungsantrages der Bank einzurichten, wenn die weiteren Konten ausdrücklich als Anderkonten bezeichnet werden. Geschieht dies nicht, ist das für den Treuhänder eröffnete Konto der Bank gegenüber ein Eigenkonto des Treuhänders. Wird ein Eigenkonto in ein Anderkonto umgewandelt, so werden die bis zu diesem Zeitpunkt an dem Konto begründeten Rechte der Bank hierdurch nicht berührt.

4.–8. *(gleichlautend wie Nr. 4–8 für Rechtsanwälte)*

9. *(gleichlautend wie Nr. 9 S 1 für Rechtsanwälte)*

10. *(gleichlautend wie Nr. 10 für Rechtsanwälte)*

11. Eine Kontovollmacht darf der Kontoinhaber nur einem Treuhänder (Nr. 2), Rechtsanwalt, Notar, Notarassessor, Notar a.D. oder Patentanwalt erteilen.

12. Bei Errichtung eines Anderkontos hat der Kontoinhaber einen Treuhänder (Nr. 2), Rechtsanwalt, Notar, Notarassessor, Notar a.D. oder Patentanwalt zu bestimmen, der in den in Nr. 13 genannten Fällen Inhaber des Anderkontos werden soll.

13. Stirbt der Kontoinhaber, so geht die Forderung aus einem Anderkonto nicht auf seine Erben über; Kontoinhaber wird vielmehr kraft Vertrages zugunsten eines Dritten die vom Kontoinhaber gemäß Nr. 12 bestimmte Person oder, wenn diese weggefallen ist, die zuständige Berufskammer oder der von ihr bestimmte Treuhänder.

Entsprechendes gilt, wenn der Kontoinhaber infolge Zurücknahme oder Erlöschens der Bestellung bzw. Anerkennung aus dem zur Führung von Treuhänder-Anderkonten zugelassenen Personenkreis ausscheidet oder gegen ihn ein Berufs- oder Vertretungsverbot verhängt ist. Wird im Falle eines Berufs- oder Vertretungsverbotes von der obersten Landesbehörde oder der

IV. Bank- und Börsenrecht **AGB-Anderk (9)**

Oberfinanzdirektion ein Vertreter für den Kontoinhaber bestellt, so tritt dieser an die Stelle der in Abs. 1 genannten Personen.

14.–16. *(gleichlautend wie Nr. 14–16 für Rechtsanwälte)*

d) Bedingungen für Anderkonten und Anderdepots von Patentanwälten

Fassung Dezember 1978

1. Neben Konten und Depots (beide im folgenden ‚Konten' genannt) für eigene Zwecke des Kontoinhabers (Eigenkonten) führt die Bank für Patentanwälte auch Konten, die nicht eigenen Zwecken des Kontoinhabers dienen sollen, bei denen er aber gleichwohl der Bank gegenüber allein berechtigt und verpflichtet ist (Patentanwalts-Anderkonten).

2. Ist der Patentanwalt auch Rechtsanwalt, so führt die Bank seine Anderkonten als Rechtsanwalts-Anderkonten, sofern er nicht beantragt hat, ein Anderkonto als Patentanwalts-Anderkonto zu führen. Für seine Rechtsanwalts-Anderkonten gelten die ‚Bedingungen für Anderkonten und Anderdepots von Rechtsanwälten'.

3. Bei der Eröffnung des ersten Anderkontos hat der Patentanwalt auf dem Kontoeröffnungsformular der Bank zu erklären, daß Anderkonten nicht für seine eigenen Zwecke bestimmt sind. Die Bank ist berechtigt, weitere Patentanwalts-Anderkonten auch ohne Verwendung eines Kontoeröffnungsantrages der Bank einzurichten, wenn die weiteren Konten ausdrücklich als Patentanwalts-Anderkonten bezeichnet werden. Ist der Patentanwalt auch Rechtsanwalt und wird das Konto lediglich als Anderkonto bezeichnet, so eröffnet die Bank das Konto entsprechend Nr. 2 als Rechtsanwalts-Anderkonto, sofern bereits ein Rechtsanwalts-Anderkonto besteht. Erfolgt keine Bezeichnung als Anderkonto, so ist das für den Patentanwalt eröffnete Konto der Bank gegenüber ein Eigenkonto des Patentanwalts.

Wird ein Eigenkonto in ein Anderkonto umgewandelt, so werden die bis zu diesem Zeitpunkt an dem Konto begründeten Rechte der Bank hierdurch nicht berührt.

4.–8. *(gleichlautend wie Nr. 4–8 für Rechtsanwälte)*

9. Der Rechtscharakter eines Kontos als Anderkonto kann nicht aufgehoben werden. Ist der Patentanwalt auch Rechtsanwalt, so kann er bestimmen, daß ein Anderkonto in Zukunft als Rechtsanwalts-Anderkonto zu führen ist.

10. *(gleichlautend wie Nr. 10 für Rechtsanwälte)*

11. Eine Kontovollmacht darf der Kontoinhaber nur einem Patentanwalt, Rechtsanwalt, Notar, Notarassessor, Notar a. D., Wirtschaftsprüfer oder Steuerberater erteilen.

12. Ein nach der amtlichen Bestallungsurkunde gemäß § 42 oder § 46 Patentanwaltsordnung bestellter Vertreter ist neben dem Kontoinhaber und einem nach Nr. 11 bestellten Bevollmächtigten verfügungsberechtigt. Der Kontoinhaber kann gegenüber der Bank schriftlich etwas anderes bestimmen.

13. Stirbt der Kontoinhaber, so geht die Forderung aus einem Anderkonto nicht auf seine Erben über; Kontoinhaber wird vielmehr kraft Vertrages zugunsten eines Dritten der von dem Präsidenten des Patentamtes bestellte Abwickler oder, falls ein solcher nicht bestellt ist, die Patentanwaltskammer oder die von ihr bestimmte Person.

Entsprechendes gilt, wenn der Kontoinhaber infolge Zurücknahme oder Erlöschens seiner Zulassung aus der Patentanwaltschaft ausscheidet oder gegen ihn ein Berufs- oder Vertretungsverbot verhängt ist. Wird im Falle eines

Berufs- oder Vertretungsverbotes von dem Präsidenten des Patentamtes ein Vertreter für den Kontoinhaber bestellt, so tritt dieser an die Stelle der in Absatz 1 genannten Personen.

14.–16. *(gleichlautend wie Nr. 14–16 für Rechtsanwälte)*

(10) Lastschriftverkehr (LSA, AGB-DBBk)

Schrifttum und Erläuterungen s (7) Bankgeschäfte IIIA

a) Abkommen über den Lastschriftverkehr

Vom 1. Juli 1982

Abschnitt I

Nummer 1

Im Rahmen des Lastschriftverfahrens wird zugunsten des Zahlungsempfängers über sein Kreditinstitut (erste Inkassostelle) von dem Konto des Zahlungspflichtigen bei demselben oder einem anderen Kreditinstitut (Zahlstelle) der sich aus der Lastschrift ergebende Betrag eingezogen, und zwar aufgrund

a) einer dem Zahlungsempfänger von dem Zahlungspflichtigen erteilten schriftlichen Ermächtigung (Einzugsermächtigung) oder

b) eines der Zahlstelle von dem Zahlungspflichtigen zugunsten des Zahlungsempfängers erteilten schriftlichen Auftrags (Abbuchungsauftrag).

Nummer 2

Die erste Inkassostelle nimmt Aufträge zum Einzug fälliger Forderungen, für deren Geltendmachung nicht die Vorlage einer Urkunde erforderlich ist, mittels Lastschrift herein. Für beleglose Lastschriften gelten die „Richtlinien für den beleglosen Datenträgeraustausch (Magnetband-Clearing-Verfahren)". Im übrigen gelten die „Richtlinien für einheitliche Zahlungsverkehrsvordrucke" sowie die „Richtlinien für eine einheitliche Codierung von zwischenbetrieblich weiterzuleitenden Zahlungsverkehrsbelegen (Codierrichtlinien)".

Nummer 3

[I] Lastschriften, die auf Einzugsermächtigungen beruhen, sind besonders zu kennzeichnen.

[II] Soweit für sie Belege erstellt sind, müssen die Vordrucke den Vermerk „Einzugsermächtigung des Zahlungspflichtigen liegt dem Zahlungsempfänger vor" tragen. Fehlt ein entsprechender Vermerk oder ist er bei Belegausdruck von zunächst im beleglosen Verfahren weitergeleiteten Lastschriften gestrichen, so werden die Lastschriften als Abbuchungsauftrags-Lastschriften (Abschnitt I Nr. 1 b) behandelt.

[III] Die Zahlstelle ist berechtigt, Lastschriften nach dem Textschlüssel zu bearbeiten.

[IV] Im beleglosen Verfahren sind die Textschlüssel entsprechend Anhang 1 der „Richtlinien für einheitliche Zahlungsverkehrsvordrucke" zu verwenden.

IV. Bank- und Börsenrecht **Abk LastschrVerk (10)**

Nummer 4

Bei Lastschriften, die als Einzugsermächtigungs-Lastschriften gekennzeichnet sind, haftet die erste Inkassostelle der Zahlstelle für jeden Schaden, der dieser durch unberechtigt eingereichte Lastschriften entsteht.

Nummer 5

Lastschriften sind zahlbar, wenn sie bei der Zahlstelle eingehen[1]. Fälligkeitsdaten und Wertstellungen bleiben unbeachtet.

[1] Vgl. Fußnote Abschnitt II, Nr. 1.

Nummer 6

I Die Zahlstelle hat dem Zahlungspflichtigen unverzüglich nach Belastung seines Kontos die Lastschriftbelege oder Ersatzbelege auszuhändigen oder ihm den Lastschriftbetrag, den Verwendungszweck und den Namen des Zahlungsempfängers in anderer Weise mitzuteilen.

II Bestätigungen über die Einlösung von Lastschriften werden nicht erteilt.

III Teileinlösungen sind unzulässig.

Nummer 7

I Lastschriften, die nicht eingelöst wurden bzw. denen im Sinne von Abschnitt III Nr. 1 widersprochen wurde (Rücklastschriften), sind im Original zurückzugeben. Ist dies nicht möglich, erfolgt die Rückgabe durch Ersatzbeleg. War die Lastschrift im beleglosen Verfahren zugegangen, so hat die Zahlstelle auf dem Ersatzbeleg die Bankleitzahl der ersten Inkassostelle, den Namen des Zahlungsempfängers und dessen Kontonummer, den Namen des Zahlungspflichtigen, den Betrag sowie den Verwendungszweck anzugeben, soweit sich diese Daten aus der Magnetbandinhaltsliste gemäß den „Richtlinien für den beleglosen Datenträgeraustausch" ergeben.

II Nicht eingelöste Lastschriften sind mit dem Vermerk

„Vorgelegt am . . . .
und nicht bezahlt,"

sowie mit dem Namen der Zahlstelle, Ort und Datum der Ausfertigung zu versehen[1].

III Lastschriften, die als Einzugsermächtigungs-Lastschriften gekennzeichnet sind und wegen Widerspruchs des Zahlungspflichtigen zurückgegeben werden (Abschnitt III Nr. 1), sind mit dem Vermerk

„Belastet am . . . .
Zurück wegen Widerspruchs,"

sowie mit dem Namen der Zahlstelle, Ort und Datum der Ausfertigung zu versehen.

[1] Als „vorgelegt" gilt eine Lastschrift am Tag ihres Eingangs; vgl. im übrigen Fußnote zu Abschnitt II, Nr. 1.

Abschnitt II

Nummer 1

Lastschriften, die nicht eingelöst werden,

a) weil sie unanbringlich sind,
b) weil auf dem Konto des Zahlungspflichtigen keine Deckung vorhanden ist oder

c) weil bei Abbuchungsauftrags-Lastschriften der Zahlstelle kein Abbuchungsauftrag vorliegt,

sind von der Zahlstelle spätestens an dem auf den Tag des Eingangs[1] folgenden Geschäftstag mit dem Vorlegungsvermerk versehen an die erste Inkassostelle zurückzugeben.

[1] Der Tag des Eingangs ist derjenige Tag, an dem die Lastschrift der disponierenden Stelle der in der Lastschrift bezeichneten Zahlstelle, gegebenenfalls also einer Zweigstelle dieses Instituts, zugeht.

Nummer 2

I Werden Lastschriften im Sinne des Abschnitts II Nr. 1 nicht eingelöst, so hat die Zahlstelle die erste Inkassostelle bei Lastschriftbeträgen von 2000 DM und darüber unmittelbar spätestens an dem auf den Tag des Eingangs folgenden Geschäftstag bis zu dem in Nr. 4 der Anlage genannten Zeitpunkt und unter Einsatz der dort genannten Kommunikationsverfahren von der Nichteinlösung zu benachrichtigen (Eilnachricht).

II Die Eilnachricht hat den Namen und die Kontonummer des Zahlungsempfängers, den Lastschriftbetrag sowie den Namen des Zahlungspflichtigen zu enthalten, soweit die Daten aus der Lastschrift hervorgehen; war die Lastschrift im beleglosen Verfahren zugegangen, gilt dies nur, soweit sich die Daten aus der Magnetbandinhaltsliste gemäß den „Richtlinien für den beleglosen Datenträgeraustausch" ergeben.

Nummer 3

Die erste Inkassostelle ist – auch bei Verletzung dieses Abkommens und unbeschadet etwaiger Schadensersatzansprüche – verpflichtet, nicht eingelöste bzw. wegen Widerspruchs des Zahlungspflichtigen zurückgegebene Lastschriften, die mit dem Vorlegungs- bzw. Widerspruchsvermerk versehen sind, zurückzunehmen und wieder zu vergüten; die erste Inkassostelle darf diese Lastschriften in keiner Form erneut zum Einzug geben.

Nummer 4

Die Zahlstelle kann für Rücklastschriften als Auslagenersatz und Bearbeitungsprovision eine Rücklastschriftgebühr entsprechend den in Nr. 2 der Anlage genannten Höchstsätzen verlangen. Vereinbarungen der Kreditinstitute mit dem Zahlungsempfänger bzw. Zahlungspflichtigen über die Erhebung von Gebühren werden durch dieses Abkommen nicht berührt.

Nummer 5

Bei der Verrechnung von Rücklastschriften wird jede Stelle, über die die Rücklastschriftrechnung läuft, mit der Tageswertstellung für Einzugslastschriften belastet. Im übrigen gelten die Bestimmungen in Nr. 3 der Anlage.

Nummer 6

Einzelheiten über die Rückgabe, Rückrechnung und Eilnachricht regeln die „Ergänzenden Bestimmungen für die Rückgabe und Rückrechnung nicht eingelöster bzw. wegen Widerspruchs des Zahlungspflichtigen zurückzugebender Lastschriften" (Anlage).

Abschnitt III

Nummer 1

Lastschriften, die als Einzugsermächtigungs-Lastschriften gekennzeichnet sind, kann die Zahlstelle auch zurückgeben und deren Wiedervergütung verlangen, wenn der Zahlungspflichtige der Belastung widerspricht. Die Zahlstelle hat unverzüglich, nachdem sie von dem Widerspruch Kenntnis erlangt hat, die Lastschrift mit dem Vermerk nach Abschnitt I Nr. 7 Absatz 3 zu versehen und zurückzugeben.

Nummer 2

Die Rückgabe und Rückrechnung ist ausgeschlossen, wenn der Zahlungspflichtige nicht binnen sechs Wochen nach Belastung widerspricht. Schadensersatzansprüche im Sinne der Regelung in Abschnitt I Nr. 4 bleiben hiervon unberührt.

Nummer 3

[I] Im übrigen gelten die Bestimmungen unter Abschnitt II entsprechend.

[II] Die Eilnachricht entsprechend Abschnitt II Nr. 2, über die Rückgabe einer Lastschrift wegen Widerspruchs hat bis zu dem in Nr. 4 der Anlage genannten Zeitpunkt des auf den Zugang des Widerspruchs folgenden Geschäftstages zu erfolgen.

Abschnitt IV

Nummer 1

Dieses Abkommen begründet Rechte und Pflichten nur zwischen den beteiligten Kreditinstituten.

Nummer 2

[I] Verstöße gegen die aus diesem Abkommen erwachsenden Verpflichtungen sind unverzüglich nach Bekanntwerden zu rügen. Die Schadenersatzpflicht beschränkt sich auf den Betrag derjenigen Lastschrift(en), bei deren Bearbeitung den Verpflichtungen aus diesem Abkommen nicht genügt worden ist. Ein Schadensersatzanspruch gegen die Zahlstelle kann nicht daraus hergeleitet werden, daß die unter Abschnitt II Nrn. 1 a) bis c), genannten Voraussetzungen nicht vorgelegen haben.

[II] Reklamationen und Schadenersatzansprüche sind außerhalb des Lastschriftverfahrens unmittelbar gegenüber der ersten Inkassostelle bzw. der Zahlstelle geltend zu machen.

Nummer 3

Die in diesem Abkommen in Bezug genommene Anlage ist Bestandteil des Abkommens. Die Regelungen in der Anlage können durch Beschluß der Vertragspartner im Betriebswirtschaftlichen Arbeitskreis der Spitzenverbände des Kreditgewerbes geändert werden. Die Änderungen werden für die Kreditinstitute verbindlich, die diesen Änderungen nicht binnen einer Frist von einem Monat nach deren Bekanntgabe widersprechen; die Kreditinstitute werden auf diese Möglichkeit des Widerspruchs jeweils bei Bekanntgabe der Änderungen in jedem Einzelfall hingewiesen. Der Widerspruch ist über den für das Kreditinstitut zuständigen Spitzenverband des deutschen Kreditgewerbes an den im Zentralen Kreditausschuß federführenden Verband zu richten. Dieser hat die übrigen Vertragspartner unverzüglich entsprechend zu unterrichten.

Abschnitt V

Dieses Abkommen tritt am 1. Juli 1982 in Kraft.
Gleichzeitig tritt das „Abkommen über den Lastschriftverkehr" vom 1. Januar 1964 außer Kraft.

Abschnitt VI

[I] Dieses Abkommen kann von jedem Kreditinstitut oder einem Vertragspartner mit einer Frist von 12 Monaten zum Ende eines Kalenderjahres gekündigt werden.

(10) LastschrVerk Abk　　2. Handelsrechtl. Nebengesetze

^{II} Kündigungen haben durch eingeschriebenen Brief gegenüber dem im Zentralen Kreditausschuß federführenden Verband zu erfolgen. Kündigt ein Kreditinstitut, so ist die Erklärung über den zuständigen Vertragspartner an den im Zentralen Kreditausschuß federführenden Verband zu richten. Die Kündigung muß in diesen Fällen spätestens am 14. Tag der Kündigungsfrist bei dem im Zentralen Kreditausschuß federführenden Verband eingegangen sein. Dieser hat die Kündigung den Vertragspartnern und den übrigen diesem Abkommen angeschlossenen Kreditinstituten über die Vertragspartner mitzuteilen. Durch eine Kündigung wird das Fortbestehen dieses Abkommens zwischen den übrigen Vertragspartnern nicht berührt.

Anlage:

    Ergänzende Bestimmungen für die Rückgabe und Rückrechnung
    nicht eingelöster bzw. wegen Widerspruchs des Zahlungspflichtigen
    zurückzugebender Lastschriften

1. Rückgabe und Rückrechnung

^I Der Zahlstelle ist freigestellt, auf welchem Wege sie Rücklastschriften zurückgibt und zurückrechnet. Für die Rückgabe und Rückrechnung ist der Vordruck „Retourenhülle für Einzugspapier" (Abbildung 1) zu benutzen. War die Lastschrift im beleglosen Verfahren zugegangen, so kann auch der Vordruck „Rücklastschrift aus beleglosen Verfahren" (Abbildung 2) verwendet werden.

^{II} Werden Rücklastschriften unmittelbar an die erste Inkassostelle zurückgegeben, so ist für die Rückgabe und Rückrechnung der Vordruck „Rückrechnung für Direktrückgabe" (Abbildungen 3a und 3b) zu verwenden. Auf der Rückrechnungslastschrift ist zu vermerken: „Abschnitt mit Vorlegungsvermerk bereits unmittelbar übersandt". Der Weg für die Rückrechnung ist auch bei unmittelbarer Rückgabe freigestellt.

2. Rückgabegebühr

Die Zahlstelle kann für Rücklastschriften im Betrag von weniger als 2000 DM eine Rücklastschriftgebühr von insgesamt höchstens 5 DM, für Rücklastschriften von 2000 DM und darüber von höchstens 10 DM berechnen.

3. Zinsausgleich

Die Zahlstelle ist berechtigt, bei Rücklastschriften im Betrag von 10000 DM und darüber gegenüber der ersten Inkassostelle einen Anspruch auf Zinsausgleich geltend zu machen, wenn der Wertstellungsverlust 30 DM oder mehr beträgt. Als Zinssatz gilt der Diskontsatz der Deutschen Bundesbank am Tage des Eingangs der Lastschrift.

4. Eilnachricht

Die Eilnachricht gemäß Abschnitt II Nr. 2 Abs. 1 bzw. Abschnitt III Nr. 3 Abs. 2 hat bis spätestens 14.30 Uhr mittels Telex, Telefax, Teletex, Telefon oder Telegramm zu erfolgen.

Abbildungen 1–3b *(nicht abgedruckt)*

b) Allgemeine Geschäftsbedingungen der Deutschen Bundesbank
(Auszug)

Fassung vom 20. August 1979 (Mitt Nr 2007/79, Beil Nr 32/79 zu BAnz Nr 168a; III nF 23. 5. 85 Mitt Nr 2007/85 BAnz Nr 100) mit den späteren Änderungen

III. Vereinfachter Scheck- und Lastschrifteinzug für die Kreditinstitute

Allgemeines

Teilnehmer, Einzugspapiere

1. Teilnehmerkreis, Einzugspapiere

[I] Die Bank zieht für Kreditinstitute, die bei ihr ein Girokonto unterhalten, auf Deutsche Mark lautende Schecks, Zahlungsvorgänge aus dem beleglosen Scheckeinzug und Lastschriften auf alle Orte des Bundesgebiets ein; andere Kreditinstitute können Schecks, Zahlungsvorgänge aus dem beleglosen Scheckeinzug und Lastschriften über ein solches Kreditinstitut einreichen. Die Bank kann von Nichtbanken erteilte Einzugsaufträge in das Einzugsverfahren überleiten.

[II] Die Bank nimmt auch Rückrechnungen zum Einzug herein (Rückrechnungs-Lastschriften), mit denen bezogene Kreditinstitute oder Zahlstellen den Gegenwert von unbezahlt gebliebenen, von der Bank oder von anderen Stellen vorgelegten Schecks und Lastschriften sowie von diesen zugeleiteten Zahlungsvorgängen aus dem beleglosen Scheckeinzug wieder einziehen.

[III] Schecks, die von einem Kreditinstitut ausgestellt sind und der Gelddisposition dienen (Dispositionsschecks), werden zum Einzug hereingenommen, wenn der Einreicher die besonderen Bedingungen beachtet, die ihm von der Bank hierfür bekanntgegeben werden.

[IV] Zum Einzug sind auch Frachtzahlungsanweisungen und „Zahlungsanweisungen zur Verrechnung" zugelassen. Die Bedingungen für die Behandlung von Schecks und in Zahlungsvorgänge aus dem beleglosen Scheckeinzug umgewandelte Schecks in diesem Abschnitt gelten entsprechend.

Vom Einzug ausgeschlossene Schecks, Zahlungsvorgänge aus dem beleglosen Scheckeinzug und Lastschriften

2. Vom Einzug ausgeschlossene Schecks, Zahlungsvorgänge aus dem beleglosen Scheckeinzug und Lastschriften

[I] Vom Einzug sind ausgeschlossen
a) Schecks, die von einem Kreditinstitut ausgestellt sind,
b) Schecks, die den Vermerk „Nur zur Verrechnung" mit einem Zusatz wie „Nur zur Verrechnung mit (folgt Firma)" tragen, auch wenn der Zusatz gestrichen ist,
c) Schecks, deren Übertragung vom Aussteller durch die Worte „Nicht an Order" oder durch einen gleichbedeutenden Zusatz untersagt ist,
d) Zahlungsvorgänge aus dem beleglosen Scheckeinzug, denen solche Schecks zugrunde liegen,

e) Lastschriften, bei denen Zahlungspflichtiger und Zahlungsempfänger Kreditinstitute sind;

^{II} Ausgenommen sind Schecks, die gemäß Nr. 1 (3) zum Einzug hereingenommen werden, sowie Rückrechnungs-Lastschriften.

Formerfordernisse der Schecks und der Lastschriften

3. Formale Beschaffenheit, Bankleitzahl

Die Schecks und die Lastschriften müssen den Richtlinien für einheitliche Zahlungsverkehrsvordrucke entsprechen. Die Schecks müssen insbesondere die Bankleitzahl des bezogenen Kreditinstituts, die Lastschriften die Bankleitzahl der Zahlstelle tragen.

4. Einreichervermerk u.a.m.

^I Inhaberschecks und Lastschriften müssen vom einreichenden Kreditinstitut auf der Rückseite – oberhalb des Vordruckfußes – mit einem Vermerk „An Landeszentralbank" (ohne Angabe des Landes und der Stelle der Bank) versehen sein, der den Ort, den Namen und die Bankleitzahl des Einreichers enthält. Statt eines solchen Vermerks können sie auch den Abdruck eines Kontroll- oder Paginierstempels tragen, der den Ort, den Namen und die Bankleitzahl des Einreichers wiedergibt.

^{II} Orderschecks müssen auf der Rückseite – oberhalb des Vordruckfußes – den nach dem Abkommen zur Vereinfachung des Einzugs von Orderschecks vorgeschriebenen Stempelabdruck tragen, der den Ort und den Namen des ersten mit dem Einzug beauftragten Kreditinstituts und, wenn dieses der Einreicher ist, seine Bankleitzahl zu enthalten hat. Orderschecks, die von einem anderen als dem erstbeauftragten Kreditinstitut eingereicht werden, müssen außerdem von dem Einreicher mit dem Abdruck eines Kontroll- oder Paginierstempels versehen sein, der den Ort, den Namen und die Bankleitzahl des Einreichers wiedergibt. Orderschecks, die nicht mit einem Stempelabdruck nach dem Abkommen zur Vereinfachung des Einzugs von Orderschecks versehen sind, müssen ein Indossament mit den in Abs. 1 Satz 1 für den Vermerk auf Inhaberschecks vorgeschriebenen Angaben tragen. Das Indossament darf keinen einschränkenden Zusatz (z. B. „zum Inkasso", „in Prokura") enthalten.

5. Vermerk „Nur zur Verrechnung" auf Schecks

Schecks müssen den Vermerk „Nur zur Verrechnung" tragen.

Verschiedenes

6. Haftungsausschluß

Die Bank prüft die Schecks und die Lastschriften nicht auf ihre formale Ordnungsmäßigkeit. Für Schäden, die sich aus Formfehlern und aus der Nichtbeachtung von Erfordernissen für die Einreichung ergeben, tritt die Bank nicht ein.

7. Verpflichtung zur rechtzeitigen Vorlegung von Schecks u.a.m.

^I Legt die Bank Schecks der bezogenen Stelle des Kreditinstituts und Lastschriften der Zahlstelle unmittelbar vor bzw. leitet sie Zahlungsvorgänge aus dem beleglosen Scheckeinzug der bezogenen Stelle des Kreditinstituts unmittelbar zu, so haftet sie, falls Schecks nicht rechtzeitig vorgelegt werden entsprechend Abschn. I Nr. 13.

^{II} Auf den Lastschriften angegebene Fälligkeitsdaten und Wertstellungen werden von der Bank nicht beachtet. Die Lastschriften werden als bei Sicht

zahlbare Papiere eingezogen. Die Bank behält sich vor, Lastschriften an den Einreicher zurückzugeben und den Gegenwert seinem Girokonto zu belasten, wenn die Bankleitzahl der Zahlstelle nicht zutreffend angegeben ist.

8. Versendung von Schecks, Zahlungsvorgängen aus dem beleglosen Scheckeinzug und Lastschriften

Die Bank ist berechtigt, Schecks, Zahlungsvorgänge aus dem beleglosen Scheckeinzug und Lastschriften in gewöhnlichem Brief oder in anderer ihr geeignet scheinender Weise zu versenden.

9. Verlust von Schecks und Lastschriften

Geht ein Scheck oder eine Lastschrift auf dem Einzugswege verloren, so benachrichtigt die Bank den Einreicher von dem Verlust und belastet den Gegenwert des Papiers seinem Girokonto. Es ist Sache des Einreichers, die Sperrung des verlorengegangenen Papiers oder bei einem verlorengegangenen Scheck die Einleitung des Aufgebotsverfahrens zu veranlassen.

10. Lastschriften, gegen die Widerspruch erhoben worden ist

Hat der Zahlungspflichtige der Belastung wegen einer Lastschrift, die den Vermerk „Einzugsermächtigung des Zahlungspflichtigen liegt dem Zahlungsempfänger vor" trägt, innerhalb einer Frist von sechs Wochen, vom Tage der Belastung an gerechnet, widersprochen, so wird der Gegenwert dem Girokonto des Einreichers belastet.

Abwicklung des Scheck- und Lastschrifteinzugs

Bei der Annahmestelle

11. Einreichung

^{I} Schecks, Zahlungsvorgänge aus dem beleglosen Scheckeinzug und Lastschriften müssen bei der Bank (kontoführende Stelle) bis zu dem durch Aushang in den Geschäftsräumen bekanntgegebenen Annahmeschluß eingereicht werden. Schecks, Zahlungsvorgänge aus dem beleglosen Scheckeinzug und Lastschriften, die nach Annahmeschluß eingehen, gelten als am nächsten Geschäftstag eingereicht.

^{II} Die Schecks und die Lastschriften sind mit Verzeichnissen auf Vordrucken der Bank oder mit Verzeichnissen, die entsprechend mit Schnelldrucker beschriftet worden sind, einzureichen. Für Schecks und belegebundene Lastschriften über Beträge von DM 100000,— und darüber ist ein gesondertes Verzeichnis zu verwenden. Schecks, für die wegen drohenden Ablaufs der Vorlegungsfristen o.ä. eine Sonderbehandlung gewünscht wird, können unabhängig von ihrer Betragshöhe als Auftragspapiere (Abschn. VII) eingereicht werden.

12. Massenlastschriften und Zahlungsvorgänge aus dem beleglosen Scheckeinzug

Lastschriften, die wegen ihrer außergewöhnlichen Stückzahl von der Bank als Massenlastschriften angesehen werden und Zahlungsvorgänge aus dem beleglosen Scheckeinzug nimmt die Bank im beleglosen Datenträgeraustausch zu den hierfür geltenden besonderen Bedingungen herein.

13. Gutschrift

^{I} Der Gegenwert der Schecks und der Lastschriften wird den Einreichern am Geschäftstag nach dem Einreichungstag auf Girokonto gutgeschrieben.

^{II} Der Gegenwert gesondert eingereichter Zahlungsvorgänge aus dem beleglosen Scheckeinzug wird den Einreichern am Einreichungstag auf Girokonto gutgeschrieben.

III Die Gutschriften werden „Eingang vorbehalten" erteilt, ohne daß es im Einzelfall eines Vermerks auf dem Konto oder im Kontoauszug bedarf.

14. Verfügungsbeschränkung

Die Bank ist berechtigt, Verfügungen über gutgeschriebene Beträge erst zuzulassen, nachdem die Einlösung der Schecks bestätigt ist oder bei Zahlungsvorgängen aus dem beleglosen Scheckeinzug und Lastschriften Rücklieferungen nicht mehr zu erwarten sind.

15. Rückruf von Lastschriften

Der Einreicher kann die Rückgabe einer Lastschrift bei der Bank nur beantragen, wenn die Lastschrift bei einer Stelle der Bank zahlbar ist. Anträge auf Rückgabe anderer Lastschriften sind unmittelbar an die Zahlstelle zu richten.

16. Gebühr in besonderen Fällen

Für jeden Scheck, den die Bank in einen Zahlungsvorgang aus dem beleglosen Scheckeinzug überleitet, wird dem Einreicher eine Gebühr von DM 0,02 berechnet. Der monatliche Abrechnungszeitraum beginnt jeweils am 16. Kalendertag eines Monats und endet am 15. Kalendertag des folgenden Monats. Die Bank ist berechtigt, die Gebühr durch Einzugsermächtigungslastschrift einzuziehen.

Bei der Einzugsstelle

17. Vorlegung der Schecks und Lastschriften, Zuleitung der Zahlungsvorgänge aus dem beleglosen Scheckeinzug, Belastung des Gegenwertes

Die Bank leitet die Schecks und die Lastschriften an Verrechnungsinstitute (Zentralinstitute, Kopffilialen o. ä.) weiter oder legt sie den bezogenen Stellen der Kreditinstitute bzw. den Zahlstellen unmittelbar vor. Zahlunsvorgänge aus dem beleglosen Scheckeinzug werden den Verrechnungsinstituten oder den bezogenen Stellen der Kreditinstitute zugeleitet. Zahlungsvorgänge aus dem beleglosen Scheckeinzug und Lastschriften aus dem beleglosen Datenträgeraustausch, die dem aufnehmenden Kreditinstitut nicht beleglos ausgeliefert werden, druckt die Bank auf „Vordrucken für auszudruckende Lastschriften" aus. Der Gegenwert wird über das Girokonto des aufnehmenden Kreditinstituts verrechnet. Der Gegenwert von nicht an einem Bankplatz zahlbaren Schecks, Zahlungsvorgängen aus dem beleglosen Scheckeinzug und Lastschriften, die bei der bezogenen Stelle des Kreditinstituts bzw. der Zahlstelle unmittelbar eingezogen werden, wird am Geschäftstag nach dem Versendungstag belastet. Das gleiche gilt, wenn Schecks, Zahlungsvorgänge aus dem beleglosen Scheckeinzug bzw. Lastschriften einem Verrechnungsinstitut an einem Nebenplatz unmittelbar zugeleitet werden.

18. Anschaffung der Deckung oder Rückgabe

I Das Kreditinstitut hat der Bank den Gegenwert der Schecks, Zahlungsvorgänge aus dem beleglosen Scheckeinzug und der Lastschriften zur Verfügung zu stellen oder für unbezahlt gebliebene Schecks, Zahlungsvorgänge aus dem beleglosen Scheckeinzug und Lastschriften Rückrechnungs-Lastschriften mit jeweils einem Rücklieferungsverzeichnis (Vordruck der Bank) gemäß Nr. 19 (I) einzureichen. Bis dahin ist das Kreditinstitut nur Verwahrer der Schecks, Zahlungsvorgänge aus dem beleglosen Scheckeinzug und Lastschriften.

II Rückrechnungs-Lastschriften und Rücklieferungsverzeichnisse können auch von bezogenen Stellen der Kreditinstitute und von Zahlstellen eingereicht werden, die das unbezahlt gebliebene Schecks, Zahlungsvorgänge aus dem beleglosen Scheckeinzug oder Lastschriften über ein Verrechnungsinstitut (Nr. 17) erhalten haben, sofern sie bei der Bank ein Girokonto unterhalten.

19. Unbezahlt gebliebene Schecks, Zahlungsvorgänge aus dem beleglosen Scheckeinzug und Lastschriften

^I Rückrechnungs-Lastschriften über von der Bank vorgelegte und unbezahlt gebliebene Schecks und Lastschriften bzw. zugeleitete und unbezahlt gebliebene Zahlungsvorgänge aus dem beleglosen Scheckeinzug sind der Bank spätestens einen Geschäftstag nach dem Eingangstag mit Rücklieferungsverzeichnissen zuzuleiten (Eingangstag im Sinne dieser Bedingungen ist der Geschäftstag, an dem die Schecks, Zahlungsvorgänge aus dem beleglosen Scheckeinzug und Lastschriften der bezogenen Stelle des Kreditinstituts oder der Zahlstelle erstmals zugehen); Belege, mit denen am Bankplatz zahlbare Schecks, Zahlungsvorgänge aus dem beleglosen Scheckeinzug oder Lastschriften zurückgerechnet werden, müssen der Bank an dem auf den Eingangstag folgenden Geschäftstag bis zum örtlich festgesetzten Zeitpunkt vorliegen. Aus den Angaben in den Rücklieferungsverzeichnissen muß eindeutig hervorgehen, welches Kreditinstitut die unbezahlt gebliebene Schecks oder Lastschriften bei der Bank eingereicht hat bzw. bei Zahlungsvorgängen aus dem beleglosen Scheckeinzug und bei Lastschriften aus dem bisherigen Datenträgeraustausch die erste Inkassostelle bzw. der Einreicher ist.

^{II} Der Gegenwert für von der Bank vorgelegte und unbezahlt gebliebene Schecks und Lastschriften bzw. zugeleitete und unbezahlt gebliebene Zahlungsvorgänge aus dem beleglosen Scheckeinzug, wird dem Girokonto des Kreditinstituts gutgeschrieben, das der Bank die entsprechenden Rückrechnungs-Lastschriften fristgerecht gemäß Abs. 1 eingereicht hat.

^{III} Die Bank ist befugt, die Gutschrift des Gegenwertes von unbezahlt gebliebenen Schecks, Zahlungsvorgängen aus dem beleglosen Scheckeinzug und Lastschriften rückgängig zu machen, wenn die Rückrechnungs-Lastschriften wegen nicht zutreffender Angaben (Abs. 1 Satz 2) nicht aufgenommen werden. Die Bank wird etwaige Ansprüche gegen das Kreditinstitut, das die unbezahlt gebliebenen Schecks, Zahlungsvorgänge aus dem beleglosen Scheckeinzug oder Lastschriften eingereicht hat, an das Kreditinstitut abtreten, auf dessen Girokonto die Gutschrift rückgängig gemacht worden ist. Darüber hinaus können aus solchen Rückgaben gegen die Bank Ansprüche nicht geltend gemacht werden.

^{IV} Rückrechnungs-Lastschriften gemäß Abs. 1 können auch als Neueinreichungen mit Einreichungsverzeichnissen ohne die nach Abs. 1 Satz 2 erforderlichen Angaben hereingegeben werden. Sofern die Fristen gemäß Abs. 1 Satz 1 nicht eingehalten werden, gelten die Rückrechnungs-Lastschriften der Bank gegenüber stets als Neueinreichungen. Dasselbe gilt für Rückrechnungs-Lastschriften über nicht von der Bank vorgelegte, unbezahlt gebliebene Schecks und Lastschriften bzw. nicht von ihr zugeleitete, ungezahlt gebliebene Zahlungsvorgänge aus dem beleglosen Scheckeinzug. In den vorstehenden Fällen gelten insbesondere die Nr. 11, 13 und 14.

^V In Rückrechnungs-Lastschriften enthaltene fremde Gebühren, Auslagen und Kosten sowie gegebenenfalls Zinsausgleichsbeträge werden stets „Eingang vorbehalten" gutgeschrieben.

20. Bestätigung der Einlösung oder Nichtbezahlung eines Schecks

Ein von der Bank einem Scheck angehefteter Vordruck zur Bestätigung der Einlösung oder Nichtbezahlung des Schecks ist von dem Kreditinstitut, das den Scheck von der Bank erhalten hat, mit Bestätigungsvermerk zu versehen und an die Bank zurückzugeben.

21. Rückgabe von Lastschriften wegen Widerspruchs

Die Zahlstelle kann Lastschriften, die den Vermerk „Einzugsermächtigung des Zahlungspflichtigen liegt dem Zahlungsempfänger vor" tragen, über die Bank zurückverrechnen, wenn der Zahlungspflichtige innerhalb der

Frist gemäß Nr. 10 Widerspruch erhoben hat. Sie sind von der Zahlstelle mit dem Vermerk

„Belastet am ....
Zurück wegen Widerspruchs"

zu versehen. Für die Einreichung von Rückrechnungs-Lastschriften über den Gegenwert widersprochener Lastschriften gilt Nr. 11, 13 und 14.

22. Gebühr in besonderen Fällen

Für die Ausfertigung einer Scheckkopie bzw. die Herausgabe eines Originalschecks aus dem beleglosen Scheckeinzug wird dem Empfänger eine Gebühr von DM 5,- berechnet.

(11) Einheitliche Richtlinien und Gebräuche für Dokumenten-Akkreditive (ERA)

Revision 1983

Einleitung

Schrifttum

a) Kommentare: *Canaris,* Bankvertragsrecht, 2. Aufl 1981, Rdn 925 ff. – *Eisemann-Eberth,* Das Dokumenten-Akkreditiv im internationalen Handelsverkehr: Erläuterungen für die Wirtschaftspraxis (mit Text der ERA und Standardformularen), 2. Aufl 1979. – *Nielsen* in Bankrecht und Bankpraxis (BuB, früher Bankgeschäftliches Formularbuch), 1979 ff (LBl), 5/250 ff. – *Nielsen,* Grundlagen des Akkreditivgeschäfts, Revision 1983, 1985.

b) Lehrbücher: *Schönle,* Bank- und Börsenrecht, 2. Aufl 1976, § 8 VIII.

c) Einzeldarstellungen und Sonstiges: *Schönle,* Die Rechtsnatur der ERA, NJW **68**, 726. – *Eberth,* Die Revision von 1974 der ERA, RIW/AWD **75**, 365. – *Eisemann,* FS Bärmann **75**, 265 (auf frz). – *Müller,* Die neue Revision der ERA, Bank-Betrieb **75**, 307. – *von Westphalen,* ERA und ERI im Lichte des AGBG, WM **80**, 178. – *Nielsen,* Die Revision 1983 der ERA, ZIP **84**, 230. – *Eberth,* Die Revision 1983 der ERA, WM Sonderbeil 4/**84**. – *Raith,* Das Recht des Dokumentenakkreditivs in den USA und in Deutschland, 1985. – *Zahn-Eberding-Ehrlich,* Zahlung und Zahlungssicherung im Außenhandel, 6. Aufl 1986.

1) Entstehung und Neufassung

Die **Einheitlichen Richtlinien und Gebräuche für Dokumenten-Akkreditive (ERA)** wurden aufgrund Vereinbarung der Bankvereinigungen von der IntHK veröffentlicht 1933, revidiert 1951, 1962, 1974 und 1983 (IntHK-Publikation Nr 400, Original englisch, offizielle deutsche Übersetzung), zur Anwendung empfohlen ab 1. 10. 84 (neu ua Regeln über Transportdokumente, Standby Credit, Berücksichtigung neuer Nachrichten- und Reproduktionstechniken). Einführend IntHK, Leitfaden für Dokumenten-Akkreditiv-Geschäfte, 1985 (IntHK-Publikation Nr 415, Sprache englisch), ERA-Revision 1974/1983, Vergleich und Erläuterung (IntHK-Publikation Nr 411, Sprache englisch). Dazu **Standardformulare für Dokumenten-Akkreditiven-Geschäfte** 1951, dann 1970, 1979, jetzt 1984 (IntHK-Publikation Nr 416, Sprache englisch). Liste der Länder, in denen die ERA mit den Standardformeln angewandt werden, Nielsen BuB 5/255.

2) Geltung

Die ERA sind **AGB**, BGH WM **60**, 40, gelten also kraft Unterwerfung der Kunden; bei Kflten idR konkludent (denn **(5)** AGBG § 2 gilt nach § 24 AGBG nicht), für Bankkunden s **(8)** AGBG-Banken Nr 28 I 2. Die ERA sind in ihrer Gesamtheit kein Gewohnheitsrecht; auch kein HdlBrauch, str, offen BGH WM **84**, 1443. Vieles in ihnen Aufgezeichnete, vor allem die Grundsätze der Unabhängigkeit des Akkreditivs vom Grundgeschäft und der Dokumentenstrenge (s **(7)** Bankgeschäfte VII 1 A), dürfte aber in weiten Bereichen HdlBrauch iSv § 346 HGB sein (schon vor oder infolge der Aufzeichnung) und ohne Unterwerfung gelten (s Einl I 3 C vor § 1 HGB); dazu BGH WM **58**, 459, Schönle NJW **68**, 726. Soweit die ERA nur AGB sind, ist die Inhaltskontrolle nach **(5)** AGBG § 9 grundsätzlich möglich, von Westphalen WM **80**, 178, str, aber ohne sehr große praktische Bedeutung (aber s unten Art 9, 12). Die ERA sind nach dem von ihnen verfolgten Zweck aus sich selbst heraus ohne Rückgriff auf nationale Gesetze auszulegen; der Zweck der ERA und der Parteiwillen legen eine international einheitliche Auslegung nahe, Steindorff FS von Caemmerer **78**, 765, str. Dem entspricht die Auslegungspraxis der IntHK-Bankenkommission, s Anm 3. Kollisionsrecht s Schütze WM **82**, 226.

3) Erläuterungen

Allgemein zum Dokumentenakkreditiv s **(7)** Bankgeschäfte VII. Speziell zu ERA IntHK-Bankenkommission, Entscheidungen 1975–1979, 1980–1981 (IntHK-Publikation Nr 371, 399, Sprache englisch, französisch). Die **Überschriften** in eckigen Klammern zu den einzelnen Artikeln sind nicht offiziell, die ohne Klammern sind offiziell.

Übersicht

	Artikel
A. Allgemeine Regeln und Begriffsbestimmungen	1–6
B. Form und Anzeige der Akkreditive	7–14
C. Haftung und Verantwortlichkeit	15–21
D. Dokumente	22–42
D 1. Transportdokumente	25–34
D 2. Versicherungsdokumente	35–40
D 3. Handelsrechnung	41
D 4. Andere Dokumente	42
E. Verschiedene Regeln	43–53
Menge und Betrag	43
Teilinanspruchnahmen und/oder Teilverladungen	44
Inanspruchnahmen und/oder Verladungen in Raten	45
Verfalldatum und Vorlage	46–49
Verladung an Bord, Versendung und Übernahme (Verladung)	50
Zeitbestimmungen	51–53
F. Übertragung	54–55
Abtretung des Akkreditiverlöses	55

A. Allgemeine Regeln und Begriffsbestimmungen

[Anwendung der Einheitlichen Richtlinien und Gebräuche]

ERA 1 Diese Artikel gelten für alle Dokumenten-Akkreditive einschließlich, soweit anwendbar, Standby Letters of Credit und sind für alle Beteiligten bindend, sofern nicht ausdrücklich anderweitige Vereinbarungen getroffen worden sind. Sie sind in jedes Dokumenten-Akkreditiv durch einen Hinweis aufzunehmen, aus dem sich ergibt, daß das Akkreditiv gemäß den Einheitlichen Richtlinien und Gebräuchen für Dokumenten-Akkreditive, Revision 1983, ICC-Publikation Nr. 400, eröffnet worden ist.

1) Art 1 S 1 spricht mißverständlich von „gelten für alle Dokumenten-Akkreditive"; das trifft wie bei allen AGB nur bei Einbeziehung in den Vertrag zu, s Einl 2 vor Art 1. Art 1 nF 1984 gilt auch für die Standby Letters of Credit (Garantien amerikanischer Banken in Form von Akkreditiven).

[Definition des Begriffs „Akkreditive"]

ERA 2 Die in diesen Artikeln verwendeten Ausdrücke „Dokumenten-Akkreditiv(e)" und „Standby Letter(s) of Credit" (im folgenden „Akkreditiv(e)" genannt) bedeuten jede wie auch immer benannte oder bezeichnete Vereinbarung, derzufolge eine Bank (eröffnende Bank) auf Ersuchen und nach den Weisungen eines Kunden (Akkreditiv-Auftraggeber) gegen Übergabe vorgeschriebener Dokumente

i eine Zahlung an einen Dritten (Begünstigten) oder dessen Order zu leisten oder vom Begünstigten gezogene Wechsel (Tratten) zu bezahlen oder zu akzeptieren hat
oder
ii eine andere Bank zur Ausführung einer solchen Zahlung oder zur Bezahlung, Akzeptierung oder Negoziierung derartiger Wechsel (Tratten) ermächtigt,

sofern die Akkreditiv-Bedingungen erfüllt sind.

[Akkreditive und Kaufverträge]

ERA 3 Akkreditive sind ihrer Natur nach von den Kauf- oder anderen Verträgen, auf denen sie beruhen können, getrennte Geschäfte, und die Banken haben in keiner Hinsicht etwas mit solchen Verträgen zu tun und sind nicht durch sie gebunden, selbst wenn im Akkreditiv auf solche Verträge in irgendeiner Weise Bezug genommen wird.

1) Grundsatz der Unabhängigkeit des Akkreditivs vom Grundgeschäft (Einwendungsausschluß), s **(7)** Bankgeschäfte VII 1 A, 3 C).

[Waren, Dienstleistungen und Leistungen, die mit den Dokumenten in Zusammenhang stehen können]

ERA 4 Im Akkreditiv-Geschäft befassen sich alle Beteiligten mit Dokumenten und nicht mit Waren, Dienstleistungen und/oder anderen Leistungen, auf die sich die Dokumente beziehen können.

[Anweisungen zu Akkreditiveröffnungen und -änderungen]

ERA 5 Aufträge zur Eröffnung von Akkreditiven, die Akkreditive selbst, Aufträge zu Akkreditiv-Änderungen und die Änderungen selbst müssen vollständig und genau sein.
Um Irrtümern und Mißverständnissen vorzubeugen, sollten die Banken jedem Versuch entgegentreten, zu weit gehende Einzelheiten in das Akkreditiv oder in eine Akkreditiv-Änderung aufzunehmen.

1) Ausfluß des Grundsatzes der Dokumentenstrenge, s **(7)** Bankgeschäfte VII 2 B, C, 3 B d.

[Beziehung zwischen Banken und Begünstigtem]

ERA 6 Ein Begünstigter kann sich in keinem Fall auf die vertraglichen Beziehungen berufen, die zwischen den Banken oder zwischen dem Akkreditiv-Auftraggeber und der eröffnenden Bank bestehen.

1) Der Akkreditivvertrag ist kein Vertrag zugunsten Dritter, s **(7)** Bankgeschäfte VII 3 A.

B. Form und Anzeige der Akkreditive

[Arten der Akkreditive]

ERA 7 a) Akkreditive können entweder
i widerruflich oder
ii unwiderruflich
sein.

b) Alle Akkreditive sollen daher eindeutig angeben, ob sie widerruflich oder unwiderruflich sind.

c) Fehlt eine solche Angabe, so gilt das Akkreditiv als widerruflich.

1) (Un)widerrufliche Akkreditive s **(7)** Bankgeschäfte VII 3 B.

[Verantwortung der avisierenden Bank]

ERA 8 Ein Akkreditiv kann dem Begünstigten durch eine andere Bank (avisierende Bank) ohne Verbindlichkeit für die avisierende Bank avisiert werden, aber diese Bank hat mit angemessener Sorgfalt die augenscheinliche Echtheit des zu avisierenden Akkreditivs zu überprüfen.

1) Avisbank s **(7)** Bankgeschäfte VII 1 B; Art 8 Halbs 2 nF 1984 (Pflicht zur Überprüfung der augenscheinlichen Echtheit) soll Fälschungen vorbeugen.

[Unwiderrufliche Akkreditive]

ERA 9 a) Ein widerrufliches Akkreditiv kann von der eröffnenden Bank jederzeit und ohne vorherige Nachricht an den Begünstigten geändert oder annulliert werden.

b) Die eröffnende Bank ist jedoch verpflichtet,
i eine Filiale oder Bank, bei der ein widerrufliches Akkreditiv zur Sichtzahlung, Akzeptleistung oder Negoziierung benutzbar gestellt ist, für jede Zahlung, Akzeptleistung oder Negoziierung zu remboursieren, die von dieser Filiale oder Bank gegen Dokumente, die ihrer äußeren Aufmachung nach den Akkreditiv-Bedingungen entsprechen, vorgenommen wurde, bevor sie Nachricht über die Änderung oder Annullierung erhalten hat;
ii eine Filiale oder Bank, bei der ein widerrufliches Akkreditiv zur hinausgeschobenen Zahlung benutzbar gestellt ist, zu remboursieren, wenn diese Filiale oder Bank Dokumente, die ihrer äußeren Aufmachung nach den Akkreditiv-Bedingungen entsprechen, aufgenommen hat, bevor sie Nachricht über die Änderung oder Annullierung erhalten hat.

1) Grenzen des Widerrufs s **(7)** Bankgeschäfte VII 3 B b.

[Unwiderrufliche Akkreditive und Bestätigung]

ERA 10 a) Ein unwiderrufliches Akkreditiv begründet eine feststehende Verpflichtung der eröffnenden Bank,
i wenn das Akkreditiv Sichtzahlung vorsieht, zu zahlen oder zahlen zu lassen,
ii wenn das Akkreditiv hinausgeschobene Zahlung vorsieht, zu zahlen oder zahlen zu lassen, und zwar an dem (den) nach den Akkreditiv-Bedingungen bestimmbaren Datum (Daten),
iii wenn das Akkreditiv Akzeptleistung vorsieht, vom Begünstigten gezogene Tratten zu akzeptieren, falls diese nach den Akkreditiv-Bedingungen auf die eröffnende Bank zu ziehen sind, oder die Verantwortung für die

Akzeptierung von Tratten und deren Einlösung bei Fälligkeit zu übernehmen, falls diese nach den Akkreditiv-Bedingungen auf den Akkreditiv-Auftraggeber oder einen anderen im Akkreditiv benannten Bezogenen zu ziehen sind,

iv wenn das Akkreditiv Negoziierung vorsieht, Sicht- oder Nachsicht-Tratten, die vom Begünstigten auf den Akkreditiv-Auftraggeber oder einen anderen im Akkreditiv benannten Bezogenen als die eröffnende Bank selbst gezogen sind, ohne Rückgriff auf Aussteller und/oder gutgläubige Inhaber zu bezahlen oder für Negoziierung durch eine andere Bank zu sorgen und wie oben angegeben zu bezahlen, falls diese Negoziierung nicht erfolgt,

sofern die vorgeschriebenen Dokumente vorgelegt werden und die Akkreditiv-Bedingungen erfüllt sind.

b) Ermächtigt oder ersucht die eröffnende Bank eine andere Bank, ihr unwiderrufliches Akkreditiv zu bestätigen, und hat diese ihre Bestätigung hinzugefügt, so begründet diese Bestätigung zusätzlich zur Verpflichtung der eröffnenden Bank eine feststehende Verpflichtung dieser Bank (bestätigende Bank),

i wenn das Akkreditiv Sichtzahlung vorsieht, zu zahlen oder zahlen zu lassen,

ii wenn das Akkreditiv hinausgeschobene Zahlung vorsieht, zu zahlen oder zahlen zu lassen, und zwar an dem (den) nach den Akkreditiv-Bedingungen bestimmbaren Datum (Daten),

iii wenn das Akkreditiv Akzeptleistung vorsieht, vom Begünstigten gezogene Tratten zu akzeptieren, falls diese nach den Akkreditiv-Bedingungen auf die bestätigende Bank zu ziehen sind, oder die Verantwortung für die Akzeptierung von Tratten und deren Einlösung bei Fälligkeit zu übernehmen, falls diese nach den Akkreditiv-Bedingungen auf den Akkreditiv-Auftraggeber oder einen anderen im Akkreditiv benannten Bezogenen zu ziehen sind,

iv wenn das Akkreditiv Negoziierung vorsieht, Sicht- oder Nachsicht-Tratten, die vom Begünstigten auf die eröffnende Bank oder den Akkreditiv-Auftraggeber oder einen anderen im Akkreditiv benannten Bezogenen als die bestätigende Bank selbst gezogen sind, ohne Rückgriff auf Aussteller und/oder gutgläubige Inhaber zu negoziieren,

sofern die vorgeschriebenen Dokumente vorgelegt werden und die Akkreditiv-Bedingungen erfüllt sind.

c) Wenn eine Bank von der eröffnenden Bank ermächtigt oder ersucht wird, einem Akkreditiv ihre Bestätigung hinzuzufügen, hierzu aber nicht bereit ist, muß sie die eröffnende Bank davon unverzüglich unterrichten. Sofern die eröffnende Bank in ihrer Ermächtigung oder ihrem Ersuchen zur Bestätigung nichts anderes vorschreibt, avisiert die avisierende Bank das Akkreditiv dem Begünstigten ohne Hinzufügung ihrer Bestätigung.

d) Verpflichtungen dieser Art können ohne die Zustimmung der eröffnenden Bank, des Begünstigten und gegebenenfalls der bestätigenden Bank weder geändert noch annulliert werden. Die teilweise Annahme von Änderungen, die in ein und derselben Änderungsanzeige enthalten sind, ist ohne die Zustimmung aller vorgenannten Beteiligten unwirksam.

1) Art 10a regelt die Verpflichtung der eröffnenden Bank, Art 10b die der bestätigenden Bank, s **(7)** Bankgeschäfte VII 1 B. Unterschieden werden Sichtzahlungs-, Nachsichtzahlungs-, Akzeptierungs- und Negoziierungs-Akkreditive (a u b, jeweils i–iv), jeweils mit bestimmtem Leistungsinhalt. Zahlungsbestätigung abhängig vom Regreß der Bank bei Entwicklungsbank uä (soft confirmation) ist keine Bestätigung nach b, Grund: nicht unwiderruflich nach d. Der Begünstigte gibt seine Zustimmung nach d S 1 nicht schon durch Schweigen, str. d S 2 betrifft nicht verschiedene selbständige Änderungen.

IV. Bank- und Börsenrecht **ERA 11, 12 (11)**

[Benennung der Bank, bei der das Akkreditiv benutzbar ist]

ERA 11 a) Alle Akkreditive müssen eindeutig angeben, ob sie durch Sichtzahlung, durch hinausgeschobene Zahlung, durch Akzeptleistung oder durch Negoziierung benutzbar sind.

b) Alle Akkreditive müssen die Bank benennen (benannte Bank), die ermächtigt ist, zu zahlen (zahlende Bank) oder Tratten zu akzeptieren (akzeptierende Bank) oder zu negoziieren (negoziierende Bank), sofern das Akkreditiv nicht Negoziierung durch jede Bank zuläßt (negoziierende Bank).

c) Sofern die benannte Bank nicht die eröffnende Bank oder die bestätigende Bank ist, begründet ihre Benennung durch die eröffnende Bank keine Verpflichtung der benannten Bank zur Zahlung, Akzeptleistung oder Negoziierung.

d) Durch die Benennung einer anderen Bank oder die Zulassung der Negoziierung durch jede Bank oder die Ermächtigung einer oder das Ersuchen an eine Bank, ihre Bestätigung hinzuzufügen, ermächtigt die eröffnende Bank diese Bank zur Zahlung, Akzeptleistung beziehungsweise Negoziierung gegen Dokumente, die ihrer äußeren Aufmachung nach den Akkreditiv-Bedingungen entsprechen, und verpflichtet sich, diese Bank gemäß den Bestimmungen dieser Artikel zu rembourisieren.

1) Art 11 c stellt klar, daß nur die eröffnende und die bestätigende Bank, nicht aber die Avisbank verpflichtet sind, s **(7)** Bankgeschäfte VII 1 B.

[Eröffnung/Änderung mittels Telekommunikationsmittel]

ERA 12 a) Wenn eine eröffnende Bank eine Bank (avisierende Bank) durch irgendein Telekommunikationsmittel beauftragt, ein Akkreditiv oder eine Akkreditiv-Änderung zu avisieren, und die briefliche Bestätigung das Instrument für die Inanspruchnahme des Akkreditivs oder die maßgebliche Änderungsmitteilung sein soll, muß die Telekommunikation den Hinweis „vollständige Einzelheiten folgen" (oder Worte ähnlicher Bedeutung) enthalten oder angeben, daß die briefliche Bestätigung das Instrument für die Inanspruchnahme des Akkreditivs oder die maßgebliche Änderungsmitteilung sein wird. Die eröffnende Bank muß das Instrument für die Inanspruchnahme des Akkreditivs oder die maßgebliche Änderungsmitteilung der avisierenden Bank unverzüglich übersenden.

b) Sofern die Telekommunikation nicht den Hinweis „vollständige Einzelheiten folgen" (oder Worte ähnlicher Bedeutung) enthält oder nicht angibt, daß die briefliche Bestätigung das Instrument für die Inanspruchnahme des Akkreditivs oder die maßgebliche Änderungsmitteilung sein soll, wird die Telekommunikation als das Instrument für die Inanspruchnahme des Akkreditivs oder die maßgebliche Änderungsmitteilung angesehen; eine briefliche Bestätigung sollte dann nicht erfolgen.

c) Eine Telekommunikation, die von der eröffnenden Bank als das Instrument für die Inanspruchnahme des Akkreditivs bestimmt ist, soll eindeutig angeben, daß das Akkreditiv gemäß den Einheitlichen Richtlinien und Gebräuchen für Dokumenten-Akkreditive, Revision 1983, ICC-Publikation Nr. 400, eröffnet worden ist.

d) Bedient sich eine Bank zur Avisierung des Akkreditivs an den Begünstigten einer oder mehrerer Banken (avisierende Bank), so muß sie sich dieser Bank(en) auch zur Avisierung aller Änderungen bedienen.

e) Die Banken sind für alle Folgen verantwortlich, die entstehen, wenn sie das in den vorherstehenden Absätzen niedergelegte Verfahren nicht befolgen.

1) Art 12 nF 1984 trägt der neuen Nachrichtentechnik Rechnung.

[Ähnliche Akkreditive]

ERA 13 Wird eine Bank beauftragt, ein Akkreditiv zu eröffnen, zu bestätigen oder zu avisieren, dessen Bedingungen einem früher eröffneten, bestätigten oder avisierten Akkreditiv gleichen (gleiches Akkreditiv), und ist das frühere Akkreditiv später geändert worden, so schließt das gleiche Akkreditiv diese Änderung(en) nicht ein, es sei denn, der Auftrag bezeichnet eindeutig die Änderung(en), die für das gleiche Akkreditiv gelten soll(en). Die Banken sollten zu verhindern suchen, daß Aufträge zur Eröffnung, Bestätigung oder Avisierung eines Akkreditivs in dieser Form erteilt werden.

[Unvollständige/unklare Anweisungen]

ERA 14 Eine Bank, die unvollständige oder unklare Weisungen zur Eröffnung, Bestätigung, Avisierung oder Änderung eines Akkreditivs erhält, kann dem Begünstigten hiervon nur zu seiner vorläufigen Unterrichtung unverbindlich Kenntnis geben. Das Akkreditiv wird erst nach Eingang der notwendigen Informationen eröffnet, bestätigt, avisiert oder geändert, falls die Bank dann bereit ist, nach den Weisungen zu handeln. Die Banken sollten die notwendigen Informationen unverzüglich übermitteln.

1) Weisungen des Auftraggebers s **(7)** Bankgeschäfte VII 2 B.

C. Haftung und Verantwortlichkeit

[Prüfung/Übereinstimmung von Dokumenten]

ERA 15 Die Banken müssen alle Dokumente mit angemessener Sorgfalt prüfen, um sich zu vergewissern, daß sie ihrer äußeren Aufmachung nach den Akkreditiv-Bedingungen entsprechen. Dokumente, die sich ihrer äußeren Aufmachung nach untereinander widersprechen, werden nicht als ihrer äußeren Aufmachung nach den Akkreditiv-Bedingungen entsprechend angesehen.

1) Zu prüfen sind die Vollständigkeit der Dokumente, ihre äußerliche Ordnungsmäßigkeit und ihre Übereinstimmung untereinander, s **(7)** Bankgeschäfte VII 2 C. S Ffm MDR **78**, 848 (zu Art 7 aF).

[Verantwortlichkeit/Rechte der eröffnenden Bank]

ERA 16 a) Wenn eine hierzu ermächtigte Bank gegen Dokumente, die ihrer äußeren Aufmachung nach den Akkreditiv-Bedingungen entsprechen, Zahlung leistet oder eine Verpflichtung zur hinausgeschobenen Zahlung übernimmt oder akzeptiert oder negoziiert, ist derjenige, der eine solche Ermächtigung erteilt hat, verpflichtet, die zahlende, sich zur hinausgeschobenen Zahlung verpflichtende, akzeptierende oder negoziierende Bank zu remboursieren und die Dokumente aufzunehmen

b) Wenn die eröffnende Bank bei Erhalt der Dokumente der Ansicht ist, daß diese ihrer äußeren Aufmachung nach nicht den Akkreditiv-Bedingungen entsprechen, muß sie allein aufgrund der Dokumente entscheiden, ob sie diese Dokumente aufnehmen oder zurückweisen und geltend machen will, daß sie ihrer äußeren Aufmachung nach nicht den Akkreditiv-Bedingungen entsprechen.

c) Der eröffnenden Bank steht eine angemessene Zeit zu, die Dokumente zu prüfen und wie oben angegeben zu entscheiden, ob sie die Dokumente aufnehmen oder zurückweisen will.

d) Wenn sich die eröffnende Bank zur Zurückverweisung der Dokumente entscheidet, muß sie eine entsprechende Mitteilung unverzüglich durch Telekommunikationsmittel oder, wenn dies nicht möglich ist, auf anderem schnellen Wege an die Bank richten, von der sie die Dokumente erhalten hat (übersendende Bank), oder an den Begünstigten, wenn sie die Dokumente unmittelbar von diesem erhalten hat. Diese Mitteilung muß die Unstimmigkeiten nennen, aufgrund derer die eröffnende Bank die Dokumente zurückweist, und muß auch besagen, ob die Dokumente entweder zur Verfügung des Einreichers (übersendende Bank beziehungsweise Begünstigter) gehalten oder diesem zurückgesandt werden. Die eröffnende Bank ist dann berechtigt, von der übersendenden Bank Rückerstattung des an diese Bank geleisteten Rembourses zu verlangen.

e) Wenn die eröffnende Bank nicht gemäß den Bestimmungen der Absätze (c) und (d) dieses Artikels handelt und/oder wenn sie die Dokumente nicht zur Verfügung des Einreichers hält oder diesem nicht zurücksendet, kann die eröffnende Bank nicht geltend machen, daß die Dokumente nicht den Akkreditiv-Bedingungen entsprechen.

f) Wenn die übersendende Bank die eröffnende Bank auf irgendwelche Unstimmigkeiten in den Dokumenten hinweist oder die eröffnende Bank davon benachrichtigt, daß sie aufgrund dieser Unstimmigkeiten unter Vorbehalt oder gegen eine Garantie gezahlt, eine Verpflichtung zur hinausgeschobenen Zahlung übernommen, akzeptiert oder negoziiert hat, wird die eröffnende Bank dadurch von keiner ihrer Verpflichtungen aus den Bestimmungen dieses Artikels befreit. Ein solcher Vorbehalt oder eine solche Garantie betrifft allein das Verhältnis zwischen der übersendenden Bank und dem Beteiligten, dem gegenüber der Vorbehalt ausgesprochen oder von dem oder für den die Garantie gestellt ist.

1) Art 16a regelt den Aufwendungsersatz, b–f die Formalitäten bei Beanstandung der Dokumente; s **(7)** Bankgeschäfte VII 2 C, 3 B d. Bei Verstoß gegen c und d greift Rechtsfolge von e ein, c schließt aber nicht Schadensersatzanspruch gegen die eröffnende Bank aus, BGH NJW **85,** 551 (zu Art 8d, e, f ERA 1974); dazu Nielsen WM **85,** 149. Angemessene Zeit iSv c ist 1–3 Tage, 8 Tage ist idR zu spät, aber keine fixen Fristen, Einzelfall entscheidet.

[Dokumente]

ERA 17 Die Banken übernehmen keine Haftung oder Verantwortung für Form, Vollständigkeit, Genauigkeit, Echtheit, Verfälschung oder Rechtswirksamkeit irgendwelcher Dokumente, oder für die allgemeinen und/oder besonderen Bedingungen, die in den Dokumenten angegeben oder denselben hinzugefügt sind. Sie übernehmen auch keine Haftung oder Verantwortung für Bezeichnung, Menge, Gewicht, Qualität, Beschaffenheit, Verpackung, Lieferung, Wert oder Vorhandensein der durch irgendwelche Dokumente vertretenen Waren, oder für Treu und Glauben oder Handlungen und/oder Unterlassungen sowie für Zahlungsfähigkeit, Leistungsvermögen oder Ruf des Absenders, des Frachtführers oder der Versicherer der Waren oder irgendwelcher anderer Personen.

1) Art 17 bezieht sich nicht auf die Pflicht der Bank zur Prüfung der Dokumente nach Art 15 (Hauptpflicht iSv **(5)** AGBG § 9 II Nr 2), hL. Auch sonst gelten die allgemeinen Grenzen von **(5)** AGBG § 9, s **(5)** AGBG § 11 Anm 7.

[Verzögerungen usw.]

ERA 18 Die Banken übernehmen keine Haftung oder Verantwortung für die Folgen von Verzögerungen und/oder Verlusten bei Übermittlung von Nachrichten, Briefen oder Dokumenten, sowie für Verzögerung, Verstümmelung oder sonstige Irrtümer, die aus der Übermittlung irgendeiner Telekommunikation resultieren. Die Banken übernehmen keine

Haftung oder Verantwortung für Irrtümer bei der Übersetzung oder Auslegung von technischen Ausdrücken und behalten sich das Recht vor, Akkreditiv-Bedingungen unübersetzt weiterzugeben.

1) Art 18 bezieht sich nicht auf die Pflicht zur Mitteilung und Eröffnung des Akkreditivs (vgl **(5)** AGBG §§ 5, 9 II Nr 2).

[Höhere Gewalt usw.]

ERA 19 Die Banken übernehmen keine Haftung oder Verantwortung für die Folgen der Unterbrechung ihrer Geschäftstätigkeit durch Fälle höherer Gewalt, Unruhen, Aufruhr, Aufstand, Kriege oder irgendwelche andere Ursachen, die außerhalb ihrer Kontrolle liegen, sowie durch irgendwelche Streiks oder Aussperrungen. Sofern sie hierzu nicht ausdrücklich ermächtigt sind, übernehmen die Banken bei Wiederaufnahme ihrer Geschäftstätigkeit unter Akkreditiven, die während einer solchen Unterbrechung ihrer Geschäftstätigkeit verfallen sind, keine Verpflichtung zur hinausgeschobenen Zahlung oder nehmen keine Zahlung, Akzeptleistung oder Negoziierung vor.

[Andere Banken]

ERA 20 a) Bedienen sich Banken einer oder mehrerer Banken, um die Weisungen des Akkreditiv-Auftraggebers auszuführen, tun sie dies für Rechnung und Gefahr dieses Auftraggebers.

b) Die Banken übernehmen keine Haftung oder Verantwortung, wenn die von ihnen erteilten Weisungen nicht ausgeführt werden, auch wenn sie selbst die Auswahl dieser anderen Bank(en) getroffen haben.

c) Der Akkreditiv-Auftraggeber muß alle Verpflichtungen und Verantwortlichkeiten übernehmen, die auf ausländischen Gesetzen und Gebräuchen beruhen, und er muß die Banken für alle hieraus resultierenden Folgen schadlos halten.

1) Art 20 ist gegenüber Privatleuten nach **(5)** AGBG § 11 Nr 7 unwirksam, nach aA allgemein auch gegenüber Kflten, s **(7)** Bankgeschäfte VII 1 B.

[Rembours]

ERA 21 a) Wenn eine eröffnende Bank bestimmt, daß eine zahlende, akzeptierende oder negoziierende Bank den ihr zustehenden Rembours von einer anderen Filiale oder Stelle der eröffnenden Bank oder von einer dritten Bank (alle im folgenden als Remboursbank bezeichnet) erhalten soll, so hat die eröffnende Bank der Remboursbank rechtzeitig die ordnungsgemäße Weisung oder Ermächtigung zur Honorierung solcher Remboursansprüche zu erteilen, ohne zur Bedingung zu machen, daß die remboursberechtigte Bank der Remboursbank die Übereinstimmung mit den Akkreditiv-Bedingungen bestätigen muß.

b) Eine eröffnende Bank wird von ihren Verpflichtungen, selbst Rembours zu leisten, nicht befreit, falls von der Remboursbank kein Rembours geleistet worden ist.

c) Die eröffnende Bank haftet der zahlenden, akzeptierenden oder negoziierenden Bank für jeglichen Verlust von Zinsen, wenn Rembours nicht auf erstes Anfordern gegenüber der Remboursbank beziehungsweise in anderer Weise gemäß den Bestimmungen des Akkreditivs oder gegenseitiger Vereinbarung geleistet wird.

1) Art 21 regelt die Remboursklausel. Diese betrifft nur das Verhältnis zwischen Eröffnungsbank und Zweitbank, s **(7)** Bankgeschäfte VII 1 B. b stellt klar, daß die Einschaltung der Remboursbank nur erfüllungshalber erfolgt.

IV. Bank- und Börsenrecht

D. Dokumente

[Beschreibung/Aufnahmefähigkeit]

ERA 22 a) Alle Aufträge zur Eröffnung von Akkreditiven und die Akkreditive selbst sowie gegebenenfalls alle Aufträge zu Akkreditiv-Änderungen und die Änderungen selbst müssen genau angeben, gegen welches/welche Dokument(e) Zahlung, Akzeptleistung oder Negoziierung vorgenommen werden soll.

b) Ausdrücke wie „erstklassig", „gut bekannt", „qualifiziert", „unabhängig", „offiziell" u. ä. sollen zur Klassifizierung der Aussteller irgendwelcher Dokumente, die unter einem Akkreditiv vorzulegen sind, nicht verwendet werden. Wenn solche Ausdrücke jedoch in den Akkreditiv-Bedingungen enthalten sind, nehmen die Banken die betreffenden Dokumente so an, wie sie vorgelegt werden, vorausgesetzt, daß sie ihrer äußeren Aufmachung nach den anderen Akkreditiv-Bedingungen entsprechen.

c) Sofern im Akkreditiv nichts anderes vorgeschrieben ist, nehmen die Banken als Originale Dokumente an, die
i durch reprographische Systeme,
ii durch automatisierte oder computerisierte Systeme oder als deren Produkt,
iii als Durchschläge
erstellt sind oder zu sein scheinen, wenn sie als Originale gekennzeichnet sind, immer vorausgesetzt, daß diese Dokumente, soweit erforderlich, authentisiert zu sein scheinen.

1) Art 22 regelt die Beschreibung bzw Aufnahmefähigkeit der Dokumente, c erweitert den Begriff des Orginaldokuments. Ob eine Faksimileunterschrift ausreicht, hängt vom Einzelfall ab, Nielsen ZIP **84** 240.

[Aussteller und Inhaltsangabe]

ERA 23 Wenn andere Dokumente als Transportdokumente, Versicherungsdokumente und Handelsrechnungen vorgeschrieben sind, sollten Aussteller sowie Wortlaut oder Inhaltsmerkmale solcher Dokumente im Akkreditiv bestimmt werden. Wenn im Akkreditiv derartige Bestimmungen nicht enthalten sind, nehmen die Banken solche Dokumente so an, wie sie vorgelegt werden, vorausgesetzt, daß es aufgrund der Inhaltsmerkmale dieser Dokumente möglich ist, die darin erwähnten Waren und/oder Dienstleistungen auf diejenigen zu beziehen, die in der/den vorgelegten Handelsrechnung(en) oder, falls die Vorlage einer Handelsrechnung im Akkreditiv nicht vorgeschrieben ist, im Akkreditiv erwähnt sind.

1) Art 23 regelt andere Dokumente als Transport-, Versicherungsdokumente und HdlRechnungen, also zB Qualitätszertifikat, Analysezertifikat, Inspektionszertifikat.

[Datiert vor Eröffnung des Akkreditivs]

ERA 24 Sofern im Akkreditiv nichts anderes vorgeschrieben ist, nehmen die Banken ein Dokument an, welches ein Ausstellungsdatum trägt, das vor dem des Akkreditivs liegt, wenn dieses Dokument innerhalb der im Akkreditiv und in diesen Artikeln festgesetzten Fristen vorgelegt wird.

D 1. Transportdokumente (Dokumente, welche die Verladung an Bord oder Versendung oder Übernahme ausweisen)

[Transportdokumente – Allgemein]

ERA 25 Sofern ein Akkreditiv als Transportdokument weder ein Seekonnossement (Überseekonnossement oder ein Konnossement, das Seetransport umfaßt) noch einen Posteinlieferungsschein oder eine Postversandbescheinigung vorschreibt,

a) nehmen die Banken, sofern im Akkreditiv nichts anderes vorgeschrieben ist, ein Transportdokument an, welches
 i seiner äußeren Aufmachung nach durch einen namentlich genannten Frachtführer oder dessen Agenten ausgestellt zu sein scheint und
 ii die Versendung oder Übernahme der Waren beziehungsweise die Verladung an Bord ausweist und
 iii aus dem vollen Satz der an den Absender ausgestellten Originale besteht, wenn es in mehr als einem Original ausgestellt ist, und
 iv alle anderen Akkreditiv-Bedingungen erfüllt.

b) Vorbehaltlich der vorstehenden Regelung und sofern im Akkreditiv nichts anderes vorgeschrieben ist, weisen die Banken ein Transportdokument nicht zurück, welches
 i eine Überschrift wie ,,Combined transport bill of lading", ,,Combined transport document", ,,Combined transport bill of lading or port-to-port bill of lading" oder eine Überschrift oder eine Kombination von Überschriften ähnlichen Sinns oder ähnlicher Bedeutung trägt und/oder
 ii einige oder sämtliche Beförderungsbedingungen durch Hinweis auf eine andere Quelle oder ein anderes Dokument als das Transportdokument selbst aufzeigt (Kurzform-/ Blanko-Rückseite-Transportdokument) und/oder
 iii einen von dem Verladehafen unterschiedlichen Übernahmeort und/oder einen von dem Löschungshafen unterschiedlichen endgültigen Bestimmungsort ausweist und/oder
 iv sich auf Ladungen, wie solche in Containern oder auf Paletten und ähnliche, bezieht und/oder
 v den Hinweis ,,intended" oder einen ähnlichen Vorbehalt in bezug auf das Schiff oder ein anderes Transportmittel und/oder den Verladehafen und/oder den Löschungshafen enthält.

c) Sofern im Akkreditiv nichts anderes vorgeschrieben ist, weisen die Banken im Fall des Seetransports oder des Transports durch mehr als eine, jedoch Seetransport einschließende Beförderungsart ein Transportdokument zurück, welches ausweist,
 i daß es einer Charter-Partie unterworfen ist und/oder
 ii daß das befördernde Schiff nur durch Segel angetrieben wird.

d) Sofern im Akkreditiv nichts anderes vorgeschrieben ist, weisen die Banken ein Transportdokument zurück, welches durch einen Spediteur ausgestellt ist, es sei denn, es handelt sich um das von der Internationalen Handelskammer anerkannte ,,FIATA Combined Transport Bill of Lading" oder es weist anderweitig aus, daß es durch einen Spediteur ausgestellt ist, der als Frachtführer oder als Agent eines namentlich genannten Frachtführers handelt.

1) Art 25 betrifft die sog Allgemeinen Transportdokumente im Unterschied zu den Seekonnossementen nach Art 26. Die Unterscheidung zwischen beiden ist kompliziert, da die Bezeichnung als Konnossement als solche nicht aussagekräftig, sondern aus den Anforderungen in Art 25, 26 zu entnehmen ist; s Schemata Nielsen ZIP **84**, 242. Speditionspapiere sind nicht aufnahmefähig,

IV. Bank- und Börsenrecht

weil das Dokument von einem Frachtführer oder einem Agenten ausgestellt sein muß (Art 25a, d, 26a, c iv); doch kann das Speditionsunternehmen als Verfrachter zeichnen. Verfrachter ist jeder, der im eigenen Namen die Beförderung verspricht.

[Seekonnossemente]

ERA 26 Wenn ein Akkreditiv als Transportdokument ein Seekonnossement vorschreibt,

a) nehmen die Banken, sofern im Akkreditiv nichts anderes vorgeschrieben ist, ein Dokument an, welches
i seiner äußeren Aufmachung nach durch einen namentlich genannten Frachtführer oder dessen Agenten ausgestellt zu sein scheint und
ii ausweist, daß die Waren an Bord eines namentlich genannten Schiffes verladen oder auf einem namentlich genannten Schiff verschifft worden sind, und
iii aus dem vollen Satz der an den Absender ausgestellten Originale besteht, wenn es in mehr als einem Original ausgestellt ist, und
iv alle anderen Akkreditiv-Bedingungen erfüllt.

b) Vorbehaltlich der vorstehenden Regelung und sofern im Akkreditiv nichts anderes vorgeschrieben ist, weisen die Banken ein Dokument nicht zurück, welches
i eine Überschrift wie „Combined transport bill of lading", „Combined transport document", „Combined transport bill of lading or port-to-port bill of lading" oder eine Überschrift oder eine Kombination von Überschriften ähnlichen Sinns oder ähnlicher Bedeutung trägt und/oder
ii einige oder sämtliche Beförderungsbedingungen durch Hinweis auf eine andere Quelle oder ein anderes Dokument als das Transportdokument selbst aufzeigt (Kurzform-/ Blanko-Rückseite-Transportdokument) und/oder
iii einen von dem Verladehafen unterschiedlichen Übernahmeort und/oder einen von dem Löschungshafen unterschiedlichen endgültigen Bestimmungsort ausweist und/oder
iv sich auf Ladungen, wie solche in Containern oder auf Paletten und ähnliche, bezieht.

c) Sofern im Akkreditiv nichts anderes vorgeschrieben ist, weisen die Banken ein Dokument zurück, welches ausweist,
i daß es einer Charter-Partie unterworfen ist und/oder
ii daß das befördernde Schiff nur durch Segel angetrieben wird, und/oder
iii den Hinweis „intended" oder einen ähnlichen Vorbehalt
• in bezug auf das Schiff und/oder den Verladehafen enthält, es sei denn, ein solches Dokument trägt einen An-Bord-Vermerk gemäß Artikel 27 (b) und weist ferner den tatsächlichen Verladehafen aus, und/oder
• in bezug auf den Löschungshafen enthält, es sei denn, der auf dem Dokument angegebene endgültige Bestimmungsort ist ein anderer als der Löschungshafen, und/oder
iv durch einen Spediteur ausgestellt ist, es sei denn, das Dokument weist aus, daß es durch einen solchen Spediteur ausgestellt ist, der als Frachtführer oder als Agent eines namentlich genannten Frachtführers handelt.

1) S Art 25.

[An Bord]

ERA 27 a) Sofern im Akkreditiv nicht ausdrücklich ein An-Bord-Transportdokument vorgeschrieben ist oder sofern keine Unvereinbarkeit mit anderen Akkreditiv-Bedingungen oder mit Artikel 26 besteht, nehmen die Banken ein Transportdokument an, welches ausweist, daß die Waren übernommen oder zur Verladung in Empfang genommen worden sind.

b) Die Verladung an Bord oder die Verschiffung auf einem Schiff kann entweder durch ein Transportdokument nachgewiesen werden, dessen Wortlaut die Verladung an Bord eines namentlich genannten Schiffes oder die Verschiffung auf einem namentlich genannten Schiff ausweist, oder – im Fall eines Transportdokuments mit der Angabe „received for shipment" – durch einen Vermerk der Verladung an Bord auf dem Transportdokument mit Unterschrift oder Handzeichen und Datumsangabe des Frachtführers oder seines Agenten. Das Datum dieses Vermerks wird als Zeitpunkt der Verladung an Bord des namentlich genannten Schiffes oder der Verschiffung auf dem namentlich genannten Schiff angesehen.

1) Ein An-Bord-Vermerk ist beim Seekonnossement nötig, Art. 26 a ii; auch bei cif und c&f, s **(6)** Incoterms.

[An Deck]

ERA 28 a) Im Fall des Seetransports oder des Transports durch mehr als eine, jedoch Seetransport einschließende Beförderungsart weisen die Banken ein Transportdokument zurück, welches ausweist, daß die Waren an Deck verladen sind oder verladen werden, sofern das Akkreditiv dies nicht ausdrücklich erlaubt.

b) Die Banken weisen ein Transportdokument nicht zurück, das eine Klausel enthält, welche die Beförderung der Waren an Deck gestattet, vorausgesetzt, daß das Transportdokument nicht ausdrücklich ausweist, daß die Waren an Deck verladen sind oder verladen werden.

[Umladung]

ERA 29 a) In diesem Artikel bedeutet Umladung eine Ausladung und Wiederverladung während des Verlaufs des Transports vom Verladehafen oder Ort der Versendung oder Übernahme bis zum Löschungshafen oder Bestimmungsort, und zwar entweder von einem Beförderungsmittel oder Schiff auf ein anderes Beförderungsmittel oder Schiff innerhalb derselben Beförderungsart oder von einer Beförderungsart auf eine andere Beförderungsart.

b) Sofern Umladung nach den Akkreditiv-Bedingungen nicht verboten ist, nehmen die Banken Transportdokumente an, die Umladung vorsehen, vorausgesetzt, daß der gesamte Transport durch ein und dasselbe Transportdokument gedeckt ist.

c) Selbst wenn Umladung nach den Akkreditiv-Bedingungen verboten ist, nehmen die Banken Transportdokumente an, welche
i eingedruckte Klauseln enthalten, die dem Frachtführer das Recht zur Umladung geben, oder
ii angeben oder vorsehen, daß Umladung stattfinden wird oder kann, wenn das Akkreditiv ein Dokument des kombinierten Transports vorschreibt oder einen Transport von einem Übernahmeort bis zu einem endgültigen Bestimmungsort durch verschiedene Beförderungsarten einschließlich Seetransport vorsieht, vorausgesetzt, daß der gesamte Transport durch ein und dasselbe Transportdokument gedeckt ist, oder
iii angeben oder vorsehen, daß sich die Waren in (einem) Container(n), Anhänger(n), „LASH"-Leichter(n) u.ä. befinden und von dem Übernahmeort bis zu dem endgültigen Bestimmungsort in demselben Container, Anhänger, „LASH"-Leichter u.ä. unter ein und demselben Transportdokument befördert werden, oder

IV. Bank- und Börsenrecht

iv als Ort des Empfangs und/oder als endgültigen Bestimmungsort den „C.F.S." (Container Freight Station) oder den „C.Y." (Container Yard) angeben oder ausweisen, der zu dem Verladehafen und/oder dem Bestimmungshafen gehört oder mit diesem verbunden ist.

[Postversand]

ERA 30 Wenn im Akkreditiv Warenversand durch die Post vorgeschrieben ist und ein Posteinlieferungsschein oder eine Postversandbescheinigung verlangt wird, nehmen die Banken einen Posteinlieferungsschein oder eine Postversandbescheinigung an, wenn diese(r) an dem Ort, der im Akkreditiv als Versandort der Waren vorgeschrieben ist, gestempelt oder anderweitig authentisiert und datiert zu sein scheint.

[Fracht usw.]

ERA 31 a) Sofern im Akkreditiv nichts anderes vorgeschrieben ist oder keine Unvereinbarkeit mit irgendeinem der unter dem Akkreditiv vorgelegten Dokumente besteht, nehmen die Banken Transportdokumente an, die den Vermerk tragen, daß Fracht- oder Transportkosten (im folgenden „Fracht") noch zu zahlen sind.

b) Wenn im Akkreditiv vorgeschrieben ist, daß das Transportdokument auszuweisen hat, daß die Fracht bezahlt oder vorausbezahlt worden ist, nehmen die Banken ein Transportdokument an, auf dem Worte, die eindeutig die Zahlung oder Vorauszahlung der Fracht ausweisen, durch Stempel oder auf andere Weise erscheinen oder auf dem die Frachtzahlung anderweitig ausgewiesen ist.

c) Erscheinen die Worte „Fracht vorauszahlbar" oder „Fracht im voraus zu zahlen" oder Worte ähnlicher Bedeutung auf Transportdokumenten, werden sie nicht als Nachweis der erfolgten Frachtzahlung anerkannt.

d) Die Banken nehmen Transportdokumente an, die durch Stempel oder auf andere Weise auf zusätzlich zur Fracht anfallende Kosten hinweisen, wie Kosten der Beladung, Entladung oder ähnlicher Vorgänge oder damit im Zusammenhang stehende Auslagen, sofern die Akkreditiv-Bedingungen solche Hinweise nicht ausdrücklich verbieten.

[„Shipper's load and count"]

ERA 32 Sofern im Akkreditiv nichts anderes vorgeschrieben ist, nehmen die Banken Transportdokumente an, die eine Klausel wie „shippers load and count" oder „said by shipper to contain" oder Worte ähnlicher Bedeutung enthalten.

[„Third Party Shipper"]

ERA 33 Sofern im Akkreditiv nichts anderes vorgeschrieben ist, nehmen die Banken Transportdokumente an, die als Absender der Waren einen anderen als den Akkreditivbegünstigten ausweisen.

1) Statt des Begünstigten kann danach zB ein mit dem Vortransport beauftragter Spediteur als Absender erscheinen.

[Reine Transportdokumente]

ERA 34 a) Reine Transportdokumente sind solche, die keine hinzugefügten Klauseln oder Angaben enthalten, die einen mangelhaften Zustand der Waren und/oder der Verpackung ausdrücklich vermerken.

b) Die Banken weisen Transportdokumente zurück, die solche Klauseln oder Vermerke enthalten, sofern im Akkreditiv nicht ausdrücklich die Klauseln oder Vermerke bezeichnet sind, die angenommen werden dürfen.

c) Die Banken sehen eine Akkreditiv-Bedingung, nach der ein Transportdokument die Klausel „clean on board" enthalten soll, als erfüllt an, wenn ein solches Transportdokument den Anforderungen dieses Artikels und des Artikels 27 (b) genügt.

1) Art 34 definiert, wann ein Dokument als rein gilt. Der Reinheitsbegriff gilt nach nF 1984 für alle Transportdokumente, nicht nur für Konnossemente.

D 2. Versicherungsdokumente

[Art des Dokumentes]

ERA 35 a) Versicherungsdokumente müssen so beschaffen sein, wie im Akkreditiv vorgeschrieben, und von Versicherungsgesellschaften oder Versicherern (underwriters) oder deren Agenten ausgestellt und/oder unterzeichnet sein.

b) Von Maklern ausgestellte Deckungsbestätigungen (cover notes) werden nicht angenommen, sofern dies im Akkreditiv nicht ausdrücklich zugelassen ist.

[Datum des Deckungsbeginns]

ERA 36 Sofern im Akkreditiv nichts anderes vorgeschrieben ist oder aus dem (den) Versicherungsdokument(en) nicht hervorgeht, daß die Deckung spätestens am Tag der Verladung an Bord oder der Versendung oder der Übernahme der Waren wirksam wird, weisen die Banken vorgelegte Versicherungsdokumente zurück, die ein späteres Datum tragen als das Datum der Verladung an Bord oder der Versendung oder der Übernahme der Waren, wie es in dem (den) Transportdokument(en) angegeben ist.

[Deckungssumme]

ERA 37 a) Sofern im Akkreditiv nichts anderes vorgeschrieben ist, muß das Versicherungsdokument in derselben Währung ausgestellt sein wie das Akkreditiv.

b) Sofern im Akkreditiv nichts anderes vorgeschrieben ist, ist der Mindestbetrag, auf den die im Versicherungsdokument angegebene Versicherungsdeckung lauten muß, der CIF-Wert (Kosten, Versicherung, Fracht „benannter Bestimmungshafen") beziehungsweise der CIP-Wert (Frachtfrei versichert „benannter Bestimmungsort") der Waren zuzüglich 10%. Wenn die Banken jedoch den CIF- beziehungsweise CIP-Wert nicht aus der äußeren Aufmachung der Dokumente bestimmen können, nehmen sie als Mindestwert den Betrag an, in dessen Höhe unter dem Akkreditiv Zahlung, Akzeptleistung oder Negoziierung verlangt wird, oder den Betrag der Handelsrechnung, je nachdem, welcher Betrag höher ist.

[Gedeckte Risiken]

ERA 38 a) In den Akkreditiven sollte vorgeschrieben werden, welche Art von Versicherung verlangt wird, und gegebenenfalls, welche zusätzlichen Risiken zu decken sind. Ungenaue Ausdrücke, wie „übliche Risiken" oder „handelsübliche Risiken", sollten nicht verwendet werden; werden sie jedoch verwendet, nehmen die Banken die Versicherungsdokumente so an, wie sie vorgelegt werden, und zwar ohne Verantwortung für irgendwelche nicht gedeckten Risiken.

b) Fehlen im Akkreditiv besondere Bestimmungen, nehmen die Banken die Versicherungsdokumente so an, wie sie vorgelegt werden, ohne Verantwortung für irgendwelche nicht gedeckten Risiken.

IV. Bank- und Börsenrecht

[Alle Risiken]

ERA 39 Wenn ein Akkreditiv „Versicherung gegen alle Risiken" vorschreibt, nehmen die Banken ein Versicherungsdokument an, das irgendeinen Vermerk oder eine Klausel über „alle Risiken" enthält – gleichgültig, ob mit der Überschrift „alle Risiken" versehen oder nicht –, selbst wenn angegeben ist, daß bestimmte Risiken ausgeschlossen sind, und zwar ohne Verantwortung für irgendwelche nicht gedeckten Risiken.

[Franchisen/Aufschläge]

ERA 40 Die Banken nehmen ein Versicherungsdokument an, in dem angegeben ist, daß die Deckung einer Franchise oder einer Abzugsfranchise unterworfen ist, sofern im Akkreditiv nicht ausdrücklich vorgeschrieben ist, daß die Versicherung ohne Berücksichtigung eines Prozentsatzes für Franchise ausgestellt sein muß.

D 3. Handelsrechnung

[Betrag/Warenbeschreibung]

ERA 41 a) Sofern im Akkreditiv nichts anderes vorgeschrieben ist, müssen Handelsrechnungen auf den Namen des Akkreditiv-Auftraggebers ausgestellt sein.

b) Sofern im Akkreditiv nichts anderes vorgeschrieben ist, können die Banken Handelsrechnungen, die auf einen die Akkreditivsumme übersteigenden Betrag lauten, zurückweisen. Wenn jedoch eine Bank, die ermächtigt ist, unter Akkreditiv zu zahlen, eine Verpflichtung zur hinausgeschobenen Zahlung zu übernehmen, zu akzeptieren oder zu negoziieren, solche Rechnungen annimmt, bindet deren Entscheidung alle Beteiligten, vorausgesetzt, daß diese Bank nicht in Höhe eines die Akkreditivsumme übersteigenden Betrages gezahlt, eine Verpflichtung zur hinausgeschobenen Zahlung übernommen, akzeptiert oder negoziiert hat.

c) Die Beschreibung der Waren in der Handelsrechnung muß mit der Beschreibung im Akkreditiv übereinstimmen. In allen anderen Dokumenten können die Waren in allgemein gehaltenen Ausdrücken, die nicht im Widerspruch zur Warenbeschreibung im Akkreditiv stehen, beschrieben sein.

1) Art 41 b gibt der Bank (in ERA ganz ausnahmsweise) Ermessensfreiheit. Das trifft zB den Fall, daß der Verkäufer schon eine Anzahlung erhalten hat, das Akkreditiv nur den Restbetrag deckt und die (aufgeschlüsselte) Rechnung über den gesamten Betrag geht. S auch Art 43 Anm 1. Beschreibung der Waren als „gebraucht" in der Rechnung, nicht aber im Akkreditiv verletzt c S 1.

D 4. Andere Dokumente

[Gewichtsbescheinigung]

ERA 42 Wenn das Akkreditiv bei anderen als Seetransporten einen Nachweis oder eine Bescheinigung des Gewichts vorschreibt, erkennen die Banken Wiegestempel oder Gewichtsangaben an, die durch den Frachtführer oder dessen Agenten auf dem Transportdokument angebracht zu sein scheinen, sofern im Akkreditiv nicht ausdrücklich vorgeschrieben ist, daß der Nachweis oder die Bescheinigung des Gewichts mittels eines besonderen Dokuments erbracht werden muß.

E. Verschiedene Regeln

Menge und Betrag

ERA 43 a) Die Worte „etwa", „circa" oder ähnliche Ausdrücke, die in Verbindung mit dem Akkreditivbetrag oder der im Akkreditiv angegebenen Menge oder dem Preis pro Einheit verwendet werden, sind dahin auszulegen, daß eine Abweichung bis zu 10% nach oben oder bis zu 10% nach unten von dem Betrag oder der Menge oder dem Preis pro Einheit, auf die sie sich beziehen, statthaft ist.

b) Sofern im Akkreditiv nicht festgelegt ist, daß die angegebene Warenmenge nicht über- oder unterschritten werden darf, ist eine Abweichung bis zu 5% nach oben oder bis zu 5% nach unten statthaft, selbst wenn Teilverladungen nicht zulässig sind, immer vorausgesetzt, daß der Betrag der Inanspruchnahme nicht den Akkreditivbetrag überschreitet. Diese Abweichung ist nicht zulässig, wenn im Akkreditiv die Menge in einer bestimmten Anzahl von Verpackungseinheiten oder Stücken angegeben ist.

1) Bei Unterschreiten der Warenmenge wird entspr weniger ausbezahlt, bei Überschreiten aber nicht mehr als der Akkreditivbetrag. b erlaubt keine Toleranz bei genauer Stückangabe, zB ist ein Konnossement über 5000 Sack Zucker bei Fehlen von nur 3 nicht aufnahmefähig, Nielsen ZIP **84**, 249.

Teilinanspruchnahmen und/oder Teilverladungen

ERA 44 a) Teilinanspruchnahmen und/oder Teilverladungen sind zulässig, sofern im Akkreditiv nicht etwas anderes vorgeschrieben ist.

b) Seeverschiffungen oder Verladungen durch mehr als eine, jedoch Seetransport einschließende Beförderungsart, die auf demselben Schiff und für dieselbe Reise erfolgen, werden nicht als Teilverladungen angesehen, selbst wenn die Transportdokumente, die Verladung an Bord ausweisen, unterschiedliche Ausstellungsdaten tragen und/oder unterschiedliche Häfen für die Verladung an Bord angeben.

c) Postversendungen werden nicht als Teilverladungen angesehen, wenn die Posteinlieferungsscheine oder Postversandbescheinigungen an dem Ort, der im Akkreditiv als Versandort der Waren vorgeschrieben ist, und an demselben Tag gestempelt oder anderweitig authentisiert zu sein scheinen.

d) Verladungen, die durch andere als die in den Absätzen (b) und (c) dieses Artikels erwähnten Beförderungsarten erfolgen, werden nicht als Teilverladungen angesehen, vorausgesetzt, daß die Transportdokumente durch ein und denselben Frachtführer oder dessen Agenten ausgestellt sind und dasselbe Ausstellungsdatum, denselben Ort der Versendung oder Übernahme der Waren und denselben Bestimmungsort ausweisen.

Inanspruchnahmen und/oder Verladungen in Raten

ERA 45 Sind Inanspruchnahmen und/oder Verladungen in Raten innerhalb bestimmter Zeiträume im Akkreditiv vorgeschrieben und ist irgendeine Rate nicht innerhalb des für sie vorgeschriebenen Zeitraums in Anspruch genommen und/oder verladen worden, so kann das Akkreditiv für diese betreffende und jede weitere Rate nicht mehr benutzt werden, sofern im Akkreditiv nichts anderes vorgeschrieben ist.

Verfalldatum und Vorlage

ERA 46 a) Alle Akkreditive müssen ein Verfalldatum für die Vorlage der Dokumente zwecks Zahlung, Akzeptleistung oder Negoziierung enthalten.

IV. Bank- und Börsenrecht **ERA 47, 48 (11)**

b) Vorbehaltlich der Bestimmungen des Artikels 48 (a) müssen Dokumente am oder vor dem Verfalldatum vorgelegt werden.

c) Wenn die eröffnende Bank angibt, daß das Akkreditiv „für einen Monat", „für sechs Monate" oder ähnlich benutzbar sein soll, aber nicht festlegt, wann diese Frist beginnen soll, so wird das Datum der Eröffnung des Akkreditivs durch die eröffnende Bank als der erste Tag angesehen, an dem diese Frist beginnt. Die Banken sollten zu verhindern suchen, daß das Verfalldatum des Akkreditivs auf diese Weise angegeben wird.

1) S (7) Bankgeschäfte VII 3 B c.

[Datum zur Vorlage/Datum der Ausstellung]

ERA 47 a) Außer einem Verfalldatum für die Vorlage der Dokumente sollte jedes Akkreditiv, das ein Transportdokument vorschreibt, auch eine genau bestimmte Frist ab Ausstellungsdatum des Transportdokuments festsetzen, innerhalb welcher Dokumente zur Zahlung, Akzeptleistung oder Negoziierung vorgelegt werden müssen. Ist eine derartige Frist nicht festgesetzt, weisen die Banken Dokumente zurück, die ihnen später als 21 Tage nach dem Ausstellungsdatum des Transportdokuments vorgelegt werden. In jedem Fall dürfen die Dokumente jedoch nicht später als am Verfalldatum des Akkreditivs vorgelegt werden.

b) In diesen Artikeln wird als Ausstellungsdatum eines Transportdokuments angesehen:
i im Falle eines Transportdokumentes, welches die Versendung oder die Übernahme oder den Empfang der Waren zur Verladung durch eine andere Beförderungsart als durch Lufttransport ausweist – das auf dem Transportdokument angegebene Ausstellungsdatum oder das Datum des hierauf befindlichen Empfangsstempels, je nachdem, welches Datum später ist;
ii im Falle eines Transportdokumentes, welches Lufttransport ausweist – das auf dem Transportdokument angegebene Ausstellungsdatum oder, wenn im Akkreditiv vorgeschrieben ist, daß das Transportdokument ein tatsächliches Flugdatum angeben soll, das tatsächliche Flugdatum, wie es auf dem Transportdokument angegeben ist;
iii im Falle eines Transportdokumentes, welches Verladung an Bord eines namentlich genannten Schiffes ausweist – das Ausstellungsdatum des Transportdokuments oder, im Falle eines An-Bord-Vermerks gemäß Artikel 27 (b), das Datum eines solchen Vermerks;
iv in Fällen, auf die Artikel 44 (b) Anwendung findet, das wie vorstehend bestimmte Datum des zuletzt ausgestellten Transportdokuments.

1) S (7) Bankgeschäfte VII 3 B c.

[Sonn- und Feiertage]

ERA 48 a) Wenn das Verfalldatum des Akkreditivs und/oder der letzte Tag der im Akkreditiv festgesetzten oder aufgrund des Artikels 47 anwendbaren Frist ab Ausstellungsdatum des Transportdokuments für die Vorlage der Dokumente auf einen Tag fällt, an dem die Bank, der die Dokumente vorzulegen sind, aus anderen als den unter Artikel 19 genannten Gründen geschlossen ist, wird das festgesetzte Verfalldatum und/oder der letzte Tag der Frist ab Ausstellungsdatum des Transportdokuments für die Vorlage der Dokumente auf den nächstfolgenden Arbeitstag, an dem diese Bank geöffnet ist, hinausgeschoben.

b) Durch das aufgrund dieses Artikels erfolgte Hinausschieben des Verfalldatums und/oder der Frist ab Ausstellungsdatum des Transportdokuments für die Verlage der Dokumente wird das letzte Datum für die Verladung an Bord oder die Versendung oder Übernahme nicht hinausgeschoben. Ist in dem Ak-

1263

kreditiv oder in dazu erfolgten Änderungen kein letztes Verladedatum festgesetzt, weisen die Banken Transportdokumente zurück, die ein späteres Ausstellungsdatum als das im Akkreditiv oder in dazu erfolgten Änderungen festgesetzte Verfalldatum tragen.

c) Die Bank, der die Dokumente an einem solchen nächstfolgenden Arbeitstag vorgelegt werden, muß den Dokumenten eine von ihr ausgestellte Erklärung beifügen, daß die Dokumente innerhalb der gemäß Artikel 48 (a) der Einheitlichen Richtlinien und Gebräuche für Dokumenten-Akkreditive, Revision 1983, ICC-Publikation Nr. 400, hinausgeschobenen Fristen vorgelegt worden sind.

[Verfalldatum und Vorlage]

ERA 49 Die Banken sind nicht verpflichtet, Dokumente außerhalb ihrer Schalterstunden entgegenzunehmen.

Verladung an Bord, Versendung und Übernahme (Verladung)

ERA 50 a) Sofern im Akkreditiv nichts anderes vorgeschrieben ist, ist der Ausdruck „Verladung", der zur Festsetzung eines frühesten und/oder eines letzten Verladedatums verwendet wird, so zu verstehen, daß er die Ausdrücke „Verladung an Bord", „Versendung" und „Übernahme" einschließt.

b) Das gemäß Artikel 47 (b) bestimmte Ausstellungsdatum des Transportdokuments wird als Datum der Verladung angesehen.

c) Ausdrücke wie „prompt", „unverzüglich", „baldmöglichst" und ähnliche sollten nicht verwendet werden. Wenn sie vewendet werden, legen die Banken sie als eine Bestimmung aus, daß die Verladung innerhalb von 30 Tagen ab Datum der Eröffnung des Akkreditivs durch die eröffnende Bank durchzuführen ist.

d) Wenn der Ausdruck „am oder um den" und ähnliche Ausdrücke verwendet werden, legen die Banken sie als eine Bestimmung aus, daß die Verladung innerhalb des Zeitraums von 5 Tagen vor bis 5 Tage nach dem angegebenen Datum durchzuführen ist, wobei der erste und letzte Tag eingeschlossen sind.

Zeitbestimmung

ERA 51 Die Worte „bis", „bis zum", „ab" und Ausdrücke ähnlicher Bedeutung, die sich auf irgendeine Zeitbestimmung im Akkreditiv beziehen, sind so zu verstehen, daß sie das angegebene Datum einschließen. Das Wort „nach" ist so zu verstehen, daß es das angegebene Datum ausschließt.

Zeitbestimmung

ERA 52 Die Ausdrücke „erste Hälfte" eines Monats bedeuten „vom 1. bis zum 15. einschließlich" und „zweite Hälfte" eines Monats „vom 16. bis zum letzten Tag des Monats einschließlich".

Zeitbestimmung

ERA 53 Die Ausdrücke „Anfang", „Mitte" oder „Ende" eines Monats bedeuten „vom 1. bis zum 10. einschließlich", „vom 11. bis zum 20. einschließlich" und „vom 21. bis zum letzten Tag des Monats einschließlich".

F. Übertragung

[Übertragbares Akkreditiv]

ERA 54 a) Ein übertragbares Akkreditiv ist ein Akkreditiv, bei dem der Begünstigte berechtigt ist, die zur Zahlung oder Akzeptleistung aufgeforderte oder jede zur Negoziierung berechtigte Bank zu ersuchen, das Akkreditiv im Ganzen oder zum Teil einem Dritten oder mehreren Dritten (Zweitbegünstigten) verfügbar zu stellen.

b) Ein Akkreditiv kann nur übertragen werden, wenn es von der eröffnenden Bank ausdrücklich als „übertragbar" bezeichnet worden ist. Ausdrücke wie „divisible", „fractionnable", „assignable" und „transmissible" fügen der Bedeutung des Ausdrucks „transferable" (übertragbar) nichts hinzu und sollen nicht benutzt werden.

c) Die Bank, die ersucht wird, die Übertragung vorzunehmen (übertragende Bank) – gleichgültig, ob sie das Akkreditiv bestätigt hat oder nicht –, ist nicht verpflichtet, die Übertragung vorzunehmen, außer in dem Umfang und in der Art, wie sie ausdrücklich zugestimmt hat.

d) Bankkosten, die im Zusammenhang mit der Übertragung entstehen, sind vom Erstbegünstigten zu tragen, sofern nichts anderes bestimmt worden ist. Die übertragende Bank ist nicht verpflichtet, die Übertragung vorzunehmen, bevor diese Kosten bezahlt sind.

e) Ein übertragbares Akkreditiv kann nur einmal übertragen werden. Teile eines übertragbaren Akkreditivs (die im Ganzen den Gesamtbetrag des Akkreditivs nicht überschreiten) können getrennt übertragen werden, sofern Teilverladungen nicht untersagt sind; die Gesamtheit derartiger Übertragungen gilt als nur eine Übertragung des Akkreditivs. Das Akkreditiv kann nur zu den im Originalakkreditiv angegebenen Bedingungen übertragen werden mit der Ausnahme, daß der Akkreditivbetrag, die im Akkreditiv etwa genannten Preise pro Einheit, die Gültigkeitsdauer, das letzte Datum für die Vorlage der Dokumente gemäß Artikel 47 und die Verladungsfrist insgesamt oder einzeln ermäßigt oder verkürzt werden können, oder daß der Prozentsatz, auf den die Versicherungsdeckung lauten muß, in einer Weise erhöht werden kann, daß er den im Originalakkreditiv oder diesen Artikeln festgesetzten Deckungsbetrag erreicht. Außerdem kann der Name des Erstbegünstigten an die Stelle des Akkreditiv-Auftraggebers gesetzt werden. Wenn jedoch im Originalakkreditiv ausdrücklich verlangt wird, daß der Name des Akkreditiv-Auftraggebers in irgendeinem anderen Dokument als der Rechnung erscheint, muß diese Bedingung erfüllt werden.

f) Der Erstbegünstigte hat das Recht, seine eigenen Rechnungen (und Tratten, falls nach den Akkreditiv-Bedingungen Tratten auf den Akkreditiv-Auftraggeber zu ziehen sind) an die Stelle derjenigen des Zweitbegünstigten zu setzen, und zwar mit Beträgen, welche den im Akkreditiv angegebenen Originalbetrag nicht übersteigen, und mit den im Akkreditiv gegebenenfalls angegebenen Originalpreisen pro Einheit. Bei einem solchen Rechnungs- (und Tratten-)Austausch kann der Erstbegünstigte aufgrund des Akkreditivs den Unterschiedsbetrag erheben, der gegebenenfalls zwischen seinen Rechnungen und denen des Zweitbegünstigten besteht. Wenn ein Akkreditiv übertragen worden ist und der Erstbegünstigte seine eigenen Rechnungen (und Tratten) an die Stelle der Rechnungen (und Tratten) des Zweitbegünstigten setzen soll, der ersten Aufforderung hierzu aber nicht nachkommt, dann hat die zahlende, akzeptierende oder negoziierende Bank das Recht, der eröffnenden Bank die unter dem Akkreditiv erhaltenen Dokumente auszuliefern, einschließlich der Rechnung (und Tratten) des Zweitbegünstigten, und zwar ohne weitere Verantwortlichkeit gegenüber dem Erstbegünstigten.

(12) ERI

g) Sofern im Akkreditiv nichts anderes vorgeschrieben ist, kann der Erstbegünstigte eines übertragbaren Akkreditivs verlangen, daß das Akkreditiv an einen Zweitbegünstigten in demselben Land oder in einem anderen Land übertragen wird. Außerdem soll der Erstbegünstigte, sofern im Akkreditiv nichts anderes vorgeschrieben ist, berechtigt sein zu verlangen, daß die Zahlung oder Negoziierung an den Zweitbegünstigten an dem Platz vorgenommen wird, an den das Akkreditiv übertragen worden ist, und zwar bis zum Verfalldatum des Originalakkreditivs einschließlich dieses Tages und unbeschadet des Rechts des Erstbegünstigten, nachträglich seine Rechnungen und (gegebenenfalls) Tratten an die Stelle der Rechnungen und Tratten des Zweitbegünstigten zu setzen und jeden ihm zustehenden Differenzbetrag zu fordern.

1) Erforderlichkeit einer Übertragungsurkunde; Klageabweisung, wenn solche nicht angedient wurde, Düss WM **76,** 115. Monographie Wassermann 1981.

Abtretung des Akkreditiverlöses

ERA 55 Die Tatsache, daß ein Akkreditiv nicht als übertragbar bezeichnet ist, berührt nicht die Rechte des Begünstigten, seinen unter einem solchen Akkreditiv bestehenden oder künftig entstehenden Anspruch auf den Erlös gemäß den Bestimmungen des anzuwendenden Rechts abzutreten.

(12) Einheitliche Richtlinien für Inkassi (ERI)

Revision 1978

Einleitung

Schrifttum

a) Kommentare: *Canaris,* Bankvertragsrecht, 2. Aufl 1981, Rdn 1088 ff. – *Nielsen* in Bankrecht und Bankpraxis (BuB, früher Bankgeschäftliches Formularbuch), 1979 ff (LBl), 5/440 ff.

b) Lehrbücher: *Schönle,* Bank- und Börsenrecht, 2. Aufl 1976, § 29 II.

c) Einzeldarstellungen und Sonstiges: *Liesecke,* Inkasso von Konnossementen, WM **64,** 1287. – *Kümpel,* Rechtsprobleme bei der Bevorschussung von Inkassodokumenten, Bank-Betrieb **68,** 195. – *Prost,* Spielarten und Rechtsfragen des Scheckinkasso, NJW **69,** 1233. – *Schinnerer,* Das Dokumenteninkasso, ÖBankA **69,** 394. – *Obermüller,* Sicherungsrechte der Bank beim Dokumenteninkasso, FS Bärmann **75,** 709. – *von Westphalen,* ERA und ERI im Lichte des AGBG, WM **80,** 178. – *Nielsen,* Die Rechte am Inkassoerlös bei der Bevorschussung von Exportinkassi, ZIP **85,** 777. – *Zahn-Eberding-Ehrlich,* Zahlung und Zahlungssicherung im Außenhandel, 6. Aufl 1986.

1) Entstehung und Neufassung

Die **Einheitlichen Richtlinien für Inkassi** (bisher: für das Inkasso von Handelspapieren) **(ERI)** wurden von der IntHK veröffentlicht 1956, revidiert 1967 und **1979** (IntHK-Publikation Nr 322, zweisprachige deutsch-englische Ausgabe), zur Anwendung empfohlen ab 1. 1. 79. Der neue Titel berücksichtigt, daß Inkassodokumente Zahlungs- oder Handelspapiere sein können. Länder, in denen die ERI angewandt werden, ähnlich wie bei ERA, s Einl 1 vor **(11)** ERA.

IV. Bank- und Börsenrecht **ERI (12)**

2) Geltung

Die ERI sind AGB ebenso wie die ERA, s Einl 2 vor **(11)** ERA; aA Hbg MDR **70**, 335: HdlBrauch.

3) Erläuterungen

Allgemein zum Inkassogeschäft s **(7)** Bankgeschäfte VII 5, III 5.

Allgemeine Regeln und Begriffsbestimmungen

[Geltungsbereich]

A. Diese Regeln und Begriffsbestimmungen sowie die folgenden Artikel gelten für alle nachstehend unter (B) definierten Inkassi und sind für alle Beteiligten bindend, sofern nicht ausdrücklich anderweitige Vereinbarungen getroffen worden sind oder nicht nationale, staatliche oder örtliche Gesetze und/oder Verordnungen entgegenstehen, von denen nicht abgewichen werden darf.

[Definitionen]

B. Im Sinne dieser Regeln, Begriffsbestimmungen und Artikel bedeuten:

1. ^{I} „Inkasso" die Bearbeitung von nachstehend unter (^{II}) definierten Dokumenten durch Banken aufgrund erhaltener Weisungen, um

a) Akzeptierung und oder gegebenenfalls Zahlung zu erlangen oder
b) Handelspapiere gegen Akzeptierung und/oder gegebenenfalls Zahlung auszuhändigen oder
c) Dokumente unter anderen Bedingungen auszuhändigen.

^{II} „Dokumente" Zahlungspapiere und/oder Handelspapiere, nämlich

a) „Zahlungspapiere" Wechsel, Solawechsel, Schecks, Zahlungsquittungen oder andere ähnliche zum Erlangen von Zahlungen dienende Dokumente;
b) „Handelspapiere" Rechnungen, Verladedokumente, Dispositions- oder andere ähnliche Dokumente sowie irgendwelche andere Dokumente, die keine Zahlungspapiere darstellen.

^{III} „Einfaches Inkasso" das Inkasso von Zahlungspapieren, die nicht von Handelspapieren begleitet sind.

^{IV} „Dokumentäres Inkasso" das Inkasso von

a) Zahlungspapieren, die von Handelspapieren begleitet sind,
b) Handelspapieren, die nicht von Zahlungspapieren begleitet sind.

2. Die „Beteiligten" sind:

^{I} der „Auftraggeber", das ist der Kunde, der seine Bank mit dem Inkassovorgang betraut;

^{II} die „Einreicherbank", das ist die vom Auftraggeber mit dem Inkassovorgang betraute Bank;

^{III} die „Inkassobank", das ist jede mit der Durchführung des Inkassoauftrags befaßte Bank mit Ausnahme der Einreicherbank;

^{IV} die „vorlegende Bank", das ist diejenige Inkassobank, die gegenüber dem Bezogenen die Vorlegung vornimmt.

3. Der „Bezogene" ist derjenige, dem gegenüber gemäß Inkassoauftrag die Vorlegung zu erfolgen hat.

[Inkassoauftrag, Weisungen]

C. Alle zum Inkasso übersandten Dokumente müssen von einem Inkassoauftrag begleitet sein, in dem vollständige und genaue Weisungen erteilt werden. Banken sind nur berechtigt, gemäß den in einem solchen Inkassoauftrag erteilten Weisungen sowie in Übereinstimmung mit diesen Richtlinien zu verfahren.

Wenn eine Bank aus irgendeinem Grund den Weisungen nicht entsprechen kann, die in dem ihr zugegangenen Inkassoauftrag erteilt sind, muß sie sofort denjenigen Beteiligten verständigen, von dem sie den Inkassoauftrag erhalten hat.

1) Der Auftrag Einreicher-Bank/Inkasso-Bank ist iZw selbständig (nicht Unter-Auftrag); daher ist die Inkasso-Bank an Weisungen gebunden und hat iZw auch kein Recht zur Wareneinlagerung auf Kosten des Auftraggebers, Hbg MDR **70**, 335.

Haftung und Verantwortlichkeit

[Sorgfaltspflicht der Banken]

ERI 1 Die Banken handeln nach Treu und Glauben und mit angemessener Sorgfalt.

[Prüfungspflichten]

ERI 2 Die Banken müssen prüfen, ob die erhaltenen Dokumente den im Inkassoauftrag aufgezählten Dokumenten zu entsprechen scheinen, und vom Fehlen irgendwelcher Dokumente denjenigen Beteiligten sofort verständigen, von dem ihnen der Inkassoauftrag zuging.

Die Banken haben keine weitere Verpflichtung zur Prüfung der Dokumente.

[Einschaltung weiterer Banken]

ERI 3 Um die Weisungen des Auftraggebers auszuführen, betraut die Einreicherbank als Inkassobank

[I] die vom Auftraggeber benannte Inkassobank oder, mangels einer solchen Benennung,

[II] nach eigener Wahl oder Wahl einer anderen Bank, eine Bank im Land der Zahlung oder gegebenenfalls der Akzeptierung.

Dokumente und Inkassoauftrag können der Inkassobank direkt oder über eine zwischengeschaltete andere Bank übersandt werden.

Banken, welche die Dienste anderer Banken in Anspruch nehmen, um die Weisungen des Auftraggebers auszuführen, tun dies für dessen Rechnung und auf dessen Gefahr.

Der Auftraggeber trägt alle Verpflichtungen und Verantwortlichkeiten, die auf ausländischen Gesetzen und Gebräuchen beruhen, und er muß die Banken für alle hieraus resultierenden Folgen schadlos halten.

[Keine Haftung für Verzögerungen, Übermittlungs-, Übersetzungsirrtümer]

ERI 4 Banken, die mit einem Inkasso befaßt sind, übernehmen keine Haftung oder Verantwortung für die Folgen von Verzögerungen und/oder Verlusten bei Übermittlung von Nachrichten, Briefen oder Dokumenten, sowie für Verzögerung, Verstümmelung oder sonstige Irrtümer, die aus der Übermittlung von Kabeln, Telegrammen, Fernschreiben oder von Mitteilungen über elektronische Nachrichtensysteme resultieren, sowie für Irrtümer bei der Übersetzung oder Auslegung von technischen Ausdrücken.

[Keine Haftung für höhere Gewalt]

ERI 5 Banken, die mit einem Inkasso befaßt sind, übernehmen keine Haftung oder Verantwortung für die Folgen der Unterbrechung ihrer Geschäftstätigkeit durch Fälle höherer Gewalt, Unruhen, Aufruhr, Auf-

IV. Bank- und Börsenrecht **ERI 6–11 (12)**

stand, Krieg oder irgendwelche andere Ursachen, die außerhalb ihrer Kontrolle liegen, sowie durch irgendwelche Streiks oder Aussperrungen.

[Kein Versand von Waren an die Banken]

ERI 6 Waren sollen nicht direkt an die Adresse einer Bank oder zu deren Verfügung versandt werden, ohne daß diese Bank zuvor zugestimmt hat.

Falls ohne vorherige Zustimmung der Bank Waren direkt an ihre Adresse oder zu ihrer Verfügung zwecks Auslieferung an einen Bezogenen gegen Zahlung, Akzeptierung oder unter anderen Bedingungen versandt werden, ist diese Bank nicht zur Entgegennahme der Waren verpflichtet, für welche Gefahr und Verantwortlichkeit beim Absender verbleiben.

Vorlegung

[Vorlegung unveränderter Dokumente]

ERI 7 Dokumente müssen dem Bezogenen in der Form vorgelegt werden, in der sie empfangen worden sind. Einreicherbank und Inkassobanken sind jedoch berechtigt, etwa notwendige Stempelmarken anzubringen, und zwar sofern keine anderen Weisungen erteilt worden sind, auf Kosten des Auftraggebers, und etwa erforderliche Indossamente vorzunehmen oder irgendwelche Stempel oder andere Erkennungs-Zeichen oder -Symbole anzubringen, die für den Inkassovorgang üblich oder erforderlich sind.

[Vorlegungsadresse]

ERI 8 Inkassoaufträge sollen die vollständige Anschrift des Bezogenen oder der Domizilstelle enthalten, bei der die Vorlegung erfolgen soll. Wenn die Anschrift unvollständig oder unrichtig ist, kann die Inkassobank ohne eigene Verpflichtung und Verantwortlichkeit versuchen, die richtige Anschrift festzustellen.

[Vorlegungszeit]

ERI 9 Bei Sicht zahlbare Dokumente muß die vorlegende Bank unverzüglich zur Zahlung vorlegen.

Nicht bei Sicht zahlbare Dokumente muß die vorlegende Bank im Falle verlangter Akzeptierung unverzüglich zur Akzeptierung und im Falle verlangter Zahlung nicht später als am betreffenden Fälligkeitsdatum zur Zahlung vorlegen.

[Freigabe gegen Akzeptierung oder gegen Zahlung]

ERI 10 Bei einem dokumentären Inkasso, das einen erst später fälligen Wechsel einschließt, soll im Inkassoauftrag bestimmt werden, ob die Handelspapiere dem Bezogenen gegen Akzeptierung (D/A) oder gegen Zahlung (D/P) freizugeben sind.

Fehlen entsprechende Weisungen, werden die Handelspapiere nur gegen Zahlung freigegeben.

Zahlung

[Freigabe gegen Zahlung in inländischer Währung]

ERI 11 Dokumente, die in der Währung des Zahlungslandes (inländische Währung) zahlbar sind, darf die vorlegende Bank, sofern keine anderen Weisungen im Inkassoauftrag erteilt worden sind, dem Bezogenen nur gegen Zahlung in inländischer Währung freigeben, die in der im Inkassoauftrag vorgeschriebenen Art sofort verfügbar ist.

[Freigabe gegen Zahlung in ausländischer Währung]

ERI 12 Dokumente, die in einer anderen Währung als der des Zahlungslandes (ausländische Währung) zahlbar sind, darf die vorlegende Bank, sofern keine anderen Weisungen im Inkassoauftrag erteilt worden sind, dem Bezogenen nur gegen Zahlung in der betreffenden ausländischen Währung freigeben, die gemäß den im Inkassoauftrag erteilten Weisungen sofort verfügbar ist.

[Annahme von Teilzahlungen]

ERI 13 Bei einfachen Inkassi können Teilzahlungen angenommen werden, wenn und soweit Teilzahlungen nach dem am Zahlungsort geltenden Recht gestattet sind. Die Dokumente werden dem Bezogenen erst nach Erhalt der vollen Zahlung freigegeben.

Bei dokumentären Inkassi werden Teilzahlungen nur angenommen, wenn der Inkassoauftrag eine ausdrückliche Ermächtigung hierzu enthält. Jedoch wird die vorlegende Bank, sofern keine anderen Weisungen erteilt worden sind, die Dokumente dem Bezogenen erst nach Erhalt der vollen Zahlung freigeben.

In allen Fällen werden Teilzahlungen nur entsprechend den jeweils anwendbaren Bestimmungen der Artikel 11 oder 12 angenommen.

Angenommene Teilzahlungen werden gemäß den Bestimmungen des Artikels 14 behandelt.

[Abführung eingezogener Beträge]

ERI 14 Eingezogene Beträge (gegebenenfalls abzüglich Gebühren und/oder Aufwendungen und/oder Auslagen) müssen gemäß den Weisungen im Inkassoauftrag unverzüglich der Bank zur Verfügung gestellt werden, von welcher der Inkassoauftrag zuging.

Akzeptierung

[Prüfungspflicht]

ERI 15 Die vorlegende Bank ist dafür verantwortlich, darauf zu achten, daß die Form der Akzeptierung eines Wechsels vollständig und richtig erscheint, jedoch ist sie für die Echtheit von Unterschriften oder für die Zeichnungsberechtigung irgendeines Unterzeichners des Akzepts nicht verantwortlich.

Solawechsel, Quittungen und andere ähnliche Dokumente

[Keine Haftung für Echtheit von Unterschriften und Zeichnungsberechtigung]

ERI 16 Die vorlegende Bank ist für die Echtheit von Unterschriften oder für die Zeichnungsberechtigung irgendeines Unterzeichners eines Solawechsels, einer Quittung oder eines anderen ähnlichen Dokuments nicht verantwortlich.

Protest

[Fehlen von Weisungen; Gebühren, Auslagen]

ERI 17 Der Inkassoauftrag soll spezielle Weisungen hinsichtlich des Protestes (oder eines entsprechenden rechtlichen Verfahrens) im Falle der Nichtakzeptierung oder Nichtzahlung enthalten.

Bei Fehlen solcher speziellen Weisungen sind die mit dem Inkasso befaßten Banken nicht verpflichtet, die Dokumente wegen Nichtzahlung oder Nichtakzeptierung protestieren (oder einem entsprechenden rechtlichen Verfahren unterwerfen) zu lassen.

Alle Gebühren und/oder Auslagen, die den Banken im Zusammenhang mit einem solchen Protest oder entsprechenden rechtlichen Verfahren entstehen, gehen für Rechnung des Auftraggebers.

Notadresse (Vertreter des Auftraggebers) und Schutz der Ware

[Notadresse]

ERI 18 Wenn der Auftraggeber einen Vertreter bestellt, der als Notadresse bei Nichtakzeptierung und/oder Nichtzahlung tätig werden soll, dann soll der Inkassoauftrag die Befugnisse einer solchen Notadresse klar und vollständig angeben.

Bei Fehlen einer solchen Angabe nehmen die Banken keinerlei Weisungen der Notadresse entgegen.

[Schutz der Ware]

ERI 19 Die Banken sind nicht verpflichtet, irgendwelche Maßnahmen hinsichtlich der Ware zu ergreifen, auf die sich das dokumentäre Inkasso bezieht.

Falls Banken dennoch, ob beauftragt oder nicht, Maßnahmen zum Schutz der Ware ergreifen, übernehmen sie keine Haftung oder Verantwortung für Schicksal und/oder Zustand der Ware und/oder irgendwelche Handlungen und/oder Unterlassungen Dritter, die mit der Verwahrung und/oder dem Schutz der Ware betraut wurden. Die Inkassobank muß jedoch diejenige Bank, von der ihr der Inkassoauftrag zuging, sofort von allen ergriffenen Maßnahmen benachrichtigen.

Alle Gebühren und/oder Auslagen, die den Banken im Zusammenhang mit irgendeiner Maßnahme zum Schutz der Ware entstehen, gehen für Rechnung des Auftraggebers.

Benachrichtigungen etc.

[Form, Art und Inhalt der Benachrichtigung]

ERI 20 Inkassobanken sind gehalten, Benachrichtigungen nach folgenden Regeln vorzunehmen:

[1] *Form der Benachrichtigung.* Sämtliche Meldungen oder Nachrichten seitens der Inkassobank an diejenige Bank, von der ihr der Inkassoauftrag zuging, müssen geeignete Einzelheiten enthalten, und zwar in jedem Fall auch die Referenznummer des Inkassoauftrags der letzteren Bank.

[II] *Art der Benachrichtigung.* Bei Fehlen spezieller Weisungen muß die Inkassobank derjenigen Bank, von der ihr der Inkassoauftrag zuging, alle Benachrichtigungen mit schnellstem Postversand zusenden, jedoch können schnellere Übermittlungswege wie Kabel, Telegramm, Fernschreiben oder elektronische Nachrichtensysteme etc. auf Kosten des Auftraggebers benutzt werden, wenn die Inkassobank die Angelegenheit als dringend erachtet.

[III] *a) Bezahltmeldung.* Die Inkassobank muß derjenigen Bank, von der ihr der Inkassoauftrag zuging, unverzüglich eine Bezahltmeldung zusenden mit detaillierter Angabe des eingezogenen Betrags oder der eingezogenen Beträge, der gegebenenfalls abgezogenen Gebühren und/oder Aufwendungen und/oder Auslagen sowie der Art der Verfügbarstellung des Erlöses.

b) Akzeptmeldung. Die Inkassobank muß derjenigen Bank, von der ihr der Inkassoauftrag zuging, unverzüglich eine Akzeptmeldung zusenden.

c) Meldung über Nichtzahlung oder Nichtakzeptierung. Die Inkassobank muß derjenigen Bank, von der ihr der Inkassoauftrag zuging, unverzüglich eine Meldung über Nichtzahlung oder Nichtakzeptierung zusenden.

Die vorlegende Bank soll versuchen, die Gründe einer solchen Nichtzahlung oder Nichtakzeptierung festzustellen, und diejenige Bank entsprechend benachrichtigen, von der ihr der Inkassoauftrag zuging.

Bei Erhalt einer solchen Benachrichtigung muß die Einreicherbank innerhalb angemessener Zeit geeignete Weisungen hinsichtlich der weiteren Behandlung der Dokumente erteilen. Falls die vorlegende Bank solche Weisungen nicht innerhalb von 90 Tagen nach ihrer Meldung über Nichtzahlung oder Nichtakzeptierung erhält, können die Dokumente derjenigen Bank zurückgesandt werden, von der ihr der Inkassoauftrag zuging.

Zinsen, Gebühren und Kosten

[Zinsen]

ERI 21 Wenn der Inkassoauftrag eine Weisung zum Einzug von Zinsen enthält, die nicht im (in) gegebenenfalls beigefügten Zahlungspapier(en) ausgewiesen sind, und wenn der Bezogene die Zahlung solcher Zinsen verweigert, kann die vorlegende Bank das (die) Dokument(e) je nach Lage des Falles gegen Zahlung oder Akzeptierung ohne Einzug solcher Zinsen aushändigen, sofern im Inkassoauftrag nicht ausdrücklich vorgeschrieben ist, daß auf solche Zinsen nicht verzichtet werden darf. In Fällen, in denen solche Zinsen eingezogen werden sollen, muß der Inkassoauftrag den Zinssatz und den Berechnungszeitraum angeben. Wenn die Zahlung von Zinsen verweigert worden ist, muß die vorlegende Bank diejenige Bank entsprechend benachrichtigen, von der ihr der Inkassoauftrag zuging.

Wenn die Dokumente ein Zahlungspapier einschließen, das eine bestimmte und unbedingte Zinsklausel enthält, gilt der Zinsbetrag als Teil des Betrags der einzuziehenden Dokumente. Dementsprechend ist der Zinsbetrag zusätzlich zu dem im Zahlungspapier ausgewiesenen Hauptbetrag zu zahlen, und auf ihn darf nicht verzichtet werden, sofern dies im Inkassoauftrag nicht gestattet ist.

[Gebühren, Auslagen]

ERI 22 Wenn der Inkassoauftrag eine Weisung enthält, wonach Inkassogebühren und/oder Auslagen für Rechnung des Bezogenen gehen, und wenn der Bezogene deren Bezahlung verweigert, kann die vorlegende Bank das (die) Dokument(e) je nach Lage des Falles gegen Zahlung oder Akzeptierung ohne Einzug solcher Gebühren und/oder Auslagen aushändigen, sofern im Inkassoauftrag nicht ausdrücklich vorgeschrieben ist, daß auf solche Gebühren und/oder Auslagen nicht verzichtet werden darf. Wenn die Zahlung von Inkassogebühren und/oder Auslagen verweigert worden ist, muß die vorlegende Bank diejenige Bank entsprechend benachrichtigen, von der ihr der Inkassoauftrag zuging. Wird so auf Inkassogebühren und/oder Auslagen verzichtet, gehen diese für Rechnung des Auftraggebers und dürfen vom Erlös abgezogen werden.

Falls ein Inkassoauftrag den Verzicht auf Inkassogebühren und/oder Spesen ausdrücklich untersagt, ist weder die Einreicherbank noch die Inkassobank noch die vorlegende Bank für irgendwelche Kosten oder Verzögerungen verantwortlich, die aufgrund dieses Verbots entstehen.

[Inanspruchnahme der Einreicherbank, des Auftraggebers]

ERI 23 Sind gemäß den ausdrücklichen Weisungen in einem Inkassoauftrag oder nach diesen Richtlinien Aufwendungen und/oder Auslagen und/oder Inkassogebühren vom Auftraggeber zu tragen, ist (sind) die Inkassobank(en) berechtigt, sich für ihre Aufwendungen, Auslagen und Gebühren sofort bei der Bank zu erholen, von der ihr (ihnen) der Inkassoauftrag zuging; die Einreicherbank ist berechtigt, sich für solche von ihr geleisteten Zahlungen sowie für eigene Aufwendungen, Auslagen und Gebühren unabhängig vom Ergebnis des Inkassos sofort beim Auftraggeber zu erholen.

IV. Bank- und Börsenrecht **DepotG 1 (13)**

(13) Gesetz über die Verwahrung und Anschaffung von Wertpapieren (Depotgesetz – DepotG)

Vom 4. Februar 1937 (RGBl I 171/BGBl III 4130–1)
mit den späteren Änderungen

Einleitung

Schrifttum

a) Kommentare: *Canaris*, Bankvertragsrecht, 2. Aufl 1981, Rdn 2080 ff. – *Heinsius-Horn-Than*, 1975. – *Kümpel* in Bankrecht und Bankpraxis (BuB, früher Bankgeschäftliches Formularbuch), 1979 ff (LBl), 8/1 ff. – *Opitz*, 2. Aufl 1955. – *Schlegelberger-Hefermehl*, Bd VI, Anh § 406, 5. Aufl 1977.

b) Lehrbücher: *Schönle*, Bank- und Börsenrecht, 2. Aufl 1976, §§ 20 ff.

c) Einzeldarstellungen und Sonstiges: *Opitz*, 50 Depotrechtliche Abhandlungen, 1954. – *Bruns*, Das Depotgeschäft, 3. Aufl 1972. – *Delorme*, Die Wertpapiersammelbanken, 1970. – *Spieth-Krumb*, Die Depotprüfung, 1975.

1) Depotgesetz

Das DepotG 1937 löste das DepotG 1896 ab (vgl § 48), Amtl Begr RAnz 37 Nr 29, letzte Änderung G 17. 7. 85 BGBl 1507 (Gesetzesüberschrift, §§ 1 III, 5 IV, 24 III). Anwendungsbereich s §§ 1, 18, 26, 31, 34, 41, 42. Das DepotG regelt in Abschn 1 das Depotgeschäft (Verwahrung), in Abschn 2 zT das Effektengeschäft (Einkaufskommission und Eigengeschäft) und in Abschn 3 ein besonderes Konkursvorrecht. Abschn 4, 5 enthalten Straf- und Schlußvorschriften.

2) Depotprüfung

A. Das Depotgeschäft ist Bankgeschäft nach § 1 I S 2 Nr 5 KWG; nur Kreditinstitute unter der Aufsicht des BAK dürfen es betreiben, s **(7)** Bankgeschäfte I 2. Nach § 30 KWG sind bei Kreditinstituten, die das Effektengeschäft oder das Depotgeschäft betreiben, diese Geschäfte idR einmal jährlich zu prüfen (Depotprüfung). Dazu die Richtlinien für die Depotprüfung 16. 12. 70 BAnz Nr 239. Näher s Kommentare zum KWG, vgl **(7)** Bankgeschäfte I 2.

B. Nach den „Hinweisen über die materiellen Prüfungserfordernisse" zu den Depotprüfungsrichtlinien Nr 12 (Buchführung) unter 7 sind im Verkehr zwischen Kreditinstituten folgende Depots zu unterscheiden: **a) Fremddepot: Depot B, b) Eigendepot: Depot A** (Nostrobestände sowie WP nach §§ 12 IV, 13, 19–21), **c) Pfanddepot: Depot C** (WP nach § 12 II), **d) Sonderpfanddepot: Depot D** (WP nach § 12 III; für jeden einzelnen Kunden ist ein besonderes Depot D zu führen).

Allgemeine Vorschriften

DepotG 1 [I] Wertpapiere im Sinne dieses Gesetzes sind Aktien, Kuxe, Zwischenscheine, Reichsbankanteilscheine, Zins-, Gewinnanteil- und Erneuerungsscheine, auf den Inhaber lautende oder durch Indossament übertragbare Schuldverschreibungen, ferner andere Wertpapiere, wenn diese vertretbar sind, mit Ausnahme von Banknoten und Papiergeld.

[II] Verwahrer im Sinne dieses Gesetzes ist ein Kaufmann, dem im Betriebe seines Handelsgewerbes Wertpapiere unverschlossen zur Verwahrung anvertraut werden.

III Wertpapiersammelbanken sind Kreditinstitute, die von der nach Landesrecht zuständigen Stelle des Landes, in dessen Gebiet das Kreditinstitut seinen Sitz hat, als solche anerkannt sind. Die Anerkennung des Kreditinstituts als Wertpapiersammelbank kann, auch nachträglich, im Interesse des Anlegerschutzes von der Erfüllung von Auflagen abhängig gemacht werden. Die Anerkennung und deren Aufhebung sowie Auflagen sind öffentlich bekanntzugeben.

1) A. Wertpapiere iS des DepotG sind die in **I** besonders genannten Arten, ferner andere vertretbare WP (außer Banknoten und Papiergeld). Nicht unter das DepotG fallen zB Schuldscheine auf Namen, Quittungen, Ausweisurkunden (zB Sparbücher), Schuldscheindarlehen, die Traditionspapiere nach §§ 424, 450, 650 HGB, Wechsel, Schecks, Versicherungsscheine, Hypotheken- und Grundschuldbriefe (BGH BB **73**, 307), GmbHAnteilscheine. Auch ausländische Papiere der in I bezeichneten Kategorien sind WP iS des DepotG. Der bankrechtliche WPBegriff (Effekten, Kapitalmarktpapiere, vor allem Aktien, Schuldverschreibungen bzw Obligationen und Investmentzertifikate) ist also enger als der des WPRechts und der des HdlRechts (§ 1 II Nr 1 HGB).

B. **Wertrechte** sind nichtverbriefte Wertpapiere (wörtlich zwar widersprüchlich, rechtlich aber sinnvoll: vertretbare Rechte gleichgestellt mit vertretbaren Sachen nach § 91 BGB). Reichsschatzanweisungen und Reichsschuldbuchforderungen (VO über Verwaltung und Anschaffung von Reichsschuldbuchforderungen 5. 1. 40 RGBl 30 sowie 1. und 2. VO über die Behandlung von Reichsanleihen im Bank- und Börsenverkehr 31. 12. 40 RGBl 1941, 21, und 18. 4. 42, RGBl 183) wurden zur Förderung des stückelosen Handels mit Reichsanleihen, obwohl nicht verbrieft, depotrechtlich den WP gleichgestellt, und zwar originäre Schuldbuchforderungen ebenso wie in solche umgewandelte Reichsschatzanweisungen; auf beide sind §§ 5 ff DepotG (Sammelverwahrung) anwendbar, BGH **5**, 31. Dasselbe wie nach den drei genannten VO gilt für **Bundesanleihen** und **Buchschulden des Bundes** (Anleihegesetz 29. 3. 51 BGBl 218), für **Schatzanweisungen** des Bundes, der DBB und der DBP (Bek 8. 7. 63 BGBl 462) und für Schuldverschreibungen aufgrund von Anleihen der Länder und in die Schuldbücher der Länder eingetragene Anleiheforderungen (DepotÄndG 24. 5. 72 BGBl 802). Seit 1972 ist die **Sammelurkunde** in § 9a DepotG geregelt, eine kunstvolle Übergangsform zum rein stückelosen Effektenverkehr. Die besondere von Opitz vertretene Wertrechtslehre (Wertrechte als quasidingliche Rechte mit voller Anwendung des DepotG und der §§ 929 ff BGB) ist die lege lata nicht haltbar. Das schließt einzelne Analogien nicht aus. Übersichten: Canaris 2040, Zöllner FS Raiser **74**, 249, Kümpel WM **82**, 730. Monographien Brink 1976 (Effektengiroverkehr), Peters 1978, Lütticke 1980.

2) A. Nach **II** ist **Verwahrer** iS des DepotG nicht nur der Kfm, dessen HdlGewerbe die Verwahrung unverschlossener WP zum Gegenstand hat (Bankier iSv § 1 II Nr. 4 HGB), sondern jeder Kfm, dem im Betrieb seines (auf solche oder andere Geschäfte gerichteten) HdlGewerbes WP so anvertraut werden: zB eine Treuhand-AG (vgl § 6 HGB), nicht ein Rechtsanwalt, nicht ein Kfm, der außerhalb seines Gewerbebetriebs WP so empfängt (zB als Vormund). „Zuwendungstreuhand" (Verwahrung mit Vereinbarung der Zuwendung an X im Zeitpunkt Y) im Depotrecht s Scherner BB **69**, 816.

B. **Rechtsnatur** des Depotgeschäfts: gemischter Vertrag aus Verwahrung und Geschäftsbesorgung (§§ 688 ff, 675, 611 ff BGB). WPKontoinhaber vgl **(7)** Bankgeschäfte II 3; entspr gibt es Gemeinschafts-, Fremd-, Sonder-, Treuhand- und Ander- sowie Sperrdepots. Übertragung der Depots im Gegensatz zum Einlagendepot (§ 398 BGB) entweder durch Abtretung des Herausgabean-

IV. Bank- und Börsenrecht **DepotG 2 (13)**

spruchs gegen den Verwahrer (§ 931 BGB) oder durch Anweisung an Verwahrer zur Umschreibung des Depots (§ 929 S 1 BGB), s BGH WM **75,** 1261, Canaris 2091. Das DepotG ist auch bei Nichtigkeit des Depotgeschäfts anwendbar (II „anvertraut", Schutzzweck des DepotG). – Das verschlossene Depot ist dagegen ein reiner Verwahrungsvertrag; das DepotG ist unanwendbar (s Anm A).

C. Der **Safevertrag** ist der Vertrag, durch den eine Bank dem Kunden einen Safe (Stahlkammerfach, Schrankfach, Tresor) zwecks Verwahrung zur Verfügung stellt; entweder der Kunde allein oder Kunde und Bank zusammen können das Fach öffnen (Allein-, Mitverschluß). Der Vertrag ist Miete (§§ 580, 535 ff BGB), RG **141,** 101. Die Einzelheiten des Vertrags regeln gewöhnlich AGB. Die Bank schuldet dem Kunden Schutz des Fachs nach letzter Technik, sorgsamste Überwachung des Zutritts, bei Gefahr möglichst Rettung des Inhalts des Fachs. Der Kunde ist unmittelbarer Alleinbesitzer des Safeinhalts (auch bei Mitverschluß der Bank, aA O. Werner JuS **80,** 176: Mitbesitz). Schon deshalb hat die Bank kein Pfandrecht nach **(8)** AGB-Banken Nr 19 II (s dort Anm 2 C) und kein Zurückbehaltungsrecht nach § 369 HGB. Möglich sind dagegen ein besitzloses Pfandrecht (§ 559 BGB) und Zurückbehaltungsrechte nach § 273 BGB und **(8)** AGB-Banken Nr 19 V, allerdings nach dem Sinn der Safevertragsabrede nur für Forderungen der Bank gerade aus dem Safevertrag. Zwangsvollstreckung nach §§ 808, 809 ZPO: Gerichtsvollzieher nimmt dem Schuldner den Schlüssel weg und öffnet das Fach. Verweigert die Bank die Mitwirkung, ist der Anspruch des Schuldners auf Mitwirkung nach § 857 ZPO zu pfänden, zu überweisen und anzuordnen, daß der vom Gläubiger zu beauftragende Gerichtsvollzieher statt des Schuldners Zutritt hat, vgl LG Bln DR **40,** 1639. Zur Zuwendung des Safeinhalts auf den Todesfall Oldbg NJW **77,** 1780 m Anm O. Werner JuS **80,** 176.

3) **Wertpapiersammelbanken** sind in III (nF 1985) anerkannt und definiert; zuständig zur Anerkennung sind die Länderbehörden (III 1). Die Anerkennung kann (ohne Verfassungsverstoß auch nachträglich, klargestellt in III nF 1985) im Interesse des Anlegerschutzes von der Erfüllung von Auflagen abhängig gemacht werden (III 2). Der Begriff des Anlegerschutzes ist damit gesetzlich anerkannt. Publizität s III 3. Heute sind durch sie als WPSammelbanken anerkannt: Bayerischer Kassen-Verein AG, München; Berliner Kassenverein AG; Frankfurter Kassenverein AG; Niedersächsischer Kassenverein AG, Hannover; Norddeutscher Kassenverein AG, Hamburg, WPSammelbank Nordrhein-Westfalen AG, Düsseldorf und ZwNl Köln; Stuttgarter Kassenverein WSB AG. Die WPSammelbanken verwenden die „Geschäftsbedingungen der deutschen Kassenvereine" (AGB-KV) Januar 1976, Text bei Canaris 2066. Der 1970 errichtete Deutsche Auslandskassenverein ist Buchungs- und Clearingstelle für den internationalen Effektenverkehr, Träger des Treuhandgiroverkehrs und hat besondere Funktionen als Treuhänder; er hat eigene Geschäftsbedingungen (AGB-AKV), Text bei Heinsius ua Anh VIII. Kontoinhaber bei einer WPSammelbank können nur Kreditinstitute sein. Zum Effektengiroverkehr der WPSammelbanken Canaris 2007, Schönle 297.

1. Abschnitt. Verwahrung

Sonderverwahrung

DepotG 2 Der Verwahrer ist verpflichtet, die Wertpapiere unter äußerlich erkennbarer Bezeichnung jedes Hinterlegers gesondert von seinen eigenen Beständen und von denen Dritter aufzubewahren. Etwaige Rechte und Pflichten des Verwahrers, für den Hinterleger Ver-

(13) DepotG 3 2. Handelsrechtl. Nebengesetze

fügungen oder Verwaltungshandlungen vorzunehmen, werden dadurch nicht berührt.

1) Das **Streifbanddepot** ist die **Grundform der WPVerwahrung.** Infolge der Trennung des Kundenbestands von den eigenen Beständen der Bank (Nostrobesitz) und Drittbeständen ist diese Form für den Kunden am ungefährlichsten. Sie ist stets geboten, wo DepotG (s §§ 5, 15) nichts anderes zuläßt. Für die Verwahrung gelten §§ 688 ff BGB, dazu gegenüber Nichtbankier-Kunden idR **(8)** AGB-Banken, s dort zu den Verwaltungspflichten der Bank Nr 11, 36–39 Kann der Verwahrer verwahrte WP nicht zurückgeben, obliegt ihm Entlastung nach § 282 BGB; anders wenn der Kunde die Depotführung nicht überwachte und die Unterlagen nach Ablauf der Aufbewahrungsfrist (vgl § 44 HGB) vernichtet wurden, BGH WM **72,** 281.

2) Depotscheine sind Ausweispapier, nicht kfm Verpflichtungsschein iSv § 363 I HBG; nicht, wenn an Order gestellt (indossabel iSv §§ 364, 365 HGB), ihre Übertragung mit Indossament ist Abtretung des Anspruchs auf Herausgabe des WP, RG **118,** 38.

Drittverwahrung

DepotG 3 [I] Der Verwahrer ist berechtigt, die Wertpapiere unter seinem Namen einem anderen Verwahrer zur Verwahrung anzuvertrauen. Zweigstellen eines Verwahrers gelten sowohl untereinander als auch in ihrem Verhältnis zur Hauptstelle als verschiedene Verwahrer im Sinne dieser Vorschrift.

[II] Der Verwahrer, der Wertpapiere von einem anderen Verwahrer verwahren läßt (Zwischenverwahrer), haftet für ein Verschulden des Drittverwahrers wie für eigenes Verschulden. Für die Beobachtung der erforderlichen Sorgfalt bei der Auswahl des Drittverwahrers bleibt er auch dann verantwortlich, wenn ihm die Haftung für ein Verschulden des Drittverwahrers durch Vertrag erlassen worden ist, es sei denn, daß die Papiere auf ausdrückliche Weisung des Hinterlegers bei einem bestimmten Drittverwahrer verwahrt werden.

1) § 691 BGB verbietet dem Verwahrer iZw die **Hinterlegung bei Dritten.** § 3 weicht davon ab und gestattet neben Hausverwahrung auch Drittverwahrung, damit Lokalbanken WP an Zentralbanken zu sicherer Verwahrung oder uU leichterer Verwertung geben können (vgl Amtl Begr). Von größter praktischer Bedeutung ist heute Drittverwahrung bei WPSammelbanken (s § 1 III). Dritter iSv I 1 muß nur ein anderer Verwahrer iSv § 1 II, nicht ein beliebiger Dritter. Zu Verfügungen oder Verwaltungshandlungen ermächtigt § 3 nicht, abgesehen von der Begründung eines gesetzlichen Pfandrechts des Drittverwahrers (zum Schutz gegen Pfand- und Zurückbehaltungsrecht des Dritten s § 4). Drittverwahrung ist nicht nur bei Sonderverwahrung (§ 2) statthaft, sondern auch bei anderen Verwahrungsarten, zB Sammelverwahrung (§ 5 III). Auch der Drittverwahrer darf weitergeben. Der Zwischenverwahrer hinterlegt unter seinem Namen, nicht dem seines Hinterlegers; er hat also gegenüber dem Drittverwahrer selbst die Rechtsstellung eines Hinterlegers. Unmittelbare Vertragsbeziehungen zwischen dem Drittverwahrer und dem ersten Hinterleger (Kunde des Zwischenverwahrers) existieren nicht; doch besteht ein direkter Herausgabeanspruch entspr §§ 556 III, 604 IV BGB, ferner uU Vertrag mit Drittschutzwirkung und Drittschadensliquidation, s Canaris 2164. Mehrere Niederlassungen des Verwahrers behandelt I 2 als verschiedene Verwahrer, um die Möglichkeit der Drittverwahrung bei solchen klarzustellen. Zur Drittverwahrung s **(8)** AGB-Banken Nr 36 und AGB der Banken für WPverkehr mit anderen (inländischen) Banken.

IV. Bank- und Börsenrecht **DepotG 4 (13)**

2) Der **Zwischenverwahrer** (**II** 1) **haftet** (entspr § 278 BGB) für Verschulden des Drittverwahrers wie für sein eigenes. Diese Haftung können Zwischenverwahrer und Hinterleger vertraglich ausschließen; auch dann haftet der Zwischenverwahrer für Sorgfalt bei Auswahl des Drittverwahrers, wenn nicht der Hinterleger ihm diesen ausdrücklich vorschreibt (**II 2**). Dazu **(8)** AGB-Banken Nr 36 I 2, II.

Beschränkte Geltendmachung von Pfand- und Zurückbehaltungsrechten

DepotG 4 ¹ Vertraut der Verwahrer die Wertpapiere einem Dritten an, so gilt als dem Dritten bekannt, daß die Wertpapiere dem Verwahrer nicht gehören. Der Dritte kann an den Wertpapieren ein Pfandrecht oder ein Zurückbehaltungsrecht nur wegen solcher Forderungen geltend machen, die mit Bezug auf diese Wertpapiere entstanden sind oder für die diese Wertpapiere nach dem einzelnen über sie zwischen dem Verwahrer und dem Dritten vorgenommenen Geschäft haften sollen.

II Absatz 1 gilt nicht, wenn der Verwahrer dem Dritten für das einzelne Geschäft ausdrücklich und schriftlich mitteilt, daß er Eigentümer der Wertpapiere sei.

III Vertraut ein Verwahrer, der nicht Bank- oder Sparkassengeschäfte betreibt, Wertpapiere einem Dritten an, so gilt Absatz 1 nicht. Ist er nicht Eigentümer der Wertpapiere, so hat er dies dem Dritten mitzuteilen; in diesem Falle gilt Absatz 1 Satz 2.

1) A. § 4 soll bei Drittverwahrung (§ 3) den Hinterleger durch eine **Fremdvermutung** vor Ansprüchen des Drittverwahrers aufgrund guten Glaubens an das **Eigentum** des Zwischenverwahrers schützen. Mangels ausdrücklicher (also nicht nur in AGB) schriftlicher Eigenanzeige des Zwischenverwahrers (II) gelten die Papiere gegenüber dem Drittverwahrer als Eigentum eines anderen als des Zwischenverwahrers, **I 1**. Sie unterliegen daher einem Pfand- oder Zurückbehaltungsrecht des Drittverwahrers nur wegen auf die Papiere bezüglicher Forderungen oder bei besonderer Absprache (nicht nur Pfandklausel in AGB des Drittverwahrers), **I 2,** nicht wegen anderer Ansprüche des Drittverwahrers gegen den Zwischenverwahrer (vgl § 369 HGB). So kann bei Verpfändung nach § 12 II der Drittverwahrer ein Pfandrecht nur wegen des Rückkredits geltend machen, bei Verpfändung nach § 12 IV wegen aller Forderungen gegen den Zwischenverwahrer.

B. § 4 enthält eine Fremdvermutung bezüglich des Eigentums. Der **gute Glaube an die Verfügungsmacht** des Zwischenverwahrers wird nicht berührt. § 366 HGB gilt; strenge Anforderungen an die Gutgläubigkeit bei Einlieferung in Eigendepot A (s Einl 2 vor § 1). Nachforschungspflichten sonst nur bei besonderem Anlaß. § 4 enthält nur eine Vermutung, betrifft also nicht echte Nostrobestände des Zwischenverwahrers; deshalb ist hier keine Eigenanzeige nach II nötig. Zum echten Nostrobestand gehören nicht WP, an denen die Bank nur Durchgangseigentum erwirbt; hier bleibt § 4 anwendbar.

C. § 4 gilt beim Einkaufs- ebenso wie beim Verkaufs-Effektengeschäft der Bank. Der Schutz des Kunden erfaßt aber grundsätzlich nur die zu veräußernden WP, nicht auch den von der Bank dafür erzielten Kaufpreis. § 4 ist darauf auch nicht entspr anwendbar, wohl aber uU § 392 II HGB, s dort.

2) Die Fremdvermutung des I wird durch die **Eigenanzeige** entkräftet (**II**). Ist die Eigenanzeige unwahr, gelten die Vorschriften über den Erwerb durch guten Glauben an das Eigentum (§§ 932 ff, 1207 f BGB, § 365 HGB, § 16 II WG), nicht nur § 366 HGB. Entfallen die Voraussetzungen der Eigenanzeige, ist sie zu widerrufen; dann greift wieder die Fremdvermutung ein.

1277

(13) DepotG 5

3) I gilt nicht, also keine Fremdvermutung, wenn der Verwahrer nicht Bank- oder Sparkassengeschäfte betreibt, **III**. Denn dann braucht die drittverwahrende Bank nicht mit fremdem Eigentum zu rechnen. Vielmehr gilt umgekehrt Eigenvermutung, sofern der Zwischenverwahrer nicht **Fremdanzeige** macht. Tut er das, greift I 2 ein.

Sammelverwahrung

DepotG 5 ^I Vertretbare Wertpapiere einer und derselben Art darf der Verwahrer ungetrennt von seinen eigenen Beständen derselben Art oder von solchen Dritter aufbewahren oder einem Dritten zur Sammelverwahrung anvertrauen, wenn der Hinterleger ihn dazu ermächtigt hat. Die Ermächtigung muß ausdrücklich und schriftlich erteilt werden; sie darf weder in Geschäftsbedingungen des Verwahrers enthalten sein noch auf andere Urkunden verweisen. Die Ermächtigung muß für jedes Verwahrungsgeschäft besonders erteilt werden, es sei denn, daß die Wertpapiere zur Sammelverwahrung Wertpapiersammelbanken übergeben werden sollen.

^{II} Wer zur Sammelverwahrung ermächtigt ist, kann, anstatt das eingelieferte Stück in Sammelverwahrung zu nehmen, dem Hinterleger einen entsprechenden Sammelbestandanteil übertragen.

^{III} Auf die Sammelverwahrung bei einem Dritten ist § 3 anzuwenden.

^{IV} Wertpapiersammelbanken dürfen einem ausländischen Verwahrer im Rahmen einer gegenseitigen Kontoverbindung, die zur Aufnahme eines grenzüberschreitenden Effektengiroverkehrs vereinbart wird, Wertpapiere zur Sammelverwahrung anvertrauen, sofern
1. der ausländische Verwahrer in seinem Sitzstaat die Aufgaben einer Wertpapiersammelbank wahrnimmt und einer öffentlichen Aufsicht oder einer anderen für den Anlegerschutz gleichwertigen Aufsicht unterliegt,
2. dem Hinterleger hinsichtlich des Sammelbestands dieses Verwahrers eine Rechtsstellung eingeräumt wird, die derjenigen nach diesem Gesetz gleichwertig ist,
3. dem Anspruch der Wertpapiersammelbank gegen den ausländischen Verwahrer auf Auslieferung der Wertpapiere keine Verbote des Sitzstaates dieses Verwahrers entgegenstehen und
4. die Wertpapiere sowohl im Inland als auch im Sitzstaat des ausländischen Verwahrers zum amtlichen Handel an einer Börse zugelassen oder in den geregelten Freiverkehr oder einen vergleichbaren geregelten Markt einbezogen sind.

Die Haftung der Wertpapiersammelbanken nach § 3 Abs. 2 Satz 1 für ein Verschulden des ausländischen Verwahrers kann durch Vereinbarung nicht beschränkt werden.

1) Sammelverwahrung wurde gesetzlich erstmals im DepotG geregelt. Sie war schon vorher verbreitet. Im Dritten Reich wurde sie unter Durchbrechung der Kautelen des § 5 stark gefördert. Im Zusammenbruch von 1945 hat sie sich schlecht bewährt, das Hauptsammeldepot in Berlin mit dem größten Teil des gesamten deutschen WPBestands ging verloren. Hauptsächlich dieser Vorgang machte die WPBereinigung, § 367 HGB Anm 3 B, nötig. Trotzdem wurde sie wieder eingeführt als praktikable Mittellösung zwischen Streifbanddepot der Einzelstücke und Wertrechtssystem, das die Aktienrechte nur bucht und auf Aktienurkunden verzichtet (s § 1 Anm 1 B). Zur Sammelverwahrung geeignet sind vertretbare WP derselben Art. WP s § 1 I; vertretbar sind alle im Kurszettel verzeichneten Papiere, Namensaktien und Zwischenscheine, wenn blanko indossiert; dann auch vinkulierte Namensaktien, Kümpel WM Sonderbeil 8/83. Über Sammelverwahrung von Schuldbuchforderungen s § 1 Anm 1 B. Von Bankzentrale zu Bankfiliale werden Miteigentumsanteile aus Sammelverwahrung (vgl § 6) durch Gutschrift der Zentrale auf Girosammeldepotkonto verlagert, es bedarf dazu nicht des Eingangs der Buchungsnachricht bei der Filiale, BGH **5**, 34. Vormünder dürfen ohne Genehmigung des Vormundschaftsgerichts die Verwahrer von WP des Mündels nach § 5 zur Sammelverwahrung ermächtigen, VO 29. 9. 39 RGBl 1985. Zu IV s VO 9. 6. 44 RGBl 132 betr Sammelverwahrung gewisser Wechsel durch die Reichsbank, aber heute gegenstandslos. Monographie Brink 1976 (Effektengiroverkehr); Internationalisierung s Kümpel WM **76**, 942.

2) Erlaubt ist die Sammelverwahrung dem Verwahrer nur bei ausdrücklicher, schriftlicher, nicht in AGB des Verwahrers enthaltener, in sich vollständiger (die ,,nicht auf andere Urkunden verweist") Ermächtigung des Hinterlegers, **I 1, 2** (rechtspolitisch heute nicht mehr nötig, trotz Wertungswiderspruchs zu § 24 I geltendes Recht). Zur heute selten vorkommenden Sammelverwahrung anders als durch WPSammelbanken (§ 1 III) muß die Ermächtigung für jede Verwahrung (eines oder mehrerer Papiere) besonders erteilt sein, **I 3**. Die Ermächtigung ist formfrei, wenn der Hinterleger selbst Bank ist, § 16. An zur Sammelverwahrung geeigneten WP (s Anm 1) entsteht das Miteigentum (s § 6) auch bei unerlaubter Sammelverwahrung.

3) Übertragung eines Sammelbestandanteils (**II**) erfolgt entweder durch Einigung und Übertragung des mittelbaren Mitbesitzes (§ 929 BGB) oder durch Eintragung eines Vermerks im Verwahrungsbuch (§ 24 II analog); gleichzeitig geht das Eigentum am eingelieferten Stück von Rechts wegen (ohne besonderen Aneignungsakt, str) auf die Bank über. Ist der Hinterleger nicht Eigentümer des eingelieferten Stücks, wird nicht er, sondern entspr § 6 der wahre Eigentümer des Stücks neuer Miteigentümer (§ 6 Anm 1).

4) Der Verwahrer ist, wenn ihm Sammelverwahrung erlaubt ist (§ 3) ohne weitere Erlaubnis zur Sammelverwahrung (im eigenen Namen) **bei Dritten** (vgl auch WPSammelbanken, § 1 III) befugt, **III**, § 3 I, mit entspr Haftung wie bei Sonderverwahrung (§ 2) bei Dritten, s § 3 II.

5) IV nF 1985 erleichtert den grenzüberschreitenden Effektengiroverkehr. Nach **IV 1** dürfen WP auch einer ausländischen WPSammelbank (auch solche mit zusätzlichen anderen Aufgaben) anvertraut werden (kein Stückeversand mehr), wenn ein gleichwertiger (nicht unbedingt gleicher) Anlegerschutz (s § 1 III ?) wie bei deutschen WPSammelbanken nach § 1 III gewährleistet ist. Voraussetzungen sind: (1) öffentliche oder gleichwertig andere Aufsicht über die ausländische WPSammelbank (Nr 1); (2) gleichwertige Rechtsstellung des Hinterlegers (Nr 2); der Gutglaubenserwerb nach dem ausländischen Recht kann unterschiedlich sein, notwendig ist aber eine eigentumsähnliche Stellung des Hinterlegers; (3) keine Verbote der Auslieferung der WP (Nr 3). (4) offizieller Börsen- oder vergleichbar geregelter Handel der WP im Inland und im Sitzstaat (Nr 4), denn dann kann der Hinterleger jederzeit den Wert der WP hier wie dort realisieren. Nach **IV 2** haftet die deutsche WPSammelbank zwingend für ein Verschulden der ausländischen WPSammelbank (§ 3 II 1). Substitution (§ 3 II 2) kann nicht wirksam vereinbart werden. Monographie Pleyer 1985; Keßler Die Bank **85**, 443.

Miteigentum am Sammelbestand. Verwaltungsbefugnis des Verwahrers bei der Sammelverwahrung

DepotG 6 ¹ **Werden Wertpapiere in Sammelverwahrung genommen, so entsteht mit dem Zeitpunkt des Eingangs beim Sammelverwahrer für die bisherigen Eigentümer Miteigentum nach Bruchteilen an den zum Sammelbestand des Verwahrers gehörenden Wertpapieren**

(13) DepotG 7　　　　　　　　　　　　　　　2. Handelsrechtl. Nebengesetze

derselben Art. Für die Bestimmung des Bruchteils ist der Wertpapiernennbetrag maßgebend, bei Wertpapieren ohne Nennbetrag die Stückzahl.

[II] Der Sammelverwahrer kann aus dem Sammelbestand einem jeden der Hinterleger die diesem gebührende Menge ausliefern oder die ihm selbst gebührende Menge entnehmen, ohne daß er hierzu der Zustimmung der übrigen Beteiligten bedarf. In anderer Weise darf der Sammelverwahrer den Sammelbestand nicht verringern. Diese Vorschriften sind im Falle der Drittverwahrung auf Zwischenverwahrer sinngemäß anzuwenden.

1) A. Die bisherigen Eigentümer (nicht die Hinterleger, BGH WM 57, 676) werden **Miteigentümer** des Sammelbestands nach Bruchteilen, I (vgl § 419 II HGB, § 23 II, III OLSchVO). Eigentumserwerb erfolgt mit Eingang der Papiere beim Sammelverwahrer kraft § 6 (eigener Erwerbstatbestand), nicht erst durch Vermischung (§ 948 BGB) und unabhängig von der Wirksamkeit des Depotvertrags (s § 1 Anm 2 B), der Ermächtigung iSv § 5 I 2 und des Eigentums bzw der Verfügungsmacht des Hinterlegers. Rechte Dritter erlöschen (entspr § 949 S 1 BGB) und entstehen dafür an dem Miteigentumsanteil (§ 949 S 2 BGB). §§ 6 ff verdrängen §§ 1008 ff BGB.

B. §§ 741 ff BGB gelten nur zT, nicht zB §§ 744–746 (Verwaltung), 748 (Lasten, Kosten), zT 749–757 (Aufhebung der Gemeinschaft). Jeder Beteiligte hat mittelbaren Mitbesitz; beim Effektengiroverkehr (s § 1 Anm 3) ist der Mitbesitz mehrstufig (Besitzgebäude zB Kunde-Verwahrer-Sammelverwahrer). Der Hinterleger kann nur über seinen Anteil an dem gesamten Sammeldepotguthaben ganz oder teilweise verfügen (§§ 929, 931 BGB), nicht über seine Miteigentumsrechte an den einzelnen WP in Sammelverwahrung (§ 747 BGB ist unanwendbar), vgl BGH WM **75**, 1261. Gutgläubiger Erwerb von Sammeldepotanteilen im Effektengiroverkehr ist möglich; Monographie Becker 1981; Koller DB **72**, 1857, 1905. Vertrauensgrundlage ist nicht der Mitbesitz, sondern die Buchung im Verwahrungsbuch. Die Anteile sind pfändbar, §§ 747, 751 BGB, Verfahren: §§ 857, 829, 835, 836 ZPO. Zustellung an Verwahrer (als Drittschuldner), nicht an die Miteigentümer (die Sammelbank ist von diesen stillschweigend zum Empfang der Zustellung ermächtigt). Miteigentümer an einem Aktiensammelbestand können entspr ihrem Anteil stimmen (die Sammelbank als Vertreter aller Miteigentümer ermächtigt die einzelnen dazu). Urteil auf Herausgabe von Papieren in Sammelverwahrung muß auf Anweisung der verwahrenden Bank zur Umschreibung des Depots lauten, BGH WM **75**, 1259. Verlust am Sammelbestand s § 7 II. Vor- und Nachgirodepot (Handbestand) s Canaris 2111. Bestimmtheitsgrundsatz bei Verfügungen über Sammeldepotguthaben, Kümpel WM **80**, 422.

2) Sammelverwahrer darf den Anteil ohne Zustimmung der anderen beteiligten Hinterleger ausliefern, anders darf er den Sammelbestand nicht verringern, **II** (Strafandrohung § 34 DepotG, §§ 246, 266 StGB). Eigentumsübergang nach §§ 929 ff BGB. Mit der Auslieferung wird aber entspr § 6 (s dort Anm 2 A) der bisherige Miteigentümer und nicht der Empfänger der ausgelieferten Stücke neuer Alleineigentümer. § 6 II 1, 2 (Entnahmerecht, Erhaltungspflicht) gelten außer für den (Dritt-)Sammelverwahrer auch für den Zwischenverwahrer, § 6 II 3.

Auslieferungsansprüche des Hinterlegers bei der Sammelverwahrung

DepotG 7　[I] Der Hinterleger kann im Falle der Sammelverwahrung verlangen, daß ihm aus dem Sammelbestand Wertpapiere in Höhe des Nennbetrages, bei Wertpapieren ohne Nennbetrag in Höhe der Stückzahl der für ihn in Verwahrung genommenen Wertpapiere ausgeliefert werden; die von ihm eingelieferten Stücke kann er nicht zurückfordern.

IV. Bank- und Börsenrecht **DepotG 8, 9 (13)**

^II Der Sammelverwahrer kann die Auslieferung insoweit verweigern, als sich infolge eines Verlustes am Sammelbestand die dem Hinterleger nach § 6 gebührende Menge verringert hat. Er haftet dem Hinterleger für den Ausfall, es sei denn, daß der Verlust am Sammelbestand auf Umständen beruht, die er nicht zu vertreten hat.

1) Aufgrund des Depotvertrags kann der Hinterleger, auch wenn er nicht der Eigentümer ist, jederzeit (§ 695 BGB) Auslieferung von Papieren gemäß seinem Anteil (nicht der von ihm eingelieferten Stücke) fordern, **I.** Anspruchsgegner sind der Verwahrer als Vertragspartner und der Drittverwahrer entspr §§ 556 III, 604 IV BGB. Neben dem schuldrechtlichen Auslieferungsanspruch nach § 7 steht der dingliche nach § 8; zum Auseinanderfallen s dort. Auslieferungs-, ggf Ersatzanspruch nach I, II gegen (Dritt-)Sammelverwahrer hat Zwischenverwahrer, gegen diesen hat ihn Hinterleger. Vollstreckung gegen (Dritt-)-Sammelverwahrer aus § 883 ZPO, gegen Zwischenverwahrer durch Pfändung seines Herausgabeanspruchs gegen Sammelverwahrer.

2) Gehen Stücke verloren, trifft der Verlust am Sammelbestand nicht denjenigen, von dem die Stücke kommen, sondern der Sammelverwahrer muß (nicht nur ,,darf") auf alle Miteigentümer umlegen. Beruht der Verlust auf einer unrechtmäßigen Verfügung einer Girobank, ist aber nur auf deren Kunden umzulegen, Koller DB **72**, 1907. Der Sammelverwahrer haftet uU für den Ausfall, **II**, muß dann (soweit möglich und zumutbar) gleichartige Stücke als Ersatz liefern (sonst Geld, §§ 249 S 1, 251 I BGB).

Ansprüche der Miteigentümer und sonstiger dinglich Berechtigter bei der Sammelverwahrung

DepotG 8 Die für Ansprüche des Hinterlegers geltenden Vorschriften der § 6 Abs 2 Satz 1, § 7 sind sinngemäß auf Ansprüche eines jeden Miteigentümers oder sonst dinglich Berechtigten anzuwenden.

1) Der Hinterleger ist uU nicht Miteigentümer, weil er nicht Eigentümer war (also ein anderer Miteigentümer wurde, s § 6 Anm 1 A, oder weil er sein Miteigentum veräußerte), oder der Hinterleger (oder Miteigentümer, der nicht Hinterleger ist) nicht verfügungsberechtigt, weil der Anteil einem anderen verpfändet oder zugunsten eines anderen sonstwie belastet ist. Dann hat der Hinterleger nur schuldrechtliche Ansprüche (s § 7); die dinglichen hat der wahre Berechtigte (§ 8, besondere Ausprägung des § 985 BGB). Der Verwahrer kann mit befreiender Wirkung entweder an den Hinterleger (idR ohne Prüfung) oder an den berechtigten Nichthinterleger (idR nach Prüfung) ausliefern. Liefert der Verwahrer an den nichtberechtigten Hinterleger aus, wird entspr § 6 der Miteigentümer am Sammelbestand Alleineigentümer der ausgelieferten WP, str.

Beschränkte Geltendmachung von Pfand- und Zurückbehaltungsrechten bei der Sammelverwahrung

DepotG 9 § 4 gilt sinngemäß auch für die Geltendmachung von Pfandrechten und Zurückbehaltungsrechten an Sammelbestandanteilen.

1) Für Geltendmachung von Pfand- und Zurückbehaltungsrechten durch (Dritt-)Sammelverwahrer und Zwischenverwahrer am Sammelbestandanteil des Hinterlegers gilt § 4 entspr.

Sammelurkunde

DepotG 9a ^I Der Verwahrer darf ein Wertpapier, das mehrere Rechte verbrieft, die jedes für sich in vertretbaren Wertpapieren einer und derselben Art verbrieft sein könnten (Sammelurkunde), einer Wertpapiersammelbank zur Verwahrung übergeben, wenn der Hinterleger der Sammelurkunde eine Ermächtigung nach § 5 erteilt hat. Der Aussteller kann jederzeit und ohne Zustimmung der übrigen Beteiligten

1. eine von der Wertpapiersammelbank in Verwahrung genommene Sammelurkunde ganz oder teilweise durch einzelne in Sammelverwahrung zu nehmende Wertpapiere oder
2. einzelne Wertpapiere eines Sammelbestandes einer Wertpapiersammelbank durch eine Sammelurkunde

ersetzen.

^{II} Verwahrt eine Wertpapiersammelbank eine Sammelurkunde allein oder zusammen mit einzelnen Wertpapieren, die über Rechte der in der Sammelurkunde verbrieften Art ausgestellt sind, gelten die §§ 6 bis 9 sowie die sonstigen Vorschriften dieses Gesetzes über Sammelverwahrung und Sammelbestandanteile sinngemäß, soweit nicht in Absatz 3 etwas anderes bestimmt ist.

^{III} Wird auf Grund der §§ 7 und 8 die Auslieferung von einzelnen Wertpapieren verlangt, so hat der Aussteller die Sammelurkunde insoweit durch einzelne Wertpapiere zu ersetzen, als dies für die Auslieferung erforderlich ist; während des zur Herstellung der einzelnen Wertpapiere erforderlichen Zeitraumes darf die Wertpapiersammelbank die Auslieferung verweigern. Ist der Aussteller nach dem zugrunde liegenden Rechtsverhältnis nicht verpflichtet, an die Inhaber der in der Sammelurkunde verbrieften Rechte einzelne Wertpapiere auszugeben, kann auch von der Wertpapiersammelbank die Auslieferung von einzelnen Wertpapieren nicht verlangt werden.

1) § 9a, eingefügt 1972, ordnet Fragen betr Verwahrung von Sammelurkunden (Begriff s I 1). Dazu Pleyer-Schleiffer DB **72**, 77, Bremer AG **72**, 363, Pleyer WM **79**, 850 (Rückgabe von Schuldverschreibungen an Emittenten) u FS Werner **84**, 639 (Mehrfachurkunde). Wertrechte und stückeloser Effektenverkehr s § 1 Anm 1 B.

2) II bewirkt ua, daß die in der Sammelurkunde verbrieften Einzelrechte als Miteigentumsanteile entspr § 6 dem Effektengiroverkehr unterliegen. II gilt nur bei Verwahrung durch WPSammelbanken.

3) III schließt einen depotrechtlichen Anspruch auf Ausstellung von Einzelurkunden aus, läßt aber entspr Ansprüche aus anderem Rechtsgrund unberührt. Ein solcher Anspruch besteht bei Aktien (Mitgliedschaftsrecht); die Satzung kann ihn aber ausschließen, aA hL.

Tauschverwahrung

DepotG 10 ^I Eine Erklärung, durch die der Hinterleger den Verwahrer ermächtigt, an Stelle ihm zur Verwahrung anvertrauter Wertpapiere Wertpapiere derselben Art zurückzugewähren, muß für das einzelne Verwahrungsgeschäft ausdrücklich und schriftlich abgegeben werden. Sie darf weder in Geschäftsbedingungen des Verwahrers enthalten sein noch auf andere Urkunden verweisen.

^{II} Derselben Form bedarf eine Erklärung, durch die der Hinterleger den Verwahrer ermächtigt, hinterlegte Wertpapiere durch Wertpapiere derselben Art zu ersetzen.

^{III} *(gegenstandslos)*

IV. Bank- und Börsenrecht **DepotG 11, 12 (13)**

1) Bei Ermächtigung in der Form entspr § 5 I 2, 3 (außer wenn der Hinterleger selbst Bank ist, § 16) darf der Verwahrer die (zur Sonderverwahrung, § 2) hinterlegten WP (die vertretbar, vgl § 5 Anm 1, sein müssen) während der Verwahrung oder bei Rückgabe durch gleichartige ersetzen.

Umfang der Ermächtigung zur Tauschverwahrung

DepotG 11 Eine Erklärung, durch die der Hinterleger den Verwahrer ermächtigt, an Stelle ihm zur Verwahrung anvertrauter Wertpapiere Wertpapiere derselben Art zurückzugewähren, umfaßt, wenn dies nicht in der Erklärung ausdrücklich ausgeschlossen ist, die Ermächtigung, die Wertpapiere schon vor der Rückgewähr durch Wertpapiere derselben Art zu ersetzen. Sie umfaßt nicht die Ermächtigung zu Maßnahmen anderer Art und bedeutet nicht, daß schon durch ihre Entgegennahme das Eigentum an den Wertpapieren auf den Verwahrer übergehen soll.

1) Die Ermächtigung zur Rückgewährung anderer WP umfaßt mangels ausdrücklichen Ausschlusses die Ersetzung schon vor Rückgewähr (S 1). Dasselbe gilt umgekehrt. Sie umfaßt nicht andere Verfügungen, zB Verpfändung (S 2 Halbs 1). Die Ermächtigung nach § 10 I oder II übereignet noch nicht (entspr § 700 BGB) die Papiere dem Verwahrer (S 2 Halbs 2). Erst beim Tausch geht das Eigentum an den hinterlegten Papieren auf den Verwahrer oder anderen Eigentümer von hinterlegten Papieren (dessen Papiere der Verwahrer in gleicher Weise wirksam tauscht) über und erlangt der alte Eigentümer (nicht der Hinterleger, § 6 analog, s dort Anm 1) das Eigentum an den ihm nunmehr zugeteilten Stücken.

Ermächtigungen zur Verpfändung

DepotG 12 **I** Der Verwahrer darf die Wertpapiere oder Sammelbestandanteile nur auf Grund einer Ermächtigung und nur im Zusammenhang mit einer Krediteinräumung für den Hinterleger und nur an einen Verwahrer verpfänden. Die Ermächtigung muß für das einzelne Verwahrungsgeschäft ausdrücklich und schriftlich erteilt werden; sie darf weder in Geschäftsbedingungen des Verwahrers enthalten sein noch auf andere Urkunden verweisen.

II Der Verwahrer darf auf die Wertpapiere oder Sammelbestandanteile Rückkredit nur bis zur Gesamtsumme der Kredite nehmen, die er für die Hinterleger eingeräumt hat. Die Wertpapiere oder Sammelbestandanteile dürfen nur mit Pfandrechten zur Sicherung dieses Rückkredits belastet werden. Der Wert der verpfändeten Wertpapiere oder Sammelbestandanteile soll die Höhe des für den Hinterleger eingeräumten Kredits mindestens erreichen, soll diese jedoch nicht unangemessen übersteigen.

III Ermächtigt der Hinterleger den Verwahrer nur, die Wertpapiere oder Sammelbestandanteile bis zur Höhe des Kredits zu verpfänden, den der Verwahrer für diesen Hinterleger eingeräumt hat (beschränkte Verpfändung), so bedarf die Ermächtigung nicht der Form des Absatzes 1 Satz 2. Absatz 2 Satz 3 bleibt unberührt.

IV Ermächtigt der Hinterleger den Verwahrer, die Wertpapiere oder Sammelbestandanteile für alle Verbindlichkeiten des Verwahrers und ohne Rücksicht auf die Höhe des für den Hinterleger eingeräumten Kredits zu verpfänden (unbeschränkte Verpfändung), so muß in der Ermächtigung zum Ausdruck kommen, daß der Verwahrer das Pfandrecht unbeschränkt, also für alle seine Verbindlichkeiten und ohne Rücksicht auf die Höhe des für den Hinterleger eingeräumten Kredits bestellen kann. Dies gilt sinngemäß, wenn der Hinterleger den Verwahrer von der Innehaltung einzelner Beschränkungen des Absatzes 2 befreit.

(13) DepotG 13 2. Handelsrechtl. Nebengesetze

V Der Verwahrer, der zur Verpfändung von Wertpapieren oder Sammelbestandanteilen ermächtigt ist, darf die Ermächtigung so, wie sie ihm gegeben ist, weitergeben.

1) A. Der Verwahrer darf hinterlegte WP (§§ 2, 10, 11) und Sammelbestandanteile (§§ 5–9) nur **verpfänden** im Zusammenhang mit einer Krediteinräumung für den Hinterleger (Rückkredit, s Anm B), nur zugunsten eines anderen Verwahrers (§ 1 II) und in der Form entspr § 5 I 2, 3 (Ermächtigung zur Sammelverwahrung, bei Nicht-WPSammelbank) und § 10 I (Ermächtigung zur Tauschverwahrung), so **I 1**, 2 (außer wenn der Hinterleger selbst Bank ist, § 16). Der Ermächtigung bedarf auch der Verwahrer, der selbst ein Pfandrecht an den Papieren hat.

B. § 12 betrifft nur das Verhältnis zwischen Verwahrer und Hinterleger. Verpfändet der Verwahrer ohne Ermächtigung, kann ein Dritter das Pfandrecht doch gutgläubig erwerben (wegen der Fremdvermutung des § 4 idR nicht nach §§ 1207, 1208 BGB, aber nach § 366 HGB). Fahrlässig handelt der Zentralbankier, wenn er es unterläßt, sich über die Kreditwürdigkeit des verpfändenden Zwischenverwahrers zu vergewissern, RG **164**, 299.

2) Ergibt sich aus der Ermächtigung nichts anderes, so darf der Verwahrer auf die Papiere oder Sammelbestandanteile **Rückkredit** bei Dritten (**II**) nur bis zur (Gesamt-)Höhe der von ihm den Hinterlegern (die ihn zur Verpfändung ermächtigt haben) eingeräumten Kredite nehmen. Für andere Verbindlichkeiten des Verwahrers haften die Papiere (Anteile) nicht. Für den Rückkredit haftet jedes Papier (jeder Anteil) jedes Hinterlegers. Der Wert der verpfändeten Papiere (Anteile) soll die Höhe des dem Hinterleger eingeräumten Kredits mindestens erreichen, ihn aber nicht unangemessen übersteigen. Der Verwahrer darf danach ungedeckte Kredite an den Hinterleger nicht in den Rückkredit einbeziehen. Verstoß kann als Untreue strafbar sein, § 266 StGB. Konkurs des Verwahrers s § 33.

3) „**Beschränkte Verpfändung**", III: Der Verwahrer darf die Papiere (Anteile) nur bis zur Höhe des gerade diesem Hinterleger eingeräumten Kredits verpfänden. Dann muß der Geldgeber (Zentralbank), anders als im Fall II, besondere Depots für die einzelnen Hinterleger (Kunden der Lokalbank) bilden (Sonderpfanddepots, s Einl 2 B d vor § 1). Auch hier gilt volle, nicht übermäßige Deckung, II 3. Die (nach I nötige) Ermächtigung bedarf hier keiner Form. Die Einschränkung muß in der Erklärung selbst enthalten sein; allgemeinere Ermächtigungen schließen die aus III nicht ein, RG **164**, 298.

4) Unbeschränkte Verpfändung, IV: Der Verwahrer darf die Papiere (Anteile) für alle seine Verbindlichkeiten und ohne Rücksicht auf die Höhe des für Hinterleger eingeräumten Kredits verpfänden. Dies muß (neben den Erfordernissen nach I 2) in der Verpfändungsermächtigung (I 1) zum Ausdruck kommen. Ausdrücke wie „zu eigenem Nutzen zu verfügen", die Verpfändung geschehe „unbeschränkt" oder ähnliche genügen nicht. Die Verwendung des Wortlauts des Gesetzes ist nicht nötig, aber zu empfehlen. Diese strenge Formvorschrift gilt auch, wenn der Hinterleger den Verwahrer nur von einzelnen Beschränkungen nach II befreit.

5) Die Ermächtigung ist nicht höchstpersönlich, sondern Verwahrer darf sie weitergeben, **V**.

Ermächtigung zur Verfügung über das Eigentum

DepotG 13 [I] Eine Erklärung, durch die der Verwahrer ermächtigt wird, sich die anvertrauten Wertpapiere anzueignen oder das Eigentum an ihnen auf einen Dritten zu übertragen, und alsdann nur

IV. Bank- und Börsenrecht **DepotG 14 (13)**

verpflichtet sein soll, Wertpapiere derselben Art zurückzugewähren, muß für das einzelne Verwahrungsgeschäft ausdrücklich und schriftlich abgegeben werden. In der Erklärung muß zum Ausdruck kommen, daß mit der Ausübung der Ermächtigung das Eigentum auf den Verwahrer oder einen Dritten übergehen soll und mithin für den Hinterleger nur ein schuldrechtlicher Anspruch auf Lieferung nach Art und Zahl bestimmter Wertpapiere entsteht. Die Erklärung darf weder auf andere Urkunden verweisen noch mit anderen Erklärungen des Hinterlegers verbunden sein.

[II] Eignet sich der Verwahrer die Wertpapiere an oder überträgt er das Eigentum an ihnen auf einen Dritten, so sind von diesem Zeitpunkt an die Vorschriften dieses Abschnitts auf ein solches Verwahrungsgeschäft nicht mehr anzuwenden.

1) Mit Ermächtigung in der Form (außer wenn der Hinterleger selbst Bank ist, § 16) entspr §§ 5 I 2, 3; 10 I; 12 I 2 (so I 1, 3; und **I 2** wiederholt das Erfordernis der ausdrücklichen Erklärung des in I 1 bezeichneten Inhalts) darf der Verwahrer die hinterlegten Papiere sich aneignen oder Dritten übereignen und schuldet nur Rückgabe von Papieren derselben Art (ähnlich der uneigentlichen Verwahrung nach § 700 BGB). Die Ermächtigung nach § 13 zur Verfügung über das Eigentum deckt auch weniger weitgehende Verfügungen des Verwahrers, str.

2) Sobald der Verwahrer von der Ermächtigung nach I Gebrauch macht und Eigentum an den hinterlegten WP übergeht, wird das DepotG (nicht nur ,,dieser" Abschn) entspr § 15 (§ 15 Anm 1) auf das Geschäft unanwendbar (**II**). Der Dritte wird im Erwerb ggf geschützt nach §§ 932 ff BGB, § 366 HGB. Sofortige Übereignung entspr I 1 s § 15.

Verwahrungsbuch

DepotG 14 [I] Der Verwahrer ist verpflichtet, ein Handelsbuch zu führen, in das jeder Hinterleger und Art, Nennbetrag oder Stückzahl, Nummern oder sonstige Bezeichnungsmerkmale der für ihn verwahrten Wertpapiere einzutragen sind. Wenn sich die Nummern oder sonstigen Bezeichnungsmerkmale aus Verzeichnissen ergeben, die neben dem Verwahrungsbuch geführt werden, genügt insoweit die Bezugnahme auf diese Verzeichnisse.

[II] Die Eintragung eines Wertpapiers kann unterbleiben, wenn seine Verwahrung beendet ist, bevor die Eintragung bei ordnungsmäßigem Geschäftsgang erfolgen konnte.

[III] Die Vorschriften über die Führung eines Verwahrungsbuchs gelten sinngemäß auch für die Sammelverwahrung.

[IV] Vertraut der Verwahrer die Wertpapiere einen Dritten an, so hat er den Ort der Niederlassung des Dritten im Verwahrungsbuch anzugeben. Ergibt sich der Name des Dritten nicht aus der sonstigen Buchführung, aus Verzeichnissen, die neben dem Verwahrungsbuch geführt werden, oder aus dem Schriftwechsel, so ist auch der Name des Dritten im Verwahrungsbuch anzugeben. Ist der Verwahrer zur Sammelverwahrung, zur Tauschverwahrung, zur Verpfändung oder zur Verfügung über das Eigentum ermächtigt, so hat er auch dies in dem Verwahrungsbuch ersichtlich zu machen.

[V] Teilt ein Verwahrer dem Drittverwahrer mit, daß er nicht Eigentümer der von ihm dem Drittverwahrer anvertrauten Wertpapiere ist (§ 4 Abs. 3), so hat der Drittverwahrer dies bei der Eintragung im Verwahrungsbuch kenntlich zu machen.

[VI] Der *Reichsminister der Justiz* kann im Einvernehmen mit dem *Reichswirtschaftsminister* weitere Bestimmungen über das Verwahrungsbuch erlassen.

(13) DepotG 15–17 2. Handelsrechtl. Nebengesetze

1) Das Verwahrungsbuch dient dem Hinterleger im Streitfall zum Beweis seines Rechts, dem Verwahrer (Sonder-, Dritt-, Zwischen-, Sammelverwahrer) zur Verwaltung der anvertrauten Papiere und den mit der Depotprüfung betrauten Stellen (§ 30 KWG, s Einl 2 vor § 1) zur Überwachung der Geschäftsführung des Verwahrers. Jeder Verwahrer (§ 1 II) muß ein Verwahrungsbuch führen. Neben dem in I 1 vorgeschriebenen **persönlichen** (dh auf den einzelnen Hinterlegern aufgebauten) Verwahrungsbuch ist ein **sachliches** Verwahrungsbuch nach WP Arten üblich. Hervorzuheben ist der **Nummernzwang** nach I 1. Das Buch ist **Handelsbuch**, §§ 238 ff HGB sind zu beachten. Jede Hinterlegung von WP zu Sonder- oder Sammelverwahrung ist eintragungspflichtig, nicht bei unregelmäßiger Verwahrung nach § 15.

Unregelmäßige Verwahrung. Wertpapierdarlehn

DepotG 15 ^I Wird die Verwahrung von Wertpapieren in der Art vereinbart, daß das Eigentum sofort auf den Verwahrer oder einen Dritten übergeht und der Verwahrer nur verpflichtet ist, Wertpapiere derselben Art zurückzugewähren, so sind die Vorschriften dieses Abschnitts auf ein solches Verwahrungsgeschäft nicht anzuwenden.

^{II} **Eine Vereinbarung der in Absatz 1 bezeichneten Art ist nur gültig, wenn die Erklärung des Hinterlegers für das einzelne Geschäft ausdrücklich und schriftlich abgegeben wird. In der Erklärung muß zum Ausdruck kommen, daß das Eigentum sofort auf den Verwahrer oder einen Dritten übergehen soll und daß mithin für den Hinterleger nur ein schuldrechtlicher Anspruch auf Lieferung nach Art und Zahl bestimmter Wertpapiere entsteht. Die Erklärung darf weder auf andere Urkunden verweisen noch mit anderen Erklärungen des Hinterlegers verbunden sein.**

^{III} Diese Vorschriften gelten sinngemäß, wenn Wertpapiere einem Kaufmann im Betriebe seines Handelsgewerbes als Darlehn gewährt werden.

1) A. Bei unregelmäßiger Verwahrung (**I**, auch sog Aberdepot) verliert der Hinterleger das Eigentum an den WP und ist auf den schuldrechtlichen Rückgewähranspruch beschränkt, hat also zB kein Aussonderungsrecht im Konkurs des Verwahrers. Hier gilt § 700 I 1 BGB über die unregelmäßige Verwahrung. Das DepotG (nicht nur „dieser" Abschn) ist unanwendbar (I), also zB auch § 32.

B. I betrifft nicht schuldrechtliche Lieferungsansprüche aus Einkaufskommission bzw Eigengeschäft (Wertpapierguthaben). Hier gelten §§ 18 ff, 32.

2) Wegen der Gefährlichkeit für den Hinterleger sieht **II** besondere Kautelen vor: **Form** (außer wenn der Hinterleger selbst Bank ist, § 16) entspr § 13 I (betr Ermächtigung des Verwahrers zur Übereignung auf sich oder Dritten).

3) III stellt der unregelmäßigen Verwahrung ein WPDarlehen an einen Kfm im Betriebe seines Hdlgewerbes gleich. Kfm ist dann nicht Verwahrer iSv § 1 II.

Befreiung von Formvorschriften

DepotG 16 Die Formvorschriften der §§ 5, 10, 12, 13, 15 Abs. 2, 3 sind nicht anzuwenden, wenn der Hinterleger gewerbsmäßig Bank- oder Sparkassengeschäfte betreibt.

1) Vgl Anm zu §§ 5, 10, 12, 13, 15.

Pfandverwahrung

DepotG 17 Werden einem Kaufmann im Betrieb seines Handelsgewerbes Wertpapiere unverschlossen als Pfand anvertraut, so hat der Pfandgläubiger die Pflichten und Befugnisse eines Verwahrers.

IV. Bank- und Börsenrecht DepotG 18 (13)

1) Der Pfandverwahrer hat die Rechte und Pflichten eines Verwahrers iSv DepotG (§§ 2–16); im übrigen gelten §§ 1204–1258 BGB, bes für die Stellung des Pfandverwahrers als Pfandgläubiger.

2. Abschnitt. Einkaufskommission

Überblick vor § 18

Der 2. Abschn regelt nicht das Depotgeschäft, sondern die Erfüllung des Effektengeschäfts. Einkaufskommission und Eigengeschäft sind dabei gleichgestellt, § 31. Kernstück der §§ 18ff ist der Effektenkundenschutz durch zwei von §§ 929ff BGB abweichende, zusätzliche Eigentumserwerbsmöglichkeiten kraft Gesetzes: Absendung des Stückeverzeichnisses (§ 18 III) und Eintragung des Übertragungsvermerks im Verwahrungsbuch der Bank (§ 24 II 1), s § 18 Anm 1. Zum Effektengeschäft im übrigen vgl zu §§ 383ff HGB.

Stückeverzeichnis

DepotG 18 [I] Führt ein Kommissionär (§§ 383, 406 des Handelsgesetzbuchs) einen Auftrag zum Einkauf von Wertpapieren aus, so hat er dem Kommittenten unverzüglich, spätestens binnen einer Woche ein Verzeichnis der gekauften Stücke zu übersenden. In dem Stückeverzeichnis sind die Wertpapiere nach **Gattung, Nennbetrag, Nummern** oder sonstigen Bezeichnungsmerkmalen zu bezeichnen.

[II] **Die Frist zur Übersendung des Stückeverzeichnisses beginnt, falls der Kommissionär bei der Anzeige über die Ausführung des Auftrags einen Dritten als Verkäufer namhaft gemacht hat, mit dem Erwerb der Stücke, andernfalls beginnt sie mit dem Ablauf des Zeitraums, innerhalb dessen der Kommissionär nach der Erstattung der Ausführungsanzeige die Stücke bei ordnungsmäßigem Geschäftsgang ohne schuldhafte Verzögerung beziehen oder das Stückeverzeichnis von einer zur Verwahrung der Stücke bestimmten dritten Stelle erhalten konnte.**

[III] **Mit der Absendung des Stückeverzeichnisses geht das Eigentum an den darin bezeichneten Wertpapieren, soweit der Kommissionär über sie zu verfügen berechtigt ist, auf den Kommittenten über, wenn es nicht nach den Bestimmungen des bürgerlichen Rechts schon früher auf ihn übergegangen ist.**

1) Beim Kauf von WP (Inhaberpapieren oder blanko indossierten Orderpapieren) durch den Kommissionär (§§ 383, 406 HGB), auch Ersterwerb aus einer Emission (RG **104**, 120) erlangt der **Kommittent** das **Eigentum** an den Papieren, wenn nicht früher (vgl § 383 HGB Anm 3 D, RG **139**, 114, **140**, 229), so **spätestens durch Absendung** (auch ohne Zugang, RG **95**, 257) **eines Stückeverzeichnisses III** (Absendefrist und Inhalt s Anm 2). Bei Erwerb von Miteigentum an einem WPSammelbestand erlangt der Kommittent dieses Miteigentum spätestens durch **Eintragung des Übertragungsvermerks im Verwahrungsbuch** des Kommissionärs, **§ 24 II 1. Beide Möglichkeiten** sind **alternativ**. Sie gelten nur, soweit der Kommissionär verfügungsberechtigt ist (§§ 18 III, 24 II 1, § 185 BGB), also nicht zB bei Erwerb unter Eigentumsvorbehalt ohne Verfügungsrecht; auch guter Glaube an Eigentum oder Verfügungsrecht des Kommissionärs verschafft dem Kommittenten kein Eigentum (Miteigentum) durch Absendung des Verzeichnisses (Übertragungsvermerk); nur durch Erlangung des Besitzes an bestimmten Stücken, §§ 932ff BGB, § 366 HGB. Für die Übersendung des Stückeverzeichnisses gelten §§ 164ff BGB entspr. Die irrtümliche Übersendung an einen anderen als den Kommittenten ist

1287

(13) DepotG 19 2. Handelsrechtl. Nebengesetze

wirkungslos. Bei irrtümlicher Übersendung an mehrere Kommittenten erwirbt der, an den zuerst abgesandt wurde; falls Reihenfolge nicht mehr feststellbar, Miteigentum, str. Im übrigen ist die Übersendung entspr §§ 119ff BGB anfechtbar, auch gemäß §§ 29ff KO sowie AnfG. §§ 18 III, 24 II 1 ersetzen nicht eine zur Übertragung nötige besondere Form; sie gelten also nicht für Orderpapiere (außer bei Blankoindossament). Folgen der Unterlassung der Sendung s § 25. Vgl ferner §§ 19–24, 26–31.

2) A. Das Stückeverzeichnis ist gemäß I 1 **unverzüglich**, spätestens binnen einer Woche abzusenden. Die Frist läuft, falls der Kommissionär bei Ausführungsanzeige einen Dritten als Verkäufer benannt hat (vgl § 384 HGB Anm 5), mit dem Erwerb durch den Kommissionär, der schnellstmöglich zu bewirken ist, sonst (bei Ausführung durch Geschäft mit Dritten ohne dessen Nennung und bei Selbsteintritt) vom Zeitpunkt, bis zu dem nach der Ausführungsanzeige (dem Selbsteintritt, § 400 HGB Anm 3) der Kommissionär die Stücke hätte erwerben können (auch durch Empfang eines Stückeverzeichnisses von einer zur Verwahrung bestimmten dritten Stelle), II. Verkürzung der Frist ist zulässig, nicht aber Verlängerung, außer wenn der Kommittent selbst eine Bank ist (§ 28). Das Stückeverzeichnis ist auch dann fristgerecht zu übersenden, wenn der Kommittent bereits Eigentümer der WP geworden ist, RG **81**, 439, aber vgl § 23 Anm 1.

B. **Inhalt** des Stückeverzeichnisses s I 2. Auch bei Verletzung von I 2 ist das Stückeverzeichnis wirksam iSv III, wenn die Stücke nur (mindestens durch Gattung und Nummer) individualisierbar sind, RG **95**, 259. Das Stückeverzeichnis braucht sich nicht unbedingt auf die ,,gekauften" Stücke zu beziehen (unsinnige Bindung, bes bei Selbsteintritt und Eigengeschäft, an das Deckungsgeschäft), RG **73**, 247.

C. **Ausnahmen** von der Pflicht zur Übersendung des Stückeverzeichnisses s §§ 19, 20, 22, 23. Dadurch werden sonstige (vertragliche und gesetzliche) Zurückbehaltungsrechte des Kommissionärs ausgeschlossen; nicht dagegen Pfandrechte an Effekten zB nach **(8)** AGB-Banken Nr 19 II.

Aussetzung der Übersendung des Stückeverzeichnisses

DepotG 19 ^I **Der Kommissionär darf die Übersendung des Stückeverzeichnisses aussetzen, wenn er wegen der Forderungen, die ihm aus der Ausführung des Auftrags zustehen, nicht befriedigt ist und auch nicht Stundung bewilligt hat. Als Stundung gilt nicht die Einstellung des Kaufpreises ins Kontokorrent.**

^{II} **Der Kommissionär kann von der Befugnis des Absatzes 1 nur Gebrauch machen, wenn er dem Kommittenten erklärt, daß er die Übersendung des Stückeverzeichnisses und damit die Übertragung des Eigentums an den Papieren bis zur Befriedigung wegen seiner Forderungen aus der Ausführung des Auftrags aussetzen werde. Die Erklärung muß, für das einzelne Geschäft gesondert, ausdrücklich und schriftlich abgegeben und binnen einer Woche nach Erstattung der Ausführungsanzeige abgesandt werden, sie darf nicht auf andere Urkunden verweisen.**

^{III} **Macht der Kommissionär von der Befugnis des Absatzes 1 Gebrauch, so beginnt die Frist zur Übersendung des Stückeverzeichnisses frühestens mit dem Zeitpunkt, in dem der Kommissionär wegen seiner Forderungen aus der Ausführung des Auftrags befriedigt wird.**

^{IV} **Stehen die Parteien miteinander im Kontokorrentverkehr (§ 355 des Handelsgesetzbuchs), so gilt der Kommissionär wegen der ihm aus der Ausführung des Auftrags zustehenden Forderungen als befriedigt, sobald die Summe der Habenposten die der Sollposten zum erstenmal erreicht oder**

übersteigt. Hierbei sind alle Posten zu berücksichtigen, die mit Wertstellung auf denselben Tag zu buchen waren. Führt der Kommissionär für den Kommittenten mehrere Konten, so ist das Konto, auf dem das Kommissionsgeschäft zu buchen war, allein maßgebend.

^{V} Ist der Kommissionär teilweise befriedigt, so darf er die Übersendung des Stückeverzeichnisses nicht aussetzen, wenn die Aussetzung nach den Umständen, insbesondere wegen verhältnismäßiger Geringfügigkeit des rückständigen Teiles, gegen Treu und Glauben verstoßen würde.

1) Der Kommissionär darf (in Ausübung eines Zurückbehaltungsrechts entspr § 273 BGB, § 369 HGB) mit Erklärung gemäß II die Sendung des Stückeverzeichnisses (§ 18 I, II) bis nach Befriedigung seiner Ansprüche gegen den Kommittenten (falls er sie nicht gestundet hat) aussetzen, I, III, V. Die Erklärung nach II 1, 2 hat Warnfunktion für den Kunden. Zugang nach § 130 BGB ist entgegen dem Wortlaut von II 2 nötig, str.

2) Im Kontokorrentverkehr gilt der Kommissionär als befriedigt, sobald sein Guthaben ausgeglichen ist, IV. Das entspricht (punktuell) dem Staffelkontokorrent (s § 355 HGB Anm 3 B), aber ohne daß deshalb ein bestehender Periodenkontokorrent zum Staffelkontokorrent wird.

Übersendung des Stückeverzeichnisses auf Verlangen

DepotG 20 ^{I} Wenn der Kommissionär einem Kommittenten, mit dem er im Kontokorrentverkehr (§ 355 des Handelsgesetzbuchs) steht, für die Dauer der Geschäftsverbindung oder für begrenzte Zeit zusagt, daß er in bestimmtem Umfange oder ohne besonder Begrenzung für ihn Aufträge zur Anschaffung von Wertpapieren auch ohne alsbaldige Berichtigung des Kaufpreises ausführen werde, so kann er sich dabei vorbehalten, Stückeverzeichnisse erst auf Verlangen des Kommittenten zu übersenden.

^{II} Der Kommissionär kann von dem Vorbehalt des Absatzes 1 nur Gebrauch machen, wenn er dem Kommittenten bei der Erstattung der Ausführungsanzeige schriftlich mitteilt, daß er die Übersendung des Stückeverzeichnisses und damit die Übertragung des Eigentums an den Papieren erst auf Verlangen des Kommittenten ausführen werde.

^{III} Erklärt der Kommittent, daß er die Übersendung des Stückeverzeichnisses verlange, so beginnt die Frist zur Übersendung des Stückeverzeichnisses frühestens mit dem Zeitpunkt, in dem die Erklärung dem Kommissionär zugeht. Die Aufforderung muß schriftlich erfolgen und die Wertpapiere, die in das Stückeverzeichnis aufgenommen werden sollen, genau bezeichnen.

1) § 20 ist auf die Konten zugeschnitten, auf denen sich die mehr spekulativen Geschäfte abwickeln und bei denen der Kommissionär entweder für die Dauer der Geschäftsverbindung oder für begrenzte Zeit mit dem Kommittenten einen besonderen Kredit zum Ankauf von WP, die der Kunde dann also nicht alsbald bezahlen soll, vereinbart. Bei Vorbehalt (auf Dauer) gemäß I und Mitteilung (im Einzelfall) gemäß II läuft die Frist zur Sendung des Stückeverzeichnisses (§ 18 I 1) erst ab förmlicher Anforderung des Verzeichnisses durch den Kommittenten, III 1, 2.

Befugnis zur Aussetzung und Befugnis zur Übersendung auf Verlangen

DepotG 21 Will der Kommissionär die Übersendung des Stückeverzeichnisses sowohl deshalb aussetzen, weil er wegen seiner Forderungen nicht befriedigt ist (§ 19), als auch deshalb, weil er sich die Aussetzung mit Rücksicht auf die Besonderheit des Kontokorrentverkehrs mit dem Kommittenten vorbehalten hat (§ 20), so hat er dem Kommittenten bei Erstattung der Ausführungsanzeige schriftlich mitzuteilen, daß er die Übersendung des Stückeverzeichnisses und damit die Übertragung des Eigentums an den Papieren erst auf Verlangen des Kommittenten, frühestens jedoch nach Befriedigung wegen seiner Forderungen aus der Ausführung des Auftrags ausführen werde.

1) Will der Kommissionär die Übersendung des Stückeverzeichnisses sowohl aus § 19 als aus § 20 aussetzen, darf er die beiden Erklärungen miteinander verbinden, muß aber zur Unterrichtung des Kunden die in § 21 vorgeschriebene Mitteilung machen. Hier setzt das Verlangen des Kommittenten die Frist des § 18 I noch nicht in Lauf, es bedarf auch vorheriger Befriedigung des Kommissionärs.

Stückeverzeichnis beim Auslandsgeschäft

DepotG 22 [I] Wenn die Wertpapiere vereinbarungsgemäß im Ausland angeschafft und aufbewahrt werden, braucht der Kommissionär das Stückeverzeichnis erst auf Verlangen des Kommittenten zu übersenden. Der Kommittent kann die Übersendung jederzeit verlangen, es sei denn, daß ausländisches Recht der Übertragung des Eigentums an den Wertpapieren durch Absendung des Stückeverzeichnisses entgegensteht oder daß der Kommissionär nach § 19 Abs. 1 berechtigt ist, die Übersendung auszusetzen.

[II] Erklärt der Kommittent, daß er die Übersendung des Stückeverzeichnisses verlange, so beginnt die Frist zur Übersendung des Stückeverzeichnisses frühestens mit dem Zeitpunkt, in dem die Erklärung dem Kommissionär zugeht. Die Aufforderung muß schriftlich erfolgen und die Wertpapiere, die in das Stückeverzeichnis aufgenommen werden sollen, genau bezeichnen.

1) Bei Kommission zur Anschaffung und Aufbewahrung der WP im Ausland verpflichtet § 22 (Anwendbarkeit deutschen Depotrechts vorausgesetzt, so idR nach **(8)** AGB-Banken Nr 26) den Kommissionär nur auf Verlangen des Kommittenten, das Verzeichnis zu senden, wenn nicht ausländisches Recht entgegensteht oder der Kommissionär gemäß § 19 I zurückhalten darf. „Sonderbedingungen für Auslandsgeschäfte in Wertpapieren" der Banken, geändert 1. 4. 77, dazu Coing WM **77**, 466.

Befreiung von der Übersendung des Stückeverzeichnisses

DepotG 23 Die Übersendung des Stückeverzeichnisses kann unterbleiben, soweit innerhalb der dafür bestimmten Frist (§§ 18 bis 22) die Wertpapiere dem Kommittenten ausgeliefert sind oder ein Auftrag des Kommittenten zur Wiederveräußerung ausgeführt ist.

1) Auslieferung setzt Verschaffung des unmittelbaren Besitzes, nicht nur des Eigentums voraus. Der Wiederveräußerung „im Auftrag" des Komittenten steht es gleich, wenn der Kommissionär aus anderen Gründen zur Veräußerung der WP innerhalb der Frist berechtigt war, RG **81**, 439.

Erfüllung durch Übertragung von Miteigentum am Sammelbestand

DepotG 24 [I] Der Kommissionär kann sich von seiner Verpflichtung, dem Kommittenten Eigentum an bestimmten Stücken zu verschaffen, dadurch befreien, daß er ihm Miteigentum an den zum Sammelbestand einer Wertpapiersammelbank gehörenden Wertpapieren verschafft; durch Verschaffung von Miteigentum an den zum Sammelbestand eines anderen Verwahrers gehörenden Wertpapieren kann er sich nur befreien, wenn der Kommittent im einzelnen Falle ausdrücklich und schriftlich zustimmt.

IV. Bank- und Börsenrecht **DepotG 25 (13)**

II Mit der Eintragung des Übertragungsvermerks im Verwahrungsbuch des Kommissionärs geht, soweit der Kommissionär verfügungsberechtigt ist, das Miteigentum auf den Kommittenten über, wenn es nicht nach den Bestimmungen des bürgerlichen Rechts schon früher auf ihn übergegangen ist. Der Kommissionär hat dem Kommittenten die Verschaffung des Miteigentums unverzüglich mitzuteilen.

III Kreditinstitute brauchen die Verschaffung des Miteigentums an einem Wertpapiersammelbestand und die Ausführung der Geschäftsbesorgung abweichend von Absatz 2 Satz 2 sowie von den §§ 675, 666 des Bürgerlichen Gesetzbuchs und § 384 Abs. 2 des Handelsgesetzbuchs dem Kunden erst innerhalb von dreizehn Monaten mitzuteilen, sofern das Miteigentum jeweils auf Grund einer vertraglich vereinbarten gleichbleibenden monatlichen, zweimonatlichen oder vierteljährlichen Zahlung erworben wird und diese Zahlungen jährlich das Dreifache des höchsten Betrags nicht übersteigen, bis zu dem nach dem Vierten Vermögensbildungsgesetz in der jeweils geltenden Fassung vermögenswirksame Leistungen gefördert werden können.

1) § 24 ist grundlegend für den „stückelosen" Effektengiroverkehr. Nach **I** kann der Kommissionär die WP-Stück-Einkaufskommission ausführen (an Erfüllungs Statt) durch Verschaffung von Miteigentum am Sammelbestand (§§ 5–9) einer WPSammelbank (§ 1 III, insoweit auch ohne Zustimmung des Kommittenten) oder (bei ausdrücklicher schriftlicher Zustimmung des Komittenten) eines anderen Verwahrers (§ 1 II, facultas alternativa, nicht Wahlrecht).

2) II enthält einen **Sondertatbestand des Eigentumserwerbs.** Da es dann mangels eines Stückeverzeichnisses nicht zum Eigentumserwerb nach § 18 III kommt, sieht II 1 Eigentumserwerb **durch Eintragung des Übertragungsvermerks im Verwahrungsbuch** vor, s dazu im einzelnen § 18 Anm 1. Rückdatierung ist wirkungslos. Mitteilungspflicht, II 2; Mitteilung ist aber für Eigentumserwerb belanglos, BGH **5,** 34. Bei Schuldbuchforderungen (s § 1 Anm 1 B) ist der Eigentumserwerb durch § 24 II die Regel; die Anteilsübertragung nach BGB ist ungebräuchlich, Düss WM **64,** 36, str. Im übrigen findet aber beim Effektengiro idR ein Eigentumserwerb an den es angeht (s § 383 HGB Anm 3 D d) zeitlich vor der Eintragung im Verwahrungsbuch statt.

3) III nF 1985 erleichtert das Wertpapiersparen. Bei gleichbleibenden, regelmäßigen (1, 2 oder 3 Monate), nach oben begrenzten (4. VermBG in der jeweiligen Fassung) WPKäufen genügt Mitteilung innerhalb von 13 Monaten (abw von II 2, §§ 675, 666, BGB, § 384 II HGB).

Rechte des Kommittenten bei Nichtübersendung des Stückeverzeichnisses

DepotG 25 I Unterläßt der Kommissionär, ohne hierzu nach den §§ 19 bis 24 befugt zu sein, die Übersendung des Stückeverzeichnisses und holt er das Versäumte auf eine nach Ablauf der Frist zur Übersendung des Stückeverzeichnisses an ihn ergangene Aufforderung des Kommittenten nicht binnen drei Tagen nach, so ist der Kommittent berechtigt, das Geschäft als nicht für seine Rechnung abgeschlossen zurückzuweisen und Schadensersatz wegen Nichterfüllung zu beanspruchen. Dies gilt nicht, wenn die Unterlassung auf einem Umstand beruht, den der Kommissionär nicht zu vertreten hat.

II Die Aufforderung des Kommittenten verliert ihre Wirkung, wenn er dem Kommissionär nicht binnen drei Tagen nach dem Ablauf der Nachholungsfrist erklärt, daß er von dem in Absatz 1 bezeichneten Recht Gebrauch machen wolle.

1) § 25 regelt die Folgen der Nichtübersendung des Stückeverzeichnisses. Zurückweisungsrecht und Schadensersatzanspruch (I 1) setzen voraus: **a)** Vom

(13) DepotG 26, 27

Kommissionär **zu vertretende** (I 2, vgl zB § 323 BGB) **Nichtübersendung** des Stückeverzeichnisses, obwohl Übersendungspflicht bestand (vgl §§ 19–24). **b) Aufforderung** des Kommittenten (empfangsbedürftige Willenserklärung, muß nach Ablauf der Übersendungsfrist dem Kommissionär zugehen) zur Nachholung des Versäumten. Setzen einer Nachfrist ist unnötig. Die gesetzliche Nachfrist ist unverkürzbar, aber verlängerbar, str. Aufforderung ist entbehrlich, wo der Kommissionär die Erfüllung ernstlich und endgültig verweigert hat, RG **65,** 182, str. **c) Unterlassen der Nachholung** binnen drei Tagen seit Zugang der Aufforderung. Teilweise Nachholung läßt die Rechte des Kommittenten aus § 25 iZw teilweise entfallen, RG **73,** 249. Fristberechnung nach § 187 BGB. Absendung des Stückeverzeichnisses, nicht auch Zugang muß binnen drei Tagen erfolgen. **d) Erklärung des Kommittenten** (und Zugang der Erklärung) binnen drei Tagen nach Ablauf der Nachfrist, daß er das Geschäft nicht als für seine Rechnung abgeschlossen gelten lasse und Ersatz wegen Nichterfüllung verlange. Die Erklärung ist formlos. Nachholung des Versäumten durch den Kommissionär nach dieser Erklärung ist unzulässig. Versäumt der Kommittent die Frist, hat er die Rechte aus § 25 I 1 nicht; der Kommissionär kann das Stückeverzeichnis nachträglich zusenden. Bis dahin kann der Kommittent das Verfahren (s b-d) erneut in Gang bringen. Erfolgt die Zurückweisung fristgerecht, gilt das Ausführungsgeschäft für den Kommittenten als nicht verbindlich. Der Kommissionsvertrag besteht fort, RG **65,** 182, str. Kommittent kann ihn aber kündigen. Zurückweisung (bzw nach der Mindermeinung Rücktritt vom Kommissionsvertrag) und Schadensersatz wegen Nichterfüllung bestehen nebeneinander (anders § 326 BGB). Verzicht auf das Stückeverzeichnis ist unwirksam, § 28.

Stückeverzeichnis beim Auftrag zum Umtausch und zur Geltendmachung eines Bezugsrechts

DepotG 26 Der Kommissionär, der einen Auftrag zum Umtausch von Wertpapieren oder von Sammelbestandanteilen gegen Wertpapiere oder einen Auftrag zur Geltendmachung eines Bezugsrechts auf Wertpapiere ausführt, hat binnen zwei Wochen nach dem Empfang der neuen Stücke dem Kommittenten ein Verzeichnis der Stücke zu übersenden, soweit er ihm die Stücke nicht innerhalb dieser Frist aushändigt. In dem Stückeverzeichnis sind die Wertpapiere nach Gattung, Nennbetrag, Nummern oder sonstigen Bezeichnungsmerkmalen zu bezeichnen. Im übrigen finden die §§ 18 bis 24 Anwendung; § 25 ist insoweit anzuwenden, als der Kommittent nur Schadensersatz wegen Nichterfüllung verlangen kann.

1) Bei Auftrag zum Umtausch von WP oder von Sammelbestandanteilen gegen WP oder zur Geltendmachung eines Bezugsrechts muß der Kommissionär dem Kommittenten binnen (abw von § 18 I 1) 2 Wochen seit Empfang der neuen Stücke das Stückeverzeichnis senden oder die Stücke aushändigen. § 26 ist auch anwendbar bei Umtausch von Miteigentum am Sammelbestand in Sondereigentum, str. Von der Frist abgesehen sind §§ 18–24 anwendbar. Die Umtauschkommission gleicht der Einkaufskommission. § 25 ist nur beschränkt anwendbar; der Kommittent darf bei Unterbleiben der Sendung nicht zurückweisen, sondern muß die Ausführung gegen sich gelten lassen; er ist auf Schadensersatz wegen Nichterfüllung beschränkt, braucht aber auch keine Provision zu zahlen (§ 27).

Verlust des Provisionsanspruchs

DepotG 27 Der Kommissionär, der den in § 26 ihm auferlegten Pflichten nicht genügt, verliert das Recht, für die Ausführung des Auftrags Provision zu fordern (§ 396 Abs. 1 des Handelsgesetzbuchs).

1) Vgl § 26. Der Kommissionär verliert im Falle des § 27 den Provisionsanspruch sofort, nicht erst mit Ablauf einer Nachfrist (vgl § 25 I 1). Bezahlte Provision ist als ungerechtfertigte Bereicherung zurückzuzahlen.

Unabdingbarkeit der Verpflichtungen des Kommissionärs

DepotG 28 Die sich aus den §§ 18 bis 27 ergebenden Verpflichtungen des Kommissionärs können durch Rechtsgeschäft weder ausgeschlossen noch beschränkt werden, es sei denn, daß der Kommittent gewerbsmäßig Bank- oder Sparkassengeschäfte betreibt.

1) Die Pflichten des Kommissionärs aus §§ 18–27 gestatten vertragliche Erweiterung, nicht Ausschließung oder Beschränkung. Durch Schweigen kann Kommittent, besonders eine Bank (RG **72,** 59), auf die Ansprüche gegen Kommissionär verzichten oder sie verwirken.

Verwahrung durch den Kommissionär

DepotG 29 Der Kommissionär hat bezüglich der in seinem Besitz befindlichen, in das Eigentum oder das Miteigentum des Kommittenten übergegangenen Wertpapiere die Pflichten und Befugnisse eines Verwahrers.

1) Hat der Kommissionär WP in seinem (auch mittelbaren, auch Mit-) Besitz, die dem Kommittenten als Allein- oder Miteigentümer gehören, so hat er die Pflichten eines Verwahrers nach Abschn 1 (§§ 2–17); zB nur beschränkte Geltendmachung von Pfand- und Zurückbehaltungsrechten, § 4, Führung des Verwahrungsbuchs, § 14.

Beschränkte Geltendmachung von Pfand- und Zurückbehaltungsrechten bei dem Kommissionsgeschäft

DepotG 30 [I] Gibt der Kommissionär einen ihm erteilten Auftrag zur Anschaffung von Wertpapieren an einen Dritten weiter, so gilt als dem Dritten bekannt, daß die Anschaffung für fremde Rechnung geschieht.

[II] § 4 gilt sinngemäß.

1) Gibt der Kommissionär den Anschaffungsauftrag an einen anderen weiter (von Bank zu Bank), so gilt Fremdvermutung entspr § 4. § 30 gilt für die Zeit vor dem Eigentumserwerb des Kommittenten (für die Zeit nachher schon § 29) und wirkt insoweit als Verfügungsbeschränkung zu seinen Gunsten. Die zweite Bank kann ein Pfand- oder Zurückbehaltungsrecht an den angeschafften WP nur wegen Forderungen geltend machen, die mit Bezug auf diese Papiere entstanden sind oder für die diese nach dem über sie vorgenommenen Geschäft haften sollen (§ 4 I 2). Anders bei Eigenanzeige entspr § 4 II; anders ferner, wenn ein Nichtbankier den Anschaffungsauftrag weitergibt, ihm obliegt Fremdanzeige, § 4 III. § 30 gilt auch bei Auftrag zum Kauf von Sammelbestandanteilen. § 30 ist zwingend.

Eigenhändler. Selbsteintritt

DepotG 31 Die §§ 18 bis 30 gelten sinngemäß, wenn ein Kaufmann im Betrieb seines Handelsgewerbes Wertpapiere als Eigenhändler verkauft oder umtauscht oder einen Auftrag zum Einkauf oder zum Umtausch von Wertpapieren im Wege des Selbsteintritts ausführt.

1) §§ 18–30 sind sinngemäß anwendbar, wenn Kommissionär die Kauf- oder Tauschkommission durch **Selbsteintritt** ausführt. Das Stückeverzeichnis muß die gewährten Stücke nennen, nicht die durch ein Deckungsgeschäft erworbenen. Die Frist des § 18 I beginnt mit Ablauf des Zeitraums, in dem Kommissio-

(13) DepotG 32 2. Handelsrechtl. Nebengesetze

när nach Eintrittserklärung die Stücke ohne schuldhaftes Zögern bezeichnen oder das Stückeverzeichnis vom Drittverwahrer erhalten konnte (§ 18 II).

2) §§ 18–30 gelten auch, wenn ein Kfm im Betrieb seines Hdlgewerbes Papiere als **Eigenhändler** (vgl (8) AGB-Banken Nr 29 II) kauft oder umtauscht. Die einheitliche Behandlung des Effektengeschäfts, einerlei ob Kommission oder Propergeschäft, ist Ausdruck der allgemein an die Berufsstellung (und nicht so sehr an Vertragstyp und -ausgestaltung) anknüpfenden Verhaltenspflichten der Bank, vgl § 347 HGB Anm 3 E. Das Stückeverzeichnis muß die gewährten Stücke nennen, nicht die durch ein Deckungsgeschäft erworbenen, s § 18 Anm 2 B.

3. Abschnitt. Konkursvorrecht

Bevorrechtigte Gläubiger

DepotG 32 $^\text{I}$ Im Konkurs über das Vermögen eines der in den §§ 1, 17, 18 bezeichneten Verwahrer, Pfandgläubiger und Kommissionäre haben ein Vorrecht nach Abs. 3 und 4:

1. **Kommittenten,** die bei Eröffnung des Konkursverfahrens das Eigentum oder Miteigentum an Wertpapieren noch nicht erlangt, aber ihre Verpflichtungen aus dem Geschäft über diese Wertpapiere dem Kommissionär gegenüber vollständig erfüllt haben; dies gilt auch dann, wenn im Zeitpunkt der Eröffnung des Konkursverfahrens der Kommissionär die Wertpapiere noch nicht angeschafft hat;
2. **Hinterleger, Verpfänder und Kommittenten,** deren Eigentum oder Miteigentum an Wertpapieren durch eine rechtswidrige Verfügung des Verwahrers, Pfandgläubigers oder Kommissionärs oder ihrer Leute verletzt worden ist, wenn sie bei Eröffnung des Konkursverfahrens ihre Verpflichtungen aus dem Geschäft über diese Wertpapiere dem Gemeinschuldner gegenüber vollständig erfüllt haben;
3. **die Gläubiger der Nrn. 1 und 2,** wenn der nichterfüllte Teil ihrer dort bezeichneten Verpflichtungen bei Eröffnung des Konkursverfahrens zehn vom Hundert des Wertes ihres Wertpapierlieferungsanspruchs nicht überschreitet und wenn sie binnen einer Woche nach Aufforderung des Konkursverwalters diese Verpflichtungen vollständig erfüllt haben.

$^\text{II}$ Entsprechendes gilt im Konkurse eines Eigenhändlers, bei dem jemand Wertpapiere gekauft oder erworben hat, und im Konkurse eines Kommissionärs, der den Auftrag zum Einkauf oder zum Umtausch von Wertpapieren im Wege des Selbsteintritts ausgeführt hat (§ 31).

$^\text{III}$ Die nach Absatz 1 und 2 bevorrechtigten Forderungen werden vor den Forderungen aller anderen Konkursgläubiger aus einer Sondermasse beglichen; diese wird gebildet aus den in der Masse vorhandenen Wertpapieren derselben Art und aus den Ansprüchen auf Lieferung solcher Wertpapiere. Die bevorrechtigten Forderungen werden durch Lieferung der vorhandenen Wertpapiere beglichen, soweit diese nach dem Verhältnis der Forderungsbeträge an alle bevorrechtigten Gläubiger verteilt werden können. Soweit eine solche Verteilung nicht möglich ist, wird der volle Erlös der nichtverteilten Wertpapiere unter die bevorrechtigten Gläubiger im Verhältnis ihrer Forderungsbeträge verteilt.

$^\text{IV}$ Die Gläubiger der Absätze 1 und 2 haben das beanspruchte Vorrecht nach § 139 der Konkursordnung anzumelden. Sie können aus dem sonstigen Vermögen des Schuldners nur unter entsprechender Anwendung der für die Absonderungsberechtigten geltenden Vorschriften der §§ 64, 153, 155, 156 und des § 168 Nr. 3 der Konkursordnung Befriedigung verlangen. Im übrigen bewendet es für sie bei den Vorschriften der Konkursordnung über Konkursgläubiger.

[V] Das Konkursgericht hat, wenn es nach Lage des Falles erforderlich ist, den bevorrechtigten Gläubigern zur Wahrung der ihnen zustehenden Rechte einen Pfleger zu bestellen. Für die Pflegschaft tritt an die Stelle des Vormundschaftsgerichts das Konkursgericht. § 78 Abs. 2 bis 5 des Gesetzes über die privaten Versicherungsunternehmungen vom 6. Juni 1931 (Reichsgesetzbl. I S. 315) sind sinngemäß anzuwenden.

1) § 32 gilt im Konkurs eines WPVerwahrers (§ 1 II), WPPfandgläubigers (§ 17, Kfm), WPEinkauf- oder Umtauschkommissionärs (§§ 18, 26, nach II auch nach Selbsteintritt) und Eigenhändler-WPVerkäufers (II). Die Hinterleger, Verpfänder, Kommittenten, Käufer (I Nr 1–3, II), die **nicht Eigentum**, also kein Aussonderungsrecht haben und die ihre Gegenpflichten erfüllt haben (oder einen noch unerfüllten kleinen Teil ihrer Gegenpflichten noch prompt erfüllen, I Nr 3, II), haben nach III, IV ein Recht auf **Vorzugsbefriedigung** aus den in der Konkursmasse befindlichen WP gleicher Art und den zur Masse gehörenden Ansprüchen auf Lieferung solcher Papiere (**Sondermasse**, III 1). Reicht die Sondermasse zur Befriedigung nicht aus, sind die Gläubiger wegen des Rests gewöhnliche Konkursgläubiger, § 64 KO. Zum Vergleichsverfahren s § 27 II VerglO. Näher Hopt BB **75**, 397, DB **75**, 1061.

Befriedigung der Verpfänder im Konkurse des Verwahrers

DepotG 33

[I] Im Konkurs über das Vermögen eines Verwahrers, dessen Pfandgläubiger die ihm nach § 12 Abs. 2 verpfändeten Wertpapiere oder Sammelbestandanteile ganz oder zum Teil zu seiner Befriedigung verwertet hat, findet unter den Hinterlegern, die die dem Pfandgläubiger verpfändeten Wertpapiere dem Verwahrer anvertraut haben, ein Ausgleichsverfahren mit dem Ziele der gleichmäßigen Befriedigung statt.

[II] Die am Ausgleichsverfahren beteiligten Hinterleger werden aus einer Sondermasse befriedigt. In diese Sondermasse sind aufzunehmen:
1. die Wertpapiere oder Sammelbestandanteile, die dem Pfandgläubiger nach § 12 Abs. 2 verpfändet waren, von diesem aber nicht zu seiner Befriedigung verwertet worden sind;
2. der Erlös aus den Wertpapieren oder Sammelbestandanteilen, die der Pfandgläubiger verwertet hat, soweit er ihm zu seiner Befriedigung nicht gebührt;
3. die Forderungen gegen einen am Ausgleichsverfahren beteiligten Hinterleger aus dem ihm eingeräumten Kredit sowie Leistungen zur Abwendung einer drohenden Pfandverwertung.

[III] Die Sondermasse ist unter den am Ausgleichsverfahren beteiligten Hinterlegern nach dem Verhältnis des Wertes der von ihnen dem Verwahrer anvertrauten Wertpapiere oder Sammelbestandanteile zu verteilen. Maßgebend ist der Wert am Tage der Konkurseröffnung, es sei denn, daß die Wertpapiere oder Sammelbestandanteile erst später verwertet worden sind. In diesem Falle ist der erzielte Erlös maßgebend. Ein nach Befriedigung aller am Ausgleichsverfahren beteiligter Hinterleger in der Sondermasse verbleibender Betrag ist an die Konkursmasse abzuführen.

[IV] Jeder am Ausgleichsverfahren Beteiligte ist berechtigt und verpflichtet, die von ihm dem Verwahrer anvertrauten in der Sondermasse vorhandenen Wertpapiere oder Sammelbestandanteile zu dem Schätzungswert des Tages der Konkurseröffnung zu übernehmen. Übersteigt dieser Wert den ihm aus der Sondermasse gebührenden Betrag, so hat er den Unterschied zur Sondermasse einzuzahlen. Die Wertpapiere oder Sammelbestandanteile haften als Pfand für diese Forderung.

^V Jeder Hinterleger kann seine Forderungen, soweit er mit ihnen bei der Befriedigung aus der Sondermasse ausgefallen ist, zur Konkursmasse geltend machen.

^{VI} § 32 Abs. 4 und 5 sind sinngemäß anzuwenden.

1) Mehrere Hinterleger, deren Verwahrer gemäß § 12 II Rückkredit mit Verpfändung der hinterlegten Papiere genommen hat, sind im Konkurs des Verwahrers gleichmäßig zu befriedigen (Ausgleichsverfahren nach I, Gedanke der Gefahrengemeinschaft). Ausgleichsberechtigt sind Hinterleger, die eine Verpfändungsermächtigung nach § 12 erteilten, wenn diese Ermächtigung ausgenutzt wurde, nicht Hinterleger bei unberechtigter Verpfändung, sie haben ein Konkursanfechtungsrecht aus § 32 I Nr 2. Bildung und Verteilung der Sondermasse s II–IV. Soweit die Sondermasse nicht ausreicht, sind die Hinterleger gewöhnliche Konkursgläubiger (V). § 33 gilt entspr im Vergleichsverfahren, sonst wären §§ 26, 27 VerglO unanwendbar und die Hinterleger benachteiligt.

4. Abschnitt. Strafbestimmungen

Depotunterschlagung

DepotG 34 ^I Ein Kaufmann, der, abgesehen von den Fällen der §§ 246, 266 des Strafgesetzbuchs, eigenen oder fremden Vorteils wegen

1. über ein Wertpapier der in § 1 Abs. 1 bezeichneten Art, das ihm als Verwahrer oder Pfandgläubiger anvertraut worden ist oder das er als Kommissionär für den Kommittenten im Besitz hat oder das er im Falle des § 31 für den Kunden im Besitz hat, rechtswidrig verfügt,
2. einen Sammelbestand solcher Wertpapiere oder den Anteil an einem solchen Bestand dem § 6 Abs. 2 zuwider verringert oder darüber rechtswidrig verfügt,

wird mit Freiheitsstrafe bis zu fünf Jahren oder mit Geldstrafe bestraft.

^{II} *(aufgehoben)*

1) Täter kann jeder Kfm sein, dem WP als Verwahrer oder Pfandgläubiger anvertraut sind oder der sie als Kommissionär für den Kommittenten oder als Kommissionär nach Selbsteintritt oder als Eigenhändler nach Verkauf für den Kunden (§ 31) in Besitz hat. Verfügung nach Nr 1 ist alles, was die für den Kunden aus dem Papier folgenden Rechte beeinträchtigt, vgl RGSt **46,** 144, also auch Vernichtung. Rechtswidrig sind Verfügungen, wenn die Ermächtigung fehlt oder unzulässig bzw sonst unwirksam ist.

Unwahre Angaben über das Eigentum

DepotG 35 Ein Kaufmann, der eigenen oder fremden Vorteils wegen eine Erklärung nach § 4 Abs. 2 wahrheitswidrig abgibt oder eine ihm nach § 4 Abs. 3 obliegende Mitteilung unterläßt, wird, wenn die Tat nicht nach anderen Vorschriften mit schwererer Strafe bedroht ist, mit Freiheitsstrafe bis zu einem Jahr oder mit Geldstrafe bestraft.

1) S § 4 Anm 1, 2. Entstehung eines Schadens unnötig. § 35 kann zusammentreffen mit §§ 246, 266 StGB.

IV. Bank- und Börsenrecht **DepotG 36–43 (13)**

Strafantrag

DepotG 36 Ist in den Fällen der §§ 34, 35 durch die Tat ein Angehöriger (§ 11 Abs. 1 Nr. 1 des Strafgesetzbuches) verletzt, so wird sie nur auf Antrag verfolgt.

1) Verletzung der §§ 34, 35 ist Antragsdelikt, wenn Täter Angehöriger des Verletzten ist. Verletzt ist der am WP oder Sammelbestand Berechtigte.

Strafbarkeit im Falle der Zahlungseinstellung oder der Konkurseröffnung

DepotG 37 Ein Kaufmann, der einer Vorschrift der §§ 2, 14 oder einer sich aus den §§ 18 bis 24, 26, 43 ergebenden Pflicht zuwiderhandelt, wird mit Freiheitsstrafe bis zu zwei Jahren oder mit Geldstrafe bestraft, wenn er seine Zahlungen eingestellt hat oder über sein Vermögen das Konkursverfahren eröffnet worden ist und wenn durch die Zuwiderhandlung ein Anspruch des Berechtigten auf Aussonderung der Wertpapiere vereitelt oder die Durchführung eines solchen Anspruchs erschwert wird.

1) Verletzung der §§ 2 (Sonderverwahrung), 14 (Verwahrungsbuch), 18–24, 26, 43 S 3 (Stückeverzeichnis) ist (unbeschadet etwaiger Strafbarkeit der Tat nach anderen Vorschriften) strafbar nach § 37 nach Zahlungseinstellung des Täters oder Konkurseröffnung über sein Vermögen, wenn ein Aussonderungsanspruch vereitelt oder dessen Durchführung erschwert ist.

DepotG 38–40 *(aufgehoben)*

5. Abschnitt. Schlußbestimmungen

Anwendung des Gesetzes auf öffentlich-rechtliche Banken sowie Sparkassen

DepotG 41 Dieses Gesetz gilt für öffentlich-rechtliche Banken sowie für öffentliche oder dem öffentlichen Verkehr dienende Sparkassen auch dann, wenn sie keine Kaufmannseigenschaft haben.

1) DepotG geht im allgemeinen davon aus, daß der Verwahrer, Kommissionär, Eigenhändler (§ 31) Kfm ist. § 41 erstreckt den Kundenschutz auf öffentlich-rechtliche Banken und öffentliche oder dem öffentlichen Verkehr dienende Sparkassen, auch diese sind jedoch idR Kflte nach § 1 II Nr 4 HGB, s § 1 HGB Anm 8 D.

Anwendung auf Treuhänder. Erlaß weiterer Bestimmungen

DepotG 42 ^I Der *Reichsminister der Justiz* kann im Einvernehmen mit dem *Reichswirtschaftsminister* und dem *Reichsminister der Finanzen* die Anwendung von Vorschriften dieses Gesetzes für Fälle vorschreiben, in denen Kaufleute als Treuhänder für Dritte Wertpapiere besitzen oder erwerben oder Beteiligungen oder Gläubigerrechte ausüben oder erwerben oder in öffentliche Schuldbücher oder sonstige Register eingetragen sind.

^{II, III} *(gegenstandslos)*

1) Von diesen Ermächtigungen ist bisher nicht Gebrauch gemacht worden.

Übergangsregelung

DepotG 43 Dieses Gesetz tritt am 1. Mai 1937 in Kraft. Gleichzeitig tritt das Gesetz betreffend die Pflichten der Kaufleute bei Aufbewahrung fremder Wertpapiere, vom 5. Juli 1896 (Reichsgesetzbl. 1896 S. 183, 194; 1923 I S. 1119) außer Kraft. ...

(14) Börsengesetz (BörsG)

Vom 22. Juni 1896 (RGBl 157)

idF vom 27. Mai 1908 (RGBl 215/BGBl III 4110–1)
mit den späteren Änderungen

Einleitung

Schrifttum

a) Kommentare: Bankrecht und Bankpraxis (BuB, früher Bankgeschäftliches Formularbuch), 1979 ff (LBl), 7/79 ff. – *Bruns-Rodrian-Stoeck*, Wertpapier und Börse, Ergänzbares Rechtshandbuch für den Effektenverkehr, 1971 ff (LBl) (Textsammlung, zT mit Erläuterungen). – *Canaris*, Bankvertragsrecht, 2. Aufl 1981, Rdn 2236 ff [Emissionsgeschäft]. – *Meyer-Bremer*, 4. Aufl 1957. – *Schwark*, 1976.

b) Lehrbücher: *Bremer*, Grundzüge des deutschen und ausländischen Börsenrechts, 1969. – *Samm*, Börsenrecht: Grundzüge, Insiderproblematik, Optionshandel, 1978. – *Schönle*, Bank- und Börsenrecht, 2. Aufl 1976.

c) Einzeldarstellungen und Sonstiges: *Tilly*, Die amtliche Kursnotierung an den Wertpapierbörsen, 1975. – *Hopt*, Kapitalanlegerschutz, 1975. – *Schwark*, Anlegerschutz im Wirtschaftsrecht, 1979.

1) Begriff und Erscheinungsformen der Börse

A. Der Begriff der Börse ist gesetzlich nicht festgelegt, das BörsG setzt ihn voraus. Börsen sind Einrichtungen für die regelmäßige Zusammenkunft von Kaufleuten am gleichen Ort zum Massenumsatz von Waren, Wertpapieren oder Devisen durch standardisierte Verträge. Börse und **Markt** sind verwandt, Börse ist eine Unterart des Markts. Rechtlich ist die Börse eine nicht rechtsfähige Anstalt des öffentlichen Rechts, trotz der Börsenmitglieder keine Körperschaft.

B. **Wertpapier-(Effekten-)Börsen** gibt es gegenwärtig in Berlin, Bremen, Düsseldorf, Frankfurt aM, Hamburg, Hannover, München, Stuttgart. Der Hauptanteil des Geschäfts entfällt auf die Frankfurter und dann die Düsseldorfer Börse (nach dem Umsatz rund 80%). Die Börsen bilden die Arbeitsgemeinschaft der deutschen Wertpapierbörsen (neues Statut 1986, Abstimmungen mit Dreiviertelmehrheit, welche von Frankfurt mit Düsseldorf erreicht wird). Vom amtlichen Handel sind der geregelte Freiverkehr und der Telefonverkehr zu unterscheiden (§ 43 Anm 1). Freiverkehr ist der Handel mit nicht förmlich zugelassenen Wertpapieren bei der Börse; er ist keineswegs unerlaubt, auch Freiverkehrskurse werden der Presse mitgeteilt. Eine noch losere Form des gewerbsmäßigen Wertpapierhandels ist der sog „Telefonverkehr" der Banken, auch da gibt es „Kurse". Einigen Wertpapierbörsen sind auch Devisenbörsen (Handel in Devisen, Valuten, Privatdiskonten) angeschlossen. **Waren-(Produkten-)Börsen** bestehen an rund einem Dutzend Plätzen im Bundesgebiet und Berlin. Rechtsform und Organisation sind verschieden; zT dürfte es sich nicht um Börsen iS des BörsG handeln, sondern um anders organisierte Märkte.

C. **Träger** der Börsen sind die öffentlich-rechtlichen IHK („**Kammerbörsen**") oder privatrechtliche rechtsfähige oder nicht rechtsfähige Vereine („**Vereinsbörsen**"). Der Staatsaufsicht unterliegen diese Einrichtungen als „Börse" wie als bloßer „Markt". Die Organisation ist in Deutschland heute öffentlich-rechtlich, die Börsengeschäfte sind Privatrecht.

2) Börsenrecht

A. Das **BörsG** stammt vom 22. 6. 1896, nF 27. 5. 08 RGBl 215; geändert in vielen Punkten durch G 28. 4. 75 BGBl 1013 (mit Übergangsvorschriften: Art 4). Zur Änderung 1975 Komm Beyer=Fehling-Bock 1975; Degner WM Sonderbeil 3/**75.** §§ 88, 89 nF G 15. 5. 86 BGBl 721. Gegen weitere Reformen Zahn ZGR **81,** 101. Eine größere Reform (RegE BTDrucks 10/4296 22. 11. 85) auf Grund der EG-Rechtsvereinheitlichung (Einl I 4 D vor § 1 HGB) durch ein **Europäisches Börsenrecht** (vgl Europäisches GesRecht Einl 7 B vor § 105 HGB) steht bevor. Umzusetzen sind EG-Ri 5. 3. 79 **(Börsenzulassungsbedingungen),** EG-Ri 17. 3. 80 **(Börsenzulassungsprospekte),** EG-Ri 15. 2. 82 (**Zwischenberichterstattung** börsennotierter AG). Außerdem soll der Börsenzugang durch Einführung eines **neuen Marktabschnittes** erleichtert werden, s § 43 Anm 1.

B. Die Börsenaufsicht, früher Landes-, 1934–45 Reichs-, dann wieder Landessache (für Waren idR Wirtschafts-, für WP idR Finanzressort). Der Bund hat von seiner konkurrierenden Kompetenz (Art 74 Nr 11 GG) bisher nicht Gebrauch gemacht. Näheres regelt die für jede Börse durch § 4 BörsG vorgeschriebene, von den Börsenorganen mit ministerieller Genehmigung zu erlassende **BörsO.** Sie wird überwiegend als Rechtsverordnung, neuerdings (unter § 4 nF) mit beachtlichen Gründen als Satzung der nicht rechtsfähigen Anstalt Börse qualifiziert. Richtungweisend war die BörsO der Berliner Börse vom 4. 4. 34. Neue BörsO zB in Ffm 13. 10. 75 (vgl § 29 Anm 3).

C. **Börsenusancen** können HdlBrauch sein (§ 346 HGB Anm 1 C); sonst sind sie AGB für Börsengeschäfte und müssen vertraglich vereinbart werden (s **(5)** AGBG § 2 Anm 2; **(8)** AGB-Banken Nr 30 II). Die „**Bedingungen** für Geschäfte an den deutschen Wertpapierbörsen" (nF 1. 1. 83, unter den Börsen vereinheitlicht, Text WM **84,** 76) werden ohne weiteres Vertragsbestandteil für die an dieser Börse abgeschlossenen Geschäfte, falls die Vertragsparteien nichts anderes vereinbaren.

I. Allgemeine Bestimmungen über die Börsen und deren Organe

[Errichtung, Aufhebung, Aufsicht]

BörsG 1 ^{I} Die Errichtung einer Börse bedarf der Genehmigung der *Landesregierung.* Diese ist befugt, die Aufhebung bestehender Börsen anzuordnen.

^{II} Die *Landesregierungen* üben die Aufsicht über die Börsen aus. Sie können die unmittelbare Aufsicht den Handelsorganen (Handelskammern, kaufmännischen Korporationen) übertragen.

^{III} Der Aufsicht der *Landesregierungen* und der mit der unmittelbaren Aufsicht betrauten Handelsorgane unterliegen auch die auf den Börsenverkehr bezüglichen Einrichtungen der Kündigungsbüros, Liquidationskassen, Liquidationsvereine und ähnlicher Anstalten.

^{IV} Die Bundesregierung kann nach Anhörung der Deutschen Bundesbank Einzelweisungen erteilen, die amtliche Preisfeststellung für ausländische Währungen vorübergehend zu untersagen, wenn eine erhebliche Marktstörung droht, die schwerwiegende Gefahren für die Gesamtwirtschaft oder das Publikum erwarten läßt.

(14) BörsG 2–4 2. Handelsrechtl. Nebengesetze

ᵛ Im Land Berlin sind die Einzelweisungen (Absatz 4) zu vollziehen, wenn die vom Senat von Berlin bestimmte oberste Landesbehörde die Ausdehnung der Einzelweisungen auf das Land Berlin festgestellt hat.

[Überwachung]

BörsG 2 ᴵ Bei den Börsen sind als Organe der *Landesregierung* Staatskommissare zu bestellen. Ihnen liegt es ob, den Geschäftsverkehr an der Börse sowie die Befolgung der in bezug auf die Börse erlassenen Gesetze und Verwaltungsbestimmungen nach näherer Anweisung der *Landesregierung* zu überwachen. Sie sind berechtigt, den Beratungen der Börsenorgane beizuwohnen und die Börsenorgane auf hervorgetretene Mißbräuche aufmerksam zu machen. Sie haben über Mängel und über die Mittel zu ihrer Abstellung Bericht zu erstatten.

ᴵᴵ *Mit Zustimmung des Bundesrats* kann für einzelne Börsen die Tätigkeit des Staatskommissars auf die Mitwirkung beim ehrengerichtlichen Verfahren beschränkt oder, sofern es sich um kleine Börsen handelt, von der Bestellung eines Staatskommissars abgesehen werden.

[Börsenvorstand]

BörsG 3 ᴵ Für jede Börse ist ein Börsenvorstand zu bilden. Ihm obliegt die Leitung der Börse.

ᴵᴵ Die zum Börsenbesuch mit dem Recht zur Teilnahme am Handel zugelassenen Geschäftsinhaber, Geschäftsleiter oder diejenigen, die nach Gesetz, Satzung oder Vertrag zur Durchführung der Geschäfte berufen sind, wählen aus ihrer Mitte die Mitglieder des Börsenvorstandes. Darüber hinaus haben die übrigen Börsenbesucher, die an der Börse unselbständig Geschäfte abschließen, das Recht, mindestens einen Vertreter in den Börsenvorstand zu wählen. Bei Wertpapierbörsen kann der Börsenvorstand je ein Mitglied aus den Kreisen der Aussteller von zum Börsenhandel zugelassenen Wertpapieren, der Anleger und der Kapitalsammelstellen hinzuwählen.

ᴵᴵᴵ Das Nähere über die Ausübung des Wahlrechts und die Wählbarkeit, die Durchführung der Wahl, die Dauer der Wahlperiode, die höchstens drei Jahre betragen darf, und die vorzeitige Beendigung der Mitgliedschaft im Börsenvorstand kann durch Rechtsverordnung der Landesregierung nach Anhörung des Börsenvorstandes bestimmt werden. Die Landesregierung kann diese Ermächtigung weiter übertragen. Die Rechtsverordnung muß Bestimmungen über die Aufteilung in Wählergruppen enthalten und sicherstellen, daß bei Warenbörsen alle wirtschaftlichen Gruppen der zum Börsenhandel zugelassenen Personen angemessen und bei Wertpapierbörsen die Berufsgruppe der Kursmakler durch mindestens zwei Mitglieder, sofern keine Kursmaklerkammer besteht durch mindestens ein Mitglied, und die der freien Makler durch mindestens ein Mitglied im Börsenvorstand vertreten sind. Sie kann für Organe des Handelsstandes ein Entsendungsrecht vorsehen.

ᴵⱽ Mit der Genehmigung einer neuen Börse bestellt die Landesregierung einen vorläufigen Börsenvorstand höchstens für die Dauer eines Jahres.

1) Grundgedanke: alle am Börsenleben Beteiligten sollen im Vorstand repräsentiert sein. Staatshaftung (nicht Haftung des Börsenträgers, s Einl 1 C vor § 1) für Handeln des Börsenvorstands, vgl Elle ZHR 128 (**66**) 291.

[Börsenordnung]

BörsG 4 ᴵ Der Börsenvorstand erläßt die Börsenordnung. Sofern eine öffentlich-rechtliche Körperschaft Träger der Börse ist, ist die Börsenordnung im Einvernehmen mit ihr zu erlassen.

IV. Bank- und Börsenrecht **BörsG 5–7 (14)**

^{II} Die Börsenordnung soll sicherstellen, daß die Börse die ihr obliegenden Aufgaben erfüllen kann und dabei den Interessen des Publikums und des Handels gerecht wird. Sie muß Bestimmungen enthalten über

1. den Geschäftszweig der Börse;
2. die Organisation der Börse;
3. die Veröffentlichung der Preise und Kurse.

^{III} Bei Wertpapierbörsen muß die Börsenordnung zusätzlich Bestimmungen enthalten über

1. die Zusammensetzung und die Wahl der Mitglieder der Zulassungsstelle;
2. die Berechtigung des Börsenvorstandes, die Umsätze zu veröffentlichen;
3. die Bedeutung der Kurszusätze und -hinweise.

^{IV} Die Börsenordnung bedarf der Genehmigung durch die zuständige oberste Landesbehörde. Diese kann die Aufnahme bestimmter Vorschriften in die Börsenordnung verlangen, wenn und soweit sie zur Erfüllung der der Börse obliegenden gesetzlichen Aufgaben notwendig sind.

1) Rechtsnatur der BörsO s Einl 2 B vor § 1. Die Arbeitsgemeinschaft der WPBörsen und die Waren- und Produktenbörsen haben Muster-BörsO (Text bei Schwark 19) entworfen und mit den Börsenaufsichtsbehörden der Länder abgestimmt.

[Gebührenordnung]

BörsG 5 ^I Der Börsenvorstand erläßt eine Gebührenordnung, die die Erhebung von Gebühren und die Erstattung von Auslagen für

1. die Zulassung zum Besuch der Börse mit dem Recht zur Teilnahme am Handel,
2. die Zulassung zum Besuch der Börse ohne das Recht zur Teilnahme am Handel,
3. die Zulassung von Wertpapieren zum Börsenhandel,
4. die Einführung von Wertpapieren an der Börse

regelt. Sofern eine öffentlich-rechtliche Körperschaft Träger der Börse ist, ist zum Erlaß der Vorschriften über Gebühren nach den Nummern 1 und 2 das Einvernehmen mit ihr erforderlich.

^{II} Die Gebührenordnung bedarf der Genehmigung durch die zuständige oberste Landesbehörde.

[Benutzung von Börseneinrichtungen]

BörsG 6 Die Börsenordnung kann für einen anderen als den nach § 4 Abs. 2 Satz 2 Nr. 1 zu bezeichnenden Geschäftszweig, sofern dies nicht mit besonderen Bestimmungen dieses Gesetzes (§§ 42, 43 und 51) im Widerspruche steht, die Benutzung von Börseneinrichtungen zulassen. Ein Anspruch auf die Benutzung erwächst in diesem Falle für die Beteiligten nicht. Der *Bundesrat* ist befugt, für bestimmte Geschäftszweige die Benutzung der Börseneinrichtungen zu untersagen oder von Bedingungen abhängig zu machen.

[Zulassung zum Börsenbesuch]

BörsG 7 ^I Zum Besuch der Börse ist eine Zulassung erforderlich, die der Börsenvorstand erteilt.

^{II} Zum Besuch der Börse mit dem Recht zur Teilnahme am Handel darf nur zugelassen werden, wer gewerbsmäßig bei Waren, bei Wertpapieren oder bei ausländischen Zahlungsmitteln, die börsenmäßig gehandelt werden können,

1. die Anschaffung und Veräußerung für eigene Rechnung betreibt oder
2. die Anschaffung und Veräußerung im eigenen Namen für fremde Rechnung betreibt oder
3. die Vermittlung von Verträgen über die Anschaffung und Veräußerung übernimmt

und dessen Gewerbebetrieb nach Art und Umfang einen in kaufmännischer Weise eingerichteten Geschäftsbetrieb erfordert. An Warenbörsen können auch Landwirte und Personen zugelassen werden, deren Gewerbebetrieb nach Art oder Umfang einen in kaufmännischer Weise eingerichteten Geschäftsbetrieb nicht erfordert.

III Die Zulassung von Personen ohne das Recht zur Teilnahme am Handel regelt die Börsenordnung.

IV Die Zulassung nach Absatz 2 Satz 1 ist zu erteilen, wenn

1. der Geschäftsinhaber, Geschäftsleiter oder derjenige, der nach Gesetz, Satzung oder Vertrag zur Durchführung der Geschäfte berufen ist und berechtigt sein soll, an der Börse selbständig Geschäfte abzuschließen, die für den Handel notwendige Zuverlässigkeit und berufliche Eignung hat,
2. der Antragsteller ausreichende Mittel im Geltungsbereich dieses Gesetzes hat, um die Verpflichtungen aus den an der Börse abzuschließenden Geschäften jederzeit erfüllen zu können,
3. bei Wertpapiergeschäften die ordnungsgemäße Abwicklung der Geschäfte am Börsenplatz sichergestellt ist und
4. der Antragsteller die Sicherheit, wenn und soweit die Börsenordnung sie festsetzt, geleistet hat. Die Sicherheit darf höchstens zweihunderttausend Deutsche Mark, im Falle des Absatzes 2 Satz 1 Nr. 3 höchstens fünfzigtausend Deutsche Mark betragen; durch Landesgesetz kann ein geringerer Betrag bestimmt werden. Die Sicherheit kann durch Bürgschaft eines Kreditinstitutes geleistet werden.

Für Angestellte eines zur Börse zugelassenen Unternehmens, die berechtigt sein sollen, an der Börse für das Unternehmen unselbständig Geschäfte abzuschließen, kann die Börsenordnung geringere Voraussetzungen vorsehen. Das Recht der Angestellten zur Teilnahme am Börsenhandel ruht für die Dauer des Wegfalls der Zulassung des Unternehmens, bei dem sie angestellt sind.

V Die berufliche Eignung im Sinne des Absatzes 4 Satz 1 Nr. 1 ist regelmäßig anzunehmen, wenn eine Berufsausbildung nachgewiesen wird, die zum Handel in Waren oder in Wertpapieren an der Börse befähigt. Bei Prüfung der Voraussetzungen nach Absatz 4 Satz 1 Nr. 2 sind Art und Umfang der erstrebten Geschäftstätigkeit zu berücksichtigen.

VI Das Nähere darüber, wie die in Absatz 4 genannten Voraussetzungen nachzuweisen sind, bestimmt die Börsenordnung. Sie kann vorschreiben, daß der Nachweis der Voraussetzungen nach Absatz 4 Satz 1 Nr. 1 und 2 auch durch die Benennung von höchstens drei Gewährsmännern, die zum Personenkreis des Absatzes 4 Satz 1 Nr. 1 gehören und seit drei Jahren zum Börsenhandel zugelassen sind, geführt werden kann.

VII Die Zulassung ist zurückzunehmen, wenn bei ihrer Erteilung eine der in den Absätzen 2 und 4 bezeichneten Voraussetzungen nicht vorgelegen hat. Sie ist zu widerrufen, wenn eine dieser Voraussetzungen nachträglich weggefallen ist. Freie Makler können auch auf die Tätigkeit als Vermittler beschränkt werden, wenn ihre Mittel nicht mehr den Voraussetzungen des Absatzes 4 Satz 1 Nr. 2 entsprechen.

VIII Besteht der begründete Verdacht, daß eine der in den Absätzen 2 und 4 bezeichneten Voraussetzungen nicht vorgelegen hat oder nachträglich weggefallen ist, so kann das Ruhen der Zulassung längstens für die Dauer von sechs Monaten angeordnet werden. Das Ruhen der Zulassung kann auch für die Dauer des Verzuges mit der Zahlung der nach § 5 Abs. 1 Nr. 1 und 2 festgesetzten Gebühren angeordnet werden.

IX Haben sich Tatsachen, die die Rücknahme oder den Widerruf der Zulassung nach Absatz 7 rechtfertigen, in einem Verfahren vor dem Ehrenausschuß ergeben, so ist dieses an den Börsenvorstand abzugeben. Er ist berechtigt, in jeder Lage des Verfahrens von dem Ehrenausschuß Berichte zu verlangen und das Verfahren an sich zu ziehen.

X Hat der Börsenvorstand ein Verfahren nach Absatz 9 übernommen und erweist sich, daß die Rücknahme oder der Widerruf der Zulassung nicht erforderlich ist, so verweist er das Verfahren an den Ehrenausschuß zurück.

1) § 7 nF 1975. Vereinbarkeit der Zulassungsschranken des § 7 nF mit Art 12 I GG, sofern nicht die Nachweisregelung in der BörsO (vgl VI) die Börse zum „close shop" macht, BVerwG WM **76**, 193. Zum älteren Recht s VerwG Ffm BB **71**, 493. Die Zulassung ist ein Verwaltungsakt des Börsenvorstands. Bei Erfüllung der Voraussetzungen besteht ein Rechtsanspruch auf Zulassung; Verwaltungsrechtsweg mit Anfechtungs- oder Verpflichtungsklage nach VwGO.

[Ordnung an der Börse]

BörsG 8 I Die Börsenaufsichtsbehörde ist befugt, zur Aufrechterhaltung der Ordnung und für den Geschäftsverkehr an der Börse Anordnungen zu erlassen.

II Die Handhabung der Ordnung in den Börsenräumen liegt dem Börsenvorstand ob. Er ist befugt, Personen, die die Ordnung oder den Geschäftsverkehr an der Börse stören, sofort aus den Börsenräumen zu entfernen.

III Finden sich an der Börse Personen zu Zwecken ein, welche mit der Ordnung oder dem Geschäftsverkehr an derselben unvereinbar sind, so ist ihnen der Zutritt zu untersagen.

[Ehrenausschuß]

BörsG 9 I Die Landesregierung wird ermächtigt, durch Rechtsverordnung Vorschriften über die Einrichtung eines Ehrenausschusses, seine Zusammensetzung, sein Verfahren einschließlich der Beweisaufnahme und der Kosten sowie die Mitwirkung der zuständigen obersten Landesbehörde zu erlassen. Die Vorschriften können vorsehen, daß der Ehrenausschuß Zeugen und Sachverständige, die freiwillig vor ihm erscheinen, ohne Beeidigung vernehmen und das Amtsgericht um die Durchführung einer Beweisaufnahme, die er nicht vornehmen kann, ersuchen darf. Der Ehrenausschuß kann mit Ausnahme der Kursmakler und ihrer Stellvertreter alle Börsenbesucher mit dem Recht zur Teilnahme am Handel, die sich im Zusammenhang mit ihrer Tätigkeit an der Börse eine mit der Ehre oder dem Anspruch auf kaufmännisches Vertrauen nicht zu vereinbarende Handlung haben zuschulden kommen lassen, mit Verweis, mit Ordnungsgeld bis zu zweitausend Deutsche Mark oder mit Ausschließung von der Börse bis zu zehn Sitzungstagen belegen. In Streitigkeiten wegen der Entscheidungen des Ehrenausschusses nach Satz 3 ist der Verwaltungsrechtsweg gegeben. Ein Vorverfahren findet nicht statt.

II Die Landesregierung kann die Ermächtigung nach Absatz 1 Satz 1 auf die zuständige oberste Landesbehörde übertragen.

BörsG 10–27 *(aufgehoben)*

[Börsenschiedsgericht]

BörsG 28 Eine Vereinbarung, durch welche die Beteiligten sich der Entscheidung eines Börsenschiedsgerichts unterwerfen,

(14) BörsG 29 2. Handelsrechtl. Nebengesetze

ist nur verbindlich, wenn beide Teile zu den Personen gehören, die nach § 53 Börsentermingeschäfte abschließen können, oder wenn die Unterwerfung unter das Schiedsgericht nach Entstehung des Streitfalls erfolgt.

1) Zur Schiedsgerichtsbarkeit s Einl IV 3 vor § 1 HGB, zur Termingeschäftsfähigkeit s § 53 Anm 1.

II. Feststellung des Börsenpreises und Maklerwesen

[Feststellung des Börsenpreises]

BörsG 29 [I] Bei Waren oder Wertpapieren, deren Börsenpreis amtlich festgestellt wird, erfolgt diese Feststellung sowohl für Kassa- wie für Zeitgeschäfte durch den Börsenvorstand, soweit die Börsenordnung nicht die Mitwirkung von Vertretern anderer Berufszweige vorschreibt. An Wertpapierbörsen, an denen eine Kursmaklerkammer besteht, erfolgt die amtliche Feststellung der Börsenpreise durch die Kursmakler unter Aufsicht der Kursmaklerkammer.

[II] Bei der Feststellung darf außer dem Staatskommissare, dem Börsenvorstande, den Börsensekretären, den Kursmaklern und den Vertretern der beteiligten Berufszweige, deren Mitwirkung die Börsenordnung vorschreibt, niemand zugegen sein.

[III] Als Börsenpreis ist derjenige Preis festzusetzen, welcher der wirklichen Geschäftslage des Verkehrs an der Börse entspricht.

1) Arten der Börsenpreisfeststellung

A. **Variable oder fortlaufende Kurse:** nur bei WP mit breiterem Markt und Mindestabschlüssen gemäß BörsO. Der Eröffnungskurs (erster Kurs) und der Schlußkurs sowie der höchste und niedrigste Kurs werden veröffentlicht.

B. **Einheitskurse:** einmal pro Börsentag derart festgesetzter Kurs, daß zu ihm möglichst viele Aufträge erledigt werden können (ein solcher fester Kurs ist auch der Eröffnungskurs im variablen Handel, s Anm A).

C. **Auktionskurs:** Kursbildung nach Zuruf im Auktionsverfahren; nicht an deutschen WPBörsen, aber zT an Warenbörsen. Veröffentlicht werden die höchsten und niedrigsten Kurse (Spannungsnotizen).

2) Festsetzung repräsentativer Kurse

A. Nach III sind nur an der Börse getätigte Geschäfte zu berücksichtigen, aber grundsätzlich alle (Ausnahme zB Scheingeschäfte im Gegensatz zu echten Geschäften, mit denen eine Partei den Kurs zu beeinflussen sucht).

B. **Die Kursstreichung** (für ein oder zwei Tage), die etwas länger andauernde **Aussetzung** und die zeitlich unbegrenzte **Einstellung bzw Aufhebung der Notiz** sind in bes Fällen möglich.

C. Wirklich repräsentative Kurse sind nur bei **Umsatzkonzentration** an der Börse erreichbar. Deshalb wurde **(8)** AGB-Banken § 29 I 2 eingefügt, s dort Anm 1 E.

3) Kursveröffentlichung

Über die je nach Geschäftslage gebotenen Notizen s zB § 30 BörsO der WPBörse Ffm 13. 10. 75, Amtliches Kursblatt der Frankfurter Wertpapierbörse 31. 10. 75 S 15 (beschlossen aufgrund § 4 I BörsO durch den Vorstand der Börse im Einvernehmen mit der IHK Ffm als Träger der Börse, zuletzt geändert 4. 12. 81 S 14). Über die (nicht einheitliche) Bedeutung verschiedener Kurszusätze (vgl § 30 Ffm BörsO) an den verschiedenen deutschen Börsen Köhler WP **62**, 822.

Ffm BörsO § 30 Zusätze und Hinweise bei der Kursfeststellung

Bei der Kursfeststellung von Wertpapieren werden nachstehende Zusätze und Hinweise verwendet:

I. Zusätze

Zu den festgestellten Kursen müssen bei Ziffer 1 bis 5 außer den unlimitierten Kauf- und Verkaufsaufträgen alle über dem festgestellten Kurs limitierten Kaufaufträge und alle unter dem festgestellten Kurs limitierten Verkaufsaufträge ausgeführt sein. Inwieweit die zum festgestellten Kurs limitierten Kauf- und Verkaufsaufträge ausgeführt werden konnten, ergeben die Kurszusätze.

1. b oder Kurs ohne Zusatz = bezahlt: Alle Aufträge sind ausgeführt;
2. bG = bezahlt Geld: Die zum festgestellten Kurs limitierten Kaufaufträge müssen nicht vollständig ausgeführt sein; es bestand weitere Nachfrage;
3. bB = bezahlt Brief: Die zum festgestellten Kurs limitierten Verkaufsaufträge müssen nicht vollständig ausgeführt sein; es bestand weiteres Angebot;
4. ebG = etwas bezahlt Geld: Die zum festgestellten Kurs limitierten Kaufaufträge konnten nur zu einem geringen Teil ausgeführt werden;
5. ebB = etwas bezahlt Brief: Die zum festgestellten Kurs limitierten Verkaufsaufträge konnten nur zu einem geringen Teil ausgeführt werden;
6. ratG = rationiert Geld: Die zum Kurs und darüber limitierten sowie die unlimitierten Kaufaufträge konnten nur beschränkt ausgeführt werden;
7. ratB = rationiert Brief: die zum Kurs und niedriger limitierten sowie die unlimitierten Verkaufsaufträge konnten nur beschränkt ausgeführt werden;
8. * = Sternchen: Kleine Beträge konnten nicht gehandelt werden.

II. Hinweise

Außerdem werden folgende Hinweise verwendet:

1. G = Geld: Zu diesem Preis bestand nur Nachfrage;
2. B = Brief: Zu diesem Preis bestand nur Angebot;
3. – = gestrichen: Ein Kurs konnte nicht festgestellt werden;
4. – G = gestrichen Geld: Ein Kurs konnte nicht festgestellt werden, da überwiegend Nachfrage bestand;
5. – B = gestrichen Brief: Ein Kurs konnte nicht festgestellt werden, da überwiegend Angebot bestand;
6. – T = gestrichen Taxe: Ein Kurs konnte nicht festgestellt werden; der Preis ist geschätzt;
7. ex D = ohne Dividende: Erste Notiz unter Abschlag der Dividende;
8. ex BR = ohne Bezugsrecht: Erste Notiz unter Abschlag eines Bezugsrechts;
9. ex BA = ohne Berichtigungsaktien: Erste Notiz nach Umstellung des Kurses auf das aus Gesellschaftsmitteln berichtigte Aktienkapital;
10. – Z = gestrichen Ziehung: Die Notierung ist an den beiden dem Auslosungstag vorangehenden Börsentagen ausgesetzt;
11. ex Z = ausgenommen Ziehung: Der notierte Kurs versteht sich für die nicht ausgelosten Stücke. (Der Hinweis ist nur am Auslosungstag zu verwenden.)

Gespannte Kurse sind nicht zulässig.

[Kursmakler]

BörsG 30 [1] An den Börsen sind Kursmakler zu bestellen, die an den Wertpapierbörsen, an denen eine Kursmaklerkammer besteht, die Börsenpreise der Wertpapiere amtlich festzustellen, an den sonstigen Börsen bei der amtlichen Feststellung des Börsenpreises von Waren und Wertpapieren mitzuwirken haben. Sie werden von der *Landesregierung* bestellt und entlassen und leisten vor Antritt ihrer Stellung den Eid, daß sie die ihnen obliegenden Pflichten getreu erfüllen werden.

II Eine Vertretung der Kursmakler (Kursmaklerkammer) ist bei jeder Börse zu bilden, an der mindestens acht Kursmakler bestellt sind. Sie ist bei der Bestellung von Kursmaklern und Kursmaklerstellvertretern sowie bei der Verteilung der Geschäfte unter die einzelnen Kursmakler zu hören. Die näheren Bestimmungen über die Rechte und Pflichten der Kursmakler, ferner über ihre Bestellung und Entlassung, die Organisation ihrer Vertretung und ihr Verhältnis zu den Staatskommissaren und den Börsenorganen werden von der *Landesregierung* erlassen.

III Die Landesregierung wird ermächtigt, nach Anhörung der Kursmaklerkammer und des Börsenvorstandes eine Gebührenordnung für die Tätigkeit der Kursmakler zu erlassen. Die Festsetzung hat bei Aktien auf der Grundlage des Kurswertes, bei festverzinslichen Wertpapieren auf der Grundlage des Nennbetrages des Geschäfts zu erfolgen. Bei der Bemessung der Höhe der Gebühren sind das Wagnis und die Beschränkungen der sonstigen gewerblichen Tätigkeit der Kursmakler nach § 32 Abs. 3 zu berücksichtigen. Neben den Gebühren darf die Erstattung von Auslagen, die durch die gebührenpflichtige Tätigkeit entstehen, nicht vorgesehen werden.

IV Die Landesregierung kann die Ermächtigung nach Absatz 3 Satz 1 auf die zuständige oberste Landesbehörde übertragen.

1) **Kursmakler** sind HdlMakler iSv §§ 1 II Nr 7, 93 HGB. Sie haben Doppelfunktion als Börsengeschäftsvermittler und amtliche Börsenpreisfeststeller. Berufsregelungen in den landesrechtlichen Maklerordnungen für die verschiedenen WPBörsen. Zum Kursmaklerlohn (Courtage) s III. **Freimakler** vgl § 3 III und § 32 Anm.

[Anspruch auf Berücksichtigung]

BörsG 31 Bei Geschäften in Waren oder Wertpapieren kann ein Anspruch auf Berücksichtigung bei der amtlichen Feststellung des Börsenpreises nur erhoben werden, wenn sie durch Vermittlung eines Kursmaklers abgeschlossen sind. Die Berechtigung des Börsenvorstandes, auch andere Geschäfte zu berücksichtigen, bleibt hierdurch unberührt; im Falle des § 29 Abs. 1 Satz 2 steht diese Berechtigung der Kursmaklerkammer zu.

[Pflichten der Kursmakler]

BörsG 32 I Die Kursmakler müssen, solange sie die Tätigkeit als Kursmakler ausüben, die Vermittlung von Börsengeschäften in den Waren oder Wertpapieren betreiben, für die sie bei der amtlichen Feststellung der Börsenpreise mitwirken oder für die ihnen diese Feststellung selbst übertragen ist.

II Die Kursmakler dürfen bei dieser Tätigkeit Handelsgeschäfte für eigene Rechnung oder im eigenen Namen nur schließen oder eine Bürgschaft für die von ihnen vermittelten Geschäfte nur übernehmen, soweit dies zur Ausführung der ihnen erteilten Aufträge nötig ist. Aufgabegeschäfte, die von dem Kursmakler selbst zu erfüllen sind, unterliegen den gleichen Beschränkungen. Der Börsenvorstand begrenzt die in den Sätzen 1 und 2 genannten Geschäfte auf ein bestimmtes Vielfaches einer geleisteten Sicherheit. Diese Geschäfte werden von der Kursmaklerkammer oder, soweit eine Kursmaklerkammer nicht besteht, vom Börsenvorstand überwacht. Die Gültigkeit der Geschäfte wird durch einen Verstoß gegen die Vorschriften der Sätze 1 bis 3 nicht berührt.

IV. Bank- und Börsenrecht **BörsG 33–35 (14)**

III Die Kursmakler dürfen, soweit nicht die *Landesregierung* Ausnahmen zuläßt, kein sonstiges Handelsgewerbe betreiben, auch nicht an einem solchen als Kommanditist oder stiller Gesellschafter beteiligt sein; ebensowenig dürfen sie zu einem Kaufmann in dem Verhältnis eines Prokuristen, Handlungsbevollmächtigten oder Handlungsgehilfen stehen.

1) Sog Betriebspflicht s I; Eigengeschäfte und Aufgabengeschäfte (§ 95 HGB) s II; Verbot des Betriebs sonstiger Hdlgewerbe s III. Kursmakler unterliegen (anders als Freimakler) wegen ihres Monopols bei der amtlichen Preisfeststellung einem Kontrahierungszwang für den von ihnen jeweils betreuten Markt; Zurückweisung von Aufträgen ist nur aus sachlichen Gründen möglich. Sie dürfen aber nur Aufträge von zur Börse zugelassenen Börsenbesuchern (freie Makler und idR Kreditinstitute, nicht Privatpersonen) annehmen (Ausnahme Zwangskäufe und -verkäufe, § 34); ebenso kraft Börsenusance die Freimakler. Bei der Vermittlung der Geschäfte wird der Kursmakler als bloßer Bote tätig. Grenzen der Kursmaklertätigkeit s Mülhausen WM **83**, 434.

[Tagebuch]

BörsG 33 I Das von dem Kursmakler zu führende Tagebuch ist vor dem Gebrauche dem Börsenvorstande zur Beglaubigung der Zahl der Blätter oder Seiten vorzulegen.

II Wenn ein Kursmakler stirbt oder aus dem Amte scheidet, ist sein Tagebuch bei dem Börsenvorstande niederzulegen.

III Bei Wertpapierbörsen, bei denen eine Kursmaklerkammer besteht, tritt an die Stelle des Börsenvorstandes die Kursmaklerkammer.

1) Vgl § 100 HGB.

[Rechte der Kursmakler]

BörsG 34 Die Kursmakler sind zur Vornahme von Verkäufen und Käufen befugt, die durch einen dazu öffentlich ermächtigten Handelsmakler zu bewirken sind.

1) ZB §§ 371 II, 373 II, 376 III, 379 II, 388 II, 389, 407, 417, 437 HGB, §§ 385, 753 I, 1221, 1235, 1295 BGB.

[Ermächtigungsvorschrift]

BörsG 35 I Der *Bundesrat* ist befugt:
1. eine von den Vorschriften in § 29 Abs. 1 und 2 und in den §§ 30 und 31 abweichende amtliche Feststellung des Börsenpreises von Waren oder Wertpapieren für einzelne Börsen zuzulassen;
2. eine amtliche Feststellung des Börsenpreises bestimmter Waren allgemein oder für einzelne Börsen vorzuschreiben;
3. Bestimmungen zu erlassen, um eine Einheitlichkeit der Grundsätze über die den Feststellungen von Warenpreisen zugrunde zu legenden Mengen und über die für die Feststellung der Preise von Wertpapieren maßgebenden Gebräuche herbeizuführen.

II Die Befugnis der *Landesregierung* zu Anordnungen der im Absatz 1 bezeichneten Art wird hierdurch nicht berührt, soweit der *Reichsrat* oder die *Reichsregierung* keine Anordnungen getroffen hat; zu Anordnungen der im Absatz 1 Nr. 1 bezeichneten Art bedarf jedoch die *Landesregierung* der Zustimmung der *Reichsregierung*. Die Anordnungen sind der *Reichsregierung* zur Kenntnisnahme mitzuteilen.

1) Statt des Bundesrats zuständig jetzt BMWi. Zu I Nr 3 s VO über die Feststellung des Börsenpreises von Wertpapieren 17. 4. 67 BGBl 479.

III. Zulassung von Wertpapieren zum Börsenhandel

[Zustellungsstelle]

BörsG 36 ^I Die Zulassung von Wertpapieren zum Börsenhandel erfolgt an jeder Börse durch eine Kommission (Zulassungsstelle), von deren Mitgliedern mindestens die Hälfte aus Personen bestehen muß, die sich nicht berufsmäßig am Börsenhandel mit Wertpapieren beteiligen.

^{II} Von der Beratung und Beschlußfassung über die Zulassung eines Wertpapiers zum Börsenhandel sind diejenigen Mitglieder ausgeschlossen, welche an der Einführung dieses Wertpapiers in den Börsenhandel beteiligt sind; für die ausscheidenden Mitglieder sind Stellvertreter nach näherer Bestimmung der Börsenordnung zu berufen.

^{III} Die Zulassungsstelle hat die Aufgabe und die Pflicht:
a) die Vorlegung der Urkunden, welche die Grundlage für die zu emittierenden Wertpapiere bilden, zu verlangen und diese Urkunden zu prüfen;
b) dafür zu sorgen, daß das Publikum über alle zur Beurteilung der zu emittierenden Wertpapiere notwendigen tatsächlichen und rechtlichen Verhältnisse soweit als möglich informiert wird, und bei Unvollständigkeit der Angaben die Emission nicht zuzulassen;
c) Emissionen nicht zuzulassen, durch welche erhebliche allgemeine Interessen geschädigt werden oder welche offenbar zu einer Übervorteilung des Publikums führen.

^{IV} Die Zulassungsstelle darf die Emission ohne Angabe von Gründen ablehnen. Im übrigen werden die Bestimmungen über die Zusammensetzung der Zulassungsstelle sowie über die Zulässigkeit einer Beschwerde gegen deren Entscheidungen durch die Börsenordnungen getroffen. Die Zulassungsstelle ist befugt, zum Börsenhandel zugelassene Wertpapiere von demselben auszuschließen.

1) Dazu (15) BörsZulassBek 4. 7. 10 RGBl 917 und Einl dazu. Wertpapierbegriff s Schwark 11, idR nur fungible Wertpapiere (Effekten). Zur Zulassung von KdtAnteilen Meyer=Cording BB **82**, 898. Zur Haftung der Zulassungsstelle Elle ZHR 128 (**66**) 292.

[Ablehnung der Zulassung]

BörsG 37 ^I Wird von der Zulassungsstelle einer Börse der Antrag auf Zulassung von Wertpapieren zum Börsenhandel abgelehnt, so hat die Zulassungsstelle den Vorständen der übrigen deutschen Börsen für Wertpapiere Mitteilung zu machen. Dabei ist anzugeben, ob die Ablehnung mit Rücksicht auf örtliche Verhältnisse oder aus anderen Gründen erfolgt ist. In letzterem Falle darf die Zulassung von einer anderen Börse nur mit Zustimmung derjenigen Stelle erteilt werden, welche die Zulassung abgelehnt hat.

^{II} Der Antragsteller hat anzugeben, ob das Gesuch um Zulassung bereits bei einer anderen Börse eingereicht ist oder gleichzeitig eingereicht wird. Ist dies der Fall, so sollen die Wertpapiere nur mit Zustimmung der anderen Zulassungsstelle zugelassen werden.

1) Zulassung bei mehreren Börsen ist heute üblich.

[Veröffentlichung des Zulassungsantrages; Börsenprospekt]

BörsG 38 ^I Der Antrag auf Zulassung von Wertpapieren ist von der Zulassungsstelle unter Bezeichnung des Antragstellers, des Betrags sowie der Art der einzuführenden Wertpapiere zu veröffentli-

IV. Bank- und Börsenrecht **BörsG 39–41 (14)**

chen. Zwischen dieser Veröffentlichung und der Einführung an der Börse muß eine Frist von mindestens sechs Tagen liegen.

II Vor der Einführung an der Börse ist ein Prospekt zu veröffentlichen, der die für die Beurteilung der einzuführenden Wertpapiere wesentlichen Angaben enthält. Das gleiche gilt für Konvertierungen und Kapitalerhöhungen. Wird der Antrag gestellt, ein an einer Börse im Geltungsbereich dieses Gesetzes eingeführtes Wertpapier an einer anderen Börse im Geltungsbereich dieses Gesetzes zuzulassen, oder wird der Antrag auf Zulassung an mehreren Börsen im Geltungsbereich dieses Gesetzes gleichzeitig gestellt, so kann die Zulassungsstelle gestatten, daß von der Veröffentlichung eines Prospekts abgesehen wird. In diesem Fall ist ein Hinweis bekanntzumachen, wann und an welcher Stelle der Prospekt veröffentlicht worden ist. In dieser Bekanntmachung ist ferner zu erklären, daß dem Publikum auf Wunsch ein Prospekt kostenlos zur Verfügung gestellt wird.

1) Dazu (15) BörsZulassBek §§ 6ff. Ferner EGBörsenprospekt-Ri 17. 3. 80, s Einl 2 A vor § 1. Kapitalherabsetzung s Kümpel WM **80**, 694.

[Öffentliche Anleihen]

BörsG 39 Deutsche *Reichs- und Staatsanleihen* sind an jeder Börse zum Börsenhandel zugelassen. Dies gilt für Deutsche *Reichsanleihen* auch dann, wenn sie als Buchschulden des *Reichs* in das *Reichsschuldbuch* eingetragen sind. Zum Zweck der Einführung an der Börse teilt der *Reichsminister der Finanzen* oder die oberste Landesbehörde die Merkmale der einzuführenden Anleihe dem Börsenvorstand mit. Die Veröffentlichung eines Prospekts ist nicht erforderlich.

1) § 39 S 2 gilt auch für Anleiheforderungen, die in Schuldbüchern der Länder eingetragen sind (Art 2 G 24. 5. 72 BGBl 801); vgl **(13)** DepotG § 1 Anm 1 B.

[Befreiung vom Prospektzwang]

BörsG 40 I Für Schuldverschreibungen, deren Verzinsung und Rückzahlung vom Bund oder einem Bundesland gewährleistet ist und für Schuldverschreibungen einer kommunalen Körperschaft, der Kreditanstalt einer solchen Körperschaft oder einer unter kommunalständischen Kreditanstalt oder einer unter staatlicher Aufsicht stehenden Pfandbriefanstalt kann die Zulassungsstelle auf Antrag genehmigen, daß es der Einreichung eines Prospektes nicht bedarf, wenn seit der letzten Veröffentlichung eines Prospektes weniger als drei Jahre vergangen sind. Mit dieser Genehmigung gilt die Zulassung zum Börsenhandel als erfolgt.

II Zum Zwecke der Einführung an der Börse sind dem Börsenvorstande der Betrag und die Merkmale der einzuführenden Wertpapiere mitzuteilen; bei den Pfandbriefen und gleichartigen Schuldverschreibungen einer kommunalständischen öffentlichen Grundkreditanstalt oder einer unter staatlicher Aufsicht stehenden öffentlichen Pfandbriefanstalt bedarf es der Angabe des Betrags nicht.

[Aktien umgewandelter Unternehmen; ausländische Wertpapiere]

BörsG 41 I Die Zulassung von Aktien eines zur Aktiengesellschaft oder zur Kommanditgesellschaft auf Aktien umgewandelten Unternehmens zum Börsenhandel darf vor Ablauf eines Jahres nach Eintragung der Gesellschaft in das Handelsregister und vor der Veröffentlichung der ersten Jahresbilanz nebst Gewinn- und Verlustrechnung nicht erfolgen. In besonderen Fällen kann diese Frist von der *Landesregierung* (§ 1) ganz oder teilweise erlassen werden.

II Die Zulassung von Anteilscheinen oder staatlich nicht garantierten Obligationen ausländischer Erwerbsgesellschaften ist davon abhängig, daß die

Emittenten sich auf die Dauer von fünf Jahren verpflichten, die Bilanz sowie die Gewinn- und Verlustrechnung jährlich nach Feststellung derselben in einer oder mehreren von der Zulassungsstelle zu bestimmenden deutschen Zeitungen zu veröffentlichen.

[Öffentlich zu zeichnende Wertpapiere]

BörsG 42 Für Wertpapiere, welche zur öffentlichen Zeichnung aufgelegt werden, darf vor beendeter Zuteilung an die Zeichner eine amtliche Feststellung des Preises nicht erfolgen. Vor diesem Zeitpunkte sind Geschäfte von der Benutzung der Börseneinrichtungen ausgeschlossen und dürfen von den Kursmaklern nicht notiert werden. Auch dürfen für solche Geschäfte Preislisten (Kurszettel) nicht veröffentlicht oder in mechanisch hergestellter Vervielfältigung verbreitet werden.

[Nicht zugelassene Wertpapiere]

BörsG 43 Für Wertpapiere, deren Zulassung zum Börsenhandel verweigert oder nicht nachgesucht ist, darf eine amtliche Feststellung des Preises nicht erfolgen. Geschäfte in solchen Wertpapieren sind von der Benutzung der Börseneinrichtungen ausgeschlossen und dürfen von den Kursmaklern nicht vermittelt werden. Auch dürfen für solche an der Börse abgeschlossenen Geschäfte Preislisten (Kurszettel) nicht veröffentlicht oder in mechanisch hergestellter Vervielfältigung verbreitet werden, soweit nicht die Börsenordnung für besondere Fälle Ausnahmen gestattet.

1) Geregelter Markt

Künftig sollen Wertpapiere zum Börsenhandel mit nicht-amtlicher Notierung (geregelter Markt) zugelassen werden können, s Einl 2 A vor § 1. Übersichten: Hopt WM **85,** 793, Woopen ZIP **86,** 258.

2) Geregelter Freiverkehr

§ 43 steht dem sog geregelten Freiverkehr nicht entgegen. Dieser findet herkömmlich während der Börsenzeit und im Börsensaal statt, ohne amtliche Zulassung und Notierung und ohne börsengesetzliche Regelung. Doch besteht ein Einbeziehungsverfahren vor dem jeweiligen Freiverkehrsausschuß der einzelnen Börse, allerdings mit sachlich weniger strengen Anforderungen. Mangels börsengesetzlicher Regelung entfällt die börsenrechtliche Prospekthaftung, nicht aber die allgemeine zivilrechtliche Prospekthaftung (s § 45 Anm 2). Näher Usancen der Ständigen Kommission für Angelegenheiten des Handels in amtlich nicht notierten Werten (Bundesverband deutscher Banken). Übersichten: Hopt WM **85,** 797, Claussen FS Stimpel **85,** 1049, Kümpel WM Sonderbeil 5/**85.**

3) Ungeregelter Freiverkehr

Dabei handelt es sich um das unterste, ungeregelte Börsensegment. Der Handel findet hier ohne börsenrechtliche Grundlage und Regelung teils im unmittelbaren Kontakt von Börsenteilnehmern, teils telefonisch statt. Der ungeregelte Freiverkehr ist häufig Vorstufe für den Zugang zu einem höheren Marktsegment. Ihn auf Grund von § 43 aus der Börse zu verbannen, hieße, auf praktische Kontrollmechanismen zu verzichten.

4) Telefonhandel

Richtigerweise nicht mit ungeregeltem Freiverkehr zu verwechseln, Handel völlig außerhalb der Börsen. Es gilt nur allgemeines Vertrags- und Effektengeschäftsrecht.

[Ermächtigungsvorschrift]

BörsG 44 ⁱ Der *Bundesrat* bestimmt den Mindestbetrag des Grundkapitals, welcher für die Zulassung von Aktien an den einzelnen Börsen maßgebend sein soll, sowie den Mindestbetrag der einzelnen Stücke der zum Handel an der Börse zuzulassenden Wertpapiere.

ᴵᴵ Weitere Bestimmungen über die Aufgaben der Zulassungsstelle und die Voraussetzungen der Zulassung trifft der *Bundesrat*.

ᴵᴵᴵ Die Befugnis der *Landesregierung*, ergänzende Bestimmungen zu treffen, wird hierdurch nicht berührt; diese Bestimmungen sind dem *Reichskanzler* mitzuteilen.

1) Zu I, II s (15) BörsZulassBek; zu III beachte Art 129 III GG.

[Prospekthaftung]

BörsG 45 ⁱ Sind in einem Prospekt, auf Grund dessen Wertpapiere zum Börsenhandel zugelassen sind, Angaben, welche für die Beurteilung des Wertes erheblich sind, unrichtig, so haften diejenigen, welche den Prospekt erlassen haben, sowie diejenigen, von denen der Erlaß des Prospekts ausgeht, wenn sie die Unrichtigkeit gekannt haben oder ohne grobes Verschulden hätten kennen müssen, als Gesamtschuldner jedem Besitzer eines solchen Wertpapiers für den Schaden, welcher demselben aus der von den gemachten Angaben abweichenden Sachlage erwächst. Das gleiche gilt, wenn der Prospekt infolge der Fortlassung wesentlicher Tatsachen unvollständig ist und diese Unvollständigkeit auf böslichem Verschweigen oder auf der böslichen Unterlassung einer ausreichenden Prüfung seitens derjenigen, welche den Prospekt erlassen haben, oder derjenigen, von denen der Erlaß des Prospekts ausgeht, beruht.

ᴵᴵ Die Ersatzpflicht wird dadurch nicht ausgeschlossen, daß der Prospekt die Angaben als von einem Dritten herrührend bezeichnet.

1) **Börsenprospekthaftung:** §§ 45–49 sind in vielen Einzelpunkten veraltet. Einengende Tatbestandsmerkmale sind ua Beschränkung auf Börsenzulassung unter Ausschluß zB von Bezugsangeboten, BGH NJW **82,** 2828; Ursachenzusammenhang zwischen Prospekt und Erwerb, BGH NJW **82,** 2827; Schutz nur für Käufer der aufgrund des Prospekts zugelassenen „jungen" Stücke (s § 46 Anm 1); grobe Fahrlässigkeit bzw bei Unvollständigkeit des Prospekts Böslichkeit. Die neuere Rspr (BuM-Urteile) bemüht sich um Aktualisierung. Für die Richtigkeit des Prospekts ist auf den Einzelstücken der dem (nicht besonders fachkundigen) Durchschnittsanleger vermittelte Gesamteindruck entscheidend; objektiv unberechtigte Erfolgserwartungen dürfen nicht erweckt werden; die genaue Höhe der Betriebsverluste braucht die Emissionsbank aber idR nicht zu offenbaren; BGH NJW **82,** 2826, Düss WM **84,** 586; Insiderinformationen s § 347 HGB Anm 4 A h. Unter § 45 fallen nicht nur Tatsachenbehauptungen, sondern auch wertende Angaben, BGH NJW **82,** 2826, str. Die Emissionsbank haftet dafür, daß Werturteile und Prognosen ausreichend durch Tatsachen gestützt und kaufmännisch vertretbar sind; allgemein ist bei solchen Äußerungen Zurückhaltung geboten, BGH NJW **82,** 2826. Die Emissionsbank darf sich bei Überprüfung des Prospekts idR auf das Prüfungsergebnis des Wirtschaftsprüfers verlassen; anders wenn berechtigte Zweifel naheliegen, BGH NJW **82,** 2825. Richtigkeit und Vollständigkeit des Prospekts nötigen nicht zur Schwarzmalerei. Der Anleger braucht den Prospekt nicht gekannt zu haben; durch Prospekt erzeugte Anlagestimmung wird vermutet und genügt für Ursachenzusammenhang, Düss WM **84,** 596. Monographie Assmann 1985; Ehricke DB **81,** 2429, Schwark ZRG **83,** 162.

2) Allgemeine zivilrechtliche Prospekthaftung: Diese ist praktisch höchst bedeutsam und geht wesentlich weiter, s Anh § 177a HGB Anm VIII 2 B. Die Börsenprospekthaftung geht in ihrem Anwendungsbereich der zivilrechtlichen vor, ebenso den allgemeinen Deliktsansprüchen, str, offen BGH NJW **86**, 840. Eventuelle vertragliche Ansprüche werden von § 45 nicht ausgeschlossen (§ 48 II), Düss WM **81**, 965. Auch deliktische Ansprüche für die Zeit vor Veröffentlichung des Börsenprospekts bleiben unberührt, BGH NJW **86**, 841, ebenso aus anderen als Börsenprospekten, Düss WM **81**, 965, 971.

[Umfang der Ersatzpflicht]

BörsG 46 [I] Die Ersatzpflicht erstreckt sich nur auf diejenigen Stücke, welche auf Grund des Prospekts zugelassen und von dem Besitzer auf Grund eines im Inland abgeschlossenen Geschäfts erworben sind.

[II] Der Ersatzpflichtige kann der Ersatzpflicht dadurch genügen, daß er das Wertpapier gegen Erstattung des von dem Besitzer nachgewiesenen Erwerbspreises oder desjenigen Kurswerts übernimmt, den die Wertpapiere zur Zeit der Einführung hatten.

[III] Die Ersatzpflicht ist ausgeschlossen, wenn der Besitzer des Papiers die Unrichtigkeit oder Unvollständigkeit der Angaben des Prospekts bei dem Erwerbe kannte. Gleiches gilt, wenn der Besitzer des Papiers bei dem Erwerbe die Unrichtigkeit der Angaben des Prospekts bei Anwendung derjenigen Sorgfalt, welche er in eigenen Angelegenheiten beobachtet, kennen mußte, es sei denn, daß die Ersatzpflicht durch bösliches Verhalten begründet ist.

1) I begrenzt Schutz auf Käufer von aufgrund des Prospekts zugelassenen Stücken (nicht von Altaktien), BGH NJW **82**, 2827, **86**, 840. Die Rechtsfolgen der allgemeinen Prospekthaftung (s § 45 Anm 2) gehen wesentlich weiter, § 347 HGB Anm 4.

[Verjährung]

BörsG 47 Der Ersatzanspruch verjährt in fünf Jahren seit der Zulassung der Wertpapiere.

[Keine Haftungsbeschränkung]

BörsG 48 [I] Eine Vereinbarung, durch welche die nach den §§ 45 bis 47 begründete Haftung ermäßigt oder erlassen wird, ist unwirksam.

[II] Weitergehende Ansprüche, welche nach den Vorschriften des bürgerlichen Rechtes auf Grund von Verträgen erhoben werden können, bleiben unberührt.

[Gerichtliche Zuständigkeit]

BörsG 49 Für die Entscheidung der Ansprüche aus den §§ 45 bis 48 ist ohne Rücksicht auf den Wert des Streitgegenstandes ausschließlich das Landgericht des Ortes zuständig, an dessen Börse die Einführung des Wertpapiers erfolgte. Besteht an diesem Landgericht eine Kammer für Handelssachen, so gehört der Rechtsstreit vor diese. Die Revision sowie die Beschwerde gegen Entscheidungen des Oberlandesgerichts geht an den Bundesgerichtshof.

IV. Börsenterminhandel

Überblick vor § 50

Schrifttum: *Schlicht,* Börsenterminhandel in Wertpapieren, 1972. – *Kümpel-Häuser,* Börsentermingeschäfte, Termin- und Differenzeinwand, 1986. – *Müller-Schwerin-Ulmer,* Abwicklungsusancen im deutschen Wertpapier-Optionshandel, ZKW **78**, 364. – RsprÜbersicht: *Häuser* ZIP **81**, 933.

1) Geschäftsarten

A. Börsentermingeschäfte sind Verträge über Wertpapiere, vertretbare Waren oder Devisen (s § 96) nach gleichartigen Bedingungen, die von beiden Seiten erst zu einem bestimmten späteren Zeitpunkt zu erfüllen sind und sich auf einen Terminmarkt beziehen, BGH **92**, 320. Terminmarkt ist ein Markt, auf dem Termingeschäfte und jederzeit völlig gleiche Gegengeschäfte abgeschlossen werden können, also idR eine in- oder ausländische Börse, BGH NJW **80**, 391. Der Bezug zu einem Terminmarkt führt idR zum Abschluß zu Marktpreisen. Begriffselement ist letzteres nicht, str, Hopt BB **84**, 420; doch geht bei größeren Differenzen uU der Bezug zu dem Terminmarkt verloren, BGH NJW **80**, 391; bei Prolongationen zum Altkurs ist das nicht der Fall. Börsentermingeschäfte sind nicht notwendig (relative) Fixgeschäfte (§ 376 HGB, § 361 BGB), BGH **92**, 321. Wirtschaftlich sind Börsentermingeschäfte teils rein spekulative Geschäfte (Hausse-, Baissespekulation), teils Kurssicherungs- bzw Gegengeschäfte zur Absicherung gegen Preisanstieg oder Preisverfall bei künftig fälligen Liefer- oder Abnahmeverpflichtungen (sog Hedge-Geschäfte im Außenhandel). Börsentermingeschäfte fallen unter §§ 50–70. Rechtsfolge eines Verstoßes gegen §§ 50 ff ist nicht Nichtigkeit, sondern Unklagbarkeit. Dieser sog **Termineinwand** ist von Amts wegen zu beachten (s Anm 3); zur Arglisteinrede gegen den Termineinwand (nur in engen Grenzen) s § 53 Anm 2. Bloße **Zeitgeschäfte** (mißverständlich Termingeschäfte) erfüllen eine oder mehrere Voraussetzungen der Börsentermingeschäfte nicht und fallen dann nicht unter §§ 50–70, aber uU unter §§ 762, 764 BGB (Differenzgeschäfte, s unten). Abgrenzung von Börsentermin- und Zeitgeschäft s Kümpel WM Sonderbeil 6/82. Short sales s Anm C.

B. Kassageschäfte sind im Gegensatz zu Börsentermin- bzw einfachen Termin- oder Zeitgeschäften Geschäfte, die sofort oder innerhalb ganz kurzer, durch die Börsenusancen bestimmter Fristen zu erfüllen sind. Sie beziehen sich auf den Kassamarkt und werden idR zu dem jeweiligen Kassakurs abgeschlossen. Ein ernst gemeintes Kassageschäft wird nicht durch spekulative Absicht zum Termingeschäft, RG HRR **37**, 855. Auch dann nicht, wenn der Verkäufer Wertpapiere leer verkauft, dh sich die verkauften Wertpapiere selbst erst noch besorgen muß. Die Form eines Kassageschäfts kann ausnahmsweise ein Termingeschäft verdecken, RG **91**, 45; **142**, 115.

C. Differenzgeschäfte sind Geschäfte iSv § 764 BGB; sie gelten als „Spiel" ohne klagbare Verbindlichkeit (§ 762 BGB). Dieser sog **Differenzeinwand** (s näher §§ 58, 61 Anm) ist von Amts wegen zu beachten, BGH **86**, 117, NJW **81**, 1897.

BGB 762 [Unvollkommene Verbindlichkeit]

[1] Durch Spiel oder durch Wette wird eine Verbindlichkeit nicht begründet. Das auf Grund des Spieles oder der Wette Geleistete kann nicht deshalb zurückgefordert werden, weil eine Verbindlichkeit nicht bestanden hat.

(14) BörsG v 50

II Diese Vorschriften gelten auch für eine Vereinbarung, durch die der verlierende Teil zum Zwecke der Erfüllung einer Spiel- oder einer Wettschuld dem gewinnenden Teile gegenüber eine Verbindlichkeit eingeht, insbesondere für ein Schuldanerkenntnis.

BGB 764 [Differenzgeschäft]

Wird ein auf Lieferung von Waren oder Wertpapieren lautender Vertrag in der Absicht geschlossen, daß der Unterschied zwischen dem vereinbarten Preise und dem Börsen- oder Marktpreise der Lieferungszeit von dem verlierenden Teile an den gewinnenden gezahlt werden soll, so ist der Vertrag als Spiel anzusehen. Dies gilt auch dann, wenn nur die Absicht des einen Teiles auf die Zahlung des Unterschieds gerichtet ist, der andere Teil aber diese Absicht kennt oder kennen muß.

a) Anwendungsbereich: Den **offenen** Differenzgeschäften stehen die **verdeckten** Differenzgeschäfte gleich, einerlei in welcher Form sie abgeschlossen werden, zB Verbindung mehrerer gegenläufiger Verträge zum Zweck der Leistung nur des Preisunterschieds (Gewinnerzielung aus den Schwankungen des Markts „ohne Beziehung zum Güterumsatz"), BGH **58**, 2, NJW **81**, 1897. Differenzgeschäft kann auch im Rahmen eines GesVertrags vereinbart werden, RG **147**, 117. Short sales sind Differenzgeschäfte, BGH NJW **79**, 488, aber mangels hinausgeschobener Erfüllung keine Börsentermingeschäfte, str, Kümpel WM Sonderbeil 6/**82**, 18, offen Häuser ZIP **81**, 936. **Grenzen** des Differenzeinwands: (1) Der Anwendungsbereich der §§ 764, 762 BGB ist praktisch sehr eingeschränkt, denn das Differenzgeschäft wird meist als Börsentermingeschäft abgeschlossen, bei dem unter den Voraussetzungen des § 58 BörsG (offizielles Geschäft, Börsenterminfähigkeit) der Differenzeinwand entfällt. (2) Der Differenzeinwand setzt voraus, daß ein berechtigter wirtschaftlicher Zweck des Auftraggebers erkennbar fehlt. Kurssicherungs- bzw Gegengeschäfte (s Anm A) fallen nicht unter § 764 BGB, RG **107**, 22, **146**, 193, BGH **58**, 5; pauschale Kurssicherung s Hopt FS Werner **84**, 345. (3) Für Börsenbesucher ist die Erhebung des Differenzeinwands bei Börseninnengeschäften standeswidrig (Verfahren vor dem Ehrenausschuß) und unüblich. **Praktisch bedeutsam** ist danach der Differenzeinwand vor allem bei inoffiziellen Börsentermingeschäften, zu denen die Rspr auch alle an einer Auslandsbörse durchzuführenden Geschäfte rechnet (sehr str, s § 61), ebenso Differenzgeschäfte ohne Beziehung zu einem Terminmarkt, BGH NJW **80**, 391. Zur Arglisteinrede gegen den Differenzeinwand s § 58 Anm 2. **b) Rechtsfolgen:** Klagbare Ansprüche aus dem Differenzgeschäft bestehen nicht (§ 762 I 1 BGB), aber auch keine Rückforderung des zur Erfüllung (auch Erfüllungssurrogate) Geleisteten (§ 762 I 2 BGB). Bloße Sicherheiten fallen nicht unter I 2; Einschüsse ohne vorweggenommene Tilgungswirkung können also nach § 812 BGB zurückgefordert werden, BGH **86**, 121 (vgl § 55 Anm 1). Rückforderung aus anderen Gründen als I 1, zB nach Anfechtung wegen arglistiger Täuschung, bleibt möglich, KG NJW **80**, 2314. Zu §§ 762, 764 BGB Hohenlohe=Oehringen BB **80**, 1667, Hopt FS Werner **84**, 339.

2) Formen von Börsentermingeschäften

A. Zu unterscheiden sind fest und nur bedingt zu erfüllende Börsentermingeschäfte. **Festgeschäfte** sind Börsentermingeschäfte, bei denen die Wertpapiere, Waren oder Devisen zu dem bestimmten späteren Zeitpunkt unbedingt (fest) zu liefern und abzunehmen sind. An Produktenbörsen sind diese sog **Fixgeschäfte** Leerverkäufe von Waren, die der Verkäufer noch nicht besitzt. Bei einer **Prolongation** beschafft sich der Verkäufer die zu liefernden Waren von einem Dritten, dem er sie später zum Terminkurs abzüglich des Depots zurückgibt (kombiniertes Kauf- und Rückkaufgeschäft).

B. Nur bedingt zu erfüllende Börsentermingeschäfte sind die **Optionsgeschäfte**. Optionsgeschäfte sind ,,Börsentermingeschäfte in der Form der Einräumung des Rechts, Lieferung oder Abnahme von Wertpapieren zu verlangen" (VO 26. 6. 70 BGBl 933). Der amtliche Optionshandel an den deutschen WPBörsen ist nach Aussetzung 1931 erst wieder seit 1. 7. 70 in Anteilen bestimmter AG (s bei § 63) und seit 1. 4. 86 auch in bestimmten festverzinslichen Wertpapieren eröffnet **(Optionspapiere)**. Das Optionsgeschäft besteht aus zwei rechtlich zusammenhängenden Teilen: **a) Optionsvertrag** ist der Vertrag, durch den eine Option gegen Zahlung des Optionspreises erworben wird **(Optionskauf)**. Die Bank tritt bei Optionsgeschäften stets als Eigenhändler auf. Die **Option** ist das Recht des Käufers, innerhalb der Laufzeit der Option (standardisiert auf vier feste Fälligkeitstermine jährlich; bei Aktienoptionen erster 15., bei Rentenwertoptionen erster 25. jedes Quartals) jederzeit vom Verkäufer (Stillhalter in Wertpapieren oder in Geld) zum vereinbarten Preis (Standardisierung auf bestimmte Basispreise und Abschlußhöhen bzw. Mindestschlüsse) die Lieferung bestimmter, zum Optionsgeschäft zugelassener Wertpapiere (Kaufoption) bzw ihre Abnahme (Verkaufsoption) zu fordern. Der Stillhalter muß Sicherheit leisten. Optionsgeschäfte sind Börsentermingeschäfte (und verdeckte Differenzgeschäfte), das Recht des Optionskäufers, sein Wahlrecht während der ganzen Optionsdauer auszuüben, schließt Termingeschäftseigenschaft des Optionsgeschäfts nach §§ 50 ff nicht aus, BGH NJW **80**, 1957. Auch der Optionskauf ohne Ausübung der Option ist ein Börsentermingeschäft, BGH **92**, 321, zust Koller WM **85**, 593, aA Kümpel WM **85**, 73. Der Optionspreis fällt unter § 55, soll aber nicht Leistung iSv § 57 sein, so BGH **92**, 324, fraglich, Canaris ZIP **85**, 593. Die Option ist bis zum dritten Börsentag vor ihrem Fälligkeitstermin übertragbar; Zustimmung der stillhaltenden Bank ist nicht nötig. Optionsgeschäft und Differenzeinwand s Häuser DB **85**, 1169. **b)** Die **Ausübung der Option** ist eine empfangsbedürftige Willenserklärung, die den Kaufvertrag über die Wertpapiere zur Entstehung bringt **(Wertpapierkauf)**. Der Optionspreis ist auf jeden Fall zu zahlen, der Kaufpreis nur bei Ausübung der Option. Bei Nichtausübung verfällt die Option mit Ablauf der Laufzeit. Für den Optionshandel gelten ,,Besondere Bedingungen für Optionsgeschäfte" der Wertpapierbörsen (nF ab 1. 4. 83 WM Sonderbeil 3/83), ,,Sonderbedingungen für Optionsgeschäfte" der Kreditinstitute (ZIP **83**, 507); ferner Regulativ der Lombardkasse/Liquidationskassen für den Optionshandel (Teilnahme am Optionshandel, generelle Sicherheit, prozentuale Deckung, Gewährleistung der Kasse ua). Vgl Leitfaden für das börsenmäßige Optionsgeschäft April 1983. Übersichten: Stein WM Sonderbeil 4/**83**, Müller-Steuer Die Bank **86**, 182.

C. Weitere bedingt zu erfüllende Börsentermingeschäfte sind ua **Prämiengeschäfte**, bei denen sich der Käufer oder Verkäufer gegen Bezahlung der Prämie von seiner Erfüllungsverpflichtung lösen kann (Kauf mit Rücktrittsvorbehalt und Rücktritt nur gegen Reugeld nach § 359 BGB, Schönle § 47 II 2 b). Anders als der Optionspreis, der auf jeden Fall zu zahlen ist, verfällt die Prämie nur bei Rücktritt. Zum Stellagegeschäft (Wahlschuld iSv § 262 BGB, bei der der Käufer auf eine große, der Verkäufer auf eine kleine Kursschwankung spekuliert) und zum Nochgeschäft (Festgeschäft mit zusätzlicher Option auf weitere Geschäfte) s Schönle § 47 II 2 b. Alle diese Geschäfte sind heute nur in der Form von Optionsgeschäften (s Anm B) zulässig. Short sales s Anm 1 C.

D. Börsentermingeschäfte sind je nach Gegenstand in **Wertpapiertermingeschäfte, Devisentermingeschäfte** (s § 96) und **Warentermingeschäfte** einzuteilen. Warentermingeschäfte spielen heute vor allem als Auslandsgeschäfte eine Rolle; dabei ist es zu erheblichen Mißbräuchen gekommen. Zur Aufklärungspflicht bei Warentermingeschäften s § 347 HGB Anm 4 A. Übersichten:

von Arnim AG **83**, 29, 67, Samtleben BB **74**, 1616 (Schiedsklauseln), Dittmann BB **77**, 1332 (Einschüsse).

3) Rechtswirksamkeit von Börsentermingeschäften (Systematik der §§ 50ff)

A. Verbotene Börsentermingeschäfte: **a)** Darunter fallen (1) solche in Aktien, die nicht durch VO des BMF zum Terminhandel zugelassen sind (§ 63 I, s dort zum Optionshandel als heute allein zugelassenem Terminhandel in Aktien), (2) Börsentermingeschäfte in anderen Wertpapieren oder in Waren, die der BMF besonders verboten hat (§ 63 II), (3) alle Börsentermingeschäfte in Getreideerzeugnissen (§ 65). **b)** Die Rechtsfolgen bestimmen sich nach §§ 64, 66–70. Das verbotene Geschäft ist nicht nichtig, aber auf jeden Fall **unverbindlich** (§ 64). Das aufgrund des Geschäfts Geleistete kann nicht zurückgefordert werden, auch nicht bei Sicherheitsbestellung (§ 64 II, I 2, Ausnahme § 66 II).

B. Erlaubte offizielle Börsentermingeschäfte: **a)** Das sind Börsentermingeschäfte in Waren oder Wertpapieren, die durch den Börsenvorstand zum Börsenterminhandel zugelassen sind (§ 50 I); so der Optionshandel in Aktien (s oben Anm 2 B). **b)** Die Rechtsfolgen hängen maßgeblich von der Börsentermingeschäftsfähigkeit ab. (1) Bei Termingeschäftsfähigkeit beider Parteien ist das Geschäft voll wirksam (§ 53 I); damit ist zugleich der Differenzeinwand nach §§ 764, 762 BGB ausgeschlossen (§ 58). (2) Bei mangelnder Termingeschäftsfähigkeit beider Parteien ist das Geschäft unverbindlich (Termineinwand, kein Rückforderungsrecht, §§ 52, 55); neben dem Termineinwand ist der Differenzeinwand möglich (§ 58 Umkehrschluß). Nur bei Annahme als Erfüllung nach § 57 tritt Heilung (Verbindlichkeit von Anfang an) ein. (3) Dasselbe gilt grundsätzlich bei mangelnder Termingeschäftsfähigkeit nur einer Partei (§§ 52, 55). Doch kann sich die termingeschäftsfähige Partei dann eine Sicherheit bestellen lassen (§ 54, praktisch sehr wichtig, s dort) sowie aufrechnen (§ 56); für sie ist dann aber das Geschäft verbindlich und der Differenzeinwand ausgeschlossen (§ 58).

C. Erlaubte inoffizielle Börsentermingeschäfte: **a)** Das sind Börsentermingeschäfte, die weder verboten sind noch in zum Börsenterminhandel zugelassenen Waren oder Wertpapieren erfolgen. Nach der Rspr gehören dazu auch alle an einer Auslandsbörse durchzuführenden Geschäfte (s § 61). **b)** Bei den Rechtsfolgen ist zwischen Termineinwand (§§ 52, 55) und Differenzeinwand (§§ 764, 762 BGB) zu unterscheiden. Ersterer richtet sich nach der Termingeschäftsfähigkeit der Parteien (s Anm B). Der Differenzeinwand bleibt aber auf jeden Fall, also auch bei Termingeschäftsfähigkeit beider Parteien, möglich (§ 58 Umkehrschluß); auch die Heilungs- und Sicherungsmöglichkeiten der §§ 54, 56, 57 gelten nicht gegenüber dem Differenzeinwand (§ 58 S 2, Umkehrschluß, aA Schönle 478). Soweit das inoffizielle Börsentermingeschäft ein Differenzgeschäft ist (s Anm 1 C), steht es also praktisch dem verbotenen Börsentermingeschäft gleich.

[Zulassung]

BörsG 50 ^I **Die Zulassung von Waren oder Wertpapieren zum Börsenterminhandel erfolgt durch den Börsenvorstand nach näherer Bestimmung der Börsenordnung. Der Börsenvorstand ist befugt, die Zulassung zurückzunehmen.**

^{II} **Vor der Zulassung sind die Geschäftsbedingungen für den Börsenterminhandel in den zuzulassenden Waren oder Wertpapieren festzusetzen.**

^{III} **Der Börsenvorstand hat vor der Zulassung von Waren zum Börsenterminhandel in jedem einzelnen Falle Vertreter der beteiligten Erwerbskreise gutachtlich zu hören und das Ergebnis dem** *Reichskanzler* **mitzuteilen. Die**

Zulassung darf erst erfolgen, nachdem der *Reichskanzler* erklärt hat, daß er zu weiteren Ermittelungen keinen Anlaß finde.

^{IV} Die Zulassung von Wertpapieren zum Börsenterminhandel darf nur erfolgen, wenn die Gesamtsumme der Stücke, in denen der Börsenterminhandel stattfinden soll, sich nach ihrem Nennwerte mindestens auf zehn Millionen Deutsche Mark beläuft.

^V Anteile einer inländischen Erwerbsgesellschaft dürfen nur mit Zustimmung der Gesellschaft zum Börsenterminhandel zugelassen werden. Eine erfolgte Zulassung ist auf Verlangen der Gesellschaft spätestens nach Ablauf eines Jahres von dem Tage an gerechnet, an welchem das Verlangen dem Börsenvorstande gegenüber erklärt worden ist, zurückzunehmen.

^{VI} Der *Bundesrat* kann weitere Bestimmungen über die Voraussetzungen der Zulassung treffen.

1) Sog offizielle Börsengeschäfte (zB der Optionshandel), s Überbl 2 B vor § 50; nur bei Zulassung durch eine deutsche Börse, sonst inoffizielle Börsengeschäfte, s § 61.

[Nicht zugelassener Terminhandel]

BörsG 51 ^I Soweit Börsentermingeschäfte in bestimmten Waren oder Wertpapieren verboten sind oder die Zulassung zum Börsenterminhandel endgültig verweigert oder zurückgenommen worden ist, ist der Börsenterminhandel von der Benutzung der Börseneinrichtungen und der Vermittelung durch die Kursmakler ausgeschlossen. Findet an einer Börse ein Börsenterminhandel nach Geschäftsbedingungen statt, die von den festgesetzten Geschäftsbedingungen (§ 50 Abs. 2) abweichen, oder findet ein Börsenterminhandel in solchen Waren oder Wertpapieren statt, die zum Börsenterminhandel nicht zugelassen sind, so ist der durch Anordnung des Börsenvorstandes von der Benutzung der Börseneinrichtungen und der Vermittelung durch die Kursmakler auszuschließen. Der Börsenvorstand kann den Erlaß der Anordnung aussetzen, wenn Verhandlungen wegen Zulassung der Waren oder Wertpapiere zum Börsenterminhandel schweben. Die Aussetzung darf höchstens auf ein Jahr erfolgen.

^{II} Soweit der Börsenterminhandel auf Grund des Absatzes 1 von der Benutzung der Börseneinrichtungen und der Vermittelung durch die Kursmakler ausgeschlossen ist, dürfen für Börsentermingeschäfte, sofern sie im Inland abgeschlossen sind, Preislisten (Kurszettel) nicht veröffentlicht oder in mechanisch hergestellter Vervielfältigung verbreitet werden.

[Erlaubte Termingeschäfte]

BörsG 52 Ein Börsentermingeschäft, das nicht gegen ein durch dieses Gesetz oder den *Bundesrat* erlassenes Verbot verstößt, ist nur nach Maßgabe der §§ 53 bis 56 wirksam.

1) Darunter fallen offizielle und inoffizielle Börsentermingeschäfte (s Überbl 3 B, C vor § 50).

[Termingeschäftsfähigkeit]

BörsG 53 ^I Das Geschäft ist verbindlich, wenn auf beiden Seiten als Vertragschließende Kaufleute, die in das Handelsregister eingetragen sind oder deren Eintragung nach § 36 des Handelsgesetzbuchs nicht erforderlich ist, oder eingetragene Genossenschaften beteiligt sind. Personen, deren Gewerbebetrieb über den Umfang des Kleingewerbes nicht hinausgeht, gehören, auch wenn sie in das Handelsregister eingetragen sind, nicht zu den Kaufleuten im Sinne dieser Vorschrift.

(14) BörsG 54 2. Handelsrechtl. Nebengesetze

^{II} Den im Absatz 1 bezeichneten Kaufleuten stehen gleich:
1. Personen, die zur Zeit des Geschäftsabschlusses oder früher berufsmäßig Börsentermingeschäfte oder Bankiergeschäfte betrieben haben oder zum Besuch einer dem Handel mit Waren der bei dem Geschäft in Frage kommenden Art oder einer dem Handel mit Wertpapieren dienenden Börse mit der Befugnis zur Teilnahme am Börsenhandel dauernd zugelassen waren;
2. Personen, die im Inlande zur Zeit des Geschäftsabschlusses weder einen Wohnsitz noch eine gewerbliche Niederlassung haben.

1) Termingeschäftsfähig sind eingetragene Vollkaufleute (I) und gleichgestellte Börsenleute (II). Nach dem klaren Wortlaut des I ist für die Termingeschäftsfähigkeit Eintragung in das HdlReg oder GenReg (Ausnahme Unternehmen der öffentlichen Hand nach § 36 HGB) nötig, nicht aber das Vorliegen eines HdlGeschäfts entspr §§ 343, 344 HGB, hL; beides widerspricht der Systematik des HGB, deshalb aA Canaris 1875 (auch nicht eingetragene VollKflte; nicht bei Privatgeschäften). § 53 I 2 hat als Schutznorm Vorrang vor §§ 5, 15 HGB. Zur Börsentermingeschäftsfähigkeit der phG von HdlGes s Hadding-Häuser WM **80,** 1278. Die Abgrenzung durch I u II (besonders II 2, aber auch Erfassung aller eingetragenen Vollkflte) entspricht den heutigen veränderten Schutzbedürfnissen nicht mehr; Änderungen seien aber Sache des Gesetzgebers, BGH NJW **81,** 1898, 1899. Übersicht: Kümpel ZKW **86,** 558.

2) Der Termineinwand (Unklagbarkeit) ist von Amts wegen zu beachten, s Überbl 1 A, 3 B, C vor § 50. Gewinn des Vermittlers (Beauftragter) kann also nicht klagweise herausverlangt werden, BGH NJW **80,** 1957, WM **83,** 1310.

3) Arglisteinrede gegen Termineinwand: Die Erhebung des Termineinwands verstößt auch bei längerer Geschäftsverbindung grundsätzlich nicht gegen Treu und Glauben (vgl § 58 Anm 2 zum Differenzeinwand). Die Rechtsfolge der Unverbindlichkeit wird durch § 55 beschränkt; kein Rückforderungsrecht zB betr Optionsprämie für Warentermingeschäft. Der Termineinwand schließt aber Schadensersatzpflicht des Vermittlers aus unterlassener Aufklärung und Beratung (s § 347 HGB Anm 3 C, 4) nicht aus, BGH **80,** 86 m Anm Rössner BB **81,** 696. Das ist auf den Differenzeinwand und allgemeiner auf culpa in contrahendo und bes auf Berufspflichten (Banken ua) auszudehnen.

4) Verhältnis zum Differenzeinwand: Differenzeinwand (Unklagbarkeit, von Amts wegen zu beachten, s Überbl 1 C, 3 B, C vor § 50) ist bei erlaubten offiziellen Börsentermingeschäften zwischen termingeschäftsfähigen Parteien nach §§ 53 I 1, 58 ausgeschlossen. Umgekehrt können Termingeschäftseinwand und Differenzeinwand nebeneinander eingreifen, BGH NJW **81,** 1441.

[Sicherheitsleistung]

BörsG 54 ^I Betrifft das Geschäft Wertpapiere und gehört der eine Teil nicht zu den Personen, die nach § 53 Börsentermingeschäfte abschließen können, ist aber der andere Teil ein Kaufmann oder eine Genossenschaft der im § 53 Abs. 1 bezeichneten Art und hat sich dieser Teil für die Erfüllung des Geschäfts eine Sicherheit bestellen lassen, so ist er befugt, aus der Sicherheit Befriedigung zu suchen; auch ist das Geschäft für ihn verbindlich.

^{II} Die Sicherheitsleistung hat die im Absatz 1 bezeichneten Wirkungen nur, wenn die Sicherheit aus Geld oder aus Wertpapieren, die einen Kurswert haben, besteht und der Besteller dem anderen Teile gegenüber schriftlich und ausdrücklich erklärt, daß die Sicherheit zur Deckung von Verlusten aus Börsentermingeschäften dienen soll.

IV. Bank- und Börsenrecht **BörsG 55–57 (14)**

[III] Das Schriftstück, in dem die Erklärung abgegeben wird, darf andere Erklärungen des Bestellers der Sicherheit nicht enthalten.

[IV] Besteht die Sicherheit aus Wertpapieren, so müssen sie in der Erklärung nach Gattung und nach Zahl oder Nennwert bezeichnet sein.

[V] Eine Erklärung, die diesen Vorschriften nicht entspricht, ist nichtig.

[VI] Zur Wahrung der schriftlichen Form genügt die telegraphische Übermittlung. Wird diese Form gewählt, so kann nachträglich die Abgabe einer schriftlichen Erklärung verlangt werden.

[VII] Eine Erklärung, durch die eine Änderung der bestellten Sicherheit bewirkt wird, ist insoweit nicht stempelpflichtig, als der bisherige Gesamtnennwert der Sicherheit nicht überschritten wird.

1) Grundschuld genügt nicht (II), BGH **94**, 267. Vgl dazu Kümpel DB **73**, 755, WM **80**, 428.

[Kein Rückforderungsrecht]

BörsG 55 Das auf Grund des Geschäfts Geleistete kann nicht deshalb zurückgefordert werden, weil für den Leistenden nach den §§ 52 bis 54 eine Verbindlichkeit nicht bestanden hat.

1) Vgl § 762 I 2 BGB. Nur Leistung zum Zweck der Erfüllung ist gemeint. Optionspreiszahlung s Überbl 2 B vor § 50. Wechsel- und Scheckhingabe ist keine Leistung iSv § 55, sondern erst die Bezahlung darauf. Einschüsse sind je nach Vereinbarung Erfüllungs- oder (so iZw) Sicherheitsleistung, BGH **86**, 119. Erfüllung bei Gutschriften und Saldoerkenntnissen s § 59 Anm 1.

2) Soweit § 55 **nicht** eingreift, greifen §§ 812 ff BGB ein, beim Kommissionär, der den Sicherheitseinschuß weitergeleitet hat, idR ohne Wegfall der Bereicherung, BGH **86**, 121, WM **84**, 421, **85**, 449; eine Bankgarantie darf nicht in Anspruch genommen werden (Unterlassungsanspruch), BGH NJW **84**, 2037.

[Aufrechnung]

BörsG 56 Gegen Forderungen aus Börsentermingeschäften ist eine Aufrechnung auf Grund anderer Börsentermingeschäfte auch dann zulässig, wenn diese Geschäfte nach den §§ 52 bis 54 für den Aufrechnenden eine Forderung nicht begründen.

1) §§ 56, 58 S 2 lassen nur Aufrechnung mit unverbindlichen Forderungen aus offiziellen Börsengeschäften zu, nicht auch aus inoffiziellen, die dem Differenzeinwand unterliegen, BGH NJW **81**, 1897.

[Annahme als Erfüllung]

BörsG 57 Ein nicht verbotenes Börsentermingeschäft gilt als von Anfang an verbindlich, wenn der eine Teil bei oder nach dem Eintritte der Fälligkeit sich dem anderen Teile gegenüber mit der Bewirkung der vereinbarten Leistung einverstanden erklärt und der andere Teil diese Leistung an ihn bewirkt hat.

1) § 57 erfordert effektive Leistung des Geldes oder der WP, BGH **92**, 324. Kontogutschriften und Saldoanerkenntnisse s § 59. Bloße Gutschrift auf Effektenkonto genügt idR nicht; maßgeblich ist, daß der Kunde Eigentum an den WP erwirbt (dazu § 383 HGB Anm 3). Die Heilung wirkt ex tunc und betrifft die Ansprüche beider Parteien. Optionspreiszahlung s Überbl 2 B vor § 50.

[Differenz- und Spieleinwand]

BörsG 58 Gegen Ansprüche aus Börsentermingeschäften in Waren oder Wertpapieren, die zum Börsenterminhandel zugelassen sind (§ 50), kann von demjenigen, für welchen das Geschäft nach den Vorschriften der §§ 53, 54 und 57 verbindlich ist, ein Einwand aus den §§ 762 und 764 des Bürgerlichen Gesetzbuchs nicht erhoben werden. Soweit gegen die bezeichneten Ansprüche ein solcher Einwand zulässig bleibt, finden die Vorschriften der §§ 54 und 56 über die Befriedigung aus der Sicherheit und die Zulässigkeit der Aufrechnung entsprechende Anwendung.

1) Börsenrechtsphäre: Sinn des § 58 ist die Schaffung einer Börsenrechtsphäre mit voller Freiheit und Verbindlichkeit des Börsenterminhandels, Hopt BB **84**, 418. § 58 S 1 schließt den Differenzeinwand nur gegen offizielle Börsentermingeschäfte (Zulassung zum Börsenterminhandel an einer inländischen Börse, § 50) aus; nicht auch gegen inoffizielle Börsentermingeschäfte (s Überbl 3 C vor § 50; § 61 Anm 2); Voraussetzung ist weiter Verbindlichkeit des Geschäfts für den, der den Einwand geltend machen will (§§ 53, 54 I, 57).

2) Der Differenzeinwand (Unklagbarkeit) ist bei inoffiziellen Börsentermingeschäften nicht ausgeschlossen (s Anm 1) und dann von Amts wegen zu beachten, s Überbl 1 C, 3 B, C vor § 50. Gewinn des Vermittlers (Beauftragter) kann also nicht klagweise herausverlangt werden, BGH NJW **81**, 1897.

3) Arglisteinrede gegen Differenzeinwand: Die Erhebung des Differenzeinwands verstößt auch bei längerer Geschäftsverbindung grundsätzlich nicht gegen Treu und Glauben, RG **146**, 194, BGH **58**, 6, NJW **80**, 1957; Franke DB **75**, 1545; ausnahmsweise greift § 826 BGB ein. Der Differenzeinwand schließt oben Schadensersatzpflicht aus unterlassener Aufklärung und Beratung nicht aus (s § 53 Anm 3). Arglisteinrede bei Vorspiegelung im Prospekt, daß Termineinwand nicht eingreifen bzw erhoben werde, Ffm WM **81**, 499. Vgl auch § 53 Anm 3 zum Termineinwand.

4) Verhältnis zum Termineinwand: s § 53 Anm 4.

[Schuldanerkenntnis]

BörsG 59 Die Vorschriften der §§ 52 bis 58 gelten auch für eine Vereinbarung, durch die der eine Teil zum Zwecke der Erfüllung einer Schuld aus einem nicht verbotenen Börsentermingeschäfte dem anderen Teile gegenüber eine Verbindlichkeit eingeht, insbesondere für ein Schuldanerkenntnis.

1) Gutschriften auf Giro- oder Festgeldkonto und Saldoanerkenntnis im Kontokorrent, in denen Gewinne aus Differenzgeschäften enthalten sind, ändern nichts an der bloßen Naturalobligation (§§ 764, 762 BGB); erfüllt ist erst, wenn das Schuldverhältnis endgültig gelöst ist und keine weitere persönliche Verbindlichkeit des Schuldners zurückbleibt, BGH **92**, 325, NJW **80**, 390. Unangreifbare Erfüllung setzt also voraus, daß der genehmigte nächste Rechnungsabschluß für den Kunden ein Guthaben ausweist. Ist so das Saldoanerkenntnis unwirksam, soll es auch die zugrundeliegende Verrechnung sein, BGH **93**, 307, iErg auch (aber mit anderer Konstruktion) Canaris ZIP **85**, 594. Aufnahme einzelner unverbindlicher neben verbindlichen Posten s § 355 HGB Anm 3 D. Zur Teilerfüllung bei Debetsaldo Kümpel WM Sonderbeil 6/**82**, 20. Der Dritte, der im Auftrag des Verlierers dem Gewinner einen Scheck zur Erfüllung einer Differenzgeschäftsschuld ausstellt, kann den Differenzeinwand bis zur Schuldeinlösung, BGH NJW **81**, 1899. Schuldanerkenntnis und Bürgschaft eines Dritten für nicht klagbare Termingeschäftsschuld erfordern eigene Börsentermingeschäftsfähigkeit des Dritten, RG **140**, 136, str. Börsentermingeschäft und Kontokorrent s Canaris ZIP **84**, 592, **85**, 593, Piper ZIP **85**, 725; s auch § 355 Anm 3 D.

IV. Bank- und Börsenrecht **BörsG 60, 61 (14)**

[Auftragserteilung und -übernahme; Abschlußvereinigung]

BörsG 60 Die Vorschriften der §§ 52 bis 59 finden auch Anwendung auf die Erteilung und Übernahme von Aufträgen sowie auf die Vereinigung zum Zwecke des Abschlusses von nicht verbotenen Börsentermingeschäften.

1) § 60 betrifft die sog **Nebengeschäfte**, zB Auftrag, Kommission, Maklervertrag. Sie bilden mit dem Hauptgeschäft eine wirtschaftliche Einheit und teilen deshalb nach der Rspr auch dessen rechtliches Schicksal, BGH **93**, 309, **94**, 265, NJW **80**, 1958, str; nach aA eigene (Un)Verbindlichkeit nach §§ 52–59, Kümpel WM **85**, 1121, praktisch meist mit demselben Ergebnis. Darlehen fallen grundsätzlich nicht unter § 60; sie können aber gegen § 138 BGB verstoßen, BGH NJW **74**, 1821, Kln WM **83**, 1073.

[Auslandsgeschäfte]

BörsG 61 Die Vorschriften der §§ 52 bis 60 finden auch Anwendung, wenn das Geschäft im Auslande geschlossen oder zu erfüllen ist.

Schrifttum: *Horn*, Das Börsentermingeschäft in Wertpapieren mit dem Ausland, 1974. – *Starp*, Die Börsentermingeschäfte an Auslandsbörsen, 1985. – *Gruson-Carl*, Wertpapier-Börsentermingeschäft in den USA und Großbritannien, 1985. – *Weber-Crewett* BB **72**, 595. – *Weber* BB **75**, 1410. – *Franke* AWD **72**, 508 (short sales), DB **75**, 1541, WM **76**, 730. – *Samtleben* RIW **75**, 501. – *Hadding-Wagner* WM **76**, 310. – *Kümpel* DB **73**, 755, WM **78**, 862. – *Mann* FS von Caemmerer **78**, 737. – *Samtleben* RabelsZ 45 (**81**) 218.

1) Der Terminhandel in Waren, Wertpapieren und Devisen mit dem Ausland ist seit dem AWG 1961 grundsätzlich **frei** (aber Beschränkungsmöglichkeit nach dem Außenwirtschaftsrecht).

2) A. Nach der Rspr gilt § 61 als Kollisionsnorm, BGH **86**, 117, NJW **79**, 488, str; § 764 BGB ist dagegen weder selbst eine kollisionsrechtliche Sonderanknüpfung noch liegt eine solche in der Verweisung von § 61 auf § 58, Mü NJW **81**, 2706. § 61 mit §§ 52–60 gelten für ausländische Börsentermingeschäfte ohne Rücksicht, ob deutsches oder ausländisches Recht anwendbar ist.

B. Solche Auslandsgeschäfte sind nicht nach § 63 verbotene, sondern erlaubte **inoffizielle Börsentermingeschätte** (s Überbl 3 C vor § 50). Für diese bleibt der **Differenzeinwand nach §§ 764, 762 BGB** (Inhalt und Reichweite s Überbl 1 C vor § 50) möglich, da § 58 auf § 50 (nur offizieller Handel) verweist. Nach stRspr ist damit nur der deutsche offizielle Handel gemeint; § 58 ist danach auf ausländische Börsentermingeschäfte auch dann nicht entsprechend anzuwenden, wenn an der ausländischen Börse gleiche oder ähnliche Bestimmungen für die Zulassung wie nach § 50 gelten, BGH **58**, 1, NJW **75**, 1600, NJW **79**, 488, **80**, 1957, **81**, 1897, 1898, Mü NJW **81**, 2707, Ffm WM **85**, 477 (Argumente: Wortlaut, Schutz des deutschen Publikums, Rechtssicherheit); aA mit guten Gründen die hL, unter Hinweis auf EWGV (Dienstleistungsfreiheit) Steindorff EuR **81**, 428, IPrax **82**, 49. Tatsächlich ist das Ergebnis der Rspr, zB bei Geschäften an den amerikanischen Börsen mit dem höchsten Anlegerschutz der Welt, merkwürdig. Hauptargument der Rspr ist deshalb, der Gesetzgeber müsse einschreiten, zB BGH NJW **81**, 1898.

C. Nach der Rspr verstößt der Ausschluß des Differenzeinwands (§§ 764, 762 BGB) durch ausländisches Recht gegen den deutschen ordre public **(Art 30 EGBGB)**; BGH NJW **79**, 488 m Anm Lüer, Wengler JZ **79**, 171, 175; auch wenn der beteiligte Inländer börsentermingeschäftsfähig ist, BGH NJW **81**,

1898; aA zutr hL (s Anm B), Häuser ZIP **81**, 940. Entspr scheitern Rechts- und Gerichtswahlklauseln, BGH NJW **84**, 2037 m Anm Schwark ZGR **85**, 466, zu Recht kritisch Häuser-Welter WM Sonderbeil 8/**85**; ebenso die Anerkennung eines ausländischen Urteils, das den deutschen Termin- oder den Differenzeinwand nicht berücksichtigt hat, und die Vollstreckung daraus an §§ 328 I Nr 4, 723 II 2 ZPO, BGH NJW **75**, 1600. Devisentermingeschäfte s § 96.

[Vertragswidrige Warenlieferung]

BörsG 62 ^I **Bei einem Börsentermingeschäft in Waren kommt der Verkäufer, der nach erfolgter Kündigung eine nicht vertragsmäßige Ware liefert, in Verzug, auch wenn die Lieferungsfrist noch nicht abgelaufen ist.**

^{II} **Eine entgegenstehende Vereinbarung ist nichtig.**

[Verbotene Börsentermingeschäfte]

BörsG 63 ^I **Börsentermingeschäfte in Aktien sind nur statthaft, soweit sie durch Rechtsverordnung nach Satz 2 zugelassen werden. Der Bundesminister der Finanzen kann durch Rechtsverordnung mit Zustimmung des Bundesrates Termingeschäfte in bestimmten Aktien oder Aktiengruppen zulassen, soweit eine Gefährdung des Publikums nicht zu besorgen ist; er kann dabei die Zulassung auf bestimmte Börsengeschäfte beschränken, soweit dies zum Schutz des Publikums geboten ist.**

^{II} **Börsentermingeschäfte in anderen Wertpapieren oder in Waren kann der Bundesminister der Finanzen durch Rechtsverordnung mit Zustimmung des Bundesrates verbieten oder beschränken oder die Zulässigkeit von Bedingungen abhängig machen, soweit dies zum Schutz des Publikums geboten ist.**

1) Für verbotene Börsentermingeschäfte (s Überbl 3 A vor § 50) gelten §§ 63–70. § 63 idF G 28. 4. 75. Der Terminhandel in **Aktien** ist heute **nur** in Form von **Optionsgeschäften** zugelassen (**I**); dazu VO 26. 6. 70 BGBl 933 über Optionsgeschäfte in Aktien, s Überbl 2 B vor § 50. Liste der Ges, deren Aktien zugelassen sind, s BörsTermZulV 10. 3. 82 BGBl 320, seither Ergänzungen (Zulassung weiterer, auch ausländischer Aktien). § 63 gilt nach seinem Verbotszweck nur für inländische Börsentermingeschäfte, nicht für ausländische samt deren inländischen Nebengeschäften, BGH **94**, 262; ausländische s § 61 Anm 1.

2) In anderen Wertpapieren als Aktien, in Waren (Ausnahme § 65 Getreide) und in Wechseln und Devisen ist der Terminhandel zulässig (II, § 96 I), doch sind Einschränkungen durch VO möglich (II). Optionsgeschäfte in festverzinslichen Wertpapieren s Überbl 2 B vor § 50.

[Rechtsfolgen]

BörsG 64 ^I **Durch ein nach § 63 verbotenes Börsentermingeschäft wird eine Verbindlichkeit nicht begründet. Die Unwirksamkeit erstreckt sich auch auf die Bestellung einer Sicherheit.**

^{II} **Das auf Grund des Geschäfts Geleistete kann nicht deshalb zurückgefordert werden, weil nach Absatz 1 Satz 1 eine Verbindlichkeit nicht bestanden hat.**

[Getreideerzeugnisse, Verbot]

BörsG 65 **Börsentermingeschäfte in Getreide und Erzeugnissen der Getreidemüllerei sind verboten.**

§§ 65–68 regeln Börsentermingeschäfte in Getreide(erzeugnissen). „Verboten" s Überbl 3 A vor § 50.

IV. Bank- und Börsenrecht

[Getreideerzeugnisse, Rechtsfolgen]

BörsG 66 ^I Durch ein verbotenes Börsentermingeschäft in Getreide oder Erzeugnissen der Getreidemüllerei wird eine Verbindlichkeit nicht begründet. Die Unwirksamkeit erstreckt sich auch auf die Bestellung einer Sicherheit.

^{II} Das Recht, das auf Grund des Geschäfts Geleistete deshalb zurückzufordern, weil nach Absatz 1 Satz 1 eine Verbindlichkeit nicht bestanden hat, erlischt mit dem Ablaufe von zwei Jahren seit der Bewirkung der Leistung, es sei denn, daß der zur Rückforderung Berechtigte vor dem Ablaufe der Frist dem Verpflichteten gegenüber schriftlich erklärt hat, daß er die Herausgabe verlange.

[Lieferungsgeschäfte in Getreideerzeugnissen]

BörsG 67 ^I Die Vorschriften der §§ 50 bis 66 finden keine Anwendung auf den Kauf oder die sonstige Anschaffung von Getreide oder Erzeugnissen der Getreidemüllerei, wenn der Abschluß nach Geschäftsbedingungen erfolgt, *die der Bundesrat genehmigt hat,* und als Vertragschließende nur beteiligt sind:
1. Erzeuger oder Verarbeiter von Waren derselben Art, wie die, welche den Gegenstand des Geschäfts bilden, oder
2. solche Kaufleute oder eingetragene Genossenschaften, zu deren Geschäftsbetriebe der Ankauf, der Verkauf oder die Beleihung von Getreide oder Erzeugnissen der Getreidemüllerei gehört.

^{II} In den Geschäftsbedingungen muß festgesetzt sein:
1. daß im Falle des Verzugs der nicht säumige Teil die Annahme der Leistung nicht ablehnen kann, ohne dem säumigen Teile eine angemessene Frist zur Bewirkung der Leistung zu bestimmen;
2. daß nur eine Ware geliefert werden darf, die vor der Erklärung der Lieferungsbereitschaft (Andienung) von beeidigten Sachverständigen untersucht und lieferbar befunden worden ist;
3. daß auch eine nicht vertragsmäßig beschaffene Ware geliefert werden darf, wenn der Minderwert nach der Feststellung der Sachverständigen eine bestimmte Höhe nicht überschreitet und dem Käufer der Minderwert vergütet wird, sowie daß ein von den Sachverständigen festgestellter Mehrwert bis zu einer bestimmten Höhe dem Verkäufer zu vergüten ist.

[Differenzgeschäfte in Getreideerzeugnissen]

BörsG 68 ^I Wird ein auf Lieferung von Getreide oder Erzeugnissen der Getreidemüllerei lautender Vertrag in der Absicht geschlossen, daß der Unterschied zwischen dem vereinbarten Preise und dem Börsen- oder Marktpreise der Lieferungszeit von dem verlierenden Teile an den gewinnenden gezahlt werden soll, so finden die Vorschriften des § 66 auch dann Anwendung, wenn es sich nicht um ein verbotenes Börsentermingeschäft handelt. Dies gilt auch dann, wenn nur die Absicht des einen Teiles auf die Zahlung des Unterschieds gerichtet ist, der andere Teil aber diese Absicht kennt oder kennen muß.

^{II} Die Vorschriften der §§ 762 und 764 des Bürgerlichen Gesetzbuchs bleiben bei einem auf die Lieferung von Getreide oder Erzeugnissen der Getreidemüllerei lautenden Vertrag außer Anwendung.

[Schuldanerkenntnis]

BörsG 69 Die Vorschriften der §§ 64, 66 und 68 gelten auch für eine Vereinbarung, durch die der eine Teil zum Zwecke der Erfüllung einer Schuld aus einem verbotenen Börsentermingeschäft oder einem Geschäfte der im § 68 bezeichneten Art dem anderen Teile gegenüber eine Verbindlichkeit eingeht, insbesondere für ein Schuldanerkenntnis.

[Auftragserteilung und -übernahme; Abschlußvereinigung]

BörsG 70 Die Vorschriften der §§ 64, 66, 68 und 69 finden auch Anwendung auf die Erteilung und Übernahme von Aufträgen sowie auf die Vereinigung zum Zwecke des Abschlusses von verbotenen Börsentermingeschäften oder von Geschäften der im § 68 bezeichneten Art.

V. Ordnungsstrafverfahren

BörsG 71–87 *(Abschnitt V aufgehoben)*

VI. Straf- und Bußgeldvorschriften. Schlußvorschriften

[Prospekt- und Kursbetrug]

BörsG 88 [1] Wer zur Einwirkung auf den Börsen- oder Marktpreis von Wertpapieren, Bezugsrechten oder Waren oder von Anteilen, die eine Beteiligung an dem Ergebnis eines Unternehmens gewähren sollen,

1. unrichtige Angaben über Umstände macht, die für die Bewertung der Wertpapiere, Bezugsrechte, Waren oder Anteile erheblich sind, oder solche Umstände entgegen bestehenden Rechtsvorschriften verschweigt oder
2. sonstige auf Täuschung berechnete Mittel anwendet,

wird mit Freiheitsstrafe bis zu drei Jahren oder mit Geldstrafe bestraft.

1) § 88 nF 1986. Erfaßt werden neben WP und Waren auch Bezugsrechte und Anteile, die eine Beteiligung an dem Ergebnis eines Unternehmens gewähren sollen (insbesondere PublikumsGes, s Anh § 177a HGB Anm VIII). **Nr 1** erfaßt unrichtige Angaben vor allem in Prospekten (Prospektbetrug), aber auch zB in Geschäftsbericht und Bilanz, in Pressemitteilungen ua. Soweit es sich um Börsenprospekte handelt, ist Nr 1 iVm § 823 II BGB durch die Einschränkungen der §§ 45–49 (s § 45 Anm 1) begrenzt, so für § 46 I BGH NJW **86**, 840. Unrichtige Angaben bzw Verschweigen entgegen Rechtsvorschriften (auch Richterrecht) s § 347 HGB Anm 4 A. **Nr 2** erfaßt Kursbetrug durch andere Täuschungsmittel als unrichtige Angaben, zB Kursmanipulation, rechtswidrige Scheingeschäfte, dagegen nicht Kurspflege der Kreditinstitute, Hopt, Kapitalanlegerschutz, 491.

[Verleitung zur Börsenspekulation]

BörsG 89 [1] Wer gewerbsmäßig andere unter Ausnutzung ihrer Unerfahrenheit in Börsenspekulationsgeschäften zu solchen Geschäften oder zur unmittelbaren oder mittelbaren Beteiligung an solchen Geschäften verleitet, wird mit Freiheitsstrafe bis zu drei Jahren oder mit Geldstrafe bestraft.

[II] Börsenspekulationsgeschäfte im Sinne des Absatzes 1 sind insbesondere

1. An- oder Verkaufsgeschäfte mit aufgeschobener Lieferzeit, auch wenn sie außerhalb einer inländischen oder ausländischen Börse abgeschlossen werden,

2. Optionen auf solche Geschäfte,

die darauf gerichtet sind, aus dem Unterschied zwischen dem für die Lieferzeit festgelegten Preis und dem zur Lieferzeit vorhandenen Börsen- oder Marktpreis einen Gewinn zu erzielen.

1) § 89 nF 1986. Erfaßt werden anders als nach aF auch Spekulationsgeschäfte außerhalb einer amtlichen, inländischen Börse. §§ 88, 89 reichen also weit über den Geltungsbereich des BörsG im übrigen hinaus (Kapitalmarktrecht s Anh § 177a HGB Anm VIII 8).

[Verbotene Kurszettel]

BörsG 90 [I] Ordnungswidrig handelt, wer entgegen § 42 Satz 3, § 43 Satz 3 oder § 51 Abs. 2 Preislisten (Kurszettel) veröffentlicht oder in mechanisch hergestellter Vervielfältigung verbreitet.

[II] Die Ordnungswidrigkeit kann mit einer Geldbuße bis zu zehntausend Deutsche Mark geahndet werden.

BörsG 91–95 *(aufgehoben bzw. ersetzt durch §§ 80–90)*

[Wechsel und ausländische Zahlungsmittel]

BörsG 96 [I] Die in dem II. und IV. Abschnitt sowie im § 88 bezüglich der Wertpapiere getroffenen Bestimmungen gelten auch für Wechsel und ausländische Zahlungsmittel.

[II] Als Zahlungsmittel im Sinne des ersten Absatzes gelten außer Geldsorten, Papiergeld, Banknoten und dergleichen auch Auszahlungen, Anweisungen und Schecks.

[III] Die *Reichsregierung* kann mit Zustimmung des *Reichsrats* bestimmen, daß, unter welchen Voraussetzungen und für welche Zeitdauer die Vorschriften des § 58 auch auf Börsentermingeschäfte in Wechseln und ausländischen Zahlungsmitteln, die zum Börsenterminhandel nicht zugelassen sind, Anwendung finden.

1) Inländische Wechsel werden an den WPBörsen gehandelt, Devisen an den Devisenbörsen in Ffm, Düss ua. An den deutschen Börsen gibt es jedoch keinen amtlich zugelassenen Devisenterminhandel; Börsentermingeschäfte in Devisen sind also inoffizielle Börsentermingeschäfte (s Überbl 3 vor § 50), BGH NJW **79,** 488. Aber III: VO RMWi 17. 3. 25 RGBl 20 macht § 58 auf Wechsel und ausländische Zahlungsmittel, die zum Börsenterminhandel nicht zugelassen sind, anwendbar. Weitergeltung nach Art 123 GG. Damit ist im (inoffiziellen) Devisenterminhandel der Differenzeinwand unter börsentermingeschäftsfähigen Vertragspartnern ausgeschlossen, BGH NJW **80,** 391; s Überbl 3 B vor § 50. Allgemein Franke DB **75,** 1541; Lüer WM Sonderbeil 1/**77** (Devisenhandel und Bankenaufsicht), Hopt BB **84,** 417 (Prolongation), Obermüller WM **84,** 325 (Konkurs).

(15) BörsZulassBek

(15) Bekanntmachung betreffend die Zulassung von Wertpapieren zum Börsenhandel (BörsZulassBek)

Vom 4. Juli 1910 (RGBl 917, BGBl III 4111–1)
mit den späteren Änderungen

Einleitung

Schrifttum

Allgemeiner s **(14)** BörsG §§ 36 ff

1) Zu beachten sind jetzt die EGBörsenzulassungs-Ri 5. 3. 79, ABlEG 16. 3. 79 L 66/21 und die EGBörsenprospekt-Ri 17. 3. 80, ABlEG 17. 4. 80 L 100/1 mit einer weitgehenden Rechtsangleichung innerhalb der EG. Die seit langem überfällige Neufassung wird jetzt unvermeidlich, s Einl 2 A vor § 1 BörsG.

Auf Grund des § 44 Abs. 1 und 2 des Börsengesetzes (Reichsgesetzbl. 1908 S. 215) hat der Bundesrat folgende Bestimmungen, betreffend die Zulassung von Wertpapieren zum Börsenhandel beschlossen, die mit dem 15. Juli 1910 an die Stelle der geltenden Bestimmungen (Bekanntmachung des Reichskanzlers vom 11. Dezember 1896, Reichsgesetzbl. S. 763, Bekanntmachung des Reichskanzlers vom 20. Dezember 1900, Reichsgesetzbl. S. 1014) treten:

[Mindestbetrag des Gesamtnennwertes]

BörsZulassBek 1

^{I} Wertpapiere, die auf einen Geldbetrag gestellt sind, dürfen zum Börsenhandel nur zugelassen werden, wenn von den Stücken, in denen der Börsenhandel stattfinden soll, mindestens vorhanden sind:

bei der Börse zu Berlin ein Gesamtnennwert von 1½ Millionen Deutsche Mark,
bei den Börsen zu Frankfurt (Main) und Hamburg ein Gesamtnennwert von 500 000 Deutsche Mark,
bei den übrigen Börsen ein Gesamtnennwert von 250 000 Deutsche Mark.

^{II} Die Zulassungsstelle kann von diesem Erfordernis absehen,
1. wenn Wertpapiere desselben Ausstellers bereits an der Börse zum Handel zugelassen sind;
2. bei Anteilen einer Gesellschaft, deren Kapital herabgesetzt worden ist, wenn die Anteile der Gesellschaft vor der Herabsetzung an der Börse zum Handel zugelassen waren;
3. bei Anteilen einer Gesellschaft, deren Kapital auf Goldmark umgestellt worden ist, wenn die Anteile der Gesellschaft vor der Umstellung an der Börse zum Handel zugelassen waren und sofern der Gesamtnennwert der Stücke, in denen der Börsenhandel stattfinden soll, bei den Börsen zu Berlin, Frankfurt (Main) und Hamburg mindestens 200 000 Deutsche Mark, bei den übrigen Börsen mindestens 100 000 Deutsche Mark beträgt.

^{III} In besonderen Fällen kann der *Reichswirtschaftsminister* Ausnahmen von den Erfordernissen des Absatzes 1 zulassen.

^{IV} *(gegenstandslos)*

^{V} Der *Reichswirtschaftsminister* kann die Zurücknahme der Zulassung von Wertpapieren an der Börse zu Berlin, deren Gesamtnennwert 3 Millionen Deutsche Mark und weniger beträgt, anordnen,

a) wenn eine starke Mehrheit der Wertpapiere in der Hand einer oder weniger Personen gebunden ist,

b) wenn in den Wertpapieren an der Berliner Börse kein bedeutender Handel stattgefunden hat und eine Zusammenfassung des Handels an der Heimatbörse der Wertpapiere zweckmäßig erscheint.

VI Neuzulassungen von Wertpapieren im Gesamtnennwert von 3 Millionen Deutsche Mark und weniger sollen an der Berliner Börse nur erfolgen, wenn ein ausreichender Handel an der Heimatbörse der Wertpapiere nicht, wohl aber an der Berliner Börse möglich erscheint.

[Kuxe, Genußscheine]

BörsZulassBek 2 Wertpapiere, die nicht auf einen Geldbetrag gestellt sind (Kuxe, Genußscheine usw.), dürfen zum Börsenhandel nur zugelassen werden, wenn von den Stücken, in denen der Börsenhandel stattfinden soll, mindestens 1000 vorhanden sind. In besonderen Fällen kann die Börsenaufsichtsbehörde Ausnahmen zulassen.

[Anteile einer ausländischen Gesellschaft]

BörsZulassBek 3 Anteile einer ausländischen Gesellschaft, die auf weniger als 1000 Deutsche Mark gestellt sind, dürfen nur mit Genehmigung der *Landesregierung* zugelassen werden.

[Zulassungsvoraussetzungen]

BörsZulassBek 4 I Die Zulassung hat zur Voraussetzung:
1. daß die Wertpapiere vollgezahlt sind oder ihre Vollziehung jederzeit zulässig ist; auf Aktien und Interimsscheine von Versicherungsgesellschaften findet diese Vorschrift keine Anwendung;
2. daß der Geldbetrag, auf den sie lauten, in deutscher Währung oder gleichzeitig in dieser und einer anderen Währung angegeben ist;
3. daß die Verpflichtung übernommen wird, die Auszahlung der Zinsen oder Gewinnanteile sowie verloster oder gekündigter Stücke und die Aushändigung neuer Zins- oder Gewinnanteilscheinbogen an einem deutschen Börsenplatze kostenfrei zu bewirken;
4. bei Schuldverschreibungen, daß die Verpflichtung übernommen wird, die Kündigungen und Verlosungen, sowie einmal jährlich Verzeichnisse der früher gekündigten oder verlosten, aber noch nicht eingelösten Stücke (Restantenlisten) in mindestens einer an einem deutschen Börsenplatz erscheinenden Zeitung zu veröffentlichen;
5. bei Aktien inländischer Kreditbanken, daß die Verpflichtung übernommen wird, neben der Jahresbilanz regelmäßig Bilanzübersichten zu veröffentlichen. Für die Zwischenräume, in denen die Aufstellung und die Veröffentlichung zu erfolgen hat, und für das den Übersichten zugrunde zu legende Muster ist das Abkommen maßgebend, das eine Anzahl von Mitgliedern der Berliner Abrechnungsstelle untereinander und der Berliner Abrechnungsstelle gegenüber mit Zustimmung des *Präsidenten des Reichsbankdirektoriums* getroffen hat. Die diesem Abkommen entsprechenden Bestimmungen sowie spätere vom *Reichskanzler* genehmigte Änderungen werden im Bundesanzeiger veröffentlicht, und zwar die Änderungen unter Angabe des Zeitpunkts des Inkrafttretens.

II Die Zulassungsstelle kann in geeigneten Fällen von diesen Voraussetzungen absehen. Ausnahmen von der Vorschrift unter Nummer 5 bedürfen der Zustimmung der *Landesregierung*. Sieht die Zulassungsstelle von der Vorschrift unter Nummer 2 ab, so hat sie den Kurs für die Umrechnung der fremden Währung in deutsche Währung für den Börsenhandel festzusetzen. Ausnahmen von den Vorschriften unter Nummer 1 bis 4 sind dem Staatskommissar unter Angabe der Gründe mitzuteilen.

[III] Die Zulassungsstelle kann die Zulassung von der Erfüllung weiterer Voraussetzungen abhängig machen, die eine Erleichterung des Börsenverkehrs oder der Ausübung der den Erwerbern der Wertpapiere zustehenden Rechte bezwecken oder die hinsichtlich der Wertpapiere zu bewirkende Bekanntmachungen betreffen.

[IV] Werden die bei der Zulassung von Wertpapieren übernommenen Verpflichtungen (Absatz 1 Nr. 3 bis 5, Absatz 3) nicht erfüllt, so kann die Zulassungsstelle die Wertpapiere vom Börsenhandel ausschließen.

[Zulassungsantrag; Börsenprospekt]

BörsZulassBek 5
[I] Der Antrag auf Zulassung von Wertpapieren zum Börsenhandel muß von einer an der Börse vertretenen öffentlichen Bankanstalt, Privatbank oder Bankfirma gestellt werden.

[II] Der Antrag ist bei der Zulassungsstelle schriftlich einzureichen; er muß Betrag und Art der einzuführenden Wertpapiere bezeichnen (§ 38 Abs. 1 des Börsengesetzes).

[III] Dem Antrag sind die im § 9 bezeichneten Nachweise und der Prospekt beizufügen. Der Prospekt ist von denjenigen, welche ihn erlassen, zu unterzeichnen; zu diesen muß der Antragsteller gehören. Die Unterschrift des Antragstellers kann unter eine Nachschrift gesetzt werden.

[IV] Die *Landesregierung* kann anordnen, daß die Vorschrift des Absatzes 1 auf bestimmte Arten von inländischen Wertpapieren nicht zur Anwendung kommen soll. In Einzelfällen kann die Zulassungsstelle Ausnahmen zulassen. Der Beschluß der Zulassungsstelle ist dem Staatskommissar mitzuteilen.

[Allgemeine Prospektangaben]

BörsZulassBek 6 Der Prospekt muß angeben:

1. das Gemeinwesen, die Gesellschaft oder Person, deren Werte zugelassen werden sollen;
2. den für den Ertrag der Emission vorgesehenen besonderen Verwendungszweck;
3. den Nennbetrag der zugelassenen Werte, und zwar sowohl den Betrag, der bereits vorhanden ist, wie den Betrag, der erst später ausgegeben werden soll, und den Zeitpunkt, zu dem die Ausgabe voraussichtlich erfolgen wird;
4. die Merkmale (Betrag, Reihen, Nummern) der Stücke, ob die Stücke auf den Inhaber, an Order oder auf Namen lauten und ob den Stücken Zins- oder Gewinnanteilsscheine beigegeben werden; auf die Angabe der Nummern kann verzichtet werden, wenn die Beschaffung unverhältnismäßig schwierig ist;
5. die Bestimmungen über Kündbarkeit oder Unkündbarkeit sowie über die Tilgung der Werte;
6. die Art der Sicherstellung für Kapital, Zinsen oder Gewinnanteile und die Umstände, die für die Beurteilung der Sicherstellung von Bedeutung sind;
7. die Vorzugsrechte, die den Werten vor früher ausgegebenen Werten, oder diesen vor jenen zustehen (bevorrechtigte Forderungen, Vorzugsaktien usw.);
8. die bei Zins-, Gewinnanteil- oder Kapitalzahlungen erfolgenden Abzüge oder Beschränkungen;

IV. Bank- und Börsenrecht BörsZulassBek 7 (15)

9. den Zinssatz sowie die Plätze und die Termine, an denen die Zinsen oder Gewinnanteile und die Kapitalbeträge zahlbar sind;
10. die Verjährungsfristen für die Ansprüche auf Zinsen oder Gewinnanteile und auf die Kapitalbeträge; bei inländischen Wertpapieren sind diese Angaben nur erforderlich, insoweit Abweichungen von den gesetzlichen Vorschriften vorgesehen sind;
11. den gemäß § 4 Abs. 2 Satz 3 festgesetzten Umrechnungskurs.

[Zusätzliche Prospektangaben bei festverzinslichen Wertpapieren]

BörsZulassBek 7 Außerdem muß der Prospekt enthalten:

A. bei Schuldverschreibungen eines ausländischen Staates, einer ausländischen kommunalen Körperschaft oder kommunalen Kreditanstalt:
1. eine Übersicht über den letzten (ordentlichen und außerordentlichen) Haushaltsetat oder die Angabe, daß ein Etat nicht veröffentlicht wird;
2. eine Übersicht über die wesentlichen Ergebnisse der drei letzten Jahreshaushaltsabschlüsse des Gemeinwesens;
3. eine Übersicht über den Schuldenbestand des Gemeinwesens;
4. sofern die Verbindlichkeiten, die das Gemeinwesen innerhalb der letzten zehn Jahre aus Anleihen nach Maßgabe der öffentlichen Anleihebedingungen durch Zins- oder Kapitalzahlung zu erfüllen hatte, bisher unerledigt geblieben sind, die Mitteilung der darauf bezüglichen Umstände;

B. bei Wertpapieren (Anteilen, Schuldverschreibungen, Genußscheinen) eines gewerblichen Unternehmens:
1. die Bezeichnung des Zweckes und des Umfanges des Unternehmens;
2. Angaben über eine dem Unternehmen erteilte Konzession (Privileg), deren Dauer und die das Unternehmen besonders belastenden Konzessionsbedingungen;
3. Angaben über Rechte eines Dritten, das Unternehmen zu erwerben;
4. Angaben über die innerhalb der letzten drei Jahre eingetretenen Bau- oder Betriebsstörungen, durch welche die Ertragsfähigkeit des Unternehmens für längere Zeit wesentlich beeinträchtigt worden ist;
5. Angaben über die Befugnisse, die den Inhabern der Schuldverschreibungen gegenüber dem Aussteller eingeräumt sind;

C. bei Grundkredit-Obligationen und Pfandbriefen:
1. die Angabe der Bestände an zur Deckung der Schuldverschreibungen bestimmten Hypotheken, Grundschulden, Forderungen und Wertpapieren sowie des Gesamtbetrags der im Umlauf befindlichen Schuldverschreibungen nach ihrem Nennwert für den Schluß des letzten Kalendervierteljahrs;
2. die Angabe der wesentlichen Grundsätze, nach denen die Ermittlung des Wertes und die Beleihung der Pfandgegenstände erfolgt;
3. die Angabe des Betrags, bis zu dem Schuldverschreibungen und Pfandbriefe im Verhältnis zum Grundkapital und zu den Hypotheken ausgegeben werden dürfen;
4. die Angabe der wesentlichen Befugnisse, die den Inhabern der Schuldverschreibungen gegenüber dem Aussteller eingeräumt sind (Bestellung eines Pfandhalters, Faustpfandrechte und dergleichen);
5. die Angabe der dem Staate, der Gemeinde usw. zustehenden Aufsichtsbefugnisse.

Bei den Hypothekenpfandbriefen deutscher Hypothekenbanken (Hypothekenbankgesetz vom 13. Juli 1899, Reichsgesetzbl. S. 375) bedarf es der unter Nummer 2 bis 5 vorgeschriebenen Angaben nicht.

[Zusätzliche Prospektangaben bei Aktiengesellschaften]

BörsZulassBek 8

[I] Bei Wertpapieren einer Aktiengesellschaft oder Kommanditgesellschaft auf Aktien muß der Prospekt außer den durch §§ 6 und 7 erforderten Angaben enthalten eine Angabe über:

1. den Gegenstand des Unternehmens;
2. die Höhe des Grundkapitals;
3. die Namen der Mitglieder des Aufsichtsrats und des Vorstandes;
4. die Art, wie die von der Gesellschaft ausgehenden Bekanntmachungen erfolgen;
5. das Geschäftsjahr der Gesellschaft;
6. die Bestimmungen über die Verteilung des Gewinns;
7. die zugunsten einzelner Aktionäre bedungenen besonderen Vorteile, soweit sie in fortlaufenden Bezügen oder in der Rückzahlung der Aktien bestehen;
8. wenn noch nicht zwei volle Jahre seit Eintragung der Gesellschaft in das Handelsregister verflossen sind: die zugunsten einzelner Aktionäre bedungenen, nicht unter Nummer 7 fallenden besonderen Vorteile; die von der Gesellschaft übernommenen vorhandenen oder herzustellenden Anlagen oder sonstigen Vermögensstücke; die von Aktionären auf das Grundkapital gemachten Einlagen, die nicht durch Barzahlung zu leisten sind; der Gesamtaufwand, der zu Lasten der Gesellschaft an Aktionäre oder andere als Entschädigung oder Belohnung für die Gründung oder deren Vorbereitung gewährt ist;
9. die in den letzten fünf Jahren verteilten Gewinnanteile;
10. die Bilanz des letzten Geschäftsjahrs nebst Gewinn- und Verlustrechnung oder, wenn die Bilanz des letzten Geschäftsjahrs noch nicht genehmigt ist, nach Wahl der Zulassungsstelle die Bilanz des vorletzten Geschäftsjahrs, ergänzt durch Angaben über den voraussichtlichen Abschluß des letzten Geschäftsjahrs oder die von den Verwaltungsorganen aufgestellte Bilanz des letzten Geschäftsjahrs. Ist das erste Geschäftsjahr der Gesellschaft noch nicht abgelaufen, so genügt eine Gegenüberstellung der Vermögensstücke und Verbindlichkeiten;
11. die Höhe der Hypothekenschulden und Anleihen, deren Fälligkeit und Tilgungsart. Die Zulassungsstelle kann gestatten, daß diese Angaben kurz zusammengefaßt werden;
12. die Bezugsrechte der ersten Zeichner und anderer Personen;
13. die Bestimmungen des Gesellschaftsvertrags über die Art der Bestellung und Zusammensetzung des Aufsichtsrats und des Vorstandes, über die Art, wie die Berufung der Generalversammlung der Aktionäre geschieht, über die Aufstellung der Bilanz, die Ansammlung von Reservefonds, das Stimmrecht und die Bezugsrechte der Aktionäre. Bei Wertpapieren inländischer Gesellschaften genügt die Angabe derjenigen Abweichungen von den gesetzlichen Vorschriften, welche für die Erwerber der Wertpapiere von Interesse sind.

[II] Die Vorschriften des Absatzes 1 finden bei Wertpapieren anderer Gesellschaften entsprechende Anwendung.

[Anlagen zum Zulassungsantrag]

BörsZulassBek 9

[I] Es sind beizugeben:
1. jedem Zulassungsantrag ein Nachweis über den Rechtstitel (Gesetz, staatliche Genehmigung, Gesellschaftsvertrag, Gesellschaftsbeschluß usw.), auf

dem die Berechtigung zur Ausgabe der Wertpapiere beruht, sowie über das Verhältnis zu früher ausgegebenen Werten (§ 6 Nr. 7);
2. dem Antrag auf Zulassung der Anleihe eines ausländischen Staates, einer ausländischen kommunalen Körperschaft oder kommunalen Kreditanstalt: der Nachweis, daß die durch § 7 Buchstabe A unter Nummer 1 bis 3 erforderten Übersichten auf amtlichen Feststellungen beruhen;
3. dem Antrag auf Zulassung der Werte eines Unternehmens, das auf einer Konzession beruht: die Konzessionsurkunde oder ein Auszug, der die in § 7 Buchstabe B unter Nummer 2 erforderten Angaben nachweist;
4. dem Antrag auf Zulassung von Wertpapieren einer Gesellschaft (§ 8):
    a) der Nachweis über die Eintragung in das Handelsregister,
    b) der Gesellschaftsvertrag,
    c) die Geschäftsberichte der letzten drei Jahre,
    d) bei inländischen Gesellschaften, wenn noch nicht zwei volle Jahre seit der Eintragung in das Handelsregister verflossen sind, der gemäß § 193 des Handelsgesetzbuchs von besonderen Revisoren erstattete Bericht.

[II] Die Beweisstücke sind in einer Form vorzulegen, die nach dem Ermessen der Zulassungsstelle den Inhalt glaubhaft ergibt. Beweisstücken, die nicht in deutscher, englischer oder französischer Sprache abgefaßt sind, ist eine beglaubigte Übersetzung beizufügen.

[Zulassungserleichterungen]

BörsZulassBek 10

[I] Bei Schuldverschreibungen eines ausländischen Staates kann ausnahmsweise von den in § 7 Buchstabe A unter Nummer 1 bis 3 geforderten Angaben abgesehen werden, wenn die Finanzverhältnisse des Staates so klar liegen und so allgemein bekannt sind, daß es einer weiteren Information des Publikums im Sinne des § 36 Abs. 3 b des Börsengesetzes nicht bedarf. Das gleiche gilt bei Schuldverschreibungen einer ausländischen kommunalen Körperschaft oder kommunalen Kreditanstalt, wenn die Verzinsung und Rückzahlung von einem solchen Staate gewährleistet ist. Von den in § 7 Buchstabe A unter Nummer 2 und 3 geforderten Angaben kann ausnahmsweise auch dann abgesehen werden, wenn die Angaben für den Staat nach Lage der Verhältnisse nicht zu beschaffen sind.

[II] Ist die Verzinsung und Rückzahlung von Schuldverschreibungen von dem *Reiche*, einem *Bundesstaat*, einem ausländischen Staate, auf den die in Absatz 1 Satz 1 bezeichnete Voraussetzung zutrifft, oder einer inländischen kommunalen Körperschaft gewährleistet, so kann von den nach § 7 Buchstabe B unter Nummer 2 bis 4, § 8 unter Nummer 3 bis 8, 10 und § 9 unter Nummer 3 und 4 erforderlichen Angaben und Nachweisen ausnahmsweise abgesehen werden.

[III] Treffen auf einen ausländischen Staat die in § 7 Buchstabe A unter Nummer 4 bezeichneten Voraussetzungen zu, so ist die Bewilligung von Ausnahmen unzulässig.

[IV] Die bewilligten Ausnahmen sind dem Staatskommissar unter Angabe der Gründe mitzuteilen.

[Verkürzte Prospekte]

BörsZulassBek 11

Sind bereits Wertpapiere desselben Ausstellers an der Börse zugelassen, so kann die Zulassungsstelle gestatten, daß in dem Prospekt über die neu einzuführenden Wertpapiere auf den früher veröffentlichten Prospekt verwiesen wird. Sie kann ferner gestatten, daß bei der Einführung von Schuldverschreibungen, die bereits an der Börse zugelassen waren und bei denen lediglich eine Veränderung des Zinsfußes stattgefunden hat, in dem Prospekte nur die seit der ersten Zulassung der Anleihe eingetretenen Änderungen angegeben werden.

[Veröffentlichung des Zulassungsantrages]

BörsZulassBek 12 ᴵ Entspricht der Zulassungsantrag den Vorschriften des § 9, so verfügt die Zulassungsstelle die Veröffentlichung.

ᴵᴵ Die Veröffentlichung erfolgt auf Kosten des Antragstellers durch Börsenaushang und in mindestens einer von der Zulassungsstelle bestimmten inländischen Zeitung. In dem Bundesanzeiger ist ein Hinweis auf die Veröffentlichung unter Angabe des Namens, des Ausgabetages und der Nummer der Zeitung aufzunehmen. Es bleibt dem pflichtmäßigen Ermessen der Zulassungsstelle überlassen, daneben die Veröffentlichung des Prospektes oder eines Hinweises in einer Tageszeitung vorzuschreiben, die in dem engeren Wirtschaftsgebiet des Ausstellers der Wertpapiere erscheint.

ᴵᴵᴵ Die Zulassung darf erst erfolgen, wenn seit der Veröffentlichung in der von der Zulassungsstelle bestimmten Zeitung drei Tage verstrichen sind.

[Zulassungsverfahren]

BörsZulassBek 13 ᴵ Die Zulassungsstelle prüft, ob der Prospekt die vorgeschriebenen Angaben enthält. Ergeben sich Anstände, so fordert sie den Antragsteller zur Beseitigung auf.

ᴵᴵ Sie bestimmt ferner nach Maßgabe des § 36 Abs. 3 Buchstabe a und b des Börsengesetzes, welche Urkunden ihr noch zur Prüfung vorzulegen und welche Angaben noch in den Prospekt aufzunehmen sind.

ᴵᴵᴵ Angaben, die in diesen Bestimmungen nicht vorgeschrieben sind und von der Zulassungsstelle nicht für nötig angesehen werden, sind zu streichen.

ᴵⱽ Die *Landesregierung* kann die Zulassungsstelle anweisen, bei Anträgen auf Zulassung von Wertpapieren die Aufnahme von Angaben in den Prospekt und die Vorlage von Beweisstücken dann nicht zu fordern, wenn die Geheimhaltung im Interesse der Landesverteidigung liegt.

[Ablehnung des Zulassungsantrages]

BörsZulassBek 14 Der Antrag ist abzulehnen:
1. wenn die auf Grund des § 36 Abs. 3 Buchstabe a und b des Börsengesetzes oder dieser Bestimmung von der Zulassungsstelle verlangten Urkunden und Angaben nicht beigebracht werden;
2. wenn der Zulassung Bedenken örtlicher Natur oder wichtige wirtschaftliche Bedenken entgegenstehen oder wenn der Zulassungsstelle Umstände bekannt sind, die eine erhebliche Benachteiligung der Erwerber der Wertpapiere oder eine Gefährdung erheblicher allgemeiner Interessen befürchten lassen.

[Veröffentlichung des Zulassungsbeschlusses]

BörsZulassBek 15 ᴵ Der Zulassungsbeschluß ist durch dreitägigen Aushang in der Börse zu veröffentlichen.

ᴵᴵ Die Beweisstücke (§ 9) sind von der Veröffentlichung des Zulassungsbeschlusses an bis zur Einführung an der Börse öffentlich auszulegen.

[Veröffentlichung des Prospektes]

BörsZulassBek 16 Der von der Zulassungsstelle genehmigte Prospekt ist von dem Antragsteller in denselben Zeitungen zu veröffentlichen, in denen der Antrag veröffentlicht worden ist.

IV. Bank- und Börsenrecht **InsiderRi (16)**

[Einführung der zugelassenen Wertpapiere]

BörsZulassBek 17 Die Wertpapiere dürfen frühestens am dritten Werktag nach dem Tage des Zulassungsbeschlusses und nach dem Tage, an dem der Prospekt zuerst veröffentlicht worden ist, an der Börse eingeführt werden.

(16) Richtlinien für Insider-Geschäfte in börsennotierten oder öffentlich angebotenen Aktien (Insiderhandels-Ri)

Vom 1. Juli 1976

Einleitung

Schrifttum

a) Kommentare: *Bruns-Rodrian-Stoeck,* Wertpapier und Börse, Ergänzbares Rechtshandbuch für den Effektenverkehr, 1971 ff (LBl), Nr 436–438 (Insiderhandels-Ri, Händler- und Beraterregeln, InsiderVerfO). – *Schwark,* BörsG, 1976, Anh II.

b) Lehrbücher: *Schönle,* Bank- und Börsenrecht, 2. Aufl 1976, § 46 I.

c) Einzeldarstellungen und Sonstiges: *Hopt-Will,* Europäisches Insiderrecht, 1973. – *Hopt,* Kapitalanlegerschutz, 1975. – Arbeitskreis Gesellschaftsrecht, Verbot des Insiderhandelns (Rechtspolitische Überlegungen), 1976. – *Samm,* Börsenrecht: Grundzüge, Insiderproblematik, Optionshandel, 1978. – *Jenckel,* Das Insiderproblem im Schnittpunkt von Gesellschafts- und Kapitalmarktrecht in materiell- und kollisionsrechtlicher Sicht, 1980. – *Pfister* ZGR **81,** 318. – *Hopt* in Deutsche Landesreferate zum Privatrecht und HdlRecht, 1982 171.

1) Entstehung und Neufassung

Die Insiderhandels-Ri sind zusammen mit den **(17)** Händler- und Beraterregeln und der (hier nicht abgedruckten) Insiderverfahrensordnung (s unten Anm 4) aufgrund Empfehlung der vom BMWi bestellten Börsensachverständigenkommission vom 13. 11. 70 von den Spitzenverbänden der deutschen Wirtschaft und der Arbeitsgemeinschaft der deutschen WPBörsen aufgestellt und zum 1. 7. 76 neu gefaßt worden; zur Neufassung Bremer AG **76,** 10. Die mit den Spitzenverbänden abgestimmten **offiziösen Erläuterungen** der Arbeitsgemeinschaft der deutschen WPBörsen zu den drei Texten sind hier als ganz klein gedruckte „Anm" zu der jeweiligen Vorschrift gekennzeichnet. Die **Beurteilung** der Insiderhandels-Ri ist kontrovers. Die Literatur ist fast durchweg kritisch, die deutsche Praxis ist zufrieden, vgl BReg DB **84,** 2397. Die meisten anderen westlichen Industriestaaten haben eine gesetzliche Regelung.

2) Geltung

A. Die Insiderhandels-Ri sind **keine** staatlichen **Rechtsnormen.** Sie stellen jedenfalls vorerst noch **keinen Handelsbrauch** (§ 346 HGB) dar.

B. Als freiwillige Verhaltensregeln erlangen sie Rechtswirkung nur über private Verträge. Solche **Verträge auf Anerkennung** der Insiderhandels-Ri und der InsiderverfahrensO nebst den jeweiligen offiziösen Erläuterungen schließen nach § 5 Nr I die Gesellschaften mit den Insidern ihres Bereichs (vor allem gesetzliche Vertreter und Aufsichtsratsmitglieder) ab. Soweit die Ges selbst als Insider gilt, zB die Kreditinstitute, anerkennt sie nach § 5 Nr 2 die Insiderhandels-Ri gegenüber ihrem Spitzenverband als für sich verbindlich an; für ihre eigenen Verwaltungsmitglieder sind die Kreditinstitute dann selbst wieder Vertragspartner. Diese Verträge begründen grundsätzlich nur Rechte der Vertragsparteien; Rechte Dritter können aber bei konkludentem Einbeziehen in das rechtsgeschäftliche Angebot (so uU bei Anlageberatern nach § 5 Händler- und Beraterregeln) oder aus Gesetz (Berufshaftung, s § 347 HGB Anm 3 E) bestehen.

3) Inhalt und Sanktionen

A. a) Das zentrale materielle **Insiderhandelsverbot** folgt aus § 1. Insider dürfen danach keine Geschäfte in Insiderpapieren unter Ausnutzung von Insiderinformationen, von denen sie aufgrund ihrer Stellung Kenntnis erlangt haben, zum eigenen Vorteil oder zum Vorteil Dritter abschließen oder abschließen lassen. WPBesitz und WPGeschäfte von Insidern in Aktien der eigenen Ges sind also zulässig, nur eben nicht unter Ausnutzung von Insiderinformationen. ZT wird „abschließen lassen" in § 1 als „zulassen" verstanden, dann fällt das Erteilen eines Insidertips durch den Tipgeber unter § 1; richtiger ist die Auslegung als „veranlassen", dann fällt das Tippen, bei dem der Dritte regelmäßig aufgrund freier Entscheidung handelt, nicht unter § 1. **b)** Die wesentlichen Tatbestandselemente des § 1 sind **Insider**, s § 2 Nr 1; dort auch zu den den Insidern gleichgestellten Dritten (bes Kreditinstitute); einbezogen sind auch Konzerninsider (§ 2 Nr 1 b, c, d; s auch § 2 Nr 2 b, c); **c) Insiderinformationen,** s § 2 Nr 3; S 1 bringt scheinbar eine Generalklausel, doch folgt dann in S 2 eine abschließende Aufzählung („als Informationen dieser Art sind anzusehen", s auch offiziöse Anm); **d) Insiderpapiere,** beschränkt auf börsennotierte bzw in den geregelten Freiverkehr einbezogene Aktien, s § 2 Nr 2; Schuldverschreibungen sind nicht erfaßt.

B. Hauptsanktion der Insiderhandels-Ri ist die **Gewinnabführung an die Ges** (§ 4). Darunter fallen auch Vermögensvorteile in Gestalt vermiedener Verluste. Der Anspruch auf Gewinnabführung steht der Ges, gegenüber welcher der Insider die Insiderhandels-Ri anerkannt hat, als Vertragspartner zu; bei Kreditinstituten und den Insidern ihres Bereichs ist anspruchsberechtigt die Ges, deren Insiderpapiere Gegenstand des Insidergeschäfts sind (entspr § 328 BGB). Nicht anspruchsberechtigt sind zB der geschädigte Verkäufer bzw Käufer oder beim Handel in Papieren verbundener Unternehmen dieses selbst; die Abführung ist also eine Art Vertragsstrafe. Eine zivilrechtliche **Schadensersatzhaftung** des Insiders gegenüber der Ges und/oder gegenüber dem nicht aufgeklärten Vertragspartner ist nicht vorgesehen, aber auch nicht ausgeschlossen (die Insiderhandels-Ri können geltendes Recht nicht abändern, klarstellend § 4 Nr 1; ebenso **(17)** Händler- und Beraterregeln § 6).

4) Durchsetzung nach der Insiderverfahrensordnung

A. Nach der 1976 wesentlich verbesserten InsiderverfahrensO sind bei den verschiedenen WPBörsen **Prüfungskommissionen** bestellt worden (§ 1). Den Vorsitz führt ein amtierender, in HdlSachen erfahrener Richter; die vier Beisitzer kommen aus dem Kreis der Unternehmer der gewerblichen Wirtschaft und der gewerbsmäßig am Börsenhandel mit WP Beteiligten. Alle werden von den Mitgliedern der Börsenzulassungsstelle gewählt.

B. Im **Prüfungsverfahren** wird geprüft, ob ein Verstoß gegen die Insiderhandels-Ri oder die Händler- und Beraterregeln vorliegt (§ 2); die Prüfungskommission stellt nur Tatsachen fest, ohne einen Rechtsstreit zu entscheiden oder selbst Sanktionen zu verhängen. Rechtlich ist sie bloßer Schiedsgutachter zwischen der Ges und ihrem Insider, der die Insiderhandels-Ri als bindend

IV. Bank- und Börsenrecht **InsiderRi 1 (16)**

anerkannt hat. Sie wird auf Anzeige (auch Selbstanzeige) und ex officio tätig, letzterenfalls wenn ihr bekannt gewordene Umstände einen Verstoß schlüssig erscheinen lassen und glaubhafte und konkrete Verdachtsmomente vorliegen (§ 3). Auskunftsrechte der Prüfungskommission bei dringendem Verdacht s § 3 Nr 4b, Ersuchen um Befreiung vom Bankgeheimnis s § 3 Nr 4c. Ein komplettes Prüfungsverfahren besteht aus einem Vor- und einem Hauptverfahren (§ 4). Die erforderlichen Ermittlungen im Hauptverfahren obliegen der Ges oder den von der Prüfungskommission damit beauftragten Abschluß- oder anderen Wirtschaftsprüfern; die Prüfungskommission selbst erhebt also keine Beweise, sondern läßt sie erheben. Prüfungsverfahren sind selten, BReg DB **84,** 2397.

C. Am Ende eines voll durchgeführten Verfahrens steht die **förmliche Feststellung,** ob ein Verstoß vorliegt, nicht vorliegt oder nicht beweisbar ist; über Ansprüche aus den festgestellten Tatbeständen entscheidet die Prüfungskommission nicht. Mitteilung der Feststellung an den Betroffenen, die Leiter der Ges bzw des Kreditinstituts und dem BMWi (näher § 5 Nr 3). Veröffentlichung des Prüfungsergebnisses auch ohne Einwilligung des Betroffenen nur ganz ausnahmsweise bei grobem Verstoß mit erheblichen Folgen und schwerwiegendem Verschulden (§ 5 Nr 7). Bsp für Feststellung, daß Verstoß nicht vorlag, Prüfungskommission WPBörse Düss DB **73,** 2288, 2290; vgl auch DB **73,** 2234.

5) Regelungsspielräume im geltenden Recht

A. Strafrechtlich kommen §§ 263, 266 StGB in Betracht. Für Betrug ist eine Rechtspflicht zur Offenbarung nötig; bei Untreue müssen Treubruch und Vermögensschaden der Ges vorliegen. Offenbarung und Verwertung von Geschäftsgeheimnissen ist nach § 404 AktG (antragsberechtigt nur die Ges) strafbar.

B. Zivilrechtlich kann ua eine **Schadensersatzhaftung** (Verschulden bei Vertragsabschluß mangels Aufklärung, bei Abschlußprüfern § 323 I HGB) eingreifen. **Gewinnherausgabe** nach § 88 II AktG analog nach Auftragsrecht.

C. Das Insiderproblem bei **Banken** (Verwertungsrecht oder -pflicht zugunsten ihrer Kunden?) ist sehr str, einerseits Hopt, Kapitalanlegerschutz, 1975, GroßKo-Koller § 384 Rz 13, andererseits Canaris 1894, Dingeldey DB **82,** 685; s § 347 HGB Anm 4 A h; **(17)** Händler- und Beraterregeln.

[Insiderhandels-Verbot]

Insiderhandels-Ri 1 1. **Insider und ihnen gleichgestellte Dritte dürfen Geschäfte in Insiderpapieren unter Ausnutzung von Insiderinformationen, von denen sie aufgrund ihrer Stellung Kenntnis erlangt haben, zu keinem Zeitpunkt und in keiner Weise zum eigenen Vorteil oder zum Vorteil Dritter abschließen oder abschließen lassen.**

2. Nicht unter Nr. 1 fallen
a) Geschäfte aufgrund von Weisungen. Die Verantwortlichkeit des Weisungsgebers bleibt unberührt;
b) Geschäfte im Rahmen des in der Satzung bestimmten Gegenstandes des Unternehmens aufgrund eigener unternehmerischer Planung und aufgrund von Planungen eines der in § 2 Nr. 2 bezeichneten Unternehmen;
c) Geschäfte in Wahrnehmung von Kundeninteressen oder im Rahmen des sonstigen üblichen Wertpapierhandels des Kreditinstituts.

Anm 1: Verbotene Insidergeschäfte

Untersagt ist es nach den Richtlinien, daß Insider unter Ausnutzung von Insiderinformationen Geschäfte in Insiderpapieren zum eigenen Vorteil oder zum Vorteil Dritter abschlie-

(16) InsiderRi 2 2. Handelsrechtl. Nebengesetze

ßen oder abschließen lassen. Das bedeutet, daß folgende Voraussetzungen zusammentreffen und nachgewiesen werden müssen:
– Das Geschäft muß durch einen Insider abgeschlossen oder von ihm veranlaßt sein; letzteres setzt voraus, daß der Dritte vom Insider dazu bestimmt worden sein muß.
– Die Initiative des Insiders zum Abschluß oder zur Veranlassung des Geschäfts muß auf einer Insiderinformation beruhen, die er als Insider erlangt hat.

Zu beachten ist, daß Insidergeschäfte weder zum eigenen Vorteil noch zum Vorteil Dritter abgeschlossen werden dürfen. Dritter in diesem Sinne kann auch eine juristische Person (z. B. die eigene Gesellschaft des Insiders) sein.

Auch Geschäfte außerhalb der Börse zählen zu verbotenen Insidergeschäften.

Der Bezug von Aktien aufgrund von Bezugsrechten und Optionsrechten (Erwerbsrechten) ist kein verbotenes Insidergeschäft. Der Erwerb dieser Rechte kann hingegen ein verbotenes Insidergeschäft sein.

Anm 2: Ausnahmen
Bei den nicht unter das Verbot der Nr. 1 fallenden Geschäften nach Nr. 2 Buchst. b) muß es sich um Geschäfte handeln, die unter eine längerfristige unternehmenspolitische Konzeption eingeordnet werden können. Die Erzielung kurzfristiger Spekulationsvorteile bleibt verboten. Diese Vorschrift soll lediglich verhindern, daß wirtschaftlich sinnvolle unternehmerische Planungen nicht durchgeführt werden können.

Nach § 1 Nr. 2 Buchst. c) muß es sich um Geschäfte handeln, die ihrer Art und ihrem Umfang nach zu dem üblichen Wertpapierhandel des in Betracht stehenden Kreditinstituts gehören. Mit dieser Ausnahmeregelung soll vor allem sichergestellt werden, daß Kreditinstitute nicht – aufgrund von § 1 Nr. 1 – zeitweise in einem Papier vom allgemeinen Börsenhandel ausgeschlossen werden.

[Insider, Insiderpapiere, Insiderinformationen]

Insiderhandels-Ri 2
1. Insider sind
a) gesetzliche Vertreter und Aufsichtsratsmitglieder der Gesellschaft;
b) gesetzliche Vertreter und Aufsichtsratsmitglieder verbundener inländischer Unternehmen, es sei denn, daß sie in dieser Eigenschaft keine Kenntnis von Insiderinformationen zu erlangen pflegen;
c) inländische Aktionäre, einschließlich deren gesetzlicher Vertreter und Aufsichtsratsmitglieder, sofern sie an der Gesellschaft mit mehr als 25% beteiligt sind; § 16 Abs. 4 AktG findet entsprechende Anwendung;
d) Angestellte der Gesellschaft, der mit ihr verbundenen inländischen Unternehmen und der an ihr mit mehr als 25% beteiligten inländischen Aktionäre, sofern die Angestellten in dieser Eigenschaft Kenntnis von Insiderinformationen zu erlangen pflegen.

Den Insidern gleichgestellte Dritte sind
Kreditinstitute, deren Aufsichtsratsmitglieder, Geschäftsleiter und Angestellte,
die bei Maßnahmen der in Nr. 3 Satz 3 genannten Art eingeschaltet werden und dabei Kenntnis von Insiderinformationen erlangen.

2. Insiderpapiere sind
Aktien, Genußrechte, Wandel- und Gewinnschuldverschreibungen, Optionsscheine und Bezugsrechte, die

a) von der Gesellschaft,
b) von einem mit der Gesellschaft gemäß §§ 17, 18 oder 291 AktG verbundenen inländischen Unternehmen,
c) von einem mit der Gesellschaft durch Abschluß eines Beherrschungs- oder Gewinnabführungsvertrages, mittels eines Übernahme- oder Abfindungsangebotes, durch Eingliederung, Verschmelzung, Vermögensübertragung oder Umwandlung zusammenzuschließenden inländischen Unternehmen oder einem mit diesem verbundenen inländischen Unternehmen

ausgegeben und zum Handel und zur amtlichen Notierung an einer inländischen Wertpapierbörse zugelassen oder in deren geregelten Freiverkehr einbezogen sind. Der Zulassung an einer inländischen Wertpapierbörse steht das öffentliche Angebot der Papiere mit dem Hinweis auf die beabsichtigte Einführung an einer inländischen Wertpapierbörse gleich.

3. Insiderinformationen sind Kenntnisse von noch nicht bekanntgegebenen oder bekanntgewordenen Umständen, die von Einfluß auf die Bewertung der Insiderpapiere sein können. Als Informationen dieser Art sind anzusehen Kenntnisse von einer Änderung des Dividendensatzes, von wesentlichen Ertrags- oder Liquiditätsveränderungen oder von wesentlichen Umständen, die hierauf von Einfluß sind oder sein werden. Insiderinformationen sind ferner Kenntnisse von folgenden vorgesehenen Maßnahmen:

a) Kapitalherabsetzung oder Kapitalbeschaffung einschließlich der Kapitalerhöhung aus Gesellschaftsmitteln;
b) Abschluß eines Beherrschungs- oder Gewinnabführungsvertrages;
c) Übernahme- oder Abfindungsangebot;
d) Eingliederung, Verschmelzung, Vermögensübertragung, Umwandlung;
e) Auflösung.

Anm 1: Insider

Die Eigenschaft als „Insider" ist gesellschaftsbezogen. Erkennen gesetzliche Vertreter, Großaktionäre, Aufsichtsratsmitglieder und auch persönlich haftende Gesellschafter einer KGaA, die von der Vertretung der Gesellschaft ausgenommen sind, sowie die in Betracht kommenden Angestellten einer Gesellschaft die Insiderhandels-Richtlinien an, so sind sie diesen Richtlinien nur in ihrer Eigenschaft als Insider der betreffenden Gesellschaft unterworfen.

Für diese Personen gelten die Insiderhandels-Richtlinien auch, wenn das Unternehmen sich in Liquidation befindet, solange dessen Anteilscheine an einer deutschen Börse gehandelt und amtlich notiert werden oder in den geregelten Freiverkehr einbezogen sind.

Kriterien für Angestellte, die als Insider zu betrachten sind, lassen sich nicht generell aufstellen. Jedes Unternehmen muß für seinen Bereich entscheiden, welche Angestellten die vorausgesetzte Nähe zu Informationsquellen haben.

Auch gesetzliche Vertreter, Aufsichtsratsmitglieder und Angestellte verbundener Unternehmen (vgl. § 2 Nr. 1 Buchstaben b und d) mit Sitz im Inland können Insider sein. Dabei ist es nicht erforderlich, daß Aktien eines verbundenen Unternehmens selbst zum Handel und zur amtlichen Notierung an einer Börse zugelassen, in den geregelten Freiverkehr einbezogen oder öffentlich mit dem Hinweis auf die beabsichtigte Börseneinführung angeboten sind. Entscheidend ist, daß ein Unternehmen mit einer anderen Gesellschaft verbunden ist, deren Aktien diese Voraussetzungen erfüllen.

Anm 2: Gleichgestellte Dritte

Kenntnis von Insiderinformationen können auch Kreditinstitute, deren Aufsichtsratsmitglieder, Geschäftsleiter und Angestellte bei der Durchführung von bestimmten Maßnahmen der in Nr. 3 Satz 2 näher bezeichneten Art in Ausübung ihrer konsortialgeschäftlichen Tätigkeit erlangen. Soweit sich derartige Maßnahmen auf fremde Unternehmen beziehen, sind die genannten Personen keine Insider, da die Insidereigenschaft gesellschaftsbezogen ist; sie werden jedoch materiell den Insidern gleichgestellt und unterliegen denselben Verpflichtungen und Sanktionen. Das gilt sowohl für natürliche Personen, die bei einem Kreditinstitut tätig sind, als auch für das Institut selbst, das z. B. verpflichtet sein kann, einen entstandenen Gewinn aus der verbotenen Ausnutzung von Insiderinformationen abzuführen.

Kenntnisse, die auf der bankgeschäftlichen Beziehung des Kreditinstituts, insbesondere auf dem bloßen Schuldner-/Gläubigerverhältnis – z. B. bei der Einräumung von Krediten – beruhen, reichen allein nicht aus, ein Kreditinstitut einem Insider gleichzustellen. Die Gleichstellung besteht vielmehr nur hinsichtlich der in Nr. 3 Satz 3 genannten Maßnahmen, nicht dagegen im Zusammenhang mit Tatbeständen der in Nr. 3 Satz 2 genannten Art.

Anm 3: Insiderinformationen

Maßnahmen der Kapitalbeschaffung müssen auf eine Erhöhung des Grundkapitals abzielen; dazu zählt nicht die Aufnahme von Fremdmitteln.

Die Aufzählung in Nr. 3 ist abschließend; im Interesse der Rechtssicherheit haben die Insiderhandels-Richtlinien auf eine nur beispielhafte Aufzählung von Insiderinformationen verzichtet.

Es kommt nicht darauf an, ob eine Information ihrer Natur nach vertraulich ist oder nicht. Entscheidend ist allein, ob sie der Allgemeinheit zugänglich war, als sie ausgenutzt wurde, da die Insiderhandels-Richtlinien in erster Linie die Ausnutzung eines zeitlichen Informationsvorsprungs unterbinden wollen.

[Untersuchung, Auskunftspflicht]

Insiderhandels-Ri 3 Verstöße gegen § 1 werden nach Maßgabe der „Verfahrensordnung für die bei den Wertpapierbörsen auf der Grundlage der Insiderhandels-Richtlinien und der Händler- und Beraterregeln vom 1. Juli 1976 zu bildenden Prüfungskommissionen" von der zuständigen Prüfungskommission untersucht. Der von einer Prüfung Betroffene hat den von der Prüfungskommission mit den Ermittlungen beauftragten Stellen alle erforderlichen Auskünfte zu erteilen. Er hat auch alle Kreditinstitute anzugeben, die für ihn Insiderpapiere verwahren oder während des Zeitraumes, auf den sich die Prüfung bezieht, gehandelt oder verwahrt haben; außerdem sind diese Kreditinstitute von ihm im Rahmen der Auskunftserteilung nach Satz 2 hinsichtlich aller Geschäftsvorfälle, die sich auf Insiderpapiere des von der Prüfung Betroffenen beziehen, von der Verpflichtung zur Wahrung des Bankgeheimnisses zu befreien.

Anm: Notwendige Befreiung vom Bankgeheimnis

Werden von einem Kreditinstitut, dessen Aufsichtsratsmitgliedern, Geschäftsleitern oder Angestellten als den Insidern gleichgestellten Dritten (§ 2 Nr. 1 Satz 2) Auskünfte verlangt, so darf das gegenüber Dritten bestehende Bankgeheimnis nicht verletzt werden. Gegebenenfalls ist das Einverständnis der Dritten einzuholen.

[Gewinnabführungspflicht]

Insiderhandels-Ri 4 1. Unbeschadet weitergehender zivilrechtlicher Sanktionen haben Insider, die aus Verstößen gegen § 1 Vermögensvorteile erzielen, diese an die Gesellschaft abzuführen, der gegenüber sie die Insiderhandels-Richtlinien anerkannt haben; § 88 Abs. 3 AktG findet entsprechend Anwendung. Satz 1 gilt auch für die den Insidern gemäß § 2 Nr. 1 Satz 2 gleichgestellten Kreditinstitute und deren Aufsichtsratsmitglieder, Geschäftsleiter und Angestellte, jedoch mit der Maßgabe, daß der Anspruch auf etwaige von ihnen erzielte Vermögensvorteile der Gesellschaft zusteht, deren Insiderpapiere zum Gegenstand eines gegen § 1 verstoßenden Insiderhandelsgeschäfts gemacht wurden (§ 328 BGB).

2. Wird der Abführungspflicht nicht entsprochen, so hat die nach Nr. 1 berechtigte Gesellschaft den Abführungsanspruch gerichtlich geltend zu machen, sofern nicht im Einzelfall die Vermögensverhältnisse des Verpflichteten oder ein anderer wichtiger Grund entgegenstehen.

Anm 1: Allgemeines

Als auf dem Freiwilligkeitsprinzip beruhende Regelung können die Insiderhandels-Richtlinien für Verstöße von Insidern weder disziplinarische noch strafrechtliche Sanktionen androhen. Sie beschränken sich auf die Feststellung von Verstößen. Solche Verstöße stellen gleichzeitig Verletzungen der Verträge dar, welche zwischen den Insidern und ihren Gesellschaften bestehen. Welche Konsequenzen die Gesellschaften aus derartigen Vertragsverletzungen ziehen, bleibt ihnen überlassen; die Insiderhandels-Richtlinien enthalten dafür, abgesehen von der Pflicht zur Einforderung von Vermögensvorteilen, keine Vorschriften. Eine generelle Regelung ist auch nicht möglich, da jeder Verstoß individuell nach seiner Schwere betrachtet werden muß.

Anm 2: Gewinnabführungspflicht

Nach dem Vorbild des § 88 AktG sehen die Insiderhandels-Richtlinien vor, daß der Insider oder der ihm gleichgestellte Dritte Vermögensvorteile, die er aus einer verbotenen Ausnutzung von Insiderinformationen erzielt, an die Gesellschaft abzuführen hat. Der An-

IV. Bank- und Börsenrecht **Händlerregeln (17)**

spruch auf diese Vermögensvorteile steht der Gesellschaft zu, der gegenüber die Insiderhandels-Richtlinien anerkannt wurden, oder, wenn es sich um gleichgestellte Dritte handelt, der Gesellschaft, deren Insiderpapiere Gegenstand verbotener Geschäfte waren; diese erlangt aufgrund eines Vertrages zugunsten eines Dritten einen direkten Abführungsanspruch. Der Anspruch verjährt, wie die Verweisung auf § 88 Abs. 3 AktG zeigt, in drei Monaten seit dem Zeitpunkt, in dem die Mitglieder der Verwaltung einer Gesellschaft von der Gewinnabführungspflicht Kenntnis erlangen. Ohne Rücksicht auf diese Kenntnis tritt die Verjährung nach Ablauf von fünf Jahren ein.

Abzuführen sind nicht nur Gewinne, die durch verbotene Ausnutzung von Insiderinformationen erlangt wurden, sondern auch Vermögensvorteile in Gestalt vermiedener Verluste.

[Anerkennungserklärung]

Insiderhandels-Ri 5

1. Die Gesellschaften veranlassen, daß die Insider ihres Bereichs die Insiderhandels-Richtlinien und die in § 3 Satz 1 genannte Verfahrensordnung nebst den jeweiligen Erläuterungen anerkennen.

2. Kreditinstitute, die gemäß § 2 Nr. 1 Satz 2 den Insidern von Gesellschaften gleichgestellt sind, erkennen die Insiderhandels-Richtlinien und die in § 3 Satz 1 genannte Verfahrensordnung nebst den jeweiligen Erläuterungen gegenüber ihren Spitzenverbänden als für sich verbindlich an. Sie veranlassen, daß sich die in § 2 Nr. 1 Satz 2 genannten Aufsichtsratsmitglieder, Geschäftsleiter und Angestellten den Insiderhandels-Richtlinien und der in § 3 Satz 1 genannten Verfahrensordnung unterwerfen, soweit dies nicht bereits aufgrund der Nr. 1 geschehen ist.

Anm: Behandlung der Anerkennungserklärungen

Die Anerkennungserklärungen verbleiben bei der jeweiligen Gesellschaft. Diese veranlaßt, daß bei Veränderungen in dem Kreis der Insider auch der neue Insider die Empfehlungen anerkennt.

(17) Händler- und Beraterregeln

Vom 1. Juli 1976

Einleitung

Schrifttum

Wie zu (16) Insiderhandels-Ri.

Ferner zur Anlageberatung *Hopt,* Aktuelle Rechtsfragen der Haftung für Anlage- und Vermögensberatung, 2. Aufl 1985. – *Hopt,* Berufshaftung und Berufsrecht der Börsendienste, Anlageberater und Vermögensverwalter, FS Fischer **79**, 237. – *Heinsius, Kübler,* Anlageberatung durch Kreditinstitute, ZHR 145 (**81**) 177, 204. – *Hoegen,* Einzelfragen zur Haftung bei Anlagevermittlung und Anlageberatung, FS Stimpel **85**, 247.

1) Entstehung und Geltung

Zuerst Ende 1970, nF 1. 7. 76. Offiziöse Erläuterungen der Arbeitsgemeinschaft der deutschen WPBörsen, gekennzeichnet als „Anm" zu den einzelnen Vorschriften. Die Händler- und Beraterregeln sind keine Rechtsnormen, sondern gelten nur aufgrund von Anerkennungsverträgen des Beraters mit dem ihn beschäftigenden Kreditinstitut (§ 3) bzw bei freien Anlageberatern mit den ein-

(17) Händlerregeln 1   2. Handelsrechtl. Nebengesetze

zelnen WPBörsen (§ 4, die Arbeitsgemeinschaft ist nur Bote). Näheres s **(16)** Insiderhandels-Ri Einl 1, 2.

2) Inhalt und Sanktionen

A. Inhaltlich bringen die Händler- und Beraterregeln, die im wesentlichen nur börsennotierte WP betreffen (näher § 1) nicht nur keine Änderung des geltenden Rechts (§ 6, nur klarstellend), sondern anders als die Insiderhandels-Ri auch keine über das geltende Recht hinausgehende Neuerung. Daß Kreditinstitute bei der WPBeratung nur einen im Interesse der Kunden liegenden Anlagerat erteilen und keine für den Kunden nachteilige Eigengeschäfte aufgrund des Kundenauftrags vornehmen dürfen (§ 1), folgt bereits aus dem Bankvertrag, der Geschäftsverbindung oder dem einzelnen Effektengeschäft (s **(7)** Bankgeschäfte I 3, § 347 HGB Anm 3), bei freien Anlageberatern (§ 4) aus dem Beratungsvertrag; dazu Anm 4 A. Die Händler- und Beraterregeln machen diese Pflichten aber ausdrücklich zu Pflichten des Beraters gegenüber seinem Kreditinstitut bzw den einzelnen Börsen (§§ 3, 4; s Anm 1).

B. Neben den normalen Rechtsfolgen einer Vertragsverletzung sieht § 5 als besondere **Sanktion** die **Streichung** des Anlageberaters bei vorsätzlichem Verstoß aus der Liste nach § 4 S 3 **und die Bekanntmachung** der Streichung in den Amtlichen Kursblättern vor. Diese Publizität ist angesichts der Freiwilligkeit der Anerkennung überhaupt und der Bekanntmachung der Anerkennung nach § 4 S 3 rechtlich nicht zu beanstanden, geschäftlich aber sehr unangenehm und mit ein Grund dafür, daß bei weitem nicht alle freien Anlageberater die Händler- und Beraterregeln anerkannt haben. Eventuelle Rechte Dritter s Einl 2 vor **(16)** Insiderhandels-Ri.

3) Durchsetzung nach der Insiderverfahrensordnung

Untersuchung und Auskunftspflicht s § 2. Näher s Einl 4 vor **(16)** Insiderhandels-Ri.

4) Geltendes Recht, europäische Regeln

A. Zur Anlageberatung nach geltendem Recht BGH **70**, 360 (Börsendienst), Köndgen JZ **78**, 389, Hopt FS Fischer **79**, 237, Hoegen FS Stimpel **85**, 247; zur Anlageberatung durch Banken Hopt, Kapitalanlegerschutz im Recht der Banken, 1975; Canaris 1880ff; Heinsius, Kübler ZHR 145 (**81**) 177, 204; zur Prospekthaftung s Anh § 177a HGB Anm VIII 2. Zu Inhalt und Umfang der Haftung § 347 HGB Anm 3, 4.

B. Die **Europäischen Wohlverhaltensregeln für Wertpapiertransaktionen** vom 25. 7. 77 sind Gegenstand einer Empfehlung der EG-Kommission, ABlEG 20. 8. 77 Nr L 212/37 (mit ausführlicher Begründung). Sie sind keine Rechtsnormen, sind sehr viel ausführlicher als die Händler- und Beraterregeln und gehen über das geltende deutsche Recht verschiedentlich hinaus. Sie stellen möglicherweise eine Vorform zu einer bindenden, inhaltlich dann aber sicher weniger weitreichenden Rechtsvereinheitlichung durch Richtlinie dar (vgl Amtl Begr). Die Europäischen Wohlverhaltensregeln sind abgedruckt in Hopt, 2. Aufl 1985 Anh V.

[Verbotene Empfehlungen, verbotene Geschäfte]

Händler- und Beraterregeln 1
Als Händler in Wertpapieren, die an einer inländischen Wertpapierbörse gehandelt und amtlich notiert, in deren geregelten Freiverkehr einbezogen oder öffentlich mit dem Hinweis der beabsichtigten Einführung an einer inländischen Wertpapierbörse angeboten werden, dürfen Kreditinstitute

IV. Bank- und Börsenrecht **Händlerregeln 1 (17)**

a) keine Wertpapiergeschäfte aus nicht im Interesse des Kunden liegenden Gründen empfehlen; insbesondere dürfen keine Empfehlungen zu dem Zwecke gegeben werden, die Eigenbestände des Kreditinstituts, seiner Geschäftsleiter oder seiner im Börsenhandel bzw. in der gewerblichen Anlageberatung tätigen Angestellten (nachstehend als „Mitarbeiter" bezeichnet) zu ermäßigen bzw. zu erhöhen oder Kurse zur Durchführung von Eigengeschäften dieser Personen in eine bestimmte Richtung zu lenken;
b) keine Eigengeschäfte aufgrund eines Kundenauftrages zum An- oder Verkauf von Wertpapieren vornehmen, die kursmäßige Nachteile für den Auftraggeber zur Folge haben.

Das gleiche gilt für Geschäftsleiter oder Mitarbeiter von Kreditinstituten.

Anm 1: Personeller Anwendungsbereich

Die Kreditinstitute, Geschäftsleiter und ihre Mitarbeiter im Sinne dieser Regeln (vgl. § 1 Satz 1 Buchst. a) unterliegen den Händler- und Beraterregeln. Makler fallen nicht darunter. Mitarbeiter haben etwaige Verstöße gegen die Händler- und Beraterregeln nicht zu vertreten, wenn sie im Rahmen von Weisungen handeln. In diesem Fall gilt das Kreditinstitut als Händler und Berater.

Anm 2: Sachlicher Anwendungsbereich

Es muß sich um Geschäfte in solchen Wertpapieren handeln, die an inländischen Wertpapierbörsen zum Handel und zur amtlichen Notierung zugelassen, in den geregelten Freiverkehr einbezogen sind oder öffentlich mit dem Hinweis der beabsichtigten Einführung an einer inländischen Wertpapierbörse angeboten werden.

Damit entfallen Geschäfte in
a) nur im Ausland notierten Wertpapieren und
b) in Werten, die nur im Telefonverkehr gehandelt werden.

Anm 3: Sinn und Zweck (Satz 1 Buchst. a)

Sinn der Händler- und Beraterregeln ist es nicht, Art und Umfang der Beratungspflicht eines Kreditinstituts oder eines Anlageberaters gegenüber ihren Kunden zu regeln. Der Zweck der Händler- und Beraterregeln besteht vielmehr ausschließlich darin, ganz bestimmte, in § 1 Satz 1 Buchst. a) näher bezeichnete, unlautere Empfehlungen zu unterbinden. § 1 Satz 1 Buchst. a) erschöpft sich in einem Verbot solcher Empfehlungen und enthält kein Gebot, Empfehlungen auszusprechen.

Anm 4: Umfang des Verbotes (Satz 1 Buchst. a)

Untersagt sind alle Empfehlungen, die für den Empfehlenden erkennbar nicht im Interesse des Kunden liegen. Zwei Beispiele derartiger Empfehlungen werden angeführt: Einerseits die Empfehlung zu dem Zweck, die Eigenbestände des Kreditinstituts, seiner Geschäftsleiter oder seiner im Börsenhandel bzw. in der gewerblichen Anlageberatung tätigen Angestellten zu ermäßigen bzw. zu erhöhen; andererseits die Empfehlung zu dem Zweck, Kurse zur Durchführung von Eigengeschäften dieser Personen in eine bestimmte Richtung zu lenken. Da beide Beispiele nur Anwendungsfälle des Verbotes sind, dem Kunden nachteilige Empfehlungen auszusprechen, fallen die in den Beispielen genannten Empfehlungen nicht unter die Händler- und Beraterregeln, wenn sie den Vorteil des Kunden bezwecken. Nicht durch § 1 Satz 1 Buchst. a) betroffen werden Kurspflegemaßnahmen. Bei solchen Aktionen handelt es sich nicht um Empfehlungen, sondern um geschäftliche Maßnahmen des Kreditinstituts. Außerdem geht es bei diesen Maßnahmen nicht darum, daß Kurse zwecks Durchführung von Eigengeschäften in eine bestimmte Richtung gelenkt werden. Die Eigengeschäfte sollen hier vielmehr ihrerseits die Kurse in eine bestimmte Richtung lenken.

Anm 5: Geschäfte „aufgrund" von Kundenaufträgen (Satz 1 Buchst. b)

Diese Regel soll verhindern, daß Kreditinstitute, deren Geschäftsleiter und Mitarbeiter die Kenntnis von Kundenaufträgen zum Nachteil des Kunden verwenden. Voraussetzung eines Verstoßes ist, daß der Kundenauftrag Anlaß eines den Kunden benachteiligenden Geschäftes ist. Fehlt diese Ursächlichkeit, die im Streitfall des Nachweises bedarf, so liegt der Tatbestand des § 1 Satz 1 Buchst. b) nicht vor. Das Kreditinstitut ist somit nicht gehindert, gleichartige Wertpapiergeschäfte wie sein Kunde vorzunehmen. Die Zulässigkeit solcher Parallelgeschäfte wird somit durch die Händler- und Beraterregeln nicht berührt.

1341

(17) Händlerregeln 2–4

2. Handelsrechtl. Nebengesetze

[Untersuchung, Auskunftspflichten]

Händler- und Beraterregeln 2 Verstöße gegen § 1 werden nach

Maßgabe der „Verfahrensordnung für die bei den Wertpapierbörsen auf der Grundlage der Insiderhandels-Richtlinien und der Händler- und Beraterregeln vom 1. Juli 1976 zu bildenden Prüfungskommissionen" von der zuständigen Prüfungskommission untersucht. Der von einer Prüfung Betroffene hat den von der Prüfungskommission mit den Ermittlungen beauftragten Stellen alle erforderlichen Auskünfte zu erteilen. Er hat auch alle Kreditinstitute anzugeben, die für ihn Wertpapiere verwahren oder während des Zeitraumes, auf den sich die Prüfung bezieht, gehandelt oder verwahrt haben; außerdem sind diese Kreditinstitute von ihm im Rahmen der Auskunftserteilung nach Satz 2 hinsichtlich aller Geschäftsvorfälle, die sich auf Wertpapiere des von der Prüfung Betroffenen beziehen, von der Verpflichtung zur Wahrung des Bankgeheimnisses zu befreien.

[Anerkennungserklärung]

Händler- und Beraterregeln 3 Die Kreditinstitute veranlas-

sen, daß ihre Geschäftsleiter und Mitarbeiter die Händler- und Beraterregeln und die in § 2 Satz 1 genannte Verfahrensordnung nebst den jeweiligen Erläuterungen vertraglich anerkennen.

Anm: Anerkennung durch Geschäftsleiter und Mitarbeiter

Die in § 3 geforderte vertragliche Anerkennung der Händler- und Beraterregeln durch die Geschäftsleiter und Mitarbeiter der Kreditinstitute bedeutet in der Regel keine Erweiterung der bereits bestehenden Vereinbarungen. Vielmehr enthält § 1 Satz 1 selbstverständliche Gebote des kaufmännischen Anstandes, die schon jetzt ungeschriebener Inhalt der Verträge sind. § 3 bezweckt nur, den Beteiligten dies im Interesse der Rechtssicherheit vor Augen zu führen.

[Anlageberater]

Händler- und Beraterregeln 4 Unternehmen und Perso-

nen, die sich, ohne Kreditinstitut zu sein, gewerblich in der Anlageberatung betätigen, nachstehend „Anlageberater" genannt, können sich durch schriftliche Erklärung gegenüber der Arbeitsgemeinschaft der deutschen Wertpapierbörsen den in §§ 1 bis 3 angeführten Regeln unterwerfen. Die Arbeitsgemeinschaft verständigt die einzelnen Wertpapierbörsen über die bei ihr eingegangenen Erklärungen. Die Wertpapierbörsen machen diese Erklärungen in den Amtlichen Kursblättern bekannt und führen über die betreffenden Anlageberater eine Liste.

Anm 1: Begriff des Anlageberaters

Als gewerbliche Anlageberatung im Sinne dieser Regeln gilt jede Tätigkeit, bei der an Dritte Empfehlungen erteilt oder Meinungen geäußert werden, die geeignet sind, Dritte bei Entschließungen über Wertpapiergeschäfte zu beeinflussen. Die Anlageberatung muß nicht ausschließlich Gegenstand der Tätigkeit sein. Sie kann auch im Rahmen sonst anders gerichteter Betätigung vorgenommen werden, wie etwa die Börsen- und Wirtschaftsberichterstattung in Tages- und Wochenzeitungen, Magazinen sowie Wirtschafts- und Börseninformationsdiensten.

Anm 2: Aufgaben der Börsen

Die Anerkennungserklärungen der Anlageberater sind an die Arbeitsgemeinschaft der deutschen Wertpapierbörsen zu richten. Diese ist postalischer Adressat zur Weiterleitung an die Börsen. Sie haben die Anlageberater, die Anerkennungserklärungen abgegeben haben, in ihren Kursblättern zu veröffentlichen, und zwar haben alle Börsen ohne Rücksicht auf den Sitz des Anlageberaters diese einmalige Bekanntmachung vorzunehmen. Darüber hinaus

IV. Bank- und Börsenrecht   **Übernahmeangebote (18)**

wird zu Beginn eines jeden Jahres in den Kursblättern die Liste aller Anlageberater abgedruckt, die den Händler- und Beraterregeln unterliegen.

[Sanktion für Anlageberater]

Händler- und Beraterregeln 5
Verstoßen Anlageberater, die in der Liste geführt werden, vorsätzlich gegen die Regeln, so kann die Arbeitsgemeinschaft der deutschen Wertpapierbörsen ihre Streichung aus der Liste veranlassen. Die Wertpapierbörsen machen die Streichung in den Amtlichen Kursblättern bekannt.

Anm: Funktion der Arbeitsgemeinschaft der deutschen Wertpapierbörsen

Sie kann nur eine Streichung aus der Liste der Anlageberater veranlassen, wenn ein Verfahren vor einer Prüfungskommission mit einer entsprechenden Feststellung abgeschlossen wurde.

[Anderweitige Ansprüche]

Händler- und Beraterregeln 6
Etwaige zivil- und strafrechtliche Folgen von Verstößen gegen diese Regeln bleiben unberührt. Vorsätzliche Verstöße von Geschäftsleitern und Mitarbeitern gegen § 1 dieser Regeln stellen Handlungen dar, die sich im Sinne der börsenrechtlichen Vorschriften nicht mit der Ehre oder dem Anspruch auf kaufmännisches Vertrauen vereinbaren lassen.

(18) Leitsätze für öffentliche freiwillige Kauf- und Umtauschangebote bzw Aufforderungen zur Abgabe derartiger Angebote in amtlich notierten oder im geregelten Freiverkehr gehandelten Aktien bzw Erwerbsrechten (LSÜbernahmeangebote)

Vom Januar 1979

Einleitung

Schrifttum

Schmitthoff-Goré-Heinsius, Übernahmeangebote im Aktienrecht, 1976. – *Immenga* SchweizAG **75**, 89. – *Hopt* RabelsZ 44 (**80**) 180 (Buchbespr). – *Meier-Schatz* ZHR 149 (**85**) 76 (USA, policy).

1) Entstehung und Geltung

Die LSÜbernahmeangebote vom Januar 1979 sind keine Rechtsnormen, sondern Gegenstand einer Empfehlung der Börsensachverständigenkommission beim BMF. Die Empfehlung richtet sich an das bietende Unternehmen, die AG, deren Aktien gekauft oder eingetauscht werden sollen, und die dabei beteiligten Kreditinstitute. Sie bezweckt einen Interessenausgleich zwischen dem Bieter und den Aktionären der betroffenen AG. Anders als bei den **(16)** Insiderhandels-Ri und **(17)** Händler- und Beraterregeln verbleibt es bei der unverbindlichen Empfehlung ohne Vollzug durch private (Anerkennungs)Verträge. Die LS-Übernahmeangebote sind zusammen mit einer Pressemitteilung der Kommission abgedruckt in BMF-Finanznachrichten 6/79 31. 1. 79.

(18) Übernahmeangebote

2) Inhalt und Sanktionen

A. Die Leitsätze betreffen nur **öffentliche freiwillige Übernahmeangebote** (Kauf- und Umtauschangebote einschließlich Aufforderungen zur Abgabe solcher Angebote) **in amtlich notierten** oder im geregelten Freiverkehr gehandelten **Aktien**, Bezugs- und Erwerbsrechten. Sie enthalten allgemeine Grundsätze (A 1–3) sowie Grundsätze zur Vorbereitung (B), zum Inhalt (C) und zur Durchführung des Angebots (D). Hervorzuheben sind der Grundsatz der Gleichbehandlung der Aktionäre (A 1; macht der Käufer innerhalb von 18 Monaten nach Ablauf der Angebotsfrist ein weiteres Übernahmeangebot zu einem höheren Preis, Nachzahlungspflicht, C 20), Gewährung einer angemessenen Überlegungsfrist (mindestens 21, höchstens 60 Tage, D 1), ausreichende Transparenz für Aktionäre und Markt durch zahlreiche Angaben (C 1–20, zB Nennung der Faktoren, die für die Festsetzung des Übernahmepreises maßgebend sind samt Angaben über den Wert und die Ertragslage des betroffenen Unternehmens, ggf Stellungnahme der betroffenen AG, Angabe der mittelbaren und unmittelbaren Beteiligung des Käufers an der betroffenen AG und umgekehrt der betroffenen AG an der Ges des Käufers), umfassende Stillhaltepflicht des Käufers und der eingeweihten Personen am Markt, um den Markt bewußt sich selbst zu überlassen (B 4, D 5, 6), Geheimhaltungs- und bei Durchsickern von Nachrichten Offenlegungspflichten (B 1, auch B 2, 3), Rücktrittsrecht des Aktionärs bei einem günstigeren Übernahmeangebot eines Dritten während der Angebotsfrist (C 14), Repartierungspflicht (D 7). Die Insiderhandels-Ri und die Händler- und Beraterregeln bleiben ausdrücklich unberührt (A 3). Im Unterschied zu anderen Rechten fehlen eine Untergrenze zB von 5% Anteilsbesitz des Käufers, ab der die Regelung erst eingreift, die Pflicht zur Abgabe eines Übernahmeangebots bei qualifizierter Mehrheitsbeteiligung aufgrund des Übernahmeangebots (Grund: kartellrechtliche Bedenken) und Regeln über die zulässigen und unzulässigen Verteidigungsmaßnahmen der betroffenen AG.

B. **Sanktionen** und ein Durchsetzungsverfahren wie nach der InsiderverfahrensO, s Einl 4 vor **(16)** Insiderhandels-Ri, fehlen. Die Leitsätze bauen auf moralischen Druck der Öffentlichkeit, Presse und Geschäftswelt.

3) Geltendes Recht, europäische Rechtsangleichung

A. Das deutsche Aktienrecht regelt zwar eingehend den **Schutz der Minderheitsaktionäre** und die Rechte und Pflichten der Beteiligten im Konzern, aber nicht die Übernahmeangebote und den Aufbau von Konzernen durch sie. Das liegt ua an der vergleichsmäßig geringen Zahl von Übernahmeangeboten in Deutschland. Aber zB Thyssen-Rheinstahl 1973, dazu Möschel ZRP **73,** 162; Audi-NSU 1976, vgl BGH WM **76,** 449 m abl Anm Lutter JZ **76,** 562, Westermann AG **76,** 309.

B. Wegen der großen tatsächlichen Bedeutung der Übernahmeangebote in anderen EGMitgliedstaaten wie England, Frankreich oder Belgien ist eine **EGRechtsangleichungs-Richtlinie** geplant, s Behrens ZGR **75,** 433, Bess AG **76,** 169, 206.

Vorbemerkung

Gegenstand dieser Regelungen sind öffentliche Angebote, die ohne Bestehen einer Rechtspflicht von einer natürlichen oder juristischen Person (Käufer) an die Aktionäre einer Aktiengesellschaft oder Kommanditgesellschaft auf Aktien (betroffene Gesellschaft) gerichtet sind mit der Maßgabe, deren Aktien, Bezugsrechte oder Erwerbsrechte aus Wandel- und Optionsschuldverschreibungen, im folgenden zusammengefaßt als Aktien bezeichnet, zu

IV. Bank- und Börsenrecht **Übernahmeangebote (18)**

einem bestimmten Preis in bar oder im Tausch gegen Aktien oder andere Wertpapiere zu kaufen.

Für die Durchführung eines öffentlichen Angebots wird die Beachtung folgender Leitsätze empfohlen:

A. Allgemeine Grundsätze

1. Der Käufer soll keine Inhaber von Aktien der gleichen Art besserstellen als die übrigen Aktionäre. Wenn der Käufer oder mit ihm zusammenwirkende Dritte zwischen dem Beschluß seiner geschäftsführenden Organe über ein Kauf- oder Umtauschangebot bis zum Ablauf der Angebotsfrist zu besseren als den im Angebot angegebenen Bedingungen Geschäfte in Aktien der betroffenen Gesellschaft abschließt, so sollen diese Bedingungen für alle Aktionäre gelten.
2. Mit der Abwicklung des Angebots sollen im Hinblick auf die Notwendigkeit, die Aktionäre über ihre Depotbanken anzusprechen, Kreditinstitute betraut und als Einreichungs- und Umtauschstellen benannt werden.
3. Die Insiderhandels-Richtlinien und die Händler- und Beraterregeln bleiben von den in den Leitsätzen aufgestellten Grundsätzen unberührt.

B. Vorbereitung des Angebots

1. Die an Kauf- und Umtauschverhandlungen beteiligten Personen sind so lange zu strikter Geheimhaltung verpflichtet, bis die Verhandlungen oder das Kauf- oder Umtauschangebot öffentlich bekanntgegeben oder die Verhandlungen endgültig abgebrochen worden sind. Lassen besondere Kursbewegungen bei Aktien der bietenden oder der betroffenen Gesellschaft darauf schließen, daß Nachrichten von einem bevorstehenden Kauf- oder Umtauschangebot bekanntgeworden sind, so soll der Käufer unverzüglich eine Erklärung veröffentlichen oder den Vorstand der Heimatbörse über ein an dieser Börse zum Handel zugelassenes Kreditinstitut unterrichten, es sei denn, daß dadurch die Durchführung des Kauf- oder Umtauschangebots gefährdet würde oder sonstige wesentliche Nachteile für die Beteiligten oder die Anleger eintreten würden.
2. Von dem Beschluß über ein Kauf- oder Umtauschangebot und dessen Konditionen soll der Käufer nicht nur die betroffene Gesellschaft mit der Bitte um Stellungnahme unterrichten, sondern unverzüglich auch die zuständige Heimatbörse über ein an dieser Börse zum Handel zugelassenes Kreditinstitut in Kenntnis setzen.
3. Wer ein öffentliches Kauf- und Umtauschangebot ankündigt, soll das Angebot alsbald veröffentlichen.
4. Von dem Zeitpunkt ab, in dem von dem geschäftsführenden Organ des Käufers die Abgabe eines Kauf- oder Umtauschangebots beschlossen worden ist, bis zu seiner Bekanntgabe dürfen weder der Käufer noch Personen, die in die Kauf- oder Umtauschgespräche eingeweiht oder damit befaßt sind, Geschäfte in Aktien der von dem vorgesehenen Angebot betroffenen sowie der bietenden Gesellschaft oder in Aktien eines mit der betroffenen oder der bietenden Gesellschaft verbundenen Unternehmen abschließen oder abschließen lassen.

C. Inhalt des Angebots

Das Angebot soll folgende Angaben enthalten:
1. Name des Käufers
2. Bezeichnung der von dem Angebot erfaßten Aktien
3. Kaufpreis in Geld oder Aktien
4. Darlegung der mit dem Angebot verfolgten Ziele
5. Nennung der Faktoren, die für die Festsetzung des Übernahmepreises maßgebend waren

(18) Übernahmeangebote

6. Angabe der mittelbaren und unmittelbaren Beteiligung des Käufers an der betroffenen Gesellschaft
7. Angabe der mittelbaren und unmittelbaren Beteiligung des betroffenen Unternehmens an der Gesellschaft des Käufers
8. Etwaige Stellungnahme der betroffenen Gesellschaft
9. Hinweis, ob das Angebot bereits mit der Annahmeerklärung des Aktionärs der betroffenen Gesellschaft angenommen wird oder ob die Aktionäre der betroffenen Gesellschaft lediglich aufgefordert werden, ihrerseits dem Käufer Aktien der betroffenen Gesellschaft anzubieten
10. Angebotsfrist
11. Etwaiger Vorbehalt des Käufers, von dem Angebot zurückzutreten, wenn nicht die Inhaber einer bestimmten Mindestzahl der unter das Angebot fallenden Aktien von dem Angebot Gebrauch machen
12. Hinweis auf eine bestimmte Höchstzahl von Aktien, auf die sich das Angebot gegebenenfalls beschränkt
13. Etwaiger Vorbehalt des Käufers, von dem Angebot zurückzutreten, wenn der Wert oder der Charakter des Vermögens der betroffenen Gesellschaft so beeinträchtigt wird, daß der Angebotszweck gefährdet ist
14. Hinweis, daß dem von dem Angebot Gebrauch machenden Aktionär ein Rücktrittsrecht zusteht, wenn während der Angebotsfrist öffentlich ein günstigeres Angebot eines Dritten ergeht
15. Etwaiger Vorbehalt, von dem Angebot zurückzutreten, wenn behördliche Genehmigungen rechtskräftig versagt werden oder behördliche Verbote unanfechtbar geworden sind oder wenn Genehmigungsverfahren länger als eine bestimmte Zeit in Anspruch nehmen
16. Nennung anderer etwaiger Rücktrittsgründe
17. Zeitpunkt, an dem die Zahlung geleistet wird bzw. Angabe des Ereignisses, das für den Zahlungstermin maßgebend ist
18. Einreichungs- und Umtauschstellen
19. Hinweis, ob die Börsenumsatzsteuer und die Bankprovision vom Käufer übernommen werden
20. Verpflichtung des Käufers, denjenigen, die von dem Angebot Gebrauch machen, einen Ausgleich zu gewähren, wenn innerhalb von 18 Monaten nach Ablauf der Angebotsfrist (einschließlich Nachfrist) der Käufer ein höheres öffentliches Kauf- oder Umtauschangebot unterbreitet

D. Durchführung des Angebots

1. Der Käufer soll bei Veröffentlichung des Angebots den Aktionären eine angemessene Frist einräumen, um das Angebot prüfen und sich entscheiden zu können. Die Angebotsfrist soll mindestens 21 Tage und höchstens 60 Tage betragen.
2. Wird das Kauf- oder Umtauschangebot durch Verbesserung der Bedingungen geändert, so soll die Angebotsfrist frühestens 14 Tage nach Bekanntgabe der Änderung enden; dies gilt auch dann, wenn dadurch die vorgenannte Frist von 60 Tagen (Ziffer 1.) überschritten wird.
3. Vom Käufer oder der betroffenen Gesellschaft sollen während der Angebotsfrist Informationen über neue Tatsachen zur Beurteilung des Angebots nur dann weitergegeben werden, wenn sie allgemein bekanntgemacht werden.
4. Neue wesentliche Tatsachen, die die Beurteilung des Angebots nachteilig beeinflussen, sollen umgehend veröffentlicht werden.
5. Der Käufer soll während der Angebotsfrist alles unterlassen, was den Marktpreis der Aktien der betroffenen Gesellschaft negativ beeinflussen könnte. Er soll deshalb während der Angebotsfrist auch keine Geschäfte in Aktien der betroffenen Gesellschaft abschließen oder abschließen lassen.
6. Wenn der Tausch von Aktien des Käufers gegen Aktien der betroffenen Gesellschaft angeboten wird, soll der Käufer während der Angebotsfrist

V. Transportrecht **ADSp (19)**

keine Handlungen vornehmen, die den Wert des Vermögens seiner Gesellschaft wesentlich beeinträchtigen.
7. Ist die Zahl der angebotenen Aktien höher als die Zahl der unter das Angebot fallenden Aktien, so sollen die von dem Angebot Gebrauch machenden Aktionäre nach Festsetzung eines bestimmten Mindestbetrages grundsätzlich pro rata berücksichtigt werden.

V. Speditions-, Lager- und Frachtrecht (Transportrecht)

(19) Allgemeine Deutsche Spediteur-Bedingungen (ADSp)

Fassung vom 1. Oktober 1978
mit den späteren Änderungen

Einleitung

Schrifttum

a) Kommentare: *Helm,* Speditionsrecht, 1986 (= GroßKo §§ 407–415 mit ADSp, SVS/RVS, Sp-Police, Int.Sped.Dok.). – *Krien(-Glöckner),* Speditions- und Lagerrecht (LBl). – *Widmann,* ADSp, 3. Aufl 1979. – *Wolf,* 11. Aufl 1985. – *Wolgast,* ADSp (mit SVS/RVS und SP-Police, Textausgabe mit kurzer Erläuterung), 5. Aufl 1979. – *Alff,* Fracht-, Lager- und Speditionsrecht, 1986.

b) Einzeldarstellungen und Sonstiges: *Kirchner,* Leitsatzsammlung Transportrecht, 1981 (LBl). – *Wiesbauer-Zetter,* Transporthaftung, Wien 1984. – Rsprübersichten: *Schmidt-Lossberg* MDR **79**, 452, *Piper,* 5. Aufl 1985.
Allgemeiner s § 407 ff HGB.

1) Entstehung und Neufassung

Entstehung und Grundgedanken der ADSp Schwartz ZHR 125 (**63**) 241. Erste Fassung 10. 8. 27; Verbindlicherklärung RVerkM 29. 12. 39 RAnz 40 Nr 4, 9, seit 1945 unwirksam. Heutige Fassung 1. 10. 78, als Empfehlung durch die Zentralen Wirtschaftsverbände, darunter Bundesverband Spedition und Lagerei, 19. 9. 78; Empfehlung der ADSp beim BKartA angemeldet und veröffentlicht als Bek Nr 130/78 31. 10. 78 BAnz Nr 211; geändert zum 1. 1. 82 Bek Nr 19/82 25. 2. 82 BAnz Nr 47, zum 1. 1. 85 Bek Nr 100/84 19. 11. 84 BAnz Nr 227 (§ 54). Zur Fassung von 1978 Erklärung des BKartA: ,,Die Befugnis, nach AGB-Gesetz sowie aufgrund anderer gesetzlicher Vorschriften die gerichtliche Überprüfung zu verlangen, wird durch diese Bekanntmachung nicht eingeschränkt. Die vorstehende Empfehlung Allgemeiner Geschäftsbedingungen ist unverbindlich. Zu ihrer Durchsetzung darf kein wirtschaftlicher, gesellschaftlicher oder sonstiger Druck angewendet werden." Der Text ist abgedruckt wie im praktischen Gebrauch; wo Paragraphen entfielen, keine neue Durchzählung (s zB §§ 41–43), entspr bei Wegfall von Absätzen. Auskünfte: Bundesverband Spedition und Lagern (BSL), Bonn; Internationaler Speditionsverband FIATA (Federation of Freight Forwarders Associations).

2) Geltung

A. Die ADSp gelten nicht als Hdlbrauch (so schon Raiser SJZ **50**, 666, ausführlich Brüning Diss Hbg 1963), sondern wie andere **AGB** (vgl **(5)** AGBG

§ 2, 24 S 1 Nr 1) **nur kraft Unterwerfung**. Diese ist ohne weiteres als **stillschweigend** erfolgt anzunehmen, wenn jemand in vertragliche Beziehungen zu einem Spediteur tritt, der seinen Geschäften die ADSp zugrunde zu legen pflegt, und er dies weiß oder wissen muß, es sei denn, die Geltung der ADSp sei ausdrücklich ausgeschlossen, stRspr, BGH **18**, 99, NJW **85**, 2412. Dies gilt (falls Vertrag unter deutschem Recht) uU auch **gegenüber ausländischen Auftraggebern**, bes Spediteuren, ausnahmsweise andere Unternehmen, BGH NJW **73**, 2154, **74**, 2178, **76**, 2075, **81**, 1906, Ffm AWD **69**, 454, Mü NJW **73**, 1560, AWD **74**, 279, dazu Hepting RIW **75**, 457, Kronke NJW **77**, 992. Es gilt nur für Geschäfte, die mit dem Speditionsgewerbe typisch sachlich zusammenhängen („speditionelle Massengeschäfte"), BGH DB **76**, 382, NJW **80**, 1275 (nicht Fakturierung und Kaufpreiseinzug bei Kunden), **81**, 1906. UU Anwendbarkeit aufgrund Lagervertrags, wenn Lagerhalter auf Spediteurgrundstück lagert, BGH WM **75**, 1165. – Die ADSp gelten außerhalb vertraglicher Beziehungen nur kraft spezieller Unterwerfung, BGH BB **59**, 826. Gelten im Einzelfall die ADSp, so nur mit solchen Bestimmungen, mit deren Aufstellung der Auftraggeber billiger- und gerechterweise rechnen kann, BGH **17**, 3 (zu § 50). Übersicht: Striewe BB **81**, 1919.

B. Vereinbarung der **Nichtanwendbarkeit einzelner Bestimmungen** der ADSp ist möglich, auch durch schlüssiges Verhalten, vgl aber Fikentscher BB **61**, 297; dazu betr Speditionsversicherung § 41 Anm 2. Möglichkeit vorhergehender Vereinbarung über bestimmte Punkte, BGH DB **77**, 994.

C. Sachlicher und persönlicher **Anwendungsbereich**: § 2 (Änderung ab 1. 10. 78), **nur unter Kaufleuten**. Zur Anwendbarkeit bei **Kfz**-Beförderung s § 2 Anm 3 (seit 1. 10. 78, iVm **(23)** KVO § 1, s dort). Anwendbarkeit, wenn ein Unternehmen mit „Schiffahrt, Spedition und Lagerei" auf fremden Schiffen befördert, Karlsr DB **71**, 1469.

D. **Richterliche Inhaltskontrolle** nach **(5)** AGBG § 9 erfaßt zwar auch die ADSp (s Anm 1), BGH BB **81**, 267 (zu §§ 54a, 57 Nr 3); aber die ADSp sind ein von allen beteiligten Kreisen ausgehandeltes Gesamtgefüge, aus dem nicht einzelne Klauseln herausgenommen und isoliert an dispositive Rechtsnormen gemessen werden können, BGH NJW **82**, 1821, transpR **86**, 79. Die Klauselverbote der **(5)** AGBG §§ 10, 11 sind (jedenfalls unmittelbar) auf die (nur gegenüber Kflten geltenden) ADSp nicht anwendbar, s **(5)** AGBG § 24 Anm 3; Helm VersR **77**, 585, von Westphalen ZIP **81**, 119.

3) Auslegung

Die ADSp sind wie allgemein AGB unabhängig von der Gestaltung des Einzelfalls aus ihrem Inhalt auszulegen, BGH **7**, 368, **17**, 3. Das Revisionsgericht ist in der Auslegung frei, BGH **8**, 56, **17**, 3.

Die Empfehlung ist unverbindlich. Es bleibt den Vertragsparteien unbenommen, im Einzelfall abweichende Vereinbarungen zu treffen.

I. Allgemeines

[Sorgfalts- und Interessenwahrungspflicht]

ADSp 1 Der Spediteur hat seine Verrichtungen mit der Sorgfalt eines ordentlichen Kaufmannes auszuführen und hierbei das Interesse des Auftraggebers wahrzunehmen.

1) Vgl § 408 I HGB. Überweisungen des Auftraggebers s § 11.

V. Transportrecht **ADSp 2 (19)**

[Geltungsbereich der ADSp]

ADSp 2 a) Die ADSp gelten im Verkehr mit Kaufleuten, juristischen Personen des öffentlichen Rechts und öffentlich-rechtlichen Sondervermögen, für alle Verrichtungen des Spediteurs, gleichgültig, ob sie Speditions-, Fracht-, Lager-, Kommissions- oder sonstige mit dem Speditionsgewerbe zusammenhängende Geschäfte betreffen.
b) Die ADSp finden keine Anwendung insoweit, als der Spediteur lediglich als Erfüllungsgehilfe einer Beförderungsunternehmung auf Grund der besonderen Bedingungen (z. B. EVO, KVO) oder nach dem Bahnspeditionsvertrag als bahnamtlicher Rollfuhrunternehmer tätig ist. Die ADSp gelten ferner nicht für die Betätigung des Spediteurs im Möbeltransport mit geschlossenen Möbelwagen, es sei denn, daß es sich um den Verkehr von und nach dem Ausland handelt; auch insoweit finden die ADSp nur Anwendung, als es sich um eine nach verkehrsüblicher Beurteilung reine Speditionstätigkeit handelt. Die ADSp sind nicht auf eine Möbellagerung auf Grund der Allgemeinen Lagerbedingungen des deutschen Möbeltransports anzuwenden. Die ADSp gelten ferner nicht für Geschäfte, die ausschließlich Verpackungs-, Kran- oder Montagearbeiten oder Schwer- oder Großraumtransporte zum Gegenstand haben; unberührt davon bleibt der Binnenumschlagverkehr des Spediteurs.
c) Weichen besondere örtliche oder bezirkliche Handelsbräuche oder gesetzliche Bestimmungen von den ADSp ab, so gehen die ADSp vor, es sei denn, daß die gesetzlichen Bestimmungen zwingender Natur sind. Die ADSp sind nicht anzuwenden, soweit der Spediteur die Beförderung des Gutes kraft Selbsteintritts oder Frachtvertrages mit eigenem Kraftfahrzeug im Güterfernverkehr oder im internationalen Straßengüterverkehr gemäß CMR ausführt. Bei Betätigung des Spediteurs in See- oder Binnenschiffahrtstransporten können abweichende Vereinbarungen nach den dafür etwa aufgestellten besonderen Beförderungsbedingungen des Spediteurs getroffen werden.
d) Der Spediteur ist zur Vereinbarung der üblichen Geschäftsbedingungen Dritter befugt. Im Verhältnis zwischen Haupt- und Zwischenspediteur gelten die ADSp als Allgemeine Geschäftsbedingungen des Zwischenspediteurs.

1) Wichtige Änderung ab 1. 10. 78 (s Einl vor § 1): **nicht mehr** Geltung für **Nichtkaufleute.** Gleichstellung mit Kflten von öffentlichrechtlichen Organisationen, vgl (5) AGBG § 24. Für den Umgang mit NichtKflten bestehen derzeit keine AGB der Spediteure. – Die ADSp gelten für **alle Verrichtungen eines Spediteurs,** einerlei, ob sie Speditionsfracht-, Lager-, Kommissionsgeschäfte oder sonstige mit dem Speditionsgewerbe zusammenhängende Dienstleistungen betreffen (Oberbegriff: **Verkehrsvertrag),** auch zB für Beförderungen durch den Spediteur selbst, zB wenn dieser selbst eintritt (§ 412 I HGB), s aber über Kfz-Beförderung Anm 3. Über besondere Voraussetzungen der Annahme stillschweigender Unterwerfung unter die ADSp bei Lagerung (nicht Transport) s BGH BB **58,** 284. – Das zwingende Recht der **CMR, GüKG, KVO, Warschauer Abkommen geht vor ADSp,** s § 412 HGB Anm 2 D, § 413 HGB Anm 1 C. Anders die CIM (s § 453 HGB Anm 2 B): gilt nicht zwischen Spediteur und Absender (Empfänger), Kln MDR **74,** 320. Eisenbahnfrachtrecht ist nicht zwingend und geht nicht vor ADSp, Karlsr transpR **83,** 146.

2) Geltung zwischen Spediteur und **Empfänger** (der nicht Partei des Speditionsvertrags ist), § 34 nF. Ferner bei besonderer Vereinbarung mit Empfänger, die nicht schon in der Annahme des Guts mit Zeichnung eines Empfangsscheins durch Empfänger liegt, oder wenn der Spediteur Empfangsspediteur (§ 408 HGB Anm 1 B) des Empfängers wurde, BB **59,** 826.

1349

3) Für die Geltung der ADSp ist im Grundsatz die Art der Beförderung unerheblich, zB mit **Kfz.** Wichtige Ausnahme, jetzt präzisiert durch c 2: Unabwendbarkeit der ADSp bei Beförderung mit eigenem Kfz im Güterfernverkehr oder internationalen Straßengüterverkehr gemäß **(24)** CMR aufgrund Selbsteintritts (§§ 412, 413 HGB) oder Frachtvertrags (Absender-Spediteur, der möglich ist, vgl § 2a). Parallelvorschrift im Kfz-Recht jetzt **(23)** KVO § 1 V nF, jedoch nur betr Haftung. Nahverkehr s **(22)** GüKG § 85 Anm 1. – Die Beschränkung der Anwendbarkeit der ADSp gilt auch für Vor- und Nach-Tätigkeit (-„Lauf", -„Reise"), BGH MDR **63**, 30, Karlsr MDR **65**, 299. Dazu **(22)** GüKG §§ 2, 3 Anm 1.

4) Für den **Möbeltransport** (§ 2, b 2) bestehen besondere AGB: „Allgemeine Lagerbedingungen des deutschen Möbeltransports" (ALB); „Beförderungsbedingungen des deutschen Möbeltransports" (BBM). Vereinbarung der Anwendung der ADSp neben den ALB ist unmöglich, BGH **18**, 100; umgekehrt bei Anwendbarkeit der ADSp. Keine Berufung auf Haftungsausschluß nach ALB oder BBM, wenn Spediteur nach ADSp Versicherung zu nehmen hatte, dies versäumte und darum (§ 41c ADSp) nach ADSp haftet, Stoldt MDR **51**, 141 gegen LG Bln, Senckpiehl JR **50**, 581.

[Anspruchsübergang]

ADSp 3 Eine Abtretung der Rechte des Auftraggebers an einen Dritten sowie die Geltendmachung von Ansprüchen gegen den Spediteur namens oder für Rechnung eines Dritten (vgl. § 67 V.V.G.) kann nur insoweit erfolgen, als Rechte gegen den Spediteur auf Grund dieser Bedingungen bestehen.

1) § 3 will namentlich verhindern, daß Auftraggeber dem Versicherer Ansprüche abtritt, die die Haftung des Spediteurs vertraglich erweitern. Er ist trotz § 67 VVG (nachgiebig) rechtsgültig.

[Angebote des Spediteurs]

ADSp 4 Alle Angebote des Spediteurs gelten nur bei unverzüglicher Annahme zur sofortigen Ausführung des betreffenden Auftrages, sofern sich nichts Gegenteiliges aus dem Angebot ergibt, und nur, wenn bei Erteilung des Auftrages auf das Angebot Bezug genommen wird.

II. Von der Annahme ausgeschlossene Güter

[Gefährliche und schnell verderbliche Güter]

ADSp 5 a) Güter, welche Nachteile für andere Güter oder sonstige Gegenstände, Tiere oder Personen zur Folge haben können oder welche schnellem Verderben oder Fäulnis ausgesetzt sind, sind mangels schriftlicher Vereinbarung von der Annahme ausgeschlossen.
b) Werden derartige Güter dem Spediteur ohne besonderen Hinweis übergeben, so haftet der Auftraggeber auch ohne Verschulden für jeden daraus entstehenden Schaden.
c) Der Spediteur kann, sofern die Sachlage es rechtfertigt, derartige Güter im Wege der Selbsthilfe nach seiner Wahl öffentlich oder freihändig, möglichst jedoch unter Benachrichtigung des Auftraggebers, verkaufen lassen oder zur Abwendung von Gefahren ohne vorherige Benachrichtigung des Auftraggebers vernichten.

1) Zu a vgl (betr gefährliche Güter) **(25)** EVO § 54 I. Schnell verderblich sind namentlich Lebensmittel. – Zu b: Hinweis bei Gütübergabe, nicht notwendig

V. Transportrecht **ADSp 6, 7 (19)**

schriftlich, entlastet Auftraggeber; desgl (auch ohne Hinweis) Kenntnis des Spediteurs (bei Gutübernahme) von der Gefährlichkeit, BGH BB **78**, 1235. – Der in c vorgesehene Notverkauf entspricht wesentlich den §§ 388, 373 HGB, macht aber die Androhung entbehrlich. Trotzdem ist, wo die Sachlage es zuläßt, Weisung des Auftraggebers einzuholen, § 388 II HGB.

III. Auftrag, Mitteilungen, Weisungen, Ermessen des Spediteurs

[Beweislast, Mißverständnisse und Übermittlungsfehler]

ADSp 6 Auftraggeber und Spediteur haben die Beweislast für Aufträge, Weisungen, Erklärungen und Mitteilungen je an den anderen oder an zur Annahme bestellte Leute oder Bevollmächtigte (Expedienten, Handlungsbevollmächtigte, Prokuristen).

Keine Partei ist verantwortlich für Schäden, die nur infolge mündlicher Aufträge, Weisungen, Erklärungen oder Mitteilungen eingetreten sind, es sei denn, daß sie von einer Seite schriftlich bestätigt worden sind. Entsprechendes gilt für die Übermittlung von Aufträgen, Weisungen, Erklärungen oder Mitteilungen oder für die Übergabe von Schriftstücken und Gütern an dazu nicht bestellte oder bevollmächtigte Leute, es sei denn, daß dies vereinbart ist oder daß die Partei bei Anwendung der Sorgfalt eines ordentlichen Kaufmanns die Leute der anderen Partei für dazu bestellt oder bevollmächtigt gehalten hat und auf Grund des Verhaltens der anderen Partei halten durfte. Jede Partei ist jedoch zur Rückfrage bei der anderen Partei verpflichtet, wenn sie bei Anwendung der Sorgfalt eines ordentlichen Kaufmanns die Möglichkeit von Übermittlungsfehlern oder Mißverständnissen hätte erkennen müssen.

1) Ganz neu gefaßt 1. 10. 78. II ist wegen Verstoß gegen (5) AGBG § 9 II Nr 1 unwirksam, hL, Wo-Ho-Li § 9 A 26.

[Notwendige Angaben, Verwiegung, Empfangsbescheinigung]

ADSp 7 a) Der dem Spediteur erteilte Auftrag hat Zeichen, Nummern, Anzahl, Art, Inhalt der Stücke und alle sonstigen, für die ordnungsmäßige Ausführung des Auftrags erheblichen Angaben zu enthalten. Die etwaigen Folgen unrichtiger oder unvollständiger Angaben fallen dem Auftraggeber zur Last, auch wenn ihn kein Verschulden trifft, es sei denn, die offenbare Unrichtigkeit oder Unvollständigkeit der Angaben war dem Spediteur bekannt. Der Spediteur ist ohne Auftrag nicht verpflichtet, die Angaben nachzuprüfen oder zu ergänzen, es sei denn, daß dies geschäftsüblich ist.

Der Auftraggeber haftet ferner für alle Schäden, die dem Spediteur oder Dritten dadurch entstehen, daß auf Frachtgütern von mindestens 1000 kg Rohgewicht die durch das Gesetz über die Gewichtsbezeichnung an schweren, auf Schiffen beförderten Frachtstücken vom 28. Juni 1933 (RGBl. I S. 412) vorgeschriebene Gewichtsbezeichnung nicht angebracht ist.
b) Zur Verwiegung des Gutes ist der Spediteur nur auf besonderen schriftlichen Auftrag verpflichtet.
c) Im Zweifel enthält eine vom Spediteur erteilte Empfangsbescheinigung keine Gewähr für Art, Inhalt, Wert, Gewicht oder Verpackung.
d) Bei Gütern, deren Menge im Speditionsgewerbe üblicherweise nicht nachgeprüft wird, namentlich bei Massengütern, Wagenladungen und dergleichen, enthält die Empfangsbescheinigung im Zweifel auch keine Bestätigung der Menge.

1) S 2 geändert 1. 10. 78. Zu c: Vor Erteilung der Übernahme-(Empfangs-)Bescheinigung hat der Spediteur iZw nur die Zahl und den äußeren Zustand der Frachtstücke zu prüfen, BGH WM **70,** 158.

[Maßgebende Inhaltsangabe]

ADSp 8 Übergibt ein Hersteller oder Händler bestimmter Erzeugnisse dem Spediteur eine Sendung ohne Inhaltsangabe zum Versand, so ist im Zweifel anzunehmen, daß die Sendung die Erzeugnisse des Versenders enthält. Die Bestimmungen des § 7 werden hierdurch nicht berührt.

[Adresse des Auftraggebers]

ADSp 9 Der Auftraggeber hat seine Adresse und etwaige Adressenänderung dem Spediteur unverzüglich anzuzeigen, andernfalls ist die letzte dem Spediteur bekanntgegebene Adresse maßgebend.

[Versendung von Schriftstücken, Prüfung auf Echtheit und Legitimation]

ADSp 10 a) Der Spediteur braucht ohne besonderen schriftlichen Auftrag Benachrichtigungen nicht eingeschrieben und Urkunden aller Art nicht versichert zu versenden.
b) Der Spediteur ist nicht verpflichtet, die Echtheit der Unterschriften auf irgendwelchen das Gut betreffenden Mitteilungen oder sonstigen Schriftstücken oder die Befugnis der Unterzeichner zu prüfen, es sei denn, daß mit dem Auftraggeber schriftlich etwas anderes vereinbart oder der Mangel der Echtheit oder der Befugnis offensichtlich erkennbar ist.
c) Der Spediteur ist berechtigt, aber nicht verpflichtet, eine von ihm versandte Benachrichtigung (Avis) als hinreichenden Ausweis zu betrachten; er ist berechtigt, aber nicht verpflichtet, die Berechtigung des Vorzeigers zu prüfen.

1) Entgegen a kann aus § 1 uU Pflicht zum Einschreiben, zur Versicherung folgen. b und c schließen Prüfungsrecht nicht aus; bei Verdachtsgründen Pflicht zur Prüfung, auch im Falle c.

[Weisung, Widerruf]

ADSp 11 a) Eine über das Gut erteilte Weisung bleibt für den Spediteur bis zu einem Widerruf des Auftraggebers maßgebend.
b) Ein Auftrag, das Gut zur Verfügung eines Dritten zu halten, kann nicht mehr widerrufen werden, sobald die Verfügung des Dritten beim Spediteur eingegangen ist.

1) S § 408 I HGB.

[Für Rechnung eines Dritten]

ADSp 12 Die Mitteilung des Auftraggebers, der Auftrag sei für Rechnung eines Dritten auszuführen, berührt die Verpflichtung des Auftraggebers gegenüber dem Spediteur nicht.

[Ermessen des Spediteurs]

ADSp 13 Mangels ausreichender oder ausführbarer Weisung darf der Spediteur, unter Wahrung der Interessen des Auftraggebers, nach seinem Ermessen handeln, insbesondere Art, Weg oder Mittel der Beförderung wählen.

V. Transportrecht **ADSp 14–18 (19)**

1) Abweichungsrecht nur bei nachweislicher Unausführbarkeit der Weisung und nach voller Bemühung um andere Wahrung des der Weisung zugrunde liegenden Interesses des Absenders, BGH **LM** § 6 ADSp Nr 1.

[Sammelladung]

ADSp 14 a) Der Spediteur darf die Versendung des Gutes zusammen mit Gütern anderer Versender in Sammelladung (bzw. auf Sammelkonnossement) bewirken, falls ihm nicht das Gegenteil ausdrücklich schriftlich vorgeschrieben ist. Die Übergabe eines Stückgutfrachtbriefes ist kein gegenteiliger Auftrag.
b) Bei Versendung in Sammelladung gilt, wenn nichts anderes vereinbart wird, § 413 Abs. 2 Satz 2 HGB.

1) § 14 b macht abw von § 413 II 2 HGB Beteiligung des Auftraggebers an dem Kostenvorteil obligatorisch.

[Übernahme mit Frachtpapier]

ADSp 15 Übernimmt der Spediteur Gut mit einem ihm vom Auftraggeber übergebenen Frachtbrief oder sonstigen Frachtpapier, so darf er das Gut mit einem neuen, seine Firmenbezeichnung tragenden Frachtpapier unter Nennung des Namens des Auftraggebers befördern, falls dieser nicht etwas anderes bestimmt hat.

IV. Untersuchung, Erhaltung und Verpackung des Gutes

[Untersuchung und Schutz des Gutes]

ADSp 16 a) Der Spediteur ist zur Untersuchung, Erhaltung oder Besserung des Gutes und seiner Verpackung mangels schriftlicher Vereinbarung nur im Rahmen des Geschäftsüblichen verpflichtet. § 388 Abs. 1 HGB wird hierdurch nicht berührt.
b) Der Spediteur ist mangels gegenteiliger Weisung ermächtigt, alle auf das Fehlen oder die Mängel der Verpackung bezüglichen, von der Eisenbahn verlangten Erklärungen abzugeben.

1) § 16a ist als Ausprägung von § 346 HGB wirksam, str, aA von Westphalen ZIP **81,** 120.

V. Fristen

[Keine Gewähr für Fristen]

ADSp 17 Mangels Vereinbarung werden Verlade- und Lieferfristen nicht gewährleistet, ebensowenig eine bestimmte Reihenfolge in der Abfertigung von Gütern gleicher Beförderungsart. Die Bezeichnung als Messe- oder Marktgut bedingt keine bevorzugte Abfertigung. Unberührt bleibt die Haftung des Spediteurs für schuldhafte Verzögerungen.

1) S 3 zugefügt 1. 10. 78.

VI. Hindernisse

[Unverschuldete Ereignisse]

ADSp 18 Von dem Spediteur nicht verschuldete Ereignisse, die ihm die Erfüllung seiner Pflichten ganz oder teilweise unmöglich machen, ferner Streiks und Aussperrungen befreien ihn für die Zeit ihrer Dauer von seinen Verpflichtungen aus den von diesen Ereignissen berührten

Aufträgen. Auch ist der Spediteur in solchen Fällen, selbst wenn eine feste Übernahme vereinbart ist, berechtigt, aber nicht verpflichtet, vom Vertrag zurückzutreten, auch wenn der Auftrag schon teilweise ausgeführt worden ist. Unberührt bleibt die Verpflichtung des Spediteurs zur Wahrung des Interesses des Auftraggebers. Dem Auftraggeber steht in diesen Fällen das gleiche Recht zu, wenn ihm die Fortsetzung des Vertrages billigerweise nicht zugemutet werden kann. Tritt der Spediteur oder der Auftraggeber gem. vorstehender Bestimmungen zurück, so sind dem Spediteur die entstandenen Kosten zu erstatten.

1) Vgl §§ 275, 323 BGB. ZT nF 1. 10. 78.

[Prüfung von Hindernissen]

ADSp 19 Der Spediteur hat nur im Rahmen seiner Sorgfaltspflicht zu prüfen und den Auftraggeber darauf hinzuweisen, ob gesetzliche oder behördliche Hindernisse für die Versendung (z. B. Ein- und Ausfuhrbeschränkungen) vorliegen. Soweit der Spediteur jedoch durch öffentliche Bekanntmachungen oder in den Vertragsverhandlungen den Eindruck erweckt hat, über besondere Kenntnisse für bestimmte Arten von Geschäften zu verfügen, hat er vorstehende Prüfungs- und Hinweispflichten entsprechend zu erfüllen.

1) S l zT nF, S 2 zugefügt 1. 10. 78.

VII. Leistungen, Entgelt und Auslagen des Spediteurs

[Preis- und Leistungsvereinbarungen]

ADSp 20 Angebote des Spediteurs und Vereinbarungen mit ihm über Preise und Leistungen beziehen sich stets nur auf die namentlich aufgeführten eigenen Leistungen und/oder Leistungen Dritter und, wenn nichts anderes vereinbart ist, nur auf Güter normalen Umfangs, normalen Gewichts und normaler Beschaffenheit; sie setzen normale unveränderte Beförderungsverhältnisse, ungehinderte Verbindungswege, Möglichkeit unmittelbarer sofortiger Weiterversendung sowie Weitergeltung der bisherigen Frachten, Valutaverhältnisse und Tarife, welche der Vereinbarung zugrunde lagen, voraus, es sei denn, die Veränderungen sind unter Berücksichtigung der Umstände vorhersehbar gewesen. Die üblichen Sondergebühren und Sonderauslagen gelangen außerdem zur Erhebung, vorausgesetzt, daß der Spediteur den Auftraggeber darauf hingewiesen hat; dabei genügt ein genereller Hinweis, wie etwa „zuzüglich der üblichen Nebenspesen".

1) Schlußwendung des S 1 („es sei denn...") zugefügt 1. 10. 78, Mehrkosten durch vorhersehbare Umstände (neuer Transportweg Berlin-Iran, russische Mehrforderung) gehen zu Lasten des Spediteurs, BGH MDR **70**, 120 S. 2 über Sondergebühren und -auslagen entfällt bei Vereinbarung fixer Kosten; str ob auch bei Vereinbarung von Höchstgrenzen für Kosten und Spesen.

[Entziehung des Auftrags]

ADSp 21 Wird ein Auftrag wieder entzogen, so steht dem Spediteur nach seiner Wahl entweder der Anspruch auf die vereinbarte Vergütung, unter Anrechnung der ersparten Aufwendungen, oder eine angemessene Provision zu. Weist der Auftraggeber nach, daß der Auftrag aus berechtigten, vom Spediteur zu vertretenden Gründen entzogen wird, hat der Spediteur lediglich Anspruch auf Ersatz seiner Aufwendungen und verdienten Nebenprovisionen.

V. Transportrecht **ADSp 22–27 (19)**

1) S 2 zugefügt 1. 10. 78 § 21 schließt Schadensersatzanspruch des Auftraggebers nicht aus; der Schadensersatzanspruch kann auch zur Befreiung von Aufwendungsersatz führen. Bei anderer Auslegung verstieße § 21 gegen (5) AGB § 9, so aber von Westphalen ZIP **81,** 120.

[Rollgeld bei Annahmeverweigerung]

ADSp 22 Lehnt der Empfänger die Annahme einer ihm zugerollten Sendung ab, so steht dem Spediteur für die Rückbeförderung Rollgeld in gleicher Höhe wie für die Hinbeförderung zu.

[Provision bei Nachnahme]

ADSp 23 Die Provision wird auch dann erhoben, wenn ein Nachnahme- oder sonstiger Einziehungsauftrag nachträglich zurückgezogen wird oder der Betrag nicht eingeht.

[Fester Prozentsatz des Fakturenwertes]

ADSp 24 Hat der Spediteur die Versendung von Gütern nach dem Auslande bis ins Haus des außerdeutschen Empfängers zu einem festen Prozentsatz des Fakturenwertes einschließlich des Zolles übernommen, so ist der Auftraggeber verpflichtet, den vollen Fakturenwert, ohne Rücksicht auf einen etwa eingeräumten Kassenskonto, einschließlich Zoll, Fracht und Verpackung anzugeben.

[Verzollung]

ADSp 25 a) Der Auftrag zur Versendung nach einem Bestimmungsort im Auslande schließt den Auftrag zur Verzollung ein, wenn ohne sie die Beförderung bis zum Bestimmungsort nicht ausführbar ist.
b) Für die Verzollung kann der Spediteur neben den tatsächlich auflaufenden Kosten eine besondere Provision erheben.
c) Der Auftrag, unter Zollverschluß eingehende Sendungen zuzuführen oder frei Haus zu liefern, schließt die Ermächtigung für den Spediteur ein, unter Wahrung des Interesses des Auftraggebers über die Erledigung der erforderlichen Zollförmlichkeiten und die Auslegung der zollamtlich festgesetzten Abgaben zu entscheiden.
d) Erteilt der Auftraggeber dem Spediteur Anweisungen für die zollamtliche Abfertigung, so sind diese genau zu beachten. Falls die zollamtliche Abfertigung nach den erteilten Weisungen nicht möglich ist, hat der Spediteur den Auftraggeber unverzüglich zu unterrichten.

1) c nF 1. 10. 78.

[Empfangsermächtigung]

ADSp 26 Der Auftrag, ankommende Güter in Empfang zu nehmen, ermächtigt den Spediteur, verpflichtet ihn aber nicht, auf dem Gut ruhende Frachten, Wertnachnahmen, Zölle und Spesen auszulegen.

[Wahl der Währung]

ADSp 27 Der Spediteur ist berechtigt, von ausländischen Auftraggebern oder Empfängern nach seiner Wahl Zahlung in ihrer Landeswährung oder in deutscher Währung zu verlangen.

1) Abweichende Devisenvorschriften gehen vor.

[Auslagen in Fremdwährung]

ADSp 28 Wird der Spediteur fremde Währung schuldig, oder hat er fremde Währung ausgelegt, so ist er (soweit nicht öffentlich-rechtliche Bestimmungen entgegenstehen) berechtigt, nach seiner Wahl entweder Zahlung in der fremden oder in deutscher Währung zu verlangen. Verlangt er deutsche Währung, so erfolgt die Umrechnung zu dem am Tage der Zahlung an der Devisenbörse in Frankfurt a. M. amtlich festgesetzten Kurs, es sei denn, daß nachweisbar ein anderer Kurs zu zahlen oder gezahlt worden ist.

1) S § 27 Anm 1. In § 28 ist auf das Devisenrecht ausdrücklich hingewiesen. S 2 geändert 1. 10. 78. Ua Umstellung von Bln auf Ffm.

[Fälligkeit, Verzug, Verzugszinsen]

ADSp 29 Rechnungen des Spediteurs sind sofort zu begleichen. Zahlungsverzug tritt, ohne daß es einer Mahnung oder sonstiger Voraussetzungen bedarf, spätestens 10 Tage nach Zugang der Rechnung ein, sofern er nicht nach dem Gesetz schon vorher eingetreten ist. Der Spediteur darf im Falle des Verzuges Zinsen in Höhe von 2% über dem zum Zeitpunkt des Eintritts des Verzuges geltenden Diskontsatz der Deutschen Bundesbank und die ortsüblichen Spesen berechnen.

1) S auch § 409 HGB. ZT geändert 1. 10. 78, ua Verlängerung der Zahlungsfrist von 5 auf 10 Tage, Präzisierung der Berechnung der Verzugszinsen.

[Freistellungs- und Hinweispflichten des Auftraggebers]

ADSp 30 a) Von Forderungen oder Nachforderungen für Frachten, Havarieeinschüsse oder -beiträge, Zölle, Steuern und sonstige Abgaben, die an den Spediteur, insbesondere als Verfügungsberechtigten oder als Besitzer fremden Gutes, gestellt werden, hat der Auftraggeber den Spediteur auf Anforderung sofort zu befreien, wenn sie der Spediteur nicht zu vertreten hat. Er ist berechtigt, die zu seiner Sicherung oder Befreiung ihm geeignet erscheinenden Maßnahmen zu treffen, nötigenfalls, sofern die Sachlage es rechtfertigt, auch durch Vernichtung des Gutes.
b) Der Auftraggeber hat den Spediteur in geschäftsüblicher Weise rechtzeitig auf alle öffentlich-rechtlichen, z.B. zollrechtlichen, Verpflichtungen aufmerksam zu machen, die mit dem Besitz des Gutes verbunden sind, soweit nicht auf Grund der Angebote des Spediteurs davon auszugehen ist, daß diese Verpflichtungen ihm bekannt sind. Für alle Folgen der Unterlassung haftet der Auftraggeber dem Spediteur.

1) ZT geändert 1. 10. 78.

[Öffentlichrechtliche Akte]

ADSp 31 Durch vom Spediteur nicht zu vertretende öffentlich-rechtliche Akte werden die Rechte des Spediteurs gegenüber dem Auftraggeber nicht berührt; der Auftraggeber bleibt Vertragsgegner des Spediteurs und haftet, auch wenn ihn kein Verschulden trifft, dem Spediteur für alle aus solchen Ereignissen entstehenden Folgen.
Etwaige Ansprüche des Spediteurs gegenüber dem Staat oder einem sonstigen Dritten werden hierdurch nicht berührt.

1) Beginn von S 1 geändert 1. 10. 78.

V. Transportrecht **ADSp 32–34 (19)**

[Aufrechnung, Zurückbehaltung]

ADSp 32 Gegenüber Ansprüchen aus dem Speditionsvertrag (§ 2 Buchstabe a) und damit zusammenhängenden Ansprüchen aus unerlaubter Handlung und ungerechtfertigter Bereicherung ist eine Aufrechnung oder Zurückbehaltung nur mit fälligen Gegenansprüchen, denen ein Einwand nicht entgegensteht, zulässig.

1) Neugefaßt (bes nicht mehr nur einseitig zugunsten des Spediteurs) 1. 10. 78. Zur aF: Einfaches Bestreiten des Gegenanspruchs durch Spediteur genügt nicht zur Zurückweisung der Aufrechnung, es müssen bestimmte Einwendungen (im weitesten Sinne) erhoben werden, die nicht ohne weiteres unbegründet erscheinen, BGH **12,** 142, VersR **57,** 193, Ffm BB **77,** 316. Anwendbarkeit des § 32 „erst recht" gegen zwecks Aufrechnung dem Auftraggeber abgetretene Ansprüche, BGH WM **76,** 1021. Durch Neufassung klargestellt: § 32 gilt auch gegen Schadensersatzansprüche; er ist anwendbar, wenn im Zeitpunkt der letzten mündlichen Tatsachenverhandlung über den Gegenanspruch noch Beweisaufnahme erforderlich erscheint, Düss MDR **67,** 924.

2) § 32 ist unanwendbar bei **Kfz-Beförderung** durch Spediteur (stattdessen § 40 V KVO), BGH **38,** 154, aber jetzt § 2c S 2 ADSp nF: nur bei Beförderung im eigenen Kfz. Dagegen regeln **(24)** CMR Art 30ff die Aufrechnung nicht, § 32 bleibt also unangetastet, BGH **94,** 71 m Anm Bayer transpR **85,** 417, aA BGH **65,** 344.

VIII. Ablieferung

[Ablieferung von Rollgut]

ADSp 33 Die Ablieferung von Rollgut darf mit befreiender Wirkung an jede zum Geschäft oder Haushalt gehörige, in den Räumen des Empfängers anwesende erwachsene Person erfolgen.

[Zahlungspflicht des Empfängers]

ADSp 34 Hat der Spediteur einen Frachtvertrag geschlossen oder liegt ein Fall der §§ 412 oder 413 HGB vor oder ist der Empfänger aus einem anderen Grund den ADSp unterworfen, so verpflichtet die Empfangnahme des Gutes den Empfänger zur sofortigen Zahlung der auf dem Gute ruhenden schriftlich aufgegliederten Kosten einschl. von Nachnahmen. Erfolgt die Zahlung nicht, so ist der Spediteur berechtigt, das Gut wieder an sich zu nehmen. Unterbleibt bei der Ablieferung aus Versehen oder aus sonstigen Gründen die Bezahlung der Kosten einschl. von Nachnahmen, so ist der Empfänger, wenn er trotz Aufforderung den schriftlich aufgegliederten Betrag nicht zahlt, zur sofortigen bedingungslosen Rückgabe des Gutes an den Spediteur oder im Unvermögensfalle zum Schadensersatz an den Spediteur verpflichtet.

1) Ganz neugefaßt 1. 10. 78. Vgl Frachtrecht (§ 436 HGB). S auch § 2 Anm 2. Schon vor Neufassung berechtigte § 34 nicht nur Spediteur, mangels Zahlung nicht auszuliefern, sondern gab nach Auslieferung Anspruch auf Zahlung, BGH BB **59,** 826. § 34 verlangt Zahlung der auf dem Gut ruhenden Kosten, dh sämtlicher Kosten, wegen deren dem Spediteur ein gesetzliches (§§ 440, 441 HGB) oder vertragliches Pfandrecht zusteht. Empfangnahme gleich Annahme iSv § 436 HGB.

IX. Versicherung des Gutes

[Transport- und Lagerversicherungsauftrag, Entgegennahme der Police]

ADSp 35 a) Zur Versicherung des Gutes ist der Spediteur nur verpflichtet, soweit ein ausdrücklicher schriftlicher Auftrag dazu unter Angabe des Versicherungswertes und der zu deckenden Gefahren vorliegt. Bei ungenauen oder unausführbaren Versicherungsaufträgen gilt Art und Umfang der Versicherung dem Ermessen des Spediteurs anheimgestellt, wobei er mit der Sorgfalt eines ordentlichen Spediteurs die Interessen seines Auftraggebers zu wahren hat. Der Spediteur hat die Weisung zur Versicherung im ordnungsgemäßen Geschäftsgang auszuführen.
b) Der Spediteur ist nicht berechtigt, die bloße Wertangabe als Auftrag zur Versicherung anzusehen.
c) Durch Entgegennahme eines Versicherungsscheines (Police) übernimmt der Spediteur nicht die Pflichten, die dem Versicherungsnehmer obliegen; jedoch hat der Spediteur alle üblichen Maßnahmen zur Erhaltung des Versicherungsanspruchs zu treffen.

1) §§ 35–38 betreffen die **Transport- und Lagerversicherung im Gegensatz zu Speditions- und Rollfuhrversicherung der §§ 39–42.** ADS Güterversicherung 1973 idF 1984, Text transpR **85**, 157, dazu de la Motte transpR **85**, 124. Fernmündlicher Auftrag genügt trotz § 35a S 1 (s **(5)** AGBG § 4), BGH transpR **86**, 72. Verletzung einer vereinbarten Versicherungsabschlußpflicht s Ffm DB **79**, 2487.

[Versicherung zu üblichen Bedingungen]

ADSp 36 Mangels abweichender schriftlicher Vereinbarung versichert der Spediteur zu den an seinem Erfüllungsort üblichen Versicherungsbedingungen.

1) Änderung 1. 10. 78, ua Streichung der Einschränkung der Versicherung von Kunst- und Liebhaber-Objekten.

[Haftung nur im Rahmen der Versicherung]

ADSp 37 a) Im Falle der Versicherung steht dem Auftraggeber als Ersatz nur zu, was der Spediteur von dem Versicherer nach Maßgabe der Versicherungsbedingungen erhalten hat.
b) Der Spediteur genügt seinen Verpflichtungen, indem er dem Auftraggeber auf Wunsch die Ansprüche gegen den Versicherer abtritt; zur Verfolgung der Ansprüche ist er nur auf Grund besonderer schriftlicher Abmachung und nur für Rechnung und Gefahr des Auftraggebers verpflichtet.
c) Soweit der Schaden durch eine vom Spediteur im Auftrage des Auftraggebers abgeschlossene Versicherung gedeckt ist, haftet der Spediteur nicht.

1) c nF formuliert jetzt klar das Grundprinzip der Haftungsregelung der ADSp.

[Besondere Vergütung]

ADSp 38 Für die Versicherungsbesorgung, Einziehung des Schadensbetrages und sonstige Bemühungen bei Abwicklung von Versicherungsfällen und Havarien steht dem Spediteur eine besondere Vergütung zu.

V. Transportrecht **ADSp 39 (19)**

X. Speditionsversicherungsschein (SVS) und Rollfuhrversicherungsschein (RVS)

[Wahl des Speditionsversicherers, Mindestdeckung, versichertes Interesse]

ADSp 39 a) Der Spediteur ist, wenn der Auftraggeber es nicht ausdrücklich schriftlich untersagt, verpflichtet, die Schäden, die dem Auftraggeber durch den Spediteur bei der Ausführung des Auftrages erwachsen können, bei Versicherern seiner Wahl auf Kosten des Auftraggebers zu versichern. Die Police für die Versicherung muß, insbesondere in ihrem Deckungsumfang, mindestens dem mit den Spitzenorganisationen der Wirtschaft und des Speditionsgewerbes abgestimmten Speditions- und Rollfuhrversicherungsschein (SVS/RVS) entsprechen. Der Spediteur hat auf Verlangen des Versicherten anzugeben, nach welcher Police er versichert.
b) Mit der Versicherung nach § 39 Buchstabe a sind auch Schäden zu versichern, die denjenigen Personen erwachsen können, denen das versicherte Interesse z. Zt. des den Schaden verursachenden Ereignisses zugestanden hat.
c) *(gestrichen)*

1) Speditionsversicherung: Anders als bei Haftpflichtversicherungen sonst (zB AGNB, s **(22)** GüKG § 84 Anm 2, **(23)** KVO, **(24)** CMR) **ersetzt** die Speditionsversicherung **die Eigenhaftung des Spediteurs** (also kein bloßer Rückgriff des haftenden Spediteurs und auch kein bloßer Direktanspruch des Geschädigten gegen den des Versicherers neben der Eigenhaftung des Schädigers wie nach PflVersG). Der Spediteur ist, falls die ADSp eingreifen (s Einl 2 vor § 1), **versicherungspflichtig** (§ 39a S 1); das gilt nicht, wenn der Auftraggeber die Versicherung ausdrücklich schriftlich untersagt (**Verbotskunde**). Allgemeines und partielles Verbot s **(20)** SVS/RVS § 6 B Nr 1. Der Inhaber des versicherten Interesses hat einen unmittelbaren Anspruch gegen den Speditionsversicherer (s **(20)** SVS/RVS § 1), dann aber keinen Anspruch gegen den Spediteur (§ 41 a), Bsp Hbg VersR **82**, 362. Die Speditionsversicherung entspricht der gesetzlichen Haftung des Spediteurs ohne die Einschränkungen nach den ADSp (s **(20)** SVS/RVS § 3 I), ist aber im wesentlichen auf die Haftung aus typischen Spediteurfehlern und aus der Speditionsrollfuhr beschränkt (s **(20)** SVS/RVS § 5). Die Speditionsversicherung ist nicht Haftpflicht- oder Güter-, sondern Schadensversicherung eigener Art; dazu BGH **49**, 160.

2) Freie Versichererwahl bei Mindestdeckung: Nach § 39a S 1 kann sich der Spediteur bei Versicherern seiner Wahl versichern. Neben Speditionsversicherung gemäß SVS durch die Versicherer in der Beteiligungsliste zu § 19 SVS ist seit 1945 Speditionsversicherung durch **andere Versicherer** mit anderen Bedingungen (bes Gruppe Gerling mit „Sp-Police") im Gebrauch. SVS/RVS und Sp-Police sind unten abgedruckt, s **(20)**. Die alte Streitfrage, ob nur die SVS/RVS-Versicherung oder auch diejenige bei anderen Versicherern die Spediteur-Enthaftung (§§ 37c, 41a) bewirken kann, ist nunmehr entspr Rspr, zB BGH BB **70**, 1073, durch die Gleichwertigkeitsklausel in § 39**a S 2** (bei Entsprechung, insbesondere im Deckungsumfang, also **Mindestdeckung**) beantwortet. Die Speditionsversicherung deckt grundsätzlich nur Gefahren, welche nicht transport- oder lagerversicherbar sind (s **(20)** SVS/RVS § 5 S 1).

3) Versichertes Interesse: Der Auftraggeber, aber auch jeder andere, der die Transportgefahr trägt (zB nach § 447 BGB), auch ohne Haftpflichtanspruch gegen den Spediteur, hat (nur) den Direktanspruch gegen den Versicherer. Auch Dritte, zB Bank bei Sicherungsübereignung, können ein versichertes Interesse haben, s **(20)** SVS/RVS § 1.

[Unterwerfung unter SVS/RVS, Schadensmeldung]

ADSp 40 Der Auftraggeber unterwirft sich sowie alle Personen, in deren Interesse oder für deren Rechnung er handelt, allen Bedingungen des SVS/RVS bzw. der nach § 39 Buchstabe a abgeschlossenen Versicherung. Insbesondere hat er für rechtzeitige Schadensanmeldung zu sorgen (§ 10 SVS/RVS). Erfolgt die Schadensmeldung beim Spediteur, so ist dieser zur unverzüglichen Weiterleitung an die/den Versicherer verpflichtet.

1) Änderung 1. 10. 78. SVS/RVS s **(20)**.

[Haftungsbefreiung des Spediteurs, Berufung auf ADSp]

ADSp 41 a) Hat der Spediteur infolge ausdrücklichen oder vermuteten Auftrages eine Speditionsversicherung abgeschlossen (§ 39), so ist er von der Haftung für jeden durch diese Versicherung gedeckten Schaden frei.
b) Dies gilt insbesondere auch für den Fall, daß infolge fehlender oder ungenügender Wertangabe des Auftraggebers die Versicherungssumme hinter dem wirklichen Wert oder Schadensbetrag zurückbleibt.
c) Hat der Spediteur keine Speditionsversicherung nach § 39 abgeschlossen, so darf er sich dem Auftraggeber gegenüber nicht auf die ADSp berufen.
d) *(gestrichen)*

1) **Haftungsbefreiung durch Speditionsversicherung:** § 41 geändert 1. 10. 78. Funktion der Versicherung s § 39 Anm 1 A. Die Haftungsbefreiung nach § 41 a gilt auch für Anspruch aus unerlaubter Handlung, auch grobfahrlässige des Spediteurs oder seiner leitenden Angestellten. § 41 a ersetzt Haftung des Spediteurs durch zT weitergehende Versicherung; deshalb kein Verstoß gegen **(5)** AGBG § 9, BGH transpR **86**, 73; kritisch Koller transpR **86**, 73; nur soweit tatsächliche Deckung zu erlangen. Ausschluß der Haftung aus Unvermögen (da Deckung nach § 2 I SVS), Hbg MDR **63**, 224, vgl § 408 HGB Anm 1 C. Hilfspersonen des Spediteurs sind in den Schutz der §§ 41, 54 einbezogen, Celle transpR **83**, 79. § 41 a gilt auch bei Insolvenz des Versicherers; offen BGH transpR **86**, 73; keine Berufung auf a, wenn Versicherer bei Abschluß der Versicherung bereits insolvent war (auch ohne Kenntnis des Spediteurs), DüsstranspR **86**, 31, dagegen zutr nur bei Fahrlässigkeit des Spediteurs und nur in Höhe der Versicherungsleistung, Koller transpR **86**, 138.

2) **Grenzen:** Kein Haftungsausschluß nach § 41 a und keine Berufung auf Haftungsbeschränkung nach § 54 a Nr 2 bei Beschlagnahmeschaden, den die Speditionsversicherung nach § 5 Nr 5 SVS/RVS nicht deckt, bei grobfahrlässiger Verursachung des Schadens durch Spediteur oder leitenden Angestellten, BGH **20**, 167, transpR **82**, 39. Kein Haftungsausschluß nach § 41 a für den Erst-Spediteur, wenn er den Abschluß der Versicherung einem von ihm beauftragten Zwischen-Spediteur überläßt, kein abw HdlBrauch, Mü NJW **55**, 1931. Haftungsausschluß nach § 41 a bei Aushändigung der Ware ohne Nachnahme, Reichweite der Versicherung, s **(20)** SVS/RVS § 2 Anm 1. S auch § 51 Anm 2, § 54 Anm 1.

3) **Fehlende Speditionsversicherung:** § 41 c ist das Gegenstück der Enthaftung nach §§ 37 c, 41 a. § 41 c greift nur ein, wenn der Spediteur keine Generalpolice zeichnet; Unterlassen der Anmeldung des Verkehrsvertrags und der Prämienzahlung sind dagegen unschädlich, Ffm BB **81**, 1917.

ADSp 42 *(gestrichen)*

XI. Lagerung

[Eigen- oder Fremdlagerung, Besichtigungsrecht des Einlagerers]

ADSp 43 a) Die Lagerung erfolgt nach Wahl des Lagerhalters in dessen eigenen oder fremden (privaten oder öffentlichen) Lagerräumen. Lagert der Lagerhalter in einem fremden Lager ein, so hat er den Lagerort und den Namen des fremden Lagerhalters dem Einlagerer schriftlich bekanntzugeben oder, falls ein Lagerschein ausgestellt ist, auf diesem zu vermerken. Diese Bestimmung gilt nicht, wenn es sich um eine Lagerung im Ausland oder um eine mit dem Transport zusammenhängende Lagerung handelt.
b) Hat der Lagerhalter das Gut in einem fremden Lager eingelagert, so sind für das Verhältnis zwischen ihm und seinem Auftraggeber gemäß § 2 Buchstabe d die gleichen Bedingungen maßgebend, die im Verhältnis zwischen dem Lagerhalter und dem fremden Lagerhalter gelten. Der Lagerhalter hat auf Wunsch diese Bedingungen dem Auftraggeber zu übersenden. Die Bedingungen des fremden Lagerhalters sind insoweit für das Verhältnis zwischen dem Auftraggeber und dem Lagerhalter nicht maßgebend, als sie ein Pfandrecht enthalten, das über das im § 50 dieser Bedingungen festgelegte Pfandrecht hinausgeht.
c) Eine Verpflichtung des Lagerhalters zur Sicherung oder Bewachung von Lagerräumen besteht nur insoweit, als es sich um eigene oder von ihm gemietete Lagerräume handelt und die Sicherung und Bewachung unter Berücksichtigung aller Umstände geboten und ortsüblich ist. Der Lagerhalter genügt seiner Bewachungspflicht, wenn er bei der Anstellung oder Annahme von Bewachung die nötige Sorgfalt angewandt hat.
d) Dem Einlagerer steht es frei, die Lagerräume zu besichtigen oder besichtigen zu lassen. Einwände oder Beanstandungen gegen die Unterbringung des Gutes oder gegen die Wahl des Lagerraumes muß er unverzüglich vorbringen. Macht er von dem Besichtigungsrecht keinen Gebrauch, so begibt er sich aller Einwände gegen die Art und Weise der Unterbringung, soweit die Wahl des Lagerraumes und die Unterbringung unter Wahrung der Sorgfalt eines ordentlichen Lagerhalters erfolgt ist.

1) Zu Abschn XI (§§ 43–49) s §§ 416–424 HGB.

[Betreten des Lagers]

ADSp 44 a) Das Betreten des Lagers ist dem Einlagerer nur in Begleitung des Lagerhalters oder eines vom Lagerhalter beauftragten Angestellten erlaubt.
b) Das Betreten darf nur in bei dem Lagerhalter eingeführten Geschäftsstunden verlangt werden, und auch nur dann, wenn ein Arbeiten bei Tageslicht möglich ist.

[Handlungen des Einlagerers]

ADSp 45 a) Nimmt der Einlagerer irgendwelche Handlungen mit dem Gut vor (z. B. Probeentnahme), so hat er danach dem Lagerhalter das Gut aufs neue in einer den Umständen und der Verkehrssitte entsprechenden Weise zu übergeben und erforderlichenfalls Anzahl, Gewicht und Beschaffenheit des Gutes gemeinsam mit ihm festzustellen. Andernfalls ist jede Haftung des Lagerhalters für später festgestellte Schäden ausgeschlossen.
b) Der Lagerhalter behält sich das Recht vor, die Handlungen, die der Einlagerer mit dem Lagergut vorzunehmen wünscht, durch seine Angestellten ausführen zu lassen.

(19) ADSp 46–48

[Haftung des Einlagerers]

ADSp 46 a) Der Einlagerer haftet für alle Schäden, die er, seine Angestellten oder Beauftragten beim Betreten des Lagers oder beim Betreten oder Befahren des Lagergrundstückes dem Lagerhalter, anderen Einlagerern oder dem Hauswirt zufügen, es sei denn, daß den Einlagerer, seine Angestellten oder Beauftragten kein Verschulden trifft. Als Beauftragte des Einlagerers gelten auch Dritte, die auf seine Veranlassung das Lager oder das Lagergrundstück aufsuchen.
b) Der Lagerhalter darf die ihm gemäß Absatz a zustehenden Ansprüche, soweit sie über die gesetzlichen Ansprüche hinausgehen, an Dritte nicht abtreten.

[Kündigung des Lagervertrags]

ADSp 47 a) Der Lagerhalter darf, wenn nicht schriftlich etwas anderes vereinbart ist, den Lagervertrag jederzeit mit einmonatiger Frist durch eingeschriebenen Brief an die letzte ihm bekanntgegebene Adresse kündigen.
b) Eine Kündigung ohne Kündigungsfrist ist hinsichtlich solcher Güter zulässig, die andere Güter gefährden; im übrigen bleibt § 422 Abs. 2 HGB unberührt.
c) Entstehen dem Lagerhalter Zweifel, ob seine Ansprüche durch den Wert des Gutes sichergestellt sind, so ist er berechtigt, dem Einlagerer eine angemessene Frist zu setzen, in der dieser entweder für Sicherstellung der Ansprüche des Lagerhalters oder für anderweitige Unterbringung des Lagergutes Sorge tragen kann. Kommt der Einlagerer diesem Verlangen nicht nach, so ist der Lagerhalter zur Kündigung ohne Kündigungsfrist berechtigt.

[Lager-Empfangsschein, Namenslagerschein, Inhaberlagerschein, Orderlagerschein]

ADSp 48 A. Sobald das Gut ordnungsmäßig eingelagert ist, wird auf Verlangen hierüber entweder ein „Lager-Empfangsschein" ausgehändigt oder ein „Namenslagerschein", ein „Inhaberlagerschein" oder, soweit der Lagerhalter dazu die staatliche Ermächtigung erhalten hat, ein „an Order" lautender, durch Indossament übertragbarer Lagerschein (§ 363 Abs. 2 HGB) ausgestellt. Im Zweifel gilt die vom Lagerhalter erteilte Bescheinigung nur als „Lager-Empfangsschein".

B. a) Der „Lager-Empfangsschein" ist lediglich eine Bescheinigung des Lagerhalters über den Empfang des Gutes. Für den Fall seiner Ausstellung gilt die Vorschrift des § 808 BGB. Der Lagerhalter ist nicht verpflichtet, das Gut nur dem Vorzeiger des Scheines herauszugeben.
b) Der Lagerhalter ist berechtigt, aber nicht verpflichtet, die Legitimation des Vorzeigers des Empfangsscheins zu prüfen; er ist ohne weiteres berechtigt, gegen Aushändigung des Scheines das Gut an den Vorzeiger herauszugeben.
c) Eine Abtretung oder Verpfändung der Rechte des Einlagerers aus dem Lagervertrag ist gegenüber dem Lagerhalter erst wirksam, wenn sie ihm schriftlich vom Einlagerer mitgeteilt worden ist. In solchen Fällen ist dem Lagerhalter gegenüber nur derjenige, dem die Rechte abgetreten oder verpfändet worden sind, zur Verfügung über das Lagergut berechtigt.

C. a) Ist ein „Namenslagerschein" ausgestellt, so ist der Lagerhalter verpflichtet, das eingelagerte Gut nur gegen Aushändigung des Namenslagerscheins, insbesondere nicht lediglich gegen einen Lieferschein, Auslieferungsschein oder dgl., und im Falle der Abtretung nur an denjeni-

gen Inhaber des Lagerscheins herauszugeben, der durch eine zusammenhängende Kette von auf dem Lagerschein stehenden Abtretungserklärungen legitimiert ist.
b) Der Lagerhalter ist zur Prüfung
1. der Echtheit der Unterschriften der Abtretungserklärungen,
2. der Echtheit der Unterschriften auf Lieferscheinen und dgl.,
3. der Befugnis der Unterzeichner zu 1 und 2

nicht verpflichtet, es sei denn, daß mit dem Auftraggeber etwas anderes vereinbart worden oder der Mangel der Echtheit oder Befugnis offensichtlich erkennbar ist.
c) Die Abtretung oder Verpfändung der Rechte des Einlagerers aus dem Lagervertrage ist dem Lagerhalter gegenüber nur dann wirksam, wenn sie auf dem Lagerschein schriftlich erklärt und im Falle der Verpfändung außerdem dem Lagerhalter mitgeteilt ist.
d) Der Lagerhalter kann dem nach vorstehenden Bestimmungen legitimierten Rechtsnachfolger des Einlagerers nur solche Einwendungen entgegensetzen, welche die Gültigkeit der Ausstellung des Scheines betreffen oder sich aus dem Schein ergeben oder dem Lagerhalter unmitelbar gegen den Rechtsnachfolger zustehen. Das gesetzliche Pfand- oder Zurückbehaltungsrecht des Lagerhalters wird durch diese Bestimmung nicht berührt.
D. a) Den ,,Inhaberlagerschein", in welchem der Lagerhalter dem Inhaber der Urkunde die Herausgabe des Lagergutes verspricht, hat der Lagerhalter zu unterschreiben. Im übrigen finden die gesetzlichen Vorschriften, insbesondere die §§ 793 ff. BGB Anwendung.
b) Der Lagerhalter gibt das Gut nur gegen Aushändigung des Lagerscheins heraus. Er ist dazu ohne besondere Prüfung der Legitimation des Inhabers berechtigt.
E. Ist ein ,,an Order" lautender, durch Indossament übertragbarer Lagerschein von einem dazu ermächtigten Lagerhalter ausgestellt, so gelten die Vorschriften der §§ 364, 365, 424 HGB.

1) Vor Ausstellung eines der Papiere nach B, C, D, E sind die Forderungen des Einlagerers aus dem Lagervertrag formlos abtretbar (B c, C c ergeben nichts anderes); ein Verbot solcher Abtretung kann in der Vereinbarung liegen, daß eines dieser Papiere ausgestellt werden soll; BGH BB **70**, 1418. Ein Namenslagerschein (nicht nur Empfangsschein, B) liegt auch vor, wenn Einlagerer nur in Anlagen genannt ist, BGH WM **75**, 353. Offen ist, ob Schriftform nach C c Wirksamkeitsvoraussetzung der Abtretung oder nur zur Legitimation des Erwerbers gegenüber Lagerhalter bestimmt ist; jedenfalls genügt Blankoabtretung, die Erwerber ergänzen kann, BGH WM **75**, 352. Wer zum Schein einen Namenslagerschein ausstellt, haftet einem Zessionar nach § 405 BGB wie ein Lagerhalter, BGH WM **75**, 352.

[Vorübergehende Aufbewahrung]

ADSp 49 Die Bestimmungen dieses Abschnittes gelten auch bei nur vorübergehender Aufbewahrung von Gütern, z. B. zwecks Versendung, soweit nicht § 43 etwas anderes bestimmt.

XII. Pfandrecht

[Reichweite des Pfandrechts, Frist, Provision]

ADSp 50 a) Der Spediteur hat wegen aller fälligen und nicht fälligen Ansprüche, die ihm aus den in § 2 Buchstabe a genannten Verrichtungen an den Auftraggeber zustehen, ein Pfandrecht und ein Zu-

(19) ADSp 51   2. Handelsrechtl. Nebengesetze

rückbehaltungsrecht an den in seiner Verfügungsgewalt befindlichen Gütern oder sonstigen Werten. Soweit das Pfand- oder Zurückbehaltungsrecht aus Satz 1 über das gesetzliche Pfand- oder Zurückbehaltungsrecht hinausgehen würde, ergreift es nur solche Güter und Werte, die dem Auftraggeber gehören.

b) Soweit das Pfand- oder Zurückbehaltungsrecht aus Absatz a über das gesetzliche Pfand- oder Zurückbehaltungsrecht hinausgehen würde, ergreift es bei Aufträgen des Spediteurs an einen anderen Spediteur nur solche Güter und sonstige Werte, die dem auftraggebenden Spediteur gehören oder die der beauftragte Spediteur für Eigentum des auftraggebenden Spediteurs hält und halten darf (z. B. Möbelwagen, Decken und dgl.).

c) Der Spediteur darf ein Pfand- oder Zurückbehaltungsrecht wegen solcher Forderungen, die mit dem Gut nicht in Zusammenhang stehen, nur ausüben, soweit sie nicht strittig sind oder wenn die Vermögenslage des Schuldners die Forderung des Spediteurs gefährdet.

d) Der Spediteur darf bei einem Auftrag, das Gut zur Verfügung eines Dritten zu halten oder einem Dritten herauszugeben, ein Pfand- oder Zurückbehaltungsrecht wegen Forderungen gegen den Dritten, die mit dem Gut nicht in Zusammenhang stehen, nicht ausüben, soweit und solange die Ausübung der Weisung und den berechtigten Interessen des ursprünglichen Auftraggebers zuwiderlaufen würde.

e) Etwa weitergehende gesetzliche Pfand- und Zurückbehaltungsrechte des Spediteurs werden durch die vorstehenden Bestimmungen nicht berührt.

f) *(gestrichen)*

g) An die Stelle der im § 1234 BGB bestimmten Frist von einem Monat tritt in allen Fällen eine solche von einer Woche.

h) Für den Pfand- oder Selbsthilfeverkauf kann der Spediteur in allen Fällen eine Verkaufsprovision vom Bruttoerlös in Höhe der ortsüblichen Sätze berechnen.

1) a erweitert das Pfandrecht des Spediteurs am Speditionsgut auf Sicherung aller Ansprüche gegen den Auftraggeber aus Verrichtungen der in § 2 a bezeichneten Art, dazu BGH **20**, 281 (bes aus anderen Speditionsgeschäften); die Unterwerfung des Auftraggebers, der sich dem ADSp im ganzen unterworfen hat (vgl Einl vor § 1), unter diese Klausel kann angenommen werden und ist unbedenklich, wenn das Gut dem Auftraggeber gehört. Anders wenn Pfandrecht auch an Sachen Dritter entstehen soll, zB wenn das Gut dem Auftraggeber unter Eigentumsvorbehalt geliefert war und von ihm dem Lieferer zurückgesandt wird, BGH **17**, 2, oder bei Sicherungsübereignung des Guts an Bank, Kln WM **85**, 119. Nach a S 2 nF 1. 10. 78 ist gutgläubiger Erwerb des ADSp-Pfand- und Zurückbehaltungsrechts nur in dem beim gesetzlichen Pfandrecht bestehenden Grenzen (s § 410 HGB Anm 1 B) möglich, BGH **86**, 306; soweit das Pfandrecht nach a S 1 darüber hinausgehen würde, erstreckt es sich nur auf Eigentum des Auftraggebers. Im übrigen erstreckt sich das Pfandrecht des Spediteurs auf alle „Werte" in seiner Verfügungsgewalt, auch andere als Speditionsgüter.

2) c schränkt § 369 I HGB ein; „nicht strittig" s Rspr zu § 32, Kln transpR **85**, 26.

XIII. Haftung des Spediteurs

[Beweislast, Haftung, Begrenzung, Haftungsvereinbarung]

ADSp 51 a) Der Spediteur haftet bei allen seinen Verrichtungen (siehe § 2 Buchstabe a) grundsätzlich nur, soweit ihn ein Verschulden trifft. Die Entlastungspflicht trifft den Spediteur; ist jedoch ein Schaden am Gut äußerlich nicht erkennbar gewesen oder kann dem Spediteur die Aufklärung der Schadensursache nach Lage der Umstände

billigerweise nicht zugemutet werden, so hat der Auftraggeber nachzuweisen, daß der Spediteur den Schaden verschuldet hat. Im Schadensfall hat der Auftraggeber nachzuweisen, daß ein Gut bestimmter Menge und Beschaffenheit dem Spediteur übergeben worden ist. Der Spediteur hat zu beweisen, daß er das Gut, wie er es erhalten hat, abgeliefert hat; das gilt auch für den Zwischenspediteur. Der Spediteur ist verpflichtet, durch Einholung von Auskünften und Beweismitteln für die Feststellung zu sorgen, wo der geltend gemachte Schaden entstanden ist.
b) Im übrigen ist die Haftung des Spediteurs nach Maßgabe der vorangegangenen und folgenden Bestimmungen beschränkt bzw. aufgehoben. Dies gilt vorbehaltlich des § 41 Buchstabe a nicht, wenn der Schaden durch Vorsatz oder grobe Fahrlässigkeit des Spediteurs oder seiner leitenden Angestellten verursacht worden ist.
c) Dem Auftraggeber steht – abgesehen von der Versicherungsmöglichkeit (siehe §§ 35 ff., 39 ff.) – frei, mit dem Spediteur eine über diese Bedingungen hinausgehende Haftung gegen besondere Vergütung zu vereinbaren.

1) Persönliche Haftung des Spediteurs nach ADSp (a)

A. Für alle durch Speditions- oder Rollfuhrversicherung (§ 39) gedeckten Schäden entfällt die Haftung des Spediteurs, § 41 a und zwar vollständig, auch wenn zu niedrig versichert war, § 41 b. §§ 51 ff haben deshalb vor allem Bedeutung bei Verbotskunden (s § 39 Anm 1) und bei Regreß des Transportversicherers.

B. Für nicht durch Speditionsversicherung gedeckte Schäden haftet Spediteur, sofern ihn ein Verschulden trifft, nach §§ 51 ff (Ausnahme s Anm C). Nicht durch Speditionsversicherung gedeckt sind ua alle durch Transport- oder Lagerversicherung (§§ 35–38) gedeckten Schäden und solche, die üblich so gedeckt werden, ferner Schäden aus Beschlagnahme, Krieg, Aufruhr, alle Personenschäden (§ 5 Nr 2 ff SVS/RVS). Das gilt auch, wenn kein Verkehrsvertrag iS der Versicherung vorliegt, zB bei Kommissionsgeschäften des Spediteurs.

C. Hat Spediteur ohne ausdrückliche schriftliche Weisung Speditionsversicherung nicht genommen, so haftet er nach HGB, § 41 c. Über Möglichkeit anderer Speditionsversicherung als SVS/RVS, s § 39 Anm 2.

D. Nach § 51 a muß sich der Spediteur entlasten. Den **Beweis** nach a 3 führt er am besten durch eine „reine Quittung" des Empfängers. Ein allgemeiner Vermerk der Annahme nur unter Vorbehalt schadet mangels Konkretisierung nicht.

2) Haftungsbegrenzung (b)

A. Nicht abdingbar, daher durch die ADSp nicht beschränkt oder ausgeschlossen, ist Haftung aus eigenem Vorsatz, § 276 II BGB. Grundsätzlich gilt nach Treu und Glauben dasselbe bei grober Fahrlässigkeit des Spediteurs selbst oder leitender Angestellter („Repräsentanten", nicht anderer Angestellter oder selbständiger Unternehmer-Erfüllungsgehilfen), jedenfalls wenn keine Versicherung den Schaden deckt, BGH **20,** 167, **33,** 216, NJW **56,** 1065, DB **73,** 2137, WM **75,** 353, BB **78,** 322, BB **81,** 267. Teils abw, nur wenn außer grober Fahrlässigkeit besondere Umstände vorliegen, Hbg MDR **69,** 766; entspr bei „besonders grober" Fahrlässigkeit leitender Angestellter, Düss BB **76,** 1374. Leitend sind Angestellte mit Funktionen vergleichbar denen des Unternehmers: selbständiges Leiten, Beaufsichtigen, Organisieren des ganzen Unternehmens oder eines größeren Zweiges, BGH NJW **56,** 1065, Hbg MDR **69,** 766; Prokuristen sind es idR, BGH WM **75,** 353. – Gleichzustellen ist der Fall fehlerhafte Handelns von anderem Personal, wenn für dieses infolge grob mangelhafter Organisation nicht die nötigen Anweisungen bestanden, BGH NJW **73,** 2155, BB **78,** 323 („Organisationsverschulden").

B. Allgemein über Grenzen der Freizeichnung in AGB s **(5)** AGBG § 11 Nr 7, aber auf Kfm nicht unmittelbar anwendbar, AGBG § 24 S 1 Nr 1, str, s dort. Das Haftungssystem der ADSp idF 1. 10. 78 gilt als **vereinbar** mit dem **(5) AGBG**, insbesondere dessen § 9 (Hauptnorm für kfm Verkehr, auf den die ADSp jetzt beschränkt sind, § 2a ADSp), s Einl 2 D vor § 1.

C. Wegfall der Haftungsbeschränkungen der ADSp (uU) bei **Kfz**-Beförderung s § 2 Anm 3.

3) Weitergehende Haftungsvereinbarung (c)

Wegfall der Haftungsbeschränkung zB bei **Garantie**versprechen (unzweideutiger Erklärung, ohne Schuldvorwurf zu haften, s § 349 HGB Anm 4 C), im allg nur gegen besondere Vergütung gemäß c, Düss DB **76**, 1374.

[Abtretung der Ansprüche gegen Dritte, Eigenhaftung bei Auswahlverschulden]

ADSp 52 **a) Ist ein Schaden bei einem Dritten, namentlich einem Frachtführer, Lagerhalter, Schiffer, Zwischen- oder Unterspediteur, Versicherer, einer Eisenbahn oder Gütersammelstelle, bei Banken oder sonstigen an der Ausführung des Auftrags beteiligten Unternehmern entstanden, so tritt der Spediteur seinen etwaigen Anspruch gegen den Dritten dem Auftraggeber auf dessen Verlangen ab, es sei denn, daß der Spediteur auf Grund besonderer Abmachungen die Verfolgung des Anspruchs für Rechnung und Gefahr des Auftraggebers übernimmt. Die vorstehend erwähnten Dritten gelten nicht als Erfüllungsgehilfen des Spediteurs.**
b) Eine weitergehende Verpflichtung oder eine Haftung besteht für den Spediteur nur, wenn ihm eine schuldhafte Verletzung der Pflichten aus § 408 Abs. 1 HGB zur Last fällt.
c) Der Spediteur haftet auch in den Fällen der §§ 412, 413 HGB nur nach Maßgabe dieser Bedingungen; § 2 Buchstabe c bleibt unberührt.

1) Freizeichnung nach a gilt nicht, soweit Spediteur die Vertragserfüllung als eigene behandelt und sich eines Dritten nur intern als Gehilfen bedient, BGH **9**, 64 (Spediteur X lagerte in Räumen einer GmbH ein, deren Gesellschafter X und Frau und deren alleiniger Geschäftsführer X sind). Zu a S 2 betr Unterspediteur s § 408 HGB Anm 1 B und **(20)** SVS/RVS § 3. – Zu c s § 412 HGB Anm 2 D (Unanwendbarkeit der ADSp, bei Beförderung mit eigenen Kfz), auch § 413 HGB Anm 1 C, 2 C. Anwendung bei Selbsteintritt (§ 412 HGB), aber Transport mit fremden Schiffen, Karlsr DB **71**, 1469. Haftung des Spediteurs selbst, wenn Schaden bei Dritten noch infolge schuldhaften Verhaltens des Spediteurs entstanden ist, Düss DB **76**, 1374.

[Ende der Haftung, Abtragung, Bereitstellung]

ADSp 53 **a) Die Haftung des Spediteurs für von ihm angerollte Güter ist beendet, sobald sie dem Empfänger vor seinem Grundstück zur Abnahme bereitgestellt und abgenommen sind.**
b) Auf Verlangen des Empfängers und auf seine Gefahr sind solche Güter im Gewicht bis zu 50 kg das Stück, sofern ihr Umfang nicht die Beförderung durch einen Mann ausschließt, in Höfe, Keller und höhere Stockwerke abzutragen. Andere Güter sind dem Empfänger zu ebener Erde oder, soweit dies der Umfang, das Gewicht oder die Notwendigkeit einer besonderen Behandlung (wie bei Weinfässern, Maschinen, Ballons) verbieten, auf dem Rollwagen vor seinem Grundstück zur Verfügung zu stellen.

V. Transportrecht **ADSp 54, 55 (19)**

[Höchstgrenzen der Haftung, Schadensfall, niedrigerer Wert, höherer Wert]

ADSp 54 a) Soweit der Spediteur haftet, gelten die folgenden Höchstgrenzen für seine Haftung:
1. DM 4,45 je kg brutto jedes beschädigten oder in Verlust geratenen Kollos, höchstens jedoch DM 4450,- je Schadensfall.
2. Für alle sonstigen Schäden mit Ausnahme der Ziffer 3 höchstens DM 4450,- je Schadensfall.
3. DM 59 000,- je Schadensfall für Schäden, die auf Unterschlagung oder Veruntreuung durch einen Arbeitnehmer des Spediteurs beruhen. Hierzu gehören nicht gesetzliche Vertreter und Prokuristen, für deren Handlung keine Haftungsbegrenzung besteht.

Ein Schadensfall im Sinne der Vorschrift der Ziffer 3 ist jeder Schaden, der von ein und demselben Arbeitnehmer des Spediteurs durch Veruntreuung oder Unterschlagung verursacht wird, gleichviel ob außer ihm noch andere Arbeitnehmer des Spediteurs an der schädigenden Handlung beteiligt sind und ob der Schaden einen Auftraggeber oder mehrere voneinander unabhängige Auftraggeber des Spediteurs trifft. Der Spediteur ist verpflichtet, seinem Auftraggeber auf Verlangen anzugeben, ob und bei welcher Versicherungsgesellschaft er dieses Haftungsrisiko abgedeckt hat.

b) Ist der angegebene Wert des Gutes niedriger als die Beträge zu 1 bis 3, so wird der angegebene Wert zugrunde gelegt.

c) Ist der nach Buchstabe b in Betracht kommende Wert höher als der gemeine Handelswert bzw. in dessen Ermangelung der gemeine Wert, den Gut derselben Art und Beschaffenheit zur Zeit und am Ort der Übergabe an den Spediteur gehabt hat, so tritt dieser gemeine Handelswert bzw. gemeine Wert an die Stelle des angegebenen Wertes.

d) Bei etwaigen Unterschieden in den Wertangaben gilt stets der niedrigere Wert.

1) § 54a Nr 1–3 nF ab 1. 1. 85 (höhere Haftungsbeträge). Gültigkeit des § 54a Nr 2 aF, BGH **20**, 167. Einschränkung seiner Wirkung s § 51 Anm 2. Die Haftungsbeschränkung nach § 54 gilt auch für Ansprüche aus unerlaubter Handlung, § 63a. Hilfspersonen des Spediteurs s § 41 Anm 1. Berechnung nach § 54a Nr 2 bei Teilverlust nach Gewicht der fehlenden Teilmenge, BGH NJW **82**, 1821, bei Plus-Minus-Beständen verschiedener eingelagerter Güter, Ruhle, Höltzeke BB **65**, 1294, **67**, 273. Kein Haftungsausschluß nach § 54a gegenüber Spediteur bei grobem Organisationsmangel, BGH BB **81**, 267. Keine Berufung auf die Beschränkungen des § 54 (zB zu a 2), wenn Auftraggeber (hier Einlagerer) gute Gründe hatte, den Abschluß der Speditionsversicherung (vgl §§ 39, 41) zu untersagen, zB deren kurze Laufzeit, und Spediteur (Lagerhalter) oder ein leitender Angestellter den Schaden grobfahrlässig verursachte, BGH BB **78**, 322. S hierzu auch § 41 Anm 1, § 51 Anm 2. § 54a Nr 2 ist unanwendbar auf „Verbotskunden" (der die Spedition versagte) bei grober Fahrlässigkeit des Lagerhalters oder leitenden Angestellten oder schwerem Organisationsmangel, BGH NJW **78**, 1918.

[Sachteile, zusammengehörige Sachen]

ADSp 55 Bei Schäden an einem Sachteil, der einen selbständigen Wert hat (z. B. Maschinenteil), oder bei Schäden an einer von mehreren zusammengehörigen Sachen (z. B. Wohnungseinrichtung), bleibt die etwaige Wertminderung des Restes der Sache oder der übrigen Sachteile oder Sachen außer Betracht.

(19) ADSp 56, 57 2. Handelsrechtl. Nebengesetze

[Hochwertige Güter]

ADSp 56 a) Bei allen Gütern, deren Wert mehr als DM 59,- für das kg brutto beträgt, sowie bei Geld, Urkunden und Wertzeichen haftet der Spediteur für jeden wie auch immer gearteten Schaden nur, wenn ihm eine schriftliche Wertangabe vom Auftraggeber so rechtzeitig zugegangen ist, daß er seinerseits in der Lage war, sich über Annahme oder Ablehnung des Auftrages und über die für Empfangnahme, Verwahrung oder Versendung zu treffenden Vorsichtsmaßregeln schlüssig zu werden.

b) Die Übergabe einer Wertangabe an Kutscher oder sonstige gewerbliche Angestellte ist ohne rechtliche Wirkung, solange sie nicht in den Besitz des Spediteurs oder seiner zur Empfangnahme ermächtigten kaufmännischen Angestellten gelangt ist, es sei denn, daß eine andere Vereinbarung getroffen ist.

c) Unzulässig ist der Einwand, der Spediteur hätte von dem Wert des Gutes auf andere Weise Kenntnis haben müssen. Sind die Güter jedoch für den Spediteur als wertvoll erkennbar, ist er verpflichtet, den Auftraggeber auf die Notwendigkeit der Wertangabe und die Folgen ihrer Unterlassung hinzuweisen.

d) Beweist der Auftraggeber, daß der Schaden auf andere Umstände als auf die Unterlassung der Wertangabe zurückzuführen ist oder auch bei erfolgter Wertangabe entstanden wäre, so findet Absatz a keine Anwendung.

e) Die Bestimmungen der übrigen Paragraphen, soweit sie über die Bestimmungen dieses Paragraphen hinaus die Haftung beschränken oder aufheben, bleiben unberührt.

1) c S 2 zugefügt 1. 10. 78; a nF ab 1. 1. 85 (höherer Haftungsbetrag). Beim Speditionsauftrag über eine Vielzahl von Gütern mit selbständigem Wert (zB Kunstgegenstände) gilt § 56 nur für diejenigen Stücke, deren Wert je kg die Grenze übersteigt, BGH 9, 4, der Durchschnittswert je kg ist unerheblich.

[Schadensentstehung aus besonderen Gefahren, Binnenschiffahrtspedition]

ADSp 57 a) Konnte ein Schaden den Umständen nach aus einer im folgenden bezeichneten Gefahr entstehen, so wird vermutet, daß er aus dieser Gefahr entstanden sei:

1. Aus nicht oder mangelhaft erfolgter Verpackung der Güter.
2. Aus der Aufbewahrung im Freien, wenn solche Aufbewahrung vereinbart oder eine andere Aufbewahrung nach der Art der Ware oder nach den Umständen untunlich war.
3. Aus besonders schwerem Diebstahl im Sinne der §§ 243 und 244 oder aus Raub im Sinne des § 249 StGB.
4. Aus höherer Gewalt, Witterungseinflüssen, Schadhaftwerden irgendwelcher Geräte oder Leitungen, Einwirkung anderer Güter, Beschädigung durch Tiere, natürlicher Veränderung des Gutes.

Der Spediteur haftet in diesen Fällen nur insoweit, als nachgewiesen wird, daß er den Schaden schuldhaft verursacht hat.

b) Die Haftung des Spediteurs ist ausgeschlossen für Verluste und Schäden in der Binnenschiffahrtsspedition (einschl. der damit zusammenhängenden Vor- und Anschlußtransporte mit Landtransportmitteln sowie der Vor-, Zwischen- und Anschlußlagerungen), die durch Transport- bzw. Lagerversicherung gedeckt sind oder durch eine Transport- bzw. Lagerversicherung allgemein üblicher Art hätten gedeckt werden können oder nach den herrschenden Gepflogenheiten sorgfältiger Kaufleute über den Rahmen einer Transport- bzw. Lagerversicherung allgemein üblicher Art hinaus gedeckt werden, es sei denn, daß eine ordnungsgemäß geschlossene Versicherung durch fehlerhafte Maßnahmen des Spediteurs unwirksam wird.

V. Transportrecht ADSp 58–63 (19)

c) Sonstige Bestimmungen, die über die vorstehenden Absätze hinaus die Haftung des Spediteurs beschränken oder aufheben, bleiben unberührt.

1) Ganz neu gefaßt 1. 10. 78. – Zu b (bis 30. 9. 78 Nr 5): gültig, auch für Schäden aus Verladung in untauglichem Schiff, jedenfalls bei Hinweis auf Möglichkeit der Transportversicherungen; anders bei grobem eigenem Verschulden oder von leitenden Angestellten (Repräsentant, vgl BGH **20**, 167), dann uU keine Deckungspflicht der Versicherung (wegen Erhöhung der Gefahr), vgl BGH **33**, 216, darum uU Unwirksamkeit der Freizeichnung, Haftung des Spediteurs, BGH LM § 57 ADSp Nr 1. S auch BGH NJW **74**, 2178. § 57b erfaßt nur die mit dem Transport zusammenhängenden Lagerungen, nicht auch das reine Lagergeschäft des Spediteurs, BGH BB **80**, 129. Kein Haftungsausschluß nach § 57 gegenüber Spediteur bei grobem Organisationsmangel, BGH BB **81**, 267.

ADSp 58, 59 *(gestrichen)*

[Unverzügliche, schriftliche Schadensanzeige]

ADSp 60 a) Alle Schäden, auch soweit sie äußerlich nicht erkennbar sind, müssen dem Spediteur unverzüglich schriftlich mitgeteilt werden. Ist die Ablieferung des Gutes durch einen Spediteur erfolgt, so muß der abliefernde Spediteur spätestens am 6. Tage nach der Ablieferung im Besitze der Schadensmitteilung sein.
b) Bei Nichteinhaltung vorstehender Bestimmungen gelten die Schäden als erst nach der Ablieferung entstanden.
c) Geht dem Spediteur eine Schadensmitteilung in einem Zeitpunkt zu, in dem ihm die Wahrung der Rechte gegen Dritte nicht mehr möglich ist, so ist der Spediteur für die Folgen nicht verantwortlich.

[Vorteilsausgleichung]

ADSp 61 In allen Fällen, in denen der vom Spediteur zu zahlende oder freiwillig angebotene Schadensbetrag den vollen Wert des Gutes erreicht, ist der Spediteur zur Zahlung nur verpflichtet Zug um Zug gegen Übereignung des Gutes und gegen Abtretung der Ansprüche, die hinsichtlich des Gutes dem Auftraggeber oder dem Zahlungsempfänger gegen Dritte zustehen.

[Weiter Schadensbegriff]

ADSp 62 Der in diesen Bedingungen gebrauchte Ausdruck „Schaden" oder „Schäden" ist, soweit nicht frühere Paragraphen eine Beschränkung vorsehen, im weitesten Sinne (§§ 249ff. BGB) zu verstehen, umfaßt also insbesondere auch gänzlichen oder teilweisen Verlust, Minderung, Wertminderung, Bruch, Diebstahlsschaden und Beschädigungen aller Art.

[Unerlaubte Handlung]

ADSp 63 a) Beruft sich der Spediteur auf eine in diesen Bedingungen vorgesehene Haftungsbeschränkung oder -ausschließung, so ist der Einwand, es liege unerlaubte Handlung vor, unzulässig.
b) Erhebt ein Dritter, der an dem Gegenstand oder der Ausführung des dem Spediteur erteilten Auftrages unmittelbar oder mittelbar interessiert ist, gegen den Spediteur Ansprüche wegen einer angeblich begangenen unerlaubten Handlung, die dem Spediteur nach Absatz a nicht entgegengehal-

ten werden kann, so hat der Auftraggeber den Spediteur von diesen Ansprüchen unverzüglich zu befreien.

1) Zu a Bsp BGH NJW **74,** 2178.

XIV. Verjährung

[Verjährungsfrist, Verjährungsbeginn]

ADSp 64 Alle Ansprüche gegen den Spediteur, gleichviel aus welchem Rechtsgrunde, verjähren in 8 Monaten. Die Verjährung beginnt mit der Kenntnis des Berechtigten von dem Anspruch, spätestens jedoch mit der Ablieferung des Gutes.

1) Änderung 1. 10. 78: acht statt sechs Monate. § 64 gilt nur für Ansprüche gegen den (beauftragten) Spediteur, also nicht für Ansprüche des Zwischenspediteurs gegen den Hauptspediteur (dieser ist gegenüber ersterem Auftraggeber und Versender), Ffm NJW **80,** 2649. § 64 gilt für Ansprüche aus jedem Rechtsgrund, Rückgabe von Verpackungsmaterial (s § 380 HGB Anm 2), Ffm ZIP **82,** 1332, Ansprüche aus unerlaubter Handlung ua. Gilt § 64 nicht, so gilt für vertragliche Ansprüche § 414 HGB, für solche aus unerlaubter Handlung § 852 BGB (§ 414 HGB Anm 1 A). § 64 ist nicht durch § 414 HGB zu ergänzen; auf den Zeitpunkt, in dem die Ablieferung (gemeint ist nur die Ablieferung an den Empfänger der Sendung, nicht die vom Spediteur an den Frachtführer) hätte erfolgen sollen (§ 414 II HGB), kommt es also nicht an, LG Hann NJW **52,** 980. Zur Kenntnis vom Anspruch gehört Kenntnis der näheren Tatumstände, KG NJW **68,** 1387. Verjährungsbeginn betr Verpackungsmaterial, Ffm ZIP **82,** 1333. § 64 gilt nicht bei Vorsatz oder grober Fahrlässigkeit des Spediteurs selbst (bzw bei juristischer Person ihrer Organe) oder eines leitenden Angestellten (§ 51b S 2 analog), str, BGH transpR **83,** 75 (zu § 26 AGNB, s **(22)** GüKG § 84 Anm 2), offen BGH transpR **84,** 287 m Anm Helm, aA Ffm transpR **85,** 114. Abhalten des Gläubigers von Klagerhebung durch Schuldner, auch unabsichtlich, schiebt Verjährung solange auf (Arglisteinwand gegen Verjährungseinrede), bis Klagerhebung nach Sachlage zumutbar ist, BGH **9,** 5, NJW **85,** 2412. § 64 gilt nicht für Frachtschuld des Spediteurs als Empfänger iSv § 436 HGB, vgl BGH **25,** 310 (betr Seefracht). § 64 ist unanwendbar bei Beförderung des Spediteurs mit eigenen Kfz, s § 32 Anm 2. Verjährung nach Aufnahme von Ansprüchen gegen den Spediteur in ein Kontokorrent s § 355 HGB Anm 3 E, G.

XV. Erfüllungsort,
Gerichtsstand, anzuwendendes Recht

[Erfüllungsort, Gerichtsstand, Geltung des deutschen Rechts]

ADSp 65 a) Der Erfüllungsort ist für alle Beteiligten der Ort derjenigen Handelsniederlassung des Spediteurs, an die der Auftrag gerichtet ist.
b) Der Gerichtsstand für alle Rechtsstreitigkeiten, die aus dem Auftragsverhältnis oder im Zusammenhang damit entstehen, ist für alle Beteiligten, soweit sie Vollkaufleute sind, der Ort derjenigen Handelsniederlassung des Spediteurs, an die der Auftrag gerichtet ist; für Ansprüche gegen den Spediteur ist dieser Gerichtsstand ausschließlich.
c) Für die Rechtsbeziehungen des Spediteurs zum Auftraggeber oder zu seinen Rechtsnachfolgern gilt deutsches Recht.

1) Zu a: Geltung gegenüber Ausländern s Mü NJW **73,** 1560, Ffm RIW **79,** 278, vgl Einl 2 A vor § 1. Zu b: b begründet formlos besonderen Gerichtsstand iSv Art 5 Nr 1 EuGVÜbk (s Einl IV 2 D vor § 1 HGB).

V. Transportrecht **SVS/RVS 1 (20)**

(20) Speditions- und Rollfuhrversicherungsschein (SVS/RVS)

Fassung vom Januar 1984

und

Speditions-Police (Sp-Police)

Fassung vom 1. Juli 1978
mit den späteren Änderungen

Einleitung

Schrifttum

s **(19)** ADSp und allgemeiner §§ 407ff HGB. – Hans Rudolf Schmidt & Co *(Oeynhausen),* Speditions-Versicherung und ADSp, 1985 (Einführung). – *de la Motte,* ADSP iVm SVS/RVS, Spediteur **85,** 241.

1) SVS/RVS mit Anhang über internationale europäische Güterbeförderungen

Änderung der Prämien und Beträge in §§ 13, 14 zum 1. 10. 80. Änderung § 1 und neuer Anhang über internationale europäische Güterbeförderungen zum 1. 1. 84 BKartA Bek Nr 4/84 BAnz Nr 24. Bedeutung der Versicherung gemäß SVS/RVS für die **(19)** ADSp s dort §§ 39ff Anm. Änderungen des SVS/RVS erfolgen gemäß § 17 SVS/RVS. Bevollmächtigte und geschäftsführende Stelle ist Fa. Oskar Schunck KG, Zentrale, 8 München 44, Postfach 264.

2) Sp-Police 5105 mit Nachtrag über Güterschaden-Europa-Deckung

Von den verschiedenen im Gebrauch befindlichen und nach § 39a ADSp gleich wirksamen Policen (s **(19)** ADSp § 39 Anm 2) sind hier nur der SVS/RVS wegen seiner Modellbedeutung sowie die Sp-Police abgedruckt. Die Sp-Police wird von den unter Führung des Gerling-Konzerns stehenden Versicherern verwandt; bevollmächtigte und geschäftsführende Stelle ist Fa. Hans Rudolf Schmidt & Co, Postfach 105929, 2000 Hamburg 1. Die Sp-Police idF 1. 7. 78 gewährt nach ihrer Nr 2.1.1 Schadensersatz mindestens im Rahmen der SVS/RVS nebst deren Nachträgen, Ergänzungen und Haftungserweiterungen; geringfügige Änderungen der Sp-Police (betr Möbeltransport) und Nachtrag über Güterschaden-Europa-Deckung zum 1. 3. 84 (entspr SVS/RVS, s Anm 1), BKartA Bek Nr 23/84 BAnz Nr 53.

3) Sonstige Policen

S **(19)** ADSp § 39 Anm 2.

a) Speditions- und Rollfuhrversicherungsschein (SVS/RVS)

Versicherter

SVS/RVS 1 Die Versicherung geschieht für fremde Rechnung. Versichert ist entweder der Auftraggeber oder derjenige, dem das versicherte Interesse zur Zeit des den Schaden verursachenden Ereignisses zugestanden hat; insbesondere ist derjenige versichert, der die Transportgefahr trägt.

1) § 1 S 2 Halbs 2 neu 1. 1. 84. Der Versicherte hat Anspruch nur gegen den Versicherer, nicht auch gegen den Spediteur (s **(19)** ADSp § 39 Anm 1, § 41 Anm 1). Inhaber des versicherten Interesses s **(19)** ADSp § 39 Anm 3; BGH VersR **82,** 339, **84,** 533.

Haftung im allgemeinen

SVS/RVS 2 1. Die Versicherer ersetzen dem Versicherten nach den deutschen gesetzlichen Bestimmungen alle ihm entstandenen Schäden, die der Spediteur aufgrund eines Verkehrsvertrages zu vertreten hat.

2. Unter Verkehrsverträgen im Sinne dieses Versicherungsscheines sind zu verstehen:

Speditions- und Frachtverträge (einschließlich Rollfuhrverträge /Speditionsnahverkehr des eigenen Betriebs oder durch Beauftragte); Lagerverträge innerhalb der Bundesrepublik Deutschland und in Berlin (West), je einschließlich der üblichen Nebenaufträge, oder Verträge über z. B. Nachnahmeerhebung, Verwiegung, andere Mengenfeststellung, Verpackung, Musterziehung, Verladung, Ausladung, Verzollung, Vermittlung von Transport-, Feuer-, Einbruchdiebstahl-, Leitungswasser- und Sturmversicherungen, nicht aber Versicherungsaufträge jeder anderen Art (siehe aber § 9).

1) Der Begriff des Verkehrsvertrags dürfte, ua wegen des Zusammenhangs von ADSp und SVS/RVS, nicht grundsätzlich eng auszulegen sein, dahingestellt von BGH **46,** 46. Unter § 2 Nr 2 fällt ein Lagervertrag (vgl § 416 HGB Anm 3 B) auf Ansichbringen eines Guts und Auslieferung an einen Dritten, BGH **46,** 51. § 2 Nr 2 deckt die Ansprüche aus positiver Vertragsverletzung wie fahrlässige Nichteinziehung des Nachnahmebetrags, Ffm RIW **82,** 56, nicht dagegen wissentliche Kreditgewährung durch Nichteinziehen entgegen §§ 407 II, 393 I HGB, Ffm RIW **79,** 278; je nachdem bleibt der Spediteur selbst haftbar, s **(19)** ADSp § 41 Anm 2. Der Nachnahmeerhebung steht uU nicht gleich Vereinbarung der Auslieferung gegen Bankscheck, BGH BB **78,** 1236 (Folge Unanwendbarkeit § 41 ADSp). Haftung des Versicherers hängt nicht ab von Anmeldung der versicherten Verkehrsverträge bei der Vertreterin des Versicherer, der Zahlung der Prämie, oder der Inrechnungstellung der Prämie durch Spediteur (an Auftraggeber), BGH **46,** 56. Die Speditionsversicherung deckt alle Schäden, nicht nur solche an der Ware selbst (Güterschäden, zB Verlust des Guts; Sachfolgeschäden, zB Zinsverlust; reine Vermögensschäden, zB aus Verzögerung). Erfaßt werden aber nur Schäden aus der Einlagerung oder im Zusammenhang mit ihr, nicht aus anderem Fehlverhalten (Vorsatz und Fahrlässigkeit) des Spediteurs (Lagerhalters), vgl BGH **49,** 164; s auch bei § 5 Nr 2 und § 424 HGB Anm 1 B.

Umfang der Versicherung im allgemeinen

SVS/RVS 3 1. Die Versicherer vergüten den Schaden nach Maßgabe der gesetzlichen Bestimmungen über die Haftung des Spediteurs aus einem Verkehrsvertrage. Sie verzichten auf die Einwendungen, welche der Spediteur aus den in den ADSp und sonstigen Abmachungen oder Handels- und Verkehrsgebräuchen enthaltenen Bestimmungen über Ausschluß und Minderung der gesetzlichen Haftung erheben könnte.

2. Die Versicherung deckt auch Ansprüche, die der Versicherte nicht auf einen Verkehrsvertrag, sondern auf Eigentum, unerlaubte Handlung oder ungerechtfertigte Bereicherung stützt, sofern diese Ansprüche mit einem mit dem Spediteur abgeschlossenen Verkehrsvertrag unmittelbar zusammenhängen.

3. Die Versicherung deckt auch Ansprüche, die durch Versäumung der Regreßwahrung entstanden sind, sofern dadurch nachgewiesenermaßen dem Versicherten ein Schaden erwachsen ist.

4. Es ist auch der Schaden mitversichert, der durch den Vorsatz des Spediteurs, seiner gesetzlichen Vertreter, Angestellten oder Erfüllungsgehilfen herbeigeführt ist.

5. Der Versicherungsschutz erstreckt sich fernerhin auf die verkehrsbedingten und nicht vom Auftraggeber verfügten Vor-, Zwischen- und Nachlagerungen, die im Zusammenhang mit einem Verkehrsvertrag stehen.

1) Der Einwendungsverzicht nach Nr 1 S 2 gilt auch für § 52e ADSp (Ausschluß der Haftung für Dritte, zB Unterspediteure), gegenüber den Versicherern gilt Haftung nach § 278 BGB, BGH BB **69,** 1454. Er gilt auch für den Einwand der Beweislast des Auftraggebers nach § 51a S 2 Halbs 2 und für Einwendungen aus § 52a ADSp, BGH MDR **70,** 210. Unmittelbarer Zusammenhang nach Nr 2 liegt vor, wenn aus demselben Tatbestand vertrags- und deliktsrechtliche Ansprüche erwachsen (wie Anspruchskonkurrenz), nicht bei davon unabhängiger deliktischer Schädigung, BGH WM **84,** 1280. Zu Nr 5 s auch § 4 Anm 1.

Besondere Bestimmungen

SVS/RVS 4 1. Die Versicherer ersetzen auch Schäden:

a) entstanden aus einem Verschulden des Spediteurs bei der Auswahl eines Zwischenspediteurs oder Lagerhalters;
b) nach den §§ 2, 3, welche ein deutscher oder anderer europäischer Zwischenspediteur zu vertreten hat, gleichgültig, ob der Spediteur eine Speditionsversicherung gezeichnet hat oder nicht;
c) an Gütern aus Verkehrsverträgen, die im organisierten Bahnsammelgutverkehr zwischen Stationen der Deutschen Bundesbahn sowie von Stationen der Deutschen Bundesbahn nach Berlin (West) und in umgekehrter Richtung durchgeführt werden. Die Versicherer leisten Ersatz im Umfange der Eisenbahnverkehrsordnung (EVO), und zwar von der Annahme des Gutes durch den Spediteur bis zur Ablieferung beim Endempfänger. Der Haftungsausschluß des § 83 (1) c EVO wird nicht geltend gemacht;
d) nach der Kraftverkehrsordnung (KVO), entstanden bei der Abholung und Zuführung von Gütern im Nahverkehr, einschließlich Umladungen und Zwischenlagerungen, sofern die Verkehrsverträge vor oder im Anschluß an Beförderungen im Güterfernverkehr mit Kraftfahrzeugen durch den eigenen Betrieb oder durch Beauftragte abgewickelt werden.

2. Bei Bruch und Leckage an Gütern, die ihrer Natur nach der Bruch- und Leckagegefahr ausgesetzt sind, leisten die Versicherer Ersatz, wenn das Verschulden des Spediteurs vom Versicherten nachgewiesen ist.

1) Nr 1: Die Speditionsversicherung geht weiter als die Eigenhaftung des Spediteurs. Das Verhalten europäischer Zwischenspediteure ist in den Versicherungsschutz einbezogen (**durchlaufende Deckung, Nr 1 b**) und auch die Gefährdungshaftung nach **(25)** EVO und **(23)** KVO sind abgedeckt (**Nr 1 c, d**). Zu Nr 1 b BGH **37,** 296, § 408 HGB Anm 1 B. Zu § 4 Nr 1 b und § 3 Nr 5 (Einlagerung durch Zwischenspediteur im Ausland) BGH NJW **70,** 993.

(20) SVS/RVS 5

2. Handelsrechtl. Nebengesetze

Beschränkung der Haftung

SVS/RVS 5 Ausgeschlossen von der Versicherung sind:

1. A) alle Gefahren, welche durch eine Transportversicherung gedeckt sind, es sei denn, daß eine ordnungsgemäß geschlossene Versicherung durch Fehler des Spediteurs unwirksam wird;
   B) a) bei Verkehrsverträgen in der See- und Binnenschiffahrtsspedition
      b) bei Transporten, soweit sie nicht den innerdeutschen Verkehr betreffen
   a–b) alle Gefahren, welche durch eine Transportversicherung allgemein üblicher Art hätten gedeckt werden können. Sollte dagegen eine ordnungsgemäß geschlossene Transportversicherung durch Fehler des Spediteurs unwirksam werden, dann fällt diese Gefahr unter die Ersatzpflicht der Versicherer;
   C) Güterschäden jeder Art im innerdeutschen Verkehr, wenn der Auftraggeber die Versicherungsdeckung nach § 6 B Ziff. 1b beschränkt hat (partielles Verbot);
   D) alle Gefahren, welche bei Lagerverträgen durch eine Lagerversicherung (d. i. insbesondere Versicherung gegen Feuer-, Einbruchdiebstahl-, Leitungswasser- und Sturmschäden) gedeckt sind oder hätten gedeckt werden können, es sei denn, daß eine ordnungsgemäß geschlossene Versicherung durch Fehler des Spediteurs unwirksam wird. Unter Lagerverträgen im Sinne dieser Bestimmungen sind nicht Vor-, Zwischen- und Nachlagerungen gemäß § 3 Ziff. 5 zu verstehen;
2. diejenigen Ansprüche, welche aus im Speditionsgewerbe nicht allgemein üblichen Abreden zwischen Versicherten und Spediteur herrühren (z.B. Vertragsstrafe, Lieferfristgarantien usw.), überhaupt alle diejenigen Ansprüche, welche auf Vereinbarungen des Spediteurs mit den Versicherten beruhen, die nicht zu den unter § 2 Ziff. 2 fallenden Geschäften gehören oder über die gesetzliche Haftpflicht des Spediteurs hinausgehen;
3. Ansprüche nach der Kraftverkehrsordnung (KVO) und nach dem Übereinkommen über den Beförderungsvertrag im internationalen Straßengüterverkehr (CMR), einschließlich etwa weitergehender außervertraglicher Ansprüche, sofern die Versicherer nicht nach § 4 Ziff. 1d zum Ersatz verpflichtet sind. Schäden, die in der Verantwortung des Güterfernverkehrsunternehmers entstehen, können jedoch, soweit sie auf KVO-Versicherung entfallen, auch bei den SVS/RVS-Versicherern gemeldet werden. Die SVS/RVS-Versicherer verpflichten sich, die Schadensregulierung mit den KVO-Versicherern für den Anspruchsberechtigten durchzuführen;
4. Personenschäden;
5. Schäden durch Beschlagnahme jeglicher Art;
6. Schäden durch Krieg oder Aufruhr;
7. Schäden durch Kernenergie.

1) § 5 enthält **sichere Haftungsausschlüsse. Nr 1** schließt **transport- oder lagerversicherte und uU schon -versicherungsfähige Gefahren** grundsätzlich aus (Nr 1 A, B, D; also bloße Ergänzung der Transportversicherung), ebenso alle Güterschäden im innerdeutschen Verkehr bei insoweit beschränkter Untersagung des Auftraggebers (Nr 1 C, § 6 B Nr 1b, **partielles Verbot**). Zu Nr 1 B s Ffm BB **81**, 1916.

2) **Nr 2** scheidet alle **nicht speditionstypischen Schäden** aus, sonst wäre das Risiko nicht mehr abschätzbar. Versichert sind alle üblichen Verkehrsverträge und Nebenverträge (§ 2 Nr 2). Unter Nr 2 fallen auch pflichtwidrige Abreden: Lagerhalter stellte dem A einen OLSch aus, verpflichtete sich dann dem nicht legitimierten B (Verstoß gegen **(21)** OLSchVO § 26 Anm 1): keine

V. Transportrecht **SVS/RVS 6 (20)**

Deckung des Schadens des B, wenn Lagerhalter später doch dem A (oder Indossatar) ausliefert, BGH **49**, 166; s auch bei § 2 und § 424 HGB Anm 1 B. Für Nr 2 unerheblich ist, ob vereinbarte Speditions-Ausführungsart im ganzen unüblich ist oder nur (im Rahmen üblicher Spedition) eine einzelne Verpflichtung, BGH NJW **54**, 1930; Bsp für das zweite: Einholung einer Dritten-Erklärung bei Ablieferung an Empfänger, BGH NJW **73**, 2154.

3) Nr 3 grenzt **Ansprüche nach (23) KVO und (24) CMR** aus.

4) Nr 4–7: Nicht gedeckt sind weitere **Personenschäden** und bestimmte kaum abschätzbare Schäden **(Beschlagnahme, Krieg, Aufruhr, Kernenergie).** Der Ausschluß der Haftung für Beschlagnahmen (Nr 5) ist angesichts der erschwerten Formalitäten bei Landes- und Zonengrenzübergängen bedenklich; der Spediteur selbst haftet ohne Verschulden nicht, §§ 19, 57 I Nr 4 ADSp; vgl Senckpiehl BB **50**, 604, Roesch NJW **52**, 962; Hbg BB **54**, 759.

Versicherungsauftrag, -summe, -wert und Anmeldung

SVS/RVS 6 A) Versichert im Sinne dieser Bestimmungen ist jeder zwischen dem Spediteur und dem Auftraggeber abgeschlossene Verkehrsvertrag.

B) 1. Der Auftraggeber ist berechtigt, durch eine entsprechende schriftliche Erklärung gegenüber dem Spediteur
   a) die Versicherung zu untersagen (generelles Verbot) oder
   b) den Versicherungsschutz nach den §§ 2–4 für Güterschäden im ausschließlich innerdeutschen Verkehr zu untersagen (partielles Verbot).
2. Der Spediteur ist verpflichtet, die Erklärung unverzüglich den Versicherern zu übermitteln. Sie kann nur durch entsprechende schriftliche Mitteilung des Auftraggebers zurückgenommen werden, die der Spediteur ebenfalls unverzüglich den Versicherern zu übersenden hat.

C) 1. a) Will der Auftraggeber oder ein sonst nach § 1 Versicherter einen höheren Betrag als DM 5000,- für den Verkehrsvertrag versichern, so hat er den Spediteur sofort bei Abschluß des Verkehrsvertrages, spätestens jedoch vor der Abfertigung, unter genauer Bezeichnung des einzelnen Verkehrsvertrages die Versicherungssumme als solche schriftlich aufzugeben.
   Maßstab für die Versicherungssumme sind die in § 8 Ziff. 1 oder Ziff. 2 genannten Werte.
   b) Der Spediteur ist aber auch mangels Aufgabe sofort bei Abschluß des Verkehrsvertrages, spätestens vor der Abfertigung, zur Schätzung nach einwandfreien Unterlagen berechtigt.
   c) Mangels Aufgabe nach Ziff. 1a oder Schätzung nach Ziff. 1b ist jeder Verkehrsvertrag nach § 2 für den unter § 1 Versicherten bis zu einem Höchstbetrag von DM 5000,- versichert (vgl. jedoch § 8 Ziff. 3).
   d) Versehen des Spediteurs bei der Versicherungsanmeldung oder bei der Weitergabe der höheren Versicherungssumme als DM 5000,- nach § 6 C Ziff. 1a oder bei der Prämienzahlung oder gänzliche Unterlassung dürfen dem Versicherten nicht zum Nachteil gereichen. Für Versehen des Spediteurs bei der Weitergabe der höheren Versicherungssumme als DM 5000,- gilt dies nur dann, wenn der Auftraggeber oder der sonst nach § 1 Versicherte der Vorschrift des § 6 C Ziff. 1a genügt hat. Schätzungsfehler fallen nicht unter die Versehensklausel.
2. Die Versicherungssumme für den einzelnen Verkehrsvertrag ist auf DM 1 000 000,- begrenzt. Bei Verkehrsverträgen mit einem höheren Wert als DM 1 000 000,- können, wenn tatsächlich zu DM 1 000 000,- versichert ist, die Versicherer den Einwand der Unterversicherung nicht erheben.

(20) SVS/RVS 7, 8   2. Handelsrechtl. Nebengesetze

3. Der Spediteur hat alle versicherten Verkehrsverträge am Ende eines jeden Kalendermonats, spätestens jedoch am 20. des darauffolgenden Monats, den Versicherern anzumelden und gleichzeitig die dafür zu entrichtende Prämie zu bezahlen. Versicherungen für Verkehrsverträge im Betrage von über DM 5000,- muß der Spediteur einzeln mit der Versicherungssumme sowie den Zeichen, den Nummern, dem Inhalt und der Anzahl der Stücke auf den dazu bestimmten Spezifikationsformularen, einmal monatlich am Ende eines jeden Kalendermonats, spätestens jedoch am 20. des darauffolgenden Monats, den Versicherern melden.
4. Übersteigen die in einem Kalenderjahr bezahlten Schäden die im gleichen Zeitraum vom Spediteur geschuldeten Bruttoprämien (abzüglich Versicherungssteuer), so können die Versicherer für das Folgejahr individuelle Sanierungsmaßnahmen verlangen.
Kommt hierüber innerhalb einer angemessenen Frist keine Einigung zustande, sind die Versicherer berechtigt, den Vertrag mit einer Frist von vier Wochen zu kündigen.

1) Zu A: Die Versicherung erfaßt mangels Verbot (s Anm 2) jeden Verkehrsvertrag **automatisch** ohne besonderen Antrag des Auftraggebers oder des Spediteurs. Fehlende Anmeldung oder Prämienzahlung des Spediteurs berühren die Versicherung nicht, aber Regreß gegenüber dem Spediteur. Unter A fallen auch Verkehrsverträge, für welche nicht die ADSp gelten, zB Lagerung gemäß Hbger Lagerbedingungen, BGH MDR **54**, 670, Ffm BB **81**, 916, str.

2) Zu B: a) Der sog **Verbotskunde** nach B **Nr 1a (generelles Verbot)** erlangt zwar durch sein Verbot statt Versicherungsschutz die eigene Haftung des Spediteurs (s § 1 Anm 1), aber dieser haftet nur für eigenes Verschulden, nicht für Fehler Dritter (Zwischenspediteur, fremde Frachtführer, Empfangsspediteur). Das Verbot kann also für den Kunden nachteilig wirken (Verlust der durchlaufenden Deckung, s § 4 Nr 1b). Der Spediteur ist insoweit aufklärungspflichtig. **b)** B **Nr 1b** erlaubt ein **partielles Verbot** (s § 5 Nr 1 C). Der Verlader, der eine individuelle Transportversicherung hat, kann damit die Speditionsversicherung auf Sachfolge- und reine Vermögensschäden aus Dispositionsfehlern von Spediteur oder Zwischenspediteuren beschränken, spart also Prämie (s § 13 Nr 5) ohne Versicherungslücke. **c) Anhangsverbot** s § 5 Nr 2 Anh SVS/RVS.

3) C **Nr 1c** sieht vorbehaltlich Nr 1a, b **Mindestversicherung** von DM 5000 vor; das bedeutet aber nicht, daß der in dieser Höhe Geschädigte mindestens diesen Ersatz bekommt. Bei Unterversicherung (§ 8 Nr 3), zB wahrer Wert DM 10000, erhält er nur verhältnismäßigen Ersatz, zB DM 2500.

Prüfungsrecht der Versicherer

SVS/RVS 7 Die Versicherer sind berechtigt, die Anmeldung des Spediteurs durch Einsichtnahme in die Geschäftsbücher und sonstige Unterlagen, soweit sie die Versicherung betreffen, nachzuprüfen. Sie sind verpflichtet, über die erlangten Kenntnisse Stillschweigen zu wahren.

Ersatzpflicht im Schadensfalle

SVS/RVS 8 1. Ist das Gut bei Eintritt des Schadens verkauft, so erhält der Versicherte im Höchstfalle den Verkaufspreis unter Berücksichtigung etwa entstandener bzw. ersparter Kosten (Frachten, Zölle usw.).

2. In anderen Fällen erhält der Versicherte als Höchstbetrag den gemeinen Handelswert bzw. gemeinen Wert, den das Gut zur Zeit des Abschlusses des Verkehrsvertrages an dem Ort hatte, an welchem es abzuliefern war, unter Berücksichtigung etwa entstandener bzw. ersparter Kosten.

3. Unter allen Umständen bildet die Versicherungssumme im Sinne des § 6 C Ziff. 1 die Höchstgrenze der Ersatzpflicht. Im Falle der Unterversicherung haften die Versicherer nur verhältnismäßig, ausgenommen im Falle des § 6 C Ziff. 2.

Höchstgrenze der Ersatzleistung

SVS/RSV 9 1. Die Versicherer gleichen im Umfange ihrer Beteiligung (vgl. § 19) alle aus diesem Versicherungsvertrag auf ein Schadensereignis angemeldeten Ansprüche bis zu einem Betrag von DM 1 000 000,– aus, auch wenn mehrere Versicherte desselben versicherungsnehmenden Spediteurs durch dieses Schadensereignis betroffen werden.

2. Bei Vor-, Zwischen- und Nachlagerungen im Sinne des § 3 Ziff. 5 beträgt die Höchstgrenze der Ersatzpflicht für Feuerschäden DM 1 000 000,– je Schadensereignis, auch wenn mehrerer Auftraggeber mehrerer versicherungsnehmender Spediteure durch dieses Schadensereignis betroffen werden.

3. Bei Schäden aus fehlerhafter Vermittlung oder Unterlassung der Vermittlung von Transport-, Feuer-, Einbruchdiebstahl-, Leitungswasser- und Sturmschaden-Versicherungen durch den Spediteur ist die Höchstgrenze der Ersatzpflicht gemäß Ziff. 1 auf DM 150 000,– beschränkt.

Geltendmachung des Schadens, Obliegenheiten des Versicherten und des Spediteurs, Ausschlußfrist

SVS/RVS 10 1. Der Versicherte hat jeden Schaden unverzüglich, spätestens jedoch innerhalb eines Monats, nachdem er hiervon Kenntnis erlangt hat, den Versicherern direkt oder über den Spediteur schriftlich anzumelden. Die Frist wird durch rechtzeitige Absendung der Anmeldung gewahrt. Im Falle der schuldhaften Versäumung der Frist sind die Versicherer von der Leistung frei.

2. Der Versicherte ist verpflichtet, unter Beachtung etwaiger Anweisungen der Versicherer für Abwendung und Minderung des Schadens zu sorgen, den Versicherern Auskünfte zu erteilen, Unterlagen zu liefern und alles zu tun, was zur Klarstellung des Schadens von den Versicherern billigerweise verlangt werden kann.
Werden diese Obliegenheiten vom Versicherten grobfahrlässig oder vorsätzlich verletzt, so sind die Versicherer von der Leistung frei.

3. Der Spediteur ist gleichfalls verpflichtet, unter Beachtung etwaiger Anweisungen der Versicherer für Abwendung und Minderung des Schadens zu sorgen, den Versicherern Auskünfte zu erteilen, Unterlagen zu liefern und alles zu tun, was zur Klarstellung des Schadens von den Versicherern billigerweise verlangt werden kann.
Werden diese Obliegenheiten vom Spediteur, seinem gesetzlichen Vertreter, Prokuristen oder selbständigen Leiter seiner Zweigniederlassung grobfahrlässig oder vorsätzlich verletzt, so ist der Spediteur den Versicherern für den dadurch entstandenen Schaden im vollen Umfang ersatzpflichtig.

4. Die Auszahlung der Versicherungsleistungen erfolgt über den Spediteur. Verlangt der Versicherte schriftlich vor der Schadensauszahlung einen direkten Schadenausgleich, ist eine Zahlung über den Spediteur ausgeschlossen.

5. Bei Fehlverladungen aus einem versicherten Verkehrsvertrag erstatten die Versicherer dem Spediteur die Beförderungsmehrkosten einschließlich etwaiger Telegramm-, Fernschreib-, Telefon- und Portogebühren, die von diesem zur Verhütung eines weiteren Schadens aufgewendet worden sind und

aufgewendet werden mußten, wenn er aufgrund gesetzlicher Vorschriften entweder vom Auftraggeber oder einem sonst nach § 1 Versicherten für den Schaden hätte in Anspruch genommen werden können (vgl. aber § 14).

Der Spediteur ist verpflichtet, die Fehlverladung, nachdem er hiervon Kenntnis erhalten, unverzüglich den Versicherern zu melden und alle sachlichen Auskünfte zu erteilen. Im Falle grobfahrlässiger oder vorsätzlicher Verletzung dieser Obliegenheiten sind die Versicherer von der Leistungspflicht gegenüber dem Spediteur frei.

Die Ansprüche des nach § 1 Versicherten werden hiervon nicht berührt.

6. Die Ansprüche des Versicherten, im Falle der Ziff. 5 die Ansprüche des Spediteurs, erlöschen, wenn nicht innerhalb Jahresfrist, seit der Schadenanmeldung gerechnet, die Klage gegen die Versicherer erhoben worden ist. Die Frist kann durch Vereinbarung verlängert werden.

1) Die Frist der **Nr 1** beginnt erst mit Kenntnis des Auftraggebers vom Bestehen der Speditionsversicherung; Hinweis des Spediteurs auf § 52 ADSp (der nur bei Zeichnung der Speditionsversicherung anwendbar ist) genügt dazu nicht, BGH BB **69**, 1454. Fristbeginn nach Nr 1 (anders Nr 5 II) setzt Kenntnis des Schadens, nicht nur des zum Schadensersatz verpflichtenden Verhaltens voraus, BGH NJW **82**, 1102. S auch BGH MDR **70**, 210.

2) Gefährlich ist **Nr 6.** Die Ansprüche gegen den Versicherer erlöschen mangels Klageerhebung innerhalb Jahresfrist. Grenzen setzt § 242 BGB; zB bei täuschendem Hinhalten durch Versicherer.

Abtretung und Übergang von Rechten

SVS/RVS 11 **1.** Die Abtretung der Rechte des Versicherten aus diesem Vertrag gegen die Versicherer nach einem Schadenfall an andere Personen als an den Spediteur ist nur mit Zustimmung der Versicherer zulässig.

2. Ansprüche anderer Versicherer aufgrund eines etwaigen gesetzlichen Übergangs sind aus diesem Versicherungsvertrag ausgeschlossen.

3. Die Abtretung der Rechte des Spediteurs an andere Personen als an die Versicherer ist nur mit deren Zustimmung zulässig.

Rückgriffsrecht

SVS/RVS 12 **1. Die Versicherer verzichten auf einen Rückgriff gegen den Spediteur und seine Arbeitnehmer sowie gegen den Zwischenspediteur, der den SVS/RVS gezeichnet hat, und dessen Arbeitnehmer.**

2. Ein Rückgriff in voller Höhe ist jedoch gegen jeden gestattet, der den Schaden vorsätzlich herbeigeführt hat.

Prämie

SVS/RVS 13 **1. Prämienpflichtig ist jeder einzelne, zwischen dem Spediteur und Auftraggeber abgeschlossene Verkehrsvertrag.**

Schließt ein Verkehrsvertrag Dispositionen an mehrere Empfänger ein, so gilt jede Disposition als prämienpflichtiger Verkehrsvertrag, es sei denn, es handelt sich um Auslieferungen an Selbstabholer.

Im Falle von Rahmen- oder Generalverträgen sind die einzelnen vom Spediteur durchgeführten Tätigkeiten (Versendungen, Abladungen, Einlagerungen usw.) entsprechend den in Betracht kommenden Verkehrsverträgen prämienpflichtig.

2. Die Prämie einschließlich Versicherungssteuer beträgt für alle Verkehrsverträge nach § 2 Ziff. 2

a) bei einer Versicherungssumme bis zu DM 500,–............ DM 1,–
b) bei einer Versicherungssumme über DM 500,– bis DM 5000,– .. DM 2,–
c) bei einer Versicherungssumme über DM 5000,– für jede weiteren angefangenen DM 5000,– .... DM 2,–
d) Die Prämien nach Ziff. 2a bis c sind für Lagerverträge je Lagermonat zu entrichten; angefangene Monate sind voll zu berechnen. Das gleiche gilt für Vor-, Zwischen- und Nachlagerungen, die länger als einen Monat dauern.

3. Bei Verteilungslägern (Fabrik- oder Konsignationslägern) ist abweichend von Ziff. 2 die Prämie nur einmal zum Zeitpunkt der Einlagerung vom Wert des Gutes zu berechnen. Sie beträgt einschließlich Versicherungssteuer DM 1,50 je DM 5000,– Versicherungssumme.
Für die Auslagerungen finden die Ziff. 1 und 2 Anwendung.

4. Für Sendungen im Binnenumschlagverkehr, die für den einzelnen Auftraggeber 15 Tonnen übersteigen, beträgt die Prämie einschließlich Versicherungssteuer für jeden Verkehrsvertrag
a) bei einer Versicherungssumme bis DM 5000,–............. DM –,40
b) bei einer Versicherungssumme über
DM 5000,– bis DM 10000,– .... DM –,80
c) bei einer Versicherungssumme über
DM 10000,– bis DM 15000,– .... DM 1,20
d) bei einer Versicherungssumme über
DM 15000,– für jede weiteren angefangenen DM 15000,– ..... DM 1,20

5. Hat der Auftraggeber ein partielles Verbot nach § 6 B Ziff. 1b ausgesprochen, betragen die Prämien einschließlich Versicherungssteuer für solche Verkehrsverträge im ausschließlich innerdeutschen Verkehr
a) bei einer Versicherungssumme bis DM 5000,–............. DM 0,50
b) bei einer Versicherungssumme über DM 5000,– für jede weitere angefangenen DM 5000,– .... DM 0,50

Schadenbeteiligung des Spediteurs

SVS/RVS 14 1. Der Spediteur hat den Versicherern 10% des Betrages unverzüglich zu erstatten, den die Versicherer je Schadenfall bezahlt haben, mindestens DM 30,– höchstens jedoch DM 1000,– zuzüglich einer festen Schadenbeteiligung von DM 20,– je Schadenfall.

2. Hat ein gesetzlicher Vertreter, Prokurist oder selbständiger Leiter einer Zweigniederlassung des Spediteurs den Schaden durch eine vorsätzlich begangene Straftat verursacht und hat der Spediteur die Überwachungspflicht eines sorgfältigen Kaufmanns verletzt, so erhöht sich die Beteiligung des Spediteurs am Schaden von 10% auf 20%, die Höchstgrenze der Beteiligung beträgt in solchem Falle DM 10000,–. Unberührt hiervon bleibt die Bestimmung des § 12 Ziff. 2.

3. Der Spediteur verpflichtet sich den Versicherern gegenüber als Zeichner dieses Versicherungsscheines, die Selbstbeteiligung dem Hauptspediteur zu erstatten, wenn er im Verhältnis zum Hauptspediteur für den Schaden verantwortlich ist oder verantwortlich gemacht werden kann. Er ist nicht befugt, sich wegen dieser Verpflichtung auf die Haftungsbeschränkungen der ADSp zu berufen.

Ersatzpflicht des Spediteurs

SVS/RVS 15 Der Spediteur ist außer in den Fällen des § 10 Ziff. 3 und des § 12 Ziff. 2 den Versicherern in voller Höhe ersatzpflichtig,

a) wenn er vorsätzlich die in § 6 Ziff. 3 festgesetzte Anmeldepflicht verletzt hat (den Vorsatz haben die Versicherer nachzuweisen);
b) wenn er mit einer fälligen Prämienzahlung länger als zwei Wochen nach empfangener Mahnung im Verzug bleibt. Die Mahnung muß durch eingeschriebenen Brief erfolgen und die Rechtsfolgen angeben, die mit dem Ablauf der Frist verbunden sind;
c) wenn ein Schaden durch einen erheblichen Mangel im Betriebe des Spediteurs entstanden ist, dessen Beseitigung die Versicherer wegen eines Vorschadens billigerweise verlangen konnten und innerhalb einer angemessenen Frist unter Hinweis auf die Rechtsfolgen verlangt hatten, der Spediteur diesen Mangel nicht abgestellt oder abzustellen sich geweigert hatte.

Kündigung

SVS/RVS 16 1. Dem Bundesverband Spedition und Lagerei e. V. (BSL), Bonn, und den Versicherern steht das Recht zu, die Gesamtheit des SVS/RVS unter Einhaltung einer Frist von einem Jahr jederzeit aufzukündigen. Eine solche Kündigung wird dann auch für diesen Vertrag wirksam.

2. Die Versicherer und der einzelne Spediteur haben darüber hinaus das Recht, den einzelnen SVS/RVS unter Einhaltung einer Frist von drei Monaten jeweils zum Ende des Versicherungsjahres zu kündigen.

3. Die Wirksamkeit jeder Einzelkündigung durch die Versicherer ist von der Zustimmung des Bundesverbandes Spedition und Lagerei e. V. (BSL), Bonn, abhängig.

4. Für alle bei Wirksamwerden der Kündigung noch nicht abgewickelten Verkehrsverträge bleibt die Versicherung bis zur Beendigung des Verkehrsvertrages in Kraft, für Lagerverträge, außer Vor-, Zwischen- und Nachlagerungen gemäß § 3 Ziff. 5, jedoch höchstens drei Monate nach Wirksamwerden der Kündigung.

Änderungen des SVS/RVS

SVS/RVS 17 Sollten Änderungen von den an diesem Versicherungsschein beteiligten Versicherern unter Genehmigung des Bundesverbandes Spedition und Lagerei e. V. (BSL), Bonn, und des Deutschen Industrie- und Handelstages (DIHT), Bonn, unter Mitwirkung des Bundesverbandes der Deutschen Industrie e. V. (BDI), Köln, des Bundesverbandes des Deutschen Groß- und Außenhandels e. V. (BGA), Bonn, des Deutschen Versicherungs-Schutzverbandes e. V. (DVS), Bonn, und der Hauptgemeinschaft des Deutschen Einzelhandels e. V. (HDE), Köln, mit der Oskar Schunck KG, München, vereinbart werden, so treten diese an die Stelle der bisherigen Bestimmungen.

Gerichtsbarkeit und Geschäftsverkehr

SVS/RVS 18 1. Für Klagen der Versicherer gegen den Spediteur auf Prämienzahlung oder Zahlung der Schadenbeteiligung nach § 14 ist das Gericht der Niederlassung des Spediteurs zuständig.

2. Der führende Versicherer ist von den Mitversicherern ermächtigt, alle Rechtsstreitigkeiten auch bezüglich ihrer Anteile als Kläger oder Beklagter zu führen. Ein gegen den oder von dem führenden Versicherer erstrittenes Urteil wird deshalb von den Mitversicherern als auch für sie verbindlich anerkannt. Zustellungsbevollmächtigt ist die zuständige Niederlassung der Oskar Schunck KG.

3. Die Oskar Schunck KG ist befugt, die Rechte der Versicherer aus diesem Vertrag im eigenen Namen geltend zu machen.

V. Transportrecht **SVS/RVS Anh 1–3 (20)**

4. Sämtliche aus diesem Vertrag sich ergebenden Erklärungen, Versicherungs- und Schadenanmeldungen sowie Prämienzahlungen usw. sind zu richten an die zuständige Niederlassung der Oskar Schunck KG.

1) Nr 2 enthält Prozeßführungsklausel. Der führende Versicherer ist von Beginn seit 1927 an VICTORIA Feuer-Versicherungs-AG, Bahnstraße 2, Düsseldorf 1.

Führungsklausel und Beteiligungsliste

SVS/RVS 19 An diesem Versicherungsschein sind die nachbezeichneten Versicherer mit den dabei angegebenen Quoten beteiligt. Die Führung liegt bei dem erstgenannten Versicherer. Der führende Versicherer ist ermächtigt, für alle Versicherer zu handeln.

1) Es folgt (hier nicht abgedruckt) die mehrfach geänderte „Beteiligungsliste" von Versicherern. Diese werden von Oskar Schunck KG vertreten (18 IV), s Einl 1 vor § 1.

Anhang zum SVS/RVS über internationale europäische Güterbeförderungen

Versichertes Interesse

Anh SVS/RVS 1 1. Versichert sind alle zwischen Spediteur und Auftraggeber abgeschlossenen Verkehrsverträge über Güterbeförderungen im internationalen Verkehr mit Abgangs- und Bestimmungsort innerhalb Europas.

2. Die Versicherer erstatten dem Versicherten (§ 1 SVS/RVS) nach Maßgabe deutscher gesetzlicher Bestimmungen alle Schäden, entstanden durch gänzlichen oder teilweisen Verlust und eine Beschädigung des Gutes, sofern diese Schäden zwischen dem Zeitpunkt der Übernahme des Gutes und der Ablieferung eintreten und sie vom Spediteur und/oder nachgeordneten Verkehrsunternehmen zu vertreten sind.

Ausschlüsse

Anh SVS/RVS 2 Ausgeschlossen von der Versicherung sind 1. alle Gefahren, welche durch eine Transportversicherung gedeckt sind, es sei denn, daß eine ordnungsgemäß geschlossene Versicherung durch Fehler des Spediteurs unwirksam wird;

2. Schäden, verursacht durch Verschulden des Auftraggebers, Versenders oder Empfängers, inneren Verderb oder die natürliche Beschaffenheit des Gutes, Fehlen oder Mängel der Verpackung.

Versicherungsauftrag, -summe und Anmeldung

Anh SVS/RVS 3 1. Jeder durch diesen Anhang versicherte Verkehrsvertrag ist ohne Rücksicht auf den tatsächlichen Wert des Gutes auf „Erstes Risiko" bis zu einem Betrag von DM 5000,– versichert.

2. Der Auftraggeber ist berechtigt, durch eine schriftliche Erklärung gegenüber dem Spediteur die Versicherung nur dieses Anhanges zu untersagen.

1) Nr 1 SVS/RVS beschränkt die Versicherungssumme auf DM 5000, sie steigt also nicht bei höheren Werten. Ersetzt werden DM 5000, ohne daß der Versicherer Unterversicherung einwenden kann (anders § 6 SVS/RVS Anm 3). Zu Nr 2 (Anhangsverbot) s § 6 SVS/RVS Anm 2.

(20) Sp-Police

Ersatzleistung der Versicherer

Anh SVS/RVS 4 Die Versicherer erstatten dem Versicherten Schäden auf der Grundlage der Verkaufspreise entsprechend § 430 Abs. 1 und 2 HGB, der unmittelbar Anwendung findet, wenn die Güter keinen Fakturenwert haben.

Prämie

Anh SVS/RVS 5 Die Prämie einschließlich Versicherungssteuer beträgt je abgeschlossenen Verkehrsvertrag DM 2,–.

Anderweitige Bestimmungen

Anh SVS/RVS 6 Im übrigen gelten die Bestimmungen des Speditions- und Rollfuhrversicherungsscheines (SVS/RVS). Die Bestimmungen dieses Anhanges gehen dem SVS/RVS vor.

b) Speditions-Police 5105 (Sp-Police)

Versicherungsbedingungen

1. **Versicherter**
1.1 Die Versicherung läuft für Rechnung, wen es angeht.
1.2 Versichert ist der Auftraggeber des Versicherungsnehmers oder derjenige, dem zur Zeit des den Schaden verursachenden Ereignisses das versicherte Interesse zugestanden hat, insbesondere derjenige, der die Transportgefahr trägt (Speditions- und Rollfuhrversicherung).
1.3 Versichert ist ferner der Versicherungsnehmer als Haupt- oder Zwischenspediteur sowie der durch den versicherten Hauptspediteur hinzugezogene Zwischenspediteur, der die Sp-Police gezeichnet hat.

2. **Haftpflicht, Umfang der Versicherung**
2.1 Dem Auftraggeber und/oder demjenigen, dem das versicherte Interesse zugestanden hat, haften die Versicherer nach den deutschen gesetzlichen Bestimmungen für alle Schäden, wegen welcher diese Versicherten den Spediteur oder Zwischenspediteur aus einem Verkehrsvertrag in Anspruch nehmen können.
2.1.1 Die Versicherer ersetzen die Schäden nach Maßgabe der gesetzlichen Bestimmungen, mindestens im Rahmen der Bedingungen des SVS/RVS, nebst deren Nachträgen, Ergänzungen und Haftungserweiterungen.
2.1.2 Die Versicherer haften insbesondere, wenn eine ordnungsgemäß geschlossene Transport- oder Lagerversicherung durch Fehler des Spediteurs nicht zum Tragen kommt.
2.1.3 Die Haftung umfaßt auch Ansprüche aus Eigentum, unerlaubter Handlung oder ungerechtfertigter Bereicherung, wenn sie mit einem Verkehrsvertrag, den der Spediteur mit dem Auftraggeber geschlossen hat, unmittelbar zusammenhängen.
2.2 Der Auftraggeber kann den Spediteur schriftlich anweisen, die Speditions- und Rollversicherung nicht einzudecken
2.2.1 für alle Schäden (Verbotskunde),
2.2.2 für Güterschäden bei Transporten innerhalb der Bundesrepublik Deutschland sowie bei Transporten zwischen der Bundesrepublik Deutschland und Berlin/West (Teilverbotskunde).

V. Transportrecht **Sp-Police (20)**

- 2.2.3 Eine Erklärung, mit der die Untersagung der Versicherung zurückgenommen wird, ist ebenfalls schriftlich gegenüber dem Spediteur abzugeben.
- 2.2.4 Erklärungen, mit denen die Versicherung untersagt wird oder mit denen die Untersagung zurückgenommen wird, hat der Spediteur unverzüglich an die Versicherer weiterzugeben.
- 2.3 Warenschäden, welche der Auftraggeber und/oder derjenige, dem das versicherte Interesse zugestanden hat, im organisierten Bahnsammelgutverkehr zwischen Stationen der Deutschen Bundesbahn sowie zwischen diesen Stationen und Stationen in Berlin/West erleidet, sind durch diese Police im Umfange der EVO von der Annahme des Gutes durch den Spediteur bis zur Ablieferung beim Endempfänger mitgedeckt.
- 2.3.1 Die Versicherer verzichten auf die Einrede der Selbstverladung (§ 83 (1) c EVO).
- 2.3.2 Der Regreß gegenüber der Bundesbahn bleibt vorbehalten.
- 2.3.3 Bei einem transportversicherten Verkehrsauftrag haften die Versicherer im Rahmen der ADSp.
- 2.4 Dem Versicherungsnehmer als Hauptspediteur und dem von ihm hinzugezogenen Zwischenspediteur, der die Sp-Police gezeichnet hat, haften die Versicherer für Schäden, wegen welcher diese Versicherten im unmittelbaren Zusammenhang mit einem Verkehrsvertrag persönlich in Anspruch genommen werden können,
- 2.4.1 wenn und soweit der Auftraggeber nach Nr. 2.2 die Versicherung ausdrücklich schriftlich ganz oder teilweise untersagt hat,
- 2.4.2 bei Schäden an transport- oder lagerversicherten Gütern,
- 2.4.3 bei der See- und Binnenschiffahrtsspedition,
  für den Auslandsstreckenteil des Transportes,
  bei disponierten Lagerungen:
  auch bei Schäden, die durch eine Transport- oder Lagerversicherung allgemein üblicher Art versicherbar waren.
- 2.4.4 Die Versicherer haften in diesen Fällen nur gemäß §§ 51 ff. ADSp.
- 2.4.5 Soweit der Versicherungsnehmer Ansprüche gegen die Versicherer im Rahmen der §§ 51 ff. ADSp hat, sind sich die Parteien des Versicherungsvertrages darüber einig, daß diese Ansprüche mit ihrer Entstehung an den Auftraggeber oder denjenigen, dem das versicherte Interesse zugestanden hat, übergehen und ihm unwiderruflich unmittelbar zustehen sollen, es sei denn, daß der Auftraggeber oder derjenige, dem das versicherte Interesse zugestanden hat, bereits durch den Versicherungsnehmer wegen des Schadens befriedigt worden ist.
- 2.5 Die Versicherer ersetzen Rettungs- und Feststellungskosten im Rahmen des § 63 VVG.
- 2.6 Die Ersatzpflicht der Versicherer erstreckt sich auch auf die Mehrkosten infolge Fehlverladung, die von dem Spediteur zur Abwendung eines weiteren Schadens aufgewendet worden sind und aufgewendet werden mußten.

3. Verkehrsverträge

- 3.1 Unter Verkehrsverträgen sind zu verstehen: Speditions- und Frachtverträge, Rollfuhraufträge, gleich welcher Art, sowie Lagerverträge innerhalb der Bundesrepublik Deutschland und in Berlin/West (siehe aber Nr. 5.1.2).
- 3.2 Bestandteil eines Verkehrsvertrages sind die üblichen Nebenaufträge, wie zum Beispiel Nachnahme, Verwiegen, Zählen, Verpacken, Musterziehen, Verladen, Ausladen, Verzollen, Vermittlung von Transport-, Lager-, Feuer-, Einbruch-Diebstahl-, Leitungswasser- und Sturmversicherung, Wahrung von Regressen.

3.3 Rollfuhrleistungen innerhalb der Nahzone einschließlich der damit zusammenhängenden Umladungen und Zwischenlagerungen sind unabhängig davon versichert, ob sie Haupt- oder Nebenleistung im Rahmen eines Verkehrsvertrages sind und ob sie vom Spediteur mit Kraftfahrzeugen des eigenen Betriebes oder beauftragter Unternehmer durchgeführt werden.

4. Zwischenspediteure

4.1 Zwischenspediteure im Sinne dieser Bedingungen sind Spediteure in Europa, die auf Grund eines von dem Spediteur abgeschlossenen Verkehrsvertrages tätig werden.
4.2 Sie sind mitversichert, auch wenn sie keine Speditionsversicherung gezeichnet haben.

5. Ausschlüsse

5.1 Ausgeschlossen von der Versicherung sind:
5.1.1 Ansprüche, die nicht mit einem Verkehrsvertrag zusammenhängen, oder aus Vereinbarungen des Spediteurs mit dem Auftraggeber, die nicht zu einem Verkehrsvertrag gehören oder über die gesetzliche Haftpflicht hinausgehen oder im Speditionsgewerbe nicht allgemein üblich sind, wie z.B. Vertragsstrafen oder Lieferfristgarantien,
5.1.2 Inanspruchnahmen des Spediteurs als Frachtführer, z.B. nach KVO oder CMR, auch in den Fällen des § 413 HGB, einschließlich denselben Schadenfall betreffende außervertragliche Ansprüche, soweit es sich nicht um Schäden bei der Erbringung von Rollfuhrleistungen in der Nahzone (Nr. 3.3) handelt,
5.1.3 Schäden durch Krieg, Aufruhr, Beschlagnahme jeglicher Art oder Kernenergie,
5.1.4 Schäden an Personen.
5.2 Ausgeschlossen ist weiter die Haftung in den in Nr. 2.4.1 bis 2.4.3 bezeichneten Fällen, soweit die Haftung über die in §§ 51ff. ADSp festgelegten Haftungshöchstgrenzen hinausgeht.
5.3 Die Haftung für Güterschäden ist ausgeschlossen, wenn der Auftraggeber die Versicherung solcher Schäden untersagt hat (Teilverbotskunde; Nr. 2.2.2).

6. Grenzen der Haftung

6.1 Die Ersatzpflicht der Versicherer je Verkehrsvertrag ist begrenzt mit dem Wert des Gutes, höchstens der Versicherungssumme, jedoch DM 1.000.000,– nicht übersteigend.
6.2 Diese Höchsthaftungssumme gilt auch:
6.2.1 wenn durch das Schadenereignis mehrere Auftraggeber betroffen werden,
6.2.2 für Feuerschäden bei Vor-, Zwischen- und Nachlagerungen, auch wenn Auftraggeber mehrerer Spediteure von einem Schaden betroffen sind,
6.2.3 für Schäden aus fehlerhafter Vermittlung oder gänzlicher Unterlassung der Vermittlung von Transport-, Feuer-, Einbruchdiebstahl-, Leitungswasser- und Sturmschaden-Versicherungen durch den Spediteur.
6.3 Der Wert ist der Verkaufspreis zuzüglich entstandener Auslagen, sofern das Gut am Tage des Abschlusses des Verkehrsvertrages verkauft war, sonst der gemeine Handelswert am Tage des Abschlusses des Verkehrsvertrages am Ablieferungsort.
6.4 In jedem Falle werden die etwa entstandenen oder ersparten Kosten (Frachten, Zölle und dergleichen) berücksichtigt.
6.5 Die Versicherungssumme beträgt DM 5.000,–, wenn nicht eine andere Versicherungssumme vom Auftraggeber bekanntgegeben oder vom Spediteur geschätzt ist (Nr. 7.2 und 7.3).

6.6 Ist die Versicherungssumme unter DM 1.000.000,– und niedriger als der Wert des Gutes, so wird die Entschädigung wegen Unterversicherung entsprechend gekürzt.
6.7 Übersteigt der Warenwert den Betrag von DM 1.000.000,– und sind DM 1.000.000,– als Versicherungssumme aufgegeben, so wird ein Schaden bis zu dieser Summe voll bezahlt.
6.8 Ohne die obigen Begrenzungen (Wert des Gutes, Versicherungssumme) werden ersetzt Rettungs-, Feststellungs- und Mehrkosten infolge Fehlverladung im Rahmen der Nr. 2.7.
6.9 Für von einem Sachschaden unabhängige Schäden (reine Vermögensschäden) haften die Versicherer je Verkehrsvertrag bis zum doppelten Wert des Gutes, maximal aber bis zur doppelten Versicherungssumme.

7. Deklaration
7.1 Der Spediteur hat, soweit er als Hauptspediteur tätig ist, den Versicherern monatlich aufzugeben, spätestens bis zum 20. des nächsten Monats:
7.1.1 die Anzahl aller Verkehrsverträge gemäß Deklaration, getrennt nach den einzelnen Versicherungssummen entsprechend der Prämientabelle,
7.1.2 die Anzahl aller Verkehrsverträge, für welche die Speditionsversicherung untersagt ist, getrennt nach Verbotskunden (Nr. 2.2.1) und Teilverbotskunden (Nr. 2.2.2),
7.1.3 die Anzahl der Verkehrsverträge im Binnenumschlagverkehr, die je Auftrag mehr als 15 t betreffen, getrennt nach den einzelnen Versicherungssummen entsprechend der Prämientabelle.
7.2 Der Auftraggeber oder ein sonst nach Nr. 1.2 Versicherter muß dem Spediteur sofort bei Erteilung eines Verkehrsauftrages schriftlich bekanntgeben, wenn eine höhere oder niedrigere Versicherungssumme als DM 5.000,– je Verkehrsauftrag eingedeckt werden soll.
7.3 Mangels Aufgabe der Versicherungssumme ist der Spediteur bei Übernahme des Verkehrsauftrages, spätestens vor Abfertigung, zur Schätzung der Versicherungssumme über DM 5.000,– nach einwandfreien Unterlagen berechtigt.
7.4 Wird vom Auftraggeber keine Versicherungssumme aufgegeben und auch vom Spediteur keine Schätzung vorgenommen, so ist je Versicherungsauftrag der unter Nr. 1.2 Versicherte bis zu einem Höchstbetrag von DM 5.000,– versichert.
7.5 Die Versicherer können die Anmeldungen des Spediteurs durch Einsicht in die Geschäftsbücher oder sonstige die Versicherung betreffende Unterlagen nachprüfen. Über die bei einer Nachprüfung erlangten Kenntnisse wahren die Versicherer Stillschweigen.

8. Prämien
8.1 Die Prämien werden nach Maßgabe der beigefügten Prämientabelle berechnet und abgerechnet.
8.2 Die Prämien sind monatlich, spätestens bis zum 20. des nächsten Monats, zu zahlen.
8.3 Prämie ist für jeden Verkehrsvertrag zwischen dem Spediteur und dem Auftraggeber zu zahlen.
8.4 Umfaßt ein Verkehrsvertrag Dispositionen für mehrere Empfänger, ist für jede einzelne Disposition Prämie abzuführen, sofern nicht Auslieferungen an Selbstabholer Gegenstand des Vertrages sind.
8.5 Erbringt der Spediteur Leistungen in Erfüllung von Rahmenverträgen (Generalverträgen), so ist prämienpflichtig jede Tätigkeit des Spediteurs (Versendung, Abladung, Einlagerung usw.), die ohne den Rah-

menvertrag üblicherweise Gegenstand eines besonderen Verkehrsvertrages wäre.
8.6 Bei Einlagerungen wird Prämie für jeden angefangenen Monat der Lagerung berechnet.
8.7 Bei Vor-, Zwischen- und Nachlagerungen, die im unmittelbaren Zusammenhang mit einem Verkehrsvertrag stehen, werden die Prämien erst fällig, wenn die Lagerungen über einen Monat hinausgehen.
8.8 Bei Einlagerungen in Verteilungslagern (Konsignations-, Fabriklagern) ist Prämie nur einmal für den Zeitpunkt der Auflagernahme zu entrichten. Bei Auslagerungen finden Nr. 8.3 bis 8.7 Anwendung.
8.9 Wenn die auf Grund dieses Vertrages innerhalb eines Kalenderjahres bezahlten Schadenbeträge die für dieses Jahr vom Spediteur geschuldeten Bruttoprämien abzüglich Versicherungssteuer übersteigen, können die Versicherer für das Folgejahr Sanierungsmaßnahmen fordern. Die Versicherer können den Vertrag mit einer Frist von vier Wochen kündigen, wenn nicht innerhalb einer angemessenen Frist eine Einigung über die Sanierungsmaßnahmen erzielt wird.
8.10 Im Fall einer Haftungserweiterung durch Bedingungsänderungen steht den Versicherern vom Zeitpunkt des Inkrafttretens an eine angemessen erhöhte Prämie zu.
8.11 Sollte sich das Gesamtprämienaufkommen der Sp-Police als unzureichend erweisen, so sind die Versicherer berechtigt, angemessene Sanierungsmaßnahmen, wie z. B. Prämienerhöhungen oder Veränderungen des Schadenanteils des Spediteurs für alle Verträge dieser Sp-Police, unabhängig von der Laufzeit des Vertrages, zu fordern.

9. Versehensklausel
9.1 Fehler oder Unterlassungen des Versicherungsnehmers bei der Deklaration und Zahlung der Prämie beeinträchtigen die Ersatzpflicht nicht.
9.2 Schätzungsfehler fallen nicht unter die Versehensklausel.

10. Schadenbehandlung
10.1 Der Versicherte hat jeden Schaden unverzüglich, spätestens innerhalb eines Monats nach Kenntnis den Versicherern direkt oder über den Spediteur schriftlich anzumelden.
10.2 Im Fall der schuldhaften Versäumnis der Frist können die Versicherer die Leistung ablehnen.
10.3 Der Versicherungsnehmer hat die Versicherer unverzüglich davon in Kenntnis zu setzen, wenn er wegen eines Schadens zivilgerichtlich in Anspruch genommen wird.
10.4 Unterläßt er diese Mitteilung, so können die Versicherer die Übernahme der Prozeßkosten ablehnen.
10.5 Die Versicherten haben den Schaden abzuwenden oder zu mindern, den Versicherern jede Auskunft zu erteilen und die angeforderten Unterlagen zu liefern.
10.6 Wird diese Verpflichtung vorsätzlich oder grobfahrlässig verletzt, so sind die Versicherer dem Verletzer gegenüber leistungsfrei.
10.7 Ist der Auftraggeber oder derjenige, dem das versicherte Interesse zugestanden hat, Versicherter, so ist auch der Spediteur verpflichtet, den Schaden abzuwenden oder zu mindern, den Versicherern jede Auskunft zu erteilen und die angeforderten Unterlagen zu liefern.
10.8 Verletzt der Spediteur vorsätzlich oder grobfahrlässig diese Verpflichtungen, so ist er den Versicherern gegenüber schadenersatzpflichtig.
10.9 Der Versicherungsnehmer hat die Versicherer die Schadensumme voll zurückzuvergüten, wenn er den Schaden vorsätzlich herbeigeführt hat oder wenn der Schaden durch erhebliche Mängel in seinem Betrieb

entstanden ist, deren Beseitigung die Versicherer wegen eines Vorschadens vergeblich verlangt hatten, oder wenn er mit der fälligen Prämienzahlung länger als zwei Wochen nach empfangener Mahnung im Verzug bleibt.

10.9.1 Die Mahnung erfolgt durch eingeschriebenen Brief unter Angabe der Rechtsfolgen, die mit dem Ablauf der Frist verbunden sind.

10.9.2 Hat der Versicherungsnehmer den geschädigten Auftraggeber oder denjenigen, dem das versicherte Interesse zugestanden hat, bereits wegen des Schadens ganz oder zum Teil oder vergleichsweise befriedigt, so sind die Versicherer dem Versicherungsnehmer gegenüber von der Verpflichtung zur Leistung frei.

10.10 Hat der Auftraggeber oder derjenige, dem das versicherte Interesse zugestanden hat, den Schaden vorsätzlich herbeigeführt, so können die Versicherer auch gegen ihn Rückgriff nehmen. Als Vorsatz genügt auch der bedingte Vorsatz.

10.11 Ebenso können die Versicherer gemäß § 67 VVG gegen den Zwischenspediteur Regreß nehmen, der nicht die Sp-Police gezeichnet hat.

10.12 Der Spediteur ist den Versicherern im Rahmen der ADSp ersatzpflichtig, wenn er bei der Ausführung eines Versicherungsvertrages, ausgenommen Speditionsversicherung, seine Sorgfaltspflicht grobfahrlässig verletzt hat.

10.13 Die Versicherer können auf Arbeitnehmer des Versicherungsnehmers/ Versicherten zurückgreifen, sofern sie den Schaden vorsätzlich herbeigeführt haben.

10.14 Der Versicherungsnehmer ist nicht berechtigt, ohne vorherige Zustimmung der Versicherer einen Haftpflichtanspruch ganz oder zum Teil oder vergleichsweise anzuerkennen oder zu befriedigen. Bei Zuwiderhandlungen sind die Versicherer von der Leistungspflicht frei.

10.15 Die Schadensumme wird über den Spediteur ausgezahlt.

10.16 Der Versicherte kann vor der Auszahlung der Schadensumme schriftlich von den Versicherern fordern, daß die Zahlung an ihn direkt erfolgt.

11. Schadenanteil des Spediteurs

11.1 Der Schadenanteil des Spediteurs beträgt in jeden Fall 10% des zu vergütenden Betrages, mindestens DM 30,– höchstens jedoch DM 1000,– zuzüglich einer festen Selbstbeteiligung von DM 20,– je Schadenfall.

11.2 Der Schadenanteil erhöht sich von 10% auf 20%, begrenzt mit DM 10.000,–, wenn ein gesetzlicher Vertreter, das Organ einer juristischen Person, ein Prokurist oder selbständiger Leiter einer Zweigniederlassung den Schaden durch eine vorsätzlich begangene Straftat verursacht und der Spediteur oder Rollfuhrunternehmer die Überwachungspflicht eines sorgfältigen Kaufmanns verletzt hat.

11.3 Ist für einen Schaden, für den die Versicherer Ersatz geleistet haben, ein Zwischenspediteur verantwortlich, so hat dieser dem Hauptspediteur als Versicherungsnehmer dieses Vertrages den Schadenanteil zu erstatten.

12. Gerichtliche Geltendmachung

12.1 Nicht gerichtlich innerhalb eines Jahres seit Schadenanmeldung geltend gemachte Ansprüche erlöschen. Eine Verlängerung dieser Frist kann ausdrücklich vereinbart werden.

12.2 Für Klagen der Versicherer gegen den Spediteur wegen Prämienzahlung, Zahlung der Schadenbeteiligung oder Regreßansprüchen sind örtlich nur die Gerichte in Hamburg und Köln zuständig.

12.3 Klagen gegen die Versicherer sind gegen den führenden Versicherer zu richten, der den Prozeß zugleich im Namen der Mitversicherer durchführt und zu Vergleichen und Anerkenntnissen berechtigt ist.

13. Geschäftsführung

13.1 Die unterzeichnende Gesellschaft ist der führende Versicherer.

13.2 Dieser ist durch Vollmacht der Mitversicherer auch legitimiert, Prämienansprüche, Ansprüche auf Schadenbeteiligung und Regreßansprüche zugunsten sämtlicher Mitversicherer gerichtlich zu verfolgen.

13.3 Alle Anzeigen, Erklärungen und Zahlungen, die von dem Versicherungsnehmer/Versicherten zu bewirken sind, gelten den Versicherern als zugegangen, sobald sie bei der Firma Hans Rudolf Schmidt & Co. eingegangen sind.

14. Allgemeine Bestimmungen

14.1 Wenn das Gericht die Berufung des Versicherungsnehmers auf die ADSp nicht anerkennt, leisten die Versicherer Ersatz im Rahmen dieser Police nach den gesetzlichen Bestimmungen des HGB über die Haftung des Versicherungsnehmers als Spediteur (§§ 407–411, 414 HGB) oder als Lagerhalter (§§ 416–424 HGB). In den in Nr. 2.4.1 bis 2.4.3 aufgeführten Fällen haften die Versicherer nur gemäß §§ 51ff. ADSp.

14.2 Die Versicherer haften nicht, wenn der Spediteur und sein Auftraggeber von den AdSp in grundsätzlicher Hinsicht abweichende Geschäftsbedingungen, insbesondere eine über die ADSp hinausgehende Haftung, vereinbaren.

14.3 Für das Verhältnis des Versicherungsnehmers und Versicherten zu den Versicherern und dem Versicherungsmakler sind ausschließlich die in der unterzeichneten Police aufgeführten Bedingungen und Klauseln maßgeblich.

14.4 Nicht erkennbar als inhaltlicher Bestandteil der Police gewollte briefliche oder mündliche Äußerungen oder Auskünfte sind gegenüber dem Policen-Text unverbindlich, gleichgültig, ob sie vor oder nach der Unterzeichnung der Police erfolgt sind, und begründen weder eine Haftung der Versicherer noch des Versicherungsmaklers.

15. Kündigung

15.1 Die Versicherer und der Versicherungsnehmer haben das Recht, den Versicherungsvertrag unter Einhaltung einer Frist von drei Monaten jeweils zum Ende des Versicherungsjahres zu kündigen.

15.2 Für Verkehrsverträge, die im Zeitpunkt des Wirksamwerdens der Kündigung noch nicht abgewickelt sind, bleibt die Versicherung bis zur endgültigen Abwicklung des Verkehrsvertrages in Kraft.

15.3 Für Lagerverträge, mit Ausnahme von verkehrsbedingten und nicht besonders in Auftrag gegebenen Vor-, Zwischen- und Nachlagerungen, besteht der Versicherungsschutz fort, jedoch höchstens noch für drei Monate nach Wirksamwerden der Kündigung.

Nachtrag zur Sp-Police 5105/ Güterschaden-Europa-Deckung

1. Dem Auftraggeber oder demjenigen, dem das versicherte Interesse zugestanden hat, haften die Versicherer nach den deutschen gesetzlichen Bestimmungen für Schäden, die bei Versendungen im grenzüberschreitenden Verkehr innerhalb Europas durch Verlust oder Beschädigung des beförderten Gutes in der Zeit von der Übernahme zur Beför-

V. Transportrecht OLSchVO 1 (21)

derung bis zur Ablieferung entstehen und die von einem an der Versendung beteiligten Verkehrsunternehmen zu vertreten sind.

2. Ausgenommen von der Haftung sind alle Gefahren, für die Deckung durch eine Transportversicherung besteht.

3. Versicherungsschutz besteht je Verkehrsvertrag bis zum Betrag von 5000,– DM unter Ausschluß des Einwandes der Unterversicherung.

4. Der Auftraggeber kann den Spediteur schriftlich anweisen, die unter Nr. 1 bezeichnete Versicherung nicht einzudecken (Verbot der Europa-Deckung).

5. Die Prämie beträgt je Verkehrsvertrag 2,– DM einschließlich Versicherungssteuer.

6. Im übrigen gelten die Bestimmungen der Speditions-Police (Sp-Police).

(21) Verordnung über Orderlagerscheine (OLSchVO)

Vom 16. Dezember 1931 (RGBl I 763, 1932 I 424/BGBl III 4102–1)

Einleitung

Schrifttum

Krien-May, Speditions- und Lagerrecht, Stand 1981 (LBl).– *Koller*, Lagergeschäft, 1981 (= GroßKo §§ 416–424 Anh II). – *Alff*, Fracht-, Lager- und Speditionsrecht, 1986. – Allgemeiner s §§ 416ff HGB.

1) Der OLSchVO sind in RGBl 1931 I 773ff zwei **Formulare** über einen Lagerschein an Order und einen Sammellagerschein an Order angefügt, die hier nicht abgedruckt sind.

Abschnitt I. Ermächtigung zur Ausstellung von Orderlagerscheinen

Zuständigkeit

OLSchVO 1 ^I Die Ermächtigung zur Ausstellung von Lagerscheinen, die durch Indossament übertragen werden können (§ 363 Abs. 2, §§ 364, 365 und 424 des Handelsgesetzbuchs), wird einer Lagerhausanstalt auf Antrag durch die oberste Landesbehörde oder durch die von ihr bezeichneten Stellen erteilt.

^{II} Jedes Land kann die Ermächtigung nur für Lagerräume erteilen, die sich in seinem Gebiete befinden.

1) Vorgeschichte der OLSchVO, Verhältnis zu §§ 417–423 HGB, s § 416 HGB Anm 2 A, B. Form und Wirkung der Übertragung (mittels Indossaments) des OLSch: §§ 363–365, 424 HGB. Ermächtigung nach Abschn I OLSchVO erteilt jedes Land für bestimmte in seinem Gebiet liegende Lagerräume (zur Ausstellung von OLSch über in diesen Räumen liegende Waren), auch an Unternehmen mit Sitz anderwärts. Ermächtigung gilt für die „Lagerhausanstalt", dh das Unternehmen, und ist mit diesem übertragbar (unbeschadet § 13 I), str.

Ausstellung von OLSch ohne (oder abw von) Ermächtigung, § 5 Anm 1, § 424 HGB Anm 1 D.

Förmliche Erfordernisse

OLSchVO 2 ᴵ Der Antrag auf Erteilung der Ermächtigung hat eine genaue Angabe des Gegenstandes des Unternehmens, die Bezeichnung der zur Verfügung stehenden Lagerräume mit einer Darstellung ihrer technischen Ausgestaltung, ferner ausführliche Angaben über die bisherige Entwicklung, die wirtschaftliche Grundlage und den Geschäftsbetrieb des Unternehmens zu enthalten.

ᴵᴵ Dem Antrag sind beizufügen:

1. ein Verzeichnis der verantwortlichen Geschäftsleiter (Inhaber, persönlich haftenden Gesellschafter, Vorstandsmitglieder, Geschäftsführer);
2. ein Auszug aus dem Handelsregister oder Genossenschaftsregister nach dem neuesten Stande, sofern nicht gemäß § 36 des Handelsgesetzbuchs die Eintragung des Unternehmens im Handelsregister unterblieben ist;
3. wenn das Unternehmen von einer juristischen Person betrieben wird, ein Abdruck der Satzung (Statut) oder des Gesellschaftsvertrags;
4. ein mit Maßstab versehener Übersichtsplan über die Lagerräume;
5. eine Bescheinigung oder eine sonstige Urkunde über Rechtsgrund und Dauer der Verfügungsbefugnis des Antragstellers über die Lagerräume;
6. eine Lagerordnung in Urschrift und Abschrift, in der das Rechtsverhältnis des Lagerhalters zu den Einlagerern und zu den Besitzern der von ihm ausgegebenen Orderlagerscheine gemäß Abschnitt II und III dieser Verordnung geregelt ist. Die Urschrift der Lagerordnung hat die öffentlich beglaubigte Unterschrift des Antragstellers zu tragen;
7. der Tarif, nach dem die Vergütung für die Lagerung, für die Behandlung des Lagerguts und ähnliche mit der Lagerung zusammenhängende Leistungen des Lagerhalters bemessen wird;
8. je ein den Bestimmungen der §§ 36, 38 und 39 entsprechender Vordruck für die von dem Antragsteller zu verwendenden Orderlagerscheine;
9. die Rechnungsabschlüsse (Bilanz nebst Gewinn- und Verlustrechnung) für die letzten drei Jahre oder, wenn das Unternehmen noch nicht so lange besteht, für die Zeit von der Entstehung des Unternehmens an;
10. eine Übersicht über Art und Umfang des Umschlags von Lagergütern während der in Nr. 9 bezeichneten Zeit.

Anhörung der gesetzlichen Berufsvertretungen

OLSchVO 3 Die Ermächtigungsbehörde (§ 1) hat zu dem Antrag diejenigen gesetzlichen Berufsvertretungen des Handels sowie, falls landwirtschaftliche Erzeugnisse gelagert werden sollen, auch der Landwirtschaft gutachtlich zu hören, in deren Bezirk sich Lagerräume des Antragstellers befinden.

1) Gesetzliche Berufsvertretung des Handels sind die IHK, der Landwirtschaft (gebietsweise unterschiedlich) Landwirtschaftskammern oder andere Berufsorganisationen, vgl Einl I 3 E vor § 1 HGB.

Sachliche Erfordernisse

OLSchVO 4 ᴵ Dem Antrag darf nur stattgegeben werden, wenn

1. die verantwortlichen Geschäftsleiter des Lagerhausunternehmens (§ 2 Abs. 2 Nr. 1) die fachliche Eignung und die erforderliche Zuverlässigkeit besitzen;

2. die wirtschaftlichen Verhältnisse des Unternehmens die Gewähr für eine ordnungsmäßige Durchführung des Lagergeschäfts bieten; insbesondere dürfen sich in dieser Beziehung aus dem Gegenstande des Unternehmens keine Bedenken ergeben;
3. der Lagerraum durchschnittlichen Anforderungen an seine technische Ausgestaltung genügt und eine angemessene Größe aufweist. Bei nicht im Eigentum des Antragstellers stehenden Lagerräumen muß die Verfügungsbefugnis des Antragstellers über die Lagerräume für eine angemessene Zeitdauer gesichert sein.

[II] Die Ermächtigungsbehörde kann die Erteilung der Ermächtigung davon abhängig machen, daß der Antragsteller sich gegen Schadensersatzansprüche der Einlagerer aus dem Lagervertrag in ausreichender Höhe bei einer geeigneten Versicherungsunternehmung versichert oder der Ermächtigungsbehörde den Nachweis führt, daß eine andere ausreichende Sicherstellung erfolgt ist; hinsichtlich der Sicherstellung sind die gesetzlichen Berufsvertretungen (§ 3) gutachtlich zu hören.

[III] Die Erteilung der Ermächtigung darf nicht von dem Bestehen eines Bedürfnisses oder davon abhängig gemacht werden, daß das Unternehmen in einer bestimmten Rechtsform betrieben wird.

[IV] Die Ermächtigungsbehörde kann im Einzelfalle die Ermächtigung auf bestimmte Warengattungen beschränken. Von dieser Befugnis soll nur Gebrauch gemacht werden, wenn der Lagerhalter einverstanden ist.

Inhalt der Ermächtigung

OLSchVO 5 [I] Die Ermächtigung wird auf der Grundlage einer dieser Verordnung entsprechenden Lagerordnung erteilt. Sie erstreckt sich nur auf diejenigen Lagerhäuser oder sonstigen Lagerräume (wie freistehende Flüssigkeitsbehälter, Hallen, Freilagerplätze), die in der Ermächtigungsurkunde aufgeführt sind.

[II] Die Lagerordnung einschließlich der darin etwa bezeichneten ergänzenden allgemeinen Bedingungen sowie deren Änderungen unterliegen der Genehmigung der Ermächtigungsbehörde. Die Urschrift der Lagerordnung ist mit einem Vermerk über die Genehmigung zu versehen und zurückzugeben; eine Abschrift wird von der Ermächtigungsbehörde beglaubigt und mit den übrigen Schriftstücken aufbewahrt; bei Änderungen der Lagerordnung ist entsprechend zu verfahren.

1) Musterlagerordnung s Runderlaß des preußischen Ministers für Handel und Gewerbe 19. 10. 32, abgedruckt GroßKo § 424 Anh II. OLSch eines Lagerhauses mit Ermächtigung gemäß §§ 1 ff, jedoch über Ware, die nicht in zugelassenem Raum (I 2) lagert, ist trotzdem gültig (sind nicht Namenslagerscheine, § 424 HGB Anm 1 D); Einlagerer können nicht dauernd prüfen, wo das Gut lagert. Abschluß eines Lagervertrags mit Bezugnahme auf nicht gemäß II genehmigte AGB ist wirksam, str. Die Ermächtigung kann in solchen Fällen widerrufen werden, § 13.

Aushang und Niederlegung der Ermächtigungsurkunde, der Lagerordnung und des Tarifs

OLSchVO 6 Eine öffentlich beglaubigte Abschrift der Ermächtigungsurkunde und etwaiger Änderungen, die Lagerordnung, der Tarif sowie deren Änderungen sind im Geschäftsraum des Lagerhalters auszuhängen und bei den gemäß § 3 zuständigen Berufsvertretungen zur öffentlichen Einsichtnahme niederzulegen.

Veröffentlichung der Ermächtigungsurkunde

OLSchVO 7 [I] Die Ermächtigungsurkunde sowie deren Änderungen sind auf Kosten des Antragstellers im Bundesanzeiger und in den Blättern der gemäß § 3 zuständigen Berufsvertretungen zu veröffentlichen. Die Ermächtigungsbehörde kann von der Veröffentlichung in den Blättern der Berufsvertretungen Ausnahmen zulassen.

[II] In der Veröffentlichung sind die Stellen zu bezeichnen, bei denen die in § 6 vorgeschriebenen Niederlegungen erfolgen.

[III] Die Lagerordnung und der Tarif brauchen nicht gemäß Absatz 1 veröffentlicht zu werden, auch wenn in der Ermächtigungsurkunde auf sie Bezug genommen wird.

Beginn der Befugnis zur Ausstellung von Orderlagerscheinen

OLSchVO 8 [I] Die Befugnis zur Ausstellung von Orderlagerscheinen soll nicht eher ausgeübt werden, als bis die in den §§ 6 und 7 vorgeschriebenen Niederlegungen und Veröffentlichungen erfolgt sind.

[II] Erweiterungen der Ermächtigung sowie Änderungen der Lagerordnung oder Erhöhungen des Tarifs (§ 2 Abs. 2 Nr. 7) sollen bei Ausübung der Befugnis zur Ausstellung von Orderlagerscheinen nicht eher zur Anwendung gebracht werden, als bis die in den §§ 6 und 7 vorgeschriebenen Niederlegungen und Veröffentlichungen erfolgt sind.

1) Verstoß gegen I macht OLSch nicht ungültig. Über Ausstellung ohne oder abw von Ermächtigung s § 5 Anm, § 424 HGB Anm 1 D.

Geschäftsprüfung

OLSchVO 9 [I] Der Lagerhalter hat innerhalb von sechs Monaten nach Abschluß des Geschäftsjahrs der Ermächtigungsbehörde den Rechnungsabschluß (Bilanz nebst Gewinn- und Verlustrechnung) einzureichen. Der Rechnungsabschluß ist von einem geeigneten Prüfer nachzuprüfen. Als geeigneter Prüfer kann insbesondere angesehen werden: ein öffentlich bestellter Wirtschaftsprüfer, eine Prüfungsgesellschaft, die in eine von der Hauptstelle für die öffentlich bestellten Wirtschaftsprüfer zu führende Liste der die Wirtschaftsprüfertätigkeit ausübenden Gesellschaften eingetragen ist, ein genossenschaftlicher Revisionsverband oder ein öffentlich bestellter Buchprüfer.

[II] Die Ermächtigungsbehörde kann jederzeit die Vornahme einer Buch- oder Betriebsprüfung durch einen von ihr bezeichneten Prüfer anordnen, wenn sie die Prüfung aus besonderen Gründen für notwendig hält.

[III] Die Kosten der Prüfung trägt der Lagerhalter.

1) Über Wirtschaftsprüfer und PrüfungsGes s VO 15. 12. 31 RGBl 760; über genossenschaftliche Prüfungsverbände §§ 54ff GenG, gilt nur für eG; über öffentlich bestellte Buchprüfer § 36 GewO (Sachverständige).

Statistische Nachweisungen

OLSchVO 10 [I] Der Lagerhalter hat der Ermächtigungsbehörde für den Schluß eines jeden Kalendervierteljahrs eine Übersicht über die von ihm ausgestellten Orderlagerscheine unter Bezeichnung von Gattung und Menge der Güter, über die sie lauten, einzureichen. Für Sammellagerscheine (§ 36) ist die Übersicht gesondert zu fertigen.

[II] Die Ermächtigungsbehörde kann bei Vorliegen besonderer Gründe Ausnahmen zulassen.

1) Die Namen der Einlagerer sind nicht aufzuführen. Ausnahmen (II) kann die Behörde zB zulassen, wenn Herstellung der Übersichten dem Lagerhalter unzumutbare Schwierigkeiten macht. Nach OLSchÜbersichtenVO 2. 3. 40 RAnz Nr 56 sind Übersichten nach § 10 I bis auf weiteres nicht mehr einzureichen.

Anzeigepflichten

OLSchVO 11 Der Lagerhalter ist verpflichtet, Änderungen in der Person der verantwortlichen Geschäftsleiter, Änderungen der Satzung oder des Gesellschaftsvertrags oder des Tarifs, ferner Änderungen in dem zur Verfügung stehenden Lagerraum oder in sonstigen Verhältnissen, deren Mitteilung durch § 2 vorgeschrieben ist, der Ermächtigungsbehörde unverzüglich anzuzeigen.

1) Erst recht anzuzeigen ist Wechsel des Inhabers des Unternehmens; Ermächtigung erlischt dadurch nicht, § 1 Anm 1, aber uU Widerruf, § 13 Anm 1.

Handels- und Beleihungsverbot, Verbot der Kursfeststellung für Orderlagerscheine

OLSchVO 12 ^I Soweit sich aus den Vorschriften dieser Verordnung, insbesondere aus den §§ 22 und 25, nicht ein anderes ergibt, darf der Lagerhalter Güter einer Gattung, über die er indossable Lagerscheine ausstellen darf, oder Lagerscheine über solche Güter für eigene oder für fremde Rechnung weder kaufen noch verkaufen noch beleihen.

^{II} Im Zeithandel darf der Lagerhalter auch andere Güter weder kaufen noch verkaufen. Ebensowenig darf er eine Bürgschaft oder eine sonstige Gewährleistung für ein solches Zeitgeschäft übernehmen.

^{III} Durch einen Verstoß gegen die in den Absätzen 1 und 2 ausgesprochenen Verbote wird die Wirksamkeit der dort bezeichneten Rechtsgeschäfte nicht berührt.

^{IV} Für Orderlagerscheine findet eine amtliche Kursfeststellung an einer Börse nicht statt. Die *Reichsregierung* kann Ausnahmen zulassen.

1) Verstoß gegen I, II macht (entgegen § 134 BGB) das Geschäft nicht unwirksam, III; nur Widerruf nach § 13 II. Zu IV 2: jetzt Bundesregierung, Art 129 GG; solche Ausnahmen wurden, soviel bekannt, bisher nicht zugelassen.

Widerruf

OLSchVO 13 ^I Die Ermächtigungsbehörde kann die Ermächtigung widerrufen, wenn sie auf Grund von Nachrichten, die zu ihrer Kenntnis gelangt sind, feststellt, daß der Lagerhalter die in § 4 geregelten Voraussetzungen nicht mehr voll erfüllt.

^{II} Das gleiche gilt, wenn die Ermächtigungsbehörde auf Grund von Nachrichten, die zu ihrer Kenntnis gelangt sind, feststellt, daß der Lagerhalter den ihm auf Grund dieser Verordnung auferlegten Verpflichtungen nicht nachkommt und dieses Verhalten ungeachtet einer Abmahnung der Ermächtigungsbehörde fortsetzt.

^{III} Die Ermächtigungsbehörde kann die Ermächtigung ferner widerrufen, wenn der Lagerhalter in seinem Tarif (§ 2 Abs. 2 Nr. 7) durch nachträgliche Erhöhung oder in anderer Weise übermäßig hohe Sätze vorsieht und hieran ungeachtet einer Abmahnung der Ermächtigungsbehörde festhält.

(21) OLSchVO 14, 15 2. Handelsrechtl. Nebengesetze

IV Der Widerruf ist auf Kosten des Lagerhalters in denselben Blättern zu veröffentlichen, in denen die Ermächtigung bekanntgemacht worden ist. Die gesetzlichen Berufsvertretungen (§ 3) sind von dem Widerruf sofort zu benachrichtigen. Der Widerruf wird mit dem Ablauf des Tages der Veröffentlichung im Bundesanzeiger wirksam. Im Falle des Widerrufs ist die Ermächtigungsurkunde an die Ermächtigungsbehörde zurückzugeben.

1) „Auf Grund von Nachrichten, die zu ihrer Kenntnis gelangt sind" (I, II): Behörde muß nicht ständig überwachen. I iVm § 4 ist zB anwendbar bei Wechsel des Inhabers, vgl §§ 1, 11 Anm. Gegen Widerruf steht der Verwaltungsrechtsweg offen.

Abschnitt II. Lagergeschäft

Titel 1. Allgemeine Vorschriften

Rechtsgrundlage des Lagergeschäfts

OLSchVO 14 I Übernimmt der Lagerhalter die Lagerung und Aufbewahrung eines Gutes, über das ein Orderlagerschein ausgestellt werden soll, so finden die Vorschriften der Abschnitte II und III dieser Verordnung und die Bestimmungen der gemäß § 5 genehmigten Lagerordnung Anwendung.

II Die Vorschriften der Abschnitte II und III dieser Verordnung können durch die Lagerordnung oder durch besondere Vereinbarung ergänzt werden.

III Soweit sich aus dem folgenden nicht ein anderes ergibt, können jedoch durch die Lagerordnung oder durch besondere Vereinbarung keine Bestimmungen getroffen werden, die zum Nachteil des Einlagerers oder des legitimierten Besitzers des Lagerscheins von den Vorschriften der Abschnitte II und III abweichen. Die Ermächtigungsbehörde kann beim Vorliegen besonderer Gründe Ausnahmen zulassen.

IV Es bleibt vorbehalten, zu bestimmen, daß die Ermächtigungsbehörde von der in Absatz 3 vorgesehenen Befugnis zur Zulassung von Ausnahmen nur mit Zustimmung der *Reichsregierung* Gebrauch machen kann.

1) Abschn II, III sind anwendbar, wenn ein Gut gelagert wird, über das ein OLSch ausgestellt werden soll (I); eine Verpflichtung zur Ausstellung eines OLSch besteht nur bei entspr vertraglicher Vereinbarung. Wird eine solche Vereinbarung erst nachträglich getroffen, ist der Lagervertrag an die OLSchVO anzupassen. Verhältnis zu §§ 417–423 HGB s § 416 HGB Anm 2.

2) Zu III 1 Bsp: keine Beschränkung (durch Einzelabrede oder AGB) der Haftung des Lagerhalters (anders als nach §§ 417 II, 390 HGB), Ausnahmen. § 19 III, IV. Keine Abweichung zum Nachteil iSv III 1 ist zB Vorschrift der Versicherung bei bestimmtem Versicherer. Bei Verstoß gegen III 1 s § 139 BGB.

Haftung des Lagerhalters

OLSchVO 15 I Der Lagerhalter hat bei Ausführung seiner Obliegenheiten für die Sorgfalt eines ordentlichen Kaufmanns einzustehen.

II Er hat ein Verschulden derjenigen Personen, deren er sich zur Erfüllung seiner Verbindlichkeiten bedient, im gleichen Umfang zu vertreten wie eigenes Verschulden.

V. Transportrecht **OLSchVO 16–18 (21)**

1) § 15 macht Haftung für einfache Fahrlässigkeit über §§ 417, 390 HGB, § 278 BGB hinaus zugunsten des Einlagerers zwingend (§ 14 III). Bei Mitverschulden des Inhabers des OLSch oder seiner Erfüllungsgehilfen uU Minderung oder Ausschluß der Haftung nach §§ 254, 278 BGB, BGH DB **62,** 436.

Empfang des Lagerguts

OLSchVO 16 ᴵ Der Lagerhalter ist unbeschadet der Vorschriften der §§ 29, 40 und 41 ohne besondere Vereinbarung nicht verpflichtet, beim Empfang des Gutes dessen Menge (Zahl, Maß oder Gewicht), Gattung, Art, Güte oder sonstige Beschaffenheit festzustellen.

ᴵᴵ Befindet sich Lagergut, das dem Lagerhalter zugesandt ist, bei der Ablieferung in einem beschädigten oder mangelhaften Zustand, der äußerlich erkennbar ist, so hat der Lagerhalter die Rechte gegen den Frachtführer oder Schiffer zu wahren, für den Beweis des Zustandes zu sorgen und dem Einlagerer unverzüglich Nachricht zu geben; im Falle der Unterlassung ist er zum Schadensersatze verpflichtet.

1) Zu II vgl §§ 417 I, 388 I HGB. Weiterleitung der Nachricht an Nachmann s § 18 Anm 1.

Besichtigung, Entnahme von Proben, Pflege des Lagerguts

OLSchVO 17 ᴵ Der Lagerhalter hat dem Einlagerer oder, wenn ein Orderlagerschein ausgestellt ist, dem legitimierten Besitzer des Scheins die Besichtigung des Lagerguts während der Geschäftsstunden zu gestatten.

ᴵᴵ Dasselbe gilt, soweit durch die Lagerordnung oder durch besondere Vereinbarung nicht anderes bestimmt ist, für die Entnahme von Proben. Der Lagerhalter ist berechtigt, die von dem Einlagerer oder dem Besitzer des Lagerscheins gewünschte Probeentnahme selbst auszuführen.

ᴵᴵᴵ Der Lagerhalter ist unbeschadet der Vorschriften des § 29 Abs. 2 ohne besondere Vereinbarung nicht verpflichtet, Arbeiten zur Erhaltung des Lagerguts vorzunehmen. Er hat dem Einlagerer oder, wenn ein Orderlagerschein ausgestellt ist, dem legitimierten Besitzer des Lagerscheins die Vornahme dieser Arbeiten während der Geschäftsstunden zu gestatten, soweit er nicht selbst zur Vornahme der Arbeiten bereit ist.

1) Abw von § 418 HGB darf Lagerhalter selbst Proben entnehmen (II 2), Erhaltungsarbeiten vornehmen (III 2, Haftung: § 19).

Anzeigepflicht des Lagerhalters

OLSchVO 18 Der Lagerhalter ist verpflichtet, unverzüglich Anzeige zu erstatten, wenn er das Lagergut umlagert oder wenn er festgestellt hat, daß Veränderungen in der Beschaffenheit des Gutes entstanden oder zu befürchten sind. Die Anzeige hat er an den letzten ihm bekannt gewordenen legitimierten Besitzer des Lagerscheins zu richten. Im Falle der Unterlassung ist er zum Schadensersatze verpflichtet.

1) Abw von § 417 II HGB Anzeigepflicht des Lagerhalters bei jeder Umlagerung, bei jeder auch geringfügigen Veränderung oder Änderungserwartung, also nicht nur wenn Entwertung droht; Einlagerer kann die Folgen besser beurteilen. Dazu §§ 691, 692, 694 BGB (s bei § 417 HGB). Der letzte bekannte Legitimierte (S 2) muß seinen Nachmann verständigen (nachwirkende Pflicht aus Kaufvertrag).

Haftung für Verlust oder Beschädigung des Lagerguts

OLSchVO 19 ^I Der Lagerhalter ist für den Verlust und die Beschädigung des in seiner Verwahrung befindlichen Gutes verantwortlich, es sei denn, daß der Verlust oder die Beschädigung auf Umständen beruht, die durch die Sorgfalt eines ordentlichen Kaufmanns nicht abgewendet werden konnten.

^II Für den Verlust oder die Beschädigung von Gütern, deren Wert mehr als zwanzig Deutsche Mark für das Kilogramm beträgt, haftet der Lagerhalter nur, wenn ihm der Wert des Gutes bei der Übergabe zur Lagerung angegeben worden ist.

^III Die Ermächtigungsbehörde kann beim Vorliegen besonderer Gründe zulassen, daß in der Lagerordnung die Haftung des Lagerhalters für bestimmte Gefahrengruppen auf grobe Fahrlässigkeit beschränkt wird.

^IV Die Ermächtigungsbehörde kann ferner beim Vorliegen besonderer Gründe zulassen, daß in der Lagerordnung die Haftung des Lagerhalters für Feuerschäden ausgeschlossen wird, und zwar auch für den Fall, daß der Schaden durch Fahrlässigkeit des Lagerhalters oder durch das Verschulden einer Person verursacht ist, deren der Lagerhalter sich zur Erfüllung seiner Verbindlichkeiten bedient. Ist der Lagerschein durch Indossament übertragen, so kann gegenüber dem legitimierten Besitzer des Lagerscheins der Ausschluß der Haftung nur geltend gemacht werden, wenn er in dem Scheine besonders vermerkt ist.

^V Der von dem Lagerhalter für Verlust des Gutes zu leistende Schadensersatz beschränkt sich auf den gemeinen Wert des Gutes, der Ersatz für Beschädigung auf den Unterschied zwischen dem gemeinen Werte des Gutes im unbeschädigten und im beschädigten Zustand. Die infolge des Verlustes oder der Beschädigung ersparten Unkosten kommen in Abzug. Der Schadensberechnung ist der Zeitpunkt zugrunde zu legen, in welchem der Einlagerer von dem Verlust oder der Beschädigung benachrichtigt ist oder in anderer Weise Kenntnis erlangt hat. Hat der Lagerhalter den Schaden durch Vorsatz oder grobe Fahrlässigkeit herbeigeführt, so kann Ersatz des vollen Schadens gefordert werden.

1) I entspr §§ 417 I, 390 I HGB. Zu II vgl §§ 429 II, 607 HGB, auch § 254 II BGB. III, IV erlauben Ausnahmen von § 14 III. Zu IV s § 20; ist Einlagerer vertraglich zur Feuerversicherung verpflichtet, haftet er bei Unterlassung doch nicht für Schaden anderer durch Feuer. Zu V vgl § 430 HGB; Einlagerer in V 3 ist jeder Berechtigte. Zur Haftung bei Unrichtigkeit des OLSch s § 40.

Feuerversicherung

OLSchVO 20 ^I Der Lagerhalter hat auf Verlangen des Einlagerers oder, wenn ein Orderlagerschein ausgestellt ist, des legitimierten Besitzers des Lagerscheins das Lagergut gegen Feuersgefahr zu versichern und während der Dauer der Lagerung versichert zu halten.

^II Die Versicherung ist dergestalt zu bewirken, daß der Anspruch gegen den Versicherer entweder von dem Lagerhalter für Rechnung des Besitzers des Lagerscheins oder von diesem unmittelbar geltend gemacht werden kann.

^III Für die Höhe der Versicherungssumme genügt der bei Ausstellung des Lagerscheins von dem Einlagerer angegebene Wertbetrag.

^IV Der Lagerhalter ist verpflichtet, gemäß § 38 Abs. 3 Nr. 5 auf dem Lagerscheine zu vermerken, daß er die Feuerversicherung bewirkt oder nicht bewirkt hat.

1) Vgl §§ 417 I, 390 II HGB. Zu II §§ 74 ff, 80 VVG. Die Versicherung soll im OLSch vermerkt werden, § 38 III Nr 5. Schadensersatzpflicht bei fehlendem

V. Transportrecht OLSchVO 21, 22 (21)

Vermerk, aber Mitverschulden nach § 254, wenn Erwerber sich beim Vormann nicht erkundigt.

Lagerkosten

OLSchVO 21 ¹ Die Höhe der Vergütung für die Leistungen des Lagerhalters richtet sich, soweit nicht geringere Sätze vereinbart sind, nach dem gemäß § 6 bekanntgemachten Tarif.

ᴵᴵ Der Lagerhalter hat Anspruch auf Erstattung der Auslagen für Fracht und Zölle und der sonst für das Gut gemachten Aufwendungen, soweit er sie den Umständen nach für erforderlich halten durfte.

ᴵᴵᴵ Von den nach den Absätzen 1 und 2 dem Lagerhalter zukommenden Beträgen (Lagerkosten) sind die baren Auslagen, soweit nicht ein anderes vereinbart ist, sofort zu erstatten. Die Bezahlung der sonstigen Lagerkosten wird durch die Lagerordnung oder durch besondere Vereinbarung geregelt.

ᴵⱽ Die bei Ausstellung des Lagerscheins bereits entstandenen und noch auf dem Gute lastenden Lagerkosten sind auf dem Lagerscheine zu vermerken. Soweit tunlich, sollen auch die während der Laufzeit des Lagerscheins fällig werdenden Lagerkosten auf dem Scheine angegeben werden.

1) Zu I–III vgl § 420 HGB. Nach I wirkt neuer Tarif erst nach Aushang und Niederlegung (§§ 6, 8). Fehlt ein (wirksamer) Tarif, ist (vgl § 420 I HGB) ortsübliches Lagergeld geschuldet.

2) Nicht vermerkte Vorkosten (IV 1) wirken nicht gegen gutgläubigen Nehmer des Scheins, § 22 II; bereits grobe Fahrlässigkeit schadet. Nicht vermerkte Nachkosten (IV 2, ,,soweit tunlich", Sollvorschrift) ebenso, doch wird der Nehmer mit solchen Kosten eher rechnen müssen, § 22 II (grobe Fahrlässigkeit).

Pfandrecht, Zurückbehaltungsrecht

OLSchVO 22 ¹ Der Lagerhalter hat wegen der Lagerkosten ein Pfandrecht an dem Gute, solange er es im Besitze hat, insbesondere mittels Konnossements, Ladescheins oder Lagerscheins darüber verfügen kann. Das Pfandrecht erstreckt sich auf die Forderung aus einer Feuerversicherung.

ᴵᴵ Ist der Lagerschein durch Indossament übertragen, so besteht das Pfandrecht dem legitimierten Besitzer des Lagerscheins gegenüber nur wegen der Lagerkosten, die aus dem Lagerschein ersichtlich sind oder ihm bei Erwerb des Lagerscheins bekannt oder infolge grober Fahrlässigkeit unbekannt waren.

ᴵᴵᴵ Bei dem Verkaufe des Pfandes tritt an die Stelle der in § 1234 des Bürgerlichen Gesetzbuchs bestimmten Frist von einem Monat eine solche von einer Woche, und zwar auch dann, wenn der Lagervertrag nur auf der Seite des Lagerhalters ein Handelsgeschäft ist.

ᴵⱽ Die in § 1234 Abs. 1 des Bürgerlichen Gesetzbuchs vorgesehene Androhung des Pfandverkaufs sowie die in den §§ 1237 und 1241 des Bürgerlichen Gesetzbuchs vorgesehenen Benachrichtigungen hat der Lagerhalter an den letzten ihm bekannt gewordenen legitimierten Besitzer des Lagerscheins zu richten.

ⱽ Die Vorschriften, nach welchen dem Lagerhalter ein Zurückbehaltungsrecht an dem Gute zusteht, bleiben unberührt.

1) I 1 entspricht § 421 HGB, s dort. I 2 erweitert das Pfandrecht. Zu II vgl § 21, auch § 364 II HGB; bereits grobe Fahrlässigkeit schadet. Zu III s § 368 HGB. Zu IV s § 440 IV 1 HGB. Nach V gelten für das Zurückbehaltungsrecht

die allgemeinen Regeln; danach schadet uU erst Vorsatz (§ 364 HGB, § 17 WG analog, persönliche Einwendung).

Mischlagerung

OLSchVO 23 [I] Im Falle der Lagerung vertretbarer Sachen ist der Lagerhalter zu ihrer Vermischung mit anderen Sachen von gleicher Art und Güte nur befugt, wenn ihm dies von den beteiligten Einlagerern ausdrücklich gestattet ist.

[II] An dem durch die Vermischung entstandenen Gesamtvorrat steht den Eigentümern der Teilmengen Miteigentum nach Bruchteilen zu. Der Anteil bestimmt sich, soweit nicht ein anderes vereinbart wird, nach dem Verhältnis der eingelagerten Teilmengen.

[III] Der Lagerhalter ist berechtigt und verpflichtet, aus dem Gesamtvorrat jedem Einlagerer den ihm gebührenden Anteil auszuliefern, ohne daß er hierzu der Genehmigung der übrigen Beteiligten bedarf.

[IV] Inwieweit die Vorschriften des § 32 über Abzüge wegen Gewichtsverlustes entsprechend anzuwenden sind, wird durch die Lagerordnung oder durch besondere Vereinbarung bestimmt.

1) Zu I, II, III vgl § 419 I, II HGB. Sammellagerung s §§ 28–32. IV macht § 32 (Abzug für Schwund) hier entspr anwendbar, wenn Lagerordnung oder besondere Vereinbarung das bestimmen. Ist Schwund durch sachwidrige Behandlung verschuldet, ist Lagerhalter ersatzpflichtig. Siehe auch § 36 I 2.

Dauer der Lagerung

OLSchVO 24 [I] Der Lagerhalter kann nicht verlangen, daß der Einlagerer das Lagergut vor dem Ablauf der bedungenen Lagerzeit zurücknimmt. Ist eine Lagerzeit nicht bedungen oder behält der Lagerhalter nach Ablauf der bedungenen Lagerzeit das Lagergut zwecks Fortsetzung des Lagervertrags auf dem Lager, so kann er die Rücknahme nur nach Kündigung unter Einhaltung einer Kündigungsfrist von einem Monat verlangen.

[II] Falls eine Lagerzeit nicht bedungen und in der Lagerordnung nicht ein anderes bestimmt wird, ist die Kündigung frühestens zu dem Termin zulässig, an dem seit der Einlagerung drei Monate verstrichen sind.

[III] Der Lagerhalter ist berechtigt, die Rücknahme des Lagerguts vor dem Ablauf der Lagerzeit und ohne Einhaltung einer Kündigungsfrist zu verlangen, wenn ein wichtiger Grund vorliegt.

[IV] Die Kündigung und das Rücknahmeverlangen hat der Lagerhalter an den letzten ihm bekannt gewordenen legitimierten Besitzer des Lagerscheins zu richten.

1) Zu I, II, III vgl § 422 HGB. Der letzte bekannte Legitimierte (IV) muß die Kündigung seinem Nachmann weiterleiten, s § 18 Anm; s auch § 25 III.

Notverkauf, Selbsthilfeverkauf

OLSchVO 25 [I] Ist das Lagergut dem Verderb ausgesetzt oder treten Veränderungen an ihm ein, die seine Entwertung befürchten lassen, und ist keine Zeit vorhanden, die Verfügung des Berechtigten einzuholen, oder ist der Berechtigte in der Erteilung der Verfügung säumig, so kann der Lagerhalter den Verkauf des Gutes nach Maßgabe der Vorschriften des § 373 des Handelsgesetzbuchs bewirken.

[II] Dasselbe gilt, wenn der Berechtigte unterläßt, über das Lagergut zu verfügen, obwohl er dazu nach Lage der Sache verpflichtet ist.

^{III} Die in § 373 Abs. 3 des Handelsgesetzbuchs vorgesehene Androhung des Verkaufs sowie die in Absatz 5 derselben Vorschrift vorgesehenen Benachrichtigungen hat der Lagerhalter an den letzten ihm bekannt gewordenen legitimierten Besitzer des Lagerscheins zu richten.

1) Zu I, II vgl §§ 417 I, 388 II, 389 HGB. Zu III vgl § 24 IV. Der Lagerhalter kann Beweissicherung (§ 485 ZPO) veranlassen.

Auslieferung und Annahme des Gutes

OLSchVO 26 ^{I} Das Lagergut darf, wenn ein Orderlagerschein ausgestellt ist, nur dem legitimierten Besitzer des Lagerscheins und nur gegen Rückgabe des Scheines ausgeliefert werden. Der Lagerhalter ist nicht verpflichtet, die Echtheit der Indossamente zu prüfen. Die Auslieferung ist auf dem Lagerscheine zu bescheinigen.

^{II} Die Auslieferung eines Teiles des Gutes erfolgt gegen Abschreibung auf dem Scheine. Der Abschreibungsvermerk ist von dem Lagerhalter zu unterschreiben.

^{III} In der Lagerordnung können die Folgen der vorbehaltlosen Annahme des Gutes entsprechend den Vorschriften des § 438 des Handelsgesetzbuchs geregelt werden.

1) Legitimation (I 1) s § 365 HGB Anm 2 C. Nach I 1 darf der Lagerhalter nur an den legitimierten Besitzer des OLSch und gegen dessen Rückgabe ausliefern; ein Freistellungsschein (§ 424 HGB Anm 1 E) an einen anderen als den durch den OLSch Legitimierten ist unwirksam, BGH 49, 166. Der Lagerhalter muß den Inhaber eines Freistellungsscheins nicht ohne weiteres über die Ausstellung eines OLSch aufklären, anders bei Verhandlung über Abschluß eines neuen Lagervertrags mit ihm; Speditionsversicherung schützt hier nicht, s **(20)** SVS/RVS § 5 Nr 2 Anm 1. Prüfungspflicht (I 2) s § 365 I HGB, Art 40 III WG. Bescheinigung der Auslieferung (I 3) durch Lagerhalter; dieser kann auch Quittung des Empfängers fordern, § 368 BGB.

2) Bei Teillieferung (II) zu empfehlen ggf auch Vermerk, daß auf ausgelieferten Teil Lagerkosten noch nicht bezahlt sind, um Gutgläubigkeit des Nehmers zweifelsfrei (vgl § 22 II) auszuschließen.

Verjährung

OLSchVO 27 ^{I} Die Ansprüche gegen den Lagerhalter wegen Verlustes, Minderung, Beschädigung oder verspäteter Auslieferung des Gutes verjähren in einem Jahre. Die Verjährungsfrist kann durch die Lagerordnung oder durch besondere Vereinbarung verlängert werden.

^{II} Die Verjährung beginnt im Falle der Beschädigung oder Minderung mit dem Ablauf des Tages, an dem die Auslieferung stattgefunden hat, im Falle der verspäteten Auslieferung mit dem Ablauf des Tages, an dem die Auslieferung hätte bewirkt sein müssen, im Falle des gänzlichen Verlustes mit dem Ablauf des Tages, an dem der Lagerhalter dem Einlagerer oder, wenn ein Orderlagerschein ausgestellt ist, dem letzten ihm bekannt gewordenen legitimierten Besitzer des Lagerscheins den Verlust anzeigt.

^{III} Die Vorschriften der Absätze 3 und 4 des § 414 des Handelsgesetzbuchs finden entsprechende Anwendung.

1) Zu I, II vgl § 423, § 414 I, II HGB.

(21) OLSchVO 28, 29 2. Handelsrechtl. Nebengesetze

Titel 2. Besondere Bestimmungen für die Sammellagerung

Sammellagerung

OLSchVO 28 [I] Wird Gut, für das Handelsklassen gesetzlich eingeführt oder allgemein anerkannt sind, unter einer entsprechenden Gattungsbezeichnung eingelagert, so können der Einlagerer und der Lagerhalter vereinbaren, daß für dieses Gut die folgenden besonderen Regeln über die Sammellagerung gelten sollen.

[II] Für die Sammellagerung gelten die allgemeinen Vorschriften der §§ 14 bis 27, soweit sich aus den §§ 29 bis 32 nicht ein anderes ergibt.

[III] Den Beteiligten ist es unbenommen, auch bei Gütern der in Absatz 1 bezeichneten Art Einzellagerung oder Mischlagerung (§ 23) zu vereinbaren.

1) Zur Sammellagerung s § 419 HGB; HdlKlassen s § 373 HGB Anm 4 A. Sammellagerung iS der OLSchVO setzt voraus: Einlagerung von HdlKlassenware unter entspr Bezeichnung und Vereinbarung der Sammellagerung (nicht notwendig ausdrücklich der Anwendbarkeit der §§ 29–32). Sammellagerung ermöglicht dem Lagerhalter bessere Raumausnutzung, dem Einlagerer bessere Verwertbarkeit des OLSch, weil hier Lagerhalter Gewicht, Gattung, Beschaffenheit des Guts bescheinigt und für die Erhaltung haftet, § 29. S auch § 36 II.

Prüfung und Pflege des Lagerguts

OLSchVO 29 [I] Der Lagerhalter ist verpflichtet, bei Empfang des Lagerguts dessen Gewicht, Güte und sonstige Beschaffenheit festzustellen und das Ergebnis auf dem Lagerscheine zu vermerken. Bei der Feststellung der Güte und Beschaffenheit des Lagerguts hat er einen von der gesetzlichen Berufsvertretung des Handels und bei Lagerung landwirtschaftlicher Erzeugnisse auch einen von der gesetzlichen Berufsvertretung der Landwirtschaft bestellten Sachverständigen zuzuziehen. Die gesetzlichen Berufsvertretungen des Handels und der Landwirtschaft können für den Fall, daß der Lagerhalter und der Einlagerer hiermit einverstanden sind, denselben Sachverständigen bestellen. *Soweit gesetzliche Handelsklassen eingeführt und Gutachterstellen eingerichtet sind, tritt an die Stelle der vorbezeichneten Sachverständigen die zuständige Gutachterstelle (Verordnung des Reichspräsidenten vom 1. Dezember 1930, Achter Teil, Kapitel V, § 6 – Reichsgesetzbl. I S. 517, 602 –).*

[II] Der Lagerhalter ist verpflichtet, die zur Erhaltung des Lagerguts erforderlichen Arbeiten vorzunehmen. Er kann sich hierbei der Mitwirkung der in Absatz 1 bezeichneten Sachverständigen *oder Gutachterstelle* bedienen. Den Lagerhalter trifft kein Verschulden, wenn er die Empfehlungen der Sachverständigen *oder der Gutachterstelle* mit der Sorgfalt eines ordentlichen Kaufmanns befolgt.

[III] Die in § 18 vorgesehene Anzeige des Lagerhalters über Umlagerung oder Veränderungen in der Beschaffenheit des Lagerguts kann unterbleiben, wenn sie untunlich ist.

1) I 4 und Auslassung in II außer Kraft durch HdlKlassenG, s § 373 HGB Anm 4 A. Prüfungs- und Pflegepflicht nach I, II gehen über §§ 16 I, 17 III hinaus; dementspr geringere Anzeigepflicht nach III als nach § 18. Berufsvertretungen (I 2, 3) s zu § 3. Zu III Bsp: unwesentliche Umlagerung, Veränderung, besonders bei Beteiligung vieler Einlagerer.

1400

Vermischungsbefugnis, Miteigentum

OLSchVO 30 I Soweit die beteiligten Einlagerer mit der Sammellagerung einverstanden sind, ist der Lagerhalter zur Vermischung des bei ihm eingelagerten Gutes mit Lagergut derselben Handelsklasse und Gütegruppe befugt.

II An Lagergut, das hiernach vermischt werden darf, steht vom Zeitpunkt der Einlagerung ab den Eigentümern der eingelagerten Mengen Miteigentum nach Bruchteilen zu; der Bruchteil bestimmt sich nach dem Verhältnis der von jedem Einlagerer eingelagerten Menge zu den Mengen, die sämtliche Einlagerer in demselben Lagerhaus oder in demselben sonstigen Lagerraume (§ 5 Abs. 1) des Lagerhalters eingelagert haben.

III Hat der Lagerhalter in demselben Orte mehrere Lagerhäuser oder mehrere sonstige Lagerräume, so kann die Lagerordnung bestimmen, daß das Miteigentum sich auf den jeweiligen Gesamtvorrat an Lagergütern derselben Handelsklasse und Gütegruppe erstreckt, der in diesem Orte in einigen oder in allen Lagerhäusern oder sonstigen Lagerräumen des Lagerhalters eingelagert ist.

1) Miteigentum (II, III) entsteht hier nicht wie bei Mischlagerung (§ 23 II) durch tatsächliche Vermischung, sondern schon durch Einlagerung ähnlich Sammeldepot (§ 6 I 1 DepotG). Miteigentum wird idR alles Lagergut derselben Hdlklasse oder Gütegruppe am selben Lagerplatz (II), nach Lagerordnung (oder besonderer Abrede aller beteiligten Einlagerer) möglich: an mehreren Lagerplätzen am selben Ort.

Auslieferung

OLSchVO 31 Der Lagerhalter ist berechtigt und verpflichtet, aus dem in § 30 bezeichneten Gesamtvorrat jedem Einlagerer den ihm gebührenden Anteil auszuliefern, ohne daß er hierzu der Genehmigung der übrigen Beteiligten bedarf.

1) § 31 entspr § 23 III.

Abzüge für Gewichtsverlust

OLSchVO 32 I Der Lagerhalter ist berechtigt, falls das Lagergut durch die Lagerung einem Gewichtsverlust ausgesetzt ist, bei der Auslieferung einen angemessenen Hundertsatz des auf dem Lagerscheine vermerkten Gewichts abzuziehen. Das Nähere wird durch die Lagerordnung oder durch besondere Vereinbarung bestimmt.

II Der im Einzelfalle nach der Lagerordnung oder besonderer Vereinbarung anzuwendende Abzugssatz ist auf dem Lagerscheine zu vermerken. Einen über diesen Abzugssatz hinausgehenden Gewichtsverlust hat der Lagerhalter zu vertreten.

III Kann ein Abzugssatz im voraus nicht bestimmt werden, so ist dies im Lagerscheine zu vermerken.

1) Mangels Bestimmung der Lagerordnung oder besonderer Vereinbarung (I 2) kann Abzug (bei Anteilauslieferung, § 31) für Schwund (I 1) durch HdlBrauch bestimmt sein. Vermerk (II 1, III) im OLSch (vgl § 38 III Nr 10) soll Gutgläubigkeit des Nehmers (der aber mit bekanntem natürlichem Schwund ohnehin rechnen muß) ausschließen (vgl § 364 II HGB) und Garantiehaftung des Lagerhalters nach II 2 vermeiden. Bei gleichzeitiger Auslieferung der ganzen Menge folgt Umlegung des Schwundverlustes schon aus § 30 II. § 32 ist unanwendbar auf andere Verluste als durch Schwund; hier keine Garantie-, sondern normale Schadensersatzhaftung des Lagerhalters.

Abschnitt III. Lagerschein

Ausstellung des Lagerscheins

OLSchVO 33 ^I Der Lagerhalter ist verpflichtet, dem Einlagerer auf dessen Verlangen einen zur Verfügung über das Gut, insbesondere zur Veräußerung und Verpfändung dienenden, an Order lautenden Lagerschein auszustellen.

^{II} Der Lagerhalter kann die Ausstellung des Lagerscheins verweigern, wenn ein wichtiger Grund vorliegt, insbesondere solange der Einlagerer seiner fälligen Verpflichtung zur Erstattung barer Auslagen (§ 21 Abs. 3) oder zur Bezahlung sonstiger auf dem Gute lastender Lagerkosten nicht nachkommt.

^{III} Der Lagerhalter darf einen Lagerschein erst ausstellen, wenn er das Gut in seinem Lager (§ 5) eingelagert hat.

^{IV} Dem Lagerhalter ist nicht gestattet, besondere, nur zur Verpfändung des Gutes bestimmte Scheine (Lagerpfandscheine) auszustellen.

^V Der legitimierte Besitzer kann gegen Rückgabe des Lagerscheines die Ausstellung eines neuen Scheines verlangen. In dem neuen Scheine soll derselbe Einlagerungstag vermerkt werden wie in dem alten Scheine.

^{VI} Doppel von Lagerscheinen werden nicht ausgestellt.

1) Abschnitt III ist (wie II) anwendbar bei Lagerung von Gut, über das ein OLSch ausgestellt werden soll, § 14 I. § 33 I stellt klar, daß dann der Lagerhalter auf Verlangen des Einlagerers zur Ausstellung (klagbar) verpflichtet ist. Gleiches gilt zugunsten des späteren Erwerbers (gemäß § 931 BGB) des Eigentums (Miteigentums, vgl §§ 23, 28 ff). Zu II weiteres Bsp: Einlagerer verlangt unrichtige oder über zulässigen Inhalt hinausgehende Angaben im Schein. Zu III: bei Ausstellung vor Einlagerung, aber nach Übernahme des Guts (§ 424 HGB) trotz III volle Transportfunktion des Indossaments (§ 424 HGB Anm 3).

2) Lagerpfandscheine (IV) waren früher durch § 16 EGHGB zugelassen, in Bremen üblich (Zweischeinsystem: Lagerschein für Eigentumsübertragung, Lagerpfandschein für Verpfändung). Nach OLSchVO Verpfändung des Guts durch Einigung über das Pfandrecht und Übergabe des indossierten OLSch, § 1205 BGB, § 364 HGB. Offenes Pfandindossament genügt, § 364 HGB Anm 3 A. **Ersatzscheine** (V) sind gegen Rückgabe des alten Scheins zu erteilen, müssen aber denselben Einlagerungstag angeben, überhaupt denselben Inhalt haben, soweit nicht Änderung der in den Schein aufzunehmenden Umstände eingetreten ist. Doppel sind verboten, VI.

Ausstellung von Teilscheinen

OLSchVO 34 ^I Falls eine Warenmenge eingelagert ist, kann der Einlagerer die Ausstellung von Lagerscheinen über Teile der Menge verlangen. Ist ein Orderlagerschein ausgestellt, so kann nur der legitimierte Besitzer des Scheines und nur gegen Rückgabe des Scheines die Ausstellung von Teilscheinen verlangen.

^{II} Wird die Ausstellung von Teilscheinen verlangt, so hat der Lagerhalter, falls erforderlich, dem Berechtigten die Verpackung, Neubezeichnung oder sonstige Herrichtung des Gutes zu gestatten, soweit er nicht selbst zu diesen Handlungen bereit ist.

^{III} Wird ein Lagerschein durch Teilscheine ersetzt, so soll in den Teilscheinen derselbe Einlagerungstag vermerkt werden wie in dem alten Lagerscheine.

^{IV} Bleiben bei einer Einzellagerung die Teile der Menge ungetrennt, so soll in den Teilscheinen zum Ausdruck gebracht werden, daß der Schein sich auf

V. Transportrecht **OLSchVO 35–37 (21)**

den ungetrennten Teil einer größeren Partie bezieht. Inwieweit die Vorschriften des § 32 über den Abzug wegen Gewichtsverlustes entsprechend anzuwenden sind, wird durch die Lagerordnung oder durch besondere Vereinbarung bestimmt.

1) Einlagerer, ggf der legitimierte Inhaber des OLSch, kann jederzeit **Stükkelung** des Scheins (Ausstellung von Teilscheinen) verlangen. Zu II vgl §§ 1–7. Zu III vgl § 33 Anm 1. Gesonderte Verfügung über Teilscheine über ungetrennte Menge (IV) wirkt ähnlich Misch- und Sammellagerung (§§ 23, 28 ff). Verstoß gegen IV 1 macht den Schein nicht unwirksam, verpflichtet aber Lagerhalter zum Ersatz des Schadens, den ein gutgläubiger Nehmer des Scheins dadurch erleidet, daß er Mit- statt Alleineigentum erlangt (§ 15). Vgl § 36 I 2.

Befristung des Lagerscheins

OLSchVO 35 Lautet ein Lagerschein über verderbliches Gut oder über Gut, das erheblichen Veränderungen ausgesetzt ist, so kann der Lagerhalter unter Berücksichtigung des Grades der Verderblichkeit oder der Veränderungsgefahr eine Frist bestimmen, binnen deren der Lagerschein zur Auslieferung des Gutes dem Lagerhalter vorzulegen ist.

1) Dauer der Lagerung s § 24. Im Falle des § 35 darf Lagerhalter einseitig die Frist zur Rücknahme des Guts kürzen. Vermerk im OLSch (§ 38 III Nr 9), sonst wirkungslos gegen gutgläubigen Erwerber (§ 364 II HGB).

Bezeichnung des Lagerscheins

OLSchVO 36 ᴵ Ein an Order lautender Lagerschein soll die Bezeichnung „Lagerschein an Order" tragen. Bezieht sich der Schein auf den Anteil an einer Mischlagerpartie (§ 23) oder auf den ungetrennten Teil einer Einzellagerpartie (§ 34 Abs. 4), so soll der Schein in der Überschrift oder in einem Zusatz zur Überschrift als „Teillagerschein" bezeichnet werden.

ᴵᴵ Bei der Sammellagerung (§ 28) soll der Orderlagerschein stets die Bezeichnung „Sammellagerschein an Order" tragen.

1) § 36 ist Sollvorschrift. Bei Verletzung keine Unwirksamkeit des OLSch, aber uU Schadensersatzpflicht des Lagerhalters und Widerruf der Ermächtigung (§ 13 II).

Lagerscheinregister

OLSchVO 37 ᴵ Der Lagerhalter ist verpflichtet, die von ihm ausgestellten Orderlagerscheine unter fortlaufenden Nummern in ein Register einzutragen. Die Eintragung soll die in § 38 bezeichneten Angaben enthalten. Für Sammellagerscheine ist, soweit die Ermächtigungsbehörde nicht ein anderes bestimmt, ein gesondertes Register zu führen.

ᴵᴵ Der legitimierte Besitzer des Lagerscheins kann unter Vorlegung des Scheines vom Lagerhalter verlangen, daß er den Namen des legitimierten Besitzers im Lagerscheinregister vermerkt.

1) Neben HdlBüchern iSv §§ 238 ff HGB (darunter Lagerbuch) schreibt § 37 ein Lagerscheinregister vor. Eintrag gemäß II sichert besondere Anzeige gemäß §§ 22 IV, 24 IV, 25 III.

Inhalt des Lagerscheins

OLSchVO 38 ^I Der Lagerschein soll ersichtlich machen, daß dem Aussteller die staatliche Ermächtigung zur Ausstellung von Orderlagerscheinen erteilt ist.

^{II} Der Schein muß enthalten:
1. die Nummer des Lagerscheinregisters;
2. den Namen desjenigen, für den oder für dessen Order die Lagerung stattfindet;
3. die Menge (Zahl, Maß oder Gewicht) des Lagerguts; sofern das Gut in Packstücken eingelagert ist, sollen auch Zahl und Art der Packstücke, bei Einzellagerung auch deren besondere Merkzeichen angegeben werden;
4. die Bezeichnung des Lagerguts nach Gattung, bei Sammellagerung auch nach Handelsklasse und Gütegruppe;
5. die Angabe des Lagerorts; bei Einzel- oder Mischlagerung soll der Lagerort durch Angabe des Bodens oder Abteils oder in sonstiger Weise näher bezeichnet werden; bei Sammellagerung genügt die Angabe des Lagerhauses oder sonstigen Lagerraums (§ 5);
6. einen Hinweis auf die Verpflichtung des Lagerhalters, das Gut nur gegen Rückgabe des Lagerscheins und nach Maßgabe der aus dem Scheine ersichtlichen Bedingungen an den Einlagerer oder dessen Order auszuliefern;
7. Ort und Tag der Ausstellung des Lagerscheins;
8. die Unterschrift des Lagerhalters.

^{III} Der Schein soll ferner enthalten:
1. die Lagerbuchnummer;
2. den Tag der Einlagerung;
3. einen Vermerk darüber, ob die Angaben über das Lagergut auf Feststellungen des Lagerhalters oder auf Mitteilungen des Einlagerers oder Dritter beruhen;
4. eine Angabe darüber, ob der Lagerhalter verpflichtet ist, die zur Erhaltung des Lagerguts erforderlichen Arbeiten vorzunehmen und, soweit tunlich, den Betrag der hierfür entstehenden Kosten;
5. eine Angabe darüber, ob und in welcher Höhe und bei welchem Versicherer der Lagerhalter das Lagergut gegen Feuersgefahr versichert hat (§ 20) und wie hoch die Kosten der Versicherung sind; wird nachträglich verlangt, daß der Lagerhalter die Versicherung bewirke oder erhöhe, so soll der Lagerhalter die bewirkte oder erhöhte Versicherung auf dem ihm vorzulegenden Lagerscheine vermerken;
6. die in § 21 Abs. 4 bezeichneten Lagerkosten;
7. bei zollpflichtigen Gütern eine Angabe darüber, ob das Gut verzollt oder noch unverzollt ist;
8. eine Bezugnahme auf diese Verordnung und die genehmigte Lagerordnung in ihrer letzten gültigen Fassung;
9. eine Angabe darüber, ob und bis zu welchem Zeitpunkt der Lagervertrag befristet ist (§ 33);
10. bei Ausstellung eines Sammel- oder Teillagerscheins einen Vermerk über den bei der Auslieferung für Gewichtsverlust abzuziehenden Hundertsatz (§§ 32, 23 Abs. 4, § 34 Abs. 4).

^{IV} Der Ort und der Tag der Ausstellung des Lagerscheins gelten als Ort und Tag der Einlagerung, falls auf dem Scheine nichts anderes vermerkt ist.

1) Verletzung der Mußvorschriften (II) machen OLSch unwirksam, § 5 Anm 1; dagegen nicht schon bloße Unrichtigkeit, zB Angabe eines falschen Lagerorts. Vgl § 424 HGB Anm 1 D.

2) Verletzung der Sollvorschriften (III) führt nur ggf zur Schadensersatzpflicht des Lagerhalters (§ 40 I) und zum Widerruf (§ 13 II).

Form des Lagerscheins

OLSchVO 39 ^I Die Form der Orderlagerscheine soll den als Anlage 1 und 2 beigefügten Mustern entsprechen.

^{II} Für die Lagerscheine soll ein durch Wasserzeichen und Netzunterdruck geschütztes Papier verwendet werden, und zwar in gelber, für Sammellagerscheine in rosa Farbe.

1) Benutzung der amtlichen Vordrucke ist Sollvorschrift (vgl § 38 Anm 2). Vorlegung der Vordrucke schon beim Antrag auf Ermächtigung zur Ausgabe, § 2 II Nr 8. Anlagen 1 („Lagerschein an Order") und 2 („Sammellagerschein an Order"), hier nicht abgedruckt, s RGBl 1931 I 773 ff.

Haftung des Lagerhalters für die Angaben im Lagerschein

OLSchVO 40 ^I Ist der Lagerschein durch Indossament übertragen, so haftet der Lagerhalter dem legitimierten Besitzer des Lagerscheins für die Richtigkeit der in dem Lagerschein enthaltenen Angaben in bezug auf Menge (Zahl, Maß oder Gewicht), Gattung, Art und Beschaffenheit des Gutes, es sei denn, daß er durch einen Vermerk im Lagerschein ersichtlich gemacht hat, daß diese Angaben lediglich auf Mitteilungen des Einlagerers oder Dritter beruhen.

^{II} Hat der Lagerhalter die Unrichtigkeit der Angaben gekannt, so haftet er auch dann, wenn er einen Vermerk der in Absatz 1 bezeichneten Art in den Lagerschein aufgenommen hat.

^{III} Bei der Sammellagerung ist der Lagerhalter nicht berechtigt, einen Vermerk der in Absatz 1 bezeichneten Art in den Lagerschein aufzunehmen.

^{IV} Erklärt sich der Einlagerer bereit, die Zuzählung, Zumessung oder Zuwägung des Gutes auf seine Kosten vornehmen zu lassen, so ist der Lagerhalter auch bei der Einzel- oder Mischlagerung nicht berechtigt, bei den Angaben über die Menge (Zahl, Maß oder Gewicht) des Gutes einen Vermerk der in Absatz 1 bezeichneten Art in den Lagerschein aufzunehmen.

^V Die Haftung des Lagerhalters für die Richtigkeit der Angaben beschränkt sich auf den Ersatz des Minderwerts, der sich aus der Nichtübereinstimmung des Lagerguts mit den im Lagerschein enthaltenen Angaben ergibt. Fällt dem Lagerhalter eine bösliche Handlungsweise zur Last, so hat er den vollen Schaden zu ersetzen.

1) Lagerhalter **haftet** dem legitimierten Inhaber des OLSch außer aus dem Lagervertrag (s § 19) **aus dem Schein** (§§ 40, 41). OLSch enthält abstraktes Schuldversprechen (§ 780 BGB), ist kfm Verpflichtungsschein (§ 363 I 2 HGB), Rückforderung ggf nach § 812 II BGB. Lagerhalter haftet dem gutgläubigen Nehmer des Scheins auch ohne Verschulden für die im Schein angegebenen Eigenschaften (I); für Verlust und Beschädigung des Gutes nach Einlagerung haftet er nur aus § 19; nur insoweit auch jedem Nehmer des Scheins, Einwendungen aus § 19 folgen aus dem Inhalt der Urkunde (§ 364 II HGB).

2) Vermerk gemäß I aE schützt Lagerhalter nicht, wenn ihm Inhaber nachweist, daß er die Unrichtigkeit kannte (II); Kennenmüssen genügt dazu nicht. Zu III vgl § 29 I. Zu IV vgl § 16 I.

3) Zu V vgl §§ 430, 613 HGB. **Höchstbetrag** der Haftung ist Unterschied zwischen dem Wert des Lagerguts, wie es ist, und dem Wert, den es hätte, wenn die Angaben richtig wären. „Bösliche Handlungsweise" ist jede (auch nur bedingt) vorsätzliche Schädigung Dritter durch falsche Angaben.

(21) OLSchVO 41–44   2. Handelsrechtl. Nebengesetze

Angaben im Lagerschein über äußerlich erkennbare Mängel des Lagerguts

OLSchVO 41 ^I Wird ein Orderlagerschein über Lagergut ausgestellt, dessen Beschädigung, schlechte Beschaffenheit oder schlechte Verpackung für den Lagerhalter äußerlich erkennbar ist, so soll der Lagerhalter diese Mängel auf dem Lagerschein vermerken, sofern es sich nicht um Schäden handelt, die im Verkehr als unerheblich angesehen werden.

^{II} Die Vorschriften des § 40 Abs. 5 finden entsprechende Anwendung.

1) § 41 entspr § 658 HGB, § 76 BinnSchG.

Kraftloserklärung eines Lagerscheins

OLSchVO 42 Ist ein Lagerschein, der durch Indossament übertragen werden kann, vernichtet oder abhanden gekommen, so unterliegt er der Kraftloserklärung im Wege des Aufgebotsverfahrens gemäß §§ 1003 ff. der Zivilprozeßordnung. Ist das Aufgebotsverfahren eingeleitet, so kann der Berechtigte, wenn er bis zur Kraftloserklärung Sicherheit bestellt, Leistung nach Maßgabe des Lagerscheins von dem Lagerhalter verlangen.

1) § 42 entspr § 365 II HGB.

Abschnitt IV. Schlußbestimmungen

Verhältnis zu anderen gesetzlichen Bestimmungen. Durchführung der Verordnung

OLSchVO 43 ^I Artikel 16 des Einführungsgesetzes zum Handelsgesetzbuch und die auf Grund dieses Artikels erlassenen landesgesetzlichen Vorschriften sind, *unbeschadet der Vorschrift des § 44 Abs. 2 dieser Verordnung,* nicht anzuwenden.

^{II} Die Verordnung des Reichspräsidenten zur Erleichterung der Erntebewegung vom 6. August 1931 (Reichsgesetzbl. I S. 433) sowie die zu ihrer Durchführung erlassene Verordnung über Einlagerung von Getreide durch die Deutsche Getreide-Handels-Gesellschaft vom 28. August 1931 (Reichsgesetzbl. I S. 477) werden durch diese Verordnung nicht berührt.

^{III} *(gegenstandslos)*

^{IV} Es bleibt vorbehalten, beim Vorliegen besonderer Gründe Abweichungen von den Vorschriften dieser Verordnung zuzulassen *und, soweit es sich als notwendig erweisen sollte, Anordnungen ergänzenden oder abweichenden Inhalts zu treffen.*

1) Zu I: § 44 II. Zu II s § 416 HGB Anm 2. Zu IV: gemäß Art 129 III GG erloschene Ermächtigung.

Inkrafttreten und Übergangsregelung

OLSchVO 44 ^I Diese Verordnung tritt am 1. Januar 1932 in Kraft.

^{II} u.^{III} *(Durch Zeitablauf gegenstandslos geworden)*

(22) Güterkraftverkehrsgesetz (GüKG)

Vom 17. Oktober 1952 (BGBl I 697)
idF vom 10. März 1983 (BGBl I 249, 257)
mit den späteren Änderungen

(Auszug)

Einleitung

Schrifttum

a) Kommentare: *(Balfanz-)von Tegelen,* GüKG, 1962ff (LBl). – *Hein-Eichholff-Pukal-Krien(-Joseph)-Niehüsener-Trinkhaus,* 2 Bde (LBl). – *Helm,* Frachtrecht, Güterbeförderung auf der Straße, 1979 (= GroßKo §§ 425–452, dort Anh I zu § 452). – *Münz-Haselau-Liebert,* GüKG, Text mit Erläuterungen, 3. Aufl 1980. – *Alff,* Fracht-, Lager- und Speditionsrecht, 1986.

b) Lehrbücher: *von Witzleben,* Die Praxis des Güterfernverkehrs, Rechts- und Tarifanwendung (Grundriß und Erläuterungen), (LBl).

c) Einzeldarstellungen und Sonstiges: *Kirchner,* Leitsatzsammlung Transportrecht, 1981 ff (LBl). – Rsprübersicht: *Piper* 5. Aufl 1985 (Speditions- und Frachtrecht).
Allgemeiner s §§ 425 ff HGB.

1) Das GüKG **17. 10. 52** BGBl 697 ist Nachfolger des GüterfernverkehrsG (GFG) 26. 6. 35, RGBl 788. Es wurde wiederholt geändert, ua durch G 1. 8. 61 BGBl 1153, 1157: „Große GüKG-Novelle", danach Neubekanntmachungen, BGBl 70 I 1, 75 I 2132, 2480, 83 I 257. Erneute Änderung ua durch 1. RechtsbereinigungsG 24. 4. 86 BGBl 563, G 23. 6. 86 BGBl 1093.

2) Hier abgedruckt sind nur die handelsrechtlich relevanten Teile des GüKG.

Erster Abschnitt. Allgemeine Vorschriften

[Anwendungsbereich]

GüKG 1 Die Beförderung von Gütern mit Kraftfahrzeugen unterliegt ausschließlich den Bestimmungen dieses Gesetzes. **Güter sind auch lebende Tiere.**

1) § 1, mißverständlich gefaßt, schließt nur andere öffentlichrechtliche Regelungen der im GüKG behandelten Materien aus, nicht aber allgemeine Vorschriften des Privatrechts, insbesondere Werkvertragsrecht des BGB, Frachtrecht des HGB, BGH **55,** 219, auch nicht DVOen und Verwaltungsvorschriften (s zB §§ 20a, 103, 106), erst recht nicht anderes den Güterkraftverkehr berührendes öffentliches Recht, zB betr gefährliche Güter (s § 425 HGB Anm 1 B a).

2) Das Frachtrecht im Bereich des GüKG ist weitgehend **zwingend,** s bei § 20.

3) Im Gegensatz zum GFG (s Einl 1 vor § 1) handelt das GüKG außer vom Fern- auch vom Nah-Güter-Verkehr mit Kfz. Nur die in § 4 genannten Fälle der Beförderung von Gütern mit Kfz sind ausgenommen, desgl die durch VO gemäß § 4 II „freigestellten". – Innerhalb des GüKG sind unterschieden: **a) Güterfernverkehr** (Definition § 3, Regelung §§ 8–79); **b) besondere Verkehre,** und zwar **Umzugsverkehr** (Definition § 37, Regelung §§ 37–44), Güterfern-

(22) GüKG 2 2. Handelsrechtl. Nebengesetze

verkehr der **Bundesbahn** (§§ 45–47) und **Werkverkehr** (Definition § 48 I 1, von Werkfernverkehr § 48 II; Regelung §§ 48–52); **c) Güternahverkehr** (Definition § 2, Regelung §§ 80–97), und zwar **allgemeiner Güternahverkehr** (§§ 80–89) und **landwirtschaftliche Sonderverkehre** (§§ 89a–89c).

4) Streitig ist, ob **Container** (nicht ihr Inhalt) Güter iSv § 1 sind; ja Scheer BB **69**, 117, **70**, 1120, nein Preyer, Willenberg BB **70**, 1118. Davon abhängig (vgl § 20 Anm 1) Anwendbarkeit von (ua) **(23)** KVO §§ 29 ff (Haftung). Frachtberechnung allgemein ohne Containergewicht, Scheer aaO (sachlich richtig, aber gesetzwidrig!). Vgl hierzu BGH JZ **78**, 30: Container „Packung" iSv § 660 HGB (Seerecht); Zschoche NJW **78**, 2421 („mobiles Compartment des Laderaums"). **Trailer** (Sattelanhänger): Besondere Frachtberechnung nach Trailergewicht (VO 19. 1. 58 BAnz 23. 1. 58); Anwendbarkeit von **(23)** KVO §§ 29 ff; so Preyer, Willenberg aaO. **Lohnfuhr** (vgl § 425 HGB Anm 1 C) mit Kfz unterliegt dem GüKG, BGH BB **75**, 858. S auch §§ 48, 49 Anm (Werkverkehr), § 84 Anm 2 (Nahverkehr), **(23)** KVO § 20 (Frachtberechnung).

[Güternahverkehr]

GüKG 2 [I] Güternahverkehr ist jede Beförderung von Gütern mit einem Kraftfahrzeug für andere innerhalb der Nahzone mit Ausnahme des Umzugsverkehrs. Güternahverkehr ist auch die Beförderung mit Kraftfahrzeugen des Güterkraftverkehrs, die nach der Straßenverkehrs-Zulassungs-Ordnung höchstzulässigen Abmessungen oder Gewichte um mehr als zehn vom Hundert überschreiten, soweit Güter zur unmittelbar anschließenden Beförderung mit der Eisenbahn zu einem Bahnhof oder in unmittelbarem Anschluß an eine Beförderung mit der Eisenbahn von einem Bahnhof jeweils innerhalb der Nahzone der Gemeinde des Bahnhofs befördert werden.

[II] Die Nahzone ist das Gebiet innerhalb eines Umkreises von fünfzig Kilometern, gerechnet in der Luftlinie vom Mittelpunkt des Standorts des Kraftfahrzeugs (Ortsmittelpunkt) aus. Zur Nahzone gehören alle Gemeinden, deren Ortsmittelpunkt innerhalb der Nahzone liegt. Sie ist für jede Gemeinde von der nach Landesrecht zuständigen Behörde öffentlich bekanntzugeben. Gemeinden mit mehr als einhunderttausend Einwohnern oder mit einer Fläche von mehr als einhundert Quadratkilometern können für die Bestimmung von Ortsmittelpunkten in Bezirke eingeteilt werden; für jeden Bezirk kann ein Ortsmittelpunkt bestimmt werden. Jeder dieser bezirklichen Ortsmittelpunkte gilt als Ortsmittelpunkt für das gesamte Gemeindegebiet. Der Ortsmittelpunkt muß ein verkehrswirtschaftlicher Schwerpunkt der Gemeinde oder des Bezirks sein.

[III] Werden Gemeinden oder Gemeindeteile in andere Gemeinden eingegliedert oder zu einer neuen Gemeinde zusammengeschlossen, so können für die in ihrem Gebietsumfang geänderte oder neugebildete Gemeinde bis zu drei bezirkliche Ortsmittelpunkte nach Absatz 2 bestimmt werden, auch wenn die Voraussetzungen des Absatzes 2 Satz 4 erster Halbsatz nicht vorliegen. Die Bestimmung ist nur zulässig, wenn es für die befriedigende Verkehrsbedienung eines bestimmten Gebietes erforderlich ist, eingerichtete Verkehrsverbindungen aufrechtzuerhalten, die unter Berücksichtigung der bisherigen Ortsmittelpunkte Güternahverkehr im Sinne dieser Vorschrift darstellen. Sind Gemeinden oder Gemeindeteile nach dem 31. Dezember 1968 in eine andere Gemeinde eingegliedert oder zu einer neuen Gemeinde zusammengeschlossen worden, so gelten die Sätze 1 und 2 entsprechend.

[IV] Die Landesregierungen bestimmen die Ortsmittelpunkte nach Anhörung der Bundesanstalt für den Güterfernverkehr durch Rechtsverordnung. Sie können ihre Ermächtigung durch Rechtsverordnung weiter übertragen, in den Fällen des Absatzes 2 Satz 4 und des Absatzes 3 jedoch nur auf eine oberste Landesbehörde oder auf eine höhere Landesverkehrsbehörde.

1) Kommentiert bei § 3.

[Güterfernverkehr]

GüKG 3 ^I Güterfernverkehr ist jede Beförderung von Gütern mit einem Kraftfahrzeug für andere über die Grenzen der Nahzone hinaus oder außerhalb dieser Grenzen mit Ausnahme des Umzugsverkehrs.

^II Werden Güter für andere auf einem Teil der Strecke mit einem Kraftfahrzeug, auf einem anderen Teil der Strecke mit der Eisenbahn oder einem Binnenschiff in einem Kraftfahrzeug, einem Anhänger oder deren Aufbauten (Huckepackverkehr) oder in Behältern befördert und wird der Vertrag über die Beförderung auf der Gesamtstrecke durch einen Unternehmer geschlossen, der im Besitz einer Genehmigung für den Güterfernverkehr ist, die die Beförderung auf der Gesamtstrecke deckt, so sind die Vorschriften für den Güterfernverkehr mit folgender Maßgabe entsprechend anzuwenden:
1. Wird die An- oder Abfuhr innerhalb der Nahzone des eingesetzten Kraftfahrzeugs durchgeführt, so gelten hierfür die Bestimmungen des § 12 nicht.
2. Wird die An- oder Abfuhr über die Grenzen der Nahzone des eingesetzten Kraftfahrzeugs hinaus oder außerhalb dieser Grenzen durchgeführt, so
   a) kann abweichend von § 12 Abs. 1 Nr. 3 an Stelle der Genehmigungsurkunde eine Bescheinigung der Deutschen Bundesbahn über deren Hinterlegung mitgeführt werden und
   b) gilt die Beschränkung des § 12 Abs. 1 Nr. 2 nicht.
3. Die Beförderung auf der Gesamtstrecke gilt mit der Genehmigung durchgeführt, die der Unternehmer bei der Deutschen Bundesbahn hinterlegt oder die er für die An- oder Abfuhr verwendet.

Dies gilt nicht für das Verhältnis zwischen dem Unternehmer des Güterfernverkehrs und der Eisenbahn oder dem Schiffahrttreibenden sowie einem für die An- oder Abfuhr innerhalb der Nahzone eingesetzten Unternehmer des Güternahverkehrs.

1) §§ 2, 3 definieren Güternah- und Güterfernverkehr (vgl § 1 Anm 3: System des GüKG). **Oberbegriff** ist „Beförderung von Gütern mit einem Kfz für andere"; **Güternahverkehr** ist solche Beförderung „innerhalb der Nahzone" (§ 2 I, vor G 6. 8. 75, s § 1 Anm 3, auch: „innerhalb der Grenzen" eines Gemeindebezirks", dazu jetzt II, III, IV, zT neu 6. 8. 75); **Güterfernverkehr** „über die Grenzen der Nahzone hinaus oder außerhalb dieser Grenzen" (§ 3 I), jeweils mit Ausnahme des Umzugsverkehrs (Ausnahme neues G 10. 3. 83); **Umzugsverkehr** ist „die Beförderung von Umzugsgut, Erbgut und Heiratsgut mit einem Kfz für andere" (§ 3 nF 10. 3. 83), er ist besonderer Verkehr iSv Abschn 3. Unerwartetes Endes eines Transports (mit weiterem Ziel) noch in der Nahzone macht Fern- nicht zum Nahverkehr, BGH DB **63**, 728. Unterbrechen durch Lagerung in der Nahzone beseitigt nicht die Einheit des Ferntransports (daher Unwirksamkeit der Vereinbarung der Anwendbarkeit der ADSp auch für den „Vorlauf"), Karlsr BB **65**, 141. – Vermieten des Kfz an Selbstfahrer zur Beförderung eigenen Guts ist nicht Befördern (§ 3), auch nicht Beteiligung an (genehmigungspflichtigem) Güterfernverkehr des Mieters (obwohl nicht genehmigungsfreier Werkverkehr, § 48 I Nr 4), auch nicht Umgehung iSv § 5, aber kein Bußgeld nach § 99, Stgt BB **62**, 1103. Güterbeförderung iSv § 2, 3 ist auch Erdbewegung innerhalb einer Baustelle (ohne Befahren öffentlicher Wege), Hamm BB **65**, 1293. § 3 (folglich § 22) gilt auch unter Fuhrunternehmern, von denen einer dem anderen Kfz und Fahrer zur Verfü-

(22) GüKG 4, 5 2. Handelsrechtl. Nebengesetze

gung stellt; auch unter Fuhrunternehmern gilt nicht Preisfreiheit, BayObLG DB **69**, 1011. Am 19. 6. 69 wurden zugefügt: § 2 I 2 betr gewisse Eisenbahn-Zu- und Ab-Transporte und § 3 II (zT geändert 6. 8. 75, II Nr 2b neu 10. 3. 83) betr Transport teils mit Kfz und teils in Kfz, Anhänger oder Aufbauten auf Eisenbahn oder Schiff (**Huckepackverkehr**) oder in Behältern auf Eisenbahn oder Schiff. Zu beachten ist **(24)** CMR Art 2. Der ganze Transport steht auch dann unter GüKG (§§ 3, 20, 26) und KVO (zB §§ 6, 29), wenn er bei Gesamtbetrachtung als Güterfernverkehr mit Kfz erscheint, auch bei Teilstreckenbeförderung mit Eisenbahn und mit NahverkehrKfz, BGH **38**, 150, BB **72**, 551. Zur Abgrenzung auch Hbg MDR **78**, 939.

[Keine Anwendung dieses Gesetzes; Ermächtigung]

GüKG 4 ^I Die Vorschriften dieses Gesetzes finden keine Anwendung auf
1. die Beförderung von Gütern durch den Bund, die Länder, die Gemeinden (Gemeindeverbände) und durch andere Körperschaften des öffentlichen Rechts im Rahmen ihrer hoheitlichen Betätigung,
2. die Beförderung von Gütern mit Krafträdern oder mit Personenkraftwagen,
3. die Beförderung von Leichen in besonders hierfür eingerichteten und ausschließlich solchen Beförderungen dienenden Kraftfahrzeugen,
4. die Beförderung eines einzelnen beschädigten Fahrzeugs,
5. die Beförderung von lebenden Tieren mit Ausnahme von Schlachtvieh.

^II Der Bundesminister für Verkehr wird ermächtigt, durch Rechtsverordnung mit Zustimmung des Bundesrates weitere, im Rahmen des Gesamtverkehrs nicht ins Gewicht fallende Beförderungsfälle allgemein von den Bestimmungen dieses Gesetzes auszunehmen oder sie einer anderen Beförderungsart zuzuordnen.

1) NF 19. 6. 69. Zu II: GüKGFreistellungsVO 29. 7. 69 BGBl 1022 mit späteren Änderungen. Dazu Düss DB **74**, 2001; radioaktive Stoffe freigestellt nach § 1 Nr 12 FreistellungsVO (daher ADSp-Haftungsbeschränkungen wirksam vereinbart), BGH BB **78**, 1235.

[Scheintatbestände]

GüKG 5 ^I Durch Schaffung von Scheintatbeständen dürfen die Vorschriften dieses Gesetzes nicht umgangen werden.

^II Ein Scheintatbestand liegt auch dann vor, wenn
1. die Güter dem befördernden Unternehmer lediglich für die Zeit der Beförderung übereignet werden,
2. eine Sendung nach einem Ort innerhalb der Nahzone abgefertigt wird – außer beim Vorlauf für einen Spediteursammelgutverkehr –, sofern von vornherein eine Beförderung darüber hinaus beabsichtigt ist; dabei macht es keinen Unterschied, ob die Beförderung auf demselben Kraftfahrzeug oder mit Umladung unterwegs ausgeführt wird und ob mehrere Unternehmer an der Beförderung beteiligt sind.

1) § 5 ist § 6 StAnpG, heute § 42 AO 1977 nachgebildet. Gilt für öffentlich- und privatrechtliche Vorschriften (Bspe: unabdingbare Haftung, §§ 20, 26; Festtarif, §§ 22–23). **Umgehung** iSv § 5, wenn zur Erreichung eines wirtschaftlichen Erfolgs nicht der den Umständen nach gewöhnliche und zweckmäßige Weg eingeschlagen wird, sondern unter Ausnutzung der Vertragsfreiheit ein den wirtschaftlichen Vorgängen ferner liegender und daher ungewöhnlicher, der an den gesetzlich angeordneten Rechtsfolgen vorbei führen soll, BGH NJW **60**, 1057, WM **73**, 1275 (Frachtrückvergütung und Frachtvermittlungsentgelt in Form eines GmbH-Kaufpreises), BB **74**, 957, NJW **82**, 107 LS (Beförderer als

"Zwischenhändler"); nicht ohne weiteres Zwischenschaltung einer personengleichen Ges, die dieselben Geschäftsräume benutzt, BGH NJW **84,** 126. Ein solcher Umgehungstatbestand bleibt unbeachtet, die Rechtsfolgen des Geschäfts bestimmen sich nach der dem wirtschaftlichen Zweck angemessenen Gestaltung; ergibt diese eine tarifmäßige Nachforderung des Beförderers, steht dieser nicht der Einwand unzulässiger Rechtsausübung (der Arglist) entgegen, auch wenn der Beförderer den Zweck der umgehenden Gestaltung kannte, BGH BB **74,** 957, vgl § 22 Anm 2 B. S auch bei § 3. Zum Unterschied zwischen Vorlauf (§ 5 II Nr 2) und Abholung (§ 5 II KVO) Karlsr BB **65,** 141.

2) Rechtsverhältnisse bei engerer Verbindung, zB durch Beteiligung, von Verlader, Transporteur(-Spediteur), ua betr § 5, s § 22 Anm 1 C, § 33 Anm 1, § 35 Anm 1. Monographie Höfel 1973 (Werkfrachtführer und Werkspediteur).

[Standortbestimmung]

GüKG 6 ¹ Für jedes Kraftfahrzeug, das im Güterfernverkehr oder im Güternahverkehr verwendet werden soll, muß ein Standort bestimmt werden. Der Unternehmer muß an diesem Standort den Sitz seines Unternehmens oder eine nicht nur vorübergehende geschäftliche Niederlassung haben.

II Der Sitz eines Unternehmens kann nur anerkannt werden, wenn – bezogen auf Art und Umfang des Unternehmens – mindestens folgende Voraussetzungen gegeben sind:
a) ein besonderer durch den Unternehmer entsprechend eingerichteter und ständig benutzter Raum, der erforderlich, geeignet und bestimmt ist, Mittelpunkt der geschäftlichen Tätigkeit dieses Unternehmens zu bilden;
b) das Vorhandensein einer zu selbständigem Handeln befugten geschäftskundigen Person, soweit der Unternehmer die Geschäfte nicht selbst wahrnimmt;
c) eine dem Unternehmenszweck entsprechende Tätigkeit von erheblicherem Umfang.
Diese Mindestanforderungen gelten auch für nicht nur vorübergehende geschäftliche Niederlassungen.

III Über die Bestimmung des Standortes ist eine amtliche Bescheinigung zu erteilen, die bei allen Fahrten im Kraftfahrzeug mitzuführen und auf Verlangen der zuständigen Kontrollbeamten zur Prüfung auszuhändigen ist.

IV Für die im Güternahverkehr verwendeten Lastkraftwagen mit einer Nutzlast von nicht mehr als 750 kg gilt der im Fahrzeugschein eingetragene regelmäßige Standort als Standort im Sinne dieses Gesetzes, soweit nicht ein Standort nach den Absätzen 1 bis 3 bestimmt ist.

V Sollen Kraftfahrzeuge über die Grenzen der Nahzone hinaus oder außerhalb dieser Grenzen vorübergehend im Nahverkehr verwendet werden, so kann die untere Verkehrsbehörde vorübergehend einen anderen Ort zum Standort erklären, wenn dies aus wirtschaftlichen Gründen geboten und mit dem öffentlichen Interesse an der Aufrechterhaltung eines geordneten Güterkraftverkehrs vereinbar ist.

VI Ist ein Standort nach den Vorschriften dieses Gesetzes nicht bestimmt worden, so gilt unbeschadet von Absatz 4 als Standort der Ort des Sitzes oder der nicht nur vorübergehenden geschäftlichen Niederlassung, von dem aus das Kraftfahrzeug eingesetzt wird.

1) Wiederholt geändert, zuletzt 6. 8. 75 ua Einfügung IV. Zu V (früher IV) BayVGH 13. 10. **71** (Brandmüller BB **73,** 19). Bedeutung der Standortbestimmung nach § 6 (im Gegensatz zu §§ 23, 27 StVZO) für Kfzhaftpflichtversicherung, BGH DB **76,** 1223.

[Angenommener Standort]

GüKG 6a [^1] Die von der Landesregierung bestimmte Behörde hat auf Antrag des Unternehmers einen Ort als Standort zu bestimmen, an dem der Unternehmer weder den Sitz seines Unternehmens noch eine geschäftliche Niederlassung hat (angenommener Standort).

[II] Der angenommene Standort darf nicht weiter als dreißig Kilometer in der Luftlinie vom Sitz oder der Niederlassung entfernt liegen. Liegt der Sitz oder eine nicht nur vorübergehende geschäftliche Niederlassung des Unternehmers
1. im Zonenrandgebiet oder
2. nördlich des Nordostseekanals nicht weiter als vierzig Kilometer in der Luftlinie von der Westküste des Landes Schleswig-Holstein entfernt,

darf der angenommene Standort entweder nicht weiter als dreißig Kilometer in der Luftlinie vom Sitz oder der Niederlassung oder nicht weiter als fünfzig Kilometer in der Luftlinie sowohl vom Zonenrand oder der Westküste des Landes Schleswig-Holstein als auch vom Sitz oder der Niederlassung entfernt liegen. Die Entfernungen nach den Sätzen 1 und 2 werden zum Ortsmittelpunkt des angenommenen Standorts sowie vom Ortsmittelpunkt der Gemeinde aus gemessen, in der sich der Sitz oder die Niederlassung befindet.

[III] Der angenommene Standort ist für alle Kraftfahrzeuge des Sitzes oder der Niederlassung zu bestimmen. Ist für einen Teil der Kraftfahrzeuge des Sitzes oder der Niederlassung entgegen Satz 1 der angenommene Standort nicht bestimmt, so gilt auch für diese Kraftfahrzeuge der angenommene Standort. Die erneute Bestimmung eines angenommenen Standortes ist erst nach Ablauf eines Jahres zulässig.

[IV] § 6 Abs. 5 gilt auch für Kraftfahrzeuge, für die ein angenommener Standort bestimmt ist.

1) § 6a eingefügt 1. 8. 61; I 2 und II 2 19. 6. 69; nF I, II 4. 12. 70.

[Standort im grenzüberschreitenden Güterverkehr]

GüKG 6b [^1] Bei einer Beförderung von Gütern, die zu einem Teil innerhalb und zu einem anderen Teil außerhalb des Geltungsbereichs dieses Gesetzes durchgeführt wird (grenzüberschreitender Güterkraftverkehr), gilt für ein Kraftfahrzeug, das nicht im Geltungsbereich dieses Gesetzes zugelassen ist, die Gemeinde als Standort, in deren Gebiet das Kraftfahrzeug in diesen Geltungsbereich zuerst einfährt oder ihn zuletzt verläßt.

[II] Bei einer Beförderung von Gütern, bei der Be- und Entladeort innerhalb des Geltungsbereichs dieses Gesetzes liegen (Binnenverkehr), mit einem Kraftfahrzeug, das nicht im Geltungsbereich dieses Gesetzes zugelassen ist, gelten die Vorschriften über den Güternahverkehr, wenn ein Standort nach den Vorschriften dieses Gesetzes bestimmt ist und die Beförderung Güternahverkehr im Sinne des § 2 ist, in allen übrigen Fällen die Vorschriften über den Güterfernverkehr.

1) Eingefügt 1. 8. 61, nF 29. 11. 71.

[Verkehrstarife]

GüKG 7 [^1] Mit dem Ziel bester Verkehrsbedienung hat die Bundesregierung darauf hinzuwirken, daß die Wettbewerbsbedingungen der Verkehrsträger angeglichen werden und daß durch marktgerechte Entgelte und einen lauteren Wettbewerb der Verkehrsträger eine volkswirtschaftlich sinnvolle Aufgabenteilung ermöglicht wird.

V. Transportrecht **GüKG 8–20 (22)**

^{II} Die Leistungen und Entgelte der verschiedenen Verkehrsträger hat der Bundesminister für Verkehr insoweit aufeinander abzustimmen, als es die Verhinderung eines unbilligen Wettbewerbs erfordert.

^{III} Der Bundesminister für Verkehr kann Richtlinien über die Genehmigung der Verkehrstarife bekanntmachen.

1) Sog Koordinierungsparagraph, nF 1961.

Zweiter Abschnitt. Güterfernverkehr

Erster Titel. Genehmigung

GüKG 8–19 b *(nicht abgedruckt)*

Zweiter Titel. Tarif

[Tarifpflicht]

GüKG 20
^I Die Tarife müssen alle zur Bestimmung des Beförderungsentgelts (Entgelte für die Beförderung und für Nebenleistungen) notwendigen Angaben und alle anderen für den Beförderungsvertrag maßgebenden Beförderungsbedingungen enthalten.

^{II} Die Tarife gelten hinsichtlich der Beförderungsleistung auch für den Speditionsvertrag zwischen dem Spediteur und seinem Auftraggeber. Bewirkt der Spediteur die Versendung des Gutes zusammen mit dem Gut eines anderen Auftraggebers in einer Sendung, so ist jedoch das Entgelt für die Beförderung des einzelnen Gutes mindestens nach dem Frachtsatz der für die Sendung anzuwendenden Gewichtsklasse zu entrichten; unberührt bleiben besondere Regelungen nach dem Preisgesetz.

1) Die (gem § 20a zu erlassenden) Tarife sollen nicht nur (der üblichen Bedeutung des Wortes „Tarif" entsprechend) **a) das Beförderungsentgelt,** sondern auch **b) die sonstigen Beförderungsbedingungen** (Pflichten beider Parteien des Beförderungsvertrages, Haftung des Unternehmers usw) regeln. Für den Güterfernverkehr insbesondere bestehen der **Reichskraftwagentarif (RKT)** mit der (23) KVO 30. 3. 36, idF 14. 10. 69. Auch ein nicht genehmigter Güterfernverkehr ist tarifgebunden, BGH NJW **67,** 1323.

2) II nF 19. 6. 69: statt bloßem Ausklammern des Sammelgutverkehrs (Halbsatz 2 aF) Grundsatz des II 2. Nach II wirkt der Tarif außer zwischen Absender und Frachtführer auch **zwischen Versender und Spediteur** (Absender); dieser hat gegen jenen Anspruch auf Vergütung der Beförderungsleistung (nicht zB von Lagerung, Inkasso usw) gemäß Tarif, auch wenn er mit dem Frachtführer niedrigere Vergütung vereinbarte, dem Frachtführer nur diese zahlte und Frachtführer auch von ihm (trotz §§ 22, 23 I 1) nicht mehr fordert, BGH **LM** GüKG Nr 1, abw von § 408 II HGB, wenn man nicht als „mit dem Frachtführer bedungene Fracht" iS § 408 II HGB abw von der wirklichen Absprache die nach Tarif und § 22 III 2 geltende ansieht (so BGH aaO). Ausgenommen ist die Sammelladungsspedition, sei es, daß sie von vornherein vereinbart ist, sei es, daß der Spediteur diese Beförderungsweise wählen darf und wählt (§ 413 II HGB, § 14 ADSp); über Vergütungen im Speditionssammelgutverkehr mit Eisenbahn und Kraftwagen s § 413 HGB Anm 2 C. Spediteur muß den beteiligten Versendern zusammen mindestens das von ihm dem Frachtführer zu Leistende berechnen, einzelnen Versendern kann er Abschläge noch vom niedrigsten Tarifsatz gewähren, BGH **LM** GüKG Nr 27; beachte II nF – II gilt auch für Frach-

1413

tagent (HdlVertreter), der Frachtverträge im eigenen Namen (als Absender) abschließt, Brem BB **59**, 1042. – Die KVO gilt nicht zwischen Frachtführer und bezüglich Auslieferung weisungsberechtigtem **Dritten**, s **(23)** KVO § 27 Anm 1.

[Frachtsätze]

GüKG 20 a [I] Die Frachtsätze und alle anderen zur Bestimmung des Beförderungsentgelts notwendigen Angaben des Tarifs werden von Tarifkommissionen festgesetzt.

[II] Die Beschlüsse der Tarifkommissionen nach Absatz 1 bedürfen der Genehmigung des Bundesministers für Verkehr. Er entscheidet im Einvernehmen mit dem Bundesminister für Wirtschaft.

[III] Der Bundesminister für Verkehr soll, wenn er nicht vorher entscheidet, sich innerhalb von drei Wochen nach Eingang des Beschlusses gegenüber der Tarifkommission äußern und innerhalb von zwei Monaten nach Eingang des Beschlusses über die Genehmigung entscheiden.

[IV] Der Bundesminister für Verkehr kann im Einvernehmen mit dem Bundesminister für Wirtschaft an Stelle der Tarifkommission Frachtsätze und andere in Absatz 1 genannte Angaben festsetzen, wenn das allgemeine Wohl es erfordert.

[V] Alle anderen für den Beförderungsvertrag maßgebenden Beförderungsbedingungen werden vom Bundesminister für Verkehr festgesetzt.

[VI] Die nach diesen Vorschriften festgesetzten und genehmigten Tarife erläßt der Bundesminister für Verkehr durch Rechtsverordnung ohne Zustimmung des Bundesrates. Er kann Rechtsverordnungen, die Frachtsätze und andere in Absatz 1 genannte Angaben enthalten, aufheben, wenn das allgemeine Wohl es erfordert; er bedarf hierzu des Einvernehmens mit dem Bundesminister für Wirtschaft.

1) Eingefügt 1. 8. 61. Dazu § 106 II betr RKT und die in diesem enthaltene **(23)** KVO.

[Tarifkommissionen]

GüKG 21 [I] Es werden Tarifkommissionen gebildet für den allgemeinen Güterfernverkehr und den Bezirksgüterfernverkehr. An Stelle dieser Tarifkommissionen kann eine gemeinsame Tarifkommission gebildet werden.

[II] Die Tarifkommissionen setzen sich aus Tarifsachverständigen der beteiligten Zweige des Güterfernverkehrs zusammen. Die Mitglieder der Tarifkommissionen und ihre Stellvertreter werden vom Bundesminister für Verkehr auf die Dauer von drei Jahren aus dem Kreise der Personen berufen, die ihm von Angehörigen oder Verbänden des Güterfernverkehrsgewerbes vorgeschlagen werden. § 62 Abs. 4 und 5 ist entsprechend anzuwenden. Die Mitglieder der Tarifkommissionen sind ehrenamtlich tätig; sie sind nicht an Aufträge oder Weisungen gebunden.

1) NF 1. 8. 61, I nF 10. 3. 83.

[Beratende Ausschüsse]

GüKG 21 a [I] Bei jeder Tarifkommission wird ein beratender Ausschuß gebildet.

[II] Die beratenden Ausschüsse setzen sich aus Vertretern der Verlader zusammen. Die Mitglieder dieser Ausschüsse und ihre Stellvertreter werden von der Industrie und dem Handel, von der Spedition, dem Handwerk und der Agrarwirtschaft vorgeschlagen. Im übrigen ist § 21 Abs. 2 Satz 2 bis 4 entsprechend anzuwenden.

III Die Tarifkommissionen haben ihren beratenden Ausschüssen vor jeder Sitzung, in der über die Festsetzung von Tarifen beschlossen werden soll, nach Maßgabe der Geschäftsordnung Gelegenheit zur Stellungnahme zu geben.

1) Eingefügt 1. 8. 61.

[Errichtung der Tarifkommissionen und Ausschüsse]

GüKG 21 b I Der Bundesminister für Verkehr errichtet die Tarifkommissionen und ihre beratenden Ausschüsse und bestimmt ihre Zusammensetzung und ihren Aufbau sowie den Sitz der Tarifkommissionen durch Rechtsverordnung ohne Zustimmung des Bundesrates.

II Die Tarifkommissionen und ihre beratenden Ausschüsse geben sich Geschäftsordnungen, die der Genehmigung des Bundesministers für Verkehr bedürfen.

III Der Bundesminister für Verkehr ist berechtigt, an den Sitzungen der Tarifkommissionen und ihrer beratenden Ausschüsse teilzunehmen oder sich vertreten zu lassen. Er kann Bedienstete der Bundesanstalt für den Güterfernverkehr als Beauftragte entsenden.

1) Eingefügt 1. 8. 61.

[Beförderungsentgelte]

GüKG 22 I Die Beförderungsentgelte sollen den wirtschaftlichen Verhältnissen der Unternehmer des Güterkraftverkehrsgewerbes Rechnung tragen; sie sind Mindest-/Höchstentgelte, falls in dem Tarif nichts anderes bestimmt ist. Bei Festsetzung der Beförderungsentgelte sind unbillige Benachteiligungen landwirtschaftlicher und mittelständischer Wirtschaftskreise sowie wirtschaftlich schwacher und verkehrsungünstig gelegener Gebiete zu verhindern.

II Ermäßigungen des Beförderungsentgelts und andere Vergünstigungen, die nicht veröffentlicht worden sind und nicht unter gleichen Bedingungen jedermann zugute kommen, sind unzulässig. Unzulässig sind ferner Zahlungen oder andere Zuwendungen, die einer Umgehung des tarifmäßigen Beförderungsentgelts gleichkommen. Leistungen, die im Zusammenhang mit Beförderungen dem Unternehmer außerhalb des Beförderungsvertrages oder dem Spediteur außerhalb des Speditionsvertrages erbracht werden, dürfen nicht pauschal, sondern nur auf Grund einer Einzelabrechnung vergütet werden; unberührt bleiben Regelungen nach den §§ 32, 35 und 84h. Entgelte für eine Beschäftigungs- oder Umsatzgarantie oder für eine Organisation des Fahrzeugeinsatzes dürfen nur auf Grund des Tarifs oder einer anderen Rechtsverordnung nach diesem Gesetz gezahlt werden.

III Die rechtliche Wirksamkeit des Beförderungsvertrages wird durch tarifwidrige Abreden nicht berührt. Die Höhe des Beförderungsentgelts und die Beförderungsbedingungen richten sich auch in diesen Fällen nach den Bestimmungen des Tarifs.

1) A. I geändert 6. 8. 75, zuletzt durch G 26. 11. 79 BGBl 1953. I erklärt das tarifgemäße Entgelt für unter das GüKG fallende Beförderungen für idR Mindest-Höchstentgelt (vorher: Festentgelt oder Mindest-Höchstentgelt); II, III präzisieren die Bedeutung; II 3, 4 neu 10. 3. 83 verhindern Umgehungen durch Pauschalvergütungen und Garantie- und Organisationsentgelte. § 23 stärkt die

Erzwingbarkeit dieser Anordnungen. Hauptzweck der Regelung ist Schutz der Bundesbahn gegen Unterbietung durch den Kfz-Verkehr, daneben Verhinderung eines existenzgefährdenden Wettbewerbs im Transportgewerbe, BGH NJW **60,** 1250, **72,** 390; deshalb ist unerheblich, wie billig bestimmte Transporte der Bundesbahn sind. Über das Recht vor dem GüKG BGH **8,** 66, NJW **55,** 1755, **LM** § 413 HGB Nr 1 (Festentgelte mindestens schon seit 1948). Über Sonderabmachungen bei Transporten nach und von Seehäfen s § 22a. S auch **(23)** KVO § 9. Übersicht: Konow DB **70,** 2109.

B. II 2 ist weit auszulegen, BGH NJW **67,** 1322, WM **73,** 1275, DB **83,** 936. S auch bei § 5. Unzulässig ist auch eine Zuwendung vom Frachtführer an Dritten (nicht Absender), der am Niedrighalten der Transportkosten wirtschaftlich interessiert ist (zB Verkäufer, Käufer der Ware, Vertreter des Verkäufers), BGH NJW **60,** 1057. Desgl Schmiergeld vom Frachtführer an Angestellten des Käufers, (vgl § 9 II Unterabs 2 S 2 KVO für ,,Aufwendungen" an Angestellte oder Familienangehörige der Verfrachter); die Bundesanstalt (§ 53) kann es nach § 23 vom Angestellten zurückfordern, BGH **38,** 171, Bundesanstalt kann auch vom Käufer-Arbeitgeber Abtretung des Anspruchs gegen den Angestellten auf Herausgabe (§§ 675, 667 BGB, BGH WM **62,** 578) fordern, offen BGH **38,** 175. Ist Käufer-Arbeitgeber einverstanden mit solcher Zuwendung, so spart er durch diese Gehalt, ist selbst begünstigt und rückgewährpflichtig, BGH **38,** 176. Unter II 2 fällt wohl auch Provision (gleich von wem gezahlt) für Frachtvermittlung, die nicht nach § 32 zulässig, offen BGH **38,** 177. Unwirksam ist Aufrechnungsverbot (auch Aufrechnung mit verjährten Forderungen s **(23)** KVO § 40 V) und Ausschluß der Widerklage, BGH NJW **83,** 1266. Unzulässig ist, statt einer von zwei zugelassenen Berechnungsweisen eine kombinierte dritte zu wählen, BGH MDR **58,** 907 (wirkliches Gewicht des Guts, ,,Nutzlast" des Fahrzeugs, fingiertes Gewicht, bei besonders geringem Realgewicht des Guts: leere Dosen). Unzulässig ist bei grenzüberschreitendem Transport die Vereinbarung eines unangemessen niedrigen Entgelts für die (vom dtsch Tarif nicht erfaßte) Auslandsstrecke (so daß wirtschaftlich der Inlandstransport verbilligt wird), BGH NJW **72,** 390. S auch Liesecke **LM** GüKG Nr 16. Unzulässig ist Vergütung an Auftraggeber für Überlassung von Fahrgestellen zum Transport von Containern, BGH DB **82,** 2345. Unzulässig, weil § 21 I KVO zuwider, ist Verzögerung der Frachtberechnung durch Unternehmer, Auftraggeber muß den Eingang der Rechnungen überprüfen, etwa je zum Quartalsende, Stgt BB **65,** 352. Zulässig ist Übernahme besonderer Aufwendungen des Absenders durch Frachtführer, nicht in Pauschbeträgen, Bambg BB **66,** 1288, dazu II 3 nF. Sonderleistungen, die dem Aufgabenkreis eines Abfertigungsspediteurs nicht mehr zuzuordnen sind, zB Garantiezusagen, können dagegen vergütet werden, auch pauschaliert in Prozentsatz der gezahlten Mindesttariffracht (§ 32 II Halbs 2 steht nicht entgegen), aber nur im Rahmen des Angemessenen, BGH DB **81,** 1876, dazu II 4 nF. Vergleich über Tarifentgelt ist unzulässig, über tatsächliche Berechnungsgrundlagen uU zulässig, BGH DB **83,** 936.

C. **Beteiligung** des Verlader-Unternehmens (oder eines seiner Angestellten oder Gfter) am Transportunternehmen kann Scheintatbestand sein, s § 5 Anm 2; wenn nicht, folgt uU aus § 22 II 2 Reduzierung des Gewinns des Beteiligten auf das Angemessene (wobei ggf eine in Wahrheit nicht benötigte Kapitaleinlage außer Ansatz zu lassen ist), BGH NJW **60,** 1057, BB **67,** 1322, **70,** 1069. Beteiligung X auf beiden Seiten ist idR kein Fall des § 5, anders Identität des Inhabers, BGH BB **70,** 281. Monographie Höfel 1973.

2) A. Unter **Ausschaltung des § 139 BGB**, der uU zur Nichtigkeit des ganzen Beförderungsvertrags führen würde, ersetzt III tarifwidrige Abreden

V. Transportrecht **GüKG 22a (22)**

durch die Tarifregelung (wie etwa § 4 TVG beim tarifwidrigen Arbeitsvertrag). Unanwendbarkeit des § 22 III, vielmehr Geltung des allgemeinen Rechts (ua § 139 BGB) für Rahmenverträge über künftig abzuschließende Einzelpachtverträge, BGH DB **69**, 1598. Anwendbarkeit bei Sammelladungsspedition s § 413 HGB Anm 2 C.

B. Auch die **Arglisteinrede** greift idR nicht Platz gegen die tarifmäßige Forderung, besonders bei gewerblichem Auftraggeber, BGH NJW **55**, 1755 (zu § 14 GFG), auch bei vorsätzlicher Unterbietung durch Frachtführer, BGH MDR **58**, 907 (zu § 21 II, zwischen Versender und Spediteur), auch wenn andererseits Absender nicht vorsätzlich unterbietet, BGH **LM** VO/PR/73/51 Nr 1, auch wenn Frachtführer von vornherein die Differenz später nachzufordern beabsichtigte, jedenfalls wenn auch Absender vorsätzlich unterbot, BGH NJW **60**, 1250. Gleich ist, ob tarifwidriges Entgelt in Kenntnis der Tarifwidrigkeit vereinbart oder jedenfalls eine Tarifwidrigkeit in Kauf genommen wurde, BGH BB **74**, 957, 958 **75**, 1221. Im Fall des Umgehungsgeschäfts s § 5 Anm 1. Vgl entspr Ausschaltung des § 817 S 2 BGB bei übertariflichem Entgelt, § 23 II 4.

C. Tarifunterbietung begründet nicht (neben dem Restanspruch nach III 2) einen Schadensersatzanspruch aus § 823 II BGB; das GüKG ist nicht Schutzgesetz zugunsten der Unternehmer, BGH NJW **64**, 1224, auch BGH **53**, 121 (s bei § 33).

D. Der Zuzahlungsanspruch des Unternehmers (ggf der Bundesanstalt, vgl § 23 I) bei tarifwidrig niedriger Frachtberechnung ist Vertragsanspruch und **verjährt** nach (23) KVO § 40 in einem Jahr, BGH NJW **60**, 1057, VersR **61**, 1107, Bambg VersR **65**, 1006, Ffm BB **72**, 148 (§ 196 I Nr 3 BGB angewandt). – Anders, wenn die Fracht tarifgemäß berechnet, aber dann eine Rückvergütung gewährt wurde; dann hat Unternehmer (ggf die Bundesanstalt, § 23 II) Anspruch auf deren Rückgewähr aus § 812 BGB, der nach § 195 BGB verjährt (30 Jahre), BGH DB **81**, 1877. Ebenso, wenn von der richtig berechneten Fracht von vornherein eine Provision abgezogen wurde, Bambg VersR **65**, 1006. Es gilt auch gegen Dritte, die im Mitinteresse des Absenders (vgl Anm 1 B) solche Vergütung erhielten. Bereicherungsanspruch ist ggf klar der des Absenders (der Bundesanstalt, § 23 II) auf Rückzahlung von Entgelt über Tarif. S auch BGH NJW **72**, 877 (Nachforderung aus „KundensatzVO", Verjährung nach **(23)** KVO § 40). Übersicht: Bayer transpR **85**, 409.

[Sonderabmachungen]

GüKG 22a [I] Für die Beförderung von Gütern von und nach deutschen Seehäfen, die über See eingeführt worden sind oder über See ausgeführt werden, kann der Unternehmer ohne Bindung an die Tarife Entgelte mit dem Vertragspartner schriftlich vereinbaren (Sonderabmachungen). Solche Sonderabmachungen sind nur zulässig,
1. wenn Umstände vorliegen, die bei der Festsetzung der Tarife nicht berücksichtigt worden sind, insbesondere, wenn der Wettbewerb gegenüber anderen Verkehrswegen oder Verkehrsträgern eine Sonderabmachung erfordert und ihm durch einen Wettbewerbstarif nicht Rechnung getragen wird, und
2. wenn die Sonderabmachung eine Gütermenge von mindestens 500 Tonnen in drei Monaten umfaßt, und
3. wenn die Sonderabmachung das finanzielle Betriebsergebnis des Unternehmers erhält oder verbessert.

[II] Der Unternehmer hat die Sonderabmachung unverzüglich nach ihrem Abschluß der Bundesanstalt für den Güterfernverkehr (§ 53) mitzuteilen; er hat zusammen mit der Sonderabmachung alle Unterlagen vorzulegen, die den Abschluß sowie die vereinbarten Beförderungsentgelte rechtfertigen.

(22) GüKG 23 2. Handelsrechtl. Nebengesetze

^{III} Sonderabmachungen werden spätestens drei Monate nach Inkrafttreten eines Wettbewerbstarifs nach Absatz 1 Nr. 1 unwirksam.

^{IV} Ist der Markt für die Beförderung bestimmter Güter in bestimmten Verkehrsverbindungen gestört, so kann der Bundesminister für Verkehr durch Rechtsverordnung ohne Zustimmung des Bundesrates bestimmen, daß in diesen Fällen der Abschluß von Sonderabmachungen längstens für die Dauer eines Jahres der vorherigen Genehmigung des Bundesministers für Verkehr bedarf. Der Markt gilt insbesondere dann als gestört, wenn die durchschnittliche Höhe der während eines Kalenderjahres erhobenen Beförderungsentgelte nicht ausreicht, um die Rentabilität eines ordnungsgemäß geführten und normal beschäftigten Verkehrsunternehmens zu gewährleisten.

1) Eingefügt 19. 6. 69 I 2 Nr 2 geändert 23. 6. 86. S auch § 24.

[Unter- oder übertarifliche Beförderungsentgelte]

GüKG 23 ^I Ist Beförderungsentgelt unter Tarif berechnet, so hat der Unternehmer den Unterschiedsbetrag zwischen dem tarifmäßigen und dem tatsächlich berechneten Entgelt nachzufordern und erforderlichenfalls gerichtlich geltend zu machen und im Wege der Zwangsvollstreckung beizutreiben. Kommt der Unternehmer dieser Verpflichtung innerhalb einer von der Bundesanstalt für den Güterfernverkehr (§ 53) festzusetzenden angemessenen Frist nicht nach, so geht die Forderung auf die Bundesanstalt über, die das zuwenig berechnete Entgelt im eigenen Namen einzuziehen hat. In diesem Falle führt sie an Stelle des Unternehmers die in dem Unterschiedsbetrag enthaltene Umsatzsteuer an das für sie zuständige Finanzamt ab; die Unterschiedsberechnung gilt für den Vorsteuerabzug nach § 15 Abs. 1 des Umsatzsteuergesetzes als Rechnung des Unternehmers, wenn in ihr der Steuerbetrag gesondert ausgewiesen ist.

^{II} Ist Beförderungsentgelt über Tarif berechnet oder sind andere tarifwidrige Zahlungen oder Zuwendungen geleistet, so muß der Leistende diese zurückfordern und erforderlichenfalls gerichtlich geltend machen und im Wege der Zwangsvollstreckung beitreiben. Kommt der Leistende dieser Verpflichtung innerhalb einer von der Bundesanstalt festzusetzenden angemessenen Frist nicht nach, so geht die Forderung auf die Bundesanstalt über, die das zuviel berechnete Entgelt im eigenen Namen einzuziehen hat. Bei Zuwendungen, die nicht in Geld bestehen, ist der dem Wert der Zuwendung entsprechende Geldbetrag einzuziehen. § 817 Satz 2 des Bürgerlichen Gesetzbuchs ist nicht anzuwenden.

^{III} Hat ein nach den Absätzen 1 oder 2 Forderungsberechtigter vorsätzlich gehandelt, so geht die Forderung in dem Zeitpunkt auf die Bundesanstalt über, in dem diese dem Schuldner den Übergang mitteilt, im Fall des Konkurses eines Forderungsberechtigten jedoch nur, soweit die Forderung nicht zur Befriedigung der Gläubiger erforderlich ist. Tritt der Konkurs erst innerhalb von drei Monaten nach dem Forderungsübergang ein, so kann der Konkursverwalter verlangen, daß die Bundesanstalt einen entsprechenden Teil der Forderung oder, falls diese bereits eingezogen ist, des Erlöses auf ihn zurücküberträgt.

^{IV} Der Bundesminister für Verkehr bestimmt durch Rechtsverordnung ohne Zustimmung des Bundesrates die Form, in der die nach Absatz 1 Satz 1 und Absatz 2 Satz 1 Berechtigten die Einziehung nach- oder zurückzufordernder Geldbeträge nachzuweisen haben.

^V Die Absätze 1 bis 3 finden auf Beförderungen im grenzüberschreitenden Güterkraftverkehr keine Anwendung. Der Bundesminister für Verkehr kann jedoch durch Rechtsverordnung ohne Zustimmung des Bundesrates bestimmen, daß die Absätze 1 bis 3 auf Beförderungen im grenzüberschreitenden

V. Transportrecht **GüKG 23 (22)**

Güterkraftverkehr ganz oder teilweise Anwendung finden, wenn das Recht, das an dem außerhalb des Geltungsbereichs dieses Gesetzes liegenden Be- oder Entladeort gilt, entsprechende Bestimmungen enthält.

1) A. Bei Zuwenig-Berechnung bleibt nach § 22 III (s dort) eine Restforderung des Unternehmers. Die Zuviel-Zahlung oder sonstige tarifwidrige Zuwendung (§ 22 II 2, wirtschaftlich das Beförderungsentgelt erhöhend oder senkend) hat Empfänger (Frachtführer, Absender, Dritter vgl § 22 Anm 1 B) dem Leistenden herauszugeben gemäß § 22 I, II GüKG, §§ 134, 817 S 1 BGB; der Einwand beiderseitigen Verstoßes (§ 817 S 2 BGB) ist ausgeschlossen, II 4 (ähnlich § 5 GrundstückspreisVO 1942).

BGB § 817 [Verstoß gegen Gesetz oder gute Sitten]
War der Zweck einer Leistung in der Art bestimmt, daß der Empfänger durch die Annahme gegen ein gesetzliches Verbot oder gegen die guten Sitten verstoßen hat, so ist der Empfänger zur Herausgabe verpflichtet. Die Rückforderung ist ausgeschlossen, wenn dem Leistenden gleichfalls ein solcher Verstoß zur Last fällt, es sei denn, daß die Leistung in der Eingehung einer Verbindlichkeit bestand; das zur Erfüllung einer solchen Verbindlichkeit Geleistete kann nicht zurückgefordert werden.

B. I 1, II 1 verpflichten gesetzlich den Unternehmer (I 1) zur Nachforderung, notfalls gerichtlichen Geltendmachung und Beitreibung durch Zwangsvollstreckung des zuwenig Berechneten, desgleichen den Leistenden (II 1) zur Rückforderung usw des zuviel Berechneten oder der tarifwidrigen Zuwendung. Im Prozeß gemäß II 1 kann die Bundesanstalt (s C) als Nebenintervenientin zugelassen werden, Stgt NJW **65**, 824. Kläger muß den Sachverhalt richtig und vollständig vortragen, nicht sich die Rechtsansicht der Bundesanstalt (Nebenintervenientin) zu eigen machen; das ist kein Scheinprozeß ohne Rechtsschutzinteresse, BGH NJW **69**, 699. Hat Unternehmer schuldhaft unrichtig versichert, der Zielort sei in der Nahzone (statt knapp außerhalb dieser) kann der schuldlose Auftraggeber gegen die Nachforderung aus I 1 mit Schadensersatz aus Verschulden bei Vertragsschluß aufrechnen, BGH BB **68**, 487.

C. I 2 f, II 2 ff, III, IV geben der Nach- oder Rückforderungspflicht (I 1, II 1, s B) eine scharfe Sanktion: Die **Bundesanstalt** (§ 53) kann die Forderung auf sich überleiten und einziehen („im eigenen Namen" und für eigene Rechnung). I 3 nF 6. 8. 75. Differenzberechnung beim Margentarif (§ 22 I) Liebert BB **63**, 372. Voraussetzungen sind Tarifverstoß (vgl § 22), Nichterfüllung der Nach- oder Rückforderungspflicht (vgl B) und Fristsetzung und -verstreichen (II 2; Fall des vorsätzlichen Verstoßes s D). – **Verjährung** s bei § 22 Anm 2 D und (23) KVO § 40.

D. Bei vorsätzlichem Tarifverstoß bedarf es keiner Fristsetzung, die Forderung geht auf die Anstalt durch ihren Überleitungsbescheid über, jedoch ggf nicht zum Nachteil von Konkursgläubigern des Forderungsberechtigten; III. Über Tarifverstoß und Vorsatz entscheidet das ordentliche Gericht, über andere Einwendungen gegen die Überleitung das Verwaltungsgericht, BGH **31**, 91, **38**, 175, BVerwG BB **65**, 1168. Nicht erforderlich für III ist Tarifumgehungsabsicht oder Bewußtsein der Umgehung, es genügt Kenntnis der Tatsachen, die objektiv Umgehung ergeben, BGH **38**, 183. Anstalt kann von Einziehung absehen, wenn der Forderungsberechtigte die Nach- (oder Rück-)Zahlung ernstlich betrieb, bevor die Anstalt mit der Sache befaßt war, BVerwG NJW **57**, 1569.

2) Auf Grund §§ 20a V, VI, 23 IV, 28 I, II, 58 III, 97d (aF) GüKG erging VO über die Tarifüberwachung im Güterfernverkehr und grenzüberschreitenden Güterkraftverkehr (**GüKGTarifüberwachungsVO**) idF 7. 6. 73 BGBl 573,

(22) GüKG 24–27 2. Handelsrechtl. Nebengesetze

mehrfach geändert, die ua regelt: Einrichtung und Führung eines Fahrtenbuchs, nach 3 Mustern, abw Fahrtennachweis im Güterfernverkehr der Bundesbahn, §§ 1–3; Frachtenprüfung, §§ 4–10a; Behandlung der Abweichungen vom Tarif, §§ 11–17, insbesondere: Form des Nachweises der Einziehung des Nach- oder Zurückgeforderten (§ 23 I 1, II 1 GüKG), § 13: unverzügliche Vorlegung bestimmter Belege oder schriftliche Erklärung; Fristbestimmung gem § 23 I 2, II 2 GüKG, § 14: möglich in allgemeiner Weise durch Veröffentlichung im BAnz; Vernachlässigung von Unterschieds-Kleinstbeträgen, § 15; Befreiung des Berechtigten von der Nach- oder Rückforderungspflicht (§ 23 I 1, II 1 GüKG) bei Uneinbringlichkeit, § 16 I; Erfordernis der Zustimmung der Bundesanstalt zum Vergleich über eine Tarifausgleichsforderung, § 17.

3) Zum grenzüberschreitenden Verkehr s V, eingefügt 29. 11. 71. Dazu § 6b nF.

[Veröffentlichung von Sonderabmachungen]

GüKG 24 Die Bundesanstalt für den Güterfernverkehr (§ 53) veröffentlicht unverzüglich im Verkehrsblatt – Amtsblatt des Bundesministers für Verkehr – folgende Einzelheiten aller Sonderabmachungen, die ihr nach § 22a Abs. 2 mitgeteilt worden sind:
1. **Name des Unternehmers,**
2. **Verkehrsverbindungen,**
3. **Güterart,**
4. **Gütermenge,**
5. **vereinbarte Beförderungsentgelte,**
6. **Tag des Abschlusses der Sonderabmachung,**
7. **Dauer der Sonderabmachung,**
8. **wichtigste Sonderbedingungen.**

GüKG 25 *(weggefallen)*

Dritter Titel. Pflichten der am Beförderungsvertrag Beteiligten

[Verbot des Haftungsausschlusses]

GüKG 26 Soweit Beförderungsbedingungen (§ 20) anzuwenden sind, kann der Unternehmer die ihm nach den gesetzlichen Vorschriften oder den Beförderungsbedingungen obliegende Haftung durch Vertrag weder ausschließen noch beschränken.

1) Eine der privatrechtlich wichtigsten Vorschriften des GüKG. Nahverkehr s § 85. Umzugsverkehr § 41, Werkverkehr § 50 Anm. 1. § 26 regelt allein die vertragliche Abdingbarkeit der Haftung, nicht ihre Voraussetzungen und Ausgestaltung. Insoweit gelten für die gesetzliche Haftung §§ 429 ff HGB und Beförderungsbedingungen **(23)** KVO §§ 29 ff (nur für den Fernverkehr und gemäß § 1 V KVO für Spediteur nach §§ 412, 413 HGB nur bei Beförderung mit eigenem Kfz), BGH **83**, 92, **87**, 7. Kein Haftungsfreizeichnungsverbot für Spediteur, der nicht selbst befördert, nach § 26 und **(23)** KVO §§ 29 ff, auch bei Ausstellung eines „Frachtbriefs" mit Hinweis auf die KVO, Hbg MDR **69**, 766. Unanwendbarkeit der ADSp auf unter das GüKG fallende Leistungen trotz Vereinbarung s **(19)** ADSp § 2 Anm 3.

[Versicherungspflicht]

GüKG 27 [1] Der Unternehmer hat sich gegen alle Schäden, für die er nach den Beförderungsbedingungen haftet, zu versichern. Auf diese Versicherung finden die für die Transportversicherung geltenden Vorschriften des § 187 des Gesetzes über den Versicherungsvertrag in der im Bundesgesetzblatt Teil III, Gliederungsnummer 7632-1, veröffentlichten bereinigten Fassung mit späteren Änderungen entsprechende Anwendung.

II Der Nachweis der Versicherung ist durch eine vom Versicherer oder seinem Beauftragten zu erteilende Versicherungsbestätigung nach vorgeschriebenem Muster zu erbringen. Der Versicherer oder sein Beauftragter ist verpflichtet, dem Versicherungsnehmer bei Beginn des Versicherungsschutzes die Versicherungsbestätigung kostenlos zu erteilen.

III Die Genehmigungsbehörde hat dem Versicherer oder seinem Beauftragten die Nummer und das Ausstellungsdatum der Genehmigungsurkunde mitzuteilen.

IV Versicherungsunternehmen, mit denen Unternehmer des Güterfernverkehrs eine Versicherung nach Absatz 1 abgeschlossen haben, sind verpflichtet, das Erlöschen des Versicherungsverhältnisses gemäß § 158c des Gesetzes über den Versicherungsvertrag unverzüglich der Genehmigungsbehörde anzuzeigen.

V Die Genehmigungsbehörde kann jederzeit von dem Unternehmer den Nachweis der Versicherung verlangen.

VI Der Unternehmer ist verpflichtet, die Genehmigungsurkunde unverzüglich an die Genehmigungsbehörde zurückzugeben, wenn eine ausreichende Schadensversicherung nicht mehr besteht.

VII Die Einzelheiten des Nachweis- und Meldeverfahrens nach den Absätzen 1 bis 4 bestimmt der Bundesminister für Verkehr durch Rechtsverordnung.

1) § 27 (vgl Roesch NJW **53,** 331) ergänzt § 26 (Unabdingbarkeit der Haftung des Unternehmers) durch Anordnung der **obligatorischen Versicherung des Unternehmers gegen Schäden, für die er haftet.** Es handelt sich um Haftpflichtversicherung (§§ 149ff VVG, vgl Bezugnahme auf § 158c VVG in § 27 IV); sie ist aber hinsichtlich der staatlichen Aufsicht über das Versicherungsunternehmen und der Vertragsfreiheit der Transportversicherung gleichgestellt (§ 27 I 2: Anwendbarkeit des § 148 VAG, § 187 VVG). § 27 gilt für den Güterfernverkehr und den Umzugsverkehr (§ 41); auf den allgemeinen Güternahverkehr kann er durch VO erstreckt werden (§§ 85 II, 103 II Nr 5); § 27 gilt nicht für den Güterfernverkehr der Bundesbahn (§ 46) und den Werkfernverkehr (§ 50 S 3). Neben der Versicherungspflicht nach § 27, die das Interesse der Personen deckt, die dem Unternehmer Güter zur Beförderung anvertrauen, gilt die gewöhnliche Versicherungspflicht für KfzHalter, die dem Schutz des Verkehrs dient.

[Beförderungs- und Begleitpapiere; Fahrtenbuch]

GüKG 28 I Unternehmer und Absender haben dafür zu sorgen, daß über jede Sendung die von dem Bundesminister für Verkehr oder durch das Übereinkommen über den Beförderungsvertrag im internationalen Straßengüterverkehr (BGBl. 1961 II S. 1120) vorgeschriebenen Beförderungs- und Begleitpapiere ausgefertigt werden. Diese sind bei allen Beförderungen im Güterfernverkehr im Kraftfahrzeug mitzuführen.

II Der Unternehmer hat ein Fahrtenbuch zu führen. Einzelheiten über Form und Ausfüllung dieses Fahrtenbuches bestimmt der Bundesminister für Verkehr durch Rechtsverordnung ohne Zustimmung des Bundesrates.

III Die Genehmigungsurkunde, das Fahrtenbuch und die Beförderungs- und Begleitpapiere sind auf Verlangen der zuständigen Kontrollbeamten zur Prüfung auszuhändigen.

(22) GüKG 29–32 2. Handelsrechtl. Nebengesetze

[IV] Im Falle des § 12 Abs. 2 sind die Beförderungspapiere auch während der Beförderung auf der Teilstrecke mitzuführen, auf der ein Kraftfahrzeug ohne Genehmigung eingesetzt wird. Absatz 3 ist insoweit anzuwenden.

1) Zu den vorgeschriebenen Begleitpapieren gehört heute nach **(23)** KVO §§ 10ff der **Frachtbrief**. Der Absender haftet für Schäden durch unrichtige Angaben im Frachtbrief (§ 30 GüKG, § 13 KVO), außerdem schuldet er in diesem Falle einen Zuschlag zum Beförderungsentgelt (§ 31 GüKG, § 22 KVO). Gemäß II wurde Form und Ausfüllung des **Fahrtenbuchs** durch VO geregelt, s § 23 Anm 2. § 28 III aF verpflichtet nicht den Abfertigungsspediteur (§§ 33ff) zur Einsicht der genannten Papiere bei jedem Transport, BGH NJW **67**, 1323. IV nF 19. 6. 69.

[Buchführungspflicht; Aufbewahrung der Beförderungspapiere]

GüKG 29 Unternehmer und Spediteure haben über den Güterfernverkehr Bücher zu führen und in diesen die Beförderungsgeschäfte, insbesondere das Beförderungsentgelt, nach den Grundsätzen ordnungsmäßiger Buchführung ersichtlich zu machen. Der Unternehmer hat die Beförderungspapiere und das Fahrtenbuch nach Beendigung der Beförderung fünf Jahre, die Schaublätter der Fahrtschreiber und Kontrollgeräte ein Jahr geordnet aufzubewahren.

1) § 29 ergänzt §§ 238ff HGB; gilt auch für MinderKflte (vgl § 4 HGB); jedoch mit Aufbewahrungsfrist für die Beförderungspapiere von fünf (statt zehn bzw sechs) Jahren, vgl § 257 IV HGB; seit G 24. 12. 71 auch für das Fahrtenbuch, seit G 9. 3. 83 auch für entsprechende Schaublätter (S 2).

[Richtigkeit und Vollständigkeit der Beförderungspapiere]

GüKG 30 Die an dem Beförderungsvertrag Beteiligten sind für die Richtigkeit und Vollständigkeit ihrer Angaben und Erklärungen in den Beförderungspapieren verantwortlich.

1) S § 28 Anm 1.

GüKG 31 *(weggefallen G 9. 3. 83)*

[Vermittlung von Beförderungsgeschäften]

GüKG 32 [I] Die Vermittlung von Ladegut oder Laderaum im Güterfernverkehr ist nur solchen Personen gestattet, bei denen eine derartige Tätigkeit im Rahmen ihres Gewerbebetriebs üblich ist. Über solche Geschäfte sind Bücher zu führen, die Angaben über die Parteien, das beförderte Ladegut, das Beförderungsentgelt und die Provision enthalten müssen. Die Bücher und sonstigen Unterlagen über das Vermittlungsgeschäft sind fünf Jahre aufzubewahren.

[II] Die am Beförderungsvertrag Beteiligten dürfen, unbeschadet der Vorschriften der §§ 33 bis 36, bei der Beschaffung von Ladegut oder Laderaum sich anderer als der in Absatz 1 bezeichneten Personen nicht bedienen; im übrigen darf den an dem Beförderungsvertrag oder seiner Durchführung Beteiligten eine in bezug auf das Beförderungsentgelt prozentual berechnete Provision nicht gezahlt werden.

[III] Der Vermittler hat gegen den Unternehmer Anspruch auf Vermittlungsprovision nur, wenn der Unternehmer bei dem Vermittler nachgesucht hat, ihm die Gelegenheit zum Abschluß eines Beförderungsvertrages nachzuweisen, und wenn der Beförderungsvertrag infolge der Vermittlung zustande gekommen ist. Ist der Vermittler wegen desselben Ladegutes bereits zur Beschaffung von Laderaum im Auftrag eines Dritten tätig, so hat er gegen den Unternehmer keinen Anspruch auf Provision; das gleiche gilt, wenn der Vermittler Beteiligter an den der Beförderung zugrunde liegenden Rechtsgeschäften ist.

IV Die für das Vermittlungsgeschäft gezahlte Provision darf weder ganz noch teilweise in irgendeiner Form an Dritte weitergegeben werden.

V Der Bundesminister für Verkehr bestimmt im Einvernehmen mit dem Bundesminister für Wirtschaft durch Rechtsverordnung ohne Zustimmung des Bundesrates Höchstsätze für die Bemessung der Vermittlungsprovision und der Entgelte für Nebenleistungen, soweit diese vom Unternehmer gezahlt werden.

1) Zu 1 1: Zulässigkeit der Vermittlertätigkeit einer Speditionsagentur, BGH LM § 32 GüKG Nr 7/8. Zu I 2, 3 (Buchführung und -aufbewahrung) s § 29 Anm 1. IV (früher III) will versteckte Unterbietung des Tarifs durch Weitergabe eines Teils einer vom Unternehmer dem Frachtagenten gezahlten Provision an den Kunden verhindern (vgl §§ 22, 23). Schließt der Frachtagent den Frachtvertrag im eigenen Namen (als Absender), darf er keine Provision nehmen, Brem BB **59**, 1042, desgl vermittelnde (Kohlen-)HdlGes, für die I 1 nicht gilt, Hamm BB **60**, 1151; vgl § 22 Anm 1. Provision für unzulässige Vermittlung rückforderbar nach §§ 22 II 2 (s dort), 23. Zu den Pflichten des Ladegutvermittlers gehört nicht Prüfung der Betriebserlaubnis des Unternehmers, Hamm BB **68**, 1017. Die nach § 32 provisionsfähige Vermittlung muß für konkrete Beförderungsfälle geleistet sein, nicht genügt bloße Vermittlung der Geschäftsverbindung, Hamm MDR **71**, 660. V (früher IV) wurde 1. 8. 61 zugefügt, 6. 8. 75 ergänzt (betr Nebenleistungsentgelte); II wurde neu gefaßt, III zugefügt 19. 6. 69. S auch bei § 5, § 22.

Vierter Titel. Abfertigungsdienst

[Abfertigungsspediteur]

GüKG 33 Abfertigungsspediteur ist ein Spediteur, der im Güterfernverkehr Transporte abfertigt.

1) Die Rechte und Pflichten des **Abfertigungsspediteurs,** der vor der Beförderung die letzten Feststellungen zu treffen und Anweisungen zu erteilen hat und darum besonders vertrauenswürdig sein muß (vgl die in § 34 vorgesehenen Sicherungen für richtige Auswahl), sollen durch eine besondere DVO („Abfertigungsordnung", § 36) geregelt werden. Vgl Wolgast BB **55**, 54. Nach § 5 Nr 1 der die Vergütung des Abfertigungsspediteurs regelnden Anordnung PR 146/48 (VkBl 1948, 93) ist diese nur abtretbar an am Transport beteiligte andere Spediteure; zulässig ist hiernach Teilabführung einer Werbe- und Abfertigungs-Vergütung (WAV) an einen „Haus-Spediteur" des Auftraggebers (der Auftragsvergabe und Abrechnungen überwacht ohne selbst mit abzufertigen); sonst uU Umgehung §§ 20 II 1, 22 II 2 (vgl dort); s auch § 5 Anm 2. Die genannte Anordnung ist entspr dem Zweck des GüKG auszulegen, dieses ist nicht SchutzG der Spediteure, § 5 Nr 1 der Anordnung zielt nicht auf Bewahrung der WAV für den Abfertigungsspediteur, BGH **53**, 117.

[Bestellung des Abfertigungsspediteurs]

GüKG 34 I Der Abfertigungsspediteur wird von der höheren Landesverkehrsbehörde nach Anhörung der Bundesanstalt für den Güterfernverkehr (§ 53), der Vertretungen des gewerblichen Güterfernverkehrs und der Spedition und Lagerei bestellt.

(22) GüKG 35–37 2. Handelsrechtl. Nebengesetze

^{II} Bestellt werden kann nur eine handelsgerichtlich eingetragene Speditionsfirma, die zuverlässig ist und nach ihren betrieblichen und wirtschaftlichen Einrichtungen die Gewähr für die Erfüllung der Aufgaben des Abfertigungsdienstes bietet.

^{III} Auf die Rücknahme der Bestellung findet § 102b Abs. 1 und 2 Nr. 4, 7 und 9 entsprechende Anwendung. Die Bestellung kann außerdem zurückgenommen werden, wenn der Abfertigungsspediteur wiederholt gegen die Abfertigungsordnung (§ 36) verstoßen hat.

^{IV} Für die Abfertigungsspediteure des Kraftverkehrs der Deutschen Bundesbahn finden die Vorschriften der §§ 33 bis 36 entsprechende Anwendung mit der Maßgabe, daß die Abfertigungsspediteure durch die Deutsche Bundesbahn nach Anhörung der höheren Landesverkehrsbehörde bestellt werden. Einer Anhörung der Vertretung des gewerblichen Güterfernverkehrs bedarf es nicht.

1) S § 33 Anm 1. – Zu II: eine KG, deren alleiniger phG Kdtist wird, während ein neuer phG eintritt, bedarf der Neubestellung, BVerwG BB **71**, 632.

[Entgelt des Abfertigungsspediteurs]

GüKG 35 Der Abfertigungsspediteur erhält von dem Unternehmer des Güterfernverkehrs für seine Tätigkeit ein Entgelt, das der Bundesminister für Verkehr im Einvernehmen mit dem Bundesminister für Wirtschaft durch Rechtsverordnung ohne Zustimmung des Bundesrates festsetzt.

1) 1. 8. 61 nF. Das Entgelt des Abfertigungsspediteurs ist Teil des tarifmäßigen Frachtentgelts (vgl §§ 20ff). Dazu § 33 Anm 1. Der Anspruch besteht auch, wenn der Unternehmer verschwieg, daß er nicht mehr die Fernverkehrsgenehmigung besaß (also eigentlich kein Unternehmer des Güterfernverkehrs war), BGH NJW **67**, 1323.

[Aufgaben, Rechte und Pflichten des Abfertigungsspediteurs]

GüKG 36 Die Aufgaben des Abfertigungsspediteurs bei der Durchführung des Güterfernverkehrs, insbesondere seine Rechte und Pflichten, werden durch eine Abfertigungsordnung geregelt, die der Bundesminister für Verkehr durch Rechtsverordnung ohne Zustimmung des Bundesrates erläßt. Vor Erlaß der Abfertigungsordnung ist der Verwaltungsrat der Bundesanstalt für den Güterfernverkehr (§ 53) zu hören.

1) S § 33 Anm 1.

Dritter Abschnitt. Vorschriften für besondere Verkehre

Erster Titel. Sondervorschriften für den Umzugsverkehr

[Erlaubnispflichtigkeit des Umzugsverkehrs]

GüKG 37 Die Beförderung von Umzugsgut, Erbgut und Heiratsgut mit einem Kraftfahrzeug für andere (Umzugsverkehr) ist erlaubnispflichtig. Die Erlaubnis wird dem Unternehmer für seine Person zeitlich unbeschränkt erteilt.

1) §§ 37–44 nF 10. 3. 83. Hierzu Anlage zu GüKUMT VO TSU Nr 3/83 3. 8. 83 BAnz Nr 151: Beförderungsbedingungen, Bedingungen für den Umzugsverkehr und Bedingungen für Handelsmöbel.

V. Transportrecht GüKG 38–44 (22)

GüKG 38–39 *(nicht abgedruckt)*

[Tarife; Tarifkommission für den Umzugsverkehr]

GüKG 40 ᴵ Entgelte für die Beförderung und für Nebenleistungen im Umzugsverkehr sind Mindest-/Höchstentgelte, falls in dem Tarif nichts anderes bestimmt ist. Auf den Tarif sind die §§ 20 und 22 Abs. 1 Satz 1 erster Halbsatz und Abs. 3 anzuwenden. Falls der Tarif Mindest-/Höchstentgelte vorsieht, gilt außerdem § 22 Abs. 2. Für das Tarifbildungsverfahren gilt § 20a.

ᴵᴵ Der Bundesminister für Verkehr wird ermächtigt, durch Rechtsverordnung ohne Zustimmung des Bundesrates eine Tarifkommission für den Umzugsverkehr zu errichten. Die §§ 21, 21a und 21b gelten entsprechend mit der Maßgabe, daß die Mitglieder der Tarifkommission und ihre Stellvertreter auf Vorschlag von Angehörigen oder Verbänden des Umzugs- und Möbelverkehrs und die Mitglieder des beratenden Ausschusses auf Vorschlag der Verbände der Industrie, des Handels, der Spedition, des Handwerks und der Verbraucher berufen werden.

ᴵᴵᴵ Die Tarifkommission für den Umzugsverkehr ist auch zuständig zur Festsetzung von Tarifen für die Beförderung von Handelsmöbeln in besonders für die Möbelbeförderung eingerichteten Fahrzeugen im Güterfernverkehr und Güternahverkehr.

[Verbot des Haftungsausschlusses; Versicherungspflicht]

GüKG 41 § 26 über das Verbot des Haftungsausschlusses und der Haftungsbeschränkung und § 27 über die Versicherungspflicht gelten entsprechend. § 29 über die Buchführungs- und Aufbewahrungspflicht gilt entsprechend mit der Maßgabe, daß der Unternehmer die Zweitschriften seiner Rechnungen fünf Jahre nach Rechnungsausstellung aufzubewahren hat.

[Erlaubnisurkunde]

GüKG 42 Auf allen Fahrten ist eine Ausfertigung der Erlaubnisurkunde mitzuführen und auf Verlangen der zuständigen Kontrollbeamten zur Prüfung auszuhändigen.

[Aufsicht der Erlaubnisbehörde]

GüKG 43 ᴵ Der Unternehmer unterliegt wegen der Erfüllung der gesetzlichen Vorschriften der Aufsicht der Erlaubnisbehörde. Im übrigen gilt § 55 Abs. 1 und 2 entsprechend.

ᴵᴵ Der Bundesminister für Verkehr wird ermächtigt, durch Rechtsverordnung ohne Zustimmung des Bundesrates zu bestimmen, in welchem Umfang und nach welchem Verfahren Unterlagen zur Tarifüberwachung der Bundesanstalt für den Güterfernverkehr vorzulegen sind. In der Rechtsverordnung kann auch die statistische Erfassung der Beförderungsleistungen vorgesehen werden.

1) Aufgrund von II erging VO 25. 5. 83 BAnz Nr 100; danach ist die GüKG-TarifüberwachungsVO (s § 23 Anm 2) auf den Umzugsverkehr entspr anzuwenden.

[Ausnahmeregelungen für DBB]

GüKG 44 Für den Umzugsverkehr der Deutschen Bundesbahn gelten nicht die §§ 37 bis 39, 42, 43 und 102b.

Zweiter Titel. Sondervorschriften für den Güterfernverkehr der Deutschen Bundesbahn

[Zulässigkeit; Höchstzahl einsetzbarer Fahrzeuge]

GüKG 45 ¹ Die Deutsche Bundesbahn darf Güterfernverkehr mit eigenen Kraftfahrzeugen betreiben.
II Der Bundesminister für Verkehr setzt die Höchstzahl der bundesbahneigenen Kraftfahrzeuge, die im Güterfernverkehr eingesetzt werden dürfen, fest. Die Höchstzahl darf dreieinhalb vom Hundert der für den allgemeinen Güterfernverkehr nach § 9 festgesetzten Zahl nicht übersteigen.

[Nichtanwendbarkeit von Vorschriften]

GüKG 46 Für den Güterfernverkehr der Deutschen Bundesbahn mit bundesbahneigenen Kraftfahrzeugen gelten nicht die §§ 8 bis 15, 17 bis 19 b, 23 mit Ausnahme des Absatzes 1 Satz 1, ferner die §§ 27, 58 und 102 b.

1) S Anm zu §§ 23, 27. Die Beförderungsbedingungen im Güterfernverkehr der DBB enthält die „**KVO in der für den Güterfernverkehr der Deutschen Bundesbahn geltenden Fassung**", s Einl 2 B vor **(23) KVO**. Sie gleicht die Stellung der DBB im Güterfernverkehr mit Kfz der eines privaten Kraftverkehrsunternehmens an, daher haftet die DBB für unrichtige Ausstellung von Urkunden, auch öffentlichen Urkunden, durch ihre Bediensteten in diesem Bereich nicht nach § 839 BGB iVm Art 34 GG, BGH **6**, 310. Sie gilt nicht für Stückgut-Beförderung mit Kfz auf Teilstrecken bei Durchführung eines Eisenbahntransports, dann gelten EVO und Eisenbahntarife.

[Beschäftigung von Unternehmern]

GüKG 47 ¹ Die Deutsche Bundesbahn darf zur Durchführung ihres Güterfernverkehrs Unternehmer des genehmigten Güterfernverkehrs beschäftigen. Falls sie solche Unternehmer beschäftigt, hat sie ihnen ein Entgelt in Höhe der nach dem Tarif (§ 20) zu berechnenden Fracht zu zahlen. Hiervon dürfen als Ausgleich für die Leistungen der Deutschen Bundesbahn, insbesondere für die Bereitstellung des Ladegutes, die Fahrzeugdisposition, die Abwicklung des Frachtvertrages und die Abrechnung des Transports mit dem Unternehmer, Abzüge gemacht werden, die der Bundesminister für Verkehr durch Rechtsverordnung ohne Zustimmung des Bundesrates festsetzt. Der Bundesminister für Verkehr kann in Fällen besonderen öffentlichen Interesses Ausnahmen von Satz 2 zulassen.

II Bei Güterbeförderungen nach Absatz 1 ist Frachtführer die Deutsche Bundesbahn.

III Die Unternehmer des genehmigten Güterfernverkehrs unterliegen bei Güterbeförderungen nach Absatz 1 nicht den Vorschriften der §§ 20 und 23 Abs. 1 sowie der §§ 26, 27 und 58; die Vorschriften des § 23 Abs. 2 bis 4 und der §§ 28 und 29 finden entsprechende Anwendung. Die Verpflichtungen nach den §§ 20, 23 Abs. 1 Satz 1 und § 26 treffen an Stelle der Unternehmer die Deutsche Bundesbahn.

IV Die von der Deutschen Bundesbahn über die Beschäftigung von Unternehmern des genehmigten Güterfernverkehrs abgeschlossenen Verträge dürfen nicht verlängert oder erneuert werden, soweit sie mit diesem Gesetz in Widerspruch stehen.

1) § 47 betrifft **Beschäftigung anderer Fuhrunternehmer zur Durchführung** (als Erfüllungsgehilfen) **von Beförderungen der DBB.** Zu III, nF 1. 8. 61, s Anm zu §§ 20, 23, 26, 27, 29. Die Bindung an den Tarif (§ 20) mit der

V. Transportrecht **GüKG 48, 48a (22)**

Pflicht zur nachträglichen Einziehung von Frachtdifferenzen (§ 23), die unabdingbare Haftung (§ 26) und die Buchführungspflicht treffen hier die DBB statt des von ihr beschäftigten Unternehmers.

Dritter Titel. Sondervorschriften für den Werkverkehr

[Werkverkehr]

GüKG 48 ¹ Werkverkehr ist jede Beförderung von Gütern für eigene Zwecke. Er ist nur zulässig, wenn folgende Voraussetzungen erfüllt sind:
1. Die beförderten Güter müssen zum Verbrauch oder zur Wiederveräußerung erworben oder zum Eigengebrauch oder zur gewerbsmäßigen Vermietung oder zur Veredelung oder Bearbeitung oder Verarbeitung bestimmt oder bestimmt gewesen oder von dem Unternehmen erzeugt, gefördert oder hergestellt sein.
2. Die Beförderung muß der Heranschaffung der Güter zum Unternehmen, ihrer Fortschaffung vom Unternehmen oder ihrer Überführung entweder innerhalb des Unternehmens oder zum Zweck des Eigengebrauchs außerhalb des Unternehmens dienen.
3. Die Kraftfahrzeuge müssen bei der Beförderung von Angehörigen des Unternehmens, die nicht Angestellte anderer Unternehmen oder selbständige Unternehmer sein dürfen, bedient werden. Werden im Huckepackverkehr die Güter mit der Eisenbahn oder mit einem Binnenschiff in einem Kraftfahrzeug befördert, so darf das Unternehmen bei der An- oder Abfuhr zu oder von der Eisenbahn oder einem Binnenschiff sich auch anderer als der in Satz 1 genannten Personen bedienen.
4. Die Kraftfahrzeuge müssen auf den Namen des Unternehmers zugelassen sein und ihm gehören oder von ihm auf Abzahlung gekauft sein; dies gilt nicht bei Einsatz eines Ersatzfahrzeugs für die Dauer eines kurzfristigen Ausfalls des sonst im Werkverkehr verwendeten Kraftfahrzeugs und für Lastkraftwagen ohne Anhänger mit einer zulässigen Nutzlast von weniger als 4 t. Der Bundesminister für Verkehr bestimmt durch Rechtsverordnung mit Zustimmung des Bundesrates die höchstzulässige Dauer eines solchen Einsatzes sowie das seiner Überwachung dienende Verfahren.
5. Die Beförderung darf nur eine Hilfstätigkeit im Rahmen der gesamten Tätigkeit des Unternehmens darstellen.

II Werkfernverkehr ist Werkverkehr außerhalb der in § 2 Abs. 2 bestimmten Zone. § 2 Abs. 1 Satz 2 und § 3 finden entsprechende Anwendung.

1) §§ 48 I, 48a, 49 umschreiben den Anwendungsbereich der Bestimmungen über den Werkverkehr. Nicht erheblich ist hierfür das Eigentum am beförderten Gut. § 48 II definiert den Werkfernverkehr. §§ 48–49 zT nF 19. 6. 69, bes § 48 I Nr 3, 4; Nr 5 zugefügt. Zu § 48 I Nr 4: „Ersatzfahrzeug-VO GüKG" 2. 1. 73 BGBl 1. Werkspedition s von Tegelen BB **67**, 478. Lohnfuhr vgl § 1 Anm 5. Werkverkehr (mit Eingliederung in den verladenden Betrieb) ist unzulässig (abw vom Leiharbeitsverhältnis), § 48 I Nr 3, 4, BGH BB **75**, 858. Kein „Werk"-Verkehr iSv GüKG ist der unter verbundenen Unternehmen (Konzernverkehr), BVerwG BB **77**, 969, abw Franke BB **78**, 386. – S auch § 3 Anm 1.

[Zur Wiederveräußerung erworbene Güter]

GüKG 48a ¹ Güter werden nur dann zur Wiederveräußerung im Sinne von § 48 Abs. 1 Nr. 1 erworben, wenn sie im Rahmen einer geschäftlichen Tätigkeit gekauft werden, die ein selbständiges, innerhalb üblicher Geschäftsbeziehungen unabhängiges Handeln des Unternehmens darstellt und nicht von anderen wahrgenommen wird, die an Geschäften über diese Güter beteiligt sind.

II Sind die beförderten Güter nicht zur Wiederveräußerung im Sinne von Absatz 1 erworben und ist auch keine der anderen Voraussetzungen des § 48 Abs. 1 Nr. 1 erfüllt, so finden die Bestimmungen über die Güterbeförderung für andere Anwendung.

1) Eingefügt 6. 8. 75. Einschaltung eines Beförderers als Zwischenhändler ohne wirtschaftliches Bedürfnis und eigene Handelstätigkeit genügt nicht, BGH NJW **82**, 107 LS. S allgemein § 48 Anm 1. Umgehung s § 5.

[Beförderung von Gütern durch Handelsvertreter und Kommissionäre]

GüKG 49 **I** Den Bestimmungen über den Werkverkehr unterliegt auch die Beförderung von Gütern durch Handelsvertreter, Handelsmakler und Kommissionäre, soweit
1. deren geschäftliche Tätigkeit sich auf diese Güter bezieht,
2. die Voraussetzungen nach § 48 Abs. 1 Nr. 2 bis 5 vorliegen und
3. ein Lastkraftwagen von nicht mehr als 4 t Nutzlast ohne Anhänger verwendet wird.

II Die Beschränkung nach Absatz 1 Nr. 3 gilt nicht für die Beförderung von Vieh zu den Viehmärkten, Verladestellen und Schlachtstellen.

1) Die Erweiterung des Begriffs des (gemäß § 50 freien) Werkverkehrs durch § 49 idF 1. 8. 61 wirkt zurück, macht ältere Verstöße straffrei (GüKG ist nicht Zeitgesetz iSv § 2 III StGB), Hamm BB **62**, 237.

[Keine Genehmigungs-, Tarif- und Versicherungspflicht]

GüKG 50 Der Werkfernverkehr ist nicht genehmigungspflichtig. Es besteht keine Tarifpflicht (§ 20) und keine Versicherungspflicht (§ 27).

1) NF 24. 4. 86, S 2 aF aufgehoben, S 3 aF wurde zu S 2 nF. S Anm zu §§ 20, 26, 27. Ein Entgelt für die Beförderung kommt idR nicht in Betracht, weil die Beförderung für Zwecke des Beförderers selbst geschieht. Die unabdingbare Haftung (§ 26) gilt hier nicht, BGH BB **73**, 18, weil keine Tarifpflicht (vgl zum Zusammenhang Tarifpflicht-Haftung § 85 m Anm). Beförderungs- und Begleitpapiere können vom BMV vorgeschrieben werden, § 52, vgl dazu §§ 28 ff Anm.

GüKG 51–52 *(betr Standort; Beförderungs- und Begleitpapiere; Übersichten)*

Vierter Abschnitt. Bundesanstalt für den Güterfernverkehr

GüKG 53–79 *(nicht abgedruckt)*

Fünfter Abschnitt. Güternahverkehr

Erster Titel. Allgemeiner Güternahverkehr

GüKG 80–83a *(betr Erlaubnispflicht, Voraussetzungen, Zuständigkeit, Erlaubnisverfahren und Ausnahmegenehmigungen)*

[Beförderungsentgelte; Tarifkommissionen]

GüKG 84 **I** Entgelte für die Beförderung und für Nebenleistungen im Güternahverkehr sind Höchstentgelte, falls in dem

V. Transportrecht **GüKG 84 (22)**

Tarif nichts anderes bestimmt ist. In dem Tarif kann die Abrechnung oder die Nachprüfung der Abrechnung über eine Abrechnungsstelle angeordnet und die Entrichtung der dafür zu zahlenden Gebühren geregelt werden. Auf den Tarif sind die Vorschriften des § 20 Abs. 2 und des § 22 Abs. 1 Satz 1 erster Halbsatz, Abs. 2 und 3 unmittelbar sowie die Vorschriften des § 20 Abs. 1 entsprechend anzuwenden.

II Es werden Tarifkommissionen gebildet für
1. den allgemeinen Güternahverkehr,
2. den Speditionsnahverkehr.
Anstelle dieser Tarifkommissionen kann eine gemeinsame Tarifkommission gebildet werden.

III Für den Güterfernverkehr und den Güternahverkehr oder für ihre Zweige können gemeinsame Tarifkommissionen gebildet werden. In diesem Fall gelten die §§ 20a, 21a und 21b unmittelbar sowie § 21 Abs. 2 entsprechend.

1) A. Abgrenzung Güterfern-, Güternahverkehr s §§ 2, 3. Entstehung des Abschn ,,Güternahverkehr" (GüKG 1952) s Einl 1 vor § 1, dazu BGH **49**, 226. Gliederung s § 1 Anm 3. Allgemeiner Güternahverkehr; dazu GNT, s Anm B. § 84 gilt nicht für den Umzugsverkehr (§§ 37, 40; II Nr 3 aF gestrichen 9. 3. 83).

B. Zu I 1: Der durch VO aufgrund § 2 PreisG erlassene, ab 1. 2. 1959 geltende Tarif (**Güternahverkehrstarif, GNT** BAnz 1959 Nr 1, mehrfach geändert) enthält Mindest- und Höchstentgelte. Die Festsetzung der Mindestentgelte (§ 2 GNT) durch diese VO verstößt nicht gegen Art 12, 80 GG, BGH BB **74**, 956. – Der Tarif gilt bei älteren Verträgen für spätere Fahrleistungen, BGH DB **64**, 1554. Zwischen Mindest- und Höchstentgelt gilt in erster Linie Vereinbarung. in zweiter ,,Taxe", in dritter das am Ort Übliche, § 632 II BGB. Gestattet der Tarif die Wahl zwischen mehreren Berechnungstafeln und ist nicht gewählt, so könnte die der Eigenart des Transports am meisten entsprechende Tafel als Taxe gelten; bei unzulässig niedriger Bestimmung ist nach der das niedrigste Entgelt ergebenden Tafel zu berechnen, BGH DB **64**, 1554; wenn eine bestimmte Abrechnungsart vereinbart ist, der niedrigste Satz nach dieser, BGH BB **68**, 189. S auch BGH BB **70**, 282. Leerkilometer können uU gesondert in Rechnung gestellt werden; bei Hin- und Rück-Lastfahrt ist dagegen kein Abschlag vorgesehen, er ist aber zulässig im Rahmen der nach §§ 2, 3 GNT allgemein zulässigen Unterschreitung der Leistungssätze, BGH BB **66**, 517. Zu § 1 II Nr 1 GNT (,,Sendung" von mehr als 2500 kg, Milchtransport zur Molkerei) BGH **LM** GüKG Nr 20. Zu § 12 GNT (Entladegebühr) BGH BB **75**, 1221 (Öltankwagen). – Bei **,,Vertragsverhältnis auf längere Zeit"** Tarifunterschreitung bis 30%, § 2, bei Anzeige unverzüglich nach Vertragsschluß an Erlaubnisbehörde bis 40%, § 3. Die Anzeige ist Wirksamkeitsvoraussetzung (nicht nur Ordnungsvorschrift), BGH BB **67**, 1358, DB **76**, 770. Anzeige nur durch Unternehmer; bei Unterlassung uU (zB bei Entgeltabrede, der nur so nahezukommen) Schadensersatzanspruch des Auftraggebers (so daß Ergebnis doch 40% Kürzung), Kln OLGZ **72**, 449. Voraussetzung des Dauervertragsverhältnisses sind detaillierte Angaben im Vertrag, die Kostenentlastung des Unternehmers erkennen lassen, BGH DB **76**, 770. Nachberechnung nach Tarifunterschreitung im Dauervertragsverhältnis aufgrund der das niedrigste zulässige Entgelt ergebenden Abrechnungsart, jedoch ohne Anwendung des § 3 GNT, BGH BB **67**, 1358. – Zu § 15 II GNT (Sondergenehmigung) BGH BB **66**, 517: anwendbar für Mehrzahl gleicher Verträge mit verschiedenen Fuhrunternehmern, keine rückwirkende Genehmigung. Zur Wahl einer bestimmten Abrechnungsart (nach Leistungsmerkmalen) vgl BGH DB **69**, 2030, **70**, 486, zu §§ 4 II, 7 GNT (Tafel I: Tages-km-Sätze ohne Rücksicht auf Last; II: reine Stundensätze; III: Sätze nach Last und Entfernung). Für Tafel III maßgebend: kürzeste, nach Transportart

(22) GüKG 84a–84h

2. Handelsrechtl. Nebengesetze

„verkehrsübliche" (worüber die Bundesanstalt, § 53, Auskunft gibt) Route, § 5 III 1 GNT, gleich welche vereinbart, und tatsächliches Ladungsgewicht, nicht „Nutzlast" des Fahrzeugs, Kln OLGZ **72,** 447. Fortrechnung der Tafel II bei Anhängerwechselverkehr (1 Zugmaschine, mehrere Anhänger), BGH BB **72,** 528. Pauschalvereinbarungen nach § 4 II setzen Festhalten bestimmter Daten (§ 14 II) voraus (zur Nachprüfbarkeit der Tarifmäßigkeit), BGH DB **73,** 713. Bei Tafel III für Ladungsgewichte über 25 Tonnen kein Tarifzwang, Hamm BB **77,** 167. S auch BGH MDR **72,** 302 (ergänzende LandesVO, Solofahrzeug-Zuschlag).

C. Zu I 3: Auch für den Güternahverkehr gilt Unzulässigkeit und Unwirksamkeit der tarifwidrigen Entgeltsabrede, vgl § 22 II, III. Bsp BGH BB **75,** 1221 (Gratis-Öl-Tankwagen-Entladung unzulässig). Nicht besteht Nachforderungszwang mit Sanktion des Rechtsübergangs auf die Bundesanstalt, vgl § 23. Die Nachforderung ist daher in höherem Maße von den Umständen des Einzelfalls abhängig, zB die **Arglisteinrede** des Auftraggebers (vgl § 22 Anm 2 B) uU begründet, wenn Auftraggeber im Hinblick auf das günstige Angebot vom Selbsttransport Abstand nahm, BGH BB **70,** 151. Doch ist sie es auch hier, bei beiderseits bewußt tarifwidriger Abrede oder Inkaufnahme der Tarifwidrigkeit, idR nicht, BGH MDR **74,** 379, BB **75,** 1221.

2) Als AGB im Gebrauch sind die **Allgemeinen Beförderungsbedingungen für den gewerblichen Güternahverkehr mit Kfz (AGNB).** Vereinbarung der Anwendbarkeit der AGNB wie sonst von AGB s **(5)** AGBG § 2; sie sind, soviel bisher feststellbar, nicht HdlBrauch (§ 346 HGB), außer vielleicht vereinzelt örtlich; s BGH BB **74,** 956, **75,** 858. Einbeziehung in Vertrag s BGH NJW **83,** 2026. Inhaltskontrolle nach (5) AGBG § 9 s Ul-Br-He Anh § 9 Rz 25 ff. Unter Spediteuren für KfzNahtransport stillschweigende Bezugnahme auf ADSp, nicht AGNB, Celle BB **75,** 1366. Haftung des Unternehmers s § 14 AGNB; Ausschluß ua bei Auftraggeber-Verschulden, § 15 (1) c. Entspr Anwendung der AGNB auf Lohnfuhr (vgl § 425 HGB Anm 1 C), jedoch Wegfall der Haftung schon bei Verursachung (auch unverschuldet) durch Auftraggeber, § 25 II AGNB, dazu BGH BB **66,** 142, s auch BGH **49,** 225, BB **75,** 858. Modifizierung der Ladungsbefestigungspflicht des Unternehmers (§ 6 III AGNB) bei Lohnfuhr, BGH BB **77,** 921. Für Schäden aus unterlassener Befestigung der Ware auf TransportKfz haftet der Absender, der die Ware auf die Ladefläche des Kfz stellt, nicht (keine Selbstverladung, § 6 AGNB), BGH BB **81,** 999. Die Verkürzung der Verjährungsfrist (§ 26 AGNB) ist für Ansprüche des Unternehmers gegen den Auftraggeber wirksam, BGH BB **74,** 956; grundsätzlich freie weitere Verkürzung, Hamm DB **78,** 1399. Zur Verkürzung umgekehrt für Ansprüche gegen den Unternehmer s §§ 26, 85 I, BGH BB **74,** 956, **75,** 858. – Regionale Geltung der AGNB als HdlBrauch und dann auch zugunsten von NichtKflten? s BGH MDR **70,** 209; Köln aaO (zu § 26 AGNB betr 6-Monate-Verjährung); vgl § 346 HGB Anm 1 B.

GüKG 84a–84g *(betr Tarifkommissionen und Tariffestsetzung durch die Landesregierung)*

[Entgelt des Abfertigungsspediteurs]

GüKG 84h

[I] § 32 sowie die §§ 33 und 34 finden entsprechende Anwendung.

[II] Der Abfertigungsspediteur im Güternahverkehr erhält von dem Unternehmer des Güternahverkehrs für seine Tätigkeit ein vom Bundesminister für Verkehr festgesetztes Entgelt. Die Einzelheiten über die Höhe des Entgelts und die Voraussetzungen seiner Erhebung bestimmt der Bundesminister für

V. Transportrecht **GüKG 85–97 (22)**

Verkehr im Einvernehmen mit dem Bundesminister für Wirtschaft durch Rechtsverordnung.

1) § 84h nF 10. 3. 83.

[Verbot des Haftungsausschlusses; Versicherungspflicht]

GüKG 85 ^I Die Vorschriften des § 26 über das Verbot des Haftungsausschlusses und der Haftungsbeschränkung der Unternehmer sind entsprechend anzuwenden, sofern Beförderungsbedingungen für den Güternahverkehr nach § 84f Abs. 4 festgesetzt sind.

^{II} Wird die Versicherungspflicht gegen Güterschäden nach § 103 Abs. 2 Nr. 5 eingeführt, so ist die Vorschrift des § 27 über die besonderen Pflichten der Unternehmer entsprechend anzuwenden.

^{III} Die Vorschriften des § 29 über die Buchführungs- und Aufbewahrungspflicht gelten entsprechend mit der Maßgabe, daß der Unternehmer die Zweitschriften seiner Rechnungen fünf Jahre nach Rechnungsausstellung aufzubewahren hat.

1) Vgl §§ 26, 27. § 85 nF 19. 6. 69. Zu I aF: Anwendbarkeit auch ohne Erlaß von Beförderungsbedingungen iS § 20 (entspr der KVO); Verweisung auf § 26 für Haftungsausschluß und -beschränkung BGH **49**, 220. Zur Änderung des I Hennig BB **69**, 814; BGH BB **73**, 18 (vgl bei § 50), Celle BB **75**, 1366: Bedingungen nach § 84f IV sind bisher nicht festgesetzt, daher haftungsbeschränkende Vereinbarung möglich (zB durch ADSp, s Einl vor **(19)** ADSp); so bei Speditionsrollfuhr, Ffm BB **77**, 316. – III zugefügt 6. 8. 75.

GüKG 86–87 *(betr Mitführen der Erlaubnisurkunde, Aufsicht)*

GüKG 87a–88 *(weggefallen)*

[Nichtanwendbarkeit von Vorschriften]

GüKG 89 Es gelten nicht die Vorschriften der §§ 80 bis 83, 85 Abs. 2, §§ 86, 87 und 102b für den Güternahverkehr der Deutschen Bundesbahn;
des § 81 Nr. 1 und 2 für den Güternahverkehr anderer öffentlicher Eisenbahnen;
der §§ 80, 81, 83 und 86 für den Güternahverkehr der Unternehmer des Güterfernverkehrs; die Erlaubnisbehörde hat jedoch eine Bescheinigung über die Berechtigung zur Ausübung des allgemeinen Güternahverkehrs zu erteilen; eine Ausfertigung der Bescheinigung ist auf allen Fahrten mitzuführen und auf Verlangen den zuständigen Kontrollorganen zur Prüfung vorzulegen.

Zweiter Titel. Landwirtschaftliche Sonderverkehre

GüKG 89a–89c *(nicht abgedruckt)*

Dritter Titel. Güterliniennahverkehr

GüKG 90–97 *(weggefallen G 24. 4. 86)*

Sechster Abschnitt. Durchführung bestimmter Vorschriften der Europäischen Gemeinschaften

GüKG 97 a–97 e *(nicht abgedruckt)*

Siebter Abschnitt. Vorschriften über Geldbuße und Rücknahme der Genehmigung oder der Erlaubnis

GüKG 98–102 b *(nicht abgedruckt)*

Achter Abschnitt. Schlußbestimmungen

[Ermächtigung]

GüKG 103 ¹ Der Bundesminister für Verkehr erläßt mit Zustimmung des Bundesrates die zur Durchführung des Gesetzes erforderlichen allgemeinen Verwaltungsvorschriften.

ᴵᴵ Der Bundesminister für Verkehr kann mit Zustimmung des Bundesrates Rechtsverordnungen erlassen
1. über die Verkehrs- und Betriebssicherheit des Fernverkehrs,
2. über die Wahrnehmung der Befugnisse, die auf Grund der nach früherem Recht erlassenen Tarife dem Reichs-Kraftwagen-Betriebsverband zustanden,
3. über die statistische Erfassung des Güternahverkehrs und
4. über die Einführung einer Pflicht des Unternehmers, sich gegen Schäden, für die er bei Beförderungen im Güternahverkehr haftet, zu versichern.

1) II nF 24. 4. 86: Nr 2 aF aufgehoben, Nr 4 aF geändert, Nr 3–5 aF wurden Nr 2–4 nF. III ermächtigt BMV zum Erlaß von Rechtsverordnungen betr grenzüberschreitenden und Durchgangsverkehr. IV entsprechend für grenzüberschreitenden kombinierten Verkehr (§ 3 II), V betr Zustimmung des Bundesrats zu Rechtsverordnungen nach III Nr 1–3, IV.

GüKG 103 a–105 *(betr Grenzzollstellen, Gebühren, Inkrafttreten, Berlinklausel)*

[Überleitungsvorschrift]

GüKG 106 ¹ *(nicht abgedruckt)*

ᴵᴵ Der Reichskraftwagentarif vom 30. März 1936 (Reichsverkehrsblatt B S. 71) mit seinen bis zum 18. Oktober 1952 ergangenen Änderungen und Ergänzungen gilt als auf Grund des § 20a erlassen.

ᴵᴵᴵ *(weggefallen)*
ᴵⱽ,ⱽ *(nicht abgedruckt)*

1) I betrifft Fortgeltung von Genehmigungen, IV Fiktion der Erlaubnis in Altfällen, V (nF 24. 4. 86) Beförderungsbescheinigung nach §§ 50, 50a aF. S § 20 Anm.

GüKG 107 *(Überleitungsvorschrift)*

(23) Kraftverkehrsordnung für den Güterfernverkehr mit Kraftfahrzeugen (Beförderungsbedingungen) (KVO)

Vom 30. März 1936 (RVerkBl 1936 B 151)
idF vom 23. Dezember 1958 (BAnz Nr 249)
mit den späteren Änderungen

Einleitung

Schrifttum

Kommentare: *(Guelde-)Willenberg*, 3. Aufl 1980. – *Helm,* Frachtrecht, Güterbeförderung auf der Straße, 1979 (= GroßKo §§ 425–452, dort Anh II nach § 452). – *Kopitz,* Reichskraftwagentarif für den Güterfernverkehr, 1983. – *Muth-Lehmann,* 4. Aufl 1984.

Allgemeiner s **(22)** GüKG und §§ 425 ff HGB.

1) Entstehung und Neufassung

Die KVO ist Teil des Reichskraftwagentarifs (RKT) vom 30. 3. 36 (RVerkBl 1936 B 151, mit Änderungen RVerkBl B 1936, 243; 1940, 284; 1941, 168, 212; 1943, 27; 1944, 43). Die nachstehende Fassung beruht auf der Veröffentlichung aufgrund der VO TS Nr 12/58 23. 12. 58 BAnz Nr 249, mit Änderungen ua VO TSF Nr 10/70 13. 10. 70 BAnz Nr 192, VO TSF Nr 4/78 18. 9. 78 BAnz Nr 179, VO TSF Nr 7/82 10. 12. 82 BAnz Nr 238 und VO TSU Nr 3/83 (GüKUMT) 3. 8. 83 BAnz Nr 151. Durch **(22)** GüKG § 103 II Nr 3 wurde der BMV ermächtigt, über die Wahrnehmung der Befugnisse, die aufgrund der nach früherem Recht erlassenen Tarife dem Reichskraftwagenbetriebsverband zustanden, Rechtsverordnungen zu erlassen; davon wurde bisher kein Gebrauch gemacht. Auskünfte: Bundesverband des Deutschen Güterfernverkehrs eV, Ffm.

2) Geltung

A. RKT und KVO vom Reichskraftwagenbetriebsverband gem gesetzlicher Vorschrift (§ 13 GFG) erlassen, vom RMVerk genehmigt und im RVerkBl bekanntgemacht, waren (im Gegensatz zB zur EVO) mangels gesetzlicher Ermächtigung des RMVerk und mangels Verkündung im RGBl oder RMBl nicht Rechtsverordnung, und ihre Allgemeinverbindlichkeit nach § 106 II GüKG idF vor 1957 war zweifelhaft (vgl BGH **6,** 147, **12,** 139, **LM** § 413 HGB Nr 1). Jetzt gelten sie (§ 106 II) als erlassen gemäß § 20a (bes VI) GüKG, also als (von jeher) allgemeinverbindliche Rechtsverordnung; vgl (zu den entspr §§ 106 II, 21 I, 25 idF 1957) BGH **LM** KVO Nr 10, NJW **86,** 132. Dazu Nolte, Maue MDR **60,** 628, **61,** 825.

B. Die KVO gilt nur noch für den innerdeutschen Güterfernverkehr mit Kfz. Besondere Fassung der KVO für den Güterfernverkehr mit Kfz der **DBB,** vgl § 1 VO TS Nr 12/58 23. 12. 58 BAnz Nr 249 mit Änderungen (s Anm 1); ferner **(22)** GüKG § 46 Anm 1. Für den grenzüberschreitenden Verkehr gilt die **(24)** CMR.

I. Eingangsbestimmungen

Geltungsbereich

KVO 1 [1] **Die KVO gilt für den Güterfernverkehr mit Kraftfahrzeugen, der von Unternehmern ausgeführt wird, die dem *RKB* angehören.**

(23) KVO 2, 3 2. Handelsrechtl. Nebengesetze

^{II} Sie gilt für diese Unternehmer auch bei Beförderungsleistungen des Güterfernverkehrs von und nach dem Auslande, soweit nicht zwingende ausländische Rechtsvorschriften entgegenstehen.

^{III} Welche Beförderungsleistungen als Güterfernverkehr anzusehen sind, ergibt sich aus der *Durchführungsverordnung vom 27. März 1936 (RGBl. I Nr. 32) zum Güterfernverkehrsgesetz vom 26. Juni 1935.*

^{IV} Für die Beförderung von Umzugsgut, Erbgut und Heiratsgut mit einem Kraftfahrzeug für andere und für die Beförderung von Handelsmöbeln in besonders für die Möbelbeförderung eingerichteten Fahrzeugen im Güterfernverkehr und Güternahverkehr gilt der Güterkraftverkehrstarif für den Umzugsverkehr und für die Beförderung von Handelsmöbeln in besonders für die Möbelbeförderung eingerichteten Fahrzeugen im Güterfernverkehr und Güternahverkehr (GüKUMT).

^V Hat ein Spediteur nach den §§ 412, 413 HGB Rechte und Pflichten eines Frachtführers, so gelten die Vorschriften dieser Verordnung über die Haftung aus dem Beförderungsvertrag nur, so weit wie der Spediteur das Gut mit eigenen Kraftfahrzeugen im Güterfernverkehr (§ 12 GüKG) befördert.

1) Zu I: RKB bedeutet Reichskraftwagenbetriebsverband. Dieser hat mit dem Zusammenbruch des Reichs am 8. 5. 45 zu bestehen aufgehört. Bei Inkrafttreten der KVO waren alle Güterfernverkehrsunternehmer im RKB zusammengefaßt.

2) Zu III s jetzt **(22)** GüKG § 3.

3) Zu IV: VO TSU Nr 3/83 **(GüKUMT)** 3. 8. 83 BAnz Nr 151 mit GüKUMT als Anlage: Teil I über Beförderungsbedingungen (Allgemeine Bedingungen, Bedingungen für den Umzugsverkehr, Bedingungen für HdlMöbel), Teil II über Entgelte und Berechnungsvorschriften.

4) V ist zugefügt durch VO TSF Nr 4/78 18. 9. 78 aufgrund **(22)** GüKG § 20 a V, VI und steht mit GüKG nicht in Widerspruch, BGH **83**, 92; **87**, 7. Haftung nach V erst ab Übernahme des Guts auf den zur Fernverkehrsbeförderung bestimmten LKW, für vor Verladung im Lager eingetretene Schäden gelten §§ 429 ff HGB bzw ADSp, BGH transpR **86**, 13. Haftung nach V bei vereinbarter Nachlagerung durch Frachtführer selbst (§ 33d), BGH BB **83**, 2144, transpR **85**, 327; jedoch nicht mehr für Schäden nach Beendigung des Güterfernverkehrstransportes im Speditionslager, BGH transpR **85**, 329, oder nach Übergabe an Empfangsspediteur, BGH NJW **86**, 378, transpR **85**, 333.

Änderungen der KVO. Ausführungsbestimmungen

KVO 2 ^I Änderungen der KVO und Ausführungsbestimmungen bedürfen zu ihrer Gültigkeit der Veröffentlichung im *Reichsverkehrsblatt B*. Sie treten frühestens 2 Wochen nach der Veröffentlichung in Kraft. Für nur vorübergehende Änderungen einzelner Vorschriften kann angeordnet werden, daß sie mit ihrer Veröffentlichung in Kraft treten.

^{II} Insoweit die KVO selbst ihre Ergänzung durch Anordnungen des *RKB* vorsieht, bedürfen diese nicht der Zustimmung der *Reichsbahn* und der Genehmigung des *Reichsverkehrsministers*.

II. Allgemeine Bestimmungen

Berechtigte und Verpflichtete aus dem Beförderungsvertrag

KVO 3 Der Beförderungsvertrag wird zwischen dem Unternehmer und dem frachtbriefmäßigen Absender des Gutes geschlossen. Der *RKB* hat jedoch das Beförderungsentgelt, d.h. die Fracht und die Gebüh-

V. Transportrecht **KVO 4, 5 (23)**

ren für Neben- und Sonderleistungen der Unternehmer (Nebengebühren), zu berechnen und vom Absender oder Empfänger einzuziehen. Insoweit entstehen aus dem Beförderungsvertrag nur zwischen dem *RKB* und dem Absender oder Empfänger Rechte und Pflichten.

Abfertigungsarten

KVO 4 Der Absender kann entweder
a) das Gut als Stückgut dem Unternehmer zur Verladung übergeben oder
b) sich ein Fahrzeug für die Verladung des Gutes bestellen (Ladungsverkehr).

Zum Ladungsverkehr gehört auch der Sammelgutverkehr der Spediteure.

1) Nach der Unterscheidung zwischen Stückgut und Ladung (auch § 20 III) bestimmt sich ua die Haftung aus fehlerhafter Verladung, § 17 Anm 1; s auch § 16 III, IV.

Abholung und Zustellung der Güter

KVO 5 ¹ Stückgüter und Ladungsgüter werden, wenn der Absender nichts anderes beantragt oder im Frachtbrief ausdrücklich vorgeschrieben hat, vom Unternehmer abgeholt und zugestellt, wenn die Gütermenge, die für einen Urversender von einer Ladestelle abzuholen oder einen Endempfänger nach einer Ladestelle zuzuführen ist, ein Gewicht von mehr als 2,5 t hat.

ᴵᴵ Auch Güter von einem geringeren Gewicht als in (1) genannt, können durch den Unternehmer abgeholt oder zugeführt werden,
a) wenn die Güter den Laderaum des Kraftfahrzeuges oder Anhängers ausnutzen oder die einzige Ladung des Kraftfahrzeuges oder Anhängers bilden und bei nur einer Stelle aufgeladen oder bei nur einer Stelle abgeladen werden,
b) wenn die mehreren Stellen, an denen die Güter aufgeladen oder abgeladen werden, jeweils auf einer zusammenhängenden Grundfläche liegen, die dem Absender oder dem Empfänger gehört oder von ihm gemietet oder gepachtet ist, oder
c) wenn das Gut lose verladen und in besonderem Maße der Bruch- oder Beschädigungsgefahr ausgesetzt ist oder wenn eine besondere Rollfuhrleistung mit Zwischenumschlag mit erheblichen, den Verfrachtern nicht zumutbaren Umständlichkeiten oder Umwegen oder Kosten verbunden wäre,
d) wenn am Versandort oder am Bestimmungsort kein Spediteur oder Fuhrunternehmer oder Kraftfahrunternehmer des Güternahverkehrs ansässig ist.

ᴵᴵᴵ Für die Abholung und Zustellung der Güter bestellen *RKB* und Unternehmer ortsansässige Spediteure oder Fuhrunternehmer oder Kraftfahrunternehmer des Güternahverkehrs als ihre Beauftragten. Diese haben die Güter abzuholen oder zuzuführen, wenn die in (1) und (2) für eine Abholung oder Zuführung durch den Unternehmer geforderten Voraussetzungen nicht erfüllt sind oder wenn in einem der in (2) bezeichneten Fälle der Unternehmer die Abholung und Zuführung der Güter nicht selbst ausführen will oder kann.

Die vorstehende Regelung gilt auch in den Fällen, in denen der Absender die Abholung durch den Unternehmer beantragt oder die Zuführung durch ihn im Frachtbrief vorgeschrieben hat.

Der *RKB* bestimmt nach Anhörung der örtlichen Vertretung des ortsansässigen Speditions-, Fuhr- und Kraftverkehrsgewerbes, inwieweit die Empfänger über die Zuführung von Gütern, die ihnen nach (1) oder (2) durch die Unternehmer zugeführt werden können, anderweitig zu verfügen berechtigt sind, wenn nicht der Absender für die Zuführung im Frachtbrief oder durch nachträgliche Verfügung eine bestimmte entgegenstehende Anordnung getroffen hat.

Der *RKB* veranlaßt die erforderlichen Bekanntmachungen.

^{IV} Für Stückgüter und Teile von Ladungen im Gewicht bis zu 2,5 t, die der Unternehmer abholt oder zuführt, werden für die Abholung oder Zuführung die Rollgebühren des Einheitsgebührentarifs für bahnamtliche Rollfuhrunternehmer erhoben.

Auf die Rollfuhr von Stückgütern und Teilen von Ladungen, die von den nach (3) bestellten Beauftragten des *RKB* oder Unternehmers ausgeführt wird, finden die für gleiche Leistungen örtlich geltenden Gebühren des bahnamtlichen Rollfuhrdienstes Anwendung.

^V Wegen der Haftung der Unternehmer für Rollfuhrleistungen vgl. § 33.

1) Zu II: Unterschied zwischen Abholung und Vorlauf s **(22)** GüKG § 5 Anm 1.

Haftung für Dritte

KVO 6 Die Unternehmer haften für die Personen, deren sie sich zur Erfüllung und bei Ausführung ihrer Aufgaben bedienen.

1) KVO gilt nicht für Rückgriffsansprüche unter aufeinanderfolgenden Frachtführern iSv § 432 II HGB, offen BGH NJW **86,** 132, s § 40 Anm 1, § 439 HGB Anm 1.

Übernahme von Beförderungsaufträgen

KVO 7 ^I Eine Pflicht zur Übernahme von Beförderungsaufträgen besteht nicht.

^{II} Unternehmer aber, die sich dem *RKB* gegenüber zur Ausführung aller ihnen über den *RKB* zugewiesenen Beförderungsaufträge verpflichtet haben, dürfen die Übernahme einer Beförderung nur verweigern,

a) wenn den Bestimmungen der KVO oder den sonstigen allgemeinen Anordnungen des *RKB* nicht entsprochen wird, oder
b) wenn ihnen keine geeigneten Fahrzeuge zur Verfügung stehen, oder
c) wenn die Beförderung durch Umstände oder Ereignisse verhindert wird, die der Unternehmer auch bei Anwendung der ihm zuzumutenden Sorgfalt und Umsicht weder abzuwenden noch in ihren Wirkungen abzuschwächen vermag (höhere Gewalt).

^{III} Der *RKB* kann bestimmen, daß die Beförderung nur mit Genehmigung einer von ihm beauftragten Stelle abgelehnt werden darf.

1) Bsp: Übertragung der Beförderung auf Teilstrecke auf anderen Unternehmer (Unterfrachtführer, § 432 I HGB), BGH BB **62,** 1307, Haftung wegen Nichterfüllung fällt nicht unter KVO, entspr auch nicht unter § 6, BGH NJW **79,** 2470.

Von der Beförderung ausgeschlossene oder nur bedingungsweise zur Beförderung zugelassene Güter

KVO 8 ^I Von der Beförderung ausgeschlossen sind:
a) die dem Postzwang unterliegenden Gegenstände,
b) Gegenstände, deren Beförderung nach gesetzlicher Vorschrift oder aus Gründen der öffentlichen Ordnung verboten ist,
c) Leichen.

V. Transportrecht **KVO 9 (23)**

II Bedingungsweise sind zur Beförderung zugelassen:
a) explosionsgefährliche Gegenstände
   1. Sprengstoffe (Spreng- und Schießmittel und ähnliche Stoffe),
   2. Munition,
   3. Zündwaren, Feuerwerkskörper und dgl.,
   4. verdichtete, verflüssigte oder unter Druck gelöste Gase,
   5. Stoffe, die in Berührung mit Wasser entzündliche oder die Verbrennung unterstützende Gase entwickeln,
b) selbstentzündliche Stoffe,
c) entzündbare Stoffe
   1. brennbare Flüssigkeiten,
   2. entzündbare feste Stoffe,
d) giftige Stoffe,
e) ätzende Stoffe,
f) fäulnisfähige, übelriechende oder ekelerregende Stoffe,
g) Gold und Silber, Platin, Geld, Münzen und Papiere mit Geldwert, auch amtliche Wertzeichen, Dokumente, Edelsteine, echte Perlen, besonders wertvolle Spitzen, besonders wertvolle Stickereien sowie andere Kostbarkeiten, ferner Kunstgegenstände, wie Gemälde, Bildwerke, Gegenstände aus Erzguß und Kunstaltertümer,
h) lebende Tiere,
bei Beachtung der für ihre Beförderung vom *RKB* und von den Polizeibehörden getroffenen Vorschriften.

1) Ia: ,,Postzwang" ist durch § 2 PostG aufgehoben, es gilt jetzt ein bloßer Beförderungsvorbehalt, vgl **(25)** EVO § 54 Ia.

Beförderungspreise, Nebengebühren

KVO 9 I Die Frachten des Güterfernverkehrs und die Gebühren für Nebenleistungen und für Sonderleistungen der Unternehmer (Nebengebühren) werden nach den vom *RKB* im Einvernehmen mit der *Reichs*bahn und mit Genehmigung des *Reichsverkehrsministers* aufgestellten Tarifen samt ihren Anwendungsbedingungen berechnet.

II Ermäßigungen und Erhöhungen der Frachten und der Nebengebühren sowie andere Abweichungen von den Tarifen, die nicht in diesen selbst vorgesehen sind und nicht unter gleichen Bedingungen jedermann zugute kommen, sind unzulässig, es sei denn, daß es sich um solche Nebengebühren handelt, für die im Tarif ausdrücklich vorgesehen ist, daß sie in der angegebenen Höhe zwar erhoben werden können, aber nicht erhoben zu werden brauchen.

Unzulässig sind ferner Zahlungen oder andere Zuwendungen – auch in der Form von Leistungen –, die einer Umgehung des tarifmäßigen Beförderungsentgelts gleichkommen. Das gleiche gilt von Aufwendungen irgendwelcher Art an Angestellte oder Familienangehörige der Verfrachter.

Die rechtliche Wirksamkeit des Beförderungsvertrages wird jedoch durch tarifwidrige Abreden und Handlungen nicht berührt. Die Höhe des Beförderungsentgelts richtet sich auch in diesen Fällen nach der KVO und den Tarifen.

III Für Zwecke der öffentlichen Verwaltungen, für Wohlfahrtszwecke und für Beförderungen, die der innere Dienst des *RKB* erfordert, sind im Einvernehmen mit der *Reichs*bahn und mit Genehmigung des *Reichsverkehrsministers* Preisermäßigungen und sonstige Begünstigungen zulässig.

IV Die Tarife und ihre Änderungen müssen im *Reichsverkehrsblatt B* veröffentlicht werden. Sie treten frühestens im Zeitpunkt ihrer Veröffentlichung in Kraft. Erhöhungen des Beförderungsentgelts oder Erschwerungen der Anwendungsbedingungen der Tarife treten jedoch frühestens zwei Wochen nach der Veröffentlichung in Kraft.

ᵛ Die Bestimmungen dieses Paragraphen beziehen sich nicht auf die Gebühren, die Unternehmer, die nicht zum Güterfernverkehr zugelassen sind, oder Spediteure für ihre Mitwirkung bei der Beförderung, insbesondere für speditionelle Verrichtungen im Sammelgut- und sonstigen Ladungsverkehr und für Rollfuhrleistungen erheben. Die vom *RKB* für diese Leistungen festgesetzten Gebühren gelten jedoch für die von ihm oder den Unternehmern mit Rollfuhrleistungen beauftragten Dritten als Höchstsätze. Die Verbindlichkeit von Vereinbarungen des Speditions-, Fuhr- und Kraftwagennahverkehrs-Gewerbes, durch die diese Gebühren als Mindestgebühren festgelegt werden, bleibt unberührt.

1) Zu § 9 vgl **(22)** GüKG §§ 22–23.

III. Bestimmungen über die Beförderungspapiere

Form des Frachtbriefes

KVO 10 ᴵ Jede Sendung muß von einem Frachtbrief begleitet sein. Es sind die Frachtbriefe des *RKB* zu verwenden, die vom *RKB* gegen Bezahlung der im Tarif genannten Gebühr bezogen werden können.

ᴵᴵ Der Frachtbrief ist mit mindestens drei Durchschriften auszufertigen. Die Erstschrift begleitet das Gut, eine Durchschrift erhält der Absender. Wegen der Verwendung der weiteren Durchschriften trifft der *RKB* nähere Anordnung.

1) Rechtliche Bedeutung des Frachtbriefs s Konow DB **72**, 1613.

Inhalt des Frachtbriefes

KVO 11 ᴵ Der Absender hat in den Frachtbrief einzutragen:
a) Ort und Tag der Ausstellung,
b) den Versand- und Bestimmungsort, unter näherer Angabe der Ein- und Ausladestellen,
c) die die Tarifentfernung bestimmenden Gemeindebereiche (Gemeindetarifbereiche), in denen die Ein- und Ausladestellen liegen,
d) Name, Wohnort und, wenn kein Ausladeplatz angegeben ist, auch Wohnung oder Geschäftsstelle des Empfängers, an den das Gut ausgeliefert werden soll, sowie nach Möglichkeit seine Drahtanschrift und Fernsprechnummer,
e) Bezeichnung der Sendung nach ihrem Inhalt, ferner die Angabe des Bruttogewichtes in Kilogramm oder den Antrag auf Feststellung des Gewichtes durch den Unternehmer, außerdem, wenn die Sendung vom Unternehmer als Stückgut übernommen werden soll, die Anzahl der Stücke unter Angabe von Zeichen und Nummer oder Adresse,
f) Name und Anschrift des Absenders sowie seine Unterschrift; die Unterschrift kann auch gedruckt oder gestempelt werden,
g) Angabe der durch die Zoll-, Steuer-, Polizei- oder sonstigen Verwaltungsbehörden vorgeschriebenen Begleitpapiere, die dem Frachtbrief beigefügt sind,
h) Angabe der Kosten, die der Absender übernehmen will (Freivermerk),
i) Höhe der Nachnahme, mit der das Gut belastet wird.

ᴵᴵ Außerdem können mit dem Unternehmer folgende Vereinbarungen getroffen werden, die ebenfalls in den Frachtbrief eingetragen werden müssen:
a) Bezeichnung einer bestimmten Zoll- oder Steuerstelle, bei der eine Zoll- oder Steuerbehandlung vorgenommen werden soll,

V. Transportrecht **KVO 12 (23)**

b) Angabe, daß zur Zoll- oder Steuerbehandlung ein bestimmter Bevollmächtigter hinzugezogen werden soll,
c) Vereinbarung über eine gegenüber den Vorschriften des § 26 abgekürzte Lieferfrist,
d) Weisungen über die Zuführung der Sendung,
e) Erklärung gemäß § 18 (2) (mangelhafte Verpackung),
f) Vereinbarung über Ver- und Entladung des Gutes,
g) Weisungen wegen der Benachrichtigung bei Ablieferungshindernissen,
h) Weisungen wegen der Weiterbeförderung des Gutes auch mit anderen Verkehrsmitteln,
i) Anträge über die im Nebengebührentarif vorgesehenen Leistungen.

III Andere als die vorbezeichneten Angaben und Erklärungen darf der Absender in den Frachtbrief nicht eintragen.

Alle Eintragungen im Frachtbrief müssen in deutscher Sprache deutlich geschrieben sein.

Frachtbriefe mit abgeänderten oder radierten Eintragungen brauchen nicht angenommen zu werden. Durchstreichungen sind nur zulässig, wenn sie der Absender mit seiner Unterschrift anerkennt. Handelt es sich um die Zahl der Stücke oder das Gewicht der Sendungen, so sind außerdem die berichtigten Angaben in Buchstaben zu wiederholen.

1) Zum Frachtbrief s § 426 HGB. Gegenbeweis gegenüber Frachtbriefeintragung ist möglich; zB daß Bestimmung des Empfängers durch Dritten vereinbart wurde, BGH **LM** GüKG Nr 5. Haftung für die Angaben im Frachtbrief s § 13. I b, c idF VO TSF Nr 10/70 13. 10. 70 BAnz Nr 192, I f idF VO TSF Nr 7/82 10. 12. 82 BAnz 238. Zu II f vgl § 31 Anm 1. Nebenpflichten im KVO-Vertrag s Traumann DB **82**, 1445.

Zoll-, Steuer-, Polizei- und sonstige verwaltungsbehördliche Vorschriften

KVO 12 I Der Absender ist verpflichtet, dem Frachtbrief alle Begleitpapiere beizugeben, die zur Erfüllung der Zoll- und sonstigen verwaltungsbehördlichen Vorschriften bis zur Ablieferung an den Empfänger erforderlich sind; sie sind im Frachtbrief einzeln und genau zu bezeichnen. Diese Papiere dürfen nur Güter umfassen, die Gegenstand des Beförderungsvertrages sind, es sei denn, daß Verwaltungsvorschriften oder die Anwendungsbedingungen des Tarifs etwas anderes bestimmen.

Der Unternehmer ist berechtigt, aber nicht verpflichtet, die beigegebenen Papiere auf ihre Richtigkeit und Vollständigkeit zu prüfen. Der Absender haftet dem Unternehmer, sofern diesen kein Verschulden trifft, für alle Folgen, die aus dem Fehlen, der Unzulänglichkeit oder der Unrichtigkeit der Papiere entstehen. Auch ist für die Dauer eines durch solche Mängel verursachten Aufenthaltes von mehr als 12 Stunden das tarifmäßige Lager- oder Standgeld zu zahlen.

II Der Absender hat für alle Güter, die zur Einfuhr nach dem deutschen Zollgebiet oder zur Durchfuhr durch das deutsche Zollgebiet bestimmt sind, eine deutlich geschriebene Warenerklärung in doppelter Ausfertigung dem Frachtbrief offen beizulegen. Die Beigabe ist auf dem Frachtbrief zu vermerken.

III Güter mit Begleitscheinen des deutschen Zollgebietes, zu denen Frachtbriefe auf einen außerhalb des deutschen Zollgebietes gelegenen Bestimmungsort lauten, werden nur angenommen, wenn die Begleitscheine auf das Ausgangszollamt gestellt sind.

IV Der Absender ist verpflichtet, für die Verpackung und Bedeckung der Güter entsprechend den Zoll- und Steuervorschriften zu sorgen. Sendungen, deren zoll- oder steueramtlicher Verschluß verletzt oder mangelhaft ist, kann

1439

(23) KVO 13 2. Handelsrechtl. Nebengesetze

der Unternehmer zurückweisen. Hat der Absender die Güter nicht vorschriftsmäßig verpackt oder nicht mit Decke versehen, so kann der Unternehmer dies gegen Berechnung der Kosten besorgen.

^{V} Solange das Gut unterwegs ist, hat der Unternehmer die Zoll- und sonstigen verwaltungsbehördlichen Vorschriften für den Absender zu erfüllen. Hat der Absender im Frachtbrief erklärt, daß er selbst oder ein Bevollmächtigter zu dieser Behandlung zugezogen werden soll, so ist dem hiernach Bevollmächtigten die Ankunft des Gutes an dem Ort, wo die Zoll- usw. Behandlung stattfinden soll, mitzuteilen. Der Absender oder sein Bevollmächtigter soll alle nötigen Aufklärungen über das Gut geben; er ist jedoch nicht befugt, das Gut in Besitz zu nehmen oder die Behandlung selbst zu betreiben. Erscheint er nicht binnen angemessener Frist, so ist die Behandlung ohne ihn zu veranlassen.

^{VI} Hat der Absender für die Behandlung durch die Zoll- oder sonstige Verwaltungsbehörde eine unzulässige oder undurchführbare Vorschrift gegeben, so handelt der Unternehmer nach dem mutmaßlichen Willen des Absenders und teilt ihm die getroffenen Maßnahmen mit.

^{VII} Am Bestimmungsort kann der Empfänger die Zoll- usw. Behandlung betreiben, wenn die auf der Sendung ruhenden Fracht- usw. Beträge bezahlt sind und der Absender im Frachtbrief nichts anderes bestimmt hat. Andernfalls hat der Unternehmer entweder die Behandlung selbst zu veranlassen oder aber nach § 28 (Ablieferungshindernisse) zu verfahren. Die Güter dürfen dem Empfänger nur ausgeliefert werden, wenn nachgewiesen wird, daß der Zoll- oder Steuerbetrag bezahlt oder gestundet ist. Der Unternehmer hat bei der ihm nach den Absätzen (5), (6) und (7) obliegenden Tätigkeit die Pflichten eines Spediteurs. Er kann für diese Tätigkeit die tarifmäßigen Gebühren erheben.

^{VIII} Bei den über die Grenze des deutschen Wirtschaftsgebiets ein- und ausgehenden Gütern hat der inländische Empfänger oder Absender die nach den Bestimmungen über die Statistik des Warenverkehrs vorgeschriebenen Anmeldescheine zu beschaffen. Werden die Anmeldepapiere nicht rechtzeitig beigebracht, so kann der Unternehmer diese Papiere gegen Erstattung der tarifmäßigen Gebühren selbst ausstellen, soweit er nach den genannten Bestimmungen zur Ausfüllung befugt ist.

^{IX} Der Unternehmer haftet für die Folgen des Verlustes oder der unrichtigen Verwendung der im Frachtbrief bezeichneten und ihm beigegebenen Papiere wie ein Spediteur. Er hat aber in keinem Fall einen höheren Schadensersatz zu leisten als bei Verlust des Gutes.

1) I 4 befreit Absender bei Verschulden des Unternehmers nicht notwendig vollständig, § 254 BGB ist anwendbar, BGH **32,** 200, BB **54,** 301. Die Haftung für alle Folgen nach I 4 umfaßt auch mittelbare Schäden, BGH **15,** 224.

2) Haftung aus IX (unrichtige Verwendung) bei Beschlagnahme der Ladung an der Zonengrenze wegen Mitführung von Schmuggelware: BGH MDR **56,** 408. Mangels Bezeichnung der Begleitpapiere im Frachtbrief durch Absender idR keine Haftung des Unternehmers aus IX, anders wenn Fehlen dieses Vermerks im Frachtbrief für Verlust oder richtige Verwendung nicht ursächlich ist, BGH LM KVO Nr 9.

Haftung für die Angaben im Frachtbrief

KVO 13 ^{I} Sind die Angaben oder Erklärungen des Absenders im Frachtbrief unrichtig, ungenau, unvollständig oder unzulässig, so trägt er alle daraus entstehenden Folgen und haftet insbesondere für jeden etwa entstehenden Schaden (vgl. außerdem *§ 37 (1) 3 des Güterfernverkehrsgesetzes*).

V. Transportrecht KVO 14 (23)

II Die Haftung des frachtbriefmäßigen Absenders ändert sich nicht, wenn der Unternehmer auf seinen Antrag den Frachtbrief ausfüllt.

1) Zu I s jetzt Bußgeldvorschriften § 99 I Nr 4a und II GüKG idF 10. 3. 83 BGBl 256 (oben (22) nicht abgedruckt). S auch § 11 Anm 1.

IV. Abschluß des Beförderungsvertrages.
Berechnung und Zahlung des Beförderungsentgelts.
Nachnahmen

Bestellung von Fahrzeugen, Wagenstellungsvertrag

KVO 14 I Im Ladungsverkehr sind die Fahrzeuge entweder beim *RKB* oder bei einem Unternehmer zu bestellen. Darf der Unternehmer nach den zwischen ihm und dem *RKB* getroffenen Abmachungen nicht unmittelbar über die Fahrzeuge verfügen oder kann er mangels geeigneten eigenen Laderaums der Anforderung nicht entsprechen, so hat er die Bestellung an den *RKB* weiterzuleiten.

II Bei der Bestellung sind anzugeben:

a) Name, Wohnort und Wohnung des Absenders, möglichst mit Drahtanschrift und Fernsprechnummer,
b) Name, Wohnort und Wohnung des Bestellers, möglichst mit Drahtanschrift und Fernsprechnummer, wenn der Besteller ein anderer als der Absender ist,
c) Einladeplatz sowie Tag und Stunde, wann das Fahrzeug gestellt werden soll,
d) Name und Wohnort des Empfängers, der Bestimmungsort,
e) Art und ungefähres Gewicht des Gutes.

III Ist die Bestellung nach (1) angenommen, so hat der *RKB* oder der Unternehmer die Verpflichtung, ein geeignetes Fahrzeug antragsgemäß zu stellen. Kann das Fahrzeug erst zu einem späteren Zeitpunkt gestellt werden, so ist der Besteller zu befragen, ob er mit der späteren Stellung einverstanden ist.

IV Die Fahrzeuge sollen grundsätzlich, soweit sie für die Beförderung geeignet und fahrbereit sind, in der Reihenfolge gestellt werden, in der sie angefordert werden. Der *RKB* kann nach pflichtgemäßem Ermessen allgemein oder im Einzelfalle etwas anderes anordnen.

V Werden zugesagte Fahrzeuge nicht rechtzeitig gestellt, so werden dem Besteller die von ihm nachgewiesenen Kosten des vergeblichen Versuchs der Auflieferung, höchstens aber der Betrag des Wagenstandgeldes für einen Tag, erstattet.

VI Wird ein Fahrzeug vor der Bereitstellung wieder abbestellt, so hat der Besteller die tarifmäßige Abbestellgebühr zu entrichten.

Wird ein Fahrzeug nach der Bereitstellung unbeladen zurückgegeben oder nach Ablauf der Beladefrist wegen Nichtbeladung dem Besteller wieder entzogen, so ist vom Zeitpunkt der Bereitstellung an das tarifmäßige Wagenstandgeld zu zahlen.

Der *RKB* kann für besondere Verhältnisse anordnen, daß neben der Abbestellgebühr oder dem Wagenstandgeld noch eine besondere Vergütung für die geleisteten Leerkilometer zu zahlen ist. Dem Besteller gegenüber ist eine solche Anordnung nur wirksam, wenn sie ihm bei der Annahme der Bestellung mitgeteilt wird.

VII Holt der Unternehmer im Auftrage des Bestellers des Fahrzeuges oder des von diesem bezeichneten Absenders Stückgüter oder Teile einer Ladung ab und schließt sich an diese Abholung aus einem nicht vom Unternehmer zu

1441

(23) KVO 15, 16 2. Handelsrechtl. Nebengesetze

vertretenden Grunde keine Fernbeförderung an, so hat der Auftraggeber dem Unternehmer außer den in (6) genannten Gebühren die ortsüblichen Rollgebühren zu bezahlen.

VIII Bei Bestellung eines Wagens kann der Unternehmer Sicherheit in Höhe des tarifmäßigen Wagenstandgeldes für einen Tag verlangen. Der *RKB* kann anordnen, daß unter bestimmten Verhältnissen keine oder eine höhere Sicherheit verlangt werden darf.

1) Bei Verpflichtung zur Beförderung, vor Übernahme des Guts und Frachtbriefausstellung, besteht kein Wagenstellungsvertrag iSv § 14, sondern es gelten §§ 425 ff HGB, BGH **55**, 222, vgl § 15 Anm 1.

Abschluß des Beförderungsvertrages

KVO 15 I Der Beförderungsvertrag ist abgeschlossen, sobald der Unternehmer Gut und Frachtbrief übernommen hat. Als Zeichen der Annahme ist der Frachtbrief nebst Durchschriften nach vollständiger Auflieferung des Gutes vom Unternehmer zu unterschreiben. Die Unterschrift kann auch gedruckt oder gestempelt werden.

II Der Unternehmer hat in den Frachtbrief und in die Durchschriften folgendes einzutragen:

a) Tag und Uhrzeit der Be- und Entladung,
b) den Namen des Fahrers und Begleiters,
c) das amtliche Kennzeichen des Lastkraftwagens,
d) die Nutzlast des Motorwagens und des Anhängers bzw. der Anhänger nach dem Kraftfahrzeugbrief,
e) die genaue Anschrift des Fahrzeughalters.

III Der vom Unternehmer unterschriebene Frachtbrief dient als Beweis für den Beförderungsvertrag.

1) I 3 idF VO TSF Nr 7/82 10. 12. 82 BAnz 238. Die Frachtbriefausstellung ist nicht Wirksamkeitsvoraussetzung des Frachtvertrags, der Frachtbrief dient Beweiszwecken (s III). Die Übernahme des Guts ist Voraussetzung des Vertragsverhältnisses nach KVO, nicht der vertraglichen Bindung überhaupt. Der Unternehmer kann sich ohne Übernahme des Guts und Frachtbriefausstellung zu einer Beförderung zu bestimmtem Zeitpunkt verpflichten; bei Verletzung dieser Verpflichtung haftet er aus §§ 428, 429 ff HGB; BGH **55**, 222. – Vertragsschluß Unternehmer-A kann anzunehmen sein, auch wenn der Frachtbrief B als Absender nennt, BGH NJW **60**, 39 (hier nur Firmenstempel B ohne Unterschrift, entgegen § 426 II Nr 9 HGB, § 11 If Kro). Vgl zum Eisenbahnfrachtvertrag (25) EVO § 61 Anm 1 B.

Prüfung des Inhalts der Sendung. Feststellung von Anzahl und Gewicht

KVO 16 I *RKB* und Unternehmer sind jederzeit berechtigt nachzuprüfen, ob die Sendung mit den Eintragungen des Absenders im Frachtbrief übereinstimmt und ob die Güter, die nur bedingt zur Beförderung zugelassen sind, die Vorschriften der Polizei und des *RKB* eingehalten sind. Gebühren werden hierfür nicht erhoben.

Zur Prüfung des Inhalts ist am Versandort der Absender, am Bestimmungsort der Empfänger tunlichst einzuladen. Erscheint der Berechtigte nicht oder wird die Prüfung auf einem Unterwegsort vorgenommen, so sind nach Bestimmung des *RKB* Zeugen zuzuziehen. Weicht das Ergebnis der Nachprüfung von den Eintragungen im Frachtbrief ab, so ist es auf diesem zu vermerken. Geschieht die Nachprüfung am Versandort vor Aushändigung der Durchschrift des Frachtbriefes an den Absender, so ist der Vermerk auch auf diese zu setzen. Wenn die Sendung den Eintragungen im Frachtbrief nicht

V. Transportrecht KVO 17 (23)

entspricht und dadurch eine Frachtverkürzung herbeigeführt werden könnte, haften die durch die Nachprüfung verursachten Kosten auf dem Gute.

II Der *RKB* kann auch nach Ablieferung des Gutes den Nachweis der Richtigkeit der Frachtbriefangaben fordern, wenn nach dem pflichtgemäßen Ermessen des *RKB* der Verdacht besteht, daß sie unrichtig sind. Absender und Empfänger haben ihm hierzu die Einsichtnahme in ihre Geschäftsbücher und sonstigen Unterlagen zu gestatten.

III Bei Stückgütern ist der Unternehmer verpflichtet, Anzahl und Gewicht gebührenfrei festzustellen. Geschieht die Gewichtsfeststellung am Versandort, so ist dem Absender oder dessen Beauftragten freizustellen, ihr beizuwohnen.

IV Bei Ladungsgütern ist der Unternehmer auf Antrag des Absenders, der im Frachtbrief gestellt werden muß, verpflichtet, das Gewicht und gegebenenfalls auch die Stückzahl festzustellen, es sei denn, daß die vorhandenen Wiegevorrichtungen nicht ausreichen oder die Beschaffenheit des Gutes oder die Betriebsverhältnisse die Feststellung nicht gestatten. Das Gewicht hat der Unternehmer auch ohne Antrag festzustellen, wenn es im Frachtbrief nicht angegeben ist. Für diese Feststellungen wird die tarifmäßige Gebühr erhoben. Kann das Gewicht am Versandort nicht festgestellt werden, so geschieht es an einem anderen Ort.

V Der Absender kann bei der Aufgabe verlangen, daß ihm Gelegenheit geboten wird, der Feststellung der Stückzahl und des Gewichts beizuwohnen, wenn dies am Versandort geschieht. Stellt er ein solches Verlangen nicht oder versäumt er die ihm gebotene Gelegenheit, so hat er, wenn die Feststellung auf seinen Antrag wiederholt wird, die tarifmäßige Gebühr nochmals zu zahlen.

VI Ergibt die ohne Antrag des Verfügungsberechtigten vorgenommene Nachwiegung der Wagenladungsgüter keine größere Abweichung von dem im Frachtbrief angegebenen Gewicht des verladenen Gutes als zwei vom Hundert, so wird das im Frachtbrief angegebene Gewicht als richtig angenommen.

VII Die Feststellung des Gewichts und der Stückzahl hat der Unternehmer oder der *RKB* auf dem Frachtbrief zu bescheinigen. Geschieht die Feststellung am Versandort, so ist die Bescheinigung auch auf die Durchschriften zu setzen, und zwar auch auf die für den Absender bestimmte Durchschrift, wenn sie diesem noch nicht ausgehändigt ist.

1) Die Beweiswirkung der Vereinbarung einer stückzahlmäßigen Kontrolle (IV) darf nicht durch prima-facie-Beweis ausgehöhlt werden, Kln transpR **85**, 192. Zur Prüfungs- und Bescheinigungspflicht betr Anzahl bei Stück- und Ladungsgut (Unterschied § 4) s Züchner DB **63**, 985.

Beladung der Wagen. Überlastung

KVO 17 I Die Güter – ausgenommen Stückgüter – sind vom Absender zu verladen. Übernimmt auf Antrag des Absenders der Unternehmer die Verladung, so kann er dafür die im Tarif vorgesehene Gebühr berechnen. Für die betriebssichere Verladung ist der Unternehmer verantwortlich.

II Für die Beladung der Fahrzeuge ist die zulässige Belastung maßgebend. Der *RKB* bestimmt, inwiefern bei der Beladung der Fahrzeuge je nach der natürlichen Beschaffenheit des Gutes darauf Bedacht zu nehmen ist, daß die zulässige Belastung auch nicht während der Beförderung infolge von Witterungseinflüssen überschritten wird.

III Wird am Versandort bei einer vom Absender verladenen Sendung eine Wagenüberlastung festgestellt, so kann der Unternehmer vom Absender die

Abladung des Übergewichts verlangen. Geschieht dies nicht alsbald oder wird die Überlastung unterwegs festgestellt, so hat der Unternehmer das Übergewicht auf Gefahr des Absenders abzuladen. Der abgeladene Teil wird dem Absender zur Verfügung gestellt. Trifft dieser binnen angemessener Frist keine Anweisung, so gilt § 28.

Für das auf dem Fahrzeug verbleibende Gewicht wird die Fracht vom Versand- bis zum Bestimmungsort berechnet. Für den abgeladenen Teil wird die Fracht für die durchlaufende Strecke nach dem Frachtsatz berechnet, der vom Versand- bis zum Unterwegsort für die Hauptsendung gilt. Wenn auf Anweisung des Absenders der abgeladene Teil weiter- oder zurückbefördert wird, so ist er als besondere Sendung zu behandeln und für ihn die tarifmäßige Fracht zu berechnen.

Für Ab- und Aufladen, Einlagerung und Wagenaufenthalt können die tarifmäßigen Gebühren erhoben werden.

1) Der Absender ist für ordnungsmäßiges Verladen verantwortlich (I 1 ähnlich § 83 Ic EVO) einschließlich geeignetes Verstauen und notfalls Befestigen des Guts auf dem Fahrzeug; der Unternehmer dagegen (entgegen Wortlaut des I 3) grundsätzlich nur für die Betriebssicherheit des Fahrzeugs, BGH **32**, 197, BB **62**, 502, Ffm BB **79**, 634; Sache des Unternehmers ist aber auch die betriebssichere Befestigung des Guts, BGH BB **81**, 999; für Verpflichtung beider BGH MDR **70**, 567. Bei Verantwortlichkeit des Unternehmers, aber Mitschuld des Absenders gilt § 254 BGB, BGH BB **62**, 502, Ffm BB **79**, 634. Neben den Pflichten nach § 17 trifft den Unternehmer die allgemeine vertragliche Obhutspflicht, zB betr Transportwegwahl bei erkannter unzureichender Befestigung des Guts, BGH BB **70**, 599. § 17 gilt für Ladungsverkehr (§§ 4 Ib, II, 20 III 2), nicht für Stückgut (§§ 4 Ia, 20 III 1), wo Wahl des Fahrzeugs und Verladung ausschließlich Sache des Unternehmers. Übersichten: von Tegelen BB **70**, 560, Roesch BB **82**, 20.

Verpackung, Zustand und Bezeichnung des Gutes

KVO 18 ^I Der Absender hat das Gut, soweit dessen Natur eine Verpackung erfordert, zum Schutze gegen gänzlichen oder teilweisen Verlust oder gegen Beschädigung sowie zur Verhütung einer Beschädigung von Personen, Betriebsmitteln oder anderen Gütern sicher zu verpacken.

^{II} Ist der Absender dieser Vorschrift nicht nachgekommen, so kann der Unternehmer die Annahme des Gutes ablehnen oder auf Kosten des Absenders die Verpackung vervollständigen oder verlangen, daß der Absender im Frachtbrief das Fehlen oder die Mängel der Verpackung anerkennt.

^{III} Der Absender haftet für alle Folgen des Fehlens oder des mangelhaften Zustandes der Verpackung. Er hat insbesondere dem Unternehmer den Schaden zu ersetzen, der ihm aus solchen Mängeln entsteht. Sofern das Fehlen oder der mangelhafte Zustand der Verpackung im Frachtbrief nicht anerkannt ist, hat der Unternehmer die Mängel nachzuweisen.

^{IV} Nimmt der Unternehmer ein Gut zur Beförderung an, das offensichtlich Spuren von Beschädigungen aufweist, so kann er verlangen, daß der Absender den Zustand des Gutes im Frachtbrief besonders bescheinigt.

^V Stückgüter hat der Absender haltbar, deutlich und in einer Verwechslungen ausschließenden Weise zu zeichnen. Die Zeichen müssen mit den Angaben im Frachtbrief übereinstimmen. Alte Anschriften und Zettel müssen entfernt oder deutlich durchstrichen sein.

1) Unterläßt es der Unternehmer, mangelhaft verpacktes Gut gemäß § 18 II zurückzuweisen, und entsteht durch die mangelhafte Verpackung ein Schaden, nimmt ihm das nicht den Einwand gegen Haftung aus § 34c, Kblz BB **58**, 1036. Sicherung gegen Regen, Schnee, Hagel, Sturm ist idR nicht Pflicht des Absenders, BGH **31**, 187, vgl § 30a. Rechtsfragen des Palettenverkehrs nach KVO, CMR, AGNB s Willenberg transpR **85**, 161.

Annahme

KVO 19 ^I Sofern zwingende Gründe des Betriebes oder öffentliche Interessen es erfordern, kann der *RKB* anordnen, daß

a) die Annahme von Gütern ganz oder teilweise eingestellt wird;
b) gewisse Sendungen vorübergehend von der Annahme ausgeschlossen oder nur unter bestimmten Bedingungen zugelassen werden;
c) gewisse Sendungen vorübergehend vorzugsweise zur Beförderung angenommen werden.

Derartige Maßnahmen sind bekanntzumachen.

^{II} Der *RKB* gibt die Auflieferungszeiten für Stückgüter örtlich bekannt.

^{III} Die Frist, innerhalb der die Beladung regelmäßig beendet sein muß (Ladefrist), bestimmt der *RKB*, der sie auch bekanntgibt. Wird die Ladefrist überschritten oder der wegen Unrichtigkeit oder Unvollständigkeit beanstandete Frachtbrief nicht innerhalb der Ladefrist berichtigt übergeben, so hat der Absender das tarifmäßige Wagenstandgeld zu zahlen. Der Unternehmer kann, wenn die Ladefrist um mehr als zwölf Stunden überschritten wird, das Gut auf Gefahr und Kosten des Absenders ausladen und auf Lager geben.

Frachtberechnung

KVO 20 ^I Die Fracht wird für die dem Unternehmer mit einem Frachtbrief übergebene Sendung berechnet. Als eine Sendung dürfen nur Güter aufgeliefert werden, die dem Unternehmer von einem Absender und zur Auslieferung an einen Empfänger übergeben werden.

^{II} Güter, die an mehreren Stellen verladen oder an mehreren Stellen entladen werden, dürfen als eine Sendung nur dann behandelt werden, wenn sämtliche Einladestellen und sämtliche Ausladestellen jeweils innerhalb desselben die Tarifentfernung bestimmenden Gemeindebereichs (Gemeindetarifbereichs) liegen. Wird eine Sendung zwischen Gemeindetarifbereichen derselben Gemeinde befördert, so kann vereinbart werden, daß die Fracht nur zum Teil oder nicht erhoben wird, wenn die Güter dieser Sendung anschließend mit anderen Gütern als neue Sendung weiterbefördert werden; das gleiche gilt, wenn die Güter dieser Sendung in einer vorausgegangenen Sendung befördert worden sind. Die Vereinbarung ist in den Frachtbrief oder eine Anlage zu diesem einzutragen; sie ist nach Vorlage der für die Tarifüberwachung erforderlichen Unterlagen (§ 58 des Güterkraftverkehrsgesetzes) nicht mehr zulässig.

^{III} Mit einem Frachtbrief darf höchstens die Gütermenge aufgeliefert werden, die auf dem für die Beförderung gestellten Fahrzeug oder Lastzug verladen wird. Es kann jedoch vereinbart werden, daß binnen eines Tages angebotene und verladebereite Güter bis zu 25 Tonnen als eine Sendung auf mehrere Fahrzeuge oder Lastzüge des Unternehmers oder von diesem auf andere Fahrzeuge oder Lastzüge anderer Unternehmer verteilt werden. Bei der Verteilung einer Sendung auf mehrere Fahrzeuge ist auf jedem Fahrzeug oder Lastzug eine Ausfertigung des Frachtbriefs mitzuführen. Auf jeder Ausfertigung ist zu vermerken, daß die Sendung auf mehrere Fahrzeuge verteilt ist; § 10 Abs. 2 ist entsprechend anzuwenden.

^{IV} Der Tarif enthält die näheren Bestimmungen über die Frachtberechnung.

(23) KVO 21, 22 2. Handelsrechtl. Nebengesetze

1) § 20 idF VO TSF Nr 10/70 13. 10. 70 BAnz Nr 192. Spediteur darf (muß im Interesse des Auftraggebers) an sich selbst adressieren, uU an Bestimmungsort oder Zwischenort (gebrochene Frachtberechnung), AG Obernkirchen BB **60,** 1115. – Sendung ist auch das in Lohnfuhr (HGB § 425 Anm 1 C), nicht aufgrund Frachtvertrags beförderte (nicht vertraglich bezeichnete, sondern vom Auftraggeber gebrachte) Gut, daher ist eine Tarifbestimmung zugunsten von Sendungen bis 2500 kg auch anwendbar auf Lohnfuhr von Gütern bis zu diesem Gewicht, Nürnb BB **63,** 117. Bei besonders enger Verbindung zwischen Absender und Frachtführer stillschweigende Teilladungsvereinbarung (vgl III), Oldbg BB **77,** 1376.

Zahlung der Fracht

KVO 21 ^I Der Absender hat die Wahl, ob er die Fracht bei Aufgabe des Gutes bezahlen oder auf den Empfänger überweisen will.

^{II} Der *RKB* kann jedoch bei Gütern, die schnell verderben oder die wegen ihres geringen Wertes oder ihrer Natur nach die Fracht nicht sicher decken, Vorausbezahlung der Fracht verlangen.

^{III} Der Absender kann als Freibetrag auch gewisse auf dem Beförderungsweg entstehende Kosten oder von diesen oder der Fracht einen bestimmten Betrag übernehmen.

^{IV} Die Beträge, die der Absender übernehmen will, hat er in der dafür bezeichneten Spalte des Frachtbriefes anzugeben (Freivermerk). Durch Ausfüllung des Freivermerks ohne Beifügung einer Beschränkung verpflichtet sich der Absender zur Bezahlung der ganzen Fracht und aller übrigen Kosten einschließlich der Gebühren nach § 5, die bei der Beförderung entstehen.

^V Frachtbeträge und sonstige Kosten, deren Bezahlung der Absender nicht laut Frachtbriefvorschrift übernommen hat, gelten als auf den Empfänger überwiesen.

^{VI} Kann der vom Absender zu bezahlende Freibetrag bei der Aufgabe des Gutes nicht berechnet werden, so kann der *RKB* ebenso wie für die vom Absender übernommenen Zoll- und ähnlichen Kosten die Hinterlegung einer Sicherheit verlangen.

^{VII} Weitere Bestimmungen über die Frachtzahlung trifft der *RKB*.

Frachtzuschläge

KVO 22 ^I Bei unrichtiger, ungenauer oder unvollständiger Angabe des Inhalts oder bei unrichtiger Angabe des Gewichts der Sendung oder des Bestimmungsbahnhofs oder bei Nichterfüllung einer der in dem Begleitpapier angegebenen Anwendungsbedingungen eines in Anspruch genommenen ermäßigten Tarifs sind ohne Rücksicht darauf, ob ein Verschulden des Absenders vorliegt oder nicht, außer dem etwaigen Frachtunterschied Frachtzuschläge nach den folgenden Bestimmungen zu entrichten:

a) wenn die im § 8 (1) und (2) aufgeführten Gegenstände unter unrichtiger, ungenauer oder unvollständiger Inhaltsangabe zur Beförderung aufgegeben werden, beträgt der Frachtzuschlag für jedes Kilogramm Rohgewicht des Versandstückes, worin ein solcher Gegenstand enthalten war: 12,– DM;
b) in anderen Fällen unrichtiger, ungenauer oder unvollständiger Inhaltsangabe oder bei unrichtiger Angabe des Gewichts der Sendung oder des Bestimmungsbahnhofs beträgt, wenn hierdurch eine Frachtverkürzung herbeigeführt werden kann, der Frachtzuschlag das Doppelte des Unterschieds zwischen der sich aus den unrichtigen Angaben ergebenden und der richtig errechneten Fracht. Mindestens wird 1,– DM erhoben. Sind Güter verschiedener Tarifklassen zu einer Sendung vereinigt und kann ihr Einzelgewicht

ohne Schwierigkeit festgestellt werden, so wird für die Ermittlung des Frachtzuschlages die Fracht getrennt berechnet, sofern sich dies billiger stellt.

^{II} Wird durch unrichtige Gewichtsangabe des Absenders eine Überlastung des Kraftfahrzeugs oder Anhängers herbeigeführt, so beträgt der Frachtzuschlag das Sechsfache der Fracht für das Gewicht, das die zulässige Belastung übersteigt.

^{III} Die unter (1) und (2) erwähnten Frachtzuschläge werden nebeneinander erhoben, wenn gegen mehrere dieser Vorschriften gleichzeitig verstoßen wird. Außerdem ist der entstandene Schaden zu ersetzen. Die durch gesetzliche oder polizeiliche Bestimmungen vorgesehenen Strafen werden hierdurch nicht berührt.

^{IV} Der *RKB* kann von der Erhebung der Frachtzuschläge absehen oder geringere Zuschläge erheben, wenn der Verstoß gegen die Vorschriften auf entschuldbarem Versehen beruht, ein Schaden für den Unternehmer nicht oder nicht in Höhe des Frachtzuschlages entstanden und keine erhebliche Gefährdung der Betriebssicherheit herbeigeführt worden ist, oder wenn die Höhe des Zuschlages eine unverhältnismäßige Härte in sich schließt, oder wenn andere Billigkeitsgründe vorliegen.

^V Der Frachtzuschlag ist verwirkt, sobald der Beförderungsvertrag abgeschlossen ist. Zur Zahlung ist der Absender verpflichtet. Hat er den Zuschlag noch nicht bezahlt, so braucht das Gut an den Empfänger nur abgeliefert zu werden, wenn dieser den Zuschlag bezahlt. Erfüllt der Empfänger eine Anwendungsbedingung eines nach der Inhaltsangabe im Frachtbrief in Anspruch genommenen ermäßigten Tarifs nicht, so ist er an Stelle des Absenders zur Zahlung eines hierdurch verwirkten Frachtzuschlages verpflichtet.

^{VI} Die Höhe des Frachtzuschlages und der Grund seiner Erhebung sind auf dem Frachtbrief zu vermerken.

Frachtnachzahlung und Frachterstattung

KVO 23 ^I Sind Fracht, Frachtzuschläge, Nebengebühren oder sonstige Kosten unrichtig oder gar nicht erhoben worden, so ist der Unterschiedsbetrag nachzuzahlen oder zu erstatten. Der *RKB* hat unverzüglich nach Feststellung des Fehlers den Verpflichteten zur Zahlung aufzufordern oder dem Berechtigten den zuviel erhobenen Betrag zu erstatten. Gegen die Feststellung kann der Zahlungspflichtige binnen einer Frist von 6 Wochen Einspruch erheben.

^{II} Weist der Absender nach, daß seine Angaben im Frachtbrief über den Inhalt oder das Gewicht der Sendung den Tatsachen nicht entsprechen, so kann er die Erstattung der infolge der Unrichtigkeit seiner Angaben etwa erhobenen Mehrfracht verlangen. Hat der Absender im Frachtbrief eine im Tarif als Bedingung für eine günstigere Frachtberechnung vorgeschriebene Erklärung nicht oder unrichtig oder ungenau abgegeben, so kann der *RKB* beim Vorliegen von Billigkeitsgründen die dadurch erwachsene Mehrfracht erstatten.

^{III} Bei Unterschiedsbeträgen auf Grund des Abs. 1 und 2 bis zu 2,– DM kann von der Erstattung oder Einziehung abgesehen werden.

^{IV} Zu wenig gezahlte Beträge hat der Absender nachzuzahlen, wenn der Frachtbrief nicht eingelöst wird. Hat der Empfänger den Frachtbrief eingelöst, so haftet der Absender nur für die Nachzahlung derjenigen Kosten, zu deren Vorauszahlung er durch den Freivermerk verpflichtet ist. Im übrigen ist der Empfänger zur Nachzahlung verpflichtet.

^V Zur Geltendmachung von Ansprüchen auf Erstattung von Fracht, Frachtzuschlägen, Nebengebühren oder sonstigen Kosten sowie zur Emp-

fangnahme zuviel erhobener Beträge ist derjenige berechtigt, der die Mehrzahlung geleistet hat.

VI Bei Geltendmachung dieser Ansprüche beim *RKB* ist der Frachtbrief vorzulegen. Ist die Mehrfracht durch den Absender bezahlt, so kann dieser die Erstattung des Unterschiedsbetrages auch auf Grund der ihm ausgehändigten Durchschrift des Frachtbriefes beantragen; der *RKB* kann jedoch bei der endgültigen Erledigung des Erstattungsanspruchs die Vorlage der Urschrift des Frachtbriefes verlangen, um auf ihm die Erledigung zu beurkunden.

Nachnahme

KVO 24 I Der Absender kann das Gut bis zur Höhe seines Wertes mit Nachnahme belasten. Nachnahmen sind erst von einem Mindestbetrag von 20,– DM an zulässig, es sei denn, daß es sich um die Nachnahme von Roll- und Ladegebühren handelt.

II Für die Belastung einer Sendung mit Nachnahme wird die tarifmäßige Gebühr erhoben. Wegen der Haftung für Fehler bei der Behandlung von Nachnahmen vgl. §§ 31 und 36.

III Weitere Bestimmungen über das Nachnahmeverfahren trifft der *RKB*.

Einlösung des Frachtbriefes und Abnahme des Gutes

KVO 25 I Am Bestimmungsort werden Frachtbrief und Gut dem Empfänger gegen Empfangsbescheinigung übergeben. Die Übergabe kann von der Zahlung der durch den Beförderungsvertrag begründeten Forderung abhängig gemacht werden.

II Nach Ankunft des Gutes am Bestimmungsort ist der Empfänger berechtigt, die Übergabe des Frachtbriefes und des Gutes zu verlangen. Dieses Recht erlischt, wenn der Absender eine nach § 27 noch zulässige entgegenstehende Verfügung erteilt.
Durch die Annahme des Frachtbriefes und des Gutes wird der Empfänger verpflichtet, dem *RKB* nach Maßgabe des Frachtbriefes Zahlung zu leisten.

III Wegen der Zuführung der Güter vgl. § 5.

IV Wird das Gut vom Unternehmer dem Empfänger zugeführt, so ist dieser zu seiner Abnahme innerhalb der im Tarif festgesetzten Entladefrist verpflichtet. Wird das Gut nicht innerhalb dieser Frist abgenommen, so kann das tarifmäßige Wagenstandgeld erhoben werden.

Stellt der Emfpänger den Antrag auf Feststellung eines behaupteten teilweisen Verlustes oder einer Beschädigung des Gutes, so ist, soweit die Feststellung nicht unverzüglich vorgenommen werden kann, der Unternehmer berechtigt, entweder das Gut gleichwohl dem Empfänger zu übergeben, wenn dieser dazu bereit ist, oder es auf Lager zu nehmen. In letzterem Falle geht die Lagerung auf Kosten des Unternehmers, wenn die Feststellung des Tatbestandes gegen ihn ausschlägt, umgekehrt auf Kosten des Empfängers.

V Hat der Absender im Frachtbrief Nachzählung oder Verwiegung des Gutes am Bestimmungsort beantragt oder verlangt der Empfänger bei der Ablieferung, daß die Güter in seiner Gegenwart nachgezählt oder nachgewogen werden, so hat der Unternehmer diesem Verlangen zu entsprechen, falls geeignete Wiegevorrichtungen vorhanden sind und die Beschaffenheit des Gutes es gestattet. Für die Nachzählung oder Nachwiegung kann die tarifmäßige Gebühr erhoben werden.

1) Vgl §§ 435, 436 HGB. Zu IV Düss transpR **84,** 10.

Lieferfrist

KVO 26 ¹ Die Lieferfrist beginnt für die vom Unternehmer bis um 12 Uhr übernommenen Güter um 18 Uhr, für die nachmittags übernommenen Güter um Mitternacht.

Die Lieferfrist beträgt für je angefangene 300 km 24 Stunden.

Ist der auf die Auflieferung des Gutes folgende Tag ein Sonn- oder Feiertag, so beginnt die Lieferfrist einen Tag später. Ist der letzte Tag der Lieferfrist ein Sonn- oder Feiertag, so läuft die Lieferfrist erst mit der entsprechenden Stunde des nächsten Werktages ab.

Der Absender kann mit dem Unternehmer eine verkürzte Lieferfrist vereinbaren. Die verkürzte Lieferfrist ist im Frachtbrief zu vermerken.

^{II} Der *RKB* kann mit Genehmigung des *Reichsverkehrsministers* Zuschlagsfristen für folgende Fälle festsetzen:

a) für außergewöhnliche Verhältnisse auf den Verkehrsstraßen, z. B. Glatteis, Schneeverwehungen,
b) für Beförderung nach über 100 km abseits der Hauptverkehrsstraßen gelegenen Orten,
c) für behördlich angeordnete Umleitungen.

^{III} Die Lieferfrist ist gewahrt, wenn vor ihrem Ablauf das Gut dem Empfänger zugeführt worden ist oder aus Gründen, die in seiner Person liegen, nicht zugeführt werden konnte. Insbesondere ist sie auch gewahrt, wenn vor ihrem Ablauf der Empfänger von der Ankunft benachrichtigt oder das Gut ihm am Bestimmungsorte zur Abnahme angeboten worden ist.

^{IV} Der Lauf der Lieferfrist ruht auf die Dauer

a) des Aufenthaltes, der durch Zoll- oder sonstige verwaltungsbehördliche Maßnahmen oder infolge Kontrolle durch den *RKB* verursacht wird,
b) einer durch nachträgliche Verfügung des Absenders hervorgerufenen Verzögerung der Beförderung,
c) der durch Abladen eines Übergewichtes erforderlichen Zeit,
d) einer ohne Verschulden des Unternehmers eingetretenen Betriebsstörung, durch die der Beginn oder die Fortsetzung der Beförderung zeitweilig verhindert wird,
e) einer behördlich angeordneten Straßensperre, durch die der Beginn oder die Fortsetzung der Beförderung zeitweilig verhindert wird,
f) des Aufenthaltes, der ohne Verschulden des Unternehmers dadurch entstanden ist, daß am Gut oder an der Verpackung Ausbesserungsarbeiten vorgenommen oder vom Absender verladene Sendungen um- oder zurechtgeladen werden mußten.

1) Die Lieferfristbestimmungen der KVO sind unabdingbar. Auch wenn raschere Lieferung vereinbart ist, gilt Frist der KVO. Ist diese gewahrt, kann Unternehmer nicht wegen Verzögerung belangt werden; er muß aber Unmöglichkeit der Einhaltung der vereinbarten (kürzeren) Frist rechtzeitig anzeigen, wenn Schadensgefahr durch die Verzögerung erkennbar ist; BGH **55**, 220, VersR **63**, 1120, DB **68**, 1988.

V. Abänderung des Beförderungsvertrages

Nachträgliche Verfügungen des Absenders und Anweisungen des Empfängers

KVO 27 ¹ Der Absender kann bis zur Zahlung der Fracht und der anderen auf der Sendung lastenden Kosten durch den Empfänger oder bis zur Auslieferung der Sendung an den Empfänger nachträglich verfügen:

a) daß das Gut am Versandort zurückgegeben werden soll,
b) daß das Gut unterwegs angehalten werden soll,
c) daß die Ablieferung des Gutes an den Empfänger ausgesetzt werden soll,
d) daß das Gut an einen anderen Empfänger abgeliefert werden soll,
e) daß das Gut nach dem Versandort zurückgesandt werden soll,
f) daß eine Nachnahme nachträglich auferlegt, erhöht, herabgesetzt oder aufgehoben werden soll,
g) daß überwiesene Beträge von ihm selbst anstatt vom Empfänger eingezogen werden sollen,
h) daß ein Gut nach einem anderen Bestimmungsort weitergeleitet werden soll,
i) daß Teile einer Ladung an verschiedenen oder an anderen Ausladestellen, als im Frachtbrief vorgeschrieben war, abgeliefert werden sollen. Eine solche Verfügung ist jedoch nur statthaft, wenn auch die neubezeichneten Ausladestellen für die Frachtberechnung zum selben Gemeindetarifbereich gehören.

In den vorstehend unter d), e), h) und i) vorgesehenen Fällen kann der Absender für die Weiter- oder Rückbeförderung auch eine andere Beförderungsart oder die Benutzung eines anderen Verkehrsmittels vorschreiben.

Verfügungen anderer Art sind unzulässig. Das gleiche gilt für Verfügungen über einzelne Teile der Sendung, ausgenommen den in i) genannten Fall.

Der *RKB* kann nähere Bestimmungen für die Erteilung und Ausführung nachträglicher Verfügungen treffen.

II Der Unternehmer darf die Ausführung einer ihm ordnungsgemäß zugegangenen nachträglichen Verfügung nur ablehnen, hinausschieben oder in veränderter Weise vornehmen, wenn

a) die Verfügung in dem Zeitpunkt, in dem sie ihm zugeht, nicht mehr durchführbar ist,
b) durch ihre Befolgung der regelmäßige Beförderungsdienst gestört wird,
c) ihrer Ausführung gesetzliche oder sonstige Bestimmungen, insbesondere Zoll- oder sonstige verwaltungsbehördliche Vorschriften, entgegenstehen, oder
d) der Wert des Gutes die entstehenden Mehrkosten voraussichtlich nicht deckt und diese Mehrkosten nicht sofort entrichtet oder sichergestellt werden.

In diesen Fällen ist der Absender unverzüglich von der Sachlage zu unterrichten.

III Verfügt der Absender, daß die Sendung am Bestimmungsort zurückgehalten werden soll, so ist der Unternehmer berechtigt, für jede Verzögerung über den vom *RKB* bestimmten Zeitraum hinaus das tarifmäßige Wagenstand- oder Lagergeld zu erheben. Beträgt die Verzögerung mehr als 12 Stunden, so kann der Unternehmer das Gut auf Gefahr und Kosten des Absenders abladen und einlagern; der Absender ist hiervon zu benachrichtigen.

IV Nach Ankunft des Gutes am Bestimmungsort und nach Erfüllung der aus dem Frachtbrief sich ergebenden Verpflichtungen kann der im Frachtbrief bezeichnete Empfänger Anweisungen erteilen,

a) daß ihm das Gut am Bestimmungsort nach einer anderen als der im Frachtbrief bezeichneten Bestimmungsstelle zugeleitet wird,
b) daß das Gut mit dem Frachtbrief gegen Zahlung der Fracht und der sonst auf dem Gute haftenden Beträge am Bestimmungsort einem Dritten ausgeliefert wird,
c) daß ihm der Frachtbrief gegen Zahlung der Fracht und der sonst auf dem Gut haftenden Beträge, das Gut aber am Bestimmungsort einem Dritten ausgeliefert wird,
d) daß ihm der Frachtbrief, das Gut aber gegen Zahlung der Fracht und der

sonst auf dem Gut haftenden Beträge am Bestimmungsort einem Dritten ausgeliefert wird,
e) daß das Gut nach Zahlung oder gegen Nachnahme der Fracht und der sonst auf dem Gute haftenden Beträge mit neuem Frachtbrief vom Bestimmungsort nach einem anderen Ort gesandt wird,
f) daß Teile einer Ladung an verschiedenen oder anderen Ausladestellen, als im Frachtbrief vorgeschrieben war, abgeliefert werden sollen.

^{V} Für die Frachtberechnung findet § 20 entsprechende Anwendung.

^{VI} Wird auf Grund einer nachträglichen Verfügung das Gut unterwegs angehalten, so wird neben etwa erwachsenden sonstigen Kosten die Fracht bis zum Unterwegsort erhoben.

^{VII} Für die Entgegennahme einer nachträglichen Verfügung des Absenders oder einer Anweisung des Empfängers wird die im Tarif vorgesehene Gebühr nur erhoben, wenn eine Neuabfertigung notwendig ist.

1) Der Empfänger ist idR im Frachtvertrag bestimmt. Der Absender kann aber von vornherein der wirklich nachträglich einen Dritten ermächtigen, den Empfänger zu bestimmen; zwischen Frachtführer und Drittem kann ein (nicht der KVO unterliegendes) Schuldverhältnis auf Auslieferung der Ware gemäß Anweisung des Dritten entstehen, BGH NJW **60**, 39. – I i, V idF VO TSF Nr 10/70 13. 10. 70 BAnz Nr 192.

Beförderungs- und Ablieferungshindernisse

KVO 28 ^{I} Stellen sich der Beförderung eines Gutes Hindernisse entgegen, die durch Umleitung oder durch eine Ersatzbeförderung behoben werden können, so hat das Gut dem Empfänger über die Umgehungsstraßen oder mit der möglichen Ersatzbeförderung zuzuführen. Die Lieferfrist wird über den ursprünglichen Beförderungsweg errechnet. Eine Mehrfracht wird über die wirklich ausgeführten Beförderung kann nur erhoben werden, wenn das Gut über eine Umgehungsstraße zugeführt wird und der Absender vor Annahme des Frachtbriefes und des Gutes von dem Unternehmer oder dem *RKB* auf die Notwendigkeit einer Umleitung hingewiesen war.

^{II} In allen anderen Fällen, in denen der Beginn oder die Fortsetzung einer Beförderung zeitweilig oder dauernd verhindert wird, hat der Unternehmer den Absender um Anweisung zu ersuchen. Der Absender kann daraufhin auch vom Vertrage zurücktreten. Trifft den Unternehmer kein Verschulden, so kann er in diesen Fällen Zahlung der Fracht für die zurückgelegte Strecke und der Gebühren für die ausgeführten Neben- und Sonderleistungen verlangen. Trifft der Absender die Anweisung, daß das Gut zum Versandort zurückbefördert werden soll, so hat der Unternehmer keinen Anspruch auf Fracht und Gebühren.

^{III} Erteilt der Absender innerhalb angemessener Frist keine ausführbare Anweisung, so ist nach (5) ff. zu verfahren. Vom Zeitpunkte der Säumigkeit des Absenders an ist das tarifmäßige Lager- oder Wagenstandgeld verwirkt.

^{IV} Fällt das Beförderungshindernis vor dem Eintreffen einer Anweisung des Absenders weg, so ist das Gut dem Bestimmungsort zuzuleiten, ohne daß Anweisungen abgewartet werden; der Absender ist hiervon unverzüglich zu benachrichtigen.

^{V} Ist nach Eintreffen der Sendung am Bestimmungsorte der Empfänger nicht zu ermitteln oder verweigert er die Annahme oder löst er den Frachtbrief nicht ein oder ergibt sich vor Einlösung des Frachtbriefes ein sonstiges Ablieferungshindernis, so hat der Unternehmer den Absender von der Ursache des Hindernisses unverzüglich zu benachrichtigen und seine Anweisung einzuholen.

Der Absender kann im Frachtbrief vorschreiben, daß er auf seine Kosten telegraphisch benachrichtigt werden soll. Er kann ferner im Frachtbrief vorschreiben, daß ihm das Gut bei Eintritt eines Ablieferungshindernisses ohne vorherige Benachrichtigung zurückgeschickt werden soll oder daß das Gut am Bestimmungsort an einen zu bezeichnenden anderen als den im Frachtbrief genannten Empfänger abgeliefert werden soll.

Der Absender kann im Frachtbrief auch einen Dritten zur Erteilung von Anweisungen über das Gut bevollmächtigen und vorschreiben, daß der Unternehmer diesen Dritten unmittelbar zu benachrichtigen und seine Anweisung einzuholen hat.

VI Ist die Benachrichtigung des Absenders oder des im Frachtbrief bezeichneten Bevollmächtigten nach den Umständen nicht möglich oder ist der Absender oder sein Bevollmächtigter mit der Erteilung der Anweisung säumig oder ist die Erteilung nicht ausführbar, so kann das Gut unter Einziehung der etwa noch nicht bezahlten Kosten bei einem Spediteur oder in einem öffentlichen Lagerhaus auf Gefahr und Kosten des Absenders hinterlegt werden.

VII Der *RKB* kann Bestimmungen erlassen über den Verkauf

a) von Gütern, die nicht abgeliefert werden können, wenn sie schnellem Verderben unterliegen oder nach den örtlichen Verhältnissen weder einem Spediteur oder Lagerhaus übergeben noch sonst eingelagert werden können,

b) von Gütern, die nicht abgeliefert werden können und die vom Absender nicht zurückgenommen werden, wenn ihr Wert durch längere Lagerung unverhältnismäßig vermindert werden würde oder wenn die Lagerkosten in keinem Verhältnis zum Wert des Gutes stehen.

VIII Ist der Frachtbrief vom Empfänger eingelöst, so gelten, wenn der Empfänger das Gut nicht abnimmt oder sich ein sonstiges Ablieferungshindernis ergibt, für die Hinterlegung des Gutes bei einem Spediteur oder in einem öffentlichen Lagerhaus sowie für den Verkauf die Vorschriften der Ziffern (6) und (7) entsprechend mit der Maßgabe, daß überall an die Stelle des Absenders der Empfänger tritt.

Zoll- oder steuerpflichtige Güter dürfen erst nach Vornahme der Zoll- oder Steuerbehandlung bei einem Spediteur oder öffentlichen Lagerhaus hinterlegt oder verkauft werden.

Fällt das Ablieferungshindernis weg, ohne daß eine anderweitige Anweisung des Absenders oder seines Bevollmächtigten bei der Empfangsabfertigung eingetroffen ist, und ist der Empfänger zur Annahme bereit, so wird ihm das Gut abgeliefert. Von einer nachträglichen Ablieferung ist der Absender oder sein Bevollmächtigter, soweit diesem das Hindernis schon mitgeteilt war, unmittelbar zu benachrichtigen.

1) Beförderungshindernisse sind solche, die der ordnungsgemäßen, insbesondere pünktlichen Erfüllung der Beförderungspflicht entgegenstehen; nicht Transportsperre, wenn der Beförderungsweg nicht im Frachtbrief festgelegt ist und mehrere Routen bestehen, dann kein Umwegkostenersatz, Mü RIW 83, 789.

VI. Haftung aus dem Beförderungsvertrage

Ersatzpflicht des Unternehmers

KVO 29 Die Unternehmer ersetzen alle an den beförderten Gütern aller Art einschließlich lebenden Tieren entstandenen direkten Schäden und Verluste durch Transportmittelunfälle und Betriebsunfälle (das sind schadenverursachende Ereignisse, die in unmittelbarem Zusammenhang mit einem Betriebsvorgang der Güterbeförderung mittels

V. Transportrecht **KVO 30 (23)**

Kraftfahrzeugs stehen) sowie Schäden, die durch gänzlichen oder teilweisen Verlust oder durch Beschädigung des Gutes in der Zeit von der Annahme zur Beförderung bis zur Auslieferung entstehen.

1) §§ 29 ff (Gefährdungshaftung) gelten zwingend, **(22)** GüKG §§ 20, 20a, 22 III, 26, 106. § 29 beschränkt Haftung des Unternehmers auf die unmittelbar an den beförderten Gütern entstandenen „direkten" Schäden (sog Güter- bzw Substanzschäden) und schließt mittelbar erlittene Vermögensschäden aus, soweit diese nicht unter § 32 (Aufwendungen) oder § 35 (Aufrundung des Werts des Guts) fallen, BGH **32,** 201 **86,** 390; s auch § 31 Anm 1. Leitgedanke der §§ 29 ff ist, ob Schadensursache in den Einwirkungs- und Gefahrenbereich des Unternehmers fällt, BGH **32,** 299 (Auslegung § 34, s dort), NJW **65,** 1594. Danach habt der Unternehmer für Umladen in seinem Organisationsbereich, Kln transpR **84,** 35; auch für die am Transportgut mittelbar, zB durch unfallbedingte Verzögerung (Frischeverlust), verursachten Schäden, BGH **86,** 393 (für § 29 1. Fall; anders Wortlaut des 2. Falls). § 29 begründet eine Gefährdungshaftung des Unternehmers; § 34 stipuliert Ausnahmen. Die Risikoverteilung zwischen Unternehmer und Absender nach §§ 29, 34 wird grundsätzlich auch nicht verschoben durch Prüfungspflichten des Unternehmers, deren Verletzung seine Haftung erweitern könnte, Züchner DB **64,** 647: keine der KVO-Spezialvorschriften ergebe solche Pflicht. Anwendung, wenn „überwiegend" Kfz-Beförderung, s **(22)** GüKG § 3 Anm. Monographie Helm 1966 (Haftung für Frachtgutschäden).

2) Anders als der Spediteur nach den **(19)** ADSp haftet nach KVO der Unternehmer dem Auftraggeber direkt und muß sich selbst versichern; dies geschah vor 1945 durch Generalpolice des RKB (s § 38), jetzt durch Generalpolice anderer Verbände oder Einzelpolice. Diese „KVO-Versicherung" ist Haftpflichtversicherung des Unternehmers. Hat in einem Schadensfalle der Absender eine Güterschadentransportversicherung genommen, so besteht keine Doppelversicherung iSv § 59 VVG; der Versicherer des Absenders hat Ersatzanspruch gegen den Frachtführer, den ggf wiederum die KVO-Versicherung entlastet, BGH BB **67,** 95. Vgl § 429 HGB Anm 1 A, **(24)** CMR Art 41 Anm 1.

3) Haftung aus Verpflichtung vor Gutübernahme s bei § 15. Neben Haftung nach §§ 29 ff uU Haftung aus allgemeinen Grundsätzen bei Verletzung besonderer Verpflichtungen, BGH **55,** 220, zB betr Lieferfrist (s bei § 26), betr Auslieferung nach Weisung Dritter, BGH I NJW **60,** 39, betr Frachtbriefausfüllung, BGH **55,** 221. §§ 29 ff schließen auch Haftung aus §§ 823 ff BGB nicht aus, BGH **32,** 302, DB **75,** 1074. „Annahme zur Beförderung" verlangt Einräumung unmittelbaren Besitzes; vorher uU Obhutspflicht. Auslieferung ist gleichbedeutend mit Ablieferung nach § 429 HGB, BGH NJW **82,** 1284, s dort. Haftung aus positiver Vertragsverletzung, Düss DB **77,** 251. Einzelstückverlust vor Absendung s § 413 HGB Anm 2 C.

4) Ersatzpflicht für Neuanschaffung (Maschinenteil), wenn Reparaturfähigkeit ungeklärt, Düss MDR **74,** 236. Beweislast beim Anspruchsteller, daß Gut bei Annahme unbeschädigt (§ 15 I 1), dh bei Ende der Beladung (zB Schließen der Kühlwagentür) unbeschädigt war, Celle DB **74,** 379. Anwendbarkeit auf Container und Trailer s **(22)** GüKG § 1 Anm 4. Kühlgutverkehr s Züchner DB **71,** 513.

Ersatzpflicht für Güterschäden aus besonderen Gefahren

KVO 30 Im Rahmen des § 29 werden insbesondere ersetzt:

a) Schäden und Verlust durch Regen, Schnee und Hagel sowie Sturmschäden,

b) Schäden und Verluste durch Diebstahl, Abhandenkommen und Straßenraub sowohl ganzer Kolli als auch deren teilweisen Inhalts, Schäden durch Diebstahl und Abhandenkommen bei solchen Massengütern, die nur nach Gewicht und unverpackt geladen werden, unter Zugrundelegung der Bedingung „Frei von den ersten 1½% Verlust", die bei jedem derartigen Verlust unvergütet bleiben,
c) Schäden, die durch beigeladenes Gut (z. B. durch Auslaufen von Flüssigkeiten) hervorgerufen sind. Schäden an unverpackten Gütern, die durch Scheuern und Druck entstanden sind, werden im Höchstfalle mit 1000,– DM je Lastzug ersetzt,
d) Schäden durch Unterschlagung, Betrug, Untreue,
e) Schäden durch Bruch. Bruchschäden infolge von Fabrikations- und Materialfehlern werden nicht ersetzt. Bruchschäden an Glasballons (gleich, ob gefüllt oder leer), Glas, Glasflaschen, auch gefüllten, sofern sie nicht in Kisten verpackt sind, Porzellan, Steingut, Steinzeug oder hieraus hergestellten Artikeln werden nur bis zum Betrage von 150,– DM je Reise eines Lastzuges ersetzt, es sei denn, daß es sich um Schäden durch Transportmittelunfälle oder Betriebsunfälle handelt. In diesen Fällen greift die vorgenannte Ersatzbeschränkung nicht Platz. Das gleiche gilt für Schäden aus höherer Gewalt, soweit für diese nach § 34a) eine Ersatzpflicht besteht. Im Falle des Bruches eines Teiles des betroffenen Gegenstands werden die erforderlichen Wiederherstellungskosten im Verhältnis des beschädigten Teiles zum Gesundwert des Gegenstandes vergütet.

Im Falle der Wiederherstellung sind Wertminderungsansprüche ausgeschlossen.

f) Schäden durch gewöhnlichen Rinnverlust bei Flüssigkeiten in Fässern, Kannen und Kanistern sowie Verluste an Flüssigkeiten in Flaschen, die in Kisten verpackt sind. Im Schadensfalle werden folgende Freiteile in Abzug gebracht:

bei Flüssigkeiten in eisernen Fässern . . . . ½% je Faß,
bei Flüssigkeiten in hölzernen Fässern . . . . 3% je Faß.
Bei Flüssigkeiten in Kannen, Kanistern, Dosen und Büchsen und bei den in Kisten verpackten Flaschen wird ein Freiteil nicht abgezogen.

1) Gegen Haftung aus a (Regen, Schnee, Hagel, Sturm) kann Unternehmer grundsätzlich nicht einwenden, Absender hätte das Gut nach § 18 gegen solche Gefahren sicher verpacken müssen, BGH **31,** 186 (sonst Aushöhlung von a; s auch § 34a).

Ersatz für andere als Güterschäden

KVO 31 [1] Der Unternehmer ersetzt Schäden, die dem verfügungsberechtigten Absender oder Empfänger im Zuge der Beförderung des Gutes entstanden sind:
a) durch Überschreitung der Lieferfrist (§ 26),
b) durch Falschauslieferung,
c) durch schuldhafte, nicht ordnungsgemäße Ausführung des Beförderungsvertrages,
d) durch Fehler bei der Einziehung von Nachnahmen.

[II] Schäden der in (1) a)–c) bezeichneten Art werden bei Ladungsgütern bis zu 30000,– DM je Lastzug und bei Stückgütern bis 5000,– DM je Absender und Lastzug ersetzt. Schäden nach (1) d) werden bis zur Höhe der Nachnahme, höchstens jedoch mit 5000,– DM je Sendung ersetzt.

1) § 31 gilt nur für Vermögensschäden, die unabhängig von einem Güterschaden eingetreten sind; der durch Schaden am Frachtgut verursachte weitere Schaden wird nicht nach § 31 I c, II ersetzt, sonst würde § 35 (Beschränkung des

V. Transportrecht **KVO 32–34 (23)**

ersatzpflichtigen Werts des Frachtguts) ausgehöhlt, BGH **32**, 202 (Schaden durch Ausfall eines beim Transport beschädigten Baugeräts), auch nicht aus allgemeinen Grundsätzen über positive Vertragsverletzung, BGH **32**, 203. Bei Vereinbarung der Entladung durch Frachtführer (§ 11 II f) haftet dieser bei Beschädigung von Entladegerät des Absenders aus I c, BGH BB **78**, 128.

Aufwendungen bei Schadensfällen

KVO 32 Die Kosten für Aufwendungen und Bergungen zur Abwendung oder Minderung eines zu ersetzenden Schadens, soweit sie den Umständen nach geboten waren, gehen zu Lasten des Unternehmers. Das gleiche gilt von den Kosten, die durch die Ermittlung und Feststellung des Schadens entstehen.

Ersatzpflicht für Schäden aus Hilfsverrichtungen

KVO 33 Der Unternehmer ersetzt im Rahmen der §§ 29, 32 und 34 auch Güterschäden, die eintreten

a) bei der Abholung oder Zuführung der Güter, wenn die Abholung oder Zuführung vom Unternehmer oder durch von ihm Beauftragte besorgt wird, einschließlich der in § 14 Ziffer 7 genannten Fälle,
b) beim Ver-, Aus- oder Umladen der Güter, wenn der Unternehmer oder von ihm Beauftragte dabei mitgewirkt haben,
c) bei einer Beförderung mit der Eisenbahn, die vom Unternehmer innerhalb des von ihm geschlossenen Beförderungsvertrages bewirkt wird,
d) bei einer Vor- oder Nachlagerung im Gewahrsam des Unternehmers nach Übernahme des Gutes vom Absender und vor Auslieferung an den Empfänger, soweit die Lagerung nicht die Dauer von jeweils 15 Tagen – Sonn- und Feiertage nicht mitgerechnet – überschreitet,
e) bei Zwischenlagerungen bis zur Dauer von acht Tagen, die während der Beförderung des Gutes erforderlich werden.

Ausschlüsse von der Ersatzpflicht

KVO 34 Ausgeschlossen von der Ersatzpflicht sind:

a) Schäden durch höhere Gewalt, jedoch nicht insoweit, als es sich bei den Schadensursachen um die der Straße und dem Kraftwagen eigentümlichen Gefahren handelt,
b) Schäden jeglicher Art, hervorgerufen durch Kriegsereignisse, Verfügung von hoher Hand, Wegnahme oder Beschlagnahme seitens einer staatlich anerkannten Macht,
c) Schäden, die durch Verschulden des Verfügungsberechtigten entstehen,
d) Schäden an ungemünzten und gemünzten oder sonst verarbeiteten Edelmetallen, Juwelen, Edelsteinen, Papiergeld, Wertpapieren jeder Art, Dokumenten und Urkunden,
e) Schäden an Kunstsachen, Gemälden, Skulpturen und anderen Gütern, die einen Sonderwert haben, sofern der Einzelwert den Betrag von 2500,– DM übersteigt,
f) körperliche Schäden jeglicher Art, die Personen zugefügt werden,
g) Schäden an Umzugsgut durch Bruch von Glas und Porzellan, auch Schrammschäden, Politurrisse, Leimlösungen, Scheuerschäden,
h) Schäden durch Emaille-Absplitterungen,
i) Fehlmengen und Gewichtsverluste, die aus der Eigenart der betreffenden Güter entstehen,
k) innerer Verderb einschließlich Bombieren,
l) Einwirkungen von Frost und Hitze,
m) Schäden an lebenden Tieren durch Tod oder Seuchen,

n) Schäden an selbstentzündlichen und explosionsgefährlichen Gütern, soweit die Schäden aus der Selbstentzündlichkeit oder Explosionsgefahr herrühren.

Die unter g) bis n) genannten Schäden werden jedoch ersetzt, sofern sie durch Transportmittelunfälle oder Betriebsunfälle verursacht sind.

1) Zu S 1 b **(20)** SVS/RVS § 5. Zu c Kln NJW **55**, 1321 (vgl bei § 17). Zu S 1 a und c Kblz BB **58**, 1036 (vgl bei § 18). S 1 c hindert nicht Berücksichtigung von Mitverschulden und demgemäß Teilhaftung des Unternehmers gemäß § 254 BGB, BGH **32**, 199, Ffm BB **79**, 634. Begriff des Transportmittel- oder Betriebsunfalls s § 29, aber enger BGH **32**, 298: Unfall = ,,plötzlich (!) mit mechanischer Gewalt wirksam werdendes Ereignis", anders ,,Betriebsstörung", zB Kupplungsschaden (der Lastzug auf freier Strecke stillegt). Haftungsausschluß nach S 1k, l (desgl wohl uU in anderen Fällen des S 1) gilt (trotz Fehlen entsprechender Vorschriften wie § 83 III EVO) nicht bei schuldhafter Verursachung durch den Unternehmer (oder seine Gehilfen, § 6), BGH **32**, 301 (Gurken verdorben durch Hitze infolge Stehens in der Sonne). Weder S 1k noch S 11 ist anwendbar auf Verderb infolge Versagens der Lkw-Kühleinrichtung, BGH BB **65**, 767 (Eiskrem). Bedeutung der Anordnungen über die Transportweise für 1 kg s BGH DB **68**, 1988 (schlachtwarm verladenes Fleisch, Isotherm-Wagen, aber Kühlung nur durch Fahrtwind). Die Haftungsausschlüsse nach § 34 KVO sind sämtlich ,,nicht bevorrechtigt", vgl **(24)** CMR Art 17.

Ersatzpflichtiger Wert

KVO 35 ^{I} Als Ersatzwert gilt bei den einzelnen Gütern der vom Verfügungsberechtigten nachzuweisende Fakturenwert zuzüglich aller Spesen und Kosten bis zum Bestimmungsort und zuzüglich des nachzuweisenden entgangenen Gewinnes bis höchstens 10% des Fakturenwertes. Vom Ersatzwert sind die durch den Schadensfall etwa ersparten Kosten abzusetzen.

^{II} Bei Gütern, die keinen Fakturenwert haben oder nicht Handelsgut sind, soll im Schadensfall bei Meinungsverschiedenheiten über den Ersatzwert der Zeitwert (auch ,,gemeiner Wert") durch Sachverständigenverfahren ermittelt werden.

^{III} Bei teilweiser Beschädigung einer Sendung wird der Schadensersatz nur für den beschädigten Teil in Höhe des festgestellten Minderwertes geleistet, der im Nichteinigungsfalle durch Sachverständigenverfahren zu ermitteln ist. Die Errechnung des Minderwertes hat auf Grund des tatsächlichen Schadens zu erfolgen. Dem Unternehmer steht es frei, beschädigte Güter, sofern sie nicht gemäß behördlicher Weisung vernichtet werden müssen, gegen volle Ersatzleistung zu übernehmen. Eine Verpflichtung zur Übernahme besteht jedoch nicht.

^{IV} Insgesamt werden je Kilogramm des in Verlust geratenen oder beschädigten Rohgewichts nicht mehr als 80,– DM erstattet.

1) I ist unanwendbar bei Schäden an Ware auf dem Transport vom Hersteller zu seinem eigenen Auslieferungslager; hat diese Ware einen gemeinen Handelswert (§ 430 HGB), feststellbar durch Börsen- oder Marktnotierung oä, so ist dieser maßgebend, mit Einschluß des in solchem Preis enthaltenen Gewinns des Herstellers und kein ,,Zeitwert" (§ 35 II) durch Sachverständige zu ermitteln, BGH **LM** § 430 HGB Nr 1. ,,Fakturenwert" einer Zeitschriftensendung, Ersatzfähigkeit weiterer Kosten (durch Nachdruck) nach § 823 I BGB (vgl § 29 Anm), BGH DB **75**, 1073. Zu III 1, 2: Minderwert bei (irreparabler) Beschädigung eines Maschinenteils Wiederbeschaffungswert dieses Teils, Düss DB **77**,

V. Transportrecht **KVO 36–39 (23)**

252. Merkantiler Minderwert ist auch unter III zu ersetzen, er ist ein direkter Schaden iSv § 29, Hbg transpR **84,** 9. IV stellt bei Teilverlust auf das Rohgewicht der in Verlust geratenen Gegenstände, nicht auf das der jeweiligen Verpackungseinheit insgesamt ab, BGH VersR **69,** 703.

Begrenzung der Ersatzpflicht

KVO 36 Ist auf Grund der §§ 29–34 Ersatz zu leisten, so wird in keinem Falle, und zwar auch nicht beim Zusammentreffen verschiedener Schadensursachen, mehr als für gänzlichen Verlust des Gutes ersetzt. Das gilt jedoch nicht für Schäden der in § 31 (1) d) bezeichneten Art, für die in jedem Fall Ersatz beansprucht werden kann.

Verfahren in Schadensfällen

KVO 37 [I] Wird ein gänzlicher oder teilweiser Verlust oder eine Beschädigung des Gutes von dem Unternehmer entdeckt oder von dem Verfügungsberechtigten behauptet, so ist die Ursache und nach Möglichkeit der Zeitpunkt des Schadens ohne Verzug durch den Unternehmer schriftlich festzustellen.

[II] Bei Schadensersatzansprüchen sind die erforderlichen Nachweise über die Ursache und Höhe des Schadens von den Anspruchstellern zu liefern. Insbesondere ist der Frachtbrief vorzulegen. Zwecks Feststellung der Höhe des Schadens sind vorhandene Fakturen sowie Schadensrechnung und sonstige den Ersatzanspruch erweisende Belege durch den Anspruchsteller vorzulegen.

[III] Die Ersatzleistung wird nach Beibringung der vorgenannten Belege, sofern sie die Ersatzpflicht des Unternehmers erweisen, spätestens innerhalb 14 Tagen vorgenommen.

[IV] Der Verfügungsberechtigte kann das Gut ohne weiteren Nachweis als verloren betrachten, wenn es nicht innerhalb eines Monats nach Ablauf der Lieferfrist abgeliefert oder zur Abholung bereitgestellt worden ist.

[V] Der Ersatzpflichtige leistet Schadensersatz in Geld, sofern in den vorstehenden Bestimmungen nichts anderes gesagt ist.

Versicherung

KVO 38 [I] Gemäß *§ 10 (1) Ziffer 4 des Gesetzes über den Güterfernverkehr mit Kraftfahrzeugen vom 26. Juni 1935* sind die beförderten Güter gegen Schäden im Umfange der vorstehend übernommenen Ersatzpflicht der Unternehmer durch den *RKB* versichert.

[II] Den Versicherern steht das Recht zu, bei der Schadensfeststellung durch ihre Abwicklungsstelle mitzuwirken.

[III] Der Unternehmer ist berechtigt und auf Verlangen des Verfügungsberechtigten verpflichtet, die ihm aus der Versicherung zustehenden Rechte an den Verfügungsberechtigten abzutreten.

1) Anstelle des RKB traten nach 1945 andere Versicherer, vgl § 29 Anm 2. Zu I vgl jetzt **(22)** GüKG § 27. – Zu III: Nach Abtretung unmittelbare Geltendmachung des Ersatzanspruchs durch den Verfügungsberechtigten (Geschädigten) gegen den Versicherer, BGH NJW **75,** 1276, zust Johannsen VersR **78,** 108 gegen Roesch VersR **77,** 891.

Erlöschen der Ansprüche aus dem Beförderungsvertrag

KVO 39 [I] Mit der Annahme des Gutes durch den Empfänger sind alle Ansprüche aus dem Beförderungsvertrag erloschen.

(23) KVO 40

II Hiervon sind ausgenommen:

a) Entschädigungsansprüche für Schäden, die durch Vorsatz oder grobe Fahrlässigkeit des Unternehmers herbeigeführt sind;
b) Entschädigungsansprüche wegen Lieferfristüberschreitung, wenn sie innerhalb eines Monats, den Tag der Annahme durch den Empfänger nicht mitgerechnet, beim Unternehmer schriftlich angebracht werden;
c) Entschädigungsansprüche wegen teilweisen Verlustes oder wegen Beschädigung:
   1. wenn der teilweise Verlust oder die Beschädigung vor der Auslieferung des Gutes nach § 37 festgestellt worden ist,
   2. wenn die Feststellung, soweit sie nach § 37 hätte erfolgen müssen, schuldhaft unterblieben ist,
   3. wenn eine Ladung nach § 27 neu aufgegeben und der teilweise Verlust oder die Beschädigung erst bei der Ablieferung an den letzten Empfänger festgestellt worden ist;
d) Entschädigungsansprüche aus solchen Schäden, die bei der Annahme des Gutes durch den Empfänger äußerlich nicht erkennbar waren, jedoch nur unter folgenden Voraussetzungen:
   1. daß der Empfänger unverzüglich nach der Entdeckung des Schadens, spätestens aber binnen einer Woche nach der Annahme des Gutes schriftlich durch ihn die Feststellung des Schadens beantragt und
   2. daß er beweist, daß der Schaden in der Zeit, in der sich das Gut im Gewahrsam des Unternehmers oder eines von ihm Beauftragten befand, entstanden ist.

   Ist dem Unternehmer der Schaden binnen der bezeichneten Frist angezeigt worden, so genügt es, wenn die Feststellung unverzüglich nach der Anzeige beantragt wird;
e) Ansprüche auf Rückerstattung geleisteter Zahlungen an den *RKB* oder gezahlter Nachnahmen an den Unternehmer.

1) Nur Vorbehalt betr bestimmten Schadens (Verlust) entkräftet § 39 I, nicht schon Generalvorbehalt späterer Prüfung (§ 39 I will Prüfung bei Annahme); § 39 I berührt nicht Ansprüche aus unerlaubter Handlung, Oldbg NJW **72**, 692 (Sammelladung, 25 Positionen, später Fehlen eines Kartons festgestellt).

Verjährung der Ansprüche aus dem Beförderungsvertrag

KVO 40 ^I Die Ansprüche aus dem Beförderungsvertrage verjähren unbeschadet der Verjährung der Ansprüche des *Reichs-Kraftwagen-Betriebsverbandes* nach den *§§ 15–17 GFG* in einem Jahre.

Die Verjährungsfrist beträgt indessen drei Jahre:

a) bei Ansprüchen des Absenders auf Auszahlung einer Nachnahme, die der Unternehmer vom Empfänger eingezogen hat;
b) bei Ansprüchen auf Auszahlung des Erlöses eines vom Unternehmer vorgenommenen Verkaufs;
c) bei Ansprüchen wegen eines durch Vorsatz verursachten Schadens.

II Die Verjährungsfrist beginnt:

a) bei Ansprüchen auf Zahlung oder Erstattung von Fracht, Frachtzuschlägen, Nebengebühren und sonstigen Kosten mit Ablauf des Tages der Zahlung oder, wenn keine Zahlung stattgefunden hat, mit Ablauf des Tages, an dem das Gut zur Beförderung angenommen worden ist;
b) bei Ansprüchen auf Zahlung oder Rückerstattung von Beträgen, die unter einen auf einen Höchstbetrag beschränkten Freivermerk fallen, mit Ablauf des Tages der Abrechnung über den Freibetrag mit dem Absender;
c) bei Ansprüchen des Unternehmers auf Zahlung von Beträgen, die der Empfänger statt des Absenders oder die der Absender statt des Empfängers

gezahlt hatte und die der *RKB* dem Berechtigten zurückerstatten muß, mit Ablauf des Tages der Rückvergütung des Betrages;
d) bei Ansprüchen auf Entschädigung wegen gänzlichen Verlustes des Gutes mit Ablauf des 30. Tages nach Beendigung der Lieferfrist;
e) bei Ansprüchen auf Entschädigung wegen teilweisen Verlustes, Beschädigung oder Lieferfristüberschreitung mit Ablauf des Tages der Ablieferung;
f) bei Ansprüchen wegen Nachnahmen mit dem Ablauf des 14. Tages nach Beendigung der Lieferfrist;
g) bei Ansprüchen auf Auszahlung eines Verkaufserlöses mit Ablauf des Verkaufstages;
h) bei Ansprüchen auf Zahlung eines vom Unternehmer an die Zollbehörde entrichteten Betrags mit Ablauf des Tages, an dem die Zollbehörde den Betrag angefordert hat.

III Die Verjährung des Anspruchs gegen den *RKB* oder den Unternehmer wird, abgesehen von den allgemeinen gesetzlichen Hemmungsgründen, auch durch seine schriftliche Anmeldung gehemmt. Ergeht auf die Anmeldung ein abschlägiger Bescheid, so läuft die Verjährungsfrist von dem Tage an weiter, an dem der *RKB* oder der Unternehmer oder in den Fällen des § 38 (2) und (3) der Versicherer seine Entscheidung dem Anmeldenden schriftlich bekanntmacht und ihm die der Anmeldung etwa beigefügten Belege zurückgibt. Den Eingang der Anmeldung oder des Bescheides und der Rückgabe der Belege hat derjenige zu beweisen, der sich auf diese Tatsachen beruft. Weitere Gesuche, die denselben Anspruch zum Gegenstand haben, hemmen die Verjährung nicht.

IV Die Unterbrechung der Verjährung regelt sich nach den allgemeinen gesetzlichen Vorschriften.

V Die Ansprüche gegen den Unternehmer wegen gänzlichen oder teilweisen Verlustes oder wegen Beschädigung des Gutes oder wegen Überschreitung der Lieferfrist können nach der Vollendung der Verjährung nur aufgerechnet werden, wenn vorher der gänzliche oder teilweise Verlust, die Beschädigung oder die Überschreitung der Lieferfrist dem Unternehmer angezeigt oder die Anzeige an ihn abgesandt worden ist. Der Anzeige an den Unternehmer steht es gleich, wenn gerichtliche Beweisaufnahme zur Sicherung des Beweises beantragt oder wenn in einem zwischen dem Absender und Empfänger oder einem späteren Erwerber des Gutes wegen des gänzlichen oder teilweisen Verlustes, der Beschädigung oder der Lieferfristüberschreitung anhängigen Rechtsstreit dem Unternehmer der Streit verkündet wird.

1) Der Vorbehalt („unbeschadet...") in I ist gegenstandslos, BGH **8**, 71. § 40 gilt (entspr § 94 EVO) auch für Ansprüche des Unternehmers gegen (nicht Absender, sondern) Empfänger, BGH **LM** KVO Nr 19; auch für Ansprüche des KVO-Hauptfrachtführers (Absender) gegen Unterfrachtführer (Unternehmer iSv § 432 I HGB) BGH NJW **86**, 132, offen für Rückgriffsansprüche bei Vertragseintritt nach § 432 II HGB (s § 6 Anm 1). Nach IIa beginnt die Jahresfrist am Tag nach Annahme zur Beförderung, sie beginnt neu nach einer (vor Verjährung geleisteten) Zahlung, ebenso bei weiterer Teilzahlung, auch bei Zuwenigzahlung (Frachtunterbietung), die nicht (die Restschuld anerkennende) Abschlagszahlung (§ 208 BGB) ist, BGH **LM** § 413 HGB Nr 1. Hemmung der Verjährung nach I (uU) bei irriger Annahme zweijähriger Verjährung nach § 196 I Nr 3 BGB, BGH NJW **60**, 283. Anwendbarkeit des § 40 (im Rahmen §§ 29 ff) trotz abweichender Vereinbarung, s bei § 29. Anwendbarkeit uU auf Spediteur im Falle § 413 HGB s dort. Anwendbarkeit nach Forderungsübergang auf Bundesanstalt (s **(22)** GüKG § 23 Anm) BGH **38**, 183: uU Bereicherungs-, nicht Vertragsanspruch, dann § 40 unanwendbar, dazu Bambg BB **66**, 1288. Anwendung auf Frachtlohnrestforderung (nach Zuwenig-Berechnung) des

Frachtführers, Düss DB **73**, 2295 (kein Bereicherungsanspruch). Hemmung nach III nur durch Erhebung eines bestimmten Anspruchs, nicht nur abstrakte Anspruchsanmeldung, Ffm RIW **82**, 759, nur durch klare Ankündigung der Haftbarmachung, BGH transpR **86**, 55. Bei Vertragsschluß Spediteur-Frachtführer („Unternehmer") Hemmung nach III 1 auch durch Anmeldung des Auftraggebers vor Anspruchsabtretung Spediteur- Auftraggeber (entspr §§ 392 II, 407 II HGB, vgl auch § 52e ADSp, § 5 Nr 1 B, a–c, II SVS), BGH NJW **70**, 995 (zu IV aF); anders wenn der Anmeldende seine Ansprüche nicht vom Spediteur, sondern vom Empfänger des Frachtguts ableitet, BGH NJW **81**, 2750. V setzt (wie § 479 BGB, entspr § 390 S 2 BGB) Aufrechnungslage vor Verjährung voraus (ermöglicht also nicht Aufrechnung nach Verjährung gegen jüngere Gegenforderung), BGH BB **74**, 672. Vgl (strenger) **(24)** CMR Art 32 Nr 4. Anwendbarkeit auf Ansprüche aus der „KundensatzVO" (bei Sammelladungsspedition) s BGH NJW **72**, 877, vgl § 413 HGB Anm 2 C, **(22)** GüKG § 22 Anm 2 A. Zur Anwendung auf Anspruch aus Zuvielzahlung vgl **(24)** CMR Art 32 Anm 1, auch **(22)** GüKG § 22 Anm 2 D.

(24) Übereinkommen über den Beförderungsvertrag im internationalen Straßengüterverkehr (CMR)

Vom 19. Mai 1956/16. August 1961 (BGBl 1961 II 1119, 1962 II 12)
mit den späteren Änderungen

Einleitung

Schrifttum

a) Kommentare: *Helm*, Frachtrecht, Güterbeförderung auf der Straße, 1979 (= GroßKo §§ 425–452, dort Anh III nach § 452). – *Glöckner*, Leitfaden zur CMR, 6. Aufl 1985. – *Decker* 1985. – *Hein-Eschoff-Pukall-Krien(-Joseph-Niehüsener-Trinkaus)*, Güterkraftverkehrsrecht 2 Bde (LBl) I 111.– *Precht-Endrigkeit*, CMR-Handbuch, 3. Aufl 1972. – *Hill-Messent*, CMR: Contracts for the International Carriage of Goods by Road, London 1984.

b) Einzeldarstellungen und Sonstiges: *Heuer*, Die Haftung des Frachtführers nach dem CMR, 1975. – *Loewe*, Erläuterungen zur CMR, ETR **76**, 503–597. – RsprÜbersichten: *Willenberg* NJW **68**, 1020; *Groth* 1981 (international), RIW **77**, 265, VersR **83**, 1104.

Allgemeiner s zu **(22)** GüKG und §§ 425 ff HGB.

1) Entstehung und Geltung

Das Übereinkommen ist gemäß Bek 28. 12. 61 BGBl 62 II 12 für die Bundesrepublik Deutschland in Kraft getreten. Vertragsstaaten sind Belgien, Bulgarien, Dänemark, DDR, Finnland, Frankreich, Griechenland, Großbritannien, Italien, Jugoslawien, Luxemburg, Niederlande, Norwegen, Österreich, Polen, Portugal, Rumänien, Schweden, Schweiz, Spanien, Tschechoslowakei, UdSSR und Ungarn; vgl Bek in BGBl II seit 1962. Änderungen durch Protokoll 5. 7. 78 BGBl 80 II 733, in Kraft für die BRD 28. 12. 80 BGBl II 1443 (Art 23 III nF, Art 23 VII–IX neu), aber nicht für alle anderen Vertragsstaaten; näher Hein-Eichoff-Pukall-Krien J 111 aE. Reformvorschläge FIATA s transpR **84**, 113.

2) Auslegung

Die CMR ist als internationales Abkommen in erster Linie aus sich selbst nebst Materialien auszulegen; dabei kommen dem Wortlaut und dem Zusammenhang der Einzelvorschriften der CMR besondere Bedeutung zu; BGH **75**, 94, NJW **75**, 1598, Düss RIW **81**, 558. Die CMR lehnt sich idR eng an die CIM an, eine einheitliche Auslegung bietet sich dann an, BGH **75**, 96. Gewollte Regelungslücken in CMR sind durch Heranziehung des zuständigen nationalen Rechts zu schließen, BGH NJW **74**, 412, 1615, Düss RIW **84**, 234; zB Haftung aus positiver Vertragsverletzung s Art 17 Anm 1

Kapitel I. Geltungsbereich

[Geltungsbereich, völkerrechtliche Verbindlichkeit]

CMR 1 [I] Dieses Übereinkommen gilt für jeden Vertrag über die entgeltliche Beförderung von Gütern auf der Straße mittels Fahrzeugen, wenn der Ort der Übernahme des Gutes und der für die Ablieferung vorgesehene Ort, wie sie im Vertrage angegeben sind, in zwei verschiedenen Staaten liegen, von denen mindestens einer ein Vertragstaat ist. Dies gilt ohne Rücksicht auf den Wohnsitz und die Staatsangehörigkeit der Parteien.

[II] Im Sinne dieses Übereinkommens bedeuten „Fahrzeuge" Kraftfahrzeuge, Sattelkraftfahrzeuge, Anhänger und Sattelanhänger, wie sie in Artikel 4 des Abkommens über den Straßenverkehr vom 19. September 1949 umschrieben sind.

[III] Dieses Übereinkommen gilt auch dann, wenn in seinen Geltungsbereich fallende Beförderungen von Staaten oder von staatlichen Einrichtungen oder Organisationen durchgeführt werden.

[IV] Dieses Übereinkommen gilt nicht
a) für Beförderungen, die nach den Bestimmungen internationaler Postübereinkommen durchgeführt werden;
b) für die Beförderung von Leichen;
c) für die Beförderung von Umzugsgut.

[V] Die Vertragsparteien werden untereinander keine zwei- oder mehrseitigen Sondervereinbarungen schließen, die Abweichungen von den Bestimmungen dieses Übereinkommens enthalten; ausgenommen sind Sondervereinbarungen unter Vertragsparteien, nach denen dieses Übereinkommen nicht für ihren kleinen Grenzverkehr gilt, oder durch die für Beförderungen, die ausschließlich auf ihrem Staatsgebiet durchgeführt werden, die Verwendung eines das Gut vertretenden Frachtbriefes zugelassen wird.

1) Umzugsgut nach IV c s Hbg NJW **86**, 670.

[Geltung für kombinierten Transport]

CMR 2 [I] Wird das mit dem Gut beladene Fahrzeug auf einem Teil der Strecke zur See, mit der Eisenbahn, auf Binnenwasserstraßen oder auf dem Luftwege befördert und wird das Gut – abgesehen von Fällen des Artikels 14 – nicht umgeladen, so gilt dieses Übereinkommen trotzdem für die gesamte Beförderung. Soweit jedoch bewiesen wird, daß während der Beförderung durch das andere Verkehrsmittel eingetretene Verluste, Beschädigungen oder Überschreitungen der Lieferfrist nicht durch eine Handlung oder Unterlassung des Straßenfrachtführers, sondern durch ein Ereignis verursacht worden sind, das nur während und wegen der Beförderung durch das andere Beförderungsmittel eingetreten sein kann, bestimmt sich die Haftung des Straßenfrachtführers nicht nach diesem Übereinkommen, sondern danach, wie der Frachtführer des anderen Verkehrsmittels gehaftet hätte, wenn ein lediglich das Gut betreffender Beförderungsvertrag zwischen dem Absender und dem Frachtführer des anderen Verkehrsmittels nach den zwingenden Vorschriften des für die Beförderung durch das andere Verkehrsmittel geltenden Rechts geschlossen worden wäre. Bestehen jedoch keine solchen Vorschriften, so bestimmt sich die Haftung des Straßenfrachtführers nach diesem Übereinkommen.

(24) CMR 3–6 2. Handelsrechtl. Nebengesetze

^{II} Ist der Straßenfrachtführer zugleich der Frachtführer des anderen Verkehrsmittels, so haftet er ebenfalls nach Absatz 1, jedoch so, als ob seine Tätigkeit als Straßenfrachtführer und seine Tätigkeit als Frachtführer des anderen Verkehrsmittels von zwei verschiedenen Personen ausgeübt würden.

1) Kombinierter Transport s § 425 HGB Anm 1 B e.

Kapitel II. Haftung des Frachtführers für andere Personen

[Haftung für Gehilfen]

CMR 3 Der Frachtführer haftet, soweit dieses Übereinkommen anzuwenden ist, für Handlungen und Unterlassungen seiner Bediensteten und aller anderen Personen, deren er sich bei Ausführung der Beförderung bedient, wie für eigene Handlungen und Unterlassungen, wenn diese Bediensteten oder anderen Personen in Ausübung ihrer Verrichtungen handeln.

1) Der Schadensersatzanspruch des Absenders wegen Nichterfüllung des Frachtvertrags fällt nicht unter die CMR, entspr Freizeichnung für Hilfspersonen nicht unter Art 3, sondern unter das nationale Recht, BGH NJW **79**, 2470.

Kapitel III. Abschluß und Ausführung des Beförderungsvertrages

[CMRFrachtbrief]

CMR 4 Der Beförderungsvertrag wird in einem Frachtbrief festgehalten. Das Fehlen, die Mangelhaftigkeit oder der Verlust des Frachtbriefes berührt weder den Bestand noch die Gültigkeit des Beförderungsvertrages, der den Bestimmungen dieses Übereinkommens unterworfen bleibt.

1) Der Beförderungsvertrag nach der CMR ist Konsensual-, nicht Formalvertrag. Der **Frachtbrief** ist nur eine (widerlegbare, vgl Art 9) Beweisurkunde, BGH **83**, 100, NJW **82**, 1985. Der Frachtbrief hat keine konstitutive, sondern nur Vermutungswirkung (zB Art 9 II, 12 V a, 24, 26, 34).

[Ausfertigungen, Form des Frachtbriefs]

CMR 5 ^I Der Frachtbrief wird in drei Originalausfertigungen ausgestellt, die vom Absender und vom Frachtführer unterzeichnet werden. Die Unterschriften können gedruckt oder durch den Stempel des Absenders oder des Frachtführers ersetzt werden, wenn dies nach dem Recht des Staates, in dem der Frachtbrief ausgestellt wird, zulässig ist. Die erste Ausfertigung erhält der Absender, die zweite begleitet das Gut, die dritte behält der Frachtführer.

^{II} Ist das zu befördernde Gut auf mehrere Fahrzeuge zu verladen oder handelt es sich um verschiedenartige oder um in verschiedene Posten aufgeteilte Güter, können sowohl der Absender als auch der Frachtführer verlangen, daß so viele Frachtbriefe ausgestellt werden, als Fahrzeuge zu verwenden oder Güterarten oder -posten vorhanden sind.

[Angaben im Frachtbrief]

CMR 6 ^I Der Frachtbrief muß folgende Angaben enthalten:
a) Ort und Tag der Ausstellung;
b) Name und Anschrift des Absenders;

V. Transportrecht **CMR 7 (24)**

c) Name und Anschrift des Frachtführers;
d) Stelle und Tag der Übernahme des Gutes sowie die für die Ablieferung vorgesehene Stelle;
e) Name und Anschrift des Empfängers;
f) die übliche Bezeichnung der Art des Gutes und die Art der Verpackung, bei gefährlichen Gütern ihre allgemein anerkannte Bezeichnung;
g) Anzahl, Zeichen und Nummern der Frachtstücke;
h) Rohgewicht oder die anders angegebene Menge des Gutes;
i) die mit der Beförderung verbundenen Kosten (Fracht, Nebengebühren, Zölle und andere Kosten, die vom Vertragsabschluß bis zur Ablieferung anfallen);
j) Weisungen für die Zoll- und sonstige amtliche Behandlung;
k) die Angabe, daß die Beförderung trotz einer gegenteiligen Abmachung den Bestimmungen dieses Übereinkommens unterliegt.

^{II} Zutreffendenfalls muß der Frachtbrief ferner folgende Angaben enthalten:

a) das Verbot umzuladen;
b) die Kosten, die der Absender übernimmt;
c) den Betrag einer bei der Ablieferung des Gutes einzuziehenden Nachnahme;
d) die Angabe des Wertes des Gutes und des Betrages des besonderen Interesses an der Lieferung;
e) Weisungen des Absenders an den Frachtführer über die Versicherung des Gutes;
f) die vereinbarte Frist, in der die Beförderung beendet sein muß;
g) ein Verzeichnis der dem Frachtführer übergebenen Urkunden.

^{III} Die Parteien dürfen in den Frachtbrief noch andere Angaben eintragen, die sie für zweckmäßig halten.

1) Vgl Art 4 Anm 1. Zu I i: Die Kosten brauchen sich aus dem Frachtbrief nicht ziffernmäßig zu ergeben; Erkennbarkeit des Umfangs der Zahlungspflicht bes durch Hinweis auf Tarife genügt, Düss NJW **81**, 1910. Zu IIf: Die Lieferfristvereinbarung ist auch ohne Eintragung im Frachtbrief wirksam, Düss transpR **86**, 57. Ebenso die Nachnahmevereinbarung nach IIc, BGH **83**, 100. Diese muß aber klar, eindeutig, dem Fahrer verständlich sein (wozu ,,Kasse gegen Dokumente" nicht genügt), Kln AWD **75**, 162.

[Haftung für unrichtige und fehlende Angaben]

CMR 7 ^{I} Der Absender haftet für alle Kosten und Schäden, die dem Frachtführer dadurch entstehen, daß folgende Angaben unrichtig oder unvollständig sind:

a) die in Artikel 6 Absatz 1 Buchstabe b, d, e, f, g, h und j bezeichneten Angaben;
b) die in Artikel 6 Absatz 2 bezeichneten Angaben;
c) alle anderen Angaben oder Weisungen des Absenders für die Ausstellung des Frachtbriefes oder zum Zwecke der Eintragung in diesen.

^{II} Trägt der Frachtführer auf Verlangen des Absenders die in Absatz 1 bezeichneten Angaben in den Frachtbrief ein, wird bis zum Beweise des Gegenteils vermutet, daß der Frachtführer hierbei im Namen des Absenders gehandelt hat.

^{III} Enthält der Frachtbrief die in Artikel 6 Absatz 1 Buchstabe k bezeichnete Angabe nicht, so haftet der Frachtführer für alle Kosten und Schäden, die dem über das Gut Verfügungsberechtigten infolge dieser Unterlassung entstehen.

[Überprüfungspflichten]

CMR 8 ^I Der Frachtführer ist verpflichtet, bei der Übernahme des Gutes zu überprüfen

a) die Richtigkeit der Angaben im Frachtbrief über die Anzahl der Frachtstücke und über ihre Zeichen und Nummern;
b) den äußeren Zustand des Gutes und seiner Verpackung.

^{II} Stehen dem Frachtführer keine angemessenen Mittel zur Verfügung, um die Richtigkeit der in Absatz 1 Buchstabe a bezeichneten Angaben zu überprüfen, so trägt er im Frachtbrief Vorbehalte ein, die zu begründen sind. Desgleichen hat er Vorbehalte zu begründen, die er hinsichtlich des äußeren Zustandes des Gutes und seiner Verpackung macht. Die Vorbehalte sind für den Absender nicht verbindlich, es sei denn, daß er sie im Frachtbrief ausdrücklich anerkannt hat.

^{III} Der Absender kann vom Frachtführer verlangen, daß dieser das Rohgewicht oder die anders angegebene Menge des Gutes überprüft. Er kann auch verlangen, daß der Frachtführer den Inhalt der Frachtstücke überprüft. Der Frachtführer hat Anspruch auf Ersatz der Kosten der Überprüfung. Das Ergebnis der Überprüfung ist in den Frachtbrief einzutragen.

1) Die Pflichten nach Ib, II bestehen nicht dem Absender gegenüber; Verletzungsfolge ist vielmehr Vermutung nach Art 9 II, BGH NJW **79,** 2471. Keine Pflicht zur Ablehnung des Transports bei Gefahr des Verderbs (unzulängliche Vorkühlung), diese Entscheidung ist Sache des Auftraggebers, Ffm RIW **82,** 205. Bei Verderb umgekehrt Anspruch des Frachtführers aus positiver Vertragsverletzung auf Ersatz von Reinigungskosten und Standgeld, Düss RIW **84,** 234. Zur Prüfungspflicht des Käufers gegenüber Verkäufer s § 377 HGB Anm 3 D.

[Beweiskraft des Frachtbriefs]

CMR 9 ^I Der Frachtbrief dient bis zum Beweise des Gegenteils als Nachweis für den Abschluß und Inhalt des Beförderungsvertrages sowie für die Übernahme des Gutes durch den Frachtführer.

^{II} Sofern der Frachtbrief keine mit Gründen versehenen Vorbehalte des Frachtführers aufweist, wird bis zum Beweise des Gegenteils vermutet, daß das Gut und seine Verpackung bei der Übernahme durch den Frachtführer äußerlich in gutem Zustande waren und daß die Anzahl der Frachtstücke und ihre Zeichen und Nummern mit den Angaben im Frachtbrief übereinstimmen.

1) Die Vermutung nach I setzt einen nach Art 5, 6 ausgestellten Frachtbrief voraus, BGH NJW **79,** 2471, Hamm transpR **85,** 107. Zu II Hamm transpR **85,** 187.

[Haftung für mangelhafte Verpackung]

CMR 10 Der Absender haftet dem Frachtführer für alle durch mangelhafte Verpackung des Gutes verursachten Schäden an Personen, am Betriebsmaterial und an anderen Gütern sowie für alle durch mangelhafte Verpackung verursachten Kosten, es sei denn, daß der Mangel offensichtlich oder dem Frachtführer bei der Übernahme des Gutes bekannt war und er diesbezüglich keine Vorbehalte gemacht hat.

[Begleitpapiere]

CMR 11 ^I Der Absender hat dem Frachtbrief die Urkunden beizugeben, die für die vor der Ablieferung des Gutes zu erledigende Zoll- oder sonstige amtliche Behandlung notwendig sind, oder diese Ur-

V. Transportrecht **CMR 12 (24)**

kunden dem Frachtführer zur Verfügung zu stellen und diesem alle erforderlichen Auskünfte zu erteilen.

^{II} Der Frachtführer ist nicht verpflichtet zu prüfen, ob diese Urkunden und Auskünfte richtig und ausreichend sind. Der Absender haftet dem Frachtführer für alle aus dem Fehlen, der Unvollständigkeit oder Unrichtigkeit der Urkunden und Angaben entstehenden Schäden, es sei denn, daß den Frachtführer ein Verschulden trifft.

^{III} Der Frachtführer haftet wie ein Kommissionär für die Folgen des Verlustes oder der unrichtigen Verwendung der im Frachtbrief bezeichneten und diesem beigegebenen oder dem Frachtführer ausgehändigten Urkunden; er hat jedoch keinen höheren Schadenersatz zu leisten als bei Verlust des Gutes.

[Verfügungsrecht über das Gut]

CMR 12 ^I Der Absender ist berechtigt, über das Gut zu verfügen. Er kann insbesondere verlangen, daß der Frachtführer das Gut nicht weiterbefördert, den für die Ablieferung vorgesehenen Ort ändert oder das Gut einem anderen als dem im Frachtbrief angegebenen Empfänger abliefert.

^{II} Dieses Recht erlischt, sobald die zweite Ausfertigung des Frachtbriefes dem Empfänger übergeben ist oder dieser sein Recht nach Artikel 13 Absatz 1 geltend macht. Von diesem Zeitpunkt an hat der Frachtführer den Weisungen des Empfängers nachzukommen.

^{III} Das Verfügungsrecht steht jedoch dem Empfänger bereits von der Ausstellung des Frachtbriefes an zu, wenn der Absender einen entsprechenden Vermerk in den Frachtbrief eingetragen hat.

^{IV} Hat der Empfänger in Ausübung seines Verfügungsrechtes die Ablieferung des Gutes an einen Dritten angeordnet, so ist dieser nicht berechtigt, seinerseits andere Empfänger zu bestimmen.

^V Die Ausübung des Verfügungsrechtes unterliegt folgenden Bestimmungen:

a) der Absender oder in dem in Absatz 3 bezeichneten Falle der Empfänger hat, wenn er sein Verfügungsrecht ausüben will, die erste Ausfertigung des Frachtbriefes vorzuweisen, worin die dem Frachtführer erteilten neuen Weisungen eingetragen sein müssen, und dem Frachtführer alle Kosten und Schäden zu ersetzen, die durch die Ausführung der Weisungen entstehen;
b) die Ausführung der Weisungen muß zu dem Zeitpunkt, in dem sie die Person erreichen, die sie ausführen soll, möglich sein und darf weder den gewöhnlichen Betrieb des Unternehmens des Frachtführers hemmen noch die Absender oder Empfänger anderer Sendungen schädigen;
c) die Weisungen dürfen nicht zu einer Teilung der Sendung führen.

^{VI} Kann der Frachtführer auf Grund der Bestimmungen des Absatzes 5 Buchstabe b die erhaltenen Weisungen nicht durchführen, so hat er unverzüglich denjenigen zu benachrichtigen, der die Weisungen erteilt hat.

^{VII} Ein Frachtführer, der Weisungen nicht ausführt, die ihm unter Beachtung der Bestimmungen dieses Artikels erteilt worden sind, oder der solche Weisungen ausführt, ohne die Vorlage der ersten Ausfertigung des Frachtbriefes verlangt zu haben, haftet dem Berechtigten für den daraus entstehenden Schaden.

1) Der Frachtführer haftet für Nichtausführung einer Weisung des berechtigten **Absenders,** auch wenn kein CMRFrachtbrief ausgestellt und entgegen V die erste Ausfertigung mit Eintrag einer Weisung nicht vorgelegt wird, BGH NJW 82, 1944. Sonst wäre der Absender ab Auftragserteilung einflußlos. Teilungsverbot des V c ist gegenstandslos bei gesonderten Frachtbriefen (Art 5 II),

BGH **79**, 305. Der Grenzspediteur hat gegen den **Empfänger** Anspruch auf Ersatz der für ihn bezahlten Grenzumsatzsteuer nicht vor Erlangung der Verfügungsbefugnis über das Gut nach I (§§ 683, 684 S 2 BGB mit Annahme des Guts und der Steuerbelege), Hamm NJW **83**, 1983. Das **Pfandrecht** des CMRFrachtführers regelt sich nach nationalem Recht, Hamm transpR **85**, 100.

[Rechte des Empfängers nach Ankunft, Zahlungspflicht]

CMR 13 ¹ Nach Ankunft des Gutes an dem für die Ablieferung vorgesehenen Ort ist der Empfänger berechtigt, vom Frachtführer zu verlangen, daß ihm gegen Empfangsbestätigung die zweite Ausfertigung des Frachtbriefes übergeben und das Gut abgeliefert wird. Ist der Verlust des Gutes festgestellt oder ist das Gut innerhalb der in Artikel 19 vorgesehenen Frist nicht angekommen, so kann der Empfänger die Rechte aus dem Beförderungsvertrage im eigenen Namen gegen den Frachtführer geltend machen.

II Der Empfänger, der die ihm nach Absatz 1 zustehenden Rechte geltend macht, hat den Gesamtbetrag der aus dem Frachtbrief hervorgehenden Kosten zu zahlen. Bei Streitigkeiten hierüber ist der Frachtführer zur Ablieferung des Gutes nur verpflichtet, wenn ihm der Empfänger Sicherheit leistet.

1) Ablieferung iSv I 1 ist die frachtbriefmäßig vorgeschriebene vollständige und unbeschädigte Herausgabe des Gutes, BGH **75**, 95. Der verfügungsberechtigte Empfänger kann die Rechte aus dem Beförderungsvertrag wegen Beschädigung des Gutes im eigenen Namen gegen den Frachtführer geltend machen (Argument aus Art 13 I 2, 18 II 2, 20 I, 27), BGH **75**, 92, Saarbr NJW **75**, 500. Rechte des Absenders sowie des Empfängers nach nationalem Recht bleiben von der CMR unberührt, BGH NJW **74**, 1615. Gewillkürte Prozeßstandschaft des geschädigten Dritten, für den der Empfänger als Empfangs- oder Hausspediteur tätig war, BGH NJW **81**, 2640. Zu II 1: Die Angabe der Kosten im Frachtbrief wird nicht ersetzt durch Mitübergabe der Frachtrechnung, Hamm NJW **74**, 1056. Der Empfänger hat die Frachtkosten nur in dem aus dem Frachtbrief hervorgehenden Umfang zu zahlen. Weitere Kostenersatzansprüche, zB aus Geschäftsführung ohne Auftrag, sind ausgeschlossen, Düss NJW **81**, 1910 gegen Stgt NJW **76**, 2079. Person des Ersatzberechtigten nach CMR s Helm transpR **83**, 29.

[Unbehebbare, behebbare Beförderungshindernisse]

CMR 14 ¹ Wenn aus irgendeinem Grunde vor Ankunft des Gutes an dem für die Ablieferung vorgesehenen Ort die Erfüllung des Vertrages zu den im Frachtbrief festgelegten Bedingungen unmöglich ist oder unmöglich wird, hat der Frachtführer Weisungen des nach Artikel 12 über das Gut Verfügungsberechtigten einzuholen.

II Gestatten die Umstände jedoch eine von den im Frachtbrief festgelegten Bedingungen abweichende Ausführung der Beförderung und konnte der Frachtführer Weisungen des nach Artikel 12 über das Gut Verfügungsberechtigten innerhalb angemessener Zeit nicht erhalten, so hat er die Maßnahmen zu ergreifen, die ihm im Interesse des über das Gut Verfügungsberechtigten die besten zu sein scheinen.

[Ablieferungshindernisse]

CMR 15 ¹ Treten nach Ankunft des Gutes am Bestimmungsort Ablieferungshindernisse ein, so hat der Frachtführer Weisungen des Absenders einzuholen. Wenn der Empfänger die Annahme des Gutes verweigert, ist der Absender berechtigt, über das Gut zu verfügen, ohne die erste Ausfertigung des Frachtbriefes vorweisen zu müssen.

V. Transportrecht CMR 16, 17 (24)

II Der Empfänger kann, auch wenn er die Annahme des Gutes verweigert hat, dessen Ablieferung noch so lange verlangen, als der Frachtführer keine dem widersprechenden Weisungen des Absenders erhalten hat.

III Tritt das Ablieferungshindernis ein, nachdem der Empfänger auf Grund seiner Befugnisse nach Artikel 12 Absatz 3 Anweisung erteilt hat, das Gut an einen Dritten abzuliefern, so nimmt bei der Anwendung der Absätze 1 und 2 dieses Artikels der Empfänger die Stelle des Absenders und der Dritte die des Empfängers ein.

[Kostenerstattung, Ausladung und Verwahrung, Notverkauf]

CMR 16 I Der Frachtführer hat Anspruch auf Erstattung der Kosten, die ihm dadurch entstehen, daß er Weisungen einholt oder ausführt, es sei denn, daß er diese Kosten verschuldet hat.

II In den in Artikel 14 Absatz 1 und in Artikel 15 bezeichneten Fällen kann der Frachtführer das Gut sofort auf Kosten des Verfügungsberechtigten ausladen; nach dem Ausladen gilt die Beförderung als beendet. Der Frachtführer hat sodann das Gut für den Verfügungsberechtigten zu verwahren. Er kann es jedoch auch einem Dritten anvertrauen und haftet dann nur für die sorgfältige Auswahl des Dritten. Das Gut bleibt mit den aus dem Frachtbrief hervorgehenden Ansprüchen sowie mit allen anderen Kosten belastet.

III Der Frachtführer kann, ohne Weisungen des Verfügungsberechtigten abzuwarten, den Verkauf des Gutes veranlassen, wenn es sich um verderbliche Waren handelt oder der Zustand des Gutes eine solche Maßnahme rechtfertigt oder wenn die Kosten der Verwahrung in keinem Verhältnis zum Wert des Gutes stehen. Er kann auch in anderen Fällen den Verkauf des Gutes veranlassen, wenn er innerhalb einer angemessenen Frist gegenteilige Weisungen des Verfügungsberechtigten, deren Ausführung ihm billigerweise zugemutet werden kann, nicht erhält.

IV Wird das Gut auf Grund der Bestimmungen dieses Artikels verkauft, so ist der Erlös nach Abzug der auf dem Gut lastenden Kosten dem Verfügungsberechtigten zur Verfügung zu stellen. Wenn diese Kosten höher sind als der Erlös, kann der Frachtführer den Unterschied beanspruchen.

V Art und Weise des Verkaufes bestimmen sich nach den Gesetzen oder Gebräuchen des Ortes, an dem sich das Gut befindet.

1) UU Wahlmöglichkeit: Einholen von Weisungen (Art 15 I 1) oder sofort Ausladen (Art 16 II 1), Kln BB **73**, 405.

Kapitel IV. Haftung des Frachtführers

[Haftung des Frachtführers, Haftungsausschlüsse]

CMR 17 I Der Frachtführer haftet für gänzlichen oder teilweisen Verlust und für Beschädigung des Gutes, sofern der Verlust oder die Beschädigung zwischen dem Zeitpunkt der Übernahme des Gutes und dem seiner Ablieferung eintritt, sowie für Überschreitung der Lieferfrist.

II Der Frachtführer ist von dieser Haftung befreit, wenn der Verlust, die Beschädigung oder die Überschreitung der Lieferfrist durch ein Verschulden des Verfügungsberechtigten, durch eine nicht vom Frachtführer verschuldete Weisung des Verfügungsberechtigten, durch besondere Mängel des Gutes oder durch Umstände verursacht worden ist, die der Frachtführer nicht vermeiden und deren Folgen er nicht abwenden konnte.

III Um sich von seiner Haftung zu befreien, kann sich der Frachtführer weder auf Mängel des für die Beförderung verwendeten Fahrzeuges noch gegebenenfalls auf ein Verschulden des Vermieters des Fahrzeuges oder der Bediensteten des Vermieters berufen.

[IV] Der Frachtführer ist vorbehaltlich des Artikels 18 Absatz 2 bis 5 von seiner Haftung befreit, wenn der Verlust oder die Beschädigung aus den mit einzelnen oder mehreren Umständen der folgenden Art verbundenen besonderen Gefahren entstanden ist:
a) Verwendung von offenen, nicht mit Planen gedeckten Fahrzeugen, wenn diese Verwendung ausdrücklich vereinbart und im Frachtbrief vermerkt worden ist;
b) Fehlen oder Mängel der Verpackung, wenn die Güter ihrer Natur nach bei fehlender oder mangelhafter Verpackung Verlusten oder Beschädigungen ausgesetzt sind;
c) Behandlung, Verladen, Verstauen oder Ausladen des Gutes durch den Absender, den Empfänger oder Dritte, die für den Absender oder Empfänger handeln;
d) natürliche Beschaffenheit gewisser Güter, derzufolge sie gänzlichem oder teilweisem Verlust oder Beschädigung, insbesondere durch Bruch, Rost, inneren Verderb, Austrocknen, Auslaufen, normalen Schwund oder Einwirkung von Ungeziefer oder Nagetieren, ausgesetzt sind;
e) ungenügende oder unzulängliche Bezeichnung oder Numerierung der Frachtstücke;
f) Beförderung von lebenden Tieren.

[V] Haftet der Frachtführer auf Grund dieses Artikels für einzelne Umstände, die einen Schaden verursacht haben, nicht, so haftet er nur in dem Umfange, in dem die Umstände, für die er auf Grund dieses Artikels haftet, zu dem Schaden beigetragen haben.

1) Die Haftung nach Art 17 ist Gefährdungshaftung, nicht nur Verschuldenshaftung mit Umkehrung der Beweislast (wie die nach § 429 HGB); der Begriff des unabwendbaren Ereignisses iSv II entspricht dem in § 455 HGB (s dort Anm 2 D), § 82 II EVO, BGH NJW **67**, 500; er ist weiter als der der höheren Gewalt iSv § 454 HGB, § 82 I EVO, vgl § 454 HGB Anm 2 B, zB keine Haftung bei Verkehrsunfall trotz äußerster Sorgfalt des Fahrers des Frachtführers, BGH NJW **75**, 1598 (abw von **(23)** KVO §§ 29, 34a); Haftung trotz Diebstahls des Kfz aus Zollbereich, Düss RIW **81**, 558. Schadensersatz wegen Nichterfüllung richtet sich nicht nach Art 17, sondern nach nationalem Recht, BGH NJW **79**, 2470; ebenso Anspruch aus positiver Vertragsverletzung, sofern der Schaden nicht Folge von Verlust, Beschädigung des Guts oder Lieferfristüberschreitung ist, BGH NJW **79**, 2473. Zur Geltendmachung durch den verfügungsberechtigten Empfänger s Art 13. Haftung für Dritte s Art 3. Nichtigkeit abw Vereinbarungen s Art 41, dazu § 413 HGB Anm 1 C. – Anders als **(22)** GüKG § 27, **(23)** KVO § 38 legt die CMR keine Versicherungspflicht der Frachtführer fest; die KVO-Versicherer haben sich bereit erklärt, die KVO-Haftungs-Versicherung auf Haftung aus der CMR zu erstrecken. AGBKontrolle auch der freiwilligen Haftpflichtversicherung, BGH NJW **85**, 559, Roth IPRax **86**, 16. Haftung wegen Nichtabschluß vereinbarter Transportversicherung s BGH WM **75**, 523.

2) Zu I: Das Verladen ist Sache des Absenders, auch bei Benutzung fahrzeugspezifischer Sicherungsmittel, Hamm transpR **85**, 107. Ausladen ist noch Teil der Beförderung (vgl Art 16 II 1), fällt unter 17 I; Entlastung nach II, weil Empfänger Auslagegerät abzog; Kln BB **73**, 405. Begriff der Ablieferung (I) wie in § 429 HGB (§ 29 KVO „Auslieferung", § 82 EVO), Düss transpR **86**, 57. Ablieferung vor Erreichen des Empfangsorts, wenn Empfänger (dessen Beauftragter) vorher übernimmt; dann Wegfall der Haftung aus Art 17, aber uU (wenn Frachtführer nicht so übergeben durfte) Haftung aus positiver Vertragsverletzung; Versender kann gegen Frachtführer Empfänger-Drittschaden geltend machen, aber Berücksichtigung des Mitverschuldens (§ 254 BGB) des Empfängers (seines Beauftragten); Hamm NJW **76,** 2077. Verlust iSv I auch bei Auslieferung an Nichtberechtigten; auch wenn Absender Gut bei Drittem auffindet und wieder an sich bringt, dann aber entspr Schadensminderung, BGH NJW **79,** 2473. Einzelstückverlust vor Absendung s § 413 HGB Anm 2 C. ,,Beschädigung" von Lebensmitteln, auch ohne ,,inneren Verderb" (vgl IV d), bei Verwertbarkeit nur mit Mindererlös, Celle NJW **75,** 1603 (Verklumpung von Bohnen).

3) Die Haftungsausschlüsse nach IV sind ,,bevorrechtigt" durch die Vermutung des Art 18 II, die nach II dagegen nicht (Art 18 I). Zu Verpackungsmangel BGH transpR **84,** 212 (zu IV b); Düss transpR **84,** 38 (zu IV a, b); Kln DB **75,** 1074 (zu IV c: Säcke rutschten ab, Verladefehler fraglich); Ffm DB **80,** 2183 (zu IV d), Roesch BB **82,** 20 (Verladung). IV c stellt allein auf die tatsächliche Verladung durch Absender etc ab, Nichterfüllung einer Verladepflicht des Frachtführers schadet nicht, BGH NJW **85,** 2092. Anscheinsbeweis s Art 18 Anm 1.

4) Bsp für Schadensteilung nach V, Saarbr NJW **75,** 500.

[Beweislast, Vermutungen]

CMR 18 ^I Der Beweis, daß der Verlust, die Beschädigung oder die Überschreitung der Lieferfrist durch einen der in Artikel 17 Absatz 2 bezeichneten Umstände verursacht worden ist, obliegt dem Frachtführer.

^II **Wenn der Frachtführer darlegt, daß nach den Umständen des Falles der Verlust oder die Beschädigung aus einer oder mehreren der in Artikel 17 Absatz 4 bezeichneten besonderen Gefahren entstehen konnte, wird vermutet, daß der Schaden hieraus entstanden ist. Der Verfügungsberechtigte kann jedoch beweisen, daß der Schaden nicht oder nicht ausschließlich aus einer dieser Gefahren entstanden ist.**

^III **Diese Vermutung gilt im Falle des Artikels 17 Absatz 4 Buchstabe a nicht bei außergewöhnlich großem Abgang oder bei Verlust von ganzen Frachtstücken.**

^IV **Bei Beförderung mit einem Fahrzeug, das mit besonderen Einrichtungen zum Schutze des Gutes gegen die Einwirkung von Hitze, Kälte, Temperaturschwankungen oder Luftfeuchtigkeit versehen ist, kann sich der Frachtführer auf Artikel 17 Absatz 4 Buchstabe d nur berufen, wenn er beweist, daß er alle ihm nach den Umständen obliegenden Maßnahmen hinsichtlich der Auswahl, Instandhaltung und Verwendung der besonderen Einrichtungen getroffen und ihm erteilte besondere Weisungen beachtet hat.**

^V **Der Frachtführer kann sich auf Artikel 17 Absatz 4 Buchstabe f nur berufen, wenn er beweist, daß er alle ihm nach den Umständen üblicherweise obliegenden Maßnahmen getroffen und ihm erteilte besondere Weisungen beachtet hat.**

1) Anscheinsbeweis ist zulässig (keine unzulässige Umkehr der Beweislast nach CMR), BGH NJW **85,** 554. Zu Art 17, 18 II BGH NJW **85,** 2092. Zu I, II s Art 17.

[Überschreitung der Lieferfrist]

CMR 19 Eine Überschreitung der Lieferfrist liegt vor, wenn das Gut nicht innerhalb der vereinbarten Frist abgeliefert worden ist oder, falls keine Frist vereinbart worden ist, die tatsächliche Beförderungsdauer unter Berücksichtigung der Umstände, bei teilweiser Beladung insbesondere unter Berücksichtigung der unter gewöhnlichen Umständen für die Zusammenstellung von Gütern zwecks vollständiger Beladung benötigten Zeit, die Frist überschreitet, die vernünftigerweise einem sorgfältigen Frachtführer zuzubilligen ist.

1) Eine Lieferfrist muß im Frachtbrief eingetragen (Art 6 II f), kann nicht durch Fernschreiben vereinbart werden, Stgt NJW **68**, 1054.

[Verlustvermutung, Wiederauffinden]

CMR 20 [I] Der Verfügungsberechtigte kann das Gut, ohne weitere Beweise erbringen zu müssen, als verloren betrachten, wenn es nicht binnen dreißig Tagen nach Ablauf der vereinbarten Lieferfrist oder, falls keine Frist vereinbart worden ist, nicht binnen sechzig Tagen nach der Übernahme des Gutes durch den Frachtführer abgeliefert worden ist.

[II] Der Verfügungsberechtigte kann bei Empfang der Entschädigung für das verlorene Gut schriftlich verlangen, daß er sofort benachrichtigt wird, wenn das Gut binnen einem Jahr nach Zahlung der Entschädigung wieder aufgefunden wird. Dieses Verlangen ist ihm schriftlich zu bestätigen.

[III] Der Verfügungsberechtigte kann binnen dreißig Tagen nach Empfang einer solchen Benachrichtigung fordern, daß ihm das Gut gegen Befriedigung der aus dem Frachtbrief hervorgehenden Ansprüche und gegen Rückzahlung der erhaltenen Entschädigung, gegebenenfalls abzüglich der in der Entschädigung enthaltenen Kosten, abgeliefert wird; seine Ansprüche auf Schadenersatz wegen Überschreitung der Lieferfrist nach Artikel 23 und gegebenenfalls nach Artikel 26 bleiben vorbehalten.

[IV] Wird das in Absatz 2 bezeichnete Verlangen nicht gestellt oder ist keine Anweisung in der in Absatz 3 bestimmten Frist von dreißig Tagen erteilt worden oder wird das Gut später als ein Jahr nach Zahlung der Entschädigung wieder aufgefunden, so kann der Frachtführer über das Gut nach dem Recht des Ortes verfügen, an dem es sich befindet.

1) I ist bloße Beweiserleichterung, keine unwiderlegliche Fiktion des Verlusts, Ffm RIW **81**, 267, str.

[Ablieferung ohne Einziehung der Nachnahme]

CMR 21 Wird das Gut dem Empfänger ohne Einziehung der nach dem Beförderungsvertrag vom Frachtführer einzuziehenden Nachnahme abgeliefert, so hat der Frachtführer, vorbehaltlich seines Rückgriffsrechtes gegen den Empfänger, dem Absender bis zur Höhe des Nachnahmebetrages Schadenersatz zu leisten.

1) Art 21 regelt nicht, ob die Annahme eines Schecks statt Barbetrag eine ordnungsgemäße Nachnahmeerhebung (Art 6 II c) darstellt; soweit deutsches Recht gilt, zB nach (19) ADSp § 65, ist das zu verneinen, BGH **83**, 101.

[Gefährliche Güter]

CMR 22 [I] Der Absender hat den Frachtführer, wenn er ihm gefährliche Güter übergibt, auf die genaue Art der Gefahr aufmerksam zu machen und ihm gegebenenfalls die zu ergreifenden Vorsichtsmaßnahmen anzugeben. Ist diese Mitteilung im Frachtbrief nicht eingetragen worden, so obliegt es dem Absender oder dem Empfänger, mit anderen Mitteln zu beweisen, daß der Frachtführer die genaue Art der mit der Beförderung der Güter verbundenen Gefahren gekannt hat.

[II] Gefährliche Güter, deren Gefährlichkeit der Frachtführer nicht im Sinne des Absatzes 1 gekannt hat, kann der Frachtführer jederzeit und überall ohne Schadenersatzpflicht ausladen, vernichten oder unschädlich machen; der

Absender haftet darüber hinaus für alle durch die Übergabe dieser Güter zur Beförderung oder durch ihre Beförderung entstehenden Kosten und Schäden.

[Haftungsumfang, Höchstbeträge]

CMR 23 ¹ Hat der Frachtführer auf Grund der Bestimmungen dieses Übereinkommens für gänzlichen oder teilweisen Verlust des Gutes Schadenersatz zu leisten, so wird die Entschädigung nach dem Wert des Gutes am Ort und zur Zeit der Übernahme zur Beförderung berechnet.

II Der Wert des Gutes bestimmt sich nach dem Börsenpreis, mangels eines solchen nach dem Marktpreis oder mangels beider nach dem gemeinen Wert von Gütern gleicher Art und Beschaffenheit.

III Die Entschädigung darf jedoch 8,33 Rechnungseinheiten für jedes fehlende Kilogramm des Rohgewichts nicht übersteigen.

IV Außerdem sind – ohne weiteren Schadenersatz – Fracht, Zölle und sonstige aus Anlaß der Beförderung des Gutes entstandene Kosten zurückzuerstatten, und zwar im Falle des gänzlichen Verlustes in voller Höhe, im Falle des teilweisen Verlustes anteilig.

V Wenn die Lieferfrist überschritten ist und der Verfügungsberechtigte beweist, daß daraus ein Schaden entstanden ist, hat der Frachtführer dafür eine Entschädigung nur bis zur Höhe der Fracht zu leisten.

VI Höhere Entschädigungen können nur dann beansprucht werden, wenn der Wert des Gutes oder ein besonderes Interesse an der Lieferung nach den Artikeln 24 und 26 angegeben worden ist.

VII Die in diesem Übereinkommen genannte Rechnungseinheit ist das Sonderziehungsrecht des Internationalen Währungsfonds. Der in Absatz 3 genannte Betrag wird in die Landeswährung des Staates des angerufenen Gerichts umgerechnet; die Umrechnung erfolgt entsprechend dem Wert der betreffenden Währung am Tag des Urteils oder an dem von den Parteien vereinbarten Tag. Der in Sonderziehungsrechten ausgedrückte Wert der Landeswährung eines Staates, der Mitglied des Internationalen Währungsfonds ist, wird nach der vom Internationalen Währungsfonds angewendeten Bewertungsmethode errechnet, die an dem betreffenden Tag für seine Operationen und Transaktionen gilt. Der in Sonderziehungsrechten ausgedrückte Wert der Landeswährung eines Staates, der nicht Mitglied des Internationalen Währungsfonds ist, wird auf eine von diesem Staat bestimmte Weise errechnet.

VIII Dessenungeachtet kann ein Staat, der nicht Mitglied des Internationalen Währungsfonds ist und dessen Recht die Anwendung des Absatzes 7 nicht zuläßt, bei der Ratifikation des Protokolls zum CMR oder dem Beitritt zu jenem Protokoll oder jederzeit danach erklären, daß sich der in seinem Hoheitsgebiet geltende Haftungshöchstbetrag des Absatzes 3 auf 25 Werteinheiten beläuft. Die in diesem Absatz genannte Werteinheit entspricht 10/31 Gramm Gold von 900/1000 Feingehalt. Die Umrechnung des Betrags nach diesem Absatz in die Landeswährung erfolgt nach dem Recht des betreffenden Staates.

IX Die in Absatz 7 letzter Satz genannte Berechnung und die in Absatz 8 genannte Umrechnung erfolgen in der Weise, daß der Betrag nach Absatz 3, in der Landeswährung des Staates ausgedrückt, soweit wie möglich dem dort in Rechnungseinheiten ausgedrückten tatsächlichen Wert entspricht. Die Staaten teilen dem Generalsekretär der Vereinten Nationen die Art der Berechnung nach Absatz 7 oder das Ergebnis der Umrechnung nach Absatz 8 bei der Hinterlegung einer der in Artikel 3 des Protokolls zum CMR genannten Urkunden sowie immer dann mit, wenn sich die Berechnungsart oder das Umrechnungsergebnis ändert.

1) III nF 1980, VII–IX neu eingefügt 1980 (s Einl 1 vor § 1). I betrifft die Berechnung des Schadensersatzes. Zu ersetzen ist der Wert des Gutes am Ort und zur Zeit der Übernahme der Beförderung (vgl demgegenüber **(23)** KVO § 35). Die Haftungshöchstsumme nach III ist nach dem Rohgewicht der verlorenen Sendung zu berechnen, einerlei, ob die Werte einzelner Waren oder in Rechnungen oder Verpackungseinheiten zusammengefaßter Stücke für sich die Höchstsumme erreichen, BGH **79,** 302. Kosten iSv IV sind nur die mit dem Transport selbst verbundenen Kosten, nicht zusätzliche aus Verlust oder Beschädigung, BGH NJW **80,** 2021, also zB nicht Rücktransport-, Gutachterkosten ua. Zu IV Decker transpR **85,** 311. Übersichten: Bischof VersR **82,** 1132, Knorre transpR **85,** 241.

[Einvernehmliche Erhöhung des Höchstbetrags]

CMR 24 Der Absender kann gegen Zahlung eines zu vereinbarenden Zuschlages zur Fracht einen Wert des Gutes im Frachtbrief angeben, der den in Artikel 23 Absatz 3 bestimmten Höchstbetrag übersteigt; in diesem Fall tritt der angegebene Betrag an die Stelle des Höchstbetrages.

1) S Oeynhausen transpR **82,** 113.

[Obergrenze bei Beschädigung]

CMR 25 ¹ Bei Beschädigung hat der Frachtführer den Betrag der Wertverminderung zu zahlen, die unter Zugrundelegung des nach Artikel 23 Absatz 1, 2 und 4 festgestellten Wertes des Gutes berechnet wird.

ᴵᴵ Die Entschädigung darf jedoch nicht übersteigen,

a) wenn die ganze Sendung durch die Beschädigung entwertet ist, den Betrag, der bei gänzlichem Verlust zu zahlen wäre,
b) wenn nur ein Teil der Sendung durch die Beschädigung entwertet ist, den Betrag, der bei Verlust des entwerteten Teiles zu zahlen wäre.

1) Art 25 entspricht § 430 II HGB; wie dort also kein Ersatz von Reparaturkosten, BGH NJW **80,** 2021. Art 25 IIa gibt (abw von **(23)** KVO § 35 III, entspr **(25)** EVO § 85 IIa) uU bei Teilbeschädigung (Bsp: Antauen einiger von vielen Gefrierfleisch-Kartons) Entschädigung wegen Entwertung der ganzen Sendung, so bei Zurückweisung der ganzen Sendung an der Grenze; der Schaden besteht auch bei anderweitiger Veräußerung ohne Verlust in den Kosten des Hin- und Her-Transports, BGH NJW **74,** 1616. Übersicht: Knorre transpR **85,** 241.

[Besonderes Lieferungsinteresse]

CMR 26 ¹ Der Absender kann gegen Zahlung eines zu vereinbarenden Zuschlages zur Fracht für den Fall des Verlustes oder der Beschädigung und für den Fall der Überschreitung der vereinbarten Lieferfrist durch Eintragung in den Frachtbrief den Betrag eines besonderen Interesses an der Lieferung festlegen.

ᴵᴵ Ist ein besonderes Interesse an der Lieferung angegeben worden, so kann unabhängig von der Entschädigung nach den Artikeln 23, 24 und 25 der Ersatz des weiteren bewiesenen Schadens bis zur Höhe des als Interesse angegebenen Betrages beansprucht werden.

[Zinsen, Währungsumrechnung]

CMR 27 ¹ Der Verfügungsberechtigte kann auf die ihm gewährte Entschädigung Zinsen in Höhe von 5 v.H. jährlich verlangen. Die Zinsen laufen von dem Tage der schriftlichen Reklamation gegenüber dem Frachtführer oder, wenn keine Reklamation vorausging, vom Tage der Klageerhebung an.

II Wird die Entschädigung auf Grund von Rechnungsgrößen ermittelt, die nicht in der Währung des Landes ausgedrückt sind, in dem die Zahlung beansprucht wird, so ist die Umrechnung nach dem Tageskurs am Zahlungsort der Entschädigung vorzunehmen.

[Außervertragliche Ansprüche]

CMR 28 I Können Verluste, Beschädigungen oder Überschreitungen der Lieferfrist, die bei einer diesem Übereinkommen unterliegenden Beförderung eingetreten sind, nach dem anzuwendenden Recht zur Erhebung außervertraglicher Ansprüche führen, so kann sich der Frachtführer demgegenüber auf die Bestimmungen dieses Übereinkommens berufen, die seine Haftung ausschließen oder den Umfang der zu leistenden Entschädigung bestimmen oder begrenzen.

II Werden Ansprüche aus außervertraglicher Haftung für Verlust, Beschädigung oder Überschreitung der Lieferfrist gegen eine der Personen erhoben, für die der Frachtführer nach Artikel 3 haftet, so kann sich auch diese Person auf die Bestimmungen dieses Übereinkommens berufen, die die Haftung des Frachtführers ausschließen oder den Umfang der zu leistenden Entschädigung bestimmen oder begrenzen.

1) Art 28 betrifft (anders als Art 32) nur außervertragliche Ansprüche, BGH NJW **79**, 2473. Vgl § 429 HGB Anm 1 B. Haftungsbegrenzung nach II für den KVOUnterfrachtführer, Ffm RIW **82**, 759.

[Vorsatz, gleichgestellte Fahrlässigkeit, Gehilfenhaftung]

CMR 29 I Der Frachtführer kann sich auf die Bestimmungen dieses Kapitels, die seine Haftung ausschließen oder begrenzen oder die Beweislast umkehren, nicht berufen, wenn er den Schaden vorsätzlich oder durch ein ihm zur Last fallendes Verschulden verursacht hat, das nach dem Recht des angerufenen Gerichtes dem Vorsatz gleichsteht.

II Das gleiche gilt, wenn Bediensteten des Frachtführers oder sonstigen Personen, deren er sich bei Ausführung der Beförderung bedient, Vorsatz oder ein dem Vorsatz gleichstehendes Verschulden zur Last fällt, wenn diese Bediensteten oder sonstigen Personen in Ausübung ihrer Verrichtungen handeln. In solchen Fällen können sich auch die Bediensteten oder sonstigen Personen hinsichtlich ihrer persönlichen Haftung nicht auf die in Absatz 1 bezeichneten Bestimmungen dieses Kapitels berufen.

1) Dem Vorsatz gleichstehendes Verschulden iSv I ist grobe Fahrlässigkeit, so BGH **88**, 157, aA Oeynhausen transpR **84**, 57; grobe Fahrlässigkeit bei unbewachtem Abstellen eines beladenen LKW in Mailand, BGH NJW **84**, 2033. Handeln in Ausübung ihrer Verrichtung nach II s BGH transpR **85**, 338.

Kapitel V. Reklamationen und Klagen

[Notwendige Vorbehalte]

CMR 30 I Nimmt der Empfänger das Gut an, ohne dessen Zustand gemeinsam mit dem Frachtführer zu überprüfen und ohne unter Angaben allgemeiner Art über den Verlust oder die Beschädigung an den Frachtführer Vorbehalte zu richten, so wird bis zum Beweise des Gegenteils vermutet, daß der Empfänger das Gut in dem im Frachtbrief beschriebenen Zustand erhalten hat; die Vorbehalte müssen, wenn es sich um äußerlich erkennbare Verluste oder Beschädigungen handelt, spätestens bei der Abliefe-

(24) CMR 31　　　　　　　　　　　　2. Handelsrechtl. Nebengesetze

rung des Gutes oder, wenn es sich um äußerlich nicht erkennbare Verluste oder Beschädigungen handelt, spätestens binnen sieben Tagen, Sonntage und gesetzliche Feiertage nicht mitgerechnet, nach der Ablieferung gemacht werden. Die Vorbehalte müssen schriftlich gemacht werden, wenn es sich um äußerlich nicht erkennbare Verluste oder Beschädigungen handelt.

II Haben Empfänger und Frachtführer den Zustand des Gutes gemeinsam überprüft, so ist der Gegenbeweis gegen das Ergebnis der Überprüfung nur zulässig, wenn es sich um äußerlich nicht erkennbare Verluste oder Beschädigungen handelt und der Empfänger binnen sieben Tagen, Sonntage und gesetzliche Feiertage nicht mitgerechnet, nach der Überprüfung an den Frachtführer schriftliche Vorbehalte gerichtet hat.

III Schadensersatz wegen Überschreitung der Lieferfrist kann nur gefordert werden, wenn binnen einundzwanzig Tagen nach dem Zeitpunkt, an dem das Gut dem Empfänger zur Verfügung gestellt worden ist, an den Frachtführer ein schriftlicher Vorbehalt gerichtet wird.

IV Bei der Berechnung der in diesem Artikel bestimmten Fristen wird jeweils der Tag der Ablieferung, der Tag der Überprüfung oder der Tag, an dem das Gut dem Empfänger zur Verfügung gestellt worden ist, nicht mitgerechnet.

V Frachtführer und Empfänger haben sich gegenseitig jede angemessene Erleichterung für alle erforderlichen Feststellungen und Überprüfungen zu gewähren.

1) Aufrechnung und Zurückbehaltungsrecht sind in CMR nicht geregelt (aber s Art 32 IV), es gilt nationales Recht, BGH **94**, 74, s **(19)** ADSp § 32 Anm 2.

[Internationale Zuständigkeit, Rechtshängigkeit, Rechtskraft, Vollstreckbarkeit, Sicherheitsleistung]

CMR 31 I Wegen aller Streitigkeiten aus einer diesem Übereinkommen unterliegenden Beförderung kann der Kläger, außer durch Vereinbarung der Parteien bestimmte Gerichte von Vertragsstaaten, die Gerichte eines Staates anrufen, auf dessen Gebiet

a) der Beklagte seinen gewöhnlichen Aufenthalt, seine Hauptniederlassung oder die Zweigniederlassung oder Geschäftsstelle hat, durch deren Vermittlung der Beförderungsvertrag geschlossen worden ist, oder
b) der Ort der Übernahme des Gutes oder der für die Ablieferung vorgesehene Ort liegt.

Andere Gerichte können nicht angerufen werden.

II Ist ein Verfahren bei einem nach Absatz 1 zuständigen Gericht wegen einer Streitigkeit im Sinne des genannten Absatzes anhängig oder ist durch ein solches Gericht in einer solchen Streitsache ein Urteil erlassen worden, so kann eine neue Klage wegen derselben Sache zwischen denselben Parteien nicht erhoben werden, es sei denn, daß die Entscheidung des Gerichtes, bei dem die erste Klage erhoben worden ist, in dem Staat nicht vollstreckt werden kann, in dem die neue Klage erhoben wird.

III Ist in einer Streitsache im Sinne des Absatzes 1 ein Urteil eines Gerichtes eines Vertragsstaates in diesem Staat vollstreckbar geworden, so wird es auch in allen anderen Vertragsstaaten vollstreckbar, sobald die in dem jeweils in Betracht kommenden Staat hierfür vorgeschriebenen Formerfordernisse erfüllt sind. Diese Formerfordernisse dürfen zu keiner sachlichen Nachprüfung führen.

IV Die Bestimmungen des Absatzes 3 gelten für Urteile im kontradiktorischen Verfahren, für Versäumnisurteile und für gerichtliche Vergleiche, je-

V. Transportrecht **CMR 32 (24)**

doch nicht für nur vorläufig vollstreckbare Urteile sowie nicht für Verurteilungen, durch die dem Kläger bei vollständiger oder teilweiser Abweisung der Klage neben den Verfahrenskosten Schadenersatz und Zinsen auferlegt werden.

^V Angehörige der Vertragstaaten, die ihren Wohnsitz oder eine Niederlassung in einem dieser Staaten haben, sind nicht verpflichtet, Sicherheit für die Kosten eines gerichtlichen Verfahrens zu leisten, das wegen einer diesem Übereinkommen unterliegenden Beförderung eingeleitet wird.

1) I regelt nur die internationale gerichtliche Zuständigkeit; die örtliche richtet sich allein nach innerstaatlichem Prozeßrecht, auch wenn danach iE ein inländischer Gerichtsstand nicht begründet ist, BGH **79**, 332 m abl Anm Kropholler NJW **81**, 1904. Gerichtsstandsvereinbarung ist hier formfrei; Vorrang vor Art 17 EuGVÜbk (Einl IV 2D vor § 1 HGB). Zu I Fremuth transpR **83**, 35.

[Verjährung]

CMR 32 ^I Ansprüche aus einer diesem Übereinkommen unterliegenden Beförderung verjähren in einem Jahr. Bei Vorsatz oder bei einem Verschulden, das nach dem Recht des angerufenen Gerichtes dem Vorsatz gleichsteht, beträgt die Verjährungsfrist jedoch drei Jahre. Die Verjährungsfrist beginnt

a) bei teilweisem Verlust, Beschädigung oder Überschreitung der Lieferfrist mit dem Tage der Ablieferung des Gutes;
b) bei gänzlichem Verlust mit dem dreißigsten Tage nach Ablauf der vereinbarten Lieferfrist oder, wenn eine Lieferfrist nicht vereinbart worden ist, mit dem sechzigsten Tage nach der Übernahme des Gutes durch den Frachtführer;
c) in allen anderen Fällen mit dem Ablauf einer Frist von drei Monaten nach dem Abschluß des Beförderungsvertrages.

Der Tag, an dem die Verjährung beginnt, wird bei der Berechnung der Frist nicht mitgerechnet.

^{II} **Die Verjährung wird durch eine schriftliche Reklamation bis zu dem Tage gehemmt, an dem der Frachtführer die Reklamation schriftlich zurückweist und die beigefügten Belege zurücksendet. Wird die Reklamation teilweise anerkannt, so läuft die Verjährung nur für den noch streitigen Teil der Reklamation weiter.** Der Beweis für den Empfang der Reklamation oder der Antwort sowie für die Rückgabe der Belege obliegt demjenigen, der sich darauf beruft. Weitere Reklamationen, die denselben Anspruch zum Gegenstand haben, hemmen die Verjährung nicht.

^{III} Unbeschadet der Bestimmungen des Absatzes 2 gilt für die Hemmung der Verjährung das Recht des angerufenen Gerichtes. Dieses Recht gilt auch für die Unterbrechung der Verjährung.

^{IV} Verjährte Ansprüche können auch nicht im Wege der Widerklage oder der Einrede geltend gemacht werden.

1) Vorrang vor ADSp, BGH NJW **72**, 1003 (Anwendung auf Anspruch aus Frachtzuvielzahlung), Ffm NJW **81**, 1911. Art 32 I gilt für Ansprüche des Frachtführers und gegen ihn, II nur für solche gegen ihn, BGH NJW **75**, 1075. – Art 32 gilt (weiterreichend als § 40 KVO) für alle Ansprüche „aus der Beförderung" (nicht nur dem Beförderungsvertrag), zB kraft Gesetzes auf Auslagen-(Umsatzsteuer-)Erstattung, so Nürnb NJW **75**, 501; auch für deliktische Ansprüche, Düss NJW **76**, 1594 (auch betr Hemmung der Verjährung), auch für Anspr aus positiver Vertragsverletzung, BGH NJW **79**, 2473. – I 2 betrifft nur Schadensersatzansprüche uä, nicht den Erfüllungsanspruch, BGH WM **82**, 854. – Zu I 3 c BGH WM **82**, 853. – Zu II 1 (Belegrücksendung) Celle NJW **75**, 1604.

– Zu IV vgl **(23)** KVO § 40 V. Vorbehalte des Empfängers bei Gutannahme sind nicht ohne weiteres Schadensreklamation nach II, BGH transpR **84,** 146. IV schließt auch Aufrechnung aus, regelt diese aber nicht im übrigen, BGH **94,** 74, s Art 30 Anm 1.

[Schiedsgerichtsklausel]

CMR 33 Der Beförderungsvertrag kann eine Bestimmung enthalten, durch die die Zuständigkeit eines Schiedsgerichtes begründet wird, jedoch nur, wenn die Bestimmung vorsieht, daß das Schiedsgericht dieses Übereinkommen anzuwenden hat.

Kapitel VI. Bestimmungen über die Beförderung durch aufeinanderfolgende Frachtführer

[Mehrere aufeinanderfolgende Straßenfrachtführer]

CMR 34 Wird eine Beförderung, die Gegenstand eines einzigen Vertrages ist, von aufeinanderfolgenden Straßenfrachtführern ausgeführt, so haftet jeder von ihnen für die Ausführung der gesamten Beförderung; der zweite und jeder folgende Frachtführer wird durch die Annahme des Gutes und des Frachtbriefes nach Maßgabe der Bedingungen des Frachtbriefes Vertragspartei.

1) Aufeinanderfolgende Frachtführer iSv Art 34 sind nicht schon eine Kette von Unterfrachtführern, die mit dem Absender des Hauptfrachtvertrags nicht in Vertragsbeziehungen stehen (s § 432 HGB Anm 1); Voraussetzungen sind vielmehr eine Beförderung, die Gegenstand eines einzigen Vertrages ist (Gesamtschuld bzw Samtfrachtführerschaft) und Annahme des Gutes und des Frachtbriefs; ohne Frachtbrief greift Art 34 nicht ein, BGH transpR **84,** 146, NJW **85,** 555; s § 432 II HGB. Übersicht: Heuer transpR **84,** 169.

[Überprüfungspflichten, Beweiskraft des Frachtbriefs]

CMR 35 [I] Ein Frachtführer, der das Gut von dem vorhergehenden Frachtführer übernimmt, hat diesem eine datierte und unterzeichnete Empfangsbestätigung auszuhändigen. Er hat seinen Namen und seine Anschrift auf der zweiten Ausfertigung des Frachtbriefes einzutragen. Gegebenenfalls trägt er Vorbehalte nach Artikel 8 Absatz 2 auf der zweiten Ausfertigung des Frachtbriefes sowie auf der Empfangsbestätigung ein.

[II] Für die Beziehungen zwischen den aufeinanderfolgenden Frachtführern gilt Artikel 9.

[Passivlegitimation]

CMR 36 Ersatzansprüche wegen eines Verlustes, einer Beschädigung oder einer Überschreitung der Lieferfrist können, außer im Wege der Widerklage oder der Einrede in einem Verfahren wegen eines auf Grund desselben Beförderungsvertrages erhobenen Anspruches, nur gegen den ersten, den letzten oder denjenigen Frachtführer geltend gemacht werden, der den Teil der Beförderung ausgeführt hat, in dessen Verlauf das Ereignis eingetreten ist, das den Verlust, die Beschädigung oder die Überschreitung der Lieferfrist verursacht hat; ein und dieselbe Klage kann gegen mehrere Frachtführer gerichtet sein.

[Rückgriff]

CMR 37 Einem Frachtführer, der auf Grund der Bestimmungen dieses Übereinkommens eine Entschädigung gezahlt hat, steht der Rückgriff hinsichtlich der Entschädigung, der Zinsen und der Kosten

V. Transportrecht **CMR 38–40 (24)**

gegen die an der Beförderung beteiligten Frachtführer nach folgenden Bestimmungen zu:
a) der Frachtführer, der den Verlust oder die Beschädigung verursacht hat, hat die von ihm oder von einem anderen Frachtführer geleistete Entschädigung allein zu tragen;
b) ist der Verlust oder die Beschädigung durch zwei oder mehrere Frachtführer verursacht worden, so hat jeder einen seinem Haftungsanteil entsprechenden Betrag zu zahlen; ist die Feststellung der einzelnen Haftungsanteile nicht möglich, so haftet jeder nach dem Verhältnis des ihm zustehenden Anteiles am Beförderungsentgelt;
c) kann nicht festgestellt werden, welche der Frachtführer den Schaden zu tragen haben, so ist die zu leistende Entschädigung in dem unter Buchstabe b bestimmten Verhältnis zu Lasten aller Frachtführer aufzuteilen.

1) Regreß nach Art 37, 39 IV setzt aufeinanderfolgende Frachtführer iSv Art 34 voraus, BGH NJW **85**, 556.

[Ausgleichungspflicht bei Zahlungsunfähigkeit]

CMR 38 Ist ein Frachtführer zahlungsunfähig, so ist der auf ihn entfallende, aber von ihm nicht gezahlte Anteil zu Lasten aller anderen Frachtführer nach dem Verhältnis ihrer Anteile an dem Beförderungsentgelt aufzuteilen.

[Rückgriffsverfahren]

CMR 39 ¹ Ein Frachtführer, gegen den nach den Artikeln 37 und 38 Rückgriff genommen wird, kann nicht einwenden, daß der Rückgriff nehmende Frachtführer zu Unrecht gezahlt hat, wenn die Entschädigung durch eine gerichtliche Entscheidung festgesetzt worden war, sofern der im Wege des Rückgriffs in Anspruch genommene Frachtführer von dem gerichtlichen Verfahren ordnungsgemäß in Kenntnis gesetzt worden war und in der Lage war, sich daran zu beteiligen.

II Ein Frachtführer, der sein Rückgriffsrecht gerichtlich geltend machen will, kann seinen Anspruch vor dem zuständigen Gericht des Staates erheben, in dem einer der beteiligten Frachtführer seinen gewöhnlichen Aufenthalt, seine Hauptniederlassung oder die Zweigniederlassung oder Geschäftsstelle hat, durch deren Vermittlung der Beförderungsvertrag abgeschlossen worden ist. Ein und dieselbe Rückgriffsklage kann gegen alle beteiligten Frachtführer gerichtet sein.

III Die Bestimmungen des Artikels 31 Absatz 3 und 4 gelten auch für Urteile über die Rückgriffsansprüche nach den Artikeln 37 und 38.

IV Die Bestimmungen des Artikels 32 gelten auch für Rückgriffsansprüche zwischen Frachtführern. Die Verjährung beginnt jedoch entweder mit dem Tage des Eintrittes der Rechtskraft eines Urteils über die nach den Bestimmungen dieses Übereinkommens zu zahlende Entschädigung oder, wenn ein solches rechtskräftiges Urteil nicht vorliegt, mit dem Tage der tatsächlichen Zahlung.

1) Zu II Fremuth transpR **83**, 35.

[Abweichende Vereinbarungen]

CMR 40 Den Frachtführern steht es frei, untereinander Vereinbarungen zu treffen, die von den Artikeln 37 und 38 abweichen.

Kapitel VII. Nichtigkeit von dem Übereinkommen widersprechenden Vereinbarungen

[Zwingendes Recht]

CMR 41 [I] Unbeschadet der Bestimmungen des Artikels 40 ist jede Vereinbarung, die unmittelbar oder mittelbar von den Bestimmungen dieses Übereinkommens abweicht, nichtig und ohne Rechtswirkung. Die Nichtigkeit solcher Vereinbarungen hat nicht die Nichtigkeit der übrigen Vertragsbestimmungen zur Folge.

[II] Nichtig ist insbesondere jede Abmachung, durch die sich der Frachtführer die Ansprüche aus der Versicherung des Gutes abtreten läßt, und jede andere ähnliche Abmachung sowie jede Abmachung, durch die die Beweislast verschoben wird.

1) Die CMR ist unabdingbar, neben ihr ist **(19)** ADSp unanwendbar, Kln RIW **81,** 629. Fraglich ist, ob Absender wirksam auf Schadensersatzansprüche gegen Frachtführer verzichten kann; ein solcher Verzicht liegt nicht in „Selbstversicherung" des Absenders; solche (Sachschaden-)Versicherung des Absenders läßt die Haftung des Frachtführers (zum Ersatz desselben Schadens) unberührt, BGH NJW **67,** 500; vgl § 429 HGB Anm 1 A, **(23)** KVO § 29.

Kapitel VIII. Schlußbestimmungen

CMR 42–51 *(nicht abgedruckt)*

(25) Eisenbahn-Verkehrsordnung (EVO)

Vom 8. September 1938 (RGBl II 663)
mit den späteren Änderungen
zuletzt 86. ÄndVO vom 10. 5. 1982 (BGBl I 611)

Einleitung

Schrifttum

Kommentare: *Helm,* GroßKo §§ 425–460, Anh zu § 460, 1982. – *Finger,* 5. Aufl 1985 (LBl). – *Goltermann-Konow,* 1959ff (LBl). – *Groeben,* Taschenbuch der Eisenbahngesetze, 7. Aufl 1982.

Allgemeiner s §§ 453ff HGB und bei § 460 HGB.

I. Allgemeine Bestimmungen

Anwendungsbereich

EVO 1 [I] Diese Verordnung gilt für die Beförderung von Personen, Reisegepäck, Expreßgut, Tieren und Gütern auf allen Eisenbahnen, die dem öffentlichen Verkehr dienen.

[II] Für den grenzüberschreitenden Eisenbahnverkehr gilt sie nur insoweit, als er nicht durch das Internationale Übereinkommen über den Eisenbahn-

V. Transportrecht   **EVO 2–5 (25)**

Personen- und Gepäckverkehr (CIV), das Internationale Übereinkommen über den Eisenbahnfrachtverkehr (CIM) und die Zusatzbestimmungen zu diesen Übereinkommen sowie die internationalen Tarife in der für die Bundesrepublik Deutschland geltenden Fassung geregelt ist.

1) Zu I vgl § 453 HGB Anm 1; zu II Art 1, 2 CIM, 1, 2 CIV (betr Geltungsbereich der Abkommen), s § 453 HGB Anm 2 B. Beachte auch VO zur Sicherstellung des Eisenbahnverkehrs 9. 6. 76 BGBl 2730.

Beförderungspflicht

EVO 2 I Die Eisenbahn ist zur Beförderung verpflichtet, wenn
a) die Beförderungsbedingungen eingehalten werden,
b) die Beförderung mit den regelmäßig verwendeten Beförderungsmitteln möglich ist
und
c) die Beförderung nicht durch Umstände verhindert wird, welche die Eisenbahn nicht abwenden und denen sie auch nicht abhelfen konnte.

II Die Eisenbahn kann auf Bestellung Sonderfahrten ausführen.

III Die Eisenbahn kann die ihr nach den Bestimmungen dieser Verordnung zur Beförderung übergebenen Güter, Expreßgüter und Tiere auf der ganzen oder einer Teilstrecke auch mit Kraftfahrzeugen befördern oder durch von ihr bestellte Güterkraftverkehrsunternehmer befördern lassen.

1) Vgl § 453 I Nr 1, 4, 5 HGB.

Züge

EVO 3 Zur Beförderung dienen die regelmäßig nach Fahrplan oder die nach Bedarf verkehrenden Züge.

Privatwagen

EVO 4 I Die Eisenbahn kann die Beförderung von Personen, Reisegepäck, Expreßgut, Tieren und Gütern mit Wagen zulassen, die auf Grund eines besonderen Vertrages (Einstellungsvertrag) in ihren Wagenpark eingestellt sind (Privatwagen). Allgemeine Einstellungsbedingungen der Eisenbahn bedürfen der Genehmigung der nach Bundes- oder Landesrecht zuständigen Verkehrsbehörde.

II Der Einstellungsvertrag enthält die Bedingungen, unter denen die Eisenbahn Privatwagen einstellt, zur Verfügung des Einstellers hält und unter denen sie ihm während der Dauer der Einstellung für Verlust, Beschädigung und Nutzungsausfall des Privatwagens haftet. Der Einstellungsvertrag ist auch für den Benutzer des Wagens verbindlich.

1) Die Beförderung in Privatwagen regelt sich nach dem Einstellungsvertrag. Der Privatwagen ist nie Gut, sondern Beförderungsmittel, mag er leer oder beladen sein. Sonderfahrten auf Bestellung muß die Bahn nie ausführen. Befördert die Bahn Güter in Kraftwagen, so gelten die Haftungsvorschriften der EVO. – Internationales Recht: S § 453 HGB Anm 2 B.

Beförderungsbedingungen

EVO 5 I Die Bestimmungen dieser Verordnung und die Tarife sind die Beförderungsbedingungen der Eisenbahn.

II Die Eisenbahn kann mit Genehmigung der nach Bundes- oder Landes-

recht zuständigen Verkehrsbehörde in den Tarifen von dieser Verordnung abweichende Beförderungsbedingungen festsetzen:
a) für einzelne Strecken, Bahnhöfe, Zuggattungen, Züge, Fahrzeuge und Abfertigungsarten, wenn besondere Verhältnisse es erfordern;
b) für Privatwagen, die nicht in den Wagenpark einer dem öffentlichen Verkehr dienenden Eisenbahn der Bundesrepublik Deutschland eingestellt sind;
c) der Eigenart des Verkehrsmittels entsprechend, sofern die Tarife Strecken zur Beförderung mit anderen Verkehrsmitteln einbeziehen. Die Haftung für Verlust oder Beschädigung, außer bei Beförderungen auf Seeschiffs- oder Luftstrecken, sowie für Überschreitung der Lieferfrist darf nicht abweichend geregelt werden;
d) für die Beförderung von Gütern, Expreßgütern und Tieren, die auf der ganzen oder einer Teilstrecke mit Kraftfahrzeugen oder durch von ihr bestellte Güterkraftverkehrsunternehmer durchgeführt wird (§ 2 Abs. 3); Buchstabe c Satz 2 gilt entsprechend.

[III] Für das Verhalten auf dem Gebiet der Bahnanlagen gelten die Eisenbahn-Bau- und Betriebsordnungen.

1) Die Vorschriften der EVO sind zwingend, soweit nicht § 5 etwas anderes vorsieht. Namentlich ist es, auch im Personenverkehr, unzulässig, daß eine Bahn im Einzelfall besondere Beförderungsbedingungen vereinbart.

Tarife

EVO 6 [I] Die Eisenbahn hat Tarife aufzustellen, die alle Angaben, die zur Berechnung des Entgelts für die Beförderung (Fahrpreis, Fracht) und für Nebenleistungen der Eisenbahn (Nebenentgelte) notwendig sind, sowie alle anderen für die Beförderung maßgebenden Bestimmungen enthalten müssen.

[II] Die Entgelte sind Festentgelte oder Mindest-Höchstentgelte. Bei der Aufstellung von Tarifen mit Mindest-Höchstentgelten sind unbillige Benachteiligungen landwirtschaftlicher und mittelständischer Wirtschaftskreise sowie wirtschaftlich schwächer und verkehrsungünstig gelegener Gebiete zu vermeiden.

[III] Die Tarife müssen gegenüber jedermann in gleicher Weise angewendet werden. Das gilt nicht für Entgelte innerhalb der Spanne der Mindest-Höchstentgelte.

[IV] Die Eisenbahn kann mit Genehmigung der nach Bundes- oder Landesrecht zuständigen Verkehrsbehörde für die öffentlichen Verwaltungen, für den Eisenbahndienst und für Wohlfahrtszwecke ohne Rechtsanspruch Ermäßigungen der tarifmäßigen Entgelte und sonstige Vergünstigungen zulassen.

[V] Die Tarife müssen bekanntgemacht werden. Die Aufhebung eines für eine bestimmte Zeit aufgestellten Tarifs braucht nicht bekanntgemacht zu werden.

[VI] Erhöhungen der Entgelte und andere für den Kunden nachteilige Änderungen der Beförderungsbedingungen werden frühestens einen Monat, im Personen-, Reisegepäck- und Expreßgutverkehr zwei Wochen nach der Bekanntmachung wirksam, wenn nicht eine Abkürzung der Bekanntmachungsfrist von der nach Bundes- oder Landesrecht zuständigen Verkehrsbehörde genehmigt worden ist. Die Genehmigung muß aus der Bekanntmachung ersichtlich sein.

1) **Tarife** ua für Personen-, Gepäck- und Expreßgut, für Güter, für Tiere. Sie sind Vertragsrecht, gelten kraft Unterwerfung, RG **99**, 251. Diese setzt ordentliche Veröffentlichung voraus, vgl RG **142**, 245. Ergänzende Auslegung idR

V. Transportrecht **EVO 7, 8 (25)**

unmöglich, RG **137**, 128. Veröffentlichung erfolgt im ,,Tarif- und Verkehrsanzeiger der Eisenbahnen des öffentlichen Verkehrs im Bundesgebiet" (§§ 2 I, 4 III G über die Verkündigung von Rechtsverordnungen 30. 1. 50 BGBl 23). Über Inkrafttreten (V) s dort § 3 II: mangels anderer Bestimmung mit dem 14. Tage nach Ablauf des Tages der Ausgabe des Verkündungsblattes; Ausnahme für Erhöhung oder andere Erschwerung (VI); BMV und Hauptverwaltung der DBB stimmen zu, BB **50**, 604. Neuerungen im Eisenbahngüterverkehr s Finger DB **85**, 637. – Internationales Recht: Art 6 CIM, 5 CIV.

Sonderabmachungen

EVO 7 [I] Die Eisenbahn kann ohne Bindung an die Tarife schriftlich vereinbaren (Sonderabmachungen) mit:

1. dem Absender oder Empfänger im Verkehr von und nach deutschen Seehäfen für die Beförderung von Gütern, die über See eingeführt worden sind oder über See ausgeführt werden, wenn
   a) Umstände vorliegen, die bei der Aufstellung der Tarife nicht berücksichtigt worden sind, der Wettbewerb eine Sonderabmachung erfordert und die Sonderabmachung für eine gewisse Dauer getroffen wird,
   b) die Sonderabmachung die Beförderung einer Gütermenge von mindestens 500 Tonnen innerhalb dreier Monate umfaßt und
   c) die Sonderabmachung geeignet ist, das Wirtschaftsergebnis der Eisenbahn zu erhalten oder zu verbessern;
2. dem Absender oder Empfänger für die Beförderung von Stück- oder Expreßgut in Sendungen bis zu vier Tonnen, wenn
   a) der Wettbewerb eine Sonderabmachung erfordert und
   b) die Sonderabmachung geeignet ist, das Wirtschaftsergebnis der Eisenbahn zu erhalten oder zu verbessern.

[II] Andere Sonderabmachungen, durch die eine Ermäßigung oder sonstige Vergünstigungen gegenüber den Tarifen gewährt werden, sind unzulässig und nichtig. Sie berühren die rechtliche Wirksamkeit des Beförderungsvertrages nicht. Die Entgelte und Beförderungsbedingungen richten sich auch in solchen Fällen nach dem Tarif.

1) S Konow WRP **82**, 196.

II. Beförderung von Personen

Der **Personenbeförderungsvertrag** verpflichtet die Bahn zur Gewährung sicheren Zu- und Abgangs zu und von Bahnhöfen und Fahrzeugen, RG **55**, 336, JW **16**, 737 (Warteraum). Von Schäden durch Beförderungsvorgänge oder -einrichtungen (nicht aus anderen Ursachen) ist zu vermuten, daß sie von der Bahn verschuldet sind, RG **86**, 322. Ansprüche aus Verletzung dieser Pflicht (positive Vertragsverletzung) verjähren in 30 Jahren, RG JW **11**, 444. Ggf auch Haftung aus **unerlaubter Handlung**, § 823 mit § 831 BGB oder §§ 31, 89 BGB. Wird beim Betrieb der Eisenbahnen ein Mensch getötet oder verletzt oder eine Sache beschädigt, so haftet die Bahn für den Schaden, wenn sie nicht beweist, daß der Schaden durch höhere Gewalt, bes durch eigenes Verschulden des Betroffenen verursacht ist, § 1 **Haftpflichtgesetz** 4. 7. 78 BGBl 145. Höchstbetrag des Ersatzes s § 9 Haftpflichtgesetz. Ist Verschulden des Betroffenen nicht alleinige Ursache, so greift § 254 BGB ein, § 4 Haftpflichtgesetz.

Ausschluß von der Beförderung. Bedingte Zulassung

EVO 8 [I] Kinder bis zum vollendeten vierten Lebensjahr werden nur in Begleitung einer Aufsichtsperson befördert.

(25) EVO 9–12

II Personen, die eine Gefahr für die Sicherheit und Ordnung des Betriebes oder für die Sicherheit der Mitreisenden darstellen oder den Anordnungen des Eisenbahnpersonals nicht folgen, können von der Beförderung ausgeschlossen werden. Sie haben keinen Anspruch auf Erstattung von Fahrpreis oder Gepäckfracht.

III Personen mit ansteckenden Krankheiten, die die Gesundheit der Mitreisenden gefährden können, werden nur dann befördert, wenn die Gefährdung anderer ausgeschlossen ist.

Fahrausweise

EVO 9 **I** Wenn der Tarif nichts anderes bestimmt, muß der Reisende bei Antritt der Reise mit einem Fahrausweis versehen sein.

II Der Anspruch auf Ausgabe eines Fahrausweises erlischt fünf Minuten vor Abfahrt des Zuges.

III Der Reisende ist verpflichtet,
a) Fahrausweise und sonstige Karten (z. B. Zuschlags-, Übergangs-, Umwegkarten) entsprechend der Beförderungsstrecke zu entwerten und sich sofort von der Entwertung zu überzeugen, sofern der Tarif eine Entwertung vor Betreten des Bahnsteigs oder bei Betreten des Zuges vorschreibt;
b) Fahrausweise und sonstige Karten nach Beendigung der Fahrt bis zum Verlassen des Bahnsteigs einschließlich der Zu- und Abgänge aufzubewahren;
c) Fahrausweise und sonstige Karten dem Kontrollpersonal auf Verlangen vorzuzeigen und auszuhändigen;
d) bei der Prüfung der Fahrausweise unaufgefordert dem Kontrollpersonal zu melden, daß vor Antritt der Reise ein gültiger Fahrausweis nicht gelöst werden konnte, weil ein Fahrkartenschalter oder Fahrkartenautomat nicht vorhanden, nicht geöffnet oder nicht betriebsbereit war.

IV Ein Reisender, der keinen Fahrausweis besitzt oder den Verpflichtungen nach Absatz 3 nicht nachkommt, kann von der Weiterfahrt ausgeschlossen werden. Die Pflicht zur Zahlung eines erhöhten Fahrpreises nach § 12 bleibt unberührt.

Betreten der Bahnsteige

EVO 10 Der Tarif kann bestimmen, daß Bahnsteige nur mit gültigem Fahrausweis oder Bahnsteigkarte betreten werden dürfen.

Fahrpreise

EVO 11 **I** Die Fahrpreise enthält der Tarif. Er ist an besetzten Bahnhöfen und Auskunftsstellen zur Einsicht bereitzuhalten.

II Sind Fahrpreise unrichtig erhoben worden, ist der Unterschiedsbetrag nachzuzahlen oder zu erstatten. Der Anspruch auf Nachzahlung oder Erstattung erlischt, wenn er nicht binnen eines Jahres nach Ablauf der Geltungsdauer des Fahrausweises geltend gemacht wird.

Erhöhter Fahrpreis

EVO 12 **I** Der Reisende ist zur Zahlung eines erhöhten Fahrpreises verpflichtet, wenn er
a) bei Antritt der Reise nicht mit einem gültigen Fahrausweis versehen ist,
b) sich einen gültigen Fahrausweis beschafft hat, ihn jedoch bei einer Prüfung der Fahrausweise nicht vorzeigen kann,
c) einer Verpflichtung nach § 9 Abs. 3 Buchstabe a, b oder d nicht nachkommt.

V. Transportrecht **EVO 13–16 (25)**

^{II} Der erhöhte Fahrpreis nach Absatz 1 beträgt das Doppelte des gewöhnlichen Fahrpreises für die vom Reisenden zurückgelegte Strecke, mindestens vierzig Deutsche Mark. Der erhöhte Fahrpreis kann für die ganze vom Zug zurückgelegte Strecke berechnet werden, wenn der Reisende nicht glaubhaft macht, daß er eine kürzere Strecke durchfahren hat.

^{III} Der erhöhte Fahrpreis ermäßigt sich im Falle des Absatzes 1 Buchstabe b auf zehn Deutsche Mark, wenn der Reisende innerhalb einer Woche ab dem Feststellungstag bei einem Bahnhof der befördernden Eisenbahn nachweist, daß er im Zeitpunkt der Feststellung Inhaber eines gültigen Fahrausweises war.

^{IV} Wer sich der Verpflichtung nach § 9 Abs. 3 Buchstabe c entzieht, hat zehn Deutsche Mark zu zahlen.

^V Der Tarif kann Fälle vorsehen, in denen von der Zahlung des nach den Absätzen 2 bis 4 zu entrichtenden Betrages ganz oder teilweise abgesehen werden kann.

Unterbringung der Reisenden

EVO 13 ^I Der Reisende hat Anspruch auf Beförderung in der Klasse, auf die sein Fahrausweis lautet. Ein Anspruch auf einen Sitzplatz oder auf Unterbringung in der 1. Klasse bei Platzmangel in der 2. Klasse besteht nicht. Der Tarif kann Ausnahmen zulassen. Das Eisenbahnpersonal ist berechtigt, den Reisenden Plätze anzuweisen. Auf Verlangen der Reisenden ist es verpflichtet, für deren Unterbringung zu sorgen.

^{II} Der Reisende hat keinen Anspruch auf Entschädigung, wenn er keinen Sitzplatz findet und ihm keiner angewiesen werden kann.

Nichtraucherabteile

EVO 14 In jedem Zug ist für jede Wagenklasse eine angemessene Anzahl von Wagen oder Abteilen für Nichtraucher vorzubehalten. Sofern in einem Zug von einer Wagenklasse nur ein Abteil vorhanden ist, darf darin nur mit Zustimmung aller Mitreisenden geraucht werden.

Verhalten bei außerplanmäßigem Halt

EVO 15 Bei einem außerplanmäßigen Halt dürfen die Reisenden nur mit Zustimmung des Zugbegleitpersonals aussteigen. Sie müssen sich sofort von den Gleisen entfernen.

Mitnahme von Handgepäck und Tieren

EVO 16 ^I Der Reisende darf leicht tragbare Gegenstände (Handgepäck) unentgeltlich in die Personenwagen mitnehmen. Dem Reisenden steht für sein Handgepäck nur der Raum über und unter seinem Sitzplatz zur Verfügung. Reisende, denen kein Sitzplatz angewiesen werden kann, haben wegen der Unterbringung ihres Handgepäcks die Anordnungen des Eisenbahnpersonals zu befolgen.

^{II} Der Tarif bestimmt,
a) unter welchen Bedingungen andere Gegenstände, die eine Person tragen kann (Traglasten), in Personenwagen mitgenommen oder in Gepäckwagen ohne Frachtzahlung untergebracht werden dürfen;
b) welches Handgepäck in Personenwagen nicht mitgeführt werden darf;
c) unter welchen Bedingungen lebende Tiere in Personenwagen mitgenommen werden dürfen.

^{III} *(aufgehoben)*

Verspätung oder Ausfall von Zügen

EVO 17 Verspätung oder Ausfall eines Zuges begründen keinen Anspruch auf Entschädigung. Die Eisenbahn hat jedoch bei Ausfall oder verhinderter Weiterfahrt eines Zuges, soweit möglich, für die Weiterbeförderung der Reisenden zu sorgen.

Fahrpreiserstattung

EVO 18 [I] Hat ein Reisender den Fahrausweis nicht zur Fahrt benutzt, so kann er den Fahrpreis zurückverlangen. Ist der Fahrausweis nur auf einer Teilstrecke benutzt worden, so wird der Unterschied zwischen dem gezahlten Fahrpreis und dem gewöhnlichen Fahrpreis für die zurückgelegte Strecke erstattet.

[II] Der Tarif bestimmt, bei welchen ermäßigten Fahrausweisen der Fahrpreis erstattet wird.

[III] Hat der Reisende den Fahrausweis zur Aufgabe von Reisegepäck benutzt, so kann er den Fahrpreis nur dann zurückverlangen, wenn er das Gepäck auf dem Versandbahnhof zurückgenommen hat.

[IV] Von dem zu erstattenden Betrag wird das tarifmäßige Entgelt für die Bearbeitung des Erstattungsantrags abgezogen. Der Tarif bestimmt auch, in welchen Fällen der Abzug unterbleibt.

[V] Der Fahrpreis für verlorene Fahrausweise wird nicht erstattet.

[VI] Der Tarif kann von den vorstehenden Bestimmungen Abweichungen vorsehen, die jedoch für die Reisenden nicht ungünstiger sein dürfen.

[VII] Alle Ansprüche auf Fahrpreiserstattung nach dieser Vorschrift erlöschen, wenn sie nicht binnen sechs Monaten nach Ablauf der Geltungsdauer des Fahrausweises bei der Eisenbahn geltend gemacht werden.

Meinungsverschiedenheiten

EVO 19 Meinungsverschiedenheiten unter Reisenden oder zwischen Reisenden und dem Eisenbahnpersonal entscheidet vorläufig auf Bahnhöfen der aufsichtführende Bedienstete, in den Zügen der Zugführer.

EVO 20–24 *(aufgehoben)*

III. Beförderung von Reisegepäck

Begriff des Reisegepäcks. Verantwortlichkeit des Reisenden für sein Gepäck

EVO 25 [I] Der Reisende kann als Reisegepäck Gegenstände aufgeben, die zu seinem Gebrauch bestimmt und in einer für die Beförderung als Reisegepäck geeigneten Weise verpackt sind.

[II] Unter welchen Bedingungen der Reisende
a) Fahrstühle, Selbstfahrer für Kranke, Krankenkraftfahrstühle, Kinderwagen,
b) sonstige auch unverpackte Gegenstände,
c) in sicheren Behältern untergebrachte Tiere
als Reisegepäck aufgeben kann, bestimmt der Tarif.

[III] Der Tarif kann die Menge, den Umfang und das Gewicht der zur Beförderung als Reisegepäck zugelassenen Gegenstände beschränken, erforderlichenfalls weitere Einschränkungen vorsehen.

[IV] Der Reisende ist für die Beachtung der vorstehenden Vorschriften verantwortlich und trägt alle Folgen einer Zuwiderhandlung.

V. Transportrecht EVO 26, 27 (25)

ᵛ Vermutet die Eisenbahn eine Zuwiderhandlung, so hat sie das Recht nachzuprüfen, ob der Inhalt der Gepäckstücke den Vorschriften entspricht. Der Reisende ist aufzufordern, bei der Nachprüfung zugegen zu sein. Stellt er sich nicht ein oder ist er nicht zu erreichen, so sind zwei Zeugen zur Nachprüfung zuzuziehen; als solche dürfen Eisenbahnbedienstete nur dann verwendet werden, wenn keine anderen Personen zur Verfügung stehen. Wird eine Zuwiderhandlung festgestellt, so hat der Reisende die Kosten der Nachprüfung zu bezahlen.

1) Vgl § 454 HGB Anm 1 c.

Verpackung. Bezeichnung

EVO 26 ᴵ Gepäckstücke, deren Verpackung ungenügend oder deren Beschaffenheit mangelhaft ist oder die offensichtlich Spuren von Beschädigungen aufweisen, kann die Eisenbahn zurückweisen. Werden sie gleichwohl zur Beförderung angenommen, so kann die Eisenbahn im Gepäckschein den Zustand des Gepäcks vermerken. Nimmt der Reisende den Gepäckschein mit dem Vermerk an, so erkennt er diesen Zustand an.

ᴵᴵ Auf den Gepäckstücken müssen Name und Anschrift (Wohnort, Wohnung) des Reisenden genügend haltbar angegeben sein, auch kann der Tarif die Angabe des Versand- und Bestimmungsbahnhofs vorschreiben. Gepäckstücke ohne diese Angaben können zurückgewiesen werden. Der Reisende hat alte Beklebezettel, Namens- oder andere Anschriften, die sich auf frühere Beförderungen beziehen, zu entfernen oder unleserlich zu machen.

1) Internationales Recht: Art 21 CIV.

Aufgabe. Abfertigung. Gepäckschein

EVO 27 ᴵ Reisegepäck wird nur von und nach Bahnhöfen angenommen, die für den Gepäckverkehr eingerichtet sind.

ᴵᴵ Für jedes Gepäckstück ist die nach den Bestimmungen des Tarifs erforderliche Zahl von Gepäckscheinen zu lösen. § 11 Abs. 2 gilt entsprechend; die dort vorgesehene einjährige Frist beginnt mit dem Tage der Ausfertigung des Gepäckscheins.

ᴵᴵᴵ Bei Lösen eines Gepäckscheins hat der Reisende den Bahnhof, nach dem das Gepäck abgefertigt werden soll, genau zu bezeichnen.

ᴵⱽ Das Gepäck ist innerhalb der durch Aushang bekanntzumachenden Dienststunden der Gepäckabfertigung aufzugeben.

ⱽ Das Gepäck wird über den von der Eisenbahn bestimmten Weg abgefertigt.

ⱽᴵ Bei der Aufgabe wird dem Reisenden ein Gepäckschein ausgehändigt. Die Angaben im Gepäckschein sind für die Beförderung maßgebend. Der Gepäckschein muß enthalten:
a) den Versand- und den Bestimmungsbahnhof,
b) den Tag und die Stunde der Annahme,
c) die Gepäckfracht und etwaige andere Gebühren.

ⱽᴵᴵ Der Reisende hat sich beim Empfang des Gepäckscheins zu überzeugen, ob dieser seinen Angaben entsprechend ausgefertigt ist.

ⱽᴵᴵᴵ Für die Abfertigung der im § 25 Abs. 2 genannten Gegenstände und Tiere kann der Tarif besondere Vorschriften treffen.

ᴵˣ Wird Gepäck unter Vorbehalt späterer Abfertigung angenommen, so gilt es gleichwohl mit dem Zeitpunkt der Annahme als zur Beförderung übernommen. Die Eisenbahn hat dem Reisenden den Empfang zu bescheinigen.

(25) EVO 28, 29

ˣ Der Tarif bestimmt, ob bei Aufgabe des Gepäcks der Fahrausweis vorzulegen ist.

1) Internationales Recht: Art 21 CIV.

Beförderung. Zoll- und sonstige Verwaltungsvorschriften

EVO 28 ᴵ Gepäck wird mit dem nächsten geeigneten Zug befördert. ᴵᴵ Die Eisenbahn ist berechtigt, die Beförderung von Gepäck bei einzelnen Zügen oder Zuggattungen auszuschließen oder zu beschränken. Anordnungen dieser Art sind in den Fahrplänen bekanntzugeben.

ᴵᴵᴵ Wird die Fahrt nicht angetreten oder abgebrochen, regelt der Tarif die weitere Behandlung des Gepäcks.

ᴵⱽ Der Reisende hat die Zoll- und sonstigen Verwaltungsvorschriften für seine Person und hinsichtlich der Untersuchung seines Reise- und Handgepäcks zu befolgen. Er hat bei dieser Untersuchung anwesend zu sein, wenn die einschlägigen Vorschriften keine Ausnahme zulassen. Kommt der Reisende diesen Verpflichtungen nicht nach, so ist die Eisenbahn ihm gegenüber von jeder Haftung für die daraus entstehenden Folgen befreit. Die Eisenbahn kann für ihre Tätigkeit bei der Abfertigung durch die Zoll- und sonstigen Verwaltungsbehörden außer der Vergütung ihrer Auslagen das tarifmäßige Nebenentgelt erheben.

1) Internationales Recht: Art 24 CIV.

Auslieferung

EVO 29 ᴵ Das Gepäck wird gegen Rückgabe des Gepäckscheins und Entrichtung der etwa noch nicht bezahlten Kosten ausgeliefert. Die Eisenbahn ist berechtigt, aber nicht verpflichtet, die Berechtigung des Inhabers zu prüfen.

ᴵᴵ Der Reisende ist berechtigt, auf dem Bestimmungsbahnhof nach Ablauf der Lieferfrist die Auslieferung des Gepäcks während der durch Aushang bekanntzumachenden Dienststunden an der Gepäckausgabe zu verlangen. Für zeitweise unbesetzte Bahnhöfe kann der Tarif eine andere Regelung treffen. Die Lieferfrist endet, sobald nach Ankunft des Zuges, mit dem das Gepäck zu befördern war, die zur Bereitstellung und etwa zur Zoll- oder sonstigen verwaltungsbehördlichen Abfertigung erforderliche Zeit abgelaufen ist. Bei zeitweise unbesetzten Bahnhöfen verlängert sich die Lieferfrist um die Zeit, in der die Gepäckabfertigung nicht besetzt ist.

ᴵᴵᴵ Auf rechtzeitiges Verlangen kann Gepäck, wenn die Umstände es gestatten, gegen Rückgabe des Gepäckscheins auf dem Versandbahnhof zurückgegeben werden. Der Tarif kann bestimmen, daß hierbei auch der Fahrausweis vorzuzeigen ist.

ᴵⱽ Unter welchen Bedingungen eine Weitersendung des Gepäcks nach einem anderen Bahnhof zulässig ist, bestimmt der Tarif.

ⱽ Wird das aufgegebene Gepäck zurückgenommen, ehe es den Versandbahnhof verlassen hat, so kann die bezahlte Gepäckfracht zurückverlangt werden. § 18 Abs. 7 gilt entsprechend; die sechsmonatige Frist beginnt mit dem Tage der Ausfertigung des Gepäckscheins.

ⱽᴵ Wird der Gepäckschein nicht beigebracht, so braucht die Eisenbahn das Gepäck nur demjenigen auszuliefern, der seine Berechtigung glaubhaft macht; sie kann Sicherheitsleistung verlangen.

ⱽᴵᴵ Bei nicht rechtzeitiger Auslieferung des Gepäcks hat die Eisenbahn auf Verlangen Tag und Stunde der Abforderung auf dem Gepäckschein zu bescheinigen und etwaige Kosten für den Versuch der Abholung zu erstatten.

V. Transportrecht EVO 30, 31 (25)

VIII Bei Verlust von Gepäckstücken ist der Reisende zur Erleichterung der Nachforschungen der Eisenbahn verpflichtet, eine möglichst genaue Beschreibung der verlorenen Stücke zu geben.

1) Internationales Recht: Art 23 CIV.

Verzögerung der Abnahme

EVO 30 I Wird das Gepäck nicht binnen der im Tarif vorgesehenen Frist auf dem Bestimmungsbahnhof abgenommen, so ist Lagergeld zu entrichten. Wird es nicht binnen vier Wochen nach dem genannten Zeitpunkt abgenommen, so hat die Eisenbahn nur noch für die Sorgfalt eines ordentlichen Kaufmanns einzustehen. Die Eisenbahn kann solches Gepäck unter Einziehung der etwa noch nicht bezahlten Kosten auch bei einem Spediteur oder in einem öffentlichen Lagerhaus auf Gefahr und Kosten des Berechtigten hinterlegen.

II Die Eisenbahn ist ferner berechtigt, Gepäck, das nicht abgenommen worden ist, drei Monate nach seiner Ankunft auf dem Bestimmungsbahnhof ohne Förmlichkeit bestmöglich zu verkaufen. Sie ist hierzu schon früher berechtigt, wenn der Wert des Gepäcks durch längeres Lagern unverhältnismäßig vermindert oder in keinem Verhältnis zu den Lagerkosten stehen würde. Die Eisenbahn hat dem Reisenden den Verkaufserlös nach Abzug der etwa noch nicht bezahlten Kosten zur Verfügung zu stellen. Reicht der Erlös zur Deckung dieser Beträge nicht aus, so ist der Reisende zur Nachzahlung des ungedeckten Betrags verpflichtet.

III Die Eisenbahn hat den Reisenden, wenn sich sein Aufenthalt ermitteln läßt, von dem bevorstehenden Verkauf des Gepäcks zu benachrichtigen.

Haftung für Verlust oder Beschädigung

EVO 31 I Für Reisegepäck haftet die Eisenbahn wie für Güter nach den §§ 81 bis 83 und 92 bis 94. Für die Geltendmachung der Rechte aus dem Beförderungsvertrag und der Haftung mehrerer an der Beförderung beteiligter Eisenbahnen gelten die Bestimmungen der §§ 95 und 96 entsprechend.

II Bei Verlust von Reisegepäck hat die Eisenbahn den nachgewiesenen Schaden bis zur Höhe von 1600 Deutsche Mark je Gepäckstück zu ersetzen. Außerdem sind die Gepäckfracht, die Zölle und sonstige aus Anlaß der Beförderung des verlorenen Gepäcks bezahlte Beträge zu erstatten.

III Bei Beschädigung hat die Eisenbahn den Betrag der Wertminderung des Gepäcks bis zum Höchstbetrag nach Absatz 2 zu zahlen.

IV Sind Verlust oder Beschädigung auf Vorsatz der Eisenbahn zurückzuführen, hat sie den nachgewiesenen Schaden zu ersetzen. Im Falle grober Fahrlässigkeit der Eisenbahn hat sie den nachgewiesenen Schaden bis zum Doppelten des in Absatz 2 vorgesehenen Höchstbetrages zu ersetzen.

1) Die Bahn haftet für Reisegepäck **grundsätzlich wie für Frachtgut**, §§ 459, 454 HGB, § 31 mit §§ 81–83, 92–94 EVO. Diese gegenüber der bloßen Verschuldenshaftung verstärkte Haftung erlischt, wenn das Gepäck nicht binnen vier Wochen seit Ankunft auf dem Bestimmungsbahnhof abgenommen ist, ordnungsmäßige Benachrichtigung des Reisenden vorausgesetzt, § 30 II, III. Für Verlust gilt die Rechtsvermutung des § 32. Rechtzeitige Abnahme muß der Berechtigte beweisen. Verlust ist auch Teilverlust. Vermerkt die Bahn mangelhafte Verpackung auf dem Schein und nimmt ihn der Reisende ohne Widerspruch an, so löst das die Vermutung des § 83 II noch nicht aus; der Reisende muß aber die Unrichtigkeit des Vermerks beweisen. Ist Gut als Reisegepäck

1487

aufgegeben, das kein solches ist, § 25, so greift § 83e ein. Haftung aus unerlaubter Handlung s § 454 HGB Anm 1 C. Internationales Recht: Art 35, 38, 39 CIV.

Vermutung für den Verlust des Reisegepäcks. Wiederauffinden des Gepäcks

EVO 32 ⁱ Ein fehlendes Gepäckstück gilt nach Ablauf einer Woche nach der Abforderung als verloren.

ᴵᴵ Wird das Gepäck später wiedergefunden, so ist der Reisende, wenn sich sein Aufenthalt ermitteln läßt, hiervon zu benachrichtigen. Er kann innerhalb eines Monats nach Empfang der Nachricht verlangen, daß ihm das Gepäck auf einem inländischen Bahnhof kostenfrei ausgehändigt wird. Die erhaltene Entschädigung hat er nach Abzug einer etwa wegen Überschreitung der Lieferfrist zu gewährenden Entschädigung zurückzuzahlen; wird die Rückgabe auf dem Versandbahnhof verlangt, so wird von dem zurückzuzahlenden Betrag die ursprünglich bezahlte Gepäckfracht abgezogen.

1) Internationales Recht: Art 37 CIV.

Haftung für Überschreitung der Lieferfrist

EVO 33 ⁱ Bei Überschreitung der Lieferfrist hat die Eisenbahn den dadurch entstandenen nachgewiesenen Schaden bis zur Höhe von 20 Deutsche Mark je Gepäckstück für je angefangene 24 Stunden, gerechnet vom Verlangen der Auslieferung an, höchstens jedoch für eine Woche zu ersetzen. Schäden unter zwei Deutsche Mark werden nicht ersetzt.

ᴵᴵ Ist die Überschreitung der Lieferfrist auf Vorsatz der Eisenbahn zurückzuführen, hat sie den nachgewiesenen Schaden zu ersetzen. Im Falle grober Fahrlässigkeit der Eisenbahn hat sie den nachgewiesenen Schaden bis zum Doppelten des in Absatz 1 vorgesehenen Höchstbetrages zu ersetzen.

ᴵᴵᴵ Diese Entschädigung wird nicht neben der bei gänzlichem Verlust zu leistenden Entschädigung gewährt. Bei teilweisem Verlust wird sie für den nicht verlorengegangenen Teil entrichtet. Bei Beschädigung tritt sie neben die dafür vorgesehene Entschädigung.

ᴵⱽ In keinem Falle wird beim Zusammentreffen von Lieferfristüberschreitung mit Beschädigung oder teilweisem Verlust des Gepäcks eine höhere Gesamtentschädigung gewährt als bei gänzlichem Verlust.

ⱽ Die Haftung der Eisenbahn ist Pausgeschlossen, wenn die Überschreitung der Lieferfrist durch Umstände herbeigeführt worden ist, die sie nicht abzuwenden und denen sie auch nicht abzuhelfen vermochte.

1) Vgl § 455 HGB Anm 1. Lieferfrist: § 29 II 2. – Internationales Recht: Art 40 CIV.

EVO 34 *(aufgehoben)*

IV. Gepäckträger, Gepäckaufbewahrung

Gepäckträger

EVO 35 ⁱ Soweit auf Bahnhöfen Gepäckträger bestellt sind, haben sie Reise- und Handgepäck zu den von den Reisenden bezeichneten Stellen zu bringen. Die Beförderung außerhalb des Bahnhofsbereiches kann nur dann verlangt werden, wenn dies nach den örtlichen Vorschriften zulässig ist.

ᴵᴵ Die Gepäckträger müssen durch Dienstabzeichen erkennbar sein und ihren Tarif bei sich tragen. Auf Verlangen haben sie dem Reisenden den Tarif vorzuzeigen und ihm bei Übernahme des Gepäcks eine mit ihrer Nummer versehene Marke zu übergeben.

III Der Tarif muß an den Gepäckannahme- und -ausgabestellen und in den zur Gepäckaufbewahrung dienenden Räumen aushängen.

IV Für das den Gepäckträgern übergebene Reise- oder Handgepäck haftet die Eisenbahn wie für das ihr zur Beförderung übergebene Gepäck.

1) Vgl § 456 HGB Anm. 2. Auf etwa nötige besondere Vorsicht bei der Behandlung muß der Reisende hinweisen, § 254 BGB.

Aufbewahrung des Gepäcks

EVO 36 I Die Eisenbahn haftet für Reise- und Handgepäck, das sie zur Aufbewahrung annimmt, als Verwahrer. Die Bedingungen für die Aufbewahrung regelt der Tarif. Außer bei Vorsatz und grober Fahrlässigkeit kann der Tarif die Haftung auf einen Höchstbetrag beschränken. Die Entgelte sowie die Öffnungszeiten der Aufbewahrungsstellen sind durch Aushang bekanntzumachen.

II Die Haftung für Reise- und Handgepäck, das in Schließfächern aufbewahrt wird, richtet sich nach den Bedingungen der Eisenbahn für die Vermietung von Schließfächern.

III Wer das Gepäck zur Aufbewahrung übergibt, erhält einen Hinterlegungsschein.

IV Gepäck, das nicht oder nur mangelhaft verpackt ist, kann zurückgewiesen werden. Wird es gleichwohl angenommen, so kann die Eisenbahn den Mangel auf dem Hinterlegungsschein vermerken. Nimmt der Hinterleger den Schein mit dem Vermerk an, so erkennt er den mangelhaften Zustand an.

V Die Eisenbahn haftet nicht für Gegenstände, die in unverpackt oder mangelhaft verpackt zur Aufbewahrung übergebenen Kleidungsstücken enthalten sind.

VI Die hinterlegten Gegenstände können jederzeit innerhalb der für die Annahme und Auslieferung von Gepäck bestimmten Zeiten gegen Rückgabe des Hinterlegungsscheins und Entrichtung des Entgeltes für die Aufbewahrung zurückgefordert werden. § 29 Abs. 1 und 6 gilt entsprechend.

VII Wird das hinterlegte Gepäck nicht binnen der im Tarif festgesetzten Aufbewahrungsfrist abgeholt, so gilt § 30 Abs. 2 und 3 entsprechend.

1) Die Aufbewahrung des Gepäcks liegt außerhalb des Frachtvertrags. Sie ist Verwahrung nach §§ 638 ff BGB; die Bahn haftet also für jedes Verschulden. Der Tarif darf die Höhe der Haftung, nicht ihre Voraussetzungen, beschränken.

V. Beförderung von Expreßgut

Beförderungsvertrag

EVO 37 I Als Expreßgut werden nur Gegenstände angenommen, die sich nach dem Ermessen des Versandbahnhofs zur Beförderung im Gepäckwagen eignen, wenn die Abfertigungsbefugnisse des Versand- und Empfangsbahnhofs diese Beförderung zulassen.

II Von der Beförderung ausgeschlossen sind die in § 54 Abs. 1 aufgeführten Güter. Gefährliche Güter sind zur Beförderung als Expreßgut nur zugelassen, soweit dies in der Verordnung über die Beförderung gefährlicher Güter mit der Eisenbahn vom 23. August 1979 (BGBl. I S. 1502) ausdrücklich vorgesehen ist. Ob noch andere Güter von der Beförderung als Expreßgut ausgeschlossen oder nur bedingt zur Beförderung als Expreßgut zugelassen werden, bestimmt der Tarif.

(25) EVO 38, 39

ᴵᴵᴵ Jede Expreßgutsendung ist mit einer Expreßgutkarte aufzuliefern. Das Muster der Expreßgutkarte bestimmt der Tarif; er enthält auch die näheren Bestimmungen darüber, welche Angaben auf der Expreßgutkarte vorgeschrieben oder zugelassen sind.

ᴵⱽ Der Absender hat die Expreßgüter übereinstimmend mit den Angaben der Expreßgutkarte zu bezeichnen; Einzelheiten bestimmt der Tarif.

ⱽ Ob und unter welchen Bedingungen der Absender das Gut mit einer Nachnahme oder einem Barvorschuß belasten kann, bestimmt der Tarif.

ⱽᴵ Expreßgut ist bei den von der Eisenbahn bestimmten Annahmestellen während der durch Aushang bekanntzumachenden Dienststunden aufzuliefern.

ⱽᴵᴵ Der Beförderungsvertrag ist abgeschlossen, sobald die Eisenbahn das Gut mit der Expreßgutkarte zur Beförderung angenommen hat. Die Expreßgutkarte ist nach vollständiger Auflieferung des Gutes und Zahlung der vom Absender übernommenen Kosten mit dem Tagesstempel zu versehen. Bei Maschinenbuchung wird der Tagesstempel durch den Buchungsabdruck ersetzt.

ⱽᴵᴵᴵ Auf Verlangen des Absenders ist die Annahme des Gutes in einer von der Versandbahn zu bestimmenden Form zu bescheinigen.

ᴵˣ Für die Erfüllung der Zoll- und sonstigen Verwaltungsvorschriften gilt § 65 entsprechend, soweit der Tarif nichts anderes bestimmt.

ˣ Der Tarif bestimmt, ob und unter welchen Bedingungen der Absender den Beförderungsvertrag durch nachträgliche Verfügung abändern kann.

ˣᴵ Das Verfügungsrecht des Absenders erlischt, sobald das Gut dem Empfänger abgeliefert worden ist.

1) Expreßgut kann auch anders als im Gepäckwagen befördert werden (abw RG JW **38**, 2614, überholt), nämlich in besonderen „**Expreßgut-Kurswagen**" und „**Expreßgutzügen**" (§ 40 I), daher nimmt die Bahn entgegen § 37 I auch nicht zur Beförderung im Gepäckwagen geeignete Güter als Expreßgut an, zB größeres Stückgut, auch Wagenladungen, BB **58**, 8. Frachtvertrag durch Annahme des Guts mit **Expreßgutkarte**, VIII, die Karte ist wesentlich, RG JW **38**, 2614; vgl dazu betr Frachtbrief §§ 55 I, 61 I.

Haftung des Absenders für seine Angaben. Nachprüfung des Inhalts der Sendung. Frachtzuschläge

EVO 38 ᴵ Der Absender haftet für die Richtigkeit der Angaben und Erklärungen in der Expreßgutkarte, die er entweder selbst eingetragen hat oder die nach seinen Angaben von der Eisenbahn aufgenommen worden sind. Er trägt alle Folgen, die daraus entstehen, daß diese Angaben oder Erklärungen unrichtig, ungenau oder unvollständig sind.

ᴵᴵ Die Eisenbahn ist berechtigt, die Übereinstimmung der Sendung mit den Angaben in der Expreßgutkarte jederzeit nachzuprüfen. Die näheren Bestimmungen trifft der Tarif in entsprechender Anwendung von § 58 Abs. 1 und 2.

ᴵᴵᴵ Die Eisenbahn kann bei unrichtiger, ungenauer oder unvollständiger Angabe des Inhalts Frachtzuschläge erheben, die näheren Bestimmungen enthält der Tarif in entsprechender Anwendung des § 60.

Zahlung der Fracht

EVO 39 ᴵ Der Absender hat die Kosten (Fracht, Nebenentgelte und die sonstigen während der Beförderung erwachsenden Kosten), die vom Versandbahnhof in Rechnung gestellt werden können, bei der Aufgabe zu bezahlen, wenn der Tarif nichts anderes bestimmt. Die übrigen Kosten hat der Empfänger zu bezahlen.

V. Transportrecht   EVO 40, 41 (25)

II Sind die Kosten unrichtig oder gar nicht erhoben worden, so hat der Absender zu wenig bezahlte Beträge nachzuzahlen, wenn das Gut vom Empfänger nicht angenommen worden ist. Hat der Empfänger das Gut angenommen, so hat er die Kosten nachzuzahlen, zu deren Zahlung der Absender nach Absatz 1 nicht verpflichtet war; die Nachzahlung der übrigen Kosten obliegt dem Absender. Für die Erstattung zuviel erhobener Kosten gilt § 70 entsprechend.

Beförderung. Beförderungshindernisse

EVO 40 I Expreßgut wird im Gepäckwagen der Personenzüge befördert, sofern nicht besondere Expreßgutzüge und -kurswagen eingerichtet sind.

II Expreßgut wird mit dem nächsten geeigneten Zug befördert.

III Das Verfahren bei Beförderungshindernissen regelt der Tarif in entsprechender Anwendung von § 73.

Ablieferung. Ablieferungshindernisse

EVO 41 I Der Empfänger ist berechtigt, auf dem Bestimmungsbahnhof nach Ablauf der Lieferfrist die Ablieferung des Expreßguts während der durch Aushang bekanntzumachenden Dienststunden bei der Ausgabestelle zu verlangen. Für zeitweise unbesetzte Bahnhöfe kann der Tarif eine andere Regelung treffen. Die Lieferfrist endet, sobald nach Ankunft des Zuges, mit dem das Gut zu befördern war, die zur Bereitstellung und etwa zur Zoll- oder sonstigen verwaltungsbehördlichen Abfertigung erforderliche Zeit abgelaufen ist. Bei zeitweise unbesetzten Bahnhöfen verlängert sich die Lieferfrist um die Zeit, in der eine Empfangsabfertigung nicht besetzt ist.

II Die Eisenbahn kann aus allgemeinen Verkehrsrücksichten das Recht des Empfängers, sein Gut auf dem vom Absender bezeichneten Bestimmungsbahnhof selbst abzuholen oder durch einen von ihm beauftragten Rollfuhrunternehmer abholen zu lassen, bei einzelnen Expreßgutabfertigungen vorübergehend oder auch dauernd beschränken oder aufheben. In diesen Fällen übernimmt die Eisenbahn oder ein von ihr beauftragtes Rollfuhrunternehmen die Zuführung des Gutes zum Empfänger.

III Wird das Gut vom Empfänger nicht alsbald nach Ablauf der Lieferfrist abgeholt, so wird es nach näherer Bestimmung des Tarifs dem Empfänger angemeldet oder ihm im Ortsbereich des Bestimmungsbahnhofs oder nach benachbarten Orten gegen ein durch Aushang bekanntzumachendes Entgelt zugeführt. Die Eisenbahn kann die Zuführung selbst besorgen oder Rollfuhrunternehmer dafür bestellen; in beiden Fällen haftet sie als Frachtführer nach den Vorschriften dieser Ordnung.

IV Die Eisenbahn kann an Orten, an denen sie nach den Absätzen 2 und 3 für die Zuführung des Expreßgutes sorgt, die Selbstabholung auf dem Bestimmungsbahnhof mit dem Empfänger vereinbaren.

V Die Fristen, innerhalb deren Expreßgut angemeldet oder dem Empfänger zugeführt wird, sind durch den Tarif oder durch Aushang bekanntzumachen.

VI Die Anmeldung unterbleibt, wenn nach Absatz 4 mit dem Empfänger Selbstabholung vereinbart ist, wenn der Absender bei bahnlagernd gestellten Gütern in der Expreßgutkarte darauf verzichtet hat und wenn die Anmeldung nach den Umständen nicht möglich ist.

VII Das Verfahren bei Ablieferungshindernissen regelt der Tarif in entsprechender Anwendung von § 80.

1) „Empfänger" ist der in der Expreßgutkarte (§ 37 III) als solcher Genannte; Aushändigen des Guts an einen anderen bedeutet Verlust des Guts, BGH BB **65**, 389.

Haftung der Eisenbahn. Verjährung

EVO 42 [I] Für gänzlichen oder teilweisen Verlust oder für Beschädigung von Expreßgut haftet die Eisenbahn wie bei Gütern entsprechend den Bestimmungen der §§ 82 bis 85 sowie 91 und 92.

[II] Bei Überschreitung der Lieferfrist hat die Eisenbahn den dadurch entstandenen nachgewiesenen Schaden bis zur Höhe des Dreifachen der Fracht zu ersetzen. Schäden unter fünf Deutsche Mark werden nicht ersetzt. Im übrigen gilt § 33 Abs. 3 bis 5.

[III] Ist die Überschreitung der Lieferfrist auf Vorsatz der Eisenbahn zurückzuführen, so hat sie den nachgewiesenen Schaden zu ersetzen. Im Falle grober Fahrlässigkeit der Eisenbahn hat sie den nachgewiesenen Schaden bis zur Höhe des Sechsfachen der Fracht zu ersetzen.

[IV] Für die Feststellung des Tatbestands bei teilweisem Verlust oder bei Beschädigung des Expreßguts gilt § 81 entsprechend.

[V] Der Verfügungsberechtigte kann das Expreßgut ohne weiteren Nachweis als verloren betrachten, wenn es nicht innerhalb eines Monats nach der Aufgabe abgeliefert oder zur Ablieferung bereitgestellt worden ist.

[VI] Der Entschädigungsberechtigte kann bei Empfang der Entschädigung für das verlorene Expreßgut in der Empfangsbescheinigung verlangen, daß sofort benachrichtigt wird, wenn das Gut binnen dreier Jahre nach Zahlung der Entschädigung wieder aufgefunden wird. Hierüber ist ihm eine Bescheinigung zu erteilen. Innerhalb eines Monats nach erhaltener Nachricht vom Wiederauffinden des Gutes kann der Entschädigungsberechtigte verlangen, daß ihm das Gut nach seiner Wahl auf dem in der Expreßgutkarte angegebenen Versand- oder Bestimmungsbahnhof kostenfrei ausgeliefert wird. Die erhaltene Entschädigung hat er nach Abzug der ihm für Überschreitung der Lieferfrist zustehenden Entschädigung zurückzuzahlen.

[VII] Mit der Annahme des Expreßguts durch den Empfänger sind alle Ansprüche aus dem Beförderungsvertrag gegen die Eisenbahn erloschen. § 93 Abs. 2 gilt entsprechend.

[VIII] Für die Verjährung der Ansprüche aus dem Beförderungsvertrag gilt § 94 entsprechend.

Geltendmachung der Rechte aus dem Beförderungsvertrag. Haftung und Inanspruchnahme mehrerer an der Beförderung beteiligter Eisenbahnen.

EVO 43 [I] Zur Geltendmachung der Rechte aus dem Beförderungsvertrag gegenüber der Eisenbahn ist nur der befugt, dem das Verfügungsrecht über das Gut zusteht. Im übrigen gilt § 95 Abs. 3 entsprechend.

[II] Für die Haftung und Inanspruchnahme mehrerer an der Beförderung beteiligter Eisenbahnen gilt § 96 entsprechend.

VI. Beförderung von Leichen

EVO 44–47 *(aufgehoben)*

VII. Beförderung von lebenden Tieren

EVO 48–52 *(nicht abgedruckt)*

1) Auflieferung unverpackter Tiere mit Tierfrachtbrief, verpackter Tiere mit Eilfrachtbrief als Eilgut oder beschleunigtes Eilgut. Beförderung in bestimmten Zügen. Bei wilden, dh gefährlichen Tieren Beschränkung. Einladung unverpackter Tiere durch Absender. Bei größeren Tieren auf Verlangen ein Begleiter zu stellen, der die Tiere zu warten und tierseuchenpolizeiliche Bestimmungen zu erfüllen hat. Auslieferung unverzüglich nach Ankunft; bei Verzögerung der Abnahme kann Bahn in Pflege geben. Besondere Lieferfristen. Sonst wie bei Gütern, namentlich die Haftung. – Internationales Recht: Art 5 § 1 b CIM. – Nähere Bestimmungen nach § 49 V in Anlage B unter II.

VIII. Beförderung von Gütern

Durchgehende Beförderung. Sonderzüge

EVO 53 ^I Die Eisenbahn ist verpflichtet, Güter zur durchgehenden Beförderung von und nach allen Bahnhöfen und Güternebenstellen nach Maßgabe ihrer Abfertigungsbefugnisse anzunehmen.

^{II} Unter welchen Bedingungen auf Antrag Sonderzüge für Güter gestellt werden, bestimmt der Tarif, sofern nicht eine besondere Vereinbarung zwischen der Eisenbahn und dem Besteller getroffen wird.

1) Vgl § 453 HGB, § 3 EVO. – Internationales Recht: Art 5 CIM.

Von der Beförderung ausgeschlossene oder nur bedingt zur Beförderung zugelassene Gegenstände

EVO 54 ^I Von der Beförderung ausgeschlossen sind, soweit nicht in Absatz 2 Ausnahmen zugelassen sind:
a) Sendungen, deren Beförderung der Deutschen Bundespost vorbehalten ist;
b) Gegenstände, deren Beförderung nach gesetzlicher Vorschrift oder aus Gründen der öffentlichen Ordnung verboten ist;
c) Gegenstände, die sich wegen ihres Umfangs, ihres Gewichts oder ihrer Beschaffenheit nach der Anlage oder dem Betrieb der beteiligten Eisenbahnen zur Beförderung nicht eignen;
d) Stoffe und Gegenstände, die nach der Anlage zur Verordnung über die Beförderung gefährlicher Güter mit der Eisenbahn von der Beförderung ausgeschlossen sind.

^{II} Bedingt sind zur Beförderung zugelassen:
a) die in der Anlage zur Verordnung über die Beförderung gefährlicher Güter mit der Eisenbahn bezeichneten Stoffe und Gegenstände unter den dort angegebenen Bedingungen.
b) Gegenstände, deren Verladung oder Beförderung nach der Anlage oder dem Betrieb einer beteiligten Eisenbahn außergewöhnliche Schwierigkeit verursacht.
   Ihre Beförderung kann die Eisenbahn von besonderen Bedingungen abhängig machen.
c) Gegenstände, die nur mit besonderen Vorrichtungen verladen, umgeladen oder ausgeladen werden können. Die Eisenbahn braucht sie nur anzunehmen, wenn die Vorrichtungen auf den in Betracht kommenden Bahnhöfen vorhanden sind.
d) Eisenbahnfahrzeuge, die auf eigenen Rädern befördert werden sollen.

(25) EVO 55, 56

Sie müssen sich in lauffähigem Zustand befinden. Lokomotiven, Tender und Triebwagen müssen von einem sachverständigen Beauftragten des Absenders begleitet sein, der sie auch zu schmieren hat.

1) Ausschließung der Beförderung: I; bedingte Zulassung: II. Übersicht: (Beförderung „gefährlicher Güter") Wesemann BB **59**, 64. Heutige Fassung der Anlage C (II a) durch 71. VO zur EVO 26. 5. 62 BGBl II 502, in Kraft 1. 6. 1962. Unberechtigte Abweisung verletzt § 453 HGB, §§ 3, 53 EVO. Nimmt die Bahn ausgeschlossene Güter in Kenntnis ihrer Art an, so ist der Frachtvertrag wirksam und haftet die Bahn wie für anderes Gut (anders bei falscher Bezeichnung, § 83 I e). Bei Schaden der Bahn infolge Verstoßes des Absenders gegen Anlage C Ersatzpflicht des Absenders, §§ 60 I 3, 62 III 1, 2, BGH BB **62**, 1180 (Magnesiumpulver, Selbstentzündung, Wagenbrand). Mitverschulden von Bahnpersonal beachtlich, § 254 BGB, BGH aaO. Keine Beschränkung für „Kostbarkeiten" (vgl § 429 I). Gegenstände unter Postzwang (I a) s §§ 2, 3 PostG idF 28. 7. 69 BGBl 1006. – Internationales Recht s § 453 HGB Anm 2 B.

Form des Frachtbriefs

EVO 55 [I] Der Absender muß jeder Sendung einen Frachtbrief nach dem im Tarif festgesetzten Muster beigeben.

[II] Für bestimmte Beförderungen oder für Verkehre in durchgehender Beförderung mit anderen Verkehrsmitteln können die Tarife von den Mustern abweichende Frachtbriefe oder andere Beförderungspapiere vorsehen.

1) Der Frachtbrief ist eine einseitige schriftliche Erklärung des Absenders über den Inhalt des mit dem Frachtführer vereinbarten Frachtvertrags, RG **80**, 60. Bedeutung für den Frachtvertrag s bei § 61. Der Frachtbrief begleitet das Gut, ist mit ihm auszuhändigen. Der Frachtbrief ist formgebunden. Nimmt die Bahn das Gut auf nicht formgerechten Frachtbrief an, so ist der Frachtvertrag voll wirksam. Anders bei unerlaubtem Inhalt, § 56 III. Vgl auch § 42b. – Internationales Recht: Art 12 CIM.

Inhalt des Frachtbriefs

EVO 56 [I] Der Frachtbrief muß folgende Angaben enthalten:
a) die Bezeichnung des Bahnhofs oder der Güternebenstelle, wohin das Gut befördert werden soll (Bestimmungsbahnhof); die Bezeichnung soll möglichst dem Tarif entsprechen;
b) Name, Vorname, Postleitzahl, Ortsname, gegebenenfalls auch Name des Ortsteils, Wohnung oder Geschäftsstelle des Empfängers sowie gegebenenfalls die für den Empfänger vorgesehene Kundennummer. Als Empfänger darf nur eine Einzelperson, Firma, juristische Person oder öffentliche Dienststelle angegeben werden. Anschriften, die den Namen des Empfängers nicht bezeichnen, wie „an Order von ..." oder „an den Inhaber des Frachtbriefdoppels", sind unzulässig;
c) die Bezeichnung der Sendung nach ihrem Inhalt, die Angabe des Gewichts oder statt dessen eine den Tarifvorschriften entsprechende Angabe (vgl. jedoch § 58 Abs. 4), ferner:
  bei Stückgut:
    Anzahl, Art der Verpackung sowie Buchstaben (Zeichen) und Nummer, mit denen die Versandstücke versehen sind;
  bei den vom Absender verladenen Gütern:
    Gattung, Nummer, Eigentumsmerkmal des Wagens sowie seine Lastgrenze für die maßgebende Streckenklasse.

V. Transportrecht **EVO 56 (25)**

Der Inhalt ist nach der im Tarif und in der Anlage zur Verordnung über die Beförderung gefährlicher Güter mit der Eisenbahn vorgesehenen Bezeichnung anzugeben. Der Tarif kann Erleichterungen vorsehen. Will der Absender der tarifmäßigen Bezeichnung des Gutes noch eine andere (handelsübliche) oder eine besondere Inhaltsangabe beifügen, so hat er diese Angaben in der Frachtbriefspalte „Inhalt" in Klammern zu vermerken.

Reicht der für die Bezeichnung der Güter und die Angabe des Gewichts vorgesehene Raum auf der Vorderseite des Frachtbriefs nicht aus, so sind dem Frachtbrief gleich große Blätter anzuheften und dann besonders zu unterzeichnen. Im Frachtbrief ist auf sie zu verweisen. Wird das Gesamtgewicht angegeben, so ist es im Frachtbrief an der hierfür vorgesehenen Stelle einzutragen;

d) Name, Vorname, Postleitzahl, Ortsname, gegebenenfalls auch Name des Ortsteils, Wohnung oder Geschäftsstelle des Absenders sowie gegebenenfalls die für den Absender vorgesehene Kundennummer. Als Absender darf nur eine Einzelperson, Firma, juristische Person oder öffentliche Dienststelle angegeben werden.

II Außerdem sind zutreffendenfalls in den Frachtbrief alle sonstigen Angaben und Erklärungen aufzunehmen, für die dies in dieser Ordnung vorgesehen oder im Tarif vorgeschrieben ist, so insbesondere:
a) der Verzicht auf das Frachtbriefdoppel (§ 56 Abs. 11, § 61 Abs. 4);
b) die Angabe der durch die Zoll- oder sonstigen Verwaltungsbehörden vorgeschriebenen Begleitpapiere, die dem Frachtbrief beigefügt oder bei einer bestimmten Stelle hinterlegt sind (§ 65 Abs. 1);
c) die Angabe der Kosten, die der Absender übernehmen will (Zahlungsvermerk, § 69);
d) die Höhe einer Nachnahme oder eines Barvorschusses (§ 71);
e) der Verzicht auf die Benachrichtigung des Empfängers von der Ankunft der Wagenladungen (§ 75 Abs. 8);
f) der Betrag des Lieferwerts (§ 89);
g) die Bezeichnung der Bahnhöfe, wo die Zoll- oder sonstige verwaltungsbehördliche Behandlung stattfinden soll, oder der amtlichen Stellen, die sie vornehmen sollen (§ 67 Abs. 3);
h) die Angabe, daß der Absender oder sein Bevollmächtigter die Zoll- oder sonstige verwaltungsbehördliche Behandlung selbst betreiben will oder zu ihr zugezogen werden soll (§ 65 Abs. 6 und 7);
i) Anträge wegen der Art der Zollbehandlung (§ 65 Abs. 3);
k) bei Eilgut die Angabe des Beförderungswegs (§ 67 Abs. 3);
l) der Antrag auf Beförderung in offenen oder gedeckten Wagen (§ 66 Abs. 1) oder auf Zulassung eines Begleiters (§ 66 Abs. 4);
m) der Antrag auf Beförderung von Gütern in Personen- oder Gepäckwagen (§ 66 Abs. 6);
n) der Antrag, daß die Eisenbahn auf dem Versandbahnhof das Gewicht oder die Stückzahl feststellen soll (§ 58 Abs. 4);
o) der Antrag, daß die Eisenbahn bei Wagenladungen auf dem Bestimmungsbahnhof das Gewicht oder die Stückzahl nachprüfen soll (§ 76);
p) Erklärungen gemäß § 62 Abs. 2 (mangelhafte Verpackung) § 59 Abs. 1 und § 75 Abs. 7 (Vereinbarung über Verladen oder Entladen), § 64 (vorläufige Einlagerung), § 80 Abs. 2 (Benachrichtigung bei Ablieferungshindernissen), § 86 Abs. 1 (Anwendung ermäßigter Tarife mit besonderer Haftungsbeschränkung);
q) im Tierverkehr Erklärungen nach § 49 Abs. 1 und 2;
r) eine Vorschrift für den Empfänger, den Wagen sorgfältig zu reinigen (§ 75 Abs. 13).

III Andere Angaben oder Erklärungen dürfen in den Frachtbrief nur aufgenommen werden, wenn diese Ordnung oder der Tarif sie für zulässig erklären; das gleiche gilt für die Beifügung von Schriftstücken zum Frachtbrief. Die Eintragungen und Schriftstücke dürfen nur das Frachtgeschäft betreffen. Nimmt die Eisenbahn einen Frachtbrief mit unzulässigen Angaben oder Erklärungen an, so sind diese für die Eisenbahn unverbindlich.

[IV] Soweit das Frachtbriefmuster für die Angaben keine besonderen Spalten vorsieht, sind sie, wenn der Tarif nichts anderes bestimmt, in die Spalte „Andere vorgeschriebene oder zulässige Erklärungen" einzutragen.

[V] Auf die Rückseite des Frachtbriefs darf auch die Firma des Ausstellers gedruckt werden.

[VI] In der für unverbindliche Absendervermerke vorgesehenen Spalte des Frachtbriefs können kurze Vermerke für den Empfänger, welche die Sendung betreffen, nachrichtlich angebracht werden, z. B. „Von Sendung des N. N.", „Im Auftrage des N. N.", „Zur Verfügung des N. N.", „Zur Weiterbeförderung an N. N.", „Für Schiffahrtslinie N. N.", „Für Schiff N. N.", „Von der Schiffahrtslinie N. N.", „Aus Schiff N. N.", „Für Kraftfahrlinie N. N.", „Von Kraftfahrlinie N. N.", „Für Flugstrecke N. N.", „Von Flugstrecke N. N.", „Zur Ausfuhr nach N. N.", „Versichert bei N. N.". Für die Eisenbahn sind diese Vermerke unverbindlich.

[VII] Jeder Wagenladung muß ein besonderer Frachtbrief beigegeben werden, es sei denn, daß das Gut nach seinen Abmessungen zur Verladung mehr als einen Wagen beansprucht oder der Tarif die Auflieferung mehrerer Wagen mit einem Frachtbrief zuläßt.

[VIII] Mit einem und demselben Frachtbrief dürfen nicht aufgegeben werden:
a) Güter, die nach ihrer Beschaffenheit nicht ohne Nachteil zusammengeladen werden können,
b) Güter, durch deren Zusammenladung Zoll- oder sonstige Verwaltungsvorschriften verletzt würden,
c) Güter, die von der Eisenbahn zu verladen sind, mit Gütern, die der Absender zu verladen hat.

[IX] Für die in der Anlage zur Verordnung über die Beförderung gefährlicher Güter mit der Eisenbahn aufgeführten Gegenstände müssen besondere Frachtbriefe ausgestellt werden, soweit es sich um Gegenstände handelt, die miteinander oder mit anderen Gütern nicht zusammengeladen werden dürfen.

[X] Alle Eintragungen des Absenders im Frachtbrief und im Doppel müssen in deutscher Sprache deutlich in unauslöschbarer Schrift geschrieben oder gepaust sein. Sie dürfen auch durch Druck oder Stempel oder mit der Schreibmaschine bewirkt werden. Für Vermerke nach Absatz 6 sind auch fremde Sprachen zulässig. Die Eintragungen müssen in allen Einzelteilen des Frachtbriefs übereinstimmen.

[XI] Der als „Frachtbriefdoppel" bezeichnete Teil des Frachtbriefs ist nicht erforderlich, wenn der Absender in der Spalte „Andere vorgeschriebene oder zulässige Erklärungen" erklärt hat: „Verzicht auf Frachtbriefdoppel".

[XII] Frachtbriefe mit Abänderungen, Radierungen oder Überklebungen brauchen nicht angenommen zu werden. Durchstreichungen sind nur zulässig, wenn der Absender sie mit seiner Unterschrift anerkennt. Handelt es sich um die Zahl oder das Gewicht der Stücke, so sind außerdem die berichtigten Mengen in Buchstaben zu wiederholen.

1) Die Erfordernisse des I sind zwingend in dem Sinn, daß die Bahn bei Verstoß die Annahme ablehnen kann. Zu Ib: Angabe von Wahlanschrift (X oder Y) wird in engem Rahmen zweckmäßigerweise zuzulassen sein. Angabe eines nicht rechtsfähigen Vereins zulässig, da er einen empfangsberechtigten Vorstand hat. Bei Kaufleuten genügt Firma. Ungenauigkeit geht zu Lasten des Absenders. Absender (Spediteur) darf sich selbst als Empfänger bezeichnen. Zu

I c: Auch eine handelsübliche Bezeichnung ist falsch, wenn der Tarif eine andere vorsieht, vgl RG **96**, 278. Wörtliche Benutzung nicht unbedingt nötig. Bei Gütern der Anlage C wörtlich übereinstimmende Bezeichnung nötig. Falsch als Verpackung zB ,,Kanne" statt ,,Kiste", RG **37**, 10. Reicht der vorgesehene Raum nicht aus, so sind besondere Blätter zu verwenden, sie gelten als Teil des Frachtbriefs. Zu II: Die Bahn kann, wo diese Angaben fehlen, nicht die Annahme ablehnen, der Absender trägt aber die Folgen einer unterlassenen Angabe. – Internationales Recht: Art 13 CIM.

Haftung für die Angaben im Frachtbrief

EVO 57 [I] **Der Absender haftet für die Richtigkeit der von ihm in den Frachtbrief aufgenommenen Angaben und Erklärungen. Er trägt alle Folgen, die daraus entstehen, daß sie unrichtig, ungenau, unvollständig oder unzulässig sind.**

[II] **Die Haftung des Absenders ändert sich nicht, wenn die Güterabfertigung auf seinen Antrag den Frachtbrief ausfüllt.**

1) Läßt der Absender die Bahn für ihn ausfüllen, so billigt er, was sie ausgefüllt hat, sofern er nicht widerspricht. Die Haftung ist von einem Verschulden unabhängig, vgl RG **96**, 279. Auch Irrtumsanfechtung dürfte idR ausgeschlossen sein. Trifft die Bahn die Schuld, etwa wegen falscher Belehrung, so entfällt die Haftung, uU zT entspr § 254 BGB. Die Bahn braucht die Angaben nicht nachzuprüfen. Springt aber die Unrichtigkeit in die Augen oder ergeben sich ohne weiteres starke Zweifel und klärt die Bahn nicht, oder hat sie gar die Unrichtigkeit erkannt und nicht gerügt, so ist das schuldhaft. Nach I 2 entfällt zB ggf ein Anspruch des Absenders auf Vergütung der Differenz bei Berechnung eines zu hohen Tarifs, RG **113**, 275, auf Ersatz für Verlust des Guts infolge falscher Behandlung aufgrund falscher Angaben, RG **104**, 345. – Internationales Recht: Art 18 CIM.

Prüfung des Inhalts der Sendung. Feststellung von Anzahl und Gewicht

EVO 58 [I] **Die Eisenbahn ist berechtigt nachzuprüfen, ob die Sendung mit den Eintragungen im Frachtbrief übereinstimmt. Ein Entgelt darf sie hierfür nicht erheben. Auf einem Unterwegsbahnhof darf die Eisenbahn den Inhalt jedoch nur dann nachprüfen, wenn die Erfordernisse des Betriebs oder Vorschriften der Zoll- oder sonstigen Verwaltungsbehörden es verlangen.**

[II] **Zur Prüfung des Inhalts ist auf dem Versandbahnhof der Absender, auf dem Bestimmungsbahnhof der Empfänger einzuladen. Erscheint der Berechtigte nicht oder wird die Prüfung auf einem Unterwegsbahnhof vorgenommen, so sind zwei Zeugen zuzuziehen; als solche dürfen Eisenbahnbedienstete nur dann verwendet werden, wenn keine anderen Personen zur Verfügung stehen. Weicht das Ergebnis der Nachprüfung von den Eintragungen im Frachtbrief ab, so ist es auf diesem zu vermerken. Geschieht die Prüfung auf dem Versandbahnhof, so ist der Vermerk auch auf das Frachtbriefdoppel zu setzen, wenn es sich noch in den Händen der Eisenbahn befindet. Wenn die Sendung den Eintragungen im Frachtbrief nicht entspricht, so haften die durch die Nachprüfung verursachten Kosten auf dem Gute, falls sie nicht sofort beglichen werden.**

[III] **Die Eisenbahn kann auch nach der Ablieferung des Gutes den Nachweis der Richtigkeit der Frachtbriefangaben fordern, wenn der Verdacht besteht, daß sie unrichtig sind. Absender und Empfänger haben hierzu der Eisenbahn die Einsicht in ihre Geschäftsbücher und sonstigen Unterlagen zu gestatten.**

[IV] **Die Eisenbahn ist auf Antrag des Absenders im Frachtbrief verpflichtet, das Gewicht und die Stückzahl festzustellen, es sei denn, daß die vorhandenen**

(25) EVO 59 2. Handelsrechtl. Nebengesetze

Wiegevorrichtungen nicht ausreichen oder die Beschaffenheit des Gutes oder die Betriebsverhältnisse die Feststellungen nicht gestatten. Das Gewicht hat die Eisenbahn auch ohne Antrag festzustellen, wenn es im Frachtbrief nicht angegeben ist. Für die Feststellung des Gewichts und der Stückzahl ist das tarifmäßige Entgelt zu zahlen. Kann für Wagenladungen das Gewicht auf dem Versandbahnhof nicht festgestellt werden, so geschieht es auf einem anderen Bahnhof.

^V Der Absender kann bei der Auflieferung verlangen, daß ihm Gelegenheit geboten wird, der Feststellung der Stückzahl und des Gewichts beizuwohnen, wenn dies auf dem Versandbahnhof geschieht. Stellt er ein solches Verlangen nicht oder versäumt er die ihm gebotene Gelegenheit, so hat er, wenn die Feststellung auf seinen Antrag wiederholt wird, das tarifmäßige Entgelt nochmals zu zahlen.

^{VI} Die Eisenbahn kann die Wagenladungen sowie Stückgüter, die der Absender zu verladen hat, auf der Gleiswaage verwiegen. Als Eigengewicht des Wagens kann hierbei das am Wagen angeschriebene Gewicht zugrunde gelegt werden. Jedoch ist einem Antrag des Verfügungsberechtigten auf Verwiegung des leeren Wagens zu entsprechen, wenn nicht zwingende Gründe des Betriebs entgegenstehen. Ob und welches Entgelt zu erheben ist, bestimmt der Tarif. Ergibt die ohne Antrag des Absenders vorgenommene nachträgliche Gewichtsfeststellung der Güter keine größere Abweichung als zwei vom Hundert des im Frachtbrief angegebenen Gewichts, so wird dieses Gewicht für die Frachtberechnung als richtig angenommen.

^{VII} Die Feststellung des Gewichts und der Stückzahl hat die Eisenbahn auf dem Frachtbrief zu bescheinigen. Geschieht die Feststellung auf dem Versandbahnhof, so ist die Bescheinigung auch auf das Frachtbriefdoppel zu setzen, wenn es sich in den Händen der Eisenbahn befindet.

1) I statuiert keine Prüfungspflicht, sie besteht uU im Verhältnis zu Dritten (deren Gut gefährdet wird), vgl § 454 HGB Anm 1 C. Zu V–VII: Die Eintragung von Gewicht und Stückzahl hat gegen die Bahn Beweiskraft; die Bahn muß durch Gegenbeweis entkräften, BGH **16**, 220. Die Verwiegung dient nur der Beweissicherung und Frachtberechnung; keine Hauptpflicht aus dem Frachtvertrag. Darum keine Haftung, sondern nur Rückgewähr des etwa zuviel Bezahlten, außer wo falsche Verwiegung die ordnungsmäßige Beförderung hinderte, zT abw RG **106**, 266. – Internationales Recht: Art 21, 22 CIM.

Beladung der Wagen. Überlastung

EVO 59 ^I Ob die Güter durch die Eisenbahn oder durch den Absender zu verladen sind, bestimmt der Tarif, soweit nicht diese Ordnung Vorschriften darüber enthält oder eine besondere Vereinbarung zwischen dem Absender und der Eisenbahn im Frachtbrief getroffen ist.

^{II} Für die Beladung der Wagen ist der Tarif maßgebend.

^{III} Wird auf dem Versandbahnhof bei einer vom Absender verladenen Sendung eine Wagenüberlastung festgestellt, so kann die Eisenbahn vom Absender die Abladung des Übergewichts verlangen. Geschieht dies nicht alsbald oder wird eine Überlastung auf einem Unterwegsbahnhof festgestellt, so wird das Übergewicht von der Eisenbahn auf Gefahr des Absenders abgeladen. Der abgeladene Teil wird auf Lager genommen und dem Absender zur Verfügung gestellt. Trifft dieser binnen der im Tarif hierfür vorgesehenen Frist keine Anweisung, so gilt § 80 Abs. 8 bis 10.

^{IV} Für das auf dem Wagen verbleibende Gewicht wird die Fracht vom Versand- bis zum Bestimmungsbahnhof berechnet. Für den abgeladenen Teil wird die Fracht für die durchlaufene Strecke wie für eine besondere Sendung

V. Transportrecht **EVO 60 (25)**

berechnet. Dies gilt auch, wenn der abgeladene Teil auf Anweisung des Absenders weiter- oder zurückbefördert wird.

^{V} Für das Ausladen und Verladen, die Einlagerung und den Wagenaufenthalt sind die tarifmäßigen Entgelte zu zahlen.

1) Verlädt der Absender, so sind zugezogene Bedienstete der Bahn seine Leute. Er haftet auch für den von ihm mit Verladung beauftragten Spediteur, RG **66**, 402. Stellt die Bahn Geräte, so haftet sie nur aus Verschulden. Da Überlastung die Betriebssicherheit gefährdet, kann der nach § 60 I c verwirkte Frachtzuschlag nicht ausreichen. § 59 gibt der Bahn ein Ausladerecht. – Internationales Recht: Art 23 CIM.

Frachtzuschläge

EVO 60 ^{I} Die Eisenbahn kann Frachtzuschläge erheben
a) bei unrichtiger, ungenauer oder unvollständiger Angabe des Inhalts, bei unrichtiger Angabe des Gewichts oder der Stückzahl einer Sendung, bei unrichtiger Angabe der Gattung des verwendeten Wagens oder seiner Lastgrenze für die maßgebende Streckenklasse;
b) bei Wagenüberlastung eines vom Absender beladenen Wagens.
Die Frachtzuschläge werden neben einem etwaigen Frachtunterschied erhoben.

^{II} Der Frachtzuschlag beträgt
a) in den Fällen des Absatzes 1 Buchstabe a das Doppelte des Unterschieds zwischen der sich aus den unrichtigen, ungenauen oder unvollständigen Angaben ergebenden Fracht und der richtig berechneten Fracht, mindestens jedoch 20 Deutsche Mark je Sendung, wenn durch diese Angaben eine Frachtverkürzung herbeigeführt werden kann,
b) in den Fällen des Absatzes 1 Buchstabe b das Sechsfache der Fracht für das Gewicht, das die für die Sendung maßgebende Lastgrenze übersteigt, mindestens jedoch 20 Deutsche Mark je 100 Kilogramm; dies gilt nach näherer Bestimmung des Tarifs entsprechend auch für solche Gegenstände, deren Fracht nicht nach dem Gewicht zu berechnen ist.

^{III} Die Frachtzuschläge nach Absatz 2 Buchstabe a und b werden nebeneinander erhoben, wenn gegen mehrere Vorschriften gleichzeitig verstoßen wird. Sind im Falle des Absatzes 1 Buchstabe a Güter verschiedener Tarifklassen zu einer Sendung vereinigt und kann ihr Einzelgewicht ohne besondere Schwierigkeiten festgestellt werden, so wird für die Ermittlung des Frachtzuschlags die Fracht getrennt berechnet, wenn sich dadurch ein geringerer Zuschlag ergibt. Ansprüche auf Schadenersatz bleiben unberührt.

^{IV} Ein Frachtzuschlag darf nicht erhoben werden:
a) in den Fällen des Absatzes 1, wenn der Absender nachweist, daß er die Angaben mit der im Verkehr erforderlichen Sorgfalt gemacht hat;
b) bei unrichtiger Gewichtsangabe oder bei Überlastung, wenn die Eisenbahn zur Gewichtsfeststellung verpflichtet war oder wenn der Absender die Gewichtsfeststellung durch die Eisenbahn im Frachtbrief beantragt hat, ferner bei unrichtiger Angabe der Stückzahl, wenn der Absender deren Feststellung im Frachtbrief beantragt hat;
c) bei einer während der Beförderung eingetretenen Gewichtszunahme ohne Überlastung, wenn der Absender nachweist, daß die Gewichtszunahme auf Witterungseinflüsse zurückzuführen ist;
d) bei einer während der Beförderung durch Witterungseinflüsse verursachten Überlastung, wenn der Absender nachweist, daß er bei Beladung des Wagens die für die Beladung maßgebende Lastgrenze eingehalten hat.

(25) EVO 61 2. Handelsrechtl. Nebengesetze

ᵛ Die Grundsätze, nach denen etwa aus Billigkeit von der Erhebung der in Absatz 1 festgesetzten Frachtzuschläge abgesehen wird oder geringere Zuschläge erhoben werden, bestimmt der Tarif.

ⱽᴵ Der Frachtzuschlag ist verwirkt, sobald der Frachtvertrag abgeschlossen ist. Zur Zahlung ist der Absender verpflichtet. Hat er den Zuschlag noch nicht bezahlt, so liefert die Eisenbahn das Gut dem Empfänger nur ab, wenn dieser den Zuschlag bezahlt. Wenn der Empfänger eine Anwendungsbedingung eines nach der Inhaltsangabe im Frachtbrief in Anspruch genommenen ermäßigten Tarifs nicht erfüllt, so ist er an Stelle des Absenders zur Zahlung eines hierdurch verwirkten Frachtzuschlags verpflichtet.

ⱽᴵᴵ Die Höhe des Frachtzuschlags und der Grund für seine Erhebung sind im Frachtbrief oder in einer besonderen Rechnung anzugeben.

1) Der Frachtzuschlag verfällt kraft Gesetzes grundsätzlich auch ohne Verschulden des Absenders. Entlastung: IV. Billigkeitserlaß oder -nachlaß: V. Der Zuschlag ist wohl nicht Vertragsstrafe, aA RG **108**, 408, dahingestellt in RG **119**, 151, daher keine richterliche Herabsetzung (vgl § 343 BGB), keine Verwirkung durch Annahme ohne Vorbehalt, RG **119**, 151. – Zu III 2 (Schadensersatz) s auch bei § 54. – Internationales Recht: Art 24 CIM, vgl § 453 HGB Anm 2 B.

Abschluß des Frachtvertrags

EVO 61 ᴵ Der Frachtvertrag ist abgeschlossen, sobald die Eisenbahn das Gut mit dem Frachtbrief zur Beförderung angenommen hat. Als Zeichen der Annahme sind der Frachtbrief und die etwa nach § 56 Abs. 1 Buchstabe c beigefügten Zusatzblätter nach vollständiger Auflieferung des Gutes und Zahlung der vom Absender übernommenen Kosten oder Hinterlegung einer Sicherheit nach § 69 Abs. 4 mit dem Tagesstempel oder dem maschinellen Buchungsvermerk sowie mit dem Zeichen für die Übernahme des Gutes zu versehen.

ᴵᴵ Der abgestempelte Frachtbrief dient als Beweis für den Frachtvertrag.

ᴵᴵᴵ Bei den vom Absender verladenen Gütern dienen die Angaben des Frachtbriefs über das Gewicht und die Anzahl der Stücke nur dann als Beweis gegen die Eisenbahn, wenn sie das Gewicht und die Stückzahl festgestellt und dies im Frachtbrief vermerkt hat.

ᴵⱽ Die Eisenbahn bescheinigt die Annahme des Gutes unter Angabe des Tages, an dem sie es zur Beförderung angenommen hat, auf dem Frachtbriefdoppel. Die Bescheinigung unterbleibt, wenn der Absender auf das Frachtbriefdoppel verzichtet (§ 56 Abs. 11).

ⱽ Das Doppel hat nicht die Bedeutung des Frachtbriefs oder eines Ladescheins.

ⱽᴵ Auf Verlangen des Absenders ist die Annahme des Gutes auch in anderer Form, z. B. durch Unterstempeln einer Eintragung in einem Quittungsbuch oder dergleichen, zu bescheinigen. Eine solche Bescheinigung hat nicht die Bedeutung eines Frachtbriefdoppels.

1) Abschluß des Frachtvertrags

A. § 61 behandelt in I den Abschluß des Frachtvertrags, in II, III den Frachtbrief als Beweismittel, in IV-VI das Frachtbriefdoppel (Duplikat). Über die privatrechtliche, nicht hoheitsrechtliche Bedeutung des Vorgangs nach § 61, einschließlich der Abstempelung von Frachtbrief und Frachtbriefdoppel, s BGH **6**, 314 (darum keine Haftung aus § 839 BGB mit Art 34 GG bei falscher Ausstellung der Papiere durch die DBB), s auch § 453 HGB Anm 2 C. Stempelt die Bahn (I 2, II) vor Übernahme des Guts, haftet sie (nicht nur dem Empfänger, sondern auch, aus **Verschulden bei Vertragsschluß**, dem Absender, Hamm

1500

BB 78, 1034). Bedeutung des Frachtbriefs und Frachtbriefdoppels, Konow DB 72, 1613. – Internationales Recht: Art 11 CIM.

B. Anders als beim Frachtvertrag nach §§ 425 ff HGB gehört zum Abschluß des Eisenbahnfrachtvertrags Annahme des Guts (durch die ,,Güterabfertigung") mit dem **Frachtbrief** zur Beförderung, I 1, RG JW 38, 2614, BGH 55, 222. Ohne Frachtbrief besteht auch kein ,,faktischer" Frachtvertrag (entspr häufiger Annahme für Straßenbahnfahrt), fraglich Umdeutung (§ 140 BGB) in Frachtvertrag iSv § 425 HGB oder Werkvertrag (§ 631 BGB) oder Anwendung der §§ 677 ff BGB, Konow, Heise BB 65, 149, 66, 1429. Nicht wesentlich ist Vollständigkeit des Frachtbriefs, RG 104, 345, desgl Stempel gemäß I 2, RG 114, 390, dieser auch nicht notwendig entscheidend für den Zeitpunkt des Vertragsschlusses, Hbg MDR 58, 243. – **Form** des jetzt vierteiligen Frachtbriefs richtet sich nach dem im Tarif festgesetzten Muster, s § 55 I. – **Annahme zur Beförderung:** Übergabe zur Beförderung genügt nicht; die Bahn muß erst prüfen, ob das Gut beförderungsfähig ist. Die Übergabe ist nur ein Antrag zum Vertragsschluß; Annahme erklärt die Bahn stillschweigend, wenn sie keine Beanstandungen erhebt. Lagert das Gut bei der Bahn, so nimmt sie erst durch Verladung an oder wenn sie zu erkennen gibt, daß sie nichts bemängelt, etwa den Wagen plombiert. Bei Selbstverladung durch Absender wird dies idR angenommen, bei Abziehen des Wagens von der Verladestelle zur Abbeförderung, Hbg MDR 58, 243. Andere vertragliche Regelung zulässig. Die Sendung muß vollständig aufgeliefert sein. Ob die Bahn annehmen durfte, ob sie etwa die Verwiegung versäumt hat, bleibt gleich. Nimmt die Bahn vor Zahlung der Kosten an, so ist trotzdem abgeschlossen.

2) Beweiskraft des Frachtbriefs (II, III)

A. Der gem I gestempelte Frachtbrief liefert nach II vollen Beweis – unbeschadet des Gegenbeweises (vgl § 418 I, II ZPO), BGH 16, 226 – für ,,den Frachtvertrag", dh seinen Abschluß und Inhalt. Der Beweis gilt nicht nur zur Frachtberechnung, sondern auch für andere Fragen, wie Haftung der Bahn wegen Gewichtsverlusts, BGH 16, 224.

B. Bezüglich gewisser Einzelheiten des Frachtvertrags, nämlich Gewicht und Stückzahl des Guts, ist nach III die Beweiskraft des Frachtbriefs gem II bei Verladung durch den Absender statt durch die Bahn (wie häufig bei großen Unternehmen) abhängig gemacht davon, daß die Bahn doch selbst Gewicht und Stückzahl festgestellt und diese Feststellung im Frachtbrief vermerkt hat. Wiegen durch einen ,,auf das Eisenbahninteresse verpflichteten" Angestellten des Absenders und Vermerk des Gewichts mit Stempel ,,mit bahnamtlicher Gültigkeit gewogen" (gem Ausführungsbestimmung zu § 58 VII 1) genügt, BGH 16, 220. Solcher Vermerk wird nicht dadurch entkräftet, daß das Gut nach diesem Wiegen noch durch eine Privatbahn vom Absender zur DBB befördert wurde; die DBB kann ihn durch Nachwiegen bei Annahme gem § 58 VII entkräften, BGH 16, 223. Der Gegenbeweis der Bahn gegen die Gewichtsangabe des Frachtbriefs muß dahin gehen, daß unrichtig gewogen oder das fehlende Gewicht schon zwischen Verwiegung und Annahme des Guts durch die DBB verloren wurde, BGH 16, 227.

3) Frachtbriefdoppel (IV–VI)

A. Der Absender erhält eine als **Frachtbriefdoppel** gebildete Durchschrift des Frachtbriefs, IV 1, V, er kann auf das Doppel verzichten und sich mit einer **anderen Annahmebescheinigung** begnügen, IV 2, VI. Das Doppel beweist die Annahme des Guts zur Beförderung. Nach §§ 72 VII, 95 II 1 hat Absender zu nachträglichen Verfügungen und zur Geltendmachung von Rechten aus dem

(25) EVO 62

Vertrag das Doppel vorzulegen. Bei Widerspruch zwischen Frachtbrief und Doppel geht der Frachtbrief vor. Kann der Absender das Doppel auch nicht indossieren, so kann trotzdem in Übergabe des Doppels die Abtretung des Anspruchs auf Herausgabe des Guts liegen, § 931 BGB. So namentlich, wo ein Verkäufer das Doppel aufgrund der Vereinbarung „Kasse gegen Duplikatfrachtbrief" aushändigt, RG **102**, 97. Ist das Doppel verloren, so kann der Absender nur mit Genehmigung des Empfängers oder nach Sicherheitsleistung verfügen; keine Kraftloserklärung. Ein Doppel an Order oder auf den Inhaber kennt das deutsche Recht nicht, vgl § 363 HGB Anm 1.

B. Form der **Bescheinigung** nach IV 1 vgl § 55 I (vgl oben Anm 1 B). Ältere Rspr: RG **107**, 274, JW **26**, 1438, **27**, 1353. Die Bescheinigung, auch nur Stempel, ist öffentliche Urkunde, RG **107**, 274. Stempelung und Herausgabe des Doppels vor Annahme des Guts macht ersatzpflichtig, RG JW **27**, 1352, nicht Dritten, weil nicht Ausübung hoheitlicher Gewalt, daher nicht Amtspflichtverletzung, BGH **6**, 304.

Verpackung. Zustand und Bezeichnung des Gutes

EVO 62 ^I Der Absender hat das Gut, soweit dessen Natur eine Verpackung erfordert, zum Schutze gegen gänzlichen oder teilweisen Verlust oder gegen Beschädigung sowie zur Verhütung einer Beschädigung von Personen, Betriebsmitteln oder anderen Gütern sicher zu verpacken.

^{II} Ist der Absender seiner Pflicht zur sicheren Verpackung nicht nachgekommen, so kann die Eisenbahn die Annahme des Gutes ablehnen oder verlangen, daß der Absender im Frachtbrief das Fehlen oder die Mängel der Verpackung anerkennt. Liefert der Absender häufig gleichartige verpakkungsbedürftige Güter unverpackt oder mit den gleichen Verpackungsmängeln bei derselben Güterabfertigung auf, so kann er das Anerkenntnis in einer allgemeinen Erklärung abgeben, deren Text der Tarif bestimmt. Jeder Frachtbrief muß dann einen Hinweis auf die allgemeine Erklärung enthalten.

^{III} Der Absender haftet für alle Folgen des Fehlens oder des mangelhaften Zustands der Verpackung. Er hat insbesondere der Eisenbahn den Schaden zu ersetzen, der ihr aus solchen Mängeln entsteht. Sofern das Fehlen oder der mangelhafte Zustand der Verpackung im Frachtbrief nicht anerkannt ist, hat die Eisenbahn die Mängel nachzuweisen.

^{IV} Die Eisenbahn ist zur Annahme von Gütern, die offensichtlich Spuren von Beschädigungen aufweisen, nur verpflichtet, wenn der Absender den Zustand des Gutes im Frachtbrief besonders bescheinigt.

^V Die Eisenbahn kann verlangen, daß kleine Stückgüter (Kleineisenzeug oder dergleichen), deren Annahme und Verladung sonst nicht ohne erheblichen Zeitverlust möglich wäre, durch Verbindung oder Verpackung zu größeren Einheiten zusammengefaßt werden.

^{VI} Der Eisenbahn bleibt überlassen, für Güter, die nicht zu den in § 54 Abs. 2 Buchstabe a aufgeführten gehören, die aber wegen ihrer Eigenschaften Unzuträglichkeiten während der Beförderung herbeiführen können, mit Genehmigung der nach Bundes- oder Landesrecht zuständigen Verkehrsbehörde durch den Tarif einheitliche Vorschriften über die Verpackung und Verladung zu treffen.

^{VII} Der Absender hat die Stückgüter übereinstimmend mit den Angaben im Frachtbrief zu bezeichnen. Die Bezeichnung muß deutlich und haltbar sein. Sie muß enthalten: Versand- und Bestimmungsbahnhof, die Anschriften des Absenders und Empfängers, Buchstaben (Zeichen) und Nummer sowie den Tag der Aufgabe. Ist die Sendung mit Nachnahme belastet, so ist bei jedem Stück über der Anschrift des Empfängers der Nachnahmebetrag der ganzen

Sendung zu vermerken und außerdem in Rot ein gleichschenkliges Dreieck mit der Spitze nach oben anzubringen. Der Tarif kann weitere Bedingungen vorschreiben. Alte Anschriften und Zettel hat der Absender zu entfernen oder deutlich zu durchstreichen.

1) Voraussetzung nach I: „Natur" des Guts fordert Verpackung zum Schutz gegen Verlust und Beschädigung (ebenso § 83 I b). Dann Verpackungspflicht zum Schutz hiergegen und zur Sicherung von Personen, Betriebsmitteln der Bahn und anderer Güter. I verlangt nicht besondere Sicherung gegen Diebstahl. Bei Mängeln Wahlrecht der Bahn: Ablehnung oder Annahme mit Anerkenntnis des Mangels. Erkennbarkeit des Verpackungsmangels grundsätzlich unerheblich. Bei der Bahn erkennbarer erheblicher Gefahr für Dritte aber wohl Abweisungspflicht bei Verwirkung des Ersatzanspruchs gegen Absender. Schadensersatzpflicht des Absenders (III 1, 2, Bsp s bei § 54) auch ohne Verschulden. Die Bahn haftet für Schäden am Gut infolge Verpackungsmangels grundsätzlich nicht außer bei Verschulden, § 83 I b, II 1, III. Anerkenntnis (II) ist nicht Rechtsgeschäft, nur Tatsachenerklärung (das der Bahn den Nachweis des Mangels erspart, III 3); daher Nachweis der Unrichtigkeit des Anerkenntnisses zulässig. – Internationales Recht: Art 19 CIM, vgl § 453 HGB Anm 2 B.

Annahme zur Beförderung. Verladung. Wagenstandgeld

EVO 63 ^{I} Wenn zwingende Gründe des Betriebs oder des öffentlichen Wohls es erfordern, kann die Eisenbahn anordnen, daß
a) die Annahme oder die Beförderung von Gütern ganz oder teilweise gesperrt wird;
b) gewisse Sendungen vorübergehend ausgeschlossen oder nur unter bestimmten Bedingungen zugelassen werden;
c) gewisse Sendungen vorübergehend vorzugsweise zur Beförderung angenommen werden.
Derartige Anordnungen sind durch Aushang bekanntzumachen, auch soll in der Presse auf sie hingewiesen werden. Die Eisenbahn kann Güter, die infolge einer solchen Einschränkung nicht befördert werden können, zurückweisen.

^{II} Die Güter müssen während der Dienststunden der Versandabfertigung aufgeliefert werden. Der Tarif kann Erleichterungen zulassen. Die Eisenbahn hat die Dienststunden durch Aushang bekanntzumachen. An Sonn- und Feiertagen braucht die Eisenbahn keine Güter anzunehmen. Wo dies doch geschieht, ist es durch Aushang bekanntzumachen.

^{III} Der Absender hat dafür zu sorgen, daß Sendungen, die von der Eisenbahn zu verladen sind, spätestens 24 Stunden nach Beginn der Auflieferung abgefertigt werden können. Verzögert er die Abfertigung dadurch, daß er innerhalb dieser Frist nicht alle zum Frachtbrief gehörigen Güter aufliefert oder den wegen Unrichtigkeit oder Unvollständigkeit beanstandeten Frachtbrief nicht berichtigt zurückgibt oder die etwa zu zahlenden Freibeträge nicht begleicht, so kann die Eisenbahn die Güter auf Lager nehmen.

^{IV} Hat der Absender die Güter selbst zu verladen, so muß er die Wagen unter Angabe des Gutes, des ungefähren Gewichts und des Bestimmungsbahnhofs für einen bestimmten Tag bei der Versandabfertigung bestellen. Können die Wagen nicht gestellt werden, so ist der Besteller soweit möglich hiervon kostenfrei zu benachrichtigen. Werden zugesagte Wagen nicht rechtzeitig gestellt, so hat die Eisenbahn die Kosten des vergeblichen Versuchs der Auflieferung, mindestens aber den Betrag des Wagenstandgelds für einen Tag zu erstatten. Wird ein Wagen vor der Bereitstellung wieder abbestellt, so hat der Besteller das tarifmäßige Entgelt zu zahlen. Wird ein Wagen nach der Bereitstellung unbeladen zurückgegeben oder nach Ablauf der Beladefrist wegen Nichtbeladung dem Besteller wieder entzogen, so ist vom Zeitpunkt der Bereitstellung an das tarifmäßige Wagenstandgeld zu zahlen. Bei Bestellung eines Wagens kann die Eisenbahn Sicherheit in Höhe des tarifmäßigen Wagenstandgeldes für einen Tag verlangen. Auf die Stellung von Wagen besonderer Bauart, bestimmter Lastgrenze oder bestimmter Ladefläche hat der Besteller vorbehaltlich der Bestimmung in § 66 keinen Anspruch.

V Der Absender hat die Güter in der Regel während der Dienststunden der Versandabfertigung zu verladen. Die Frist, innerhalb der die Verladung beendet sein muß, ist durch Aushang bekanntzumachen. Wird die Frist überschritten oder wird der wegen Unrichtigkeit oder Unvollständigkeit beanstandete Frachtbrief nicht innerhalb der Ladefrist berichtigt übergeben oder werden die etwa vom Absender zu zahlenden Freibeträge nicht innerhalb derselben Frist beglichen, so hat der Absender das tarifmäßige Wagenstandgeld zu zahlen. Wagenstandgeld ist bei Überschreitung der Fristen auch für Sonn- und Feiertage zu zahlen; hierbei werden jedoch unmittelbar aufeinanderfolgende Sonn- und Feiertage stets nur als ein Tag gerechnet. Läuft die Frist erst nach 14 Uhr eines Werktags ab, so ist für einen oder mehrere auf den Werktag unmittelbar folgende Sonn- oder Feiertage kein Standgeld zu zahlen. Die Eisenbahn kann, wenn die Ladefrist um mehr als 24 Stunden überschritten wird, das Gut auf Gefahr und Kosten des Absenders ausladen und auf Lager nehmen. Sie kann es auch bei einem Spediteur oder in einem öffentlichen Lagerhaus auf Gefahr und Kosten des Absenders hinterlegen.

VI Der Lauf der Fristen in den Absätzen 3 und 5 ruht an Sonn- und Feiertagen.

VII Wenn die ordnungsgemäße Abwicklung des Verkehrs durch Güteranhäufungen gefährdet wird, so kann die Eisenbahn die Beladefristen und die lagergeldfreie Zeit, soweit nötig, abkürzen sowie das Wagenstandgeld, das Lagergeld und die Gebühr für die Abbestellung von Wagen erhöhen. Auch können die erleichternden Bestimmungen über die Berechnung des Wagenstandgelds in Absatz 5 außer Kraft gesetzt werden. Solche Maßnahmen sind durch Aushang bekanntzumachen, auch soll in der Presse auf sie hingewiesen werden.

VIII Für die Abfertigung von Gütern kann die Eisenbahn Güternebenstellen außerhalb des Bahngebiets einrichten.

IX Die Eisenbahn kann im Tarif vorschreiben, daß Güter, die auf dem Versandbahnhof von anderen Verkehrsmitteln unmittelbar auf die Eisenbahn umgeladen werden sollen, gegen Zahlung des im Tarif oder durch Aushang bekanntzumachenden Entgelts durch ihre Bediensteten oder durch besondere von ihr bestellte Unternehmer umgeladen werden. In beiden Fällen hat die Eisenbahn die Pflichten eines Spediteurs.

1) Schon aus § 453 III HGB folgt, daß die Bahn nicht alle Güter gleich zu behandeln braucht; sie darf nur das einzelne Gut nicht bevorzugt oder benachteiligt behandeln. Grundsätzlich muß sie die Güter in der Reihenfolge ihrer Annahme zur Beförderung befördern. Sie darf namentlich niemandem bevorzugte Beförderung zusagen, auch nicht bei bevorstehender Tariferhöhung; vgl § 67. Ob die Voraussetzungen einer Maßnahme gem I vorlagen, haben die Gerichte nur auf Ermessensfehler nachzuprüfen, vgl RG **108**, 278. Die Bahn muß zur Vermeidung von Haftung in den Fällen Ia, b, c die Annahme ablehnen oder auf Verzögerung hinweisen. II ist trotz „muß" Sollvorschrift. **Ladefristen:** III-VI. Nimmt die Bahn das Gut wegen Überschreitung der Ladefrist auf Lager, III, so haftet sie als Lagerhalter, nicht als Verwahrer; das Lagern ist kein Nebengeschäft des Frachtvertrags.

2) Durch Nachsuchen der Wagengestellung und Bereitstellen eines Wagens, IV, kommt bereits ein Vertrag zustande, der **Wagengestellungsvertrag**, RG

109, 151. Vgl für Kfz **(23)** KVO § 14. Haftung hieraus nach allgemeinen Grundsätzen, BGH **55**, 221.

Vorläufige Einlagerung des Gutes

EVO 64 Auf Verlangen des Absenders hat die Eisenbahn Güter, die nicht alsbald befördert werden können, gegen Empfangsbescheinigung einstweilen auf Lager zu nehmen, soweit es die Räumlichkeiten gestatten. Der Absender hat sein Einverständnis auf dem Frachtbrief zu erklären und auf dem Doppel zu wiederholen. In diesem Falle hat die Eisenbahn bis zum Abschluß des Frachtvertrags für die Sorgfalt eines ordentlichen Kaufmanns einzustehen. Die Eisenbahn kann für die Einlagerung das tarifmäßige Lagergeld erheben. Der Frachtvertrag wird erst abgeschlossen, wenn das Gut befördert werden kann. Die Einlagerung von Gütern, die nach dem Ermessen des Versandbahnhofs leicht verderben, und der in § 54 Abs. 2 aufgeführten Gegenstände kann abgelehnt werden.

1) Güter, die die Bahn nicht alsbald befördern kann, muß sie gegen Empfangsbescheinigung einstweilen, dh bis zur Möglichkeit der Beförderung, auf Lager nehmen, soweit es ihre Räumlichkeiten gestatten und der Absender sein Einverständnis gem § 64 erklärt. Ohne Einverständnis liegt ein tatsächliches Verhältnis vor, aus dem die Bahn nur für ungerechtfertigte Bereicherung haftet, soweit sie schuldlos ist. „Alsbald" gibt eine geräumigere Zeit als „sofort". „Räumlichkeiten" ist weit auszulegen. Die Bahn haftet bis zum Abschluß des Frachtvertrags „für die Sorgfalt eines ordentlichen Kfms", vgl § 82 V mit Anm.

Zoll- und sonstige Verwaltungsvorschriften

EVO 65 [I] Der Absender ist verpflichtet, dem Frachtbrief alle Begleitpapiere beizugeben, die zur Erfüllung der Zoll- und sonstigen Verwaltungsvorschriften vor der Ablieferung an den Empfänger erforderlich sind; sie sind im Frachtbrief einzeln und genau zu bezeichnen. Diese Papiere dürfen nur Güter umfassen, die den Gegenstand des gleichen Frachtbriefs bilden, sofern nicht in Verwaltungsvorschriften oder im Tarif etwas anderes bestimmt ist. Wenn die Begleitpapiere dem Frachtbrief nicht beigegeben werden können, weil sie bei einem Bahnhof, einem Zollamt oder einer anderen amtlichen Stelle hinterlegt sind, so muß der Frachtbrief die Angabe enthalten, wo sie hinterlegt sind. Die Eisenbahn ist nicht verpflichtet, die beigegebenen Papiere auf ihre Richtigkeit und Vollständigkeit zu prüfen. Der Absender haftet der Eisenbahn, sofern sie kein Verschulden trifft, für alle Folgen, die aus dem Fehlen, der Unzulänglichkeit oder der Unrichtigkeit der Papiere entstehen. Auch ist für die Dauer eines durch solche Mängel verursachten Aufenthalts in der Beförderung das tarifmäßige Lager- oder Wagenstandgeld zu zahlen.

[II] Die Eisenbahn haftet für die Folgen des Verlusts oder der unrichtigen Verwendung der im Frachtbrief bezeichneten und ihm entweder beigegebenen oder bei der Eisenbahn hinterlegten Papiere sowie ein Spediteur; sie hat aber in keinem Falle einen höheren Schadensersatz zu leisten als bei Verlust des Gutes.

[III] Hat der Absender für die Erfüllung der Zoll- oder sonstigen Verwaltungsvorschriften einen Bahnhof bezeichnet, wo nach den geltenden Bestimmungen die Ausführung nicht möglich ist, oder hat er sonst ein Verfahren vorgeschrieben, das nicht ausführbar ist, so handelt die Eisenbahn so, wie es ihr für den Berechtigten am vorteilhaftesten erscheint, und teilt dem Absender die getroffenen Maßnahmen mit.

[IV] Schreibt der Absender im Frachtbrief „frei Zoll" („franko Zoll") vor, so gilt dies als Antrag auf Besorgung der Zollbehandlung durch die Eisenbahn, wobei es ihr überlassen bleibt, die Zollbehandlung unterwegs oder auf dem Bestimmungsbahnhof zu besorgen.

[V] Der Absender ist verpflichtet, für die Verpackung und Bedeckung der Güter entsprechend den Zoll- oder sonstigen Verwaltungsvorschriften zu sorgen. Sendungen, deren amtlicher Verschluß verletzt oder mangelhaft ist, kann die Eisenbahn zurückweisen. Hat der Absender die Güter nicht vorschriftsmäßig verpackt oder nicht mit Decke versehen, so kann die Eisenbahn dies besorgen. Die Kosten haften auf dem Gute.

[VI] Die Zoll- und sonstigen Verwaltungsvorschriften werden, solange das Gut unterwegs ist, von der Eisenbahn erfüllt. Hat der Absender im Frachtbrief erklärt, daß er oder ein Bevollmächtigter diese Behandlung betreiben will oder zu ihr zugezogen werden soll, so ist dem hiernach Berechtigten die Ankunft des Gutes auf dem Bahnhof, auf dem die Behandlung stattfindet, mitzuteilen. Betreibt der Berechtigte die Behandlung nicht oder erscheint er zur Beiziehung nicht binnen der jeweils dafür im Tarif vorgesehenen Frist, so ist die Eisenbahn berechtigt, die Behandlung ohne ihn zu betreiben. Der Berechtigte kann sachdienliche Erklärungen, insbesondere über das Gut, abgeben; er ist jedoch nicht befugt, das Gut in Besitz zu nehmen. Die Eisenbahn kann aus Gründen der flüssigen Betriebsabwicklung das Recht des Absenders oder seines Bevollmächtigten, die Behandlung selbst zu betreiben, einschränken und von Bedingungen abhängig machen. Näheres bestimmt der Tarif. Für die Dauer des Aufenthalts von mehr als vier Stunden nach bewirkter Benachrichtigung ist das tarifmäßige Lager- oder Wagenstandgeld zu zahlen.

[VII] Auf dem Bestimmungsbahnhof hat, wenn der Absender im Frachtbrief nichts anderes bestimmt, der Empfänger das Recht, die Zoll- oder sonstige verwaltungsbehördliche Behandlung zu betreiben, sofern er den Frachtbrief angenommen hat. Nimmt er den Frachtbrief nicht binnen der tarifmäßigen Frist an oder betreibt er nach der Annahme des Frachtbriefs die Zoll- oder sonstige verwaltungsbehördliche Behandlung nicht binnen der tarifmäßigen Frist, so kann die Eisenbahn je nach Lage des Falles entweder die Behandlung selbst veranlassen oder nach § 80 verfahren. Hat der Absender im Frachtbrief erklärt, daß er selbst oder ein von ihm bezeichneter Bevollmächtigter auf dem Bestimmungsbahnhof der Zoll- oder sonstigen verwaltungsbehördlichen Behandlung beiwohnen will, so ist dem hiernach Berechtigten die Ankunft des Gutes mitzuteilen; erscheint er nicht binnen der im Tarif hierfür vorgesehenen Frist, so kann die Behandlung ohne ihn vorgenommen werden.

[VIII] Die Eisenbahn hat bei der ihr nach den Absätzen 6 und 7 obliegenden Tätigkeit die Pflichten eines Spediteurs. Sie kann hierfür das tarifmäßige Entgelt erheben und kann auch die Zoll- oder sonstige verwaltungsbehördliche Behandlung unter ihrer Verantwortlichkeit auf Kosten der Verfügungsberechtigten durch einen Spediteur vornehmen lassen.

1) Der Absender muß das Gut beförderungsbereit machen, also alle nötigen Begleitpapiere beigeben. Auf das Fehlen muß die Bahn den Absender hinweisen; die Papiere selbst hat sie nicht zu prüfen. Unrichtige Auskunft über beizufügende Papiere macht sie nicht haftbar. Der Absender haftet der Bahn auch ohne Verschulden, wie beim gewöhnlichen Frachtgeschäft, s bei § 427 HGB. Zudem muß er Lagergeld und Wagenstandgeld zahlen, I. Die Bahn haftet bei Verlust oder unrichtiger Verwendung der Papiere wie ein Spediteur, II; ebenso haftet sie für die ihr nach VI, VII obliegenden Verrichtungen, VIII 1, also nach § 408 HGB, Hbg MDR **58**, 243; nicht nach den ADSp, die sie nicht anwendet. Das Gut ist unterwegs iS VI 1 vom Zeitpunkt der Annahme mit dem Frachtbrief zur Beförderung (§ 61 I 1), auch vor Verlassen des Versandbahnhofs, Hbg MDR **58**, 243. Die Bahn ist nach VI 1 mit § 408 HGB verpflichtet, sich von den einschlä-

gigen Zollvorschriften zu unterrichten und das Gut möglichst vor einer Zollerhöhung zu verzollen, Hbg MDR **58**, 243. – Internationales Recht: Art 25, 26 CIM.

Art der Wagen. Begleitung von Sendungen

EVO 66 ^{I} Soweit diese Ordnung nichts anderes vorsieht, bestimmt der Tarif, ob und unter welchen Bedingungen die Güter in offenen oder in gedeckten Wagen zu befördern sind. Der Absender kann jedoch, wenn nicht Bestimmungen dieser Ordnung oder Zoll- und sonstige Verwaltungsvorschriften oder zwingende Gründe des Betriebs entgegenstehen, im Frachtbrief verlangen:
a) daß Güter, für die der Tarif offene Wagen vorsieht, in gedeckten Wagen befördert werden;
b) daß Güter, für die der Tarif gedeckte Wagen vorsieht, in offenen Wagen befördert werden.

^{II} Als offen gelten solche Wagen, die ohne festes Dach gebaut sind.

^{III} Für die Beförderung in gedeckten Wagen kann der Tarif eine höhere Fracht vorsehen.

^{IV} Die Eisenbahn kann auf Antrag zulassen, daß die Sendung von einem Beauftragten des Absenders begleitet wird. Die näheren Bedingungen regelt der Tarif.

^{V} Ob und unter welchen Bedingungen die Eisenbahn Decken für offene Wagen überläßt, bestimmt der Tarif.

^{VI} Der Absender kann nach näherer Bestimmung des Tarifs beantragen, daß Güter in Personenwagen – auch in besonderen Abteilen – oder in Gepäckwagen befördert werden; er hat auf Verlangen der Eisenbahn für solche Sendungen einen Begleiter zu stellen.

Art und Reihenfolge der Beförderung. Beförderungsweg

EVO 67 ^{I} Wagenladungen sind je nach der Aufgabe als Frachtgut oder Eilgut zu befördern. Stückgut wird nur als Frachtgut befördert.

^{II} Güter, die auf gleiche Art befördert werden sollen, sind in der Reihenfolge zu befördern, in der sie zur Beförderung angenommen wurden, wenn nicht zwingende Gründe des Eisenbahnbetriebs oder des öffentlichen Wohles eine Ausnahme rechtfertigen. Bei Nichtbeachtung dieser Vorschriften hat die Eisenbahn den daraus entstehenden Schaden zu ersetzen.

^{III} Hat der Absender im Frachtbrief den Bahnhof, auf dem die Zoll- oder sonstige verwaltungsbehördliche Behandlung stattfinden soll, oder die dafür zuständige Amtsstelle angegeben (§ 56 Abs. 2 Buchstabe g) oder bei Eilgut den Beförderungsweg vorgeschrieben (§ 56 Abs. 2 Buchstabe k), so hat die Eisenbahn diese Wegevorschrift zu beachten, sofern nicht § 65 Abs. 3 Anwendung findet. Die Eisenbahn hat das Gut über diesen Weg zu befördern und kann Fracht und Lieferfrist hiernach berechnen.

1) Wie der Absender das Gut befördert haben will, ob als Frachtgut oder Eilgut, hat er im Frachtbrief zu erklären, § 55 I. Güter gleicher Beförderungsart sind in der Reihenfolge der Annahme zur Beförderung zu befördern, soweit nicht die zwingenden Gründe II, entgegenstehen. Haftung nur bei Verschulden. S dazu § 54, § 453 HGB Anm 3 E. Das Gut ist nur mit Frachtbrief anzunehmen, § 61 I; es entscheidet also die Reihenfolge der Frachtverträge. Ist die Ausnahme gerechtfertigt, was die Bahn beweisen muß, so darf sie gewisse Sendungen vorübergehend, nicht dauernd, vorzugsweise befördern, § 63 I c.

Berechnung der Fracht

EVO 68 ^I Die Eisenbahn hat die Frachtberechnung vorzunehmen, die nach dem am Tage des Abschlusses des Frachtvertrags geltenden Tarif die billigste Fracht ergibt. Sind am Frachtvertrag mehrere Eisenbahnen beteiligt, so kann der Tarif vorsehen, daß die Fracht über die kürzeste Entfernung berechnet wird. Die Eisenbahn hat, abgesehen von dem in § 69 Abs. 4 genannten Falle, die Beträge für Fracht und Nebenentgelte in einer periodischen Rechnung, im Frachtbrief oder, soweit dies die Abfertigungsverhältnisse nicht gestatten, im Frachtbriefdoppel aufzuführen.

^{II} Nimmt die Eisenbahn nach den Vorschriften dieser Ordnung oder des Tarifs ein Gut auf Lager, so kann sie das tarifmäßige Lagergeld erheben.

^{III} Außer diesen Beträgen darf die Eisenbahn nur ihre Auslagen in Rechnung stellen, z. B. für Zölle und Steuern, für notwendige Arbeiten zur Erhaltung des Gutes, statistische und Postgebühren. Für die Eintragung der Gebühren gilt Absatz 1. Wenn die Bezahlung dieser Auslagen dem Absender obliegt, sind die Belege nicht dem Empfänger mit dem Frachtbrief, sondern dem Absender zu übergeben.

^{IV} Hat die Eisenbahn Beträge ausgelegt, so darf sie hierfür das tarifmäßige Entgelt erheben, soweit es sich nicht um Rollgelder, Vorfrachten oder Postgebühren handelt.

1) § 68 greift ein, wo verschiedene Frachtberechnung möglich, sei es, weil mehrere Beförderungswege zur Verfügung stehen, oder weil auf demselben Weg mehrere Tarife bestehen. Eine Wegevorschrift des Absenders ist nur im Fall § 67 III zu beachten. Im übrigen wählt die Bahn den ihr am günstigsten scheinenden Beförderungsweg. Sie darf aber nur die billigste Fracht nach 1 berechnen. Die tarifmäßigen Beträge trägt sie in den Frachtbrief ein. Für die Richtigkeit der eingetragenen Berechnung haftet die Bahn dem Empfänger nicht, Recht 32, 258. Lagergeld darf die Bahn überall verlangen, wo sie Gut nach EVO oder Tarif lagert. – Internationales Recht: Art 14 CIM.

Zahlung der Fracht

EVO 69 ^I Der Absender hat die Wahl, ob er die Kosten (Fracht, Nebenentgelte und die sonstigen während der Beförderung erwachsenden Kosten) bei Aufgabe des Gutes bezahlen oder auf den Empfänger überweisen will. Der Tarif kann vorsehen, daß der Absender auch außerhalb der Beförderung erwachsende Kosten (z. B. die Kosten für die Zuführung des Gutes in die Wohnung oder Geschäftsstelle des Empfängers) bei der Aufgabe des Gutes bezahlen kann.

^{II} Der Absender hat in der dafür bestimmten Spalte des Frachtbriefs anzugeben, ob er die Kosten ganz oder teilweise übernehmen will oder ob sie auf den Empfänger überwiesen werden sollen (Zahlungsvermerk). Die zugelassenen Zahlungsvermerke bestimmt der Tarif.

^{III} Die Eisenbahn kann bei Gütern, die nach dem Ermessen des Versandbahnhofs schnellem Verderb ausgesetzt sind oder wegen ihres geringen Wertes oder ihrer Natur nach die Kosten nicht sicher decken, deren Vorausbezahlung verlangen. Der Tarif kann ferner bei Gewährung von Ermäßigungen gegenüber den gewöhnlichen Frachtsätzen bestimmen, daß die Fracht bei Auflieferung des Gutes zu bezahlen oder auf den Empfänger zu überweisen ist.

^{IV} Können die Kosten, die der Absender übernehmen will, bei der Auflieferung nicht genau festgestellt werden, so kann die Eisenbahn die Annahme von der Hinterlegung eines die Kosten etwa deckenden Betrages als Sicherheit abhängig machen.

V. Transportrecht **EVO 70 (25)**

1) Die Bahn hat nach § 457 HGB wegen ihrer Ansprüche aus dem Frachtvertrag das gesetzliche Pfandrecht der §§ 440 ff HGB. Darum steht es dem Absender regelmäßig frei, die Bahn wegen Fracht und Nebenkosten an den Empfänger zu verweisen. Mangels anderweitiger Weisung durch „Freivermerk", II, kann die Eisenbahn sogar hiervon ausgehen, III. Zahlt der Absender trotz Freivermerk nicht, so ist Annahme des Guts abzulehnen. Der Absender kann auch noch andere Kosten übernehmen. „Frei aller Kosten" (früher: „Franko aller Gebühren") bedeutet Übernahme sämtlicher bis zur Auslieferung entstehender Kosten. Liefert die Bahn das Gut dem Empfänger unter Verletzung der Einziehungspflicht aus, so haftet ihr nur der Empfänger; der Absender haftet bloß für die von ihm übernommenen Kosten. Verweigert der Empfänger die Annahme, so haftet der Absender aus dem Frachtvertrag, soweit sich die Bahn nicht aus ihrem Pfandrecht befriedigt. Freimachungszwang im Fall III. – Kostensicherheit nach IV; sie soll „etwa", also annähernd, decken. Abrechnung mit dem Absender nach Annahme des Frachtbriefs durch Empfänger. – Internationales Recht: Art 15 CIM.

Frachtnachzahlung und -erstattung

EVO 70 ^{I} Sind Fracht, Frachtzuschläge, Nebenentgelte oder sonstige Kosten unrichtig oder gar nicht erhoben worden, so ist der Unterschiedsbetrag nachzuzahlen oder zu erstatten. Die Eisenbahn hat unverzüglich nach Feststellung des Fehlers den Verpflichteten zur Nachzahlung aufzufordern oder dem Berechtigten den zuviel erhobenen Betrag zu erstatten. Der Tarif kann bestimmen, bis zu welchem Betrag für den Frachtbrief die Nachzahlung oder Erstattung unterbleibt.

^{II} Hat die Eisenbahn auf Grund der Angaben des Absenders im Frachtbrief über die Art des Gutes oder das Gewicht der Sendung eine höhere Fracht erhoben, als sich auf Grund der tatsächlichen Beschaffenheit und des wirklichen Gewichts aus dem Tarif ergibt, so kann, wenn die Unrichtigkeit der Angaben des Absenders nachgewiesen wird, die Mehrfracht zurückverlangt werden. Hat der Absender bei der Inhaltsangabe im Frachtbrief eine im Tarif als Bedingung für eine günstigere Frachtberechnung vorgeschriebene besondere Erklärung überhaupt nicht oder ungenügend abgegeben, so wird die dadurch erwachsene Mehrfracht ganz oder zum Teil erstattet, wenn Billigkeitsgründe vorliegen. Der Tarif kann bestimmen, bis zu welchem Betrag für den Frachtbrief die Erstattung unterbleibt. Der Anspruch erlischt, wenn er nicht binnen sechs Monaten nach der Abnahme des Gutes bei der Eisenbahn geltend gemacht wird.

^{III} Zu wenig gezahlte Beträge hat der Absender nachzuzahlen, wenn der Frachtbrief vom Empfänger nicht angenommen wird. Hat der Empfänger den Frachtbrief angenommen, so ist der Absender nur zur Nachzahlung der Kosten verpflichtet, deren Vorauszahlung er entweder nach dem Zahlungsvermerk oder nach den besonderen Bestimmungen dieser Ordnung oder des Tarifs übernommen hat; den Restbetrag hat der Empfänger nachzuzahlen.

^{IV} Zur Geltendmachung von Ansprüchen auf Erstattung von Fracht, Frachtzuschlägen, Nebenentgelten oder sonstigen Kosten sowie zum Empfang zuviel erhobener Beträge ist berechtigt, wer die Mehrzahlung an die Eisenbahn geleistet hat.

^{V} Zur Geltendmachung dieser Ansprüche ist der Frachtbrief vorzulegen. Der Absender kann die Erstattung der von ihm gezahlten Mehrfracht auch gegen Vorlage des Frachtbriefdoppels beantragen. Jedoch kann die Eisenbahn bei der endgültigen Erledigung des Erstattungsanspruchs die Vorlage des Frachtbriefes verlangen, um darauf die Erledigung zu beurkunden. Bei zentraler Frachtberechnung ist außerdem die periodische Rechnung vorzulegen. Soweit der Erstattungsanspruch sich eindeutig aus der periodischen Rechnung ergibt, kann der Anspruch auch durch Vorlage nur der periodischen Rechnung geltend gemacht werden.

[VI] Der Unterschiedsbetrag ist mit Ausnahme der auf Grund des Absatzes 2 zu erstattenden Beträge vom Tage des Eingangs des Erstattungsanspruchs oder der Zahlungsaufforderung an mit fünf vom Hundert zu verzinsen; Beträge unter zehn Deutsche Mark für den Frachtbrief werden nicht verzinst.

[VII] Ansprüche auf Rückzahlung von Fracht, Frachtzuschlägen, Nebenentgelten oder sonstigen Kosten können, soweit der Tarif keine Ausnahme vorsieht, nur bei der Eisenbahn, die den Betrag erhoben hat, geltend gemacht werden. Ist die Fracht auch nur teilweise an die Empfangsbahn entrichtet worden, so können Ansprüche auf Rückzahlung nur bei dieser geltend gemacht werden. Für die gerichtliche Geltendmachung der Ansprüche gilt § 96 Abs. 3.

1) § 70 gibt der Bahn und dem, der überzahlt hat, IV, einen Berichtigungsanspruch. Die „unrichtige" Erhebung, I, kann auf falsche Tarifierung, falsche Berechnung, unzulässige Erhebung eines Frachtzuschlags usw zurückgehen. Verschulden des abfertigenden Beamten belanglos. Falsche Auskunft schützt den Absender nicht. Der Tarif ist unbedingt maßgebend, ihn kann auch keine Vereinbarung ausschließen. Geltendmachung durch Absender usw nur unter Vorlegung bestimmter Papiere periodische Rechnung und Frachtbrief oder Doppel), V. Die Nachzahlungspflicht des Auftraggebers ist nicht von der unverzüglichen Nachberechnung (§ 70 I 2) abhängig; aber Verzögerung macht die Bahn schadensersatzpflichtig, zB wenn Empfänger der Ware sie schon zu Preisen gem der anfangs genannten zu niedrigen Fracht weiterverkauft hat; dann entfällt die Nachzahlung, weil niemand fordern darf, was er aus anderem Grunde alsbald zurückzahlen muß, AG Rosenheim MDR 50, 680. Die Sechsmonatsfrist ist Ausschlußfrist, vgl Senckpiehl BB 51, 349. Zur Gültigkeit von II 2 und Nachprüfbarkeit der Billigkeitsentscheidung der Eisenbahnen (grundsätzlich verneinend) Goltermann BB 54, 918. – Internationales Recht: Art 24, 29 CIM.

Nachnahme. Barvorschuß

EVO 71 [I] Der Absender kann das Gut bis zur Höhe des Wertes mit Nachnahme belasten. Der Tarif kann bestimmen, daß Nachnahmen erst von einem Mindestbetrag an zulässig sind.

[II] Als Bescheinigung über die Belastung des Gutes mit einer Nachnahme dient der abgestempelte Frachtbrief, das Doppel oder die sonst zugelassene Bescheinigung über die Auflieferung des Gutes.

[III] Die Eisenbahn kann die Beigabe eines Nachnahmebegleitscheins nach dem von ihr festgesetzten Muster verlangen. Näheres bestimmt der Tarif.

[IV] Die Eisenbahn hat die Nachnahme dem Absender auszuzahlen, sobald der Empfänger die Nachnahme bezahlt hat. Näheres bestimmt der Tarif.

[V] Ist das Gut ohne Einziehung der Nachnahme abgeliefert worden, so hat die Eisenbahn dem Absender den Schaden bis zur Höhe der Nachnahme zu ersetzen, vorbehaltlich ihrer Ansprüche gegen den Empfänger.

[VI] Alle Ansprüche, die sich auf eine Nachnahme beziehen, sind bei der Versandbahn geltend zu machen. Für die gerichtliche Geltendmachung der Ansprüche gegen die Eisenbahn gilt § 96 Abs. 3.

[VII] Die Eisenbahn kann dem Absender einen Barvorschuß gewähren, wenn er nach dem Ermessen der Versandabfertigung durch den Wert des Gutes sicher gedeckt wird. Der Barvorschuß wird vom Empfänger eingezogen, wenn er den Frachtbrief annimmt.

V. Transportrecht **EVO 72 (25)**

^(VIII) Der Betrag der Nachnahme oder des Barvorschusses ist vom Absender in den Frachtbrief an der hierfür vorgesehenen Stelle einzutragen.

^(IX) Für die Belastung einer Sendung mit Nachnahme oder Barvorschuß kann die Eisenbahn das tarifmäßige Entgelt erheben.

1) Nachnahme weist die Bahn an, das Gut nur nach Zahlung des im Frachtbrief angegebenen Betrags auszuliefern. Barvorschuß ist die dem Absender schon bei Annahme des Guts von der Bahn ausbezahlte Nachnahme, gemeint ist aber nur der frachtbriefmäßige, RG 99, 245. Ein besonderer Vertrag liegt nicht vor; die Abmachung ist Teil des Frachtvertrags. Bescheinigung nach II. Die Bahn darf das belastete Gut nicht vor Zahlung ausliefern; sonst ist sie ersatzpflichtig, V; sie darf keine Teilzahlung annehmen. Ist die Sendung zum Teil verloren, so ist trotzdem der Nachnahmebetrag zu erheben, str. Ob der Empfänger einlösen muß, richtet sich nach seinen Rechtsbeziehungen zum Absender. Der Anspruch erlischt nicht mit Annahme des Guts. Rückgriff gegen den Empfänger kann die Bahn nur nehmen, V, sofern dieser nicht Befriedigung des Absenders wegen des Nachnahmebetrags darlegt; im übrigen keine Abhängigkeit von den Ansprüchen des Absenders gegen den Empfänger. – Internationales Recht: Art 17 CIM.

Abänderung des Frachtvertrags durch nachträgliche Verfügung des Absenders

EVO 72 ^(I) Der Absender kann unter Abänderung des Frachtvertrages nachträglich verfügen, daß
a) das Gut auf dem Versandbahnhof zurückgegeben werden soll;
b) die Ablieferung des Gutes ausgesetzt werden soll;
c) das Gut an einen anderen Empfänger abgeliefert werden soll;
d) das Gut auf einem anderen Bestimmungsbahnhof abgeliefert werden soll;
e) das Gut nach dem Versandbahnhof zurückgesandt werden soll;
f) eine Nachnahme nachträglich aufgehoben werden soll.

^(II) Verfügungen anderer Art sind, wenn sie nicht im Tarif ausdrücklich vorgesehen sind, unzulässig, ebenso sind Verfügungen über einzelne Teile der Sendung unzulässig.

^(III) Die Verfügungen sind schriftlich unter Verwendung eines durch den Tarif festzusetzenden Musters an die Versandabfertigung zu richten; § 56 Abs. 10 gilt entsprechend. Der Tarif kann zulassen, daß nachträgliche Verfügungen in besonderen Fällen auch an eine andere Abfertigung gerichtet werden.

^(IV) Die Versandabfertigung hat die Verfügung sobald wie möglich weiterzugeben. Auf Antrag des Absenders hat dies unter den im Tarif festzusetzenden Bedingungen durch Telegramm oder Fernsprecher zu geschehen.

^(V) Die Eisenbahn darf die Ausführung einer nachträglichen Verfügung nur dann ablehnen, hinausschieben oder in veränderter Weise vornehmen, wenn
a) die Verfügung in dem Zeitpunkt, in dem sie der zur Ausführung berufenen Stelle zugeht, nicht mehr durchführbar ist, oder
b) durch ihre Befolgung der regelmäßige Beförderungsdienst gestört würde, oder
c) ihrer Ausführung gesetzliche oder sonstige Bestimmungen, insbesondere Zoll- oder sonstige Verwaltungsvorschriften entgegenstehen, oder
d) bei Änderung des Bestimmungsbahnhofs der Wert des Gutes voraussichtlich die Gesamtkosten der Beförderung bis zum neuen Bestimmungsbahnhof nicht deckt, es sei denn, daß der Betrag dieser Kosten sofort entrichtet oder sichergestellt wird.
In diesen Fällen ist der Absender unverzüglich von der Sachlage zu benachrichtigen.

(25) EVO 72 2. Handelsrechtl. Nebengesetze

VI Einem bei der Empfangsabfertigung unmittelbar gestellten Antrag des Absenders, die Sendung zurückzuhalten, kann vorläufig entsprochen werden. Der Absender hat jedoch die vorgeschriebene Verfügung innerhalb einer angemessenen Frist durch die Versandabfertigung beizubringen. Andernfalls ist nach § 75 zu verfahren.

VII Dem Absender steht das Verfügungsrecht nur zu, wenn er das von der Eisenbahn bescheinigte Frachtbriefdoppel vorlegt, darin die Verfügung einträgt und sie unterschreibt; dies Erfordernis gilt nicht, wenn der Absender nach § 61 Abs. 4 auf das Doppel verzichtet hat. Die Eisenbahn kann verlangen, daß sich der Absender ausweist. Befolgt die Eisenbahn die Verfügungen des Absenders, ohne die Vorlegung des Doppels zu verlangen, so haftet sie für den daraus entstehenden Schaden dem Empfänger, wenn ihm der Absender das Doppel übergeben hat.

VIII Verfügt der Absender, daß die Ablieferung des Gutes ausgesetzt werden soll, so ist die Eisenbahn berechtigt, für einen dadurch auf dem Bestimmungsbahnhof verursachten Aufenthalt von mehr als 6 Stunden das tarifmäßige Wagenstand- oder Lagergeld zu erheben. Beträgt der Aufenthalt mehr als 24 Stunden, so kann die Eisenbahn das Gut auf Gefahr und Kosten des Absenders ausladen und auf Lager nehmen. Sie ist auch berechtigt, das Gut bei einem Spediteur oder in einem öffentlichen Lagerhaus auf Gefahr und Kosten des Absenders zu hinterlegen. Von diesen Maßnahmen ist der Absender zu benachrichtigen. § 80 Abs. 8 bis 10 gilt entsprechend.

IX Die Eisenbahn kann, wenn die nachträgliche Verfügung nicht durch ihr Verschulden veranlaßt ist, für deren Ausführung neben den etwa entstehenden Kosten das tarifmäßige Entgelt erheben. Die Frachtberechnung bei Änderung des Bestimmungsbahnhofs oder bei Rücksendung regelt der Tarif.

X Das Verfügungsrecht des Absenders erlischt, auch wenn er das Frachtbriefdoppel besitzt, sobald der Empfänger den Frachtbrief angenommen hat oder ihm das Gut abgeliefert worden ist, oder sobald eine Empfängeranweisung nach § 75 Abs. 6 wirksam geworden ist.

XI Hat der Empfänger den Frachtbrief angenommen, so hat die Eisenbahn seine Anweisungen zu beachten, soweit sie nach dem Frachtvertrag zulässig sind; bei Nichtbeachtung haftet die Eisenbahn dem Empfänger für den daraus entstandenen Schaden.

1) Zu **nachträglichen Verfügungen** ist zuerst der Absender berechtigt; der Empfänger erhält ein Verfügungsrecht **a)** regelmäßig mit Annahme des Frachtbriefs, auch ohne Ankunft des Guts auf dem Bestimmungsbahnhof, ferner **b)** mit Ablieferung des Guts, X, XI, **c)** mit Wirksamwerden einer Empfängeranweisung, § 75 VI. – I a–f sind erschöpfend. Die Änderung muß das ganze Gut treffen. Weisungen zur Durchführung des Frachtvertrags im Rahmen des Vereinbarten sind nicht unzulässig; regelmäßig werden sie freilich die Bahn nicht binden. – Internationales Recht: Art 13 CIM.

2) Das **Doppel** (§ 61 IV–VI) beschränkt die Verfügungsmacht des Absenders: er darf im Rahmen des § 72 nur noch verfügen, wenn er das Doppel vorlegt (VII). Er darf weiter Rechte aus dem Frachtbrief der Bahn gegenüber nur gerichtlich oder außergerichtlich geltend machen, wenn er das Doppel in Urschrift vorlegt, oder die Zustimmung des Empfängers oder dessen Weigerung, den Frachtbrief einzulösen, nachweist, § 95 II. Das Doppel soll damit den Empfänger gegen eigenmächtige Verfügungen des Absenders schützen, RG HRR **26**, 2234. Es verliert mit Ankunft des Guts am Bestimmungsort und Aushändigung des Frachtbriefs an den Empfänger jede Bedeutung. Sicherheitsleistung kann die Vorlage nicht ersetzen, str. Übersendet der Absender dem Empfänger das Doppel, so verzichtet er damit auf sein Verfügungsrecht, RG LZ

V. Transportrecht **EVO 73 (25)**

08, 938. Ist das Doppel verloren, so ist Kraftloserklärung nicht statthaft. Da die Vorschrift nur den Empfänger schützen will, muß dasselbe gelten, was § 95 II als Ausnahme gegenüber der Vorlegungspflicht bestimmt.

3) Die Bahn haftet für jeden **Schaden,** der daraus entsteht, daß sie Anweisungen des Absenders befolgt, ohne die Vorlegung des Doppels zu verlangen, und zwar dem Empfänger, dem der Absender das Doppel übergeben hat. Der Empfänger muß also seinen Besitz rechtmäßig vom Absender herleiten. Mittelbarer Besitz genügt für den Anspruch (X ist also berechtigt, wenn das Doppel beanschriftet ist: „An den Spediteur Y zur Verfügung von X", RG **110,** 202).

Beförderungshindernisse

EVO 73 ^I Stellen sich der Beförderung eines Gutes Hindernisse entgegen, die durch Umleitung behoben werden können, so ist es dem Bestimmungsbahnhof auf einem Hilfsweg zuzuführen, ohne daß hierfür eine Mehrfracht erhoben wird; dagegen wird die Lieferfrist über den Hilfsweg berechnet. Den Eisenbahnen bleibt es überlassen, gegeneinander Rückgriff zu nehmen.

^{II} **Bei Beförderungshindernissen, die nicht durch Umleitung behoben werden können, hat die Eisenbahn den Absender um Anweisung zu ersuchen. Der Absender kann in diesem Fall auch vom Vertrag zurücktreten, hat aber dann der Eisenbahn je nach Lage des Falles entweder die Fracht für die bereits zurückgelegte Strecke oder die Kosten der Vorbereitung der Beförderung, außerdem alle sonstigen im Tarif vorgesehenen Kosten zu bezahlen, es sei denn, daß die Eisenbahn ein Verschulden trifft. Der Absender kann nur dann vom Vertrag zurücktreten oder die Anweisung treffen, daß die Person des Empfängers oder der Bestimmungsbahnhof geändert werde, wenn er das Frachtbriefdoppel vorlegt, auf diesem die Änderung einträgt und sie unterschreibt; dies Erfordernis gilt nicht, wenn der Absender nach § 61 Abs. 4 auf das Doppel verzichtet hat.**

^{III} Der Absender kann im Frachtbrief im voraus für den Fall, daß ein Beförderungshindernis eintritt, Anweisung geben. Wenn diese Anweisung nach dem Ermessen der Eisenbahn nicht ausgeführt werden kann, so hat sie eine andere Anweisung des Absenders einzuholen.

^{IV} Der Absender hat seine Anweisung durch Vermittlung der Versandabfertigung oder, wenn der Tarif dies zuläßt, eines Unterwegsbahnhofs zu geben. § 72 Abs. 4 und 5 gilt entsprechend.

^V Erteilt der Absender innerhalb der im Tarif hierfür vorgesehenen Frist keine ausführbare Anweisung, so ist nach den Vorschriften für Ablieferungshindernisse zu verfahren. Nach Ablauf dieser Frist ist das tarifmäßige Lager- oder Wagenstandgeld verwirkt.

^{VI} Fällt das Beförderungshindernis vor dem Eintreffen einer Anweisung des Absenders weg, so ist das Gut dem Bestimmungsbahnhof zuzuleiten, ohne daß Anweisungen abgewartet werden; der Absender ist hiervon unverzüglich zu benachrichtigen.

1) Begriff des Beförderungshindernisses in I. Es kann den Beginn der Beförderung betreffen oder ihren Fortgang. Ist ein Hilfsweg für die Beförderung da, so muß ihn die Bahn von sich aus benutzen, ohne daß eine Mehrfracht erwächst. Andernfalls ist Weisung des Absenders einzuholen; dieser kann eine solche Weisung auch im voraus, aber nur im Frachtbrief, geben. Gibt er keine ausführbare Weisung, so verfährt die Bahn nach § 80 VIII ff. Kann vom Absender keine Weisung eingeholt werden, so kommt entsprechende Anwendung des § 80 VIII 1 in Frage, BGH **2,** 48; Lehning BB **51,** 572 („Strandgut" der Bahn

1945). Tritt der Absender vom Vertrag zurück, so gilt II. – Internationales Recht: Art 33 CIM.

Lieferfrist

EVO 74 [I] Die Lieferfristen betragen, sofern der Tarif keine kürzeren Fristen vorsieht,
a) für Wagenladungen
   1. als Eilgut:
      Abfertigungsfrist........................... 12 Stunden
      Beförderungsfrist
      für die ersten 300 Tarifkilometer .... 24 Stunden
      darüber hinaus für je auch nur angefangene 400 Tarifkilometer................................... 24 Stunden
   2. als Frachtgut:
      Abfertigungsfrist............................ 24 Stunden
      Beförderungsfrist für die ersten 200 Tarifkilometer ..... 24 Stunden
      darüber hinaus für je auch nur angefangene 300 Tarifkilometer................................... 24 Stunden,
b) für Stückgutsendungen
   Abfertigungsfrist .... 24 Stunden
   Beförderungsfrist für je auch nur angefangene 200 Tarifkilometer .... 24 Stunden,
c) für Stückgutsendungen von Gütern der Anlage zur Verordnung über die Beförderung gefährlicher Güter mit der Eisenbahn sowie von leeren Packmitteln, in denen solche Güter enthalten waren, wenn durch die Anlage zur Verordnung über die Beförderung gefährlicher Güter mit der Eisenbahn das Zusammenladen mit bestimmten Gütern verboten ist, ferner für Stückgutsendungen von Gütern, die wegen ihrer Länge, Breite oder Höhe nicht in gewöhnliche gedeckte Wagen verladen werden können,
   das Doppelte der Fristen unter Buchstabe b.

[II] Die Abfertigungsfrist wird ohne Rücksicht auf die Zahl der beteiligten Eisenbahnen nur einmal berechnet. Die Beförderungsfrist wird nach der Gesamtentfernung zwischen Versand- und Bestimmungsbahnhof berechnet.

[III] Die Eisenbahn kann mit Genehmigung der nach Bundes- oder Landesrecht zuständigen Verkehrsbehörde Zuschlagsfristen für folgende Fälle festsetzen:
a) für Sendungen, die über Strecken mit verschiedener Spurweite oder über Fährstrecken befördert werden;
b) für Beförderungen von und nach Bahnhöfen, die unbesetzt sind oder deren Bedienung eingeschränkt ist, sowie von und nach Güternebenstellen;
c) für außergewöhnliche Verhältnisse, die eine ungewöhnliche Verkehrszunahme oder ungewöhnliche Betriebsschwierigkeiten zur Folge haben, wobei die Zuschlagsfristen ausnahmsweise von der Eisenbahn vorbehaltlich der nachträglichen Genehmigung der nach Bundes- oder Landesrecht zuständigen Verkehrsbehörde festgesetzt werden dürfen;
d) für Sendungen, die über Strecken mehrerer Eisenbahnen befördert werden.

[IV] Die Zuschlagsfristen des Absatzes 3 unter Buchstaben a, b und d werden durch den Tarif festgesetzt. Die in Absatz 3 unter Buchstabe c vorgesehenen Zuschlagsfristen sind zu veröffentlichen und treten nicht vor ihrer Veröffentlichung in Kraft. Aus der Veröffentlichung muß zu ersehen sein, ob die Genehmigung erteilt oder vorbehalten ist. Wird die nachträgliche Genehmigung versagt oder wird die Genehmigung nicht innerhalb einer Woche nach der

Veröffentlichung der Zuschlagsfristen bekanntgemacht, so ist die Festsetzung wirkungslos.

V Die Lieferfrist beginnt mit der auf die Annahme des Gutes zur Beförderung folgenden Mitternacht. Ist jedoch der auf die Annahme des Gutes zur Beförderung folgende Tag ein Sonn- oder Feiertag und ist der Versandbahnhof an diesem Sonn- oder Feiertag für den Eilgutverkehr nicht geöffnet, so beginnt die Lieferfrist 24 Stunden später. Sie beginnt nicht vor Entrichtung der vom Absender übernommenen Kosten (§ 69 Abs. 1) oder vor Hinterlegung einer Sicherheit nach § 69 Abs. 4.

VI Die Lieferfrist ist gewahrt, wenn vor ihrem Ablauf das Gut dem Empfänger zugeführt worden ist; konnte das Gut aus Gründen, die in der Person des Empfängers liegen, nicht zugeführt werden, so gilt das Gut in dem Zeitpunkt als zugeführt, in dem die Eisenbahn die Zuführung vergeblich versucht hat. Für Güter, die nicht zugeführt werden, ist die Lieferfrist gewahrt, wenn vor ihrem Ablauf der Empfänger von der Ankunft benachrichtigt und das Gut zur Abholung bereitgestellt ist. Für Güter, die von der Eisenbahn dem Empfänger nicht zugeführt werden und von deren Ankunft der Empfänger nicht benachrichtigt zu werden braucht, ist die Lieferfrist gewahrt, wenn vor ihrem Ablauf die Güter auf dem Bestimmungsbahnhof zur Abholung bereitgestellt sind.

VII Der Lauf der Lieferfrist ruht für die Dauer:
a) des Aufenthalts, der durch zoll- oder sonstige verwaltungsbehördliche Maßnahmen verursacht wird;
b) einer durch nachträgliche Verfügung des Absenders hervorgerufenen Verzögerung der Beförderung;
c) eines ohne Verschulden der Eisenbahn eingetretenen Beförderungshindernisses;
d) einer nach § 63 Abs. 1 angeordneten Sperrmaßnahme, durch die der Beginn oder die Fortsetzung der Beförderung zeitweilig verhindert wird;
e) der durch Abladen eines Übergewichts erforderlichen Zeit;
f) des Aufenthalts, der ohne Verschulden der Eisenbahn dadurch entstanden ist, daß am Gute oder an der Verpackung Ausbesserungsarbeiten vorgenommen oder vom Absender verladene Sendungen um- oder zurechtgeladen werden mußten;
g) der Umladung beim Übergang einer Sendung auf eine Eisenbahn mit einer anderen Spurweite unter den im Tarif vorgesehenen Voraussetzungen.

Die Eisenbahn kann sich auf die in diesem Absatz vorgesehenen Verlängerungen der Lieferfrist nur berufen, wenn sie Ursache und Dauer der Verlängerung im Frachtbrief vermerkt hat.

VIII Die Lieferfrist ruht bei Frachtgutsendungen an Sonn- und Feiertagen.

IX Würde die Lieferfrist nach Schluß der Dienststunden des Bestimmungsbahnhofs ablaufen, so endet sie erst 2 Stunden nach dem darauffolgenden Dienstbeginn.

1) **Lieferfrist** ist die Zeit, innerhalb deren die Bahn den Beförderungsvertrag ausführen muß. Sie setzt sich zusammen aus (1) der **Abfertigungsfrist**, dh der Frist für Annahme des Guts, Verladung usw, kurz Fertigstellung zur Beförderung, ferner für Auslieferung und Benachrichtigung auf dem Bestimmungsbahnhof, und (2) der **Beförderungsfrist,** dh der Frist für die bloße Beförderung. Zuschlagsfristen kann die Bahn nur in den Fällen III (erschöpfende Aufzählung) festsetzen. Die Lieferfrist ist nach Tarifkilometern (der Entfernung zwischen Versand- und Bestimmungsbahnhof) abgestuft. Beginn V. Maßgebend die tatsächliche Auflieferung, nicht der Tagesstempel, str. Wahrung VI. Bereitgestellt ist das Gut, wenn der Empfänger nur die Übergabe zu verlangen braucht. Ruhen VII. Die Zuschlagsfrist verlängert die gewöhnliche Lieferfrist.

Zu VII c: Die Bahn muß beweisen, daß das Beförderungshindernis ohne ihr Verschulden eingetreten ist. „Beförderungshindernis" ist nicht eine bloße Erschwerung der Beförderung, zB durch Schneefall; die Beförderung muß bei den vorhandenen Betriebsmitteln unmöglich sein, vgl RG JW **16**, 196. Das Ruhen der Frist kann die Bahn nur geltend machen, wenn sie Ursache und Dauer im Frachtbrief vermerkt hat, VII. – Internationales Recht: Art 27 CIM.

Annahme des Frachtbriefs. Ablieferung

EVO 75 [I] Die Eisenbahn ist verpflichtet, den Frachtbrief und das Gut dem Empfänger auf dem vom Absender bezeichneten Bestimmungsbahnhof gegen Zahlung der sich aus dem Frachtvertrag ergebenden Forderungen (Fracht, Nebenentgelte und die sonstigen während der Beförderung entstandenen Auslagen) zu übergeben; sie kann eine Empfangsbescheinigung verlangen. Der Übergabe des Gutes an den Empfänger steht gleich eine nach den maßgebenden Bestimmungen erfolgte Übergabe an die Zoll- oder Steuerverwaltung in deren Abfertigungsräumen oder Niederlagen, wenn diese nicht unter Verschluß der Eisenbahn stehen, sowie die nach dieser Ordnung zulässige Einlagerung bei der Eisenbahn oder Hinterlegung bei einem Spediteur oder in einem öffentlichen Lagerhaus.

[II] Durch die Annahme des Frachtbriefs wird der Empfänger verpflichtet, der Eisenbahn die sich aus dem Frachtvertrag ergebenden Forderungen zu bezahlen. Der Tarif bestimmt, in welchen Fällen der Frachtbrief auch ohne Übergabe an den Empfänger als angenommen gilt.

[III] Nach Ankunft des Gutes auf dem Bestimmungsbahnhof ist der Empfänger berechtigt, von der Eisenbahn die Übergabe des Frachtbriefs und die Ablieferung des Gutes zu verlangen. Ist der Verlust des Gutes festgestellt oder ist das Gut nicht innerhalb der in § 87 vorgesehenen Frist angekommen, so kann der Empfänger seine Rechte aus dem Frachtvertrag gegen vorherige Erfüllung der sich für ihn aus dem Frachtvertrag ergebenden Verpflichtungen in eigenem Namen gegen die Eisenbahn geltend machen.

[IV] Das Gut wird nur gegen Vorzeigung des Frachtbriefs ausgehändigt. Der Tarif kann Ausnahmen zulassen. Die Eisenbahn darf außer der Empfangsbescheinigung weitere Erklärungen, namentlich über tadellose oder rechtzeitige Ablieferung nicht verlangen.

[V] Die Empfangsbahn hat bei der Ablieferung alle sich aus dem Frachtvertrag ergebenden Forderungen einzuziehen. Auch hat sie erforderlichenfalls das Pfandrecht an dem Gut geltend zu machen.

[VI] Der Tarif bestimmt, ob und unter welchen Bedingungen der Bestimmungsbahnhof Anweisungen des Empfängers über das Gut auch schon vor dessen Ankunft entgegennehmen kann. Solche Empfängeranweisungen werden erst ausgeführt, wenn das Gut am Bestimmungsbahnhof angekommen und bis zu ihrer Ausführung keine entgegenstehende nachträgliche Verfügung des Absenders bei der Empfangsabfertigung eingegangen ist.

[VII] Ob die Güter von der Eisenbahn oder vom Empfänger auszuladen und welche Vorschriften dabei zu beachten sind, bestimmt der Tarif, soweit nicht diese Ordnung Vorschriften darüber enthält oder eine besondere Vereinbarung zwischen dem Absender oder dem Empfänger und der Eisenbahn getroffen ist. Eine mit dem Absender getroffene Vereinbarung muß aus dem Frachtbrief ersichtlich sein.

[VIII] Von der Ankunft der Wagenladungen ist der Empfänger zu benachrichtigen. Die Benachrichtigung unterbleibt, wenn der Absender im Frachtbrief ausdrücklich (§ 56 Abs. 2 Buchstabe e) oder der Empfänger schriftlich darauf verzichtet hat oder wenn sie nach den Umständen nicht möglich ist.

IX Die Eisenbahn kann im Tarif vorschreiben, daß Güter, die auf dem Bestimmungsbahnhof von Eisenbahnwagen unmittelbar auf andere Verkehrsmittel umgeladen werden sollen, gegen Zahlung des im Tarif oder durch Aushang bekanntzumachenden Entgeltes durch ihre Bediensteten oder durch besondere von ihr bestellte Unternehmer umgeladen werden. In beiden Fällen hat die Eisenbahn die Pflichten eines Spediteurs.

X Die Eisenbahn hat die Güter auf den für die Abnahme bestimmten Plätzen zur Verfügung zu stellen.

XI Wenn von mehreren im Frachtbrief verzeichneten Gegenständen einer Sendung bei der Ablieferung einzelne fehlen, so kann sie der Empfänger in der Empfangsbescheinigung als fehlend aufführen.

XII Der Empfänger kann die Annahme des Gutes auch nach Annahme des Frachtbriefs so lange verweigern, bis einem etwaigen Antrag auf Feststellung eines behaupteten teilweisen Verlusts oder einer Beschädigung des Gutes stattgegeben ist. Vorbehalte bei der Annahme des Gutes sind nur wirksam, wenn sie mit Zustimmung der Eisenbahn gemacht werden.

XIII Bei Wagenladungen, die vom Empfänger auszuladen sind, sind die entladenen Wagen, gegebenenfalls nach Entfernung von Befestigungsmitteln, besenrein zurückzugeben, soweit die Wagen nicht auf Grund tierseuchenrechtlicher oder sonstiger Verwaltungsvorschriften von der Eisenbahn gereinigt oder entseucht werden müssen. Unterläßt der Empfänger die Reinigung oder die Entfernung von Befestigungsmitteln oder hat die Eisenbahn nach tierseuchenrechtlichen oder sonstigen Verwaltungsvorschriften die Eisenbahnwagen zu reinigen oder zu entseuchen, so kann sie hierfür das tarifmäßige Entgelt erheben.

1) § 75 regelt die **Rechte des Empfängers nach Ankunft des Guts,** ähnlich § 435 HGB, s dort. Das Recht des Empfängers erlischt mit einer entgegenstehenden Weisung laut § 72 I. Das Gut ist dem Empfänger zu übergeben. Sein Recht muß die Bahn prüfen, RG **103**, 147. Berechtigt ist, wen der Frachtbrief oder nachträgliche Bezeichnung, § 72, ausweist oder wer vom Ausgewiesenen bevollmächtigt oder sein Erfüllungsgehilfe ist. Quittierte Benachrichtigungskarte weist aus. Liefert die Bahn das Gut einem andern als dem Empfänger aus, so ist es verloren und haftet die Bahn entspr. Für die Wahrung der Rechte vorhergehender Frachtführer und Spediteure gilt sinngemäß § 441 HGB, s § 457 HGB. – ,,Übergabe" verlangt (anders als ,,Ablieferung", s bei § 82) idR Mitwirkung (tatsächliche Inbesitznahme) des Empfängers; aber uU nach Vertrag, Bsp: Bereitstellen auf Übergabegleis gelte, wenn kein Beauftragter des Empfängers anwesend, als ,,Abnahme ohne Beanstandung", – erst recht als Übergabe; BGH MDR **63**, 744. – Übersicht: (Rechtsstellung des Empfängers) Konow DB **75**, 137.

2) Zahlungspflicht: II weicht von § 436 HGB insofern ab, als bereits Annahme des Frachtbriefs zur Zahlung verpflichtet, auch wo das Gut noch nicht angenommen ist. Der Tarif darf sogar Annahme des Frachtbriefs für gewisse Fälle unterstellen. Das Gut ist, von tarifmäßigen Ausnahmen abgesehen, nur gegen Vorzeigung des Frachtbriefs auszuliefern. Die Bahn muß den Frachtbrief dem Empfänger anbieten. Der Bahn gegenüber ist der Empfänger zur Annahme nie verpflichtet, dem Absender gegenüber ist die Verpflichtung von den bestehenden rechtlichen Beziehungen abhängig. Auslieferung des Frachtbriefs Zug um Zug gegen Zahlung der sich aus dem Brief ergebenden Beträge. Gegen diese Zahlung muß die Bahn den Frachtbrief ausliefern; die Zahlung befreit den Empfänger aber nicht von etwaigen weiteren Verpflichtungen, etwa einer Nachzahlung bei irrig zu niedriger Berechnung. Einziehungsberechtigt die Empfangsbahn, V.

(25) EVO 76, 77　　　　　2. Handelsrechtl. Nebengesetze

3) Zu X: Hat Empfänger auszuladen (vgl VII), muß ihm die Bahn sicheren Zugang gewähren, RG **73**, 148; den Waggon festlegen, so daß er nicht beim Ausladen wegrollt, BGH NJW **73**, 511. Haftung der Bahn: § 454 HGB Anm 1 B. **Zu XIII** s Wesemann BB **59**, 393. – **Internationales Recht:** Art 28 CIM.

Nachprüfung des Gutes auf dem Bestimmungsbahnhof

EVO 76 [I] Hat der Absender im Frachtbrief Nachzählung oder Nachwiegung auf dem Bestimmungsbahnhof beantragt (§ 56 Abs. 2 Buchstabe o) oder verlangt der Empfänger bei der Ablieferung, daß die Güter auf dem Bahnhof nachgezählt oder nachgewogen werden, so hat die Eisenbahn diesem Verlangen zu entsprechen, wenn die vorhandenen Wiegevorrichtungen ausreichen und die Beschaffenheit des Gutes sowie die Betriebsverhältnisse es gestatten. Auf Verlangen des Empfängers sind die Güter in seiner Gegenwart nachzuzählen oder nachzuwiegen.

[II] Lehnt die Eisenbahn eine vom Empfänger beantragte Nachwiegung ab, so kann der Empfänger verlangen, daß die Eisenbahn zu einer von ihm veranlaßten Nachwiegung auf einer im Bahnhofbereich oder in dessen Nähe befindlichen Waage einen Bevollmächtigten beistellt. Der Empfänger hat die hierdurch entstandenen Kosten einschließlich der Entschädigung für den Bevollmächtigten zu zahlen.

[III] Für die Nachwiegung von Wagenladungen und sonstigen Gütern, die der Absender zu verladen hat, gelten die Vorschriften des § 58 Abs. 6.

[IV] Für die Nachzählung oder Nachwiegung ist das tarifmäßige Entgelt zu zahlen, es sei denn, daß dabei ein von der Eisenbahn noch nicht anerkannter, von ihr zu vertretender Unterschied (Minderzahl oder Mindergewicht) festgestellt wird.

[V] Verlangt der Empfänger auf dem Bestimmungsbahnhof nach Annahme des Frachtbriefs, daß die Eisenbahn die Übereinstimmung der Sendung mit den Angaben im Frachtbrief über Inhalt und Verpackung nachprüft, so ist dem zu entsprechen, wenn die Betriebsverhältnisse und die Beschaffenheit des Gutes es ohne Schwierigkeit gestatten. Auf Verlangen des Empfängers ist das Gut in seiner Gegenwart nachzuprüfen. Für die Nachprüfung ist das tarifmäßige Entgelt zu zahlen.

1) Daß die Vorrichtungen ausreichen usw, I, muß Absender oder Empfänger beweisen, str. – **Internationales Recht:** Art 44 CIM.

Zuführung

EVO 77 [I] Die Eisenbahn führt Stückgüter dem Empfänger nach Maßgabe besonderer Beförderungsbedingungen (§ 2 Abs. 3, § 5 Abs. 2 Buchstabe c und d) zu. Selbstabholung durch den Empfänger oder einen von ihm Bevollmächtigten wird von der Eisenbahn insbesondere zugelassen, wenn ein Kunde mit regelmäßigem und größerem Stückgutaufkommen dies beantragt, auf Grund der örtlichen Verhältnisse beim Empfangsstückgutbahnhof eine besondere Bereitstellung möglich ist und im Interesse aller Empfänger die Wirtschaftlichkeit der Hausbedienung im Einzugsbereich des Stückgutbahnhofs dadurch nicht wesentlich beeinträchtigt wird.

[II] Müssen Güter nach Räumen der Zoll- oder Steuerverwaltung gebracht werden, so kann dies die Eisenbahn selbst besorgen oder unter ihrer Verantwortung besorgen lassen. Der Verfügungsberechtigte hat die Kosten zu erstatten.

1) Regel ist Zuführung, Ausnahme Selbstabholung. Stückgutbeförderung von Haus zu Haus nach „Stückgutbeförderungsvertrag" gemäß „Stückgutbeförderungsbedingungen". Die Bahn ist Hauptfrachtführer (vgl § 432 HGB

V. Transportrecht

Benachrichtigung des Empfängers von der Ankunft

EVO 78 [I] Soweit die Eisenbahn nach § 75 Abs. 8 verpflichtet ist, den Empfänger von der Ankunft des Gutes zu benachrichtigen, kann sie die Benachrichtigung nach ihrer Wahl durch die Briefpost, durch Fernsprecher, durch Telegramm, durch Fernschreiben oder schriftlich durch Boten, vornehmen. Sie hat hierbei – abgesehen von der telegraphischen oder fernschriftlichen Benachrichtigung – die Frist anzugeben, innerhalb deren das Gut abzunehmen ist. Auf schriftlichen Antrag des Empfängers kann die Güterabfertigung eine besondere Art der Benachrichtigung mit ihm vereinbaren.

[II] Die Benachrichtigung ist bei Frachtgut sofort nach der Bereitstellung, bei Eilgut spätestens binnen zwei Stunden nach der Ankunft des Gutes vorzunehmen. Die Eisenbahn ist jedoch zur Benachrichtigung zwischen 18 und 8 Uhr und an Sonn- und Feiertagen nicht verpflichtet, an Samstagen nur, wenn Dienststunden festgesetzt sind.

[III] Die Benachrichtigung gilt als bewirkt:
a) Bei Übermittlung durch die Briefpost vierundzwanzig Stunden, bei Übermittlung durch Telegramm drei Stunden nach der Aufgabe; für besondere Fälle kann der Tarif längere Fristen vorsehen.
b) Bei Übermittlung durch Fernschreiben mit Eingang des Fernschreibens, bei Übermittlung durch Fernsprecher mit dem Gespräch.
c) bei anderer Übermittlung durch die Übergabe des Benachrichtigungsschreibens.

[IV] Für die Übermittlung der Benachrichtigung kann die Eisenbahn den Ersatz ihrer Auslagen verlangen.

[V] Ist ein vom Absender verladener Wagen unterwegs umgeladen worden, so ist dies dem Empfänger bei der Benachrichtigung mitzuteilen.

1) Regelmäßig muß die Bahn den Empfänger von Ankunft des Gutes benachrichtigen, § 75 VIII. Sie tut das in der Regel durch Karte (Aviskarte). Diese ist kein Ausweis-(Legitimations-)papier; die Bahn muß die Berechtigung des Vorlegers prüfen. Quittierte Karte freilich genügt regelmäßig zum Nachweis der Berechtigung. Die Bahn kann auch durch Fernsprecher, Telegramm oder Boten (nur schriftlich) benachrichtigen. Empfangsbedürftige Willenserklärung, aber III stellt eine unwiderlegliche Vermutung für den Zugang und die Zeit des Zugangs auf. Jedenfalls muß aber unter richtiger Anschrift abgesandt usw sein. Der Zeitpunkt des Zugangs ist von Bedeutung für die Abnahmefrist, § 79 I, und die Lieferfrist, § 74 VI.

Abnahme der nicht zugeführten Güter

EVO 79 [I] Die von der Eisenbahn auszuladenden Güter sind innerhalb der im Tarif festzusetzenden Frist während der Dienststunden der Güterabfertigung abzunehmen. Die Frist beginnt mit dem Zeitpunkt, in dem die Benachrichtigung von der Ankunft des Gutes als bewirkt gilt (§ 78 Abs. 3), und muß mindestens 24 Stunden betragen.

[II] Die Frist, innerhalb der die vom Empfänger auszuladenden Güter abzunehmen sind, ist durch Aushang bekanntzumachen. Die Frist beginnt mit dem Zeitpunkt, in dem die Benachrichtigung von der Ankunft des Gutes als bewirkt gilt. Sind die zu entladenden Wagen nicht rechtzeitig bereitgestellt, so beginnt die Entladefrist erst mit dem Zeitpunkt der Bereitstellung. Die Eisenbahn kann verlangen, daß die Güter während der Dienststunden ausgeladen und abgefahren werden.

(25) EVO 80 2. Handelsrechtl. Nebengesetze

^{III} Hat der Absender im Frachtbrief (§ 56 Abs. 2 Buchstabe e) oder der Empfänger schriftlich auf die Benachrichtigung von der Ankunft der Wagenladung verzichtet oder ist eine Benachrichtigung nicht möglich, so beginnt die Abnahmefrist mit der Bereitstellung der Sendung.

^{IV} An Sonn- und Feiertagen braucht die Eisenbahn keine Güter abzuliefern. Soweit dies doch geschieht, ist es durch Aushang bekanntzumachen.

^V Der Lauf der Abnahmefristen ruht an Sonn- und Feiertagen.

^{VI} Wird das Gut nicht innerhalb der Abnahmefrist abgenommen, so ist das tarifmäßige Lager- oder Wagenstandgeld zu zahlen. Wird die Abnahmefrist um mehr als 24 Stunden überschritten, so kann die Eisenbahn die Güter auf Gefahr und Kosten des Empfängers ausladen. Lager- und Wagenstandgeld sind bei Überschreitung der Fristen auch für Sonn- und Feiertage zu zahlen; hierbei werden jedoch unmittelbar aufeinanderfolgende Sonn- und Feiertage stets nur als ein Tag gerechnet. Läuft die Abnahmefrist erst nach 14 Uhr eines Werktages ab, so ist für einen oder mehrere auf den Werktag unmittelbar folgende Sonn- oder Feiertage kein Lager- oder Wagenstandgeld zu zahlen.

^{VII} Meldet sich der benachrichtigte Empfänger zur Abnahme des Gutes und kann es ihm nicht innerhalb einer Stunde nach seinem Eintreffen bereitgestellt werden, so hat die Eisenbahn ihm etwaige Kosten für den Versuch der Abholung zu ersetzen. Auf Verlangen des Empfängers hat die Eisenbahn den vergeblichen Versuch der Abholung auf dem Frachtbrief zu bescheinigen.

^{VIII} Wird die ordnungsmäßige Abwicklung des Verkehrs durch Güteranhäufungen gefährdet, so kann die Eisenbahn die Abnahmefrist soweit nötig abkürzen sowie Wagenstandgeld und Lagergeld erhöhen. Auch können die erleichternden Bestimmungen über die Berechnung des Lager- und Wagenstandgelds in Absatz 6 außer Kraft gesetzt werden. Solche Maßnahmen sind durch Aushang bekanntzumachen; auch soll in der Presse auf sie hingewiesen werden.

1) Der Empfänger hat der Bahn gegenüber nicht die Pflicht, das Gut abzunehmen; wohl aber hat die Bahn das Recht, Abnahme des Guts bei Meidung von Ansprüchen gegen den Verfügungspflichtigen zu verlangen. Die Abnahmefrist und die Folgen unterlassener Abnahme regelt § 79 für nicht zugerollte Güter; zugerollte sind sofort abzunehmen. Die ,,Abnahme" ist genau dasselbe wie die ,,Annahme" des § 93; mit der Abnahme erlöschen Ansprüche gegen die Bahn aus dem Frachtvertrag.

Ablieferungshindernisse. Verzögerung der Abnahme

EVO 80 ^I Ist der Empfänger des Gutes nicht zu ermitteln oder verweigert er ausdrücklich die Annahme oder nimmt er den Frachtbrief nicht innerhalb der von der Eisenbahn im Tarif festzusetzenden Frist an oder ergibt sich vor Annahme des Frachtbriefs durch den Empfänger ein sonstiges Ablieferungshindernis, so hat die Empfangsabfertigung unverzüglich den Absender durch die Versandabfertigung hiervon zu benachrichtigen und seine Anweisung einzuholen. Der Absender hat die Anweisung durch Vermittlung der Versandabfertigung zu erteilen.

^{II} Der Absender kann im Frachtbrief vorschreiben, daß er von einem Ablieferungshindernis auf seine Kosten ohne Vermittlung der Versandabfertigung telegraphisch, fernmündlich oder durch die Briefpost benachrichtigt werden soll; er ist in diesem Fall unter den im Tarif festzusetzenden Bedingungen berechtigt, seine Anweisung unmittelbar an die Empfangsabfertigung zu richten.

^{III} Der Absender kann unter den im Tarif festzusetzenden Bedingungen im Frachtbrief auch vorschreiben, daß ihm das Gut bei Eintritt eines Ablieferungshindernisses ohne vorherige Benachrichtigung zurückgeschickt werden

soll. Sonst darf das Gut nur mit ausdrücklichem Einverständnis des Absenders zurückgeschickt werden.

IV Der Absender kann im Frachtbrief einen anderen für den Fall eines Ablieferungshindernisses zur Erteilung von Anweisungen über das Gut bevollmächtigen und vorschreiben, daß die Empfangsabfertigung diesen an seiner Stelle ohne Vermittlung der Versandabfertigung benachrichtigen und dessen Anweisung einholen soll.

V Der Absender kann im Frachtbrief auch vorschreiben, daß das Gut im Fall eines Ablieferungshindernisses auf dem Bestimmungsbahnhof unter gewissen im Tarif festzusetzenden Bedingungen an einen von ihm bezeichneten anderen als den in der Anschrift genannten Empfänger abgeliefert werden soll. Von der Ablieferung des Gutes hat die Empfangsabfertigung den Absender unmittelbar zu verständigen.

VI Der Absender oder sein Bevollmächtigter hat bei Erteilung von Anweisungen in den Fällen der Absätze 1, 2 und 4 das Frachtbriefdoppel vorzulegen, darin die Anweisung einzutragen und sie zu unterschreiben; dies Erfordernis gilt nicht, wenn der Absender nach § 61 Abs. 4 auf das Doppel verzichtet hat. Befolgt die Eisenbahn die Verfügungen des Absenders, ohne die Vorlegung des Doppels zu verlangen, so haftet sie für den daraus entstehenden Schaden dem Empfänger, wenn ihm der Absender das Doppel übergeben hat. Hat der Empfänger die Annahme ausdrücklich verweigert, so kann der Absender oder sein Bevollmächtigter auch ohne Vorlage des Doppels Anweisung erteilen.

VII Für die Ausführung der Anweisungen gilt § 72 Abs. 4 und 5 entsprechend.

VIII Ist die Benachrichtigung des Absenders oder des im Frachtbrief bezeichneten Bevollmächtigten nach den Umständen nicht möglich oder geht binnen der im Tarif hierfür vorgesehenen Frist keine Anweisung des Absenders oder seines Bevollmächtigten ein oder ist die Anweisung nicht ausführbar, so hat die Eisenbahn das Gut auf Kosten des Absenders auf Lager zu nehmen. Sie ist jedoch auch berechtigt, das Gut unter Einziehung der etwa noch nicht bezahlten Kosten bei einem Spediteur oder in einem öffentlichen Lagerhaus auf Gefahr und Kosten des Absenders zu hinterlegen. Lager- oder Wagenstandgeld wird nach § 79 Abs. 6 erhoben.

IX Die Eisenbahn ist ferner berechtigt:
a) Güter, die nicht abgeliefert werden können, wenn sie nach dem Ermessen des Bestimmungsbahnhofs schnellem Verderb unterliegen oder nach den örtlichen Verhältnissen weder einem Spediteur oder Lagerhaus übergeben noch eingelagert werden können, sofort,
b) Güter, die nicht abgeliefert werden können und vom Absender nicht zurückgenommen werden, einen Monat nach Ablauf der Abnahmefrist, wenn aber ihr Wert durch längere Lagerung unverhältnismäßig vermindert werden würde oder wenn die Lagerkosten in keinem Verhältnis zum Werte des Gutes stehen würden, schon früher
ohne Förmlichkeit bestmöglich zu verkaufen. Von dem bevorstehenden Verkauf ist der Absender zu benachrichtigen, soweit dies nach den Umständen möglich ist. Für den Verkauf kann die Eisenbahn außer den baren Auslagen das tarifmäßige Entgelt erheben.

X Von der Hinterlegung und vom Verkauf des Gutes hat die Eisenbahn den Absender zu benachrichtigen, soweit dies nach den Umständen möglich ist. Dem Absender ist der Verkaufserlös nach Abzug der noch nicht bezahlten Kosten sowie der mit dem Verkauf verbundenen Auslagen zur Verfügung zu stellen. Reicht der Erlös zur Deckung dieser Beträge nicht aus, so ist der Absender zur Nachzahlung der ungedeckten Beträge verpflichtet. Das gleiche gilt, wenn das Gut auf Grund von Polizei- oder Verwaltungsvorschriften vernichtet werden muß oder aus sonstigen Gründen unverwertbar ist.

(25) EVO 80 2. Handelsrechtl. Nebengesetze

XI Zoll- oder steuerpflichtige Güter dürfen erst nach der Zoll- oder Steuerbehandlung bei einem Spediteur oder in einem öffentlichen Lagerhaus hinterlegt oder verkauft werden.

XII Fällt das Ablieferungshindernis weg, so wird dem Empfänger, wenn er zur Annahme bereit ist, das Gut abgeliefert, sofern keine entgegenstehende Anweisung des Absenders oder seines Bevollmächtigten bei der Empfangsabfertigung eingegangen ist. Von der nachträglichen Ablieferung ist der Absender oder sein Bevollmächtigter, soweit diesen das Hindernis schon mitgeteilt war, unmittelbar zu verständigen.

XIII Hat der Empfänger den Frachtbrief angenommen, so hat die Eisenbahn das Gut, wenn es vom Empfänger nicht innerhalb der Abnahmefrist abgenommen wird oder aus anderen Gründen nicht abgeliefert werden kann, auf Kosten des Empfängers auf Lager zu nehmen. Der Empfänger ist hiervon zu benachrichtigen. Für die Lagerung solcher Güter, für ihre Überweisung an einen Spediteur oder an ein öffentliches Lagerhaus sowie für ihren Verkauf gelten die Vorschriften der Absätze 8 bis 11, wobei jedoch an die Stelle des Absenders der Empfänger tritt.

XIV Die Eisenbahn kann für ihre sich aus den vorstehenden Bestimmungen ergebenden Leistungen außer der Fracht und den sonstigen Kosten die im Tarif festgesetzten Nebenentgelte verlangen, es sei denn, daß sie ein Verschulden trifft.

1) Vgl zu den Ablieferungshindernissen § 437 HGB. Dahin gehört nach I Nichtannahme des Frachtbriefs, da Annahme Voraussetzung des Anspruchs auf Auslieferung des Guts ist, § 75 III, und Nichtannahme des Guts nach Einlösung des Frachtbriefs, weil der Empfänger dann abnehmen muß. Ein vor Ankunft des Guts eintretendes Hindernis ist kein Ablieferungs-, sondern ein Beförderungshindernis, § 73, BGH **2**, 46; dagegen hält Lehning BB **51**, 572 Vorschriften über Ablieferungshindernisse (als die weiterreichenden) für anwendbar, wenn klar ist, daß das Gut nach Ankunft am Bestimmungsbahnhof doch nicht abgeliefert werden könnte („Strandgut" der Eisenbahnen von 1945, ohne jede Angabe über Herkunft und Bestimmung aufgefundenes Frachtgut). Die Rechte der Bahn aus § 80 sind von einem Verschulden unabhängig. Voraussetzung regelmäßig Benachrichtigung des Absenders, damit er Weisungen erteilen kann. Sie muß unverzüglich geschehen, dh ohne schuldhaftes Zögern, § 121 BGB. Drahtnachricht regelmäßig nur nötig, wo im Frachtbrief beantragt, RG HRR **32**, 852. Die Bahn darf mangels Weisung (1) das Gut selbst lagern, dazu § 82 V; (2) bei einem Spediteur oder öffentlichem Lagerhaus hinterlegen, der Absender trägt Gefahr und Kosten; (3) in den Fällen IX formlos verkaufen (Notverkauf), wofür ihr Auslagenersatz und Gebühr zustehen. Die Wartefrist nach IX b (ggf in Verbindung mit § 73 V) braucht nicht eingehalten zu werden, wenn dadurch nichts gewonnen wird, zB wenn Absender und Empfänger unbekannt sind oder wenn sich ein Ablieferungshindernis schon während der Beförderung herausstellt, also die Abnahmefrist gar nicht beginnen kann, Lehning BB **51**, 572. Die Notverkäufe von 1945 zur Räumung der Bahnanlagen von „Strandgut" (s oben) konnten Hoheitsakte sein (entweder auf der eigenen Polizeihoheit der Reichsbahn oder auf Besatzungshoheit beruhend) oder Notverkäufe gem der EVO, dies zB im Falle einer Anordnung der Reichsbahndirektion, alles nicht auslieferbare Gut nach den allgemeinen Weisungen über die Auflösung von Rückstau zu behandeln, hier (nicht im ersten Falle) gelten die Notverkaufsvoraussetzungen des § 80 IX, BGB **2**, 43. Der Betrieb eines Verschiebe- und Abstellbahnhofs der Reichs (jetzt Bundes)bahn ist im allgemeinen (samt Notverkäufen in diesem Betrieb) nicht Ausübung von Staatsgewalt, RG JW **38**, 2969, BGH **2**, 41. In dem Notverkaufsrecht (IX) liegt die gesetzliche Ermächti-

gung zur Eigentumsübertragung auf den Erwerber; liegen die Voraussetzungen des § 80 IX entgegen der Annahme der Bahn nicht vor, so wird doch der gutgläubige Erwerber gegen die Herausgabeklage des Eigentümers geschützt; § 366 HGB gilt jedenfalls entspr (§ 366 HGB Anm 2 A), sollte die Bahn nicht Kfm sein (s aber § 1 HGB Anm 7). Wertloses Gut darf die Bahn vernichten. Verletzung der Benachrichtigungspflicht oder Lagern oder Verkauf ohne die Voraussetzungen macht die Bahn ersatzpflichtig. – Internationales Recht: Art 34 CIM.

Feststellung von teilweisem Verlust oder von Beschädigung des Gutes

EVO 81 [I] Wird ein teilweiser Verlust oder eine Beschädigung von der Eisenbahn entdeckt oder vermutet, so hat die Eisenbahn je nach der Art des Schadens den Zustand des Gutes, sein Gewicht und, soweit möglich, Ausmaß und Ursache des Schadens sowie den Zeitpunkt seines Entstehens unverzüglich durch eine Tatbestandsaufnahme festzustellen, wenn möglich in Gegenwart des Verfügungsberechtigten. Unbeteiligte Zeugen oder Sachverständige können hinzugezogen werden. Werden solche Unregelmäßigkeiten vom Verfügungsberechtigten behauptet, so ist die Eisenbahn berechtigt, nach Eingang der Anzeige den Tatbestand festzustellen.

[II] Dem Verfügungsberechtigten ist auf sein Verlangen unentgeltlich eine Abschrift der Tatbestandsaufnahme auszuhändigen und das Ergebnis der Feststellungen schriftlich bekanntzugeben.

[III] Ergibt die vom Verfügungsberechtigten veranlaßte Untersuchung keinen oder nur einen von der Eisenbahn schon anerkannten Schadensfall, so wird außer den etwa erwachsenden Kosten das tarifmäßige Entgelt erhoben.

[IV] Der Absender oder Empfänger kann den teilweisen Verlust oder die Beschädigung des Gutes auch durch amtlich ernannte Sachverständige feststellen lassen. Zu dieser Feststellung ist die Eisenbahn einzuladen. Die Vorschriften der Zivilprozeßordnung über die Sicherung des Beweises bleiben unberührt.

1) § 81 steht in engem Zusammenhang mit § 93, s dort II c und d. Entdeckt oder vermutet die Bahn den Teilverlust oder eine Beschädigung des Guts, so muß die Bahn den Tatbestand aufnehmen. Sie muß dies schriftlich tun (Bahnprotokoll). Dieses ist „ohne Verzug" aufzunehmen, dh ohne schuldhaftes Zögern, § 121 BGB. Ergänzung eines ordnungsmäßigen Bahnprotokolls kann der Berechtigte nicht verlangen, RG **135**, 190. Der Berechtigte erhält auf Verlangen unentgeltliche Abschrift des Bahnprotokolls und schriftliche Mitteilung des Ergebnisses der Feststellung. Er kann auch Einsicht dieser Urkunden verlangen. Nicht aber Einsicht anderer Vorgänge, etwa der gesamten Tatbestandsakten, weil § 81 abschließend regelt, RG **135**, 192. – Der Absender oder der Empfänger können außerdem Teilverlust oder Beschädigung durch amtlich ernannte Sachverständige feststellen lassen, IV. Auch das Beweissicherungsverfahren, §§ 485 ff ZPO, steht ihnen und der Bahn offen. Die Kostenvorschrift III findet bei diesem Verfahren keine Anwendung. – Internationales Recht: Art 52 CIM.

Haftung der Eisenbahn im allgemeinen

EVO 82 [I] Die Eisenbahn haftet für den Schaden, der durch gänzlichen oder teilweisen Verlust oder durch Beschädigung des Gutes in der Zeit von der Annahme zur Beförderung bis zur Ablieferung entsteht, es sei denn, daß der Schaden durch ein Verschulden oder eine nicht von der Eisenbahn verschuldete Anweisung des Verfügungsberechtigten, durch besondere Mängel des Gutes, namentlich durch inneren Verderb, Schwinden, gewöhnlichen Rinnverlust oder durch höhere Gewalt verursacht ist.

(25) EVO 83 2. Handelsrechtl. Nebengesetze

^{II} Die Eisenbahn haftet für die Überschreitung der Lieferfrist, es sei denn, daß die Überschreitung durch Umstände herbeigeführt worden ist, die sie nicht abzuwenden und denen sie auch nicht abzuhelfen vermochte.

^{III} Wird eine nach den Bestimmungen dieser Ordnung beförderte Wagenladung ohne Umladung und ohne daß sie aus dem Gewahrsam der Eisenbahn gekommen ist, neu aufgegeben, so wird vermutet, daß ein etwaiger teilweiser Verlust oder eine Beschädigung während des letzten Frachtvertrags eingetreten ist.

^{IV} Die gleiche Vermutung gilt, wenn eine nach den Bestimmungen des Internationalen Übereinkommens über den Eisenbahn-Frachtverkehr beförderte Wagenladung ohne Umladung und ohne daß sie aus dem Gewahrsam der Eisenbahn gekommen ist, nach den Bestimmungen dieser Ordnung neu aufgegeben wird, sofern bei direkter Abfertigung vom ursprünglichen Versandbahnhof bis zum letzten Bestimmungsbahnhof das Internationale Übereinkommen über den Eisenbahn-Frachtverkehr anzuwenden gewesen wäre.

^V Wenn die Eisenbahn nach den Vorschriften dieser Ordnung oder des Tarifs ein Gut auf Lager nimmt, hat sie für die Sorgfalt eines ordentlichen Kaufmanns einzustehen.

1) Zu I vgl § 454 HGB, zu II § 455 HGB. Verlust iSv I liegt vor, wenn die Bahn aus irgendeinem Grunde, nicht nur vorübergehend, außerstande ist, das Gut auszuliefern, RG **94**, 99, **103**, 147, BGH **LM** § 96 EVO Nr 2. Zu V: die Einlagerung ist besonderes Rechtsgeschäft, das die Bahn (erlaubterweise in den in der EVO vorgesehenen Fällen) für den Verfügungsberechtigten mit sich selbst abschließt und das den §§ 688 ff BGB (entgeltliche Verwahrung) unterliegt mit Annäherung der Haftung der Bahn an die des kfm Lagerhalters (§§ 417, 390 HGB), RG **100**, 163, Goltermann MDR **50**, 109 „**Ablieferung**" ist Gewahrsamsaufgabe und Instandsetzen des hierzu bereiten Empfängers zur Inbesitznahme; Bsp: Bereitstellen eines Wagens durch DBB auf Übergabegleis der (vom Empfänger mit der Annahme beauftragten) Privatanschlußbahn; beachtlich hierbei Vertrag DBB-Privatbahn, BGH MDR **63**, 744. Übersicht: (Eisenbahn(fracht)haftung) Konow DB **70**, 1257, **76**, 469. RsprÜbersichten: Finger transpR **82**, 29, **88**, Konow DB **83**, 1185. – Internationales Recht: Art 35, 36 CIM.

Beschränkung der Haftung bei besonderen Gefahren

EVO 83 ^I Die Eisenbahn haftet nicht für Schäden, die aus einer oder mehreren der nachbenannten Ursachen entstehen:

a) aus der mit der Beförderung in offenen Wagen verbundenen Gefahr für Güter, die nach den Vorschriften dieser Ordnung oder des Tarifs oder nach einer in den Frachtbrief aufgenommenen Vereinbarung mit dem Absender auf diese Weise befördert werden;

b) aus der mit dem Fehlen einer Verpackung oder mit der mangelhaften Beschaffenheit der Verpackung verbundenen Gefahr für Güter, die ohne Verpackung ihrer Natur nach Verlusten oder Beschädigungen ausgesetzt sind;

c) aus der mit dem Ver- oder Ausladen oder mit mangelhafter Verladung verbundenen Gefahr für Güter, die nach den Vorschriften dieser Ordnung oder des Tarifs oder nach einer in den Frachtbrief aufgenommenen Vereinbarung mit dem Absender von diesem verladen oder nach Vereinbarung mit dem Empfänger von diesem ausgeladen werden;

d) aus der besonderen Gefahr des gänzlichen oder teilweisen Verlusts oder der Beschädigung, namentlich durch Bruch, Rosten, inneren Verderb, außergewöhnlichen Rinnverlust, Austrocknen, Verstreuen, der gewisse Güter nach ihrer eigentlichen natürlichen Beschaffenheit ausgesetzt sind;

e) aus der Gefahr, die daraus entsteht, daß der Absender von der Beförderung ausgeschlossene Gegenstände unter unrichtiger, ungenauer oder unvoll-

ständiger Bezeichnung aufgibt oder daß er nur bedingt zur Beförderung zugelassene Gegenstände unter unrichtiger, ungenauer oder unvollständiger Bezeichnung oder unter Außerachtlassung der vorgeschriebenen Vorsichtsmaßregeln aufgibt;
f) aus der für lebende Tiere mit der Beförderung verbundenen besonderen Gefahr;
g) aus der Gefahr, deren Abwendung durch die Begleitung von lebenden Tieren oder von Gütern bezweckt wird, wenn diese Tiere oder Güter nach den Bestimmungen dieser Ordnung oder des Tarifs oder nach einer in den Frachtbrief aufgenommenen Vereinbarung mit dem Absender begleitet werden müssen.

II Konnte nach den Umständen des Falles ein Schaden aus einer oder mehreren dieser Ursachen entstehen, so wird bis zum Nachweis des Gegenteils durch den Berechtigten vermutet, daß der Schaden daraus entstanden ist. Diese Vermutung gilt im Falle des Absatzes 1 Buchstabe a nicht bei außergewöhnlichem Abgang oder bei Verlust von ganzen Stücken.

III Eine Befreiung von der Haftung auf Grund dieser Vorschriften kann nicht geltend gemacht werden, wenn der Schaden durch Verschulden der Eisenbahn entstanden ist.

1) Im Einklang mit § 458 II 1, 2 HGB regelt § 83 die Haftung der Bahn abweichend von § 455 HGB (einschränkend) hinsichtlich Voraussetzungen (I) und Beweis (II) außer für den Fall des Entstehens des Schadens durch Verschulden der Bahn (III). I sagt nicht: Schäden (zB, Fall a) „durch Beförderung im offenen Wagen", sondern: Schäden „aus der mit der Beförderung im offenen Wagen verbundenen Gefahr", unterstellt also typischen Kausalverlauf, „adäquate" Verursachung des Schadens durch (zB) die offene Beförderung. Greifen ungewöhnliche Faktoren ein (Bsp: die offenen Wagen laufen diesen, die geschlossenen jenen Weg, dadurch Schaden für die Güter in den offenen), so gilt nicht § 83, sondern § 82. Verursachung gemäß I wird nach II vermutet, dazu unten Anm 3.

2) A. Zu Ia (**offener Wagen**, dh „ohne festes Dach gebaut", § 66 II; sei es mit Decken, vgl § 66 III): Voraussetzung der Freistellung der Bahn ist Entstehung des Schadens aus einer vom Verkehr als wesentlich angesehenen, besonderen Gefahr, die offen beförderten Gütern im Vergleich mit im geschlossenen Wagen beförderten droht, RG **104**, 49, **155**, 194; diese besondere Gefahr wird nicht vermutet, ist von der Bahn zu beweisen, BGH **19**, 276 (Schaustellerwagen, befördert auf offenem Güterwagen, verbrannt). Kesselwagen sind nicht „offen", BGH **16**, 233. Beförderung in einem in offenem Wagen stehenden Möbelwagen ist Beförderung im offenen Wagen; der Möbelwagen ist Behältnis, RG **111**, 335. Darf die Bahn in offenem Wagen befördern, befördert sie aber in gedecktem (der schadhaft ist, so daß das Gut trotzdem Schaden leidet), so kann zwar Ia nicht eingreifen; hat aber die Bahn auch in diesem Falle die bei Beförderung in offenem Wagen üblichen Schutzmaßnahmen getroffen, so ist sie von Haftung für trotzdem entstehenden Schaden entsprechend Ia frei. Vermutung der Ursächlichkeit: II 1, nicht im Falle (a) „außergewöhnlichen Abgangs", zB durch Diebstahl, hier muß die Bahn die Ursächlichkeit der offenen Beförderung für den Diebstahl beweisen, RG **100**, 85, oder Verlust „ganzer Stücke", dieser Begriff nach Verkehrsauffassung, nicht einer Einzelauffführung im Frachtbrief.

B. Zu Ib (**Verpackung**) s § 62. Vermutung der Ursächlichkeit des Verpackungsmangels für Schaden, der daraus entstehen „konnte": II 1. Auch Diebstahl kann unter Ib fallen. „Verpackt" sind auch Flüssigkeiten in Kesselwagen, BGH **16**, 231.

C. **Zu 1 c** (**Verladung** durch Absender, **Ausladen** durch Empfänger): Gefahren (a) durch das Verladen, Ausladen, (b) aus mangelhafter Verladung. Vermerk „Selbstverlader" im Frachtbrief genügt. Anwendbar auch, wo die Bahn das Gut schon verladen übernommen hat. Die Bahn schuldet nicht Überwachung oder Nachprüfung, wohl Mitteilung erkannter Mängel. Entladen Bedienstete der Bahn auf Verlangen des Berechtigten, wo die Bahn nicht zu entladen hat, so tun sie das als dessen Leute, nicht als Bedienstete der Bahn, RG **97**, 17. Zum ordnungsmäßigen Verladen gehört geeignetes Verstauen und notfalls Befestigen des Guts, BGH **32**, 197. Verschulden der Bahn liegt vor, wenn sie mangelhafte Ladeeinrichtungen getroffen hat, Dresden OLGE **11**, 415, oder einen zum angeblichen Zweck untauglichen Wagen zuweist. Vermutung der Ursächlichkeit: II 1.

D. **Zu 1 d** (**Beschaffenheit** des Guts): Voraussetzung Beschaffenheit, die Bruch, Rosten usw (auch nicht aufgeführte Schadensfall-Formen, zB Erfrieren, Selbstentzündung, Sprengen der Umhüllung, Geruchsannahme) begünstigt, RG **110**, 43, **112**, 233 (Eier), JW **38**, 2615 (Schnittblumen). Anders Schaden durch eine Gefahr, gegen die gehörige Verpackung schützen kann, RG **113**, 252 (brennbare Flüssigkeit). Vermutung der Ursächlichkeit: II 1, widerlegbar zB durch Nachweis: der Schaden wäre auch bei nicht so gefahrgeneigtem Gute eingetreten, RG **112**, 232. „Gewöhnlicher" Rinnverlust ist schon nach § 82 I nicht ersetzbar; „außergewöhnlicher" zB infolge Springens eines Faßreifens: Kiel HRR **31**, 1244.

E. **Zu 1 e** (**ausgeschlossene** oder nur bedingt zugelassene **Güter** s § 54): Verschulden des Absenders unerheblich. Frachtzuschlag in solchem Falle: § 60; Schadensersatzpflicht des Absenders: § 60 I 3, § 54 Anm 1. Hat die Bahn Bedenken, ob die Sendung mit den Angaben übereinstimmt, so muß sie nach Treu und Glauben rückfragen. Der Absender haftet der Bahn für die Richtigkeit seiner Angaben, § 57. Kannte die Bahn die wahre Beschaffenheit, so darf sie sich nicht auf 1 e berufen, RG **97**, 112. Vermutung der Ursächlichkeit: II 1.

F. **Zu 1 f** (lebende **Tiere**) vgl §§ 48–52. Vermutung der Ursächlichkeit: II 1.

G. **Zu 1 g** (**Begleitung**): Bei lebenden Tieren auf Verlangen des Absenders, § 48 IX, bei Eisenbahnfahrzeugen, die auf eigenen Rädern laufen sollen, § 54 II d, auch bei besonders wertvollen Gegenständen. Vermutung der Ursächlichkeit: II 1.

3) „**Konnte**" der eingetretene Schaden aus einer der „**Gefahren**", die Ia–g aufzählt, „nach den Umständen des Falles" entstehen (nicht nur: in abstracto ein Schaden der Art aus einer Gefahr der Art, RG **105**, 284), was die Bahn dartun muß, so wird **vermutet**, er sei aus ihr entstanden, II 1. Ein gesetzlich für ausreichend erklärter prima-facie-Beweis. Der Gegner, das ist der am Gut „Berechtigte" kann (a) jene These der Bahn widerlegen, (b) nachweisen, daß in casu der Schaden anders entstand; dann entfällt Befreiung nach § 83 I, die Bahn haftet nach § 82. – Über II 2 betr Fall Ia (offener Wagen) s Anm 2 A. – Zu Fall Ic (Verladung durch Absender): es gibt keine allgemeine Vermutung für Fehlerhaftigkeit der Verladung durch den Absender (statt durch die Bahn), RG **112**, 231.

4) Bei **Verschulden** der **Bahn** entfällt nach III deren Befreiung nach I, II, sie haftet nach § 82, aber Abwägung von **Mitverschulden** des Absenders und Schadensteilung nach § 254 BGB sind möglich, RG **112**, 284, EE **42**, 92. Hierzu Übersicht Konow DB **76**, 469. Beweispflichtig für Verschulden und ursächlichen Zusammenhang ist der Ersatzfordernde, RG **34**, 46. Dabei ist auf die Betriebsverhältnisse einzugehen, RG JW **25**, 1398; namentlich sind der Massenbetrieb und die Eile der Bahnbeförderung zu beachten. So sind gewöhnliche Verschiebestöße nicht schuldhaft; besonders starke sind es. Schuldhaft ist auch die Nichtbeachtung sichernder Hinweise auf der Verpackung, wie ,,nicht stürzen". Mitwirkendes Verschulden liegt zB in der Versendung frisch abgeschnittener Rosen im warmen Wagen (Sommer) ohne Schutz, vgl RG JW 38, 2615. Es kann auch darin liegen, daß der Absender bei einem leichtverderblichen Gut, das die Bahn unsachgemäß befördern will, kein anderes Verkehrsmittel wählt, RG aaO. Freilich wird man regelmäßig auf ordnungsmäßige Ausführung eines Frachtvertrags durch die Bundesbahn vertrauen dürfen.

Beschränkung der Haftung bei Gewichtsverlusten

EVO 84 [I] **Bei Gütern, die nach ihrer besonderen natürlichen Beschaffenheit bei der Beförderung regelmäßig einen Gewichtsverlust erleiden, haftet die Eisenbahn ohne Rücksicht auf die Länge der durchfahrenen Strecke nur für den Teil des Gewichtsverlusts, der die nachstehend zugelassenen Verlustgrenzen überschreitet:**
a) zwei vom Hundert des Gewichts für die flüssigen oder in feuchtem Zustand aufgegebenen Güter sowie für die nachstehenden Güter: geraspelte oder gemahlene Farbhölzer, Felle, Fettwaren, getrocknete Fische, frische Früchte, frische Gemüse, Häute, Hautabfälle, Hopfen, Hörner und Klauen, frische Kitte, ganze oder gemahlene Knochen, Leder, getrocknetes oder gebackenes Obst, Pferdehaare, Rinden, Salz, Schafwolle, Schweinsborsten, Seifen und harte Öle, Süßholz, geschnittener Tabak, frische Tabakblätter, Tierflechsen, Wurzeln;
b) eines vom Hundert des Gewichts bei allen übrigen trockenen Gütern der eingangs bezeichneten Art.

[II] **Werden mehrere Stücke mit demselben Frachtbrief befördert, so wird der Gewichtsverlust für jedes Stück besonders berechnet, wenn das Gewicht der einzelnen Stücke im Frachtbrief angegeben ist oder auf andere Weise festgestellt werden kann.**

[III] **Die Beschränkung der Haftung tritt nicht ein, soweit nachgewiesen wird, daß der Verlust den Umständen nach nicht infolge der besonderen natürlichen Beschaffenheit des Gutes entstanden ist oder soweit der angenommene Satz dieser Beschaffenheit oder den sonstigen Umständen des Falles nicht entspricht.**

[IV] **Ist das Gut verlorengegangen, so wird für Gewichtsverlust nichts abgezogen.**

[V] **Die weitergehende Haftungsbefreiung der Eisenbahn nach § 83 Abs. 1 Buchstabe d wird hierdurch nicht berührt.**

1) Auch § 84 (vgl § 83 Anm 1) schränkt die Haftung der Bahn ein, für **Gewichtsverlust** von Gütern, die bei der Beförderung idR Gewichtsverlust erleiden. Die Bahn haftet nur für den Verlust, der über die in I aufgeführten Grenzen hinausgeht. Die Bahn muß beweisen, daß es sich um ein Gut der bezeichneten Art handelt. Es wird dann vermutet, daß der Gewichtsverlust bis zur Regelgrenze aus der natürlichen Beschaffenheit herrührt (daß zB nasses Gut durch Austrocknen leichter geworden ist). Dem Geschädigten liegt der Gegenbeweis ob, daß nach Lage des gegebenen Falls der Gewichtsverlust nicht auf diese Ursachen zurückgeht (weil es etwa immer auf das Gut geregnet hat), oder daß der von der EVO vorgesehene Regelsatz im gegebenen Fall oder auch allgemein unzutreffend ist. Der Regelsatz ist für jedes Frachtstück besonders zu berechnen, wenn nur ein Frachtbrief vorliegt und das Gewicht der einzelnen Stücke aus ihm zu ersehen ist; ein Ausgleich durch verringertes Mindergewicht bei anderen Stücken ist also dann unmöglich. § 83 I d (Haftungsbefreiung bei außer-

gewöhnlichem Rinnverlust usw infolge der eigentümlichen natürlichen Beschaffenheit des Guts) bleibt unberührt. Bei Verlust des ganzen Guts kein Abzug für Schwund; anders bei Teilverlust. – Internationales Recht: Art 41 CIM.

Höhe der Entschädigung bei gänzlichem oder teilweisem Verlust oder bei Beschädigung des Gutes

EVO 85 [I] Muß auf Grund des Frachtvertrags von der Eisenbahn für gänzlichen oder teilweisen Verlust des Gutes Schadenersatz geleistet werden, so wird die Entschädigung berechnet:
nach dem Börsenpreis,
in Ermangelung eines solchen nach dem Marktpreis,
in Ermangelung beider nach dem gemeinen Wert,
den Güter derselben Art und Beschaffenheit am Versandort im Zeitpunkt der Annahme zur Beförderung hatten. Jedoch darf die Entschädigung vorbehaltlich der in § 86 vorgesehenen Beschränkung 100 Deutsche Mark für jedes fehlende Kilogramm des Bruttogewichts nicht übersteigen. Außerdem sind die Fracht, die Zölle und sonstige aus Anlaß der Beförderung des verlorenen Gutes bezahlte Beträge zu erstatten.

[II] Bei Beschädigung hat die Eisenbahn den Betrag der Wertminderung zu zahlen. Die Entschädigung darf jedoch nicht übersteigen:
a) wenn die ganze Sendung durch die Beschädigung entwertet ist,
   den Betrag, der im Falle ihres gänzlichen Verlusts zu zahlen wäre;
b) wenn nur ein Teil der Sendung durch die Beschädigung entwertet ist,
   den Betrag, der im Falle des Verlusts des entwerteten Teils zu zahlen wäre.

[III] Eine höhere Entschädigung kann nur bei Angabe des Lieferwerts oder bei Vorsatz oder grober Fahrlässigkeit der Eisenbahn nach den §§ 90 und 91 beansprucht werden.

[IV] Müssen bei der Berechnung der Entschädigung Beträge aus fremden Währungen umgerechnet werden, so ist hierfür der Kurs zur Zeit und am Orte der Zahlung maßgebend.

1) Haftungsbeschränkung aufgrund § 458 II HGB, vgl § 83 Anm 1. Bei **Verlust**, ganz oder zum Teil **(I)**, ist die Entschädigung nicht, wie bei § 430 HGB, nach dem Wert am Ort und zur Zeit der Ablieferung zu berechnen, sondern nach dem Wert am Versandort bei Annahme zur Beförderung. Versandort ist der Ort des Bahnhofs oder der Güternebenstelle, wo aufgegeben ist. Zeit der Annahme ist die des Abschlusses des Frachtvertrags, § 61 I. Die Entschädigung berechnet sich nach dem Börsen-, hilfsweise Marktpreis (s bei § 373 HGB), hilfsweise sonstigem „gemeinen Handelswert" (entspr § 430 HGB, BGH **LM** § 430 HGB Nr 1, hilfsweise „gemeinem Wert" (außerhalb des Handels), dh nach dem Wert, den das Gut nach seiner objektiven Beschaffenheit für jedermann hat im Gegensatz zur Bewertung nach den Umständen des Falls und den persönlichen Verhältnissen der Beteiligten, RG 96, 125. Gegen die Nachteile der Berechnung nach § 85 kann sich der Absender durch Angabe des Lieferwerts schützen, III, § 89. Begrenzung der Höhe: I; Zölle und sonstige aus Anlaß der Beförderung bezahlte Beträge, namentlich die Fracht, sind zu erstatten. – Internationales Recht: Art 40, 42 CIM.

2) Bei **Beschädigung (II)** ist nur die Wertminderung zu zahlen, auch hier nach Wert am Versandort, str. Begrenzung der Höhe: II.

Beschränkung der Höhe der Entschädigung durch den Tarif

EVO 86 [I] Die Eisenbahn kann in Ausnahmetarifen, die eine Preisermäßigung gegenüber den gewöhnlichen Tarifen enthalten, für die bei gänzlichem oder teilweisem Verlust, bei Beschädigung oder bei Lieferfristüberschreitung zu gewährende Entschädigung geringere als die in § 85 vorgesehenen Höchstbeträge festsetzen. Hat der Absender im Frachtbrief die Anwendung eines solchen Tarifs vorgeschrieben (§ 56 Abs. 2 Buchstabe p), so haftet die Eisenbahn nur bis zu dem festgesetzten Höchstbetrag.

II Ist das Gut nur zum Teil über eine Strecke befördert worden, für die ein solcher Höchstbetrag im Tarif vorgesehen ist, so tritt die Beschränkung der Haftung der Eisenbahn nur ein, wenn die die Entschädigung begründende Tatsache sich auf diesem Teil der Beförderungsstrecke ereignet hat.

1) Haftungsbeschränkung aufgrund § 458 II HGB, vgl § 83 Anm 1. Die Bahn darf Ausnahmetarife vorsehen, die abweichend von den allgemeinen Tarifen Frachtermäßigungen gewähren. So namentlich bei Massengütern. Die Ausnahmetarife dürfen geringere Höchstbeträge für Verlust, Beschädigung oder Lieferfristüberschreitung als die des § 85 vorsehen. Bei Vorsatz und grober Fahrlässigkeit der Bahn Erhöhung gem § 91. Voraussetzung des § 86 ist, daß der Absender die Anwendung des Ausnahmetarifs im Frachtbrief vorgeschrieben hat; es genügt nicht Berechnung des Ausnahmetarifs durch die Bahn, auch nicht bei Einverständnis des Absenders (dies str). – Internationales Recht: Art 45 CIM.

Vermutung für den Verlust des Gutes. Wiederauffinden des Gutes

EVO 87 I Der Verfügungsberechtigte kann das Gut ohne weiteren Nachweis als verloren betrachten, wenn es nicht innerhalb eines Monats nach Ablauf der Lieferfrist abgeliefert oder zur Abholung bereitgestellt worden ist.

II Der Entschädigungsberechtigte kann bei Empfang der Entschädigung für das verlorene Gut in der Empfangsbescheinigung verlangen, daß er sofort benachrichtigt wird, wenn das Gut binnen dreier Jahre nach Zahlung der Entschädigung wieder aufgefunden wird. Hierüber ist ihm eine Bescheinigung zu erteilen.

III Innerhalb eines Monats nach erhaltener Nachricht vom Wiederauffinden des Gutes kann der Entschädigungsberechtigte verlangen, daß ihm das Gut nach seiner Wahl auf dem im Frachtbrief angegebenen Versand- oder Bestimmungsbahnhof kostenfrei ausgeliefert wird. Die erhaltene Entschädigung hat er nach Abzug der ihm nach den §§ 88 und 90 für die Überschreitung der Lieferfrist zustehenden Entschädigung zurückzuzahlen.

IV In allen anderen Fällen kann die Eisenbahn über das wiederaufgefundene Gut frei verfügen.

1) Von der Geltendmachung durch Verfügungsberechtigten abhängige unwiderlegbare Vermutung (§ 292 ZPO) für den Verlust des Guts, BGH **LM** § 96 EVO Nr 2. Er darf das Gut im Fall I endgültig als verloren behandeln und braucht sich nicht gefallen zu lassen, daß ihm die Bahn das wiederaufgefundene Gut zur Verfügung stellt: dem § 87 will ihm gerade die Eindeckung ermöglichen, RG **106**, 103. Der Berechtigte darf aber auch warten. Er darf weiter den Anspruch auf nachträgliche Auslieferung wahren. Tut er das nicht, so fällt das wiederaufgefundene Gut ins freie Eigentum der Bahn. – Internationales Recht: Art 39 CIM.

Höhe der Entschädigung bei Überschreitung der Lieferfrist

EVO 88 I Bei Überschreitung der Lieferfrist hat die Eisenbahn den nachgewiesenen Schaden bis zur Höhe der Fracht zu ersetzen. Beträge unter fünf Deutsche Mark werden nicht ersetzt.

II Bei gänzlichem Verlust des Gutes kann keine besondere Entschädigung für Lieferfristüberschreitung verlangt werden.

III Bei teilweisem Verlust ist Entschädigung für Lieferfristüberschreitung bis zur Höhe der auf den nicht verlorengegangenen Teil der Sendung entfallenden Fracht zu leisten.

IV Bei Beschädigung tritt die Entschädigung für Lieferfristüberschreitung gegebenenfalls zu der in § 85 vorgesehenen Entschädigung hinzu.

V Beim Zusammentreffen von Lieferfristüberschreitung mit Beschädigung oder teilweisem Verlust des Gutes kann als Gesamtentschädigung nach Absatz 1 zuzüglich derjenigen nach § 85 Abs. 1 und 2 keine höhere Entschädigung beansprucht werden als bei gänzlichem Verlust des Gutes.

1) Bei Überschreitung der Lieferfrist, §§ 51, 74 (§ 33 regelt die Haftung bei Reisegepäck besonders) ist die Bahn ersatzpflichtig, § 455 HGB. § 88 regelt das einzelne. Ist das Gut völlig verloren, so ist Ersatz nur aus § 85 zu gewähren. Ist es verspätet ausgeliefert, so begrenzt die Fracht den Ersatz nach oben. Ist es teilweise verloren oder beschädigt ausgeliefert, so greifen III–V ein. Eines Schadensnachweises bedarf es immer. Der Schaden kann zB darin liegen, daß ein Fixkauf nicht erfüllt werden konnte. Vorsatz und Fahrlässigkeit der Bahn erhöhen die Obergrenze, § 91. Bei Ausnahmetarif Einschränkung, § 86.

Angabe des Lieferwerts

EVO 89 **I** Der Absender kann den Wert, den er der fristgemäßen Lieferung der unversehrten Wagenladung über den nach § 85 zu ersetzenden Wert hinaus beimißt – Lieferwert (Interesse an der Lieferung) –, im Frachtbrief angeben.

II Der Betrag des Lieferwerts ist an der dafür vorgesehenen Stelle des Frachtbriefs einzutragen.

III Für je angefangene zehn Kilometer wird ein Entgelt von einem Zehntel vom Tausend des angegebenen Betrages erhoben. Der Tarif kann das Entgelt herabsetzen und einen Mindestbetrag festsetzen.

IV Ist die Ersatzpflicht nach § 86 auf einen Höchstbetrag beschränkt, so ist eine Angabe des Lieferwerts über diesen Betrag hinaus unzulässig.

1) Der Absender darf im Frachtbrief den **Lieferwert** angeben (§ 56 II f, sein „Interesse an der Lieferung deklarieren"). Die Bahn darf die Entgegennahme **der Erklärung** nicht ablehnen. Genügt aber die Erklärung nicht den Vorschriften der EVO, so ist sie rechtlich unbeachtlich. Die Bahn erhebt die Sondergebühr, III, für ihr erhöhtes Risiko. Geht nun das Gut verloren oder wird es beschädigt ausgeliefert, so kann der Berechtigte erhöhten Ersatz nach § 90 verlangen.

Umfang der Haftung bei Angabe des Lieferwerts

EVO 90 **I** Hat der Absender im Frachtbrief den Lieferwert angegeben, so kann im Falle der Entschädigungspflicht der Eisenbahn beansprucht werden:
a) bei gänzlichem oder teilweisem Verlust oder bei Beschädigung des Gutes
   1. die Entschädigung nach § 85 oder § 86, außerdem
   2. der Ersatz des nachgewiesenen weiteren Schadens bis zum Lieferwert;
b) bei Überschreitung der Lieferfrist
   1. wenn nachgewiesen wird, daß ein Schaden aus der Überschreitung entstanden ist, eine Entschädigung bis zum Lieferwert,
   2. wenn ein Schaden aus Überschreitung der Lieferfrist nicht nachgewiesen wird, für jeden Tag, um den die Lieferfrist überschritten ist, ein Fünftel

der Fracht, höchstens die ganze Fracht, jedoch nicht mehr als der Lieferwert.

[II] Wird nachgewiesen, daß neben einem Schaden aus Lieferfristüberschreitung ein von der Eisenbahn zu vertretender Schaden aus teilweisem Verlust oder Beschädigung entstanden ist, so kann verlangt werden:
a) die Entschädigung nach § 85 oder § 86, außerdem
b) der Ersatz des gesamten weiteren Schadens einschließlich des durch Überschreitung der Lieferfrist entstandenen bis zum Lieferwert.

[III] Ist der Lieferwert geringer als die ohne Angabe des Lieferwerts zu gewährende Entschädigung, so kann diese verlangt werden.

1) § 90 enthält die bei Angabe des Lieferwerts zu gewährenden **Entschädigungssätze** für Verlust, Beschädigung und Überschreitung der Lieferfrist. Für Kostbarkeiten besteht hier keine Sondervorschrift. Die Bahn muß hier Ersatz ohne Schadensnachweis in gewisser Höhe leisten, bei Nachweis weiteren Ersatz bis zum Lieferwert. Vorsätzliches oder grobfahrlässiges Handeln der Bahn macht sie erhöht ersatzpflichtig, § 91. – Internationales Recht: Art 46 CIM.

Haftung bei Vorsatz oder grober Fahrlässigkeit der Eisenbahn

EVO 91 [I] Ist der Schaden auf Vorsatz der Eisenbahn zurückzuführen, hat sie den nachgewiesenen Schaden zu ersetzen. Im Falle grober Fahrlässigkeit der Eisenbahn hat sie den nachgewiesenen Schaden jeweils bis zum Doppelten der in den §§ 85, 86, 88 und 90 Abs. 1 Buchstabe a und b Nr. 1 und Abs. 2 vorgesehenen Höchstbeträge zu ersetzen.

1) § 91 erhöht die Haftung der Bahn der Höhe nach, wo sie einen Schaden durch **Vorsatz** oder **grobe Fahrlässigkeit** herbeigeführt hat. Der Berechtigte muß nachweisen: **a)** den Schaden auch der Höhe nach, **b)** daß die Bahn vorsätzlich oder grobfahrlässig gehandelt hat, **c)** daß dieses Handeln für den Schaden und seine Höhe ursächlich war. Also kein leichter Nachweis. Vorsatz wird selten vorkommen. Er liegt aber zB vor, wenn ein Bediensteter der Bahn das Gut stiehlt, RG **7**, 129. Grobfahrlässig zB: Gestellung eines für das Gut ungeeigneten Wagens; Verlust des Frachtbriefs; Fehlsendung trotz eindeutiger Anschrift; Auslieferung des Guts an einen Unberechtigten wegen Unterlassens der Ausweisprüfung. Aber es hängt alles von Lage des Falls ab; namentlich ist die Eigenart des Bahnbetriebs zu berücksichtigen. Gleichzeitiges Verschwinden von Gut und Beweispapier beweist nicht notwendig (wie oft angenommen wurde) Vorsatz (Diebstahl durch Eisenbahner, § 4 EVO) oder grobe Fahrlässigkeit, Goltermann BB **51**, 380. Beweispflichtig der Geschädigte. Die Höhe des Ersatzes begrenzt § 91 abw vom früheren Recht, das immer vollen Ersatz vorsah. – Internationales Recht: Art 44 CIM.

Verzinsung der Entschädigungsbeträge

EVO 92 Die von der Eisenbahn zu zahlenden Entschädigungsbeträge sind auf Verlangen vom Tage des Eingangs des Entschädigungsantrags an mit fünf vom Hundert zu verzinsen; Beträge unter zehn Deutsche Mark für den Frachtbrief werden jedoch nicht verzinst.

1) § 92 gibt einen Anspruch auf gesetzliche Zinsen. Die Verzinsung beginnt erst mit Eingang eines schriftlichen Entschädigungsantrags, der auch Verzinsung verlangt. Klageerhebung steht dem Antrag gleich. Verlangt der Berechtigte schriftlich Zinsen nach Eingang des Antrags, so ist auch seit Eingang des Antrags zu verzinsen. – Internationales Recht: Art 47 CIM (5%).

Erlöschen der Ansprüche gegen die Eisenbahn aus dem Frachtvertrag

EVO 93 ^I Mit der Annahme des Gutes durch den Empfänger sind alle Ansprüche aus dem Frachtvertrag gegen die Eisenbahn erloschen.

^II Hiervon sind ausgenommen:
a) Entschädigungsansprüche für Schäden, die durch Vorsatz oder grobe Fahrlässigkeit der Eisenbahn herbeigeführt sind;
b) Entschädigungsansprüche wegen Lieferfristüberschreitung, wenn sie innerhalb eines Monats, den Tag der Annahme durch den Empfänger nicht mitgerechnet, bei einer der nach § 95 Abs. 3 zuständigen Eisenbahnen schriftlich angebracht werden;
c) Entschädigungsansprüche wegen teilweisen Verlusts oder wegen Beschädigung:
  1. wenn der teilweise Verlust oder die Beschädigung vor der Annahme des Gutes durch den Empfänger nach § 81 festgestellt worden ist;
  2. wenn die Feststellung, die nach § 81 hätte erfolgen müssen, nur durch Verschulden der Eisenbahn unterblieben ist;
  3. wenn eine Wagenladung nach § 82 Abs. 3 neu aufgegeben und der teilweise Verlust oder die Beschädigung bei der Ablieferung an den letzten Empfänger festgestellt worden ist;
d) Entschädigungsansprüche wegen solcher Schäden, die bei der Annahme des Gutes durch den Empfänger äußerlich nicht erkennbar waren, jedoch nur unter folgenden Voraussetzungen:
  1. daß der Empfänger unverzüglich nach der Entdeckung des Schadens, spätestens aber binnen einer Woche, nachdem er das Gut angenommen hat, den Schaden anzeigt, und
  2. daß er beweist, daß der Schaden in der Zeit zwischen der Annahme zur Beförderung und der Ablieferung des Gutes entstanden ist;
e) Ansprüche auf Rückerstattung geleisteter Zahlungen oder Nachnahmen.

1) § 93 weicht erheblich von § 438 HGB ab. Namentlich läßt er alle Ansprüche gegen die Bahn aus dem Frachtvertrag bereits **mit Annahme des Guts erlöschen**, auch wo der Frachtbrief nicht angenommen ist. Angenommen ist das Gut, sobald es der Empfänger in seine Verfügungsgewalt übernommen hat; die Quittung über den Empfang ist hier belanglos, RG **108,** 55. Annahme liegt in Aufgabe zur Weiterbeförderung mit neuem Frachtbrief. Rückgabe des Guts ändert nichts mehr. Das richtige Gut muß angenommen sein. Bei Teilverlust erlöschen die Ansprüche auch bezüglich des verlorenen Teils. Ansprüche, die nicht auf dem Frachtvertrag beruhen, sondern etwa auf einem Verwahrungs- oder Lagervertrag oder auf unerlaubter Handlung, bleiben unberührt. Nimmt der Empfänger das Gut mit Vorbehalt an, so wahrt das seinen Anspruch nur, wenn die Bahn den Vorbehalt entgegennimmt, etwa bestätigt; einseitiger Vorbehalt genügt nicht. Das sagt zwar § 93 nicht, es folgt aber aus allgemeinen Rechtsgrundsätzen. Im übrigen zählt § 93 die Ausnahmen erschöpfend auf. Ihr Vorliegen muß der Berechtigte beweisen. Die Ansprüche der Bahn berührt Annahme nicht. – Internationales Recht: Art 57 CIM.

Verjährung der Ansprüche aus dem Frachtvertrag

EVO 94 ^I Ansprüche aus dem Frachtvertrag verjähren in einem Jahre. Die Verjährungsfrist beträgt indessen drei Jahre:
a) bei Ansprüchen des Absenders auf Auszahlung einer Nachnahme, welche die Eisenbahn vom Empfänger eingezogen hat;
b) bei Ansprüchen auf Auszahlung des Erlöses eines von der Eisenbahn vorgenommenen Verkaufs;
c) bei Ansprüchen wegen eines durch Vorsatz verursachten Schadens.

II Die Verjährungsfrist beginnt:
a) bei Entschädigungsansprüchen wegen teilweisen Verlusts, Beschädigung oder Lieferfristüberschreitung mit Ablauf des Tages der Ablieferung;
b) bei Entschädigungsansprüchen wegen gänzlichen Verlusts des Gutes mit Ablauf des 30. Tages nach Beendigung der Lieferfrist;
c) bei Ansprüchen auf Zahlung, Nachzahlung oder Erstattung von Fracht, Frachtzuschlägen, Nebenentgelte und sonstigen Kosten mit Ablauf des Tages der Zahlung oder, wenn keine Zahlung stattgefunden hat, mit Ablauf des Tages, an dem das Gut zur Beförderung angenommen worden ist;
d) bei Ansprüchen auf Zahlung oder Rückerstattung von Beträgen, die Gegenstand einer Freibetragrechnung waren, mit Ablauf des Tages, an dem die Freibetragrechnung mit dem Absender abgerechnet worden ist;
e) bei Ansprüchen der Eisenbahn auf Zahlung von Beträgen, die der Empfänger statt des Absenders oder die der Absender statt des Empfängers gezahlt hatte, und welche die Eisenbahn dem Berechtigten zurückerstatten muß, mit Ablauf des Tages der Rückerstattung des Betrags;
f) bei Ansprüchen wegen Nachnahme mit Ablauf des 14. Tages nach Beendigung der Lieferfrist;
g) bei Ansprüchen auf Auszahlung eines Verkaufserlöses mit Ablauf des Verkaufstages;
h) bei Ansprüchen auf Zahlung eines von der Zollbehörde verlangten Betrags mit Ablauf des Tages, an dem die Zollbehörde den Betrag von der Eisenbahn angefordert hat.

III Die Verjährung des Anspruchs gegen die Eisenbahn wird, abgesehen von den allgemeinen gesetzlichen Hemmungsgründen, auch durch seine schriftliche Anmeldung gehemmt. Ergeht auf die Anmeldung ein abschlägiger Bescheid, so läuft die Verjährungsfrist von dem Tage an weiter, an dem die Eisenbahn ihre Entscheidung dem Anmeldenden schriftlich bekanntmacht und ihm die der Anmeldung etwa beigefügten Belege zurückgibt. Weitere Anträge, die denselben Anspruch zum Gegenstand haben, hemmen die Verjährung nicht.

IV Die Unterbrechung der Verjährung regelt sich nach den allgemeinen gesetzlichen Vorschriften.

V Die Ansprüche gegen die Eisenbahn wegen gänzlichen oder teilweisen Verlusts oder wegen Beschädigung des Gutes oder wegen Überschreitung der Lieferfrist können nach Vollendung der Verjährung nur aufgerechnet werden, wenn vorher der gänzliche oder teilweise Verlust, die Beschädigung oder die Überschreitung der Lieferfrist der Eisenbahn angezeigt oder die Anzeige an sie abgesandt worden ist. Der Anzeige an die Eisenbahn steht es gleich, wenn gerichtliche Beweisaufnahme zur Sicherung des Beweises bantragt oder wenn in einem zwischen dem Absender und Empfänger oder einem späteren Erwerber des Gutes wegen des gänzlichen oder teilweisen Verlusts, der Beschädigung oder der Lieferfristüberschreitung anhängigen Rechtsstreit der Eisenbahn der Streit verkündet wird.

1) Zur Abgrenzung der Anwendbarkeit der Vorschriften ua bei Ansprüchen aus mehreren Rechtsgründen, vgl bei §§ 414, auch 423, 439 HGB. § 94 gilt (entspr (23) KVO § 40) auch für Ansprüche der Eisenbahn gegen (nicht Absender, sondern) Empfänger; vgl auch II e. I 1 stimmt mit dem gewöhnlichen Frachtrecht überein (§§ 414, 439 HGB); die Einjahresfrist gilt zB für Ansprüche auf Frachterstattung; wird aber die Erstattung aufgrund nachträglicher Berichtigung der Angaben des Frachtbriefs oder aufgrund nachträglicher Anwendung eines ermäßigten Tarifs verlangt, so ist § 70 II zu beachten, Senckpiehl BB **51**, 349. I 2 sieht für drei Fälle eine dreijährige Verjährung vor, I c gilt nicht für grobfahrlässig verursachten Schaden. Der Beginn der Verjährungsfrist, II, ist von der Entstehung des Anspruchs oder der Kenntnis des Berechtigten ganz unabhängig.

2) Die Hemmung der Verjährung richtet sich nach bürgerlichem Recht; III gibt aber einen zusätzlichen Hemmungsgrund: auch schriftliche Anmeldung des Anspruchs hemmt. Nötig Anmeldung bei der Bahn, und zwar bei einer der in § 96 bezeichneten Bahnen. Eigenhändige Unterzeichnung unnötig. Unnötig auch andere Angaben als die zur eindeutigen Kennzeichnung des Anspruchs unentbehrlichen. Telegramm genügt. Nur die Anmeldung des Berechtigten hemmt. Nur der Anmelder kann sich auf sie berufen, nicht zB der Absender, wo der Empfänger aus eigenem Recht angemeldet hatte, RG **109**, 310. Der Rollfuhrunternehmer hat keine Vollmacht. Bevollmächtigte müssen die Vollmacht vorlegen, sonst bei Zurückweisung keine Anmeldung, § 174 BGB. Antrag auf Tatbestandsfeststellung (§ 81 EVO) ist nicht Anspruchsanmeldung iSv III, Hamm BB **78**, 1034. Ablehnung (III 2) wirkt nur, wo schriftlich zugegangen und wo außerdem die überreichten Beweisstücke zurückgegeben sind. Der einmal erteilte abschlägige Bescheid beendet die Hemmung endgültig und läßt die Verjährung neu laufen. Weitere Anträge hemmen nicht, III 3, auch wenn die Bahn neu prüft, RG **109**, 308; aber der Verjährungseinwand kann nach allg Grundsätzen mißbräuchlich sein, wenn die Bahn (zB durch Hinweis auf Ermittlungen) dem Antragsteller Anlaß gab anzunehmen, sie werde sich nicht auf Verjährung berufen, BGH MDR **73**, 562. Die Hemmung endet (III 2) auch durch Ablehnung aus formalen Gründen, aber dann hemmt (entgegen III 3) die in richtiger Form erneuerte Anmeldung. – Internationales Recht: Art 58 CIM.

Geltendmachung der Rechte aus dem Frachtvertrag

EVO 95 ᴵ Zur Geltendmachung der Rechte aus dem Frachtvertrag gegenüber der Eisenbahn ist vorbehaltlich der Bestimmungen des § 70 Abs. 4 und des § 71 Abs. 4 und 5 nur der befugt, dem das Verfügungsrecht über das Gut zusteht.

ᴵᴵ Der Absender kann Ansprüche aus dem Frachtvertrag nur geltend machen, wenn er das Frachtbriefdoppel vorlegt; dies Erfordernis gilt nicht, wenn der Absender nach § 61 Abs. 4 auf das Doppel verzichtet hat. Vermag er dies nicht, so hat er nachzuweisen, daß der Empfänger seine Zustimmung erteilt oder die Annahme verweigert hat. Der Empfänger hat bei Geltendmachung von Ansprüchen aus dem Frachtvertrag den Frachtbrief in Urschrift vorzulegen, wenn er ihm übergeben worden ist. Andere Belege können auch in Abschrift vorgelegt werden, die jedoch auf Verlangen der Eisenbahn öffentlich beglaubigt sein muß. Handelt es sich um eine Entschädigung wegen gänzlichen oder teilweisen Verlusts oder Beschädigung, so ist eine Bescheinigung über den Wert des Gutes beizufügen. Im übrigen gilt § 70 Abs. 5 entsprechend.

ᴵᴵᴵ Außergerichtliche Ansprüche sind schriftlich bei einer der in § 96 Abs. 3 genannten Eisenbahnen geltend zu machen, abgesehen von den in § 70 Abs. 7 und § 71 Abs. 6 vorgesehenen Fällen. Die Eisenbahn hat die Ansprüche mit tunlichster Beschleunigung zu prüfen und den Antragsteller schriftlich zu bescheiden, wenn keine Verständigung erzielt wird.

1) Abgesehen von den Fällen § 70 IV (Erstattungsanspruch), § 71 IV, V (Nachnahme) ist nach I zunächst der Absender befugt zur Geltendmachung der Rechte aus dem Vertrag, nach Übergang des Verfügungsrechts (gemäß § 72 X) auf den Empfänger dieser. Der Frachtvertrag wirkt dann als Vertrag zu seinen Gunsten, § 328 BGB, vgl § 454 HGB Anm 1 B; Beispiel: BGH NJW **73**, 511. Zu II 3: Wenn Urschrift-Vorlage nicht möglich, uU Beweis des Inhalts auf andere Weise, BGH BB **76**, 1050. – Internationales Recht: Art 54 CIM.

V. Transportrecht **EVO 96 (25)**

Haftung und Inanspruchnahme mehrerer an der Beförderung beteiligter Eisenbahnen

EVO 96 ^I Die Versandbahn haftet für die Ausführung der Beförderung bis zur Ablieferung des Gutes an den Empfänger ohne Rücksicht darauf, ob nur eigene oder auch fremde Strecken benutzt werden.

^{II} Jede nachfolgende Bahn tritt dadurch, daß sie das Gut mit dem bei der Aufgabe ausgestellten Frachtbrief übernimmt, in den Frachtvertrag nach Maßgabe des Frachtbriefs ein und übernimmt die sich daraus ergebenden Verpflichtungen.

^{III} Die Ansprüche aus dem Frachtvertrag können jedoch im Wege der Klage nur gegen die Versandbahn oder die Empfangsbahn, auch wenn diese das Gut nicht erhalten hat, oder gegen die Bahn gerichtet werden, auf deren Strecke sich die den Anspruch begründende Tatsache ereignet hat. Unter diesen Bahnen hat der Kläger die Wahl. Das Wahlrecht erlischt mit Erhebung der Klage. Durch Widerklage oder Aufrechnung können Ansprüche aus dem Frachtvertrag auch gegen eine andere Bahn geltend gemacht werden, wenn deren Klage sich auf denselben Frachtvertrag gründet.

^{IV} Hat auf Grund dieser Vorschriften eine der beteiligten Bahnen Schadenersatz geleistet, so steht ihr der Rückgriff gegen die Bahn zu, die den Schaden verschuldet hat. Kann diese nicht ermittelt werden, so haben die beteiligten Bahnen den Schaden nach dem Verhältnis der Streckenlängen, mit denen sie an der Beförderung beteiligt sind, gemeinsam zu tragen, soweit nicht festgestellt wird, daß der Schaden nicht auf ihren Strecken entstanden ist. Die Eisenbahnen können über den Rückgriff allgemein oder im einzelnen Fall andere Vereinbarungen treffen.

1) § 96 handelt von durchgehendem Gut, dh solchem, das über Strecken mehrerer deutscher Bahnverwaltungen läuft. Im **Interzonenverkehr** (§ 453 HGB Anm 2 F) gilt I nicht uneingeschränkt, BGH **17**, 315, desgl nicht III, es kommt auf die Art des Anspruchs an, III gilt zB nicht für Rückforderung von in der DDR erhobenen Zuschlägen, BGH **17**, 316, nicht für Haftung aus Verlust (eines Kesselwagens) durch Enteignung in der DDR, BGH **LM** § 96 EVO Nr 2. – Vgl § 432 HGB, dem § 96 EVO weitgehend nachgebildet; Konow DB **73**, 907.

2) Die Empfangsbahn haftet nach III auch ohne Eintritt in den Frachtvertrag gemäß II, auch wenn sie weder Gut noch Frachtbrief erhält, BGH **LM** § 96 EVO Nr 2. Die Bahnen haften nach III gesamtschuldnerisch, aber Kläger kann nur eine verklagen, BGH aaO.

3) Internationales Recht: Art 55 CIM (vorher Art 42 IÜG) bestimmt ua in § 1: Erstattungsanspruch gegen die Bahn, von der oder zu deren Gunsten der Betrag erhoben, BGH **17**, 316; in § 3: Anspruch gegen Empfangsbahn (zB wegen Verlust des Guts), auch wenn sie weder Gut noch Frachtbrief erhielt, entspr § 96 III, s Anm 2.

Sachverzeichnis

Es bezeichnen: **Fette Zahlen** ohne Klammern und Zusatz die Paragraphen des HGB; fette Zahlen nach dem (mit einer eingeklammerten fetten Nummer bezeichneten) Kurztitel eines Nebengesetzes die Paragraphen dieses Nebengesetzes; **magere Zahlen und Buchstaben** die Erläuterungen. Anh = Anhang; Einl = Einleitung; Überbl = Überblick; Vorb = Vorbemerkung. Weitere Abkürzungen siehe im Abkürzungsverzeichnis. Beispiele: **Lieferschein 424** 1 E = Lieferschein siehe § 424 HGB Anmerkung 1 E. – **Freizeichnung (5)** AGBG **11** 7 = Freizeichnung siehe **(5)** AGBG § 11 Anmerkung 7. – **Unternehmenskauf Einl** vor **1** II 2 B = Unternehmenskauf siehe Einleitung vor § 1 HGB Anmerkung II 2 B.

„ab" (11) ERA **51**
„ab Fabrik" (6) Incoterms **1**
„ab Kai" (6) Incoterms **8**
Abfindung, Abfindungsklauseln s Auseinandersetzung
abgestimmtes Verhalten Einl vor **343** 3 A
Abladegeschäft Überbl vor **373** 6 C
„ab Lager" **346** 5; (6) Incoterms **1**
„ab Mühle" (6) Incoterms **1**
Abnahmegeschäft (6) Incoterms **Einl** vor **1** 2
„ab Pflanzung" (6) Incoterms **1**
Abrechnung s auch Handelsvertreter
– Form **350** 2 B
– Schweigen auf **346** 4 A
„Ab Schiff" (6) Incoterms **7**
Abschlußfreiheit Einl vor **343** 4 A
Abschlußprüfer, -prüfung s auch Handelsbücher, Prüfung, Wirtschaftsprüfer
– Abberufung **318**
– AGBKontrolle **318** 1
– Auskunftsrecht **320** 2
– ausländische **291** 2, **292** 1
– Ausschlußgründe **319** 2–4
– Auswahl **319**
– Befähigung **319**
– Befangenheit **319**
– Berichtspflicht **321** 1
– Bestellung **318**
– Bestätigungsvermerk **298** 2, **316** 3, **322, 328**
– Buchprüfer **319** 1
– Freizeichnung **323** 5
– Gegenstand der Prüfung **317** 2
– Haftung **323**
– Insiderinformationen **323** 1 C
– Kündigung **318** 6, 7
– Meinungsverschiedenheiten **324** 1
– Nachtragsprüfung **316** 3
– Pflicht zur Prüfung **316**
– Prüfung im Konzern **292** 1, **293** 2, **316** 2, **317** 2, **318** 2, **319** 4, **320** 3
– Prüfungsbericht **298** 2, **318** 6, **321, 322** 4
– Prüfungsvertrag **318** 1
– Redepflicht **321** 2
– Schweigepflicht **323** 1 B, 4
– Übergangsrecht **Einl** v **238** V 1 A, C, D, **316** 1, **319** 2, 3, **(1)** EGHGB **23** III, IV, **25, 26**
– Umfang der Prüfung **317** 1
– Unterzeichnung **321** 3, **322** 4
– Verantwortlichkeit **323**
– vereidigter Buchprüfer **319** 1
– Vergütung **318** 5
– Verhaltenspflichten **323** 1
– Verjährung **323** 6
– Verschwiegenheit **323** 1 B, 4
– Verwertungsverbot **323** 1 C
– Vorlagepflicht **320** 1, **321** 3
– Warnpflicht **321** 2
– Zusätze zum Bestätigungsvermerk **322** 2
Abschreibungen s auch Bewertung, Handelsbücher, Rücklagen
– Abschreibungsplan **253** 3 B
– Anlagevermögen **253** 3, **275** 3 G, M
– – außerplanmäßige **253** 3 C, **279** 2
– – planmäßige **253** 3 B
– – sofortige **253** 3 D
– Aufwendungen für Ingangsetzung und Erweiterung **282**

Sachverzeichnis

- Beibehaltungswahlrecht 253 6 A
- Börsenpreis 253 4 B
- Finanzanlagen 275 3 M
- Forderungen 253 4 E
- geringwertige Vermögensgegenstände 253 3 D, 269 2
- Marktpreis 253 4 B
- nach vernünftiger kfm Beurteilung 253 5
- Niederstwertprinzip 253 4 A
- sofortige 253 3 D, 268 2
- stille Reserven s Rücklagen
- Umlaufvermögen 253 4
- Unterschiedsbetrag bei Konsolidierung 301 8, 309, 312 4
- steuerrechtliche 254, 279 3, 281
- Wertaufholungsgebot 280
- Wertpapiere des Umlaufvermögens 253 4 E
- Wertschwankungen 253 4 D
- Zeitwert 253 4 C
- Zuschreibungen 253 6 B, 280

Abschreibungsgesellschaft Anh 177a VIII 1 A, 8 B
Absichtserklärung Einl vor 343 3 A
„Ab Station" 346 5
abstrakter Vertrag s Schuldversprechen
„Ab Werk" 346 5; (6) Incoterms 1
Abwicklung s Auseinandersetzung, Liquidation
Abzahlungsgeschäft (7) Bankgeschäfte V
- MinderKfm 4 2
- Verfall 348 3 C
- Vertragsstrafe 348 2 B

„Acht Tage" 359 2
actio pro socio 119 2b, 124 6 E
ADHGB Einl vor 1 I 2 B
ADSp (19) ADSp, s auch Spedition
AGB s Allgemeine Geschäftsbedingungen
AGB-Banken (8) AGB-Banken
- Akzeptprovision (8) AGB-Banken 46
- Änderung (8) AGB-Banken 28 2
- Art der Ausführung (8) AGB-Banken 4 3 A
- Aufgebote (8) AGB-Banken 38
- Aufhebung der Geschäftsverbindung (8) AGB-Banken 17, 18
- Aufrechungsverbot (8) AGB-Banken 2 1
- Aufträge (8) AGB-Banken 6 1, 7
- Ausbleiben von Anzeigen (8) AGB-Banken 16
- Auskünfte (8) AGB-Banken 10
- Auslagen (8) AGB-Banken 14, 22
- ausländische Urkunden (8) AGB-Banken 5 3
- Auslandsverkehr (8) AGB-Banken **Einl** vor 1 4 C
- Bankauskünfte (8) AGB-Banken 10
- Bankleitzahlangabe (8) AGB-Banken 4 3 B
- Berufspflichten (8) AGB-Banken 10 2 B
- Bestätigung (8) AGB-Banken 8 2, 3, 10 1 A
- Bestens-Auftrag (8) AGB-Banken 29 2 A
- Betriebsstörungen (8) AGB-Banken 25 2
- Bezugsrechte (8) AGB-Banken 39
- Börse (8) AGB-Banken 29 1 E, 30
- Bürgschaft (8) AGB-Banken 13
- Daueraufträge (8) AGB-Banken 4 4
- Depotgeschäft (8) AGB-Banken 36–39
- Devisenhandel (8) AGB-Banken 35
- Devisenwechsel und -schecks (8) AGB-Banken 42
- Diskontgeschäft (8) AGB-Banken 19 2 C, 40–47
- Effektivklausel (8) AGB-Banken 3 1 A
- eigene Aktien der Bank (8) AGB-Banken 19 3
- Eigenhandel (8) AGB-Banken 34
- Eigenhändlerklausel (8) AGB-Banken 29 2
- Einlagensicherungsfonds (8) AGB-Banken 27
- Einlösungsauftrag (8) AGB-Banken 47
- Einwendungserhebung (8) AGB-Banken 15 2, 32
- Einzugsgeschäft (8) AGB-Banken 40–47
- Empfangsberechtigung (8) AGB-Banken 5 2
- Entgegennahme von Geld (8) AGB-Banken 4 1
- Entgelt (8) AGB-Banken 14, 22

1538

Sachverzeichnis

- Erben **(8)** AGB-Banken 24
- Erfüllungsort **(8)** AGB-Banken 26 1
- Fälschungsrisiko **(8)** AGB-Banken 1 3, **5**, 43
- Fehlauszahlung **(8)** AGB-Banken 5 2
- Fehlleitung **(8)** AGB-Banken 4 3 C, 7 1
- Freigabeanspruch **(8)** AGB-Banken 19 6
- Fristgebundene Zahlungen **(8)** AGB-Banken 7
- Geltung **(8)** AGB-Banken **Einl** vor 1 4 A
- Gemeinschaftskonto **(8)** AGB-Banken 2 3
- Genehmigung **(8)** AGB-Banken 15 3
- Gerichtsstandsklausel **(8)** AGB-Banken 26 2
- Geschäftsunfähigwerden **(8)** AGB-Banken 23
- Geschäftsverbindung **(8)** AGB-Banken **17, 18**
- Gewährleistungsverpflichtung **(8)** AGB-Banken **13**
- Gewinnanteilscheine **(8)** AGB-Banken 37
- Grundpfandrechte **(8)** AGB-Banken 19 2
- Gültigkeitsdauer **(8)** AGB-Banken 31
- gutgläubiger Erwerb **(8)** AGB-Banken 19 2 D
- Gutschriften **(8)** AGB-Banken **4**, 41
- Haftung für Erfüllungsgehilfen **(8)** AGB-Banken 25 1
- Hauptpflichten **(8)** AGB-Banken 10 2 B
- höhere Gewalt **(8)** AGB-Banken 25 2
- Interbankverkehr **(8)** AGB-Banken **Einl** vor 1 4 B
- Irrtum **(8)** AGB-Banken 8 1
- Kardinalpflichten **(8)** AGB-Banken 10 3 B
- Klarheitspflicht **(8)** AGB-Banken 6 1
- Kontokorrentkonten **(8)** AGB-Banken 2 2
- Kontonummerangabe **(8)** AGB-Banken 4 3 B
- Kontoüberziehung **(8)** AGB-Banken 14 3
- Kreditauskünfte **(8)** AGB-Banken **10**
- Kundenschecks **(8)** AGB-Banken 41
- Lastschrift **(8)** AGB-Banken 41
- Legitimation **(8)** AGB-Banken **5**, 24
- mehrere Konten **(8)** AGB-Banken 2 2
- Kündigung **(8)** AGB-Banken **17, 37**
- Mißverständnisse **(8)** AGB-Banken 8 1
- Mitteilungspflicht **(8)** AGB-Banken 16 1
- Nebenkosten **(8)** AGB-Banken **14, 22**
- Opposition **(8)** AGB-Banken 38
- Pfandrecht **(8)** AGB-Banken **19–22**
- Raterteilung **(8)** AGB-Banken 10 3
- Rechnungsabschlüsse **(8)** AGB-Banken 14 1, **15**
- Rechtswahl **(8)** AGB-Banken **26** 1
- Scheckauskunft **(8)** AGB-Banken 10 2 B
- Scheckinkasso **(8)** AGB-Banken **40–47**
- Schriftformerfordernis **(8)** AGB-Banken 1 1
- Sicherheiten **(8)** AGB-Banken **19–22, 44**
- Sonderbedingungen **(8)** AGB-Banken 28 1
- Sortenhandel **(8)** AGB-Banken 35
- Stornorecht **(8)** AGB-Banken 4 1 C
- Substitution **(8)** AGB-Banken 9
- Tages(konto)auszüge **(8)** AGB-Banken 15 3
- Testament **(8)** AGB-Banken 24 1
- Tod des Kunden **(8)** AGB-Banken 24 1
- Treuhandkonto **(8)** AGB-Banken 19 2 C
- Übergang der Forderungen, Rechte und Sicherheiten **(8)** AGB-Banken **44**
- Übermittlungsfehler **(8)** AGB-Banken 8 1
- Überprüfungspflicht **(8)** AGB-Banken 15 1
- Übertragung auf Dritte **(8)** AGB-Banken 9

Sachverzeichnis

- Überweisungen (8) AGB-Banken 4
- Überziehungszinsen (8) AGB-Banken 14 3
- Überziehungsprovision (8) AGB-Banken 46
- Unterlagen (8) AGB-Banken 22
- Urkunden (8) AGB-Banken 5
- urkundenechte Schreibstoffe (8) AGB-Banken 1 3
- Verfügungsbefugnis (8) AGB-Banken 1 1
- Verlosung (8) AGB-Banken 37
- Versendung von Geld und Wertpapieren (8) AGB-Banken 12
- Vertrauensverhältnis (8) AGB-Banken I vor 1
- Vertretungsbefugnis (8) AGB-Banken 1 1
- Verwahrungsgeschäft (8) AGB-Banken 36–39
- Verwaltungspflichten (8) AGB-Banken 11, 37
- Verwertung (8) AGB-Banken 20–22
- Verzögerung (8) AGB-Banken 7 1
- Währungsguthaben (8) AGB-Banken 3 2, 4 2
- Wechselakzept (8) AGB-Banken 45, 46
- Wechselaval (8) AGB-Banken 45
- Wechselinkasso (8) AGB-Banken 40–47
- Wechseldeckung (8) AGB-Banken 47
- Weisungen (8) AGB-Banken 4 1 B, 3 A, 39
- Weiterbelastung (8) AGB-Banken 43
- Wertpapieraufstellung (8) AGB-Banken 15
- Wertpapierhandel (8) AGB-Banken 29–35
- Wertpapierverwahrung (8) AGB-Banken 36–39
- Zahlung auf einseitiges Anfordern (8) AGB-Banken 13
- Zinsanteilscheine (8) AGB-Banken 37
- Zinsen (8) AGB-Banken 14, 37
- Zugang (8) AGB-Banken 1 2
- Zurückbehaltungsrecht (8) AGB-Banken 19
- Zurückbelastungsrecht (8) AGB-Banken 42

AGB-Spark (8) AGB-Banken **Einl** 2

Agio s Disagio

AGNB (22) GüKG 84 2

Akkreditiv (7) Bankgeschäfte VII; (11) ERA

Akkreditoklausel 346 5; (7) Bankgeschäfte VII 4 A

Aktiengesellschaft (2) AktG
- Bilanzrecht **Einl** vor 238 IV 1

Akzeptkredit (7) Bankgeschäfte IV 4

Allgemeine Geschäftsbedingungen (5) AGBG; (8) AGB-Banken
- Abschlußvertreter (5) AGBG 11 14
- Abwehrklausel (5) AGBG 9 3
- Abwicklung von Verträgen (5) AGBG 10 7
- Anderkonten (9) AGB-Anderkonten
- Änderungsvorbehalt (5) AGBG 10 4
- Annahmefrist (5) AGBG 10 1
- Anwendungsbereich des AGBG (5) AGBG 1, 2, 12, 23
- Anzeigen (5) AGBG 11 16
- Arbeitsrecht (5) AGBG 23 1 A
- Aufrechnung (5) AGBG 11 3
- Aushang (5) AGBG 2 A
- Ausländer (5) AGBG 2 2 B
- Auslegung (5) AGBG 5
- Ausnahmen von AGBG (5) AGBG 23
- Ausschlußfrist für Mängelanzeigen (5) AGBG 11 10
- Banken (5) AGBG 9 3, 16; (8) AGB-Banken
- Bauleistungen (5) AGBG 23 2 E
- Bausparvertrag (5) AGBG 23 3
- Begriff (5) AGBG 1
- Behörden (5) AGBG **Vorb** vor 8 3
- Bestätigungsschreiben (5) AGBG 3 2, 4 1
- Beweislast (5) AGBG 11 5, 15
- Branchen (5) AGBG 9 3
- Branchenüblichkeit (5) AGBG 2 2 A
- Bundeskartellamt (5) AGBG **Vorb** vor 8 3 B
- culpa in contrahendo (5) AGBG **Vorb** vor 8 1

Sachverzeichnis

- Dauerschuldverhältnisse **(5)** AGBG **10** 3, **11** 1, 12
- dispositives Recht **(5)** AGBG **9** 2
- Eigentumsvorbehalt **(5)** AGBG **9** 3
- Einbeziehung in Vertrag **(5)** AGBG **2**
- Einkaufsbedingungen **(5)** AGBG **9** 3
- Einverständnis **(5)** AGBG **2** 1 C, 2 C
- einzelne Klauseln **(5)** AGBG **9** 3
- Eisenbahn **(5)** AGBG **23** 2 A
- Energiewirtschaft **(5)** AGBG **23** 2 B
- Erbrecht **(5)** AGBG **23** 1 B
- Ersatzklauseln **(5)** AGBG **6** 2
- Familienrecht **(5)** AGBG **23** 1 B
- Fiktion des Zugangs **(5)** AGBG **10** 6
- fingierte Erklärungen **(5)** AGBG **10** 5
- Form von Anzeigen **(5)** AGBG **11** 16
- Formularvertrag **(5)** AGBG **1** 2
- Freizeichnung 347 4 F; **(5)** AGBG **11** 7; **(8)** AGB-Banken **10**
- Fristsetzung **(5)** AGBG **11** 4
- geltungserhaltende Reduktion **(5)** AGBG **6** 2
- Generalklausel **(5)** AGBG **9**
- Gerichtsstand **(5)** AGBG **9** 3
- Geschäftsverbindung **(5)** AGBG **3** 2 A
- Gesellschaftsrecht **(5)** AGBG **23** 1 C
- Gewährleistung **(5)** AGBG **11** 10
- Grundbuchamt **(5)** AGBG **Vorb** vor **8** 3 C
- Grundschuld **(5)** AGBG **9** 3
- Haftungsbegrenzung s Freizeichnung
- Handelsbrauch **(5)** AGBG **2** 2 C
- Hinweis **(5)** AGBG **2** 1 A, **10** 5
- Individualvereinbarung **(5)** AGBG **1** 3
- Inhaltskontrolle **(5)** AGBG **8, 9–11**
- internationaler Rechtsverkehr **(5)** AGBG **12, 14, 24** 4; **(6)** Incoterms
- KapitalanlageGes **(5)** AGBG **23** 3
- Kardinalpflicht **(5)** AGBG **9** 2, **11** 7; **(8)** AGB-Banken **10** 3 B
- Kaufmann **(5)** AGBG **24**
- Kenntnisnahme **(5)** AGBG **2** 1 B, 2 B
- Klauselverbot **(5)** AGBG **10, 11**
- Kontokorrentvorbehalt **(5)** AGBG **9** 3
- Konzernverrechnungsklauseln **(5)** AGBG **11** 3
- Konzernvorbehalt **(5)** AGBG **9** 3
- kurzfristige Preiserhöhung **(5)** AGBG **11** 1
- Leistungsbeschreibung **(5)** AGBG **8** 2
- Leistungsfrist **(5)** AGBG **10** 1
- Leistungsverweigerungsrecht **(5)** AGBG **11** 2
- Leitbildfunktion des dispositiven Rechts **(5)** AGBG **9** 2
- Lieferschein **(5)** AGBG **2** 2 A
- Lücke **(5)** AGBG **6** 2
- Mahnung **(5)** AGBG **11** 4
- Nachbesserung **(5)** AGBG **11** 10
- Nachfrist **(5)** AGBG **10** 2
- Nachleistung **(5)** AGBG **11** 10
- notarielle Verträge **(5)** AGBG **1** 2, 3
- Pauschalierung **(5)** AGBG **10** 7, **11** 5
- Preisargument **(5)** AGBG **9** 1
- Preisbestimmung **(5)** AGBG **8** 2 B
- Preiserhöhung **(5)** AGBG **11** 1
- Preisnebenabrede **(5)** AGBG **8** 2 B
- Rahmenvereinbarung **(5)** AGBG **2** 1 D, 2 D
- Rechnungsvermerk **(5)** AGBG **2** 2 A
- Rechtsfolgen bei Verstoß **(5)** AGBG **Vorb** vor **8** 1
- Rechtsnatur **(5)** AGBG **1** 1
- Rechtsnorm **(5)** AGBG **1** 1 B, **8** 2 C
- Rechtswahl **(5)** AGBG **10** 8
- Register **(5)** AGBG **20**
- Revisibilität **(5)** AGBG **5** 5
- Rücktrittsvorbehalt **(5)** AGBG **10** 3
- Sachgesamtheit **(5)** AGBG **23** 2 F
- Sachmängelhaftung **(5)** AGBG **11** 10
- Salvatorische Klauseln **(5)** AGBG **6** 2
- Schadenspauschalierung **(5)** AGBG **11** 5
- Schriftformklausel **Einl** vor 343 5 B; **(5)** AGBG **4** 1, **9** 3, **11** 16
- Tatsachenbestätigung **(5)** AGBG **11** 15
- Teilung von Klauseln **(5)** AGBG **6** 2

Sachverzeichnis

- Teilunmöglichkeit **(5)** AGBG 11 9
- Teilunwirksamkeit **(5)** AGBG 6
- Teilvertrag **(5)** AGBG 11 9
- Treu und Glauben **(5)** AGBG **Vorb** vor 8 2
- überraschende Klauseln **(5)** AGBG 3
- Umgehungsverbot **(5)** AGBG 7
- unbillige AGB **Einl** vor 343 6; **(5)** AGBG **Vorb** vor 8
- Unklarheitenregel **(5)** AGBG 5
- Unmöglichkeit **(5)** AGBG 11 8
- Unterlassungsklage **(5)** AGBG 13
- Unterwerfung **(5)** AGBG 2, 3
- Unwirksamkeit **(5)** AGBG 8–11
- Verbandsklage **(5)** AGBG 13–22
- Verfahren **(5)** AGBG 13–22
- Verfallklauseln **(5)** AGBG 11 6
- Verhandlungssprache **(5)** AGBG 2 2 B
- Verjährung **Einl** vor 343 7
- Verkehr **(5)** AGBG 23 2
- Veröffentlichung **(5)** AGBG 18
- Versicherungsverträge **(5)** AGBG 16, 23 2 F, 3
- Vertragsstrafe **(5)** AGBG 11 6
- Vertragstypen **(5)** AGBG 9 3
- Verwender **(5)** AGBG 1 1
- Verzug **(5)** AGBG 11 8
- Vollständigkeitsklauseln **Einl** vor 343 5 B
- Vorfälligkeitsklausel **(5)** AGBG 11 6
- Wechsel des Vertragspartners **(5)** AGBG 11 13
- widersprechende AGB **(5)** AGBG 2 2 C
- Zugangsfiktion **(5)** AGBG 10 6
- zugesicherte Eigenschaften **(5)** AGBG 11 11
- zwischenstaatliches Recht **(5)** AGBG 12

Allgemeines Deutsches HGB s ADHGB
Altersversorgung s Handlungsgehilfe, HdlVertreter
Anderkonto (9) AGB-Anderkonten
Änderungen des HGB **Einl** vor 1 I 2 D
Anerkenntnis s Schuldversprechen
Anfechtung
- Arbeitsvertrag 59 9 B

Angestellter s Handlungsgehilfe

- nicht kfm **83**
- technischer 59 3 A

Anhang 284–286 s auch Handelsbücher, Jahresabschluß, Konzernabschluß, Offenlegung
- Beteiligungsliste **287**
- Bewertungsmethoden **284** 5, 7, 8
- Bilanzierungsmethoden **284** 5, 7, 8
- Ergebnisbeeinflussung durch steuerrechtliche Bewertung **285** 5
- Ertragsteuerspaltung **285** 6
- Freiwillige Angaben **284** 3
- Funktion **284** 1
- Genossenschaften **338**
- Gliederung **284** 4
- größenabhängige Erleichterungen **288**
- Großreparaturen **285** 3
- Pflichtangaben **284** 2
- Rechtsnatur **284** 1
- Schutzklausel **286**
- sonstige finanzielle Verpflichtungen **285** 3
- Umsatzerlösaufgliederung **285** 4
- Währungsumrechnung **284** 6
- Wahlpflichtangaben **284** 2

Ankunftsgeschäft (6) Incoterms **Einl** vor 1 2
Anlageberatung 347 3; **(17)** Händlerregeln
Anlagespiegel s Bilanz
Anlagevermögen s Bilanz
Anlagenvertrag (Industrie) **Überbl** vor 373
Annahmeverzug
- des Arbeitgebers 59 6 C
- des Käufers 373 1, 374

Ansatzvorschriften s Jahresabschluß, Konzernabschluß
Anschaffungsdarlehen (7) Bankgeschäfte V 4
Anschaffungskosten s Bewertung
Anscheinsvollmacht s Vertretung
Anteil (OHG) s auch Vermögen
- am GesVermögen 124 2
- an einzelnen Gegenständen **124** 1 B
- Ausscheiden **139** 3 C
- Bedingungen **139** 1 B
- Bewertung **120** 3 C
- eigener Anteil **105** 1 E
- Erbsurrogat **124** 2 H
- im Konkurs **124** 2 G
- Kapitalanteil **120** 3

Sachverzeichnis

- Kapitalkonto **120** 3 D
- mehrere Erben **139** 2
- Nachlaßverwalter **139** 5
- negativer Kapitalanteil **120** 3 E, **138** 5 K
- Nießbrauch **124** 2 D
- Pfändung **124** 2 C, **135**
- Sicherungsabtretung **124** 2 E
- Testamentsvollstrecker **139** 4
- Übernahme, Übertragung **124** 2 B, E, F
- Umwandlung in KdtAnteile **139** 3
- Vererbung **131** 3, **139** 1–3
- Verminderung **122** 2
- Verpfändung **124** 2 E

Anweisung s kfm Anweisung, Akkreditiv
- Übertragung, Form **350** 1 B

Anzahlungen s Bilanz
Apotheke 1 1 C, **8** A, **230** 2 A
Arbeitgeber s Handlungsgehilfe
- Arbeitsentgeltpflicht **59** 6
- Begriff **59** 2 A
- Fürsorgepflicht **62**
- Haftung **59** 8 A, **73** 4
- Kündigung **59** 9
- Nebenpflichten **59** 7
- Sperrabrede **75f**
- Wechsel **59** 2 B
- Wettbewerbsverbot **59** 5 B, 9 C e, **60, 61, 74–75 d**

Arbeitnehmer s Handlungsgehilfe; **83**
Arbeitsentgelt s Handlungsgehilfe
Arbeitsgericht s Handlungsgehilfe
Arbeitsrecht s Handlungsgehilfe
Arbeitsverhältnis s Handlungsgehilfe
Arbeitsvertrag s Handlungsgehilfe
Arbitrage s Schiedsgericht
Arglist 377 1 F
- s auch Frachtgeschäft

Assoziierte Unternehmen s Konzernabschluß
Aufbewahrung s Handelsbücher
Aufgebot s Orderpapiere
Aufklärungspflicht 347 3, 4
Auflösung (OHG) s auch Kündigung, Auseinandersetzung, Liquidation
- Abfindung s Auseinandersetzung
- Anmeldung **143**
- Arbeitsverhältnis **59** 6

- Ausscheiden statt Auflösung **138** 1–3
- Beschluß **131** 2 B
- Ende **131** 1 A, C
- Enteignung **131** 1 D
- Fortbestehen nach Tod **131** 3, **138, 139**
- fortgesetzte Ges **134**
- Fortsetzung **131** 1 C, **137, 138, 141, 144**
- Fortsetzung mit Erben **139**
- gerichtliche Entscheidung **131** 2 F, **133**
- Geschäftsführung nach Auflösung **136, 137**
- Ges auf Lebenszeit **134**
- Gründe **131** 1 D, 2, 3
- HdlReg **143**
- Klage **133** 2
- Konkurs **131** 2 C, D, **137**
- Tod **131** 3, **137**
- Übernahme statt Auflösung **138** 2, **142**
- Unkenntnis, Schutz bei **136**
- Vereinbarung **133** 4
- wichtiger Grund **133** 3
- Wirkung **145** 1, **146**
- Zeitablauf **131** 2 A

Aufnahme s Eintritt
Aufrechnung 124 1 C
Aufsichtsrat s OHG, KG
Auftragsbestätigung 346 3 A, 4 D
Aufwendungen
- aus Verlustübernahme **277** 3
- außerordentliche **275** 3 Q, **277** 4
- für Eigenkapitalbeschaffung **248** 1
- für Ingangsetzung und Erweiterung des Geschäftsbetriebs **269, 282**
- für Unternehmensgründung **248** 1
- sonstige betriebliche **275** 3 H, 4 G

Auseinandersetzung (OHG) s auch Liquidation
- Abfindung **138** 5
- Abfindungsklauseln **138** 5
- Art und Weise nach Auflösung **138** 4, **145** 1 A, B, 2, **158**
- Aufschub **145** 2 B
- bei Ausscheiden **138** 4
- bei Ausschließung **140** 4
- Bilanz **138** 5 E
- Buchwertklausel **138** 5, **140** 1 B
- Einbringung **145** 2 C
- Fehlbetrag **138** 5 K

Sachverzeichnis

- Freistellung von Haftung **138** 4 C
- Gewinn **138** 5 A, B
- mit Ausgeschiedenen **138** 4
- Naturalteilung **145** 2 C
- neue Kapitalanteile **138** 4 A
- Pfändung **109** 6 B, **124** 2 C, **135** 2 C
- Rückgabe **138** 4 B
- schwebende Geschäfte **138** 6
- Übernahme durch Gfter **145** 2 C
- Übertragung **109** 6, **124** 2 B
- Umwandlung **145** 2 C
- Zuwachsung **138** 4 A

Ausfallhaftung s Verbundene Unternehmen

Ausgleichsquittung s Handlungsgehilfe

Auskunft 347 3, 4
- s auch Haftung
- Banken (7) Bankgeschäfte I 5
- Handlungsgehilfe **59** 5 B
- HdlVertreter **86** 2 D, **86a** 1 B, **87c** 4
- KG **166**
- OHG **118**, **138** 5 E, 6, **145** 1 G
- stGes **233**
- wegen Firma **17** 4 H

Auslage
- Zinspflicht **354** 3 A

Ausland, Ausländer s auch AGB, Bankgeschäfte, Frachtgeschäfte, Handlungsgehilfe, HdlVertreter, Internationale Handelskammer, internationales Recht, internationaler Verkehr, Kauf, Kommission, Spedition sowie einzelne Länder
- Arbeitsrecht **59** 10
- Ausländische HdlRechte **Einl** vor **1** I 4 C
- Firma **17** 7
- HdlGeschäft **13b**, **25** 1 B
- Schiedsgericht **Einl** vor **1** IV 3 C
- WPKauf, -Verwahrung (13) DepotG **22**

Auslegung Einl vor **343** 6 B
- Ges Vertrag **105** 2 K

Ausleihungen s Bilanz

Außenhandel s Ausland

Außenhandelsfinanzierung (7) Bankgeschäfte VII 7

Aussperrung s Handlungsgehilfe

Ausscheiden (OHG) s auch Auseinandersetzung, Ausschließung, Kündigung

- Abfindung **138** 5
- Anmeldung **143**
- Auskunft **138** 5 E, 6
- Austritt **138** 1
- Firma **24**, **138** 3 B
- Haftung **128** 5, **159**, **160**
- HdlRegister **138** 3 A, **143**
- Kontrollrechte **118** 3
- schwebende Geschäfte **138** 6
- statt Auflösung **138** 1–3
- Treuepflicht **138** 3 C
- Übernahme **138** 2, **142**
- Vereinbarung **138** 2

Ausschließung (OHG, KG) s auch Ausscheiden
- Abfindungsangebot **140** 2 C
- GfterKonkurs **141**
- Größe des Anteils **140** 1 D
- Gründe **140** 1 A–C, 2
- KG-phG **140** 2 D
- Klage **140** 3, **142** 1
- Kdtist **140** 2 D
- nach Auflösung **140** 1 C
- nach Gläubigerkündigung **141**
- Übernahme aufgrund Vertrags **142** 1 E, 2
- Übernahme statt Ausschließung **142**
- Urteil **140** 3, **142** 1 D
- Vereinbarung **140** 1 B
- Verfahren **140** 3
- Vergleichsvorschlag **140** 1 A, 2 E

Ausschüttungssperre 269a, **274** 2 C

Außendienst s HdlVollmacht

Äußerungen, geschäftsschädigende **Einl** vor **1** II 3 D

ausstehende Einlagen s Eigenkapital

Austritt (OHG) s Ausscheiden, Kündigung

Auszubildender 59 3 A

Aval 349 2 B, 4 D; (7) Bankgeschäfte IV 4 C

Baisse 346 5

„Baldmöglichst" 346 5

Bankauskunft s Bankgeschäfte

Banken s Bankgeschäfte, Kreditinstitute

Bankgarantie s Garantie

Bankgeheimnis s Bankgeschäfte

Bankgeschäfte 1 II Nr 4; (7) Bankgeschäfte

Sachverzeichnis

- s auch Börse, Dokumente, Garantie, Inkasso, Wertpapier
- Abbuchungsverfahren **(7)** Bankgeschäfte III A 1 A, 2 A
- Abrechnungsverfahren **(7)** Bankgeschäfte III A 2 B
- Abzahlungsgesetz **(7)** Bankgeschäfte V 2 B, XII 2 B
- AGB der Banken **(8)** AGB-Banken
- Akkreditiv **(7)** Bankgeschäfte VII; **(11)** ERA
- Akzeptkredit **(7)** Bankgeschäfte IV 4
- Anderkonto **(7)** Bankgeschäfte II 2 A; **(9)** AGB-Anderkonten
- Anlageberatung **347** 3; **(7)** Bankgeschäfte I 6 D h; **(17)** Händlerregeln
- Anschaffungsdarlehen **(7)** Bankgeschäfte V 4
- Aufhebung (der Geschäftsverbindung) **(8)** AGB-Banken **17, 18**
- Aufklärung und Beratung **(7)** Bankgeschäfte I 6, V 2 E
- Aufsicht **(7)** Bankgeschäfte I 2
- Auslandsgeschäfte **(7)** Bankgeschäfte VII 7
- Automation **(7)** Bankgeschäfte I 8 A
- Avalkredit **(7)** Bankgeschäfte IV 4 B
- Avisbank **(7)** Bankgeschäfte VII 1 B
- Bankauskunft **(7)** Bankgeschäfte I 5, III 5 F; **(8)** AGB-Banken **10**
- Bankenerlaß **(7)** Bankgeschäfte I 4 B
- Bankenprivileg **172a** 4
- Bankgarantie **(7)** Bankgeschäfte VII 6
- Bankgeheimnis **(7)** Bankgeschäfte I 4
- Bankvertrag **(7)** Bankgeschäfte I 3
- Begriff „Bank" **(7)** Bankgeschäfte I 2 A
- Begriff „Bankgeschäfte" **(7)** Bankgeschäfte I 2 A
- Bereicherungsausgleich **(7)** Bankgeschäfte III 2 D, E, 3 C, 4 E, 5 D, III A 1 B, 3 C, 4 B, IV 2 C, V 2 F
- Bestätigungsbank **(7)** Bankgeschäfte VII 1 B
- Bezeichnungsschutz **(7)** Bankgeschäfte I 2 B

- B-Geschäft **(7)** Bankgeschäfte V 2
- Bildschirmtext (Btx) **(7)** Bankgeschäfte I 8 C
- BSE-Abkommen **(7)** Bankgeschäfte III 5 E
- Buchung **(7)** Bankgeschäfte III 1 A
- C-Geschäft **(7)** Bankgeschäfte V 3 A
- certificate of deposit **(7)** Bankgeschäfte IV 7
- cpd-Konto **(7)** Bankgeschäfte II 2 A
- Darlehen **(7)** Bankgeschäfte Bankgeschäfte IV, V
- Darlehensrückgewähr **172a**
- Datenschutz **(7)** Bankgeschäfte I 8 B
- deferred-payment-Akkreditiv **(7)** Bankgeschäfte VII 1
- Dokumentenakkreditiv s Akkreditiv
- Dokumenteninkasso **(7)** Bankgeschäfte VII 5
- Depotgeschäft s Wertpapier
- Devisenhandelsgeschäft **(7)** Bankgeschäfte VII 7 C
- Diskont **(7)** Bankgeschäfte VI; **(8)** AGB-Banken **40–47**
- Drittäuschung **(7)** Bankgeschäfte V 2 C
- Effektengeschäft s WP-Geschäft
- „Eingang vorbehalten" **(7)** Bankgeschäfte III A 3 A
- Einlagengeschäft **(7)** Bankgeschäfte II
- Einwendungsdurchgriff **(7)** Bankgeschäfte V 2 D
- Einzugsermächtigungsverfahren **(7)** Bankgeschäfte III A 1 A, 2 A
- Emission **383** 4; **(7)** Bankgeschäfte VIII
- Erfüllung **(7)** Bankgeschäfte III 4 B
- Erlaubnis zum Betreiben **(7)** Bankgeschäfte I 2 B
- Eurochecks **(7)** Bankgeschäfte III 6 A
- EZÜ-Abkommen **(7)** Bankgeschäfte III 1 B
- Factoring **(7)** Bankgeschäfte XI
- Fälschungsrisiko **(7)** Bankgeschäfte III 2 E; **(8)** AGB-Banken **Nr 5** 1
- Fehlüberweisung **(7)** Bankgeschäfte III 3 C

1545

Sachverzeichnis

- Forfaitgeschäft **(7)** Bankgeschäfte VI 3 A
- Fremdkonto **(7)** Bankgeschäfte II 2 A; **(9)** AGB-Anderkonten **Einl** vor 1 1
- FRN **(7)** Bankgeschäfte IV 7
- Geheimnis **(7)** Bankgeschäfte I 4
- Gemeinschaftskonto **(7)** Bankgeschäfte II 2 A
- Geschäftsverbindung **(7)** Bankgeschäfte I 3; **(8)** AGB-Banken
- Girogeschäft **(7)** Bankgeschäfte III
- Girokonto **(7)** Bankgeschäfte III 1 A
- Girozentrale (AGB) **(8)** AGB-Banken **Einl** 2
- Globalzession **(7)** Bankgeschäfte IV 6 A, B, XI 3
- Gutschrift **(7)** Bankgeschäfte III 2 D, 3, 4 B, 5 B, III A 3 A
- Haftung 347 3; **(7)** Bankgeschäfte I 6, 7, III 5, IV 5; **(8)** AGB-Banken **4–16, 24, 25**
- Haftung gegenüber Dritten **(7)** Bankgeschäfte I 7
- Haustürgeschäft **(7)** Bankgeschäfte IV 2 B a
- Hermes-Deckung **(7)** Bankgeschäfte VII 7 B
- Hypothekenbankkredit **(7)** Bankgeschäfte IV 3 C
- Inkasso **(7)** Bankgeschäfte III 4 E; **(8)** AGB-Banken **40–47**
- Insiderinformationen 347 4 A; **(7)** Bankgeschäfte I 6 B; **(15)** Insiderhandels-Ri
- Interessenkonflikt **(7)** Bankgeschäfte V 2 E
- Internationaler Bankverkehr **(7)** Bankgeschäfte I 10, VII 7
- Investmentgeschäft **(7)** Bankgeschäfte X
- Kassageschäft **(7)** Bankgeschäfte VII 7 C
- Kennwort **(7)** Bankgeschäfte II 3 B
- Knebelung **(7)** Bankgeschäfte IV 6
- Konkurs **(7)** Bankgeschäfte I 9, III 3 E
- Konkursverschleppung **(7)** Bankgeschäfte IV 5 B
- Kontenwahrheit **(7)** Bankgeschäfte II 2 B
- Konto **(7)** Bankgeschäfte II 2 A
- Kontoarten **(7)** Bankgeschäfte II 2 A
- Kontoeröffnung **(7)** Bankgeschäfte II 2 B
- Kontoinhaber **(7)** Bankgeschäfte II 2 B
- Kontokorrentkredit **(7)** Bankgeschäfte IV 3 A
- Konto pro Diverse **(7)** Bankgeschäfte II 2 A
- Kontoüberziehung **(7)** Bankgeschäfte IV 2 D; **(8)** AGB-Banken **14** 3
- Kreditauskunft s Bankauskunft
- Krediteröffnungsvertrag **(7)** Bankgeschäfte IV 2
- Kreditgeschäft **(7)** Bankgeschäfte IV
- Kreditinstitutsbegriff **(7)** Bankgeschäfte I 2
- Kreditkarte **(7)** Bankgeschäfte III 6 B
- Kreditsicherung **(7)** Bankgeschäfte IV 6
- Kreditvermittler 93 1 C; **(7)** Bankgeschäfte V 1
- Kündigung **(7)** Bankgeschäfte IV 2 D, 609 a BGB; **(8)** AGB-Banken **17**
- KWG **(7)** Bankgeschäfte I 2 A
- Lastschriftverfahren **(7)** Bankgeschäfte III A; **(10)** Lastschriftverkehr
- Leasing **(7)** Bankgeschäfte XII
- Lombardkredit **(7)** Bankgeschäfte IV 3 B
- Mantelzession **(7)** Bankgeschäfte IV 6 A
- Nachdisposition **(7)** Bankgeschäfte III 2 D, 3 B
- Negativklausel **(7)** Bankgeschäfte IV 6 A
- Neue Finanzinstrumente **(7)** Bankgeschäfte IV 7
- NIF **(7)** Bankgeschäfte IV 7
- Nummernkonto **(7)** Bankgeschäfte II 2 A
- Oder-Konto **(7)** Bankgeschäfte II 2 A
- Packing **(7)** Bankgeschäfte IV 2 B a, b
- Pensionsgeschäft 242 4 B; **(7)** Bankgeschäfte VI 3 B
- Personalkredit **(7)** Bankgeschäfte V 4

Sachverzeichnis

- Pfandbriefdarlehen **(7)** Bankgeschäfte IV 3 C
- Pfandklausel **(8)** AGB-Banken **19** 2
- Postscheckverkehr **(7)** Bankgeschäfte III 7
- Postsparverkehr **(7)** Bankgeschäfte II 4
- prämienbegünstigtes Sparen **(7)** Bankgeschäfte II 3 C
- Rahmenvertrag **(7)** Bankgeschäfte V 1, 2
- Rechtzeitigkeit der Zahlung **(7)** Bankgeschäfte III 4 C
- Reisescheck **(7)** Bankgeschäfte III 6 C
- Rembours **(11)** ERA **21**
- Rembourskredit **(7)** Bankgeschäfte IV 4 B
- revolvierender Kredit **(7)** Bankgeschäfte IV 2 A, 3 A
- Rückbelastung **(7)** Bankgeschäfte III A 3 B
- Rückzahlung an Nichtberechtigte **(7)** Bankgeschäfte II 3 B
- RUF **(7)** Bankgeschäfte IV 7
- Sanierungskredite **172a** 4
- Scheckabkommen **(7)** Bankgeschäfte III 5 E
- Scheckbestätigung **(7)** Bankgeschäfte III 5 F
- Scheckeinlösungsbestätigung **(7)** Bankgeschäfte III 5 F
- Scheckeinlösungszusage **(7)** Bankgeschäfte III 5 F
- Scheckauskunft **(7)** Bankgeschäfte III 5 F
- Scheckgeschäft **(7)** Bankgeschäfte III 5; **(8)** AGB-Banken **40–47**
- Scheckinkasso **(7)** Bankgeschäfte III 5 E
- Scheckkarte **(7)** Bankgeschäfte III 6 A
- Schecksperre **(7)** Bankgeschäfte III 5 C
- Scheck-Wechselverfahren **(7)** Bankgeschäfte VI 1
- Schenkung auf Todesfall **(7)** Bankgeschäfte II 2 B
- Schufa **(7)** Bankgeschäfte I 5 C, 8 B
- Schuldscheindarlehen **(7)** Bankgeschäfte IV 3 D
- Schutzgesetze **(7)** Bankgeschäfte I 2 B
- securitization **(7)** Bankgeschäfte IV 7
- Sicherheiten **(7)** Bankgeschäfte IV 6; **(8)** AGB-Banken **19–22**
- Sicherheitenpool **(7)** Bankgeschäfte IV 6 A
- Sicherungsklauseln (Unwirksamkeit) **(7)** Bankgeschäfte IV 6 C
- sittenwidrige Darlehen **(7)** Bankgeschäfte IV 2 Bb
- Skontration **(7)** Bankgeschäfte III 1 B
- Sonderkonto **(7)** Bankgeschäfte II 2 A; **(9)** AGB-Anderkonten **Einl** vor 1 1
- Sparbuch **(7)** Bankgeschäfte II 3 B
- Spareinlagen **(7)** Bankgeschäfte II 1, 3
- Sparkassen (AGB) **(8)** AGB-Banken **Einl** 2
- Sparkonto **(7)** Bankgeschäfte II 3
- Sperrkonto **(7)** Bankgeschäfte II 2 A
- Stornierung **(7)** Bankgeschäfte III 3 D; **(8)** AGB-Banken **4** 1 C, **41** 2
- Swapgeschäfte **(7)** Bankgeschäfte IV 7, VII 7 C
- Tankscheck **(7)** Bankgeschäfte III 6 A
- Teilzahlungskreditgeschäft **(7)** Bankgeschäfte V, XII 2 B
- Termingeschäft **(7)** Bankgeschäfte VII 7 C; s auch Börse
- TLF **(7)** Bankgeschäfte IV 7
- Todesfall **(7)** Bankgeschäfte I 4, II 2 B; **(8)** AGB-Banken **24**
- Treuhandkonto **(7)** Bankgeschäfte II 2 A; **(9)** AGB-Anderkonten **Einl**
- Überweisung **(7)** Bankgeschäfte III
- Überziehung **(7)** Bankgeschäfte IV 2 D; **(8)** AGB-Banken **14** 3
- umgekehrter Wechsel **(7)** Bankgeschäfte VI 1
- Unterakkreditiv **(7)** Bankgeschäfte VII 3 E
- Und-Konto **(7)** Bankgeschäfte II 2 A
- Verbraucherkredit **(7)** Bankgeschäfte V 5
- Vermögensverwaltung **(7)** Bankgeschäfte I 6 D h
- Verrechnung **(7)** Bankgeschäfte III 3 E

1547

Sachverzeichnis

- Verrechnungsscheck (7) Bankgeschäfte III 5 B
- Verrechnungsvertrag (7) Bankgeschäfte III 1 B
- Vordisposition (7) Bankgeschäfte III 2 D, 3 B
- Warnpflicht (7) Bankgeschäfte I 6, V 2 E
- Wechsel (8) AGB-Banken **40–47**
- Wechselrembours (7) Bankgeschäfte IV 4 B
- Wertpapier (Kux-, Devisen-, Sorten-)Geschäft (7) Bankgeschäfte VIII; (8) AGB-Banken **29–39**; (13) DepotG
- Widerruf s Darlehen, Lastschrift, Überweisung
- Widerspruch (bei Lastschrift) (7) Bankgeschäfte III A 2 C, D
- Zahlstelle (7) Bankgeschäfte VII 1 B
- Zahlungsverkehr (7) Bankgeschäfte III
- Zentralbankabrechnung (7) Bankgeschäfte I 6 D, III 1 B
- Zins (7) Bankgeschäfte IV 2 A, B

Bankier 367 1 D
- s auch Bankgeschäfte

„bar" 346 5

Bardepot Einl vor 1 II 3 B; (7) Bankgeschäfte VII 6 A, 7 A

Baugewerbe 1 8 A, 2 1

Bausparkasse 1 8 D

Bausparkassenvertreter s HdlVertreter

Bedienstete s Haftung

Beförderung 1 II Nr 5
- s auch Frachtgeschäft, Güterkraftverkehr

Beherrschungsvertrag 290 3

Beirat s OHG, KG

Belgien Einl vor 1 I 4 C

Bekanntmachung 11, **325–329**, s auch Offenlegung

Bereicherung
- ScheinKfm **5** 1 F

Bereinigung (hdlrechtliche) **Einl** vor 1 I 2 D

Bergbau 2 1 A

Berlin
- HdlReg **8** 2 A

Berufshaftung 347 3 E

Beschlagnahme
- wegen Firma 17 4 H

Beschluß s Auflösung, Geschäftsführung, OHG (Vertragsänderung)

Besichtigung 346 5

Besserung 346 5

Bestandsaufnahme s Inventur

Bestätigung
- Bestätigungsvermerk s Abschlußprüfer
- kfm und berufliches Bestätigungsschreiben 346 3
- Rechtsgeschäft 350 2 C

Bestimmtheitsgrundsatz s OHG, KG, PublikumsGes

Beteiligungen s Konzernabschluß

Betriebliche Altersversorgung s HdlGehilfe, HdlVertreter

Betriebsaufspaltung 2 1 B, **31** 2 A, **59** 2 B, **105** 3 B, **172a** 4

Betriebsführungsvertrag 114 2 A

Betriebsrat, -übung, -verfassung, -vereinbarung s HdlGehilfe

Betriebsstätte 13 1 E

Betriebsübergang 59 2 B

Betriebsverpachtung s Betriebsaufspaltung

Beurkundungsgesetz 12 1 A

Beweissicherung s Eisenbahn, Kommission, Lagergeschäft, Spedition

Bewertung **252–256**, **279–283**, **308–309** s auch Abschreibungen, Anhang, Handelsbücher
- Anlagevermögen 253 3
- Anpassung der Einzelabschlüsse **308**
- Anschaffungskosten 255 1
- Anzahlungen 252 6 D
- Bewertungsstetigkeit 253 7
- Bewertungsvorbehalt 252 1 B
- Bewertungswahlrecht 252 9, 264 4
- Bilanzidentität 252 2
- Bilanzkontinuität 253 7
- Börsenpreis 253 4 B
- Durchschnittsbewertung 256 1 B
- einheitliche bei Konsolidierung **308**
- Einzelbewertung 240 3, 252 4, 256 1 A
- Ergebnisbeeinflussung durch steuerrechtliche Bewertung 285 5
- Festbewertung 240 3, 256 2
- Fifo 256 1 C
- Firmenwert 255 4
- Fortführungsprinzip 252 3

Sachverzeichnis

- Geschäftskosten **255** 4
- Geschäftswert **255** 4
- going concern **252** 3
- Gruppenbewertung **240** 4, **256** 2
- Herstellungskosten **255** 2
- – Begriff **255** 2 A
- – Einzelkosten **255** 2 B
- – Fertigungskosten **255** 2 B
- – Gemeinkosten **255** 2 C
- – Materialkosten **255** 2 B
- – Sonderkosten der Fertigung **255** 2 B
- – Vertriebskosten **255** 2 D
- Imparitätsprinzip **252** 5 B
- Konzernabschluß **308**
- Kosten s Anschaffungs-, Herstellungskosten
- Lifo **256** 1 C
- Marktpreis **253** 4 B
- Periodenabgrenzung **252** 6
- Privatbilanzen **252** 1 D
- Realisationsprinzip **252** 6
- Rentenverpflichtungen **253** 2 B
- Rückstellungen **253** 3
- Sammelbewertung **240** 4, **256** 2
- Schulden **253** 2
- schwebende Geschäfte **252** 6 C
- Stetigkeit **252** 7
- Steuerbilanz **252** 1 B
- Stichtag **242** 3 B, **252** 4
- stille Reserven s Rücklagen
- Übergangsrecht **Einl** v **238** V 1 B; **(1)** EGHGB 24
- Umlaufvermögen **253** 4
- Unterbewertung **252** 5 C
- Verbindlichkeiten **253** 2
- Vereinfachungsverfahren **256**
- Verlustantizipationsprinzip **252** 5 B
- Vermögen **253** 1
- Vorsicht **243** 2 F, **252** 5
- Wertberichtigung **253** 3 A
- Zinsen für Fremdkapital **255** 3

Bezeichnung s Kennzeichnung
BGB, Verhältnis zu HGB **Einl** vor **1** I 1 B, 2 C, **2** EGHGB
BGBGesellschaft Einl vor **105** 3 A
- Abgrenzung zur OHG **105**
- BGBGesellschaftsrecht **105** 5
- MitunternehmerGes **176** 2 B
- Unterbeteiligung **105** 1 H
B-Geschäft (7) Bankgeschäfte V 2
Bierliefervertrag (1) EGHGB **18**
Bilanz s auch Bewertung, Gewinn- und Verlustrechnung, Handelsbücher, Jahresabschluß, Konzernabschluß, Konzernbilanz, Konzernlagebericht, Rücklagen, Rückstellungen
- Aktivierbarkeit **242** 3 B
- Anlagespiegel **268** 2
- Anlagevermögen **247** 2, **248** 2
- antizipative Posten **250** 1 A, 3, **268** 4
- Anzahlungen **266** 3, 4, 6, 13, **268** 5
- Aufgliederung **247**
- Aufstellungspflicht **242** 1 A
- Aufwendungen für Ingangsetzung und Erweiterung des Geschäftsbetriebes **269, 282**
- Ausleihungen **266** 5; **(2)** GmbHG **42 III**
- Bankguthaben **266**
- Begriff **242** 1 B
- Beteiligungen **271**
- Betriebsvermögen **242** 4
- Bilanzarten **242** 2
- Bilanzgewinn **268** 1
- Bilanzgleichung **242** 1 B
- Bilanzidentität **252** 2, **265** 2
- bilanzierungsfähiges Vermögen **242** 3
- Bilanzierungshilfe **269, 274 II**
- Bilanzierungsmethoden **284** 5, 7, 8
- Bilanzierungsverbote **248**
- Bilanzierungswahlrechte **248** 2 B, **264** 4
- Bilanzkontinuität **253** 7, **265** 1
- Bilanzpolitik **264** 4
- Bilanzsumme **267**
- Bilanzverlust **268** 1
- Bilanzvermerke **268**
- Damnum **250** 4, **268** 6
- Disagio **250** 4, **268** 6
- Drittvermögen **242** 4 B
- Eigenkapital **266** 11, **272, 283**
- Eigentumsvorbehalt **242** 4 B
- Eigenvermögen **242** 4 B
- Einlagen **272** 1
- Ergebnisverwendung **268** 1
- Eröffnungsbilanz **242** 1
- Factoring **242** 4 B
- Fehlbetrag **268** 3
- Finanzanlagen **266** 5
- Forderungen **266** 7, **268** 4
- Forderungen gegenüber Gftern **(2)** GmbHG **42 III**

1549

Sachverzeichnis

- Genossenschaften **337**
- gezeichnetes Kapital **272** 1
- Gliederung **265, 266**
- große Kapitalgesellschaft **267** 3
- Grundsatz der (umgekehrten) Maßgeblichkeit **242** 2 A
- Grundsätze ordnungsmäßiger Bilanzierung **243** 2
- Haftungsverhältnisse **251, 268** 6
- Handelsbilanz **242** 2
- immaterielles Anlagevermögen **248** 2
- immaterielle Vermögensgegenstände **266** 3
- Ingangsetzungskosten **269, 282**
- Inhalt **247**
- Kassenbestand **266** 9
- Kauf **242** 4 B
- Klarheit **243** 2 A
- kleine Kapitalgesellschaft **267** 1
- Kommission **242** 4 B
- Kontoform **266** 1
- latente Steuern **274**
- Leasing **242** 4 B
- Maßgeblichkeitsgrundsatz **242** 2 A
- Maßgeblichkeitsgrundsatz, umgekehrter **280** 2
- mittelgroße Kapitalgesellschaft **267** 2
- Nachschüsse (2) GmbHG **42 II**
- Passivierbarkeit **242** 3 C
- Patronatserklärung **251**
- Pensionsgeschäft **242** 4 B
- Privatvermögen **242** 4
- Realisationsprinzip **242** 4 B
- Rechnungsabgrenzungsposten **250, 266** 14, **268** 4
- Rechtsnatur **242** 1 C
- Restlaufzeit von Forderungen **268** 4
- Rückstellungen **266** 12
- Sachanlagen **266** 4
- Schecks **266** 9
- Schulden **242** 4
- Sicherungsübereignung **242** 4 B
- Sonderposten mit Rücklageanteil **247** 3, **270** 1, **273, 281**
- sonstige Vermögensgegenstände **266** 7
- Sozialbilanz **284** 3
- Steuerabgrenzung **274, 306**
- Steuerrecht **242** 2, **247** 3, **266** 12, **273, 274, 281, 306**
- Steuerrückstellungen **266** 12
- Steuerbilanz **242** 2
- Treuhand **242** 4 B
- Umlaufvermögen **247** 2, **248** 2 C
- Umsatzsteuer **250** 3
- Verbindlichkeiten **266** 13, **268** 5
- Verbindlichkeiten gegenüber Gftern (2) GmbHG **42 III**
- Verbrauchssteuer **250** 3
- verkürzte **266** 1 B
- Vermögen **242** 4
- Vermögenszugehörigkeit **242** 4 B
- Vollständigkeit **243** 2 C
- Vorräte **266** 6
- Vorsicht **243** 2 F, **252** 5
- Wahrheit **243** 2 B
- Wechselobligo **251**
- Wertpapiere **266** 8
- Zerobonds **250** 4
- Zölle **250** 3

Bilanzrichtlinien-Gesetz Einl vor **238**
- Übergangsrecht **Einl** vor **238** V; (1) EGHGB **23–28**

Bildschirmtext s Bankgeschäfte

Binnenschiffahrt 1 8 E, **425** 1 B
- s auch Frachtgeschäft

„bis zum" (11) ERA 51

Blockade Einl vor **1 II** 3 D d

Börse (14) BörsG; (15) BörsZulassBek
- Abschlußvereinigung (14) BörsG 60
- Annahme als Erfüllung (14) BörsG 57
- Aufrechnung (14) BörsG 56
- Aufsicht (14) BörsG 1 2
- Auftragserteilung (14) BörsG 60
- ausländische Wertpapiere (14) BörsG 41
- Auslandsgeschäft (14) BörsG 61
- Aussetzung (14) BörsG 29 2 B
- Bedingungen (14) BörsG **Einl** vor 1 2 C
- Benutzung (14) BörsG 6
- Besuch (14) BörsG 5, 7
- Börsenordnung (14) BörsG 4, 6, 7 III, IV, 36 II, 43, 50 I
- Börsenpreis (14) BörsG 29, s auch Bewertung
- Börsenprospekt (14) BörsG 38–40, 45–49; (15) Börs-ZulassBek
- Börsenzulassungsbekanntmachung (15) BörsZulassBek

Sachverzeichnis

- Devisentermingeschäfte **(14)** BörsG **Überbl** vor 50 2 D, 96
- Differenzgeschäft **(14)** BörsG **Überbl** vor 50 1 C, 53 4, 58, 59, 61 2
- Effekten **(14)** BörsG 36 1
- Ehrenausschuß **(14)** BörsG 9
- Errichtung **(14)** BörsG 1
- Europäisches Börsenrecht **(14)** BörsG **Einl** vor 1 2 A
- Fixgeschäft **(14)** BörsG **Überbl** vor 50 2 A
- Freiverkehr **(14)** BörsG 43 2, 3
- Gebührenordnung **(14)** BörsG 5
- Gegengeschäft **(14)** BörsG **Überbl** vor 50 1 A
- Geregelter Markt **(14)** BörsG 43 1
- Händler- und Beraterregeln **(17)** Händlerregeln
- Insiderinformationen 347 4 A; **(7)** Bankgeschäfte I 6 B; **(15)** Insiderhandels-Ri
- Kammerbörsen **(14)** BörsG **Einl** vor 1 1 B
- Kassa-(Loko-)Geschäft **(14)** BörsG **Überbl** vor 50 1 B
- Kurse **(14)** BörsG 29
- Kursmakler **(14)** BörsG 30–35
- Kurssicherungsgeschäft **(14)** BörsG **Überbl** vor 50 1 A
- Kursstreichung **(14)** BörsG 29 2 B
- Kursveröffentlichung **(14)** BörsG 29 3
- Makler **(14)** BörsG 30–35
- Nebengeschäfte **(14)** BörsG 60
- öffentliche Anleihen **(14)** BörsG 39
- öffentliche Zeichnung **(14)** BörsG 42
- Optionsgeschäft **(14)** BörsG **Überbl** vor 50 2 B, 63
- Ordnung an der Börse **(14)** BörsG 8
- ordre public **(14)** BörsG 61 2 C
- Ordnungsstrafen **(14)** BörsG 88–90
- Prämiengeschäft **(14)** BörsG **Überbl** vor 50 2 C
- Produktenbörsen **(14)** BörsG **Einl** vor 1 1 B
- Prolongation **(14)** BörsG **Überbl** vor 50 1 C
- Prospekt **(14)** BörsG **Einl** vor 1 2 A, 38, 39, 40, 45–49; **(15)** BörsZulassBek
- Prospekthaftung **(14)** BörsG 45–49
- Preisfeststellung **(14)** BörsG 29, 43
- Schiedsgericht **(14)** BörsG 28
- Schuldanerkenntnis **(14)** BörsG 59
- short sales **(14)** BörsG **Überbl** vor 50 1 C
- Sicherheitsleistung **(14)** BörsG 54
- Spekulation **(14)** BörsG 89
- Strafen **(14)** BörsG 88–90
- Taxe **(14)** BörsG 29
- Telefonhandel **(14)** BörsG 43 4
- Termin-(Zeit-)Geschäft **(7)** Bankgeschäfte VII 7 C; **(14)** BörsG 50–70
- Überwachung **(14)** BörsG 2
- Umgewandelte Unternehmen **(14)** BörsG 41
- Umsatzkonzentration **(14)** BörsG 29 2 C
- Usancen **(14)** BörsG **Einl** vor 1 2 C
- Vereinsbörsen **(14)** BörsG **Einl** vor 1 1 B
- Vorstand **(14)** BörsG 3
- Warenbörsen **(14)** BörsG **Einl** vor 1 1 B, 62–70
- Wechsel **(14)** BörsG 96
- Zeitgeschäft **(14)** BörsG **Überbl** vor 50 1 A
- Zulassung zum Börsenbesuch **(14)** BörsG 7
- Zulassung zum Börsenterminhandel **(14)** BörsG 50, 51
- Zulassung von WP **(14)** BörsG **Einl** vor 1 2 A, 36–49; **(15)** BörsZulassBek
- Zusätze bei Kursfeststellung **(14)** BörsG 29 3
- Zwischenberichterstattung **(14)** BörsG **Einl** vor 1 2 A

Boykott s Wettbewerb
Brauch s Hdlbrauch
Briefe (Hdl-) 257
brutto (Gewicht) 380
BSE-Abkommen s Bankgeschäfte
BSL s Spedition
Btx s Bankgeschäfte
Buchführung s auch Bilanz, Handelsbücher
- Briefkopien 238 5
- Buchungen 238 4 C
- deduktive Methode bei GoB 238 4 A
- doppelte 238 4 B

Sachverzeichnis

- EDV 239 IV
- Einbeziehung in die Prüfung 317 1, s auch Abschlußprüfung
- GoB 238 4 A, 243 2
- Grundsätze ordnungsmäßiger Buchführung 238 4 A, 243 2
- Inventar s Handelsbücher
- Pflicht zur Buchführung 238 2, 3
- Realisationsprinzip 238 4 C
- Sanktionen 238 6
- Schutzgesetze 238 6 B

Buchgeld (7) Bankgeschäfte II 4 A
Buchhandel 1 II Nr 8
Buchprüfer s Abschlußprüfer
Buchwertklausel s Auseinandersetzung
Buchwertmethode s Konzernabschluß
Bund s auch Länder
- Eintragung 36

Bundesanzeiger 11 1
Bundesbahn 1 7, 453 1 B
- s auch Eisenbahn, Frachtgeschäft, Güterkraftverkehr

Bundespost 1 7
- s auch Post

Bundesrecht s Länder (Landesrecht)
bürgerlichrechtliche Gesellschaft s BGBGes
Bürgschaft 349–351
- s auch OHG
- auf erstes Anfordern 349 2 B
- Ausfallbürgschaft 349 2 B
- Avalkreditvertrag 349 2 B, 4 D; (7) Bankgeschäfte IV 4 C
- Bilanz 251
- Form 350
- Kreditauftrag 349 2 C
- Kreditbürgschaft 349 2 B
- MinderKfm 351
- Mitbürgschaft 349 2 B
- Nachbürgschaft 349 2 B
- Rückbürgschaft 349 2 B
- Scheckbürgschaft 349 4 D
- selbstschuldnerisch 349 2 B
- Vorausklage 349 1, 2 B, 3
- Wechselbürgschaft 349 4 D
- Zeitbürgschaft 349 2 B

„c.a.d." 346 5
„cash against documents" 346 5
certificate of deposit s Bankgeschäfte

„C & F" (6) Incoterms 5
„CIF" (6) Incoterms 6
CIM s Eisenbahn
„Circa" 346 5; (11) ERA 43
CIV s Eisenbahn
CMR 425 1 B; (24) CMR
„C.O.D." 346 5
corporate opportunity 114 3 D, Anh 177a III 1 A
COTIF s Eisenbahn

„D/A" 346 5
Damnum 250 4
Dänemark s Skandinavien
Darlehen Überbl vor 373 1 A; (7) Bankgeschäfte IV, V
- partiarisches 230 2
- Sittenwidrigkeit (7) Bankgeschäfte IV 2 B
- Zinspflicht 354 II

Datenschutz (7) Bankgeschäfte I 8 B
DBB s Bundesbahn
„D/c" 346 5
DDR
- Geltung des HGB Einl vor 1 I 4 B
- HdlRegister 13 4, 13a 2, 13c 4
- OHG 131 1 D
- Sitz 13 1 F

Deliktsfähigkeit 124 3 B
Deliktsrecht
- Persönlichkeitsrecht Einl vor 1 II 3 C b
- Recht am Gewerbebetrieb Einl vor 1 II 3 C a

Delkredere s HdlVertreter, Kommission
Depot von Wertpapieren s Verwahrung von Wertpapieren
Depotabrede (Vertragshändler) Überbl vor 373 5 C
Deutsche Bundespost s Post
Devisenrecht (7) Bankgeschäfte VII 7 C
- HdlVertreter 92c 3 D

Dienstverhinderung s Handlungshilfe
Differenzgeschäft s Börse
Direktionsrecht 59 1 B
Disagio 250 4, 268 6; (7) Bankgeschäfte IV 2 A b
Diskontgeschäft (7) Bankgeschäfte VI

Sachverzeichnis

Dispositionsrecht (Vertragshändler) **Überbl vor 373 5 B**
Diverse s Konto
Dokumente
- Akkreditiv **(7)** Bankgeschäfte VII; **(11)** ERA
- ,,Dokumente gegen Akzept" **346 5**
- ,,Dokumente gegen unwiderruflichen Zahlungsauftrag" **346 5**
- Dokumentenstrenge **(7)** Bankgeschäfte VII 1, 2 C
- Handelsrechnung **(11)** ERA 41
- ,,Kasse gegen Dokumente" **346 5**
- Inkasso **(7)** Bankgeschäfte VII 5; **(12)** ERI
- kombiniertes Transportdokument **425** 1 B a
- Seekonnossemente **(11)** ERA 26
- ,,shipper's load and count" **(11)** ERA 32
- Transportdokumente **(11)** ERA 25
- Versicherungsdokumente **(11)** ERA 35

,,D/p" **346 5**
Draufgabe 348 3 A
Drittorganschaft s OHG
Drittschaden 383 3 H
Druckerei 1 II Nr 9
Duldungsvollmacht s Vertretung
Durchgriffshaftung 172a 9; s auch Einwendungsdurchgriff
Durchhandeln 424 1 E

ECE Einl vor 1 IV 3 C
ECE-Bedingungen (6) Incoterms **Einl** vor **1** 4 B
Effektengeschäft s Wertpapiere
EGHGB Einl vor **1 I 2 C; (1)** EGHGB
Ehegatten, ehelicher Güterstand
- Firma **18** 1 B
- Geschäftsbetrieb **1** 4
- Gfter **105** 1 A, **114** 2 D, **164** 1 A
- Güterrecht **Einl** vor **1** I 2 C, 4 EGHGB
- Pflichtteilsberechnung **Einl** vor **1** II 1 B

Ehevermittler 1 1 E
Eigengeschäft, -händler Überbl vor **373 5, 383** 1 B, D, 3 A; **(13)** DepotG **31**
- s auch Vertragshändler, HdlVertreter

Eigenhaftung des Vertreters s Vertrauen
Eigenkapital
- ausstehende Einlagen **272** 1
- Ausweis **266** 11
- Begriff **272**
- eingefordertes **272** 1
- gezeichnetes **272** 1
- Wertansatz **272**

Eigenkapitalmethode s Konzernabschluß
Eigentum Einl vor **1** II 3 B, **346** 3 B
Einführungsgesetz Einl vor **1** I 2 C; **(1)** EGHGB
Einfuhr- und Vorratsstelle 1 7
,,Eingang vorbehalten" s Bankgeschäfte
eingetragene Genossenschaft 6, Einl vor **105** 1 A
- s auch OHG (VorGes)

einheitliche Leitung s Konzernabschluß
Einlage s Eigenkapital, Kommanditgesellschaft, Offene Handelsgesellschaft
Einlagengeschäft s **(7)** Bankgeschäfte II
Einsicht s Kontrollrechte
Eintritt (OHG) **105** 7 B
- s auch Anteil, Erbe, Erbengemeinschaft
- Dritter nach Tod **131** 3 C, D
- Erben **131** 3 A–C, **139** 1–3
- Haftung **28, 130**
- Wirkung auf Firma **24** I
- Wirkung gegen Dritte **123** 2 F

Einwendungsdurchgriff (7) Bankgeschäfte V 2 D
Einzelarbeitsvertrag 59 1 B
Einzelhandel 1 8 A
Eisenbahn 453–460; (25) EVO
- Ablieferung, Abnahme **(25)** EVO **75–80**
- AGB **(5)** AGBG **23** 2 A
- Allgemeine Eisenbahn **453** 1 A
- Auslieferung **(25)** EVO **29**
- Ausschluß von Beförderung **(25)** EVO **9, 54**
- Bahnsteigkarte **(25)** EVO **15 IV**
- Beförderungsbedingungen **(25)** EVO **5**
- Beförderungshindernisse **(25)** EVO **73**

1553

Sachverzeichnis

- Beförderungspflicht 453 3; (25) EVO 2
- Begriff, Arten 453 1
- Beladung (25) EVO 59
- Beweissicherung (25) EVO 81
- CIM, CIV 453 2 B
- Container 453 2 B
- COTIF 453 2 B
- DDR 453 2 F
- Deutsche Reichsbahn 453 1 B
- Einlagerung (25) EVO 64
- Einstellungsvertrag (25) EVO 4 I
- Eisenbahnverkehrsordnung 458; (25) EVO
- Entschädigung (25) EVO 85–92
- Expreßgut (25) EVO 37–43
- Fahrausweis (25) EVO 10
- Fahrplan (25) EVO 8
- Fahrpreis (25) EVO 11, 15
- Fahrtunterbrechung (25) EVO 16 II, III
- Fracht (Berechnung, Zahlung, Zuschläge, Erstattung) (25) EVO 39, 60, 68–70
- Frachtbrief (25) EVO 55–57, 61 1 B, 2, 75
- Frachtbriefdoppel (25) EVO 61 3, 72 2 B
- Frachtvertrag (25) EVO 61, 72, 93–95
- Gepäckaufbewahrung (25) EVO 36
- Gepäckbeförderung (25) EVO 53–96
- Gepäckschein (25) EVO 27 IV, V
- Haftung 454
- – bei Vorsatz, grober Fahrlässigkeit (25) EVO 91, 93 Nr 2 a
- – für Beschädigung, Verlust 456 1; (25) EVO 31, 42 I, 82 I
- – für Erfüllungsgehilfen 456
- – für Versäumung der Lieferfrist 456 1; (25) EVO 33, 42, 82 II
- – mehrerer Eisenbahnen (25) EVO 96
- Haftungsbeschränkung (25) EVO 83, 84
- Handgepäck (25) EVO 21
- Höhere Gewalt (25) EVO 82 I
- Internationale Abkommen 453 2 B; (25) EVO 1 II
- Kraftwagen 453 2 E; (22) GüKG 45–47, 97; (25) EVO 2 III, 3 II, 4
- Lieferfrist 455; (25) EVO 74
- Lieferwert (25) EVO 89, 90
- Luftstrecken 453 2 E
- Mängel der Verpackung, des Guts (25) EVO 82, 83
- Nachnahme (25) EVO 71
- Personenbeförderung 460; (25) EVO 8–24
- Pfandrecht 457
- Privatwagen (25) EVO 3 II, 4
- Reisegepäck 459; (25) EVO 25–36
- RICo 453 2 B
- RID 453 2 B
- RIEx 453 2 B
- RIP 453 2 B
- Rollfuhrunternehmen 456 2; (25) EVO 63 IX, 77 I
- Schadensersatz 453 3 E
- Schiff 453 2 E
- Sonderwagen, Sonderzüge (25) EVO 12
- Stückgutverkehr (25) EVO 77
- Tarif 453 2 A; (25) EVO 6
- Tiere (25) EVO 22, 48–52
- Unterwerfung 453 3 B
- Verjährung (25) EVO 42 VI, 94
- Verladung (25) EVO 63 III–V
- Verpackung (25) EVO 62
- Verspätung (25) EVO 23
- Verwahrung (25) EVO 64
- Warteraum (25) EVO 17
- Züge (25) EVO 3

Emissionsgeschäft 383 4; (7) Bankgeschäfte VIII
Empfehlung s Haftung, Internationale Handelskammer
Ende (Ges) s Auflösung
England s Großbritannien
Enteignung Einl vor 1 II 3 B, 17 5 D, 131 1 D
– s auch Firma, OHG
Entfernungen 361
Entnahme s Gewinn
Equitymethode s Konzernabschluß
Erbe s auch Anteil (Ges), Auflösung, Erbengemeinschaft, Testamentsvollstrecker
- Firma 17 5 A, 22 1 B, G, 24 3
- Ges als Erbe 124 4 D
- Haftung 27
- HdlGeschäft **Einl** vor 1 II 2 D, 1 6
- Pflichtteilsansprüche 139 1 E
Erbengemeinschaft s auch Erbe
- Fortführung des HdlGeschäfts 22 1 B

Sachverzeichnis

- als Kdtist **161** 2 A
- in OHG **105** 1 D, 2 A, **131** 3 B
- **Erfindung 124** 1 F
- **Erfüllungsgehilfen** s Haftung
- **Erfüllungsort 361** 1 B
- s auch Frachtgeschäft, HdlVertreter, Incoterms, Lagergeschäft, Spedition
- **Ergebnis** s Bilanz, Gewinn- und Verlustrechnung
- **Erlaß 350** 2 C
- **Erschöpfungsgrundsatz** s Firma
- **Erträge**
- – aus anderen Wertpapieren und Ausleihungen des Finanzanlagevermögens **275** 3 K
- – aus Beteiligungen **275** 3 I
- – aus Gewinngemeinschaften **277** 3
- – aus Verlustübernahme **277** 3
- – außerordentliche **275** 3 P, **277** 4
- – sonstige betriebliche **275** 3 D
- **Ertragslage** s Vermögenslage
- „eta" **346** 5
- „etwa" (11) ERA 43
- **Etablissementsname** s Geschäftsbezeichnung, Kennzeichnung
- **Europäische Gemeinschaft**
- – Bilanzrechtsangleichung **Einl** vor 238 I 2
- – Bilanzrichtlinie **Überbl** vor 238 I
- – Börsenrechtsangleichung (14) BörsG **Einl** vor 1 2 A; (17) Händlerregeln **Einl** vor 1 4 B
- – GesRechtsangleichung **15** 1 A, 4 C, **Einl** vor 105 7
- – Rechtsvereinheitlichung **Einl** vor 1 I 4 D
- – Richtlinien **Einl** vor 105 7
- – Übernahmeangebote (18) Leitsätze
- – Verbraucherkredit (7) Bankgeschäfte V 5
- – Wettbewerbsrecht **Einl** vor 1 III 2 B
- – Wohlverhaltensregeln für Wertpapiertransaktionen (17) Händlerregeln **Einl** vor 1 4 B
- **Europäische wirtschaftliche Interessenvereinigung Einl** vor 105 7 B
- **Euroscheck** (7) Bankgeschäfte III 6 A
- **EWG** s Europäische Gemeinschaft
- „ex Schiff" s „Ab Schiff"
- **EZÜ-Abkommen** s Bankgeschäfte

Factoring (7) Bankgeschäfte XI
- Bilanzrecht **242** 4 B, **255** 1 E
Fahrlässigkeit s Sorgfaltspflicht
„Faktische" Gesellschaft s Fehlerhafte Ges
Faktura s Rechnung
„FAS" (6) Incoterms 3
FBL s Frachtgeschäfte
FCR s Frachtgeschäfte, Orderpapiere
Fehler s Kauf
Fehlbetrag s Bilanz, Handlungsgehilfe
„Fehlerhafte" Gesellschaft **105** 8
Feiertag (11) ERA 48
Fernvertrag (6) Incoterms **Einl** vor 1 2
Feststellung
- wegen Firma **17** 4 H
FIATA s Spedition
FIDIC-Bedingungen (6) Incoterms **Einl** vor 1 4 A
Film s HdlBücher, Aufbewahrung
Finanzierungsbestätigung 349 4 E
Finanzinstrumente (7) Bankgeschäfte IV 7
Finanzlage s Vermögenslage
Firma 4 I, **17**–37
- s auch Kennzeichnungen, Name
- alte (vor 1900 eingetragene) **17** 3 C; (1) EGHGB 22
- Amtslöschung **37** 1 D
- Änderung **17** 3 F, **21**, **31** 1
- Änderung der Rechtsform **22** 2 C, **24** 2
- Anmeldung **2**, **3** II, **4** I, **5**, **29**–31
- Annahme **17** 2
- Begriff **17** 1
- berühmte Namen **17** 4 E
- Beweis **18** 2 B
- Bildung **17** 3, **18**, **19**
- Eintragung **2**, **3** II, **4** I, **5**, **29**–31
- EinzelKfm **18**
- Enteignung **17** 5 D
- Erlöschen **17** 1 D, **31** II
- Erschöpfungsgrundsatz **17** 4 E
- Firmenbeständigkeit **22** 1 A
- Firmenwahrheit **17** 3 D, **18** 2
- Firmeneinheit **17** 1 E
- Fortführung **21**–**24**
- Gattungsbezeichnung **17** 4 D
- Gebietskörperschaft **36**
- Gebrauch **17** 2, 3 G, **37**
- Geographische Hinweise **18** 4

1555

Sachverzeichnis

- Gewinnherausgabe **17** 4 H f, g
- Gleichnamige **18** 1 C, **30** 2
- GmbH & Co **19** 3
- Grundbuch **17** 2 C
- Haftung aus Fortführung **25–28**
- Handeln für die Firma s Vertretung
- Hinweise **18** 3–5
- Inhabervermerk **18** 3 A
- internationaler Verkehr **17** 7
- juristische Person **33–35**
- Kennzeichnung **17** 6
- KG **19, 22, 24, 105** 3
- Konkurs **17** 5 C, **32**
- Laden **17** 2 G
- Leerübertragung **23**
- Leitsätze DIHT **18** 2 A
- Lizenzanalogie **17** 4 H f, g
- Löschung **3** II, **6, 31** II, **37** 2 C; (3) FGG **141–143**
- mehrere **17** 1 E
- MinderKfm **17** 1 C
- Mißbrauch **17** 4 A, **37**
- Nachfolgevermerk **18** 3 A
- Namensrecht **17** 4 A
- Namensänderung **21**
- Nießbrauch **17** 5 B, **22** II
- OHG **19, 22, 24, 105** 3
- Pacht **22** II
- Personennamen **19** 1
- Phantasieworte **17** 3 A
- Prioritätsprinzip **18** 1 C
- Prozeß **17** 2 D, **18** 2
- Prüfung **17** 3 E
- Rechtsformänderung **22** 2 C, **24** 2
- Reichweite **17** 4 F
- Schutz **17** 4, **37** II
- Täuschungsverbot **17** 3, **18** 2 B
- Übertragung **17** 5 B, C, **22, 23**
- Umfragen **18** 2 B
- Umwandlung **19** 4
- und Unternehmen **17** 1 D
- Unterlassungsklage **37** II
- Unterscheidung **17** 4 A, D–F, H, **30**
- unzulässiger Gebrauch **37**
- Veräußerung **23**
- Vererbung **17** 5 A, **22** I
- Verkehrsgeltung **17** 6 D
- Verlautbarung **17** 2
- Verletzung **17** 4, **37**
- Verwässerung **17** 4 E
- Verwechslung **17** 4 A, D–F, H, **30**
- Verwirkung **17** 4 I, **18** 1 C, **37** 2 B
- Warenzeichen **17** 2 C
- Wert **Einl** vor **1** II 1 B, **40** 3 D
- Zeichnung **17** 2 F, **29** 2
- Zeitablauf **17** 3 G
- Zusammensetzung **17** 3
- Zusätze **17** 3 B, **18** II, **19** 2, **24** 1 C
- Zweigniederlassung **13** 2 A, **17** 1 B, **30** 3

Fischerei 3 1 C
- Handelsklassen **373** 4

Fixgeschäft 376; (14) BörsG **Überbl vor 50** 2 A

Flaschenpfand 380 2

„FOB" (6) Incoterms **4**

„FOB Flughafen" (6) Incoterms **11**

Forderungsübergang
- Firmenfortführung **25** 4

„FOR/FOT" (6) Incoterms **2**

Forfaitgeschäft (7) Bankgeschäfte VI 3 A

Formblätter s Handelsbücher

Formvorschriften
- BGB **350** 1 B, 2
- Bürgschaft, Schuldversprechen, -anerkenntnis **350, 351**
- Formfreiheit **Einl** vor **343** 5 A
- GfterBeschlüsse **119** 3 A
- GesVertrag **105** 2
- GesVertragsänderung **105** 2 G
- Schriftformklausel **105** 2 G, **Einl** vor **343** 5 B; (5) AGBG **11** 16
- Unternehmenskauf **Einl** vor **1** II 2 B

Formularvertrag s Allgemeine Geschäftsbedingungen

Forstwirtschaft 3

Fortsetzung s Auflösung

forwarders receipt s Orderpapiere

FPA-Versicherung (6) Incoterms **6** 2

„Frachtbasis" 346 5

„Frachtfrei" 346 5; (6) Incoterms **13**

„Frachtfrei versichert" (6) Incoterms **14**

Frachtgeschäft, Frachtführer 1 II Nr 5, **425–452;** (22) GüKG; (23) KVO
- s auch Eisenbahn, Güterkraftverkehr, Spedition
- Ablieferung **429** 2 C
- Ablieferungshindernisse **437**
- Absender **425** 2 A
- Annahme **429** 2 B, **436** 2

Sachverzeichnis

- Arglist 429 3 C
- Beförderung 425 1 C
- Befrachter 425 2 A
- Begleitpapiere 427
- Beweislast 429 2 C
- Binnenschiffahrt 425 1 B, 431, 432 1, **433** 1 C, **437** 1, **438** 1, **439**, **440** 1 A, **442** 1
- Deliktshaftung 429 1 A
- Deutsche Bundespost 452
- Drittschadensliquidation 429 1 A
- Empfänger 433 1 B, 2, 3, **434–436**
- Erfüllungsort 425 2 C
- Erlöschen der Ansprüche gegen Frachtführer 438
- FBL 425 1 B e
- FCR 426 1 A
- Frachtbrief **426**, **436** 3
- Gelegenheitsfrachtführer **451**
- gefährdete Güter 425 1 B
- Geld 429 3
- Guadalajara-Abkommen 425 1 B
- Güter 425 1 A
- Haftung **429**, **430**
- – des letzten Frachtführers **441**, **442**
- – für Angaben im Frachtbrief 426 3
- – für Dritte **431**
- – für Unterfrachtführer **432** 1
- Haftungsgrenzen **430**
- Handelswert **430** 2 A
- Handgepäck 425 1 A
- Hauptfrachtführer **432** 1
- Hinterlegung 437 2
- internationaler Verkehr 425 1 B
- kombinierter Transport 425 1 B e
- Kündigung 425 2 D
- Kunstgegenstände 429 3
- Ladeschein **444–450**
- (zu) Lande 425 1 A, B
- letzter Frachtführer **441**, **442**
- Lieferfrist 428
- Lohnfuhr 425 1 C
- LuftVG 425 1 B
- multimodaler Transport 425 1 B e; (6) Incoterms **12–14**
- Notverkauf 437 2
- Personen 425 1 A
- Pfandrecht **440**, **443**
- Post **452**
- Rechte des Empfängers **434**, **435**
- Rückgriff **432** 3, **442** 2
- Rücktritt 425 2 D, **428** 2
- Samtfrachtführer **432** 2
- Schleppen 425 1 C
- (auf) See 425 1 A, B
- Spediteur (als Frachtführer) 429 1 A
- Teilfrachtführer **432** 1, **441**
- TIR-Übereinkommen 425 1 B
- Traditionspapier **450**
- Unterfrachtführer **432** 1, 2, **441**
- Verfrachter 425 2 A
- Verfügungen **433** 1 A
- Verhinderung der Beförderung 428
- Verjährung **439**
- Vertrag 425 2
- Vertrag zugunsten Dritter **433** 1 B
- ,,Vormänner" **441** 1, **442** 1
- Warschauer Abkommen 425 1 B
- Weisungsrecht **433**, **434**
- Wertpapiere 429 3
- Zahlung **435**, **436**, **438** 1 A
- Zurückbehaltungsrecht **440** 1 A
- Zwischenfrachtführer **432** 1, **441** 1

,,Frachtparität" 346 5
Franchising Überbl vor 373 5 A
,,franko" 346 5
,,Franko Waggon" (6) Incoterms **2**
Frankreich Einl vor 1 I 4 C
,,frei" 346 5
,,Frei an Bord" (6) Incoterms **4**
,,Freibleibend" 346 5
freie Berufe 1 1 C, **105** 3 A
,,Frei Frachtführer" (6) Incoterms **12**
,,Freight prepaid" 346 5
,,Frei Haus" 346 5
,,Frei im Container gestaut" 346 5
,,Frei Längsseite Seeschiff" (6) Incoterms **3**
,,Frei Waggon" (6) Incoterms **2**
Freiwillige Gerichtsbarkeit Einl vor **1** IV 1; (3) FGG
Freizeichnung 347 2, 4 F; (5) AGBG **11** 7; (8) AGB-Banken **10**
Fremdkonten s Bankgeschäfte
Fremdsprache Einl vor 343 5 C; (5) AGBG **2** 1 B, 2 B
Fristen s auch Verjährung
- Aufbewahrung **257**
- Fristablauf **89** b 5 B
- Kündigung, Handlungsgehilfe **59** 6 C, D, Handelsvertreter **89** 3

FRN s Bankgeschäfte
Fürsorgepflicht s Arbeitgeber
Fusion s Verschmelzung

Sachverzeichnis

Garantie 349 4 C, 377 1 E; (7) Bankgeschäfte VII 6
- auf erstes Anfordern (7) Bankgeschäfte VII 6 C
- Fristen 377 1 E
- Garantiekarte 349 4 C
- Herstellergarantie 349 4 C
- Rechtsmißbrauch (7) Bankgeschäfte VII 6 C
- Richtlinien s (7) Bankgeschäfte VII 6 A
- Vertrag 349 4 C

Gastgewerbe 1 8 A, 2 1 A
Gattungsschuld 360
Gefälligkeit Einl vor 343 3 B
Gegengeschäft s Börse
Gehalt s Gfter, Handlungsgehilfe
Geheimnis Einl vor **1** II 1 B
- Auskunft an Gfter 118 1 B
- Bankgeheimnis (7) Bankgeschäfte I 4
- Verrat 59 1 C, 17 UWG

Geldentwertung s Bilanz
Geldwechsel 1 II Nr 4
„Geliefert Grenze" (6) Incoterms 9
„Geliefert verzollt" (6) Incoterms 10
Gemeinde s Kommunen
Gemeinschaftsunternehmen 310, s auch Konzernabschluß
Generalvollmacht s Vertretung
Genossenschaft Einl vor 238 IV 3, 336–339
Gentlemen's Agreement Einl vor 343 3 A
Gericht s auch Gerichtsstand, HdlRegister, Schiedsgericht
- Freiwillige Gerichtsbarkeit **Einl** vor **1** IV 1
- HdlRichter **Einl** vor **1** IV 2 B, 4 2 F
- HdlSachen **Einl** vor **1** IV 2 A; (3) FGG **125–143**
- Kammer für HdlSachen **Einl** vor **1** IV 2 B
- Prozeß-, Registergericht 16
- Rechtshilfe 8 2 A; (3) FGG **125a**
- Rechtspfleger **Einl** vor **1** IV 1 B

Gerichtsstand Einl vor **1** IV 2 C, 346 3 A
- s auch Spedition
- Handelsvertreter **92c** 3 C
- internationale Zuständigkeit **Einl** vor **1** IV 2 D

- Vereinbarung **Einl** vor **1** III 2 C, D

Geschäftsabzeichen 17 6 C
Geschäftsbesorgung 86 1 D, 675 BGB, 362
- Kommission 383 2 A
- Provision 354
- Schweigen auf Antrag 362 3
- Spedition 407 2

Geschäftsbezeichnung 17 6
Geschäftsbriefe, s auch Handelsbriefe
- Angaben darauf **125a, 177a**
- Aufbewahrung 257

Geschäftsfähigkeit
- Geschäftsbetrieb 1 1 E, 5, 6 B
- Handlungsgehilfe 59 4 A
- HdlRegister 15 4 C b
- OHG 105 1 B, 114 2 D, 124 2 B
- Rechtsscheinhaftung 5 2 C
- Schweigen 362 3 B
- stiller Gfter 230 3 D
- Wettbewerbsverbot **74a** 2 B

Geschäftsführung (OHG) **114–117**
- Auskunft 114 3 D, 118 1 B
- außergewöhnliche Handlungen 116 2
- Begriff, wer zur G berufen 114 1, 2
- Bericht 114 3 D, 118
- Beschränkung 117 2
- Entziehung 117
- Fortdauer nach Auflösung 136, 137
- Gesamtgeschäftsführung 115, 164
- GfterBeschlüsse 116 II, 119
- Grundlagengeschäfte 116 1 C
- Kontrollrecht 118
- Neuordnung 117 3
- Niederlegung 117 6
- Notmaßnahmen 114 1 D
- Pflichten 114 3, 116
- Prokura-Erteilung 116 3 A, 164
- Rechenschaft 114 3 D, 118 1
- Rechte 114 3, 116
- Sorgfaltspflicht 109 3 C, 114 3 E, 347 1 E
- Stimmrecht 119 1, 2, 3 C
- Übertragung 114 3 B
- Umfang 114 3, 116
- Vertretung 114 3 B
- Weisung der Gfter 114 3 C
- wichtiger Grund 117 1 C, 5 B, 6 B
- Widerruf einer Prokura 116 3 B
- Widerspruch 164

Geschäftsgeheimnis s HdlGeschäft

Sachverzeichnis

Geschäftsgrundlage 105 2 G
Geschäftsjahr s HdlBücher
Geschäftsverbindung Einl vor 343 2, 347 3 C, 362 2 A
Geschäftswert Einl vor 1 II 1 B, 255 4, s auch Konzernabschluß
Geschichte des Handelsrechts Einl vor 1 I 2
Gesellschaft s auch BGBGes, Handels-, Kommandit-, Offene Hdl-, Personen-, Stille Ges
– Außengesellschaft **Einl** vor 105 1 C
– bergrechtliche **Einl** vor 1 I 2 C, 5 EGHGB
– bürgerlichen Rechts **Einl** vor 105 3 A
– Gesellschaftsformenwahl **Einl** vor 105 1 D
– Gesellschaftsvertrag 105 2, 109
– Gruppe **Einl** vor 105 1 C
– Innengesellschaft **Einl** vor 105 1 C
– Kapitalges **Einl** vor 105 2 D
– Vertragsgestaltung **Einl** vor 105 1 D
– von Minderkaufleuten **4 II**
– Vorgesellschaft 6 1, 105 2 C, Anh 177a II 2 A
Gesellschafter (OHG) **105 1**
– s auch Ausschließung, Ehegatten, Erbengemeinschaft, Juristische Person, Offene HdlGes (und dort genannte andere Stichwörter), Treuhänder
– Aufwendungsersatz 110, 128 4
– Ausscheiden 59 2 C
– Beitrag 109 4, 120 3 C
– corporate opportunity 114 3 D
– Darlehen 122 1 G, **129a**
– Dienstvertrag 110 3
– Drittgläubiger 124 6 C, 145 1 F
– Einlage 109 4, 120 3 C
– Einsicht 118
– Entnahme 122
– Erfindung 109 4 D, 124 1 F
– Erwerbschancen 114 3 D
– Gehalt 110 3
– Gleichbehandlung 109 3 B, 119 2 B
– Haftung 59 2 C, **128**
– Interessenkonflikt 114 3 D, 119 1 D, s auch Wettbewerbsverbot
– mögliche Gfter 105 1, 161 2
– Nachschuß 109 4 E
– Pfändung 109 6 B, 124 2 C, E
– Pflichten 109 3
– Rechte 109 3
– ScheinGfter 128 1 C
– Sorgfaltspflicht 109 3 C
– TochterGes 105 1 E
– Tod 131 3, **137–139,** 177
– Treuepflicht 109 5, **112,** 113
– Übertragung der Rechte 109 6
– Überwachung 118
– Verfügung über Rechte 109 6
– Verhältnis zum MitGfter 109 3 D
– Verlustersatz 110
– Versammlung 119 3 B
– Vertrag mit Ges 109 4 D
– Vertreter 119 2 C
– Verzinsungspflicht 111
– Wettbewerbsverbot 109 5 B, **112, 113**
– Zins 111
Gesellschafterdarlehen 122 1 G, **129a, 172a,** 236 4
Gesellschaftsanteil s Anteil
Gesellschaftsformenwahl s Gesellschaft
Gesellschaftsschulden, -verbindlichkeiten s Schulden
Gesellschaftsvermögen s Vermögen
Gesellschaftsvertrag s Gesellschaft
Gesellschaftsvertragsgestaltung s Gesellschaft
Gesetzlicher Vertreter s Haftung
Gesetzwidrigkeit
– Betrieb 1 1 E
– GesVertrag 105 8
Geständnis 350 2 C
„getreue Hände" 346 5
Gewährleistung 377, 378
– Bilanz 251
Gewerbe
– Begriff **1 1**
– Erlaubnis, Zulassung 7, **Einl** vor 1 II 1 C
– Kleingewerbe **4**
– Nebengewerbe **3 2**
Gewerbebetrieb s HdlGeschäft
– Recht am Gewerbebetrieb **Einl** vor 1 II 3 C, D
Gewerbehilfe 59 3 A
Gewerbliches Schutzrecht Einl vor 1 III 1 B
– Berührung **Einl** vor 1 II 3 D b
Gewicht 361, 380; (6) Incoterms 6 2

Sachverzeichnis

Gewinn, Verlust (OHG)
- s auch Rücklagen, Rückstellungen
- Berechnung 120
- Beteiligung **59** 6
- Entnahme 122
- Ermittlung 120
- Verfügung/Pfändung des Gewinnanspruchs 109 6 B, **121** 2, **124** 2 C, E
- Verteilung 120, 121

Gewinnerzielung 1 1 B, 7, **Einl** vor 343 7 C

Gewinn- und Verlustrechnung 275–277
- s auch Bilanz, Handelsbücher, Jahresabschluß
- Aufgliederung **247** 1 C
- Aufwendungen 275
- einzelne Posten **275** 3, 277
- Erfolgsquellen **275** 2
- Ergebnisverwendung **275** 3 V; (2) AktG 158
- Erträge 275
- Gesamtkostenverfahren **275** 3
- Gliederung **275**
- größenabhängige Erleichterungen 276
- Pflicht zur Aufstellung **242, 264**
- Rücklagenveränderungen **275** 5
- Staffelform **275** 1
- Steuern **275** 3 S, T, **278**
- Umsatzerlöse **277** 4
- Umsatzkostenverfahren **275** 4
- Verfahrenswahlrecht **275** 1 B
- Zinsen **275** 3 K, L

Gewohnheitsrecht Einl vor 1 1 3 B
gezeichnetes Kapital s Eigenkapital
Gleichordnungskonzern s Verbundene Unternehmen
Gliederungsvorschriften s Anhang, Gewinn- und Verlustrechnung, Jahresabschluß
Giro (-verkehr, -konto, -vertrag) **(7)** Bankgeschäfte III
GmbH (2) GmbHG
- Bilanzrecht **Einl** vor 238 IV 2

GmbH & Co (KG) **Anh 177a**
- s auch KommanditGes (und die dort genannten anderen Stichwörter), PublikumsGes
- Anmeldung **Anh 177a** II 1 B
- Auflösung **Anh 177a** V 1
- Ausscheiden von Gfter **Anh 177a** V 2
- Begriff **Anh 177a** I 1
- Beirat **Anh 177a** III 2 C
- Bilanzrecht **Einl** vor 238 I 1 D, V 2 A
- corporate opportunity **Anh 177a** III 1
- Darlehensrückgewährung **172a** 7
- Differenzhaftung **Anh 177a** II 2 B
- doppelstöckige **Anh 177a** I 3 D, VI
- echte **Anh 177a** I 3 A
- EinheitsGes **Anh 177a** I 3 C
- EinmannGmbH & Co **Anh 177a** I 3 A
- Errichtung **Anh 177a** II
- Erscheinungsformen **Anh 177a** I 3
- Erwerbschancen **Anh 177a** III 1
- Firma **19** 3
- Freistellungspflicht **Anh 177a** IV 3 B
- Geschäftsführung **Anh 177a** III 2
- Gesellschafterdarlehen **172a** 7
- Gesellschafterversammlung **Anh 177a** III 3 A
- Gesellschaftsvertrag **Anh 177a** II 1 A, III 3 B
- GmbH-Geschäftsführung **172a** 9 D, **Anh 177a** III 2 A, IV 2 A, 3 C
- Gründerhaftung **Anh 177a** II 2 A
- Gründung **Anh 177a** II 1
- Haftung des GmbHGeschäftsführers **Anh 177a** IV 3 C
- Haftung des Kdtisten **Anh 177a** II 2 E, IV 3 B
- Haftung gegenüber Dritten **Anh 177a** IV 3
- Haftung im Gründungsstadium **Anh 177a** II 2
- Handelndenhaftung **Anh 177a** II 2 C
- kapitalistische **Anh 177a** I 3 E
- körperschaftlich strukturierte **Anh 177a** I 3 E
- Liquidation **Anh 177a** V 3
- Mitbestimmung **Anh 177a** VI
- Pflichten der Gfter **Anh 177a** III 1
- praktische Bedeutung **Anh 177a** I 1
- Prozeß **Anh 177a** IV 1 B
- Rechnungslegung **Anh 177a** VII
- Rechte der Gfter **Anh 177a** III 1
- rechtliche Selbständigkeit **Anh 177a** IV 1 A
- Rechtsscheinhaftung **Anh 177a** IV 3 B

Sachverzeichnis

- Selbstkontrahieren **Anh 177a** II 1 A, III 3 B, IV 2 D
- sternförmige **Anh 177a** I 3 B
- Treuepflicht **Anh 177a** III 1
- Typenverbindung **Anh 177a** I 3 F
- Übertragung **Anh 177a** V 2
- Umwandlung **Anh 177a** II 1 C
- Unterkapitalisierung **172a** 9
- verbundene Unternehmen **172a** 7, **Anh 177a** III 1, VI
- Vertretung **Anh 177a** II 2 A, IV 2
- Verzahnung **Anh 177a** I 3 A
- Vorbelastungsverbot **Anh 177a** II 2 B
- VorGmbH **Anh 177a** II 2 A
- VorgründungsGes **Anh 177a** II 2 D
- wechselseitig beteiligte **Anh 177a** I 3 C
- Wettbewerbsverbot **Anh 177a** III 1
- Zulässigkeit **172a** 1 B, **Anh 177a** I 2

Globalzession s (7) Bankgeschäfte IV 6

GmbHGeschäftsführer 172a 9 D, **Anh 177a** III 2 A, IV 2 A, VIII 5 A

GmbH & Still 230 2 A

GNT s Güterkraftverkehr

GoB s Buchführung

going concern s Bewertung

Goodwill s HdlGeschäft

Gratifikation s Handlungsgehilfe

Großhändler Überbl vor **373** 5 F

Großbritannien Einl vor **1** I 4 C

Großreparaturen s Anhang, Rückstellungen

Grundsätze ordnungsmäßiger Buchführung s Buchführung

Grundschuld s Hypothek

Grundstück
- Form der Übereignung **105** 2 B, **350** 1 B

Gruppe s Gesellschaft

GüKUMT s Güterkraftverkehr

Gutachten
- Haftung **347** 3
- Internationale Zentralstelle für technische Gutachten **Einl** vor **1** I, IV 3 C

Guter Glaube s gutgläubiger Erwerb, Vertrauen

Güterkraftverkehr (22) GüKG; **(23)** KVO; **(24)** CMR

- s auch Eisenbahn, Frachtgeschäft
- Abfertigungsarten **(23)** KVO 4
- Abfertigungsspedition **(22)** GüKG 33–36
- Abholung **(23)** KVO 5
- Ablieferungshindernisse **(23)** KVO 28; **(24)** CMR 15
- Annahme **(23)** KVO 19
- Anwendungsbereich **(22)** GüKG 1; **(23)** KVO 1; **(24)** CMR 1, 2
- Ausschluß von Beförderung **(23)** KVO 8
- Beförderungsbedingungen **(22)** GüKG 20, 26
- Beförderungsentgelt **(22)** GüKG 20 1, **22**, 23; **(23)** KVO 20–25
- Beförderungshindernisse **(23)** KVO 28
- Beförderungs- und Begleitpapiere **(22)** GüKG 28
- Beförderungsvertrag **(23)** KVO 3, 15; **(24)** CMR 4, 9
- Belastung **(23)** KVO 17
- Bestellung **(23)** KVO 14
- Buchführung und -aufbewahrung **(22)** GüKG 29, 32 I
- Bundesanstalt **(22)** GüKG 23
- Bundesbahn **(22)** GüKG 1 3, 45–47
- Container **(22)** GüKG 1 4
- Fahrtenbuch **(22)** GüKG 23 2, 28, 29
- Festentgelt **(22)** GüKG 22 1
- Fracht **425** 1 A; **(23)** KVO 9, 20, 23
- Frachtbrief **(22)** GüKG 28 1; **(23)** KVO 10–13, 15, 25; **(24)** CMR 4–11
- GNT **(22)** GüKG 84 1 B
- GüKVMT **(23)** KVO 1 3
- Güter **(22)** GüKG 1
- Güterfernverkehr **(22)** GüKG 1 3, 3, 20–36, 45–47
- Güternahverkehr **(22)** GüKG 2, 80–89 c
- Haftung **(22)** GüKG 26, 30, 85; **(23)** KVO 6, 13, 18 III, 29–40; **(24)** CMR 3, 7, 10, 11 III, 17–29
- Höchstentgelt **(22)** GüKG 84
- Internationaler Verkehr **(22)** GüKG 6 b; **(24)** CMR
- Leichen **(22)** GüKG 4 I; **(23)** KVO 8; **(24)** CMR 1 IV
- Lieferfrist **(23)** KVO 26; **(24)** CMR 19

1561

Sachverzeichnis

- Möbelfernverkehr (23) KVO 1 IV; (24) CMR 1 IV
- Nachnahme (23) KVO 24; (24) CMR 21
- Nahverkehr (22) GüKG 2, 84–89 c
- Postsendungen (22) GüKG 4; (23) KVO 8 I; (24) CMR 1 IV
- Prüfung (23) KVO 16; (24) CMR 8
- Reichskraftwagentarif (22) GüKG 106; (23) KVO
- Scheintatbestand (22) GüKG 5
- Standort (22) GüKG 6
- Tarife (22) GüKG 20–24, 84; (23) KVO 9
- Trailer (22) GüKG 1 4
- Umgehung (22) GüKG 5
- Umzugsverkehr (22) GüKG 1 3, 37–44
- Verfügungen, nachträgliche (23) KVO 27; (24) CMR 12
- Verjährung (23) KVO 40; (24) CMR 32
- Vermittlung (22) GüKG 32
- Verpackung (23) KVO 18; (24) CMR 10
- Versicherung (22) GüKG 27; (23) KVO 38
- Werkverkehr (22) GüKG 1 3, 48–50
- Zustellung (23) KVO 5

Güterrecht (eheliches) s Ehegatten
Gütezeichen Überbl vor 373 4 C
Gutgewicht 380
Gutgläubiger Erwerb
- bewegliche Sachen 366, 366 1 A, 932–936, 1207, 1208 BGB
- gesetzliche Pfandrechte 366 3
- Inhaberpapiere, gleichstehende Wertpapiere 367
- Lieferbarkeit 367 3 A
- Wertpapierbereinigung 367 3 A

Gutschrift (Überweisung) s Bankgeschäfte
GWB s Kartellrecht

Haftung s auch Durchgriffshaftung, Freizeichnung, GfterDarlehen, Prospekthaftung, Rat, Schuldübernahme, Sorgfaltspflicht, Unterkapitalisierung, verbundene Unternehmen
- Anfechtung 129 2, 3
- Arbeitgeber 59 8 A, 73 4
- Aufklärung 347 3, 4
- Aufrechnung 129 2, 3
- aus Geschäftsübernahme 25
- aus Kreditauftrag 349 2 D
- aus Schein 5 2
- aus Vermögensübernahme 25 3 C, 124 3 D
- ausgeschiedener Gfter 59 2, C, 128 5, 159, 160
- Ausgleich 128 4
- Auskunft 347 3, 4
- Bank 347 3, 4; (7) Bankgeschäfte I 5, 6; (8) AGB-Banken 10
- Bankenprivileg 172a 4
- Beratungsvertrag 347 3 B
- Berufshaftung 347 3 E
- Beweislast 347 4 E
- der OHG aus unerlaubter Handlung 124 3 B
- des eintretenden Gfters 28, 130
- Darlehensrückgewähr s GfterDarlehen
- Dritthaftung 347 3 D
- Eigenhaftung des Vertreters **Überbl** vor 48 4
- Eintretender 130
- Einwendungen des Gfter 129 1
- Empfehlung 347 3, 4
- Erben 27, 139 1 D, 3 D
- Erstattung 128 4
- Fahrlässigkeit 347 4 B
- Fortführung des HdlGeschäfts 25
- Freizeichnung 347 4 F
- für Bedienstete, ,,Leute" 347 1 B
- für Erfüllungsgehilfen 347 1 B
- für gesetzlichen Vertreter 347 1 B
- gegenüber MitGftern 128 7
- Gerichtsstand 347 4 H
- Ges aus unerlaubter Handlung 124 3 B
- GmbHGeschäftsführer **Anh** 177a IV 3 C
- Haftungsbeschränkung s Freizeichnung
- Handlungsgehilfe 59 5, 8 B
- im Güterkraftverkehr s dort
- Inhalt 128 2, 3, 129 1–3
- Kdtist 171–176
- Konkurs 128 5 C, 8 B, 9
- Mankohaftung 59 7 B
- Mithaftung 349 4 A
- Mitverschulden 347 4 D
- nach Auflösung 159, 160

Sachverzeichnis

- nach Ausscheiden **59** 2 C, **128** 5, **159, 160**
- OHG **105** 4
- OHG-Gfter **128–130**
- Organisationsmangel **124** 3 B
- Prospekt **347** 3, 4
- Prozeß **128**, 3, 8, 9, **129** 1
- Rat **347** 3, 4
- Schaden **347** 4 C
- Testat **347** 3, 4
- Vergleichsverfahren **124** 5 G, **128** 9
- Verhaltenspflichten **347** 4 A
- Verjährung **128** 1 D, 5, **159, 160**, **347** 4 G
- Vermögensübernahme **25** 3
- Vertrauenshaftung **347** 3 E
- Verzicht **128** 6
- Wirtschaftsprüfer **323**, **347** 3 D, 4 A f, g
- Zeugnis **73** 4, **347** 3, 4
- Zwangsvollstreckung **128** 3, 8 D, **129** 4, 5 B

Handelsbrauch 346
- Auslegung von Willenserklärungen **346** 1 A
- Begriff **346** 1
- Bestätigungsschreiben **346** 3
- Beweis **346** 2 B
- Bildung **346** 2 A
- Feststellung **346** 2 B
- Geltung **Einl** vor 1 I 1 C, **346** 1
- IHK **346** 2 B
- im Vertragsverhältnis **346** 1 D
- Mißbrauch **346** 1 F
- Revision **346** 2 C
- Schweigen **346** 4
- Unkenntnis **346** 1 E

Handelsbriefe 257, s auch Geschäftsbriefe

Handelsbücher 238–339 s auch Abschlußprüfung, Abschreibungen, Anhang, Bewertung, Bilanz, Bilanzrichtlinien-Gesetz, Buchführung, Gewinn- und Verlustrechnung, Jahresabschluß, Konzernabschluß, Konzernanhang, Konzernlagebericht, Lagebericht, Offenlegung, Rücklagen, Rückstellungen
- Änderung **239** 3
- Aufbewahrung **257**, **354** 3
- Bedeutung **238** 1 B
- Begriff **238** 1 A
- Berichtigung **239** 3

- Beweiswert **238** 1 C, **257** 4
- Bildträger **261**
- Datenträger **261**
- Formblätter **330**
- Fristgerechtheit **239** 2
- Genossenschaften **336–339**
- Inventar **240**
- Inventur **240, 241**
- Inventurfrist **240** 2
- Inventurpflicht **240** 1
- Ordnung **239** 2
- permanente Inventur **241** 2
- Richtigkeit **239** 2
- Schriftzeichen **239** 1
- Sprache **239** 1
- Stichprobenverfahren **241** 1
- Stichtagsinventur, verlagerte **241** 3
- Straf- und Bußgeld-Vorschriften **331–334**
- Übergangsrecht, Überblick **Einl** v **238** V; **(1)** EGHGB 23–28
- Vorlegung **258–261**
- Vollständigkeit **239** 2
- Zwangsgelder **335**

Handelsfirma s Firma

Handelsgeschäft (einzelnes Geschäft)
- Auslegung **Einl** vor **343** 6 B
- Begriff **Einl** vor **343** 1
- BGB **Einl** vor **343** 1 B; **(1)** EGHGB **2**
- einseitiges **345** 1
- Form **Einl** vor **343** 5
- GrundHdlGeschäft **1** 2
- HilfsHdlGeschäft **343** 2
- Nebenabreden **Einl** vor **343** 5 B
- NebenHdlGeschäft **343** 2
- Schuldschein **344** II
- Vermutung **344**

Handelsgeschäft (Unternehmen, Gewerbebetrieb)
- Abwehransprüche **Einl** vor **1** II 3 A
- Begriff **Einl** vor **1** II 1 A
- Bewertung **Einl** vor **1** II 1 B
- Einbringung **145** 2 C
- Eigentum **Einl** vor **1** II 3 B
- Eintritt **24, 28**
- Enteignung **Einl** vor **1** II 3 B
- Entstehung **Einl** vor **1** II 1 C
- Erlöschen **Einl** vor **1** II 1 C
- Fortführung **21–28**
- Geschäftsgeheimnis **Einl** vor **1** II 1 B, 3 D d

1563

Sachverzeichnis

- Goodwill **Einl** vor 1 II 1 B, 40 3 G
- Kauf **Einl** vor 1 II 2 B, 22
- Know-how **Einl** vor 1 II 1 B
- Konkurs **Einl** vor 1 II 2 E, 23 3 C
- Nachfolgevermerk 22 2 B, C, 24 1 C
- Nießbrauch **Einl** vor 1 II 2 C, 1 3 A, 22 II
- Nutzungen **Einl** vor 1 II 2 E
- Pacht **Einl** vor 1 II 2 C, 22 II
- Persönlichkeitsrecht des Unternehmers **Einl** vor 1 II 3 C b
- Pfändung **Einl** vor 1 II 2 C
- Recht am Gewerbebetrieb **Einl** vor 1 II 3 C, D
- Rückerstattung **Einl** vor 1 II 2 E
- Ruhen **Einl** vor 1 II 1 C
- Schenkung **Einl** vor 1 II 2 B, 22 II
- Schutz **Einl** vor 1 II 3
- Sicherungsübereignung **Einl** vor 1 II 2 C
- Übernahme, Übertragung **Einl** vor 1 II 2 A, 22, 25, 26, 145 2 C
- Umwandlung **Einl** vor 105 4
- Veräußerung **Einl** vor 1 II 2 B
- Vererbung **Einl** vor 1 II 2 D, 22 1 B, 27
- Verlegung **Einl** vor 1 II 1 C
- Vermächtnis **Einl** vor 1 II 2 D, 22 1 B, 27
- Verpachtung **Einl** vor 1 II 2 C
- Verpfändung **Einl** vor 1 II 2 C
- Wert **Einl** vor 1 II 1 B

Handelsgesellschaften 6 I, 105–177 a
- s auch KommanditGes, Offene HdlGes, PersonalGes
- Begriff **Einl** vor 105 2
- Einteilung **Einl** vor 105 2
- Entwicklung **Einl** vor 105 2 A
- Sorgfaltspflicht 347 1 E
- Vertragsfreiheit **Einl** vor 105 1 D

Handelsgewerbe
- Angestellte 59 3 C
- Begriff **1, 2, 3 II**
- OHG 105 3
- Schein 5

Handelsgut s Gattungsschuld

Handelskammer s Industrie- und Handelskammer, Internationale Handelskammer, Internationale Schiedsgerichtsbarkeit

Handelskauf s Kauf

Handelsklassen Überbl vor 373 4; (21) OLSchVO 28 I, 30 I

Handelsklauseln 346 5; (6) Incoterms
- s auch die einzelnen Klauseln

Handelsmakler 1 II Nr 7, 84 2 C, 93–104
- Abschlußfreiheit 93 5 A, 8 D, 9
- a-metà-Vermittlung 93 4 E
- AGB 93 9
- Alleinauftrag 93 8
- „Aufgabe vorbehalten" 95
- Aufwendungsersatz 93 5 B, 9
- Begriff 84 2 C, 93 1, 2
- BGB 93 1 B, 652–654 BGB
- Dienstvertragsklausel 93 9
- Direktabschluß 93 8 D
- Doppeltätigkeit 93 3 A, 4 C, 7 A
- Eigenhaftung 95 3
- erfolgsunabhängiges Provisionsversprechen 93 6 D, 8 E, 9
- Erfüllungshaftung 95 3
- Fälligkeit 93 7 C, 9
- Festauftrag 93 8 A
- Folgegeschäft 93 6 B, 9
- Formerfordernis 93 3 B
- Franchisemakler 93 3 D
- Freizeichnung 93 9
- Gemeinschaftsgeschäft 93 3 D
- Geschäftsgegnerbezeichnung 95
- Geschichte 84 1 A
- Gewerbsmäßigkeit 93 2 D
- Haftung gegenüber beiden Parteien 98
- Hinzuziehungsklausel 93 9
- Identität des Geschäfts 93 6 B
- Informationspflicht 93 4 B, 6 A
- Inkassovollmacht 97
- Interessenkonflikte 93 4 B, C
- Interessenwahrungspflicht 93 4 B
- Internationaler Verkehr 93 10, 94 3
- Kaufmann 93 2 D
- Konkurs 93 7 E
- Krämermakler 104
- Kreditvermittlung 93 1 C
- Kursmakler 93 2 D, 95; (14) BörsG 30–34
- Leistungsempfang 97
- Lohnanspruch gegen beide Parteien 99
- Maklergesetz 93 1 C
- Maklerlohn 93 4, 7, 9, 99
- Makler- und BauträgerVO 93 3 C

Sachverzeichnis

- Mitteilungspflicht **93** 4 B, 5 B, **94** 2 D
- Nachweis **93** 2 B, 6 A
- Ordnungswidrigkeiten **103**
- Pflichten **93** 4, 5, 8
- Proben **96**
- Provision **93** 4, 5 A, 7, 9
- Provisionsabwälzung **93** 9
- Rechtsangelegenheiten **93** 4 B
- Reform **93** 1 E
- Reservierung **93** 9
- Rückfrageklausel **93** 9
- Schlußnote **94**
- Schweigepflicht **93** 4 B, 5 B
- Selbsteintritt **93** 6 D
- Tagebuch **100–103**
- Tätigkeitspflicht **93** 4 B
- Treueverhältnis **93** 4 B
- Übererlös **93** 4 C, 7 B, 9
- Unparteilichkeit **93** 4 C
- Untermakler **93** 3 D, 4 D
- Ursächlichkeit **93** 6 E
- Vergleich **93** 7 E
- Verjährung **93** 4 F, 7 D
- Vermittlung **93** 2 B, 6 A
- Vertrag **93** 2, 3, 6
- Vertragsende **93** 3 C
- Vertragsschluß **93** 3 A, B
- Vertragsstrafe **93** 9
- verwandte Verträge **93** 1 D
- Verweisungsklausel **93** 9
- Verwirkung **93** 4 F, 6 F
- Vollmachtsklausel **93** 9
- Vorbehaltene Aufgabe **95**
- Vorkaufsrecht **93** 7 A
- Vorkenntnis **93** 6 E, 9
- Weitergabeklausel **93** 9
- Widerruf **93** 3 C, 8 B, 9
- Wirksamkeit des Geschäfts **93** 6 C
- Wohnungsvermittlung **93** 1 C
- Zahlung **97**
- Zivilmakler **93** 1
- Zubringergeschäft **93** 3 D
- Zweitmakler **93** 3 A

Handelsname 17 1 B
- s auch Firma

Handelsregister Einl vor **1** IV 1, **8–16; (3) FGG 125–143; (4) HRV**
- s auch Kommanditgesellschaft, offene Handelsgesellschaft, Prokura
- Abschrift **9** 1
- Amtslöschung **8** 6, **37** 1 D
- Anmeldung **8** 4, 12, 29, 33
- Bekanntmachung **10, 11; (4) HRV 27, 28, 32–35**
- Berlin **8** 2 A
- Bescheinigung **9** 2 B
- Beschwerde **8** 4 E
- Beweis **9**
- Bildträger **8a**
- Bindung an ordentliches Gericht **16**
- Bund **36**
- Datenträger **8a**
- deklaratorische Wirkung **8** 5
- EDV **8a**
- Einrichtung **8** 2 B; **(3) FGG 125; (4) HRV 1–22, 39–47**
- Einsicht **9** 1
- Eintragung, Verfahren **(3) FGG 130; (4) HRV 23–38**
- einzutragende Tatsachen **8** 3, **15** 2 B
- Firma **29–31**
- Führung **8** 2 A; **(3) FGG 125; (4) HRV 1–22, 39–47**
- Handelsregisterverfügung **(4) HRV**
- Handwerkskammer **8** 2 A; **(3) FGG 126; (4) HRV 23**
- Hauptniederlassung **13–13b**
- IHK **8** 2 A, 6 A; **(3) FGG 126; (4) HRV 23, 37**
- juristische Person **33–35**
- Kommune **36**
- Konkurs **32, 34** I, **V**
- konstitutive Wirkung **8** 5
- Konzernregister **8** 3
- Kosten **8** 2 B
- Land **36**
- Löschung **8** 6 A, B, **31** II, **157**, **Einl** vor **238** IV 8; **(3) FGG 141–144**
- Mikrofilm **8a**
- negative Publizität **15** 1 B, 2 A
- Niederlassung **29, 31**
- öffentlicher Glaube **5, 15**
- Ordnungsstrafen **14, 37** I; **(3) FGG 132–140**
- positive Publizität **15** 1 B, 4
- Prüfung **8** 4, **329**
- Rechtsnachfolge **12** 2 C
- Rechtsscheinhaftung **15** 4
- Schonfrist **15** 3 B
- unrichtige Eintragung **8** 6
- Verlegung **13c**
- Veröffentlichung **10, 11; (4) HRV 27, 28, 32, 35**
- Vertrauensschutz gegen Registerinhalt **15** 3 C

1565

Sachverzeichnis

- Voreintragung **15** 2 H
- Wirkung **2, 3 II, 5, 8** 5, **15**
- Zeichnung **12**
- Zuständigkeit **13** 4, **13 c** 4
- Zweigniederlassung **13–13b, 15** 5
- **Handelsrichter,** s Gericht
- **Handelssachen** s Gericht
- **Handelsstand Einl** vor **1** I 1 A
- **Handelsvertreter 1 II** Nr 7, **84–92 c**
- Abrechnung **87 a** 5, **87 c**
- Abschluß **55, 84** 1 C, 3, **86** 2 A, **87** 4
- Abtretung **87** 1 C
- AGB **86** 1 D
- Alleinvertreter **87** 3 D
- Alter **89 b** 4 A
- Altersversorgung **87** 1 B, **89 b** 2 D
- analoge Anwendung von HVRecht **84** 2 A, B
- arbeitnehmerähnlich **59** 3 B, **84** 7 B, 8
- Auftragsrecht **86** 1, 663, 665–670, 672–675 BGB
- Aufwendungsersatz **84** 8, **86** 1 D, 670 BGB, **87 d**
- Ausführung **87 a** 3, 4
- Ausgleichsanspruch **89 b, 92 b** 2 B
- Auskunft **86** 2 D, **86 a** 1 B, **87 c** 4
- Ausland **92 c**
- Ausschließlichkeitsbindung **86** 2 B
- Bausparkassenvertreter s Versicherungsvertreter
- Begriff, Bezeichnung **84** 1 B, C
- Betriebsgeheimnisse **90**
- Beurkundung **85**
- Bezirksschutz **87** 3, **92** 2 A
- Buchauszug **87 c** 3
- Bucheinsicht **87 c** 5
- Dauerverträge **87 b** 4
- Delkredere **86 b**
- Dienstvertragsrecht **86** 1, 613, 615, 618, 620, 625, 630 BGB
- Direktgeschäfte **87** 3 C, D, 4 E, **87 c** 3 A
- Eigenhändler **84** 2 A
- Entschließungsfreiheit **86 a** 1 C
- Erfüllungsort **86** 2 G
- Europäische Gemeinschaft **84** 1 A
- Folgeprovision **92** 2 B
- Geheimnisse **90**
- Generalvertreter **84** 4 C
- Gerichtsbarkeit **84** 7
- Geschichte **84** 1
- Gleichbehandlung **86** 1 D
- HdlVollmacht **54, 55, 84** 3 B, **91** I
- Hauptvertreter **84** 4 C
- Inhaltskontrolle **86** 1 D
- Inkassoprovision **87** 5
- Interessenwahrungspflicht **86** 2 B
- Internationaler Verkehr **84** 10
- Juristische Person **84** 1 D, 5 D, **92 b** 1 C
- Klage **85** 2 A, **87 c** 1, 5 C
- Kommissionär, Kommissionsagent **84** 2 B
- Konkurs **89** 1 A, **89 a** 2 D
- Konkursvorrecht **84** 8, **59** I, 61 Nr 1 KO, **87** 1 A, **89 b** 5 B
- Kundenschutz **87** 3, **92** 2 A
- Kündigung **85** 2, **89, 89 a, 89 b** 4, **90 a**
- Makler **84** 2 C
- Minderjährige **84** 1 D
- Mindestbedingungen **92 a**
- Nachbestellung **87** 2 B, 4 E, **87 c** 3 A, **92** 2 A
- Nachrichten **86** 2 D, **86 a** 2
- Nebenberuf **92 b**
- Personengemeinschaft **84** 1 D, 5 D
- Pfändung **87** 1 C
- Pflichten **86, 86 a, 87** 3 F, **87 c** 1, 90
- Preisbindung **86** 2 B
- Provision **87–87 c, 92** 2, **92 b** 2 C
- Provisionsberechnung **87 b**
- Provisionsrückzahlung **87 a** 3 D
- Provisionssatz **87 b** 2
- Provisionsverluste **89 b** 2 C
- Rechenschaft **86** 2 D
- Schadensersatz **89 a** 4
- Schiffahrtsvertreter **92 c** 2
- Schmiergelder **86** 2 B
- Schweigepflicht **90**
- Selbständigkeit **84** 1 C, 5
- Sorgfalt **86** 2 E
- ständige Betrauung **84** 6
- Tod **86** 1 D, 672–674 BGB, **89** 1 A, **89 a** 2 E, **89 b** 2 A
- Treuepflicht **86 a** 1, **90** 1 B, 2 B
- Umsatzbeteiligung **87 a** 1
- Umsatzgarantie **86** 2 F
- Unabdingbarkeit **87 c** 6
- Unterlagen **86 a** 1, **88 a** 2
- Unternehmer **84** 4, **86 a** 2
- Unterstützung **86** 2, **86 a** 1
- Untervertreter **84** 4 B
- Vergütung **87–87 d**
- Verhältnis zu Dritten **84** 9

Sachverzeichnis

- Verjährung **88**
- Vermittlung **84** 3, **86** 2 A
- Vermittlungsgehilfe **55** 1 B, **75 g**, **75 h**
- Verschwiegenheitspflicht **90**
- Versicherungsvertreter **55** 1 B, **89 b** 6, **92**, **92a** 4, **92 b** 1 A
- Vertragsabschlußfreiheit des Unternehmers **86a** 1 C
- Vertragshändler **84** 2 A
- Vertragsurkunde **85**
- Verwirkung **87a** 6, **89a** 3 C
- Verzicht **89a** 3 B
- Vollmacht **54**, **55**, **91**, **91a**
- Vorschuß **87a** 2 D
- Weisungen **86** 2 C
- Wettbewerb **84** 2 A, **86** 2 B, **86a** 1 B, **90** 2 D, **90a**
- wichtiger Grund **87a** 3 E, **89a** 2, **90a** 7
- Zurückbehaltungsrecht **88a**

Handelswert s Frachtgeschäft
Händler- und Beraterregeln (17)
Handlungsgehilfe 59–75 h, 59 1 A, 611–630 BGB

- s auch Arbeitgeber, HdlVollmacht, Kündigung, Wettbewerbsverbot
- Abhängigkeit **59** 3 B
- Ablauf **59** 9 A
- Abmahnung **59** 5 B, 9 C c
- Abtretung **59** 6 D
- Altersversorgung **59** 1 E, 6 E
- Änderungskündigung **59** 9 C
- Anfechtung **59** 9 B
- Angestellter **59** 3
- Annahmeverzug **59** 6 C
- Anstand **62** 1
- Anwesenheitsprämie **63** 3 D
- Arbeitnehmererfindungen **59** 1 E, 5 B
- Arbeitsentgelt **59** 3 B, 6, **63** 3, **64**, **65**
- Arbeitsförderung **59** 8 A
- Arbeitsgericht **59** 1 E, 9 D
- Arbeitskampf s Aussperrung, Streik
- Arbeitskampfrisiko **59** 6 C
- Arbeitslosenversicherung **59** 1 E
- Arbeitspflicht **59** 5
- ArbeitsplatzschutzG **59** 1 E
- Arbeitsrechtsquellen **59** 1
- Arbeitsunfähigkeit **59** 9 C f, **63** 2
- Arbeitsverhältnis **59** 4, 9
- Arbeitsvertrag **59** 4, 5
- Arbeitszeit **59** 1 E, 5 A, **62 I**
- Aufhebungsvertrag **59** 9 G
- Aufrechnung **59** 6 D
- Aufwendungen **59** 7 F
- ausgeschiedene Gfter **59** 2 C
- Ausgleichsquittung **59** 6 D
- Aushilfsarbeitsverhältnis **59** 1 C, 622 IV BGB
- Auskunft **59** 5 B, 7 C, 9 C, **73** 3, **75** 2
- Ausland **59** 10, **75 b**
- Ausschlußfristen **59** 6 D
- Aussperrung **59** 9 F
- Beförderung **59** 7 C
- Befristetes Arbeitsverhältnis **59** 9 A
- Begriff **59** 3
- Beispiele **59** 3 C
- Beratung **59** 5 B
- BerufsbildungG **59** 1 E
- Beschäftigungspflicht **59** 7 C
- Betriebsbuße **59** 5 B
- Betriebsgeheimnis **59** 5 B
- Betriebsrat s Betriebsverfassung
- Betriebsrisiko **59** 6 C, 8
- Betriebsübergang **59** 2 B
- Betriebsverfassung, -rat, -übung, -vereinbarung **59** 1 B, E, 4 B, D, 5, 6 B, 9 C, E
- Bildungsurlaub **59** 7 D
- Darlehen **59** 6 B
- Datenschutz **59** 7 C
- Dienstverhinderung **63**
- Differenzierungsklauseln **59** 4 C
- Direktionsrecht **59** 1 B g, 5 A
- eingebrachte Sachen **59** 7 E
- Erfindung **59** 1 E, 5 B
- Erfolgsbeteiligung **59** 6, **65**
- Erholungsurlaub **59** 7
- faktisches Arbeitsverhältnis **59** 4 B
- Fehlbetrag **59** 3 B
- fehlerhafter Arbeitsvertrag **59** 4 B
- Feiertag **59** 1 E, 5 A, 6 B
- flexible Arbeitszeit **59** 5 A
- Fortbildungskosten **59** 6 B
- Fragen bei Einstellung **59** 4 A
- freier Beruf **59** 3 B a
- Freistellungsanspruch **59** 7 F, 8
- Freizeit zur Stellungssuche **59** 7 H
- Fürsorge **59** 7 A, **62**
- gefahrengeneigte Arbeit **59** 8 A, B
- Gehalt **59** 3 B, 6, 9 C f, **63** 3 A, **64**, **65**

1567

Sachverzeichnis

- Gehaltsfortzahlung 59 1 E, **63**
- Gesundheit 59 7 B, 9 C, **62, 63** 2
- Gewinnbeteiligung s Tantieme
- Gewinnherausgabe **61** 3
- Gleichbehandlung 59 1 C, 6 A, B d, 7 A
- Graphologische Gutachten 59 4 A
- Gratifikation 59 6 B
- Haftung 59 5, 8 B
- Handlungsreisender 59 3 C
- Hausarbeit 59 5 A
- Herausgabe 59 5 B
- Hinterbliebenenversorgung 59 6 E
- internationales Arbeitsrecht 59 10
- Job sharing 59 5 A
- Jugendarbeitsschutz 59 1 E
- jurstische Person 59 3 B
- KAPOVAZ 59 5 A
- Kettenarbeitsverhältnis 59 9 A
- kfm Dienste 59 3 B, 5 A
- Konkursforderungen 59 6 B, D, E, **75** 3 B
- Konzern 59 2 A
- Krankheit 59 6 C d, 9 C e, f, **62** 2 B, **63** 2
- Kritik 59 5 B
- Kündigung **59** 1 E, 5 A, B, 9, **63** 3 B, **75**
- Kurzarbeit 59 5 A, 6 B
- Ladenschluß G 59 1 E, 7 C
- Leiharbeitsverhältnis 59 2 A
- Lohn s Arbeitsentgelt
- Lohnfortzahlung **63**
- LohnfortzahlungsG 59 1 E
- Lohnsteuer 59 7 G
- Mangel an Vertretungsmacht **75 h**
- mangelhafte Arbeit 59 5 A
- Mankohaftung 59 8 B
- Mehrarbeit 59 5 A, 6 B
- Minderjährige 59 3 B, 4 B
- Mutterschutz 59 1 E, 9 E
- Nachricht 59 5 B
- Nebenpflichten 59 5
- Nebentätigkeit 59 5 B, 9 C e
- Nichtigkeit 59 4 B, 9 B
- parteipolitische Tätigkeit 59 5 B, 9 C
- partiarisches Dienstverhältnis **230** 1 A
- Personalakten 59 5 B, 7 C
- Persönlichkeitsschutz 59 7 C
- Pfändung 59 6 D
- Prämien 59 6 B
- Probearbeitsverhältnis 59 9 C
- Provision 59 6, **63** 3, **65**
- Rechenschaft 59 5 B
- Reisende 59 3 C
- Religion **62 II**
- Ruhegeld 59 1 E, 6 E
- Sachleistungen 59 6 B
- Schadensersatz **59** 5 A, B, C d, 8, 9 C, **61** 2, **62** 3 A
- schadensgeneigte Arbeit 59 8 A, B
- Schmiergeld 59 1 D, 12 UWG, 59 5 B, 9 D e
- Schwangerschaft 59 9 B, **63** 2
- Schweigepflicht 59 1 D, 5 B, 7 C, 9 C e
- Schwerbehinderte 59 1 E, 7 C, 9 E, G
- Sitte **62** 1
- Sonn-(Feier-)Tag 59 1 E, 5 A
- Sozialleistungen **59** 7 D, G
- Sozialversicherung 59 1 E, 7 D, G
- Sperrabrede unter Arbeitgebern **75 f**
- Spesen 59 6 B, 9 C e
- Stellensuche, Freiheit zu 59 7 H
- Streik 59 5 A, 9 C e
- Tantieme 59 6 B, **63** 3, **64**
- Tarifvertrag 59 1 B, E, 4 C, 5, 6 A
- Teilzeitarbeit 59 5 A
- Teuerungsanpassung 59 6 E
- Tod 59 9 G
- Treuepflicht 59 5 B, 7 A, 9 C e
- Trunkenheit **63** 2 C
- Überstunden 59 5 A, **62** 1
- Umzugskosten 59 6 B
- Unfall 59 8 A, **62** 2 C, **63**
- Unmöglichkeit 59 6 C
- Untersuchungshaft **63** 2 B
- Urlaub 59 1 E, 7 D
- Vergütung s Gehalt
- Verjährung 59 6 D
- Vermittlungsgehilfe **75 g, 75 h**
- VermögensbildungsG 59 1 E
- Vermögenswirksame Leistung 59 6 B
- Verschwiegenheit 59 1 D, 17 UWG, 59 5 B
- Versetzung 59 5 A, 6 B, 7 C
- Vertragsabschluß 59 4, 5
- Vertragsanbahnung 59 4 A
- Vertragsstrafe 59 5 A, **75 c**
- Vertretungsmacht **75 g, 75 h**
- Verwirkung 59 6 D

Sachverzeichnis

- Verzicht **59** 6 D
- Vorstellungskosten **59** 4 A
- Vorstrafe **59** 4 A, 9 B, C
- Vorverhandlungen **59** 4 A
- Wehrdienst **59** 9 E
- Weisungen **59** 3 B, 5 A
- Weiterbeschäftigung **59** 9 D
- Wettbewerbsverbot **59** 5 B, 9 C e, **60, 61, 74–75 d**
- wichtige Kündigungsgründe **59** 9 C e, f
- Wohnung **62** 2
- Zeugnis **59** 7 H, **73**
- Zulagen **59** 6 B
- Zurückbehaltungsrecht **59** 6

Handlungslehrling 59 3 A
Handlungsreisende 59 3 C
Handlungsvollmacht Überbl vor 48 I B, 164–181 BGB, **54–58**
- Abschlußvollmacht **55**
- Außendienst **55, 75 g, 75 h**
- Beschränkung **54** 3, **55** 2 C
- Erlöschen **54** 4
- Erteilung **54** 1 B, 2
- Form **54** 2 C
- GesamtHdlVollmacht **54** 1 B
- HdlVertreter **55, 91 I**
- Laden **56**
- Mißbrauch **50** 3, **54** 3 C
- Reisende **55**
- Schein **54** 1 C, **55** 2 B, **56** 1 B
- Übertragung **58** 1
- Umfang **54** 3, **55** 2
- Unterschrift **57**
- Untervollmacht **58** 2
- Vermittlungsgehilfe **75 g, 75 h**
- Versicherung **55** 1 B
- Voraussetzungen **54** 2
- Warenlager **56**
- Zeichnung **57**

Handwerk 1 II Nr 2, 9, **1** 8 A, B, I, 9, **2, 4** 1 A
Handwerkskammer Einl vor 1 I 3 E; **(3)** FGG **126** 1
Härteklausel (hardship clause) Einl vor 343 6 C, **346** 5
Hauptniederlassung s Zweigniederlassung
Haustürgeschäft (7) Bankgeschäfte IV 2 B a
Herabstufung s Kündigung (OHG)
Herausgabe (Anspruch, Klage, Urteil auf)
- Firma **17** 4 H g
- Handwerkskammer **Einl** vor 1 I 3 E
- HdlGeschäft **Einl** vor **1** II 2 E
- Handlungsgehilfe **59** 7 E
- OHG **113** I

Hermes-Deckung (7) Bankgeschäfte VII 7 B
Herstellungskosten s Bewertung
Hinterlegung 373 2
Höhere Gewalt s Eisenbahn
Hotel s Gastgewerbe
Huckepackverkehr (22) GüKG 3 1
Hypothek
- Abtretung, Form **350** 1 B

Hypothekenbankkredit (7) Bankgeschäfte IV 3 C

Incoterms (6) Incoterms
- s auch die einzelnen Klauseln
- Zusammenstellung der Klauseln **(6)** Incoterms **Einl** vor 1
Indossament s auch Orderpapiere
- des Kommissionärs **395**
Industrieanlagenvertrag Überbl vor 373 1 A
Industrie- und Handelskammer Einl vor 1 I 3 E, **346** 2 B; **(3)** FGG **126** 1
- s auch HdlReg, HdlBrauch
Inhaber (HdlGeschäft)
- Eintragung **29** 1 A
- Namensänderung **21**
Inhaberlagerschein 424 1 C; **(19)** ADSp 48
Inhaberpapiere s gutgläubiger Erwerb
Inhaltsfreiheit Einl vor 343 6
Inkasso
- Dokumenteninkasso **(12)** ERI
- Scheckinkasso **(7)** Bankgeschäfte III 5 E
- Wechselinkasso **(7)** Bankgeschäfte III 5 E
Innengesellschaft Einl vor 105 2 C, **230** 1 B
Insiderinformationen 347 4 A; **(7)** Bankgeschäfte I 6 B; **(15)** Insiderhandels-Ri
Insiderhandelsrichtlinien (15) Insiderhandels-Ri
Institute Cargo Clauses (6) Incoterms 6 2

Sachverzeichnis

instruction to proceed Einl vor 343 3 A
Interessenkonflikte Anh 177 a VIII 5 B, 347 4 A, 384 1 A, B; (7) Bankgeschäfte V 2 E
Interessenzusammenführung s Konzernabschluß
Internationale Handelskammer
- Bankenkommission (11) ERG **Einl** 3
- Einheitliche Richtlinien für
- – Dokumenten-Akkreditive (11) ERA
- – Inkassi (12) ERI
- – kombiniertes Transpsortdokument 425 1 B d
- – Vertragsgarantien (7) Bankgeschäfte VII 6 A
- – Vertragshilfe (Anpassung von Verträgen) **Einl** vor 343 6 C
- Handelsvertreter **92 c** 1 A
- Incoterms (6) Incoterms
- Internationale Zentralstelle für technische Gutachten **Einl** vor 1 IV 3 C
- Schiedsgerichtshof **Einl** vor 1 IV 3 C
- Schlüsselwörter im internationalen Handel **Einl** vor 1 I 4 A
- Tätigkeit **Einl** vor 1 I 3 E, IV 3 C

Internationales Recht Einl vor 1 I 4, 59 10, **Einl** vor 105 7
Internationale Schiedsgerichtsbarkeit Einl vor 1 IV 3 C
Internationaler Verkehr s bei den einzelnen Vorschriften jeweils am Ende; Ausland, internationales Recht
Internationale Vollstreckung Einl vor **1** IV 2 D
Internationale Zuständigkeit Einl vor **1** IV 2 D
Intertemporales Recht Einl vor 105 6
Interzessionsversprechen 349 4 E
Inventar s Handelsbücher
Inventur s Handelsbücher
Investmentgeschäft (7) Bankgeschäfte X
Italien Einl vor 1 I 4 C

Jahresabschluß s auch Abschlußprüfung, Anhang, Bilanz, Handelsbücher, Lagebericht, Offenlegung
- Änderung 245 3 C
- Anlagespiegel s Bilanz
- Anlagevermögen s Bilanz
- Ansatzvorschriften 246–251
- Aufstellung 243, 264 2 B
- Ausweiskontinuität 265 1
- Begriff 242 6
- Berichtigung 245 3 B
- Bilanzpolitik 264 4
- Einreichung s Frist
- Frist 243 3, 264 2 C
- Generalnorm 264 3
- Genossenschaften 336
- Gliederung **265, 266**
- Grundsätze ordnungsmäßiger Bilanzierung 243 2
- Inhalt 242 6
- Kapitalgesellschaften 264
- Leerposten 265 8
- mehrere Geschäftszweige 265 4
- Mitzugehörigkeitsvermerk 265 3
- neue Posten 265 5
- Nichtigkeit 245 3 A
- Pflicht zur Aufstellung 242, 264
- Sprache 244
- Stichtagsprinzip 243 3 B
- stille Reserven s Rücklagen
- true and fair view 264 3
- Übergangsrecht **Einl** v 238 V 1 A, E; (1) EGHGB 23, 27
- Umlaufvermögen s Bilanz
- Unterzeichnung 245
- Verrechnungskonto 246 1
- Vollständigkeit 246 1
- Vorjahreszahlen 265 2
- Währung 244

Juristische Person
- als Gfter 105 1 C, 114 2 D, 131 3 E, **161** 2 C
- des öffentlichen Rechts **1** 7, 8 D, **36,** Überbl vor 48 2 C
- Eintragung **33–35**
- Gebietskörperschaft 36 1
- HdlGes **Einl** vor 105 1 C
- Kfm **1** 7, 8 D
- Verein **6 II**

Kammer für Handelssachen (KfH) s Gericht
Kapital s Anteil, Eigenkapital
Kapitalanteil s Anteil

Sachverzeichnis

Kapitalanteilsmethode s Konzernabschluß
Kapitalflußrechnung s 284 3
Kapitalgesellschaft Einl vor 238 III B, C
– Größenklassen **267**
Kapitalkonto s Anteil
Kapitalmarktrecht Anh 177a VIII 8
Kartellrecht Einl vor **1** III 1, 2
– s auch Wettbewerb
– abgestimmtes Verhalten **Einl** vor 343 3 A
– Boykott **Einl** vor **1** II 3 D a
– Fusionskontrolle bei PersonenGes **Einl** vor 105 5 C
– Kommissionsagent 383 1 B
– Kundenschutzklauseln **Überbl** vor 373 2 F
– Unternehmenskauf **Einl** vor **1** II 2 B
– Vertragshändler 84 2 A, 86 2 B, **Überbl** vor 373 5 C
– Wettbewerbsverbote in der OHG 112 3
Kassageschäft s Börse
kassatorisch s Verfallklausel
„Kasse" 346 5
Kauf 373–382
– s auch Abladegeschäft, Incoterms
– Abladung 376 1 C
– Ablieferung 373 3 B
– Abnahmeverzug 373 1 B, 374
– Abruf **Überbl** vor 373 2 E
– Abschluß **Überbl** vor 373 1 B
– Absendung der Rüge 377 4 C
– Abzahlung **Überbl** vor 373 2 E; **(7)** Bankgeschäfte V
– aliud 378
– Annahmeverzug 373 1 A, 374
– Anteilskauf 124 2 B
– Anzeige des Mangels 377 4
– Artabweichung 378
– auf Abruf **Überbl** vor 373 2 E
– Aufbewahrung 379 1
– Begriff **Überbl** vor 373 1 A
– Besicht **Überbl** vor 373 2 B
– besondere Kaufabreden **Überbl** vor 373 2
– besondere Kaufformen **Überbl** vor 373 2
– Bestimmungskauf 375
– Bilanzrecht 242 4 B
– Dauerlieferung **Überbl** vor 373 2 E

– Deckungskauf 346 5 (Selbstbelieferung, Vorrat), 373 4 B, **401**
– Durchhandeln 424 1 E
– einstweilige Aufbewahrung 379 1
– Falschlieferung 378
– Fehler 377 1 B, 2–4, 378 2
– Fixgeschäft 376
– Garantiefristen 377 1 E
– Gütezeichen **Überbl** vor 373 4 C
– Haager Kaufrecht **Überbl** vor 373 6 B
– HdlGeschäft **Überbl** vor **1** II 2 B
– HdlKlassen **Überbl** vor 373 4 A
– HdlKauf (von Waren) **Überbl** vor 373 3
– HdlKauf (von WP) **Überbl** vor 373 3, **381** 1
– Hinterlegung 373 2, 379 1 C
– internationaler **Überbl** vor 373 6
– Kettenhandel **Überbl** vor 373 2 E
– Konditionsgeschäft **Überbl** vor 373 2 C
– Mängel **Einl** vor **1** II 2 B, 377 1 B, 2–4
– Mehrlieferung 378 2
– Mehrwertsteuer **Überbl** vor 373 1 D
– Minderlieferung 378 2
– Muster **Überbl** vor 373 2 A, 377 3 C
– Nachbesserung 377 4 B
– Notverkauf 379 2
– Preis **Überbl** vor 373 1 C, **385–387, 400** 3
– Probe **Überbl** vor 373 2 A, B, 377 3 C
– Refaktie 380 II
– Rückgabe **Überbl** vor 373 2 C
– Rüge 377 4, 378 1, 2
– Schlechtlieferung s Mängel
– Selbsthilfeverkauf 373 3, 4
– Streckengeschäft **Überbl** vor 373 2 E, 377 4 A
– Sukzessivlieferung **Überbl** vor 373 2 E, 377 3 C
– Taragewicht 380
– Überseekauf **Überbl** vor 373 6
– Umtausch **Überbl** vor 363 2 C
– UN-Kaufrecht **Überbl** vor 373 6 B
– Unternehmenskauf **Einl** vor **1** II 2 B
– Untersuchung 377 3

Sachverzeichnis

- unverzügliche Untersuchung/Rüge 373 3 E, 4 A
- Verpackung 380 2
- Versendungskauf (6) Incoterms **Einl** vor 1 2
- versteckter Mangel 377 1 H
- Viehmängel 382
- Vorkauf **Überbl** vor 373 2 D
- Warenklassen **Überbl** vor 373 4 A
- Wertlieferungsvertrag 381 2
- Wertpapierkauf 381 1, 383 1 D
- Wiederkauf **Überbl** vor 373 2 C
- Zuviellieferung 378 2
- Zuweniglieferung 378 2

Kaufmann
- Anmeldung 29
- Bilanzrecht **Einl** vor 238 III 3 A
- Formkaufmann 6
- Inhaber 230 2 A, B
- Kannkaufmann 3
- Kaufmannseigenschaft 1–7
- KG-phG 161 2 C
- Kdtist 161 2 B
- kraft Eintragung 5
- Minderkaufmann 4, 351
- Mußkaufmann 1
- öffentliches Recht 7
- OHG-Gfter 105 1 I
- „Ordentlicher Kaufmann" 347 1 A
- Personal 59 3 A
- Rechtsscheinkaufmann 5
- Registerkaufmann 5 1 E
- Scheinkaufmann 5
- Sollkaufmann 2, 262
- stiller Gfter 1 3 B, 230 2 B
- Vollkaufmann 4 1, 351

Kaufmännische Anweisung s Orderpapiere

Kaufmännischer Verpflichtungsschein s Orderpapiere

Kaufmännische Bestätigungsschreiben s Bestätigungen

Kennzeichnung (Unternehmens-) 17 6

Kettenarbeitsverhältnis s Handlungsgehilfe

Kettenhandel Überbl vor 373 2 E, 6 C

Klauseln 346 5; (6) Incoterms

Kleingewerbe 4 1

Know-how s HdlGeschäft

Kodifikation Einl vor 1 I B

Kombinierter Transport s Frachtgeschäft, Spedition

Kommanditgesellschaft Einl vor 105 3 C, 161–177a
- s auch Offene HdlGes (und die dort genannten anderen Stichwörter)
- Angaben auf Geschäftsbriefen 177 a
- Anmeldung zum HdlRegister 162, 175
- Anteilsübertragung 162 3, 172 3
- Aufrechnung 171 2 B
- Aufsichtsrat 164 2 B, **Anh** 177a III 2 B
- ausgeschiedener Kdist 171 3 C
- Begriff 161 1 B
- Beirat 164 2 B, **Anh** 177a III 2 B
- Bewertung 171 2 A
- Bestimmtheitsgrundsatz 161 1 C
- Bilanz 166 2
- Einlage 162 I, 171–175
- Einsicht 166
- Eintretender 173, 176 3
- Entnahme 169 1
- Firma 19 2, 22 2 C, 24
- Geschäftsführung 164
- GesVertrag 163
- Gewerbesteuer 171 1 C
- Gewinn 167, 168
- Gewinnentnahme 169 1, 172 2 C
- Gewinnrückzahlung 169 2
- GfterDarlehen 172a
- GmbH & Co (KG) **Anh** 177a
- Haftsumme 171 1 A, 172 1, 174, 175
- Haftung 171–176
- Haftung vor Eintragung 176
- HdlRegister 162, 172 1 A, B, 174–176
- Herabsetzung der Einlage 174
- „Herabstufung" 140 1 F
- Inhaltskontrolle **Anh** 177a VIII 3
- Jahresabschluß 164 1 B, 166 2
- Kapitalanteile 167, 168
- Kapitalaufbringungsprinzip 171 2
- „kapitalistische" 161 1 C, 163
- Kdtist 161 2 A, B
- Konkurs 161 2 B, 171 3, 177a
- Kontrollrecht 166
- phG 161 2 C
- Prokura 164 1 B, 170 2
- Prospekthaftung **Anh** 177a VIII 2
- PublikumsKG **Anh** 177a VIII
- Rechtsscheinhaftung 176 2 C

Sachverzeichnis

- Rechtsverhältnisse der Gfter untereinander **163**
- Rückzahlung **169** 2, **172** 2
- Schiedsgericht **Einl** vor **1** IV 3 A
- ,,Sonderrechtsnachfolge" **162** 3
- Tod **177**
- Übertragung des Anteils **172** 3
- Übertragung des HdlGeschäfts **22** 2 C
- Überwachung **166**
- Umwandlung **22** 2 C, **Einl** vor **105** 4
- Umwandlung phG-Kdtist **140** 1 F, **161** 2 D, **176** 2 B
- Verlust **167, 168**
- Vertrag **161** 3, **163**
- Vertragsänderung **161** 3 D, **Anh 177a** III 3
- Vertretung **164** 2 A, **170**
- Verwaltungsrat **Anh 177a** VIII 5 B
- vor Eintragung **176**
- Wettbewerbsverbot **165**
- wichtiger Grund **166** 3 B
- Widerspruch **164**

Kommanditgesellschaft auf Aktien Einl vor **105** 2 A

Kommission 1 II Nr 6, **84** 2 B, **383–406**
- Abtretung **392**
- ähnliche Geschäfte **406**
- Aufbewahrung **388** 2, **389**, **391** 2; **(13)** DepotG **29**
- Aufrechnung **392**
- Aufwendungen **396** 2
- Ausführungsanzeige **384** 2, 5, **405**; **(8)** AGB-Banken **29**
- Ausführungsgeschäft **383** 3, **392**
- Auskunft **384** 2, 3
- Banken **383** 1 B, D; **(8)** AGB-Banken **29**
- Beförderung **396** 2 B
- Befriedigungsrecht **398, 399**
- Beweissicherung **388** 1 B
- Bilanzrecht **242** 4 B
- Deckungsgeschäft **400** 2 B, **401** 1
- Deckungszusage **386** 2
- Delkredere **394**
- Dritter **384** 5
- Drittschadensliquidation **383** 3 H
- Eigengeschäft (des Kommissionärs) **383** 3 A; **(13)** DepotG **31**
- Eigentum **383** 3 D, F; **(13)** DepotG **18** 1, **24**
- Einkaufskommission **383** 3 D, E, **384** 4 C, **406 II**; **(13)** DepotG **18–31**
- Empfehlung **384** 1 B
- Forderungen aus dem Ausführungsgeschäft **392**
- Garantie (Preis) **384** 1 F
- Haftung **390, 394**
- Herausgabe **384** 4
- Hinterlegung **389**
- Interessenwahrung **384** 1, **400** 2
- internationaler Verkehr **383** 5
- Kommissionäre, Kommittent **84** 2 B, **383** 1
- Kommissionsagent **84** 2 B, **383** 1 B
- Kommissionsgut **399** 2 A
- Kommissionsvertrag **383** 2, **406**
- Konkurs **383** 2 E, F, **392** 2 D; **(13)** DepotG **32, 33, 37**
- Kosten **396** 2, **403** 2
- Kredit **393**
- Lagerung **396** 2 B
- Limit **386**
- Mängel **388, 391** 1
- Mitwirkungspflicht **384** 1 E
- Nachricht **384** 2, 3
- Nennung des Dritten **384** 5
- Notverkauf **388** 2, **389**, **391** 2
- Pfändung **392** 2 D
- Pfandrecht **397, 398, 404**; **(13)** DepotG **30**
- Pflichten **384, 387** 1, **388** 1, **391** 1
- Preis **384** 1 F, **385–387**, **400** 3
- Provision **394** 2, **396** 1, **403** 1; **(13)** DepotG **27**
- Rat **384** 1 B
- Rechenschaft **384** 2, 3
- Rechte gegen Frachtführer, Schiffer **388** 1 B
- Rügepflicht **391** 1
- Selbsteintritt **400–405**; **(13)** DepotG **31**
- Selbsthilfeverkauf **389**
- Strafbestimmungen **(13)** DepotG **34–37**
- Stückeverzeichnis **(13)** DepotG **18–28**
- Untersuchungspflicht **391** 1
- Verkaufskommission **383** 3 F, G, **406 II**
- Versicherung **390** 2
- Verwahrung **(13)** DepotG **29**
- Vorschuß **393, 396** 2 B
- vorteilhafter Abschluß **387**

Sachverzeichnis

- Wechselindossament **395**
- Weisungen **384** 1 A, **385–387**
- Wertpapiere **373** 1 D; **(13)** DepotG **18–31**
- Widerruf **383** 2 D, **405** 2
- Zurückbehaltung **398** 1; **(13)** DepotG **30**
- Zwischenkommissionär **384** 1 C

Kommissionsagent 84 2 B, **383** 1 B

Kommissionsklauseln 383 1 E

Kommunen
- Eintragung **36**

Konditionsgeschäft Überbl vor **373** 2 C

Konkretisierung 360 1 B

Konkurs s auch HdlVertreter, Kreditsicherung
- Antrag, Haftung **Einl** vor **1** II 3 D c
- Auflösung **131** 2 C, D, **138** 1
- Eintragung **15** 2 I, **32**
- Firma **17** 5 C, **22** 3 C
- Fortsetzung **138**, **144**
- Geschäftsfortführung **1** 3 A, **137**
- Haftung aus Konkursantrag **Einl** vor **1** II 3 D c
- Haftung der Bank **(7)** Bankgeschäfte IV 5
- Handlungsgehilfe **59** 6 B d, D b, E f, **74 b** 1, **75** 3 B
- Karenzentschädigung **74 b** 1
- KG **161** 2 C, **171** 3
- Kommissionär, Kommittent **383** 2 E, F, **392** 2 D; **(13)** DepotG **32, 33, 37**
- Nachlaß **131** 2 D, **139** 1 C, **234** 2 D
- OHG **124** 5 F, **209–212** KO, **128** 9
- statt Auseinandersetzung **145** 1 A, 2 D
- stille Ges **234** 2 D, **236, 237**
- Übernahme **141 II, 142 II**
- Unternehmen **Einl** vor **1** II 2 E
- Verschleppung **(7)** Bankgeschäfte IV 5 B

WPDepot **(13)** DepotG **32, 33, 37**

Konnossement s Akkreditiv (Dokumenten-), Orderpapier

Konsolidierung s Konzernabschluß

Konsortialgeschäft Einl vor **105** 3 A, **383** 4; **(7)** Bankgeschäfte VIII

Konto (Bank-, Gemeinschafts-, Giro-) **(7)** Bankgeschäfte II 2 A, III 1 A
- s auch Anderkonto

- Kapitalkonto (PersonenGes) **120** 3 D
- Kontoarten **(7)** Bankgeschäfte II 2 A
- Konto pro Diverse (cpd) **(7)** Bankgeschäfte II 2 A c, III 2 D, 3 B, 4 B, IV 2 A a

Kontokorrent (laufende Rechnung) **355–357**
- Abrede **355** 2 D
- automatische Saldierung **355** 3 B
- Bankkontokorrent **355** 3 C
- Bürgschaft **356** 1 A
- Ende **355** 7
- Gesamtschuldnerhaftung **356** 1 A
- Geschäftsverbindung **355** 2 C
- Girotagesguthaben **357** 4
- juristische Konstruktion **355** 3 A
- Kontokorrentfähigkeit **355** 4 A
- Kontokorrentgebundenheit **355** 4 B
- Kreditlinien **357** 4
- mehrerer **355** 4 C
- Periode **355** 2 E
- Pfand **356** 1 A
- Pfändung **357**
- Provisionen **355** 5 E
- Rückgriff auf Einzelposten **355** 3 F
- Saldoanerkenntnis **355** 3 D
- – anspruch **355** 3 E
- – pfändung **357**
- – verfügungen **355** 6
- Sicherheiten **356**
- Staffelkontokorrent **355** 3 B
- Umfang **355** 4
- uneigentliches **355** 2 B
- Verfügung über Saldo **355** 6
- Verjährung **355** 3 G
- Voraussetzungen **355** 2
- Wirkung **355** 3
- Zinsen **355** 5

Kontokorrentkredit (7) Bankgeschäfte IV 3 A

Kontrahierungszwang Einl vor **343** 4 B

Kontrollrechte (Gfter) **118, 166**
- HdlVertreter **87 c**

Konzentration 360 1 B

Konzern s Verbundene Unternehmen

Konzernabschluß s auch Abschlußprüfung, Bilanz, Handelsbücher, Jahresabschluß, Konzernanhang, Konzernlagebericht, Offenlegung

Sachverzeichnis

- Anschaffungskosten, konzerninterne **304** 1
- Anteile anderer Gesellschafter **307**
- anteilmäßige Konsolidierung **310**
- Anteilswertmethode **301** 4
- Anwendungsbereich **290** 1
- anzuwendende Vorschriften **298**
- assoziierte Unternehmen **311, 312**
- Aufwandkonsolidierung **305**
- Auskunftspflichten der Tochterunternehmen **294** 3
- befreiender **291, 292**
- Befreiung vom Konzernabschluß **291–293**
- Begriff **297** 1
- Beherrschungsvertrag **290** 3
- Beteiligung **271** 1, **285** 11, **312 bis 314**
- Beteiligungsliste **285** 11
- Bewertung, einheitliche **308, 309**
- Bilanzierungswahlrechte, Neuausübung **300** 2
- Buchwertmethode **301** 4, **312** 2
- Eigenkapitalmethode **312** 1
- Einbeziehungspflicht **294**
- Einbeziehungsverbot **295**
- Einbeziehungswahlrechte **296**
- einheitliche Leitung **290** 2, **296** 1, **310** 1
- Equitymethode **312** 1
- Erleichterungen **298**
- Erstkonsolidierung, erfolgswirksame **301, 307**
- Ertragskonsolidierung **305**
- Folgekonsolidierung **301** 1, 8, **307** 2, **312** 4, 6
- Frist **290** 2
- Gemeinschaftsunternehmen **310**
- Geschäftswert **301** 6, **309** 1
- Gewinn- und Verlustrechnung **297** 1
- größenabhängige Befreiung **293**
- Herstellungskosten, konzerninterne **304** 1
- Inhalt **297**
- Interessenzusammenführung **302**
- Kapitalanteilsmethode **312** 3
- Kapitalkonsolidierung **301**
- Konsolidierung **300**
- Konsolidierungskreis **294**
- Konsolidierungsmethoden **300** 1
- Kontrollrechtsstellung **290** 3, 4
- Konzernbilanz **297** 1

- Konzern-Gewinn- und Verlustrechnung **297** 1
- Konzernherstellungskosten **304** 1
- merger accounting **302** 1
- Minderheitenschutz **291** 3
- Mutterunternehmen **271** 2, **290** 2, 3
- Neuaufstellung **300** 2
- Neubewertungsmethode **301** 4
- Pflicht zur Aufstellung **290**
- pooling of interests-Methode **301** 1, **302**
- Quotenkonsolidierung **310**
- Schuldenkonsolidierung **303**
- Stetigkeit **297** 3, **313** 7
- Steuerabgrenzung **306**
- Stichtag **290** 2, **299**, **312** 9
- Stimmrechtsmehrheit **290** 5
- Teilkonsolidierung **291**
- Tochterunternehmen **290** 2, 3
- true and fair view **295, 297** 2, 3
- Übergangsrecht **Einl** vor **238** V 1 A, E; **(1)** EGHGB **23 II, 27**
- Unterschiedsbetrag **301, 309, 312** 2, 3, 4
- verbundene Unternehmen **271** 2
- Vollkonsolidierung **300** 1
- Vollständigkeit **300** 2
- Weltabschluß **294** 1
- Zwischenabschlüsse **299** 2, 3
- Zwischenergebnisse **304, 310** 2, **312** 8

Konzernanhang 313, 314
- s auch Anhang, Handelsbücher, Konzernabschluß
- Bestandteil des Konzernabschlusses **297** 1
- Pflicht zur Aufstellung **290, 297** 1
- Schutzklausel **313** 9
- Währungsumrechnung **313** 6

Konzernbilanz s Konzernabschluß

Konzern-Gewinn- und Verlustrechnung s Konzernabschluß

Konzernlagebericht 315
- s auch Abschlußprüfung, Handelsbücher, Jahresabschluß, Konzernabschluß, Konzernanhang, Offenlegung
- befreiender **291, 292**
- größenabhängige Befreiung **293**
- Minderheitenschutz **291** 3
- Pflicht zur Aufstellung **290, 297** 1

Konzessionär s Vertragshändler

Sachverzeichnis

Konzessionssystem Einl vor 105 1 C
Körperschaft s juristische Person
Kosten s Bewertung
„Kosten und Fracht" (6) Incoterms 5
„Kosten, Versicherung, Fracht" (6) Incoterms 6
Kraftverkehrsordnung s Güterkraftverkehr
Kreditauftrag 349 2 C, 351
Kreditauskunft (7) Bankgeschäfte I 5; (8) AGB-Banken 10
Krediteröffnungsvertrag (7) Bankgeschäfte IV 2
Kreditgeschäft (7) Bankgeschäfte IV, V
Kreditinstitute, Kreditwesen 1 8 D; (7) Bankgeschäfte I 2
– Bilanzrecht **Einl** vor 238 IV 6, V 2 C, **279** 1 B, **293** 2
Kreditkarte (7) Bankgeschäfte III 6 B
Kreditsicherung (7) Bankgeschäfte IV 6
Kreditvermittler 93 1 C c; (7) Bankgeschäfte V 1
Kreditversicherung 349 4 C
Kritik unter Gftern **109** 3 E
Kundenschutz
– HdlVertreter 87 3, 92 2 A
Kündigung (Handelsvertreter) 85 2, 89, 89a, 89b 4, 90a
Kündigung (Handlungsgehilfe) 59 9 C
– s auch Handlungsgehilfe: Anfechtung, Aushilfsarbeitsverhältnis, Ausland, Fürsorge, Krankheit, Mutterschutz, Rücktritt, Schwangerschaft, Schwerbehinderte, Unfall, Wehrdienst, Wettbewerbsverbot
– Abfindungsklauseln s Auseinandersetzung
– Abreden über Fristen und Termine 59 6 C b, c, D b
– Änderungskündigung 59 9 C
– Anfechtung 59 9 B
– Anlaßkündigung 63 3 B
– Arbeitsgericht 59 9 D
– Arbeitskampf 59 9 F
– Aufhebungsvertrag 59 9 G
– außerordentliche 59 5 A, B, 9, **75** 1
– bedingte 59 9 A, C
– befristetes Arbeitsverhältnis 59 9 A
– Begründung 59 9 C a
– Betriebsrat 59 9 C
– Buchwertklausel s Auseinandersetzung
– Erklärung 59 9 C
– Folgen 59 6 D c
– Form 59 9 C
– Frist 59 1 E, 9 A, C
– fristlose 59 9 C, 61 1
– Gründe 59 9 C
– Herabstufung 140 1 F
– Konkurs 59 9 C
– Kündigungsschutz 59 1 E, 9
– Massenentlassung 59 9 D e
– Mutterschutzgesetz 59 9 E
– ordentliche 59 9 A, C, D, **75** 2
– Probearbeitsverhältnis 59 9 C
– Schadensersatz 59 9 C, 61 2
– Schwerbehinderte 59 9 E, G
– Sozialwidrigkeit 59 9 D, 1 KSchG
– Teilkündigung 59 9 C
– Unwirksamkeit 59 9 D
– Verfolgte 59 6 D g
– Wehrdienst 59 9 E
– Wettbewerbsverbot 60 1 B, **75**
– wichtiger Grund 59 9 C
Kündigung (OHG) 131 **Nr 6**, 132, 134 1, 135, 138
– s auch Ausscheiden, Auflösung
– fortgesetzte Ges **134**, 141
– Frist 132 2 A
– Ges auf Lebenszeit **134**
– Hinauskündigen **140** 1 B
– Mißbrauch **133** 2 D
– Privatgläubiger **135**
– Schadensersatz **133** 2 C
– Termin 132 2 A
– Vereinbarung 132 3
Kunsthandel 1 II Nr 8
Kursmakler s Börse
Kurssicherung s Börse
Kurzarbeit s Handlungsgehilfe
Kurzbezeichnung s Kennzeichnung
Kux s Bankgeschäfte – WP
KVO (23)
– s auch Güterkraftverkehr

Ladeschein
– Frachtgeschäft, Orderpapier
Lagebericht 289
– s auch Abschlußprüfung, Handels-

Sachverzeichnis

bücher, Jahresabschluß, Konzernlagebericht, Offenlegung
- Entwicklungsprognose 289 2
- Genossenschaften 336
- Pflicht zur Aufstellung 264

Lager („ab Lager") 346 5

Lagerempfangsschein (19) ADSp 48 A, B

Lagergeld s Lagerhalter
- s auch Aufbewahrung

Lagergeschäft, Lagerhalter 1 II Nr 6, 416–424; **(19)** ADSp 43–49; **(21)** OLSchVO
- s auch Eisenbahn, Lagerschein, Spedition
- Anzeigepflicht **(21)** OLSchVO 18
- Aufwendungsersatz 420 2, 3; **(21)** OLSchVO 21 II, III
- Auslieferung **(21)** OLSchVO 26, 31
- Begriff 416 1
- Besichtigung 418; **(21)** OLSchVO 17 I
- Drittschadensliquidation 416 3 E
- Durchhandeln 424 1 E
- Erfüllungsort 416 3 C
- Fehler 417 1 C
- Freistellungsschein 424 1 E
- Geschäftsführung ohne Auftrag 417 1 F
- Gewichtsverlust 419 2 D; **(21)** OLSchVO 23 IV, 32
- „Güter" 416 1 A
- Haftung 417 1, 3; **(21)** OLSchVO 19
- Lagergeld 420 1, 3; **(21)** OLSchVO 21 I, III
- Lagerordnung **(21)** OLSchVO 2 II Nr 6; 5, 6, 7 III, 8 II, 14
- Lagerzeit 422; **(21)** OLSchVO 24
- Lieferschein 424 1 E
- Mischlagerung **(21)** OLSchVO 23
- Mitteilungspflicht 417 1 C
- Notrechte 417 2; **(21)** OLSchVO 25
- Pfandrecht 421; **(21)** OLSchVO 22 I–IV
- Pflichten 417
- Probenahme **(21)** OLSchVO 17 II
- Rechte 417
- Rücknahme des Guts 422
- Sammellagerung 419; **(21)** OLSchVO 28–32
- Traditionspapiere 424 3
- Verjährung 423; **(21)** OLSchVO 27
- Versicherung 417 1 E; **(21)** OLSchVO 20
- Vertrag 416 3
- Zurückbehaltungsrecht 421; **(21)** OLSchVO 22 V

Lagerschein 424; **(21)** OLSchVO 33–42
- s auch Inhaber-, Namens-, Orderlagerscheine, Orderpapiere

Länder
- Arbeitsrecht 59 1 D
- Eintragung 36
- Landesrecht **Einl** vor 1 I 3 A, B, E, 263; **(1)** EGHGB 3, 15, 18

Landwirtschaft 3
- HdlKlassen **Überbl** vor 373 4

Landwirtschaftskammer Einl vor 1 I 3 E; **(3)** FGG 126 1

Lastschrift (7) Bankgeschäfte III A; **(10)** Lastschriftverkehr

Laufende Rechnung s Kontokorrent

Leasing (7) Bankgeschäfte XII
- Bilanzierung 242 4 B, 255 1 E, 285 3

Lehrling 59 3 A

Leibrente 350 1 B

Leichen s Güterkraftverkehr

Leistungszeit 358, 359

letter of intent Einl vor 343 3 A, 349 4 E

„Leute", Bedienstete s Haftung

Liefermöglichkeit 346 5

Lieferschein 424 1 E

„Lieferung vorbehalten" 346 5

Lieferzeit 346 5

Liquidation, Liquidator (OHG) 145–158, s auch Auflösung
- Abberufung 147
- andere Art der Auseinandersetzung 145 2, 158
- Anmeldung 148, 157
- Anspruch gegen Liquidator 149 2, 150 1 C
- Anwendbarkeit OHG-Recht 156
- Aufgaben 149 2
- Auftrag 149 1
- Ausschluß 145 2, 158
- Begriff 145 1
- Bilanz 154
- Bücher 157
- Firma 153, 157

1577

Sachverzeichnis

- geborene Liquidatoren **146** 2
- gekorene Liquidatoren **146** 3
- gerichtliche Berufung **146** 4
- Geschäftsverkauf **149** 2 C
- gesetzliche Berufung **146** 1, 2
- HdlRegister **148, 157**
- mehrere Liquidatoren **150** 1
- Nachschüsse **155** 1 C
- neue Geschäfte **149** 2 E
- Niederlegung **147**
- Pflichten **149**
- Prozeß **149** 3 B
- Rechte **149**
- Rechtsverhältnis der Gfter **156**
- Rückgabe **155** 2
- Tod **147**
- Unterschrift **153**
- Vergütung **149** 1
- Vermögensverteilung **155**
- Verteilung des Vermögens **155**
- vertragliche Berufung **146** 3
- Vertretungsmacht **149** 3, **150** 2, **151**
- Weisungen **152**
- Wirkung **145** 1 D, E

Liquidationsvergleich (mit Gläubigern) **145** 2 C
Lizenzvertrag Überbl vor **373** 1 A
Löschung s Handelsregister
Lombard (7) Bankgeschäfte IV 3
Luftverkehr 425 1 B; (6) Incoterms **11**
- s auch Eisenbahn, Frachtgeschäft

Makler s HdlMakler
Mängel s Kauf
Manko s Gewicht
Mankohaftung s Handlungsgehilfe
Mantelkauf 23 1, **Anh 177a** II 1 C
Mantelzession s Bankgeschäfte
Marktpreis s Bewertung
Maße 361
MassenKG s PublikumsGes
Maßgeblichkeitsgrundsatz s Bilanz
Mehrarbeit s Handlungsgehilfe
Mehrwertsteuer Überbl vor **373** 1 D
memorandum of understanding Einl vor **343** 3 A
Metageschäft 230 2, **383** 4 C; vgl **93** 4 E
Miete Überbl vor **373** 1 A
- s auch Pacht
- Form **350** 1 B

Minderjährige s Geschäftsfähigkeit
Minderkaufmann s Kaufmann
Mißbrauch s HdlVollmacht, Prokura, Vertretung
Mithaftung 349 4 A
Mittlerer Art und Güte 360 2
Möbelfernverkehr s Güterkraftverkehr
Möbeltransport s Spedition
Monopol s Wettbewerb
Multimodaler Transport s Frachtgeschäft, Spedition
Mutterschutz s Handlungsgehilfe
Mutterunternehmen 271, 290, s auch Konzernabschluß

„nach" (11) ERA **51**
Nachfolgevermerk s HdlGeschäft
Nachlaßverwalter s auch Testamentsvollstrecker
- GesKündigung **135** 1 B
„**Nachnahme**" **346** 5
nachrangige Hafteinlagen 236 1 A
Nachricht
- Handelsvertreter **86** 2 D, **86a** 2
- Handlungsgehilfe **59** 7 E
Nachschüsse s Bilanz, offene HdlGes
Name
- Änderung **21**
- Ausländer **17** 7 A
- in Firma **18** I, **19** 1
- MinderKfm **4** 2 B
- Mißbrauch **17** 4 A
- Namensrecht **17** 4 A c
- Schutz **17** 4 A c
Namenslagerschein 424 1 D , 3 D; (19) ADSp **48**
Nebengewerbe 3
Nebentätigkeit s Handlungsgehilfe
Negativklausel s Bankgeschäfte
netto (Gewicht) **380**
„**Netto Kasse**" **346** 5
Neuverhandlungspflicht Einl vor **343** 6 C
Niederlande Einl vor **1** I 4 C
Niederlassung 13 1 A, B, **29**
- s auch Zweigniederlassung
- Verlegung **Einl** vor **1** II 1 C, **13c**
Nießbrauch s Anteil, Handelsgeschäft, Pacht
NIF s Bankgeschäfte
Normativbestimmungen Einl vor **105** 1 C

Sachverzeichnis

Norwegen s Skandinavien

Offene Handelsgesellschaft Einl vor **105** 3 B, **105–160**
- s auch Anteil, Auflösung, Auseinandersetzung, Auslegung, Ausscheiden, Ausschließung, Eintritt, Firma, Geschäftsführung, Gesellschafter, Gewinn, Haftung, HandelsGes, Handelsgewerbe, Konto, Kündigung, Liquidation, PersonenGes, Rechtskraft, Schulden, Verbundene Unternehmen, Vererbung, Vermögen, Vertretung
- Abfindung **138** 5
- Abspaltungsverbot **119** 2 E
- actio pro socio **124** 6 E
- Angaben auf Geschäftsbriefen **125 a**
- Anfechtung **105** 8 A, **133** 1 B
- Anmeldung zum HdlRegister **106–108**
- Aufsichtsrat **114** 2 G
- Aufwendungsersatz **110**
- Auslegung **105** 2 K
- außergewöhnliche Geschäfte **116** 1 B
- Beginn der Wirkung **123** 2–5
- Beirat **114** 2 G
- Beiträge **109** 4
- Beitritt **24 I, 105** 7
- Beschlußfassung **119**
- Bestimmtheitsgrundsatz **119** 2 B, **161** 1 C
- Bilanz **120** 1
- Buchwertklauseln **138** 5 J
- Bürgschaft **128** 1 F
- corporate opportunity **114** 3 D
- Deliktsfähigkeit **124** 3 B
- Drittorganschaft **114** 2 A, **125** 1 C
- Eintritt **105** 7 B, 8, **130;** s auch Vererbung
- Einlage **109** 4, **111, 120** 3 C, **121** 1 B
- Enteignung **128** 1 D, **131** 1 D
- Entzug erworbener Rechte **119** 2 B
- Erwerbschancen **114** 3 D
- fehlerhafte (faktische) Ges **105** 8
- Firma **19** 1, **22** 2 C, **24**
- gemeinsamer Zweck **105** 2 D
- gerichtliche Entscheidung **117, 127, 133, 140, 142**
- Geschäftsbeginn **123** 4
- Gesellschafterbeschlüsse **119**
- Gesellschaftsvertrag **105** 2, **109**
- Gleichbehandlung **109** 3 B, **119** 2 B
- Grundlagengeschäfte **116** 1 C
- HdlRegister **106–108, 123 I, 125 IV, 143, 144 II, 148**
- Handlungsfähigkeit **124** 4
- Interessenkonflikt **114** 3 D, **119** 1 D; s auch Wettbewerbsverbot
- Kernbereichslehre **119** 2 B
- Konkurs **124** 5 F, **130a, 130b, 131** 2 C, **144**
- Kontrollrecht **118**
- Mehrheitsbeschlüsse **119** 2
- Minderheitenschutz **119** 2 B
- Nachschüsse **109** 4 E
- Naturalteilung **145** 2 C
- Prozeß **124** 5
- Rechtsfähigkeit **124**
- Rechtsverhältnis zu Dritten **123**
- Rücktritt **105** 2 F, **133** 1 B
- ScheinGes s faktische Ges
- Schiedsgericht **Einl** vor **1** IV 3 A, **117** 4 B
- Selbstkontraktion **119** 2 C
- Selbstorganschaft **114** 2 A, **125** 1 C
- Sitz **105** 6
- Stimmbindung **119** 2 G
- Stimmrecht **119** 2
- Treuepflicht s Gesellschaften
- Typenverfehlung **109** 2 B
- Übernahme **142, 145** 2 C
- Übertragung des HdlGeschäfts **22** 2 C
- Überschuldung **130a**
- Umwandlung **24** 2 B, C, **Einl** vor **105** 4, **145** 1 A
- Verbindlichkeiten **124** 3
- Vergleichsverfahren s Konkurs
- Vertrag **105** 2, **109** 2–5
- Vertragsänderung **105** 2 G, **119** 2 B, **126** 1 C
- Verwaltungsrat **114** 2 G
- VorGes (VorGmbH ua) **105** 2 C
- Vorvertrag **105** 2 H
- Wettbewerbsverbot **112, 113**
- Zahlungsunfähigkeit **130a**
- Zwangsvollstreckung **124** 5

Offenlegung 325–329
- s auch Abschlußprüfung, Handelsbücher, Jahresabschluß
- Art **325** 1, 2, **328**
- Frist **325** 1, 4
- Gegenstand **325** 1
- Genossenschaften **339**

1579

Sachverzeichnis

- größenabhängige Erleichterungen **326, 327**
- Inhalt **328**
- Konzernabschluß **325** 3
- Prüfungspflicht des Registergerichts **329**
- teilweise Offenlegung **328**
- Veröffentlichung **325** 1, **328**
- Vervielfältigung **325** 1, **328**

Öffentliches Recht s auch Gewerbe
- Banken, Sparkassen **(13)** DepotG **41**
- Handelsrecht **Einl** vor **1** I
- juristische Person **1** 7, **8** C, D, **36**
- KfmEigenschaft **7**
- Verhaltenspflichten **125** 1 G

„Ohne Obligo" **346** 5
- s auch „freibleibend"

„Ohne Verladung'- **(6)** Incoterms **6** 2

„Option" **346** 5
- s auch Börse

„Order" **346** 5

Orderlagerschein 363 II, **424**; **(19)** ADSp **48** A, E; **(21)** OLSchVO
- s auch Orderpapiere
- Ausstellung **(21)** OLSchVO **33**
- Befristung **(21)** OLSchVO **35**
- Beleihungsverbot **(21)** OLSchVO **12**
- Bezeichnung **(21)** OLSchVO **36**
- Ermächtigung **(21)** OLSchVO **1–13**
- Ersatzschein **(21)** OLSchVO **33** 2
- Form **(21)** OLSchVO **39**
- Haftung **(21)** OLSchVO **40**
- Inhalt **(21)** OLSchVO **38**
- Kraftloserklärung **(21)** OLSchVO **42**
- Pfandschein **(21)** OLSchVO **33** 2
- Register **(21)** OLSchVO **37**
- Teilschein **(21)** OLSchVO **34**
- Übergabewirkung **424** 3

Orderpapiere 363–365
- s auch Lagerschein, Ladeschein
- Abtretung **364** 1 B
- Anwendung des Wechselrechts **365**
- Aufgebot **365** 5
- Aushändigung **364** 3
- Begriff **363** 1 A
- Einwendungsausschluß **364** 2
- FCR **363** 1 B
- forwarders receipt **363** 1 B
- „geborene" **363** 1 A
- gewillkürte, gekorene **363** 1 A
- Indossament **364, 365**
- kfm Anweisung **363** 1 B, 2 A
- kfm Verpflichtungsschein **363** 1 B, 2 B
- Konnossement **363** 1 B, 3
- Ladeschein **363** 3
- Lagerschein **363** 3
- Orderklausel **363** 1 A
- Quittung **364** 3
- Schuldverschreibung **363** 2 B
- Traditionspapiere **363** 4, **424** 3, **450**
- Transportversicherungspolice **363** 3
- Wechsel mit Formfehler **363** 2 A
- Wertpapiere des Fracht- und Lagerrechts **363** 3

Ordnungsstrafe s Strafe
Organhaftung 124 3 B
Organisationsmangel 124 3 B
Österreich
- Geltung des HGB **Einl** vor **1** I 4 C
- Hauptniederlassung **13** 4

Pacht, Nießbrauch
- s auch Betriebsaufspaltung, Nießbrauch
- Abgrenzung zum Kauf **Überbl** vor **373** 1 A
- Firma **17** 5 B, **22** II
- GesAnteil **124** 2 D
- HdlGeschäft **Einl** vor **1** II 2 C, **1** 3 A, **22**

Paletten 380 2
Partei kraft Amtes s Vertretung
partiarisch s Darlehen, Handlungsgehilfe
Patronatserklärung 349 4 E
- Bilanzrecht **251**

Patent s gewerbliches Schutzrecht
Pauschalierung s Schadensersatz
Pensionsgeschäft (7) Bankgeschäfte VI 3 B
Pensionsverpflichtungen s Rückstellungen
Personalkredit (7) Bankgeschäfte V 4
Personengesellschaften 105–177a
- s auch HdlGes, KommanditGes, Offene HdlGes
- Begriff **Einl** vor **105** 3
- Einteilung **Einl** vor **105** 2

Sachverzeichnis

- Fusionskontrolle **Einl** vor 105 5 C
- Internationales Privatrecht **Einl** vor **105** 7
- Übergang (von vor 1900) **Einl** vor **105** 6
- Umwandlung **105** 4, **131** 1 B

Persönlichkeitsrecht Einl vor **1** II 3 C b

Pfandrecht s auch Frachtgeschäft, gutgläubiger Erwerb, Kommission, Lagergeschäft, Pfandverkauf, Spedition
- Banken **(8)** AGB-Banken **19**

Pfändung
- Girotagesguthaben **357** 4
- Handlungsgehilfe **59** 6 D
- Kontokorrent **357**
- Kreditlinie **357** 4

Pfandverkauf 368

Pfleger in OHG, KG **105** 1 B, G

Pflichtteil s Erbe

„P. O. D." 346 5

Pool s **(7)** Bankgeschäft IV 6 A

Post 1 7, **452**
- s Frachtgeschäft, Güterkraftverkehr
- Euroscheckkarte **(7)** Bankgeschäfte III 6 A
- Postscheckverkehr **(7)** Bankgeschäfte III 7
- Postsparverkehr **(7)** Bankgeschäfte II 4

Preis s Bewertung, Börse

Preisangaben (7) Bankgeschäfte IV 2 A b

„Preis freibleibend" 346 5

Preisrecht Überbl vor **373** 1 C

Preisvorbehalt 346 5

Presse Recht zur Kritik **Einl** vor **1** II 3 D a

Prinzipal s Arbeitgeber

Prioritätsprinzip s Firma

Privatautonomie s Vertragsfreiheit

pro Diverse s Konto

Prokura 4 I, 48–53
- Anmeldung **53**
- Beschränkung **50**
- Betriebsübergang **52** 3 B
- Eintragung **53 I, III**
- Erlöschen **52 III**
- Erteilung, Voraussetzungen **48** 1, **116** 3 A
- gemischte Gesamtvertretung **50** 1 E
- Gesamtprokura **48** 2, **52** 3 B
- Grundstücksgeschäfte **49** 2
- internationaler Verkehr **Überbl** vor **48** 5
- Mißbrauch **50** 3, **126** 4
- Selbstkontraktieren **49** 1 B
- Titularprokura **170** 2 B
- Tod des Inhabers **52**
- Übertragung **52**
- Umfang **49, 50**
- Unterschrift **48** 1 C, **51, 53** II
- Widerruf **52, 116** 3 B
- Zeichnung **51, 53** II
- Zweigniederlassung **50 III**

Prospekthaftung Anh 177a VIII 2 C, **347** 3, 4; **(14)** BörsG **45–49**

Prospektprüfung 347 4 A

Provision s auch Handlungsgehilfe, HdlVertreter
- allgemeine Provisionspflicht **354** 1

Prozeß, Legitimation
- OHG **124** 1 H, 5, 6 H, **128** 8

Prüfung
- s auch Abschlußprüfung, Kontrollrechte
- Aufsichtsrat **(2)** AktG **170, 171**
- Registergericht s Handelsregister

Publikumsgesellschaft Anh 177a VIII
- s auch GmbH & Co, Kommandit-Ges (und die dort genannten anderen Stichwörter), Prospekthaftung
- arglistige Täuschung **Anh 177a** VIII 2 B
- Auflösung **Anh 177a** VIII 7 A
- Aufnahmeverträge **Anh 177a** VIII 2 A
- Aufsichtsorgane **Anh 177a** VIII 5 B
- Auslegung **Anh 177a** VIII 3 A
- Ausscheiden **Anh 177a** VIII 7 B
- Begriff **Anh 177a** VIII 1 A
- Beirat **Anh 177a** VIII 5 B
- Beitritt unter Bedingung **Anh 177a** VIII 4
- Bestimmtheitsgrundsatz **Anh 177a** VIII 3 C
- Bürgschaft **Anh 177a** VIII 4
- Darlehen **Anh 177a** VIII 4
- Errichtung **Anh 177a** VIII 2 A
- Formbedürftigkeit **Anh 177a** VIII 3 A
- GesVertrag **Anh 177a** VIII 3 A

1581

Sachverzeichnis

- GmbHGeschäftsführer **Anh 177a** VIII 5 A
- Inhaltskontrolle **Anh 177a** VIII 3 B
- Interessenkonflikte **Anh 177a** VIII 5 B, C
- Kapitalmarktrecht **Anh 177a** VIII 8 A
- Kontrollrecht **Anh 177a** VIII 4
- Kündigung **Anh 177a** VIII 2 B
- Liquidation **Anh 177a** VIII 7 C
- Massenaustritt **Anh 177a** VIII 7 A
- Mehrheitsbeschluß **Anh 177a** VIII 3 C
- Mitteilung der Namen der MitGfter **Anh 177a** VIII 4
- Nachschußklausel **Anh 177a** VIII 4
- negatives Kapitalkonto **Anh 177a** VIII 8 B
- Pflichten des Kdtisten **Anh 177a** VIII 4
- Rechte der Kdtisten **Anh 177a** VIII 4
- Schiedsklauseln **Anh 177a** VIII 3 A
- Sittenwidrigkeit **Anh 177a** VIII 4
- Sonderprüfung **Anh 177a** VIII 4
- Sonderrecht **Anh 177a** VIII 1 B
- Steuerrecht **Anh 177a** VIII 8
- stille Beteiligung **Anh 177a** VIII 4
- Treuhänder **Anh 177a** VIII 1 A, 2 C, 5 C
- Vertragsänderung **Anh 177a** VIII 3 C
- Verwaltungsrat **Anh 177a** VIII 5 B

Publizitätsgesetz Einl vor 238 IV 4

Qualitätszertifikat 346 5
Quittung s auch Orderpapiere
- Einzugsverfahren **(7)** Bankgeschäfte III A

Quotenkonsolidierung s Konzernabschluß

Rat 347 3, 4
- s auch Haftung
- Banken **(7)** Bankgeschäfte I 6; **(8)** AGB-Banken **10**

Rechenschaft, Rechnungslegung
- Handlungsgehilfe **59** 7 E
- wegen Firma **17** 4 Hh

Rechnung, laufende s Kontokorrent
- (Faktura) **346** 3 A, 4 E

Rechnungsabgrenzungsposten s Bilanz

Rechnungsabschluß (5) AGBG **10** 6; **(8)** AGB-Banken **1** 2, **15** 3
Rechnungswesen, s HdlBücher, Publizitätsgesetz
Rechtsangleichung s Rechtsvereinheitlichung
Rechtsanwälte 1 1 C
- Anderkonto **(9)** AGB-Anderkonten
Rechtsformzwang Einl vor **105** 1 D
Rechtsgeschichte Einl vor **1** I 2
Rechtskraft
- Gfter/Ges **124** 6 H
Rechtspfleger Einl vor **1** IV 1
Rechtsquellen Einl vor **1** I 3
Rechtsschein
- s auch Vertrauen
- HdlRegister **15** 1 B, 4 B
- KG **176** 2 C
- Rechtsscheinhaftung **5** 2, **15** 4 B
- ScheinGfter **128** 1 C
- ScheinKfm **5** 1
Rechtsvereinheitlichung Einl vor **1** I 4 D
- s auch Europäische Gemeinschaft
Refaktie 380 II
Reformen s Änderungen
Register s HdlRegister
Reichsbahn 453 1 B
- s auch Bundesbahn
Reichsschatzanweisung, -schuldbuchforderung (13) DepotG **1** 1 B
Reisende s Handlungsgehilfe, HdlVollmacht
Reisescheck (7) Bankgeschäfte III 6 C
Rembours (11) ERA **21**
Remboursgeschäft (7) Bankgeschäfte IV 4 B
Rentenverpflichtungen s Bewertung
Reuegeld 348 3 B
revolvierender Kredit s Bankgeschäfte
Richterrecht 59 1 B
RICo s Eisenbahn
RID s Eisenbahn
RIEX s Eisenbahn
RIP s Eisenbahn
Rückerstattung
- HdlGeschäft **Einl** vor **1** II 2 E

Sachverzeichnis

Rücklagen s auch Gewinn, Handelsbücher, Rückstellungen
- für eigene Anteile 272 4
- gesetzliche (2) AktG 150
- Gewinnrücklagen 270 2, 272 3
- Kapitalrücklagen 270 1, 272 2
- OHG 121 4
- Sonderposten mit Rücklageanteil 247 3, 270 1, 273, 281
- stille Reserven 243 1 B, 253 5, 279–281

Rückstellungen s auch Handelsbücher, Rücklagen
- Abraumbeseitigung 249 5
- Anhang 285 12, 288, 327 2
- Ansatz 253 2 C
- Arten 249 1
- Auflösungsverbot 249 8 B
- Aufwandrückstellungen 249 7
- drohende Verluste 249 4
- Gewährleistungen 249 6
- Großreparaturen 249 7 B
- Instandhaltung 249 5
- OHG 121 4
- Passivierungswahlrecht **Einl** vor 238 V 1 F
- Pensionsverpflichtungen **Einl** vor 238 V 1 F, 249 3, 251 1 B
- Steuerabgrenzung 274
- Steuerbilanz 249 3 A
- ungewisse Verbindlichkeiten 249 2
- Übergangsrecht **Einl** vor 238 V 1 F, 249 3 B
- Verbot sonstiger Rückstellungen 249 8
- Zweck 249 1

Rücktritt s Frachtgeschäft, Handlungsgehilfe, OHG, Stille Ges, Wettbewerbsverbot

Rüge (bei Mängeln) s Kauf, Kommission

RUF s Bankgeschäfte
RVS (20) SVS/RVS

Saarland 17 7 A
Saatgut Überbl vor **373** 4 B
Sachwalterhaftung Überbl vor **48** 4
Safe s Verwahrung
Saldo s Kontokorrent
Sammelbank, -verwahrung s Verwahrung
Sanierungskredite 172a 4

Schadensersatz s auch HdlVertreter, Kündigung (OHG)
- Berechnung abstrakt, konkret **376** 2 B
- Handlungsgehilfe **59** 5 A, **61 I, 61** 2
- OHG **113 I**
- pauschaliert **348** 3 D; (5) AGBG **11** 5
- wegen Firma **17** 4 Hf, **37** 2 D
- wegen HdlGeschäft **Einl** vor **1** II 3

Scheck s auch Bankgeschäfte, Kontokorrent
- Bilanz **251**
- Bürgschaft **349** 4 D
- Scheckgeschäft (7) Bankgeschäfte III 5

Scheckabkommen (7) Bankgeschäfte III 5 E

Scheckauskunft (7) Bankgeschäfte III 5 F

Scheckbestätigung (7) Bankgeschäfte III 5 F

Scheckeinlösungsbestätigung (7) Bankgeschäfte III 5 F

Scheckeinlösungszusage (7) Bankgeschäfte III 5 F

Scheckinkasso (7) Bankgeschäfte III 5 E

Scheckkarte (7) Bankgeschäfte III 6 A

Schecksperre (7) Bankgeschäfte III 5 C

Scheck-Wechselverfahren (7) Bankgeschäfte VI 1

Schein s Rechtsschein
Schenkung
- Form **350** 1 B
- Handelsgeschäft **Einl** vor **1** II 2 B

Schiedsgerichtsbarkeit Einl vor **1** IV 3
- s auch Internationale Handelskammer
- Anerkennung **Einl** vor **1** IV 3 A, C
- Arbitrage **346** 5
- GfterAusschließung **140** 1 B, 3 C
- internationale Schiedsgerichtsbarkeit **Einl** vor **1** IV 3 C
- persönliche Haftung **128** 8 F
- Schiedsvertrag **Einl** vor **1** IV.3 A

Schiedsgutachten Einl vor **1** IV 3 B, **138** 5 F

Schiffahrtsvertreter s HdlVertreter
Schleppschiffahrt 1 II Nr 5, **425** 1 C

Sachverzeichnis

Schrankfach s Verwahrung
Schriftform s Formvorschriften
Schufa-Klausel s Bankgeschäfte
Schulden (OHG) **124**
- s auch Bilanz, Haftung
- actio pro socio **124** 6 E, F
- GfterForderung an Dritten **124** 6 G
- Ges/Gfter, Gfter/Ges **124** 6 B–F
- „Sozialansprüche", „Sozialverpflichtungen" **124** 6 B

Schuldschein 344 II
Schuldscheindarlehen (7) Bankgeschäfte IV 3 D
Schuldübernahme 26 1 A, **349** 4 B
Schuldverschreibung s Orderpapiere
Schuldversprechen, -anerkenntnis
- abstrakter Vertrag **350** 2 A
- Form **350** 2 A, 3
- MinderKfm **351**
- negatives Schuldanerkenntnis **350** 2 C

Schutzrechtsverwarnung Einl vor **1 II** 3 D b
Schweden s Skandinavien
Schweigen 346 4, **362**
- s auch Bestätigung, Rechtsschein
- Anfechtung **346** 3 D, 4 B, **362** 3 B
- auf Annahme mit Abweichungen **346** 4 D
- auf Bestätigungsschreiben **346** 3, 4 A
- auf Rechnungsabschluß **346** 4 G
- auf Vertragsangebot **346** 4 F, **362**
- Auslegung **346** 4 C
- Geschäftsbesorgung **362**
- internationaler Verkehr **346** 3 E, 4 H
- Kommissionsvertrag **383** 2 B
- Widerspruch **346** 3 C c, 4 D

Schweiz Einl vor **1** I 4 C
Schwerbehinderte s Handlungsgehilfe
Seehandel 474
Seeschiffahrt 1 II Nr 5, 425 1 B, **474**
Selbstbelieferungsvorbehalt 346 5
Selbsteintritt s auch Kommission, Spedition
- Banken (8) AGB-Banken 29

Selbsthilfeverkauf 373 3, 4
Selbstkontrahieren 49 1 B, **105** 2 G, **119** 3 C, **161** 3 D, **Anh 177a** VIII 3 C

„Selbstlieferung vorbehalten" **346** 5
Selbstorganschaft s OHG
Sicherheiten s Kreditsicherung, Pfandrecht
Sicherungsklauseln (7) Bankgeschäfte V 6 C
Sittenwidrigkeit Einl vor **343** 6
- Betrieb **1** 1 E, **74a** 3
- Darlehen (7) Bankgeschäfte IV 2 B

Sitz, Sitzverlegung 13 c, **105** 6
- Doppelsitz **15** 5

Skandinavien Einl vor **1** I 4 C
„shipper's load and count" (11) ERA **32**
Skonto 346 5
Skontration s Bankgeschäfte
Sonderposten mit Rücklageanteil s Rücklagen
Sonderprivatrecht Einl vor **1** I 1 A
Sonntag (11) ERA **48**
Sorgfaltspflicht 347
- s auch Haftung
- außervertragliche **347** 1 B
- Beispiele **347** 1 A
- Bestimmung **347** 1 A
- Beweislast **347** 1 D
- grobe Fahrlässigkeit **347** 2 A
- Maßstab **347** 1 A
- wie in eigenen Dingen **347** 2 A

Sorten s Bankgeschäfte (WP), Saatgut
„so schnell wie möglich" **346** 5
Sozialbilanz s Bilanz
Sozialversicherung s Handlungsgehilfe
Spaltung Einl vor **105** 4 A
Spedition, Spediteur **1 II Nr 6, 407–415;** (19) ADSp
- s auch Güterkraftverkehr
- Abfertigung (22) GüKG **33–36**
- Ablieferung (19) ADSp **33, 34**
- Abtragung (19) ADSp **53**
- Abtretung der Ansprüche gegen Dritte (19) ADSp **52**
- Adresse des Auftraggebers (19) ADSp **2**
- Angebote des Spediteurs (19) ADSp **4**
- Annahmeverweigerung (19) ADSp **22**
- Anspruchsübergang (19) ADSp **3**

Sachverzeichnis

- anwendbares Recht **(19)** ADSp **65**, s auch internationaler Verkehr
- Aufbewahrung **(19)** ADSp **49**
- Aufrechnung **414** 3; **(19)** ADSp **32**
- Aufwendungsersatz **409** 2; **(19)** ADSp **20**
- ausländischer Auftraggeber **(19)** ADSp **Einl** vor **1** 2 A, s auch internationaler Verkehr
- Auslegung **(19)** ADSp **Einl** vor **1** 3
- Bahnspedition **407** 1 B
- Begriff **407** 1 A
- Bereitstellung **(19)** ADSp **53**
- Berufung auf ADSp **(19)** ADSp **41**
- besondere Gefahren **(19)** ADSp **57**
- Beweislast **(19)** ADSp **6**
- Beweissicherung **414** 3
- Binnenschiffahrtsspedition **(19)** ADSp **57**
- BSL s **(19)** ADSp **Einl 1** vor **1**
- Empfangsbescheinigung **(19)** ADSp **7**
- Empfangsermächtigung **(19)** ADSp **36**
- Empfangsspedition **408** 1 B
- Entziehung des Auftrages **(19)** ADSp **21**
- Erfüllungsort **(19)** ADSp **65**
- Ermessen **(19)** ADSp **13**
- Fälligkeit **(19)** ADSp **29**
- feste Spesen **413** 1
- FIATA s **(19)** ADSp **Einl 1** vor **1**
- fixe Kosten **413** 1
- Frachtberechnung **408** 2, **413** 2 B; **(19)** ADSp **14**
- Frachtführung **429** 1 A
- Frachtpapiere **(19)** ADSp **15**
- Fristen **(19)** ADSp **17**
- für Rechnung eines Dritten **(19)** ADSp **12**
- gefährliche Güter **(19)** ADSp **5**
- Gelegenheitsspediteur **407** 1 A, **415**
- Geltungsbereich der ADSp **(19)** ADSp **2**
- Gerichtsstand **(19)** ADSp **65**
- Haftung **408** 1 C, D; **(19)** ADSp **41, 51–63**
- Hindernisse **(19)** ADSp **18, 19**
- Höchstgrenzen der Haftung **(19)** ADSp **54**
- hochwertige Güter **(19)** ADSp **56**
- Inhaltsangabe **(19)** ADSp **8**
- Inhaltskontrolle **(19)** ADSp **Einl** vor **1** 2 D
- Interessenwahrung **408** 1 A; **(19)** ADSp **1**
- internationaler Verkehr **407** 3, **412** 1 D, **413** 1 C; **(19)** ADSp **Einl** vor **1** 2 A; **(20)** SVS/RVS **Einl** vor **1** 1, 2, **Anh** nach **19**; **(20)** Sp-Police **Anh** nach **15**
- Kfz **412** 2 D, **413** 1 C, 2 C
- kombinierter Transport **413** 1 C
- Lagerung, Lagerhalter, Lagerschein **(19)** ADSp **43–49**
- Lager- und Beförderungsbedingungen **(19)** ADSp
- Mindestdeckung **(19)** ADSp **39**
- Mißverständnisse **(19)** ADSp **6**
- Möbeltransport **(19)** ADSp **2**
- multimodaler Transport **413** 1 C
- Nachnahme **(19)** ADSp **23**
- notwendige Angaben **(19)** ADSp **7**
- öffentlichrechtliche Akte **(19)** ADSp **31**
- Pfandrecht **410, 411**; **(19)** ADSp **50**
- Pflichten **408**
- Pflichten des Auftraggebers **(19)** ADSp **30**
- Preis- und Leistungsvereinbarungen **(19)** ADSp **20**
- Provision **409** 1, **413** 1 B; **(19)** ADSp **20–32**
- Prüfung von Hindernissen **(19)** ADSp **19**
- Reisebüro **407** 1 B
- Rollgeld **(19)** ADSp **22**
- Sachteile **(19)** ADSp **55**
- Sammelladung **413** 2; **(19)** ADSp **14**
- Schadensbegriff **(19)** ADSp **62**
- Schadensmeldung **(19)** ADSp **40, 60**
- Schriftstücke **(19)** ADSp **10**
- Selbsteintritt **412**; **(19)** ADSp **52**
- Sorgfaltspflichten **408** 1 A; **(19)** ADSp **1**
- Speditionspolice **(20)** Sp-Police
- Speditionsversicherungsschein/ Rollfuhrversicherungsschein **(19)** ADSp **39–41**; **(20)** SVS/RVS
- Übermittlungsfehler **(19)** ADSp **6**
- unerlaubte Handlung **(19)** ADSp **63**

1585

Sachverzeichnis

- Unterspedition 408 1 B; (19) ADSp 52
- Untersuchung (19) ADSp 16
- Unterwerfung unter SVS/RVS (19) ADSp 40
- unverschuldetes Ereignis (19) ADSp 18
- Verjährung 409 1 C, 414; (19) ADSp 64
- Verkehrsvertrag (19) ADSp 2 1
- Verpackung (19) ADSp 16
- versichertes Interesse (19) ADSp 39 3
- Versicherung (19) ADSp 35–42
- Vertrag 407 2
- Verwiegung (19) ADSp 7
- Verzollung (19) ADSp 25
- Verzug (19) ADSp 29
- ,,Vormann", ,,Nachmann" 411 2
- Vorteilsausgleichung (19) ADSp 61
- Währung (19) ADSp 27, 28
- Weisungen 408 I; (19) ADSp 11, 13
- Widerruf (19) ADSp 11
- Zahlungspflicht des Empfängers (19) ADSp 34
- Zurückbehaltungsrecht 410 1 A; (19) ADSp 32
- zusammengehörige Sachen (19) ADSp 55
- zwingendes Recht 412 2 D
- Zwischenspediteur 408 1 B, 411; (19) ADSp 52; (20) SVS/RVS 4

Sperrabrede unter Arbeitgebern 75 f
Spitzenverbände der deutschen Wirtschaft Einl vor 1 I 3 E; (16) Insiderhandels-Ri **Einl** vor 1 1
Sp-Police (20) Sp-Police
Sprache s Fremdsprache
Staatshaftung 15 4 D, 452 1
Stadt s Kommunen
Stahlfach s Verwahrung
Standardvertrag s AGB
standby letter of credit (11) ERA 1 1
Steuerabgrenzung s Bilanz
Steuerberater 1 1 C
Steuern s Bilanz, Gewinn- und Verlustrechnung, Mehrwertsteuer
Stille Gesellschaft Einl vor 105 3 D, 230–237
- Anlagevermögen 232 1 A
- atypische 230 1 C
- Auflösung 234 1, 2

- Aufwendungsersatz 230 5 F
- Auseinandersetzung 230 1 C, 235
- Auszahlung 232 2
- Begriff 230 1
- Bewertung 230 6 C
- Buchführungspflicht 232 1 C
- Einlage 230 6 A–C, 7 C, 237 1
- Einsicht 233, 235 1 C, 2 B
- Ende 234 1, 2 A
- Entnahme 232 2
- Fehlerhaftigkeit 230 4 C
- Firma 230 7 A
- Form 230 4 B
- Geschäftsführung 230 5 B, 7 B
- Geschäftswert 237 1 A
- Geschäftsvermögen 230 1 C, 7 A
- Gesellschaften 230 3
- Gesellschafterdarlehen 236 4
- Gesellschaftsvertrag 230 4
- Gewinn 231, 232
- Gläubiger 230 7 C, D, 234 3 C
- HdlRegister 230 7 A
- Haftung 230 7 C, D, 236 4
- Inhaber 230 3
- InnenGes 230 1 B
- KfH 230 4 D
- Konkurs 234 2 D, 236, 237
- Kontrolle 233, 235 1 C, 2 B
- Kündigung 234 3
- mehrere Stille 230 3 C
- Metageschaft 230 2
- Minderjährige 230 3 D
- Nichtigkeit 230 4 C
- partiarisches Darlehen 230 1 C
- Pflichten 230 5, 6, 232 1 C
- Rechenschaft 230 5 G
- Rechte 230 5, 6
- Rechtsverhältnis zu Dritten 230 7
- Rücktritt 230 4 C
- Schenkung 230 4 B
- Schiedsgericht **Einl** vor **1** IV 3 A
- schwebende Geschäfte 235 2, 236 1 B
- Sorgfalt 230 5 E
- Stiller 230 3 B
- Tod 234 2 C
- Treuepflicht 230 5 D, 6 D, 235 2 B
- typische 230 1 C
- Überwachung 233, 235 1 C, 2 B
- Vergleichsverfahren 234 2 E, 236 3
- Verlust 231, 232 1, 3, 237 1
- Vertrag 230 4
- Vertretung 230 7 B

Sachverzeichnis

- Vollmacht **230** 7 B
- Wettbewerb **230** 5 D

stille Reserven s Rücklagen
Stimmbindung 119 2 G
Stimmrecht 119 2
Stornierung s Bankgeschäfte
Straßengüterverkehr s Güterkraftverkehr
Streckengeschäft Überbl vor 373 2 E, **377** 4 A
Streifband s Verwahrung
Stringgeschäft s Kettenhandel
Strohmann 1 3 A
Stückeverzeichnis s Kommission
Sukzessivlieferungsvertrag Überbl vor 373 2 E, **377** 3 C
surcharge (6) Incoterms 6 2
SVS (20) SVS/RVS
Swap s Bankgeschäfte
switch (7) Bankgeschäfte VII 7

Tafelgeschäft 383 1 D
take-over bids (17) Übernahmeangebote
Tankscheck (7) Bankgeschäfte III 6 A
Tantieme s Handlungsgehilfe
Taragewicht 380
Tarif s Güterkraftverkehr, Eisenbahn
Tarifvertrag s Handlungsgehilfe
Tausch Überbl vor 373 1 A
Tegernseer Gebräuche 346 2 D
Teilhaber s Gesellschafter
Teilzahlungskreditgeschäft s (7) Bankgeschäfte V
Telegrammadresse, Telefonnummer s Kennzeichnung
„**Tel quel**" 346 5
tender offers (17) Übernahmeangebote
Termingeschäft s Börse, Kauf (Fixgeschäft)
Test s Warentest
Testamentsvollstrecker, Nachlaßverwalter
- HdlGeschäft **1** 6 C
- in OHG, KG **114** 2 E, **139** 4, 5

Testat s Haftung
„**Third Party Shipper**" (11) ERA 33
TIR-Übereinkommen 425 1 B
TLF s Bankgeschäfte
Tochterunternehmen 105 1 E, 271, 290, 317 2; s auch Konzernabschluß
„**Toleranz**" s „circa"
Trade Terms (6) Incoterms **Einl** vor 1 1
Traditionspapier 363 4, **424** 3, **450** 1; s auch Orderpapiere
Transportrecht s ADSp, CMR, Eisenbahn, Frachtgeschäft, Güterkraftverkehr, Lagergeschäft, Orderlagerschein, Spedition, Sp-Police, SVS/RVS
Transportversicherungspolice s Orderpapiere
Tresor s Verwahrung
Treuepflicht
- Gfter **109** 5, **112** 1, **230** 4 D, 5 D, **235** 2 B
- Handlungsgehilfe **59** 7 D
- HdlVertreter **86a** 1, **90** 1 B, 2 B

Treuhänder 1 3 A, **22** 1 E
- s auch Bankgeschäfte
- Anderkonto (9) AGB-Anderkonten
- Bilanzrecht **242** 4 B
- Führung des HdlGeschäfts **22** 1 E
- Haftung **Anh 177a** VIII 2 C, **347** 3 F
- in OHG, KG **105** 1 F, **161** 2 A
- Publikumsgesellschaft **Anh 177a** VIII 1 A, 2 C, 5 C
- Testamentsvollstrecker **1** 6 C, **139** 4 D
- WP, Beteiligungen, Gläubigerrechte (13) DepotG 42

Treu und Glauben Einl vor **343** 6 C

Übergangsrecht
- HdlGes **Einl** vor **105** 6

Übernahme s Ausscheiden, Ausschließung
Übernahmeangebote (18) Leitsätze
Überseegeschäft (6) Incoterms **Einl** vor 1 2 B
- s auch Abladegeschäft

Übertrag s auch Akdkreditiv, Anteil, Auseinandersetzung, Geschäftsführung, HdlVollmacht, Orderpapiere, Vermögen
- Firma **17** 5 B, C, **22**, **23**
- HdlGeschäft **Einl** vor **1** II 2 A

Überweisung (7) Bankgeschäfte III
Umsätze s Anhang, Gewinn- und Verlustrechnung

Sachverzeichnis

Umwandlung 19 4, 24 2, **Einl** vor 105 4, 145 1 A
- s auch Firma, Personengesellschaft, Kommanditgesellschaft

Unbestellte Zusendung s Zusendung

UNCITRAL Einl vor 1 I 4 D, IV 3 C, **Überbl** vor 373 5 B

Unfall s Handlungsgehilfe

„unfrei" 346 5

Unterbeteiligung 105 1 H

Unterkapitalisierung 172a 9

Unterlassung (Anspruch, Klage, Urteil auf)
- Firma 17 4 Hd, 37 II

Unternehmen Einl vor 1 II
- s auch HdlGeschäft
- Begriff **Einl** vor 1 II 1 A
- Bewertung **Einl** vor 1 II 1 B
- Blockade **Einl** vor 1 II 3 D d
- Eigentumsschutz **Einl** vor 1 II 3 B
- Entstehung **Einl** vor 1 II 1 C
- Erlöschen **Einl** vor 1 II 1 C
- Ertragswertmethode **Einl** vor 1 II 1 B
- Fortführung **21–28**
- Gegenstand **Einl** vor 1 II 1 B
- Gewerbebetrieb, Recht am **Einl** vor 1 II 3 C, D
- Kauf **Einl** vor 1 II 2 B
- Konkurs **Einl** vor 1 II 2 E
- Konkursantrag **Einl** vor 1 II 3 D c
- Kritik durch Presse **Einl** vor 1 II 3 D a
- Mängel **Einl** vor 1 II 2 B
- Nießbrauch **Einl** vor 1 II 2 C
- Pacht **Einl** vor 1 II 2 C
- Persönlichkeitsrecht des Unternehmensträgers **Einl** vor 1 II 3 C b
- Rechtsträger **Einl** vor 1 II 1 D
- Rückgewähr **Einl** vor 1 II 2 E
- Schutz **Einl** vor 1 II 3
- Schutzrechtsverwarnung **Einl** vor 1 II 3 D a
- Streik **Einl** vor 1 II 3 D d
- Übertragung **Einl** vor 1 II 2 A
- Unternehmensverträge **Einl** vor 1 II 2 C
- Vererbung **Einl** vor 1 II 2 D
- Verlegung **Einl** vor 1 II 1 C
- Wert **Einl** vor 1 II 1 B
- Wettbewerbsverbot **Einl** vor 1 II 2 B
- Zwangsvollstreckung **Einl** vor 1 II 2 E

Unternehmenskauf Einl vor 1 II 2 B

Unternehmenspacht Einl vor 1 II 2 C

Unternehmensrecht Einl vor 1 II

Unternehmensverträge Einl vor 1 II 2 C

Unternehmer s HdlVertreter

Unterschrift 12, 17 2 F
- Gfter **108 II**
- Kfm **29** 2
- Liquidator **148 III**
- Prokurist **53 II**
- Vorstand, Liquidatoren **35**

Untersuchung (der Ware) s Kauf

Untervertreter s HdlVertreter

Urkunden s auch HdlBücher
- Einsicht **118, 166, 233**

Urlaub s Handlungsgehilfe

USA Einl vor 1 I 4 C

Usance s HdlBrauch

Veräußerung s Übertragung

Verbindlichkeiten s Schulden

Verbrauchervereinigungen Einl vor 1 II 3 D

Verbundene Unternehmen Einl vor 1 II 2c, 8 3, **Einl** vor 105 5
- s auch Konzernabschluß, Konzernanhang, Konzernlagebericht, Mutterunternehmen
- Ausfallhaftung **172a** 9 B
- Gleichordnungskonzern **290** 2
- Größenmerkmale **293**
- Konzernregister s HdlRegister

Vereidigter Buchprüfer s Abschlußprüfer

Verein 6 II
- s auch juristische Person

Vereinigte Staaten s USA

Vererbung
- s auch Testamentsvollstrecker
- HdlGeschäft **1** 6
- KG **177**
- OHG **139**
- Unternehmen **Einl** vor 1 II 2 D

Verfallklausel 348 3 C

Vergleich s auch Liquidationsvergleich
- Form **350** 2 B

Sachverzeichnis

Vergleichsverfahren 124 5 G, 128 9
- s auch Konkurs

Verjährung Einl vor 343 7
- s auch Frachtgeschäft, Haftung, HdlVertreter, HdlMakler, Lagergeschäft, Spedition, Unternehmenskauf
- Handlungsgehilfe 59 6 D, **61 II**
- nach Geschäftsveräußerung 26
- OHG **113 III, 128** 1 D, 5, **159, 160**

„**verkauft wie besichtigt**" 346 5

Verkehrssitte s Handelsbrauch

Verkehrsvertrag (19) ADSp 2 1

Verladung s Eisenbahn, „ohne Verladung"

Verlag 1 II Nr 8

Verlust s Gewinn

Vermächtnis
- an Ges 124 4 D
- HdlGeschäft **Einl** vor **1** 2 D, 22 1 B
- KdtAnteil 177 1

Vermittlungsgehilfe 75 g, 75 h

Vermögen (Ges) **124 1**
- s auch Anteil, Haftung
- Aufrechnung 124 1 C
- Entstehung 124 1 F
- im ganzen **105** 1 B
- Notwendigkeit 124 1 D
- Nutzung **124** 1 G
- Surrogation 124 1 F
- Übertragung, Form 350 1 B
- Überlassung (Gfter-Ges) 124 1 G
- Verfügung **124** 1 C
- Vorwegbefriedigung 124 1 C
- Zusammensetzung 124 1 E

Vermögensgegenstand (BiRiLiG) **Einl** vor **238 III** 3 D

Vermögenslage 243 2 B, 264 3, 321 1

Vermögensübernahme s Haftung

Vermögensverwaltung (7) Bankgeschäfte I 6 D h

Verpackung 380 2

Verpfändung
- HdlGeschäft **Einl** vor **1** II 2 C

Verpflichtungsschein s kfm Verpflichtungsschein

Verrechnungsverbot s Jahresabschluß

Verschmelzung Einl vor **105** 4, **131** 1 B

Versendungsgeschäft (6) Incoterms **Einl** vor **1** 2

Versicherungsunternehmen 1 II Nr 3
- Bilanzrecht **Einl** vor **238** IV 7, V 2 C, **293** 3

Versicherungsvertreter s HdlVertreter

Versteigerung s Kauf (Selbsthilfe-, Notverkauf)

Vertragsanpassung Einl vor **343** 6 C

Vertragsänderung 105 2 G

Vertragsfreiheit 59 4 A, **Einl** vor **343** 4

Vertragsgarantien s Garantien

Vertragshändler 84 2 A, **Überbl** vor **373** 5

Vertragshilfe s Vertragsanpassung

Vertragsstrafe 348, 351
- Handlungsgehilfe 59 5 A, **75 c**
- Herabsetzung 348 1 C, 2 C
- MinderKfm **4** 2 F, **351**
- nach BGB **348** 1
- pauschalierter Schadensersatz **348** 3 D
- Wegfall der Geschäftsgrundlage **348** 2 C

Vertrauen s Handelsregister, Prospekthaftung, Rechtsschein, Schweigen
- Eigenhaftung
- - des GmbHGeschäftsführers **172a** 9 D
- - des Kdtisten **171** 1 D, **Anh 177a** IV 3 B b
- - des Vertreters **Überbl** vor 48 4
- Sachwalterhaftung **Überbl** vor 48 4
- Vertrauenshaftung **347** 3 E

Vertretung (im HdlRecht) **48–58**
- s auch Prokura, Handlungsvollmacht, Versicherungsvertreter, Vertretung (OHG)
- Abschlußvertreter **55**
- Amtstreuhänder **Überbl** vor **48** 1 A
- Anscheinsvollmacht **Überbl** vor **48** 2 B
- BGB **Überbl** vor **48** 1 B
- Duldungsvollmacht **Überbl** vor **48** 2 A
- Eigenhaftung des Vertreters **Überbl** vor **48** 4
- Generalvollmacht **Überbl** vor **48** 1 A

Sachverzeichnis

- gesetzliche Vertretung **Überbl** vor 48 1 A
- Handeln für die Firma **Überbl** vor 48 3
- Internationaler Verkehr **Überbl** vor 48 5
- Mißbrauch 50 3 A
- organschaftliche Vertretung **Überbl** vor 48 1 A, 125 1 B
- Partei kraft Amtes **Überbl** vor 48 1 A
- Schweigen auf Antrag 362 3 B
- Vermittlungsgehilfe **75 g, 75 h**

Vertretung (OHG) **125–127**
- s auch KG, Vertretung (im HdlRecht)
- Ausschluß **125** 4
- Entziehung **127**
- gegenüber Gfter **126** 3
- Gesamtvertretung **49** 1 C, **125** 3 B, 5, 6
- HdlRegister **125** 7, **127** 3
- Mißbrauch **126** 3 C, 4
- passive Vertretung **125** 5 B, 6 C
- Rechtsnatur, wer berufen **125** 1–6
- Selbstorganschaft **125** 1 C
- Umfang **126** 1, 2
- Verzicht **127** 2
- Zweigniederlassung **126** III

Vervielfältigung s Offenlegung

Verwahrung von Wertpapieren **(13)** DepotG
- s auch Kommission
- Allgemeine Geschäftsbedingungen **(8)** AGB-Banken **36–39**
- Aneignung **(13)** DepotG **13, 15, 16**
- Banken **(8)** AGB-Banken **36–39**
- bei Dritten (Zwischenverwahrer) **(13)** DepotG **3, 4, 5 III, 9, 35, 36**
- Bezugsrecht **(13)** DepotG **10, 11, 16, 26**
- Darlehen **(13)** DepotG **15, 16**
- Depotaufstellung **(8)** AGB-Banken **1** 2, **15** 3
- Depotprüfung **(13)** DepotG **Einl** vor 1 2
- Drittverwahrung **(13)** DepotG **3**
- Eigentumsübergang **(13)** DepotG **13, 15, 16**
- internationaler Giroverkehr **(13)** DepotG **6** 5
- Kommissionär **(13)** DepotG **29**
- Konkurs **(13)** DepotG **32, 33, 37**
- Lombard s Pfand
- Miteigentum am Sammelbestand **(13)** DepotG **6–8**
- öffentlichrechtliche Bank **(13)** DepotG **41**
- Pfand **(13)** DepotG **4, 9, 12, 16, 17, 30, 31, 33**
- Safe **(13)** DepotG **1** 2 C
- Sammelbank, -verwahrung **(13)** DepotG **1** 3, **5–9a, 16, 24**
- Sammelurkunde **(13)** DepotG **1** 1 B, **9a**
- Schrankfach **(13)** DepotG **1** 2 C
- Sonderverwahrung **(13)** DepotG **2**
- Sparkasse **(13)** DepotG **41**
- Stahlfach **(13)** DepotG **1** 2 C
- Strafen **(13)** DepotG **34–37**
- Streifband **(13)** DepotG **2**
- stückeloser Effektenverkehr **(13)** DepotG **1** 1 B
- Tausch **(13)** DepotG **10, 11, 16, 26**
- Tresor **(13)** DepotG **1** 2 C
- Treuhänder **(13)** DepotG **42**
- Übertragung **(13)** DepotG **13, 15, 16**
- unregelmäßige Verwahrung **(13)** DepotG **15**
- Unterschlagung **(13)** DepotG **34, 36**
- Verwahrer **(13)** DepotG **1** 2 A
- Verwahrungsbuch **(13)** DepotG **14**
- Wertpapieraufstellung **(8)** AGB-Banken **1** 2, **15** 2
- Wertpapierbegriff **(13)** DepotG **1** 1 A
- Wertpapierdarlehen **(13)** DepotG **15**
- Wertpapiersammelbank s Sammelbank
- Wertrecht **(13)** DepotG **1** 1 B
- Zurückbehaltung **(13)** DepotG **4, 9, 30, 31**

Verwaltung des GesAnteils in OHG, KG **105** 1 F, **109** 6 C, **139** 4, 5, **164** 1 C

Verwirkung s auch HdlVertreter
- Firma **17** 4 I

Vieh (Kauf, Mängel) **382**

Vollmacht
- s Handelsvertreter, Handlungsvollmacht, Prokura, Vertretung (im HdlRecht)
- auf OHG **124** 4 B

Sachverzeichnis

Vollstreckung
- HdlVertreter **87 c** 1 F
- OHG **124** 5 B, **128** 8 D

Volontär 59 3 A, **82 a**

Vorausklage s Bürgschaft

Vorbehalt 346 5

Vorgesellschaft 6 1, **105** 2 C, **Anh 177 a** II 2 A

Vorlegung s Handelsbücher

Vormundschaft s Geschäftsfähigkeit

Vorrat 346 5

Vorschuß
- s auch HdlVertreter
- Zinspflicht **354 II**

Vorvertrag (OHG) **105** 2 H

Währung 361 2, **244, 245** BGB
- s auch Jahresabschluß
- Währungsgebiet **13** 1 F
- Währungsumrechnung **313** 6

Waren 1 II Nr 1, 2, 373 3 A

Warenklassen Überbl vor **373** 4

Warentest Einl vor **1** II 3 D

Warenzeichen s auch gewerbliches Schutzrecht
- Anmeldung unter Firma **17** 2 C
- Schutz **17** 4 A f, 24, 28 WZG
- Verletzung durch Firma **37** 3 C
- WZG **17** 4 A f

Warschau-Oxford-Regeln (6) Incoterms **Einl** vor **1** 3

Wechsel s auch Bankgeschäfte, Diskontgeschäft, Kommission, Orderpapiere
- Bilanz **251**
- Bürgschaft **349** 4 D
- Handelswechsel (7) Bankgeschäfte VI 1
- umgekehrter Wechsel (7) Bankgeschäfte VI 1

Weinbau 3 1 C

Weltabschluß s Konzernabschluß

Werk-, Werkliefervertrag Überbl vor **373** 1 A, **381** II

Werkverkehr s Güterkraftverkehr

Wert s Bewertung, Firma, HdlGeschäft

Wertpapierbereinigung s gutgläubiger Erwerb

Wertpapiere 1 II Nr 1; 1 8 A, **373** 3 A, **381**; (7) Bankgeschäfte VIII; (8) AGB-Banken **29–39**; (13) DepotG

- s auch Ausland, Bankgeschäfte, Börse, Kommission, Konkurs, Orderpapier, Treuhänder, Verwahrung

Wertrechte (13) DepotG **1** B

Wettbewerb Einl vor **1** III
- s auch Gesellschafter, HdlVertreter, KommanditGes, offene HdlGes, Stille Ges
- Äußerungen, geschäftschädigende **Einl** vor **1** II 3 D
- Beschränkungen **Einl** vor **1** III 1 B, **112** 1 C
- Boykott **Einl** vor **1** II 3 D a
- Handlungsgehilfe **60, 61, 74–75 d**
- Kartellrecht **Einl** vor **1** III 2
- Monopol **Einl** vor **1** III 1 B
- UWG **17** 3 D, 1, 3, 6 a UWG

Wettbewerbsrecht Einl vor **1** III; s auch Kartellrecht

Wettbewerbsverbot
- außerhalb Europas Tätige **75 b** 1
- bedingtes Verbot **75 a** 2
- Beschränkungen **74 c** 1 C, **75 d**
- Einwilligung **60** 2
- Form **74** 2
- Handlungsgehilfe **60, 61, 74–75 d**
- Herausgabe **61 I**
- Hochbesoldete **75 b** 2
- Karenzentschädigung **74** 3, **74 b, 74 c, 75 b**
- nach Dienstende **74–75 d**
- nach Kündigung **60** 1 B, **75**
- Nichtigkeit **74 a**
- Rücktritt **75 a**
- Schadensersatz **61 I, 74** 1 G
- Sittenwidrigkeit **74 a** 3
- Sperrabrede **75 f**
- Unternehmenskauf **Einl** vor **1** II 2 B
- Unverbindlichkeit **74 a**
- Unwirksamwerden **75**
- Verjährung **61 II**
- Verletzung **61, 74** 1 G, **75 c, 75 d**
- Vertragsstrafe **75 c, 75 d**
- Verzicht **75 a**
- Volontär **82 a**
- während Dienstzeit **59** 7 D, **60, 61**

Widerspruch s Schweigen

Wirtschaftsprüfer 1 1 C, 2 D
- s auch Abschlußprüfer
- Haftung **323, 347** 3 D, 4 A f, g
- WPO **Einl** vor **238** IV 5

1591

Sachverzeichnis

Wirtschaftsrecht Einl vor 1 III 1 B

„Zahlung bar" 346 5
Zahlungsverkehr s (7) Bankgeschäfte III, III A
Zeichnung s Unterschrift
Zeitbestimmungsklauseln (11) ERA 52, 53
Zeitrechnung 361
Zeugnis 73, 347 3, 4
Zinsen 352, 353, 354 II
- s auch Bewertung, Gewinn- und Verlustrechnung
- Fälligkeitszinsen 353
- Höhe: Gesetz, HdlBrauch, Vereinbarung 352 1, 2
- Kündigungsrecht 352 2 B, 609a BGB
- Verzugszinsen 352 3
- Zinzeszinsen 353 2
- Zinspflicht 353, 354 II

„zoll- und steuerfrei" 346 5
„zu getreuen Händen" 346 5
Zurückbehaltungsrecht 369–372, 369 1 A, 273 BGB
- s auch Frachtführer, HdlVertreter, Handlungsgehilfe, Lagerhalter, Spediteur
- Abwendung 369 6
- Ausschluß 369 5
- außerordentliches 370
- Befriedigung 371, 372
- BGB 369 1 A
- Eigentumsfiktion 372
- Einrede 369 1 A
- für „Forderungen" 369 2
- Gegenstände 369 3
- Rechtskraftwirkung 372
- Notfall 369 2 C, 370 2
- vertragliches 369 1 A
- widerstreitende Weisung, Verpflichtung 369 5, 370 2
- Wirkung gegen Dritte 369 4

Zusätze (Firma) 18 2
Zuschreibungen s Abschreibungen
Zusendung (unbestellte) 346 4 F
Zusicherung 377 2 A, 459 II BGB
Zuständigkeiten (HdlRegister-Ergänzung) 13 4
Zwangsvollstreckung s Vollstreckung
Zweigniederlassung 13–13 b
- Begriff 13 1
- Buchführung 13 2 B, 38 3 C
- Eintragung 13 3, 15 5
- Firma 13 2 A, 30 3
- Fortführung 22 1 C, 25 1 B
- Gericht der Hauptniederlassung 13a
- Prokura 50 III
- Sitz im Ausland 13 b
- Sitzverlegung im Inland 13 c
- Übertragung 22 1 D
- Vertretung, OHG 13 2 C, **126 III**
- Zwangsgeld 14

Zwischenabschlüsse s Konzernabschluß
Zwischenergebnisse s Konzernabschluß
Zwischenhändler s Vertragshändler
„Zwischenverkauf vorbehalten" 346 5

Buchanzeigen

Handbuch des Wettbewerbsrechts

Herausgeber: Dr. Wolfgang Gloy

Bearbeitet von Dr. Wolfgang Gloy, Hansgeorg Greuner, Dr. Henning Harte-Bavendamm, Dr. Horst Helm, Prof. Dr. Rainer Jacobs, Dr. Walter Klosterfelde, Dr. Gerhart Kreft, Dr. Helmuth Lutz, Dr. Klaus-Jürgen Melullis, Hans-Jürgen Ohde, Dr. Sigmar-Jürgen Samwer, Rolf Schmidt-Diemitz, Prof. Dr. Rolf A. Schütze, Dr. Rolf Schultz-Süchting, Peter Seibt, Klaus Spätgens und Dr. Harro Wilde

1986. LVIII, 1197 Seiten. In Leinen DM 218.–
ISBN 3-406-30916-X

Das neue Handbuch erläutert alle für die Praxis wichtigen materiell- und verfahrensrechtlichen Aspekte des **Wettbewerbs-** und **Kartellrechts** umfassend und zugleich leicht lesbar.

Das Handbuch ist in drei Hauptteile gegliedert:
- **Allgemeine wettbewerbsrechtliche Grundbegriffe** (einschließlich der neueren Entwicklungen auch im internationalen und im EG-Bereich)
- **Unzulässige Wettbewerbshandlungen** (Beschränkungen und Behinderungen im Wettbewerb, Schutz geschäftlicher Kennzeichen etc.)
- **Verfahrensrecht** (Abmahnung, Verfügungsverfahren, Hauptsacheklage, internationaler Wettbewerbsprozeß).

Im Fall des Verfügungsverfahrens ist auch die regional unterschiedliche Spruchpraxis sämtlicher Oberlandesgerichte behandelt.

Von den **besonders aktuellen Themenbereichen** werden u. a. berücksichtigt:
  neue Medien · Bildschirmtext · Satellitenwerbung · Markenpiraterie · Schutz von Computerprogrammen.

In der Beurteilung der Wettbewerbswidrigkeit kommt der **Verkehrsauffassung** besondere praktische Bedeutung zu. Deshalb wird der Problematik demoskopischer Gutachten auch aus der Sicht eines Markt- und Meinungsforschers nachgegangen. Besondere Aufmerksamkeit wird dem **Schadensersatz** im Wettbewerbsrecht sowie dem **Rechtsschutz gegen unlautere Handlungen** aus dem Blickwinkel des öffentlichen Rechts gewidmet. Dem ständig zunehmenden Einfluß des **EG-Rechts** wird im jeweils maßgeblichen Zusammenhang Rechnung getragen.

Verlag C. H. Beck München

Beck'sches Formularbuch zum Bürgerlichen, Handels- und Wirtschaftsrecht

Herausgegeben von Dr. Michael Hoffmann-Becking, Rechtsanwalt in Düsseldorf, und Dr. Helmut Schippel, Notar in München, Honorarprofessor an der Universität München

Bearbeitet von Dr. Klaus Anschütz, Rechtsanwalt; Prof. Dr. Harald Bartl, Prof. an der Fachhochschule des Landes Rheinland-Pfalz; Michael Bartsch, Rechtsanwalt; Dr. Günter Brambring, Notar; Rüdiger Graf zu Castell, Notar; Dr. Ingrid Groß, Rechtsanwältin; Hans Peter Hengeler, Rechtanwalt; Dr. Trutz Linde, Notariatsdirektor; Prof. Dr. Horst Locher, Rechtsanwalt; Dr. Christian Lüdtke-Handjery, Richter am OLG; Dr. Bernhard Mielert, Rechtsanwalt und Notar; Günter Schaub, Richter am Bundesarbeitsgericht; Dr. Axel Schmidt-Hern, Rechtsanwalt; Dr. Walther Skaupy, Rechtsanwalt; Dr. Burkhard Tiemann, Hauptgeschäftsführer der Kassenzahnärztlichen Bundesvereinigung

4., neubearbeitete Auflage. 1986
XXXII, 1259 Seiten. In Leinen DM 158,–
ISBN 3-406-31424-4

Wegen seines großen Erfolges erscheint das Formularbuch jetzt bereits in 4. Auflage. Das gesamte Werk wurde wiederum der fortschreitenden Gesetzgebung, der neuesten Rechtsprechung und den aktuellen Erkenntnissen der Vertragspraxis angepaßt.

Neu aufgenommen wurden: Formulare für das Grundstückspachtrecht – die Versetzung in den Vorruhestand – Teilzeit- und Job-Sharing-Arbeitsverhältnisse – die Abnahmebescheinigung im Werkvertragsrecht. Außerdem **Muster** – für die vorweggenommene Erbfolge – zum Franchise-Vertrag und – für eine Handelsregistervollmacht.

Überarbeitet wurden insbesondere die Formulare zum **Landpachtrecht** unter Berücksichtigung des Gesetzes zur Neuordnung des landwirtschaftlichen Pachtrechts vom 8. 11. 1985, ferner die Formulare zur **Warenkreditbürgschaft** sowie zur **Kredit- und Bankgarantie.**

Im Aufbau entspricht die 4. Auflage dem bewährten Konzept des Werkes: Die einzelnen Formulare werden am Ende des Textes in **Anmerkungen erläutert.** Dabei werden vor allem die **Grenzen der Vertragsfreiheit** sowie **alternative Gestaltungsmöglichkeiten** aufgezeigt. Hinweise auf **neueste Rechtsprechung und Literatur** ermöglichen es dem Benutzer, einzelne Rechtsfragen zu vertiefen.

Verlag C. H. Beck München

07. SEP. 1989   08. APR. 1992

05. JUL. 1990   29. MAI 1992

2?. Juli 1990   02. JUL. 1992

2?. SEP. 1990

02. Nov. 1990   11. NOV. 1992
27. Nov. 1990
                       13. JAN. 1993
20. DEZ 1990
                       02. MRZ 1993
27. FEB. 1991

27. März 1991
21. Mai 1991

03. JUL. 1991

07. AUG. 1991
15.8.91

11. Sep. 1991

11. Okt. 1991
21. Nov. 1991